AN ENGLISH-INDONESIAN DICTIONARY

BY JOHN M. ECHOLS

AND HASSAN SHADILY

D1522262

CORNELL UNIVERSITY PRESS

ITHACA AND LONDON

First published 1975 by Cornell University Press.
First printing, Cornell Paperbacks, 1975.
Fourth printing 1996.

International Standard Book Number (cloth) 0-8014-0728-1
International Standard Book Number (paperback) 0-8014-9859-7
Library of Congress Catalog Card Number 72-5638

Composed in Hong Kong by Serasia, Ltd.

⊗ The paper in this book meets the minimum requirements of the American National Standard for Information Sciences—Permanence of Paper for Printed Library Materials, ANSI Z39.48-1984.

PREFACE

An English-Indonesian Dictionary is a comprehensive listing which attempts to embody a high percentage of the most common words and phrases in American English, with American orthography and pronunciation, along with the Indonesian equivalent. Although this dictionary has been prepared primarily for the use of Indonesians, various devices have been employed to assist in making it useful to speakers of English who wish to find the Indonesian equivalent for an English word or phrase.

We are aware of the risk we run by providing many illustrative English sentences and phrases with their corresponding Indonesian equivalents. We feel, however, that by doing so further progress in Indonesian lexicography may be made. Since there is much room for error and differences of opinion, we will be grateful for comments and criticism, so that a succeeding edition may be an improvement. Tak ada gading yang tak retak.

Many Indonesians assisted us at various times in the preparation of this dictionary. We wish to thank A. M. Almatsier, Abu Kasim Harahap, Zainol Ichsan, Mrs. Jus Kayam, Hilman Madewa, Eddie Masinambow, Soepomo Poedjosoedarmo, Bahrin Samad, Pandam Guritno Siswoharsojo, Sunindijo, Renaldi Tedjasukmana, Iwan Tirtaatmadja, and Karel Warouw. We should also like to express our appreciation to Cornell University's Center for International Studies, Southeast Asia Program, and Modern Indonesia Project for their assistance and support. The manuscript could not have been completed without the encouragement of Frank Miller and the financial support of the Ford Foundation. Finally, we are greatly indebted to Tazu Warner and especially to Nancy D. Echols and Julia M. Shadily, for their invaluable, nay indispensable, assistance in the preparation of the various drafts of the manuscript.

JOHN M. ECHOLS
HASSAN SHADILY

Ithaca, New York, and
Jakarta, Indonesia

CONTENTS

INTRODUCTION

Arrangement

1. The words in this dictionary are arranged alphabetically according to entry or headword. Parts of speech for a given word appear in the following order: noun, adjective, adverb (except those in *-ly*), pronoun, preposition, conjunction, interjection, verb (transitive, intransitive), compounds (whether hyphenated or written separately), past and present participles when used as nouns or adjectives, and adverbs in *-ly*.

    Several space-saving devices have been used, including abbreviations. When, for example, a headword is repeated in exactly the same form, it is represented by the initial letter followed by a period. All inflected forms, such as plurals, comparative forms, third singulars, and past tenses are written out in full. Past and present participles used as nouns and adjectives and adverbs in *-ly* are written out when they first appear as a subentry, but if they recur in the same entry they are then represented by the initial letter followed by a period (two-letter words, **or**, **to**, etc., are exceptions). For example: **easy** *ks.* . . . *e. target;* **live** *kki.* . . . **living** *kb. l. language.*

2. Hyphenated words are entered under the headword that constitutes their first element. For example: **high-grade** *ks.* and **high-priced** *ks.* appear under the headword **high**. Such compounds as appear in examples are represented by an initial letter plus a period in their first element. Thus: **high-class** *ks. h.-class hotel.*

3. Irregular verbs and some comparative forms have been placed in parentheses after *kkt.* (transitive verb), *kki.* (intransitive verb), or *ks.* (adjective). When the irregular verb has only one nonpresent form or when the nonpresent form is the same as the present, only one form is cited. Thus: **dig** *kkt.* (**dug**), and **cut** *kkt.* (**cut**).

4. Numerous cross references have been supplied for irregular verb forms and irregular noun plurals. Verbs in *-fy* with past tense in *-fied* and third singular present in *-fies* have been cross-referenced occasionally but by no means completely.

5. In order to save space, homonyms have usually not been entered as separate headwords.

6   For reasons of space also, subentries have not been indented. But in order to render the location of subentries easier, a dash flags an additional formation of the entry, and a boldface dash precedes a new part of speech.

7.   Abbreviations are arranged alphabetically throughout the main text, rather than placed in a separate appendix.

The Sounds of English

Symbol	Description of Sound	International Phonetic Alphabet
Vowels and Diphthongs		
/i/	i in *ingat* 'to remember'.	ɪ
/ie/	i in *ini* 'this' but with offglide.	i
/e/	e in *sén* 'cent'.	ɛ
/ei/	e in *hébat* 'terrific' but with offglide.	e
/æ/	a in English *pat*.	æ
/ə/	e in *kedalam* 'into'. Occurs in weakly stressed or in unstressed position.	ə
/a/	a in *batu* 'stone'.	a
/ow/	o in *toko* 'store' but with offglide.	o
/u/	u in *minum* 'to drink'.	u
/uw/	u in *kuda* 'horse'.	u
/ɔ/	o in *ons* 'ounce'.	ɔ
/ʌ/	e approximately as in *ke* 'to'. Occurs in stressed position.	ʌ
/aw/	au in *laut* 'sea'.	a
/ai/	ai in *pantai* 'shore'.	aɪ
/oi/	oi in *amboi* 'hey!'.	ɔɪ
Consonants		
/b/	b in *batu* 'stone'.	b
/p/	p in *pak* 'father' but with a puff of air following.	p
/d/	d in *duduk* 'to sit'.	d
/t/	t in *toko* 'store' but with a puff of air following.	t
/g/	g in *gaji* 'wages'.	g
/k/	k in *kopi* 'coffee' but with a puff of air following.	k
/j/	Approximately like *j* in *gaji* 'wages'.	dʒ
/c/	Approximately like *c* in *cari* 'to seek' but with a puff of air following.	tʃ
/v/	*v* in *véto* 'veto'.	v
/f/	*f* in *fisika* 'physics'.	f
/TH/	Voiced interdental fricative.	ð
/th/	Voiceless interdental fricative.	θ
/z/	z in *zat* 'substance'.	z
/s/	s in *satu* 'one'.	s
/zy/	Approximately like *zi* in *ziarah* 'visit to a holy place'.	ʒ
/sy/	*sy* in *syukur* 'thanks'.	ʃ
/m/	*m* in *mata* 'eye'.	m

/n/	*n* in *nama* 'name'.	n
/ng/	*ng* in *dengan* 'with'.	ŋ
/l/	Approximately like *l* in *lada* 'pepper'.	l
/r/	Approximately like *r* in *acar* 'pickles'. Not trilled.	r
/w/	*w* in *wasit* 'referee'.	w
/y/	*y* in *ya* 'yes'.	j
/h/	*h* in *hal* 'matter'.	h

Spelling

On August 17, 1972, Indonesia's Independence Day, President Soeharto announced that certain official orthographic changes would be made for Indonesian. The official booklet issued as a guide by the Indonesian Ministry of Education authorizes the following major changes:

1) *ch* to *kh; dj* to *j; j* to *y; nj* to *ny; sj* to *sy; tj* to *c*.

2) The superscript ² is no longer acceptable in standard usage. Duplicated words must be written out. Thus, *hati*² becomes *hati-hati*.

3) Nouns preceded by *di* may not be written together. Thus, *dikota* becomes *di kota*.

Alphabet

New Indonesian Alphabet	Former Indonesian Alphabet	New Indonesian Alphabet	Former Indonesian Alphabet
a	a	ny	nj
b	b	o	o
c	tj	p	p
d	d	q	q
e	e	r	r
f	f	s	s
g	g	sy	sj
h	h	t	t
i	i	u	u
j	dj	v	v
k	k	w	w
kh	ch	x	x
l	l	y	j
m	m	z	z
n	n		

Symbols

( ) *a)* Indicates explanatory material in connection with the preceding or following item. Thus: **discard** *kkt.* membuang (*clothes, cards, etc.*) and **discharge** ... *kb.* 3 penémbakan (*of a rifle*). The material in parentheses will be in Indonesian if it is deemed useful to the Indonesian-speaking user. More often it will be in English in order to render the dictionary useful to the English-speaking user. Rarely will the information be given in both languages. *b)* When placed around material in Indonesian, can also indicate that the item may be used with the preceding or following item without any perceptible difference in meaning. Thus: **disk** ... 2 piringan (hitam) and **devoid** ... (samasekali) tanpa.

[ ] Contains the full form of abbreviations. Thus: **EDT, E.D.T.** [*Eastern Daylight Time*].

Indicates that item on either side of the slant line may be used without change of meaning. Thus: *death certificate* akte/keterangan kematian. This may be read 'akte kematian' or 'keterangan kematian.' Similarly **deterrent** 'alat penghindaran/penangkis/pencegah,' which can be read 'alat penghindaran', 'alat penangkis', or 'alat pencegah'.

Abbreviations

Acad.	*Academic*	Akadémis
Adm.	*Administration*	Administrasi
Agri.	*Agriculture*	Pertanian
Anat.	*Anatomy*	Anatomi
Anthro.	*Anthropology*	Antropologi
Arch.	*Architecture*	Arsitéktur
Archaeol.	*Archaeology*	Ilmu Purbakala
Art.	*Artist(e)*	Seniman/Seniwati
Astr.	*Astronomy*	Ilmu Bintang
Auto.	*Automobile*	Mobil
Av.	*Aviation*	Penerbangan
aw.	*awalan*	prefix
berh.	berhubungan	in connection
berk.	berkenaan	in connection
bert.	bertalian	related
bhw	bahwa	that
Bible		Al-Kitab Injil
Biol.	*Biology*	Ilmu Hayat
blm	belum	not yet
Bot.	*Botany*	Ilmu Tumbuh-tumbuhan
Box.	*Boxing*	Meninju
Cards		(Main) Kartu
Carp.	*Carpentry*	Pekerjaan Kayu
Chem.	*Chemistry*	Ilmu Kimia
Chess		Percaturan
Chin.	*Chinese*	Tionghoa
Chr.	*Christian*	Kristen
Cloth.	*Clothing*	Pakaian
dgn	dengan	with
didlm	didalam	inside
Dis.	*Disease*	Penyakit
dll.	dan lain-lain	et al.
dlm	dalam	in, inside
dpt	dapat	can, be able
drpd	daripada	from, that
dsb	dan sebagainya	etcetera
Econ.	*Economics*	Ékonomi
Elec.	*Electricity*	Listerik
e.o.	*each other*	saling
Fauna		Margasatwa
fem.	*feminine, female*	perempuan
Fin.	*Finance*	Keuangan
Fish.	*Fishing*	Mengail
For.	*Forestry*	Ilmu Kehutanan

Fr.	*French*	Perancis
Fruit		Buah-buahan
Furn.	*Furniture*	Perabot Rumah
Geog.	*Geography*	Ilmu Bumi
Geol.	*Geology*	Géologi
Govt.	*Government*	Pemerintahan
Gram.	*Grammar*	Tatabahasa
hrs	harus	must, have to
Hyg.	*Hygiene*	Ilmu Keséhatan
Inf.	*Informal*	Bahasa Sehari-hari
j.	*jamak*	plural
kb.	*katabenda*	noun
kd.	*katadepan*	preposition
kedlm	kedalam	into
kep.	*kepéndékan*	abbreviation
kepu.	*kepunyaan*	possessive
kg.	*kataganti*	pronoun
kk.	*kataketerangan*	adverb
kkb.	*katakerja bantu*	auxiliary verb
kkg.	*katakerja gabung*	copula
kki.	*katakerja intransitip*	intransitive verb
kkt.	*katakerja transitip*	transitive verb
kn.	*kata nomor*	numeral
kpd	kepada	to
kpel.	*kata pelengkap*	object
ks.	*katasifat*	adjective
ksam.	*katasambung*	conjunction
kseru.	*kataseru*	interjection
kst.	*katasandang tertentu*	definite article
kstt.	*katasandang taktertentu*	indefinite article
lih	lihat	see
Ling.	*Linguistics*	Ilmu Bahasa
Lit.	*Literature, Literary*	Kesusasteraan
Mail		Pos
Math.	*Mathematics*	Ilmu Pasti
Med.	*Medicine*	Ilmu Kedokteran
Meteor.	*Meteorology*	Ilmu Cuaca
Mil.	*Military*	Militér
Min.	*Mining*	Pertambangan
mis.	misalnya	for example
Mus.	*Music*	Musik
Narc.	*Narcotics*	Narkotika
Nau.	*Nautical*	Laut
Nav.	*Navigation*	Navigasi
News.	*Newspaper*	Suratkabar
Nucl.	*Nuclear*	Nuklir
Ny.	*Nyonya*	Mrs.
o.s.	*oneself*	diri
pd	pada	to, on
Pej.	*Pejorative*	Memburukkan
Phila.	*Philately*	Perangko

Phon.	Phonetics	Ilmu Bunyi
Phot.	Photography	Pemotrétan
Phys.	Physics	Ilmu Alam
Pol.	Politics	Politik
Poul.	Poultry	Perunggasan
Print.	Printing	Percétakan
Rel.	Religion	Agama
Rest.	Restaurant	Réstoran
RR.	Railroad	Kerétaapi
Sarc.	Sarcastic	Sarkastis
sblm	sebelum	before
sdh	sudah	already
sdr	saudara	Mr., you
sdri	saudari	Mrs., you
sej.	sedjenis	a type of
Ship.	shipping	Perkapalan
Sl.	Slang	Logat Kasar
sm	semacam	a kind of
s.o.	someone	seseorang
Soc.	Soccer	Sépakbola
spt	seperti	as
spy	supaya	in order that
s.s.o.	seseorang	someone
s.s.t.	sesuatu	something
s.t.	something	sesuatu
stlh	setelah	after
tdk	tidak	not
Tel.	Telephone, Telegraph	Télepon, Télegraf
Tenn.	Tennis	Ténnis
Text.	Textiles	Pertékstilan
thd	terhadap	about, against, toward
Thea.	Theater	Téater
tlh	telah	already
Tooth		Gigi
Trans.	Transportation	Pengangkutan
ttg	tentang	concerning, about
TV	Television	Télévisi
ump.	umpamanya	for example
US.	United States	Amérika Serikat
utk	untuk	for, in order to
Vulg.	Vulgar	Kasar Sekali, Carut
yg	yang	who, which
Zod.	Zodiac	Mintaku'lburuj

A

A, a /ei/ *kb.* 1 huruf yg pertama dlm abjad Inggeris. 2 angka yg baik sekali. *to receive an A in math* mendapat angka A utk ilmu pasti (=mendapat 10). *He is an A student* Ia mahasiswa yg angkanya semua 10. 3 nada A. *Sound your A* Bunyikan nada A-mu. *seat in Row A* tempat duduk pd dérétan A. *grade A butter* mentéga yg terbaik. *He knows the book from A to Z* Ia kenal buku itu seluruhnya. **A-bomb** bom atom. **A-1** *ks.* 1 kelas satu. *The car is in A-1 condition* Mobil itu keadaannya baik sekali. 2 ulung. *She gave an A-1 performance* Dia memberikan pertunjukan yg ulung.

a /ei; tanpa tekanan ə/ *kstt.* (sering tdk diterjemahkan). *Iron is a metal* Besi adalah logam. *He's a queer guy* Ia sungguh orang yg anéh. *What a boy!* Hébat benar dia! *That's a miracle!* Ajaib benar! *May I borrow a pencil?* Boléh saya pinjam potlot? *He didn't understand a word* Sepatah katapun ia tdk mengerti. —*ks.* tiap. *twice a day* dua kali sehari. [Kata penolong bilangan: sebuah, seékor, seorang dsb lebih sering sama dengan *one* daripada dengan *a*. *A* menjadi *an* kalau kata berikutnya mulai dengan huruf bunyi. *A, a* biasanya mendahului kata-sifat (*modifier*) lainnya seperti dlm *a large hat*, tetapi mengikuti *many, such, what* dan kata-sifat apapun yang didahului oléh *as, how, so, too: many a rainy day, too great a burden, as fine a boy as he is.*]

AAA /'ei'ei'ei/ 1 [*American Automobile Association*] Ikatan Mobil Amérika. 2 [*American Anthropological Association*] Ikatan Ilmu Bangsa-Bangsa Amérika.

AAAS /'tripəl'ei'es/ [*American Association for the Advancement of Science*] Perkumpulan Amérika utk Kemajuan Ilmu Pengetahuan.

AAU /'ei'ei'yuw/ [*Amateur Athletic Union*] Perserikatan Atlit Amatir.

A.B. /'ei'bie/ *kb.* [*Bachelor of Arts*] Sarjana Muda.

abaca /'æbəkə/ *kb.* pisang Manila/serat.

aback /ə'bæk/ *kk.* lih TAKE.

abacus /'æbəkəs/ *kb.* se(m)poa, sipoa.

abaft /ə'bæft/ *kk.* buritan, dibelakang.

abalone /'æbə'lownie/ *kb.* tiram/kerang laut.

abandon /ə'bændən/ *kb.* bébas. *She does everything with great a.* Ia mengerjakan segala s.s.t. dgn senang dan bébas. —*kkt.* 1 meninggalkan (*ship*). 2 memutuskan (*hope*). 3 melepaskan, meninggalkan, membuang. *to a. a law career* melepaskan pekerjaan sbg pengacara. *to a. rights to* melepaskan hak atas. 4 menyerahkan. *They abandoned him to his fate* Meréka menyerahkan orang itu kpd nasibnya. —**abandoned** *ks.* 1 yg ditinggalkan. *an a. house or ship* rumah atau kapal yg ditinggalkan. 2 yg dibuang. *an a. child* anak yg dibuang, anak yg tak diurus lagi.

abandonment /ə'bændənmənt/ *kb.* 1 keadaan tertinggal. 2 dgn bébas.

abase /ə'beis/ *kkt.* **to a. o.s. before** merendahkan diri thd.

abasement /ə'beismənt/ *kb.* penghinaan, kerendahan diri.

abash /ə'bæsy/ *kkt.* memalukan. —**abashed** *ks.* malu, bingung, kebingungan.

abate /ə'beit/ *kki.* 1 (me)reda. *The storm abated* Angin ribut (me)reda. 2 mengurang, berkurang. *The pain abated* Sakitnya mengurang. Perasaan sakit itu berkurang.

abattoir /'æbætwor/ *kb.* pembantaian, pejagalan, tempat pemotongan.

abbess /'æbəs/ *kb.* kepala biara wanita.

abbey /'æbie/ *kb.* biara.

abbot /'æbət/ *kb.* kepala biara pria.

abbreviate /ə'brievieeit/ *kkt.* menyingkatkan, meméndékkan. —*kki.* menyingkat. *He abbreviates a great deal in his memos* Ia menyingkat banjak dlm catatan-catatannya. —**abbreviated** *ks.* yg disingkatkan. *a. shorts* celana péndék yg péndék sekali.

abbreviation /ə'brievie'eisyən/ *kb.* 1 singkatan, keméndékan. 2 perpéndékan.

ABC /'ei'bie'sie/ *kb.* 1 abjad. *That child knows his ABC's* Anak itu tahu abjad. 2 [*American Broadcasting Company*] Perusahaan Siaran Amérika.

abdicate /'æbdəkeit/ *kkt.* 1 turun takhta. 2 melepaskan. *to a. o's responsibility* melepaskan tanggung jawabnya. —*kki.* turun takhta. *The king abdicated* Raja itu turun takhta.

abdication /'æbdə'keisyən/ *kb.* penurunan takhta. *a. of principle* pelepasan prinsip-prinsip.

abdomen /'æbdəmən/ *kb.* perut, daérah perut.

abdominal /æb'damənəl/ *ks.* yg berh. dgn perut. *a. operation* pembedahan perut.

abduct /æb'dʌkt, əb-/ *kkt.* menculik, mengalap, melarikan (dgn paksa). *The stranger abducted the woman* Orang yg tak dikenal itu menculik perempuan itu.

abduction /æb'dʌksyən, əb-/ *kb.* penculikan. *A. of a child is a crime punishable by death* Penculikan anak adalah kejahatan yg dpt dihukum mati.

abductor /æb'dʌktər, əb-/ *kb.* penculik.

abeam /ə'biem/ *kk.* (ditengah) rusuk.

abegging /ə'beging/ *ks., kk.* tdk diinginkan. *Scholarships often go a.* Béasiswa-béasiswa sering tak dimanfaatkan.

aberrant /æ'berənt/ *ks.* yg menyimpang dari kebiasaan. *a. behavior* tingkahlaku yg menyimpang dari kebiasaan.

aberration /'æbə'reisyən/ *kb.* penyimpangan, penyeléwéngan, keluar-biasaan, sikap/tindakan yg berlainan.

abet /ə'bet/ *kkt.* (**abetted**) bersekongkol dgn. *He abetted his companion in the theft* Ia bersekongkol dgn temannya dlm pencurian itu.

abetment /ə'betmənt/ *kb.* penghasutan.

abettor /ə'betər/ *kb.* kakitangan, penolong dlm kejahatan.

abeyance /ə'beiəns/ *kb.* penundaan. **in a.** ter-

1

katung-katung, ditangguhkan. *The matter was held in a. until the committee presented its report* Masalah itu utk sementara ditangguhkan pembahasannya. menunggu sampai panitia menyampaikan laporannya.

abhor /æb'howr, əb-/ *kkt.* (**abhorred**) benci akan, tdk menyukai. *I a. his wickedness* Saya benci akan kejahatannya. *Nature abhors a vacuum* Alam tdk menyukai kehampaan.

abhorrence /æb'harəns, əb-/ *kb.* benci, kebencian, kejijikan, kemualan. *his a. of corruption* kebenciannya akan kecurangan.

abhorrent /æb'harənt, əb-/ *ks.* benci, jijik. *The murder was a. to him* Pembunuhan itu menjijikkan baginya.

abide /ə'baid/ (**abided** atau **abode**) *kkt.* (dipakai dlm négatip). *He can't a. his mother-in-law* Ia benci akan ibu mertuanya. —*kki.* 1 ada. *Hope still abides* Harapan masih ada. 2 tinggal, diam. *to a. in the forest* tinggal/berdiam di hutan. **to a. by** mematuhi, patuh/tunduk kpd. *to a. by the judge's decision* patuh kpd keputusan hakim. —**abiding** *ks.* kekal, tak kunjung hilang. *He has an a. interest in money* Ia mempunyai perhatian yg tak kunjung hilang thd uang.

ability /ə'bilitie/ *kb.* (*j.* -ties) 1 kecakapan, bakat, kemampuan. *He has the a. to advance in his job* Ia mempunyai kecakapan utk maju dlm pekerjaannya. 2 kemampuan. *He has the a. to buy a new car* Ia mempunyai kemampuan utk membeli mobil baru. 3 ketangkasan. *a. as a boxer* ketangkasan sbg petinju. 4 kesanggupan. *His a. is well known* Kesanggupannya terkenal. *to the best of o's a.* dgn segala daya upayanya.

abject /'æbjekt/ *ks.* hina (papa), hina dina, rendah. *a. poverty* kemiskinan yg hina papa.

ablative /'æblətiv/ *ks.* ablatif, kasus kelima.

ablaze /ə'bleiz/ *ks.* 1 terbakar berkobar-kobar. *The building was a.* Gedung itu sedang terbakar berkobar-kobar. 2 terang benderang. *The street was a. with lights* Jalan itu terang benderang.

able /'eibəl/ *ks.* 1 dapat, bisa, sanggup, mampu. *He's not a. to come* Ia tak dpt datang. *He's a. to pay* Ia sanggup membayar. 2 cakap, trampil. *an a. person* seorang yg cakap. *an a. speech* pidato yg cakap. 3 berwewenang. *A judge is a. to fine s.o.* Hakim berwewenang utk mendenda s.s.o. 4 yg menunjukkan kecakapan. *That is an a. piece of work* Itu suatu hasil karya yg menunjukkan kecakapan.

able-bodied *ks.* yg séhat dan tdk bercacad. *an a.-bodied male* 1 pria yg séhat dan tdk bercacad. 2 seorang laki-laki yg sanggup memanggul senjata. —**ably** *kk.* dgn/secara/cakap. *He served his country a.* Ia mengabdi kpd tanahairnya dgn/secara cakap.

ablution /æ'bluwsyən, əb-/ *kb.* pembersihan, pencucian. *ritual a.* wudu.

abnormal /æb'nɔrməl/ *ks.* 1 abnormal, anéh. *a. behavior* tingkahlaku yg tdk normal. *a. psychology* psikologi abnormal. 2 luar biasa, abnormal. *We've had an a. amount of rain* Kami mendapat hujan yg luar biasa banyaknya.

abnormality /'æbnɔr'mælətie/ *kb.* (*j.* -ties) 1 kelainan. *a. of the thumb* kelainan dari ibu jari. 2 ketidaknormalan.

aboard /ə'bowrd/ *kk.* 1 di (atas, dalam). *He was a. the ship* Ia berada diatas kapal. Ia didlm kapal. 2 naik. *He went a. the ship* Ia naik kapal. *Please get a. the bus* Naiklah di bis. Silahkan naik bis. *All a.!* Naik semua! Silahkan naik! Semua sdh naik!

abode /ə'bowd/ *kb.* 1 tempat kediaman. *This is my humble a.* Inilah gubuk saya. 2 lih ABIDE.

abolish /ə'balisy/ *kkt.* menghapuskan, mengakhiri, meniadakan. *to a. slavery* menghapuskan perbudakan.

abolishment /ə'balisymənt/ *kb.* penghapusan. *a. of secret organizations* penghapusan dari organisasi-organisasi rahasia.

abolition /'æbə'lisyən/ *kb.* penghapusan, pembasmian, abolisi. *a. of slavery* penghapusan dari perbudakan.

abolitionist /'æbə'lisyənist/ *kb.* anggota gerakan penghapusan s.s.t., seorang yg ingin menghapuskan s.s.t.

abominable /ə'bamənəbəl/ *ks.* buruk sekali (*of food, style*).

abomination /ə'bamə'neisyən/ *kb.* s.s.t. yg (sangat) dibenci. *Exams are an a.* Ujian adalah s.s.t. yg dibenci.

aboriginal /'æbə'rijənəl/ *kb.* orang asli. *He's an a.* Dia orang asli. —*ks.* asli, pribumi, *a. inhabitant* penduduk asli.

aborigine /'æbə'rijənie/ *kb.* orang asli, orang pribumi (biasanya sangat bersahaja).

abort /ə'bɔrt/ *kkt.* menggagalkan, menggugurkan. *The army aborted the revolt* Tentara menggagalkan pemberontakan itu. —*kki.* 1 gagal, gugur. *The uprising aborted* Pemberontakan itu gagal. 2 keguguran. *The pregnant woman aborted* Perempuan hamil itu keguguran.

abortion /ə'bɔrsyən/ *kb.* 1 (*miscarriage*) pengguguran kandungan, keluron, abortus, kegugurang. *to cause/produce an a.* menggugurkan anak/kandungan. *to have an a.* membuang hamil. 2 (*abortive attempt*) kegagalan.

abortionist /ə'bɔrsyənist/ *kb.* tukang menggugurkan kandungan, aborteur, aborteuse.

abortive /ə'bɔrtiv/ *ks.* gagal, séman. *a. attempt* percobaan yg gagal.

abound /ə'bawnd/ *kki.* **to a. in** berlimpah-limpah. *Fish a. in this lake* Ikan berlimpah-limpah di danau ini. **to a. with** penuh dgn. *The ship abounds with rats* Kapal itu penuh dgn tikus.

about /ə'bawt/ *kk.* 1 kira-kira. *It's a. five o'clock* Sekarang kira-kira jam lima. 2 hampir. *It's a. time to go* Sdh hampir waktu utk pergi. *The glass is a. full* Gelas itu hampir penuh. 3 baru saja mau. *He was a. to go when his mother came* Ia baru saja mau pergi ketika ibunya datang. 4 dimana-mana. *Don't throw cigarette butts a.* Jangan buang puntung rokok dimana-mana. 5 disana-sini. *His books were scattered a.* Buku-bukunya bertébaran disana-sini. 6 kesana-sini. *He's taking Margaret a. a lot these days* Dia sering membawa Margaret kesana-sini belakangan ini. **::** *Do you see anyone a.?* Apakah ada orang disitu? *He is somewhere a.* Ia berada disekitar tempat ini. **to be up and a.** bisa bergerak lagi. *Mind what you are a.* Hati-hati ttg apa yg akan kaukerjakan. —*kd.* 1 tentang, mengenai, perihal. *book a. electronics* buku ttg éléktronika. *The story is a. a young man* Ceritera itu mengenai seorang pemuda. *I know nothing a. the matter* Saya tdk tahu apa-apa mengenai hal itu. *What a.?* Mengenai apa? *What a. my lunch?* Bagaimana ttg makan siang saya? 2 berkisar pd. *The book is a. the sea* Buku itu berkisar pd laut. Buku itu membicarakan perihal laut. 3 (*around*) disekitar. *He walked a. his former dwelling place* Ia berjalan-jalan disekitar bekas tempat kediamannya. 4 karena. *He gets annoyed easily a. nothing* Dia lekas marah karena hal yg bukan-bukan/kecil. 5 berniat

(biasanya négatip). *I'm not a. to surrender* Saya tdk berniat utk menyerah. **::** *He went a. his job quickly* Ia mengerjakan pekerjaannya dgn cepat. *He sent her a. her business* Ia menyuruhnya keluar. *When the accident occurred, he had his wits a. him* Waktu kecelakaan itu terjadi, ia tdk kehilangan akal. *to go a. (the) town* berkeliling kota. *Get me a beer while you're a. it* Berilah saya bir, seraya sdr mengerjakan pelayanan (bir) itu. *This is how I go a. it* Beginilah cara saya mengerjakannya. *A. face!* Putar balik!
about-face *kb.* putar balik, berputar balik.
above /ə'bʌv/ *kb.* yg diatas. *Please read the a. before you sign* Silahkan baca tercantum diatas sblm sdr tandatangani. —*ks.* tersebut diatas. *The a. decision will be effective as of tomorrow* Keputusan tersebut diatas mulai berlaku bésok. —*kk.* (di) atas. *He lives a.* Ia tinggal diatas. *mentioned a.* tersebut diatas. *see a.* lihat diatas. *an order from a.* perintah dari atas. —*kd.* 1 diatas. *The plane flew a. the clouds* Kapal terbang melayang diatas awan. 2 bébas dari. *He is a. suspicion* Ia bébas dari kecurigaan. 3 lebih tinggi dari. *There is nothing in that shop a. $10* Harga barang-barang di toko itu tdk ada yg lebih mahal dari $10. 4 sukar, sulit. *This book is a. me* Buku ini terlampau sukar bagi saya. **::** *In her singing she can't get a. C* Nadanya menyanyi tak dpt melebihi nada C. *She is a. taking advice* Ia tdk suka minta naséhat. *He's not a. lying* Ia tak segan berbohong. *to drive a. the speed limit* menjalankan mobil meléwati batas kecepatan. *He's a. the age limit* Umurnya melebihi batas yg ditentukan. **a. all** 1 yg terpenting. *A. all, keep up your courage* Yg terpenting, kamu hrs tetap berani. 2 terutama sekali. *A. all, don't despair* Terutama sekali, jangan putus asa. **above-average** *ks.* lebih dari biasa. *a.-average intelligence* kepandaian yg lebih dari biasa.
aboveboard /ə'bʌv'bowrd/ *ks.* tulus hati, ikhlas, jujur. *His actions are a.* Perbuatan-perbuatannya adalah tulus hati. *The management of that business so far has proved a.* Pimpinan perusahaan itu sampai sekarang ternyata jujur.
aboveground /ə'bʌv'grawnd/ *ks., kk.* diatas (permukaan) tanah. *a. grave mound* tumpukan kuburan diatas tanah. *Some snakes live a.* Beberapa macam ular hidup diatas permukaan tanah.
abovementioned /ə'bʌv'mensyənd/ *ks.* yg tersebut diatas.
abracadabra /'æbrəkə'dæbrə/ *kb.* 1 omong kosong, bukan-bukan. 2 ucapan péndék yg dipakai sblm menyihir s.s.t. atau mengerjakan sunglap; simsala-bim.
abrasion /ə'breizyən/ *kb.* luka lécét, kegorés ringan. *a. of the skin* luka lécét pd kulit. *He suffered abrasions to the leg* Kakinya kegorés.
abrasive /ə'breisiv/ *kb.* 1 penggosok, alat pengempelas, ampelas. 2 penggosok, obat asah. —*ks.* kasar, kesat. *He has an a. manner about him* Pembawaannya sedikit kasar.
abreast /ə'brest/ *kk., ks.* to *march two a.* berbaris dua-dua. **to be a. of** mengikuti. *He is a. of the times* Ia mengikuti zaman. **to keep a. of/with** mengikuti. *He keeps a. of the news* Ia mengikuti berita.
abridge /ə'brij/ *kkt.* 1 meméndékkan, memperpéndék, menyingkatkan, mempersingkat. *to a. a novel* meméndékkan sebuah roman. 2 membatasi, mengurangi. *to a. s.o.'s rights* membatasi hak s.s.o. 3 mengikhtisarkan. *It's difficult to a. Indonesian history* Sukar mengikhtisarkan sejarah Indonésia. —**abridged** *ks.* yg disingkatkan. *an a. dictionary* kamus kecil.

abridg(e)ment /ə'brijmənt/ *kb.* 1 peméndékan, penyingkatan, (ke)singkatan. *a. of a dictionary* peméndékan kamus. 2 pembatasan, pelanggaran. *a. of human rights* pembatasan hak manusia.
abroad /ə'brɔd/ *kk.* 1 luar negeri. *He lives a.* Ia tinggal diluar negeri. *She goes a. every year* Ia pergi keluar negeri setiap tahun. 2 dgn luas. *Spread the news a.* Sebarkan kabar itu dgn luas. 3 tersiar, tersebar. *The news got a.* Kabar itu sdh tersiar. 4 meninggalkan rumah. *I was a early this morning* Saya meninggalkan rumah pagi-pagi hari ini.
abrogate /'æbrəgeit/ *kkt.* mencabut, membatalkan (*an amendment*).
abrogation /'æbrə'geisyən/ *kb.* pencabutan, pembatalan, penghapusan. *a. of a treaty* pencabutan perjanjian.
abrupt /ə'brʌpt/ *ks.* 1 kasar. *She has an a. manner with children* Sikapnya kasar thd anak-anak. 2 tiba-tiba, tak tersangka, mendadak. *He made an a. stop* Ia berhenti tiba-tiba. *He made an a. entrance* Ia masuk tiba-tiba. 3 curam, terjal. *an a. cliff* tebing (batu) yg curam. —**abruptly** *kk.* 1 dgn kasar. *He said it a.* Ia mengatakan itu dgn kasar. 2 dgn tiba-tiba. *He stopped a.* Ia berhenti dgn tiba-tiba.
abruptness /ə'brʌptnəs/ *kb.* 1 kekasaran, kekurangajaran (*of manner*). 2 kecuraman, keterjalan (*of a cliff*).
abs. 1 [*absent*] tak hadir, mangkir. 2 [*absolute*] mutlak. 3 [*abstract*] abstrak.
abscess /'æbses/ *kb.* absés, barah, bisul bernanah, bengkak bernanah. *to drain an a.* mengempiskan bisul. *to lance an a.* membelah/membuka/menusuk bengkak yg bernanah, menyayat bisul. *to turn into an a.* membisul, membengkak bernanah. —*kki.* menjadi absés, membisul. *The tooth abscessed* Gigi itu menjadi absés. —**abscessed** *ks.* kena absés, bengkak bernanah. *a. tooth* gigi yg bengkak bernanah.
abscissa /æb'sisə/ *kb.* absis.
abscond /æb'skand/ *kki.* melarikan diri dgn diam-diam. *He absconded with the money* Ia melarikan diri membawa uang itu.
absence /'æbsəns/ *kb.* 1 kemangkiran. *a. from class* kemangkiran dari kelas. 2 ketidakhadiran. *His a. was felt by all* Ketidakhadirannya dirasakan oléh semua orang. *during my a.* sepeninggal saya, selama saya bepergian. 3 ketiadaan, ketidakadaan, kekurangan. *The a. of light is darkness* Ketidakadaan cahaya menyebabkan gelap. 4 kekurangan. *a. of proof* kekurangan bukti-bukti.
absent /'æbsənt *ks.; * æb'sent *kkt.*/ *ks.* absén, mangkir, tak hadir. *Three were a. on account of illness* Tiga orang absén karena sakit. *Revenge is a. from his mind* Tdk ada perasaan dendam didlm hatinya. *a. without leave* mangkir tanpa izin. —*kkt.* meninggalkan. *to a. oneself from the room* meninggalkan diri dari kamar. **absent-minded** *ks.* 1 lupa-lupa, linglung, mengelamun. *He's very a.-minded* Ia amat pelupa. 2 pelupa, pelalai. *He's an a.-minded person* Ia bersifat pelupa.
absentee /'æbsən'tie/ *kb.* s.s.o. yg tak ada atau tak hadir di tempatnya. *a. landlord* pemilik tanah bukan penduduk daérah itu, tuan tanah yg bertempat tinggal di lain tempat.
absenteeism /'æbsən'tieizəm/ *kb.* (angka) ketidakhadiran, kemangkiran.
absentmindedness /'æbsənt'maindidnəs/ *kb.* kelinglungan.
absinthe /'æbsinth/ *kb.* absinth.
absolute /'æbsəluwt/ *kb.* **absolutes** *j.* hal-hal yg

mutlak (spt kebenaran, keadilan dsb). —*ks.* 1 penuh, sepenuhnya. *I have a. confidence in him* Saya menaruh penuh kepercayaan kepadanya. 2 mutlak. *a. power* kuasa mutlak. *a. right* hak mutlak. *a. temperature* suhu mutlak. 3 nyata. *There was a. proof that he....* Ada bukti yg nyata bhw dialah.... 4 pasti, tentu, positip. *I know this to be an a. fact* Saya tahu pasti. Saya tahu bhw ini pasti benar. 5 absolut. *a. pressure* tekanan absolut. 6 sebetulnya, sesungguhnya. *the a. truth* kebenaran yg sebetulnya. :: *He's an a. idiot!* Gila benar dia! Dia betul-betul sinting! *It's an a. scandal* Itu benar-benar suatu skandal. —**absolutely** *kk.* 1 sama sekali, betul, benar. *He's a. right* Ia benar sama sekali. 2 mémang, sepenuhnya. *Do you agree? A.* Apa setuju? Mémang.

absolution /ˈæbsəˈluwsyən/ *kb.* 1 absolusi. 2 pengampunan/permaafan dosa.

absolve /æbˈsalv, əb-/ *kkt.* membébaskan, memerdékakan. *He was absolved from his promise* Ia dibébaskan dari janjinya. *to a. s.o. from sin* mengampuni s.s.o. dari perbuatan dosa.

absorb /æbˈsɔrb, əb-, æbˈzɔrb, əb-/ *kkt.* 1 mengisap, menyerap. *The sponge absorbed the water* Bunga karang itu mengisap air. 2 menahan, menyangga. *The driver was able to a. the shock of the collision, thanks to his seat belt* Pengemudi itu sanggup menahan tekanan tubrukan, berkat tali pengikatnya. 3 menangkap, mengerti. *I can't a. everything he says* Saya tak dpt menangkap segala yg dikatakannya. *You cannot a. all the material in a single lesson* Tdk akan tertangkap seluruh pelajaran itu dlm satu kali belajar saja. 4 mengabsorbir, menampung. *The merchant absorbed the increase in costs* Pedagang itu menampung penaikan ongkos. *Agriculture absorbs 70% of the country's manpower* Pertanian menampung 70% dari seluruh tenaga kerja negeri itu. 5 memikat, mengasyikkan. *TV completely absorbs our child* TV samasekali memikat anak kami. 6 mengisap, menyedot, menghirup, membuat menyerap. *The acoustic tile absorbs the sound* Atap/Ubin akustik itu mengisap suara itu. —**absorbed** *ks.* asyik, terpikat. *He was a. in his book* Ia asyik dgn bukunya. —**absorbing** *ks.* 1 sangat menarik. *It's an a. story* Itu ceritera yg sangat menarik. 2 mengasyikkan. *His work is a.* Pekerjaannya mengasyikkan.

absorbent /æbˈsɔrbənt, əb-/ *ks.* pengisap. *That paper is a.* Kertas itu (bersifat) pengisap. **a. cotton** kapas pengisap/pembalut.

absorption /æbˈsɔrpsyən, əb-/ *kb.* 1 pengisapan, penyerapan, absorpsi. *a. of rainwater by the soil* pengisapan air hujan oléh tanah, penyerapan air hujan kedlm tanah. 2 penggabungan perusahaan kecil kedlm perusahaan yg lebih besar. 3 kekhusyukan, keasyikan. *a. in watching TV* tenggelam dlm keasyikan menonton TV, sedang asyik (benar) menonton TV.

absorptive /æbˈsɔrptiv, əb-/ *ks.* yg berh. dgn absorpsi. *a. capacity* daya absorpsi.

abstain /æbˈstein, əb-/ *kki.* 1 berpantang. *to a. from smoking* berpantang/berhenti merokok. 2 menjauhkan diri, tak memberi suara. *to a. from voting* tak memberi suara dlm pemilihan, tdk ikut memberi suara.

abstainer /æbˈsteinər, əb-/ *kb.* pemantang. *He's an a.* Ia pemantang alkohol.

abstemious /æbˈstiemieəs, əb-/ *ks.* bébas dari minuman keras.

abstention /æbˈstensyən, əb-/ *kb.* 1 absténsi. 2 suara blangko.

abstinence /ˈæbstənəns/ *kb.* pertarakan, pantang, pemantangan, penahanan nafsu.

abstract /ˈæbstrækt *kb.*, *ks.*: æbˈstrækt, əb- *kkt.*/kb.* ringkasan, intisari, ikhtisar. *a. of a novel* ringkasan (dari) sebuah roman. **in the a.** dlm/menurut téorinya. *Viewed in the a. it seems reasonable* Ditinjau menurut téorinya agaknya hal itu masuk akal. —*ks.* 1 abstrak. *a. idea* buah pikiran yg abstrak. *a. number* bilangan abstrak. *a. painting* lukisan abstrak. 2 mujarad. *"Justice" is an a. word* "Keadilan" adalah kata mujarad. —*kkt.* 1 meringkaskan, mengintisarikan, mengikhtisarkan. *to a. an article* meringkaskan sebuah karangan. 2 memisahkan. *to a. silver from silver ore* memisahkan pérak dari batu bijih pérak.

abstraction /æbˈstræksyən, əb-/ *kb.* 1 abstraksi, keniskalaan. 2 pemisahan, pemindahan.

abstruse /æbˈstruws, əb-/ *ks.* mus(y)kil, sulit dimengerti, mendalam. *Physics is an a. subject* Ilmu alam adalah mata pelajaran yg muskil.

abstruseness /æbˈstruwsnəs, əb-/ *kb.* kedalaman, kemuskilan.

absurd /æbˈsərd, əb-/ *ks.* 1 (*impossible, unreasonable, out of the question*) mustahil, tak masuk akal. *His request was perfectly a.* Permintaannya mustahil sekali. 2 (*ridiculous, laughable*) menggelikan, menertawakan. *She wore an a. hat* Topinya sangat menggelikan. *Don't be a.; of course you may go* Janganlah begitu bodoh, tentu saja kau boléh pergi. —**absurdly** *kk.* bukan main. *She's a. rich* Ia bukan main kayanya.

absurdity /æbˈsərdətie, əb-/ *kb.* (*yj* **-ties**) kemustahilan, keadaan yg bukan-bukan.

abundance /əˈbʌndəns/ *kb.* kelimpahan, keadaan berlimpah-limpah. *an a. of food* bahan makanan yg berlimpah-limpah. *to live in a land of a.* hidup dlm daérah yg kaya raya.

abundant /əˈbʌndənt/ *ks.* berlebih-lebih, berlimpah-limpah. *They have a. food for the winter* Meréka mempunyai makanan berlebih-lebih utk musim dingin. —**abundantly** *kk.* berlimpah-limpah, berlimpah-ruah. *Food is found a. in this part of the world* Makanan terdapat berlimpah-limpah di bagian dunia ini.

abuse /əˈbyuws *kb.*; əˈbyuwz *kkt.*/ *kb.* 1 penyalahgunaan, salah-pakai. *a. of authority* penyalahgunaan wewenang. 2 perlakuan kejam, siksaan. *a. of a child by a teacher* perlakuan kasar oléh guru thd anak. 3 makian. *to hurl abuse at o's neighbor* mengucapkan/melontarkan makian thd tetangganya, memaki-maki tetangganya. *to remedy an a.* memperbaiki tindakan yg salah. *carnal a.* siksaan badan(iah). —*kkt.* 1 (*misuse*) menyalahgunakan. *The policeman abused his authority* Polisi itu menyalahgunakan kekuasaannya. 2 (*mistreat*) memperlakukan dgn kasar/kejam/keji. *to a. a child* memperlakukan anak dgn kejam. 3 (*scold, insult*) memaki-maki, mencacimaki. *She's always abusing her neighbor* Ia selalu memaki-maki tetangganya. 4 mengkhianati. *She abused her friend's confidence* Ia mengkhianati kepercayaan temannya.

abusive /əˈbyuwsiv/ *ks.* kasar, kejam, menghina. *He used a. language* Ia memakai kata-kata kasar.

abut /əˈbʌt/ *kki.* (**abutted**) berbatas kpd, berbatasan. *The two yards a. upon e.o.* Dua halaman itu berbatasan satu sama lain.

abysmal /əˈbizməl/ *ks.* bukan kepalang. *His ignorance is a.* Kejahilannya bukan kepalang.

abyss /əˈbis/ *kb.* jurang ngarai yg dalam sekali.

A/C [*account current*] rékening koran.

A.C., AC /'ei'sie/ [*alternating current*] arus bolak-balik.

academic /ˌækə'demik/ *kb.* akadémikus, sarjana. *He's an a.* Ia akadémikus. *—ks.* 1 akadémis. *a. procession* arak-arakan akadémis. *a. profession* lapangan/jabatan akadémis. *a. degree* gelar akadémis. *a. freedom* kebébasan akadémis. 2 menurut téori, téorétis. *It's a purely a. matter* Hal itu hal yg menurut téori belaka. **a. year** tahun kuliah.

academician /əˌkædə'misyən/ *kb.* akadémikus, sarjana. **academicians** *j.* kaum akadémisi.

academy /ə'kædəmie/ *kb.* (*j.* **-mies**) 1 akadémi. *A. of Fine Arts* Akadémi Senirupa. *military a.* akadémi militér. 2 sekolah menengah (biasanya swasta/partikelir). *Phillips Exeter A.* Akadémi Phillips Exeter.

acc. 1 [*account*] rékening. 2 [*according*] menurut. 3 [*accusative*] kasus keempat, akusativ.

accede /æk'sied, ək-/ *kki.* 1 mengabulkan, menyetujui. *to a. to a request* mengabulkan permohonan. 2 naik. *He acceded to the throne* Ia naik takhta. 3 ikut serta. *That country acceded to the treaty* Negeri itu ikut serta persetujuan itu.

accelerate /æk'seləreit, ək-/ *kkt.* mempercepat, meladjukan. *to a. a car* mempercepat mobil. *to a. the growth of the economy* mempercepat pertumbuhan ékonomi. *—kki.* mempercepat jalannya. *The car suddenly accelerated* Mobil itu tiba-tiba mempercepat jalan. *—***accelerated** *ks.* yg dipercepat. *an a. course* kursus yg dipercepat.

acceleration /ækˌselə'reisyən, ək-/ *kb.* 1 percepatan, perlajuan (mobil, pertumbuhan ékonomi). *a. of gravity* percepatan gaya berat. 2 aksélerasi.

accelerator /æk'selə'reitər, ək-/ *kb.* pedal gas, aksélerator, alat pemercepat.

accent /'æksent *kb.*; 'æksent, æk'sent *kkt.*/ *kb.* 1 logat, aksén. *He speaks with an English a.* Ia berbicara dgn logat Inggeris. 2 tekanan. *The a. is on the first syllable* Tekanannya adalah pd suku kata yg pertama. 3 titik berat, tekanan. *The a. is on his health* Titik beratnya adalah pd keséhatannya. *acute a.* tekanan akut. *—kkt.* memberi tekanan pd, menekankan. *A. the last syllable* Tekankanlah suku yg terakhir. Berilah tekanan pd suku terakhir.

accentual /æk'sencuəl, ək-/ *ks.* beraksén. *Much poetry is a.* Kebanyakan puisi beraksén.

accentuate /æk'sencueit, ək-/ *kkt.* 1 menonjolkan. *A white dress accentuates an overweight figure* Baju putih menonjolkan badan gemuk. 2 menekankan (pd), mengutamakan, mementingkan. *to a. safety measures* menekankan (pd) tindakan-tindakan keselamatan.

accentuation /ækˌsencu'eisyən, ək-/ *kb.* 1 penekanan, tekanan. 2 penitikberatan.

accept /æk'sept, ək-/ *kkt.* 1 menerima (baik). *to a. an invitation* menerima undangan. *to a. a gift* menerima hadiah. *Will you a. the job?* Maukah sdr menerima pekerjaan itu? 2 menyetujui, mengabulkan. *I a. his point of view* Saya menyetujui pandangannya. *—kki.* menerima. *—***accepted** *ks.* yg tlh diterima oléh umum. *an a. custom* kebiasaan yg tlh lazim.

acceptability /ækˌseptə'bilətie, ək-/ *kb.* hal dpt diterima.

acceptable /æk'septəbəl, ək-/ *ks.* 1 dpt diterima, akseptabél. *The proposal was a.* Usul itu dpt diterima. 2 pantas, cocok. *He is an a. son-in-law* Ia menantu yg pantas.

acceptance /æk'septəns, ək-/ *kb.* 1 penerimaan. *a. of a gift* penerimaan hadiah. *a. of a faith* penerimaan kepercayaan. 2 sambutan, dukungan. *His speech*

found wide a. Pidatonya mendapat sambutan yg luas.

access /'ækses/ *kb.* jalan masuk. *There is a. to their yard* Ada jalan masuk ke halaman meréka. *The steps provided easy a. to the second floor* Tangga ini memberikan jalan yg mudah ke tingkat kedua. **::** *He has a. to all the files* Ia boléh mempergunakan seluruh arsip. *The flood cut off a. to the village* Banjir memutuskan hubungan ke désa itu. *difficult of a.* sukar didatangi.

accessibility /ækˌsesə'bilətie, ək-/ *kb.* hal dpt masuk, hal mudah dicapai.

accessible /æk'sesəbəl, ək-/ *ks.* 1 dpt diperoléh. *This information was not a. to me at the time* Pd waktu itu keterangan itu tdk dpt saya peroléh. 2 dpt menerima, dpt dicapai. *These people are a. to foreign influence* Rakyat ini dpt menerima pengaruh asing. 3 dpt diambil. *These books are a. to everyone* Buku-buku ini dpt diambil oléh semua orang. 4 mudah didatangi. *He is quite a.* Ia selalu bersedia menerima tamu. 5 dpt didatangi. *That island is a. only by water* Pulau itu hanya dpt didatangi melalui air.

accession /æk'sesyən, ək-/ *kb.* 1 penaikan. *a. to the throne* penaikan takhta. 2 tambahan. *list of accessions* daftar·buku tambahan. 3 pencapaian. *a. to power* pencapaian kekuasaan.

accessory /æk'sesərie, ək-/ *kb.* (*j.* **-ries**) 1 barang tambahan, alat ékstra. *The car has many accessories* Ada banyak alat-alat ékstra pd mobil itu. *a. kit* peti perkakas alat. *toilet accessories* alat-alat rias, a̍lat perawatan badan. 2 *Law:* kaki tangan.

accidence /'æksədəns/ *kb. Gram:* ilmu bentukkata saraf.

accident /'æksədənt/ *kb.* 1 kecelakaan. *car a.* kecelakaan didlm mobil. *a. insurance* asuransi kecelakaan. *Accidents will happen* Kecelakaan-kecelakaan akan terjadi. 2 kebetulan. *Our meeting was pure a.* Pertemuan kami secara kebetulan belaka. **by a.** kebetulan. *Just by a. I saw her come in* Kebetulan saja saya melihat dia masuk. **accident-prone** *ks.* mudah tertimpa kecelakaan, sering tertimpa bencana. **accident-proof** *ks.* tahan/kebal kecelakaan.

accidental /'æksə'dentəl/ *ks.* kebetulan. *an a. meeting* suatu pertemuan yg secara kebetulan. *It was purely a. that...* Itu suatu kebetulan saja bhw... *—***accidentally** *kk.* 1 (dgn) tdk sengaja. *She a. dropped the picture* Dgn tdk (di)sengaja dia menjatuhkan gambar itu. 2 (secara) kebetulan. *I a. saw him take it* Secara kebetulan saya melihat dia mengambil itu.

acclaim /ə'kleim/ *kb.* tepuk tangan sorak. *The people greeted the President with loud a.* Rakyat menyambut Présidén dgn (ber)tepuk tangan riuh. *—kkt.* 1 menyambut dgn gembira. *The crowd acclaimed the astronaut for his achievement* Rakyat menyambut astronot dgn gembira karena préstasinya. 2 menyatakan. *They acclaimed him a hero* Meréka menyatakan dia sbg pahlawan. 3 menyoraki. *They acclaimed the new champion* Meréka menyoraki juara yg baru.

acclamation /'æklə'meisyən/ *kb.* 1 aklamasi, suara bulat. *He was chosen by a.* Dia terpilih dgn/secara aklamasi. 2 sambutan gembira, sambutan dgn (ber)tepuk tangan. *Her suggestion was received with a.* Usulnya diterima dgn sambutan gembira.

acclimate /'ækləmeit, ə'klaimit/ *kkt.* menyesuaikan diri kpd suatu iklim. *He has already become acclimated* Ia sdh menyesuaikan diri kpd iklim setempat.

acclimatize /ə'klaimətaiz/ = ACCLIMATE.

accolade /'ækələeid/ *kb.* penghargaan, penghormatan, pujian. *to receive the a. of the crowd* menerima penghargaan orang banyak.

accommodate /əˈkamədeit/ *kkt.* 1 memuat, menampung. *This theater can a. 900 persons* Gedung bioskop ini dpt memuat 900 orang. 2 memberi akomodasi/penginapan. *Can you a. us for tonight?* Dapatkah sdr memberi kami akomodasi utk malam ini? Apakah sdr dpt menampung kami malam ini? 3 menolong. *He will a. me with a loan* Ia akan menolong saya dgn pinjaman. 4 menyesuaikan/mencocokkan diri. *He quickly accommodated himself to his new environment* Dgn segera ia menyesuaikan diri kpd sekitarnya yg baru. 5 mendamaikan. *to a. the disagreement between the two parties* mendamaikan pertengkaran diantara kedua pihak itu. —**accommodating** *ks.* peramah, baik hati, suka menolong. *He's very a.* Ia amat peramah. Ia amat suka menolong.

accommodation /əˈkaməˈdeisyən/ *kb.* 1 pertolongan, bantuan. *The loan was an a. for me* Pinjaman itu merupakan pertolongan buat saya. 2 penyesuaian diri. *a. to o's environment* penyesuaian diri kpd sekitarnya. 3 pergunaan. *The restaurant is for the a. of the hotel guests only* Réstoran itu dipergunakan oléh tamu-tamu hotél belaka. —**accommodations** *j.* akomodasi, penginapan. *We found accommodations in a small hotel* Kami mendapat penginapan di sebuah hotél kecil. *What are our accommodations like?* Bagaimana rupa akomodasi kami?

accompanied /əˈkʌmpənied/ lih ACCOMPANY.

accompanies /əˈkʌmpəniez/ lih ACCOMPANY.

accompaniment /əˈkʌmpənimənt/ *kb.* 1 iringan (bunyi-bunyian). *She played the piano a.* Ia bermain iringan piano. 2 menyertai. *Disease is the a. of old age* Penyakit menyertai umur tua.

accompanist /əˈkʌmpənist/ *kb.* pengiring.

accompany /əˈkʌmpənie/ *kkt.* (**accompanied**) 1 menemani, menyertai. *Who's accompanying your mother?* Siapa yg menemani ibumu? *He was accompanied by his sister* Ia didampingai oléh adik perempuannya. *His fever was accompanied by delirium* Panas demamnya disertai igauan. 2 mengiringi *(on piano).* —**accompanying** *ks.* yg mengiringi, yg mendampingi, yg menemani. *the a. symptoms* gejala-gejala yg menyertainya.

accomplice /əˈkamplis/ *kb.* kaki tangan, anték.

accomplish /əˈkamplisy/ *kkt.* 1 menyelesaikan, menyempurnakan. *I accomplished the job in New York* Saya menyelesaikan pekerjaan itu di New York. 2 menyelesaikan, mengerjakan. *He can a. a great deal in a week* Ia dpt menyelesaikan banyak dlm satu minggu. —**accomplished** *ks.* ulung, pandai. *a. pianist* pemain piano yg ulung. *an a. fact* suatu kenyataan yg tlh terjadi.

accomplishment /əˈkamplisymənt/ *kb.* 1 préstasi. *To have written such a book is a great a.* Menulis buku spt itu adalah suatu préstasi besar. 2 kepandaian, kecakapan. *Dancing is my new a.* Menari adalah kepandaianku yg baru. 3 penyelesaian, pencapaian. *the a. of an objective* penyelesaian s.s.t. tujuan. *difficult of a.* sukar tercapai/dilaksanakan.

accord /əˈkord/ *kb.* 1 persetujuan. *They acted in complete a. with him* Meréka berbuat dgn penuh persetujuan dgn dia. *to reach an a.* mencapai persetujuan. 2 keserasian. *The a. of light and shade in that painting was excellent* Keserasian cahaya dan bayangan dlm lukisan itu baik sekali. **in a. with** cocok/sesuai dgn. *His report is not in a. with the facts* Laporannya tdk cocok dgn kenyataan-kenyataan. **of o's own a.** dgn kehendak sendiri, atas kemauannya/tanggungannya sendiri. *She did it of her own a.* Ia mengerjakan itu atas kemauannya sendiri. **with one a.** dgn suara bulat, seia sekata. *They accepted the agreement with one a.* Meréka menerima persetujuan itu dgn suara bulat. —*kkt.* memberi, menyampaikan. *People a. praise to their heroes* Orang memberi pujian kpd pahlawan-pahlawan meréka. —*kki.* cocok, sesuai, selaras, seia-sekata. *My idea accords with yours* Pikiranku cocok dgn pikiranmu. **according to** menurut. *a. to the rules* menurut peraturan-peraturan. *a. to him* menurut dia. —**accordingly** *kk.* 1 sesuai dgn, demikian. *He was given instructions and acted a.* Ia diberi petunjuk-petunjuk dan ia berbuat sesuai dgn itu. 2 jadi, karena itu, maka. *He was too ill to go; a. he stayed* Ia terlalu sakit utk pergi, jadi ia tinggal di rumah.

accordance /əˈkordəns/ *kb.* **in a. with** 1 sesuai dgn, menurut. *We must pay in a. with the regulations* Kita hrs membayar sesuai dgn peraturan. 2 berkenaan dgn, sesuai dgn, memenuhi. *In a. with your request we...* Berkenaan dgn permintaan tuan kami....

accordion /əˈordieən/ *kb.* akordéon, harmonika tangan.

accordionist /əˈkordieənist/ *kb.* pemain akordéon.

accost /əˈkost/ *kkt.* 1 menyapa, menegor. *A beggar accosted him* Pengemis menyapa dia. 2 mendekati, mendatangi. *A stranger accosted the woman* Seorang yg tdk dikenal mendekati dan menyapa wanita itu.

account /əˈkawnt/ *kb.* 1 laporan, ceritera. *a. of the meeting* laporan ttg rapat itu. 2 catatan, rékening. *Keep an a. of your expenses* Catatlah pengeluaranmu. 3 uang, rékening. *He has a bank a.* Ia mempunyai uang di bank. *Please deposit $100 to my a.* Masukkanlah 100 dolar di rékening bank saya. 4 tanggungan, rékening, nama. *I want to pay $10 on my a.* Saya mau membayar 10 dolar atas/pd tanggungan saya. 5 harga, nilai. *Those stamps are of no a.* Perangko-perangko itu tdk berharga. 6 bagi/karena seorang. *Don't go on my a.* Jangan pergi karena saya. 7 perhitungan. *to keep accurate accounts* memegang perhitungan-perhitungan yg saksama. 8 *(charge)* *I have an a. at this store* Saya boléh berhutang di toko ini. **by all accounts** bagaimanapun juga, dipandang dari segala sudut. *By all accounts he was wealthy* Bagaimanapun juga ia kaya. **on a.** sbg angsuran. *He paid five dollars on a.* Ia membayar lima dolar sbg angsuran. **on a. of** karena, sebab. *The game was called off on a. of rain* Pertandingan dibatalkan karena hujan. *I bought the car on a. of her* Saya beli mobil itu karena dia. **on no a.** bagaimanapun juga tdk, sama sekali tdk. *On no a. must this letter be opened* Bagaimanapun juga surat ini tdk boléh dibuka. **for the a. and risk of** atas beban dan tanggungan. **on o's own a.** atas usaha sendiri. **to bring to a.** menyuruh mempertanggung-jawabkan tindakan-tindakan. *After carrying out several burglaries, he was brought to a.* Stlh melakukan beberapa pencurian (dgn pembongkaran), ia hrs mempertanggung-jawabkan perbuatan-perbuatannya. **to call to a.** dimintai pertanggungan jawab. *As a result of our mistake we will be called to a.* Karena kesalahan kita itu maka kita akan diminta pertanggungan jawab. **to take a. of** memperhatikan, mengindahkan. *One should take a. of the weather* Orang hrs memperhitungkan keadaan cuaca. **to take into a.** mengingat akan. *One must take everything into a.* Orang hrs memperhitungkan segala s.s.t. **to good a.** *He put his time to good a.* Ia mempergunakan waktunya baik-baik. **to turn to good a.** pandai memanfaatkan apa saja, pandai menarik keuntungan dari apa saja. **to give a good a. of o.s.** melakukan s.s.t. dgn sekuat tenaga. *He*

lost the race, but he gave a good a. of himself Dlm perlombaan lari ia kalah, tetapi ia bertanding dgn sekuat tenaga. **to leave out of a.** membiarkan diluar pertimbangan/perhatian. —*kkt.* menganggap, memandang sbg. *He is accounted a great man* Beliau dianggap sbg orang besar. **to a. for** 1 mempertanggung-jawabkan. *She must a. for her expenditures* Ia hrs mempertanggungjawabkan semua pengeluarannya. 2 menerangkan. *I can't a. for his strange behavior* Saya tdk dpt menerangkan kelakuannya yg anéh itu. 3 menyebabkan. *Drought accounts for the poor crops* Musim kering menyebabkan panén yg sedikit. **to a. to** mempertanggung-jawabkan kpd. *You must a. to your father for your actions* Kamu hrs mempertanggung-jawabkan perbuatan-perbuatanmu kpd ayahmu. **accounted for** dpt diberi keterangan yg memuaskan. *All are present or a. for* Semua hadir dan yg tdk hadir ada alasannya yg sah. —**accounting** *kb.* 1 akuntansi. 2 laporan. *to give. an a. of s.o's activities* menguraikan/melaporkan ttg kegiatan s.s.o. *There is no a. for tastes* Seléra tak dpt diuraikan. *a. machine* mesin hitung.
accountability /ə'kawntə'bilətie/ *kb.* keadaan utk dipertanggung-jawabkan, keadaan dpt dimintai pertanggungan-jawab.
accountable /ə'kawntəbəl/ *ks.* bertanggung-jawab. *He is a. for the child's unhappiness* Ia bertanggung-jawab atas kesusahan anak itu. *He is a. for every cent* Ia bertanggung-jawab atas setiap sén. *an a. official* pegawai wajibhitung.
accountancy /ə'kawntənsie/ *kb.* akuntansi, pembukuan.
accountant /ə'kawntənt/ *kb.* akuntan.
accouterments /ə'kuwtərmənts/ *kb. j.* perlengkapan-perlengkapan perajurit.
accredit /ə'kredit/ *kkt.* 1 memberi kuasa resmi kpd seorang wakil, mengangkat sbg wakil. *He was accredited as ambassador to France* Ia diangkat sbg duta besar di negeri Perancis. 2 mengakui (sesudah memenuhi sarat-sarat resmi). *This private school has been accredited by the Department of Education* Sekolah partikelir ini tlh diakui oléh Départemén Pendidikan. —**accredited** *ks.* yg diakui keahliannya, yg berijazah. *He is an a. engineer* Dia insinyur yg diakui keahliannya. *a. school* sekolah yg diakui pemerintah.
accreditation /ə'kredə'teisyən/ *kb.* 1 pengakuan. *a. of a school* pengakuan sekolah. 2 pengangkatan. *a. of our ambassador to Finland* pengangkatan dutabesar kita utk Finlandia.
accretion /ə'kriesyən, æ-/ *kb.* (per)tambahan, (per)tumbuhan. *The last part of the epic is a later a.* Bagian terakhir syair kepahlawanan itu adalah tambahan belakangan.
accrue /ə'kruw/ *kki.* bertambah, tumbuh. *Interest will a. with savings* Bunga akan bertambah dgn bertambahnya uang simpanan. *By that deed merit will a. to a Buddhist* Dgn amal yg demikian seorang penganut agama Budha akan memperoléh pahala.
acct. [*account*] rékening, uang di bank.
acculturate /ə'kʌlcəreit/ *kkt.* menyesuaikan diri (kpd adat kebudayaan baru atau kebiasaan asing).
acculturation /ə'kʌlcə'reisyən/ *kb.* akulturasi, penyesuaian diri.
accumulate /ə'kyuwməleit/ *kkt.* mengumpulkan, menghimpun (*wealth*). —*kki.* bertumpuk sedikit demi sedikit, mengumpul. *Dust accumulates on the table* Debu bertumpuk sedikit demi sedikit diatas méja.
accumulation /ə'kyuwmə'leisyən/ *kb.* 1 pengumpulan, penghimpunan, penimbunan. *a. of knowledge* pengumpulan pengetahuan. *a. of capital* penimbunan modal. 2 timbunan. *a. of dust* timbunan debu.
accuracy /'ækyərəsie/ *kb.* 1 ketelitian, kesaksamaan. 2 *a. of a report* ketelitian suatu laporan. 3 kecermatan, ketepatan. *The a. of his shooting was amazing* Ketepatan penémbakannya menghérankan.
accurate /'ækyərit/ *ks.* 1 teliti, cermat, saksama. *an a. bookkeeper* seorang pemegang buku yg teliti. 2 tepat. *That's not an a. statement* Pernyataan itu tdk tepat. *My watch is seldom a.* Arloji saya jarang tepat. —**accurately** *kk.* dgn teliti/saksama/tepat.
accurateness /'ækyəritnəs/ *kb.* ketelitian, kesaksamaan.
accursed /ə'kərst/ *ks.* terkutuk, keparat. *a. devil* syaitan terkutuk. *a. child* anak keparat.
accus. [*accusative*] akusatip.
accusation /'ækyə'zeisyən/ *kb.* tuduhan, penuduhan, (pen)dakwaan, dakwa. *What is the a. against him?* Apa tuduhan thd dia?
accusative /ə'kyuwzətiv/ *kb.* akusatip, penderita, kasus keempat. *a. case* kasus keempat.
accuse /ə'kyuwz/ *kkt.* 1 menuduh. *She was accused of taking the money* Ia dituduh mengambil uang itu. 2 menyalahkan. *He will a. you of doing it wrong* Ia akan menyalahkan engkau (karena) tlh salah melakukannya. —**the accused** *kb.* terdakwa, tertuduh. —*ks.* yg terdakwa. *the a. man* orang laki-laki yg terdakwa.
accuser /ə'kyuwzər/ *kb.* pendakwa, penuduh.
accustom /ə'kʌstəm/ *kkt.* membiasakan, menyesuaikan. *to a. o's ears to the noise* membiasakan telinganya kpd keributan. —**accustomed** *ks.* 1 biasa. *I am not a. to going to his house* Saya tdk biasa datang ke rumahnya. *He took his a. seat at the head of the table* Ia mengambil tempat dudukya yg biasa di ujung méja. 2 membiasakan diri. *He got a. to studying every night* Ia membiasakan diri utk belajar tiap-tiap malam.
ace /eis/ *kb.* 1 *Bridge:* kartu as. 2 *Tenn.:* pukulan service yg tak dpt dikembalikan. *to serve an a.* memukul service yg tak dpt dikembalikan. 3 ahli, jempolan, jago. *He's an a. at soccer* Ia seorang pemain sépakbola yg unggul. Ia jago pemain sépakbola. *Inf.:* **a. in the hole** trufkar, senjata ampuh (baginya). **to have an a. up o's sleeve** mempunyai kartu as sbg cadangan utk memenangkan permainan. **within an a. of** hampir, nyaris. *The car came within an a. of hitting him* Ia hampir ditubruk mobil itu. —*ks.* ulung. *a. pilot* penerbang yg ulung. —*a.* memukul service yg tak dpt dikembalikan oléh lawan. *to a. o's opponent* mengalahkan lawannya dgn pukulan service yg mematikan.
acerbity /ə'sərbətie/ *kb.* (*j.* **-ties**) 1 rasa masam. 2 kemarahan. *The a. of his remark astounded me* Ucapannya yg pedas itu mengejutkan (bagi) saya.
acetate /'æsəteit/ *kb.* asetat, cuka asam (garam), garam cuka.
acetic /ə'sietik/ *ks.* yg bersifat asetat. *a. acid* cuka, asam asetat.
acetylene /ə'setəlin/ *kb.* asetilén, gas karbid. *a. torch* lampu as etilén, tangkai las asetilén, api las karbid.
ache /eik/ *kb.* sakit. *His aches and pains are many* Banyak macam penyakitnya. —*kki.* 1 sakit. *My tooth aches* Gigiku sakit. 2 rindu. *My heart aches for you* Hati saya rindu padamu. 3 ingin sekali. *I am aching to go along* Saya ingin sekali ikut. :: *After that work I a. all over* Sesudah pekerjaan itu saya merasa

pegal seluruh badan. —**aching** *ks.* sakit, sakit-sakit-an. *a. back* punggung yg sakit.

achieve /ə'ciev/ *kkt.* mencapai. *to a. success* mencapai suksés.

achievement /ə'cievmənt/ *kb.* préstasi. *a technical a.* suatu préstasi téhnik.

Achilles /ə'kiliez/ *kb.* Achilles. *A. heel* kelemahan, sifat yg lemah. *A. tendon* urat keting.

achy /'eikie/ *ks.* sakit. *I feel a.* Saya merasa sakit (tdk énak badan). Saya sakit.

acid /'æsid/ *kb.* 1 asam, hamud. *a. stomach* perut yg kebanyakan zat asamnya. 2 *Sl.*: LSD. —*ks.* 1 asam, masam. *a. soil* tanah yg asam. *a. taste* rasa asam. 2 tajam. *She has an a. tongue* Lidahnya tajam. *an a. remark* pernyataan yg tajam. **a. test** batu uji. *The a. test of a dictionary is its usefulness* Percobaan berat bagi kamus adalah kemanfaatannya.

acidity /æ'sidətie, ə'-/ *kb.* (*j.* **-ties**) 1 kadar asam/masam. 2 keasaman. *a. of a lemon* keasaman jeruk. 3 ketajaman.

acknowledge /æk'nalij, ək-, ik-/ *kkt.* 1 mengakui. *to a. o's mistake* mengakui kesalahannya. *I a. his authority* Saya akui wewenangya. 2 menyatakan. *I wish to a. receipt of your letter* Ingin kunyatakan bhw surat sdr sdh kuterima. 3 menjawab. *He acknow-ledged my greeting with a wave of the hand* Ia menjawab salam saya dgn lambaian tangan.

acknowledgment /æk'nalijmənt, ək-, ik-/ *kb.* 1 pengakuan. *a. of guilt* pengakuan kesalahan. 2 penghargaan. *in a. of faithful service* sbg penghargaan atas jasa-jasa yg setia. 3 balasan, sambutan. *a. of a greeting* balasan atas salam. 4 surat tanda-terima. *I have your a. of the 15th* Saya sdh menerima surat tanda penerimaanmu yg bertanggal 15 itu. *in a. of your letter* dgn mengaku/menyatakan penerimaan surat sdr. —**acknowledgments** *j.* pernyataan-pernyataan tanda terima kasih.

ACLS /'ei'sie'el'es/ [*American Council of Learned Societies*] Déwan Perkumpulan Kesarjanaan Amérika.

acme /'ækmie/ *kb.* puncak. *the a. of success* puncak suksés/kejayaan.

acne /'æknie/ *kb.* jerawat.

acolyte /'ækəlait/ *kb.* pembantu pendéta pd upacara misa.

acorn /'eikərn/ *kb.* buah atau biji pohon ék.

acoustic /ə'kuwstik/ *ks.* akustik. *a. phonetics* fonétika akustik. *a. tile* genténg menyerap bunyi, genténg akustik.

acoustical /ə'kuwstikəl/ *ks.* = ACOUSTIC.

acoustics /ə'kuwstiks/ *kb.* ilmu suara, ilmu bunyi akustik.

acquaint /ə'kweint/ *kkt.* 1 memperkenalkan. *I acquainted him with his new job* Saya memperkenalkan dia dgn pekerjaannya yg baru. 2 mempelajari, mengetahui. *I wish to a. myself with the facts in the case* Saya ingin mempelajari fakta-fakta persoalan itu. 3 memberitahukan. *We acquainted him of the accident* Kami memberitahukan kepadanya ttg kecelakaan itu. **to be acquainted** saling mengenal. *We're acquainted* Kita saling mengenal. **to be acquainted with** 1 kenal (dgn). *I'm not acquainted with him* Saya tdk kenal dgn dia. 2 tahu, paham. *I'm not acquainted with the situation* Saya kurang paham ttg keadaan itu. **to become/get acquainted with** saling berkenalan. *I wish you and my brother could get ac-quainted* Saya ingin sdr. dan abang saya dpt saling berkenalan.

acquaintance /ə'kweintəns/ *kb.* 1 kenalan. *We are acquaintances* Kami kenalan. Kami tlh berkenalan.

to make the a. of berkenalan dgn. *I am happy to make your a.* Saya gembira sekali dpt berkenalan dgn sdr. *I'm sure I'll like her better on closer a.* Saya yakin akan menyukainya bilamana tlh berkenalan lebih lama. *He improves upon a.* Sikapnya bertambah baik stlh berkenalan. 2 pengetahuan, tahu. *I have some a. with chemistry* Saya mengetahui sedikit ttg kimia.

acquaintanceship /ə'kweintənsyip/ *kb.* 1 perkenal-an. *an a. of long standing* perkenalan yg lama. 2 pengetahuan. *an a. with several languages* pengeta-huan dgn beberapa bahasa.

acquiesce /'ækwie'es/ *kki.* menyetujui tanpa ban-tahan, setuju dgn bersikap diam. *We were forced to a. in their plan* Kita terpaksa menyetujui rencana meréka tanpa protés.

acquiescence /'ækwie'esəns/ *kb.* persetujuan tanpa protés/dgn diam-diam. *Our a. in their plan made us guilty too* Persetujuan kita tanpa protés thd rencana meréka membuat kita ikut bersalah.

acquiescent /'ækwie'esənt/ *ks.* yg menyetujui diam-diam. *She has an a. nature* Dia adalah seorang yg menyetujui diam-diam.

acquire /ə'kwair/ *kkt.* 1 memperoléh, mendapatkan. *to a. a lot of money* memperoléh uang banyak. *to a. a taste for...* memperoléh kegemaran utk.... *to a. some knowledge of Russian* memperoléh sekedar pengetahuan bahasa Rusia. 2 belajar. *He acquired several languages abroad* Ia belajar beberapa bahasa diluar negeri. —**acquired** *ks.* yg diperoléh. *To-bacco is an a. taste* Kegemaran merokok adalah kebiasaan yg diperoléh. *a. immunity* kekebalan buatan.

acquirement /ə'kwairmənt/ *kb.* kecakapan, kepan-daian yg diperoléh. *His language acquirements are astounding* Kecakapan bahasanya mengagumkan.

acquisition /'ækwə'zisyən/ *kb.* 1 kemahiran. *A. of a language is not easy* Menguasai bahasa tdk mudah. 2 tambahan, pendapatan. *That soccer player is an excellent a.* Pemain bola itu tambahan yg baik sekali. 3 tambahan buku-buku. 4 peroléhan, penerimaan. *a. of a first edition of the Divine Comedy* hal memperoléh sebuah penerbitan pertama dari "Divine Comedy."

acquisitive /ə'kwizətiv/ *ks.* 1 tamak, serakah. *He is very a.* Ia tamak sekali. 2 keras/gigih utk mem-peroléh s.s.t.

acquit /ə'kwit/ *kkt.* (**acquitted**) membébaskan. *The jury acquitted the man of the murder* Juri itu membébaskan orang itu dari tuduhan pembunuh-an. **to a. o.s.** 1 menjalankan tugas. *to a. o.s. well on the soccer field* menjalankan tugasnya dgn baik di lapangan sépakbola. 2 bertingkahlaku. *He ac-quitted himself well at the home of his in-laws* Tingkah-lakunya baik di rumah mertuanya.

acquittal /ə'kwitəl/ *kb.* 1 pembébasan. 2 pelunas-an. *a. of a debt* pelunasan utang.

acre /'eikər/ *kb.* ukuran tanah (=4840 yar persegi: 0.4646 ha).

acreage /'eikrij/ *kb.* luas ukuran atau jumlah luas tanah dlm acre.

acrid /'ækrid/ *ks.* 1 tajam. *a. odor* bau tajam. 2 pedas, sengit, tajam. *a. remarks* ucapan-ucapan yg pedas. 3 menjéngkélkan, mendongkolkan. *a. manner* kela-kuan yg mendongkolkan.

acrimonious /'ækrə'mownieəs/ *ks.* sengit, tajam. *a. debate* percékcokan sengit.

acrimony /'ækrə'mownie/ *kb.* (*j.* **-nies**) kesengit-an, ketajaman.

acrobat /'ækrəbæt/ *kb.* akrobat, penambul.

acrobatic /'ækrə'bætik/ *kb.* **acrobatics** *j.* bermain senam, kemahiran bertambul. —*ks.* akrobatis.

acronym /'ækrənim/ *kb.* akronim, singkatan yg dibentuk dari huruf-huruf kata uraian. *RADAR is an a.* RADAR adalah akronim.

acrophobe /'ækrəfowb/ *kb.* penggamang.

acrophobia /'ækrə'fowbiə/ *kb.* gamang, (rasa) takut akan jatuh dari tempat yg tinggi.

across /ə'krɔs/ *kk.* jarak lintas. *What is the distance a.?* Berapa jaraknya dari tepi ke tepi? **right a.** persis, tepat, meliwati. *I'll be right a.* Saya akan segera datang. **to get a.** menjelaskan. *He was unable to get a. to the group what he meant* Ia tdk sanggup menjelaskan kpd kelompok itu apa yg dimaksudkannya. **to put a.** membentangkan, menguraikan, mengutarakan. *He puts his points a. well* Ia menguraikan maksudnya dgn baik. —*kd.* diseberang. *He lives a. the street* Ia tinggal diseberang jalan. **a. the board** berlaku utk semua orang. *The pay raise occurred a. the board* Kenaikan gaji itu berlaku utk semua orang. —**across-the-board** *ks.* utk semua. *an a.-the-board raise* kenaikan gaji utk semua.

acrostic /ə'krɑstik/ *kb.* sanjak atau susunan kata-kata yg seluruh huruf-awal atau huruf-akhir tiap-tiap barisnya merupakan sebuah kata atau namadiri.

act /ækt/ *kb.* 1 perbuatan, fi'il, paal. *a generous a.* perbuatan/amal baik. 2 tindakan. *a. of faith* tindakan berdasarkan kepercayaan. *a. of war* tindakan/perbuatan perang. 3 babak. *the second a. (of a play)* babak yg kedua. 4 undang-undang, keputusan, penetapan. *a. of Congress* undang-undang parlemén. 5 main-main, pura-pura. *That was just an a. on her part* Dia hanya main-main saja. **in the a.** lagi, sedang. *He was in the a. of opening the door* Ia lagi membuka pintu. *He was caught in the a.* Ia tertangkap basah. *Inf.: Everyone wanted to get in the a.* Tiap orang ingin ikut serta. **to put on an a.** 1 memainkan peranan. 2 berpura-pura. —*kkt.* 1 memainkan peran. *He acted the part of a king* Ia memainkan peran raja. 2 main gila. *He acted the hero and saved the girl* Ia bertindak sbg pahlawan dan menyelamatkan gadis itu. **to a. o's age** bertindak sesuai dgn umurnya. 3 berpura-pura, berlagak. *He's acting a part* Ia berpura-pura. —*kki.* 1 bertindak, mengambil tindakan. *He acted at once* Ia bertindak seketika itu juga. *He acted badly at the party* Tingkahlakunya di pésta tidak baik. 2 memainkan peran dlm sandiwara itu. *He acted in the play* Ia memainkan peran dlm sandiwara itu. 3 berbuat. *He sometimes acts like a child* Kadang-kadang ia berbuat spt anak kecil. :: *The car engine is not acting well* Mesin mobil itu tdk baik jalannya. *The oil stove is acting funny* Kompor minyak itu agak aneh menyalanya. *He acted like a friend, so I trusted him* Ia bersikap sbg seorang teman, jadi saya mempercayainya. **to a. as** bertindak sbg. *He acts as proxy for his friend* Ia bertindak sbg wakil temannya yg tak dpt hadir. *Low gear acts as a brake* Persnéling satu bertindak sbg rém. **to a. as if** (sikapnya) seolah-olah. *He acts as if he didn't know us* Ia seolah-olah tak kenal kami. **to a. for** bertindak atas nama. **to a. on** 1 bertindak berdasarkan. *They will a. on the minutes of the last meeting* Meréka akan bertindak berdasarkan risalah rapat yg terakhir. 2 bertindak menurut. *I'll a. on your advice* Saya akan berbuat menurut naséhatmu. 3 mengurus. *I hope to a. on the matter soon* Mudah-mudahan saya dpt mengurus hal itu dgn segera. 4 menyebabkan terjadinya suatu prosés atas. *The acid acted on the metal* Zat asam menyebabkan terjadinya suatu prosés atas logam. *The wine acted (up)on me like a dope* Anggur itu mempengaruhi saya sbg obat bius. **to a. on a hunch** bertindak atas firasat. **to a. out** memainkan peranan, memerankan. **to a. up** 1 berlagak, tdk menyenangkan. *The child acted up at the table* Anak itu berlaku tdk pantas pd waktu makan. 2 ngacau. *The car acted up again and stopped* Mobil itu mulai ngacau lagi dan mogok. 3 sakit. *His arthritis is acting up again* Penyakit éncoknya kambuh kembali. **to a. upon** bertindak. *to a. favorably upon an application* memenuhi permohonan. **a. of God** takdir Allah. **Acts of the Apostles** Kissah Perbuatan Rasul-Rasul. —**acting** *kb.* A. *is a well-paid profession* Bermain sandiwara adalah pekerjaan yg penghasilannya baik. —*ks.* pj [pemangku jabatan], wakil. *a. mayor* pj walikota.

action /'æksyən/ *kb.* 1 tindakan, aksi. *Prompt a. saved many lives* Tindakan yg cepat menyelamatkan banyak jiwa. *holding a.* tindakan yg mempertahankan. *This is just a holding a. until the main force arrives* Ini hanya tindakan yg bertahan sampai pasukan induk tiba. 2 gerak. *capillary a.* gerak pipa rambut. 3 kekuatan. *the a. of water on rocks* kekuatan air atas karang. 4 tenaga. *The a. of the waves washed away the beach* Tenaga ombak menghanyutkan pesisir. 5 aksi, semangat, kegiatan. *The cowboy movie was full of a.* Pilem koboi itu penuh aksi (yg menggemparkan). **in a.** 1 dlm pertempuran. *He was killed in a.* Ia gugur dlm pertempuran. 2 sedang beraksi, bertempur. *It's fun to watch a good team in a.* Senang sekali melihat regu yg baik sedang beraksi. **to bring a.** mengambil tindakan, bertindak. *He brought a. against his landlord* Ia mengambil tindakan thd tuan tanahnya. **to go into a.** bertindak. *The police went into a. and stopped the riot* Polisi bertindak dan menghentikan kerusuhan. **out of a.** 1 tdk berjalan. *My watch is out of a.* Arlojiku tdk berjalan lagi. 2 tdk berdaya lagi, lumpuh. *The sergeant was put out of a. by a grenade* Sersan itu dilumpuhkan oléh sebuah granat. **to see a.** 1 mengalami pertempuran. *He saw a. in the Pacific* Ia mengalami pertempuran di Lautan Teduh. 2 mengambil bagian. *Because of his knee injury he saw little a. in the game* Karena lututnya luka ia tdk banyak mengambil bagian didlm pertandingan. **to take a.** mengambil tindakan, bertindak. *The mayor took a. on the matter* Walikota bertindak dlm persoalan itu. *If you do not pay your bill, we shall take a.* Kalau sdr tdk membayar rékening sdr, kami akan mengambil tindakan. **a man of a.** orang yg suka bertindak. —**actions** *j.* 1 tindak-tanduk, tingkah-laku. *His actions are those of a child* Tindak-tanduknya spt kanak-kanak. 2 tindakan-tindakan. *Actions speak louder than words* Perbuatan lebih meyakinkan drpd kata-kata belaka.

activate /'æktəveit/ *kkt.* 1 menggiatkan, menghidupkan, menggerakkan. *to a. an association* menggerakkan suatu perkumpulan. 2 meradioaktipkan.

activation /'æktə'veisyən/ *kb.* penggerakan, penggiatan. *a. of a military reserve unit* penggerakan dari suatu satuan cadang militér.

activator /'æktə'veitər/ *kb.* 1 penggerak, penggiat. 2 katalis.

active /'æktiv/ *ks.* 1 aktip, gesit, giat, bersemangat. *a. child* anak yg aktip. *He's unusually a. for his age* Utk seorang yg setua itu dia aktip sekali. *to take an a. part in* turut aktip dlm. 2 ikut giat. *a. member of a club* anggauta yg ikut giat dlm organisasi. 3 hidup, masih bekerja, aktip. *a. volcano* gunung berapi yg hidup. 4 cepat menjalar, giat. *a. disease* penyakit yg cepat menjalar. 5 keras, kuat. *an a. demand for rice* permintaan keras buat/thd beras. 6 aktip. *a. duty/service* tugas aktip, tugas. *He's still on a. duty* Ia masih (ber)dinas. *to be called to a. duty* diaktipkan kembali. *a. voice* bentuk aktip. 7 giat, ramai. *an a. market* pasaran/bursa yg giat.

activism /'æktəvizəm/ *kb.* aktipisme, aktivisme.

activist /'æktəvist/ *kb.* aktivis.

activity /æk'tivətie/ *kb. (j. -ties)*. 1 aktivitas, aktivitét, keaktivitétan. *physical a.* aktivitas jasmani. *a. on the stock market* aktivitas dlm pasaran bursa. 2 kegiatan. *His activities recently have made me suspicious* Kegiatan-kegiatannya belakangan ini mencurigakan bagi saya. *Exercise increases the heart's a.* Latihan menambah kegiatan jantung. *social a.* kegiatan sosial. 3 kesibukan, keramaian. *The a. increases here during the summer* Dlm musim panas kesibukan meningkat disini.

actor /'æktər/ *kb.* pemain/pelaku pria sandiwara atau film, aktor. *He was the chief a. in this event* Ia pelaku utama dlm kejadian ini.

actress /'æktris/ *kb.* pemain/pelaku wanita sandiwara/film.

actual /'ækcuəl/ *ks.* 1 sebenarnya. *The a. count was 25* Perhitungan sebenarnya ialah 25. *Our a. purpose was to go ahead* Maksud kami sebenarnya ialah utk mulai saja. 2 mémang betul-betul, sesungguhnya. *Multatuli was an a. person* Multatuli mémang betul-betul ada orangnya. :: *It's an a. fact that...* Sdh menjadi kenyataan, bhw.... *Let's take an a. case* Marilah kita ambil contoh keadaan yg nyata. *in a. fact* sebenarnya, pd hakékatnya. —**actually** *kk.* 1 benar-benar, betul-betul. *Do you believe he a. went alone?* Apakah kaupercaya ia betul-betul pergi sendirian? *Did he a. say that?* Apakah ia benar-benar berkata demikian? 2 sebetulnya, sebenarnya, sesungguhnya. *A. he did not go at all* Sebetulnya ia tdk pergi samasekali.

actuality /'ækcu'ælətie/ *kb. (j. -ties.)* keadaan yg sebenarnya/sesungguhnya. **in a.** sebenarnya. *He looks 30 but in a. he's 40* Ia kelihatannya umur tigapuluh, tapi sebenarnya ia umur empatpuluh.

actualize /'ækcuəlaiz/ *kkt.* mewujudkan, melaksanakan.

actuarial /'ækcu'ærieəl/ *ks.* yg berh. dgn penaksiran sblm penetapan asuransi. *a. statistics* statistik asuransi.

actuary /'ækcu'ærie/ *kb. (j. -ries)* aktuaris, penaksir yg kerjanya mempertimbangkan bahaya-bahaya, ongkos-ongkos dsb.

actuate /'ækcueit/ *kkt.* menggerakkan, menjalankan. *She was actuated by the finest motives* Ia digerakkan oléh alasan-alasan yg paling baik.

acuity /ə'kyuwətie/ *kb.* ketajaman.

acumen /ə'kyuwmən/ *kb.* kecerdasan, ketajaman. *business a.* ketajaman berdagang, kelihaian berusaha.

acupuncture /'ækyə'pʌngcər/ *kb.* pengobatan dgn tusukan jarum.

acute /ə'kyuwt/ *ks.* 1 akut. *He had a. appendicitis* Ia menderita usus buntu yg akut. *a. accent* aksén akut. 2 hangat, akut, genting, gawat. *an a. situation* keadaan yg hangat. *The situation became a.* Keadaan itu meruncing. 3 halus, tajam. *Her hearing is a.* Pendengarannya halus. *a. angle* sudut lancip/tajam. 4 teliti. *an a. observer* peninjau yg teliti. 5 perih, pedih. *an a. pain* sakit perih. —**acutely** *kk.*

He is a. aware of his weaknesses Ia benar-benar mengetahui ttg kelemahannya.

ad /æd/ *kb.* 1 (= *advertisement*) iklan, adperténsi. *to put/run an ad in a paper* memasang iklan dlm surat kabar. 2 *Tenn.:* (=*advantage*). *ad in* keuntungan utk yg serve. *ad out* keuntungan lawan.

A.D. [*Anno Domini*] T.M. [Tarich Maséhi] sesudah lahirnya Nabi Isa. *1967 A.D.* 1967 T.M.

adage /'ædij/ *kb.* pepatah, peribahasa.

adagio /ə'dajow/ *ks., kk.* perlahan-lahan.

Adam /'ædəm/ *kb.* manusia pertama. *I don't know him from A.* Saya sekali-kali tdk mengenalnya. *Adam's apple* lekum, halkum, jakun(g)

adamant /'ædəmənt, -mænt/ *ks.* tetap, tak berubah, tak mau menyerah. *He was a.* Ia tak mau merubah pikirannya.

adapt /ə'dæpt/ *kkt.* 1 membiasakan, menyesuaikan. *You must learn to a. yourself to the climate* Kau hrs belajar membiasakan diri pd iklim. 2 menyadur. *to a. a novel for a play* menyadur suatu roman utk sandiwara. 3 merubah. *He adapted his old car as a tractor* Ia merubah mobil tuanya menjadi traktor. —*kki.* menyesuaikan diri. *Children a. easily to new situations* Anak-anak dgn mudah menyesuaikan diri kpd keadaan baru.

adaptability /ə'dæptə'bilətie/ *kb.* pencocokan, penyesuaian. *His a. to changing conditions is remarkable* Kesanggupannya menyesuaikan diri kpd keadaan yg berubah mengagumkan.

adaptable /ə'dæptəbəl/ *ks.* dpt menyesuaikan diri. *He is very a.* Ia dpt menyesuaikan diri dgn mudah.

adaptation /'ædæp'teisyən/ *kb.* 1 penyesuaian (diri), pencocokan. *a. to o's surroundings* penyesuaian diri kpd lingkungannya. 2 saduran. *This a. is not good* Saduran ini kurang baik. 3 penyaduran. *the a. of a novel for the screen* penyaduran roman utk pilem. 4 perubahan.

adaptive /ə'dæptiv/ *ks.* dpt menyesuaikan diri. *He is quite a. to the new situation* Ia dpt menyesuaikan diri dgn mudah kpd keadaan baru itu. *a. coloring of a chameleon* warna bunglon yg dpt berubah-ubah menurut keadaan.

adapter, adaptor /ə'dæptər/ *kb.* 1 penyadur. 2 pencocok. *lens a.* pencocok lénsa.

ADC /'ei'die'sie/ [*aide-de-camp*] ajudan, pembantu.

add /æd/ *kkt.* 1 menjumlahkan. *Please a. these two columns of figures* Coba jumlahkan kedua kolom angka-angka ini. 2 menambahkan. *He added sugar to his coffee* Ia menambahkan gula pd kopinya. *Can you a. anything further to the remarks?* Apakah dpt kautambahkan hal-hal lain pd komentar-komentar itu? *Ada hal lain yg hendak dikatakan? A. it to my bill* Tambahkan itu ke rékening saya. 3 mengatakan lagi, menyambung. *"I like it," she added* "Saya suka itu," ia katanya lagi. —*kki.* 1 menambah. *Her new dress added to her appearance* Bajunya yg baru menambah semarak kpd romannya. 2 berjumlah. *He can a. and subtract* Ia dpt menambah dan mengurangkan. **to a. in** 1 memasukkan, mencampurkan. *to a. eggs in the dough* memasukkan telor kedlm adonan. *When she arranged a party, she added us in* Ketika ia mengadakan pésta ia memasukkan kami. 2 menambah, memasukkan. *A. in two tablespoons of sugar* Tambahlah gula dua séndok. **to a. on** menambahkan. *They added on two more coaches* Meréka menambahkan dua gerbong lagi. **to a. up** 1 menjumlahkan. *Please a. up the bill for me* Coba jumlahkan semuanya utk saya. 2 *Inf.:* berarti, ada artinya. *What he said does not a. up* Tak ada artinya apa yg ia katakan. **to a. up to** 1 (ber)-

jumlah. *It's going to a. up to more than I can afford* Jumlah akan lebih drpd yg saya dpt bayar. *What does it all a. up to?* Berapa jumlahnya semua? 2 *Inf.:* arti, maksud, tujuan. *His remarks do not a. up to anything* Perkataannya tak ada artinya. —**added** *ks.* yg ditambah. *a. attraction* hiburan tambahan.
adding *machine* mesin hitung/tambah/jumlah.
addendum /ə'dendəm/ *kb.* (*j.* **-nda**) lampiran, suplemén, (barang) tambahan.
adder /'ædər/ *kb.* ular biludak (berbisa).
addict /'ædikt/ *kb.* 1 pe(n)candu. *He's a drug a.* Dia pe(n)candu·obat bius. 2 pecandu. *She's a movie a.* Dia pecandu bioskop.
addicted /ə'diktid/ *ks.* kecanduan, ketagihan. *He's a. to (the use of) liquor* Dia kecanduan minuman keras.
addiction /ə'diksyən/ *kb.* kecanduan, ketagihan.
addition /ə'disyən, æ'-/ *kb.* 1 penjumlahan. *A. is easy* Penjumlahan adalah gampang. *My a. was wrong* Penjumlahanku salah. 2 tambahan (ruangan). *We have put on an a. to our house* Kami tlh menambahkan ruangan pd rumah kami. *He's a real a. to the soccer team* Dia adalah tambahan yg berharga kpd kesebelasan itu. *Whipped cream is a nice a. to jello* Slahrom baik sekali ditambahkan kpd agaragar. *We've had an a. to the family* Keluarga kami tlh bertambah. *the new a. to the family* tambahan anggota keluarga yg baru. **in a.** dan lagi, lagi/tambahan pula. *I'm going to New Delhi, and in a. I'm going to Jakarta* Saya akan ke New Delhi dan lagi saya akan ke Jakarta. **in a. to** disamping. *In a. to this job he has another one* Disamping pekerjaan ini dia mempunyai pekerjaan lain.
additional /ə'disyənəl, æ'-/ *ks.* tambahan, ékstra. *an a. room* tambahan kamar. *There is no a. charge for spare parts* Tdk ada ongkos tambahan utk onderdil. *a. reason* alasan lagi.
additive /'ædətiv/ *kb.* bahan tambahan. *Ethyl is an important a. to gasoline* Ethyl adalah bahan tambahan yg penting bagi bénsin.
addlebrained /'ædəl'breind/ *ks.* tak keruan, kacau, berkepala udang. *He's a.* Ia buntu pikiran.
address /ə'dres, 'ædres, *kb.*, *kkt.*; 'ædres *kb.*/ *kb.* 1 alamat. *His a. is Ithaca, N.Y.* Alamatnya Ithaca, N.Y. *a. book* buku alamat. 2 amanat, pidato. *the President's a.* amanat Présidén. —*kkt.* 1 mengalamatkan. *The letter was addressed to me* Surat itu dialamatkan kpd saya. 2 menujukan. *The remark was addressed to my friend* Ucapan itu tertuju kpd temanku. 3 berbicara, menegur. *He addressed me in an impolite manner* Ia berbicara pd saya dgn cara yg tdk sopan. 4 memanggil, menyapa, menyebut. *How do I a. an ambassador?* Bagaimanakah saya memanggil seorang duta besar? *to a. an audience* berpidato didepan hadirin. **to a. o.s. to** memusatkan perhatiannya pd, menghadapi. *He addressed himself to the task* Ia memusatkan perhatiannya pd pekerjaannya.
addressee /ə'dresie/ *kb.* sialamat.
Addressograph /ə'dresəgræf/ *kb.* mesin pencétak alamat.
adduce /ə'duws; ə'dyuws/ *kkt.* mengemukakan. *to a. sufficient evidence to convict the criminal* mengemukakan cukup bukti utk menghukum penjahat itu.
adenoids /'ædənoidz/ *kb.*, *j.* tumbuh-tumbuh adenoide.
adept /'ædept, ə'dept, *kb.*; ə'dept *ks.*/ *kb.* seorang ahli. *He is an a. at solving mathematical problems* Ia adalah seorang yg cekatan dlm memecahkan soal-soal matematika. —*ks.* 1 mahir. *a. at/in languages* mahir dlm bahasa. 2 cakap, mahir, ahli, trampil. *an a. golfer* seorang pemain golf yg cakap.
adeptness /ə'deptnəs/ *kb.* kemahiran, kecakapan, keahlian.
adequacy /'ædəkwəsie/ *kb.* kecukupan. *He questioned the a. of his income* Ia menyangsikan kecukupan penghasilannya.
adequate /'ædəkwit/ *ks.* 1 cukup, memadai. *My income is a.* Penghasilan saya cukup. 2 mampu. *a. to the task* mampu mengerjakan tugas. —**adequately** *kk.* cukup. *The house was a. furnished* Rumah itu cukup perabotannya.
adhere /æd'hir/ *kki.* 1 melekat, menémpél. *The stamp adhered to the envelope* Perangko itu melekat pd sampul itu. 2 setia, taat. *He adheres to his father's church* Ia setia kpd geréja ayahnya. 3 mengikuti, menganut. *to a. to a policy of neutrality* mengikuti politik nétral.
adherence /æd'hirəns/ *kb.* kesetiaan, ketaatan. *a. to a religion* kesetiaan pd agama.
adherent /æd'hirənt, əd-/ *kb.* pengikut, penganut.
adhesion /æd'hiezyən, əd'-/ *kb.* 1 adhési. 2 pelekatan.
adhesive /æd'hieziv/ *kb.* bahan perekat. *Some a. will keep the bandage in place* Sedikit bahan perekat akan menahan perban itu di tempatnya. *a. tape* pléstér, pita perekat. *a. capacity* daya merekat.
adhesiveness /æd'hiezivnəs/ *kb.* 1 keléngkétan, kelekatan. 2 daya merekat.
ad hoc /æd'hak/ *ks.* khusus utk s.s.t. maksud. *a. committee* panitia khusus.
ad infinitum /æd'infə'naitəm/ terus-menerus, tiada hentinya. *We can discuss this a.* Kita bisa perbincangkan hal ini terus-menerus.
ad interim /æd'intərəm/ sementara. *an a. report* laporan sementara.
adj. 1 [*adjective*] kata sifat, ajéktif. 2 [*adjunct*] ajun(g).
adjacent /ə'jeisənt/ *ks.* berdekatan, berbatasan. *the a. area* daérah berdekatan. *school a. to the house* sekolah berbatasan dgn rumah. *a. angles* sudut-sudut berdampingan.
adjectival /'æjek'taivəl/ *ks.* sbg kata sifat. *a. phrase* rangkaian kata sifat. *a. adjunct* keterangan benda.
adjective /'æjektiv/ *kb.* kata sifat, ajéktip. "*Pretty*" *is an a:* "Pretty" adalah suatu kata sifat.
adjoin /ə'join/ *kkt.* berdampingan/bergandéngan/ berbatasan dgn. *His room adjoins mine* Kamarnya berdampingan dgn kamar saya. —*kki.* bergandéngan, berdampingan. *The two rooms a.* Kedua kamar itu bergandéngan. —**adjoining** *ks.* 1 ditengahnya, diantaranya. *two bedrooms with a. bath* dua kamar tidur dgn kamar mandi ditengahnya. 2 berdampingan. *Do you have a. rooms?* Apa ada kamar yg berdampingan?
adjourn /ə'jərn/ *kkt.* menunda, menangguhkan. *The judge adjourns the session until tomorrow* Hakim menunda sidang itu sampai bésok. —*kki.* 1 ditunda. *The court adjourns until tomorrow morning* Sidang ditunda sampai bésok pagi. 2 istirahat, berlibur, tutup, resés. *After a long session Parliament adjourns for three weeks* Sesudah lama bersidang Parlemén istirahat selama tiga minggu. 3 berpindah tempat. *The lecture adjourned to another room* Kuliah itu pindah ke ruangan lain.
adjournment /ə'jərnmənt/ *kb.* 1 penundaan, penangguhan. 2 istirahat. 3 pemindahan tempat.
adjudge /ə'jʌj/ *kkt.* 1 memutuskan (secara hukum). *The Court adjudged the man insane* Pengadilan memutuskan orang itu gila. 2 menghukum. *The man was*

adjudged to death Orang itu dihukum mati. 3 memberikan atau menyerahkan secara/menurut hukum. *The car was adjudged to the legal owner* Mobil itu diberikan secara hukum kpd pemilik yg berhak.

adjudicate /ə'juwdəkeit/ *kkt.* bertindak sbg hakim utk memutuskan. *The UN was asked to a. the case* PBB diminta utk bertindak sbg hakim utk memutuskan hal itu.

adjudication /ə'juwdə'keisyən/ *kb.* keputusan hakim atau pengadilan. *an a. of bankruptcy* keputusan bangkrut.

adjunct /'æjʌngkt/ *kb.* 1 (barang) tambahan. *A radio is an a. to a car* Radio adalah suatu barang tambahan pd mobil. 2 kata atau kalimat keterangan. —*ks.* ajun(g), pembantu, asistén. *He is a. commissioner of police* Ia ajung komisaris polisi.

adjure /ə'jur/ *kkt.* meminta dgn sangat, mendesak. *He adjured her to tell the truth* Ia meminta dgn sangat spy ia mengatakan yg sebenarnya.

adjust /ə'jʌst/ *kkt.* 1 menyetél, mengatur. *Can you a. the carburetor?* Dapatkah kamu menyetél karburator? 2 membetulkan. *to a. a screw* membetulkan sebuah sekerup. 3 mengurus, menyelesaikan. *to a. a bill* mengurus rékening. 4 menyelesaikan. *to a. a quarrel* menyelesaikan pertikaian. —*kki.* 1 menyesuaikan/membiasakan diri. *I must a. to this climate* Saya hrs menyesuaikan diri pd iklim ini. 2 mengatur. *This tripod adjusts from 7" to 12" in height* Tinggi standar kaki tiga ini dpt diatur dari 7 hingga 12 inci. —**adjusted** *ks.* biasa. *He is a well-adjusted person* Ia adalah seorang yg tenang. Ia adalah seorang yg tlh dpt menyesusaikan diri dgn baik kpd lingkungannya. *a. income tax* pajak penghasilan yg dicocokkan.

adjustability /ə'jʌstə'bilətie/ *kb.* ketangkasan/kecakapan menyesuaikan diri.

adjustable /ə'jʌstəbəl/ *ks.* dpt disetél/disesuaikan/ dicocokkan. *This is an a. chair* Kursi ini dpt disetél.

adjuster /ə'jʌstər/ *kb.* penaksir dlm tuntutan kerugian biasanya dlm asuransi. *insurance a.* penaksir dlm tuntutan kerugian asuransi.

adjustment /ə'jʌstmənt/ *kb.* 1 penyesuaian diri, pencocokan. *social a.* hal menyesuaikan diri dgn keadaan disekitarnya. *a. to the new situation* penyesuaian diri pd keadaan yg baru. 2 alat penyetél. *an a. on the TV set to reduce the sound* alat penyetél pd TV utk mengecilkan bunyinya. 3 penyetélan. *The carburetor needs an a.* Karburator perlu penyetélan. *final a. of our account* perhitungan neraca terakhir dari rékening kami.

adjutant /'æjətənt/ *kb.* ajudan, ajidan. *a. general* ajudan jénderal.

adlib, ad-lib /æd'lib/ *kb.* pidato tanpa persiapan. *The whole lecture was an a.* Seluruh ceramah diucapkan tanpa persiapan. —*kki.* (**adlibbed**) berpidato tanpa persiapan. *He's good at ad-libbing* Dia pandai berpidato tanpa persiapan.

Adm. 1 [*administration*] tatausaha, administrasi, pemerintahan. 2 [*admiral*] laksamana. 3 [*admiralty*] Markas Besar AL.

administer /æd'minəstər/ *kkt.* 1 mengurus, mengelola. *to a. an estate* mengurus hartabenda. 2 menjalankan, melaksanakan, melakukan. *to a. justice* menjalankan keadilan. *to a. a beating* menjalankan pemukulan. 3 memberi(kan). *to a. first aid to* memberi pertolongan pertama dlm kecelakaan kpd. 4 mengambil. *to a. an oath* mengambil sumpah.

administration /æd'minə'streisyən/ *kb.* 1 administrasi, tatausaha. 2 pemerintahan. *The present a. will approve it* Pemerintahan sekarang ini akan menye-

tujuinya. 3 pelaksanaan. *a. of justice* pelaksanaan kehakiman. 4 pemberian. *a. of the sacraments* pemberian sakramén. 5 pengambilan. *a. of an oath* pengambilan sumpah.

administrative /æd'minə'streitiv/ *ks.* 1 administratip. *That's an a. matter* Itu soal administratip. *a. expenses* ongkos administrasi. *a. officer* penatausaha, pejabat tatausaha. 2 ketatausahaan. *from an a. point of view* dari sudut ketatausahaan.

administrator /æd'minə'streitər/ *kb.* pengatur, penyelenggara, pemimpin, pengurus, pengelola. *Besides being a good teacher, he is a very good a.* Disamping menjadi guru yg baik, ia seorang pengatur yg baik sekali.

admirable /'ædmərəbəl/ *ks.* mengagumkan, terpuji, dpt dikagumi. *His courage is a.* Keberaniannya mengagumkan. —**admirably** *kk.* dgn mengagumkan.

admiral /'ædmərəl/ *kb.* laksamana. *rear a.* laksamana muda. *vice a.* laksamana madya.

admiralty /'ædmərəltie/ *kb.* (*j.* -**ties**) 1 Départemén Angkatan Laut Inggeris. 2 Markas Besar Angkatan Laut di London. **a. court** mahkamah pelayaran. **a. law** hukum laut.

admiration /'ædmə'reisyən/ *kb.* 1 kekaguman, ta-'ajub. *I have great a. for her* Saya sangat mengagumi dia. 2 kebanggaan. *The team was the a. of the school* Kesatuan itu kebanggaan sekolah.

admire /æd'mair, əd-/ *kkt.* 1 mengagumi. *She admires him very much* Ia sungguh-sungguh mengaguminya. 2 memuji. *He admires her patience* Ia memuji kesabarannya. —**admiringly** *kk.* dgn (penuh rasa) kagum, dgn ta'a jub.

admirer /æd'mairər, əd-/ *kb.* 1 pengagum. *He's an a. of the President* Dia adalah seorang yg mengagumi Présidén. 2 penggemar. *He's an a. of her paintings* Dia adalah seorang penggemar lukisan-lukisannya. 3 pemuja. *She had many admirers but never married* Ia banyak sekali pemujanya, tetapi ia tak pernah kawin.

admissible /æd'misəbəl, əd-/ *ks.* 1 dpt diterima. *This evidence is not a. in court* Bukti ini tdk dpt diterima didlm pengadilan. 2 boléh masuk. *Only adults are a. to that club* Hanya orang-orang déwasa saja yg boléh masuk klab itu.

admission /æd'misyən, əd-/ *kb.* 1 hak atau izin masuk. *May I have a. to this room?* Boléhkah saya masuk kedlm kamar ini? *A. free!* Boléh masuk dgn cuma-cuma! 2 karcis masuk. *I paid a. to attend this movie* Saya sdh beli karcis utk film ini. *Do they charge (for) a.?* Apa kami hrs membayar utk masuk? Apakah dipungut bayaran masuk? 3 pengakuan. *a. of guilt* pengakuan kesalahan. *By his own a. he's a fine student* Menurut pengakuannya ia adalah pelajar yg baik sekali.

admit /æd'mit, əd-/ *kkt.* (**admitted**) 1 mengakui. *to a. guilt* mengakui bhw dia bersalah. *It must be admitted that the defeat was decisive* Hrs diakui bhw kekalahan itu menentukan. *Admitting that you were right is no particular help now* Mengakui kebenaranmu tak ada artinya lagi sekarang. 2 mengaku. *to a. defeat* mengaku kalah. 3 menerima. *He was admitted to the Law School* Ia tlh diterima di Fakultas Hukum. 4 memuat (dpt memberikan tempat). *This room admits four persons* Kamar ini memuat empat orang. *This elevator admits eight* Lift ini memuat delapan orang. 5 mengenal. *This regulation admits no exception* Peraturan ini tdk mengenal pengecualian. 6 berlaku utk. *This ticket admits two to all concerts* Karcis ini boléh dipakai oléh dua orang utk segala konsér. **::**

Law: to a. to the bar memberi wewenang utk berprakték sbg pengacara. *The port of Rotterdam admits very large ships* Pelabuhan Rotterdam dpt dimasuki oléh kapal-kapal yg amat besar. *It admits of no doubt* Tak dpt diragukan lagi. —**admitted** *ks.* yg diakui. *The high cost is the a. weakness of that project* Biaya yg mahal adalah kelemahan yg hrs diakui dari proyék itu. —**admittedly** *kk.* tak dpt disangkal. *A. that is a good book* Itu tak dpt disangkal adalah buku baik.

admittance /æd'mitəns, əd-/ *kb.* hak masuk. *No a.!* Dilarang masuk!

admixture /æd'mikscər, əd-/ *kb.* 1 campuran. *an a. of oil and water* campuran minyak dan air. 2 adonan.

admonish /æd'manisy, əd-/ *kkt.* 1 memperingatkan. *The policeman admonished the driver not to drive fast* Polisi memperingatkan pengemudi itu spy jangan cepat mengemudikan mobil. 2 mengingatkan. *She admonished him of his duty* Ia mengingatkan dia akan tugasnya. 3 menegur. *He admonished her for her carelessness* Ia menegur dia karena kelalaiannya.

admonition /ˌædmə'nisyən/ *kb.* 1 peringatan. 2 teguran. 3 naséhat (yg baik). *in the a. of the Lord* diperingatkan oléh Tuhan.

ad nauseam /æd'nɑsyieəm/ sampai membosankan/memualkan. *He talks a. about his relatives* Dia berbicara ttg sanak saudaranya sampai memualkan.

ado /ə'duw/ *kb.* ribut, héboh, beributan, kegaduhan. *Much a. about nothing* Ribut-ribut mengenai hal sepélé. *Without further a. let me present...* Tanpa berpanjang-panjang lagi izinkanlah saya memperkenalkan....

adobe /ə'dowbie/ *kb.* bata jemuran, sm batako. *a. wall* témbok dari bata jemuran.

adolescence /ˌædə'lesəns/ *kb.* masa remaja, keremajaan.

adolescent /ˌædə'lesənt/ *kb.* anak remaja. —*ks.* blm déwasa/matang. *His attitude is still a.* Sikapnya blm déwasa.

adopt /ə'dapt/ *kkt.* 1 mengambil, memakai. *They would like to a. a new system* Meréka sebenarnya ingin mengambil cara baru. *to a. a firm course of action* mengambil garis tindakan yg tegas. 2 mengangkat, memungut. *to a. a child* mengangkat anak. 3 menyetujui. *to a. a new plan for a club* menyetujui sebuah rencana baru utk perkumpulan.

adoption /ə'dapsyən/ *kb.* 1 pengangkatan, pemungutan, adopsi, *a. of a child* pengangkatan anak. 2 pemakaian. *a. of new rules* pemakaian peraturan-peraturan baru.

adorable /ə'dowrəbəl/ *ks.* manis (sekali), menawan hati, menarik. *She's simply a. in that dress* Ia sungguh manis dlm baju itu.

adoration /ˌædə'reisyən/ *kb.* 1 pemujaan, penyembahan. 2 cinta yg mendalam, cinta sejati. 3 pujaan. *My a. of her unselfishness is great* Pujaanku thd pribadinya yg tak mengenal kepentingan diri sendiri itu besar.

adore /ə'dowr/ *kkt.* 1 memuja. *to a. the gods* memuja déwa-déwa. 2 mencintai, cinta akan (*s.o.*). 3 *Inf.:* suka. *I a. Coca-Cola* Saya suka sekali Coca-Cola. 4 menyembah. *O come, let us a. Him* Marilah kita menyembahNya.

adorn /ə'dorn/ *kkt.* 1 menghiasi. *The Christmas tree was adorned with decorations* Pohon Natal itu dihiasi dgn perhiasan-perhiasan. 2 memperindah, menghiasi. *She was adorned with jewels* Ia diperindah dgn intan permata.

adornment /ə'dornmənt/ *kb.* 1 perhiasan. 2 dandanan.

adrenal /ə'drienəl, æ'-/ *ks.* yg berh. dgn adrenalin. *a. gland* kelenjar adrenalin.

adrenalin /ə'drenəlin/ *kb.* adrenalin.

adrift /ə'drift/ *ks., kk.* terapung-apung, hanyut terkatung-katung. *The boat was a.* Kapal itu hanyut terkatung-katung.

adroit /ə'droit/ *ks.* 1 cakap, tangkas, cekat. *He's a very a. player* Ia seorang pemain yg sangat tangkas. 2 cerdas, lihai, cerdik. *a. questioning* pertanyaan-pertanyaan yg cerdas.

adulate /'æjəleit/ *kkt.* memuji-muji berlebih-lebihan.

adulation /ˌæjə'leisyən/ *kb.* puji-pujian yg berlebih-lebihan (*of the crowd*).

adult /ə'dʌlt, 'ædʌlt/ *kb.* (orang) déwasa, déwasawan, akil-baligh. *She has grown into an a.* Ia tlh menjadi déwasa. *It was open only to adults* Terbuka hanya utk orang-orang déwasa. —*ks.* déwasa. *an a. movie/film* pilem utk orang déwasa. *a. education* pendidikan masyarakat.

adulterate /ə'dʌltəreit/ *kkt.* mencampuri, memalsukan. *to a. gasoline with water* mencampuri bénsin dgn air.

adulteration /ə'dʌltə'reisyən/ *kb.* percampuran (sehingga turun nilainya), pemalsuan.

adulterer /ə'dʌltərər/ *kb.* pezina, orang yg bermukah.

adulteress /ə'dʌltəris/ *kb.* pezina perempuan.

adulterous /ə'dʌltərəs/ *ks.* bermaksiat, berzina, bermukah, bergendak. *a. behavior* tingkah-laku yg berzina, perbuatan zina, permukahan.

adultery /ə'dʌltərie/ *kb.* (*j.* -**ties**) zina(h), perzina-(h)an. *to commit a.* berzina, menggendaki, bermukah.

adulthood /ə'dʌlthud/ *kb.* masa déwasa, kedéwasaan.

adumbrate /'ædəmbreit/ *kkt.* membayangkan.

adv. 1 [*adverb*] kata keterangan. 2 [*advertisement*] iklan. 3 [*advocate*] pengacara.

Adv. [*Advent*] musim Advén.

advance /æd'væns, əd-/ *kb.* 1 kemajuan. *advances in space science* kemajuan-kemajuan dlm ilmu angkasa luar. *an a. of nine miles* kemajuan sembilan mil. 2 kenaikan, penaikan. *a. of one cent a kilo* kenaikan satu sén tiap kilo. 3 cumbu-cumbuan, cumbuan, rayuan. *She repulsed his advances* Dia menolak cumbu-cumbuannya. 4 persekot, uang muka. *His boss gave him an a. on his salary* Majikannya memberi kpd dia persekot atas gajinya. —*ks.* 1 yg dulu, terdahulu, dimuka. *Please give us a. notice before you leave* Berilah kami kabar terlebih dahulu sblm sdr pergi. *without a. notice* tanpa memberitahukan terlebih dulu. 2 terdepan. *an a. section of a train* bagian keréta api yg terdepan. **in a.** 1 dimuka, dulu, dahulu. *Please pay the rent in a.* Silahkan membayar séwa dimuka. 2 sebelumnya. *I thank you in a.* Sebelumnya saya ucapkan diperbanyak terima kasih. **in a. of** 1 sebelum. *He will come in a. of me* Ia akan datang sblm saya. 2 mendahului, lebih dahulu/maju dari. *Einstein was in a. of his time* Einstein mendahului waktunya. —*kkt.* 1 memajukan. *to a. the country's welfare* memajukan kesejahteraan negeri itu. *to a. o's clock* memajukan jamnya. 2 mempercepat, mendahulukan. *to a. the date of a wedding* mempercepat tanggal kawin. 3 memberi. *to a. a loan* memberi pinjaman. 4 meminjamkan kpd, meminjami. *He advanced his friend ten dollars* Ia meminjami kawannya sepuluh dolar. —*kki.* 1 maju. *He wishes to a. rapidly* Ia ingin maju dgn pesat. *The work is advancing, but not very fast* Pekerjaan itu maju tapi tdk terlalu cepat. 2 naik, meninggi. *The price of postage has advanced 30 percent* Harga perangko sdh naik 30 persén. *to a. in rank* naik pangkat. *to a. from lieutenant to captain* naik pangkat dari létnan ke kaptén. *He advanced on me threateningly* Ia mendekati saya dgn sikap mengancam. —**advanced** *ks.* 1 maju, terdepan. *an a. observation post* pos pengintaian yg terdepan. 2 lanjutan, lebih maju dari yg lain. *an a. class* kelas lanjutan. 3 telah lanjut, tua. *an a. age* umur yg tlh lanjut. 4 parah. *an a. stage of a disease* penyakit yg tlh parah. *a. standing* penghargaan/pengakuan yg diberikan oléh universitas utk karja yg dikerjakan oléh seorang mahasiswa dilain tempat. *a. calculus* ilmu kalkulus tingkat tinggi.

advancement /æd'vænsmənt, əd-/ *kb.* 1 kemajuan, pemajuan. *a. of knowledge* kemajuan ilmu pengetahuan. 2 promosi, kenaikan pangkat. *His present position is a big a. for him* Kedudukannya yg sekarang adalah promosi yg besar baginya.

advantage /æd'væntij, əd-/ *kb.* 1 keuntungan. *What is the a.?* Apa keuntungan itu? *He has the a. of greater height* Ia lebih untung karena tubuh yg lebih tinggi. *His height gives him an a. over me* Tinggi badannya menguntungkan dia thd saya. 2 *Tenn.:* keuntungan. *to have an a. over* mempunyai kedudukan yg lebih baik drpd, lebih untung dari. **to use to good a.** mempergunakan sebaik-baiknya. *He used the information to good a.* Ia mempergunakan keterangan itu sebaik-baiknya. **to o's a.** menguntungkan s.s.o. *It is to my a. to take the trip* Melakukan perjalanan itu menguntungkan saya. **to take a. of** 1 mengambil (menarik) keuntungan dari. *He always takes a. of people* Ia selalu mengambil keuntungan dari orang. 2 mempergunakan kesempatan, menarik keuntungan dari. *I don't like to take a. of their good nature* Saya tdk suka menarik keuntungan dari kemurahan/kebaikan hati meréka. *He took a. of the lone woman* Ia mempergunakan kesempatan utk menggoda wanita yg kesepian itu.

advantageous /'ædvən'teijəs/ *ks.* menguntungkan, berfaédah, berguna. *an a. position* kedudukan yg menguntungkan.

advent /'ædvent/ *kb.* 1 kedatangan, datangnya. *the a. of spring* datangnya musim semi. 2 musim Advén.

adventure /æd'vencər, əd-/ *kb.* petualangan.

adventurer /æd'vencərər, əd-/ *kb.* 1 petualang, avonturir. 2 orang yg suka berspékulasi (mengadu untung). 3 prajurit yg bersedia menggabungkan dirinya pd tentara mana saja yg menawarkan bayaran yg paling tinggi.

adventuresome /æd'vencərsəm, əd-/ *ks.* = ADVENTUROUS.

adventurism /æd'vencərizəm, əd-/ *kb.* avonturisme.

adventurous /æd'vencərəs, əd-/ *ks.* 1 sangat berani (bersedia mengambil risiko). *He's an a. climber* Ia adalah pendaki yg sangat berani. 2 kepetualangan. *his a. nature/spirit* semangat kepetualangannya.

adventurousness /æd'vencərəsnəs, əd-/ *kb.* kepetualangan.

adverb /'ædvərb/ *kb.* kata keterangan/tambahan.

adverbial /æd'vərbieəl/ *kb.* bersifat kata keterangan/tambahan.

adversary /'ædvər'serie/ *kb.* (*j.* **-ries**) musuh, lawan. *He's a formidable a.* Ia adalah lawan berat/hébat.

adverse /'ædvərs/ *ks.* 1 merugikan. *The incident had an a. effect upon me* Kejadian itu mempunyai éffék yg merugikan saya. 2 bersifat bermusuhan. *a. criticism* keritik yg bersifat bermusuhan. 3 tdk cocok.

This medicine had an a. effect on me Obat ini tdk cocok pd badan saya. 4 yg berlawanan. *A. winds delayed the ship* Angin dari arah yg berlawanan melambatkan kapal itu.

adversity /æd'vərsətie/ *kb.* (*j.* **-ties**) kesengsaraan, kemalangan.

advertise /'ædvərtaiz/ *kkt.* 1 mengiklankan, mengadperténsikan. *That store advertises clothes* Toko itu mengiklankan pakaian. 2 menyatakan, memperlihatkan, menekankan. *His poor grammar advertises his weakness in language* Kekurangannya dlm tatabahasa menyatakan kelemahannya dlm bahasa. —*kki.* memasang iklan, mengiklankan. *to a. for a piano* memasang iklan utk mencari piano. *This firm advertises in the local newspaper* Perusahaan ini memasang iklan dlm surat kabar setempat. —**advertising** *kb.* periklanan, pemasangan iklan, réklame. *The company spends a lot on a.* Perusahaan itu mengeluarkan ongkos banyak utk pemasangan iklan. *a. salesman* tukang cari adperténsi, pencari iklan.

advertisement /'ædvər'taizmənt; əd'vərtismənt/ *kb.* iklan, adperténsi. *to place/insert an a. in* memasang iklan di.

advertiser /'ædvər'taizər/ *kb.* pemasang iklan.

advertize = ADVERTISE.

advice /æd'vais, əd-/ *kb.* 1 naséhat, adpis. *a. on a matter* naséhat mengenai suatu soal. 2 berita. *a. of shipment* berita pengiriman.

advisability /æd'vaizə'bilətie, əd-/ *kb.* kepantasan, kelayakan. *I question the a. of suggesting this just now* Saya meragukan apakah tepat utk menyarankan hal ini pd waktu ini.

advisable /æd'vaizəbəl, əd-/ *ks.* sebaiknya. *It would be a. for you not to go* Sebaiknya kamu jangan pergi.

advise /æd'vaiz, əd-/ *kkt.* 1 menaséhati. *I a. you not to take it* Saya menaséhati spy kamu jangan mengambil itu. 2 memberitahu, memaklumkan. *I advised him about the shipment* Saya beritahu padanya ttg pengiriman itu. *Please keep me advised* Tolonglah saya selalu diberitahu. 3 menaséhatkan. *She advised patience* Ia menaséhatkan spy sabar. 4 menganjurkan. *He advised distribution of the milk* Ia menganjurkan spy air susu itu dibagikan. 5 mempertimbangkan. —*kki.* menaséhatkan. *We shall do as he advises* Akan kami lakukan apa yg dinaséhatkan. —**advisedly** *kk.* dgn dipikir dulu, dipertimbangkan betul-betul. *I must tell you a.* Saya hrs katakan padamu dgn dipikir dulu.

advisee /æd'vaizie/ *kb.* orang yg dinaséhati.

advisement /æd'vaizmənt/ *kb.* pertimbangan. *I'll take that under a.* Saya akan pertimbangkan itu benar-benar.

adviser /æd'vaizər/ *kb.* penaséhat. *legal a.* penaséhat hukum.

advisor = ADVISER.

advisory /æd'vaizərie/ *kb.* (*j.* **-ries**) laporan. *weather a. from Buffalo* laporan cuaca dari Buffalo. —*ks.* sbg/bersifat penaséhat. *a. committee* panitya penaséhat. *a. report* laporan mengandung petunjuk-petunjuk. *in an a. capacity* dlm kedudukan sbg penaséhat.

advocacy /'ædvəkəsie/ *kb.* sokongan anjuran, pembélaan.

advocate /'ædvəkit *kb.*; 'ædvəkeit *kkt.*/ *kb.* 1 penyokong, penganjur. *an a. of socialism* penyokong sosialisme. 2 *Law:* pengacara. —*kkt.* menganjurkan, menyokong. *She advocates building more schools* Ia menganjurkan spy dibangun lebih banyak sekolah.

adz(e) /ædz/ *kb.* sm kapak atau beliung.

AEC /'ei'ie'sie/ [*Atomic Energy Commission*] Komisi Tenaga Atom.

aegis /'iejis/ *kb*. 1 perlindungan, pengayoman. *He's doing it under the a*. of *a certain organization* Ia mengerjakan itu dibawah perlindungan organisasi tertentu. 2 usaha, pengawasan, inisiatip. *a conference under the a*. of *a foundation* konperénsi atas usaha sebuah yayasan, konperénsi yg disponsori oléh sebuah yayasan.

aeon /'ieən/ *kb*. 1 suatu masa yg berabad-abad lamanya. 2 beribu-ribu tahun.

aerate /'eiəreit/ *kkt*. 1 menganginkan, memperanginkan. 2 mengisi atau mencampuri dgn gas/udara, mengisi angin. *to a. water at a reservoir* mencampurkan udara kedlm air di kolam cadangan.

aeration /eiə'reisyən/ *kb*. pengisian angin atau gas, penganginan, penjemuran.

aerial /'erieəl/ *kb*. anténa. *television a*. anténa TV —*ks*. udara. *a. photography* pemotrétan (dari) udara. *a. spraying* penyemprotan dari udara. *a. survey* pemeriksaan/pengintaian dari udara.

aerodynamics /'ærowdai'næmiks/ *kb*. (a)érodinamika, (ilmu) dinamika udara.

aerogram /'ærəgræm/ = AIR LETTER 1.

aeromedicine /'ærow'medəsin/ *kb*. = AVIATION MEDICINE.

aerometer /æ'ramətər/ *kb*. aerométer, pengukur berat atau padat udara atau gas-gas lain.

aeronautical /'ærə'nɔtəkəl/ *ks*. yg berh. dgn ilmu penerbangan atau aeronotika. *a. laboratory* laboratorium penerbangan. *a. engineering* ilmu téhnik aeronotika.

aeronautics /'ærə'nɔtiks/ *kb*. ilmu penerbangan, aeronotika, aeronautika.

aeroplane /'ærəplein/ *kb*. = AIRPLANE.

aerosol /'ærəsɔl/ *kb*. **a. bomb** bom érosol, alat penyemprot érosol.

aerospace /'ærəspeis/ *kb*. udara yg mengelilingi bumi lapisan udara. *a. medicine* cabang ilmu kedokteran yg mempelajari penyakit-penyakit di angkasa luar.

aesthete /es'thiet/ *kb*. éstétikus.

aesthetic /es'thetik/ *ks*. éstétis.

aesthetics /es'thetiks/ *kb*. éstétika.

aether /'eithər/ *kb*. = ETHER.

AF [*Air Force*] Angkatan Udara.

afar /ə'far/ *kk*. dari jauh. *I saw him from a*. Saya lihat dia dari jauh.

affability /'æfə'bilətie/ *kb*. keramah-tamahan, kebaikan hati, kesopanan.

affable /'æfəbəl/ *ks*. ramah-tamah, baik hati, sopan. *He's very a*. Ia sangat ramah-tamah.

affair /ə'fær/ *kb*. 1 urusan. *Office of Religious Affairs* Jawatan Urusan Agama. 2 urusan, pekerjaan. *He has many affairs to take care of* Ia banyak urusannya. *What I do is none of his a*. Apa yg saya kerjakan bukanlah urusannya. 3 kejadian, peristiwa, perkara, hal ihwal. *The party was a gay a*. Péstanya meriah. 4 (*love*) hubungan cinta/asmara, bercinta-cintaan. 5 keadaan, hal, usaha. *What is the state of affairs?* Bagaimana keadaan hal itu? *a disgraceful a*. suatu hal yg memalukan. *As affairs now stand, there isn't much we can do* Melihat keadaannya sekarang tak banyak yg dpt kami lakukan. 6 (*illicit*) hubungan gelap. *She's having an a. with a married man* Ia ada hubungan gelap dgn seorang yg tlh beristeri. 7 pertemuan. *The a. will be held on Thursday* Pertemuan itu akan diadakan pd hari Kemis. **a. of honor** perkelahian tanding.

affect /ə'fekt/ *kkt*. 1 mempengaruhi. *The amount of sunshine affects the growth of rice* Banyaknya sinar matahari mempengaruhi tumbuhnya padi. *His unfriendliness affected me greatly* Sikapnya yg tdk bersahabat sangat mempengaruhi perasaan saya. *How will this new regulation a. the situation?* Bagaimana pengaruh peraturan baru ini thd keadaan? 2 mengharukan. *That poem affected me deeply* Sajak itu sangat mengharukan saya. 3 pura-pura. *He affected a liking for me* Ia pura-pura suka sama saya. 4 memakai, mempergunakan. *to a. a British accent* memakai aksén/logat Inggeris. 5 merusak. *Too much drinking affects the kidneys* Terlalu banyak minum minuman keras merusak ginjal. —**affected** *ks*. 1 sok. *He puts on a. airs* Tingkah lakunya sok. 2 dibikin-bikin, dibuat-buat, pura-pura. *an a. tone of voice* nada suara yg dibikin-bikin.

affectation /'æfek'teisyən/ *kb*. pura-pura, sok aksi, dibuat-buat. *That's an a. on her part* Ia pura-pura saja. Itu hanya dibuat-buat saja.

affection /ə'feksyən/ *kb*. kesayangan, sayang, kasih, kasih-sayang, cinta. *The boy has great a. for his mother* Anak itu sangat sayang pd ibunya. *He gained his friend's a*. Ia dpt mengambil hati temannya. **to feel a. for/towards** merasa kasih sayang thd.

affectionate /ə'feksyənit/ *ks*. 1 mengharukan, *an a. farewell* perpisahan yg mengharukan. 2 yg penuh kasih sayang. *an a. child* anak yg penuh kasih sayang. —**affectionately** *kk*. 1 setia. *A. yours* (dlm surat) Temanmu yg setia. 2 dgn mesra. *She greeted her husband a*. Ia menyambut suaminya dgn mesra.

affidavit /'æfə'deivit/ *kb*. surat sumpah(an), pernyataan tertulis yg sah.

affiliate /ə'filieit *kb*.; ə'filieeit *kki*./ *kb*. cabang. *This club is an a. of one in the next town* Klab ini berhubungan dgn yg ada di kota yg berikut. Perkumpulan ini merupakan cabang dari perkumpulan di kota yg berikut. —*kki*. bergabung, menggabungkan diri. *to a. with a new organization* menggabungkan diri dgn/pd organisasi yg baru. —**affiliated** *ks*. yg bergabung. *RBS and its a. TV stations* RBS dan stasion-stasion TV yg bergabung padanya.

affiliation /ə'filie'eisyən/ *kb*. keanggotaan, affiliasi, pertalian, gabungan, perhubungan, persatuan. *a. with a leftist organization* pertalian dan sangkut paut dgn organisasi gerakan kiri. *What is your church a.?* Sdr termasuk golongan geréja apa?

affinity /ə'finətie/ *kb*. (*j*. -**ties**). 1 afinitas, daya tarik-menarik/gabung. *Atoms have an a. for one another* Atom tarik-menarik satu sama lain. 2 tertarik. *He has an a. for languages* Ia selalu tertarik kpd bahasa. *She has an a. for that type of man* Ia tertarik oléh orang semacam itu. 3 persamaan, pertalian keturunan. *Ape and man have affinities leading towards a common ancestor* Kera dan manusia memiliki persamaan yg menunjukkan nénékmoyang yg sama.

affirm /ə'fərm/ *kkt*. 1 menegaskan, mengiakan. *The accused affirmed his innocence* Terdakwa menegaskan ketidaksalahannya. 2 memperkokoh, mensahkan, menguatkan. *The Supreme Court affirmed the decision of the District Court* Mahkamah Agung menguatkan keputusan Pengadilan Daérah.

affirmation /'æfər'meisyən/ *kb*. penegasan, penguatan.

affirmative /ə'fərmətiv/ *kb*. pihak atau golongan yg menyetujui. *He's a member of the a. in the debate* Ia anggota golongan yg menyetujui dlm perdébatan itu. **in the a.** menyetujui, mengatakan "ya", mengiakan. *His reply was in the a*. Jawabnya "setuju/ya." —*ks.* setuju. *He gave an a. reply* Ia mengatakan "setuju/ya." *A. expressions are "yes", "of course", etc.* Ungkapan-ungkapan persetujuan ialah "ya", "tentu" dsb.

affix /'æfiks *kb.; ə'fiks kkt.| kb.* bubuhan, imbuhan. *Suffixes and prefixes are affixes* Akhiran dan awalan adalah bubuhan —*kkt.* 1 melekatkan, menambahkan, membubuhkan. *Please a. this picture to your application* Lekatkanlah potrét ini pd surat permohonanmu. 2 membubuhi. *to a. o's signature to* membubuhi tanda tangan pd.

affixation /'æfik'seisyən/ *kb.* afiksasi.

afflict /ə'flikt/ *kkt.* merundung, menyebabkan sakit atau derita, menimpa, mengenai. *He was afflicted by rheumatism* Ia menderita/tertimpa penyakit éncok. —**the afflicted** *kb., j.* orang-orang yg menderita.

affliction /ə'fliksyən/ *kb.* penderitaan, kesusahan, kemalangan, derita. *He kept his physical a. from everyone* Ia menyembunyikan penderitaan/kesakitan tubuhnya thd siapapun.

affluence /'æfluwəns/ *kb.* kekayaan, kemakmuran. *He's a man of a.* Ia orang kaya.

affluent /'æfluwənt/ *kb.* anak sungai. —*ks.* 1 makmur, berlebihan, berlimpahan, subur. *an a. society* masyarakat yg makmur. 2 kaya. *an a. person* seorang kaya.

afford /ə'fowrd/ *kkt.* 1 menghasilkan, memberi(kan). *His garden affords a good supply of tomatoes* Kebunnya menghasilkan tomat yg banyak sekali. *Moviegoing affords much enjoyment* Menonton film memberi banyak kegembiraan. 2 kuat, mampu. *We can't a. to buy a new car* Kami tdk mampu membeli mobil baru. 3 boléh. *They can't a. to fail this time* Kali ini meréka tak boléh gagal. 4 mengadakan, membuka, memberi. *Your questions a. an opportunity to clarify our views* Pertanyaan-pertanyaan sdr memberi kesempatan utk menerangkan pandangan-pandangan kami.

afforestation /ə'farə'steisyən, ə'fɔrə-/ *kb.* penanaman hutan.

affray /ə'frei/ *kb.* perkelahian, pertengkaran, ribut di tempat umum, keributan.`

affront /ə'frʌnt/ *kb.* penghinaan, hinaan. *That's an a. to all decent people* Itu penghinaan thd semua orang sopan. —*kkt.* menghina. *We were affronted by their attitude* Kita merasa terhina/dihina oléh sikap meréka.

afield /ə'field/ *kk.* 1 menyeléwéng, menyimpang. *That subject takes us too far a.* Hal itu amat menyeléwéng dari persoalan kita. 2 jauh. *He has gone far a.* Ia sdh pergi jauh sekali.

afire /ə'fair/ *kk.* terbakar, bernyala. *The house was a.* Rumah itu terbakar. *The President's speech set the people's spirit a.* Pidato Présidén membakar semangat rakyat.

AFL /'ei'ef'el/ [*American Federation of Labor*] Fédérasi Buruh Amérika.

aflame /ə'fleim/ *ks., kk.* 1 terbakar, bernyala, menyala. *The house was a. by then* (Pd) Waktu itu rumah itu sdh bernyala. 2 mérah, kemérah-mérahan. *His face was a. from blushing* Mukanya mérah karena malu. *The countryside was a. with color* Daérah pedésaan laksana terbakar oléh warna-warna mérah.

afloat /ə'flowt/ *ks. kk.* 1 terapung. *He tried to stay a.* Ia mencoba spy tetap terapung. 2 di laut, naik kapal, berlayar. *He was a. for 40 days before he reached land* Ia berlayar 40 hari sblm ia sampai di darat. 3 banjir, terendam. *The streets were a. after the heavy rain* Jalan-jalan banjir sesudah hujan keras. 4 tersebar, tersiar, berédar. *Rumors of the engagement were a. in town* Desas-desus ttg pertunangan itu berédar di kota.

aflutter /ə'flʌtər/ *ks., kk.* 1 berkibar (-kibar). *Flags were a. in the breeze* Bendéra-bendéra berkibar-kibar kena angin. 2 berdebar(-debar). *Her heart was a. with excitement* Jantungnya berdebar-debar karena gembira.

afoot /ə'fut/ *ks., kk.* 1 bangun, bergerak. *No one was a. at that early hour* Tak ada orang yg bangun sepagi itu. 2 sedang berjalan/dikerjakan. *Preparations for the picnic were a.* Persiapan utk piknik sedang berjalan. 3 akan datang/terjadi. *He knew an attack was a.* Ia tahu bhw serangan akan datang.

aforementioned /ə'fowr'mensyənd/ *ks.* tersebut (diatas, dimuka, tadi). *The a. were present* Yg tersebut tadi hadir. *the a. paragraph* ayat yg tersebut diatas.

aforesaid /ə'fowr'sed/ = AFOREMENTIONED.

afoul /ə'fawl/ *ks., kk.* berbentur, berlanggar, bertabrakan, terlibat. *to run a. of the law* mendapat kesukaran dgn hukum.

afraid /ə'freid/ *ks.* 1 takut, ketakutan. *I'm a. of the dark* Saya takut akan gelap. Saya ketakutan kalau gelap. 2 kuatir, rasa. *I am a. I can't come today* Saya rasa/kuatir harini saya tak dpt datang. *Don't be a.* Jangan khawatir.

afresh /ə'fresy/ *kk.* (sekali) lagi. *We'll start a.* Kita akan mulai (sekali) lagi.

Africa /'æfrəkə/ *kb.* Afrika.

African /'æfrəkən/ *kb.* orang Afrika. —*ks.* Afrika. *A. languages* bahasa-bahasa Afrika.

Afro-American /'æfrowə'merəkən/ *kb.* orang Négro-Amérika. —*ks.* Négro-Amérika. *A. culture* kebudayaan Négro-Amérika.

Afro-Asian /'æfrow'eisyən/ *ks.* Asia-Afrika. *the A. bloc* blok Asia-Afrika.

aft /æft/ *kk.* buritan, bagian belakang kapal. *We'll go a.* Kita pergi ke bagian buritan kapal. *The cabin is a. of the pilot house* Kamar ada dibelakang ruang pengemudi.

after /'æftər/ *ks.* (lama) kemudian. *In a. years he recalled the pleasure of his youth* Lama kemudian ia terkenang akan kesenangan-kesenangan hari mudanya. —*kk.* sesudah itu. *Two hours a., he was still there* Dua jam kemudian ia masih disana. —*kd.* 1 sesudah. *a. dinner* sesudah makan malam. *a. dark* sesudah malam hari. *A. this we'll be more careful* Sesudah ini kami akan lebih berhati-hati. *A. work he goes home* Sesudah kerja selesai, ia pulang. 2 tentang. *to ask a. s.o.* menanja ttg s.s.o. 3 menurut. *He wrote a. the manner of Hemingway* Ia menulis/ mengarang menurut cara Hemingway. 4 lebih rendah. *A captain comes a. a major* Kaptén lebih rendah dari major. 5 seperti, sama dengan, mirip, meniru. *She was named a. her grandmother* Ia dinamai spt nénéknya. 6 mencari. *What is he a.?* Mencari apa dia? *to go a. his dog* pergi mencari anjingnya. 7 karena, sebab, oléh karena. *A. the lies he told, who could believe him?* Karena kebohongan yg diceriterakan oléhnya, siapa yg akan percaya padanya? 8 berturut-turut. *one a. another* satu demi satu. *day a. day* dari hari ke hari, sehari ke sehari, tiap-tiap hari. 9 setelah. *A. consultation with a lawyer* Stlh dirundingkan dgn seorang pengacara. *A. all is said and done, what else could he do?* Stlh segala-galanya itu, apa lagi yg dpt dilakukannya? 10 léwat. *It's a. one* Sdh léwat jam satu. *It's half a. two* Sdh setengah tiga. **a. all** 1 bagaimanapun (juga), betapapun. *A. all, it wasn't my fault* Bagaimanapun itu bukan salah saya. *A. all I'm not asking much* Bagaimanapun juga saya tdk minta banyak. 2 akhirnya. *I don't think I'll go a. all* Akhirnya saya rasa saya tdk jadi pergi. 3 akhirnya, bagaimanapun juga. *A. all, I'm not as young as I once was* Bagaimanapun juga, saya tak lagi muda spt dulu. **to be after (s.o.) to** 1 mendesak. *His wife is a. him to ask for a raise* Isterinya mendesaknya minta kenaikan upah. 2 mengejar mencari s.s.o. *The police are a. him* Ia sedang dicari polisi. *He's a man a. my own heart* Ia seorang lelaki yg cocok dgn perasaan hatiku. :: *A. you!* Silahkan sdr dulu! *a. a fashion* asal jadi, tdk terlalu baik. —*ksam.* sesudah, setelah. *I will go a. he leaves* Saya akan pergi sesudah ia berangkat. *a. hearing...* (in decrees, etc.) mendengar.... **after-dinner, after-supper** *ks.* sesudah makan malam. *an a.-dinner speech* pidato sesudah makan malam. **after-work** *ks.* setelah bekerja. *a.-work relaxation* mengaso stlh bekerja. *a.-supper rest* istirahat sesudah makan malam.

afterbirth /'æftər'bərth/ *kb.* uri, tembuni.

afterdark /'æftər'dark/ *ks.* waktu malam, pd malam hari. *A. rides are prohibited* Mengendarai kendaraan pd malam hari dilarang.

afterdeck /'æftər'dek/ *kb.* bagian belakang kapal, dék belakang.

aftereffect /'æftərə'fekt/ *kb.* akibat yg datang kemudian. *The a. was noticeable* Akibat yg datang kemudian tampak.

afterglow /'æftər'glow/ *kb.* 1 cahaya yg tinggal sesudah s.s.t. barang yg bersinar hilang; mérah di langit sesudah matahari terbenam. 2 perasaan senang sesudah mengalami atau merasakan kesenangan. *The a. of the excellent wine lingered* Perasaan senang sesudah anggur yg sangat baik itu masih ada.

afterhours /'æftər'awrz/ *ks.* waktu sesudah jam kerja. *a. relaxation* mengaso sesudah jam kerja.

afterlife /'æftər'laif/ *kb.* akhirat, alam baka.

aftermath /'æftər'mæth/ *kb.* 1 akibat (yg umumnya buruk). *The a. of war is inflation* Akibat perang adalah inflasi. 2 buntut, ékor. *There will surely be an a. to that incident* Kejadian itu pasti ada buntutnya.

afternoon /'æftər'nuwn/ *kb.* (hari) soré. *Good a.!* Selamat soré! *I will come to the school this a.* Saya akan datang ke sekolah soré ini. *The game will be held in the a.* Pertandingan akan dilangsungkan pd soré hari. *a. tea* minum téh soré.

aftertaste /'æftər'teist/ *kb.* sisa rasa (rasa yg masih ketinggalan di mulut sesudah makan s.s.t.). *I don't like the a. of durian* Saya tak suka sisa rasa durian.

afterthought /'æftər'thɔt/ *kb.* renungan, pikiran kemudian. *It was just an a.* Itu hanyalah pikiran yg timbul kemudian.

afterwards /'æftərwərdz/ *kk.* sesudah itu, lalu, kemudian. *They came to tea and a. we went home with them* Meréka datang berjamu minum téh dan sesudah itu kami pulang bersama meréka.

AG 1 /æg/ [Agriculture] Pertanian. *He's a student in the Ag school* Ia mahasiswa pd Fakultas Pertanian. 2 [Agricultural] berh. dgn pertanian. 3 [silver] pérak.

Ag. 1 [Agriculture] Pertanian. 2 [August] Agustus.

A.G. 1 [Attorney General] Jaksa Agung. 2 [Adjutant General] Ajudan-Jénderal.

again /ə'gen/ *kk.* 1 lagi, sekali lagi, kembali. *It's nice to see you a.* Senang sekali bertemu lagi dgn kamu. *I told him a.* Saya katakan sekali lagi kepadanya. 2 pula, lagi. *Try a.* Coba lagi. *That's another matter a.* Itu hal lain pula. *What's his name a.?* Siapa (lagi)

namanya? *Never a. will I do anything like that* Tak akan pernah lagi kulakukan hal spt itu. 3 juga. *It may snow; then a. it may not* Mungkin akan ada salju, mungkin juga tdk. **a. and a.** berulang-ulang, berulang-kali, berkali-kali. *I told him a. and a. that he was wrong* Berulang-ulang tlh kukatakan padanya bhw dia keliru. **as much a.** sebanyak itu lagi. *It will cost you as much a. to have that car repaired* Akan makan ongkos sebanyak itu lagi bagimu utk memperbaiki mobil itu.

against /ə'genst/ *kd.* 1 melawan, berlawanan dgn, menentang. *The yacht sailed a. the wind* Perahu pesiar berlayar melawan angin. *I am a. everything he stands for* Saya menentang segala yg dibélanya. *His troops marched a. the enemy* Pasukannya maju menentang musuh. *I did it a. my better judgment* Kulakukan itu bertentangan dgn pertimbangan yg séhat. 2 melanggar. *That's a. the law* Itu melanggar hukum. *He crossed a. the red light* Ia menyeberang dgn lampu lalu lintas mérah. *There's no law a. sleeping* Tak ada undang-undang yg melarang tidur. 3 pada. *Please stand it a. the wall* Dirikanlah itu pd dinding. *to lean a. the wall* bersandar pd témbok. *The rain beat a. the window* Hujan jatuh pd jendéla. *His coat brushed a. some paint* Bajunya tergosok pd cat sedikit. *That painting shows up nicely a. a green background* Lukisan itu menonjol dgn indahnya pd latar belakang hijau. 4 untuk. *They hoarded a. a drought* Meréka menimbun utk musim kering. 5 terhadap. *An umbrella offers protection a. the rain* Payung adalah pelindung thd hujan. :: *He was warned a. lighting a match* Ia diperingatkan spy tdk menyalakan korék api. *Eggs are now 60 cents a dozen as a. 50 cents last month* Sekarang harga telur 60 sén selusin, dibandingkan dgn 50 sén pd bulan yg lalu.

agape /ə'geip/ *ks., kk.* ternganga, termangap, termangau. *He stood with mouth a.* Ia berdiri dgn mulutnya termangap.

agar-agar /'ægər'ægər/ *kb.* agar-agar.

agate /'ægit/ *kb.* (batu) akik.

agaze /ə'geiz/ *kk.* tercengang, melongo.

agcy [agency] *kk.* keagénan, agén, perwakilan.

age /eij/ *kb.* 1 umur, usia. *What is your a.?* Berapa umurmu? *State your a. and occupation* Terangkan umur dan pekerjaanmu. *He died at an advanced a.* Ia meninggal dlm usia lanjut. *Act your a.!* Bertindaklah sesuai dgn umurnya. *He should take it easy at his a.* Pd usianya yg sdh setua itu, seharusnya ia mengurangi kegiatannya. *He has a son your a.* Ada anak laki-lakinya yg sebaya dgn kamu. *a. of consent* akil/umur baligh. *a. of discretion* umur akil baligh (kira-kira 14 tahun). *a. of puberty* cukup umur, umur akil-baligh. *a. group* golongan umur. *the a. limit for driving* batas umur utk mengemudikan mobil. 2 kelanjutan, tua. *He felt his a.* Ia merasa ketuaannya. *He's showing his a.* Ia kelihatan tua. *She's past middle a.* Ia tlh léwat setengah tua. 3 zaman, masa, abad. *This is the space a.* Sekarang ini zaman angkasa luar. *The Stone A.* Zaman Batu. **of a.** 1 cukup umur, sdh sampai umur. *When will you be of a. to drive?* Bilakah kau akan cukup umur utk menyetir? 2 akil baligh. *That person has come of a.* Orang itu tlh akil baligh. —**ages** *j.* 1 abad. *the Middle Ages* Abad Pertengahan. *Niagara Falls was the work of ages* Air terjun Niagara adalah hasil kejadian selama berabad-abad. 2 *Inf.:* sdh lama sekali. *I haven't seen them in/for ages* Sdh lama sekali aku tak bertemu dgn meréka. *It took ages for him to get here* Lama sekali baginya utk sampai disini. 3 zaman. *past ages* zaman dahulu. *in ages past* pd zaman silam/dahulu. —*kkt.* mempercepat menjadi tua, menuakan. *Worry ages a person* Kesusahan mempercepat orang menjadi tua. —*kki.* 1 bertambah/menjadi tua. *She has aged a lot lately* Pd akhir-akhir ini ia banyak bertambah tua. 2 menyimpan, menua. *The wine must a. first* Anggur itu hrs disimpan lama dulu (sampai menua). —**aged** /'eijid/ *kb.* 1 orang-orang yg sdh lanjut umurnya. *home for the a.* rumah utk orang-orang yg lanjut umurnya. 2 jompo. *care of the a.* pemeliharaan jompo. *ks.* 1 /'eijid/ tua sekali, lanjut umurnya. *an a. gentleman* pria yg sdh tua, orang tua, orang yg sdh lanjut umurnya. 2 /eidjd/ *a. cheese* kéju simpanan. —**aging** *kb.* menyimpan lama, memeram. *A. of wine is important* Menyimpan anggur lama-lama adalah penting. *ks.* sdh lanjut usia, menjadi tua. *His a. father is ill* Ayahnya yg sdh lanjut usianya sakit. **age-long** *ks.* abadi, kekal, terus-menerus. *a.-long friendship* persahabatan yg abadi. **age-old** *ks.* sejak permulaan zaman, sejak dahulu kala. *It's an a.-old truth* Itu alasan kebenaran yg sdh diketahui sejak permulaan zaman.

ageless /'eijləs/ *ks.* 1 awét muda. *He looks a.* Ia awét muda. 2 yg selalu hidup, kekal, abadi, utk selama-lamanya. *an a. story* ceritera yg selalu hidup.

agency /'eijənsie/ *kb.* (*j.* **-cies**) 1 perwakilan, peragénan, agén. *He works for an automobile a.* Ia bekerja pd sebuah perwakilan perusahaan mobil. 2 perantara. *He got a job through the a. of well-placed friends* Ia mendapat pekerjaan dgn perantaraan teman-teman terkemuka.

agenda /ə'jendə/ *kb.* acara, agénda.

agent /'eijənt/ *kb.* 1 agén, wakil. *He is an a. for an insurance company* Ia wakil perusahaan asuransi. Ia mewakili perusahaan asuransi. Ia adalah agén dari sebuah perusahaan asuransi. 2 alat, perantara (yg menyebabkan s.s.t. keadaan). *Soap is a cleansing a.* Sabun adalah alat pembersih. *catalytic a.* suatu zat atau unsur yg bisa menimbulkan/mempercepat réaksi kimia. 3 polisi. *federal a.* seorang petugas hukum dari pemerintah fédéral (A.S.). *secret a.* resérsé, détéktip mata-mata (polisi). 4 pengantar. *a. of change* pengantar perubahan. *lubricating a.* (=LUBRICANT) bahan lumas. *press a.* jubir, juru-bicara. *a free a.* orang bébas. **a. noun** katabenda pelaku.

agglomerate /ə'glamərit/ *kb.*=AGGLOMERATION. —*kkt.* mengelompokkan, menggumpalkan. —*kki.* berkumpul, mengelompok, menggumpal.

agglomeration /ə'glamə'reisyən/ *kb.* pengelompokan, gumpalan, tumpukan.

agglutinate /ə'gluwtəneit/ *kkt.* melekatkan, meng-gumpalkan, merekatkan menjadi satu. —*kki.* mele-kat, berpaut, berpadu, bergumpal. **agglutinating** *language* bahasa yg berpadu.

agglutination /ə'gluwtə'neisyən/ *kb.* penggumpal-an, pergumpalan, perpaduan.

agglutinative /ə'gluwtə'neitiv/ *ks.* bersifat mele-katkan atau merekatkan.

aggrandize /ə'grændaiz, 'ægrəndaiz/ *kkt.* mem-perbesar kekayaan, memperluas kekuasaan. *The boss aggrandized his family at the expense of his employees* Majikan itu memperbesar kekayaan keluarganya atas penderitaan pegawai-pegawainya.

aggrandizement /ə'grændizmənt/ *kb.* pembesar-an, pengluasan, penaikan (kekuasaan, daérah, pangkat).

aggravate /'ægrəveit/ *kkt.* 1 menjéngkélkan, menya-kiti hati. *He likes to a. people* Ia suka menyakiti hati orang. 2 membuat lebih buruk, membiarkan menjadi-jadi, memperburuk. *He aggravated an old*

injury Ia memperhébat lagi sebuah luka yg lama. 3 tambah menjadi. *His anger was aggravated by a bad headache* Kegusarannya tambah menjadi karena sakit kepala yg berat. —**aggravating** *ks.* 1 (yg) menjéngkélkan. *That was most a.* Itu sangat men-jéngkélkan. 2 mengganggu. *I have an a. headache* Saya menderita sakit kepala yg mengganggu.

aggravation /'ægrə'veisyən/ *kb.* 1 perbuatan men-jéngkélkan, menyakiti hati, kejéngkélan, gang-guan. *Her singing was a great a. to me* Nyanyiannya sungguh menjéngkélkan saya. 2 tambah menjadi, bertambah, memperkeras. *The treatment caused an a. of the pain* Pengobatan itu menyebabkan rasa sakitnya bertambah.

aggregate /'ægrəgit *kb.*; 'ægrəgeit *kkt.*/ *kb.* 1 jum-lah, kumpulan, pengumpulan. *The a. of the gifts is $1,000* Jumlah sokongan adalah $1,000. 2 agrégat. *in the a.* dlm keseluruhannya bersama-sama, kesemuanya. *In the a. our team played well* Dlm keseluruhannya regu kita mainnya baik. —*kkt.* berjumlah, mencapai jumlah. *The gifts to the University will a. $1,000,000 this year* Sokongan-sokongan/Sumbangan-sumbangan utk Universitas akan berjumlah $1,000,000 tahun ini.

aggregation /'ægrə'geisyən/ *kb.* pengumpulan, koléksi, kesatuan.

aggression /ə'gresyən/ *kb.* agrési, penyerangan, serangan. *act of a.* perbuatan agrési. *to commit a.* melakukan agrési.

aggressive /ə'gresiv/ *ks.* 1 agrésip. *an a. political campaign* suatu kampanye politik yg agrésip. 2 giat, bersifat menyerang, penuh dng inisiatip.

aggressiveness /ə'gresivnəs/ *kb.* sifat/sikap agrésip.

aggressor /ə'gresər/ *kb.* agrésor, penyerang.

aggrieve /ə'griev/ *kkt.* (biasanya dipakai dlm bentuk pasip). membuat bersedih hati. *He was deeply aggrieved when he...* Ia sangat bersedih hati ketika ia.... —**aggrieved** *ks.* yg dirugikan. *Who's the a. person in this case?* Siapakah yg dirugikan dlm perkara ini?

aghast /ə'gæst/ *ks.* terperanjat, kagét, terkejut sekali. *I was a. at this statement* Saya terperanjat mendengar keterangan ini.

agile /'æjəl/ *ks.* 1 cerdas. *He has an a. mind* Ia cerdas sekali. 2 tangkas, gesit. *He's a. in sports* Ia tangkas dlm olahraga.

agility /ə'jilətie/ *kb.* 1 kecerdasan. *mental a.* kecer-dasan otak/méntal. 2 ketangkasan, kegesitan. *a. at sports* ketangkasan dlm olahraga, ketangkasan berolahraga.

agin /ə'gin/ *kk. Inf.*: 1 melawan, berlawan. *I'm a. it* Saya tdk setuju. 2 = AGAINST.

agitate /'æjəteit/ *kkt.* 1 menggerakkan (secara tdk teratur), menggoncangkan, mengaduk. *The breeze agitated the leaves* Angin menggerakkan daun-daun itu. 2 menggelisahkan, mengganggu, mengacau. *The unhappy news agitated her* Khabar yg tdk baik itu menggelisahkannya. 3 merangsang. *Brahms' music agitates my soul* Musik Brahms merang-sang jiwa saya. 4 mengagitasi, mengadakan (h)asutan. *The leader agitated the matter of shorter hours* Pemimpin itu mengadakan hasutan utk memperoléh jumlah jam kerja yg lebih péndék. —*kki.* beragitasi. *to a. for higher salaries* beragitasi utk kenaikan gaji. —**agitated** *ks.* tdk tenang, secara gelisah, terganggu. *She acted in an a. manner* Ia bertindak dgn cara yg gelisah.

agitation /'æjə'teisyən/ *kb.* 1 agitasi, (h)asutan. *a. for a shorter work week* agitasi utk pengurangan jam kerja dlm seminggu. *Her a. at her husband's delay* *was obvious* Jelas kelihatan kegelisahan/kebingungan pd wanita itu karena suaminya datang terlambat. 2 bergejolaknya, pergolakan (*of the water*).

agitator /'æjə'teitər/ *kb.* 1 agitator, penghasut. *labor* a. agitator buruh. 2 pemutar /penggerak pengaduk (dlm mesin cuci otomatis).

agleam /ə'gliem/ *ks. kk.*, bercahaya, bersinar, terang. *The main street was a. with lights* Jalan raya mandi cahaya karena lampu-lampu yg terang benderang.

aglow /ə'glow/ *ks. kk.*, menyala, bercahaya, bersinar. *The streets were a. with bright lights* Jalan-jalan penuh cahaya karena lampu-lampu yg terang benderang. *face a. with color* muka yg mérah menyala.

agnatic /æg'nætik/ *ks. Anthro.*: keturunan melalui fihak laki-laki saja.

agnostic /æg'nastik/ *kb.* seorang agnostis. —*ks.* agnostis.

agnosticism /æg'nastəsizəm/ *kb.* agnostisme, doktrin, faham atau sikap orang-orang agnostis.

ago /ə'gow/ *ks.* yg lalu/lampau, silam. *two years a.* dua tahun yg lalu. —*kk.* dulu, dahulu. *He took the course long a.* Sdh lama berselang ia mengikuti kuliah itu. *I saw him in town not long a.* Saya melihat dia di kota ini blm lama berselang. *He arrived a little while a.* Ia tiba baru-baru ini. *How long a. is it since he finished school?* Tlh berapa lama berselang ia menyelesaikan sekolahnya? *As long a. as 1900...* Sdh sejak tahun 1900...

agog /ə'gag/ *ks.* gembira, gairah, antusias, senang sekali. *We were all a. at the news* Kami semua gembira sekali mendengar khabar itu.

agonize /'ægənaiz/ *kki.* menderita sekali. *to a. over the matter* menderita sekali karena hal itu. *an agonizing reappraisal* penilaian kembali yg terasa sbg azab.

agony /'ægənie/ *kb.* (*j.* -**nies**) 1 nyeri sekali, penderitaan yg mendalam. *The fractured bone was a. to him* Tulang yg patah itu nyeri sekali baginya. 2 kesakitan. *My shoes hurt so, I'm in a.* Sepatu saya sempit, saya kesakitan sekali. 3 perjuangan bersusah payah. *Let's get the a. over with* Marilah kita berjuang mengatasi krisis itu. *in an a. of joy* dlm kegembiraan yg meluap-luap. *mortal a.* sakaratulmaut.

agrarian /ə'græriən/ *kb.* seorang penduduk yg menyokong gagasan pembagian tanah. —*ks.* agraria. *a. affairs* urusan agraria. *a. law* hukum agraria.

agree /ə'grie/ *kkt.* mengaku(i). *He agreed that he had been careless* Ia mengaku bhw ia tlh bertindàk sembrono. *You'll a. that this is the best plan, won't you?* Engkau dpt menyetujui bhw inilah rencana yg terbaik, bukan? —*kki.* 1 setuju, akur, cocok. *We don't always a.* Kami tdk selalu setuju. *He agreed* Ia akur. *These answers do not a.* Jawaban-jawaban ini tdk cocok. 2 sependapat. *Both reports a. on the seriousness of the matter* Kedua laporan sependapat bhw hal itu sungguh-sungguh serius. 3 menyetujui. *He agreed to go* Ia sdh menyetujui utk pergi. *In Latin nouns and adjectives a. in number and gender* Dlm bahasa Latin kata-kata benda dan kata-kata sifat sesuai dgn bentuk jumlah dan jenisnya. **to a. about** bermufakat, menyetujui/bersepakat ttg. *We agreed about the terms* Kami bersepakat ttg syarat-syarat. **to a. on** bermufakat. *to a. on a settlement* mencapai persetujuan ttg penyelesaian. **to a. to** setuju pd, menyetujui. *I will a. to a-meeting next week* Saya setuju diadakan rapat minggu depan. *Will you a. to the terms?* Apakah sdr akan menyetujui syarat-syarat itu? **to a. with** 1 setuju, memupakati. *I'll have to a. with*

you Saya hrs setuju dgn kau. 2 menurutkan, tergantung pd. *In German the adjective agrees with the noun it modifies* Dlm bahasa Jerman bentuk kata sifat hrs menurutkan bentuk kata benda yg diterangkannya. 3 cocok/sesuai/serasi utk. *Onions don't a. with me* Bawang tdk serasi utk saya. *This climate agrees with him* Iklim ini serasi baginya. —**agreed** *ks.* 1 yg tlh disetujui, dimufakati. *the a.(-upon) price* harga yg tlh disetujui. 2 akur. *A.?* Akur? Setuju?

agreeable /ə'grieəbəl/ *ks.* 1 ramah(tamah), menyenangkan sekali. *She is an a. person* Ia adalah s.s.o. yg menyenangkan. 2 cocok, serasi. *It is an a. arrangement* Rencana ini cocok. 3 (bersedia) menyetujui. *We nope you will be a. to our request* Kami harap anda akan menyetujui permohonan kami. —**agreeably** *kk.* secara menyenangkan, secara yg dpt disetujui. *I was a. surprised by his attitude* Saya héran bercampur senang melihat sikapnya.

agreement /ə'griemənt/ *kb.* 1 persetujuan, permufakatan, perjanjian. *to sign an a.* menandatangani persetujuan. *They have come to or have reached an a.* Meréka tlh mencapai persetujuan. *by mutual a.* atas/dgn persetujuan keduabelah pihak. *to conclude or enter into an a.* mengadakan persetujuan. *as per a.* menurut persetujuan. *verbal a.* persetujuan secara lisan. *written a.* persetujuan tertulis. 2 persesuaian, cocok, sesuai. *The two are in a.* Antara meréka berdua ada persesuaian. *We are glad that they are in a.* Kami senang meréka cocok. *The noun and adjective are in a.* Pemakaian kata benda dan kata sifat benar.

agricultural /'ægrə'kʌlcurəl/ *ks.* yg berh. dgn pertanian. *a. country* negara pertanian/agraria. *a. college* sekolah tinggi pertanian. *a. economics* ékonomi pertanian. *a. extension* penyuluhan pertanian. *A. Extension Service* Jawatan Penyuluhan Pertanian.

agriculture /'ægrə'kʌlcər/ *kb.* pertanian.

agronomist /ə'granəmist/ *kb.* ahli ilmu (pengusahaan) tanah.

agronomy /ə'granəmie/ *kb.* agronomi, ilmu (pengusahaan) tanah pertanian.

aground /ə'grawnd/ *ks., kk.* kandas, terdampar. *The ship ran a.* Kapal kandas.

ah /a/ *kseru.* O! ah! (seruan yg menyatakan rasa sedih, kesal, kegembiraan dsb., tergantung pd intonasi). *A., now I understand* O, sekarang saya mengerti.

aha /a'ha/ *kseru.* aha! (seruan yg menyatakan rasa kemenangan, kepuasan, kesenangan dsb., tergantung dari cara mengucapkannya). *A., now I've got you!* Aha, sekarang kena kamu!

ahead /ə'hed/ *kk.* 1 didepan, dimuka. *Watch out for the bicycle a.* Awas sepéda dimuka. *straight a.* terus (lurus dimuka). *Right a. was a train* Tepat didepan ada kerétaapi. 2 mendahului, lebih dulu, menang. *Our team a. by ten points* Regu kita tlh mendahului lawan dgn sepuluh biji. *Full speed a.!* Maju dgn kecepatan penuh! *He's a. of the times* Ia sdh lebih maju. Ia (sdh) mendahului zaman. *I wonder what is a. of us next year* Saya bertanya dlm hati apa yg akan terjadi atas diri kita tahun yg akan datang. **to draw a.** meléwati. *The horse drew a. of the favorite* Kuda itu meléwati kuda jagoan. **to get a.** maju. *We are glad he has gotten a. in his business* Kami girang ia tlh maju dlm perusahaannya. **to get a. of** mendahului, lebih dulu dari yg lain, melampaui. *He quickly got a. of everyone else* Ia dgn cepat mendahului semua crang. **to go a.** 1 pergi dulu/duluan. 2 meneruskan. *Go a. with your work* Teruskan pekerjaanmu. *You must go a. on your own* Kamu hrs meneruskan sendiri. 3 silahkan. *Go a. and let him have* *some* Ayolah kasih dia sedikit. *I'll go on a.* Saya akan jalan terus. *His business is going a. well* Perusahaannya maju dgn baik.

ahem /ə'hem/ *kseru.* deham, daham (membunyikan kerongkongan utk membersihkan atau utk menarik perhatian). *A., I say there* Hm, saya katakan tadi.

ahoy /ə'hoi/ *kseru.* hoi (seruan dipakai utk memanggil kapal atau orang) *A. there!* Hoi situ!

aid /eid/ *kb.* 1 bantuan, pertolongan. *The a. we gave him was what he needed* Bantuan yg kami berikan adalah yg dibutuhkannya. *The washing machine is a real a. to housewives* Mesin cuci adalah pertolongan besar utk kaum ibu. 2 (=AIDE) pembantu, penolong. *He was my a. for several years* Ia pembantu saya beberapa tahun lamanya. *aids to health* (alat-alat) pembantu kesehatan. **to come to the a. of** membantu. *He came to the a. of the drowning girl* Ia datang menolong anak gadis yg tenggelam itu. —*kkt.* 1 membantu. *They aided him to the ambulance* Mereka membantu dia ke ambulans. 2 menolong. *He aided his sister in her studies* Ia menolong saudara perempuannya dlm pelajarannya.

AID /'ei'ai'die/ [*Agency for International Development*] Badan Pembangunan Internasional.

aide /eid/ *kb.* ajudan, pembantu.

aide-de-camp /'eidə'kæmp/ *kb.* perwira pembantu.

aide-memoire /'eidme'moir/ *kb.* catatan peringatan, mémo.

ail /eil/ *kkt.* sakit. *What ails you?* Sakit apa kamu? Ada apa dgn kamu? —*kki.* merana, sakit-sakit. *She has been ailing for years* Sdh bertahun-tahun ia merana.

aileron /'eilərən/ *kb. Av.:* kemudi guling.

ailment /'eilmənt/ *kb.* penyakit (ringan).

aim /eim/ *kb.* 1 tujuan, maksud. *Her a. is to be a nurse* Tujuannya menjadi jururawat. 2 bidikan. *his a. with a pistol* bidikannya dgn pistol. *to take a.* membidik. —*kkt.* 1 membidik. *He aims his gun at...* Ia membidikkan bedilnya kpd.... 2 mengarahkan. *He aimed his words at everyone listening* Ia mengarahkan perkataan-perkataannya kpd siapa saja yg mendengarkan. —*kki.* 1 membidik. 2 berangan-angan. *He aims too high* Ia berangan-angan terlalu tinggi. 3 *Inf.:* hendak, bermaksud. *He aims to go* Ia hendak pergi. *We a. to please* Kami bermaksud utk menyenangkan. **to a. at** mengarahkan. *A. at the target* Arahkanlah ke sasaran. **to a. for** 1 mencoba mencapai. *We a. for perfection* Kami mencoba mencapai kesempurnaan. 2 *Sl.: Where are you aiming for tonight?* Menuju kemana engkau malam ini?

aimless /'eimləs/ *ks.* tanpa tujuan/arah, tak bertujuan. *He leads an a. existence* Hidupnya tanpa tujuan.

ain't /eint/ (dibawah standar) tidak, bukan. *It a. necessarily so* Itu tak usah begitu. lih BE.

air /ær/ *kb.* 1 udara. *planes in the a.* pesawat terbang di udara. *the open a.* udara terbuka. *We breathe a.* Kami mengisap/menghirup udara. 2 udara, hawa. *fresh a.* udara segar. 3 udara, angin. *I can't live on a.* Saya tdk dpt hidup dari "angin" (saja). 4 suasana. *There is an a. of charm about her* Ada suasana yg menarik padanya. 5 mélodi, lagu. **::** *There's s.t. in the a.* Ada s.s.t. yg akan terjadi. *The robber vanished into thin a.* Perampok itu menghilang/lenyap. **to clear the a.** 1 menyegarkan udara. 2 menjernihkan suasana. *A frank discussion will clear the a.* Pembahasan yg terusterang akan menjernihkan suasana. **to fill the a.** berkumandang. *Music filled the a.* Musik sedang berkumandang di udara. *Sl.:* **to get the a.** dipecat, diberhentikan, ditolak. *Sl.:* **to**

give (s.o.) the a. memecat (s.s.o.). *He was given the a.* Ia dipecat. **to go on the a.** menyiarkan. *The president will go on the a. at 9 p.m.* Présidén akan berpidato didepan radio pd j. 9 malam. **to take the a.** 1 berjalan-jalan (kaki atau naik mobil), makan angin. 2 menyiarkan. *The station takes the a. at 6 a.m.* Studio itu mulai menyiarkan pd jam 6 pagi. 3 pergi, berangkat. **to take to the a.** naik di udara. *The plane took to the a.* Pesawat naik di udara. **to walk/tread on a.** gembira sekali. *After the happy news we were walking on a.* Sesudah kabar yg menyenangkan hati itu kami sangat gembira. **by a.** dgn kapal terbang. *He likes to travel by a.* Ia suka bepergian dgn pesawat terbang. **in the a.** 1 tergantung-gantung, blm tentu. *His plans are still in the a.* Rencananya masih tergantung-gantung, masih di awang-awang. 2 merajaléla, kedengaran di udara, berkumandang. *All sorts of rumors are in the a.* Segala macam desasdesus sedang merajaléla. **off the a.** 1 hilang dari udara, tak menyiarkan, bungkem. *The station was off the a. for two hours* Stasion itu hilang dari udara selama dua jam. 2 tdk disiarkan. *That program is off the a. this summer* Programa itu tdk disiarkan dlm musim panas ini. **on the a.** disiarkan, sedang di udara. *The program is on the a. for half an hour* Programa itu disiarkan selama setengah jam. **up in the a.** 1 tdk tentu sama sekali. *My plans are all up in the a.* Rencana saya masih blm apa-apa sama sekali. 2 *Inf.:* marah. *He was really up in the a. after the defeat* Ia marah sama sekali sesudah mengalami kekalahan itu. —**airs** *j.* lagak(-lagu), sikap yg berlagak. *to put on airs* berlagak, angkuh. —*kkt.* 1 membiarkan angin masuk, memperanginkan, menganginkan (*a room*). 2 membawa berjalan-jalan. *He aired the dog before bedtime* Ia membawa anjingnya berjalan-jalan sblm tidur. 3 menyiarkan (dgn radio atau TV). *The soccer match was aired to the entire country* Permainan sépakbola disiarkan ke seluruh tanah air. 4 memperdengarkan (*views, opinions, grievances*). 5 memperagakan (*o's knowledge*). **to a. out** = TO AIR *kkt.* 1. **a. age** abad lalulintas udara. **a. alert** kewaspadaan thd serangan udara. **a. arm** angkatan udara. **a. attache** atasé udara. **a. base** pangkalan udara militér. **a. brake** rém angin. **to air-condition** memperlengkapi dgn atau memasang alat pendingin. *to a.-condition the entire building* memperlengkapi seluruh gedung dgn alat pendingin. **air-conditioned** *ks.* tlh diperlengkapi dgn alat pendingin. *an a.-conditioned bus* bis yg diperlengkapi dgn alat pendingin. **a. conditioner** alat pendingin, pesawat AC, Asé. **a. conditioning** *kb.* prosés mengatur suhu dan udara, pengaturan suhu udara. **air-cooled** *ks.* didinginkan dgn udara. *a.-cooled engine* mesin yg silinder-silindernya didinginkan langsung dgn udara. **A. Corps** Angkatan Udara (dari tentara AS.) **a. cover** perlindungan udara. **a. current** arus udara. **air-driven** *ks.* digerakkan oléh kekuatan udara. *a.-driven drill* bor yg digerakkan oléh tekanan udara. **a. edition** édisi udara. **a. express** éksprés udara. **a. force** angkatan udara. **A. Force Academy** Akadémi Angkatan Udara. **a. freight** pengiriman udara. **a. intake** pipa udara masuk. **a. letter** 1 warkatpos udara. 2 tiap surat yg dikirim dgn kapal udara. **a. limousine** sédan besar yg mengangkut penumpang dari dan ke lapangan terbang. *the a.-line distance to Bandung* jarak yg terdekat ke Bandung. **a. mail** pos udara. *by a. mail* dgn pos udara. **a. mattress** tilam angin (sejenis kasur dari karét yg dpt dipompa dan dipergunakan sbg sekoci, kasur dll). **air-minded** *ks.* 1 sifat orang yg suka sekali bepergian dgn kapal udara. 2 menaruh minat thd penerbangan. **a. pocket** kantong udara atau angin, pundi-pundi udara. **a. pollution** pengotoran udara. **a. pressure** tekanan udara. **a. raid** serangan udara. *a.-raid alarm* tanda bahaya udara. *a.-raid shelter* lobang perlindungan. **a. rifle** senapan angin. **a. route** jalan yg ditempuh kapal terbang, jalan penerbangan. **air-sea** *rescue* pertolongan dilakukan oléh pesawat udara dan kapal laut. **a. terminal** 1 pelabuhan udara. 2 stasion bis yg menuju ke lapangan terbang. **a. time** 1 siaran réklame, siaran radio atau TV yg diséwa utk maksud réklame. 2 siaran. *two minutes until a. time* dua menit sblm siaran dimulai. **air-to-air** *missile* proyéktil antar-udara, peluru antar-udara. **air-to-ground** *missile* proyéktil dari udara ke bumi. **a. traffic** lalulintas udara. **a. travel** perjalanan dgn pesawat udara. —**airing** *kb.* 1 menjemur, menganginkan. *The clothes were given an a.* Baju-baju itu dijemur. 2 makan angin, mengambil hawa. *We went out for an a.* Kami berjalan-jalan makan angin. 3 membuka utk diketahui oléh umum. *The whole affair was subjected to an a.* Seluruh persoalan itu diserahkan utk diketahui oléh umum.

airborne /'ær'bɔrn/ *ks.* 1 naik di udara, terbang. ada di udara. *The jet was quickly a.* Jét itu cepat sekali naik di udara. 2 diangkut dgn kapal udara. **a. troops** pasukan yg diangkut dgn kapal udara.

aircraft /'ær'kræft/ *kb.* pesawat terbang, balon, zéppelin. *a. carrier* kapal induk (pesawat terbang).

airdrome /'ær'drowm/ *kb.* lapangan/pelabuhan udara.

airdrop /'ær'drap/ *kb.* penjatuhan/penurunan/penerjunan makanan/amunisi dan persediaan-persediaan lainnya dan orang dgn payung. *Food was supplied by a.* Makanan disediakan dgn cara mengerjunkannya dari udara. —*kkt.* (**airdropped**) menjatuhkan. *The plane airdropped food to those below* Kapal terbang itu menjatuhkan makanan utk meréka yg dibawah.

airfield /'ær'field/ *kb.* lapangan terbang.

airily /'ærəlie/ lih AIRY.

airlift /'ær'lift/ *kb.* sistim pengangkutan penumpang dan barang melalui udara; biasanya ke tempat yg hubungannya terputus atau sukar. *to arrange an a. to the scene of battle* mengusahakan pengangkutan melalui udara ke médan pertempuran. —*kkt.* mengangkut penumpang dan barang melalui udara.

airline /'ær'lain/ *kb.* perusahaan/dinas penerbangan. *a. hostess* pramugari. *a. steward* pramugara. *a. terminal* pelabuhan udara.

airliner /'ær'lainər/ *kb.* pesawat terbang/udara (penumpang) yg besar.

airmail /'ær'meil/ *kkt.* mengirimkan dgn pos udara (a letter).

airman /'ærmən/ *kb.* (*j.* **-men**). 1 pilot kapal terbang. 2 salah seorang anak buah kapal terbang.

airplane /'ær'plein/ *kb.* kapal terbang/udara, pesawat terbang/udara.

airport /'ær'powrt/ *kb.* pelabuhan udara, lapangan udara/terbang, pelabuhan kapal terbang.

airpower /'ær'pawər/ *kb.* kekuatan di udara dari suatu negeri.

airproof /'ær'pruwf/ *ks.* tahan/kedap udara.

airship /'ær'syip/ *kb.* zéppelin.

airsick /'ær'sik/ *ks.* mabuk udara.

airstrip /'ær'strip/ *kb.* landasan terbang sementara/darurat.

airtight /'ær'tait/ *ks.* 1 kedap udara. 2 *Inf.:* dgn pertahanan yg rapat. *a. defense* pertahanan yg rapat.

airwaves /'ær'weivz/ *kb., j.* siaran radio/télévisi.

airway /'ær'wei/ *kb.* 1 lin udara, trayék kapal terbang. 2 jalan arus udara biasanya dibawah tanah. 3 gelombang radio tertentu.

airworthiness /'ær'wərᴛʜienəs/ *kb.* kelayakan udara.

airworthy /'ær'wərᴛʜie/ *ks.* layak udara. *This plane is certified a.* Kapal terbang ini dinyatakan layak udara.

airy /'ærie/ *ks.* 1 banyak udara masuk, luas dan terbuka, berangin. *a small but a. room* kamar yg kecil tetapi banyak udara masuk. 2 dibikin-bikin, dibuat-buat. *She spoke in an a. tone of voice* Ia berbicara dgn lagu yg dibuat-buat. 3 ringan, halus, ringan-halus, gembira. *She danced in an a. manner* Ia berdansa dgn ringan serta halus. 4 tak nyata, dlm khayal, dlm angan-angan kosong. *a. phantoms of the mind* bayangan fikiran yg tak nyata, khayalan spt angin liwat. —**airily** *kk.* ringan spt angin liwat. *to dance a. and gaily* menari dgn ringan dan gembira.

aisle /ail/ *kb.* gang, jalanan diantara dérétan tempat duduk. *Let's walk up the a.* Marilah kita melalui gang. *an a. seat* tempat duduk dekat gang. *Inf.:* *She persuaded him to go down the a.* Ia dpt membujuknya utk kawin.

aitch /eic/ *kb.* bunyi huruf Inggeris *h.*

ajar /ə'jar/ *ks., kk.* 1 terbuka sedikit. *My son likes his door left a.* Anak laki-laki saya suka membiarkan pintunya terbuka sedikit. 2 terenggang, terbuka sedikit. *The door was a.* Pintu itu terenggang.

akimbo /ə'kimbow/ *ks., kk.* bertolak/bercekak pinggang. *He stood with arms a.* Ia berdiri dgn bertolak pinggang.

akin /ə'kin/ *ks.* 1 bersanak, berhubungan darah. *Your cousins are a. to you* Saudara sepupumu adalah sanakmu. 2 sama (dgn). *Girls are a. in their love of dancing* Gadis-gadis adalah sama dlm kesukaannya berdansa.

à la, a la /'a'la/ menurut, secara. *a. carte* menurut kartu makanan, boléh memesan satu demi satu. *a. Hollywood* secara Hollywood. *a. king* dilapisi dgn 'lombok hijau. *chicken a. king* ayam yg dilapisi dgn 'lombok hijau. *a. mode* dihidangkan bersama éskrim. *pie a.* pai dgn éskrim.

Ala. [*Alabama*] negarabagian A.S.

alabaster /'ælə'bæstər/ *kb.* batu pualam yg berwarna putih.

alack /ə'læk/ *kseru.* = ALAS.

alacrity /ə'lækrətie/ *kb.* 1 kelincahan, kecekatan, kesigapan. *The old man moved with a.* Orang tua itu bergerak dgn lincahnya. 2 réla, serta merta. *I accepted the invitation with a.* Saya terima undangan itu dgn serta-merta.

alarm /ə'larm/ *kb.* 1 alarm, larem, tanda bahaya. *false a.* tanda bahaya palsu. 2 wéker, béker. *The a. went off at 7* Wéker itu berbunyi jam 7. *a. clock* (jam) wéker/béker. *I set my a. clock for 6* Saya pasang wékerku utk jam 6. 3 siréne. *fire a.* siréne kebakaran. 4 ketakutan, kegelisahan. *The rabbit darted off in a.* Kelinci itu lari cepat ketakutan. **to give/sound the a.** 1 memberitahukan ada bahaya. 2 membunyikan tanda bahaya. —*kkt.* 1 menggusarkan, menggelisahkan, menakutkan. *I'm afraid I alarmed you with my phone call* Saya khawatir télpon saya tadi tlh menggelisahkanmu. 2 khawatir, kuatir. *Don't be alarmed if I don't return* Janganlah khawatir kalau saya tdk kembali. —**alarming** *ks.* mengkhawatirkan, menggégérkan, menggelisahkan. *That's a.*

news Itu adalah khabar yg mengkhawatirkan. *Insects are increasing at an a. rate* Serangga bertambah banyak secara mengkhawatirkan.

alarmist /ə'larmist/ *kb.* penggelisah. *Even under good conditions he's an a.* Bahkan juga dlm keadaan-keadaan baik ia mudah menjadi gelisah.

alas /ə'læs/ *kseru.* aduh (menyatakan kesusahan, penyesalan, ketakutan).

Alas. [*Alaska*] negarabagian AS.

Alb. 1 [*Albania(n)*] Albania; orang atau bahasa Albania. 2 [*Albert*] Albert. 3 [*Albany*] ibukota di negarabagian New York.

albatross /'ælbətrɔs/ *kb.* elang laut.

albeit /ɔl'bieit/ *kseru.* sekalipun, walaupun. *He has decided to stay there, a. it is expensive* Ia tlh memutuskan utk tinggal disana, sekalipun mahal.

albino /æl'bainow/ *kb.* bulai, balar.

album /'ælbəm/ *kb.* album. *stamp a.* album perangko.

albumen /æl'byuwmən/ *kb.* zat (putih) telur.

albumin /æl'byuwmən/ *kb.* albumin.

alchemist /'ælkəmist/ *kb.* ahli alkimia, alkimis.

alchemy /'ælkəmie/ *kb.* alkimia.

alcohol /'ælkəhɔl/ *kb.* alkohol. *pure a.* alkohol murni.

alcoholic /'ælkə'hɔlik/ *kb.* pecandu minuman alkohol. —*ks.* yg mengandung alkohol. *a. beverage* minuman keras/alkohol.

alcoholism /'ælkəhɔ'lizəm/ *kb.* keadaan sakit karena terlampau banyak minum minuman alkohol.

alcove /'ælkowv/ *kb.* ruangan kecil dlm suatu kamar.

alderman /'ɔldərmən/ *kb.* (*j.* **-men**). anggauta déwan kotapraja yg bertugas menyusun peruntang-undangan kotapraja.

ale /eil/ *kb.* sm bir tetapi lebih keras.

alert /ə'lərt/ *kb.* 1 sinyal, tanda. *air-raid a.* sinyal bahaya udara. 2 siap siaga, berjaga-jaga. *Stand by for a hurricane a.* Siap siaga menghadapi topan. **to be on the a.** 1 berjaga-jaga, bersiap-siaga, bersedia. *You must be on the a. to catch the point* Kau hrs berjaga-jaga agar dpt menangkap maksudnya. 2 bersiap-siap waspada. *The sentry was on the a. for the president's return* Penjaga itu bersiap-siap menunggu kepulangan présidén. —*ks.* tajam perhatian, selalu siap, waspada. *He is very a.* Ia sangat tajam perhatiannya. —*kkt.* menyiagakan, menyuruh bersiap-siap. *The burglar alerted his accomplices* Pencuri (yg membongkar masuk s.s.t. gedung) menyiagakan kaki-tangannya.

alertness /ə'lərtnəs/ *kb.* 1 kesiap-siagaan, kesiapan, kewaspadaan. 2 ketajaman perhatian.

alfalfa /æl'fælfə/ *kb.* nama tanaman utk makanan sapi dan kuda (di AS).

alfresco /æl'freskow/ *kk.* diluar rumah, di udara terbuka. *to eat a.* makan diluar rumah.

algae /'æljie/ *kb.j.* ganggang.

algebra /'æljəbrə/ *kb.* aljabar.

algebraic /'æljə'breiik/ *ks.* bersifat/secara aljabar.

Algeria /æl'jiriə/ *kb.* Aljazair.

Algerian /æl'jiriən/ *kb.* seorang Aljazair. —*ks.* yg bert. dgn Aljazair.

Algiers /æl'jirz/ *kb.* (kota) Aljazair.

alias /'eiliəs/ *kb.* alias, nama lain. *He sometimes goes by the a. of Teddy* Kadang-kadang ia memakai alias Teddy. *He was known as Billy, a. Willy* Ia terkenal sbg Billy alias Willy.

alibi /'æləbai/ *kb.* 1 alibi, bukti ada di tempat lain drpd di tempat terjadinya kejahatan. 2 alasan (utk membébaskan diri dari s.s.t. kesalahan), dalih, hélat, akal. *He's always using an a.* Ia selalu memakai dalih. —*kkt.* mencari/memberi alasan/dalih. *He*

tried to a. his way out of the mess Ia mencoba mencari alasan utk keluar dari kesukaran itu.

alien /'eilieən/ *kb.* orang asing/luar. —*ks.* 1 asing. *a. domination* penguasaan asing. 2 bertentangan dgn, berbéda dari. *This is a. to her wishes* Ini bertentangan dgn kehendaknya.

alienate /'eiliəneit/ *kkt.* 1 mengasingkan, menjauhkan diri. *His sister was alienated from him by her foolish acts* Saudara perempuannya menjadi jauh daripadanya karena tindakannya yg tolol. 2 memindahkan (hak atau benda), mensita. *Enemy property was alienated during the war* Hak/Milik musuh dipindahkan/disita selama perang.

alienation /'eiliəˈneisyən/ *kb.* 1 pengasingan, perbuatan mengasingkan diri. 2 perebutan. *She sued the woman for a. of affections* Ia mengadukan wanita itu karena hendak merebut suaminya. 2 keadaan mengasingkan diri. 3 pemindahan hak milik kpd orang lain. 4 penyakit jiwa, kegilaan.

alight /ə'lait/ *ks.* berseri-seri, bernyala, bercahaya. *Her face was a. with happiness* Mukanya berseri-seri karena kebahagiaan. —*kki.* 1 turun. *to a. from a bus* turun dari bus. 2 hinggap. *A bird alighted on a tree branch* Seékor burung terbang menurun dan hinggap pd dahan pohon.

align /ə'lain/ *kkt.* meluruskan. *to a. the wheels of the car* meluruskan roda-roda mobil itu. —*kki.* bersekutu. *This country aligned with that one during the war* Negeri ini bersekutu dgn negeri itu selama perang.

alignment /ə'lainmənt/ *kb.* penjajaran. *The a. of the troops was perfect* Penjajaran barisan tentara itu sempurna. *wheel a.* garis arah roda-roda, penjajaran roda.

alike /ə'laik/ *kk.* 1 sama. *These two words are spelled a.* Kedua kata itu diéja sama. 2 sama, serupa. *All customers are treated a.* Semua langganan diperlakukan sama. *The new ordinance applies to residents and non-residents a.* Peraturan yg baru itu sama berlaku bagi penduduk dan bukan penduduk. 3 serupa, mirip. *The two girls look much a.* Kedua gadis itu serupa betul.

alimentary /'ælə'mentərie/ *ks.* yg berh. dgn makanan atau bersifat memberi makanan. *a. canal* saluran pencernaan.

alimony /'ælə'mownie/ *kb.* (*j.* **-nies**) tunjangan uang yg diberikan seorang suami kpd bekas isterinya selama perceraian secara resmi.

aline /ə'lain/ = ALIGN.

alinement /ə'lainmənt/ = ALIGNMENT.

alive /ə'laiv/ *ks.* 1 hidup. *She is still a.* Ia masih hidup. *dead or a.* mati atau hidup. 2 riang, gembira, lincah. *She is very much a.* Ia seorang yg riang sekali. 3 penuh énersi, aktif. 4 penuh, dikerumuni. *The cat is a. with fleas* Kucing itu penuh dgn kutu-kutu. *blossoms a. with bees* kembang-kembang dikerumuni oléh kumbang-kumbang. **to be a. to** tertarik pd, menaruh perhatian pd. *I am very much a. to your thoughts on the matter* Saya mémang tertarik sekali pd fikiran-fikiranmu mengenai soal itu. **to keep a.** 1 mempertahankan. *We want to keep the traditions a.* Kami ingin mempertahankan tradisi-tradisi itu. 2 berusaha agar hidup. *A policeman kept the injured man a. until a doctor arrived* Seorang polisi berusaha agar orang yg luka itu hidup sampai seorang dokter tiba.

alkali /'ælkəlai/ *kb.* alkali.

alkaline /'ælkəlain/ *ks.* dari atau yg berh. dgn alkali atau memiliki sifat-sifat alkali.

all /ɔl/ *kb.* segala s.s.t. *to contribute o's a.* menyumbangkan segala sesuatunya. *We saw a.* Semuanya kami

lihat. *I like her most of all* Saya paling suka kepa-
danya. *A. I did was say hello* Yg saya katakan hanya-
lah "Apa kabar?" *How many are there in a.?* Berapa
jumlahnya semua? *All's well that ends well* Segala
baik yg berakhir baik. *For a. I know he may still be in
Paris* Sepanjang pengetahuan saya ia mungkin
masih di Paris. *The best of a. would be to go together*
Yg sebaiknya ialah pergi bersama-sama. **a. in a.**
1 stlh dipertimbangkan semuanya. *A. in a. I feel we
shouldn't go* Stlh dipertimbangkan semuanya saya
rasa kita jangan pergi saja. 2 segala-galanya. *Jane is
a. in a. to John* Jane adalah segala-galanya bagi
John. —*ks.* 1 semua. *a. your marbles* semua keléréng-
mu. 2 semuanya. *We will a. go* Kami semuanya akan
pergi. *When all's said and done, this decision is probably
the best one* Sesudah semuanya dipikirkan masak-
masak, keputusan inilah barangkali yg terbaik. 3
seluruh. *a. Indonesia* seluruh Indonésia. **::** *If that's
a. I wouldn't worry about it* Kalau hanya itu (saja)
saya tak akan ambil pusing. *That's a. I needed* Hanya
itulah/Itu saja yg saya perlukan. *He disclaimed a.
knowledge of the matter* Ia menyangkal bhw ia
mengetahui s.s.t. ttg persoalan itu. *a. morning*
sepanjang pagi. *for a. his wealth* biarpun ia kaya.
She's a. girl Ia benar-benar seorang wanita. —*kk.*
1 sama sekali. *His hands were all muddy* Kedua belah
tangannya seluruhnya berlumpur. —*kg.* semua.
A. of us went Kami semuanya pergi. *a. of the peanuts*
semua kacang. **a. but** 1 hampir, nyaris. *I've a.
but finished the book* (a) Saya hampir selesai mem-
baca buku itu (b) Saya hampir selesai mengarang
buku itu. 2 semua kecuali. *A. but you five may go*
Semua boléh pergi kecuali kamu berlima. *Inf.:* **a.
in** letih, lelah, capék. *After the race the horse was a. in*
Sesudah pacuan kuda itu letih sekali. *She was
dressed a. in black* Ia berpakaian serba hitam. **a. of**
sebanyak. *I've read a. of two pages in the last hour* Saya
tlh baca sebanyak dua halaman dlm jam terakhir
ini. **a. over** 1 dimana-mana. *Things are bad a. over*
Dimana-mana keadaan memburuk. 2 léwat, habis.
It's a. over now Segala itu sdh léwat sekarang. *She
got the milk a. over her* Susu itu tertumpah ke seluruh
badannya. 3 selesai. *The party's a. over* Pésta itu sdh
selesai. 4 kemana-mana. *The sugar spilled a. over the
table* Gula itu bercécéran kemana-mana diatas
méja itu. 5 seluruh. *She trembled a. over* Ia gemetar
seluruh tubuhnya. *He spent two months traveling a. over
Europe* Ia mengadakan perjalanan selama dua bu-
lan di seluruh Éropa. *to do s.t. a. over* mengulangi.
That's John a. over! Ini sifat/watak John! **a. over
the place** dimana-mana. *He spilled coffee a. over the
place* Ia menumpahkan kopi dimana-mana. *Inf.:*
a. there berpikiran waras. *He isn't a. there* Ia tdk
waras pikirannya. **a. together** 1 bersama, ber-
kumpul. *They were a. together in a large group* Meréka
(semua) bersama dlm suatu kelompok besar. 2
semuanya serempak/serentak. *A. together, ho-heave-
ho!* Semuanya serempak, rambata-rate-hajo/ ho-
lo-pis. **a. alone** seorang diri saja. *He crossed the
ocean a. alone* Ia melintasi samudera itu seorang diri
saja. **a. at once** (dgn) tiba-tiba, sekaligus, *A. at
once the lights went out* Tiba-tiba lampu-lampu itu
mati/padam. **a. clear** tanda aman. **all for** setuju
sekali. *I'm a. for the idea* Saya setuju sekali dgn idé/
pendapat itu. **a. fours** kedua kaki dan tangannya.
Because of his injury he had to crawl on a. fours Karena
lukanya ia terpaksa merangkak pd kedua kaki dan
tangannya. **a. gone** 1 habis semuanya. *The cookies
are a. gone* Kué-kué habis semuanya. 2 *The snow's a.
gone* Salju itu tlh hilang semuanya. *He made a. haste*

to reach the office in time Ia tergesa-gesa sekali spy
sampai di kantor pd waktunya. **a. ready** siap-
(-sedia). *I was a. ready to leave as soon as the bus came*
Saya siap-sedia utk berangkat sedatangnya bis.
a. right 1 baik(lah). *A. right, if you want to* Baiklah,
jika kau mau. *A. right, I'll come* Baik, saya datang.
2 sdh séhat/baik. *I'm a. right now* Saya sdh séhat
sekarang. *She'll be a. right after a rest* Ia akan sembuh
kembali sesudah beristirahat. "*Is everything a.
right?*" *asked the waiter* "Sdh cukup semuanya?"
tanya pelayan itu. 3 tdk mengapa. *It'll be a. right
if you go* Jika kau pergi tdk mengapa. *He found the
way a. right* Ia tahu jalannya. Ia tlh menemukan
jalannya. **a. that** 1 sedemikian, sebegitu. *He's not
as ill as a. that* Ia tdk sebegitu sakit. 2 dan seba-
gainya. *singing, dancing and a. that* menyanyi, menari
dsbnya. **a. the best** yg sebaik-baiknya. *I wish you a.
the best* Kudoakan agar kau memperoléh hasil yg
sebaik-baiknya. **a. the better** malah lebih baik. *If
you want to go, that's a. the better* Jika kau mau pergi,
malah lebih baik. **a. the time** 1 tak henti-henti-
nya, terus-menerus. *She cries a. the time* Ia menangis
tak henti-hentinya. 2 selama ini. *What have you been
doing a. this time?* Apakah yg tlh kau lakukan
selama ini? **a. up** tak ada gunanya lagi, sia-sia.
It's a. up; we've lost Usaha selanjutnya tdk ada
gunanya lagi, kita sdh kalah. **all-day** *ks.* sepanjang
hari, sehari suntuk. *a.-day picnic* piknik sepanjang
hari/sehari penuh. **all-around** *ks.*=**all-round.**
all-girl *ks.* terdiri dari wanita semua, wanita-tok.
a.-girl orchestra orkés wanita. **all-important** *ks.*
terpenting, paling penting, utama. *Prestige is
a.-important to some people* Kewibawaan/Kehormatan
adalah terpenting bagi beberapa orang. **all-
inclusive** *ks.* semua termasuk. *This price for the car
is a.-inclusive* Dlm harga mobil itu semua termasuk.
all-Indonesia *ks.* Seluruh Indonésia. **all-in-one**
ks. dipakai utk berbagai keperluan, semua ada.
all-night *ks.* semalam-suntuk. *a.-night restaurant*
réstoran yg buka semalam-suntuk. **all-out** *ks.*
mati-matian, dgn seluruh tenaga. *to go a.-out*
berjuang mati-matian. *He made an a.-out effort to
complete the job on time* Ia berusaha mati-matian
utk menyelesaikan pekerjaan itu pd waktunya.
He made an a.-out effort and won Ia mengerahkan
segala tenaganya dan ia menang. **all-powerful** *ks.*
mahakuasa. **all-purpose** *ks.* serba-guna. *an a.-pur-
pose truck* gerobak serba-guna. **all-right** *ks.* yg
baik. *He's an a.-right person/guy* Ia orang yg baik
(Ia boléh dipercaya). **all-round** serba-bisa, serba-
dapat. *He's an a.-round boy* Ia anak lelaki yg cakap
dlm segala-galanya. **all-star** *ks.* yg terpilih. *He's
a member of the a.-star basketball team* Ia anggauta
kesatuan bola keranjang yg terpilih. **all-time** *ks.*
selamanya. *He's an a.-time favorite* Ia selamanya
favorit. *an a.-time great in soccer* pemain sépakbola
yg ulung sepanjang masa. *a.-time high* ramai(sekali).
Attendance at the park was at an a.-time high Kunjungan
ke taman itu ramai sekali. **all-weather** *ks.* yg
tahan semua macam udara. *a.-weather transportation*
pengangkutan yg tahan segala macam udara/yg
bisa dipakai dlm segala macam cuaca.
allay /ə'lei/ *kkt.* menghilangkan, menenangkan,
menyembuhkan. *to a. our fears* menghilangkan
kecemasan kami. *The medicine allayed her fever* Obat
itu menghilangkan demamnya.
allegation /'ælə'geisyən/ *kb.* 1 pernyataan tanpa
bukti. 2 pernyataan (biasa), dugaan. *The man's a.
was proved* Pernyataan orang itu terbukti.
allege /ə'lej/ *kkt.* mengatakan, menduga keras,

menyatakan tanpa bukti. *He alleged that his car had been·stolen* Ia menyatakan bhw mobilnya tlh dicuri orang. —**alleged** *ks.* yg dinyatakan (secara positif tapi tanpa bukti), yg dikatakan orang sbg., diduga keras sbg., s.s.t. *He's the a. murderer* Ia adalah yg dinyatakan sbg pembunuhnya. —**allegedly** *kk.* kata orang, menurut dugaan orang. *She a. married her boss* Kata orang ia kawin dgn majikannya.

allegiance /ə'liejəns/ *kb.* kesetiaan. *to swear a. to* bersumpah setia pd.

allegorical /'ælə'garikəl/ *ks.* alégoris, bersifat kiasan/alégori. *The stories are a.* Cerita-cerita itu bersifat kiasan.

allegory /'ælə'gowrie/ *kb.* (*j.* **-ries**) alégori, kiasan.

allegro /ə'leigrow/ *kb.* alégro.

allergic /ə'lərjik/ *ks.* 1 alérgis, alérgik, peka sekali, perasa. *He's a. to smoke* Ia alérgis sekali thd asap. 2 tdk suka samasekali. *He's a. to work* Ia tdk suka samasekali pd pekerjaan.

allergy /'ælərjie/ *kb.* (*j.* **-gies**) alérgi, kepekaan yg luarbiasa.

alleviate /ə'lievieeit/ *kkt.* mengurangi, meredakan, meringankan. *What will a. the pain?* Apa yg dpt mengurangi rasa sakit itu?

alleviation /ə'lievie'eisyən/ *kb.* pengurangan, peringanan. *a. of taxes* pengurangan pajak.

alley /'ælie/ *kb.* gang, jalan kecil, lorong. *a. cat* kucing liar yg berkeliaran di jalan-jalan. *Inf.: That's down/up his a.* Cocok benar (pekerjaan) itu dgn kecakapannya/kepandaiannya.

alleyway /'ælie'wei/ *kb.* gang, jalan kecil, lorong.

alliance /ə'laiəns/ *kb.* persekutuan, perserikatan, gabungan. *to enter into an a. with* mengadakan persekutuan dgn.

allied /'ælaid/ lih ALLY.

Allies /'ælaiz/ lih ALLY.

alligator /'ælə'geitər/ *kb.* sm buaya tetapi lebih kecil dan kepalanya lebih péndék dan gépéng. *a. pear* buah apokat.

alliterate /ə'litəreit/ *kki.* berbicara dgn memakai kata-kata yg permulaannya sama bunyinya.

alliteration /ə'litə'reisyən/ *kb.* purwakanti, pemakaian kata-kata yg permulaannya sama bunyinya.

alliterative /ə'litərətiv/ *ks.* mengandung/mempunyai kata-kata/huruf yg permulaannya sama bunyinya.

allocable /'ælakəbəl/ *ks.* dpt disediakan/diberikan/ ditugaskan.

allocate /'ælakeit/ *kkt.* 1 memberikan, menyediakan, mendermakan. *The money was allocated for this purpose* Uangnya diberikan utk keperluan ini. 2 menentukan/menemukan tempat. *to a. space* menentukan ruangan/spasi.

allocation /'ælə'keisyən/ *kb.* jatah, pembagian, pemberian, persediaan, distribusi, alokasi.

allomorph /'æləmərf/ *kb.* al(1)omorf.

allophone /'æləfown/ *kb.* alofon.

allot /ə'lat/ *kkt.* (**allotted**) memberikan, membagikan. *The director allotted each person present a part in the play* Diréktur itu memberikan tiap orang yg hadir suatu bagian dlm sandiwara itu. *I was allotted a fair share of the profits* Saya dpt bagian yg layak dlm keuntungan itu. —**allotted** *ks.* yg dibagikan. *the a. span of three score and ten* umurnya 70 tahun.

allotment /ə'latmənt/ *kb.* bagian, jatah, pemberian.

allow /ə'law/ *kkt.* 1 memboléhkan, mengizinkan. *I can't a. that to happen* Saya tak dpt memboléhkan hal itu terjadi. *Mother won't a. us to eat candy* Ibu tdk memboléhkan kami makan gula-gula. 2 menyediakan, memberikan. *Be sure to a. plenty of time for the ferry* Jangan lupa menyediakan waktu yg banyak utk kapal penyeberangan. *I a. myself a ten minute rest period* Saya menyediakan waktu sepuluh menit utk beristirahat bagi saya sendiri. *The law allows you 30 days' grace to pay that tax* Undang-undang memberi kepadamu waktu kelonggaran selama 30 hari utk membayar pajak itu. *to a. a 10% discount on* memberikan potongan 10% utk. 3 menghargai. *How much will you a. me for my old car?* Berapa sdr hargai mobil lama saya? 4 memperkenankan. *A. me* Perkenankanlah saya. 5 memenuhi. *We regret we cannot a. your claim for damages* Kami menyesal tak dpt memenuhi tuntutan sdr utk kerugian. **::** *Please a. me five minutes of your time* Boléhkah saya mengganggu selama lima menit? **to a. for** memboléhkan, memperhitungkan. *Be certain to a. for possible expansion* Jagalah spy memboléhkan kemungkinan perluasan.

allowable /ə'lawəbəl/ *ks.* yg diperkenankan, yg diizinkan. *What is a. under the new regulation?* Apakah yg diperkenankan oléh peraturan yg baru?

allowance /ə'lawəns/ *kb.* 1 pemberian uang utk s.s.t. maksud, upah. *We give him an a. of 5 dollars* Kami memberi uang saku 5 dolar kepadanya. *travel a.* ongkos jalan, biaya perjalanan. *weekly a.* uang-saku mingguan. 2 penghargaan s.s.t. dlm tukar-tambah, harga. *The salesman offered me an a. of $1000 on our old car* Penjual itu menawarkan $1000 utk mobil kami yg lama utk membeli yg baru. 3 kelonggaran. *Please make a. for his age* Berilah kelonggaran karena umurnya.

alloy /'æloi/ *kb.* (logam) campuran. *an a. of gold and copper* suasa.

allspice /'ɔl'spais/ *kb.* sm rempah-rempah berbau campuran dari kulit-manis, pala dan cengkéh tumbuh di Amérika Tengah.

allude /ə'luwd/ *kki.* menyinggung. *He did not a. to it when we were talking* Ia tdk menyinggung hal itu ketika kita bercakap-cakap.

allure /ə'luwr/ *kb.* panggilan, daya tarik/pemikat, keberahian. *The a. of the sea is strong* Panggilan laut sangat kuat. —**alluring** *ks.* yg memikat, yg menarik. *It was an a. prospect* Itu harapan yg memikat.

allusion /ə'luwzyən/ *kb.* sindiran, kiasan, ibarat. *It was an a. to an incident long since past* Itu memperingatkan kpd kejadian yg sejak lama terjadi.

alluvial /ə'luwvieəl/ *ks.* tanah yg ditinggalkan oléh air sesudah surut, tanah baru. *a. fan* délta, lumpur atau tanah padat di kuala berbentuk kipas. *a. plain* lapangan (yg terdiri dari) tanah baru. *a. soil* tanah enap/endapan.

ally /'ælai *kb.*; ə'lai *kki.*/ (*j.* **-lies**) *kb.* sekutu. *That country is our a.* Negara itu sekutu kami. — **Allies** *j.* 1 negara-negara jg berperang dgn Jérman dan Austria dlm Perang Dunia I. 2 negara-negara yg berperang dgn Jérman, Italia dan Jepang dlm Perang Dunia II. 3 Negara-negara Sekutu (selama bagian terakhir Perang Dunia II). —*kkt.* (**allied**) **to ally o.s.** (*with*) bersekutu (dgn). *Our country will a. itself with your country* Negara kami akan bersekutu dgn negaramu. **to be allied with** bergabung, bersekutu, bersatu. *This club is allied with several others* Klub/Perkumpulan ini bergabung dgn klub-klub lain. —**allied** *ks.* (yg) bersekutu. *a. nations* bangsa-bangsa yg bersekutu.

alma mater /'ælmə'matər/ *kb.* alma mater, (bekas) sekolah atau universitas s.s.o.

almanac /'ɔlmənæk/ *kb.* 1 almanak, primbon. 2 buku référénsi tahunan.

almighty /ɔl'maitie/ *kb.* **the A.** Yang Mahakuasa. *A. God* Tuhan yg Mahakuasa.

almond /'ɔlmən; 'æmən/ *kb.* amandel, buah badam.

almost /ɔl'mowst/ *kk.* hampir. *I am a. through reading this book* Saya hampir selesai membaca buku ini. *It's a. noon* Sdh hampir tengah hari. **a. never** hampir selalu tdk. *She's a. never at home* Ia hampir selalu tak ada di rumah. **a. no** hampir tdk. *There's a. no hope for him* Hampir tdk ada harapan utk dia.

alms /ɑlmz/ *kb.* sedękah, derma, kurnia, zakat, fitrah, amal (jariah).

almshouse /'ɑlmz'haws/ *kb.* rumah miskin.

aloe /ə'low/ *kb.* pohon gaharu. **—aloes** *j.* obat yg dihasilkan dari daun pohon gaharu.

aloft /ə'lɔft/ *kk.* diatas, tinggi. *The seaman went a.* Pelaut itu naik tiang layar.

alone /ə'lown/ *ks.* sendirian, seorang diri. *I dislike being a.* Saya tdk suka sendirian **—kk.** 1 seorang saja. *I always walk a.* Saya selalu berjalan-jalan seorang saja. *One person a. can't do that job* Seorang saja tak dpt mengerjakan pekerjaan itu. 2 hanya. *God a. knows.* Hanya Tuhan yg mengetahui.

along /ə'lɔng/ *kk.* 1 terus. *Please move a.* Silahkan jalan terus. 2 *Inf.*: kira-kira, mendekati, sekitar. *He arrived a. about 1 o'clock* Ia tiba kira-kira jam 1. **a. with** bersama(-sama) dgn. *Please go a. with him* Pergilah bersama dgn dia. Ikutlah dgn dia. **to be a.** datang. *I'll be a. a little later* Saya akan datang sebentar lagi. **to come a.** datang kemari. *He came a. about 1* Ia datang kemari kira-kira jam 1. **to get a.** 1 jalan terus. *Get a.!* Jalan terus! Pergilah! 2 maju. *He's getting a. all right in his business* Ia maju dlm perusahaannya. 3 berhubungan/bergaul dgn baik. *He gets a. well with his friends* Ia dpt bergaul dgn baik dgn teman-temannya. 4 sembuh. *He's getting a. fine now* Sekarang ia mulai séhat kembali. **all a.** 1 sepanjang (seluruh). *We saw beautiful flowers all a. the way* Kami melihat bunga-bunga yg indah sepanjang (seluruh) jalan. 2 dari semula. *I knew all a. you weren't coming* Dari semula saya tahu bhw kau tak akan datang. **—kd.** 1 sepanjang. *He walked a. the road* Ia berjalan sepanjang jalan. 2 lanjut, maju. *He's a. in years* Ia sdh lanjut umurnya.

alongside /ə'lɔng'said/ *kk.* 1 di sisi, di samping, sepanjang. *He brought his boat a. the dock* Ia menempatkan kapalnya di sisi galangan (kapal). *They were picnicking a. the road* Meréka itu berpiknik di sisi/pinggir jalan. 2 berdampingan dgn. *He drove up a. the other car* Ia mengendalikan mobilnya hingga berdampingan dgn mobil yg lain.

aloof /ə'luwf/ *ks., kk.* jauh. *an a. attitude* sikap menyendiri. *to keep/stand a.* menjauhkan/menyisihkan diri. *He stood a. from the others* Ia menjauhkan diri dari yg lain.

aloud /ə'lawd/ *kk.* dgn (suara) keras. *He likes to read a.* Ia suka membaca dgn keras.

alpha /'ælfə/ *kb.* alfa, alpha. *a. particle* partikel alpha.

alphabet /'ælfəbet/ *kb.* abjad, abésé, alfabét.

alphabetize /'ælfəbətaiz/ *kkt.* mengabjad, menyusun menurut abjad. *to a. the cards* menyusun kartu-kartu itu menurut abjad.

alpine /'ælpain/ *ks.* yg berh. dgn pegunungan Alpen. *a. snows* salju di pegunungan tinggi.

Alps /ælps/ *kb.* pegunungan Alpen.

already /ɔl'redie/ *kk.* sudah, telah. *We've a. decided to go* Kami sdh memutuskan utk pergi. *You're 10 minutes late a.* Engkau sdh 10 menit terlambat.

also /'ɔlsow/ *kk.* juga, pula, pun. *I am a. going to the movies* Saya juga akan pergi nonton. *I'd like some soup a.* Saya mau sup juga.

alt. 1 [*alternating*] bertukar-tukar. 2 [*altitude*] tingginya.

altar /'ɔltər/ *kb.* altar. *She led him to the a.* Ia kawin dgn dia. *a. boy* pembantu pd upacara sembahyang. *a. rail* pagar tempat pedupaan.

alter /'ɔltər/ *kkt.* merubah, mengubah. *I will have to a. this dress* Saya hrs merubah baju ini. **—kki.** berubah. **a. ego** 1 teman karib yg dipercayai. *He is my a. ego* Ia teman karib saya yg dipercayai. 2 aku yg kedua.

alternate /'ɔltərnit *kb.*, *ks.*; 'ɔltərneit *kki.*/ *kb.* 1 pengganti, wakil. *He served as an a. at the convention* Ia bertindak sbg pengganti di konvénsi. 2 calon pengganti. *He's an a. for a fellowship* Ia calon pengganti utk béasiswa. **—ks.** berselang/berganti hari. *a. days* berselang/berganti hari, berantara sehari. *His class meets on a. days* Kelasnya berkumpul berselang sehari. **—kki.** 1 berganti-ganti. *to a. between rest and work* berganti-ganti beristirahat dan bekerja. *He alternates work and sleep* Pekerjaannya diselingi dgn tidur. 2 bergantian. *You and I will a. at the switchboard* Sdr dan saya bergantian di pusat penghubung télpon. **—alternating** *ks.* bertukar-tukar. *a. current* arus bolak-balik.

alternation /'ɔltər'neisyən/ *kb.* pergonta-gantian, (per)selangselingan.

alternative /ɔl'tərnətiy/ *kb.* pilihan (antara dua hal), alternatip, jalan lain. *He had no a. but to join the army* Tdk ada pilihan/jalan lain baginya selain masuk menjadi tentara/memasuki dinas militér. **—ks.** cadangan. *We made several a. plans* Kami membuat beberapa rencana cadangan. **—alternatively** *kk.* sbg kemungkinan lain, kalau tdk. *A., we could stay home* Sbg kemungkinan lain kita bisa tinggal di rumah.

altho /ɔl'THOW/ *Inf.*: = ALTHOUGH.

although /ɔl'THOW/ *ksam.* walaupun, meskipun, sungguhpun, sekalipun. *A. he was ill, he went to class* Walaupun ia sakit, ia pergi ke kelas.

altimeter /æl'timətər; ' æltə'mietər/ *kb.* alat pengukur tinggi.

altitude /'æltətuwd, -tyuwd/ *kb.* tinggi, ketinggian (dari permukaan laut atau bumi). *The plane is flying at a high a.* Pesawat terbang itu terbang sangat tinggi. *In high altitudes it is difficult to breathe* Di tempat yg sangat tinggi sukar utk bernapas.

alto /'æltow/ *kb.* 1 penyanyi dgn nada suara alto. 2 nada suara wanita yg terendah.

altogether /'ɔltə'geTHər/ *kb.* **in the a.** dgn telanjang bulat. **—kk.** 1 semuanya. *A. there are 7 cars here* Semuanya ada 7 mobil disini. 2 samasekali. *He went to the station but missed his guests a.* Ia pergi ke stasiun tetapi tdk menjumpai tamunya sama sekali. 3 pd keseluruhannya. *We have a. too many pictures in this room* Pd keseluruhannya di ruangan ini terdapat terlalu banyak gambar-gambar.

altruism /'æltruwizəm/ *kb.* altruisme, sifat mementingkan kepentingan orang lain.

altruistic /'æltruw'istik/ *ks.* altruistik. *That foundation is most a.* Yayasan itu sangat altruistik. Yayasan itu melulu mementingkan kepentingan orang lain.

alum /'æləm/ *kb.* tawas.

aluminum /ə'luwmənəm/ *kb.* aluminium. *a. foil* kertas aluminium. *a. ware* barang-barang aluminium.

alumna /ə'lʌmnə/ *kb.* (*j.* **-ae**). tamatan, lulusan, wanita bekas murid dari s.s.t. sekolah.

alumnae /ə'lʌmnie/ *kb. j.* dari ALUMNA.

alumni /ə'lʌmnai/ *kb. j.* dari ALUMNUS.

alumnus /ə'lʌmnəs/ *kb.* (*j.* **-ni**). lulusan, tamatan, bekas pelajar lelaki s.s.t. sekolah.
alveolar /æl'vieələr/ *ks.* yg berh. dgn alvéolus.
alveolus /æl'vieələs/ *kb.* 1 lobang tempat gigi di rahang. 2 gelembung paru.
always /'ɔlweiz/ *kk.* selalu, senantiasa. *She is a. singing* Ia selalu menyanyi.
am /æm/ lih BE.
a.m. [*ante meridiem*] waktu dari j 12 malam hingga 12 siang. *7 a.m.* Jam 7 pagi.
Am. 1 [*America*] Amérika. 2 [*American*] Orang Amérika.
A.M. 1 [*Master of Arts*] sm doctorandus. 2 [*a.m.*] pagi.
amalgam /ə'mælgəm/ *kb.* 1 campuran. 2=ALLOY.
amalgamate /ə'mælgəmeit/ *kkt.* mencampur, menjadikan satu. *to a. mercury with other metals* mencampur air rasa dgn logam lain. —*kki.* menjadi satu, bercampur. *The two unions amalgamated* Dua serikat buruh itu menjadi satu.
amalgamation /ə'mælgə'meisyən/ *kb.* 1 tindakan atau prosés percampuran. 2 penggabungan. *a. of the two trade unions* penggabungan kedua serikat buruh itu.
amass /ə'mæs/ *kkt.* mengumpulkan, menumpuk, menimbun, menghimpun. *to a. a fortune* mengumpulkan kekayaan.
amateur /'æmətər/ *kb.* 1 amatir. 2 pekerjaan s.s.o. yg tdk begitu baik. *a. standing* keamatiran.
amateurish /'æmə'tərisy/ *ks.* secara kurang baik, tdk secara ahli. —**amateurishly** *kk.* kurang baik. *The work was a. done* Pekerjaan itu dikerjakan dgn kurang baik.
amatory /'æmə'towrie/ *ks.* penuh rasa kasih, dgn asmara cinta, dgn kasih sayang. *an a. look* pandangan dgn penuh rasa kasih.
amaze /ə'meiz/ *kkt.* menghérankan, mengagumkan, menakjubkan. *His energy never fails to a. me* Semangat kerjanya senantiasa menakjubkan hati saya. —**amazed** *ks.* kagum, héran, takjub. *He had an a. look on his face* Ia kelihatan héran di mukanya. Di wajahnya terbayang kehéranan. *He was a. at her ability* Ia kagum akan kepandaiannya. —**amazing** *ks.* menakjubkan, menghérankan, mengagumkan. *an a. performance* pekerjaan/pertunjukan yg sangat menakjubkan.
amazement /ə'meizmənt/ *kb.* kehéranan, ketakjuban, kekaguman. *To my utter a. he won* Ia menang dan hal itu sangat menghérankan saya. Ia menang samasekali diluar dugaan saya.
ambassador /æm'bæsədər/ *kb.* duta besar, dubes. *ambassador-at-large* duta besar keliling. *a. extraordinary* duta luar biasa. *a. plenipotentiary* duta besar dgn kekuasaan penuh.
ambassadorship /æm'bæsədərsyip/ *kb.* kedudukan atau pangkat duta besar.
ambassadress /æm'bæsədrəs/ *kb.* dutawati (besar), dutabesar wanita, dubes wanita.
amber /'æmbər/ *kb.*, *ks.* (warna) kuning sawo (lampu lalu lintas). *a. light* cahaya kuning (gading), cahaya kekuning-kuningan.
ambidexterity /'æmbidek'sterətie/ *kb.* 1 kecakapan mempergunakan kedua tangan dgn sama baiknya. 2 ketangkasan/kecakapan luar biasa.
ambidexterous /'æmbi'dekstərəs/ *ks.* 1 cakap mempergunakan kedua belah tangan dgn sama baiknya. 2 sangat tangkas/pandai.
ambiguity /'æmbi'gyuwətie/ (*dj.* **-ties**) arti-dua, kedwiartian, kemenduaan.
ambiguous /æm'bigyuəs/ *ks.* berarti-dua.

ambition /æm'bisyən/ *kb.* ambisi, hasrat, cita-cita. *His a. in life is to be a lawyer* Cita-cita hidupnya ialah menjadi pengacara. *to make it s.o.'s a.* menjadikan cita-cita s.s.o.
ambitious /æm'bisyəs/ *ks.* ambisius, berambisi. *He is very a.* Ia ambisinya keras. Ia berambisi keras. Ia bercita-cita keras.
ambivalence /æm'bivələns/ *kb.* ambivalénsi, dua perasaan yg bertentangan.
ambivalent /æm'bivələnt/ *ks.* ambivalén, berperasaan yg bertentangan.
amble /'æmbəl/ *kki.* 1 berjalan seénaknya, berjalan tanpa tergesa-gesa. *He ambled along at a leisurely pace* Ia berjalan seénaknya tanpa tergesa-gesa. 2 berligas (*of a horse*).
ambrosia /æm'browzyə/ *kb.* 1 makanan atau suguhan déwa-déwa dlm mitologi Yunani. 2 masakan yg terdiri dari pisang yg diiris-iris, jeruk, gula dan kelapa.
ambulance /'æmbyələns/ *kb.* ambulans.
ambulatory /'æmbyələ'towrie/ *ks.* dpt berjalan. *an a. patient* orang sakit yg dpt berjalan-jalan.
ambush /'æmbusy/ *kb.* penyerangan, penyergapan, pengadangan dgn tiba-tiba. *They lay in a.* Meréka bersembunyi utk mengadakan penyergapan tiba-tiba. *to fall into an a.* masuk perangkap penyergapan. *to lay an a. for* menyiapkan pasukan tersembunyi utk menyerang dgn tiba-tiba utk. —*kkt.* mengadang, menyerang dgn tiba-tiba.
ameba /ə'miebə/ = AMOEBA.
ameliorate /ə'mielyəreit/ *kkt.* menjadi lebih senang/baik, memperbaiki.
amelioration /ə'mielyə'reisyən/ *kb.* perbaikan, perbuatan memperbaiki, kemajuan.
ameliorative /ə'mielyərətiv/ *ks.* yg memperbaiki, bersifat memperbaiki. *The regulation has an a. effect* Peraturan itu mengakibatkan perbaikan.
amen /'a'men/; 'ei'men/ *kb.* amin, amien.
amenable /ə'mienəbəl/ *ks.* 1 setuju dgn, menyetujui, menerima. *I'll go along if you are a. to the conditions* Saya akan menyetujui kalau sdr menerima syarat-syaratnya. 2 dpt dipertanggung-jawabkan.
amends /ə'mendz/ *kb. j.* kerugian. *You'll have to make amends for the damage* Kau hrs membayar kerugian utk kerusakan itu. —*kkt.* mengamandemén, merubah. *The law has been amended* Undang-undang itu tlh diamandemén.
amendment /ə'mendmənt/ *kb.* amandemén.
amenity /ə'menətie/ *kb.* (*j.* **-ties**) sikap ramah-tamah. *Saying "thank you" is an a. that should be taught to children* Mengatakan terimakasih adalah sikap ramah-tamah yg hrs diajarkan kpd anak-anak. —**amenities** *j.* 1 kesenangan, nikmat. *the amenities of civilized living* kesenangan dlm kehidupan yg beradab/sopan-santun, hidup beradab. 2 fasilitas-fasilitas. *The castle is nicely repaired, but it still lacks the amenities* Bénténg istana itu tlh diperbaiki dgn baik, tetapi fasilitas-fasilitasnya masih kurang.
America /ə'merəkə/ *kb.* Amérika.
American /ə'merəkən/ *kb.* orang Amérika. —*ks.* Amérika. *He's an A. citizen* Ia seorang warganegara Amérika. *A. Indian* Orang Indian.
Americana /ə'merə'kanə/ *kb.* koléksi buku-buku atau dokumén-dokumén ttg Amérika.
Americanism /ə'merəkə'nizəm/ *kb.* 1 logat Amérika. *This word is an A.* Kata ini logat Amérika. 2 sifat Amérika. *His A. is very strong* Sifat Amérikanya sangat kuat. 3 adat kebiasaan. *That custom is an A.* Adat itu khusus adat kebiasaan Amérika.
Americanize /ə'merəkənaiz/ *kkt.* menjadi spt orang

Amérika. *He is completely Americanized after a one-year stay* Ia samasekali menjadi spt orang Amérika stlh berdiam satu tahun disana.

Americanization /ə'merəkənə'zeisyən/ kb. Amérikanisasi.

Amerindian /'æmə'rindieən/ kb., ks. yg bert. dgn orang Indian.

amethyst /'æməθist/ kb. batu-batuan, sm permata, sm batu nilam berwarna kecubung atau lembayung.

amiability /'eimieə'bilətie/ kb. keramahan, keramah-tamahan.

amiable /'eimieəbəl/ ks. ramah, ramah-tamah. *He's a most a. person* Ia sangat ramah-tamah.

amicability /'æməkə'bilətie/ kb. keramah-tamahan, kebaikan.

amicable /'æməkəbəl/ ks. ramah-tamah, baik hati. *an a. settlement* penyelesaian yg ramah-tamah. —**amicably** kk. secara damai. *The dispute was settled a.* Perselisihan itu diselesaikan secara damai.

amid /ə'mid/ kd. ditengah-tengah, di kalangan. *We stood a. the many tombstones* Kita berdiri ditengah-tengah batu-batu kuburan yg banyak itu.

amidships /ə'midsyips/ kk. tengah-tengah kapal.

amidst /ə'midst/ = AMID.

amiss /ə'mis/ ks., kk. keliru, salah. *I hope nothing is a.* Saya harap tak ada yg keliru. *Please don't take this a.* Harap spy hal ini jangan diterima salah.

amity /'æmətie/ kb. (j. **-ties**) persahabatan, hubungan baik.

ammo /'æmow/ kb. Sl.: = AMMUNITION.

ammonia /ə'mownieə, -nyə/ kb. amonia.

ammoniac /ə'mownieæk/ kb. sm getah dipakai utk obat-obatan, juga utk pelekat barang-barang porselin.

ammunition /'æmə'nisyən/ kb. amunisi. *a. dump* gudang amunisi.

amnesia /æm'niezyə/ kb. amnési(a).

amnesty /'æmnestie/ kb. (j. **-ties**) amnésti, pengampunan.

amoeba /ə'miebə/ kb. amoeba, amuba.

amoebic /ə'miebik/ ks. amubawi. *a. dysentery* disénteri amubawi.

amok /ə'mʌk/ kb. amuk, mata-gelap. *to run a.* mengamuk.

among /ə'mʌng/ kd. diantara. *Distribute the money a. the children* Bagilah uang itu diantara anak-anak. *to wander a. the ruins* berjalan-jalan diantara puing-puing. *Go ahead, you're a. friends* Teruskan berbicara, kau ada diantara teman-teman. *I count him a. my best friends* Ia termasuk teman-teman saya yg terbaik. **a. other things** antara lain, diantaranya. *A. other things, she sings in the choir* Antara lain dia menyanyi di paduan suara. **a. ourselves** antara kita. *Let's keep this news a. ourselves* Marilah kita pegang/simpan kabar ini diantara kita (saja). **a. yourselves** antara kalian sendiri. *You children settle this argument a. yourselves* Anak-anak, selesaikan saja perselisihan ini antara kalian sendiri.

amongst /ə'mʌngkst/ = AMONG.

amoral /æ'mɔrəl/ ks. a-susila, tak sopan.

amorous /'æmərəs/ ks. berisi/bersifat cinta-kasih. *an a. note* surat cinta-kasih.

amorphous /ə'mɔrfəs/ ks. tak berbentuk. *Some objects are a.* Beberapa benda tak berbentuk.

amortization /'æmərtə'zeisyən/·kb. amortisasi.

amortize /'æmərtaiz/ kkt. melunasi (dgn angsuran). *to a. a loan* melunasi hutang dgn angsuran.

amount /ə'mawnt/ kb. 1 jumlah, kwantitas. *The a. of the bill was six dollars* Jumlah rékening itu enam dolar. 2 banyak. *He consumes a large a. of milk each day* Ia banyak sekali minum susu tiap hari. 3 penuh. *There was a great a. of water on the floor* Lantainya penuh dgn air. *I have just the right a. of change* Saya (kebetulan) ada uang récéhan yg jumlahnya pas. —*kki.* 1 berjumlah. *The bill amounts to $18.* Rékening ini berjumlah $18. 2 sama dgn. *What you say amounts to treason* Apa yg kaukatakan itu sama dgn berkhianat. **to a. to s.t.** menjadi s.s.o. yg berarti. *He's going to a. to s.t. when he grows up* Ia akan menjadi seorang yg berarti kalau ia tlh menjadi déwasa. *It amounts to the same thing* Maksudnya sama saja.

amour /ə'mur/ kb. asmara, cinta (kasih); teristiméwa percintaan yg dirahasiakan/klandéstin.

amp /æmp/ Sl.: = AMPERE.

ampere /'æmpir/ kb. ampér.

ampersand /'æmpersænd/ = &.

amphibian /æm'fibieən/ kb. amphibi. *A toad is an a.* Katak adalah amphibi. —ks. yg berh. dgn amphibi. *an a. tank* tang amphibi.

amphibious /æm'fibieəs/ ks. bersifat amphibi. *a. troops* pasukan amphibi. *a. attack* serangan dari darat dan laut.

amphitheater /'æmfə'thieətər/ kb. amphitéater.

ample /'æmpəl/ ks. 1 banyak, luas. *a. parking* banyak tempat parkir. *There's a. room in this car* Banyak tempat di mobil ini. 2 cukup. *Do you have an a. supply of food?* Adakah cukup persediaan makanan?

amplification /'æmpləfə'keisyən/ kb. 1 pengerasan. *A. of his speech is difficult in this hall* Sukar utk mengeraskan pidatonya didlm ruangan ini. 2 penjelasan tambahan. *This statement requires some a.* Keterangan ini memerlukan penjelasan tambahan.

amplified /'æmpləfaid/ lih AMPLIFY

amplifier /'æmplə'faiər/ kb. (pesawat) pengeras. *sound a.* pengeras suara.

amplifies /'æmpləfaiz/ lih AMPLIFY

amplify /'æmpləfai/ kkt. (**amplified**) 1 menjelaskan. *I shall a. my statement at a press conference* Saya akan menjelaskan penegasan saya di konperénsi pérs. 2 memperkuat, menguatkan, memperkeras. *The loudspeaker amplifies the sound* Pengeras suara memperkuat suara.

amplitude /'æmplətuwd, -tyuwd/ kb. luas/lébar ayunan.

amputate /'æmpyəteit/ kkt. memotong, mengamputasi.

amputation /'æmpyə'teisyən/ kb. amputasi, pemotongan.

amputee /'æmpyə'tie/ kb. invalide, orang cacad, orang yg dipotong sebagian atau seluruh lengan atau kakinya.

amuck = AMOK.

amulet /'æmyəlit/ kb. azimat, jimat.

amuse /ə'myuwz/ kkt. 1 membuat orang tertawa, menggelikan hati. *The clown amuses the children* Pelawak itu membuat anak-anak tertawa. 2 memikat, menawan, menarik perhatian. *The electric toy amused the children* Mainan listrik itu memikat anak-anak. 3 geli. *It amuses me to hear her talk* Saya geli kalau mendengar ia berbicara. **to a. o.s. by** menghibur diri sendiri dgn. —**amused** ks. girang, terhibur, senang hati. *His face wore an a. expression* Mukanya tampak girang. —**amusing** ks. lucu. *The show was a.* Pertunjukannya lucu. *a. jokes* lelucon yg lucu. *The a. thing is that...* Lucunya ialah bhw....

amusement /ə'myuwzmənt/ kb. 1 hiburan. *I went there only for a.* Saya kesana hanya utk hiburan saja. *a. center* tempat hiburan. 2 kegirangan, kesenangan.

The clown's antics caused a great deal of a. Kejenakaan pelawak itu mendatangkan banyak kegirangan.
an /æn; tanpa tekanan ən/ *ksst.* 1 sebuah, satu, dsb. *May I have an orange, please?* Boléhkah saya ambil sebuah jeruk? 2 per, tiap. *He gets a dollar an hour* Ia mendapat satu dolar per jam. lih A.
anachronism /ə'nækrənizəm/ *kb.* anakhronisme, penempatan kejadian pd waktu yg salah.
anachronistic /ə'nækrə'nistik/ *ks.* yg bertentangan ttg zaman, menyalahi zaman, mengandung anakhronisme.
anaemia = ANEMIA.
anaemic = ANEMIC.
anaesthesia = ANESTHESIA.
anagram /'ænəgræm/ *kb.* anagram, penukaran huruf dlm kata-kata sehingga kata itu mempunyai arti lain, spt *lived* menjadi *devil.*
anal /'einəl/ *ks.* yg bert. dgn dubur.
analgesia /'ænəl'jiezyə/ *kb.* tahan/tanpa sakit.
analgesic /'ænəl'jiezik/ *kb.* obat atau cara lain yg menyebabkan tahan sakit.
analog = ANALOGUE.
analogical /'ænə'lajəkəl/ *ks.* analogis, bert. dgn analogi, berdasar mengandung/menunjukkan persamaan.
analogize /ə'næləjaiz/ *kkt.* memperlihatkan/mempertunjukkan berdasar analogi/persamaan.
analogous /ə'næləgəs/ *ks.* 1 sekias, sejalan. 2 dpt disamakan. *The wings of a plane are a. to those of a bird* Sayap kapal terbang dpt disamakan dgn sayap burung.
analogue /'ænələg/ *kb.* analog.
analogy /ə'næləjie/ *kb.* (*j.* **-gies**) analogi, persamaan, kias. *One can see the a. between an ant colony and human society* Orang dpt melihat persamaan antara masyarakat semut dan masyarakat manusia. **by a.** secara perbandingan.
analysis /ə'næləsəs/ *kb.* (*j.* **-ses**) 1 analisa, pemisahan. 2 pemeriksaan yg teliti. *in the final a.* pd hakékatnya. *In the final a. it is the performance that counts* Pd hakékatnya yg terpenting ialah penyelenggaraan.
analyst /'ænəlist/ *kb.* analis.
analytic(al) /'ænə'litik(əl)/ *ks.* analitis, analitik. *a. geometry* ilmu ukur analitis.
analyzable /'ænə'laizəbəl/ *ks.* dpt diselidiki (dlm bagian-bagiannya), dpt dipisah/dipecah. *This problem is easily a.* Soal ini dpt dipisah dgn mudah.
analyze /'ænəlaiz/ *kkt.* 1 menganalisa, menganalisir. *He analyzed the situation very carefully before he made the decision* Ia menganalisa keadaan itu secara hati-hati sblm ia mengambil keputusan. 2 mengurai(kan), mencerai. *to a. a sentence* menguraikan kalimat. 3 memisah.
anarchism /'ænərkizəm/ *kb.* anarkhisme.
anarchist /'ænərkist/ *kb.* anarkhis, anarsis.
anarchistic /'ænər'kistik/ *ks.* anarkhistis.
anarchy /'ænərkie/ *kb.* anarki, anarsi.
anathema /ə'næθəmə/ *kb.* laknat, haram, kutuk. *Drinking is a. to many people* Minum minuman keras adalah laknat bagi banyak orang.
anatomical /'ænə'taməkəl/ *ks.* anatomis. *a. specimen* contoh anatomi.
anatomist /ə'nætəmist/ *kb.* ahli pengurai tubuh manusia.
anatomy /ə'nætəmie/ *kb.* (*j.* **-mies**) anatomi, ilmu urai tubuh.
ancestor /'ænsestər/ *kb.* datuk, nénékmoyang, leluhur. *a. worship* penyembahan nénékmoyang.
ancestral /'ænsestrəl/ *ks.* keturunan leluhur/nénék-

moyang, berasal leluhur. *a. home* rumah keturunan/pusaka.
ancestry /'ænsestrie/ *kb.* (*j.* **-ries**) keturunan, asal, leluhur. *He can trace his a. back to George Washington* Ia dpt menyusut leluhurnya hingga George Washington. *of noble a.* keturunan bangsawan.
anchor /'æŋkər/ *kb.* jangkar, sauh. **to cast/drop a., to come to a.** membuang sauh. **to lie/ride at a.** berlabuh, bersauh. *The ship rode at a.* Kapal sedang berlabuh. **to weigh a.** mengangkat/membongkar sauh/jangkar. —*kkt.* berlabuh, menjangkarkan, membuang sauh. *to a. ships next to e.o.* berlabuh berdekatan. —*kki.* berlabuh. *The boat anchored to the dock* Kapal berlabuh di dermaga. **a. man** pelari terakhir dlm regu éstafét/lari atau renang beranting.
anchorage /'æŋkərij/ *kb.* pe(r)labuhan. *to leave a.* meninggalkan bersauh.
anchovy /'æncowvie/ *kb.* (*j.* **-vies**) ikan kecil (sm haring).
ancient /'einsyənt/ *ks.* 1 kuno. *This is an a. piece of furniture* Ini adalah perabot yg kuno. *a. Bali* Bali Kuno. 2 purbakala. *a. history* sejarah purbakala. 3 purba. *a. man* manusia purba.
ancillary /'ænsə'lerie/ *ks.* tambahan, penyokong. *a. subject of study* matapelajaran tambahan.
and /ænd; tanpa tekanan ən/ *ksam.* 1 dan. *you a. I* kau dan aku. *Wait a. see* Tunggu dan perhatikanlah. *a./or* dan/atau. *a. so forth/on* dan sebagainya, dan seterusnya, dan lain-lain. 2 tambah. *Two a. two make four* Dua tambah dua menjadi empat. *four hundred a. twenty* empat ratus dua puluh. *They marched two a. two* Meréka berbaris berdua-dua. *He drove for miles a. miles* Ia mengendarai mobilnya bermil-mil jauhnya. *His Indonesian is getting better a. better* Bahasa Indonésianya makin lama makin baik. *He knocked a. knocked* Ia mengetok berkali-kali. *Inf.: Come a. see me some time* Datanglah kapan-kapan ke tempat saya. Mengunjungi saya.
andiron /'ændaiərn/ *kb.* besi penupang kayu bakar di perapian.
anecdotal /'ænik'dowtəl/ *ks.* bersifat anékdot. *This book is a. in nature* Buku ini berisi ceritera-ceritera yg bersifat anékdot.
anecdote /'ænikdowt/ *kb.* anékdot.
anemia /ə'niemiə/ *kb.* anémi(a).
anemic /ə'niemik/ *ks.* yg menderita kurang darah.
anemometer /'ænə'mamətər/ *kb.* alat pengukur jurusan dan kekuatan angin.
anesthesia /'ænes'thiezyə/ *kb.* matirasa.
anesthesiologist /'ænes'thiezie'aləjist/ *kb.* ahli ilmu bius.
anesthesiology /'ænes'thiezie'aləjie/ *kb.* ilmu pemakaian obat bius.
anesthetic /'ænes'thetik/ *ks.* obat bius (éter, chloroform, dsb.).
anesthetist /ə'nesthətist/ *kb.* ahli (pemakaian) obat bius.
anesthetize /ə'nesthətaiz/ *kkt.* membiuskan, menghilangkan kesadaran.
aneurysm /'ænərizəm/ *kb.* pembengkakan buluh darah, gondok nadi.
anew /ə'n(y)uw/ *kk.* (sekali) lagi, dari semula. *He had to begin a. after the accident* Ia hrs mulai sekali lagi sesudah kecelakaan itu.
angel /'einjəl/ *kb.* 1 bidadari. 2 malaikat. *a. of death* malaikatmaut. 3 *Sl.:* penyokong keuangan. *Who is the a. of this musical?* Siapa penyokong keuangan sandiwara ini? *Be an a. and set the table for me* Tolong

persiapkan méja (makan) utk saya. **a. food cake** sm kué.

anger /'ænggər/ *kb.* marah, kemarahan, amarah, murka, kebérangan, kegusaran. *His a. showed on his face* Marahnya tampak pd (air) mukanya. *He struck him in a fit of a.* Ia dipukulnya ketika ia (tiba-tiba) marah. —*kkt.* memarahkan, membuat marah. *His reply angered the traffic cop* Jawabnya memarahkan polisi lalulintas.

angina pectoris /æn'jainə 'pektəris/ *kb.* kejang jantung.

angle /'ænggəl/ *kb.* 1 sudut. *the southwest a. of the building* sudut di sebelah barat-daya dari gedung itu. 2 segi. *The judge considered the case from all angles* Hakim mempertimbangkan perkara itu dari semua segi. 3 *Inf.:* segi (pandangan). *He knows all the angles* Ia pandai memandang s.s.t. dari berbagai segi. *The tower leans at an a. of 10°* Menara itu miring pd sudut 10°. —*kki.* 1 memancing. *He was angling for big fish* Ia memancing ikan besar. *His wife angled for an invitation to the party* Isterinya memancing-mancing undangan utk pésta itu. 2 membélok. *The road angles to the left* Jalan itu membélok ke kiri. —**angling** *kb.* memancing, mengail. *A. is his favorite recreation* Memancing adalah hiburan yg paling disukainya.

angler /'ængglər/ *kb.* 1 pemancing. 2 seorang yg licik, seorang yg pandai memakai tipu muslihat utk mencapai s.s.t. tujuan.

anglicism /'ænggləsizəm/ *kb.* anglisisme, keinggeris-inggerisan. *"Jolly good! is an a.* "Jolly good" adalah perkataan Inggeris yg khas.

anglicize /'ænggləsaiz/ *kkt.* menginggeriskan kata, ungkapan, atau kebiasaan, memberi corak Inggeris.

Anglophile /'ænggləfail/ *kb.* pencinta Inggeris atau pencinta semua hal yg bersifat Inggeris.

Anglophobe /'ænggləfowb/ *kb.* orang yg sangat membenci atau mencurigai segala yg berbau Inggeris.

Anglo-Saxon /'ængglow'sæksən/ *kb., ks.* Anglo-Saxon. a) bahasa Inggeris kuno. b) seorang turunan Inggeris, Anglo-Saxon.

angry /'ænggrie/ *ks.* 1 marah, gusar, naik darah. *Why are you so a.?* Mengapa kau begitu marah? *an a. letter* surat pedas, surat yg penuh marah. **a. at/ with** marah pd/dgn. *I'll be a. with you if you don't go* Aku akan marah padamu kalau engkau tdk pergi. 2 besar. *That's an a. sore you have on your thigh* Itu luka besar yg ada di pahamu. 3 bergejolak. *the a. sea* laut yg besar ombaknya, laut yg sedang bergejolak.

anguish /'ænggwisy/ *kb.* 1 kesedihan yg mendalam. *He was filled with a.* Ia sangat sedih. 2 derita, penderitaan yg berat. *He was in a. until given a shot* Ia sangat menderita sblm ia mendapat suntikan. 3 penderitaan. *mental a.* penderitaan batin.

angular /'ænggyələr/ *ks.* 1 kaku. *He walked with a. movements* Gerak jalannya kaku. 2 bersiku-siku. *The stone was a.* Batu itu bersiku-siku. 3 kurus, tulangnya kelihatan. *He was tall and a.* Ia tinggi kurus.

angularity /'ænggyə'lærətie/ *kb.* (*j.* -ties) kekakuan karena kekurusan. *The a. of his body was pronounced* Kekakuan badannya sangat menonjol.

animal /'ænəməl/ *kb.* 1 (*wild*) binatang. 2 (*domesticated*) héwan. *a. fats* lemak héwan. —*ks.* héwani. *a. protein* proteina héwani. *a. appetites* nafsu birahi. **a. husbandry** ilmu pemeliharaan héwan, ilmu peternakan. **a. spirits** semangat, jiwa séhat. *Our children have a lot of a. spirits* Anak-anak kita sangat bersemangat.

animate /'ænəmit *ks.*; 'ænəmeit *kkt.*/ *ks.* yg hidup, bernyawa. —*kkt.* 1 menghidupkan, menjiwai, menggelorakan, menyemarakkan. *What are the motives that a. that country?* Apakah sebab-sebab yg menghidupkan negeri itu? 2 menggerakkan. *The breeze animated the paddy* Tiupan angin menggerakkan padi-padi itu. —**animated** *ks.* 1 yg mengasyikkan. *an a. discussion* diskusi yg mengasyikkan. 2 hidup. *a. cartoon* kartun hidup. *a. doll* bonéka yg seolah-olah hidup.

animation /'ænə'meisyən/ *kb.* semangat, semarak, gelora, kegembiraan. *His discussion was full of a.* Diskusinya penuh semangat.

animism /'ænəmizəm/ *kb.* animisme, penjiwaan (benda-benda).

animist /'ænəmist/ *kb.* penganut animisme.

animistic /'ænə'mistik/ *ks.* animistis.

animosity /'ænə'masətie/ *kb.* (*j.* -ties) dendam, kebencian, rasa permusuhan. *He exhibited no a. toward his neighbor* Ia tdk memperlihatkan dendam thd tetangganya.

animus /'ænəməs/ *kb.* = ANIMOSITY.

anise /'ænis/ *kb.* = ANISEED. *a. oil* minyak adas manis.

aniseed /'ænəsied/ *kb.* adas manis.

anisette /'ænə'set/ *kb.* minuman yg mengandung adas manis.

ankle /'ængkəl/ *kb.* pergelangan kaki. *I turned my a.* Pergelangan kaki saya keseléo. **ankle-deep** *ks.* sedalam pergelangan kaki. *He was a.-deep in mud* Ia berdiri di lumpur sedalam pergelangan kaki.

anklet /'ængklit/ *kb.* gelang kaki.

ann. [*annual*] tahunan.

annals /'ænəlz/ *kb., j.* tawarikh, sejarah.

Annamese /'ænə'miez/ *kb.* 1 seorang Annam. 2 bahasa Annam.

Annapolis /ə'næpələs/ *kb.* sebuah kota di negarabagian Maryland. *He is at A.* Dia belajar di Akadémi AL di Annapolis.

anneal /ə'niel/ *kkt.* menguatkan (ump. baja, gelas dgn prosés memanasi, kemudian mendinginkan). *to a. an alloy* menguatkan suatu logam campur.

annex /'æneks/ *kb.* 1 ruangan tambahan. 2 pavilyun. *I stayed in the hotel a.* Saya menginap di pavilyun hotél itu. —*kkt.* 1 mencaplok, menyerobot. *to a. an area* mencaplok daérah. 2 menggabungkan.

annexation /'ænek'seisyən/ *kb.* 1 pencaplokan, penyerobotan. 2 penggabungan (dgn).

annihilate /ə'naiəleit/ *kkt.* menghancurkan, membinasakan, membasmi, menghapuskan. *The army was annihilated* Tentara itu dihancurkan.

annihilation /ə'naiə'leisyən/ *kb.* penghancuran, pembinasaan, pembasmian, penghapusan.

anniversary /'ænə'vərsərie/ *kb.* (*j.* -ries) (hari) peringatan, hari jadi, hari ulang tahun. *Tomorrow is their twentieth wedding a.* Bésok adalah hari peringatan perkawinan meréka yg keduapuluh. *a. edition* terbitan peringatan, terbitan hari jadi, terbitan ulang tahun.

annotate /'ænəteit/ *kkt.* membubuhi keterangan. *The play will have to be annotated* Sandiwara itu perlu dilengkapi dgn keterangan. —**annotated** *ks.* beranotasi, bercatatan. *a. bibliography* bibliografi beranotasi.

annotation /'ænə'teisyən/ *kb.* anotasi, catatan, keterangan.

annotator /'ænə'teitər/ *kb.* orang yg membuat anotasi/catatan-catatan.

announce /ə'nawns/ *kkt.* mengumumkan, memberitahukan, mempermaklumkan. *She announced her* *engagement to Mr. Kasim* Ia mengumumkan pertunangannya dgn sdr Kasim.

announcement /ə'nawnsmənt/ *kb.* 1 pengumuman, pemberitahuan, maklumat. *The a. of the meeting was made today* Pengumuman mengenai rapat itu dikeluarkan hari ini. 2 berita, maklumat. *wedding a.* berita/maklumat pernikahan.

announcer /ə'nawnsər/ *kb.* (juru) penyiar. *radio a.* penyiar radio.

annoy /ə'noi/ *kkt.* 1 mengganggu, menjéngkélkan. *His playing annoys me* Permainannya mengganggu saya. 2 menggemaskan. *The air raids a. the populace* Serangan-serangan udara itu menggemaskan penduduk. *I was annoyed at his constant interruption* Saya menjadi jéngkél karena gangguannya yg terus-menerus. —**annoying** *ks.* mengganggu, menjéngkélkan. *His snoring was terribly a.* Dengkurnya sangat mengganggu.

annoyance /ə'noiəns/ *kb.* gangguan, kejéngkélan.

annual /'ænyuəl/ *kb.* 1 buku tahunan. 2 tanaman tahunan (*of plants*) —*ks.* 1 tahunan. *a. report* laporan tahunan. 2 tiap tahun. *Christmas is an a. event* Hari Natal dirayakan tiap tahun. —**annually** *kk.* tiap-tiap/setiap tahun. *We pay taxes a.* Kita membayar pajak tiap-tiap tahun.

annuity /ə'nuwətie, -'nyuw-/ *kb.* (*j.* -**ties**) tunjangan hidup (simpanan utk hari tua).

annul /ə'nʌl/ *kkt.* (**annulled**) membatalkan. *The marriage was annulled* Perkawinan itu dibatalkan.

annulment /ə'nʌlmənt/ *kb.* pembatalan.

annum /'ænəm/ lih PER.

anoint /ə'noint/ *kkt.* 1 meminyaki, memberi salep. 2 memberi upacara peminyakan suci. *The priest was anointed by the bishop* Pendéta itu diberi upacara peminyakan suci oléh uskup.

anomalous /ə'namələs/ *ks.* ganjil, menyimpang dari yg biasa. *The situation of a foreman without real authority is a.* Kedudukan seorang mandor tanpa kekuasaan yg sesungguhnya adalah ganjil.

anomaly /ə'naməlie/ *kb.* (*j.* -**lies**) 1 kelainan. 2 keganjilan, keanéhan, penyimpangan dari yg biasa.

anon /ə'nan/ *kk.* segera. *I'll be there a.* Saya akan segera kesana.

anon. [*anonymous*] tanpa nama, tdk diketahui namanya.

anonymity /'ænə'nimətie/ *kb.* keadaan tanpa nama.

anonymous /ə'nanəməs/ *ks.* tanpa nama, tdk diketahui namanya. *He prefers to remain a.* Ia lebih suka tdk diketahui namanya. *a. letter* surat kaléng/buta.

another /ə'nʌTHər/ *ks.* 1 yg lain. *Please give me a. banana, I don't like this one* Berilah saya pisang yg lain; saya tak suka yg ini. *Perhaps you can come a. time* Barangkali kau dpt datang lain kali. *She has a. husband* Ia mempunyai suami lain. *That's a. matter* I tu soal lain lagi. *Please give me a. banana; I've eaten this o.* Berilah saya pisang satu lagi. Yg tadi sdh saya makan. *I have to make a. trip to New York* Saya hrs pergi lagi ke New York. *In a. ten years we won't recognize this city* Dlm sepuluh tahun lagi kota ini tak akan kita kenal lagi. *Without a. word he left* Tanpa berkata sepatah kata ia pergi. —*kg. Love one a.* Cintailah satu sama lain.

ans. 1[*answer*] jawaban. 2 [*answered*] dijawab.

answer /'ænsər/ *kb.* 1 jawaban, sahutan. *to have the a. to* menemukan jawaban atas. 2 balasan. *I received no a. to my letter* Saya tdk menerima balasan atas surat saya. *a. to a charge of theft* jawaban/pembelaan thd tuduhan pencurian. *Inf.: to know all the answers* bersikap sok tahu. —*kkt.* 1 menjawab, menyahut, membalas. *He answered the letter* Ia menjawab surat

itu. *Please a. the roll when I call your name* Harap jawab panggilan (menurut daftar nama) kalau namamu kupanggil. *A. me when I speak to you* Jawablah saya bilamana saya berbicara padamu. 2 membuka. *Please a. the doorbell* Coba buka pintu. Coba lihat siapa di pintu. 3 memenuhi. *This will a. your need* Ini akan memenuhi kebutuhanmu. *to a. a charge of speeding* memenuhi panggilan/tuntutan karena melanggar batas kecepatan. 4 mengabulkan. *Our prayers were answered* Doa kami dikabulkan. —*kki.* menyahut, menjawab. *"Yes," she answered "Ja"*, jawabnya. *I rang the bell, but no one answered* Saya membunyikan loncéng tapi tak seseorangpun datang (utk membukakan pintu). **to a. back** membantah. *Don't you dare a. back!* Jangan berani membantah! **to a. for** 1 bertanggung-jawab, menanggung. *You'll have to a. for that mistake* Kau hrs bertanggung-jawab atas kesalahan itu. *He has a lot to a. for* Banyak yg hrs dipertanggung-jawabkannya. 2 dipakai (sbg pengganti). *A sheet of paper answered for a tablecloth* Sehelai kertas bisa dipakai sbg taplak méja. **to a. to** 1 memenuhi, cocok, sesuai dgn. *This doesn't a. to the description of my cat* Ini tak memenuhi penjelasan-penjelasan ttg kucing saya. 2 dipanggil, mendengarkan, menyahut atas. *Our dog answers to the name of Tucky* Anjing kami dipanggil/diberi nama Tucky.

answerable /'ænsərəbəl/ *ks.* 1 dpt dipertanggung-jawabkan/dipersalahkan. *He is a. for his crimes* Ia dpt dipertanggung-jawabkan atas kejahatannya. *He's a. to his parents for his conduct* Ia bertanggung-jawab thd orangtuanya atas tingkah lakunya. 2 dpt dijawab. *That question is not a.* Pertanyaan itu tak dpt dijawab.

ant /ænt/ *kb.* semut. *a. hill* sarang semut, busut. *flying a.* kelekatu, laron. *red a.* kerangga. *white a.* anai-anai.

antacid /ænt'æsid/ *kb.* asam semut, asam yg menétralkan asam-asam.

antagonism /æn'tægənizəm/ *kb.* antagonisme, permusuhan, perlawanan, kebencian, pertentangan, peringkaran.

antagonist /æn'tægənist/ *kb.* 1 lawan. *He was a powerful a.* Ia seorang lawan yg kuat. 2 musuh. *The hero defeated each a.* Pahlawan itu mengalahkan tiap musuh.

antagonistic /æn'tægə'nistik/ *ks.* bermusuhan, berlawanan, menentang. *He had an a. attitude* Ia sikapnya bermusuhan.

antagonize /æn'tægənaiz/ *kkt.* menimbulkan, membuat benci. *The will antagonized her* Surat warisan itu menimbulkan kemarahannya.

antarctic /ænt'arktik/ *kb., ks.* daérah Kutub Selatan.

ante /'ænti(e)/ *kb.* 1 pot, bank, taruhan, pancang (dlm permainan kartu). *How much is the a.?* Berapa bayaran potnya? 2 *Sl.*: sokongan, sumbangan, kontribusi, iuran. *We'll have to provide a larger a. for the organization* Kita hrs membayar sokongan yg lebih besar utk organisasi. —*kki.* **to a. up** memberi sokongan/sumbangan.

antebellum /'æntie'beləm/ *ks.* sebelum perang (terutama sblm perang saudara AS). *an a. home* rumah sblm perang saudara.

antecedent /'æntə'siedənt/ *kb., ks.* kata atau bagian kalimat yg mendahului suatu kalimat. *In the phrase "the car which I bought", "car" is the a.* Dlm bagian kalimat "the car which I bought", "car" adalah kata yg mendahului. *He'a a man of noble antecedents* Ia keturunan bangsawan.

antedate /'æntiedeit/ *kkt.* 1 mendahului, terjadi lebih dulu. *The automobile antedates the airplane* Mobil mendahului kapal terbang. 2 memberi tanggal lebih dulu drpd yg sebenarnya kpd kwitansi.

antediluvian /'æntiedə'luwviən/ *ks.* kuno (sekali), sangat tua. *I have an a. car* Mobil saya kuno sekali.

anteater /'ænt'ietər/ *kb.* tenggiling.

antelope /'æntəlowp/ *kb.* sm kujang bertanduk tanpa ranting.

ante meridiem /'æntiemə'ridieəm/ sblm tengah hari. *2 a.m.* jam 2 pagi.

antenna /æn'tenə/ *kb.* 1 anténa (radio atau TV). 2 piarit, sungut-sungut serangga, kumis serangga (*of insects*).

antepenultimate /'æntiepi'nʌltəmit/ *kb., ks.* ketiga dari yg terakhir. *The stress falls on the a. syllable* Tekanan jatuh pd sukukata yg ketiga dari yg terakhir.

anterior /æn'tirieər/ *ks.* depan, lebih dahulu, muka.

anthem /'ænthəm/ *kb.* lagu/nyanyian geréja. *national a.* lagu kebangsaan.

anthology /æn'thalɔjie/ *kb.* (*j.* **-gies**) bungarampai.

anthracite /'ænthrɔsait/ *kb.* antrasit, batubara keras yg mengkilap.

anthropocentric /'ænthrɔpɔ'sentrik/ *ks.* anthroposéntris.

anthropoid /'ænthrɔpoid/ *kb.* 1 yg menyerupai manusia. 2 kera besar tak berékor yg mirip manusia spt oranghutan, gorila, simpanse dsb. —*ks.* yg menyerupai manusia.

anthropological /'ænthrɔpɔ'lajəkəl/ *ks.* yg berh. dgn anthropologi.

anthropologist /'ænthrɔ'palɔjist/ *kb.* ahli anthropologi.

anthropology /'ænthrɔ'palɔjie/ *kb.* anthropologi.

anthropometry /'ænthrɔ'pamɔtrie/ *kb.* anthropométri.

anthropomorphic /'ænthrɔpɔ'mɔrfik/ *ks.* anthropomorphis.

anti-aircraft /'æntie'ær'kræft/ *ks.* **a. gun** penangkis serangan kapal udara.

anti-American /'æntieə'merəkən/ *ks.* bertentangan dgn kepentingan atau orang Amérika.

antibiotic /'æntiebai'atik/ *kb.* antibiotika.

antibody /'æntie'badie/ *kb.* (*j.* **-dies**) antibodi, zat dlm darah manusia yg membunuh atau melemahkan baktéri atau racun-racun lain.

antics /'æntiks/ *kb., j.* kelakar, kejenakaan. *We laughed at the clown's a.* Kita ketawa melihat kelakar pelawak itu.

anticipate /æn'tisəpeit/ *kkt.* 1 mengharapkan. *We a. a good time on this trip* Kami mengharapkan perjalanan ini memuaskan sekali. 2 mendahului. *The Chinese anticipated the discovery of gun powder* Orang Tionghoa mendahului penemuan mesiu. 3 memenuhi lebih dahulu. *The nurse anticipated the patient's wishes* Jururawat itu memenuhi lebih dulu keinginan pasién itu. 4 mengetahui lebih dulu, merasakan. *We a. a very cold winter* Kami mengetahui lebih dulu, bhw musim dingin ini akan sangat dingin. 5 sangka. *I anticipated that she would come* Saya sdh sangka bhw dia akan datang.

anticipation /æn'tisə'peisyən/ *kb.* 1 mengharapkan, menanti-nantikan. *The a. of her mother's arrival makes her very happy* Mengharap-harapkan kedatangan ibunya sangat menyenangkan hatinya. 2 mendahului. *in a. of the ratification of...* dgn mendahului pengesahan.... 3 menunggu, menantikan. *We stayed here in a. of his coming* Kami tinggal disini menunggu kedatangannya.

anticipatory /æn'tisəpə'towrie/ *ks.* yg (bersifat) lebih dulu. *an a. investment* invéstasi yg ditanam lebih dulu.

anticlimactic /'æntieklai'mæektik/ *ks.* yg bersifat antiklimaks.

anticlimax /'æntie'klaimæks/ *kb.* antiklimaks.

anticoagulant /'æntiekow'ægyələnt/ *kb.* s.s.t. yg mencegah pembekuan darah.

anticolonialism /'æntiekɔ'lowvieəlizəm/ *kb.* antikolonialisme.

anticommunist /'æntie'kamyənist/ *kb., ks.* antikomunis.

antidote /'æntiedowt/ *kb.* 1 penangkal (racun). *What is a good a. for that poison?* Apakah penangkal yg baik utk racun itu? 2 pencegah. *A boy's club can be a good a. to juvenile delinquency* Perkumpulan pemuda dpt menjadi pencegah yg baik thd soal crossboy.

antifreeze /'æntiefriez/ *kb.* bahan antibeku.

antihistamine /'æntie'histəmin/ *kb.* obat pencegah alérgi, antihistamin.

anti-imperialist /'æntieimpirieə'list/ *kb.* anti-impérialis.

antimony /'æntie'mownie/ *kb.* logam keputih-putihan yg rapuh utk membuat obat dan utk pengeras campuran logam.

antipathy /æn'tipɔthie/ *kb.* (*j.* **-thies**) antipati, perasaan benci thd s.s.t. atau s.s.o.

antipodes /æn'tipɔdiez/ *kb., j.* 1 antipoda, daérah-daérah diatas bumi yg berlawanan letaknya. 2 berlawanan, bertentangan.

antiquarian /'æntə'kwæarieən/ *ks.* yg berh. dgn zaman kuno. *a. bookshop* toko buku yg menjual buku-buku kuno dan tua.

antiquary /'æntə'kwerie/ *kb.* (*j.* **-ries**) orang yg mempelajari atau mengumpulkan barang-barang kuno.

antiquated /'æntə'kweitid/ *ks.* kuno. *My house and car are a.* Rumah dan mobil saya sdh kuno.

antique /æn'tiek/ *kb., ks.* (barang) antik. *That table is an a.* Méja itu barang antik. *a. furniture* perabot rumah modél kuno. *a. shop* toko barang-barang antik.

antiquity /æn'tikwɔtie/ *kb.* zaman purbakala. —**antiquities** *j.* barang-barang dari zaman kuno. *Roman antiquities* barang-barang zaman kuno dari zaman Roma.

antiseptic /'æntie'septik/ *kb., ks.* penangkal inféksi. *Iodine is an a.* Yodium adalah penangkal inféksi.

antisocial /'æntie'sowsyəl/ *ks.* anti-sosial. *a. behavior* tingkah-laku anti-sosial.

anti-submarine /'æntie'sʌbmərien/ *ks.* melawan kapal-selam. *a. warfare* peperangan melawan kapal-selam.

antithesis /æn'tithɔsəs/ *kb.* lawan yg tepat.

antitoxin /'æntie'taksən/ *kb.* antitoksin, penolak bisa.

antitrust /'æntie'trʌst/ *ks.* yg menentang penggabungan industri-industri. *a. law* undang-undang yg menentang penggabungan industri-industri.

antler /'æntlər/ *kb.* angga, tanduk (rusa).

antonym /'æntɔnim/ *kb.* kata lawan.

anus /'einəs/ *kb.* dubur, pelepasan.

anvil /'ænvəl/ *kb.* paron, landasan.

anxiety /æŋg'zaiɔtie/ *kb.* (*j.* **-ties**) 1 kegelisahan. *A. is a symptom of our time* Kegelisahan adalah suatu gejala zaman kita. 2 keinginan. *His a. to succeed is praiseworthy* Keinginannya spy berhasil patut dipuji.

anxious /'æŋgksyəs/ *ks.* 1 khawatir, cemas, gelisah. *I become very a. when they are late* Saya menjadi khawatir sekali kalau meréka terlambat. *I am a. about the operation* Saya khawatir ttg pembedahan itu. *a. for her safety* khawatir akan keselamatannya. 2 mencemaskan. *We had some a. moments* Kami mengalami beberapa saat-saat yg mencemaskan. 3 *(eager)* menginginkan, ingin (sekali). *I am a. for news about my sick father* Saya menginginkan sekali khabar ttg ayah saya yg sakit. *We are a. for her new book to appear* Kami menginginkan agar bukunya (yg baru) terbit.

any /'enie/ *ks.* 1 apa saja, yg mana saja, sembarang saja. *A. book will do* Buku apa saja boléh. *Come a. day you like* Datanglah pd hari apa saja. *Take a. two numbers* Ambillah dua bilangan yg mana saja. *at a. hour of the day or night* pd sembarang waktu siang atau malam. 2 satu atau beberapa (dlm pertanyaan-pertanyaan). *Is there a. mail for me?* Apakah ada surat utk saya? *Have you a. children?* Apakah sdr mempunyai anak? 3 sedikit. *Do you have a. time left?* Apakah sdr. ada waktu sedikit? *Is the situation a. better?* Apakah keadaan sdh agak baik sedikit? 4 lagi. *Will you have a. more coffee?* Mau kopi lagi? Saya tambah lagi kopinya, ya? *A. more questions?* Ada pertanyaan-pertanyaan lagi? *He doesn't live here a. more* Dia tdk tinggal disini lagi. :: *A. person who can't...* Siapapun yg tdk dpt.... *I can't go a. further* Saya samasekali tak dpt terus. *He is subject to call (at) a. time* Ia dpt dipanggil/dikerahkan setiap waktu. *in a village of a. size* di sesuatu désa besar atau kecil. *He knows English if a. man does* Bahasa Inggerisnya tak kalah dgn siapapun. *If it's in a. way inconvenient...* Kalau sekiranya akan menyusahkan... —*kg.* sesuatu. *I don't want a.* Saya tdk membutuhkan s.s.t. *A. of us can do it* Setiap orang diantara kita dpt melakukan itu. *I can't find a.* Satupun tak dpt saya temukan. *Few, if a., are unmarried* Hanya sedikit, kalaupun ada, yg tdk kawin.

anybody /'enie'badie/ *kg.* 1 siapa saja. *A. who wishes may come to the meeting* Siapa saja yg ingin boléh datang ke rapat itu. 2 seseorang. *Will a. volunteer to go?* Adakah s.s.o. yg mau pergi dgn sukaréla? *There was hardly a. at the meeting* Hanya sedikit orang yg hadir pd pertemuan itu. *A. would think he is crazy* Setiap orang akan menyangka bhw ia gila. *Not just a. will do* Tdk sembarang orang dpt dipakai. *Is he a.?* Apakah ia orang penting? = ANYONE.

anyhow /'eniehaw/ *kk.* 1 bagaimanapun juga. *I'm sure he would have gone a.* Saya yakin bhw ia bagaimanapun juga akan pergi. *A., I know I can't come* Bagaimanapun juga, saya tahu bhw saya tdk dpt datang. 2 toh, namun demikian. *I did not want to go, but I went a.* Saya tdk ingin pergi, tetapi saya toh pergi. = ANYWAY.

anyone /'eniewʌn/ *kg.* 1 siapapun. *A. can do it* Siapapun dpt melakukan itu. 2 siapa saja, s.s.o. *Please let a. have it* Berikanlah itu kpd siapa saja. = ANYBODY.

anyplace /'eniepleis/ *kk. Inf.:* di/ke manapun (juga).

anything /'eniething/ *kg.* 1 apa saja. *You may have a. on this table* Kau boléh ambil apa saja yg ada di méja ini. *He eats a.* Apa saja dimakannya. *If a. happens to me* Jika ada apa-apa yg terjadi thd diri saya. :: *He earns a good living without doing a.* Penghasilannya baik tanpa berbuat apapun. 2 sesuatu. *Do you wish anything else?* Apakah s.s.t. yg lain yg sdr inginkan? 3 faédahnya. *Is there a. in it for me?* Apakah ada faédahnya bagi saya? *He doesn't do a. but sit* Kerjanya hanya duduk saja. *It's raining like a.* Hujan turun spt dicurahkan dari langit. *He works like a.* Ia bekerja tak kenal lelah. Ia bekerja keras. *He must be earning a. from $100 to $150 a week* Penghasilannya pasti kira-kira antara $100 dan $150 seminggu. —*kk. a.* samasekali tidak. *It is a. but pleasant here* Tdk énak samasekali disini.

anyway /'eniewei/ *kk.* 1 bagaimanapun juga, toh, namun demikian. *She wants to come with us a.* Bagaimanapun juga dia mau pergi dgn kami. *I didn't want to go but I went a.* Saya tdk mau pergi, bagaimanapun saya pergi juga. *We won't be sent a., will we?* Kita 'kan tdk akan dikirim juga. 2 bagaimanapun. *A. I go about it, I fail* Bagaimanapun saya mengusahakannya/mengerjakannya saya tdk berhasil.

anywhere /'eniehwær/ *kk.* 1 di/ke manapun (juga), kemana saja. *I'll go a. in the world* Saya sudi pergi kemanapun di dunia ini. 2 kira-kira, boléh jadi. *It'll take a. from 3 days to a week to repair the car* Akan memakan waktu kira-kira dari 3 hari sampai seminggu utk memperbaiki mobil itu. *Inf.: a. near* (dipakai dlm négatip) jauh dari. *The work is not a. near finished* Pekerjaan itu jauh drpd siap. *I haven't a. near a hundred dollars* Uang saya sama sekali tdk sampai $100. *Inf.: to get a.* maju, mencapai s.s.t. *You must work hard to get a.* Kau hrs kerja keras utk maju.

aorta /ei'ɔrtə/ *kb.* batang nadi.

AP /'ei'pie/ [*Associated Press*] nama sebuah kantor berita AS.

apace /ə'peis/ *kk.* dgn cepat. *Winter is coming on a.* Musim dingin tiba dgn cepat.

apart /ə'part/ *kk.* berpisahan. *The couple decided to live a.* Pasangan itu memutuskan utk hidup berpisahan. :: *to take a motor a.* membongkar mesin. *In that school boys and girls are kept a.* Di sekolah itu murid laki-laki dan wanita dipisah. *The project finally fell a.* Akhirnya proyék itu berantakan. *His toy car came a.* Mobil mainannya patah terpotong-potong. *My coat came a. at the seams* Jas saya terbuka kelimannya/jahitannya. *I can't tell the twins a.* Saya tdk dpt membédakan kedua anak kembar itu. *Hold your feet a.* Renggangkan kakimu. *The rows are six inches a.* Dérétan itu berjarak 6 inci. **a. from** 1 selain drpd. *A. from that he's a good fellow* Selain drpd itu, ia seorang yg baik. 2 terlepas. *a. from religious problems* terlepas dari persoalan agama. **to stand a.** menyendiri. *That house stands a. from the others* Rumah itu terasing dari yg lain. *They are miles a. in their political views* Pandangan politik meréka berbéda setinggi langit.

apartment /ə'partmənt/ *kb.* flat, apartemén. *a. house/building* gedung apartemén, rumah flat.

apathetic /'æpə'thetik/ *ks.* apatis, tdk menghiraukan, tdk acuh, lesu. *He was completely a. towards the matter* Ia apatis samasekali thd soal itu.

apathy /'æpəthie/ *kb.* apati, kelesuan.

ape /eip/ *kb.* siamang, kera, monyét, beruk. —*kkt.* meniru. *The little girl aped her older sister* Gadis kecil itu meniru kakaknya.

aperture /'æpərcər/ *kb.* 1 lobang, celah, lekah. 2 *Phot.:* lubang lénsa.

apex /'eipeks/ *kb.* puncak. *He was at the a. of his career* Ia berada di puncak kariérnya.

aphasia /ə'feizyə/ *kb.* aphasi, kehilangan kemampuan memakai atau memahami kata-kata karena suatu penyakit otak.

aphorism /'æfərizəm/ *kb.* aphorisme. "*There is never a good war or a bad peace*" *is an a.* "Tak pernah ada peperangan yg baik atau perdamaian yg buruk" adalah suatu aphorisme.

aphrodisiac /'æfrə'diezieæk/ *kb.* zat perangsang nafsu berahi.

apiary /'eipie'erie/ *kb.* (*j.* **-ries**) tempat pemeliharaan lebah.

apical /'æpəkəl/ *ks.* apikal, yg menyentuh langit-langit mulut. *"T" is an a. sound* "T" adalah bunyi yg dibentuk dgn penyentuhan lidah ke langit-langit.

apiculture /'eipə'kʌlcər/ *kb.* pemeliharaan lebah.

apiece /ə'pies/ *ks.* 1 sebuah, sepotong, dsb. *The apples are ten cents a.* Apel itu sepuluh sén sebuah. 2 masing-masing. *You may have one cookie a.* Ambillah kuénya masing-masing satu.

aplenty /ə'plentie/ *kk.* banyak sekali. *He had money a.* Uangnya banyak sekali.

aplomb /ə'plʌm/ *kk.* kepercayaan pd diri sendiri. *He possessed considerable a.* Ia mempunyai kepercayaan yg besar pd dirinya.

apocalypse /ə'pakəlips/ *kb.* wahyu, penyingkapan.

apocope /ə'pakəpie/ *kb.* apokope, penghilangan bunyi, huruf, atau suku pd satu perkataan, mis.: *tho* dari *though.*

apocryphal /ə'pakrəfəl/ *ks.* 1 yg kebenarannya diragukan. *an a. story* cerita yg kebenarannya diragukan. 2 tdk asli. *an a. part of the Bible* bagian Injil yg tdk sah.

apogee /'æpəjie/ *kb.* 1 titik terjauh dari bumi dlm perédaran suatu satelit. 2 puncak. *The Majapahit era reached its a. at the time of Gajah Mada* Zaman Mojopahit mencapai puncaknya pd waktu Gajah Mada.

apolitical /'eipə'litəkəl/ *ks.* buta politik, tanpa sifat/hubungan politik.

apologetic(al) /ə'palə'jetək(əl)/ *ks.* bersifat minta maaf. *He sent me an a. letter* Ia mengirimkan surat minta maaf kpd saya. *He was a. about calling so late* Ia meminta maaf karena menélpon begitu malam.

apologist /ə'paləjist/ *kb.* orang yg membéla atau mempertahankan suatu pendirian, keyakinan dsb., pembéla.

apologize /ə'paləjaiz/ *kki.* minta maaf. *I apologized to her for coming late* Saya minta maaf kepadanya karena terlambat datang. *I apologized for my appearance* Saya minta maaf karena pakaian saya kurang pantas.

apology /ə'paləjie/ *kb.* (*j.* **-gies**) 1 permintaan maaf. *Please accept my apologies* Terimalah permintaan maaf saya. 2 pengganti yg tdk seimbang. *One cup of coffee is only an a. for breakfast* Semangkok kopi hanyalah pengganti yg tdk seimbang utk makan pagi.

apoplectic /'æpə'plektik/ *ks.* bersifat, yg berh. dgn atau menyebabkan, penyakit apopléxia. *a. stroke* sawan bangkai.

apoplexy /'æpə'pleksie/ *kb.* apopléxia, penyakit pitam, sawan bangkai, ayan.

apostasy /ə'pastəsie/ *kb.* (*j.* **-sies**) ridat, kemurtadan.

apostate /ə'pasteit/ *kb.* orang yg ingkar thd agama atau partai.

apostle /ə'pasəl/ *kb.* rasul.

apostolic /'æpə'stalik/ *ks.* kerasulan, apostolik. *a. vicar* vikaris apostolik.

apostrophe /ə'pastrəfie/ *kb.* tanda ', tanda apostrof/penghilangan.

apothecary /ə'pathə'kærie/ *kb.* (*j.* **-ries**) ahli obat.

apotheosis /'æpə'thieəsəs/ *kb.* (*j.* **-ses**) 1 pendéwaan. 2 perwujudan yg sempurna.

appall /ə'pɔl/ *kkt.* 1 mengerikan, menggemparkan. *His murder appalled us* Pembunuhannya mengerikan

kami. 2 mengejutkan. *I was appalled at the results of the meeting* Saya terkejut oléh hasil-hasil rapat itu. —**appalling** *ks.* 1 mengejutkan, mengerikan, menggemparkan. *The damage was a.* Kerusakan itu mengejutkan. 2 menjijikkan. *an a. display of bad taste* pertontonan seléra buruk yg menjijikkan.

apparatus /'æpə'reitəs; -ə'rætəs/ *kb.* (*j.* **-ratus** atau **ratuses**) aparat, peralatan, alat, perlengkapan.

apparel /ə'pærəl/ *kb.* pakaian.

apparent /ə'pærənt/ *ks.* nyata, jelas kelihatan. *It's a. that they didn't understand e.o.* Nyata bhw meréka itu saling tdk mengerti. *the a. size* ukuran menurut penglihatan. —**apparently** *kk.* rupanya. *A. he's not coming today* Rupanya ia tdk akan datang hari ini.

apparition /'æpə'risyən/ *kb.* 1 hantu. 2 s.s.t. yg anéh dan muncul dgn tiba-tiba. *The dark a. made the child scream* Anak itu menjerit ketika melihat bayangan hitam.

appeal /ə'piel/ *kb.* 1 seruan. *an a. for help* seruan utk pertolongan. 2 permohonan (dari hati ke hati). *He made a strong a. for support* Ia memajukan permohonan yg sungguh-sungguh utk bantuan. 3 banding, apel, pertimbangan. *He filed an a. for a review of the verdict* Ia naik banding agar putusan hakim ditinjau kembali. 4 daya penarik. *TV continues to have a strong a.* TV tetap mempunyai daya penarik yg kuat. —*kkt.* **to a. a case** naik banding (dlm suatu perkara). *He hopes to a. the case to a higher court* Ia mengharapkan utk naik banding dlm perkara itu kpd pengadilan yg lebih tinggi. —*kki.* 1 menarik. *She appeals to me* Saya tertarik padanya. 2 memohon kpd (dari hati ke hati). *She appealed to me for help* Ia memohon bantuan kpd saya. 3 naik banding. *He appealed to a higher court* Ia naik banding ke pengadilan yg lebih tinggi. —**appealing** *ks.* menarik. *She is quite a. in her new outfit* Ia sangat menarik dlm pakaiannya yg baru.

appear /ə'pir/ *kki.* 1 kelihatan. *She appears to be sick* Ia kelihatannya sakit. *The plane, it appears, did not arrive* Kelihatannya kapal terbang itu tdk tiba. 2 menghadap. *He has to a. before the Board* Ia hrs menghadap pd Pengurus. 3 muncul. *She appeared in a concert in New York* Ia muncul pd suatu konsér di New York. 4 terbit. *The first edition of that dictionary appeared in 1961* Édisi pertama kamus itu terbit dlm thn. 1961. 5 bermain. *to a. on the stage* bermain diatas pentas. 6 nampak, tampak, kelihatan. *It appeared to me that he had lost some weight* Nampak pd saya bhw berat badannya agak (ber)kurang. 7 tampil, muncul. *to a. for the plaintiff* tampil sbg wakil/kuasa dari penuntut/pendakwa.

appearance /ə'pirəns/ *kb.* 1 rupa. *The a. of the book was attractive* Rupa buku itu menarik. *He took no interest in his own a.* Ia tdk perdulikan bagaimana rupanya. 2 kelihatan, penampilan. *She made a wonderful a. in the show* Ia kelihatannya menarik sekali dlm pertunjukan itu. Penampilannya dlm pertunjukan itu baik sekali. 3 pertunjukan. *The actor made three appearances in Jakarta* Pelaku itu mengadakan tiga pertunjukan di Jakarta. 4 keluar dimuka umum. *The king makes his a. twice a week* Raja itu keluar dimuka umum dua kali seminggu. 5 muncul. *His sudden a. from behind the door frightened her* Wanita itu ketakutan ketika laki-laki itu tiba-tiba muncul dari belakang pintu. *to put in an a. at the party* hadir pd pésta. *The a. of the streets is appalling* Keadaan di jalan-jalan itu mengerikan. *She has a pleasing a.* Wajahnya/Pembawaannya/Caranya berpakaian menyenangkan. —**appear-**

ances *j.* yg kelihatan. *Appearances are deceiving* Apa yg kelihatan, tak (selalu) dpt dipercayai. *She made a great effort to keep up appearances* Ia berusaha keras utk menyembunyikan keadaan yg sebenarnya. *One should not judge by appearances* Orang tak boléh menilai atas dasar apa yg dilihatnya. *For the sake of appearances we should act in a friendly manner towards e.o.* Utk pandangan dimuka umum kita hrs bersikap ramah satu sama lain. **from all appearances** kelihatannya, dipandang dari segala segi. *From all appearances the performance was a success* Dipandang dari segala segi pertunjukan itu merupakan suksés. **to all appearances** dlm segala keadaan, kelihat-annya. *To all appearances he is perfectly normal* Kelihatannya dia normal sekali.

appease /ə'piez/ *kkt.* 1 menenangkan, menentram-kan, meredakan. *She appeased her mother by making promises* Ia menenangkan ibunya dgn memberikan janji-janji. 2 memenuhi tuntutan. *to a. certain countries* memenuhi tuntutan-tuntutan negara-negara yg tertentu.

appeasement /ə'piezmənt/ *kb.* 1 penenangan, peredaan, penenteraman. 2 ketenangan, keredaan, ketenteraman.

appellate /ə'pelit/ *ks.* yg berh. dgn berwewenang dlm naik banding. *a. court* pengadilan yg berwewenang utk meninjau kembali putusan hakim.

appellation /ˌæpə'leisyən/ *kb.* sebutan, panggilan, gelar s.s.o. sebagaimana ia dikenal umum.

append /ə'pend/ *kkt.* membubuhkan. melampirkan, menambahkan. *to a. a signature to a document* membubuhkan tandatangan pd dokumén. *Appended to this document is a letter* Pd dokumén ini dilampirkan sebuah surat.

appendage /ə'pendij/ *kb.* 1 anggauta badan. *Legs are appendages* Kaki adalah anggauta badan. 2 tambahan, émbél-émbél.

appendectomy /ˌæpen'dektəmie/ *kb.* (*j.* **-mies**) pembedahan usus buntu.

appendices /ə'pendəsiez/ lih APPENDIX.

appendictis /ə'pendə'saitəs/ *kb.* radang usus buntu.

appendix /ə'pendiks/ *kb.* (*j.* **-xes, -dices**) 1 *Med.:* usus buntu. 2 tambahan, lampiran. *There is an a. to this book* Buku ini mempunyai tambahan didalamnya.

appetite /'æpətait/ *kb.* 1 nafsu makan, seléra. *A growing boy has a big a.* Anak laki-laki yg sedang tumbuh mempunyai nafsu makan yg besar. 2 keinginan besar, nafsu, hasrat. *He has an a. for research work* Ia menaruh keinginan besar thd pekerjaan penelitian/risét.

appetizer /'æpə'taizər/ *kb.* perangsang/pembangkit seléra. *Pickles make good appetizers* Acar adalah perangsang seléra yg baik.

appetizing /'æpə'taizing/ *ks.* yg merangsang seléra. *The food looks a.* Makanan itu merangsang seléra.

applaud /ə'plɔd/ *kkt.* menghargai/menyambut dgn tepuk-tangan. —*kki.* bertepuk tangan.

applause /ə'plɔz/ *kb.* tepuk tangan, tepukan, sorakan.

apple /'æpəl/ *kb.* buah apel. *She's the a. of her father's eye* Ia kasihsayang ayahnya. *a. butter* sm. selé apel. **a. pie** kué tar apel. *Inf.: Soon everything was in a.-pie order* Segera semua menjadi teratur/rapi. *Inf.:* **as easy as a. pie** dgn mudah. *The exam was as easy as a. pie* Ujian itu mudah sekali. **to apple-polish** *Inf.:* menggula, menjilat, memuji-muji spy disa-yangi. *to a.-polish the teacher* menjilat guru. **a.-polisher** *Inf.:* penjilat.

applecart /'æpəl'kart/ *kb.* gerobak memuat apel.

Inf.: I don't want to do anything to upset the a. cart Saya tdk mau melakukan s.s.t. utk mengacaukan usaha itu.

applesauce /'æpəl'sɔs/ *kb.* saus apel. *Sl.: That's all a.* Itu semuanya omong kosong.

appliance /ə'plaiəns/ *kb.* alat-alat. *household a.* alat-alat rumahtangga.

applicable /'æpləkəbəl/ *ks.* dpt dipakai. *Use whatever is a.* Pergunakanlah apa saja yg dpt dipakai.

applicant /'æpləkənt/ *kb.* pelamar.

application /ˌæplə'keisyən/ *kb.* 1 (surat) lamaran/ permintaan. *I wish to make a. for the job* Saya ingin mengajukan lamaran utk pekerjaan itu. *a. for credit* permintaan krédit. *a. blank/form* formulir permohonan/lamaran, surat isian. 2 penggunaan, pent(e)rapan. *A. of your knowledge will be of great value to you* Penggunaan pengetahuan sdr akan bermanfaat sekali bagi sdr. *The doctor said to put two applications of salve on the sore* Dokter mengatakan spy dipergunakan salep dua kali pd luka itu. *for external a.* utk dipakai diluar. 3 ketekunan. *By persistent a. to his job he was soon promoted* Karena ketekunannya yg terus-menerus pd pekerjaannya, maka segera ia naik pangkat.

applicator /'æplə'keitər/ *kb.* alat pemakai, kwas.

applied /ə'plaid/ lih APPLY.

applies /ə'plaiz/ lih APPLY.

apply /ə'plai/ *kkt.* (**applied**) 1 memakai, mempergunakan. *A. this medicine to the wound* Oleskan obat ini utk luka itu. *I suggest you a. the familiar rule of thumb to your problem* Saya anjurkan spy engkau memakai cara yg praktis utk memecahkan persoalanmu. 2 menginjak. *to a. the brakes* menginjak rém. 3 mempergunakan, mengerahkan. *He applied all his strength in moving the furniture* Ia mempergunakan seluruh kekuatannya utk memindahkan perabot rumah itu. 4 memakai, mempergunakan. *to a. a compress* memakai komprés. **to a. o.s.** mencurahkan tenaga. —*kki.* 1 berlaku. *Does this rule a. to us?* Apakah peraturan ini berlaku utk kita? 2 melamar. *Will you a. for the position?* Maukah engkau melamar utk kedudukan itu? —**applied** *ks.* terapan. *a. linguistics* ilmu bahasa terapan.

appoint /ə'point/ *kkt.* 1 mengangkat. *Who appointed him manager of the factory?* Siapa yg mengangkat dia menjadi pemimpin paberik itu? 2 menunjuk. *He was appointed to the position* Ia ditunjuk utk pekerjaan itu. 3 menentukan. *Tuesday was appointed as the day for the meeting* Hari Selasa ditentukan sbg hari utk rapat. —**appointed** *ks.* ditetapkan. *at the a. time and place* pd waktu dan tempat yg ditetapkan.

appointee /ə'pointie/ *kb.* orang yg diangkat. *He's a political a.* Ia adalah orang yg diangkat berdasarkan politik.

appointment /ə'pointmənt/ *kb.* 1 pengangkatan, penunjukan. *The a. is for two years* Pengangkatan itu adalah utk dua tahun. 2 janji. *I have an a. with the teacher* Saya ada janji dgn guru. *I have a dental a. today* Saya hrs pergi ke dokter gigi hari ini. *to break an a.* membatalkan janji. *to keep an a.* menepati janji. *to make an a.* membuat janji, minta belét. *by special a.* atas penetapan/penunjukan khusus.

apportion /ə'pɔrsyən/ *kkt.* membagi secara adil. *to a. property* membagi harta secara adil.

apportionment /ə'pɔrsyənmənt/ *kb,* pembagian secara adil.

apposite /'æpəzit/ *ks.* tepat, pantas. *That was an a. remark* Itu adalah komentar yg tepat.

apposition /ˌæpə'zisyən/ *kb.* keterangan tambahan, (spt "*my sister*" dlm kalimat "*Sue, my sister, was* *married last week"* "Sue, adik perempuan saya, kawin minggu yg lalu").

appraisal /ə'preizəl/ *kb.* penilaian, penaksiran, pengharapan.

appraise /ə'preiz/ *kkt.* 1 menilai, menghargai. *An employer must a. the ability of his employees* Seorang majikan hrs menilai kesanggupan pegawai-pegawainya. 2 menaksir. *Please a. this diamond for me* Cobalah taksir intan ini utk saya.

appraiser /ə'preizər/ *kb.* juru taksir.

appreciable /ə'priesyəbəl/ *ks.* cukup besar, lumayan. *The difference in cost was a.* Selisih biaya itu cukup besar.

appreciate /ə'priesyieeit/ *kkt.* 1 menghargai. *I a. all you have done for me* Saya menghargai segala-galanya yg sdr lakukan utk saya. 2 menilai, menghargai. *I can't a. his ability because...* Saya tdk dpt menilai kesanggupannya karena.... 3 menyadari, mengerti. *He appreciates the risk he's taking* Ia menyadari risiko yg diambilnya. **to a. the fact** memahami. *I a. the fact that you can't go with us* Saya memahami, bhw sdr tdk bisa pergi dgn kami.

appreciation /ə'priesyie'eisyən/ *kb.* 1 penghargaan, aprésiasi. *He doesn't show any a.* Ia tdk memperlihatkan penghargaan sedikitpun. 2 pengertian, pengetahuan, aprésiasi. *He has no a. for music* Ia tdk dpt menghargai musik.

appreciative /ə'priesyətiv/ *ks.* senang, menghargai, memperlihatkan bhw ia menghargai. *She seemed so a. of our coming* Ia kelihatannya sangat senang dgn kedatangan kami.

apprehend /'æpri'hend/ *kkt.* 1 menahan, menawan (*a thief*). 2 memahami. *It was impossible to a. what he was saying* Tak mungkin utk memahami apa yg dikatakannya. 3 melihat. *The thief apprehends danger in every sound* Maling itu melihat bahaya dlm tiap bunyi.

apprehensible /'æpri'hensəbəl/ *ks.* dpt difahami/dimengerti. *What he said was fully a.* Apa yg dikatakannya dpt difahami sepenuhnya.

apprehension /'æpri'hensyən/ *kb.* 1 keprihatinan, ketakutan pd s.s.t. yg akan terjadi. *The roar of the tornado filled us with a.* Gemuruh angin ribut menakutkan kami. 2 penangkapan, penahanan. *The a. of the murderer occurred yesterday* Penangkapan pembunuh itu terjadi kemarin. 3 kepandaian, pengertian. *His a. of physics is good* Pengertiannya ilmu alam baik.

apprehensive /'æpri'hensiv/ *ks.* kuatir, takut, prihatin, gelisah. *He's quite a. about the future* Ia sangat kuatir pd masa depan.

apprentice /ə'prentis/ *kb.* magang, murid, cantrik, seorang yg sedang belajar suatu keahlian. —*kkt.* bekerja sambil belajar, bekerja sbg pelajar. *He was apprenticed to a blacksmith* Ia bekerja sbg pelajar pd seorang tukang besi.

apprenticeship /ə'prentissyip/ *kb.* pekerjaan sbg magang, masa belajar suatu keahlian.

apprise /ə'praiz/ *kkt.* memberitahukan, memberi kabar. *We were appraised of the accident* Kami diberitahukan ttg kecelakaan itu.

approach /ə'prowc/ *kb.* 1 mendekatnya, datangnya, menjelang, tibanya. *We arrived at the a. of midnight* Kami tiba menjelang tengah malam. *the a. of winter* mendekatnya musim dingin. 2 jalan. *a. to the building* jalan ke gedung itu. *The a. to the president was through his best friend* Jalan menuju présidén meléwati teman karibnya. 3 perdekatan, pendekatan. *a. to a problem* pendekatan ke problém. *a new a. to the study of society* perdekatan baru dlm mempelajari

masyarakat. 4 perdekatan, penghampiran. *an a. to accuracy* perdekatan kpd kejituan. —**approaches** *j.* 1 tindakan mendekati/permulaan. *His approaches to the neighbors were met with friendliness* Tindakan mendekati tetangga-tetangga diterima dgn ramahtamah. 2 jalan. *approaches to the bridge* jalan menuju ke jembatan itu. —*kkt.* 1 mendekati, mendatangi. *We are approaching New York City* Kami mendekati New York City. *to a. middle age* mendekati usia setengah tua. 2 berbicara dgn. *I will a. her about going abroad* Saya akan berbicara dengannya mengenai perjalanan keluar negeri. 3 menemui. *I'll a. him to make application* Saya akan temui dia utk melamar. *When is a good time to a. the general?* Kapankah waktu yg baik utk menemui Pak Jénderal? 4 hampir. *The work approaches perfection* Pekerjaan itu hampir sempurna. 5 menjelang. *approaching fifty* menjelang usia limapuluh tahun. —*kki.* sudah dekat, akan datang. *Spring is approaching* Musim semi sdh dekat. —**approaching** *ks.* menjelang, mendatang. *A. darkness forced a halt to the search* Karena senja yg menjelang pencarian terpaksa dihentikan. *an a. car* mobil yg mendatang.

approachable /ə'prowcəbəl/ *ks.* 1 dpt didatangi. *His house is easily a.* Rumahnya mudah didatangi. 2 mudah ditemui. *He's an a. chap* Ia dpt mudah ditemui.

approbation /'æprə'beisyən/ *kb.* penerimaan dgn baik. *Everything he did met with a.* Semua yg dikerjakannya diterima dgn baik.

appropriate /ə'prowprieit *ks.*; ə'prowprieeit *kkt.*/ *ks.* 1 tepat. *He came at the a. moment* Ia datang pd waktu yg tepat. 2 cocok, pantas, kena. *That dress is not a.* Bahy itu tdk cocok. —*kkt.* 1 menyediakan. *to a. money for a building* menyediakan uang utk gedung. 2 mengambil utk diri sendiri. *I appropriated my roommate's tie* Saya mengambil dasi teman saya utk saya sendiri.

appropriateness /ə'prowprieitnəs/ *kb.* kepatutan, kelayakan, kepantasan.

appropriation /ə'prowprie'eisyən/ *kb.* derma, pemberian. *The school received an a. of $200,000* Sekolah itu menerima derma sebanyak $200,000. *state a.* derma/pemberian oléh negarabagian.

approval /ə'pruwvəl/ *kb.* izin, restu, persetujuan. *You have my a. to go on the trip* Sdr mendapat izin saya utk perjalanan itu. *I hope this meets with his a.* Saya harap hal ini mendapat persetujuannya. *to give o's a.* to menyatakan persetujuannya thd. **on a.** sbg percobaan. *She took the typewriter on a.* Ia mengambil mesin tik sbg percobaan.

approve /ə'pruwv/ *kkt., kki.* menyetujui, setuju. *Your application has been approved* Lamaranmu/Permohonanmu tlh disetujui. *I heartily a. their plan* Saya sangat setuju dgn rencana meréka. *I don't a. of their staying out so late* Saya tdk setuju meréka keluar sampai larut malam. *He doesn't a. of her friends* Ia tdk setuju akan teman-temannya. —**approved** *ks.* diakui. *an a. college* perguruan tinggi yg diakui. —**approving** *ks.* mengakui, menyetujui. *She gave him an a. nod* Ia memberi anggukan yg menyetujuinya. —**approvingly** *kk.* dgn rasa senang/gembira/bangga. *He looked at her a.* Ia melihat kepadanya dgn rasa senang.

approximate /ə'praksəmit *ks.*; ə'praksəmeit *kkt.*/ *ks.* kira-kira, kuranglebih. *What is the a. date of your arrival?* Apakah tanggal ancer-ancer kedatanganmu? *a. amount* jumlah kurang-lebih. —*kkt.* 1 berjumlah kira-kira. *Attendance at the game approximated 30,000* Publik pertandingan itu berjumlah kira-

kira 30,000. 2 mengira-ngirakan. *to a. a solution to a problem* mengira-ngirakan jawaban utk soal. —**approximately** *kk.* kira-kira. *A. how much is it?* Kira-kira berapa harganya?

approximation /ə'praksə'meisyən/ *kb.* perkiraan, penaksiran, taksiran.

appurtenance /ə'pərtənəns/ *kb.* perlengkapan, alat-alat. *TVs, radios and other appurtenances of modern life* télévisi, radio dan lain-lain perlengkapan (tambahan) kehidupan modern.

Apr. [*April*] April.

apricot /'eiprəkat; 'æprə-/ *kb.* aberikos, aprikot.

April /'eiprəl/ *kb.* April. *A. Fool's Day* Hari pertama bulan April (hari utk berolok-olok).

a priori /aprie'owrie/ *kk.* berdasar téori drpd kenyataan yg sebenarnya.

apron /'eiprən/ *kb.* 1 *Cloth:* rok kerja. *He is tied to his mother's a. string* Ia dikuasai oléh ibunya (= selamanya berada dibawah perintah ibunya). 2 pinggir. *The plane is parked on the a.* Kapal terbang itu diparkir di pinggir depan bangsalnya.

apropos /'æprə'pow/ *ks.* tepat. *an a. remark* ucapan tepat. **a. of** mengenai. *A. of that, I...* Mengenai hal itu saya....

apse /æps/ *kb.* sebagian geréja yg menonjol dan berbentuk setengah bundar.

apt. [*apartment*] flat, flét.

apt /æpt/ *ks.* 1 tepat, cocok, kena. *a. remark* jawaban yg tepat. 2 tangkas, cerdas. *an a. student* seorang pelajar yg tangkas. 3 mungkin. *I am a. to be gone when you get here* Mungkin saya sdh pergi kalau sdr tiba disini. 4 suka, condong, mudah. *I'm a. to forget* Saya suka lupa. *Iron is a. to rust* Besi mudah berkarat. —**aptly** *kk.* kena, tepat, jitu. *What you have just said is a.* put Apa yg sdr katakan itu kena sekali.

aptitude /'æptətuwd, -tuwd/ *kb.* bakat, kecerdasan, ketangkasan. *I have no a. for music* Saya tak berbakat utk musik.

aptness /'æptnəs/ *kb.* 1 kecocokan. 2 kecerdasan, ketangkasan. 3 kemungkinan. 4 kecondongan.

aquacade /'ækwəkeid/ *kb.* démonstrasi kecakapan-kecakapan olahraga air spt lompat indah, renang, menyelam, dsb.

aqualung /'ækwə'lʌng/ *kb.* alat paru-paru air, alat bernapas utk menyelam (biasanya sm téngki kecil diikat kpd punggung penyelam).

aquamarine /'ækwəmə'rien/ *ks.* 1 biru laut. 2 hijau biru.

aquaplane /'ækwə'plein/ *kb.* papan dipakai utk orang berdiri yg ditarik oléh kapal motor cepat.

aquarium /ə'kwæriəm/ *kb.* 1 palung ikan, kolam kaca. 2 gedung utk memperlihatkan ikan hidup dan tanaman-tanaman air.

Aquarius /ə'kwæriəs/ *kb.* Kumba.

aquatic /ə'kwætik/ *ks.* yg bert. dgn air. *a. plants* tanaman-tanaman air. *a. sports* olahraga air.

aqueduct /'ækwədʌkt/ *kb.* saluran/pipa besar utk jalan air dari jauh, terowongan air.

aqueous /'ækwieəs/ *ks.* éncér.

aquiline /'ækwəlain/ *ks.* 1 spt rajawali. 2 (*of a nose*) bengkok spt paruh burung rajawali.

aquiver /ə'kwivər/ *kk.* gemetar, menggigil. *She's all a. with excitement* Ia samasekali gemetar karena kegembiraan.

Arab /'ærəb/ *kb.* orang Arab. —*ks.* Arab.

Arabian /ə'reibieən/ *kb.* = ARAB. —*ks.* Arab. *A. horse* kuda Arab.

Arabic /'ærəbik/ *kb.* bahasa Arab. —*ks.* Arab. *A. language* bahasa Arab. *A. numeral* angka Arab.

arable /'ærəbəl/ *ks.* baik utk ditanami. *a. land* tanah yg dpt/baik utk ditanami.

arak /'æræk/ *kb.* arak.

arbiter /'arbətər/ *kb.* juru pisah, wasit.

arbitrary /'arbə'trerie/ *ks.* 1 sewenang-wenang. *a. decision* keputusan sewenang-wenang. 2 berubah-ubah. *an a. character* tabiat yg berubah-ubah.

arbitrate /'arbətreit/ *kkt., kki.* mengadili, mengambil keputusan sesudah mendengar kedua belah pihak. *to a. a labor dispute* memutus/menimbang percékcokan buruh.

arbitration /'arbə'treisyən/ *kb.* perwasitan, arbitrasi.

arbitrator /'arbə'treitər/ *kb.* wasit, juru pisah.

arbor /'arbər/ *kb.* 1 punjung, anjang-anjang. 2 rumah kecil (di halaman) yg dinaungi oléh tanaman-tanaman yg menjalar.

arc /ark/ *kb.* busar. —*kki.* (**arced** /arkt/) memancarkan (bunga api listrik). *The wires arced when they touched* Kawat-kawat itu memancarkan bunga api listerik ketika bersentuhan.

arcade /ar'keid/ *kb.* 1 gang beratap. 2 gedung yg mempunyai gang yg beratap biasanya ditempati toko-toko.

arch /arc/ *kb.* lengkungan. *a. of the instep* bagian telapak kaki yg melengkung. —**arches** *j.* tapak, telapak. *fallen arches* kaki dgn tapak yg rata, tapak-rata. —*kkt.* 1 melengkungkan. *The cat arched its back* Kucing itu melengkungkan punggungnya. 2 membuat jalan masuk dgn pedang-pedang terangkat. *They arched their swords as the lieutenant and his bride passed by* Meréka mengangkat pedang yg merupakan atap ketika létnan dan penganténnya liwat dibawahnya.

archaeological /'arkieə'lajəkəl/ *ks.* kepurbakalaan. *a. service* dinas purbakala.

archaeologist /'arkie'aləjist/ *kb.* ahli (ilmu) purbakala.

archaeology /'arkie'aləjie/ *kb.* ilmu purbakala.

archaic /ar'keiik/ *ks.* tdk dipakai lagi, kuno, kolot, lama. *an a. expression* perkataan yg tdk dipakai lagi.

archaism /'arkeiizəm/ *kb.* perkataan kuno/kolot, arkhaisme.

archangel /'ark'einjəl/ *kb.* malaékat yg terpenting.

archbishop /'arc'bisyʌp/ *kb.* uskup besar.

archbishopric /'arc'bisyəprik/ *kb.* keuskupan agung.

archdiocese /'arc'daiəsis, -sies/ *kb.* keuskupan agung.

archduke /'arc'duwk, -'dyuwk/ *kb.* pangéran dari kerajaan Austria dan beberapa negara lain zaman dahulu.

archenemy /'arc'enəmie/ *kb.* (*j.* -**mies**) musuh utama/terbesar.

archeologist = ARCHAEOLOGIST.

archeology = ARCHAEOLOGY.

archer /'arcər/ *kb.* pemanah.

archery /'arcərie/ *kb.* panahan, (seni) pemanahan.

archetype /'arketaip/ *kb.* pola dasar. *That old Model-T is the a. of the '68 Ford* Modél-T yg kuno itu merupakan pola dasar bagi Ford tahun 1968.

archipelago /'arkə'peləgow/ *kb.* nusantara.

architect /'arkətekt/ *kb.* ahli bangunan, arsiték.

architecture /'arkə'tekcər/ *kb.* ilmu bangunan, arsitéktur.

architectural /'arkə'tekcərəl/ *ks.* yg bert. dgn arsitéktur. *a. engineer* insinyur bangun-bangunan.

archives /'arkaivz/ *kb., j.* 1 arsip. 2 tempat penyimpanan dokumén-dokumén.

archivist /'arkəvist/ *kb.* petugas/juru arsip, arkhivaris.

archrival /'arc'raivəl/ *kb.* lawan utama, saingan yg paling besar. *The two high schools are archrivals* Kedua SMA itu lawan utama.

archway /'arc'wei/ *kb.* bagian terbuka/jalan dibawah atap yg melengkung.

Arctic /'ar (k) tik/ *kb., ks.* 1 arktik, (kutub) utara. *A. Circle* lingkaran daérah kutub utara. 2 sangat dingin. *A. weather* hawa yg sangat dingin. —**arctics** *j.* sepatu panas yg tahan air meliputi sepatu biasa (dipakai di daérah dingin).

ardent /'ardənt/ *ks.* 1 sangat rajin. *She's an a. student of languages* Ia seorang pelajar bahasa-bahasa yg sangat rajin. 2 berahi, birahi, bergairah, bernapsu. *He is an a. lover* Ia pencinta yg birahi. Ia pencumbu yg berapi-api. Ia kekasih/perayu yg bergairah.

ardor /'ardər/ *kb.* 1 semangat. *patriotic a.* semangat yg patriotik. 2 hasrat, keinginan. *His a. overwhelmed her* Kegairahannya menundukkan hati wanita itu.

arduous /'arjuəs/ *ks.* sukar, sulit. *an a. task* tugas yg sulit. *an a. path* jalan kecil yg sukar.

are /ar/ lih BE.

area /'eriеə, 'eiriеə/ *kb.* 1 daérah, tempat. *This a. is roped off* Daérah ini ditutup. *The a. around here is lovely* Daérah disekitar ini indah. *Tel.: a code* tanda/nomor daérah. *the sterling a.* daérah sterling. 2 luas (daérah). *What is the a. of this park?* Berapakah luas taman ini? 3 bidang. *the a. of physics* bidang fisika.

areca /ə'riekə/ *kb.* pinang. *a. nut* buah pinang.

arena /ə'rienə/ *kb.* 1 gelanggang. 2 tempat pertandingan. *boxing a.* tempat pertandingan/gelanggang tinju.

aren't /arnt/ [*are not*] *A. you coming?* Apakah kau tdk datang? lih BE.

argot /'argow/ *kb.* bahasa/dialék s.s.t. golongan. *political a.* dialék politik.

arguable /'argyuəbəl/ *ks.* dpt didébat/disangkal. *an a. point* pasal yg dpt didébat.

argue /'argyuw/ *kkt.* 1 memperdébatkan, menentang, membantah. *The case will be argued in court* Urusan itu akan diperdébatkan dimuka hakim. 2 mendesak, menganjurkan (dgn kuat). *Don't try to a. them into going* Jangan mencoba mendesak meréka pergi. 3 membuktikan, memperlihatkan. *The boy's manner argued his guilt* Tingkah-laku anak itu membuktikan salahnya. —*kki.* membantah. *I feel they a. too much* Saya merasa meréka terlampau banyak membantah. **to a. against** menentang, membantah. *The senator argued against the bill* Sénator itu menentang rencana undang-undang itu. **to a. for** mengusulkan, mendesak. *He argues for a lower tax* Ia mengusulkan pajak yg lebih rendah.

argument /'argyəmənt/ *kb.* 1 perbédaan pendapat, percékcokan. *The a. was settled peacefully* Percékcokan diselesaikan dgn damai. 2 alasan, penyanggahan. *That was an a. in her favor* Itu suatu alasan yg menguntungkan baginya. 3 uraian, penjelasan. *It is difficult to follow his line of a.* Sulit utk mengikuti arah penyanggahannya. *His a. is that...* Uraiannya ialah bhw.... *for the sake of a.* sbg penjelasan.

argumentation /'argyəmən'teisyən/ *kb.* arguméntasi, uraian, pembuktian.

argumentative /'argyə'mentətiv/ *ks.* suka menentang/mendébat. *an a. person* seorang yg suka menentang.

argus-eyed /'argəs'aid/ *ks.* sangat awas, bermata tajam.

aria /'ariеə/ *kb.* nyanyian tunggal.

arid /'ærid/ *ks.* 1 kersang, kering. *a. land* tanah kersang. 2 membosankan, tak menarik, memualkan. *an a. field of study* lapangan studi yg membosankan.

Aries /'æriez/ *kb.* Burjamhal.

arise /ə'raiz/ *kki.* (**arose, arisen**) 1 bangun. *We a. each morning at 7* Kami bangun tiap hari j. 7. *to a. from the dead* bangun dari mati. 2 timbul. *The problem wouldn't have arisen had they not come* Persoalannya tak akan timbul andaikata meréka tak datang. *A storm arose* Angin ribut timbul. 3 berdiri. *He arose from the chair* Ia berdiri dari kursi.

arisen /ə'rizən/ lih ARISE.

aristocracy /'ærə'stakrəsie/ *kb.* (*j.* **-cies**) 1 aristokrasi, keningratan. 2 kaum ningrat.

aristocrat /ə'ristəkræt/ *kb.* anggauta golongan bangsawan, orang ningrat.

aristocratic /ə'ristə'krætik/ *ks.* 1 aristokratis. *He has an a. attitude* Ia sikapnya aristokratis. 2 bangsawan. *He is of an a. family* Ia berasal keluarga bangsawan.

arithmetic /ə'rithmətik/ *kb.* ilmu hitung/hisab.

arithmetical /'ærith'metəkəl/ *ks.* mengenai/berh. dgn ilmu hitung. *an a. problem* persoalan mengenai ilmu hitung.

Ariz. [*Arizona*] negarabagian di AS.

ark /ark/ *kb.* tabut, jung (bahtera Nabi Nuh), perahu, bahtera.

Ark. [*Arkansas*] negarabagian di AS.

arm /arm/ *kb.* 1 lengan. *My a. hurts* Lengan saya sakit. *She took my a.* Dipegangnya lenganku. *He gave her his a.* Ia menawarkan lengannya kpd wanita itu (sbg bantuan). Ia memberikan lengannya. *He put his a. around her* Ia merangkul wanita itu. **a. in a.** bergandéngan tangan. *The two girls walked a. in a.* Dua gadis itu berjalan bergandéngan tangan. **at arm's length** menjauhi, agak jauh. *She kept him at arm's length* Ia menjauhi dia. **with open arms** dgn tangan terbuka. *The family received him with open arms* Sanak saudaranya menerima dia dgn tangan terbuka. 2 tangan. *a. of a chair* tangan kursi. *He is her right a.* Ia tangan kanannya. 3 kekuasaan, wewenang. *a. of the law* kekuasaan hukum. 4 cabang. *infantry a.* cabang infanteri. *a. of the sea* anak laut. —**arms** *j.* senjata, persenjataan. **to bear arms** 1 masuk/menjadi tentara. *It is treason to bear arms against o's country* Adalah khianat utk menjadi tentara melawan engerinya sendiri. 2 mengangkat senjata. *He won't bear arms for religious reasons* Dia tak mau mengangkat senjata karena alasan agama. *to lay down o's arms in surrender* meletakkan senjata dan menyerah. *to take up arms against* mengangkat senjata melawan. **under arms** 1 masuk tentara. *During the war thousands were under arms* Selama perang beribu-ribu orang masuk tentara. 2 siap utk perang. *The whole country is under arms* Seluruh negeri siap utk perang. **up in arms** sangat marah. *They were up in arms over the decision* Meréka sangat marah mengenai keputusan itu. *to rise up in arms against* bangkit mengangkat senjata melawan. *the arms race* perlombaan senjata, pacuan dlm persenjataan. *arms factory* pabrik senjata. —*kkt.* 1 mempersenjatai. *The men should be armed before they are sent in there* Orang-orang itu hrs dipersenjatai sblm meréka dikirim kesana. 2 memperlengkapi. *He was armed with the necessary data* Ia diperlengkapi dgn bukti-bukti yg diperlukan. *He was armed to the teeth* Ia bersenjata lengkap. —**armed** *ks.* bersenjata. *a. band* gerombolan bersenjata. *a. forces* angkatan bersenjata. *an a. ship* kapal yg bersenjata.

armada /ar'madə/ *kb.* armada, kesatuan kapal-kapal.

armament /'arməmənt/ *kb.* alat perang. **armaments** *j.* alat-alat perang.

armature /'arməcər/ *kb.* 1 angker dinamo. 2 perlindungan (*of an animal*).

armband /'arm'bænd/ *kb.* ban lengan.

armchair /'arm'cær/ *kb.* kursi tangan. *a. general* jénderal (yg hanya duduk dibelakang méja).

armful /'armful/ *kb.* serangkul(an). *an a. of books* serangkul(an) buku.

armistice /'arməstis/ *kb.* gencatan senjata.

armless /'armləs/ *ks.* tanpa lengan.

armload /'arm'lowd/ *kb.* sepemuatan/sepenuh kedua belah tangan. *an a. of books* buku sepemuatan kedua belah tangan.

armor /'armər/ *kb.* baju baja (biasanya dipakai waktu perang zaman dulu). *a. plate* lapis baja utk pelindung kapal perang, téng, mobil dsb.

armored /'armərd/ *ks.* berlapis baja. *an a. car* mobil berlapis baja. *a. cruiser* kapal penjelajah berlapis baja.

armory /'armərie/ *kb.* (*j.* **-ries**) 1 gudang persenjataan. 2 pabrik senjata.

armpit /'arm'pit/ *kb.* ketiak, kélék.

armrest /'arm'rest/ *kb.* 1 tangan korsi. 2 tangan-tangan di mobil dsb. utk meletakkan lengan.

army /'armie/ *kb.* (*j.* **mies**) 1 tentara, bala tentara, lasykar, asykar. *to join, enter or go into, the a.* masuk tentara. *a. surplus* barang-barang kelebihan tentara. 2 (*ground forces*) angkatan darat. *a. cadet* teruna, taruna, pelonco. *a. corps* korps ketentaraan. *a. reserves* pasukan cadangan.

aroma /ə'rowmə/ *kb.* bau harum. *the a. of coffee* bau harum kopi.

aromatic /'ærə'mætik/ *ks.* berbau sedap/harum. *a. flavor.* rasa yg harum.

arose /ə'rowz/ lih ARISE.

around /ə'rawnd/ *kd.* 1 keliling, sekitar. *He traveled a. the globe* Ia bepergian keliling bumi. *She put the shawl a. her shoulders* Ia meletakkan seléndang itu sekeliling bahunya. 2 *Inf.*: dekat-dekat. *Please stay a. the house* Tinggallah dekat-dekat rumah. 3 *Inf.*: terserak-serak sekeliling. *There were big stones a. the house after the earthquake* Batu-batu besar terserak-serak sekeliling rumah sesudah gempa bumi itu. —*kk.* 1 *Inf.*: kira-kira. *The cake costs a. two dollars* Kué itu harganya kira-kira dua dolar. 2 disekitarnya. *I don't see any one a.* Seorangpun tak terlihat disekitar. *Inf.*: **to have been a.** berpengalaman, makan garam.

arouse /ə'rawz/ *kkt.* 1 membangunkan. *She tried to a. her mother* Ia mencoba membangunkan ibu. 2 menimbulkan. *Her actions aroused my suspicion* Tingkah lakunya menimbulkan kecurigaanku. 3 menggetarkan, menggerakkan. *The speech aroused the audience* Pidato itu menggetarkan para hadirin.

arrack /'æræk/ =ARAK.

arraign /ə'rein/ *kki.* 1 mendakwa, menuduh, menyalahkan. *to a. s.o. on a charge of manslaughter* mendakwa s.s.o. atas tuduhan pembunuhan. 2 menghadapkan (*in court*).

arraignment /ə'reinmənt/ *kb.* tuduhan, dakwaan.

arrange /ə'reinj/ *kkt.* 1 menyusun, menata. *Please a. these flowers for me* Susunlah bunga-bunga ini bagiku. 2 mengadakan. *Will you a. the meeting?* Sudikah kau mengadakan pertemuan itu? 3 mengatur. *to a. o's affairs* mengatur urusan-urusan-

nya. *I have arranged to go with you* Tlh kuatur utk pergi denganmu. 4 menyusun, menggubah. *to a. music* menyusun musik. 5 menetapkan (*a time for s.t.*).

arrangement /ə'reinjmənt/ *kb.* 1 rencana. *This a. suits me better* Rencana ini lebih cocok buat saya. 2 susunan, rencana. *I like the a. of this room* Saya suka susunan kamar ini. 3 aransemén, susunan musik. 4 persiapan. *funeral arrangements* persiapan-persiapan penguburan. *I wish to make arrangements to leave today* Saya hendak bersiap-siap utk pergi hari ini. 5 penetapan.

array /ə'rei/ *kb.* 1 kesatuan tempur/perang, susunan, aturan. *The troops were formed in battle a.* Pasukan-pasukan itu disusun dlm kesatuan tempur. 2 perhiasan, dandanan. *a bride in her wedding a.* kemantén dlm perhiasan perkawinannya. 3 pertunjukan, paméran. *The team presented an a. of good players* Kesebelasan/Regu itu memperlihatkan pemain-pemain yg baik. —*kkt.* mengatur, mempersiapkan, menyusun. *The troops were arrayed for battle* Kesatuan-kesatuan tentara itu diatur utk pertempuran.

arrears /ə'rirz/ *kb.* tunggakan. *Our rent was in a. for several months* Séwa kami tertunggak beberapa bulan.

arrest /ə'rest/ *kb.* penangkapan, penahanan. —*kkt.* 1 menangkap, menahan. *The police arrested the man* Polisi menangkap laki-laki itu. 2 menawan. *The odd sight arrested my attention* Pemandangan yg anéh itu menawan perhatian saya. 3 menahan (pertumbuhannya, penyebarannya, dsb). *Cancer can only be arrested, but not yet cured* Kanker hanya bisa ditahan (pertumbuhannya), tetapi blm bisa diobati. **under a.** ditahan, ditangkap. *The robber was placed under a.* Penggarong itu ditahan. —**arresting** *ks.* yg menawan, yg menarik hati. *an a. book* buku yg menawan. *the a. officer* polisi yg menahan.

arrival /ə'raivəl/ *kb.* 1 kedatangan, sampainya, tibanya. *a. time* waktu tiba. 2 yg baru datang. *the new arrivals* pendatang-pendatang baru itu. **on a.** setibanya. *He was dead on a. at the hospital* Setibanya di rumah sakit, ia meninggal.

arrive /ə'raiv/ *kki.* 1 tiba, sampai. *He arrived in Leiden at 9 p.m.* Ia tiba di Leiden j. 9 soré. 2 datang. *We want to a. before midnight* Kami ingin datang sblm tengah malam. 3 mencapai (hasil). *With Sanctuary, Faulkner finally arrived as a writer* Akhirnya Faulkner dgn 'Sanctuary' mencapai kedudukan sbg penulis. **to a. at** 1 mengambil, mencapai. *to a. at a price* mencapai (persetujuan ttg) s.s.t. harga. *to a. at a decision* mengambil keputusan. *to a. at a conclusion* mencapai keputusan. 2 tiba di (*a place*).

arrogance /'ærəgəns/ *kb.* kecongkakan, kesombongan, keangkuhan.

arrogant /'ærəgənt/ *ks.* congkak, sombong, angkuh.

arrogate /'ærəgeit/ *kki.* merebut. *He has arrogated to himself the authority formerly held by his chief* Ia merebut kekuasaan yg dulu dipegang oléh majikannya utk diri sendiri.

arrow /'ærow, 'ærə/ *kb.* 1 (anak) panah. 2 tanda panah. *The a. points to Utica* (Tanda) panah itu menunjuk ke Utica.

arrowhead /'ærə'hed/ *kb.* kepala/mata/ujung panah.

arrowroot /'ærə'ruwt/ *kb.* ararut.

arsenal /'arsənəl/ *kb.* 1 gudang senjata. 2 penyimpanan alat senjata.

arsenic /'arsənik/ *kb.* warangan, berangan.

arson /'arsən/ *kb.* pembakaran rumah dgn sengaja.

arsonist /'arsənist/ *kb.* pembakar rúmah (dgn sengaja), tukang sundut, penunu.
art /art/ *kb.* 1 seni. *a. of teaching* seni mendidik. *She has an a. for making people happy* Ia pandai benar membuat orang merasa senang. 2 kesenian, seni. *arts and crafts* seni dan kerajinan tangan. *the a. of war* ilmu perang, seni berperang. *the black a.* gunaguna. *a. form* bentuk seni (yg tradisionil/diakui). *The sonnet was an a. form in Shakespeare's day* Sonét adalah bentuk seni yg diakui pd zaman Shakespeare. *a. critic* kritikus seni. *a. gallery* musium kesenian, balai budaya. *a. school* sekolah kesenian. 3 lih be. —**arts** *j.* ilmu-ilmu sastera. *Arts College, Faculty of Arts* Fakultas Sastera.
arterial /ar'tirieəl/ *ks.* yg bert. dgn urat nadi. *a. highway* jalan raya yg terpenting, pusat lalu lintas yg berh. dgn jalan-jalan lain.
arteriosclerosis /ar'tirieowsklə'rowsəs/ *kb.* penyempitan pembuluh nadi, pengerasan nadi.
artery /'artərie/ *kb.* (*j.* **-ries**) pembuluh/buluh nadi, urat nadi/denyut. *main a. of traffic* urat nadi lalulintas jalan raya.
artful /'artfəl/ *ks.* licik, licin. *a. schemes* rencana-rencana yg licik.
arthritic /ar'thritik/ *kb. He's an a.* Ia menderita éncok. —*ks.* yg bert. dgn éncok. *a. pains* sakitnya éncok.
arthritis /ar'thraitəs/ *kb.* radang sendi.
arthropod /'arthrəpad/ *kb.* arthropoda.
artichoke /'artəcowk/ *kb.* sm tumbuhan yg bunganya dimakan sbg sayur.
article /'artəkəl/ *kb.* 1 karangan, tulisan (dlm suratkabar, majalah). 2 barang, benda. *Bread is an a. of food* Roti adalah barang makanan. *an a. of clothing* barang pakaian. 3 pasal. *an a. of the constitution* pasal dlm UUD. *articles of war* hukum militér. :: *Inf.: He's the real a.* Dialah orangnya yg sejati. 4 kata sandang. *definite a.* kata sandang tertentu. *mis.: the man* orang itu. *indefinite a.* kata sandang tak tertentu. *mis.: a dog* seékor anjing.
articulate /ar'tikyəlit *ks.*; ar'tikyəleit *kkt.*/ *ks.* pandai berbicara, pandai mengeluarkan pikirannya. *He's most a.* Ia sangat pandai mengeluarkan fikirannya. —*kkt.* mengucapkan kata-kata dgn jelas. *The teacher articulates his words clearly* Guru itu mengucapkan kata-katanya dgn jelas. —*kki.* bersambung. *It was difficult for the bones to a. properly* Sukar bagi tulang-tulang itu bersambung dgn baik.
articulation /ar'tikyə'leisyən/ *kb.* 1 artikulasi, pengucapan. *a. of the words* artikulasi kata-kata. 2 sambungan. *a. of the bones* sambungan/persendian tulang-tulang.
articulatory /ar'tikyələ'towrie/ *ks.* yg berh. dgn artikulasi. *a. position* kedudukan (alat-alat bicara) pd waktu mengucapkan.
artifact /'artəfækt/ *kb.* benda, barang-barang hasil kecerdasan manusia spt perkakas, senjata dsb.
artifice /'artəfis/ *kb.* kelicikan, kecerdasan. *She used every a. to gain her end* Ia mempergunakan segala macam kelicikan utk mencapai tujuannya.
artificial /'artə'fisyəl/ *ks.* 1 buatan, bikinan. *a. fertilizer* pupuk buatan. *a. respiration* pernapasan buatan. *a. insemination* permanian buatan. 2 tiruan, palsu. *a. flowers* bunga-bunga tiruan/kertas. *a. leg* kaki palsu. 3 dibuat-buat. *Her smile is a.* Senyumannya dibuat-buat.
artificiality /'artəfisyie'ælətie/ *kb.* (*j.* **-ties**) kepalsuan, sifat/corak tiruan. *the a. of her smile* kepalsuan senyumannya.

artillery /ar'tilərie/ *kb.* artileri, pasukan bagian meriam.
artisan /'artəzən/ *kb.* pekerja tangan yg ahli, mis.: tukang batu, tukang kayu.
artist /'artist/ *kb.* 1 seniman, artis. 2 (*female*) seniwati.
artistic /ar'tistik/ *ks.* artistik.
artistry /'artəstrie/ *kb.* (*j.* **-ries**) ketrampilan seniman.
artless /'artləs/ *ks.* 1 tanpa seni/keahlian. 2 naif, bersahaja. *a. questions* pertanyaan-pertanyaañ yg naif. 3 alamiah. *a. beauty* keindahan alamiah.
arty /'artie/ *ks. Inf.*: sok seniman. *He is a member of the a. set* Ia anggota golongan sok seniman.
as /æz/ *kk.* 1 sebagai. *as a member of the club* sbg seorang anggauta perkumpulan. *as is the case with* sebagaimana halnya dgn. 2 seperti. *as before* spt biasa. *Do as I say* Kerjakan begini saja. 3 selama, sambil, seraya. *He worked as he talked* Sambil bekerja, ia berbicara. **as...as** 1 se...dgn, sama...dgn. *He's as tall as his father* Ia setinggi ayahnya. 2 se--nya. *I want the books as quickly as possible* Saya mau buku-buku itu secepat-cepatnya. *as dead as dead can be* mati semati-matinya, mati kutu. 3 betapapun. *As much as I'd like to go, I can't* Betapapun ingin saya mau pergi, saya tdk dpt. *As clever as one may be, he'll meet others who are cleverer* Sepandai-pandai orang, ia akan bertemu dgn orang yg lebih pandai (lagi) daripadanya. **as far as** 1 sampai, sejauh. *I'll walk as far as the post office* Saya akan berjalan sampai ke kantor pos. 2 sepanjang, setahu. *As far as I know, the plane has not arrived yet* Sepanjang pengetahuan saya, kapal terbang blm tiba. 3 bagi. *As far as I am concerned you may go* Bagi saya engkau boléh pergi.
as for 1 kalau. *As for me, I'm not going today* Kalau saya, saya tdk pergi hari ini. 2 mengenai, ttg. *As for music, I am indifferent* Mengenai musik, saya tdk menaruh perhatian. **as good as** praktis, boléh dikatakan. *The money is as good as lost* Uang itu praktis hilang. **as is** sebagaimana adanya, seadanya. *Are you going to buy the typewriter as is?* Sdr akan membeli mesin tik itu sebagaimana adanya? **as long as** selama, mumpung. *as long as I live* selama hayat dikandung badanku. **as much** sebanyak itu, banyak juga. *We thought as much when we talked with them* Begitulah kami berpikir ketika kami berbicara dgn meréka. **as much as** sesungguhnya. *We as much as expected defeat* Sesungguhnya kami akan kalah. **as one** serentak. *The whole audience rose as one* Segenap hadirin bangkit/berdiri serentak. **as soon as** segera setelah, demi. *Tell me as soon as you know when you're going* Katakanlah kpd saya segera stlh kamu ketahui kapan kamu pergi. —*kg.* sebagai. *He's careful, as you know* Ia berhati-hati, sbg kau tahu. —*kd.* sebagai. *He was chosen as chairman* Ia dipilih sbg ketua. *Do this as a favor to me* Kerjakanlah ini demi kepentingan saya. —*ksam.* 1 ketika waktu. *I left just as he entered* Saya berangkat ketika ia masuk. 2 karena. *As he'll be going home tomorrow...* Karena ia bésok akan kembali ke rumahnya.... **as of** 1 sampai. *As of yesterday he was still in the hospital* Sampai kemarin ia masih di rumah sakit. 2 mulai. *You can report to me as of April 6* Sdr bisa melapor kpd saya mulai 6 April. **as though** seolah-olah, seakan-akan. *He looks as though he'll collapse any minute* Ia kelihatannya seolah-olah akan pingsan setiap saat. **as to** 1 mengenai, ttg. *I have no preference as to color* Mengenai warna bagi saya tdk menjadi soal. 2 dgn mak-

sud. *He so acted as to offend everyone present* Ia berbuat begitu dgn maksud menyakiti para hadirin.

asbestos /æs'bestəs/ *kb.* asbés.

ascend /ə'send/ *kkt.* 1 naik. *The king ascended the throne* Raja itu naik takhta. 2 mendaki. *The students ascended the high mountain* Mahasiswa-mahasiswa itu mendaki gunung yg tinggi itu. —*kki.* naik. *The plane ascended rapidly* Kapal terbang itu naik dgn cepat. —**ascending** *ks.* sedang naik/mendaki. *a. scale* skala menaik.

ascendancy /ə'sendənsie/ *kb.* kekuasaan, pengaruh yg menguasai.

ascendant /ə'sendənt/ *kb.* kekuasaan, pengawasan. *The authority of the crown is in the a.* Wewenang raja terletak didlm kekuasaan.

ascension /ə'sensyən/ *kb.* 1 *Rel.*: mi'raj. 2 kenaikan.

ascent /ə'sent/ *kb.* pendakian, kenaikan.

ascertain /'æsər'tein/ *kkt.* mengetahui (dgn pasti). menegaskan, memastikan. *He finally ascertained what his boss wanted* Akhirnya diketahuinya dgn pasti apa yg diinginkan atasannya.

ascertainable /'æsər'teinəbəl/ *ks.* dpt diketahui. *His views are readily a.* Pandangannya dpt segera diketahui.

ascetic /ə'setik/ *kb.* pertapa. *He is a. by nature* Ia sifatnya spt orang pertapa.

asceticism /ə'setəsizəm/ *kb.* pertapaan, tapabrata.

ascribe /ə'skraib/ *kkt.* menganggap berasal. *The article was ascribed to a young writer* Tulisan itu dianggap berasal dari seorang pengarang muda.

aseptic /æ'septik/ *ks.* suci hama. *These surgical instruments are a.* Alat-alat operasi ini adalah suci hama.

asexual /æ'seksyuəl, ei'-/ *ks.* 1 tdk berkelamin. 2 tanpa hubungan kelamin. *Some lower forms of life have a. reproduction* Beberapa bentuk hidup tingkat rendah berkembang biak tanpa hubungan kelamin.

ash /æsy/ *kb.* 1 abu. *There are too many ashes in the stove* Terlalu banyak abu dlm kompor. *He was cremated and his ashes sent home* Ia dibakar dan abunya dikirim pulang. 2 pohon. **A. Wednesday** Rebo ketujuh sblm Paskah, hari pertama puasa Maséhi.

ashamed /ə'syeimd/ *ks.* malu. *I am a. of his behavior* Saya malu karena perbuatannya. *You ought to be a. of yourself* Kau hrs malu.

ashcan /'æsy'kæn/ *kb.* tempat sampah/abu.

ashen /'æsyən/ *ks.* kelabu, abu-abu. *His face was a.* Mukanya menjadi kelabu.

ashore /ə'syowr/ *kk.* di/ke darat *We wanted to go a.* Kami ingin turun/naik ke darat. *The ship ran a.* Kapal itu kandas di pantai.

ashtray /'æsy'trei/ *kb.* tempat abu, asbak.

Asia /'eizyə/ *kb.* Asia. *A. Minor* Asia Kecil.

Asian /'eizyən/ *kb.* orang Asia. —*ks.* Asia. *A. countries* negeri-negeri Asia. *A. flu* flu/demam Asia.

aside /ə'said/ *kb.* suara rendah, bisikan. *The actor delivered an a.* Aktor itu berbicara dlm suara rendah. *In an a. he....* Dlm suara rendah ia.... —*kk.* disamping. **a. from** 1 selain/terlepas dari. *A. from a few personal problems he...* Selain dari beberapa persoalan pribadi ia.... 2 disamping. *A. from not wanting to go, I can't go* Disamping saya tdk mau pergi, saya tdk dpt pergi.

asinine /'æsənain/ *ks.* (sangat) bodoh, tolol. *an a. remark* ucapan yg sangat bodoh.

ask /æsk/ *kkt.* (**asked**/æskt/) 1 menanya kpd. *I asked him his name* Saya menanya namanya kepadanya. *He asked me the time* Ia menanya jam berapa kpd saya. 2 menanyakan. *A. s.o. at the information office*

Tanyakan di kantor penerangan. *A. her if I may have a piece of candy* Tanyakan padanya apa saya boléh dapat sepotong gula-gula. *She's always asking questions* Ia selalu bertanya. Ia selalu memajukan pertanyaan. 3 minta. *Let's a. them to go with us* Marilah kita minta meréka utk pergi bersama kita. *I asked permission to go* Saya minta permisi utk pergi. *He asked leave to go* Ia minta diri. *That's asking a lot* Banyak sekali permintaannya. *May I a. a favor of you?* Boléhkah saya minta bantuan dari sdr? 4 meminta. *He's asking a high price* Ia meminta harga tinggi. *He's asking a lot for his old car* Ia meminta banyak utk mobilnya yg tua itu. *to a. to be admitted to the meeting* meminta spy dibolehkan ke rapat. 4 mengundang. *How many did you a. to the party?* Berapa orang kauundang utk pésta itu? —*kki.* bertanya. *When do you leave? he asked* Kapan sdr pergi? ia bertanya. **to a. about/after** menanya ttg. *He asked about me* Ia menanya ttg saya. *He asked about him* Ia menanya kpd saya ttg dia. *He asked after my health* Ia menanya ttg keséhatan saya. **to a. around** bertanya-tanya, menanya-nanya (sekeliling). *I asked around without much luck* Saya tlh bertanya-tanya tetapi tak berhasil. **to a. back** mengundang. *We must a. them back* Kita hrs mengundang meréka. *Their act was so successful they were asked back* Permainan meréka sangat berhasil sehingga meréka diminta kembali. **to a. for** 1 meminta. *to a. for a glass of water* meminta segelas air. *I'll a. for help from my neighbor* Saya akan meminta bantuan dari tetangga saya. 2 meminang. *I asked (him) for his daughter's hand* Saya meminang anak yg perempuannya. *When he made that unflattering remark, he was really asking for it* Ketika ia mengucapkan ucapan yg tdk énak itu ia betul-betul mencari kesukaran. *He asked for his book back* Ia meminta bukunya kembali. *I asked for the manager* Saya minta bertemu dgn pengurus. **to a. in** meminta masuk. *He asked me in* Ia meminta saya utk masuk. **to a. out** mengajak, mengundang. *I asked her out to lunch* Saya mengajak ia pergi bersama makan siang. —**asking** *kb.* Cuma-cuma tinggal minta. *The booklet is yours for the asking* Brosur itu dpt dimiliki dgn cuma-cuma. Brosur itu boléh diminta. *What is the a. price for that house?* Berapakah harga permintaan rumah itu?

askance /ə'skæns/ *kb.* dgn rasa tdk setuju, dgn rasa curiga. *He looked a. at the low offer* Ia kelihatannya tdk setuju dgn tawaran yg rendah itu.

askew /ə'skyuw/ *kk.* miring, sérong. *His hat is a.* Topinya miring.

aslant /ə'slænt/ *kk.* miring, sérong, condong.

asleep /ə'sliep/ *ks.* 1 (sedang, lagi) tidur. *She was a. when I called* Ia lagi tidur ketika saya tilpun. 2 semutan. *My foot is a.* Kaki saya semutan. 3 tdk sadar. *Fortunately, she was a. to the danger* Untungnya, ia tdk sadar akan bahaya itu. 4 macet, tdk jalan. *His mind is a.* Pikirannya macet. **to fall a.** tertidur. *She fell a. while studying* Ia tertidur ketika belajar.

asocial /æ'sowsyəl, ei-/ *ks.* asosial, tdk suka bergaul dgn orang lain. *His attitude is a.* Sikapnya asosial.

asp /æsp/ *kb.* sej ular kecil yg berbisa.

asparagus /ə'spærəgəs/ *kb.* asperges, aspersi, asperjis.

aspect /'æspekt/ *kb.* 1 segi, aspék. *Consider every a. of the situation* Pertimbangkanlah setiap segi dari keadaan itu. 2 pemandangan (*of a city, setting*). 3 roman, muka (*of a person*).

aspen /'æspən/ *kb.* sm pohon yg daunnya ringan.

aspersion /ə'spərzyən/ *kb.* (kata-kata) yg men-

jelék-jelékkan, fitnah(an). *He cast aspersions upon my character* Ia menjelék-jelékkan tabiat saya.
asphalt /'æsfɔlt/ *kb.* aspal. *kkt.* mengaspal (*a road*).
asphyxia /æs'fiksieə/ *kb.* keadaan sesak dada.
asphyxiate /æs'fiksieeit/ *kkt.* sesak dada/napas. *He was asphyxiated by carbon monoxide* Ia sesak napas karena zat karbon.
asphyxiation /æs'fiksie'eisyən/ *kb.* sesak napas karena kurang zat asam di darah.
aspic /'æspik/ *kb.* aspik, sm agar dibuat dari daging, tomat dsb.
aspirant /ə'spairənt, 'æspərənt/ *kb.* calon.
aspirate /'æspərit *kb.*, *ks.*; 'æspəreit *kkt.*/ *kb.* bunyi aspirasi. —*kkt.* mengucapkan bunyi dgn bunyi *h* (spt *pin, what* dsb.) —**aspirated** *ks.* "*p*" *in English* "*pin*" *is an a. sound* "p" dlm bahasa Inggeris "pin" mengandung bunyi aspirasi.
aspiration /'æspə'reisyən/ *kb.* 1 aspirasi, cita-cita. *He has no aspirations* Ia tdk mempunyai cita-cita. 2 aspirasi. *English "p" has a.* "p" dlm bahasa Inggeris mengandung aspirasi.
aspire /ə'spair/ *kki.* bercita-cita, menginginkan. *He aspires to be president some day* Ia bercita-cita menjadi présidén pd suatu ketika. —**aspiring** *ks.* bercita-cita tinggi. *She's an a. singer* Ia adalah biduanita yg bercita-cita tinggi.
aspirin /'æspərən/ *kb.* aspirin.
ass /æs/ *kb.* 1 (*animal*) keledai. 2 orang yg bodoh. *Don't be a silly a.* Janganlah sebodoh itu. 3 *Vulg.*: pantat.
ass. 1 [*association*] perkumpulan. 2 [*assistant*] pembantu.
assail /ə'seil/ *kkt.* 1 membantah, menyerang. *She assailed the speaker with questions* Ia membantah pembicara itu dgn pertanyaan-pertanyaan. 2 menyerang, menyerbu. *The enemy assailed the fortress* Musuh menyerang bénténg itu.
assailant /ə'seilənt/ *kb.* penyerang, pemerkosa.
assassin /ə'sæsin/ *kb.* pembunuh.
assassinate /ə'sæsəneit/ *kkt.* membunuh.
assassination /ə'sæsə'neisyən/ *kb.* pembunuhan.
assault /ə'sɔlt/ *kb.* penyerangan, serangan. *He was accused of a.* Ia dituduh melakukan serangan. *a. on a bunker* serangan thd témbok pertahanan. **a. and battery** serangan dgn memukul. *He was accused of a. and battery* Ia dituduh menyerang dan memukul orang. —*kkt.* 1 menyerang. *He tried to a. the man* Ia mencoba menyerang orang itu. 2 memperkosa. *The woman was allegedly assaulted* Wanita itu mungkin diperkosa.
assay /ə'sei/ *kb.* (peng)ujian kadar logam. —*kkt.* menguji kadar logam. *to a. ore* menguji kadar logam dari bijih.
assemblage /ə'semblij/ *kb.* orang-orang yg berkumpul. *The entire a. stood and gave the speaker an ovation* Semua orang yg berkumpul berdiri dan memberikan sambutan yg hangat kpd pembicara itu.
assemble /ə'sembəl/ *kkt.* memasang. *These cars are assembled by...* Mobil-mobil ini dipasang oléh.... —*kki.* berkumpul. *Will the group please a. here?* Rombongan dipersilakan berkumpul disini.
assembly /ə'semblie/ *kb.* (*j.* **-lies**) 1 pertemuan, kumpulan. *The a. of students will be held in the Youth Building* Pertemuan mahasiswa akan diadakan di Gedung Pemuda. *the right of a.* hak berkumpul dan bersidang. 2 majelis. *General A.* Majelis Umum. 3 pemasangan. *a radio a. plant* sebuah paberik pemasangan radio. *a. line* cara menyusun/memasang bagian-bagian mesin.

assent /ə'sent/ *kb.* persetujuan. *Dad gave his a. to the marriage* Ayah memberikan persetujuannya utk perkawinan itu. —*kki.* menyetujui, membenarkan, mengiakan. *to a. to a plan* menyetujui rencana.
assert /ə'sərt/ *kki.* 1 menyatakan, menegaskan. *He asserts that he will vote Republican* Dia menyatakan dgn tegas akan memberikan suara kpd Partai Républikén. 2 menuntut, memaksakan. *His daughter is always asserting her independence* Puterinya selalu menuntut kebébasan. **to a. o.s.** menonjolkan diri, menuntut hak. *He began to a. himself more* Ia mulai lebih banyak menonjolkan diri.
assertion /ə'sərsyən/ *kb.* 1 pernyataan yg tegas. 2 tuntutan. 3 penonjolan.
assertive /ə'sərtiv/ *ks.* 1 tegas. *I'm an a. person* Saya seorang yg tegas. 2 sombong.
assess /ə'ses/ *kkt.* 1 menaksir. *The city assessed my property at a higher amount* Kotapraja menaksir milik saya lebih tinggi dari yg sesungguhnya. 2 membebani. *We'll have to a. each member $10.00 to pay for this year's party* Kita hrs membebani tiap anggauta dgn $10 utk pésta tahun ini. 3 menilai. *How do you a. the situation?* Bagaimana penilaianmu thd keadaan itu? *to a. damages* menilai kerusakan-kerusakan, menetapkan jumlah kerugian.
assessable /ə'sesəbəl/ *ks.* wajib pajak.
assessment /ə'sesmənt/ *kb.* 1 taksiran, penaksiran. *a. of a house* taksiran sebuah rumah. 2 penilaian. *a. of a situation* penilaian keadaan. 3 beban, pembebanan, pemikulan.
assessor /ə'sesər/ *kb.* juru taksir, penaksir.
asset /'æset/ *kb.* modal, milik, sifat yg bernilai. *Tact is a useful a. in a young man* Bijaksana adalah modal (yg baik) bagi seorang pemuda. —**assets** *j.* aktiva. *The assets of this firm are estimated at two million dollars* Aktiva firma ini ditaksir dua juta dolar.
assiduity /'æsi'duwətie, 'dyuw-/ *kb.* 1 ketekunan, kerajinan. *He displays a. in everything he does* Ia memperlihatkan ketekunan dlm segala s.s.t. yg dikerjakannya. 2 sikap selalu penuh perhatian.
assiduous /ə'sijuəs/ *ks.* tekun, penuh perhatian. *He's a. in his studies* Ia tekun dlm studinya.
assign /ə'sain/ *kkt.* 1 memberikan. *The instructor assigned 10 pages for tomorrow* Guru memberikan 10 halaman utk dikerjakan bésok. 2 mengangkat, menempatkan. *The director assigned him head of the department* Diréktur mengangkat dia sbg kepala bagian. 3 menetapkan, menentukan. *The chairman assigned a day for the meeting* Ketua menetapkan hari utk rapat. 4 menyerahkan. *Mr. Smith assigned his house to his eldest son* Tuan Smith menyerahkan rumahnya kpd putera sulungnya. 5 menugaskan. *The lieutenant was assigned to Company B* Létnan itu ditugaskan pd kompi B. 6 menyebutkan dgn pasti. *to a. a reason for s.t.* menyebutkan dgn pasti alasan utk s.s.t.
assignment /ə'sainmənt/ *kb.* 1 tugas. *I am glad to undertake this a.* Saya girang melakukan tugas ini. 2 penugasan. 3 pengangkatan, penempatan. 4 penetapan. 5 penyerahan (hak atau milik). 6 pekerjaan. *Have you finished your assignments for tomorrow's class?* Apakah kau sdh menyelesaikan pekerjaan utk kelas bésok pagi?
assimilate /ə'siməleit/ *kkt.* 1 memahamkan, mengerti, menerima. *It's difficult to a. the lecture* Adalah sulit utk memahamkan ceramah itu. 2 mengasimilasi. *We are gradually assimilating the immigrant population* Kita lambat-laun mengasimilasi penduduk imigran. 3 mencernakan. *The body can a. just*

so much food Tubuh hanya dpt mencernakan makanan yg tertentu banyaknya. *—kki.* berasimilasi, menerima, menjadi sama. *"ads-" in English usually assimilates to "ass-"* "ads-" dlm bahasa Inggeris biasanya menjadi sama dgn "ass-".

assimilation /ə'simə'leisyən/ *kb.* asimilasi, perpaduan, percampuran yg harmonis, penerimaan (yg merata).

assist /ə'sist/ *kb.* bantuan. *He received an a. when his tire went flat* Ia menerima bantuan ketika bannya pecah. *—kkt., kki.* membantu, menolong. *She assisted me* Ia membantu saya. *I hope you will a. in this job* Saya harap engkau akan membantu dlm pekerjaan ini.

assistance /ə'sistəns/ *kb.* bantuan, pertolongan. *He came to her a.* Ia datang membantu wanita itu. *Can I be of any a.?* Apakah saya dpt membantu?

assistant /ə'sistənt/ *kb.* 1 pembantu, asistén. 2 wakil, pembantu. *a. director* wakil diréktur. *a. professor* léktor.

Assn. [*Association*] (per)himpunan, persatuan.

associate /ə'sowsyieit *kb., ks.;* ə'sowsyieeit *kki.*/ *kb.* 1 teman sejawat, kompanyon, koléga. *He's an a. of mine at the office* Ia kompanyon saya di kantor. 2 maskapai. *John Doe Associates* Maskapai John Doe. 3 teman, rekan, sekutu. *—ks.* luar biasa, tidak penuh. *a. member* anggauta luarbiasa. *a. membership* keanggotaan tdk penuh. *a. professor* léktor kepala. *—kkt.* menghubungkan. *I a. him with politics* Saya menghubungkan dia dgn politik. *—kki.* bergaul, bercampur-gaul. *We have never associated with them* Kami tak pernah bergaul dgn meréka.

association /ə'sows(y)ie'eisyən/ *kb.* 1 perkumpulan, persatuan. *the writers' a.* persatuan pengarang. 2 asosiasi, gabungan. 3 persahabatan, pergaulan. *Knowing you has been a happy a.* Kenal dgn kau adalah suatu persahabatan yg menyenangkan.

assonance /'æsənəns/ *kb.* purwakanti.

assort /ə'sɔrt/ *kkt.* menyusun. *Will you a. those cards alphabetically?* Sudikah sdr menyusun kartu-kartu ini menurut abjad? *—kki.* 1 bergaul. *to a. with people in the teaching profession* bergaul dgn orang-orang yg pekerjaannya mengajar. 2 cocok, sejenis. *These cups do not a. with the samples* Cangkir-cangkir ini tdk cocok dgn contohnya. *—assorted ks.* 1 rupa-rupa, bermacam-macam, berjenis-jenis. *There are many a. colors in this pile* Dlm tumpukan ini terdapat banyak sekali rupa-rupa warna. 2 campuran. *I want a pound of a. candies* Saya ingin satu pon gula-gula campuran.

assortment /ə'sɔrtmənt/ *kb.* bermacam-macam, campuran, golongan. *There's a nice a. of books in that shop* Ada bermacam-macam buku yg baik di toko itu.

assuage /ə'sweij/ *kkt.* 1 meredakan, menenangkan, mengurangi. *to a. her fears* meredakan ketakutannya. *Aspirin assuages pain* Aspirin meredakan sakit. 2 mengakhiri, menghilangkan. *Ice water assuages my thirst* Air és mengakhiri kehausan saya.

assume /ə'suwm/ *kkt.* 1 mengambil. *He assumed the shape of a dragon* Ia mengambil bentuk seékor naga. 2 memikul, menerima, menanggung. *He assumed the responsibility of receiving the guests* Ia menerima tanggungjawab atas penerimaan tamu-tamu. 3 memangku, mulai bekerja. *before assuming office* sblm memangku jabatan. *He assumed office on January 1* Ia mulai bekerja pd tgl 1 Januari. 4 menganggap. *to a. the existence of* menganggap adanya. **::** *She assumes such a haughty air* Ia bersikap tinggi hati. *The problem has assumed new dimensions* Problim itu

menjadi bertambah luas permasalahannya. *—kki.* 1 mengira, menganggap, mengharap. *He's at home, I a.* Saya kira ia ada di rumah. 2 bukan. *I a. you're going?* Sdr akan pergi, bukan? *—assumed ks.* pura-pura, sok. *under an a. name* dgn nama alias. *a. piety* kealiman yg pura-pura.

assumption /ə'sʌmpsyən/ *kb.* 1 penerimaan. *a. of authority* penerimaan kekuasaan. 2 pengiraan, praanggapan. *assumptions underlying an assertion* pengiraan-pengiraan yg menjadi dasar penentuan. 3 anggapan, perandaian. *Ed's a. that he would win was wrong* Anggapan Ed bhw ia akan menang adalah keliru.

assurance /ə'syurəns/ *kb.* 1 kepastian, jaminan. *Can you give some a. that they will be here?* Dapatkah kau memberi kepastian bhw meréka akan ada disini? 2 ayem, tenang. *He has an air of a. about him* Ia kelihatannya ayem sekali.

assure /ə'syur/ *kkt.* 1 jamin, tanggung. *I a. you that everything will be all right* Saya jamin bhw semuanya akan bérés. 2 percaya, yakin. *He assured himself that the car was in good shape* Ia percaya bhw mobilnya dlm keadaan baik. *I will do it, I a. you* Jakinlah bhw saya akan melakukannya. *—assured ks.* 1 percaya, yakin. *You may rest a. that the situation is well in hand* Kau boléh percaya bhw keadaannya dikuasai dgn baik. 2 pasti, terjamin. *His success seems a.* Suksésnya kelihatannya terjamin. *—assuredly kk.* pasti, tentu. *He will a. come* Ia pasti akan datang.

aster /'æstər/ *kb.* aster (sm bunga).

asterisk /'æstərisk/ *kb.* asterisk, (tanda) bintang.

astern /ə'stərn/ *kk.* bagian belakang, di buritan. *The boat moved rapidly a.* Kapal itu mundur dgn cepat. *full speed a.* mundur (dgn kecepatan) penuh.

asteroid /'æstəroid/ *kb.* asteroida.

asthma /'æzmə/ *kb.* sakit bengék, asma.

asthmatic /æz'mætik/ *ks.* berpenyakit/menderita asma.

astigmatic /'æstig'mætik/ *ks.* astigmatik.

astigmatism /ə'stigmətizəm/ *kb.* 1 astigmatisme. 2 penolakan thd apa-apa yg benar.

astir /ə'stər/ *ks., kk.* bergerak. *Not a creature was a.* Tak ada satupun makhluk yg bergerak.

astonish /ə'stanisy/ *kkt.* menghérankan. *Her conduct astonished me* Tingkah lakunya menghérankan saya. *You a. me* Kau menghérankan aku. *—astonished ks.* héran. *—astonishing ks.* menghérankan. *His generosity was a.* Kemurahan hatinya menghérankan.

astonishment /ə'stanisymənt/ *kb.* kehéranan.

astound /ə'stawnd/ *kkt.* sangat menghérankan/ mengejutkan. *His sudden death astounded us* Wafatnya dgn tiba-tiba sangat menghérankan kami. *I was astounded by his approach to the problem* Saya héran sekali melihat caranya ia mendekati persoalan itu.

astral /'æstrəl/ *ks.* yg berh. dgn bintang-bintang.

astray /ə'strei/ *kk.* (ter)sesat, kesasar. *I'm afraid you've gone a.* Saya kuatir engkau sesat. **to lead s.o. a.** menyesatkan s.s.o. **to go a.** 1 menjadi nakal (*of a person*). 2 kesasar/tdk sampai (*of a letter*).

astride /ə'straid/ *kk.* mengangkang (spt naik kuda, sepéda dsb.). *He sat a. his motorcycle* Ia duduk mengangkang diatas sepéda motornya.

astringent /ə'strinjənt/ *kb.* zat yg menciutkan.

astrologer /ə'straləjər/ *kb.* ahli nujum.

astrological /'æstrə'lajəkəl/ *ks.* yg berh. dgn ilmu nujum.

astrology /ə'straləjie/ *kb.* ilmu nujum perbintangan.

astronaut /'æstrənɔt/ *kb.* astronot, angkasawan, juru angkasa. *woman a.* angkasawati.
astronautics /ˌæstrə'nɔtiks/ *kb.* astronotika.
astronomer /ə'stranəmər/ *kb.* ahli astronomi/falak/ bintang-bintang.
astronomical /ˌæstrə'naməkəl/ *ks.* 1 yg berh. dgn ilmu falak. *a. computations* hitungan-hitungan astronomi. 2 jumlah yg amat besar. *An a. amount of money has been spent on space flights* Sejumlah uang yg luar biasa besarnya tlh dikeluarkan utk penerbangan-penerbangan diluar angkasa. *a. observatory* gardu penilikan bintang.
astronomy /ə'stranəmie/ *kb.* astronomi, ilmu falak/ bintang(-bintang).
astrophysicist /ˌæstrow'fizəsist/ *kb.* ahli astrofisika.
astrophysics /ˌæstrow'fiziks/ *kb.* astrofisika.
astute /ə'stuwt, ə'styuwt/ *ks.* lihay, cerdik, tajam. *He's an a. businessman* Ia adalah seorang pengusaha yg lihay.
astuteness /ə'stuwtnəs, ə'styuwtnəs/ *kb.* kecerdikan, kelihayan.
asunder /ə'sʌndər/ *kk.* hancur remuk. *The log was split a.* Kayu gelondongan itu hancur remuk. *What God hath joined together, let no man put a.* Apa yg tlh dipersatukan oléh Allah, janganlah dicerai-beraikan oléh siapapun. *to tear a.* menyobék sampai luluh.
asylum /ə'sailəm/ *kb.* 1 suaka, asil, asyl. *He sought a. in another country* Ia mencari suaka di negara lain. 2 rumah sakit. *insane/mental a.* rumah sakit gila.
asymmetrical /ˌæsi'metrəkəl/ *ks.* asimétris.
asymmetry /æ'simətrie/ *kb.* asimétri.
asymptote /'æsimtowt/ *kb.* asimtot, garis lurus yg mendekati suatu kurva, tetapi tdk memotongnya pd jarak yg dekat.
at /æt/ *kd.* 1 di. *I am at school today* Hari ini saya ada di sekolah. *Please sit at the table* Duduklah di méja. 2 pada. *Come at 12 o'clock* Datanglah pd pukul 12. *at noon* pd siang hari. 3 atas. *I will come at your request* Saya akan datang atas permintaan sdr. *at the initiative of* atas prakarsa. 4 kepada. *She looked at her daughter with pride* Ia melihat kpd anak perempuannya dgn bangga. 5 dengan. *I bought the watch at a low price* Saya beli arloji itu dgn harga murah. *at 30 rupiah a kilo* dgn harga Rp. 30 sekilo. *He is at his old tricks again* Ia mulai lagi dgn tipu muslihatnya yg dulu. *at the first opportunity* dgn kesempatan yg pertama. *at a glance* dgn satu lirikan. 6 menurut. *at the discretion of the Prime Minister* menurut pertimbangan Menteri Perdana. **at all** 1 sama sekali. *She isn't well at all* Ia tdk séhat sama sekali. *I don't know him at all* Saya sama sekali tdk kenal dia. 2 juga. *I was surprised that he came at all* Saya héran ia datang juga. **at all costs** bagaimanapun juga. *I feel I must go at all costs* Bagaimanapun juga saya rasa saya hrs pergi. **at best** sebaiknya, dlm keadaan sebaik-baiknya. *At best, it's something I must get done* Sebaiknya itulah yg hrs saya selesaikan. **at first** mula-mula. *At first I didn't recognize him* Mula-mula saya tdk kenal dia. **at it** (pada) itu. *She's been working at it for a year* Ia mengerjakan itu sejak setahun. *While we're at it, let's have a beer* Ngomong-ngomong, marilah kita minum bir. **at last** akhirnya. **at least** 1 setidak-tidaknya, sekurang-kurangnya, sedikit-dikitnya, paling sedikit. *At least all of us arrived in time* Setidak-tidaknya kami semua tiba pd waktunya. 2 sedikitnya. *I have at least $100 in my pocket* Sedikitnya saya punya $100 di kantong saya. 3 untunglah. *He has lost everything, but at least he has his health* Ia kehilangan semuanya, tetapi untunglah ia

séhat. **at most** paling banyak, paling-paling, paling banter. *At most we will have a short visit together* Paling-paling kita akan bertemu sebentar saja. **at once** 1 segera, seketika itu juga. *Please come over here at once* Datanglah kesini segera. 2 sekaligus, pd waktu yg bersamaan. *I can't do everything at once* Saya tdk dpt mengerjakan semuanya sekaligus. **at that** meskipun begitu/demikian. *Even at that it won't do* Meskipun demikian toh tdk dapat. *Even at that I can't go* Meskipun begitu saya tak dpt pergi. *Let's leave it at that* Biar saja (begitu). **at times** kadang-kadang. *At times I wonder how he can do so much* Kadang-kadang saya héran bagaimana dia dpt berbuat begitu banyak. **at will** sekehendak/ sesuka hatinya. *You can do it at will* Kamu dpt mengerjakan itu sekehendak hatimu. : *He's good at golf* Ia pandai main golf. *At present there are five of us* Pd saat ini kami (ada) berlima. *The country is at war* Negara itu dlm keadaan perang. *He is at work now* Ia bekerja sekarang. *At him!* (kpd anjing) Serang dia! **at-home** *kb.* resépsi informil di rumah.
atavism /'ætəvizəm/ *kb.* atavisme.
atavistic /ˌætə'vistik/ *ks.* yg berh. dgn atavisme.
ataxia /ə'tæksiə/ *kb.* ataxia, kehilangan perasaan keseimbangan.
ate /eit/ lih EAT.
atelier /'ætəlyei/ *kb.* studio, kamar/tempat kerja, loka cipta.
atheism /'eithieizəm/ *kb.* athéisme, keathéisan.
atheist /'eithieist/ *kb.* athéis. **the atheists** *j.* kaum dahriah.
atheistic(al) /ˌeithie'istik(əl)/ *ks.* athéistis.
athematic /ˌæthi'mætik/ *ks.* tanpa téma (musik).
athlete /'æthliet/ *kb.* olahragawan, olahragawati, atlit. *athlete's foot* penyakit kaki karena kutu air.
athletic /æth'letik/ *ks.* keolahragaan.
athletics /æth'letiks/ *kb., j.* olahraga, sport.
athwart /ə'thwɔrt/ *kk.* (arah) melintang.
Atlantic /æt'læntik/ *kb., ks.* Atlantik. *A. ocean* Samudra Atlantik.
atlas /'ætləs/ *kb.* atlas, buku peta. *road a.* peta jalan.
atmosphere /'ætməsfir/ *kb.* 1 atmosfir, lapisan udara atau gas-gas yg meliputi bumi. 2 udara. *damp a.* udara yg lembab. 3 suasana. *The a. at the meeting was tense* Suasana rapat tegang. 4 *Phys.*: satuan dlm tekanan udara.
atmospheric /ˌætməs'ferik/ *ks.* yg berh. dgn atmosfir.
atoll /'ætal/ *kb.* atol, pulau karang yg merupakan lingkaran di laut-laut tropika.
atom /'ætəm/ *kb.* atom. *a. bomb* bom atom. *not an a.* sezarrahpun tdk. *a. smashing* penghancuran atom.
atomic /ə'tamik/ *kb., j.* **atomics** bagian ilmu alam yg mempelajari téori atom, struktur, tenaga, dsb. —*ks.* yg berk. dgn atom. *a. age* abad atom. *a. energy* tenaga atom. *a. pile* réaktor. *a. waste* sisa-sisa prosés penghasilan tenaga atom. *a. weight* berat/bobot atom.
atomize /'ætəmaiz/ *kkt.* 1 memisahkan menjadi atom. 2 menyemprotkan suatu cairan. 3 mengubah zat/cair menjadi bagian-bagian yg sangat kecil.
atomizer /'ætə'maizər/ *kb.* 1 alat penyemprot. 2 pompa semprot. 2 pengabut.
atonal /ei'townəl/ *ks. Mus.*: tanpa nada.
atone /ə'town/ *kki.* bertobat, menebus. *We must a. for our sins* Kita hrs bertobat atas dosa-dosa kita.
atonement /ə'townmənt/ *kb.* taubat, tobat, penebusan kesalahan atau dosa. *Day of A.* Hari Penebusan (dosa). *to make a. for* bertobat atas.
atonic /ə'tanik/ *ks.* 1 tanpa tenaga, lemah. 2 tanpa

tekanan atau suara. *an a. syllable* sukukata tanpa tekanan.

atop /ə'tap/ *kd.* di puncak, diatas. *He sat a. a flagpole* Ia duduk di puncak tiang bendéra.

atrocious /ə'trowsyəs/ *ks.* 1 tdk sopan, kurang ajar, kasar. *He has a. manners* Tingkah lakunya tdk sopan. 2 kejam, mengerikan. *That was an a. crime* Itu adalah kejahatan yg kejam. 3 buruk sekali (*of food*).

atrocity /ə'trasətie/ *kb.* (*j.* **-ties**) 1 kekejaman, kekejian. *war atrocities* kekejaman-kekejaman perang. 2 *Inf.:* ketidaksopanan, kekasaran. *Her dress is an a.* Bajunya tdk bagus sama sekali.

atrophy /'ætrəfie/ *kb.* atrophia, terhentinya pertumbuhan. —*kki.* (**atrophied**) mengalami atrophia. *The brain will a. under certain conditions* Otak akan mengalami atrophia dlm keadaan-keadaan tertentu.

att. [*attorney*] pengacara.

attach /ə'tæc/ *kkt.* 1 melampirkan, mencantélkan, mengikatkan. *I'll a. this to the notebook* Akan saya lampirkan ini pd buku catatan. 2 mempekerjakan. *He was attached to this regiment as liaison officer* Ia dipekerjakan pd résimén ini sbg perwira penghubung. 3 membubuhkan. *The delegates attached their signatures to the agreement* Anggota-anggota délégasi membubuhkan tandatangan meréka pd persetujuan itu. 4 memberikan. *People a. little significance to the incident* Orang tdk banyak memberikan artinya kpd peristiwa itu. 5 mengambil, memotong. *Part of his salary was attached by his employer* Sebagian dari gajinya diambil oléh ·majikannya. 6 menyematkan. *She attached a diamond pin to her blouse* Disematkannya peniti berlian pd bajunya. *We've become very a. to this house* Kami sdh lekat benar pd rumah ini. —*kki.* melekat/terletak pd. *The honor of the Thomas Cup trophy attaches to the players* Kehormatan kemenangan Thomas Cup terletak pd pemain-pemainnya. —**attached** *ks.* démpét. *a. house* rumah démpét. *shirt with collar a.* keméja dgn léhér terpasang.

attaché /'ætə'syei/ *kb.* atasé. *military a.* atasé militér. *a. bag/case* tas atasé, tas diplomat.

attachment /ə'tæcmənt/ *kb.* 1 alat pelengkap/tambahan. *What attachments come with this camera?* Alat-alat pelengkap apa yg ada pd pemotrét ini? 2 kasih sayang, cinta. *His a. for his dog is touching* Kasih sayangnya pd anjingnya mengharukan.

attack /ə'tæk/ *kb.* 1 serangan, penyerbuan. *The a. took place unexpectedly* Serangan itu terjadi dgn tdk disangka-sangka. *heart a.* serangan jantung. *surprise a.* serangan mendadak. *to have an a. of fever* mendapat serangan demam. *to rush to the a.* datang menyerbu/menyerang. **to be on the a.** a) sedang menyerang. b) menjadi pihak yg menyerang. 2 bangkitan (*of nerves*). —*kkt.* 1 menyerang (*a town*). 2 memecahkan (*a problem*). —*kki.* menyerang. —**attacking** *ks.* yg menyerang. *a. forces* kesatuan-kesatuan yg menyerang.

attacker /ə'tækər/ *kb.* penyerang, penyerbu.

attain /ə'tein/ *kkt.* mencapai. *He's attained the age of 70* Ia tlh mencapai usia 70 tahun. —*kki.* **to a. to** mencapai. *He finally attained to a very high position* Akhirnya ia mencapai kedudukan yg sangat tinggi.

attainable /ə'teinəbəl/ *ks.* dpt dicapai. *That goal is a.* Tujuan itu dpt dicapai.

attainment /ə'teinmənt/ *kb.* 1 hasil yg dicapai. *He's a man of many attainments* Ia seorang yg tlh mencapai hasil yg banyak. 2 pencapaian, tindakan atau prosés mencapai s.s.t. *The a. of a doctor's degree takes some years* Mencapai gelar doktor memakan

waktu beberapa tahun. 3 hasil karya. *His attainments in the cultural field are many* Hasil karyanya dlm lapangan kebudayaan banyak sekali.

attempt /ə'tempt/ *kb.* percobaan, usaha. *No a. will be made to recover the downed crew* Tak akan diadakan percobaan utk menyelamatkan anak kapal terbang yg sdh jatuh. *He will succeed or perish in the a.* Ia akan berhasil atau mati didlm percobaan itu. *We made an a. to climb that mountain* Kami mencoba mendaki gunung itu. —*kkt.* mencoba. *He attempted to cross the river* Ia mencoba menyeberangi sungai itu. *The plane attempted a landing* Kapal terbang itu mencoba mendarat. *He always attempts too much* Ia senantiasa melakukan usaha yg terlalu berat.

attend /ə'tend/ *kkt.* 1 menghadiri (*a meeting*). 2 mengurus, merawat. *Nurses a. the sick* Para jururawat mengurus orang-orang sakit. 3 menyertai. *May success always a. you* Semoga suksés selalu menyertai sdr. 4 mengikuti. *to a. lectures* mengikuti kuliah. *to a. college* bersekolah di perguruan tinggi. —*kki.* hadir **to a. to** menyelesaikan. *I have several matters to a. to* Saya hrs menyelesaikan beberapa urusan. *We'll a. to you in a moment* Sebentar lagi kami datang utk menolong kamu. *Why don't you a. to your own business?* Mengapa kau tdk mengurus urusanmu sendiri (saja)? **attending** *physician* dokter yg bertugas.

attendance /ə'tendəns/ *kb.* 1 kehadiran. *compulsory a.* kehadiran yg diharuskan. 2 orang yg hadir. *The a. at the meeting was poor* Orang yg hadir pd rapat itu sedikit sekali. *The game had a paid a. of 31,230* Penonton (yg membayar) berjumlah 31,230 dlm pertandingan itu.

attendant /ə'tendənt/ *kb.* pembantu, pelayan. *medical a.* pembantu perawat/dokter. *He's an a. at a gas station* Ia seorang pembantu pd pompa bénsin. —*ks.* 1 yg hadir. *a. guests* tamu yg hadir. 2 menyertai. *A. circumstances are not in his favor* Keadaan pd waktu itu tdk menguntungkannya

attention /ə'tensyən/ *kb.* 1 perhatian. *A.!* Perhatian! *I'm trying to catch/get her a.* Saya sedang mencoba menarik perhatiannya. *The matter hasn't come to my a. yet* Hal itu blm mendapat perhatian saya. *John has been showing Mary a lot of a. lately* John tlh banyak memberikan perhatian thd Mary akhir-akhir ini. *Please pay a.!* Harap diperhatikan! Minta perhatian! *Don't pay any a. to him!* Jangan ambil pusing dia! *for the a. of Mr. Smith* utk perhatian Tn Smith. *This car requires considerable a.* Mobil ini memerlukan perhatian yg banyak. *Your a., please!* Perhatian! Perhatian! *Please bring this matter to the a. of Mr. X* Tolong hal ini diperingatkan kpd Tn. X. Harap persoalan ini kpd perhatian Tn. X. **to call a.** meminta perhatian pd. *He called my a. to the error* Ia meminta perhatian saya pd kesalahan itu. **to pay a.** *Pay a.!* Perhatikanlah! *I want you to pay particular a. to the next slide* Saya minta perhatian sdr yg khusus kpd gambar slide yg berikut ini. *We will now turn our a. to current problems* Kita sekarang akan memberi perhatian kita kpd soal-soal yg hangat. 2 *Mil.:* siap. *to give the order for a.* memberi perintah "siap". *The troops came to a.* Pasukan bersiap/berdiri tegak. *to stand at a.* berdiri tegak/siap.

attentive /ə'tentiv/ *ks.* penuh perhatian. *He was a. to what she said* Ia penuh perhatian thd apa yg dikatakannya. *an a. hostess* nyonya rumah yg memberi perhatian yg baik sekali thd tamu-tamunya. —**attentively** *kk.* dgn penuh perhatian.

attenuate /ə'tenyueit/ *kkt.* menipiskan, menguruskan, melemahkan.

attest /ə'test/ *kkt.* membuktikan, memperlihatkan. *to a. the authenticity of the manuscript* membuktikan keaslian naskah itu. —*kki.* menegaskan, menyokong. *All attested to his sincerity* Semua orang menegaskan kesungguhannya. —**attested** *ks.* terbukti kebenarannya. *a. copy* turunan yg tlh ditegaskan (kebenarannya).

attestation /'ætəs'teisyən/ *kb.* pengesahan.

attestor /ə'testər/ *kb.* penyokong kebenaran.

attic /'ætik/ *kb.* loténg.

attire /ə'tair/ *kb.* pakaian. —*kkt.* berpakaian, mengenakan pakaian. *She was attired in her best dress* Ia mengenakan bajunya yg paling baik.

attitude /'ætətuwd, -tyuwd/ *kb.* 1 sikap. *What is your a. towards this problem?* Bagaimanakah sikapmu thd soal ini? *She struck an a. of utter disbelief* Ia mengambil sikap tdk percaya sama sekali. 2 pendirian. 3 letak. *The a. of the space ship was changed* Letak kapal ruang angkasa itu sdh berubah.

attorney /ə'tərnie/ *kb.* pengacara. *to consult an a.* minta pertimbangan seorang pengacara. *attorney general* (*j. attorneys general*) jaksa agung.

attract /ə'trækt/ *kkt.* menarik. *He's trying to a. your attention* Ia mencoba menarik·perhatianmu. *Her manner attracts men* Tingkahlakunya menarik kaum pria. *This kind of cloth attracts dust* Jenis cita ini mudah menarik/mengumpulkan debu.

attraction /ə'træksyən/ *kb.* 1 atraksi. *a big a.* atraksi yg besar. 2 daya tarik. *a. of a magnet* daya tarik maknét. *Shows have no a. for her* Pertunjukan-pertunjukan tdk mempunyai daya tarik baginya. 3 acara. *coming a.* acara yg akan datang.

attractive /ə'træktiv/ *ks.* menarik, cantik, molék. *She's very a.* Ia sangat menarik. *an a. offer* tawaran yg menarik.

attributable /ə'tribyətəbəl/ *ks.* diakibatkan oléh. *His illness is a. to the heat* Penyakitnya diakibatkan oléh panas.

attribute /'ætrəbyuwt *kb.*; ə'tribyuwt *kkt.*/ *kb.* 1 sifat. *Tact is the a. of a good diplomat* Kebijaksañaan adalah sifat seorang diplomat yg baik. 2 perlengkapan, benda yg khusus berh. dgn pangkat, kedudukan, lambang. *A whistle is an a. of·a policeman* Peluit termasuk perlengkapan seorang polisi. —*kkt.* 1 mempertalikan. *We a. his success to pure luck* Kami mempertalikan suksésnya dgn nasib baik. 2 menghubungkan. *This story is attributed to the Mahabharata* Cerita ini dihubungkan dgn Mahabharata. *The accident was attributed to the driver's carelessness* Kecelakaan itu dihubungkan dgn kesembronoan sopir.

attributive /ə'tribyətiv/ *ks.* atributip, kata sifat yg terletak langsung didepan atau dibelakang kata bendanya, ump.: *The book, "a large one," is on the table One* adalah atributip. *"morning"* dlm *morning star* adalah atributip.

attrition /ə'trisyən/ *kb.* 1 érosi, aus. *A. is the result of long use* Aus adalah akibat pemakaian yg lama. 2 pengurangan. *a. in industry* pengurangan tenaga dlm industri. *war of a.* perang dgn menghabiskan tenaga lawan.

attune /ə'tuwn, -'tyuwn/ *kkt., kki.* membiasakan, menyesuaikan diri pd. *He is attuned to the noise* Ia sdh biasa dgn keributan itu.

atty. [*attorney*] pengacara.

Atty. Gen. [*Attorney General*] Jaksa Agung.

atypical /æ'tipəkəl, ei-/ *ks.* tdk khas, tdk teratur, tdk normal.

auburn /'ɔbərn/ *ks.* pirang, pérang. *auburn-haired* berambut pirang.

auction /'ɔksyən/ *kb.* lélang, pelélangan. *to put up for a.* menawarkan utk dilélang. *a. block* méja pelélangan. *to go on the a. block* akan dilélang. —*kkt.* melélang. **to a. off** melélang habis. *He auctioned off all his furniture* Ia lélang habis semua perabot rumahnya.

auctioneer /'ɔksyə'nir/ *kb.* juru lélang.

audacious /ɔ'deisyəs/.*ks.* berani.

audacity /ɔ'dæsətie/ *kb.* (*j.* **-ties**) keberanian. *She had the a. to tell me to go home* Ia berani menyuruh saya pulang.

audibility /'ɔdə'bilətie/ *kb.* kemampuan didengar.

audible /'ɔdəbəl/ *ks.* terdengar, kedengaran, dpt didengar.

audience /'ɔdieəns/ *kb.* 1 (para) hadirin, penonton, pendengar. *The a. seemed enthusiastic* Para hadirin kelihatannya antusias. *radio a.* para pendengar radio. *TV a.* pirsawan-pirsawan TV. 2 pertemuan dng seorang pembesar. *The Pope granted an a.* Paus berkenan mengadakan pertemuan.

audio /'ɔdieow/ *kb.* penerimaan bunyi, pendengaran. *The a. is poor on my TV* Penerimaan bunyi pd TV saya buruk. **audio-visual** *ks.* audio-visuil. *a.-visual aids* alat-alat peraga(an).

audit /'ɔdit/ *kb.* pemeriksaan keuangan. *We conducted an a. of his accounts* Kami melakukan pemeriksaan atas pertanggungan jawab keuangannya. *I am taking this course for a.* Saya mengikuti kursus ini sbg pendengar. —*kkt.* 1 memeriksa (keuangan). *The accountant audited the firm's books* Akuntan itu memeriksa buku-buku keuangan perusahaan itu. 2 belajar sbg pendengar. *The student audited the class* Pelajar itu mengikuti pelajaran sbg pendengar semata-mata. —**auditing** *kb.* memeriksa (keuangan). *The a. of accounts is important* Memeriksa pertanggungan-pertanggungan-jawab keuangan adalah penting.

audition /ɔ'disyən/ *kb.* percobaan, teristiméwa bagi penyanyi atau pemain musik. —*kki.* melakukan percobaan. *She auditioned for the choral director* a) Dia melakukan percobaan dihadapan pemimpin paduan suara. b) Dia melakukan percobaan sbg pemimpin paduan suara.

auditor /'ɔdətər/ *kb.* 1 akuntan. 2 pendengar.

auditorium /'ɔdə'towrieəm/ *kb.* suatu ruang besar utk pertunjukan musik dan sandiwara, ruang kuliah, aula.

auditory /'ɔdə'towrie/ *ks.* yg berh. dgn pendengaraŋ.

Aug. [*August*] Agustus.

auger /'ɔgər/ *kb.* bor, gurdi, gérék, kayu.

augment /ɔg'ment/ *kkt.* memperbesar, memperbanyak, menambah. *He augmented his income with a night job* Dia memperbesar penghasilannya dgn bekerja malam.

augmentation /'ɔgmən'teisyən/ *kb.* tambahan.

augur /'ɔgər/ *kki.* meramalkan. *This augurs well for the future* Ini memberi harapan baik.

augury /'ɔgərie/ *kb.* (*j.* **-ries**) ilmu nujum, pertanda.

august /ɔ'gʌst/ *ks.* penuh kebesaran. *His a. presence was immediately noted* Kehadirannya yg penuh kebesaran itu segera menarik perhatian. *an a. body* rapat yg mulia.

August /'ɔgəst/ *kb.* (bulan) Agustus.

aunt /ænt, ant/ *kb.* bibi, tante.

auntie /'æntie/ *kb. Inf.*: bibi, tante.

aura /'ɔrə/ *kb.* pancaran, lingkaran cahaya. *An a.*

of kindness surrounded the hostess Pancaran keramahan meliputi nyonya rumah.

aural /'ɔrəl/ *ks.* yg berh. dgn pendengaran atau telinga.

aureole /'ɔrieowl/ *kb.* lingkaran cahaya yg kelihatan bersinar dari kepala seorang yg suci.

aureomycin /'ɔrieow'maisin/ *kb.* auréomysin (obat antibiotik).

auricle /'ɔrəkəl/ *kb.* 1 daun telinga. 2 serambi jantung.

aurora /ɔ'rowrə/ *kb.* fajar, sinar waktu fajar. *a. borealis* cahaya di langit bagian utara.

auspice /'ɔspis/ *kb.* 1 bantuan. *He went to Burma under the auspices of his university* Ia pergi ke Birma dgn bantuan universitasnya. 2 pertanda yg baik, perlindungan. *I hope we shall meet again under happier auspices* Saya harap kita akan bertemu lagi dlm keadaan yg lebih baik.

auspicious /ɔ'spisyəs/ *ks.* menguntungkan. *It was an a. occasion* Itu adalah kesempatan yg menguntungkan. *a. moment* saat yg bertuah.

austere /ɔ'stir/ *ks.* keras, tegang, cermat. *My favorite professor was an a. man* Profésor kesayangan saya adalah seorang yg keras.

austerity /ɔ'sterətie/ *kb.* (*j.* **-ties**) ketegangan, kekerasan, kecermatan. *a. program* rencana penghématan.

Australia /ɔ'streilyə/ *kb.* Australi(a).

Australian /ɔ'streilyən/ *kb.* orang Australi. —*ks.* s.s.t. yg berasal dari atau berh. dgn Australi.

Austria /'ɔstriə/ *kb.* Austria.

Austrian /'ɔstriən/ *kb.* seorang Austria. —*ks.* s.s.t. yg berasal dari atau berh. dgn Austria.

Austronesian /'ɔstrow'niezyən/ *ks.* 1 s.s.t. yg berasal dari atau berh. dgn Austronésia. 2 rumpun bahasa Austronésia.

autarchy /'ɔtarkie/ *kb.* (*j.* **-chies**) autarki.

authentic /ɔ'thentik/ *ks.* asli. *a. handwriting* tulisan tangan asli.

authenticate /ɔ'thentəkeit/ *kkt.* membuktikan (bhw s.s.t. asli atau benar). *It is difficult to a. the handwriting* Sukar utk membuktikan keaslian tulisan itu.

authentication /ɔ'thentə'keisyən/ *kb.* pembuktian keaslian s.s.t.

authenticity /'ɔthen'tisətie/ *kb.* keaslian, kebenaran. *The a. of this document is beyond question* Keaslian dokumén ini tdk disangsikan lagi.

author /'ɔthər/ *kb.* pengarang, penulis. —*kkt.* mengarang.

authoress /'ɔthərəs/ *kb.* pengarang/penulis wanita.

authoritarian /ɔ'thɔrə'tæriən/ *ks.* otoritér, menganut paham kepatuhan mutlak kpd s.s.o. atau badan. *He's an a. individual* Dia seorang yg bersifat otoritér.

authoritarianism /ɔ'thɔrə'tæriə'nizəm/ *kb.* sifat otoritér, paham mematuhi s.s.o. atau suatu badan secara mutlak.

authoritative /ɔ'thɔrə'teitiv/ *ks.* 1 berwenang. *a. source* sumber yg berwenang. 2 dgn cara memerintah. *to speak in an a. manner* berbicara dgn cara memerintah.

authority /ɔ'tharətie/ *kb.* (*j.* **-ties**) 1 wibawa. *That teacher has no a. over his students* Guru itu tdk mempunyai wibawa atas murid-muridnya. 2 hak utk bertindak. *I have the responsibility but no a.* Saya bertanggungjawab, tetapi tdk mempunyai hak utk bertindak. 3 ahli. *She's an a. on local history* Ia ahli dlm sejarah setempat. 4 orang yg berwenang, yg berkuasa. *Who's the a. for such orders?* Siapakah

yg berwenang utk memberikan perintah semacam itu? 4 wewenang. **on o's own a.** atas nama sendiri, atas wewenang pribadi. *You can sign it on your own a.* Kau dpt menandatangani ini atas namamu sendiri. *I have no a. to issue such an order* Saya tdk berwewenang utk mengeluarkan perintah demikian. 5 sumber. *I have it on good a. that...* Saya mendapat dari sumber yg dpt dipercaya bhw.... —**the authorities** *j.* 1 yg berkuasa. 2 para ahli.

authorization /'ɔthərə'zeisyən/ *kb.* otorisasi, hak. *Do you have the a. to sign this order?* Apakah sdr mempunyai hak utk menandatangani perintah ini?

authorize /'ɔthəraiz/ *kkt.* 1 memberi kuasa/hak. *I a. my son to sell my house* Saya beri kuasa kpd anak saya utk menjual rumah saya. 2 mengesahkan. *Parliament authorized the funds for the monument* MPR tlh mengesahkan uang utk monumén itu. 3 'mengizinkan, membenarkan, mengesahkan. *Grammarians do not a. the use of "ain't"* Ahli-ahli tatabahasa tdk mengizinkan pemakaian "ain't." —**authorized** *ks.* di (ab) sahkan. *A. version of the Bible* saduran Alkitab yg sah.

authorship /'ɔthərsyip/ *kb.* kepengarangan.

auto /'ɔtow/ *kb.* mobil, oto. *a. mechanic* montir mobil.

autobiographer /'ɔtəbai'agrəfər/ *kb.* penulis riwayat hidup sendiri.

autobiographical /'ɔtəbaiə'græfəkəl/ *ks.* yg berh. dgn riwayat hidup sendiri. *The story is a.* Ceritera itu merupakan riwayatnya sendiri.

autobiography /'ɔtəbai'agrəfie/ *kb.* (*j.* **-phies**) riwayat hidup yg ditulis sendiri.

autochthonous /ɔ'takthənəs/ *ks.* asli, berasal dari tempat asli.

autocracy /ɔ'takrəsie/ *kb.* (*j.* **-cies**) otokrasi.

autocrat /'ɔtəkræt/ *kb.* otokrat.

autocratic /'ɔtə'krætik/ *ks.* yg bersifat otokrasi.

autodidact /'ɔtowdai'dækt/ *kb.* otodidak.

autodidactic /'ɔtowdai'dæktik/ *ks.* secara mendidik diri sendiri.

autograph /'ɔtəgræf/ *kb.* 1 tanda tangan s.s.o. *a. book* buku utk mengumpulkan tanda tangan. 2 tulisan sendiri seorang tertentu. —*kkt.* menandatangani, menulisi dgn tulisan sendiri. *Would you please a. your book for me?* Sudikah menandatangani buku sdr bagi saya?

automat /'ɔtəmæt/ *kb.* otomat, mesin berisi makanan, minuman, rokok dan lainnya yg dpt dikeluarkan dgn mengisikan uang logam.

automate /'ɔtəmeit/ *kkt.* mengotomatiskan, mengotomatkan. *to a. a library* menjadikan perpustakaan digerakkan dgn cara otomatis.

automatic /'ɔtə'mætik/ *ks.* otomatis. *a. drive* setir otomatis. *a. telephone* télpon otomatis. *a. transmission* persnéling otomatis. *a. washer* mesin cuci otomatis. —**automatically** *kk.* 1 secara otomatis. *This machine runs a.* Mesin ini berjalan secara otomatis. 2 dengan sendirinya.

automation /'ɔtə'meisyən/ *kb.* otomatisasi. *A. has been introduced into this factory* Dlm paberik ini otomatisasi tlh mulai dilaksanakan.

automaton /ɔ'tamətən/ *kb.* orang/héwan yg bergerak secara otomatis.

automobile /'ɔtəməbiel/ *kb.* mobil, oto.

automotive /'ɔtə'mowtiv/ *ks.* yg berh. dgn mobil. *a. engineer* ahli téknik mobil. *in the a. field* dlm bidang permobilan.

autonomous /ɔ'tanəməs/ *ks.* swatantra. *a. region* daérah swatantra.

autonomy /ɔ'tanəmie/ *kb.* (*j.* **-mies**) otonomi.

autonym /'ɔtənim/ *kb.* nama asli seorang pengarang.

autopsy /'ɔtapsie/ *kb.* (*j.* **-sies**) bedah/pemeriksaan mayat, autopsi(a).

autosuggestion /'ɔtowsəg'jescən/ *kb.* otosugésti, sugésti pd diri sendiri yg mengakibatkan perubahan-perubahan rohani dan jasmani.

autotoxin /'ɔtow'taksin/ *kb.* racun yg timbul dlm badan.

autotruck /'ɔtow'trʌk/ *kb.* (motor) truk, prahoto.

autumn /'ɔtəm/ *kb.* musim gugur/rontok/runtuh.

autumnal /ɔ'tʌmnəl/ *ks.* yg berh. dgn musim gugur.

auxiliary /ɔg'zilyərie/ *kb.* (*j.* **-ries**) alat pembantu. *women's a.* organisasi pembantu utk wanita. —**auxiliaries** *j.* pasukan asing yg membantu dlm peperangan. —*ks.* 1 (pem)bantu. *a. troops* pasukan pembantu. *a. verb* katakerja bantu. 2 pembantu, penolong. *a. materials* bahan-bahan penolong.

avail /ə'veil/ *kb.* guna, faédah. *This machine is of no a.* Mesin ini tdk ada gunanya. —*kkt.* membantu, berfaédah bagi. *I fear your plea will not a. you now* Saya kuatir pembélaanmu tdk akan membantu kamu sekarang ini. **to a. o.s. of** mengambil manfaat, memakai kesempatan. *He availed himself of the marvelous opportunity* Ia mengambil manfaat dari kesempatan yg baik sekali itu.

availability /ə'veilə'bilətie/ *kb.* (*j.* **-ties**) adanya, tersedianya, terdapatnya. *The a. of a good school is an important factor* Adanya sekolah yg baik merupakan faktor yg penting.

available /ə'veiləbəl/ *ks.* 1 yg ada, tersedia, didapatkan. *Every a. seat was taken* Tiap-tiap kursi yg ada tlh ditempati. *These books are no longer a.* Buku-buku ini tdk tersedia lagi. *These maps are no longer a.* Peta-peta ini sdh tdk didapatkan lagi. 2 dapat. *Will you be a. to go with me?* Dapatkah engkau pergi dgn saya?

avalanche /'ævəlænc/ *kb.* 1 salju/és longsor. 2 tanah/batu longsor. *He was subjected to an a. of questions* Ia dihujani pertanyaan-pertanyaan. Ia d'~rang dgn pertanyaan-pertanyaan bertubi-tubi.

avant-garde /'ævan'gard/ *kb., ks.* golongan perintis/pelopor, terutama dlm seni.

avarice /'ævəris/ *kb.* 1 ketamakan, keserakahan. 2 kekikiran.

avaricious /'ævə'risyəs/ *ks.* 1 tamak, serakah. 2 kikir.

avenge /ə'venj/ *kkt.* menuntut béla, membalas dendam. *He avenged his sister's murder* Ia menuntut béla atas pembunuhan kakaknya. —**avenging** *ks.* yg membalas dendam. *a. angel* malaikat yg membalas dendam.

avenger /ə'venjər/ *kb.* penuntut balas.

avenue /'ævənyuw/ *kb.* 1 jalan raya/besar. *Highland A.* Jl. Highland. 2 kesempatan. *Many avenues are open to him* Banyak kesempatan terbuka baginya. *to explore every a.* mempergunakan segala ikhtiar.

aver /ə'vər/ *kkt.* (**averred**) menyatakan dgn tegas, menegaskan. *He averred that he was innocent* Ia menyatakan dgn tegas, bhw ia tdk bersalah.

average /'ævərij/ *kb.* pukul rata. **on an/the a.** rata-rata. *I go there on the a. of once a week* Rata-rata saya pergi kesana sekali seminggu. *People are generous on the a.* Rata-rata manusia itu pemurah. —*ks.* rata-rata, sedang, biasa, pukul rata. *He is of a. height* Tingginya sedang. *The a. temperature is 70°* Suhu rata-rata ialah 70 derajat. *I figure the a. price to be $3.* Saya taksir harganya rata-rata $3. *Her intelligence is just a.* Kecerdasannya/Kepandaiannya biasa saja.

—*kkt.* rata-rata. *She averages 30 hours' work a week* Ia bekerja rata-rata 30 jam seminggu. **to a. out** 1 menjadi berimbang/seimbang. *Boys and girls a. out in this class* Jumlah murid laki-laki dan perempuan dlm kelas ini menjadi seimbang. 2 membagikan pukul rata. *It averages out to $10. per person* Dibagikan pukul rata tiap orang akan menerima $10.

averse /ə'vərs/ *ks.* menolak, menentang. *He's not a. to a drink* Ia tdk menolak utk minum (minuman keras).

aversion /ə'vərzyən/ *kb.* 1 keengganan, keseganan. *He has an a. to travel* Ia mempunyai keengganan thd bepergian. 2 s.s.t. yg tdk disukai. *Dogs are one of his aversions* Anjing adalah salah satu binatang yg tdk disukainya.

avert /ə'vərt/ *kkt.* 1 menghindarkan, mencegah. *to a. an accident by turning the wheel quickly* menghindarkan kecelakaan dgn membélokkan setir dgn capat. 2 memalingkan muka/pandangan. *He averted his eyes from the body* Ia memalingkan mukanya dari mayat itu.

avg. [*average*] pukul rata, rata-rata.

aviarist /'eivieərist/ *kb.* orang yg memelihara burung sejumlah besar.

aviary /'eivieərie/ *kb.* (*j.* **-ries**) kandang burung yg besar.

aviation /'eivie'eisyən/ *kb.* penerbangan. *a. medicine* (ilmu) kedokteran penerbangan.

aviator /'eivie'eitər/ *kb.* penerbang, pilot.

aviatrix /'eivie'eitriks/ *kb.* penerbang wanita.

aviculture /'eivie'kʌlcər/ *kb.* peternakan burung.

avid /'ævid/ *ks.* 1 keranjingan, gemar sekali. *He is an a. reader of historical works* Ia keranjingan membaca buku-buku sejarah. 2 ingin sekali mendapat. *The reporter was a. for sensational news* Wartawan itu ingin sekali mendapat berita-berita sénsasi.

avidity /ə'vidətie/ *kb.* keinginan/kegemaran yg besar utk mendapat/memiliki/mencapai s.s.t.

avifauna /'eivə'fɔnə/ *kb.* dunia burung di suatu daérah.

avocado /'ævə'kadow/ *kb.* buah a(d)pokat.

avocation /'ævə'keisyən/ *kb.* kegemaran, sambil. *My a. is cabinetmaking* Kegemaran saya bertukang kayu.

avoid /ə'void/ *kkt.* 1 menghindari, menghindarkan. *She is trying to a. me* Ia mencoba menghindari saya. 2 menjauhi. *I prefer to a. him* Saya lebih suka menjauhi dia.

avoidable /ə'voidəbəl/ *ks.* dpt dihindarkan/diélakkan.

avoirdupois /'ævərdə'poiz/ *kb.* ukuran berat.

avow /ə'vaw/ *kkt.* mengakui. *She has repeatedly avowed that her piano playing is terrible* Ia berkali-kali mengakui bhw permainan pianonya jelék sekali. —**avowed** *ks.* dinyatakan, diakui. *He's the a. author of that book* Dialah yg dinyatakan sbg pengarang buku itu.

avowal /ə'vawəl/ *kb.* pengakuan. *He made an a. of his guilt* Ia memberikan pengakuan atas kesalahannya.

avuncular /ə'vʌngkyələr/ *ks.* dari/spt paman.

await /ə'weit/ *kkt.* 1 menunggu, menantikan. *I will a. their arrival before leaving* Saya akan menunggu kedatangan meréka sblm berangkat. 2 menunggukan. *We'd best a. the results of the session of Parliament* Lebih baik kita tunggukan hasil sidang MPR. *I wonder what fate awaits him* Saya ingin tahu apa nasibnya nanti.

awake /ə'weik/ *ks.* bangun. *He is not a.* Ia tdk bangun. *to be a. to the danger* sadar akan bahaya. —*kkt.*

(**awoke** atau **awaked**) membangunkan. *She asked that I a. her* Ia minta agar saya membangunkannya: —*kki.* bangun.

awaken /ə'weikən/ *kkt.* 1 membangunkan. 2 membangkitkan. *The orphan awakened my sympathy* Anak piatu itu membangkitkan rasa kasihan dlm hati saya. —*kki.* bangun. *We awakened early yesterday morning* Kemarin pagi kami bangun lekas sekali. —**awakening** *kb.* (ter)bangun, kesadaran. *He's in for a rude a.* Dia akan menyadari kenyataan yg mengagétkan.

award /ə'wɔrd/ *kb.* 1 hadiah. *the main a.* hadiah utama. 2 pemberian. *The airline made an a. of $25,000 for damages* Maskapai penerbangan itu memberikan $25,000 utk kerusakan-kerusakan. —*kkt.* 1 menghadiahkan, menyerahkan. *The jury awarded the cup to the winner* Juri menyerahkan piala itu kpd pemenang. 2 menyerahkan. *The judge awarded the child to the mother* Hakim menyerahkan anak itu kpd ibunya.

aware /ə'wær/ *ks.* 1 tahu, sadar, insaf. *I was not a. that he had gone* Saya tak tahu bhw dia sdh pergi. 2 mengetahui, sadar akan. *He didn't seem to be a. of the possible dangers* Dia rupanya tdk mengetahui bahaya yg mungkin datang.

awash /ə'wɔsy, -'wasy/ *kk.* terapung-apung, diliputi ombak, terendam air. *The deck was a.* Geladak kapal itu terendam air.

away /ə'wei/ *ks.* jauh. *We are ten miles a. from the nearest village* Kami sejauh sepuluh mil dari désa yg terdekat. :: *He's a. for the day* Ia pergi (keluar kota) hari ini. *How many games are a. this year?* Berapa kali akan bertanding di kota lain tahun ini? *Six feet a. lay a snake* Ada ular enam kaki (jauhnya) dari sini. *When he has to be a. he locks his apartment* Bila dia hrs pergi (jauh) ia mengunci flatnya. —*kk.* 1 jauh. *It's too far a. for you to go* Tempat itu terlalu jauh letaknya utk kamu. 2 dgn sibuk. *She sat and sewed a.* Dia duduk dan dgn sibuk menjahit. *My work keeps me a. from home a great deal* Pekerjaan saya menyebabkan saya sering/sekali tdk ada di rumah. **a. back** *Inf.*: masa silam/lampau, zaman baheula. *a. back in the old days* jauh di masa silam. **a. with** buang(lah), enjahlah. *A. with those ridiculous ideas* Buanglah pikiran-pikiran yg menggelikan itu.

awe /ɔ/ *kb.* perasaan terpesona/kagum. *The beauty of the Alps filled him with a.* Keindahan pegunungan Alpen itu membuat dia merasa terpesona. *to hold s.o. in a.* berperasaan takut dan hormat thd s.s.o. *We stood in a. of him* Kami menaruh rasa hormat thd dia. —*kkt.* membuat terpesona/kagum. *Niagara Falls awes its viewers* Air terjun Niagara Falls membuat orang-orang yg memandangnya terpesona. **awe-inspiring** *ks.* membangkitkan rasa hormat. *an a.-inspiring ceremony* upacara yg membangkitkan rasa hormat. **awe-stricken, awe-struck** *ks.* 1 terpesona. *She was a.-struck by the celebrities around her* Ia terpesona melihat orang-orang termasyhur yg berada disekelilingnya itu. 2 diliputi perasaan khidmat. *We were a.-struck by the view* Kami diliputi rasa kagum melihat pemandangan itu.

aweigh /ə'wei/ *kk.* mengangkat. *Anchors a.!* Angkat sauh!

awesome /'ɔsəm/ *ks.* mengagumkan, membuat terpesona. *It was an a. sight to behold* Pemandangan itu benar-benar mengagumkan.

awful /'ɔfəl/ *ks.* 1 mengerikan, dahsyat. *The accident was a.* Kecelakaan itu mengerikan. 2 hébat. *He made an a. mess of things* Ia membuat kekacauan hébat. —**awfully** *kk. Inf.*: sekali, sangat. *It was a. difficult to say no* Sukar sekali utk mengatakan tidak. *It is a. good of you to come* Sungguh baik sekali hatimu datang berkunjung kemari. *I am a. sorry about that* Saya amat menyesal ttg itu.

awhile /ə'hwail/ *kk.* sebentar. *Please come to my office a.* Silahkan masuk kantorku sebentar. *I'll be back after a.* Sebentar lagi saya kembali.

awkward /'ɔkwərd/ *ks.* 1 anéh, janggal, kaku, kikuk, rikuk, canggung. *He has a very a. walk* Jalannya anéh sekali. *the a. age* umur yg serba-kikuk, permulaan masa remaja. 2 buruk sekali, canggung. *His remarks have placed me in an a. position* Kata-katanya menempatkan saya dlm suatu posisi yg janggal. *The phrasing of the sentence is a.* Susunan kalimat itu buruk sekali. —**awkwardly** *kk.* dgn janggal. *His house is a. situated* Rumahnya janggal letaknya.

awkwardness /'ɔkwərdnəs/ *kb.* kejanggalan, kekakuan.

awl /ɔl/ *kb.* jarum penggérék, pusut, penusuk.

awning /'ɔning/ *kb.* ténda rumah, kajang, keré.

awoke /ə'wowk/ lih AWAKE.

AWOL /'ei'dʌbəlyə'ow'əl, 'ei'wɔl/ [*Absent Without Leave*] absén tanpa mendapat cuti. *to go AWOL* mangkir (tanpa izin) dari dinas/tugas.

awry /ə'rai/ *ks., kk.* 1 serba salah, bersalahan. *Everything has gone a.* Segala s.s.t. berjalan serba salah. 2 miring. *The umbrella was blown a.* Payung itu miring kena tiup (angin).

ax(e) /æks/ *kb.* kampak, kapak. **to have an a. to grind** mempunyai alasan yg khas utk mengerjakan s.s.t. *Inf.*: **to get the a.** dipecat. *The budget received the a.* Anggaran belanja dipotong. *Inf.*: **to give the a.** memecat, memberhentikan. —*kkt.* 1 mengurangi, memotong (*expenditures*). 2 memecat, memberhentikan (*personnel*).

axial /'æksiəl/ *ks.* aksial.

axiom /'æksiəm/ *kb.* aksioma.

axiomatic /'æksieə'mætik/ *ks.* aksiomatis, yg sdh jelas kebenarannya. *Such a statement can be said to be a.* Pernyataan yg demikian itu sdh boléh dikatakan terang kebenarannya.

axis /'æksis/ *kb.* as, poros, sumbu, sendi. *the earth's a.* poros bumi. *the A.* Negara-negara As.

axle /'æksəl/ *kb.* gandar/as roda.

aye /ai/ *kb.* setuju. *The tally is four ayes and two nays; the ayes have it* Hitungannya empat setuju dan dua tdk-setuju. yg setuju menang. —*kk.* ya. *A., a., sir!* Ya, pak.

azalea /ə'zeilyə/ *kb.* sm tanaman berbunga indah.

azimuth /'æzəməth/ *kb.* asimut, ukuran sudut, letak bintang.

azure /'æzyur/ *ks.* biru (langit). *an a. sky* langit biru.

B

B /bie/ *kb.* 1 huruf yg kedua dlm abjad Inggeris. 2 nota dlm musik. 3 angka yg kedua (dlm pilempilem).

b. [*born*] lahir. *b. 1934* lahir 1934.

B.A. /bie'ei/ [*Bachelor of Arts*] Sarjana Muda.

babble /'bæbəl/ *kb.* 1 omongan, océh(an), celotéh, obrolan. *b. of a baby* omongan/océhan bayi. 2 suara air mengalir. —*kki.* meraban (omongomong), mengocéh, mencelotéh. *The baby kept on babbling* Bayi itu terus-menerus meraban (omongomong). *Some people just b. (on)* Ada orang yg suka omong-omong belaka.

babe /beib/ *kb.* 1 bayi. *She was just a b. when we adopted her* Dia masih bayi ketika kami mengangkatnya menjadi anak kami. 2 orang kurang pengalaman, pelonco. *He's a b. in the woods when it comes to traveling alone* Dia kurang pengalaman kalau hrs mengadakan perjalanan sendiri. 3 *Sl.:* céwék. *some b.!* bukan main céwék itu! **b. in arms** 1 sangat muda, blm dpt berdiri sendiri. 2 orang yg tak berpengalaman.

babied /'beibied/ lih BABY.

babies /'beibiez/ lih BABY.

baboon /bæ'buwn/ *kb.* yakis, bavian.

baby /'beibie/ *kb.* (*j.* -**bies**) 1 bayi, orok. *to have a b.* melahirkan. *b. book* a) buku utk mencatat perkembangan bayi. b) buku petunjuk cara-cara merawat bayi. *b. buggy/carriage* keréta bayi. 2 kebayi-bayian. *Their ten-year old daughter acts like a b.* Anak perempuan meréka yg berumur 10 tahun tingkah lakunya kebayi-bayian. 2 *Sl.:* urusan utama, peliharaan. *The yard is his b. and the house is mine* Kebun adalah urusan utama baginya dan rumah adalah urusan saya. 4 anak. *b. elephant* anak gajah. —*kkt.* (**babied**) memanjakan, memperlakukan sbg bayi. *to b. a child* memanjakan anak. *to b. o.s.* memanjakan diri sendiri. **b. blue** warna biru lembut/yg sangat muda. **b. chick** anak ayam. **baby-faced** *ks.* 1 bermuka spt bayi. 2 sangat muda dan murnirupanya. **b. grand** (**piano**) piano besar.

babysit /'beibie'sit/ *kkt., kki.* menjaga anak (waktu orang tua meréka pergi). —**babysitting** *kb.* pekerjaan menjaga anak (ketika orang tua meréka bepergian).

babysitter /'beibie'sitər/ *kb.* penjaga anak-anak (ketika orang tua anak-anak itu bepergian).

baccalaureate /'bækə'lɔrieit/ *kb.* bakaloréat, sarjana muda (tingkat kesarjanaan yg terendah).

bachelor /'bæcələr/ *kb.* 1 jejaka, bujang(an), blm kawin. *He's a confirmed b.* Dia adalah jejaka benarbenar/yg ngotot. *b. girl* wanita yg blm kawin. 2 sarjana muda. *bachelor's degree* tingkat/gelar sarjana muda. *B. of Arts* Sarjana Muda (ilmu sastera). *B. of Law* Sarjana Muda Hukum. *B. of Science* Sarjana Muda Ilmu-ilmu Pengetahuan.

bachelorhood /'bæcələrhud/ *kb.* kejejakaan.

bachelorship /'bæcələrsyip/ *kb.* 1 kesarjanaan. 2 tingkat kesarjanaan. 3 masa bujang, kejejakaan.

bacillary /'bæsə'lerie/ *ks.* basilér. *b. dysentery* diséntri basill(i).

bacilli /bə'silai/ *j.* lih BACILLUS.

bacillus /bə'siləs/ *kb.* (*j.* **bacilli**) basil.

back /bæk/ *kb.* 1 punggung. *He fell and hurt his b.* Ia jatuh dan punggungnya sakit. *b. of a book* punggung buku. 2 sebelah belakang. *the b. of the house* rumah sebelah belakang. 3 sandaran. *b. of a chair* sandaran kursi. 4 (*soccer*) bék, pemain belakang. 5 kekuatan. *The b. of the opposition was broken* Kekuatan golongan lawan tlh dipatahkan. **behind o's b.** diluar pengetahuan, diam-diam, secara rahasia. *Don't do it behind your teacher's b.* Jangan mengerjakan itu diluar pengetahuan gurumu. **to get o's b. up** (membuat) marah. *Don't get your b. up* Jangan marah. *That statement of his really got my b. up* Katakatanya itu membuat saya marah. **to give s.o. the b. of o's hand** menampar/menempiling s.s.o. **to have o's b. to the wall** dlm keadaan terjepit. *He fought with his b. to the wall* Dia berkelahi dgn membelakangi dinding. **in b. of** dibelakang. *He is sitting in b. of me* Ia duduk dibelakang saya. **on o's b.** berbaring, tiduran. *He's on his b. with the flu* Dia hrs tiduran/berbaring karena influénza. **to turn o's b. on s.o.** memalingkan muka dari s.s.o., membelakangi s.s.o. —*ks.* 1 belakang. *b. alley* lorong/gang belakang, jalan kecil belakang. *b. row* dérétan terbelakang. **b. seat** tempat duduk di bagian belakang. *Inf.: In political matters he had to take a b. seat* Dlm soal-soal politik dia terpaksa mengambil tempat dibelakang. *back-seat driver* seorang penumpang (yg duduk dibelakang) yg ikut mengawasi tingkah laku pengendara mobil. *b. stairs* tangga di bagian belakang rumah. *b. view* corak/tampan belakang. 2 tunggakan. *b. bill* bon tunggakan. *b. order* pesanan tertunggak. *b. pay* gaji tunggakan. 3 lama. *b. issue/number* nomor lama. —*kk.* kembali. *Put the book b. on the shelf* Letakkanlah buku itu kembali di rak buku. *They haven't come b.* Meréka blm kembali. *Pay me b. tomorrow.* Bayar saya kembali bésok. **::** *to sit b. in o's chair* bersandar di kursi. **b. and forth** mundar-mandir, bolakbalik. *to walk b. and forth in the room* berjalan mundar-mandir dlm kamar itu. *The child swings b. and forth* Anak itu berayun bolak-balik. —*kkt.* 1 menyokong. *His parents are always ready to b. him* Orang tuanya selalu sedia utk menyokong dia. *That country backs us in our demands* Negeri itu menyokong kami dlm tuntutan-tuntutan kami. 2 mengongkosi, menyokong. *That wealthy man backed the new show* Orang kaya itu mengongkosi pertunjukan baru itu. **to b. away** 1 mengélakkan diri, mundur. *to b. away from the boxer's swing* mengélakkan diri dari pukulan petinju itu. 2 mengundurkan diri, mundur. *The enemy backed away from the battlefield* Musuh mengundurkan diri dari médan perang. **to b. down** 1 mundur turun. *He backed the truck down the hill* Dia memundurkan gerobak turun bukit. 2 mundur. *He backed down the hill* Dia mundur dari bukit dgn jalan membelakang. *He had to b. down from his previous stand* Dia hrs mundur dari pendirian yg semula. **to b. into** berjalan mundur. *She backed into a ditch* Ia berjalan mundur dan masuk selokan. **to b. off** mundur. **to b. out** 1 memundurkan. *He backed the car out of the garage* Dia memundurkan mobil dari garasi. 2 mungkir (dari janji). *At the last moment he backed out* Pd saat yg terakhir dia mungkir. **to b. up** 1 mundur. *I have to b. up in order to get out* Saya hrs mundur spy dpt keluar. 2 menyokong. *He backed us up on everything we said* Dia menyokong kami dlm segala hal yg kami katakan. 3 meluap, menggenang. *The water backed up and filled the room* Air meluap dan membanjiri kamar (ruangan). **b. country** tanah hulu/pedalaman. **b. road** jalan perdésaan/pedalaman. **b. talk** bantahan. —**backing** *kb.* sokongan, bantuan, dukungan. *He has the b. of the party* Dia mendapat sokongan partai itu.

backache /'bæk'eik/ *kb.* sakit punggung.

backbite /'bæk'bait/ *kkt., kki.* memfitnah. *She is always backbiting* Dia selalu memfitnah.

backbone /'bæk'bown/ *kb.* 1 tulang punggung. *These people are the b. of their country* Orang-orang ini merupakan tulang punggung negaranya. 2 kekuatan. *He doesn't have much b.* Dia tdk mempunyai kekuatan.

backbreaker /'bæk'breikər/ *kb.* melelahkan, meletihkan. *That job is a real b.* Pekerjaan ini sangat melelahkan.

backbreaking /'bæk'breiking/ *ks.* sangat melelahkan. *That's b. work* Itu pekerjaan yg sangat melelahkan.

backdown /'bæk'dawn/ *kb.* kemunduran, pengunduran. *That was a b. for that country* Itu adalah kemunduran bagi negara itu.

backdrop /'bæk'drap/ *kb.* latar belakang. *The incident took place against the b. of a slum area* Peristiwa itu terjadi dgn daérah yg termiskin sbg latar belakang.

backer /'bækər/ *kb.* penanggung, penyokong. *Who's the financial b.?* Siapa penanggung keuangan?

backfield /'bæk'field/ *kb. Sport:* daérah pemain belakang, mis.: dlm permainan sépakbola.

backfire /'bæk'fair/ *kb.* ledakan yg terjadi sblm waktunya. *That sounded like the b. of a car to me* Bunyi itu spt mesin yg por. —*kki.* 1 meledak karena (setélannya) por. *The car backfired and startled everyone* Mobil itu meledak karena por dan mengagétkan tiap orang. 2 ketahuan sebelumnya. *The plan backfired and the crooks were caught* Rencana itu ketahuan sebelumnya dan penjahat-penjahat itu tertangkap.

background /'bæk'grawnd/ *kb.* 1 latar belakang. *The b. of the fabric is green* Latar kain itu hijau. *b. music* iringan musik, musik latar belakang. 2 dibelakang-belakang. *Will you please keep in the b.?* Sebaiknya sdr dibelakang-belakang saja. 3 dasar. *She has a very good b. in music* Ia mempunyai dasar yg baik sekali dlm musik.

backhand /'bæk'hænd/ *kb. Tenn.:* békhén, pukulan dgn punggung tangan menuju kedepan.

backhanded /'bæk'hændid/ *ks.* berupa sindiran. *b. compliment* pujian yg serupa sindiran.

backlash /'bæk'læsy/ *kb.* 1 tendangan, pukulan. 2 serangan balasan, réaksi yg tdk baik.

backless /'bækləs/ *ks.* 1 tanpa punggung. *b. chair* kursi tanpa punggung sandaran. 2 punggung ter-

buka. *b. dress* baju punggung terbuka, baju dgn potongan punggungnya sangat rendah.

backlog /'bæk'lɔg/ *kb.* 1 jaminan simpanan. *insurance as a b. against illness* asuransi sbg jaminan waktu sakit. 2 timbunan s.s.t. yg blm dikerjakan. *a big b. of orders* banyak pesanan-pesanan yg blm dipenuhi.

backrest /'bæk'rest/ *kb.* penopang punggung, sandaran.

backroom /'bæk'rum/ *kb.* kamar tersembunyi/ dirahasiakan. *b. politics* politik yg tdk diketahui orang banyak.

backside /'bæk'said/ *kb. Inf.:* pantat, sebelah belakang.

backslapper /'bæk'slæpər/ *kb.* seorang peramah.

backslapping /'bæk'slæping/ *kb.* keramah-tamahan. *Sometimes we tend to overdo b., and it is misinterpreted* Kadang-kadang kami condong utk beramah-tamah yg berlebih-lebihan dan orang salah mengerti.

backslide /'bæk'slaid/ *kki.* (**backslid, backslidden**) kembali mengerjakan kebiasaan lama yg tercela. *He was baptized last week and backslid today* Minggu yg lalu ia dibaptiskan dan hari ini ia kembali mengerjakan kejahatan.

backspin /'bæk'spin/ *kb. Tenn.:* békspin, putaran kebelakang sehingga bola berputar.

backstabber /'bæk'stæbər/ *kb.* pemfitnah.

backstabbing /'bæk'stæbing/ *kb.* kelicikan atau khianat yg bertujuan merusak. *He engages in a lot of b.* Dia terlibat dlm banyak kelicikan yg bertujuan merusak.

backstage /'bæk'steij/ *kb.* 1 dibelakang layar (panggung). 2 secara rahasia, gerakan dibelakang layar. *b. manoeuvres* gerakan dibelakang layar.

backstop /'bæk'stap/ *kb.* penghalang, penahan, penyokong. *This will provide a b. for our efforts* Ini akan menjadi penghalang bagi usaha-usaha kami. —*kkt.* (**backstopped**) memberikan bantuan, menyokong. *Some one will have to b. the project.* Hrs ada s.s.o. yg memberikan bantuan kpd proyék ini.

backstretch /'bæk'strec/ *kb.* daérah pembalapan yg letaknya sblm garis finis.

backstroke /'bæk'strowk/ *kb.* gaya punggung.

backtrack /'bæk'træk/ *kki.* mundur, menarik kembali. *He had to b. on his earlier statement* Dia hrs mundur pd pernyataannya yg semula.

backward /'bækwərd/ *ks.* 1 terbelakang. *There are too many b. people in this region* Di daérah ini terlampau banyak orang yg terbelakang. 2 miskin. *He lives in a b. section of town* Ia tinggal di daérah yg miskin dlm kota. —*kk.* 1 kebelakang. *Watch out or you will fall backward(s)* Hati-hati, nanti kamu jatuh kebelakang. 2 terbalik. *Haven't you got your dress on backward(s)?* Apakah bajumu tdk terbalik?

backwardness /'bækwərdnəs/ *kb.* keterbelakangan.

backwash /'bæk'wasy, -'wɔsy/ *kb.* 1 air yg kembali karena tolakan dayung, roda kincir angin dsb. 2 gelombang surut (disebabkan oléh perputaran air). 3 akibat buruk. *He was caught in the b. of the war* Dia terlibat dlm akibat-akibat buruk perang.

backwater /'bæk'wɔtər/ *kb.* 1 air yg ditahan/ dibendung. 2 terpencil dan terkebelakang. *a b. town* kota terpencil dan terkebelakang.

backwoods /'bæk'wudz/ *kb., j.* 1 daérah yg masih hutan, tempat yg terpencil, pedusunan jauh terpencil dari kota. 2 udik, kasar, dusun. *his b. dress* pakaiannya yg kampungan.

backwoodsman /'bæk'wudzmən/ *kb.* (*j.* **-men**) orang pedusunan/udik/kampung.

backyard /'bæk'yard/ *kb.* halaman belakang.

bacon /'beikən/ *kb.* sepék, daging babi yg diasin dan dikukus. *Inf.: to bring home the b.* mendapat hadiah.

bacteria /bæk'tiriəs/ *kb.* baktéri.

bacterial /bæk'tiriəl/ *ks.* baktéris.

bacteriological /bæk'tiriəʻlajəkəl/ *ks.* baktériologis. *b. warfare* perang kuman.

bacteriology /bæk'tirie'aləjie/ *kb.* baktériologi.

bad /bæd/ *kb. Inf.: in b.* dlm kesukaran. —*ks.* 1 jahat. *a b. boy* anak yg jahat. 2 buruk. *b. weather* cuaca buruk. *b. news* kabar buruk. *His business is going from b. to worse* Keadaan perusahaannya bertambah buruk. *We saw him in a b. light* Kita melihat dia dari sudut yg buruk. 3 jelék. *Your suggestion's not b.* Tdk jelék usulmu itu. Saranmu itu tdk buruk. 4. susah. *I had a b. time* Saya mengalami waktu yg susah. *He gave me a b. time* Ia menyusahkan saya. 5 tdk énak. *I feel very b.* Saya merasa tdk énak. *I feel b. about* Saya merasa sayang. Saya menyesal. 6 busuk. *The milk has gone b.* Susunya tlh menjadi busuk. *b. breath* mulut busuk. *He has a b. temper* Dia lekas marah. *Inf.:* **not (so) b.** boléh juga, lumayan. *How are you? Not b.* Apa kabar? Boléh/Baik juga. *How did the game go? Not so b.* Bagaimana jalan permainan itu? Boléh juga! Yaah, boléhlah! *Sl.:* **b. actor** orang atau binatang yg berkelakuan buruk. *Sl.:* **b. apple** orang yg busuk hati, orang yg berpengaruh buruk. **b. blood** benci, perasaan bermusuhan. *There's been b. blood between them for years* Tlh bertahun-tahun diantara meréka ada perasaan bermusuhan. **b. check** cék kosong. **b. debt** hutang yg dianggap tdk dpt dibayar. **b. luck** nasib malang. **bad-tempered** *ks.* pemarah, pembérang, lekas tersinggung. —*kk. Inf.:* **b. off** *(mentally, physically, financially)* dlm keadaan buruk. *He's quite b. off* Keséhatannya sangat buruk. —**badly** *kk.* 1 kurang senonoh, jelék. *He acted b. in front of his parents* Ia berlaku kurang senonoh dihadapan orang tuanya. 2 *Inf.:* sangat. *Money is b. needed* Uang sangat dibutuhkan. *He didn't do b. on his exams* Ia baik juga dlm ujiannya. *Inf.:* **b. off** dlm keadaan buruk.

bade /bæd, beid/ lih BID.

badge /bæj/ *kb.* 1 lencana. 2 tanda pangkat.

badger /'bæjər/ *kb.* 1 sm tukang bakul beras/jagung. 2 sm luak. —*kkt.* meréngék-réngék, mendesak, mengganggu terus-menerus. *He keeps badgering me to take him to a soccer match* Dia terus meréngék-réngék meminta diajak ke pertandingan sépakbola.

badminton /'bædmintən/ *kb.* bulu tangkis.

badness /'bædnəs/ *kb.* tingkah laku yg buruk, keburukan, kejahatan.

baffle /'bæfəl/ *kkt.* 1 menghérankan, menyusahkan, membingungkan. *His remarks b. me* Ucapannya menghérankan saya. 2 mencengangkan. *His actions b. me* Tindak tandukmu mencengangkan saya. —**baffling** *ks.* mengagumkan, menghérankan. *Her attitude was b.* Sikapnya mengagumkan.

bag /bæg/ *kb.* 1 kantong, karung, tas. *Put these things in a b., please* Masukkanlah barang-barang ini kedlm kantong. 2 koper, kopor. *Please put the bags in the trunk of the car* Letakkanlah koper-koper itu di tempat barang di mobil. 3 lingkaran. *He has bags under his eyes* Ada lingkaran-lingkaran dibawah matanya. 4 karung. *That dress hangs like a b. on her* Baju itu kebesaran/kedodoran baginya. Baju itu letaknya bagaikan karung padanya. 5 perempuan.

Sl.: She's an old b. Ia seorang perempuan yg sdh tua. *I was left holding the b.* Akhirnya saya yg hrs bertanggung-jawab kena getahnya. *Sl.: That's not his b.* Itu bukan kegemarannya/keahliannya. *Inf.:* **in the b.** pasti, tentu. *Victory is in the b.* Kemenangan sdh pasti. **b. and baggage** segala milik (s.s.o.). *He skipped out of town b. and baggage* Dia melarikan diri dari kota dgn segala miliknya. *Med.:* **b. of waters** ketuban. —*kkt.* (**bagged**) menjerat, menangkap, membunuh. *The hunter bagged two deer* Pemburu itu menjerat dua ékor kijang. —*kki.* longgar. *Her dresses seem to b. at the seams* Bajubajunya seolah-olah longgar pd sambungan-sambungannya.

bagatelle /'bægə'tel/ *kb.* 1 soal yg sepélé. 2 barang yg sepélé.

bagful /'bægful/ *kb.* kantong penuh. *two bagfuls of peanuts* kacang dua kantong penuh.

baggage /'bægij/ *kb.* bagasi, kopor-kopor, barang. *b. car* keréta bagasi/barang. *b. room* ruang bagasi.

baggy /'bægie/ *ks.* longgar (*of clothes*).

bah /bah/ *kseru.* cih, ah (pernyataan tdk sabar, menghina). *B., I don't believe you!* Ah, saya tdk percaya padamu!

bail /beil/ *kb.* uang tanggungan/penjamin, jaminan. *The b. for the accused was set at $500* Uang tanggungan utk terdakwa ditetapkan $500. *b. bond* surat/uang/ barang jaminan, uang tanggungan. **to go b. for** memberi jaminan/tanggungan. *His friend went b. for him* Temannya memberi jaminan. **to b. out** 1 memberi jaminan. *They had to b. him out of jail* Meréka hrs memberi jaminan agar ia dpt keluar dari penjara. 2 menimba, menggayung. *to b. water out of a basement* menimba air keluar dari ruang (di)bawah tanah. 3 *Sl.:* mengeluarkan. *My brother was able to b. me out of my difficulties* Kakak saya dpt mengeluarkan saya dari kesukaran-kesukaran. 4 meloncat keluar. *to b. out of a plane* meloncat keluar dari kapal terbang.

bailer /'beilər/ *kb.* gayung, timba.

bailiff /'beilif/ *kb.* juru sita, pembantu kepala polisi/séksi.

bailiwick /'beiləwik/ *kb.* 1 daérah kekuasaan (pembantu kepala séksi). 2 lingkungan pengetahuan. *That's not exactly in my b.* Itu sesungguhnya bukan lingkungan pengetahuan saya.

bait /beit/ *kb.* umpan. *to rise to the b.* mendatangi umpan. —*kkt.* 1 mengumpani. *to b. a fishhook* mengumpani mata kail. 2 menyerang. *The hunting dogs baited the bear* Anjing-anjing pemburu menyerang beruang itu. 3 menyiksa. *Don't be cruel and b. the poor cripple* Jangan kejam dan menyiksa sipincang yg malang itu.

bake /beik/ *kb.* pésta atau pertemuan informil dimana diadakan makan. —*kkt.* membakar (*a cake*). *She was literally baked by the tropical sun* Dia benar-benar terbakar oléh matahari tropis. —*kki.* matang. *Pies b. slowly* Pastél lambat matangnya. **baking powder** bubuk pengembang kué. **baking soda** tepung soda pengembang kué.

baker /'beikər/ *kb.* tukang roti, tukang bikin kué. *baker's dozen* tigabelas.

bakery /'beikərie/ *kb.* (*j.* **-ries**) toko roti (dan kué).

balance /'bæləns/ *kb.* 1 keseimbangan. *Keep your b. or you will fall* Tetapkan keseimbangan badanmu, kalau tdk kamu akan jatuh. *to strike a b. between* mencari keseimbangan antara. 2 tenang. *He must keep his b. in this situation* Ia hrs tetap tenang dlm menghadapi keadaan ini. *He caught me off b.* Didapatnya aku sewaktu tak terduga. 3 saldo.

What is the b. in my account? Berapa saldoku? *b. on hand* saldo untung. 4 akhir-akhir, sisa. *I'll be out of town the b. of the week.* Saya akan berada diluar kota akhir-akhir pekan. 5 neraca. *b. of payments* neraca pembayaran. *b. of trade* neraca perdagangan. *b. due* jumlah yg hrs dibayar, hutang. **to hang in the b.** mengadu s.s.t., tdk pasti. *In this affair his life hangs in the b.* Dlm perkara ini ia mengadu jiwanya. —*kkt.* 1 mencocokkan. *I cannot b. my checkbook* Saya tak dpt mencocokkan buku cék saya. 2 memperhitungkan. *Try to b. this account for me* Coba perhitungkan neraca keuangan ini buat saya. 3 mengimbangkan. *Can you b. this book on your head?* Dapatkah kamu mengimbangkan buku ini diatas kepalamu? *to b. the budget* mengimbangkan anggaran belanja. —*kki.* 1 mengimbangkan badannya. *He's able to b. on one foot* Dia dpt mengimbangkan badannya atas satu kaki. 2 seimbang. *Do these scales b.?* Apakah timbangan ini seimbang? —**balanced** *ks.* 1 tetap pendirian, stabil. *He's a b. individual* Dia orang yg tetap pendirian. 2 teratur. *a b. diet* diét yg teratur. 3 kelop seimbang, cocok. *a b. budget* anggaran belanja yg kelop.

balcony /'bælkǝnie/ *kb.* (*j.* **-nies**) balkon.
bald /bɔld/ *ks.* botak, gundul. *a b. spot* bagian yg botak di kepalanya.
baldheaded /'bɔld'hedid/ *ks.* botak, gundul.
balding /'bɔlding/ *ks.* mulai botak. *He's b.* Ia mulai botak.
bale /beil/ *kb.* bal, bandela, bungkus. *a b. of cotton* sebal kapas. —*kkt.* mempak, membungkus. *to b. hay* mempak rumput kering.
Balinese /'balǝ'nies/ *kb.* 1 orang Bali. 2 bahasa Bali. —*ks.* yg berh. dgn Bali.
balk /bɔlk/ *kki.* 1 menolak keras. *He balked when he was asked to do that job* Ia menolak keras ketika diminta mengerjakan pekerjaan itu. 2 mogok. *The horse balked at crossing the stream* Kuda itu mogok waktu menyeberangi sungai itu.
ball /bɔl/ *kb.* 1 bola. *b. of yarn* bola benang. 2 pésta dansa. 3 jantung (*of foot, hand*). *I hurt the b. of my hand* Saya luka pd jantung tangan saya. *Sl.:* **to have a b.** bergembira ria sekali. *We had a b. last night* Kami bergembira ria sekali tadi malam. *Inf.:* **to carry the b.** meneruskan spy berhasil. **to drop the b.** memutuskan hubungan. *Inf.:* **to get on the b.** menunjukkan perhatian. *Inf.:* **to have s.t. on the b.** trampil, cakap, sanggup. *He'll do well in that work because he has a lot on the b.* Ia akan mengerjakan pekerjaan itu dgn baik oléh karena ia trampil/cakap sekali. **to keep the b. rolling** menjaga spy pǝrcakapan tdk terhenti. *Inf.:* **to be on the b.** siap siaga. **to play b.** 1 bermain/memainkan bola. 2 *Inf.:* bekerja sama. **to start the b. rolling** memulai. —*kkt.* **to b. up** 1 bikin kusut. *This thread is all balled up* Benang ini tlh kusut semuanya. 2 *Sl.:* membingungkan *She was all balled up* Ia bingung sekali. **b. and chain** 1 bola besi dan rantai yg diikatkan ke kaki orang tahanan spy ia tdk dpt lari. 2 *Sl.:* isteri. **b.-and-socket joint** sendi peluru. **b. bearing** (kogel) laher, bantalan peluru. *Inf.:* **b. of fire** seorang yg dinamis/cakap, yg bersema-ngat sekali. *Inf.:* **b. game** *Sport:* pertandingan.
ballad /'bælǝd/ *kb.* ballada.
ballast /'bælǝst/ *kb.* tolak bara, balas, pemberat.
ballet /bæ'lei/ *kb.* sendratari, balét.
ballistic /bǝ'listik/ *kb.* **ballistics** *j.* ilmu balistik. —*ks.* balistik. *b. missile* rokét, peluru yg digerakkan dgn rokét.
balloon /bǝ'luwn/ *kb.* balon, pelembungan.

ballot /'bælǝt/ *kb.* (surat) suara, surat pemilihan, kartu pemungutan suara. *b. box* kotak suara, tempat pemungutan suara. *to stuff the b. box* memasukkan kartu suara palsu kedlm kotak suara. —*kki.* memi-lih. —**balloting** *kb.* pemungutan suara.
ballpark /'bɔl'park/ *kb.* stadion baseball.
ballpoint /'bɔl'point/ *kb.* **b. pen** péna bolpoin, pén atom.
ballroom /'bɔl'rum/ *kb.* ruangan dansa.
ballyhoo /'bæliehuw/ *Sl.:* 1 réklame yg meng-gemparkan. 2 kegemparan, kehébohan. *The situa-tion has aroused considerable b.* Keadaan itu menim-bulkan kegemparan. —*kkt.* mengadakan réklame yg menghébohkan, menggembar-gemborkan (*a product*).
balm /balm/ *kb.* (minyak) balsem.
balmy /'balmie/ *ks.* 1 sejuk-segar (*of weather*). 2 *Sl.:* tolol, gila.
baloney /bǝ'lownie/ *kb.* 1 *Sl.:* omong-kosong, ngawur belaka. 2 *Inf.:* sm sosis.
balsa /'bɔlsǝ/ *kb.* pohon kayu balsa.
balsam /'bɔlsǝm/ *kb.* minyak balsem.
balusterade /'bælǝstreid/ *kb.* birai, langkan.
bamboo /'bæmbuw/ *kb.* bambu. *b. shoots* rebung. *B. Curtain* Tirai Bambu.
bamboozle /bæm'buwzǝl/ *kkt.* *Inf.:* memperdaya-kan. *He was bamboozled by the activities of the group* Ia teperdaya oléh kegiatan kelompok itu.
ban /bæn/ *kb.* larangan. *There's a b. on ballplaying on this field* Ada larangan bermain bola di lapangan ini. —*kkt.* (**banned**) melarang. *Parking on this street is banned* Dilarang memparkir di jalan ini.
banal /'beinǝl/ *ks.* dangkal, biasa. *b. ideas* pikiran-pikiran yg dangkal.
banality /bǝ'nælǝtie/ *kb.* (*j.* **-ties**) kebanalan, hal yg dangkal/biasa.
banana /bǝ'nænǝ/ *kb.* pisang. *b. oil* cairan berbau pisang utk membuat ésénsi-ésénsi. *Sl.:* **to pour on the old b. oil** memuji-muji. *He poured on the old b. oil* Ia bertanam tebu di bibir. Ia pandai berminyak-air/bermulut manis.
band /bænd/ *kb.* 1 bén, orkés. *b. leader* pemimpin orkés. *marching b.* barisan musik. 2 pita. *black b. on the arm* pita hitam pd lengan. *b. saw* gergaji pita. 3 gerombolan. *b. of robbers* gerombolan penggarong. 4 pembalut. *There was an iron b. around the box* Ada pembalut besi pd peti itu. 5 berkas, pita. *b. of light* berkas cahaya. —*kkt.* menandai, memberi tanda. *to b. chickens* menandai ayam. **to b. together** berkumpul, bersatu. **Band-aid** pléstér utk luka ringan.
bandage /'bændij/ *kb.* pembalut, balutan, perban. —*kkt.* membalut, memperban, memalut (*a wound*).
bandied /'bændied/ lih BANDY.
bandit /'bændit/ *kb.* bandit, penjahat, penyamun, penggarong.
banditry /'bændǝtrie/ *kb.* penggarongan, kebandit-an, kejahatan.
bandmaster /'bænd'mæstǝr/ *kb.* pemimpin (korps) musik.
bandstand /'bænd'stænd/ *kb.* pentas/panggung orkés.
bandwagon /'bænd'wægǝn/ *kb.* keréta musik, keréta yg membawa kumpulan musik. *Inf.:* **to get on the b.** ikut pihak yg menang atau pihak yg populér. *In this political campaign I'd suggest you get on the b.* Dlm kampanye politik ini saya sarankan spy kamu ikut yg menang.
bandy /'bændie/ *ks.* béngkok. *b. legs* kaki yg béng-

kok. —*kkt.* (**bandied**) menjadikan buah mulut. *His name is being bandied about freely* Namanya tlh menjadi buah mulut dlm kalangan luas. **b.-legged** *ks.* berkaki-béngkok, pengkar dlm.

bane /bein/ *kb.* kutuk. *He has been the b. of my existence* Ia tlh menjadi kutuk dlm kehidupan saya.

bang /bæŋ/ *kb.* 1 letusan, bunyi keras. *He heard a loud b.* Ia mendengar sebuah letusan yg keras. 2 suara keras. *The gun went off with a loud b.* Bedil itu meletus dgn suara keras. 3letupan. *The gun went "b."* Bedil itu meletup. *Inf.:* **to start off with a b.** mulai secara mendadak. 4 sénsasi. *Inf.:* **to get a b. out of** suka/gemar sekali akan. —**bangs** *j.* poni, rambut yg dipotong rata di bagian depan di kepala. *She wore bangs over her forehead* Ia memakai poni penutup dahinya. —*kkt.* 1 memukulkan. *He banged his fists on the table* Ia memukulkan tinjunya diatas méja. 2 membantingkan. *He banged the book on the table* Ia bantingkan buku itu diatas méja. —*kki.* 1 memukul. *She banged on the door* Ia memukul pd pintu. 2 tertutup. *The door banged shut* Pintu itu tertutup dgn keras. **to b. up** membenturkan. *The young man banged up his car badly* Anak muda itu membenturkan/menubrukkan mobilnya sehingga rusak. *My car was rather badly banged up* Mobil saya agak berat remuknya. *I was banged up a bit in the auto accident* Saya terbanting agak keras dlm kecelakaan mobil itu. *Inf.:* **bang-up** *ks.* tepat dan baik sekali. *He did a b.-up job as a guard* Ia mengerjakan pekerjaan yg baik sekali sbg penjaga.

banish /'bænisy/ *kki.* membuang. *He was banished from his country* Ia dibuang dari negerinya. *to b. all o's fears* membuang semua ketakutannya.

banishment /'bænisymənt/ *kb.* pembuangan.

banister /'bænistər/ *kb.* sandaran tangga, pegangan pd tangga.

banjo /'bænjow/ *kb.* banjo.

bank /bæŋk/ *kb.* 1 *Fin.:* bank. 2 tepi/pinggir sungai. 3 tumpukan, longgokan, onggokan, *snow b.* tumpukan salju. —*kkt.* 1 menyimpan uang. *He banks $10 every week* Ia menyimpan uang $10 tiap pekan. 2 menumpukkan. *The bulldozer banked the snow* Buldozer itu menumpukkan salju. 3 membendung. *The thruway is carefully banked* Jalan terus itu dibendung dgn berhati-hati. 4 bertumpuk-tumpuk. *Clouds b. the horizon* Awan bertumpuk-tumpuk di kaki langit. —*kki.* 1 menyimpan uang. *I b. at the First National* Saya menyimpan uang pd First National. 2 membélok. *The plane banked sharply* Kapal terbang itu membélok dgn tajam. *Inf.:* **to b. on** mengharapkan dgn· yakin, mempercayai. *I am banking on you* Saya harapkan dgn yakin bantuanmu. **b. account** simpanan di bank. *Do you keep a b. account?* Apakah kau mempunyai uang di bank? **b. holiday** hari libur bank (kecuali Saptu-Minggu). **b. of issue** bank sirkulasi. **b. statement** laporan balans di bank. —**banking** *kb.* perbankan.

bankbook /'bæŋk'buk/ *kb.* buku simpanan/déposito.

banker /'bæŋkər/ *kb.* bankir, diréktur bank.

banknote /'bæŋk'nowt/ *kb.* uang kertas.

bankroll /'bæŋk'rowl/ *kb.* uang yg tersedia pd s.s.o.

bankrupt /'bæŋkrʌpt/ *kb.* orang bangkrut. —*ks.* bangkrut, pailit, *He is b.* Ia bangkrut. **to go b.** menjadi bangkrut. —*kkt.* membangkrutkan. *That business endeavor bankrupted him* Usaha dagang itu membangkrutkan dia.

bankruptcy /'bæŋkrʌpsie/ (*j.* **-cies**) *kb,* kebangkrutan, kepailitan.

banner /'bænər/ *kb.* bendéra, spanduk, pataka,

panji-panji. —*ks.* gilang-gemilang. *It was a b. year for the firm* Tahun itu adalah tahun gilang-gemilang utk perusahaan itu. *b.* headline judul karangan (di koran) dgn huruf-huruf besar dan memenuhi selébar koran.

banquet /'bæŋkwit/ *kb.* bangkét, perjamuan, pésta makan.

bantam /'bæntəm/ *kb.* sm ayam. —*ks.* bantam.

bantamweight /'bæntəm'weit *kb.* kelas bantam.

banter /'bæntər/ *kb.* olok-olok, kelakar, sendagurau. *to engage in b. with s.o.* berolok-olok dgn s.s.o. —*kki.* berkelakar, bersendagurau.

baptism /'bæptizəm/ *kb,* pembaptisan, permandian. *b. of fire* pembayatan dlm témbak-menémbak.

baptismal /bæp'tizməl/ *ks.* mengenai pembaptisan. *b. font* bejana air, kulah/palung permandian.

Baptist /'bæptist/ *kb.* Pembabtis. *B. Church* Geréja Pembabtis.

baptize /bæp'taiz/ *kkt.* mempermandikan, membaptiskan.

bar /bar/ *kb.* 1 batang. *a b. of soap* sebatang sabun. 2 potong. *a candy b.* sepotong gula-gula. 3 palang. *He let the b. down for the cows to enter* Diturunkannya palang spy sapi masuk. 4 halangan, penghalang. *Poverty is not always a b. to happiness* Kemiskinan tdk selalu menjadi penghalang utk kebahagiaan. 5 bar. *Lets have a drink at the b.* Mari kita minum di bar. 6 *Nav.:* ambang sungai. 7 pekerjaan/golongan pengacara. *He was admitted to the b.* Dia diijinkan menjadi pengacara. 8 pengadilan. *He was tried at the b.* Dia dihukum dimuka pengadilan. 9 kesatuan irama, balok. *two bars of music* dua balok lagu. 10 tiang. *He held on to the b.* Ia berpegang pd tiang itu. —**bars** *j.* ruji, jeriji (di penjara, di jendéla) *to be placed behind bars* dipenjarakan, dijebloskan kedlm kurungan. —*kd.* kecuali. **b. none** 1 tanpa pengecualian. *Everyone is welcome, b. none* Semua orang disilakan datang tanpa pengecualian. 2 tak ada taranya. *He's the best player, b. none* Ia pemain yg baik yg tak ada taranya. —*kkt.* (**barred**) 1 memalangi. *to b. the door* memalangi pintu. 2 melarang. *Talking is barred in the library* Dilarang berbicara di perpustakaan. 3 menghalangi, menghambat. *The bridge was out and barred our crossing* Jembatan rusak dan menghalangi penyeberangan kami. *A fallen log barred our way* Batang kayu jatuh menghambat jalan kami. **b. bell** besi utk latihan senam angkat besi, halter. —**barring** *kd.* 1 terkecuali. *B. an accident, we'll make it on time* Terkecuali ada kecelakaan, kami akan tiba pd waktunya. 2 kalau tdk. *B. rain, we have decided on Saturday for the outing* Kalau tdk hujan, kami tlh memutuskan hari Sabtu akan berpiknik.

barb /barb/ *kb.* 1 *Fish:* mata kail. 2 (*harpoon*) piarit. 3 *Bot.:* kait, duri, 4 éjékan yg tajam. *The barbs he tossed at his opponent stung* Éjékan-éjékan tajam yg dilontarkannya kpd lawannya itu mengena. —**barbed** *ks.* 1 berduri, berkait, beruit. *b. wire* kawat berduri. *b.-wire fence* pagar berkawat duri. *b. fishhook* kail yg beruit. 2 yg menusuk hati. *b. statement* pernyataan yg menusuk hati.

barbarian /bar'bæriən/ *kb.* orang yg biadab.

barbaric /bar'bærik/ *ks.* 1 biadab. *That custom is b.* Kebiasaan itu biadab. 2 kejam sekali. *The treatment of the prisoners was b.* Perlakuan itu thd tawanan kejam sekali.

barbarism /'barbərizəm/ *kb.* kebiadaban, kekasaran.

barbarous /'barbərəs/ *ks.* biadab, kejam. *Assassination is a b. act* Pembunuhan secara diam-diam adalah tindakan yg biadab.

barbecue /'barbəkyuw/ *kb.* 1 tamasya dgn makan-makan daging/ikan panggang (saté). 2 anglo yg berapi kecil. —*kkt.* memanggang (daging).
barber /'barbər/ *kb.* tukang cukur, barbir, pemangkas rambut. *b. shop* tempat/toko pemangkas rambut.
barberry /'bar'berie/ *kb.* (*j.* **-ries**) sm. murbei yg buahnya mérah dan kecut.
barbiturate /bar'bicərit/ *kb.* obat bius tidur.
bare /bær/ *ks.* 1 gundul. *The top of the hill was b.* Puncak bukit itu gundul. *The trees are still b.* Pohon-pohon masih gundul. 2 kosong. *The walls look so b.* Dinding-dinding itu kosong betul kelihatannya. *There are many b. spots in the yard* Di kebun terdapat banyak tempat-tempat yg kosong. 3 nyata, terang. *These are the b. facts* Ini kenyataan yg nyata. *to lay b.* membentangkan secara terang-terangan, membuka tabir. 4 yg paling sederhana. *the b. necessities* keperluan-keperluan yg paling sederhana saja. 5 tak bersepatu. *Don't walk in your b. feet* Janganlah berjalan-jalan dgn tak bersepatu. 6 telanjang. *b. skin* telanjang. —*kkt.* 1 membuka. *to b. o's head* membuka kepalanya. *Investigation bared the facts* Penyelidikan itu membukakan kenyataan-kenyataan. 2 memperlihatkan. *The dog bared its teeth* Anjing itu memperlihatkan giginya. —**barely** *kk.* 1 baru saja. *He had b. gone when they came* Ia baru saja pergi ketika meréka datang. *This is b. cooked* Ini baru saja dimasak. 2 hampir tdk. *She had b. enough to live on* Uangnya hampir tdk cukup utk hidup. 3 sedikit saja *He's b. literate* Ia sedikit saja melék huruf.
bareback /'bær'bæk/ *kk.* tdk berpelana. *to ride b.* menunggang kuda tdk berpelana.
barefaced /'bær'feist/ *ks.* yg tdk kenal malu. *That's a b. lie* Ini bohong yg tdk mengenal malu.
barefisted /'bær'fistid/ *ks.* 1 tanpa sarung tangan. *b. fight* tinju tanpa sarung tangan. 2 pantang mundur. *b. determination* keputusan yg pantang mundur.
barefoot(ed)⁻ /'bær'fut(id)/ *ks.* kaki ayam, tak bersepatu dan tak berkaos, dgn kaki telanjang. *He likes to go b.* Ia suka tak bersepatu dan tak berkaos.
barehanded /'bær'hændid/ *ks.* 1 tdk bersarung tangan. *He caught the ball b.* Dia menangkap bola itu dgn tdk bersarung tangan. 2 dgn kekuatan sendiri. 3 dgn tangan hampa.
bareheaded /'bær'hedid/ *ks.* tanpa tutup kepala. *to walk b. in the snowstorm* berjalan di badai salju itu tanpa tutup kepala.
barelegged /'bær'legid/ *ks.* tanpa kaos kaki panjang. *to walk b. through the cold wind* jalan tanpa kaos kaki panjang didlm angin yg dingin itu.
bargain /'bargən/ *kb.* 1 persetujuan. *to strike a b.* mencapai persetujuan ttg harga. *He drives a hard b.* Ia meminta harga yg mencekik léhér. Ia tawar-menawar dgn gigihnya. 2 harga yg murah sekali. *These things were real bargains* Barang-barang ini betul-betul murah. 3 setuju. *We made a b. not to go there again* Kami tlh setuju utk tdk pergi kesana lagi. **in (to) the b.** sbg tambahan, juga. *He sold the car for $300 and threw two tires into the b.* Dia menjual mobilnya seharga $300 dan memberi dua ban sbg hadiah. —*kki.* 1 tawar-menawar. *I like to b. at the market* Saya suka tawar-menawar di pasar. 2 bertawar-tawaran, berdagang. *I tried to b. with him* Saya coba bertawar-tawaran. 3 menduga. *The work was harder than I bargained for* Pekerjaan itu lebih berat dari yg kuduga semula. **b. counter** tempat penjualan barang-barang dgn harga potongan. **b. hunter** orang yg mencari barang murah.

—**bargaining** *kb.* 1 tawar-menawar. 2 perundingan. *B. is an important task between labor and management* Perundingan adalah pekerjaan yg penting antara buruh dan pimpinan.
barge /barj/ *kb.* kapal barkas, tongkang, perahu sérét. —*kki.* **to b. ahead** maju terus. *He barged ahead, disregarding the danger* Ia maju terus dgn gigihnya tanpa menghiraukan bahaya. *Inf.:* masuk dgn menyɛrobot. *I don't like to b. in without an invitation* Saya tdk suka masuk menyerobot tanpa undangan.
baritone /'bærətown/ *kb.* penyanyi bariton. —*ks.* bariton.
barium /'bæriɛm/ *kb.* barium.
bark /bark/ *kb.* 1 salak, gonggongan (*of a dog*). 2 kulit kayu (*of a tree*). 3 réntétan témbakan (*of a rifle*). 4 hati. *My teacher's b. is worse than her bite* Hati guru saya itu tdk sejahat mulutnya. Ucapanya lebih buruk drpd maksudnya. —*kki.* 1 menyalak, menggonggong (*of a dog*). 2 meletus, meletup. *The rifle barked* Senapang meletup. **to b. at** menyalak kpd (*of a dog*). 2 membentak. *Don't b. at me like that!* Janganlah membentak pd saya spt itu! 3 membentaki, menghardik. *The foreman barked at everyone* Mandor itu membentaki setiap orang. **to b. out** membentak(kan). *The sergeant barked out his orders* Sérsan itu membentakkan perintah-perintahnya.
barley /'barlie/ *kb.* gerst (sm gandum dipakai utk membuat bir).
barn /barn/ *kb.* gudang.
barnacle /'barnəkəl/ *kb.* kepah, remis, teritip, kijing.
barnstorm /'barn'stɔrm/ *kki. Inf.:* pergi berkeliling mengadakan pidato-pidato kampanye. *The presidential candidate barnstormed around the country* Calon présidén itu mengadakan pidato-pidato kampanye di seluruh negeri.
barnyard /'barn'yard/ *kb.* pekarangan/halaman gudang ternak.
barometer /bə'ramətər/ *kb.* barométer. *The b. is falling* Penunjuk barométer sedang turun.
barometric /'bærə'metrik/ *ks.* barométrik. *b. pressure* tekanan barométrik.
baron /'bærən/ *kb.* baron. *sugar b.* raja gula.
barrage /bə'razy/ *kb.* 1 témbakan yg ramai. *to lay down a b.* mengadakan témbakan ramai. 2 suatu serangan dgn kata-kata. *The reporters tossed a b. of questions at the President* Wartawan-wartawan itu menyerang présidén dgn pertanyaan-pertanyaan.
barrel /'bærəl/ *kb.* 1 tong. 2 (*gun*) laras (bedil), lop. *Inf.:* **b. of fun** penuh lelucon. *He's a b. of fun* Dia seorang yg penuh lelucon. Dia kocak betul. *Inf.:* **over a b.** tdk berdaya. *He has me over a b.* Dia membuat saya tdk berdaya. —*kkt.* memasukkan kedlm tong. *to b. wine* memasukkan anggur kedlm tong. —*kki. Sl.:* **to b. along** meluncur dgn cepat. *The car barreled along at 80 miles an hour* Mobil itu meluncur dgn kecepatan 80 mil sejam.
barrelhead /'bærəl'hed/ *kb.* tutup tong. *Sl.:* **cash on the b.** tunai. *He paid cash on the b.* Ia membayar tunai.
barren /'bærən/ *ks.* 1 tandus, gundul. *The field looked b.* Ladang itu kelihatan tandus. 2 mandul. *The animal was rendered b.* Binatang itu dibuat mandul.
barrenness /'bærənnəs/ *kb.* 1 ketandusan (*of a field*). 2 kemandulan (*of a woman*).
barricade /'bærəkeid/ *kb.* barikade, penghalang, penghambat. *The boys hid behind a b. of rocks* Anak-

anak laki-laki itu bersembunyi dibelakang barikade batu-batu. —*kkt.* menghalangi (*a road*).

barrier /'bæriəɾ/ *kb.* 1 rintangan. *Language can be a b. to understanding* Bahasa dpt menjadi rintangan bagi pengertian. *The race horses stood at the b. ready to start* Kuda-kuda pacu itu berdiri pd rintangan siap utk lari. *A fence serves as a b. for keeping cattle in* Pagar merupakan suatu rintangan utk menjaga spy ternak jangan keluar. 2 *RR.:* palang kereta api.

bartender /'bar'tendəɾ/ *kb.* penjual minuman keras pd bar, petugas/pelayan bar.

barter /'bartəɾ/ *kb.* dagang tukar-menukar, barter. *b. trade* perdagangan tukar-menukar. —*kkt.* menukarkan. *to b. jewels for food* menukarkan permata dgn makanan. **to b. away** menukarkan sampai habis.

basal /'beizəl/ *ks.* dari dasarnya, sbg dasar. *b. rock* batu dasar. *b. metabolism* métabolisme dasar.

basalt /'bæsɔlt/ *kb.* basal.

base /beis/ *kb.* 1 kaki (*of monument, mountain*). 2 dasar. *b. of the skull* dasar tengkorak. 3 pangkalan. *air b.* pangkalan udara. *naval b.* pangkalan armada. 4 alas (*of column, triangle*). 5 *Sport:* bidai. 6 pokok. *What is the b. of this word?* Apakah pokok kata ini? —*ks.* 1 pokok, pusat. *b. camp* kémah pokok. *b. pay* gaji pokok. 2 dasar. *b. metal* logam dasar. 3 jelék. *b. imitation* tiruan yg jelék. 4 hina, cendala. *His actions are b.* Tindakan-tindakannya hina. *Inf.:* I *can't get to first b. with that girl* Saya blm berhasil memulai perkenalan dgn gadis itu. *Inf.:* **off b.** diluar batas kesopanan, berlaku salah. *You are off b. in your behavior* Kamu meninggalkan batas-batas kesopanan. —*kkt.* berdasarkan, mendasarkan. *What do you b. your facts on?* Fakta-faktamu berdasarkan apa? *The expedition was based at a camp 12,000 feet up the mountain* Ekspédisi itu berpangkalan pd sebuah perkémahan 12.000 kaki diatas gunung itu.

baseball /'beis'bɔl/ *kb.* baseball, sm kasti.

baseless /'beisləs/ *ks.* tdk beralasan.

baseline /'beis'lain/ *kb.* 1 garis dasar, basis. *Such a study can provide a b. for further investigation* Penelitian semacam itu dpt merupakan dasar bagi penyelidikan selanjutnya. 2 *Tenn.:* garis pangkalan. *He overdrives the b.* Ia meléwati garis pangkalan.

basement /'beismənt/ *kb.* ruangan dibawah tanah (dari sebuah gedung atau rumah).

baseness /'beisnəs/ *kb.* kerendahan budi, kehinaan. *There wasn't a trace of b. in him* Tdk ada tanda-tanda kerendahan budi padanya.

bases /'beisiez/ *kb., j.* lih BASIS.

bash /bæsy/ *kb.* 1 tamparan. *He gave him a b. in the face* Ia memberi tamparan di mukanya. 2 *Sl.:* pésta. —*kkt.* menampar. **to b. in** menampar. *to b. in an opponent's head* menampar kepala lawannya.

bashful /'bæsyfəl/ *ks.* malu, segan. *He's a very b. boy* Ia pemalu betul.

bashfulness /'bæsyfəlnəs/ *kb.* sifat/perasaan malu, kesegananan.

basic /'beisik/ *ks.* 1 dasar. *b. economics* ékonomi dasar. *b. research* penelitian dasar. *b. training* latihan dasar, latihan kemilitéran pertama. 2 utama. *The b. ingredients are flour, eggs and sugar* Bahan utama adalah tepung, telur dan gula.

basil /'beizəl, 'bæzəl/ *kb.* kemangi, selasih, ruku-ruku.

basin /'beisən/ *kb.* 1 baskom. *Wash the shirt in this b.* Cucilah keméja itu didlm baskom ini. 2 kolam. *model b.* kolam percobaan modél. 3 lembah sungai. *the b. of the Nile* lembah sungai Nil.

basis /'beisəs/ *kb.* (*j.* -**ses**). dasar. *What is the b. for your decision?* Keputusanmu kauambil berdasarkan apa?

bask /bæsk/ *kki.* 1 berjemur. *to b. in the sun* berjemur di panas matahari. 2 bersenang-senang. *Now that he's famous, he'll be basking in his glory* Sesudah ia termashur, dia akan bersenang-senang didlm kemenangannya.

basket /'bæskit/ *kb.* 1 keranjang. *a b. of strawberries* sekeranjang buah arbei. 2 tempat barang (pd sepéda).

basketball /'bæskit'bɔl/ *kb.* bola keranjang/baskét.

basketlike /'bæskit'laik/ *ks.* berbentuk spt keranjang. *a b. object* benda yg menyerupai keranjang.

basketry /'bæskətrie/ *kb.* pembuatan penganyaman keranjang.

bas-relief /'barə'lief/ *kb.* pahatan/ukiran/gambar timbul.

bass /beis/ *kb.* 1 penyanyi bas. *b. drum* genderang bas. 2 suara bas. *b. voice* suara bas.

bass /bæs/ *kb.* sm ikan bandeng yg banyak tulangnya.

bassinet /'bæsə'net/ *kb.* buaian (berbentuk keranjang).

basso /'bæsow/ *kb.* penyanyi dgn suara bas.

bassoon /bæ'suwn, bə-/ *kb.* sej. serunai drpd kayu (bersuara rendah).

bastard /'bæstərd/ *kb.* haram zadah, anak diluar perkawinan yg sah. —*ks.* tdk asli. *b. poetry* puisi yg tdk asli.

bastardization /'bæstərdə'zeisyən/ *kb.* pernyataan haram, penurunan nilai/derajat.

bastardize /'bæstərdaiz/ *kkt.* menurunkan nilai/ derajat kwalitas.

baste /beist/ *kkt.* 1 memerciki, menyirami. *to b. a roast* memerciki panggangan. 2 menjelujuri (*a dress*). 3 *Sl.:* memukul. *I basted him one* Saya memukulnya.

bastion /'bæstiən, 'bæsciən/ *kb.* kubu baluarti, bénténg (pertahanan).

bat /bæt/ *kb.* 1 keluang, kele(le)war, kalong. 2 *Sport:* pentungan, alat pemukul. *Inf.:* **bats in the belfry** dlm keadaan tdk waras. *Inf.:* **blind as a b.** samasekali buta. *Sl.:* **to go to b. for** menyokong, membéla, berjuang utk. *Sl.:* **like a b. out of hell** dgn cepat sekali, spt bujuk lepas dari bubu. *He came out of the house like a b. out of hell* Ia keluar dari rumah secepat-cepatnya. *Inf.:* **right off the b.** sekaligus, segera. —*kkt.* (**batted**) memukul (bola). *to b. the ball out of bounds* memukul bola itu keluar dari lapangan. *Inf.:* **to b. around** memperbincangkan. *Sl.:* **to b. out** mengarang (*a story*).

batch /bæc/ *kb.* 1 setumpuk. *a b. of cards* setumpuk kartu. 2 sekumpulan. *a b. of students* sekumpulan mahasiswa. 3 sejumlah. *a b. of candy* sejumlah gulagula. 4 seberapa. *a b. of dough* seberapa adonan.

bated /'beitid/ *ks.* tertahan. *They waited with b. breath for the end of the story* Dgn menahan napas meréka menunggu akhir ceritera itu.

bath /bæth/ *kb.* 1 mandi. *Is there hot water for my b.?* Adakah buat saya air panas utk mandi? *I take a b. every day* Saya mandi tiap hari. 2 kamar mandi. *an adjoining b.* kamar mandi disebelahnya. *b. house* pemandian, tempat mandi. *b. mat* tikar dlm kamar mandi. *b. towel* anduk mandi. *b. tub* bak mandi.

bathe /beiTH/ *kkt.* 1 memandikan. *B. the baby in this tub* Mandikanlah bayi itu dlm émbér ini. 2 mandi, bermandikan. *Sun bathed the corner room* Sudut kamar bermandikan sinar matahari. *He was bathed in perspiration* Ia mandi keringat. —**bathing** *kb.*

mandi, renang. *b. beach* pantai pemandian. *b. cap* topi renang/mandi (spy rambut tdk basah). *b. suit* baju renang. *b. trunks* celana renang.

bather /'beɪᴛнər/ *kb.* perenang.

bathinette /'bæthə'net/ *kb.* tempat mandi kecil bagi bayi.

bathing /'beɪᴛнɪng/ lih BATHE.

bathrobe /'bæth'rowb/ *kb.* mantel mandi.

bathroom /'bæth'rum/ *kb.* 1 kamar mandi. 2 kamar kecil. *Where's the b.?* Mana kamar kecil? *I have to go to the b.* Saya mau kebelakang. *b. tissue* kertas klosét/kakus.

batik /ba'tik/ *kb.* batik.

batiste /bə'tiest/ *kb.* kain batis.

baton /bə'tan/ *kb.* tongkat kecil yg dipakai oléh panglima atau oléh pemimpin musik.

battalion/bə'tælyən/ *kb.* batalyon.

batten /'bætən/ *kkt.* **to b.(down)** mempersiapkan kapal utk bayu. *to b.(down) the hatches* menutup palka rapat-rapat.

batter /'bætər/ *kb.* adonan. *b. for the cake* adonan utk kué. —*kkt.* memukul (berulang-ulang). *A hurricane battered the city for six hours* Topan memukul kota itu selama enam jam. **to b. down/in** mendobrak *(a door).*

battery /'bætərie/ *kb. (j. -ries)* 1 aki. *The car b. was dead* Aki mobil itu kosong/mati. 2 dérétan. *a b. of cameramen* sedérétan tukang pemotrét. *a b. of cannon* sedérétan meriam.

battle /'bætəl/ *kb.* 1 peperangan. 2 perjuangan. *a b. of wits* perjuangan dlm ketajaman berpikir. *b. for survival* perjuangan utk bertahan. 3 pertempuran. *a b. royal* pertempuran umum. —*kkt.* 1 berjuang melawan, bertempur. *The plane battled strong winds* Pesawat udara itu berjuang melawan angin yg kuat. 2 melawan. *Here one must b. a strong current* Disini orang hrs melawan arus yg keras. —*kki.* berjuang. *to b. for justice* berjuang utk keadilan. **b. array** susunan tempur. **b. cruiser** kapal penggempur. **b. fever** semangat tempur. **b. front** garis depan pertempuran. **battle-seasoned** *ks.* berpengalaman perang.

battlefield /'bætəl'field/ *kb.* médan perang/pertempuran.

battleship /'bætəl'syip/ *kb.* kapal perang/penempur.

bauxite /'bɔksait/ *kb.* boksit, bauksit.

bawdiness /'bɔdienəs/ *kb.* kemesuman.

bawdy /'bɔdie/ *ks.* mesum, carut.

bawdyhouse /'bɔdie'haws/ *kb.* rumah sundal/pelacuran.

bawl /bɔl/ *kki.* berteriak, menangis. *He bawled like a baby* Ia berteriak spt bayi. *Inf.:* **to b. out** membentak, menyentak-nyentak, menghardik, menggusari, mendamprat. *My boss bawled me out* Sép saya membentak saya. — **bawling** *kb.* teriakan, tangisan.

bay /bei/ *kb.* **the b. of the hounds** salak anjing-anjing pemburu. 2 teluk. *the B. of Naples* Teluk Napoli. **at b.** bersikap bertahan atau melawan. *The dog held the wolf at b. until I could fire* Anjing itu bertahan thd serigala itu sampai aku dpt menémbak. **to bring to b.** menghentikan. *We finally succeeded in bringing the enemy to b.* Akhirnya kami berhasil menghentikan musuh. **to keep at b.** menjauhkan. **to stand at b.** tetap bertahan. —*kki.* menyalak, meraung. *Dogs often b. at the moon* Anjing-anjing seringkali menyalak kpd bulan. **b. leaf** daun salam. **b. window** 1 jendéla yg menganjur. 2 *Sl.:* perut yg menonjol keluar.

bayonet /'beiənet/ *kb.* bayonét, (mata) sangkur. —*kkt.* menusuk dgn bayonét.

bazaar /bə'zar/ *kb.* pasar. *charity b.* pasar amal/derma.

BB /'biebie/ **BB gun**= AIR RIFLE

bbl [*barrel*] tong.

B.C. [*before Christ*] sblm Maséhi.

be /bie/ *kki.* (ind. waktu ini). **am** (dipakai utk orang pertama tunggal); **are** (dipakai utk orang kedua dan jamak); **is** (dipakai utk orang ketiga tunggal). 1 (tanpa katakerja) *I am sick* Saya sakit. *You are large* Kamu besar. *She's a nurse* Ia seorang jururawat. *We are Dutch* Kami orang Belanda. **::** *How are you?* Apa kabar? *She is no more* Ia sdh mati. 2 ada. *Here I am* Saya ada disini. *The book is on the table* Buku itu ada diatas méja. 3 berada. *He doesn't know where he is* Ia tdk tahu dimana ia berada. *When is the concert?* Kapan konsér itu diadakan? 4 jadi, adalah. *I'm a postman* Saya jadi tukang pos. 5 sedang, lagi. *You are eating* Kamu sedang makan 6 sama dengan. *Two and two are four* Dua dan dua sama dgn empat. 7 akan. *He is to leave tomorrow* Dia akan berangkat bésok. *He is being sent to Europe* Dia akan dikirim ke Éropa. *I'll take it as it is* Saya akan terima sebagaimana adanya. *She is permitted to stay* Ia diboléhkan tinggal. *He is to be told about it tomorrow* Akan diceritakan kepadanya ttg hal ini bésok. *How is it to be done?* Bagaimana menyelesaikannya? *Is his book published?* Apakah bukunya tlh terbit? *You are to be congratulated on your performance* Kamu hrs diberi selamat atas pertunjukanmu. —(ind. waktu lampau). **was** (dipakai utk tunggal); **were** (dipakai utk jamak). 1 tanpa katakerja). *The weather was fine* Cuaca bagus. 2 sudah, telah. *He was there* Dia sdh disana. 3 sedang, lagi... (tadi). *She was crying* Ia sedang menangis (tadi). *She was hurt* Ia (kena) luka. Ia terluka. *I was never to see him again* Saya tak akan menjumpainya lagi. *He was to have gone, but...* Ia seharusnya sdh pergi, tetapi.... — (subj. waktu ini) andaikata. *Were it not for my cold, I'd go* Andaikata saya tdk selesma, saya pergi. *as it were* seakan-akan, seolah-olah. **be** 1 (infinitip). *He will be here* Dia akan disini. *That may be* Itu mungkin. 2 (impératip). *Be good!* Baik-baiklah! Jagalah dirimu baik-baik! *Don't be long!* Jangan lama-lama 3 (subj. waktu ini). *Be it ever so small* Walaupun itu begitu kecil. **to be about to** hampir saja. *I'm about to leave* Saya hampir saja berangkat. **to be for** 1 berpihak pd. *I'm for you* a) Saya berpihak kepadamu. b) setuju. *I'm for leaving now* Saya setuju berangkat sekarang. *It is for you to decide* Kamulah yg menentukan. **been** (partisip waktu lampau). *I've been working* Saya sedang bekerja. *He has been to see his doctor* Ia sdh mengunjungi dokternya. *Have you been to Jakarta?* Apakah kamu sdh pernah ke Jakarta? *I've never been in his house* Saya tak pernah ke rumahnya. *Had it not been for the bad weather, I'd have gone* Umpamanya cuaca tdk buruk saya tlh pergi. —**being** *kb.* 1 badan. *My whole b. thrilled to the sound of that music* Seluruh badanku bergetar oléh bunyi musik itu. 2 makhluk. *every b. on this planet* setiap makhluk diatas bumi (planit) ini. *to worship a Supreme B.* menyembah Yang Mahakuasa. **to bring/call into b.** menciptakan. *World developments have called into b. an international organization* Perkembangan-perkembangan situasi dunia tlh menciptakan suatu organisasi internasional. **to come into b.** terjadi. *When did this come into b.?* Kapan hal ini terjadi? —*ks.* (buat) sementara. *For the time b. I will live here*

Buat sementara saya akan tinggal disini. —(partisip waktu ini) *I am b. taken to the show* Saya diajak menonton. *You are not b. very nice about it* Engkau tdk bersikap baik dlm hal itu. *He is b. fed intravenously* Ia (sedang) diberi makan secara disuntikkan kedlm pembuluh darah. **without being** tanpa. *You shouldn't go without b. invited* Kau jangan pergi tanpa diundang.

beach /biec/ *kb.* pantai. —*kkt.* menarik ke pantai. *The sinking ship was beached* Kapal yg tenggelam itu ditarik ke pantai.

beachcomber /'biec'kowmər/ *kb.* 1 seorang·kulit putih yg hidup melarat di pulau Lautan Teduh. 2 ombak besar.

beacon /'biekən/ *kb.* suar, menara api, rambu, lentéra laut.

bead /bied/ *kb.* manik-manik. *beads of sweat* butir-butir keringat. **to draw a b. on** membidik kpd/kearah. —**beads** *j.* tasbih. *to count/tell o's beads* membaca doa dgn menggunakan tasbih. —*kkt.* merangkaikan spt manik-manik. —**beaded** *ks.* bermanik-manik. *b. dress* baju yg bermanik-manik.

beady-eyed /'biedie'aid/ *ks.* mata yg menyerupai manik-manik.

beak /biek/ *kb.* paruh.

beaker /'biekər/ *kb.* gelas kimia.

beam /biem/ *kb.* 1 balok, tiang. 2 sorotan. *a b. of light* sorotan cahaya. 3 lébar (kapal). *The ship's b. was 30 feet* Lébar kapal itu 30 kaki. 4 sinar. *laser b.* sinar laser. **off the b.** 1 menyimpang dari tujuan/arah. *The plane was off the b.* Pesawat terbang itu menyimpang arahnya. 2 *Sl.:* salah tampa. *You're really off the b.!* Kamu salah tampa, bung! **on the b.** 1 tepat jurusannya. *The plane was right on the b.* Pesawat terbang itu tepat sekali jurusannya. 2 *Sl.:* tepat. *His statement was right on the b.* Pernyataannya itu tepat sekali. *on the port (or starboard) b.* sebelah kiri (kanan) kapal. —*kkt.* mengarahkan (siaran). *They b. radio programs to that country* Meréka mengarahkan acara radio ke negara itu. —*kki.* berchahaya, berseri-seri. *The child's face beamed* Air muka anak itu bercahaya. —**beamed** *ks.* bertiang. *The ceiling was b.* Langit-langit itu bertiang. —**beaming** *ks.* berseri-seri (*face*).

bean /bien/ *kb.* 1 buncis. *Sl.:* **full of beans** a) bersemangat, segar. *After such a good sleep, he's full of beans* Sesudah tidur énak itu ia bersemangat. b) berkepala udang. *You're full of beans* Kamu berkepala udang. *Inf.:* **hill of beans** sepélé. *He'll never amount to a hill of beans* Dia tdk akan mencapai banyak. *Inf.:* **not to know beans** tak tahu samasekali. *He doesn't know beans about physics* Ia tak tahu samasekali ttg fisika. *Sl.:* **to spill the beans** membuka rahasia. 2 *Sl.:* kepala. —*kkt. Sl.:* memukul. **b. sprouts** taugé.

beanpole /'bien'powl/ *kb.* 1 tiang buncis. 2 *Sl.:* kurus kering. *He's a real b.* Ia kurus kering sekali.

bear /bær/ *kb.* beruang. *Inf.: He's a b. for work* Ia (suka) bekerja keras sekali. —*kkt.* (**bore, borne**) 1 memikul. *to b. the burden* memikul beban. 2 tahan, betah. *I can't b. to hear her cry* Saya tak tahan mendengar dia menangis. 3 menunjang. *This bridge won't b. him* Jembatan ini tak dpt menunjang dia. 4 melahirkan. *She bore three sons* Ia melahirkan tiga orang anak laki-laki. *She can't b. children* a) Ia tdk dpt melahirkan anak. b) Ia benci akan anak-anak. 5 menanggung. *Who will b. the cost of this trip?* Siapa yg menanggung biaya perjalanan ini? *She has borne her affliction without complaint for years* Dia tlh menanggung penderitaannya bertahun-tahun tanpa

mengeluh. 6 menghasilkan. *What will the traffic b.?* Berapakah harga yg saya harapkan dari jual beli ini? 7 mengemban, memikul. *The president bears an awesome responsibility* Présidén mengemban tanggung-jawab yg luar biasa beratnya. 8 mengandung. *These trees b. fine fruit* Pohon-pohon ini buahnya bagus. *The title bears the meaning of 'savior'* Judul itu mengandung arti 'penyelamat'. 9 memuat. *That document bears his signature* Dokumén itu memuat tanda tangannya. —*kki.* 1 membélok. *Go two miles and b. (to your) left* Teruslah dua mil, lalu membéloklah ke kiri. 2 menuju. *The ship bore south* Kapal itu menuju ke selatan. **to b. down** berusaha keras. *After a shaky beginning he began to b. down and...* Stlh mulanya lemah, ia mulai berusaha keras dan.....

to b. down on 1 memusatkan diri pd, berusaha keras. *After the holidays he bore down on his studies* Sesudah libur ia memusatkan dirinya pd pelajarannya. 2 menekan. *When she writes, she bears down hard on her pen* Jika menulis ia menekan keras pd pénanya. 3 dgn cepat menuju kpd. *The speeding train bore down on the stalled car* Keréta api itu dgn cepat menuju kpd mobil yg mogok itu. *It was borne in upon him that he had made a frightful mistake* Sdh ditegaskan kepadanya bhw ia tlh membuat kesalahan yg besar sekali. **to b. on** menyinggung, berhubungan dgn. *His speech bore on the current situation* Pidatonya menyinggung keadaan sekarang ini. **to b.o.s.** berlaku, berkelakuan, *to b. o.s. with great dignity* bertindak dgn segala kebesaran. **to b. out** membuktikan, menyokong, menguatkan. *This bears out my previous statement* Hal ini membuktikan pernyataan saya yg terdahulu. **to b. up** bertahan. *He found it difficult to b. up under the pressures from outside* Sukar baginya utk bertahan thd segala tekanan-tekanan dari luar. **to b. with** menderita dgn sabar, ikut bersabar. *Please b. with me in this difficult situation* Marilah sama-sama menderita dlm suasana yg sulit ini. —**born** *ks.* dilahirkan (alam), ditakdir. *She's a b. actress* Dia seniwati alam. Ia mémang ditakdir sbg seniwati. *a b. writer* pengarang yg berbakat. **b. yesterday** tdk berpengalaman. *He wasn't b. yesterday* Ia tlh makan banyak garam. Ia bukan orang kemarin. —**bearing** *kb.* 1 sikap. *His b. was erect* Sikapnya tegak lurus. 2 hubungan, sangkut-paut. *His statement has no b. on the subject* Pernyataannya tdk ada sangkut-pautnya dgn soal itu. 3 baringan, pendugaan. *to take a b.* membaring, menentukan tempat. *true b.* baringan sejati. *compass b.* pendugaan kompas. **to get o's bearings** menentukan tempat. **to lose o's bearings** kehilangan arah/tujuan, tersesat. 4 *Auto.:* bantalan poros.

bearable /'bærəbəl/ *ks.* lumayan, dpt ditahan. *The temperature was b.* Suhunya lumayan.

beard /bird/ *kb.* janggut, jénggot. —*kkt.* menghadapi. —**bearded** *ks.* berjanggut, berjénggot. *the b. lady* wanita yg berjanggut.

bearer /'bærər/ *kb.* pembawa (surat). *Please reimburse the b. of this message* Tolong ganti perongkosan pembawa pesan (berita) ini. Harap dibayarkan kembali ongkos pembawa pesan (berita) ini. **to b.** atas unjuk.

beast /biest/ *kb.* 1 binatang (buas). *b. of burden* binatang beban. 2 jahanam, bangsat. *You're a b.!* Engkau jahanam!

beat /biet/ *kb.* 1 rute/ronda seorang polisi. 2 (*drum*) dentaman gendang. 3 gerakan irama/témpo (*of an orchestra*). 4 denyut(an), debar. *heart b.* debar/denyut(an) jantung. —*kkt.* (**beat, beaten**) 1 memukul (*a drum, a child*). 2 mengaJahkan. *I know*

I can b. you at tennis Saya tahu saya bisa mengalahkan kau ·main ténnis. 3 mengocok, mengaduk. *B. the cake batter* Kocoklah adonan kué itu. 4 *Inf.:* mengacaukan. *This beats me; I just don't understand the problem* Hal ini mengacaukan saya; saya betul-betul tak mengerti persoalannya. 5 mengepakkan. *The sparrow b. its wings* Burung jalak itu mengepak-kan sayapnya. 6 *Inf.:* melebihi. *For sheer stupidity that act beats all* Dari sudut kebodohan tindakan itu melebihi segalanya. *No sport beats baseball* Tak ada olahraga yg melebihi baseball. 7 *Sl.:* pergi, nyah. *B. it!* Pergi! Nyahlah! —*kki.* 1 berdenyut. *Her heart stopped beating* Jantungnya berhenti berdenyut. 2 *Inf.:* menang. **to b. about** menjelajah, meng-gelédah. *They b. about the area, searching for the lost child* Meréka menjelajah seluruh daerah mencari anak yg hilang itu. **to b. back** memaksa/memukul mundur. *to b. back the crowd* memaksa orang banyak itu mundur. *Inf.:* **to b. down** mengalahkan. *We succeeded in beating down the opposition* Kami berhasil mengalahkan lawan. **to b. off** menghalau. *The hunter was able to b. off the attacking bear* Pemburu itu dpt menghalau beruang yg menyerang itu. **to b. out** 1 *Inf.:* menyusun, membuat. *The reporter barely had time to b. out his story* Wartawan itu hampir-hampir tak cukup waktunya utk menyusun ceritanya. 2 memukul irama, meningkah. *The listeners b. out the time with their feet* Pendengar-pendengar itu ikut memukul irama dgn kaki. 3 mengalahkan. *to b. out o's competitors* mengalahkan saingannya. *Inf.:* **to b. out of** menipu. *My friend b. me out of a lot of money* Teman saya menipu saya, sehingga banyak uang saya hanyut. **to b. time** memukul irama. **to b. to** mencapai dulu, mendahului. *He applied for the job but s.o. b. him to it* Ia melamar pekerjaan itu, tetapi ada orang yg mendahuluinya. **to b. up** 1 *Sl.:* memukul habis-habisan. *The boy was beaten up* Anak laki-laki itu dipukul habis-habisan. 2 mengaduk, mengocok. *to b. (up) the potatoes* mengaduk kentang. —**beat-up** *ks.* usang. *He wears an old, b.-up hat* Dia memakai topi yg usang. —**beaten** *ks.* 1 ditempa. *b. silver* pérak tempa. 2 ditempuh. *b. path/track* jalan yg banyak ditempuh. 3 *Inf.:* lelah, capék betul. *I'm b.* Saya lelah. *off the b. track* terpencil, tersendiri. —**beating** *kb.* pukulan. *He died from the b.* Ia mati karena pukulan. **to take a b.** menerima pukulan. *to take a b. on the stock market* menderita kerugian besar di pasar bursa.

beater /'bietər/ *kb.* 1 pemukul. 2 pengocok. *egg b.* pengocok telur.

beatnik /'bietnik/ *kb.* pemuda dan pemudi di AS yg tingkah lakunya berlawanan dgn segala adat kebiasaan; di Indonésia sering disamakan dgn crossboy dan crossgirl, sm hippy sekarang.

beau /bow/ *kb.* pesolék, pemberahi, rancak di labuah.

beautician /byuw'tisyən/ *kb.* ahli kecantikan.

beautification /'byuwtəfə'keisyən/ *kb.* pengindah-an.

beautifies /'byuwtəfaiz/ lih BEAUTIFY.

beautiful /'byuwtəfəl/ *ks.* indah, cantik, élok, bagus. *It's a b. day* Hari indah betul. *b. girl* gadis cantik. —**beautifully** *kk.* dgn indah.

beautify /'byuwtəfai/ *kkt.* memperindah, mem-perélok, mempercantik.

beauty /'byuwtie/ *kb.* (*j.* **-ties**) 1 orang cantik. *She's a b.* Ia cantik betul. *That new car is a b.* Mobil baru itu cantik. 2 indah. *Those flowers are beauties* Bunga-bunga itu indah betul. 3 kecantikan. *B. is only skin-*

deep Kecantikan itu hanya diluaran saja. *The b. of it is that it goes forward and backward* Yg menarik ialah bhw ia (bisa) maju dan mundur. *b. contest* perlombaan/pertandingan kecantikan. *b. parlor/shop* salon kecantikan. **b. spot** tahi lalat.

beaver /'bievər/ *kb.* berang-berang. *to work like a b.* bekerja dgn rajin. *He's a b. for work* Ia bekerja sangat rajin.

beaverboard /'bievər'bowrd/ *kb.* kertas tebal dan keras, harbor.

became /bi'keim/ lih BECOME.

because /bi'kɔz/ *ksam.* karena, sebab. *She couldn't go b. she was ill* Ia tak dpt pergi, karena ia sakit. **b. of** disebabkan oléh, (oléh) sebab/karena. *The schools were closed b. of snow* Sekolah-sekolah ditutup disebabkan oléh salju. *I was late b. of you* Saya terlambat karena kamu.

beck /bek/ *kb.* isyarat dgn kepala atau tangan. **at o's b. and call** siap sedia. *She was at his b. and call whether he was ill or well* Dia selalu siap sedia (men-dàmpingi dia), biarpun ia sakit atau séhat.

beckon /'bekən/ *kkt.* mengisyaratkan, memberi isyarat. *He beckoned her to step nearer* Wanita itu diberi isyarat utk mendekat. —*kki.* memberi isyarat kpd. *They beckoned to me and I obeyed* Meréka itu memberi isyarat kpd saya dan saya mematuhinya.

become /bi'kʌm/ *kkt.* (**became, become**) cocok, pantas. *That red dress becomes her* Baju mérah itu cocok padanya. —*kki.* menjadi. *He's going to b. a doctor* Ia akan menjadi seorang dokter. *She became ill* Ia menjadi sakit. *to b. infected* kena inféksi. **to b. of** terjadi atas. *What's b. of my socks?* Apa yg terjadi dgn kaus kakiku? *What's to b. of her now that her parents are dead?* Bagaimana nasibnya (sekarang), stlh orang tuanya meninggal? —**becoming** *ks.* pantas, selaras. *That dress is very b. on you* Baju itu pantas betul padamu. *That color is very b. to you* Warna itu pantas betul padamu.

bed /bed/ *kb.* 1 tempat tidur. *to make a b.* mem-béréskan tempat tidur. *He has made his b. and now he must lie in it* Dia tlh menentukan keputusan dan sekarang hrs menanggung konsekwénsinya. *to go to b.* pergi tidur. *to put to b.* menidurkan. *to take to o's b.* tinggal di tempat tidur. *to get out of/on the wrong side of the b.* marah-marah saja, jéngkél. 2 dasar. *river b.* dasar sungai. 3 alas. *b. of concrete* alas (dari) beton. 4 kebun, taman. *b. of flowers* kebun bunga. *Life is no b. of roses* Hidup ini bukanlah kesenangan belaka. —*kkt.* (**bedded**) **to b. down** memberi pon-dokan. *We can b. down ten people in our home* Kami dpt memberi pondokan utk sepuluh orang di rumah kami. **b. and board** penginapan dan makanan. *The woman left his b. and board and is now suing for divorce* Perempuan itu meninggalkan dia dan kini menuntut perceraian. **b. covers/linen** seperé, sarung bantal, dsb. —**bedding** *kb.* sepré, selimut, kain-kain tempat tidur.

bedbug /'bed'bʌg/ *kb.* kutu busuk, kepinding, tinggi, bangsat.

bedclothes /'bed'klowz/ *kb. j.* sepré dan sarung bantal, kain-kain tempat tidur.

bedevil /bi'devəl/ *kkt.* menggoda, mengganggu-ganggu, membuat bingung, menyusah-nyusahkan. *He bedeviled me to take him to the circus* Ia tak henti-hentinya menggoda saya utk membawanya ke sir-kus.

bedfellow /'bed'felow/ *kb.* kawan, teman. *Politics and poetry make strange bedfellows* Politik dan poési merupakan kawan-kawan yg anéh.

bedlam /'bedləm/ *kb.* hiruk-piruk, ribut, gempar,

gaduh. *After the explosion, there was sheer b.* Sesudah ledakan itu hiruk-piruk yg ramai terjadi.

Bedouin /'bedəwən/ *kb.* orang Badui. —*ks.* Badui.

bedpan /'bed'pæn/ *kb.* bejana sorong.

bedraggled /bi'drægəld/ *ks.* basah kuyup, berlumur. *to look b.* kelihatan basah kuyup.

bedridden /'bed'ridən/ *ks.* terbaring di tempat tidur. *Her mother has been b. for two years* Ibunya berbaring di tempat tidur selama dua tahun.

bedrock /'bed'rak/ *kb.* batuan dasar, lapisan tanah keras.

bedroll /'bed'rowl/ *kb.* sulungan alas tidur, selimut dsb., yg dibawa berkémah.

bedroom /'bed'rum/ *kb.* kamar tidur.

bedside /'bed'said/ *kb.* di sisi tempat tidur. *at the b. of the patient* di sisi tempat tidur sisakit itu. *That doctor has a nice b. manner* Dokter itu pintar sekali bergaul dgn orang sakit. *b. lamp* lampu utk tempat tidur.

bedsore /'bed'sowr/ *kb.* luka baring.

bedspread /'bed'spred/ *kb.* penutup tempat tidur, ulas tempat tidur yg menutupi sepré.

bedspring /'bed'spring/ *kb.* pér tempat tidur.

bedtime /'bed'taim/ *kb.* waktu tidur. *It's my b.* Sekarang tlh waktu tidur saya. *b. story* ceritera utk anak-anak sblm tidur.

bedwetting /'bed'weting/ *kb.* ngompol, kencing di tempat tidur.

bee /bie/ *kb.* 1 tawon, lebah. *They are as busy as bees* Meréka sibuk benar. 2 saingan, perlombaan. *spelling b.* perlombaan/pertandingan mengéja. *sewing b.* kontés menjahit. **to have a b. in o's bonnet** 1 pikirannya tergoda. 2 agak sinting. 3 hanya memikirkan satu hal saja.

beech /biec/ *kb.* sej. pohon.

beef /bief/ *kb.* (*j.* **beeves**). 1 daging sapi. *b. cattle* ternak sembelihan. 2 *Sl.*: keluhan. *What's your b.?* Apakah keluhanmu? —*kki. Sl.*: menggerutu. *Students are always beefing about s.t.* Pelajar-pelajar selalu menggerutu ttg s.s.t. *Sl.*: **to b. up** menaikkan, menambah. *We'll have to b. up the salaries* Kami hrs menaikkan gaji-gaji.

beefsteak /'bief'steik/ *kb.* daging bistik.

beehive /'bie'haiv/ *kb.* sarang lebah.

beeline /'bie'lain/ *kb.* jalan langsung. *Inf.*: *He made a b. for the nearest telephone* Dia terus menuju ke télepon yg terdekat.

been /bin/ lih BE.

beep /biep/ *kb.* tit (bunyi). *Can you hear the beeps of the satellite?* Dapatkah kamu mendengar bunyi tit... tit...tit dari satelit? *The car horn went "b., b."* Klakson mobil itu berbunyi "tit...tit...tit." —*kki.* berbunyi. *The car horn beeped* Klakson mobil itu berbunyi tit...tit...tit.

beer /bir/ *kb.* bir.

beeswax /'biez'wæks/ *kb.* lilin tawon lebah.

beet /biet/ *kb.* bit. *b. sugar* gula bit.

beetle /'bietəl/ *kb.* kumbang.

beeves /bievz/ lih BEEF.

bef. [*before*] sebelum(nya).

befall /bi'fɔl/ *kkt.* menimpa. (**befell, befallen**) *I hope no harm befalls you* Saya harap tdk akan ada kemalangan yg menimpa sdr.

befallen /bi'fɔlən/ lih BEFALL.

befell /bi'fel/ lih BEFALL.

befit /bi'fit/ *kkt.* (**befitted**) cocok, pantas, serasi. —**befitting** *ks.* cocok, sesuai, tepat (*occasion*).

before /bi'fowr/ *kk.* lebih dahulu. *I never knew that b.* Saya tdk mengetahuinya lebih dahulu. **b. long** tdk lama lagi. *I'm going to Washington b. long* Tdk lama

lagi saya akan pergi ke Washington. —*kd.* 1 sebelum, lebih dulu, duluan. *I have to leave b. you* Saya hrs pergi sblm kamu. 2 dimuka, dihadapan, didepan. *He stood b. the judge* Ia berdiri dimuka hakim. *He has a brilliant future b. him* Ia menghadapi masa depan yg gilang-gemilang. —*ksam.* 1 sebelum. *B. you go will you sign this?* Sblm kau pergi tandatangánilah ini dulu. 2 daripada. *I'll die b. I'll apologize* Lebih baik saya mati drpd minta maaf.

beforehand /bi'fowr'hænd/ *kk.* sebelumnya. *You should have prepared it b.* Kamu seharusnya menyediakannya sebelumnya.

befriend /bi'frend/ *kkt.* melindungi, berlaku spt sahabat, menolong. *The old man befriended the boy* Orang tua itu menolong anak laki-laki itu.

befuddle /bi'fʌdəl/ *kkt.* membingungkan. *He was completely befuddled* Ia benar-benar bingung.

beg /beg/ *kkt.* (**begged**) meminta. *I b. your pardon* Saya minta maaf. —*kki.* 1 meminta. *Don't keep begging for cookies* Jangan terus-menerus minta kué. 2 mengemis. *Don't b.* Jangan mengemis. 3 ingin. *I b. to inform you that...* Saya ingin memberitahukan kpd sdr bhw.... **to b. off** menolak. *Thank you for the invitation, but I shall have to b. off this time* Terima kasih atas undangan itu, tetapi saya hrs menolak sekali ini. **to go begging** tdk diindahkan orang. *Scholarships often go begging* Kadang-kadang sukar mencari orang yg mau menerima béasiswa. Seringkali béasiswa tdk diamalkan/dihikmahkan/dipergunakan.

began /bi'gæn/ lih BEGIN.

begat /bi'gæt/ lih BEGET.

beget /bi'get/ *kkt.* (**begat, begotten**) 1 memperanakkan (*a child*). 2 menurunkan (*of fish, etc.*).

beggar /'begər/ *kb.* pengemis, orang minta-minta, kéré. —*kkt.* **to b. description** tdk terlukiskan. *The beauty of Yellowstone Park beggars description* Keindahan Yellowstone Park tdk terlukiskan.

begin /bi'gin/ *kkt.* (**began, begun**) memulai. *We began this orchestra some years ago* Kami memulai orkés ini beberapa tahun yg lalu. —*kki.* (me)mulai. *It's beginning to snow* Salju mulai turun. *We'll b. with a song* Kami akan mulai dgn sebuah nyanyian. **does not begin to** tdk dpt. *The supply doesn't b. to meet the demand* Persediaan tdk dpt memenuhi permintaan. **to b. on** mulai mengerjakan. *We'll b. on the dictionary tomorrow* Kami akan mulai mengerjakan kamus itu bésok. **to b. over** (**again**) mulai dari permulaan. **to b. with** 1 mulai dgn. *We'll b. the meal with soup* Kita akan mulai makan dgn sop. 2 pertama-tama. *To b. with, why do you want to go?* Pertama-tama, mengapa kau ingin pergi? —**beginning** *kb.* permulaan. *a good b.* permulaan yg baik. *b. Latin* Bahasa Latin tingkat permulaan.

beginner /bi'ginər/ *kb.* orang yg baru mulai. *He's a b. in Indonesian* Ia baru mulai belajar bahasa Indonésia. *beginner's luck* semata-mata beruntung karena baru memulai s.s.t.

begotten /bi'gatən/ lih BEGET.

begrudge /bi'grʌj/ *kkt.* 1 iri akan/pada. *You shouldn't b. him his right* Janganlah kamu iri akan haknya. 2 menyesalkan. *I don't b. the money spent on his education* Saya tdk menyesalkan uang yg tlh dikeluarkan utk pendidikannya.

beguile /bi'gail/ *kkt.* memperdayakan. *His attitude beguiled me into believing we were friends* Sikapnya memperdayakan saya spy percaya bhw kami berteman. —**beguiling** *ks.* yg memperdayakan. *Her b. ways made a big impression upon me* Cara-caranya yg memperdayakan berkesan benar pd saya.

begun /bi'gʌn/ lih BEGIN.
behalf /bi'hæf/ *kb.* kepentingan. **in b. of** utk kepentingan. *She worked in b. of the local fund drive* Ia bekerja utk kepentingan pengumpulan dana setempat. **on b. of** atas nama. *On b. of Cornell University I welcome you* Atas nama Cornell University saya mengucapkan selamat datang kpd sdr-sdr. *They acted on my b.* Meréka bertindak atas nama saya.
behave /bi'heiv/ *kki.* 1 berkelakuan. *The children should b. better* Anak-anak hrs berkelakuan lebih baik. **to b. o.s.** berlaku/berkelakuan baik. 2 berjalan. *This new car behaves beautifully* Mobil baru ini jalannya bagus. 3 menunjukkan réaksi. *Alcohol behaves differently in various situations* Alkohol menunjukkan réaksi yg berbéda-béda dlm bermacam-macam keadaan.
behavior /bi'heivyər/ *kb.* 1 kelakuan. *His b. was inexcusable* Kelakuannya tdk dpt dimaafkan. 2 tindak-tanduk. *Most b. is learned* Kebanyakan tindak-tanduk itu dipelajari. 3 jalan. *The boat's b. suited the owner perfectly* Jalan kapal itu menyenangkan benar bagi pemiliknya. **on o's best b.** bertingkah laku dgn sopan.
behavioral /bi'heivyərəl/ *ks.* yg berh. dgn kelakuan atau perangai. *b. science* ilmu pengetahuan sosial (yg berh. dgn tingkah laku manusia, spt sosiologi, antropologi atau psikologi). *the b. sciences* ilmu-ilmu perilakuan.
behead /bi'hed/ *kkt.* memenggal/memotong kepala.
beheld /bi'held/ lih BEHOLD.
behemoth /bi'hieməth/ *kb.* 1 raksasa binatang. 2 raksasa.
behind /bi'haind/ *kb. Inf.:* pantat. —*kk.* ketinggalan. *I'm b. in my rent* Saya ketinggalan dlm membayar séwa. *You're going to be b. if you don't speed up* Kau akan ketinggalan kalau tdk cepat-cepat. —*kd.* 1 di-/ke-belakang. *to go b. the house* pergi kebelakang rumah itu. *to attack from b. the lines* menyerang dari belakang garis. *b. the scenes* dibelakang layar, dgn rahasia. *We are all b. him* Kami semua menyokongnya. 2 terbelakang. *She is b. the other children in her class* Dia terbelakang dgn anak-anak lain di kelasnya. *b. the times* ketinggalan zaman. *one b. the other* beriring-iringan.
behold /bi'howld/ *kkt.* (**beheld**) melihat. *What a sight they beheld!* Alangkah bagusnya pemandangan yg meréka lihat! *B.!* Lihatlah!
beige /beizy/ *ks.* sej. warna antara abu-abu dan coklat.
belabor /bi'leibər/ *kkt.* 1 berulang-ulang menghantam. *I see no reason to b. the point* Saya tdk melihat alasan utk berulang-ulang menghantam soal itu. 2 memukuli dgn keras. *The owner belabored his dog* Pemilik itu memukuli anjingnya dgn keras.
belated /bi'leitid/ *ks.* terlambat. *The b. invitation arrived today* Undangan yg terlambat itu sampai hari ini.
belay /bi'lei/ *kkt. Nau.:* membatalkan (perintah), menghentikan. *B. that!* Berhenti!
belch /belc/ *kb.* serdawa. —*kkt.* menyemburkan, mengeluarkan (*smoke*). —*kki.* beserdawa. *He belched* Dia beserdawa.
beleagured /bi'liegərd/ *ks.* terkepung. *the b. forces* tentara yg terkepung.
belfry /'belfrie/ *kb.* (*j.* **-ries**) menara tempat loncéng bergantung.
Belgian /'beljən/ *kb.* orang Bélgia —*ks.* yg berk. dgn Bélgia. *B. lace* rénda Bélgia.
Belgium /'beljəm/ *kb.* Bélgia.

belie /bi'lai/ *kkt.* mengingkari, memungkiri. *His actions b. his principles* Tindak-tindakannya mengingkari pendiriannya.
belief /bi'lief/ *kb.* 1 kepercayaan, keyakinan. *His b. is essentially Christian* Keyakinannya pd dasarnya Keristen. 2 kepercayaan, perasaan. *It is my b, that she will go* Adalah kepercayaan saya bhw dia akan pergi. **beyond b.** tdk masuk akal, ajaib, mustahil. *His strength is beyond b.* Kekuatannya sungguh-sungguh menakjubkan.
believe /bi'liev/ *kkt.* percaya. *I b. you* Saya percaya kepadamu. *I b. you should go* Saya percaya kau hrs pergi. —*kki.* percaya. **to b. in** percaya akan (*ghosts*). **to make b.** berbuat seolah-olah.
believer /bi'lievər/ *kb.* orang yg percaya, penganut, pengikut.
belittle /bi'litəl/ *kkt.* 1 menganggap kecil thd. *She belittled her friend* Dia menganggap kecil thd temannya. 2 meréméhkan. *to b. s.o.'s efforts to...* meréméhkan usaha-usaha s.s.o. utk....
bell /bel/ *kb.* 1 loncéng, bél, genta. *pushbutton b.* loncéng/bél tombol. 2 giring-giring, bél (pd sepéda). *Inf.:* **to ring a b.** membangkitkan ingatan. *I don't recall him personally, but his name rings a b.* Saya tdk ingat orangnya, tapi namanya mencetuskan kenangan. **b. buoy** pelampung bergenta.
bellboy /'bel'boi/ *kb.* pelayan, pesuruh di hotél dsbnya yg pekerjaannya mengangkat koper dan menjadi pesuruh buat para tamu.
belle /bel/ *kb.* 1 wanita/gadis cantik. 2 wanita yg tercantik dlm suatu rombongan.
bellicose /'beləkows/ *ks.* suka berkelahi/berperang.
belligerent /bə'lijərənt/ *kb.* negara yg berperang. *The belligerents assembled at the peace talks* Negara-negara yg berperang berkumpul pd perundingan-perundingan perdamaian. —*ks.* yg suka berkelahi. *He's a b. boy* Dia seorang anak yg suka berkelahi.
bellow /'below/ *kki.* lenguh (*of a bull*) —*kkt.* meneriakkan. *The sergeant bellowed his commands* Sersan itu meneriakkan perintah-perintahnya. —*kki.* melenguh. *The bull bellowed loud and long* Sapi itu melenguh keras dan lama.
bellows /'belowz/ *kb., j.* puputan, embusan, pengembus, ubub(an).
belly /'belie/ *kb.* (*j.* **-lies**) perut. *b. dance* tari perut. *b. laugh* ketawa terbahak-bahak.
bellyache /'belie'eik/ *kb. Inf.:* sakit perut. —*kki. Inf.:* berkeluh kesah (**about** ttg).
bellyful /'belieful/ *kb. Inf.:* muak, jemu. *I've had a b. of your nagging* Aku sdh muak dgn omélanmu.
belong /bi'lɔng, -'lang/ *kki.* mestinya. *This book belongs on that table* Buku ini mestinya diatas méja itu. **to b. to** 1 termasuk. *Do you b. to this club?* Apakah kamu termasuk perkumpulan ini? 2 kepunyaan. *Does this b. to you?* Apakah ini kepunyaanmu? —**belongings** *kb., j.* harta milik, barang-barang. *personal b.* barang-barang pribadi.
beloved /bi'lʌvid *kb.;* bi'lʌvd *ks./ kb.* orang yg dicintai, kekasih. *Dearly b., we are gathered here...* Kekasih yg tercinta, sekarang kita tlh berkumpul disini.... —*ks.* dicintai. *He was b. throughout the world* Dia dicintai di seluruh dunia.
below /bi'low/ *kk.* di(ke)bawah. *The captain went b.* Kaptén pergi kebawah. *See the footnote b.* Lihat catatan dibawah. —*kd.* di/kebawah. *Don't go b. this deck* Jangan pergi kebawah geladak ini. *His intelligence is b. average* Kepintarannya dibawah rata-rata. *It was 10° b. freezing* Suhu adalah 10 derajat dibawah titik beku.
belt /belt/ *kb.* 1 ikat pinggang. *to hit below the b.*

bermain curang, tdk sportif. *Sl.*: *to have under o's b.* memiliki. 2 daérah. *the cotton b.* daérah yg menghasilkan kapas. 3 ban, lajur. —*kkt. Sl.*: **to b. s.t. out** mengumandangkan. *The band belted out Dixieland music* Orkés itu mengumandangkan dgn keras musik jazz dari AS bagian Selatan.

bemoan /bi'mown/ *kkt.* meratapi, merintihkan (*o's fate*).

bemused /bi'myuwzd/ *ks.* 1 kagum, kagét. *She was b. over the new development* Dia kagum oléh perkembangan baru itu. 2 melongo, (me)ngelamun.

bench /benc/ *kb.* 1 bangku. 2 *Law*: hakim, mahkamah, pengadilan. *b. mark* tanda utk menentukan tingginya letak suatu daérah.

bend /bend/ *kb.* bélokan, beliku, tikungan. *a sharp b. in the road* bélokan tajam di jalan. —**bends** *j.* kejang urat disebabkan tekanan udara yg tiba-tiba. —*kkt.* (**bent**) 1 menekuk. *Please don't b. this card* Janganlah menekuk kartu ini. 2 menekukkan. *She bent her finger* Ia tekukkan jarinya. 3 melipat. *to b. the knee* melipat lutut. 4 membéngkokkan, melenturkan. *to b. a wire* membéngkokkan kawat. *to b. every effort to* berusaha sekeras-kerasnya utk. —*kki.* binglai, lunglai, melengkung, bungkuk. *The tree bends when the wind blows* Pohon itu binglai bila angin bertiup. **to b. down** 1 membungkukkan. *The snow bent the branches down to the ground* Salju membungkukkan dahan-dahan ke tanah. 2 membungkuk. *I can't b. down* Saya tak dpt membungkuk. **to b. inward** mengembik, membéngkok kedalam. *His legs b. inward* Kakinya membéngkok kedlm. **to b. over** membungkuk. **to b. over backwards** berusaha mati-matian. *He bent over backwards to be neutral in the affair* Ia berusaha sedapat-dapatnya bersikap nétral dlm perkara itu.

beneath /bi'nieth/ *kd.* 1 dibawah. *Put it b. these papers* Taruhlah itu dibawah kertas-kertas ini. 2 tak pantas, hina. *It's b. me to do that* Tak pantas bagi saya mengerjakan itu. *His statement was b. contempt* Keterangannya terlalu hina utk dihiraukan. **b. it all** sebenarnya, pd hakékatnya. *B. it all she's a nice girl* Sebenarnya dia anak yg baik.

benediction /'benə'diksyən/ *kb.* doa, ucapan syukur.

benefactor /'benə'fæktər/ *kb.* dermawan.

beneficence /bə'nefəsəns/ *kb.* kemurahan hati, derma.

beneficent /bə'nefisənt/ *ks.* bersifat dermawan. *b. act* tindakan yg bersifat dermawan.

beneficial /'benə'fisyəl/ *ks.* bermanfaat. *Rest is b.* Istirahat adalah bermanfaat.

beneficiary /'benə'fisyieerie/ *kb.* (*j.* **-ries**) ahli waris, penerima warisan. *The children were named beneficiaries in the will* Anak-anak itu disebut ahli waris dlm surat wasiat.

benefit /'benəfit/ *kb.* 1 kebaikan, manfaat. *The b. was slight* Kebaikannya tipis. 2 kepentingan. *For the b. of all present let me say...* Utk kepentingan semua yang hadir, baiklah saya katakan... *b. party for charity* suatu pésta amal utk derma. **b. of the doubt** pembébasan dari dakwaan. *I gave him the b. of the doubt in the matter* Saya membébaskan dia dari dakwaan dlm masalah ini. **of b.** berguna, berfaédah. *Our going wasn't of much b. to others* Kepergian kami tak banyak gunanya bagi yg lain. —*kkt.* menguntungkan. *The good grades will b. him greatly* Angka-angka yg baik itu akan menguntungkan baginya. —*kki.* beruntung. *He will b. from the*

new tax law Dia akan beruntung dari peraturan pajak yg baru itu.

benevolence /bə'nevələns/ *kb.* kebajikan, perbuatan baik.

benevolent /bə'nevələnt/ *ks.* penuh kebaikan/kebajikan. *b. act* tindakan yg penuh kebaikan.

benign /bə'nain/ *ks.* 1 ramah. *b. countenance* roman muka yg ramah. 2 lunak, tdk berbahaya. *b. tumor* penyakit tumor yg lunak (tdk berbahaya).

bent /bent/ *kb.* bakat. *He has a real b. for art* Dia benar-benar punya bakat utk seni. **to follow o's own b.** mengikuti kemauannya sendiri. —*ks.* 1 péot, béngkok. *The pan is b.* Panci itu péot. 2 bungkuk. *The old woman is b. over* Perempuan tua itu bungkuk sekali. 3 cenderung. *He is b. on going* Ia cenderung utk pergi. 4 bertekad. *He is b. on a teaching career* Ia bertekad utk menjadi guru. lih BEND.

benumbed /bi'nʌmd/ *ks.* kebas (karena kedinginan).

benzoin /'benzoin/ *kb.* kapur barus.

bequeath /bi'kwieth, -'kwieTH/ *kkt.* mewariskan. *She was bequeathed $10,000 by her father* Dia diwarisi ayahnya $10,000.

bequest /bi'kwest/ *kb.* warisan, pusaka.

berate /bi'reit/ *kkt.* mencaci-maki.

bereave /bi'riev/ *kkt.* (**bereaved** atau **bereft**) kehilangan. *He was bereft of hope* Dia kehilangan harapan. *They were bereft of a loved one* Meréka kehilangan orang yg dikasihinya.

bereavement /bi'rievmənt/ *kb.* kehilangan. *We offered our sympathy in their b.* Kami menyampaikan bélasungkawa atas kehilangan yg meréka derita.

bereft /bi'reft/ lih BEREAVE.

beret /bə'rei/ *kb.* (topi) barét.

beriberi /'berie'berie/ *kb.* béribéri.

Bermuda /bər'myuwdə/ *kb.* Bermuda. *B. onion* bawang Bermuda. *B. shorts* sej. celana péndék.

berry /'berie/ *kb.* (*j.* **-ries**) *Raspberries and strawberries are berries* Buah prambus dan arbei termasuk jenis berry.

berserk /bər'sərk/ *ks., kk.* amuk. *to go b.* mengamuk, marah sekali.

berth /bərth/ *kb.* 1 tempat (ber)labuh/tambatan/ merapat. *The ship was kept in its b.* Kapal itu ditahan di tempat labuhnya. 2 tempat tidur (di kapal, keréta api, dsb.). *I have a lower b. on the train* Tempat tidur saya disebelah bawah di keréta api itu. 3 pekerjaan, jabatan. *He has a b. as a soccer coach* Pekerjaannya pelatih sépak bola. 4 tempat. *He clinched a b. on the Davis Cup team* Ia mendapat témpat dlm regu Davis Cup. **to give a wide b. to** 1 memberikan keluasan yg cukup. *We gave the approaching vessel a wide b.* Kami mengélak jauh-jauh dari kapal yg sedang mendekat itu. 2 mengélakkan. *He disliked his uncle and always gave him a wide b.* Ia tak menyukai pamannya dan selalu mengélakkannya. —*kkt.* mengepilkan, menambat(kan) (*a ship*). —*kki.* berlabuh. *Ships b. here at high tide* Kapal-kapal berlabuh disini pd waktu air pasang.

beseech /bi'siec/ *kkt.* (**besought** atau **beseeched**) memohon.

beset /bi'set/ *kkt.* (**beset**). 1 menimpa, menyerang. *We were b. by troubles on all sides* Kami ditimpa oléh segala macam kemalangan. 2 mengelilingi, mengepung.

beside /bi'said/ *kd.* 1 disamping, disebelah. *Won't you sit down b. me?* Dudukhlah disamping saya. *Put one box b. the other, please* Letakkanlah kardus itu disebelah yg lain. 2 dibandingkan dgn. *I seem rather ordinary b. my brother* Saya kelihatan agak sederhana dibandingkan dgn saudara saya. **to be b. o.s.** 1 tdk tahan. *I am b. myself with pain* Saya tdk tahan lagi karena kesakitan. 2 lupa akan diri karena marah. *She is b. herself after spending all day with four little children* Hilang akalnya stlh menghabiskan sehari suntuk dgn empat anak-anak kecil.

besides /bi'saidz/ *kk.* lagi pula, tambahan. *She doesn't want to go, b. she's already been there* Dia tak mau pergi, lagi pula dia sdh pernah kesana. —*kd.* selain. *B. this house, they have a beach home* Selain rumah ini meréka mempunyai sebuah rumah di pantai. *B. being good at sports, he's a good student* Selain pandai berolahraga, dia seorang mahasiswa yg pandai.

besiege /bi'siej/ *kkt.* 1 mengepung. *The city was besieged for three weeks* Kota itu dikepung tiga minggu lamanya. 2 menyerbu. *We were besieged with requests for autographs* Kami diserbu dgn permintaan tanda tangan.

besmirch /bi'smərc/ *kkt.* menodai (*s.o.'s character*).

besought /bi'sɔt/ lih BESEECH.

bespatter /bi'spætər/ *kkt.* mereciki.

bespeak /bi'spiek/ *kkt.* (**bespoke, bespoken**) 1 memesan lebih dahulu (*a seat at the opera*). 2 memperlihatkan. *A neat house bespeaks care* Rumah yg rapi memperlihatkan pemeliharaan.

bespoke(n) /bi'spowk(ən)/ lih BESPEAK.

best /best/ *kb.* 1 paling baik, terbaik. *Nothing but the b. will do* Hanya yg terbaik dpt dipergunakan. *Give him my b. (regards, wishes)* Sampaikan salam eratku padanya. **all for the b.** berlangsung dgn baik, utk maksud baik. **at b.** dlm keadaan yg paling baik. *At b. it's a difficult decision* Paling banter, sukar bagi kita utk mengambil keputusan. **at o's b.** dlm keadaan yg paling baik. *I am at my b. during the summer* Saya dlm keadaan yg paling baik selama musim panas. **to do o's b.** berusaha sedapat-dapatnya. *He always does his b.* Ia senantiasa berusaha/bekerja sebaik-baiknya. *Inf.: to do o's level b.* berusaha sedapat-dapatnya. **for the b.** yg sebaik-baiknya *Let's hope for the b.* Marilah kita harapkan yg sebaik-baiknya. *Let's hope it's all for the b.* Marilah kita berharap agar semua berlangsung dgn baik. **to get the b. of** mengalahkan. **to have the b. of** menang. *His opponent had the b. of the argument* Lawannya menang dlm pertikaian itu. **to make the b. of** berbuat sebaik-baiknya dgn. *to make the b. of a bad bargain* puas dgn apa yg ada. **to the b. of** sepanjang. *to the b. of my knowledge* sepanjang pengetahuan saya. **with the b.** sepandai orang lain. —*ks.* 1 terbaik. *This is the b. of all possible worlds* Inilah daérah yg terbaik di dunia. 2 paling énak. *These cookies are the b. I've had* Kué-kué kering ini kué yg paling énak yg pernah saya makan. **b. part** sebagian besar. *I slept the b. part of two days* Saya tidur sebagian besar dari dua hari ini. —*kk.* lih. WELL. yg paling. *He likes fish b.* Ikanlah yg paling disukainya. *She speaks French b. of all those in the class* Dia yg terbaik berbahasa Perancis dari semua yg ada didlm kelas ini. **as b. o. can** sedapat/sebaik mungkin. *Try to do the job as b. you can* Cobalah mengerjakan pekerjaan itu sedapat mungkin. **had b.** sebaiknya. *I'd b. go now* Sebaiknya saya pergi sekarang. —*kkt. Inf.:* mengalahkan. *She bested her nearest rival* Ia mengalahkan lawannya yg terdekat. **b. girl** pacar. **b. man** pesemandan laki-laki, saksi lelaki (pd perkawinan). **b. seller** 1 buku yg paling laku. 2 barang yg paling laku. *This beer is a b. seller*

in that town Bir ini paling laku di kota itu. —**best-selling** *ks.* yg paling laku (*novel*)

bestial /'biestiəl 'biescəl/ *ks.* spt binatang, kebinatangan. *His nature is b.* Sifatnya spt binatang.

bestiality /'biestie'ælətie 'biescie-/ *kb.* (*j.* -**ties**) sifat kebinatangan.

bestir /bi'stər/ *kki.* **to b. o.s.** berbuat s.s.t., bertindak. *It's time we bestirred ourselves; the weather's getting worse* Sdh waktunya kita berbuat s.s.t.; cuaca bertambah buruk.

bestow /bi'stow/ *kkt.* memberikan, melimpahkan. *to bestow o's blessing on s.o.* memberikan berkatnya kpd s.s.o.

bet /bet/ *kb.* taruhan. *I always lose my bets* Saya selalu kalah dlm taruhan. *That car is a good b.* Mobil itu taruhan yg kena. *If you make bets don't expect to win every time* Kalau engkau bertaruh, janganlah harapkan akan menang tiap kali. —*kkt.* (**bet**) bertaruh. *He b. me I'd fail my exam* Dia bertaruh dgn saya bhw saya tdk akan lulus. *I'll b. a dollar that you can't do it* Saya mau bertaruh satu dolar bhw kamu tdk bisa mengerjakannya. —*kki.* bertaruh. *I b. you'll win* Saya bertaruh bhw kau akan menang. *Inf.: Do you like ice cream? You b. I do* Engkau suka minum éskrim? Sdh tentu! Jangan tanya lagi! **to b. on** 1 bertaruh. *He b. on that horse* Ia bertaruh pd kuda itu. 2 tak usah sangsi. *You can b. on that* Engkau tak usah sangsi lagi. —**betting** *kb.* bertaruh. *B. is legal* Bertaruh diizinkan.

betake /bi'teik/ *kki.* (**betook, betaken**) **to b.o.s.** pergi. *to b. o.s. to church* pergi ke geréja.

betel /'bietəl/ *kb.* sirih. *b. nut* buah pinang.

betook /bi'tuk/ lih BETAKE.

betray /bi'trei/ *kkt.* 1 mengkhianati. 2 membuka(kan) (*a secret*). 3 memperlihatkan (*o's ignorance*). 4 menyingkapkan. *His behavior betrayed an unfortunate upbringing* Tingkahlakunya menyingkapkan asuhan yg tdk baik.

betrayal /bi'treiəl/ *kb.* pengkhianatan.

betrayer /bi'treiər/ *kb.* pengkhianat.

betroth /bi'trowTH/ *kkt.* menunangi. *to be betrothed* bertunangan. *She was betrothed to a most eligible bachelor* Dia bertunangan dgn seorang bujang yg cakap. —**betrothed** *kb.* tunangan.

betrothal /bi'trowTHəl/ *kb.* pertunangan.

better /'betər/ *kb.* lih GOOD. 1 atasan. *Those people are your betters* Orang-orang itu adalah orang-orang atasanmu. 2 tukang/jago bertaruh. **for b. (or) for worse** dgn kesanggupan/kesediaan menghadapi keadaan apa saja, dlm (keadaan) suka dan duka. *We got married for b. for worse* Kami kawin dan sanggup menghadapi suka dan duka bersama. **for the b.** menjadi baik. *The patient took a turn for the b.* Keadaan orang sakit itu berubah menjadi baik. **to get the b. of** menguasai. *Alcohol finally got the b. of him* Akhirnya minuman keras menguasai dirinya. *to have the b. of an argument* berada di pihak yg menang. *He had much the b. of that argument* Alasan-alasan yg dikemukakannya lebih tepat. —*ks.* lebih baik. *Who is the b. man?* Siapakah yg lebih baik? *That candy is b. than this* Gula-gula itu lebih baik drpd ini. *I need a b. offer* Saya memerlukan tawaran yg lebih baik. **b. part** hampir, lebih dari setengah. *He was gone the b. part of a week* Ia bepergian lebih dari setengah minggu. **b. than** 1 lebih baik drpd. *He's a b. than average student* Dia adalah mahasiswa yg menonjol. 2 lebih dari. *He took the turn at b. than 80 miles an hour* Ia mengambil bélokan itu dgn kecepatan lebih dari 80 mil sejam. —*kk.* 1 lebih séhat. *I'm feeling b. today* Hari ini saya

merasa lebih séhat. 2 makin baik. *the sooner, the b.* makin cepat makin baik. 3 lebih suka. *I like her b. than anyone I've met recently* Saya lebih suka padanya drpd siapapun yg tlh saya jumpai akhir-akhir ini. *Sl.:* **to go one b.** melebihi. **had b.** sebaiknya, lebih baik. *You had b.* go now Sebaiknya engkau pergi sekarang. **to think b. of s.t.** mempertimbangkan s.s.t. kembali. **to be b. off** dlm keadaan lebih baik. *You're b. off with ten dollars than with no money at all* Lebih baik mempunyai $10 drpd tdk mempunyai uang sama sekali. **b. ... than** lebih baik...drpd. *b. late than never* lebih baik terlambat drpd tdk sama sekali, terlambat sedikit tdk apa dibanding tdk samasekali. —*kkt.* memperbaiki. *The sprinter bettered his old record by 2 seconds* Pelari itu memperbaiki rékornya yg lama dgn 2 detik. **to b. o.s.** memperbaiki diri. *He's trying to b. himself* Dia berusaha memperbaiki dirinya. *Inf.:* **b. half** isteri.
betterment /ˈbetərmənt/ *kb.* perbaikan, kemajuan.
bettor /ˈbetər/ *kb.* tukang/jago bertaruh.
between /biˈtwien/ *kk.* diantaranya, didepannya. *S.o. was standing b.* S.s.o. berdiri diantaranya. **in b.** 1 diantara. *We sat in b. the two opposing groups* Kami duduk diantara kedua golongan yg saling bertentangan. 2 sambil. *He likes to smoke in b.* Ia senang menyambilkan merokok. —*kd.* (di)antara. *I sat b. the two of them* Saya duduk diantara meréka berdua. *Will you come b. 5 and 6?* Sudikah engkau datang antara jam 5 dan 6? *His weekly income runs b. 100 and 150 dollars* Pendapatannya seminggu adalah antara 100 dan 150 dolar. **b. ourselves** diantara kita. *Let's keep this news b. ourselves* Baiklah kita simpan kabar ini diantara kita saja. **b. you and me (and the gatepost)** antara kita sama kita, secara rahasia. *B. you and me I don't think he is very capable* Bicara antara kita sama kita, saya kira dia tdk begitu cakap.
betwixt /biˈtwikst/ *kk.* **b. and between** ditengah-tengah. *In the argument he was caught b. and between* Didlm perdébatan itu dia terjepit ditengah-tengah.
bevel /ˈbevəl/ *kb.* 1 alat pengukur sudut. 2 siku-siku putar. —*kkt.* memiringkan. **to b. off** menyérong. —**beveling** *kb.* penyérongan.
beverage /ˈbevərij/ *kb.* minuman.
bevy /ˈbevie/ *kb.* (*j.* **-vies**) 1 rombongan. *b. of beautiful girls* rombongan gadis-gadis cantik. 2 kawanan. *a b. of birds* sekawanan burung.
bewail /biˈweil/ *kkt.* meratapi (*s.o's death*).
beware /biˈwær/ *kki.* 1 hati-hati. *B. of the dog* Hati-hatilah thd anjing itu. 2 berhati-hati. *You should b. lest you get into trouble* Engkau hrs berhati-hati spy jangan mendapat kesulitan. 3 hati-hati, awas. *B. of pickpockets!* Awas tukang copét!
bewhiskered /biˈhwiskərd/ *ks.* berjanggut dan berkumis, bercambang.
bewilder /biˈwildər/ *kkt.* membingungkan. *The many regulations bewildered the new employee* Peraturan yg banyak itu membingungkan pegawai yg baru itu. —**bewildered** *ks.* bingung, kagum. —**bewildering** *ks.* yg membingungkan.
bewilderment /biˈwildərmənt/ *kb.* kebingungan, kekaguman.
bewitch /biˈwic/ *kkt.* mempesonakan. *Her performance bewitched us* Permainannya mempesonakan kami. —**bewitching** *ks.* yg mempesonakan. *She has a b. smile* Senyumnya mempesonakan.
beyond /biˈyand/ *kd.* alam baka. *He has finally gone to the great b.* Akhirnya ia sdh berpindah ke alam baka. —*kd.* 1 melebihi. *Don't live b. your income* Janganlah hidup melebihi penghasilanmu. *Don't*

go b. your depth Jangan pergi ketengah melebihi tinggimu. *He went b. the call of duty* Yg dilakukannya melebihi tugasnya. 2 terlalu sulit. *It's b. my comprehension* Itu terlalu sulit bagi pengertian saya. 3 meléwati. *He lives b. the school* Tempattinggalnya meléwati sekolah. *We stayed b. the allotted time* Kami meléwati batas waktu yg tlh ditentukan. 4 diluar. *I can make nothing of his speech this morning; it's b. me* Aku tdk mengerti sedikitpun mengenai pidatonya tadi pagi; rupanya diluar kemampuan saya. *The delay in the appearance of this month's issue is b. our control* Kelambatan terbitnya majalah bulan ini adalah diluar kemampuan kami. :: *She is b. help* Ia tdk tertolong lagi. *What he sees in that girl is b. us* Entah apa yg menyebabkan dia tertarik pd gadis itu.
bf [*bold face*] huruf tebal.
biannual /baiˈænyuəl/ *ks.* dua kali setahun. *This is a b. conference* Konperénsi ini diadakan dua kali setahun.
bias /ˈbaiəs/ *kb.* 1 prasangka, purbasangka. *He shows no b. as to race, color, or creed* Ia tdk mempunyai purbasangka thd kesukuan, warna kulit atau keyakinan. 2 miring. *Cut the skirt on the b.* Guntinglah rok itu menurut garis miring. —*kkt.* membuat berat sebelah. *Don't say anything to b. him* Janganlah berkata apa-apa utk menimbulkan prasangkanya. —**biased** *ks.* berat sebelah, condong berprasangka. *Your opinion is b.* Pendapatmu berat sebelah.
bib /bib/ *kb.* oto, kain alas dada, kain liur, cukin (biasanya utk bayi dan kanak). *Inf.:* **b. and tucker** pakaian. *He wore his best b. and tucker* Dia mengenakan pakaiannya yg terbagus.
bibl. [*bibliography*] bibliografi.
bible /ˈbaibəl/ *kb.* 1 buku penuntun yg sangat ditaati. *That book was my b. for many years* Buku itu tlh beberapa tahun menjadi buku penuntun yg sangat saya taati. 2 **B.** Alkitab, kitab Injil. *B. belt* daérah penganut.
Biblical /ˈbibləkəl/ *ks.* yg berh. dgn Kitab Injil.
bibliog. [*bibliography*] bibliografi.
bibliographer /bibliˈagrəfər/ *kb.* ahli bibliografi.
bibliographic(al) /ˈbibliəˈgræfəkəl/ *ks.* yg berh. dgn bibliografi.
bibliography /bibliˈagrəfie/ *kb.* (*j.* **-phies**) bibliografi.
bibliophile /ˈbibliəfail/ *kb.* penggemar/pencinta buku, bibliofil.
bibulous /ˈbibyələs/ *ks.* 1 ketagihan minuman keras. 2 mabok.
bicameral /baiˈkæmərəl/ *ks.* yg terdiri drpd dua déwan. *The U.S. Congress is a b. body* Kongrés Amérika terdiri drpd dua déwan.
bicarbonate /baiˈkarbənit/ *kb.* **b. of soda** bikarbonat soda.
bicentenary /baiˈsentəˈnerie, ˈbaisənˈtenərie/ *kb.* (*j.* **-ries**) 1 peringatan dari s.s.t. yg terjadi 200 tahun yg léwat. 2 kurun masa 200 tahun.
bicentennial /ˈbaisənˈteniəl/ *kb., ks.* diés natalis atau peringatan 200 tahun. *The b. of Columbia University was celebrated some years ago* Diés natalis 200 tahun drpd Universitas Columbia dirayakan beberapa tahun yg lalu.
biceps /ˈbaiseps/ *kb.* otot lengan sebelah atas.
bichloride /baiˈklowraid/ *kb.* biklorida.
bicker /ˈbikər/ *kki.* bercékcok. *The girls were bickering* Anak-anak perempuan itu sedang bercékcok. —**bickering** *kb.* percékcokan.
bicuspid /baiˈkʌspid/ *kb.* geraham muka, gigi seri.
bicycle /ˈbaisikəl/ *kb.* sepéda, pit. —*kki.* bersepéda,

naik sepéda. *She bicycled down town* Ia bersepéda
ke kota. **b. stand** tempat penjagaan sepéda.
bicyclist /'baisiklist/ *kb.* pengendara sepéda.
bid /bid/ *kb.* tawaran. *Who made the highest b. for the
building?* Siapa yg memberi tawaran yg tertinggi
utk gedung itu? *Whose b. is it?* Tawaran siapa ini?
Did she get a b. to the dance? Adakah dia diminta utk
hadir dansa itu? *to make a b. for our sympathy* berusaha
memperoléh simpati kita. —*kkt.* (**bade, bid**)
minta, menawar. *I b. 2 spades* Saya minta dua
sekop. *to b. ten dollars* menawar sepuluh dolar. *I b.
you farewell* Saya mengucapkan selamat jalan
padamu. —*kki.* 1 menawar. *Are you going to b. at
the auction?* Apa engkau akan ikut menawar di
lélang? 2 meminta. *You should do as he bids* Engkau
hendaknya berbuat spt yg dimintanya. **to b. for**
berusaha utk mendapat, mengajukan penawaran
utk. *The firm is bidding for the contract* Perusahaan itu
berusaha utk mendapat kontrak. **to b. up** mena-
warkan harga yg lebih tinggi (*the price*) —**bidding**
kb. 1 tawar-menawar. *The b. was fast and furious*
Tawar-menawar itu cepat dan bersemangat. 2
perintah. *We did his b.* Kami menurut perintahnya.
bidder /'bidǝr/ *kb.* penawar, pengkol.
bide /baid/ *kkt.* menunggu. *We will have to b. our
time* Kami hrs menunggu kesempatan yg baik.
biennial /bai'enieǝl/ *kb.* s.s.t. yg terjadi sekali dua
tahun.
bier /bir/ *kb.* usungan/tandu jenazah.
bifocals /bai'fowkǝlz/ *kb., j.* kacamata yg dpt
dipakai utk melihat jauh dan melihat dekat.
bifurcate /'baifǝrkeit/ *kkt.* membagi dlm dua
cabang. —*kki.* terbagi dlm dua cabang.
bifurcation /'baifǝr'keisyǝn/ *kb.* pencabangan dua.
big /big/ *ks.* (**big, bigger, biggest**) 1 besar. *a b.
house* rumah besar. *Inf.:* 2 besar, terkenal. *a b.
celebrity* seorang tokoh yg besar. 2 déwasa. *You're a
b. girl now* Kamu sdh gadis déwasa sekarang. **to
make a b. fuss over** ribut sekali mengenai. —*kk.
Inf.:* dgn sombong. **to talk b.** omong/bercakap
besar, menyombong, membual. **to think b.** memi-
kirkan secara besar-besaran. **b. brother** kakak,
abang. **b. business** usaha raksasa. *Advertising is
b. business* Pengiklanan adalah usaha raksasa. **b.
game** binatang buruan spt harimau, gajah dan
singa, binatang-binatang besar. *Sl.:* **b. gun** tokoh
yg penting. **big-hearted** *ks.* pemurah/baik hati.
He's a b.-hearted person Dia seorang yg pemurah.
Sport: **b. league** kelas utama dlm olahraga. *Inf.:*
b. name tokoh, orang terkenal. *He's a b. name in....*
Ia sangat tersohor/terkenal dlm.... *big-name firm*
perusahaan yg terkenal. *Sl.:* **b. shot** tokoh, orang
gedé/besar, pentolan. *He's a b. shot in the business
world* Dia seorang tokoh dlm dunia perdagangan. **b.
sister** kakak. *Sl.:* **b. time** zaman gemilang. *That
performer has reached the b. time* Seniman itu tlh
mencapai zaman gemilangnya. **b. toe** empu kaki.
Inf.: **b. top** sirkus, ténda utama dlm sirkus. *Sl.:*
b. wheel tokoh, orang penting.
bigamist /'bigǝmist/ *kb.* orang yg beristeri dua.
bigamous /'bigǝmǝs/ *ks.* yg beristeri dua.
bigamy /'bigǝmie/ *kb.* (*j.* **-mies**) bigami, hal beris-
teri dua.
bigheaded /'big'hedid/ *ks.* berkepala besar, som-
bong.
bight /bait/ *kb.* 1 teluk. 2 gelung, jerat.
bigness /'bignǝs/ *kb.* 1 besarnya. 2 kemurahan. *B.
of heart is one of his qualities* Kemurahan hatinya
adalah salah satu dari sifat-sifatnya.
bigot /'bigǝt/ *kb.* orang fanatik.

bigoted /'bigǝtid/ *ks.* berkeras dlm pendirian. *He is
b. in his opinions* Dia berkeras memegang pendirian-
nya.
bigotry /'bigǝtrie/ *kb.* (*j.* **-ries**) kefanatikan, sikap
keras dlm memegang pendirian.
bigwig /'big'wig/ *kb. Inf.:* tokoh, orang penting.
bike /baik/ *Inf.:* = BICYCLE.
bikini /bi'kienie/ *kb.* sej. pakaian mandi wanita yg
terdiri drpd dua potong kain (hanya cukup utk
menutupi aurat dan buah dada).
bilabial /bai'leibieǝl/ *kb., ks.* bilabial, dgn memper-
gunakan kedua bibir. *b. sound* suara bilabial.
bilateral /bai'lætǝrǝl/ *ks.* dua belah pihak, timbal-
balik, bilateral. *b. treaty* persetujuan bilateral.
bile /bail/ *kb.* (air) empedu. *b. duct* saluran air em-
pedu.
bilge /bilj/ *kb.* 1 lambung, bagian dasar drpd kapal.
b. water air kotor yg tergenang di dasar kapal. 2
Inf.: omong kosong.
bilingual /bai'linggwǝl/ *kb.* seorang yg pandai dua
bahasa. —*ks.* 1 pandai dua bahasa. *She's b. in
Spanish and English* Ia pandai dua bahasa, yaitu
bahasa Spanyol dan Inggeris. 2 tertulis dlm dua
bahasa. *b. document* dokumén yg tertulis dlm dua
bahasa.
bilingualism /bai'linggwǝlizǝm/ *kb.* bilingualisme,
dwibahasa.
bilious /'bilieǝs/ *ks.* 1 yg berh. dgn atau bersifat
empedu. 2 menderita karena atau disebabkan oléh
gangguan pd empedu/hati. *He suffered a b. attack*
Ia mengalami penyakit empedu. 3 muring, jéng-
kél, marah. *with a b. eye* muring.
bilk /bilk/ *kkt.* menipu. *He bilked the firm of $5,000*
Ia menipu perusahaan itu dgn $5,000.
bill /bil/ *kb.* 1 uang kertas. *a $10 b.* sehelai uang
kertas $10. 2 rékening, bon, tagihan. *May I have
the b. please?* Mana rékening saya? Kasi bon, ya?
Inf.: to foot the b. membayar/mengongkosi rékening.
3 paruh (*of a bird*) 4 programa, acara, pelakat,
kertas témpélan. *The b. announces that the performance
will start on August 9th* Menurut programa itu per-
tunjukan akan dimulai pd 9 Agustus. 5 rancangan
undang-undang. *The b. is before the Senate* Ran-
cangan undang-undang diajukan di Sénat A.S. 6
pelakat, poster. *Post no bills* Dilarang memasang
pelakat-pelakat. *Inf.:* **to fill the b.** memenuhi
syarat. *That essay fills the b. very well* Karangan itu
merupakan bacaan hiburan yg baik sekali. —*kkt.*
1 mengajukan/menarik rékening, menagih. *The
store bills me on the 15th of each month* Toko itu meng-
ajukan rékening kpd saya pd tg. 15 tiap-tiap
bulan. 2 mengumumkan. *She was billed as the main
attraction in the stage show* Ia tlh diumumkan sbg
acara yg utama dlm pertunjukan sandiwara. **to b.
and coo** bercumbu-cumbuan. **b. of credit** surat
utang yg dikeluarkan oléh negara, diédarkan sbg
uang, surat krédit. **b. of evidence** surat bukti. *b.
of fare* daftar makanan. *Inf.:* **to sell s.o. a b. of
goods** menipu s.s.o. **b. of health** (surat) keterang-
an bébas dari segala penyakit. *The doctor gave me a
clean b. of health* Dokter memberikan kpd saya kete-
rangan yg menyatakan bhw saya bébas dari segala
penyakit. **b. of lading** konosemén. **b. of particu-
lars** keterangan terperinci. **b. of rights** pernya-
taan hak-hak manusia. **b. of sale** surat keterangan
balik nama, surat penjualbelian. —**billing** *kb.* 1
pengajuan rékening. *B. to customers takes place monthly*
Rékening diajukan kpd para langganan tiap-tiap
bulan. 2 *Thea.:* urutan nama-nama pelaku dlm
suatu pertunjukan spt yg tertulis dlm programa,

iklan, dsb. *That actor is always given top b.* Pelaku itu selalu dicantumkan namanya diatas dlm programa atau iklan pertunjukan.

billboard /'bil'bowrd/ *kb.* 1 papan pengumuman, papan iklan. 2 pelakat besar.

billet /'bilit/ *kb.* 1 tempat penginapan tentara. 2 pekerjaan, jabatan. —*kkt.* memberi penginapan. *The soldiers were billeted in a farmhouse* Prajurit-prajurit itu diberi penginapan di rumah petani.

billfold /'bil'fowld/ *kb.* dompét (utk uang kertas).

billhead /'bil'hed/ *kb.* formulir rékening dgn nama, alamat dsb dari perusahaan dicétak diatasnya.

billiard /'bilyərd/ *kb.* bilyar. *b. cue* tongkat bilyar, sodokan (bola) bilyar. —**billiards** *j.* bilyar, bola sodok, sodok bola.

billion /'bilyən/ *kb.* milyar, seribu juta (di AS). —**billions** *j.* milyaran.

billionaire /'bilyə'nær/ *kb.* bilyunér, milyardér.

billionth /'bilyənth/ *ks.* yg kesemilyar.

billow /'bilow/ *kb.* ombak/gelombang besar. —*kki.* 1 mengombak (*of waves*). 2 menggelembung (*of sails*).

billowy /'biləwie/ *ks.* menggelembung, bergelombang-gelombang. *The sails were b.* Layar-layar menggelembung.

billy /'bilie/ *kb.* (*j.* **-lies**) tongkat polisi, pentung. *Inf.: b. goat* bandot. *He's an old b. goat* Dia seorang bandot tua.

bimonthly /bai'mʌnthlie/ *kb.* (*j.* **-lies**) majalah sekali dua bulanan. —*ks.* sekali dua bulan.

bimotored /'bai'mowtərd/ *ks.* bermotor dua.

bin /bin/ *kb.* tempat menyimpan gandum atau arang.

binary /'bainərie/ *ks.* 1 binér, kembar. 2 pasangan, sepasang.

binational /bai'næsyənəl/ *ks.* 1 yg mengenai dua negara. 2 dwi kewarganegaraan.

binaural /bi'nɔrəl/ *ks.* yg dipakai utk kedua telinga. *b. reception* penerimaan siaran melalui dua pengeras suara yg memberikan éffék tiga diménsi.

bind /baind/ *kb. Inf.:* **to be in a b.** terjepit. *With two invitations I find myself in a b.* Dengan dua undangan itu saya merasa terjepit. —*kkt.* (**bound**) 1 mengikat. *His hands were bound behind him* Tangannya diikat dibelakangnya. *I will b. you to your statement* Saya akan mengikat engkau pd perkataanmu. 2 membalut. *B. the wound (up)* Balutlah luka itu. 3 menjilid. *I want to get this book bound* Saya ingin agar buku ini dijilid. *She bound the collar of the blouse with lace* Dia memberi pinggir rénda pd léhér keméja itu. **to b. fast** menambat. *The boat was bound fast* Kapal itu ditambatkan. **to b. hand and foot** mengikat kaki dan tangan. *That contract will b. me hand and foot* Perjanjian itu akan mengikat kaki dan tanganku. **to b. o.s. to** 1 menyetujui. *He bound himself to the agreement* Ia menyetujui perjanjian itu. 2 mengikat diri sendiri. *He bound himself to the owner of the shop* Dia terikat pd pemilik toko itu. —**bound** *ks.* 1 harus, berniat. *He's b. to get there in time* Dia hrs datang disana pd waktunya. *He's b. to come* Ia berniat datang. 2 terpaku. *He is desk b.* Ia terpaku pd méja tulisnya. 3 dijilid. *a b. volume of poetry* buku sajak yg dijilid. **to be b. up in** asyik. *He is completely b. up in his lexicographical work* Dia betul-betul asyik dlm pekerjaan menyusun kamus. **b. up with** terjalin. *Her fate was b. up with mine* Nasibnya terjalin benar dgn nasib saya. —**binding** *kb.* 1 jilid(an). *The b. on this book is worn* Jilidan pd buku ini rusak. 2 pinggir. *b. on the seam of a dress* pinggir jahitan

baju. —*ks.* mengikat. *Their remarks are b.* Kata-kata meréka itu mengikat.

binder /'baindər/ *kb.* 1 penjilid buku. 2 map. *Let's put these papers in a b.* Marilah kita masukkan kertas-kertas ini kedlm map. 2 bahan pengikat. *Cement serves as a b.* Semén bertindak sbg bahan pengikat.

bindery /'baindərie/ *kb.* (*j.* **-ries**) tempat penjilidan.

binge /binj/ *kb. Inf.:* pésta minuman keras, pelesir minum. *He's been on a two-week b.* Ia sdh dua minggu berpelesir minum-minum.

bingo /'binggow/ *kb.* permainan bingo.

binnacle /'binəkəl/ *kb.* rumah kompas/pedoman.

binoculars /bə'nakyələrz/ *kb., j.* teropong.

binomial /bai'nowmieəl/ *ks. Math.:* binomial, suku dua. *b. theorem* téorem binomial.

biobibliography /'baiow'bibli'agrəfie/ *kb.* (*j.* **-phies**) bibliografi mengenai kehidupan dan hasil-hasil karya seorang pengarang.

biochemical /'baiow'keməkəl/ *ks.* yg berh. dgn biokimia.

biochemist /'baiow'kemist/ *kb.* ahli biokimia.

biochemistry /'baiow'keməstrie/ *kb.* biokimia.

biographer /bai'agrəfər/ *kb.* penulis biografi.

biographic(al) /'baiə'græfəkəl/ *ks.* yg berh. dgn biografi, biografis. *b. directory* buku biografi.

biography /bai'agrəfie/ *kb.* (*j.* **-phies**) biografi, riwayat hidup.

biological /'baiə'lajəkəl/ *ks.* biologis, yg berh. dgn ilmu hayat atau biologi. *b. science* ilmu biologi. *b. warfare* peperangan biologis, peperangan yg memakai kuman-kuman penyakit.

biologist /bai'aləjist/ *kb.* ahli biologi.

biology /bai'aləjie/ *kb.* ilmu hayat, (ilmu) biologi.

biometry /bai'amətrie/ *kb.* biométri.

biophysics /'baiow'fiziks/ *ks.* biofisika.

biopsy /bai'apsie/ *kb.* (*j.* **-sies**) biopsi.

biostatics /'baiow'stætiks/ *kb.* biostatika.

bipartisan /bai'partəzən/ *ks.* yg disokong oléh dua partai politik. *b. foreign policy* politik luar negeri yg disokong oléh dua partai.

bipartite /bai'partait/ *ks.* mengenai dua orang, dua pihak, dua negara dsb. *b. treaty* perjanjian antara dua negara.

biped /'baiped/ *kb.* binatang yg berkaki dua.

biplane /'bai'plein/ *kb.* pesawat udara bersayap dua, "sayap dua, sayap kembar."

bipolar /bai'powlər/ *ks.* mempunyai dua kutub, berkutub dua, bipolér, dwipolar, dwi-kutub.

bipolarity /'baipow'lærətie/ *kb.* bipolaritas.

birch /bərc/ *kb.* sej. pohon.

bird /bərd/ *kb.* 1 burung. *b. cage* sangkar burung. *b. of paradise* (burung) cenderawasih. *b. of prey* burung buas, burung yg memakan daging. *bird's-nest* sarang burung. 2 *Sport:* bola bulutangkis. *Sl.: He's a b.* Ia seorang yg anéh sekali. **A b. in the hand is worth two in the bush** Harapkan burung terbang tinggi punai di tangan dilepaskan. **Birds of a feather flock together** Rasam minyak ke minyak, rasam air ke air. **He eats like a b.** Ia makan sedikit sekali. *Sl.:* **His suggestion is for the birds** Anjurannya sepélé. Sarannya tak ada harga. **to get the b.** dicemoohkan (oléh penonton). *He got the b. every time he began to speak* Ia disambut dgn éjékan dan teriakan setiap kali ia mulai berbicara. *Sl.:* **to give s.o. the b.** menyoraki dan mengéjék s.s.o. **to kill two birds with one stone** Ke sungai sambil mandi. Sambil menyelam minum air. Sekali membuka pura dua tiga utang terbayar. Sekali merangkuh dayung dua

tiga pulau terlampau. *Sl.*: **b. brain** orang yg tolol. **b. of ill omen** burung yg membawa sial. **b. of passage** pengembara, petualang. **b. sanctuary** suaka unggas. **bird's-eye view** pemandangan dari atas.
birdhouse /'bərd'haws/ *kb.* sangkar burung.
birdie /'bərdie/ *kb. Golf*: biji dibawah par, birdie.
birdseed /'bərd'sied/ *kb.* padi-padian utk makan burung.
birth /bərth/ *kb.* 1 kelahiran. *b. of a child* kelahiran seorang anak. *land of o's b.* tanah kelahiran. *to give b. to* melahirkan. 2 timbulnya. *b. of a new era* timbulnya suatu masa baru. *She is a woman of high b.* Dia seorang wanita bangsawan. *He's an American by b.* Ia berasal dari Amérika. **b. certificate** akte kelahiran, surat lahir. **b. control** pembatasan kelahiran, perencanaan berkeluarga, keluarga berencana. **b. control pill** pil pencegah kehamilan. **b. pangs** 1 rasa sakit pd waktu melahirkan. 2 kesulitan-kesulitan pd permulaan s.s.t. **b. rate** angka kelahiran. **b. right** hak asasi. **b. stone** batu yg diduga membawa untung sesuai dgn bulan kelahiran s.s.o.
birthday /'bərth'dei/ *kb.* hari ulang tahuǹ, hari lahir. *Inf.: b. suit* telanjang.
birthmark /'bərth'mark/ *kb.* bercak bawaan, tahi lalat.
birthplace /'bərth'pleis/ *kb.* tempat lahir.
bis /bis/ *kb. Mus.*: dua kali.
biscuit /'biskit/ *kb.* bisk(u)it.
bisect /'baisekt, bai'sekt/ *kkt.* membagi dua. *to b. triangles* membagi dua segitiga. —**bisecting** *ks.* yg membagi. *b. line* garis bagi.
bisection /bai'seksjən/ *kb.* pembagian dua.
bisexual /bai'seksyuəl/ *kb.* banci. —*ks.* biséksuil.
bishop /'bisyəp/ *kb.* 1 uskup. 2 *Chess*: menteri, bénténg, gajah.
bishopric /'bisyəprik/ *kb.* keuskupan.
bismuth /'bizməth/ *kb.* bismut.
bison /'baisən/ *kb.* banténg, sej. kerbau di AS.
bit /bit/ *kb.* 1 kekang, gurdi. *He put the b. in the horse's mouth* Dia memasang kekang itu di mulut kuda. *to take the b. in o's teeth* bertindak sendiri. *You'll have to take the b. in your teeth and go ahead* Kamu hrs (berani) bertindak sendiri dan maju terus. 2 sedikit. *to throw away a b. of paper* membuang kertas sedikit. *Each must do his b. to help the cause* Setiap orang hrs memberi sumbangannya, walaupun kecil, utk membantu perjuangan. 3 agak. *I wish you would stay a b. longer* Saya ingin engkau tinggal agak lama. 4 lih BITE. **b. by b.** sedikit demi sedikit. *She learned her part b. by b.* Sedikit demi sedikit ia menghafalkan peranannya. **every b.** tulén sama sekali. *He's every b. an artist* Dia seorang seniman tulén. *He's every b. as tall as I am* Ia betul-betul setinggi saya. **not a b.** sedikitpun tdk. *You won't have a b. of luck with that* Engkau tdk akan beruntung sedikitpun dgn itu. *It's not a b. too hot for me* Sedikitpun tdk terlalu panas bagi saya. **bits and pieces** potong-potongan, kepingan.
bitch /bic/ *kb.* 1 (*dog*) anjing betina. 2 perempuan jalang. *She's a real b.* Dia betul-betul seorang perempuan jalang. —*kki. Sl.*: menggerutu. *He's always bitching about s.t.* Dia selalu menggerutu ttg s.s.t.
bite /bait/ *kb.* 1 gigitan, sengatan. *mosquito b.* gigitan nyamuk. 2 potong. *Take a big b. of this cake* Ambillah sepotong besar dari kué ini. 3 sesuap. *She ate only a b. of her dinner* Ia hanya makan sesuap dari makanannya. 4 tusukan. *The b. of his sarcasm affected his listeners unfavorably* Tusukan sindirannya me-

nimbulkan rasa kurang senang pd pendengar-pendengarnya. 5 bagian. *The withholding tax takes quite a b. out of a check* Pajak yg tlh dipotongkan itu mengurangi sebagian besar dari cék. *Sl.*: **to put the b. on** (mencoba) meminjam. *He put the b. on me for $5.* Ia mencoba meminjam $5 dari saya. —*kkt.* (**bit, bitten**) 1 menggigit. *The dog bit the child* Anjing itu menggigit anak itu. 2 menekan dgn keras pd. *The train wheels b. the rails* Roda-roda kerétaapi menekan dgn keras pd rél. —*kki.* 1 *Are the fish biting today?* Banyakkah ikan yg kamu dpt hari ini? 2 menerima kalah. *Inf.: All right, I'll b.!* What is the difference? Yah, saya terima kalah. Apakah perbédaannya? **to b. back** 1 membalas dgn menggigit. *Be careful, that dog may b. back* Berhati-hatilah, anjing itu mungkin akan membalas dgn menggigit. 2 membalas. *That woman may well b. back if you continue insulting her* Perempuan itu akan membalas jika engkau terus mengganggunya. **to b. off more than one can chew** mengerjakan terlalu banyak. *By taking that advanced course he bit off more than he could chew* Dgn mengikuti kursus lanjutan itu ia melebihi kesanggupannya. *Inf.*: **b. o's head off** berkata kasar pd. *You don't have to b. my head off* Engkau tak perlu berkata kasar kpd saya. **to be bitten by** keranjingan. *She's been b. by the language bug* Dia keranjingan belajar bahasa. —**biting** *ks.* menusuk (*of wind, remarks*).
bitten /'bitən/ lih BITE.
bitter /'bitər/ *ks.* 1 pahit. *This tastes b.* Rasanya pahit. *b. experience* pengalaman yg pahit. 2 tdk énak. *They exchanged b. words* Meréka saling melémparkan kata-kata yg tdk énak. 3 sengit. *to have a b. quarrel* berbantahan dgn sengit. 4 dingin *It's b.* Dingin sekali. **b. end** sampai habis-habisan. *to argue to the b. end* berbantahan sampai habis-habisan. **b. pill** pél pahit, s.s.t. yg tak disukai. *Having to accept that decision was a b. pill* Menerima keputusan itu adalah umpama menelan pél pahit. —**bitters** *j.* s.s.t. yg memberikan rasa pahit pd minuman keras, minuman pahit. —**bitterly** *kk.* 1 dgn sengit. *to argue b.* berbantahan dgn sengitnya. 2 sekali. *It's b. cold* Dingin sekali.
bitterness /'bitərnəs/ *kb.* 1 kebencian. *my b. towards him* kebencian saya thd dia. 2 kepahitan (*of a medicine*). 3 kegetiran (*in o's voice*).
bittersweet /'bitər'swiet/ *kb.* sej. tumbuh-tumbuhan yg rasanya manis bercampur pahit. *My experience was b.* Pengalaman saya ada suka dan dukanya.
bituminous /bə'tuwmənəs/ *ks.* **b. coal** batu bara muda.
bivalve /'bai'vælv/ *kb.* berlokan/berkelopak dua.
bivouac /'bivuæk, 'bivwæk/ *kb.* bivak, perkémahan. —*kki.* (**bivouacked**) berkémah. *We'll b. here* Kami akan berkémah disini.
biweekly /bai'wieklie/ *kb.* (*j.* **-lies**) suratkabar yg terbit dwimingguan. —*ks.* dua kali semingguan. *b. newspaper* suratkabar yg terbit dua kali semingguan.
bizarre /bi'zar/ *ks.* anéh, ajaib, ganjil.
blab /blæb/ *kki.* (**blabbed**) *Inf.*: banyak (ng)omong. *Fortunately s.o. blabbed and the police found out about the plot* Untunglah ada yg banyak omong dan polisi mengetahui ttg komplotan itu.
blabber /'blæbər/ *kb.* perépét, suka berbicara dgn tak memikirkan akibatnya. *She's a real b.* Dia benar-benar seorang yg suka mengécék.
blabbermouth /'blæbər'mawth/ *kb. Sl.*: pengécék.
black /blæk/ *kb.* 1 orang hitam, néger, négro. *There are many blacks in Africa* Banyak orang (berkulit)

hitam di Afrika. 2 hitam. *She was dressed in b.* Dia berpakaian hitam. **b. and white** tertulis, dlm tulisan, hitam diatas putih. *Your promise may be good but I want it in b. and white* Janjimu mungkin benar, tapi saya minta secara tertulis. **in the b.** beruntung. *They run their business in the b.* Perusahaan meréka itu menguntungkan. —*ks.* 1 hitam. *He has b.* hair Rambutnya hitam. 2 menyedihkan. *That was a b. day in our history* Itu adalah suatu peristiwa yg menyedihkan didlm sejarah kami. 4 hitam (tanpa susu). *How do you like your coffee? B.* Bagaimana kopinya? Hitam saja. :: *He gave me a b. look* Dia melihat dgn marah kpd saya. —*kki.* **to b. out** 1 jatuh pingsan. *I blacked out in the accident* Saya jatuh pingsan dlm kecelakaan itu. 2 meniadakan, menghapuskan. *The program was blacked out for several minutes* Program itu ditiadakan utk beberapa menit. **black-and-blue** *ks.* babak belur. **b. art** ilmu gaib sihir, guna-guna. **b. belt** daérah négro. **b. book** buku yg berisi nama-nama orang yg tdk disukai. *He's in my b. book* Dia termasuk orang yg tdk saya sukai. **b. coffee** kopi pahit, kopi hitam (tanpa susu). **b. eye** 1 mata bengkak/biru. 2 *Inf.*: nama buruk. *Such activity gives a country a b. eye* Kegiatan sm itu memberi nama buruk kpd negara. *This is a black-letter day in our community* Ini adalah hari sial dlm kota kami. **b. magic** guna-guna, ilmu gaib/sihir. **black market** menjual barang-barang di pasar gelap. **b. marketeer** tukang catut. **b. pepper** merica, lada hitam. **b. race** bangsa kulit hitam. **B. sea** Laut (an) Hitam. **b. sheep** kambing hitam. **b. tie** smoking. **b. widow** sej. laba-laba yg berbisa. —**blacking** *kb.* semir sepatu hitam.

blackball /'blæk'bɔl/ *kb.* penolakan keanggotaan. *One b. by a member will keep a candidate out of the club* Satu penolakan oléh seorang anggota akan tdk memungkinkan calon itu menjadi anggota. —*kkt.* menolak keanggotaan.

blackberry /'blæk'berie/ *kb.* (*j.* **-ries**) sej. berry.

blackbird /'blæk'bərd/ *kb.* burung hitam.

blackboard /'blæk'bowrd/ *kb.* papan tulis.

blacken /'blækən/ *kkt.* memburukkan, merendahkan, menurunkan. *Such statements tend to b. o's reputation* Pernyataan-pernyataan spt itu bisa memburukkan géngsi (nama) s.s.o.

blackguard /'blægərd/ *kb.* bandit, bajingan, buaya darat, orang jahat.

blackhead /'blæk'hed/ *kb.* bincil (hitam).

blackjack /'blæk'jæk/ *kb.* 1 pentung polisi. 2 *Cards*: selikuran (permainan kartu).

blacklist /'blæk'list/ *kb.* daftar hitam. —*kkt.* mendaftarhitamkan.

blackmail /'blæk'meil/ *kb.* pemerasan. —*kkt.* memeras, memfitnah.

blackmailer /'blæk'meilər/ *kb.* pemeras.

blackness /'blæknəs/ *kb.* kegelapan.

blackout /'blæk'awt/ *kb.* 1 penggelapan. *The city underwent a b.* Kota itu mengalami penggelapan. 2 penghentian, gangguan. *TV b.* penghentian TV. 3 hilang/tak sadar.

blacksmith /'blæk'smith/ *kb.* pandai besi.

blacksnake /'blæk'sneik/ *kb.* ular hitam.

blacktop /'blæk'tap/ *kb.* campuran aspal dgn batu-batu kerikil utk jalan-jalan. —*kkt.* (**black-topped**) mengaspal.

bladder /'blædər/ *kb.* 1 *Anat.*: kandung kemih/kencing, pekencingan. 2 *Sport*: bola dalam (pd bola keranjang dsb.).

blade /bleid/ *kb.* 1 mata pisau (*of an instrument*). 2

bilah, helai. *b. of grass* sebilah rumput. 3 pisau (*for a razor*). 4 daun (*of an oar, fan, propellor*). 5 (*gay-*) jago. 6 pedang.

blah /bla/ *kb. Sl.*: omong kosong. *The lecture was b.* Kuliah itu omong kosong saja.

blame /bleim/ *kb.* kesalahan. *to take the b. for* menerima salah ttg, memikul kesalahan pd. —*kkt.* menyalahkan. *She blames me for going there* Ia menyalahkan saya karena pergi kesana. *She blames all her problems on me* Dia menyalahkan segala kesulitannya kpd saya. *I don't b. you for being mad* Saya tdk menyalahkan kamu jika kamu marah. *He is to b. for breaking the rule* Ia yg hrs disalahkan karena melanggar peraturan. —**blamed** *ks. Inf.*: jahanam, terkutuk. *Where's that b. dog?* Dimanakah anjing jahanam itu?

blameless /'bleimləs/ *ks.* tdk bersalah. *She's b.* Ia tdk bersalah.

blanch /blænc/ *kkt.* memutihkan (*almonds*). —*kki.* menjadi pucat, memucat. *She blanched when she heard the bad news* Ia menjadi pucat ketika mendengar kabar buruk itu.

bland /blænd/ *ks.* 1 lunak. *b. diet* makanan lunak. 2 lemah lembut. *b. smile* senyum yg lemah lembut.

blandishment /'blændisymənt/ *kb.* bujukan.

blank /blæŋk/ *kb.* 1 formulir. *Fill out the application b.* Isilah formulir lamaran itu. 2 kosong, hampa, blanko. *My mind is a b.* Pikiranku kosong. 3 peluru/témbakan kosong. *Inf.*: **to draw a b.** 1 tdk dpt menjawab. 2 tdk berhasil. —*ks.* 1 kosong. *b. wall* dinding yg kosong. *b. cartridge* peluru kosong. *a b. piece of paper* secarik kertas yg kosong. *Leave it b.* Tinggalkan itu kosong. 2 ngelamun, tdk berseri-seri. *She always has such a b. expression* Airmukanya selalu ngelamun. *b. stare* pandangan yg tdk berarti. —*kkt. Sport*: tdk memberi kesempatan kpd lawan utk membuat biji balasan (*o's opponent*). **to b. out** menghilangkan. *B. out all the new names* Hilangkan semua nama baru itu. **b. check** 1 Cék blanko, cék yg blm ditulis. 2 *Inf.*: kekuasaan penuh. *I gave my lawyer a b. check to do as he saw fit* Saya memberikan pengacara saya kekuasaan penuh utk bertindak seperlunya. **b. verse** syair yg tdk bersajak.

blanket /'blæŋkit/ *kb.* 1 selimut. 2 lapisan. *a b. of snow* lapisan salju. —*kkt.* 1 menutupi. *Snow blanketed the area* Salju menutupi daérah itu. *The peak was blanketed in eternal snow* Puncak itu berselimutkan salju abadi. 2 meliputi. *That powerful radio station blanketed the area* Pemancar radio yg kuat itu meliputi daérah itu. **b. guarantee** jaminan umum/seluruhnya/penuh. **b. policy** asuransi yg meliputi seluruh harta milik.

blankety-blank /'blæŋkətie'blæŋk/ *ks. Sl.*: jahanam. *I wish I could get this b. car started* Saya harap saya dpt menghidupkan mesin jahanam ini.

blare /blær/ *kb.* bunyi. *b. of a trumpet* bunyi terompét. —*kkt.* meraungkan. *The phonograph blared forth its music* Gramopon itu meraungkan musiknya terus-menerus.

blasé /bla'zei/ *ks.* bosan, telédor. *She was b. about her round-the-world trip* Ia bosan akan perjalanannya keliling dunia.

blaspheme /blæs'fiem/ *kkt.* mengutuk/menyeranah /mengucapkan perkataan yg menghina Tuhan, menyerapah. *to b. the Lord* menyeranah Tuhan.

blasphemous /'blæsfəməs/ *ks.* yg menghina/menyeranah Tuhan. *Those are b. words* Kata-kata itu kata-kata yg menghina Tuhan.

blasphemy /'blæsfəmie/ *kb.* (*j.* **-mies**) penghujahan, pemfitnahan.

blast /blæst/ *kb.* 1 letusan, ledakan. 2 hembusan. *a b. of cold wind* hembusan angin dingin. 3 bunyi, tiupan. *b. of a bugle* bunyi terompét. —*kkt.* 1 menghancurkan. *The divorce blasted his career* Perceraian itu menghancurkan karirnya. 2 membunjikan. *to b. the horn* membunyikan klakson. —*kki.* meledakkan dinamit. *They plan to b. here for the new road* Meréka bermaksud meledakkan dinamit disini guna membangun jalan yg baru. *Inf.*: **to b. off** menémbakkan, meluncurkan. *The rocket will b. off tomorrow morning* Rokét itu akan ditémbakkan bésok pagi. **b. furnace** tanur (tinggi). —**blasted** *ks. Inf.*: jahanam. *Where's the b. cat?* Dimanakah kucing jahanam itu? —**blasting** *kb.* peledakan. *B. is in progress* Peledakan sedang berlangsung. *b. cap* détonator. *b. material* bahan peledak.

blastoff /'blæst'ɔf/ *kb. Inf.*: peluncuran rokét.

blastproof /'blæst'pruwf/ *ks.* tahan ledakan. *This shelter is b.* Lubang perlindungan ini tahan ledakan.

blatant /'bleitənt/ *ks.* 1 menyolok (mata) *(of clothing).* 2 ribut dgn terang-terangan. *He showed b. contempt* Ia menunjukkan dgn terang-terangan kehinaan.

blaze /bleiz/ *kb.* 1 lautan api. *The fire made a terrific b.* Kebakaran itu menjadikan suatu lautan api yg hébat. 2 nyala api. *the b. of the forest fire* nyala api kebakaran hutan itu. 3 suasana. *in a b. of glory* dlm suasana kemenangan yg sangat meriah. —**blazes** *j. Sl.:* persétan. *What in blazes are you doing here?* Persétan, kamu lagi mengapa disini? *Sl.: Go to blazes!* Masuk neraka saja! *Sl.:* **like blazes** mati-matian, dgn dahsyat/hébat. *We fought like blazes but we finally had to give up* Kami bertempur mati-matian tetapi akhirnya kami hrs menyerah. —*kkt.* membuat jalan. *The scout blazed a trail through the woods* Pandu itu membuat jalan (dgn tanda-tanda pd pohon-pohon) melintas hutan. *Inf.*: **to b. away** menémbak bertubi-tubi. *The rifles blazed away as the enemy approached* Senapan ditémbakkan bertubi-tubi ketika musuh mendekat. —*kki.* menyala dgn berkobar-kobar. —**blazing** *ks.* 1 berkobar. *a b. fire in the living room* api berkobar di ruang tengah. 2 terbakar. *The sight of the b. plane was sickening* Pemandangan pesawat terbang yg terbakar itu menyakitkan kita. 3 terik. *the b. sun* matahari yg terik. *The sun was b. hot* Matahari membakar dgn panasnya.

blazer /'bleizər/ *kb.* jakét. *The choir members wore their school blazers* Anggota-anggota paduan suara itu memakai jakét seragam sekolah.

bldg. [*building*] gedung.

bleach /bliec/ *kb.* obat pengelantang/kelantang. —*kkt.* 1 memutihkan. *The hot sun will b. the clothes* Matahari yg panas itu akan memutihkan pakaian. *Her hair was intentionally bleached* Rambutnya sengaja diputihkan. *The skeleton was bleached by the blazing sun* Kerangka menjadi putih karena matahari yg terik itu. 2 mengelantang. *to b. a table cloth* mengelantang taplak méja. —**bleaching** *kb.* pemutihan. *b. powder* obat/serbuk kelantang.

bleacher /'bliecər/ *kb.* tempat duduk terbuka di stadion.

bleak /bliek/ *kb.* 1 suram. *Our future is b.* Hari depan kami suram. 2 suram, gelap. *Our day at the beach was b.* Tamasya kami ke pantai itu suram. —**bleakly** *kk.* suram, membosankan. *The beach stretched b. for miles* Pantai itu merentang dgn suram bermil-mil jauhnya.

bleakness /'blieknəs/ *kb.* rasa suram.

bleary /'blirie/ *ks.* muram, bilis. *Her eyes looked b.* Matanya kelihatan muram. **bleary-eyed** bermata muram.

bleat /bliet/ *kb.* embékan —*kki.* mengembék.

bled /bled/ lih BLEED.

bleed /blied/ *kkt.* (**bled**) mengambil/mengeluarkan darah. *In the old days physicians used to b. their patients* Pd zaman dahulu para dokter biasa mengeluarkan darah pasién-pasiénnya. **to b. s.o. white** menghabiskan uang s.o. *My father was bled white by the depression* Uang ayah saya tlh habis sama sekali pd zaman malaise. —*kki.* 1 berdarah. *His nose is bleeding* Hidungnya berdarah. *He will b. to death* Dia akan mati karena kehabisan darah. 2 mengeluarkan darah. *The cut bled terribly* Luka itu banyak mengeluarkan darah. 3 luka, sedih. 4 berkorban. *My uncle fought and bled for his country* Paman saya berjuang dan berkorban utk negaranya. *My heart bleeds for you* Hati saya luka karena kamu. —**bleeding** *kb.* perdarahan (dari hidung, dsb.). *Sl.: He's a b. heart* Ia menyatakan kesedihan/simpati/rasa kasihan dsb selalu dgn berlebih-lebihan.

blemish /'blemisy/ *kb.* cacat, cela. *A pimple was the only b. on his face* Sebuah jerawat cacat satu-satunya pd mukanya. —*kkt.* mencemarkan, merusak, menodai. *One mistake can often b. s.o's reputation* Suatu kesalahan seringkali dpt merusak nama s.s.o.

blend /blend/ *kb.* 1 campuran. *a b. of tobacco* campuran tembakau. 2 paduan. *the b. of one musical theme into another* paduan téma musik yg satu kpd yg lain. —*kkt.* mencampurkan. *B. these two ingredients (together)* Campurkan kedua macam bahan ini. —*kki.* cocok. *These two colors b. nicely* Campurkan kedua warna ini cocok. —**blended** *ks.* campuran. *b. whiskey* wiski campuran.

blender /'blendər/ *kb.* alat tempat pencampur, tempat adonan, pencampur. *Mix the fruits together in the b.* Campur buah-buahan itu bersama-sama dlm tempat mencampur itu.

bless /bles/ *kkt.* (**blessed** atau **blest**) 1 memberkahi, merestui. *The priest blessed the old man* Pendéta itu memberkahi orang tua itu. 2 mendoakan. *The poor woman blessed him for his generosity* Wanita miskin itu mendoakan dia karena kemurahan hatinya. *B. you!* sering dikatakan kalau s.s.o. bersin. *Inf.*: **to b. out** memarahi. *My teacher blessed me out for being late* Guruku memarahi aku karena terlambat. —**blessed** /'blesid/ *ks.* 1 menyenangkan. *The rain brought b. relief to the area* Hujan itu memberi pertolongan yg menyenangkan kpd daérah itu. 2 *Inf.*: gila. *How do you start this b. car?* Bagaimana engkau menghidupkan mobil gila ini? *Inf.*: **b. event** kelahiran seorang bayi. —**blessing** *kb.* 1 berkah. *You have my b.* Engkau dpt doa-restuku. 2 untung. *It was a b. they didn't go that way* Untunglah bhw meréka tdk mengambil jalan itu. *Here we can enjoy the blessing of nice weather* Disini kami bisa menikmati hawa yg nyaman. *Her death was a b. in disguise* Kematiannya adalah rahmat dibalik malapetaka.

blest /blest/ lih BLESS.

blew /bluw/ lih BLOW.

blight /blait/ *kb.* 1 penyakit tumbuh-tumbuhan. *A b. killed the tea plants* Penyakit tumbuh-tumbuhan membinasakan tanaman téh itu. 2 kutuk. *The depression settled like a b. over the region* Malaise berurat-berakar disini sbg kutuk atas daérah itu. —*kkt.* 1 merusakkan. *Disease blighted the roses* Penyakit merusakkan bunga mawar. *Poor eyesight has blighted his future in college* Penglihatan yg kurang baik tlh merusakkan hari depannya di perguruan

tinggi. 2 membinasakan. *Poverty has blighted the area* Kemelaratan tlh membinasakan daérah itu.
blind /blaind/ *kb.* 1 kerai, keré. *Please put up the blinds* Angkatlah keré itu. *Venetian b.* keré. 2 persembunyian. *The hunter uses a b.* Pemburu itu mempergunakan persembunyian. 3 pengadangan. *This was just a b. to fool the enemy* Ini adalah pengadangan utk menipu musuh. —*ks.* buta, tunanétra. *The lady is b.* Nyonya itu buta. *b. curve* tikungan yg samar-samar. *There's none so b. as those who won't see* Tak adalah orang yg lebih buta drpd meréka yg tak mau melihat. **to be b. to** tak dpt melihat. *He's b. to his own faults* Ia tak dpt melihat kekurangan-kekurangannya sendiri. **to go b.** 1 menjadi buta. 2 samar-samar. —*kkt.* 1 menyilaukan. *The sun blinds me* Matahari menyilaukan saya. 2 mengaburkan. *His prejudice blinds his judgment* Prasangkanya itu mengaburkan pertimbangannya. **b. alley** jalan buntu. *Inf.:* **b. date** kencan buta, kencan yg tak dikenal lebih dulu. **b. fury** mata gelap. **b. impulse** gerak hati yg tdk dipikirkan. **b. person** tunanétra. **b. side** sifat yg lemah. **b. spot** kelemahan, kekurangan. *Mathematics is his b. spot* Ilmu pasti adalah s.s.t. yg tak dpt dikuasainya. *We all have our b. spots* Kita semua mempunyai kelemahan. *O's view from a car has certain b. spots* Penglihatan s.s.o. dari mobil tdk dpt sejelas-jelasnya. **b. man's bluff** permainan bertutup mata, permainan buta-butaan, bermain sibuta. *Sl.:* **b. staggers** berjalan huyung karena mabuk. —**blindly** *kk.* dgn cara buta. *to act b.* membabi-buta.
blindfold /'blaind'fowld/ *kb.* 1 maskara. *The robber wore a b.* Perampok itu memakai maskara kain. 2 kain penutup mata. *He wore a b. for two weeks after the eye operation* Ia memakai kain penutup mata selama dua minggu stlh operasi matanya. —*kkt.* menutup mata dgn kain penutup mata, membalut mata.
blindness /'blaindnəs/ *kb.* kebutaan, ketunanétraan.
blink /blingk/ *kb.* kedipan. *Sl.:* **on the b.** rusak. *Our TV set is on the b.* Pesawat TV kami rusak. —*kkt.* mengejapkan. —*kki.* 1 berkedip-kedip, berkedip mata. 2 mengejapkan matanya. *He blinked when the lights were turned on him* Ia mengejapkan matanya ketika lampu penyorot itu diarahkan kepadanya. **to b. at** 1 berkedip-kedip kpd. 2 tdk melihat. *One tends to b. at the faults of o's friend* S.s.o. cenderung utk tdk melihat kpd kesalahan-kesalahan kawannya. —**blinking** *ks.* berkedip, berkelap-kelip. *b. lights* cahaya yg berkedip-kedip.
blinker /'blingkər/ *kb.* 1 lampu lalu lintas kelap-kelip. 2 penutup mata. *to wear blinkers* memakai penutup mata.
blip /blip/ *kb.* titik pd layar radar.
bliss /blis/ *kb.* kebahagiaan.
blissfulness /'blisfəlnəs/ *kb.* (penuh) kebahagiaan.
blister /'blistər/ *kb.* lepuh. *My shoe wore a b. on my foot* Sepatuku menyebabkan kakiku lepuh. *The heat has raised blisters on the paint on the wall* Panas itu menyebabkan lécét pd cat di dinding. —*kkt.* 1 menyerang dgn kata-kata yg tajam. *The judge blistered the accused* Hakim itu menyerang terdakwa dgn kata-kata yg tajam. 2 melepuhkan. *The hot pad blistered the child* Bantal panas itu melepuhkan anak itu. —**blistering** *ks.* panas sekali. *b. heat* panas terik —**blisteringly** *kk.* panas terik/sekali. *It's b. hot* Hari panas sekali.
blithe /blaiTH/ *ks.* gembira, bahagia. *b. spirit* semangat gembira.

B. Litt. [*Bachelor of Literature*] Sarjana Muda Sastera.
blitz /blits/ *kb.* serangan kilat.
blizzard /'blizərd/ *kb.* badai salju.
bloat /blowt/ *kki.* menjadi gembung. *A goldfish will b.(up) if fed too much* Ikan mas akan menjadi gembung jika terlalu banyak diberi makan. —**bloated** *ks.* gembung, bengkak. *He has a b. look* Mukanya kelihatan bengkak.
blob /blab/ *kb.* gumpal. *a b. of paint* segumpal cat.
bloc /blak/ *kb.* blok. *the Western b.* blok Barat.
block /blak/ *kb.* 1 blok. *Do you live on this b.?* Apakah kau tinggal di blok ini? *I live three blocks away* Rumah saya tiga blok lagi dari sini. 2 balok (ganjal). *Put a b. under the wheel of your car* Taruhlah sebuah balok dibawah roda mobilmu. 3 berkas. *I bought a b. of tickets for the new play* Saya membeli seberkas karcis utk sandiwara baru itu. 4 kayu, cétakan. *b. for a hat* kayu utk topi spy bentuknya tetap. 5 kompléks. *a b. of buildings* kompléks gedung-gedung. 6 rintangan. *I seem to have a mental b. when it comes to physics* Agaknya saya susah mempelajari ilmu alam. *There's a b. in the nerve somewhere* Uratsarafnya agak terganggu. **on the b.** dijual di lélang. *The horse was sold on the b.* Kuda itu dilélang. **to go to the b.** 1 dilélang. 2 dihukum mati. *Inf.:* **to knock o's b. off** memukul, menggasak. —*kkt.* 1 merintangi (*a road*). 2 menghalang (-halang) i. *Conservatism can sometimes block progress* Konservatisme kadang-kadang bisa menghalang-halangi kemajuan. 3 memblokir. *The government blocked the use of foreign exchange* Pemerintah memblokir penggunaan alat pembayaran asing. 4 membangun kembali. *My hat was blocked* Topi saya dibangun kembali. **to b. in** merencanakan garis besar. *Now we must b. in the plan* Sekarang kita hrs merencanakan garis besar drpd rencana itu, **to b. off** menutup (*a street*). **to b. out** = to B. IN. **to b. up** 1 menahan, menghalangi, merintangi. *The drain was blocked up with refuse* Selokan/Pipa itu tertahan oléh sampah. 2 mengganjal. *The car is blocked up every winter* Mobil itu diganjal pd tiap musim dingin. **b. and tackle** kérék(an). **b. letter** huruf balok/cétak.
blockade /bla'keid/ *kb.* blokade, pemblokiran. *b. runner* kapal penerobos blokade. —*kkt.* melakukan blokade, memblokir. *The Navy blockaded the coast* Angkatan Laut melakukan blokade thd pantai.
blockage /'blakij/ *kb.* halangan, rintangan.
blockbuster /'blak'bʌstər/ *kb. Inf.:* sej. bom yg besar.
blockhead /'blak'hed/ *kb.* orang tolol.
blond /bland/ *kb., ks.* pirang. *He's a b.* Dia berambut pirang. *He has b. hair* Rambutnya pirang.
blonde /bland/ *kb.* si rambut pirang. *Did I see you with a b.?* Apakah saya lihat engkau dgn seorang (si) rambut pirang?
blood /blʌd/ *kb.* 1 darah. 2 berasal. *He's of Italian b.* Dia asal orang Italia. *The Navy is in his b.* Dia seorang pelaut dlm darah dagingnya. *His b. is up* Ia marah. *B. is thicker than water* Sanak/Famili lebih dekat dari teman. **to draw first b.** membuat skor pertama. *The opposing team drew first b.* Regu lawan mencétak gol pertama. *Inf.:* **in cold b.** secara kejam/tenang. *He was murdered in cold b.* Dia dibunuh secara kejam. *Sl.:* **to be out for b.** pergi utk membunuh. **to get b. from a stone/turnip** Mengharapkan hal-hal yg tdk-tdk/hal yg tdk dpt dilaksanakan. **::** *The sword drew b.* Pedang itu menyebabkan luka. *I'd hate to have his b. on my hands* Saya tdk suka bertanggung-jawab atas malapetaka

yg terjadi atas dirinya. *Her screams made my b. run cold* Jeritnya mengerikan saya. *That makes my b. boil* Itu menjadikan saya marah. **b. bank** pengumpulan/bank darah. **b. bath** penumpahan darah besar-besaran. **b. brother** saudara kandung. **b. count** jumlah susunan darah. **b. donor** dermawan darah. **b. feud** dendamkesumat berdarah. **b. money** uang tebusan, diat. **b. plasma** plasma darah. **b. poisoning** keracunan darah. **b. pressure** tekanan darah. **b. relation/relative** sanak(-saudara). **b. stream** jalan/aliran darah. **b. test** pemeriksaan darah. **b. transfusion** transfusi darah, pindah tuang darah. **b. type** jenis darah. **b. vessel** uratnadi, pembuluh darah. **b. and thunder** mélodrama yg mengerikan. *b.-and-thunder novel* buku ceritera yg mengerikan.

bloodcurdling /'blʌd'kərdling/ *ks.* mengerikan. *We heard a b. scream* Kita mendengar teriakan yg mengerikan.

bloodhound /'blʌd'hawnd/ *kb.* 1 anjing polisi. 2 *Sl.:* resérsé, mata-mata, polisi.

bloodies /'blʌdies/ lih BLOODY.

bloodless /'blʌdləs/ *ks.* tdk menumpahkan darah. *a b. battle* pertempuran tdk menumpahkan darah.

bloodmobile /'blʌdmə'biel/ *kb.* mobil utk pengumpulan darah.

bloodshed /'blʌd'syed/ *kb.* pertumpahan darah.

bloodshot /'blʌd'syat/ *ks.* mérah karena sakit atau lelah (*eyes*).

bloodstain /'blʌd'stein/ *kb.* bekas lumuran darah.

bloodstained /'blʌd'steind/ *ks.* berlumur darah. *b. shirt* keméja berlumuran darah.

bloodsucker /'blʌd'sʌkər/ *kb.* 1 lintah (darat), pacat. 2 pemeras uang, penghisap darah (*of a person*).

bloodthirsty /'blʌd'thərstie/ *ks.* haus darah, ganas.

bloody /'blʌdie/ *ks.* 1 berdarah. *The fight left him b. from head to toe* Sesudah perkelahian itu dia berlumuran darah. 2 yg banyak menumpahkan darah. *It was a b. battle* Itu suatu pertempuran yg banyak menumpahkan darah. 3 berdarah. *He had a b. nose* Hidungnya berdarah. *to yell b. murder* menjerit-jerit. —*kkt.* (**bloodied**) membuat berdarah.

bloom /bluwm/ *kb.* 1 kumpulan bunga. 2 masa remaja. *She's in the b. of youth* Dia sedang dlm masa remajanya. —*kki.* berkembang. *These flowers bloomed late this year* Bunga-bunga ini berkembang lambat tahun ini. —**blooming** *ks.* 1 berbunga. *b. roses* mawar sedang berbunga. 2 berkembang. *She's a b. teen-ager* Ia sedang menginjak déwasa. 3 *Sl.:* jahanam, sial, si celaka *Where's my b. book?* Mana bukuku si celaka itu?

bloomer /'bluwmər/ *kb. Inf.:* orang yg berkembang. *He was a late b.; his work improved when he entered high school* Dia seorang yg terlambat berkembang; pekerjaannya maju stlh ia ada di sekolah menengah.

bloomers /'bluwmərz/ *kb., j.* celana pof, celana péndék yg diikat dekat lutut.

blossom /'blasəm/ *kb.* kumpulan bunga. **in b.** berbunga. *Jasmine is in b.* Melati berbunga. —*kki.* 1 mekar. *The roses have begun to b.* Mawar-mawar itu mulai mekar. 2 menjadi. *She has blossomed into a real beauty* Ia menjadi seorang gadis yg benar-benar cantik. **to b. out** menjelma menjadi. *These children have blossomed out this year* Anak-anak ini tumbuh dgn séhatnya tahun ini.

blot /blat/ *kb.* noda bintik. *Will you soak up that b. of ink?* Keringkanlah noda tinta itu. *The crime he committed is a b. on his name* Kejahatan yg dilakukan-

nya menodai namanya. —*kkt.* (**blotted**) 1 mengeringkan dgn kertas isap. *After you write your name, please b. it* Sesudah kau tulis namamu, keringkanlah dgn kertas isap. 2 mengotori, menodai. *He spilled some ink and blotted his paper* Ia menumpahkan tinta dan mengotori kertasnya. **to b. out** menghilangkan, menghapuskan (*a view, a memory*). **to b. up** mengeringkan. *Please b. up this spot of ink* Keringkan noda/bintik tinta ini. **blotting paper** kertas isap/penyedut.

blotch /blac/ *kb.* jerawat, bisul. *several blotches on his face* beberapa jerawat di mukanya.

blotter /'blatər/ *kb.* pengering tinta. *police b.* buku utk menuliskan kejadian-kejadian yg berh. dgn pekerjaan polisi.

blouse /blaws, blawz/ *kb.* blus.

blow /blow/ *kb.* 1 pukulan. *He received a b. on his head* Ia mendapat pukulan pd kepalanya. *That b. struck home* Pukulan itu kena betul. *His father's death was a b.* Kematian ayahnya merupakan suatu pukulan. *Their disagreement led to blows* Perselisihan meréka itu mengakibatkan perkelahian. 2 tamparan. *I received a heavy b. when my tax bill arrived* Saya spt ditampar rasanya ketika menerima surat penetapan pajak. 3 serangan. *The Navy's swift b. brought victory* Serangan yg cepat dari AL membawa kemenangan. 4 angin ribut, bayu. *Yesterday's b. damaged several homes* Angin ribut kemari merusak beberapa rumah. **at one b.** sekaligus. *At one b. he lost everything* Ia sekaligus kehilangan segalanya. **to come to blows** berkelahi. *In the heated argument, they almost came to blows* Dlm perdébatan yg sengit itu meréka hampir berjotos-jotosan. **to strike a b.** berjuang. *The nationalists struck a b. for freedom* Kaum nasionalis itu memulai serangan yg hébat utk memperoléh kemerdékaan. *to win a victory without striking a b.* mendapat kemenangan tanpa perjuangan. —*kkt.* (**blew, blown**) 1 meniup. *The wind blew the curtains* Angin meniup kain jendéla. *The policeman blew his whistle at me* Polisi itu meniup peluitnya kpd saya. *Children love to b. bubbles* Anak-anak senang meniup gelembung-gelembung. 2 membunyikan. *to b. the horn* membunyikan klakson. 3 *Sl.:* mengeluarkan. *He blew all his money on a car* Ia memboroskan semua uangnya utk sebuah mobil. **to b. o's nose** membersihkan hidungnya, membuang ingus. **to b. a fuse** memutuskan sékering. *Too many lights blew the fuse* Karena terlalu banyak lampu sékering putus. **to b. hot and cold** tdk pasti. *She blows hot and cold about her wedding date* Ia tdk dpt mengatakan dgn pasti ttg tanggal perkawinannya. *Sl.:* **to b. the game** kalah (dlm pertandingan.). **to b. the lead** kehilangan untung. *The tennis player blew his lead* Pemain ténis itu kehilangan biji angka. **to b. o's lines** membuat kesalahan. **to b. to bits** meledakkan menjadi kepingan. —*kki.* 1 meniup. *The wind blew* Angin meniup. 2 berbunyi. *The whistle blew* Peluit itu berbunyi. 3 putus, meléléh. *The fuse blew* Sékering itu putus. 4 bernafas. *A whale must surface and b.* Ikan paus hrs timbul ke permukaan air utk bernafas. **to b. away** 1 melayangkan, menerbangkan. 2 menghembuskan. *She blew away the ashes on the table* Ia menghembuskan abu dari méja itu. 3 tertiup. *The leaves blew away* Daun-daun tertiup. *The papers blew away* Kertas-kertas beterbangan. **to b. down** 1 menumbangkan. *The wind blew down the house* Angin menumbangkan rumah itu. 2 meniup (keras). *The wind blew down the street* Angin meniup (keras) di jalan itu. *Sl.:* **to b. in** muncul, datang dgn tiba-tiba. *When did you b. in?* Kapan kamu datang? **to b. off** 1 menerbangkan. *The wind blew off his hat* Topinya tertiup oléh angin. 2 berubah haluan. (karena tiupan angin). *The ship was blown off course* Kapal itu berubah haluannya karena angin. **to b. out** 1 memadamkan, meniup. *to b. out a candle* memadamkan lilin. 2 meletus, kempés. *The high speed blew out a tire* Karena kecepatan yg tinggi ban meletus. *to b. out o's brains* menémbak kepalanya. 3 padam, mati. *The candle blew out* Lilin itu padam. 4 meletus, kempés, gembos. *The tire blew out* Ban itu meletus. **to b. over** reda. *Stay here till the storm blows over* Tinggallah disini sampai badai itu reda. **to b. up** 1 meledakkan. *The army blew up the bridge* Tentara tlh meledakkan jembatan itu. 2 tambah angin, memompa. *Please b. up my tires* Tolong tambah angin ban-ban saya. 3 melebih-lebihkan, menambah-nambah. *Don't b. the story up any more* Jangan lebih-lebihkan lagi cerita itu. 4 meledak. *The chemical plant blew up yesterday* Kemarin paberik kimia itu meledak. 5 *Inf.:* menjadi amat marah. *He blew up when he heard the news* Ia amat marah waktu mendengar berita itu. 6 bertiup. *On Cayuga Lake storms b. up quickly* Di Danau Cayuga badai lekas bertiup. **blow-by-blow** *ks.* bagian demi bagian, langkah demi langkah, lengkap tanpa ada bagian yg diléwati. *b.-by-b. description of the boxing match* uraian yg terperinci ttg pertandingan tinju itu.

blower /'blowər/ *kb.* 1 alat peniup. *b. in a furnace* peniup api dlm tungku. 2 tukang tiup.

blowgun /'blow'gʌn/ *kb.* sumpitan.

blown /blown/ lih BLOW.

blowout /'blow'awt/ *kb.* 1 ban kempés/pecah (*of tire*). 2 *Sl.:* ramai, semarak. *That party was a real b.* Pésta itu ramai betul.

blowpipe /'blow'paip/ *kb.* 1 pipa peniup. 2 sumpitan.

blowtorch /'blow'tɔrc/ *kb.* obor las.

blowup /'blow'ʌp/ *kb.* 1 ledakan, letusan. 2 *Inf.:* marah. *Those two boys had a b.* Kedua anak laki-laki itu marah. 3 pembesaran. *b. of a photo* pembesaran foto.

blubber /'blʌbər/ *kb.* lapisan lemak. *whale b.* lapisan lemak ikan paus. —*kki.* menangis. *The boy blubbered when he heard the sad news* Anak laki-laki itu menangis ketika mendengar berita sedih itu.

bludgeon /'blʌjən/ *kb.* gada, pemukul. —*kkt.* memukul dgn gada, menggada. *to b. o's victim* menggada korbannya.

blue /bluw/ *kb.* biru. *B. is a beautiful color* Biru adalah warna yg cantik. **into the b.** menghilang di kejauhan. *The plane faded into the b.* Kapal terbang itu menghilang di kejauhan. **out of the b.** tiba-tiba, tak tersangka sama sekali. *He walked in out of the b.* Tiba-tiba dia muncul. —*ks.* 1 biru. *b. dress* baju biru. 2 murung, sedih. *I feel so b. today* Hari ini saya murung betul. 3 biru, tdk senonoh, cabul (*of a joke, film*). **b. baby** anak yg dilahirkan dgn warna kulit yg kebiru-biruan karena jantungnya lemah. **blue-black** *ks.* biru tua. *b.-black ink* tinta biru tua. **b. blood** keturunan bangsawan, darah putih. **b. book** buku dgn nama-nama orang terkemuka. **b. cheese** sej. kéju, berisikan sej. warnawarna biru. *Inf.:* **b. chip** kepingan bundar bernilai uang dipakai dlm permainan judi. *b.-chip stocks* saham-saham yg baik. **B. Cross** suatu organisasi di AS yg menyediakan asuransi-asuransi perawatan jika sakit, beranak, dsb. **b. jeans** *j.*

jéngki. **b. law** suatu peraturan yg mencegah mengadakan pésta pd hari minggu. **b. Monday** hari Senén sesudah berlibur dgn semangat kerja yg kurang. **b. moon** jarang sekali. *Once in a b. moon my daughter comes to see me* Jarang sekali anak perempuan saya datang mengunjungi saya. **to blue-pencil** mengubah dgn memperbaiki. *The instructor b.-penciled the student's essay* Guru itu mengubah dan memperbaiki karangan murid itu. **b. ribbon** hadiah pertama. **B. Shield** suatu organisasi di A.S. yg memberikan asuransi-asuransi utk pembedaan. *Sl.:* *He went down the road like a b. streak* Dia berjalan/berlari secepat kilat. —**blues** *j. Inf.:* 1 perasaan sedih/susah. *I often have the blues* Seringkali saya berasa sedih. 2 sej. musik Négro Amérika. —**blue(e)ing** *kb.* biru, membirukan.

blueberry /'bluw'berie/ *kb.* (*j.* **-ries**) sej. arbei.

bluebird /'bluw'bərd/ *kb.* sm burung yg pandai menyanyi; jantannya berpunggung biru.

bluebottle /'bluw'batəl/ *kb.* lalat hijau.

bluegrass /'bluw'græs/ *kb.* sej. rumput yg berwarna kebiru-biruan.

bluenose /'bluw'nowz/ *kb. Inf.:* seorang yg sangat keras dan teliti dlm hal sopan santun.

blueprint /'bluw'print/ *kb.* cétakan biru. —*kkt.* merencanakan. *The entire operation was blueprinted* Seluruh operasi tlh direncanakan.

bluestocking /'bluw'staking/ *kb.* seorang perempuan yg mempunyai perhatian besar thd ilmu pengetahuan.

bluff /blʌf/ *kb.* 1 gertakan, gertak sambal, sok, lagak, pura-pura. *I see through his b.* Saya tlh mengerti gertakannya. **to call o's b.** menentang gertakan, menawar utk menggertak. 2 *Geol.:* jurang tebing (di pantai atau sungai). —*kkt.* maju dgn gertakan. *He bluffed his way through college* Dia maju di sekolah tinggi dgn gertakan saja. —*kki.* menggertak. *He's probably bluffing* Dia mungkin hanya menggertak saja.

bluffer /'blʌfər/ *kb.* penggertak, pelagak.

bluish /'bluwisy/ *ks.* kebiru-biruan. *The paint has a b. tint* Cat itu kebiru-biruan warnanya.

blunder /'blʌndər/ *kb.* kesalahan besar. *to make a b.* membuat kesalahan besar. —*kki.* membuat kesalahan besar. *you blundering idiot* kamu tolol.

blunt /blʌnt/ *ks.* 1 tumpul. *b. knife* pisau tumpul. 2 kasar. *That was a b. reply* Jawaban itu kasar. 3 berterus-terang. *He has a b. way about him* Dia punya sifat berterus-terang. —*kkt.* 1 menjadikan tumpul. *Years of experience had blunted his sensitivity* Pengalaman yg bertahun-tahun sdh menjadikan perasaannya tumpul. 2 menumpulkan. *A hard life has blunted his emotions* Hidup yg sukar tlh menumpulkan perasaan halusnya. —**bluntly** *kk.* berterus-terang, blak-blakan. *I had to speak b. to her* Saya terpaksa berbicara berterus-terang dgn dia.

bluntness /'blʌntnəs/ *kb.* 1 ketumpulan. *the b. of the pencil point* ketumpulan ujung pénsil. 2 kekasaran. *the b. of his manner* kekasaran tingkahlakunya.

blur /blər/ *kb.* kabur, remang-remang. *In the twilight she was just a b.* Dlm kegelapan senja itu ia kabur kelihatannya. —*kkt.* (**blurred**) mengaburkan. *Fog blurred our view of the valley* Kabut mengaburkan penglihatan kami atas lembah itu. *My vision is blurred* Penglihatan saya menjadi kabur.

blurb /blərb/ *kb. Inf.:* pujian, uraian singkat isi buku sbg perkenalan atau iklan. *the b. on the book's wrapper* pujian mengenai buku itu pd kulit sampulnya.

blurry /'blɔrie/ *ks.* kabur. *The TV picture is b.* Gambar di layar TV itu kabur.

blurt /blɔrt/ *kkt.* berkata tanpa berpikir, mengatakan s.s.t. yg hrs dirahasiakan. *The prisoner blurted out his name in fright* Tawanan itu mengucapkan namanya karena takut.

blush /blʌsy/ *kb.* mérah muka. *Her b. was most attractive* Pipinya yg mérah sangat menarik. **at first b.** selayang pandang, sepintas lalu. *At first b. I'm inclined to go along with your view* Selayang pandang saya cenderung utk mengikuti jalan pikiranmu. —*kki.* menjadi mérah. *I saw her b.* Saya melihat dia menjadi mérah. —**blushing** *ks.* mérah kemalu-maluan. *b. bride* pengantin wanita yg mukanya mérah kemalu-maluan.

bluster /'blʌstər/ *kb.* 1 angin yg keras. *the b. of the wind* tiupan angin yg keras. 2 pembicaraan yg keras. *His b. fools no one* Pembicaraannya yg keras tdk dpt memperdayakan orang. —*kkt.* menggertak. *He blustered his way through the oral exam* Ia berhasil dlm ujian lisan dgn menggertak. —*kki.* berbicara dgn keras, menggertak. *She tends to b. to cover up her ignorance* Ia cenderung utk berbicara keras utk menutupi kebodohannya.

blustery /'blʌstərie/ *ks.* 1 kencang (*of wind*). 2 yg (suka) menggertak (*of a person*).

blvd. [*boulevard*] jalan raya di kota.

bn. [*battalion*] batalyon.

boar /bowr/ *kb.* babi. *wild b.* babi hutan.

board /bowrd/ *kb.* 1 papan. *ironing b.* papan setrika. *b. foot* ukuran papan. *chess b.* papan catur. 2 papan tulis. *Write this sentence on the b.* Tulis kalimat ini di papan tulis. 3 makanan. 4 déwan pengurus. *b. of regents* déwan kurator. *b. of trustees* déwan kurator/ penyantun. *chairman of the b.* ketua déwan (pengurus). **to go by the b.** tdk diindahkan, berlalu begitu saja. *Under the circumstances all formal arrangements went by the b.* Dlm keadaan yg demikian (itu), semua tatacara yg resmi sdh tdk diindahkan lagi. **on b.** 1 naik. *Let's go on b. ship* Marilah kita naik kapal. 2 diatas kapal. *They're already on b.* Meréka sdh diatas kapal. *Sl.:* **to bet across the b.** bertaruh atas seékor kuda atau anjing pilihan yg akan menang. —**boards** *j.* pentas, panggung. *He performed on the boards of the Abbey Theater* Dia bermain diatas pentas Abbey Theater. —*kkt.* 1 naik. *to b. a bus/ship* naik bis/kapal. 2 menerima (s.s.o.) indekos. *Mother boarded a number of university students* Ibu menerima beberapa mahasiswa indekos. —*kki.* indekos. *I boarded at Mrs. Barr's for six months* Saya indekos pd rumah Bu Barr enam bulan lamanya. **to b. out** menitipkan. *We b. out our cat when we go on vacation* Kami menitipkan kucing kami ketika kami pergi dlm liburan. **to b. up** menutup (*windows*). **to b. with** indekos (pd), memondok. *The student is boarding with us* Mahasiswa indekos di rumah kami. **b. of health** jawatan keséhatan. —**boarding** *kb.* papan. *b. house* rumah indekos. *b. party* rombongan pelaut. **b. pass** pas naik (ke kapal atau ke kapal terbang dsb.). *b. school* sekolah dasar atau menengah dgn asrama.

boarder /'bowrdər/ *kb.* orang indekos. *to take in boarders* mengambil/menerima orang-orang indekos.

boardwalk /'bowrd'wɔk/ *kb.* papan utk berjalan misalnya di pasir.

boast /bowst/ *kb.* pembualan, besar mulut. —*kkt.* membanggakan. *to b. several fine parks* membanggakan beberapa taman yg indah. —*kki.* menyombongkan diri. *He boasts too much* Ia terlalu menyombongkan diri.

boastful /'bowstfəl/ *ks.* sombong. *He has a b. attitude* Ia mempunyai sikap sombong. —**boastfully** *kk.* dgn sombong.

boat /bowt/ *kb.* 1 kapal. *b. hook* gancu, pengait kapal. 2 perahu, sekoci. 3 sampan. *Let's go for a b. ride* Marilah kita bersampan-sampan. **in the same b.** didlm keadaan yg sama; kita semua senasib; kita semua seperuntungan. *We're all in the same b.* Kami dlm keadaan yg sama. *Inf.:* **to miss the b.** kehilangan kesempatan. *Inf.:* **to rock the b.** mengganggu/mengacau keadaan. —**boating** *kb.* bersampan, berlayar, berdayung.

boatbuilding /'bowt'bilding/ *kb.* pembangunan/ pembuatan kapal.

boathouse /'bowt'haws/ *kb.* gudang kapal.

boatload /'bowt'lowd/ *kb.* muatan kapal, sekapal penuh. *a b. of fish* ikan satu muatan kapal.

boatman /'bowtmən/ *kb.* (*j.* -**men**) 1 orang yg menjaga atau memelihara kapal. 2 pendayung. 3 orang yg bekerja di kapal.

boatswain /'bowsən/ *kb.* serang, kepala kelasi, mandor kapal.

boatyard /'bowt'yard/ *kb.* 1 tempat memperbaiki dan menyimpan kapal. 2 pangkalan kapal.

bob /bab/ *kb.* potongan rambut yg péndék. *I like her hair in a short b.* Saya suka rambutnya dipotong péndék. —*kkt.* (**bobbed**) memotong péndék rambut. *She has bobbed her hair* Rambutnya dipotong péndék. **to b. up** muncul, timbul dgn tiba-tiba. *He suddenly bobbed up* Ia tiba-tiba muncul. *The apples kept bobbing up in the pan of water* Buah-buah apel itu terapung-apung dlm panci yg berisi air. —**bobbed** *ks.* dipotong péndék (*hair*).

bobbin /'babin/ *kb.* kumparan.

bobby pin /'babie'pin/ *kb.* jepit(an) rambut.

bobby socks /'babie'saks/ *kb., j. Inf.:* kaus kaki péndék sampai mata kaki.

bobby soxer /'babie'saksər/ *kb. Inf.:* gadis remaja.

bobsled /'bab'sled/ *kb.* gerobak tanpa roda yg disérét.

bode /bowd/ *kkt., kki.* menjadi tanda. **to b. ill** menjadi tanda tdk baik. *This new development bodes ill* Perkembangan baru ini menjadi tanda tdk baik. **to b. well** menjadi tanda yg baik. —**boding** *kb.* tanda-tanda. *We had a b. of some calamity* Kami mendapat tanda-tanda malapetaka.

bodice /'badis/ *kb.* korsét.

bodily /'badəlie/ *ks.* jasmani(ah). *He goes in for b. exercise* Ia melakukan latihan jasmani. *She suffered no b. harm* Ia tdk menderita luka-luka pd badannya. —*kk.* hidup-hidup. *The police picked him up b. and carried him away* Polisi itu mengangkat tubuhnya dan membawanya pergi.

body /'badie/ *kb.* (*j.* -**dies**) 1 badan, tubuh. *His b. was covered with sores* Badannya penuh dgn luka-luka. 2 kumpulan, badan. *b. of laws* kumpulan hukum. *legislative b.* badan pembuat undang-undang. *Cayuga Lake is a large b. of water* Danau Cayuga merupakan kumpulan air yg luas. 3 benda. *foreign b. in o's eye* benda asing dlm matanya. *The stars are heavenly bodies* Bintang-bintang adalah benda-benda angkasa. 4 karoseri. 5 mayat. *He prepared the b. for burial* Ia membéréskan mayat itu utk dikubur. 6 pokok. *the b. of the story* pokok ceritera. 7 gerombolan. *He belongs to a b. of troublemakers* Ia termasuk gerombolan pengacau. 8 majelis. *I am delighted to be invited to address this august b.* Saya merasa senang diundang utk berpidato dlm majelis yg mulia ini. 9 isi. *This soup doesn't have any b.* Sup ini tdk berisi samasekali. **in a b.** sbg suatu golongan. *Inf.:* **over my dead b.** tak akan kuizinkan. **b. and soul** jiwa-raga. *She loved him b. and soul* Wanita itu mencintainya sepenuh jiwa-raganya. *He tries to eat enough to keep b. and soul together* Ia berusaha cukup makan spy dpt tetap hidup. **b. blow** pukulan. *Losing his car was a b. blow* Kehilangan mobilnya adalah suatu pukulan. **b. building** gerak badan. **b. politic** 1 semua manusia yg terkumpul di suatu negara. 2 negara hukum.

bodyguard /'badie'gard/ *kb.* pengawal.

bog /bag/ *kb.* tanah berlumpur. —*kki.* (**bogged**) **to b. down** macet, terhenti. *Don't b. down on the job* Janganlah engkau macet didlm pekerjaanmu.

bogey /'bowgie/ *kb. Golf:* angka lebih satu dari par.

bogeyman /'bowgie'mæn, 'bugie-/ *kb.* (*j.* **-men**) hantu. *the b. of starvation* hantu kelaparan.

boggle /'bagəl/ *kkt.* mengejutkan. *The national debt boggles the imagination* Jumlah hutang nasional mengejutkan khayalan. —*kki.* meragukan. *I first boggled at his suggestion, but now feel it's a good one* Saya mula-mula meragukan anjurannya itu, tetapi sekarang saya memandangnya sbg s.s.t. yg baik.

bogus /'bowgəs/ *ks.* 1 gadungan, sok. *b. elements* élemén-élemén gadungan. 2 palsu. *to pass a b. $5 bill* memberikan kertas uang $5 yg palsu. *b. money* uang palsu.

Bohemian /bow'hiemiən/ *kb.* orang yg berkehidupan bébas, spt seniman.

boil /boil/ *kb.* 1 bisul, borok. 2 mendidih. *to bring to a b.* mendidihkan sampai menggelegak. **to come to a b.** mendidih. *First let the water come to a b.* Mula-mula masak air itu sampai mendidih. —*kkt.* merebus (*eggs*). —*kki.* 1 direbus. *The egg was boiling* Telor itu sedang direbus. 2 panas sekali. *The car engine was boiling* Mesin mobil itu panas sekali. 3 mendidih. *My blood boils at the very thought that he might stay with us* Darah saya mendidih ketika memikirkan bhw ia mungkin tinggal bersama kami. *His arrogant attitude makes me b.* Sikapnya yg angkuh itu membuat saya marah sekali. **to b. away** menguap. *The water boiled away* Air itu menguap karena mendidih. **to b. down** 1 mengurangi dgn memasak terus. *B. the sauce down to one half* Tolong dimasak terus sampai kuahnya tinggal setengah. 2 mempersingkat, memperpéndék. *B. all your data down to s.t. manageable* Persingkat bahan-bahan datamu sehingga bisa dikuasai. 3 menjadi. *The problem boils down to this* Soal itu menjadi demikian. **to b. over** meluap. *The pudding boiled over* Poding itu meluap. *She boiled over with rage* Kemarahannya meluap-luap. —**boiled** *ks.* yg direbus. *b. egg* telur rebus. —**boiling** *ks.* mendidih. *b. point* titik didih. *b. water* air yg mendidih.

boiler /'boilər/ *kb.* 1 dandang (*for rice*). 2 kétél. *b. room* ruang kamar kétél. 3 kétél uap (*on a ship, etc.*).

boisterous /'boistrəs/ *ks.* riuh, ramai. *a b. party* pésta yg ramai.

bold /bowld/ *ks.* 1 berani. *b. explorer* penjelajah yg berani. 2 tegas. *to sign in a b. handwriting* menanda tangani dgn tegas. 3 hébat. *Signing that controversial bill was a b. stroke* Penanda tanganan rancangan undang-undang yg bertentangan itu merupakan tindakan yg berani. **to make b.** berani, memberanikan diri. *He made b. to ask for her hand in marriage* Ia berani meminang gadis itu.

boldface /'bowld'feis/ *kb.* huruf/cétakan tebal.

boldness /'bowldnəs/ *kb.* kegagahan, keberanian.

bolero /bow'leirow, bə/ *kb.* 1 sm tari Spanyol. 2 blus péndék wanita.

boll weevil /'bowl'wievəl/ *kb.* kumbang yg biasanya bertelur di buah kapas dan merusak buah itu.

bologna /bə'lownie, -nə/ *kb.* sosis besar yg dipanggang, dibuat dari daging sapi, sapi muda atau daging babi.

bolster /'bowlstər/ *kb.* bantal panjang, sm guling. —*kkt.* menyokong, mendukung. *He did a great deal to b. our morale* Ia berusaha keras utk menyokong semangat kita. **to b. up** menyokong, mendukung.

bolt /bowlt/ *kb.* 1 baut. *I need a nut for this b.* Saya memerlukan mur utk baut ini. 2 gréndél kunci. *Fasten the b. on the door* Pasanglah kunci gréndél pintu itu. 3 gulungan kayu(h), blok bahan utk baju yg panjangnya 40 yar. *I want a b. of this material* Saya perlu satu blok dari kain ini. 4 ledakan. *b. of lightning* ledakan petir. **to make a b.** meloncat, lari. *He made a b. for the door* Ia meloncat ke pintu. **b. from the blue** kejadian yg tak terduga, datang dgn tiba-tiba. *The inheritance came to him like a b. from the blue* Ia menerima harta warisan itu bagaikan mendapat durian runtuh. *Sl.:* **to shoot o's b.** berbuat sekuat tenaga. *He shot his b. in the second set of the tennis match* Ia bermain sekuat tenaganya dlm sét kedua dlm pertandingan ténis itu. *to sit b. upright* duduk tegak. —*kkt.* 1 memalang. *B. your door* Palang pintumu. 2 menolak mendukung. *The Conservatives bolted the Party* Kaum Konservatif itu menolak mendukung Partai. —*kki.* meloncat, lari. *The horse bolted* Kuda itu tiba-tiba meloncat.

bomb /bam/ *kb.* bom. —*kkt.* membom (*a city*). —*kki. Sl.:* gagal. —**bombed** *ks.* dibom. *a badly b. city* kota yg dibom (dgn) hébat.

bombard /bam'bard/ *kkt.* 1 membom, membombardir, menyerang dgn témbakan-témbakan berat (*a city*). 2 menyerang, mendébat. *The audience bombarded the speaker with questions* Para pendengar mendébat pembicara dgn pertanyaan-pertanyaan.

bombardier /'bambər'dir/ *kb.* awak pesawat terbang yg membidikkan bom dan melepaskan bom secara mékanis, juru bom di pesawat terbang.

bombardment /bam'bardmənt/ *kb.* bombardemén, pengeboman.

bombast /'bambæst/ *kb.* 1 bahasa yg terdengar baik tetapi tak berarti. 2 omong besar.

bombastic /bam'bæstik/ *ks.* berisi kata-kata yg muluk-muluk. *b. speech* pidato berisi kata-kata yg muluk-muluk.

bomber /'bamər/ *kb.* pembom, bomber.

bombproof /'bam'pruwf/ *ks.* tahan serangan bom. *This building is b.* Bangunan ini tahan serangan bom/granat.

bombshell /'bam'syel/ *kb.* bom. *The news of the assassination came like a b.* Berita pembunuhan itu amat mengejutkan.

bona fide /'bonə'faid/ *ks.* jujur, bisa dipercaya. *Is it a b. offer?* Apakah itu penawaran yg jujur?

bonanza /bə'nænzə/ *kb.* 1 bijih yg amat banyak didlm tambang. 2 sumber keuntungan. *The royalties on his textbooks are a b. to him* Honorarium buku pelajarannya adalah sumber keuntungan baginya.

bonbon /'ban'ban/ *kb.* 1 kembang gula. 2 segala manisan yg dibuat dari gula.

bond /band/ *kb.* 1 tali, pertalian, ikatan. *b. of friendship* tali persaudaraan. 2 surat obligasi. *Have you bought any bonds lately?* Apakah akhir-akhir ini engkau membeli surat obligasi? 3 surat tanggungan. *In this job one must sign a b. since large sums of money are*

involved Dlm pekerjaan ini masing-masing hrs menékan surat tanggungan, karena menyangkut sejumlah uang yg besar. 4 pengikat, ikatan. *He is the only b. for the union of the country* Ia menjadi satu-satunya ikatan bagi persatuan negeri itu. **in b.** disimpan dlm gudang. —*kkt.* 1 mengeluarkan obligasi atas. *to b. a government enterprise* mengeluarkan obligasi atas suatu usaha pemerintah. 2 mempertanggungkan, mengikat seorang dgn (uang) tanggungan. *The shipment was bonded* Pengiriman itu ada tanggungannya. 3 mengganti dgn obligasi. *to b. a debt* mengganti hutang dgn obligasi. 4 menahan barang di gudang sampai béanya/pajaknya terbayar. 5 mengikat, mempersatukan. *to b. several countries together* mengikat beberapa negeri bersama. **b. paper** kertas yg kuat dan tahan utk membuat dokumén-dokumén spt surat obligasi pemerintah, sekarang juga biasa dipergunakan utk kertas surat-menyurat. —**bonded** *ks.* 1 disimpan dlm gudang sampai béanya dibayar. *b. goods* barang-barang yg disimpan dlm gudang pemerintah oléh importir yg hrs membayar biaya simpan, tetapi karena tdk memenuhi kewajibannya barang-barang itu dipindahkan utk dijual. *b. whiskey* wiski yg tlh disimpan dlm tong selama empat tahun atau lebih dibawah pengawasan pemerintah (di AS).
bondage /'bandij/ *kb.* perbudakan, perhambaan.
bondsman /'banzmən/ *kb.* (*j.* -**men**). orang jaminan.
bone /bown/ *kb.* 1 tulang. *He broke a b. in his arm* Tulang lengannya patah. 2 duri, *fish b.* duri ikan. **to feel in o's bones** merasa dgn pasti. *I feel in my bones that it's going to snow* Rasa-rasanya ini akan turun salju. **to have a b. to pick** mengeluh. *I have a b. to pick with you about your statement* Ada persoalan yg saya ingin selesaikan dgn kamu mengenai ucapanmu. *Inf.:* **to make no bones about** berkata terus-terang ttg. *He makes no bones about his dislike of his boss* Ia berkata terus-terang ttg kebenciannya thd majikannya. **to cut to the b.** 1 sampai dlm hampir mengenai tulang. *She cut her finger to the b.* Jarinya terkerat kena tulang. 2 sampai tinggal sedikit. *to cut expenditures to the b.* mengadakan penghématan pengeluaran sampai tinggal sedikit sekali. —*kkt.* menulangi (*a fish, chicken*). —*kki. Sl.:* mempelajari. *The student boned hard on his math* Pelajar itu giat mempelajari ilmu pasti. **to b. up on** menjadi biasa dgn, mempelajari. *The candidate boned up on his French* Calon itu menjadi biasa dgn bahasa Perancisnya. **bone-dry** *ks.* kering sekali. *The well was b.-dry* Mata air itu kering sekali. **b. meal** tepung tulang. **b. of contention** soal perdébatan/ pertengkaran, pokok persengkétaan. **b. yard** 1 tempat barang rosokan. 2 *Sl.:* kuburan.
boneless /'bownlǝs/ *ks.* tanpa tulang. *b. chicken* ayam cabut tulang.
boner /'bownǝr/ *kb. Sl.:* kesalahan yg bodoh. *to make a b.* membuat kesalahan yg bodoh.
bonfire /'ban'fair/ *kb.* api unggun, api besar yg dinyalakan di langit terbuka.
bonnet /'banit/ *kb.* topi, biasanya diikat dibawah dagu dgn tali atau pita, dipakai oléh wanita, anak-anak perempuan dan bayi.
bonus /'bownǝs/ *kb.* uang jasa, gratifikasi.
bony /'bownie/ *ks.* 1 kelihatan tulangnya, tulangnya menonjol, kurus. *He has b. hands* Tangannya kelihatan tulangnya. Tangannya kurus. 2 banyak tulangnya. *b. fish* ikan yg banyak tulangnya.
boo /buw/ *kb.* 1 olokan, éjékan. *The unpopular speaker was greeted with boos* Pembicara yg tdk populér itu

diperolok-olokkan. 2 boo. *He said "b." and she jumped* Ia mengatakan "boo" dan ia melompat. —*kkt.* memperolokkan. *The audience booed the speaker* Pendengar-pendengar itu memperolokkan pembicara.
boo-boo /'buw'buw/ *kb. Sl.:* kesalahan yg bodoh. *to make a b.* membuat kesalahan bodoh.
booby /'buwbie/ *kb.* (*j.* -**bies**) seorang tolol. *Sl.:* *b. hatch* rumah gila. *b. prize* hadiah penghibur. *b. trap* 1 ranjau yg dipasang bagi orang yg kurang berhati-hati atau kurang berfikir. 2 *mil.:* perangkap yg tersembunyi, ranjau.
boobytrap /'buwbie'træp/ *kb.* ranjau. —*kkt.* (**boobytrapped**) memasang bom atau ranjau. *The enemy boobytrapped the dead soldier* Musuh menjebak prajurit yg téwas itu dgn sebuah perangkap yg berisi bahan peledak.
boogie-woogie /'buwgie'wugie/ *kb.* sm. tarian dgn irama "blues" yg dipercepat.
boohoo /'buw'huw/ *kki.* menangis dgn keras. *You have nothing to b. about* Engkau tak usah menangis keras.
book /buk/ *kb.* 1 buku. *a good b.* buku yg baik. *b. of tickets* buku karcis. *Who wrote the b. of that opera?* Siapa yg menulis buku opera itu? 2 kitab. *b. of the Bible* kitab Taurat dari Injil. *The B.* Al-Kitab. **to bring to b.** meminta keterangan. *He was brought to b. for his illegal activities* Ia diminta keterangan karena kegiatannya yg gelap. **by the b.** menurut peraturan. *In his job he goes by the b.* Dlm pekerjaannya ia berhati-hati mengikuti peraturan-peraturan. *Inf.:* **in o's book** dlm pandangannya. *In my b. he's the finest tenor in opera* Dlm pandangan saya ia penyanyi ténor yg terbaik dlm opera. **like a b.** secara mendalam, betul-betul. *After all these years his wife knows him like a b.* Selama tahun-tahun ini isterinya mengenalnya secara mendalam. **to make b.** bertaruh, mengadakan penjudian. *His sole occupation is to make b.* Satu-satunya pekerjaannya ialah bertaruh. *Sl.:* **to throw the b. at** menjatuhkan hukuman paling berat thd. —**books** *j.* buku-buku, semua catatan perusahaan. *The court requisitioned all his books for investigation* Pengadilan menuntut semua buku-bukunya utk penyelidikan. **to close the books** menutup buku (*of a firm*). **in o's bad books** tdk disenangi. *He's in my bad books* Saya tdk menyukainya. *She's no longer in his good books as a member in good standing* Ia tdk tercatat lagi sbg anggota yg berkedudukan baik. **on the books** berlaku. *That statute is still on the books* Undang-undang itu masih berlaku. **to keep books** memegang pembukuan. —*kkt.* 1 memesan. *to b. passage on a ship* memesan tempat dlm kapal. 2 mencatat. *The police booked him for speeding* Polisi mencatatnya karena terlalu cepat menjalankan kendaraannya. *We are booked for lectures all next week* Kami tlh dicatat utk kuliah selama minggu yad. 3 sibuk. *Are you booked for this evening?* Apakah kamu sibuk malam ini? *She is booked for six weeks at the Café Reno* Ia sdh dikontrak utk selama enam minggu di Café Reno. *The hotel was booked to the limit* Hotél itu penuh sampai ke batas kapasitasnya. **to b. up** penuh. *The hall is booked up for every evening this week* Balai itu sdh dipesan (pemakaiannya) utk tiap malam selama minggu ini. **b. end** penahan/ sandaran buku. **b. jacket** kulit buku yg lepas. **b. learning** pengetahuan yg didapat dari membaca buku. **b. matches** korék api yg ditaruh dlm kertas yg dpt dilipat. **b. plate** ex libris, nama pemilik buku. **b. review** pertimbangan/ulasan/tinjauan

buku. **b. reviewer** orang yg memberi tinjauan ttg buku. —**booking** *kb.* 1 pemesanan. *The travel agent is preparing our b. for a trip to Europe* Agén perjalanan itu mengadakan pemesanan-pemesanan tempat utk kami utk perjalanan ke Éropa. 2 dicatat, dipesan. *The performer has bookings at two clubs* Pemain itu tlh dicatat pd dua klab.

bookbinder /'buk'baindər/ *kb.* penjilid buku.

bookbindery /'buk'baindərie/ *kb.* penjilidan buku.

bookcase /'buk'keis/ *kb.* lemari buku.

bookie /'bukie/ *kb.* bandar (taruhan).

bookish /'bukisj/ *ks.* 1 terlampau kebuku-bukuan. *The theme he wrote sounds too b.* Karangan yg ditulisnya terlalu kebuku-bukuan. 2 gemar buku. *He's of a b. nature* Ia gemar buku.

bookkeeper /'buk'kiepər/ *kb.* pemegang buku.

bookkeeping /'buk'kieping/ *kb.* tata/pemegangan buku.

booklet /'buklit/ *kb.* buku kecil, brosur.

bookmaker /'buk'meikər/ *kb.* tukang/juru taruh.

bookmaking /'buk'meiking/ *kb.* 1 menulis atau menerbitkan buku. 2 penyelenggaraan taruhan.

bookmark /'buk'mark/ *kb.* penunjuk halaman buku.

bookmobile /'bukməbiel/ *kb.* perpustakaan keliling.

bookseller /'buk'selər/ *kb.* 1 penjual buku. 2 toko buku.

bookselling /'buk'seling/ *kb.* penjualan buku.

bookshop /'buk'syap/ *kb.* toko buku.

bookstore /'buk'stowr/ *kb.* toko buku.

bookwork /'buk'wərk/ *kb.* 1 pekerjaan yg berh. dgn pembukuan. *She takes care of the b. in the office* Ia menyelenggarakan pekerjaan yg berh. dgn pembukuan didlm kantor. 2 pekerjaan yg berh. dgn mempelajari buku.

bookworm /'buk'wərm/ *kb.* orang yg gemar membaca buku.

boom /buwm/ *kb.* 1 ledakan, dentuman. *The b. could be heard for miles* Ledakan itu dpt terdengar sampai bermil-mil. 2 bom, perintang pelabuhan. 3 sangat laku. *Books are enjoying a b.* Buku sangat laku. *b. prices* harga yg tinggi sekali. 4 tangan-tangan, tiang. *The b. carrying the microphone was lowered* Tangan-tangan mikropon direndahkan. *cargo b.* dérék. —*kkt.* menganjurkan, mengusulkan. *He is being boomed for mayor* Ia sedang dianjurkan utk menjadi walikota. —*kki.* 1 berhasil. *Our venture is really booming* Usaha kita sungguh-sungguh berhasil. 2 mengatasi. *His bass voice boomed out* Suara basnya mengatasi suara yg lain. **b. town** kota yg timbul karena perkembangan ékonomi yg cepat. —**booming** *ks.* besar, nyaring. *He has a deep, b. voice* Suaranya besar dan dalam.

boomerang /'buwməræng/ *kb.* bumerang. —*kki.* merugikan dirinya sendiri, kembali mengenai dirinya sendiri.

boon /buwn/ *kb.* anugerah, hikmah, keuntungan. *Her presence was a b. to her mother* Kehadirannya adalah suatu anugerah bagi ibunya. *b. companion* sahabat baik.

boondoggle /'buwn'dagəl/ *kb. Sl.:* pekerjaan yg tdk ada faédahnya. *This work is nothing but a b.* Pekerjaan ini semata-mata tdk ada hasilnya hanya membuang-buang waktu dan uang saja.

boor /bur/ *kb.* orang yg tdk tahu adat/yg tdk sopan.

boorish /'burisy/ *ks.* kasar, tdk tahu adat, tdk sopan.

boorishness /'burisynəs/ *kb.* kekasaran, ketidaksopanan.

boost /buwst/ *kb.* 1 dorongan. *He needs a b. if he...* Dia memerlukan dorongan jika ia.... 2 tambahan. *b. in salary* tambahan gaji. —*kkt.* menaikkan. *to b. the price of meat* menaikkan harga daging.

booster /'buwstər/ *kb.* 1 pendorong, penyokong. *He's a great b. for...* Ia adalah seorang pendorong besar utk.... 2 penggerak. *This engine is a b. for the rocket* Mesin ini penggerak rokét itu. *b. shot* suntikan sérum tambahan. *b. station* setasiun TV penambah tenaga.

boot /buwt/ *kb.* 1 sepatu tinggi, lars, sepatubot. 2 *Sl.:* pemecatan. *My boss gave me the b.* Majikan saya memecat saya. *Sl.:* **to bet your boots** merasa yakin. *You can bet your boots he'll win* Sdr akan merasa yakin bhw ia akan menang. **to die with o's boots on** gugur dlm melakukan tugas. **to lick the boots of** menyembah-nyembah, menjilat pantat, mengambil muka. **to b.** sbg tambahan. *I received a car and some gas to b.* Saya menerima sebuah mobil dan mendapat bénsin sbg tambahan. —*kkt.* 1 menendang. *The kicker booted the ball* Pencétak gol itu menendang bola. 2 memecat. *Sl.: The boss booted him for unsatisfactory performance* Majikan itu memecatnya karena pekerjaan yg tdk memuaskan. **b. camp** tempat latihan bagi calon-calon pelaut. **b. training** masa latihan dlm AL.

bootblack /'buwt'blæk/ *kb.* tukang gosok sepatu.

bootee /buw'tie/ *kb.* sepatu bayi.

booth /buwth/ *kb.* 1 tempat pojok. *The polling b. has been closed* Tempat pojok pemungutan suara tlh ditutup. 2 *Tel.:* sél/tempat télpon. 3 pojok. *I like to sit in the corner b. at the restaurant* Saya suka duduk di pojok dlm réstoran. 4 stan. *She had charge of a b. at the fair* Dia bertugas di suatu stan di pasar malam. 5 kamar. *projection b.* kamar proyéksi.

bootleg /'buwt'leg/ *kb.* pembuatan, pengangkutan atau penjualan yg melanggar undang-undang. *b. whiskey* wiski gelap. —*kkt.* (**bootlegged**) menyelundupkan atau membuat tanpa izin.

bootlegger /'buwt'legər/ *kb.* penyelundup atau pembuat minuman keras.

bootlick /'buwt'lik/ *kkt. Sl.:* menjilat. *The youth bootlicked his teacher in order to get a good grade* Pemuda itu menjilat gurunya utk mendapatkan angka yg baik.

bootlicker /'buwt'likər/ *kb. Sl.:* penjilat.

bootstrap /'buwt'stræp/ *kb.* gantungan sepatu lars/bot. **by o's bootstraps** dgn usaha sendiri. *to pull o.s. up by his (own) bootstraps* berusaha sekuat-kuatnya.

booty /'buwtie/ *kb.* (barang) rampasan.

booze /buwz/ *kb. Inf.:* minuman keras.

bop /bap/ *kb. Sl.:* pukulan. —*kkt.* (**bopped**) memukul, meninju. *The robber bopped his victim on the head* Perampok itu meninju kepala korbannya.

borax /'bowræks/ *kb.* boraks, bubuk sodium boraks, obat pembersih barang-barang.

border /'bɔrdər/ *kb.* 1 batas, perbatasan. *They planned to meet at the b.* Meréka merencanakan utk bertemu di perbatasan. 2 pinggir. *gold b.* pinggir emas. —**borders** *j.* daérah pinggiran. —*kkt.* membatasi. *Hedges b. the yard* Pagar tanaman membatasi halaman. —*kki.* **to b. on** 1 berbatas kpd. *Ohio borders on Michigan* Ohio berbatas kpd Michigan. 2 mendekati, berdekatan dgn, berhampiran. *His success borders on the phenomenal* Suksés yg dicapainya itu mendekati taraf yg hébat.

borderline /'bɔrdər'lain/ *kb.* garis batas, perbatasan. *a b. case* soal yg tdk tentu.

bore /bowr/ *kb.* 1 orang yg membosankan. *He's a b.* Ia seorang yg membosankan. 2 kaliber. *What is the* *b. of this rifle?* Kaliber berapa senapang ini? —*kkt.* 1 membor (*a hole*) 2 menjemukan, membosankan. *That lecture bored me* Kuliah itu menjemukan saya. —**bored** *ks.* jemu, bosan. *I'm b. with his constant talking* Saya bosan karena ia berbicara terus-menerus. —**boring** *kb.* pemboran. *the tunnel b.* pemboran terowongan itu. —*ks.* membosankan. *He's a very b. person* Dia seorang yg sangat membosankan. lih BEAR.

boredom /'bowrdəm/ *kb.* kebosanan, rasa bosan/jemu.

born /bɔrn/ lih BEAR.

borne /bowrn/ lih BEAR.

borough /'bərow/ *kb.* séktor, wilayah, kota kecil. *New York City consists of five boroughs* New York City terdiri dari lima séktor.

borrow /'barow/ *kkt.* meminjam. *May I b. your pencil?* Boléhkah saya pinjam pénsilmu? **to b. trouble** gelisah tanpa alasan. *He's always borrowing trouble* Dia selalu gelisah tanpa alasan.

borrower /'barərər/ *kb.* peminjam.

bos'in /'bowsən/ = BOATSWAIN.

bosom /'buzəm/ *kb.* dada. *They took the orphaned girl into the b. of their family* Meréka mengambil anak yatim itu menjadi anggota keluarga. *Mr. K is my b. friend* Tuan K teman karib saya.

boss /bɔs/ *kb. Inf.:* sép, kepala, atasan, majikan. —*kkt. Inf.:* main perintah. *Don't b. her so much* Janganlah main perintah dgn dia. **to boss s.o. around** meraja thd s.s.o. *He bosses the clerks around* Ia meraja thd pegawai-pegawainya. **to b. the show** suka berkuasa, ingin memerintah. *He always wants to b. the show* Ia selamanya ingin memerintah.

bossy /'bɔsie/ *ks. Inf.:* suka meraja. *Her sister is very b.* Kakaknya sangat suka meraja.

bosun /'bowsən/ = BOATSWAIN.

botanical /bə'tænəkəl/ *ks.* yg berk. dgn tumbuh-tumbuhan. *b. garden* kebun raya/tumbuh-tumbuhan.

botanist /'batənist/ *kb.* ahli tumbuh-tumbuhan.

botany /'batənie/ *kb.* ilmu tumbuh-tumbuhan, botani.

botch /bac/ *kkt.* merusak. *to b. the job* merusak pekerjaan.

both /bowth/ *ks.* kedua. *b. books* kedua buku itu. —*kg.* 1 berdua. *We saw b. of them* Kami melihat meréka berdua. *Will you b. have a cookie?* Apakah engkau berdua suka kué? 2 keduanya. *B. are married* Keduanya tlh kawin. —*ksam.* sekaligus. *He was b. happy and mad at the same time* Dia senang dan marah sekaligus.

bother /'baθər/ *kb.* kesusahan, s.s.t. yg menyusahkan. *Getting a haircut is such a b.* Memotong rambut menyusahkan juga. —*kkt.* mengacaukan, menghiraukan, mengganggu. *Don't b. these things* Jangan mengganggu barang-barang ini. *He bothers me* Ia mengganggu saya. —*kki.* bersusah-susah. *Don't b. about these matters* Jangan bersusah-susah mengenai hal-hal ini. *Please don't b., I can carry it* Tak usah menjadi pikiran, saya dpt membawanya.

bothersome /'baθərsəm/ *ks.* yg menyusahkan. *b. situation* keadaan yg menyusahkan.

bottle /'batəl/ *kb.* 1 botol. *Sl.: to hit the b.* minum minuman keras. 2 (*baby's*) botol susu. —*kkt.* memasukkan kedlm botol. *Dad bottled the spring water* Ayah memasukkan air sumber itu kedlm botol. **to b. up** tertahan, tertekan. *His anger remained bottled up and he finally exploded* Marahnya selalu tertahan dan akhirnya meledak. *b. top* sumbat botol. —**bottled** *ks.* yg dibotolkan. *b. in bond di-*

botolkan dgn perjanjian bhw cukainya akan dibayar kalau dijual. *b. gas* gas yg dimasukkan kdlm botol. —**bottling** *kb.* pembotolan.

bottleful /'batəlful/ *kb.* sebotol (penuh). *a b. of milk* susu sebotol.

bottleneck /'batəl'nek/ *kb.* 1 léhér botol. 2 kemacetan. *This train crossing in the heart of the city constitutes a b. for traffic* Perapatan keréta api ditengah kota ini menimbulkan kemacetan lalu lintas.

bottom /'batəm/ *kb.* 1 dasar. *b. of the lake* dasar danau. 2 *Inf.:* pantat. *The boys slid down the slope on their bottoms* Anak-anak itu meluncur léréng itu sambil duduk. 3 tempat duduk. *Please repair the b. of this chair* Tolong perbaiki tempat duduk korsi ini. 4 kapal. *The wheat was transported in foreign bottoms* Terigu itu diangkut dgn kapal-kapal asing. **at b.** dasarnya, pd hakékatnya. *At b. he's a splendid fellow* Pd dasarnya ia seorang yg baik hati. **to be at the b. of** yg menjadi dasar. *I wonder what's at the b. of her suggestion?* Apakah gerangan yg menjadi dasar drpd sarannya itu? **to get to the b. of** membicarakan sampai ke pokoknya, mengetahui latar-belakang/sebab. *Let's get to the b. of this strike* Marilah kita bicarakan sampai ke pokok pemogokan ini. **to knock the b. out of** membuat berantakan, membuat tdk berdaya. *His violent reaction knocked the b. out of my plans* Réaksinya yg hébat itu membuat rencana-rencana saya berantakan. **to touch b.** mencapai dasar. *He touched b. later in life* Ia jatuh sengsara dan melarat dlm masa tuanya. *Inf.:* **Bottoms up!** Selamat minum! —*ks.* paling bawah. *b. drawer* laci yg paling bawah. —*kkt.* menaruh tempat duduk pd. **to b. a chair** menaruh tempat duduk pd kursi. **b. land** tanah di sepanjang sungai.

bottomless /'batəmləs/ *ks.* tak beralas, tak berdasar. *b. pit* lubang yg tak beralas.

bottommost /'batəmmowst/ *ks.* terendah. *the b. layer of shale* lapisan yg terendah drpd batu-batu (yg halus).

botulism /'bacəlizəm/ *kb.* peracunan dlm makanan (teristiméwa dlm kaléng).

boudoir /'buwdwar/ *kb.* kamar hias seorang wanita.

bouffant /buw'fan/ *kb.* sasak (*women's hair style*).

bough /baw/ *kb.* cabang (pohon).

bought /bɔt/ lih BUY.

boullion /'buwlyan, -yən/ *kb.* bulion, air daging. *b. cube* bulion yg dikeringkan berbentuk dadu.

boulder /'bowldər/ *kb.* batu besar (yg dimakan oléh arus air).

boulevard /'buwləvard/ *kb.* jalan besar.

bounce /bawns/ *kb.* 1 *Inf.:* keuletan. *He has lots of b.* Dia ulat sekali. 2 lambungan (*of a ball*). —*kkt.* 1 melambungkan. *b. a ball* melambungkan bola. 2 *Sl.:* memecat. *He was bounced from his job* Dia dipecat dari pekerjaannya. —*kki.* 1 mempelanting, mental. *The ball bounces well* Bola itu mempelanting dgn baik. 2 dikembalikan. *The bad check bounced* Cék kosong itu dikembalikan. **to b. back** segar kembali. *After a short nap I b. back* Sesudah saya tidur siang sebentar saya menjadi segar kembali. —**bouncing** *ks.* séhat, kuat. *They have a b. baby boy* Meréka mempunyai anak laki-laki yg séhat.

bouncer /'bawnsər/ *kb. Sl.:* tukang pukul. *He's a b. at a night club* Dia tukang pukul dlm klab malam.

bouncy /'bawnsie/ *ks. Inf.:* gembira dan bersemangat. *He's a b. individual* Ia adalah seorang yg gembira dan bersemangat.

bound /bawnd/ *kb.* 1 loncatan. *With a single b. he*

was on the porch Dgn satu loncatan ia sdh ada di beranda. 2 lambungan. *I can catch the ball on the second b.* Saya dpt menangkap bola itu pd lambungan kedua. 3 lih BIND. —**bounds** *j.* 1 batas. *Don't go out of bounds* Janganlah meléwati batas. 2 terlarang. *This entertainment spot is out of bounds for visitors* Tempat hiburan ini terlarang bagi tamu-tamu. 3 keluar batas. *The ball is out of bounds* Bola itu keluar batas. Bola itu tdk masuk. Bola itu terpukul OB. —*ks.* menuju. *He is b. for Paris* Dia dlm perjalanan ke Paris. —*kkt.* 1 membatasi. *New York is bounded by Pennsylvania and other states* New York berbatas kpd Pennsylvania dan negara-negara bagian lainnya. 2 mengelilingi. *We are bounded by mountains* Kami dikelilingi gunung-gunung. —*kki.* meloncat. *He bounded up the steps and into the house* Dia meloncat keatas tangga dan masuk kedlm rumah.

boundary /'bawndərie/ *kb.* (*j.* **-ries**) batas.
boundless /'bawndləs/ *ks.* tdk ada batasnya. *He is endowed with b. energy* Ia dikaruniai dgn semangat yg tdk ada batasnya.
bounteous /'bawncəs/ *ks.* pemurah. *He's a b. giver* Dia seorang penderma yg sangat pemurah.
bountiful /'bawntəfəl/ *ks.* banyak dan melimpah-limpah. *We had a b. Christmas* Pd hari Natal itu kami mendapat hadiah yg berlimpah-limpah.
bounty /'bawntie/ *kb.* (*j.* **-ties**) 1 hadiah. *The government gives a 50 cent b. for every rat brought in* Pemerintah memberikan hadiah 50 sén utk tiap tikus yg diserahkan. 2 karunia, rahmat. *the b. of nature* karunia alam.
bouquet /buw'kei/ *kb.* karangan bunga, bukét.
bourbon /'bərbən, 'burbən/ *kb.* sej. wiski.
bourgeois /'burzywa/ *ks.* burjuis. *b. society* masyarakat burjuis.
bourgeoisie /'burzywa'zie/ *kb.* kaum burjuis, bursuasi.
bout /bawt/ *kb.* 1 pertandingan. *These wrestlers will appear in the main b.* Jago-jago gulat ini akan muncul pd pertandingan utama. 2 penderitaan, penyakit. *He had a b. with pneumonia* Dia lama menderita radang paru(paru).
bovine /'bowvain/ *ks.* termasuk keluarga sapi.
bow /baw/ *kb.* 1 haluan. *the b. of a ship* haluan kapal. 2 tundukan. *He made a deep b. before the king* Ia membungkuk dalam didepan raja. **to make o's b.** memainkan peranan yg pertama. *He made his b. as the captain in Lord Jim* Ia memainkan peranan yg pertamanya sbg kaptén dlm *Lord Jim.* **to take a b.** memberi hormat dgn membungkukkan badan, menerima tepukan tangan. —*kkt.* menundukkan. *Let us b. our heads in prayer* Marilah kita menundukkan kepala sambil berdoa. —*kki.* 1 menundukkan kepala. *They bowed before the Queen* Meréka menundukkan kepala didepan Ratu. 2 membungkuk. *Don't b. so low* Janganlah membungkuk begitu dalam **to b. and scrape** berlaku sbg budak, bersikap menjilat. *The servant bowed and scraped in front of his master* Pelayan itu berbuat sbg budak didepan tuannya. **to b. down** 1 membungkukkan diri. *to b. down to o's god* membungkukkan diri kpd Tuhannya. *to b. down to tyranny* tunduk kpd kezaliman. 2 bungkuk. *She was bowed down with old age* Dia bungkuk karena tua. **to b. out** mengundurkan diri. **to b. to** tunduk kpd. *I will b. to the decision of the committee* Saya bersedia tunduk kpd keputusan panitia. *He and I have only a bowing acquaintance* Ia dan saya hanya berkenalan sepintas lalu saja.
bow /bow/ *kb.* 1 ikatan simpul. *I will tie the ribbon in*

a b. Saya akan membuat ikatan simpul dari pita itu. *b. tie* dasi kupu-kupu. 2 busur. *By teaching languages and history she has two strings to her b.* Dgn mengajarkan bahasa-bahasa dan musik maka ia mempunyai dua sumber penghasilan. **b. window** =BAY/WINDOW.
bowdlerize /'bowldləraiz/ *kkt.* membuang bagian (cabul) dari suatu karangan atau buku.
bowel /'bawəl/ *kb.* isi perut. *b. movement* buang air besar. —**bowels** *j.* 1 *Anat.:* usus besar. 2 isi perut. *bowels of the earth* isi perut bumi.
bower /'bawər/ *kb.* punjung.
bowknot /'bow'nat/ *kb.* ikatan simpul.
bowl /bowl/ *kb.* 1 mangkuk. *cereal b.* mangkuk bubur. *a b. of soup* semangkuk sup. 2 *Sport:* stadion. 3 kepala mangkok (*of a pipe*). —*kki.* bermain bola guling. *He likes to b.* Ia suka bermain bola guling. **to b. along** meluncur dgn cepat. *We bowled along in the car at 60 miles an hour* Kita meluncur cepat dgn kecepatan 60 mil sejam. **to b. over** menjungkir-balikkan. *I was almost bowled over by the wind* Hampir saja saya terjungkir balik oléh angin. *Inf.: I was bowled over by his statement* Saya terperanjat mendengar ucapannya. —**bowling** *kb.* permainan bola guling, bola pancang. **b. alley** tempat main bola guling, gelanggang bowling. **b. pin** gada.
bowlegged /'bow'legid/ *ks.* kaki béngkok/pengkar, pengkar kedalam.
bowler /'bowlər/ *kb.* bowler, pemain bola guling.
bowlful /'bowlful/ *kb.* semangkuk besar. *a b. of ice cream* semangkuk és krim.
bow-wow /'baw'waw/ *kb.* salak anjing. —*kki.* menyalak. *The dog bow-wowed several times* Anjing itu menyalak beberapa kali.
box /baks/ *kb.* 1 kotak, peti. *mail b.* kotak surat. *I keep my things in this b.* Saya menyimpan barang-barangku didlm kotak ini. *Give me two boxes of strawberries* Berilah saya dua kotak arbei. 2 (*mail*) kotakpos. 3 *Mus., Thea.:* ruangan tempat duduk tersendiri di gedung opera. *Inf.:* **to be in a b.** dlm kesulitan. *After that statement I found myself in a b.* Stlh pernyataan itu saya ada didlm kesulitan. —*kkt.* mempak, memasukkan kedlm kotak. *The cigars were boxed for shipment* Cerutu itu dimasukkan kedlm kotak utk dikirim. —*kki.* main tinju. *Do you like to b.?* Sukakah engkau main tinju? **to b. in** mengurung. *Don't b. me in* Janganlah saya di-kurung. **to b. the compass** membaca pedoman. **to b. o's ears** menempéléng. **b. camera** alat potrét berbentuk persegi spt kotak. **b. office** tempat penjualan karcis. *That play was a b.-office smash* Sandiwara itu selalu terjual habis. **b. seat** tempat di lose atau di balkon. —**boxing** *kb.* adu tinju.
boxcar /'baks'kar/ *kb.* gerbong barang (tertutup).
boxer /'baksər/ *kb.* 1 petinju, jagotinju. 2 sm anjing.
boxwood /'baks'wud/ *kb.* sej. tumbuh-tumbuhan.
boy /boi/ *kb.* 1 anak laki-laki. *He has two boys* Ia mempunyai dua anak laki-laki. 2 wah. *B., what weather!* Wah, cuaca jélék sekali! 3 pria. —**the boys** *j.* pria, para/kaum lelaki. *The boys play poker every Saturday night* Kaum pria bermain poker tiap Sabtu malam. **b. scout** pandu, pramuka.
boycott /'boikat/ *kb.* boikot, pemboikotan. —*kkt.* memboikot, membékot.
boyfriend /'boi'frend/ *kb.* pacar.
boyhood /'boihud/ *kb.* masa kanak-kanak. *b. escapade* petualangan masa kanak-kanak.
boyish /'boiisy/ *ks.* kekanak-kanakan, kelaki-laki-an. *She has a b. manner about her* Tingkah lakunya

spt anak laki-laki. *b. bob* potongan rambut spt anak laki-laki.
Br. 1 [*British*] orang Inggeris; Inggeris. 2 [*Britain*] negeri Inggeris.
bra /bra/ *kb.* (kutang) béha, B. H.
brace /breis/ *kb.* 1 penjepit, penahan, penguat. *carpenter's b.* gurdi tukang kayu. *ratchet b.* penahan jentera. *We need a b. to support this shelf* Kami membutuhkan penahan utk menyangga rak ini. 2 pasang. *a b. of pheasants* sepasang burung kuau. —**braces** *j.* 1 alat penguat. 2 tanda kurung besar, kurawal: {}. 3 bingkai penunjang gigi. —*kkt.* menahan, memperkuat. *to b. the wall with a supporting pole* menahan dinding itu dgn tiang penopang. **to b. o.s.** memperkuat diri. *He braced himself and stepped forward to face the audience* Dia memperkuat diri dan melangkah maju utk menghadapi para hadirin. *He braced himself for the onslaught* Dia memperkuat diri thd serangan itu. *Inf.:* **to b. up** 1 ayoh. *B. up, things aren't so bad* Ayoh! Sebenarnya keadaan tak seburuk itu. 2 menjadi segar. *Drink this, it will b. you up* Minumlah ini, kamu akan menjadi segar. **b. and bit** mata bor, mata gurdi dan gagangnya. —**bracing** *ks.* yg menyegarkan/ menguatkan, yg menambah tenaga. *the b. air of the mountains* udara pegunungan yg menyegarkan.
bracelet /'breislit/ *kb.* gelang.
brachial /'brækiəl/ *ks.* yg berh. dgn tangan. *b. artery* pembuluh darah yg berh. dgn tangan.
brachiopod /'brækiəpad/ *kb.* sej. ubur-ubur.
brachycephalic /'brækisə'fælik/ *ks.* mempunyai kepala yg péndék dan lébar.
bracket /'brækit/ *kb.* 1 tanda kurung besar, akolade: []. 2 golongan. *The salary raise places him in a higher income b.* Kenaikan gaji itu menempatkan dia dlm golongan penghasilan yg lebih tinggi. 3 siku-siku (utk rak, dsb). —*kkt.* 1 mengurung. *B. that word* Kurunglah kata itu. 2 menggolong, mengumpulkan. *All types of criminals are bracketed together* Semua jenis penjahat dikumpulkan bersama.
brackish /'brækisy/ *ks.* payau.
brag /bræg/ *kki.* (**bragged**) menyombong(kan), membual. *She brags too much* Dia terlalu banyak menyombong. *to b. about o's ability* menyombong ttg keahliannya. *He bragged of his new house* Dia menyombongkan rumah barunya.
braggart /'brægərt/ *kb.* penyombong, pembual.
bragger /'brægər/ *kb.* = BRAGGART.
braid /breid/ *kb.* 1 kelabang (an), képang (an), selampit. 2 jalinan pita (*on a coat*). —*kkt.* 1 mengelabang, mengépang, menyelampit. *She braided her hair* Dia mengépang rambutnya. 2 menganyam (*a rug*).
Braille /breil/ *kb.* tulisan/sistim Brailye.
brain /brein/ *kb.* otak. *Inf.:* **to have s.t. on the b.** memikirkan. *He has sports on the b.* Ia mabuk olahraga. Ia keranjingan olahraga. —**brains** *j.* 1 otak. *He was the b. of that organization* Dia adalah otak drpd organisasi itu. 2 pintar sekali. *He has a lot of brains* Ia pintar sekali. **to beat o's brains** memeras otak. *I beat my brains trying to remember his name* Saya memeras otak mencoba mengingat namanya. **to pick s.o's brains** mendapat keterangan atau belajar dari s.s.o. *to pick the brains of some of the experts* menanyakan pendapat-pendapat dari beberapa orang ahli. **to rack o's brains** memutar otak. *I racked my brains for his telephone number* Saya memutar otak mencoba mengingat nomor téléponnya. —*kkt. Sl.:* memukul. *I'm going to b. you if you don't stop* Kalau tak berhenti, engkau akan kupukul. **b. drain** hijrahnya para sarjana keluar

negeri. **b. trust** gabungan otak, tenaga pemikir. *The company president has a useful b. trust at his disposal* Présidén diréktur perusahaan itu mempunyai tenaga-tenaga pemikir utk membantunya. *Inf.:* **b. wave** ilham.
brainchild /'brein'caild/ *kb. Inf.:* gagasan. *This plan was his b.* Rencana ini adalah gagasannya.
brainpan /'brein'pæn/ *kb.* tengkorak, batok/tulang kepala.
brainpower /'brein'pawər/ *kb.* otak.
brainstorm /'brein'stɔrm/ *kb. Inf.:* ilham. *Your idea was a real b.* Gagasanmu itu adalah benar-benar ilham.
brainwash /'brein'wɔsy, -'wasy/ *kkt.* mengindoktrinasi. —**brainwashing** *kb.* indoktrinasi.
brainy /'breinie/ *ks.* pintar, cerdas. *a b. student* seorang mahasiswa yg pintar.
braise /breiz/ *kkt.* memasak daging (dgn tertutup rapat dan sedikit air).
brake /breik/ *kb.* 1 rém. *My brakes gave way* Rém mobilku lepas/jebol. *to apply the brakes* menginjak/ mempergunakan/memasang rém. —*kkt.,* dsb. mengerém, merém. *She braked the car too late* Dia terlambat merém mobilnya. *He braked suddenly* Ia merém dgn tiba-tiba. **b. band** ban/pita/simpai rém. **b. disk** keping/piring rém. **b. drum** tromol rém. **b. lining** sepatu rém. **b. pedal** injakan/ pedal rém. —**braking** *kb.* pengeréman. *b. power* daya rém.
brakeman /'breikmən/ *kb.* (*j.* **-men**). tukang rém.
bran /bræn/ *kb.* kulit padi.
branch /brænc/ *kb.* 1 dahan, ranting. *tree b.* dahan pohon. 2 cabang, filial. *b. of a bank* cabang bank. 3 anak sungai. —*kki.* bercabang. *The river branches just below the city* Sungai itu bercabang sesudah meléwati kota itu. **to b. off** bercabang. *This road branches off to the left* Jalan ini bercabang ke kiri. **to b. out** berkembang. *The firm branched out in many directions* Perusahaan itu berkembang di beberapa jurusan. *Inf.:* **b. water** air biasa.
brand /brænd/ *kb.* macam, jenis. *What b. of soup do you like?* Sup macam apa yg engkau suka? *b. name* mérék, cap. *What b. do these cattle have?* Ternak ini bercap apa? —*kkt.* mencap. *He was branded a traitor* Dia dicap sbg pengkhianat. *to b. sheep* mencap biri-biri. **brand-new** *ks.* baru sekali. *b.-new suit* pakaian yg baru sekali.
brandish /'brændisy/ *kkt.* mengacungkan (*a sword*).
brandy /'brændie/ *kb.* (*j.* **-dies**) bréndi, minuman keras.
brash /bræsy/ *ks.* kurang ajar. *b. young man* anak muda yg kurang ajar.
brashness /'bræsynəs/ *kb.* kelancangan, kekurang-ajaran.
brass /bræs/ *kb.* 1 kuningan. *B. is a combination of zinc and copper* Kuningan campuran séng dan perunggu. 2 *Inf.:* kurang ajar. *That fellow has a lot of b. to do s.t. like that* Pemuda itu sangat kurang ajar melakukan perbuatan spt itu. 3 *Sl.:* pembesar. *The top b. attended the conference* Pembesar-pembesar militér tertinggi menghadiri konperénsi itu. *Sl.:* *to double in b.* merangkap dua macam pekerjaan. —**brasses** *j.* alat musik tiup. —*ks.* kuningan. *b. candlesticks* tempat lilin dari kuningan. **b. section** bagian musik tiup dlm orkés. *Inf.:* **b. tacks** fakta-fakta yg nyata, pokok dasar. *After all this talk we should get down to b. tacks* Stlh semua pembicaraan ini kita hrs sampai kpd fakta-fakta yg nyata.
brassie /'bræsie/ *kb.* pemukul golf kayu nr. 2.
brassiere /brə'zir/ *kb.* (kutang) béha.

brassy /'bræsie/ *ks.* spt alat musik tiup. *The orchestra has a b. quality* Permainan orkés itu menekankan musik tiup.

brat /bræt/ *kb.* anak nakal/bandel. *Their child is a real b.* Anak meréka itu betul-betul anak yg nakal.

bravado /brə'vadow/ *kb.* besar mulut.

brave /breiv/ *kb.* yg berani. —*ks.* berani. —*kkt.* memberanikan diri thd, menantang. *We will have to b. the snow* Kita hrs menantang salju.

bravery /'breivərie/ *kb.* (*j.* **-ries**) keberanian.

bravo /'bravow/ *kseru.* bagus! baik sekali!

brawl /brɔl/ *kb.* percékcokan. —*kki.* ribut. *The drunken sailors brawled* Pelaut-pelaut yg mabok itu ribut.

brawn /brɔn/ *kb.* kekuatan, tenaga. *B. and brain are needed in sports* Kekuatan dan pikiran diperlukan dlm olahraga.

bray /brei/ *kb.* bunyi keledai, ringkikan. —*kki.* meringkik. *The donkey brayed* Keledai itu meringkik.

brazen /'breizən/ *ks.* kurang ajar, tdk tahu malu. *The woman was b. in her attitude* Wanita itu mempunyai sikap yg kurang ajar. —*kkt.* **to b. s.t. out** bersikap seolah-olah tdk malu. *Since we find ourselves in this unhappy situation, we will have to b. it out* Karena kita berada dlm keadaan yg tdk menguntungkan itu, kita hrs bersikap seolah-olah tdk malu.

brazier /'breizyər/ *kb.* kompor arang, anglo.

breach /briec/ *kb.* 1 pelanggaran. *He was accused of a b. of contract* Ia dituduh melanggar janji. *b. of the peace* pelanggaran thd perdamaian. *b. of etiquette* pelanggaran thd tatatertib. **b. of promise** pelanggaran janji. *She is suing him for b. of promise* Ia menuntutnya karena melanggar janji. 2 penembusan. *a b. in the ship's forward compartment* sebuah lubang bekas tubrukan pd bagian haluan kapal. 3 pemutusan. *b. in diplomatic relations* pemutusan hubungan diplomatik. *to stand in the b.* menangkis serangan, bertahan thd serangan. —*kkt.* menerobos. *The troops breached the wall* Pasukan itu menerobos dinding.

bread /bred/ *kb.* 1 roti. *a loaf of b.* sebatang roti. *a slice of b. and butter* seiris roti dgn mentéga. 2 makanan. *our daily b.* makanan kita sehari-hari. **to break b.** makan bersama. *We'll be glad to break b. with you* Kami akan bergembira utk makan bersama dgn kamu. **to cast o's b. upon the waters** berbuat amal tanpa mengharapkan balasan jasa. **to know which side o's b. is buttered on** mengetahui apa yg menjadi keuntungan s.s.o., tahu apa yg menguntungkan bagi s.s.o. **to take the b. out of s.o's mouth** mengambil keuntungan atau matapencaharian orang lain, merampas nafkah penghidupan s.s.o. —*kkt.* memasak dgn campuran roti. **b. and butter** mata pencaharian. *Teaching is my b. and butter* Mengajar adalah mata pencaharian saya.

bread-and-butter *ks.* ucapan terimakasih. *b.-and-butter letter* surat ucapan terimakasih. **b. line** dérétan orang-orang menunggu pembagian makanan.

breaded *veal chops* daging sapi muda cincang dimasak dgn campuran roti.

breadbasket /'bred'bæskit/ *kb.* 1 keranjang roti. 2 *Sl.:* perut.

breadboard /'bred'bowrd/ *kb.* 1 papan tempat memotong roti. 2 papan utk membuat roti.

breadbox /'bred'baks/ *kb.* peti utk roti.

breadcrumb /'bred'krʌm/ *kb.* rémah roti.

breadfruit /'bred'fruwt/ *kb.* buah keluwih/sukun.

breadth /bredth/ *kb.* 1 luas. *b. of knowledge* luas pengetahuan. *b. of the Pacific Ocean* luas Lautan Teduh. 2 lébar, kelébaran (*of a table*).

breadwinner /'bred'winər/ *kb.* pencari nafkah, penyambung hidup.

break /breik/ *kb.* 1 patah. *a bad b. in his arm* patah berat dlm lengannya. 2 putusnya. *a b. in the dam* putusnya bendungan itu. 3 keretakan. *A b. in their friendship would be unfortunate* Suatu keretakan dlm persahabatan meréka sungguh sayang. *There's a b. in this wall* Ada keretakan pd dinding ini. 4 perubahan. *This is a pleasant b. in the routine* Ini adalah perubahan yg menyenangkan dlm pekerjaan sehari-hari. *Let's hope for a b. in the weather* Marilah kita harapkan perubahan dlm cuaca. 5 istirahat, paus. *b. for coffee* istirahat utk minum kopi. 6 *Sl.:* kesempatan. *She got a lucky b.* Ia memperoléh kesempatan yg menguntungkan. 6 nasib. *That was a bad b. for him* Itu merupakan nasib buruk baginya. *She deserves a b.* Ia betul-betul membutuhkan nasib baik. 7 pemutusan. *b. in diplomatic relations* pemutusan hubungan diplomatik. *He made a b. for the exit* Dia menerobos utk keluar. —**breaks** *j. Sl.:* untung. *He gets all the breaks* Nasibnya baik. —*kkt.* (**broke, broken**) 1 memecahkan. *Don't b. that dish!* Jangan pecahkan piring itu! *A flashlight broke the darkness* Cahaya sénter memecahkan kegelapan. *The runner broke several records* Pelari itu memecahkan beberapa rékor. 2 mematahkan. *He broke the stick* Ia mematahkan tongkat itu. *He broke his leg* Kakinya patah. 3 memutuskan. *That country broke diplomatic relations with its neighbor* Negeri itu memutuskan hubungan diplomatik dgn (negara) tetangganya. *We broke the trip by stopping at a rest stop for an hour.* Kami memutuskan perjalanan itu dgn berhenti di tempat perhentian utk beristirahat sejam lamanya. 4 menghentikan. *I'm trying to b. the habit of smoking* Saya mencoba menghentikan kebiasaan merokok. *My father once had to b. a strike* Pd suatu kali ayah saya hrs menghentikan pemogokan. 5 merusakkan. *He broke the clock by winding it too tight* Ia merusakkan jam itu karena memutarnya terlalu erat. 6 menahan. *The clump of trees breaks the wind* Kelompok pohon-pohonan menahan angin. *I broke my fall by landing on a porch* Saya menahan jatuh saya dgn menjatuhkan diri diatas atap beranda. 7 menguraikan. *The cryptanalyst broke the code* Ahli tulisan sandi itu menguraikan kode itu. 8 melanggar. *Don't b. your promise* Janganlah langgar janjimu. *We don't want to b. the law* Kami tdk mau melanggar hukum. 9 menukarkan. *I'll b. a $10 bill* Saya akan menukarkan uang kertas $10. 10 meneruskan. *We broke the news of his death to our father* Kami meneruskan kabar ttg kematiannya kpd ayah kami. 11 membatalkan. *When did he b. his fast?* Kapan ia membatalkan puasanya? 12 menyampaikan. *Don't b. the news yet* Jangan sampaikan dulu kabar itu. 13 menurunkan. *The sergeant was broken to buck private* Sersan itu turun pangkat, menjadi prajurit/tamtama. 14 ketinggalan. *While marching, I broke step* Ketika berbaris saya ketinggalan langkah. 15 lolos dari. *The prisoner broke jail* Tahanan itu lolos dari penjara. 16 menghancurkan. *Don't b. your mother's heart* Jangan buat ibumu patah hati. 17 menghentikan, mengakhiri. *The storm broke the drought* Angin topan menghentikan keadaan kemarau. 18 mengajar, menjinakkan (*a horse*). *The band broke ranks and raced to the stands* Rombongan musik bubar lalu berlari ke tribune. *Tenn.:* **to b. service** mematahkan pukulan serpis. **to b. s.o. of s.t.** mengajar s.s.o. utk menghentikan. *B. that child of that habit* Ajarlah anak itu utk menghentikan kebiasaan itu. *I must b. myself of the habit of talking out of turn* Saya hrs menghilangkan kebiasaan berbicara dgn tiba-tiba (tanpa menunggu giliran) **to b. the back of** mengatasi. *to b. the back of the opposition* membuat oposisi tdk berdaya. **to b. the bank** membangkrutkan bank. —*kki.* 1 pecah. *The storm suddenly broke* Tiba-tiba topanpun pecahlah. *The glass broke into a dozen pieces* Kaca itu pecah berkeping-keping. 2 berubah. *I hope the weather breaks soon* Saya harap cuaca akan segera berubah baik. 3 berhenti. *The drought has broken* Musim kering tlh berhenti. 4 hilang. *His fever finally broke* Demamnya akhirnya hilanglah. 5 hancur. *Her heart broke when her mother died* Hatinya hancur ketika ibunya meninggal. 6 menerobos. *The accused broke through the crowd and escaped* Terdakwa itu menerobos orang banyak dan melarikan diri. *Dawn broke* Fajarpun menyingsinglah. *The horse broke into a gallop* Kuda itu tiba-tiba berlari congklang. **to b. away** 1 lolos. *The prisoner broke away from the police* Tahanan itu lolos dari polisi. 2 meluncur. *The runner broke away fast* Pelari itu meluncur dgn cepat. 3 melepaskan diri. *He broke away from that lawless group* Ia sdh memisahkan diri dari kumpulan perusuh-perusuh itu. **to b. down** 1 memerinci. *We broke our expenses down into four categories* Kami perinci pengeluaran kami dlm empat golongan. 2 membongkar. *The fence was broken down* Pagar itu dibongkar. 3 mematahkan. *We were able to b. down all opposition* Kami sanggup mematahkan semua perlawanan. 4 mogok. *Our car broke down* Mobil kami mogok. 5 menangis. *She broke down when she heard the news* Dia menangis ketika mendengar berita itu. 6 jatuh sakit. *Because of overwork his health broke down* Karena terlalu banyak bekerja ia jatuh sakit. 7 mengalah. *He broke down and confessed* Ia mengalah dan mengaku. **to b. forth** bersorak dgn tiba-tiba. *The crowd broke forth in cheers for the governor* Orang banyak itu bersorak dgn tiba-tiba menghormat gubernur itu. **to b. in** 1 mendobrak, membongkar. *S.o. broke in and stole a radio* Ada orang yg membongkar dan mencuri radio. *No light having been visible for several days, the police broke in* Karena selama beberapa hari tdk ada terlihat cahaya lampu, maka polisi masuk dgn kekerasan. 2 melatih. *He broke in the new employee* Ia melatih pegawai baru itu. 3 mulai memakai. *I hate to b. in new shoes* Saya enggan mulai memakai sepatu baru. 4 mengganggu, memotong, menyela. *I'm sorry to b. in* Maaf saya mengganggu (pembicaraan). **to b. into** 1 mendobrak. *S.o. broke into our house* Ada orang (yg) mendobrak rumah kami. 2 mulai. *He suddenly broke into a smile* Tiba-tiba ia mulai tersenyum. *to b. into a run* mulai berlari. 3 masuk. *to b. into the field of advertising* memulai pekerjaan dlm bidang periklanan. **to b. off** 1 memutuskan (*an engagement, relations*). 2 memotong. *Don't b. off those shrubs* Janganlah memotong tanaman-tanaman itu. *B. off a piece of cookie* Potong sepotong kué. 3 memutuskan hubungan. *After going together for several years the couple broke off* Stlh bersama selama beberapa tahun pasangan itu memutuskan hubungan. **to b. off** (*with s.o.*) berpatah arang. *The strap has broken off my watch* Gelang jam saya putus. **to b. open** 1 membongkar, membuka. *to b. open a safe* membongkar sebuah lemari besi. 2 membuka. *to b. open a bottle of champagne* membuka sebuah botol sampanye. **to b. out** 1 berkobar. *A fire broke out* Api berkobar. 2 lolos. *He broke out of jail* Ia lolos dari penjara. 3 mendapat. *She broke out with the measles* Ia mendapat penyakit campak. *Some people b. out into a rash*

when they eat strawberries Ada orang yg mendapat penyakit kulit bila memakan buah arbei. 4 keluar. *A rash broke out on his face* Keringat buntet keluar pd mukanya. 5 meletus. *The First World War broke out in 1914* Perang Dunia Pertama pecah dlm tahun 1914. 6 timbul. *An epidemic of cholera broke out* Wabah koléra timbul. 7 membuka (*champagne*). *He broke out into a loud guffaw* Ia dgn tiba-tiba tertawa terbahak-bahak. **to b. up** *Inf.:* 1 menghentikan. *Let's b. up this discussion* Mari kita hentikan pembicaraan ini. 2 memisah. *He broke up a dog fight* Dia memisah anjing berkelahi. *The news of his wife's death broke him up* Berita ttg kematian isterinya itu membuat ia jatuh semangat. *His jokes broke me up* Leluconnya itu membuat saya tertawa terpingkal-pingkal. 3 bercerai. *The couple has broken up* Kedua suami isteri itu bercerai. 4 bubar. *The meeting broke up at 7* Rapat itu bubar jam 7. **to b. with** 1 memutuskan hubungan dgn. *The present generation will b. with the past* Angkatan sekarang hendak memutuskan hubungan dgn zaman yg silam. *My girl friend broke with me* Pacar saya memutuskan perhubungannya dgn saya. 2 menghentikan. *The club broke with the practices of the past few years* Perkumpulan itu menghentikan prakték-praktéknya yg berjalan beberapa tahun terakhir ini. **b. of day** waktu fajar. *My father always got up at the b. of day* Ayah saya selalu bangun pd waktu fajar. —**broken** *ks.* 1 patah. *His leg is b.* Kakinya patah. 2 terganggu. *Her health is b.* Keséhatannya terganggu. 3 (ter)-putus-putus. *b. voice* suara yg terputus-putus. *b. accent* aksén yg putus-putus. 4 bangkrut. *a b. man* seorang yg bangkrut. 5 tdk lancar. *b. English* bahasa Inggeris yg tdk lancar. 6 hancur. *b. cup* mangkuk yg hancur. **broken-down** *ks.* rusak. *b.-down car* mobil yg rusak. **broken-hearted** *ks.* bersedih/patah hati. *We are b.-hearted over the news of his death* Kami sangat bersedih hati mendengar berita kematiannya. **b. home** keluarga retak. *She's almost at the breaking point* Ia hampir-hampir menjadi putus-asa.

breakable /'breikəbəl/ *ks.* mudah pecah. *This phonograph record is b.* Piringan hitam ini mudah pecah.

breakage /'breikij/ *kb.* kerusakan. *Our overseas shipment suffered considerable b.* Kiriman kita keluar negeri mengalami kerusakan yg agak besar.

breakdown /'breik'dawn/ *kb.* 1 kemacetan. *b. in negotiations* kemacetan dlm perundingan-perundingan. 2 kerusakan. *b. at the power station* kerusakan dlm pembangkit tenaga. 3 perincian. *b. of the budget* perincian anggaran belanja. 4 gangguan. *nervous b.* gangguan uratsaraf. 5 laporan. *Give me the b. of this afternoon's game* Berilah saya laporan jalannya pertandingan petang ini.

breaker /'breikər/ *kb.* gelombang besar. *The breakers crash on the beach at Waikiki* Gelombang-gelombang besar memecah di pantai Waikiki. *He's a b. of hearts* Ia seorang yg suka mematahkan hati orang lain.

breakfast /'brekfəst/ *kb.* sarapan, makan pagi. —*kki.* sarapan. *I always b. on eggs* Saya selalu sarapan telur.

breakneck /'breik'nek/ *ks.* sangat berbahaya. *The car went at b. speed* Mobil itu meluncur dgn kecepatan yg sangat berbahaya.

breakout /'breik'awt/ *kb.* kelolosan, kejebolan (*from prison*).

breakthrough /'breik'thruw/ *kb.* 1 pemecahan. *b. in the field of cancer research* pemecahan dlm lapangan risét kanker. 2 *Mil.*: penerobosan.

breakup /'breik'ʌp/ kb. perceraian. *The b. of the family was a sad occasion* Perceraian dlm keluarga itu suatu peristiwa yg menyedihkan.

breakwater /'breik'wɔtər -'wa-/ kb. témbok laut, bendungan/pemecah gelombang.

breast /brest/ kb. 1 dada. *to beat o's b.* menepuk dada. *to make a clean b. of* mengakui akan. 2 (*female*) buah dada, tétek, payudara. —kkt. berlayar menghadapi, menyongsong. *The ship breasted the waves* Kapal itu menyongsong ombak. *to b. the seas* berlayar menghadapi ombak. **breast-fed** ks. disusui. *That baby is b.-fed* Bayi itu disusui. **to b.-feed** menyusukan. *She b.-fed the baby* Dia menyusukan anaknya. **breast-high** ks. setinggi dada. *The water in the pool was b.-high* Air didlm kolam itu setinggi dada. **b. stroke** gaya dada.

breastbone /'brest'bown/ kb. tulang dada.

breastpin /'brest'pin/ kb. pin, peniti, bros.

breastworks /'brest'wɔrks/ kb. bénténg, pertahanan, apilan, témbok pertahanan.

breath /breth/ kb. 1 nafas. *Take a deep b.* Tariklah nafas panjang. 2 tiupan (udara). *We need a b. of air in here* Kita memerlukan tiupan udara disini. 3 sedikit. *There was not even a b. of suspicion about him* Tdk ada sedikitpun kecurigaan thd dia. **to catch o's b.** mengambil nafas. *Let me catch my b. first* Biarlah saya mengambil nafas dulu. **to hold o's b.** menahan napas. **in the same b.** dlm satu nafas, senafas. *In the same b. he said he would not run for governor* Dlm satu nafas ia berkata ia tdk mau dicalonkan menjadi gubernur. **out of b.** kehabisan nafas, terengah-engah. *I was out of b. from running* Saya kehabisan nafas karena berlari. **to save o's b.** diam. *You can save your b.; I'm not about to stop smoking* Diam sajalah, saya tdk bermaksud berhenti merokok. **to take o's b. away** membuat s.s.o kagum. *The magnificent view takes o's b. away* Pemandangan yg indah itu membuat orang terpesona. *The unexpected award took his b. away* Hadiah yg tdk disangka-sangkanya itu membuat dia termangu-mangu. **under o's b.** secara berbisik. *He muttered a curse under his b.* Dia menggumam kutuk secara berbisik.

breathe /briᴛн/ kkt. 1 menghirup. *Don't b. this foul air* Janganlah menghirup udara kotor ini. 2 meniupkan. *The New Deal breathed life into America's economy* New Deal meniupkan hidup kedlm ékonomi Amérika. 3 mengatakan, menyebut-nyebut. *Don't b. this to anyone* Janganlah ini disebut-sebut kpd siapapun. **to b. a word** mengatakan. *Don't b. a word of this to anyone* Jangan berkata s.s.t. mengenai hal ini kpd siapapun. —kki. bernafas. *He is still breathing* Ia masih bernafas. **to b. freely** bernafas dgn leluasa. *In that country I can b. freely* Di negeri itu saya dpt bernafas dgn leluasa. **to b. in** menghirup. *B. in; now b. out* Tarik napasmu; keluarkan napas sekarang. —**breathing** kb. pernafasan. *His b. was labored* Pernafasannya sukar. *b. space/spell* kesempatan utk beristirahat.

breather /'briᴛнər/ kb. istirahat. *It's very hot today; let's take a b.* Hari ini sangat panas; marilah kita beristirahat.

breathless /'brethlɔs/ ks. 1 terengah-engah, sesak nafas. *After the race I was b.* Sesudah perlombaan itu saya terengah-engah. 2 tak ada angin. *The warm summer air was b.* Pd musim panas itu tdk ada angin sama sekali.

breathtaking /'breth'teiking/ ks. mendebarkan hati, menyesakkan nafas, mempesonakan. *The view was b.* Pemandangan itu mendebarkan hati.

bred /bred/ lih BREED.

breech /briec/ kb. 1 gagang bedil. 2 bagian belakang. *b. delivery* kelahiran sungsang, kelahiran bayi terbalik.

breechcloth /'briec'klɔth/ kb. cawat, kain basahan.

breeches /'briciz/ kb., j. celana. **to wear the b.** berkuasa. *His wife wears the b. in the family* Dlm keluarganya, isterinyalah yg berkuasa. *b. buoy* sej. pelampung berbentuk celana diikat kpd kérékan digunakan utk menolong orang yg mendapat kecelakaan.

breed /bried/ kb. keturunan, jenis, asal. *What b. of dog is that?* Anjing keturunan apa itu? *The early settlers were a sturdy b.* Penetap-penetap pertama itu adalah keturunan orang-orang yg keras kemauannya —kkt. (**bred**) 1 memelihara. *to b. dogs* memelihara anjing. 2 membiakkan. *Dirt breeds germs* Kotoran membiakkan kuman-kuman. 3 mendidik. *He was bred to be an explorer* Dia dididik utk menjadi penjelajah. —kki. menternakkan. *We are going to b. from this horse* Kami akan menternakkan kuda ini. —**breeding** kb. 1 pemeliharaan, perkembangbiakan. *corn b.* pemeliharaan jagung. *hog b.* pemeliharaan babi. 2 pendidikan, asuhan. *Courtesy is one sign of good b.* Sopan santun adalah satu tanda pendidikan yg baik. *b. ground (place)* tempat berkembang biak, tempat pembiakan, sarang.

breeder /'briedər/ kb. 1 peternak. *a b. of cattle* seorang peternak sapi. 2 banyak keturunannya. *This cow is a b.* Sapi ini banyak keturunannya.

breeze /briez/ kb. angin sepoi-sepoi. *Inf.:* **to be a b.** gampang. *The exam will be a b.* Ujian itu akan gampang. *Sl.:* **to shoot the b.** membual, mengobrol dari barat ke timur. *Inf.:* **in a b.** dgn gampang, dgn mudah. *He passed his examination in a b.* Dia lulus ujian dgn mudah. —kkt. *Inf.:* **to b. by** meléwati dgn cepat. *They breezed by us at 80 miles an hour* Meréka lari meléwati kami dgn kecepatan 80 mil sejam. *Inf.:* **to b. in** menyelinap. *We didn't know she was coming; she breezed in unannounced* Kami tdk tahu dia akan datang; dia menyelinap tanpa memberitahu.

breezeway /'briez'wei/ kb. gang (beratap) *A b. connects the house with the garage* Suatu gang menghubungkan rumah itu dgn garasi.

breezy /'briezie/ ks. 1 berangin lembut. *a b. day* hari yg banyak angin lembut. 2 gembira. *He has a b. manner about him* Dia mempunyai sifat gembira.

brevity /'brevətie/ kb. (j. **-ties**) keringkasan, kecekatan, ketangkasan. *He exhibits b. in his writing* Ia memperlihatkan keringkasan dlm menulis. **for brevity's sake** utk singkatnya.

brew /bruw/ kb. masakan, buatan. *This is a good b. of beer* Ini adalah bir yg baik buatannya. —kkt. membuat, masak. *to b. beer* membuat bir. *to b. tea* memasak téh. —kki. timbul, terjadi (*of a storm, trouble*).

brewer /'bruwər/ kb. pembuat/pemasak bir.

brewery /'bruwərie/ kb. (j. **-ries**) tempat pembuatan bir.

bribe /braib/ kb. (uang) sogok, suap, uang semir. *to take a b.* makan uang suap. —kkt. menyogok, menyuap. *He bribed her* Ia menyogok wanita itu. *to b. o's way to the mayorship* menjadi walikota dgn jalan menyogok.

bribery /'braibərie/ kb. (j. **-ries**) suapan, penyuapan, sogok, penyogokan.

bric-a-brac /'brikə'bræk/ kb. hiasan-hiasan dari pecah-belah.

brick /brik/ *kb.* 1 (batu) bata, batu, batu mérah/
témbok. *This glue is as hard as a b.* Lém ini sekeras
bata. *He learned to lay bricks* Ia belajar menjadi
tukang batu. 2 *Inf.:* orang yg baik. *You're a b. for
letting me have the money* Kamu orang yg baik hati,
mau memberikan uang kpd saya. —*kkt.* meném-
bok. *He bricked the front of his house* Ia menémbok
bagian depan rumahnya. **to b. up** menémbok. *to
b. up a door* menutup pintu dgn pasangan témbok.
like a ton of bricks marah sekali. *He came down
on me like a ton of bricks* Ia marah sekali. *He fell for
her like a ton of bricks* Ia sungguh-sungguh jatuh cinta
padanya. **b. cheese** sej. kéju yg keras. **b. ice
cream** éskrim blok. **b. kiln** dapur batu (bata),
tempat pembakaran batu bata.
brickbat /'brik'bæt/ *kb.* 1 pecahan batu bata.
Brickbats were hurled Pecahan batu bata dilontarkan.
2 *Inf.:* kecaman yg pedas. *The reviewer leveled several
brickbats at the performer* Ahli kritik konsér itu melon-
tarkan beberapa kecaman yg pedas kpd pemain itu.
bricklayer /'brik'leiər/ *kb.* tukang batu/témbok.
brickwork /'brik'wərk/ *kb.* pekerjaan membuat
témbok, menémbok, pendindingan.
brickyard /'brik'yard/ *kb.* tempat penjualan atau
pembuatan batu bata.
bridal /'braidəl/ *ks.* yg berh. dgn pengantin. *b. bed*
pelamin. *b. bouquet* karangan bunga utk pengantin.
b. procession perarakan pengantin.
bride /braid/ *kb.* pengantin wanita/perempuan.
bridegroom /'braid'gruwm/ *kb.* pengantin laki-
laki.
bridesmaid /'braidz'meid/ *kb.* gadis pengiring
pengantin.
bridge /brij/ *kb.* 1 jembatan. 2 *Cards*: brid(ge) (main
kartu). 3 *(of teeth)* pegangan utk gigi palsu. 4 *Nau.:*
anjungan (kapal). 5 batang *(of the nose)*. 6 kam,
kuda-kuda *(of a violin)*. **to cross that b. when o.
comes to it** memecahkan s.s.t. persoalan bila
menghadapinya. **to burn o's bridges behind o.**
menghilangkan segala jalan utk mundur, meng-
urungkan maksud, membuang kesempatan utk
mengadakan perbaikan. *By dropping out of school he
burned his bridges behind him* Karena keluar sekolah,
ia mengurungkan maksud utk perbaikan. —*kkt.* 1
memasang jembatan. *Bridging the lake was a difficult
task* Memasang jembatan diatas danau itu adalah
pekerjaan yg sukar. 2 mempertemukan. *His under-
standing bridged the differences between the two men* Peng-
ertiannya itu tlh mempertemukan perbédaan-
perbédaan antara kedua orang itu. 3 menutup.
We must b. the gap between them Kami hrs menutup
jurang antara meréka itu.
bridgehead /'brij'hed/ *kb.* 1 pangkalan terdepan/
lompatan. *That area served as a b. for another attack*
Daérah itu merupakan pangkalan terdepan utk
serangan berikut. 2 pangkalan jembatan.
bridgework /'brij'wərk/ *kb.* pegangan utk gigi
palsu.
bridle /'braidəl/ *kb.* kekang. —*kkt.* mengekang. *She
bridled the horse* Dia mengekang kuda itu. *B. any evil
thoughts* Kekanglah tiap pikiran yg jahat. **b. path**
jalan kuda.
brief /brief/ *kb.* laporan singkat. *The lawyer prepared
a b. of the case* Pengacara itu menyiapkan laporan
singkat utk perkara itu. **to hold a b. for** membéla
kepentingan. *I hold no b. for those who are disloyal to
their country* Saya tdk mau membéla kepentingan
orang-orang yg tdk setia thd negerinya. **in b.**
péndék kata. *In b., it must be done this way* Péndék
kata, hrs dilakukan begini. —**briefs** *j.* celana dlm

yg péndék sekali. —*ks.* 1 singkat. *b. report* laporan
singkat. 2 ringkas. *Make the speech b.* Buatlah pidato-
nya ringkas. —*kkt.* memberi penerangan ringkas.
to b. the press memberikan penerangan ringkas kpd
pérs. **b. case** tas (kantor), aktentas. —**briefing** *kb.*
penerangan yg ringkas, uraian. *Before meeting the
press, he was given a b. on the situation* Sblm menemui
pérs ia diberi penerangan ringkas mengenai kea-
daan itu.
brier /'braiər/ *kb.* tanaman yg berduri.
brig /brig/ *kb.* 1 *Nau.:* kici, sej. kapal yg bertiang
dua. 2 *Nau.:* tempat tahanan dlm kapal perang. 3
(jail) penjara.
brigade /bri'geid/ *kb.* 1 brigade. 2 pasukan. *fire b.*
pasukan pemadam api.
brigadier /'brigə'dir/ *kb.* **b. general** brigadir
jénderal.
brigand /'brigənd/ *kb.* perampok.
bright /brait/ *ks.* 1 cemerlang. *b. red dress* baju yg
mérah cemerlang. 2 cerdas. *a b. child* anak yg
cerdas. 3 gembira. *She has a b. disposition* Dia mem-
punyai sifat yg gembira. 4 terang. *The sun is too b.
for my eyes* Matahari itu terlalu terang bagi mata
saya. 5 bijaksana. *I've just had a b. idea; listen to this*
Saya baru saja mendapat buah pikiran yg bijak-
sana; dengarkanlah ini. 6 ringan. *Look on the b. side*
Pandanglah segi-seginya yg menggembirakan.
brighten /'braitən/ *kkt.* menjadikan terang. *Sun
brightened the room considerably* Mata hari menjadi-
kan kamar itu jauh lebih terang. —*kki.* menjadi
terang. *As the day wore on the skies brightened* Makin
siang, langit makin terang. *His future has brightened*
Hari depannya menjadi terang.
brightness /'braitnəs/ *kb.* 1 kecemerlangan, ke-
terangan. 2 kecerdasan, kepandaian *(of mind)*.
Bright's /braits/ *kb.* **B. disease** penyakit ginjal.
brilliance /'brilyəns/ *kb.* 1 kecemerlangan. *the b. of
the sun* kecemerlangan matahari. 2 kecerdasan. *His
b. showed up on the examination* Kecerdasannya ken-
tara dlm ujian.
brilliancy /'brilyənsie/ = BRILLIANCE.
brilliant /'brilyənt/ *ks.* 1 cemerlang. *b. colors*
warna-warna yg cemerlang. 2 cerah. *a b. day* hari
cerah. 3 ulung. *a b. pianist* seorang pemain yg
ulung. 4 pandai. *She's a b. student* Ia seorang maha-
siswi yg pandai sekali.
brilliantine /'brilyəntien/ *kb.* minyak rambut.
brim /brim/ *kb.* pinggir. *His hat has a narrow b.*
Topinya berpinggir sempit. *Fill the glass to the b.*
Isilah gelas ini penuh-penuh. —*kki.* (**brimmed**)
meluap. *The pitcher is brimming (over) with milk* Susu
didlm tempat susu itu meluap.
brimful /'brimful/ *ks.* penuh sekali. *The pot was b.
of soup* Pinggan itu penuh sekali dgn sop.
brimless /'brimləs/ *ks.* tidak bertepi. *b. hat* topi yg
tak bertepi.
brimstone /'brim'stown/ *kb.* (batu) belérang.
brine /brain/ *kb.* air asin.
bring /bring/ *kkt.* (**brought**) 1 membawa. *A truck
brought the goods from the harbor* Motor gerobak
membawa barang-barang dari pelabuhan. 2 meng-
ambilkan. *B. me the book, please* Tolong ambilkan
buku itu. 3 membawakan. *She brought me the box
yesterday* Kemari dia bawakan utk saya kotak itu.
4 mengajukan. *She brought a charge against her husband*
Ia mengajukan tuduhan thd suaminya. :: *What
brings you to Ithaca?* Kenapa di Ithaca? *How much do
eggs b. today?* Berapa harga telur hari ini? *I can-
not b. myself to do such a thing* Saya tdk sampai
hati berbuat hal semacam ini. *I couldn't b. him*

to agree to his daughter's marriage Saya tak dpt menggerakkan hatinya agar menyetujui pernikahan anaknya perempuan itu. **to b. about** 1 menghasilkan. *The discussion brought about an improvement* Perundingan itu menghasilkan suatu perbaikan. 2 menimbulkan. *This event will b. about some thorough-going changes* Kejadian ini akan menimbulkan perubahan-perubahan yg mendalam. 3 menyebabkan. *What brought about his illness?* Apa yg menyebabkan penyakitnya? 4 mengadakan. *to b. about a merger* mengadakan fusi. **to b. along** mengajak, membawa. *Won't you b. your friend along?* Apakah engkau tdk mau mengajak temanmu? **to b. around** 1 menginsyafkan, meyakinkan. *After discussion I was able to b. him around to my view* Stlh banyak diadakan perundingan saya dpt menginsyafkannya thd pandangan saya. 2 menyadarkan. *Because of the severe blow on the head it took several hours to b. him around* Karena pukulan keras di kepalanya maka diperlukan beberapa jam utk menyadarkannya. 3 membawa. *He brought his son around to see us* Ia membawa anaknya yg laki-laki itu datang berkunjung ke tempat kami. **to b. ashore** mendaratkan. *He brought his canoe ashore* Ia mendaratkan sampannya. **to b. back** 1 mengembalikan. *Please b. back my tools* Sudilah mengembalikan alat-alat saya. 2 menghidupkan kembali. *After what seemed sure death, she was brought back to life* Stlh kelihatannya mati benar-benar ia dihidupkan kembali. **b. down** 1 menjatuhkan. *His policy brought down the government* Kebijaksanaannya menjatuhkan pemerintahan. 2 menyebabkan berjatuhan. *Their dancing brought down the wall fixtures* Dansa meréka menyebabkan segala yg melekat di dinding berjatuhan ke lantai. 3 menémbak, membunuh. *The hunter brought down three birds* Pemburu itu menémbak tiga ékor burung. 4 menurunkan. *to b. down the price* menurunkan harga. 5 mengurangi. *He brought the number down to six* Ia mengurangi jumlah itu menjadi enam. 6 mendatangkan. *His complaints brought contempt down upon his head* Keluhannya mendatangkan noda kepadanya. *His singing brought down the house* Nyanyiannya mendapat sambutan dan tepuk tangan yg meriah. **to b. forth** 1 melahirkan. *The woman brought forth a child* Wanita itu melahirkan anak. 2 menimbulkan. *The new hat brought forth considerable comment* Topi baru itu menimbulkan banyak komentar. 3 menerbitkan. *The Cornell Press is bringing forth a new edition* Penerbit Cornell sedang menerbitkan suatu cétakan baru. **to b. forward** 1 mengemukakan. *Please b. forward the participants* Coba kemukakan para peserta kedepan. *Evidence was brought forward to show that...* Bukti dikemukakan utk menunjukkan bhw.... 2 memajukan, mengemukakan. *He was eager to b. forward his ideas* Ia ingin sekali mengemukakan gagasan-gagasannya. 3 memindahkan. *He brought forward last month's account* Ia memindahkan saldo bulan yg lalu. **to b. in** 1 membawa masuk. *B. in the wood before it snows* Bawalah kayu itu masuk sblm salju turun. *The prisoner was brought into the court room* Tahanan itu dibawa masuk kedlm ruang pengadilan. 2 mengemukakan. *Don't b. in irrelevant matters* Jangan kemukakan hal-hal yg tdk ada hubungannya dgn pokok pembicaraan. 3 menghasilkan. *Drilling brought in an oil well* Pemboran menghasilkan sebuah sumber minyak (menyebabkan minyak mengalir). *The sale brought in $100* Penjualan itu menghasilkan $100. 4 mengumumkan. *The jury brought in a verdict of not guilty* Juri pengadilan itu

mengumumkan bhw terdakwa tdk bersalah. 5 menahan, menangkap. *The police brought him in and booked him on a charge of murder* Polisi menahannya dan menuduhnya melakukan pembunuhan. 6 mendaratkan. *The plane was brought in by radar* Kapal terbang itu didaratkan dgn radar. **to b. off** 1 melakukan, mengerjakan. *The high jumper succeeded in bringing off a tremendous leap* Peloncat tinggi itu berhasil melakukan loncatan yg hébat. **to b. on** menyebabkan. *The increase in the workload brought on a heart attack* Penambahan tugas pekerjaan itu menyebabkan serangan jantung. **to b. out** 1 mengeluarkan, melayan. *Please b. out the food* Coba keluarkan makanan. 2 menghasilkan (*a film*). 3 menerbitkan, mengeluarkan (*a book*). 4 mengeluarkan. *I hope this new job will b. out the best in him* Saya berharap agar pekerjaan yg baru ini mengeluarkan segi-segi yg terbaik daripadanya. 5 membawa. *The parents went to great expense to b. out their daughter at a debutante party* Orang tuanya banyak mengeluarkan uang utk membawa gadis itu ke pésta perkenalan muda-mudi. 6 menunjukkan. *Use the following words in sentences to b. out their meaning* Pakailah kata-kata berikut ini dlm kalimat-kalimat utk menunjukkan artinya. *Polish applied to certain kinds of wood brings out the grain* Polés yg digunakan thd jenis-jenis kayu tertentu menyebabkan urat-urat kayu timbul. *The pianist brought out the bass melody very clearly* Pianis itu memperdengarkan mélodi basnya dgn jelas sekali. *The lawyer brought out the fact that...* Pengacara itu mengemukakan fakta bhw....**to b. over** menginsafkan. *I am trying to b. him over to my point of view* Saya sedang mencoba menginsafkannya thd pandangan saya. **to b. round** = TO B. AROUND. **to b. through** memungkinkan, mengatasi. *His robust physique brought him through a serious illness* Jasmaninya yg kuat memungkinkan ia mengatasi penyakit yg berat. **to b. to** 1 (*revive*) menyadarkan. 2 menghentikan. *The captain brought the ship to* Nakhoda itu menghentikan kapalnya. *to b. to a boil* memasak sampai mendidih. **to b. to a close** menutup, mengakhiri. *to b. the meeting to a close* menutup pertemuan itu. **to b. to a head** 1 menjadi matang. *It's best to b. the boil to a head* Ada baiknya membiarkan bisul itu bernanah/menjadi matang. 2 memikirkan. *I'd rather not b. the matter to a head at this time.* Saya lebih baik tdk membawa masalah itu ke titik puncaknya pd waktu ini. **to b. to a stop** menghentikan. *He brought the bus to a stop* Ia menghentikan bis itu. **to b. pressure to bear** memberi tekanan, menekan. *They brought pressure to bear on the group* Meréka memberi tekanan pd golongan itu. **to b. to bear** membidikkan. *The crew brought the gun to bear on the plane overhead* Anak kapal itu membidikkan senjata kpd kapal terbang diatas. **to b. up** 1 membesarkan, mendidik, mengasuh. *She brought up her brother's child* Ia membesarkan anak saudaranya. 2 mengemukakan. *Don't b. up that matter again* Janganlah mengemukakan soal itu lagi. 3 memimpin. *The troops were brought up ready for the attack* Pasukan itu dipimpin utk siap sedia bertempur. *He was brought up for air* Ia diangkat dari dlm air spy dpt bernapas. *When he made that statement, it brought me up with a start* Stlh ia menyampaikan keterangan itu saya héran sekali. —**bringing-up** *kb.* pendidikan. *From his manners we decided that he had not had a decent b.-up* Dari gerak-gerikinya kami dpt mengambil kesimpulan bhw dia tdk mendapat pendidikan yg sopan.

brink /bringk/ *kb.* pinggir, tepi. *b. of an abyss* pinggir jurang. *on the b. of disaster* hampir hancur. *She's on the b. of a nervous breakdown* Dia hampir terkena gangguan urat syaraf.
brinkmanship /'bringkmənsyip/ *kb.* penerusan politik luar negeri sekalipun menuju perang, nekad/nyerémpét bahaya.
briny /'brainie/ *ks.* asin, masin. *b. water* air asin.
briquet(te)/bri'ket/ *kb.* bata, batu, balok, gundu. *b. of salt* bata garam.
brisk /brisk/ *ks.* 1 cepat. *He takes a b. walk every morning* Dia melakukan jalan cepat tiap pagi. *He has a b. manner about him* Gerak-geriknya cepat. 2 tajam. *His remarks were very b.* Ucapan-ucapannya sangat tajam. 3 dingin. *It's a b. morning* Pagi ini agak dingin.
bristle /'brisəl/ *kb.* bulu. *hog b.* bulu babi. *b. of a brush* bulu sikat. —*kki.* 1 meremang, bulunya tegak/berdiri. *The dog's hair bristled when he saw the other dog* Bulu anjing itu tegak ketika melihat anjing yg lain. 2 siap utk berperang. *That country bristled at developments in the neighboring nation* Negara itu siap utk berperang karena perkembangan-perkembangan negara tetangganya.
Brit. 1 [*British*] Inggeris. 2 [*Britain*] Negeri Inggeris.
Britain /'britən/ *kb.* Negeri Inggeris, Britania.
britches /'briciz/ *Inf.:* = BREECHES.
Briticism /'britəsizəm/ *kb.* kata/ungkapan dipakai teristiméwa di Inggeris, Britisisme. *The word "lift" for "elevator" is a B.* Perkataan "lift" utk "elevator" adalah Britisisme.
British /'britisy/ *kb.* orang Inggeris. *They are B.* Meréka orang Inggeris. —*ks.* Inggeris, Britis. *the B. people* bangsa Inggeris. *B. Commonwealth* Persemakmuran Britis. *B. Isles* Kepulauan Inggeris.
Britisher /'britisyər/ *kb.* warganegara Inggeris.
Briton /'britən/ *kb.* pribumi/penduduk Britania Raya.
brittle /'britəl/ *ks.* rapuh. *Chalk is b.* Kapur rapuh.
brittleness /'britəlnəs/ *kb.* kerapuhan.
bro. Bro. [*brother, Brother*] sdr.
broach /browc/ *kb.* bros, peniti. —*kkt.* memulai pembicaraan. *I decided to b. the subject of marriage* Saya memutuskan utk memulai pembicaraan soal perkawinan.
broad /brɔd/ *kb. Sl.:* gadis, wanita. —*ks.* 1 lébar. *a b. street* jalan yg lébar. 2 luas. *b. powers* kuasa luas. *b. experience in the investment field* pengalaman yg luas dlm lapangan penanaman modal. 3 besar. *In b. outline this is what he said* Dlm garis besarnya inilah yg dikatakannya. 4 kasar. *His jokes tend to be b.* Kelakarnya agak kasar. **in b. daylight** pd waktu siang bolong. **::** *It's as b. as it is long* Keduaduanya tdk ada bédanya. Keadaannya sama saja. **b. gauge** rél lébar. **b.-gauge** *ks.* luas. *b.-gauge development plan* rencana perkembangan yg luas.
broad-brimmed *ks.* bertepi lébar. *b.-brimmed hat* topi bertepi lébar. **b. jump** loncat jauh.
broad-minded *ks.* luas pendirian. *She is very b.-minded* Ia luas sekali pendiriannya. **b.-mindedness** keluasan pendirian, kelapangan hati. **broad-shouldered** *ks.* berbahu-lébar. —**broadly** *kk.* (dgn) lébar. *When he heard the news, he smiled b.* Ketika ia mendengar berita itu ia tersenyum lébar. *B. speaking, I think he has a point* Pd umumnya, saya rasa dia ada juga betulnya.
broadcast /'brɔd'kæst/ *kb.* siaran radio. *a b. appeal for doctors* permintaan melalui siaran radio akan dokter-dokter. —*kkt.* 1 menyiarkan (*the news*). 2 menaburkan (*seed*). —**broadcasting** *kb.* 1 siaran

radio. 2 penyiaran. *B. of classical music is pleasant* Menyiarkan musik klasik menyenangkan. **b. station** stasion penyiar, pemancar radio.
broadcaster /'brɔd'kæstər/ *kb.* penyiar radio.
broadcloth /'brɔd'klɔth/ *kb.* sej. kain tenunan halus terbuat drpd sutera, kapas atau rayon utk dibuat keméja, piyama atau pakaian-pakaian lainnya.
broaden /'brɔdən/ *kkt.* meluaskan. *Travel broadens o's knowledge* Bepergian meluaskan pengetahuan s.s.o. —*kki.* bertambah lébar. *The road broadens at the edge of town* Jalan itu bertambah lébar di pinggir kota. —**broadening** *kb.* pelébaran, peluasan. *B. of the school curriculum is essential* Perluasan rencana pelajaran sekolah itu dipandang perlu. —*ks.* yg meluaskan. *Travel can be a b. experience* Bepergian dpt meluaskan pengalaman.
broadloom /'brɔd'luwm/ *kb.* (tenunan) lébar. *b. carpet* permadani lébar.
broadness /'brɔdnəs/ *kb.* keluasan, luasnya, lébarnya.
broadside /'brɔd'said/ *kb.* 1 témbakan serentak. *The battleship fired a b. at the enemy ship* Kapal perang itu melakukan témbakan serentak pd kapal musuh. 2 selebaran. *Broadsides about the sale were distributed widely* Selebaran mengenai penjualan itu dibagibagikan/disalurkan secara luas. —*kk.* seluruh sisi. *That car hit my car b.* Mobil itu mengenai mobil saya pd seluruh sisi.
brocade /brow'keid/ *kb.* kain brokat.
broccoli /'brakəlie/ *kb.* sej. kobis atau blumkol hijau warnanya.
brochure /brow'syur/ *kb.* brosur.
brogue /browg/ *kb.* 1 aksén, lagu. *He talks with a b.* Dia berbicara dgn aksén. 2 sm sepatu.
broil /broil/ *kkt.* memanggang. *to b. fish* memanggang ikan. —**broiling** *ks.* panas sekali/terik. *We stood in the b. sun for 2 hours* Kami berdiri dlm panas terik matahari selama 2 jam.
broiler /'broilər/ *kb.* 1 ayam panggang/daging. 2(*pan*) alat pemanggang.
broke /browk/ *ks.* tdk mempunyai uang, kantong kempés. *I'm b.* Saya tdk mempunyai uang. **to go b.** bangkrut, falit. lih BREAK.
broker /'browkər/ *kb.* pedagang perantara/komisi.
brokerage /'browkərij/ *kb.* perdagangan perantara/komisi.
bromide /'browmaid/ *kb.* 1 *Inf.:* umum diketahui. *That saying is an old b.* Peribahasa/Pepatah itu sdh umum diketahui. 2 bromida.
bronchial /'brangkieəl/ *ks.* yg berh. dgn cabang tenggorok(an). *b. tube* pembuluh tenggorok(an).
bronchitis /brang'kaitəs/ *kb.* penyakit bronkhitis, radang cabang tenggorok(an).
Bronx /brangks/ *kb.* wilayah kota New York. *Sl.:* **B. cheer** tiupan dgn bibir tertutup yg mengeluarkan bunyi, peluitan dgn bibir tertutup.
bronze /branz/ *kb., ks.* perunggu. *b. bell* loncéng perunggu. —*kkt.* menjadikan mérah tua. *The swimmer was bronzed by the tropical sun* Perenang itu menjadi mérah tua karena matahari tropis.
brooch /bruwc/ *kb.* bros, peniti.
brood /bruwd/ *kb.* 1 seperindukan. *a b. of ducklings* seperindukan anak itik. 2 anak-anak. *The mother took her b. to the movies* Ibu itu membawa anak-anaknya menonton gambar hidup. —*kkt.* mengerami. *Ducks b. their eggs until the ducklings are hatched* Itikitik itu mengerami telur-telur sampai menetas. **to b. about/over** memikirkan. *He's always brooding about money problems* Ia terus-menerus memikirkan

keadaan keuangan. *to b. over the loss of o's son* memikir-mikirkan kematian anaknya. —**brooding** *ks.* memikir-mikirkan (hal-hal yg sedih). *He has a b. nature* Dia mempunyai sifat suka memikir-mikirkan hal-hal yg sedih.

brook /bruk/ *kb.* serokan, selokan, alur(an). —*kkt.* memboléhkan, membiarkan. *I won't b. any opposition* Saya tdk akan memboléhkan tentangan apapun.

broom /brum, bruwm/ *kb.* sapu. *A new b. sweeps clean* Orang baru itu kerjanya selalu baik.

broomstick /'brum'stik, 'bruwm-/ *kb.* gagang/ pegangan sapu.

bros., Bros. [*brothers, Brothers*] *William Bros. Department Store* Toko Serbaada kepunyaan Williams Bersaudara.

broth /brɔth/ *kb.* bulyon, air daging.

brothel /'brathəl/ *kb.* rumah pelacuran/sundal/ jalang, rumah wanita P, pegermoan.

brother /'brATHər/ *kb.* 1 saudara laki-laki. *I have two brothers* Saya mempunyai dua orang saudara laki-laki. 2 kakak beradik. *The brothers own a shoe store* Kakak beradik itu mempunyai sebuah toko sepatu. 3 *Rel.*: broeder. *B. John* Broeder Jon. **brothers and sisters** saudara-saudara. **brother-in-law** (*j.* **brothers-in-law**). ipar laki-laki.

brotherhood /'brATHərhud/ *kb.* persaudaraan.

brotherly /'brATHərlie/ *ks.* (bersifat) persaudaraan. *b. affection* kemesraan persaudaraan.

brought /brɔt/ lih BRING.

brow /braw/ *kb.* 1 alis. 2 kening. *I raised my b. at that statement* Saya mengerutkan kening mendengar pernyataan itu. *to knit o's b.* mengerutkan kening. 3 pundak. *b. of a hill* pundak bukit.

browbeat /'braw'biet/ *kkt.* (**browbeat, browbeaten**) menakut-nakuti, menggertak. *The older brother b. his younger brother* Abang itu me-nakut-nakuti adiknya. —**browbeaten** *ks.* dipertakuti. *He had a b. look* Ia kelihatan dipertakuti.

brown /brawn/ *kb.* warna coklat. —*ks.* 1 coklat. *b. eyes* mata yg berwarna coklat. *b. jacket* jakét coklat. 2 pirang. *b. hair* rambut pirang. **to do s.t. up b.** melakukan s.s.t. dgn sempurna/bérés. *The work was done up b.* Pekerjaan itu dikerjakan dgn sempurna. —*kkt.* menggoréng sampai garing, menggaringkan. *Please b. the potatoes* Tolong go-réngkan kentang (sampai garing). **b. bread** roti berwarna cokelat, roti dari tepung berwarna cokelat. **b. rice** beras berwarna cokelat, beras pirang/mérah. **b. soap** sabun hijau. **b. sugar** gula pasir berwarna mérah.

brownie /'brawnie/ *kb.* kué cokelat biasanya berisi kacang atau biji-biji lain. **B.** *kb.* kurcaci dari pandu putri, anggauta termuda dari pandu putri.

brownish /'brawnisy/ *ks.* berwarna ke-cokelat-cokelatan.

browse /brawz/ *kki.* 1 melihat-lihat (*in a shop*). 2 membaca-baca. *He likes to b. in bookshops* Ia suka membaca-baca di toko-toko buku. 3 makan disana-sini, makan tunas-tunas, makan rumput. *The sheep b. in the meadow* Biri-biri makan tunas-tunas di padang rumput.

bruise /bruwz/ *kb.* (luka) memar. —*kkt.* 1 luka memar, (biru) lebam. *He was bruised on the arm* Tangannya luka-luka memar. 2 rusak. *The plants were badly bruised* Tanaman-tanaman itu amat rusak. 3 menyakiti hati. *His feelings were bruised* Perasaannya dilukai. —*kki.* mendapat memar. *I b. easily* Badan saya mudah bénjol. —**bruising** *ks.* yg menimbulkan luka memar. *Soccer is a b. game*

Sépakbola adalah olahraga yg dpt menimbulkan luka-luka lebam.

bruiser /'bruwzər/ *kb. Inf.*: tukang/jago berkelahi. *That fellow is a real b.* Pemuda itu betul-betul tukang berkelahi.

brunch /brʌnc/ *kb.* [=*breakfast+lunch*] *Inf.*: makan antara sarapan dan makan siang.

brunette /bruw'net/ *kb.* si rambut coklat. *She's an attractive b.* Ia seorang berambut cokelat yg menarik.

brunt /brʌnt/ *kb.* 1 bagian yg terberat. *The b. of the responsibility fell on him* Bagian terberat drpd tang-gung jawab itu jatuh padanya. 2 pukulan yg terberat. *He bore the b. of the attack* Dialah yg menanggung pukulan yg terberat drpd serangan itu.

brush /brʌsy/ *kb.* 1 sikat. *hair b.* sikat rambut. *clothes b.* sikat pakaian. 2 kuas. *paint b.* kuas cat. 3 pertempuran. *a brief b. with the enemy* pertempuran singkat dgn musuh. 4 semak-semak. *The snake crawled into the b.* Ular itu menjalar kedlm semak-semak. 5 kol (*in a generator*). —*kkt.* 1 menyikat. *B. your hair* Sikatlah rambutmu. *B. your teeth* Sikatlah gigimu. 2 menyéka(kan). *B. your tears away* Sékalah air matamu. —*kki.* bersentuhan. *I brushed against the wall* Saya bersentuhan dgn dinding itu. **to b. aside** meméméhkan. *to b. aside all criticism* meméméhkan semua kritik. **to b. off** 1 menyikat, menghilangkan dgn sikat. *He brushed the hair off his coat* Ia menyikat rambut itu dari jasnya. 2 *Inf.*: menolak. *She brushed him off and would have nothing to do with him* Ia menolak dia dan tdk mau berurusan lagi dng dia. **to b. up (on)** mempelajari lagi, meng-ulangi belajar. *He brushed up his French* Ia mem-pelajari lagi bahasa Perancisnya. —**brushing** *kb.* penyikatan. *Our dog needs a good b.* Anjing kami perlu disikat baik-baik.

brushoff /'brʌsy'ɔf/ *kb. Inf.*: penolakan, tolakan. *to give s.o. the b.* menolak menerima s.s.o.

brushup /'brʌsy'ʌp/ *kb.* mempelajari kembali. *Before I give my speech I had better have a little b. on my subject* Sblm saya berpidato lebih baik saya mem-pelajari kembali pokok pembicaraan saya.

brushwood /'brʌsy'wud/ *kb.* semak, belukar.

brusque /brʌsk/ *ks.* kasar. *He has a b. manner* Ia kasar dlm tingkahlakunya.

brusqueness /'brʌsknəs/ *kb.* kekasaran.

brutal /'bruwtəl/ *ks.* 1 kejam. *He's b.* Ia orang kejam. *b. crime* kejahatan yg kejam. 2 kasar. *b. remark* ucapan yg kasar.

brutality /bruw'tælətie/ *kb.* (*j.* **-ties**) kekejaman.

brute /bruwt/ *kb.* orang yg kejam dan kasar, orang tanpa perikemanusiaan. —*ks.* kasar. *b. strength* tenaga yg kasar. *b. forces of nature* kekuatan alam yg kasar.

brutish /'bruwtisj/ *ks.* kasar. *His manner was b.* Tingkah lakunya kasar/kebinatangan.

B.S. [*Bachelor of Science*] Sarjana Muda (umumnya dlm ilmu pengetahuan).

B.S.Ed. [*Bachelor of Science in Education*] Bakaloréat dlm Ilmu Pendidikan, Sarjana Muda Ilmu Pendi-dikan.

B.Th. [*Bachelor of Theology*] Bakaloréat dlm Ilmu Agama.

bu. [*bushel*] gantang.

bubble /'bʌbəl/ *kb.* 1 gelembung. *This ice has a lot of bubbles in it* Dlm és ini banyak gelembung. 2 ga-gasan. *When his plan failed, his b. burst* Ketika rencananya gagal, sekalian cita-citanya hancur. —*kki.* menggelembung, bergelembung-gelem-

bung. *The water bubbled (up) in the double boiler* Air itu menggelembung dlm dandang. *The coffee is bubbling* Kopi itu lagi menggolak. **to b. over** meluap-luap. *She's the type that bubbles over with enthusiasm* Ia adalah orang yg meluap-luap karena antusias. **b. bath** permandian dgn busa sabun. **b. gum** permén karét yg bisa menggelembung.
bubbly /'bʌblie/ *ks.* penuh gelembung. *b. champagne* sampanye yg penuh gelembung.
bubonic /byuw'banik/ *kb.* **b. plague** penyakit pés.
buccaneer /'bʌkə'nir/ *kb.* bajak laut.
buck /bʌk/ *kb.* 1 rusa jantan. 2 *Sl.:* dolar. *That will cost you ten bucks* Engkau hrs membayar sepuluh dolar. *Inf.:* **to pass the b.** mengélakkan/menggésérkan tanggung jawab. —*kkt.* melawan. *There is no point in bucking fate* Tidak ada gunanya melawan nasib. —*kki.* melawan. *The horse bucked when the rider tried to mount it* Kuda itu melawan ketika penunggang itu mencoba menaikinya. *Inf.:* **to b. for** berusaha sungguh-sungguh. *to b. for a promotion* berusaha sungguh-sungguh utk naik pangkat. **to b. up** *Inf.:* 1 memberikan semangat. *Her mother was able to b. her up* Ibunya dpt memberikan semangat kepadanya. 2 memberikan kekuatan. *This medicine will b. you up* Obat ini akan menambah kekuatan kepadamu. 3 bergembira. *B. up, everything will get better* Bergembiralah, semuanya akan bertambah baik. *Sl.:* **b. passing** menghindarkan tanggung-jawab. *Sl.:* **b. private** tamtaina, prajurit biasa.
bucket /'bʌkit/ *kb.* émbér, timba. *Sl.:* **to kick the b.** mati, meninggal (dunia). *b. seat* tempat duduk yg kecil dan bersandaran bulat.
buckeye /'bʌk'ai/ *kb.* sej. pohon.
buckle /'bʌkəl/ *kb.* géspér, timang. —*kkt.* mengaitkan. *Please b. your belt* Tolong kaitkan ikat pinggang sdr. —*kki.* 1 melengkung. *The wall began to b.* Dinding itu mulai melengkung. *The plane's wing buckled under the strain* Sayap pesawat terbang itu melengkung karena tekanan. 2 rebah. *to b. under the strain of work* rebah karena pekerjaan. 3 roboh. *The bridge buckled under the weight of the traffic* Jembatan itu roboh karena beratnya lalulintas. **to b. down** bekerja keras. *You'd better b. down to work* Sebaiknya engkau bekerja keras. —**buckling** *kb.* tekuk.
buckram /'bʌkrəm/ *kb.* linan utk menjilid buku.
buckshot /'bʌk'syat/ *kb.* peluru.
bucktooth /'bʌk'tuwth/ *kb.* gigi yg mencuat/menganjur kedepan.
buckwheat /'bʌk'hwiet/ *kb.* soba.
bucolic /byuw'kalik/ *ks.* pedusunan. *The house was located in a b. setting* Rumah itu terletak dlm satu lingkungan pedusunan.
bud /bʌd/ *kb.* 1 *Sl.:* nak, jang. *Come here, b.* Kesini, nak. 2 pucuk, kuncup, semi. *The buds began to come out* Pucuk-pucuk mulai keluar. **to nip in the b.** menghentikan pd permulaannya. —*kki.* (**budded**) berpucuk. *Our bushes are beginning to b.* Semak-semak kami mulai berpucuk. —**budding** *ks.* naik bintang. *She's a b. young actress* Ia pemain sandiwara yg mulai naik bintangnya.
Buddha /'buwdə/ *kb.* Buda.
Buddhism /'buwdizəm/ *kb.* agama Buda.
Buddhist /'buwdist/ *kb.* penganut Buda. —*ks.* Buda. *B. beliefs* kepercayaan-kepercayaan Buda.
buddy /'bʌdie/ *kb.* (*j.* **-dies**) *Inf.:* teman baik. *The two boys are buddies* Kedua pemuda itu teman baik.
budge /bʌj/ *kkt.* 1 mengalihkan. *I couldn't b. him from his way of thinking* Saya tdk dpt mengalihkan dia dari caranya berpikir. 2 mengalah. *She won't*

b. an inch Ia tak mau mengalah sedikitpun. Dia tdk mau bergerak sedikitpun. —*kki.* berpindah tempat. *He simply will not b.* Ia sama sekali tdk mau berpindah tempat.
budget /'bʌjit/ *kb.* anggaran belanja, neraca keuangan. *b. plan* rencana anggaran belanja. —*kkt.* mengatur. *to b. o's income* mengatur penghasilannya. *to b. o's time* mengatur waktunya. —**budgeting** *kb.* penganggaran belanja.
budgetary /'bʌjə'terie/ *ks.* yg berh. dgn anggaran belanja.
buff /bʌf/ *kb.* 1 *Inf.:* telanjang. *She appeared in the b.* Dia muncul telanjang. 2 penggemar. *He's a real stamp b.* Dia seorang penggemar perangko. 3 kekuning-kuningan. *b. color* warna kekuning-kuningan. —*kkt.* mengkilapkan. *The copper was buffed before it was used* Kuningan itu dikilapkan sblm dipakai.
buffalo /'bʌfəlow/ *kb.* banténg, kerbau. —*kkt. Sl.:* memperdayakan, menggertak. *to b. the opposing team* menggertak/menipu kesebelasan lawan.
buffer /'bʌfər/ *kb.* 1 (tenaga) penahan, penyangga. *He served as a b. between the two in their argument* Dia menjadi tenaga penahan antara kedua orang yg berbantah itu. 2 kain penggosok. *He used the b. to polish the silver* Dia menggunakan kain penggosok utk menggosok pérak. **b. state** negara (kecil) yg letaknya antara dua negara besar yg bermusuhan. **b. zone** daérah penyangga.
buffet /bu'fei, bʌ-/ *kb.* bupét. *I keep the silver in the b.* Saya menyimpan barang-barang (séndok-séndok) pérak didlm bupét. *b. supper* makan malam (mengambil makanan sendiri).
buffet /'bʌfit/ *kkt.* memukul. *Our boat was buffeted by strong winds* Kapal kami dipukul oléh angin yg kuat.
buffoon /bʌ'fuwn/ *kb.* pelawak, badut.
bug /bʌg/ *kb.* 1 hama, binatang-binatang kecil. *There are bugs in the garden* Ada hama-hama di kebun. 2 *Inf.:* penyakit. *I've caught a b.* Saya terserang penyakit. *She's been bitten by the travel b.* Dia dihinggapi penyakit bepergian. 3 *Sl.:* mikropon kecil. 4 *Inf.:* kesalahan, kerusakan. *to get rid of the bugs in this new car* menghilangkan kerusakan dlm mobil baru ini. —*kkt.* (**bugged**) *Sl.:* 1 memasang alat pendengar rahasia dlm satu ruang. *The room had been bugged* Kamar itu mempunyai mikropon yg tersembunyi. 2 mengganggu. *He's been bugging me all evening* Sepanjang malam ini ia menjéngkélkan hati saya. **to b. out** *Inf.:* melotot. *When the little boy saw the Christmas tree, his eyes bugged out* Ketika anak itu melihat pohon natal itu, matanya melotot. 2 *Sl.:* mundur, meninggalkan. **bug-eyed** *ks.* melotot, membelalak. *The little girl was b.-eyed when she saw the presents* Anak kecil itu melotot matanya ketika melihat hadiah-hadiah itu.
bugaboo /'bʌgəbuw/ *kb.* momok. *Math is my b.* Ilmu pasti adalah momok bagi saya.
bugbear /'bʌg'bær/ *kb.* momok.
buggy /'bʌgie/ *kb.* (*j.* **-gies**) keréta beroda empat (spt andong).
bugle /'byuwgəl/ *kb.* terompét, selomprét.
bugler /'byuwglər/ *kb.* peniup selomprét.
build /bild/ *kb.* tubuh. *He was of medium b.* Tubuhnya sedang. —*kkt.* (**built**). 1 membangun, mendirikan. *We are building a new house* Kami lagi membangun rumah baru. 2 membuat. *A sparrow built a nest* Burung geréja membuat sarang. 3 mendasarkan. *The lawyer built his case around very little evidence* Pengacara itu mendasarkan perkaranya itu pd bukti-

bukti yg lemah sekali. **to b. in** membuat didalam. *We plan to b. in a closet here* Kami bermaksud membuat sebuah tempat gantungan pakaian didlm sini. **to b. up** 1 menambah. *We need to b. up our membership* Kami perlu menambah jumlah anggauta kami. 2 membangun. *This area has been built up in the last ten years* Daérah ini tlh dibangun dlm sepuluh tahun terakhir ini. 3 meneguhkan. *We've got to do s.t. to b.* Kami hrs berbuat s.s.t. utk meningkatkan keséhatanmu. —*kki*. 1 bertambah. *Near the end of the game the tension built up* Mendekati akhir pertandingan keadaan bertambah tegang. *In narrow streets congestion tends to b. up* Pd jalan-jalan yg sempit lalu-lintas cenderung macet. 2 membangun. *He built up a flourishing business* Ia membangun sebuah usaha dagang yg berkembang baik. **to b. upon** menjadikan andalan. *He really has nothing to b. upon* Ia sama sekali tak mempunyai s.s.t. utk dijadikan andalan. **build-up** *kb.* 1 penerangan yg baik ttg s.s.o. *Before he made his speech he was given a good b.-up* Sblm ia berpidato tlh diadakan penerangan yg baik ttg dirinya. 2 penambahan kekuatan. *The troops are preparing a b.-up on the border* Pasukan itu sedang menyiapkan penambahan kekuatan di perbatasan. **built-in** *ks.* terpasang tetap, imbo. *The room was lined with b.-in bookcases* Sekeliling ruang itu terdapat lemari-lemari buku yg terpasang tetap. *From his punctuality he seemed to have a b.-in clock* Dari ketelitiannya ttg waktu agaknya ia mempunyai jam yg terpasang tetap pd dirinya. **built-up** *ks.* mempunyai banyak gedung-gedung dan rumah-rumah. *b.-up area* daérah (kota) yg banyak gedung dan rumahnya.

bulb /bʌlb/ *kb.* 1 *Elec.*: bola lampu, lampu pijar, bohlam. 2 ubi-ubian. *flower bulbs* ubi-ubian bunga. 3 pentolan. *b. of a thermometer* pentolan termométer.

bulbar /'bʌlbər/ *ks.* yg berh. dgn bengkak. *b. poliomyelitis* penyakit polio pd sumsum tulang belakang.

bulbous /'bʌlbəs/ *ks.* 1 berumbi, yg berh. dgn ubi-ubian. *Tulips are b. plants* Bunga tulip tanaman yg berumbi. 2 yg berh. dgn pentolan, bulat. *He has a b. nose* Hidungnya bulat.

Bulgarian /bʌl'gæriən/ *kb., ks.* yg berasal dari Bulgaria. *He's a B.* Ia seorang Bulgaria.

bulge /bʌlj/ *kb.* 1 yg menonjol. *I see a b. in his back pocket* Ada s.s.t. yg menonjol keluar di kantong belakangnya. 2 tambahan. *A b. in the population is noticeable* Suatu tambahan dlm perkembangan penduduk tlh nampak. 3 tonjolan. —*kki.* menonjol. *His coat pocket bulges with tobacco* Saku bajunya menonjol karena tembakaunya.

bulk /bʌlk/ *kb.* bagian terbesar. *the b. of the estate* bagian terbesar dari warisan. **in b.** dlm borongan. *We buy potatoes in b.* Kami membeli kentang dlm borongan. —*kki.* menjadi penting. *The problem of peace bulks large in today's concerns* Soal perdamaian menjadi sangat penting dlm suasana déwasa ini.

bulkhead /'bʌlk'hed/ *kb.* dinding pemisah dlm kapal, dinding petak kapal, sekat.

bulky /'bʌlkie/ *ks.* besar sekali, mengambil tempat banyak. *This box is b.* Peti ini besar sekali.

bull /bul/ *kb.* 1 sapi jantan. *b. race* karapan sapi. *b. in a china shop* seorang yg mengadakan kerusakan dgn membabi buta. **to take the b. by the horns** menghadapi bahaya dgn penuh keberanian. *You'll have to take the b. by the horns and make a decision* Kau hrs berani menghadapi keadaan yg sulit itu dan segera mengambil keputusan. 2 *Fin.*: spékulan atas naiknya harga éfék-éfék. 3 *Sl.*: omong kosong. *I*

don't believe him; he's always giving us a lot of b. Saya tdk percaya kepadanya; dia selalu bercerita omong kosong. *Sl.*: **to shoot the b.** membual, mengobrol. —*kkt. Inf.*: masuk dgn kekerasan, léwat dgn mendesak. *He bulled his way into the party* Dia masuk ke pésta itu dgn kekerasan. *Sl.*: **b. session** perdébatan sengit, pertukaran pikiran secara terus-terang.

bull's-eye 1 sasaran. 2 jawaban yg tepat. *He scored a b. -eye on that examination* Ia berhasil memberikan jawaban yg tepat pd ujian itu.

bulldog /'bul'dɔg/ *kb.* bulldog (sej. anjing).

bulldoze /'bul'dowz/ *kkt.* 1 meratakan. *It was necessary to b. the land* Perlu tanah itu diratakan. 2 memaksa dgn kekerasan. *He bulldozed his way into the crowd* Ia memaksa dgn kekerasan utk dpt meléwati orang banyak itu.

bulldozer /'bul'dowzər/ *kb.* buldoser.

bullet /'bulit/ *kb.* pélor, peluru.

bulletin /'bulətən/ *kb.* 1 siaran singkat kabar terakhir, pengumuman terakhir. 2 pengumuman, siaran. *b. board* papan pengumuman. 3 bul(l)etin, kalawarta.

bulletproof /'bulit'pruwf/ *ks.* tahan peluru.

bullfight /'bul'fait/ *kb.* perkelahian manusia melawan banténg di tempat terbatas yg dipertontonkan.

bullfighter /'bul'faitər/ *kb.* pekelahi sapi.

bullfighting /'bul'faiting/ *kb.* perkelahian manusia melawan banténg di tempat yg dibatasi utk tontonan.

bullfrog /'bul'frɔg/ *kb.* katak betung.

bullheaded /'bul'hedid/ *ks.* (ber)keras kepala, mengotot. *He's awfully b. about the matter* Ia sangat mengotot mengenai soal itu.

bullion /'bulyən/ *kb.* emas atau pérak dlm jumlah besar, emas lantak(an).

bullish /'bulisy/ *ks. Fin.*: menunjukkan gejala meningkat. *The stock market was b.* Bursa menunjukkan gejala meningkat.

bullock /'bulək/ *kb.* banténg, sapi jantan.

bully /'bulie/ *kb.* (*j.* **-lies**) penggertak, orang yg mengganggu orang yg lemah. —*ks. Inf.*: baik, bagus, kelas satu, nomor wahid. —*kkt.* (**bullied**) menggertak, mengganggu. *The older boy bullied the younger boy* Anak yg lebih tua itu mengganggu anak yg lebih muda.

bulwark /'bulwərk/ *kb.* 1 pertahanan, bénténg. 2 sokongan. 3 kubu. —**bulwarks** *j.* kubu (pagar kapal).

bum /bʌm/ *kb. Sl.*: orang gelandangan/bambungan. —*ks. Sl.*: 1 tdk baik. *a b. novel* roman yg tdk baik. 2 cerobob. *The mechanic did a b. job on the car* Montir itu betul-betul bekerja dgn cerobob pd mobil itu. 3 cacat (*of a leg, arm, etc.*). *Sl.*: **to give s.o. the bum's rush** mengusir s.s.o. dgn paksa. *Sl.*: **b. steer** petunjuk yg salah. *You gave me a b. steer on the stock to buy* Kau memberi saya petunjuk yg salah membeli saham-saham itu. —*kkt.* (**bummed**) 1 memboncéng. *to b. a ride* mendapat boncéngan 2 menébéng, meminta. *Can I b. a light?* Boléhkah saya minta api? —*kki.* 1 luntang lantung, hidup berkeluyuran. *He just bums around all day* Ia luntang lantung saja sehari-hari. 2 hidup bergelandangan.

bumblebee /'bʌmbəl'bie/ *kb.* tawon besar.

bumbling /'bʌmbling/ *ks.* kikuk, canggung. *He's nothing but a b. idiot* Dia seorang yg tolol dan canggung.

bump /bʌmp/ *kb.* bénjol, jendul. *a b. on the head* bénjol pd kepala. *This road has too many bumps* Jalan ini terlalu banyak bénjolnya. —*kkt.* 1 menabrak, menubruk. *The truck bumped my car and caused some damage* Truk itu menabrak mobil saya dan menimbulkan kerusakan. 2 *Inf.:* menggésér dan mengambil tempat orang lain. *The captain bumped me* Kaptén mengambil tempat saya (pd kapal terbang). —*kki.* menabrak. *He bumped against me in the crowd* Ia menabrak saya dlm kumpulan orang banyak. **to b. into** 1 menubruk, mendampak. *He bumped into my bicycle* Dia menubruk sepéda saya. 2 *Inf.:* bertemu dgn tiba-tiba dgn. *When I was in New York I bumped into an old friend* Ketika saya di New York saya bertemu dgn tiba-tiba dgn seorang teman lama. *Sl.:* **to b. off** membunuh.

bumper /'bʌmpər/ *kb. Auto:* bémper. —*ks. Inf.:* yg luar biasa besarnya. *b. crop of wheat* hasil panén terigu yg luar biasa besarnya.

bumpy /'bʌmpie/ *ks.* 1 tidak rata, bergelombang. *b. road* jalan yg tdk rata. 2 melonjak-lonjak. *b. plane flight* penerbangan yg penuh lonjakan.

bun /bʌn/ *kb.* 1 sej. kuéh berisi kismis. 2 sanggul. *She wears her hair in a b.* Dia bersanggul.

bunch /bʌnc/ *kb.* 1 ikat. *a b. of flowers* seikat bunga. 2 gerombolan. *a b. of thugs* segerombolan penjahat. 3 rangkai. *a b. of keys* serangkai kunci. 4 sikat, sisir. *a b. of bananas* sesisir pisang. 5 tandan. *a b. of grapes* setandan buah anggur. 6 berkas. *a b. of magazines* seberkas majalah. 7 *Inf.:* kumpulan, kelompok. *A b. of us meet at Joe's every Friday night* Sekumpulan diantara kami mengadakan pertemuan di rumah Joe pd tiap Juma'at malam. *She's the pick of the b.* Dialah yg paling cantik dlm rombongan itu. —*kkt.* menyatukan. *Don't b. the flowers together; they'll be damaged.* Jangan satukan bunga-bunga itu; nanti rusak. **to b. up** duduk berdekat-dekatan. *Come on and get in; we can b. up* Masuklah, kita dpt duduk berdekat-dekatan.

bundle /'bʌndəl/ *kb.* 1 buntel(an). *a b. of laundry* sebuntel cucian. 2 ikat. *a b. of firewood* seikat kayu bakar. 3 berkas. *a b. of newspapers* seberkas surat kabar. *She's just a b. of nerves* Dia gelisah sekali. —*kkt.* membéndel (*newspapers, letters*). **to b. off** menyuruh cepat-cepat. *My mother bundled me off to school* Ibu saya cepat-cepat menyuruh saya ke sekolah. **to b. up** berpakaian tebal. *It's cold outside; you'd better b. up well* Diluar dingin; lebih baik kamu berpakaian tebal.

bung /bʌng/ *kb.* tutup (*of cask, barrel*). *Place the b. in the hole* Taruhlah tutup pd lubang.

bungalow /'bʌngɡəlow/ *kb.* bungalo, banglo.

bungle /'bʌngɡəl/ *kkt.* mengerjakan dgn ceroboh/serampangan. *In his haste he bungled the job* Karena terburu-buru ia tlh mengerjakan pekerjaan itu dgn ceroboh. —*kki.* mengerjakan secara serampangan. *I'm afraid I bungled* Saya khawatir pekerjaan saya serampangan. —**bungling** *ks..* yg ceroboh, yg serampangan, tanpa keahlian. *It was a b. job* Itu pekerjaan yg ceroboh.

bunion /'bʌnyən/ *kb.* bengkak pd ibu jari kaki yg bisa menjadi radang.

bunk /bʌngk/ *kb.* 1 bangku tidur. *b. beds* tempat tidur ditaruh bersusun utk menghémat tempat. 2 *Sl.:* omong kosong. *That's all b.* Itu omong kosong saja. —*kki.* 1 *Inf.:* diam bersama-sama. *They bunked together in college* Meréka itu diam bersama-sama di universitas. 2 tidur di seadanya tempat. *We bunked down in an empty shack* Kami asal tidur saja di gubuk yg kosong.

bunker /'bʌngkər/ *kb.* 1 *Mil.:* lubang perlindungan, témbok pertahanan. 2 *Golf:* bunker, lubang berisi

pasir. 3 *Ship:* gudang arang, tempat menyimpan batubara pd kapal.

bunkhouse /'bʌngk'haws/ *kb.* rumah bédéng utk buruh.

bunny /'bʌnie/ *kb.* (*j.* -**nies**) kelinci.

bunting /'bʌnting/ *kb.* kain utk dibuat bendéra.

buoy /'buwie, boi/ *kb.* pelampung. —*kkt.* 1 menahan /mencegah spy jangan tenggelam. *The life belt buoyed him up* Pelampung itu mencegah dia tenggelam. 2 timbul kembali. *Her spirits were buoyed up by her husband's visit* Semangatnya timbul kembali oléh kunjungan suaminya.

buoyancy /'buwiənsie, 'boiənsie/ *kb.* kemampuan mengapung, tenaga/daya apung.

buoyant /'buwiənt, 'boiənt/ *ks.* 1 ringan, bisa mengapung. *b. on the water* ringan ketika mengapung diatas permukaan air. 2 meluap, naik, bisa timbul. *His spirits were b. when he learned of his promotion* Semangatnya meluap ketika mendengar ttg kenaikan pangkatnya.

bur /bər/ *kb.* duri tumbuh-tumbuhan. *The dog was covered with burs* Anjing itu badannya penuh dgn duri-duri kecil.

bur., Bur. [*bureau, Bureau*] biro.

burden /'bərdən/ *kb.* 1 beban. *He's a b. to society* Ia beban bagi masyarakat. 2 pokok. *What was the b. of the professor's lecture?* Apakah pokok drpd kuliah profésor itu? **b. of proof** tanggungjawab utk memberikan bukti yg memuaskan. —*kkt.* menyusahkan. *I don't want to b. you with my problems* Saya tdk mau menyusahkan kamu dgn soal-soal saya.

burdensome /'bərdənsəm/ *ks.* berat, memberatkan. *The additional work is b. for him* Pekerjaan tambahan itu berat baginya.

bureau /'byuwrow/ *kb.* 1 rak pakaian, lemari pakaian berlaci. *Put your clothes in this b.* Masukkanlah pakaianmu didlm rak pakaian ini. 2 méja tulis. 3 kantor. *B. of Internal Revenue* Kantor/ Jawatan Pajak. *B. of Standards* Kantor Tera. *License B.* Kantor Lisénsi. *Weather B.* Kantor Météorologi. **B. of Vital Statistics** Biro Pencatatan Statistik (angka kelahiran, perkawinan dan kematian).

bureaucracy /byuw'rakrəsie/ *kb.* (*j.* -**cies**) birokrasi.

bureaucrat /'byuwrəkræt/ *kb.* birokrat.

bureaucratic /'byurə'krætik/ *ks.* birokratis.

burgeon /'bərjən/ *kki.* berkembang. *This satellite town has burgeoned in the past few years* Kota satelit ini berkembang dlm beberapa tahun terakhir ini.

burglar /'bərglər/ *kb.* pencuri, maling yg membongkar rumah. *b. alarm* alat tanda bahaya (ditaruh pd pintu atau jendéla).

burglarize /'bərgləraiz/ *kkt.* membongkar utk mencuri.

burglarproof /'bərglər'pruwf/ *ks.* tahan pembongkaran.

burglary /'bərglərie/ *kb.* (*j.* -**ries**) pembongkaran dan pencurian.

burgle /'bərgəl/ *kkt. Sl.:* membongkar. *The store was burgled* Toko itu kebongkaran.

burial /'berieəl/ *kb.* penguburan, pemakaman. *b. ground* (pe)kuburan, makam, kérkop. *b. plot* tempat tanah kubur. *b. service* kebaktian pemakaman.

buried /'beried/ lih BURY.

buries /'beriez/ lih BURY.

burlap /'bərlæp/ *kb.* kain guni.

burlesque /bər'lesk/ *kb.* 1 éjekan dlm bentuk sandiwara atau karangan. *b. show* pertunjukan yg kurang senonoh. 2 bahan tertawaan. *He made a b.*

of his position Dia menjadikan kedudukannya itu suatu bahan tertawaan. —*kkt.* meniru dan mengéjék.

burly /'bərlie/ *ks.* besar dan tegap. *a b. man* seorang yg besar dan tegap.

Burma /'bərmə/ *kb.* Birma.

Burman /'bərmən/ *kb.* orang Birma. —*ks.* yg berasal dari Birma.

Burmese /bər'miez, 'mies/ *kb.* 1 orang Birma. 2 bahasa Birma. —*ks.* yg berasal dari Birma. *B. language* bahasa Birma.

burn /bərn/ *kb.* 1 luka hangus/terbakar, luka (kena) bakar. *It was a second-degree b.* Itu adalah luka hangus yg menyebabkan kulit berlepuh. :: *When she made him mad, he did a slow b.* Ketika wanita itu membuat dia marah, dia makin lama makin marah. 2 pembakaran (*of a spaceship engine*). —*kkt.* (**burned** atau **burnt**) 1 membakar *to b. leaves* membakar daun-daun. *She burned her hand badly* Tangannya terbakar parah. *This hot soup burns my tongue* Sop panas ini membakar lidah saya. 2 memasang. *Don't b. so many lights* Janganlah memasang lampu sebanyak itu. 3 membuat ukir-ukiran dgn cara membakar. *The artisan burns designs on the lid of the box* Tukang itu membuat ukir-ukiran dgn cara membakar pd tutup peti itu. :: *This stove burns gas* Kompor ini kompor gas. —*kki.* 1 menyala. *This light burns every night* Lampu ini menyala tiap malam. *The fire is burning nicely* Api itu baik nyalanya. 2 panas. *My forehead burns; maybe I have a fever* Kening saya panas; mungkin saya demam. 3 hangus. *The rice has burned* Nasinya hangus. 4 *Inf.:* memboroskan. *He has money to b.* Ia mempunyai uang utk diboroskan. 5 membuat marah. *The treatment I received made me b. with indignation* Perlakuan yg saya alami membuat saya marah. **to b. away** 1 terbakar sampai habis. *The wood in the fireplace burned away to nothing* Kayu di pendiangan terbakar sampai habis sama sekali. 2 menyala dgn baik. *The fire was burning away* Api itu menyala dgn baik. **to b. down** 1 habis terbakar. *The barn burned down* Gudang itu habis terbakar. 2 bertambah kecil. *The fire burned down as the evening drew on* Api itu makin malam makin bertambah kecil. *to b. s.t. down* membakar habis s.s.t. **to b. into** 1 sangat berkesan pd. *The tragedy burned into my soul* Peristiwa yg menyedihkan itu sangat berkesan pd jiwa saya. 2 memakan. *The acid burned into the wood* Kayu itu termakan oléh zat asam. **to b. o.s. out** kehabisan tenaga. **to b. out** 1 mati. *The bulb has burned out* Bola lampu itu mati. 2 habis terbakar. *The store was completely burned out* Toko itu habis terbakar. *The unfortunate family was burned out* Keluarga yg malang itu habis terbakar rumahnya. **to b. up** 1 membakar. *He burned up his important papers* Dibakarnya surat-surat pentingnya. 2 *Sl.:* menghantam. *He burned up the highway* Ia ngebut di jalan raya itu. 3 *Inf.:* menjéngkélkan. *His actions b. me up* Tindakan-tindakannya menjéngkélkan saya. 4 memakan. *My car burns up a lot of gas* Mobil saya memakan banyak sekali bénsin. **burned-out** *ks.* dibakar, terbakar (*of a building*). *Inf.:* **burned up** panasaran. —**burnt** *ks.* dibakar. *b. almonds* amandel bakar. *b. offerings* sajian yg dibakar. —**burning** *ks.* 1 panas. *This water is b. hot* Air ini panas sekali. 2 hangat. *The location of the library is a b. issue in our town* Tempat perpustakaan itu menjadi buah pembicaraan yg hangat di kota kami.

burner /'bərnər/ *kb.* 1 alat pembakar, pelik/pelita pembakar. *We'll warm up these frankfurters on this b.* Kami akan memanaskan daging sosis ini pd alat pembakar ini. 2 pelita pembakar (pd kompor), sumbu. **Bunsen b.** pembakar/lampu Bunsen.

burnish /'bərnisy/ *kkt.* mempolitur. *to b. copper* memolés/mengkilapkan tembaga.

burnout /'bərn'awt/ *kb.* pemadaman. *The b. is an important aspect of rocketry* Pemadaman adalah satu segi yg penting dlm perokétan.

burnt /bərnt/ lih BURN.

burp /bərp/ *kb. Inf.:* serdawa. —*kkt.* menepuk punggung spy serdawa. *The mother burped her baby* Ibu itu menepuk-nepuk punggung anaknya spy beserdawa. —*kki.* beserdawa. *The baby burped* Bayi itu beserdawa.

burr /bər/ *kb.* 1 = BUR. 2 aksén, lagu. 3 bunyi 'r' yg berat.

burrow /'bərow/ *kb.* liang. *During the winter small animals live in their burrows* Selama musim dingin binatang-binatang kecil tinggal dlm liangnya. —*kkt.* menggali. —*kki.* 1 bersembunyi. *Certain animals b. in the ground* Binatang-binatang tertentu bersembunyi didlm tanah. 2 mencari-cari dgn meraba. *He burrowed into his trunk for his old sweater* Dia meraba-raba kedlm kopornya utk mencari sweaternya yg usang itu. 3 menggali liang.

bursar /'bərsər/ *kb.* bendaharawan (pd suatu perguruan tinggi).

bursitis /bər'saitəs/ *kb.* radang kandung lendir.

burst /bərst/ *kb.* ledakan. *a b. of laughter* ledakan tertawa. *a b. of speed* ledakan kecepatan. *a b. of shell fire* ledakan témbakan. —*kkt.* (**burst**) membuka keras. *He b. the door open* Dia membuka pintu dgn keras. —*kki.* 1 meledak (pecah). *Our water tank b.* Tangki air kami meledak pecah. *The tire b.* Ban itu pecah. 2 penuh. *The silo was bursting with grain* Lumbung itu penuh dgn gandum. *He b. with pride when he saw her* Alangkah bangganya ketika ia melihat dia. **to b. forth** menyembur dgn sorak-sorai. *The crowd b. forth in cheers for the winner* Orang banyak itu dgn tiba-tiba menyambut pemenang itu dgn sorak-sorai. **to b. in** 1 menyela. *He b. in suddenly and said...* Ia tiba-tiba menyela dan berkata.... 2 menyerbu masuk *He b. in and shouted "fire"* Ia menyerbu masuk, lalu meneriakkan "kebakaran". **to b. into** 1 masuk mendadak. *He b. into the room* Ia mendadak masuk kedlm kamar. *The flowers b. into bloom* Bunga-bunga mendadak berkembang. *The curtains suddenly b. into flames* Kain gordén itu tiba-tiba terbakar. *to b. into song* dgn tiba-tiba menyanyi. *She b. into tears* Ia tiba-tiba menangis tersedu-sedu. **to b. out** 1 keluar. *The sun b. out* Matahari keluar/bersinar. 2 dgn tiba-tiba. *She b. out crying* Ia dgn tiba-tiba menangis.

bury /'berie/ *kkt.* (**buried**) 1 mengubur. *He was buried yesterday* Ia dikubur kemarin. 2 memendam. *I found it buried in sand* Saya menemukannya terpendam di pasir. 3 melupakan. *You should b. your differences* Engkau hrs melupakan pertengkaran-pertengkaranmu. *to b. o.s. in o's work* menceburkan diri dlm pekerjaannya. —**buried** *treasure* harta karun, harta yg tersembunyi. —**burying** *ground* kuburan, makam, kérkop.

bus /bʌs/ *kb.* (*j.* **busses** atau **buses**). bis, otobis. *Sl.:* *to miss the b.* kehilangan kesempatan. —*kkt.* (**bus(s)ed**) mengangkut dgn bis.

bush /busy/ *kb.* semak-semak. *That b. needs pruning* Semak-semak itu perlu dipotong. **to beat about/around the b.** menghadapi/memberantas s.s.t.

dgn tdk langsung. **to beat the bushes for** mencari dgn susah payah. *—kkt. Sl.:* menghabiskan tenaga. **—bushed** *ks. Sl.:* lelah.
bushel /'busyəl/ *kb.* gantang. *a b. of potatoes* segantang kentang. *Inf.: My wife always seems to have a b. of things to do* Isteri saya kelihatan selalu banyak pekerjaan.
bushelful /'busyəlful/ *kb.* segantang.
bushing /'busying/ *kb.* 1 ring. 2 paking.
busied /'bizied/ lih BUSY.
busily /'bizəlie/ lih BUSY.
business /'biznəs/ *kb.* 1 perusahaan. *the grocery b.* perusahaan sayur-sayuran. *His b. is hardware* Perusahaannya toko besi. 2 urusan. *The b. of arranging weddings is time-consuming* Urusan mengatur perkawinan banyak memakan waktu. *It's none of your b.* Ini bukan urusanmu. *b. before pleasure* urusan hrs didahulukan drpd bersenang-senang. 3 usaha. *This store is going out of b.* Toko ini akan menghentikan usahanya. *:: Mind your own b.* Jangan ikut campur. **to get down to b.** mulai bekerja. *If you hope to be successful it's about time you got down to b.* Kalau kau ingin memperoléh kemajuan, sdh tiba waktunya kau mulai bekerja. **to go about o's b.** melakukan pekerjaan sendiri. *I told him to go about his b. and leave me alone* Saya mengatakan kepadanya spy ia melakukan pekerjaannya sendiri dan jangan mengganggu saya. **to go into b. for o.s.** membuka perusahaan sendiri. **to have no b.** tidak berhak. *He has no b. treating me like that* Ia tdk berhak (utk) memperlakukan saya secara demikian. **to make it o's b.** membiasakan diri. *I make it my b. to keep up to date on current affairs* Saya membiasakan diri (utk) mengikuti peristiwa-peristiwa yg terakhir. *Inf.:* **to mean b.** bersungguh-sungguh. *It's clear that he means b.* Sdh jelas bhw ia bersungguh-sungguh. **on b.** utk urusan (dagang, dinas, dsb.). *He's away on b.* Ia lagi bepergian utk urusan dagang. **b. administration** ketataniagaan (ékonomi perusahaan). **b. college** sekolah dagang, akadémi ilmu perusahaan. **b. education** pendidikan keniagaan. **b. letter** surat dagang. **b. school** sekolah dagang. **b. woman** usahawati.
businesslike /'biznəs'laik/ *ks.* praktis, cekatan, bersifat urusan dagang.
businessman /'biznis'mæn/ *kb.* (*j.* **-men**). pedagang, pengusaha, usahawan. *He's a b.* Ia seorang pedagang.
busman /'bʌsmən/ *kb.* (*j.* **-men**). sopir bis. *busman's holiday* hari libur yg dipergunakan utk mengerjakan s.s.t. yg biasa dikerjakan tiap-tiap harikerja.
busses /'bʌsəs/ lih BUS.
bust /bʌst/ *kb.* 1 dada, payudara. *The dress is too tight across the b.* Baju itu terlalu ketat pd dada. 2 potrét atau patung dada. *a b. of the President* patung dada Présidén. 3 *Sl.:* kegagalan. *The play was a b.* Sandiwara itu suatu kegagalan. *—kkt. Sl.:* 1 gagal. *I've busted my math* Ilmu pasti saya merupakan suatu kegagalan. 2 menurunkan pangkat. *The sergeant was busted to a private* Sersan itu diturunkan pangkatnya menjadi perajurit. *—kki. Sl.: I'm going to b. if I can't tell my secret to s.o.* Saya akan meledak kalau saya tdk dpt menceritakan rahasia saya kpd s.s.o. *Sl.:* **to b. out** 1 menerobos/mendobrak/menjebol keluar. *The prisoner busted out of jail* Orang tahanan itu menerobos keluar penjara. 2 meninggalkan. *The student busted out of school* Pelajar itu meninggalkan sekolahan karena gagal. *Sl.:* **to b. up** 1 merusak. *The child busted up her toys*

Anak itu merusak mainannya. *A third party busted up the marriage* Pihak ketiga merusak perkawinan itu. 2 berakhir, pecah. *The marriage busted up* Perkawinannya pecah,. Perkawinan itu berakhir dgn perceraian. **—busted** *ks. Sl.:* 1 falit, bangkrut. *I'm b.* Saya benar-benar bokék. Kantong saya betul-betul kempés. 2 pecah, patah, putus. *Our relationship with him is b.* Hubungan kami dgn dia pecah.
bustle /'bʌsəl/ *kb.* 1 kesibukan. *I like the hustle and b. of Christmas time* Saya senang akan kesibukan menjelang Natal. 2 *Cloth.:* rangka utk rok wanita. *—kki.* buru-buru. *We'll have to b. through our work* Kami hrs buru-buru mengerjakan pekerjaan kami.
bustup /'bʌst'ʌp/ *kb. Sl.:* perselisihan, percékcokan. *They had a b. and were finally divorced* Meréka berselisih dan akhirnya bercerai.
busy /'bizie/ *ks.* 1 sibuk. *a b. day* hari sibuk. *Tel.: b. signal* nada sibuk. 2 ramai. *a b. thoroughfare* jalan raya yg ramai sekali. 3 bicara. *I called but the line was b.* Saya menilpun tetapi tilpon sedang bicara. *—kkt.* (**busied**) menyibukkan, sibuk. *I busied myself with writing letters* Saya sibuk menulis surat-surat. **—busily** *kk.* sibuk.
busybody /'bizie'badie/ *kb.* (*j.* **-dies**). orang yg suka ikut campur dgn urusan orang lain.
busywork /'bizie'wərk/ *kb.* kegiatan asyik-sendiri.
but /bʌt/ *ksam.* 1 tetapi. *I'd like to go b. I can't* Saya ingin pergi tetapi tdk dpt. *Not this one b. that one* Bukan ini tetapi itu. *It never rains b. it pours* Bukan hujan biasa, tetapi betul-betul hujan. 2 kecuali. *We were happy b. for one thing* Kami gembira kecuali mengenai satu hal. *I've finished all b. the dishes* Semua tlh saya béréskan kecuali piring-piring (blm saya cuci). 3 meskipun begitu. *B. can't you come anyway?* Meskipun begitu apakah engkau tdk dpt datang? **b. for** kalau tdk karena. *B. for the trees he might have fallen into the gorge* Kalau tdk karena pohon-pohon itu ia mungkin sdh jatuh kedlm ngarai itu. *—kkt.* **B. me no buts** Jangan mencari-cari/mengemukakan alasan-alasan. *B. me no buts; you have got to go through with the job* Jangan mencari-cari alasan, kamu hrs menyelesaikan pekerjaan yg tlh engkau mulai.
butane /byuw'tein/ *kb.* sej. gas hydrocarbon yg tdk berwarna.
butcher /'bucər/ *kb.* 1 tukang daging, jagal. *b. knife* pisau pemotong daging. *b. shop* toko/perusahaan daging. 2 pembunuh. *—kkt.* 1 menyembelih, memotong. 2 membunuh. *The population of the village was butchered* Penduduk kampung itu terbunuh dgn kejam. 3 *Inf.:* merusak. *The pianist butchered his solo* Pemain piano itu merusak permainan solonya.
butchery /'bucərie/ *kb.* (*j.* **-ries**) 1 penyembelihan, pemotongan. *b. of hogs* pemotongan babi. 2 pembunuhan kejam.
butler /'bʌtlər/ *kb.* kepala pelayan, pelayan yg mengurus makanan dan minuman.
butt /bʌt/ *kb.* 1 puntung. *cigaret b.* puntung rokok. 2 korban, obyék. *He's the b. of many jokes* Ia korban banyak lelucon-lelucon. 3 ujung. *the b. (end) of a ham* ujung ham. *He was hit by the b. of the gun* Ia kena ujung kayu senapan. 4 *Sl.:* pantat. *—kkt.* menanduk. *The goat butted the boy* Kambing itu menanduk anak lelaki itu. *—kki.* 1 menanduk. *Be careful, that goat butts* Hati-hati, kambing itu menanduk. 2 bertubrukan kepala. *He butted against me* Ia bertubrukan kepala dgn saya. *Sl.:* **to b. in(to)** 1 memotong. *I wish she wouldn't b. into my conversation* Saya ingin dia tdk memotong percakapanku. 2

mengganggu. *I hope I'm not butting in* Saya harap, saya tdk mengganggu.

butter /'bʌtər/ *kb.* mentéga. *She pretends to be sweet but b. wouldn't melt in her mouth* Ia berpura-pura baik tetapi kebaikannya itu dibikin-bikin. —*kkt.* mementégai, menaruh mentéga pd. *He buttered his bread* Dia menaruh mentéga pd rotinya. **to b. up** menjilat, menggulai, memuji-muji. *He buttered up his teacher* Ia menjilat gurunya. **b. bean** sej. kacang.

butterfingered *ks.* biasa menjatuhkan barang-barang (dari pegangan). **b. knife** pisau kecil pemotong. —**buttered** *ks.* bermentéga. *b. roll* kadét bermentéga.

butterball /'bʌtər'bɔl/ *kb. Inf.*: orang yg gemuk.

buttercup /'bʌtər'kʌp/ *kb.* sej. bunga yg tumbuh di hutan, kuning warnanya dan bentuknya spt mangkok.

butterfat /'bʌtər'fæt/ *kb.* gemuk yg terdapat pd susu.

butterfingers /'bʌtər'fiŋgərz/ *kb., Inf.*: orang yg sering menjatuhkan barang dari pegangannya.

butterfly /'bʌtər'flai/ *kb.* (*j.* **-flies**). kupu-kupu. *b. stroke* gaya kupu-kupu. *Before I give a speech, I always have butterflies in my stomach* Sblm berpidato saya selalu merasa gugup.

buttermilk /'bʌtər'milk/ *kb.* dadih (cairan susu yg tinggal stlh membuat mentéga).

butterscotch /'bʌtər'skaʧ/ *kb.* gula-gula yg terbuat dari gula mérah dan mentéga.

buttock /'bʌtək/ *kb.* pantat, bokong. —**buttocks** *j.* pantat, bokong.

button /'bʌtən/ *kb.* 1 kancing. *coat b.* kancing jas. 2 tombol, kenop. *Press the elevator b.* Tekanlah tombol lift itu. *Sl.: The boxer hit his opponent right on the b.* Petinju memukul lawannya tepat di dagunya. —*kkt.* 1 mengancingkan. *B. your coat* Kancingkan bajumu. 2 *Inf.*: menutup mulut. *He buttoned his lips and refused to answer* Ia menutup mulut dan menolak utk menjawab. *Inf.*: **to b. up** menyelesaikan dgn cara yg memuaskan (*a deal*).

buttonhole /'bʌtən'howl/ *kb.* lubang kancing. —*kkt.* menahan utk bercakap-cakap (*s.o.*).

buttress /'bʌtrəs/ *kb.* dinding penopang. —*kkt.* menahan, menunjang (*a wall, an argument*).

buxom /'bʌksəm/ *ks.* montok, gemuk. *The girl was b. in appearance* Gadis itu kelihatan montok.

buy /bai/ *kb.* pembelian. *That was a worthwhile b.* Itu suatu pembelian yg memuaskan. —*kkt.* (**bought**) 1 membeli. *to b. a book* membeli buku. *Money cannot b. health* Keséhatan tdk dpt dibeli dgn uang. 2 menyuap, menyogok. *He's honest; he can't be bought* Ia jujur; ia tdk dpt disuap. 3 *Sl.*: menerima. *I'll b. that* Saya terima pendapatmu. —*kki.* menjadi pembeli. *I b. for a retail store downtown* Saya menjadi pembeli utk perusahaan écéran di kota. **to b. into** turut berkongsi. *I bought into the car agency* Saya turut berkongsi dlm kantor perdagangan mobil itu. **to b. off** menyuap, memberi uang spy bébas dari kesusahan. *Since he caused so much trouble he was finally bought off* Karena ia banyak menyebabkan kesusahan, akhirnya ia diberi uang. **to b. out** membeli (semua saham). **to b. over** menyogok, menyuap. *It was easy to b. him over* Mudahlah utk menyogoknya spy memihak kpd kami. **to b. up** memborong. *He bought up a lot of property* Ia memborong sejumlah besar barang-tetap. —**buying** *kb.* membeli. *b. power* daya beli. *b. surge* arus pembeli.

buyer /'baiər/ *kb.* pembeli, langganan. *I'm a steady b. at that store* Saya pembeli tetap pd toko itu. *He's a b. for a large department store* Tugasnya membeli barang utk toko serbaada yg besar. *buyer's market* pasar yg menguntungkan/menyenangkan pembeli.

buzz /bʌz/ *kb.* dengung(an). *b. of a bee* dengung lebah. *the b. of conversation* dengungan orang berbicara. *Inf.: Don't forget to give me a b. if you need me* Jangan lupa menélpon saya kalau engkau memerlukan saya. —*kkt.* 1 terbang diatas. *Planes often b. our house* Kapal terbang seringkali terbang dgn cepat diatas rumah kami. 2 memanggil dgn alat dengungan. *I b. my secretary when I need her* Saya membél sékretaresse saya apabila saya memerlukan bantuannya. —*kki.* 1 mendengung. *I heard the bee b.* Saya mendengar lebah mendengung. 2 berdengungan. *The bees were buzzing all around me* Tawon-tawon berdengungan di sekeliling saya. 3 membicarakan desas-desus. *The school buzzed with rumors* Sekolah itu banyak membicarakan desas-desus itu. **to b. about** silang-siur, simpang siur, mundar-mandir. *Everyone was buzzing about* Semua orang silang-siur dgn ramainya. *Sl.*: **to b. off** pergi. *I've got to b. off now* Saya hrs pergi sekarang. **b. saw** gergaji bundar.

buzzard /'bʌzərd/ *kb.* sm. elang.

buzzer /'bʌzər/ *kb.* aparat dengung(an), bél, loncéng listrik.

by /bai/ *kk.* **by and by** segera. *I hope to go by and by* Saya harap akan pergi segera. **by and large** pd umumnya. *By and large I think it's a good idea* Pd umumnya saya kira itu suatu gagasan yg baik. **by far** jauh. *It's by far the best show in town* Pilem itu adalah yg jauh paling baik di kota ini. —*kd.* 1 dekat. *Sit down by me* Duduklah dekatku. *the tree by the house* pohon yg dekat rumah. 2 oléh. *The book was written by Mr. Smith* Buku itu ditulis oléh tuan Smith. 3 dengan. *What did he mean by that remark?* Apakah yg dimaksudnya dgn ucapan itu? *by force* dgn jalan kekerasan. 4 per. *I buy bacon by the pound* Saya beli sepék per pon. 5 menurut, dgn menghitung. *I work by the hour* Saya bekerja berdasar jumlah jam. *by law* menurut hukum. 6 karena. *By that I know he's not going* Karena itu saya tahu dia tdk akan pergi. 7 dari. *I know him by name only* Saya kenal dia dari namanya saja. *He is shorter by 3 inches* Dia tiga inci lebih péndék. *By day I work at a bakery* Siang hari saya bekerja di toko roti. **by oneself** 1 sendirian. *Can you go by yourself?* Dapatkah engkau pergi sendirian? 2 sendiri. *They came by themselves* Meréka datang sendiri. **by the by** o ya, sebenarnya. *By the by, what are you doing for a living these days?* O ya, apakah mata pencaharianmu sekarang? **by-line** *kb.* baris pd permulaan karangan dlm majalah atau surat kabar yg menyatakan nama penulis. *The by-line is John Adams* Penulis karangan itu John Adams. **by-pass** *kb.* jalan raya di pinggir kota utk daérah ramai. *kkt.* melangkaui, menghindari. *This road by-passes many of the towns* Jalan ini melangkaui banyak kota-kota. *When the promotions were announced his name was by-passed* Ketika diumumkan kenaikan-kenaikan pangkat itu, namanya terlangkaui. **by-play** *kb.* hal yg tdk perlu. *In the negotiations there was a considerable amount of by-play* Dlm perundingan itu banyak dibicarakan hal-hal yg tdk perlu. **by-product** *kb.* hasil sambilan/ikutan/tambahan.

bye /bai/ *kb. Sport*: biji cuma-cuma yg diperoléh dlm satu pertandingan karena lawan tdk ada. **by the b.** sebentar, sebenarnya. *By the b., when are you coming?*

Sebentar, kapan kau akan datang? **bye bye** *kseru.*
Inf.: selamat jalan, selamat tinggal.
bygone /'bai'gɔn/ *kb.* hal yg sudah-sudah. *Let bygones
be bygones* Jangan bicarakan hal yg sudah-sudah.
ks. silam. *in b. days* pd zaman yg silam.
bylaw /'bai'lɔ/ *kb.* anggaran rumah tangga, pera-
turan-peraturan utk perkumpulan sendiri.
bystander /'bai'stændər/ *kb.* orang yg berdiri
didekat, penonton. *An innocent b. was injured* Seo-
rang penonton yg tdk bersalah tlh luka.

byway /'bai'wei/ *kb.* jalan kecil. *The thief took to the
byways in an attempt to escape* Pencuri itu mengambil
jalan-jalan kecil dlm usaha utk melarikan diri.
byword /'bai'wərd/ *kb.* 1 pepatah yg menjadi buah
bibir orang. 2 peméo, éjékan.
Byzantine /'bizəntien, -tain; bi'zæntin/ *ks.* yg berh.
dgn Rumawi Timur.

C

C /sie/ *kb.* 1 huruf ketiga dari pada abjad. 2 kunci musik. *Symphony in C Minor* Simfoni dlm C Minor. 3 nilai yg ketiga dari atas (dipakai di sekolah-sekolah dan universitas-universitas di AS). 4 *Sl.*: $100. *He paid 3 C's for that* Dia membayar $300 utk itu.

c 1 [*center*] pusat. 2 [*centimeter*] séntiméter. 3 [*cent(s)*] sén. 4 [*copy*] écéran. 5 [*cubic*] kubik. 6 [*cup(s)*] cangkir, mangkok.

C 1 [*Centigrade*] berskala 100 derajat. 2 [*Central*] pusat, séntral. 3 [*Copyright*] hakcipta.

C. 1 [*Cape*] Tanjung 2 [*Catholic*] Katolik. 3 [*Centigrade*] berskala 100 derajat. 4 [*Center*] Pusat. 5 [*Church*] Geréja. 6 [*City*] Kota. 7 [*Conservative*] Konserpatip. 8 [*Carbon*] Karbon.

ca [*circa*] kira-kira. *ca 1950* kira-kira Tahun 1950.

C.A. [*Central America*] Amérika Tengah.

C/A [*Current Account*] rékening koran.

CAA [*Civil Aeronautics Administration*] Diréksi Penerbangan Sipil AS.

CAB [*Civil Aeronautics Board*] Déwan Penerbangan Sipil AS.

cab /kæb/ *kb.* 1 taksi. *c. driver* supir taksi. *c. stand* pangkalan taksi. 2 tempat pengendara lok, tempat masinis (*of a locomotive*). 3 tempat duduk (*of a trailer truck*).

cabal /kə'bal/ *kb.* komplotan rahasia.

cabana /Kə'bænə/ *kb.* sm ténda tempat bernaung pd permandian di pinggir laut.

cabaret /kæbə'rei/ *kb.* kabarét.

cabbage /'kæbij/ *kb.* kubis, kol. *c. patch* petak tanah ditanami dgn kubis.

cabby /'kæbie/ *kb.* (*j.* **-bies**) supir taksi.

cabin /'kæbin/ *kb.* 1 pondok. 2 kamar (di kapal). *c. on B deck* kamar di dék B. *c. boy* pelayan kamar (di kapal). *c. class* kelas di kapal antara kelas satu dan kelas turis. *c. cruiser* kapal pesiar bermotor dgn kamar-kamar tidur dan tempat memasak. 3 *Av.*: ruang (dlm kapal terbang).

cabinet /'kæb(ə)nit/ *kb.* 1 lemari kaca. *display c.* lemari kaca pajangan. *medicine c.* lemari kecil utk obat-obat. 2 kabinét. *c. minister* anggota kabinét.

cabinetmaker /'kæb(ə)nit'meikər/ *kb.* tukang lemari.

cabinetmaking ('kæb(ə)nit'meiking/ *kb.* pembuatan perabot rumah.

cable /'keibəl/ *kb.* 1 kawat, kabel. *c. car* trém yg ditarik dgn kabel. *TV c.* kabel télévisi. 2 tilgram, kawat. *c. gram* kawat, tilgram. **to send a c. to** mengirim tilgram kpd. —*kkt., kki.* mengirim tilgram.

cablese /'keibə'liez/ *kb.* singkatan kata-kata utk mempersingkat isi tilgram.

cabman /'kæbmən/ *kb.* (*j.* **-men**). supir taksi.

caboodle /kə'buwdəl/ *kb. Sl.*: rombongan, kelompok. *The whole c. came over to our house* Seluruh rombongan itu datang ke rumah kami. lih KIT.

caboose /kə'buws/ *kb.* gerbong tukang rém.

cacao /kə'kaow/ *kb.* cokelat. *c. bean* biji cokelat.

cache /kæsy/ *kb.* tempat menyembunyikan bahan makanan dan perlengkapan-perlengkapan. —*kkt.* menyembunyikan (*food*).

cachet /kæ'syei/ *kb.* cap (lak, meterai, dsb.).

cackle /'kækəl/ *kb.* koték. —*kki.* 1 berkoték-koték (*of chickens*). 2 ngobrol-ngobrol (*of persons*).

cacophony /kə'kafənie/ *kb.* (*j.* **-nies**) bunyi hiruk-pikuk.

cactus /'kæktəs/ *kb.* (*j.* **cactuses** atau **cacti**). kaktus.

cacuminal /kə'kyuwmənəl/ *ks.* kakuminal.

cad /kæd/ *kb.* orang kurang ajar.

cadaster /kə'dæstər/ *kb.* kadaster.

cadastral /kə'dæstrəl/ *ks.* yg berh. dgn kadaster. *c. survey* penyelidikan batas-batas tanah milik.

cadaver /kə'dævər/ *kb.* bangkai, mayat.

cadaverous /kə'dævərəs/ *ks.* pucat lesi/pasi. *c. appearance* spt mayat, pucat pasi.

caddie, caddy /'kædie/ *kb.* (*j.* **-dies**) kadi, kacung permainan golf. —*kki.* menjadi kadi.

cadence /'keidəns/ *kb.* irama.

cadenza /kə'denzə/ *kb.* bagian penghabisan dari satu musik.

cadet /kə'det/ *kb.* kadét, calon perwira. *c. corps at West Point* korps kadét Akadémi Militér AS.

cadmium /'kædmieəm/ *kb.* kadmium.

cadre /'kadrə/ *kb.* kader.

caduceus /kə'dyuwsieəs/ *kb.* lambang kedokteran.

caecum /'siewkəm/ *kb.* usus buta, bagian pertama dari usus besar.

Caesarean /sie'zærieən/ *kb., ks.* pembedahan perut utk menolong melahirkan anak. *C. operation* pembedahan perut utk menolong melahirkan anak.

caesura /si'zyurə/ *kb.* penggalan (perhentian pd untai sajak).

cafe, café /kæ'fei, kə'fei/ *kb.* 1 réstoran, rumah makan. 2 warung kopi. *c. au lait* kopi susu. *c. society* satu golongan masyarakat yg keluar-masuk di tempat hiburan, teristiméwa di New York City.

cafeteria /'kæfə'tirieə/ *kb.* kafetaria, réstoran dimana para pembeli melayani diri sendiri.

caffein(e) /'kæfien/ *kb.* kaféin. *caffein-free* tanpa kaféin.

cage /keij/ *kb.* 1 kandang. *lion's c.* kandang singa. 2 sangkar, kurung. *bird c.* sangkar burung. —*kkt.* mengurung, memperkandang (*an animal*).

cagey /'keijie/ *ks. Inf.*: cerdik, lihay, licik. *She is c. about giving her age* Ia berhati-hati memberitahukan usianya. —**cagily** *kk.* secara lihay. *He c. avoided the question* Dgn secara lihay ia menghindari pertanyaan itu.

cagily /'keijəlie/ lih CAGEY.

caginess /'keijienəs/ *kb.* kelihayan, kelicikan.

cahoot /kə'huwt/ *kb. Sl.*: **to be in cahoots with** bekerjasama (dgn rahasia), ikut sekongkol dgn. *Sl.*:

93

to go into cahoots berkongsi. *He went into cahoots with his brother and set up a shoestore* Ia berkongsi dgn abangnya mendirikan toko sepatu.

cain /kein/ *kb.* keributan. *Sl.:* **to raise c.** ribut tak keruan, marah sekali. *He raised c. when he discovered dinner wasn't ready* Ia ribut tak keruan ketika dilihatnya makan malam blm siap.

caisson /'keisan/ *kb.* 1 alat yg dipakai utk turun kedlm air (berbentuk peti terbalik). 2 peti atau keréta tempat menyimpan bahan peledak.

cajole /ka'jowl/ *kkt., kki.* membujuk. *He was cajoled into taking the post* Ia dibujuk spy mau menerima jabatan itu.

cajolery /ka'jowlarie/ *kb.* (*j.* **-ries**) bujukan.

cake /keik/ *kb.* 1 kué. *a slice of c.* sepotong kecil kué. *c. mix* tepung dan bahan-bahan lainnya yg sdh dicampur siap utk dibuat kué. *c. mold* cétakan (utk) kué. 2 batang. *a c. of soap* sebatang sabun. 3 balok. *c. of ice* balok és. **to have o's c. and eat it too** sdh mempunyai s.s.t. tetapi masih mau memiliki lagi. *Sl.:* **to take the c.** melebihi segala-galanya. *That really takes the c.* Itu betul-betul suatu kemenangan. —*kki.* melekat, meléngkét. *The mud caked on our shoes* Lumpur melekat pd sepatu kami. *caked dirt* kotoran kering.

calamine /'kælamain/ *kb.* kalamina. *c. lotion* losion kalamina.

calamitous /ka'læmatas/ *ks.* yg mendatangkan bencana, yg sangat membahayakan, yg merugikan. *a c. situation* keadaan yg sangat membahayakan.

calamity /ka'læmatie/ *kb.* (*j.* **-ties**) malapetaka, bencana, celaka besar. *c. howler* céngéng, seorang yg selalu melihat kesusahan.

calcification /'kælsafa'keisyan/ *kb.* prosés mengeras menjadi kapur.

calcify /'kælsafai/ *kki.* (**calcified**) mengeras karena kapur. *The tissue began to c.* Jaringan tubuh itu mulai mengeras karena kapur.

calcimine /'kælsamain/ *kb.* 1 bahan labur. 2 sm cat kapur. —*kkt.* melabur, mengapur (dinding, dsb.).

calcium /'kælsieəm/ *kb.* kalsium, zat kapur. *c. oxide* kapur hidup/tohor.

calculate /'kælkyaleit/ *kkt.* menghitung. *to c. the amount* menghitung jumlah. —*kki.* memperhitungkan. *1 c. it will take two weeks to finish the job* Sdh saya perhitungkan bhw pekerjaan itu akan memakan waktu dua minggu. **to c. upon** memperhitungkan. *The rupiah is calculated upon the basis of 415 to the dollar* Uang rupiah diperhitungkan atas dasar 415 sedolar. —**calculated** *ks.* yg sdh diperhitungkan. *c. risk* risiko yg sdh diperhitungkan. *c. to make friends* menyebabkan (dia) mempunyai kawan. —**calculating** *ks.* yg memperhitungkan semua. *He's a very c. businessman* Ia seorang usahawan yg betul-betul memperhitungkan semuanya. *c. machine* mesin hitung/réken/kira.

calculation /'kælkya'leisyan/ *kb.* perhitungan, kalkulasi. *According to my c., the job will require three weeks* Menurut perhitunganku pekerjaan itu akan memakan waktu tiga minggu.

calculator /'kælkya'leitar/ *kb.* 1 mesin hitung. 2 seorang yg menghitung, penghitung, tukang/juru kalkulasi.

calculus /'kælkyalas/ *kb.* hitungan, kalkulus.

caldron /'koldran/ = CAULDRON.

calendar /'kælandar/ *kb.* 1 kalender, penanggalan, takwim. 2 (daftar) acara (di pengadilan, dlm Kongrés). **c. day** 24 jam. **c. month** satu bulan.

c. year jangka waktu 365 atau 366 hari, tahun takwim.

calendrical /ka'lendrakal/ *ks.* yg berh. dgn kalendar. *c. calculations* perhitungan-perhitungan dgn mempergunakan kalendar sbg pedoman.

calf /kæf/ *kb.* (*j.* **calves**). 1 anak sapi. 2 betis. *I hit my c.* Betis saya kena pukul. **to kill the fatted c.** berpésta.

calfskin /'kæf'skin/ *kb.* kulit anak sapi.

caliber /'kælabar/ *kb.* 1 kaliber (bedil). 2 mutu. *The c. of our school must be raised* Mutu sekolah kita hrs dinaikkan 3 kecakapan, kemampuan, kaliber. *He's the c. of employee we want* Pegawai yg berkecakapan spt dia itulah yg kami perlukan.

calibered /'kælabard/ *ks.* berkaliber. *small-calibered rifle* bedil yg kalibernya/berkaliber kecil.

calibrate /'kælabreit/ *kkt.* menyesuaikan, mengkaliberkan. *to c. a ruler with a gauge* menyesuaikan mistar dgn ukuran induk.

calibration /'kæla'breisyan/ *kb.* peneraan, pencocokan, pengujian, pertimbangan dgn ukuran dasar.

calibre /'kælabar/ = CALIBER.

calico /'kælakow/ *kb.* belacu, kain mori mentah.

Calif. [*California*] negara bagian AS.

calipers /'kælaparz/ *kb., j.* jangka lengkung.

calisthenics /'kælas'theniks/ *kb.* gerak badan, gimnastik, (ber)senam.

calk /kok/ *kkt.* mendempul (*windows*).

call /kol/ *kb.* 1 panggilan. *A doctor has many calls on his time* Seorang dokter banyak mendapat panggilan. *He has a c. to the ministry* Ia ada panggilan utk menjadi pendéta. *c. to arms* panggilan utk mengangkat senjata. 2 kunjungan. *The doctor made a c. this morning* Dokter itu melakukan kunjungan tadi pagi. *to pay a c.* melakukan kunjungan. 3 teriakan. *c. for help* teriakan meminta tolong. 4 bunyi, kicauan. *bird c.* kicauan burung. ::*Did I receive any calls?* Adakah orang menilpon saya? *I'll give you a c.* Saya akan menilpon. **on c.** bertugas. *A doctor is on c. 24 hours a day* Seorang dokter bertugas 24 jam sehari. **within c.** dpt dipanggil. *Please stay within c. in case we need you* Harap spy sewaktu-waktu dpt dipanggil kalau kami memerlukan Tuan. **long-distance c.** télpon interlokal. —*kkt.* 1 memanggil. *to c. a taxi* memanggil taksi. 2 menyebut. *What is this called in English?* Dlm bahasa Inggeris ini disebut apa? 3 mengadakan. *to c. a meeting* mengadakan rapat. 4 menilpon. *I'll c. you tomorrow* Saya akan menilpon kamu bésok. 5 menamakan, memanggil. *My friends c. me Bob* Teman-teman saya menamakan saya Bob. 6 menganggap. *He called the performance a success* Ia menganggap pertunjukan itu suatu suksés. 7 menghentikan. *The umpire called the game on account of rain* Wasit menghentikan pertandingan itu karena hujan. 8 kata. *He called me a fool for agreeing to that* Katanya saya bodoh karena setuju dgn hal itu. 9 membangunkan. *Please c. me at 7* Bangunkanlah saya jam 7. 10 memutuskan. *How did the umpire c. that pitch?* Apa keputusan wasit thd lémparan itu? **to c. the roll** mengabsén. —*kki.* 1 memanggil. *Duty calls* Kewajiban memanggil. *She called from upstairs* Ia memanggil dari atas. 2 menilpon. *Who called while I was out?* Siapa yg menilpon ketika saya keluar tadi? 3 singgah. *The local commander called at my house, but I was out* Komandan setempat itu singgah ke rumah, tetapi saya sedang pergi. **to c. away** memanggil keluar. *He was called away* Ia dipanggil keluar. **to c. back** 1 memanggil kembali. 2 menilpun kembali. *He wants you to c. him back* Ia menghendaki spy sdr menilpun dia kembali. **to c. down** mendamprat, memaki-maki. *He was called down in front of the class* Ia didamprat dimuka kelas. **to c. for** 1 datang mengambil. *I'll c. for you at 10* Saya akan datang mengambil kamu jam 10. 2 memerlukan, menghendaki agar. *This problem calls for immediate action* Persoalan ini menghendaki agar segera dipecahkan. *This recipe calls for almonds* Resép ini memerlukan amandel. 3 meminta. *He called for a show of hands* Ia meminta spy orang-orang mengacungkan tangan. *We heard s.o. c. for help* Kami mendengar orang minta tolong. *This calls for a celebration* Ini perlu dirayakan. **to c. forth** 1 menimbulkan. *My visit called forth pleasant memories* Kunjungan saya menimbulkan kenang-kenangan yg menyenangkan. 2 membangkitkan, memerlukan, menimbulkan. *It was a situation that called forth all her courage* Ia menghadapi suatu keadaan yg membangkitkan semua keberaniannya. **to c. in** 1 memanggil. *C. in the doctor* Panggillah dokter. 2 menarik kembali. *to c. in the gold coins* menarik kembali uang emas. **to c. off** 1 membatalkan (*a meeting*). 2 menghentikan. *to c. off the game on account of rain* menghentikan pertandingan karena hujan. 3 memanggil kembali. *He called off his dog after he identified the visitor* Anjingnya dipanggilnya kembali stlh ia mengenal tamu itu. 4 memanggil. *I'll c. off your names and you answer "present"* Saya panggil nama sdr-sdr dan sdr-sdr menjawab "hadir". **to c. (up)on** 1 singgah, mampir. *to c. on o's neighbor* singgah ke rumah tetangga. 2 mempersilahkan. *I c. on the chairman now* Sekarang saya persilahkan ketua. 3 datang kpd. *We will c. on him to assist us* Kami akan datang kepadanya utk minta bantuan. **to c. o's own** memiliki. *He doesn't have one good coat to\c. his own* Tak ada satupun mantel yg baik yg dimilikinya. **to c. out** 1 berteriak. *He called out for help* Ia berteriak minta tolong. 2 menyebut. *to c. out s.o's name* menyebut nama s.s.o. 3 mengerahkan. *to c. out the militia* mengerahkan tentara cadangan. 4 memanggil. *The doctor was called out suddenly* Dokter dipanggil dgn tiba-tiba. **to c. to s.o.** berteriak kpd s.s.o. **to c. together** mengumpulkan. *Let's c. them all together* Marilah kita kumpulkan meréka semuanya. **to c. up** 1 menilpun. 2 memanggil, mengerahkan (*the Marines*). 3 membangkitkan, menimbulkan. *This scene calls up pleasant memories* Pemandangan ini membangkitkan kenang-kenangan yg menyenangkan. 4 memanggil. *The medium promised to c. up the spirit of her dead mother* Dukun perantara itu berjanji akan memanggil arwah ibunya yg sdh meninggal itu. **c. bell** bél pemanggil. **c. button** kenop panggilan. *Inf.*: **c. girl** pelacur (yg dpt dipanggil dgn télpon). **c. letters** huruf panggilan. **call-up** *kb.* pengerahan. —**calling** *kb.* panggilan. pekerjaan. *her c. in life* panggilan hidupnya. *c. card* kartu nama.

caller /'kɔlər/ *kb.* tamu.

calligrapher /kə'ligrəfər/ *kb.* seorang yg bagus sekali tulisannya.

calligraphy /kə'ligrəfie/ *kb.* tulisan tangan yg sangat élok, tulisan indah.

calliope /kə'laiəpie/ *kb.* sm orgel yg dijalankan oléh mesin uap.

callous /'kæləs/ *ks.* yg tdk mempunyai perasaan.

callousness /'kæləsnəs/ *kb.* sifat tidak berperasaan, sifat berkulit tebal.

callow /'kælow/ *ks.* muda dan blm berpengalaman.

callus /'kæləs/ *kb.* risa, belulang.

calm /ka(1)m/ *kb.* ketenangan, reda. *A c. developed*

in the cold war Keadaan perang dingin itu menjadi reda. —*ks.* 1 tenang, reda. *a c. sea* laut tenang. *He has a c. disposition* Dia itu seorang yg tenang. *Keep c.* Tinggallah tenang. Tenang sajalah. —*kkt.* menenangkan (*s.o.*). —*kki.* 1 menenangkan. *C. down before you have a heart attack* Tenangkanlah dirimu spy jangan sampai engkau mendapat serangan jantung. 2 bereda. *The sea calmed down* Laut bereda. —**calmly** *kk.* dgn tenang, nguler kambang.

calmness /'kalmnəs/ *kb.* ketenangan, keredaan.

calomel /'kæləməl/ *kb.* sm obat pencahar, urus-urus.

caloric /kə'lowrik/ *ks.* yg berh. dgn kalori. *c. content* jumlah kadar kalori.

calorie, calory /'kælərie/ *kb.* (*j.* **-ries**) kalori.

calumniate /kə'lʌmnieeit/ *kkt.* memfitnah.

calumniation /kə'lʌmnie'eisyən/ *kb.* pemfitnahan.

calumny /'kæləmnie/ *kb.* (*j.* **-nies**) fitnah.

calve /kæv/ *kki.* melahirkan anak sapi.

calves /kævz/ lih CALF.

calypso /kə'lipsow/ *kb.*, *ks.* kalipso. *c. music* musik kalipso.

calyx /'keiliks/ *kb.* daun pelindung/kelopak (pd bunga).

cam /kæm/ *kb.* bubung(an), hubungan, sisir. *c. wheel* roda sisir.

camshaft /'kæm'syæft/ *kb.* poros/batang dgn sisir dlm silinder mesin, poros nok.

camaraderie /'kamə'radərie/ *kb.* persahabatan.

Cambodia /kæm'bowdiə/ *kb.* negeri Kamboja.

Cambodian /kæm'bowdieən/ *kb.* 1 seorang Kamboja. 2 bahasa Kamboja. —*ks.* yg berh. dgn Kamboja. *C. literature* Kesusasteraan Kamboja.

cambric /'kæmbrik/ *kb.* kain katun halus (sekali).

came /keim/ lih COME.

camel /'kæməl/ *kb.* 1 unta. 2 *Ship.*: téngki/drum berisi udara utk mengangkat kapal yg tenggelam. *camel's hair* bulu unta, kamhar. *c.-hair coat* jas dari bulu unta.

camellia /kə'mielieə/ *kb.* bunga kamélia.

cameo /'kæmieow/ *kb.* batu berharga yg diasah sehingga timbul dan latar belakangnya biasanya berwarna lain.

camera /'kæmərə/ *kb.* alat potrét, kamera, fototustél. *Cameras prohibited* Dilarang memotrét.

cameraman /'kæmərəmən/ *kb.* (*j.* **-men**). juru potrét/kamera.

camouflage /'kæməflazy/ *kb.* penyamaran, pengabuan mata. *c. clothing* pakaian macan loréng. —*kkt.* menyamarkan, mengkamuflir.

campus /'kæmpəs/ *kb.* kampus, perkampungan pd perguruan tinggi.

can /kæn/ *kb.* 1 kaléng. *a c. of tomatoes* tomat sekaléng. *c. opener* bukaan kaléng, (alat) pembuka kaléng. 2 *Sl.*: penjara. 3 *Sl.*: kakus, kamar kecil. *I have to go to the c.* Saya hrs kebelakang. —*kkt.* (**canned**) 1 mengawétkan didlm kaléng. *to c. some vegetables* mengawétkan sayur-sayuran didlm kaléng. 2 *Sl.*: memecat. *His work was so poor he was canned* Pekerjaannya jelék sekali sehingga ia dipecat. 3 *Sl.*: menghentikan. *C. the chatter* Hentikan orang ceréwét itu. Tutup mulut. —*kkb.* (**could**) 1 dapat, bisa. *C. you come?* Dapatkah engkau datang? *She couldn't go* Dia tak dpt pergi. 2 pandai. *C. you sing?* Apa sdr pandai menyanyi? 3 boléh. *You can't play ball here* Sdr tdk boléh main bola disini. 4 berhak. *With that license you c. drive in this state* Dgn rébéwés itu sdr berhak mengendarai mobil di negarabagian ini. **c. but** hanya dpt... *I c. but guess at his purpose* Saya hanya dpt menerka maksudnya. —**canned**

ks. 1 yg diawétkan, kaléngan. *c. peaches* buah persik kaléngan. *c. goods* barang-barang kaléngan. 2 direkam. *Sl.: c. music* musik rekaman. —**canning** *kb.* pengawétan, pengaléngan. *c. factory* paberik pengaléngan.
Canada /'kænədə/ *kb.* Kanada.
Canadian /kə'neidieən/ *kb. She's a C.* Ia seorang wanita bangsa Kanada. —*ks.* yg berh. dgn Kanada. *C. bacon* daging pinggang babi yg dikukus-kering.
canal /kə'næl/ *kb.* terusan, kanal. *Suez C.* terusan Suez. *C. Zone* Daérah Terusan.
canalization /'kænələ'zeisyən/ *kb.* 1 penyaluran, penerusan. 2 pembuatan terusan-terusan, kanalisasi.
canalize /'kænəlaiz/ *kkt.* 1 mengalirkan, menyalurkan. *to c. atomic energy to useful purposes* mengalirkan tenaga atom kpd maksud-maksud yg bermanfaat. 2 menggali terusan.
canapé /'kænəpei/ *kb.* makanan kecil yg menyertai minuman-minuman.
canard /kə'nard/ *kb.* desas-desus, omong kosong, kabar angin, berita yg dibikin-bikin, kabar yg dibesar-besarkan.
canary /kə'nerie/ *kb.* (*j.* **-ries**) burung kenari. *c. yellow* kuning jernih. *C. Islands* Kepulauan Canary.
canasta /kə'næstə/ *kb.* sm permainan kartu remi merangkaikan sedikitnya tujuh kartu.
cancan /'kæn'kæn/ *kb.* tari kankan.
cancel /'kænsəl/ *kkt.* 1 membatalkan (*an agreement, subscription*). 2 mencap. *The stamps were canceled* Perangko itu dicap (spy tak berlaku lagi). 3 menghapuskan. *to c. both parts of a fraction* menghapuskan dua bagian pecahan.
cancellation /'kænsə'leisyən/ *kb.* 1 pembatalan. *c. of an appointment* pembatalan janji. *c. of a (plane) flight* pembatalan penerbangan. 2 pencapan. *C. of stamps must be done at the post office* Mencap pembatalan perangko hrs dikerjakan di kantor pos.
cancer /'kænsər/ *kb.* 1 (penyakit) kanker. 2 *Zod.:* **C.** (rasi) Sartan, Karkata.
cancerous /'kænsərəs/ *ks.* yg bersifat penyakit kanker. *He suffers from a c. condition* Ia menderita penyakit yg bersifat kanker.
candelabrum /'kændə'labrəm/ *kb.* (*j.* **-labra**). tempat lilin yg bercabang-cabang, kandil.
candid /'kændid/ *ks.* 1 terus terang, jujur, tulus ikhlas. *c. opinion* pendapat dgn terus terang. *He gave a c. reply to the questions* Ia menjawab pertanyaan itu dgn terus terang. 2 bébas, tak sadar. *a c. shot of the children* potrét anak-anak dlm keadaan yg bébas.
candidacy /'kændədəsie/ *kb.* (*j.* **-cies**) pencalonan.
candidate /'kændədit/ *kb.* calon. *c. for president* calon utk présidén.
candied /'kændied/ lih CANDY.
candle /'kændəl/ *kb.* lilin. *c. power* kekuatan lilin. *to burn the c. at both ends* menghabiskan tenaga dgn cepat utk kerja dan pelesiran. *He doesn't hold a c. to you* Ia tdk dpt dibandingkan dgn sdr. —*kkt.* **to c. eggs** menguji telur dgn meneropong ke arah cahaya.
candleholder /'kændəl'howldər/ *kb.* tempat lilin.
candlelight /'kændəl'lait/ *kb.* cahaya lilin. **by c.** dibawah cahaya lilin.
candlenut /'kændəl'nʌt/ *kb.* buah kemiri.
candlestick /'kændəl'stik/ *kb.* kandil.
candor /'kændər/ *kb.* keterusterangan. *He spoke with c.* Ia berbicara terus terang. *In all c. I must condemn your action* Secara terus-terang saya hrs mengutuk tindakanmu itu.
candy /'kændie/ *kb.* (*j.* **-dies**) gula-gula, manisan.

c. bar gula-gula yg berbentuk batang. *Sl.: like taking c. from a baby* mudah sekali. —*kkt.* memberi gula pd, memaniskan, membuat manisan pd. *to c. sweet potatoes* memberi gula pd ubi, membuat manisan ubijalar. —**candied** *ks.* diberi gula. *c. apples* manisan apel.
cane /kein/ *kb.* 1 (*stick*) tongkat. 2 rotan. *cane(-bottomed) chair* kursi (yg beralaskan) rotan. —*kkt.* 1 merotan (*a chair*). 2 memukul dgn tongkat. *to c. a child* memukul anak dgn tongkat. **c. field** kebun tebu. **c. sugar** gula tebu. —**caning** *kb.* 1 (*of a chair*) merotan. 2 (*of a child*) memukul dgn tongkat.
canful /'kænful/ *kb.* sekaléng penuh. *a c. of peas* sekaléng penuh ércis.
canine /'keinain/ *ks.* anjing. *c. trait* ciri anjing. *c. tooth* gigi taring.
canister /'kænistər/ *kb.* 1 kaléng (kecil) utk menyimpan gula, tepung dsb. 2 teromol.
canker /'kæŋkər/ *kb.* 1 penyakit seriawan. *c. sore* bintil-bintil di mulut, seriawan. 2 kebusukan.
cannel /'kænəl/ *kb.* **c. coal** batu arang yg membara dgn jernih.
cannery /'kænərie/ *kb.* (*j.* **-ries**) paberik pengaléngan.
cannibal /'kænəbəl/ *kb.* orang yg makan daging manusia.
cannibalism /'kænəbə'lizəm/ *kb.* kebiasaan makan daging manusia.
cannibalize /'kænəbəlaiz/ *kkt.* mencopot (onderdil mobil dsb.).
cannon /'kænən/ *kb.* meriam. *c. ball* peluru bundar utk meriam. *c. fodder* serdadu umpan meriam.
cannot /'kænat, kə'nat / tdk dpt. lih CAN.
canny /'kænie/ *ks.* cerdik, licik, lihai. *c. businessman* saudagar yg cerdik.
canoe /kə'nuw/ *kb.* kano. **to paddle o's own c.** berdikari, berusaha sendiri. *With both parents dead, he had to paddle his own c.* Sbg seorang yg tdk mempunyai ibu-bapa lagi, ia hrs berdikari. —*kki.* bersampan.
canoeist /kə'nuwist/ *kb.* pengayuh sampan/kano.
canon /'kænən/ *kb.* 1 peraturan-peraturan/dalih-dalih agama. *the Buddhist c.* peraturan-peraturan agama Buda. *c. law* undang-undang geréja, hukum agama. 2 norma, ukuran. *canons of good taste* norma-norma mengenai sopan santun.
canonical /kə'nanəkəl/ *ks.* resmi, menurut undang-undang geréja. *c. writings* tulisan-tulisan dlm buku resmi (misalnya Koran, Injil).
canonize /'kænənaiz/ *kkt.* menjadikan (s.s.o. orang) suci dlm geréja.
canopy /'kænəpie/ *kb.* (*j.* **-pies**) tirai atau langit-langit dari kain.
cant /kænt/ *kb.* 1 bahasa yg khas utk suatu golongan. *the c. of beggars* bahasa pengemis. —*kkt.* memiringkan. *The strong wind canted the boat to starboard* Angin keras itu memiringkan kapal itu ke arah sebelah kanan.
can't /kænt/ [*cannot*] tdk dpt. lih CAN.
cantaloupe /'kæntəlowp/ *kb.* beléwa(r), sm semangka.
cantankerous /kæn'tæŋkərəs/ *ks.* bantahan, suka membantah.
cantata /kən'tatə/ *kb.* nyanyian utk paduan suara.
canteen /kæn'tien/ *kb.* 1 pélplés. 2 kantin.
canter /'kæntər/ *kb.* lari ligas. *The horse went at a c.* Kuda itu meligas saja. —*kki.* meligas.
cantilever /'kæntə'lievər/ *kb.* 1 témbok yg menganjur keluar penahan balkon. 2 penopang, penyang-

ga. c. *bridge* jembatan yg dibangun dgn bantuan dua buah penopang, yg tdk saling menyangga.

canto /'kæntow/ *kb*. bagian dari suatu syair.

canton /'kæntən, kæn'tan/ *kb*. wilayah, daérah bagian.

cantor /'kæntər/ *kb*. pemimpin nyanyi, penyanyi (di geréja Jahudi).

canvas /'kænvəs/ *kb*. 1 kampas, kain mota/terpal. *c. cot* pélbét. 2 kain kampas. *to paint on a c.* melukis diatas kain kampas. 3 lantai (yg berkampas). *The boxer fell to the c.* Petinju itu jatuh ke lantai (yg berkampas). **under c.** 1 dibawah kémah. 2 dgn layar terkembang. —*kkt*. mengampas.

canvass /'kænvəs/ *kb*. pemeriksaan dgn teliti. *to make a c. of the students* mengadakan pemeriksaan dgn teliti diantara mahasiswa-mahasiswa. —*kkt*. 1 meneliti. *He canvassed the newspapers looking for a vacancy* Ia meneliti koran mencari lowongan. 2 mengadakan penyelidikan. *to c. homeowners* mengadakan penyelidikan utk mengetahui pendapat pemilik rumah. —*kki*. meminta uang. *She canvassed for the Heart Fund* Ia meminta uang demi kepentingan Dana Jantung.

canvasser /'kænvəsər/ *kb*. seorang yg meminta suara, langganan kpd majalah, uang dsb. utk organisasi-organisasi kesejahteraan dsb.

canyon /'kænyən/ *kb*. jurang, ngarai, tebing.

cap /kæp/ *kb*. 1 sumbat (botol). 2 *Acad.:* topi. *c. and gown* jubah dan péci di perguruan tinggi. 3 tutup (utk pulpén). *c. in hand* 1 meminta-minta. 2 dgn sopan. *Inf.:* **to set o's c. for** ingin mempersuami, mencoba memikat hati. *She set her c. for the man next door* Ia ingin dipersunting oléh lelaki yg tinggal di sebelah rumahnya itu. —*kkt*. (**capped**) 1 menutupi. *Chocolate sauce capped the ice cream* Saus cokelat menutupi éskrim. *Fireworks capped the evening's show* Pertunjukan malam itu ditutup dgn pemasangan kembang api. 2 terdapat diatas. *A cherry capped the cookie* Diatas kué itu terdapat buah kers. 3 membalut, memberi tutup. *The dentist capped the tooth* Dokter gigi membalut gigi itu. 4 mengakhiri. *Selection of a new head capped weeks of searching* Pemilihan kepala baru mengakhiri pencarian yg beberapa minggu lamanya. *And then to c. it all, the lights went out* Dan sbg puncaknya, semua lampu mati. **to c. off** menutup, mengakhiri. *to c. off a meal with a cup of coffee* menutup makan dgn secangkir kopi. **c. pistol** péstol-péstolan.

cap. 1 [*capital letter*] huruf besar. 2 [*capitalize*] menulis dgn huruf besar.

C.A.P. [*Civil Air Patrol*] Patroli Udara Sipil.

capability /'keipə'bilətie/ *kb*. (*j.* **-ties**) 1 kesanggupan, kemampuan. *That job is beyond his capabilities* Pekerjaan itu diluar kesanggupannya. 2 kemampuan, kecakapan. *c. for the job* kecakapan dlm pekerjaan. *That army's capabilities are still unknown* Kemampuan tentara itu masih blm diketahui.

capable /'keipəbəl/ *ks*. 1 cakap, mampu. *c. lawyer* adpokat yg cakap. 2 sanggup. *He is c. of much* Ia sanggup bekerja keras. —**capably** *kk*. dgn cakap. *to do o's work c.* mengerjakan pekerjaan dgn cakap.

capacity /kə'pæsətie/ *kb*. (*j.* **-ties**) 1 kapasitas. *filled to c.* terisi penuh menurut kapasitas. 2 cakap. *He has great c. for speaking out* Ia cakap sekali utk mengeluarkan pendapatnya. 3 daya muat/tampung, kapasitas. *What is the c. of that hall?* Berapa orang bisa dimuat di aula itu? *seating c.* jumlah tempat duduk. 4 daya tahan. *the c. of some metals to withstand heat* daya tahan beberapa logam dlm menahan panas. 5 kekuatan. *to operate at full c.* berjalan dgn

kekuatan penuh. *in my c. as chairman* sbg ketua. "The Sound of Music" *played to c.* "The Sound of Music" dimainkan selengkap-lengkapnya. —*ks.* yg besar jumlahnya. *A c. crowd heard the president speak* Sekumpulan orang yg besar jumlahnya mendengarkan présidén berpidato.

cape /keip/ *kb*. 1 mantel tanpa lengan. 2 tanjung. *C. of Good Hope* Tanjung Harapan.

caper /'keipər/ *kb*. melonjak-lonjak, meloncat-loncat. **to cut a c.** menari-nari dgn girang. —**capers** *j.* sebangsa semak-semak (tumbuhan kecil dan rendah).

capful /'kæpful/ *kb*. sebanyak isi péci.

capillary /'kæpə'lerie/ *kb*. (*j.* **-ries**) pipa/pembuluh rambut. *c.* kapilér. *c. action* tindak kapilér.

capital /'kæpətəl/ *kb*. 1 ibu kota. 2 modal, kapital. *c. for investment* modal utk penanaman. *c. gain* keuntungan penjualan barang modal (spt séro). **to make c. of** menarik keuntungan dari, mempergunakan utk keuntungan dirinya. 3 huruf besar. —*ks.* 1 besar. *c. letter* huruf besar. *c. ship* kapal perang yg besar. 2 dgn ancaman hukum mati. *c. offense* pelanggaran hukum yg dpt dikenakan hukuman mati. *c. punishment* hukuman mati. 3 baik sekali.

capitalism /'kæpətə'lizəm/ *kb*. kapitalisme.

capitalist /'kæpətəlist/ *kb*. kapitalis.

capitalistic /'kæpətə'listik/ *ks*. kapitalistis.

capitalize /'kæpətəlaiz/ *kkt*. menulis dgn huruf besar. *Proper names are capitalized* Nama diri ditulis dgn huruf besar. *to c. on the situation* mempergunakan kesempatan dlm keadaan itu.

capitation /'kæpə'teisyən/ *kb*. pajak perseorangan yg sama buat tiap orang.

capitol /'kæpətəl/ *kb*. gedung Déwan Perwakilan Rakyat Negarabagian. **C.** gedung DPR AS di Washington, D.C. *C. Hill* (bukit tempat) Gedung DPR AS berdiri.

capitulate /kə'picəleit/ *kki*. menyerah, berkapitulasi.

capitulation /kə'picə'leisyən/ *kb*. 1 penyerahan, kapitulasi. 2 uraian ringkas, garis besar.

Cap'n /'kæpən/ [*captain*] *kb*. 1 kaptén. 2 nakhoda.

capon /'keipan/ *kb*. ayam kebiri.

caprice /kə'pries/ *kb*. perubahan pikiran dgn tiba-tiba (tanpa sebab-sebab yg nyata).

capricious /kə'priesyəs/ *ks*. tak terduga-duga, berubah-ubah.

capriciousness /kə'priesyəsnəs/ *kb*. ketidakteraturan.

Capricorn /'kæprəkorn/ *kb*. Makara (nama gugusan bintang).

caps. 1 [*capital letters*] huruf besar 2 [*capitalize*] menulis dgn huruf besar.

capsize /'kæpsaiz, kæp'saiz/ *kkt., kki.* terbalik. *The ship capsized in heavy seas* Kapal itu terbalik kena ombak besar di laut.

capstan /'kæpstən/ *kb*. putaran/paksi jangkar.

capstone /'kæp'stown/ *kb*. puncak. *the c. of a career* puncak karir.

capsule /'kæpsəl/ *kb*. kapsul. *Is the medicine in c. form?* Apakah obat itu berupa kapsul? *The astronaut entered the c.* Angkasawan itu masuk ke kapsul. —*ks.* singkat, ringkas. *a c. account of Leiden* riwayat singkat kota Leiden.

Capt. [*Captain*] 1 Kaptén. 2 Nakhoda.

captain /'kæptən/ *kb*. 1 kaptén. *The c. gave orders to the platoon* Kaptén itu memberi perintah pd peleton. 2 pemimpin, kaptén. *c. of the soccer team* pemimpin

regu sépakbola. 3 (*ship's*) nakhoda. 4 tokoh, pemimpin. *a c. of industry* seorang industrialis besar.
captaincy /'kæptənsie/ *kb.* (*j.* -**cies**) tingkatan/ pangkat kaptén.
caption /'kæpsyən/ *kb.* 1 judul halaman, bab, dsb. 2 tulisan dibawah karikatur, gambar dsb.
captious /'kæpsyəs/ *ks.* yg suka cari gara-gara, bawél, ceréwét.
captivate /'kæptəveit/ *kkt.* memikat/menawan/menarik hati. *That speaker is able to c. his audience* Pembicara itu dpt memikat hati pendengarnya. —**captivating** *ks.* menawan/memikat hati. *She was absolutely c. in her new dress* Dlm pakaiannya yg baru itu ia menarik hati betul kelihatannya.
captivation /'kæptə'veisyən/ *kb.* pemikatan/penawanan hati, pesona.
captivator /'kæptə'veitər/ *kb.* penawan/pemikat/ penarik hati.
captive /'kæptiv/ *kb.* tawanan, tahanan. **to hold c.** menawan, memikat. **to take c.** menangkap. —*ks. c. audience* segolongan pendengar yg mau tak mau hrs mendengarkan atau menonton.
captivity /kæp'tivətie/ *kb.* (*j.* -**ties**) tahanan, tawanan kurungan. *in c.* dlm tahanan.
captor /'kæptər/ *kb.* penawan, penahan, orang yg menahan.
capture /'kæpcər/ *kb.* penangkapan. —*kkt.* 1 merebut (*a town, the market, first prize*). 2 menangkap (*a criminal, animal*). **to c. the imagination** mempesonakan. *His fine playing captured the crowd's imagination* Permainannya yg bagus itu membuat semua yg hadir terpesona.
car /kar/ *kb.* 1 mobil. *c. pool* ganti-berganti membawa mobilnya sendiri dan lainnya menggoncéng utk pergi ke kantor. *c. radio* radio mobil. *car-sick ks.* mabuk mobil. *c. wash* a) cuci mobil. b) tempat cuci mobil. 2 keréta, gerbong, wahon. *freight c.* gerbong barang. *pullman c.* wahon yg bertempat tidur. **c. ferry** kapal tambangan keréta. **c. park** pelataran parkir.
caramel /'kærəməl/ *kb.* karamél, gula bakar.
carat /'kærət/ *kb.* karat. *18 c. gold* emas 18 karat.
caravan /'kærəvæn/ *kb.* kafilah.
caraway /'kærəwei/ *kb.* jintan, jemuju. *c. seed* biji jemuju/jintan.
carbide /'karbaid/ *kb.* karbit.
carbine /'karbain/ *kb.* karabin, karabén.
carbohydrate /'karbow'haidreit/ *kb.* hidrat-arang, karbohidrat.
carbolic /kar'balik/ *kb.* **c. acid** (asam) karbol.
carbon /'karbən/ *kb.* 1 karbon, zat arang. *c. black* hitam arang/hangus. *c. content* kadar zat arang. *c. filament* kawat arang. 2 karbon. *c. copy* karbon, tembusan, salinan. *c. paper* kertas karbon. **c. monoxide** karbon monoksida.
carbonate /'karbəneit/ *kkt.* mencampur dgn soda. *carbonated water* air soda.
carbonic /kar'bonik/ *kb.* **c. acid** asam arang/karbonat.
carbonization /'karbənə'zeisyən/ *kb.* karbonisasi.
carbuncle /'karbʌngkəl/ *kb.* 1 inas, radang dibawah kulit, bisul. 2 sej. batu delima yg berwarna mérah jingga.
carburetor /'karbə'reitər/ *kb.* karburator.
carcass /'karkəs/ *kb.* 1 bangkai. 2 kerangka s.s.t. yg tlh mati.
carcinogen /kar'sinəjən/ *kb.* segala s.s.t. yg menyebabkan kanker.
card /kard/ *kb.* 1 kartu. *to alphabetize cards* menyusun kartu-kartu menurut abjad. *to play cards* main kartu.

2 acara, rencana. *What's on the c. for today?* Apakah acara hari ini? 3 kartu nama. 4 *Inf.*: seorang yg lucu benar. *He's quite a c.* Ia lucu benar. **to have a c. up o's sleeve** mempunyai rencana lain. **to hold all the cards** menguasai keadaan. **in the cards** nasib, sdh ditakdirkan. *I guess it wasn't in the cards to win this game* Saya sangka bukan\nasib saya utk memenangkan pertandingan ini. **to play o's cards** bekerja secara berencana, menggunakan kesempatan dgn baik. *If you play your cards right, you'll be manager some day* Jika kamu melakukan pekerjaanmu dgn baik, pd suatu waktu kamu akan menjadi pemimpin perusahaan. **to put o's cards on the table** berterus-terang. **to show o's cards** menyatakan maksud yg sebenarnya. **to stack the cards** mengatur keadaan. —*kkt.* 1 menyisir (*wood*). 2 mencatat. *The golfer carded 67 for 18 holes* Pemain golf itu mencatat 67 utk 18 lobang.
card-carrying *ks.* tercatat, resmi. *a c. -carrying member* seorang anggota tercatat. **c. catalogue** susunan kartu-kartu nama, buku-buku, majalah-majalah dsb. di perpustakaan. **c. file** kartotik, pekartuan. **c. index** daftar kartu. **c. shark** pemain kartu yg suka menipu. **c. table** méja utk main kartu, dsb.
Card. [*Cardinal*] Kardinal.
cardamom /'kardəməm/ *kb.* kardamunggu, kepulaga.
cardboard /'kard'bowrd/ *kb.* kardus, kertas karton. —*ks.* palsu, sok, bikinan. *c. champion* jagoan palsu.
cardholder /'kard'howldər/ *kb.* pemegang kartu.
cardiac /'kardieæk/ *kb.* penderita penyakit jantung. —*ks.* yg berh. dgn jantung. *c. arrest* perhentian jantung. *c. disease* penyakit jantung. *c. symptoms* gejala-gejala jantung.
cardinal /'kardənəl/ *kb.* 1 *Rel.*: kardinal, penjabat tinggi geréja. 2 burung kardinal. —*ks.* 1 mérah cerah (*of a color*). 2 utama, pokok. *c. number* bilangan pokok. *c. principle* asas yg pokok. *c. sin* dosa utama. **c. point** (*of compass*) ibu mata angin.
cardiogram /'kardieə'græm/ *kb.* kardiogram.
cardiograph /'kardieə'græf/ *kb.* kardiograf.
cardiologist /'kardie'aləjist/ *kb.* ahli jantung.
cardiology /'kardie'aləjie/ *kb.* kardiologi, ilmu penyakit jantung.
cardiovascular /'kardieow'væskyələr/ *ks.* yg mengenai jantung dan urat-urat darah. *c. ailment* sakit jantung dan urat-urat darah.
cardplayer /'kard'pleiər/ *kb.* pemain kartu.
cardsharp /'kard'syarp/ *kb.* pemain kartu yg suka menipu.
care /kær/ *kb.* 1 perawatan. *medical c.* perawatan dokter. *under a doctor's c.* dlm perawatan dokter. 2 perhatian, ketelitian. *She did the job with great c.* Ia melakukan pekerjaan itu dgn hati-hati sekali. *Handle with c.* Perlakukan/Pakai dgn hati-hati. 3 asuhan, perlindungan, pemeliharaan. *under his uncle's c.* dibawah asuhan pamannya. *My son has c. of the rabbits* Anak saya memelihara kelinci. 4 kesusahan. *to feel free of c.* merasa tak punya kesusahan. **to have a c.** (ber) hati-hati. *When you take that trip, have a c.* Berhati-hatilah, bila kamu mengadakan perjalanan itu. *in c. of* dengan alamat (d/a), per adrés. *in c. of J. Smith* d/a J. Smith. **to take c.** berawas-awas. **to take c. of** 1 memelihara, menjaga. *Take good c. of yourself* Peliharalah dirimu baik-baik. 2 mengasuh, mengurus. *Who's taking c. of the children while you're away?* Siapa yg menjaga/mengurus anak-anak itu bila kau sedang bepergian? 3 membayar (*the bills, expenses*). 4

memikirkan. *I'll take c. of the police when they come* Saya yg akan berurusan dgn polisi bila meréka datang. —*kki.* 1 mau, suka. *He doesn't c. to go* Ia tak mau pergi. *He doesn't c. about cars* Ia tak suka akan mobil. 2 peduli. *Why should I c.?* Peduli apa saya! *He didn't c. about the criticism* Ia tak peduli akan kecaman itu. *He cares nothing about paying $50 for a pair of shoes* Ia tak peduli (tak berkeberatan) membayar $50 utk sepasang sepatu. *Take c. that nothing happens* Jagalah jangan sampai terjadi apa-apa. *I don't c. about him* Saya tak peduli akan dia. Saya masa bodoh akan dia. 3 urusan. *What do I c.?* Apa urusan saya? Bukan urusan saya! 4 ada perhatian. *I didn't know you cared* Saya tak tahu bhw sdr ada perhatian thd saya. **to c. for** 1 memelihara. *The old lady is well cared for* Wanita tua itu dipelihara dgn baik. 2 mengurus. *She is caring for my children* Ia mengurus anak-anakku. *The garden is well cared for* Kebun itu terurus dgn baik. 3 mau. *Do you c. for coffee? Yes, please.* Apakah engkau mau kopi? Mau. 4 suka. *Do you c. for coffee? Sometimes.* Apakah engkau suka kopi? Kadang-kadang.

careen /kə'rien/ *kki.* miring, téléng. *The car careened to one side and flipped over* Mobil itu miring ke sebelah dan terbalik.

career /kə'rir/ *kb.* karir, riwayat kerja. *to ruin o's c.* menghancurkan karirnya. —*ks.* tetap. *c. foreign service officer* diplomat pegawai tetap. *c. woman* wanita yg bekerja.

carefree /'kær'frie/ *ks.* riang, tiada yg dipikirkan sama sekali.

careful /'kærfəl/ *ks.* (ber-)hati-hati. *She's a c. person* Ia seorang yg berhati-hati. *Be c. not to mention this* Hati-hati jangan sampai menyebutnya. *Be c. with those dishes* Hati-hatilah dgn piring-piring itu. —**carefully** *kk.* 1 dgn hati-hati. *Carry her c.* Gotonglah dia dgn hati-hati. 2 dgn teliti. *He c. examined the manuscript* Ia periksa naskah itu dgn teliti.

careless /'kærlis/ *ks.* sembrono, sembarangan, serampangan. *c. error* kesalahan yg sembrono. *c. in her work* sembarangan dlm pekerjaannya. —**carelessly** *kk.* dgn sembrono, tanpa tanggung jawab. *He spent his money c.* Ia menghabiskan uangnya dgn sembrono.

carelessness /'kærlisnəs/ *kb.* kesembronoan, pengabaian.

caress /kə'res/ *kb.* usapan, pelukan, cumbuan. elusan. —*kkt.* memeluk sambil membelai. *She caressed her daughter warmly* Ia memeluk dan membelai anak perempuannya dgn mesra.

caret/'kærət/ *kb.* tanda sisipan (∧).

caretaker /'kær'teikər/ *kb.* 1 pengurus, penjaga. *c. of an estate* pengurus perkebunan. 2 pengemban. **c. cabinet** kabinet sementara.

carfare /'kar'fær/ *kb.* ongkos bis/trém.

carful /'karful/ *kb.* sepenuhnya mobil, semobil penuh. *a c. of children* anak-anak semobil penuh.

cargo /'kargow/ *kb.* muatan. *c. ship* kapal barang. *c. space* ruang muat(an). *c. handling* muat-bongkar barang.

carhop /'kar'hap/ *kb.* pelayan di réstoran drive-in.

Caribbean /'kærə'biеən, kə'ribiеən/ *ks.* Karibia. *C. Sea* Laut Karibia.

caribou /'kærəbuw/ *kb.* karibu.

caricature /'kærəkəcər/ *kb.* karikatur. —*kkt.* membuat sindiran dgn karikatur.

caries /'kæriez/ *kb.* kebusukan pd tulang atau gigi, mati tulang.

carillon /'kærələn/ *kb.* menara loncéng.

carload /'kar'lowd/ *kb.* segerobak. *a c. of potatoes* kentang segerobak.

carmine /'karmən/ *ks.* mérah tua/padam.

carnage /'karnij/ *kb.* pembunuhan, penyembilihan besar-besaran. *c. in battle* pembunuhan pd pertempuran.

carnal /'karnəl/ *ks.* yg bersifat jasmani, jasmaniah, badaniah. *c. abuse* perkosaan badan. *c. desire* hawa nafsu. *to have c. knowledge* melakukan persetubuhan, bersetubuh.

carnation /kar'neisyən/ *kb.* anyelir.

carnival /'karnəvəl/ *kb.* karnaval, kirab, pésta, pasar malam dgn hiburan-hiburan.

carnivorous /kar'nivərəs/ *ks.* yg makan daging. *Dogs are c.* Anjing adalah héwan yg makan daging.

carol /'kærəl/ *kb.* nyanyian/lagu gembira.

carom /'kærəm/ *kb. j.* **caroms** sm permainan karambol. —*kki.* mental, terpelanting. *The ball caromed back to his glove* Bola itu mental kembali dan ditangkap di tangannya.

carouse /kə'rawz/ *kki.* minum sampai mabuk, berpésta minum-minum. *All those at the party caroused all night long* Di pésta itu semuanya mabok-mabokan semalam suntuk.

carousel /'kærə'sel/ *kb.* korsél.

carp /karp/ *kb.* sm ikan guramé. —*kki.* mengomél, mencari kesalahan. *to c. about s.t.* mengomél ttg apa saja. —**carping** *kb.* cela-mencela. *c. criticism* pembahasan yg mencemoohkan.

carpenter /'karpəntər/ *kb.* tukang kayu. *carpenter's level* sipat datar, alat penimbang datar. *carpenter's square* siku-siku.

carpentry /'karpəntrie/ *kb.* pekerjaan kayu.

carpet /'karpət/ *kb.* babut, permadani, ambal, hamparan. *c. sweeper* alat penyapu ambal. *c. tack* paku tikar. *Inf.:* **to have on the c.** memarahi. *The boss had him on the c. yesterday* Kemarin majikan memarahinya. **to sweep under the c.** mengélakkan/menyembunyikan persoalan. —*kki.* memasang babut. *to c. the house* memasang babut di seluruh rumah. —**carpeting** *kb.* 1 bahan-bahan utk permadani. 2 permadani.

carpetbagger /'karpət'bægər/ *kb.* petualang/oportunis politik.

carport /'kar'powrt/ *kb.* atap tambahan utk perlindungan mobil.

carpus /'karpəs/ *kb.* pangkal tangan, tulang pergelangan tangan.

carriage /'kærij/ *kb.* 1 keréta yg ditarik oléh kuda. 2 sikap-diri, pembawaan (badan).

carried /'kæried/ lih CARRY.

carrier /'kæriеər/ *kb.* 1 alat pengangkut, perusahaan pengangkutan. *The railroad is a c.* Keréta api adalah alat pengangkutan. *mail c.* pengantar pos. *water c.* tempat air, pengangkat air. 2 penyebar, pembawa. *She was a c. of typhus* Ia pembawa kuman penyakit typhus. **carrier-based** *ks.* yg berpangkalan di kapal induk. *c.-based aircraft* pesawat terbang yg berpangkalan di kapal induk. **c. pigeon** merpati pos/piaraan.

carries /'kæriez/ lih CARRY.

carrion /'kæriеən/ *kb.* 1 daging bangkai. 2 sampah kotoran.

carrot /'kærət/ *kb.* 1 bortel, wortel. 2 penarik, pemikat. *The university offered extra summer pay as a c.* Universitas itu menawarkan tambahan penghasilan utk musim panas sbg pemikat.

carry /'kærie/ *kkt.* (**carried**) 1 mengangkat. *I'll c. your bag* Saya angkat kopermu. 2 membawa. *to c. a weapon* membawa senjata. *He carried the books* Ia membawa buku-buku itu. 3 mempunyai. *His opinion carries weight* Pendapatnya mempunyai pengaruh. 4 memenangkan *(an election).* 5 menggotong, mengangkat. *She carried the baby to bed* Ia menggotong bayi itu ke tempat tidur. 6 menerima, meloloskan. *The motion to adjourn was carried* Mosi utk bubar diterima. 7 mempengaruhi. *The speaker carried the audience with him* Pembicara itu sangat mempengaruhi pendengarnya. 8 memikul. *He has carried his burdens well* Ia tlh memikul kesusahannya dgn baik. 9 menjual. *Do you c. flashlights?* Adakah kau jual sénter? 10 memuat. *This magazine carried an article about outer space* Majalah itu memuat sebuah artikel mengenai ruang angkasa. 11 mengandung. *She was carrying her third child* Ia sedang mengandung anaknya yg ketiga. **to c. arms** memanggul senjata. **::** *C. two and five are seven* Tambahkan dua dan lima akan menjadi tujuh. *He carries himself well* Perawakannya baik. Bentuk badannya baik. *Hard work carried him far* Kerja keras menjadikan dia maju. *to c. a joke too far* melampaui batas dgn kelakar. **to c. o's liquor** tahan minum (minuman keras). —*kki.* terdengar. *The sound of a whistle carries far* Bunyi peluit bisa terdengar sampai jauh. **to c. away** 1 mengangkut, menggotong. *to c. away the trash* mengangkut kotoran. 2 mempesonakan. *The audience was carried away by her singing* Para pendengar terpesona mendengarkan nyanyiannya. 3 mempengaruhi. *Don't get carried away* Janganlah terpengaruh. *This carries me back to my youth* Hal ini mengingatkan saya kembali kpd masa muda saya. *to c. everything before o.* sangat berhasil. **to c. forward** 1 melancarkan, meneruskan. *He carried forward his program with vigor* Ia melancarkan rencananya dgn semangat. 2 memindahkan. *The unexpended balance should be carried forward to the following month* Jumlah yg blm dipergunakan hrs dipindahkan ke bulan berikutnya. **to c. off** 1 membawa lari. *The tiger carried off its victim* Harimau itu membawa lari mangsanya. 2 merebut. *to c. off the prize* merebut hadiah. 3 melakukan. *She carried off her talk well* Ia melakukan ceramahnya dgn baik. **to c. on** 1 mengadakan. *to c. on a correspondence* mengadakan surat-menyurat. *to c. on trade* mengadakan perdagangan. 2 meneruskan, melanjutkan. *Will you c. on in my absence?* Apakah engkau mau meneruskan selama saya tdk ada? *It's difficult to c. on a conversation with all this racket* Sukar utk meneruskan percakapan dlm kegaduhan yg demikian ini. 3 *Inf.:* bertindak tdk pantas. *She carried on s.t. terrible when she failed her exam* Ia bertindak tdk pantas/naik marah ketika ia gagal ujian. *His wife carried on with other men* Isterinya mengadakan hubungan (gelap) dgn laki-laki lain. *The boys on the bus were carrying on* Anak-anak laki dlm bis itu ribut tak keruan. *She carried on about the neighbors next door* Ia mengatai yg sebelah tetangganya. **to c. on the back** menggéndong. **to c. out** 1 membawa. *Please c. out the garbage for me* Bawakanlah sampah itu keluar. 2 mengadakan. *to c. out military operations* mengadakan gerakan militér. 3 melaksanakan, menyelesaikan *(a plan).* 4 mengamalkan. *to c. out the president's mandate* mengamalkan amanat présidén. **to c. over** 1 membawa. *His dislike for the region was carried over from childhood* Kebenciannya thd daérah itu adalah pembawaan dari masa kecilnya. 2 memindahkan. *to c. over a balance* memindahkan jumlah. **to c. through** 1 membantu. *His fine spirit carried him through his illness* Semangatnya yg baik itu tlh membantunya men-

jadi sembuh dari penyakitnya. 2 melaksanakan, mencapai. *He succeeded in carrying through all his objectives* Ia berhasil mencapai semua tujuannya. **carry-home** *ks.* membawa pulang. *c.-home carton* bungkusan minuman yg bisa dibawa pulang. **c.-out** *service* menyediakan makanan yg dibungkus utk dibawa. **carry-over** *kb.* pengambilan, pembawaan, operan. *How much c.-over is there from that program to the new o.?* Berapa banyak sisa dari program itu yg dipindahkan ke program yg baru? —**carrying** *ks.* yg membawa. *c. capacity* daya angkut/muat. *c. charge* ongkos tambahan/administrasi (kalau mencicil). **carryings-on** *kb., j. Inf.:* tingkah laku, tindakan, tindak tanduk.

cart /kart/ *kb.* 1 keréta. *grocery c.* keréta utk mengumpulkan barang-barang yg dibeli di toko. 2 gerobak, keréta. *The c. was drawn by a horse* Keréta itu ditarik oléh seékor kuda. **to put the c. before the horse** mengerjakan s.s.t. dgn sebaliknya. —*kkt.* 1 mengangkut dgn keréta. *to c. books* mengangkut buku dgn keréta. 2 mengangkat dgn keréta. *to c. the trash away* mengangkat sampah dgn keréta.

carte blanche /'kart'blansy/ *kb.* kekuasaan penuh, blangko mandat. *We have given him c. in this matter* Kami sdh berikan kepadanya kekuasaan penuh dlm hal ini.

cartel /kar'tel/ *kb.* suatu gabungan perusahaan-perusahaan yg bertujuan monopoli teristiméwa dlm mengatur harga-harga.

cartilage /'kartəlij/ *kb.* tulang rawan/muda.

cartload /'kart'lowd/ *kb.* segerobak penuh.

cartographer /kar'tagrəfər/ *kb.* pembuat peta.

cartography /kar'tagrəfie/ *kb.* perpetaan.

carton /'kartən/ *kb.* 1 slof, bos. *a c. of cigarettes* satu slof rokok. 2 kotak kardus, dos, karton.

cartoon /kar'tuwn/ *kb.* gambar lucu, (gambar) kartun.

cartoonist /kar'tuwnist/ *kb.* seniman (gambar) kartun.

cartridge /'kartrij/ *kb.* 1 pélor, peluru. 2 isi pulpén.

carve /karv/ *kkt.* 1 mengukir, memahat. *to c. wood* mengukir kayu. 2 memotong-motong. *to c. a turkey* memotong-motong daging kalkun. 3 menuliskan, menggoréskan. *He carved his initials on the tree* Ia menuliskan parafnya pd pohon. —**carving** *kb.* ukiran. *c. knife* pisau daging.

carver /'karvər/ *kb.* 1 pengukir, pemahat. 2 pisau daging.

cascade /kæs'keid/ *kb.* air terjun kecil, riam, jeram. *a c. of flowers* bunga-bunga yg berjatuhan (spt air terjun). —*kki.* mengalir/berpancaran kebawah. *The water cascaded over the cliff* Air terjun meléwati batu-batu.

case /keis/ *kb.* 1 kotak, peti. *cigarette c.* kotak rokok. *a c. of beer* sepeti bir. 2 tempat, tas. *camera c.* tempat alat pemotrét. 3 panggilan. *Med.: to go out on a c.* pergi keluar atas panggilan. 4 penyakit. *a c. of malaria* penyakit malaria. 5 perkara. *a legal c.* perkara. 6 'keadaan, hal yg sebenarnya. *She said it was raining, but that wasn't the c.* Katanya hari hujan tapi ternyata tdk begitu. 7 kasus. *the nominative c.* kasus nominatif. 8 orang sakit, orang yg luka. 9 pengaduan *(of the government).* 10 alasan. *to put up a c. for* mengemukakan alasan utk. 11 hal. *Should such a c. occur...* Bila hal semacam itu terjadi.... *Such being the c.* Jika demikian halnya. *It is often the c....* Sering terjadi ... **as the c. may be** bagaimana nanti. **to get down to cases** membahas pokok-pokok persoalan yg sebenarnya. *We've been talking in general terms up to now; let's get down to cases* Sampai sekarang ini kita sdh mempersoalkannya secara umum; baiklah kita sekarang membahas pokoknya. **in any c.** bagaimanapun juga. *In any c., you have to go* Bagaimanapun juga, engkau hrs pergi. **in c.** 1 jika seandainya. *I recommend this procedure just in c.* Saya menganjurkan cara bekerja demikian, jika seandainya diperlukan. 2 jika, kalau, jikalau. *In c. I don't get here, you go on* Jikalau saya tak datang kamu pergi saja. **in c. of** andaikata, jika. *In c. of rain the party will be postponed* Jika hujan, pésta akan diundurkan. *in c. of a tie* dlm hal suara-suara sama banyaknya. **in most cases** pd umumnya, dlm kebanyakan kejadian. **in every c.** dlm semua hal. *In every c. some decision has to be made* Biar bagaimanapun sesuatu keputusan hrs diambil. **in no c.** sama sekali tidak. *In no c. open this door if fire breaks out* Samasekali kau-tak boléh membuka pintu ini kalau ada kebakaran. —*kkt.* 1 *Sl.:* meneliti, menyelidiki benar-benar. *to c. a building* meneliti benar-benar gedung sblm membongkarnya. 2 mempak, mengepak. *to c. the merchandise* mempak barang dagangan. —**case-hardened** *ks.* 1 terlatih, kawakan. *c.-hardened athlete* olahragawan yg terlatih. 2 kawakan, berpengalaman. *c.-hardened criminal* penjahat kawakan. **c. history** hal-ihwal, riwayat. *the c. history of a patient* riwayat keséhatan pasién. **c. study** penyelidikan mengenai keadaan yg sebenarnya. —**casing** *kb.* 1 selubung. *sausage c.* selubung sosis. *tire c.* selubung ban. 2 lis, pinggiran, bingkai, pian. *c. of a window* lis jendéla.

casebook /'keis'buk/ *kb.* 1 buku berisi keputusan-keputusan perkara pengadilan. 2 perkumpulan dari catatan-catatan mengenai hal-hal yg sebenarnya dlm sebuah lapangan.

casein /'keisien/ *kb.* kaséin.

casement /'keismənt/ *kb.* jendéla yg dibuka dgn mendorong keluar.

caseworker /'keis'wərkər/ *kb.* karyawan/karyawati utk kesejahteraan sosial.

cash /kæsy/ *kb.* 1 uang. *I'm short of c.* Saya tdk punya uang. *to pay c. for* membayar kontan utk. *c. down* dng kontan. —*kkt.* menguangkan (*a check*). **to c. in** menukar, menguangkan. *He cashed in his certificate* Ia menukar karcis kuponnya dgn barang-barang. *to c. in a bond* menguangkan surat obligasi. *Inf.:* **to c. in on** mempergunakan sebaik-baiknya. *He cashed in on the opportunity* Ia mempergunakan kesempatan itu sebaik-baiknya.

cash-and-carry *ks.* bayar kontan dan barangnya segera diangkat, membeli kontan. **c. balance** saldo uang. **c. crop** hasil bumi utk perdagangan. **c. discount** potongan utk pembayaran tunai. **c. in hand** uang kontan yg tersedia. **c. register** mesin kas, mesin hitung uang. **c. sale** penjualan dgn pembayaran tunai. **c. advance** uang panjar.

cashbox /'kæsy'baks/ *kb.* peti uang.

cashew /'kæsyuw/ *kb.* (biji) jambu monyét. *c. nut* biji jambu monyét, kacang méndé.

cashier /kæ'syir/ *kb.* kasir, pemegang kas. *cashier's check* cék/wésél bank. —*kkt.* memecat. *His conduct caused him to be cashiered from the service* Kelakuannya itu menyebabkan ia dipecat dari dinas ketentaraan.

casino /kə'sienow/ *kb.* kasino, tempat berjudi/penjudian, ruangan/kamar judi.

cask /kæsk/ *kb.* tong (kecil).

casket /'kæskit/ *kb.* peti mayat/mati/jenazah.

cassava /kə'savə/ *kb.* singkong, ubi/ketéla kayu.

casserole /'kæsərowl/ *kb.* 1 tempat makanan yg ada tutupnya utk memasak atau menyajikan makanan.

2 makanan biasanya merupakan sebuah adukan dimasak didlm kuah di tempat sm itu.

cassette /kæ'set/ *kb.* kasét.

cassock /'kæsək/ *kb.* baju jubah.

cassowary /'kæsə'werie/ *kb.* (*j.* **-ries**) burung kasuari.

cast /kæst/ *kb.* 1 pembalut (dari) gips. *c. on a broken arm* tangan yg patah pakai gips. 2 *Thea.*: para pelaku. 3 cétakan. 4 warna tambahan, semu. *The cloth is red with a yellow c.* Bahan baju itu mérah semu kuning. —*kkt.* (**cast**) 1 melémparkan (*a stone, line*). *to c. into prison* melémparkan/menjebloskan ke penjara. 2 membuat. *to c. a statue in bronze* membuat patung dari perunggu. 3 memberikan, memasukkan. *to c. a ballot/vote for* memberikan suara kpd. **::** *to c. a glance at s.o.* melirik sejenak kpd s.s.o. *She c. her eyes in my direction* Ia melirik ke arah saya. *The die is c.* Keputusan sdh diambil. **to c. about** mencari. *to c. about for new ideas* mencari idé-idé baru. **to c. aside** menolak, membuang. *His suggestions were c. aside* Usul-usulnya ditolak. **to c. away** 1 membuang, mencampakkan. 2 mendamparkan. *He was c. away on a lonely island* Ia terdampar di sebuah pulau sunyi. **to c. back** melémparkan kembali. **to c. down** melihat kebawah. *He c. his eyes down when he was accused of the theft* Ia menunduk ketika dituduh mencuri. **to be c. down** sedih sekali, putus asa. *He was c. down* Ia sedih sekali. **to c. off** 1 berangkat, bertolak. *After all the passengers were aboard, the ship c. off* Sesudah seluruh penumpang naik maka kapal berangkat. 2 membuang, tdk mengakui. *He has c. off his son* Ia membuang anaknya. **to c. out** mengusir, mengeluarkan, menghalau. *to c. out the demons* mengusir sétan-sétan. **to c. up** 1 mengarahkan keatas. *She c. up her eyes and looked into his* Ia melihat keatas lalu menatapinya. 2 mendamparkan, melémparkan. *The body was c. up on shore* Mayat itu terdampar di pantai. **c. iron** besi tuang/cor. *c.-iron bed* tempat tidur besi. **cast-off** *ks.* usang, yg dibuang. *c.-off clothing* pakaian usang. —**casting** *kb.* 1 *Thea.*: pemilihan pemain-pemain. 2 tuangan. *bronze c.* tuangan perunggu.

castanet /'kæstə'net/ *kb.* kastenyét.

castaway /'kæstə'wei/ *kb.* 1 orang yg kapalnya karam. 2 orang paria, orang buangan masyarakat.

cast /kæst/ *kb.* kasta (masyarakat). *to lose c.* kehilangan kedudukan di masyarakat.

caster /'kæstər/ *kb.* 1 léréng-léréng (pd sofa, kursi, tempat tidur dsb). 2 pengail. 3 botol kecil (utk merica, garam dsb.).

castigate /'kæstəgeit/ *kkt.* menghukum (*a pupil*)

castle /'kæsəl/ *kb.* 1 bénténg, kastil. 2 istana. *A man's home is his c.* Rumah s.s.o. adalah istana baginya. *c. in Spain, c. in the air* khayalan kosong, mimpi di siang bolong. *to build castles in the air* beridam-idaman, menggantang asap, mengharapkan s.s.t. yg mustahil, berkhayal kosong.

castor /'kæstər/ *kb.* 1 **c. oil** kastroli, minyak jarak. 2 = CASTER.

castrate /'kæstreit/ *kkt.* mengebiri.

castration /kæ'streisyən/ *kb.* pengebirian.

casual /'kæzyuəl/ *ks.* 1 secara kebetulan. *c. meeting* pertemuan secara kebetulan. 2 sambil lalu. *c. glance* pandangan sambil lalu. 3 begitu saja, sepintas lalu. *c. acquaintance* kenalan begitu saja. *c. conversation* percakapan sepintas lalu. 4 lepas. *c. laborer* buruh lepas. 5 tdk tetap. *c. customer* langganan yg tdk tetap. 6 sederhana. *c. clothes* pakaian sederhana. **to be c. about** sembarangan, sembrono. *She's too c. about her appearance* Ia terlampau sembarangan mengenai rupanya. —**casually** *kk.* 1 begitu saja. *I know her only c.* Saya kenal dia begitu saja. 2 secara iseng-iseng, sambil lalu. *He said it c.* Ia mengatakannya sambil lalu.

casualness /'kæzyuəlnəs/ *kb.* secara tdk formil, secara tdk dibuat-buat. *The c. of his approach made me feel at home* Caranya mendekati saya secara tdk formil itu membuat saya merasa spt di rumah sendiri.

casualty /'kæzyuəltie/ *kb.* (*j.* -**ties**) korban (kecelakaan).

cat /kæt/ *kb.* kucing. *to bell the c.* melakukan s.s.t. yg berbahaya. *to let the c. out of the bag* membuka rahasia. *When the c. is away the mice will play* Bébas sekali kalau tak ada majikan di rumah. *a c.-and-dog life* penghidupan yg penuh dgn pertengkaran. *The enemy played c.-and-mouse with the prisoners* Musuh mempermainkan tawanannya. *to rain cats and dogs* hujan sangat lebat. **cat's paw** kaki kucing. *I made him my cat's paw* Saya memperalat dia utk kepentingan saya sendiri. **c. nap** tertidur sebentar-sebentar.

cataclysm /'kætə'klizəm/ *kb.* bencana alam.

cataclysmic /'kætə'klizmik/ *ks.* bersifat perubahan besar. *Recent developments have been c. for that country* Kejadian-kejadian baru-baru ini merupakan perubahan besar utk negeri itu.

catafalque /'kætəfælk/ *kb.* podium/panggung utk peti mayat.

catalepsy /'kætə'lepsie/ *kb.* katalépsia, sm ayan.

catalog /'kætələg/ = CATALOGUE.

cataloger /'kætə'lɔgər/ *kb.* pendaftar buku-buku.

catalogue /'kætələg/ *kb.* 1 katalogus. 2 pendaftaran buku-buku atau barang-barang dagangan. —*kkt.* 1 membuat daftar nama-nama buku. *The library catalogues several hundred books a day* Perpustakaan membuat katalogus dari beberapa ratus buku tiap hari. 2 mendaftarkan. *She catalogued this novel under French literature* Ia mendaftarkan roman ini didlm/dibawah kesusasteraan Perancis.

catalyst /'kætəlist/ *kb.* katalisator.

catapult /'kætəpult/ *kb.* katapél, jeprétan. —*kkt.* melontarkan, menjeprétkan, mempelantingkan. *He was catapulted from a cannon* Ia dilontarkan dari sebuah meriam. *He was suddenly catapulted to fame and fortune* Dgn tdk disangka-sangka ia mendapat nama dan kekayaan.

cataract /'kætərækt/ *kb.* 1 air terjun yg terjal sekali. 2 bular (*of the eye*).

catarrh /kə'tar/ *kb.* radang selaput lendir di hidung dan tenggorokan yg disertai keluarnya lendir.

catastrophe /kə'tæstrəfie/ *kb.* malapetaka, bencana alam.

catastrophic /'kætə'strafik/ *ks.* yg merupakan·bencana besar.

catcall /'kæt'kɔl/ *kb.* éjékan, teriakan-teriakan menandakan kejéngkélan.

catch /kæc/ *kb.* 1 pegangan, jepitan, kaitan, géspér. *I broke the c. on my bag* Kaitan tasku rusak. 2 tangkapan. *His fishing netted a good c.* Ia menangkap ikan banyak. 3 *Inf.:* calon suami idaman. *He's a good catch* Ia merupakan calon suami yg baik. 4 tersedan-sedan. *He had a c. in his throat when he broke the news* Suaranya tersedan-sedan ketika ia menyampaikan berita itu. 5 *Inf.:* udang di balik batu, maksud tersembunyi. *That's a very low price; what's the c.?* Aduh, murah betul harganya itu; tentu ada udang di balik batu. **to play c.** *Sport:* main tangkap-tangkapan. —*ks.* menarik, muluk:

muluk. *The ad used c. phrases* Iklan itu memakai semboyan yg menarik. *That's a c. question* Pertanyaan itu dpt membuat orang terjebak. —*kkt.* (**caught**) 1 menangkap (*a ball, a child, etc.*). *I didn't c. your name* Saya tak menangkap/mendengar nama sdr. 2 naik, mengéjar. *to c. a train* naik keréta api. 3 ketularan. *to c. the measles* ketularan penyakit campak. 4 menyangkut. *He caught his coat on a nail* Mantelnya tersangkut di paku. :: *Don't c. your finger in the door* Jangan sampai jarimu terjepit di pintu. *to c. s.o. stealing an umbrella* memergoki s.s.o. mencuri payung. *I finally caught his ear* Akhirnya ia mau mendengarkan saya. *A storm caught us on the lake* Tiba-tiba kami dilanda badai di danau. *I was caught in the rain* Saya kehujanan. *to c. the likeness in a portrait* berhasil melukiskan wajah dlm potrét. *This room catches the morning sun* Kamar ini mendapat cahaya matahari pd hari pagi. *He caught his elbow against the table* Sikunya terantuk pd méja itu. *Cancer may be cured if it is caught in time* Penyakit kanker dpt disembuhkan bila diketahui tepat pd waktunya. *You'll not c. him doing anything that requires effort* Kau tdk akan berhasil menemukan dia mengerjakan s.s.t. dgn berusaha keras. —*kki.* menyangkut, mencekau. *The lock won't c.* Kunci itu tak bisa menyangkut. *The lock won't c.* Gembok itu tak mau mengunci. *Inf.:* **to c. in** menjumpai, menemukan. *When do you think I can c. your boss in?* Kapankiranya saya dpt menjumpai majikanmu? *Inf.:* **to c. it** dihukum. *Now that you've broken that dish, you're going to c. it* Engkau akan dihukum karena tlh memecahkan piring itu. *Inf.:* **to c. on** 1 menangkap. *He was quick to c. on to the idea* Ia cepat menangkap gagasan itu. 2 mengerti. *I am afraid I didn't c. on* Saya kuatir bhw saya tak mengerti. *She caught onto my hint* Ia mengerti anjuran saya. 3 menjadi populér. *The song caught on right away* Lagu itu menjadi populér seketika itu juga. **to c. up** 1 mengejar. *I'm so far behind in my studies, I'll never be able to c. up* Saya sangat terbelakang dlm pelajaran, saya tak akan sempat mengejar. *to c. up on the news* mengejar ketinggalan dlm hal berita-berita. *Run and c. up with me* Kejarlah dan lari secepat saya. 2 menyusul. *I'll c. up with you later* Saya susul sdr nanti. **c.-as-c.-can fight** perkelahian yg boléh pakai gaya sembarangan. —**catching** *ks.* 1 menular. *Children's diseases are often c.* Penyakit anak-anak seringkali menular. *His enthusiasm was c.* Kegairahannya menular. 2 menarik.

catchall /'kæc'ɔl/ *kb.* tempat utk segala macam barang.

catcher /'kæcər/ *kb.* penangkap bola.

catchup /'kæcəp, 'ke-/ = CATSUP.

catchword /'kæc'wərd/ *kb.* kata semboyan/slogan. *"The Great Society" is an example of a c.* "The Great Society" adalah suatu contoh kata slogan.

catchy /'kæcie/ *ks.* 1 mudah diingat, menarik. *c. tune* lagu yg mudah diingat. *c. phrase* semboyan yg menarik. 2 memperdayakan, menipu. *c. question* pertanyaan yg memperdayakan.

catechism /'kætikizəm/ *kb.* katékismus.

categorical /'kætə'garəkəl/ *ks.* pasti, positip. *c. denial* penolakan yg pasti. *c. statement* pernyataan yg pasti. —**categorically** *kk.* dgn mentah-mentah, dgn pasti. *He c. rejected the offer* Ia menolak tawaran itu dgn mentah-mentah.

categorize /'kætəgəraiz/ *kkt.* 1 menganggap. *to c. as nonsense* menganggap omong kosong belaka. 2 menggolongkan, membagikan, mengkategorikan.

to c. *them as foreigners* menggolongkan meréka sbg orang asing.

category /'kætə'gowrie/ *kb.* (*j.* **-ries**) kategori, kelompok, golongan.

cater /'keitər/ *kki.* 1 memenuhi. *to c. to o's whim* memenuhi kehendak. 2 melayani. *This hotel caters to wealthy customers* Hotél ini melayani langganan-langganan yg kaya. 3 menyediakan makanan. *That restaurant caters (for) receptions* Réstoran itu menyediakan makanan utk resépsi-resépsi. —**catering** *kb.* melayani pesanan utk pésta-pésta dsb., meléver makanan.

catercornered /'kætər'kɔrnərd/ *ks.* berseberangan sudut. *My house is situated c. from his* Rumahku terletak berseberangan sudut dari rumahnya.

caterer /'keitərər/ *kb.* pemborong, léveransir makanan utk pésta-pésta dsb.

caterpillar /'kætər'pilər/ *kb.* ulat (bulu). *c. tractor* traktor berban-gigi, traktor yg bannya bergigi.

catfish /'kæt'fiʃ/ *kb.* sm ikan (berkumis spt kucing).

catfood /'kæt'fuwd/ *kb.* makanan utk kucing.

catgut /'kæt'gʌt/ *kb.* tali/senar dibuat dari usus kambing atau héwan lainnya dijemur dan dipintal utk biola, rakét dsb.

catharsis /kə'tharsəs/ *kb.* perasaan terharu disebabkan oléh sandiwara tragédi dsb.

cathartic /kə'thartik/ *kb'* pencuci perut, obat pencahar, urus-urus.

cathedral /kə'thiedrəl/ *kb.* katedral.

catheter /'kæθətər/ *kb.* med.: pipa dipakai utk dimasukkan kedlm lubang tubuh (mis: jalan air kencing dari kandung kencing).

cathode /'kæθowd/ *kb.* **c. ray** sinar katoda.

catholic /'kæθ(ə)lik/ *kb.* Katolik. *He's a C.* Ia seorang Katolik. —*ks.* 1 universil, umum. *He has c. tastes* Ia mempunyai seléra yg universil. 2 (Rum) Katolik. *C. Church* Geréja Rum Katolik.

Catholicism /kə'thaləsizəm/ *kb.* paham/keyakinan/doktrin Katolik.

catnip /'kætnip/ *kb.* sm tanaman yg mengandung permén sangat disukai kucing.

catsup /'kætsəp, 'kæcəp/ *kb.* 1 saus/sos tomat. 2 = KETCHUP.

cattiness /'kætienəs/ *kb.* sifat suka membenci. *Her c. was wellknown* Sifatnya yg suka membenci terkenal.

cattle /'kætəl/ *kb.* ternak, lembu, sapi. *c. breeding* peternakan sapi, lembu dsb. *c. car* gerobak lembu. *c. crossing* penyebrangan ternak. *c. grazing* mengangon ternak, pengangon.

cattleman /'kætəlmən/ *kb.* (*j.* **-men**). peternak.

catty /'kætie/ *ks.* tajam (mulut, perkataan), berisi kebencian. *She can be very c. if she wants to* Kalau mau ia mulutnya bisa tajam. *c. remark* ucapan berisi kebencian.

catty-cornered /'kætie'kɔrnərd/ = CATERCORNERED.

catwalk /'kæt'wɔk/ *kb.* jalan sempit di jembatan, tangki, mesin dsb.

Caucasian /kə'keizyən/ *ks.* yg berh. dgn bangsa "kulit putih". *He is C. by race* Ia bangsa kulit putih. Ia berbangsa Éropah.

caucus /'kɔkəs/ *kb.* rapat anggota-anggota partai politik. —*kki.* mengadakan rapat. *The striking group caucused this morning* Para pemogok tadi pagi mengadakan rapat.

caught /kɔt/ lih CATCH.

cauldron /'kɔldrən/ *kb.* kétél, cérék, cérét, kawah, kancah.

cauliflower /'kɔlə'flawər/ *kb.* blumkol, kol kembang.

caulk /kɔk/ = CALK.

causal /'kɔzəl/ *ks.* sebab musabab, bersifat sebab-menyebab. *What is the c. relationship between these two events?* Apakah hubungan sebab musabab antara dua kejadian ini?

causality /kə'zælətie/ *kb.* hubungan sebab dan akibat.

causation /kə'zeisyən/ *kb.* yg menyebabkan, yg mendatangkan akibat.

causative /'kɔzətiv/ *ks.* kausatif. -*kan is a c. suffix* -kan adalah akhiran kausatif.

cause /kɔz/ *kb.* 1 sebab, penyebab. *c. of the illness* sebab penyakit. 2 alasan. *He has no c. to be mad* Tak ada alasan mengapa dia hrs marah. **to show c.** mengemukakan alasan. *to show c. why* mengemukakan alasan mengapa. 3 maksud. *to assist a worthy c.* membantu maksud yg baik. *a just c.* maksud yg adil. 4 perkara. *to plead s.o.'s c.* membéla perkara s.s.o. **to make common c. with** berpihak pd, membantu, bekerja sama. —*kkt.* menyebabkan. *What caused the accident?* Apa yg menyebabkan kecelakaan itu? *to c. a lot of trouble* menyebabkan banyak kesusahan. *to c. damage to* menyebabkan kerusakan kpd. *to c. a commotion* mengadakan keributan, menimbulkan héboh.

causeway /'kɔz'wei/ *kb.* jalan lintasan yg ditinggikan meléwati rawa-rawa dsb.

caustic /'kɔstik/ *ks.* bahan tajam yg dpt membakar kulit. —*ks.* 1 pedas, tajam. *c. reply* jawaban yg pedas. *c. wit* otak yg tajam. 2 tajam, yg membakar kulit. *c. agent* bahan tajam. **c. soda** soda api/gosok.

cauterize /'kɔtəraiz/ *kkt.* membakar (*a wound*).

caution /'kɔsyən/ *kb.* 1 perhatian, berhati-hati. *C. should be used in crossing streets* Haruslah berhati-hati sewaktu menyeberangi jalan. 2 peringatan. *Yellow represents c. on traffic lights* Warna kuning pd lampu lalu lintas merupakan tanda peringatan. *to let s.o. off with a c.* melepaskan s.s.o. dgn peringatan. **to throw c. to the wind** mengabaikan sikap berhati-hati. —*kkt.* memperingatkan. *I must c. you about the dangers involved in skiing* Saya hrs peringati sdr thd bahaya-bahaya bermain ski.

cautious /'kɔsyəs/ *ks.* berhati-hati. *Be very c.* Hati-hatilah.

cav., Cav. [*Cavalry*] kavaleri.

cavalcade /'kævəlkeid/ *kb.* arak-arakan, iring-iringan, pawai. *c. of stars* iring-iringan bintang (pilem, dsb).

cavalier /'kævə'lir/ *ks.* sombong, congkak, angkuh. *I don't like his c. manner* Saya tak suka sifatnya yg sombong.

cavalry /'kævəlrie/ *kb.* (*j.* **-ries**) kavaleri, pasukan/barisan kuda.

cavalryman /'kævəlriemən/ *kb.* (*j.* **-men**). anggota kavaleri.

cave /keiv/ *kb.* gua. —*kki.* **to c. in** runtuh, ambruk, longsor. *The house caved in* Rumah itu ambruk.

cave-in *kb.* runtuh, ambruk, longsor (*of a tunnel*).

caveat /'kævieæt/ *kb.* surat protés/keberatan. *to enter a c. against* mengajukan surat keberatan thd.

cavern /'kævərn/ *kb.* gua besar, lobang besar didlm tanah.

cavernous /'kævərnəs/ *ks.* 1 besar. *c. building* gedung yg besar dan tinggi (spt gua). 2 dalam (dan tinggi). *He had c. eyes* Matanya sangat cekung. *c. mountain area* daérah pegunungan yg penuh dgn gua.

caviar /'kæviear/ *kb.* kaviar. telur ikan.
cavil /'kævəl/ *kki.* bertengkar ttg hal-hal yg kecil. *She tends to c. about insignificant matters* Ia suka sekali bertengkar ttg hal yg kecil-kecil.
cavity /'kævətie/ *kb.* (*j.* **-ties**) 1 lubang (*in a tooth*). 2 rongga, ruang. *abdominal c.* rongga perut.
cavort /kə'vɔrt/ *kki.* melompat-lompat. *The children c. about the yard* Anak-anak melompat-lompat di halaman.
caw /kɔ/ *kb.* gaok. —*kki.* menggaok.
cayenne /kei'en/ *kb.* **c. pepper** lada mérah, cabai rawit.
CBS /'sie'bie'es/ [*Columbia Broadcasting System*] Organisasi Siaran Columbia.
cc 1 [*cubic centimeter*] séntiméter kubik. 2 [*centimeters*] séntiméter-séntiméter. 3 [*chapters*] bab-bab.
c.c., C.C. 1 [*cashier's check*] cék bank. 2 [*chief clerk*] kepala pembantu di toko, kepala jurutulis, kepala komis. 3 [*consular clerk*] pegawai konsulér. 4 [*county clerk*] pegawai kantor daérah. 5 [*cubic centimer*] séntiméter kubik. 6 [*centimeters*] séntiméter.
C C [*Consular Corps*] Korps Konsulér.
C. E. [*Civil Engineer*] Insinyur Sipil.
cease /sies/ *kkt.* berhenti. *The rain ceased beating on the roof* Gemertak hujan di atap berhenti. —*kki.* berhenti. *The noise finally ceased* Bunyi-bunyi itu akhirnya berhenti. —**ceasing** *kb.* perhentian. *It rained without c.* Hujan turun dgn tak henti-hentinya.
cease-fire *kb.* gencatan senjata.
ceaseless /'sieslɔs/ *ks.* terus-menerus, tanpa berhenti. *c. efforts* usaha-usaha yg terus-menerus. —**ceaselessly** *kk.* dgn tak henti-hentinya, tanpa henti-hentinya, dgn terus-menerus. *The rain poured c.* Hujan turun dgn tak henti-hentinya.
cedar /'siedər/ *kb.* pohon cedar. *c. chest* lemari dari kayu cedar.
cede /sied/ *kkt.* menyerahkan, memberikan. *The area was ceded to ...* Daérah itu diserahkan kpd ....
CEEB /sieb/ [*College Entrance Examination Board*] Déwan Pemilihan/Ujian Masuk Sekolah Tinggi.
ceiling /'sieling/ *kb.* 1 langit-langit. 2 batas (ter)tinggi. *c. of a passenger jet* batas tinggi pesawat jét penumpang. *The prices hit the c.* Harga-harga mencapai batas tertinggi. 3 plafon, gaji yg tertinggi. *He has reached the c. in his salary bracket* Dia tlh mencapai gaji yg tertinggi dlm golongannya. *c. lamp* lampu langit-langit/plafon. *Sl.*: **to hit the c.** menjadi naik pitam, sangat marah. *She hit the c. when informed she had lost* Ia menjadi sangat marah ketika diberitahukan bhw ia kalah. **c. price** harga maksimum/plafon.
celebrate /'selɔbreit/ *kkt.* 1 merayakan (*a birthday*). 2 menyelenggarakan (*Mass*). —**celebrated** *ks.* ternama, terkenal, kenamaan. *a c. author* seorang pengarang yg ternama.
celebration /'selɔ'breisyən/ *kb.* perayaan. *c. of mass* penyelenggaraan misa.
celebrity /sɔ'lebrɔtie/ *kb.* (*j.* **-ties**) seorang yg terkenal/masyhur.
celery /'selɔrie/ *kb.* seladri, seledri.
celestial /sɔ'lestieɔl/ *ks.* yg berh. dgn angkasa/sorga. *c. body* benda angkasa. *c. navigation* navigasi angkasa.
celibacy /'selɔbɔsie/ *kb.* (*j.* **-cies** (pem)bujangan.
celibate /'selɔbit/ *kb.* bujang, tdk kawin.
cell /sel/ *kb.* 1 sél dlm penjara/biara. 2 sél, lubang kecil. *c. of a honeycomb* sél sarang tawon. 3 sél (tumbuh-tumbuhan). *Plant cells are often microscopic* Sél tumbuh-tumbuhan seringkali sangat kecil. *battery c.* sél aku/aki.

cellar /'selɔr/ *kb.* 1 gudang dibawah tanah. 2 *Inf.*: tempat terakhir. *This baseball team is in the c.* Regu baseball ini menduduki tempat terakhir.
cellist /'celist/ *kb.* pemain sélo.
cello /'celow/ *kb.* sélo.
cellophane /'selɔfein/ *kb.* kertas kaca.
cellular /'selyɔlɔr/ *ks.* yg berh. dgn sél, terdiri dari sél. *c. structure* bangunan yg terdiri dari sél.
celluloid /'selyɔloid/ *kb.* séluloida.
cellulose /'selyɔlows/ *kb.* sélulosa.
Cels. [*Celsius*] Celsius.
Celsius /'selsieɔs/ *kb.* **C. scale** skala Celsius.
cement /sɔ'ment/ *kb.* 1 semén. *c. mixer* mesin pencampur semén. 2 plombir (*tooth*). —*kkt.* 1 menyemén (*a wall*). 2 mempererat (*a friendship*).
cemetery /'semɔ'terie/ *kb.* (*j.* **-ries**) 1 kuburan, makam. 2 kérkop (*for Westerners*).
cenotaph /'senɔtæf/ *kb.* tugu/tanda utk memperingati orang yg dikubur di lain tempat.
censer /'sensɔr/ *kb.* pedupaan, anglo dupa.
censor /'sensɔr/ *kb.* sénsur. —*kkt.* memeriksa, menyensur.
censorship /'sensɔrsyip/ *kb.* sénsur, penyénsuran. *postal c.* sénsur pos.
censure /'sensyɔr/ *kb.* celaan, kecaman. *He was exposed to strong c. for his action* Ia dikecam habis-habisan karena tindakannya itu. —*kkt.* mencela, mengecam. *to c. severely for o's public behavior* mencela dgn keras sekali karena tindakan di muka umum.
census /'sensɔs/ *kb.* sénsus, cacah jiwa. *c. taker* pencacah.
cent /sent/ *kb.* sén. *ten cents* sepuluh sén. *I haven't a c.* Sesénpun tak ada pd saya.
cent. 1 [*century*] abad. 2 [*center*] pusat. 3 [*centimeter*] séntiméter.
centenarian /'sentɔ'næriɔn/ *kb.* seorang yg umurnya seratus tahun atau lebih.
centenary /sen'tenɔrie. 'sentɔ'nerie/ *kb.* (*j.* **-ries**) abad, seratus tahun, ulang tahun keseratus.
centennial /sen'tenyɔl, sen'tenieɔl/ *kb.* ulang tahun ke-100. *Cornell celebrated its c. in 1965* Universitas Cornell merayakan hari ulang tahunnya yg keseratus dlm tahun 1965.
center /'sentɔr/ *kb.* 1 pusat. *c. of attraction* pusat perhatian. *nerve c.* pusat urat saraf, pusat persarapan. *trade c.* pusat perdagangan. 2 bagian tengah. *the c. of the room* bagian tengah ruangan. 3 (*soccer*) penyerang tengah. **in the c.** di tengah-tengah. *in the c. of the road* di tengah-tengah jalan. —*kkt.* menempatkan di tengah-tengah. *to c. the candles on the table* menempatkan lilin di tengah-tengah méja.
to c. around 1 mengerumuni, mengelilingi. *My friends always c. around the table of food* Kawan-kawanku selalu mengerumuni méja tempat makan. 2 mengisahkan ttg, berkisar sekitar. *The lectures are centered around Garibaldi* Ceramah-ceramah itu mengisahkan ttg Garibaldi. **to c. on** memusatkan. *Attention was centered on the president* Perhatian dipusatkan kpd présidén. **c. of gravity** titik berat.
centerpiece /'sentɔr'pies/ *kb.* perhiasan di tengah-tengah (méja).
centigrade /'sentɔgreid/ *kb.* bagian perseratus. *c. thermometer* térmométer berskala 100 derajat.
centigram /'sentɔgræm/ *kb.* sentigram.
centimeter /'sentɔ'mietɔr/ *kb.* sénti (méter).
centipede /'sentɔpied/ *kb.* lipan, halipan, kalalipan poisonous *c.* kelabang, lipan berbisa.
central /'sentrɔl/ *kb.* pegawai kantor tilpon, pusat, penghubung (tilpon pusat). *Ring c. and she'll give*

you the number Télpon dulu penghubung pusat dan nanti nomornya akan diberitahukan. —*ks.* 1 yg bcrh. dgn pusat. *c. government* pemerintah pusat. *c. heating* pemanasan pusat. *c. office* kantor pusat. 2 tengah. *C. Europe* Éropa Tengah. 3 pokok. *c. theme of a novel* pokok cerita dari buku roman. — **centrally** *kk.* di tengah-tengah, di pusat. *The shops are c. located* Toko-toko itu letaknya di pusat.
centralization /'sentrələ'zeisyən/ *kb.* séntralisasi, pemusatan.
centralize /'sentrəlaiz/ *kkt.* menyéntralisasikan, memusatkan.
centre /'sentər/ = CENTER.
centrifugal /sen'trifəgəl/ *ks.* séntrifugàl. *c. force* gaya séntrifugal/melanting (dari pusat).
centrifuge /'sentrəlyuwj/ *kb.* pemusing, mesin pusingan, mesin pemisah dgn putaran.
centripetal /sen'tripətəl/ *ks.* séntripétal. *c. force* gaya séntripétal.
century /'sencərie/ *kb.* (*j.* -**ries**) abad. *the 20th c.* abad ke-20.
cephalic /sə'fælik/ *ks.* berh. dgn kepala, tengkorak, batok kepala. *c. index* indéks batok kepala.
ceramic /sə'ræmik/ *ks.* dari tanah. *c. tile* génténg tanah.
ceramics /sə'ræmiks/ *kb.* 1 kéramik, barang-barang tembikar. 2 kerajinan kéramik.
cereal /'sirieəl/ *kb.* 1 tanaman sej. rumput yg menghasilkan biji-bijian utk dimakan. 2 biji-bijian, padi-padian (yg dpt dimakan). *Corn is a c.* Jagung adalah termasuk biji-bijian. *c. product* hasil biji-bijian (dibuat dari beras, gandum dsb).
cerebellum /'serə'beləm/ *kb.* (*j.* -**lums** atau -**la**) otak kecil sebelah belakang, yg menguasai koordinasi otot-otot.
cerebral /'serəbrəl, sə'riebrəl/ *ks.* yg berh. dgn otak. *c. hemorrhage* pendarahan otak. *c. palsy* lumpuh karena otak yg luka.
cerebration /'serə'breisyən/ *kb.* cara berfikir, fikiran.
cerebrum /'serəbrəm, sə'riebrəm/ *kb.* otak besar.
ceremonial /'serə'mownieəl/ *ks.* berh. dgn upacara. *c. outfit* pakaian upacara.
ceremonious /'serə'mownieəs/ *ks.* penuh dgn upacara. *c. occasion* perayaan penuh dgn upacara.
ceremony /'serə'mownie/ *kb.* (*j.* -**nies**) 1 upacara. *dedication c.* upacara penghormatan/pembukaan. *marriage c.* upacara pernikahan. 2 formalitas, cara tatatertib. *The old gentleman ushered us to the door with great c.* Bapak itu mengantarkan kami ke pintu dgn cara yg penuh tatatertib. **to stand on c.** formil-formilan, berpegang teguh pd tatacara, resmi-resmian.
certain /'sərtən/ *ks.* 1 pasti, (ter)tentu. *He's c. to come* Ia pasti datang. *at a c. hour* pd jam yg pasti, pd jam tertentu. *Very little is c. in this life* Hanya sedikit saja yg pasti di dunia ini. *A c. person left the room* S.s.o. yg tertentu meninggalkan kamar. *C. people seem to be doing all the work* Hanya sekelompok orang tertentu saja yg kelihatannya mengerjakan semua pekerjaan tsb. 2 beberapa. *c. nations* beberapa bangsa. 3 khusus. *He has that c. thing called personality* Ia mempunyai s.s.t. yg khusus ialah kepribadiannya. 4 yg dpt dipercaya. *I have c. information that he is coming* Saya ada keterangan yg dpt dipercaya bhw ia akan datang. **for c.** pasti sekali, tanpa ragu-ragu. *I'll fail my history course for c.* Sudah pasti bhw saya akan jatuh dlm mata pelajaran sejarah. **to make c. that ...** memastikan bhw ..., mendapat kepastian bhw ....

Make certain to ... Jangan lupa.... —**certainly** *kk.* 1 pasti, tentu (saja). *You c. may have one* Tentu saja engkau boléh ambil satu. 2 mémang. *He c. had his nerve* Wah, berani benar dia. *C. not!* Tak boléh! Jangan! Sdh terang tdk!
certainty /'sərtəntie/ *kb.* (*j.* -**ties**) kepastian, ketentuan. *to say with c.* mengatakan dgn kepastian. **for a c.** pasti betul. *I know for a c. that he was in town yesterday* Saya tahu pasti/betul bhw ia berada di kota ini kemarén.
certifiable /'sərtə'faiəbəl/ *ks.* dpt dipertanggungkan kebenarannya. *c. results* hasil-hasil yg dpt dipertanggungkan kebenarannya.
certificate /sər'tifəkit/ *kb.* 1 akte, sértipikat, surat (keterangan). *birth c.* akte kelahiran. *teacher's c.* akte/diploma guru. 2 surat (keterangan). *c. of air-worthiness* sertipikat kelayakan udara. *marriage c.* surat kawin. *c. of good character* surat keterangan kelakuan baik. *c. of origin* surat keterangan asal. 3 diploma, ijazah.
certification /'sərtəfə'keisyən/ *kb.* diploma, keterangan. *A school teacher requires c.* Seorang guru perlu mempunyai keterangan kecakapan. *duplicate of his lost c.* salinan diplomanya yg hilang.
certifies /'sərtəfaiz/ lih CERTIFY.
certify /'sərtəfai/ *kkt:* (**certified**) 1 menandai. *to c. a check* menandai cék, menyatakan cék berlaku/sah, menjamin sebuah cék. 2 menerangkan dgn sebenarnya. *The coroner certified the death as suicide* Pemeriksa mayat itu menerangkan dgn sebenarnya bhw orang itu benar mati karena bunuh diri. —*kki.* 1 menjamin. *I can c. to his honesty* Saya dpt menjamin kejujurannya. 2 menyatakan. *I hereby c. that my statements are correct* Bersama ini saya menyatakan bhw ucapan-ucapan saya itu adalah benar. —**certified** *ks.* 1 berijazah. *c. public accountant* akuntan yg berijazah. 2 yg ditanggung/dijamin/disahkan. *c. check* cék yg dijamin oléh bank. *c. copy* turunan yg sah.
certitude /'sərtətuwd, -tyuwd/ *kb.* ketentuan, kepastian.
cervical /'sərvəkəl/ *ks.* yg berh. dgn tengkuk/kuduk. *c. vertebra* tulang tengkuk.
cervix /'sərviks/ *kb.* tengkuk, kuduk. *c. of the uterus* léhér rahim.
Cesarean /si'zæriean/ = CAESAREAN.
cessation /se'seisyən/ *kb.* penghentian, gencatan. *c. of hostilities* gencatan permusuhan.
cession /'sesyən/ *kb.* penyerahan. *c. of territory* penyerahan daérah.
cesspool /'ses'puwl/ *kb.* téngki séptik, perigi jamban, tandas, camplungan.
Ceylon /sə'lan/ *kb.* Sri Langka, Sailan.
Ceylonese /'selə'niez/ *kb.* orang Sailan. —*ks.* berh. dgn Sailan.
cf. [*compare*] bandingkan. *cf. Jones, p. 62.* bdgk Jones, hal. 62.
cg. [*centigram*] séntigram.
C.G. 1 [*Coast Guard*] Penjaga Pantai. 2 [*Consul(ate) General*] Konsul(at) Jéndral. 3 [*Commanding General*] Jéndral Panglima.
ch. [*chapter*] bab.
chafe /ceif/ *kkt.* 1 melukai. *The stiff collar chafed his neck* Krah yg keras itu melukai léhérnya. *The baby was chafed by the wet diapers* Bayi luka karena popok basah. 2 menggosok spy panas. *to c. o's cold hands* menggosok tangan yg kedinginan spy panas. 3 memarahkan. *The teasing chafed his younger brother* Gangguan itu memarahkan adiknya. —*kki.* kesal, jéngkél, dongkol. *He chafed under the close*

supervision of his boss Ia kesal karena pengawasan majikannya yg keras. **chafing** *dish* sm kompor yg dipakai diatas méja makanan, joan(g)lo.
chaff /cæf/ *kb.* sekam, dedak. —*kki.* mencemoohkan, memperolok-olokkan, menyindir.
chagrin /sɪə'grin/ *kb.* perasaan menyesal/terhina/ kecéwa. *To my c. I found that ...* Dgn menyesal sekali saya ketahui bhw.... —*kkt.* **to be chagrined** sedih, menyesal. *I was chagrined by my failure* Saya menyesal karena kegagalan saya.
chain /cein/ *kḅ.* 1 rantai. *The c. broke* Rantai itu putus. *c. bridge* jembatan rantai. *in chains* di rantai. 2 rangkaian, réntétan. *a c. of theaters* serangkaian bioskop. *c. of events* rangkaian peristiwa-peristiwa. *mountain c.* rangkaian gunung, pegunungan. —*kkt.* 1 merantai (*an animal*). 2 mengikat. *His work kept him chained to his desk* Pekerjaannya itu mengikat dia pd méja tulisnya. **c. gang** orang-orang hukuman yg dirantai bersama-sama ketika bekerja diluar penjara. **c. letter** surat (be)rantai. **c. lightning** kilat/halilintar yg kelihatan dgn sinar yg terputus-putus. **c. pump** sm kincir air yg tangguk-tangguknya digerakkan dgn rantai. **c. reaction** réaksi berantai. **to c.-smoke** merokok terus-menerus. **c.-smoker** perokok terus-menerus. **c. saw** gergaji rantai/mesin. **c. stitch** jahitan berkia, kaitan rantai. **c. store** toko berantai, anggota rangkaian toko.
chair /cær/ *kb.* 1 kursi. *Please take a c.* Silahkan duduk. 2 jabatan. *the c. of German literature* jabatan mahaguru dlm kesusasteraan Jerman. *to fill a c.* menjabat sbg mahaguru. 3 ketua. *to take the c.* mengetuai/memulai rapat. 4 kursi listerik. *He died in the c.* Ia mati di kursi listerik. *Inf.: to get the c.* dihukum mati di kursi listerik. —*kkt.* mengetuai (*a meeting*).
chairman /'cærmən/ *kb.* (*j.* **-men**). ketua, pemimpin rapat. —*kkt.* (**chairmanned**) mengetuai.
chairmanship /'cærmənsyip/ *kb.* kedudukan ketua.
chairwoman /'cær'wumən/ *kb.* (*j.* **-women**) ketua (wanita).
chalet /syæ'lei/ *kb.* villa kecil di pegunungan.
chalice /'cælis/ *kb.* piala yg dipakai dlm misa suci.
chalk /cɔk/ *kb.* 1 kapur. *c. line* benang kapur utk membuat garis lurus dgn kapur. 2 kapur tulis. **to walk the c.** patuh kpd tatatertib. *When he joined the army he had to walk the c.* Ketika ia masuk tentara, ia hrs patuh kpd tatatertib militér. —*kkt.* **to c. up** 1 beruntung, mujur, bahagia. *You certainly chalked one up that time; it was an outstanding play* Benar-benar sdr beruntung pd waktu itu; permainan yg baik sekali. *She chalked up her third straight win* Ia mendapat kemenangan yg berturut-tutut yg ketiga kalinya. 2 mencatat.
chalky /'cɔkie/ *ks.* 1 berisi kapur. 2 pucat, pasi. *His face was c.* Mukanya pucat.
challenge /'cælənj/ *kb.* 1 tantangan. *This job is a c.* Pekerjaan ini merupakan suatu tantangan. 2 teguran. *the c. of the guard at the gate* teguran penjaga di pintu gerbang. 3 penolakan, keberatan. *The c. by the defending attorney was sustained and the prospective juror was dismissed* Penolakan oléh pembéla diterima dan calon anggauta juri dibébaskan dari tugasnya. **to issue a c.** menantang, mengeluarkan tantangan. —*kkt.* 1 menantang. *to c. s.o. to a game of tennis* menantang s.s.o. utk bermain ténnis. *I c. you* Saya tantang engkau. 2 menegur. *The guard challenged the stranger* Pengawal gardu menegur orang yg tak dikenal itu. 3 meragukan. *I c. your statement and demand that you prove it* Saya meragukan keterangan tuan itu dan saya minta spy tuan membuktikan

kebenarannya. —**challenging** *ks.* menarik, menantang. *He has a c. job* Pekerjaannya sangat menarik.
challenger /'cælənjər/ *kb.* penantang.
chamber /'ceimbər/ *kb.* 1 kamar, bilik. *audience c.* kamar audiénsi. 2 ruang. *judge's c.* ruang hakim. 3 déwan. *c. of deputies* déwan perwakilan rakyat. 4 majelis. *c. of commerce* majelis perdagangan, kamar dagang. *Parliament comprises two chambers* Déwan Perwakilan Rakyat terdiri dari dua majelis. **c. music** musik utk main di ruangan kecil (trio, kwartét).
chamberlain /'ceimbərlin/ *kb.* 1 pengurus rumah tangga raja dsb. 2 bendahara(wan). *city c.* bendaharawan kota.
chambermaid /'ceimbər'meid/ *kb.* babu kamar/ dalam, pelayan.
chameleon /kə'mielyən/ *kb.* bunglon.
chamois /'syæmie/ *kb.* 1 sm kidang yg kulitnya halus. 2 simlir.
champ /cæmp/ *kb. Sl.:* juara. —*kki.* 1 menggerut. *The horse champed continuously* Kuda itu menggerut terus-menerus. 2 mengertak gigi. *I champed with impatience* Saya mengertak gigi karena ketidaksabaran. **to c. at the bit** menjadi gelisah dan tak sabar lagi.
champagne /syæm'pein/ *kb.* ṣampanye.
champion /'cæmpiən/ *kb.* juara. *c. boxer* juara tinju. —*kkt.* memperjuangkan. *to c. socialist goals* memperjuangkan tujuan-tujuan sosialis.
championship /'cæmpiənsyip/ *kb.* kejuaraan.
chance /cæns/ *kb.* kesempatan. *I have a c. to go to New York* Saya ada kesempatan utk pergi ke New York. *He has a good c. to win* Ia ada kesempatan baik utk menang. *Give her a c.!* Berilah dia kesempatan! **by any c.** ada kemungkinan. *Will we see you there by any c.?* Adakah kemungkinan kami akan bertemu dgn kamu disana? **by c.** secara kebetulan. *We saw them by c.* Kami melihat meréka secara kebetulan. **to leave to c.** menyerahkan kpd kemungkinan yg dpt terjadi, menyerahkan kpd nasib, untung-untungan. **not a c.** tdk mungkin. *May I go with you? Not a c.!* Boléhkah saya ikut dgn kamu? Sama sekali tak boléh! **on the c.** dgn harapan. *I dropped by his house on the c. that he might be at home* Saya mampir di rumahnya dgn harapan bhw ia akan ada di rumah. **on the off c.** secara kebetulan. *on the off c. that...* dgn pengharapan semoga.... *I stayed home on the off c. that he might come* Saya tinggal di rumah saja dan mungkin secara kebetulan dia akan datang. **to stand a c.** berharapan. *He doesn't stand a c. of winning* Ia tdk ada harapan sama sekali utk menang. **to take a c.** 1 bertaruh, membeli undian. *Would you like to take a c. on a car?* Maukah kamu membeli undian mobil? 2 mengambil risiko. *I don't want to take a c. on losing it* Saya tak mau mengambil risiko kehilangan barang itu. *I realize I'm taking a c.* Saya sadar bhw ada risikonya. *I took a c. on his being home* Aku cobacoba saja kalau-kalau dia ada di rumah. **the chances are** mungkin, kemungkinannya. *The chances are that no survivors will be found in the wreckage* Mungkin sekali bhw tak ada orang yg masih hidup dlm reruntuhan itu. —*kkt.* mencoba. *I decided to c. it in spite of the bad weather* Saya putuskan akan mencoba menjalankan itu, walaupun keadaan udara buruk sekali. —*kki.* untung-untungan. *He merely chanced on the correct answer* Ia hanya untung-untungan menerka-nerka jawaban yg benar bagi persoalan itu. **c. acquaintance** kenalan

secara kebetulan. **c. meeting** perjumpaan yg tak disangka-sangka.

chancel /'cænsəl/ *kb.* mimbar.

chancellery /'cæns(ə)lərie/ *kb.* (*j.* **-ries**) kedutaan, tempat kanselir.

chancellor /'cænsələr/ *kb.* 1 ketua perwakilan atau kedutaan. *He's c. of Austria* Ia ketua perwakilan Austria. 2 ketua penanggung jawab, réktor, *He's c. of the university* Ia ketua penanggung jawab universitas itu.

chancery /'cænsərie/ *kb.* (*j.* **-ries**) 1 arsip umum. 2 = CHANCELLERY. *court of c.* pengadilan berdasar keadilan. **in c.** dlm pengadilan berdasar keadilan, dlm keadaan tak berdaya

chancy /'cænsie/ *ks. Inf.*: untung-untungan. *Going out in bad weather like this is c.* Bepergian dlm cuaca seburuk ini adalah untung-untungan.

chandelier /'syændə'lir/ *kb.* kandelar, kandil, tempat lilin.

change /ceinj/ *kb.* 1 perubahan. *A c. would do him good* Suatu perubahan akan baik baginya. *c. in plans* perubahan dlm rencana-rencana. *c. in the weather* perubahan dlm cuaca. *I found a big c. in her* Menurut saya dia berubah sekali. *c. of course* perubahan haluan. 2 pergantian, ganti. *Let's have a c. of diet* Mari kita ganti makanan kita. *c. of directors* pergantian diréktur-diréktur. *c. of scene* pergantian suasana. **for a c.** sekali-sekali, sbg selingan. *I'd like to stay home for a c.* Sekali ini saya mau tinggal di rumah sbg pergantian. 3 uang kembali. *Do you have c. for a dollar?* Ada uang kembali utk sedolar? *small c.* uang kecil. *Can you make c. for a ten dollar bill?* Bisakah menukar uang sepuluh dolar ini? **to make a c.** pindah pekerjaan. —*kkt.* 1 merubah. *He's white and cannot c. his skin* Ia orang kulit putih dan tak dpt merubah warna kulitnya. *to c. o's mind* merubah pikiran. *to c. o's tone* merubah sikap. 2 menukarkan. *I'd like to c. these dollars into rupiahs* Saya ingin menukarkan uang dolar ini dgn uang rupiah. 3 bertukar, menukar. *Won't you c. seats with me?* Maukah sdr bertukar tempat duduk dgn saya? 4 (ber)ganti. *to c. trains* berganti keréta api. *to c. clothes* ganti pakaian. *to c. hands* berganti tangan. *The business recently changed hands* Perusahaan itu tlh ganti tangan baru-baru ini. 5 mengalih. *to c. the subject* mengalih/merubah arah percakapan, membélokkan percakapan. *to c. the guard* mengganti pengawal, serah-terima pengawal. *to c. an attitude* berganti bulu. —*kki.* 1 menukar pakaian. *Please excuse me while I c.* Permisi sebentar saya mau tukar pakaian. 2 ganti. *I'm going by plane from New Haven to Ithaca. Where do I c.?* Saya akan naik kapal terbang dari New Haven ke Ithaca. Dimana saya hrs ganti pesawat? *My glasses need changing* Kaca mataku perlu diganti lénsanya. 3 berubah. *You haven't changed a bit* Kau sedikitpun tdk berubah. *to c. for the better* berubah ke arah perbaikan. **to c. into** 1 berganti. *He changed into tennis clothes* Ia berganti pakaian ténis. 2 menjelma. *The lion changed into a rabbit* Singa itu menjelma menjadi kelinci. *I can hardly wait until winter changes into spring* Saya hampir tdk tahan menunggu pergantian musim dingin ke musim semi. **to c. over** bertukar, menukar, beralih, berpindah. *I shall c. over from Engineering to Agriculture* Saya akan bertukar dari lapangan téknik ke pertanian. *Sweden changed over from lefthand to righthand drive* Swédia menukar dari aturan jalan kanan ke aturan jalan kiri. **c. of address** pindah alamat. **c. of heart** perubahan pikiran. *I hope she hasn't had a c. of heart since I last saw her* Mudah-mudahan ia blm merubah

pikiran sejak saya bertemu dgn dia terakhir ini. **c. of life** mati/bérhenti haid. **c. of name** penggantian nama. **c. of pace** perubahan dari satu kebiasaan ke kebiasaan yg lain.

changeable /'ceinjəbəl/ *ks.* bertukar-tukar, berubah-ubah, angin-anginan. *The weather in Ithaca is c.* Cuaca di Ithaca suka bertukar-tukar.

changeover /'ceinj'owvər/ *kb.* perubahan. *There has been a complete c. in the government* Sdh ada perubahan besar didlm pemerintahan.

changer /'ceinjər/ *kb.* **record c.** gramopon.

channel /'cænəl/ *kb.* 1 terusan. *deep c.* terusan yg dalam. *English C.* Terusan Inggeris. 2 saluran. *TV c.* saluran TV. *c. of communication* (alat) saluran komunikasi. *Through which c. must we apply?* Kami hrs mengajukan permohonan melalui saluran mana? *commercial channels* saluran-saluran perdagangan. *official channels* saluran-saluran resmi. —*kkt.* menyalurkan. *We channeled our call through Elmira* Kami menyalurkan tilpon kami melalui Elmira. *Let's c. all our resources into this project* Marilah kita salurkan segala sumber kita kpd proyék ini.

chant /cænt/ *kb.* nyanyian (yg gampang dan péndék), lagu geréja. —*kkt.* menyanyi (*a psalm*). —*kki.* menyanyi. *All in church chanted* Semua hadirin di geréja ikut menyanyi.

chaos /'keias/ *kb.* kekacau-balauan, kalang-kabut.

chaotic /kei'atik/ *ks.* kacau-balau, semrawut. *c. situation* suasana yg kacau-balau.

chap /cæp/ *kb. Inf.*: anak, bujang, orang laki-laki. *He's a good c.* Dia orang yg baik. —*kkt.* (**chapped**) merekah. *My hands are chapped* Kedua belah tanganku merekah-rekah. *During the winter my lips are always chapped* Selama musim dingin bibir saya selalu merekah-rekah. **chap-stick** *kb.* batangan salep yg keras utk bibir yg merekah-rekah.

chapel /'cæpəl/ *kb.* kapél.

chaperon(e) /'syæpərown/ *kb.* wanita pengantar/peneman gadis, pengawal. *She was a c. at the party* Ia dijadikan pengantar pd pésta itu. —*kkt.* mengantar. *He chaperoned the group on its outing* Ia mengantar rombongan itu waktu tamasya.

chaplain /'cæplin/ *kb.* pendéta/kiyai utk golongan istiméwa, spt sekolah, tentara dsb. *army c.* imam/pendéta tentara. *prison c* pendéta penjara.

chapter /'cæptər/ *kb.* 1 bab. *c. of a book* bab di buku. 2 cabang. *c. of a fraternity* cabang perhimpunan mahasiswa. 3 babak. *a new c. in the history of shipping* babak baru dlm sejarah perkapalan. *It's a closed c. in my life* Itu adalah sebagian hidupku yg sdh (berakhir). **c. and verse** dalil, penunjukan dalil-dalil yg tepat didlm kitab suci. *to cite c. and verse in defense of o's arguments* memberikan dalil-dalil yg tepat dlm mempertahankan pembélaannya.

char /car/ *kkt.* (**charred**) 1 membuat arang, mengarangkan. 2 membakar hangus, gosong. *The meat was charred* Daging itu terbakar hangus. *The body was charred beyond recognition* Tubuh itu terbakar hangus hingga tak dpt dikenal lagi.

character /'kærəktər/ *kb.* 1 watak, karakter, sifat. *of good c.* berwatak baik. *Inf.*: *She's a c.* Ia seorang yg anéh. *What a c.!* Anéh benar orang itu! *c. actor* pelakon watak. *c. sketch* skétsa watak. *c. witness* saksi mengenai watak. 2 peran. *c. in a play* peran dlm sandiwara. 3 huruf. *a Chinese c.* huruf Cina. **in c.** sesuai dgn watak, wajar. *His attitude is completely in c.* Sikapnya sesuai sekali dgn wataknya. **out of c.** tdk sbg semestinya. *In that situation he is wholly out of c.* Dlm suasana itu dia tdk sbg semestinya.

characteristic /'kærəktə'ristik/ *kb.* sifat (yg khas). —*ks.* khas. *That's c. of her* Itu mémang khas dia.
characterization /'kærəktərə'zeisyən/ *kb.* pemeranan, pelukisan watak. *His c. of Lincoln was superb* Pemeranannya sbg Présidén Lincoln sangat mengagumkan.
characterize /'kærəktəraiz/ *kkt.* 1 menggolongkan. *I would c. him as a strict father* Saya akan golongkan dia sbg seorang ayah yg keras. 2 memberi ciri kpd. *A camel is characterized by its ability to do without water for several days* Ciri unta ialah kesanggupannya hidup tanpa air utk beberapa hari lamanya. *a country characterized by its cooperation* negeri bercirikan kerjasamanya.
charade /syə'reid/ *kb.* permainan menebak kata atau ucapan dgn menggambarkan bagian kata atau ucapan.
charcoal /'car'kowl/ *kb.* arang (kayu). *c. drawing* lukisan/gambar arang.
chard /card/ *kb.* sm lobak/bit. *Swiss c.* bit Swis.
charge /carj/ *kb.* 1 ongkos, harga. *What's the c.?* Berapa ongkosnya? 2 tuntutan, tuduhan. *He admitted the c.* Ia menerima tuntutan. 3 perintah, instruksi, komando. *the judge's c. to the jury* perintah hakim kpd déwan juri. 4 pimpinan, urusan, penguasaan. *When his superior officer was killed, he took c.* Ketika opsir atasannya itu téwas, ia mengambil alih pimpinan. *to take c. of the matter* menanggungjawab thd persoalan itu. *to take c. of a firm* menjadi pengurus sebuah perusahaan. 5 serangan, serbuan. *The enemy's c. was strong* Serangan musuh sangat kuat. 6 utang. *This will be a c. on the office* Ini atas utang kantor. 7 beban. *The boy is a c. to his mother* Anak laki-laki itu beban bagi ibunya. 8 tanggung jawab. *A sick person is the c. of a doctor* Seorang sakit adalah tanggung jawab dokter. 9 isi. *the c. of powder in a gun* isi mesiu sebuah bedil. *a c. of electricity* isi listrik. 10 tugas. *He has c. of a large plant* Ia mengurus paberik yg besar. **c. account** krédit. *to have a c. account* mengebon. *Do you have a c. account at that store?* Punyakah sdr krédit di toko itu? *At a c. of $5.00 you may...* Dgn membayar tarip $5.00 kau boléh.... *We make no c. for minor repairs* Kami tak meminta bayaran utk perbaikan-perbaikan kecil. **free of c.** cuma-cuma, dgn percuma. **in c.** berkuasa, memegang pimpinan, bertugas. *Who's in c.?* Siapa yg berkuasa? Siapa bertugas? **in c. of** menguasai, mengepalai. *He's in c. of the entire firm* Ia menguasai seluruh perusahaan ini. *Sl.: to get a c. out of this* menikmati hal ini. **no c.** gratis. *No c. for admission* Masuk gratis. **to give s.o. c. of** menyuruh s.s.o. mengurus. **to bring charges against s.o.** mengadukan/menuntut s.s.o. —*kkt.* 1 minta. *What do you c. for these?* Sdr minta berapa utk semua ini? Berapa harga ini semua? 2 mengisi. *to c. a battery* mengisi aki. 3 memberikan petunjuk-petunjuk. *The judge charged the jury to weigh the evidence carefully* Hakim memberikan petunjuk-petunjuk kpd para juri spy bukti-bukti dipertimbangkan baik-baik. 4 meliputi. *The atmosphere was charged with suspicion* Suasana diliputi oléh kecurigaan. 5 memerintahkan, menyuruh. *He charged me by mistake* Ia memerintahkan kami spy merahasiakan hal itu. 6 menugaskan. *Police are charged with maintaining order* Polisi ditugaskan menjaga tatatertib. 7 membayar nanti, mengebon. *Can I c. it?* Boléh saya bayar nanti? *C. it to my account* Masukkan kedlm rékening saya. 8 menuduh, mengadukan, mendakwa. *He is charged with murder* Ia dituduh melakukan pembunuhan. 9 menyerang. *The soldiers charged the enemy* Perajurit-perajurit itu menyerang musuh. 10 membebankan (*postage*) (**to** atas). 11 memungut (*a fee*). 12 mengisi. *The air is charged with electricity* Udara berisi listrik. **to c. off** menganggap hilang. *I charged off the loan as a loss and forgot it* Saya anggap pinjaman itu sbg kerugian dan saya lupakan itu. *Just c. it off to experience* Ah, anggap saja itu sbg suatu pengalaman (yg pahit). **to c. into** menyerang (ke). *He charged into me by mistake* Ia keliru menyerang saya. —*kki.* 1 mengebon (*at a store*). 2 menyerang. *The enemy charged* Musuh menyerang. **to c. for o's services** meminta bayaran atas pelayanannya/jasanya.
chargeable /'carjəbəl/ *ks.* dpt dimasukkan/dibebankan. *I suppose this is c. to my account* Saya kira ini dpt dimasukkan ke rékening saya.
chargé d'affaires /syar'zyeidə'fær/ *kb.* kuasa usaha.
chariot /'cærieət/ *kb.* keréta pertempuran.
charisma /kə'rizmə/ *kb.* karisma.
charismatic /'kærəz'mætik/ *ks.* berkarisma. *a c. leader* pemimpin berkarisma.
charitable /'cærətəbəl/ *ks.* 1 murah hati. *He's a c. person* Ia seorang yg suka menderma. 2 berhati lembut, bersikap toléran. *He is very c. towards his friend's weaknesses* Ia amat toléran thd kelemahan-kelemahan temannya.
charity /'cærətie/ *kb.* (*j.* **-ties**) 1 amal, derma. *The money was given for c.* Uangnya didermakan. 2 kemurahan hati. *C. begins at home* Kemurahan hati dimulai di rumah.
charlatan /'syarlətən/ *kb.* tukang obat, (dukun) klenik. *c. treatment* pengobatan palsu yg dilakukan oléh dokter palsu.
charley /'carlie/ *kb.* **c. horse** kaku kejang pd kaki/ lengan.
charm /carm/ *kb.* 1 daya tarik, pesona, keluwesan. *She possesses great c.* Ia mempesonakan. Ia sangat menarik. 2 anting-anting. *charms on a bracelet* anting-anting pd gelang. *c. bracelet* gelang yg digantungi main-mainan kecil, mata uang dsb. 3 guna-guna, jimat. *She has a c. to protect herself* Ia mengantongi guna-guna utk melindungi diri. —*kkt.* mempesonakan. *to c. a snake* mempesonakan ular. —**charmed** *ks.* bahagia, menyenangkan, senang. *to bear a c. life* bernasib baik. —**charming** *ks.* sangat menarik, mempesonakan, luwes. *She's a c. girl* Ia seorang gadis yg sangat menarik.
charmer /'carmər/ *kb.* pemikat/penarik hati, perayu.
chart /cart/ *kb.* 1 peta. *navigational c.* peta pelayaran. 2 grafik. *rainfall c.* grafik jatuhnya hujan. —*kkt.* 1 membuat peta, memetakan. *This channel has been charted* Terowongan ini sdh dipetakan. 2 membuat rencana, merencanakan. *It is time to c. our course for next year* Sdh waktunya kita merencanakan jalan yg akan ditempuh tahun depan.
charter /'cartər/ *kb.* 1 piagam. *UN c.* piagam PBB. 2 anggaran dasar (*of an organization, club, etc.*). **on c.** dikontrak séwa, diséwa secara kontrak. *This plane is on c. for business use* Pesawat terbang ini dikontrak séwa utk keperluan perdagangan. —*ks.* 1 inti. *c. member* anggauta inti. 2 carter. *c. flight* penerbangan carter. —*kkt.* 1 mencarter, menyéwa (*a plane*). 2 mengizinkan dgn piagam resmi (*a bank*).
chartreuse /syar'trərz/ *ks.* 1 hijau muda kekuning-kuningan. 2 minuman keras.
charwoman /'car'wumən/ *kb.* (*j.* **-women**). pekerja wanita yg membersihkan kantor, rumah dan gedung-gedung, juru sapu, wanita pembersih kantor

chary /'cærie/ *ks.* 1 berhati-hati. *She's c. of door-to-door salesmen* Ia sangat berhati-hati thd penjual yg datang ke rumah. 2 tdk mudah memberikan. *He's c. in his praise of the book* Ia tdk mudah memberikan pujiannya thd buku itu.

chase /ceis/ *kb.* pengejaran, penguberan, pemburuan. **to give c.** mengejar, memburu. *The dogs gave c. in hot pursuit of the fox* Anjing-anjing itu mengejar dekat dibelakang rubah itu. **to lead s.o. a merry c.** menyebabkan s.s.o. mengejar kian kemari. —*kkt.* mengejar, menguber, memburu. *He chased me down the hill* Ia mengejar saya turun bukit. —*kki.* 1 sibuk, mengejar s.s.t. *You're always chasing around. Why?* Mengapa kamu selalu sibuk? 2 mengusir. *C. the dogs away* Usirlah anjing-anjing itu. 3 menghalau pergi, mengusir, menolak. *The dirty beach will c. the tourists away* Pantai yg kotor itu akan menghalau pergi para wisatawan. 4 mengejar. *He's always chasing after some woman* Ia selalu mengejar-ngejar seorang wanita.

chaser /'ceisər/ *kb.* 1 pemburu, pengejar. 2 (*drink*) *Inf.*: minuman (air) sesudah minuman keras.

chasm /'kæzəm/ *kb.* 1 jurang, retak yg dalam. 2 perbédaan. *a great c. in their thinking* perbédaan yg sangat besar dlm pemikiran meréka.

chassis /'cæsie, 'syæsie/ *kb.* casis.

chaste /ceist/ *ks.* suci, murni, blm berdosa. *a c. girl* seorang perawan yg masih suci.

chasten /'ceisən/ *kkt.* menghukum, berhati-hati. *He was chastened by his experience* Ia bertambah berhati-hati karena pengalamannya.

chasteness /'ceistnəs/ *kb.* kemurnian, kesucian.

chastise /cæs'taiz/ *kkt.* menghukum (utk kebaikan). *The judge chastised him for his conduct* Hakim itu menghukum dia karena perbuatannya.

chastisement /cæs'taizmənt/ *kb.* hukuman, penyucian.

chastity /'cæstətie/ *kb.* 1 kesucian, kemurnian, kebersihan. 2 kesederhanaan. *c. of style* kesederhanaan gaya.

chat /cæt/ *kb.* obrolan. *to get together for a c.* bertemu utk ngobrol. —*kki.* (**chatted**) mengobrol, bercakap-cakap.

chateaubriand /'syætowbrie'an/ *kb.* daging punggung sapi yg dianggap terbaik.

chattel /'cætəl/ *kb.* barang bergerak.

chatter /'cætər/ *kb.* obrolan, océhan. —*kki.* 1 mengobrol, mengomong. *Those girls c. too much* Gadis-gadis itu terlampau banyak mengobrol. 2 menggigil, gemeletak, gemertak, gemeletup. *The cold makes my teeth c.* Hawa dingin menggigilkan gigi saya.

chatterbox /'cætərbaks/ *kb.* pembual, pengocéh, tukang ngobrol.

chatty /'cætie/ *ks.* 1 suka mengobrol, suka bercakap-cakap dgn ramah tamah. 2 tdk formil.

chauffeur /'syowfər/ *kb.* sopir, pengendara mobil. —*kki.* mencicit, menciap (*of birds, chicks*). *She likes to be chauffeured about* Ia suka sekali dibawa jalan-jalan naik mobil.

chauvinism /'syowvənizəm/ *kb.* sovinisme, sifat patriotik yg berlebih-lebihan.

chauvinistic /'syowvə'nistik/ *ks.* bersifat patriotik yg berlebih-lebihan.

Ch. E. [*Chemical Engineer*] insinyur kimia.

cheap /ciep/ *ks.* 1 murah. *c. dress* baju murah. *to hold life c.* menganggap jiwa itu murah atau tdk berharga. 2 rendah, malu. *I feel c. after that experience* Saya merasa rendah sesudah pengalaman itu. *That's a c. way to act* Berbuat demikian itu jahat sekali.

cheapen /'ciepən/ *kkt.* merendahkan. *Her behavior cheapened her in the eyes of her friends* Tingkah lakunya merendahkan derajatnya dlm mata teman-temannya. —*kki.* menjadi lebih murah, turun harganya. *Canned foods have cheapened lately* Makanan dlm kaléng turun harganya akhir-akhir ini.

cheapness /'ciepnəs/ *kb.* 1 kemurahan. *the c. of life* kemurahan hidup. 2 kerendahan (harga). *the c. of rice* murahnya beras.

cheapskate /'ciep'skeit/ *kb.* *Sl.*: orang kikir.

cheat /ciet/ *kb.* penipu. —*kkt.* menipu. *to c. s.o. out of money* menggunting, menipu uang s.s.o. habis-habisan. —*kki.* 1 menyonték, menjiplak. *Don't c. on your examination* Engkau tak boléh menyonték pd ujianmu. 2 main curang. *Don't c. at cards* Jangan main curang waktu main kartu. —**cheating** *kb.* menyonték, menjiplak.

cheater /'cietər/ *kb.* penyonték, penjiplak, penipu.

check /cek/ *kb.* 1 cék. *to pay by c.* membayar dgn cék. 2 tanda penerimaan karcis. *baggage c.* tanda penerimaan/resu barang-barang. 3 tanda (pemeriksaan). *Place a c. by the correct answer* Bubuhilah tanda disamping jawaban-jawaban yg betul. 4 perbandingan, pedoman. *Use his answers as a c. for grading the papers* Pakailah jawaban-jawabannya sbg perbandingan utk menilai karangan-karangan. 5 pengawas, pencegah. *This device is a c. on the flow of water* Alat ini adalah pengatur aliran air. **in c.** dibawah pengawasan/pengendalian. *She holds her temper in c.* Ia mengendalikan amarahnya. **to keep a c. on** mengadakan pengawasan thd. *We keep a c. on him* Kita mengawasi dia. *Keep a c. on the dog so he doesn't run away* Awasilah anjing itu spy ia tdk lari. —*kkt.* 1 mengirimkan. *C. your luggage straight through* Kirimlah barang-barangmu langsung (sbg bagasi). 2 menitipkan, menyimpan. *I'll c. these bags and pick them up later* Saya akan menitipkan kopor-kopor ini dan saya akan ambil kemudian. 3 memeriksa. *to c. the figures (for accuracy)* memeriksa (kebenaran) angka-angka. *C. each voter to be sure he is registered* Periksalah tiap pemilih spy diketahui dgn pasti apakah ia tercatat. 4 mengurangi. *to c. o's stride for a moment* mengurangi kelajuan sedikit. —*kki.* cocok. *Do these accounts c.?* Apa angka-angka ini cocok? **to c. in** mendaftarkan (diri). *to c. in at a hotel* menyebut/memanggil satu per satu (*names*). **to c. on** memeriksa. *to c. on his background* memeriksa latar belakangnya. *The babysitter checked on the baby from time to time* Penjaga bayi itu sekali-sekali memeriksa bayi itu. **to c. out** 1 memeriksa. *Has this plane been fully checked out?* Apakah pesawat udara ini tlh diperiksa sama sekali? *The detective checked out his story* Mata-mata itu memeriksa kebenaran ceritera-nya. 2 meninggalkan sesudah membayar. *to c. out of a hotel* meninggalkan hotél (sesudah membayar). **to c. over** memeriksa (lagi). *C. over the car carefully* Periksa mobil itu dgn teliti. **to c. through** memeriksa. *I want to c. through these papers* Saya hendak memeriksa lembaran-lembaran kertas ini. **to c. up** memeriksa, menyelidiki. *C. up on this man* Periksa orang itu. *C. up on what he said* Coba periksa apa yg dia katakan. **to c. with** 1 cocok dgn. *Does this c. with what she said?* Apakah ini cocok dgn apa yg dikatakannya? 2 menanyakan. *C. with us again before you leave* Tanyakan lagi kpd kami sblm berangkat. **c. list** daftar (nama-nama). **check-**

out time waktu meninggalkan (*hotel*). **checking** *account* rékening koran.

checkbook /'cek'buk/ *kb.* buku cék.

checker /'cekər/ *kb.* 1 pengawas, pemeriksa, pengontrol. 2 kasir (pd supermarket). 3 buah(main) dam. —**checkers** *j.* dam. —*kkt.* bergambar dgn tanda-tanda pétak-pétak yg bermacam-macam warnanya. *The lawn was checkered with shade and sunlight* Lapangan rumput bertaburan dgn bayangan-bayangan dan sinar matahari. —**checkered** *ks.* 1 berganti-ganti, tdk tetap, berubah-ubah. *c. career* riwayat pekerjaan berganti-ganti. 2 berisi gambar-gambar persegi. *c. design* pola dgn pétak-pétak persegi.

checkerboard /'cekər'bowrd/ *kb.* papan main dam.

checkmate /'cek'meit/ *kb.* 1 sekakmat. 2 sekak, menyerah tanpa syarat, bertekuk lutut. —*kkt.* membuat sekakmat.

checkout /'cek'awt/ *kb.* pemeriksaan, percobaan. *The new car underwent a final c.* Mobil baru itu menjalani pemeriksaan terakhir.

checkpoint /'cek'point/ *kb.* pos/tempat pemeriksaan.

checkroom /'cek'rum/ *kb.* tempat penyimpanan mantel, topi dsb.

checkup /'cek'ʌp/ *kb.* pemeriksaan.

cheek /ciek/ *kb.* pipi. **c. by jowl** berdampingan, berdekat-dekatan. *The houses are crammed together c. by jowl* Rumah-rumah itu berdampingan sangat rapat. *Inf.*: **to have the c.** sembrono, berani, lancang. *He had the c. to ask me for a loan* Ia sembrono utk meminjam uang (lagi) kpd saya. **to turn the other c.** memberikan pipi yg lain.

cheekbone /'ciek'bown/ *kb.* tulang pipi, pasu-pasu.

cheeky /'ciekie/ *ks.* bermuka tebal/papan.

cheep /ciep/ *kb.* ciap-ciap (anak ayam, burung). —*kki.* mencicit, menciap (*of birds, chicks*).

cheer /cir/ *kb.* sorak(-sorai). *Three cheers for the team* Bersoraklah tiga kali utk regu itu. *The cheers were heard three blocks away* Sorak-sorai itu terdengar sampai tiga blok jauhnya. *Be of good c.* Moga-moga sdr dlm kegembiraan. —*kkt. Let's c. the team on* Mari kita bersorak utk regu itu. —*kki.* bersorak. *The class cheered when it learned of the vacation* Murid-murid sekelas bersorak ketika mendengar ttg liburan itu. **to c. up** 1 menghibur, menggembirakan. *Let's c. the ladies up* Mari kita menghibur wanita-wanita itu. 2 bergembira. *C. up, things will be o.k.* Bergembiralah, semua akan bérés. *c. leader* pemimpin orang-orang bersorak pd pertandingan-pertandingan. —**cheering** *kb.* sorak-sorai. *ks.* yg bersorak. *the c. crowd* orang ramai yg bersorak.

cheerful /'cirfəl/ *ks.* 1 riang, gembira. *She has a c. disposition* Ia bersifat periang. 2 menyenangkan, menggembirakan. *This is such a c. room* Kamar ini menyenangkan sekali.

cheerfulness /'cirfəlnəs/ *kb.* kegembiraan, kebahagiaan, keriangan.

cheeriness /'cirienəs/ *kb.* kegembiraan.

cheerless /'cirləs/ *ks.* sedih, tanpa kegembiraan, suram. *a c. room* kamar tanpa kegembiraan.

cheery /'cirie/ *ks.* (pe)riang. *c. disposition* tabiat yg periang.

cheese /ciez/ *kb.* kéju. —*kkt. Sl.: C. it! The cops!* Lari! Ada polisi!

cheeseburger /'ciez'bərgər/ *kb.* daging cincang dgn sepotong kéju.

cheesecake /'ciez'keik/ *kb.* 1 kué dibuat dari kéju, telor dsb., roti kéju. 2 *Sl.*: gambar yg menonjolkan keindahan tubuh wanita.

cheesecloth /'ciez'klɔth/ *kb.* kain katun tipis.

cheesy /'ciezie/ *ks. Sl.*: buruk, kurang baik buatannya. *This suit looks c.* Baju setélan ini kelihatan buruk buatannya.

chef /syef/ *kb.* juru masak (kepala), koki.

chemical /'keməkəl/ *kb.* bahan kimia. —*ks.* kimia(wi). *c. formula* rumus kimia. *c. engineer* insinyur kimia. *c. engineering* téknik kimia. *c. warfare* perang kimia.

chemise /syə'miez/ *kb.* keméja dalam utk wanita.

chemist /'kemist/ *kb.* ahli kimia.

chemistry /'keməstrie/ *kb.* (*j.* **-ries**) ilmu kimia.

chenille /syə'niel/ *kb.* sm katifah, permadani, kain kordén.

cherish /'cerisy/ *kkt.* menghargai. *I c. this ring* Saya menghargai benar cincin ini. *to c. the hope that...* berharapan, mengharap-harapkan, bhw..., menginginkan bhw....

cheroot /syə'rut/ *kb.* cerutu.

cherry /'cerie/ *kb.* (*j.* **-ries**) 1 buah céri. *to can cherries* mengawétkan buah céri. *c. brandy* bréndi dibuat dari buah céri. *c. pie* pai berisi buah céri. *c. red* mérah jambu/céri. *c. stone* biji buah céri. 2 kayu céri. *a chest of solid c.* peti dari kayu céri yg tebal.

cherub /'cerəb/ *kb.* (*j.* **-bim** atau **-bs**). kerubi(a)n.

chess /ces/ *kb.* catur.

chessboard /'ces'bowrd/ *kb.* papan catur.

chessman /'ces'mæn/ *kb.* (*j.* **-men**). buah catur.

chest /cest/ *kb.* 1 dada. *to be hit in the c.* kena pd dada. *Inf.*: **to get s.t. off o's c.** melegakan hati. *I must get this problem off my c.* Saya hrs meringankan diri dari persoalan ini. 2 peti. *tool c.* peti utk alat-alat. 3 lemari. *c. of drawers* lemari berlaci.

chestnut /'cesnʌt, -nət/ *kb.* kastanye, berangan. *to pull s.o's chestnuts out of the fire* bersusah-payah atau berkorban utk membantu orang lain melepaskan diri dari kesulitan. *Inf.*: *That's an old c.* Itu lelucon basi. Itu cerita usang.

chesty /'cestie/ *ks. Sl.*: sombong, besar kepala.

chevron /'syevrən/ *kb.* tanda pangkat ketentaraan.

chew /cuw/ *kb.* kunyahan. *a c. of tobacco* segumpal kunyahan tembakau. —*kkt.* 1 mengunyah. *C. this well* Kunyahlah ini betul-betul. 2 memamah. *to c. the cud* memamah biak. —*kki.* 1 mengunyah. 2 mengunyah tembakau sugi. **to c. on** memikir, mempertimbangkan. *Take this problem, c. on it awhile, and bring me the answer* Terimalah persoalan ini, pikirkanlah beberapa waktu dan bawalah jawabnya. *Sl.*: **to c. out** membentak, menegur. *The sergeant chewed out his men* Sersan itu membentak anak-anak buahnya. **to c. over** memperbincang-kan. *They chewed the matter over for several hours* Meréka memperbincangkan soal itu beberapa jam lamanya. —**chewing** *kb.* pengunyahan. *c. gum* permén karét. *c. tobacco* tembakau sugi.

chewy /'cuwie/ *ks.* kenyal. *c. candy* gula-gula yg kenyal.

chic /syiek/ *ks.* élok, cantik, (bergaya) jelita.

chicanery /syi'keinərie/ *kb.* (*j.* **-ries**) penipuan, ketidakjujuran.

chick /cik/ *kb.* 1 anak ayam. 2 *Sl.*: gadis manis. *She's a cute c.* Ia gadis/céwék yg manis. *C! C! (to call chickens)* Kur! Kur!

chicken /'cikən/ *kb.* 1 ayam. *c. coop* kurung ayam. *c. feed* makanan ayam. *Sl.*: *What he won was only c. feed* Yg dimenangkannya hampir tak ada harganya. 2 *Sl.*: pengecut. *When he wouldn't go, they called him "c."* Ketika ia tak mau ikut, meréka mengatainya "pengecut". *to count o's chickens before* *they are hatched* blm beranak sdh ditimang; menghitung laba sblm berusaha. *Sl.*: **to c. out** mengundurkan diri karena takut. *He refused to go and chickened out* Ia menolak utk pergi karena takut. **chicken-breasted** *ks.* berdada burung/busung. **chicken-hearted** *ks.* pengecut, mudah ditakuti. **c. pox** cacar air. **c. wire** kawat kasa.

chicle /'cikəl/ *kb.* getah sawo utk membuat permén karét.

chickpea /'cik'pie/ *kb.* sm kacang panjang atau buncis.

chicory /'cikərie/ *kb.* (*j.* **-ries**) tanaman yg akarnya dibakar sbg pengganti kopi.

chide /caid/ *kkt.* mencaci. *His father chided him for his poor grades* Ayahnya mencacinya karena angka-angkanya yg jelék.

chief /cief/ *kb.* 1 kepala. *village c.* kepala kampung. *tribal c.* kepala suku. *c. of staff* kepala staf. *c. of police* kepala polisi. 2 ketua. *c. justice of the Supreme Court* ketua Mahkamah Agung. 3 sép. —*ks.* 1 kepala. *c. executive* kepala negara. *c. engineer* masinis, insinyur kepala. 2 utama. *c. export* ékspor utama. **c. petty officer** bintara. **c. secretary** panitratama, sékretaris pertama.

chieftain /'cieftən/ *kb.* kepala (suku).

chiffon /syi'fan/ *kb.* sm kain sutera yg tipis sekali.

chiffonier /'syifə'nir/ *kb.* lemari tinggi berlaci, biasanya pakai cermin.

chigger /'cigər/ *kb.* kutu, tuma, kuman.

chilblain /'cil'blein/ *kb.* gatal-gatal pd tangan dan kaki karena kedinginan.

child /caild/ *kb.* (*j.* **children**). 1 anak. *c. of nature* anak alam. 2 kanak-kanak. *c. bride* pengantin kanak-kanak. *c. labor* tenaga kanak-kanak. *c. welfare* kesejahteraan kanak-kanak. 3 bani. *children of Israel* bani Israil. *to be with c.* hamil, mengandung. **child's play** mudah sekali.

childbearing /'caild'bæring/ *ks.* kemampuan beranak. *She is still of c. age* Ia masih dlm usia utk beranak.

childbed /'caild'bed/ *kb.* nifas, waktu bersalin. *The woman died in c.* Wanita itu meninggal waktu bersalin. *c. fever* demam nifas, demam waktu melahirkan.

childbirth /'caild'bərth/ *kb.* bersalin, sedang melahirkan. *She died in c.* Ia meninggal ketika bersalin.

childhood /'caildhud/ *kb.* masa kanak-kanak/ kecil. *c. in the village* semasa kecil di kampung.

childish /'caildisy/ *ks.* kekanak-kanakan. *Don't do such c. things* Jangan berbuat kekanak-kanakan.

childishness /'caildisynəs/ *kb.* hal/sifat kekanak-kanakan.

childlike /'caild'laik/ *ks.* kekanak-kanakan. *She is adorable with her c. ways* Ia sangat memikat hati dgn tingkah-lakunya yg kekanak-kanakan itu.

children /'cildrən/ lih CHILD.

chili /'cilie/ *kb.* cabé rawit. *c. con carne* daging pedas dgn kacang. *c. sauce* sambel cabé rawit yg cair.

chill /cil/ *kb.* udara dingin. *to take the c. from a room* menghilangkan udara dingin dari kamar. *I feel a c.* Saya kedinginan. *to cast a c. over* memadamkan semangat. *The dispute cast a c. over the meeting* Pertengkaran itu merusak suasana pertemuan. —**chills** *j.* dingin. *chills and fever* demam kura, panas dingin. —*ks.* dingin. *a c. manner* sikap yg dingin. *c. breeze* angin yg dingin. —*kkt.* mendinginkan (*food, drink*). 2 menawarkan hati. *His disdainful attitude chilled my spirit* Sikapnya yg mengganggap rendah membuat saya tawar hati. *The cold wind chilled me to the bone* Angin dingin itu membuat saya kedinginan hingga ke tulang sumsum. —**chilled**

ks. kedinginan. *She became c.* Ia kedinginan. —**chilling** *ks.* mengerikan. *a c. experience* pengalaman yg menakutkan.

chiller /'cilər/ *kb. Inf.*: s.s.t. yg menakutkan. *That mystery movie was a real c.* Film détéktip itu betul-betul film yg menakutkan.

chilliness /'cilienəs/ *kb.* kedinginan, hal yg dingin. *His attitude betrayed a certain c. towards me* Tingkah-lakunya menanda-nandakan sikap yg dingin thd saya.

chilly /'cilîe/ *ks.* dingin. *It's c. in here* Dingin disini. *It's getting c.* Hari mulai dingin. *What a c. reception I got!* Dingin betul penyambutannya thd saya!

chime /caim/ *kb.* 1 sepasang loncéng-loncéngan. 2 bunyi genta loncéng. —**chimes** *j.* genta-genta, kesatuan loncéng. —*kkt.* membunyikan. *The clock chimed noon* Jam membunyikan waktu tengah hari. —*kki.* berbunyi (dlm paduan genta). *The bells in the tower chimed* Loncéng dlm menara berbunyi. **to c. in** 1 menyetujui, cocok dgn, berpadu dgn. *His views c. in quite well with mine* Pendapatnya berpadu dgn pendapat saya. 2 *Sl.*: menyela. *Every time I say s.t. you c. in* Setiap kali saya mengucapkan s.s.t., kamu menyela.

chimera /kə'mierə/ *ks.* gagasan yg tak masuk akal.

chimney /'cimnie/ *kb.* 1 cerobong asap. *c. sweep(er)* penyapu cerobong. 2 corong asap (utk lampu). *c. mantle* mantel/ulas corong.

chimp /cimp/ *Inf.*: = CHIMPANZEE

chimpanzee /cim'pænzie/ *kb.* simpansé.

chin /cin/ *kb.* dagu. *to keep o's c. up* bertabah hati, tdk putus asa. *C. up!* Teguhkanlah hati! Tabahlah! *Inf.*: *to take it on the c.* menahan kecaman, mendapat serangan. —*kkt.* (**chinned**) mengangkat badan di palang. *I c. (myself) ten times every morning* Saya mengangkat badan di palang sepuluh kali setiap pagi. —*kki. Inf.*: omong-omong. *We chinned about ten minutes* Kami omong-omong selama kira-kira sepuluh menit. **chin-deep** *ks.* setinggi dagu. *c.-deep in water* setinggi dagu di air.

Chin. [*Chinese*] yg berh. dgn Tionghoa/Cina.

china /'cainə/ *kb.* 1 piring-piring porselin, piring mangkok, pecah belah. *c. cabinet/closet* lemari barang pecah-belah. *C. grass* rami, rumput cina. 2 **C.** (negeri) Tiongkok, Cina. *The C. Sea* Laut Cina, *Republic of C.* Républik Negeri Cina.

Chinaman /'cainəmən/ *Pej.*: *Inf.*: (*j.* **-men**). Cina. *Inf.*: *He didn't have a C's chance of succeeding* Harapan kecilpun ia tak ada utk berhasil.

Chinatown /'cainə'tawn/ *kb.* kampung Cina, Pecinân.

chinaware /'cainə'wær/ *kb.* tembikar, barang pecah-belah.

chinch /cinc/ *kb.* kutu busuk, tinggi, bangsat.

chinchilla /cin'cilə/ *kb.* sm kerikit, sej. tikus.

chinchy /'cincie/ *ks. Sl.*: pelit, kikir, loba, tamak, serakah. *Don't be so c.* Janganlah begitu pelit.

Chinese /cai'niez, -'nies/ *kb.* 1 orang Cina. 2 bahasa Cina. —*ks.* Cina. *She's C.* Ia orang Cina. *People's Republic of China* Républik Rakyat Cina. **c. cabbage** sawi. **C. red** warna mérah-jingga.

chink /cingk/ *kb.* celah, sela, renggang; retak.

chintz /cints/ *kb.* kain cita.

chip /cip/ *kb.* 1 sumbing. *That cup has a c. in it* Mangkuk itu sumbing. 2 keping, bilah, tatal. *wood chips* keping-keping kayu. 3 keripik. *potato c.* keripik kentang. *Golf*: *c. shot* pukulan cip. *Sl.*: *to cash in o's chips* 1 menukarkan kepingan-kepingan kartu poker dgn uang. 2 mati, wafat. *c. off the old block* anak yg mewarisi watak orang tuanya. *Inf.*: **to**

have a c. on o's shoulder lekas tersinggung.
Sl.: **in the chips** kaya. *Inf.*: **let the chips fall
where they may** tak peduli akibatnya. *I'm going
to say what I think, let the chips fall where they may* Saya
akan katakan terus terang pikiran saya, tak peduli
akibatnya. *When the chips are down he always comes
through* Dlm suatu krisis ia selalu berhasil. —*kkt.*
(**chipped**) menyumbingkan. *She chipped the cup* Ia
menyumbingkan mangkok itu. —*kki.* 1 pecah.
This type of cup chips easily Jenis mangkuk ini lekas
pecah. 2 nglotok, mengelupas. *This cheap paint chips
off easily* Cat murah ini mudah nglotok. *Inf.*: **to c. in**
ikut menyumbingkan. *He chipped in $10* Ia me-
nyumbangkan $10.2 menyela. **chipped** *ks.* 1
sumbing. *c. saucer* piring yg sumbing. 2 teriris. *c. beef*
daging panggang yg dipotong dlm irisan yg tipis.
chipmunk /'cip'mʌngk/ *kb.* tupai/bajing tanah.
chipper /'cipər/ *kb. Inf.*: segar, gembira. *I feel pretty
c. after the operation* Saya merasa segar stlh pem-
bedahan.
chiropodist /kə'rapədist/ *kb.* perawat kaki.
chiropractor /'kairə'præktər/ *kb.* orang yg me-
nyembuhkan penyakit dgn pengobatan tulang
punggung.
chirp /cɔrp/ *kki.* mengerik.
chisel /'cizəl/ *kb.* pahat. —*kkt.* 1 memahat (*wood*).
2 *Sl.*: menipu (*the government*). —*kki. Sl.*: **to c. in
on** menyusup masuk ke. *to c. in on s.o. else's territory*
menyusup masuk ke wilayah orang lain.
—*chiseled ks.* (spt) dipahat. *He possesses c. features*
Rautmukanya laksana dipahat.
chiseler /'ciz(ə)lər/ *kb.* 1 pemahat. 2 *Sl.*: penipu.
chit /cit/ *kb.* 1 bon(makanan). 2 catatan.
chit-chat /'cit'cæt/ *kb.* obrolan, percakapan ramah
tamah. —*kki.* (**chit-chatted**) mengobrol.
chitlings /'citlingz/ *kb., j.* usus (kecil) sapi atau
babi yg dipotong-potong utk dimasak dan dima-
kan.
chivalrous /'syivəlrəs/ *ks.* sangat sopan.
chivalry /'syivəlrie/ *kb.* kekesatriaan, kesopanan.
chives /caivz/ *kb., j.* lokio, sm bawang putih.
chloride /'klowraid/ *kb.* khlorida.
chlorination /'klowrə'neisyən/ *kb.* khlorinasi,
désinféksi dgn khlor.
chlorine /'klowrien/ *kb.* khlor. *c. bleach* bahan
pemucat yg mengandung khlor.
chloroform /'klowrəfɔrm/ *kb.* khloroform, obat
bius. —*kkt.* 1 memakai khloroform. 2 membunuh
dgn khloroform.
chlorophyl /'klowrəfil/ *kb.* zat hijau (daun).
chock-full /'cak'ful/ *ks.* penuh sesak. *His wallet was
c. of money* Dompétnya penuh sesak dgn uang.
chocolate /'cak(ə)lət/ *kb.* cok(e)lat. *a cup of hot c.*
secangkir coklat panas. *a box of chocolates* sekotak
gula-gula coklat. —*ks.* coklat. *a c. bar* sebatang
coklat. *c. cake* kué coklat.
choice /cois/ *kb.* 1 pilihan. *We have a wide c.* Kami
ada pilihan yg luas. *to make a c.* memilih. *I have
no other c.* Saya tak ada pilihan lain lagi. *I have no c.
but to fail you* Mau tak mau aku hrs menjatuhkan-
mu. 2 pemilihan. *c. of colors* pemilihan warna-
warna. —*ks.* berharga. *c. piece of property* milik yg
berharga sekali. *blend of c. tobaccos* campuran
tembakau yg (paling) terpilih.
choiceness /'coisnəs/ *kb.* kwalitas/nilai tinggi.
choir /kwair/ *kb.* paduan suara (di geréja/sekolah).
brass c. kesatuan musik tiup.
choirboy /'kwair'boi/ *kb.* anak laki-laki yg ikut
dlm paduan suara geréja.

choirmaster /'kwair'mæstər/ *kb.* pemimpin pa-
duan suara geréja.
choke /cowk/ *kb. Auto.*: cok. *to pull out the c.* menarik
cok. —*kkt.* 1 mencekik (*s.o. or s.t.*). 2 menghambat.
Sand is choking the river Pasir menghambat jalan
sungai. 3 menarik cok, mencok. *One should c. the car
when starting it* Mobil itu hrs dicok kalau mau meng-
hidupkan mesinnya. —*kki.* tercekik. *I was afraid I
might c. to death* Saya takut tercekik sampai mati.
to c. back menahan. *to c. back o's tears* menahan
air matanya. **to c. down** terpaksa menelan. *He
choked down the food even though he wasn't particularly
hungry* Ia terpaksa menelan makanan itu meskipun
ia tdk begitu lapar. **to c. off** mematahkan. *to c.
off the opposition* mematahkan segala perlawanan.
to c. up memenuhi, mengisi. *A crowd choked up the
main gate* Orang banyak memenuhi pintu utama.
She was choked up Ia terharu sekali.
cholera /'kalərə/ *kb.* koléra.
cholesterol /kə'lestərəl/ *kb.* kholésterol.
choose /cuwz/ *kkt.* (**chose, chosen**) 1 memilih (*a
candidate, a dress, etc.*). 2 memutuskan. *He chose not
to go* Ia memutuskan utk tdk pergi. —*kki.* memilih.
You can c. from these three models Kau dpt memilih
dari antara tiga modél ini. *There is nothing to c.
between them* Tak ada kelebihan yg satu dari yg
lain. *I do as I c.* Aku berbuat sekehendak hatiku.
—**chosen** *ks.* terpilih. *a member of the c. few* anggota
golongan kecil yg terpilih. *He said much in a few well-
chosen words* Banyak yg dikatakannya dgn beberapa
kata yg terpilih. —**choosing** *kb.* kehendak. *Selling
the house was not of my c.* Menjual rumah itu bukanlah
kehendakku.
choosy /'cuwzie/ *ks. Inf.*: ceréwét, réwél. *a c. person*
seorang yg ceréwét.
chop /cap/ *kb.* 1 pukulan (tinju). 2 potongan. *pork c.*
potongan daging babi. 3 cap. —**chops** *j.* mulut,
dagu dan pipi, muncung. *The dog licked his chops*
Anjing itu menjilat muncungnya. *Sl.*: *He has been
licking his chops over the possibility of being elected mayor*
Ia tlh menimang-nimang gembira ttg kemungkin-
an utk terpilih menjadi walikota. —*kkt.* (**chopped**)
1 memotong, membelah (*wood*). 2 merambah,
membabat (*a path*). 3 *Tenn.*: memukul kebawah.
to c. down menebang (*a tree*). **to c. into pieces**
mencincang. **to c. to pieces** memotong menjadi
kepingan-kepingan. *The snake was chopped to
pieces* Ular itu putus terpotong-potong. **to c. off**
memenggal, memotong. *to c. off a chicken's head*
memenggal kepala ayam. **to c. up** memotong
kecil, mencincang. *C. up the ingredients for a salad*
Potonglah halus-halus bumbu-bumbu dan sayuran
utk selada. —**chopped** *ks.* yg dicacah/dicencang.
c. meat daging cacah/cencang. **chopping** *block*
kayu pemotong. *chopping knife* 1 parang, golok.
2 pisau cincang.
chopper /'capər/ *kb.* 1 pemotong. 2 *Sl.*: hélikopter.
Sl.: **choppers** *j.* gigi-gigi.
choppy /'capie/ *ks.* 1 berombak. *c. sea* laut yg
berombak. 2 yg berkejut. *c. gestures* gerakgerik yg
kikuk.
chopsticks /'cap'stiks/ *kb., j.* penyepit, supit. *to play
c.* main di piano dgn nada-nada yg diulang-ulang,
memainkan "cincang babi."
chop suey /'cap'suwie/ *kb.* sm bakmi.
choral /'kowrəl/ *ks.* yg berh. dgn paduan suara. *c.
group* (perkumpulan) paduan suara.
chorale /kə'ræl/ *kb.* nyanyian utk paduan suara.
chord /kɔrd/ *kb.* 1 *mus.*: paduan nada. *I can't play
a single c.* Satu paduan nadapun tak dpt saya main-

kan. 2 tali atau penghubung antara dua titik di lingkaran. 3 perasaan. *to strike a sympathetic c.* menimbulkan perasaan yg simpatik.
chore /cowr/ *kb.* pekerjaan, tugas. *to do the daily chores about the house or farm* melakukan tugas-tugas sehari-hari di rumah atau di usahatani.
choreographer /'kowrie'agrəfər/ *kb.* pencipta tarian atau sendratari.
choreography /'kowrie'agrəfie/ *kb.* khoréografi.
chortle /'cɔrtəl/ *kb.* kékéh. —*kki.* tertawa terkékéh-kékéh. *to c. with glee* tertawa terkékéh-kékéh kegirangan.
chorus /'kowrəs/ *kb.* 1 paduan suara. *member of the college c.* anggota paduan suara mahasiswa. *c. in Greek plays* paduan suara dlm sandiwara Yunani. *the Hallelujah C.* nyanyian paduan suara Halléluya. 2 ulangan lagu, refrein. *c. of approval* persetujuan yg diucapkan serempak. **c. girl** gadis anggota dari rombongan penari dan penyanyi.
chose /cowz/ lih CHOOSE.
chosen /'cowzən/ lih CHOOSE.
chow /caw/ *kb. Sl.:* makanan. *c. time* waktu makan. *c. mein* sup kental dgn mi.
chowder /'cawdər/ *kb.* sup kental.
chrestomathy /kre'staməthie/ *kb.* (*j.* **-thies**) bunga rampai, kutipan sastera.
chrism /'krizəm/ *kb.* minyak suci.
Christ /kraist/ *kb.* Kristus, Isa (al-Masih).
christen /'krisən/ *kkt.* 1 membaptis. *to c. a child* membaptis anak. 2 memberi nama kpd. *to c. a ship* memberi nama kpd kapal. —**christening** *kb.* 1 pembaptisan. 2 upacara pemberian nama.
Christendom /'kristəndəm/ *kb.* Umat Keristen.
Christian /'kriscən/ *kb.* seorang Kristen/Nasrani/Maséhi. —*ks.* Kristen, Nasrani, Maséhi. *C. era* Zaman Maséhi. *C. faith* agama Kristen. *c. name* pranama, nama kecil. *C. Science* Christian Science. *C. worship* kebaktian Kristen/Keristen.
Christianity /'kriscie'ænitie/ *kb.* 1 agama Keristen. 2 Kaum Keristen.
Christianization /'kriscənə'zeisyən/ *kb.* penyebaran agama Kristen.
Christianize /'kriscənaiz/ *kkt.* menjadikan orang Kristen.
Christmas /'krismas/ *kb.* 1 Natal. 2 hari natal. *Merry C.!* Selamat Hari Natal! *C. card* kartu hari natal. *C. carol* nyanyian/lagu hari natal. *C. eve* malam hari (sblm) natal. *C. tree* pohon (hari) natal.
chromatic /krow'mætik/ *ks.* 1 bert. dgn warna. 2 bert. dgn nada. *c. scale* skala musik terbagi sama dlm duabelas nada dan setengah nada.
chrome /krowm/ *kb.* khrom. *c.-plated ks.* sepuhan/bersepuh khrom.
chromium /'krowmieəm/ *kb.* khrom.
chromosome /'krowməsowm/ *kb.* bagian sél yg mengandung sifat turun-menurun.
chronic /'kranik/ *ks.* 1 menahun, terus-menerus, tak hilang-hilang, khronis, kronis. *a c. cough* batuk kronis. *a c. complainer* tukang mengeluh. *a c. liar* pembohong yg tak ada kapoknya. *a c. smoker* peminum rokok yg terus-menerus.
chronicle /'kranəkəl/ *kb.* 1 sejarah, tarikh. 2 catatan réntétan kejadian-kejadian, kronik(a). —*kkt.* mencatat réntétan kejadian-kejadian.
chronicler /'kranəklər/ *kb.* penulis kronik.
chronological /'kranə'lajəkəl/ *ks.* kronologis, secara berturut-turut. *in c. order* secara kronologis/berturut-turut.
chronology /krə'naləjie/ *kb.* (*j.* **-gies**) urutan waktu, kronologi.

chrysalis /'krisəlis/ *kb.* kepompong.
chrysanthemum /kri'sænthəməm/ *kb.* krisan, bunga serunai.
chubbiness /'cʌbienəs/ *kb.* kegemukan.
chubby /'cʌbie/ *ks.* gemuk.
chuck /cʌk/ *kb.* gamit, usapan. *a c. under the chin* gamit di dagu. —*kkt.* 1 membuang. *to c. o's girl friend* membuang pacarnya. 2 melémparkan. *to c. a pistol into the water* melémparkan pistol kedlm air. 3 mengusap. *He chucked the little girl under the chin* Ia mengusap gadis cilik itu di dagunya. *Inf.:* **to c. out** membuang. *to c. out the bad apples* membuang buah apel yg busuk. *Inf.:* **to c. up** 1 meninggalkan, menghentikan. *to c. up a job* meninggalkan pekerjaan. 2 muntah. *He chucked up after eating pickles* Ia muntah sesudah makan acar. **c. roast** potongan daging sapi antara léhér dan bahu.
chuckhole /'cʌk'how¹/ *kb.* lobang di jalan.
chuckle /'cʌkəl/ *kb.* ketawa tertekan, ketawa-ketawa kecil. —*kki.* ketawa-ketawa kecil. *He chuckled at the joke* Ia ketawa-ketawa kecil mendengar lelucon itu.
chug /cʌg/ *kb.* bunyi letusan kecil. *the c. of the locomotive* bunyi dgn letusan kecil dari lok. —*kki.* (**chugged**) *Inf.:* bergerak sambil berbunyi dgn letusan kecil. *The engine chugged along slowly* Lok itu bergerak lambat sambil berbunyi dgn letusan kecil.
chum /cʌm/ *kb. Inf.:* sobat kental, sahabat karib. —*kki.* (**chummed**) berteman, bergaul. *The two girls have chummed together for years* Kedua gadis itu tlh berteman bertahun-tahun lamanya.
chumminess /'cʌmienəs/ *kb. Inf.:* keakraban.
chummy /'cʌmie/ *ks. Inf.:* akrab.
chump /cʌmp/ *kb. Inf.:* orang goblok/tolol. *Don't be a c.* Janganlah goblok.
chunk /cʌngk/ *kb.* 1 gumpal, potong, bongkah. *a c. of bread* segumpal roti. 2 potong. *a c. of wood* sepotong kayu.
church /cərc/ *kb.* 1 geréja. *c. service* kebaktian geréja. *to enter the c.* a) masuk geréja. b) menjadi pendéta. **c. mouse** miskin sekali. *He's as poor as a c.-mouse* Ia miskin sekali. Ia makan kerawat.
churchgoer /'cərc'gowər/ *kb.* orang yg selalu pergi ke geréja.
churchgoing /'cərc'gowing/ *ks.* saléh, selalu ke geréja. *c. family* keluarga yg selalu ke geréja.
churchman /'cərcmən/ *kb.* (*j.* **-men**). 1 pendéta. 2 anggota geréja yg setia.
churchwoman /'cərc'wumən/ *kb.* (*j.* **-women**). anggota wanita geréja yg setia.
churchyard /'cərc'yard/ *kb.* halaman geréja.
churlish /'cərlisy/ *ks.* kasar, tdk tahu aturan.
churn /cərn/ *kb.* 1 tong susu (utk membuat mentéga). —*kkt.* 1 mengaduk (*milk*). 2 mengocok. *The speedboat churned the water* Kapal motor cepat itu mengocok air.
chute /syuwt/ *kb.* = PARACHUTE. *to c. the chutes* meluncur di tempat peluncuran.
chutney /'cʌtnie/ *kb.* kuah dibuat dari buah-buahan, daun-daunan, merica, dsb.
chyme /kaim/ *kb.* air perut yg menghancurkan makanan.
C.I.A. /'sie'ai'ei/ [*Central Intelligence Agency*] Badan Inteijéns Pusat AS.
cicada /sə'keidə/ *kb.* sm jengkerik.
cider /'saidər/ *kb.* sari buah apel.
cigar /si'gar/ *kb.* serutu, cerutu. *c. store* warung rokok.
cigarette /'sigə'ret/ *kb.* rokok (kertas), sigarét,

rokok putih. *c. case* kotak/tempat rokok, selepa. *c. holder* pipa sigarét. *c. lighter* setéker, pemantik api, gerétan.

C-in-C [*Commander-in-Chief*] panglima tertinggi.

cinch /sinc/ *kb. Sl.*: suatu yg mudah dan pasti. *It's a c.!* 1 Itu mudah sekali! 2 pasti sekali. *It's a c. that I'll win* Pasti sekali bhw saya akan menang. —*kkt. Inf.*: menang. *He's sure to c. a second prize* Ia yakin benar akan memenangkan hadiah kedua.

cinchona /sin'kownə/ *kb.* 1 pohon kina. 2 kulit pohon kina.

cinder /'sindər/ *kb.* abu api/bara, sisa arang, terak. *c. block* blok sinder.

cinema /'sinəmə/ *kb.* gedung bioskop.

cinematography /'sinəmə'tagrəfie/ *kb.* pembuatan dan réproduksi pilem-pilem.

cinnamon /'sinəmən/ *kb.* kayu manis.

CIO /'sie'ai'ow/ [*Congress of Industrial Organizations*] Kongrés Organisasi-Organisasi Industri.

cipher /'saifər/ *kb.* 1 nol. *He's a c.* Ia seorang yg tak berarti. 2 sandi rahasia. —*kkt. Inf.*: memecahkan.

cir. [*circa*] kira-kira. *cir. 1964* kira-kira tahun 1964.

circle /'sərkəl/ *kb.* 1 lingkaran, bundaran. *in a c.* dlm lingkaran. *to come full c.* melingkari selingkaran penuh. 2 lingkungan. *c. of friends* lingkungan kawan-kawan. *in certain circles* di kalangan tertentu. 3 perkumpulan. *church c.* perkumpulan geréja. *sewing c.* perkumpulan menjahit. *to run around in circles* berputar disitu-disitu saja; tak pernah maju. —*kkt.* mengédari (*the earth*). —*kki.* berputar-putar. *The plane circled for an hour* Kapal terbang itu berputar-putar selama sejam.

circuit /'sərkit/ *kb.* 1 perjalanan keliling. *The minister made the c. every month* Pendéta itu mengadakan perjalanan keliling tiap bulan. *lecture c.* ceramah berkeliling. *c. court* pengadilan berkeliling di suatu daérah. 2 kontak. *broken c.* kontak putus, kortsléting. *electrical c.* jalan setrom listrik. *c. breaker* sakelar pemutus.

circuitous /sər'kyuwətəs/ *ks.* yg memutar, tdk langsung. *c. route* jalan yg tdk langsung.

circular /'sərkyələr/ *kb.* surat édaran, sirkulér. *c. letter* surat édaran, sirkulér. *c. reasoning* cara berpikir yg tak berujung pangkal. —*ks.* bundar. *c. saw* gergaji bundar.

circularity /'sərkyə'lærətie/ *kb.* (*j.* -ties) bentuk bundar. *There is some c. in his argument* Dlm mengemukakan alasannya terdapat sifat berputar-putar.

circularize /'sərkyələraiz/ *kkt.* mengirimkan surat édaran. *to c. the club members* mengirimkan surat-surat édaran kpd anggota perkumpulan.

circulate /'sərkyəleit/ *kkt.* mengédarkan (*s.t.*). —*kki.* 1 berédar. *Blood circulates* Darah berédar. 2 bersebar. *The bad news circulated rapidly* Berita buruk itu segera tersebar. 3 berkunjung. *We ought to c. more* Kita sebaiknya lebih banyak berkunjung ke mana-mana. **circulating** *library* perpustakaan yg meminjamkan buku-bukunya.

circulation /'sərkyə'leisyən/ *kb.* 1 perédaran. *c. of the blood* perédaran darah. 2 oplah. *This magazine has a tremendous c.* Majalah ini oplahnya besar sekali. 3 sirkulasi. *c. of money* sirkulasi uang. **for private c.** tdk diperdagangkan. **to put into c.** mengédarkan, mengeluarkan dlm édaran.

circulatory /'sərkyələ'towrie/ *ks.* yg berh. dgn perédaran. *c. system* sistim/susunan perédaran darah.

circumcision /'sərkəm'sizyən/ *kb.* penyunatan, sunatan, khitanan.

circumcize /'sərkəmsaiz/ *kkt.* menyunat, mengkhitan, mengislamkan.

circumference /sər'kʌmfərəns/ *kb.* lingkar, bundaran, keliling. *What is the c. of the earth?* Berapa panjang keliling bumi? *c. of a circle* keliling sebuah lingkaran.

circumflex /'sərkəmfleks/ *kb.* sirkomfléks. *c. accent* tanda sirkomfléks (ˆ).

circumlocution /'sərkəmlow'kyuwsyən/ *kb.* pemakaian kata-kata yg terlampau banyak dan tdk perlu.

circumnavigate/'sərkəm'nævəgeit/ *kkt.* mengelilingi (*the earth*).

circumnavigation /'sərkəmnævə'geisyən/ *kb.* pelayaran mengelilingi.

circumscribe /'sərkəmskraib/ *kkt.* membatasi. *Opportunities in the job are circumscribed* Kesempatan-kesempatan maju dlm pekerjaan ini terbatas.

circumspect /'sərkəmspekt/ *ks.* sangat berhati-hati. *He's c. in this matter* Ia sangat berhati-hati dlm hal ini.

circumspection /'sərkəm'speksyən/ *kb.* kehati-hatian.

circumstance /'sərkəmstæns/ *kb.* keadaan (sekitar). *He's in good circumstances* Keadaannya baik. *What were the circumstances of the case?* Bagaimana keadaan hal itu pd waktu itu? *extenuating circumstances* keadaan-keadaan yg meringankan. *Were it not for the c. that...* Kalau bukan karena.... *if circumstances allow* jika keadaan mengizinkan. **under no circumstances** bagaimanapun juga (tdk). *Under no circumstances was she willing to go* Bagaimanapun juga ia tak sudi pergi. **under the circumstances** dlm keadaan itu. *Under the circumstances they didn't go* Dlm keadaan itu meréka tdk pergi.

circumstantial /'sərkəm'stænsyəl/ *kb.* tdk langsung, sambil lalu. *There is no proof, but the c. evidence against him is strong* Tak ada bukti tapi bukti-bukti tak langsung sangat memberatkan. *c. account* laporan lengkap dan terperinci.

circumvent /'sərkəm'vent/ *kkt.* mengélakkan (*regulations*).

circus /'sərkəs/ *kb.* sirkus.

cirrhosis /sə'rowsəs/ *kb.* sirosis. *c. of the liver* sirosis hati.

cistern /'sistərn/ *kb.* waduk, bak/tangki air (biasanya dibawah tanah).

citadel /'sitədel/ *kb.* bénténg (biasanya utk penjagaan dan pertahanan kota).

citation /sai'teisyən/ *kb.* 1 surat pujian, surat/tanda penghargaan. *c. for bravery* surat pujian atas keberanian. 2 panggilan. *traffic c.* panggilan menghadap di pengadilan karena pelanggaran lalu lintas. 3 tanda/surat penghargaan. 4 kutipan, sitiran, sebutan (*from s.t.*).

cite /sait/ *kkt.* 1 menyebut(kan). *Can you c. the exact page?* Bisa sdr menyebutkan halamannya yg tepat? *Let me c. a similar case* Biarlah saya menyebut peristiwa yg serupa. 2 memuji. *to c. for bravery* memuji atas keberanian.

citizen /'sitəzən/ *kb.* warganegara, wargakota.

citizenry /'sitəzənrie/ *kb.* (*j.* -ries) rakyat (jelata), penduduk.

citizenship /'sitəzənsyip/ *kb.* kewarganegaraan.

citrate /'saitreit/ *kb.* garam/asam sitrat.

citric /'sitrik/ *ks.* *c. acid* asam sitrat/limau.

citronella /'sitrə'nelə/ *kb.* serai. *c. oil* minyak serai.

citrus /'sitrəs/ *kb.* pohon jeruk. *c. fruit* buah jeruk.

city /'sitie/ *kb.* (*j.* -ties) kota (besar). *c. editor* redak-

tur kota, redaktur surat kabar bagian kota. *c. directory* buku alamat, buku penunjuk kota. *c. father* anggota déwan kotapraja. *c. hall* balai kota. *c. jail* penjara kotapraja. *c. manager* seorang yg diangkat oléh Déwan Kota mengurus pemerintah kota. *c. plan* peta kota. *c. planning* perencanaan (pembangunan) kota, tatakota. *Inf.*: *c. slicker* orang yg hidup di kota dan biasanya tdk disukai di daérah. **city-wide** *ks.* yg meliputi seluruh kota. *c.-wide search for a lost child* pencarian anak hilang yg meliputi seluruh kota.
civet /'sivət/ *kb.* **c. cat** musang (kesturi).
civic /'sivik/ *ks.* bersifat kewarganegaraan. *to perform a c. duty* melakukan kewajiban sbg warganegara. *c. center* 1 kantor pusat berbagai-bagai départemén pemerintahan kotapraja. 2 gedung kesenian pemerintah yg dipakai oléh perkumpulan-perkumpulan kesenian dan organisasi-organisasi. **civic-minded** *ks.* yg memikirkan kepentingan umum. *He is very c.-minded and performs useful deeds for his city* Ia sangat memikirkan kepentingan umum dan melakukan pekerjaan-pekerjaan yg berguna bagi kotanya.
civics /'siviks/ *kb.* ilmu kewarganegaraan.
civies /'siviez/ *kb. Inf.*: baju préman, pakaian sipil.
civil /'sivəl/ *ks.* 1 sipil, perdata. *c. action* pengaduan (perkara) sipil. *c. marriage* pernikahan di kantor pencatatan sipil. *c. defense* pertahanan sipil. *c. engineer* ahli téknik sipil, insinyur sipil. *c. engineering* bagian insinyur sipil. *c. authorities* penguasa-penguasa sipil. 2 berh. dgn pemerintah. *c. servant* pegawai pemerintah/negeri, karyawan negara. 3 penduduk. *c. duties* kewajiban-kewajiban penduduk. *c. rights* hak penduduk. 4 sopan. *Can't you be c. about it!* Tdk dapatkah engkau lebih sopan mengenai itu? **c. code/law** hukum perdata. **c. liberty** kebébasan perseorangan, hak penduduk. **c. service** pamong praja. **c. war** perang saudara. **c. wedding** kawin kantor.
civilian /sə'vilyən/ *kb.* orang sipil/préman. *c. clothes* pakaian préman. *c. government* pemerintahan sipil. *in c. life* dlm kehidupan sipil.
civility /sə'vilətie/ *kb.* (*j.* **-ties**) kesopanan.
civilization /'sivələ'zeisyən/ *kb.* sivilisasi, peradaban.
civilize /'sivəlaiz/ *kkt.* membudayakan, memberi peradaban kpd. —**civilized** *ks.* 1 sopan. 2 beradab.
civvies /'siviez/ = CIVIES.
cl. 1 [*class*] kelas. 2 [*clerk*] kerani, komis.
clabber /'klæbər/ *kb.* susu kental dan kecut.
clack /klæk/ *kki.* berkeletak-keletak (*of shoes*).
clad /klæd/ lih CLOTHE.
claim /kleim/ *kb.* 1 tuntutan. *to file a c.* mendaftarkan/mengajukan tuntutan. *false c.* tuntutan yg tak benar. 2 tagihan. 3 hak. *The firm has no c. on my off-duty time* Perusahaan tak berhak atas waktuku diluar dinas. *He has many claims on his time* Waktunya tlh banyak berisi. **to lay c. to** mengajukan tuntutan atas. *He laid c. to the land* Ia menyatakan haknya atas tanah. **to put in a c. for** memajukan tuntutan atas. *mining c.* pernyataan hak menambang atas sebidang tanah, konsési tambang. —*kkt.* 1 menuntut. *Who claims this property?* Siapa yg menuntut tanah ini? *to c. the right to* menuntut hak utk. *to c. o's share* menuntut bagian diri sendiri. 2 meminta. *This work claims all his attention* Pekerjaan ini meminta seluruh perhatiannya. *The flood claimed ten lives* Banjir itu meminta korban sepuluh jiwa. *Please c. your belongings* Harap spy barang-barang jangan ketinggalan. —*kki.*

menegaskan, menyatakan. *She claims that her statements are correct* Ia menegaskan bhw ucapan-ucapannya itu benar.
claimant /'kleimənt/ *kb.* penuntut.
clairvoyance /klær'voiəns/ *kb.* terus mata/pandang, kewaskitaan.
clairvoyant /klær'voiənt/ *kb.* orang yg bersifat terus mata, ahli tenung. —*ks.* bersifat waskita, terus mata.
clam /klæm/ *kb.* remis besar, sm kijing. *c. chowder* sup kerang. *to shut up like a c.* diam seribu bahasa. —*kki.* (**clammed**) *Sl.*: **to c. up** bungkam. *When he is around people he clams up* Kalau sedang berkumpul dgn orang-orang ia bungkam.
clambake /'klæm'beik/ *kb.* 1 bertamasya di pantai (sambil makan-makan masakan kerang kijing). 2 *Sl.*: pertemuan, pésta, malam gembira, kongrés dsb.
clamber /'klæmbər/ *kki.* naik dgn merangkak. *to c. up the narrow stairs* naik tangga rumah yg sempit dgn merangkak.
clammy /'klæmie/ *ks.* lembab, basah. *c. hands* tangan basah keringat.
clamor /'klæmər/ *kb.* 1 kegégéran, teriakan. *the c. of the crowd* kegégéran orang ramai. 2 tuntutan. *c. for a change of chairmen* tuntutan spy ketua diganti. —*kki.* menuntut dgn ramai. *The audience clamored for more* Para penonton berteriak-teriak minta pertunjukan diulangi.
clamp /klæmp/ *kb.* kempa, apitan, kepitan, kelém. *The c. on the box is broken* Apitan peti itu patah. —*kkt.* mengepit, mengkelém. *Inf.*: **to c. down** mengawasi keras. *The censors c. down on pornography* Panitia sénsor mengawasi keras kecabulan.
clamshell /'klæm'syel/ *kb.* kulit kerang.
clan /klæn/ *kb.* kaum, suku, marga.
clandestine /klæn'destən/ *ks.* gelap, sembunyi klandéstin. *c. activities* kegiatan-kegiatan yg gelap.
clang /klæng/ *kb.* gemerincing (*of a bell*). —*kkt.* membunyikan (*a bell*).
clannish /'klænisy/ *ks.* suka berkelompok-kelompok, bersatu erat.
clap /klæp/ *kb.* 1 sambaran, bunyi. *c. of thunder* sambaran/bunyi petir. 2 tepuk. —*kkt.* (**clapped**) 1 bertepuk tangan. *to c. o's hands* bertepuk tangan. 2 menepuk-nepuk. *He clapped me on the back* Ia menepuk-nepuk bahuku. 3 menjebloskan. *He was clapped in jail* Ia dijebloskan kedlm penjara. 4 mengepakkan. *The bird claps its wings* Burung itu mengepak-ngepakkan sayapnya. *Sl.*: **to c. eyes on** melihat. —*kki.* bertepuk tangan. *The audience clapped loudly* Para pendengar bertepuk tangan dgn keras.
clapboard /'klæp'bowrd/ *kb.* papan yg tebal pd satu sisi dan disusun berlapis-lapis.
clapper /'klæpər/ *kb.* anak genta/loncéng.
claptrap /'klæp'træp/ *kb.* omong kosong, cakap angin. *His speech was nothing but c.* Pidatonya hanyalah omong kosong belaka.
claret /'klærət/ *kb.* anggur Perancis berwarna mérah. *c. red* mérah anggur.
clarification /'klærəfə'keisyən/ *kb.* penjelasan, uraian.
clarifies /'klærəfaiz/ lih CLARIFY.
clarify /'klærəfai/ *kkt.* (**clarified**) 1 menjelaskan. *to c. a matter* menjelaskan hal. 2 menjernihkan, membeningkan (*a liquid*).
clarinet /'klærə'net/ *kb.* klarinét.
clarinetist /'klærə'netist/ *kb.* pemain klarinét.

clarion /'klæriɛən/ *kb.* bunyi keras, nyaring. *c. call* panggilan yg keras bunyinya.

clarity /'klærɔtie/ *kb.* 1 kejernihan, kemurnian, kecerahan. 2 kejelasan.

clash /klæsy/ *kb.* 1 bunyi berdentum/kerdumkerdam. 2 perselisihan (*of interest, date*). *c. of opinion* perselisihan pendapat. 3 bentrokan. 4 ketidakcocokan, ketidakserasian (*of color* warna). —*kki.* 1 bertentangan. *Our personalites seem to c.* Kepribadian kita ini kelihatannya bertentangan. 2 tdk cocok. *The red and pink c.* Warna mérah dan warna mérah-jambu itu tdk cocok (satu sama lain). *The day we set for the lecture clashes with the concert* Hari yg kita tetapkan utk ceramah jatuh bersamaan dgn hari konsér.

clasp /klæsp/ *kb.* 1 jepitan, géspér. 2 anting-anting jepitan (*on earrings*). 2 pegangan. *c. of the hand* pegangan tangan. —*kkt.* 1 menjabat, menggenggam. *He clasped my hand warmly* Ia menjabat tangan saya dgn hangat. *Let's c. hands* Marilah kita saling berpegangan tangan. 2 mendekap. *She clasped the child to her breast* Ia mendekap anak itu ke dadanya. *They were clasped in each other's arms* Meréka saling berpelukan/berdekapan. —*kki.* mengunci. *This bracelet won't c.* Gelang ini tdk mau dikunci.

class /klæs/ *kb.* 1 kelas. *first c.* kelas satu. *the German c.* kelas bahasa Jerman. 2 golongan. *the working c.* golongan karyawan. 3 pelajaran, kelas, sekolah. *Do you have a c. today?* Apakah engkau ada sekolah hari ini? 4 jam. *She teaches three classes a day* Ia mengajar tiga jam sehari. *Inf.: He has real c.!* Gayanya bermutu betul! *He was in the c. of 1960 at the university* Ia lulusan 1960 dari universitas. —*kkt.* menggolongkan. *He is classed with those of average intelligence* Ia digolongkan kedlm kelompok yg kepandaiannya cukupan. **class-conscious** *ks.* sadar berkelas, sadar tergolong kedlm suatu golongan. **class-consciousness** *kb.* kesadaran berkelas.

classic /'klæsik/ *kb.* 1 klasik. *This poem is considered a c.* Sajak ini dianggap klasik. 2 keunggulan. "*Tom Sawyer*" *is a c.* Shakespeare diakui keunggulannya. *The All-Indonesian soccer competition has become a c.* Kompetisi sépakbola seluruh Indonésia menjadi sangat penting artinya. —**the classics** *j.* Sastra Yunani dan Rom kuno sbg lapangan pelajaran juga termasuk bahasa-bahasa sastra itu. —*ks.* 1 (modél) klasik. *c. design* motif modél klasik. 2 terbaik. *c. example* contoh terbaik.

classical /'klæsɔkɔl/ *ks.* klasik. *c. music* musik klasik. *He enjoyed a c. education* Ia menerima pelajaran sastra dan bahasa Yunani dan Rom.

classicist /'klæsɔsist/ *kb.* ahli klasik, sarjana yg mempelajari sastra dan seni Yunani-Rom kuno.

classification /'klæsɔfɔ'keisyɔn/ *kb.* 1 penggolongan (menurut jenis), klasifikasi. 2 pembagian.

classified /'klæsɔfaid/ lih CLASSIFY.

classifier /'klæsɔ'faiɔr/ *kb.* 1 penggolong. 2 alat penggolong dlm kimia, alat pemisah. 3 *Gram.:* penolong bilangan.

classifies /'klæsɔfaiz/ lih CLASSIFY.

classify /'klæsɔfai/ *kkt.* (**classified**) membagi-bagi(kan), menggolongkan. *to c. students into average and above-average groups* membagi-bagi murid-murid kedlm golongan cukupan dan golongan lebih dari cukup. —**classified** *ks.* 1 disusun menurut golongan. *c. ad* iklan, réklame. 2 rahasia. *c. information* bahan-bahan keterangan yg rahasia. *c. mission* tugas rahasia.

classmate /'klæs'meit/ *kb.* teman sekelas.

classroom /'klæs'rum/ *kb.* 1 ruangan kelas. 2 seluruh kelas: *The c. will go to an assembly* Seluruh kelas akan pergi ke suatu pertemuan.

classy /'klæsie/ *ks. Sl.:* 1 mentéréng, bagus sekali. *That's a pretty c. car* Mobil itu benar mentéréng. 2 tinggi nilainya/mutunya.

clatter /'klætɔr/ *kb.* berisik ramai, bising, gemerincing(an). *The students made a lot of c.* Mahasiswa-mahasiswa berisik betul. *the c. of dishes* gemerincingan piring. —*kki.* bergerak atau jatuh dgn bunyi yg ramai. *The old car clattered down the street* Mobil tua itu léwat dgn ramai sekali di jalan.

clause /klɔz/ *kb.* 1 *Gram.:* (anak) kalimat. 2 ketentuan, klausule. *c. in a contract* ketentuan didlm perjanjian.

claustrophobia /'klɔstrɔ'fowbieɔ/ *kb.* penyakit rasa takut akan ruangan yg sempit-sempit dan tertutup.

clavicord /'klævɔkɔrd/ *kb.* sm piano (modél jaman dulu).

clavicle /'klævɔkɔl/ *kb.* tulang selangka.

claw /klɔ/ *kb.* cakar, kuku. **c. hammer** palu cakar. —*kkt., kki.* mencakar. *The tiger clawed the deer* Harimau itu mencakar rusa itu. *The cat clawed at the chair* Kucing mencakar kursi itu.

clay /klei/ *kb.* tanah liat/pekat, lempung.

clean /klien/ *ks.* 1 bersih. *c. house* rumah yg bersih. *c. clothes* pakaian yg bersih. *c. copy of a thesis* lembaran-lembaran tésis yg bersih. *Keep the streets c.* Jagalah kebersihan jalan-jalan. 2 halal, tdk haram (*of meat*). 3 yg tdk banyak menimbulkan debu radioaktip (*of atomic weapons*). 4 bentuk. *That car has c. lines* Mobil itu tampan bentuknya. 5 senonoh. *Keep the conversation c.* Jagalah spy percakapan tdk menjadi cabul. *to make a c. break* memutuskan hubungan sama sekali. **to break c.** tdk berbuat curang. *Sl.:* **to come c.** mengaku. —*kk. Sl.:* sama sekali. *I c. forgot to* Saya lupa sama sekali utk. —*kkt.* membersihkan (*house, teeth, car, fish, etc.*). **to c. away** membersihkan. *Let's c. away the mess* Marilah kita béréskan kekacauan itu. **to c. out** 1 membersihkan. *to c. out a cabinet* membersihkan lemari. 2 *Inf.:* menghabiskan. *They cleaned us out of food* Meréka menghabiskan makanan kami. *The mayor cleaned out all the graft in the city government* Walikota mengikis habis semua korupsi dlm pemerintahan kota. *Sl.: You've cleaned me out* Kau tlh mengorék habis uangku. **to c. up** 1 membersihkan. *to c. up after the children* membersihkan kotoran/kekacauan yg dilakukan anak-anak. 2 mencuci. *Let me get cleaned up first* Baik saya cuci muka/badan dulu. 3 untung, mengorék. *When we won that bet we really cleaned up* Ketika kami menang taruhan kami untung betul. 4 merapikan. *I must c. up my work before I can leave* Saya hrs merapikan pekerjaan saya sblm pergi. *to c. up o's debts* melunaskan hutang-hutangnya **clean-cut** *ks.* bagus bentuknya. *He has c.-cut features* Bentuknya baik. **clean-living** *ks.* secara murni. *He's a c.-living Ohioan* Ia seorang Ohio yg hidup secara murni. **clean-shaven** *ks.* tercukur licin. **clean-up** *kb.* pembersihan. *c.-up campaign* gerakan pembersihan. —**cleanly** *kk.* dgn rapi/tepat, baik, bagus. *The knife cut c. through the meat* Pisau itu memotong daging itu dgn tepat. *c. carved roastbeef* daging bifstik yg diiris baik-baik. —**cleaning** *kb.* pembersihan, perapian. *c. of a rug* pembersihan babut. *This rug needs c.* Babut ini perlu dibersihkan. *c. materials* bahan-bahan pembersih. *c. plant* perusahaan binatu (*dry cleaning*). *c. woman* wanita pembersih rumah/gedung.

cleaner /'klienɔr/ *kb.* 1 obat gosok. 2 tukang bersih-

bersih (di rumah, gedung, dsb). 3 (tukang) obat gosok, binatu. *The c. did not get the spot out of my dress* Binatu itu tdk berhasil menghilangkan noda dari bajuku. *at the cleaners* di binatu, di tukang binatu.

cleanliness /'klenliənəs/ *kb.* kebersihan. *C. is next to godliness* Kebersihan adalah hal yg mulia.

cleanness /'kliennəs/ *kb.* kebersihan, kerapian.

cleanse /klenz/ *kkt.* membersihkan, mencuci. *to be cleansed of o's sins* disucikan dari dosa. **—cleansing** *ks.* yg membersihkan. *c. cream* krém pencucian/pembersih(an).

cleanser /'klenzər/ *kb.* obat/bahan pembersih. *Soap is a c.* Sabun adalah obat pembersih.

clear /klir/ *kb.* **to be in the c.** 1 tak berdosa. *He's in the c.* Ia tak berdosa. 2 dlm perkataan biasa saja (*of a message*). **—ks.** 1 terang, cerah, gamblang. *c. day* hari cerah. *It's c. he doesn't want to go* Sdh terang dia tdk mau pergi. 2 jelas. *c. voice* suara yg jelas. **to be c. about s.t.** jelas ttg s.s.t. *I am not c. about your reason for leaving* Bagiku tdk jelas apa alasanmu utk pergi. *Your answer is as c. as mud* Jawabanmu sama sekali tdk jelas. *as c. as crystal/day* jelas sekali. 4 éncér (*of soup*). 5 bersih. *c. profit* laba bersih. 6 kosong. *c. space* ruangan kosong. 7 bébas. *Is the road c.?* Apakah jalan bébas sekarang? *Is the coast c.?* Sdh amankah keadaan? Tak ada bahaya lagi? *The coast is c.* Tak ada halangan lagi. **to be c. of** bébas/bersih dari. *The highway is c. of snow* Jalan raya tlh bébas dari salju. *The train was c. of the station when the derailment occurred* Kerétaapi itu tlh keluar dari stasiun samasekali ketika keluar rél. *Do you have a c. conscience?* Apakah perasaan dlm batinmu aman/tenteram? **to go c.** lepas, lucut, bébas. **to keep/stay c. of** mengélakkan, menjauhi. *I try to stay c. of him* Saya berikhtiar menghindarinya. *We must stay c. of the shoals* Kita hrs mengélakkan jauh-jauh bagian sungai yg dangkal itu. **to make c.** menjelaskan, menggamblangkan. *I want to make one thing very c.* Saya ingin spy satu hal betul-betul dimengerti. **to pull c. of** menarik keluar dari. *We were able to pull the girl c. of the burning car* Kami sempat menarik gadis itu keluar dari mobil yg sedang terbakar itu. **to stand c.** berdiri jauh-jauh. *Stand c.! I'm going to drop the tree branch* Berdirilah jauh-jauh. Akan kujatuhkan dahan kayu itu. **all c.** suasana sdh aman/cerah. **c. as a bell** jernih sekali. *The sky was c. as a bell* Langit jernih sekali. **—kkt.** 1 membébaskan. *We must c. him of the charge* Harus kita bébaskan dia dari tuduhan. 2 menjauhi. *The ship cleared the sandbank nicely* Kapal itu dgn cermat menjauhi busung pasir itu. 3 membersihkan (*the street of rubbish, railroad tracks after an accident*). *to c. o.s. of suspicion* membersihkan diri dari tuduhan. 4 melunasi. *to c. o's debts* melunasi utang-piutang. 5 mengosongkan (*the courtroom*). *to c. the way for the President* mengosongkan memberi jalan utk Présidén. 6 menyiapkan. *The Army cleared the way for his resignation* AD itu menyiapkan persiapan utk pemberhentiannya. 7 meléwati. *to c. customs* meléwati pemeriksaan duane. *to c. the high jump bar by half an inch* meléwati bilah dgn jarak setengah inci. 8 membuka (*land*). *to c. the ground for negotiations* membuka jalan utk perundingan-perundingan. 9 meninggalkan. *to c. the harbor* meninggalkan pelabuhan. 10 menghabiskan. *to c. o's plate* menghabiskan sisa-sisa makanan di piring. 11 menghilangkan, melenyapkan. *to c. slums* menghilangkan daérah perumahan bobrok, memberantas rumah-rumah gubuk. 12 mengangkat. *to c. the table* meng-

angkat piring-piring dari méja. 13 membeningkan, menjernihkan. *The coffee will c. my head* Kopi itu akan membeningkan kepala saya. Kopi itu akan menjernihkan pikiran saya. **::** *The bank hasn't cleared the check yet* Bank blm meng-clear/menjamin cék itu. *to c. expenses* pulang pokok. *to c. s.o. for access to secret data* memberi kepercayaan kpd s.s.o. dlm memakai bahan-bahan rahasia. *to c. 10% on every sale* mendapat keuntungan bersih 10% atas setiap penjualan. *to c. o's throat* berdeham. **—kki.** jernih kembali. *The sky cleared and the plane took off* Cuaca jernih/cerah kembali dan kapal terbang berangkat. *to c. away the things on the table* mengangkat barang-barang yg diatas méja. *to c. away the snow* menyapu tumpukan salju. *The fog cleared (away)* Kabut hilang. **to c. off** 1 mengosongkan. *to c. off the table* mengosongkan méja. 2 jernih kembali. *The weather is clearing off* Cuaca jernih kembali. **to c. out** 1 mengosongkan. *to c. out a cupboard* mengosongkan lemari. 2 meninggalkan. *Won't you children c. out of the house?* Ayoh anak-anak, pergilah meninggalkan rumah. 3 menjual, mengobral. *The bookdealer cleared out his stock of secondhand books* Penjual buku itu menjual habis semua buku bekasnya. **to c. up** 1 menjadi terang. *We hope the weather clears up* Mudah-mudahan cuaca menjadi terang. 2 memecahkan (*a problem*). 3 menguraikan, meméréskan (*a misunderstanding*). 4 membersihkan, menghilangkan (*an infection*). **clear-cut** *ks.* 1 jelas. 2 *a c.-cut difference between opinions* perbédaan yg tegas (antara) pendapat-pendapat. **clear-headed** *ks.* cerdas. *He is c.-headed and reasons well* Ia cerdas dan berakal séhat. **clear-sighted** *ks.* 1 tajam mata. 2 lekas mengerti. **—clearly** *kk.* 1 dgn jelas. *I c. made my point* Saya dgn jelas sdh mengajukan pendapatku. *He speaks very c.* Ia berbicara dgn jelas. 2 nyata. *He was c. not interested* Ia sdh nyata tak ada perhatian (dlm hal itu). **—clearing** *kb.* tanah terbuka atau yg baru dibuka, pembukaan hutan. *c. house* kantor atau tempat yg menyelesaikan penerimaan cék-cék antara bank.

clearance /'klirəns/ *kb.* 1 jarak ruangan. *The c. between the two buildings was less than three feet* Jarak ruangan antara kedua gedung itu kurang dari 3 kaki. 2 izin. *to receive c. to the border* menerima izin berangkat ke perbatasan. *The ship was given its c. and left port* Kapal itu diberi izin keluar dan meninggalkan pelabuhan. *He has been given c. to utilize classified material* Ia sdh diberi izin utk memakai bahan-bahan rahasia. **c. sale** (penjualan) obral.

cleat /kliet/ *kb.* paku pd sepatu spy tdk licin.

cleavage /'klievij/ *kb.* 1 perpecahan. *The c. between the two groups is unfortunate* Perpecahan antara kedua golongan itu disesalkan. 2 pembelahan. 3 *Inf.:* potongan léhér baju yg dalam/rendah (*of a dress*).

cleave /kliev/ *kkt.* (**clove, cleft** atau **cleaved, cleaved** atau **cloven**) 1 membelah, memotong. *to c. meat* membelah daging. *His head was cloven with an ax* Kepalanya terbelah dgn kapak. 2 memecah. *The boat cleft the water* Perahu itu memecah ombak. **—kki.** (**cleaved**) menggantungkan diri, memegang erat-erat. *He cleaved to his parents* Ia menggantungkan diri kpd orang tuanya. **cloven** *foot* kaki yg berkuku dua. **cleft** *palate* langit-langit mulut yg terbelah.

cleaver /'klievər/ *kb.* pisau daging besar, golok.

clef /klef/ *kb.* kunci musik.

cleft /kleft/ lih CLEAVE.

clematis /'klemətis/ *ks.* sm tumbuh-tumbuhan menjalar.

clemency /'klemǝnsie/ *kb.* (*j.* **-cies**) grasi, perampunan, pengampunan, kleménsi.

clench /klenc/ *kb.* pegangan, genggaman, cèngkeraman, kepalan. —*kkt.* mengepalkan (*o's fists*).

cleptomania /'kleptǝ'meiniǝ/ = KLEPTOMANIA.

cleptomaniac /'kleptǝ'meinieæk/ = KLEPTOMANIAC.

clergy /'klǝrjie/ *kb.* (*j.* **-gies**) kependétaan.

clergyman /'klǝrjiemǝn/ *kb.* (*j.* **-men**) pendéta, pastor.

cleric /'klerik/ *kb.* anggota golongan pendéta.

clerical /'klerǝkǝl/ *kb.* 1 yg berh. dgn pekerjaan jurutulis. *c. work* pekerjaan jurutulis, pekerjaan di bagian administrasi. *c. error* kesalahan tata usaha. *c. oversight* keteledoran tata usaha. 2 kependétaan. *c. dress* pakaian kependétaan.

clerk /klǝrk/ *kb.* 1 pegawai toko, pramuniaga. 2 jurutulis. *c. of the court* geripir, panitera. —*kki.* menjadi pelayan. *She clerks in a store* Ia menjadi pelayan di toko.

clever /'klevǝr/ *ks.* 1 pandai. *c. girl* gadis yg pandai. 2 cakap, cekatan. *c. dancer* penari yg cakap. *He's c. with his hands* Ia cekatan dgn tangannya. 3 cerdik. *He was too c. for them* Ia terlalu cerdik bagi meréka. *c. invention* penemuan yg cerdik. *c. device* alat yg disusun secara cerdik. 4 pandai, pintar. *He's c. at physics* Ia pandai dlm ilmu alam. *That's nothing very c.* Itu bukanlah s.s.t. yg amat pintar. Sdr masih kurang cerdik ttg hal itu.

cleverness /'klevǝrnǝs/ *kb.* 1 kepandaian. 2 kepintaran. 3 kecerdikan. 4 kecekatan. 5 ketrampilan.

cliché /kli'syei/ *kb.* 1 kata klisé. "time-worn" *is a c.* "*time-worn*" adalah kata klisé. 2 *Phot.*: klisé percétakan.

click /klik/ *kb.* 1 bunyi ceklékan. *c. of the telephone* suara ceklékan télpon. 2 *Ling.*: bunyi kenyutan. —*kkt.* membunyikan. *to c. o's heels* membunyikan tumitnya. —*kki.* 1 berbunyi klik. *I heard the phone c.* Saya mendengar bunyi klik di télpon. 2 *Sl.*: berhasil. *The rehearsal clicked beautifully* Latihan itu berjalan dgn lancar. *He clicked with his first novel* Ia berhasil dgn romannya yg pertama.

clickety-clack /'klikǝtie'klæk/ *kb.* keletak-keletuk. *His shoes went c. on the floor* Sepatunya berkeletak-keletuk ketika berjalan di lantai papan.

client /'klaiǝnt/ *kb.* 1 langganan, nasabah, klién. 2 orang yg dibéla oléh (pengacara).

clientele /'klaiǝn'tel/ *kb.* para langganan.

cliff /klif/ *kb.* jurang, karang yg terjal. *c. dwellers* 1 orang yg berdiam di batu karang. 2 orang yg tinggal di pencakar langit atau di gedung flat yg besar.

cliffhanger /'klif'hængǝr/ *kb. Sl.*: pilem, cerpén, situasi atau sandiwara yg menegangkan.

climacteric /klai'mæktǝrik/ *kb.* 1 masa penting/bersejarah. 2 *Med.*: haid.

climate /'klaimit/ *kb.* 1 iklim. *tropical c.* iklim tropis. 2 suasana. *an unhealthy c. for anti-government statements* suasana yg tdk séhat buat pernyataan-pernyataan anti-pemerintah.

climatic /klai'mætik/ *ks.* yg bert. dgn iklim. *c. conditions* keadaan iklim.

climatology /'klaimǝ'talǝjie/ *kb.* ilmu iklim.

climax /'klaimæks/ *kb.* klimaks, puncak. *This new development brought matters to a c.* Perkembangan baru ini membawa persoalan-persoalan kpd klimaksnya. *The story does a fine job of working-up to a c.* Cerita itu dgn indahnya mencapai puncak ketegangannya. **to cap the c.** melampaui batas, keterlaluan. —*kkt.* menjadi puncak kegembiraan. *Winning first prize climaxed his evening* Memenangkan hadiah pertama menjadi puncak kegembiraan baginya pd malam itu.

climb /klaim/ *kb.* 1 pendakian, tanjakan. *a steep c.* pendakian yg curam. *That hill is quite a c. for me* Mendaki bukit itu terlalu payah bagi saya. 2 meningkat. *There has been a steady c. in car sales* Angka-angka penjualan mobil meningkat dgn tetap. —*kkt.* 1 mendaki. *to c. (up) a mountain* mendaki gunung. 2 naik, menaiki. *to c. (up) a ladder* naik tangga. 3 menempuh. *to c. the ladder of success* menempuh jalan suksés. —*kki.* 1 mendaki. *We climbed for two days* Kami mendaki selama dua hari. **to c. down** 1 turun. *to c. down the ladder* turun tangga. 2 *Inf.*: mengundurkan diri. *When he saw that he could not win, he climbed down* Ketika dilihatnya bhw ia tak akan bisa menang, ia mengundurkan diri. **to c. up** naik. —**climbing** *kb.* pendakian, penanjakan. *mountain c.* pendakian gunung. *c. speed (of planes)* kecepatan menaik/menanjak.

climber /'klaimǝr/ *kb.* 1 pendaki. *mountain c.* pendaki gunung. 2 orang yg ingin naik pangkat. *She's a real c. in her social circle* Ia selalu berusaha menjadi orang penting didlm pergaulan masyarakatnya.

clime /klaim/ *kb.* iklim. *in a warm c.* di daérah yg iklimnya panas.

clinch /klinc/ *kb. Box.*: pagutan. —*kkt.* 1 mengeling (paku-paku). 2 membéréskan (*an argument*). 3 merebut (*victory*). 4 menutup. *to c. the bargain* menutup penawaran. —*kki.* berpiting-pitingan (*of boxers*).

clincher /'klincǝr/ *kb.* hal yg menentukan. *His argument provided the c.* Pemberian argumentasinya merupakan hal yg menentukan.

cling /kling/ *kki.* (**clung**) 1 berpegang teguh. *The boy insisted on clinging to his mother* Anak laki-laki itu bersikeras berpegang teguh pd ibunya. *to c. to o's opinion* berpegang erat pd pendapatnya. *to c. together* tetap berdampingan/berléngkétan. *C. close to me* Berpeganglah rapat kpd saya. 2 meléngkét, melekat. *This wet shirt clings to my back* Keméja yg basah ini meléngkét di punggungku. **clinging** *vine* seorang wanita yg tak bisa berdiri sendiri.

clingstone /'kling'stown/ *kb.* biji buah persik yg melekat pd daging buahnya.

clinic /'klinik/ *kb.* klinik, balai pengobatan. *maternity c.* klinik bersalin.

clinical /'klinǝkǝl/ *ks.* klinis. *c. medicine* ilmu pengobatan klinik. *c. psychology* ilmu jiwa klinik. *c. test* percobaan klinik. *c. thermometer* térmométer klinik.

clinician /kli'nisyǝn/ *kb.* dokter yg mengajar atau memakai pengobatan klinik.

clink /klingk/ *kb.* 1 denting. *the c. of glasses* denting gelas-gelas. 2 *Inf.*: penjara. —*kkt.* mempertemukan, menyentuhkan. *to c. glasses and drink* mempertemukan gelas lalu minum.

clinker /'klingkǝr/ *kb.* arang/ kerak besi, tahi arang.

clip /klip/ *kb.* 1 jepitan. *c. on a necklace* jepitan kalung. *fountain pen c.* jepitan pulpén. *paper c.* penjepit kertas. 2 potongan (dari film). 3 *Inf.*: pukulan. *to receive a c. on the jaw* mendapat pukulan di rahangnya. 4 *Inf.*: kecepatan. *He drives at a fast c.* Ia mengendarai mobil dgn kecepatan tinggi. —*kkt.* (**clipped**) 1 menggunting (*paper, hair, etc.*). 2 memangkas, memotong (*roses, a dog, hair*). 3 *Inf.*: meninju. *He clipped me on the jaw* Ditinjunya aku pd rahangnya. **to c. together** menjepitkan bersama. *Sl.*: **c. joint** toko, réstoran dsb yg harganya sangat tinggi. —**clipping** *kb.* guntingan. *newspaper c.* guntingan koran. **clippings** *j.* guntingan, pangkasan, potongan.

clip-clop /'klip'klap/ *kb.* bunyi keletak-keletuk (*of wooden sandals*). —*kki.* (**clip-clopped**) berjalan keletak-keletuk. *She clip-clopped along* Ia berjalan berkeletak-keletuk.

clipper /'klipər/ *kb.* alat pemotong. **clippers** *j.* gunting. *Shall I use the clippers on the sides?* Apakah rambut-rambut di pinggir itu akan dipotong? *c. ship* sm kapal layar yg cepat.

clique /kliek, klik/ *kb.* klik, kelompok, golongan kecil. *military c.* kelompok kecil yg terdiri dari perwira-perwira, klik tentara.

cliquish /'kliekisy 'klikisy/ *ks.* (selalu) bergerombol. *That group of young people is very c.* Kelompok pemuda-pemuda itu selalu bergerombol diantara meréka.

clitoris /'klietəris/ *kb.* kelentit, itil.

cloak /klowk/ *kb.* mantel, jubah, jas (panjang). *under the c. of night* dibawah lindungan malam. *under the c. of religion* dibawah selubung agama. —*kkt.* menyelubungi. *to c. o's evil intentions behind kind deeds* menyelubungi maksudnya yg jahat itu dgn perbuatan yg baik-baik. *a cloak-and-dagger story* ceritera yg penuh ketegangan.

cloakroom /'klowk'rum/ *kb.* tempat penggantungan jas, topi dsb.

clobber /'klabər/ *kkt. Sl.:* memukul berkali-kali. *In his rage he clobbered him* Dlm kemarahannya dia memukulnya berkali-kali.

clock /klak/ *kb.* jam, loncéng. *grandfather c.* jam besar yg berdiri. *wall c.* jam dinding. *It's 4 o'clock* Jam empat. *to sleep round the c.* tidur sehari semalam penuh. *to work round the c.* bekerja 24 jam sehari. *It took her fifteen minutes by the c. to get here* Ia memerlukan tepat limabelas menit utk sampai disini. —*kkt.* mengambil waktu (*a runner*). **to c. in/out** mendaftarkan jam masuk kerja, jam pulang dari pekerjaan.

clockmaker /'klak'meikər/ *kb.* tukang arloji.

clockwatcher /'klak'wacər/ *kb.* pegawai yg sebentar-sebentar melihat jam menunggu saat pulang.

clockwise /'klak'waiz/ *kk.* menurut jalan jam. *Turn your key c. to open the trunk* Putarlah kunci koper itu menurut jalan jam utk membukanya.

clockwork /'klak'wərk/ *kb.* mesin jam. *The program went off like c.* Acara itu berjalan dgn lancar.

clod /klad/ *kb.* gumpalan, bungkah, bongkah. *c. of earth* gumpalan tanah. *to break up the clods* menghancurkan bungkal-bungkal. *He's a real c.* Ia bodoh sekali.

clodhopper /'klad'hapər/ *kb.* seorang tolol.

clog /klag/ *kb.* tekelék, bakiak. *to wear clogs* memakai bakiak. —*kkt.* (**clogged**) menyumbat. *Mud clogged the street drains* Lumpur menyumbat selokan di jalan. —*kki.* mampat, tersumbat. *The drainpipe clogs (up)* Pipa pembuangan mampat. **clogged** *drain* saluran yg tersumbat.

cloister /'kloistər/ *kb.* 1 beranda, serambi sepanjang rumah yg beratap. 2 *Rel.:* biara. —*kkt.* menyendiri. *to lead a cloistered life* hidup tersendiri/terpisah/tertutup.

clop /klap/ *kb.* derap. *the c. of marching feet* derap kaki berbaris. —*kki.* (**clopped**) menderap. *The horses clopped along the street* Kuda-kuda menderap di jalan.

close /klowz/ *kb.* akhir. *at the c. of business* stlh toko/kantor ditutup. *at the c. of day* di kala senja. *The day drew to a c.* Hari tlh lalu. —*kkt.* menutup. *to c. a door* menutup pintu. *to c. an account* menutup rékening koran. *The road is closed* Jalan itu tertutup. *to c.*

the missile gap menutup kelambatan dlm produksi peluru-peluru kendali. *Cold closes the pores* Hawa dingin menutup pori-pori kulit. *to c. the books* 1 menutup buku (perusahaan, firma). 2 mengakhiri. *to c. the books on a federal case* mengakhiri sebuah perkara fédéral. *to c. a case* mengakhiri/membéréskan perkara. *The chairman declared the discussion closed* Ketua menyatakan pembicaraan itu diakhiri/ditutup. *to c. the barn door after the horse has been stolen* Apa boléh buat, nasi sdh jadi bubur. *to c. ranks* bersatu. —*kki.* 1 berakhir. *The show closes tonight* Pertunjukan berakhir malam ini. 2 (di)tutup. *The store closes at 5* Toko (di)tutup jam 5. *That firm's stock closed at $4.25 a share* Saham perusahaan itu pd akhir hari ditutup dgn harga $4.25 per saham. **to c. down** menghentikan pekerjaan. *The plant closed down during the strike* Pabrik itu ditutup selama pemogokan berlangsung. *The radio station has closed down for the night* Stasiun radio tlh menghentikan siarannya utk malam ini. **to c. in on** mendekati dan mengepung. *Night is closing in* Hari mulai menjadi malam. **to c. out** menjual habis, mengobral. *The store closed out its stock of swimsuits* Toko itu menjual habis persediaan baju mandi. **to c. up** 1 tutup. *In winter this hotel is closed up* Selama musim dingin hotél ini tutup. 2 merapatkan. *C. up ranks!* Rapatkan barisan! —**closed** *ks.* (ter)tutup. *"Road c."* Jalan ditutup. *C. for the season* Ditutup selama musim ini. **c. circuit** siaran terbatas. *c.-circuit TV* TV dgn siaran terbatas. **c. corporation** perséroan terbatas yg séronya hanya dimiliki beberapa orang saja. **closed-door** *ks.* tertutup, tdk umum. *a c.-door meeting* sidang tertutup. **c. shop** pabrik atau perusahaan yg menjadi anggota dari serikat buruh. *in c. session* dlm sidang tertutup. **c. syllable** sukukata yg diakhiri dgn huruf mati. —**closing** *kb.* tutupan. *ks.* yg terakhir. *c. bid* penawaran tertinggi. *c. stock market averages* nilai pukul rata pd waktu penutupan bursa. *c. hour* jam/waktu tutup. *It's c. time* Waktu menutup/tutup (toko, kantor dsb.).

close /klows/ *ks.* 1 karib. *c. friends* sahabat karib. 2 péndék. *c. haircut* potong rambut yg péndék. 3 teliti. *c. reasoning* pemberian alasan yg teliti. *Please pay c. attention* Diharap memperhatikan dgn teliti. 4 pengap. *It's too c. in here* Pengap sekali dlm kamar ini. 5 kikir, lokék. *He's c. with his money* Ia seorang kikir. 6 dekat. *Sit c. to me* Dudukmuh didekatku. *He followed c. behind me* Ia mengikuti dekat dibelakangku. *The election was c.* Pemilihan itu dimenangkan dgn kelebihan suara yg tipis. *The game was c.* Pertandingan itu hampir seimbang. **from c. up** dari dekat. *From c. up she looks older* Dari dekat ia kelihatan lebih tua. *according to sources c. to* menurut sumber yg berdekatan/berhampiran dgn. **c. at hand** didekat. *My books are c. at hand* Buku-buku saya ada didekatku. **c. on** hampir. *It's c. on three o'clock (sdh)* hampir jam tiga. *He's c. on seventy now* Umurnya sdh hampir 70 tahun. **to be c. about** tak suka berbicara ttg. *He tends to be c. about his activities* Ia biasanya tak suka berbicara ttg kegiatan-kegiatannya. **c. by** dekat (sini). *My sister lives c. by* Saudara perempuanku tinggal dekat sini. **to stand c. together** berdiri saling berdekatan. *Inf.:* **c. call/shave** *It was a c. call* Aduh, hampir celaka tadi. Aduh, nyaris bahaya. **c. examination** penyorotan. **c. finish** akhir perlombaan yg dicapai oléh para peserta pd waktu yg hampir bersamaan. **close-fisted** *ks.* kikir, lokék. **close-fitting** *ks.*

ketat, pas. *c.-fitting trousers* celana yg ketat. **close-knit** *ks.* yg hubungannya erat. *a c.-knit family* keluarga yg hubungannya (sangat) erat. **close-mouthed** *ks.* tdk suka bicara. *He was c.-mouthed about his financial activities* Ia tdk suka ngomong mengenai kegiatan-kegiatan keuangannya. **c. quarters** terjepit, terdesak, kejepit. *As a result of the attack they found themselves in c. quarters* Serangan itu mengakibatkan meréka terdesak. **c. resemblance** kemiripan yg dekat sekali. **c. translation** terjemahan harfiah. **close-up** *kb.* potrét dari dekat. *I want to get a c.-up of the accident* Saya mau mengambil foto kecelakaan itu dari dekat. **—closely** *kk.* 1 dgn teliti. *Look very c.* Lihatlah dgn teliti. *Her coat fits c.* Bajunya pas sekali. 2 rapat. *c. related to* rapat berh. dgn. *a c. guarded secret* rahasia yg tersimpan baik-baik.

closeness /'klowsnəs/ *kb.* kedekatan. *The c. of the resemblance is striking* Kemiripan yg begitu dekat sungguh menyolok. *the c. of you to me* hubungan yg dekat antara sdr dan saya.

closet /'klazit/ *kb.* 1 lemari dinding. 2 W.C., kakus. **—kkt.** mengadakan rapat tertutup. *The judge was closeted with the lawyers* Hakim mengadakan rapat tertutup dgn para pengacara.

closure /'klowzyər/ *kb.* penutupan, pengakhiran. *to invoke c.* mengadakan/meminta penutupan.

clot /klat/ *kb.* bekuan, gumpalan beku. *blood c.* bekuan darah, gumpalan darah beku. *brain c.* bekuan otak, darah dlm pembuluh otak. **—kki.** (**clotted**) membeku. *The blood in the wound finally clotted* Darah luka itu akhirnya membeku. **—clotting** *kb.* penggumpalan (darah).

cloth /klɔth/ *kb.* 1 cita, kain. *c. binding* jilidan kain. 2=TABLECLOTH. 3 lap. *clean c.* lap bersih. *dust c.* lap pembersih. 4 *Rel.*: (kaum) pendéta.

clothe /klowth/ *kkt.* (**clothed** atau **clad**) 1 membeli sandang. *His allowance enables him to c. himself* Pendapatannya memungkinkan dia utk membeli sandang. 2 membajui (*a child*). 3 mengungkapkan. *He clothed his statement in moderate terms* Pernyataannya diungkapkan dgn kata-kata yg lunak. *He was clad in a dark blue suit* Ia memakai pakaian biru tua. **—clad** *ks.* berpakaian. *warmly c.* berpakaian tebal. **—clothing** *kb.* pakaian, sandang. *winter c.* pakaian utk musim dingin. *c. industry* industri pakaian.

clothes /klowz, klowthz/ *kb.* pakaian, baju. *to put on o's c.* mengenakan pakaian. *to take off o's c.* membuka/menanggalkan pakaian. *soiled c.* pakaian yg kotor. *suit of c.* stél pakaian. *ready-made c.* pakaian jadi, konpéksi. *c. basket* keranjang utk pakaian yg akan dicuci. *c. closet* lemari pakaian. *c. dryer* alat pengering pakaian. *c. hanger* gantungan pakaian. *c. rack* rak gantungan pakaian. *c. tree* tiang gantungan/cantélan/ sangkutan, cagak baju.

clothesbrush /'klowz'brʌsj/ *kb.* sikat baju/pakaian bundar.

clotheshook /'klowz'huk/ *kb.* cantélan pakaian.

clotheshorse /'klowz'hɔrs/ *kb.* jemuran pakaian. *He's a regular c. horse* Ia seorang pesolék.

clothesline /'klowz'lain/ *kb.* tali jemuran, penjemuran.

clothespin /'klowz'pin/ *kb.* jepitan baju.

clothier /'klowthiər/ *kb.* 1 penjual pakaian. 2 pembuat pakaian.

clothing /'klowthing/ lih CLOTHE.

cloture /'klowcər/ *kb.* penutupan singkat dgn pemungutan suara.

cloud /klawd/ *kb.* awan, méga. **to be in the clouds** 1 melayang-layang bahagia sekali. *She seems to live in the clouds* Kelihatannya ia bahagia sekali. 2 ngelamun. *Every c. has a silver lining* Hujan panas permainan hari. Senang susah permainan hidup. **to be under a c.** dlm keadaan yg dicurigai. *Sl.*: **C. Nine** Kayangan, Surga. *to be on C. Nine* berada di kayangan. **—kkt.** 1 meredupkan. *Her husband's illness clouded her happiness* Penyakit suaminya meredupkan kebahagiaannya. 2 menutupi. *Tears clouded her eyes* Air mata menutupi matanya. 3 memperkeruh. *His arguments c. the issue* Alasan-alasannya yg dikemukakannya memperkeruh persoalan. **to c. over/up** menjadi mendung. *The sky clouded over* Langit menjadi mendung. *His brow clouded over* Air mukanya menjadi muram. **c. cover** lapisan awan. **c. of smoke** kumpulan asap. *All his dreams disappeared in a cloud of smoke* Semua cita-citanya hilang lenyap bagaikan asap ditiup angin. **—clouded** *ks.* mendung, gelap. *a c. reputation* réputasi yg tdk begitu jelas, réputasi yg meragukan.

cloudburst /'klawd'bərst/ *kb.* hujan keras/lebat/ deras.

cloudiness /'klawdienəs/ *kb.* keadaan mendung/ berawan, kegelapan, kesuraman.

cloudy /'klawdie/ *ks.* 1 mendung, berawan. *c. sky* langit mendung. 2 suram. *c. look* pandangan yg suram. 3 kabur. *c. arguments* alasan-alasan yg kabur. 4 keruh (*of water*).

clout /klawt/ *kb. Inf.*: pengaruh, kekuasaan, kekuatan.

clove /klowv/ *kb.* 1 céngkéh. 2 butir. *a c. of garlic* sebutir bawang putih. lih CLEAVE.

cloven /'klowvən/ lih CLEAVE.

clover /'klowvər/ *kb.* semanggi. *four-leaf c.* daun semanggi berhelai empat. **to be in c.** berada dlm keadaan méwah, hidup méwah dan senang. *With his good investments he's in c.* Dgn penanaman modalnya yg baik ia berada dlm keadaan méwah. **to live in c.** bagai ayam bertelur di padi.

cloverleaf /'klowvər'lief/ *kb.* daun semanggi. *c. intersection* jembatan semanggi.

clown /klawn/ *kb.* 1 pelawak, badut (*in circus, fairs*). 2 *Pej.*: orang udik. **—kki.** membadut. *He likes to c. (around) rather than take sports seriously* Ia lebih senang membadut drpd melakukan permainan olahraganya secara bersungguh-sungguh.

cloy /kloi/ *kki.* menjemukan, memualkan, membosankan (karena kebanyakan). *Her attitude was cloying* Sikapnya menjemukan.

club /klʌb/ *kb.* 1 pentung, alat pemukul, tongkat getokan. *a golf c.* pemukul golf. 2 perkumpulan, klub, klab. *golf c.* perkumpulan golf. 3 *Bridge*: klawar, klaver. 4 gedung perkumpulan. *Let's go to the c. for lunch* Mari kita pergi makan ke gedung perkumpulan. **—kkt.** (**clubbed**) memukul, mementung (*s.o.*). **—kki.** berkumpul, mengumpulkan. *The pupils clubbed together to present a gift to their teacher* Murid-murid itu bersama-sama mengumpulkan sumbangan utk memberikan hadiah kpd guru meréka. **c. sandwich** roti berlapis diisi potongan ayam, ham, sayur, tomat, dsb. **c. soda** air soda. **c. steak** bistik kecil dipotong dari ujung daging has.

clubfoot /'klʌb'fut/ *kb.* kaki pekuk.

clubfooted /'klʌb'futid/ *ks.* berkaki pekuk.

clubhouse /'klʌb'haws/ *kb.* rumah bola, gedung perkumpulan.

clubwoman /'klʌb'wʌmən/ *kb.* (*j.* **-women**). wanita yg aktip dlm perkumpulan.

cluck /klʌk/ *kb.* ketokan (*of a hen*). *Sl.*: *I'm certainly* *a dumb c.* Saya betul-betul orang tolol. —*kki.* berketok *(of a hen\).*

clue /kluw/ *kb.* penunjuk, petunjuk, gelagat (utk memecahkan s.s.t. soal). *I haven't a c. as to his whereabouts* Saya samasekali tdk mengetahui dimana dia berada. —*kki. Inf.:* memberi petunjuk-petunjuk. **to be clued in** diberi petunjuk-petunjuk.

clump /klʌmp/ *kb.* 1 rumpun. *a c. of trees* serumpun pohon-pohon. 2 gumpal. *a c. of earth* segumpal tanah. —*kkt.* menjadi serumpun. *The trees were clumped together* Pohon-pohon itu menjadi serumpun. **to c.** (**along, about**) berjalan gedebak-gedebak. *He clumped along at a slow pace* Ia berjalan gedebak-gedebuk dgn lambat.

clumsiness /'klʌmzienəs/ *kb.* kekakuan, kejanggalan, kecanggungan.

clumsy /'klʌmzie/ *ks.* 1 janggal, kagok, kikuk. *At this age he's so c.* Pd umur ini ia kagok betul. *The rebuilt car was a c. affair* Mobil yg diperbaharui itu canggung. —**clumsily** *kk.* dgn janggal/canggung/kikuk.

clung /klʌng/ lih CLING.

clunk /klʌngk/ *kb.* bunyi debam/dengkang. *The metal object landed with a c.* Barang logam itu jatuh berdebam.

cluster /'klʌstər/ *kb.* 1 tandan. *a c. of grapes* setandan buah anggur. 2 kelompok. *a small c. of people* sekelompok kecil orang-orang. *consonant c.* konsonan rangkap. —*kki.* berkerumun. *The crowd clustered around the injured man* Orang banyak berkerumun di sekeliling orang yg luka itu.

clutch /klʌc/ *kb.* 1 *Auto.:* kopeling. *automatic c.* kopeling otomatis. *to disengage or push in the c.* membébaskan persnéling, menekan kopeling. *to engage or let out the c.* melepaskan/memasukkan kopeling. 2 sarang. *a c. of eggs* sesarang telur. 3 genggaman, cengkeraman. *His c. on the lifebelt was too weak to hold on* Genggamannya pd sabuk renang terlalu lemah utk berpegang terus. *Inf.:* **in the c.** dlm keadaan kritis/genting. *That basketball player always comes through in the c.* Pemain bola keranjang itu selalu lolos dlm saat-saat yg genting. —**clutches** *j.* genggaman. *to fall into the clutches of* jatuh dlm genggaman. *He had him in his clutches* Ia dlm cengkeramannya. *in the clutches of fever* dlm cengkeraman demam. —*kkt.* 1 menggenggam *(s.t.).* 2 mengepit. *She clutched her bag as she walked* Ia mengepit tasnya selagi berjalan. —*kki.* berpegang pd. *He clutched at the railing, but fell* Ia berpegang pd pegangan tangga tetapi jatuh juga.

clutter /'klʌtər/ *kb.* kekusutan, kekacauan. *the c. in the living room* kekusutan didlm kamar duduk. —*kkt.* mengusutkan, mengacaukan. *The children can't avoid cluttering up the house when they play* Anak-anak itu tdk dpt menjaga spy rumah jangan kacau jika meréka bermain. *I try to avoid cluttering my mind with nonessentials* Saya mencoba menghindarkan kebingungan pikiran saya oléh hal-hal yg reméh.

cm. *[centimeter]* sénti(méter).

Cmdg. *[Commanding]* yg menjadi komandan.

Cmdr. *[Commander]* Komandan.

CNO *[Chief of Naval Operations]* Komandan Operasi AL.

c/o *[in care of]* d/p, d/a. *c/o Mr. J. Doe* d/p Sdr J. Doe.

Co. 1 *[Company]* maskapai. 2 *[County]* kabupatén.

CO *[Commanding Officer]* Perwira Komandan.

coach /kowc/ *kb.* 1 keréta, gerbong. *passenger c.* keréta penumpang. *c. flight* (kapal terbang) kelas ékonomi/turis 2 *Sport:* pelatih. —*kkt.* melatih. *to c.*

the basketball team melatih regu bola keranjang. *to c. in mathematics* memberi latihan dlm ilmu pasti. melatih dlm ilmu pasti. —*kki. Sport:* 1 menjadi pelatih. 2 melatih.

coagulant /kow'ægyələnt/ *kb.* zat pembeku/pengental.

coagulate /kow'ægyəleit/ *kkt.* membekukan, mengentalkan (*the white of an egg*). —*kki.* membeku, mengental. *The blood coagulated* Darah membeku.

coagulation /kow'ægyə'leisyən/ *kb.* pembekuan, pengentalan.

coal /kowl/ *kb.* batu bara. *live coals* arang/bara pijar. *to haul or rake over the coals* mencaci, memaki, menegur, memarahi. *to heap coals of fire on o's head* membuat s.s.o. menyesal dgn membalas tindakannya yg buruk dgn kebaikan. **to carry coals to Newcastle** membuang garam ke laut. —*kki.* mengisi batu bara. *The ship coaled at that port* Kapal mengisi batubara di pelabuhan itu. **c. bin** peti tempat menyimpan arang. **coal-black** *ks.* hitam pekat. *c.-black hair* rambut hitam pekat. **c. car** gerobak batu bara. **c. dust** bara halus, debu batu bara. **c. furnace** tungku batu bara. **c. mine** tambang batu bara. **c. scuttle** émbér (utk) batu bara. **c. tar** belangkin, pelangkin, tér. **coaling** *station* tempat mengisi batubara.

coalesce /'kowə'les/ *kki.* bersatu, bergabung. *It is hoped that these small countries will c. into a united country* Diharapkan bhw negara-negara kecil ini akan bergabung menjadi suatu negara bersatu.

coalescence /'kowə'lesəns/ *kb.* pergabungan, perpaduan, jerépétan.

coalition /'kowə'lisyən/ *kb.* pergabungan, persatuan, koalisi. *c. party* partai koalisi.

coarse /kowrs/ *ks.* 1 kasar. *c. hair* rambut kasar. *c. manner* tingkah laku yg kasar. *c. sand* pasir kasar. *c. features* roïman muka yg kasar. *c. words* perkataan-perkataan yg kasar. 2 kesat. *c. skin* kulit kesat. 3 mentah. *c. metal* logam mentah. **coarse-grained** *ks.* tdk halus. *c.-grained cloth* cita yg tdk halus, kain kasar.

coarseness /'kowrsnəs/ *kb.* kekasaran.

coast /kowst/ *kb.* pantai, pesisir. *He lives on the C.* Ia hidup di daérah pantai Lautan Pasifik. *c. artillery* artileri pantai. *C. Guard* Penjaga/Pengawal Pantai. *coast-to-coast (flights)* penérbangan dari pantai ke pantai. —*kki.* 1 meluncur. *to c. down a snowbank* meluncur kebawah diatas timbunan salju. *When I bicycle downhill I always c.* Jika saya bersepéda menurun bukit, saya selalu meluncur. 2 lulus dgn mudah. *My brother found school work easy so he coasted through college* Bagi adik saya pelajaran sekolah itu mudah, oléh karena itu dgn mudahnya ia lulus perguruan tinggi.

coastal /'kowstəl/ *ks.* yg berh. dgn pantai/pesisir. *c. defense* pertahanan daérah pantai. *c. plain* dataran pantai. *c. shipping* perkapalan pantai. *c. navigation* pelayaran pantai. *c. waters* perairan pantai.

coaster /'kowstər/ *ko.* 1 alas. *Place a c. under the glass* Taruh alas dibawah gelas. 2 alas beroda. *The mechanic uses a c. while he works under a car* Montir mempergunakan alas beroda selagi ia bekerja dibawah mobil. 3 *Ship.:* kapal pantai. 4 peluncur.

coastline /'kowst'lain/ *kb.* garis pantai.

coastwise /'kowst'waiz/ *ks., kk.* sepanjang pantai. *c. trade* perdagangan sepanjang pantai.

coat /kowt/ *kb.* 1 jas. *c. hanger* gantungan jas. 2 mantel. *fur c.* mantel bulu. 3 lapisan. *c. of fur (of a dog)* lapisan bulu. *c. of paint* lapisan cat. —*kkt.* 1 menutupi, melapisi. *The pan was coated with grease*

Panci itu tertutup dgn lapisan/kotoran minyak. *The quick drop in temperature coated the roads with ice* Karena suhu turun dgn cepatnya jalan-jalan tertutup dgn és. 2 melapisi. *The child's tongue was coated* Lidah anak itu berlapis. 3 membedaki, melumari. *to c. the skin with medicine* membedaki kulit dgn obat. **c. of arms** lambang. **—coating** *kb.* 1 lapisan. *a second c. of paint* lapisan cat utk kedua kalinya. *yellow c. on o's teeth* lapisan kuning pd gigi seorang. 2 helai kain utk membuat jas.

coattail /'kowt'teil/ *kb.* ékor/buntut jas. *to ride on s.o.'s coattails* mempergunakan kepopuléran atau nama baik orang lain, teristiméwa dlm politik.

co-author /kow'ɔthər/ *kb.* penulis bersama. kawan-penulis. **—kkt.** mengarang/menulis bersama.

coax /kowks/ *kkt.* membujuk. *I coaxed her into doing her homework* Saya membujuknya agar membuat pekerjaan rumahnya. *to c. the truth out of s.o.* memancing cerita yg benar dari s.s.o. **—coaxing** *kb.* bujukan.

coaxial /kow'æksieəl/ *ks.* mempergunakan jaringan atau mempunyai sumbu yg sama. *c. cable* kawat koaksial.

cob /kab/ *kb.* tongkol. *corn on the c.* jagung di tongkol.

cobalt /'kowbɔlt/ *kb.* kobalt. *c. blue* biru kobalt. *c. bomb* bom kobalt.

cobbler /'kablər/ *kb.* tukang sepatu. *cherry c.* sm kué pai dari buah céri.

cobblestone /'kabəl'stown/ *kb.* batu bulat utk pembuatan jalanan.

cobra /'kowbrə/ *kb.* kobra, ular séndok/tedung beludak.

cobweb /'kab'web/ *kb.* jaringan laba-laba.

Coca Cola /'kowkə'kowlə/ *kb.* (minuman) koka kola.

cocaine /kow'kein/ *kb.* kokain.

coccyx /'kaksiks/ *kb.* tulang tungging/sulbi.

co-chairman /kow'cærmən/ *kb.* (*j.* **-men**). ketua bersama, sesama ketua.

cochlea /'kaklieə/ *kb.* ruang tempat selaput telinga, rumah siput (pd telinga).

cock /kak/ *kb.* 1 ayam jantan. 2 keran. *gas c.* keran gas. 3 kokang (*of a gun*). **—kkt.** 1 mengokang (*a rifle*). 2 melirik. *He cocked his eye at me* Matanya melirik memandang saya. 3 memiringkan, menéléngkan. *He cocked his hat to one side* Dimiringkannya topinya ke satu sisi. *to knock into a cocked hat* menghancurkan, membinasakan (*of a theory*). **cock-a-doodle-doo** *kb.* kukurukuk. **c.-and-bull story** cerita isapan jempol. *Inf.:* **c. of the walk** yg berkuasa, jago(an).

cockatoo /'kakətuw/ *kb.* kakatua.

cockcrow /'kak'krow/ *kb.* 1 kokok ayam jantan. 2 waktu fajar. *to get up at c.* bangun waktu dinihari.

cockerel /'kakərəl/ *kb.* ayam jantan muda, ayam bujang.

cockeyed /'kak'aid/ *ks.* 1 bermata juling, *She's c.* Ia bermata juling. 2 *Sl.:* tolol, bodoh, sinting. *c. ideas* pikiran-pikiran tolol.

cockfighting /'kak'faiting/ *kb.* sabungan ayam.

cockiness /'kakienəs/ *kb. Inf.:* kesombongan, kecongkakan.

cockle /'kakəl/ *kb.* sm tiram (bisa dimakan). *His kindness warmed the cockles of my heart* Kebaikannya menyedapkan hatiku.

cockpit /'kak'pit/ *kb.* 1 *Av.:* kokpit. 2 gelanggang sabungan ayam.

cockroach /'kak'rowc/ *kb.* coro, kacoa(k), lipas, kecuak, jéré.

cockscomb /'kaks'kowm/ *kb.* balung, jénggér.

cockspur /'kak'spər/ *kb.* taji, susuh, jalu.

cocksure /'kak'syur/ *ks.* yakin sekali, terlampau yakin. *Don't be so c.* Janganlah terlalu yakin.

cocksureness /'kak'syurnəs/ *kb.* keyakinan yg terlalu pasti.

cocktail /'kak'teil/ *kb.* minuman keras (dgn wiski, jin, rum, dsb.). *tomato juice c.* air tomat. *shrimp c.* udang berkuah disajikan di gelas kecil. *c. lounge* ruang minum di hotél atau di gedung perkumpulan. *c. party* pésta cocktail (biasanya diadakan pd waktu soré).

cocky /'kakie/ *ks. Inf.:* sombong, congkak.

cocoa /'kowkow/ *kb.* cok(e)lat. *c. bean* biji coklat.

coconut /'kowkə'nʌt, -knət/ *kb.* (buah) kelapa. *c. milk* santan. *c. oil* minyak kelapa. *c. palm* pohon kelapa. *c. plantation* kebun kelapa.

cocoon /kə'kuwn/ *kb.* kepompong, sarung ulat, kokon.

C.O.D. /'sie'ow'die/ [*Collect/Cash on Delivery*] kiriman remburs, membayar waktu diantarkan.

cod /kad/ *kb.* =CODFISH. *cod-liver oil* minyak ikan.

coddle /'kadəl/ *kkt.* memanjakan (*o's children*).

code /kowd/ *kb.* 1 sandi, kode. *Morse c.* sandi Morse. *c. book* buku kode. *c. clerk* juru sandi. *c. name* nama sandi. *c. word* kata sandi. *in c.* dgn kata-kata sandi. 2 kitab undang-undang. *c. of laws* kitab undang-undang. *law c.* peraturan-peraturan hukum, perundang-undangan. **—kkt.** memakai kata-kata sandi, menyandi.

codein(e) /'kowdien/ *kb.* kodein.

codex /'kowdeks/ *kb.* (*j.* **-dices**). naskah kuno.

codfish /'kad'fisy/ *kb.* sej. ikan laut yg menghasilkan minyak ikan.

codger /'kajər/ *kb.* orang yg anéh sifatnya.

codices /'kowdəsiez, 'ka-/ lih CODEX.

codicil /'kadəsil/ *kb.* ketentuan tambahan.

codification /'kadəfə'keisyən/ *kb.* kodifikasi, penyusunan (undang-undang dsb.) menurut s.s.t. sistém.

codify /'kadəfai/ *kkt.* (**codified**) menyusun (undang-undang dsb.) menurut s.s.t. sistém, mengkodifikasikan. *The laws of that country have been codified* Undang-undang di negeri itu sdh tersusun dlm sebuah buku undang-undang.

codirector /'kowdə'rektər/ *kb.* sesama diréktur, diréktur bersama.

coed /'kow'ed/ *kb. Inf.:* mahasiswi.

coeducation /'koweju'keisyən/ *kb.* pendidikan bersama (bagi pria dan wanita).

coeducational /'koweju'keisyənəl/ *ks.* mengenai pendidikan bersama bagi pria dan wanita. *c. institution* universitas yg dikunjungi oléh mahasiswa-mahasiswa dan mahasiswi-mahasiswi, perguruan tinggi dgn murid pria dan wanita.

coefficient /'kowə'fisyənt/ *kb.* koefisién.

coequal /kow'iekwəl/ *kb., ks.* sesama, sama pangkat/kedudukan.

coerce /kow'ərs/ *kkt.* memaksa. *The Board must not be coerced into passing this ordinance* Déwan itu jangan dipaksa menerima peraturan ini.

coercion /kow'ərsyən/ *kb.* (penggunaan) paksaan, kekerasan.

coeval /kow'ievəl/ *ks.* sama usia/tua, sezaman, sebaya.

coexist /'kowig'zist/ *kki.* hidup bersama, berdampingan. *The two nations have coexisted for centuries* Kedua bangsa itu tlh hidup bersama selama berabad-abad.

coexistence /'kowig'zistəns/ *kb.* hidup berdampingan. *peaceful c.* hidup berdampingan secara damai.

coffee /'kɔfie/ *kb.* kopi. *black c.* kopi hitam/pahit. *c. cup* mangkok/cangkir kopi. *ground c.* kopi bubuk. *c. with cream/milk* kopi susu. *c. bean* biji kopi. *c. break* istirahat/jam utk minum kopi. *c. grinder* gilingan kopi. *c. hour* berkumpul beramah-tamah sambil minum kopi sesudah s.s.t. rapat atau ceramah. *c. grounds* endapan/ampas kopi. *c. pot* téko kopi. *c. shop* waring kopi, tempat minum kopi yg menyajikan juga makanan-makanan ringan yg tdk mahal. *c. table* méja kopi.

coffer /'kɔfər/ *kb.* peti simpanan.

cofferdam /'kɔfər'dæm/ *kb.* ruangan di air yg dikeringkan utk pembangunan dasar jembatan.

coffin /'kɔfən/ *kb.* peti mayat/jenazah, petimati.

cofounder /kow'fawndər/ *kb.* peserta/peséro pendiri, kawan-pendiri.

C. of S. [*Chief of Staff*] kepala staf.

cog /kag/ *kb.* 1 roda penggerak, gigi roda bergigi. *c. railway* jalan kerétaapi dgn rél gigi. 2 tenaga penggerak. *He's an important c. in this firm* Ia seorang tenaga penggerak yg penting didlm firma ini. **to slip a c.** membuat kekhilafan.

cogency /'kowjənsie/ *kb.* daya meyakinkan. *The c. of his argument was impressive* Daya meyakinkan drpd alasan-alasannya mengagumkan.

cogent /'kowjənt/ *ks.* yg meyakinkan, kuat. *to present c. arguments in favor of a plan* memberikan alasan-alasan yg meyakinkan utk kepentingan suatu rencana.

cogitate /'kajəteit/ *kkt.* merenungkan. *She cogitated the past celebration* Ia merenungkan perayaan yg tlh léwat. —*kki.* memikir. **to c. over/upon** memikirkan.

cogitation /'kajə'teisyən/ *kb.* renungan, kenangan.

cognac /'kownyæk/ *kb.* konyak.

cognate /'kagneit/ *kb.* sanak. —*ks.* yg asalnya sama. *c. languages* bahasa-bahasa yg sama asalnya.

cognation /kag'neisyən/ *kb.* hubungan darah atau keturunan.

cognition /kag'nisyən/ *kb.* kesadaran, pengertian.

cognizance /'kagnəzəns/ *kb.* 1 pengetahuan. *He did that with the c. of his superiors* Ia melakukan hal itu dgn pengetahuan atasannya. *to take c. of the situation* memperhatikan keadaan. 2 tanggung jawab. *He has c. over two hundred men* Ia mempunyai tanggung jawab atas duaratus orang.

cognizant /'kagnəzənt/ *kb.* sadar, mengetahui. *He is c. of the serious situation* Ia sadar akan keadaan yg gawat.

cogwheel /'kag'hwiel/ *kb.* roda gigi.

cohabit /kow'hæbit/ *kki.* tinggal bersama sbg suami-isteri.

cohabitation /kow'hæbə'teisyən/ *kb.* hidup bersama sbg laki isteri.

cohere /kow'hir/ *kki.* berkumpul bersama, meléngkét/melekat satu sama lain.

coherence /kow'hirəns/ *kb.* pertalian, hubungan. *Some c. is essential in such a system* Satu pertalian perlu dlm sistim yg demikian itu. Sekedar hubungan perlu dlm sistim spt itu.

coherency /kow'hirənsie/ *kb.* (*j.* -*cies*) = COHE-RENCE.

coherent /kow'hirənt/ *ks.* 1 masuk akal, bertalian secara logis. 2 saling berléngkétan.

cohesion /kow'hiezyən/ *kb.* kohési, kepaduan.

cohesive /kow'hieziv/ *ks.* bersatu', berpadu. *c. group* kumpulan orang yg bersatupadu. *Water often serves as a c. force for some substances* Air sering bertindak

sbg tenaga pelekat/pemersatu utk beberapa zat tertentu.

cohesiveness /kow'hiezivnəs/ *kb.* kepaduan.

cohort /'kowhɔrt/ *kb.* 1 pengikut. 2 kelompok.

coiffeur /kwa'fər/ *kb.* pemangkas rambut (utk wanita).

coiffure /kwa'fyur/ *kb.* gaya potongan rambut.

coil /koil/ *kb.* 1 gulungan. *c. of wire* gulungan kawat. *induction c.* gulungan induksi. 2 gulung. *a c. of tickets* segulung karcis. —*kki.* 1 bergelung, berlingkar. *Snakes c.* Ular bergelung. 2 membelitkan diri. *Snakes c. around tree branches* Ular-ular membelitkan diri pd dahan kayu. 3 berliku-liku. *The road coiled up through the hills* Jalan itu berliku-liku mendaki bukit-bukit. **to c. up** menggulung. *C. up the wire, please* Gulunglah kawat ini. —*coiled ks.* bergelung (*of a snake, hair*).

coin /koin/ *kb.* 1 (mata) uang logam. *counterfeit c.* uang logam yg palsu, mata uang palsu. *c. machine* otomat yg memakai uang logam. 2 mata uang. *small c.* uang kecil/récéh. *We'll toss a c. to see which plays first* Akan kita undi dgn mata uang utk melihat siapa yg main dulu. *to pay s.o. back in his own c.* membalas tìndakan s.s.o. dgn tindakan yg serupa/ setimpal. —*kkt.* membikin, mencipta. *to c. a new phrase* membikin ucapan yg baru. **to c. money** 1 mencétak uang logam. 2 menjadi kaya. *They are coining money in their new business* Meréka cepat menjadi kaya dlm perusahaan meréka yg baru. *to c. money hand over fist* cepat menjadi kaya raya. **coin-operated** *ks.* yg digerakkan/dijalankan dgn memasukkan uang logam. *c.-operated machines which dispense cigarettes* mesin penjual rokok yg dijalankan dgn memasukkan uang logam.

coinage /'koinij/ *kb.* 1 pembuatan uang logam. 2 penciptaan. *c. of new words* penciptaan/pembuatan kata-kata baru.

coincide /kow'in'said/ *kki.* 1 bertepatan. *Our arrival coincided perfectly with the meeting* Kedatangan kami bertepatan benar dgn rapat itu. 2 serupa. *Their views coincided* Pandangan-pandangan meréka serupa.

coincidence /kow'insədəns/ *kb.* kejadian yg kebetulan. *Their coming was quite a c.* Kedatangan meréka mémang hal yg kebetulan sekali.

coition /kow'isyən/ = COITUS.

coitus /'kow'ietəs/ *kb.* persetubuhan, sanggama.

coke /kowk/ *kb.* 1 batu arang, kokas. *c. oven* tungku batu arang, tungku kokas. 2 *Sl.:* **C.** koka kola.

col. 1 [*colonel*] kolonél. 2 [*college*] perguruan tinggi. 3 [*collector*] pengumpul. 4 [*colony*] jajahan. 5 [*column*] lajur, kolom.

Col. 1 [*Colonel*] Kolonél. 2 [*Colorado*] negarabagian AS.

cold /kowld/ *kb.* 1 dingin. *to stand in the c.* berdiri dlm hawa dingin. *to leave s.o. in the c.* membiarkan s.s.o. sendirian. 2 pilek, selésma, masuk angin. *to catch/ take c.* masuk angin, kena dingin. *c. and cough* masuk angin, demam batuk, pilek. *You'll catch your death of c.* Kau akan masuk angin. —*ks.* 1 dingin. *It's c. in here* Dingin disini. *My feet are as c. as ice* Kakiku sedingin és. *He had a c. reception* Ia diterima dgn dingin. 2 jauh. *In your search for the hidden object you are getting c.* Dlm mencari benda yg tersembunyi itu sdr lebih jauh dari benda itu. 3 tdk tertarik. *All this flattery leaves him c.* Semua rayuan ini tak ada arti baginya. 4 pingsan. *He was knocked c. by the blow on the head* Ia (jatuh) pingsan kena pukulan di kepalanya. **to get s.t. down c.** menghafalkan dgn sempurna. **to dash/pour/throw c. water on** mematahkan/

memadamkan semangat. *He threw c. water on the new plan* Ia tlh mematahkan semangat rencana baru itu. **to have c. feet** berasa takut. **cold-blooded** *ks*. 1 kejam. *c.-blooded murderer* pembunuh yg kejam. *c.-blooded murder* pembunuhan yg dilakukan dgn tenang dan dgn sengaja. 2 berdarah dingin. *c.-blooded animal* binatang berdarah dingin. **c. chisel** pahat utk besi. **c. comfort** kejadian yg tak banyak membesarkan hati. *The fact that only half the crop was destroyed was c. comfort* Kenyataan bhw hanya setengah dari panén yg binasa tdk banyak membesarkan hati. **c. cream** bedak krém utk membersihkan kulit muka. **c. cuts** potongan daging yg didinginkan. **cold-eyed** *ks*. dgn mata dingin. **c. facts** fakta sebenarnya/obyéktif. **c. front** bagian depan massa hawa udara dingin. **c. pack** komprés. **to c.-pack** mengawétkan (buah-buahan atau sayur-sayuran yg tdk dimasak) dgn dimasukkan dlm kaléng atau botol lalu distérilkan dlm air mendidih. **c. reception** sambutan dingin, sambutan yg tak ramah-tamah. **c. shoulder** acuh tak acuh, menganggap sepi, menghindari. *Every time he sees me he gives me the c. shoulder* Setiap kali ia bertemu dgn saya, saya dianggapnya sepi saja. *He gave the c. shoulder to all offers of assistance* Semua tawaran bantuan tak dihiraukannya. **to c.-shoulder** menganggap sepi. **c. snap** perubahan cuaca menjadi dingin dgn tiba-tiba. **c. sore** luka didekat mulut disebabkan karena demam. **c. steel** senjata tajam. **c. storage (room)** kamar dingin, gudang makanan yg didinginkan. **c. sweat** keringat dingin. *Sl.:* **to talk c. turkey** berbicara terus terang mengenai hal-hal yg tdk menyenangkan. **c. war** perang dingin. **c. wave** 1 *Meteor.:* gelombang hawa dingin. 2 keriting rambut pakai obat tanpa pemanasan.

coldness /'kowldnəs/ *kb*. kedinginan, keadaan dingin.

coleslaw /'kowl'slɔ/ *kb*. selada kol/kubis.

colic /'kalik/ *kb*. mulas/sakit perut (bayi, héwan).

coliseum /'kalə'sieəm/ *kb*. stadion besar.

colitis /kə'laitəs, kow-/ *kb*. radang usus besar.

coll. [*colloquial*] (bahasa) percakapan, bahasa sehari-hari.

collaborate /kə'læbəreit/ *kki.* bekerjasama. *to c. on a new song* bekerjasama dlm menggubah nyanyian baru. *to c. with the enemy* bekerjasama dgn musuh.

collaboration /kə'læbə'reisyən/ *kb*. kerjasama, kolaborasi. *c. with* kerjasama dgn. *c. on the dictionary* kerjasama dlm pembuatan kamus.

collaborationist /kə'læbə'reisyənist/ *kb*. = COLLABORATOR 1.·

collaborator /kə'læbə'reitər/ *kb*. 1 kolaborator (dgn musuh), kaki-tangan. 2 teman bekerjasama.

collage /kə'lazy/ *kb*. susunan benda-benda dan potongan-potongan kertas dsb yg ditémpélkan pd bidang datar dan merupakan kesatuan karya seni.

collapse /kə'læps/ *kb*. 1 keruntuhan, kerobohan. *C. of the bridge is imminent* Runtuhnya jembatan itu akan terjadi setiap saat. *c. of a business firm* keruntuhan sebuah firma perdagangan. 2 gagalnya. *c. of negotiations* gagalnya perundingan. —*kkt*. 1 mengempiskan (*a lung*) 2 melipat(kan). *to c. a chair* melipat kursi. 3 memperpéndék (*a telescope*). —*kki*. 1 runtuh, roboh. *The house collapsed* Rumah itu runtuh. 2 gagal. *Negotiations finally collapsed* Perundingan akhirnya gagal. 3 jatuh, roboh. *She collapsed and died* Ia jatuh dan meninggal. 4 kempis. *A punctured tire will c.* Ban yg ditusuk akan kempis. 5 melipat. *This cup collapses* Mangkok ini dpt dilipat.

collapsible /kə'læpsəbəl/ *ks*. dpt dilipat. *c. boat* perahu yg dpt dilipat.

collar /'kalər/ *kb*. 1 kerah. *c. size* nomor kerah. *lace c.* kerah rénda. *detachable c.* kerah yg dpt dilepas. *coat c.* kerah mantel, léhér/kerah jas. 2 ban léhér (anjing dan kuda). *to seize s.o.* memegang tengkuk s.s.o. —*kkt*. 1 *Inf.:* menahan. *He collared me in the hallway and talked endlessly* Ia menahan saya di gang gedung dan berbicara tak berhenti-henti. 2 menangkap. *The policeman collared the burglar* Polisi menangkap pencuri itu. **c. stud** kancing léhér.

collarbone /'kalər'bown/ *kb*. tulang selangka.

collate /'kaleit/ *kkt*. 1 menyatukan, menyusun, menaklik. *to c. newspapers before microfilming* menyatukan koran-koran sblm membuat mikrofilm. 2 memeriksa, membanding-bandingkan. *to c. manuscripts* memeriksa naskah-naskah.

collateral /kə'lætərəl/ *kb*. jaminan. *to put up c. on the house* memberi/menyediakan jaminan utk rumah itu. —*ks*. 1 tambahan. *c. reading* bacaan tambahan. 2 seketurunan. *Cousins are c. relatives* Saudara-saudara sepupu mempunyai hubungan keluarga yg seketurunan. 3 sejajar, yg mengiringi, yg terjadi bersamaan. *c. events* peristiwa-peristiwa yg sejajar.

collation /ka'leisyən/ *kb*. pemeriksaan, pembandingan dgn teliti, penaklikan. *c. of manuscripts* pembandingan naskah-naskah.

colleague /'kalieg/ *kb*. koléga, teman sejawat/sekerja, rekan.

collect /kə'lekt/ *kkt*. 1 mengumpulkan (*money, stamps*). 2 mengambil, mengangkat. *When does the postman c. the mail?* Bilakah tukang pos mengambil surat-surat? 3 menampung. *These decorations merely c. dust* Perhiasan-perhiasan ini hanya menampung debu. 4 menagih (*a debt*). **to c. o.s.** menguasai diri. *She strove valiantly to c. herself after the shock* Dgn hati berani ia berusaha menguasai dirinya stlh peristiwa yg mengagétkan itu. **to c. o's thoughts** menenangkan pikiran. *I must c. my thoughts first* Saya hrs menenangkan pikiran dahulu. —*kki*. 1 berkumpul, terkumpul, berkerumun. *Curiosity seekers c. at the embassy gate* Orang-orang yg ingin tahu berkumpul di pintu gerbang kedutaan besar. *I don't know how newspapers c. so fast* Tak tahu saya mengapa koran-koran begitu cepat terkumpul. *The dust collected on the furniture* Debu terkumpul pd perabot rumah. 2 menggenang. *Water collected in the basement* Air menggenang dlm ruang-bawah-tanah. 3 berkelompok. *Rain drops c. on the pane* Tétésan hujan berkelompok di kaca-jendéla. —*kk*. dibayar sipenerima. *I want to telephone c.* Saya mau menélpon yg ongkosnya dibayar sipenerima. —**collected** *ks*. 1 tenang. *He's always calm and c.* Ia selalu sabar dan tenang. 2 yg berkumpul. *c. works of Milton* kumpulan karya Milton.

collection /kə'leksyən/ *kb*. 1 koléksi, kumpulan. *stamp c.* koléksi perangko. *art c.* koléksi karya seni. *When is the last mail c. today?* Kapan pengangkatan surat-surat yg terakhir hari ini? 2 pungutan. *to take up c. in church* mengadakan pungutan di geréja. 3 pengumpulan. *a c. of dust in the attic* pengumpulan debu diatas loténg.

collective /kə'lektiv/ *kb*. perusahaan tani koléktip, usahatani koléktip. —*ks*. 1 bersama. *c. bargaining* tawar-menawar bersama. *Perhaps our c. wisdom can resolve the problem* Barangkali kebijaksanaan kami bersama dpt memecahkan persoalan itu. *c. security* keamanan bersama. 2 bersama, koléktip. *c.farm* perusahaan tani koléktip, usahatani koléktip. **c. noun** katabenda yg mempunyai arti majemuk.

collectivization /kə'lektəvə'zeisyən/ *kb.* koléktipisasi, pengkoléktipan.
collector /kə'lektər/ *kb.* 1 pengumpul. *stamp c.* pengumpul perangko. *Rugs are dust collectors* Permadani adalah pengumpul debu. 2 pemungut. *That edition is a collector's item* Terbitan itu adalah disimpan utk seorang pengumpul.
college /'kalij/ *kb.* 1 perguruan tinggi, universitas. *c. dormitory* asrama mahasiswa/mahasiswi, asrama perguruan tinggi. *Inf.: to give s.t. the c. try* memberi pengabdian tanpa batas kpd s.s.t. 2 fakultas. *c. of medicine* fakultas kedokteran. *c. of arts and sciences* fakultas sastera dan ilmu pengetahuan. **electoral c.** badan pemilih présidén dan wakil présidén di A.S.
collegian /kə'liejən/ *kb.* mahasiswa, mahasiswi.
collegiate /kə'liejit/ *ks.* bert. dgn perguruan tinggi. *Baseball is a c. sport* Baseball adalah olahraga perguruan tinggi.
collide /'kə'laid/ *kki.* 1 bertubrukan, bertabrakan. *The car collided with a bus* Mobil bertubrukan dgn bis. *The car and bus collided* Mobil dan bis bertubrukan. 2 bertubruk. *He collided head-on with another car* Ia bertubruk muka lawan muka dgn mobil lain. 3 bentrokan. *We collided violently on that matter* Kami bentrokan dgn hangatnya mengenai soal itu.
collie /'kalie/ *kb.* sm anjing berbulu panjang dari Skotlandia, terkenal karena kecerdasannya.
collision /kə'lizyən/ *kb.* tubrukan, bentrokan, tabrakan. *c. course* arah yg akan mengakibatkan tubrukan.
collocation /'kalə'keisyən/ *kb.* sanding kata.
colloid /'kaloid/ *kb.* koloid(a). *c. chemistry* ilmu kimia koloida.
colloq. [*colloquial*]. bahasa sehari-hari.
colloquial /kə'lowkwieəl/ yg berh. dgn bahasa percakapan atau bahasa sehari-hari. *c. expression* ucapan yg dipakai sehari-hari. *c. language* bahasa percakapan.
colloquialism /kə'lowkwieə'lizəm/ *kb.* perkataan/ ucapan sehari-hari.
colloquium /kə'lowkwieəm/ *kb.* pertemuan/rapat keahlian, séminar.
colloquy /'kaləkwie/ *kb.* konferénsi, séminar, musyawarah.
collusion /kə'luwzyən/ *kb.* sekongkolan, kongkalikong. *to act in c. with s.o.* bersekongkol dgn s.s.o.
Colo. [*Colorado*] negarabagian A.S.
cologne /kə'lown/=EAU DE COLOGNE.
colon /'kowlən/ *kb.* 1 *Anat.:* usus besar. 2 *Gram.:* (tanda) titik dua.
colonel /'kərnəl/ *kb.* kolonél.
colonelcy /'kərnəlsie/ *kb.* (*j.* **-cies**) pangkat atau jabatan kolonél.
colonial /kə'lownieəl/ *kb.* seorang kolonial. —*ks.* 1 penjajahan, kolonial. *c. policy* politik penjajahan. 2 **C.** kolonial. *C. furniture* perabot rumah jaman kolonial Inggeris.
colonialism /kə'lownieə'lizəm/ *kb.* kolonialisme, penjajahan.
colonialist /kə'lownieəlist/ *kb.* penjajah.
colonist /'kalənist/ *kb.* penduduk baru.
colonize /'kalənaiz/ *kkt.* menjajah, mendiami suatu daérah baru.
colonization /'kalənə'zeisyən/ *kb.* kolonisasi.
colonizer /'kalə'naizər/ *kb.* penjajah, penduduk koloni.
colonnade /'kalə'neid/ *kb.* barisan tiang yg menopang atap.
colony /'kalənie/ *kb.* (*j.* **-nies**) 1 koloni, jajahan,

2 perkampungan. *a Swiss c. in California* perkampungan bangsa Swis di California. 3 masyarakat. *ant c.* masyarakat semut. 4 kumpulan. *bacterial c.* kumpulan baktéri. **artists' colony** daérah tempat tinggal seniman-seniman.
colophon /'kaləfan/ *kb.* tanda penerbit, biasanya ditaruh di halaman terakhir pd buku.
color /'kʌlər/ *kb.* 1 warna, rona. *You look well in that c.* Engkau pantas dgn warna itu. *The kerchief around her head adds c. to her outfit* Ikat kepalanya memberi rona khas kpd pakaiannya. *the primary colors* warnawarna pokok. *a woman of c.* seorang wanita berkulit hitam. 2 corak. *His explanation has some c. of truth* Keterangannya ada corak kebenarannya. **::Her c. came back when she came to** Pucatnya hilang ketika ia sadar kembali. *She changed c. when she heard the news* Mukanya menjadi pucat ketika mendengar berita itu. **to give/lend c. to** menyemarakkan, memberi semarak kpd. *He plays the piano with a great deal of c.* Ia bermain piano dgn banyak variasi. —**the colors** *j.* bendéra. *The ship went down with colors flying* Kapal itu karam dgn bendéra berkibar. *She came through with flying colors* Ia lulus dgn gilanggemilang. *to see things in their true colors* melihat persoalan-persoalan menurut keadaan yg sesungguhnya. *The thief finally showed his true colors* Pencuri itu akhirnya memperlihatkan sifat-sifatnya yg sebenarnya. *He sails under false colors* Dibalik tindakannya ia menyembunyikan maksud-maksud lain. *You should stick to your colors* Janganlah begitu mudah mengalah. —*kkt.* 1 memberi warna pd, mewarnai. *to c. a picture* memberi warna di gambar. 2 memberi corak tertentu. *That newspaper usually colors its articles* Biasanya surat kabar itu memberi corak tertentu dlm tulisan-tulisannya. **c. bar** diskriminasi ras, diskriminasi warna kulit. **color-blind** *ks.* buta warna. **c. blindness** kebutaan warna. **c. film** film berwarna. **c. filter** saringan warna. **c. guard** pengawal bendéra. **c. line** batas berdasarkan warna kulit. **the c. problem** masalah rasialisme, masalah warna kulit. **c. television** télévisi berwarna. —**colored** *ks.* 1 berwarna. *c. clothes* pakaian berwarna. 2 kulit hitam, berwarna. *c. man* orang kulit hitam, orang négro. *c. pencil* potlot kelir. —**coloring** *kb.* warna. *c. matter* bahan warna. *c. of her hair* warna rambutnya. *He has an excellent c. after having been ill for so long* Warna mukanya séhat sekali stlh sakit sedemikian lama.
coloration /'kʌlə'reisyən/ *kb.* pewarnaan.
colorbearer /'kʌlər'bærər/ *kb.* pembawa bendéra.
colorfast /'kʌlər'fæst/ *ks.* tdk/tahan luntur. *This shirt is c.* Keméja ini tdk luntur.
colorful /'kʌlərfəl/ *ks.* bersemangat. *He's a c. figure* Ia seorang yg bersemangat.
colorless /'kʌlərləs/ 1 *ks.* tanpa warna. *c. complexion* air muka pucat. 2 tak menarik. *The story was utterly c.* Ceritera itu sama sekali tak menarik.
colossal /kə'lasəl/ *ks.* besar sekali, luar biasa besarnya. *The novel was a c. success* Roman itu mendapat suksés yg luar biasa besarnya.
colt /kowlt/ *kb.* anak kuda jantan. *C. revolver* pistol Colt/kol.
column /'kaləm/ *kb.* 1 kolom, lajur. *two columns of figures* dua kolom angka. 2 tiang. *Doric c.* tiang Dorik. 3 karangan. *daily c. in a newspaper* karangan yg berpokok khusus yg terbit tiap hari dlm suratkabar. 4 gumpalan spt tiang. *c. of smoke* gumpalan asap yg naik lurus keatas. 5 *Mil.:* pasukan. *armored c.* pasukan mobil baja. **spinal c.** tulang punggung.
steering c. sumbu/batang setir.

columnist /'kaləmnist/ *kb.* kolumnis, penulis tetap dari karangan dan artikel khusus dlm surat kabar. **Com.** 1 [*Commission*] Komisi. 2 [*Committee*] Komité, Panitia.
coma /'kowmə/ *kb.* pingsan yg lama karena penyakit, luka atau keracunan. *She lay in a c. for a week* Ia pingsan selama seminggu.
comatose /'kamətows/ *ks.* pingsan, tdk sadar. *in a c. state* pingsan, dlm keadaan pingsan.
comb /kowm/ *kb.* 1 sisir, sikat. 2 balung, jénggér (*of a cock*). —*kkt.* 1 menyisir. *to c. the hair* menyisir rambut. 2 menjelajah. *to c. the mountain for a lost child* menjelajah gunung itu utk menemukan anak yg hilang. **to c. out** 1 menyisir. *She combed out her hair* Ia menyisir rambutnya yg kusut (sehingga rapi kembali). 2 mencari dgn teliti. *For the dictionary we combed out the vocabulary of several novels* Utk kamus itu kami mencari dgn teliti kata-kata dlm beberapa buah buku roman.
combat /'kambæt *kb., kkt.*; kəm'bæt *kkt.*/ *kb.* pertempuran. *c. duty* tugas tempur. *c. fatigue* lelah payah karena pertempuran, lelah-tempur. *c. readiness* kesiapan bertempur, siap-tempur, kesiapsiagaan. *c. troops* pasukan tempur. *mortal c.* pertempuran mati-matian. —*kkt.* melawan, memberantas. *to c. illiteracy* memberantas buta huruf.
combatant /kəm'bætənt/ *kb.* yg bertempur, pejuang.
combination /'kambə'neisyən/ *kb.* kombinasi, gabungan. *These colors make a nice c.* Warna-warna ini baik kombinasinya. *c. of the safe* kunci lemari besi.
combine /kəm'bain/ *kkt.* 1 menggabungkan. *to c. firms* menggabungkan firma-firma. *to c. business with pleasure* menggabungkan pekerjaan dgn kesenangan. 2 menyatukan. *to c. resources* menyatukan sumber-sumber. *to c. two rooms* menyatukan dua kamar. 3 memiliki. *He combines the best qualities of both parents* Padanya tergabung sifat-sifat terbaik dari kedua orang tuanya. —*kki.* bergabung. *The two firms combined to form a large enterprise* Kedua firma itu bergabung utk membentuk satu perusahaan yg besar. —**combined** *ks.* yg bergabung, gabungan. *c. operations* operasi-operasi gabungan. *c. efforts* usaha gabungan.
combine /'kambain/ *kb.* 1 *Agri.*: mesin kombinasi dipakai utk memungut hasil ladang, memotong dan merontok sekali. 2 *Bus.: Inf.*: gabungan (perusahaan).
combo /'kambow/ *kb. Inf.*: sekumpulan orang-orang pemain musik, biasanya lebih kecil drpd bén atau orkés.
combustible /kəm'bʌstəbəl/ *ks.* mudah terbakar. *c. material* bahan yg mudah terbakar.
combustion /kəm'bʌscən/ *kb.* pembakaran. *c. chamber* ruang pembakaran.
Comdr. [*Commander*] 1 létnan kolonél (AL). 2 Komandan.
Comdt. [*Commandant*] Komandan.
come /kʌm/ *kki.* (**came, come**) 1 datang. *He's coming from Indonesia* Ia akan datang dari Indonésia. *He comes here every day* Tiap-tiap hari ia datang kemari. *Here he comes!* Inilah ia datang! *C. to see me sometime* Silahkan datang mengunjungi saya sewaktu-waktu. *He will be 30 c. February* Dlm bulan Fébruari yg akan datang umurnya akan mencapai 30 tahun. 2 terdapat. *The table of contents sometimes comes at the end of the book* Daftar isi buku kadang-kadang terdapat di bagian belakang buku tsb. *Bread comes in attractive wrappers* Roti terdapat dlm

bungkusan yg menarik. 3 menimpa. *Let's hope no harm comes to him* Mari kita harapkan tak ada malapetaka yg akan menimpanya. 4 sampai. *We now c. to the last item on the agenda* Sekarang sampailah kita kpd acara yg terakhir. *His sweater comes to his knees* Baju sweaternya sampai ke lututnya. *How'd they c. to do that?* Bagaimana meréka sampai melakukan itu? 5 tiba, sampai. *She has just c. from Bandung* Ia baru saja sampai dari Bandung. *Let me know when the time has c. to leave* Beritahulah saya bila sdh tiba waktunya utk berangkat. *I have c. to believe that one can't win* Akhirnya saya sampai pd keyakinan bhw orang tak mungkin menang. 6 ayo. *C. now, don't do that!* Ayo dong, jangan begitu. *C. now, you know that isn't true!* Jangan begitu! Kau tahu bhw itu tdk benar! *C., c.!* No need to get into an argument Ah, sudahlah! Jangan berdébat. **:: to c. and go** pulang balik. *He doesn't know whether he's coming or going* Ia bingung sekali. *Easy c., easy go* Mudah didapat, mudah hilang. *Diamonds c. high* Intan mahal harganya. *You c. first* Giliranmu dulu. *Kamulah dulu. Being good at sports comes natural to him* Pandai main olahraga mémang sdh pembawaannya. *How are things coming?* Bagaimana keadaan? **c. what may** bagaimanapun juga, apapun akan terjadi. *We are going to take a vacation, c. what may* Bagaimanapun juga kami akan berlibur. **to c. about** terjadi. *How did that happen to c. about?* Bagaimana ini sampai terjadi? *All these developments will c. about in time* Semua perkembangan ini akan terjadi pd waktunya. *Nau.: The ship came about* Kapal itu berubah haluan. **to c. across** 1 menemukan, menjumpai. *to c. across some new information* menjumpai beberapa keterangan baru. 2 datang. *The broadcast came across well* Siaran itu dpt terdengar dgn baik. 3 *Sl.*: membayar. *He will now have to c. across* Sekarang ia hrs membayar. **to c. after** mengambil, menjemput. *He will c. after me this evening* Ia akan mengambil saya malam ini. *I've c. after my books* Saya kesini hendak mengambil buku-buku saya. *Who comes after Jefferson?* Siapakah yg menyusul sesudah Jefferson? **to c. again** datang lagi. *C. again!* 1 Datanglah lagi! 2 Coba ulangi! **to c. along** 1 berjalan. *Things are coming along fine* Keadaan berjalan baik-baik saja. 2 ikut. *C. along, it'll be lots of fun* Ikutlah bersama kami, kita akan bersenang-senang. **to c. alongside** merapat ke samping. *The boat came alongside the ship* Perahu itu merapat ke samping kapal itu. **to c. apart** ambruk. *This desk is coming apart* Méja tulis ini akan ambruk. **to c. (a)round** 1 mampir, singgah. *C. around to see us sometime* Mampirlah di rumah kami sekali-sekali. 2 setuju. *He is coming around to my way of thinking* Ia setuju dgn jalan pikiranku. 3 siuman/sadar kembali. *After lying unconscious for a short time, he finally came around* Sesudah sebentar pingsan akhirnya ia sadar kembali. 4 sembuh. *He came around from his sickness* Dia sembuh dari sakitnya. 5 tiba lagi. *When does my turn c. around again?* Bilakah giliran saya tiba lagi? **to c. at** 1 menghadapi. *That problem is difficult to c. at* Persoalan itu susah dihadapi. 2 mendatangi. *That building is hard to c. at* Gedung itu sukar didatangi. **to c. back** 1 kembali. *They'll c. back tomorrow* Meréka akan kembali bésok. *To c. back to what I was saying...* Kembali kpd apa yg saya katakan tadi... 2 membalas. *She came back with an angry reply* Ia membalas dgn jawaban yg penuh kemarahan. 3 ingat. *It all comes back to me now* Sekarang saya teringat lagi semuanya. 4 menjadi spt semula. *After that exciting* event, he came back to normal Sesudah peristiwa yg dahsyat itu ia kembali (menjadi) spt biasa. **to c. before** menghadap. *The case comes before the court Monday* Perkara itu akan dihadapkan ke pengadilan hari Senén. *Business comes before pleasure* Pekerjaan mendahului kesenangan. **to c. between** memisahkan. *Don't let our differences c. between us* Jangan sampai perbédaan pendapat kita itu memisahkan kita. **to c. by** 1 mampir, liwat dekat. *to c. by the office* mampir di kantor. 2 mendapat. *Those publications are difficult to c. by* Penerbitan-penerbitan itu sukar didapat. 3 liwat, lalu. *to see the fire truck c. by* melihat mobil pemadam kebakaran liwat. **to c. down** 1 datang. *C. down to visit us* Datanglah ke rumah kami. 2 turun kebawah. *to c. down to breakfast* turun ke lantai bawah utk sarapan. 3 menurun (*of prices*). 4 menurunkan, mengurangi. *This room is high. Can't you c. down a bit?* Kamar ini mahal. Apakah sdr. tdk dpt mengurangi? 5 turun-menurun. *This story has c. down through the centuries* Dongéng ini turun-temurun berabad-abad. **to c. down on** *Inf.*: 1 menyerang dgn tiba-tiba. *The soccer player came down hard on him* Pemain sépak bola itu menyerangnya dgn tiba-tiba. 2 meminta dgn keras. *The tax people came down hard on him with a demand for additional taxes* Ia didesak oléh petugas-petugas pajak dgn tuntutan membayar pajak tambahan. *The expenses just c. down to room and board* Biaya itu, kalau dihitung, hanyalah utk séwa tempat dan bayar màkan saja. *Her hair comes down to her knees* Rambutnya mencapai lututnya. *to c. down with the flu* diserang/kena influénza. **to c. for** 1 mendekati dgn maksud utk menyerang. *The angry dog came for us* Anjing yg marah itu datang menyerang kami. *The police came for him* Polisi datang menangkapnya. 2 menggantikan. *Since I was ill he came for me* Karena saya sakit ia menggantikan saya. **to c. forth** 1 tampil kemuka/kedepan. *The orchestra conductor came forth and bowed* Pemimpin orkés maju kedepan dan membungkuk. 2 berbicara. *Our son comes forth with cute sayings* Anak lelaki kami muncul dgn ucapan-ucapan yg manis. **to c. forward** tampil kemuka/kedepan. *He came forward with an excellent suggestion* Ia memajukan usul yg sangat baik. **to c. from** 1 berasal. *He comes from Indonesia* Ia berasal dari Indonésia. *Where do you c. from?* Dari manakah sdr berasal? Tuan berasal dari mana? *He comes from a broken family* Ia berasal dari keluarga terpisah. 2 keluar. *She is just coming from class* Ia baru keluar dari kelasnya. **to c. in** 1 masuk. *Won't you c. in?* Silahkan masuk. *I came in at 3:30 a.m.* Saya tadi pulang jam 3.30 pagi. 2 datang. *The vegetables are coming in nicely now* Banyak sayur-sayuran yg datang di pasar sekarang. 3 keluar sbg juara. *Our team came in third* Regu kami keluar sbg juara ketiga. Regu kami menduduki tempat ketiga.· 4 diterima. *TV channel 9 comes in fine* Saluran télévisi 9 diterima dgn jelas. 5 menjadi. *This money will c. in handy* Uang ini akan menjadi berguna sekali. 6 timbul. *Miniskirts came in not so long ago* Miniskirt menjadi mode tdk begitu lama berselang. 7 masuk. *When he gave everyone a share of the money except me, I asked him where I came in?* Ketika ia memberi setiap orang bagian dari uang itu kecuali saya, saya bertanya apakah saya juga masuk hitungan. **to c. in for** 1 mendapat. *Space comes in for much attention these days* Hal-hal yg berkenaan dgn angkasa luar jaman sekarang banyak sekali mendapat perhatian. *His policies came in for a lot of criticism* Kebijaksanaannya

banyak dikecam. 2 mewarisi. *to c. in for a legacy* mewarisi harta benda. **to c. into** mewarisi, menerima. *He came into a lot of money* Ia mewarisi banyak uang. *to c. into force* mulai berlaku. *That regulation comes into force next week* Peraturan itu mulai berlaku minggu yg akan datang. **to c. of** 1 terjadi. *I can't imagine what will c. of his unfortunate attitude* Saya tdk dpt membayangkan apa yg akan terjadi dgn sikapnya yg tdk bijaksana itu. *That's what comes of being nice to s.o.; one takes advantage of you* Itulah yg terjadi kalau baik thd s.s.o.; kamu dipergunakannya. *No good will c. of his action* Tindakannya tak akan ada kebaikannya. 2 berasal dari. *He comes of a good family* Ia berasal dari keluarga baik-baik. **to c. off** 1 terlepas. *The knob came off* Kenop pintu itu terlepas. 2 jatuh, gugur. *The leaves have c. off the trees* Daun-daunan tlh jatuh dari pohonnya. 3 berjalan. *The party came off with a bang* Pésta itu berjalan sangat meriah. 4 berlangsung. *The party is going to c. off tonight* Pésta akan berlangsung nanti malam. *He tried hard, but his efforts did not quite c. off* Ia berusaha keras, tapi usahanya itu tdk berhasil sepenuhnya. *He came off well in the fight* Ia keluar dgn hasil yg baik dari pertandingan itu. *The red on the sweater came off on her dress* Warna mérah dari sweater itu ˜meluntur ke pakaiannya. **to c. on** 1 muncul. *The TV program comes on at 7 p.m.* Acara télévisi muncul jam 7 malam. 2 menyala. *The street lights c. on at 6 p.m.* Lampu-lampu di jalan mulai menyala jam 6 malam. 3 maju. *His studies are coming on well* Pelajarannya maju. 4 mulai hidup, datang. *When did the heat c. on?* Kapankah alat pemanas mulai hidup? 5 naik, timbul. *He comes on (stage) in the first few minutes of the play* Ia naik di panggung pd menit-menit permulaan sandiwara itu. 6 diadakan, memancar. *What time does the news broadcast c. on?* Pukul berapa siaran berita mulai dipancarkan? *C. on, we must hurry* Ayoh, kita hrs bergegas. *C. on, don't kid me!* Jangan begitu dong! Jangan permainkan saya! *I feel a cold coming on* Rasa-rasanya saya akan pilek. *Winter is gradually coming on* Berangsur-angsur musim dinginpun mulai. **to c. out** 1 keluar. *C. out on the porch* Mari keluar di téras. *This gadget has just c. out on the market* Alat ini baru keluar di pasar. *He came out of hiding* Ia keluar dari persembunyiannya. 2 berakhir. *The game came out well for us* Permainan itu berakhir dgn hasil baik bagi kita. *How did your calculations c. out?* Bagaimana hasil perhitungan sdr? 3 terbit. *This magazine comes out once a month* Majalah ini terbit sekali sebulan. 4 hilang. *The grease won't c. out of my shirt* Minyak tdk mau hilang dari keméja saya. 5 menyatakan diri. *The voters have c. out for this candidate* Para pemberi suara tlh menyatakan diri meréka menyokong calon ini. 6 berkenalan dgn masyarakat. *His daughter will c. out this spring* Anak perempuannya akan diperkenalkan kpd masyarakat dlm musim semi ini. 7 memberikan, mengucapkan. *He comes out with the strangest statements* Ia memberikan pernyataan-pernyataan yg sungguh-sungguh anéh. 8 menghidangkan, mempersembahkan, menyajikan. *He came out with a new play* Ia menghidangkan suatu sandiwara baru. 9 (men)jadi. *The photo came out well* Foto itu baik jadinya. *The price, with postage, etc., comes out to 30 rupiah* Harganya, dgn ongkos kirim dsbnya, menjadi Rp 30. *My calculations came out to the penny* Perhitungan saya tepat (sampai ke sénan). Perhitungan saya cocok. *C. out with it! Don't mumble!* Bicaralah!/Katakanlah! Jangan komat-kamit saja! **to c. over** 1 datang.

He's coming over for dinner Ia nanti malam akan datang utk makan malam. 2 terjadi. *What's c. over you?* Apakah terjadi dgn kamu? *He has finally c. over to my side* Akhirnya ia menyetujui pandangan saya. **to c. through** 1 liwat. *The train comes through here* Keréta api itu liwat disini. 2 mengalami, melalui. *He came through the terrible experience with no ill effects* Ia mengalami/menjalani pengalaman yg hébat itu tanpa akibat-akibat buruk. *He always comes through in the clutch* Ia selalu dpt mengatasi segala kesukaran. 3 lulus. *She will c. through with flying colors* Ia pasti akan lulus dgn gilang-gemilang. 4 merémbés melalui. *The water came through the roof* Air merémbés melalui atap. *He came through the battle unscathed* Ia melalui pertempuran itu dgn selamat. 5 meresap, menembus. *The water came through his coat* Air menembus jasnya. **to c. to** 1 datang pd. *She came to me for advice* Ia tlh datang padaku utk minta naséhat. 2 sadar kembali. *After being knocked out for a few minutes, he came to* Stlh pingsan utk beberapa menit lamanya ia sadar kembali. 3 berjumlah. *The bill comes to $20,00* Rékening itu berjumlah 20 dolar. 4 berakhir. *She'll c. to no good end* Ia tdk akan baik jadinya. 5 mengenai. *When it comes to mathematics, I'm completely at sea* Kalau sdh mengenai ilmu pasti, saya kelabakan. Kalau sdh mengenai ilmu pasti, kacaulah otak saya. 6 sampai menjadi. *I never thought he would c. to that* Tak pernah kuduga ia akan sampai menjadi begitu. *If worst comes to worst, we just won't go* Kalau keadaan sampai menjadi buruk sekali, tak usahlah kita pergi. *What are things coming to?* Hendak kemana dunia ini? *If it comes to that, I'll simply resign* Kalau sampai begitu jadinya, saya akan minta berhenti saja. *He had it coming to him* Sdh sepatutnya ia menerima hukuman itu. *I came to like him when I got to know him* Saya menjadi senang padanya stlh saya mengenalnya. **to c. to nought** gagal. **it comes to this** walhasil, dgn ringkas keadaannya ialah. *It comes to this, a decision has to be made soon* Keadaannya ialah, bhw keputusan hrs segera diambil. *C. to think of it, I haven't seen him today either* Kalau saya ingat-ingat lagi, mémang hari ini sayapun blm bertemu dgn dia. **to c. together** 1 bersatu. *The two rivers c. together at this point* Kedua sungai itu bersatu pd tempat ini. 2 bertemu, berkumpul. *We came together for an all-day meeting* Kami bertemu utk mengadakan pertemuan sepanjang hari. **to c. under** termasuk. *"Books" comes under the letter "B"* "Books" termasuk dlm (golongan) huruf B. *This activity comes under the heading of work* Kegiatan ini tergolong dlm pekerjaan. **to c. up** 1 datang. *Won't you c. up for a visit?* Tidakkah kau mau datang utk mengunjungi kami? *A storm is coming up* Angin ribut akan datang. 2 timbul. *I hope the matter does not c. up* Saya harap persoalan itu tak timbul. 3 muncul. *The flowers are coming up early this year* Bunga-bunga tahun ini muncul cepat sekali. *This question has never c. up before* Pertanyaan ini hingga kini blm pernah muncul. 4 naik. *He's coming up in the world* Ia lagi naik bintangnya. **to c. up short** kekurangan, tekor. *If I pay too many bills out of this check, I'll c. up short* Kalau saya membayar rékening terlalu banyak dari cék ini, saya akan kekurangan uang. **to c. up to expectations** memenuhi yg diharapkan. *Her meals do not c. up to her mother's* Makanannya tdk dpt menyamai makanan ibunya. *He came up to him by accident* Secara kebetulan dia bertemu dgn orang itu. *She comes up to my shoulder* Ia setinggi bahu saya. *He came up to me and said...*

Ia mendatangi/menghampiri saya dan berkata.... *to c. up to the surface again* muncul lagi ke permukaan. *to c. up for a hearing* dimajukan kedepan sidang. *He had never c. up against such severe criticism before* Ia blm pernah menghadapi kecaman yg demikian hébatnya. **to c. up with** 1 memajukan. *He came up with a good idea* Ia memajukan gagasan yg baik. 2 menyunglap. *to c. up with funds* menyunglap biaya. **to c. upon** menemukan. *The child came upon a dead snake* Anak itu menemukan seékor ular mati. **to c. with** terdapat bersama dgn. *Do you save the coupons that c. with various products?* Apakah sdr menyimpan kupon-kupon yg terdapat bersama dgn bermacam-macam barang? **to c. within** tercakup. *That subject does not come within my area of specialization* Pokok itu tdk tercakup dlm daérah spésialisasi saya. **come-hither** *kb., ks.* bujukan utk datang. *Inf.: She gave him a c.-hither look* Ia melirik kpd lelaki itu seolah-olah mengajak utk menghampirinya. **come-on** *kb. Inf.:* penarik, penggairah. *Many shops offer c.-ons to bring in prospective customers* Banyak toko menggunakan penarik utk mendatangkan calon langganan. —**coming** *kb.* kedatangan. *His c. has been widely heralded* Kedatangannya sdh digembar-gemborkan dgn luas. *We followed his comings and goings with interest* Kami mengikuti kedatangan dan kepergiannya dgn penuh perhatian. *ks.* yg akan datang, mendatang. *the c. school year* tahun sekolah yg akan datang. *the c. generations* angkatan-angkatan mendatang. *the c. storm* angin ribut yg akan datang. *c. basketball player* pemain bola keranjang yg sedang naik bintangnya. **coming-out** *party* pésta perkenalan kpd masyarakat (biasanya utk seorang gadis).

comeback /'kʌm'bæk/ *kb.* 1 *Inf.:* muncul/bermain kembali. *The boxer has made a marvelous c.* Petinju itu muncul kembali dgn gilang-gemilang. 2 *Sl.:* jawaban tajam. *He always has a c. for every reply* Ia selalu pandai menjawab kembali utk tiap-tiap jawaban.

comedown /'kʌm'dawn/ *kb. Inf.:* kemunduran, kehilangan, kedudukan. *This is a real c. after all his previous successes* Ini adalah benar-benar suatu kemunduran baginya stlh segala kemajuannya yg terdahulu.

comeuppance /'kʌm'ʌpəns/ *kb. Inf.:* hukuman, pembalasan. *When his deed backfired, he got his c.* Ketika tindakannya merugikan dirinya sendiri itu ia menerima hukumannya.

comedian /kə'miedieən/ *kb.* 1 pelawak. 2 pemain komidi.

comedienne /kə'miedie'en/ *kb.* 1 pelawak wanita. 2 pemain komidi wanita.

comedy /'kamədie/ *kb.* (*j.* -**dies**) komidi, komédi.

comeliness /'kʌmlienəs/ *kb.* kecantikan, keélokan.

comely /'kʌmlie/ *ks.* cantik, élok, molék, yg menarik.

comer /'kʌmər/ *kb. Inf.:* pendatang. *That tennis player is a real c.* Pemain ténis itu benar-benar mempunyai harapan baik.

comestible /kə'mestəbəl/ *kb.* bahan pangan, panganan.

comet /'kamit/ *kb.* bintang berékor/berasap/berkoték/sapu.

comfort /'kʌmfərt/ *kb.* 1 kesenangan (hidup). *This apartment offers every c.* Di flat ini terdapat segala kesenangan hidup. *His son is a real c. to him in his old age* Anak laki-lakinya itu benar-benar membawa kesenangan baginya di hari-hari tuanya. *He lives in complete c.* Ia hidup serba senang. 2

Law: bantuan. *He was arrested for giving aid and c. to the enemy* Ia ditahan karena memberi pertolongan dan bantuan kpd musuh. **c. station** kakus umum. **to take c.** merasa terhibur. *We take c. in the fact that we played our best* Kita merasa terhibur oléh kenyataan bhw kita tlh bermain dgn sebaik-baiknya. 2 selimut kapuk *(on a bed).* —*kkt.* menghibur. *He tried to c. her* Ia berusaha menghiburnya. —**comforting** *ks.* yg menyenangkan/menenangkan/ menghibur. *c. words* kata-kata yg menghibur.
comfortable /'kʌmfərtəbəl/ *ks.* 1 menyenangkan. *c. sofa* kursi panjang yg menyenangkan. 2 senang. *Are you c.?* Apakah sdr senang? *Make yourself c.* Bersenang-senanglah sendiri. 3 nyenyak. *Tranquilizers usually provide a c. night's sleep* Obat penenang biasanya memberikan tidur malam yg nyenyak. 4 énak, senang. *These shoes are c.* Sepatu ini énak dipakai. 5 cukup, lumayan. *He has a c. income* Pendapatannya lumayan. —**comfortably** *kk.* dgn senang. *He is c. off* Hidupnya berkecukupan. *She lives c., but not extravagantly* Cara hidupnya berkecukupan, tapi tdk berlebih-lebihan.
comforter /'kʌmfərtər/ *kb.* 1 selimut dari kapas *(for a bed).* 2 dot buat bayi utk menenangkan.
comfy /'kʌmfie/ *ks. Inf.:* énak dipakai. *These slippers are c.* Sandal ini énak dipakai.
comic /'kamik/ *kb.* pelawak. —**comics** *j.* cerita/ buku komik. —*ks.* 1 komik. *c. book* buku komik. *c. strip* komik, cerita bergambar. 2 yg bersifat gembira. *c. opera* opera yg bersifat gembira.
comical /'kaməkəl/ *ks.* lucu, menggelikan, kocak. *His appearance is c.* Ia lucu kelihatannya.
comity /'kamətie/ *kb.* (*j.* **-ties**) rasa/sikap hormat.
comm. 1 [*committee*] panitia, komité. 2 [*commission*] komisi.
comma /'kamə/ *kb.* koma (tanda bacaan).
command /kə'mænd/ *kb.* 1 aba-aba. *He gave the c. to line up* Ia memberi aba-aba utk berbaris. 2 perintah. *the lieutenant's c.* perintah létnan itu. 3 pimpinan. *He's second in c.* Ia orang kedua dlm pimpinan. *under the c. of Gen. X* dibawah pimpinan Jén. X. 4 kekuasaan. *He has a c. of several languages* Ia menguasai beberapa bahasa. 5 komando. *the High C.* Komando Tertinggi. *He held a c. on the eastern front* Ia memegang komando di Front Timur. 6 titah. *by royal c.* atas titah raja. **at o's c.** tersedia pd s.s.o. *We have several workers at our c.* Pd kami tersedia beberapa karyawan. *I'm at your c., sir* Saya siap sedia menerima tugas, Pak. **to have a c. over o.s.** menguasai diri. *She has a good c. over herself* Ia pandai menguasai diri. **to be in c.** 1 berkuasa. *He's in c. here* Ia berkuasa disini. 2 memegang komando. —*kkt.* 1 memerintahkan. *I c. you to do this* Saya perintahkan engkau melakukan ini. 2 menguasai. *A captain commands a ship* Nakhoda kapal menguasai kapal. 3 memiliki, mempunyai. *I cannot c. such a large sum of money* Saya tdk bisa memiliki jumlah uang sebesar itu. 4 mewajarkan, memberi hak. *His superior training commands higher pay* Latihannya yg sangat tinggi itu memberinya hak atas pembayaran yg lebih tinggi. 5 membangkitkan, menuntut. *His opinions c. respect and admiration* Pendapatnya membangkitkan rasa hormat dan kekaguman. *Antiques c. high prices* Barang kuno dpt menuntut harga tinggi. 6 menarik. *Her appearance commands attention* Kedatangannya menarik perhatian. **c. module** pesawat induk. **c. performance** pertunjukan atas permintaan penonton. **c. post** markas dlm pertempuran. —**commanding** *ks.* berwibawa, kuat. *He possesses a c. voice* Ia mempunyai suara yg kuat. *a c.*

influence pengaruh yg kuat. *He was my c. officer* Ia perwira komandan saya.
commandant /'kamən'dænt 'dant/ *kb.* komandan.
commandeer /'kamən'dir/ *kkt.* menyita.
commander /kə'mændər/ *kb.* 1 létnan-kolonél (AL). 2 komandan. *c. of the unit* komandan pasukan. *Commander-in-Chief* Panglima Tertinggi.
commandment /kə'mændmənt/ *kb.* firman. *The Ten Commandments* Sepuluh Firman Allah.
commando /kə'mændow/ *kb.* perajurit penyerang, K.K.O., P.G.T., R.P.K.A.D.
commemorate /kə'meməreit/ *kkt.* memperingati. *to c. the fallen heroes* memperingati pahlawan-pahlawan yg gugur.
commemoration /kə'memə'reisyən/ *kb.* (perayaan) peringatan. *This event is in c. of Washington's birthday* Perayaan ini adalah utk memperingati hari ulang tahun kelahiran Washington.
commemorative /kə'memərətiv/ *ks.* peringatan. *c. stamp* perangko peringatan.
commence /kə'mens/ *kkt., kki.* memulai. *The inauguration commenced promptly at 11 a.m.* Pelantikan mulai tepat pd jam 11 pagi.
commencement /kə'mensmənt/ *kb.* 1 permulaan. *c. of the TV program* permulaan program TV. 2 *Acad.:* upacara pemberian ijazah (pd sekolah).
commend /kə'mend/ *kkt.* 1 menghargai, memuji. *I c. you for your efforts* Saya hargai kamu atas usaha-usahamu. Saya puji usaha-usahamu. 2 mempercayakan, menitipkan. *I c. him to your trust* Saya percayakan ia pd tanggung jawab sdr.
commendable /kə'mendəbəl/ *ks.* patut dihargai/ dipuji. *His attitude was c.* Sikapnya patut dihargai.
commendation /'kamən'deisyən/ *kb.* pujian, penghargaan. *c. ribbon* pita penghargaan.
commendatory /kə'mendə'towrie/ *ks.* bersifat pujian/penghargaan.
commensurable /kə'mensərəbəl/ *ks.* sepadan. *His size and weight are c.* Tinggi dan berat badannya sepadan. *Light and steel are not c.* Cahaya dan baja tdk dpt diukur dgn satuan yg sama.
commensurate /kə'mensərit/ *ks.* setaraf, sepadan. *His job is not c. with his training* Pekerjaannya tdk setaraf dgn pendidikannya.
comment /'kament/ *kb.* 1 komentar. *Please give your comments in writing* Coba berikan komentarmu secara tertulis. 2 ulasan. *No further c. is needed* Tdk perlu diulas lebih lanjut lagi. *His remarks call for c.* Ucapan-ucapannya perlu dikomentari. *Sorry. No comment.* Maaf, tak ada komentar. —*kki.* 1 memberikan komentar/ulasan, mengomentari. *I feel I should c. on that matter* Saya merasa bhw saya patut memberikan komentar ttg hal itu. 2 mempercakapkan. *Her friends commented on her new dress* Kawan-kawannya mempercakapkan baju barunya itu. 3 menguraikan. *He commented that...* Ia menguraikan bhw.... 4 menyebut. *Several people commented on his absence* Beberapa orang menyebut-nyebut ttg ketidakhadirannya.
commentary /'kamən'terie/ *kb.* (*j.* **-ries**) 1 uraian. *a sad c. on the present state of world affairs* suatu uraian yg menyedihkan ttg keadaan dunia sekarang ini. 2 penjelasan. *A Bible is often accompanied by a c.* Kitab Injil seringkali disertai penjelasan-penjelasan.
commentator /'kamən'teitər/ *kb.* komentator, juru ulas. *radio c.* juru ulas radio.
commerce /'kamərs/ *kb.* perdagangan, perniagaan. *School of C.* Sekolah Perniagaan/Dagang. *He's engaged in c.* Ia berniaga/berdagang.
commercial /kə'mərsyəl/ *kb.* iklan (di télévisi atau

di radio). '—ks. yg bersifat perniagaan/perdagangan, niaga. *Bombay is an important c. city* Bombay adalah suatu kota perniagaan yg penting. *c. bank* bank perniagaan. *c. law* hukum perniagaan. *c. science* ilmu (pengetahuan) dagang. *c. treaty* persetujuan perdagangan.

commercialism /kə'mərsyəlizəm/ *kb.* cara jiwa perdagangan.

commercialize /kə'mərsyəlaiz/ *kkt.* memberi sifat komersil, mengkomersilkan.

Commie /'kamie/ *kb. Inf.* : = COMMUNIST.

commingle /kə'minggəl/ *kki.* bergaul, bercampur. *The two countries commingled nicely in their commercial treaty* Kedua negeri itu bergaul dgn baik dlm perjanjian perdagangan meréka. —**commingling** *kb.* percampuran, pergaulan.

commiserate /kə'mizəreit/ *kki.* menunjukkan rasa simpati, menaruh simpati. *He commiserated with me over my loss in the election* Ia menunjukkan rasa simpatinya kepadaku ketika aku kalah dlm pemilihan itu.

commiseration /kə,mizə'reisyən/ *kb.* perasaan menyesal, rasa simpati. .

commissary /'kamə'serie/ *kb.* (*j.* -ries) toko sandang pangan di kamp tentara, di kedutaan besar. di perkampungan tambang dsb.

commission /kə'misyən/ *kb.* 1 jabatan/pangkat perwira. *c. in the Navy* pangkat perwira di Angkatan Laut. 2 komisi, panitia. *sports c.* komisi olahraga. 3 komisi. *I will receive a c. for this work* Saya akan mendapat komisi utk pekerjaan ini. *c. house* kantor dagang komisi. 4 perbuatan. *the c. of sins* perbuatan dosa. **in c.** bertugas, dlm tugas. *This destroyer is in c.* Kapal perusak ini sedang menjalankan tugas. **out of c.** 1 rusak. *My car is out of c.* Mobilku rusak. 2 tdk bertugas. *This cruiser is out of c.* Kapal penjelajah ini tdk bertugas sekarang. —*kkt.* 1 memesan. *The foundation commissioned the symphony* Yayasan itu memesan simfoni itu. 2 mempersiapkan utk berlayar (*a ship*). 3 mengangkat. *He commissioned him as his deputy* Ia mengangkat dia menjadi wakilnya. —**commissioned** *ks.* yg bertugas. *c. officer* perwira yg berpangkat létnan muda keatas.

commissioner /kə'misyənər/ *kb.* komisaris. *police c.* komisaris polisi.

commissionership /kə'misyənərsyip/ *kb.* jabatan komisaris.

commit /kə'mit/ *kkt.* (**committed**) 1 melakukan. *to c. an act of aggression* melakukan penyerangan. *to c. theft* melakukan pencurian. 2 menjalankan, berbuat. *to c. adultery* melakukan/menjalankan zinah. berzina, menggendaki, berbuat zina(h). 3 memasukkan. *He was committed to a mental institution* Ia dimasukkan kedlm rumah sakit jiwa. *to c. s.o. to the grave* memasukkan s.s.o. ke kubur, menguburkan s.s.o. 4 mengerjakan (*murder, a robbery*). **to c. to memory** menghafal. *to c. a poem to memory* menghafalkan sajak. **to c. to the flames** membakar. **to c. to paper/writing** menulis, mencatat. *He preferred not to c. the agreement to writing* Ia lebih suka tdk menulis persetujuan itu. **to c. o.s.** melibatkan diri, menyatakan pendapat. *I would prefer not to c. myself at this time* Lebih baik saya tdk melibatkan diri pd saat ini. Lebih baik saya tdk mengemukakan pendapat yg mengikat pd saat ini. **to c. o.s. to** mengikat diri sendiri kpd. *He is deeply committed to the Peace Movement* Ia ikut serta dgn sepenuh hati dlm Gerakan Perdamaian.

commitment /kə'mitmənt/ *kb.* 1 janji. *to fulfil o's*

commitments memenuhi janji-janjinya. 2 tanggung jawab. *military c.* tanggung jawab militér. *The judge ordered c. of the accused to prison* Hakim memerintahkan spy terhukum dimasukkan ke penjara.

committal /kə'mitəl/ *kb.* penguburan.

committee /kə'mitie/ *kb.* panitia, komité, komisi. *standing c.* panitia tetap. *to be on a c.* duduk dlm panitia.

committeeman /kə'mitiemən/ *kb.* (*j.* -men) anggota panitia.

commode /kə'mowd/ *kb.* 1 lemari baju yg berlaci-laci. 2 kamar kecil.

commodious /kə'mowdieəs/ *ks.* luas, lapang. *This room is c.* Kamar ini luas.

commodity /kə'madətie/ *kb.* (*j.* -ties) barang (per)dagangan, bahan keperluan. *basic c.* barang dagangan utama, bahan pokok.

commodore /'kamədowr/ *kb.* komodor.

common /'kamən/ *kb.* keadaan yg biasa. *It is nothing out of the c. to see deer crossing the road* Bukanlah hal yg luar biasa utk melihat rusa menyeberang jalan. **in c.** 1 yg bersamaan. *The two boys have so much in c.* Begitu banyak persamaan antara kedua anak laki-laki itu. 2 bersama. *They own the boat in c.* Meréka bersama memiliki kapal itu. *by c. consent* dgn persetujuan bersama. —**commons** *j.* ruang makan besar. **Commons** Majelis Perwakilan Rendah. —*ks.* 1 biasa, lazim. *This is a c. practice* Ini biasa dilakukan. *c. cold* masuk angin biasa. *the c. people* rakyat biasa/jelata. *in c. use* lazim/umum dipakai. *Snow is quite c. around Ithaca* Salju biasa sekali dikeliling Ithaca. 2 umum. *member of the c. council* anggota déwan législatif. *It's c. knowledge* Ini umum diketahui. *c. factor* faktor umum, pembagi bersama. *c. noun* kata benda umum. 3 bersama. *a c. front* front bersama. *c. cause* tujuan bersama. *C. Market* Pasaran Bersama. *c. property* milik bersama, milik orang banyak. 4 dangkal, kasar. *His speech was very c.* Pidatonya dangkal sekali. 5 kasar. *His manners are c.* Tindak-tanduknya kasar. **in c. parlance** dgn kata-kata sehari-hari. **c. law** hukum adat/kasus. **common-law** *ks.* yg berh. dgn hukum adat atau hukum kasus. *c.-law marriage* hidup bersama-sama sbg suami-isteri tanpa perkawinan secara sipil/keagamaan. **c. school** sekolah rendah/rakyat. **c. prayer** pembacaan doa menurut peraturan geréja Inggeris. **c. sense** pikiran séhat. **common-sense** *ks.* berdasar pikiran séhat. *This is a c.-sense action* Ini tindakan berdasarkan pikiran séhat. *the c. touch* kecakapan berh. dan bergaul dgn semua orang. —**commonly** *kk.* biasa. *The word is c. used in that sense* Kata itu biasa dipakai dlm arti itu.

commoner /'kamənər/ *kb.* orang biasa/awam, rakyat jelata.

commonplace /'kamən'pleis/ *kb.* yg biasa/lumrah, kejadian sehari-hari. *Jets are a c. now* Pesawat jét adalah biasa sekarang.

commonweal /'kamən'wiel/ *kb.* kesejahteraan bersama/umum.

commonwealth /'kamən'welth/ *kb.* persemakmuran. *the British C.* Persemakmuran Inggeris.

commotion /kə'mowsyən/ *kb.* keributan, huru hara, kegemparan.

communal /kə'myuwnəl/ *ks.* komunal, yg bert, atau berh. dgn umum. *c. land* tanah milik bersama/désa.

communalism /kə'myuwnə'lizəm/ *kb.* cara hidup bersama, perkauman.

commune /'kamyuwn/ *kb.* komune, kelompok yg hidup bersama.

commune /kə'myuwn/ *kki.* yg berh. erat, bercakap-cakap dgn mesra. *He likes to c. with nature* Ia gemar berh. erat dgn alam.

communicable /kə'myuwnəkəbəl/ *ks.* 1 yg dpt dipindahkan atau diteruskan. *Ideas are c. by words* Gagasan-gagasan dpt diteruskan dgn kata. 2 yg dpt menular. *c. disease* penyakit menular.

communicant /kə'myuwnəkənt/ *kb.* 1 anggota/pengunjung tetap (dari geréja). 2 pemberi keterangan.

communicate /kə'myuwnəkeit/ *kkt.* menceritakan, menyampaikan. *He was able to c. his problem to his boss* Ia dpt menceritakan persoalannya kpd majikannya. —*kki.* berhubungan dgn. *We can c. easily* Kita dpt berhubungan dgn mudah. *I often c. with friends at the neighboring university* Saya sering berhubungan dgn kawan-kawan di universitas yg berdekatan.

communication /kə'myuwnə'keisyən/ *kb.* 1 hubungan, komunikasi. *There's no c. between the plane and the ground* Tak ada hubungan antara pesawat terbang itu dan lapangan terbang. *line of c.* garis hubungan. *means of c.* alat hubungan. 2 kabar. *We've had no c. from them* Sdh lama kami tdk menerima kabar dari meréka. 3 pengumuman, pemberitahuan. **to be in c. with** berhubungan dgn. *I'm in c. with him* Saya berhubungan dgn dia. —**communications** *j.* sistim perhubungan. *Communications in that area are poor* Sistim perhubungan di daérah itu buruk benar. *communications satellite* satelit komunikasi. **c. theory** cabang ilmu yg mempelajari lalulintas perkabaran.

communicative /kə'myuwnəkətiv/ *ks.* suka bicara/bercakap-cakap. *She's not very c.* Ia tak suka bercakap-cakap.

communicativeness /kə'myuwnəkətivnəs/ *kb.* sifat suka bercakap-cakap.

communicator /kə'myuwnə'keitər/ *kb.* orang/alat penghubung.

communion /kə'myuwnyən/ *kb.* 1 komuni. *c. service* komuni suci. *Holy C.* Perjamuan Suci. *to administer Holy C. to s.o.* memberikan Komuni Suci kpd s.s.o. *the C. Table* Méja Perjamuan Suci. 2 kerukunan. *the c. of saints* kerukunan umat seagama. 3 hubungan erat *in c. with nature* dlm hubungan erat dgn alam.

communique /kə'myuwnə'kei/ *kb.* kominiké, pengumuman resmi.

communism /'kamyənizəm/ *kb.* komunisme.

Communist /'kamyənist/ *kb.* Komunis, Anggota Partai Komunis. —*ks.* Komunis. *C. Party* Partai Komunis. *C. China* Républik Rakyat Tiongkok.

communistic /'kamyə'nistik/ *ks.* yg bersifat komunis. *That trade union has c. tendencies* Serikat buruh itu condong ke aliran komunis.

community /kə'myuwnətie/ *kb.* (*j.* **-ties**) 1 masyarakat, komunita. *This is a good c. in which to live* Masyarakat ini baik utk bertempat tinggal. *c. development* pembangunan masyarakat. 2 persamaan. *c. of interests* persamaan kepentingan. 3 himpunan. *c. of scholars* himpunan sarjana-sarjana. **c. center** gedung rékréasi atau pertemuan setempat. **c. chest** dana sumbangan penduduk utk kemakmuran bersama sekampung. **c. college** perguruan tinggi setempat yg pelajar-pelajarnya umumnya berasal dari tempat itu. **c. próperty** harta/milik bersama.

communize /'kamyənaiz/ *kkt.* menjadikan komunis.

commutation /'kamyə'teisyən/ *kb.* 1 *Elec.:* penu-

karan jurusan arus listrik. 2 peringanan. *c. of a prison sentence* peringanan hukuman penjara.

commute /kə'myuwt/ *kkt.* merubah, memperingan. *His sentence was commuted from death to life imprisonment* Hukumannya dirubah dari hukuman mati menjadi hukuman seumur hidup. —*kki.* pulang pergi kerja. *He commutes daily from Bogor to Jakarta* Ia pulang pergi tiap hari dari Bogor ke Jakarta (biasanya utk bekerja).

commuter /kə'myuwtər/ *kb.* orang yg pulang pergi setiap hari utk bekerja. *c. train* keréta api yg membawa orang yg pulang pergi kerja.

comp. [*compiler*] penyusun.

compact /'kampækt *kb.*; kəm'pækt *ks.*/ *kb.* 1 (*ladies'*) tempat bedak, tas kosmétik. 2 *Auto.*: mobil penumpang yg kecil. —*ks.* 1 rapi, tersusun rapat. *This gadget is quite c.* Alat ini sangat rapi. 2 padat. *The soil is very c.* Tanahnya padat sekali. 3 péndék gemuk. *c. body* badan yg buntak. **c. car** mobil penumpang yg kecil.

compactness /'kampæknəs, kəm'pæknəs/ *kb.* 1 kepadatan. 2 kebuntakan.

companion /kəm'pænyən/ *kb.* teman, kawan, rekan.

companionable /kəm'pænyənəbəl/ *ks.* cocok utk menjadi teman, peramah. *He's quite c.* Ia baik sekali utk teman.

companionship /kəm'pænyənsyip/ *kb.* perkawanan, persahabatan. *He enjoys the c. of his father* Dia suka sekali ada didekat ayahnya.

companionway /kəm'pænyən'wei/ *kb.* tangga dari geladak kapal ke kamar-kamar dibawah.

company /'kʌmpənie/ *kb.* (*j.* **-nies**) 1 perusahaan, maskapai, firma. *Brown and Company* Firma Brown. 2 kompi. *c. commander* komandan kompi. 3 teman-teman, tamu-tamu. *We plan to have c. this week-end* Kami bermaksud mengundang teman-teman utk akhir minggu ini. 4 rombongan. *c. of actors* rombongan aktor. *in the c. of, in c. with* bersama dgn. *In c. with his father he went to the police* Ia pergi ke polisi bersama dgn ayahnya. *He has been seen in the c. of thieves* Ia pernah kelihatan bersama dgn pencuri-pencuri. *to keep c. with* a young widow bersama dgn seorang janda muda. *to keep s.o. c.* menemani. *She needs s.o. to keep her c.* Ia memerlukan s.s.o. utk menemaninya. *to part c.* bercerai. *After three years of marriage Frank and Mary parted c.* Stlh kawin selama tiga tahun Frank dan Mary berpisah (satu sama lain). *I enjoy his c.* Saya suka bersama dgn dia. *He's always good c.* Dia kawan yg selalu menyenangkan. *One is known by the c. he keeps* S.s.o. selalu dikenal menurut kawan-kawannya. *Two is c., but three is a crowd* Berdua itu sepasang, kalau bertiga sdh terlalu banyak.

comparability /'kampərə'bilətie/ *kb.* sifat bisa diperbandingkan/disamakan.

comparable /'kampərəbəl/ *ks.* 1 sebanding. 2 dpt di(per)samakan. *A small house like this is not c. to a palace* Rumah kecil spt ini tak dpt dipersamakan dgn istana. *The two matters are not c.* Kedua hal itu tidak dpt dipersamakan.

comparative /kəm'pærətiv/ *ks.* 1 yg bert. dgn perbandingan. *c. literature* kesusasteraan perbandingan. *c. linguistics* ilmu bahasa perbandingan. 2 komparatif. *"worse" is the c. form of "bad"* "worse" adalah bentuk komparatif dari "bad". 3 relatif. *She's a c. stranger to us* Ia relatif masih kurang kami kenal. —**comparatively** *kk.* termasuk, terhitung. *She's a c. young woman* Dia termasuk wanita yg muda juga.

compare /kəm'pær/ kb. bandingan, tara. *Her singing is beyond c.* Kepandaiannya menyanyi tak ada bandingannya. —*kkt.* mem(per)bandingkan. *It's difficult to c. the two men* Sulit utk membandingkan kedua laki-laki itu. *How do you c. these two problems?* Bagaimana engkau memperbandingkan kedua persoalan ini? *to c. notes* bertukar pendapat. **to c. to** menyamakan dgn. *Shakespeare compared the world to a stage* Shakespeare menyamakan dunia ini dgn sebuah pentas. **to c. with** menyamai, menyamakan dgn, memperbandingkan. *He can't c. with you* Ia tak dpt menyamai kamu. *His new car compares favorably with his old one* Mobilnya yg baru lebih baik dibandingkan dgn mobilnya yg lama.

comparison /kəm'pærəsən/ kb. 1 (per)bandingan. *There's no c. between the two* Tak ada bandingannya antara kedua itu. 2 pembandingan. *The c. of Dutch and German is interesting* Pembandingan antara bahasa Belanda dan Jerman adalah menarik hati. *degrees of c.* tingkatan perbandingan. **in c. with** (kalau) dibandingkan dgn. *In c. with Chinese, Malay is easy for a speaker of English* (Kalau) dibandingkan dgn bahasa Cina, bahasa Melayu (lebih) mudah bagi orang-orang yg berbahasa Inggeris.

compartment /kəm'partmənt/ kb. 1 kompartemén. 2 kamar tidur, ruang terpisah. *to reserve a c. on a train* memesan kamar tidur di keréta api. 3 bagian ruangan. *the watertight compartments of a ship* bagian ruangan kapal yg kedap air.

compartmentalization /'kampart'mentələ'zeisyən/ kb. pembagian dlm bagian-bagian, penggolongan.

compartmentalize /'kampart'mentəlaiz/ kkt. mengadakan penggolongan atau pembagian. *It is sometimes useful to c. data* Kadang-kadang berguna utk mengadakan penggolongan data-data.

compartmentation /kam'partmən'teisyən/ kb. cara pembagian ruangan.

compass /'kʌmpəs/ kb. 1 kompas, pedoman. *c. bearing.* pendugaan/jurusan kompas. *c. error* selisih kompas. *c. needle* jarum pedoman. 2 jangka (*a pair of*) *compasses* jangka. 3 batas (yg wajar). *I want to keep this investigation within the c. of my ability* Saya ingin spy penyelidikan ini tetap dlm batas kepandaian saya. **c. saw** gergaji kecil utk membuat lingkaran.

compassion /kəm'pæsyən/ kb. keharuan, perasaan kasihan/terharu. *He tried to arouse her c.* Ia mencoba membangkitkan rasa kasihannya. *She had c. on him* Ia merasa kasihan padanya.

compassionate /kəm'pæsyənit/ ks. 1 sangat merasa kasihan. 2 ingin menghibur orang lain. *He was granted c. leave upon the death of his father* Ia diberi cuti penghibur atas kematian ayahnya.

compatibility /kəm'pætə'bilətie/ kb. kecocokan, kesesuaian.

compatible /kəm'pætəbəl/ kb. cocok, rukun, harmonis. *That boy and girl do not seem to be c.* Pemuda dan gadis itu nampaknya tdk cocok satu sama lain. *These colors are c.* Warna-warna ini cocok.

compel /kəm'pel/ kkt. (**compelled**) 1 memaksa. *He compelled me to go* Ia memaksa saya utk pergi. 2 mendorong. *He compels respect* Orang merasa terdorong utk menghormatinya. —**compelling** ks. yg memaksakan. *c. reason* alasan yg memaksakan.

compendious /kəm'pendieəs/ ks. ringkas, singkat tapi lengkap. *c. volume on law* buku ringkas mengenai hukum.

compendium /kəm'pendieəm/ kb. ikhtisar, ring-

kasan, singkatan. *c. of the federal tax law* ikhtisar undang-undang pajak pemerintah pusat.

compensate /'kampənseit/ kkt. mengganti kerugian. *I had to c. the owner for the damage* Saya hrs mengganti kerugian kpd pemilik atas kerusakan. —*kki.* 1 mengimbangi. *to c. in other ways for the loss of o's sight* mengimbangi dgn cara-cara lain utk kehilangan penglihatannya. 2 mengganti kerugian. *This will never c. for my great loss* Ini tdk pernah akan bisa mengganti kerugian besar yg tlh kuderita.

compensation /'kampən'seisyən/ kb. 1 ganti (kerugian), penggantian. *to receive c. for an injury* menerima ganti kerugian utk luka-luka. 2 bayaran, upah. *What is the c. for this job?* Berapa upah utk pekerjaan ini? 3 kepuasan, rasa puas. *He finds his c. in his job* Ia mendapatkan kepuasan dlm pekerjaannya.

compensatory /kəm'pensə'towrie/ ks. sbg pengganti/imbangan.

compete /kəm'piet/ kki. 1 bertanding. *to c. in a tournament* ikut bertanding dlm turnamén. *to c. for a prize* bertanding utk mendapatkan hadiah. 2 bersaing. *The two boys c. with e.o.* Kedua anak laki-laki itu bersaing satu sama lain. 3 berlomba. *to c. in a race* berlomba/bertanding dlm balapan.

competence /'kampətəns/ kb. 1 kecakapan, kemampuan, kompeténsi. 2 wewenang. *This matter does not lie within his c.* Hal ini tdk termasuk wewenangnya.

competency /'kampətənsie/ kb. =COMPETENCE.

competent /'kampətənt/ ks. cakap, mampu, tangkas. *a c. interpreter* juru bahasa yg cakap.

competition /'kampə'tisyən/ kb. 1 persaingan, kongkurénsi. *unfair c.* persaingan yg tak adil. *open c.* persaingan terbuka. 2 pertandingan, kompetisi. *chess c.* pertandingan catur.

competitive /kəm'petətiv/ ks. 1 berh. dgn persaingan, bersifat bersaingan, bertanding. *c. spirit* semangat bersaing yg kuat, semangat bertanding. 2 bersaingan. *With this salary scale it is not possible for the university to be c.* Dgn tingkatan gaji ini tdk mungkin bagi perguruan tinggi itu utk bersaing.

competitiveness /kəm'petətivnəs/ kb. daya saing.

competitor /kəm'petətər/ kb. saingan, konkurén.

compilation /'kampə'leisyən/ kb. himpunan, kompilasi. *c. of laws* himpunan undang-undang.

compile /kəm'pail/ kkt. menyusun, mengumpulkan, menghimpun. *to c. a dictionary* menyusun kamus.

compiler /kəm'pailər/ kb. penyusun, penghimpun.

complacency /kəm'pleisənsie/ kb. (*j.* -**cies**) kepuasan dgn diri sendiri.

complacent /kəm'pleisənt/ ks. puas (dgn diri sendiri). *Some people tend to be c. about the future* Beberapa orang rupa-rupanya puas dgn dirinya mengenai hari depan. *the c. smile of the victor* senyum kepuasan pemenang.

complain /kəm'plein/ kki. 1 mengeluh. *She's always complaining about s.t.* Ia selalu mengeluh mengenai s.s.t. *She complained of a sore back* Ia mengeluh ttg punggungnya yg sakit. 2 mengadu. *I complained to the management about the service* Saya mengadu pd pimpinan mengenai pelayanan. —**complaining** ks. yg mengeluh. *He said it in a c. tone of voice* Ia mengucapkan itu dgn suara yg mengeluh.

complainant /kəm'pleinənt/ kb. pengadu, pendakwa.

complainer /kəm'pleinər/ kb. pengeluh.

complaint /kəm'pleint/ kb. 1 keluhan. *A sore throat is a common c.* Kerongkongan yg sakit adalah keluhan umum. 2 pengaduan. *legitimate c.* pengaduan yg sah. *to enter/lodge a c.* mengadu(kan)/mengajukan pengaduan. *He entered a c. about the poor service at the restaurant* Ia mengadu ttg pelayanan yg jelék di réstoran itu.

complement /'kampləmənt *kb.*; 'kampləment *kkt.*/ *kb.* 1 imbangan, pelengkap (schingga sempurna). *Sports are a c. of study* Olahraga merupakan suatu imbangan pd belajar. 2 awak kapal yg lengkap. *the ship's c.* awak kapal selengkapnya. 3 *Ling.:* pelengkap (penderita, penyerta, pelaku). —*kkt.* 1 menyempurnakan, melengkapi, menambah. *He complemented his studies by outside reading* Ia menyempurnakan pelajarannya dgn membaca buku-buku diluar kelas. 2 mengimbangi, melengkapi. *The two tennis players complemented e.o.* Kedua pemain ténnis itu saling mengimbangi.

complementary /'kamplə'mentərie/ *ks.* yg melengkapi, saling mengisi/mengimbangi. *Their personalities were c.* Kepribadian meréka saling mengimbangi. *c. angles* dua sudut yg bersama-sama berukuran 90 derajat.

complete /kəm'pliet/ *ks.* 1 lengkap, sempurna. *The book collection is now c.* Kumpulan buku itu sekarang sdh lengkap. 2 yg menyeluruh. *c. nervous breakdown* serangan urat saraf yg menyeluruh. *It was a c. surprise to me* Hal itu benar-benar tdk terduga-duga bagi saya. *He's a c. fool* Ia benar-benar gila. *My happiness is c.* Saya benar-benar merasa berbahagia. Kebahagiaan saya tlh sempurna. —*kkt.* 1 menyelesaikan. *Have you completed your schooling?* Apakah engkau tlh menyelesaikan sekolahmu? *to c. a task* menyelesaikan tugas. 2 melengkapkan. *I've completed my set of Shakespeare* Saya sdh melengkapkan kumpulan karya-karya Shakespeare saya. 3 melengkapi, mencapai. *to c. o's tenth year as ...* melengkapi masa kerja selama sepuluh tahun sbg.... 4 mengisi (*a form*). —**completely** *kk.* sama sekali. *The itching has c. disappeared* Gatal-gatal itu sdh hilang sama sekali. *c. furnished* perabot lengkap.

completeness /kəm'plietnəs/ *kb.* kelengkapan, kesempurnaan, keparipurnaan.

completion /kəm'pliesyən/ *kb.* penyelesaian. *Immediate c. of the task is essential* Penyelesaian tugas ini dgn segera penting sekali. *The building is near c.* Gedung itu mendekati penyelesaian.

complex /'kampleks *kb.*; 'kampleks, kəm'pleks *ks.*/ *kb.* 1 kompléks. *dormitory c.* kompléks asrama. 2 kebencian yg tak berdasar. *He has a c. about music* Ia mempunyai kebencian yg tak berdasar thd musik. *inferiority c.* rasa rendah/hina diri. —*ks.* kompléks, ruwet, meruwetkan, rumit. *c. problem* persoalan yg meruwetkan.

complexion /kəm'pleksyən/ *kb.* 1 corak kulit. *beautiful c.* corak kulit yg bagus sekali. 2 corak. *This will change the c. of the war* Ini akan merubah corak perang itu.

complexity /kəm'pleksətie/ *kb.* (*j.* -**ties**) keruwetan, kerumitan. *the c. of modern machinery* keruwetan pd mesin-mesin modern.

compliance /kəm'plaiəns/ *kb.* 1 pemenuhan. *in c. with your request* memenuhi permohonan sdr. 2 kerélaan.

compliant /kəm'plaiənt/ *ks.* selalu mengalah/ tunduk, réla.

complicate /'kampləkeit/ *kkt.* menyulitkan, menyukarkan. *to c. the situation* menyulitkan keadaan. *His operation was complicated by pneumonia* Pembedahannya itu menjadi sulit karena radang paru-paru. —**complicated** *ks.* rumit (susunan), sulit, ruwet.

The watch is a c. mechanism Arloji adalah suatu pesawat yg rumit susunannya.

complication /'kamplə'keisyən/ *kb.* 1 kesulitan, komplikasi. *There were a number of complications in the plan* Ada beberapa kesulitan-kesulitan dlm rencana. 2 rintangan. *All sorts of complications arose and we couldn't leave* Bermacam-macamlah rintangan yg timbul dan karenanya kami tak dpt berangkat. 3 penyakit, komplikasi. *Complications have set in and he is seriously ill* Timbullah komplikasi-komplikasi sehingga dia sakit keras.

complicity /kəm'plisətie/ *kb.* (*j.* -**ties**) hal terlibat dlm s.s.t., kelibatan, keterlibatan. *He was charged with c. in the robbery* Ia dituduh terlibat didlm perampokan itu.

complied /kəm'plaid/ lih COMPLY.

complies /kəm'plaiz/ lih COMPLY.

compliment /'kampləmənt *kb.*; 'kampləment *kkt.*/ *kb.* 1 pujian. *That's a nice c. you paid her* Itu pujian baik yg kauberikan kepadanya. 2 salam. *I send you this with my compliments* Kukirimkan ini beserta salamku. *compliments of the season* ucapan selamat pd waktu yg sedang dirayakan. —*kkt.* memberi pujian, mengucapkan selamat. *The judges complimented the winner* Juri memberi selamat kpd pemenang. *This dress compliments you* Baju ini pantas utk kamu.

complimentary /'kamplə'mentərie/ *ks.* berisi pujian. *c. ticket* karcis cuma-cuma. *She was very c. about our party* Ia amat memuji-muji pésta kami.

comply /kəm'plai/ *kki.* (**complied**) 1 menuruti. *to c. with o's wishes* menuruti kehendak s.s.o. 2 tunduk, patuh. *You must c. with the rules of the game* Engkau hrs tunduk kpd peraturan-peraturan permainan. 3 memenuhi, mengikuti. *Have you complied with the regulations?* Apakah engkau tlh mengikuti peraturan-peraturan? *Your wishes have been complied with* Keinginanmu sdh dipenuhi. 4 menurut. *He complied gracefully* Ia menurut secara sopan.

component /kəm'pownənt/ *kb.* bagian, komponén. *the components of a telephone* bagian-bagian alat tilpon. *c. parts* bagian-bagian (yg membentuk kesatuan), barang-barang pelengkap.

comport /kəm'powrt/ *kki.* membawakan diri, bersikap, bertingkah laku. *A teacher must c. himself with dignity* Seorang guru hrs bersikap dgn kewibawaan.

compose /kəm'powz/ *kkt.* 1 menggubah. *to c. music* menggubah musik. 2 menyusun. *to c. a page of a newspaper* menyusun sét halaman koran. 3 menyelesaikan. *to c. our differences* menyelesaikan perbédaan pendapat kami. **to c. o.s.** menenangkan diri. *Please try to c. yourself* Coba tenangkan dirimu. **to be composed of** terdiri/tersusun dari. *This machine is composed of many parts* Mesin ini tersusun dari banyak bagian-bagian. *Water is composed of hydrogen and oxygen* Air terdiri dari hidrogén dan oksigén. —**composed** *ks.* tenang, sabar. *Even under strain she is c.* Dibawah tekananpun ia tetap tenang.

composer /kəm'powzər/ *kb.* penggubah, pengarang, penyusun.

composite /kəm'pazit/ *kb.* gabungan, campuran. *This language is a c. of many languages* Bahasa ini adalah gabungan dari banyak bahasa-bahasa. —*ks.* susunan, gabungan, *a c. photo* foto susunan/ kombinasi.

composition /'kampə'zisyən/ *kb.* 1 gubahan (musik), komposisi. 2 karangan. *c. in English* karangan utk pelajaran bahasa Inggeris. 3 susunan, campuran. *What is the c. of this paint?* Bagaimana susunan cat ini?

compost /'kampowst/ *kb.* kompos.

composure /kəm'powzyər/ *kb.* ketenangan, kesabaran. *to regain o's c.* memperoléh ketenangan kembali.

compote /'kampowt/ *kb.* 1 kompot, piring utk buah atau gula-gula. 2 kolak buah, buah yg dimasak dlm setrup.

compound /'kampawnd/ *kb.* 1 kamp, halaman tertutup. *prisoner in the c.* tawanan dlm halaman tertutup. 2 bahan campuran. *Many medicines are compounds* Banyak obat-obat dibuat dari berbagai bahan. 3 *Chem.*: senyawa, persenyawaan. —*ks.* gabungan. *c. sentence* kalimat gabungan. *c. word* kata gabungan. —*kkt.* 1 mempersulit, menambah (*o's problems*). 2 melipatgandakan (*interest*). **to c. a felony** menerima sogokan spy tdk meneruskan s.s.t. perkara. **c. fracture** patah riuk/komplikasi. **c. interest** bunga berganda. —**compounding** *kb.* 1 penyusunan, pembentukan kata gabungan. *C. is common in English* Penyusunan kata gabungan adalah biasa dlm bahasa Inggeris. 2 penggabungan.

comprehend /'kamprə'hend/ *kkt.* 1 memahami, mengerti. *Some theories are difficult to c.* Ada téoritéori yg sukar dipahami. 2 terdiri dari, meliputi. *Indonesia comprehends many islands* Indonésia terdiri dari banyak pulau.

comprehensible /'kampri'hensəbəl/ *ks.* dpt dipahami. *What he writes is hardly c.* Apa yg ditulisnya hampir-hampir tak dpt dipahami.

comprehension /'kampri'hensyən/ *kb.* pengertian, pemahaman. *That's beyond my c.* Hal itu diluar pengertian saya.

comprehensive /'kampri'hensiv/ *ks.* luas, meliputi banyak hal. *c. examination* ujian pengetahuan umum.

comprehensiveness /'kampri'hensivnəs/ *kb.* sifat mencakupi, kelengkapan.

compress /'kampres *kb.*; kəm'pres *kkt./ kb.* komprés. *cold c.* komprés dingin, jaram. —*kkt.* 1 menyingkatkan, meringkaskan. *C. this article before submitting it* Singkatkanlah karangan ini sblm disampaikan. 2 memadatkan, memampatkan. —**compressed** *ks.* dikempa, ditekan. *c. air* udara kempaan/mampat.

compression /kəm'presyən/ *kb.* tekanan, kempaan, pengempaan, pemampatan, komprési.

compressor /kəm'presər/ *kb.* komprésor, pemampat.

comprise /kəm'praiz/ *kkt.* terdiri dari. *This encyclopedia comprises ten volumes* Ensiklopédi ini terdiri dari sepuluh jilid.

compromise /'kamprəmaiz/ *kb.* kompromi. *A c. will have to be worked out* Kompromi hrs dicapai. —*ks.* yg disetujui bersama. *He's a c. candidate* Ia seorang calon yg disetujui bersama. —*kkt.* membahayakan. *Don't c. your reputation* Janganlah membahayakan nama-baikmu. —*kki.* berkompromi. *You will have to c. some how* Bagaimanapun juga sdr hrs berkompromi. —**compromising** *ks.* mencurigakan. *They were caught under c. circumstances* Meréka tertangkap basah dlm keadaan yg mencurigakan.

comptometer /kam'tamətər/ *kb.* mesin hitung (yg dpt menambah, mengurangi, membagi dan mengalikan).

comptroller /kam'trowlər/ *kb.* pengawas keuangan.

compulsion /kəm'pʌlsyən/ *kb.* paksaan, tekanan,

keharusan. *I feel a c. to eat ice cream* Saya merasa terdorong utk makan és krim. **under c.** dgn paksaan. *He feels* (*himself*) *under no c. to ...* Ia merasa dirinya tdk diharuskan utk ....

compulsive /kəm'pʌlsiv/ *ks.* yg mendorong. *She has a c. nature* Ia mempunyai sifat yg mendorong. *a c. act* perbuatan yg terpaksa dilakukan. —**compulsively** *kk.* dgn paksa.

compulsory /kəm'pʌlsərie/ *ks.* wajib, diwajibkan. *c. education* wajib belajar-sekolah. *This subject is c.* Mata pelajaran ini diwajibkan.

compunction /kəm'pʌngksyən/ *kb.* penyesalan, perasaan menyesal. *I have no c. about saying "no"* Saya tdk menyesal menolak.

computation /'kampyə'teisyən/ *kb.* perhitungan.

compute /kəm'pyuwt/ *kkt.* memperhitungkan. *to c. the cost* memperhitungkan ongkos-ongkos. —*kki.* menghitung. *It's not easy to c. correctly* Tdk gampang utk menghitung dgn tepat.

computer /kəm'pyuwtər/ *kb.* mesin berhitung, komputer. *electronic c.* mesin berhitung éléktronis.

computerize /kəm'pyuwtəraiz/ *kkt.* mengkomputerkan.

comrade /'kamræd/ *kb.* kawan, sahabat, saudara. *They were comrades in battle* Meréka kawan seperjuangan. *They refer to e.o. as comrades* Meréka saling menyebut kawan. *c. in arms* kawan seperjuangan.

comradely /'kamrædlie/ *ks.* bersifat persaudaraan. *He made a c. gesture* Ia memberi isyarat persaudaraan.

comsat /'kam'sæt/ [*communications satellite*] *kb.* satelit komunikasi.

con /kan/ *kb., kk.* lawan. *They argued the matter pro and c.* Meréka memperbincangkan baik-buruknya masalah itu. —*ks.* yg menipu. *c. man* penipu. *c. game* permainan menipu. —*kkt.* (**conned**) mengemudikan. *The pilot conned the vessel through the channel of the river* Mualim itu mengemudikan kapal itu melalui terusan sungai itu. **conning** *tower* menara/geladak komando.

Con. [*Consul*] Konsul.

concatenation /kən'kætə'neisyən/ *kb.* réntétan, rangkaian, keadaan jalin-menjalin.

concave /kan'keiv, 'kan-/ *ks.* lekuk, cekung.

conceal /kən'siel/ *kkt.* menyembunyikan (pistol, kesedihan dsb.). *to c. o's movements from* menyembunyikan gerak-geriknya dari. *to c. the fact that ...* menyembunyikan kenyataan bhw .... **concealed** *weapon* senjata sembunyi.

concealment /kən'sielmənt/ *kb.* penyembunyian, persembunyian.

concede /kən'sied/ *kkt.* mengakui, menyerahkan. *to c. defeat* mengakui kekalahan. *I c. that ...* Saya mengakui bhw .... *I will c. nothing* Saya tdk mau mengalah. Saya tdk mau menyerah sedikitpun. —*kki.* menyerah.

conceit /kən'siet/ *kb.* keçongkakan, kesombongan.

conceited /kən'sietid/ *ks.* congkak, sombong, angkuh.

conceivable /kən'sievəbəl/ *ks.* 1 mungkin. *It's c. that they won't get here* Ada kemungkinan bhw meréka tak akan sampai disini. 2 yg dpt dipikirkan. *I took every c. precaution* Semua tindakan-tindakan pencegah yg dpt dipikirkan tlh saya ambil. —**conceivably** *kk.* menurut pikiran. *I can't c. go tonight* Saya sama sekali tdk pergi malam ini.

conceive /kən'siev/ *kkt.* 1 menyusun. *to c. a plan which might work* menyusun sebuah rencana yg mungkin bisa dijalankan. 2 memahami. *I can't c. how the atom bomb works* Saya tak dpt memahami bagaimana kerjanya bom atom. 3 menaruh, mengandung. *He conceived a dislike for her* Ia menaruh perasaan benci thd wanita itu. —*kki.* 1 menjadi hamil. *She conceived that winter* Ia menjadi hamil pd musim dingin itu. 2 membayangkan. *I can't c. of her doing such a thing* Saya tak dpt membayangkan ia akan berbuat demikian.

concentrate /'kansəntreit/ *kb.* sari, intisari. *tomato c.* intisari tomat (kental). —*kkt.* 1 menghimpun-(kan), memusatkan. *to c. forces in an area* memusatkan kekuatan di suatu daérah. *This glass concentrates rays into a focus* Kaca ini memusatkan sinar-sinar pd satu fokus. *to c. attention on s. o's work* memusatkan perhatian kpd pekerjaan s.s.o. 2 membersihkan. *to c. ores by washing them* membersihkan bijih dgn mencuci bijih itu. —*kki.* memusatkan pikiran. *You must c. on your studies* Engkau hrs memusatkan pikiranmu pd pelajaranmu. —**concentrated** *ks.* 1 pekat, padat. *c. liquid* cairan yg pekat. 2 yg dipusatkan. *c. fire of the enemy* témbakan musuh yg dipusatkan.

concentration /'kansən'treisyən/ *kb.* pemusatan, konséntrasi. *c. of forces* pemusatan kekuatan. *c. on o's studies* memusatkan diri pd pelajaran. *c. camp* tempat tawanan. *powers of c.* daya konséntrasi, daya pemusatan pikiran.

concentric /kən'sentrik/ *ks.* konséntris. *c. circle* lingkaran konséntris.

concept /'kansept/ *kb.* 1 konsép(si), buram, bagan, rencana. 2 pengertian. *New concepts appear every day* Pengertian-pengertian baru timbul tiap-tiap hari.

conception /kən'sepsyən/ *kb.* 1 gambaran. *He has no c. of the problems involved in...* Dia tdk mempunyai gambaran ttg kesukaran-kesukaran yg menyangkut pd.... *I have no c. of where they're going* Saya sama sekali tak tahu kemana meréka pergi. 2 penghamilan, pembuahan. *The act of c. may take place at any time among human beings* Perbuatan penghamilan pd manusia bisa terjadi setiap waktu.

conceptual /kən'sepcuəl/ *ks.* yg bert. dgn konsépsi/pengertian.

concern /kən'sərn/ *kb.* 1 perhatian, keprihatinan. *He has great c. for his children* Ia mempunyai perhatian besar thd anak-anaknya. *He expressed his deeply-felt c. over...* Ia menyatakan rasa keprihatinannya yg mendalam atas.... 2 firma, perusahaan. 3 soal, urusan. *That's no c. of mine* Itu bukan soal saya. —*kkt.* menyangkut, mengenai, penting bagi. *What happens anywhere concerns us all* Apa yg terjadi dimana-mana menyangkut kita semua. *That doesn't c. me* Itu bukan urusan saya. **to c. o.s. with** memperhatikan. *I must c. myself with this problem* Saya hrs memperhatikan persoalan ini. **as far as I am concerned** sepanjang yg menyangkut diri saya. *You may go, as far as I'm concerned* Engkau boléh pergi menurut pendapat saya. *As far as her parents are concerned, she can skip school* Sepanjang pendapat orang tuanya ia boléh membolos dari sekolah. **as concerns** mengenai. *As concerns my trip, I have to cancel it* Mengenai perjalanan saya, saya hrs membatalkannya itu. **To whom it may c.** Tertuju kpd yg berkepentingan. —**concerned** *ks.* kuatir, gelisah, prihatin, risau. *He looked very much c. about the matter* Ia kelihatannya amat cemas mengenai persoalan itu. **to be c. with** mengenai. *This book is c. with the history of Spain* Buku ini mengenai sejarah Spanyol. *The parties c. could not agree on a joint statement* Pihak-pihak yg bersangkutan tdk dpt menyetujui (penyusunan) pernyataan bersama. —**concerning** *kd.* mengenai. *Nothing was done c.*

their health Tak ada s.s.t. yg dilakukan mengenai keséhatan meréka.

concert /'kansərt/ *kb.* konsér. *c. hall* ruangan konsér. **in c.** bersama-sama. *Let's do this in c.* Marilah kita lakukan ini bersama-sama.

concerted /kən'sərtid/ *ks.* yg diselenggarakan dgn persetujuan bersama. *The government is making a c. attack on cancer* Pemerintah sedang mengadakan serangan bersama thd penyakit kanker.

concerto /kən'certow/ *kb.* komposisi musik yg dimainkan oléh biola, piano, dsb bersama-sama orkés.

concession /kən'sesyən/ *kb.* 1 kelonggaran. *As a c., I'm allowed to watch TV on weekends* Sbg kelonggaran saya diperboléhkan menonton TV pd akhir pekan. *He refuses to make any concessions to mediocrity* Dia sama sekali tdk mau menerima pekerjaan yg kurang baik. 2 konsési. *mining c.* konsési pertambangan.

concessionaire /kən'sesyə'nær/ *kb.* pemegang ijin. *A cabaret c. must pay an entertainment tax* Pemegang ijin kabarét hrs membayar pajak hiburan.

concessive /kən'sesiv/ *ks.* mengizinkan, (mudah) menyerah.

conch /kangk/ *kb.* (kulit) kerang, kéong/siput besar.

conciliate /kən'silieeit/ *kkt.* mendamaikan. *to c. a dispute* mendamaikan perselisihan.

conciliation /kən'silie'eisyən/ *kb.* tindakan mendamaikan. *c. board* déwan pendamai.

conciliatory /kən'siliə'towrle/ *ks.* bersifat mendamaikan. *to take a c. attitude in the dispute* bersikap mendamaikan dlm pertikaian itu.

concise /kən'sais/ *ks.* 1 ringkas, singkat. *c. report* laporan ringkas. 2 kecil, ringkas. *c. dictionary* kamus kecil.

conciseness /kən'saisnəs/ *kb.* keringkasan yg padat isinya.

conclave /'kankleiv/ *kb.* pertemuan pribadi.

conclude /kən'kluwd/ *kkt.* 1 menutup, mengakhiri. *to c. a program with a prayer* menutup acara dgn berdoa. 2 menandatangani. *to c. an agreement* menandatangani persetujuan. 3 menyimpulkan. *What did you c. from his remarks?* Apakah kesimpulanmu dari ucapannya? —*kki.* menarik kesimpulan, berpendapat. *He concluded that it wasn't worth the effort* Ia berpendapat bhw usaha itu tdk sepadan dgn hasilnya.

conclusion /kən'kluwzyən/ *kb.* 1 kesimpulan. *Don't jump to any hasty conclusions* Janganlah tergopoh-gopoh menarik kesimpulan yg gegabah. 2 akhir. *At the c. of his speech the meeting was adjourned* Sesudah pidatonya berakhir rapat ditunda. *to come to the c. that...* berpendapat bhw.... 3 wasana kata. **in c.** sbg penutup. *In c. let me say that...* Sbg penutup izinkanlah saya mengatakan bhw....

conclusive /kən'kluwsiv/ *ks.* meyakinkan, menentukan. *The evidence in the case is c.* Bukti dlm perkara itu meyakinkan.

concoct /kən'kakt/ *kkt.* membuat (*a drink, a lie*).

concoction /kən'kaksyən/ *kb.* campuran, buatan yg orisinil, ramuan.

concomitant /kən'kamətənt/ *kb.* hal yg bersamaan. —*ks.* cocok, seiring(an) dgn. *c. with his ability* cocok dgn kemampuannya.

concord /'kan(g)kord/ *kb.* 1 kerukunan, harmoni, kedamaian. 2 *Gram.*: persesuaian.

concordance /kən'kordəns/ *kb.* indéks, daftar kata yg disusun secara alfabétis dgn menunjuk ke halaman-halaman buku.

concourse /'kankowrs/ *kb.* 1 tempat terbuka di stasiun. 2 kumpulan orang banyak.

concrete /'kankriet *kb.*; kan'kriet *ks., ks.*/ *kb.* beton. *c. base* dasar/ fundasi beton. *c. slab* pelat beton. —*ks.* konkrit. *c. example* contoh yg konkrit.

concubine /'kangkyəbain/ *kb.* gundik, kendak, gendak, selir.

concur /kən'kər/ *kki.* (**concurred**) setuju. *I c. in your last statement* Saya setuju dgn pernyataanmu yg terakhir.

concurrence /kən'kərəns/ *kb.* persetujuan.

concurrent /kən'kərənt/ *ks.* yg terjadi bersama-sama, yg berbarengan. *These sentences are c.* Hukuman-hukuman ini berjalan bersama-sama. *c. anniversaries* ulang tahun yg berbarengan. —**concurrently** *kk.* bersamaan, berbarengan. *The two programs ran c.* Kedua programa itu diadakan bersamaan.

concussion /kən'kʌsyən/ *kb.* gegar(an). *brain c.* gegar(an) otak. *The c. shattered a number of windows* Gegaran itu meremukkan sejumlah jendéla.

condemn /kən'dem/ *kkt.* 1 menghukum, menyalahkan. *The jury condemned him* Juri menghukum dia. *the condemned man* orang yg terhukum. 2 mengapkir. *to c. a building* mengapkir gedung. 3 mengutuk. *Society condemns criminals* Masyarakat mengutuk penjahat-penjahat. 4 menyalahkan. *Don't c. me for trying to make extra profit* Jangan salahkan saya karena mencoba mendapatkan keuntungan ékstra. :: *The blind are condemned to lead a restricted life* Sdh nasib orang-orang buta terbatas ruang hidupnya. *His looks c. him* Pandangan matanya memperlihatkan dia bersalah.

condemnation /'kandem'neisyən/ *kb.* 1 penghukuman. 2 pengapkiran. *c. proceedings against slum housing* prosés pengapkiran thd perumahan jémbél.

condensation /'kanden'seisyən/ *kb.* 1 kondénsasi, pengembunan. *c. of vapor* kondénsasi uap. 2 penyingkatan. *c. of a novel* penyingkatan sebuah roman.

condense /kən'dens/ *kkt.* menyingkatkan. *to c. an essay* menyingkatkan karangan. —*kki.* memadat, menjadi padat, mengembun. *This vapor will c. into water* Uap ini akan memadat menjadi air. —**condensed** *ks.* 1 kental. *c. milk* susu kental. 2 ringkas. *c. version of a novel* versi ringkas sebuah roman.

condenser /kən'densər/ *kb.* 1 kondénsor, alat penerima dan penyimpan strom listerik. 2 kondénsor, alat perubah gas menjadi zat cair. 3 orang yg mempersingkat.

condescend /'kandi'send/ *kki.* berkenan merendahkan diri. *He condescended to go with us* Ia berkenan utk pergi dgn kami. —**condescending** *ks.* rendah diri, bersifat merendahkan diri. *to be c. towards* bersikap merendahkan thd diri.

condescension /'kandi'sensyən/ *kb.* sikap merendahkan diri.

condiment /'kandəmənt/ *kb.* bumbu, rempah-rempah.

condition /kən'disyən/ *kb.* 1 kondisi, keadaan. *His c. is improving* Keadaan keséhatannya bertambah baik. *The building is in poor c.* Gedung itu dlm keadaan buruk. *weather conditions* keadaan cuaca. **to be in good c.** dlm keadaan baik. *These books are in good c.* Buku-buku ini dlm keadaan baik. *to keep in good c. by...* memelihara keséhatan badan dgn.... *She keeps her things in good c.* Ia memelihara barang-barangnya dlm keadaan yg baik. *I am not in a c. to do anything about the new regulation* Saya tdk mempunyai wewenang utk mengadakan perubahan dlm peraturan yg baru itu. 2 syarat, kondisi. *to set/impose conditions* menentukan syarat-syarat. **on**

c. that dgn syarat bhw. *I'll come on c. that you let me pay the expenses* Saya akan datang dgn syarat bhw sdr akan membiarkan saya membayar ongkos-ongkos. **on/under any c.** bagaimanapun juga. *She will not come under any c.* Bagaimanapun juga dia tdk mau datang. —*kkt.* 1 memelihara. *Exercise will c. o's muscles* Latihan akan memelihara keadaan baik otot-otot. 2 mempersiapkan. *He has been conditioned to expect such setbacks* Ia tlh dipersiapkan utk menghadapi kekecéwaan demikian. **conditioned** *reflex* réfléks yg sdh menjadi kebiasaan, réfléks yg dipelajari.

conditional /kən'disyənəl/ *ks.* bersyarat. *c. surrender* penyerahan bersyarat. *c. promise* janji bersyarat. **c. on** tergantung pd. *His acceptance in a college is c. on his grades* Penerimaannya pd universitas tergantung pd angka-angkanya. *Gram.:* **c. mood** bentuk pengandaian.

condole /kən'dowl/ *kki.* menyatakan bélasungkawa, turut berdukacita. *We condoled with him over the loss of his brother* Kami turut berdukacita atas kematian saudaranya.

condolence /kən'dowləns/ *kb.* bélasungkawa, pernyataan simpati turut berdukacita.

condom /'kʌndəm/ *kb.* kondom, kapocis, sarung.

condominium /'kandə'minieəm/ *kb.* 1 negeri/ daérah yg dikuasai bersama. 2 (*building*) flat yg diperlakukan sbg milik tersendiri.

condone /kən'down/ *kkt.* memaatkan, mengampuni. *It is impossible to c. his actions* Mustahil utk memaafkan tindakannya.

conduce /kən'duws/ *kki.* menimbulkan, mengakibatkan. *Warmth conduces to drowsiness* Udara panas menimbulkan rasa kantuk.

conducive /kən'duwsiv, -'dyuw-/ *ks.* mendatangkan, menghasilkan, mengakibatkan. *Exercise is c. to good health* Latihan mendatangkan keséhatan yg baik. *Excessive eating is not c. to good health* Kebanyakan makan tidaklah baik buat keséhatan.

conduct /'kandʌkt *kb.*; kən'dʌkt *kkt.*/ *kb.* tingkah laku, kelakuan. *His c. in school is good* Tingkah lakunya di sekolah baik. *His c. towards his subordinates is deplorable* Sikapnya thd orang-orang bawahannya patut disesalkan. —*kkt.* 1 memimpin (*an orchestra, church service, negotiations*). 2 mengadakan, memimpin. *Every summer he conducts tours around England* Tiap-tiap musim panas ia mengadakan pariwisata/perjalanan keliling negeri Inggeris. 3 menyalurkan. *Pipes c. steam to the building* Pipa-pipa menyalurkan uap panas ke gedung itu. *This metal conducts electricity* Logam ini menyalurkan arus listrik. **to c. o.s.** bertingkah laku. *to c. o.s. like a gentleman* bertingkah laku sbg seorang yg sopan. —*kki.* memimpin. *He conducts brilliantly* Ia memimpin orkés dgn gilang-gemilang. —**conducting** *kb.* memimpin. *Orchestra c. is difficult* Memimpin orkés adalah sukar.

conductible /kən'dʌktəbəl/ *ks.* 1 dpt menyalurkan/ mengalirkan. 2 dpt dikendalikan/dipimpin.

conduction /kən'dʌksyən/ *kb.* (peng)antaraan, konduksi.

conductivity /'kandʌk'tivətie/ *kb.* daya konduksi.

conductor /kən'dʌktər/ *kb.* 1 *Mus.:* pemimpin orkés. *tour c.* pemimpin pariwisata. 2 *RR.:* kondéktur keréta api. 3 alat konduktor/penerus. *Rubber is not a c. of electricity* Karét bukanlah konduktor arus listrik.

conduit /'kandit, 'kanduit/ *kb.* saluran, pipa penyalur. *cable c.* kabel listrik.

cone /kown/ *kb.* 1 *Math.:* kerucut. 2 basung, contong. 3 horen. *ice cream c.* horen éskrim, és horen. *pine c.* buah (pohon) cemara. *nose c. of a rocket* hidung/ujung kerucut sebuah rokét. **cone-shaped** *ks.* berbentuk kerucut.

confab /'kanfæb/ *kb. Inf.*: omongan, obrolan.

confection /kən'feksyən/ *kb.* 1 (*candy*) manisan, gula-gula. 2 konféksi, pakaian konpéksi, pakaian jadi (utk wanita).

confectioner /kən'feksyənər/ *kb.* penjual/pembuat gula-gula, kué dsb. *confectioner's sugar* gula tepung (lambang: XXXX).

confectionery /kən'feksyə'nerie/ *kb.* (*j.* -**ries**) 1 tempat penjualan gula-gula. 2 perusahaan atau toko yg membuat gula-gula.

confederacy /kən'fedərəsie/ *kb.* (*j.* -**cies**) 1 konfédérasi. 2 persekongkolan, persekutuan.

confederate /kən'fedərit/ *kb.* sekongkol, sekutu.

confederation /kən'fedə'reisyən/ *kb.* konfédérasi. persekongkolan, persekutuan. *c. of states* persekutuan negara-negara.

confer /kən'fər/ *kkt.* (**conferred**) 1 menganugerahkan. *to c. an honorary degree upon* menganugerahkan gelar kehormatan kpd. 2 berbuat, memberi. *He conferred a big favor on me* Ia berbuat jasa besar thd saya. —*kki.* berunding. *to c. for several days* berunding selama beberapa hari.

conferee /'kanfə'rie/ *kb.* peserta konperénsi.

conference /'kanfərəns/ *kb.* 1 konperénsi, kongrés. *press c.* konperénsi pérs. 2 pertemuan. *to have a c. with the president* mengadakan pertemuan dgn présidén. *He is in c. now but will contact you this afternoon* Ia sedang rapat sekarang tetapi akan menghubungi sdr soré ini.

conferment /kən'fərmənt/ *kb.* pemberian, penganugerahan.

confess /kən'fes/ *kkt.* mengakui. *to c. o's sins* mengakui dosa-dosanya. —*kki.* mengaku(i). *He confessed he took the money* Ia mengaku bhw ia yg mengambil uang itu. *I must c. I don't like that color* Saya hrs mengaku bhw saya tdk suka warna itu. *I c. to a liking for ice cream* Saya mengakui suka éskrim. *He confessed to several crimes* Ia mengakui melakukan beberapa kejahatan. —**confessed** *ks.* yg tlh mengaku. *The c. murderer committed suicide* Pembunuh yg tlh mengaku bersalah itu (tlh) membunuh diri.

confession /kən'fesyən/ *kb.* pengakuan. *c. of faith* pengakuan iman, syahadat. *to go to c.* melakukan pengakuan (berbuat dosa). *people of all confessions* orang-orang yg menganut segala agama/keyakinan.

confessor /kən'fesər/ *kb.* 1 penerima pengakuan dosa. *He serves as father c. to many students* Ia bertindak sbg pater penerima pengakuan dosa bagi banyak mahasiswa-mahasiswa. 2 pengaku iman. *c. of the faith* penganut agama keyakinan.

confetti /kən'fetie/ *kb., j.* konféti (guntingan kertas berwarna yg dihamburkan pd waktu pésta).

confidant /'kanıdant/ *kb.* orang kepercayaan, teman karib. *He was the c. of several Presidents* Ia orang kepercayaan beberapa Présidén.

confidante /'kanfədant/ *kb.* wanita kepercayaan.

confide /kən'faid/ *kkt.* menceritakan sdg rahasia mempercayakan. *I c. all my problems to my wife* Saya menceritakan semua persoalan saya kpd isteri saya. —*kki.* menceriterakan rahasianya. *He never confides in his father* Tak pernah ia menceriterakan rahasianya kpd ayahnya. *to be of a confiding nature* bersifat mempercayai, bersifat suka mempercayakan rahasia.

confidence /'kanfədəns/ *kb.* kepercayaan. *He has no*

c. in himself Ia tak mempunyai kepercayaan kpd dirinya sendiri. *vote of c.* mosi kepercayaan. *I have every c. in him* Saya menaruh penuh kepercayaan padanya. *He has lost the c. of the public* Ia tlh kehilangan kepercayaan orang ramai. *I have c. in his integrity* Saya percaya akan kejujurannya. **in (strict) c.** sangat rahasia, dgn rahasia, antara kita sama kita, antara kita-kita, dibawah empat mata. *I told her in c. about our plan* Saya ceriterakan kepadanya secara rahasia ttg rencana kami. *I happen to be in his c.* Kebetulan saya dipercayai oléhnya. *The minister was in the c. of the King* Menteri itu dipercayai Raja (dlm hal-hal rahasia). *He took me into his c.* Ia mempercayai saya. Ia menceritakan rahasianya kpd saya. **c. game** penipuan oléh seorang. **c. man** penipu yg membujuk korbannya spy menaruh kepercayaan padanya.

confident /'kanfədənt/ *ks.* yakin, pasti. *I am c. they will go* Saya yakin bhw meréka akan pergi. *He has the c. air of a winner* Lagaknya spt seorang yg akan menang. *He is c. of success* Ia yakin akan memperoléh suksés.

confidential /'kanfə'densyəl/ *ks.* rahasia. *c. report* laporan rahasia. *He spoke in a c. tone* Ia berbicara secara rahasia. *c. secretary* sékretaris pribadi. *to keep s.t. c.* merahasiakan s.s.t. —**confidentially** *kk.* antara kita sama kita, dibawah empat mata. *C., he did not get the job* Antara kita sama kita, ia tdk mendapat pekerjaan itu.

configuration /kən'figyə'reisyən/ *kb.* bentuk, susunan. *the c. of the earth's surface* bentuk permukaan bumi.

confine /'kanfain *kb.*; kən'fain *kkt.* / *kb.* **confines** *j.* batas-batas, perbatasan. *Those people have never been beyond the confines of their own village* Orang-orang itu tak pernah keluar batas désanya. *The dog was kept within the confines of the yard* Anjing itu dikurung di halaman. —*kkt.* 1 mengurung, menahan. *He has been confined to prison for two years* Ia tlh dikurung di penjara selama dua tahun. 2 membatasi. *I c. my exercise to golf* Saya membatasi gerak badan saya pd permainan golf. **::** *A cold confined me to my home* Karena masuk angin saya tak dpt keluar rumah beberapa hari lamanya. *I was confined to my bed* Saya tdk boléh meninggalkan tempat tidur. **to be confined** melahirkan. —**confining** *ks.* yg mengikat. *Office work is very c.* Pekerjaan kantor sangat mengikat.

confinement /kən'fainmənt/ *kb.* 1 kurungan. *He was in c. for robbery* Ia dlm kurungan karena perampokan. 2 persalinan. *She was in c. and unable to attend* Ia melahirkan dan tak dpt hadir.

confirm /kən'fərm/ *kkt.* 1 menegaskan. *He sent a telegram to c. the offer* Ia mengirim kawat utk menegaskan penawaran itu. 2 memperkuat. *That confirmed my faith in him* Itu memperkuat kepercayaanku padanya. 3 membaptiskan. *They had their child confirmed* Anak meréka dibaptiskan. —**confirmed** *ks.* yg ngotot, tetap. *c. bachelor* bujangan yg tetap *c. plane reservation* persediaan tempat pd kapal terbang yg sdh dipastikan. *Confirming my letter of the 13th instant...* Menegaskan surat saya bertanggal 13 bulan ini....

confirmation /'kanfər'meisyən/ *kb.* penegasan, pengesahan. *I want to reserve a room; please send c.* Saya mau memesan kamar; harap kirim penegasan. *This news item is subject to c.* Kabar ini masih memerlukan pengesahan.

confiscate /'kanfiskeit/ *kkt.* 1 menyita (*a car, etc.*).

2 mengambil-alih. *to c. a firm's property* mengambil-alih milik perusahaan.

confiscation /'kanfis'keisyən/ *kb.* penyitaan, pengambilan alih.

confiscatory /kən'fiskə'towrie/ *ks.* bersifat penyitaan, pensitaan. *c. taxes* pajak pensitaan.

conflagration /'kanflə'greisyən/ *kb.* kebakaran besar, lautan api.

conflict /'kanflikt *kb.*; kən'flikt *kki./ kb.* percékcokan, konflik, perselisihan, pertentangan. *c. hetween two men* percékcokan antara dua laki-laki. *c. of interest* perselisihan kepentingan. *—kki.* bertentangan. *This course conflicts with another course* Waktu mata-pelajaran ini bertentangan dgn waktu mata-pelajaran yg lain. *—***conflicting** *ks.* yg bertentangan. *c. reports* laporan-laporan yg bertentangan.

confluence /'kanfluəns/ *kb.* pertemuan. *the c. of two rivers* pertemuan dua sungai.

conform /kən'fɔrm/ *kki.* 1 menyesuaikan diri, mencocokkan diri. 2 sesuai dgn, memenuhi. *This building conforms to our specifications* Gedung ini sesuai dgn perincian kami.

conformist /kən'fɔrmist/ *kb.*, *ks.* konformis.

conformity /kən'fɔrmətie/ *kb.* (*j.* -**ties**) persesuaian, kecocokan. *In c. with your instructions...* Sesuai dgn instruksi sdr....

confound /kən'fawnd/ *kkt.* membaurkan, mengacaukan. *I've confounded two words, I'm afraid* Saya kuatir saya tlh membaurkan dua kata. /kan'fawnd/ *C. him!* Kurang ajar dia! *C. your insolence!* Persétan kekurangajaranmu! *—***confounded** /kan'fawndid, kən'-/ *ks.* luar biasa, jahanam, terkutuk. *It's c. cold tonight* Malam ini dingin benar.

confrere /'kanfrær/ *kb.* kawan sekerja, teman.

confront /kən'frʌnt/ *kkt.* 1 berhadapan muka, menghadapi. *to c. o's accuser* berhadapan muka dgn penuduhnya. 2 menghadapkan. *I was confronted with a serious problem* Saya dihadapkan pd masalah yg berat.

confrontation /'kanfrən'teisyən/ *kb.* konfrontasi.

confuse /kən'fyuwz/ *kkt.* 1 membingungkan. *That news confuses me* Kabar itu membingungkan saya. 2 keliru dgn. *I sometimes c. the two girls* Kadang-kadang saya keliru dgn kedua gadis itu. *Are you confusing me with my sister?* Apakah engkau kira aku saudaraku? *to get confused* menjadi bingung. *—***confusing** *ks.* membingungkan. *The issue at hand is c.* Masalah yg sekarang sangat membingungkan.

confusion /kən'fyuwzyən/ *kb.* 1 kebingungan, kekacauan. *The c. is too much for me* Kebingungan itu terlalu/keterlaluan bagiku. 2 kekacauan. *After the shots were fired, c. ensued* Stlh timbakan-timbakan berbunyi timbullah kekacauan. *Everything was in c.* Keadaan kacau-balau. *The troops retired in c.* Pasukan-pasukan itu mundur dlm keadaan kacau. *to make c. worse confounded* lebih mengacaukan dan mengecéwakan.

confute /kən'fyuwt/ *kkt.* menyangkal, membantah (*an argument*).

Cong. 1 [*Congress*] Kongrés. 2 [*Congregation*] Jema'ah

congeal /kən'jiel/ *kkt.* membekukan, mengentalkan. *Horror congealed his blood* Kengerian membekukan darahnya. *—***congealed** *ks.* menjadi beku. *c. blood* darah yg menjadi beku.

congenial /kən'jienyəl/ *ks.* 1 menyenangkan. *c. work* pekerjaan yg menyenangkan. 2 cocok. *We two are c.* Kita berdua cocok.

congeniality /kən'jienie'ælətie/ *kb.* kecocokan, keserasian.

congenital /kən'jenətəl/ *ks.* bawaan. *c. defect* kelainan/cacad yg dibawa lahir.

congeries /'kanjəriez/ *kb.* tumpukan, timbunan, kumpulan.

congested /kən'jestid/ *ks.* padat, ramai sekali. *c. streets* jalan-jalan yg ramai sekali.

congestion /kən'jescən/ *kb.* 1 kongésti. 2 kemacetan. *C. at this intersection is serious* Kemacetan pd persimpangan jalan ini mengkhawatirkan. *nasal c.* hidung tersumbat.

conglomerate /kən'glamərit/ *kb.* kesatuan, kumpulan, gumpalan, kelompok, konglomerat.

conglomeration /kən'glamə'reisyən/ *kb.* peradukan, percampuran, penggumpalan. *This dish is a real c.* Masakan ini betul-betul campur aduk.

congratulate /kən'græcəleit/ *kkt.* mengucapkan selamat. *I c. you on your promotion* Saya mengucapkan selamat atas kenaikan pangkatmu. *They congratulated her on her concert* Meréka mengucapkan selamat kepadanya atas permainan konsérnya.

congratulation /kən'græcə'leisyən/ *kb.* ucapan selamat. *Our congratulations to you!* Selamat kami ucapkan kepadamu!

congratulatory /kən'græcələ'towrie/ *ks.* berisi atau bersifat ucapan selamat. *c. message* pesan berisi ucapan selamat.

congregate /'kanggrəgeit/ *kki.* berkumpul, berkerumun. *A crowd congregated on the street corner* Orang banyak berkumpul pd pojok jalan.

congregation /'kanggrə'geisyən/ *kb.* 1 *Rel.*: jema'-ah. 2 kumpulan manusia.

congress /'kanggrəs/ 1 kongrés. *labor c.* kongrés buruh. 2 *C.* Perwakilan Rakyat AS yg terdiri dari Sénat dan Déwan Perwakilan Rakyat).

Congressional /kən'gresyənəl/ *ks.* yg berh. dgn Perwakilan Rakyat Amérika. *C. Record* Ikhtisar Parlemén, Risalah Perundingan Parlemén.

congressman /'kanggrəsmən/ *kb.* (*j.* -**men**). Anggota Kongrés, Anggota Perwakilan Rakyat AS (teristiméwa dari DPR).

congresswoman /'kanggrəs'wumən/ *kb.* (*j.* -**women**). Anggota wanita Kongrés, Anggota wanita Perwakilan Rakyat AS (teristiméwa dari DPR).

congruence /'kanggruwəns/ *kb.* kesesuaian, kecocokan, harmoni.

congruent /'kanggruwənt/ *ks.* kongruén, sama dan sebangun. *c. rectangle* segi-empat panjang yg kongruén.

congruity /kən'gruwətie/ *kb.* (*j.* -**ties**) =CONGRUENCE.

congruous /'kanggruəs/ *ks.*=CONGRUENT.

conical /'kanəkəl/ *ks.* berbentuk kerucut/horen.

conifer /'kanəfər/ *kb.* kayu atau pohon jarum.

coniferous /kə'nifərəs/ *ks.* termasuk jenis pohon jarum.

conj. 1 [*conjunction*] kata sambung. 2 [*conjugation*] pentasrifan.

conjectural /kən'jekcərəl/ *ks.* bersifat terkaan. *My opinion is purely c.* Pendapat saya bersifat terkaan melulu.

conjecture /kən'jekcər/ *kb.* terkaan, perkiraan, dugaan. *This is a matter of c.* Ini soal terkaan. Ini dugaan belaka. *—kki.* mengira, menerka. *to c. that* mengira bhw.

conjugal /kən'juwgəl/ *ks.* yg bert. sbg suami isteri, berh. dgn perkawinan. *c. relations* pertalian suami isteri.

conjugate /'kanjəgeit/ *kkt.* mentasrifkan, mengkonjugasikan.

conjugation /ˈkanjəˈgeisyən/ *kb.* tasrif, pentasrifan, konjugasi.
conjunct /ˈkanjʌngkt/ *ks.* yg diperbantukan. *c. professor* profésor yg diperbantukan.
conjunction /kənˈjʌngksyən/ *kb.* kata penghubung/perangkai/sambung. *"But" is a c.* "But" adalah kata penghubung. **in c. with** bersama dgn. *He wrote the book in c. with his wife* Ia menulis buku itu bersama dgn isterinya. *The moon is in c. with the sun* Bulan kelihatan berdekatan dgn matahari.
conjure /ˈkʌnjər/ *kkt.* menyebabkan timbul dlm pikiran. *His name is one to c. with* Namanya dpt dipakai utk mempesonakan. **to c. up** menyulap(kan). *His story conjured up pleasant memories* Ceritanya itu membangkitkan kenang-kenangan yg menyenangkan.
conjurer /ˈkʌnjərər/ *kb.* tukang sulap, sim-salabim.
conk /kangk/ *kkt. Sl.:* memukul (kepala). **to c. out** mogok. *The engine suddenly conked out* Motor itu tiba-tiba mogok.
Conn. [*Connecticut*] negarabagian AS.
connect /kəˈnekt/ *kkt.* 1 menyambung(kan). *C. the hose to the faucet* Sambungkanlah selang dgn keran. *C. me with Long Distance, please* Tolong sambungkan saya dgn interlokal. *The plumber connected the two pipes* Tukang lédéng menyambung kedua pipa itu. 2 menghubungkan. *I don't want to be connected with this affair* Saya tak mau dihubungkan dgn perkara ini. 3 menghubungkan, memasang. *Our telephone was connected this morning* Tilpun kami dipasang tadi pagi. 4 bersambung. *Will this bus c. me with my train?* Apakah bis ini bersambung dgn keréta api saya? **to be connected with** bekerja pd. *He is connected with the university in an administrative capacity* Ia bekerja pd universitas didlm bagian administrasi. *He is connected with General Motors* Ia bekerja di General Motors. *He is connected with the Morgan family by marriage* Ia ada ikatan perkawinan dgn keluarga Morgan. —**connected** *ks.* 1 mempunyai konéksi. *It helps to be well c. in the business world* Menguntungkan kalau mempunyai banyak konéksi didlm dunia perdagangan. *c. speech* percakapan yg tersusun (rapi). —**connecting** *ks.* yg menghubungkan/menyambung. *c. rod* batang éngkol/penggerak, tangkai/batang penggerak.
connection /kəˈneksyən/ *kb.* 1 hubungan, sambungan. *train c.* sambungan keréta api. *Operator, we have a bad c.* Penghubung, sambungan tilpun kurang baik. *What c. do you have with this firm?* Apa hubunganmu dgn perusahaan ini? *to break off connections with* memutuskan hubungan dgn. *In this c. I wish to say that...* Sehubungan dgn ini saya ingin mengatakan bhw.... *He's a valuable c. to have* Banyak gunanya mempunyai hubungan dgn dia. *He mentioned this in another c.* Ia berkata demikian dlm hubungan yg lain. *to form a c. with a firm* mengadakan hubungan dagang dgn sebuah firma. 2 pertalian, sangkutpaut. *I don't see any c. between the two statements* Saya tdk melihat adanya pertalian antara kedua pernyataan itu. 3 konéksi. *In business, connections are important* Dlm perdagangan, konéksi adalah penting. 4 rélasi *He has wide connections in the business world* Ia mempunyai rélasi yg luas dlm dunia perdagangan. 5 saudara sepupu. *He's a c. of mine on my mother's side* Ia saudara sepupu saya dari pihak ibu. **in c. with** berh. dgn, karena. *In c. with his illness he went to Florida* Berh. dgn sakitnya ia pergi ke Florida. **to make connections**

menyambung perjalanan. *I need to make connections with the plane for Washington* Saya perlu menyambung perjalanan dgn kapal terbang ke Washington.
connective /kəˈnektiv/ *kb.* kata penyambung. *c. tissue* jaringan yg menyambung, jaringan penghubung.
connexion /kəˈneksyən/ *kb.* = CONNECTION.
conning /ˈkaning/ lih CON.
conniption /kəˈnipsyən/ *c. fit kb. Inf.:* keadaan kena selap histeri, kemasukan sétan. *She had a c. fit when I told her about her daughter's elopement* Ia spt kemasukan sétan ketika saya memberitahukannya bhw anak perempuannya tlh minggat.
connivance /kəˈnaivəns/ *kb.* kerjasama secara diam-diam. *This was done with his friend's c.* Ini dikerjakan dgn kerjasama secara rahasia dgn temannya.
connive /kəˈnaiv/ *kki.* berkomplot. *to c. to carry out a burglary* bekerja sama secara diam-diam utk melakukan pencurian (dgn pembongkaran).
connoisseur /ˈkanəˈsər/ *kb.* ahli khususnya dlm meneliti karya-karya seni.
connotation /ˈkanəˈteisyən/ *kb.* arti (tambahan), pengertian tambahan, konotasi. *To be like a lily has the c. of being sweet and pure* Menyerupai bunga teratai mengandung arti manis dan murni.
connote /kəˈnowt/ *kkt.* mengandung arti. *That word connotes s.t. quite different* Kata itu mengandung arti yg berlainan sama sekali.
connubial /kəˈn(y)uwbieəl/ *ks.* yg berh. dgn perkawinan. *c. bliss* kebahagiaan perkawinan.
conquer /ˈkangkər/ *kkt.* 1 menaklukkan, menundukkan. *to c. all of Europe* menaklukkan seluruh Éropa. 2 membasmi. *to c. evil* membasmi kejahatan. 3 mengatasi. *to c. o's fear of the dark* mengatasi perasaan takut thd kegelapan. 4 merebut (hati). *The film star conquered the hearts of everyone* Bintang film itu merebut hati setiap orang. —**conquering** *ks.* yg menaklukkan. *the c. hero* pahlawan penakluk.
conqueror /ˈkangkərər/ *kb.* 1 penakluk, pengalah, pemenang. 2 perebut hati.
conquest /ˈkan(g)kwest/ *kb.* 1 penaklukan. *the c. of Europe* penaklukan Éropa. *the c. of high mountains* penaklukan gunung tinggi. 2 perebutan hati. *the c. of women* perebutan hati wanita.
cons. [*consonant*] konsonan.
consanguinity /ˈkansængˈgwinətie/ *kb.* pertalian/ keturunan darah, famili kekerabatan.
conscience /ˈkansyəns/ *kb.* katahati, suara hati, hati nurani. *Let your c. be your guide* Jadikanlah suara hatimu penunjuk jalanmu. *I have a clear c.* Saya tak mempunyai rasa salah. *His c. hurts him for playing that trick* Hati nuraninya merasa tak énak karena melakukan muslihat ini. *It would go against my c. to do that* Akan bertentangan dgn kata hati saya bila saya melakukan itu. **in all c.** sesungguhnya, sebenarnya. *In all c. I cannot do what you ask of me* Sesungguhnya saya tak dpt melakukan apa yg sdr minta dari saya. **conscience-stricken** *ks.* perasaan sangat bersalah. *When he realized what he had done, he was c.-stricken* Ketika disadari apa yg tlh dilakukannya, ia merasa sangat berdosa.
conscientious /ˈkansyieˈencəs/ *ks.* 1 berhati-hati, bersungguh. 2 teliti. *c. student* mahasiswa yg teliti. *c. objector* anti wajib militér. s.s.o. yg kepercayaannya melarang memanggul senjata (dlm peperangan). —**conscientiously** *kk.* dgn berhati-hati/bersungguh-sungguh/teliti.
conscientiousness /ˈkansyieˈencəsnəs/ *kb.* sifat berhati-hati, sifat mendengarkan katahati.
conscionable /ˈkansyənəbəl/ *ks.* adil, tdk berat

sebelah. *He tends to be a c. man* Ia condong bersikap adil.
conscious /'kansyəs/ *ks.* 1 sadar. *He was c. after his fall* Dia sadar sesudah ia jatuh. *I wasn't c. of his being in the room* Saya tak sadar bhw ia berada di kamar itu. **to become c.** menjadi sadar, siuman. *After an hour he became c. again* Sesudah satu jam ia menjadi siuman kembali. 2 disengaja. *to tell a c. lie* berdusta dgn sengaja.
consciousness /'kansyəsnəs/ *kb.* kesadaran. **to lose c.** pingsan. *She lost c. in the accident* Ia pingsan dlm kecelakaan itu. **to regain c.** menjadi siuman kembali.
conscript /'kanskript *kb.*; kən'skript *kt./kb.* wamil, wajib militér. —*kkt.* mewajibkan militér, mewamilkan. *to c. s.o. for the home guard* mewamilkan s.s.o. utk Hansip.
conscription /kən'skripsyən/ *kb.* 1 wajib/tugas militér, kewajiban dinas militér. 2 konskripsi, pengerahan.
consecrate /'kansəkreit/ *kkt.* 1 mentahbiskan. *to c. ground as a national cemetery* mentahbiskan tanah sbg makam nasional. 2 mengabdikan. *A nurse is consecrated to tending the sick* Seorang jururawat mengabdikan diri utk merawat yg ̦ sakit. —**consecrated** *ks.* suci. *He lies buried in c. ground* Ia dimakamkan di tempat suci.
consecration /'kansə'kreisyən/ *kb.* 1 *Rel.*: pentahbisan. 2 pengabdian (diri).
consecutive /kən'sekyətiv/ *ks.* 1 berurutan. *March and April are c. months* Maret dan April adalah bulan-bulan yg berurutan. 2 bertalian. *a c. account of the event* laporan yg bert. ttg peristiwa itu. *c. number* nomor urut.
consensus /kən'sensəs/ *kb.* persetujuan umum, konsénsus, mufakat (umum). *c. of opinion* persetujuan bersama.
consent /kən'sent/ *kb.* 1 izin. *to give o's c. to s.t. or s.o.* memberi izin kpd s.s.o. atau utk s.s.t. 2 persetujuan. *by common c.* dgn persetujuan bersama. *by mutual c.* atas persetujuan bersama. **age of c.** usia déwasa, sampai umur, akil-balig. —*kki.* 1 menyetujui. *He consented to take us with him* Ia menyetujui membawa kami. 2 mengabulkan, mengizinkan. *He consented to my request* Ia mengabulkan permohonan saya.
consequence /'kansəkwens/ *kb.* 1 akibat, konsekwénsi. *If he goes, he will have to take the consequences* Kalau ia pergi ia hrs menanggung akibatnya. *Strikes are a matter of great c.* Pemogokan-pemogokan adalah hal yg akibatnya besar. *It's of no c. to me* Bagiku tak penting. 2 kemuliaan. *He belongs to the people of c. in the town* Ia termasuk orang yg terkemuka di kota ini. **in c. of** berpegang pd, disebabkan oléh, sbg akibat dari. *in c. of the court's ruling* berpegang pd putusan pengadilan.
consequent /'kansəkwent, -kwənt/ *ks.* berikut, sbg akibat(nya). *Passing the exams and c. graduation got him the job* Lulusnya dlm ujian dan penamatan pelajarannya sesudah itu memungkinkan dia utk mendapat pekerjaan itu. —**consequently** *kk.* sbg akibat, maka dari itu, (oléh) karenanya. *He drank too much and c. became ill* Ia minum terlalu banyak, karenanya ia sakit.
conservation /'kansər'veisyən/ *kb.* 1 pengawétan, pelindungan alam. *natural c.* pengawétan alam. 2 penyimpanan, kekekalan (*of energy*).
conservatism /kən'sərvətizəm/ *kb.* konservatisme, kekolotan.
conservative /kən'sərvətiv/ *kb., ks.* konservatif,

kolot. *He's a c. in politics* Ia konservatif dlm politik. *She's a very c. person* Ia seorang yg konservatif sekali. *at a c. estimate* menurut taksiran secara berhati-hati. —**conservatively** *kk.* secara kolot. *It was c. estimated that...* Ditaksir secara berhati-hati bhw....
conservatory /kən'sərvə'towrie/ *kb.* (*j.* **-ries**) 1 sekolah musik, konservatori. 2 rumah kaca.
conserve /kən'sərv/ *kkt.* 1 mengawétkan, mengkaléngkan. *to c. fruit* mengawétkan buah-buahan. 2 menghématkan (*energy*).
consider /kən'sidər/ *kkt.* 1 mempertimbangkan. *We must c. both sides of the problem* Kita hrs mempertimbangkan kedua segi persoalan itu. 2 menganggap. *I c. him a perfect candidate* Saya menganggap dia calon yg sempurna. 3 memikirkan, mengingat. *She considers others before herself* Ia lebih dahulu memikirkan orang lain drpd dirinya sendiri. **:: to c. the expense** memperhitungkan pembiayaan. *He should c. her feelings in the matter* Ia seharusnya mengindahkan perasaan wanita itu dlm masalah itu. *When one considers that he is only 25, his progress is remarkable* Jika mengingat bhw ia baru berusia 25 tahun, kemajuannya luar biasa. —**considered** *ks.* betul-betul dipertimbangkan. *my c. opinion* pendapatku yg tlh kupertimbangkan masak-masak. *All things c., this is the best solution* Sesudah mempertimbangkan segala sesuatunya, inilah keputusan yg sebaik-baiknya. —**considering** *kd.* mengingat. *C. his lack of interest, he does well* Mengingat akan kurangnya perhatiannya, ia berhasil baik juga. **c. that** mengingat bhw. *C. that he's still young...* Mengingat bhw ia masih muda.... *The weather isn't so bad, c.* Cuaca tdk begitu buruk melihat keadaan.
considerable /kən'sidərəbəl/ *ks.* 1 sekali, amat. *He's a man of c. wealth* Ia seorang yg kaya sekali. *to a c. extent* banyak/luas sekali. *a c. number of* banyak sekali. 2 sungguh-sungguh, sedapat mungkin. *We shall make c. effort to get there* Kami akan berusaha sungguh-sungguh utk sampai disana. —**considerably** *kk.* sekali, sangat. *It has warmed up c. in the past few hours* Dlm beberapa jam terakhir ini cuaca terasa bertambah panas sekali.
considerate /kən'sidərit/ *ks.* baik budi, penuh perhatian. *a c. person* seorang yg baik budi. *He's very c. towards his sister* Ia banyak memberi perhatian thd saudara perempuannya itu. *This is very c. of you* Terimakasih atas perhatianmu thd saya.
consideration /kən'sidə'reisyən/ *kb.* 1 pertimbangan. *I will give c. to your request* Saya akan mempertimbangkan permohonanmu. 2 perhatian, keténggangan. *He has c. for those about him* Ia mempunyai perhatian thd orang-orang disekitarnya. Ia menénggang orang-orang sekitarnya. *to treat s.o. with c.* memperlakukan s.s.o. dgn keténggangan. 3 uang, upah. *I'll be glad to do the job for a modest c.* Saya akan senang melakukan pekerjaan itu dgn mendapat sekedar upah. **after due c.** sesudah memikirkannya/menimbangnya baik-baik. **in c. of** membalas, karena. *In c. of his kindness, I invited him to dine with me* Membalas kebaikannya saya mengundang dia utk makan dgn saya. **on no c.** sama sekali tdk. *On no c. would he give his consent* Ia sama sekali tdk akan memberi izin. **to take into c.** mempertimbangkan. *His qualifications will be taken into c.* Keahliannya akan dipertimbangkan. **to be under c.** sedang dipertimbangkan. *His application for a fellowship is under c.* Permohonannya utk mendapat béasiswa sedang dipertimbangkan. **to leave s.t. out of c.** tdk mempertimbangkan s.s.t.

lagi. :: *Material considerations prevail* Kepentingan materiil memegang peranan yg penting. *Money is no c.* Soal uang tdk perlu dipikirkan. *Special c. will be given those who ...* Diutamakan meréka yg ....

consign /kən'sain/ *kkt.* 1 mengirimkan, menyerahkan. *The books were consigned to him* Buku-buku itu dikirimkan kepadanya. *The burglar was consigned to jail* Pencuri itu dikirim ke penjara. *The book was consigned to my care* Buku itu diserahkan kpd saya utk disimpan. 2 membuang, mengasingkan. *to c. o's paintings to the junkheap* membuang lukisan-lukisannya ke pembuangan sampah.

consignee /kən'sainie/ *kb.* penerima barang, sipenerima.

consigner /kən'sainər/ =CONSIGNOR.

consignment /kən'sainmənt/ *kb.* pengiriman. *These goods are for c. abroad* Barang-barang ini kiriman utk luarnegeri. **on. c.** sbg penitipan, konsinyasi. *This shop sells goods on c.* Toko ini menjual barang-barang titipan.

consignor /kən'sainər/ *kb.* pengirim barang.

consist /kən'sist/ *kki.* terdiri, diperbuat (**of** dari, atas) *The fabric consists of nylon and dacron* Kain itu terdiri dari nylon dan dacron. *True happiness consists in desiring little* Kebahagiaan sejati tercapai karena keinginan yg terbatas.

consistency /kən'sistənsie/ *kb.* (*j.* **-cies**) 1 kemantapan dlm bertindak, ketetapan, konsekwénsi. *C. is a useful attribute* Kemantapan dlm bertindak merupakan sifat yg berguna. 2 kekentalan, konsisténsi. *the c. of gelatin* kekentalan agar-agar.

consistent /kən'sistənt/ *ks.* 1 tetap, konsekwén. *She's c. in her likes and dislikes* Ia tetap dlm apa yg disukainya dan yg tdk disukainya. 2 cocok, bersesuaian. *Driving at high speed is not c. with safety* Mengendarai mobil dgn cepat tdk cocok dgn keselamatan. —**consistently** *kk.* terus-menerus, tetap.

consolation /'kansə'leisyən/ *kb.* penghibur, hiburan, lipur. *c. prize* hadiah penghibur.

console /'kansowl *kb.*; kən'sowl *kkt.*/ *kb.* tempat mata/tuts (*of organ, piano*). —*kkt.* menghibur. —**consoling** *ks.* yg menghibur. *c. thought* pikiran yg menghibur.

consolidate /kən'salədeit/ *kkt.* 1 menggabungkan. *to c. the schools* menggabungkan sekolah-sekolah. 2 mengkonsolidir, mengkonsolidasikan. *The army consolidated its gains* Tentara mengkonsolidir kemajuan-kemajuannya. —**consolidated** *ks.* gabungan. *c. school* sekolah gabungan.

consolidation /kən'salə'deisyən/ *kb.* 1 penggabungan, konsolidasi. 2 gabungan. *to form a c.* membentuk gabungan.

consommé /'kansə'mei/ *kb.* kaldu.

consonance /'kansənəns/ *kb.* persesuaian, kecocokan. *c. of opinions* persesuaian pendapat.

consonant /'kansənənt/ *kb.* konsonan, huruf mati. —*ks.* sesuai, cocok. *This is not c. with our plans* Ini tak sesuai dgn rencana-rencana kami.

consonantal /'kansə'næntəl/ *ks.* yg berh. dgn konsonan.

consort /'kansort *kb.*; kən'sort *kki.*/ *kb.* suami atau isteri. **in c. with** bersama-sama. —*kki.* berkawan bergaul (**with** dgn).

consortium /kən'sorsyieəm/ *kb.* perkongsian, konsorsium.

conspectus /kən'spektəs/ *kb.* ikhtisar, ringkasan.

conspicuous /kən'spikyuəs/ *ks.* menyolok mata. *He is c. by his absence* Kemangkirannya sangat menyolok. *She's always trying to make herself c.* Ia senantiasa berusaha menarik perhatian orang.

c. consumption konsumsi yg menyolok. *c. gallantry* keperkasaan yg menonjol.

conspicuousness /kən'spikyuəsnəs/ *kb.* kejelasan, sifat menyolok.

conspiracy /kən'spirəsie/ *kb.* (*j.* **-ries**) kongkalikong, komplot(an), sekongkolan, konspirasi.

conspirator /kən'spirətər/ *kb.* konspirator, orang yg berkomplot.

conspire /kən'spair/ *kki.* bersekongkol, berkomplot. *to c. to embezzle government funds* bersekongkol utk menggelapkan uang pemerintah. *to c. against the government* melakukan makar thd pemerintah.

Const. [*Constitution*] Undang-undang Dasar.

constable /'kanstəbəl/ *kb.* jagabaya, polisi.

constabulary /kən'stæbyə'lerie/ *kb.* (*j.* **-ries**) angkatan kepolisian.

constancy /'kanstənsie *kb.* (*j.* **-cies**) 1 ketetapan, keteguhan. 2 kepatuhan, kesetiaan.

constant /'kanstənt/ *kb.* kesatuan yg konstan. *Consider "x" a c.* Anggaplah "x" suatu kesatuan yg konstan. —*ks.* 1 terus-menerus. *His c. griping annoys me* Omélannya yg terus-menerus menjéngkélkan saya. 2 tetap, konstan. *c. value* harga tetap, nilai yg tetap. —**constantly** *kk.* dgn terus-menerus, tak henti-hentinya. *She was c. nagging* Ia tak henti-hentinya meréngék.

constellation /'kanstə'leisyən/ *kb.* 1 konstelasi, perbintangan. 2 kumpulan. *c. of scholars* kumpulan sarjana-sarjana yg gemilang.

consternation /'kanstər'neisyən/ *kb.* 1 kelumpuhan, ketakutan yg melumpuhkan. *His arrival caused c.* Kedatangannya menimbulkan ketakutan yg luar biasa. 2 kekuatiran, ketakutan besar. *To my c. he did not show at the appointed time* Ketidakhadirannya pd waktu yg ditentukan menimbulkan ketakutan saya yg luar biasa.

constipate /'kanstəpeit/ *kkt. Bread constipates him* Roti membuat dia sukar buang air (besar). —**constipated** *ks.* sembelit. *When one is c., he often has to take a laxative* Jika s.s.o. sembelit, ia seringkali hrs minum obat cuci perut. —**constipating** *ks.* yg menyebabkan sembelit. *Some foods are c.* Beberapa jenis makanan membuat sembelit.

constipation /'kanstə'peisyən/ *kb.* sembelit.

constituency /kən'sticuənsie/ *kb.* (*j.* **-cies**) jumlah atau para pemilih.

constituent /kən'sticuənt/ *kb.* 1 pemilih. *He's a c. of that senator* Ia seorang pemilih sénator itu. 2 unsur pokok. *What are the immediate constituents of that sentence?* Apakah unsur pokok langsung kalimat itu? —*ks.* 1 unsur pokok. *Flour is a c. part of bread* Tepung adalah unsur pokok roti. 2 konstituante. *c. assembly* (sidang) konstituante.

constitute /'kanstətuwt, -tyuwt/ *kkt.* 1 merupakan. *His deeds c. treachery* Tindakannya merupakan pengkhianatan. 2 terdapat. *How many months c. a year?* Berapa bulan terdapat dlm setahun? 3 mengangkat. *He was constituted arbiter in the case* Ia diangkat sbg penengah/hakim dlm perkara itu. **constituted** *authority* pejabat/pembesar yg diberi kuasa.

constitution /'kanstə'tuwsyən/ *kb.* 1 *Govt.:* undang-undang dasar. 2 keadaan jasmani. *He has a strong c.* Keadaan badannya kuat.

constitutional /'kanstə'tuwsyənəl/ *kb.* latihan penyéhat badan, gerak badan. *I went out for my morning c.* Saya keluar berjalan-jalan utk latihan penyéhat badan waktu pagi. —*ks.* bersifat dasar/pokok. *This law is not c.* Undang-undang ini tdk berdasarkan undang-undang dasar. *c. government* pemerin-

tahan berdasarkan undang-undang dasar. *c. law* hukum tatanegara.
constrain /kən'strein/ *kkt.* memaksa, mendesak. *I feel constrained to tell you that...* Saya merasa terpaksa utk mengatakan kepadamu bhw ....
constraint /kən'streint/ *kb.* 1 ketidakleluasaan. *He showed considerable c.* Ia menunjukkan ketidakleluasaan yg luar biasa. 2 paksaan. *He can't stand any sort of c.* Ia tak dpt menerima paksaan dlm bentuk apapun juga. 3 pembatas.
constrict /kən'strikt/ *kkt.* mengerut, menarik.
constriction /kən'striksyən/ *kb.* 1 sesak, keadaan terdesak. *C. in the chest may signify heart trouble* Rasa sesak dlm dada bisa menandakan penyakit jantung. 2 penyempitan.
construct /'kanstrʌkt *kb.*; kən'strʌkt *kkt.*/ *kb.* gagasan, konsépsi. *Freedom is a c.* Kebébasan adalah sebuah paham yg abstrak. —*kkt.* mendirikan, membangun. *to c. a building* mendirikan gedung.
construction /kən'strʌksyən/ *kb.* 1 pembuatan, pembangunan. *road c.* pembuatan jalan. *under c.* sedang dibangun. 2 bangunan. 3 tafsiran. *to put a different c. on what one says* memberikan tafsiran yg salah ttg apa yg dikatakannya. 4 susunan/bentuk. *grammatical c.* susunan/kalimat menurut tatabahasa.
constructive /kən'strʌktiv/ *ks.* yg membangun/ berguna. *c. criticism* kecaman yg membangun.
constructor /kən'strʌktər/ *kb.* pembangun, insinyur pembangunan, pembina.
construe /kən'struw/ *kkt.* menafsirkan, menguraikan. *I don't know how to c. his statement* Saya tdk tahu bagaimana menafsirkan pernyataannya.
consul /'kansəl/ *kb.* konsul. *c. general* konsul jénderal.
consular /'kansələr/ *ks.* konsulér. *c. affairs* urusan konsulér.
consulate /'kansəlit/ *kb.* konsulat. *c. general* konsulat jénderal.
consult /kən'sʌlt/ *kkt.* 1 berunding dgn. *to c. a lawyer* berunding dgn seorang pengacara. 2 memeriksa, mencari keterangan dari. *For the time and place of this event c. your local paper* Mengenai waktu dan tempat peristiwa ini periksalah koranmu setempat. *to c. a horoscope* memeriksa ramalan (bintang). 3 menanyakan. *I should c. my wife's feelings in the matter* Saya hrs menanyakan pendapat isteri saya mengenai masalah ini. —*kki.* berunding/berkonsultasi. *to c. with o's lawyer* berunding dgn pengacaranya. —**consulting** *kb.* memberi nasihat. *C. can be remunerative* Memberi nasihat bisa menjadi pekerjaan yg menguntungkan. *c. engineer* insinyur penasihat. *c. room* kamar pemeriksaan.
consultant /kən'sʌltənt/ *kb.* penasihat (ahli), konsultan. *c. for an engineering firm* penasihat pd sebuah firma téknik.
consultation /'kansəl'teisyən/ *kb.* konsultasi, perundingan. *to hold a c.* mengadakan konsultasi.
consultative /kən'sʌltətiv/ *ks.* (bertindak sbg) penasihat. *c. body* badan penasihat.
consume /kən'suwm/ *kkt.* (me)makan, menghabiskan. *to c. candy* memakan gula-gula. *This car consumes too much oil* Mobil ini terlalu banyak memakan oli. *Music consumes much time* Musik memakan banyak waktu. *Walking consumes valuable time* Berjalan-kaki banyak menghabiskan waktu yg berharga. *The house was consumed by fire* Rumah itu habis dimakan api. *She was consumed with jealousy* Ia berpenyakit suka cemburu. *I was consumed with thirst* Saya kehausan.
consumer /kən'suwmər/ *kb.* pemakai, konsumén.

consummate /kən'sʌmit *ks.*; 'kansəmeit/ *kkt.*/ *ks.* sempurna. *c. skill* keahlian yg sempurna. —*kkt.* 1 menjadi sempurna. *to c. a marriage* berseketiduran, bercampur tidur. 2 mewujudkan. *My dream was consummated when I became a doctor* Impian saya terwujud ketika saya menjadi dokter. 3 melaksanakan, menyelesaikan (*a sale*).
consummation /'kansə'meisyən/ *kb.* 1 penyempurnaan (*of marriage*). 2 perwujudan. *c. of o's dreams* perwujudan impian-impiannya. 3 pelaksanaan (*of a sale*).
consumption /kən'sʌmpsyən/ *kb.* 1 *Med.*: sakit paru-paru. 2 konsumsi, pemakaian.
consumptive /kən'sʌmptiv/ *kb.* yg menderita penyakit paru-paru.
cont. 1 [*contents*] isi. 2 [*continued*] disambung.
contact /'kantækt/ *kb.* 1 hubungan. *The electric c. is broken* Hubungan listrik terputus. *We had c. with the group yesterday* Kami berhubungan dgn rombongan kemarin. **to come in c. with** berhubungan dgn. *He came in c. with a high tension wire* Ia kena kawat listerik dgn tegangan tinggi. *point of c.* titik pertemuan/perhubungan. 2 konéksi. *He's a good c. for you* Ia konéksi yg baik untukmu. 3 bersentuhan/ bersinggungan dgn. *He must have come in c. with an infected person* Ia sdh tentu tlh bersentuhan dgn seorang yg kena penyakit menular. **to make c. with** berhubungan dgn. *We finally made c. with the plane* Akhirnya kami (berhasil) mengadakan hubungan dgn kapal terbang itu. **c. breaker** alat pemisah/pemutus hubungan aliran listrik secara otomatis. **c. lens** lénsa kontak. —*kkt.* 1 berhubungan dgn, menghubungi. *I'll c. you about the problem* Saya akan berhubungan dgn kamu mengenai masalah itu. 2 *Av.*: menghidupkan. *"C," the ground crewman shouted* "Hidupkan", teriak petugas di landasan.
contagion /kən'teijən/ *kb.* 1 penularan. *c. from infected patients* penularan dari pasién yg berpenyakit menular. 2 pengaruh buruk. *the c. of show business* pengaruh buruk dari dunia kesandiwaraan.
contagious /kən'teijəs/ *ks.* 1 menular. *c. disease* penyakit menular. 2 mudah menjalar. *His good humor is c.* Kegembiraan hatinya mudah menjalar kpd orang lain.
contain /kən'tein/ *kkt.* 1 berisi. *The box contains money* Kotak itu berisi uang. *A gallon contains four quarts* Satu "gallon" berisi empat "quart". 2 mengandung, mengetahui. *His brain contains many facts* Otaknya mengandung banyak kenyataan-kenyataan. 3 berisi, memuat. *That boxcar contains explosives* Gerbong barang itu berisi bahan-bahan peledak. 4 menahan. *When I see my brother treated like that, I can't c. myself* Ketika kulihat abangku diperlakukan spt itu, tak dapatlah lagi aku menahan diri. *The enemy troops were contained at the border* Pasukan-pasukan musuh ditahan di perbatasan.
container /kən'teinər/ *kb.* 1 botol, kotak, kaléng. *milk c.* botol/wadah utk (tempat) susu. 2 wadah. 3 stopflés.
containment /kən'teinment/ *kb.* penahanan, pengurungan. *c. of the enemy troops on the border* penahanan pasukan musuh di perbatasan.
contaminate /kən'tæmeneit/ *kkt.* 1 mengotorkan. *This food was contaminated by flies* Makanan ini sdh dikotorkan oléh lalat. 2 mencemarkan, menjadi buruk. *His association contaminated him* Ia menjadi buruk karena bergaul dgn dia.
contamination /kən'tæmə'neisyən/ *kb.* pengotoran, pencemaran. *c. of food* pengotoran makanan.

contemplate /'kantəmpleit/ *kkt.* 1 merenungkan (*the future*). *I have contemplated retiring to Arizona* Sdh kurenung-renungkan mengundurkan diri di Arizona. 2 bermaksud. *I c. going to Delft to live* Saya bermaksud pindah ke Delft. —*kki.* merenungkan, menatap. *I sat here for hours just contemplating* Saya duduk disini berjam-jam lamanya merenungkan s.s.t.
contemplation /'kantəm'pleisyən/ *kb.* 1 perenungan, bermenung-menung. *C. is a pleasant pastime* Bermenung-menung adalah cara yg menyenangkan utk mengisi waktu. 2 memikirkan, mengingat. *In c. of summer I planted several varieties of flowers* Dgn memikirkan musim panas saya menanam beberapa jenis bunga.
contemplative /'kantəm'pleitiv/ *ks.* tafakur. *He has a c. bent* Ia seorang yg tafakur.
contemporaneity /kən'tempərə'nieətie/ *kb.* kesezamanan.
contemporaneous /kən'tempə'reinieəs/ *ks.* sebaya, sejaman. *He and I are c.* Ia dan saya adalah sebaya.
contemporary /kən'tempə'rerie/ *kb.* (*j.* **-ries**) sejaman, sebaya, seumur. *He is a c. of mine* Ia hidup sejaman dgn saya. Ia seumur dgn saya. *We are contemporaries* Kami seumur. Kami sebaya. —*ks.* jaman sekarang. *c. writers* pengarang jaman sekarang.
contempt /kən'tempt/ *kb.* 1 jijik. *I have only c. for that type of person* Jijik aku thd orang spt itu. Orang semacam itu hina sekali dlm pandanganku. *He was held for c. of court* Ia dituduh melanggar tata tertib pengadilan. *She held him in utter c.* Ia memandang rendah sekali pd lelaki itu. *I hold such a person in utter c.* Saya mencela sekali seorang semacam itu.
contemptible /kən'temptəbəl/ *ks.* keji, rendah, jahat, hina. *He is a c. liar* Ia pembohong yg keji.
contemptuous /kən'tempcuəs/ *ks.* merendahkan, menghina. *He tends to be c. of his friends* Ia cenderung memandang hina pd teman-temannya.
contend /kən'tend/ *kkt.* berpendapat. *I c. that older people are wiser* Saya berpendapat bhw orang-orang tua lebih bijaksana. —*kki.* 1 bertanding, berjuang (*in a race*). 2 melawan, menentang. *They contended about silly matters* Meréka bercékcok ttg hal-hal yg réméh. **to c. with** menghadapi. *to c. with lack of food* menghadapi kekurangan makan.
contender /kən'tendər/ *kb.* 1 pesaing, penyaing. *He is definitely a c. for first place* Ia sdh pasti menjadi pesaing utk memenangkan hadiah pertama. 2 lawan. 3 pendébat, pembantah.
content /'kantent/ *kb.* 1 isi, daya muat, kandungan. *The c. of the radiator is half a gallon* Isi radiator mobil adalah setengah gallon. *the c. of the talk* isi ceramah. 2 kadar. *silt c.* kadar slib. *That product has a low fat c.* Bahan makanan itu mengandung sedikit zat gemuk. —**contents** *j.* isi, muatan. *the c. of the trunk* isi koper.
content /kən'tent/ *kb.* **o's heart's c.** dgn sepuas hati, sepuas-puasnya, sesuka hati. *Now we can swim to our heart's c.* Bisalah kita sekarang berenang sepuas-puasnya. —*ks.* puas, senang. *He's c. with what he has* Ia sdh puas dgn apa yg dipunyainya. —*kkt.* menyenangkan, memuaskan. *There is nothing that contents him since his wife's death* Tak ada yg menyenangkan dia sesudah isterinya wafat. **to c. o.s.** puas, memuaskan diri. *Now that I am old, I must c. myself with less physical activity* Karena sekarang saya sdh tua maka saya hrs puas dgn sekedar gerak badan saja. —**contented** *ks.* puas, senang. *He is c.*

with his new life Ia puas dgn kehidupannya yg baru.
contention /kən'tensyən/ *kb.* 1 pendirian, anggapan. *It's my c. that taxes are too high* Saya berpendirian bhw pajak-pajak terlalu tinggi. 2 pernyataan, apa yg dikemukakan, usul. *His c. proved to be right* Apa yg dikemukakannya ternyata benar. 3 pertikaian, perdébatan, perbantahan. 4 pertandingan, pertarungan. *They were in c. for the championship* Meréka dlm pertandingan merebut kejuaraan.
contentious /kən'tensyəs/ *ks.* suka bertengkar/berdébat. *He is a c. person* Ia seorang yg suka bertengkar.
contentment /kən'tentmənt/ *kb.* kesenangan, kepuasan hati, kesukaan.
contest /'kantest *kb.*; kən'test *kkt.*/ *kb.* pertandingan, kontés. *beauty c.* pertandingan kecantikan. *The c. is open to all* Pertandingan itu terbuka utk umum. —*kkt.* 1 memperebutkan, memperjuangkan. *The troops contested the ground inch by inch* Pasukan itu memperjuangkan tanah itu sedikit demi sedikit. 2 bercékcok, menggugat, mempertengkarkan (*an election, a will*). 3 menentang. *to c. a case* menentang perkara.
contestant /kən'testənt/ *kb.* 1 orang yg bertanding, pengikut pertandingan. 2 *Law*: penggugat.
context /'kantekst/ *kb.* 1 hubungan kata-kata, kontéks. *The c. is often important in understanding what has been said* Hubungan kata-kata seringkali penting utk memahami apa yg tlh dikatakan. *Don't take the word out of its c.* Jangan lepaskan kata itu dari hubungannya (dlm kalimat). 2 suasana, keadaan. *We must consider the c. of the situation* Haruslah kita pertimbangkan suasana disekitar keadaan itu.
contextual /kən'tekscuəl/ *ks.* yg berh. dgn kontéks, dilihat dlm hubungan dlm kalimat.
contiguity /'kanti'gyuwətie/ *kb.* (*j.* **-ties**) kontak, hubungan. *Frequent c. of a man and woman may lead to marriage* Hubungan yg kerap antara seorang pria dan seorang wanita dpt menuju ke perkawinan.
contiguous /kən'tigyuəs/ *ks.* bersebelahan, berdampingan, berdekatan, berbatasan. *The two houses are c.* Kedua rumah itu berdampingan.
continence /'kantənens/ *kb.* pengawasan diri, pembatasan, tarak, pertarakan, perpantangan. *The doctor advised c. in what he eats* Dokter menaséhatkan spy dia membatasi diri dlm hal makanannya. *sexual c.* pembatasan diri dlm hubungan séksuil.
continent /'kantənənt/ *kb.* benua. *the C.* Benua Éropa, tanpa kepulauan Inggeris. —*ks.* bertarak.
continental /'kantə'nentəl/ *ks.* yg bert. dgn benua. *not worth a c.* tak berharga sepérsepun.
contingency /kən'tinjənsie/ *kb.* (*j.* **-cies**) kemungkinan, hal yg kebetulan. *We must be prepared for any c.* Kita hrs bersedia-sedia thd segala kemungkinan.
contingent /kən'tinjənt/ *kb.* kesatuan, rombongan. *We sent a large c. to the athletic meet* Kami mengirimkan suatu kesatuan besar ke pertandingan atlétik itu. —*ks.* bergantung, tergantung. *My trip is c. upon funds* Perjalananku tergantung pd adanya keuangan.
continual /kən'tinyuəl/ *ks.* 1 terus-menerus, terusterusan. *to undergo c. interruptions* mengalami gangguan-gangguan yg terus-menerus. 2 tak/tanpa putus-putusnya. *the c. flow of spectators* arus penonton-penonton yg berduyun-duyun tanpa putusputusnya. —**continually** *kk.* terus-menerus. *It has rained c. all month* Hari hujan terus-menerus selama sebulan.
continuation /kən'tinyu'eisyən/ *kb.* 1 (ke)lanjutan, sambungan. *c. of a project* kelanjutan proyék. *C. of*

the argument proved useless Kelanjutan perdébatan yg panjang lébar itu ternyata tak ada faédahnya. 2 sambungan. *c. on page 10* bersambung pd halaman 10.

continue /kən'tinyuw/ *kkt.* meneruskan, melanjutkan. *He will c. his schooling* Ia akan meneruskan sekolahnya. *The department agreed to c. him as chairman* Départemén itu setuju utk meneruskan kedudukannya sbg ketua. *C. reading* Teruskanlah membaca. —*kki.* 1 berjalan terus. *The meeting continued too long* Sidang itu berjalan terus terlalu lama. 2 masih terus. *He continues to be influential* Ia masih terus mempunyai pengaruh. 3 meneruskan. *We hope to c. on around the world* Kami berharap akan meneruskan perjalanan kami keliling dunia. *He continued with his lecture as though nothing had happened* Ia meneruskan ceramahnya seakan-akan tak terjadi apa-apa. 4 mengalir/membentang terus. *The river continues for more than 200 miles* Sungai itu mengalir terus sampai lebih dari 200 mil.

continuity /'kantə'nuwtie, -'nyuw-/ *kb.* (*j.* -**ties**) 1 kelancaran, kontinuitas, kelestarian. *The c. of the program must be retained* Kelancaran acara itu hrs dipertahankan. 2 keterusan, urutan. *There is no c. in the story* Tak ada keterusan didlm cerita itu.

continuous /kən'tinyuəs/ *ks.* terus-ménerus. *Is the movie c.?* Apakah pilem itu terus-menerus? —**continuously** *kk.* dgn terus-menerus, dgn tiada terhenti, dgn tak henti-hentinya, terus-terusan. *The baby cried c.* Bayi itu meréngék terus-menerus.

continuum /kən'tinyuəm/ *kb.* rangkaian kesatuan. *This constitutes part of a c.* Ini merupakan sebagian dari rangkaian kesatuan.

contort /kən'tɔrt/ *kkt.* merubah bentuk. *The clown contorted his face* Pelawak itu merubah-rubah air mukanya.

contortion /kən'tɔrsyən/ *kb.* 1 perubahan. *He went through various contortions before he died* Ia meliuk-lampai beberapa lama sblm ia mati. 2 pemutar-balikan. *c. of the facts* pemutarbalikan kenyataan-kenyataan.

contortionist /kən'tɔrsyənist/ *kb.* manusia karét.

contour /'kantur/ *kb.* garis bentuk/luar. *c. map* peta yg memperlihatkan garis tinggi permukaan laut.

contraband /'kantrəbænd/ *kb.* barang gelap, (barang) selundupan.

contrabass /'kantrə'beis/ kontrabas.

contraception /'kantrə'sepsyən/ *kb.* kontrasépsi.

contraceptive /'kantrə'septiv/ *kb.* alat/obat pencegah penghamilan.

contract /'kantrækt *kb.*; kən'trækt *kkt.*/ *kb.* kontrak, perjanjian. *c. bridge* sm bridge. —*kkt.* 1 menyingkatkan. *"I will" is frequently contracted to "I'll"* "I will" sering disingkatkan menjadi "I'll". 2 kena, mengidap. *He contracted measles* Ia kena campak. 3 mengkerut. *He contracted his brow* Ia mengkerut keningnya. —*kki.* 1 mengkerut. *This fabric contracts under heat* Kain cita ini mengkerut kalau panas. 2 menutup perjanjian/kontrak. *He contracted to erect the bridge* Ia mengontrak pembangunan jembatan itu. ‿*the* **contracting** *parties* pihak-pihak yg mengadakan kontrak/perjanjian itu.

contraction /kən'trækʃən/ *kb.* 1 singkatan. *"I'd" is a c. for "I would"* "I'd" merupakan singkatan bagi "I would". 2 kepadatan, penyusutan, penciutan. *Cold causes c.* Dingin menyebabkan kepadatan.

contractor /'kantræktər, kən'-/ *kb.* 1 kontraktor. 2 pemborong (pekerjaan bangunan).

contractual /kən'trækcuəl/ *ks.* berdasar perjanjian,

yg bert. dgn kontrak. *c. obligation* kewajiban yg berdasar perjanjian.

contradict /'kantrə'dikt/ *kkt.* 1 menyangkal. *He likes to c. people* Ia suka benar menyangkal orang lain. 2 membantah. *His news contradicts this morning's news* Kabarnya membantah kabar tadi pagi.

contradiction /'kantrə'diksyən/ *kb.* kontradiksi, pembantahan, penyangkalan, pertentangan. *A good tyrant is a c. in terms* Raja lalim yg baik budi adalah perkataan yg mengandung pertentangan.

contradictory /'kantrə'diktərie/ *ks.* bertentangan, tdk cocok dgn. *c. remark* keterangan yg bertentangan.

contradistinction /'kantrədis'tingksyən/ *kb.* perbédaan karena berlawanan.

contralto /kən'træltow/ *kb.* suara wanita yg terendah.

contraption /kən'træpsyən/ *kb. Inf.*: alat atau pesawat yg anéh. *What sort of machine is that c.?* Mesin macam apakah alat yg anéh itu?

contrariness /kən'trerienəs/ *kb.* sifat suka menentang, sifat yg bertentangan. *Her c. made her an unpleasant friend* Sifatnya yg suka menentang menjadikan dia kawan yg kurang menyenangkan.

contrariwise /'kantrerie'waiz/ *kk.* sebaliknya.

contrary /'kantrerie *kb.*; kən'trerie *ks.*/ *kb.* kebalikan. **on the c.** sebaliknya. *On the c., I agree with you* Sebaliknya, saya setuju dgn saudara. **to the c.** bertentangan/berlawanan dgn, sebaliknya dari. *Your statement to the c., I'm inclined to doubt it* Bertentangan dgn pernyataanmu saya condong utk meragukannya. —*ks.* 1 suka membantah/berlawanan/menentang. *He's a very c. child* Ia seorang anak yg suka membantah. 2 bertentangan. *This is c! to all accepted behavior* Ini bertentangan dgn perangai yg semestinya. 3 berlawanan. *c. to expectations* berlawanan dgn apa yg diharapkan. *c. wind* angin yg berlawanan.

contrast /'kantræst *kb.*; kən'træst *kkt.*/ *kb.* perbédaan, kontras. *The c. between the sisters is striking* Perbédaan antara saudara-saudara perempuan itu menyolok. —*kkt.* 1 memperbedakan. *to c. the two people to the disadvantage of one of them* memperbédakan kedua orang itu dgn merugikan salah seorang daripadanya. 2 membandingkan. *Contrasted with his efforts, mine were puny* Dibandingkan dgn usahausahanya itu, usaha-usaha saya tdk berarti. —*kki.* 1 merupakan kontras, berkontras. *These two colors c. nicely* Kedua warna ini merupakan kontras yg manis sekali. 2 memperlihatkan kontras. *The lavender contrasts well with the blue* Warna ungu muda memperlihatkan kontras yg baik dgn warna biru.

contrastive /kən'træstiv/ *ks.* yg memperlihatkan perbédaan. *c. studies of cultures* penyelidikan perbédaan kebudayaan-kebudayaan.

contravene /'kantrə'vien/ *kkt.* bertentangan dgn, menentang, melanggar. *This strike contravenes a well-established agreement* Pemogokan ini bertentangan dgn persetujuan yg sangat kokoh.

contravention /'kantrə'vensyən/ *kb.* pertentangan, konflik, pelanggaran. *This strike is in direct c. of an agreement* Pemogokan ini langsung bertentangan dgn (suatu) persetujuan.

contribute /kən'tribyut/ *kkt.* menyumbang. *He contributed $10* Dia menyumbang 10 dolar. —*kki.* 1 menyumbang. *Will you c. to this worthy cause?* Sudikah sdr menyumbang bagi usaha yg mulia ini? 2 menambah, memperbesar. *You're only contributing to the problem* Kau hanyalah menambah-nambah persoalan saja.‿

contribution /'kantrə'byuwsyən/ kb. sumbangan, iuran. *to take up a c.* menerima/mengumpulkan sumbangan. *to make a c. to linguistics* memberikan sumbangan kpd ilmu bahasa.
contributor /kən'tribyətər/ kb. 1 penyumbang, penderma (*to a magazine*). 2 penderma (*to a fund*).
contrite /kən'trait. 'kantrait/ ks. perasaan patah hati karena dosa, menyesal yg dalam. *He felt c.* Ia merasa sedih dan berdosa. *with a c. heart* dgn perasaan sedih dan berdosa.
contrition /kən'trisyən/ kb. kesedihan yg mendalam, perasaan dosa yg mendalam, perasaan sedih karena berdosa.
contrivance /kən'traivəns/ kb. penemuan, alat. *This c. is for opening cans* Penemuan ini adalah utk membuka kaléng.
contrive /kən'traiv/ kkt. membuat, menyusun. *He contrived a new arrangement for study* Ia membuat sebuah rancangan baru utk belajar. —kki. berusaha, merencanakan. *He contrived to get out of work* Ia berusaha meninggalkan pekerjaan itu.
control /kən'trowl/ kb. pengawas(an), penilikan, pengaturan, penguasaan, pembatasan. *He lost c. of the car* Ia tak sanggup menguasai mobil itu. *Everything is under c.* Segala-galanya dpt dikuasai. *I lost c. of myself* Hilang kesabaran saya. —**controls** j. 1 tombol-tombol kontrol. *The controls were not working* Tombol-tombol kontrol tdk bekerja. 2 alat-alat kontrol. *The pilot took over the controls* Pilot itu mengambil alih kontrol kemudi pesawat itu. —kkt. (**controlled**) 1 menguasai. *He controls several insurance firms* Ia menguasai beberapa perusahaan asuransi. *He controls the car well* Ia menguasai mobil itu dgn baik. 2 membatasi. *In some countries job opportunities are strictly controlled* Di beberapa negeri kesempatan bekerja diatur dgn keras. 3 mengatur. *The temperature is carefully controlled* Suhu diatur dgn baik. 4 mengendalikan, menguasai, menahan. *She tried to c. herself* Ia mencoba mengendalikan dirinya. **c. booth** kamar pengawas. **c. experiment** percobaan utk memeriksa hasil percobaan lain. **c. panel** papan pengawas. **c. tower** menara pengawas. —**controlling** ks. yg berkuasa. *He has the c. interest in the business* Dgn saham-sahamnya ia memegang kedudukan yg berkuasa dlm perusahaan itu.
controversial /'kantrə'vərsyəl/ ks. kontroversiil, yg sedang diperdébatkan/dipercékcokan, yg menjadi sengkéta. *The library has become a c. issue* Perpustakaan itu menjadi pokok persengkétaan.
controversy /'kantrə'vorsie/ kb. (*j.* **-sies**) 1 perdébatan, kontrovérsi. 2 persengkétaan, sengkéta, percékcokan. *c. over housing* percékcokan mengenai perumahan.
controvert /'kantrəvort/ kkt. berlawanan dgn, menyangkal, bertentangan dgn. *The statement controverts the evidence* Pernyataan itu berlawanan dgn kesaksian.
contusion /kən'tyuwzyən/ kb. luka memar.
conundrum /kə'nʌndrəm/ kb. teka teki berdasar permainan kata-kata.
convalesce /'kanvə'les/ kki. menjadi séhat kembali, sembuh kembali. *He will have to spend some time convalescing* Ia hrs beristirahat utk beberapa waktu spy sembuh kembali.
convalescence /'kanvə'lesəns/ kb. pemulihan keséhatan sesudah sakit.
convalescent /'kanvə'lesənt/ kb. seorang yg sedang sembuh dari sakit. —ks. sembuh, pulih. *He has been*

placed in a c. home Ia tlh ditempatkan di rumah petirahan/penyembuhan.
convection /kən'veksyən/ kb. konvéksi.
convene /kən'vien/ kkt. memanggil rapat. *The chairman convened the committee* Ketua memanggil rapat panitia itu. —kki. bersidang, berapat. *Congress convenes next week* Konggrés mulai bersidang minggu depan.
convener /kən'vienər/ kb. s.s.o. yg mengadakan rapat.
convenience /kən'vienyəns/ kb. 1 alat yg menyenangkan hidup. *This home has every c.* Rumah ini mempunyai segala alat utk menyenangkan hidup. 2 waktu yg sebaik-baiknya, waktu yg sempat. *I can see him at his c.* Saya dpt menjumpainya pd waktu dia sempat. **for the sake of c.** utk mudahnya.
convenient /kən'vienyənt/ ks. 1 baik sekali, tepat. *That's a c. place for the telephone* Tempat itu baik sekali utk télpon. 2 sesuai, cocok. *It will be c. to my desk* Itu sesuai bagi méja tulisku. 3 tdk menyusahkan. *It will be c. to pick her up at 5* Tak menyusahkan utk menjemput dia jam 5. 4 dekat, tdk jauh. *The school is very c. to our house* Sekolah itu mudah didatangi dari rumah kami. —**conveniently** kk. dgn baik sekali. *The station is c. located* Stasiun itu letaknya baik sekali.
convent /'kanvent/ kb. biara (kesatuan atau kumpulan biarawati).
convention /kən'vensyən/ kb. 1 rapat, konvénsi. *to attend a c.* menghadiri rapat. 2 adat (kebiasaan). *Certain conventions must be observed in any society* Beberapa adat yg tertentu hrs diindahkan didlm tiap masyarakat. 3 perjanjian, persetujuan. *The two states signed a c. about interstate commerce* Kedua negarabagian itu menandatangani perjanjian perdagangan antar negarabagian. 4 (*rule*) kaidah, ketentuan.
conventional /kən'vensyənəl/ ks. 1 menurut adat (yg berlaku), konvénsionil, biasa. *He's not a very c. person* Ia seorang yg tdk begitu memegang adat. 2 yg biasa/lazim. *This house is very c.* Rumah ini berbentuk rumah biasa. *"Hello" is a c. greeting among Americans* "Hello" adalah ucapan salam yg biasa pd orang-orang Amérika.
converge /kən'vərj/ kki. bertemu, berkumpul, berjumpa. *The opposing groups converged on the square* Kumpulan yg berlawanan itu bertemu di lapangan itu. *The roads c. here* Jalan-jalan itu bertemu disini.
convergence /kən'vərjəns/ kb. tindakan bertemu/ bersatu di suatu tempat, pemusatan pandangan mata ke suatu tempat yg amat dekat.
conversant /kən'vərsənt/ ks. mengenal, biasa, mempunyai pengetahuan. *I am not c. with that subject* Saya tak banyak berpengetahuan dlm hal itu.
conversation /'kanvər'seisyən/ kb. percakapan, pembicaraan. *an interesting c.* percakapan yg menarik. *c. piece* pokok pembicaraan. *Our old lamp is a c. piece* Lampu kami yg tua menjadi pokok pembicaraan.
conversational /'kanvər'seisyənəl/ ks. bersifat percakapan. *We are using the c. method in teaching languages* Kita memakai métode percakapan dlm mengajarkan bahasa-bahasa.
conversationalist /'kanvər'seisyənəlist/ kb. seorang yg pandai sekali dlm percakapan, seorang yg pandai bercakap-cakap.
converse /kən'vərs/ kki. berbicara, ngobrol, ber-

cakap-cakap. *We conversed for more than an hour* Kami bercakap-cakap lebih dari satu jam.

converse /'kanvərs/ *kb.* lawan, (barang atau hal yg) terbalik, bertentangan dgn. *"Good" is the c. of "bad"* Baik adalah kebalikan drpd buruk. —**conversely** *kk.* sebaliknya. *C., the other solution is also possible* Sebaliknya, pemecahan yg lain itu mungkin juga.

conversion /kən'vərzyən/ *kb.* 1 perubahan, pengubahan, konvérsi. *to undergo c. to Christianity* berubah masuk agama Kristen. *c. of salt water into fresh water* perubahan air laut menjadi air tawar. *c. of the porch into a room* perubahan téras menjadi kamar. 2 penukaran. *c. of dollars into rupiahs* penukaran dolar menjadi rupiah.

convert /'kanvərt *kb.*; kən'vərt *kkt.*/ *kb.* orang masuk agama lain, muallaf, mualap. *He's a recent c. to Buddhism* Ia baru saja masuk agama Budha. —*kkt.* merubah, mengubah. *We want to c. this porch into a room* Kita ingin merubah serambi ini menjadi kamar. *C. the feet into inches* Ubahlah ukuran kaki ini menjadi ukuran inci. *She has been trying to c. me* Ia sdh mencoba mengajak saya masuk agamanya.

convertible /kən'vərtəbəl/ *kb.* mobil touring. *She drives a c.* Ia mengendarai mobil touring. —*ks.* dpt ditukar. *The money of that country is not c.* Mata uang negara itu tak dpt ditukar.

convex /'kanveks/ *ks.* cembung.

convey /kən'vei/ *kkt.* 1 menyampaikan. *Please c. my best wishes* Tolong sampaikan salam eratku. *What does this statement c. to you?* Apa artinya ucapan ini bagimu? 2 membawa. *Taxis c. passengers* Taksi-taksi membawa penumpang.

conveyance /kən'veiəns/ *kb.* 1 kendaraan. 2 pengangkutan. *the c. of goods* pengangkutan barang-barang. 3 alat pengangkut/pembawa. *A trunk is a handy c.* Koper adalah alat pengangkut barang-barang yg baik.

conveyor /kən'veiər/ *kb.* 1 alat pembawa barang-barang. 2 pembawa/pengantar. *c. of bad news* pembawa kabar buruk. *c. belt* ban berjalan pembawa barang.

convict /'kanvikt *kb.*; kən'vikt *kkt.*/ *kb.* narapidana, orang hukuman, pesakitan. —*kkt.* menghukum. *He was convicted of theft* Ia dihukum karena pencurian.

conviction /kən'viksyən/ *kb.* 1 pendirian. *He's a man of strong convictions* Ia s.s.o. yg kuat pendiriannya. 2 keyakinan, kepasti-pastian. *His words carry c.* Kata-katanya membawa/mengandung keyakinan. 3 penghukuman. *His c. is certain* Penghukumannya sdh pasti.

convince /kən'vins/ *kkt.* 1 meyakinkan. *Don't try to c. me* Janganlah mencoba meyakinkan saya. *I'm convinced that she is wrong* Saya yakin bhw ia salah. 2 mempercayakan. *He is not convinced of my honesty* Ia tdk percaya akan kejujuranku. —**convincing** *ks.* yg meyakinkan. *c. argument* alasan yg meyakinkan.

convivial /kən'viviəl/ *ks.* ramah tamah (*evening, friend*).

conviviality /kən'vivie'ælətie/ *kb.* (*j.* **-ties**) keramahtamahan, kesenangan makan-makan bersama kawan-kawan.

convocation /'kanvə'keisyən/ *kb.* pertemuan, rapat. *The university held its annual c.* Universitas itu mengadakan pertemuan tahunan.

convoke /kən'vowk/ *kkt.* mengadakan pertemuan, memanggil. *A meeting of the board was convoked* Panggilan diadakan utk mengadakan sidang déwan.

convoluted /'kanvə'luwtid/ *ks.* 1 sulit. 2 berbelit, kusut.

convolution /'kanvə'luwsyən/ *kb.* 1 lilit, belit. 2 kekusutan (pikiran).

convoy /'kanvoi/ *kb.* 1 konpoi. 2 iring-iringan kendaraan/kapal. 3 kawalan. *armed c.* kawalan/ pengawalan bersenjata. —*kkt.* mengawal. *Planes convoyed the ship to harbor* Pesawat terbang mengawal kapal itu ke pelabuhan.

convulse /kən'vʌls/ *kkt.* membuat tertawa, mengocak perut. *He convulsed the audience with his antics* Ia membuat para penonton tertawa terbahak-bahak karena leluconnya.

convulsion /kən'vʌlsyən/ *kb.* 1 sawan. *He suffers from periodic convulsions* Ia menderita penyakit sawan yg kadang-kadang datang. 2 ledakan. *a c. of rage* ledakan kemurkaan yg dahsyat. 3 ketawa yg terbahak-bahak. *After seeing the comedy he was in convulsions* Sesudah menonton banyolan itu tertawalah ia terbahak-bahak.

convulsive /kən'vʌlsiv/ *ks.* berkejang. *c. movement* gerakan berkejang/menggelepar-gelepar.

coo /kuw/ *kb.* dekut. —*kki.* mendekut (*of pigeons*).

cook /kuk/ *kb.* koki, tukang masak. —*kkt.* memasak (*food*). —*kki.* 1 memasak. *She likes to c.* Dia suka memasak. *The beans did not c. long enough* Kacang buncis itu kurang lama dimasak. 2 menjadi tukang masak. *She has cooked at that restaurant for a long time* Ia menjadi tukang masak di réstoran itu bertahun-tahun lamanya. *Inf.:* **to c. up** mempersiapkan. *What deal are you cooking up?* Rencana apa yg sedang kau persiapkan? —**cooking** *kb.* masakan. *c. oil* minyak goréng.

cookbook /'kuk'buk/ *kb.* buku masak(an).

cooker /'kukər/ *kb.* panci pemasak makanan.

cookery /ˈkukərie/ *kb.* keahlian pekerjaan memasak.

cookie /'kukie/ = COOKY.

cookout /'kuk'awt/ *kb.* masak-masak diluar.

cooky /'kukie/ *kb.* (*j.* **-kies**) kué. *c. jar* stoplés utk kué. *Sl.:* **c. pusher** orang yg membuang-buang waktu di pésta-pésta sehingga pekerjaannya terbengkalai.

cool /kuwl/ *kb.* 1 kesejukan. *in the c. of the evening* dlm kesejukan malam. 2 *Sl.:* ketenangan. **to lose o's c.** kehilangan ketenangan. —*ks.* 1 sejuk. *a c. morning* pagi yg sejuk. 2 tipis. *One must wear c. clothing in the tropics* Orang hrs mengenakan pakaian yg tipis di daérah tropika. 3 dingin. *My reception at the university was c.* Penyambutanku di universitas itu dingin. 4 *Sl.:* yg mengagumkan. *She's a c. chick* Ia gadis yg mengagumkan. —*kk. Sl.:* **to play s.t. c.** berlaku tenang. **to keep c.** 1 tetap segar. 2 tetap tenang. *He keeps c. under pressure* Hatinya tetap tenang saja dibawah tekanan. —*kkt.* 1 mendinginkan. *C. the pudding before serving it* Dinginkanlah dulu poding itu sblm disajikan. 2 mengurangi. *The price cooled (down) my interest in buying it* Harga itu mengurangi nafsu saya utk membelinya. **to c. down** menjadi tenang kembali. *After the flare-up he cooled down rapidly* Sesudah meledak ia segera tenang kembali. **to c. off** 1 menjadi sejuk. *In the tropics the mountains c. off at night* Di daérah panas gunung-gunung menjadi sejuk pd malam hari. 2 sabar. *C. down. man!* Sabar, bung! —**cooling** *ks.* yg mendinginkan, yg membuat sejuk. *the c.-off period* waktu yg hrs dilalui sblm pemogokan dpt dimulai.

cooler /'kuwlər/ *kb.* 1 alat pendingin. 2 *Sl.:* penjara.

coolness /'kuwlnəs/ *kb.* 1 keadaan sejuk, kesejukan. *the c. of the evening* kesejukan malam. 2 ketenangan.

3 kebébasan dari kegaduhan. *His attitude betrayed a certain c. towards me* Sikapnya itu menunjukkan acuh tak acuh thd saya.

coon /kuwn/ *Inf.*: = RACCOON.

coop /kup, kuwp/ *kb.* kandang ayam. *Sl.*: *to fly the c.* melarikan/meloloskan diri. —*kkt.* **to c. up** mengurung. *The children felt cooped up in their room* Anak-anak merasa terkurung di kamar meréka.

co-op /'kowap/ *kb. Inf.*: toko koperasi. *She shops at the c.* Ia berbelanja di toko koperasi. —*ks. Inf.*: koperatip, koperasi. *He lives in a c. apartment* Ia tinggal di suatu apartemén koperatip.

co-op., coop. 1 [*co-operation*] kerja sama. 2 [*cooperative*] koperasi.

cooperate /kow'apəreit/ *kki.* bekerja sama. *You should c. with me in this matter* Sdr seharusnya bekerja sama dgn saya dlm hal ini.

cooperation /kow'apə'reisyən/ *kb.* kerjasama, koperasi.

cooperative /kow'apərətiv/ *kb.* toko koperasi. —*ks.* 1 bekerjasama. *He's in a c. mood* Ia sedang suka bekerjasama. 2 secara koperatip. *c. apartment* apartemén yg dibeli secara koperatip.

cooperator /ko'apə'reitər/ *kb.* 1 pekerjasama secara koperasi. 2 koperator.

co-opt /kow'apt/ *kkt.* memilih. *The government co-opted my car* Pemerintah tlh memilih mobilku. *We have co-opted your help* Kami sdh memutuskan bersama utk meminta pertolonganmu.

coordinate /kow'ɔrdənit *kb.*; kow'ɔrdəneit *kkt.*/ *kb.* koordinat (dlm ilmu ukur). —*ks.* sederajat. *"and" is a c. conjunction* "And" adalah kata sambung sederajat. *c. geometry* ilmu ukur koordinat. —*kkt.* 1 menyelaraskan, mengkoordinir, mengkoordinasikan, menyerasikan. *The work of the two agencies should be coordinated* Tugas kedua badan itu hendaklah dikoordinasikan. 2 berkoordinasi. *His muscles are not well coordinated* Otot-ototnya tak berkoordinasi dgn baik.

coordination /kow'ɔrdə'neisyən/ *kb.* koordinasi.

coordinator /kow'ɔrdə'neitər/ *kb.* koordinator.

cop /kap/ *kb. Inf.*: polisi. —*kkt.* (**copped**) *Sl.*: merebut. *to c. first prize in* merebut hadiah pertama dlm. *Sl.*: **to c. out** menolak tugas-tugas atau kewajiban-kewajiban.

copartner /kow'partnər/ *kb.* rekan, kompanyon.

cope /kowp/ *kki.* **to c. with** 1 menanggulangi, mengatasi. *to c. with economic difficulties* menanggulangi kesulitan-kesulitan ékonomi. 2 menguasai. *He can't c. with his children anymore* Tak sanggup lagi dia menguasai anak-anaknya.

copied /'kapied/ lih COPY.

copier /'kapieər/ *kb.* 1 penyalin, peniru. *He's a good c.* Ia penyalin buku yg baik. 2 pembuat turunan. *This machine is a good c.* Mesin ini baik sekali utk membuat turunan cétakan.

copies /'kapiez/ lih COPY.

copilot /'kow'pailit/ *kb.* pembantu pengemudi pesawat, pengemudi pesawat yg kedua, pilot pembantu.

coping /'kowping/ *kb.* kepala dinding/témbok. *c. saw* gergaji pembuat lekukan.

copious /'kowpieəs/ *ks.* berlebih-lebihan, banyak sekali. *He drank c. amounts of beer* Ia minum bir berlebih-lebihan.

copper /'kapər/ *kb.* 1 tembaga. *c. color* warna tembaga. *c. kettle* kuali/belanga besar dari tembaga. 2 *Sl.*: polisi.

copperhead /'kapər'hed/ *kb.* sej. ular yg berbisa (kepalanya berwarna tembaga).

copperplate /'kapər'pleit/ *kb.* pelat/lémpéng tembaga.

copra /'kowprə/ *kb.* kopra.

copter /'kaptər/ *Inf.*: = HELICOPTER.

copula /'kapyələ/ *kb.* katakerja penghubung, kopula. *The verb "to be" serves as a c. in English* Katakerja "to be" adalah katakerja penghubung didlm bahasa Inggeris.

copulate /'kapyəleit/ *kki.* 1 (*of humans*) bersetubuh, bersanggama. 2 (*of animals*) menjantani.

copulation /'kapyə'leisyən/ *kb.* 1 persetubuhan. 2 perhubungan, pergabungan.

copulative /'kapyələtiv/ *kb.* 1 katakerja yg menghubungkan, pelantar. 2 katasambung yg menggabungkan.

copy /'kapie/ *kb.* (*j.* **-pies**) 1 salinan, tembusan, turunan, kopi. *I need three copies of this letter* Saya memerlukan tiga-helai turunan dari surat ini. 2 buah. *three copies of a book* tiga buah buku. 3 tiruan, spt contoh. *Please make me a c. of this dress* Tolong buat saya baju spt contoh ini. —*kkt.* (**copied**) 1 meniru. *She tries to c. me* Ia mencoba meniru saya. 2 menyalin. *I have to c. this letter* Saya hrs menyalin surat ini. *Please c. out all the important data in this article* Salinlah semua data yg penting dlm karangan ini. 3 menurun/meniru. *This painter copies the style of his friend* Pelukis ini menurun gaya lukis temannya. *Sl.*: **c. cat** peniru, tukang tiru. *Don't be a c. cat* Janganlah meniru-niru saja. Jangan menjadi peniru. **c. editor** pemeriksa naskah utk dicétak.

copyist /'kapieist/ *kb.* 1 pembuat salinan, penyalin. 2 peniru.

copyright /'kapie'rait/ *kb.* hak cipta, hak pengarang. —*kkt.* melindungi dgn hak cipta. *This book has been copyrighted* Buku ini dilindungi hak pengarang.

coquette /kow'ket/ *kb.* wanita yg suka mempermainkan, wanita genit.

coquettish /kow'ketisy/ *ks.* genit, kelétah, bersifat menarik perhatian. *She has a c. manner about her* Sikapnya suka menarik perhatian kaum laki-laki. Sikapnya genit.

coral /'kɔrəl,'ka-/ *kb.* (batu) karang. *c. atoll* pulau karang yg berdanau ditengahnya. *c. beads* merjan. *c. red* warna mérah spt merjan. *c. reef* batu karang yg memanjang di lautan. **c. snake** sm ular berbisa (berwarna mérah kekuning-kuningan).

cord /kɔrd/ *kb.* 1 kawat, snur. *lamp c.* kawat lampu. 2 tali. *to wrap with c.* mengikat dgn tali. 3 kord (ukuran kayu yg sdh dipotong, 128 kakikubik). *a c. of wood* setumpuk kayu bakar sebanyak satu kord.

cordage /'kɔrdij/ *kb.* tali temali.

cordial /'kɔrjəl/ *kb.* minuman anggur manis. —*ks.* ramah tamah, peramah. *She's a c. person* Ia seorang yg amat peramah. —**cordially** *kk.* dgn baik/kebaikan/hangat. *C. yours, Jane Smith* Salam hangat dari temanmu, Jane Smith.

cordiality /kɔr'jælətie, 'kɔrjie'æl-/ *kb.* keramah-tamahan, kebaikan.

cordon /'kɔrdən/ *kb.* 1 lingkaran penjagaan. *The police threw a c. around the distinguished visitor* Polisi membuat lingkaran penjagaan sekeliling tamu penting itu. 2 selémpang, pita atau tali dsb. yg dipakai sbg penghias di dada. —*kkt.* menutup dgn lingkaran. *The area was cordoned off by tanks* Daérah itu ditutup dgn lingkaran téng-téng.

corduroy /'kɔrdəroi/ *kb.* sm. beledu, korduroi. *c. trousers* pantalon korduroi.

cordwood /'kɔrd'wud/ *kb.* kayu bakar.
core /kowr/ *kb.* 1 inti. *What is the c. of the problem?* Apakah inti persoalan itu? 2 mata. *I must remove the c. from this boil* Saya hrs membuang mata bisul ini. 3 bagian tengah, biji. *c. of an apple* bagian tengah apel. *I was touched to the c. by his kindness* Hatiku terharu oléh keramah-tamahannya. —*kkt.* membuang bagian tengah yg keras (*an apple, pear*).
co-respondent /'kowrə'spandənt/ *kb.* orang yg tertuduh berzina dgn suami atau isteri yg sedang dituntut bercerai.
coriander /'kowrie'ændər/ *kb.* ketumbar.
cork /kɔrk/ *kb.* 1 perop, gabus, sumbat. *bottle c.* perop botol. 2 pelampung. *c. on a fishing line* pelampung tali pancing. —*kkt.* menyumbat (*a bottle*).
corker /'kɔrkər/ *kb. Sl.:* orang atau hal yg luar biasa atau bukan main hébatnya. *That story is a real c.* Cerita itu bukan main hébatnya.
corkscrew /'kɔrk'skruw/ *kb.* kotrék, (alat) pembuka sumbat botol.
cormorant /'kɔrmərənt/ *kb.* sej. burung laut.
corn /kɔrn/ *kb.* 1 jagung. *yield of c.* hasil panén jagung. *c. belt* daérah jagung, *c. flakes* serpih jagung. *c. meal* makanan dari jagung. *c. oil* minyak jagung (utk menggoréng). 2 katimumul (*on toe*). 3 *Sl.:* dangkal, dicari-cari. *His jokes are pure c.* Kelakar-kelakarnya itu terlalu dangkal. —*kkt.* mengawétkan dgn air geram atau dgn garam kering, mengasin(kan). *to c. beef* mengawétkan daging dlm garam. —**corned** *ks.* yg diawétkan, dgn air garam atau garam kering. *c. beef* daging kornét.
corncob /'kɔrn'kab/ *kb.* tongkol jagung.
cornea /'kɔrniə/ *kb.* selaput mata (bagian luar), selaput bening/tanduk.
corner /'kɔrnər/ *kb.* 1 sudut, simpang. *She lives around the c. from me* Ia tinggal di balik sudut jalan dekat rumah saya. *The c. drugstone was very popular* Toko obat-obatan dan kelontong di sudut jalan itu sangat populér. *at the c. of First and Jones Streets* di simpang Jalan First dan Jalan Jones. *c. cupboard* lemari sudut. 2 pojok. *the c. of a room* pojok sebuah kamar. *His arguments had me in a c.* Alasan-alasannya itu mendesak saya ke pojok. 3 ruangan (*in newspaper*). 4 tempat yg menyendiri. *To get my work done, any c. will do* Spy pekerjaan saya bisa selesai, tempat yg menyendiri dimana saja boléh. 5 pelosok. *all corners of the world* segala pelosok dunia. 6 monopoli. *This firm has a c. on the used car market* Perusahaan ini memegang monopoli penjualan mobil-mobil bekas. *Prosperity is just around the c.* Kemakmuran sdh di ambang pintu. **to cut corners** berhémat. **to turn the c.** melalui waktu krisis. —*kkt.* 1 mengepung (*a thief*). 2 memonopoli. *to c. the market in that product* memegang monopoli penjualan barang itu.
cornerstone /'kɔrnər'stown/ *kb.* 1 batu pertama. *to lay the c.* meletakkan batu pertama. 2 dasar, landasan. *This bill is the c. of the government's economic policy* RUU ini merupakan dasar kebijaksanaan ékonomi pemerintah.
cornet /kɔr'net/ *kb.* sm terompét.
cornfield /'kɔrn'field/ *kb.* ladang/kebun jagung.
cornflower /'kɔrn'flawər/ *kb.* bunga berwarna biru (AS).
cornhusk /'kɔrn'hʌsk/ *kb.* kulit/kelongsong jagung, kelobot.
cornice /'kɔrnis/ *kb.* perhiasan diatas témbok (bagian atas témbok, pilar atau gedung yg menonjol keluar).

cornstarch /'kɔrn'starc/ *kb.* kanji dari tepung jagung.
cornucopia /'kɔrnə'kowpieə/ *kb.* banyak sekali, melimpah-limpah, tumpah ruah.
corny /'kɔrnie/ *ks. Sl.:* dangkál, rendah nilainya. *His jokes are awfully c.* Kelakar-kelakarnya betul-betul dangkal.
corolla /kə'ralə/ *kb.* daun mahkota, penampung bunga.
corollary /'karə'lerie/ *kb.* (*j.* **-ries**) akibat wajar. *A sound mind is a c. of a sound body* Pikiran séhat adalah akibat wajar dari badan séhat.
corona /kə'rownə/ *kb.* 1 *Astr.:* korona, lingkaran sinar yg mengelilingi matahari. 2 *Arch.:* bagian yg menonjol dari bagian atas bangunan. 3 gigi bagian atas (*of tooth*).
coronary /'karə'nerie/ *kb.* (*j.* **-ries**) *Inf.:* serangan jantung. *to have a c.* menderita serangan jantung. *c. thrombosis* pembekuan darah dlm pembuluh darah/nadi, trombosa pembuluh darah.
coronation /'karə'neisyən/ *kb.* pemahkotaan, penobatan.
coroner /'karənər/ *kb.* pegawai yg memeriksa sebab musabab kematian s.s.o.
Corp. [*Corporation*] perusahaan, badan hukum.
corporal /'kɔrpərəl/ *kb.* kopral. —*ks.* badani(ah). *c. punishment* hukuman badani.
corporate /'kɔrpərit/ *ks.* yg berh. dgn badan hukum. *c. company* perusahaan yg bersifat badan hukum.
corporation /'kɔrpə'reisyən/ *kb.* badan hukum. *state c.* perusahaan negara (PN).
corporative /'kɔrpərətiv/ *ks.* korporasi. *c. state* negara korporasi.
corporeal /kɔr'powrieəl/ *ks.* memenuhi kebutuhan badaniah. *Food is c. nourishment* Makanan adalah perawatan badaniah.
corps /kowr/ *kb.* kesatuan, korps.
corpse /kɔrps/ *kb.* mayat, jenazah.
corpsman /'kowrzmən/ *kb.* (*j.* **-men**). perawat tentara atau Angkatan Laut.
cornstalk /'kɔrn'stɔk/ *kb.* batang jagung.
corpulent /'kɔrpyələnt/ *ks.* gemuk, gendut.
corpus /'kɔrpəs/ *kb.* 1 tubuh badan. 2 bahan, kesatuan kumpulan tulisan-tulisan ttg s.s.t. hal atau zaman. *He is using a small c. in his research* Ia mempergunakan sebuah kumpulan kecil bahan-bahan didlm risétnya.
corpuscle /'kɔrpʌsəl/ *kb.* sél yg hidup, sél darah.
corral /kə'ræl/ *kb.* sebidang tanah berpagar kayu tempat ternak. —*kkt.* 1 mengepung, mengelilingi. 2 mengumpulkan. *to c. all the talented performers* mengumpulkan semua pemain-pemain yg berbakat.
correct /kə'rekt/ *ks.* 1 benar, tepat, yg sebenarnya, betul. *Your answer is not c.* Jawabanmu tak benar. *You failed to give your c. age* Engkau gagal dlm memberikan umurmu yg sebenarnya. 2 baik. *His behavior is c. at all times* Sikapnya selalu baik. —*kkt.* 1 membetulkan, membenarkan, memperbaiki. *Proper diet may help c. weight problems* Cara makan yg teratur dgn baik dpt menolong memperbaiki berat badan. 2 memeriksa. *Will you c. this paper for me?* Coba tolong periksa kertas ujian ini utk saya. 3 memperbaiki, menukar. *My glasses need to be corrected* Lénsa kaca mata saya hrs diperbaiki. *I stand corrected* Saya yg salah. —**correctly** *kk.* dgn benar/tepat. *He answered c.* Ia menjawab dgn benar.
correction /kə'reksyən/ *kb.* 1 pembetulan, koréksi. *There are many corrections to be made* Banyak sekali

hal-hal yg hrs dibetulkan. 2 perbaikan. *c. for possible deviations* perbaikan buat penyimpangan-penyimpangan yg mungkin ada.
correctional /kə'reksyənəl/ *ks.* **c. facility** penjara, lembaga pemasyarakatan.
corrective /kə'rektiv/ *kb.* yg memperbaiki. *Exercise is a common c. for weak muscles* Gerak badan adalah suatu latihan yg bisa memperbaiki otot-otot lemah. *c. exercises* latihan-latihan utk memperbaiki.
correctness /kə'rektnəs/ *kb.* cara yg benar, kebenaran. *c. of speech* berbicara dgn cara yg benar.
corrector /kə'rektər/ *kb.* koréktor, pemeriksa.
correlate /'karəlit *kb.;* 'karəleit *kkt.*/ *kb.* salah satu dari dua benda yg satu sama lain ada hubungannya. —*kkt.* menghubungkan, menyambung. *It is not easy to c. the various views* Tdk mudah utk menghubungkan bermacam-macam pandangan/pendirian.
correlation /'karə'leisyən/ *kb.* pertalian, hubungan, korelasi. *Is there any c. between the sex of a person and his intelligence?* Adakah pertalian antara jenis kelamin s.s.o. dan kepandaiannya?
correspond /'karə'spand/ *kki.* 1 cocok. *The handwritings do not c.* Tulisan-tulisan tangan ini tak cocok satu sama lain. 2 surat-menyurat. *They frequently c. with e.o.* Meréka sering surat-menyurat. 3 dpt disamakan. *The arms of a human c. to the wings of a bird* Lengan manusia dpt disamakan dgn sayap burung. —**corresponding** *ks.* 1 yg berh. dgn surat-menyurat. *He serves as c. secretary* Ia bekerja sbg sékretaris yg mengurus surat-menyurat. 2 sesuai, cocok, sama, bersamaan.
correspondence /'karə'spandəns/ *kb.* 1 koraspondénsi, surat-menyurat. *She carries on an extensive c.* Ia menyelenggarakan koraspondénsi yg sangat luas. *c. course* kursus dgn surat-menyurat. *c. school* sekolah dgn surat-menyurat. 2 persesuaian. *The lack of c. between the two statements made the police suspicious* Tdk adanya persesuaian dlm kedua pernyataan itu menimbulkan kecurigaan polisi.
correspondent /'karə'spandənt/ *kb.* 1 wartawan, *(fem.)* wartawati. 2 penulis surat. *She's a good c.* Ia rajin menulis surat.
corridor /'karədər/ *kb.* 1 gang, jalan beratap yg menghubungkan dua gedung. 2 sebidang tanah yg menghubungkan dua bagian negara.
corroborate /kə'rabəreit/ *kkt.* membenarkan, menguatkan. *The facts c. the scientist's theory* Kenyataan-kenyataan itu membenarkan téori sarjana itu.
corroboration /kə'rabə'reisyən/ *kb.* bukti-bukti yg benar/menguatkan. *The police seek c. of his statement* Polisi mencari bukti yg menguatkan pernyataannya.
corroborative /kə'rabərətiv/ *ks.* nyata, bersifat benar. *c. evidence* bukti yg nyata.
corrode /kə'rowd/ *kkt.* merusak. *Rust corrodes cars* Karat merusak mobil. *Bad company may c. those who come in contact with it* Teman-teman yg jahat bisa merusak meréka yg bergaul dengannya.
corrosion /kə'rowzyən/ *kb.* kerusakan, karatan, hasil dari kerusakan.
corrosive /kə'rowziv/ *kb.* bahan (peng)gigit, bahan perusak. —*ks.* 1 yg menggigit, yg memakan. *c. acid* asam yg menggigit. 2 yg menghancurkan, yg merusak. *c. materials* bahan-bahan yg menghancurkan. 3 bersifat merusak. *the c. effect of worry* akibat yg bersifat merusak dari kerisauan.
corrugate /'karəgeit/ *kkt.* membéngkok-béngkok spt ombak, mengombak, berombak. —**corrugated** *ks.* berombak-ombak. *c. iron* besi yg ber-

ombak-ombak. *c. paper* kertas yg berombak utk pembungkus barang-barang pecah-belah. *c. roof* atap yg berombak-ombak.
corrupt /kə'rʌpt/ *ks.* 1 korup, jahat, buruk. *c. government* pemerintahan yg korup. 2 rusak. *c. form of language* susunan bahasa yg menyimpang dari bahasa standar. *c. manuscript* naskah yg rusak karena kurang teliti dlm menyalin, dsb. —*kkt.* 1 menyuap. *That lawyer cannot be corrupted* Adpokat itu tak bisa disuap. 2 merusak, mengubah. *The text of the play has become corrupted* Naskah sandiwara itu tlh rusak. —*kki.* merusak. *Power corrupts* Kekuasaan dpt disalah-gunakan.
corruptible /kə'rʌptəbəl/ *ks.* dpt disuap. *Some people are c.* Beberapa orang dpt disuap.
corruption /kə'rʌpsyən/ *kb.* 1 korupsi, kecurangan. 2 perubahan. *c. of a language* perubahan bahasa dari susunan standarnya.
corruptor /kə'rʌptər/ *kb.* koruptor.
corsage /kɔr'sazy/ *kb.* korsase, bunga-bungaan yg dipakai wanita di pinggang atau di bahunya.
corset /'kɔrsit/ *kb.* korsét.
cortege /kɔr'tezy/ *kb.* iring-iringan, arak-arakan. *funeral c.* iring-iringan pengantaran jenazah.
cortex /'kɔrteks/ *kb.* 1 kulit/lapisan luar. 2 kulit otak.
cortisone /'kɔrtəzown/ *kb.* kortison.
corundum /kə'rʌndəm/ *kb.* korundum, aluminium oksida.
corvee /kɔr'vei/ *kb.* korvé, tobang.
corvette /kɔr'vet/ *kb.* korvét.
cosecant /kow'siekənt/ *kb.* kosékans.
cosine /'kowsain/ *kb.* kosinus.
cosmetic /kaz'metik/ *kb.* alat/bahan kecantikan, perias. *Lipstick is a c.* Pemérah bibir adalah alat kecantikan.
cosmetician /'kazmə'tisyən/ *kb.* 1 ahli kecantikan. 2 pedagang alat-alat kecantikan.
cosmetology /'kazmə'taləjie/ *kb.* ilmu tatarias.
cosmic /'kazmik/ *ks.* kosmik. *c. rays* sinar kosmik.
cosmogony /kaz'magənie/ *kb.* (*j.* **-nies**) asal usul alam semésta.
cosmography /kaz'magrəfie/ *kb.* (*j.* **-phies**) ilmu falak, kosmografi.
cosmology /kaz'maləjie/ *kb.* kosmologi.
cosmonaut /'kazmənɔt/ *kb.* angkasawan, kosmonot. *woman c.* angkasawati.
cosmopolitan /'kazmə'palətən/ *ks.* internasional, tersebar di seluruh dunia. *a c. city* kota internasional.
cosmopolite /kaz'mapəlait/ *kb.* kosmopolit, orang yg berpandangan internasional, warga dunia.
cosmos /'kazməs/ *kb.* kosmos.
cost /kɔst/ *kb.* 1 harga. *The c. of that house is high* Harga rumah itu mahal. 2 korban, kerugian. *The c. of lives in the earthquake was great* Korban jiwa dlm gempa bumi itu besar jumlahnya. *c. price* harga pokok/pembuatan. 3 ongkos. *It will not repay the c.* Itu tdk akan menutupi ongkos pembiayaannya. *c. of living* ongkos penghidupan. *He tried to escape at the c. of his life* Ia mencoba melarikan diri dgn mengorbankan nyawanya. —*kkt.* (**cost**) 1 harganya, berharga. *That house costs too much* Rumah itu terlalu tinggi harganya. 2 meminta (korban). *The tornado c. 14 lives* Topan itu meminta korban 14 jiwa. *Alcoholism c. him his wife, home, and job* Karena kecanduannya thd minuman keras ia kehilangan isteri, rumah dan pekerjaannya. **at any c.** berapapun juga harganya, bagaimanapun juga. *She wanted to buy that coat at any c.* Ia ingin membeli mantel itu berapapun juga harganya. —**costs** *j.* ganti keru-

gian. *He was fined $10 and costs for speeding* Ia didenda $10 beserta ganti kerugian karena terlalu cepat mengendarai mobil. **at all costs** bagaimanapun juga. *She wanted to get home at all costs* Ia mau pulang bagaimanapun juga. **c. accountant** akuntan yg ahli dlm menghitung ongkos produksi barang. **c. accounting** sistim/cara menghitung ongkos-ongkos yg dikeluarkan utk memproduksi s.s.t. barang. **c. sheet** neraca pengeluaran. **c. of living index** indék(s) biaya hidup.

costly /'kɔstlie/ *ks.* 1 mahal. *c. trip* perjalanan mahal. 2 merugikan. *c. mistake* kesalahan yg merugikan.

costume /'kastyuwm, -tuwm/ *kb.* 1 pakaian. *national c.* pakaian nasional. 2 baju. *c. ball* bal maské.

costumer /'kastyuwmər, -tuwm-/ *kb.* penjahit/penjual pakaian.

cot /kat/ *kb.* pélbét.

cotangent /kow'tænjənt/ *kb.* kotangéns.

coterie /'kowtərie/ *kb.* kalangan teman-teman yg sering saling bertamu.

cotillion /kow'tilyən/ *kb.* sm dansa.

cottage /'katij/ *kb.* pondok, gubuk. *c. cheese* kéju lembut. *c. industry* kerajinan tangan, perindustrian rakyat.

cotter /'katər/ *kb.* **c. pin** pasak.

cotton /'katən/ *kb.* kapas, katun. *c. flannel* katun halus. *c. gin* mesin pemisah kapas dari bijinya. *c. goods* bahan katun. *c. picker* a) mesin pemetik kapas. b) orang pemetik kapas. *c. waste* majun. *c. wool* kapas mentah. —*kki.* **to c. (on) to** *Sl.*: menyukai. *They did not c. on to the suggestion* Meréka tdk menyukai saran itu. *I just can't c. to him* Saya tak suka kepadanya. **c. candy** harum manis, kembang gula.

cottonmouth /'katən'mawth/ *kb.* sej. ular besar berbisa (AS).

cottonseed /'katən'sied/ *kb.* biji kapas. *c. meal* ampas biji kapas utk makanan héwan. *c. oil* minyak biji kapas.

couch /kawc/ *kb.* sm dipan. —*kkt.* menuliskan. *He couches his essays in blunt language* Ia menuliskan karangan-karangannya dlm bahasa yg terus-terang.

cough /kɔf/ *kb.* batuk. *c. drop* permén batuk. *c. medicine* obat batuk. *c. syrup* obat batuk yg cair, obat cairan. —*kki.* (ber)batuk. *He coughs at night* Ia batuk waktu malam. **to c. up** 1 membatukkan (keluar). *to c. up blood* membatukkan darah. 2 *Sl.*: mengeluarkan. *I had to c. up $100* Saya hrs mengeluarkan $100. —**coughing** *kb.* batuk. *persistent c.* batuk yg terus-menerus.

could /kud/ lih CAN.

couldn't /'kudənt/ [*could not*] lih CAN.

council /'kawnsəl/ *kb.* déwan. *municipal c.* déwan kotapraja.

councilman /'kawnsəlmən/ *kb.* (*j.* **-men**). penasihat, anggota déwan kotapraja.

counsel /'kawnsəl/ *kb.* 1 nasihat. *They obtained the best c.* Meréka mendapat nasihat yg terbaik. *legal c.* (*advice*) nasihat pengacara hukum. 2 pengacara. *c. for the defendant* pengacara terdakwa. **to keep o's own c.** berdiam diri dgn bijaksana, merahasiakan rencana. **to take c.** berembuk, membicarakan, meminta naséhat kpd. *The elders took c. on the matter of land distribution* Para sesepuh berembuk ttg masalah pembagian tanah. —*kkt.* menganjurkan, menasihatkan. *He counseled caution in the matter* Ia menganjurkan spy berhati-hati dlm hal itu. —**counseling** *kb.* pemberian nasihat, pérembukan, penyuluhan.

counsellor /'kawnsələr/ *kb.* penasihat.

count /kawnt/ *kb.* 1 (per)hitungan, jumlah. *We want to take a c. of those present* Kami hendak menghitung meréka yg hadir. 2 pangéran. *a European c.* seorang pangéran Éropa. 3 tuduhan. *He was found guilty on both counts* Ia kedapatan bersalah dlm kedua jenis tuduhan. —*kkt.* 1 menghitung. *I have to c. the money* Saya hrs menghitung uang itu. *We won't c. that point* Kami tdk akan menghitung biji itu. 2 menganggap. *I c. myself fortunate to have a brother* Saya menganggap diri saya beruntung mempunyai seorang saudara laki-laki. —*kki* 1 menghitung, berhitung. *He can't c.* Ia tdk pandai berhitung. 2 berarti. *Every minute counts* Tiap-tiap menit berarti. 3 berlaku. *That doesn't c.* Itu tdk masuk hitung. **to c. for** berharga. *Life counts for very little in some societies* Nyawa tak berharga didlm beberapa masyarakat. *Inf.*: **to c. in** memasukkan. *C. me in* Masukkan saya. **to c. off** membagi dlm bagian yg sama. *C. off by two's* Bagilah dlm dua-dua. *Inf.*: **to c. on** 1 mengharapkan. *You can c. on my cooperation* Engkau dpt mengharapkan pertolongan saya. 2 memperhitungkan. *That country can c. on influence from abroad* Negeri itu dpt memperhitungkan pengaruh dari luar. **to c. out** *Inf.*: 1 menyatakan kalah. *The boxer was counted out in the fifth round* Petinju itu dinyatakan kalah pd babak kelima. 2 *Sl.*: mengeluarkan. *C. me out* Keluarkan saya. **to c. up** 1 menyebut berturut-turut, menghitung. *C. up to one hundred by tens* Hitunglah dlm puluhan hingga seratus. 2 menjumlahkan. *to c. up the day's receipts* menjumlahkan penerimaan-penerimaan (uang) hari ini. **counting frame** sipoa, dekak-dekak.

countdown /'kawnt'dawn/ *kb.* penghitungan detik-detik terakhir. *He began the c.: 3, 2, 1* Ia memulai penghitungan detik-detik terakhir: 3, 2, 1.

countenance /'kawntənəns/ *kb.* air muka, wajah, roman muka. —*kkt.* menyetujui. *I won't c. your marriage to that boy* Saya tak akan menyetujui perkawinanmu dgn anak itu.

counter /'kawntər/ *kb.* 1 toonbank, méja pajangan/kedai, kasir. *Please don't lean on the c.* Harap jangan bersandar di méja pajangan. 2 alat penghitung, kartu/keping penghitung. *We use counters in this game* Kami memakai alat penghitung dlm permainan ini. 3 juru hitung. 4 *Ling.*: penolong bilangan. **under the c.** diluar pengadilan, dibawahtangan. —*ks.* 1 berlawanan. *His views are/run quite c. to mine* Pendapatnya sangat berlawanan dgn pendapat saya. 2 banding, tandingan. *c. offer* tawaran tandingan. —*kkt.* membalas. *He countered his opponent with a blow to the head* Ia membalas lawannya itu dgn pukulan pd kepalanya. *to c. o's opponent's blows* membalas pukulan-pukulan lawannya. —*kki.* menjawab. *He countered with a strong argument* Ia menjawab dgn alasan yg kuat.

counteract /'kawntər'ækt/ *kkt.* meniadakan, menétralkan. *to c. the evil tendencies in the group* meniadakan gejala-gejala jahat dlm golongan itu.

counterattack /'kawntərə'tæk/ *kb.* serangan balasan. —*kkt., kki.* mengadakan serangan balasan.

counterattraction /'kawntərə'træksyən/ *kb.* hiburan bandingan/tambahan.

counterbalance /'kawntər'bæləns/ *kb.* (berat) imbangan, pengaruh imbangan. —*kkt.* mengimbangi. *Vacations c. work* Liburan mengimbangi pekerjaan.

counterblow /'kawntər'blow/ *kb.* pukulan balasan.

countercharge /'kawntər'carj/ *kb.* serangan balasan.

counterclaim /'kawntər'kleim/ *kb.* tuntutan balasan/tandingan. *He made a c. against the one suing him*

Ia membuat tuntutan tandingan thd tuntutan yg diajukan padanya.

counterclockwise /'kawntər'klak'waiz/ *ks., kk.* berlawanan dgn jalan jarum jam.

counterdrive /'kawntər'draiv/ *kb.* serangan balasan.

counterespionage /'kawntər'espieə'nazy/ *kb.* kontra-spionase.

counterfeit /'kawntərfit/ *ks.* palsu, tiruan. *c. money* uang palsu. *c. chair* kursi (kuno) tiruan. —*kkt.* 1 memalsukan, meniru (*money*). 2 pura-pura, sok. *She counterfeited sorrow she did not feel* Ia pura-pura sedih yg sebetulnya tdk dirasakannya.

counterfeiter /'kawntər'fitər/ *kb.* pemalsu, peniru.

counterintelligence /'kawntərin'telǝjǝns/ *kb.* kontraintélijén.

counterirritant /'kawntər'irǝtǝnt/ *kb.* alat/obat yg dipakai utk menimbulkan suatu réaksi menghadapi s.s.t. penyakit atau inféksi dsb.

counterirritation /'kawntər'irǝ'teisyǝn/ *kb.* keadaan yg sengaja ditimbulkan sbg réaksi thd s.s.t. penyakit.

countermand /'kawntər'mænd/ *kkt.* membatalkan (*an order*).

countermeasure /'kawntər'mezyǝr/ *kb.* tindakan balasan.

countermove /'kawntər'muwv/ *kb.* langkah/ tindakan balasan. *c. in chess* langkah balasan dlm main catur.

counteroffensive /'kawntərǝ'fensiv/ *kb.* serangan balasan.

counterpane /'kawntər'pein/ *kb.* kain penutup tempat tidur (diatas sprei).

counterpart /'kawntər'part/ *kb.* 1 rekan/teman imbangan. *On technical missions abroad, the expert works with his local c.* Dlm misi-misi bantuan téknik diluar negeri seorang ahli bekerja dgn teman imbangannya (seorang ahli setempat). *c. funds* uang/dana yg disediakan oléh pemerintah s.s.t. negara sbg imbangan thd uang pinjaman dari luar negeri, dipakai utk pembangunan negeri itu sendiri, dana imbangan.

counterpoint /'kawntər'point/ *kb.* lagu tambahan yg mengiringi lagu lain.

counterrevolution /'kawntər'revǝ'luwsyǝn/ *kb.* kontrarévolusi.

countershaft /'kawntər'syæft/ *kb.* as/poros penggerak.

countersign /'kawntər'sain/ *kb.* tanda balasan/ jaga. —*kkt.* ikut menanda tangani. *Your wife must c. this note* Isterimu hrs ikut menandatangani surat hutang ini.

counterthrust /'kawntər'thrʌst/ *kb.* serangan balasan.

counterweight /'kawntər'weit/ *kb.* imbangan berat.

countess /'kawntis/ *kb.* sm pangéran wanita.

countless /'kawntləs/ *ks.* tak terhitung/terbilang. *C. birds fly south* Burung-burung yg tak terbilang jumlahnya terbang ke arah selatan.

countrified /'kʌntriefaid/ *ks.* bersifat kedaérahan/ kedésaan.

country /'kʌntrie/ *kb.* (*j.* **-ries**) 1 negeri, negara. *How many countries have you visited?* Berapa banyak negeri tlh sdr kunjungi? *out of the c.* diluar negeri. 2 tanahair. *my c.* tanahairku. 3 luar kota, pedésaan, daérah pedalaman. *to live in the c.* tinggal diluar kota. —*ks.* pedalaman, dusun, pedésaan. *He speaks a c. dialect* Ia berbicara dialék pedalaman. **c. club** perkumpulan biasanya diluar kota yg

mempunyai gedung pertemuan dan perlengkapan utk olahraga. **c. gentleman** pria yg tinggal di tanah miliknya di daérah pedalaman. **c. house** rumah di pedalaman/désa. **c. road** jalan désa.

countryman /'kʌntriemǝn/ *kb.* (*j.* **-men**). orang senegeri/sebangsa. *He's a c. of mine* Ia seorang teman senegeri saya.

countryside /'kʌntrie'said/ *kb.* daérah pedalaman/ daérah luar kota.

countrywide /'kʌntrie'waid/ *ks.* di seluruh negeri. *The President made a c. trip* Présidén mengadakan perjalanan ke seluruh negeri.

county /'kawntie/ *kb.* (*j.* **-ties**) 1 sm kabupatén, wilayah. *Tompkins C.* daérah (kabupatén) Tompkins. 2 daérah. *c. government* pemerintahan daérah.

coup /kuw/ *kb.* 1 tindakan tangkas yg tiba-tiba, pukulan mendadak. *a c. on Wall Street* tindakan tiba-tiba yg menguntungkan di Wall Street. 2 kup. *c. d'état* /dei'ta/ kudéta. *c. de grace* /dǝ'gras/ tindakan yg mengakhiri penderitaan.

coupé /kuw'pei/, **coupe** /kuwp/ *kb.* mobil tertutup berpintu dua.

couple /'kʌpǝl/ *kb.* 1 pasangan, suami-isteri. 2 beberapa. *I have only a c. of dollars left* Saya mempunyai sisa beberapa dolar saja. *a c. of books* beberapa buku. —*kkt.* 1 merangkaikan (*two coaches*). 2 *Inf.*: kawin. *They were finally coupled* Akhirnya meréka kawin. —**coupled** *ks.* gandéng, bergandéng(an). —**coupling** *kb.* kopeling, kopel, perangkai. *c. on railroad cars* kopeling gerbong keréta api, perangkai gerbong.

couplet /'kʌplit/ *kb.* bait, untai.

coupon /'kuwpan/ *kb.* kupon.

courage /'kǝrij/ *kb.* keberanian, keteguhan hati. *He's a man of great c.* Ia seorang yg sangat berani. *Keep up your c. in the face of danger* Teguhkanlah hatimu menghadapi bahaya. *He has the c. of his convictions* Ia bertindak menurut keyakinannya.

courageous /kǝ'reijǝs/ *ks.* berani.

courier /'kurieǝr, 'kǝr-/ *kb.* kurir, pesuruh.

course /kowrs/ *kb.* 1 jalan. *a straight c.* jalan lurus. *the c. of the river* jalan sungai. *the c. of events* jalannya kejadian. *the c. of true love* jalan cinta sejati. 2 (*subject*) rangkaian pelajaran, matapelajaran. *What c. do you plan to study?* Sdr hendak belajar matapelajaran apa? 3 kursus. *English lessons.* kursus bahasa Inggeris 4 bagian. *a three-c. dinner* makan malam yg terdiri dari tiga bagian. **in due c.** pd waktunya. *I will meet him in due c.* Saya akan bertemu dgn dia pd waktunya. **in the c. of** selama, dalam. *In the c. of our conversation I learned much* Selama percakapan kami banyak yg saya ketahui. **of c.** tentu saja. *Of c. you will be given a vacation* Tentu saja sdr akan diberi liburan. *The epidemic ran its c.* Wabah itu tlh habis. **to take its own c.** berbuat sekehendak hatinya. —*kki.* mengalir. *The brook coursed through his yard* Anak sungai itu mengalir meléwati halamannya.

court /kowrt/ *kb.* 1 pengadilan. *to appear in c.* menghadap di pengadilan. 2 halaman yg dikelilingi dinding. *This room opens onto a c.* Ruangan ini keluar ke sebuah halaman. 3 lapangan. *tennis c.* lapangan ténnis. 4 istana. *She was presented at c.* Ia diperkenalkan di istana. 5 penerimaan tamu. *She holds c. every afternoon at 4* Ia menerima tamu tiap-tiap soré jam 4. **out of c.** diluar pengadilan. *The lawsuit was settled out of c.* Perkara itu diselesaikan diluar pengadilan. **to pay c. to** pacaran/bercumbu dgn, merayu. *to pay c. to a woman* merayu seorang wanita. —*kkt.* 1 pacaran dgn. *He has courted her for many years* Ia

pacaran dgn dia bertahun-tahun lamanya. 2
menghendaki, mencari (danger).
courteous /'kɔrtieəs/ ks. sopan (santun).
courtesan /'kowrtəzən/ kb. pelacur.
courtesy /'kɔrtəsie/ kb. (j. -sies) 1 kesopan-san-
tunan, kesopanan. 2 rasa hormat. to display c. to-
wards... menunjukkan rasa hormat kpd.... to pay
a c. call on melakukan kunjungan kehormatan kpd.
c. visa visa kehormatan. 3 kebaikan. I do it only out
of c. Saya melakukan hal itu hanya sbg kebaikan.
The tables were furnished by c. of a local firm Méja-
méja itu disediakan atas kebaikan sebuah firma
setempat.
courthouse /'kowrt'haws/ kb. gedung pengadilan.
courtier /'kowrtieər/ kb. orang yg termasuk ang-
gota istana.
courtliness /'kowrtlienəs/ kb. kesopan-santunan,
kesopanan.
courtly /'kowrtlie/ ks. bersifat sopan-santun. c.
demeanor tingkah laku yg sopan-santun.
courtmartial /'kowrt'marsyəl/ kb. mahkamah ten-
tara/militér, pengadilan tentara. —kkt. mengadili
dimuka pengadilan tentara. to c. for insubordination
mengadili dimuka pengadilan tentara karena
menentang perintah atasannya.
courtroom /'kowrt'rum/ kb. ruangan pengadilan.
courtship /'kowrtsyip/ kb. masa bercumbu-cumbu-
an/kenal-mengenal.
courtyard /'kowrt'yard/ kb. halaman gedung yg
dikelilingi oléh témbok.
cousin /'kʌzən/ kb. (saudara) sepupu. Bill and Mary
are my cousins Bill dan Mary sepupu saya.
couturier /kuw'turieər/ kb. penjahit pakaian, mo-
diste.
cove /kowv/ kb. teluk kecil.
covenant /'kʌvənənt/ kb. perjanjian. c. of marriage
akad nikah.
cover /'kʌvər/ kb. 1 tutup. pan c. tutup panci. 2
penutup. Put the c. back on the box Kembalikanlah
penutup pd kotak itu. 3 kain penutup. He kicked
all the covers off the bed Semua kain penutup disépak-
nya dari tempat tidur. 4 sampul. This book has a very
attractive c. Buku ini mempunyai sampul yg sangat
menarik. first day c. sampul hari pertama. 5 lin-
dungan. to escape under c. of darkness melarikan diri
dibawah lindungan kegelapan. 6 perlindungan.
I sought c. from the rain Saya mencari perlindungan
karena hujan. to break c. meninggalkan/keluar
dari tempat persembunyian. to take c. bersem-
bunyi, berlindung. Take c. when the siren sounds
Bersembunyilah jika siréne berbunyi. under c.
bersembunyi. He kept her whereabouts under c. Ia
merahasiakan tempat wanita itu. to send two copies
of the book under separate c. mengirimkan dua buah
buku itu dlm bungkusan lain. —kkt. 1 menutupi.
C. the pudding while it's cooling Tutupilah poding itu
selagi menjadi dingin. This cloth doesn't c. the table
Tapelak ini tak menutupi méja itu. My savings will
not c. my debts Tabunganku tak akan menutupi
hutangku. 2 meliputi, mencakup. His farm covers
much of the county Tanah usahatatinya meliputi
sebagian besar daérah kabupatén itu. This article
covers all the important topics Karangan ini meliputi
semua masalah penting. In his job he covers the state of
Ohio Daérah kerjanya meliputi negara bagian
Ohio. 3 menutup. My income just barely covers my
living expenses Pendapatanku hampir-hampir tak
menutup ongkos hidupku. 4 menempuh. If we drive
fast we can c. 400 miles a day Jika mobil kita jalan
cepat kita bisa menempuh 400 mil sehari. 5 melin-

dungi. You go ahead; I'll c. you with my rifle Majulah;
saya akan melindungimu dgn senapanku. :: I was
covered with shame when I was found out Saya malu
sekali ketika saya kedapatan. Are you fully covered
in case of fire? Apakah kamu mendapat (tanggung-
an) asuransi penuh kalau terjadi kebakaran? **to
c. over** menutupi, menyelubungi. I'll c. you over
with this blanket Saya akan menutupimu dgn selimut
ini. **to c. up** 1 menutupi, menyelimuti. Lie down
and I'll c. you up Berbaringlah dan saya akan me-
nyelimutimu. 2 menyembunyikan. to c. up o's crime
menyembunyikan kejahatannya. **c. charge** ongkos
tambahan utk pelayanan atau hiburan di réstoran.
—**covering** kb. tutup, penutup. c. letter surat
pengantar/penyertai.
coverage /'kʌvərij/ kb. ulasan, cara pemberitaan,
pencakupan. news c. ulasan pemberitaan/pérs.
insurance c. jumlah jaminan asuransi.
coverall /'kʌvər'ɔl/ kb. baju monyét.
coverlet /'kʌvərlit/ kb. tutup diatas seperai tempat
tidur.
covert /'kʌvərt, 'kowv-/ ks. tersembunyi, samar. c.
acts tindakan-tindakan tersembunyi.
covet /'kʌvit/ kkt. 1 iri hati. to c. another's possessions
iri hati thd milik orang lain. 2 mendambakan,
merindukan. to c. another's wife mendambakan
isteri orang lain.
covetous /'kʌvətəs/ ks. 1 bersifat iri hati. She tends
to be c. Ia cenderung utk iri hati. 2 tamak.
covey /'kʌvie/ kb. kawanan. a c. of birds sekawanan
burung.
cow /kaw/ kb. lembu, sapi. Inf.: I'll stay here till the
cows come home before I apologize Saya tdk akan minta
maaf meskipun saya akan tinggal disini utk se-
lama-lamanya. —kkt. menakutkan. She was cowed
by her husband's threats Ia ditakutkan oléh ancaman-
ancaman suaminya.
coward /'kawərd/ kb. penakut, pengecut.
cowardice /'kawərdis/ kb. perasaan pengecut,
kekecutan (hati).
cowardliness /'kawərdlienəs/ kb. kekecutan hati,
sikap pengecut.
cowardly /'kawərdlie/ ks. secara pengecut. He is c.
by nature Ia sifatnya/bersifat pengecut.
cowboy /'kaw'boi/ kb. koboi, gembala sapi.
cower /'kawər/ kki. gemetar ketakutan. The victim
cowered in the corner Korban yg malang itu gemetar
ketakutan di pojok.
cowhide /'kaw'haid/ kb. kulit sapi.
cowl /kawl/ kb. topi runcing (péndéta).
cowlick /'kaw'lik/ kb. rambut spt ijuk.
cowling /'kawling/ kb. pelindung/penutup mesin
dari baja.
co-worker /kow'wərkər/ kb. teman sekerja.
cowpox /'kaw'paks/ kb. cacar sapi.
coxswain /'kaksən/ kb. 1 pengemudi sekoci. 2
kepala kelasi.
coy /koi/ ks. pura-pura/sok malu, malu-malu
kucing, pemalu. She tends to be c. around men Ia ke-
lihatannya pura-pura malu kalau ada laki-laki.
coyote /kai'owt(ie)/ kb. sej. anjing hutan.
coziness /'kowzienəs/ kb. kesenangan. the c. of the
room kesenangan kamar.
cozy /'kowzie/ ks. menyenangkan, senang, énak.
This is a c. room Ini kamar yg menyenangkan.
cp. [compare] bgk [bandingkan].
C.P.A., CPA [Certified Public Accountant] Akuntan
Umum Berijazah.
cpd. [compound] gabungan, senyawa.
cpl., Cpl. [corporal] kopral.

crab /kræb/ *kb.* 1 kepiting, ketam, yuyu. 2 pengeluh, pengumpat. *What a c. he is!* Pengumpat benar ia! *to catch a c.* mendayung salah, tdk kena air. —*kki.* (**crabbed**) 1 *Inf.:* mengeluh, mengumpat. *Stop crabbing about everything* Diam, jangan mengeluh saja. 2 menangkap kepiting kecil. **c. grass** sm rumput alang-alang yg merusak halaman.

crack /kræk/ *kb.* 1 retak. *This glass has a c.* Gelas ini ada retaknya. 2 celah. *to peep through the c.* mengintip melalui celah. 3 letusan. *c. of a rifle* letusan bedil. 4 bunyi tajam. *c. of a whip* lecutan cambuk. 5 *Sl.:* kelakar. *I'm sick and tired of your insulting cracks* Saya bosan sekali dgn kelakarmu yg menghina itu. **to make a c.** mengéjék, berolok-olok. *Don't make any cracks about my haircut!* Janganlah mengéjék potongan rambutku! **at the c. of dawn** waktu fajar menyingsing. *Sl.:* **to take a c. at** mencoba. —*ks. Inf.:* jagoan. *tennis player* pemain ténnis yg jagoan/ulung —*kkt.* 1 *Sl.:* memecahkan. *to c. a safe* memecahkan/mendobrak peti besi. *to c. a course record* memecahkan rékor pertandingan. *Inf.: to c. a code* memecahkan kode. 2 meretakkan (*a nut*). 3 *Inf.:* memperlihatkan (*a smile*). 4 *Sl.:* membuka. *He rarely cracks a book until a test comes along* Ia jarang membuka buku sampai ada ujian. *Let's c. a bottle* Mari kita membuka botol (dan) minum. —*kki.* 1 pecah, retak. *The plank cracked when I stepped on it* Papan itu pecah ketika saya memijaknya. 2 menjadi tak berdaya. *He cracked under the strain* Ia ambruk dibawah ketegangan itu. **to c. down** mengambil tindakan keras. **to c. open** membuka, membongkar. *The D. A. was able to c. the gambling racket wide open* Jaksa wilayah dpt membongkar habis-habisan keonaran perjudian. **to c. up** 1 menghancurkan. *He cracked up his new car* Ia menghancurkan mobilnya yg baru. 2 menjadi tak berdaya. *He cracked up* Ia menjadi tak berdaya. Ia menjadi lumpuh. 3 *Sl.:* tertawa terbahak-bahak. 4 hancur. *The bus cracked up when it hit an abutment* Bis itu hancur ketika menabrak témbokan. *Inf.: cracked up* digembar-gemborkan. *The movie was not as good as it is cracked up to be* Film itu tdk sebagus sebagaimana digembar-gemborkan. **c. of doom** hari kiamat, akhir zaman. —**cracked** *ks.* 1 *Inf.:* gila. *He's c.* Ia gila. 2 retak. *c. plate* piring yg retak. *Inf.:* **to get cracking** (me)mulai. *Let's get c. with this job* Marilah kita mulai dgn pekerjaan ini.

cracker /'krækər/ *kb.* kuéh, sm biskit yg tdk manis.

crackerjack /'krækər'jæk/ *kb.* sm jagung rendang yg diberi gula. —*ks. Sl.:* jagoan, ulung. *a c. swimmer* seorang perenang yg ulung.

crackle /'krækəl/ *kb.* dedas (*of a rifle*). —*kki.* 1 meretih, gemercik. *The fire crackled* Api meretih. 2 mendedas (*of a rifle*).

crackpot /'kræk'pat/ *kb. Inf.:* seorang anéh/ sinting. *At first he was considered a c., but he became a well-known inventor* Mula-mula ia dianggap seorang anéh, tetapi ia menjadi seorang penemu yg terkenal. —*ks. Inf.:* anéh. *a c. suggestion* saran yg anéh/gila.

crackup /'kræk'ʌp/ *kkt.* 1 tabrakan (*of a car*). 2 kehancuran. *Inf.: mental c.* kehancuran rohani.

cradle /'kreidəl/ *kb.* 1 ayunan, buaian. 2 tempat lahir. *the c. of civilization* tempat lahir peradaban. *Sl.: He robbed the c. when he married that 16-year old girl* Ia mengawini s.s.o. yg jauh lebih muda ketika ia kawin dgn gadis berumur 16 tahun itu. —*kkt.* membuai. *to c. a baby in o's arms* membuai bayi dlm pelukannya.

craft /kræft/ *kb.* 1 keahlian, keprigelan. *the writer's c.* keahlian pengarang. 2 (*boat*) kapal (kecil).

craftsman /'kræftsmən/ *kb.* (*j.* -**men**). 1 tukang, ahli, juru. 2 seniman yg mempunyai ketrampilan téhnik.

craftsmanship /'kræftsmənsyip/ *kb.* keahlian, ketrampilan.

crag /kræg/ *kb.* tebing batu yg terjal.

cram /kræm/ *kkt.* (**crammed**) menjejalkan, memasukkan dgn paksa. *You've crammed too much into this drawer* Kamu tlh menjejalkan terlalu banyak barang dlm laci ini. *The room was crammed with visitors* Ruangan itu penuh sesak dgn tamu-tamu. —*kki. Inf.:* belajar tergesa-gesa, dipompa. *to c. for exams* belajar tergesa-gesa utk ujian. **c. course** kursus kilat.

cramp /kræmp/ *kb.* kejang, kram. *to suffer a c.* menderita kejang. —**cramps** *j.* 1 kejang. 2 *Sl.:* datang bulan/haid. 3 ngeri perut. —*kkt.* mengekang. *I feel cramped in this chair* Saya merasa kaku dlm kursi ini.

cranberry /'kræn'berie/ *kb.* (*j.* -**ries**) sm berry.

crane /krein/ *kb.* 1 burung bangau. 2 dérék. *This c. can lift heavy objects* Dérék ini bisa mengangkat barang-barang berat. —*kkt., kki.* mengulurkan (léhér). *The large crowd forced me to c. to see* Karena banyak orang saya terpaksa mengulurkan léhér spy dpt lihat.

cranial /'kreinieəl/ *ks.* yg bert. dgn tengkorak.

cranium /'kreiniəm/ *kb.* tengkorak, tempurung kepala.

crank /krængk/ *kb.* 1 éngkol. *Turn the c.* Putarlah éngkol. 2 *Inf.:* orang yg anéh. *He's a c.* Ia seorang yg anéh. —*ks.* anéh. *c. letter* surat kaléng. —*kkt., kki.* mengéngkol (*a car*). **to c. up** mengéngkol. *C. up the motor* Éngkollah mesin itu.

crankcase /'krængk'keis/ *kb.* bak/rumah mesin.

crankiness /'krængkienəs/ *kb.* sifat lekas tersinggung.

crankshaft /'krængk'syæft/ *kb.* poros éngkol/mesin, krukas.

cranky /'krængkie/ *ks.* 1 lekas marah/tersinggung. *You're so c.* Kamu lekas benar marah. 2 ngambek, dongkol, jéngkél.

cranny /'krænie/ *kb.* (*j.* -**nies**) sela-sela, celah-celah. *We looked in every nook and c.* Kami tlh menyelidiki semua sela dan celah.

crape /kreip/ *kb.* kain yg berkerut dari wol, sutera, kain krép dsb.

crapehanger /'kreip'hængər/ *kb. Sl.:* seorang yg muram. *He's a real c.* Ia betul-betul seorang yg muram.

crash /kræsy/ *kb.* 1 tubrukan, tabrakan. *He was killed in the c.* Ia meninggal dlm tubrukan itu. 2 dentaman (*of falling dishes or trees*). 3 jaman melését. *the c. of 1929* jaman melését tahun 1929 —*ks.* besar-besaran. *c. program* program yg besar-besaran dan tergesa-gesa. —*kkt.* 1 menabrakkan. *He crashes cars for research* Ia menabrakkan mobil-mobil utk penyelidikan. 2 *Inf.:* masuk tanpa diundang/ bayar (*a party*). —*kki.* 1 bertabrakan, tubrukan. *The two planes crashed on the runway* Kedua pesawat itu bertabrakan di landasan terbang. *The two cars crashed* Kedua mobil itu saling tubrukan. 2 hancur, gagal, bangkrut. *The store fell on bad times and crashed* Toko itu menghadapi jaman susah lalu hancur. 3 jatuh, pecah. *The six plates crashed to the floor* Keenam piring itu jatuh berpecahan di lantai. 4 jatuh. *His plane crashed* Pesawat terbangnya jatuh. **c. helmet** helm. **to crash-land** mengadakan pendaratan darurat, mendarat secara terpaksa. *c. landing* pendaratan darurat secara mendadak. —**crashing** *ks.* benar-benar, sungguh-sungguh.

Inf.: *He's a c. bore* Ia betul-betul menjemukan.
crate /kreit/ *kb.* 1 peti kayu. 2 *Sl.*: mobil. —*kkt.* memetikan, mempak (*furniture*).
crater /'kreitər/ *kb.* 1 kawah (*of volcano*). 2 lubang (*from shelling*).
crave /kreiv/ *kkt.* 1 sangat membutuhkan/mengharapkan. *The child craves affection* Anak itu sangat membutuhkan kasih sayang. 2 candu akan. *She craves sweets* Ia candu akan manis-manisan. —**craving** *kb.* idaman. *She had a c. for pickles during her pregnancy* Ia mengidam acar selama ia hamil.
craw /krɔ/ *kb.* tembolok, empedal. *Inf.*: *My statement stuck in my c.* Apa yg saya katakan itu tak sanggup saya ucapkan.
crawfish /'krɔ'fisy/ *kb.*=*crayfish.* —*kki. Inf.*: mundur. *We were prepared to carry out the agreement but he crawfished* Kami siap menjalankan perjanjian itu, tapi ia mundur/menarik diri.
crawl /krɔl/ *kb.* 1 gerak yg pelan sekali. *In the heavy traffic we moved at a c.* Dlm lalulintas yg ramai itu kita maju pelan-pelan. 2 *Sport*: gaya renang bébas. —*kki.* 1 merangkak. *The baby crawls everywhere* Bayi itu merangkak kemana-mana. 2 maju dgn pelan-pelan. *The traffic sometimes crawls* Lalu lintas kadang-kadang maju dgn pelan-pelan sekali. 3 dijalari. *Our picnic table was crawling with ants* Méja piknik kami penuh dijalari semut. 4 merayap (*of insects*).
crayfish /'krei'fisy/ *kb.* udang karang.
crayon /'kreiən/ *kb.* krayon, pénsil lilin yg berwarna. —*kkt., kki.* menggambar dgn krayon.
craze /kreiz/ *kb.* sifat keranjingan/kegila-gilaan, kegemaran. *The twist is the latest c.* Dansa twis adalah kegemaran terbaru.
crazy /'kreizie/ *ks.* 1 gila, sinting. *He's c.* Ia gila. *to go c.* menjadi gila. *I'm almost c. with anxiety over my husband* Saya hampir gila memikirkan suami saya. 2 *Inf.*: gemar benar. *She's c. about candy* Dia gemar benar akan gula-gula. 3 *Sl.*: hébat. *That's a c. outfit you have on* Bajumu itu hébat benar. 4 tergila-gila. *She is c. about him* Ia tergila-gila padanya. *Sl.*: **like c.** tak henti-hentinya. *He worked like c.* Ia bekerja keras sekali. **to drive s.o.c.** membingungkan. *That noise is driving me c.* Bunyi/Keonaran itu membingungkan saya.
creak /kriek/ *kki.* berbunyi k(er)iat-k(er)iut. *These steps c.* Anak tangga ini berbunyi keriat-keriut.
creaky /'kriekie/ *ks.* berbunyi keriat-keriut (*of stairs, floor*).
cream /kriem/ *kb.* 1 kepala susu. *c. in the coffee* kepala susu dlm kopi. 2 yg terbaik. *She's the c. of the crop* Ia yg terbaik di kalangan itu. —*kkt.* 1 mengambil kepala susu dari susu. 2 *Sl.*: mengunduli. *Our team was creamed; we lost 8-1* Regu kami digunduli habis-habisan. Kami kalah 8-1. **c. cheese** kéju yg banyak sekali mengandung kepala susu. **c. of chicken soup** sup ayam yg cairannya dibuat dari susu dan tepung. **c. of tartar** kalium bitartrat. **c. pitcher** tempat kepala susu. **c. puff** kué sus. —**creamed** *ks.* bersaus susu. *c. peas* kacang polong yg bersaus susu.
creamer /'kriemər/ *kb.* tempat kepala susu.
creamery /'kriemərie/ *kb.* (*j.* -**ries**) pabrik mentéga dan kéju.
creamy /'kriemie/ *ks.* berwarna krém.
crease /kries/ *kb.* 1 lipatan (seterika) (*in trousers*). 2 kusut. —*kkt. Don't c. my trousers* Jangan lah membuat lipatan di pantalonku. *His trousers were creased and wrinkled* Pantalonnya berlipat dan kusut.
create /krie'eit/ *kkt.* 1 menciptakan (*a new dress*).

2 menimbulkan (*a problem*). 3 membuat. *He created a scene* Ia membuat kehébohan.
creation /krie'eisyən/ *kb.* 1 ciptaan. *the artist's c.* ciptaan seniman itu. *the c. of his imagination* ciptaan angan-angannya. 2 dunia. *She's the most beautiful creature in c.* Ia seorang ˌwanita yg paling cantik di dunia ini.
creative /krie'eitiv/ *ks.* memiliki daya cipta. *He's a c. individual* Ia seorang manusia yg berdaya cipta. *He's taking a course in c. writing* Ia mengambil mata kuliah karang-mengarang.
creativity /'krieə'tivətie/ *kb.* daya cipta.
creator /krie'eitər/ *kb.* pencipta. *He's the c. of the new hair style* Ia pencipta modél rambut gaya baru itu. **The C.** Tuhan, Allah Maha Pencipta.
creature /'kriecər/ *kb.* 1 makhluk. *This c. won't harm you* Makhluk ini tak akan mengganggu sdr. 2 orang yg patuh. *He's a c. of habit* Ia adalah seorang penganut kebiasaan. *He enjoys his c. comforts* Ia menikmati barang-barang yg memberi kesenangan hidup badaniah kepadanya.
credence /'kriedəns/ *kb.* kepercayaan. *I place no c. in his statement* Saya tak percaya pd ucapannya. *letter of c.* surat kepercayaan.
credentials /kri'densyəlz/ *kb., j.* 1 surat kepercayaan. *An ambassador presents his c. to the head of state* Seorang duta besar menyerahkan surat kepercayaannya kpd kepala negara. 2 (surat) mandat. *He seems to have the proper c.* Ia nampaknya mempunyai (surat) mandat yg sah.
credibility /'kredə'bilətie/ *kb.* kepercayaan, keadaan dpt dipercaya. *We questioned his c.* Kami sangsikan apakah ia dpt dipercaya. *c. gap* kekosongan dlm soal kepercayaan, kehilangan kepercayaan.
credible /'kredəbəl/ *ks.* dpt dipercaya. *It doesn't seem c. that he is nineteen* Hampir tak dpt dipercaya bhw ia sdh berumur 19 tahun.
credit /'kredit/ *kb.* 1 piutang, krédit. *Will you extend me c.?* Apakah saya bisa mendapat krédit darimu? *Apakah saya dpt berhutang padamu?* 2 penghargaan, pujian, kebanggaan. *He is a c. to his community* Ia menjadi kebanggaan masyarakatnya. *I give him all the c. for the excellent performance* Saya sampaikan semua pujian kepadanya karena permainannya yg baik. *This reflects c. upon him* Ini membuat dia patut dipuji. 3 daftar penghargaan. *Is that actor listed in the credits at the beginning of the movie?* Apakah pelaku itu disebut dlm daftar penghargaan pelaku-pelaku pd permulaan pilem itu? 4 mata ujian. *Are you taking this course for c.?* Apakah sdr mengambil mata kuliah ini sbg mata ujian? **to do c. to** membawa kehormatan bagi. *His splendid behavior towards his subordinates does him c.* Tingkah lakunya yg baik sekali thd bawahannya membawa kehormatan bagi dirinya. **to give c.** menghargai. *to give c. where c. is due* menghargai apa yg patut dihargai. **to give c. for** mengakui. *I give him c. for trying hard* Saya mengakui bhw ia tlh mencoba dgn sungguh-sungguh. *I gave him c. for more sense than that* Saya tlh beranggapan/percaya(bhw) dia lebih cerdik dari itu. *We'll give you c. for the items you've returned to the store* Kami akan mencatat dlm rékening sdr jumlah uang utk barang-barang yg tlh sdr kembalikan. **on c.** (ber)hutang. *Can I buy this car on c.?* Bisakah saya membeli mobil ini dgn berhutang? —*kkt.* 1 memasukkan kedlm daftar penerimaan. *Please c. this to my account* Masukkanlah ini kedlm rékening penerimaan saya. 2 percaya. *I credited him with more sense than that* Saya percaya pikirannya lebih pintar drpd itu. **c. card** kartu pengenal utk ber-

hutang di toko, dsb. **c. rating** keadaan dpt diper-caya atau tdk utk menerima pinjaman. **c. slip** tanda krédit terima yg menyebutkan jumlah harga barang-barang yg diterima.

creditable /'kredɔtɔbɔl/ *ks.* yg dpt dipuji. *to do a c. job* melakukan pekerjaan yg patut dipuji.

creditor /'kredɔtɔr/ *kb.* orang yg memberi pinjam-an/piutang, kréditor.

credo /'kriedow/ *kb.* kepercayaan, paham.

creed /kried/ *kb.* pernyataan kepercayaan/keya-kinan, syahadat, iman.

creek /kriek/ *kb.* sungai kecil, anak sungai.

creel /kriel/ *kb.* kembu, kepis.

creep /kriep/ *kb. Sl.*: orang yg tdk disukai, penjilat. *He's a real c.* Ia betul-betul seorang penjilat. —**creeps** *j. Inf.* yg menggelikan/mengerikan. *His actions gave me the creeps* Kelakuannya mengerikan bagi saya. —*kki.* (**crept**) 1 merangkak. *I heard him creeping up on me* Saya dengar ia merangkak men-dekati saya. *The baby likes to c. on the floor* Bayi itu suka merangkak di lantai. 2 bergerak dgn pelan-pelan. *The burglar crept quietly about the room* Pencuri itu diam-diam bergerak didlm kamar. 3 timbul pe-lan-pelan. *The sun crept over the hills* Matahari timbul pelan-pelan diatas bukit-bukit itu. **to make o's flesh c.** menegakkan bulu roma, mengerikan. *The sight of a snake makes her flesh c.* Melihat ular menegakkan bulu romanya. —**creeping** *ks.* maju dgn perlahan-lahan. *c. inflation* inflasi yg maju dgn pelan-pelan.

creeper /'kriepɔr/ *kb.* orang/barang yg menjalar. *Virgina c.* sm tumbuh-tumbuhan yg menjalar.

creese /kries/ *kb.* keris.

cremate /'kriemeit/ *kkt.* membakar mayat, mem-perabukan, mengabukan, mengkrémasi.

cremation /krie'meisyɔn/ *kb.* pembakaran mayat.

crematorium /'kriemɔ'towrieɔm/ *kb.* tempat pem-bakaran mayat.

creole /'krieowl/ *kb.* 1 orang kulit putih keturunan penetap-penetap bangsa Perancis di negarabagian Louisiana. 2 bahasa Perancis di Louisiana.

creosote /'krieɔsowt/ *kb.* sm cairan spt minyak yg dibuat dari tér kayu.

crepe /kreip/ *kb.* kain sutera tipis, katun rayon atau kain wol yg kerisut, kain krép. *c. paper* kertas kerisut. *c. de chine* /dɔ'syien/ kain sutera yg tipis.

crept /krept/ lih CREEP.

crescendo /krɔ'syendow/ *kb., ks., kk.* lambat laun menjadi keras.

crescent /'kresɔnt/ *kb.* sabit. *c. moon* bulan sabit.

cress /kres/ *kb.* sm seleder.

crest /krest/ *kb.* 1 kepala. *c. of a wave* kepala/puncak ombak. 2 puncak. *c. of a hill* puncak bukit. 3 hiasan bagian atas. *c. on a coat of arms* hiasan bagian atas dari suatu lambang. —*kkt.* merupakan puncak, memahkotai. *A beautiful building crested the hill* Gedung indah memahkotai puncak bukit. —*kki.* meluap. *The river crested at 10 feet above flood stage* Sungai itu meluap sampai 10 kaki diatas batas penentuan banjir.

crevice /'krevis/ *kb.* retak, celah.

crew /kruw/ *kb.* 1 awak kapal. *ship's c.* awak kapal. *plane c.* awak pesawat terbang. 2 regu dayung. *Cornell's c.* regu dayung Universitas Cornell. 3 pekerja-pekerja, pegawai-pegawai. *road c.* pekerja-pekerja jalan raya. *train c.* pegawai-pegawai pd keréta api. **c. cut** potongan rambut laki-laki yg péndék sekali.

crewman /'kruwmɔn/ *kb.* (*j.* -**men**). anggota awak kapal, awak pesawat, pegawai pd keréta api.

crib /krib/ *kb.* 1 tempat tidur bayi. 2 tempat pe-nyimpanan. *corn c.* tempat penyimpanan jagung. —*kkt.* (**cribbed**) menjiplak, menyonték. *To c. s.o. else's work is cheating* Menjiplak hasil pekerjaan orang lain adalah suatu penipuan. —**cribbing** *kb.* penjiplakan.

cribbage /'kribij/ *kb.* sm permainan kartu.

cricket /'krikit/ *kb.* 1 jengkerik. 2 *Sport*: olah raga Inggeris yg dimainkan oléh kesebelasan dgn bola dan alat pemukul. *Inf.*: *That's not c.* Itu tak sportip.

cried /kraid/ lih CRY.

cries /kraiz/ lih CRY.

crime /kraim/ *kb.* 1 kejahatan. *to commit a c.* mela-kukan kejahatan. 2 kesalahan, salah. *It would be a c. not to help him* Adalah salah bila tdk menolong dia. **crime-ridden** *ks.* penuh (dgn) kejahatan. *c.-ridden area* daérah yg penuh dgn kejahatan.

criminal /'krimɔnɔl/ *kb.* penjahat, nara pidana. —*ks.* 1 kriminil, pidana. *c. court* pengadilan per-kara-perkara pidana. *c. law* hukum pidana. 2 yg bersifat kejahatan, kriminil. *c. behavior* tingkah laku kriminil.

criminology /'krimɔ'nalɔjie/ *kb.* kriminologi.

crimson /'krimsɔn/ *ks.* mérah tua.

crimp /krimp/ *kb.* kerut. *Inf.*: *to put a c. in o's style* menghambat/mengganggu s.s.o.

cringe /krinj/ *kki.* ngeri. *I c. at the thought that he ...* Ngeri aku jika kuingat bhw ia ....

crinkle /'kringkɔl/ *kkt.* mengerutkan. —*kki.* ber-kerut. *This paper crinkles when I fold it* Kertas itu berkerut ketika saya melipatnya.

cripple /'kripɔl/ *kb.* 1 (si)pincang. 2 timpang (*one leg shorter than the other*). —*kkt.* 1 melumpuhkan, membuat pincang. *She was crippled in an accident* Ia menjadi pincang karena kecelakaan. 2 melumpuh-kan. *The strike is crippling production* Pemogokan itu melumpuhkan produksi. *a* **crippling** *strike* pe-mogokan yg melumpuhkan.

crises /'kraisiez/ *j.* lih CRISIS.

crisis /'kraisis/ *kb.* (*j.* -**ses**). 1 masa gawat. *We have survived crises before* Sblm ini kami tlh pernah meng-atasi masa-masa gawat. 2 saat genting. *The c. has passed* Saat genting tlh berlalu. 3 kemelut, kegen-tingan, kegawatan.

crisp /krisp/ *ks.* 1 garing. *c. toast* roti bakar yg garing. 2 segar dan kering. *It's a c. night* Cuaca malam yg segar dan kering. 3 yg kena dan singkat. *a c. speech* pidato yg kena dan singkat.

crispiness /'krispienɔs/ *kb.* kegaringan.

crispy /'krispie/ = CRISP.

crisscross /'kris'krɔs/ *ks., kk.* berselang-seling, silang-menyilang. —*kkt.* menjelajahi (daérah).

criteria /krai'tirieɔ/ *j.* lih CRITERION.

criterion /krai'tirieɔn/ *kb.* (*j.* -**ria**). standar, ukur-an, patokan, norma. *What c. is being used?* Standar apakah yg dipakai?

critic /'kritik/ *kb.* pengecam, pengeritik, pengupas, pembahas.

critical /'kritɔkɔl/ *ks.* 1 genting. *Her condition has reached the c. stage* Keadaannya sdh mencapai ting-kat yg genting. 2 bersifat selalu mencela. *He's c. of everything* Ia selalu mencela segala s.s.t. 3 genting, kritis. *c. pressure* tekanan kritis. *c. point* titik kritis. 4 yg mengupas secara kritis. *book of c. essays* buku dgn karangan-karangan yg berisi tin-jauan-tinjauan kritis. 5 kekritisan. *Phys.*: *c. level* tingkat kekritisan.

criticism /'kritɔsizɔm/ *kb.* 1 kecaman. *The c. has done him good* Kecaman itu baik baginya. 2 kupasan, keritik. *c. of a book* kupasan suatu buku.

criticize /'kritəsaiz/ *kkt.* 1 mencela. *She criticized him in front of the other children* Ia mencela dia didepan anak-anak lain. 2 mengecam, mengupas. *to c. a book severely* mengecam isi buku habis-habisan.
critique /kri'tiek/ *kb.* kupasan, tinjauan. *He wrote a c. of the dictionary* Ia menulis suatu kupasan kritis ttg kamus itu.
croak /krowk/ *kb.* 1 bunyi kuak (*of a frog*). 2 gaok (*of a crow or raven*). —*kki.* 1 berkuak-kuak. *The frog croaks at night* Katak itu berkuak-kuak di malam hari. 2 menggaok (*of a crow, raven*). 3 berteriak dgn suara parau. *"Get him out of here," he croaked* "Keluarkanlah ia dari sini", teriaknya dgn suara parau. 4 *Sl.*: mati. *He finally croaked* Ia akhirnya mati.
crochet /krow'syei/ *kki.* mengait. *c. needle* jarum kait.
crock /krak/ *kb.* wadah, tempayan, periuk dari tembikar/tanah.
crockery /'krakərie/ *kb.* barang-barang tembikar.
crocodile /'krákədail/ *kb.* buaya. *c. tears* airmata buaya, kesedihan yg dibuat-buat. *to weep c. tears* pura-pura sedih.
crocus /'krowkəs/ *kb.* sm bunga yg putih, kuning atau ungu dan yg berdaun spt rumput.
crony /'krownie/ *kb.* (*j.* -**nies**) teman/sahabat karib.
crook /kruk/ *kb.* 1 *Inf.*: bajingan. 2 lekuk. *c. of the elbow* lekuk siku. —*kkt.* melengkungkan (*a finger around s.t.*).
crooked /'krukid/ *ks.* 1 béngkok, tdk lurus, berlikuliku. *This road is very c.* Jalan ini sangat berliku-liku. 2 tdk jujur. *He's a c. dealer* Ia seorang pedagang yg tdk jujur.
croon /kruwn/ *kkt., kki.* menyanyi (dgn suara rendah dan merayu).
crooner /'kruwnər/ *kb.* penyanyi lagu-lagu hiburan.
crop /krap/ *kb.* 1 hasil, panén. *the wheat c.* hasil gandum. 2 tembolok (*of a bird*). 3 kumpulan. *He told a c. of lies* Ia menceritakan sekumpulan kebohongan. —*kkt.* (**cropped**) 1 memotong péndék. *The horse's tail was cropped* Buntut kuda dipotong péndék. 2 menggigit menjadi péndék. *Goats c. grass very closely* Kambing-kambing memotong rumput menjadi amat péndék. **to c. out** muncul/tumbuh keluar. *Weeds c. out almost anywhere* Rumput-rumputan akan muncul hampir dimana-mana. *A case of smallpox cropped out in our town* Suatu kejadian penyakit cacar dgn tak diduga-duga muncul di kota kami. **to c. up** muncul, timbul, terjadi. *Differences of opinion cropped up between them* Perbédaan pendapat muncul diantara meréka. *You never know where he will c. up* Kamu tak dpt menduga dimana dia akan muncul dgn tiba-tiba.
cropper /'krapər/ *kb.* keruntuhan, kehancuran, kegagalan. *Inf.*: *to come a c.* menghadapi kesukaran, menemui nasib buruk.
croquet /krow'kei/ *kb.* olah raga yg mendorong-dorong bola dari kayu di lapangan hijau kedlm gawang.
croquette /krow'ket/ *kb.* krokét.
cross /krɔs/ *kb.* 1 *Rel.*: kayu salib. 2 palang. *The Red C.* Palang Mérah. 3 campuran, persilangan. *This dog is a c. between a collie and a shepherd* Anjing ini adalah campuran antara collie dan herder. 4 beban. *She's a real c. to bear* Ia benar-benar merupakan beban berat. **The C.** 1 salib. 2 Lambang Umat Keristen. 3 Penderitaan Kristus. —*ks.* 1 marah, jéngkél. *You seem so c. today* Kamu kelihatannya marah sekali hari ini. *I've never heard her utter a c. word* Tak pernah kudengar ia mengucap-

kan kata-kata yg mengandung kemarahan. *Inf.*: **c. as two sticks** (sangat) marah. *He was c. as two sticks this morning* Ia sangat marah tadi pagi. —*kkt.* 1 menyeberang. *You should c. a street at the corner* Kamu hrs menyeberang jalan di pojok. 2 menyeberangi, melintasi. *We crossed the border into Germany* Kami menyeberangi perbatasan memasuki Jerman. 3 melintasi. *C. the bridge and turn right* Lintasilah jembatan itu lalu membélok ke kanan. 4 merintangi. *Don't c. him; he gets mad easily* Jangan merintangi dia; ia cepat marah. 5 bersilang. *He crossed his legs* Ia duduk bersilang kaki. 6 menarik garis melintang (*o's* т). *All that remains for me to do is to dot the "i's" and c. the "t's"* Yg tinggal bagi saya ialah sekedar menambahkan beberapa tambahan kecil. 7 mengawinkan, menyilangkan. *to c. two plants* mengawinkan dua tumbuh-tumbuhan. 8 membuat tanda salib. *She crossed herself as she entered the church* Ia membuat tanda salib dgn tangannya sambil masuk geréja itu. —*kki.* 1 bertemu. *Our paths finally crossed* Akhirnya kami bertemu. 2 berselisih jalan dgn. *Our letters crossed* Surat kita berselisih jalan. **to c. out** mencorét, membuang. *C. out the second word* Corétlah kata yg kedua itu. *Inf.*: **to c. up** menipu, memperdayakan. *His so-called friends crossed him up* Meréka yg menamakan diri temannya membohonginya. **c. bar** kayu lintang, palang (pintu). **c. beam** balok lintang. **cross-check** pemeriksaan lagi. *kkt.* memeriksa lagi. **c. country** *Sport*: lari lintas alam. **c.-cultural** *ks.* antarbudaya. **c.-current** aliran dari jurusan yg berlawanan. **c.-examination** pemeriksaan ulangan utk mengetahui kebenaran pemeriksaan yg terdahulu. **to c.-examine** memeriksa dgn teliti/berulang-ulang. *The lawyer c.-examined the defendant* Pengacara itu memeriksa terdakwa dgn teliti. **c.-eyed** *ks.* juling. **c. fire** témbakan dari dua jurusan atau lebih yg bersilangan. **c. index** indéks yg menunjuk kpd kata-kata lain. **to c.-index** membuat indéks kata-kata yg tunjuk-menunjuk. **c.-legged** /'krɔs'legid/ *kk.* duduk bersilang kaki. **c.-purpose** maksud yg berlawanan. *They always seem to work at c.-purposes* Meréka seakan-akan selalu bekerja dgn maksud yg bertentangan. *to talk at c.-purposes* salah mengerti satu sama lain. **c. reference** penunjukan ke kata lain. **to c.-reference** memberi penunjukan-penunjukan ke kata lain. **c. section** 1 contoh yg répréséntatif yg mewakili keseluruhan. *This crowd is a good c. section of the country* Kelompok orang ini merupakan contoh yg répreséntatif ttg macam orang yg tinggal di negeri itu. 2 sayatan/potong melintang (*of wood, etc.*). **c.-town** *ks.* yg memotong/meléwati tengah-tengah kota. *c.-town bus* bis yg meliwati tengah-tengah kota. **c.-ventilation** aliran hawa/véntilasi yg datang dari dua jurusan. —**crossing** *kb.* 1 persilangan, penyilangan, persimpangan, penyeberangan, pelintasan. *railroad c.* penyeberangan jalan keréta api. *We had a rough c.* Kami mengalami penyeberangan yg berat. 2 penentangan. *c. of the ways* penentangan cara-cara. *c. gates* àmpang keréta api. *c. guard* pandu atau anggota pòlisi yg membantu anak-anak sekolah menyeberang jalan.
crossbones /'krɔs'bownz/ *kb., j.* tulang bersilang. *skull and c.* tengkorak dan tulang bersilang (tanda bahaya pd botol-botol yg mengandung obat beracun dsb).
crossbreed /'krɔs'bried/ *kb.* keturunan campuran, peranakan, bastar, hibrida.
crosscut /'krɔs'kʌt/ lih saw.

crosshatching /'krɔs'hæcing/ *kb.* penggarisan silang.

crossover /'krɔs'owvər/ *kb.* penyeberangan jalan.

crossroad /'krɔs'rowd/ *kb.* persimpangan (jalan). *We are at the crossroads* Kami hrs memilih. Kami hrs menentukan pilihan.

crosstie /'krɔs'tai/ *kb.* besi bersilang, balok melintang, alas rél.

crossways /'krɔs'weiz/ *kk.* = CROSSWISE.

crosswise /'krɔs'waiz/ *kk.* dgn bersilang, potongmemotong.

crossword /'krɔswərd/ *c.* **puzzle** teka-teki silang. *to do/work c. puzzles* mengisi teka-teki silang.

crotch /krac/ *kb.* sela pukang, kangkang, kelangkang.

crouch /krawc/ *kb.* **to be in a c. ready to leap** membungkukkan badannya siap utk melompat. —*kki.* 1 meringkukkan/merundukkan badan. *The lion crouched ready to spring* Singa itu meringkukkan badannya siap utk menerkam. 2 meringkuk. *The boy crouched in the corner* Anak itu meringkuk di sudut. 3 berdekam, mendekam (*of a cat*).

croup /kruwp/ *kb.* penyakit batuk yg disertai dgn sesak napas.

croupier /'kruwpieər/ *kb.* bandar.

crouton /'kruwtan/ *kb.* roti garing dlm potongan kecil-kecil (biasanya dimasukkan dlm sup).

crow /krow/ *kb.* 1 (*bird*) burung gagak. 2 kokok ayam jantan. **as a c. flies** jalan lurus. *It's only 20 miles as the c. flies* Hanya 20 mil dgn jalan lurus, menurut garis lurus. **to eat c.** *Inf.*: minta maaf, dipaksa mengaku kesalahan. *It was bitter for him to eat c. after his prediction turned out to be wrong* Pahit baginya utk mengakui kekeliruannya stlh ramalannya ternyata melését. *Inf.*: *I have a c. to pick with you* Ada s.s.t. yg tdk énak yg hrs saya bicarakan dgn kamu. —*kki.* 1 berkokok. *The cock crows at daybreak* Ayam jantan berkokok pd waktu mata hari terbit. 2 bangga. *The new champion crowed over his victory* Juara baru itu bangga atas kemenangannya.

crow's-foot (*j.* **-feet**). kerisut di pojok luar mata.

crow's-nest mercu tiang, menara pengintai.

crowbar /'krow'bar/ *kb.* perejang, perunjang, linggis.

crowd /krawd/ *kb.* 1 orang banyak/ramai. *The little boy got lost in the c.* Anak kecil itu hilang diantara orang banyak. *A c. gathered* Orang banyak berkerumun. 2 banyak penonton. *Baseball always draws a large c.* Baseball selalu menarik banyak penonton. 3 pergaulan, kelompok. *He runs around with a fast c.* Ia bergaul dgn kelompok yg suka pelesir. *Two is company but three is a c.* Berdua masih énak bergaul, bertiga menjadi kebanyakan. —*kkt.* mendesak. *He crowded me out of the elevator* Ia mendesak saya keluar lift itu. —*kki.* 1 berdesak-desak. *We crowded into the elevator* Kami berdesak-desak kedlm lift. 2 berkerumun. *We crowded around in the hope of seeing her* Kami berkerumun dgn harapan dpt melihat wanita itu. —**crowded** *ks.* penuh, sesak, ramai. *The room is c.* Kamar itu penuh sesak. *The wall is c. with pictures* Dinding itu terlalu penuh dgn gambar. *The auditorium was c. to capacity* Aula itu penuh menurut kapasitas ruangan.

crown /krawn/ *kb.* 1 mahkota. *c. prince* putera mahkota. *c. princess* puteri mahkota. 2 kejuaraan. *The wrestling champion won his c. by dint of hard work* Jago gulat itu memenangkan kejuaraan karena berlatih terus-menerus. 3 puncak. *c. of the hill* puncak bukit. *c. of the head* puncak kepala. 4 kepala gigi.

the C. raja. *the c. heads of Europe* raja-raja (dari) Éropa. —*kkt.* 1 menobatkan. *She was crowned Queen of the Festival* Ia dinobatkan menjadi Ratu Pésta itu. 2 mengurniai. *His efforts were crowned with success* Usahanya dikurniai hasil yg baik. 3 *Inf.*: memukul pd kepala.

crucial /'kruwsyəl/ *ks.* penting sekali, kritis, gawat. *The results of the examination are c.* Hasil-hasil ujian itu menentukan.

crucible /'kruwsəbəl/ *kb.* 1 wadah tempat melebur logam. 2 (*test*) ujian, percobaan.

crucifix /'kruwsəfiks/ *kb.* salib/silang dgn patung Kristus.

crucifixion /'kruwsə'fiksyən/ *kb.* penyaliban.

crucify /'kruwsəfai/ *kkt.* (**crucified**) menyalibkan.

crude /kruwd/ *ks.* 1 kasar. *He's too c.* Ia kasar benar. *c. remark* ucapan yg kasar. 2 mentah. *c. oil* minyak mentah. 3 sederhana, bersahaja. *c. beach hut* pondok di tepi pantai yg sederhana. 4 kira-kira. *the c. birthrate* perkiraan-kiraan angka kelahiran, taksiran kasar angka kelahiran.

crudeness /'kruwdnəs/ *kb.* kekasaran, kementahan.

crudity /'kruwdətie/ *kb.* (*j.* **-ties**) kekasaran. *The play was filled with crudities* Sandiwara itu penuh dgn kekasaran-kekasaran.

cruel /'kruwəl/ *ks.* kejam, bengis, lalim. *He is c. to his dog* Ia kejam thd anjingnya.

cruelty /'kruwəltie/ *kb.* (*j.* **-ties**) kekejaman, kebengisan.

cruise /kruwz/ *kb.* 1 pelayaran. *naval c.* pelayaran AL. 2 pesiar. *c. ship* kapal pesiar. —*kki.* 1 menjelajah. *The police car cruised (about) the streets* Mobil polisi menjelajah jalan-jalan. 2 meluncur. *We cruised along at the speed limit* Kami meluncur pd batas kecepatan. —**cruising** *ks.* yg berh. dgn penerbangan pd kecepatan menjelajah. *c. range* jarak terbang, daya jelajah.

cruiser /'kruwzər/ *kb.* 1 kapal penjelajah/pesiar. 2 mobil polisi.

crumb /krʌm/ *kb.* 1 remah-remah, repih-repih (*on a table*). 2 *Sl.*: sampah masyarakat. *He's a c.* Ia sampah masyarakat.

crumble /'krʌmbəl/ *kkt.* meremukkan. *C. the dirt before you put it in the flower pot* Remukkan tanah itu sblm kaumasukkan kedlm pot bunga itu —*kki.* 1 ambruk. *The bridge crumbled under the weight of the truck* Jembatan itu ambruk karena berat truk. 2 remuk. *The building was slowly crumbling away* Bangunan itu perlahan-lahan remuk. 3 menjadi hancur, pecah bercerai. *The cookie crumbled easily* Kué itu dgn mudah hancur.

crumbly /'krʌmblie/ *ks.* rapuh, mudah hancur. *The cake was quite c.* Kué tartnya rapuh benar.

crummy /'krʌmie/ *ks. Sl.*: tak memuaskan/bagus. *The movie was c.* Pilem itu tdk memuaskan. *I got a c. deal* Saya mendapat perlakuan yg tdk bagus.

crumple /'krʌmpəl/ *kkt.* menggumalkan, mengisutkan, menggumpalkan. *She crumpled the paper (up)* Dia menggumalkan kertas itu. —*kki.* rebah, rubuh. *He crumpled and fell to the sidewalk* Ia rebah dan jatuh ke trotoar itu. —**crumpled** *ks.* kusut, kerisut. *He wore an old, c. hat* Ia memakai topi tua yg kusut.

crunch /krʌnc/ *kb. Sl.*: kegentingan. *kkt.* mengerkah. *She likes to c. candy* Ia gemar mengerkah gulagula. —*kki.* berjalan dgn menimbulkan bunyi berderak (*through the snow*).

crunchy /'krʌncie/ *ks. Inf.*: garing. *c. candy* gulagula yg garing.

crusade /kruw'seid/ *kb.* 1 *Rel.*: (perjalanan) perang salib. 2 usaha pembasmian/pemberantasan. *c.*

against polio usaha pemberantasan polio. —*kki.* mengadakan kampanye dgn giat. *to c. for better schools* mengadakan kampanye utk memperbaiki sekolah-sekolah.

crusader /kruw'seidər/ *kb.* 1 seorang yg ikut serta dlm perang salib. 2 s.s.o. yg mengusahakan s.s.t. perbaikan dgn giat.

crush /krʌsy/ *kb.* 1 orang-orang yg berjejalan, orang-orang yg berdesak-desak di tempat sempit. *The c. of people at the fair was tremendous* Orang yg berjejalan di pasar malam itu ramai sekali. 2 krus. *orange c.* oranye krus. 3 *Inf.*: keranjingan. *She had a c. on her favorite teacher* Ia keranjingan akan pak guru yg disukainya itu. —*kkt.* 1 menggumalkan. *Don't c. the clothes when you pack them* Jangan menggumalkan baju itu kalau memasukkan kedlm kopor. 2 meremukkan. *Don't c. the flowers* Jangan meremukkan bunga-bunga itu. 3 menundukkan, menindas (*a revolt*). 4 menghancurkan, meremukkan. *The machine crushed his hand* Mesin itu menghancurkan tangannya. *He was crushed beneath the steamroller* Ia hancur dibawah penggiling jalan. *She was crushed by the sad news* Hancur-luluh hatinya mendengar berita buruk itu. 5 berjejal-jejalan. *We were crushed in the car* Kami berjejal-jejalan didlm mobil. **to c. to bits** melumatkan, menghancur-leburkan. —**crushing** *kb.* penumpasan (*of a revolt*). *ks.* yg menghancurkan. *c. blow* pukulan yg menghancurkan.

crusher /'krʌsyər/ *kb.* penghancur.

crust /krʌst/ *kb.* 1 kulit (yg garing), kerak. *pie c.* kulit kué tart. *bread c.* kulit roti. 2 lapisan kulit. *the earth's c.* lapisan kulit/kerak bumi.3 *Sl.*: kekurangajaran, tdk tahu malu. *He had the c. to ask for the car again* Ia begitu kurangajar utk meminta lagi mobil itu. —*kki.* mengeras, menjadi keras permukaannya. *The snow crusted so that we were able to walk on it* Salju menjadi agak keras di permukaannya sehingga bisalah kita berjalan diatasnya.

crustacean /krʌ'steisyən/ *kb.* sm binatang air yg berkulit keras, spt udang, kepiting dsb, binatang berkulit keras.

crusty /'krʌstie/ *ks.* 1 berkulit keras. *c. bread* roti yg berkulit keras. 2 tidak ramah-tamah. *He's a c. old man* Ia seorang kakék yg tdk ramah-tamah.

crutch /krʌc/ *kb.* 1 tongkat ketiak. 2 penolong. *He uses the translation as a c.* Ia memakai terjemahan itu sbg penolong. 3 penyokong, penopang. *While he was alive his wife served as his c.* Pd masa hidupnya, isterinya menjadi penyokongnya.

crux /krʌks/ *kb.* hal yg terpenting, pokok inti soal. *That's the c. of the matter* Itulah hal yg pokok dari persoalan itu.

cry /krai/ *kb.* 1 teriakan. *street c. of a pedlar* teriakan tukang jual di jalan. 2 jeritan, pekik. *I heard a c. for help* Kudengar jeritan minta tolong. 3 raungan (*of a wolf*). 4 tangisan. *She had a good c. and then felt much better* Ia menangis betul-betul lalu merasa lega. **a far c.** jauh sekali, berbéda sekali. *This is a far c. from what I expected* Ini jauh sekali drpd yg kuharap-harapkan. **in full c.** beramai-ramai mengejar. *The crowd was in full c. chasing the poor man* Orang-orang itu beramai-ramai mengejar lelaki yg malang itu. **within c. of** tdk jauh dari. *Inf.*: **For crying out loud!** Astaga! —*kki.* (**cried**) 1 menangis. *She cried when she broke her doll* Ia menangis ketika bonékanya pecah. 2 berteriak. *"Catch that thief!" she cried* "Tangkap maling/pencuri itu", teriaknya. **to c. for** 1 meminta, menuntut. *The bad situation cries for improvement* Keadaan yg buruk

itu menuntut perbaikan. 2 menangis-nangis memanggil. *She cried for her mother* Ia menangis-nangis memanggil ibunya. **to c. out** 1 berteriak. *The peddler cried out his wares* Penjaja itu berteriak menawarkan barang dagangannya. 2 menjerit. *She cried out for help* Ia menjerit minta tolong. 3 meneriakkan. *The woman cried out goodbye as the car drove away* Wanita itu meneriakkan selamat jalan ketika mobil itu berangkat.

crybaby /'krai'beibie/ *kb.* (*j.* -**bies**) céngéng.

crypt /kript/ *kb.* ruangan dibawah tanah.

cryptanalysis /'kriptə'næləsəs/ *kb.* pemecahan/ pembacaan tulisan-tulisan rahasia.

cryptic /'kriptik/ *ks.* 1 samar, tdk jelas. *c. statement* ucapan yg samar. 2 tdk terang. *c. message* pesan yg maksudnya tdk terang, pesan yg mempunyai arti tersembunyi.

cryptogram /'kriptəgræm/ *kb.* tulisan rahasia. tulisan dlm kode.

cryptography /krip'tagrəfie/ *kb.* ilmu pembacaan sandi, tulisan-tulisan atau angka-angka rahasia.

crystal /'kristəl/ *kb.* 1 hablur, kristal. *c. set* radio yg memakai détéktor dari kristal. *c. needle* jarum kristal. 2 kaca. *watch c.* kaca tutup arloji. 3 butir, hablur, kristal. *salt crystals* butir-butir garam. 4 piring dan gelas. **c. ball** balon gelas dipakai oléh tukang tenung utk membaca hari depan s.s.o. **crystal-clear** *ks.* 1 bening jelas. *a c.-clear voice* suara yg bening jelas. 2 jelas/terang sekali. *The radio reception came in c.-clear* Penerimaan radio itu bunyinya jelas sekali. **c. gazing** meramalkan masa depan dgn memandang kedlm bola kristal, mereka-reka masa depan.

crystalline /'kristəlin/ *ks.* terdiri dari kristal. *Diamonds and snowflakes are c.* Intan dan serpih salju terdiri dari kristal. *c. lens* lénsa mata.

crystallization /'kristələ'zeisyən/ *kb.* 1 penghabluran, kristalisasi. 2 perwujudan (*of an idea*).

crystallize /'kristəlaiz/ *kki.* 1 menghablur(kan). *Water crystallizes into snow* Air menghablur menjadi salju. 2 diréalisasikan. *We just hope our plans will c.* Mudah-mudahan saja rencana kami akan diréalisasikan. 3 menjadi kenyataan, memperoléh bentuk yg jelas. *His thoughts finally crystallized* Buah pikirannya itu akhirnya menjadi kenyataan.

C.S.A. [*Confederate States of America*] Negara Konfédérasi AS.

C.S.T. [*Central Standard Time*] Waktu Tolok Séntral.

Ct. 1 [*Count*] pangéran. 2 [*Connecticut*] negarabagian AS.

ct. [*cent*] sén.

Ctr. [*Center*] Pusat.

cu. [*cubic*] kubik.

cub /kʌb/ *kb.* 1 anak. *bear c.* anak beruang. 2 muda, baru. *c. reporter* wartawan baru. **c. scout** kurcaci, pandu remaja, pemula.

cubbyhole /'kʌbie'howl/ *kb.* 1 ruangan kecil/ sempit. 2 kamar sempit.

cube /kyuwb/ *kb.* 1 kubus. *That box is a c.* Kotak itu berbentuk kubus. 2 pangkat tiga. *What is the c. of 2?* Dua pangkat tiga berapa? —*kkt.* 1 memotong-motong dlm bentuk kubus. *to c. potatoes* memotong-motong kentang dlm bentuk kubus. 2 memangkatkan tiga. *to c. four* memangkat-tigakan empat. **c. root** akar pangkat tiga. *The c. root of 64 is 4* Akar (pangkat) tiga dari 64 sama dgn 4.

cubeb /'kyuwbeb/ *kb.* kemukus, lada berékor.

cubic /'kyuwbik/ *ks.* kibik, kubik. *c. measure* susunan ukuran kubik. *c. meter* méter kubik.

cubicle /'kyuwbəkəl/ *kb.* kamar/ruangan kecil.

cuckold /'kʌkəld/ *kb.* suami yg isterinya tdk setia.
cuckoo /'kuwkuw/ *kb.* sm burung tekukur, burung elang malam. *c. clock* jam kukuk. —*ks. Sl.*: gila, tolol. *You're c. if you believe that* Kamu gila kalau percaya itu.
cucumber /'kyuwkʌmbər/ *kb.* ketimun. *cool as a c.* a) tenang dan tdk tergopoh-gopoh. *During the fighting he was cool as a c.* Selama pertempuran itu ia tenang saja. b) sejuk.
cud /kʌd/ *kb.* kunyahan, (rumput) mamahan.
cuddle /'kʌdəl/ *kkt.* mengemong. *A mother cuddled her baby* Seorang ibu mengemong anaknya. **to c. together** berbaring berdekatan. **to c. up** 1 duduk berdekatan. 2 tidur melekuk. *I like to c. up on the sofa* Saya suka tidur melekuk di kursi panjang.
cuddlesome /'kʌdəlsəm/ *ks.* suka diemong/disa-yangi, menyenangkan utk dipangku dan dipeluk. *The kitten is very c.* Anak kucing itu menyenangkan utk dipangku dan dipeluk.
cuddly /'kʌdlie/ *ks.* menyenangkan utk disayangi/diemong. *c. pup* anak anjing yg menyenangkan utk disayangi.
cudgel /'kʌdʒəl/ *kb.* gada, pentung. **to take up the cudgels for** membéla dgn kuat/gigih. *He took up the cudgels for his less fortunate friend* Ia membéla temannya yg kurang beruntung dgn kuat. —*kkt.* mementung dgn gada. **to c. o's brains** memeras/memutar otak. *We cudgeled our brains trying to decide what to do* Kami memeras otak mencoba memutuskan apa yg akan kami lakukan.
cue /kyuw/ *kb.* 1 isyarat. *Give me the c. for my entrance* Beri saya isyarat kapan saya hrs masuk. *to take a c. from* mencontoh, berpedoman pd, memakai sbg pedoman. 2 *Sport.*: kiu, tongkat bilyar. —*kkt. Inf.*: **to c. (in)** memberi petunjuk, mengantarkan, memperkenalkan. *C. me in on my role in this* Berilah saya petunjuk memainkan peran saya dlm hal ini.
cuff /kʌf/ *kb.* mansét. *c. button/link* kancing mansét. **off the c.** tanpa persiapan. *He spoke off the c.* Ia berpidato tanpa persiapan. **on the c.** memasukkan dlm bon/sbg hutang. *I have no money with me; please put it on the c.* Tak ada uang pd saya; catat sajalah sbg hutang saya.
cuisine /kwi'zien/ *kb.* masakan, santapan. *Chinese c.* masakan Tionghoa. *French c.* santapan Perancis.
culinary /'kʌlə'nerie, 'kyuw-/ *ks.* yg berh. dgn dapur atau masakan. *He is skilled in the c. art* Ia pandai memasak.
cull /kʌl/ *kb.* sisihan. *apple culls* buah apel sisihan. —*kkt.* 1 memisahkan, menyisihkan. *The bad apples were culled from the batch* Buah apel yg jelék dipisahkan dari sekumpulan apel itu. 2 memilih. *to c. out the significant data* memilih kenyataan-kenyataan yg penting.
culminate /'kʌlməneit/ *kki.* mencapai puncak, memuncak. *His ambition culminated in the presidency of the firm* Cita-citanya mencapai puncaknya dgn diperoléhnya jabatan présidén diréktur perusahaan itu.
culmination /'kʌlmə'neisyən/ *kb.* puncak. *the c. of o's ambitions* puncak cita-cita hidup s.s.o.
culpable /'kʌlpəbəl/ *ks.* bersalah, patut dicela. *He was judged c. of the deed* Ia dinyatakan bersalah dlm perkara itu.
culprit /'kʌlprit/ *kb.* orang yg tlh melakukan kejahatan.
cult /kʌlt/ *kb.* cara memuja.
cultivate /'kʌltəveit/ *kkt.* 1 mengolah, menanami, mengusahakan. *All his acreage is being cultivated* Seluruh tanahnya sedang diolah dan ditanami.

2 mempererat, memperkuat. *to c. s.o's acquaintance* mempererat pergaulan dgn s.s.o. —**cultivated** *ks.* 1 sopan, terlatih. *a highly c. person* seorang yg sopan sekali. 2 tajam, terlatih. *He has c. tastes* Seléranya terlatih. 3 yg diolah dan ditanami. *He owns much c. land* Ia mempunyai banyak tanah yg sdh diolah dan ditanami.
cultivation /'kʌltə'veisyən/ *kb.* 1 pengolahan, pencangkulan, pengusahaan, penanaman. *All his land is under c.* Seluruh tanahnya sedang diolah. 2 perkembangan, pengembangan, perkuatan, pereratan. *C. of that friendship may lead to marriage* Perkembangan persahabatan itu dpt berakhir dgn perkawinan.
cultivator /'kʌltə'veitər/ *kb.* 1 petani, penanam, peladang, pengusaha tanaman. *He's an experienced c.* Ia seorang petani yg berpengalaman. 2 (*machine*) mesin pengolah tanah, mesin penyiang.
cultural /'kʌlcurəl/ *ks.* kebudayaan. *c. attache* atasé kebudayaan. *c. anthropology* antropologi kebudayaan/budaya. *c. lag* terbelakang/kelambatan dlm hal-hal kebudayaan/adat-istiadat. —**culturally** *kk.* dgn adat-istiadat, yg berh. dgn kebudayaan.
culture /'kʌlcər/ *kb.* 1 kesopanan, kebudayaan. *He is a man of c.* Ia sopan dan terpelajar. *c. trait* ciri kebudayaan. 2 pemeliharaan. *physical c.* perkembangan jasmani, gerak badan. 3 *Biol.*: biakan. *This c. must be kept in a cool place* Pemeliharaan organisme mikroskopis ini hrs ditaruh di tempat yg dingin. —**cultured** *ks.* 1 terpelajar. *He's a c. individual* Ia seorang yg terpelajar. 2 piaraan. *c. pearls* mutiara-mutiara piaraan.
culvert /'kʌlvərt/ *kb.* urung-urung.
cumbersome /'kʌmbərsəm/ *ks.* tdk praktis, susah utk dipakai. *He was wearing a c. outfit* Ia mengenakan pakaian yg tdk praktis.
cumulative /'kyuwmə'leitiv, -lətiv/ *ks.* 1 kumulatif. *c. index* indéks kumulatif. 2 bertimbun, bertumpuk. *The c. effect of overwork can be dangerous* Akibat yg bertimbun dari terlalu banyak bekerja dpt membahayakan.
cumulus /'kyuwmələs/ *kb.* kumulus. *c. cloud* awan kumulus/kemawan.
cuneiform /kyuw'nieəfɔrm/ *kb.* tulisan-tulisan kuno berbentuk baji.
cunning /'kʌning/ *kb.* 1 kelicikan. 2 kecerdikan. —*ks.* pintar, cerdik, licik, trampil. *c. fox* rubah yg licik.
cup /kʌp/ *kb.* 1 cangkir, mangkok. *a c. of coffee* secangkir kopi. *Please give me the fruit c.* Coba berikan saya secangkir buah-buahan itu. 2 piala. *He won a silver c.* Ia memenangkan piala pérak. *His c. runs over* Ia mencapai segala cita-citanya. *Inf.*: **o's c. of tea** kegemaran, yg disukai. **in o's cups** mabuk. —*kkt.* (**cupped**) 1 melikukkan. *He cupped his hand in order to drink from the spring* Ia melikukkan telapak tangannya utk minum air dari mata air itu. 2 menutupkan. *He cupped his hand over his ear so he could not hear* Ditutupkannya telapak tangannya ke telinga spy tak dpt mendengar. 3 melengkungkan. *He cupped his hand behind his ear so he could hear better* Dilengkungkannya tangannya dibelakang telinganya spy dpt mendengar lebih jelas.
cupboard /'kʌbərd/ *kb.* lemari (utk makanan).
cupcake /'kʌp'keik/ *kb.* kué yg dimasak didlm cétakan kué berbentuk mangkok.
cupful /'kʌpful/ *kb.* secangkir, semangkok. *Pour in three cupfuls of milk* Tuangkanlah tiga mangkok susu.
cupid /'kyuwpid/ *kb.* déwa/déwi asmara.

cupidity /kyuw'pidətie/ *kb.* keinginan besar (utk memiliki s.s.t., nafsu besar utk mempunyai).
cupola /'kyuwpələ/ *kb.* kubah, kupel, atap lengkung.
cur /kər/ *kb.* 1 (*dog*) anjing kampung/bastar. 2 bajingan, orang jahat.
curative /'kyurətiv/ *ks.* yg menyembuhkan. *This herb possesses c. powers* Daun-daunan ini mengandung daya menyembuhkan.
curator /kyu'reitər/ *kb.* kurator, kepala (*of museum*).
curb /kərb/ *kb.* pinggiran jalan. —*kkt.* mengekang. *C. your tongue* Kekanglah lidahmu.
curbstone /'kərb'stown/ *kb.* batu pinggiran jalan.
curd /kərd/ *kb.* dadih.
curdle /'kərdəl/ *kkt.* membekukan. *That horror movie curdled my blood* Pilem yg serem itu menyebabkan darahku menjadi beku. —*kki.* mengental, menjadi dadih. *The milk was old and finally curdled* Susu itu sdh lama dan akhirnya mengental.
cure /kyur/ *kb.* 1 obat. *c. for cancer* obat utk kanker. 2 perawatan, pengobatan. *There is no c. for his criminal tendencies* Tak ada obat utk menyembuhkan kecenderungannya berbuat kejahatan. —*kkt.* 1 menyembuhkan. *The doctor cured her illness* Dokter menyembuhkan penyakitnya. 2 mengawétkan, mengasapi. *to c. meat/tobacco* mengawétkan daging/ tembakau. 3 menghilangkan. *The number of car accidents has cured me of the desire to drive* Jumlah kecelakaan mobil tlh melenyapkan keinginanku utk menyetir mobil. **cure-all** *kb.* obat manjur utk segala penyakit. *This won't be a c.-all for all our problems* Ini bukan obat manjur utk seluruh kesulitan-kesulitan kita. **cured** *ham* daging ham yg sdh diasini dan·diasapi.
curfew /'kərfyuw/ *kb.* jam malam.
curio /'kyurieow/ *kb.* barang ajaib/anéh/suvenir.
curiosity /'kyurie'asətie/ *kb.* (*j.* -**ties**) 1 keinginan-tahu. 2 barang anéh.
curious /'kyurieəs/ *ks.* 1 ingin tahu, melit. *You're so c.* Kamu ingin tahu benar. *I'm c. to know how it happened* Ingin sekali saya mengetahui bagaimana terjadinya itu. 2 anéh. *She's a c. person* Ia seorang anéh. 3 héran, anéh. *It's c., but I'm sure I've seen you somewhere before* Héran, tapi saya yakin saya tlh pernah bertemu denganmu entah dimana.
curl /kərl/ *kb.* 1 keriting. *She has lovely curls* Keriting-nya bagus sekali. 2 lingkaran. *curls of smoke* ling-karan-lingkaran asap. —*kkt.* 1 mengeritingkan (*the hair*). 2 mencibirkan, memonyongkan (*the lips*). —*kki.* 1 melengkung, menggulung. *Burning paper curls* Kertas yg sedang terbakar melengkung. 2 melekung. *The smoke curled upwards* Asap itu melekung keatas. **to c. up** melekuk. *She often curls up on the bed to read* Ia sering melekuk di tempat tidur utk membaca. **to c. up and die** berbaring dan mati. **curl-ing** *iron(s)* alat pengeriting rambut.
curler /'kərlər/ *kb.* alat pengeriting.
curlicue /'kərliekyuw/ *kb.* lengkungan pd tulisan sbg perhiasan.
curly /'kərlie/ *ks.* keriting, berombak. *He has c. hair* Ia berambut keriting.
currant /'kərənt/ *kb.* kismis.
currency /'kərənsie/ *kb.* (*j.* -**cies**) 1 mata uang. *What is the c. of that country?* Apa mata uang negeri itu? 2 perédaran. *That story soon acquired c. throughout the city* Cerita itu dgn segera berédar di seluruh kota.
current /'kərənt/ *kb.* arus. *electric c.* arus listrik. *direct c.* arus searah. *The c. is too strong* Arus itu terlalu deras. —*ks.* 1 (zaman) sekarang, mutakhir. *c. events* kejadian-kejadian zaman sekarang. *c. bal-*

lance a) *Elec.*: alat/neraca pengukur arus listrik. b) *Fin.*: jumlah uang yg ada di bank sekarang. 2 (sekarang) ini. *the bill for the c. month* rékening utk bulan ini. 3 sedang berédar. *Rumor is c. that...* Kabar sedang berédar bhw.... —**currently** *kk.* sekarang ini. *C. we are paying $150 a month* Sekarang ini kami membayar $150 sebulan.
curriculum /kə'rikyələm/ *kb.* rencana pelajaran, kurikulum. *c. vitae* riwayat hidup.
curry /'kərie/ *kb.* (*j.* -**ries**) kari. *c. powder* bumbu kari. —*kkt.* (**curried**) 1 membuat masakan kari. 2 menyikat. *to c. a horse* menyikat badan kuda. 3 menjilat. *to c. favor* membujuk utk mencari nama, menjilat. —**curried** *ks.* dibumbui dgn kari. *c. rice* nasi kari.
curse /kərs/ *kb.* kutukan, seranah, sumpah. *The c. was uncalled for* Tak ada gunanya kutukan itu. *She put a c. on him* Dikutuknyalah ia. Ia disumpahi. —*kkt.* 1 mengutuk. *He cursed his fate* Dikutuknyalah nasibnya itu. 2 memaki. *He cursed his boss* Ia memaki majikannya. —*kki.* mengutuk, memaki. *Don't c. so much!* Janganlah begitu sering memaki-maki. **to be cursed with** merana dgn. *She is cursed with terrible headaches* Ia merana dgn sakit kepala yg berat. —**cursed** /'kərsid/ *ks.* terkutuk. *I hate this c. place* Saya benci akan tempat terkutuk ini. —**cur-sing** *kb.* kutukan, kutuk-mengutuk, makian.
cursive /'kərsiv/ *ks.* kursif. *c. writing* tulisan kursif.
cursorily /'kərsərəlie/ *kk.* lih CURSORY.
cursory /'kərsərie/ *ks.* sambil/sepintas lalu. *The police made a c. search* Polisi mengadakan penyelidik-an sambil lalu. *c. reading of a contract* pembacaan yg sambil lalu dari surat perjanjian. —**cursorily** *kk.* dgn sambil lalu.
curt /kərt/ *ks.* 1 kaku, kasar. *He was c. in his manner* Sikapnya kaku. 2 péndék. *His remarks were c.* Ucapan-ucapannya péndék.
curtail /kər'teil/ *kkt.* membatasi, mengurangi. *After his escape his activities were curtailed* Sesudah pelarian-nya itu kegiatannya dibatasi.
curtailment /kər'teilmənt/ *kb.* pembatasan, pe-ngurangan.
curtain /'kərtən/ *kb.* 1 kordén, gordén, tirai. *the Iron C.* Tirai Besi. *c. rod* palang/ruji kordén. 2 lindungan tirai. *The troops advanced under a c. of heavy artillery fire* Pasukan itu maju dibawah lindungan tirai peluru meriam. *The c. will go up at 8:30* Sandiwara akan dimulai jam 20.30. **to bring the c. down on, to draw the c. on** mengakhiri (*an era*). **to raise the c. on a new model** memamérkan modél baru. **to ring the c. down on** menutup. *Sl.: It's curtains for us* Kami akan mati. —*kkt.* menabiri, menggan-tungkan gordén (*a room, windows*). **to c. off** mem-batasi dgn tirai. *One half of the room was curtained off* Setengah kamar itu dibatasi dgn tirai. **c. call** teriakan "bis/ulangi". **c. time** jam main (sandi-wara, pilem, dsb).
curtsy /'kərtsie/ *kb.* (*j.* -**sies**) cara wanita menghor-mat dgn membungkukkan badan. *She made a c.* Ia membungkukkan badan utk menghormat. —*kki.* (**curtsied**) menghormat dgn membungkukkan badan. *She curtsied before the king* Ia membungkukkan badan tanda memberi hormat didepan raja itu.
curvaceous /kər'veisyəs/ *ks.* montok. *She's quite c.* Badannya montok sekali.
curvature /'kərvəcər/ *kb.* 1 lekukan, pembungkuk-an. *c. of the earth* lekukan bumi. 2 lengkungan. *c. of the spine* lengkungan tulang punggung.
curve /kərv/ *kb.* 1 tikungan, liku. *The car failed to make the c.* Mobil itu gagal mengambil tikungan.

2 garis. *c. of a graph* garis lengkung grafik. *She has nice curves* Badannya montok élok. **to throw a c.** memelintirkan (*with a ball*). *Sl.*: *The teacher threw me a c.* Pak guru menanyakan kepadaku s.s.t. yg tak kuharap-harapkan. —*kkt.* membélokkan. *The highway contractor curved the road to the right* Pemborong pembangunan jalan itu membélokkan jalan ke kanan. —*kki.* membélok. *The road curves to the right* Jalannya membélok ke kanan.

cushion /'kusyən/ *kb.* bantal, kasur kecil, alas duduk. *We need a larger c. of savings for our old age* Kita perlu menyimpan uang yg lebih banyak utk jaminan hari tua. —*kkt.* 1 melindungi dgn bantalan. *We were comfortably cushioned against the shock* Énak sekali kami dilindungi bantalan thd kejutan. 2 melengkapi dgn bantalan. *The car was cushioned inside* Mobil itu dilengkapi dgn bantalan.

cushy /'kusyie/ *ks. Sl.*: énak, mudah, senang. *He has a c. job* Pekerjaannya énak.

cuspid /'kʌspid/ *kb.* gigi taring.

cuspidor /'kʌspədowr/ *kb.* tempat (me)ludah.

cuss /kʌs/ *kb. Inf.*: 1 kutukan, serapah. 2 bung, bang. lih CURSE. —*kkt. Inf.*: menyumpahi, mengutuk. *He cussed the man out for lying* Disumpahinyalah orang itu karena berdusta. —**cussed** /'kʌsid/ *ks. Inf.*: keras kepala.

cussedness /'kʌsidnəs/ *kb. Inf.*: sifat keras kepala.

custard /'kʌstərd/ *kb.* sm podéng, terbuat dari telur, gula, susu dsb. *chocolate c.* podéng coklat.

custodian /kʌ'stowdiеən/ *kb.* penjaga, pemelihara, petugas.

custody /'kʌstədie/ *kb.* (*j.* **-dies**) 1 tahanan, penjagaan. *The police took him into c.* Polisi menahan dia. *in c.* dlm tahanan. 2 pemeliharaan, penjagaan. *The mother was given c. of the children* Ibu itu diserahi pemeliharaan anak-anaknya.

custom /'kʌstəm/ *kb.* 1 adat. *This is the c. here* Begitulah adatnya disini. 2 kebiasaan. *It's my c. to work every evening* Sdh kebiasaanku utk bekerja tiap malam. 3 adat-istiadat. *Social customs differ from country to country* Adat-istiadat berlainan dari satu negeri ke negeri yg lain. *A c. tailor makes all his clothes* Baju-bajunya semua dibuat oléh tukang jahit menurut pesanan. **custom-built** *ks.* dibuat menurut pesanan. **custom-made** *ks.* dibuat menurut pesanan. *He wears only c.-made clothes* Ia hanya memakai pakaian yg dibuat menurut pesanan. —**customs** *j.* 1 béa, cukai. *to pay customs on* membayar cukai utk. 2 pabéan, duane. *to go through customs* meliwati pabéan. *c. house* (kantor) pabéan. *customs inspection* pemeriksaan pabéan.

customary /'kʌstə'merie/ *ks.* biasa. *He didn't greet me with his c. cordiality* Ia tdk memberi salam kpd saya dgn keramah-tamahannya spt biasa. *It's c. for the lady to go first* Sdh kebiasaan utk mendahulukan wanita. **c. law** hukum adat. —**customarily** *kk.* biasanya. *C. I don't drive to the office* Biasanya, saya tak naik mobil ke kantor.

customer /'kʌstəmər/ *kb.* 1 langganan, nasabah. *He's a good c.* Ia seorang langganan baik. 2 *Inf.*: orang. *He's a rough c.* Ia seorang yg sulit utk dihadapi.

cut /kʌt/ *kb.* 1 luka. *The c. has not healed well* Luka itu blm sembuh benar. 2 potongan. *That is a nice c. of steak* Itu potongan daging bistik yg baik sekali. *That's quite a c. in price* Banyak betul potongan harga itu. *I don't like the c. of that coat* Tak senang aku melihat potongan baju itu. 3 galian, lubang. *The highway engineer made a deep c.* Insinyur jalan raya membuat galian yg dalam. 4 bagian. *What is my c.*

of the profits? Berapakah bagian saya dari keuntungan itu? 5 membolos. *You are permitted three cuts a semester* Sdr diperboléhkan membolos tiga kali selama satu seméster. 6 *Inf.*: ucapan/tindakan yg menyinggung perasaan. 7 pukulan memotong. *The pingpong player put a c. on the ball* Pemain pingpong itu memotong dan memelintirkan bola. —*kkt.* (**cut**) 1 memotong, memangkas (*the hair, wheat*). *to c. the crust from the bread* memotong kulit roti. *His salary was c.* Gajinya dipotong. *The grass needs to be c.* Rumput perlu dipotong. *Have you c. the cards?* Apa kartunya sdh sdr potong? 2 melukai. *He c. his foot* Kakinya terluka. 3 menggunting (*cloth, paper*). *The best part of the picture was c.* Bagian yg terbagus dari pilem itu digunting. 4 membagi. *A fence cuts that field in two* Pagar membagi dua lapangan itu. 5 membuat (*a tape*). 6 membolos. *You'd better not c. any more classes* Janganlah engkau membolos lagi. 7 memperpéndék. *Shortness of time forced the speaker to c. his speech* Karena kekurangan waktu pembicara itu terpaksa memperpéndék pidatonya. 8 mengurangi. *to c. drinks* mengurangi kekerasan minuman keras. 9 memukul dgn memelintirkan. *The tennis player c. the ball, making the return difficult* Pemain ténis itu memukul dgn memelintirkan bola sehingga sukar utk dikembalikan. 10 menghilangkan, melarutkan, mencairkan. *Turpentine cuts paint* Térpentin menghilangkan cat. 11 menusuk, melukai. *His remarks c. me to the bone* Kata-katanya itu sangat menusuk hatiku. 12 menyayat. *The chilly wind cuts me to the bone* Angin yg dingin itu menyayat-nyayat sampai ngilu rasaku. 13 *Inf.*: menganggap sepi. *No one would c. an old friend* Tak ada orang yg akan menganggap sepi seorang teman lama. 14 membelah. *to c. s.t. in half* membelah s.s.t. menjadi dua. *to c. a stencil* mengetik halaman sténsil. —*kki.* 1 tajam. *That razor cuts well* Pisau cukur itu tajam sekali. *The knife c. deeply* Pisau itu dalam sayatannya. 2 menusuk/melukai hati. *His statement really c.* Ucapannya benar-benar menusuk hati. 3 memotong. *Firm cakes c. easily* Kué keras mudah dipotong. 4 berhenti, stop. *The director of the film said "C."* Sutradara pilem itu berkata "Berhenti". 5 menyayat. *The winter wind c. like a knife* Angin musim dingin menyayat-nyayat dgn tajamnya. 6 *Sl.*: meninggalkan, pergi. **to c. across** 1 melintasi. *Don't c. across the lawn* Janganlah melintasi rumput itu. 2 mengabaikan. *Many voters c. across party lines* Banyak pemilih tdk mengabaikan kepartaian dan memilih anggota partai lain. **to c. back** 1 mengurangi. *to c. back expenses/production* mengurangi ongkos-ongkos/produksi. 2 memperpéndék. *We c. back the hedge* Kami memperpéndék pagar. 3 membélok tiba-tiba. *The soccer player c. back and passed his opponent* Pemain bola itu membélok tiba-tiba dan meliwati lawannya. 4 memotong, memangkas. *to c. back the shrubs* memangkas semak-semak. **to c. down** 1 menebang (*a tree*). 2 menghancurkan. *The rebels c. down the entire platoon* Pemberontak menghancurkan seluruh peloton. 3 membunuh, menéwaskan. *The police cut him down as he fled* Polisi menéwaskannya ketika ia melarikan diri. *He was c. down early in life* Ia mati dlm usia muda. **to c. down on** 1 mengurangi. *to c. down on food out of fear of getting fat* mengurangi makan karena takut menjadi gemuk. 2 *to c. down on food because we can't afford it* berhémat makan karena kita tdk sanggup membéayainya. **to c. in** 1 menyelang, menyela. *He c. in and said "no"* Ia menyelang dan berkata "tidak". 2 menyelang dan mengganti. *He c. in and danced with his wife again* Ia menyelang dan mengganti berdansa dgn isterinya lagi. 3 memotong jalan. *The car c. in sharply ahead of me* Mobil itu memotong jalan saya dgn tajam. 4 memasang. *The pilot c. in the automatic pilot* Pilot itu memasang alat pengemudi otomatis. **to c. off** 1 memutus(kan). *The electricity was c. off* Arus listrik diputuskan. *All communication was c. off* Semua komunikasi putus. *The enemy c. off all possible retreat* Musuh memutuskan semua kemungkinan utk mundur. *We were c. off twice during our (telephone) conversation* Sdh dua kali pembicaraan télpon kami terputus. 2 memotong. *C. this off in the middle* Potong ini di tengah-tengah. 3 menyayat. *C. off two slices of beef for me* Sayatlah daging sapi dua iris utk saya. 4 memencilkan. *All houses in this area were c. off by the storm* Semua rumah di daérah ini terputus hubungan karena angin topan itu. *I was c. off without a penny in my father's will* Saya tdk mendapat warisan sesénpun menurut surat wasiat ayah saya. **to c. open** mengerat, melukai. *He c. his hand open* Tangannya luka terkerat. **to c. out** 1 memotong. *The seamstress c. out a dress* Tukang jahit wanita memotong sehelai baju. *The doctor c. out the corn* Dokter memotong ketimumul itu. 2 *Sl.*: menghentikan. *If you are on a diet, c. out fats* Kalau sdr sedang berpantang, hentikanlah makan lemak-lemak. *I wish the children would c. out that noise* Saya harap anak-anak mau menghentikan gaduh itu. 3 pantas, cocok. *He's not c. out to be a doctor* Ia bukan potongan dokter. *At college he has his work c. out for him* Di universitas dia akan sibuk sekali. 4 *Sl.*: pergi, meninggalkan. **to c. through** memotong, menembus (*a wall, ice*). **to c. up** 1 memotong-motong. *C. the cake up into six pieces* Potong-potonglah kué itu menjadi enam potong. 2 *Sl.*: membuat lelucon. *He has a tendency to c. up when he's among friends* Ia cenderung berbuat lucu bila dihadapan teman-temannya. 3 memotong, menyayat. *He was c. up rather badly in the fight* Ia mendapat luka agak berat dlm perkelahian itu. 4 *Inf.*: menyedihkan. *The news of his brother's death c. him up very badly* Berita ttg kematian saudara laki-lakinya membuat hatinya hancur-luluh. **c. and dried** lumrah, siap utk dipakai (sehari-hari). *The test had now become c. and dried* Percobaan itu sekarang sdh menjadi hal yg lumrah (sehari-hari). **c. glass** kaca yg diukir dgn roda pengasah. **cut-rate** *ks.* dgn harga potongan/ bantingan. *c.-rate store* toko dgn harga-harga yg rendah. *Sl.*: **cut-up** *kb.* seorang yg lucu. —**cutting** *kb.* 1 guntingan, potongan (dari majalah, surat kabar dsb). 2 keratan dari suatu tumbuh-tumbuhan, seték. *ks.* tajam, mengéjék. *c. remark* ucapan yg menyinggung perasaan, ucapan yg mengéjék.

cutaneous /kyuw'teinieəs/ *ks.* yg berh. dgn kulit. *c. nerve* urat saraf pd kulit.

cutaway /'kʌtə'wei/ *kb.* jas berpotongan lancip kebelakang dipakai pd pertemuan-pertemuan resmi.

cutback /'kʌt'bæk/ *kb.* pengurangan, penyusutan. *c. in production* pengurangan produksi.

cute /kyuwt/ *ks. Inf.*: 1 mungil, manis. *c. baby* bayi yg mungil. 2 élok. *She has a c. figure* Badannya élok sekali.

cuticle /'kyuwtəkəl/ *kb.* kulit ari/luar/selaput/adam.

cutie /'kyuwtie/ *kb. Inf.*: gadis cantik. *She's a real c.* Dia cantik benar.

cutlery /'kʌtlərie/ *kb.* 1 alat-alat pemotong spt pisau, gunting dsb. 2 alat-alat makan spt séndok, garpu, pisau.

cutlet /'kʌtlit/ *kb.* sayatan, potongan. *veal c.* sayatan daging anak sapi, goréng daging anak lembu.

cutoff /'kʌt'ɔf/ *kb.* 1 jalan memintas. 2 kelép utk mematikan aliran air, arus listrik atau minyak mesin, (stop)keran.

cutout /'kʌt'awt/ *kb.* 1 gambar guntingan. 2 *Auto.*: két-ot (pd mesin mobil), alat pemutus arus.

cutter /'kʌtər/ *kb.* 1 tukang potong. 2 mesin potong. 3 pemotong. *meat c.* pisau pemotong daging. 4 *Nav.*: kapal layar.

cutthroat /'kʌt'throwt/ *kb.* pembunuh. —*ks.* tajam. *c. competition* persaingan yg tajam.

cuttlefish /'kʌtəl'fisy/ *kb.* sotong.

cwt. [*hundredweight*] timbangan berat berdasar ratusan spt 100 pon.

cyanamide /sai'ænəmaid/ *kb.* sianamida.

cyanide /'saiənaid/ *kb.* sianida.

cybernetics /'saibər'netiks/ *kb.* sibernétika.

cycle /'saikəl/ *kb.* 1 putaran. *80 cycles per second* 80 putaran tiap sekon. 2 perédaran. *c. of the seasons* perédaran musim. 3 séri. *c. of stories* séri cerita-cerita. 4 lingkaran orbit. 5 *kep.*: sepéda. —*kki.* naik sepéda. *We cycled all morning* Kami naik sepéda sepanjang pagi.

cyclic(al) /'saikləkəl/ *ks.* yg berh. dgn masa perédaran atau putaran.

cyclist /'saiklist/ *kb.* pengendara sepéda.

cyclone /'saiklown/ *kb.* tofan, topan, taufan.

cyclopedia /'saiklə'piedieə/ = ENCYCLOPEDIA.

cyclotron /'saiklətran/ *kb.* siklotron, mesin pemecah atom.

cylinder /'siləndər/ *kb.* silinder. *eight-c. engine* mesin bersilinder delapan. *c. block* rumah/bak mesin. *c. bore* lubang silinder. *c. head* kepala silinder, silinder-kop.

cylindrical /sə'lindrəkəl/ *ks.* berbentuk silinder.

cymbal /'simbəl/ *kb.* canang, gembréng.

cynic /'sinik/ *kb.* seorang yg suka memperolok-olokkan pekerjaan orang lain, pengéjék.

cynical /'sinəkəl/ *ks.* sinis, suka memperolok-olokkan, bersifat mengéjék. *He's a very c. person* Ia seorang yg sangat suka memperolok-olokkan.

cynicism /'sinəsizəm/ *kb.* sinisme, perolok-olokan.

cynosure /'sainəsyur/ *kb.* pusat perhatian. *She was the c. of all present* Ia adalah pusat perhatian dari semua orang yg hadir.

cypher /'saifər/ = CIPHER.

cypress /'saiprəs/ *kb.* sm pohon cemara.

cyst /sist/ *kb.* 1 kista. 2 risa.

cytology /sai'taləjie/ *kb.* bagian dari biologi yg mempelajari pembelahan sél-sél, fungsi sél-sél dsb.

C. Z. [*Canal Zone*] Daérah Terusan.

czar /zar/ *kb.* kaisar, raja. *c. of the business world* raja/gémbong dunia perniagaan.

Czech /cek/ *kb.* bahasa Céko. *a C.* seorang Céko. *the C. language* bahasa Céko.

Czechoslovak /'cekə'slowvak/ *ks.* yg berh. dgn negara Cékoslowakia.

D

D d /die/ 1 huruf keempat dari abjad Inggeris. 2 angka terendah yg masih memungkinkan naik kelas, kira-kira 5. 3 *Beethoven's Symphony in D* Simfoni Beethoven dlm D. 4 angka Rumawi utk 500.

'd 1 [*had*] *I'd already seen the movie* Saya tlh menonton pilem itu. 2 [*would*] *I'd go if I were you* Kalau saya, saya akan pergi.

Da. [*Danish*] berasal dari Denmark, orang Denmark.

DA, D.A. /'die'ei/ [*District Attorney*] jaksa wilayah.

dab /dæb/ *kb.* 1 colék. *a d. of butter* secolék mentéga. 2 cokét, colét. *a d. of applesauce* secokét saus apel. —*kkt.* (**dabbed**) mengolés. *to d. iodine on a cut* mengoléskan yodium pd luka.

dabble /'dæbəl/ *kkt.* mencebur-ceburkan. *to d. o's feet in the water* mencebur-ceburkan kakinya kedlm air. —*kki.* mencoba-coba, berbuat s.s.t. secara iseng. *He dabbles in painting* Ia coba-coba dlm melukis. *He dabbles in politics* Ia turut serta secara iseng dlm gerakan politik.

dabbler /'dæblər/ *kb.* amatir, penggemar secara sambil lalu.

dachshund /'dakshunt, 'dæsyhund/ *kb.* sm anjing yg péndék kakinya.

Dacron /'dækran, 'deikran/ *kb.* dakron.

dactyloscopy /'dæktə'laskəpie/ *kb.* sidik jari.

dad /dæd/ *kb. Inf.*: 1 ayah. 2 pak.

daddy /'dædie/ *kb.* (*j.* **-dies**) *Inf.*: ayah. *I love my d.* Saya sayang kpd ayah saya. **d.-long legs** ayak-ayak.

daffodil /'dæfədil/ *kb.* sm bunga narsis/bakung, yg berbunga kuning atau putih dan berdaun ramping.

daft /dæft/ *ks.* gila.

dagger /'dægər/ *kb.* 1 pisau belati. 2 tanda salib/palang/silang (†) juga dipakai didepan nama-nama meréka yg tlh meninggal/anumerta. **to look daggers at s.o.** memandang s.s.o. dgn perasaan benci.

dahlia /'dælyə/ *kb.* bunga dahlia.

daily /'deilie/ *kb.* (*j.* **-lies**) harian. The New York Times *is a d.* Sk *New York Times* adalah sebuah harian. —*ks.* 1 tiap hari. *to take a d. walk* berjalan-jalan tiap hari. 2 harian. *d. rate at a hotel* tarip harian di hotél. *d. paper* surat kabar harian. 3 sehari-hari. *d. needs* kebutuhan sehari-hari. —*kk.* tiap hari. *It rains almost d.* Hujan turun hampir tiap hari.

daintiness /'deintienəs/ *kb.* kehalusan, kelezatan, kecantikan.

dainty /'deintie/ *ks.* 1 cantik, pandai bersolék. *She's a d. individual* Ia seorang yg cantik. 2 suka berpilih-pilih. *a d. eater* seorang pemilih dlm soal makanan.

dairy /'derie/ *kb.* (*j.* **-ries**) perusahaan susu. *d. cattle* ternak sapi penghasil susu. *d. farm* perusahaan susu. —**dairying** *kb.* perusahaan susu, pekerjaan menghasilkan susu, mentéga dan kéju.

dais /deis/ *kb.* mimbar, podium.

daisy /'deizie/ *kb.* (*j.* **-sies**) sm bunga aster.

dally /'dælie/ *kki.* (**dallied**) bermain-main, bermalas-malas, menghabiskan waktu, membuang-buang waktu. *Don't d. on your way to school* Jangan bermain-main waktu pergi ke sekolah.

dam /dæm/ *kb.* bendung(an), dam. —*kkt.* (**dammed**) membendung. *to d.(up) a river* membendung sungai.

damage /'dæmij/ *kb.* 1 kerusakan. 2 kerugian. *d. suit* tuntutan ganti-rugi. —**damages** *j.* (ganti) kerugian. *to claim damages for the injury* menuntut ganti kerugian. —*kkt.* 1 merusakkan. 2 mendapat cedera. *He damaged his knee playing soccer* Ia mendapat cedera pd lututnya dlm permainan sépak-bola. —**damaged** *ks.* rusak. *d. house* rumah yg rusak. —**damaging** *ks.* yg merusak. *d. frost* embun beku yg merusak.

damask /'dæməsk/ *kb.* damas, kimcha. *d. tablecloth* kain-méja damas.

dame /deim/ *kb.* wanita (yg agak tua). (Di Inggeris dipakai sbg gelar.) *Sl.*: *What a d.!* Alangkah cantiknya!

dammit /'dæmit/ [*damn it*] *kseru.* celaka, somprét.

damn /dæm/ *kb., ks. I don't give a d.* Saya tak peduli sama sekali. *I don't give a d. about him* Masa bodoh akan dia. Jahanam/Celaka/Persétan dgn dia. *The d. dogs are barking again* Anjing-anjing jahanam itu menyalak lagi. *It's a d. sight hotter here* Sungguh jauh lebih panas disini. —*kkt.* menggagalkan. *His attitude damned the project's success* Sikapnya itu menggagalkan suksés proyék itu. *D. it! I won't put up with such nonsense* Persétan! Saya benci akan omong kosong yg demikian itu. *I'll be damned if I do and damned if I don't* Apapun juga saya perbuat saya akan celaka. —**the damned** *kb., j.* orang terkutuk. *kk.* sangat, terlalu. *I'm d. sick of his attitude* Sikapnya itu sangat memuakkan. —**damning** /'dæmning/ *ks.* mencelakakan, memberatkan. *The evidence against him was d.* Bukti thd dia itu mencelakakan baginya.

damp /dæmp/ *kb.* gas, kabut (kelembaban), uap. *The d. in a coal mine is dangerous* Gas dlm tambang batu bara berbahaya. —*ks.* lembab, basah. *d. rag* kain yg lembab. *These clothes feel d.* Pakaian ini terasa lembab.

dampen /'dæmpən/ *kkt.* 1 membasahi, melembab-kan. *to d. a handkerchief* membasahi saputangan. 2 mengurangi, memperkecil. *to d. the spirits* mengurangi semangat.

damper /'dæmpər/ *kb.* alat pengatur api kompor. *The death of the leader put a d. on all social activities* Kematian pemimpin itu mengurangi semua kegiatan sosial.

dampness /'dæmpnəs/ *kb.* kelembaban, keadaan lembab.

damsel /'dæmzəl/ *kb.* gadis, anak dara.

damson /'dæmsən/ *kb.* buah, sm prém.

Dan. *[Danish]* yg bert. dgn Denmark.
dance /dæns/ *kb.* 1 tari(an). *your favorite d.* tari yg kau sukai. 2 dansa. *Let's go to the d.* Marilah kita pergi ke pésta dansa. *d. step* langkah tarian/berdansa. *May I have the next dance?* Maukah sdr berdansa dgn saya sesudah ini? —*kkt., kki.* berdansa. *to d. all evening* berdansa semalam suntuk. *to d. a tango* berdansa tango. *She danced attendance on her beau* Ia melayani pacarnya dgn penuh perhatian. *d. hall* ruangan dansa. *d. music* musik dansa. —**dancing** *kb.* berdansa. *D. is healthy* Berdansa itu séhat. *d. girl* gadis penari, penari wanita.
dancer /'dænsər/ *kb.* penari.
dandelion /'dændə'laiən/ *kb.* sm rumput yg bunganya kuning.
dander /'dændər/ *kb.* kemarahan, amarah. *Mention of certain people gets his d. up* Menyebut nama orang-orang tertentu membangkitkan amarahnya.
dandruff /'dændrəf/ *kb.* sindap, ketombé, kelemumur.
dandy /'dændie/ *kb.* (*j.* -**dies**) pesolék. —*ks. Sl.*: bagus, sangat baik. *That's a d. car* Itu mobil yg bagus sekali. *d. idea* gagasan yg baik sekali.
Dane /dein/ *kb., ks.* orang Denmark.
danger /'deinjər/ *kb.* bahaya. *The hospital reports that she is out of d.* Rumah sakit memberitahukan bhw ia sdh terhindar dari bahaya. *There is no d. that he'll come back* Tdk perlu ditakutkan bhw ia akan datang kembali. *to be on the d. list* dianggap berbahaya. *d. of mines* bahaya ranjau. *d. signal* isyarat bahaya. *d. zone* daérah berbahaya.
dangerous /'deinjərəs/ *ks.* berbahaya, membahayakan.
dangle /'dænggəl/ *kkt.* membayang-bayangkan. *He dangled interesting offers before me* Ia membayang-bayangkan tawaran-tawaran yg menarik hati kpd saya. —*kki.* menguntai, berjuntai, teruntai. *The light cord was dangling* Kabel lampu itu teruntai-untai. *to sit with legs dangling* duduk dgn kaki berjuntai.
Danish /'deinisy/ *kb. Inf.*: sm kué masakan Denmark. *I'll have a D. and coffee* Minta kué Denmark dan kopi. —*ks.* berasal dari Denmark. *D. pastry* sm kué masakan Denmark.
dank /dæŋk/ *ks.* lembab, basah. *d. cave* gua yg lembab.
dapper /'dæpər/ *ks.* rapi, nécis. *d. dresser* orang yg senantiasa berpakaian rapi.
dare /dær/ *kb.* tantangan. *Can you take a d.?* Beranikah sdr menerima tantangan? —*kkt.* berani. *to d. the dangers of driving* berani menghadapi bahaya-bahaya mengendarai mobil. *I d. you to step closer* Kalau berani, majulah! *I d. say you are right* Saya berani katakan bhw sdr benar. *I don't d. look* Saya tak berani melihat. —**daring** *kb.* keberanian, kenékatan. *ks.* berani. *He's a d. warrior* Ia seorang prajurit pemberani.
daredevil /'dær'devəl/ *kb.* pemberani. —*ks.* berani mati. *d. activities* tindakan-tindakan berani mati.
dark /dark/ *kb.* kegelapan. *My sister's afraid of the d.* Adikku takut gelap. **after d.** waktu malam. *to go out after d.* keluar waktu malam. **in the d.** tidak mengetahui, masih gelap. *I was in the d. as to his intentions* Saya tdk tahu-menahu mengenai maksudnya. *Don't keep me in the d.* Janganlah membiarkan saya tdk tahu-menahu. —*ks.* 1 gelap. *d. cloud* awan gelap. *This house is d.* Rumah ini gelap. *In the winter it turns d. early* Dlm musim dingin hari lekas gelap. 2 tua. *d. color* warna tua. *d. red* mérah tua. 3 suram. *to look on the d. side of things* Melihat

segala s.s.t. serba suram. 4 hitam. *a new d. dress* pakaian baru yg serba hitam. **D. Ages** abad pertengahan (dari 400 T.M. sampai tahun 1000). **d. blue** biru langit/tua. **dark-complexioned** *ks.* berwarna hitam. **D. Continent** Benua Afrika. **d. days** saat penuh kesusahan/kesedihan. **d. glasses** kacamata hitam. **d. horse** 1 kuda yg tak disangka-sangka memperoléh kemenangan, kuda hitam. 2 seorang yg tak disangka-sangka diangkat menjadi orang penting dlm bidang politik. **dark-skinned** *ks.* berkulit hitam.
darken /'darkən/ *kkt.* menggelapkan, mengelamkan (*a room*). —*kki.* mulai gelap. *The sky darkened* Langit mulai gelap.
darkness /'darknəs/ *kb.* kegelapan, kemuraman.
darkroom /'dark'rum/ *kb. Phot.*: kamar gelap.
darling /'darliŋ/ *kb.* 1 sayang. *D., please bring me my pipe* Sayang, tolong ambilkan pipa saya itu. *my d.* sayangku. 2 anak kesayangan. *her father's d.* anak kesayangan ayahnya. —*ks.* yg menawan hati. *a d. child* anak yg menawan hati.
darn /darn/ *kb.* 1 tambalan, jerumatan, tisikan. 2 *Inf.*: kutukan. *I don't give a d. about opera* Sedikitpun tak ada perhatianku kpd opera. —*kk.* sekali, sangat. *She knows d. little about baseball* Sedikit sekali pengetahuannya mengenai baseball. *I've lost my watch, d. it!* Arlojiku hilang, kurang ajar! —*kkt.* menjerumat, menisik(i) (*socks*). —**darning** *kb.* pekerjaan menjerumat/menisik/menambal. *a lot of d.* banyak pekerjaan menambal. *d. cotton* kain katun penambal. *d. needle* jarum penjerumat.
dart /dart/ *kb.* anak panah. *to throw darts* melepaskan anak panah. —*kki.* lari cepat dgn tiba-tiba. *The child darted away from its mother* Anak kecil itu tiba-tiba berlari dgn cepat meninggalkan ibunya.
dash /dæsy/ *kb.* 1 sedikit. *a d. of salt* sedikit garam. 2 tanda garis/pisah/ alangan (–). *Put a d. after that sentence* Bubuhilah tanda alangan dibelakang kalimat itu. 3 garis. *dots and dashes* titik-titik dan garis-garis. 4 lari cepat. *100 yard d.* lari cepat 100 yar. *He made a d. for the door* Ia lari ke pintu. —*kkt.* 1 menghancurkan, meremukkan (*o's hopes*). 2 melémparkan. *to d. a plate on the floor* melémparkan piring ke lantai. —*kki.* berlari. *D. over to the store* Larilah ke toko. **to d. off** 1 pergi tergesa-gesa. *I want to speak with you before you d. off.* Saya ingin berbicara dgn sdr sblm sdr berangkat bergegas. 2 menuliskan. *I must d. off a note before leaving* Saya hrs cepat-cepat menuliskan (sebuah nota) sblm berangkat. **to d. out** 1 melompat keluar. *He dashed out and shouted "Police"* Dia melompat keluar lalu meneriakkan "Polisi". 2 pergi cepat-cepat. *D. out and get us some ice cream* Pergilah cepat-cepat dan bawakan kami és krim. 3 lari keluar. *to d. out of the room* lari keluar kamar. —**dashing** *ks.* 1 ganteng, tampan, gagah. *He looks d. in his uniform* Ia kelihatan ganteng/tampan ia dlm pakaian seragamnya. 2 bersemangat, berseri-seri. 3 bergaya, penuh aksi. *in a d. manner* dgn bergaya/aksi.
dashboard /'dæsy'bowrd/ *kb.* papan (pedoman) instrumén, dasbor.
dastardly /'dæstərdlie/ *ks.* bersifat pengecut. *d. deed* perbuatan yg bersifat pengecut.
data /'deitə, 'dæ-/ *kb.* (*j.* dari **datum**) data, fakta, bahan-bahan keterangan. *to collect d. for o's dissertation* mengumpulkan bahan-bahan/data/keterangan utk disertasi. *d. processing* pengolahan data.
date /deit/ *kb.* 1 tanggal. *What's the d. today?* Tanggal berapa hari ini? *d. of birth* tanggal kelahiran. 2 janji, perjanjian. *I have a d. with her tonight* Saya ada

janji dgn gadis itu malam ini. 3 kencan, teman gadis, pacar. *Who is your d. this evening?* Siapa teman gadismu nanti malam? 4 *Fruit:* kurma. —*kkt.* membubuhi tanggal. *He dated the letter October 4* Ia membubuhi tanggal 4 Oktober pd suratnya itu. —*kki.* 1 berkencan, berpacaran. *They've been dating (e.o.) for several months* Meréka berkencan selama beberapa bulan. *This farm dates back to (dates from) the 18th century* Tanah pertanian ini sdh diusahakan sejak abad ke-18. **down to d.** sampai sekarang. **out of d.** 1 tdk berlaku lagi. 2 modél kuno, usang, sdh ketinggalan zaman. **to d.** selama ini, sampai sekarang ini, hingga kini. *Seven volumes have been published to d.* Hingga ini sdh tujuh jilid diterbitkan. **d. line** garis penanggalan, garis pembédaan tanggal. —**dated** *ks.* tdk berlaku. *This information is d.* Keterangan ini tdk berlaku. —**dating** *kb.* 1 perkencanan, berkencan, berpacaran. 2 penentuan tanggal. *D. of inscriptions is difficult* Sukar menentukan tanggal pd batu-batu peringatan/inskripsi-inskripsi/prasasti-prasasti.

datebook /'deit'buk/ *kb.* buku catatan perjanjian.

dative /'deitiv/ *kb.*, *ks.* datif. *d. case* kasus datif.

datum /'deitəm, 'dæ-/ lih DATA.

daub /dɔb/ *kb.* pulas. *a d. of paste* sepulas lém. —*kkt.* memulas(kan). *to d. some paint on the chair* memulaskan cat sedikit pd kursi.

daughter /'dɔtər/ *kb.* anak perempuan, puteri. *a d. of Eve* keturunan Siti Hawa. **daughter-in-law** *kb.* (*j.* **daughters-in-law**) menantu perempuan.

daughterly /'dɔtərlie/ *ks.* spt anak perempuan. *d. affection* rasa kasih/cinta seorang anak perempuan.

daunt /dɔnt/ *kkt.* menakutkan, mengecilkan hati. *Hard work did not d. him* Ia tdk segan menghadapi pekerjaan yg berat. *Nothing daunted, he continued his search* Karena tdk takut menghadapi apapun, ia melanjutkan usaha penyelidikannya.

dauntless /'dɔntləs/ *ks.* berani, tidak takut. *a d. fighter* seorang pejuang yg berani.

davenport /'dævən'powrt/ *kb.* dipan panjang yg ada sandarannya.

davit /'dævit/ *kb.* déwi-déwi.

Davy Jones /'deivie'jownz/ *kb.* **Davy Jones's locker** tempat berkubur didlm laut.

dawdle /'dɔdəl/ *kki.* berlengah-lengah, membuang-buang waktu, onyak-anyik, mengeluyur. *to d. on the way home from school* berlengah-lengah waktu pulang dari sekolah.

dawdler /'dɔtərlər/ *kb.* pengeluyur, tukang melamun, orang yg suka mengeluyur.

dawn /dɔn/ *kb.* 1 subuh, fajar. 2 permulaan. *the d. of history* permulaan sejarah. —*kki.* menyingsing. *A new day is dawning* Hari baru sedang menyingsing. *It never dawned on me that he would come* Tak pernah saya duga bhw ia akan datang.

day /dei/ *kb.* 1 hari. *Christmas D.* Hari Natal. *He works during the d.* Ia bekerja sepanjang hari. *many cloudy days* banyak hari-hari mendung. *one d. off a week* libur sehari dlm seminggu. *What's the d. of the month?* Hari apa sekarang ini? 2 kemenangan. *The battle was fought and the d. was ours* Pertempuran tlh berakhir dan kemenangan ada pd pihak kita. *His days are numbered* Ajalnya tlh mendekat. *His best days are over. He has seen his d.* Masa jayanya tlh liwat. *our d. at the beach* tamasya kami di pantai. **a d.** sehari. *twice a d.* dua kali sehari. *ten dollars a d.* sepuluh dolar sehari. **all d.** sepanjang hari. **by the d.** secara harian. *He rents his car by the d.* Ia menyéwakan mobilnya secara harian. **d. after d.** dari hari

ke hari, saban hari. **d. after tomorrow** lusa. **the d. before** pd hari sebelumnya. *I just bought it the d. before* Saya baru membelinya pd hari sebelumnya. *I bought it the d. before he arrived* Saya membelinya sehari sblm dia tiba. **d. before yesterday** kemarin dulu. **d. by d.** tiap hari, sehari demi sehari. *Her health improves d. by d.* Keséhatannya makin hari makin baik. **d. in court** kesempatan membéla diri atau membéla pendapat. **d. in, d. out** dari hari ke hari, terus-menerus, tiap hari. *D. in, d. out I prefer rice* Dari hari ke hari saya lebih menyukai nasi. **from d. to d.** dari hari ke hari. *He just lives from d. to d.* Ia semata-mata hidup dari hari ke hari. **d. and age** dlm abad sekarang. *He's the finest violinist of this d. and age* Ia pemain biola yg terbaik dlm abad sekarang ini. **the other d.** baru-baru ini, beberapa hari yg lalu. *I ran into an old schoolmate* Beberapa hari yg lalu saya berjumpa dgn seorang teman lama sesekolah. **in days of old** di zaman dahulu. **in days to come** di masa yad, dikelak kemudian hari. *In days to come you'll wish you had been nicer to me* Di masa yg akan datang kamu akan menyesali dirimu tdk bersikap lebih manis thd saya. **one of these days** kapan-kapan, pd suatu waktu. *I hope to take a sea voyage one of these days* Saya harap dpt bepergian dgn kapal pd suatu waktu. **these days** (masa) sekarang, zaman sekarang, belakangan ini. *Families are smaller these days* Zaman sekarang ini keluarga-keluarga menjadi lebih kecil. **to call it a d.** berhenti bekerja. *Let's call it a d.* Cukuplah utk hari ini. **to carry the d.** menang. *The conservatives managed to carry the d.* Kaum konserpatip berhasil menang. **to pass the time of d.** mengobrol (dgn s.s.o.) *He's seen his best days* Tlh lalu masa jayanya. **to see better days** hidup makmur. *He'll come any d. now* Ia akan tiba setiap saat. *It's all in the day's work* Itu pekerjaan yg biasa. **to have a d. off** mendapat libur sehari. *You name the d. and we'll go* Tetapkanlah waktunya dan kita akan pergi. **the good old days** témpo dulu. **in my d.** pd zaman saya. **to this very d.** sampai saat ini pun. **days of grace** hari damai, waktu penundaan. *He is allowed ten days of grace after the note is due* Ia diberikan waktu penundaan sepuluh hari stlh tanggal pembayaran rékening itu liwat. **d. bed** sm dipan atau pélbét. **d. camp** perkémahan utk anak-anak waktu siang hari, biasanya diadakan selama musim panas. **d. laborer** buruh harian. **d. of doom, D. of Judgment** hari kiamat. **d. shift** regu pekerja siang hari.

daybreak /dei'breik/ *kb.* fajar (sidik), dinihari.

daycoach /'dei'kowc/ *kb.* gerbong kereta api penumpang.

daydream /'dei'driem/ *kb.* lamunan, angan-angan. —*kki.* melamun, ngelamun.

daylight /'dei'lait/ *kb.* siang (hari), waktu siang. **in d.** pd waktu siang. *They work from d. to dark* Meréka bekerja dari pagi hingga malam. *This serious problem should be brought into the d.* Persoalan penting ini hendaknya diumumkan. **d. saving time** waktu yg menunjukkan satu jam lebih cepat drpd waktu biasa. **in broad d.** ditengah hari bolong. *Inf.:* **to see d.** mendekati penyelesaian. —**daylights** *j. Sl.:* isi badan. *The fighter beat/knocked the daylights out of his opponent* Petinju itu memukul lawannya keras-keras.

daylong /'dei'lɔng/ *ks.* sepanjang hari. *d. parade* pawai yg berlangsung sepanjang hari.

daytime /'dei'taim/ *kb.* siang hari. *d. show on TV* pertunjukan siang hari di TV.

daze /deiz/ *kb.* keadaan linglung, pusing, tak sadar. *He was in a d. from the blow* Kepalanya pusing kena pukulan itu. —*kkt.* 1 melinglungkan. *She was dazed from the accident* Ia merasa pusing karena kecelakaan itu. 2 membingungkan. *She was dazed by the sudden explosion* Ia menjadi bingung karena ledakan secara tiba-tiba itu.

dazzle /'dæzəl/ *kkt.* 1 mempesonakan. *He was dazzled by her beautiful clothes* Ia terpesona melihat pakaiannya yg indah itu. 2 menyilaukan. *He was dazzled by the car's lights* Matanya silau kena lampu mobil itu. —**dazzling** *ks.* 1 mempesonakan. *Her clothes were d.* Pakaiannya mempesonakan. 2 menyilaukan mata, melinglungkan. *The lights were d.* Lampu-lampu itu menyilaukan mata.

d.c. [*direct current*] arus searah.

D.C. [*District of Columbia*] Distrik Columbia (Washington, D.C.).

D.C.L. [*Doctor of Civil Law*] Doktor Ilmu Hukum Perdata.

D.D. [*Doctor of Divinity*] Doktor Ilmu Théologia.

D.D.S. [*Doctor of Dental Surgery*] Dokter Ilmu Kedokteran Gigi.

DDT, D.D.T. /'die'die'tie/ *kb.* dédété, obat semprot nyamuk.

deacon /'diekən/ *kb.* samas, diaken, pembantu geréjawan yg mengerjakan kewajiban-kewajiban di geréja.

deactivate /die'æktəveit/ *kkt.* menonaktifkan.

dead /ded/ *kb.* yg sdh mati. *in the d. of night* jauh tengah malam. *in the d. of winter* pd pertengahan musim dingin. —*ks.* 1 mati. *d. language* bahasa yg mati. *Politics is a d. issue* Politik adalah soal yg mati. *Our dog is d.* Anjing kami mati. *The battery was d.* Baterai itu mati. *d. or alive* mati atau hidup. 2 meninggal. *Her mother is d.* Ibunya meninggal. 3 padam. *The fire's d.* Api itu padam. 4 putus. *The telephone is d.* Tilpon itu putus. 5 (sepi dan) membosankan, menjemukan. *It was a d. party* Pésta itu sepi dan membosankan. *The film has a number of d. spots* Film itu mempunyai bagian-bagian yg membosankan. 6 sama sekali, betul-betul. *He came to a d. stop* Ia berhenti sama sekali. 7 sepi. *Business is d. at this time of year* Perniagaan sepi pd waktu-waktu ini. :: *There was d. silence in the room when he walked in* Keadaan menjadi sunyi-senyap didlm kamar itu ketika ia masuk. **d. to the world** tidur nyenyak sekali. —*kk.* sama sekali, betul-betul, sungguh-sungguh. *He's d. serious about his intentions* Ia betul-betul bersungguh hati dgn maksud-maksudnya itu. **to cut d.** tdk mengindahkan, tdk mau mengenal. *In public he cuts me d.* Dimuka umum ia sedikitpun tdk mengindahkan saya. **to stop d.** berhenti samasekali. **to go d.** mati (*of an engine*). **d. ahead** tepat/lurus dimuka, lurus kedepan. **d. astern** tepat dibelakang. **d. broke** kémpés dompétnya, bokék. **d. certain** yakin sekali. **d. drunk** mabuk bunga selasih, mabuk benar. **d. tired** capé sekali, penat. *to strike s.o. d.* memukul s.s.o. (hingga) mati. *to be struck d. by lightning* disambar halilintar. *Sl.*: **d. beat** pelalai dlm membayar utang, penunggak, pemalas, pengeluyur. **d. calm** sunyi senyap, tenang sekali. **d. center** titik pusat yg sebenarnya. *Sl.*: *d. duck* seorang yg tak berdaya. **d. end** jalan buntu. *Inf.*: **d. giveaway** pengkhianatan yg sempurna. **d. heat** pacuan yg berakhir dgn séri. **d. letter** surat yg tdk sampai kpd alamatnya. **d. loss** rugi seluruhnya, rugi besar. **d. reckoning**

pelayaran duga-duga. *Sl.*: **d. ringer** mirip benar. *He is a d. ringer for my brother* Ia spt pinang dibelah dua dgn kakakku. **D. Sea** Laut Mati. **dead-set** *ks.* berkeras hati, bertekad benar. *His mother was d.-set against his marriage* Ibunya berkeras hati menentang perkawinannya. *He is d.-set against going* Ia berketetapan hati untuk tdk pergi. **d. shot** penémbak tepat. **d. weight** bobot mati, beban berat.

deaden /'dedən/ *kkt.* 1 mengurangi, menghilangkan, mematikan. *Morphine deadens the pain* Morfin menghilangkan rasa sakit. 2 meredamkan (*the noise*).

deadhead /'ded'hed/ *kb. Inf.*: pemegang karcis cuma-cuma.

deadline /'ded'lain/ *kb.* 1 saat terakhir utk memasukkan berita. *to meet a d.* memenuhi batas waktu. 2 baris kunci.

deadlock /'ded'lak/ *kb.* jalan buntu, mogok.

deadly /'dedlie/ *ks.* yg membawa maut, yg mematikan. *d. weapon* senjata maut.

deadpan /'ded'pæn/ *kb. Sl.*: roman muka yg tak bergerak/berubah. *The comedian had a d. expression* Pelawak itu mempunyai roman muka yg tak bergerak/berubah.

deadwood /'ded'wud/ *kb.* 1 pohon atau dahan-dahan yg mati. 2 orang yg tak berguna.

deaf /def/ *ks.* tuli, pekak. *He's d. to any advice* Ia tuli thd segala nasihat. *d. and dumb* tuli dan bisu. **deafmute** *kb.* tuli dan bisu. *a d.-mute person* seorang tunarungu, seorang yg tuli lagi bisu.

deafen /'defən/ *kkt.* menulikan. *I was deafened by the noise* Saya menjadi pekak oléh bunyi itu. —**deafening** *ks.* menulikan, memekakkan. *The roar of the jet engine was d.* Raungan mesin jét itu memekakkan. *a d. yell* tempik sorak yg membelah anak telinga.

deal /diel/ *kb.* 1 *Inf.*: perjanjian, transaksi. *The d. is off* Perjanjian itu batal. 2 *Inf.*: perlakuan. *raw d.* perlakuan yg kasar. *square d.* perlakuan yg adil. 3 giliran. *It's your d.* Sekarang giliranmu. *This radio is a good d.* Radio ini murah harganya. *It's a d.* Setuju. Baiklah. **to work out a d.** menyelesaikan urusan, mencapai persetujuan (dagang). **big d.** 1 jual-beli secara besar-besaran. 2 persoalan penting. **a good/great d.** banyak (sekali). *New D.* Rencana Baru. —*kkt.* (**dealt**) 1 membagi (*cards*). 2 memberi. *The defeat dealt him quite a blow* Kekalahan itu memberi pukulan yg hébat baginya. —*kki.* 1 berurusan, mengadakan usaha dagang. *to d. with a firm* berurusan dgn sebuah perusahaan. *He is very nice to d. with* Kita senang berurusan dgn dia. *I will d. with you later* Saya akan berurusan dgn kamu nanti. 2 menguraikan. *That book deals with child guidance* Buku itu menguraikan bimbingan anak. *Which drugstore do you d. at/with?* Langganan apotékmu yg mana? **to d. in** berdagang. *to d. in machinery* berdagang mesin-mesin. *to d. in politics* berpolitik. **to d. with** menghadapi, memperlakukan. *How does one d. with a culprit?* Bagaimana sebaiknya kita menghadapi seorang penjahat? *I know how to d. with him* Saya tahu bagaimana memperlakukan/menghadapi dia. —**dealings** *kb. j.* hubungan, transaksi, urusan. *I am not going to have any dealings with him* Saya tdk mau berurusan mengenai apapun dgn dia lagi.

dealer /'dielər/ *kb.* 1 pedagang. *car d.* pedagang mobil. 2 pembagi. *card d.* pembagi kartu.

dealership /'dielərsyip/ *kb.* hak penjualan. *the Chevrolet d.* hak penjualan mobil-mobil Chevrolét.

dealt /delt/ lih DEAL.

dean /dien/ *kb.* 1 dékan, ketua. *d. of the faculty*

dékan fakultas. 2 pengetua (*of diplomatic corps* korp diplomatik).

deanship /'diensyip/ *kb.* jabatan dékan.

dear /dir/ *kb.* kekasih, sayang. *my d.* ḳekasihku. *You're a d.* Sdr baik sekali. —*ks.* 1 yg terhormat. *D. Sir* Saudara yg terhormat. 2 berharga. *This house is d.* to my heart Rumah ini sangat berharga bagiku. *Her brother was very d. to her* Kakaknya sangat disayanginya. 3 mahal. *Oh d.! D. me!* Astaga! —*kk.* **to hold d.** menyimpan dgn mesra. *He destroyed everything I held dear* Dirusaknya segala barang yg saya sayangi. —**dearly** *kk.* 1 sangat disayangi. *his d. beloved uncle* paman yg amat disayanginya. 2 sangat merugikan. *You'll pay d. for this mistake* Kesalahan ini akan sangat merugikan sdr.

dearth /dərth/ *kb.* kekurangan. *d. of firewood* kekurangan kayu bakar.

death /deth/ *kb.* 1 kematian. *d. rate* angka kematian. *d. certificate* akte keterangan kematian. 2 ajal, maut. **at death's door** sedang sekarat, hampir mati. *He lies at death's door* Ia sedang sekarat. **to the d.** sampai titik darah penghabisan, mati-matian. *I will defend to the d. your right to speak* Saya akan membela mati-matian hakmu utk berbicara. :: *I caught my d. of cold yesterday* Saya betul-betul pilek kemarin. *You'll be the d. of me yet* Kenakalanmu itu akan menyebabkan saya cepat mati. *to die a violent d.* mati tersiksa. **to do to d.** membunuh. *The roast beef is done to d.* Daging panggang ini terlalu matang. *to put to d.* menghukum mati. *This insecticide is d. on flies* Obat pembunuh serangga ini dpt mematikan lalat. *Till d. do us part* Selama hayat dikandung badan. **d. angel** malaikat maut. **d. penalty** hukuman mati. **d. rattle** suara orang sekarat. **d. warrant** perintah resmi utk melaksanakan hukuman mati. *He read his d. warrant on the doctor's face* Ia melihat tanda akhir hidupnya pd wajah dokter itu. —**deathly** *kk.* spt mayat. *d. pale* pucat pasi.

deathbed /'deth'bed/ *kb.* akhir hidup, waktu meninggal dunia. *On his d. he forgave his son* Pd waktu ia akan meninggal ia mengampuni putranya. *d. wish* keinginan yg penghabisan.

deathblow /'deth'blow/ *kb.* hal yg mengakhiri sesuatu, pukulan maut.

deb /deb/ =DEBUTANTE.

debacle /dei'bækəl/ *kb.* kegagalan, bencana.

debar /di'bar/ *kkt.* (**debarred**) menghalangi, merintangi. *Poor health often debars young people from engaging in sports* Kesehatan yg kurang baik seringkali menghalangi para pemuda ikut berolahraga.

debark /di'bark/ *kki.* turun dari kapal, mendarat. *We d. at Southampton* Kami turun dari kapal di Southampton.

debarkation /'diebar'keisyən/ *kb.* penurunan dari kapal, pendaratan.

debarment /di'barmənt/ *kb.* penghindaran, rintangan, larangan, penyingkiran.

debase /di'beis/ *kkt.* 1 merendahkan derajat. *Don't d. yourself by doing such a thing* Janganlah merendahkan derajatmu sendiri dgn melakukan perbuatan demikian. 2 menurunkan nilai. *to d. money* menurunkan nilai uang.

debasement /di'beismənt/ *kb.* penurunan harga/ nilai.

debatable /di'beitəbəl/ *ks.* dpt dibantah, blm pasti. *d. problem* persoalan yg dpt dibantah.

debate /di'beit/ *kb.* 1 perdébatan, pembahasan. 2 diskusi, perbincangan. —*kkt.* memperdébatkan.

The boys will d. the girls Pemuda-pemuda itu akan mengadakan perdébatan dgn gadis-gadis itu. *I debated with myself whether I should go* Saya mempertimbangkan dlm hati saya sendiri apakah saya sebaiknya pergi. —*kki.* berdébat-débatan —**debating** *kb.* perdébatan. *d. team* kelompok yg berdébat, kelompok pembahas/pendébat.

debater /di'beitər/ *kb.* pendébat, tukang débat.

debauch /di'bɔc/ *kb.* pésta makan minum yg berlebih-lebihan. *a drunken d.* pésta minum yg berlebih-lebihan. —*kkt.* merusakkan kesusilaan, mengkorupsikan. *Bad friends debauched the young fellow* Teman-teman yg jahat merusakkan anak muda itu. —**debauched** *ks.* bermoral bejat. *a. young fellow* seorang pemuda yg bermoral bejat.

debauchery /di'bɔcərie/ *kb.* (*j.* **-ries**) pésta-pora yg berlebih-lebihan, penyeléwéngan dari kewajiban, kebaikan atau susila.

debenture /di'bencər/ *kb.* surat hutang.

debilitate /di'biləteit/ *kkt.* melemahkan, mengurangi tenaga. *Hot weather is debilitating to older people* Cuaca panas mudah melemahkan badan orang-orang tua.

debit /'debit/ *kb.* débét, beban, hutang. **to the d. of** menjadi tanggungan. —*kkt.* membebankan, mencatat sbg utang.

debonair /'debə'nær/ *ks.* ramah, riang, gembira, sopan.

debrief /die'brief/ *kkt.* mengadakan wawancara dgn s.s.o. yg kembali dari s.s.t. tugas. —**debriefing** *kb.* tanya-jawab, wawancara.

debris /də'brie, dei'brie/ *kb.* (re)runtuhan, puing.

debt /det/ *kb.* 1 (h)utang. *d. of honor* utang budi, utang yg tdk dpt dituntut. *the national d.* hutang negara. 2 dosa. *Forgive us our debts* Ampunilah dosa-dosa kami. **to be in d.** berutang. *They are too much in d.* Meréka terlalu banyak berutang. *I'm a thousand dollars in d.* Saya mempunyai hutang sebanyak $1000. *He's in d. up to his ears* Hutangnya sebanyak bulu di badan. *He's head over heels in d.* Hutangnya bertumpuk-tumpuk. *Your kindness has placed me in your d.* Kebaikan hatimu membuat aku berutang budi kepadamu. **to be out of d.** tdk berhutang/ berkewajiban membayar.

debtor /'detər/ *kb.* 1 orang yg berutang. 2 orang yg berdosa ... *as we forgive our debtors* sambil kami ampuni orang-orang yg berdosa kpd kami.

debunk /di'bʌngk/ *kkt.* 1 menghilangkan prasangka thd s.s.o. 2 menolak kepalsuan-kepalsuan s.s.o.

debut /dei'byuw, 'deibyuw, di'byuw/ 1 pertunjukan yg pertama. 2 début, pemunculan pertama dimuka umum.

debutante /'debyətant/ *kb.* wanita yg baru membuat débutnya.

Dec. [*December*] Désémber.

decade /'dekeid/ *kb.* dasawarsa, masa sepuluh tahun.

decadence /'dekədəns, di'keidəns/ *kb.* keadaan mundur, kemerosotan, kemunduran, dékadénsi.

decadent /'dekədənt, di'keidənt/ *ks.* merosot. *a d. period* masa dékadénsi/kemerosotan.

decaffeinate /die'kæfieəneit/ *kkt.* mengeluarkan "caffeine". *decaffeinated coffee* kopi yg sudah dilarutkan "caffeine"-nya, kopi tanpa caffeine.

decant /di'kænt/ *kkt.* menuangkan.

decanter /di'kæntər/ *kb.* karaf anggur.

decapitate /di'kæpəteit/ *kkt.* memenggal léhér.

decapitation /di'kæpə'teisyən/ *kb.* pemenggalan léhér.

decathlon /di'kæthlən/ *kb.* dasalomba.

decay /di'kei/ *kb.* 1 kebusukan, kerusakan. *tooth d.* kebusukan gigi. 2 kehilangan. 3 kekurangan. *d. of fame* kekurangan kemasyhuran. **to be in a state of d.** dlm keadaan membusuk. *That house has fallen into (a state of) d.* Rumah itu sudah mau ambruk. —*kkt.* membusukkan. *Food may d. the teeth* Makanan dpt membusukkan gigi. —*kki.* 1 (menjadi) busuk. *Food may d.* Makanan dpt membusuk. *Teeth tend to d.* Gigi mudah busuk. 2 runtuh. *Empires ultimately d.* Kerajaan-kerajaan pd akhirnya runtuh. *The buildings on that street are gradually decaying* Gedung-gedung di jalan itu lambat-laun akan ambruk. —**decayed** *ks.* 1 yg hancur. *d. bones* tulang-tulang yg hancur. 2 yg busuk. *d. teeth* gigi-gigi yg busuk.

decease /di'sies/ *kb.* kematian. —*kki.* meninggal dunia. —**deceased** *kb.* almarhum. *the d.* orang yg meninggal dunia. *John Jones, d.* John Jones almarhum.

decedent /di'siedənt/ *kb. Law:* orang yg meninggal.

deceit /di'siet/ *kb.* penipuan, kebohongan, ketidakjujuran.

deceitful /di'sietfəl/ *ks.* yg bohong, yg palsu, yg dusta, yg memperdayakan.

deceitfulness /di'sietfəlnəs/ *kb.* kecurangan, ketidakjujuran, kebohongan.

deceive /di'siev/ *kkt.* menipu, mencurangi. *He deceived his client* Ia menipu langganannya. *I thought my eyes were deceiving me* Saya kira penglihatan saya mengelabui saya. *I deceived myself with the false hope that she loved me* Saya menipu diri saya dgn harapan palsu bhw wanita itu mencintai saya. —*kki.* memperdayakan, membohongi. *His appearance is deceiving* Sikapnya memperdayakan.

deceiver /di'sievər/ *kb.* penipu, pembohong, pendusta.

decelerate /di'seləreit/ *kkt., kki.* mengurangi kecepatan. *The plane decelerated after it landed on the runway* Kapal terbang itu mengurangi kecepatannya sesudah ia mendarat di landasan.

deceleration /di'selə'reisyən/ *kb.* perlambatan.

December /di'sembər/ *kb.* (bulan) Désémber. *in D.* pd bulan Désémber. *On the 8th of D.* Pd tanggal 8 Désémber.

decency /'diesənsie/ *kb.* (*j.* **-cies**) 1 kesopanan, kelakuan yg baik. *After his car hit the dog he didn't even have the d. to stop* Kesopanan utk berhentipun tak diusahakannya stlh mobilnya menubruk anjing itu. 2 kesusilaan. *common d.* adat-kebiasaan, kesusilaan yg biasa.

decennial /di'seniəl/ *kb.* 1 dasawarsa. 2 masa setiap atau utk sepuluh tahun.

decent /'diesənt/ *ks.* 1 sopan. *d. behavior* kelakuan/ tingkah-laku yg sopan. 2 patut. *He did the d. thing* Ia melakukan hal yg patut. 3 layak. *Dad makes a d. living* Ayah mendapat nafkah yg layak. *He owns a decent-sized house* Ia memiliki sebuah rumah yg layak besarnya. 4 lumayan. *He made a d. showing on the exam* Ia menunjukkan hasil-hasil yg lumayan dlm ujian itu. 5 pantas. *Are you d.?* Pantaskah pakaianmu itu? *My boss is d. about letting me off when I need it* Majikan saya menyetujui bila saya mengambil libur pd waktu saya memerlukannya. 6 baik. *The food is d. enough* Makanan itu cukup baik. *He's a d. sort of fellow* Ia seorang yg baik hati/sopan/terhormat.

decentralization /di'sentrələ'zeisyən/ *kb.* déséntralisasi.

decentralize /di'sentrəlaiz/ *kkt.* mengadakan déséntralisasi, mendéséntralisasikan.

deception /di'sepsyən/ *kb.* penipuan, muslihat, kecurangan. *He's a master at d.* Ia ahli dlm penipuan. Ia seorang penipu yg ulung.

deceptive /di'septiv/ *ks.* yg memperdayakan. *His warm personality is d.* Keramah-tamahannya yg hangat itu memperdayakan. —**deceptively** *kk.* seolah-olah, seakan-akan. *d. easy* seakan-akan gampang.

decibel /'desəbəl/ *kb.* désibel.

decide /di'said/ *kkt.* menentukan, memutuskan. *to d. his fate* menentukan nasibnya. *We have decided nothing yet* Kami blm mengambil s.s.t. keputusan. *I have decided what I shall do* Saya sdh menentukan apa yg akan saya lakukan. —*kki.* 1 menentukan. *to d. to go abroad* memutuskan pergi keluar negeri. 2 menentukan. *to d. on a house* menentukan sebuah rumah. 3 mengambil keputusan. *The judge decided in our favor* Hakim mengambil keputusan yg menguntungkan kami. —**decided** *ks.* 1 nyata. *a d. accent* aksén yg nyata. 2 pasti. *a d. advantage* keuntungan yg pasti. 3 jelas. *He walks with a d. limp* Jelas sekali dia berjalan pincang. —**decidedly** *kk.* terang, pasti, jelas. *d. better at math* terang lebih baik dlm ilmu pasti.

deciduous /di'sijuəs/ *ks.* yg berganti daun, yg rontok. *d. tree* pohon yg berganti daun.

decimal /'desəməl/ *kb.* désimal, persepuluhan. *d. fraction* pecahan désimal. *d. system* sistém désimal. *d. point* tanda/koma désimal.

decimate /'desəmeit/ *kkt.* membinasakan sebagian besar, menipiskan, mengurangi. *A famine can d. a population* Kelaparan dpt menipiskan penduduk.

decimation /'desə'meisyən/ *kb.* pengurangan, pembunuhan, penipisan.

decipher /di'saifər/ *kkt.* menguraikan (*codes*). *to d. a language* membaca dan mengartikan suatu bahasa.

decipherment /di'saifərmənt/ *kb.* penguraian.

decision /di'sizyən/ *kb.* 1 keputusan. *to reach a d.* mencapai keputusan. *The d. of the judges is final* Keputusan hakim-hakim itu tak dpt digugat lagi. *d. making* pengambilan keputusan. *to abide by o's d.* tetap pd keputusannya. 2 ketegasan. *to act with d.* bertindak secara tegas. —*kkt. Inf.: Box.:* mengalahkan angka. *The boxer was decisioned* Petinju itu dinyatakan kalah angka.

decisive /di'saisiv/ *ks.* 1 menentukan. *The victory was d.* Kemenangan itu menentukan. 2 tegas. *d. action* tindakan tegas. —**decisively** *kk.* secara meyakinkan. *He was d. defeated* Ia dikalahkan secara meyakinkan.

deck /dek/ *kb.* 1 geladak (*of ship*). *d. chair* kursi geladak. *d. hand* kelasi geladak. *d. officer* perwira geladak. *sun d.* pelataran utk berpanas-panas. 2 bungkus (*of cards*). *Inf.:* **on d.** hadir, datang. *We'll be on d. for the event* Kami akan hadir utk peristiwa itu. *All hands on d.!* Segenap petugas siap! **to clear the decks for action** siap utk bertempur. **to stack the d.** *Inf.:* 1 mengatur tumpukan kartu dgn curang. 2 mengatur keadaan sebelumnya. —*kkt.* **to d. out** berdandan, berpakaian lengkap. *He's all decked out today* Lengkap dandanannya hari ini.

declaim /di'kleim/ *kkt.* mendéklamasikan (*poetry*). —*kki.* **to d. against** mengecam, melontarkan celaan thd.

declamation /'deklə'meisyən/ *kb.* déklamasi.

declaration /'deklə'reisyən/ *kb.* 1 pernyataan. *d. of independence* pernyataan kemerdékaan. *d. of war* pernyataan perang. 2 keterangan. *customs d.* daftar isian, laporan kpd pabéan.

declarative /di'klærǝtiv/ ks. yg menerangkan, menyatakan. d. sentence kalimat yg menyatakan.
declare /di'klær/ kkt. 1 mengumumkan (war, a dividend). 2 melaporkan. to d. everything at customs melaporkan segala s.s.t. kpd pabéan. to d. s.o. persona non grata mempersona-non-gratakan s.s.o. 3 menyatakan (war). to d. s.t. effective menyatakan s.s.t. berlaku. I declared that... Saya menyatakan bhw.... 4 menganggap. to d. s.t. null and void menganggap s.s.t. batal. 5 menerangkan. to d. s.t. truthfully menerangkan s.s.t. berdasarkan kebenaran.
declassification /die'klæsǝfǝ'keisyǝn/ kb. déklasifikasi.
declassifies /die'klæsǝfaiz/ lih DECLASSIFY.
declassify /die'klæsǝfai/ kkt. (declassified) memindahkan bahan-bahan dari daftar rahasia.
declension /di'klensyǝn/ kb. Gram.: pentasrifan.
declination /'deklǝ'neisyǝn/ kb. 1 déklinasi, jadwal (of the sun). 2 penolakan. d. of a fellowship penolakan dana siswa.
decline /di'klain/ kb. 1 kemunduran. D. of the West Kemunduran Dunia Barat. The stock market went into a d. Bursa mengalami kemunduran. 2 turun. The birth rate is on the d. Angka kelahiran sedang menurun. d. in price turunnya harga. **in a state of d.** dlm keadaan merosot. —kkt. 1 menolak (an invitation). 2 Gram.: mentasrif (a noun). —kki. 1 merosot. Nations rise and d. Bangsa-bangsa timbul dan mengalami kemunduran. 2 mundur (of stock market). —**declining** ks. mundur, berkurang. in o's d. years pd hari tua, dlm usia lanjut.
declivity /di'klivǝtie/ kb. (j. -ties) léréng yg menurun.
decoction /di'kaksyǝn/ kb. jamu-jamuan yg direbus.
decode /die'kowd/ kkt. membaca sandi. —**decoding** kb. menguraikan isi sandi/kode.
decoder /die'kowdǝr/ kb. 1 ahli sandi. 2 (machine) alat membaca sandi balik.
décolletage /dei'kalǝ'tazy/ kb. potongan baju wanita yg léhérnya sangat rendah.
décolleté /dei'kalǝ'tei/ ks. potongan léhér yg rendah sekali. d. dress baju yg potongan léhérnya sangat rendah.
decolonization /die'kalǝnǝ'zeisyǝn/ kb. dékolonisasi.
decommission /'diekǝ'misyǝn/ kkt. menonaktifkan (a ship).
decompose /'diekǝm'powz/ kkt., kki. menjadi busuk, membusuk. The body was decomposed from exposure Badan itu membusuk karena tdk dilindungi. —**decomposed** ks. busuk. d. body badan yg sdh busuk.
decomposition /'diekampǝ'zisyǝn/ kb. kebusukan, pembusukan.
decompress /'diekǝm'pres/ kkt. menghilangkan/mengurangi tekanan udara.
decompression /'diekǝm'presyǝn/ kb. pengurangan atau penghilangan tekanan udara. d. chamber ruang yg tekanan udaranya dikurangi.
deconcentration /'diekansǝn'treisyǝn/ kb. dékonséntrasi.
decongestant /'diekǝn'jestǝnt/ kb. obat atau barang yg menghilangkan rasa sesak atau kemampatan (hidung). nasal d. obat yg menghilangkan kemampatan pd hidung.
decontaminate /'diekǝn'tæmǝneit/ kkt. membébaskan dari zat-zat radioaktip, kuman-kuman, gas racun dsb., mendésinféksikan. to d. a room occupied

by a TB patient membébaskan dari kuman sebuah kamar yg didiami seorang penderita T.B.C. to d. a reactor membébaskan réaktor dari benda-benda yg mengandung zat-zat radioaktip.
decontamination /'diekǝn'tæmǝ'neisyǝn/ kb. 1 pembébasan dari bahaya penyakit menular. 2 pembébasan dari benda-benda yg mengandung zat radioaktip.
decor /dei'kowr/ kb. dékor, hiasan.
decorate /'dekǝreit/ kkt. 1 menghiasi (a Christmas tree, a house). 2 memberi tanda jasa. to d. a soldier for heroism memberi tanda jasa kpd perajurit utk kepahlawanan.
decoration /'dekǝ'reisyǝn/ kb. 1 hiasan. Christmas decorations hiasan-hiasan hari Natal. 2 dékorasi. The d. doesn't blend with the furniture Dékorasi itu tdk sepadan dgn perabot rumah. 3 Mil.: tanda jasa, bintang kehormatan/jasa.
decorative /'dek(ǝ)rǝtiv/ ks. yg menghiasi, yg bersifat menghias, dékoratif.
decorator /'dekǝ'reitǝr/ kb. penghias. interior d. penghias rumah.
decorous /'dekǝrǝs, di'kowrǝs/ ks. pantas, terhormat, sopan. d. behavior tingkahlaku yg pantas.
decorum /di'kowrǝm/ kb. kepantasan, adat yg pantas dlm pergaulan.
decoy /'diekoi, di'koi kb.; di'koi kkt./ kb. 1 umpan. 2 pemikat, perangkap. d. duck itik pemikat. 3 bujukan. —kkt. memikat, membujuk.
decrease /'diekries, di'kries kb.; di'kries kkt./ kb. 1 potongan (in price, in salary). 2 pengurangan (in speed). There has been a d. in his temperature Suhu badannya sdh turun. TB is on the d. Penyakit TBC sedang berkurang. —kkt. mengurangi (prices).
decree /di'krie/ kb. 1 dékrit, surat keputusan/ketetapan. presidential d. keputusan présidén. to issue a d. mengeluarkan keputusan. 2 titah (of a ruler). —kkt. 1 memutuskan. 2 bersabda, menitahkan. The king decreed that... Raja menitahkan bhw ....
decrepit /di'krepit/ ks. jompo, tua sekali.
decry /di'krai/ kkt. (decried) mengutuk, mencela, menentang. to d. the drinking of alcoholic beverages mengutuk peminuman minuman keras.
dedicate /'dedǝkeit/ kkt. 1 mempersembahkan. to d. a book to s.o. mempersembahkan buku kpd s.s.o. 2 membaktikan. to d. o's life to scholarship membaktikan hidupnya kpd kesarjanaan. 3 meresmikan pemakaian/pembukaan. to d. a building meresmikan pemakaian sebuah gedung.
dedication /'dedǝ'keisyǝn/ kb. 1 pengabdian. d. to o's work pengabdian kpd pekerjaannya. 2 persembahan. 3 pembaktian. 4 peresmian pemakaian/pembukaan. d. of a bridge peresmian pemakaian jembatan.
dedicatory /'dedǝkǝ'towrie/ ks. sbg peringatan. volume buku peringatan.
deduce /di'duws, -'dyuws/ kkt. menarik kesimpulan. From this one can d. a great deal Dari hal ini s.s.o. banyak dpt menarik kesimpulan.
deduct /di'dʌkt/ kkt. mengurangi, mengambil, memotong. D. this amount from my salary Kurangilah jumlah ini dari gaji saya.
deductible /di'dʌktǝbǝl/ ks. dpt/sdh dikurangi. Gifts of money are often tax d. Hadiah-hadiah uang sering tdk dikenakan pajak. $50 d. insurance asuransi yg dibayar hanya dari kerusakan $50 keatas.
deduction /di'dʌksyǝn/ kb. 1 déduksi, pengambilan kesimpulan. 2 potongan. d. for social security potongan utk jaminan sosial.
deductive /di'dʌktiv/ ks. déduktip.

deed /died/ kb. 1 perbuatan. *dastardly d.* perbuatan yg pengecut. 2 akte (notaris). *to draw up a d.* menyusun sebuah akte. —*kkt.* memindahkan/memberikan dgn naskah resmi. *to d. a house to o's children* memindahkan hak milik dgn naskah resmi kpd anak-anaknya.

deem /diem/ kkt. menganggap, mempertimbangkan. *to d. the request a reasonable one* menganggap permohonan itu permohonan yg layak. *We d. it a great honor* Kami menganggapnya sbg satu kehormatan yg besar.

deep /diep/ kb. bagian yg dalam. *There are a number of deeps in the Pacific* Di Lautan Teduh terdapat sejumlah bagian yg dlm. *in the d. of winter* ditengah-tengah musim dingin. —*ks.* 1 dalam. *a d. river* sungai yg dlm. *The well is ten feet d.* Sumur itu dalamnya sepuluh kaki. 2 mendalam. *I have a d. affection for him* Saya menaruh rasa sayang yg mendalam thd dia. 3 tinggi. *d. appreciation* penghargaan yg setinggi-tingginya. :: *He is d. in thought* Ia sedang khusyuk berpikir. *He was in a d. sleep* Ia sedang tidur nyenyak. *Take a d. breath* Tariklah napas panjang. *He was d. in his studies* Ia sedang asyik belajar. *I'm d. in debt* Hutangku banyak. —*kk.* jauh. *We went d. into the forest* Kami masuk jauh kedlm hutan itu. *d. at night* hingga jauh malam. *d. down inside* dlm lubuk hati. *Still waters run d.* Laut yg dlm dpt diduga, dalam hati siapa tahu. **deep-dyed** *ks.* mendalam, betul-betul. *a d.-dyed skepticism* ketidakpercayaan yg mendalam. **deep-freeze** *kb.* tempat pendinginan. **to d.-freeze** menyimpan dlm tempat yg dingin sekali. **to deep-fry** menggoréng dlm minyak goréng yg banyak sekali. **deep-rooted** *ks.* berurat-berakar. *d.-rooted traditions* tradisi-tradisi yg sdh berurat-berakar. **deep-sea** *ks.* mengenai bagian laut yg dlm sekali. *d.-sea fisherman* nelayan di laut yg dlm. **deep-seated** *ks.* yg mendalam. *to harbor a d.-seated dislike for* menaruh kebencian yg mendalam thd. **deep-set** *ks.* cekung. *His eyes were d.-set* Matanya cekung. —**deeply** *kk.* (men)dalam. *She's d. in love* Cintanya sangat (men)dalam.

deepen /'diepən/ kkt. memperdalam. *to d. a well* memperdalam sumur. —*kki.* mendalam. *The mystery deepened* Kegaiban mendalam.

deepwater /'diep'wɔtər, -'wa-/ ks. mengenai air yg dalam. *d. channel* terusan air yg dalam.

deer /dir/ kb. rusa, kidang, kijang.

deerskin /'dir'skin/ kb. kulit rusa.

def. [*definite*] pasti, tentu.

deface /di'feis/ kkt. mencacati, merusakkan, menodai, mengotori (*a monument*).

defacement /di'feismənt/ kb. pencacatan, perusakan, penodaan.

defaecate = DEFECATE.

defamation /'defə'meisyən/ kb. fitnah(an), penistaan. *He was sued for d. of character* Dia dituntut karena memfitnah.

defamatory /di'fæmə'towrie/ ks. yg bersifat memfitnah. *d. statements* ucapan-ucapan yg bersifat memfitnah.

defame /di'feim/ kkt. memfitnah, mencemarkan nama baik. *to d. an opponent* mencemarkan nama baik seorang lawan.

default /di'fɔlt/ kb. kegagalan, kelalaian. *to win by d.* menang karena lawan tak hadir/muncul. **in d. of** karena gagal, tak dpt/sanggup. *In d. of bail he went to jail* Karena gagal membayar uang jaminan ia masuk penjara. —*kki.* lalai. *That country defaulted on its payments* Negara itu lalai membayar utang-

nya. *The visiting team defaulted because its players were ill* Regu tamu tak dpt muncul karena pemain-pemainnya sakit.

defeat /di'fiet/ kb. 1 kekalahan. *to suffer/sustain d.* mengalami kekalahan. *Napoleon's d.* kekalahan Napoleon. 2 penaklukan. *Washington's d. of Cornwallis* penaklukan Cornwallis oléh Washington. —*kkt.* 1 mengalahkan, menggulingkan (*the enemy*). 2 menggagalkan (*a motion*). *to d. the purpose* menggagalkan maksud. 3 *Sport:* menundukkan.

defeatism /di'fietizəm/ kb. sikap menyerah/kalah.

defeatist /di'fietist/ kb. seorang yg bersifat mengalah. *He suffers from a d. attitude* Ia mengandung sifat-sifat mengalah.

defecate /'defəkeit/ kki. membuang air besar.

defecation /'defə'keisyən/ kb. pembuangan air besar, bérak.

defect /di'fekt, 'diefekt/ kb. 1 kerusakan. *electrical d.* kerusakan listrik. 2 cacat. *physical d.* cacat jasmani. *a d. in o's character* cacat dlm tabiat s.s.o. —*kki.* menyeberang. *to d. to the other side* menyeberang ke pihak yg lain. *to d. from o's party* meninggalkan partainya.

defection /di'feksyən/ kb. penyeberangan, peninggalan.

defective /di'fektiv/ ks. 1 tidak sempurna, cacat. *d. wiring* sambungan kawat listrik yg tdk sempurna. 2 rusak. *d. parts* bagian-bagian yg rusak. 3 kurang baik. *d. hearing* pendengaran yg kurang baik.

defector /di'fektər/ kb. penyeberang, orang yg meninggalkan partainya, pasukannya dsb.

defence /di'fens/ = DEFENSE.

defend /di'fend/ kkt. membéla, mempertahankan. *to d. the country* mempertahankan tanah air. *to d. o's views* membéla pandangannya. *The lawyer defended his client* Pengacara itu membéla kliénnya. —**defending** *champion* juara bertahan.

defendant /di'fendənt/ kb. terdakwa's, tergugat. *d. in the lawsuit* terdakwa dlm perkara pengadilan itu.

defender /di'fendər/ pembéla.

defense /di'fens/ kb. 1 pertahanan. *Department of D.* Départemén Pertahanan. *Civil D.* pertahanan sipil, Hansip. 2 pembélaan. *What is your d.?* Apa pembélaanmu? *in d. of beauty* utk memelihara kecantikan. *to put up a good d.* mengadakan pembélaan yg baik. *counsel for the d.* pengacara pembéla(an). 3 penjagaan. *The fence serves as a d. against dogs* Pagar itu merupakan penjagaan thd anjing. 4 *Law:* pembéla.

defenseless /di'fensləs/ ks. tak berdaya. *a d. person* seorang yg tak berdaya.

defensive /di'fensiv/ kb. sikap bertahan. *to place/put on the d.* mempersiapkan utk membéla diri. *His defeat placed him on the d.* Kekalahannya itu menjadikan dia bersikap bertahan. *Questions about her new dress put her on the d.* Ia minta maaf bilamana ada pertanyaan-pertanyaan mengenai bajunya yg baru itu. —*ks.* sifat pembélaan. *to take a d. attitude* bersikap bertahan.

defensiveness /di'fensivnəs/ kb. keadaan membéla diri.

defer /di'fər/ kkt. (**deferred**) menunda, menangguhkan. *to d. a visit* menunda kunjungan. *to d. recognition of a new government* menunda pengakuan pemerintahan yg baru. *He has been deferred by the Armed Services* Dinas kemilitéran baginya ditunda. —*kki.* tunduk. *I d. to your judgment* Saya tunduk kpd keputusanmu. —**deferred** *ks.* yg ditunda/ditangguhkan. *d. payment* pembayaran yg ditangguhkan.

deference /'defərəns/ kb. rasa hormat. *the d. due*

an older man rasa hormat yg selayaknya kpd orang yg lebih tua. **in/out of d. to** utk menghormati. *in d. to his age* utk menghormati umurnya.

deferential /'defə'rensyəl/ *ks.* yg menghormat/menghargai/memuji-muji. *His d. attitude is irritating* Sikapnya yg menghormat menjéngkélkan.

deferment /di'fərmənt/ *kb.* penundaan, pertangguhan.

defiance /di'faiəns/ *kb.* tentangan, tantangan. *to leave home in d. of o's parents* meninggalkan rumah bertentangan dgn perintah orang tuanya. *to bid d. .to s.o.* menuntut bukti-bukti kpd s.s.o. lawannya. *in d. of the law* dgn melanggar undang-undang.

defiant /di'faiənt/ *ks.* bersifat menentang/menantang. *d. attitude* sikap menantang. —**defiantly** *kk.* secara menantang dgn tdk mengindahkan/mematuhi.

deficiency /di'fisyənsie/ *kb.* (*j.* **-cies**) kekurangan. *vitamin d.* kekurangan vitamin.

deficient /di'fisyənt/ *ks.* 1 kurang, tidak sempurna. *d. in carbohydrates* kekurangan hidrat arang. 2 kurang baik. *d. in mathematics* kurang baik dlm ilmu pasti.

deficit /'defəsit/ *kb.* défisit, tekor, kekurangan. *to suffer a severe d.* mengalami défisit yg hébat. *d. financing* keuangan yg tekor.

defile /di'fail/ *kkt.* 1 mengotorkan. *to d. the streets with trash* mengotorkan jalan-jalan dgn sampah. 2 merusakkan. *Vandals defiled the church* Perusak meᴚusakkan geréja itu. 3 mencemarkan. *Malicious gossip defiled the girl's reputation* Desas-desus yg bermaksud jahat mencemarkan nama baik gadis itu.

definable /di'fainəbəl/ *ks.* dpt ditegaskan/diuraikan.

define /di'fain/ *kkt.* 1 memberi définisi. *to d. a word* memberi définisi ttg kata. 2 menegaskan, menetapkan. *Our authority is defined by law* Kekuasaan kami ditegaskan oléh undang-undang. *to d. a country's borders* menetapkan batas-batas negara.

definite /'defənit/ *ks.* 1 pasti. *a d. answer by tonight* jawaban yg pasti pd malam ini. 2 tertentu. *at a d. time* pd waktu tertentu. *d. article* kata sandang tertentu. 3 nyata. *d. proof* bukti-bukti yg nyata. —**definitely** *kk.* pasti. *I'll d. be there tomorrow* Saya pasti akan ada disana bésok.

definition /'defə'nisyən/ *kb.* 1 définisi, ketentuan. 2 ketentuan. 3 ketajaman. *d. of a photo* ketajaman sebuah foto. **by d.** menurut définisi. *He is by d. an expert* Ia adalah menurut définisi seorang ahli.

definitive /di'finətiv/ *ks.* pasti, menentukan. *The results are not d.* Hasil-hasil itu tdk pasti.

deflate /di'fleit/ *kkt.* 1 mengempiskan (*a tire*). 2 menurunkan. *to d. the currency* menurunkan nilai mata uang. *His ego was deflated by his friend's cruel statement* Kehormatan pribadinya sangat berkurang karena ucapan-ucapan yg kejam dari temannya.

deflation /di'fleisyən/ *kb.* 1 déflasi, penurunan. *d. of the currency* penurunan nilai mata uang. 2 pengempisan (*of a balloon*).

deflationary /di'fleisyə'nerie/ *ks.* bersifat déflasi. *d. measures* tindakan-tindakan bersifat déflasi.

deflect /di'flekt/ *kkt.* 1 membélokkan. *The wind deflected the arrow's path* Angin membélokkan jalan panah itu. 2 menangkis. mengélakkan. *to d. a blow* menangkis pukulan.

deflection /di'fleksyən/ *kb.* 1 pembélokan. 2 pengélakan. 3 défléksi.

deflector /di'flektər/ *ks.* défléktor.

deflexion /di'fleksyən/ = DEFLECTION.

deflower /di'flawər/ *kkt.* 1 merusakkan, menghancurkan. 2 merogol (anak dara).

defoliate /di'fowlieeit/ *kkt.* menggundulkan. *The tree was wholly defoliated* Pohon itu tlh gundul seluruhnya.

defoliation /di'fowlie'eisyən/ *kb.* penggundulan, perontokan daun.

deforest /die'farist/ *kkt.* menebang/menghilangkan hutan.

deforestation /die'farə'steisyən/ *kb.* déboisasi, penebangan hutan.

deform /di'fərm/ *kkt.* merusak bentuk. *to d. the feet by wearing tight shoes* merusak bentuk kaki dgn memakai sepatu yg sempit. —**deformed** *ks.* cacat bentuknya, bercacat.

deformation /'diefər'meisyən/, 'de-/ *kb.* perubahan bentuk. *d. of the feet* pencacatan bentuk kaki.

deformity /die'fərmətie/ *kb.* (*j.* **-ties**) kelainan bentuk, bentuk yg cacat. *d. of the foot* kelainan bentuk kaki, keadaan cacat pd kaki.

defraud /di'frɔd/ *kkt.* 1 menggelapkan uang. *to d. a firm* menggelapkan uang sebuah firma. 2 menipu.

defray /di'frei/ *kkt.* membiayai (*costs/expenses*).

defrock /di'frak/ *kkt.* memecat pendéta oléh karena cara-caranya yg tdk ortodoks.

defrost /di'trɔst/ *kkt.* mematikan lemari és utk menghilangkan és yg membeku, membersihkan endapan-endapan air yg membeku pd lemari és, menghilangkan bekuan és.

deft /deft/ *ks.* tangkas, trampil, cekatan. *d. fingers* jari-jari yg tangkas.

defunct di'fʌngkt/ **the d.** *kb.* (orang) yg sdh mati/meninggal. —*ks.* mati, ditutup. *d. firm* sebuah firma yg ditutup. *d. newspaper* koran yg mati.

defy /di'fai/ *kkt.* (**defied**) 1 menentang (*orders*). 2 menantang, tahan menghadapi (*rust*). *to d. description* tak terlukiskan, tak dpt diuraikan.

deg. [*degree*]

degenerate /di'jenərit *kb.*, *ks.*; /di'jenəreit *kkt.*/ *kb.*, *ks.* (seorang) yg merosot akhlaknya. —*kki.* memburuk, turun derajat. *The meeting degenerated into a free-for-all* Rapat memburuk menjadi perkelahian umum.

degeneration /di'jenə'reisyən/ *kb.* kemerosotan, prosés kemunduran.

degenerative /di'jenərətiv/ *ks.* bersifat merosot/kemunduran. *to undergo the d. changes common to old age* mengalami perobahan-perobahan kemerosotan yg biasa terjadi pd umur tua.

degradation /'degrə'deisyən/ *kb.* 1 keburukan. *the d. of a prison sentence* keburukan hukuman penjara. 2 penurunan. *d. in officer's rank* penurunan pangkat, dégradasi.

degrade /di'greid/ *kkt.* 1 menurunkan. *The colonel was degraded for insubordination* Kolonél itu diturunkan pangkat karena melanggar perintah. 2 merendahkan. *to d. o.s. by taking a menial job* merendahkan martabat dgn menerima pekerjaan yg hina. —**degrading** *ks.* menghinakan, menurunkan martabat. *Charity is d.* Derma menghinakan.

degree /di'grie/ *kb.* 1 derajat. *10 degrees* 10 derajat. *90 d. angle* sudut 90 derajat. *d. of latitude* derajat garis lintang. 2 gelar. *a master's d.* gelar sarjana. 3 kadar, tingkat. *d. of expansion* kadar ékspansi. *d. of security* kadar jaminan, tingkat keamanan. *d. of comparison* tingkat perbandingan. **to a d.** sedikit banyak. ala kadarnya. *To a certain d. I feel he should have come* Sedikit banyak saya merasa bhw ia sebaiknya datang. **by degrees** sedikit demi sedikit, lambat laun. *to warm up by degrees* menjadi panas sedikit demi sedikit.

dehumidifier /'diehyuw'midə'faiər/ *kb*. alat menghilangkan lembab, alat pengering udara.

dehumidify /'diehyuw'midəfai/ *kkt*. (**dehumidified**) menghilangkan lembab.

dehydrate /die'haidreit/ *kkt*, menjadi kering, mendéhidrasi, menghilangkan air dari (s.s.t.) —**dehydrated** *ks*. kering sekali. *I feel d. after a game of tennis* Saya merasa kering sekali stlh bermain ténis. *d. vegetables* sayur-sayur yg dikeringkan.

dehydration /'diehai'dreisyən/ *kb*. déhidrasi, pengeringan.

deice /die'ais/ *kkt*. menghilangkan lapisan és. *to d. the wings of a plane* menyingkirkan lapisan és dari sayap-sayap kapalterbang.

deicer /die'aisər/ *kb*. alat utk menghilangkan és, alat penyapu és.

deification /'dieəfə'keisyən/ *kb*. pendéwaan.

deify /'dieəfai/ *kkt*. (**deified**) mendéwakan, memuja sbg déwa.

deign /dein/ *kki*. berkenan. *She finally deigned to give me a date* Akhirnya ia berkenan berkencan dgn saya.

deity /'dieətie/ *kb*. (*j*. **-ties**) 1 déwata, déwa. *the d. of the sea* déwa laut. 2 kedéwaan, ketuhanan. *to believe in the d. of Christ* percaya kpd sifat ketuhanan Kristus.

deject /di'jekt/ *kkt*. mematahkan hati. *Trouble does not d. him* Kesusahan tdk mematahkan hatinya. —**dejected** *ks*. kesal, sedih, patah hati. *He felt d. after ...* Ia merasa kesal stlh ....

dejection /di'jeksyən/ *kb*. kekesalan, kepatahan hati.

Del. [*Delaware*] negarabagian AS.

delay /di'lei/ *kb*. 1 kelambatan. *Send this letter without d.* Kirimlah surat ini secepat mungkin. 2 penundaan. —*kkt*., menunda (*the trial*). *to d. making a decision* menunda utk mengambil keputusan. —**delayed** *ks*. yg (ter)lambat. *d. reaction* réaksi yg (ter)lambat. —**delaying** *ks*. yg menunda. *d. action* aksi menunda-nunda pekerjaan s.s.t.

delectable /di'lektəbəl/ *ks*. lezat. *d. meal* makanan yg lezat.

delegate /'deləgit, 'deləgeit *kb*.; 'deləgeit *kkt*./ *kb*. utusan. *d. to a convention* utusan ke kongrés. *House of Delegates* Déwan Perwakilan. —*kkt*. 1 mengutus, menyerahi. *I was delegated to inform him of the decision* Saya diutus utk memberitahukan kepadanya ttg keputusan itu. 2 menyerahkan. *to d. o's authority* menyerahkan kekuasaan.

delegation /'deləgeisyən/ *kb*. 1 perutusan, délégasi. *government d.* perutusan pemerintah. 2 penyerahan. *d. of authority* penyerahan kekuasaan.

delete /di'liet/ *kkt*. menghilangkan, mencorét, menghapuskan. *D. this statement from the record* Hilangkanlah pernyataan ini dari laporan.

deleterious /'delə'tiriəs/ *ks*. merusak, mengganggu. *Smoking may have a d. effect on o's health* Merokok bisa mengakibatkan rusaknya keséhatan s.s.o.

deletion /di'liesyən/ *kb*. penghilangan, pencorétan, penghapusan. *d. of certain sentences* penghapusan kalimat-kalimat tertentu.

deliberate /di'libərit *ks*.; di'libəreit *kki*./ *ks*. 1 (dgn) sengaja, yg disengaja. *d. lie* dusta yg disengaja. 2 tenang dan berhati-hati, tdk tergesa-gesa. *to have a d. manner of speaking* mempunyai cara berbicara yg tenang dan berhati-hati. —*kki*. berunding. *The group deliberated for hours* Kelompok orang-orang itu berunding berjam-jam lamanya. —**deliberate-**

ly *kk*. 1 dgn sengaja. *He d. broke the window* Ia memecahkan kaca jendéla itu dgn sengaja. 2 berhati-hati. *He does everything carefully and d.* Segala s.s.t. dilakukannya secara teliti dan berhati-hati.

deliberation /di'libə'reisyən/ *kb*. pertimbangan (yg mendalam). *After much d. he made up his mind* Stlh mempertimbangkannya masak-masak ia mengambil suatu keputusan. *after due d.* stlh pemikiran yg matang.

delicacy /'deləkəsie/ *kb*. (*j*. **-cies**) 1 makanan yg lezat. 2 kehalusan. *the d. of her skin* kehalusan kulitnya. 3 keadaan yg genting. *The d. of the situation demanded careful handling* Keadaan yg genting itu menghendaki tindakan yg hati-hati.

delicate /'deləkit/ *ks*. 1 lembut. *a d. old lady* seorang wanita tua yg lembut. 2 sulit. *d. question* pertanyaan yg sulit. 3 lekas tersinggung. *She is very d. about such matters* Ia merasa lekas tersinggung mengenai hal-hal yg demikian itu.

delicatessen /'deləkə'tesən/ *kb*. 1 toko makanan. 2 barang-barang makanan.

delicious /di'lisyəs/ *ks*. lezat, énak.

delight /di'lait/ *kb*. 1 kesenangan. *His company is a sheer d.* Kehadirannya adalah s.s.t. yg sangat menyenangkan hati. 2 kesukaan. *Music is my d.* Musik adalah kesukaanku. **to take d. in** merasa senang (mengerjakan) s.s.t. *I take great d. in introducing John to you* Saya merasa senang sekali memperkenalkan kpd Sdr,.... John. **::** *Much to the d. of all, he sang* Ia menyanyi membuat semua orang gembira sekali. *To the great d. of all, she played the piano* Ia bermain piano sehingga semuanya merasa/menjadi sangat gembira/girang. —*kkt*. sangat menyenangkan, menggembirakan hati. *Her talents d. her father* Bakatnya sangat menyenangkan hati bapaknya. —*kki*. senang. *I d. in good opera* Saya senang akan opera yg baik. —**delighted** *ks*. sangat gembira/senang. *I'll be d. to come* Saya akan merasa gembira sekali utk datang berkunjung.

delightful /di'laitfəl/ *ks*. yg sangat menyenangkan, yg menggembirakan, yg penuh kegemaran. *to enjoy a d. rest* menikmati istirahat yg sangat menyenangkan. —**delightfully** *kk*. dgn sangat menyenangkan, dlm penuh kegembiraan. *The party was d. done* Pésta itu diadakan dgn penuh kegembiraan.

delimit /di'limit/ *kkt*. membatasi. *to d. precisely the boundaries between the two countries* menentukan dgn tepat batas-batas antara kedua negara itu.

delineate /di'linieeit/ *kkt*. menggambar(kan), melukiskan. *The route taken by the explorers was clearly delineated on the map* Jalan yg ditempuh para penjelajah itu dilukiskan dgn jelas pd peta.

delinquency /di'lingkwənsie/ *kb*. (*j*. **-cies**) kejahatan, pelanggaran. *juvenile d.* kenakalan anak-anak.

delinquent /di'lingkwənt/ *kb*. 1 (*of a child*) penjahat. 2 penunggak. *tax d.* penunggak pajak. —*ks*. 1 lalai membayar. *He's d. in his taxes* Ia lalai membayar pajak. 2 nakal, jahat.

delirious /di'liriəs/ *ks*. 1 tergila-gila, lupa daratan. *to be d. with excitement over the outcome of the election* tergila-gila gembira karena hasil pemilihan. 2 mengigau. *She was d. from fever* Dia mengigau karena demam.

delirium /di'lirieəm/ *kb*. 1 kegila-gilaan. 2 igauan. *d. tremens* keadaan mabuk/mengigau, keadaan pikiran yg tdk waras.

deliver /di'livər/ *kkt*. 1 menyampaikan. *to d. a message* menyampaikan pesan. 2 mengantarkan. *to d. mail/packages to ...* mengantarkan surat/pakét-

pakét ke.... 3 mengucapkan, memberi. *to d. a speech* mengucapkan pidato. 4 memberi. *to d. blows* memberi pukulan. 5 melepaskan, membébaskan, menyelamatkan. *D. us from evil* Lepaskanlah kami dari kejahatan. 6 menyerahkan. *to d. over to the police* menyerahkan kpd polisi. **to d. o.s. of** mengeluarkan. *He delivered himself of his fury* Ia mengeluarkan kemarahannya. —*kki.* menghasilkan, memberi hasil. *In your new job you will be expected to d.* Dlm pekerjaanmu yg baru engkau diharapkan memberi hasil. **to be delivered of** melahirkan. *She was d. of a nine pound baby* Ia melahirkan bayi yg beratnya sembilan pon.

deliverance /di'livərəns/ *kb.* pembébasan, pelepasan.

delivery /di'livərie/ *kb.* (*j.* -**ries**) 1 pengantaran, pengiriman. *The d. is late today* Pengantaran terlambat hari ini. 2 cara berpidato. 3 cara melémparkan bola. 4 kelahiran. *She was rushed to the hospital for d. of her baby* Ia dibawa cepat-cepat ke rumah sakit utk melahirkan anaknya. 5 pemasrahan (*of a prisoner*). 6 pembébasan, pelepasan. 7 pengiriman. *express d.* pengiriman secara kilat. **to accept d.** mengakui penerimaan (kiriman). **d. room** kamar bersalin. **d. truck** truk/gerobak pengantar barang-barang.

deliveryman /di'livəriemən/ *kb.* (*j.* -**men**) pengantar.

dell /del/ *kb.* lembah kecil.

delouse /di'laws/ *kkt.* menyelisik, menghilangkan kutu-kutu.

delta /'deltə/ *kb.* délta, beting, gosong yg panjang.

delude /di'luwd/ *kkt.* memperdayakan, menipu. *She was deluded into believing that she was a good singer* Ia diperdayakan sehingga ia percaya bhw ia seorang penyanyi yg baik. *to d. o.s. with false hopes* menipu diri sendiri dgn harapan-harapan hampa.

deluge /'deluwj/ *kb.* banjir besar, air bah, hujan keras. *a d. of readers for the latest books* kebanjiran pembaca utk buku-buku yg terakhir. —*kkt.* membanjiri. *Heavy rain deluged the cellars* Hujan lebat membanjiri ruang-ruang dibawah rumah. *Orders deluged the shop* Pesanan-pesanan membanjiri toko itu.

delusion /di'luwzyən/ *kb.* khayalan, angan-angan. *delusions of grandeur* khayalan kemegahan. *to suffer from delusions* menderita penyakit khayalan, sakit angan-angan.

deluxe, de luxe /di'lʌks, -'luks/ *ks.* méwah, sangat bagus. *d. accommodations* akomodasi/tempat penginapan yg méwah.

delve /delv/ *kki.* 1 menyelidiki. *The police delved into his past* Polisi menyelidiki masa hidupnya yg lalu. 2 mempelajari. *to d. into books on that subject* mempelajari dari buku-buku mengenai soal itu.

demagog(ue) /'deməgag/ *kb.* penghasut/pemimpin/penggerak rakyat yg pandai berpidato.

demagoguery /'demə'gagərie/ *kb.* penghasutan rakyat.

demand /di'mænd/ *kb.* 1 permintaan. *to supply the d.* memenuhi permintaan. *He makes great demands upon his employees* Ia banyak permintaannya kpd pegawai-pegawainya. 2 tuntutan. *d. for a raise* tuntutan kenaikan gaji. **in d.** 1 laku sekali, laris. *Foreign cars are in great d.* Mobil-mobil buatan luar negeri laku sekali. 2 sangat disukai. *This orchestra is in great d.* Orkés ini sangat disukai orang. *payable on d.* hrs dibayar bila ditagih. —*kkt.* 1 meminta. *The defendant demanded a lawyer* Terdakwa meminta seorang pengacara. 2 menuntut. *The defendant demanded his rights* Terdakwa menuntut hak-haknya. 3 memerlukan. *Success demands effort* Suksés memerlukan usaha. *to d. too much of s.o.'s time* memerlukan waktu s.s.o. terlalu banyak. —*kki.* menuntut, menagih. *I d. to know who is at fault* Saya menuntut spy diberitahukan siapa yg bersalah. *"Give me the money," he demanded* "Berikan saya uang itu". tagihnya. —**demanding** *ks.* 1 banyak permintaannya. *That professor is very d.* Gurubesar itu sangat banyak permintaannya. 2 banyak persyaratannya, bérét. *Engineering is a d. field* Téhnik mesin adalah lapangan yg banyak persyaratannya.

demarcation /'diemar'keisyən/ *kb.* démarkasi, pembatasan, batas pemisah.

demean /di'mien/ *kkt.* **to do o.s.** merendahkan diri. *He demeaned himself by taking a job as a waiter* Ia merendahkan martabatnya dgn menerima pekerjaan sbg pelayan.

demeanor /di'mienər/ *kb.* cara bertindak, sikap, kelakuan. *She has a modest d.* Sikapnya bersahaja.

demented /di'mentid/ *ks.* gila. *d. individual* orang yg gila.

demerit /di'merit/ *kb.* 1 cela, kekurangan. 2 angka buruk. *to receive a d. for tardiness* memperoléh angka buruk karena kelambanan.

demigod /'demie'gad/ *kb.* setengah déwa.

demilitarization /'diemilətərə'zeisyən/ *kb.* démilitérisasi.

demilitarize /die'milətəraiz/ *kkt.* mendémilitérisasi(kan). *demilitarized zone* daérah yg dikosongkan dari pasukan militér.

demise /di'maiz/ *kb.* kematian. *d. of the late John Doe* kematian almarhum John Doe.

demobilization /die'mowbələ'zeisyən/ *kb.* démobilisasi.

demobilize /die'mowbəlaiz/ *kkt.* mendémobilisasikan.

democracy /di'makrəsie/ *kb.* (*j.* -**cies**) démokrasi.

democrat /'deməkræt/ *kb.* démokrat.

democratic /'demə'krætik/ *ks.* 1 démokratis, sbg sesamanya. *The d. ways of the prince made people like him* Perlakuan sbg sesamanya menyebabkan pangéran itu disukai orang banyak. 2 démokrat. *D. party* partai démokrat.

democratization /di'makrətə'zeisyən/ *kb.* pendémokrasian, démokratisasi.

democratize /di'makrətaiz/ *kkt.* mendémokratisasikan.

demographer /di'magrəfər/ *kb.* ahli démografi.

demographic /'demə'græfik/ *ks.* démografis.

demography /di'magrəfie/ *kb.* démografi.

demolish /di'malisy/ *kkt.* 1 membongkar (*a building*). 2 melumpuhkan, menghancurkan. *to d. an opponent's argument* melumpuhkan bantahan lawannya.

demolition /'demə'lisyən, 'de-/ *kb.* pembongkaran, penghancuran, perusakan. *d. of a building* pembongkaran gedung. **d. bomb** bom perusak gedung-gedung dsb.

demon /'diemən/ *kb.* 1 sétan, iblis, jin, 2 orang yg keranjingan ttg s.s.t. *He's a d. for work* Ia keranjingan akan pekerjaan. *speed d.* sétan jalan(an), tukang kebut.

demoniac /di'mowniæk/ *kb.* orang yg kesurupan. —*ks.* kejam, bengis. *her d. attitude* sikapnya yg kejam.

demonic /di'manik/ *ks.* kejam, jahat.

demonstrable /di'manstrəbəl/ *ks.* dpt dibuktikan/ dipertunjukkan. *d. proposition* usul yg dpt dibuktikan. —**demonstrably** *kk.* terang, dgn cara yg dpt dibuktikan. *He is d. wrong* Ia terang sekali salah.

demonstrate /'demǝnstreit/ *kkt.* mempertunjukkan, mempertontonkan. *to d. o's skill* mempertunjukkan keahliannya. *to d. the truth of the statement* menunjukkan/membuktikan kebenaran pernyataan itu. —*kki.* berdémonstrasi. *The people demonstrated against the new ruler* Rakyat berdémonstrasi menentang pemimpin negara yg baru itu.

demonstration /'demǝn'streisyǝn/ *kb.* démonstrasi. *to hold a d.* mengadakan démonstrasi. *The teacher gave a d. of the proof* Guru memperlihatkan bukti percobaannya.

demonstrative /di'manstrǝtiv/ *ks.* yg lincah dan bébas gerak-geriknya (*of a person*). *d. pronoun* kataganti penunjuk.

demonstrator /'demǝn'streitǝr/ *kb.* 1 démonstran. 2 contoh, paméran. *d. car* mobil yg dipakai sbg contoh.

demoralization /di'marǝlǝ'zeisyǝn/ *kb.* démoralisasi, kemerosotan akhlak.

demoralize /di'marǝlaiz/ *kkt.* 1 menghilangkan semangat. *The army was completely demoralized* Tentara itu kehilangan semangat sama sekali. 2 mengacaukan. *Inflation demoralized the stock market* Inflasi mengacaukan bursa.

demote /di'mowt/ *kkt.* menurunkan. *The sergeant was demoted to corporal* Sersan itu diturunkan pangkatnya menjadi kopral.

demotion /di'mowsyǝn/ *kb.* penurunan pangkat.

demur /di'mǝr/ *kki.* (**demurred**) berkeberatan. *I d. at working on Saturdays* Saya berkeberatan utk bekerja pd hari Sabtu.

demure /di'myur/ *kb.* 1 sok/berlagak sopan. 2 bersungguh hati. *a d. young girl* seorang gadis yg bersungguh hati.

demurrage /di'mǝrij/ *kb.* 1 keliwatan waktu berlabuh. 2 biaya kelebihan waktu berlabuh.

demurrer /di'mǝrǝr/ *kb.* 1 penangkisan. 2 keberatan, pengecualian, éksépsi.

den /den/ *kb.* 1 liang, gua. *lion's d.* liang singa. 2 sarang. *d. of iniquity* sarang kejahatan. 3 ruang kecil yg dipakai utk membaca, bekerja dsb.

denationalization /die'næsyǝnǝlǝ'zeisyǝn/ *kb.* dénasionalisasi.

denationalize /die'næsyǝnǝlaiz/ *kkt.* mendénasionalisasikan.

denature /die'neicǝr/ *kkt.* mengubah sifat s.s.t. benda. **denatured** *alcohol* alkohol yg dipakai utk segala macam keperluan kecuali utk diminum.

dendrology /den'dralǝjie/ *kb.* déndrologi, ilmu pohon-pohonan.

dengue /'denggei/ *kb.* penyakit demam disertai linu pd sendi-sendi dan otot-otot.

denial /di'naiǝl/ *kb.* penolakan, sangkalan, penyangkalan.

denied /di'naid/ lih DENY.

denies /di'naiz/ lih DENY.

denigrate /'denǝgreit/ *kkt.* mencemarkan/memburukkan nama orang lain.

denim /'denǝm/ *kb.* sm kain képar/dril.

denizen /'denǝzǝn/ *kb.* penghuni, warga. *d. of the deep* penghuni laut.

denomination /di'namǝ'neisyǝn/ *kb.* 1 satuan. *The cent is the lowest d.* Sén adalah satuan yg terendah. 2 kaum/umat/sékta/golongan agama. *What is the d. of this church?* Geréja ini termasuk golongan agama yg mana? 3 lembaran uang kertas. *in denominations of* dlm lembaran uang kertas sebesar.

denominational /di'namǝ'neisyǝnǝl/ *ks.* yg di-

miliki/dikuasai oléh salah satu kaum/golongan agama tertentu. *d. school* sekolah golongan agama tertentu.

denominator /di'namǝ'neitǝr/ *kb.* angka sebutan (dlm bilangan pecahan). *common d.* angka sebutan senama, sebutan persamaan.

denotation /'dienow'teisyǝn/ *kb.* dénotasi, tanda, penunjuk.

denote /di'nowt/ *kkt.* merupakan, menunjukkan. *An "A" denotes excellent work* "A" merupakan angka baik sekali. *A pamphlet denotes a small book* Pamflét merupakan buku kecil.

dénouement /'deinuw'man/ *kb.* kesudahan/kesimpulan/akhir suatu sandiwara ceritera, peleraian.

denounce /di'nawns/ *kkt.* 1 mencela. *to d. the strikers* mencela pemogok-pemogok. 2 melaporkan. *He denounced his best friend to the enemy* Ia melaporkan teman karibnya kpd musuh. 3 mengadukan.

dense /dens/ *ks.* 1 tebal. *d. smoke* asap tebal. 2 padat. *d. crowd* orang banyak yg padat. 3 bodoh. —**densely** *kk.* padat, sesak, penuh. *a d. populated area* daérah yg padat penduduknya.

density /'densǝtie/ *kb.* (*j.* **-ties**) 1 kepadatan. *population d.* kepadatan penduduk. 2 berat jenis. *d. of water* berat jenis air, kekentalan air.

dent /dent/ *kb.* péot, péok, péyék. *My car has a d.* Mobilku péot. *This expense made quite a d. in our savings* Ongkos ini menyusutkan tabungan kami. —*kkt.* melekukkan. *The accident dented the fender* Tabrakan itu melekukkan sepatbor mobil kami. —*kki.* melekuk. *Certain metals d. easily* Logam-logam tertentu gampang melekuk. —**dented** *ks.* péok, péot, pényok, kepik. *d. fender* sepatbor yg péok.

dental /'dentǝl/ *ks.* 1 yg berh. dgn gigi. *d. care* pemeliharaan gigi. *d. hygienist* perawat gigi, pengatur rawat gigi. *d. floss* sm sikat gigi. 2 déntal. *d. sound* bunyi déntal.

dentifrice /'dentǝfris/ *kb.* tapal/pasta gigi.

dentin(e) /'dentien/ *kb.* gigi bagian dlm dibawah kepala gigi.

dentist /'dentist/ *kb.* dokter gigi.

dentistry /'dentistrie/ *kb.* (ilmu) kedokteran gigi.

dentition /den'tisyǝn/ *kb.* pertumbuhan gigi, pergigian.

denture /'dencǝr/ *kb.* geligi palsu/buatan.

denudation / dienuw'deisyǝn, -nyuw-/ *kb.* penggundulan.

denude /di'nuwd, -'nyuwd/ *kkt.* menggundulkan.

denunciation /di'nʌnsie'eisyǝn/ *kb.* pengaduan. *d. of a friend to the police* pengaduan seorang teman kpd polisi. *d. of sin* pengutukan/(pen)celaan dosa.

deny /di'nai/ *kkt.* (**denied**) 1 menyangkal, mengingkari. *to d. the charge against oneself* menyangkal tuduhan thd seorang diri. *I d. that ...* Saya menyangkal bhw .... *to d..God* mengingkari Tuhan. *There's no denying (the fact) that ...* Tdk dpt disangkal lagi bhw .... 2 meniadakan. *to d. s.o. the opportunity of attending the affair* meniadakan kesempatan bagi s.s.o. utk menghadiri kejadian itu. :: *He denies himself nothing* Ia memiliki segala barang yg dibutuhkannya. *I don't d. that ...* Saya tdk memungkiri bhw .... *He is not to be denied* Ia tdk boléh dianggap énténg/sepi.

deodorant /die'owdǝrǝnt/ *kb.* obat utk menghilangkan/membasmi bau busuk.

deodorize /die'owdǝraiz/ *kkt.* menghilangkan bau busuk

dep. 1 [*department*] biro. 2 [*deputy*] wakil, pembantu.

depart /di'part/ *kkt.* meninggal. *to d. this life* meninggal dunia. —*kki.* 1 berangkat. *The train departed on time* Keréta api berangkat pd waktunya. 2 menyimpang. *to d. from the usual lecture* menyimpang dari kuliah biasa. 3 meninggal dunia. —**departed** *kb.* mendiang, almarhum. *The dear d. was a wonderful person* Mendiang yg tercinta adalah seorang yg baik hati.

department /di'partmənt/ *kb.* 1 départemén. *D. of Labor* Départemén Perburuhan. *State D.* Départemén Luar Negeri. 2 bagian. *This d. handles foreign orders* Bagian ini mengurus pesanan-pesanan luar negeri. *d. store* toko serbaada.

departmental /'diepart'mentəl/ *ks.* yg berh. dgn bagian. *That's a d. matter* Itu urusan kantor bagian.

departure /di'parcər/ *kb.* 1 keberangkatan. *her d. for L.A.* keberangkatannya ke L.A. *D. time is 6 p.m.* Waktu berangkat adalah pk. 6 soré. 2 permulaan kebiasaan. *Riding a bicycle will be a new d. for me* Naik sepéda akan merupakan permulaan kebiasaan baru bagiku.

depend /di'pend/ *kki.* 1 mempercayai, percaya akan, mengandalkan. *I can d. on him* Saya dpt mempercayainya. *You can d. on it* Itu dpt kamu percayai. 2 bergantung. *My coming will d. on how much time I have* Kedatanganku bergantung pd berapa banyak waktu ada padaku. *That depends* Tergantung kpd keadaan. Melihat keadaan.

dependability /di'pendə'bilətie/ *kb.* hal dpt dipercayai, dpt dipertanggungkan/diandalkan.

dependable /di'pendəbəl/ *ks.* dpt dipercayai/diandalkan.

dependence /di'pendəns/ *kb.* 1 ketergantungan. *d. upon s.o.* ketergantungan kpd s.s.o. 2 kepercayaan. *I wouldn't place any d. in her* Saya tdk akan menaruh kepercayaan padanya. 3 bantuan. *His d. was insufficient to maintain him* Bantuan yg didapatnya tdk cukup utk hidup.

dependency /di'pendənsie/ *kb.* (*j.* **-cies**) tanah jajahan.

dependent /di'pendənt/ *kb.* tanggungan. —*ks.* bergantung. *She is too d. upon her parents* Ia terlalu bergantung pd orang tuanya. *Gram.*: *d. clause* anak kalimat.

depict /di'pikt/ *kkt.* melukiskan, menggambarkan. *to d. the beauty of the area* melukiskan keindahan daérah itu.

depiction /di'piksyən/ *kb.* (pe)lukisan, (peng)gambaran. *D. of the scene was beautifully done* Pelukisan pemandangan itu indah.

depilatory /di'pilə'towrie/ *kb.* (*j.* **-ries**) obat menghilangkan rambut.

deplane /die'plein/ *kki.* turun dari pesawat terbang. *to d. in Rome* turun dari kapal terbang di Roma.

deplenish /di'plenisy/ *kkt.* mengosongkan, menghabiskan. *to d. o's savings* mengosongkan tabungannya, menghabiskan uang simpanannya.

deplete /di'pliet/ *kkt.* menghabiskan, mengosongkan. *My savings account was depleted by large medical expenses* Uang simpananku/tabunganku habis karena pengeluaran besar utk pengobatan.

depletion /di'pliesyən/ *kb.* kehabisan, penipisan. *d. of oil reserves* kehabisan persediaan minyak.

deplorable /di'plowrəbəl/ *ks.* 1 tercela. *His attitude is d.* Sikapnya tercela. 2 menyedihkan. *The situation is d.* Keadaan menyedihkan.

deplore /di'plowr/ *kkt.* menyesalkan. *We d. the assassination* Kami menyesalkan pembunuhan itu.

deploy /di'ploi/ *kkt.* menyebar(kan). *to d. the Marines* menyebarkan prajurit-prajurit KKO.

deponent /di'pownənt/ *ks.* déponén.

depopulate /die'papyəleit/ *kkt.* mengurangi/mengosongkan/menghapuskan penduduk.

deport /di'powrt/ *kkt.* mengembalikan. *to d. an alien to his country* mengembalikan orang asing ke negeri asalnya. **to d. o.s.** bertingkah laku. *The youths deported themselves nicely* Pemuda-pemuda itu bertingkah laku baik.

deportation /'diepowr'teisyən/ *kb.* déportasi, pengasingan, pembuangan, pengiriman kembali ke negeri asal. *d. proceedings against* tindakan-tindakan pengembalian ke negeri asal thd, tindakan pengasingan/pembuangan thd.

deportment /di'powrtmənt/ *kb.* tingkah laku, kelakuan, sikap.

depose /di'powz/ *kkt.* 1 memecat, memperhentikan. *The emperor was deposed* Kaisar itu diturunkan dari takhtanya.. 2 menerangkan dibawah sumpah, memberikan kesaksian.

deposit /di'pazit/ *kb.* 1 déposito, setoran, simpanan uang pangkal. *bank d.* déposito/uang simpanan bank. *d. slip* surat tanda setoran. *on d.* dlm/sbg déposito, dlm/sbg simpanan. 2 uang tanggungan. *to make a d. on a suit* membayar uang tanggungan utk setélan pakaian. *Is there a d. on these bottles?* Adakah uang tanggungan utk botol-botol ini? 3 lapisan. 4 endapan. *to form a d.* mengendapkan. 5 simpanan, tumpukan. *iron ore d.* tumpukan bijih besi. —*kkt.* 1 mendépositokan. *to d. money in a bank at 5% annual interest* mendépositokan uang pd bank dgn bunga 5% setahun. 2 menumpuk, menaruh, menempatkan.

deposition /'diepə'zisyən, 'de-/ *kb.* 1 pernyataan. *d. of a sworn witness* pernyataan seorang saksi dibawah sumpah. 2 penurunan dari takhta. 3 endapan. *d. of mud* endapan lumpur.

depositor /di'pazətər/ *kb.* penyetor, penyimpan, penabung.

depository /di'pazə'towrie/ *kb.* (*j.* **-ries**) tempat penyimpanan.

depot /'diepow, 'de-/ *kb.* 1 dépo(t), gudang. *munitions d.* gudang mesiu. 2 setasiun. *bus d.* setasiun bis.

deprave /di'preiv/ *kkt.* merusak akhlak, memburukkan. *Drinking may d. a person* Minuman keras dpt merusak moral s.s.o. —**depraved** *ks.* yg sdh rusak/bejat akhlaknya. *a d. criminal* seorang penjahat yg sdh bejat akhlaknya.

depravity /di'prævətie/ *kb.* (*j.* **-ties**) kerusakan/keburukan/bejat moral.

deprecate /'deprəkeit/ *kkt.* mencela, mengutuk. *Parents d. the bad acts of their children* Orang tua mencela perbuatan-perbuatan tak baik drpd anakanaknya. —**deprecating** *ks.* yg mencela. *d. remarks* ucapan-ucapan yg bersifat mencela.

deprecation /'deprə'keisyən/ *kb.* celaan, kutukan, bantahan.

deprecatory /'deprəkə'towrie/ *ks.* = DEPRECATING.

depreciate /di'priesyieeit/ *kki.* menurun/jatuh harganya. *The property rapidly depreciated in value* Harta milik itu dgn cepat menurun nilainya.

depreciation /di'priesyie'eisyən/ *kb.* turunnya nilai. *annual d.* penurunan harga tahunan.

depredation /'deprə'deisyən/ *kb.* pembinasaan, perbuatan memusnahkan.

depress /di'pres/ *kkt.* 1 menekan. *to d. the accelerator* menekan pedal gas. 2 menyedihkan, membuat murung. *Rainy weather depresses me* Suasana hujan membuat saya lesu/murung. —**depressed** *ks.* murung, muram, sedih. *He is d. about s.t.* Ia muram karena s.s.t. hal. *d. area* daérah yg dilanda kemiskinan, daérah minus. —**depressing** *ks.* 1 muram. *a d. room* kamar yg muram. 2 yg memuramkan, yg menghilangkan semangat. *a most d. person* seorang yg sungguh-sungguh menghilangkan/mematahkan semangat.

depression /di'presyən/ *kb.* 1 *Econ.:* jaman melését, deprési. 2 kemuraman, kehilangan. *in a fit of d.* dlm keadaan perasaan tertekan. 3 bagian yg rendah atau dangkal. *d. in the terrain* lembah di dataran/ di tanah datar. 4 penurunan. *d. of the mercury in a barometer* turunnya air raksa barométer. *d. in the weather* tekanan udara yg rendah.

deprivation /'deprə'veisyən/ *kb.* 1 pencabutan (*of rights*). 2 kehilangan, perampasan (*of food, money, etc.*). 3 kerugian.

deprive /di'praiv/ *kkt.* 1 mencabut. *He was deprived of his citizenship* Kewarganegaraannya dicabut. 2 menghilangkan. *The children were deprived of a place to play* Anak-anak itu kehilangan tempat bermain. **to d. o.s. of** menghilangkan, membuang.

dept. [*department*] biro, départemén, jawatan.

depth /depth/ *kb.* 1 dalam (ukuran) *the d. of a well* dalamnya sumur. 2 kedalaman. *the d. of my interest in art* kedalaman perhatian saya thd kesenian. 3 lébar. *What is the d. of your lot?* Berapa lébar halaman sdr? 4 tengah-tengah. *from the d. of the jungle* dari tengah-tengah hutan belantara. **to be beyond, out of, or over o's d.** diluar batas pengertian s.s.o. *When we talk about mathematics I'm out of my depth* Apabila kita mempercakapkan ilmu pasti saya tak dpt mengerti. *He's over his d.* Tugasnya terlalu berat baginya. *at a d. of ten fathoms* berada dlm jarak 10 depa. *in the d. of winter* dlm pertengahan musim dingin. *in the depths of despair* dlm keadaan putusasa. **d. charge** bom laut. **d. perception** perkira-kiraan jarak dlm hubungan benda-benda yg berjauhan satu sama lain dan jauh jarak antara benda itu dan penonton.

deputation /'depyə'teisyən/ *kb.* (peng)utusan, députasi, perutusan. *a d. of office workers* perutusan pekerja-pekerja kantor.

depute /di'pyuwt/ *kkt.* 1 menugaskan. *to d. a senior pupil to take charge of the class* menugaskan murid yg tua mengurus kelas. 2 menguasakan. *They deputed the management of the estate to ...* Meréka menguasakan urusan perkebunan itu kpd ....

deputize /'depyətaiz/ *kkt.* mewakilkan kpd.

deputy /'depyətie/ *kb.* (*j.* **-ties**) 1 wakil. *d. sheriff* wakil kepala polisi daérah/kabupatén. 2 utusan.

derail /di'reil/ *kkt.* menggelincirkan. —*kki.* keluar rél. *The train derailed at ...* Keréta api itu keluar rél di ....

derailment /di'reilmənt/ *kb.* hal keluar dari rél.

derange /di'reinj/ *kkt.* 1 menyebabkan gila. *She was deranged by grief* Ia menjadi gila karena kesedihan. 2 mengacaukan. *His illness deranged our plan* Karena ia sakit rencana kita kacau. —**deranged** *ks.* gila. *d. man* orang gila. *mentally d.* sakit jiwa.

derangement /di'reinjmənt/ *kb.* 1 penyakit gila/ jiwa. 2 kekacauan.

derelict /'derəlikt/ *kb.* 1 (*person*) orang terlantar/ gelandangan. 2 *Nav.:* kapal yg ditinggalkan. —*ks.* 1 yg ditinggalkan. *d. vessel* kapal yg ditinggalkan. 2 lalai. *d. in o's duty* lalai dlm tugasnya.

dereliction /'derə'liksyən/ *kb.* kelalaian. *d. of duty* kelalaian melakukan tugas.

deride /di'raid/ *kkt.* mengéjék, mencemoohkan. *His friends d. him for his shyness* Teman-temannya mengéjéknya karena ia pemalu.

derision /di'rizyən/ *kb.* éjékan, cemooh.

derisive /di'riesiv/ *ks.* yg bersifat mengéjék. *d. laughter* tertawa yg mengéjék.

derivation /'derə'veisyən/ *kb.* asal(mula). *What's the d. of this word?* Apakah asal (mulanya) kata ini?

derivative /di'rivətiv/ *kb.* kata jadian. —*ks.* dikarang dari yg asli. *literature d. in nature* kesusasteraan jiplakan dari kesusasteraan lain, bacaan-bacaan yg bersifat tdk orisinil.

derive /di'raiv/ *kkt.* 1 mendapat, memperoléh. *to d. a livelihood from* mendapat nafkah dari. *One can d. much from ...* Orang dpt memperoléh banyak dari .... 2 mengambil. *to d. profit from* mengambil manfaat dari. 3 berasal. *a word derived from Javanese* perkataan berasal dari bahasa Jawa.

dermatitis /'dərmə'taitis/ *kb.* radang/inféksi kulit.

dermatologist /'dərmə'taləjist/ *kb.* ahli ilmu penyakit kulit.

dermatology /'dərmə'taləjie/ *kb.* dermatologi, ilmu penyakit kulit.

derogatory /də'ragə'towrie/ *ks.* yg menghina. *to speak in d. terms of* berbicara dgn kata-kata yg menghina mengenai.

derrick /'derik/ *kb.* (mesin) kérékan, mesin kérék/ dérék. *oil d.* alat/menara pembor(an) minyak.

desalinization /di'sælənə'zeisyən/ *kb.* pekerjaan menghilangkan zat garam/rasa asin dari air laut.

descend /di'send/ *kkt.* turun (gunung, tangga). —*kki.* 1 turun. *to d. from the platform* turun dari podium. *The plane descended rapidly* Kapal udara turun dgn cepat. 2 merendahkan diri. *I would not d. to such a level* Saya tak akan merendahkan diri serendah itu. 3 bernénék-moyang. *He is descended from French nobility* Ia keturunan kaum bangsawan Perancis. **to d. upon** 1 turun ke, hinggap di. *The bees descended upon the picnic table* Lebah-lebah turun keatas méja piknik. 2 mampir, singgah. *The whole family descended upon us without warning* Seluruh keluarga itu mengunjungi kami dgn tiba-tiba tanpa memberitahukan terlebih dahulu. —**descending** *ks.* yg menurun. *on a d. scale* pd skala yg menurun.

descendant /di'sendənt/ *kb.* 1 keturunan. 2 anak cucu.

descent /di'sent/ *kb.* 1 turun(nya). *The plane made a quick d.* Kapal terbang turun dgn cepat. 2 keturunan. *to trace o's d. back to* menyelidiki silsilahnya sampai ke. 3 serangan. *the d. on the town by rebels* serangan atas kota itu oléh kaum pemberontak.

describe /di'skraib/ *kkt.* 1 melukiskan, menggambarkan. *She described it perfectly* Ia melukiskannya dgn sempurna. *One can d. him as vain* Orang dpt menggambarkan dia sbg seorang yg suka melagak. 2 membuat, menggambarkan. *The object in the sky described a circle* Benda di udara itu membuat sebuah lingkaran.

description /di'skripsyən/ *kb.* gambaran, déskripsi, lukisan. *beyond d.* tak terlukiskan. *to answer to the d.* sesuai dgn yg dilukiskan.

descriptive /di'skriptiv/ *ks.* déskriptif. *d. linguistics* ilmu bahasa déskriptif. *d. geometry* ilmu ukur melukis.

desecrate /'desəkreit/ *kkt.* menajiskan, menodai (geréja, katedral).

desecration /'desə'kreisyən/ *kb.* penajisan, penodaan, pengotoran.

desegregate /'die'segrəgeit/ *kkt.* menghilangkan perbédaan atau pemisahan.

desegregation /die'segrə'geisyən/ kb. deségrégasi, penghapusan perbédaan.
desert /'dezərt kb.; di'zərt kkt., kki./ kb. padang/ gurun pasir. *d. region* daérah gurun pasir. —**deserts** /di'zərts/ j. ganjaran. *He received his just deserts* Ia mendapat ganjaran atau hukuman balasan yg selayaknya. —*kkt.* meninggalkan. *to d. a wife* meninggalkan isteri. —*kki.* membélot, meninggalkan tugas militér, melarikan diri dari dinas militér. —**deserted** ks. 1 yg ditinggalkan. *a d. child* seorang anak yg ditinggalkan. 2 sepi, sunyi. *d. street* jalan sepi.
deserter /di'zərtər/ kb. désértir, pembélot.
desertion /di'zərsyən/ kb. 1 *Mil.*: désérsi, pembélotan. 2 perbuatan meninggalkan. *D. of o's family is serious* Meninggalkan keluarga adalah perkara yg berat. *d. of o's party* pengkhianatan thd partainya.
deserve /di'zərv/ kkt. 1 berhak mendapat. *to d. a vacation* berhak mendapat liburan. 2 pantas/patut menerima. *He deserves his punishment* Ia pantas menerima hukuman. *I d. a kick in the pants* Sdh sepantasnya saya didera. —**deserved** ks. *well-d. honor* penghargaan yg selayaknya (diperoléh). —**deservedly** kk. sdh sepantasnya. —**deserving** ks. 1 yg pantas ditolong. *d. family* keluarga yg pantas ditolong. 2 yg berjasa. *d. student* mahasiswa yg berjasa.
desiccation /'desə'keisyən/ kb. pengawétan melalui prosés pengeringan.
desideratum /di'zidə'ratəm/ kb. (j. -ta). s.s.t. yg diinginkan, kebutuhan yg terasa.
design /di'zain/ kb. 1 potongan. *dress of simple d.* pakaian yg sederhana potongannya. 2 bentuk. *d. of a house* bentuk rumah. 3 modél. *car of the latest d.* oto modél terakhir. 4 pola. *Institute of D.* Lembaga Pola. 5 konstruksi. *faulty d.* konstruksi yg salah. 6 mode. 7 tujuan, maksud. *The d. was to add another room* Maksudnya ialah untuk menambah sebuah kamar yg lain. **to have designs on s.o.** mempunyai maksud dgn s.s.o. **by d.** dgn sengaja. dgn maksud tertentu. —*kkt.* merencanakan (*clothes, a bridge, etc.*). *a well-designed house* sebuah rumah yg bagus/indah bentuknya. —**designing** kb. membuat pola-pola. ks. berkomplot, bersekongkol.
designate /'dezigneit/ ks. calon. *ambassador d.* calon dutabesar, dutabesar yg baru ditunjuk/diangkat. —*kkt.* 1 menunjuk. *to d. s.o. as o's representative* menunjuk s.s.o. sbg wakilnya. 2 menandakan. *The stars d. capitals* Bintang-bintang menandakan ibukota-ibukota.
designation /'dezig'neisyən/ kb. 1 penunjukan. 2 tanda pangkat. *the d. of colonel* tanda pangkat kolonél. 3 penandaan. *d. of roads by proper signs* penandaan jalan-jalan dgn tanda-tanda yg jelas.
designer /di'zainər/ kb. pelukis, perencana, perancang, pembuat modél. *stage d.* ahli perencana panggung. *dress d.* ahli perencana/pembuat pola-pola pakaian.
desirability /di'zairə'bilətie/ kb. sifat diingini/ disenangi/disukai, sifat yg menyebabkan orang menginginkannya/senang/suka memilikinya.
desirable /di'zairəbəl/ ks. 1 diinginkan (*of a person*). 2 diperlukan sekali. *A change of scenery would be d.* Perubahan pemandangan diperlukan sekali.
desire /di'zair/ kb. 1 hasrat. *to have a d. to become a nurse* mempunyai hasrat utk menjadi jururawat. 2 keinginan. *d. for power* keinginan akan kekuasaan. 3 berahi, hawa nafsu. *to arouse d.* menimbulkan berahi. —*kkt.* 1 menginginkan, meminta. *to d.*

lodgings for the night menginginkan penginapan utk malam itu. *This house leaves much to be desired* Rumah ini melihat keadaannya tdk begitu diinginkan orang lagi. 2 mengingini. *He desired money above everything* Ia mengingini uang lebih drpd yg lain-lain. 3 berahi thd. *to d. s.o.* berahi akan s.s.o.
desirous /di'zairəs/ ks. ingin. *I am d. of better facilities* Saya ingin memperoléh fasilitas-fasilitas yg lebih baik.
desist /di'sist/ kki. berhenti. *The army demanded that the mob d. from its attack on ...* Tentara menuntut agar perusuh-perusuh itu menghentikan serangannya thd ....
desk /desk/ kb. 1 méjatulis. *d. lamp* lampu méjatulis. 2 alas méja. 3 bagian. *the Iranian d. at the State Department* bagian urusan Iran di Deparlu AS. 4 kas. *Pay at the d.* Harap membayar pd kas/kasir.
deskbound /'desk'bawnd/ ks. bekerja dibelakang méja. *In this job I am d.* Dlm jabatan ini saya bekerja dibelakang méjatulis.
desolate /'desəlit ks.; 'desəleit kkt./ ks. 1 terpencil. *This town is in a d. area* Kota ini terletak dlm daérah terpencil. 2 sepi, sunyi. *d. house* rumah sunyi. 3 sedih, muram. *d. woman* perempuan yg sedih. 4 tandus, gersang. —*kkt.* 1 merusakkan, menghancurkan. *The army desolated the town* Tentara merusak kota itu. 2 menyedihkan, menyusahkan. *He was desolated by his wife's divorce* Ia sedih karena perceraian dgn isterinya.
desolation /'desə'leisyən/ kb. 1 ketandusan (*of a region*). 2 kesedihan (*of a person*). 3 perusakan, penghancuran.
despair /di'spær/ kb. keputus-asaan, kepatahan hati, kehilangan harapan. *His son is the d. of the family* Anaknya laki-laki itu menyebabkan keluarga itu putus-asa. *to feel utter d. over the situation* merasa putus asa sama sekali menghadapi keadaan itu. **to be in d. over** berputus-asa menghadapi. **to give up in d.** Dlm keadaan putus-asa menyerah kalah. *The situation drove him to d.* Keadaan itu menjadikan dia putus asa. —*kki.* hilang harapan, putus asa. *to d. of saving his life* hilang harapan utk menyelamatkan jiwanya. *His life is despaired of* Ia tdk mempunyai harapan utk hidup lagi. —**despairing** ks. yg berputus asa. *in a d. tone* dgn nada berputus-asa.
despatch /di'spæc/ = DISPATCH.
desperado /'despə'radow, -'reidow/ kb. penjahat yg nékat, bajingan, bandit.
desperate /'despərit/ ks. 1 yg sangat menyedihkan. *in d. circumstances* dlm keadaan yg sangat menyedihkan. 2 nékat. *to take d. action* mengambil tindakan yg nékat. *The bandit was d.* Penjahat itu nékat. 3 putus asa. *to be d. over the loss of* putus asa karena kehilangan. **to do s.t. d.** melakukan yg tdk-tdk. —**desperately** kk. mati-matian. *d. ill* sakit berat sekali, sakit payah. *d. in love* benar-benar mabuk cinta.
desperation /'despə'reisyən/ kb. kenékatan, keputus-asaan, kehilangan harapan. *In d. he committed suicide* Dlm keadaan putus-asa ia membunuh diri.
despicable /des'pikəbəl, 'despi-/ ks. tercela, hina, keji. *d. act* perbuatan yg tercela.
despise /di'spaiz/ kkt. memandang rendah thd, menganggap hina. *He despises fools* Ia memandang rendah orang-orang yg tolol. *I d. myself for saying such things* Saya merasa hina mengatakan hal-hal yg demikian itu.
despite /di'spait/ kb. meskipun, walaupun. *d. the rain* meskipun hujan.

despondency /di'spandənsie/ *kb.* kemurungan, kesedihan, kepatahan semangat.

despondent /di'spandənt/ *ks.* sangat sedih, remuk hati. *to be d. over* remuk hati karena.

despot /'despət, 'despat/ *kb.* 1 raja lalim. 2 orang yg lalim.

despotic /des'patik/ *ks.* lalim.

despotism /'despətizəm/ *kb.* kelaliman.

dessert /di'zərt/ *kb.* makanan pencuci mulut, kuékué.

destination /'destə'neisyən/ *kb.* (tempat) tujuan, maksud.

destine /'destən/ *kki.* 1 mempersiapkan, memperuntukkan. *He is destined for the ministry* Ia dipersiapkan utk menjadi pendéta. 2 mentakdirkan, memperuntukkan. *He was destined to be king* Ia ditakdirkan menjadi raja. *The ship was destined for Greece* Kapal itu berlayar ke Negeri Yunani.

destiny /'destənie/ *kb.* (*j.* -**nies**) nasib, takdir, untung.

destitute /'destituwt, -tyuwt/ *ks.* miskin, papa, melarat. *to be utterly d.* hidup melarat sekali, menjadi miskin sekali.

destitution /'destə'tuwsyən, -'tyuw-/ *kb.* kemiskinan, kemelaratan, kepapaan.

destroy /di'stroi/ *kkt.* 1 memusnahkan, merusakkan, menghancurkan. *All our things were destroyed in the fire* Semua harta benda kami musnah waktu kebakaran itu. 2 membinasakan, membunuh (*an animal*). **to d. o.s.** membunuh diri.

destroyer /di'stroiər/ *kb.* 1 perusak. *d. of plants* perusak tanaman. 2 *Nav.*: kapal pemburu/perusak.

destructible /di'strʌktəbəl/ *ks.* yg dpt dirusak.

destruction di'strʌksyən/ *kb.* 1 pekerjaan merusak/menghancurkan/membinasakan. *Women were his d.* Wanita-wanita menjadikan kehancurannya. 2 pe(ng)rusakan, pembongkaran (*of a building*).

destructive /di'strʌktiv/ *ks.* 1 bersifat merusak. *d. criticism* kecaman yg bersifat merusak. *d. child* anak yg bersifat/suka merusak. 2 merusak. *d. flood* air bah yg merusak.

desultory /di'sʌltərie/ *ks.* tdk berketentuan. *a d. conversation* percakapan yg tdk berketentuan. *d. study* cara belajar yg tdk berketentuan.

detach /di'tæc/ *kkt.* 1 menyobék. *D. this slip from the bill and send it to me* Sobéklah carik kertas ini dari rékening dan kirimkanlah kpd saya. 2 *Mil.*: menugaskan di suatu tempat. 3 melepaskan. *to d. cars* memisahkan/melepaskan gerobak-gerobak barang. —**detached** *ks.* 1 obyéktif, tdk memihak. *a d. attitude* sikap yg tdk memihak. 2 terpisah. *d. house* rumah terpisah. 3 terlepas, mengelopak. *d. retina* selaput jala yg terlepas.

detachable /di'tæcəbəl/ *ks.* yg dpt dilepaskan/ditanggalkan (*of a cover, collar*).

detachment /di'tæcmənt/ *kb.* 1 *Mil.*: détasemén. 2 sikap yg tak terpengaruh. *the d. of a physician* sikap yg tak terpengaruh pd dokter. 3 hal melepaskan. *d. of the retina* melepaskan/memisahkan selaput jala mata.

detail /'dieteil, di'teil/ *kb.* 1 seluk beluk, perincian. *to have an interest in the details* ada perhatian akan perincian. *to go/enter into all the details* melukiskan secara panjanglébar, menguraikan secara terperinci. **in d.** dgn panjanglébar, secara terperinci. *to describe an accident in d.* menceriterakan kecelakaan dgn panjanglébar. 2 bagian kecil-kecil. *d. on a statue* bagian kecil-kecil pd patung. 3 kelompok. *d. of police* sekelompok polisi. —*kkt.* 1 memperbantukan. *He was detailed to the Ministry of Education* Ia diperban-

tukan kpd Départemén Pendidikan. 2 melukiskan panjanglébar, memperinci. *to d. the problems* menguraikan/melukiskan secara panjanglébar soal-soal itu. —**detailed** *ks.* terperinci, yg panjanglébar. *a d. paper on ...* karangan terperinci mengenai ....

detain /di'tein/ *kkt.* 1 menahan, menawan. *to d. s.o. for questioning* menahan s.s.o. utk pemeriksaan. 2 menghambat, menahan. *I hope I haven't detained you too long* Saya harap saya tdk terlalu lama menahanmu.

detainee /di'teinie/ *kb.* orang tahanan.

detect /di'tekt/ *kkt.* 1 menemukan. *to d. a change in attitude* menemukan perobahan dlm sikap. 2 mencium. *to d. the odor of gas* mencium bau gas. 3 mendapatkan. *He was detected climbing in a back window* Ia kedapatan naik jendéla belakang. 4 merasakan (*sarcasm*).

detection /di'teksyən/ *kb.* 1 penemuan. *d. of crime* penemuan kejahatan. *mine d.* pencarian/pekerjaan menemukan ranjau darat/laut. 2 tercium. *d. of gas* tercium bau gas.

detective /di'tektiv/ *kb.* détéktip, resérse, mata-mata polisi. *d. story* cerita détéktip.

detector /di'tektər/ *kb.* orang/alat yg dpt menemukan s.s.t., détéktor. *lie d.* alat yg dpt menemukan s.s.o. berbohong. *mine d.* alat pencari ranjau.

detention /di'tensyən/ *kb.* penahanan, penawanan.

deter /di'tər/ *kkt.* (**deterred**) menghalangi. *Snow won't d. him from his trip* Salju tak akan menghalanginya mengadakan perjalanan itu.

detergent /di'tərjənt/ *kb.* bahan pembersih, sabun serbuk, déterjén.

deteriorate /di'tirieəreit/ *kki.* memburuk. *The situation has deteriorated* Keadaan tlh memburuk.

deterioration /di'tirieə'reisyən/ *kb.* keburukan, kemunduran, kemerosotan. *d. in diplomatic relations* keadaan yg memburuk dlm hubungan diplomatik.

determinant /di'tərmənənt/ *kb.* faktor utama/yg menentukan. *What is the prime d. in this case?* Apakah faktor utama yg menentukan dlm perkara ini?

determinate /di'tərmənit/ *ks.* sdh (ter)tentu, tetap, positif. *the d. order* urutan yg sdh tentu.

determination /di'tərmə'neisyən/ *kb.* 1 kebulatan tekad, ketetapan hati. *d. to further o.s.* ketetapan hati utk maju. *to come to the d. that* berketeguhan hati utk., bertekad bulat utk. *with an air of d.* dgn sikap yg menunjukkan keteguhan hati. 2 penentuan. *d. of uranium deposits* penentuan adanya lapisan uranium.

determine /di'tərmən/ *kkt.* 1 menentukan. *This exam will d. my grade* Ujian ini akan menentukan angkaku. 2 menetapkan. *Please d. who is going with us* Tolong tetapkan siapa-siapa yg akan ikut dgn kami. 3 memutuskan. *The Supreme Court will d. whether the law is constitutional or not* Mahkamah Agung akan memutuskan apakah undang-undang itu sesuai dgn UUD atau tdk. —*kki.* memutuskan. *I determined to leave for home immediately* Saya memutuskan utk segera pulang. —**determined** *ks.* tekun. *to be d. to* bertekad akan/utk. *a d. student* mahasiswa yg tekun. *a d. chin* dagu yg tegak/tegap/gagah.

deterrence /di'terəns, -'tər-/ *kb.* penolakan, penangkisan, pencegahan. lih DETERRENT.

deterrent /di'terənt, -'tər-/ *kb.* 1 alat penghindaran/penangkis/pencegah. *the H-bomb as a d.* bom hidrogén sbg alat pencegah. 2 penghindaran, pencegahan, pengélakan.

detest /di'test/ *kkt.* 1 benci. *I d. sloppy language* Saya benci akan bahasa yg serampangan. 2 jijik. *I simply d. her* Saya betul-betul merasa jijik thd dia.

detestable /di'testəbəl/ ks. menjijikkan. a d. deed perbuatan yg menjijikkan.
detestation /'dietes'teisyən/ kb. kebencian.
dethrone /di'thrown/ kkt. menurunkan dari takhta.
detonate /'detəneit/ kkt. meledakkan, meletuskan. —kki. meledak, meletus. The dynamite detonated Dinamit itu meledak. —**detonating** ks. yg meledakkan. d. cap tutup/tudung détonasi, tutup/tudung penahan ṛeledakan.
detonation /'detə'neisyən/ kb. détonasi, (pe)ledakan, (pe)letusan.
detonator /'detə'neitər/ kb. détonator, alat/bahan peledak.
detour /'dietur, di'tur/ kb. jalan memutar, pemutaran. —kki. mengambil jalan memutar.
detract /di'trækt/ kki. to d. from 1 mengurangi. to d. from the beauty mengurangi keindahan. 2 menurunkan, memotong. to d. from the value menurunkan harganya, memotong dari harganya.
detractor /di'træktər/ kb. pengumpat, pencela, pemfitnah, tukang fitnah.
detriment /'detrəmənt/ kb. kerusakan, kerugian. to the d. of his health sehingga merusak keséhatannya.
detrimental /'detrə'mentəl/ ks. yg merusak/mengganggu. Lack of exercise can be d. to o's health Kurang latihan badan dpt mengganggu keséhatan s.s.o.
deuce /duws, dyuws/ kb. 1 dua (main kartu). 2 Tenn.: jus, 40 sama. 3 kurang ajar, gerangan. Who in the d. took my paper? Kurang ajar; siapa yg mengambil koranku?
devaluate /die'vælyueit/ kkt. mendévaluasikan.
devaluation /die'vælyu'eisyən/ kb. dévaluasi.
devastate /'devəsteit/ kkt. merusak(kan), menghancurkan. The storm devastated the area Badai menghancurkan daérah itu. —**devastating** ks. 1 yg menghancurkan. d. storm badai yg menghancurkan. 2 sangat kena, sangat éféktif. a d. reply jawaban yg sangat kena. —**devastatingly** kk. meluluhkan, menghancurkan, amat. She's d. beautiful Ia cantik. Ia menghancur-luluhkan hati.
devastation /'devə'steisyən/ kb. pe(ng)rusakan, penghancuran.
develop /di'veləp/ kkt. 1 memperkembangkan (industry). 2 menghasilkan. to d. new hybrids menghasilkan pembastaran baru. Has anything developed from the police investigation? Apakah pemeriksaan polisi itu menghasilkan s.s.t.? 3 mencuci. to d. a roll of film mencuci rol film. 4 memperkuat. Exercise develops the body Latihan memperkuat badan. 5 membangun (an area). —kki. 1 menjadi. He's developing into a fine boy Ia menjadi seorang anak yg baik. 2 selesai. Some prints d. in 20 seconds Ada beberapa afdruk yg selesai dlm 20 detik. 3 terjadi. They waited to see what would d. next Meréka menantikan utk melihat apa yg akan terjadi. 4 timbul. An infection developed Inféksi timbul. It developed today that ... Hari ini kelihatannya seakan-akan .... to d. into berkembang menjadi. to d. into an important educational center berkembang menjadi suatu pusat pendidikan yg penting. —**developing** ks. sedang berkembang. a d. economy ékonomi yg sedang berkembang.
developer /di'veləpər/ kb. 1 pembangun, ahli pembangunan. d. of low-cost housing (seorang) pembangun perumahan murah. 2 alat pencuci. d. of film alat pencuci filem.
development /di'veləpmənt/ kb. 1 perkembangan. the latest d. perkembangan terakhir. new development in the case perkembangan baru dlm perkara itu. to await further developments menantikan perkem-

bangan-perkembangan selanjutnya. 2 pembangunan. housing d. pembangunan perumahan. 3 pertumbuhan (of a child).
developmental /di'veləp'mentəl/ ks. yg berh. dgn perkembangan, pembangunan. d. economics ékonomi pembangunan.
deviant /'dievieənt/ kb. orang yg menyimpang. He's a d. from the norm Ia seorang yg menyimpang dari patokan-patokan/ketentuan-ketentuan.
deviate /'dievieit kb., ks.; 'dievieeit kki./ kb., ks. (seorang) yg menyimpang. —kki. 1 berselisih. The compass deviates slightly Pedoman itu berselisih sedikit. 2 menyimpang. to d. from course menyimpang dari haluan.
deviation /'dievie'eisyən/ kb. 1 déviasi, ikhtilaf. 2 penyimpangan. d. from the standard penyimpangan dari patokan. 3 selisih, simpangan. standard d. selisih pokok, simpangan baku.
deviationism /'dievie'eisyənizəm/ kb. penyeléwéngan/penyimpangan dari garis-garis politik partai.
deviationist /'dievie'eisyənist/ kb. penyeléwéng, orang yg menyimpang dari garis-garis politik partai.
device /di'vais/ kb. 1 alat, perlengkapan. a new d. alat baru. 2 muslihat. By what d. do you plan to enter that building? Dgn muslihat yg bagaimana kamu hendak memasuki gedung itu? to leave s.o. to his own devices membiarkan s.s.o. berbuat sesuka hatinya.
devil /'devəl/ kb. 1 syaitan, iblis. 2 orang yg penuh tipu-daya. You little d.! What are you up to? Kau bajingan! Apa yg hendak kaukerjakan? 3 orang yg malang. The poor d., I feel sorry for him Sial nasibnya, saya kasihan melihat dia. :: to give the d. his due jujur atau adil juga thd orang yg tdk disukai. I find myself between the d. and the deep (blue) sea Saya terpaksa memilih salah satu antara dua kesukaran yg sama bahayanya. If he were still here, there would be the d. to pay Kalau ia masih ada disini banyak kesukaran akan terjadi. **to go to the d.** jatuh ke jurang kesusahan, hancur. Go to the d.! Jahanam! Speak of the d. and he's sure to appear Baru disebut/dibicarakan, orangnya muncul. He has a d. of a temper Ia pembérang/pemarah sekali. Sl.: **to raise the d.** mengamuk, marah-marah. —kkt. membumbui (telur). **devil-may-care** ks. masa bodoh. a d.-may-care attitude sikap masa bodoh. **devil's advocate** pembéla yg menentang apa yg dianggap baik. **devil's food cake** sm kué tar cokelat. —**deviled** ks. yg dibumbui. d. egg telur yg dibumbui. d. ham daging ham yg dibumbui.
devilfish /'devəl'fisy/ kb. sm ikan gurita.
devilish /'devəlisy/ ks. 1 jahat, jahanam. a d. temper tabiat jahat. 2 besar sekali. I got into d. trouble Saya terjerumus dlm kesukaran yg besar sekali.
devilment /'devəlmənt/ kb. 1 perbuatan yg jahat. 2 kenékatan. I wonder what d. he's up to now? Saya ingin tahu kenékatan apa yg hendak dilakukannya sekarang.
devious /'dievieəs/ ks. berliku-liku. d. tricks/ways tipu daya yg berliku-liku. d. route jalan yg berliku-liku.
devise /di'vaiz/ kkt. menemukan, memikirkan, merencanakan. to d. a way merencanakan suatu cara. to d. a good plan for memikirkan sebuah rencana yg baik utk.
devoid /di'void/ ks. (samasekali) tanpa, ketiadaan.

He was utterly d. of humor Ia sama sekali tak memiliki rasa humor.
devolve /di'valv/ *kki.* berpindah. *The responsibility devolved upon him* Tanggung jawab berpindah kepadanya.
devote /di'vowt/ *kkt.* 1 mencurahkan. *to d. o's attention/energy to* mencurahkan perhatiannya/tenaganya kpd. 2 bertekun. *He devotes himself to his task* Ia bertekun melaksanakan tugasnya. 3 menyediakan. *One day will be devoted to...* Satu hari disediakan utk.... **to be devoted to** sayang akan, setia kpd. *She is d. to her sister* Ia sayang akan adiknya yg perempuan.
devotee /'devə'tie/ *kb.* penggemar (yg taat kpd s.s.t.).
devotion /di'vowsyən/ *kb.* 1 kesetiaan. 2 ketaatan. *d. to duty* ketaatan kpd kewajiban. *d. of energy to* pencurahan tenaga kpd. 3 kesayangan. —**devotions** *j.* kebaktian keagamaan.
devotional /di'vowsyənəl/ *ks.* yg bersifat kebaktian. *d. service* ibadah kebaktian.
devour /di'vawr/ *kkt.* 1 mengganyang. *The lion devoured its prey* Singa itu mengganyang mangsanya. 2 menelan. *The cat devoured the mouse* Kucing itu menelan tikus itu. 3 melahap (*o's food*). 4 membaca. *The children d. the comics* Habis buku-buku komik dilahap/dibaca anak-anak itu. *She was devoured by curiosity* Dia sdh ingin sekali mengetahuinya.
devout /di'vawt/ *ks.* 1 yg beriman, saléh. *a d. man* pria yg beriman. 2 taat. —**devoutly** *kk.* dgn tulusikhlas, dgn segala ketulusan hati. *It is d. to be hoped that...* Kami harapkan dgn (segala) ketulusan hati bhw....
dew /duw, dyuw/ *kb.* embun.
dewdrop /'duw'drap, 'dyuw-/ *kb.* tétésan/titik embun.
dexterity /dek'sterətie/ *kb.* ketangkasan, kecekatan, ketrampilan.
dexterous /'dekst(ə)rəs/ *ks.* trampil, tangkas, cekatan.
dextrose /'dekstrows/ *kb.* dékstrosa.
diabetes /'daiə'bietəs/ *kb.* penyakit gula, penyakit kencing manis.
diabetic /'daiə'bietik, -'betik/ *kb.* penderita penyakit kencing manis. —*ks.* yg berh. dgn penyakit kencing manis.
diabolical /'daiə'baləkəl/ *ks.* kejam. *d. torture* penyiksaan yg kejam. *d. grin* seringai yg menyeramkan, menyeringai spt sétan.
diachronic /'daiə'kranik/ *ks.* berdasarkan/menurut sejarah. *d. linguistics* ilmu bahasa menurut sejarah.
diacritic /'daiə'kritik/ *kb.* tanda pengenal, diakritik.
diacritical /'daiə'kritikəl/ *ks.* bersifat mengenal. *d. mark* tanda pengenal.
diadem /'daiədem/ *kb.* mahkota.
diaeresis /dai'erəsis/ *kb.* tanda titik dua diatas huruf suara, menandakan spy huruf itu dibunyikan juga.
diagnose /'daiəg'nowz, -nows/ *kkt.* menentukan diagnosa, mengenal (*an illness*).
diagnosis /'daiəg'nowsis/ *kb.* diagnosa, ilmu pengenal penyakit.
diagnostic /'daiəg'nastik/ *ks.* yg berdasar/bert. dgn diagnosa. *d. test* percobaan utk memudahkan pembuatan diagnosa.
diagonal /dai'ægənəl/ *kb.* diagonal. —*ks.* 1 diagonal. *d. course* arah diagonal. 2 sudut-menyudut. *d. line* garis sudut-menyudut. —**diagonally** *kk.* secara diagonal. *My house is located d. across the street from my friend's* Rumah saya berhadapan secara diagonal

dgn rumah teman saya.
diagram /'daiəgræm/ *kb.* diagram, buram, sketsa. bagan. —*kkt.* (**diagrammed**) 1 menggambar bagan/rencana. 2 memperlihatkan susunan drpd. *to d. a sentence* memperlihatkan susunan drpd kalimat itu.
dial /'daiəl/ *kb.* 1 lémpéng jam, muka arloji. 2 cakra angka (*on dashboard*). 3 cakra angka, piringan, tombol penjetél (*radio, telephone, TV*). **to turn the d.** memutar piringan. —*kkt.* 1 memutar angka (*telephone*). 2 memasang. *to d. channel 4* memasang saluran 4. *to d. long distance* memutar nomor interlokal. **d. number** angka petunjuk. **d. (tele)phone** télpon otomat/cakra. **d. tone** nada pilih.
dialect /'daiəlekt/ *kb.* dialék, logat. *provincial d.* bahasa daérah. *d. atlas* peta logat-logat bahasa.
dialectal /'daiə'lɛktəl/ *ks.* yg berh dgn. dialék.
dialectic(s) /'daiə'lektiks/ *kb.* dialéktika.
dialectical /'daiə'lektəkəl/ *ks.* berdasarkan dialéktika. *d. materialism* matérialisme (berdasarkan) dialéktika.
dialectician /'daiəlek'tisyən/ *kb.* ahli dialéktika.
dialectology /'daiəlek'taləjie/ *kb.* dialéktologi.
dialog /'daiəlɔg/ = DIALOGUE.
dialogue /'daiəlɔg/ *kb.* dialog, percakapan dwicakap.
diameter /dai'æmətər/ *kb.* garis tengah.
diametrical /'daiə'metrəkəl/ *ks.* diamétral, yg samasekali bertentangan mengenai. —**diametrically** *kk.* samasekali bertentangan dgn. *d. opposed to our point of view* samasekali bertentangan dgn pendapat kami.
diamond /'dai(ə)mənd/ *kb.* 1 intan, berlian. *d. ring* cincin intan. 2 rét, wajik. *I bid one d.* Satu rét! 3 lapangan. *baseball d.* lapangan baseball. **a d. in the rough** orang yg berbakat tetapi kurang sopan.
diaper /'dai(ə)pər/ *kb.* popok.
diaphragm /'daiəfræm/ *kb.* 1 *Anat.*: sekat rongga badan antara dada dan perut, diafrakma. 2 (*IUD*) spiral.
diarrh(o)ea /'daiə'rieə/ *kb.* mencérét, murus.
diary /'daiərie/ *kb.* (*j.* **-ries**) buku harian.
diatribe /'daiətraib/ *kb.* pidato atau tulisan berisi kecaman-kecaman yg tajam.
dibs /dibz/ *kb.*, *j.* pilihan pertama. *Sl.:* *D. on the candy* pilihan pertama ialah gula-gula itu.
dice /dais/ *kb.*, *j.* dadu. *to shoot d.* bermain dadu. lih DIE. *Sl.:* **no d.** tak berhasil. *I tried to sell him a car, but it was no d.* Saya berusaha menjual sebuah oto kepadanya, tetapi tdk berhasil. —*kkt.* memotongmotong. *to d. potatoes* memotong-motong kentang dlm potongan-potongan persegi empat.
dichotomy /dai'katəmie/ *kb.* (*j.* **-mies**) pembagian dlm dua bagian, pembelahan dua, bercabang dlm dua bagian.
dick /dik/ *kb. Sl.:* mata-mata, resérsé, détéktip.
dickens /'dikənz/ *kseru.* jahanam? *What the d. is going on here?* Dubilah/Somprét/Busét! Ada apa sih disini?
dicker /'dikər/ *kki.* bertawar-tawaran. *to d. with the vendors* bertawar-tawaran dgn tukang-tukang jualan. —**dickering** *kb.* tawar-menawar, bertawar-tawaran. *political d.* tawar-menawar politik.
dict. [*dictionary*] kamus.
dictaphone /'diktəfown/ *kb.* alat mengimla, alat mendikté surat-surat, mesin imla.
dictate /'dikteit/ *kb.* **the dictates of conscience** suara hati nurani. *the dictates of fashion* ketentuanketentuan mode. —*kkt.* mendiktékan, mengimla (*letter*). *I won't be dictated to* Saya tdk mau diperintah/

diatur. —*kki.* 1 mendikté. 2 memerintah. *He dictates to everyone* Ia memerintah tiap-tiap orang. —**dictating** *kb.* dikté. *d. machine* mesin dikté.
dictation /dik'teisyən/ *kb.* 1 pengimlaan, pendiktéan. 2 apa yg didiktékan. *to take a.* mencatat apa yg didiktékan. 3 perintah. *They won't submit to d.* Orang-orang ini tdk mau tunduk kpd perintah yg didikté secara sewenang-wenang.
dictator /'dikteitər/ *kb.* diktator.
dictatorial /'diktə'towrieəl/ *ks.* 1 adikara. 2 angkuh, diktatoris. *d. manner* sifat angkuh.
dictatorship /'dikteitərsyip/ *kb.* diktatur.
diction /'diksyən/ *kb.* 1 gaya menulis atau berbicara. 2 artikulasi.
dictionary /'diksyə'nerie/ *kb.* (*j.* **-ries**) kamus, kitab logat. *d. making* perkamusan.
dictum /'diktəm/ *kb.* (*j.* **-a, -ums**). keputusan, ucapan.
did /did/ lih DO.
didactic /dai'dæktik/ *ks.* yg bersifat mendidik. *d. novel* roman yg bersifat mendidik.
didn't /'didənt/ [*did not*] lih DID.
die /dai/ *kb.* (*j.* **dice**) mata dadu. *The d. is cast* Keputusan tak dpt ditarik kembali. —*kki.* 1 mati. *Our dog died* Anjing kami mati. 2 mati, meninggal dunia. *She died yesterday* Ia meninggal dunia kemarin. *He died a martyr to*... Ia mati syahid demi.... *to d. a natural death, to d. of natural causes* meninggal secara wajar. *He died before his time* Ia mati muda. *to d. by o's hand* mati membunuh diri. *She is dying of cancer* Ia akan mati karena penyakit kanker. *He was left dying on the sidewalk* Ia dibiarkan mati di kaki-lima itu/di pinggir jalan itu. 3 layu (*of flowers*) 4 ingin sekali. *She's dying to go* Ia ingin sekali pergi. *His secret died with him* Rahasianya turut terbawa ke liang kubur. Rahasianya hilang dgn kematiannya. *to be dying* menanti maut. *I'm dying of thirst* Saya haus sekali. *to d. at the hands of* dibunuh oléh. **to d. hard** sukar lenyap, kuat bertahan. *Rumors d. hard* Desas-desus sukar lenyap. *This superstition will d. hard* Takhyul ini sukar hilangnya. *to d. in action* mati dlm médan perang, gugur di médan perang. *to d. laughing* tertawa setengah mati. *to d. without good reason* mati konyol/anjing. **to d. away** lenyap dari pendengaran. *The sound of the music died away* Bunyi musik lenyap dari pendengaran. **to d. down** 1 menghilang. *The ruckus finally died down* Kehébohan itu lambat laun menghilang. 2 reda. *The wind died down* Angin reda. *The flames died down* Nyala api itu mulai redup. **to d. off** mati satu demi satu, berturut-turut meninggal dunia. **to d. out** 1 padam. *The fire finally died out* Api akhirnya padam. 2 habis sama sekali. *That family will d. out* Keluarga itu akan habis sama sekali. **die-hard** *kb.*, *ks.* yg keras kepala, yg patuh pd partai. —**the dying** *kb.* yg akan mati. *the dead and the d.* yg mati dan yg akan mati. *ks.* 1 hampir mati. 2 hampir hilang. *in his d. breath* sbg kata-kata wasiat. *a d. tradition* tradisi yg hampir hilang. *With his d. breath he said*... Pd saat-saat menghembuskan nafas yg berakhir ia berkata....
dieresis /dai'erəsis/ =DIAERESIS.
diesel /'diezəl/ *kb.* lokomotif disél. —*ks.* disél. *d. oil* minyak disél/solar. *d.-powered truck* truk yg bertenaga disél.
diet /'daiit/ *kb.* 1 diét. *to follow a strict d.* mengikuti diét yg keras. *to be on a d.* berdiét. 2 makanan, diét. *low-fat d.* makanan yg sedikit lemaknya. *a d. of sheep* makanan kambing. —*kki.* berdiét.
dietary /'daiə'terie/ *ks.* yg berh. dgn makanan.

d. rules peraturan-peraturan diét, peraturan-peraturan susunan makanan.
dietetic /'daiə'tetik/ *ks.* yg berh. dgn diét atau susunan makanan. *d. foods* makanan diét.
dietetics /'daiə'tetiks/ *kb.* ilmu yg mempelajari macam dan banyaknya makanan yg diperlukan oléh badan (cabang ilmu gizi).
dietician /'daiə'tisyən/ = DIETITIAN.
dietitian /'daiə'tisyən/ *kb.* ahli/penata diét.
differ /'difər/ *kki.* berbéda. *Opinions d.* Pendapat-pendapat berbéda. *We d. in our opinions* Kami berbéda pendapat. *I beg to d. with you* Maaf saya tdk setuju dgn sdr.
difference /'difərəns/ *kb.* 1 perbédaan. *d. between right and wrong* perbédaan antara yg benar dan yg salah. *the d. in age* perbédaan umur. *with a slight d.* dgn perbédaan sedikit. *What a d. from yesterday!* Alangkah besar berbédanya dgn hari kemarin! *With this d. that*... Perbédaannya/Bédanya hanyalah bhw.... 2 pertentangan, perselisihan. *Differences arose* Pertentangan-pertentanganpun timbullah. *Settle your differences peacefully* Selesaikan pertentanganmu/perselisihanmu itu secara damai. 3 pertikaian. *d. of opinion* pertikaian pendapat. 4 selisihnya. *I'll make up the d.* Saya akan membayar selisihnya. 5 sisa. *We can split the d.* Sisanya kita bagi. Kita dpt berkompromi. Kita dpt mengambil jalan tengah. *We have a strong d. of opinion* Pendapat kami sangat berbéda. *Age can make a d.* Umur dpt membédakan. *It makes no d. to me whether*... Saya tak peduli apakah.... Aku tdk ambil pusing apakah.... *Does it make any d. to you?* Apakah hal itu berbéda bagi sdr? *That can make all the d.* Hal itu dpt mempengaruhi keadaan itu.
different /'difərənt/ *ks.* tidak sama. *a d. type of suit* baju setélan yg lain macamnya. *People are d.* Manusia itu berbéda. *It's as d. as day and night* Hal itu berbéda sbg siang dan malam. *I feel like a d. man* Saya merasa lain drpd biasa. *Let's do s.t. d. for a change* Mari kita melakukan s.s.t. yg lain sbg selingan. *That's a d. matter!* Itu soal lain lagi!
to be d. from berbéda dari, berlainan. —**differently** *kk.* berlainan, berbéda. *I feel d. about the matter* Pendapat saya berlainan ttg hal itu.
differential /'difə'rensyəl/ *ks.* 1 yg berbéda. *d. rates* harga-harga yg berbéda. 2 diferénsial. *d. calculus* hitungan diferénsial. *d. gear* kardan.
differentiate /'difə'rensyieeit/ *kkt.* membédakan. —*kki.* mengadakan perbédaan. *to d. between two types* mengadakan perbédaan antara dua macam.
differentiation /'difə'rensyie'eisyən/ *kb.* perbédaan, diferénsiasi.
difficult /'difəkʌlt, -kəlt/ *ks.* sukar, sulit. *d. situation* keadaan yg sukar. *d. language* bahasa yg sukar. *He's d. to approach* Sukar utk bertemu dgn dia. *It's d. to deny that*... Sukar utk menyangkal bhw.... *He's d. to get along with* Sukar utk berteman dgn dia. 2 payah (*of a problem*).
difficulty /'difə'kəltie, -'kʌltie/ *kb.* (*j.* **-ties**) 1 kesukaran. *financial difficulties* kesukaran-kesukaran keuangan. *to have d. with algebra* mengalami kesukaran dgn aljabar. 2 kesulitan. *The d. is*... Kesulitannya ialah bhw.... *The d. is to*... Kesulitannya ialah utk.... *He is always raising difficulties* Ia senantiasa menimbulkan kesulitan-kesulitan. *He looks for difficulties where there are none* Dimana-mana ia mencari kesulitan saja. *That ship appears to be in d.* Kapal itu kelihatannya mengalami kesukaran/kesulitan.
diffidence /'difədəns/ *kb.* 1 sifat malu-malu. 2

kehilangan kepercayaan kpd diri sendiri, ketak-beranian.

diffident /'difədənt/ ks. malu-malu.

diffuse /di'fyuws ks; di'fyuwz kkt./ ks. 1 bersifat panjang, memakai (terlalu) banyak kata-kata. *His writing tends to be d.* Tulisannya suka berlebih-lebihan kata-katanya. 2 yg tersebar. *d. light* sinar yg tersebar. —*kkt.* menyebarkan. *His kindness was widely diffused* Kebaikannya tersebar kemana-mana.

diffusion /di'fyuwzyən/ *kb.* 1 difusi. *d. of light* difusi cahaya. 2 penyebaran. *d. of knowledge* penyebaran pengetahuan.

diffusive /di'fyuwsiv/ *ks.* 1 bersifat menyebar. 2 yg memakai kata-kata yg berlebih-lebihan.

dig /dig/ *kb.* 1 (peng)galian. *archaeological d.* (peng)galian dlm lapangan ilmu purbakala. 2 sikutan, jotosan. *to have/take a ḍ. at s.o.* memberikan sikutan kpd s.s.o. *He gave me a playful d. in the ribs* Ia secara berkelakar menyikut saya. 3 sindiran. *That's a d. at you* Itu merupakan sindiran thd kamu. —*kkt.* (**dug**) 1 menggali (*a hole*). 2 menusuk-nusuk, menjotos. *to d. o's horse with spurs* menusuk-nusuk kuda-nya dgn pacu. *to d. s.o. in the ribs* menjotos s.s.o. pd tulang rusuknya, main sikutan. 3 *Sl.:* mengerti. 4 *Sl.:* menghargai. 5 *Sl.:* menyukai. —*kki.* menggali. *Inf.:* **to d. in** 1 bekerja keras. 2 menggali lubang utk berlindung. **to d. into** 1 menyelidiki. *to d. into the family records* menyelidiki catatan-catatan famili. *to d. into o's savings* mempergunakan uang tabungan-nya. 2. bekerja keras pd. *to d. into o's studies* bekerja keras pd s.s.o. hal. **to d. up** 1 mencabut (*weeds*). 2 menggali (*potatoes*). 3 mengumpulkan, mencari. *to d. up some data for a paper* mengumpulkan beberapa data utk tulisan. *See if you can d. up a pingpong ball* Coba usahakan mendapatkan sebuah bola ping-pong. —**digging** *kb.* 1 penggalian. *D. at that cave is productive* Usaha penggalian dlm gua itu produktif. 2 tempat penggalian.

digest /'daijest kb., kkt.; də'jest kkt./ *kb.* 1 intisari. 2 perpéndékan, persingkatan. *legal d.* buku berisi perpéndékan-perpéndékan hukum. —*kkt.* 1 mencernakan (*food*). 2 menyelami isi (*a book*). —*kki.* dicernakan. *This food is difficult to d.* Makanan ini sukar dicernakan.

digestible /də'jestəbəl/ *ks.* dpt dicernakan.

digestion /də'jescən/ *kb.* pencernaan. *Arguments spoil my d.* Saya muak mendengarkan argumén-argumén.

digestive /də'jestiv/ *ks.* yg bert. dgn pencernaan. *d. system* susunan pencernaan. *d. tablet* tablét yg mem-percepat pencernaan.

digger /'digər/ *kb.* 1 (*person*) seorang penggali. 2 alat penggali.

digit /'dijit/ *kb.* 1 jari tangan/kaki. 2 bijian, angka dari satu s/d sembilan. 3 jari sbg ukuran panjang kira-kira 3/4 inci.

digital /'dijətəl/ *ks.* yg berh. dgn jari. *d. computer* mesin hitung yg mempergunakan angka-angka utk sistim-sistim perhitungan tertentu.

digitalis /'dijə'tælis/ *kb.* daun-daunan dipakai sbg obat memperkuat jantung.

dignify /'dignəfai/ *kkt.* (**dignified**) menghargai, menaikkan derajat. *I wouldn't d. that statement with a reply* Saya tak akan mau menghargai pernyataan itu dgn memberikan sebuah jawaban. —**dignified** *ks.* yg bermartabat. *a d. old gentleman* seorang kakék yg bermartabat.

dignitary /'dignə'terie/ *kb.* (*j.* **-ries**) orang yg berkedudukan tinggi, orang yg terkemuka.

dignity /'dignətie/ *kb.* (*j.* **-ties**) 1 martabat. *the d.*

of the office of governor martabat jabatan gubernur. 2 géngsi. *He does everything with d.* Segala s.s.t. dilakukannya dgn géngsi.

digraph /'daigræf/ *kb.* huruf rangkap, dwihuruf.

digress /dai'gres/ *kki.* menyimpang, melantur. *to d. from the subject* menyimpang dari pokok pem-bicaraan.

digression /dai'gresyən, də'-/ *kb.* penyimpangan.

dike /daik/ *kb.* 1 tanggul, pematang. 2 (*small*) gili-gili. 3 bendungan, tambak.

dilapidate /də'læpədeit/ *kkt.* merusak. —**dilapi-dated** *ks.* bobrok (karena tak dipelihara). *a d. man-sion* sebuah rumah besar yg bobrok.

dilate /dai'leit/ *kki.* membesar, meluas, melébar.

dilatory /'dilə'towrie/ *ks.* terlambat, lalai. *to be d. in* terlambat dlm. *d. tactics* siasat atau perbuatan memperlambat.

dilemma /də'lemə/ *kb.* 1 pilihan, diléma. 2 malu. *on the horns of a d.* bagai makan buah si malakama.

dilettante /'dilətænt/ *kb., ks.* penggemar/pencinta kesenian (tanpa menjadi ahli).

diligence /'diləjəns/ *kb.* kerajinan, ketekunan.

diligent /'diləjənt/ *ks.* rajin, tekun.

dill /dil/ *kb.* tumbuh-tumbuhan yg bijinya harum dipakai utk asinan, masak-masakan, minyak wangi dan obat-obatan. *d. pickle* acar timun yg memakai "dill".

dilly /'dillie/ *kb. Sl.:* (*j.* **-lies**) *Sl.:* orang atau hal yg dianggap luar biasa. *She's a d.* Perempuan itu betul-betul hébat.

dilly-dally /'dilie'dælie/ *kki.* (**dilly-dallied**) mem-buang-buang waktu, berlengah-lengah.

dilute /də'luwt, dai'luwt/ *kkt.* mencairkan, meni-piskan. —**diluted** *ks.* yg ditambah air. *d. orange juice* air jeruk yg ditambah air.

dim /dim/ *ks.* suram. *d. light* lampu yg suram. *The future looks d.* Masa depan tampaknya suram. *I take a d. view of this matter* Saya mempunyai pandangan suram ttg masalah ini. *to grow d.* kurang terang, menjadi kecil, berkurang cahaya. —*kkt.* (**dim-med**) mengurangkan, mengecilkan, mengedim. *to d. the headlights* mengecilkan lampu mobil. —*kki.* kecil cahayanya. *The lights dimmed* Lampu-lampu berkurang cahayanya.

dime /daim/ *kb.* sepicis, uang picisan. *That foreign car will turn around on a d.* Mobil bikinan asing itu kecil sekali bentuknya. *d. novel* roman picisan. **a d. a dozen** banyak dan mudah didapat. *Good soccer players are a d. a dozen.* Pemain-pemain sépakbola yg baik banyak dan mudah didapat(kan). **d. store** toko murah yg menjual barang dgn harga beberapa sén keatas.

dimension /də'mensyən/ *kb.* 1 ukuran. *the dimensions of a room* ukuran sebuah ruangan. *What are your dimensions, Jane?* Berapa ukuranmu, Jane? 2 besarnya, luasnya. *We still do not know the dimensions of the problem* Kami blm mengetahui besarnya persoalan itu.

dimensional /də'mensyənəl/ *ks.* yg bert. dgn ukur-an, diménsi atau luas. *two-d.* dua-diménsi. *three-d.* tiga-diménsi.

diminish /də'minisy/ *kkt.* mengurangi. *to d. s.o's enthusiasm* mengurangi semangat s.s.o. —*kki.* berkurang. *His pleasure steadily diminished* Kegem-biraannya berkurang terus-menerus. —**diminish-ing** *ks.* yg berkurang. *to get d. returns* memperoléh hasil yg berkurang dlm.

diminution /'dimə'nuwsyən, -'nyuw-/ *kb.* 1 pe-ngurangan. *d. of strength* pengurangan tenaga. 2 penyusutan.

diminutive /də'minyətiv/ *kb. Gram.:* kata pengecil. —*ks.* kecil. *d. replica of the original* tiruan yg kecil drpd yg asli.

dimmer /'dımər/ *kb.* lampu dim, alat penyuram.

dimple /'dimpəl/ *kb.* lesung/cawak pipi.

dimwit /'dim'wit/ *kb. Inf.:* orang yg tolol.

dimwitted /'dim'witid/ *ks. Inf.:* bodoh, tolol, goblok.

din /din/ *kb.* keriuhan, hiruk-pikuk. —*kkt.* (**dinned**) meneriakkan terus-menurus. *"Study hard" has been dinned into his ears* "Belajarlah keras" tlh diteriakkan terus-menerus di kupingnya.

dine /dain/ *kki.* makan malam. **to d. on** makan. *to d. on fish* makan ikan. **to d. out** makan malam diluar. **dining** *car* keréta makan, réstoran keréta api. *dining room* kamar/ruang makan.

diner /'dainər/ *kb.* 1 *RR.:* keréta makan. 2 pengunjung utk makan malam. 3 *(restaurant)* kedai makan.

ding-dong /'ding'dɔng/ *kb.* bunyi(genta). —*ks. Inf.: d. game* pertandingan yg seru.

dinghy /'dingie/ *kb.* joli, sampan kecil.

dinginess /'dinjenəs/ *kb.* 1 kekotoran, kekumalan. 2 kesuraman.

dingy /'dinjie/ *ks.* 1 kumal, kotor, renyuk dan kotor. *d. room* kamar yg kumal. 2 suram.

dinky /'dingkie/ *ks. Inf.:* kecil. *d. house* rumah yg kecil.

dinner /'dinər/ *kb.* makan malam. *D. is served* Makanan tlh tersedia. *Will you be our guest for d.?* Apakah sdr dpt datang makan malam bersama kami? *What do you wish for d.?* Apakah yg sdr ingin makan? **d. dance** jamuan makan malam diikuti dgn dansa. **d. hour** waktu makan malam. **d. jacket** pakaian setengah resmi biasanya hitam dipakai waktu malam. **d. pail** wadah makan yg biasa dibawa ke tempat pekerjaan. **d. party** pésta makan. **d. plate** piring cépér. **d. time** waktu makan. *Come on home, it's d. time* Mari pulang, sdh waktu makan.

dinnerware /'dinər'wær/ *kb.* serpis makan.

dinosaur /'dainəsɔr/ *kb.* dinosauria.

dint /dint/ *kb.* **by d. of** berkat, hanya dengan, akibat. *by d. of hard work* berkat kerja keras.

diocese /'daiəsəs, 'daiəsies/ *kb.* keuskupan.

dioxide /dai'aksaid/ *kb.* dioksida.

dip /dip/ *kb.* 1 mandi, masuk kedlm air. *Let's take a d!* Mari kita berenang. 2 désinféksi. *sheep d.* sm désinféksi utk memandikan kambing. 3 lobang, tempat yg menurun (di jalan). 4 *Food:* kéju utk pésta. —*kkt.* (**dipped**) 1 memasukkan. *to d. o's foot in the water* memasukkan kakinya kedlm air. 2 mencedok. *to d. (up) some water* mencedok air. 3 menurunkan dan menaikkan *(the flag).* —*kki.* 1 menukik. *The plane's wing dipped to the right* Sayap pesawat udara itu menukik ke kanan. 2 turun. *The road dips slightly* Jalan itu menurun sedikit. **to d. into** 1 memakai. *to d. into o's savings* memakai uang simpanan, merogoh tabungan. 2 merogoh. *to d. into o's pocket* merogoh sakunya. 3 membaca. *to d. into a book for a while* membaca buku sebentar. 4 mempelajari. *to d. into various things* mempelajari bermacam-macam hal.

diphtheria /dif'thiriə/ *kb.* diftéri, dépteri.

diphthong /'difthɔng/ *kb.* diftong, harakat/bunyi rangkap.

diploma /də'plowmə/ *kb.* diploma, ijazah.

diplomacy /də'plowməsie/ *kb.* diplomasi.

diplomat /'dipləmæt/ *kb.* diplomat.

diplomatic /'diplə'mætik/ *ks.* 1 diplomatik. *d. corps* korps diplomatik. 2 pandai. *d. in o's relations with his colleagues* pandai berh. dgn teman-teman sejawatnya.

dipper /'dipər/ *kb.* pencédok, gayung. *The Big D.* bintang biduk/jung (Ursa Mayor). *The Little D.* bintang Beruang Kecil (Ursa Minor).

dipsomania /'dipsə'meiniə/ *kb.* sifat mencandu thd minuman keras.

dire /dair/ *ks.* yg mengerikan/menakutkan. *His actions were dictated by d. necessity* Tindakan-tindakannya itu dilakukannya terdorong oléh keadaan yg benar-benar memaksa.

direct /də'rekt/ *ks.* 1 langsung. *d. route* jalan langsung. *d. action* tindakan langsung. *d. dialing* sambungan langsung. *He's in d. charge of the museum* Muséum itu langsung dibawah pimpinannya. *d. descendant of Jefferson* keturunan langsung dari Jefferson. 2 sebenarnya. *d. cause of the accident* sebab yg sebenarnya dari kecelakaan itu. *He's the d. opposite of his brother* Ia samasekali berbéda/bertentangan dgn kakaknya. *d. answer* jawaban secara terus-terang. —*kkt.* 1 menunjukkan. *Can you please d. me to the station?* Dapatkah sdr menunjukkan saya jalan ke stasiun? *Signposts d. strangers* Papan-papan penunjuk jalan akan menunjukkan jalan kpd orang-orang asing. 2 mengatur *(traffic).* 3 menyutradarai *(a play or movie).* 4 menujukan. *The question was directed to the speaker* Pertanyaan itu ditujukan kpd pembicara. *He's directing all his efforts towards ...* Ia menujukan segala usahanya utk .... 5 memerintah. *The sergeant directed his men to advance* Sersan itu memerintahkan anak-anak buahnya utk maju. *May I d. your attention to this sign?* Boléhkah saya minta perhatian sdr kpd tanda ini? —*kki.* memimpin. *He is no longer directing* Dia tdk memimpin lagi. **d. current** arus searah. **d. object** pihak penderita. —**directly** *kk.* 1 (dgn) langsung, tepat. *Go d. to your room* Pergi langsung ke kamarmu. *Stand d. in front of me* Berdirilah langsung didepan saya. 2 dgn segera. *I'll be there d.* Saya akan ada disana dgn segera.

direction /də'reksyən, dai'-/ *kb.* 1 pimpinan *(of orchestra, play, movie).* 2 petunjuk. *to follow directions* mengikuti petunjuk-petunjuk. *He gave them good directions* Ia memberikan petunjuk-petunjuk yg baik kpd meréka. 3 arah. *In which d. should I go?* Ke arah mana saya hrs pergi? *d. finder* pencari arah. *d. indicator* penunjuk arah. 4 bimbingan. *under d.* dgn/dibawah bimbingan. 5 jurusan. *Improvements will be found in several directions* Perbaikan-perbaikan akan didapat dlm berbagai jurusan. *directions for use* aturan pakai.

directional /də'reksyənəl/ *ks.* yg berh. dgn arah. *d. signal* tanda jurusan.

directive /də'rektiv/ *kb.* petunjuk, instruksi, perintah.

director /də'rektər/ *kb.* 1 *Mus.:* pemimpin. 2 *Adm.:* diréktur. *d. general* diréktur jénderal. 3 sutradara *(of a movie, play).*

directorate /də'rektərit/ *kb.* badan/déwan pimpinan.

directorship /də'rektərsyip/ *kb.* jabatan diréktur.

directory /də'rektərie/ *kb.* (*j.* -**ries**) 1 petunjuk. *telephone d.* buku petunjuk tilpon. *business d.* petunjuk jalan-jalan kota. 2 buku alamat dagang.

dirge /dərj/ *kb.* lagu/nyanyian penguburan.

dirigible /'dirəjəbəl, də'rijəbəl/ *kb.* kapal séplin, balon berkemudi.

dirt /dərt/ *kb.* 1 kotoran. *They treat me as if I were d. under their feet* Meréka memperlakukan saya seakan-akan saya barang yg kotor dibawah kaki meréka.

2 *Sl.*: desas-desus. *What's the latest d. on the scandal?* Apa desas-desus yg terakhir mengenai skandal itu? 3 tanah, lumpur, kotoran. **dirt-cheap** *ks.* sangat murah. **d. farmer** petani yg berpengalaman mengerjakan usaha pertaniannya sendiri. **d. floor** lantai dari tanah. **dirt-poor** sangat miskin. **d. road** jalan yg tdk diaspal. **d. track** tempat pacuan yg hanya tertutup dgn tanah atau abu bara.

dirtiness /'dərtienəs/ *kb.* 1 kekotoran, kecemaran. 2 kelicikan.

dirty /'dərtie/ *ks.* 1 kotor, dekil. *d. hands* tangan kotor. 2 kotor, cabul. *d. story* ceritera cabul. 3 busuk, sérong. *to play a d. trick on* main sabun thd. 4 tidak murni. *Her hair is d. gray* Rambutnya berwarna putih campuran. **to get d.** menjadi kotor. *Don't get your shoes d.* Jangan kotorkan sepatumu. **d. mind** pikiran yg jahat/kotor. **d. weather** cuaca yg buruk. **d. nuclear bomb** bom atom/bom nuklir yg dpt menyebarkan secara luas debu-debu radioaktip. **d. politics** politik (yg) kotor. *Sl.*: **d. work** pekerjaan licik. *I suspect d. work in this case* Saya mencurigai adanya usaha yg licik dlm perkara ini. —*kk.* **to play d.** main kuda/kayu. —*kkt.* (**dirtied**) mengotorkan. —*kki.* menjadi kotor. *That material dirties easily* Bahan itu mudah menjadi kotor.

disability /'disə'bilətie/ *kb.* (*j.* **-ties**) 1 cacat. *physical d.* cacat jasmaniah. 2 ketidakmampuan.

disable /dis'eibəl/ *kkt.* mencacatkan, melumpuhkan. —**disabled** *ks.* cacat. *d. veteran* vétéran cacat. *d. ship* kapal yg tdk mampu berlayar lagi.

disabuse /'disə'byuwz/ *kkt.* membébaskan dari kesalahan/penipuan. *to d. s.o. of his feeling of superiority* membébaskan s.s.o. dari perasaan unggul.

disadvantage /'disəd'væntij/ *kb.* keadaan merugikan. *to be at a d.* berada dlm keadaan yg merugikan.

disadvantageous /dis'ædvən'teijəs/ *ks.* yg tak menguntungkan, bersifat merugikan. *in a d. position* didlm keadaan yg merugikan.

disaffect /'disə'fekt/ *kkt.* tdk senang, tdk setia. —**disaffected** *ks.* yg tak senang, yg tak setia/puas.

disaffection /'disə'feksyən/ *kb.* ketidaksenangan, ketidakpuasan, ketidaksetiaan.

disagree /'disə'grie/ *kki.* 1 membantah. *I d. with you* Saya tak sependapat dgn sdr. 2 berselisih. *They d. with e. o.* Meréka berselisih pendapat satu sama lain. *They d. about everything* Meréka itu berselisih pendapat mengenai apa saja. 3 tdk cocok. *Some foods d. with me* Ada makanan yg tak cocok utk saya.

disagreeable /'disə'grieəbəl/ *ks.* 1 yg tak énak. *d. taste* rasa yg tak énak. 2 marah-marah. *I'm always d. until I have my morning coffee* Saya selalu marah-marah sblm saya mendapat kopi waktu pagi. 3 tdk menyenangkan. *Telling the truth can be d.* Berkata dgn jujur dpt tdk menyenangkan.

disagreement /'disə'griemənt/ *ks.* 1 pertentangan, percékcokan, perselisihan pendapat. *The d. led to blows* Pertentangan itu mengakibatkan pukul-memukul. *to be in d. over* berbéda pendapat mengenai. 2 kegagalan menyetujui.

disallow /'disə'law/ *kkt.* menolak. *to d. a request* menolak permohonan.

disappear /'disə'pir/ *kki.* hilang, menghilang. *The child disappeared* Anak itu hilang. *The snow disappeared* Salju sdh menghilang.

disappearance /'disə'pirəns/ *kb.* 1 hilangnya. *The child's d. caused concern* Hilangnya anak itu menimbulkan kekhawatiran. 2 kehilangan. *news of the d.* kabar ttg kehilangan itu.

disappoint /'disə'point/ *kkt.* mengecéwakan. *I hate to d. you but ...* Berat hati saya mengecéwakan kamu tetapi.... *I was disappointed in the movie* Saya tdk puas dgn filem itu. —**disappointed** *ks.* kecéwa. *He was a d. man* Ia kecéwa dlm hidupnya. —**disappointing** *ks.* mengecéwakan. *d. performance* pertunjukan yg mengecéwakan.

disappointment /'disə'pointmənt/ *kb.* kekecéwaan, ketidakpuasan. *to be a d. for* merupakan kekecéwaan bagi.

disapproval /'disə'pruwvəl/ *kb.* (pen)celaan.

disapprove /'disə'pruwv/ *kki.* mencela, tdk menyetujui. *I d. of their conduct* Saya mencela tingkah-laku meréka. —**disapproving** *ks.* tdk menyetujui. —**disapprovingly** *kk.* dgn mencela. *She looked at me d.* Ia memandang saya dgn sikap menyalahkan/mencela/tdk menyetujui.

disarm /dis'arm/ *kkt., kki.* melucuti senjata. —**disarming** *ks.* bersifat yg memenangkan orang lain, yg memperdayakan orang. —**disarmingly** *kk.* dgn mudah memperdaya orang. *He was d. frank* Kejujurannya membuat orang tak berdaya.

disarmament /dis'arməmənt/ *kb.* 1 perlucutan senjata. 2 pengurangan/pembatasan angkatan bersenjata dan persenjataannya.

disarrange /'disə'reinj/ *kkt.* mengusutkan, mengacaukan. *The wind disarranged her hair* Angin mengusutkan rambutnya.

disarray /'disə'rei/ *kb.* kekacauan. **in d.** 1 berantakan. *The room was in d.* Kamar itu berantakan. 2 tdk rapi. *Her clothes were in d.* Pakaiannya tdk rapi.

disassemble /'disə'sembəl/ *kkt.* membongkar (*a motor*).

disaster /dis'æstər/ *kb.* 1 bencana. *The trip ended in d.* Perjalanan itu berakhir dgn bencana. 2 kemalangan, mala petaka. *Disasters plagued him* Kemalangan-kemalangan menggangunya. *I fear she is heading for d.* Saya takut ia akan menemui malapetaka.

disastrous /dis'æstrəs/ *ks.* yg membawa atau mendatangkan malapetaka. *d. flood* banjir yg mendatangkan malapetaka. —**disastrously** *kk.* dgn mendapat malapetaka.

disavow /'disə'vaw/ *kkt.* mengingkari, memungkiri. *He disavowed participation in the burglary* Ia mengingkari bhw ia ikut dlm pencurian itu.

disavowal /'disə'vawəl/ *kb.* keingkaran, sangkalan.

disband /dis'bænd/ *kkt.* membubarkan. —*kki.* bubar. *The team disbanded* Regu itu bubar.

disbelief /'disbə'lief/ *kb.* ketidakpercayaan, kesangsian. *to receive the news with d.* menerima kabar itu dgn perasaan tdk percaya.

disburse /dis'bərs/ *kkt.* mengeluarkan, membayar.

disbursement /dis'bərsmənt/ *kb.* pengeluaran, pembayaran. *d. of funds* pembayaran dana-dana.

disc /disk/ = DISK.

disc. [*discount*] potongan.

discard /'diskard *kb.*; dis'kard *kkt.*/ *kb.* 1 barang-barang yg dibuang. 2 *Bridge*: kartu-kartu yg dibuang. —*kkt.* membuang (*clothes, cards, etc*). —*kki.* membuang (*cards*).

discern /di'sərn/ *kkt.* melihat. *to d. the difference between* melihat perbédaan antara. —**discerning** *ks.* tajam, cerdas. *d. mind* pikiran yg tajam.

discernible /di'sərnəbəl/ *ks.* yg dpt dilihat.

discernment /di'sərnmənt/ *kb.* ketajaman.

discharge /'discarj *kb.*; dis'carj *kkt.*/ *kb.* 1 pemberhentian. *d. from the Navy* pemberhentian dari AL. 2 pemecatan, pemberhentian. *d. of an employee* pemecatan seorang pegawai. 3 penémbakan (*of a rifle*). 4 pelaksanaan. *faithful in the d. of o's duty* setia dlm pelaksanaan tugasnya. 5 pembongkaran (*of cargo*). 6 keluarnya. *the d. of oil from* keluarnya minyak dari. 7 pembébasan, pelepasan. *d. of a prisoner from jail* pembébasan seorang tahanan/ hukuman dari penjara. 8 kotoran. —*kkt.* 1 memberhentikan, memecat. *to d. from a job* memecat dari pekerjaan. 2 memberhentikan (*from the Armed Forces*). 3 menyalurkan. *to d. sewage into* menyalurkan air got kedlm. 4 melaksanakan, menunaikan (*duties*). 5 membongkar (*cargo*). 6 mengeluarkan. *The scratch discharged pus* Gorésan itu mengeluarkan nanah. 7 melepaskan (*from a hospital, jail*). *The patient was discharged from the hospital* Pasién itu meninggalkan rumah sakit. 8 menurunkan, mengeluarkan. *The bus discharged its passengers* Bis itu menurunkan penumpang-penumpangnya. —*kki.* 1 menyalurkan. *This river discharges into a lake* Sungai ini mengalirkan airnya kedlm sebuah danau. 2 keluar. *The wound began discharging* Luka itu mulai bernanah. 3 menémbak, meletus. *The gun discharged accidentally* Senapan itu tertémbak dgn tak sengaja. **d. berth** punggahan, tempat pembongkaran kapal.

disciple /də'saipəl/ *kb.* murid. *d. of Christ* murid Kristus. *Tagore had many disciples* Tagore mempunyai banyak murid.

disciplinarian /'disiplə'næriən/ *kb.* orang yg berpegang kpd disiplin.

disciplinary /'disəplə'nerie/ *ks.* disiplinér.

discipline /'disəplin/ *kb.* 1 disiplin. 2 ketertiban. *d. in school* ketertiban dlm sekolah. 3 matapelajaran (*mathematics, history, etc.*). *to enforce d.* menjalankan disiplin. —*kkt.* menertibkan. *to d. the rowdy students* menertibkan pelajar-pelajar yg suka gaduh/ribut itu.

disclaim /dis'kleim/ *kkt.* 1 menyangkal. *to d. all knowledge of* menyangkal segala pengetahuan ttg. 2 melepaskan. *to d. any share in the inheritance* melepaskan semua hak atas warisan. *to d. o's responsibilities* melepaskan tanggung jawabnya.

disclaimer /dis'kleimər/ *kb.* sangkalan, penolakan. *to enter a d.* mengemukakan penolakan.

disclose /dis'klowz/ *kkt.* 1 menyingkap. *to d. the source of information* menyingkap sumber keterangan. 2 memperlihatkan. *The open window disclosed a beautiful view* Jendéla yg terbuka itu memperlihatkan pemandangan yg indah.

disclosure /dis'klowzyər/ *kb.* penyingkapan (*of a secret, treasure, etc.*).

discolor /dis'kʌlər/ *kkt.* mengotorkan, menghitamkan.

discoloration /'diskʌlə'reisyən/ *kb.* 1 pengotoran. 2 perubahan warna. 3 perusakan warna.

discomfort /dis'kʌmfərt/ *kb.* kegelisähan, keadaan tak senang, ketidaksenangan.

disconcert /'diskən'sərt/ *kkt.* membingungkan, memalukan. —**disconcerting** *ks.* membingungkan. *The new development was d.* Perkembangan yg baru itu membingungkan.

disconnect /'diskə'nekt/ *kkt.* 1 melepaskan, mencopot. *to d. an electrical appliance* melepaskan alat listerik. 2 memutuskan. *Operator, we've been disconnected* Penghubung, hubungan kami terputus.

disconsolate /dis'kansəlit/ *ks.* putus asa, sedih. *to be d. over* putus asa atas.

discontent /'diskən'tent/ *kb.* perasaan tdk senang, ketidakpuasan.

discontented /'diskən'tentid/ *ks.* tdk senang/puas. *He had a d. look on his face* Ia kelihatannya tdk puas.

discontinuance /'diskən'tinyuəns/ *kb.* penghen-

tian, pemberhentian, pemutusan. *d. of bus service* penghentian dinas bis.

discontinue /'diskən'tinyuw/ *kkt.* menghentikan, memutuskan (*a subscription, train service*).

discontinuity /'diskantə'nuwətie, -'nyuw-/ *kb.* (*j.* **-ties**) keadaan yg terputus, keadaan yg tdk bersambung. *d. in the plot of the story* keadaan yg terputus dlm jalan ceritera.

discontinuous /'diskən'tinyuwəs/ *ks.* terputus.

discord /'diskɔrd/ *kb.* 1 perselisihan (paham), perbantahan, perpecahan. 2 *Mus.*: bunyi sumbang.

discordance /dis'kɔrdəns/ *kb.* 1 kejanggalan bunyi. 2 perselisihan, perpecahan.

discordant /dis'kɔrdənt/ *ks.* 1 penuh pertentangan. *The discussion struck a d. note* Dlm diskusi itu terdengar suara-suara yg bertentangan. 2 tdk harmonis, sumbang.

discotheque /'diskətek/ *kb.* diskotik.

discount /'diskawnt *kb., kkt.*; dis'kawnt *kkt.*/ *kb.* potongan, korting. *at a d.* dgn potongan harga. *d. house/store* toko yg memberi potongan. —*kkt.* mengabaikan, melalaikan. *to d. much of what one says* mengabaikan banyak hal yg dikatakannya.

discourage /dis'kərij/ *kkt.* mengecilkan hati. *to d. him* mengecilkan hatinya. *to become discouraged* menjadi kecil hati. *He gets discouraged easily* Gampang kecil hatinya. —**discouraging** *ks.* mengecilkan hati.

discouragement /dis'kərijmənt/ *kb.* kehilangan semangat, keputus asaan.

discourse /'diskowrs *kb.*; dis'kowrs *kki.*/ *kb.* pidato atau tulisan, percakapan, ceramah. *scientific d.* wacana ilmiah. —*kki.* bercakap-cakap. **to d. on** bercakap-cakap mengenai.

discourteous /dis'kərtieəs/ *ks.* tdk sopan, kasar, kurang ajar.

discourtesy /dis'kərtəsie/ *kb.* (*j.* **-sies**) kekasaran, ketidaksopanan, kekurangajaran.

discover /dis'kʌvər/ *kkt.* 1 menemukan (*oxygen, America, a new singer*). 2 mengetemukan. *He discovered his wallet was gone* Diketemukannya dompétnya yg hilang. 3 mengetahui bhw. *to d. that o's money is all gone* mengetahui bhw uangnya habis.

discoverer /dis'kʌvərər/ *kb.* penemu.

discovery /dis'kʌv(ə)rie/ *kb.* (*j.* **-ries**) penemuan, pendapatan.

discredit /dis'kredit/ *kb.* 1 kehilangan kepercayaan. 2 noda, cemar. *This deed reflects d. upon him* Tindakan ini menunjukkan/mencerminkan kepercayaan orang-orang thd dia. —*kkt.* 1 tdk mempercayai. *His stories were discredited by later disclosures* Ceritera-ceriteranya dianggap tak dpt dipercaya lagi stlh kemudian tersingkap beberapa hal. 2 menghilangkan géngsi. *Failure to win the battle discredited the general* Kegagalannya utk menang dlm pertempuran itu menghilangkan géngsi jénderal itu. 3 mendiskréditkan (*the government*).

discreet /dis'kriet/ *ks.* bijaksana, berhati-hati.

discrepancy /dis'krepənsie/ *kb.* (*j.* **-cies**) ketidaksesuaian, ketidakcocokan.

discrete /dis'kriet/ *ks.* 1 mempunyai ciri-ciri tersendiri. *A book is a d. object* Buku adalah benda tersendiri. 2 yg berlainan. *An apple and a stone are d. objects* Apel dan batu adalah benda yg berlainan.

discretion /dis'kresyən/ *kb.* kebijaksanaan, keleluasaan. *to leave s.t. to your d.* menyerahkan s.s.t. kpd kebijaksanaan sdr. *D. is the better part of valor* Kebijaksanaan adalah bagian terbaik drpd keperwiraan. *to use d.* memakai kebijaksanaan. *to attain the age of d.* mencapai usia yg memperlihatkan kebijaksanaan/kewaspadaan. **at the d. of** atas kebijaksanaan, menurut kehendak.

discretionary /dis'kresyə'nerie/ *ks.* dgn kebébasan utk menentukan atau memilih, terserah kpd kebijaksanaan s.s.o. *The director possesses certain d. funds* Diréktur itu memiliki dana-dana tertentu yg boléh dikeluarkan sesukanya.

discriminate /dis'kriməneit/ *kkt.* membédakan. *to d. blue and green* membédakan biru dari hijau. —*kki.* 1 membédakan. *to d. between genuine and counterfeit money* membédakan uang tulén dari uang palsu. 2 mengadakan diskriminasi. **to d. against** mengadakan diskriminasi thd. **to d. in favor of** melakukan/menjalankan diskriminasi yg menguntungkan bagi. —**discriminating** *ks.* suka membéda-bédakan.

discrimination /dis'krimə'neisyən/ *kb.* 1 diskriminasi. *racial d.* diskriminasi rasial. 2 perbédaan. *D. of colors is not easy* Membédakan warna tdk gampang. 3 sifat memilih-milih. *d. in choice of boy friends* sifat memilih-milih dlm hal teman-teman lelakinya.

discriminatory /dis'krimənə'towrie/ *ks.* yg mendiskriminasi. *d. practices* prakték-prakték diskriminasi.

discursive /dis'kərsiv/ *ks.* tdk bersambungan satu sama lain. *His lectures are d.* Kuliah-kuliahnya tdk bersambungan satu sama lain.

discus /'diskəs/ *kb.*cak(e)ram, diskus.

discuss /dis'kʌs/ *kkt.* membicarakan, merundingkan. *to d. the problem with* membicarakan masalah itu dgn.

discussant /dis'kʌsənt/ *kb.* peserta dlm perundingan, diskusiwan, pembahas.

discussion /dis'kʌsyən/ *kb.* pembicaraan, diskusi, perundingan. *to open a d.* memulai pembicaraan. *to come up for d.* dikemukakan utk pembahasan.

disdain /dis'dein/ *kb.* penghinaan, hina. *to regard an offer with d.* menganggap hina suatu tawaran. —*kkt.* merémehkan, tdk menghargai. *to d. assistance* merémehkan bantuan.

disdainful /dis'deinfəl/ *kb.* penuh kehinaan, bersifat (meng)hina. *to take a d. attitude towards* mengambil sikap menghina thd.

disease /di'ziez/ *kb.* penyakit. *d. carrier* penyebar penyakit.

diseased /di'ziezd/ *ks.* yg sakit. *the d. part* bagian yg sakit.

disembark /'disəm'bark/ *kki.* turun dari kapal, mendarat, naik darat.

disembarkation /'disəmbar'keisyən/ *kb.* pendaratan, penurunan dari kapal.

disembowel /'disəm'bawəl/ *kkt.* mengeluarkan isi perut.

disenchant /'disən'cænt/ *kkt.* mengecéwakan. *He was disenchanted after six months* Ia merasa kecéwa stlh enam bulan.

disenchantment /'disən'cæntmənt/ *kb.* kekecéwaan.

disengage /'disən'geij/ *kkt.* melepaskan. *to d. o's hand from the rope* melepaskan tangan dari tali. *to d. o.s. from* menjauhkan diri dari. *to d. the clutch* mémbébaskan/memprékan kopeling.

disentangle /'disən'tæŋgəl/ *kkt.* menguraikan/ melepaskan/membébaskan dari kekusutan.

disfavor /dis'feivər/ *kb.* **to be in d. with** tak disukai oléh. *to look with d. on* tdk setuju dgn, tdk menyukai. *to incur s.o.'s d.* membuat dirinya dibenci/ tdk disukai.

disfigure /dis'figyər/ *kkt.* menodai, menjelékkan. *to*

d. a beautiful view menjelékkan pemandangan yg indah. *He was disfigured in an accident* Ia mendapat cacat karena kecelakaan.

disfigurement /dis'figyərmənt/ *kb.* 1 penodaan, pencacatan. 2 pengrusakan. *d. of the countryside by billboards* pengrusakan pemandangan di daérah pedalaman oléh papan-papan iklan.

disfranchise /dis'fræncaiz/ *kkt.* mencabut hak memilih (dari).

disfranchisement /'disfræn'caizmənt/ *kb.* pencabutan hak memilih.

disgorge /dis'gɔrj/ *kkt.* 1 mencurahkan. *The river disgorges its water into a lake* Sungai itu mencurahkan airnya kedlm sebuah danau. 2 memuntahkan. *The snake disgorged its prey* Ular itu memuntahkan mangsanya.

disgrace /dis'greis/ *kb.* aib, malu, arang di muka. *to be in d.* malu. *His conduct was a d.* Tingkah lakunya memalukan. *to bring d. on o's family* memberi malu/ aib thd keluarga, menodai nama keluarga. **to be a d. to** mendapatkan/mendatangkan nama buruk bagi. *These slums are a d. to our city* Daérah jémbél ini memalukan bagi kota kami. —*kkt.* memalukan, menodai, mencemarkan.

disgraceful /dis'greisfəl/ *ks.* memalukan. *d. conduct* tingkahlaku yg memalukan. —**disgracefully** *kk.* secara memalukan. *to act d.* berlaku secara memalukan.

disgruntled /dis'grʌntəld/ *ks.* tdk puas. *a d. employee* pegawai yg tak puas.

disguise /dis'gaiz/ *kb.* 1 penyamaran. *His d. was perfect* Penyamarannya sempurna. 2 samaran. *to wear a d.* memakai samaran. *in d.* menyamar. —*kkt.* menyembunyikan. *to d. o's true attitude towards* menyembunyikan sikap yg sesungguhnya thd. *There's no disguising the fact that ...* Tidak ada yg dpt menyembunyikan fakta bhw .... *He disguises his feelings well* Ia pandai menyembunyikan/menyimpan perasaannya. *to d. o.s.* menyamar, menyamarkan diri (**as** sbg). —**disguised** *ks.* yg tersembunyi. *d. unemployment* pengangguran tersembunyi.

disgust /dis'gʌst/ *kb.* kejijikan, kemuakan. *her utter d. over* kemuakannya yg besar thd. *to resign in d.* menarik diri/berhenti bekerja/mengundurkan diri dgn perasaan benci. —*kkt.* 1 menjijikkan. *I was disgusted at seeing him drink so much* Saya jijik melihat dia minum minuman keras begitu banyak. 2 memuakkan. *Your behavior disgusts me* Kelakuanmu memuakkan aku. 3 benci akan. *I'm disgusted with my tennis game* Saya benci sekali akan permainan ténis saya. —**disgusted** *ks.* jijik. *He had a d. look on his face* Mukanya jijik. —**disgusting** *ks.* 1 cabul (*book, movie*). 2 menjijikkan. *It's disgusting!* Itu memuakkan/menjijikkan! —**disgustingly** *kk.* yg menjijikkan.

dish /disy/ *kb.* 1 hidangan, masakan. *delicious d.* hidangan yg lezat. *vegetable d.* masakan sayuran. 2 piring. *covered d.* piring tertutup. 3 *Sl.:* bagian. *That work is not my d.* Pekerjaan itu bukan bagian saya. 4 makanan. *Ice cream is my favorite d.* Éskrim merupakan makanan yg saya sukai. 5 *Sl.:* gadis yg cantik. —*kkt. Sl.:* memermukkan. *His enemies have dished him* Musuh-musuhnya tlh meremukkannya. **to d. out** 1 menghidangkan (*ice cream*). 2 *Inf.:* mengeluarkan (*money, information*). 3 *Inf.:* membagi-bagikan (*rewards, punishment*). *Sl.:* **to d. it out** menyiksa, menganiaya, mencaci. *If you d. it out, you'll have to be able to take it* Kalau kau menganiaya, kau hrs dpt menerima siksaan. **to d. up** menyajikan.

dishcloth /'disy'klɔth/ kb. kain utk pencuci piring.
dishearten /dis'hartən/ kkt. mengecilkan hati. *My poor grades d. me* Nilai-nilai saya yg jelék membuat saya kecil hati. *Don't be disheartened* Jangan putus asa. —**disheartening** ks. mengecilkan hati, mematahkan harapan.
disheveled /di'syevəld/ ks. 1 terurai. *d. hair* rambut terurai. 2 tak rapi, kusut. *d. clothing* pakaian tdk rapi, pakaian kusut.
dishful /'disyful/ kb. sepiring penuh.
dishonest /dis'anist/ ks. tdk jujur.
dishonesty /dis'anəstie/ kb. (j. -**ties**) ketidakjujuran.
dishonor /dis'anər/ kb. kecemaran, aib. *to bring d. on o's family* menyebabkan kecemaran pd keluarganya. —kkt. 1 memalukan. 2 menolak.
dishonorable /dis'anərəbəl/ ks. tdk hormat. *d. discharge* pemecatan dgn tdk hormat.
dishpan /'disy'pæn/ kb. panci utk mencuci piring.
dishrag /'disy'ræg/ kb. kain utk pencuci piring.
dishtowel /'disy'tawəl/ kb. lap piring.
dishwasher /'disy'wɔsyər, 'wa-/ kb. mesin atau orang pencuci piring.
dishwater /'disy'wɔtər, 'wa-/ kb. air pencuci piring, air cucian.
disillusion /'disə'luwzyən/ kb. kekecéwaan. —kkt. mengecéwakan. —**disillusioning** ks. mengecéwakan. *d. experience* pengalaman yg (sangat) mengecéwakan.
disillusionment /'disə'luwzyənmənt/ kb. kekecéwaan.
disinclination /'disinklə'neisyən/ kb. keseganan, rasa benci.
disinclined /'disin'klaind/ ks. segan, tdk sudi.
disinfect /'disin'fekt/ kkt. mendésinféksi/menghapus/membasmi hama atau kuman.
disinfectant /'disin'fektənt/ kb. obat pembasmi kuman, obat désinféksi.
disinherit /'disin'herit/ kkt. mencabut hak waris. *to d. a child* mencabut hak waris seorang anak.
disinheritance /'disin'herətəns/ kb. pencabutan hak waris.
disintegrate /dis'intəgreit/ kkt. menghancurkan. —kki. hancur. *The books disintegrated* Buku-buku itu hancur.
disintegration /dis'intə'greisyən/ kb. kehancuran.
disinter /'disin'tər/ kkt. (**disinterred**) menggali dari kuburan.
disinterested /dis'intərəstid/ ks. yg tdk berkepentingan, yg tdk memihak, sepi ing pamrih. *d. observer* peninjau yg tdk berkepentingan.
disinterment /'disin'tərmənt/ kb. penggalian kuburan.
disjointed /dis'jointid/ ks. 1 terpotong-potong. *d. fowl* unggas yg terpotong-potong anggauta badannya. 2 terputus-putus. *d. account of a trip* keterangan yg terputus-putus ttg perjalanan.
disk /disk/ kb. 1 cakra(m). 2 Mus.: piringan (hitam). *d. jockey* penyiar radio yg menghidangkan lagu-lagu rekaman saja. 3 piringan sendi. *slipped d.* piringan sendi yg tergelincir.
dislike /dis'laik/ kb. benci, perasaan tdk suka. *to have a d. for* merasa tdk suka thd. *to take a d. to s.o.* merasa benci thd. s.s.o. —kkt. tak suka, membenci. *I d. getting up early* Saya tak suka bangun pagi-pagi.
dislocate /'dislowkeit/ kkt. melepaskan. *I dislocated my shoulder* Tulang bahu saya tergelincir.
dislocation /'dislow'keisyən/ kb. terlepas/tergelincir dari sambungan. *shoulder d.* sambungan bahunya terlepas.

dislodge /dis'laj/ kkt. mengeluarkan, mencabut. *to d. a fishbone from the throat* mengeluarkan tulang ikan dari tenggorokan.
disloyal /dis'loiəl/ ks. tdk setia/patuh.
disloyalty /dis'loiəltie/ kb. (j. -**ties**) ketidaksetiaan, ketidakpatuhan.
dismal /'dizməl/ ks. 1 suram, sedih. *d. future* hari depan yg malang. 2 malang, tdk mujur. *a d. day* hari yg suram.
dismantle /dis'mæntəl/ kkt. membongkar.
dismay /dis'mei/ kb. kekagétan, kecemasan. *to my d.* saya cemas. —kkt. mencemaskan hati.
dismember /dis'membər/ kkt. 1 memotong-motong *The body was dismembered* Badan itu terpotong-potong. 2 memecah dlm bagian-bagian. *The country was dismembered* Negeri itu dipecah dlm bagian-bagian.
dismemberment /dis'membərmənt/ kb. pemotongan, pembagian dlm bagian-bagian.
dismiss /dis'mis/ kkt. 1 membébaskan, memecatkan. *She was dismissed from her job* Ia dibébaskan dari pekerjaannya. 2 meliburkan. *School was dismissed because of snow* Sekolah diliburkan karena salju. 3 menolak. *to d. a case* menolak perkara. *to d. a question* menolak pertanyaan. 4 menghilangkan. *D. that thought* Hilangkanlah pikiran itu. 5 membubarkan. *"Dismissed!" "Bubar!" "Class dismissed!"* "Pelajaran selesai!"
dismissal /dis'misəl/ kb. 1 pembubaran. *d. of school* pembubaran sekolah. 2 pemecatan. *d. from a job* pemecatan dari pekerjaan. 3 pembébasan. 4 penolakan. *d. of a charge* penolakan tuduhan/tuntutan.
dismount /dis'mawnt/ kki. turun. *to d. from a horse* turun dari kuda.
disobedience /'disə'biedieəns/ kb. hal tdk mematuhi, ketidaktundukan, pengabaian perintah.
disobedient /'disə'biedieənt/ ks. tdk tunduk (**to** kpd).
disobey /'disə'bei/ kkt., kki. tdk mematuhi perintah, mengingkari peraturan.
disorder /dis'ɔrdər/ kb. 1 kekacauan. *to put down a d.* menindas kekacauan. 2 keadaan tdk teratur, keadaan berantakan. **in d.** kacau balau. *Our house is in d.* Rumah kami kacau balau. 3 penyakit.
disorderly /dis'ɔrdərlie/ ks. kacau, yg melanggar peraturan. *d. conduct* perbuatan melanggar peraturan. *He was charged with d. conduct* Dia dituduh berbuat melanggar peraturan.
disorganization /dis'ɔrgənə'zeisyən/ kb. kekacauan. *social d.* kekacauan kemasyarakatan.
disorganize /dis'ɔrgənaiz/ kkt. mengacaukan, menyebabkan berantakan. —**disorganized** ks. berantakan, tdk teratur, kacau, bingung.
disown /dis'own/ kkt. tdk mengakui, memungkiri. *to d. o's son* memungkiri anaknya.
disparage /dis'pærij/ kkt. meréméhkan, menghina, mengecilkan, memperolok-olokkan. *to d. others' good deeds* meréméhkan perbuatan-perbuatan baik orang lain. —**disparaging** ks. yg meréméhkan. *d. remarks* ucapan-ucapan yg meréméhkan. —**disparagingly** kk. secara yg meréméhkan. *to speak d.* berbicara dgn pandangan rendah/hina.
disparagement /dis'pærijmənt/ kb. penghinaan, peréméhan.
disparate /'dispərit/ ks. berbéda, tdk sama, berlainan. *Their ages are quite d.* Usia meréka sangat berbéda.
disparity /dis'pærətie/ kb. (j. -**ties**) disparitas, perbédaan.

dispassionate /dis'pæsyənit/ ks. tdk memihak, tenang. to take a d. view of mengambil sikap yg tdk memihak mengenai.

dispatch /dis'pæc/ kb. 1 pengiriman. d. of troops to pengiriman pasukan ke. 2 kabar, berita tertulis. with d. dgn lekas. —kkt. 1 mengirim, menyuruh, mengutus (troops, a messenger). 2 membunuh. to d. a lion with o's rifle membunuh singa dgn bedil.

dispatcher /dis'pæcər/ kb. orang yg memberangkatkan atau yg memboléhkan trém atau mobil berangkat.

dispel /dis'pel/ kkt. (dispelled) 1 menghalaukan. The sun dispelled the mist Matahari menghalaukan kabut. to d. the illusion that... menghalaukan bayangan bhw.... 2 menghilangkan. to d. the darkness menghilangkan kegelapan.

dispensary /dis'pensərie/ kb. (j. -ries) 1 apotik. 2 klinik, rumah obat.

dispensation /'dispən'seisyən/ kb. 1 dispénsasi. 2 takdir. d. of providence takdir Allah.

dispense /dis'pens/ kkt. 1 menyalurkan. to d. medicine menyalurkan obat-obatan. 2 mengeluarkan. This machine dispenses cigarettes Mesin ini mengeluarkan rokok kertas/sigarét. 3 membagikan. A druggist may d. narcotics on a prescription Ahli obat boléh membagikan obat bius kalau ada resép. to d. food to refugees membagi-bagikan makanan kpd pengungsi. 4 menyelenggarakan (justice). **to d. with** 1 membuang. to d. with the usual remarks membuang ucapan-ucapan yg biasa. 2 melepaskan. to d. with formal clothes melepaskan pakaian resmi.

dispenser /dis'pensər/ kb. 1 mesin penjual. cigarette d. mesin penjual rokok. 2 (person) pemberi, orang yg mengeluarkan.

dispersal /dis'pərsəl/ kb. 1 pengusiran. d. of a crowd pengusiran orang ramai. 2 pembubaran.

disperse /dis'pərs/ kkt. 1 membubarkan. to d. a demonstration membubarkan démonstrasi. 2 mengédarkan (leaflets). —kki. bubar. The mob dispersed when the police arrived Orang ramai itu bubar ketika polisi tiba.

dispersion /dis'pərzyən/ kb. 1 pembubaran. 2 penyebaran.

dispirited /dis'pirətid/ ks. sedih, putus asa, kecil hati.

displace /dis'pleis/ kkt. 1 menggantikan. Machines may d. people Mesin mungkin akan menggantikan orang. 2 memecat, memindahkan. —**displaced** ks. yg terlantar. d. person orang terlantar.

displacement /dis'pleismənt/ kb. 1 pemindahan. 2 beratnya. 300 tons d. beratnya 300 ton.

display /dis'plei/ kb. paméran, pertontonan, pertunjukan. book d. paméran buku. d. of temper paméran amarah. d. of courage paméran keberanian. **d. counter** méja paméran. **d. rack** rak paméran. **d. window** étalase. **to be on d.** dipamérkan. di(per)tontonkan. **to make a d. of** mempertunjukkan. —kkt. 1 memperlihatkan, memamérkan. to d. the latest fashions memperlihatkan mode-mode yg terakhir. 2 memperlihatkan. to d. poor taste memperlihatkan seléra yg kurang baik. 3 mempertunjukkan. to d. great ability mempertunjukkan kemampuan yg besar. to d. bad temper mempertunjukkan tabiat yg buruk. 4 mengibarkan (the flag).

displease /dis'pliez/ kkt. tak menyenangkan bagi. His attitude displeases me Sikapnya tak menyenangkan bagi saya.

displeasure /dis'plezyər/ kb. perasaan tdk senang, perasaan tersinggung. to incur s.o.'s d. menimbulkan perasaan tdk senang pd s.s.o.

disposable /dis'powzəbəl/ ks. yg dpt dibuang. d. cup cangkir yg dpt dibuang sesudah dipakai. d. tissues kertas/serbét yg dpt dibuang.

disposal /dis'powzəl/ kb. 1 pembuangan. d. of the surplus books pembuangan buku-buku yg berkelebihan. garbage d. pembuangan sampah. 2 penyelesaian. d. of a question or problem penyelesaian suatu masalah. 3 pemberian, pembagian. I'm at your d. Saya siap melayani/membantu sdr. The car is at your a. Mobil itu tersedia bagi sdr.

dispose /dis'powz/ kkt. mengatur. The ships were disposed in a circle Kapal itu diatur sehingga merupakan lingkaran. —kki. menentukan. Man proposes but God disposes Manusia membuat rencana tetapi Tuhan yg menentukan. **to d. of** 1 membuang. to d. of the garbage membuang sampah. 2 memberikan. to d. of o's old shoes to a welfare agency memberikan sepatunya yg tua kpd suatu badan kesejahteraan. 3 makan. to d. of o's lunch makan siang. 4 menjual. The shop finally disposed of all its books Akhirnya toko buku itu menjual semua bukunya. 5 menyelesaikan. to d. of an important matter menyelesaikan hal yg penting. 6 mengalahkan. to d. of o's opponent mengalahkan lawannya. —**disposed** ks. 1 ingin. He was not d. to see me Ia tdk ingin bertemu dgn saya. 2 cenderung. How are you d. towards this boy? Bagaimana pendapat sdr mengenai anak laki-laki ini?

disposition /'dispə'zisyən/ kb. 1 watak. selfish d. watak yg mementingkan/memikirkan dirinya sendiri. 2 pembagian, penempatan. d. of the deceased's effects pembagian harta warisan orang yg wafat. 3 penyusunan, pengaturan. d. of troops penyusunan pasukan-pasukan. 4 kecondongan. There is a d. not to leave now Ada kecondongan yg menyatakan, tdk mau berangkat sekarang.

dispossess /'dispə'zes/ kkt. mencabut hak milik rumah/flat (karena tak bayar).

disproportion /'disprə'powrsyən/ kb. ketidakseimbangan.

disproportionate /'disprə'powrsyənit/ ks. bersifat. tdk sepadan, tdk seimbang (**to** dgn).

disprove /dis'pruwv/ kkt. menyangkal, menyanggah, membantah. to d. a statement menyangkal ucapan.

dispute /dis'pyuwt/ kb. perselisihan, percékcokan. beyond d. dgn tak perlu dipersoalkan/dipertengkarkan lagi. the case under d. masalah yg dipertengkarkan. —kkt. membantah. Don't d. me Jangan membantah saya. **to d. with** memperselisihkan, memperdébatkan.

disqualification /dis'kwaləfə'keisyən/ kb. diskwalifikasi, pembatalan.

disqualifies /dis'kwaləfaiz/ lih DISQUALIFY.

disqualify /dis'kwaləfai/ kkt. (disqualified) membatalkan. to d. s.o. for membatalkan s.s.o. buat. to d. o.s. in menyatakan diri tak berwenang dlm.

disquiet /dis'kwait/ kb. keadaan tdk tenang, kegelisahan.

disquieting /dis'kwaiting/ ks. yg bersifat mengganggu, menggelisahkan. d. rumors desas-desus yg mengganggu.

disregard /'disrə'gard/ kb. sikap acuh tak acuh. total d. for sikap acuh tak acuh sama sekali thd. —kkt. 1 tdk mempedulikan, tdk menghiraukan. D. his complaints Jangan perdulikan keluhan-keluhannya. 2 mengabaikan, mengenyampingkan. D. my previous letter Abaikanlah surat saya yg terdahulu.

disrepair /'disri'pær/ kb. keruntuhan, rusak. The

house is in d. Rumah itu rusak. *The house has fallen into d.* Rumah itu keadaannya sdh buruk sekali.

disreputable /dis'repyətəbəl/ *ks.* 1 jelék. *d. looking car* mobil yg jelék. 2 bernama buruk. *d. bar* bar (warung) yg namanya tdk baik.

disrepute /'disri'pyuwt/ *kb.* keburukan. *to hold in d.* menganggap hina/buruk, tdk menghormati.

disrespect /'disri'spekt/ *kb.* ketiadaan réspék, sikap tak sopan/hormat.

disrespectful /'disri'spektfəl/ *ks.* kasar, kurang ajar, tdk sopan. *He's d. to his father* Ia tak menghormati ayahnya.

disrobe /dis'rowb/ *kkt., kki.* membuka/menanggalkan pakaian.

disrupt /dis'rʌpt/ *kkt.* mengacaukan, mengganggu.

disruption /dis'rʌpsyən/ *kb.* gangguan, kekacauan. *d. of power service* gangguan tenaga listrik.

disruptive /dis'rʌptiv/ *ks.* yg mengacaukan, yg mengganggu, yg memecahbelah. *d. influence* pengaruh yg mengacaukan.

dissatisfaction /'dissætəs'fæksyən/ *kb.* ketidakpuasan.

dissatisfied /dis'sætəsfaid/ *ks.* tdk puas (**with** dgn).

dissect /di'sekt/ *kkt.* membedah, memotong.

dissection /di'seksyən/ *kb.* pemotongan, pembedahan.

dissemble /di'sembəl/ *kkt.* menyembunyikan.

disseminate /di'seməneit/ *kkt.* 1 menyebarkan (*information*). 2 menébarkan, menaburkan (*seed*).

dissemination /di'semə'neisyən/ *kb.* 1 penyebaran (*of information*). 2 penébaran, pertébaran, penaburan (*of seed*).

dissension /di'sensyən/ *kb.* pertikaian, perselisihan.

dissent /di'sent/ *kb.* perbédaan pendapat, ketidaksepakatan. —*kki.* tdk setuju, menolak.

dissenter /di'sentər/ *kb.* orang ingkar.

dissertation /'disər'teisyən/ *kb.* disertasi.

disservice /di'sərvəs/ *kb.* perbuatan yg merugikan. *One who overpraises performs a d.* Orang yg terlalu memuji, merugikan orang.

dissident /'disədənt/ *kb.* orang yg tak sepakat/ setuju. —*ks.* yg sepakat/setuju. *several d. voices* beberapa suara-suara yg tak sepakat.

dissimilar /di'simələr/ *ks.* tdk sama, tdk cocok, berbéda.

dissimulate /di'simyəleit/ *kkt.* berpura-pura, sok, menyembunyikan.

dissimulation /di'simyə'leisyən/ *kb.* penipuan, pura-pura, sok.

dissipate /'disəpeit/ *kkt.* menghamburkan. *to d. o's talents* menghamburkan bakatnya. —*kki.* 1 menghilang. *The fog finally dissipated* Kabut akhirnya menghilang. 2 merisau, berfoya-foya. *He dissipates too much* Ia terlalu banyak berfoya-foya. —**dissipated** *ks.* yg merisau, tdk teratur/senonoh. *a d. life* kehidupan yg risau.

dissipation /'disə'peisyən/ *kb.* 1 menghilangnya. *d. of the fog* menghilangnya kabut. 2 pemborosan. *d. of energy* pemborosan tenaga.

dissociate /di'sowsyieeit/ *kkt.* memisahkan, menjauhkan. *to d. o.s. from* memisahkan diri dari.

dissociation /di'sowsyie'eisyən/ *kb.* 1 disosiasi. 2 peruraian. 3 pemisahan diri.

dissoluble /di'salyəbəl/ *ks.* bisa menjadi cair, bisa larut. *Sugar is d. in water* Gula dpt menjadi cair dlm air.

dissolute /'disəluwt/ *ks.* risau, jangak.

dissolution /'disə'luwsyən/ *kb.* 1 pembubaran (*of a firm, government*). 2 terputusnya. *d. of a marriage* terputusnya pernikahan.

dissolve /di'zalv/ *kkt.* 1 membubarkan. *to d. a partnership* membubarkan persekutuan. 2 melarutkan. *D. a cup of sugar in water* Larutkan satu cangkir gula dlm air. —*kki.* larut. *The sugar dissolved* Gula itu larut. *to d. into air* hilang lenyap.

dissonance /'disənəns/ *kb.* 1 ketidakcocokan, ketidaksesuaian. 2 hiruk pikuk (*of auto horn*). 3 *Mus.*: kejanggalan bunyi.

dissonant /'disənənt/ *ks.* tdk cocok/sesuai. *d. music* musik yg tak harmonis.

dissuade /di'sweid/ *kkt.* meminta spy jangan mengerjakan s.s.t.

dissyllabic /'disə'læbik/ = DISYLLABIC.

dist. [*district*] daérah, distrik.

distaff /'distæf/ *kb.* keluarga dari pihak ibu. *We are related on the d. side* Kami ada hubungan keluarga dari pihak ibu.

distance /'distəns/ *kb.* 1 jarak. *The d. to New York City is 250 miles* Jarak ke kota New York 250 mil. *the d. between...* jaraknya antara .... *from a d.* dari jauh. *to go the d.* bermain terus tanpa diganti. 2 kejauhan. **in the d.** di kejauhan disana. *I can see it raining in the d.* Saya dpt melihat hujan di kejauhan disana. **to keep at a d.** menjauhkan, menjauhi. *to keep o's friends at a d.* menjauhi kawan-kawannya. **to keep o's d.** tdk terlalu ramah dgn, menjauhi. *Is he within hearing d.?* Dapatkah ia mendengar kita? Apakah ia berada dekat sehingga dpt mendengar kita?

distant /'distənt/ *ks.* 1 jauh. *d. relative* famili sanak yg jauh. *d. star* bintang yg jauh. *The next stop is 15 miles d.* Tempat perhentian yg berikut jauhnya 15 mil. *d. future* jauh di masa depan. 2 tdk ramah. *to be d. in o's attitude* tdk ramah sikapnya. —**distantly** *kk.* terpencil, renggang, jauh terpisah. *d. related* berhubungan renggang, bersanak jauh, berfamili jauh.

distaste /dis'teist/ *kb.* kebencian, rasa tdk suka. *to have a d. for* tdk suka pd.

distasteful /dis'teistfəl/ *ks.* tdk disukai. *Formality is d. to him* Formalitas sangat dibencinya. *however d. the task may be* bagaimanapun menjijikkan tugas itu.

distemper /dis'tempər/ *kb.* penyakit pd binatang.

distend /dis'tend/ *kkt.* melembungkan. —*kki.* menggelembung, gembung. *His abdomen was distended* Perutnya menggelembung.

distill /di'stil/ *kkt.* 1 menyuling, menyaring. *to d. water* menyuling air. 2 menyaring. *to d. the truth from the hearsay* menyaring mana yg benar mana yg omong kosong dari apa yg dikatakan orang. —**distilled** *ks.* yg disuling. *d. water* air suling(an).

distillate /'distəlit, -leit/ *kb.* hasil sulingan atau saringan, sulingan.

distillation /'distə'leisyən/ *kb.* penyulingan, distilasi.

distiller /dis'tilər/ *kb.* 1 penyuling. 2 penyulingan.

distillery /dis'tilərie/ *kb.* (*j.* **-ries**) 1 tempat penyulingan. 2 perusahaan penyulingan. *whiskey d.* perusahaan penyulingan wiski.

distinct /dis'tingkt/ *ks.* 1 terang, jelas. *The sound of music was d.* Suara musik itu terang. 2 nyata. *d. dislike* perasaan tak suka yg nyata. *He has a d. preference for...* Ia nyata sekali lebih senang kpd .... 3 berbéda. *d. color* warna yg jelas berbéda. *Each type is d. from all others* Tiap jenis berbéda dari yg lain-lainnya. *three d. types* tiga jenis yg berbédabéda. **to keep s.t. d.** membédakan. s.s.t. —**distinctly** *kk.* dgn jelas. *I d. heard him say that...* Saya dengar dgn jelas dia berkata bhw ....

distinction /dis'tingksyən/ *kb.* 1 perbédaan. *a d.*

between perbédaan antara. 2 hormat. **to serve with
d.** mengabdi dgn hormat. 3 jasa. *man of d.* orang
laki-laki yg berpangkat, orang yg tinggi martabat-
nya. 4 tanda kehormatan, medali.

distinctive /dis'tingktiv/ *ks.* 1 khusus. *d. manner of
dress* cara berpakaian khusus. 2 tersendiri. *d. sound*
bunyi yg tersendiri.

distinguish /dis'tinggwisy/ *kkt.* 1 membédakan. *to
d. one sound from another* membédakan satu bunyi
drpd yg lain. 2 membéda-bédakan, melihat dgn
jelas. *I can't d. anything in this dark room* Saya tak dpt
membéda-bédakan barang apapun dlm kamar yg
gelap ini. **to d. o.s. by** menjadi terkenal karena.
—*kki.* **to d. between** membédakan antara. —**dis-
tinguished** *ks.* terhormat, terkenal, terkemuka,
masyhur. *d. guest* tamu yg terhormat. —**distin-
guishing** *ks.* yg membédakan, istiméwa, khusus.
d. characteristic sifat/ciri yg istiméwa.

distinguishable /dis'tinggwisyəbəl/ *ks.* dpt di-
(per)bédakan.

distort /dis'tɔrt/ *kkt.* mengubah. *to d. the account of
the murder* mengubah keterangan-keterangan me-
ngenai pembunuhan itu. —**distorted** *ks.* berubah
(bentuk), menyimpang. *d. ideas* gagasan-gagasan
yg kacau susunannya. *d. image on the TV screen*
bayangan pd layar TV yg bentuknya rusak/béng-
kok-béngkok/tdk sbg mestinya. *d. version* penjelasan
yg menyimpang. *a face d. by rage* wajah yg berubah
karena marahnya.

distortion /dis'tɔrsyən/ *kb.* 1 distorsi. *d.-free viewing*
penglihatan yg bébas dari distorsi. 2 penyimpang-
an, pemutar-balikan. *d. of the facts* penyimpangan
dari kenyataan-kenyataan.

distract /dis'trækt/ *kkt.* 1 mengalihkan. *to d. o's
attention from* mengalihkan perhatiannya drpd. 2
mengganggu, membingungkan. *Conversation dis-
tracts me* Percakapan mengganggu saya. —**dis-
tracted** *ks.* bingung, kacau pikiran. *He had a d.
look on his face* Wajahnya menunjukkan kebingung-
an. —**distracting** *ks.* mengacaukan pikiran, mem-
bingungkan. *Television can be d.* Télévisi dpt me-
ngacaukan pikiran.

distraction /dis'træksyən/ *kb.* 1 selingan. *pleasant d.*
selingan yg menyenangkan. 2 gangguan, kebi-
ngungan. *to drive s.o. to d.* menyebabkan s.s.o. bi-
ngung.

distraught /dis'trɔt/ *ks.* bingung sekali, putus asa.
to be d. over bingung sekali, ketakutan karena. *She
was d. with fear* Dia bingung sekali ketakutan.

distress /dis'tres/ *kb.* keadaan yg sukar/berbahaya,
kesukaran. *a lady in d.* seorang wanita dlm keadaan
sukar. *d. call/signal* tanda bahaya. *d. flare* cerawat
bahaya. *He caused his parents much d.* Ia sangat mem-
bingungkan orang tuanya. *d. at sea* bahaya di laut.
—*kkt.* menyusahkan. *Her crying distressed me* Ta-
ngisnya menyedihkan hati saya. *I was distressed to
learn of...* Saya sedih mendengar.... —**distressed**
ks. menderita. *d. area* daérah yg menderita/yg
mengalami banyak kesukaran. —**distressing** *ks.*
menyedihkan, menyusahkan.

distribute /dis'tribyut/ *kkt.* 1 membagikan. *to d.
candy in the family* membagikan gula-gula di rumah.
2 menyalurkan (*commercial products*). 3 menyebar-
kan, mengédarkan (*leaflets*). *Aluminum distributes the
heat evenly* Aluminium menyebarkan panas dgn
merata. 4 mendistribusikan, membagikan. *to d.
food to the needy* mendistribusikan makanan kpd
fakir miskin. 5 mengagéni (*cars*).

distribution /'distrə'byuwsyən/ *kb.* 1 penyaluran.

d. of rice penyaluran beras. 2 distribusi, pembagian
(*of prizes, wealth, candy*).

distributor /dis'tribyətər/ *kb.* 1 penyalur (*of rice,
cloth*). 2 pengécér. *car d.* pengécér mobil. 3 *Auto.*:
pembagi arus, distributor, délko.

distributorship /dis'tribyətərsyip/ *kb.* 1 usaha
atau daérah pengécér (*of cars, refrigerators*). 2 (*agen-
cy*) perwakilan, peragénan (sbg penyalur).

district /'distrikt/ *kb.* 1 daérah (pemerintahan),
daswati. *the industrial d.* daérah perindustrian. 2
distrik. *election d.* distrik pemilihan. **d. attorney**
jaksa wilayah. **d. court** pengadilan wilayah. **d.
judge** ketua/hakim mahkamah daérah. **d. man-
ager** pemimpin wilayah.

distrust /dis'trʌst/ *kb.* rasa tdk percaya, ketidak-
percayaan. —*kkt.* tdk percaya. *I d. him* Saya curiga
kepadanya.

distrustful /dis'trʌstfəl/ *ks.* bersifat curiga. *He is d.
of me* Dia mencurigai saya.

disturb /dis'tərb/ *kkt.* mengganggu. *Sorry to d. you*
Maaf saya mengganggu sdr. *I am disturbed over what
I've just heard* Saya merasa gelisah/bingung memi-
kirkan ttg yg baru saya dengar itu. *Don't d. yourself,
I'll find it myself* Jangan bersusah payah, akan saya
temukan sendiri. —**disturbing** *ks.* mengganggu,
menggelisahkan. *d. news* berita yg menggelisahkan.

disturbance /dis'tərbəns/ *kb.* 1 gangguan, godaan.
atmospheric d. gangguan cuaca. 2 kerusuhan, perus-
suhan. 3 kekacauan, pengacauan.

disturber /dis'tərbər/ *kb.* 1 pengganggu. *d. of the
peace* pengganggu ketenteraman/perdamaian. 2
perusuh, pengacau.

disunite /'disyuw'nait/ *kkt.* memecah-belah. *The
country was disunited* Negeri itu terpecah-belah.

disunity /dis'yuwnətie/ *kb.* (*j.* **-ties**) perpecahan.

disuse /dis'yuws/ *kb.* keadaan tdk dipakai. *That
expression has fallen into d.* Ungkapan itu sdh tak
dipakai lagi.

disyllabic /'disə'læbik/ *ks.* bersuku dua.

disyllable /di'siləbəl/ *kb.* suku dua.

ditch /dic/ *kb.* selokan, parit. —*kkt.* 1 mendaratkan
diatas air (*a plane*). 2 *Sl.*: melenyapkan, menying-
kirkan, membuang. *to steal a car and then d. it* men-
curi mobil dan menyingkirkannya.

ditchdigger /'dic'digər/ *kb.* penggali parit.

dither /'diTHər/ *kb.* 1 sibuk sekali. *to be all in a d.
over o's wedding* sibuk sekali karena perkawinannya.
2 gentar, gigil.

ditto /'ditow/ *kb.* sama, dito. —*kkt.* menyalin, mem-
buat suatu kopi. *to d. a letter* menyalin surat.

div. [*division*] 1 bagian. 2 divisi.

divan /'daivæn, di'væn/ *kb.* dipan, ambén.

dive /daiv/ *kb.* 1 penyelaman (*of a submarine*). *swan
d.* penyelaman angsa. 2 tukikan. *The plane went
into a d.* Kapal terbang itu menukik. 3 *Inf.*: tempat
minuman dan permainan judi yg murah. —*kki.*
1 terjun. *to d. from the high board* terjun dari papan
yg tinggi. 2 menyelam. *The submarine dived to a
greater depth* Kapal selam itu menyelam lebih dlm.
3 *Inf.*: masuk. *to d. into bed* masuk ke tempat tidur.
4 berkecimpung, terjun. *to d. into politics* berkecim-
pung kedlm lapangan politik. 5 menghilang. *He
dived into an alley.* Ia tiba-tiba menghilang didlm
sebuah gang. 6 merogoh. *He dived into his pocket* Ia
tiba-tiba merogoh kantongnya. **d. bomber** pesa-
wat pembom penyelusup. —**diving** *kb.* 1 penyelam-
an. 2 *Sport*: loncat indah. *d. board* papan loncat/
terjun. *d. suit* pakaian menyelam.

diver /'daivər/ *kb.* 1 penerjun. 2 penyelam, juru
selam.

diverge /də'vərj, dai-/ *kki.* 1 berbéda. *On that we d.* Dlm hal itu kita berbéda. 2 menyimpang, bercabang. *The roads d.* two miles farther on Jalan-jalan itu bercabang pd jarak dua mil lagi.
divergence /də'vərjəns, dai-/ *kb.* perbédaan. *a d. of opinion* perbédaan pendapat.
divergent /də'vərjənt, dai-/ *ks.* berlainan, berbéda. *to hold d. opinions* mempunyai pandangan-pandangan yg berlainan.
diverse /də'vərs, dai-/ *ks.* bermacam-macam. *d. talents* bermacam-macam bakat.
diversification /də'vərsəfə'keisyən, dai-/ *kb.* perbédaan, pembédaan, diversifikasi, penggolongan. *d. of crops* penggolongan hasil bumi.
diversify /də'vərsəfai, dai-/ *kkt.* (**diversified**) membuat variasi, menanam berjenis-jenis tanaman. *to d. o's investment* menanam modalnya dlm berbagai-bagai usaha. —**diversified** *ks.* berjenis-jenis, bergolongan. *d. farming* pertanian berjenis-jenis tanaman.
diversion /də'vərzyən, dai-/ *kb.* 1 hiburan. 2 pengalihan. *d. of train traffic to* pengalihan lalu lintas keréta api ke arah. 3 *Mil.:* (gerakan) pengalihan perhatian. *to create a d.* mengadakan gerakan mengalihkan perhatian musuh.
diversionary /də'vərzyə'nerie, dai-/ *ks.* bersifat mengalihkan. *d. tactics* taktik mengalihkan perhatian, taktik utk membingungkan.
diversity /də'vərsətie, dai-/ *kb.* (*j.* **-ties**) perbédaan. *d. of industry* anéka ragam industri.
divert /də'vərt, dai-/ *kkt.* 1 mengalihkan. *to d. exports to* mengalihkan ékspor ke. *to d. trains* mengalihkan keréta api. 2 menggelapkan, menyeléwéngkan. *The cashier diverted some funds from the office* Pemegang kas itu menyeléwéngkan sejumlah uang kantor. 3 membélokkan. *to d. o's attention* membélokkan perhatian s.s.o. —**diverting** *ks.* mengasyikkan. *That play is d.* Sandiwara itu mengasyikkan.
divest /də'vest, dai-/ *kkt.* membébaskan, melepaskan. *to d. o.s. of o's business interests* membébaskan diri dari kepentingan-kepentingan dagangnya. *to d. o.s. of o's clothes* membuka pakaian.
divide /də'vaid/ *kb.* pembagi. *The Great D.* Pembagi Benua. —*kkt.* 1 membagi. *to d. an estate* membagi harta milik. *D. this number by four* Bagilah angka ini dgn empat. **to d. into** membagi dlm. **to d. up** *the candy* membagi-bagikan gula-gula itu. 2 memisahkan. *200 miles d. us* 200 mil memisahkan kita. Kita terpisah 200 mil satu sama lain. *Opinions are divided* Pendapat-pendapat berbéda. —*kki.* 1 bercabang. *The road divides later on* Jalan itu bercabang nanti. 2 membagi. *Let's d. into two groups* Mari kita bagi jadi dua golongan. *She divides with difficulty* Membagi sukar baginya. *a policy of d. and rule* politik memecah-belah dan menguasai. —**divided** *ks.* yg bercabang. *d. highway* jalan raya yg bercabang. *d. loyalty* kesetiaan yg bercabang. *a dividing wall* sebuah témbok pemisah (antara dua rumah).
dividend /'divədend/ *kb.* keuntungan saham, dividén.
divider /də'vaidər/ *kb.* 1 pembagi. 2 sekat, dinding pembagi. —**dividers** *j.* jangka pembagi garis.
divine /də'vain/ *ks.* 1 bersifat ketuhanan. *d. providence* takdir Tuhan. 2 hébat. *Inf.:* "*He is simply d.,*" *she said* "Ia seorang laki-laki yg hébat sekali", katanya. —*kkt.* meramalkan. *divining rod* batang/ tongkat yg dipakai utk menemukan sumber air/ minyak.

divinity /də'vinətie/ *kb.* (*j.* **-ties**) 1 Déwa, Tuhan. 2 ketuhanan, kedéwaan. *d. school* sekolah tinggi téologi(a).
divisible /də'vizəbəl/ *ks.* dpt dibagi. *Ten is d. by two* Sepuluh dpt dibagi dgn dua.
division /də'vizyən/ *kb.* 1 divisi. *d. commander* komandan divisi. 2 pembagian. *d. of labor* pembagian tugas. *a mistake in d.* kesalahan dlm pembagian. 3 bagian. *d. sign* tanda bagi. *d. manager* kepala bagian. 4 pembelahan. *cell d.* pembelahan sél.
divisional /də'vizyənəl/ *ks.* yg berh. dgn divisi atau bagian. *d. headquarters* markas besar divisi.
divisive /də'vaisiv/ *ks.* yg bersifat memecah-belah. *Their actions are d. in nature* Tindakan-tindakan meréka itu bersifat memecah-belah.
divisor /də'vaizər/ *kb.* pembagi.
divorce /də'vowrs/ *kb.* 1 perceraian, talak. *to get a d.* minta cerai/talak. 2 pemisahan. —*kkt.* menceraikan, bercerai, talak. *d. decree* surat cerai/ lepas/talak.
divorcee /də'vowrsie/ *kb.* orang yg diceraikan/bercerai.
divot /'divət/ *kb.* lubang bekas tanah yg turut terpukul ketika melakukan pukulan bola golf.
divulge /də'vʌlj/ *kkt.* membuka rahasia, membocorkan, memberitahukan.
divvy /'divie/ *kkt.* (**divvied**) *Sl.:* membagi-bagi.
dixie /'diksie/ **d. cup** mangkok minuman (terbuat dari kertas).
dizziness /'dizienəs/ *kb.* kepusingan, kepeningan.
dizzy /'dizie/ *ks.* pusing, pening, tujuh keliling. *to d. heights* tinggi (sekali) sehingga memusingkan kepala. *d. spell* serangan pusing.
D. Litt. [*Doctor Litterarum (Doctor of Letters)*] Doktor (h.c.) dlm Ilmu Sastra.
D. Mus. [*Doctor of Music*] Doktor dlm Ilmu Musik.
do /duw/ *kb.* yg boléh atau yg harus dikerjakan. *the do's and don'ts of proper driving* yg hrs dan yg tdk boléh dikerjakan dlm mengendarai mobil secara baik. —*kkt.* (**did, done**) 1 mengerjakan. *to do a book about* mengerjakan sebuah buku ttg. *Are you doing anything tomorrow?* Adakah yg hendak kaukerjakan bésok? *It cannot be done* Tak mungkin dikerjakan. *What are you doing?* Apa yg sedang kaukerjakan itu? Ngapain kamu? *I shall do nothing of the sort* Saya tdk akan mengerjakan yg demikian itu. *to do o's business* mengerjakan urusannya. 2 lari, menempuh. *to do the 100 yard dash in 10 seconds* lari 100 yar dlm 10 detik. 3 melakukan, mengerjakan. *to do the work to the best of o's ability* melakukan pekerjaan sebaik-baiknya. *What am I going to do?* Apa yg hrs saya lakukan? *What could he do?* Apa yg dpt dilakukannya? *Nothing would do but for me to go alone* Tdk ada lain yg dpt saya lakukan kecuali pergi seorang diri. 4 menyelesaikan. *to do a job before one can leave* menyelesaikan pekerjaan sblm orang boléh pergi. *We will make it do, somehow* Bagaimanapun, kita hrs bisa apkai barang itu. 5 membuat. *Who did this theme?* Siapa yg membuat karangan ini? *He couldn't do anything else* Ia tak dpt berbuat lain. 6 membéréskan. *We'll have to do a room at a time* Kami hrs membéréskan kamar demi kamar. 7 memecahkan, membuat (*a problem*). 8 bermain dlm. *That actor did a movie in Africa* Aktor itu bermain dlm sebuah film di Afrika. 9 mementas, mempertunjukkan (*a play*). :: *to do the dishes/laundry* mencuci piring/cucian. *What have I done?* Celaka dua-belas! Duilah, kok jadi begini! *What have I done to deserve this?* Apa jasaku utk mendapat penghargaan ini? *It isn't done* Terlarang (oléh

adat). *Spitting in public isn't done* Meludah di tempat umum tdk boléh menurut adat. *What do you do for a living?* Apa mata pencarianmu? *It's done!* Berhasil juga! Selesai! Tlh terjadi! *It would hardly have done to disagree at this point* Akan sukar bagi orang-orang utk tdk menyetujui dlm hal ini. —*kki.* 1 jadi. *A dagger will do, if you have no pistol* Kalau tdk ada péstol, belati boléh. 2 cukup. *This will have to do for the present* Cukuplah sekian utk hari ini. *That'll do!* Cukup. *No more coffee, thanks ; this will do* Jangan tambah kopi lagi, terimakasih, ini sdh cukup. *What's doing here?* Apa-apaan ini? Ada apa ini? (Pertanyaan.) *Do I do it all alone?* Saya sendirian yg mengerjakannya? *Do you want cream?* Apakah kau pakai susu? *Did she make the cake?* Diakah yg membuat kué itu? (Kata tanya ingkar.) *Don't you want to go?* Apakah kau tak mau ikut? *Didn't he meet you at a party?* Tidakkah dia bertemu dgn sdr pd suatu pésta? *How do you do?* Apa kabar? *Why act as you do?* Mengapa kau berbuat/bertindak spt itu? *I replied as the others had done* Saya menjawab spt yg dilakukan oléh orang-orang lain. *She speaks better than I do* Ia lebih pandai berbicara drpd saya. *He envies me as much as I do him* Ia iri hati thd saya begitupun saya thd dia. *Do sit down!* Marilah silakan duduk! *May I open the window? Please do.* Boléhkah saya buka jendéla itu? Boléh saja, silahkan. *Did you see him?* I did Apakah kau ada berjumpa dgn dia? Ya, ada. *I like coffee ; do you?* Saya suka kopi ; kamu juga? ; kamu bagaimana? *You do like him, don't you?* Kau cinta kepadanya, bukan? *I wanted to see him and I did* Saya ingin bertemu dgn dia, dan saya sdh bertemu. *Do I remember him? Indeed I do!* Apakah saya ingat akan dia? Tentu saya ingat! *Never did I work so hard* Blm pernah saya bekerja sekeras itu. **to do away with** 1 menghilangkan. *to do away with the porch* menghilangkan serambi itu. 2 membunuh, membinasakan (*a human or an animal*). 3 membuang, menyingkirkan. *to do away with the old magazines* membuang majalah-majalah yg lama. **to do by s.o.** memperlakukan s.s.o. *We did our best by her* Kita memperlakukan dia dgn baik. **to do for** 1 membantu, berbuat s.s.t. utk. *What can I do for you?* Boléhkah saya bantu/tolong sdr? 2 mati. *I fear he's done for* Saya takut dia tak akan sembuh. *This bicycle's done for* Sepéda ini sdh bobrok. 3 *Inf.* : mengurus. *The girl had to do for her divorced father* Gadis itu hrs mengurus rumah tangga ayahnya yg sdh bercerai itu. *This room will do very well for the study* Kamar ini cocok sekali utk tempat belajar. *Sl.* : **to do in** membunuh. *She was done in* Dia dibunuh. **to do s.o. out of s.t.** menipu/merugikan s.s.o. dgn penipuan. **to do over** 1 menghiasi kembali. *to do over the bedrooms* menghiasi kembali kamar-kamar tidur itu. 2 mengulangi. *to do o's paper over* menyusun kembali karangan. *If I had to do it over again, I'd rather ...* Kalau saya hrs mengulanginya lagi, saya lebih baik .... **to do up** merapikan (*a bed, a package*). *They were done up from the trip* Meréka merasa capék karena perjalanan itu. *They were done up fit to kill* Meréka itu benar-benar pantas berpakaian demikian. **to do with** mempergunakan. *Anyone can do with more money* Tiap orang dpt mempergunakan uang yg lebih banyak. **to do without** berjalan terus tanpa, kekurangan. **do-gooder** *kb.* orang yg selalu ingin membantu/membetulkan/membéréskan s.s.t. **do-it-yourself** *ks.* mengerjakan sendiri. *do-it-yourself repair kit* kotak perkakas utk mengerjakan sendiri. **do-nothing** *ks.* tdk mau berbuat s.s.t. *do-nothing Congress* DPR yg tdk mau

berbuat s.s.t. **do-or-die** *ks.* bekerja/berusaha matimatian. —**done** *ks.* masak, matang. *The meat is done* Daging tlh masak. —**doing** *kb.* 1 tindakan. *It will take some d.* Akan memerlukan tindakan. 2 perbuatan. *Spilling the water was not my d.* Menumpahkan air itu bukan perbuatan saya. *You should be up and d.* Kau hrs bangun dan bekerja.

do. [*ditto*] sama.

doc [dak] *kb. Inf.* : cara berbicara pd seorang dokter.

doc. [*document*] dokumén.

docile /'dasəl, 'dowsail/ *ks.* 1 jinak. *d. dog* anjing jinak. 2 patuh. *d. people* orang yg patuh.

dock /dak/ *kb.* 1 dok, dermaga. 2 galangan kapal. —*kkt.* 1 membawakan ke dok (*a ship*). 2 memotong (*wages, a horse's tail*). 3 mengaitkan (*a spaceship*). —*kki.* masuk dok. **to d. with** berkait(an) dgn, menggabungkan diri dgn (*a spaceship*). —**docking** *kb.* 1 masuk dok. 2 perkaitan (*of a spaceship*).

docker /'dakər/ *kb.* buruh pelabuhan.

docket /'dakit/ *kb.* acara pengadilan.

dockside /'dak'said/ *kb.* tepi dok. *at d.* di tepi dok sebelah pelabuhan. —*ks.* di pelabuhan. *d. strike* pemogokan di pelabuhan.

dockworker /'dak'wərkər/ *kb.* buruh pelabuhan.

dockyard /'dak'yard/ *kb.* galangan kapal.

doctor /'daktər/ *kb.* (*kep.* **Dr., dr**) 1 *Acad.* : doktor. *a doctor's degree* gelar doktor. *D. of Laws* Doktor Hukum. 2 *Med.* : dokter. *doctor's certificate* surat keterangan dokter. —*kkt. Inf.* : 1 mengobati, merawat. *to d. a dog for worms* mengobati anjing karena cacingan. 2 membetulkan. 3 memalsukan (*a document*).

doctoral /'daktərəl/ *ks.* doktoral. *d. dissertation* disertasi doktoral.

doctorate /'daktərit/ *kb.* gelar doktor.

doctrinaire /'daktrə'nær/ *ks.* bersifat téorétis, yg tak praktis. *d. ideas* gagasan-gagasan yg tdk praktis. *d. attitude* sikap dogmatis.

doctrine /'daktrən/ *kb.* doktrin, ajaran.

document 'dakyəmənt *kb.* ; -ment *kkt./ kb.* 1 dokumén. 2 surat-surat perjalanan. *legal d.* akte. —*kkt.* membuktikan kebenaran s.s.t. *to d. o's statements* membuktikan kebenaran drpd keterangan-keterangan.

documentary /'dakyə'mentəriе/ *kb.* (*j.* **-ries**) film dokuméntasi. *The Olympics will be shown in a d.* Pertandingan Olympiade itu akan dipertunjukkan berupa filem dokuméntasi. —*ks.* dokuméntér (*film, proof*).

documentation /'dakyəmən'teisyən/ *kb.* dokuméntasi.

dodder /'dadər/ *kki.* gemetar, menggetar. —**doddering** *ks.* gemetar, menggigil. *a d. idiot* seorang pandir yg gemetar.

dodge /daj/ *kb.* 1 alasan (menghindarkan s.s.t.). *just a d. to keep from working* hanya alasan saja spy tak usah bekerja. 2 muslihat. 3 (peng)élakan. *tax d.* pengélakan pajak. —*kkt.* 1 mengélak (*a blow, question*). 2 menghindari, menjauhi. *He's trying to d. me* Ia berusaha menghindari saya. —*kki.* mengélak.

dodger /'dajər/ *kb.* pengélak.

dodo /'dowdow/ *kb.* sm burung yg tak dpt terbang. *as dead as the d.* punah, mati konyol/katak.

doe /dow/ *kb.* 1 (*deer*) kijang betina. 2 (*rabbit*) kelinci betina.

doer /'duwər/ *kb.* seorang yg bertindak/berbuat, pelaku.

does /dʌz/ lih DO.

doesn't /'dʌzənt/ [*does not*] lih DO.

doff /daf/ *kkt.* mengangkat. *to d. o's hat* mengangkat topinya.

dog /dɔg, dag/ *kb.* 1 anjing. *d. collar* kalung anjing. 2 *Inf.:* orang. *He's a lucky d.* Ia benar-benar orang yg beruntung. *Inf.:* **to put on the d.** memperagakan keméwahan, kekayaan dsb. *to lead a dog's life* hidup secara menyedihkan/hidup melarat. *In this business it's d. eat d.* Dlm urusan ini kita hrs keras lawan keras. *Every d. has his day* Setiap orang mempunyai masanya. *to teach an old d. new tricks* memaksakan kebiasaan baru kpd orang tua. —**dogs** *j. Sl.:* kaki. **to go to the dogs** menjadi lapuk, runtuh. *This place is going to the dogs* Tempat ini tidak lama lagi akan runtuh. *He has gone to the dogs* Ia tak karuan lagi hidupnya. *to let sleeping dogs lie* jangan bikin gara-gara, diam saja. **to throw to the dogs** membuang sbg barang yg tak berharga. *He threw his wonderful opportunity to the dogs* Dia menyia-nyiakan kesempatannya yg baik itu. —*kkt.* (**dogged**) mengikuti. *She keeps dogging me* Ia terus mengikuti saya. *dogged by bad luck* dirundung malang. **to d. it** *Inf.:* menjauhi pekerjaan, tdk suka memikul tanggungjawab. **d. days** hari-hari terpanas dlm bulan Juli dan Agustus di AS. *Inf.:* **d. in the manger** pendengki yg tak dpt melihat orang lain berbahagia dgn barang-barang yg ia tak butuhkan lagi. *dog-in-the-manger attitude* sikap menghalang-halangi orang lain memakai s.s.t. yg tak berguna bagi dirinya.
dog-eared *ks.* mempunyai halaman-halaman yg sudutnya berlipat. *dog-eat-dog attitude* sikap bersaingan. **d. pound** tempat mengumpulkan anjing-anjing yg hilang. **d. tag** 1 péning anjing, tanda nama anjing. 2 *Sl.: Mil.:* péning yg dipakai oléh anggota AB sbg tanda pengenal. **dog-tired** letih/capék sekali. —**dogged** /'dɔgid/ *ks.* berkeras kepala, tabah, mantap. *d. determination* ketetapan yg pasti/mantap.
dogcart /'dɔg'kart, 'dag-/ *kb.* 1 béndi sado. 2 keréta yg ditarik anjing.
dogfight /'dɔg'fait, 'dag-/ *kb.* 1 perkelahian sengit. 2 pertempuran antara pesawat pemburu yg kejar-mengejar.
dogfood /'dɔg'fuwd, 'dag-/ *kb.* makanan anjing.
doggerel /'dɔgərəl, 'dag-/ *kb.* sanjak yg tdk bermutu kesusasteraan.
doggone /'dɔg'gɔn, 'dag'gan/ *ks. Sl.:* celaka. *I'll be d. if I'm going to listen to your insults* Saya akan mampus kalau saya mau mendengarkan penghinaan-penghinaanmu itu. —*kk.* sangat, amat. *I was d. mad when ...* Saya menjadi amat marah ketika .... *D. it!* Kurang ajar! Persétan!
doggy /'dɔgie, 'dag-/ *kb.* (*j.* **-gies**) anjing kecil. *d. bag* kantong utk mengumpulkan sisa makanan (di réstoran) utk dibawa pulang.
doghouse /'dɔg'haws, 'dag-/ *kb.* rumah/kandang anjing. *Sl.:* **in the d.** dibenci, tdk disukai. *I'm in the d. at home* Saya menjadi dibenci di rumah.
dogma /'dɔgmə, 'dag-/ *kb.* dogma, ajaran agama, akaid.
dogmatic /dɔg'mætik, dag-/ *ks.* dogmatis. *a d. person* seorang yg fanatik thd s.s.t. ajaran.
dogpaddle /'dɔg'pædəl, 'dag-/ *kki.* berenang spt anjing.
dogwood /'dɔg'wud, 'dag-/ *kb.* pohon atau tanam-tanaman yg daun-daunnya putih atau mérah.
doily /'dɔilie/ *kb.* (*j.* **-lies**) alas yg ditaruh dibawah piring, sm serbét kecil.
doldrums /'dowldrəmz/ *kb. j. Meteor.:* daérah angin mati. **to be in the d.** 1 tdk bersemangat, patah hati. 2 lesu, melempem. *Business is in the d.* Usaha dagang sedang melempem.

dole /dowl/ *kb.* sedekah, uang sokongan. *to be on the d.* menerima uang sokongan karena menganggur. —*kkt.* **to d. out** mendermakan kpd.
doleful /'dowlfəl/ *ks.* muram, sedih.
doll /dal/ *kb.* 1 bonéka. 2 (*girl*) gadis cantik. —*kkt., kki.* **to d. up** berdandan. *She's all dolled up* Dia berdandan bagus.
dollar /'dalər/ *kb.* dolar. *d. sign* lambang dolar ($). *d. area* daérah dolar. *Sl.:* **to bet o's bottom d.** merasa yakin/pasti.
dollhouse /'dal'haws/ *kb.* rumah-rumahan, rumah bonéka.
dolly /'dalie/ (*j.* **-lies**) *kb.* 1 bonéka. 2 kérék pengangkut barang berat. 3 mobil gerobak kecil yg memuat kamera TV atau kamera gambar-hidup. 4 sm lori.
dolphin /'dalfən/ *kb.* ikan lumba-lumba.
dolt /dowlt/ *kb.* orang tolol.
domain /dow'mein/ *kb.* 1 daérah/bidang kekuasaan. *in the d. of law* dlm bidang hukum. 2 wewenang. *That matter is not within my d.* Masalah itu tdk merupakan wewenang saya. *in the public d.* diluar lindungan hak cipta, boléh dipakai oléh umum.
dome /dowm/ *kb.* 1 kubah (*of a church*). 2 lengkung-an puncak (*of a hill*). **dome-shaped** *ks.* berbentuk kubah.
domestic /də'mestik/ *kb.* pelayan rumah, babu dalam. —*ks.* 1 dalam negeri. *d. wine* anggur dalam negeri. *d. economy* ékonomi dalam negeri. *d. trade* perdagangan dalam negeri. 2 rumah tangga. *d. affairs* persoalan-persoalan rumah tangga. *My wife isn't very d.* Isteriku tak begitu suka akan pekerjaan rumah tangga. 3 piaraan. *d. animal* héwan piaraan. *d. fowl* unggas piaraan. **d. help** pembantu rumah. **d. science** kepandaian puteri, kepandaian rumah tangga.
domesticate /də'mestəkeit/ *kkt.* menjinakkan.
domesticity /'dowmes'tisətie/ *kb.* 1 kerumah-tanggaan. 2 kesukaan akan kehidupan rumah tangga dan keluarga.
domicile /'daməsail, -səl/ *kb.* tempat tinggal.
dominance /'damənəns/ *kb.* kekuasaan.
dominant /'damənənt/ *ks.* 1 berkuasa. *d. in Asia* berkuasa di Asia. 2 berpengaruh, terkemuka. *d. figure in local politics* tokoh yg berpengaruh di kalangan politik setempat. 3 kuat, yg menonjol. *d. characteristic* sifat/ciri yg kuat.
dominate /'daməneit/ *kkt.* menguasai. *to d. other people* menguasai orang lain. —*kki.* berkuasa, besar pengaruhnya. *Blacks d. in this section of the city* Orang kulit hitam berkuasa di bagian kota ini.
domination /'damə'neisyən/ *kb.* penguasaan, kekuasaan.
domineer /'damə'nir/ *kki.* menguasai. *He domineers over the whole family* Ia menguasai seluruh keluarganya dgn mutlak. —**domineering** *ks.* bersifat menguasai dgn keras sekali. *d. father* bapak yg menguasai dgn keras sekali.
dominion /də'minyən/ *kb.* dominion. *The D. of Canada* Dominion Kanada. *to hold d. over* berkuasa di.
domino /'damənow/ *kb.* kartu domino. —**dominoes** *j.* permainan domino.
don /dan/ *kkt.* (**donned**) mengenakan. *to d. o's robe* mengenakan jubah.
donate /'downeit/ *kkt.* mendermakan, menyumbangkan. *to d. blood* mendermakan darah.
donation /dow'neisyən/ *kb.* sumbangan, derma.
done /dʌn/ *kb.* lih DO.

donee /'downie/ *kb*, penerima.

donkey /'dɔngkie/ *kb*. keledai. *d. engine* mesin pembantu. *d. work* pekerjaan yg membosankan.

donor /'downər/ *kb*. donor, penderma, dermawan, pemberi. *blood d.* penderma/donor darah.

don't /downt/ [*do not*] 1 jangan. 2 tidak, tak. 3 lih DO.

doodad /'duwdæd/ *kb*. *Inf*.: perhiasan (yg tak berharga).

doodle /'duwdəl/ *kb*. gambar yg tak berarti. —*kki*. menggambar dgn melamun atau sambil bercakap-cakap atau sambil memikirkan s.s.t.

doohickey /'duw'hikie/ *kb*. *Sl*.: barang/alat kecil (tanpa nama).

doom /duwm/ *kb*. 1 ajal. *to meet o's d.* menemui ajalnya. 2 malapetaka. *a sense of impending d.* firasat akan datangnya malapetaka. —*kkt*. menghukum. *The murderer was doomed to death* Pembunuh itu dihukum mati. *His confession doomed him* Pengakuannya itu menyebabkan dia terhukum. *His project was doomed to failure* Proyéknya itu pasti mengalami kegagalan.

doomsday /'duwmz'dei/ *kb*. hari din/kiamat.

door /dowr/ *kb*. 1 pintu. *entrance/street d.* pintu masuk. *d. handle* gagang pintu. *to show s.o. to the d.* mengantar(kan) s.s.o. ke pintu. 2 rumah. *I live two doors up the street* Saya tinggal selang dua rumah disᴾna di jalan ini. *to sell magazines from d. to d.* menjual majalah dari rumah ke rumah. *out (of) doors* diluar rumah. *to show s.o. the d.* menyuruh s.s.o. keluar rumah. 3 kemungkinan, kesempatan. *An education will open doors to one* Pendidikan akan membuka kemungkinan kpd s.s.o. *Inf*.: *to close the d.* to meniadakan kesempatan utk (*negotiations or to a settlement*). **to lay at the d. of** menyalahkan. *The fault lies at my d.* Sayalah yg bersalah. **door-to-door** *ks*. dari rumah ke rumah. *d.-to-d. salesman* pedagang dari rumah ke rumah. **d. prize** karcis berhadiah.

doorbell /'dowr'bel/ *kb*. bél pintu.

doorkeeper /'dowr'kiepər/ *kb*. penjaga pintu.

doorknob /'dowr'nab/ *kb*. kenop/tombol pintu.

doorman /'dowrmən/ *kb*. (*j*. **-men**). penjaga pintu.

doormat /'dowr'mæt/ *kb*. kosék kaki, késétan, pengesat kaki.

doornail /'dowr'neil/ *kb*. paku pintu. *dead as a d.* mati betul.

doorstep /'dowr'step/ *kb*. ambang pintu.

doorway /'dowr'wei/ *kb*. pintu keluar masuk.

dope /dowp/ *kb*. 1 *Sl*.: obat bius spt morfin, candu dsb. 2 *Sl*.: sitolol. *He's a real d.* Ia sungguh-sungguh dungu. 3 pernis. 4 *Sl*.: keterangan. —*kkt*. 1 mengobati. *I'm all doped up with tranquilizers* Saya diobati dgn obat penenang. 2 memberi obat. **to d. out** memikirkan, memecahkan. **d. addict/fiend** pecandu narkose, morpinis. *Sl*.: **d. peddler/pusher** pedagang obat narkose, penjaja obat bius.

dopey /'dowpie/ *ks*. *Sl*.: 1 lemas/pusing karena obat bius. 2 tolol, bebal, bodoh.

dorm /dɔrm/ *Inf*.: = DORMITORY.

dormant /'dɔrmənt/ *ks*. 1 terbengkalai/terhenti, tdk aktif. *The plan has lain d. for several months* Rencana itu terhenti utk beberapa bulan. *The bulbs were d. during the winter* Umbi-umbi lapis terhenti selama musim dingin. 2 tidur. *Bears are d. during the winter* Beruang-beruang tidur selama musim dingin.

dormer /'dɔrmər/ *kb*. **d. window** jendéla pd atap.

dormitory /'dɔrmə'towrie/ *kb*. (*j*. **-ries**) asrama (mahasiswa).

dorsal /'dɔrsəl/ *ks*. yg bert. dgn punggung. *d. sound* bunyi belakang lidah. *d. nerve* saraf (bagian) punggung. *d. fin* sirip belakang.

dosage /'dowsij/ *kb*. takaran, dosis.

dose /dows/ *kb*. dosis. *to take a d. of medicine* minum setakar atau makan satu dosis obat. *to take medicine in small doses* minum obat sedikit demi sedikit. —*kkt*. mengobati, memberi obat. *The doctor dosed her with morphine* Dokter mengobati dia dgn morfin.

dossier /'dasieei/ *kb*. catatan/dokumén ttg s.s.t. hal atau s.s.o.

dot /dat/ *kb*. 1 titik. *dots and dashes* titik dan garis. 2 bintik, tutul. —*kkt*. (**dotted**) menaruh titik. *to d. your* 'i's menaruh titik pd 'i'mu. *to d. the* 'i's *and cross the* 't's menerangkan s.s.t. sejelas-jelasnya. *Piles of leaves d. the yard* Timbunan daun ada disanasini di halaman. **on the d.** tepat pd waktunya. *He arrived on the d. of one* Dia tiba jam satu tepat. *right on the d.* tepat, jitu. *He's always right on the d.* Ia selalu berpegang teguh pd waktu. —**dotted** *ks*. ditandai dgn titik-titik. *the d. line* garis titik-titik.

dotage /'dowtij/ *kb*. sifat pikun, sifat kekanak-kanakan, karena umur tua.

dote /dowt/ *kki*. menjadi kekanak-kanakan karena umur tua. **to d. on** sangat gemar akan. *to d. on ice cream* gemar sekali akan éskrim. —**doting** *ks*. 1 yg gemar akan. *d. parent* orang tua yg gemar akan anak-anaknya. 2 bersifat kekanak-kanakan.

double /'dʌbəl/ *kb*. 1 aktor/aktris pengganti. 2 pasangan. *the d. to o's sock* pasangan kaus kaki. *You are your brother's d.* Engkau serupa betul dgn abangmu. **on the d.** cepat, lekas. —*Tenn*.: **doubles** *j*. dobel, ganda. —*ks*. 1 rangkap, dobel. *d. socket* sakelar dobel. 2 dua kali (lipat). *d. width of material* bahan yg lébarnya dua kali lipat. :: dua macam cara hidup. 'All' *is spelled* a, d. l *Éjaan 'All' adalah a, dua l. This cloth is d. the length of the table* Kain taplak ini panjangnya dua kali méja itu. *That phrase has a d. meaning* Kalimat itu dua pengertiannya. *He is d. your age* Usianya dua kali usiamu. —*kk*. lipat dua. *He is bent d. with age* Karena sdh tua sekali badannya membungkuk lipat dua. *First you fold your sheets d.* Mula-mula lipat dua kain spréi itu. *to see d.* melihat dua bayangan (dari satu benda yg sama). —*kkt*. 1 menggandakan, menduakalikan. *to d. o's pay* menggandakan dua kali gajinya. 2 mendobelkan. *to d. a bid* mendobelkan tawaran. 3 mengepalkan. *to d. o's fists in anger* mengepalkan tinju karena marah. —*kki*. 1 merangkap. *to d. as prime minister and minister of defense* merangkap sbg perdana menteri dan menteri pertahanan. 2 berlipat dua. *His investment doubled in three years* Penanaman modalnya berlipat ganda dlm tiga tahun. **to d. back** 1 kembali melalui jalan yg sama. 2 melipat halaman. *to d. back a page as a mark* melipat halaman sbg tanda. **to d. up** 1 tinggal bersama didlm kamar. *We can d. up and make room for all of you* Kami dpt tidur berdua sehingga cukup tempat utk kamu semuanya. 2 meringkuk, meromok. *to d. up on the bed and read* meringkuk di tempat tidur dan membaca. *to d. up with laughter* tertawa sampai terbungkuk-bungkuk. **double-barreled** *ks*. berlaras dua. *d.-barreled shotgun* senapan berlaras dua. **d. bass** bas viol, biola kontrabas. **d. bed** tempat tidur utk dua orang. **double-bladed** *ks*. berbilah dua. **d. boiler** panci bersusun dua buat mengukus. **double-breasted** *ks*. berkancing dua baris. *d.-breasted suit* jas yg berkancing dua baris. **double-check** *kb*. pemeriksaan kembali/ulangan. **to d.-check** 1 memeriksa lagi. *D.-check the doors* Periksalah lagi pintu-pintu. 2 meneliti kembali. *to d.-check a report* meneliti kembali laporan. **d. chin** dagu rangkap. *Sl.*: **d. cross** *kb.* penipuan. **to double-cross** menipu, memperdayakan. **to double-date** berkencan bersamaan. **d. dealing** tipu daya, penipuan. **double-dealing** *ks.* bermuka dua. **double-decker** *kb.* 1 bis bersusun/bertingkat. 2 lapisan roti bersusun. **double-duty** *ks.* yg dpt dipakai utk dua macam keperluan, rangkap. **double-edged** *ks.* 1 bermata dua, tajam pd dua belah pinggir (*razor blade, sword*). 2 berarti dua (*argument, compliment*). **d. entry** sistim pembukuan rangkap. *d.-entry bookkeeping* tatabuku rangkap. **d. exposure** film yg dipakai dua kali. *Tenn.*: **d. fault** gagal dua kali dlm service. **double-headed** *ks.* berkepala dua. *d.-headed ax* kapak yg dua kepalanya. **double-header** *kb.* permainan dua kali berturut-turut dlm sehari. **double-jointed** *ks.* sendi-sendi/buku-buku yg luar biasa sehingga kaki-tangannya bisa berputar ke segala jurusan. **to double-park** memarkir (mobil) berjéjér/berjajar. **double-quick** *kk.* sangat cepat. *He came d.-quick* Ia datang cepat sekali. **d. room** kamar utk dua orang. **d. shift** dua regu yg bekerja secara bergiliran. **d. standard** dua patokan. **d. space** dua spasi. **double-take** *kb.* kekaguman/kehéranan thd keadaan/ucapan. —**doubling** *kb.* pergandaan, lipat.

doublet /'dʌblit/ *kb.* sepasang benda yg sama.
doubt /dawt/ *kb.* ragu-ragu, kesangsian. *to cast d. on* meragukan kejujuran. *to have o's doubts about...* meragukan bhw...., merasa ragu-ragu thd.... *There is no room for d.* Tdk perlu disangsikan lagi. **to be in d. about** sangsi akan. *The outcome of the match is still in d.* Hasil pertandingan ini masih diragukan. **beyond a/all/any d.** pasti sekali, diluar dugaan **no d.** sdh pasti. *No d. you are right, but...* Sdh pasti kau benar, tetapi.... *There's no d. about it, he's...* Tak sangsi lagi, dia.... **without d.** pasti, tanpa ragu-ragu. —*kkt.* 1 menyangsikan. *to d. o's ability* menyangsikan kepandaiannya. 2 ragu. *I d. if...* Saya ragu apakah... *I don't d. but he will make it in time* Saya yakin bhw ia pasti datang pd waktunya. —*kki.* menyangsikan. *He doesn't d. any longer* Ia tdk merasa ragu-ragu lagi. —**doubting** *ks.* yg meragukan. *d. Thomas* orang yg tetap tdk percaya.
doubtful /'dawtfəl/ *ks.* sangsi, ragu-ragu. *I'm d. about the weather tomorrow* Saya sangsi akan udara bésok. *It's d. that he will recover* Blm tentu ia akan sembuh.
doubtless /'dawtləs/ *kk.* pasti, yakin. *He'll d. win* Dia pasti akan menang.
douche /duwsy/ *kb.* pancuran, semprotan air. *to use a d. to relieve nasal congestion* menggunakan obat semprotan utk menghilangkan kemampatan di hidungnya.
dough /dow/ *kb.* 1 adonan. 2 *Sl.*: uang, duit.
doughnut /'dow'nʌt/ *kb.* (kué) donat.
doughty /'dawtie/ *ks.* (gagah) berani.
dour /dawr/ *ks.* keras, masam. *d. look* wajah yg keras.
douse /daws/ *kkt.* 1 menyiramkan air kedlm. *to d. a fire* menyiramkan air kedlm api. 2 memasukkan kedlm air, mencelupkan. *to d. burning paper in water* memasukkan kertas yg terbakar kedlm air.
dove /dowv/ lih DIVE.
dove /dʌv/ *kb.* merpati.
dovetail /'dʌv'teil/ *kb.* sambungan pd kayu, besi dsb. terdiri dari bagian-bagian yg dimasukkan ke celah-celah pd bagian yg akan disambung. —*kki.* 1 menyambung dgn memasukkan bagian

ke celah-celah bagian yg lain. 2 cocok, pas. *His plans d. perfectly with mine* Rencananya cocok betul dgn rencana saya.
dowager /'dawəjər/ *kb.* 1 janda permaisuri. 2 janda yg berhak menerima warisan.
dowdy /'dawdie/ *ks.* tdk rapi (berpakaian).
dowel /'dawl/ *kb.* 1 paku dinding/semat. 2 sepotong kayu dipantakkan kedlm témbok utk tempat paku-paku.
down /dawn/ *kb.* 1 bulu burung. 2 isi bantal. 3 bulu halus (*on skin of humans or fruit*). —**downs** *j.* lih UP. —*ks.* 1 yg turun. *the d. elevator* lift yg turun. *d. payment* uang muka/pangkal. 2 murung, muram. 3 turun (*of the stock market*). 4 datang, turun. *I'll be right d.* Saya akan segera datang. 5 membayar dulu/di muka. *This watch is $25 d. and ...* Arloji ini dibayar muka $25 dan.... 6 sakit. 7 kempis, kurang angin. *My tires are d.* Ban-ban saya kempis. 8 tenggelam/terbenam. *The sun is d.* Matahari sdh tenggelam. 9 ketinggalan. *Our team is d. six points* Regu kita ketinggalan enam angka. 10 reda. *The wind is d.* Angin sdh reda. 11 surut. *The tide is d.* Air pasang sdh surut. 12 turun, menurunkan. *The blinds are d.* Keré/Yalusi itu tlh diturunkan. *Milk is d. today* Harga susu turun hari ini. 13 merosot. *Trade is d. 50%* Perdagangan merosot 50%. :: *The power lines are d.* Kabel listrik lepas dari tiang. *to hit a man when he's d.* memukul/meninju s.s.o. ketika ia sedang jatuh. **to be d. and out** melarat, sengsara. **to be d. on** benci sekali, tdk suka kpd. **to be d. to** sampai. *I'm d. to my last dollar* Uang saya tinggal satu dolar saja. *d. to the minutest details* sampai yg sekecil-kecilnya, secara terperinci sekali. **to be d. with** kena, menderita. *He's d. with the measles* Ia kena penyakit campak. —*kk.* 1 di/ke bawah. *d. here* dibawah (di)sini. *d. there* jauh/disana/dibawah (di)sana. *d. below* jauh dibawah. 2 sampai kpd. *from king d. to peasant* dari raja sampai kpd petani. *d. to the present* sampai sekarang (ini). :: *She came out with her hair d.* Ia keluar dgn rambutnya terjurai. *Put the book d. on the table* Letakkanlah buku itu diatas méja. *to lie face d.* tidur tertelungkup. *to get d. to work* bekerja betul-betul. *You can't keep a good student d.* Kamu tdk bisa menjerumuskan murid yg baik. *Head d., he waited for the shot* Dgn menundukkan kepala ia menantikan témbakan itu. *Her hair is d. to here* Rambutnya jatuh terurai sampai sini. *D. with the king!* Jatuhkan/Turunkan raja itu! *D. with them!* Ganyang meréka! —*kd.* kebawah. *Her hair is hanging d. her back* Rambutnya terjurai pd punggungnya. *He lives d. the street* Ia tinggal di ujung jalan itu. *to fall d. the steps* jatuh tunggang-langgang pd tangga itu. *Water ran d. the wall* Air mengalir kebawah pd dinding itu. *to lower s.o. d. a cliff* menurunkan s.s.o. dari karang yg curam. *to go d. a hill* turun bukit. —*kkt.* 1 menjatuhkan, menundukkan, menaklukkan (*a plane, wrestler*). 2 minum. *to d. a drink* minum minuman. —*kki.* turun. *D., Lassie!* Turun, Lassie!
down-and-out *ks.* sengsara. **down-at-the-heel** *ks.* menyedihkan. *his d.-at-the-heel appearance* keadaannya yg menyedihkan. **down-to-earth** *ks.* sederhana, biasa, bersahaja. *his d.-to-earth manner* tingkah lakunya yg sederhana. —**downed** *ks.* yg dijatuhkan. *d. plane* pesawat terbang yg dijatuhkan atau yg tertémbak jatuh.
downbeat /'dawn'biet/ *kb.* 1 permulaan/pembukaan lagu/musik. 2 gerakan tangan pemimpin orkés kebawah menunjukkan musik dimulai.
downcast /'dawn'kæst/ *ks.* sedih, putus asa, susah.
downfall /'dawn'fɔl/ *kb.* 1 keruntuhan, kehancuran

(of a kingdom, empire). Gambling was his d. Berjudi menjatuhkan dia. 2 kejatuhan. *heavy d. of snow* salju yg turun dgn lebatnya.

downgrade /'dawn'greid/ *kb.* léréng (bagian yg menurun). *to be on the d.* 1 mulai menurun *(of business).* 2 martabat turun *(of a person).* —*kkt.* 1 menurunkan pangkat/kelas *(an employee).* 2 merendahkan *(s.o.).*

downhearted /'dawn'hartid/ *ks.* sedih, putus asa, murung.

downhill /'dawn'hill/ *kk.* **to go d.** turun bukit. *Going d. is dangerous* Berjalan menurun di jalan membahayakan. *He is ill and is going d.* Ia sakit dan keadaannya bertambah buruk.

downpour /'dawn'powr/ *kb.* hujan lebat.

downrange /'dawn'reinj/ *ks., kk. several hundred miles d.* beberapa ratus mil dari tempat peluncuran.

downright /'dawn'rait/ *ks., kk.* tangguh, betul-betul, benar-benar. *d. stubbornness* sifat keras kepala yg tangguh. *d. dishonest* betul-betul tdk jujur.

downstairs /'dawn'stærz/ *kb.* ruang bawah. —*ks.* yg terletak di ruangan bawah. *d. bedroom* kamar tidur yg terletak di ruangan bawah. —*kk.* dibawah, kebawah. *He's d.* Ia ada dibawah. *to fall d.* jatuh dari tangga. *to go d.* pergi kebawah.

downstream /'dawn'striem/ *kk.* hilir, menghilir. *He lives d.* Ia tinggal dihilir. **to go d.** berlayar kehilir.

downtown /'dawn'tawn/ *ks.* **the d. section** kota bagian yg ramai. —*kk.* kota (bagian yg ramai tempat perdagangan). *to go d.* pergi ke kota.

downtrodden /'dawn'tradən/ *ks.* tertindas, tertindih.

downturn /'dawn'tərn/ *kb.* kecenderungan utk menurun.

downward /'dawnwərd/ *ks.* yg menurun. *d. trend* kecenderungan utk menurun. —*kk.* kebawah. *bent d.* dilengkungkan kebawah.

downwards /'dawnwərdz/ = DOWNWARD *kk.*

downwind /'dawn'wind/ *ks., kk.* menurut jurusan angin.

downy /'dawnie/ *ks.* tertutup dgn bulu halus, berbulu halus.

dowry /'dawrie/ *kb. (j. **-ries**)* mas kawin, mahar.

dowse /daws/ =DOUSE.

doxology /dak'saləjie/ *kb. (j. **-gies**)* kidung-puji, zikir, lagu-lagu pujian.

doz. *[dozen]* lusin.

doze /dowz/ *kb.* tidur sebentar/sejenak. —*kki.* tidur-tiduran, tidur ayam, mengantuk. *to d. off* tertidur sebentar.

dozen /'dʌzən/ *kb.* lusin, dosin. *three d. eggs* tiga lusin telur. *to buy by the d.* membeli selusin-selusin/lusinan. *dozens of* lusinan. *to do o's daily d.* melakukan gerak badan tiap-tiap hari.

DP /'die'pie/ *[displaced person] kb.* orang terlantar.

D.P.W. *[Department of Public Works]* Départemén Pekerjaan Umum.

Dr. *[Doctor]* 1 *Acad.:* Doktor. 2 *Med.:* Dokter.

drab /dræb/ *kb.* kain belacu. —*ks.* 1 membosankan. *d. house* rumah yg membosankan. 2 tdk menarik. *d. color* warna abu-abu kemérah-mérahan, warna yg tdk menarik. 3 menjemukan, membosankan. *We lead a d. existence* Hidup kami menjemukan.

draft /dræft/ *kb.* 1 (tindakan) wajib militér (wamil). 2 naskah isi, konsép. *d. of a book* konsép buku. 3 teguk. *a d. of water* seteguk air. 4 sarat/daya muat *(of a ship).* 5 aliran udara, angin jujut *(of a stove or chimney). to sit in a d.* duduk di tempat aliran angin. 6 alat mengatur jalan udara pd tempat perapian.

7 surat wésél *(on a bank).* **on d.** dlm tong. *beer on d.* bir dari tong. —*kkt.* 1 memanggil wajib militér, memilisikan. 2 membuat bagan. **d. bill** *(legislation)* rancangan undang-undang. **d. board** panitia pengurus wajib militér. **d. dodger** orang yg melarikan diri dari tugas wamil. **d. horse** kuda tarik. **d. proposal** rencana usul.

draftee /dræf'tie/ *kb.* wamil, wamilda, orang yg kena wajib militér.

draftsman /'dræftsmən/ *kb. (j. **-men**)* juru gambar, penggambar.

drafty /'dræftie/ *ks.* banyak angin, berangin.

drag /dræg/ *kb.* 1 tarikan. 2 *Sl.:* isapan *(on a cigarette).* 3 pengerém, penahan. *d. parachute* payung pengerém. 4 *Sl.:* seorang yg membosankan. —*kkt.* **(dragged)** 1 mengeruk. *to d. a pond for a body* mengeruk kolam utk mencari tubuh. 2 menarik, menyérét. *D. that basket of sand over here* Tarikkan keranjang pasir itu kemari. 3 memaksa pergi *My wife dragged me to the meeting* Isteri saya memaksa saya pergi ke rapat itu. *to d. anchor* menyérét sauh. —*kki.* 1 berlarut-larut. *The meetings seem to d.* Rapat-rapat itu kelihatannya berlarut-larut. *Time drags when one isn't busy* Waktu berjalan lambat jika tak ada pekerjaan. 2 tersérét. *The exhaust pipe is dragging* Knalpot mobil itu tersérét. 3 *Sl.:* ngebut. **to d. about** menyérét. *The child drags her doll about* Anak itu menyérét-nyérét bonékanya. **to d. along** berjalan pelan-pelan. *He drags along quite slowly* Ia berjalan lambat sekali dgn kaki tersérét. **to d. away** membawa. *The tiger dragged its prey away* Harimau itu menyérét mangsanya. **to d. down** menyérét kedlm. *He dragged his wife down with him* Ia menyérét isterinya kedlm kembah kehinaan. **to d. in** membawa-bawa. *to d. in irrelevant matters* membawa-bawa dlm pembicaraan hal-hal yg tdk bertalian. **to d. on** 1 berlarut-larut, tak ada henti-hentinya, berkepanjangan. *The discussions dragged on for days* Pembahasan-pembahasan itu berlarut-larut berhari-hari. *His stories d. on and on* Ceritera-ceriteranya tak ada hentinya. 2 memaksa diri. *He wasn't well but he kept dragging on* Ia kurang séhat tetapi ia terus memaksa diri bekerja. **to d. o.s.** datang. *D. yourself over here* Datanglah kemari. **to d. out** 1 mengulur-ulur. *to d. out o's story* mengulur-ulur ceritanya. 2 menarik. *We had to d. him out of bed* Kami hrs menyérét dia keluar dari tempat tidur. *to d. o.s. out of bed* memaksakan dirinya keluar dari tempat tidur. 3 mengorék, memancing. *to d. the truth out of s.o.* mengorék cerita yg sebenarnya dari s.s.o. **to d. up** mengeluarkan. *He drags up the oddest excuses* Dia mengeluarkan dalih atau alasan yg bukan-bukan. *Sl.:* **d. race** (pertandingan) ngebut.

dragnet /'dræg'net/ *kb.* 1 jala sérét, pukat. 2 jaring *(of the police).*

dragon /'drægən/ *kb.* (ular) naga.

dragonfly /'drægən'flai/ *kb. (j. **-flies**)* capung.

dragoon /drə'guwn/ *kkt.* memaksa. *to d. s.o. into doing s.t.* memaksa s.s.o. agar melakukan s.s.t.

drain /drein/ *kb.* 1 saluran. *The d. is stopped up* Saluran itu tersumbat. 2 pipa saluran/kuras, urung-urung. 3 pengosongan. *The high rent is a d. on our finances* Séwa yg tinggi menghabiskan/menipiskan keuangan kami. *to be a d. on o's energy* menghabiskan tenaga s.s.o. **down the d.** sia-sia, gagal. *to throw money down the d.* memboroskan/membuang uang. *Our efforts to save money went down the d.* Usaha kami menabung uang sia-sia belaka. —*kkt.* 1 menghabiskan. *to d. the treasury of its wealth* menghabiskan kekayaan dari keuangan negara. 2 mengeringkan (*a pond*). 3 meminum habis. *He was so thirsty he drained the pitcher* Dia begitu haus sehingga diminumnya habis isi kendi itu. 4 mengalirkan. *D. the juice from the fruit* Alirkan air buah itu (dari buah). Peraslah airnya dari buah itu. 5 menarik, mengeluarkan. *to d. the last drop of emotion from the audience* mengeluarkan tétés émosi terakhir dari para penonton. *Inf.: He drained me dry* Habis uang saya dibuatnya. —*kki.* keluar airnya. *The infection was allowed to d.* Inféksi itu dibiarkan keluar airnya/ nanahnya. **to d. off** mengalirkan. *D. off the liquid* Alirkan cairannya.

drainage /'dreinij/ *kb.* 1 pengeringan, pembuangan air. 2 pengurasan, penyaluran, pengaliran. 3 susunan saluran jalan air. 4 daérah yg dikeringkan. **d. basin** kolam tempat menyalurkan air. **d. ditch** parit saluran air. **d. tube** tabung penyalur(an).

drainboard /'drein'bowrd/ *kb.* rak utk mengeringkan piring-piring.

drainpipe /'drein'paip/ *kb.* pipa saluran air, talang.

dram /dræm/ *kb.* dram (1/8 ons).

drama /'dramə, 'dræmə/ *kb.* 1 sandiwara. 2 seni drama. 3 drama. *d. critic* kritikus drama. 4 kejadian. *The assassination was an exciting d.* Pembunuhan itu adalah suatu kejadian yg menggugah perasaan.

dramamine /'dræməmien/ *kb.* obat mabuk, dramamin.

dramatic /drə'mætik/ *ks.* 1 dramatis. *d. moment* saat yg dramatis. 2 yg berh. dgn drama, sandiwara. *d. school* sekolah drama. *d. actress* aktris drama, pemain drama wanita. *d. critic* pengupas sandiwara. *the d. works of Shakespeare* karya-karya drama/tonil Shakespeare. 3 beraksi. *That lawyer has a flair for the d.* Pengacara itu punya bakat utk beraksi. *d. behavior* sikap suka menonjolkan diri.

dramatics /drə'mætiks/ *kb.* 1 seni drama. *D. is taught at that school* Seni drama diajarkan di sekolah itu. 2 sandiwara amatir. *D. are presented in that theater* Sandiwara amatir dipentaskan di gedung sandiwara itu.

dramatis personae /'dræmətispər'sownie/ *kb.* para pelaku.

dramatist /'dramətist, 'dræm-/ *kb.* penulis/pengarang sandiwara.

dramatization /'dræmətə'zeisyən/ *kb.* dramatisasi, penulisan drama.

dramatize /'dræmətaiz, 'dram-/ *kkt.* 1 menguraikan dgn cara yg mengesankan. *to d. o's experiences* menguraikan pengalaman-pengalamannya dgn cara yg mengesankan. 2 menyandiwarakan (*a novel*).

drank /drængk/ lih DRINK.

drape /dreip/ *kb.* (kain) tirai, gordén. —*kkt.* 1 mengenakan. *to d. a shawl around the shoulders* mengenakan sal di bahu. 2 menghias. *to d. in/with bunting* menghias dgn kain-kain bendéra.

drapery /'dreipərie/ *kb.* (*j.* **-ries**) bahan gordén.

drastic /'dræstik/ *ks.* tegas, ganas. *to take d. measures* mengambil langkah-langkah tegas. *d. changes* perubahan-perubahan sampai keakar-akarnya. —**drastically** *kk.* secara drastis/radikal. *Prices have been d. reduced* Harga-harga tlh diturunkan secara radikal.

drat /dræt/ *kkt., kseru. Inf.: D. it! It's raining again* Persétan! Hujan lagi.

draught /dræft/ = DRAFT.

draughtsman /'dræfsmən/ = DRAFTSMAN.

draw /drɔ/ *kb.* 1 tarikan. 2 séri. *to end in a d.* berakhir séri. *to beat to the d.* mengalahkan lawannya karena lebih tangkas. *quick on the d.* 1 dpt dgn cepat

menarik péstol. 2 sangat cepat berpikir. —*kkt.* (**drew, drawn**) 1 menggambar (*a picture*). 2 menarik, menutup (*a curtain*). *to d. a lucky number* menarik angka yg beruntung/menang. *to d. conclusions from* menarik kesimpulan dari. *to d. o's hand from a glove* menarik tangannya dari sarung tangan. *to d. a deep breath* menarik nafas panjang/dalam. *to d. money from a bank* menarik/mengambil uang dari bank. *She drew a sigh of relief* Dia menarik napas dan merasa lega. *This speaker always draws a crowd* Pembicara ini selalu menarik perhatian yg besar. 3 mengambil(kan). *D. me some water* Ambilkan saya air sedikit. *How many cards do I d.?* Berapa banyak kartu boléh saya ambil? 4 mendatangkan. *His attempt drew praise* Usahanya mendatangkan kata-kata pujian. 5 menghéla. *The horses d. the wagon* Kuda-kuda itu menghéla keréta itu. 6 menyebabkan. *The pinches drew blood* Cubitan-cubitan itu menyebabkan darah keluar. *His behavior drew a crowd* Tingkah lakunya menyebabkan orang banyak berkerumun. 7 mendapat, menarik. *to d. first prize* mendapat hadiah pertama. 8 menyérét. *to hang and d. s.o.* menggantung dan menyérét s.s.o. 9 memindahkan. *A ship draws more water when it is loaded* Kapal memindahkan lebih banyak air apabila dimuati. 10 membuang isi perut (*of fowl*). **::** *How much salary do you d. a week?* Berapa gajimu dlm satu minggu? *The champion fencer drew first blood* Juara anggar itu mengenai pertama. *That play is drawing capacity crowds* Sandiwara itu menjadikan karcis terjual habis. *to d. a bow* menarik/ memasang busur (panah). *The stranger drew me into a conversation* Orang asing itu mengajak saya bercakap-cakap. *I feel drawn to her* Saya merasa tertarik kepada wanita itu. **to d. o's sword** menghunus pedang. *He drew the enemy's fire* Ia memancing penémbakan musuh. **to d. straws** mengadakan undian. *Her plea drew tears from the onlookers* Pembélaannya itu membuat para penonton mencucurkan air mata. **to d. a bead on** membidik. **to d. (a pot of) tea** membuat téh. —*kki. This chimney draws well* Cerobong ini baik tarikannya. **to d. aside** mengambil berbicara secara pribadi. **to d. away** menjauhkan diri, pergi menghilang. *She drew away from him when he threatened her* Ia menjauhkan diri drpd dia ketika ia diancam oléhnya. **to d. back** mengundurkan/menjauhkan diri. *to d. back in horror* mengundurkan diri dgn ketakutan. *to d. back the curtains* membuka gordén. **to d. from** mengambil dari. *to d. some money from the bank* mengambil uang dari bank. **to d. in** mengempéskan, menarik kedlm. *D. in your stomach* Kempéskan perutmu. **to d. into** menarik kpd. *He's been drawn into public speaking* Ia diharuskan berpidato di muka umum. *to d. s.o. into an argument* menarik/membawa s.s.o. kedlm pertengkaran. **to d. off** 1 mengeluarkan (*gloves*). 2 mengalirkan (*fluid*). **to d. on** 1 menjelang, mendatang, mendekat. *The afternoon was drawing on* Soré menjelang. *to d. on* sbg persediaan. *We have a number of volunteers to d. on* Kita mempunyai beberapa sukarélawan sbg persediaan. 3 menarik/mengambil (*an account*). **to d. out** 1 mendesak utk berbicara. *We are trying to d. her out* Kami sedang berusaha mendesak dia spy mau berbicara bébas. 2 mengulur. *to d. out o's salary until next payday* mengulur gaji sampai hari bayaran berikutnya. 3 mengambil, menarik (*money*). **to d. to** menutup. *to d. the curtains* menutup gordén. **to d. to a close** 1 menutup. *The meeting must be drawn to a close* Rapat hrs ditutup. 2 berakhir. *The*

school year is drawing to a close Tahun sekolah sdh hampir berakhir. **to d. together** mempersatukan. *The funeral drew together many political enemies* Pemakaman itu mempersatukan banyak orang yg bermusuhan dlm politik. **to d. up** 1 menyusun. *to d. up the minutes* menyusun risalah, membuat notulen. *to d. up a contract* menyusun kontrak. *The tanks were drawn up in formation* Tank-tank itu tersusun dlm formasi. *to d. up a plan* membuat rencana. 2 berhenti. *A car drew up to the curb* Sebuah mobil berhenti di tepi jalan. 3 menarik, mengambil. *to d. up a chair* menarik kursi. **to d. upon** 1 mempergunakan. *I have to d. upon my savings* Saya terpaksa mempergunakan uang simpanan saya. 2 membangkitkan. *to d. upon s. o's memory for* membangkitkan kenangan s.s.o. akan. **to d. o.s. up** berdiri tegak. *He drew himself up to his full height and looked formidable* Ia berdiri tegak dan kelihatan gagah. **d. curtain** gordén gésér. —**drawn** ks. lesu, letih, lelah. *d. curtain* tirai yg tertutup. *with d. sword* dgn pedang terhunus. **drawn-out** ks. berlarut-larut. —**drawing** kb. 1 gambar. *mechanical d.* gambar téhnik mesin. 2 penarikan (*of a lottery*). **d. board** papan gambar. *This plane is still on the d. board* Kapal terbang ini masih dlm perencanaan. **d. card** s.s.o. atau s.s.t. yg selalu menarik perhatian orang banyak. **d. room** kamar/ruang tamu.
drawback /ˈdrɔˈbæk/ kb. kekurangan. *d. to a house* kekurangan pd rumah.
drawbridge /ˈdrɔˈbrij/ kb. jembatan jungkatan/tarikan.
drawer /ˈdrɔər/ kb. 1 laci. 2 ahli gambar. *Cloth.*: —**drawers** j. celana panjang dalam.
drawerful /ˈdrɔɔrful/ kb. selaci penuh.
drawl /drɔl/ kb. cara berbicara dgn memperpanjang bunyi-bunyi kata.
drawn /drɔn/ lih DRAW.
drawstring /ˈdrɔˈstring/ kb. (tali) kolor, tali seluar/celana.
dread /dred/ kb. rasa takut, ketakutan. *I have a d. of airplanes* Saya takut kpd kapal terbang. *the d. day* hari yg ditakuti. —*kkt.* takut (kpd). *I d. examinations* Saya takut kpd ujian-ujian. *I d. having to go to the dentist* Saya takut karena hrs pergi ke dokter gigi.
dreadful /ˈdredfəl/ ks. yg mengerikan/menakutkan. *d. accident* kecelakaan yg mengerikan. —**dreadfully** kk. sangat. *d. slow* sangat pelan. *I'm d. sorry* Saya sangat menyesal.
dreadnought /ˈdredˈnɔt/ kb. kapal penempur.
dream /driem/ kb. impian, mimpi. *to have a d.* bermimpi. *my d. house* rumah idaman saya. *She's a d.* Ia cantik sekali. —*kkt., kki.* (**dreamed** atau **dreamt**). 1 bermimpi. *to d. beautiful dreams* memimpikan impian yg indah-indah. *I dreamed that ...* Saya bermimpi (bhw).... 2 membayangkan. *I never dreamed he would do that* Saya tak pernah membayangkan bhw dia akan berbuat demikian. 3 memikirkan. *I wouldn't d. of doing that* Saya tdk akan memikirkan berbuat demikian. *Little did I d. that ...* Sedikitpun tdk terpikir pd saya bhw.... **to d. up** mencari-cari, memikirkan. *to d. up an excuse* mencari-cari dalih/alasan. **d. world** alam khayal. —**dreaming** kb. bermimpi, melamun
dreamer /ˈdriemər/ kb. 1 pengkhayal. 2 orang yg tak praktis. *I'm a d.* Saya tukang mimpi.
dreamland /ˈdriemˈlænd/ kb. alam mimpi/khayal.
dreamt /dremt/ lih DREAM.
dreamy /ˈdriemie/ ks. 1 mengelamun. 2 *Sl.*: hébat.
dreariness /ˈdrɔriənəs/ kb. kesuraman. *d. of the weather* kesuraman cuaca.

dreary /ˈdrɔrie/ ks. suram, redup. *d. day* hari redup.
dredge /drej/ kb. kapal korék/keruk, kilang keruk. —*kkt.* mengeruk. **to d. up** membangkit-bangkitkan, mengorék-ngorék, membongkar-bongkar. *Don't d. up the past* Jangan membangkit-bangkitkan kejadian-kejadian yg sdh lampau. **d. bucket** gayung pengeruk, singkup keruk. —**dredging** kb. pengerukan.
dredger /ˈdrejər/ kb. kapal keruk.
dregs /dregz/ kb., j. 1 ampas (*of coffee, tea*). 2 sampah. *d. of society* sampah masyarakat.
drench /drenc/ kkt. 1 memberi minum (*a horse*). 2 membuat basah kuyup. *I was drenched by the storm* Saya basah kuyup karena hujan angin ribut itu.
dress /dres/ kb. 1 rok, gaun. 2 pakaian. *d. suit* pakaian resmi, pakaian pésta malam utk laki-laki. *d. uniform* pakaian seragam. —*kkt.* (**dressed** atau **drest**). 1 mencabuti bulu (*a chicken*). 2 mengenakan baju (*s.o.*). *to d. a doll* membajui bonéka. 3 menghiasi. *to d. windows at a store* menghiasi étalase di toko. 4 membalut (*a wound*). —*kki.* 1 berpakaian. 2 berdandan. *She dresses beautifully* Ia berpakaian cantik. *Inf.*: **to d. s.o. down** menghardik, membentak-bentak. **to d. up** berdandan, berpakaian. *She is well dressed* Ia berdandan bagus. **d. pattern** pola pakaian. **d. goods** bahan-bahan pakaian utk wanita. **d. rehearsal** latihan penutup (dgn berpakaian lengkap). **d. shield** lapis pakaian. —**dressing** kb. 1 pembalut, balutan. 2 bumbu-bumbu isian (*in turkey, chicken*). 3 kuah (*salad, French*). 4 berdandan. **d.-down** kk. hardikan. **d. gown** baju rumah (utk wanita), hoskut, kimono. **d. room** kamar rias. **d. table** méja rias.
dresser /ˈdresər/ kb. *Furn.*: 1 lemari (rias). 2 juru rias.
dressmaker /ˈdresˈmeikər/ kb. penjahit, modiste.
dressy /ˈdresie/ ks. berpakaian, bergaya.
drest /drest/ lih DRESS.
drew /druw/ lih DRAW.
dribble /ˈdribəl/ kb. 1 tétésan. 2 *Meteor.*: gerimis. 3 penggiringan bola (*in basketball*). —*kki.* 1 menétés, mencucurkan air liur (*of babies*). 2 *Sport*: menggiring bola, mendribel.
dried /draid/ lih DRY.
drier /ˈdraiər/ lih DRY.
dries /draiz/ lih DRY.
driest /ˈdraiist/ lih DRY.
drift /drift/ kb. 1 penyimpangan (*of plane or ship*). 2 arus, aliran (*of river current*). 3 arah. *the d. of the argument* arah pikiran itu. —*kkt.* menimbun, meniup. *The wind is drifting the snow* Angin meniup salju itu. —*kki.* 1 bertimbun. *The snow is drifting over the road* Salju bertimbun meliputi jalan. 2 melayang. *The balloon drifted off into space* Balon itu melayang ke angkasa. 3 mengeluyur. *He is simply drifting without any purpose* Ia hanya mengeluyur tanpa tujuan apapun. 4 melintas. *A slight smile drifted across his face* Senyum kecil melintas pd wajahnya. 5 ikut-ikutan masuk. *Some students just drift into class* Beberapa siswa hanya ikut-ikutan masuk kelas. 6 singgah, mampir. *to d. in for a beer* singgah utk minum bir. 7 berhanyut-hanyut. *They drifted down the river* Meréka berhanyut-hanyut menghiliri sungai. 8 lepas. *The ship drifted off course* Kapal itu lepas dari haluannya. *The log drifted ashore* Batang kayu itu terdampar. —**drifting** kb., ks. yg ditiup angin. *d. snow* salju yg ditiup angin, salju yg menumpuk. *d. of snow* penumpukan salju.
drifter /ˈdriftər/ kb. orang gelandangan/jémbél.
driftwood /ˈdriftˈwud/ kb. kayu apung/pelampung.
drill /dril/ kb. 1 bor. *dentist's d.* bor dokter gigi. 2

gurdi, jara, penggérék. 3 latihan. *boat d.* latihan sekoci. *language d.* latihan bahasa. *military d.* latihan tentara. 4 *Cloth.*: (kain) dril. —*kkt.* 1 membor (*a hole, tooth*). 2 melatih. *to d. recruits* melatih caloncalon prajurit. *to d. s.o. in arithmetic* melatih s.s.o. dlm berhitung. —*kki.* berlatih. *to d. each day* berlatih setiap hari. **d. instructor** pelatih berbaris. —**drilling** *kb.* 1 pemboran, penggérékan, penggurdian, pengeboran. *d. derrick/rig* menara bor, mercu gérék. *d. site* tempat pengeboran. 2 *Mil.*: latihan berbaris.

drillmaster /'dril'mæstər/ *kb.* 1 *Mil.*: pelatih berbaris. 2 pelatih. *He's a stern d.* Dia seorang pelatih yg keras.

drink /dringk/ *kb.* 1 minuman. *May I have a d. of water?* Bolehkah saya minum air segelas? *food and d.* makanan dan minuman. *Will you have a d.?* Sdr mau minum? 2 (*strong*) minuman keras. *I never take a d.* Saya tdk pernah minum minuman keras. *a long d.* minuman campur alkohol (spt wisky-soda, gin tonic dsb). *Just one more d. and we'll go* Kita tambah satu gelas lagi (minuman keras), baru kita pergi. 3 *Sl.*: kumpulan air sbg kolam, danau, sungai. —*kkt.* (**drank, drunk**) minum. *to d. milk* minum susu. *to d. a toast to s.o.* minum atas keselamatan s.s.o. *to d. o.s. to death* minum minuman keras sekuat-kuatnya sampai mendatangkan ajalnya. —*kki.* minum. *If you d., don't drive* Kalau meminum minuman keras, janganlah mengemudikan mobil. *He drinks like a fish* Ia peminum berat. *Would you like s.t. to d. before you order your meal?* Apa sdr mau minum sblm memesan makanan? **to d. away** memboroskan uang dgn minum minuman keras. **to d. down** minum. *D. the medicine down* Minumlah/Telanlah obat itu. **to d. in** menerima dgn gembira. *We drank in the happy news* Kami terima kabar bahagia itu dgn perasaan gembira. **to d. to** minum atas. *to d. to a promotion* minum atas kenaikan pangkat. **to d. up** 1 mengisap habis. *The flowers d. up the water* Bunga-bunga mengisap habis air itu. 2 minum habis. *D. up and let's go home* Habiskan minumanmu dan mari kita pulang. —**drunk** *kb.* pemabuk. *He's been out on a d. again* Ia mabukmabuk lagi. *ks.* mabuk. *to get d.* (menjadi) mabuk. *d. with power* mabuk kekuasaan. *d. and disorderly* mabuk dan menimbulkan kekacauan. *He was d. as an owl* Ia mabuk tak sadarkan diri. —**drinking** *kb.* minum minuman keras. *D. is forbidden on these premises* Di tempat ini minum minuman keras dilarang. **d. cup** cangkir utk minum. **d. fountain** kran (pipa) utk minum. *I'm not a d. man* Saya bukan orang peminum minuman keras. **d. water** air minum.

drinker /'dringkər/ *kb.* peminum. *hard/heavy d.* peminum yg banyak sekali minum.

drip /drip/ *kb.* 1 tétés(an). 2 *Sl.*: orang yg menghambat. —*kkt.* (**dripped**) menétéskan. *He dripped blood on the floor* Darahnya menétés diatas lantai. —*kki.* menétés. *The faucet drips* Keran menétés. *His forehead was dripping* Keringat menétés dari dahinya. *d. coffee* kopi yg ditétéskan dgn air mendidih.

drip-dry *ks.* *d.-dry shirt* keméja yg dpt segera kering tanpa diseterika. —**dripping** *ks.* menétés. *d. wet* basah kuyup. —**drippings** *j.* tétésan gemuk atau air daging.

drive /draiv/ *kb.* 1 perjalanan. *Let's go for a d.* Mari kita pergi naik mobil. 2 jalan raya. 3 kampanye, gerakan. *a d. to help the needy* kampanye utk menolong orang-orang miskin. 4 *Sport.*: pukulan. 5 persnéling. *automatic d.* persnéling otomatis. 6 jalan

mobil (= DRIVEWAY). 7 perangsang. *He has lots of d.* Ia sangat giat. 8 serangan/serbuan pembasmian. *to launch a d. against* melancarkan serangan pembasmian thd (*the enemy, T.B.*). 9 gerakan. *fourwheel d.* gerakan empat-roda, persnéling dobel. *lefthand d.* stir kiri. —*kkt.* (**drove, driven**) 1 menggerakkan. *What drives the windmill?* Apakah yg menggerakkan kincir angin itu? 2 mengantarkan dgn mobil. *His wife drove him to the station* Isterinya mengantarkan dia dgn mobil ke setasiun. 3 mengemudikan, menyetir (*a car*). 4 mendorong. *His troubles drove him to suicide* Kesulitan-kesulitannya mendorong dia membunuh diri. 5 memaksa. *His wife drove him to drink* Isterinya memaksa dia minum. *The instructor drives his students hard* Guru itu memaksa murid-muridnya bekerja keras. 6 memukul. *to d. a long golf ball* memukul bola golf melayang jauh. *to d. nails* memaku. 7 memancangkan (*piles, stakes*). **::** *She nearly drove me out of my mind* Hampir-hampir saya dibuat hilang akal/pikiran. —*kki.* 1 mengendarai. *He drives too fast* Ia mengendarai (mobil) terlalu cepat. 2 naik mobil, berkendaraan. *to d. across the desert* naik mobil melalui padang pasir. *He drives fifty miles a day* Ia naik mobil sejauh limapuluh mil sehari. **to d. at** bermaksud, menginginkan. *I see what you are driving at* Saya mengerti apa yg kaumaksudkan/kauinginkan. **to d. away** 1 pergi. *The car drove away at high speed* Mobil itu pergi/menghilang dgn cepat sekali. 2 mengusir. *The lack of parking space drove his customers away* Karena tdk ada tempat parkir mobil, langganan-langganannya meninggalkannya. **to d. down** naik mobil pergi. *Let's d. down to Florida* Mari kita naik mobil pergi ke Florida. **to d. in** 1 menancapkan (*nail, stick, post*). 2 tiba, sampai. *They drove in as we were leaving* Meréka itu tiba pd saat kami hendak berangkat. *Let's d. in and see a movie* Mari kita masuk (dgn mobil) dan menonton film. **to d. off** 1 pergi, meninggalkan. *to d. off and forget s.t.* pergi dan lupa akan s.s.t. *to d. off in a hurry* meninggalkan dgn terburu-buru. 2 mengusir, menghalau. *to d. off robbers* mengusir perampok-perampok. **to d. on.** terus terus. *D. on. Don't stop* Jalan terus. Jangan berhenti. **to d. out** 1 mengusir (*s.o.*). 2 naik mobil keluar. **to d. over** naik mobil. *to d. over to mother's* naik mobil ke rumah ibu. **to d. past** naik mobil meléwati (*the station*). **to d. through** 1 naik mobil melintasi. *to d. through the park* naik mobil melintasi/melalui taman itu. 2 menusuk. *to d. a sword through an adversary* menusukkan pedang kedlm tubuh lawan. **to d. up** mendekati dgn naik mobil. *She drove up and got out* Ia mendekati dgn naik mobil, lalu turun. *to d. o's car up to the curb* meminggirkan mobilnya ke pinggir jalan itu. *to d. up to the mountains* naik mobil mendaki gunung-gunung itu. —**drive-in** *kb.* bioskop, réstoran atau bank utk langganan pengendara mobil yg dpt dilayani tanpa meninggalkan kendaraannya. **d. shaft** poros/as kardan, batang penggerak. **d. wheel** roda penggerak/kendang. —**driven** *ks.* yg ditiup/diterbangkan. *d. snow* salju yg ditiup/diterbangkan angin. —**driving** *kb.* mengemudikan. *ks.* penggerak. *d. belt* tali penggerak mesin. *d. force* tenaga pendorong/penggerak. *d. rain* hujan lebat dgn angin. *d. school* sekolah pengemudi mobil.

drivel /'drivəl/ *kb.* 1 air liur. 2 omongan yg tolol.

driven /'drivən/ lih DRIVE.

driver /'draivər/ *kb.* 1 supir, pengemudi, tukang setir, pengendara. 2 *Golf*: alat pemukul bola golf yg ujungnya terbuat dari kayu utk pukulan jauh.

3 poros penggerak (of a locomotive). 4 mandor. driver's license Sim, Sip, rébéwés, surat tanda pengemudi. in the driver's seat berkuasa penuh.

driveway /'draiv'wei/ kb. jalan utk mobil (di halaman).

drizzle /'drizəl/ kb. hujan, gerimis, hujan rintik-rintik. —kki. gerimis. It drizzled all day Gerimis sepanjang hari.

drizzly /'drizlie/ ks. muram/mendung dgn hujan rintik-rintik.

drogue /drowg/ kb. parasut pesawat.

droll /drowl/ ks. lucu, menggelikan hati. d. sense of humor perasaan yg lucu/menggelikan.

drone /drown/ kb. 1 (bee) lebah jantan. 2 gemuruh (of a plane, etc.) 3 pemalas. 4 dengungan. d. of mosquitoes dengungan nyamuk. —kki. 1 berbicara dgn cara yg membosankan. 2 berdengung (of a bee, plane).

drool /druwl/ kb. air liur. —kkt. mengeluarkan air liur.

droop /druwp/ kb. keadaan terkulai. the d. of the flowers keadaan bunga-bunga yg terkulai. the d. of the shoulders bahu yg turun. —kki. 1 layu. The flowers drooped Bunga-bunga layu. 2 terasa berat. My eyelids drooped Kelopak mata saya terasa berat. —drooping ks. murung. d. spirits semangat yg sdh melempem/kendor.

drop /drap/ kb. 1 tétés(an). a d. of medicine setétés obat. He hasn't touched a d. in years Sdh bertahun-tahun ia tdk meminum minuman keras setetéspun. Won't you have a d. of wine? Sukakah sdr meminum sedikit anggur? 2 gula-gula. lemon d. gula-gula berisi air jeruk. 3 penurunan, keadaan menurun, kemerosotan. d. in attendance berkurang pengunjungnya. d. in temperature berkurang panasnya. d. in income/prices keturunan penghasilan/harga-harga. 4 keadaan jatuh. It's quite a d. from the top of that building Jarak dari puncak gedung itu jauh sekali. :: Stocks took a big d. Harga-harga di bursa jatuh dgn hébatnya. to have/take a d. too many minum terlalu banyak (dan menjadi mabuk). **at the d. of a hat** segera. He'll perform at the d. of a hat Ia akan mengadakan pertunjukan dgn segera sesudah menerima isyarat. **d. in the bucket** sedikit sekali. His contribution was a mere d. in the bucket Sumbangannya sedikit sekali. Sl.: **to get the d. on s.o.** menémbak s.s.o. lebih dahulu. —kkt. (**dropped**) 1 menjatuhkan (a book). 2 memasukkan. to d. a letter in a mailbox memasukkan surat kedlm kotak surat. 3 membubarkan, menyuruh bubar. I want to d. this class Saya tdk mau mengikuti kelas ini. 4 mengeluarkan, mencorét. He was dropped from the organization Ia dikeluarkan dari organisasi itu. 5 menghentikan. D. whatever you're doing and come here Hentikan saja apapun yg sedang kamu kerjakan dan datanglah kemari. 6 mengalahkan. The boxer dropped his opponent in the second round Petinju itu mengalahkan (dgn knock out) lawannya dlm babak kedua. 7 mengantarkan. I'll d. you at your door Akan saya antarkan kamu sampai ke rumahmu. Please d. this package at Mrs Jones' Tolong sampaikan/antarkan pakét ini ke rumah Nyonya Jones. 8 memberi. to d. a hint about something isyarat ttg. to d. a hint that ... menyindir bhw .... He dropped the remark that ... Ia menyatakan sambil lalu bhw .... 9 membatalkan. We dropped the idea of ... Kami membatalkan niat kami utk .... Won't you please d. the subject? Janganlah sdr bicarakan hal itu lagi. I dropped him as a friend Saya sdh tdk menganggapnya lagi sbg kawan. 10 Sl.: kalah dlm.

to d. two games kalah dlm dua pertandingan. I'll d. you a line Saya akan menyurati kamu. to d. the matter/ case tdk meneruskan perkara itu. —kki. 1 turun. The price of rice dropped Harga beras turun dgn tiba-tiba. The temperature dropped sharply Suhu turun keras sekali. 2 datang. D. over to our house Datanglah ke rumah kami. 3 rebah. to d. dead of rebah meninggal karena. to d. in o's tracks mampus, rebah/jatuh meninggal. :: Her voice dropped to a whisper Suaranya menjadi berbisik. I'm ready to d. Saya lelah sekali. I've dropped into the habit of having coffee in the morning Saya sdh mendapat kebiasaan minum kopi tiap pagi. **to d. behind** ketinggalan, terbelakang. to d. behind in o's studies ketinggalan/terbelakang dlm pelajarannya. to d. behind the other runners tertinggal dibelakang pelari-pelari lainnya. Receipts dropped behind last year's Penerimaan-penerimaan kurang drpd tahun yg lalu. **to d. in** mampir, singgah. D. in to see me Mampirlah di rumah saya. **to d. in on** berkunjung secara tiba-tiba. to d. in on s.o. unexpectedly datang ke rumah/tempat dgn tdk disangka-sangka. **to d. off** 1 menurunkan. D. me off at the corner Turunkan saya di pojok itu. 2 pergi, berjatuhan. The leaves are dropping off Daun-daun berjatuhan. to d. off to sleep pergi tidur. **to d. out** keluar. to d. out of a race keluar dari perlombaan. **drop-off** kb. kemerosotan, pengurangan. d.-off in sales kemerosotan dlm penjualan. **drop-out** kb. seorang yg keluar dari sekolah sblm lulus. —**dropping** kb. hal menjatuhkan, pendropan. **d. zone** wilayah tempat mendrop/menjatuhkan barang-barang (dgn parasut). —**droppings** j. tahi (burung, héwan).

dropper /'drapər/ kb. (alat) penétés.

dropsy /'drapsie/ kb. sakit gembur-gembur.

dross /drɔs/ kb. barang-barang yg dibuang.

drought /drawt/ kb. masa kekeringan, (musim) kemarau.

drove /drowv/ kb. kumpulan. a d. of cattle sekumpulan ternak. in droves berbondong-bondong. lih DRIVE.

drown /drawn/ kkt. 1 menenggelamkan (s.o.). to d. o.s. menenggelamkan diri, membuat dirinya tenggelam. She was drowned in sorrow Ia tenggelam dlm kesedihan. 2 menghilangkan. to d. o's sorrow in drink menghilangkan kesusahan hatinya dgn minum minuman keras. 3 menggenangi. The streets were drowned by the flood Jalan-jalan digenangi air banjir. —kki. mati tenggelam. to d. in the pond mati tenggelam di kolam. **to d. out** menghilangkan, mengurangi. to d. out the noise menghilangkan kegaduhan. —**drowned** ks. Sl.: basah kuyub. I'm d. Saya basah kuyub. —**drowning** kb. There was a d. at the beach Ada seorang yg tenggelam di pantai. death by d. mati tenggelam. ks. yg mati tenggelam. a d. man orang yg (mati) tenggelam.

drowsiness /'drawzienəs/ kb. kantuk, perasaan mengantuk.

drowsy /'drawzie/ ks. mengantuk. I feel d. Saya (malas dan) mengantuk.

drub /drʌb/ kkt. (**drubbed**) 1 mengalahkan. 2 memukuli. —**drubbing** kb. 1 kekalahan. 2 pukulan.

drudge /drʌj/ kb. orang yg mengerjakan pekerjaan yg membosankan.

drudgery /'drʌjərie/ kb. (j. -ries) pekerjaan yg membosankan.

drug /drʌg/ kb. 1 Med.: obat, obat-obatan. 2 Narc.: obat bius. d. addict morpinis, pecandu obat bius. to be a d. on the market terlalu banyak di pasaran sehingga jatuh harganya atau tdk laku. —*kkt.* (**drugged**) 1 meracuni. *to d. o's victim* meracuni korbannya. 2 membiuskan. *to d. o.s. with barbiturates* memakai meminum obat bius. *to d. wine* mencampuri minuman anggur dgn obat bius.

druggist /'drʌgist/ *kb.* apotéker, ahli obat.

drugstore /'drʌg'stowr/ *kb.* 1 toko obat yg juga menjual barang-barang lain spt minuman-minuman, éskrim dsb. 2 apotik.

drum /drʌm/ *kb.* 1 genderang, gendang, tambur. 2 drum. *d. major* pemimpin drumband. 3 drum, tong. *d. of oil* drum minyak. 4 teromol. *cable d.* penggulung kawat. *Inf.*: **to beat the drum(s)** menyokong. *to beat the drums for a candidate for* menyokong calon utk. —*kkt.* (**drummed**) memompakan berulang-ulang. *My teacher tried to d. it into my head* Guru saya berusaha memompakannya berulang-ulang kedlm benakku. —*kki.* mengetok. *to d. on the desk* mengetok méjatulis dgn jari. **to d. out** mengeluarkan. *to d. s.o. out of an organization* mengeluarkan s.s.o. dgn tdk hormat dari suatu organisasi. **to d. up** menghidupkan. *to d. up trade* menghidupkan perdagangan. —**drumming** *kb.* permainan tambur.

drumstick /'drʌm'stik/ *kb.* 1 *Mus.*: tongkat pemukul genderang. 2 kaki ayam/kalkun (bagian bawah).

drunk /drʌngk/ lih DRINK.

drunkard /'drʌngkərd/ *kb.* pemabuk.

drunken /'drʌngkən/ *ks.* yg mabuk. *a d. man* seorang yg mabuk. *d. driving* mengendarai mobil dlm keadaan mabuk.

drunkenness /'drʌngkənnəs/ *kb.* keadaan mabuk, kemabukan.

dry /drai/ *ks.* (**drier, driest**) 1 kering (*food, weather, pen, lips, wood, cough*). *The well has gone d.* Sumur itu sdh menjadi kering. *to wring clothes d.* memeras pakaian sampai kering. *The well ran d.* Sumur itu menjadi kering (samasekali). *to put on d. clothing* mengenakan pakaian yg kering. 2 membosankan. (*lecture, book, subject*). 3 haus. *After sports we get awfully d.* Sesudah berolahraga kita merasa amat haus. *I feel d.* Saya haus. **::** *Inf.*: *This state is d.* Di negara bagian ini minuman keras dilarang dijual. *Our cows are d.* Lembu kita tdk menghasilkan susu lagi. *He has a d. sense of humor* Dia pelawak yg mahir sekali. —*kkt.* (**dried, drying**) 1 mengusap, mengeringkan. *D. your tears* Usaplah air matamu. 2 mengeringkan (*dishes, hair, car*). *Wind dries the skin* Angin membuat kulit jadi kering/mengering. **to d. o.s.** mengeringkan diri, melap diri (dgn anduk). —*kki.* kering. *The laundry dries in the sun* Cucian itu kering kena sinar matahari. *The spot will d. right away* Tempat itu akan kering segera. *Hang your shirt out to d.* Jemurlah keméjamu itu spy kering. **to d. off** menjadi kering. *The tennis court has dried off* Lapangan ténis sdh kering kembali. **to d. up** 1 mengering. *His source of revenue has dried up* Sumber penghidupannya sdh mengering. 2 menjadi kering. *The river dried up* Sungai itu menjadi kering. 3 menghentikan. *Sl.*: *Oh, d. up!* Ah, hentikanlah cakapmu. **dry-as-dust** *ks.* membosankan. **d. battery/cell** bateri kering. **d. cereal** biji-bijian kering utk sarapan spt gandum, jagung dll. **to dry-clean** mencuci kémis. **d. cleaner** binatu (secara) kimia. **d. cleaning** pekerjaan binatu (secara) kimia. **d. dock** dok kering/darat. **to dry-dock** menaikkan kapal atas dok darat. **d. goods** kain-kain baju, bahan tékstil. **d. ice** batu karbon dioksida. **d. land** tanah kering. **d. martni** minuman campuran vermouth dgn jenéwer (*gin*).

d. measure ukuran/timbangan utk bahan-bahan kering. **d. rot** 1 penyakit kayu atau tumbuh-tumbuhan, kelapukan. 2 keruntuhan. **d. run** latihan (dgn peluru kosong). **d. season** musim kemarau. **d. wash** cucian kering (yg blm disetrika). **d. wine** anggur yg kadar gulanya sedikit sekali. —**dried** *ks.* yg dikeringkan. *d. fruit* buah-buahan kering. *d. beef* déndéng. *d. milk* susu bubuk. —**drying** *kb.* pengeringan. *the d. quality of paint* sifat mengering drpd cat. —**dryly** *kk.* secara kering. *He said d.* Ia mengatakan dgn acuh tak acuh.

dryer /'draiər/ *kb.* (alat) pengering.

dryness /'drainəs/ *kb.* 1 kekeringan. 2 sifat yg membosankan.

D. Sc. [*Doctor of Science*] Doktor dlm Ilmu Éksakta.

D.S.C. [*Distinguished Service Cross*] lencana penghargaan jasa-jasa ketentaraan.

D.S.T. [*Daylight Saving Time*] sistim waktu standar, berdasarkan terang cahaya. lih DAYLIGHT.

d.t's /'die'tiez/ [*delirium tremens*] *kb. Inf.*: keadaan mengigau, mabuk.

Du. [*Dutch*] Belanda.

dual /'duwəl, 'dyuw-/ *ks.* rangkap dua, dwirangkap. *d. controls* alat-alat kontrol rangkap dua. *d. personality* kepribadian rangkap. *d. track meet* pertandingan atlétik antar-regu. *d. highway* jalan raya dua jurusan (= berjalur empat). *d. citizenship* dwikewarganegaraan, kewarganegaraan rangkap. **dual-purpose** *ks.* dwiguna, utk dua macam keperluan.

dub /dʌb/ *kb.* orang yg canggung/kaku. *d. at golf* orang yg canggung dlm permainan golf. —*kkt.* (**dubbed**) 1 menganugerahi pangkat. 2 memberi julukan. *They dubbed me "Tubby"* Meréka memberi julukan kpd saya "Tubby". 3 membubuhi musik, suara dll. *The Italian film has been dubbed in English* Film Itali itu dibubuhi percakapan dlm bahasa Inggeris. —**dubbing** *kb.* penyuaraan, diisi suara.

dubious /'duwbiəs/ *ks.* 1 yg meragukan. *d. advantages* keuntungan-keuntungan yg meragukan. 2 ragu-ragu. *I'm d. about his ability* Saya ragu akan kecakapannya.

duchess /'dʌtʃəs/ *kb.* isteri seorang duke, wanita bangsawan.

duck /dʌk/ *kb.* bébék, itik. *mandarin d.* itik Mandarin (itik yg di Cina dihiasi kepalanya sbg tanda cinta antara suami-isteri). *wild d.* itik hutan/liar. *like water off a duck's back* berhasil, tanpa akibat. *He takes to math like a d. to water* Ia senang kpd ilmu pasti spt itik senang kpd air. *Sl.*: *d. soup* hal yg mudah sekali. *d. trousers* = DUCKS. —**ducks** *j.* celana kain lina (putih). —*kkt.* 1 *Inf.*: menghindari. *to d. a formal reception* menghindari sambutan resmi. 2 membenamkan. *to d. s.o. in the pool* membenamkan s.s.o. di kolam renang. 3 menundukkan (*o's head*). —*kki.* 1 membungkuk. *D. (down) or you'll be hit* Membungkuklah kalau tdk mau kena. 2 masuk, mampir. *Let's d. into this shop* Mari kita masuk kedlm toko ini. *Sl.*: **to d. out** lari keluar. *He ducked out when no one was looking* Dia lari keluar ketika tak ada orang melihatnya.

duckling /'dʌkliŋ/ *kb.* anak itik.

duct /dʌkt/ *kb.* 1 pembuluh. *tear d.* pembuluh air mata. 2 pipa, saluran.

dud /dʌd/ *kb.* 1 s.s.t. yg tdk meletus. *The bomb was a d.* Bom itu tdk meletus. 2 *Sl.*: orang yg tdk berbakat. *He's a d. at tennis* Dia seorang yg tdk berbakat utk ténis. —*Inf.*: **duds** *j.* pakaian.

dude /duwd/ *kb.* pesolék.

due /duw, dyuw/ *kb.* hak. *She never asks for more than* *her d.* Dia tak pernah meminta lebih drpd haknya. **—dues** *j.* iuran. **—ks.** seharusnya. *without d. care* disebabkan keteledoran tanpa berhati-hati sebagaimana mestinya. *d. date on the note* batas tanggal pelunasan bayaran, hutang dsb. **to be d.** sdh hrs dibayar/dilunasi. *When is the bill d.?* Bila rékening itu hrs dibayar? *Two dollars is d. him for his labor* Dua dolar hrs dibayarkan kepadanya utk pekerjaannya itu. *He is d. to leave in two weeks* Ia akan berangkat dlm dua minggu lagi. *The smash-up was d. to his careless driving* Tabrakan itu disebabkan karena kelengahannya dlm mengemudi. *q. to the bad weather* karena udara buruk. *When is the train d. (in)?* Jam berapa keréta api tiba? *I'm d. for a haircut* Rambut saya sdh pantas/hrs digunting/dipangkas. **to become/fall d.** hrs dibayar pd tanggal pembayaran. *The rent falls d. on the first of the month* Séwa hrs dibayar pd tanggal satu setiap bulan. **d. process of law** mendapat perlindungan/pembélaan diri sbg haknya.

duel /'duwəl, 'dyuw-/ *kb.* perang tanding, duél, perkelahian/pertandingan antara dua lawan. *to fight a d.* berduél. *to engage in a d. of words* bertengkar mulut. **—kki.** (juga **duelled**) berduél. **—dueling** *kb.* perkelahian antara dua lawan, memakai pistol/pedang.

duet /duw'et, dyuw'et/ *kb.* duét.

duff /dʌf/ *kb. Sl.*: pantat.

duffle /'dʌfəl/ *kb.* **d. bag** ransél.

duffer /'dʌfər/ *kb. Inf.*: orang yg canggung. *d. at golf* pemain golf yg masih canggung atau yg masih blm pandai benar.

dug /dʌg/ lih DIG.

dugout /'dʌg'awt/ *kb.* 1 *Mil.*: lubang perlindungan. 2 *Sport*: tempat tunggu para pemain baseball. 3 *Nau.*: sampan dibuat dari batang kayu yg dikorok.

duke /duwk, dyuwk/ *kb.* adipati.

dull /dʌl/ *ks.* 1 tumpul, majal. *d. scissors* gunting yg tumpul. *d. mind* otak yg tumpul atau tdk tajam. 2 sepi. *Business is d.* Dagang sepi. 3 pudar. *d. green* hijau pudar. 4 menjemukan, membosankan. *d. lecture* ceramah yg menjemukan. 5 tdk mengkilap (*of shoes*). *The paint looks d.* Cat itu tdk hidup. **::** *I have a d. headache* Kepalaku agak sakit. *Sl.*: *d. as dishwater* tdk menarik samasekali. **—kkt.** 1 menumpulkan. *to d. o's knife* menumpulkan pisau. 2 mengurangi, menghilangkan. *Candy will d. o's appetite* Gula-gula akan mengurangi nafsu makan. **—kki.** menjadi tumpul. *This knife dulls easily* Pisau ini mudah menjadi tumpul. **dull-witted** *ks.* bodoh, tdk tajam.

duly /'duwlie, 'dyuw-/ *kk.* sebagaimana, seharusnya, sepatutnya. *He was d. installed as chairman* Dia dilantik sbg ketua sebagaimana mestinya.

dumb /dʌm/ *ks.* ·1 bisu, kelu. *Animals are d.* Binatang itu bisu. *to strike s.o. d.* mengejutkan, mengagétkan. *I was struck d. by the offer* Saya melongo mendengar tawaran itu. 2 dungu, bodoh, bebal. *a d. remark* ucapan yg bodoh betul.

dumbbell /'dʌm'bel/ *kb.* 1 (*exercise*) halter. 2 *Sl.*: orang bodoh.

dumbfound /'dʌm'fawnd/ *kkt.* menakjubkan, menghérankan. *That decision dumbfounded his friends* Keputusan itu menakjubkan kawan-kawannya. **—dumbfounded** *ks.* tercengang, ternganga. *I was d. by his remark* Saya tercengang mendengar ucapannya itu.

dumbwaiter /'dʌm'weitər/ *kb.* rak piring dan cangkir yg dpt naik-turun ke ruangan atas.

dumfound /'dʌm'fawnd/ = DUMBFOUND.

dummy /'dʌmie/ *kb.* (*j.* **-mies**) 1 bonéka utk menggantungkan pakaian di étalase. 2 bonéka yg dipakai oléh tukang jahit utk mengenakan baju. 3 orang-orangan yg dipakai sbg sasaran menémbak. 4 contoh, modél. 5 *Bridge*: dumi. 6 *Inf.*: seorang pandir tolol. **—ks.** kosong. *d. ammunition* peluru-peluru kosong.

dump /dʌmp/ *kb.* 1 tempat sampah. 2 *Sl.*: tempat yg kotor. *I can't live in a d. like this* Saya tdk dpt hidup dlm tempat sekotor ini. **—dumps** *j.* kesedihan. *Inf.*: *to be/feel down in the dumps* bersusah hati, merasa sedih. **—kkt.** 1 membuang D. *that in the trash can* Buanglah itu di tempat sampah itu. 2 melimpahkan. *to d. all the responsibility on* melimpahkan semua tanggung jawab kpd. 3 membanjiri, mengeluarkan. *to d. inferior goods on the market* membanjiri barang-barang yg kurang baik ke pasar. *She dumped everything out of the box onto the table* Dia mengeluarkan segala-galanya dari kotak itu diatas méja. **d. truck** prahoto atau gerobak yg bisa menuangkan isinya dgn membuka dasar baknya. **—dumping** *kb.* dumping. *d. ground for scrap metal* tanah tempat penimbunan besi tua, pangkalan besi tua.

dumpling /'dʌmpling/ *kb.* kué bola. *apple d.* kué bola berisi buah apel.

dumpy /'dʌmpie/ *ks.* gemuk dan péndék.

dun /dʌn/ *kkt.* (**dunned**) menagih, mengganggu dgn tagihan.

dunce /dʌns/ *kb.* 1 orang bodoh, anak yg dungu. 2 anak yg lambat dlm pelajaran. *d. cap* topi yg dipakaikan kpd anak yg bodoh di kelas sbg hukuman.

dune /duwn, dyuwn/ *kb.* bukit pasir (di pesisir).

dung /dʌng/ *kb.* tahi héwan, pupuk kandang, kotoran.

dungaree /'dʌnggə'rie/ *kb.* celana jéngki.

dungeon /'dʌnjən/ *kb.* kamar dibawah tanah tempat menahan orang.

dunk /dʌngk/ *kkt.* mencelupkan (*a person, doughnut*).

duo /'duwow, 'dyuw-/ *kb.* pasangan.

duodecimal /'duwow'desəməl/ *ks.* perduabelas.

duodenum /'duwə'dienəm/ *kb.* usus dua belas jari.

dupe /duwp, dyuwp/ *kb.* korban penipuan. **—kkt.** menipu, menggait. *to d. s.o. out of $5000* menggait uang s.s.o. sebanyak 5000 dolar.

duplex /'duwpleks, 'dyuw-/ *ks.* rangkap (dua), rakit. *d. apartment* flat dgn dua tingkat. *d. house* rumah kopel (utk dua keluarga).

duplicate /'duwpləkit, 'dyuw- kb., ks.; 'duwplikeit, 'dyuw- kkt./ *kb.* 1 salinan, duplikat. *d. of some publications* salinan dari beberapa penerbitan. *d. of this stamp* perangko semacam ini/yg sama. 2 salinan, turunan duplikat. *d. of a letter* salinan surat. **in d.** dlm rangkap dua. **—ks.** rangkap. *d. keys* kunci rangkap. **—kkt.** 1 menyalin (*a letter, document*). 2 meniru. *That rare carpet cannot be duplicated* Babut yg jarang terdapat itu tak dpt ditiru. 3 mengerjakan hal yg sama. **duplicating** *machine* duplikator.

duplication /'duwplə'keisyən, 'dyuw-/ *kb.* 1 hal melipat-gandakan/memperbanyak. *d. of effort* hal melipat-gandakan usaha. 2 salinan, turunan (*of a letter, document*).

duplicator /'duwplə'keitər, 'dyuw-/ *kb.* duplikator, mesin sténsil.

duplicity /duw'plisətie, dyuw'-/ *kb.* (*j.* **-ties**) sikap/perbuatan bermuka dua.

durability /'durə'bilətie, 'dyur-/ *kb.* daya tahan.

durable /'durəbəl, 'dyurə-/ *ks.* dpt tahan lama.

duration /du'reisyən, dyu'-/ *kb.* lamanya. *d. of an*

appointment masa jabatan, lamanya pengangkatan. *for the d. of the war* selama masa perang.

duress /du'res, dyu'-/ *kb.* paksaan. *under d.* dibawah paksaan.

durian /'durieən/ *kb.* durian, durén.

during /'during, 'dyu-/ *kb.* 1 selama. *d. his visit* selama kunjungannya. *d. the summer* selama musim panas. 2 pd waktu. *D. the performance she fainted* Pd waktu pertunjukan ia pingsan. *d. the course of the afternoon* pd waktu soré.

dusk /dʌsk/ *kb.* petang, menjelang malam, waktu samar-samar.

dusky /'dʌskie/ *ks.* kehitam-hitaman, agak hitam.

dust /dʌst/ *kb.* 1 debu (*on a table, etc.*). 2 abu. *the d. of kings* abu raja-raja. *Sl.*: **to bite/kiss/lick the d.** jatuh/gugur di médan perang. *Inf.*: **to shake the d. off o's feet** pergi dgn marah. **to throw d. in s.o.'s eyes** mengelabui mata orang. *She's just d. beneath his feet* Ia benar-benar menjadi/merupakan budak bagi laki-laki itu (suaminya). —*kkt.* 1 membersihkan (*furniture*). 2 menyapu, mengelap. 3 menaburi. *to d. a cake with sugar* menaburi kué dgn gula. —*kki.* menyapu. **to d. off** 1 menyapu debu. *D. off the table* Sapulah debu dari méja itu. 2 mengemukakan. *to d. off a plan and use it* mengemukakan suatu rencana dan mempergunakannya. **d. bowl** daérah dimana sering terjadi angin debu yg dahsyat. **d. jacket/wrapper** sampul buku.

dustcloth /'dʌst'klɔth/ *kb.* (kain) lap.

duster /'dʌstər/ *kb.* 1 kain lap, penghapus. 2 sm baju luar yg dipakai di rumah.

dustpan /'dʌst'pæn/ *kb.* pengki, pungki.

dustproof /'dʌst'pruwf/ *ks.* tahan debu, kedap abu.

dusty /'dʌstie/ *ks.* berdebu. *d. road* jalan yg berdebu.

Dutch /dʌc/ *kb.* bahasa Belanda. **The D.** orangorang Belanda. *Inf.*: **to go D.** tiap orang membayar buat dirinya sendiri. **in D.** mendapat kesusahan. *to be in D. with o's boss* mendapat kesusahan dari majikannya. —*ks.* Belanda. *the D. people* rakyat Belanda. *The D. nation* bangsa Belanda. *Inf.*: **D. treat** makanan atau hiburan yg dibayar sendiri-sendiri.

Dutchman /'dʌcmən/ *kb.* (*j.* **-men**) orang Belanda.

dutiable /'duwtieəbəl, 'dyuw-/ *ks.* kena béa-cukai. *d. goods* barang-barang yg hrs dikenakan béacukai.

dutiful /'duwtəfəl, 'dyuw-/ *ks.* patuh, menurut. *d. daughter* anak perempuan yg patuh.

duty /'duwtie, 'dyuw-/ *kb.* (*j.* **-ties**) 1 kewajiban. *to do o's d.* menunaikan kewajiban. 2 tugas. *What are my duties?* Apa tugas saya? **to be on d.** bertugas, bekerja. **to be off d.** bébas dari pekerjaan, lepas/ bébas tugas. **to do d. for** bertugas/berfungsi sbg. *This sandwich will have to do d. for your lunch* Roti rangkap inilah merupakan makan siangmu. *to pay a d. call* memenuhi panggilan bertugas. *to return to d.* kembali bertugas. *to take up o's duties* memulai tugas. 3 béa. *import d.* béa impor/masuk. *This cloth is liable to d.* Kain/Bahan ini wajib kena béa-cukai.

duty-bound *ks.* merasa wajib/berkewajiban. **dutyfree** *ks.* tanpa/bébas béa.

duumvirate /duw'ʌmvərit, dyuw-/ *kb.* dwitunggal.

D.V.M. [*Doctor of Veterinary Medicine*] dokter héwan.

dwarf /dwɔrf/ *kb.* orang kerdil/katai. —*kkt.* menyebabkan menjadi kecil. *A jet dwarfs a Piper Cub* Pesawat jét menyebabkan pesawat Piper Cub menjadi kecil.

dwell /dwel/ *kki.* (**dwelt** atau **dwelled**) 1 tinggal. *to d. in the city* tinggal di kota. 2 menghuni, mendiami. *to d. in a large house* menghuni sebuah rumah yg besar. 3 memikirkan s.s.t. *It will do no good to d. on that problem* Tak ada faédahnya memikirkan (lama-lama) persoalan itu. —**dwelling** *kb.* tempat tinggal/kediaman. *d. house* rumah tempat tinggal, rumah kediaman. *d. place* tempat tinggal.

dweller /'dwelər/ *kb.* penduduk, penghuni.

dwelt /dwelt/ lih DWELL.

dwindle /'dwindəl/ *kki.* berkurang, menjadi kecil. *The water supply dwindled* Persediaan air berkurang.

Dyak /'daiæk/ *kb.* 1 orang Dayak. 2 bahasa Dayak.

dye /dai/ *kb.* celup(an), bahan celup. —*kkt.* mencelup. *to d. a dress green* mencelup gaun menjadi hijau. —*kki.* dicelup. *Some fabrics d. easily* Beberapa bahan kain mudah dicelup. **dyed-in-the-wool** *ks.* sejati, tulén. *a d.-in-the-wool Democrat* seorang Démokrat yg sejati. —**dyeing** *kb.* (pen)celupan.

dyer /'daiər/ *kb.* tukang celup.

dying /'daiing/ lih DIE.

dyke /daik/ = DIKE.

dynamic /dai'næmik/ *ks.* dinamis, dinamik, bersemangat. *d. personality* kepribadian yg dinamis.

dynamics /dai'næmiks/ *kb.* 1 ilmu dinamika. 2 tenaga gerak. *the d. of a hurricane* tenaga gerak topan.

dynamism /'dainəmizəm/ *kb.* dinamisme, tenaga yg dinamis.

dynamite /'dainəmait/ *kb.* 1 dinamit, bahan atau alat peledak. 2 *Inf.*: hal yg menggemparkan. *Their act is d.* Pementasan (panggung) meréka menggemparkan. —*kkt.* mendinamit, meledakkan dgn dinamit. —**dynamiting** *kb.* pendinamitan.

dynamo /'dainəmow/ *kb.* dinamo, pesawat pembangkit listrik.

dynastic /dai'næstik/ *ks.* yg berh. dgn dinasti atau wangsa. *d. rule* pemerintahan wangsa/dinasti.

dynasty /'dainəstie/ *kb.* (*j.* **-ties**) dinasti, wangsa, keluarga/keturunan raja. *literary d.* keluarga sastera.

dysentery /'disən'terie/ *kb.* diséntri, bérak darah, sakit busét.

dysfunction /dis'fʌngksyən/ *kb.* gangguan/penyeléwéngan fungsi. *kidney d.* gangguan fungsi ginjal.

dyspepsia /dis'pepsieə/ *kb.* pencernaan yg terganggu.

dyspeptic /dis'peptik/ *ks.* muram, suram.

dystrophy /'distrəfie/ *kb.* penyakit otot.

E

E, e /ie/ *kb.* 1 huruf kelima abjad Inggeris. 2 *Mus.*: nada E.

each /iec/ *ks.* (tiap-)tiap, setiap. *e. summer* tiap-tiap musim panas. *e. child* tiap-tiap anak. —*kg.* masing-masing. *E. is equally good at his job* Masing-masing sama baiknya pd pekerjaannya. *The pencils are fifteen cents e.* Potlot itu masing-masing harganya limabelas sén. *two groups of 10 men e.* dua kelompok yg masing-masing terdiri atas 10 orang laki-laki. **e. one** tiap orang, masing-masing. **e. and everyone** tiap orang. *E. and everyone of you is entitled to go* Engkau semuanya masing-masing berhak utk pergi. **e. other** 1 saling. *They gave e. other gifts* Meréka saling memberi hadiah. *They are fond of e. other* Meréka saling menyukai. 2 satu sama lain. *They have a lot in common with e. other* Meréka itu banyak persamaannya satu sama lain.

eager /'iegər/ *ks.* ingin sekali, hasrat. *to be e. to go* ingin sekali pergi. *to be e. for recognition* ingin sekali mendapat penghargaan. *e. glance* pandangan penuh harapan. *Inf.*: **e. beaver** orang yg rajin sekali. —**eagerly** *kk.* dgn tak sabar, dgn keinginan yg amat besar.

eagerness /'iegərnəs/ *kb.* hasrat, keinginan. *e. to learn* hasrat belajar.

eagle /'iegəl/ *kb.* 1 burung rajawali/elang, garuda. 2 *Golf*: jumlah pukulan kurang dua dari par. —**eagles** *j.* tanda pangkat kolonél tentara AS. **eagle-eyed** *ks.* bermata/berpenglihatan tajam.

ear /ir/ *kb.* 1 telinga, kuping. *He has a good e. for music* Ia berbakat utk mendengarkan musik. *Inf.*: **to be all ears** mendengarkan dgn penuh perhatian, diam menelinga. *Inf.*: **to be up to o's ears in work** sibuk sekali dgn pekerjaan. **to be up to o's ears in debt** tenggelam dlm hutang. **to believe o's ears** mempercayai apa yg didengar. *When he told me the news, I couldn't believe my ears* Ketika dia menceritakan kabar itu pd saya, saya hampir tdk percaya. **to be wet behind the ears** masih pelonco/ingusan/hijau. *Sl.*: **to bend s.o's ears** memaksakan mendengarkan percakapan s.s.o. *It has come to my ears that…* Sdh terdengar oléhku bhw…. **to fall on deaf ears** tdk diperhatikan, tdk mendapat perhatian. **to set s.o. by the ears** menyebabkan semuanya bertengkar. **to gain the e. of** mendapat perhatian dari. *I have an e. to his plea* Aku mendengarkan permohonannya. *to go in one e. and out the other* masuk telinga kanan, keluar dari telinga kiri; tdk diperhatikan, tdk dihiraukan. *Inf.*: **to have/keep o's e. to the ground** memasang telinga. **to lend an e. to** memperhatikan, mendengarkan. **to pin o's ears back** mengalahkan, menghajar. **to play by e.** 1 memainkan tanpa buku. 2 menyelenggarakan s.s.t. tanpa persiapan atau petunjuk yg cukup. **to turn a deaf e. to** menganggap sepi thd. :: *Walls have ears* Nanti ada yg mendengarnya. *Keep your ears open for rumors*

Perhatikan/Dengarkan segala desas-desus. *If it should come to the ears of…* Jika hal itu sampai terdengar oléh…. *His ears must have burned from the compliments being paid him* Mungkin sdh pekak telinganya mendengarkan ucapan-ucapan selamat yg disampaikan orang kepadanya. 2 bulir, tongkol (*of corn*). **e. specialist** ahli penyakit telinga.

earache /'ir'eik/ *kb.* sakit telinga. *I have an e.* Saya sakit telinga.

eardrum /'ir'drʌm/ *kb.* gendang pendengar.

earful /'irful/ *kb.* 1 lebih dari cukup. 2 teguran, celaan. *He got an e.* Ia mendapat celaan.

earl /ərl/ *kb.* gelar kebangsawanan yg tinggi, pangéran.

early /'ərlie/ *ks.* (**earlier, earliest**) 1 lekas. *Please give me an e. reply* Berikanlah jawaban selekas mungkin. Lekaslah menjawab. 2 muda. *his e. life* masa mudanya. 3 pagi-pagi. *to keep e. hours* pagi-pagi membuka tokonya, bekerja pagi-pagi. *in the e. morning* pagi-pagi benar, masih pagi sekali. :: *in the e. afternoon* masih siang. *to have an e. dinner* cepat makan malam. *The e. bird gets the worm* Siapa cepat dapat. *the e. history of Korea* sejarah purbakala negeri Koréa. *my earliest recollections* hal-hal yg masih dpt saya ingat dari masa kecil/kanak-kanak. *He's an e. riser* Ia selalu bangun pagi sekali. *at the earliest possible moment* secepat mungkin, pd saat (waktu) yg secepat-cepatnya. *at your earliest convenience* pd kesempatan yg pertama. —*kk.* pagi-pagi. *I have to get to the office e. tomorrow* Saya pagi-pagi hrs berada di kantor bésok. *He came too e.* Ia datang terlalu pagi. *e. in the morning* pagi-pagi benar. *You are an hour e.* Kamu datang satu jam terlalu cepat. *e. in his career* pd permulaan kariérnya. *Mozart died e. in life* Mozart meninggal dlm usia muda. **e. on** dari/sejak permulaan. *as e. as the 8th century* sdh dlm abad ke-8 (ini). *as e. as possible* secepat mungkin. **e. bird** seorang yg lekas datang. **early-warning radar** radar pemberi peringatan pertama.

earmark /'ir'mark/ *kb.* ciri-ciri. *the e. of a politician* ciri-ciri seorang ahli politik. —*kkt.* memperuntukkan. *to e. funds for books* memperuntukkan dana utk buku-buku.

earmuff /'ir'mʌf/ *kb.* alat penutup telinga.

earn /ərn/ *kkt.* 1 mendapat bayaran/gaji. **to e. a living** mendapat penghasilan. *He earns a good living* Penghasilannya baik. 2 memperoléh. *to e. o's good name through hard work* memperoléh nama baiknya dgn bekerja keras. —**earnings** *kb., j.* pendapatan, upah, penghasilan. **earning** *power* daya pendapatan.

earnest /'ərnist/ *kb.* **in e.** bersungguh-sungguh. *I'm in e. when I say that…* Aku bersungguh-sungguh waktu mengatakan bhw…. **in dead e.** bersungguh-sungguh, betul, dgn jaminan. —*ks.* sungguh-sungguh, tekun. *to be e. about o's work* bersungguh-sungguh dgn pekerjaannya. *an e. Moslem* seorang

Muslim yg saléh. *e. effort* usaha yg sungguh-sungguh, usaha yg tekun. **e. money** uang panjar/muka. —*kk.* dgn sungguh-sungguh, dgn betul-betul.

earphone /'ir'fown/ *kb.* alat pendengar.

earplug /'ir'plʌg/ *kb.* penyumbat telinga.

earring /'ir'ring/ *kb.* anting-anting, subang.

earshot /'ir'syat/ *kb.* jarak pendengaran. *out of e.* diluar pendengaran. *within e.* dlm jarak pendengaran.

earsplitting /'ir'spliting/ *ks.* yg memekakkan telinga.

earth /ərth/ *kb.* 1 tanah. *Put some e. around this plant* Taruhlah tanah sedikit sekeliling tanaman ini. 2 dunia, bumi. *to travel around the e.* berkeliling dunia, mengelilingi bumi. 3 bumi. **on e.** 1 di dunia. 2 gerangan. *How on e. can you say that?* Bagaimana kau bisa berkata begitu? *Nothing on e. could keep him from going* Tak ada yg dpt menghalangi ia pergi. *Why on e. didn't you go?* Mengapa engkau tak pergi? **to come back to e.** melihat keadaan yg sebenarnya. **down to e.** sederhana, biasa, bersahaja. **to run to e.** mengejar dan menangkap. **earth-circling** *ks.* yg mengitari bumi. *an e.-circling satellite* satelit yg mengitari bumi. **e. mover** buldozer. **e. satellite** satelit bumi. **earth-shaking** *ks.* yg menggemparkan/menggégérkan. *e.-shaking news* berita yg menggemparkan.

earthbound /'ərth'bawnd/ *ks.* terikat/terbatas pd bumi. *Man is no longer e.* Manusia tak lagi terikat kpd bumi.

earthen /'ərthən/ *ks.* terbuat dari tanah. *e. bowl* mangkuk dari tanah.

earthenware /'ərthən'wær/ *kb.* barang tembikar, barang (dari) tanah.

earthly /'ərthlie/ *ks.* keduniawian. *e. goods* benda keduniawian. *That's of no e. use* Itu tak ada gunanya samasekali.

earthquake /'ərth'kweik/ *kb.* gempa bumi, lindu.

earthward(s) /'ərthwərd(z)/ *kk.* menuju ke bumi.

earthworm /'ərth'wərm/ *kb.* cacing tanah.

earthy /'ərthie/ *ks.* 1 yg berbau tanah. *an e. odor* bau tanah. 2 biasa, sederhana, bersahaja. *an e. person* seorang yg biasa/sederhana.

earwax /'ir'wæks/ *kb.* tahi telinga/kuping.

ease /iez/ *kb.* kesenangan, ketenteraman. *to lead a life of e.* hidup senang. **to feel at e. with** merasa senang/tenteram dgn. **to stand at e.** beristirahat. *At e.!* Istirahat! **to do s.t. with e.** mengerjakan s.s.t. dgn mudah/tenang. **to set at e.** membuat merasa lega (hati). *He puts/sets everyone at ease* Semua orang dibuatnya merasa senang/lega (hati). *to set s.o.'s mind at e.* menghilangkan rasa tegang s.s.o., mempersenang. —*kkt.* 1 mengurangi. *to e. the pain* mengurangi rasa sakit. 2 meredakan *(the situation)*. 3 menurunkan/mendorong/menggerakkan pelan-pelan. *Help me e. this box to the floor* Tolong saya menurunkan peti ini ke lantai. 4 meringankan. *to e. the strain on the bridge* meringankan/mengurangi tekanan diatas jembatan. —*kki.* 1 berkurang. *The pain eased considerably* Rasa sakit itu berkurang banyak sekali. 2 menyelinap. *to e. into a room* masuk kamar dgn hati-hati. **to e. off** berkurang. *The pressure has eased off somewhat* Tekanan itu sdh agak berkurang. **to e. out** 1 keluar dgn diam-diam. *He eased out while it was quiet* Ia keluar diam-diam selagi sedang sunyi. *to e. o.s. out of a chair* keluar pelan-pelan dari korsi. 2 memperhentikan dgn diam-diam. *He was eased out of the job quietly* Dia diperhentikan dari pekerjaan itu dgn diam-diam.

to e. up on mengurangi. *to e. up on o's activity* mengurangi kegiatan. —**easing** *kb.* peringanan. *e. of the tension* mengurangi/meredakan ketegangan.

easel /'iezəl/ *kb.* kuda-kuda.

easily /'iezəlie/ lih EASY.

east /iest/ *kb.* timur. *Their house faces (the) e.* Rumah meréka menghadap ke timur. **to the e. of** di sebelah timur. *New York City is 250 miles to the e. of here* New York City terletak 250 mil di sebelah timur dari sini. *The Far E.* Timur Jauh. *The Near E.* Timur Dekat. *The Middle E.* Timur Tengah. —*ks.* timur. *e. wind* angin timur. **E. Coast** Negara-negara bagian AS di pantai timur. **E. Indian** yg berh. dgn Hindia Timur.

Easter /'iestər/ *kb.* Paskah. *E. Sunday* hari minggu Paskah. *E. Island* Pulau Paskah.

easterly /'iestərlie/ *ks.* dari timur. *e. wind* angin dari timur.

eastern /'iestərn/ *ks.* timur. *e. section of the state* bagian timur dari negara bagian. *E. Europe* Éropa (bagian) Timur. *E. Hemisphere* Belah bumi sebelah timur. *E. Standard Time* Waktu Tolok Timur.

easterner /'iestərnər/ *kb.* orang/bangsa timur, pribumi bagian timur. *we easterners* kita orang timur.

eastward /'iestwərd/ *kk.* ke timur, ke arah timur.

easy /'iezie/ *ks.* (**easier, easiest**) 1 mudah, gampang. *e. to solve* mudah dipecahkan. *too è.* terlalu mudah. *e. target* sasaran yg mudah. *It's e. to see that ...* Mudah melihat, bhw .... *She's an e. person to get along with* Tdk sulit bergaul dgn dia. *He lives within e. reach of his office* Ia mudah sekali mencapai kantornya dari rumahnya. 2 empuk. *e. opponent* lawan yg empuk. 3 (pe)murah. *e. grader* penilai yg (pe)murah. 4 énténg. *Buy on e. terms* Belilah dgn syarat-syarat yg énténg. *as e. as falling off a log, e. as pie* sgt gula didlm mulut, mudah sekali, tanpa usaha, segampang bersiul. **to travel by e. stages** melakukan perjalanan dgn tahap-tahap yg ringan/mudah. **to live on e. street** berkecukupan, hidup senang. **e. way out** jalan keluar yg mudah. *to take the e. way out* 1 bunuh diri. 2 menempuh jalan yg paling mudah. *woman of e. virtue* perempuan yg jual murah/perempuan ja-lang. —*kk.* 1 dgn gampang, dgn mudah. **to let s.o. off e.** melepaskan s.s.o. dgn mudah. **to come e.** diperdapat dgn mudah. *Repairing cars comes e. for him* Memperbaiki mobil mudah saja baginya. *It's easier said than done* Lebih mudah berkata drpd berbuat. 2 *Inf.:* pelan-pelan. *E.!* Pelan-pelan! *E. does it!* Pelan-pelan! **to go e. on** menghémat. *Go e. on the milk, it's low* Hématlah dgn susu itu, hanya sedikit tinggal. *Inf.:* **to take s.t. e.** tenang. *Take it e.!* a) Tenang-tenang saja! b) Janganlah keras-keras! *to take it e. on the weekend* bermalas-malas di akhir minggu. *to take life e.* hidup dgn tenteram, tdk suka répot-répot, tdk mau bersusah-susah. **e. chair** kursi malas. **an e. job** gula didlm mulut, pekerjaan ringan. *Inf.:* **e. mark** orang yg mudah dipengaruhi. —**easily** *kk.* dgn mudah. *I can e. put the box in my car* Peti itu dgn mudah dpt kumasukkan dlm mobilku. *He is e. sixty* Ia barangkali sdh (berusia) enampuluh tahun.

easygoing /'iezie'gowing/ *ks.* gampang-gampangan, yg bersikap tenang, lembut hati. *an e. person* seorang yg tdk suka répot-répot.

eat /iet/ *kb.* **eats** *j. Sl.:* makanan. —*kkt.* (**ate, eaten**) 1 makan. *He eats three good meals a day* Ia makan kenyang tiga kali sehari. *She ate the whole box of candy* Ia menghabiskan sekotak gula-gula itu. *to e. breakfast* (ber)sarapan. *to e. dinner* makan malam. 2 merusak. *The salt is eating the paint* Garam itu merusak cat itu. —*kki.* 1 makan. *Let's e.* Mari kita makan. *to e. between meals* mengudap. 2 mengganggu. *Inf.: What's eating her?* Apa yg mengganggu pikirannya? **to e. away** 1 merusak. *The dripping is eating away the floor* Tétésan itu merusak lantai. 2 menghabiskan (makan). **to e. into** merusak, melubangi. *The termites are eating into the floor beams* Rayap itu merusak papan-papan lantai. **to e. out** makan diluar, tdk makan di rumah. *The pigeon ate out of my hand* Merpati itu makan dari tangan saya. *Inf.: Our relatives are eating us out of house and home* Famili kami banyak sekali makannya, sehingga kami kehabisan barang-barang. **to e. up** 1 menghabiskan, menelan. *Taxes e. up all the profit* Pajak-pajak menghabiskan semua keuntungan. 2 menghabiskan makanan dgn lahap. *She just eats up movie magazines* Ia membaca habis majalah-majalah film dgn lahapnya. *She eats up flattery* Dia mudah sekali kena bujukan. *Our car eats up gas* Mobil kami memakan banyak bénsin. —**eating** *kb. Fried rice is good e.* Nasi goréng makanan yg énak.

eatable /'ietəbəl/ *kb.* **eatables** *j.* makanan. —*ks.* dapat dimakan. *That cheese isn't e.* Kéju itu tak dpt dimakan.

eaten /'ietən/ lih EAT.

eater /'ietər/ *kb.* pemakan. *light e.* pemakan yg énténg, orang yg tdk banyak makan. *good e.* tukang makan.

eatery /'ietərie/ *kb.* (*j.* -**ries**) *Inf.*: kedai makan, réstoran.

eau de cologne /'owdəkə'lown/ *kb.* minyak kelonyo.

eaves /ievz/ *kb., j.* lis/bagian atap.

eavesdrop /'ievs'drap/ *kki.* (**eavesdropped**) mendengarkan s.s.t. yg tak boléh didengarkan, mendengarkan secara diam-diam.

eavesdropper /'ievz'drapər/ *kb.* seorang yg ikut mendengarkan rahasia-rahasia orang.

ebb /eb/ *kb.* air surut. *His fortunes were at a low e.* Rejekinya agak mundur. *e. and flow* pasang surut. *e. tide* (air) surut. —*kki.* 1 surut. *The water ebbs at night* Air surut di malam hari. 2 berkurang, mundur. *His courage ebbed* Keberaniannya berkurang.

ebony /'ebənie/ *kb.* (*j.* -**nies**) kayu hitam.

ebullience /i'bulyəns/ *kb.* semangat yg meluap-luap. *He has youth's e.* Dia bersemangat pemuda yg meluap-luap.

ebullient /i'bulyənt/ *ks.* bersemangat meluap-luap.

eccentric /ek'sentrik/ *kb.* orang sinting. *He's an eccentric* Tingkah-lakunya anéh. —*ks.* 1 anéh, sinting, séndéng. *e. old lady* wanita tua yg sinting. 2 géndéng.

eccentricity /'eksen'trisətie/ *kb.* (*j.* -**ties**) keanéhan, kesintingan.

eccl(es). [*ecclesiastical*] kependétaan.

Ecclesiastes /e'kliezie'æstiez/ *kb.* Surah dlm Perjanjian Lama.

ecclesiastic /e'kliezie'æstik/ *kb.* rohaniwan, rohaniwati (*fem.*), pendéta.

ecclesiastical /e'kliezie'æstikəl/ *ks.* geréjawi. *e. robe* baju/jubah kependétaan. *e. law* hukum geréja.

echelon /'esyəlan/ *kb.* 1 éselon, tingkatan kekuasaan. 2 formasi, barisan.

echo /'ekow/ *kb.* gema, gaung, bunyi bergema. *The e. rang through the building* Bunyi itu bergema di gedung. —*kkt.* menggemakan. *Your reply echoes my sentiments exactly* Jawabanmu menggemakan perasaan-perasaan saya dgn tepat. —*kki.* bergema. *The sound echoes through the hall* Bunyi itu bergema di ruangan besar.

éclair /ei'klær/ *kb.* sm kué sebesar jari yg diisi dgn kocokan susu dan dibungkus dgn lapisan gula.

eclectic /e'klektik/ *ks.* bersifat memilih dari berbagai-bagai sumber. *to be e. in o's tastes* suka memilih-milih dlm seléranya.

eclecticism /e'klektəsizəm/ *kb.* sistim filsafah yg menggunakan pemilihan (dari berbagai sumber).

eclipse /i'klips/ *kb.* 1 gerhana. 2 kemunduran. *to suffer a temporary e.* kehilangan réputasi atau nama baik utk sementara waktu. —*kkt.* jauh melebihi, menyebabkan kurang penting, memudarkan. *His achievement eclipsed that of his brother* Hasil kemajuannya melebihi apa yg dicapai oléh saudaranya.

ecological /'iekə'lajəkəl/ *ks.* ékologis.

ecology /ie'kaləjie/ *kb.* ékologi.

econ. 1 [*economic*] ékonomis, berhémat. 2 [*economics*] penghématan. 3 [*economy*] ilmu ékonomi, perékonomian, penghématan.

econometrics /i'kanə'metriks/ *kb.* bagian dari ilmu ékonomi yg mengolah hubungan-hubungan ékonomis secara matematika.

economic /'iekə'namik, 'ekə-/ *ks.* ékonomis. *e. problems* masalah-masalah ékonomi. *e. geography* ilmu bumi ékonomi.

economical /'iekə'naməkəl, 'ekə-/ *ks.* hémat, irit. *an e. house* rumah hémat. *He's very e.* Ia sangat hémat. —**economically** *kk.* secara ékonomis.

economics /'iekə'namiks, 'ekə-/ *kb.* ilmu ékonomi. *It's simply a matter of e.* Ini hanyalah masalah ékonomi.

economist /i'kanəmist/ *kb.* ahli ékonomi.

economize /i'kanəmaiz/ *kki.* berhémat, menghémat. *We'll have to e. this month* Bulan ini kita hrs berhémat.

economy /i'kanəmie/ *kb.* (*j.* -**mies**) 1 ékonomi, perékonomian. *the e. of a country* perékonomian negara. *planned e.* ékonomi berencana. 2 penghématan. *to practice e.* berhémat, menghémat. *Av.:* **e. class** ruang niaga, kelas ékonomi. **economy-priced** *ks.* harga murah. *an e.-priced car* mobil harga murah.

ecstasy /'ekstəsie/ *kb.* (*j.* -**sies**) kegembiraan yg luar biasa. *She was overcome with e.* Kegembiraannya meluap-luap. *to go into ecstasies over s.t.* luar biasa gembiranya mengenai s.s.t.

ecstatic /ek'stætik/ *ks.* gembira luar biasa. —**ecstatically** *kk. e. happy* benar-benar berbahagia.

ecumenical /'ekyə'menəkəl/ *ks.* 1 umum. 2 yg berh. dgn seluruh geréja Kristen. *e. council* déwan geréja, déwan urusan kegeréjaan yg meliputi seluruh geréja Kristen.

eczema /'eksəmə, eg'ziemə/ *kb.* éksema.

ed. [*edition*] terbitan, cétakan.

Ed.D. [*Doctor of Education*] Doktor Ilmu Pendidikan.

eddy /'edie/ *kb.* (*j.* -**dies**) olakan, kisaran, pusaran arus. —*kki.* (**eddied**) berkisar, berputar-putar. *Controversy eddied around the two political figures* Pertentangan berkisar pd kedua tokoh politik itu.

Eden /'iedən/ *kb.* taman firdaus.

edge /ej/ *kb.* 1 tepi. *by the water's e.* di tepi air. 2 pinggir. *e. of a knife blade* pinggir (mata) pisau. *the e. of town* pinggir(an) kota. *the e. of a cliff* tebing jurang. *to have the e. on (s.o.)*. lebih maju/pandai. **on e.** gelisah, cemas. *Her nerves are on e.* Urat syarafnya tdk tenang. **to set s.o's teeth on e.** 1 mengilukan gigi. 2 menyebabkan perasaan s.s.o. **to take the e. off** 1 menghilangkan kegembiraan. *Winning by such a wide margin took the e. off his victory* Dgn kemenangannya yg besar itu ia kehilangan kegembiraannya. 2 mengurangi kekuatan. —*kkt.*

memberi pinggir. *to e. a hedge* memberi pinggir pd pagar. *to e. a dress with lace* memberi pakaian berpinggir rénda. **to e. o's way** berjalan miring. *to e. o's way around a partition* berjalan miring memutari sekat/tirai. *to e. o's way along a narrow ledge* berjalan miring sepanjang pinggiran yg sempit. **to e. away** meninggalkan. *to e. away from the crowd* pelan-pelan meninggalkan orang banyak. **to e. in** masuk. *It was crowded, but I edged in gradually* Banyak sekali orang, tetapi saya pelan-pelan berhasil masuk. **to e. out** menang tipis (*in competition*).

edgeways /'ej'weiz/ *kk.* (jalan) miring. *to pass through e.* berjalan miring. *I had difficulty getting a word in e.* Sukar bagiku utk menyela.

edgewise /'ej'waiz/ = EDGEWAYS.

edginess /'ejienəs/ *kb.* 1 kegelisahan, kegugupan. 2 ketajaman.

edgy /'ejie/ *ks.* lekas terganggu, tdk tenang.

edible /'edəbəl/ *ks.* dpt dimakan.

edict /'iedikt/ *kb.* dékrit, proklamasi, maklumat, pengumuman pemerintah/resmi.

edification /'edəfə'keisyən/ *kb.* perbaikan, kemajuan/manfaat rohaniah, pendidikan.

edifice /'edəfis/ *kb.* gedung/bangunan besar.

edified /'edəfaid/ lih EDIFY.

edifies /'edəfaiz/ lih EDIFY.

edify /'edəfai/ *kkt.* (**edified**) memperbaiki/memajukan pendidikan. —**edifying** *ks.* yg membawa/mendatangkan perbaikan.

edit /'edit/ *kkt.* 1 membaca dan memperbaiki (naskah), mempersiapkan (naskah) utk diterbitkan. 2 memimpin redaksi. *to e. a magazine* memimpin redaksi majalah. *Edited by ...* Diperiksa dan diperbaiki oléh ... —**editing** *kb.* penelitian, pemeriksaan (*of a manuscript*).

edit. 1 [*edition*] cétakan, terbitan, édisi. 2 [*editor*] redaktur. 3 [*edited*] diperiksa (isi naskahnya).

edition /i'disyən/ *kb.* terbitan, édisi, cétakan. *a book in a third e.* buku dlm édisi ketiga. *3rd ed.* cét. ke-3.

editor /'edətər/ *kb.* redaktur, pemeriksa naskah utk penerbitan. *e.-in-chief* pemimpin redaksi. *To the E.* Redaksi Yth.

editorial /'edə'towrieəl/ *kb.* tajuk rencana. *e. staff* redaksi. —**editorially** *kk.* sbg tajuk rencana. *The newspaper commented e. on that issue* Surat kabar mengulas hal itu didlm tajuk rencananya.

editorship /'edətərsyip/ *kb.* jabatan redaktur.

Ed.M. [*Master of Education*] Sarjana Ilmu Pendidikan.

EDT, E.D.T. [*Eastern Daylight Time*] ukuran waktu siang hari bagian timur AS yg satu jam lebih cepat dari waktu setempat.

educate /'ejukeit/ *kkt.* mendidik. *to e. s.o. to take responsibility* mendidik s.s.o. guna memikul tanggung jawab. *He was educated as a doctor* Ia berpendidikan dokter. *She was educated in Holland* Ia mendapat pendidikan di negeri Belanda. *She educated her son at home* Ia mengajar anak laki-lakinya di rumah. —**educated** *ks.* berpendidikan, terpelajar.

education /'eju'keisyən/ *kb.* pendidikan. *Ministry of E.* Départemén Pendidikan. *adult e.* pendidikan masyarakat, pendidikan orang déwasa. *general e.* studium generale, pendidikan umum. *university e.* pendidikan universitas.

educational /'eju'keisyənəl/ *ks.* yg berh. dgn pendidikan. *e. film* film pendidikan. *e. institution* sekolah.

educationist /'eju'keisyənist/ *kb.* ahli mendidik.

educator /'eju'keitər/ *kb.* pendidik, ahli mendidik.

EE [*Electrical Engineer*] insinyur listrik.

EEC, E.E.C. [*European Economic Community*] Organisasi Ékonomi Éropa.

eel /iel/ *kb.* belut.

eerie /'irie/ *ks.* ngeri, takut. *e. feeling* perasaan ngeri.

efface /ə'feis/ *kkt.* 1 menghapus(kan). *Time has effaced many inscriptions* Banyak tulisan-tulisan lama tlh terhapus oléh zaman. 2 **to e. o.s.** tdk memperlihatkan/menonjolkan diri.

effect /ə'fekt/ *kb.* 1 pengaruh. *What e. did the medicine have on him?* Apa pengaruh obat itu padanya? 2 éfék, akibat. *The e. of the colors was striking* Éfék warna-warna itu mempesonakan. *I still feel · the effects of my illness* Saya masih merasakan akibat menderita sakit itu. **for e.** utk gagah-gagahan. *He said it solely for e.* Dia mengatakan itu hanya utk gagah-gagahan. **in e.** 1 berlaku. *Martial law is currently in e.* Suasana perang sedang berlaku sekarang. 2 sebetulnya, sebenarnya. **of no e.** tak berhasil, sia-sia. **to that e.** dgn tujuan. *He said he would consider the matter or s.t. to that e.* Dia berkata akan memikirkan persoalan itu atau berbuat s.s.t. dgn tujuan begitu. **to the e.** kira-kira dgn s.s.t. yg mempunyai arti. *He said s.t. to the effect that ...* Dia kurang lebih mengatakan bhw .... **to the same e.** sama isinya/maksudnya. **to carry into e.** melaksanakan. *to carry an order into e.* melaksanakan perintah. **to give the e. of** memberi kesan seolah-olah. **to go into e.** mulai berlaku. **to have an e. on** berpengaruh atas. **to put into e.** mulai berlaku. **to take e.** 1 berpengaruh, mulai terasa. *The drug has begun to take e.* Obatnya mulai berpengaruh. 2 mulai berlaku. —**effects** (*personal*) *j.* harta benda, milik. —*kkt.* 1 menyebabkan, mengakibatkan. *to e. changes in the government* mengakibatkan perubahan-perubahan dlm pemerintahan. 2 mengadakan, menjalankan. *to e. economies* mengadakan penghématan. *to e. a sale* mengadakan penjualan. *to e. an entrance through the back door* masuk dgn kekerasan melalui pintu belakang.

effective /ə'fektiv/ *ks.* 1 berhasil, ditaati. *His warning to the crowd was e.* Peringatannya pd orang banyak itu berhasil. 2 mengesankan. *The arrangement of the furniture was very e.* Pengaturan perkakas-perkakas rumah dlm kamar itu sangat mengesankan. 3 berlaku. *The new law is e. January 1* Undang-undang baru itu berlaku 1 Januari. 4 mujar(r)ab, manjur, mustajab, éfféktip. *The medicine was very e.* Obat itu sangat mujarrab. —**effectively** *kk.* dgn hasil baik, dgn berhasil, éfféktip. *The tear gas e. broke up the riot* Gas air-mata itu berhasil dgn baik membubarkan pengacau-pengacau itu.

effectiveness /ə'fektivnəs/ *kb.* keéféktipan, kemanjuran, kemujar(r)aban.

effeminacy /ə'femənəsi/ *kb.* kewanita-wanitaan.

effeminate /ə'femənət/ *ks.* keperempuan-perempuanan, bersifat spt perempuan.

effervesce /'efər'ves/ *kki.* 1 membuih. *Some soft drinks e.* Beberapa minuman tanpa alkohol membuih. 2 riang gembira.

effervescence /'efər'vesəns/ *kb.* sifat berbusa/berbuih. *the e. of champagne* sifat sampanye yg berbuih.

effervescent /'efər'vesənt/ *ks.* 1 berbuih, berbusa, membuih. *e. water* air berbuih. 2 riang gembira. *She's quite e.* Sifatnya riang gembira.

effete /i'fiet/ *ks.* tak berguna lagi, payah, lelah. *He's an e. individual* Dia seorang yg tdk berguna lagi.

efficacious /'efə'keisyəs/ *ks.* mujarab, manjur.

efficacy /'efəkəsie/ *kb.* (*j.* -**cies**) kemanjuran, kemujaraban.

efficiency /ə'fisyənsie/ *kb.* (*j.* -**cies**) 1 ketepatgunaan, éfisiénsi. 2 ketangkasan. *e. expert* seorang yg ahli dlm mempertinggi ketepatgunaan.

efficient /ə'fisyənt/ *ks.* 1 tepatguna, berdayaguna, éfisién. *e. housekeeper* pengatur rumah tangga yg tepatguna. 2 yg menghasilkan.

effigy /'efəjie/ *kb.* (*j.* **-gies**) gambar, patung. *to burn/hang s.o. in e.* membakar/menggantung patung s.s.o.

efflorescence /'eflow'resəns/ *kb.* kemekaran, keadaan sedang mekar, pembungaan, keadaan sedang berbunga.

efflorescent /'eflow'resənt/ *ks.* berkembang, mekar, sedang berbunga.

effort /'efərt/ *kb.* 1 usaha, upaya. *This requires much e.* Ini meminta banyak usaha. **to make the e.** berusaha. *He made a great e. to attend the meeting* Ia berusaha keras utk menghadiri rapat itu. *It's an e. for me to get up* Susah bagi saya utk bangun. 2 karya. *his latest e. (novel, play, etc.)* karyanya yg terakhir.

effortless /'efərtləs/ *ks.* tanpa tenaga/kesukaran. *Driving this car is e.* Mengemudikan oto ini tdk memerlukan tenaga.

effrontery /ə'lrʌntərie/ *kb.* (*j.* **-ries**) kekurangajaran, kelancangan.

effusive /i'fyuwsiv/ *ks.* dgn perasaan tak terkendalikan, terlalu émosionil. *He was e. in his praise* Dia berlebih-lebihan dlm pujiannya. **—effusively** *kk.* dgn secara menyolok. *to thank s.o. e.* menyatakan terimakasih kpd s.s.o. dgn menonjol.

e.g. [*exempli gratia*] misalnya, umpamanya.

egalitarian /i'gælə'tæriеən/ *ks.* seorang yg percaya bhw semua orang sederajat.

egg /eg/ *kb.* telur. *fried e.* telur ceplok (goréng). *rotten e.* telur busuk. *boiled e.* telur rebus. *hard boiled e.* telur rebus/matang yg keras. *soft boiled e.* telur setengah matang. *poached e.* telur ceplok(rebus). *fresh eggs* telur baru. *preserved e.* telur asin. *bad e.* 1 telur busuk. 2 orang jahat. *Inf.: He's not a bad e., really* Dia sebetulnya bukan orang yg jahat. *Sl.: to lay an e.* gagal samasekali. *to put all o's eggs in one basket* mempertaruhkan segala-galanya dlm satu usaha. **—kkt. to e. on** menghasut. **e. beater** pengopyok/pengocok telur. **e. foo yung** fu yong hai. **e. white** putih telur. **e. yolk** kuning-mérah telur.

egghead /'eg'hed/ *kb. Inf.*: orang terpelajar, orang cerdik pandai.

eggnog /'eg'nag/ *kb.* minuman telur kopyok (campuran telur kopyok, gula, susu, minuman keras dan pala).

eggplant /'eg'plænt/ *kb.* terung.

eggshell /'eg'syel/ *kb.* kulit telur, kelompang.

ego /'iеgow/ *kb.* diri (sendiri), aku. *When she refused to marry him, it hurt his ego* Ketika dia menolak kawin dengannya, ia merasa terhina.

egocentric /'iego'sentrik/ *ks.* égoséntris.

egoism /'iegowizəm/ *kb.* égoisme, keakuan.

egoist /'iegowist/ *kb.* orang yg hanya mengejar kepentingan diri sendiri.

egotism /'iegətizəm/ *kb.* égotisme.

egotist /'iegətist/ *kb.* penyombong.

egotistic(al) /'iegə'tistək(əl)/ *ks.* congkak, sombong, angkuh, mementingkan diri sendiri.

egret /'iegret/ *kb. sej.* burung bangau.

Egypt /'iejipt/ *kb.* Mesir.

Egyptian /i'jipsyən/ *kb.* orang Mesir. **—ks.** Mesir. *E. currency* matauang Mesir.

eh /ei/ *kseru.* bukan ?; ..., kan ?; ..., ya ?.

eight /eit/ *kn.* delapan. *e. books* delapan buku. *e. o'clock* jam delapan. *thirty e.* tiga puluh delapan. *He's e.* Umurnya delapan tahun. *There were e. of us* Kami berdelapan. *Sl.: He found himself behind the e.* *ball* Ia dlm keadaan yg sulit.

eighteen /ei'tien/ *kn.* delapan belas.

eighteenth /ei'tienth/ *kn.* yg kedelapan belas. *He arrives on the e.* Dia akan tiba tanggal delapan belas.

eightfold /'eit'fowld/ *ks.* ganda/rangkap delapan, delapan kali.

eighth /'eitth/ *kb., ks.* yg kedelapan. *This is the e. cup of coffee* Ini cangkir kopi yg kedelapan. *to arrive on the e.* tiba tanggal delapan. *an e. of a meter* seperdelapan méter.

eightieth /'eitieəth/ *ks.* yg kedelapan puluh.

eighty /'eitie/ *kb., ks.* (*j.* **-ties**) delapan puluh. *e. two* delapan puluh dua. *e. third* yg kedelapan puluh tiga.

either /'ieтнər, 'ai-/ *ks.* 1 salah satu dari dua. *You may have e. one of these books* Kamu boléh mengambil salah satu dari kedua buku ini. 2 tiap. *We planted the shrubs on e. side of the house* Kami menanam semak-semak itu pd tiap sisi rumah. *You can do it e. way* Kamu dpt melakukannya dgn jalan mana saja. **—kg.** 1 salah satu. *I don't believe e. of you* Saya tdk percaya kepadamu berdua. *E. of these will do* Salah satu diantara ini boléh. 2 salah seorang. *I don't know e. of these men* Tiada seorangpun dari orang-orang lelaki ini yg kukenal. **—kk.** pun tdk. *I don't like her e.* Sayapun tdk suka padanya. *He has never been to to London; I haven't e.* Dia blm pernah ke London; sayapun blm. **e... or** (atau) ... atau. *E. Bill or I will take it* Bill atau saya yg akan mengambilnya. *It is e. in the closet or on the table* Kalau tdk di lemari, tentu ada diatas méja. **either-or** *ks.* salah satu dari dua. *It's not an e.-or proposition* Itu bukan soal usul ini atau usul itu.

ejaculate /i'jækyəleit/ *kkt.* 1 berkata dgn tiba-tiba. *"My God," she ejaculated in horror* "Ja Allah", ujarnya dgn ketakutan. 2 mengeluarkan dgn tiba-tiba.

ejaculation /i'jækyə'leisyən/ *kb.* 1 ujar, seruan. 2 pengeluaran dgn tiba-tiba, penyemburan.

eject /i'jekt/ *kkt.* 1 mengusir. *to e. s.o. from a house* mengusir s.s.o. dari rumah. 2 menyemprotkan, mengeluarkan, menyemburkan. *to e. lava* menyemprotkan lahar.

ejection /i'jeksyən/ *kb.* 1 pengusiran. 2 pelémparan, penyemburan (*lava*). *Av.:* **e. seat** tempat duduk peloncat otomatis dlm waktu darurat.

eke /iek/ *kkt.* **to e. out** menambah dgn susah payah. *to e. out a living by* menambah penghidupan dgn.

el /el/ [*elevated (railroad)*] *kb.* keréta api diatas jalan.

elaborate /i'læbərit/ *ks.*; i'læbəreit *kki.*/ *ks.* 1 rumit. *e. preparations for the wedding* persiapan yg rumit utk perkawinan itu. 2 teliti, terperinci. *e. array of silverware* jajaran barang-barang pérak yg disusun dgn teliti. 3 besar, luas, panjang-lébar. **—kki.** menguraikan. *to e. upon o's experiences* menguraikan pengalaman-pengalamannya panjang lébar.

elaboration /i'læbə'reisyən/ *kb.* perluasan. *e. of an earlier draft* perluasan dari rencana yg terdahulu.

elapse /i'læps/ *kki.* (ber)léwat, (ber) lalu. *Two days elapsed before...* Dua hari tlh léwat sblm....

elastic /i'læstik/ *kb.* karét, élastik. **—ks.** élastik, élastis, kenyal, luwes. *The agreement should be as e. as possible* Persetujuan itu seharusnya seluwes mungkin.

elasticity /i'læs'tisətie/ *kb.* (*j.* **-ties**) kekenyalan, élastisitas.

elate /i'leit/ *kkt.* membesarkan hati, menggembirakan. *The outcome of the election elated the candidate's friends* Hasil pemilihan menggembirakan kawan-

kawan calon itu. —**elated** *ks.* sangat gembira (**at atas**).
elation /i'leisyən/ *kb.* kegembiraan, kegirangan hati.
elbow /'elbow/ *kb.* 1 *Anat.*: siku. 2 boh, béngkokan, potongan béngkok. *e. of a pipe* boh/béngkokan pipa air. **at o's e.** dekat pd s.s.o. **out at the e.** sobék pd siku, compang-camping. **to rub elbows with** bergaul rapat dgn, bercampur gaul dgn. **up to the e.** sibuk sekali. *up to the e. in work* sangat sibuk dgn pekerjaan. —*kkt.* mendorong, menyikut. *to e. o's way through a crowd* mencari jalan dgn mendorong-dorong melalui orang banyak. *Inf.*: **e. grease** bekerja keras, membanting tulang. **e. room** tempat yg cukup luas. *I need more e. room* Saya memerlukan ruang yg lebih luas.
elder /'eldər/ *kb.* anggota pengurus geréja. **elders** *j.* nénék (mamak), sesepuh, orang-orang tua. —*ks.* lebih tua, senior. *e. brother* abang, kakak. *e. statesman* negarawan terkemuka.
elderberry /'eldər'berie/ *kb.* (*j.* -**ries**) sm buah murbéi.
elderly /'eldərlie/ *kb., ks.* tua. *home for the e.* rumah utk kaum tua.
eldest /'eldest/ *ks.* tertua, sulung.
elect /i'lekt/ *kb.* **the e.** orang-orang yg terpilih. —*ks.* yg terpilih. *e. group* golongan terpilih. *president-elect* présidén terpilih. —*kkt.* memilih (*a mayor*). *He elected to stay home* Ia memilih tinggal di rumah.
elect. 1 [*electric(al)*] yg berh. dgn listrik. 2 [*electricity*] listrik.
election /'i'leksyən/ *kb.* pemilihan. *general e.* pemilihan umum. *e. symbol* tanda gambar pemilihan.
elective /i'lektiv/ *kb.* mata pelajaran pilihan, mata kuliah pilihan fakultatif. —*ks.* fakultatif. *e. position* jabatan yg berdasar pemilihan.
elector /i'lektər/ *kb.* pemilih, orang yg berhak memilih, anggota badan yg berhak memilih.
electoral /i'lektərəl/ *ks.* yg bert. dgn pemilih atau pilihan. *e. college* golongan orang-orang yg dipilih oléh para pemilih utk memilih Présidén dan Wakil Présidén AS.
electorate /i'lektərit/ *kb.* orang-orang yg berhak memilih dlm pemilihan.
electric /i'lektrik/ *ks.* 1 yg berh. dgn listrik. *e. clock* jam listrik. *e. current* arus listrik. *e. light* lampu listrik, penerangan listrik. 2 menggemparkan, menggairahkan. *The announcement of the moon shot was e.* Pengumuman peluncuran rokét ke arah bulan itu menggemparkan. **e. blanket** selimut listrik. **e. chair** kursi listrik. **e. eye** mata listrik sbg alat utk membuka atau menutup pintu. **e. heater** alat pemanas listrik. **e. plug** stékér. **e. sign** lampu-lampu réklame. **e. socket** stopkontak.
electrical /i'lektrəkəl/ *ks.* yg berh. dgn listrik, éléktris. *e. engineer* insinyur bagian listrik. *e. engineering* téhnik éléktro, keinsinyuran listrik. *e. storm* badai listrik.
electrician /i'lek'trisyən/ *kb.* montir listrik.
electricity /i'lek'trisətie/ *kb.* listrik.
electrification /i'lektrəfə'keisyən/ *kb.* éléktrifikasi.
electrify /i'lektrəfai/ *kkt.* (**electrified**) 1 mengéléktrifikasikan. 2 menggemparkan. *His speech electrified everyone* Pidatonya menggemparkan semua orang.
electrocardiogram /i'lektrow'kardieəgræm/ *kb.* garis-grafik debar jantung.
electrocute /i'lektrəkyuwt/ *kkt.* 1 membunuh dgn arus listrik. 2 menghukum mati dgn arus listrik.
electrocution /i'lektrə'kyuwsyən/ *kb.* 1 mati karena listrik. 2 hukuman kursi listrik.

electrode /i'lektrowd/ *kb.* éléktroda.
electrodynamics /i'lektrowdai'næmiks/ *kb.* éléktrodinamika.
electrolysis /i'lek'traləsəs/ *kb.* éléktrolisa.
electromagnet /i'lektrow'mægnit/ *kb.* magnit listrik.
electron /i'lektran/ *kb.* éléktron. *e. microscope* mikroskop éléktron.
electronics /i'lek'traniks/ *kb.* ilmu éléktronika.
eleemosynary /'elie'masə'nerie/ *ks.* secara/utk amal. *e. institution* lembaga amal.
elegance /'eləgəns/ *kb.* keméwahan, keélokan, kecantikan, kemolékan, keluwesan. *atmosphere of e.* suasana keméwahan yg molék.
elegant /'eləgənt/ *ks.* molék, élok, bagus sekali, luwes, perlenté.
elegy /'eləjie/ *kb.* (*j.* -**gies**) syair ratapan.
elem. 1 [*elementary*] dasar. 2 [*element*] élemén, unsur.
element /'eləmənt/ *kb.* 1 unsur, élemén. *to be in o's e.* senang sekali. *to be out of o's e.* dlm keadaan yg tdk disukai. 2 dasar. *the elements of economics* dasar-dasar ilmu ékonomi. —**the elements** *j.* hawa, cuaca (salju, angin, hujan). *the five elements* pancabuta.
elemental /'elə'mentəl/ *ks.* dasar. *Thirst is an e. feeling* Haus adalah perasaan dasar.
elementary /'elə'ment(ə)rie/ *ks.* dasar. *e. education* pendidikan dasar. *e. school* sekolah dasar/rakyat.
elephant /'eləfənt/ *kb.* gajah.
elephantiasis /'eləfən'taiəsəs/ *kb.* untut, sakit gajah.
elevate /'eləveit/ *kkt.* 1 mengangkat. *He was elevated to the presidency* Ia diangkat menjadi présidén. 2 meninggikan, menaikkan. *Contact with scholars will e. his mind* Hubungan dgn para sarjana akan meninggikan pengetahuannya. —**elevated** *ks.* yg ditinggikan, tinggi. *He talks on an e. plane* Dia berbicara di tingkat yg tinggi. *e. railroad* jalan keréta api yg ditinggikan sehingga lalu lintas bisa léwat di-bawahnya.
elevation /'elə'veisyən/ *kb.* 1 tingginya. *The elevation at this place is three hundred meters above sea level* Di tempat ini tingginya dari permukaan laut adalah tigaratus méter. 2 peningkatan. *e. of the patient's head* meninggikan kepala pasién. *e. of the mind* meninggikan derajat pikiran/berpikir/pengetahuan.
elevator /'elə'veitər/ *kb.* lift. *e. boy* pelayan lift. *e. shaft* cerobong lift.
eleven /i'levən/ *kb., ks.* sebelas. *Sport: the e.* kesebelasan.
eleventh /i'levənth/ *ks.* yg kesebelas. *at the e. hour* pd saat terakhir.
elf /elf/ *kb.* (*j.* **elves**). peri, jin.
elicit /i'lisit/ *kkt.* 1 mendatangkan. *His question elicited a sharp reply* Pertanyaannya mendatangkan jawaban yg tajam. 2 mendapatkan, memperoléh. *to e. the truth* mendapatkan kebenaran. *The linguist elicits sentences in the foreign language* Ahli bahasa itu memperoléh kalimat-kalimat dlm bahasa asing.
elide /i'laid/ *kkt.* menghilangkan bunyi dlm ucapan.
eligibility /'eləjə'bilətie/ *kb.* (*j.* -**ties**) sifat memenuhi syarat.
eligible /'eləjəbəl/ *ks.* dpt dipilih, memenuhi syarat. *He is not e. to become a member* Ia tak memenuhi syarat utk menjadi anggauta.
eliminate /i'liməneit/ *kkt.* 1 menghapuskan, melenyapkan (*a problem*). 2 menyisihkan. *to e. a team from a contest* menyisihkan sebuah regu dari pertandingan. 3 membersihkan, mengeluarkan. *to e. wastes from the body* membersihkan kotoran-kotoran dari badan. 4 (*kill*) menyingkirkan, membunuh.

elimination /i'limə'neisyən/ *kb.* 1 *Sport:* penyisihan. 2 pengeluaran, pembersihan.

elision /i'lizyən/ *kb.* peniadaan/penghilangan bunyi dlm ucapan, élisi.

elite /ei'liet, i'-/ *kb., ks.* élite, golongan atas, kaum atasan, orang-orang terkemuka. *e. type* huruf élite pd mesin tik.

elixir /i'liksər/ *kb.* obat yg mujarab utk segala macam penyakit.

elk /elk/ *kb.* sej. rusa besar.

ell /el/ *kb.* élo, éla.

ellipse /i'lips/ *kb.* bulat panjang, élips.

ellipsis /i'lipsəs/ *kb.* 1 pembuangan kata atau katakata memenuhi bentuk kalimat berdasarkan paramasastera. 2 *Gram.:* tanda pengganti/élipsis.

elliptical /i'liptəkəl/ *ks.* berbentuk bulat panjang.

elm /elm/ *kb.* sej. pohon yg tinggi dan bagus.

elocution /'elə'kyuwsyən/ *kb.* seni déklamasi, keahlian membaca atau mengucapkan kalimat dgn logat dan lagu yg baik di muka umum.

elongate /i'lɔnggeit/ *kkt.* memperpanjang, memanjangkan, mengulur.

elongation /'ielɔng'geisyən/ *kb.* pemanjangan, penguluran.

elope /i'lowp/ *kki.* lari dgn kekasih pilihannya, biasanya utk kawin.

elopement /i'lowpmənt/ *kb.* pelarian utk kawin.

eloquence /'eləkwəns/ *kb.* kepandaian berpidato, kelancaran berbicara, kefasihan lidah.

eloquent /'eləkwənt/ *ks.* 1 pandai/fasih bicara. *His argument was e.* Arguméntasinya lancar dan bagus. 2 penuh perasaan. *e. eyes* mata yg penuh perasaan. 3 yg mengesankan. *e. plea* tuntutan yg mengesankan, permohonan yg menggugah perasaan.

else /els/ *ks.* lain. *anybody/anyone e.* s.s.o. lain. *anything/something e.* s.s.t. yg lain. *He isn't trained to do anything e.* Ia tak terlatih utk mengerjakan s.s.t. yg lain. *Anything e.. ma'm?* Ada lagi yg lain, nyonya? *anywhere/somewhere e.* di suatu tempat lain. **everybody everyone e.** setiap orang lain, semua (orang) lain. *Everyone e. has gone home* Yg lain tlh pergi semua. **everything e.** apa saja yg lain, semua yg lain. *We've sold everything e. but what's here* Kami tlh menjual semua kecuali yg ada disini. **somebody e.** orang lain. *What e. is there left?* Apa lagi saja yg masih tinggal? *Who e. is coming tonight?* Siapa lagi akan datang malam ini? *I've done little e. but write* Pekerjaan saya hanya menulis/mengarang saja. *Nothing e. for me, thanks* Sdh cukup utk saya, terima kasih. *He lives some place e. now* Sekarang ia tinggal di tempat lain. —*kk.* kalau tidak. *Run, e. you'll miss your bus* Larilah, kalau tdk kau akan ketinggalan bismu. *You take that, or e.!* Kauambil itu, awas, kalau tdk! *Where e. can you get such good food?* Dimana lagi dpt kauperoléh makanan seénak ini/itu? *How e. can I learn?* Bagaimana lagi saya bisa belajar?

elsewhere /'elshwær/ *kk.* di tempat lain, di lain tempat.

elucidate /i'luwsədeit/ *kkt.* membentangkan, menguraikan, menjelaskan. *to e. a theory* membentangkan téori.

elucidation /i'luwsə'deisyən/ *kb.* penjelasan, uraian.

elude /i'luwd/ *kkt.* mengélakkan, menghindarkan diri dari. *to e. a question* mengélakkan pertanyaan. *to e. capture* melepaskan diri dari penangkapan. *The solution to the problem continues to e. him* Pemecahan persoalan itu terus tak tercapai oléhnya.

elusive /i'luwsiv/ *ks.* 1 sukar utk dipahami. *e. reply*

jawaban yg sukar dipahami. 2 sukar ditangkap. *The fox was too e. for me* Rubah itu bagiku terlalu sukar utk ditangkap.

'em, em /əm/ *kg. Inf.:* =THEM. *Let's go get'em, fellow!* Mari kita tangkap meréka, bung!

em /em/ *kb.* huruf *m.*

emaciate /i'meisyieeit/ *kkt.* menguruskan, membuat kurus. *TB had emaciated her* Tébése tlh menguruskan dia. —**emaciated** *ks.* kurus, (kurus) kerémpéng.

emanate /'eməneit/ *kki.* berasal, keluar. *Where did the rumor e. from?* Darimana asal desas-desus itu?

emancipate /i'mænsəpeit/ *kkt.* memerdékakan, membébaskan.

emancipation /i'mænsə'peisyən/ *kb.* émansipasi, kemerdékaan, pembébasan.

emancipator /i'mænsə'peitər/ *kb.* pembébas, pemerdéka.

emasculate /i'mæskyəleit/ *kki.* 1 mengebiri (*a person or animal*). 2 melemahkan. *The new law has been badly emasculated* Undang-undang yg baru itu tlh sangat dilemahkan.

emasculation /i'mæskyə'leisyən/ *kb.* 1 pengebirian. 2 pelemahan.

embalm /em'balm/ *kkt.* membalsem. —**embalming** *kb.* pembalseman.

embankment /em'bæŋkmənt/ *kb.* tambak, tanggul, pematang.

embargo /em'bargow/ *kb.* émbargo, pembatasan perdagangan oléh undang-undang. *to place an e. on the importation of wheat* mengadakan larangan thd pemasukan gandum.

embark /em'bark/ *kkt.* menaikkan ke kapal. *He embarked his troops* Dia menaikkan pasukannya ke kapal. —*kki.* 1 memulai. *to e. on a dangerous course* memulai usaha yg berbahaya. *to e, on a career as a lawyer* memulai jabatan sbg pengacara. 2 *Nau.:* naik kapal.

embarkation /'embar'keisyən/ *kb.* 1 penaikan/kenaikan ke kapal. 2 permulaan. 3 (tempat) keberangkatan.

embarrass /em'bærəs/ *kkt.* 1 memalukan. 2 mempersukar. *My large debts e. me* Hutang saya yg besar itu mendatangkan kesukaran bagiku. —**embarrassed** *ks.* malu. —**embarrassing** *ks.* yg memalukan. *Their actions were very e.* Tindakan-tindakan meréka sangat memalukan.

embarrassment /em'bærəsmənt/ *kb.* keadaan memalukan. *Imagine my e. when ...* Bayangkan bagaimana malu saya ketika....

embassy /'embəsie/ *kb.* (*j.* -**sies**) kedutaan besar.

embattle /em'bætəl/ *kkt.* memerangi.

embed /em'bed/ *kkt.* (**embedded**) 1 menanamkan. *The stones were embedded deep in the earth* Batubatu itu tertanam dalam-dalam di tanah. 2 melekatkan. *Dirt was embedded under his fingernails* Kotoran melekat dibawah kuku jari-jari tangannya. 3 menyimpan. *His face is embedded in my mind* Wajahnya tersimpan dlm ingatan saya.

embellish /em'belisy/ *kkt.* 1 membubuhi, membumbui. *to e. a story with* membubuhi cerita dgn. 2 menghiasi. *to e. a home with art objects* menghiasi rumah dgn barang-barang kesenian.

embellishment /em'belisymənt/ *kb.* 1 penghiasan, perhiasan. 2 hiasan. 3 pembubuhan.

ember /'embər/ *kb.* bara api.

embezzle /em'bezəl/ *kkt.* menggelapkan.

embezzlement /em'bezəlmənt/ *kb.* penggelapan, pencurian.

embezzler /em'bezlər/ *kb.* penggelap.

embitter /em'bitər/ *kkt.* menyakitkan hati. *He was embittered by the remarks made about him* Ia merasa sakit hati oléh sindiran-sindiran orang kepadanya.

emblazon /em'bleizən/ *kkt.* menghiasi. *The room was emblazoned with pennants* Ruang itu dihiasi dgn panji-panji.

emblem /'embləm/ *kb.* lambang, lencana, tanda.

embodied /em'badied/ lih EMBODY.

embodiment /em'badiemənt/ *kb.* pengejawantahan, perwujudan, penjelmaan.

embody /em'badie/ *kkt.* (**embodied**) 1 mewujudkan. *to e. important qualitites* mewujudkan sifat-sifat yg penting. 2 menaruh, menambahkan, membubuhkan, memasukkan. *to e. all suggestions in the next draft* menambahkan semua saran-saran dlm rencana yg berikut.

embolden /em'bowldən/ *kkt.* membesarkan hati, memberanikan. *His successes e. him* Kesuksésannya menjadikan dia lebih berani.

embolism /'embəlizəm/ *kb.* émboli.

emboss /em'bɔs/ *kkt.* menghiasi dgn hiasan timbul. —**embossed** *ks.* 1 bersulam timbul. *e. silk* sutera bersulam timbul. 2 yg ditimbulkan. *e. letter* huruf timbul.

embrace /em'breis/ *kb.* pelukan, rangkulan. —*kkt.* 1 memeluk (*a child*). 2 mencakup. *That article embraces all the important points* Karangan itu mencakup semua hal yg penting. —*kki.* berpelukan. *Mother and daughter embraced* Ibu dan anak berpelukan.

embroider /em'broidər/ *kkt.* menyulam.

embroidery /em'broidərie/ *kb.* (*j.* -**ries**) sulaman.

embroil /em'broil/ *kkt.* melibatkan diri. *to become embroiled in a border dispute* terlibat dlm percékcokan perbatasan.

embryo /'embrieow/ *kb.* mudigah, janin. *in e.* dlm persiapan.

embryology /'embrie'aləjie/ *kb.* ilmu mudigah.

emcee /'em'sie/ [*master of ceremonies*] *kb. Inf.:* pemimpin acara, pengatur acara. —*kkt.* mengatur acara, bertindak sbg pemimpin acara.

emend /i'mend/ *kkt.* 1 memperbaiki, mengoréksi (*text*). 2 mengusulkan perubahan (*a law*).

emendation /'iemen'deisyən/ *kb.* 1 perbaikan, koréksi (*of a text*). 2 perubahan.

emerald /'emərəld/ *kb.* jamrud, zamrud. *e. green* hijau zamrud. *E. Isle* Irlandia.

emerge /i'mərj/ *kki.* muncul, timbul. *to e. as party leader* muncul sbg pemimpin partai. *From these facts it emerges that...* Dari fakta-fakta ini terbukti bhw....

emergence /i'mərjəns/ *kb.* timbulnya, munculnya, kemunculan. *e. of new forces* timbulnya kekuatan-kekuatan baru.

emergency /i'mərjənsie/ *kb.* (*j.* -**cies**) keadaan darurat. *in (case of) an e.* dlm keadaan darurat. *state of e.* keadaan darurat. *to provide for emergencies* mengadakan persiapan utk menghadapi keadaan darurat/susah. **to rise to the e.** mengatasi keadaan darurat/susah. **e. brake** rém bahaya. **e. case** keadaan darurat. **e. exit** pintu bahaya/darurat. **e. room** tempat memberi pertolongan pertama, kamar darurat (di rumahsakit).

emeritus /i'merətəs/ *kb.* pénsiun dgn hormat dan boléh memakai gelar kedudukannya. *professor e.* gurubesar pénsiun.

emery /'emərie/ *kb.* amril, batu gosok. *e. cloth* kain ampelas. *e. paper* kertas amril/ampelas. *e. wheel* roda pengasah dibuat dari batu amril.

emetic /i'metik/ *kb.* obat émésis, pembuat muntah.

emigrant /'eməgrənt/ *kb.* émigran.

emigrate /'eməgreit/ *kki.* berémigrasi.

emigration /'emə'greisyən/ *kb.* émigrasi.

eminence /'emənəns/ *kb.* 1 keutamaan, keunggulan, kedudukan terkemuka. *His e. lends stature to the party* Keutamaannya mengangkat derajat partai itu. 2 kebesaran, kemasyhuran. 3 (*hill*) bukit, tempat yg tinggi. *His E. the Pope* Paus yg Suci, Sri Paus.

eminent /'emənənt/ *ks.* ulung, unggul, terkenal. *e. scholar* sarjana yg ulung. *e. domain* hak pemerintah. —**eminently** *kk.* nyata, sungguh. *e. qualified* nyata mampu, nyata memenuhi syarat.

emissary /'emi'serie/ *kb.* (*j.* -**ries**) utusan, wakil, duta.

emission /i'misyən/ *kb.* pengeluaran, pemancaran, émisi.

emit /i'mit/ *kkt.* (**emitted**) memancarkan (*heat, light*).

emolument /i'malyəmənt/ *kb.* pembayaran, honorarium.

emotion /i'mowsyən/ *kb.* (perasaan) émosi, renjana. *This play appeals to the emotions* Sandiwara ini menggugah perasaan hati. *voice touched with e.* suara yg mengandung émosi, suara yg penuh dgn émosi.

emotional /i'mowsyənəl/ *ks.* émosionil. *e. plea* pembélaan yg mengharukan, pembélaan yg penuh perasaan. *She tends to be e.* Ia mudah sekali menjadi émosionil.

empathy /'empəthie/ *kb.* émpati.

emperor /'empərər/ *kb.* kaisar.

emphasis /'emfəsis/ *kb.* 1 tekanan. *to put e. (up)on* memberi tekanan pd. *with special e. on* terutama ditekankan kpd. 2 perhatian. *There is much e. on space* Banyak sekali perhatian pd ruang angkasa.

emphasize /'emfəsaiz/ *kkt.* menekankan, menegaskan, memberi tekanan pd. *to e. a point* menegaskan pendapat.

emphatic /em'fætik/ *ks.* tegas. *He's e. in his demands* Dia tegas dlm tuntutannya. —**emphatically** *kk.* dgn tegas/sungguh-sungguh.

emphysema /'emfə'siemə/ *kb.* emp(h)iséma, penyakit bengkak pd paru-paru karena pembuluh darahnya kemasukan udara.

empire /'empair/ *kb.* 1 kekaisaran. 2 kerajaan. *British E.* kerajaan Inggeris. *E. State* Negarabagian New York.

empirical /em'pirəkəl/ *ks.* émpiris. *e. data* kenyataan-kenyataan yg émpiris.

emplacement /em'pleismənt/ *kb.* tempat mendudukkan meriam.

emplane /em'plein/ *kki.* naik kapal terbang.

employ /em'ploi/ *kb.* **to be in the e. of** bekerja pd. —*kkt.* 1 mempekerjakan. *This firm employs ten men* Perusahaan ini mempekerjakan sepuluh orang. 2 menggunakan, memakai. *to e. atomic power* menggunakan tenaga atom.

employable /em'ploiəbəl/ *ks.* dpt dipekerjakan.

employee /em'ploiie/ *kb.* pegawai, pekerja, karyawan, karyawati (*fem.*). —**employees** *j.* personil, para karyawan.

employer /em'ploiər/ *kb.* majikan, induk semang.

employment /em'ploimənt/ *kb.* pekerjaan, jabatan. *e. agency/bureau* kantor penempatan tenaga. *part-time e.* pekerjaan sambilan.

emporium /em'powrieəm/ *kb.* 1 toko besar/serbaada. 2 pasar, pusat perniagaan/perdagangan.

empower /em'pawər/ *kkt.* menguasakan, memberi kuasa/wewenang kpd. *The constitution empowers the president to...* UUD menguasakan kpd présidén utk.... *He is empowered to discharge employees* Ia diberi wewenang utk memecat pegawai.

empress /'empris/ *kb.* kaisar wanita.

emptied /'emptied/ lih EMPTY.
empties /'emptiez/ lih EMPTY.
emptiness /'emptienəs/ kb. kekosongan, kehampaan.
empty /'emptie/ kb. (j. -ties) 1 barang kosong. 2 botol kosong. 3 RR.: gerbong kosong. —ks. kosong, hampa. e. bottle botol kosong. My life is e. Hidup saya kosong. e. promise janji yg kosong (melompong). on an e. stomach dgn perut kosong. a building standing e. gedung yg tdk ditempati. —kkt. (**emptied**) 1 mengosongkan. to e. a suitcase mengosongkan koper. 2 menuangkan. to e. a pitcher of milk into glasses menuangkan setéo susu ke gelas-gelas. —kki. bermuara, mengalir. This river empties into the bay Sungai ini bermuara di teluk. **empty-handed** ks. dgn tangan kosong. **empty-headed** ks. bodoh, goblok, berkepala angin. e. talk omong kosong.
emulate /'emyəleit/ kkt. berusaha menyamai atau melebihi. to e. o's favorite actor berusaha menandingi aktor kesayangannya.
emulsify /i'mʌlsəfai/ kkt. (**emulsified**) membuat atau menjadi émulsi.
emulsion /i'mʌlsyən/ kb. émulsi, émulsa.
en /en/ kb. huruf n.
enable /en'eibəl/ kkt. memungkinkan, memboléhkan. A degree will e.s.o. to secure a better position Gelar kesarjanaan akan memungkinkan s.s.o. utk memperoléh kedudukan yg lebih baik.
enact /e'nækt/ kkt. 1 membuat, menjadikan. to e. a law menjadikan undang-undang, mengundangkan. 2 memainkan, memerankan. to e. a role (in a play, film) memainkan peranan.
enactment /e'næktmənt/ kb. 1 pengundangan, pengumuman, pembuatan. e. of a law pengundangan sebuah undang-undang. 2 undang-undang.
enamel /i'næməl/ kb. 1 émail, cét halus. 2 lapis gigi yg keras, glasir, lapis émail (of teeth). —kkt. mengémail, melapisi dgn porslén.
enamelware /i'næməl'wær/ kb. barang-barang dari émail.
enamored /i'næmərd/ ks. 1 terpikat. He was e. of the actress Dia terpikat pd/oléh aktris itu. 2 keranjingan. She's e. of ice cream Dia keranjingan éskrim.
en bloc /an'blɔk, en'blak/ sekaligus, bersama-sama, serentak.
enc. [enclosure] lampiran.
encamp /en'kæmp/ kki. berkémah.
encampment /en'kæmpmənt/ kb. tempat perkémahan.
encephalitis /en'sefə'laitəs/ kb. radang otak.
enchant /en'cænt/ kkt. mempesonakan, memikat, menawan hati. The view enchanted us Pemandangan itu mempesonakan kita. —**enchanting** ks. mempesonakan, memikat. The shadow play is e. Wayang itu mempesonakan. an e. person orang yg menawan hati.
enchantment /en'cæntmənt/ kb. pesona, pemikatan. to feel a sense of e. merasakan terpesona.
encipher /en'saifər/ kkt. menulis (berita/pesan) dlm kode.
encircle /en'sərkəl/ kkt. 1 mengelilingı, melingkari, melingkungi. Flowers e. the pool Bunga-bunga mengelilingi kolam itu. 2 mengepung (the enemy).
encirclement /en'sərkəlmənt/ kb. pengepungan.
encl. [enclosure] lampiran.
enclave /'enkleiv/ kb. daérah kantong.
enclitic /en'klitik/ kb. kata atau persingkatan kata yg tdk bertekanan.
enclose /en'klowz/ kkt. 1 menyertakan, melampirkan. to e. a check for five dollars menyertakan cék sebesar lima dollar. 2 melingkungi. to e. a yard with a fence melingkungi halaman dgn pagar. —**enclosed** ks. 1 tertutup. e. porch beranda tertutup. 2 terlampir. The e. money is in payment for the book Uang terlampir adalah utk membayar buku itu. E. (herewith) please find my personal check in the amount of... Terlampir (bersama ini) saya sampaikan cék peribadi saya sejumlah....
enclosure /en'klowzyər/ kb. 1 lampiran (to a letter). 2 pagar, tanah berpagar.
encode /en'kowd/ kkt. menyandikan, menulis dlm sandi.
encompass /en'kʌmpəs/ kkt. meliputi, mencakup. His influence encompasses a large area Pengaruhnya meliputi daérah yg luas.
encore /'ankowr, 'angkowr/ kb. nyanyian ulangan, bis. —kkt. meminta spy permainan diulang.
encounter /en'kawntər/ kb. 1 pertemuan. chance e. pertemuan secara kebetulan. 2 Mil.: pertempuran. —kkt. 1 bertemu/berjumpa dgn. to e. an old friend bertemu dgn teman lama. 2 menghadapi, mengalami. The emigrants encountered many hardships Émigran-émigran itu menghadapi banyak kesukaran. 3 menemui. to e. opposition to menemui tentangan thd.
encourage /en'kərij/ kkt. membesarkan hati, menganjurkan, mendorong. He encouraged his son to continue his education Ia menganjurkan pd anak lelakinya spy melanjutkan pelajarannya. —**encouraging** ks. yg membesarkan hati/harapan, yg mendorong.
encouragement /en'kərijmənt/ kb. 1 dorongan, desakan. 2 pengobaran semangat, s.s.t. yg membesarkan hati.
encroach /en'krowc/ kki. 1 melanggar batas. to e. upon s.o.'s property melanggar hal milik s.s.o. 2 mengganggu. to e. upon s.o.'s time mengganggu waktu s.s.o.
encroachment /en'krowcmənt/ kb. 1 pelanggaran batas. 2 gangguan.
encumber /en'kʌmbər/ kkt. membebani. He was encumbered with many responsibilities Ia dibebani banyak tanggung jawab.
encumbrance /en'kʌmbrəns/ kb. rintangan, halangan, beban.
encyclical /en'siklikəl/ kb. surat énsiklik.
encyclop(a)edia /en'saiklə'piedieə/ kb. énsiklopédi.
encyclopedic /en'saiklə'piedik/ ks. yg meliputi hal-hal yg luas. an e. mind ingatan spt kamus lengkap. an e. work karya yg lengkap-sempurna.
end /end/ kb. 1 akhir, bagian terakhir. e. of the book akhir buku. to hear the e. of mendengar akhir. 2 ujung. e. of a cord ujung tali. at the e. of the street di ujung jalan itu. I'll sit on the e. seat Aku akan duduk di kursi ujung. 3 tujuan. He will do anything to gain his e. Dia akan mengerjakan apa saja utk mencapai tujuannya. 4 bagian, dasar. the deep e. of a pool bagian yg dlm dari kolam itu. **to be at the e. of** kehabisan. He's at the end of his resources Ia sdh kehabisan uang/dana. **to the bitter e.** sampai pd saat terakhir. **to come to an e.** berakhir. All good things must come to an e. Segala s.s.t. yg baik pasti akan berakhir. **to draw to an e.** berakhir/berlalu. **ends of the earth** mana saja, tempat yg paling jauh. I'll follow you to the ends of the earth Akan kuikuti kau sampai kemana saja. Sl.: **to go off the deep e.** putus asa, tdk dpt mengekang diri. After his wife's death he went off the deep e. Stlh kematian isterinya ıa putus asa. **to make both ends meet** mencukup-cukupkan perbelanjaan. **to hold up o's e.** me-

ngerjakan tugas sebaik-baiknya. **to hold/keep up o's e. of ...** bertahan dlm.... **in the e.** akhirnya, alhasil. **loose ends** hal-hal yg tdk terurus. *After her divorce she had to pick up the loose ends and begin again* Sesudah perceraiannya dia terpaksa mengurusi hal-hal yg berantakan dan mulai lagi dari permulaan. **to be at loose ends** dlm keadaan bingung, lontang-lantung, tdk bertujuan. *With so much free time he tends to be at loose ends* Dgn begitu banyak waktu terluang ia tak tahu apa yg hrs diperbuatnya. **to meet o's e.** mati, wafat. *to meet an untimely e.* meninggal dlm usia muda. *Inf.:* **no e.** 1 tak terhingga. *We enjoyed the party no e.* Kegembiraan kami tak terhingga pd pésta itu. 2 tak habis-habisnya. *There seems to be no e. to her misery* Seolah-olah kemalangannya tak habis-habis. **on e.** berturut-turut, terus-menerus. *for days on e.* selama beberapa hari berturut-turut. *to stand a box on e.* menegakkan peti. *play both ends against the middle* mengadu domba utk keuntungan sendiri. **to put an e. to** mengakhiri, menghentikan. *to put an e. to the bickering* mengakhiri perselisihan. *with this e. in view* mengingat tujuan ini. —*kkt.* 1 menutup (*a meeting*). 2 menghentikan (*war*). 3 mengakhiri. *to e. a speech with an expression of thanks* mengakhiri pidato dgn ucapan terima kasih. 4 menyudahi (*a letter*). —*kki.* 1 berakhir. *The meeting ended at 10* Rapat itu berakhir pd jam 10. *All's well that ends well* Kalau berakhir baik, semua susah payah yg sudah-sudah mudah dilupakan. **to e. up** mengakhiri. *He ended up by reciting a poem* Ia mengakhiri dgn membaca syair. *He ended up as director* Akhirnya ia menjadi diréktur. *Many people e. up in jail* Banyak orang akhirnya masuk penjara. **end-all** *kb.* tujuan terakhir. **e. product** 1 hasil usaha. 2 hasil terakhir. *the e. product of the research* hasil terakhir dari penyelidikan itu. —**ending** *kb.* 1 akhir, bagian terakhir. *the e. of the novel* bagian terakhir roman itu. *The story has a happy e.* Cerita itu berakhir dgn baik/bahagia. 2 *Gram.:* akhiran.

endanger /en'deinjər/ *kkt.* membahayakan, mengancam.

endear /en'dir, in'-/ *kkt.* membuat spy disayangi. *She endears herself to everyone* Ia membuat dirinya disayangi tiap orang.

endearment /en'dirmənt, in'-/ *kb.* tindakan yg menunjukkan/mendatangkan rasa kasih.

endeavor /en'devər, in'-/ *kb.* usaha (keras). *to make every e. to ...* melakukan segala usaha/ikhtiar utk .... —*kkt.* berusaha keras.

endemic /en'demik/ *ks.* selalu terdapat pd tempat tertentu, bersifat éndémis. *Malaria is e. to the tropics* Malaria selalu terdapat di daérah tropika.

endive /'endaiv/ *kb.* andéwi.

endless /'endləs/ *ks.* 1 yg tak ada habis-habisnya, yg tiada akhirnya. *e. task* kewajiban yg tak ada habis-habisnya. 2 tak berujung-pangkal. *e. chain* rantai tak berujung-pangkal, rantai bertemu.

endocrine /'endowkrain, -krin/ *ks.* (cairan) kelenjar éndokrin.

endorse /en'dors, in'-/ *kkt.* 1 menguasakan, mengesahkan, mengabsahkan. *to e. a check over to me* menguasakan cék kpd (dgn menandatangani dibelakangnya). 2 menyokong. *to e. a candidate/recommendation* menyokong calon/saran.

endorsee /en'dorsie, in'-/ *kb.* penerima kuasa.

endorsement /en'dorsmənt, in'-/ *kb.* 1 pengesahan, pengabsahan, persetujuan. *That has the mayor's e.* Itu mendapat pengesahan walikota. *e. on the back of the check* pengesahan dibalik cék itu. 2

dukungan, sokongan. *the party's e.* dukungan dari partai itu.

endorser /en'dorsər, in'-/ *kb.* 1 pemberi kuasa. 2 penyokong, pendukung.

endow /en'daw, in'-/ *kkt.* 1 memberkahi, memberkati. *He is endowed with ability* Ia diberkati dgn kepandaian. 2 membantu dgn pemberian. *That university is heavily endowed* Universitas itu sangat banyak mendapat bantuan dgn pemberian.

endowment /en'dawmənt, in'-/ *kb.* sokongan, sumbangan, amal wiyata, anugerah.

endurable /en'durəbəl, in'-, -'dyur/ *ks.* dpt diterima/ditahan. *The camp is e. but not pleasant* Perkémahan itu dpt ditahan tapi tak menyenangkan.

endurance /en'durəns, in'-, -'dyur-/ *kb.* 1 daya tahan, ketahanan. *e. test* ujian/percobaan ttg ketahanan. *beyond e.* tak tertahankan lagi. *to have great powers of e.* tabah sekali, memiliki daya bertahan yg besar. 2 kesabaran.

endure /en'dur, in'-, -'dyur/ *kkt.* memikul, menahan. *to e. suffering* memikul penderitaan. —*kki.* berlangsung terus, berjalan lama. *May your reign e.!* Mudah-mudahan pemerintahanmu berlangsung terus. —**enduring** *ks.* abadi. *e. peace* perdamaian abadi.

endways /'end'weiz/ *kk.* membujur, menuju ujung, dari ujung ke ujung.

endwise /'end'waiz/ *kk.* = ENDWAYS.

enema /'enəmə/ *kb.* suntikan urus-urus (pd usus). *to take an e.* mendapat suntikan urus-urus.

enemy /'enəmie/ *kb.* (*j.* **-mies**) musuh, lawan. *He's his own worst e.* Dia yg merupakan musuhnya sendiri yg paling besar. *The e. advanced during the night* Musuh maju pd malam hari. *e. alien* warganegara sebuah negara yg sedang berperang dgn negeri yg ditempati. *enemy-occupied territory* daérah yg diduduki musuh.

energetic /'enər'jetik/ *ks.* giat, penuh semangat (be)kerja. —**energetically** *kk.* dgn penuh semangat (be)kerja.

energy /'enərjie/ *kb.* (*j.* **-gies**) 1 tenaga. *atomic e.* tenaga atom. 2 kekuatan. 3 tenaga bekerja, daya.

enervate /'enərveit/ *kkt.* melemaskan, melemahkan. *The hot, humid climate enervates me* Iklim yg panas dan lembab itu melemaskan saya. —**enervating** *ks.* melemahkan.

enfold /en'fowld, in'-/ = INFOLD.

enforce /en'fowrs, in'-/ *kkt.* menyelenggarakan, menjalankan. *to e. the law* menyelenggarakan undang-undang, melaksanakan (kekuasaan) undang-undang.

enforceable /en'fowrsəbəl, in'-/ *ks.* dpt diselenggarakan/dilaksanakan.

enforcement /en'fowrsmənt, in'-/ *kb.* pelaksanaan, penyelenggaraan. *e. of the law* pelaksanaan undang-undang.

enforcible /en'fowrsəbəl, in'-/ = ENFORCEABLE.

enfranchise /en'fræncaiz, in'-/ *kkt.* memberi hak utk memberi suara kpd.

eng. 1 [*engineer*] insinyur. 2 [*engineering*] keahlian téhnik.

engage /en'geij, in'-/ *kkt.* 1 memesan. *to e. two rooms* memesan dua kamar. 2 menggunakan, menyéwa. *to e. a guide* menyéwa seorang penunjuk jalan. 3 melawan. *to e. the enemy in battle* melawan musuh dlm pertempuran. 4 mengajak, mengikutsertakan. *to e. s.o. in conversation* mengajak s.s.o. bercakap-cakap. 5 memintai. *I have been engaged to speak at the exhibition* Saya tlh dimintai janji utk berbicara pd paméran itu. *to e. gears* memasukkan/memasang persnéling. —*kki.* **to e. in battle** berperang. *to e. in sports* ikutserta dlm olahraga. —**engaged** *ks.* **to be e.** 1 bertunangan. 2 sibuk, sedang dipakai/ bicara. *Is this telephone e.?* Apakah télepon ini sedang dipakai? —**engaging** *ks.* yg menarik hati. *an e. young lady* seorang wanita muda yg menarik hati.

engagement /en'geijmənt, in'-/ *kb.* 1 pertunangan. *e. ring* cincin pertunangan. 2 *Mil.*: pertempuran, peperangan. 3 janji, perjanjian. *I have a previous e.* Saya tlh ada janji yg dibuat lebih dahulu. *e. book* agénda. 4 waktu pekerjaan, perjanjian/waktu pemakaian *(theater, music, night club).*

engender /en'jendər, in'-/ *kkt.* menimbulkan, melahirkan, menyebabkan. *Poverty engenders crime* Kemelaratan menimbulkan kejahatan.

engine /'enjən/ *kb.* mesin, motor. *e. room* kamar mesin. *electric e.* lokomotip listrik. *steam e.* 1 *RR.* lokomotip uap. 2 mesin uap.

engineer /enjə'nir/ *kb.* 1 masinis *(on a railroad, ship).* *chief e.* masinis kepala. 2 insinyur. *civil e.* insinyur sipil. 3 zeni. *the e. corps* corps zeni. —*kkt.* 1 merencanakan, mengusahakan rencana, mengatur dgn trampil. 2 membangun.

engineering /'enjə'niring/ *kb.* keahlian téknik, téhnik mesin. *e. geology* géologi téknik. *e. works* paberik mesin.

England /'ingglənd/ *kb.* negeri Inggeris.

English /'innglisy/ *kb., ks.* bahasa Inggeris. *Do you speak E.?* Apakah sdr berbahasa Inggeris? *His E. is excellent* Bahasa Inggerisnya baik sekali. *What is the E. for...?* Apakah bahasa Inggeris utk...? *an E. girl* seorang gadis Inggeris. **E.-born** *ks.* kelahiran Inggeris. **E.-speaking** *ks.* berbahasa Inggeris.

Englishman /'inngglisymən/ *kb.* (*j.* **-men**) orang/ pria Inggeris.

Englishwoman /'innglisy'wumən/*kb.* (*j.* **-women**) wanita Inggeris.

engrain /en'grein, in'-/ = INGRAIN.

engrave /en'greiv, in'-/ *kkt.* 1 mengukir, melukis. *Her initials were engraved on her stationery* Huruf-huruf singkatan namanya terlukis (dgn gorésan) pd kertas tulisnya. 2 memahatkan, menggoréskan. *The memory of that accident is engraved on my mind* Kenangan akan kecelakaan itu terpahat dlm ingatan saya. —**engraving** *kb.* 1 barang ukiran/pahatan. 2 pengukiran, keahlian mengukir atau memahat.

engraver /en'greivər, in'-/ *kb.* 1 pengukir, pemahat. 2 pembikin klisé.

engross /en'grows, in'-/ *kkt.* memikat, mengasyikkan. —**engrossed** *ks.* terpikat, asyik. *I was so e. in my reading I didn't hear her enter* Begitu asyik aku dgn bacaanku sehingga tak kudengar dia masuk. —**engrossing** *ks.* yg mengasyikkan. *an e. story* sebuah cerita yg tegang dan menarik.

engulf /en'gʌlf, in'-/ *kkt.* 1 menelan. *The water engulfed the small boat* Air menelan perahu kecil itu. 2 meliputi, menelan, melanda. *Civil war engulfed that country* Perang saudara meliputi negara itu.

enhance /en'hæns, in'-/ *kkt.* mempertinggi. *to e. the value of the property* mempertinggi harga tanah milik.

enhancement /en'hænsmənt, in'-/ *kb.* penaikan, peninggian, perbaikan, peningkatan.

enigma /i'nigmə/ *kb.* teka-teki, ucapan yg membingungkan.

enigmatic /'enig'mætik/ *ks.* yg membingungkan, yg mengandung teka-teki. *He wore an e. smile* Senyumnya mengandung teka-teki.

enjoin /en'join, in'-/ *kkt.* 1 melarang. *The court enjoined him from leaving the city* Pengadilan melarang dia meninggalkan kota. 2 memerintahkan (spy).

enjoy /en'joi, in'-/ *kkt.* 1 menikmati. *The children enjoyed the party* Anak-anak senang sekali dlm pésta itu. 2 memperoléh. *to e. the full confidence of...* memperoléh kepercayaan yg tebal (dari).... 3 memiliki. *to e. good health* memiliki keséhatan yg baik. **to e. o.s.** senang. *to e. a pipe* suka mengisap tembakau pipa. *to e. eating* senang makan, suka sekali makan.

enjoyable /en'joiəbəl, in'-/ *ks.* yg menyenangkan/ menggembirakan, nikmat. *an e. evening* malam yg menyenangkan.

enjoyment /en'joimənt, in'-/ *kb.* kesenangan, kegembiraan, kenikmatan.

enlarge /en'larj, in'-/ *kkt.* 1 memperluas. *to e. a room* memperluas kamar. 2 memperbesar, membesarkan *(a photo).* **to e. upon** membicarakan atau menulis lebih lengkap. **enlarged** *heart* jantung yg membesar.

enlargement /en'larjmənt, in'-/ *kb.* pembesaran.

enlighten /en'laitən, in'-/ *kkt.* memberi penerangan pd, menguraikan. *to e. an audience about...* memberi penerangan pd para pendengar mengenai.... *an* **enlightened** *people* rakyat yg senantiasa mendapat penerangan-penerangan, rakyat yg mengetahui kebenaran.

enlightenment /en'laitənmənt, in'-/ *kb.* penerangan, pencerahan.

enlist /en'list, in'-/ *kkt.* mendapat, memperoléh. *to e. the aid of* mendapat bantuan dari. —*kki.* mendaftarkan diri pd dinas militér, tékan serdadu. **enlisted** *man* tamtama.

enlistee /en'listie, in'-/ *kb.* calon tamtama.

enlistment /en'listmənt, in'-/ *kb.* pendaftaran. *e. in the army* pendaftaran dlm dinas militér.

enliven /en'laivən, in'-/ *kkt.* memeriahkan. *to e. an evening* memeriahkan malam pertemuan.

en masse /en'mæs, an'mas/ *kk.* 1 seluruhnya. *The family came e.* Keluarga itu datang seluruhnya. 2 secara masal/besar-besaran. *to evacuate e.* mengungsi secara masal.

enmesh /en'mesy, in'-/ *kkt.* menangkap dlm jaring. *He became enmeshed in the freedom movement* Dia jadi terlibat dlm perjuangan kemerdékaan.

enmity /'enmətie/ *kb.* (*j.* **-ties**) (rasa) permusuhan, kebencian.

ennoble /en'nowbəl, in'-/ *kkt.* memuliakan, mempermulia.

ennui /'anwie/ *kb.* perasaan bosan.

enormity /i'nɔrmətie/ *kb.* (*j.* **-ties**) besarnya, luasnya, sifat amat jahat. *the e. of the crime against society* besarnya kejahatan itu thd masyarakat.

enormous /i'nɔrməs/ *ks.* sangat besar, hébat. *an e. house* rumah yg sangat besar. —**enormously** *kk.* sangat besar. *He was e. helpful* Sangat besar bantuannya.

enough /i'nʌf/ *kb.* cukup. *Isn't that e. for now?* Apakah itu blm cukup utk sekarang? *We have e. and to spare* Kita punya lebih drpd cukup. *I have just e. for two servings* Aku hanya mempunyai cukup utk dimakan dua orang. *to e. to save e. money* menabung cukup uang. *That's e.!* Itu sdh cukup. *The noise was e. to drive one crazy* Kebisingan itu cukup utk membuat orang menjadi gila. —*kk.* cukup. *Would you be good e. to lend this book to me?* Maukah sdr meminjamkan buku ini pd saya? *That's a good e. reason* Alasan itu sdh cukup baik. *He knows well e. what I mean* Ia mengetahui benar apa yg saya maksudkan. *Curiously e., I never learnea his name* Benar-benar anéh, bhw saya tdk pernah mengetahui namanya. *It's good e. in its way, but* ... Cara yg demikian itu cukup baik, tetapi....

en passant /anpa'san/ *kk.* sambil lalu.

enplane /en'plein, in'-/ *kki.* naik pesawat terbang.

enquire /en'kwair, in'-/ = INQUIRE.

enquiry /en'kwairie, in'-/= INQUIRY.

enrage /en'reij, in'-/ *kkt.* membuat marah sekali. *That enraged him* Itu membuat dia marah sekali. *He was enraged that* ... Ia marah sekali karena....

enrapture /en'ræpcər, in'-/ *kkt.* mempesonakan, menawan hati, memberahikan, menggairahkan.

enrich /en'ric, in'-/ *kkt.* 1 memperkaya (*o's life*). 2 menyuburkan. *Fertilizer would e. that poor soil* Pupuk akan menyuburkan tanah tandus itu. *uniforms enriched with gold buttons* pakaian seragam dihiasi dgn buah-buah baju emas. **enriched** *milk* susu yg tlh dipertinggi nilai gizinya.

enrichment /en'ricmənt, in'-/ *kb.* hal memperkaya/mempersubur, penyuburan.

enrol(l) /en'rowl, in'-/ *kkt.* mendaftarkan (*students*). —*kki.* mengikuti, menjadi anggauta dari. *to e. in one class* mengikuti satu kelas. *to e. in military service* memasuki dinas militér, masuk tentara.

enrol(l)ment /en'rowlmənt, in'-/ *kb.* pendaftaran. *The university has an e. of 1200 students* Universitas itu mempunyai 1200 orang mahasiswa.

en route /an'ruwt/ *kk.* dalam perjalanan. *e. to Hawaii* dlm perjalanan ke Hawaii.

ensemble /an'sambəl/ *kb.* 1 ansambel. *string e.* ansambel gésék. 2 *Cloth.*: setél pakaian.

enshrine /en'syrain, in'-/ *kkt.* 1 mengabadikan. *His name is enshrined over the doorway* Namanya diabadikan diatas pintu. 2 menyimpan dlm tempat suci atau dlm kuil.

ensign /'ensən/ *kb.* 1 bendéra. 2 létnan muda (AL).

ensilage /'ensəlij/ *kb.* makanan tandon (utk ternak).

enslave /en'sleiv, in'-/ *kkt.* memperbudak.

ensnare /en'snær, in'-/ *kkt.* menjerat, memikat. *We became ensnared in red tape* Kami terjerat dlm birokrasi.

ensue /en'suw/ *kki.* terjadi. *What ensued during the quarrel?* Apa yg terjadi selama percékcokan itu? —**ensuing** *ks.* yg berikut. *the e. week* minggu yg berikut.

ensure /en'syur, in'-/ *kkt.* menjamin, memastikan.

entail /en'teil, in'-/ *kkt.* 1 memerlukan, membawakan. *to e. great responsibility* membawakan tanggung jawab yg besar. 2 meminta. *to e. considerable expense* meminta perongkosan yg besar.

entangle /en'tænggəl, in'-/ *kkt.* 1 melibat, menjerat. *He was entangled in a legal case* Ia terlibat dlm satu perkara hukum. 2 menjadi kusut. *Threads sometimes get entangled* Benang kadang-kadang menjadi kusut.

entanglement /en'tænggəlmənt, in'-/ *kb.* 1 keadaan terlibat. 2 belitan. *barbed-wire e.* kawat berduri yg berbelit-belit.

entente /an'sambəl/ *kb.* persetujuan/perjanjian antara dua negara atau lebih.

enter /'entər/ *kkt.* 1 memasuki (*a room*). *to e. medical school* memasuki fakultas kedokteran. 2 mencatat. *E. this credit in the book* Catatlah krédit ini dlm buku itu. *to e. a subscription* mencatatkan diri sbg langganan, memulai berlangganan dgn, menjadi langganan. 3 menulis, mencantumkan. *In this dictionary the words will be entered alphabetically* Dlm kamus ini kata-kata akan ditulis menurut abjad. 4 menyertai, memasuki, mengikuti. *to e. a contest* menyertai perlombaan. 5 mengajukan. *to e. a complaint* menga-

jukan keluhan/pengaduan. *When did he e. the picture?* Kapan ia mulai muncul? —*kki.* masuk. *He entered and sat down* Ia masuk lalu duduk. **to e. into** 1 mengadakan, mengambil bagian dlm (*a contract, negotiation*). 2 ikut serta dlm. *to e. into the conversation* ikut serta dlm percakapan itu. 3 membicarakan, membahas. *to e. into a discussion of* mengadakan pembicaraan mengenai. **to e. (up)on** memasuki, memulai. *to e. upon an era of prosperity* memasuki suatu jaman makmur.

enteric /en'terik/ *ks.* **e. fever** demam tipus.

enteritis /'entə'raitəs/ *kb.* radang usus.

enterprise /'entərpraiz/ *kb.* 1 perusahaan, firma. *private e.* perusahaan swasta. 2 keberanian berusaha, kegiatan memulai usaha.

enterprising /'entər'praizing/ *ks.* giat, yg mau berusaha. *an e. young man* seorang pemuda yg mau berusaha.

entertain /'entər'tein/ *kkt.* 1 mengadakan perjamuan makan, menjamu makan. 2 mempunyai. *He entertains fond memories* Ia mempunyai kenang-kenangan indah. *to e. an opinion about s.o.* mempunyai pendapat ttg s.s.o. *to e. hostile feelings towards* mempunyai perasaan bermusuhan thd. 3 menghibur. *to e. s.o. with an account of a trip* menghibur s.s.o. dgn menceritakan kisah perjalanan. —*kki.* menjamu. *She likes to e.* Dia suka menjamu. —**entertaining** *ks.* 1 yg dpt memikat perhatian orang. *an e. person* seorang yg bisa memikat perhatian orang. 2 yg menyenangkan orang, yg menghibur.

entertainer /'entər'teinər/ *kb.* penghibur, pemain.

entertainment /'entər'teinmənt/ *kb.* 1 hiburan. 2 pertunjukan. *e. tax* pajak pertunjukan. *e. allowance* uang utk hiburan, dana utk menghibur nasabah-nasabah.

enthral(l) /en'thrəl, in'-/ *kkt.* (**enthralled**) memikat, mempesonakan. *She was enthralled with the opera* Dia sangat terpikat oléh opera. —**enthralling** *ks.* yg memikat. *an e. performance* Pertunjukan yg sangat memikat.

enthrone /en'thrown, in'-/ *kkt.* menakhtakan, menobatkan, menempatkan diatas takhta.

enthuse /en'thuwz, in'-/ *kki.* menimbulkan, rasa antusias, bergairah/sangat gembira ttg. *I am enthused over* ... Saya antusias mengenai....

enthusiasm /en'thuwzieæzəm, in'-/ *kb.* antusiasme, semangat besar, kegairahan, kegembiraan yg besar. *She has great e. for* ... Ia amat bersemangat dlm....

enthusiast /en'thuwzieæst, in'-/ *kb.* penggemar, pencandu. *soccer e.* penggemar main bola.

enthusiastic /en'thuwzie'æstik, in'-/ *ks.* antusias, bersemangat, bergairah. *He waxes e. about his plans* Ia menjadi antusias sekali mengenai rencana-rencananya. —**enthusiastically** *kk.* dgn penuh semangat.

entice /en'tais, in'-/ *kkt.* 1 menarik, memikat. *to e. a cat with a piece of fish* menarik kucing dgn sepotong ikan. 2 mengajak. *to e. s.o. to do s.t.* mengajak s.s.o. berbuat s.s.t. 3 membujuk. *to e. s.o. away* membujuk s.s.o. pindah/pergi. —**enticing** *ks.* yg menarik, yg menimbulkan hasrat, yg memikat hati.

enticement /en'taismənt, in'-/ *kb.* 1 umpan, bujukan, ajakan. 2 tawaran, daya tarik. *What e. can you offer?* Tawaran apa yg dpt kauberikan?

entire /en'tair, in'-/ *ks.* 1 segala. *her e. belongings* segala harta bendanya. 2 seluruh. *the e. field* seluruh ladang. —**entirely** *kk.* 1 sama sekali. *Those two brothers are e. different* Kedua saudara lelaki itu ber-

béda sama sekali. 2 seratus persén, sepenuhnya. *You are e. right* Kau benar seratus persén.
entirety /en'tair(ə)tie, in'-/ *kb.* (*j.* **-ties**) seluruhnya, keseluruhannya. *The property is being sold in its e.* Milik itu dijual keseluruhannya.
entitle /en'taitəl, in'-/ *kkt.* memberi nama, berjudul. *The book is entitled "Poor Soul"* Buku itu diberi nama "Poor Soul". Buku itu berjudul "Poor Soul." **to be entitled to** berhak. *He was entitled to part of his father's property* Ia berhak atas sebagian harta benda ayahnya. *entitled to vote* berhak memilih.
entity /'entətie/ *kb.* (*j.* **-ties**) s.s.t. yg sungguh-sungguh ada, kesatuan yg lahir.
entomb /en'tuwm, in'-/ *kkt.* memakamkan.
entomology /'entə'maləjie/ *kb.* ilmu serangga.
entourage /'antu'razy/ *kb.* rombongan, para pengiring. *the prince and his e.* pangéran dan rombongannya.
entrails /'entrəlz/ *kb., j.* isi perut.
entrain /en'train, in'-/ *kki.* naik keréta api.
entrance /'entrəns *kb.*; en'træns *kkt.*/ *kb.* 1 pintu/jalan masuk. *main e. to the building* pintu masuk utama ke gedung. 2 masuk/penerimaan. *e. requirements* syarat-syarat penerimaan. *One may gain e. only if he has a ticket* Orang boléh masuk hanya kalau mempunyai karcis. *The opera star made a magnificent e.* Bintang opera itu muncul secara hébat sekali. —*kkt.* mempesona(kan), memikat. *I was entranced by her voice* Saya terpesona oléh suaranya.
entranceway /'entrəns'wei/ *kb.* jalan masuk.
entrant /'entrənt/ *kb.* pengikut, peserta, orang yg masuk.
entreat /en'triet, in'-/ *kkt.* meminta/memohon dgn sangat.
entreaty /en'trietie, in'-/ *kb.* (*j.* **-ties**) permohonan yg sangat mendesak.
entrée, entree /'antrei/ *kb.* 1 hak utk masuk. 2 (*food*) makanan/hidangan utama. 3 perangsang seléra.
entrench /en'trenc, in'-/ *kkt.* 1 mengelilingi dgn parit, berkubu. *The soldiers were entrenched in the mountains* Perajurit-perajurit itu berkubu di bukit-bukit. 2 berurat berakar. *Forgiving is a custom entrenched among Moslems* Memaafkan adalah suatu kebiasaan yg tlh berurat berakar pd kaum Muslimin. 3 masuk dgn menyerobot. *This is private; do not e.!* Ini adalah daérah pribadi, jangan menyerobot masuk!
entrenchment /en'trencmənt, in'-/ *kb.* parit, pertahanan, kubu.
entrepot, entrepôt /'antrəpow/ *kb.* 1 gudang barang. 2 tempat penyaluran barang.
entrepreneur /'antrəprə'nər/ *kb.* enterprenir, pengusaha, usahawan.
entrepreneurial /'antrəprə'nərieəl/ *ks.* yg berh. dgn (kaum) pengusaha. *e. class* golongan pengusaha.
entrust /en'trʌst, in'-/ *kkt.* mempercayakan. *to e. s.t. to s.o.* mempercayakan s.s.t. kpd s.s.o.
entry /'entrie/ *kb.* (*j.* **-ries**) 1 masuk. *No e.* Dilarang masuk. *unlawful e.* masuk secara tdk sah. *e. permit* ijin masuk. 2 catatan (*in a diary, log, accounting*). 3 kata kepala, judul (*in a dictionary*). 4 peserta (*in a contest*). 5 tempat masuk. *She likes to make a grand e.* Ia suka cara masuk yg hébat.
entryway /'entrie'wei/ *kb.* jalan masuk.
entwine /en'twain, in'-/ *kkt.* 1 melilitkan. *The vines were entwined with the fence* Tanaman-tanaman yg menjalar itu melilit pd pagar. 2 menjalin. *Her fate is entwined with mine* Nasibnya terjalin dgn nasibku.
enumerate /i'nuwməreit, i'nyuw-/ *kkt.* 1 menyebutkan satu demi satu. *He enumerated several friends he saw* Ia menyebutkan beberapa teman-teman yg dilihatnya seorang demi seorang. 2 menghitung, menjumlahkan.
enunciate /i'nʌnsieeit/ *kkt., kki.* mengucapkan. *He enunciates clearly* Ucapannya sangat terang.
enunciation /i'nʌnsie'eisyən/ *kb.* ucapan.
enuresis /'enyə'riesis/ *kb.* ketidaksanggupan mengatur kencing.
envelop /en'veləp, in'-/ *kkt.* menyelubungi, menyelimuti, membungkus.
envelope /'envəlowp/ *kb.* amplop, sampul. *in a sealed e.* didlm sebuah ampelop yg diségél.
enviable /'envieəbəl/ *ks.* patut ditiru, yg mengirikan hati. *He has an e. record as a prosecuting attorney* Riwayat pekerjaannya sbg penuntut umum mengirikan hati.
envied /'envied/ lih ENVY.
envies /'enviez/ lih ENVY.
envious /'envieəs/ *ks.* cemburu, dengki, iri hati.
environment /en'vairənmənt, in'-/ *kb.* lingkungan.
environmental /en'vairən'mentəl/ *ks.* yg berh. lingkungan/suasana. *e. health* keséhatan lingkungan.
environs /en'vairənz, in'-/ *kb., j.* daérah sekeliling/sekitar.
envisage /en'vizij, in'-/ *kkt.* 1 mempertimbangkan, melihat masa depan. *to e. a trip this year* mempertimbangkan perjalanan tahun ini. 2 menggambarkan dlm pikiran, membayangkan. *I can e. the building now* Sekarang saya sdh dpt membayangkan gedung itu.
envision /en'viźyən, in'-/ *kkt.* memimpikan. *to e. o's son as a general* memimpikan puteranya sbg jénderal.
envoy /'envoi/ *kb.* duta, utusan, wakil.
envy /'envie/ *kb.* (*j.* **-vies**) cemburu, iri (hati) *He was green with e.* Ia cemburu sekali. *He is the e. of his classmates* Ia seorang yg menimbulkan irihati di kalangan kawan-kawan sekelasnya. *I turned green with e.* Saya menjadi sangat mengiri. —*kkt.* (**envied**) iri pada, mengirikan. *I e. you!* Aku iri padamu!
enzyme /'enzaim/ *kb.* enjim(a), enzim.
eon /'ieən/ = AEON.
epaulet(te) /'epə'let/ *kb.* épolét, tanda pundak, balok/tanda pangkat.
ephemeral /e'femərəl/ *ks.* berlangsung sebentar saja. *e. beauty* kecantikan yg berlangsung hanya sehari.
epic /'epik/ *kb.* épik, syair kepahlawanan. —*ks.* hébat sekali. *e. deeds* perbuatan-perbuatan yg hébat/berani sekali.
epicenter /'epə'sentər/ *kb.* pusat gempa bumj.
epicure /'epəkyur/ *kb.* penggemar makanan dan minuman.
epidemic /'epə'demik/ *kb.* wabah, épidémi. *to reach e. proportions* mencapai tingkat wabah.
epidemiology /'epə'diemie'aləjie/ *kb.* épidémiologi.
epidermis /'epə'dərmis/ *kb.* kulit ari, kulit luar.
epiglottis /'epə'glatis/ *kb.* katup tenggorok/napas, kelép lekum.
epigram /'epəgræm/ *kb.* épigram.
epigraph /'epəgræf/ *kb.* 1 prasasti. 2 inskripsi.
epigraphist /i'pigrəfist/ *kb.* ahli prasasti.
epigraphy /i'pigrəfie/ *kb.* ilmu membaca dan menafsirkan prasasti, épigrafi.

epilepsy /'epə'lepsie/ kb. penyakit ayan/kejang-kejang, épilépsi, pitam babi.

epileptic /'epə'leptik/ kb. seorang penderita épilépsi, sawan, orang ayan. e. fit serangan sawan/ayan. to have an e. seizure keterjunan sawan.

epilogue /'epɔlɔg/ kb. bagian terakhir dari buku sanjak dsb yg merupakan kesimpulan dari karya tsb.

episcopal /i'piskəpəl/ ks. 1 yg berh. dgn seorang uskup atau uskup-uskup. 2 yg berh. dgn Geréja Inggeris. E. Church Geréja Épiscopal.

episcopalian /i'piskɔ'peilieən/ kb. He's an E. Ia anggota Geréja Épiscopal. lih EPISCOPAL.

episcopate /i'piskəpit/ kb. keuskupan.

episode /'epəsowd/ kb. peristiwa, kisah. The e. occurred when I was a child Peristiwa itu terjadi waktu aku masih kecil. an unhappy e. in his life kissah yg tdk menyenangkan dlm kehidupannya.

epistemology /i'pistə'malɔjie/ kb. bagian dari ilmu filsafah yg membahas ttg asal.

epistle /i'pisəl/ kb. 1 surat. 2 surat yg ditulis oléh salah seorang sahabat Isa Almasih.

epitaph /'epɔtæf/ kb. tulisan di batu nisan.

epithet /'epəthet/ kb. julukan.

epitome /i'pitəmie/ kb. 1 ringkasan, singkatan. 2 lambang, contoh. the e. of patriotism lambang patriotisme. e. of sartorial elegance contoh terbaik dari gaya potongan baju.

epitomize /i'pitəmaiz/ kkt. melambangkan, merupakan contoh. He epitomizes the well-dressed man Ia merupakan contoh orang yg berpakaian baik.

epoch /'epɔk/ kb. jangka waktu, jaman, masa. to mark an e. in Indonesian education merupakan zaman penting dlm pendidikan Indonésia. **epoch-making** ks. yg membuka zaman baru.

epochal /'epɔkəl/ ks. dari atau yg berh. dgn zaman yg penting.

Epsom /'epsəm/ kb. E. salts garam Inggeris.

equable /'ekwəbəl/ ks. hampir tdk berubah, agak tetap sifatnya. e. climate iklim yg agak tetap sifatnya, iklim yg mantap.

equal /'iekwəl/ kb. sama. We are equals Derajat kita adalah sama. He has no e. Dia tak ada bandingnya. You will not find her e. Engkau tdk akan menemukan orang spt dia. to treat s.o. as an e. memperlakukan s.s.o. sbg orang yg sederajat. —ks. 1 sama. e. rights hak-hak yg sama. e. sign tanda sama. 2 sederajat. e. partner peserta sederajat. **to be e. to** memadai, sesuai. to be e. to the occasion sanggup menghadapi keadaan itu. He is not e. to the responsibility Ia tak sanggup memikul tanggung jawab itu. **to feel e. to** sanggup. I don't feel e. to going tonight Saya merasa tdk sanggup utk pergi malam ini. **all things being e.** dlm keadaan yg sama. —kkt. 1 sama dgn. Two and two e. four Dua tambah dua sama dgn empat. 2 menyamai. to e. the ability of his brother menyamai kepandaian saudara lelakinya. —**equally** kk. sama-sama. e. good sama-sama baik. Your car is e. as good as mine Mobilmu sama baik(nya) dgn mobil saya.

equality /i'kwalɔtie/ kb. (j. -ties) persamaan (hak).

equalize /'iekwəlaiz/ kkt. menyamakan, meratakan, menyerupakan.

equanimity /'iekwə'nimɔtie, 'ek-/ kb. ketenangan hati.

equate /i'kweit/ kkt. menyamakan. to e. might with right menyamakan kekuasaan dgn hak.

equation /i'kweizyən/ kb. persamaan, penyamaan.

equator /i'kweitər/kb. khattulistiwa.

equatorial /'iekwə'towrieəl, 'ek-/ ks. yg berh. dgn khattulistiwa. E. Africa Afrika daérah khattulistiwa.

equestrian /i'kwestrieən/ kb. seorang ahli penunggang kuda. —ks. yg berh. dgn penunggangan kuda.

equidistant /'iekwə'distənt/ ks. sama jauhnya. e. from sama jauhnya dari.

equilateral /'iekwə'lætərəl/ ks. sama sisi. e. triangle segitiga sama sisi.

equilibrium /'iekwə'librieəm/ kb. keseimbangan, kesetimbangan.

equinox /'iekwənaks/ kb. waktu siang dan malam sama lama.

equip /i'kwip/ kkt. (**equipped**) memperlengkapi, melengkapi. to e. a laboratory memperlengkapi laboratorium. The house is equipped with... Rumah itu diperlengkapi dgn.... well equipped cukup berpendidikan, diperlengkapi dng syarat-syarat fisik atau mental utk s.s.t. tugas.

equipment /i'kwipmənt/ kb. perlengkapan, peralatan. What is his e. for this task? Apakah perlengkapannya utk menjalankan tugas ini?

equitable /'ekwɔtəbəl/ ks. pantas, patut, wajar, adil. an e. price for the house harga yg pantas utk rumah itu.

equity /'ekwɔtie/kb. (j. -ties) hak menurut keadilan, kewajaran, keadilan.

equivalent /i'kwivələnt/ kb. 1 padan. 2 padankata, perkataan yg sama artinya. —ks. sama dgn. This is e. to... Ini sama dgn....

equivocal /i'kwivəkəl/ ks. samar-samar, mempunyai dua arti atau lebih, kurang tegas. He was e. in his reply Dia kurang tegas dlm menjawab pertanyaan itu.

equivocate /i'kwivəkeit/ kki. 1 berdalih, mengélakkan pertanyaan. 2 berbohong dgn sengaja.

era /'irə/ kb. tarikh, masa, zaman. the Christia E. Tarikh Maséhi.

eradicate /i'rædəkeit/ kkt. 1 membasmi (malaria). 2 menghapuskan (ink). 3 mencabut, memberantas (weeds).

eradication /i'rædə'keisyən/ kb. pembasmian, pemberantasah.

eradicator /i'rædə'keitər/ kb. 1 pembasmi. 2 alat/bahan penghapus tinta (of ink).

erase /i'reis/ kkt. menghapus, menghilangkan, mengikis. to e. sadness menghilangkan kesedihan.

eraser /i'reisər/ kb. 1 (blackboard) (alat) penghapus. 2 (pencil) karét penghapus.

erasure /i'reisyər/ kb. 1 penghapusan. 2 pengikisan.

ere /ær/ kd., ksam. sebelum, tdk lama, segera. We expect them e. long Kami harap meréka segera datang.

erect /i'rekt/ ks. tegak, lurus. to stand e. berdiri tegak. with head e. dgn kepala tegak. —kkt. 1 mendirikan, membangunkan. to e. a monument mendirikan tugu. 2 memasang, menanam, menegakkan. to e. a pole menegakkan tiang.

erection /i'reksyən/ kb. 1 pembangunan (of a building). 2 pemasangan, pemancangan, penegakan (of a pole).

ermine /'ərmən/ kb. sm cerpelai.

erode /i'rowd/ kkt. mengikis dan menghanyutkan, melongsorkan. Water eroded the soil Air mengikis tanah. —kki. longsor, mengalami érosi. The land has eroded Tanah itu tlh mengalami érosi.

erosion /i'rowzyən/ kb. érosi, pengikisan, longsor.

erotic /i'ratik/ ks. érotik, memberahikan, mendatangkan nafsu birahi.

err /ər, er/ kki. berbuat salah, keliru, khilaf. He has

erred in many ways Ia tlh berbuat salah dlm banyak hal. *To e. is human* Khilaf sifat manusia. *She errs on the side of modesty* Ia sifatnya terlalu berendah hati.

errand /'erənd/ *kb.* pesanan, suruhan. *Can you run an e. for me?* Apakah kau bisa kusuruh? *to go on an e.* pergi utk s.s.t. keperluan. *e. boy* opas kantor, pesuruh.

errata /ə'ratə/ lih ERRATUM.

erratic /ə'rætik/ *ks.* 1 tak menentu. *He's very e.* Ia sangat tak menentu. 2 anéh. *e. attitude* sikap yg anéh. 3 berpindah-pindah, tak teratur. *e. pains* rasa sakit yg berpindah-pindah.

erratum /ə'ratəm/ *kb.* (*j.* **errata**) kesalahan tulis atau cétak. *list of errata* daftar kesalahan-kesalahan.

erroneous /ə'rownieəs/ *ks.* salah, keliru. *e. impression* kesan yg salah.

error /'erər/ *kb.* 1 kesalahan. *e. in addition* kesalahan dlm menambah(kan). 2 keliru. *clerical e.* keliru tulis. *typographical e.* salah cétak, ralat. *to commit an e.* membuat kesalahan. *I'm in e.* Saya salah. *to see the error of o's ways* melihat kesalahan-kesalahan/kekeliruan-kekeliruan dlm cara-caranya bekerja/tindak-tanduknya.

erstwhile /'ərst'hwail/ *ks.* yg dahulu. *my e. friends* teman-teman saya dahulu.

erudite /'erədait/ *ks.* terpelajar.

erudition /'erə'disyən/ *kb.* pengetahuan. *a work of e.* karya ilmiah.

erupt /i'rʌpt/ *kki.* meletus, meledak (*of a volcano*).

eruption /i'rʌpsyən/ *kb.* 1 letusan, ledakan. 2 pemunculan. *the e. of teeth* munculnya gigi. *an e. of hatred* meluapnya kebencian, meledaknya rasa benci. *When he gets mad, watch out for the e.* Kalau dia marah, awaslah ledakan kemarahannya.

erysipelas /'erə'sipələs/ *kb.* api luka.

escalate /'eskəleit/ *kkt.* memperluas, menghébatkan, meningkatkan. *to e. a war into a major conflict* memperluas perang menjadi suatu konflik yg besar. —*kki.* naik, meningi, mendaki. *The cost of living is escalating* Biaya hidup naik.

escalation /'eskə'leisyən/ *kb.* 1 kenaikan, peningkatan. 2 *Mil.*: hal meluas.

escalator /'eskə'leitər/ *kb.* tangga bergerak/berjalan, éskalator.

escapade /'eskəpeid/ *kb.* perbuatan, gila-gilaan, petualangan.

escape /es'keip/ *kb.* 1 jalan keluar. *fire e.* jalan keluar darurat dlm kebakaran. 2 pelarian. 3 hiburan. *TV as an e.* TV sbg hiburan. **to make o's e.** melarikan diri. **::** *narrow e. from death* nyaris mati. *There's no e. from taxes* Tdk ada orang yg luput dari pembayaran pajak. —*kkt.* 1 lepas dari, hilang. *His name escapes me for the moment* Di saat itu namanya lepas dari ingatanku. 2 melepaskan/melarikan diri dari. *to e. o's responsibility* melepaskan diri dari tanggung jawab. 3 luput dari. *It escaped my notice* Hal itu luput dari perhatian saya. *He narrowly escaped drowning* Ia nyaris tenggelam. —*kki.* 1 meloloskan diri. *The thief escaped from jail* Pencuri itu meloloskan diri dari penjara. 2 keluar. *Gas escaped from the stove* Gas keluar dari kompor. 3 lepas. *The name escaped from her lips* Nama itu lepas dari mulutnya. *Three prisoners escaped from jail* Tiga orang narapidana lepas dari penjara. **e. clause in a contract** suatu pasal dlm kontrak yg membébaskan sipenanda-tangan dari kewajiban-kewajiban. **e. hatch** pintu bahaya, pintu keluar darurat.

escapee /es'keipie/ *kb.* orang pelarian.

escapism /es'keipizəm/ *kb.* keadaan memasuki alam khayal/hiburan utk melupakan atau meng-

hindari kenyataan-kenyataan yg tdk menggembirakan.

escapist /es'keipist/ *kb.* orang yg suka memasuki alam khayal atau yg lari dari kenyataan.

escarpment /es'karpmənt/ *kb.* léréng/tebing gunung yg curam.

eschatology /'eskə'talojie/ *kb.* ilmu (ttg) akhirat.

eschew /es'cuw/ *kkt.* mengélakkan, menjauhkan diri dari.

escort /'eskort *kb.*; es'kort *kkt.*/ *kb.* 1 pengantar, kawan. 2 kawalan, pengawal. *police e.* kawalan polisi. *e. carrier* kapal induk pengawal. —*kkt.* 1 mengantar(kan). *to e. o's guests to the door* mengantarkan tamu-tamunya sampai ke pintu. 2 mengiringi. *The ship was escorted by several smaller ships* Kapal itu diiringi oléh beberapa kapal yg lebih kecil. 3 menemani. *to e. o's fiancée to a dance* menemani tunangannya ke dansa.

escrow /es'krow/ *kb.* wasiat yg disimpan oléh pihak ketiga. *The money was held in e. for her* Uang itu disimpan oléh pihak ketiga berdasarkan suatu persetujuan.

escutcheon /es'kʌcən/ *kb.* perisai yg berlukiskan lambang. *a blot on the e.* noda atas nama baik.

Eskimo /'eskəmow/ *kb.* Éskimo. *E. dog* anjing Éskimo.

esophagus /i'safəgəs/ *kb.* corong/pembuluh makanan yg menghubungkan mulut dgn perut, saluran makanan atas, kerongkongan.

esoteric /'esə'terik/ *ks.* hanya diketahui dan difahami oléh beberapa orang tertentu saja.

espec. [*especially*] teristiméwa.

especial /e'spesyəl/ *ks.* =SPECIAL. —**especially** *kk.* terutama, teristiméwa. *e. interested in chemistry* terutama tertarik pd ilmu kimia.

Esperanto /'espə'rantow/ *kb.* (bahasa) Ésperanto.

espionage /'espieənazy/ *kb.* spionase, pengintaian, soal memata-matai.

esplanade /'esplə'nad, -'neid/ *kb.* taman/lapangan terbuka (tempat pesiar).

espouse /e'spawz/ *kkt.* mendukung, menyertai. *to e. unusual causes* menyertai gerakan-gerakan yg anéh sekali.

espresso /e'spresow/ *kb.* **e. coffee** sari kopi, kopi yg sangat keras, kopi pekat.

esprit /e'sprie/ *kb.* jiwa, semangat. *e. de corps* rasa persatuan dlm kalangan tertentu, semangat korp.

esq. [*esquire*] tuan yg terhormat.

esquire /'eskwair/ *kb.* tuan yg terhormat (gelar).

ess /es/ *kb.* huruf yg kesembilanbelas dlm abjad Inggeris, huruf *s*.

essay /'esei *kb.*; e'sei *kkt.*/ *kb.* 1 karangan, éséi (sastra). 2 *Acad.*: skripsi. —*kkt.* mencoba, berusaha. *We essayed a crossing of the river without success* Kami mencoba menyeberangi sungai itu tanpa hasil.

essayist /'eseiist/ *kb.* éséis, pengarang éséi.

essence /'esəns/ *kb.* intisari, pokok. *the e. of the matter* intisari dari soal itu. **in e.** pd pokoknya. *Cost is of the e.* Béaya merupakan faktor yg sangat penting.

essential /e'sensyəl/ *kb.* **essentials** *j.* 1 hal-hal yg perlu. *the essentials of driving* hal-hal pokok ttg menyopir. *reduced to its essentials...* jika kita ambil pokok-pokoknya yg penting.... 2 barang-barang yg perlu. *the essentials for camping* barang-barang yg perlu utk berkémah. 3 sifat-sifat dasar. *He has the essentials for a good doctor* Ia memiliki sifat-sifat dasar seorang dokter yg baik. —*ks.* ésénsiil, perlu sekali. *It is e. that...* Perlu sekali bhw .... —**essentially** *kk.* pd dasarnya/pokoknya.

EST [*Eastern Standard Time*] Waktu Tolok (Bagian) Timur.
establish /e'stæblisy/ *kkt.* 1 mendirikan. *to e. a factory/firm* mendirikan paberik/maskapai. 2 membuat. *to e. a record in track* membuat rékor dlm nomor lari cepat. 3 menetapkan, menentukan. *to e. a policy* menetapkan kebijaksanaan. *to e. conditions for acceptance of a program* menentukan syarat utk dpt diterimanya suatu program. 4 menyusun. *to e. a political party* menyusun partai politik. 5 membentuk (*a corporation*). 6 mengadakan, menentukan. *to e. a maximum speed* mengadakan kecepatan maksimum. 7 menegakkan. *to e. law and order* menegakkan hukum dan ketertiban. 8 membuka. *to e. a library on this site* membuka perpustakaan di tempat ini. 9 memperlihatkan, membuktikan. *He established the fact that ...* Ia tlh membuktikan kenyataan bhw .... **to e. o.s.** menetap. *He established himself in another town* Ia menetap di suatu kota lain. —**established** *ks.* yg tdk bisa dipungkiri. *an e. fact* suatu kenyataan yg tdk bisa dipungkiri lagi, kenyataan yg tlh terbukti.
establishment /e'stæblisymənt/ *kb.* 1 pendirian, penegakan. *e. of a school* pendirian sekolah. 2 pembukaan. *e. of diplomatic relations* pembukaan hubungan diplomatik. 3 perusahaan. *business e.* perusahaan dagang. 4 pembuatan, pembentukan. *e. of a chain of stores* pembuatan sebuah rantai toko-toko/pertokoan. **The E.** yg berkuasa, kekuasaan yg ada.
estate /e'steit/ *kb.* 1 perkebunan. *rubber e.* perkebunan karét. 2 tingkat dlm hidup. *to reach man's e.* mencapai tingkat déwasa. 3 tanah. 4 tanah milik. *The e. will be divided among ...* Tanah milik itu akan dibagi antara ....
esteem /e'stiem/ *kb.* penghargaan. *to hold s.o. in high e.* mempunyai penghargaan tinggi thd s.s.o., menjunjung tinggi s.s.o. —*kkt.* menghargai, *to e. good · manners* menghargai sopan santun. —**esteemed** *ks.* mulia.
esthete /es'thiet/ *kb.* = AESTHETE.
esthetic /es'thetik/ *ks.* = AESTHETIC.
esthetics /es'thetiks/ *kb.* = AESTHETICS.
estimable /'estəmabəl/ *ks.* patut dihargai. *an e. young lawyer* pengacara muda yg patut dihargai.
estimate /'estəmit *kb.*; 'estəmit *kkt.*/ *kb.* 1 perkiraan, kalkulasi, taksiran. *cost e.* perkiraan biaya. *rough e.* taksiran kasar. 2 penilaian. *to form an·e. of o's ability* menentukan penilaian thd kecakapan, menaksir kecakapan, s.s.o. —**estimates** *j.* anggaran belanja. —*kkt.* menaksir. *He estimated that ...* Dia menaksir bhw .... *I e. the trip will take two hours* Saya taksir perjalanan itu akan makan dua jam.
estimation /'estə'meisyən/ *kb.* 1 penilaian, pendapat. *In my e. ...* Menurut pendapat saya.... 2 perkiraan. *What is your e. of his ability?* Bagaimana perkiraanmu ttg kecakapannya? 3 perhitungan, pengkalkulasian.
estrange /e'streinj/ *kkt.* 1 menjauhkan. *A misunderstanding estranged her from her mother-in-law* Salah faham menjauhkannya dari ibu-mertuanya. 2 menjadi asing. *Long service abroad has estranged him from his old friends* Pekerjaan diluar negeri yg lama sdh membuat dia menjadi asing bagi/thd kawan-kawan lamanya.
estrangement /e'streinjmənt/ *kb.* kerenggangan, pengasingan, pemisahan.
estuary /'escu'erie/ *kb.* (*j.* **-ries**) kuala, muara.
ETA [*Estimated Time of Arrival*] Perkiraan Waktu Tiba.

etc. [*et cetera*] dsb., dll.
etcetera /et'setərə/ dan sebagainya, dan lain-lain.
etch /ec/ *kkt.* mengétsa, menggorés. *The horror was etched on his mind* Kengerian kejadian itu tertanam dlm ingatannya. —**etching** *kb.* 1 étsa. 2 pengétsaan. 3 penggorésan.
ETD [*Estimated Time of Departure*] Perkiraan Waktu Berangkat.
eternal /i'tərnəl/ *ks.* 1 abadi, kekal. *e. peace* perdamaian abadi. *e. love* cinta yg tak kunjung padam, cinta abadi. 2 terus-menerus. *Stop this e. bickering* Hentikanlah pertengkaran yg terus-menerus ini. **E. City** Roma. —**eternally** *kk.* selalu. *The children are e. fussing* Anak-anak itu selalu ribut saja.
eternity /i'tərnətie/ *kb.* (*j.* **-ties**) kekekalan, keabadian, kebakaan. *It seemed like an e. before she returned* Rasanya lama sekali sblm dia kembali.
ether /'iethər/ *kb.* éter.
ethereal /i'thiriəl/ *ks.* sangat halus/ringan.
ethical /'ethəkəl/ *ks.* étis, pantas, layak, beradab, susila. *Such procedures are not e.* Cara-cara yg demikian itu tak pantas.
ethics /'ethiks/ *kb.* étika, tata susila.
Ethiopian /'iethie'owpiean/ *kb.* seorang Étiopia. —*ks.* yg berh. dgn Étiopia.
ethnic /'ethnik/ *ks.* kesukuan. *e. group* suku bangsa.
ethnocentric /'ethnow'sentrik/ *ks.* étnoséntris.
ethnographer /eth'nagrəfər/ *kb.* ahli étnografi.
ethnography /eth'nagrəfie/ *kb.* étnografi.
ethnologist /eth'naləjist/ *kb.* ahli bangsa-bangsa.
ethnology /eth'naləjie/ *kb.* étnologi, ilmu bangsa-bangsa.
ethos /'iethas/ *kb.* jiwa khas suatu bangsa.
ethyl /'ethəl/ *kb.* étil.
etiology /'ietie'aləjie/ *kb.* étiologi.
etiquette /'etəkət/ *kb.* tatacara, étikét.
etymology /'etə'maləjie/ *kb.* ilmu asalkata, étimologi.
Eucharist /'yuwkərist/ *kb.* Ékaristi(a).
eugenics /yuw'jeniks/ *kb.* égenétika.
eulogize /'yuwləjaiz/ *kkt.* memuji, memuliakan.
eulogy /'yuwləjie/ *kb* (*j.* **-gies**) pidato atau katakata pujian ttg s.s.o. yg tlh meninggal.
eunuch /'yuwnək/ *kb.* orang kasim, sida-sida.
euphemism /'yuwfəmizəm/ *kb.* ungkapan pelembut, pelembutan.
euphony /'yuwfənie/ *kb.* (*j.* **-nies**) sifat bunyi yg énak kedengarannya di telinga.
euphoria /yuw'fowrieə/ *kb.* perasaan senang dan bahagia rohani dan jasmani.
Eurasian /yu'reizyən/ *kb.*, *ks.* orang Indo(-Éropa).
Europe /'yurəp/ *kb.* Éropa(h).
European /'yurə'piean/ *kb.*, *ks.* orang Éropa. *E. countries* negeri-negeri Éropa. *E. Common Market* Pasaran Bersama Éropa.
Eustachian /yuw'steisyən/ *kb.* **E. tube** pipa/pembuluh Eustachio.
euthanasia /'yuwthə'neizyə/ *kb.* tindakan mematikan orang utk meringankan penderitaan sekarat.
evacuate /i'vækyueit/ *kkt.* 1 mengungsikan (*an area*). 2 mengosongkan (*bowels*). —*kki.* mengungsi.
evacuation /i'vækyu'eisyən/ *kb.* 1 pengungsian (*of refugees*). 2 pengosongan.
evacuee /i'vækyuie/ *kb.* pengungsi.
evade /i'veid/ *kkt.* menghindarkan, mengélakkan, menyingkiri. *Don't e. the question* Jangan mengélakkan pertanyaan itu.
evaluate /i'vælyueit/ *kkt.* menilai, mengévaluasi, menaksir. *How would you e. this book?* Bagaimana penilaianmu thd buku ini?

evaluation /i'vælyu'eisyən/ *kb.* évaluasi, pernilaian, penaksiran.

evaluator /i'vælyu'eitər/ *kb.* penilai, juru taksir.

evangelical /'ievæn'jeləkəl/ *ks.* évangélis.

evangelism /i'vænjəlizəm/ *kb.* (pekerjaan) penyebaran agama Nasrani.

evangelist /i'vænjəlist/ *kb.* pengabar Injil.

evaporate /i'væpəreit/ *kkt.* menguapkan. *Heat evaporates water* Panas menguapkan air. —*kki.* menguap. *Water evaporates* Air menguap. —**evaporated** *ks.* yg diuapkan. *e. milk* susu kaléng yg kental tdk dimaniskan dan dibuat dari susu biasa yg sebagian airnya diuapkan.

evaporation /i'væpə'reisyən/ *kb.* penguapan.

evasion /i'veizyən/ *kb.* penghindaran, pengélakan, penyingkiran.

evasive /i'veisiv/ *ks.* bersifat mengélakkan, mengélak-élak. *His replies were e.* Jawaban-jawabannya bersifat mengélakkan pertanyaan-pertanyaan. **e. action** tindakan yg mengélak. *The plane took e. action* Gerakan-gerakan pesawat terbang itu bersifat mengélakkan.

eve /iev/ *kb.* malam. *New Year's e.* malam Tahun Baru.

Eve /iev/ *kb.* (Siti) Hawa.

even /'ievən/ *ks.* 1 rata, datar. *The area is e.* Daérah itu rata. *e. division of land* pembagian tanah yg rata. 2 tetap, mantap. *e. temperature* suhu tetap. 3 seri. *The score of the match was e.* Hasil pertandingan itu seri. 4 genap. *e. number* bilangan genap. 5 lengkap, tepat. *an e. dozen* lusin yg lengkap, tepat selusin. 6 tenang. *e. temperament* sifat yg tenang. *to keep things on an e. keel* menjaga spy segala s.s.t. tetap tenang. 7 lurus, sejajar. *e. line* garis yg lurus. 8 sama. *Law gives e. treatment to all* Hukum memberikan perlakuan yg sama thd semua orang. 9 lunas. *Now we are e.* Sekarang hutang budiku tlh terbalas. *This makes us e.* Dgn ini hutang kita lunas. *I paid you my debt and now we are e.* Saya bayar hutang saya dan sekarang saya tdk mempunyai hutang lagi padamu. *The flood was e. with the roof* Banjir itu setinggi atap. —*kk.* pun. *I don't have e. one left* Satupun aku tak ada lagi. **e. as** bahkan waktu. *E. as I speak, I know that...* Bahkan waktu saya berbicara saya tahu bhw.... **e. if** sekalipun, sungguhpun. *He won't come e. if he has nothing to do* Ia tdk mau datang, sekalipun ia tak ada yg dikerjakan. **e. now** sekarangpun. *E. now I don't know* Sekarangpun aku tak tahu. **e. so** meskipun demikian. *E. so I don't think it's true* Meskipun demikian kupikir itu tak benar. **e. though** sungguhpun, sekalipun. **not e.** bukan/ tidak saja. *He not e. didn't know it, he didn't try to learn it* Bukan saja ia tak mengetahui itu, tapi belajarpun ia tak usahakan. *Inf.:* **to break e.** pulang pokok, seri. **to get e.** 1 melunasi hutang-hutang. 2 mengadakan balasan. *but I got e. by* tapi saya membalas dgn. —*kkt.* meratakan. *to e. the edges* meratakan pinggiran itu. **to e. out/up** menyamakan, meratakan, mengimbangkan. **e.-handed** *ks.* tidak berat sebelah, adil. *Sl.:* **e. Steven** separuh-paruh. **e.-tempered** *ks.* berwatak tenang, pandai menguasai diri. —**evenly** *kk.* rata. *to paint a wall e.* mencat dinding dgn rata. *Divide it e.* Bagilah sama rata.

evening /'ievning/ *kb.* malam. *Good e.!* Selamat malam! **in the e.** di malam hari. **this e.** nanti malam, malam ini. **tomorrow e.** bésok malam. **on the previous e.** pd malam sebelumnya. **to hold a musical e.** mengadakan/menyelenggarakan (pésta) malam musik. *e. performance* pertunjukan malam. *e. dress/wear* pakaian malam. *e.*

jacket jas malam. *e. star* bintang kejora. —**evenings** *j.* di waktu malam.

evenness /'ievənnəs/ *kb.* sikap tdk memihak, persamaan, keserasian, uniformitas, keadaan rata.

event /i'vent/ *kb.* 1 peristiwa, kejadian. *important e.* peristiwa yg penting. *coming events* peristiwa-peristiwa yg akan terjadi. 2 pertandingan, perlombaan. *winner of two events* pemenang dari dua pertandingan. *at all events, in any e.* bagaimanapun juga. **in the e. that** sekiranya, seandainya. *In the e. that you change your mind...* Seandainya pendirianmu berubah.... **in the e. of** kalau (sekiranya), dlm hal, bila. *in the e. of rain* jikalau hujan turun. *in either e.* apapun yg akan terjadi, bagaimanapun juga.

eventful /i'ventfəl/ *ks.* 1 penuh kejadian. *e. era* jaman yg penuh kejadian. 2 penting, luar biasa.

eventide /'ievən'taid/ *kb.* senja, malam.

eventual /i'vencuəl/ *ks.* (pd) akhirnya. *e. takeover by the insurgents* pengambilan-alih oléh pemberontak pd akhirnya. —**eventually** *kk.* akhirnya.

ever /'evər/ *kk.* 1 pernah. *Did you e. go?* Pernahkah kamu pergi? 2 sesungguhnya. *Why did you e. bring that dog into the house?* Kenapa gerangan anjing itu kaubawa masuk rumah? **if e.** jika sekiranya. *I read seldom if e.* Saya jarang sekali membaca. *Now if e. is the time to act* Sekaranglah waktunya utk bertindak. *If e. I catch him...* Jika sekiranya saya berhasil menangkapnya.... *He's a champion if e. there was one* Ia seorang juara yg tdk ada taranya. *It's raining harder than e.* Hujan turun lebih lebat dari (pd) biasa. *It's as cold as e.* Dingin sekali. Dingin spt biasa. **for e. and e.** utk selama-lamanya, abadi. **e. and anon** sekali-sekali. **e. since** 1 (selalu) sejak. *We've been good friends e. since we met* Kami tlh menjadi kawan baik sejak kami berkenalan. 2 sejak waktu itu. *We've been good friends e. since* Sejak itu kami berteman baik. **e. so** sekali. *I go there e. so often* Aku sering sekali kesana. *I like her e. so much* Aku sangat menyukainya. **not...e.** belum/tidak pernah. *Haven't you e. flown?* Apakah kau blm pernah naik pesawat terbang?

evergreen /'evər'grien/ *kb.* pohon yg selalu berdaun hijau.

everlasting /'evər'læsting/ *ks.* abadi, tetap, kekal. —**everlastingly** *kk.* senantiasa, selalu saja. *He's e. doing s.t. he shouldn't* Dia senantiasa berbuat s.s.t. yg seharusnya tdk boléh dia kerjakan.

every /'ev(ə)rie/ *ks.* (se)tiap, tiap-tiap. *e. day* tiap hari. *to anticipate his e. wish* memenuhi setiap keinginannya sblm dimintanya. *e. man for himself* setiap orang bagi dirinya sendiri. *e. few minutes* setiap beberapa menit, selang beberapa menit. *I have e. reason to believe that...* Bagi saya cukup alasan utk mempercayai bhw.... *He's e. bit as good a student as you are* Ia seorang mahasiswa yg samasekali sama baiknya dgn kamu. *We promised e. assistance* Kami menjanjikan segala bantuan. *Inf.:* **e. last** tiap-tiap, semua. *to feed e. last one of the visitors* memberi makan pd tiap-tiap pengunjung tanpa kecuali. **e. now and then** sekali-sekali. **e. once in a while** kadang kala, kadang-kadang, sekali-sekali. **e. other** setiap dua... sekali. *e. other day* dua hari sekali, berselang hari. *e. other week* dua minggu sekali. **e. so often** sering sekali. *e. time* tiap kali. *e. which way* dimanamana, kemana-mana. *Clothes were lying around e. which way* Pakaian berserakan dimana-mana.

everybody /'evrie'badie/ *kg.* semuanya, semua orang. *Will e. please move to the rear?* Silahkan semuanya pindah kebelakang. *e. else* semua orang lain, orang lain semuanya.

everyday /'evrie'dei/ *ks.* sehari-hari. *e. occurrence* peristiwa sehari-hari. *e. clothes* pakaian sehari-hari/ pelasak. *in e. use* yg dipakai sehari-hari. *in e. life* dlm kehidupan sehari-hari.

everyone /'evriewʌn/ *kg.* tiap orang. *e. and his brother* setiap/semua orang. *E. we know has gone* Setiap orang yg kami kenal sdh berangkat. *e. else* setiap/semua orang lain.

everything /'evriething/ *kg.* segala s.s.t., segalagalanya. *E. has changed* Segala s.s.t. tlh berubah. *E. is in its place* Segala s.s.t. berada/terletak pd tempatnya. *I wish you e. good* Saya harapkan semoga segala s.s.t. berjalan baik bagimu. *We have e. for the golfer* Kami menyediakan segala keperluan bagi pemain golf. *Beauty isn't e.* Kecantikan saja blm berarti (apa-apa). Kecantikan bukanlah hal yg amat penting.

everywhere /'evriehwær/ *kk.* dimana-mana. *I looked e. for you* Saya mencari kamu dimana-mana. *E. you go, I shall follow* Kemana saja engkau pergi saya akan mengikuti.

evict /i'vikt/ *kkt.* mengusir, mengeluarkan. *to e. tenants* mengusir penghuni-penghuni (rumah).

eviction /i'viksyən/ *kb.* pengusiran, pengeluaran. *e. notice* surat pengusiran.

evidence /'evədəns/ *kb.* 1 fakta-fakta. *The e. appears to be against him* Fakta-fakta itu ternyata memberatkan dia. 2 bukti. 3 keterangan, tanda, petunjuk. *conflicting e.* keterangan yg saling bertentangan. —*kkt.* menunjukkan. *to e. little interest in* menunjukkan sedikit sekali perhatian thd. *to turn state's e.* bertindak sbg saksi dlm perkara (dimana saksi sendiri turut terlibat). **in e.** mudah terlihat. *She was very much in e. at the party* Ia sering sekali kelihatan di pésta itu. *based on internal e.* terlihat/ternyata dari isinya. *e. in writing* kesaksian tertulis.

evident /'evədənt/ *ks.* terang, jelas. *It was e. that...* Adalah terang (sekali) bhw.... —**evidently** *kk.* dgn terang. *He was e. broke* Teranglah bhw kantongnya sedang kempés.

evil /'ievəl/ *kb.* kejahatan. *social e.* kejahatan masyarakat. —*ks.* 1 jahat. *e. person* orang jahat. *e. eye* tilik jahat. 2 malang. *to fall on e. days* tertimpa kemalangan. *e. omen* pertanda/isyarat/alamat buruk. *e. tidings* berita-berita/kabar buruk. **to speak e. of s.o.** memfitnah s.s.o., memburukkan (nama) orang. **e.-eyed** *ks.* tilik mengandung iri hati. **e.-minded** *ks.* 1 berhati busuk. 2 (berpikiran) jahat.

evildoer /'ievəl'duwər/ *kb.* orang jahat, penjahat.

evince /i'vins/ *kkt.* menunjukkan dgn jelas. *to e. interest in* menunjukkan perhatian thd.

evoke /i'vowk/ *kkt.* 1 menimbulkan, membangkitkan. *to e. pleasant memories* menimbulkan kenang-kenangan yg menyenangkan. 2 menyebabkan timbulnya. *to e. a smile* menyebabkan senyum.

evolution /'evə'luwsyən/ *kb.* évolusi, perkembangan.

evolutionary /'evə'luwsyə'nerie/ *ks.* évolusionér.

evolve /i'valv/ *kkt.* menyusun, memperkembangkan. *to e. a plan to vacation in Europe* merencanakan berlibur di Éropa. —*kki.* berkembang. *The scheme evolved from s.o.'s dream* Rencana itu berkembang dari impian s.s.o.

ewe /juw/ *kb.* biri-biri betina.

ex- /eks-/ *aw.* bekas, éks. *ex-soldier* bekas prajurit. *ex-wife* bekas isteri. *ex-serviceman* bekas militér, vétéran.

exacerbate /eg'zæsərbeit/ *kkt.* membust lebih bu-

ruk. *The medicine only exacerbated the pain* Obat itu hanya menambah rasa sakitnya saja.

exact /eg'zækt/ *ks.* 1 tepat. *e. amount* jumlah yg tepat. *the e. word* kata yg tepat. 2 persis, tepat. *What is the e. time?* Pukul berapakah persis? 3 éksakta. *the e. sciences* ilmu éksakta. 4 seksama, terperinci, teliti. *to give e. details* menguraikannya secara lebih terperinci/seksama lagi. *to be more e....* agar lebih teliti/seksama lagi.... —*kkt.* 1 memeras (*a bribe*). 2 meminta, memeras. *The game exacted every bit of energy* Permainan itu meminta segala persediaan énersi. 3 memerlukan, membutuhkan. **e. copy** salinan yg serupa benar dgn aslinja. —**exacting** *ks.* 1 sukar sekali, bérét, sulit. *e. work* pekerjaan yg banyak menghabiskan tenaga. 2 réwél. *e. teacher* guru yg réwél. —**exactly** *kk.* 1 persis, tepat, justru. 2 sebenarnya. *That wasn't e. what I meant* Bukan itu sebenarnya yg kumaksudkan.

exaggerate /eg'zæjəreit/ *kkt.* 1 membesar-besarkan, melebih-lebihkan. *to e. the risk* membesar-besarkan risiko. 2 melebih-lebihkan. *to e.s.o's ability* melebih-lebihkan kecakapan s.s.o. —*kki.* berlebih-lebihan. *She exaggerated when she said that...* Dia berlebih-lebihan ketika ia mengatakan bhw.... —**exaggerated** *ks.* dilebih-lebihkan, dibesar-besarkan, berlebih-lebihan. *to give an e. version* memberikan gambaran yg dibesar-besarkan.

exaggeration /eg'zæjə'reisyən/ *kb.* pernyataan yg dilebih-lebihkan. *It's no e. to say that...* Bukanlah s.s.t. yg dibesar-besarkan kalau dikatakan bhw....

exalt /eg'zɔlt/ *kkt.* mengagungkan, memuliakan, memuji-muji. *to e. s.o. beyond his due* mengagungkan s.s.o. lebih dari sepantasnya. *to e. o.s.* mengagungkan diri, memegahkan diri. —**exalted** *ks.* agung, mulia. *e. ruler* penguasa yg agung.

exam /eg'zæm/ *Inf.* : = EXAMINATION.

examination /eg'zæmə'neisyən/ *kb.* 1 pemeriksaan, kir. *physical e.* pemeriksaan badan. *e. of the records* pemeriksaan catatan-catatan. 2 ujian (*in school*). *entrance e.* ujian masuk. *to sit for/take an e.* menempuh ujian.

examine /eg'zæmən/ *kkt.* 1 memeriksa (*a patient, baggage, witness, record*). 2 menguji (*students*).

examinee /eg'zæmə'nie/ *kb.* penempuh ujian, orang yg diuji.

examiner /eg'zæmənər/ *kb.* 1 penguji. 2 pemeriksa (*of customs, engine*).

example /eg'zæmpəl/ *kb.* contoh, teladan. *e. of a large city* contoh kota besar. *a good e. to follow* contoh baik yg patut ditiru. *to make an e. of s.o. by* membuat contoh dari s.s.o. dgn., menjadikan s.s.o. sbg peringatan dgn. *to set an e. for* memberikan contoh kpd, menjadi contoh bagi. **for e., by way of e.** misalnya, umpamanya.

exasperate /eg'zæspəreit/ *kkt.* menjéngkélkan, menyakiti hati, menggusarkan. —**exasperating** *ks.* yg menjéngkélkan, ia mendongkolkan.

exasperation /eg'zæspə'reisyən/ *kb.* kejéngkélan, kegusaran, kemarahan.

exc. [*excellent*] 1 ulung, baik sekali, unggul 2 [*except*] kecuali i. 3 [*exception*] kekecualian, pengecualian.

Exc. [*Excellency*] Yang Mulia.

excavate /'ekskəveit/ *kkt.* menggali.

excavation /'ekskə'veisyən/ *kb.* penggalian.

excavator /'ekskə'veitər/ *kb.* penggali (orang atau alat).

exceed /ek'sied/ *kkt.* 1 melebihi. *Exports e. imports* Ékspor melebihi impor. *to e. o's brother in school* melebihi saudaranya di sekolah. *not exceeding five kilos* tdk lebih dari lima kilo. 2 melampaui, melé-

wati. *to e. the speed limit* melampaui batas kecepatan. *to e. o's authority* meléwati wewenang s.s.o. *to e. o's expectation* diluar dugaan s.s.o. —**exceedingly** *kk.* sangat, sekali. *e. charming* sangat menawan hati.
excel /ek'sel/ *kkt.* (**excelled**) melampaui, mengatasi, melebihi, mengungguli. *to e. s.o's group in sports* mengungguli kelompok s.s.o. dlm bidang olahraga. —*kki.* unggul. *to e. in math* unggul dlm ilmu pasti. *to e. at tennis* sangat menonjol dlm permainan ténis.
excellence /'eksələns/ *kb.* 1 keunggulan. 2 mutu yg baik sekali. *the e. of that coffee* mutu kopi itu yg sangat baik.
Excellency /'eksələnsie/ *kb.* (*j.* -cies) (Paduka) Yang Mulia.
excellent /'eksələnt/ *ks.* ulung, baik sekali, unggul.
excelsior /ek'selsyər/ *kb.* ékselsior, terus semakin tinggi.
except /ek'sept/ *kd.* kecuali. *e. the baby* kecuali bayi itu. **e. for** seandainya tdk. *I would go e. for...* Saya sebenarnya akan pergi seandainya tdk ada.... **e. that** kalau tdk. *I'd like to go e. that I...* Saya sebenarnya ingin pergi kalau saya tdk... —*kkt.* mengecualikan. *present company excepted* kecuali yg hadir sekarang ini. —**excepting** *kd.* kecuali. *e. my brother* kecuali saudara laki-lakiku, selain dari saudara laki-lakiku.
exception /ek'sepsyən/ *kb.* kekecualian, pengecualian. *without e.* tanpa kecuali. *with the e. of* dgn kekecualian, kecuali. *to take e. to* merasa tersinggung oléh (*a remark*).
exceptional /ek'sepsyənəl/ *ks.* luarbiasa, sangat, sekali. *to do e. work* melakukan pekerjaan yg luarbiasa. —**exceptionally** *kk.* luarbiasa, sangat, sekali. *He is e. qualified for the job* Ia layak sekali utk pekerjaan itu.
excerpt /'eksərpt *kb.*; ek'sərpt *kkt.*/ *kb.* petikan, kutipan, kucilan. —*kkt.* mengutip, membuat petikan.
excess /ek'ses *kb.*; 'ekses, ek'- *ks.*/ *kb.* 1 kelebihan. *Remove the e.* Hilangkan kelebihan itu. 2 perbuatan yg keterlaluan, kewalahan. *His excesses were well known* Perbuatan-perbuatannya yg keterlaluan dikenal orang. **in e. (of)** lebih dari. *The population is in e. of 30,000* Penduduk jumlahnya lebih dari 30.000. **to e.** sampai berlebihan, terlalu banyak. *He drinks to e.* Ia minum (minuman keras) sampai berlebihan. —*ks.* kelebihan. *e. paint* kelebihan cat. *e. luggage* bagasi (yg) lebih.
excessive /ek'sesiv/ *ks.* berkelebihan, terlalu banyak. *The rent is e.* Séwanya sangat tinggi. *to drive at an e. speed* menjalankan mobil dgn kecepatan yg melampaui batas.
exchange /ek'sceinj/ *kb.* 1 penukaran. *e. rate* kurs/ nilai penukaran. 2 *Fin.*: kurs. 3 pertukaran. *e. of students* pertukaran pelajar. *e. student* siswa pertukaran. *artillery e.* perangtanding meriam. *fair e.* pertukaran yg adil. 4 kantor (pusat). *telephone e.* séntral tilpun. 5 (*stock*) bursa. —*kkt.* 1 bertukar. *to e. ideas* bertukar pikiran, mengadakan pertukaran pikiran. *to e. bicycles* bertukar sepéda. 2 menukarkan. *to e. shoes for a larger size* menukarkan sepatu dgn yg lebih besar. 3 bertukaran. *to e. letters* bertukaran surat, saling berkiriman surat. 4 tukar-menukar. *to e. jobs* tukar-menukar/saling bertukar pekerjaan. 5 saling memberi. *to e. greetings* saling memberi salam.
exchangeable /ek'sceinjəbəl/ *ks.* dpt ditukar(kan).
exchequer /eks'cekər/ *kb.* bendahara.
excise /'eksaiz, 'eksais *kb.*; ek'saiz *kkt.*/ *kb.* pajak. *e. on cigarettes* pajak sigarét. *e. duty/tax* pajak pem-

beli, cukai penjualan, béa pemakaian. —*kkt.* 1 memotong, mengeluarkan. *to e. a tumor* memotong tumor. 2 menghilangkan. *to e. parts of a play* menghilangkan bagian-bagian dari sandiwara.
excision /ek'sizyən/ *kb.* 1 pengeluaran, penghilangan, pemotongan (*of a tumor*). 2 pengucilan (*of a church, club*).
excitability /ek'saitə'bilətie/ *kb.* sifat dpt dirangsang/digairahkan.
excitable /ek'saitəbəl/ *ks.* dpt dirangsang/digugah. *She is easily e.* Ia mudah sekali dpt dirangsang.
excite /ek'sait/ *kkt.* membangkitkan gairah, menggairahkan. *Don't e. the child* Jangan membangkitkan gairah anak itu. *His statement excited my interest* Keterangannya itu membangkitkan perhatian saya. —**excited** *ks.* 1 gembira. *to be e. over the prospects of* sangat gembira dgn kemungkinan. 2 gairah, kegairahan. 3 yg naik darah. *the e. group* kelompok orang-orang yg naik darah. 4 héboh, gempar, gelisah. *to get e.* menjadi héboh/gelisah. —**excitedly** *kk.* dgn gairah/gembira. —**exciting** *ks.* 1 yg menggairahkan. *an e. experience* pengalaman yg menggairahkan. 2 yg mengasyikkan. *an e. race* perlombaan yg mengasyikkan.
excitement /ek'saitmənt/ *kb.* 1 kegembiraan. *e. of victory* kegembiraan kemenangan. 2 kegemparan, kehébohan. *in all the e.* dlm segala kegemparan. 3 (*stimulation*) (pe)rangsangan.
exclaim /ek'skleim/ *kkt.* berseru. *He exclaimed that...* Ia menyerukan bhw.... —*kki.* berseru. *"Hurry up,"* *she exclaimed* "Lekaslah", serunya. *to e. over s.t.* berseru gembira mengenai s.s.t.
exclamation /'eksklə'meisyən/ *kb.* 1 seruan. 2 kata seru. *e. point* tanda seru.
exclamatory /ek'sklæmə'towrie/ *ks.* secara berseru. *e. sentence* kalimat seru.
exclude /ek'skluwd/ *kkt.* 1 mengeluarkan, melarang masuk. *Nonmembers are excluded from admission* Meréka yg bukan anggauta dilarang masuk. *Local statistics are excluded from this publication* Statistik setempat tdk dimasukkan dlm terbitan ini. 2 meniadakan. *This excludes all possibility of doubt* Ini meniadakan segala kemungkinan utk meragukannya.
exclusion /ek'skluwzyən/ *kb.* pengeluaran. *e. of material* pengeluaran bahan. *The e. of certain groups only leads to trouble* Tdk diikutnya golongan-golongan tertentu hanya akan menimbulkan kesukaran. *to the e. of everything else* dgn mengenyampingkan segala-galanya.
exclusive /ek'skluwsiv/ *ks.* éksklusip, sendirian, dgn tdk disertai yg lain, terpisah dari yg lain. *e. interview* wawancara éksklusip. *e. neighborhood/school* lingkungan/sekolah utk orang-orang tertentu saja. *mutually e.* tdk ada sangkut-pautnya, berdiri sendiri-sendiri. *e. rights* hak-hak tunggal. —**exclusively** *kk.* semata-mata. *for official use e.* hanya utk kepentingan kantor semata-mata.
excommunicate /'ekskə'myuwnəkeit/ *kkt.* mengucilkan.
excommunication /'ekskə'myuwnə'keisyən/ *kb.* pengucilan.
excoriate /ek'skowrieeit/ *kkt.* mencela, mengeritik.
excrement /'ekskrəmənt/ *kb.* kotoran badan, benda najis, benda-buang.
excrete /ek'skriet/ *kkt.* mengeluarkan (*a fluid*).
excretion /ek'skriesyən/ *kb.* 1 pengeluaran. 2 (*sweat*) kotoran badan.
excruciate /ek'skruwsyieeit/ *kkt.* menyiksa. —**excruciating** *ks.* mengerikan. *The pain was e.* Bukan

main sakitnya. —**excruciatingly** *kk.* bukan main, luar biasa. *e. funny* bukan main lucunya.

excursion /ek'skərzyən/ *kb.* 1 darmawisata, pesiar, ékskursi. *to take an e.* berékskursi. *e. boat* kapal pesiar. *e. ticket* karcis pesiar. 2 penyimpangan (dari pokok persoalan).

excuse /ek'skyuws *kb.*; ek'skyuwz *kkt.*/ *kb.* 1 alasan. *There's no e. for laziness* Tiada alasan utk kemalasan. *by way of e.* dgn/sbg alasan. *Ignorance of the law is no e.* Tdk mengetahui (ttg) undang-undang bukan merupakan alasan utk dimaafkan. 2 pernyataan menyesal, pernyataan maaf. —*kkt.* 1 memaafkan. *E. me!* Maafkan saya! *to e. his tardiness* memaafkan kelambatannya. *If you will e. the expression* Harap dimaafkan ucapan itu. 2 membébaskan. *He was excused from jury duty* Ia dibébaskan dari tugasnya sbg anggota juri. 3 minta maaf/permisi. *He asked to be excused from class* Ia minta permisi tak masuk kelas. *May I be excused?* Permisi. Maaf. Saya minta diri. *He excused himself and went home* Dia minta permisi dan pulang. *He excused himself for a few minutes* Dia minta maaf utk pergi selama beberapa menit. *He's on the excused list* Ia termasuk orang-orang yg akan dibébaskan dari kewajiban.

execrable /'eksəkrəbəl/ *ks.* buruk sekali, benar-benar terlalu/keterlaluan. *Her Dutch is e.* Bahasa Belandanya buruk sekali. *He has e. manners* Tingkah-lakunya buruk sekali/benar-benar keterlaluan.

execute /'eksəkyuwt/ *kkt.* 1 menjalankan, melak-sanakan. *The president executes the laws* Présidén menjalankan undang-undang. 2 melaksanakan, melakukan. *to e. the work to the best of o's ability* melaksanakan pekerjaan dgn sepenuh kemam-puannya. *to e. a raid upon* mengadakan/melakukan razzia thd. 3 membuat, mengerjakan menurut rencana. *to e. a sculpture* membuat patung. 4 meng-hukum mati, menjalankan hukuman mati. *He was executed at dawn* Ia dihukum mati pd dinihari.

execution /'eksə'kyuwsyən/ *kb.* 1 pelaksanaan. *The plan was put into e.* Rencana itu dilaksanakan. *in the e. of o's duties* dlm pelaksanaan tugas-tugas s.s.o. 2 *Law:* penghukuman mati, pelaksanaan hukum mati. 3 pembuatan. *e. of a painting* pembuatan lukisan. 4 penandatanganan, pengesahan/peng-absahan dgn penandatanganan.

executioner /'eksə'kyuwsyənər/ *kb.* algojo.

executive /eg'zekyətiv/ *kb.* pelaksana, éksekutip, laksanawan (*of a firm*). —*ks.* 1 éksekutip. *e. branch of the government* badan éksekutip pemerintah. *He is serving in an e. capacity* Ia bekerja dgn diberi hak-hak éksekutip (hak-hak utk bertindak). *e. officer* perwira/pegawai éksekutip, perwira pelaksana. 2 pelaksana. *e. assistant* pembantu pelaksana. *e. director* diréktur pelaksana. **e. board meeting** rapat kepala-kepala bagian. **e. mansion** tempat kediaman resmi Présidén A.S. atau gubernur negara bagian.

executor /eg'zekyətər/ *kb.* wali, pengawas s.s.o. yg dlm surat wasiat ditunjuk sbg pelaksana dari ketentuan-ketentuan dlm surat wasiat itu. *e. of an estate* wali atas tanah dan harta benda.

executrix /eg'zekyətriks/ *kb.* wali wanita.

exegesis /'eksə'jiesəs/ *kb.* penjelasan, penafsiran.

exemplary /eg'zemplərie/ *ks.* patut dicontoh. *e. behavior* kelakuan yg patut dicontoh. *e. punishment* hukuman teladan.

exemplification /eg'zempləfə'keisyən/ *kb.* 1 pem-berian contoh. 2 contoh.

exemplify /eg'zempləfai/ *kkt.* (**exemplified**) 1 memberikan contoh. *to e. helpfulness* memberikan contoh dlm membantu orang. 2 menunjukkan.

His manners e. his breeding Tingkah lakunya me-nunjukkan didikannya.

exempt /eg'zempt/ *ks.* dibébaskan. *e. from taking examinations* dibébaskan dari ujian. —*kkt.* mem-bébaskan, mengecualikan. *to e. from import duty* membébaskan dari béa masuk.

exemption /eg'zempsyən/ *kb.* 1 pembébasan. *e. from military duty* pembébasan dari dinas militér. 2 pengecualian, potongan (*for income tax purposes*).

exercise /'eksərsaiz/ *kb.* 1 gerak badan. 2 latihan. *to take e.* melakukan/mengadakan latihan. *written e.* latihan tertulis. 3 penggunaan, penghikmatan. *Good health requires the e. of care* Keséhatan yg baik memerlukan pemeliharaan yg baik. 4 penggunaan, pelaksanaan (*of o's authority*). *in the e. of o's duties* dlm pelaksanaan kewajiban-kewajibannya. —*kkt.* 1 menggunakan (*a right, duty*). 2 menjalankan, melakukan. *The deputy mayor exercises the powers of the mayor* Wakil walikota menjalankan kekuasaan walikota. 3 mengadakan. *to e. supervision over* mengadakan/melaksanakan pengamatan atas. 4 meminta perhatian. *E. care!* Berhati-hatilah! —*kki.* bergerak badan. *to e. every morning* bergerak badan tiap pagi. **to be exercised about/over** gusar, marah, gelisah.

exert /eg'zərt/ *kkt.* menggunakan, mendesak. *to e. pressure* menggunakan tekanan. *to e. influence upon* mempunyai pengaruh atas. *to e. every effort to* me-ngerahkan segala tenaga spy, berusaha sekuat-kuatnya spy. *He was not permitted to e. himself* Ia tak diizinkan bekerja keras-keras.

exertion /eg'zərsyən, ig'-/ *kb.* 1 penggunaan, pe-nyelenggaraan. 2 pemerasan/pengerahan tenaga, usaha. *to collapse from e.* amberuk karena kehabisan tenaga. *strict e. of control* pengawasan yg keras.

exfoliation /eks'fowlie'eisyən/ *kb.* pengelupasan kulit.

exhalation /'ekshə'leisyən/ *kb.* pernapasan keluar.

exhale /eks'heil, iks'-/ *kkt.* mengeluarkan (dgn ber-napas), menghembuskan. *to e. air from the lungs* mengeluarkan udara dari paru-paru. —*kki.* me-ngeluarkan napas.

exhaust /eg'zɔst, ig'-/ *kb.* tempat atau alat pem-buangan uap atau gas. *e. pipe* pipa pembuang(an) gas, knalpot. *e. valve* katup pelepasan gas. —*kkt.* 1 meletihkan, menghabiskan tenaga. *The work exhausted him* Pekerjaan itu meletihkannya. 2 melemahkan. *War exhausted the country* Perang melemahkan negeri itu. 3 menanduskan. *to e. the soil* menanduskan tanah. *to e.* menyelesaikan. 4 menyelesaikan. *to e. a subject* menyelesaikan persoalan, membicarakan suatu pokok secara mendalam sekali. *to e. all possibilities* berusaha habis-habisan dgn meng-gunakan segala kemungkinan. —**exhausted** *ks.* 1 kehabisan tenaga, sangat letih. *an e. runner* pelari yg kehabisan tenaga. 2 habis, terpakai. *My savings are e.* Uang tabunganku habis. —**exhausting** *ks.* meletihkan, melelahkan. *The job is e.* Pekerjaan itu menghabiskan tenaga.

exhaustion /eg'zɔscən, ig'-/ *kb.* kelelahan, keletih-an, kepayahan. *to be in a state of e.* dlm keadaan sangat lelah.

exhaustive /eg'zɔstiv/ *ks.* yg mendalam, lengkap. *e. search* penyelidikan yg mendalam.

exhibit /eg'zibit/ *kb.* 1 paméran. *art e.* paméran kesenian. 2 *Law:* barang bukti. —*kkt.* 1 menunjuk-kan, memperlihatkan. *to e. ingenuity* menunjukkan kecerdikan. *to e. a fear of death* menunjukkan sikap takut mati. 2 memamérkan, mempertunjukkan, mempertontonkan (*art*). 3 mempertunjukkan (*a *film*). 4 memperagakan (*superiority*). —*kki.* mengadakan paméran.

exhibition /'eksə'bisyən/ *kb.* paméran, pertunjukan. *He gave an e. of temper* Ia memperlihatkan kemarahan yg besar sekali.

exhibitionist /'eksə'bisyənist/ *kb.* orang yg suka sekali memperlihatkan kecakapan-kecakapannya.

exhilarate /eg'ziləreit/ *kkt.* meriangkan, menggembirakan. *The atmosphere exhilarated us* Suasananya meriangkan kami. —**exhilarating** *ks.* yg menyegarkan, yg meriangkan.

exhilaration /eg'zilə'reisyən/ *kb.* keriangan, kegembiraan.

exhort /eg'zɔrt/ *kkt.* mendesak. *to e. s.o. to greater efforts* mendesak s.s.o. utk berusaha lebih keras.

exhortation /'egzɔr'teisyən/ *kb.* 1 desakan. 2 nasihat, peringatan.

exhume /eg'zyuwm, ig'-; eks'hyuwm, ig'-/ *kkt.* menggali (dari kuburan).

exigency /'eksəjənsie/ *kb.* (*j.* -**cies**) urgénsi, keadaan darurat.

exile /'egzail, 'ek-/ *kb.* 1 pembuangan, pengasingan. 2 orang buangan. *He was sent into e.* Dia dibuang. Dia diasingkan. *in e.* didlm pembuangan, pengasingan. —*kkt.* mengasingkan, membuang.

exist /eg'zist, ig'-/ *kki.* 1 ada. *It doesn't e.* Itu tak ada. *These fruits don't e. in this area* Buah-buahan inř tak ada di daérah ini. 2 hidup. *To e. is not enough* Hidup saja tak cukup. *They plan to e. on only the food they take along* Meréka merencanakan utk hidup hanya dgn makanan yg meréka bawa. —**existing** *ks.* yg ada. *in e. circumstances* dlm keadaan demikian.

existence /eg'zistəns, ig'-/ *kb.* 1 adanya. *to be aware of its e.* sadar akan adanya. *the e. of ghosts* adanya hantu. *This store has been in e. for a long time* Toko ini tlh lama ada. *His e. means nothing to me* Keadaannya tak berarti apa-apa bagiku. 2 kehidupan, keadaan hidup. *to survive such an e.* mengatasi keadaan hidup serupa itu. **to come into e.** menjelma, menjadi, ada.

existent /eg'zistənt, ig'-/ *ks.* =EXISTING.

existential /'egzi'stensyəl/ *ks.* éksisténsial.

existentialism /'egzi'stensyəlizəm/ *kb.* éksisténsialisme.

exit /'egzit/ *kb.* (jalan) keluar. *to make a hasty e.* keluar dgn cepat. *The actress made a graceful e.* Pelaku wanita itu meninggalkan panggung dgn gaya yg menarik sekali. *E. only* (Jalan) Hanya utk keluar. —*kki.* keluar, pergi, meninggalkan.

exodus /'eksədəs/ *kb.* 1 kepergian banyak orang. *the June e. from school* kepergian anak-anak dari sekolah dlm bulan Juni. 2 *Bible:* Keluaran.

ex officio /'eksə'fisyieow/ karena jabatan. *ex officio member* anggota (déwan) atas jabatannya.

exogamy /ek'sagəmie/ *kb.* éksogami, perkawinan diluar suku, perkawinan campuran.

exonerate /eg'zanəreit/ *kkt.* membébaskan dari tuduhan/celaan, membuktikan tdk bersalah.

exorbitant /eg'zɔrbətənt, ig'-/ *ks.* melebihi yg biasa. *e. price for a house* harga yg terlalu tinggi utk sebuah rumah.

exorcise /'eksɔrsaiz/ *kkt.* mengusir sétan, membébaskan dari roh jahat. *to e. a spirit from s.o.* mengusir roh jahat dari tubuh s.s.o., membébaskan s.s.o. dari roh jahat.

exotic /eg'zatik, ig'-/ *ks.* anéh-anéh, luarbiasa, asing. *e. dishes* makanan-makanan yg anéh-anéh, makanan dari negeri asing.

expand /ek'spænd, ik'/ *kkt.* memperluas, mengembangkan. *to e. a business* memperluas perusahaan.

—*kki.* mengembang, meluas, memuai. *This metal expands when heated* Logam ini mengembang jika dipanaskan. —**expanding** *ks.* yg mengembang/ berkembang. *an e. economy* ékonomi yg berkembang.

expandable /ek'spændəbəl/ *ks.* dpt diperluas/ di(per)kembangkan.

expanse /ek'spæns/ *kb.* suatu ruang/bidang/permukaan yg luas. *An ocean is a large e. of water* Samudera adalah permukaan air yg sangat luas.

expansion /ek'spænsyən/ *kb.* 1 perluasan (*of business*). 2 pengembangan, pemuaian (*of balloon, metal*). 3 ékspansi.

expansive /ek'spænsiv/ *ks.* 1 luas. 2 meluap-luap. *He's in an e. mood* Perasaannya meluap-luap.

expatiate /ek'speisyieeit/ *kki.* mengarang/bercakap dgn panjang-lébar.

expatriate /ek'speitrieit *kb., ks.*; eks'peitrieeit *kkt./ kb., ks.* seorang yg melepaskan kewarganegaraannya. *e. writer* penulis dlm pengasingan. —*kkt.* 1 meninggalkan negeri asalnya. 2 mengusir, membuang (dari negeri asalnya).

expect /ek'spekt/ *kkt.* 1 mengharapkan. *to e. him home tonight* mengharapkan dia pulang malam ini. *to e. victory* mengharapkan kemenangan. *Don't e. me until you see me* Jangan harapkan kedatangan saya sblm kau melihat saya. 2 menyangka. *I wouldn't have expected that of him* Saya tdk akan pernah menyangka bhw ia akan berbuat demikian itu. 3 mengira. *What did you e. me to do?* Apa yg kaukira akan saya perbuat/lakukan? :: *How do you e. me to do that?* Menurut kamu, bagaimana saya akan mengerjakannya? *I e. so* Saya kira/berpendapat demikian. Saya pikir begitu. *She's expecting* Dia hamil. Dia sedang mengandung. *to e. the impossible* gila di abunabun.

expectancy /ek'spektənsie/ *kb.* (*j.* -**cies**) 1 pengharapan. 2 harapan. *life e.* harapan lamanya orang hidup, harapan panjangnya umur s.s.o.

expectant /ek'spektənt/ *ks.* 1 yg mengandung harapan. *an e. smile* senyuman yg mengandung harapan. 2 yg sedang mengandung, hamil. *e. mother* ibu yg sedang mengandung.

expectation /'ekspek'teisyən/ *kb.* (peng)harapan, dugaan. *beyond expectations* diluar dugaan. *in e. of a raise* menunggu kenaikan gaji. *to come up to o's expectations* muncul sebagaimana diharapkan/diduga, datang memenuhi harapan.

expectorate /ek'spektəreit/ *kki.* meludah.

expediency /ek'spiedieənsie/ *kb.* (*j.* -**cies**) keadaan yg layak, kelayakan, kebijaksanaan, kemanfaatan, kegunaan.

expedient /ek'spiedieənt/ *kb.* jalan yg berguna sekali. —*ks.* bijaksana. *to take an e. course* mengambil jalan yg bijaksana.

expedite /'ekspədait/ *kkt.* mempercepat, melancarkan. *It will e. matters if we cooperate* Dgn bekerja sama kita akan menyelesaikan hal-hal lebih cepat.

expediter /'ekspə'daitər/ *kb.* ékspéditur.

expedition /'ekspə'disyən/ *kb.* 1 ékspédisi. 2 kecepatan.

expeditious /'ekspə'disyəs/ *ks.* 1 cara terbaik, tepatguna. 2 cepat.

expel /ek'spel/ *kkt.* (**expelled**) 1 mengeluarkan, memaksa keluar. *to e. a student* mengeluarkan/ memecat seorang mahasiswa. *to e. a bone in the throat* mengeluarkan tulang dari tenggorokan. 2 mengeluarkan, menghembuskan. *to e. air from the lungs* menghembuskan udara yg ada dlm paru-paru. 3 membuang (*from society/group*).

expend /ek'spend/ *kkt.* 1 mengeluarkan, membelanjakan. *to e. money* mengeluarkan uang. 2 mencurahkan. *to e. time on a project* mencurahkan waktu utk suatu rencana.

expendable /ek'spendəbəl/ *ks*. dpt dihabiskan.

expenditure /ek'spendəcər/ *kb*. pengeluaran, belanja.

expense /ek'spens/ *kb*. biaya, ongkos. *free of e*. tanpa ongkos. **at the e. of** l atas biaya. *at the e. of the government* atas biaya pemerintah. *at the e. of the consumer* secara merugikan konsumén. 2 dgn mengorbankan. *He saved his prestige at the e. of his position* Ia mempertahankan préstisenya dgn mengorbankan kedudukannya. *to go to the e. of another operation* membiayai pembedahan sekali lagi. *to be put to great e.* mengeluarkan banyak biaya. *e. account* catatan pengeluaran utk perjalanan yg dibayar oléh kantor. —**expenses** *j*. ongkos-ongkos, pengeluaran-pengeluaran.

expensive /ek'spensiv/ *ks*. mahal.

experience /ek'spirieəns/ *kb*. pengalaman. *We profit by e.* Kita mengambil manfaat dari pengalaman. *Have you had any previous e.?* Apakah sdh ada pengalamanmu dlm pekerjaan ini? —*kkt*. mengalami. *I have experienced an earthquake* Saya sdh (pernah) mengalami gempa bumi. *to e. difficult times* mengalami masa-masa yg sulit. —**experienced** *ks*. berpengalaman. *He is e. in reporting* Ia sdh berpengalaman sbg wartawan.

experiment /ek'sperəmənt *kb*.; ek'sperəmənt *kkt*./ *kb*. percobaan, éksperimén. *e. station* balai percobaan/penyelidikan. *to carry out an e.* melakukan suatu éksperimén. —*kki*. mengadakan percobaan (**on/with** dgn).

experimental /ek'sperə'mentəl/ *ks*. bersifat percobaan. *e. project* proyék percobaan.

experimentation /ek'sperəmən'teisyən/ *kb*. (pelaksanaan suatu) percobaan, pencobaan.

expert /'ekspərt/ *kb*. ahli. *to call in an e.* minta naséhat seorang ahli. —*ks*. ahli. *e. advice* naséhat seorang ahli. *e. marksman* ahli menémbak, penémbak yg jitu, ahli penémbak tepat.

expertise /'ekspər'tiez/ *kb*. keahlian.

expiration /'ekspə'reisyən/ *kb*. 1 waktu berakhir. *e. date on an insurance policy* tanggal berakhirnya polis asuransi. 2 penghembusan nafas terakhir, mati, meninggal.

expire /ek'spair/ *kki*. 1 berakhir, habis waktunya. *The policy has expired* Polis itu tlh berakhir. 2 (*die*) meninggal. —**expired** *ks*. daluwarsa (*of a policy, treaty, contract*).

expiry /'eksprie, ek'spairie/ *kb*. (*j*. **-ries**) waktu berakhir, habis waktu.

explain /ek'splein/ *kkt*. menerangkan, menjelaskan. *to e. the details to* menerangkan peperincian pd. *That explains matters* Dgn begitu persoalan sdh jelas. *That is easily explained* Itu mudah utk menjelaskannya. *to e. o.s.* menerangkan maksud sendiri, memberi alasan utk tingkahlaku sendiri. **to e. away** menghilangkan dgn memberi alasan. *to e. away s.o.'s shortcomings* memberi alasan guna menghilangkan kekurangan-kekurangan s.s.o.

explanation /'eksplə'neisyən/ *kb*. keterangan, penjelasan. *We owe an e. for* ... Kita perlu memberi keterangan ttg ....

explanatory /ek'splænə'towrie/ *ks*. bersifat menjelaskan. *to provide some e. remarks* memberikan keterangan-keterangan yg bersifat menjelaskan.

expletive /'eksplətiv/ *kb*. 1 kata seru/lontaran. 2 kata yg tak ada artinya, kata pengisi.

explicit /ek'splisit/ *ks*. 1 tegas, éksplisit. *He was very e.*

Ia tegas sekali. 2 jelas. *e. instructions* perintah yg jelas. —**explicitly** *kk*. dgn tegas, secara éksplisit. *I e. stated that* ... Dgn tegas sdh saya nyatakan bhw ....

explode /ek'splowd/ *kkt*. meledakkan, meletuskan (*dynamite*). *to e. a theory* membuktikan kesalahan suatu téori. —*kki*. 1 meledak, meletus. *The gasoline exploded* Bénsin itu meledak. 2 marah sekali. *My wife exploded when I told her* Isteri saya marah sekali ketika saya ceritakan padanya. *The audience exploded in laughter* Hadirin tertawa gemuruh/terbahak-bahak.

exploit /'eksploit *kb*.; ek'sploit *kkt*./ *kb*. perbuatan yg berani/luarbiasa. —*kkt*. 1 mengéksploitir (*s.o.*). 2 mengéksploitasi, memanfaatkan. *to e. the mineral resources* mengéksploitasi sumber-sumber mineral.

exploitation /'eksploi'teisyən/ *kb*. éksploitasi, penghisapan, pemerasan.

exploration /'eksplə'reisyən/ *kb*. éksplorasi, penjelajahan.

exploratory /ek'splowrə'towrie/ *kb*. yg berh. dgn penyelidikan utk suatu penemuan. *e. talks* pembicaraan mengenai usaha-usaha penyelidikan, pembicaraan bersifat penyelidikan.

explore /ek'splowr/ *kkt*. 1 menjelajahi (*an island, cave*). 2 menyelidiki (*opportunities*). 3 memeriksa (*a wound*). —*kki*. mengadakan penyelidikan. *to e. for uranium* mengadakan penyelidikan utk menemukan uranium.

explorer /ek'splowrər/ *kb*. penjelajah.

explosion /ek'splowzyən/ *kb*. letusan, ledakan, letupan. *e. of anger* kemarahan yg meledak. *e. of laughter* tertawa terbahak-bahak secara tiba-tiba.

explosive /ek'splowsiv/ *kb*. 1 bahan peledak. 2 *Phon.*: bunyi éksplosif. —*ks*. bersifat meledak. *e. temper* sifat orang yg suka marah dgn tiba-tiba. *e. substance* bahan yg mudah meledak. *The situation in* ... *is e.* Keadaan yg sewaktu-waktu dpt meledak di ....

exponent /ek'spownənt/ *kb*. 1 orang yg menerangkan/menguraikan. 2 éksponén, pangkat dlm aljabar. 3 contoh, lambang.

exponential /'ekspə'nensyəl/ *ks*. yg berh. dgn éksponén aljabar. *e. curve* garis lengkung yg tergantung dari suatu fungsi éksponén.

export /'ekspowrt *kb*.: 'ekspowrt, ek'- *kkt*./ *kb*. (bahan) ékspor. —*kkt*. mengékspor.

exporter /'ekspowrtər/ *kb*. éksportir.

expose /ek'spowz/ *kkt*. 1 membuka, menyingkapkan thd cahaya (*film*). *Children should be exposed to good books* Anak-anak seharusnya terbuka kpd buku-buku yg baik. *The company was exposed to enemy attack* Kompi terbuka thd serangan musuh. *to e. o.s. to criticism* membuka dirinya thd kritik. 2 membongkar. *to e. a spy ring* membongkar suatu jaringan mata-mata. 3 menampakkan. *to e. the arms* menampakkan lengan. *to be exposed to too much sun* Kena terlalu banyak sinar matahari. —**exposed** *ks*. yg tdk tersembunyi/terlindung. *e. position* kedudukan yg tdk terlindung. *e. to the air* kena udara, terbuka thd udara.

exposé /'ekspow'zei/ *kb*. pembongkaran, pembébéran.

exposition /'ekspə'zisyən/ *kb*. 1 (*exhibit*) paméran, pertunjukan, éksposisi. 2 penjelasan yg terperinci. 3 karangan yg menjelaskan s.s.t. prosés atau gagasan, perawian.

expostulate /ek'spascəleit/ *kki*. 1 bertukar pikiran dgn sungguh-sungguh. *The mother expostulated with her daughter about* ... Ibu itu bertukar pikiran dgn sungguh-sungguh dgn anak perempuannya ttg ....

2 berbantah, membantah. *I expostulated with him not to ...* Saya berbantah dgn dia utk tdk ....
expostulation /ek'spascə'leisyən/ *kb.* 1 peringatan. 2 bujukan.
exposure /ek'spowzyər/ *kb.* 1 pembukaan. *e. to the cold* terbúka kena udara dingin. 2 kedapatan, pembongkaran. *e. of the real thief* didapatnya/ diketahuinya pencuri yg sesungguhnya. *He dislikes public e. of his deeds* Dia tdk suka perbuatan-perbuatannya diketahui oléh umum. 3 pencahayaan *(of film)*. *Our room has a southern e.* Kamar kami menghadap ke selatan. *to die of e.* mati karena tdk diberi perlindungan. **e. meter** météran cahaya pd alat pemotrét.
expound /ek'spawnd/ *kkt.* menjelaskan/menguraikan secara terperinci. *to e. o's views* menjelaskan pandangannya secara terperinci.
express /ek'spres/ *kb.* keréta api kilat. —*ks.* 1 kilat. cepat. *e. train* keréta api kilat. *e. bus* bis kilat jarak jauh. *railway e. agency* kantor pengirim barang-barang cepat dgn keréta api. *e. highway* jalan raya utk lalu lintas cepat. 2 jelas, tegas, tepat. *his e. desire* kehendaknya yg jelas. —*kk.* dgn éksprés. *Send that package e.* Kirimlah pakét itu dgn éksprés. —*kkt.* 1 menyatakan, mengutarakan, mengungkapkan. *to e. an opinion* menyatakan pandangan/pendirian. *to e. o.s. well* pandai menyatakan apa yg ingin dikatakannya. *to e. o.s. in Dutch* mengungkapkan s.s.t. dlm bahasa Belanda. 2 memperlihatkan. *to e. a dislike for* memperlihatkan ketidaksenangan thd. 3 menandakan. *Her smile expresses joy* Senyumnya menandakan kegirangan. 4 mengirimkan dgn éksprés. 5 mengucapkan, menyatakan. *to e. appreciation* mengucapkan penghargaan. *to e. sympathy* turut berdukacita. 6 menyampaikan. *Please e. my greetings to your family* Sampaikanlah salam saya kpd keluargamu.
expression /ek'spresyən/ *kb.* 1 ungkapan, ucapan. 2 pernyataan. *e. of appreciation* pernyataan penghargaan. 3 perasaan, éksprési. *She reads with lots of e.* Dia membaca dgn penuh perasaan. *the e. on her face* air/rupa mukanya. 4 tanda, lambang. *algebraic e.* tanda aljabar.
expressive /ek'spresiv/ *ks.* bersifat menyatakan perasaan. *Laughter is more e. than ...* Ketawa lebih banyak menyatakan perasaan drpd .... *Her face was e. of her feelings* Mukanya membayangkan perasaan-perasaannya. *Tears are e. of grief* Air mata menandakan kesedihan.
expressly /ek'spreslie/ *kk.* 1 dengan jelas. 2 (dgn) sengaja. *He went e. to avoid you* Ia sengaja pergi utk menghindari kamu.
expressman /ek'spresmən/ *kb.* (*j.* **-men**). petugas (cepat) pd perusahaan pengiriman barang-barang dgn cepat.
expressway /ek'spres'wei/ *kb.* jalan raya utk lalu lintas kendaraan cepat.
expropriate /eks'prowprieeit/ *kkt.* mengambil alih. *The government expropriated the firm* Pemerintah mengambil alih perusahaan itu.
expropriation /eks'prowprie'eisyən/ *kb.* pengambilan alih.
expulsion /ek'spʌlsyən/ *kb.* 1 pengusiran (*from school*). 2 pengenyahan, pengeluaran dgn paksa (*of undesirables*).
expunge /ek'spʌnj/ *kkt.* menghapus, menghilangkan, mencorét. *E. those remarks from the court record* Hapuslah pernyataan-pernyataan itu dari catatan pengadilan.
expurgate /'ekspərgeit/ *kkt.* menghilangkan bagian-

bagian atau kata-kata yg tdk pantut (dari buku, surat dsb). **expurgated** *version* versi yg tlh banyak dihilangkan bagian-bagiannya yg tdk patut.
exquisite /'ek'skwisit, 'ek-/ *ks.* 1 indah sekali, sangat élok. *e. jewelry* perhiasan yg indah sekali. 2 halus sekali. *an e. sense for art* perasaan yg halus sekali thd seni. 3 hébat sekali. *e. itching on the skin* rasa gatal yg hébat sekali pd kulit. —**exquisitely** *kk.* dgn sangat indah, secara halus.
ext. 1 [*extension*] sambungan. 2 [*external*] ékstern/ luar. 3 [*extra*] ékstra/tambahan.
extant /ek'stænt/ *ks.* (masih) ada. *His manuscripts are still e.* Naskah-naskahnya masih ada.
extemporaneous /ek'stempə'reinieəs/ *ks.* yg dilakukan tanpa persiapan. *e. speech* pidato yg diucapkan tanpa persiapan.
extend /ek'stend/ *kkt.* 1 memperpanjang (*a visa, ladder, vacation*). 2 menyampaikan. *to e. our condolences to* menyampaikan rasa bélasungkawa kpd. 3 mengulurkan. *to e. a (helping) hand* mengulurkan tangan. 4 memberikan. *We will be happy to e. any help* Kami akan senang sekali memberikan segala pertolongan. 5 memperluas. *to e. the research* memperluas penyelidikan. *The runner was not extended* Pelari itu tdk perlu berusaha sekuat tenaga. —*kki.* sampai. *The farm extends to that clump of trees* Ladang pertanian itu luasnya sampai rumpun pohon-pohon itu. —**extended** *ks.* secara luas, diperpanjang. *e. stay in London* tinggal agak lama di London.
extension /ek'stensyən/ *kb.* 1 perpanjangan (*time, visa*). 2 perluasan. *to add an e. to a house* memperluas rumah dgn bangunan tambahan. *agricultural e.* penyuluhan pertanian. **e. cord** kawat sambungan, kabel penyambung. **e. course** kursus penerangan penyuluhan. **e. agent** penyuluh, juru penerang. **e. ladder** tangga yg dpt dipanjang-péndékkan. **e. table** méja tarik. **e. (telephone).** pesawat (télpon sambungan). *E. 41* pesawat 41.
extensive /ek'stensiv/ *ks.* luas. *e. search* pencaharian yg luas.
extent /ek'stent/ *kb.* 1 luas. *e. of the plain* luas dari dataran itu. 2 tingkat. *The e. of the crime is still not known* Tingkat kejahatan itu blm lagi diketahui. *the whole e. of the country* seluruh/segala pelosok negeri itu. *What is the e. of his wealth?* Berapa jumlah kekayaannya? *to go to any e. to get what he wants* mengusahakan segala-galanya utk mencapai apa vg ia inginkan. **to a certain e.** sampai taraf/tingkat tertentu. **to a great e.** sampai sejumlah besar, utk sebagian besar. **to such an e.** sampai sedemikian luas, sampai jumlah sedemikian besar. **to the full e.** dgn segala kekuasaan. *to the full e. of his power* dgn segala kekuasaan yg ada padanya. *to the full e. of the law* dgn hukuman yg seberat-beratnya.
extenuate /ek'stenyueit/ *kkt.* memperlunak, memperingan. —**extenuating** *ks.* yg meringankan. *e. circumstances* keadaan-keadaan yg meringankan.
exterior /ek'stirieər/ *kb.* 1 bagian luar. *e. of a house* bagian luar rumah. 2 lahirnya. *He has a severe e.* Ia pd lahirnya seorang yg keras. —*ks.* (sebelah) luar. *e. angle* sudut luar. *e. surface* permukaan luar.
exterminate /ek'stərmə neit/ *kkt.* membasmi, memusnahkan. *to e. mosquitoes* membasmi nyamuk.
extermination /ek'stərmə'neisyən/ *kb.* pembasmian, pemusnahan.
exterminator /ek'stərmə'neitər/ *kb.* 1 pembasmi. 2 (*instrument*) alat pembasmi.
external /ek'stərnəl/ *kb.* **externals** *j.* rupa, keadaan luar. —*ks.* 1 luar. *e. ear* telinga luar. *e. examiner* penguji dari luar. *for e. use* obat luar (tak boléh

diminum). 2 luar negeri. *e. affairs* urusan-urusan luar negeri. *Ministry of E. Affairs* Départemén Luar Negeri. *e. trade* perdagangan luar negeri.

extinct /ek'stingkt/ *ks.* 1 padam. *The fire is e.* Api itu tlh padam. 2 mati. *The cigarette is e.* Rokok itu mati. 3 punah, hilang. *an e. animal* binatang yg punah. **to become e.** berakhir. *The family line became e.* Keturunan keluarga itu berakhir.

extinction /ek'stingksyən/ *kb.* 1 pemadaman (*of lights*). 2 pematian (*of cigarettes*). 3 kepunahan, punahnya (*of a species*).

extinguish /ek'stinggwisy/ *kkt.* 1 memadamkan. *to e. a flame* memadamkan api. 2 mematikan. *to e. the lights* mematikan lampu.

extinguisher /ek'stinggwisyər/ *kb.* alat pemadam. *fire e.* alat pemadam api.

extol /ek'stowl/ *kkt.* memuji. *to e. her beauty to the skies* memuji kecantikannya setinggi langit.

extort /ek'stort/ *kkt.* memeras. *to e. money from s.o.* memeras uang dari s.s.o.

extortion /ek'storsyən/ *kb.* pemerasan, penghisapan.

extortioner /ek'storsyənər/ *kb.* pemeras.

extortionist /ek'storsyənist/ *kb.* pemeras.

extra /'ekstrə/ *kb.* 1 édisi tambahan (*of a newspaper*). 2 *Film:* figuran. —**extras** *j.* pengeluaran-pengeluaran tambahan. —*ks.* ékstra, tambahan. *e. charge* biaya tambahan. *an e. piece of paper* kertas tambahan selembar. *an e. day off* tambahan libur sehari. —*kk.* istiméwa. *e. large eggs* telur yg istiméwa besarnya.

extract /'ekstrækt *kb.*; ek'strækt *kkt.*/ *kb.* sari, kutipan. *e. from a diary* sari dari catatan harian. *vanilla e.* sari panili. —*kkt.* 1 mencabut (*a tooth*). 2 menyadap (*sap from trees*). 3 menyuling. 4 mengeduk, menggali (*coal/minerals from the earth*). 5 memeras, memaksakan. *to e. the truth* dpt mendengarkan kejadian yg sebenarnya. **e. of vinegar** biang cuka.

extraction /ek'stræksyən/ *kb.* 1 pencabutan (*of tooth*). 2 keturunan. *of Polish e.* keturunan Polandia.

extractive /ek'stræktiv/ *ks.* yg dikeduk/digali. *e. industries* industri yg menghasilkan bahan-bahan baku.

extracurricular /'ekstrəkə'rikyələr/ *ks.* diluar rencana pelajaran. *e. activities* aktivitas ékstrakurikulér.

extradite /'ekstrədait/ *kkt.* menyerahkan. *to e. a prisoner to a neighboring state* menyerahkan seorang tawanan kpd negarabagian tetangga.

extradition /'ekstrə'disyən/ *kb.* penyerahan tawanan.

extramural 'ekstrə'myurəl/ *ks.* diluar sekolah. *e. sports* olahraga diluar sekolah.

extraneous /ek'streiniəs/ *ks.* 1 yg tak ada hubungannya. *e. remarks* ucapan-ucapan yg tak ada hubungannya. 2 asing (*matter*).

extraordinary /ek'strodi'nerie/ *ks.* luar biasa. *He has an e. capacity for food* Ia luar biasa kuatnya makan. *ambassador e.* /'ekstrə'ordi'nerie/ dutabesar luar biasa. —**extraordinarily** *kk.* secara luarbiasa. *His remarks proved to be e. effective* Pernyataannya ternyata luarbiasa tepatnya.

extrapolate /ek'stræpəleit/ *kkt.,kki.* memperhitungkan/meramalkan kemungkinan. *to e. from the reactions received* meramalkan kemungkinan atas dasar réaksi-réaksi yg diterima.

extrapolation /ek'stræpə'leisyən/ *kb.* ramalan, perhitungan.

extrasensory /'ekstrə'sensərie/ *ks.* diluar jangkauan/tanggapan normal pancaindra. *e. perception* tanggapan diluar pancaindera.

extraterritoriality /'ekstrə'terə'towrie'ælətie/ *kb.* keadaan atau hal mempunyai hak-hak ékstraterritorial.

extravagance /ek'strævəgəns/ *kb.* 1 keroyalan, pemborosan. 2 yg berlebih-lebihan. *the e. of some advertising* beberapa periklanan yg berlebih-lebihan.

extravagant /ek'strævəgənt/ *ks.* 1 boros, royal. *an e. girl* seorang gadis yg boros. 2 luarbiasa. *The price was e.* Harganya luarbiasa tingginya. 3 yg berlebih-lebihan (*praise*). —**extravagantly** *kk.* secara méwah sekali. *She dresses e.* Ia berpakaian méwah sekali.

extravaganza /ek'strævə'gænzə/ *kb.* pertunjukan (musik) yg hébat sekali.

extreme /ek'striem/ *kb.* perbédaan yg besar. *the extremes of hot and cold* perbédaan besar antara suhu panas dgn suhu dingin. *to go to extremes* berbuat keterlaluan. *to go from one e. to the other* pergi dari ujung ke ujung, berputar/berubah 180 derajat, mengambil tindakan/jalan yg sebaliknya. **in the e.** sangat, sungguh-sungguh. —*ks.* 1 ékstrim, ékstrém. *e. views* pandangan-pandangan yg ékstrim. 2 hébat sekali, bukan main/buatan. *e. cold* udara yg bukan buatan dinginnya. *an e. case* perkara yg berat, kejadian yg hébat sekali. 3 keras. *e. measures* tindakan-tindakan yg paling keras. 4 bukan main. *a man of e. wealth* seorang yg bukan main kayanya. 5 tertinggi. *e. top of the mountain* puncak yg tertinggi dari gunung itu. *e. old age* usia yg tinggi sekali. **e. penalty** hukuman mati. **E. Right** Paling Kanan. **e. unction** minyak penyucian/persucian Katolik (yg diberikan kpd orang yg akan mati). —**extremely** *kk.* luar biasa, sekali. *e. cold* dingin yg luarbiasa. *e. happy* gembira/bahagia sekali.

extremist /ek'striemist/ *kb.* ékstrémis.

extremity /ek'stremətie/ *kb.* (*j.* **-ties**) 1 kaki dan tangan. *His lower extremities were burned* Kakinya terbakar. 2 kebutuhan yg sangat. *to go to the e. of* mengambil tindakan yg paling hébat. *to be in o's last extremities* dlm saat-saat bersekarat. *the extremities of the earth* pelosok-pelosok/ujung-ujung bumi yg paling jauh.

extricate /'ekstrəkeit/ *kkt.* melepaskan. *to e. a child from a fence* melepaskan anak dari pagar. *to e. o.s. from* membébaskan/melepaskan diri dari.

extrovert /'ekstrəvərt/ *kb.* orang yg mementingkan hal-hal lahir.

exuberance /eg'zuwbərəns, ig-'/ *kb.* 1 kegembiraan yg besar sekali. 2 kesuburan, kerimbunan. *e. of foliage* kesuburan daun-daunan.

exuberant /eg'zuwbərənt, ig'-/ *ks.* 1 gembira sekali. *to be e. over the news that ...* gembira sekali ttg berita bhw.... 2 banyak sekali. *e. praise* pujian yg banyak sekali. 3 subur, rimbun. *e. vegetation* tumbuh-tumbuhan yg subur.

exude /eg'zuwd, ig'-/ *kkt.* 1 memancarkan (*confidence, sweetness*). 2 menétés (*sweat*).

exult /eg'zʌlt, ig'-/ *kki.* bersuka-ria. *to e. in o's good fortune* bersuka-ria karena bernasib baik.

exultant /eg'zʌltənt, ig'-/ *ks.* gembira, yg menunjukkan kegembiraan. *e. shout* sorak/seruan/teriakan gembira.

exultation /'egzʌl'teisyən/ *kb.* kegembiraan yg meluap-luap.

eye /ai/ *kb.* mata. *e. on a potato* mata kentang. *e. of a needle* mata jarum. *to have s.t. in o's eye* ada s.s.t. benda dlm mata. *"Eyes front!"* "Lihat depan"! *"Eyes right!"* "Lihat kanan"! *Look me straight in the e.* Lihatlah ke mata saya baik-baik. Pandanglah lurus ke mata saya. **without batting an e.** tanpa memejapkan sebelah matapun. *Inf.: He paid cash for the car* *without batting an e.* Ia membayar tunai mobil itu dgn tenang. **to be all eyes** sangat memperhatikan, mengawasi dgn penuh perhatian. **to catch s.o's e.** menarik perhatian s.s.o. **to cry o's eyes out** menangis habis-habisan. **to give s.o. the e.** memperhatikan s.s.o. **to have an e. for** memperhatikan, memasang mata thd. *to have an e. for beauty* menghargai keindahan, peka thd keindahan. **in the eyes of** dlm pandangan. *in the eyes of the law* menurut hukum, dari sudut hukum. *in the public e.* sering kelihatan oléh orang banyak. **to have an eye on** memperhatikan. *He has his e. on you* Kau diperhatikannya. *I have my e. on that house* Saya ada minat thd rumah itu. *to have eyes in the back of o's head* dpt melihat ke segala jurusan. **to keep an e. on** menjaga, mengawasi, mengamat-amati. **to keep an e. on** *the baby* mengawasi bayi itu. *Keep an e. on my groceries for me, will you?* Tolong lihat-lihat barang-barang belanjaan saya ini! *Keep your e. on the ball* Pusatkan matamu kpd bola. Selalu awasi bola. **to keep o's eyes open** membuka mata. *Keep your eyes open for...* Bukalah matamu lébar-lébar. Kau waspada thd. **to keep an e. out for** berjaga-jaga thd. *to keep an e. out for the police* berjaga-jaga thd polisi. **to make eyes at** bermain mata dgn. *to make friends with an e.* **to** *o's political future* mencari kawan dgn mengingat hari depan politiknya. **to open s.o's eyes to** menyadarkan s.s.o. akan. *to open s.o's eyes to the dangers of subversion* menyadarkan s.s.o. akan bahaya subversi. **to run o's eyes over** memeriksa dgn cepat. **to cast/lay/set eyes on** melihat kpd. **to see e. to e.** sepakat, mufakat sepenuhnya dlm banyak hal. **to shut o's eyes to** menutup mata thd. **with o's eyes open** dgn berhati-hati/waspada. *to enter into a partnership with o's eyes open* memasuki persekutuan dgn penuh kewaspadaan. **an e. for an e.** bengis bertimpal bengis, kejam berbalas kejam; hutang jiwa, bayar jiwa. *That's yours, my e.; it's mine* Itu kepunyaanmu sayang; ini kepunyaanku. —*kkt.* 1 memandang. *to e. with suspicion* memandang dgn kecurigaan. 2 mempertimbangkan. *to e. the possibility with caution* mempertimbangkan ke-

mungkinan itu dgn hati-hati. **e. appeal** menarik utk dilihat. **eye-catching** *ks.* menyolok, menarik (perhatian). *e.-catching dress* pakaian yg menarik. **e. opener** 1 s.s.t. yg tdk disangka-sangka. 2 yg menakjubkan. *This book is quite an e. opener* Buku ini mengandung keterangan-keterangan yg menakjubkan. **e. shadow** celak mata. **e. socket** rongga mata.

eyeball /'ai'bɔl/ *kb.* biji/bola mata, mata-bola.

eyebrow /'ai'braw/ *kb.* alis mata. *to raise an e. at s.t.* héran ketika melihat atau mendengar s.s.t.

eyedropper /'ai'drapər/ *kb.* (pompa) penétés mata.

eyeful /'aiful/ *kb.* sebanyak yg dpt dilihat oléh mata pd satu ketika. *She presented quite an e. in her new outfit* Dia sedap dipandang dlm pakaian barunya.

eyeglasses /'ai'glæsiz/ *kb. j.* kacamata, tesmak.

eyelash /'ai'læsy/ *kb.* bulu mata. *Our team lost by an e.* Regu kami kalah tipis.

eyelet /'ailit/ *kb.* lubang tali (spt pd sepatu).

eyelid /'ai'lid/ *kb.* kelopak mata.

eyepatch /'ai'pæc/ *kb.* tutup mata.

eyepiece /'ai'pies/ *kb.* lénsa mata. *e. on a microscope* lénsa mata pd mikroskop.

eyeshade /'ai'syeid/ *kb.* perisai/kap mata.

eyesight /'ai'sait/ *kb.* penglihatan. *to have good e.* mempunyai penglihatan yg baik. *My e. is failing* Penglihatan saya sdh berkurang.

eyesore /'ai'sowr/ *kb.* yg merusak pemandangan. *That house is an e.* Rumah itu merusak pemandangan.

eyestrain /'ai'strein/ *kb.* kelelahan/ketegangan mata.

eyetooth /'ai'tuwth/ *kb.* gigi taring di sebelah atas. **to cut o's e.** yg tdk hijau lagi, melampaui masa kekanak-kanakan. *I cut my e. on that book* Aku banyak belajar dari buku itu.

eyewash /'ai'wasy, -'wɔsy/ *kb.* obat cuci mata. *Sl.: What he said was pure e.* Apa yg dikatakannya itu omong kosong belaka.

eyewitness /'ai'witnəs/ *kb.* saksi mata, saksi yg melihat dgn mata sendiri. *to give an e. account* memberi laporan pandangan mata.

F

f, F /ef/ *kb.* 1 huruf keenam pd abjad Inggeris. 2 penghargaan angka kurang pd pekerjaan sekolah. 3 titinada, huruf musik.

f. 1 [*feminine*] perempuan. 2 [*florin*] rupiah Belanda. 3 [*fluid*] cairan.

F 1 [*Fahrenheit*] Fahrenheit. 2 [*February*] Pébruari. 3 [*Friday*] Jum'at. 4 [*France*] Perancis. 5 [*French*] bahasa Perancis. 6 [*Fellow*] anggauta (terhormat).

FAA [*Federal Aviation Agency*] Jawatan Penerbangan Fédéral.

fable /'feibəl/ *kb.* 1 dongéng perumpamaan. 2 bohong. —**fabled** *ks.* 1 yg banyak diceritakan dlm dongéng. 2 yg dibuat-buat.

fabric /'fæbrik/ *kb.* 1 barang tenunan, kain. *sheer f.* kain tipis. 2 susunan, struktur (*of society*).

fabricate /'fæbrəkeit/ *kkt.* 1 membuat, membangun. 2 memalsukan, mengarang-ngarang.

fabrication /'fæbrə'keisyən/ *kb.* 1 pembuatan, pembikinan. 2 pemalsuan. *f. of reports* laporan yg dibikin-bikin.

fabulous /'fæbyələs/ *ks.* 1 hébat, menakjubkan. *f. view* pemandangan yg hébat. 2 besar. *f. salary* gaji yg luar biasa tingginya.

facade, façade /fə'sad/ *kb.* 1 bagian muka dari suatu gedung. 2 tédéng aling-aling (terutama kalau dianggap utk menyembunyikan s.s.t. kesalahan atau kelemahan).

face /feis/ *kb.* 1 muka, rupa, paras. *to slam the door in o's f.* membanting pintu di mukanya. *f. of a clock* muka jam. 2 permukaan (*of a cliff*). *f. of the earth* permukaan bumi. 3 wajah. **to look s.o. in the f.** memandang kpd wajah s.s.o. 4 keberanian. **f. to f.** berhadap-hadapan, berhadapan muka. *Inf.*: **to fall on o's f.** jatuh tertelungkup. *He told me to my f. that I...* Dgn terang-terangan ia berkata kpd saya bhw saya.... **to have the f. to** begitu sembrono utk, kurang ajar utk. **in the f. of** dihadapan, di muka. *In the f. of strong opposition he gave in* Oléh karena oposisi yg kuat itu dia menyerah. **to make a f./faces at** menyeringai, mencebikkan muka. **on the f. of it** secara sepintas lalu, dipandang begitu saja. *Inf.*: **to pull a long f.** melihat dgn rupa sedih. **to put a good/brave f. on s.t.** bergembira seolah-olah tak ada kejadian apa-apa. **to save f.** menjaga hargadiri/nama baik. **to set o's f. against** menentang. **to o's f.** di muka, terang-terangan, dihadapan mukanya. *to show o's f.* memperlihatkan diri. —*kkt.* 1 menghadapi. *to f. facts* menghadapi kenyataan. *to f. a firing squad* menghadapi regu penémbak. 2 menghadapkan muka, menghadap. *The soldiers were told to f. the colonel* Perajurit-perajurit diperintahkan menghadapkan muka ke arah kolonél itu. *F. this way* Lihat/ Menghadaplah kemari. 3 berhadapan (muka) dgn. *How can you f. him?* Bagaimana sdr dpt berhadapan muka dengannya? *The picture facing p. 22* Gambar yg berhadapan dgn halaman 22. **::** *Let's*

f. it! Mari kita akui. *The teacher faced the class and began his lecture* Guru melihat ke kelas lalu mulai dgn kuliahnya. *He faces a difficult decision* Dia hrs mengambil suatu keputusan yg sulit. —*kki.* menghadap. *This building faces south* Gedung ini menghadap ke selatan. **to f. e.o.** berhadap-hadapan. **to f. on** menghadap. *The store faces on State Street* Toko itu menghadap Jl. State. **to f. out** menentang, melawan, mempertahankan. *He faced it out* Ia menentangnya. **to f. up to** menghadapi dgn penuh keberanian. *to f. up to o's responsibilities* berani menghadapi tanggung jawabnya. **f. card** Raja, Ratu dan Pangéran (kartu-kartu bridge). **f. cream** minyak/krim utk muka. **f. guard** pelindung muka. **face-lifting** *kb.* bedah kecantikan. **f. mask** topéng. **f. powder** bedak. **face-saver** *kb.* alasan yg baik yg menghindarkan malu dan menjaga harga diri. **face-saving solution** pemecahan yg menghindarkan malu. **face-to-face talks** pembicaraan berhadapan muka. **f. towel** handuk kecil. **f. value** 1 harga yg dicantumkan pd cék. 2 begitu saja. *Don't take the pronouncement at f. value* Jangan menerima ucapan-ucapan itu begitu saja. —**facing** *kb.* 1 bis, pinggiran. *yellow f. on the collar* bis kuning pd léhér. 2 lapisan (luar). *stone f.* lapisan luar dari batu.

facecloth /'feis'klɔth/ *kb.* kain penyéka muka.

facedown /'feis'dawn/ *kk.* **to turn s.t. f.** menelungkupkan/meniarapkan s.s.t., sehingga mukanya berpaling kebawah.

facet /'fæsit/ *kb.* 1 segi, sanding. *facets of the problem* segi-segi masalah itu. 2 permukaan (*of a gem*).

facetious /fə'siesyəs/ *ks.* secara berkelakar. *f. remarks* ucapan-ucapan jenaka.

facial /'feisyəl/ *kb.* masase muka. —*ks.* yg berh. dgn muka. *f. expression* éksprési muka. *f. tissue* kertas halus tipis yg dipakai utk menyéka muka/hidung.

facile /'fæsəl/ *ks.* lancar. *her f. nature* tabiat yg lancar, sifatnya yg penurut. *f. tongue* lidah yg lancar/pasih.

facilitate /fə'siləteit/ *kkt.* memudahkan.

facility /fə'silətie/ *kb.* (*j.* -**ties**) 1 fasilitas, kesempatan. 2 kecakapan. *f. for languages* kecakapan dlm bahasa-bahasa.

facsimile /fæk'siməlie/ *kb.* réproduksi, jiplakan. *a reasonable f.* s.s.t. yg serupa dgn itu.

fact /fækt/ *kb.* 1 fakta, kenyataan. *the facts of the case* fakta-fakta dlm perkara. *the facts of life* kenyataan-kenyataan hidup. *The f. is...* Kenyataannya ialah.... *It was a f. that he took the money* Bhw ia mengambil uang itu adalah suatu kenyataan. *One must look facts in the face* Orang/Kita hrs berani menghadapi kenyataan. 2 kebenaran. *He accepts all statements as facts* Ia menerima semua pernyataan itu sbg kebenaran. *Is that a f.?* Apakah itu benar? **after the f.** stlh s.s.t. dilakukan. **Apart from the f. that ...** Terlepas drpd kenyataan bhw.... **as a matter of f., in f., in point of f.** sebetulnya, sesungguhnya, sebe-

narnya. **Owing to the f. that ...** Berkat kenyataan
bhw.... **I know for a f.** *that he spent a year in jail*
Saya tahu benar, bhw ia pernah meringkuk dlm
penjara selama satu tahun. **fact-finding** *kb.* pen-
carian fakta. *f.-finding mission* misi pencari fakta.
faction /'fæksyən/ *kb.* golongan, kumpulan orang-
orang dlm partai politik, geréja dsb. *two opposing
factions within the organization* dua golongan yg ber-
tentangan dlm organisasi itu.
factor /'fæktər/ *kb.* faktor, unsur. *a f. in his defeat*
faktor dlm kekalahannya.
factory /'fæktərie/ *kb.* (*j.* **-ries**) paberik.
factual /'fækcuəl/ *ks.* yg mengandung atau berd-
asarkan fakta-fakta, yg sesungguhnya.
faculty /'fækəltie/ *kb.* (*j.* **-ties**) 1 staf pengajar di
sekolah (tinggi). *f. adviser* gurubesar penaséhat. 2
kemampuan, kecakapan. *to have the happy f. of
understanding others' problems* mempunyai kemam-
puan yg menguntungkan utk memahami persoal-
an-persoalan orang lain. 3 pancaindera. *to be in
possession of all o's faculties* memiliki kemampuan
utk berpikir dan berbuat secara baik. 4 fakultas.
F. of Medicine Fakultas Kedokteran.
fad /fæd/ *kb.* mode, iseng(-iseng). *It's just a f.* Hanya
iseng saja.
faddist /'fædist/ *kb.* pengikut mode.
fade /feid/ *kkt.* memudarkan. *Sunlight faded the cur-
tains* Sinar matahari memudarkan tirai. —*kki.* 1
luntur, menjadi pudar. *The color is fading* Warna
itu menjadi pudar. *guaranteed not to f.* dijamin tdk
luntur. 2 menghilang. *The sun is fading in the west*
Matahari menghilang disebelah barat. *to f. from
memory* menghilang dari ingatan. 3 layu. *The
flowers are beginning to f.* Bunga-bunga itu mulai
layu. **to f. away** 1 menjadi kabur, berangsur
hilang. *The light faded away* Cahaya berangsur
hilang. 2 mati, wafat. 3 menghilang, berangsur
pergi. *The crowd faded away* Orang-orang yg ber-
kerumun itu menghilang. **to f. out** menghilang.
The sound/picture faded out Suara/Gambar itu
menghilang. —**fading** *kb.* 1 kehilangan warna. 2
TV, Tel.: kehilangan kekuatan suara atau gambar,
hilang timbulnya suara atau gambar.
fadeproof /'feid'pruwf/ *ks.* tak/tahan luntur.
faeces /'fiesiez/ = FECES.
fag /fæg/ *kb.* ujung, akhir. *f. end* akhir ujung, sisa yg
paling jelék. —*kki.* (**fagged**) *Inf.*: **to f. out** mele-
tihkan. *I'm fagged out* Saya letih sekali.
faggot /'fægət/ *kb.* = FAGOT.
fagot /'fægət/ *kb.* berkas kayu api, seikat kayu bakar.
Fahrenheit /'færənhait/ *kb.* ukuran suhu atau tér-
mométer yg memakai skala Fahrenheit.
fail /feil/ *kb.* **without f.** pasti, tentu. *I am planning to
go without f.* Saya pasti akan pergi. —*kkt.* 1 gagal/
jatuh dlm. *to f. o's examinations* jatuh dlm ujiannya.
2 meninggalkan, membiarkan. *Don't f. me in my
hour of need* Jangan tinggalkan saya pd waktu saya
memerlukan bantuan. 3 menjatuhkan, tidak me-
luluskan (*a student*). **::** *Words f. me* Saya tak dpt
mengatakan apa-apa. *His heart failed him* Jantung-
nya berhenti. *His memory fails him* Ingatannya men-
jadi lemah. Tak teringat (lagi) oléhnya. **to f. of**
tdk berhasil memperoléh. *The mission failed of suc-
cess* Perutusan itu tdk berhasil memperoléh suksés.
—*kki.* 1 lalai. *to f. to return a book* lalai mengembali-
kan buku. 2 lupa. *Don't f. to call him* Janganlah
lupa menilponnya. *He failed to call me* Ia tak me-
manggil saya. 3 menjadi rusak, gagal. *The wheat
crop failed* Panén gandum gagal. *The firm failed*
Perusahaan itu bangkrut. *His eyesight is failing*

Penglihatannya mulai kabur. *Her health is failing*
Keséhatannya berkurang. *The engines failed* Mesin
itu mati. *I f.* *to understand why* Sukar bagi saya utk
memahami/mengetahui mengapa. —**failing** *kb.*
kekurangan, kelemahan. *f. grade* angka kurang.
She's in f. health Keséhatannya mundur. *kd.* karena
tak. *F. receipt of your call, I* ... Karena tak menerima
télponmu aku....
failure /'feilyər/ *kb.* 1 kegagalan, pengabaian, pela-
laian. *I'm a f.* Saya orang yg gagal. *to court f.* men-
cari-cari kegagalan. *The project was doomed to f.*
Proyék itu sdh pasti akan mengalami kegagalan.
F. to comply with the regulations cost me my job Karena
kegagalan utk mematuhi peraturan-peraturan
saya kehilangan pekerjaan saya. 2 kerusakan,
gangguan. *f. in the electric power* kerusakan dlm
tenaga listrik, terputusnya arus listrik. *heart f.*
jantung tdk bekerja lagi.
faint /feint/ *kb.* pingsan. —*ks.* 1 pusing. *I feel f.*
Saya merasa pusing. 2 redam, redup (*of sounds*).
I haven't the faintest idea how much the car cost Saya
sama sekali tak dpt membayangkan berapa harga
mobil itu. *F. heart never won fair lady* Laki-laki
penakut tak akan berhasil mendapat wanita can-
tik. —*kki.* (jatuh) pingsan. *to f. from fright* pingsan
karena ketakutan. —**fainting** *ks.* sedang/mem-
bikin pingsan. *f. spell* pingsan, kepingsanan.
—**faintly** *kk.* sedikit. *f. reminiscent of* sedikit-banyak
mengingatkan kpd. *f. visible* terlihat samar-samar.
fainthearted /'feint'hartid/ *ks.* pengecut, penakut,
tdk berani.
fair /fær/ *kb.* pekan raya, pasar malam. *Inf.: I know
it's true for f.* Saya tahu bhw itu seluruhnya benar.
—*ks.* 1 kuning langsat, pérang (*of complexion*). 2
terang. *Tomorrow will be f.* Bésok hari terang. 3 adil.
That's not f. Itu tak adil. *f. deal* urusan yg adil. *f. and
square* adil dan jujur. *He won f. and square* Dia
menang secara jujur. *The judge gave him a f. hearing*
Hakim memeriksanya secara adil. *by f. means or foul*
secara jujur atau licik. *F. enough!* Boléhlah! Boléh
juga! 4 cukup, wajar. *f. profit* untung yg cukup
banyak. 5 sedang, lumayan. *a f. number of books*
buku-buku yg lumayan jumlahnya. *He did only f.
on his exam* Hasil ujiannya sedang saja. *How do you
feel? Only f.* Bagaimana perasaanmu? Cukupan
saja. 6 cantik. *f. lady* wanita yg cantik. *He's in a f.
way to reach the top* Ia mempunyai kemungkinan yg
baik utk mencapai puncak kedudukannya. **f. to
middling** lumayan. *I feel f. to middling* Saya merasa
lumayan. —*kk.* **to bid f.** rasanya. agaknya, rupa-
nya, mungkin sekali. *He bids f. to become an out-
standing pianist* Dia rasanya akan menjadi seorang
pianis yg masyhur. *His actions bid f. to ruin his re-
lationship* Tindakannya nampaknya dpt merusak
hubungannya. **to play f.** bermain/berlaku jujur,
bermain menurut peraturan. **fair-complexioned**
ks. kulitnya putih/kuning langsat. **f. employment**
pengerjaan orang tanpa membéda-bédakan/tanpa
memilih bulu. **f. game** sasaran (cemoohan). *Inf.:*
fair-haired *boy* anak mas. **fair-minded** *ks.* tanpa
prasangka, wajar, tdk berat sebelah. *f.-minded judge*
hakim yg tdk berat sebelah. **f. name** nama baik.
to sully s.o's f. name memburukkan/menodai nama
baik s.s.o. **f. play** tindakan/perlakuan yg wajar thd
semua orang. **f. sex** wanita, perempuan. *Sl.:*
shake perlakuan/penyelesāian yg wajar/adil. **fair-
sized** *ks.* tdk begitu banyak. **f. weather** cuaca
terang. *f.-weather friend* teman sewaktu kita kaya.
f. wind angin sedang. —**fairly** *kk.* 1 agak baik.
He did f. well on his exam Hasil ujiannya agak

baik. 2 hampir. *It's f. certain that...* Hampir dpt dipastikan bhw.... *He f. roared when he heard the joke* Dia terbahak-bahak lepas ketika mendengar lelucon itu. *I was f. beside myself with anxiety* Saya gelisah sekali.

fairground /'fær'grawnd/ *kb.* tempat/gelanggang pekan raya.

fairness /'færnəs/ *kb.* kejujuran, keadilan, kewajaran. *In all f. I must admit...* Dgn segala kejujuran saya hrs mengakui....

fairway /'fær'wei/ *kb.* 1 *Nav.*: aluran/jaluran pelayaran. 2 *Golf.*: bagian dari lapangan golf antara tempat pemukulan bola golf pertama di tiap hole dan lapangan hijau.

fairy /'færie, 'ferie/ *kb.* (*j.* -**ries**) peri. *f. tale* 1 ceritera dongéng. 2 bohong.

fairyland /'færie'lænd/ *kb.* tempat yg menyenangkan dan menarik.

fait accompli /'fetakom'plie/ *kb.* keadaan yg dihadapi, ketentuan yg hrs diterima.

faith /feith/ *kb.* 1 kepercayaan. *I have f. in him* Saya menaruh kepercayaan kepadanya. *Keep your f. in God* Tetaplah percaya kpd Tuhan. *breach of f.* melanggar janji. 2 agama, keyakinan. *What is her f.?* Apa agamanya? *the Jewish f.* keyakinan Yahudi. **to act in bad f.** berbuat tdk jujur. **to act in good f.** berbuat dgn cara jujur. **to keep f. with** tetap setia kpd. **to pin o's f. to** menumpahkan kepercayaannya kpd. **to shake o's f. in** mengguncangkan kepercayaannya atas. **f. healer** ahli pengobatan dgn menggunakan kebatinan.

faithful /'feithfəl/ *kb.* **the f.** *j.* orang-orang yg beriman. —*ks.* 1 setia. *f. servant* pelayan yg setia. 2 tepat. *f. copy* salinan yg sebenarnya. —**faithfully** *kk.* tepat. *to promise f.* berjanji tepat. *F. yours* Sahabatmu yg setia.

faithless /'feithləs/ *ks.* 1 tdk setia. 2 *Rel.*: tak percaya kpd agama, tanpa iman. 3 durhaka (*of a wife*).

fake /feik/ *kb.* 1 penipu. 2 gadungan, s.s.t. yg palsu. —*ks.* palsu. *f. bill* uang kertas palsu. —*kkt.* 1 memalsukan. 2 berbuat seakan-akan, berpura-pura. *The child faked illness* Anak itu berbuat seakan-akan sakit. *to f. a reply* memberi jawaban yg palsu.

faker /'feikər/ *kb.* pemalsu, penipu.

fakir /'feikər/ *kb.* ahli sihir, seorang wali yg hidup mengemis.

falcon /'fɔlkən, 'fælkən/ *kb.* sm burung elang yg dipergunakan utk berburu.

fall /fɔl/ *kb.* 1 *Meteor.*: musim gugur/rontok. 2 jatuh. *a sprained back from a f.* punggung yg keseléo karena jatuh. *The f. of snow was light* Sedikit sekali salju jatuh. 3 jatuhnya. *f. of the cabinet* jatuhnya kabinét. *Sport: to take two out of three falls* menjatuhkan dua kali diantara tiga kali jatuh. 4 runtuhnya. *f. of an empire* runtuhnya kekaisaran. 5 surut. *rise and f. of a flood* pasang surutnya banjir. 6 turunnya. *rise and f. of the market* naik turunnya pasaran. 7 tingginya. *The f. from the top of the gorge is 155 feet* Tingginya tebing dari puncak jurang itu 155 kaki. *the f. of Adam* Perbuatan Dosa (oléh) Adam. *His f. from favor brought about his death* Ia meninggal karena ia tdk disukai lagi. **to ride for a f.** berbuat s.s.t. yg menuju bahaya, runtuh atau kesulitan. —**falls** *j.* air terjun. —*kki.* (**fell, fallen**) 1 jatuh. *to f. and break a wrist* jatuh dan pergelangan tangannya patah. *The vase fell from the table* Jembangan itu jatuh dari méja. *The hill fell into the hands of the enemy* Bukit itu jatuh ke tangan musuh. 2 turun. *Prices fell yesterday* Harga-harga turun kemarin. *The barometer is falling* Barométer itu sedang menurun. 3 gugur.

to f. in battle gugur dlm peperangan. 4 melihat kebawah. *Because he was guilty, his eyes fell* Karena bersalah ia melihat kebawah. *The Cabinet fell* Kabinét jatuh. *Her face fell* Mukanya menjadi suram. *Night is falling* Hari berangsur malam. **to f. across** menemui (secara kebetulan). *to f. across a book purely by chance* menemukan sebuah buku sama sekali secara kebetulan. *to f. (all) over o.s. trying to...* berlomba-lomba berusaha.... **to f. apart** 1 pecah, berantakan (*of an auto, committee*). *I'm so tired I'm falling apart at the seams* Saya capé sekali sehingga rasanya badan saya berantakan. 2 runtuh (*of a house*). **to f. away** meninggalkan berkurang (*of followers, supporters*). **to f. back** mundur. *The troops fell back* Pasukan itu mundur. **to f. back (up)on** 1 bersandar. *I can f. back on my savings* Saya dpt bersandar pd simpanan uangku. 2 kembali. *If you need help, you can f. back on me* Jika sdr memerlukan pertolongan, kembalilah kpd saya. **to f. behind** ketinggalan. **to f. down** 1 jatuh. 2 gagal. *to f. down in o's school work* gagal dlm pekerjaan di sekolah. *Inf.:* **to f. down on the job** terbukti gagal dlm pekerjaan. *Sl.:* **to f. for** 1 teperdaya/tertarik oléh. *to f. for an offer* teperdaya oléh tawaran. 2 jatuh cinta pd, tertarik oléh (*s.o.*). **to f. in** runtuh. *The roof fell in* Atapnya runtuh. *"F. in!"* "Berkumpul dlm barisan!" *to f. in love* jatuh hati. **to f. into** 1 menjadi kebiasaan. *to f. into the habit of sleeping late* menjadi kebiasaan baginya tidur terlambat. *He soon fell into their way of doing things* Ia segera menyesuaikan diri dgn kebiasaan-kebiasaan meréka. 2 masuk. *to f. into a trap* masuk perangkap. *She fell into a fortune upon her uncle's death* Dia menjadi kaya sesudah (waktu) pamannya meninggal. *to f. into arrears on the rent* menunggak séwa. **to f. in with** berjumpa dgn. **to f. off** 1 jatuh. *My glasses fell off* Kacamata saya jatuh. 2 berkurang. *Attendance has fallen off* Orang yg hadir berkurang. *I want to f. off ten pounds* Saya ingin berat saya berkurang 10 pon. *The cap fell off the gas tank* Tutup tank bénsin itu terjatuh. **to f. (up)on** 1 jatuh. *What day does Lebaran fall on this year?* Lebaran jatuh pd hari apa tahun ini? *The responsibility falls on him* Tanggung-jawab jatuh padanya. 2 mengalami. *to f. (up)on evil days* mengalami hari-hari jélék. *to f. on bad times* tertimpa waktu yg sial, mengalami hari-hari sial. *to f. on o's neck* memeluk. *to f. on o's knees* bertekuk lutut. *Strange sounds fell on my ear* Bunyi-bunyi yg anéh terdengar di telingaku. *The sunlight falls on the lake* Sinar matahari terpancar diatas danau itu. **to f. out** 1 rontok (*of hair*). 2 bertengkar, berselisih. *The neighbors have fallen out* Tetangga-tetangga itu bertengkar. 3 ternyata. *It fell out that...* Ternyata bhw.... *"F. out!"* "Bubar"! **to f. short of** 1 menécéwakan. *His ability fell short of his father's expectations* Kemampuannya mengécéwakan harapan-harapan ayahnya. 2 tidak mencukupi. *His funds fell short of his needs* Dana keuangannya sdh tdk mencukupi lagi bagi keperluan-keperluannya. **to f. through** gagal, tdk jadi. *Our plans fell through* Rencana kami gagal. **to f. to** 1 mulai makan. *"F. to!"* "Makanlah"! 2 mulai. 3 menutup (*of a door*). 4 terjerumus. *to f. to temptation* terjerumus dlm godaan. *It fell to me to inform her* Sayalah yg mendapat tugas utk memberitahukan kepadanya. *Her hair falls to her shoulders* Rambutnya terurai sampai ke bahunya. **to f. under** 1 jatuh dibawah. 2 kena. *He fell under her spell* Dia kena pengaruhnya. Dia terpesona oléhnya. *to f. under suspicion* dicurigai. 3 termasuk. *Mushrooms f. under the group of fungi*

Jamur-jamur termasuk bangsa fungi. **to f. upon** menyerang (*a village*). **f. guy** orang yg dijadikan kambing hitam. **fall-off** *kb*. kemerosotan. *f.-off in production* kemerosotan dlm produksi. **—fallen** *ks*. 1 yg tumbang. *f. tree* pohon yg tumbang. 2 yg gugur. *f. hero* pahlawan yg gugur. 3 rata. *f. arches* telapak kaki yg rata, tapak rata. *f. dynasty* wangsa (dinasti) yg tdk lagi berkuasa. *f. woman* perempuan P, wanita pelacur. **falling** *star* météor, bintang jatuh. *f. temperature* suhu yg menurun. **falling-off** *kb*. *There's a f.-off in sales* Hasil penjualan berkurang. **falling-out** *kb*. pertengkaran, sengkéta.

fallacious /fə'leisyəs/ *ks*. salah, keliru. *f. statement* pernyataan yg menyesatkan.

fallacy /'fæləsie/ *kb*. (*j*. **-cies**) buah pikiran yg keliru.

fallen /'fɔlən/ lih FALL.

fallible /'fæləbəl/ *ks*. dpt berbuat keliru/salah.

fallout /'fɔl'awt/ *kb*. jatuhan (radioaktif). *f. shelter* lubang/ruang perlindungan dibawah tanah thd debu radioaktif.

fallopian /fə'lowpiəən/ *ks*. **f. tubes** saluran/pembuluh telur ke kandungan rahim.

fallow /'fælo/ *ks*. kosong, blm ditanami. *to lie f.* tandus.

false /fɔls/ *ks*. 1 palsu. *f. teeth* gigi palsu/geligi. *f. witness* saksi palsu. *to bear f. witness* memberikan kesaksian yg palsu. 2 bohong. *Is that story f.?* Apakah ceritera itu bohong? 3 tdk benar. *true and f. questions* pertanyaan-pertanyaan benar dan tdk benar. 4 sumbang. *f. note* nada sumbang. *to play f.* bermain curang/licik. **f. alarm** tanda bahaya yg palsu. **f. bottom** bagian rahasia. **f. colors** 1 bendéra palsu. 2 pembawaan diri yg dibikin-bikin. *to sail under f. colors* berlayar dibawah bendéra palsu. **f. pretenses** alasan-alasan palsu. *to sell a house under f. pretenses* menjual rumah dgn alasan-alasan palsu. **f. pride** perasaan malu yg tdk pd tempatnya. **f. step** perbuatan yg salah, kesalahan, kekeliruan.

falsehood /'fɔlshud/ *kb*. kebohongan, dusta.

falsetto /fɔl'setow/ *kb*., *ks*. suara buatan bernada tinggi, suara tinggi yg tdk wajar.

falsies /'fɔlsiez/ *kb*., *j*. *Inf*.: sumpalan, isi BH spy buah dada kelihatan lebih montok.

falsify /'fɔlsəfai/ *kkt*. (**falsified**) memalsukan.

falsity /'fɔlsətie/ *kb*. (*j*. **-ties**) kepalsuan.

falter /'fɔltər/ *kki*. 1 bimbang. *Don't f., move on* Jangan bimbang, maju terus. 2 terputus-putus. *Her voice faltered* Suaranya terputus-putus. 3 berjalan bergoyang atau terhuyung, bertatih. *to f. up the hill* mendaki bukit dgn langkah-langkah yg tak pasti. **—faltering** *ks*. yg goyang, terhuyung. *f. steps* langkah-langkah yg goyang. **—falteringly** *kk*. dgn terputus-putus, dgn gagap. *to speak f.* berkata tertahan-tahan/dgn gagap/dgn gugup. *to walk f.* berjalan terhuyung-huyung.

fame /feim/ *kb*. kemasyhuran, popularitas. *to win f.* menjadi tenar/terkenal. *of ill f.* yg mempunyai nama buruk.

famed /feimd/ *ks*. terkenal, termasyhur, ternama.

familial /fə'mielieəl/ *ks*. yg berh. dgn keluarga. *f. relationship* hubungan keluarga.

familiar /fə'milyər/ *ks*. 1 terkenal, dikenal. *That's a f. story* Itu ceritera yg dikenal. 2 akrab. *He's too f.* Ia terlalu akrab. *to be on f. terms with s.o.* mempunyai hubungan yg akrab dgn s.s.o. 3 yg sdh lazim. *That's a f. phrase* Itu adalah ungkapan/peribahasa yg sdh lazim. *in f. surroundings* dlm lingkungan/keadaan sekeliling yg tdk asing (lagi). **to be f. with** mengetahui, tahu ttg. *Are you f. with this type of car?* Apa

sdr biasa dgn jenis mobil ini? *Her voice sounds f. to me* Suaranya itu kedengarannya sdh saya kenal. *I must make myself more f. with Dutch* Saya hrs lebih banyak membiasakan diri dgn bahasa Belanda. **to be on f. ground** mengenal keadaan. *That statement has a f. ring to it* Pernyataan itu rasa-rasanya sdh pernah didengar.

familiarity /fə'mil'yærətie/ *kb*. (*j*. **-ties**) 1 keakraban, kebiasaan. *F. breeds contempt* Keakraban menimbulkan benih kebencian/rasa kurang hormat. 2 hal mengetahui.

familiarize /fə'milyəraiz/ *kkt*. **to f. o.s. with** membiasakan diri dgn, mempelajari spy mengenal.

family /'fæməlie/ *kb*. (*j*. **-lies**) 1 keluarga. *the human f.* keluarga manusia. *He's just like one of the f.* Ia sama saja spt (anggota) keluarga/famili. *She's from a good f.* Ia dari keluarga baik-baik *This trait runs in the f.* Pembawaan ini sdh terdapat di kalangan famili itu. 2 rumpun. *f. of languages* rumpun bahasa. **in the f. way** hamil, mengandung, dlm tian, bertian. **f. doctor** dokter keluarga. **f. life** kehidupan berkeluarga. **f. man** laki-laki pencinta keluarganya, laki-laki yg sdh berkeluarga. **f. name** nama keluarga. **f. room** ruangan yg dipakai utk seluruh keluarga. **family-size** *ks*. yg dpt memuat seluruh keluarga, cukup utk seluruh keluarga. **f. skeleton** rahasia keluarga. **family-style** *ks*. gaya yg disukai atau yg cocok utk seluruh keluarga. **f. tree** silsilah (suatu keluarga).

famine /'fæmən/ *kb*. kelaparan.

famished /'fæmisyt/ *ks*. sangat lapar. *I'm f.* Saya sangat lapar.

famous /'feiməs/ *ks*. terkenal, termasyhur, tersohor, kenamaan (for sbg/akan).

fan /fæn/ *kb*. 1 kipas (angin). 2 penggemar. *soccer f.* penggemar sépakbola. **—kkt**. (**fanned**). 1 mengipas (*a fire*). 2 mengusir dgn kipas. *to f. flies* mengusir lalat dgn kipas. 3 memperbesar, menghembus. *to f. the resentment into a rebellion* memperbesar rasa tdk senang menjadi suatu pemberontakan. **to f. out** menyebar. **f. belt** tali/ban kipas. **f. club** perkumpulan orang-orang yg memuja/mengagumi seorang yg terkemuka. **f. letter/mail** surat pujaan kpd seorang yg sangat populér.

fanatic /fə'nætik/ *kb*. seorang yg fanatik. **—ks**. fanatik.

fanatical /fə'nætəkəl/ *ks*. secara fanatik. *to be f. on* fanatik dlm, keranjingan yg berlebih-lebihan.

fanatisicm /fə'nætəsizəm/ *kb*. fanatisme.

fancier /'fænsieər/ *ks*. 1 penggemar. 2 pemelihara (of dogs, birds, etc.). 3 lih FANCY.

fanciful /'fænsiefəl/ *ks*. 1 anéh, fantastis. 2 khayal. *f. writer* penulis cerita-cerita khayal, penulis yg penuh daya khayal.

fancy /'fænsie/ *kb*. (*j*. **-cies**) 1 khayalan, fantasi. 2 kesukaan. *Take it if it strikes your f.* Ambillah jika cocok/sesuai dgn selér) amu. **to suit s.o's f.** sesuai dgn keinginan s.s.o. *passing f.* kesukaan yg tdk lama. 3 angan-angan. *in a flight of f.* dlm angan-angannya. **to take a f. to** suka/senang kpd. *The new song took our f.* Lagu baru itu menarik hati kami. **—ks**. (**fancier, fanciest**) 1 tinggi. *f. price* harga yg tinggi. 2 indah. *f. package* bungkusan yg terhias indah. *to wear a f. costume* mengenakan pakaian yg menarik perhatian. **—kkt**. (**fancied**) 1 mengkhayalkan, membayangkan. *F. that!* Bayangkan itu! *She fancies herself a singer* Ia mengkhayalkan dirinya sbg seorang penyanyi. 2 mengira. *I f. that girl is a born writer* Saya kira gadis itu seorang pengarang yg berbakat. 3 menyukai. *We f. the idea of a trip* Kami menyukai gagasan suatu perjalanan. 4 berangan-angan. *He fancies he wants to become an engineer* Ia berangan-angan bhw ia hendak menjadi seorang insinyur. *F. meeting you here!* Siapa sangka, bertemu dgn kau disini! **f. ball** pésta dansa dgn anéka macam pakaian yg anéh. **f. dress** pakaian dipakai pd pésta (bertopéng). *f.-dress ball* balmaski. **fancy-free** *ks.* senang dan bébas sama sekali, bébas dari segala macam tanggung jawab, tdk terikat. **f. goods** barang-barang perhiasan. *Sl.:* **f. pants** pedandan, pesolék. **fancy-talk** bahasa yg dibikin-bikin, bahasa téhnik. **f. skating** sekat indah. —**fancied** *ks.* yg dikhayalkan. *f. insult* penghinaan yg dikhayalkan.

fancywork /'fænsie'wərk/ *kb.* pekerjaan jahitan indah spt sulaman dsb.

fanfare /'fænfær/ *kb.* 1 keriuhan di pawai, pawai yg riuh. 2 *Mus.*: musik yg dimainkan oléh terompét-terompét. *without f.* tanpa gembar-gembor.

fang /fæŋ/ *kb.* 1 gigi taring. 2 gigi anjing, ular dsb.

fanny /'fænie/ *kb.* (*j.* -nies) *Sl.*: pantat, bokong.

fantail /'fæn'teil/ *kb.* 1 ékor/ujung/bagian yg melébar spt kipas yg terbuka. 2 *Nau.*: bagian buritan yg terletak diatas air di kapal.

fantastic /fæn'tæstik/ *ks.* 1 fantastis, ajaib, luar biasa. *f. story* cerita yg luar biasa. 2 *Inf.*: sangat/amat tinggi. *f. price* harga yg amat tinggi. 3 tak masuk akal.

fantasy /'fæntəsie/ *kb.* (*j.* -sies) fantasi, khayalan, lamunan.

far /far/ *ks.* (**farther, farthest**). paling ujung. *He lives at the f. end of the street* Ia tinggal pd rumah yg paling ujung di jalan ini. *In the f. distance you can see...* Dlm kejauhan dpt kaulihat.... —*kk.* jauh. *How f. is it to Jakarta?* Berapa jauhnya ke Jakarta? *It's f. in the future* Itu (masih) jauh di masa depan. *The night was f. advanced* Hari sdh jauh malam. **f. better** jauh lebih baik. *That's carrying it too f.*, *That's going too f.* Itu sdh terlalu jauh. Itu sdh terlaluan. *He drove f. to the right* Ia menyetir terlalu ke kanan. *too f. gone* dlm keadaan yg kritis sekali. **f. and away** jelas sekali, pasti. *He was f. and away the best in the class* Dia jelas sekali yg terbaik di kelas itu. **f. and near/wide** dimana-mana. *to search f. and wide for s.o.* mencari s.s.o. dimana-mana. *He has traveled f. and wide* Ia tlh mengadakan perjalanan kemana-mana. **f. away** jauh sekali. **f. be it from me** bukan maksud saya. *F. be it from me to tell you what to do* Saya tdk berani mengatakan kepadamu apa yg hrs kamu lakukan. **f. from** jauh. *It's f. from right* Itu sama sekali tdk benar. **f. from it** sama sekali tdk. *Are you finished? F. from it* Sdh selesai kamu? Sama sekali tdk. **f. off** jauh. *He didn't guess correctly, but he wasn't f. off* Terkaannya tdk tepat, tetapi melésétnya tdk jauh. **as f. as** 1 sampai, hingga. *I'll go as f. as the corner* Saya akan pergi sampai ke pojok itu. *It's a good job as f. as he's gone* Hingga kini pekerjaannya baik. 2 sepanjang, sejauh. *as f. as I know* sepanjang pengetahuan saya. *as f. as the eye can reach* sejauh mata memandang. *as f. as I'm concerned* bagi saya sendiri. *I'll help you as f. as I can* Saya akan menolongmu sedapat-dapatnya. *As f. back as I can remember* Sejauh ingatan saya. **by f.** betul-betul, jelas sekali, pasti. *He's by f. the best student* Ia betul-betul mahasiswa yg terbaik. **to go f.** 1 maju. *He'll go f.* Dia akan mencapai kemajuan. 2 tahan. *A pound of sugar doesn't go f. in that family* Satu pon gula tak tahan lama utk keluarga itu. *One's salary doesn't go f. these days* Gaji s.s.o. tdk mencukupi sekarang ini. 3 (amat) jelas. *This goes f.*

to prove that... Ini jelas membuktikan bhw.... 4 bermanfaat. *This contribution will go far toward helping* Sumbangan ini akan bermanfaat sekali dlm menolong. *His efforts went f. toward bringing about a settlement of the dispute* Usaha-usahanya mencapai kemajuan utk mendapatkan penyelesaian bagi perselisihan itu. *He has gone too f. this time* Kali ini dia tlh bertindak keterlaluan. **how f.** berapa banyak. **in so f. as** sejauh, sepanjang. *in so f. as those expenses are borne by...* sepanjang biaya-biaya itu ditanggung oléh.... *In so f. as one can judge, he'll graduate* Menurut pertimbangan (orang) dia akan menamatkan pelajarannya. *on the f. side* bagian sebelah sana. **so f.** 1 hingga sekarang, sampai kini. 2 sejauh ini. *I'm willing to go so f. and no farther* Saya hanya mau pergi sejauh ini saja dan tak lebih jauh lagi. **so f. as** sepanjang. *So f. as I know...* Sepanjang pengetahuan saya.... *So f., so good* Hingga sekarang segala sesuatunya berhasil baik. Sampai sekian baik saja. **thus f.** sampai sekarang. **f. cry** perbédaan yg jauh sekali, jauh berbéda. *His performance today was a f. cry from those of previous years* Pertunjukannya yg sekarang ini jauh sekali bédanya dari tahun-tahun yg sdh. **F. East** Timur Jauh. *F. Eastern Studies* Ilmu-ilmu mengenai Asia Timur. **far-fetched** *ks.* dibuat-buat, dibikin-bikin, tdk masuk akal. **far-flung** *ks.* luas sekali. *f.-flung empire* kerajaan yg luas sekali. **far-off** *ks.* jauh sekali. *the f.-off country of Thailand* negeri Thailand yg jauh sekali. **far-out** *ks.* anéh sekali, sangat menyimpang dari yg biasa. **far-ranging** *ks.* luas. *f.-ranging interests* minat yg luas. **far-reaching** *ks.* luas, sampai jauh. *f.-reaching influence* pengaruh yg luas. **far-seeing** *ks.* bijaksana. **far-sighted** *ks.* 1 berpenglihatan jauh. 2 bijaksana. *F. West* daérah barat di A.S.

faraway /'farə'wei/ *ks.* 1 jauh. *f. places* tempat-tempat yg jauh. 2 bersifat melamun.

farce /fars/ *kb.* 1 pertunjukan jenaka. 2 sandiwara pelawak/lelucon.

farcical /'farsəkəl/ *ks.* lucu, jenaka, yg menggelikan hati.

fare /fær/ *kb.* 1 ongkos/biaya perjalanan, ongkos/harga karcis. *Drop the f. in the box* Taruhlah uang biaya (perjalanan) dlm kotak. *single f.* harga karcis satu orang. *return f.* harga karcis kembali/pulang. *Fares, please!* Karcis, karcis! 2 makanan (*at a restaurant, boarding house*). *prison f.* makanan di penjara. 3 penumpang (*in taxi*). **to a fare-thee-well, to a fare-you-well** habis-habisan. *He played his favorite to a f.-thee-well* Dia putar piring hitam kesayangannya terus-terusan/habis-habisan. —*kki.* berjalan, bepergian. *How did you f. on the trip?* Bagaimana keadaanmu selama perjalanan? **to f. well** 1 berjalan baik. 2 kenyang makan. *to f. well at grandmother's* kenyang makan di rumah embah.

farewell /'fær'wel/ *kb.* ucapan selamat (jalan). —*kseru. F.!* Selamat jalan! *to bid f. to s.o.* mengucapkan selamat jalan kpd s.s.o. *f. address* pidato perpisahan.

farm /farm/ *kb.* kebun, perkebunan, rumah dan ladang, tanah pertanian, usahatani. *poultry f.* tempat peternakan ayam. *f. hand* buruh tani. —*kkt.* bercocok tanam, menanami tanah. —*kki.* beckén, *etc.* **to f. out** menyerahkan utk diselesaikan. *to f. out work to others* menyerahkan sebagian dari pekerjaan kpd orang lain utk diselesaikan. —**farming** *kb.* pertanian. *f. community* masyarakat orang petani.

farmer /'farmər/ *kb.* petani, orang tani.

farmhouse /'farm'haws/ *kb.* rumah petani.

farmland /'farm'lænd/ *kb.* tanah pertanian.

farmstead /'farm'sted/ *kb.* tanah berserta rumah-rumah pertanian.

farmworker /'farm'wərkər/ *kb.* buruh tani, pekerja pertanian.

farmyard /'farm'yard/ *kb.* halaman pertanian, pekarangan rumah petani.

fart /fart/ *kb. Vulg.*: kentut, angin busuk. —*kki.* berkentut.

farther /'farTHər/ *kk.* lih FAR. lebih jauh. *I can't go any f.* Saya tak bisa pergi lebih jauh. *Nothing could be f. from my mind* Tak ada s.s.t. yg lebih jauh dari pikiranku. *f. away* jarak yg lebih besar, lebih jauh. *f. off* pd jarak yg lebih jauh.

farthermost /'farTHər'mowst/ *ks.* yg paling jauh.

farthest /'farTHist/ *ks.* lih FAR. paling jauh, terjauh. *the f. corner of the yard* pelosok terjauh di halaman. *Who can throw f.?* Siapa bisa melémpar paling jauh?

fasc. [*fascicle*] untai(an), lembaran, jilid.

fascinate /'fæsəneit/ *kkt.* mengagumkan, mempesonakan. *His skill fascinates me* Kecakapannya mengagumkan saya. *I am fascinated with that idea* Saya sangat tertarik oléh pikiran itu. —**fascinating** *ks.* sangat menarik, mempesonakan. *f. story* ceritera yg sangat menarik.

fascination /'fæsə'neisyən/ *kb.* pesona, daya tarik yg sangat kuat. *He has a real f. for that girl* Gadis itu betul-betul terpesona oléhnya.

fascism /'fæsyizəm/ *kb.* fasisme.

fascist /'fæsyist/ *kb.* seorang fasis.

fashion /'fæsyən/ *kb.* 1 cara, kebiasaan, basa-basi. *We all do things in our own f.* Kita semua melakukan segala s.s.t. menurut cara-cara/kebiasaan kita sendiri. 2 mode. *That style is the newest f.* Gaya itu mode yg terbaru. *in the Italian f.* menurut cara Italia. *in f.* sedang digemari orang, sedang populér. *out of f.* ketinggalan zaman. *to set the f.* menentukan mode. **after a f.** dlm batas-batas tertentu, kurang lebih begitu-begitu. **f. book** buku mode. **fashion-conscious** *ks.* memperhatikan mode. **f. designer** pencipta mode. **f. plate.** a) gambar pola pakaian menurut mode terakhir. b) orang yg mengikuti mode terbaru. **f. show** paméran mode (biasanya oléh peragawati-peragawati). —*kkt.* menciptakan/membuat. *to f. a dress from...* menciptakan sebuah pakaian dari....

fashionable /'fæsyənəbəl/ *ks.* 1 modern, sesuai dgn mode terakhir. *f. section of the city* bagian yg modern dari kota itu. 2 menjadi kebiasaan yg baik. *It is f. to...* Sdh menjadi kebiasaan yg baik utk.... —**fashionably** *kk.* yg sesuai dgn mode terakhir. *to dress f.* berpakaian sesuai dgn mode terakhir.

fast /fæst/ *kb.* puasa, saum. *to break o's f.* berbuka puasa. —*kki.* berpuasa. —*ks.* 1 cepat. *f. runner* pelari cepat. *f. train* keréta api cepat/éksprés/kilat. *Our clock is f.* Jam kami terlalu cepat. 2 karib, erat, akrab *(of a friend)*. 3 tahan cuci. *f. color* warna yg tahan cuci, yg tdk luntur. 4 bébas. *to lead a f. life* hidup bébas dlm mengejar kesenangan. *Sl.*: **to pull a f. one** berlaku tdk jujur, mempergunakan tipu-daya. —*kk.* 1 cepat. *to eat f.* makan cepat. 2 teguh. *to hold f.* berpegang teguh *(to o's belief, to a railing).* **to make f.** menambatkan, mengikatkan. *to make a boat f.* menambatkan perahu. *to play f. and loose* bertindak sewenang-wenang. *to fall f. asleep* tertidur nyenyak. **to be stuck f.** macet, tersangkut. *The car was stuck f. in the snow* Mobil itu tertancap dlm salju. *Sl.*: **f. buck** uang panas. **f. day** hari puasa. **fast-moving** *ks.* yg cepat lajunya, yg berjalan/bergerak cepat. **the f. set** kaum berada yg suka hidup bersenang-senang. **fast-stepping** *ks.* maju/melang-

kah dgn cepat. **f. talk** tipudaya. **to fast-talk** memperdayakan orang dgn paksaan atau dgn omongan-omongan yg cepat. —**fasting** *kb.* berpuasa.

fasten /'fæsən/ *kkt.* 1 mengikatkan. *to f. a rope to* mengikatkan tali pd. *F. the cord to the wall* Ikatkan tali itu ke dinding. 2 memasang. *He fastened his eyes on her* Pandangannya terpaku pd wanita itu. *to f. the blame on s.o.* melémparkan kesalahan pd s.s.o. 3 mengaitkan, mengunci. *F. the screen door* Kaitkan pintu angin itu. 4 mengancingkan. *F. your shirt* Kancingkan bajumu. —*kki.* **to f. upon** mengaitkan pd. *to f. upon a pretext* mengaitkan pd suatu dalih. —**fastening** *kb.* pengikat, (alat) pengunci, pengancing.

fastener /'fæsənər/ *kb.* 1 alat pengunci. *A lock is a common f.* Kunci adalah alat pengunci yg umum. 2 pengancing. *A zipper is a useful f.* Ritsléting adalah pengancing yg berguna.

fastidious /fæ'stidieəs/ *ks.* terlalu berpilih-pilih, tdk mudah puas, sangat kritis, ceréwét, réwél.

fastness /'fæstnəs/ *kb.* 1 kecepatan. 2 kubu, bénténg. *mountain f.* bénténg pegunungan.

fat /fæt/ *kb.* gemuk, lemak. *There's too much f. on this meat* Daging ini terlalu banyak mengandung gemuk. *to put on f.* menggemuk, menjadi gemuk. *Sl.*: *to chew f.* bercakap-cakap seénaknya. *The fat's in the fire* Nasi sdh menjadi bubur. *to live on the f. of the land* hidup bersenang-senang. —*ks.* 1 gemuk, tambun. *to get f.* menjadi gemuk. *She's too f.* Ia terlalu gemuk. Ia kegemukan. 2 banyak, besar. *f. increase in salary* kenaikan gaji yg banyak. 3 *Sl.*: kecil, sedikit. *A f. chance he has of winning* Baginya ada kesempatan kecil utk menang.

fatal /'feitəl/ *ks.* 1 yg menimbulkan kematian, yg membunuh, yg membawa maut, yg menéwaskan. *f. accident* kecelakaan yg menéwaskan orang. 2 yg menimbulkan bencana. *That was a f. error* Itu kesalahan yg menimbulkan bencana. 3 penting, yg menentukan. *The f. day for the contest arrived* Hari yg menentukan bagi pertandingan itu tlh tiba. —**fatally** *kk.* dlm keadaan yg menuju ke kematian. *f. injured* menderita luka-luka yg menuju ke kematian.

fatalism /'feitəlizəm/ *kb.* fatalisme, kepercayaan bhw nasib menguasai segala-galanya.

fatalist /'feitəlist/ *kb.* fatalis.

fatalistic /'feitə'listik/ *ks.* fatalistis.

fatality /fei'tælətie, fə'-/ *kb.* (*j.* **-ties**) kematian.

fate /feit/ *kb.* nasib, takdir. *by the irony of f.* secara kebetulan. *to meet o's f.* menemui ajalnya, mati, wafat. *to leave s.o. to his f.* membiarkan s.s.o. kpd nasibnya.

fated /'feitid/ *ks.* ditakdirkan. *We were f. to marry* Kami ditakdirkan utk kawin.

fateful /'feitfəl/ *ks.* amat penting. *that f. day* hari yg amat penting itu, hari yg menentukan itu.

fathead /'fæt'hed/ *Sl.*: *kb.* orang tolol/bodoh/dungu.

father /'faTHər/ *kb.* 1 bapak, ayah. *the f. of his country* bapak dari negaranya. *to act like a f. towards s.o.* berlaku sbg ayah thd s.s.o. *to talk to s.o. like a f.* berbicara kpd s.s.o. sbg seorang ayah. 2 *Theol.*: pendéta, paderi. 3 *Theol.*: Sang Ayah/Bapa. *to be gathered to o's fathers* wafat dan dimakamkan. *The wish is f. to the thought* Keinginan ialah sumber drpd pikiran. —*kkt.* 1 menjadi ayah. 2 berlaku sbg ayah. *to f. an orphan* bertindak sbg ayah thd anak yatim-piatu. **f. confessor** pendéta Katolik yg menerima pengakuan-pengakuan dosa. **father-in-law** (*j.* **fathers-**

in-law) mentua laki-laki, bapak mertua. **Father's Day** Hari Bapak.

fatherhood /'faᴛʜərhud/ *kb.* hal menjadi bapak, keayahan.

fatherland /'faᴛʜər'lænd/ *kb.* tanahair.

fatherless /'faᴛʜərləs/ *ks.* 1 tanpa ayah. 2 anak zina, yatim.

fatherly /'faᴛʜərlie/ *ks.* yg berh. dgn ayah. *He has a f. manner* Ia bersifat kebapa-bapaan. *f. advice* nasihat dari seorang bapak.

fathom /'fæᴛʜəm/ *kb.* depa. —*kkt.* 1 mengukur. *to f. the ocean* mengukur dalamnya samudera. 2 mengerti. *He's hard to f.* Ia sukar dimengerti.

fathomless /'fæᴛʜəmləs/ *ks.* tak dpt diduga/diukur (mis. dalamnya laut).

fatigue /fə'tieg/ *kb.* kepenatan, kelelahan, keletihan. *He is suffering from f.* Dia sakit karena terlalu lelah. —*kkt.* menghabiskan tenaga, melelahkan. *This work fatigues me* Pekerjaan ini menghabiskan tenaga saya. *He looks fatigued* Kelihatannya lelah. **f. clothes, fatigues** *j.* pakaian (kerja), korpé. —**fatiguing** *ks.* melelahkan.

fatness /'fætnəs/ *kb.* kegemukan.

fatted /'fætid/ *ks.* yg tlh digemukkan.

fatten /'fætən/ *kkt.* menggemukkan. *to f. up* menggemukkan. —**fattening** *ks.* yg menggemukkan.

fatty /'fætie/ *ks.* gemuk. *f. tissue* jaringan lemak.

fatuous /'fæcuəs/ *ks.* tolol, bodoh, dungu. *f. smile* senyuman tolol.

faucet /'fɔsit/ *kb.* k(e)ran.

fault /fɔlt/ *kb.* 1 kesalahan, salah. *It wasn't my f.* Bukan salah saya. *It's nobody's f. but his own* Itu bukan kesalahan orang lain, melainkan kesalahannya sendiri. 2 kekurangan. *He has his faults* Dia mempunyai kekurangannya. 3 sifat (yg buruk). *Exaggerating is his worst f.* Melebih-lebihkan adalah sifatnya yg terburuk. **to be at f.** bersalah. *He's at f.* Dia yg bersalah. *unless my memory is at f.* kecuali kalau ingatan saya keliru. **to find f. with** mencari kesalahan pd. *generous to a f.* terlalu pemurah hati. —*kkt.* menyalahkan. *I can't f. him for forgetting* Saya tak dpt menyalahkannya karena ia lupa.

faultfinder /'fɔlt'faindər/ *kb.* seorang yg réwél, seorang yg selalu menemukan kesalahan-kesalahan.

faultfinding /'fɔlt'fainding/ *kb.* bawél, ceréwét.

faultless /'fɔltləs/ *ks.* tak ada cacadnya, sempurna. —**faultlessly** *kk.* sangat rapi, tanpa cacad. *f. dressed* berpakaian sangat rapi.

faulty /'fɔltie/ *ks.* salah, cacad. *f. brakes* rém cacad, rém yg tdk makan.

fauna /'fɔnə/ *kb.* 1 binatang-binatang di suatu daérah atau pd suatu waktu. 2 dunia binatang.

faux pas /'fow'pa/ *kb.* 1 kesalahan dlm berbicara/ tindakan. *to commit a f.* melakukan kesalahan, melanggar tatacara. 2 keceobohan.

favor /'feivər/ *kb.* 1 kemurahan/kebaikan hati. *Do us a f. and sing a song* Bermurah hatilah kpd kami dan nyanyikanlah sebuah lagu. 2 hadiah, tandamata. *Each child received a f. at the party* Masing-masing anak mendapat hadiah di pésta itu. 3 surat. *I have your f. of the 5th* Saya sdh menerima suratmu tertanggal 5 yl. 4 tolong. *to ask a f. of s.o.* meminta tolong kpd s.s.o., meminta bantuan s.s.o. *Will you do me a f.?* Maukah kamu menolong saya? *to do a f. by picking up s.t. at the store* berkenan membantu mengambilkan s.s.t. di toko. *When you go to Indonesia, would you do me a f. by taking some gifts to my little brother?* Kalau sdr ke Indonésia nanti boléhkah saya menitip oléh-oléh buat adikmu? **in f.** 1 setuju. *All in f. say "aye"* Yg setuju katakan

"setuju". *I'm in f. of changing the system* Saya setuju utk mengubah sistim itu. *He's in f. at court* Dia disenangi di istana. *He wrote a check in f. of his bank* Dia menulis cék utk banknya. **in o's f.** utk kepentingan s.s.o. *The decision was in your f.* Keputusan itu menguntungkanmu. *His views are out of f.* Pandangan-pandangannya tdk mendapat dukungan. **to find f. with s.o.** menyenangi/menyukai s.s.o. **to gain o's f.** disenangi oléh s.s.o. —*kkt.* 1 menyokong. *I f. his nomination* Saya menyokong pengangkatannya. 2 berlaku berhati-hati. *to f. o's injured foot* berlaku berhati-hati thd kaki yg luka. 3 menyerupai. *He favors his father* Ia serupa dgn ayahnya. 4 memperlakukan lebih baik drpd yg lain-lain. *His father favors his oldest son* Ayahnya mengistiméwakan anak laki-lakinya yg tertua. 5 menyukai/lebih suka. *I f. his suggestion* Saya lebih menyukai usulnya. 6 berbaik/bermurah hati, memperkenankan. *He favored me with an interview* Ia memperkenankan saya mengadakan wawancara. *He was favored with a large order by one of his customers* Ia memperoléh ganjaran berupa sebuah pesanan yg besar dari salah seorang langganan-langganannya. —**favored** *ks.* kesayangan. *the f. son of the ruler* anak kesayangan raja. *She is one of the favored few* Ia salah seorang diantara beberapa orang yg disenangi/diistiméwakan.

favorable /'feivərəbəl/ *ks.* 1 baik. *f. weather* cuaca baik. 2 baik, menyenangkan, menguntungkan. *He made a f. impression upon me* Ia memberikan kesan yg menyenangkan kepadaku. *f. report* laporan yg baik. *f. terms* syarat-syarat pembayaran yg menguntungkan. —**favorably** *kk.* baik, menguntungkan, menyenangkan. *He impressed me f.* Dia memberi kesan yg menyenangkan kpd saya.

favorite /'feiv(ə)rit/ *kb.* favorit, kesayangan. *He's a f. among the fans* Ia adalah kesayangan diantara para pemujanya. *to back the f.* memberikan dukungan kpd orang yg dijagokan. —*ks.* kesayangan, kesukaan. *f. color* warna kesayangan. *f. tune* lagu kesayangan. *my f. cousin* kemenakanku yg kusukai. *f. son* a) anak mas, anak lelaki kesayangan. b) (di A.S.) tokoh politik yg diajukan sbg calon Présidén oléh utusan-utusan daérahnya dlm rapat nasional.

favoritism /'feiv(ə)rə'tizəm/ *kb.* sikap/tindakan memilih-milih orang utk menjadi kesayangan, sikap pilih-kasih, sikap pilih bulu.

fawn /fɔn/ *kb.* anak rusa. —*kki.* **to f. (up)on** 1 menjilat, bertingkah laku yg bersifat membudak. 2 mengibas-ngibaskan ékor kpd (*of dogs*).

faze /feiz/ *kkt.* mengganggu. *The bad news did not f. him* Kabar buruk itu tak mengganggunya.

FBI, F.B.I. /'ef'bie'ai/ *kb.* [*Federal Bureau of Investigation*] Biro Penyelidikan Fédéral.

FCC, F.C.C. /'ef'sie'sie/ *kb.* [*Federal Communications Commission*] Panitia Perhubungan Fédéral.

fear /fir/ *kb.* 1 ketakutan, rasa takut. *He knows no f.* Ia tdk kenal rasa takut. 2 kekhawatiran. *His fears were completely allayed* Kekhawatirannya tlh reda sama sekali. *Have no f.!* Jangan khawatir! *He was in f. of his life* Ia merasakan jiwanya terancam. *I have fears for her safety* Saya khawatir akan keselamatannya. **for f.** takut kalau-kalau. *I made a note for f. I might forget* Saya membuat catatan, takut kalau-kalau lupa. *For f. of being late, we ...* Karena takut akan terlambat maka kami.... *He put the f. of the Lord in her* Ia menanamkan perasaan takut/takwa thd Tuhan dlm dia. —*kkt.* 1 takut, kuatir. *Women f. mice* Perempuan takut kpd tikus. *I f. I'll never finish in time* Saya takut tak akan selesai pd waktunya. 2 kira, kuatir. *I f. I'm late* Saya kira, saya terlambat. —*kki.* **to f. for** khawatir akan. *to f. for o's life* khawatir akan keselamatan jiwanya.

fearful /'firfəl/ *ks.* 1 takut. *She is f. of losing her ring* Ia takut kehilangan cincinnya. *We are f. of his reaction* Kami takut akan réaksinya. 2 menakutkan. *f. sight* pemandangan yg menakutkan. —**fearfully** *kk.* terlalu amat, sangat. *f. bad headache* sakit kepala yg amat berat.

fearless /'firləs/ *ks.* tdk takut/gentar, tak kenal takut.

fearsome /'firsəm/ *ks.* yg menakutkan. *f. sight* pemandangan yg menakutkan.

feasibility /'fiezə'bilətie/ *kb.* kemungkinan terjadi/ dikerjakan.

feasible /'fiezəbəl/ *ks.* mungkin, dpt dikerjakan dgn mudah. *It isn't f. for you to be away now* Tdk ada kemungkinan bagimu utk pergi sekarang.

feast /fiest/ *kb. kb.* pésta, makan besar. *f. day* hari besar/raya. —*kkt.* menyenangkan diri sendiri. *to f. o's eyes on* mencuci matanya pd. —*kki.* mengadakan pésta. *to f. on turkey* makan kalkun.

feat /fiet/ *kb.* 1 préstasi. *f. of strength* préstasi kekuatan. 2 perbuatan. *tremendous f.* perbuatan yg hébat sekali.

feather /'feTHər/ *kb.* bulu. *chicken f.* bulu ayam. **a f. in o's cap** suatu kehormatan bagi s.s.o. *His success was a f. in his cap* Suksésnya menjadi kebanggaan baginya. *You could have knocked me down/over with a f.!* Sdh tak menghérankan lagi bagi saya! *to smooth s.o's ruffled feathers* meredakan kemarahan s.s.o. —*kkt. Av.*: memutar daun baling-baling. **f. bed** kasur dari bulu. **f. duster** bulu-bulu, kebut bulu(-ayam), kemucing. **f. mattress** kasur yg berisikan bulu. —**feathered** *ks.* berbulu. *our f. friends* burung, unggas.

featherbed /'feTHər'bed/ *kki.* mempekerjakan lebih banyak buruh drpd yg diperlukan.

featherbrained /'feTHər'breind/ *ks.* tolol, dungu, bodoh.

featherweight /'feTHər'weit/ *kb.* kelas bulu (tinju).

feature /'fiecər/ *kb.* 1 roman. *Her features are lovely* Roman mukanya élok. 2 keistiméwaan, segi. *What are the features of this make of TV set?* Apa keistiméwaan pesawat TV macam ini? *the main f. of the meeting* acara utama rapat itu. 3 film utama. *f. article* karangan utama/khusus. 4 ciri-ciri. *natural features* ciri-ciri alam (*of a country*). —*kkt.* mengutamakan, menonjolkan. *to f. an article in a magazine* menonjolkan sebuah karangan di majalah. *a film featuring Sophia* sebuah film yg dibintangi oléh Sophia. **feature-length** *ks.* sepanjang tajuk karangan. *f.-length article* suatu karangan dlm surat kabar atau majalah yg sama panjangnya dgn tajuk karangan. —**featured** *ks.* yg diutamakan.

Feb. [*February*] Pébruari.

feces /'fiesiez/ *kb., j.* tahi, bérak, kotoran, tinja.

fecund /'fekənd, 'fiekənd/ *ks.* produktif, subur.

fed /fed/ lih FEED.

Fed. [*Federal*] fédéral.

Federal, federal /'fedərəl/ *ks.* fédéral. *f. government* pemerintah fédéral. *f. aid* bantuan fédéral, bantuan pemerintah pusat.

federation /'fedə'reisyən/ *kb.* fédérasi.

fee /fie/ *kb.* 1 biaya, ongkos, bayaran. *dentist's f.* ongkos bayaran seorang dokter gigi. *What f. do you charge for delivery?* Berapa ongkosnya utk pemesanan? 2 uang (pembayaran). karcis. *admission f.* uang masuk. *school fees* uang sekolah.

feeble /'fiebəl/ *ks.* 1 lemah. *to be f. after an illness* lemah stlh sakit. 2 sayup, lemah. *f. voice* suara yg lemah. 3 suram, remang-remang. *f. light* cahaya yg suram. **feeble-minded** *ks.* lemah pikiran. —**feebly** *kk.* dgn lemah. *to reply f.* menjawab dgn lemah.

feebleness /'fiebəlnəs/ *kb.* kelemahan.

feed /fied/ *kb.* makanan. *chicken f.* makanan ayam. *f. bin* bak penyimpan bahan makanan. *to be off o's f.* tdk berseléra. —*kkt.* (**fed**) 1 memberi makanan. *It's time to f. the baby* Sdh waktunya utk memberi makan bayi. *The cat has been fed* Kucing tlh diberi makan. 2 menjadi makanan. *Potatoes often f. the poor* Kentang sering menjadi makanan fakir miskin. *to f. six thousand unemployed* memberi makan enam ribu orang tunakarya. **to f. (up)on** 1 hidup dari. *to f. upon the misfortunes of others* menjadi subur karena kemiskinan. *Sl.:* **to be fed up with** muak, mual, jemu, bosan akan/dgn. *I'm fed up with the whole deal* Saya sdh mual dgn seluruh hal itu. —**feeding** *kb.* pemberian makanan. *forced f.* pemberian makan secara paksa. *f. time* waktu menyusukan, waktu memberi makan.

feedback /'fied'bæk/ *kb.* 1 skakelar arus-balik. 2 pengaruh arus-balik.

feedbag /'fied'bæg/ *kb.* kantung makanan (utk kuda). *Sl.: to put on the f.* (mulai) makan.

feeder /'fieder/ *kb.* 1 orang yg memberi makanan kpd binatang. 2 tempat makanan binatang. *bird f.* tempat makanan burung. 3 pembantu. *That airline serves as a f. for the major airlines* Perusahaan penerbangan itu merupakan pembantu bagi perusahaan-perusahaan penerbangan besar. 4 pengisi. *This stream is a f. of Cayuga Lake* Sungai kecil ini pengisi Danau Cayuga.

feel /fiel/ *kb.* rasa, rabaan, sentuhan. *to like the f. of his shoes* senang akan rasa sepatunya. *to get the f. of a job* mendapatkan cara yg tepat utk melakukan pekerjaan. *to get the f. of a new car* membiasakan diri dgn mobil baru. *rough to the f.* terasa kasar. —*kkt.* (**felt**) 1 meraba. *to f. a stove to see whether it is hot* meraba tungku perapian utk mengetahui apakah panas. 2 merasa. *He feels he must go* Ia merasa bhw ia hrs pergi. *This decision will be felt everywhere* Keputusan ini akan terasa akibatnya (kebaikannya/keburukannya) dimana-mana. *In summer I f. the heat* Dlm musim panas saya merasakan panasnya hari/cuaca. *He still doesn't f. himself* Ia masih blm merasa séhat betul. *He felt it necessary to interrupt* Ia merasa perlu utk menyelang pembicaraan. *I f. an interest in his well-being* Saya menaruh perhatian thd keadaan keséhatannya. *to f. o's way* meraba-raba, mencari-cari jalan. —*kki.* 1 merasa. *to f. well* merasa énak badan. *to f. badly over* merasa sangat tdk senang karena/mengenai. *I f. old* Saya (sdh) merasa tua. *to f. put out* merasa jéngkél. *to f. silly* merasa bodoh. *The wind feels chilly* Angin terasa dingin. *to f. certain about* merasa yakin akan. *to f. at home* merasa di rumah, kerasan. *How do you f.?* Bagaimana perasaan badanmu? *I f. as if...* Saya merasa sekan-akan.... 2 kira, pikir. *I f. that...* Saya kira ....*How do you f. about going?* Bagaimana pikiranmu kalau engkau pergi? **to f. like** 1 ingin. *Do you f. like joining us?* Sdr ingin ikut dgn kami? *Come along, if you f. like it* Marilah ikut, kalau kamu mau. *Do you f. like a beer?* Mau minum bir? 2 rasanya/merasa spt. *I f. like a fool* Saya merasa spt orang pandir. *It feels like rain* Rasanya spt akan hujan. Agaknya akan hujan. *I felt like crying* Rasanya saya mau menangis. **to f. about** meraba-raba. *to f. about in the dark* meraba-raba dlm kegelapan. **to f. for**

meraba-raba. *to f. for the door in the dark* Dlm (keadaan) gelap meraba-raba pintu. *to f. sorry for s.o.* merasa kasihan pd s.s.o. *I f. for him* Saya merasa kasihan padanya ini. *I felt in my pocket for some change* Saya mencari-cari uang kecil di kantong saya. **to f. s.o. out** mencoba mengetahui s.s.o. **to f. up to** merasa sanggup, merasa cukup kuat. *I don't f. up to going this evening* Saya merasa tak sanggup utk pergi malam ini. —**feeling** *kb.* 1 perasaan. *I've lost all f. in my leg* Semua perasaan pd kakiku hilang. 2 daya perasaan. *to have a f. for the situation* mempunyai daya perasaan utk keadaan itu. *I have a f. they're not coming* Saya merasa bhw meréka tak akan datang. *to speak with f.* berbicara dgn penuh perasaan. *Public f. is running very high* Semangat/Séntimén rakyat sedang bergejolak/meluap-luap. *A general f. seems to prevail that ...* Pd umumnya orang rupanya berpendapat bhw .... *She has a f. for art* Ia dpt menghargai kesenian. —**feelings** *j.* perasaan. *He has no feelings* Ia tak berperasaan. *to hurt s.o's feelings* melukai perasaan s.s.o. *No hard feelings, I hope* Saya harap kamu tdk tersinggung. *He has kindly feelings for everyone* Ia bersikap ramah thd semua orang. *I have no feelings in the matter* Saya tdk ambil pusing thd masaalah itu. —**feelingly** *kk.* dgn penuh perasaan/semangat. *to speak f. of s.o.* membicarakan s.s.o. dgn penuh perasaan.

feeler /'fielər/ *kb.* 1 (*insects*) peraba, tanduk perasa. 2 penyelidikan. *to send/throw out a f. to find out ...* menyelidiki utk mengetahui .... 3 penjajag. *peace f.* penjajag perdamaian.

feet /fiet/ lih FOOT.

feign /fein/ *kkt.* berpura-pura. *to f. illness* berpura-pura sakit. *to f. death* berpura-pura mati. —**feigned** *ks.* dibuat-buat, pura-pura. *f. politeness* sopan santun yg dibuat-buat.

feint /feint/ *kb.* pukulan pura-pura. —**kki.** membuat gerakan pura-pura.

felicitate /fə'lisəteit/ *kkt.* mengucapkan selamat. *We f. you on your 21st birthday* Kami mengucapkan selamat atas hari ulang tahunmu yg ke-21.

felicitation /fə'lisə'teisyən/ *kb.* ucapan selamat.

felicitous /fə'lisətəs/ *ks.* tepat, sangat baik, sangat pd tempatnya. *f. remarks* kata-kata/ucapan-ucapan yg sangat tepat.

felicity /fə'lisətie/ *kb.* (*j.* -**ties**) kebahagiaan (yg besar).

feline /'fielain/ *kb.* binatang termasuk keluarga kucing. —**ks.** spt kucing. *to walk with f. grace* berjalan dgn gaya lembut spt kucing.

fell /fel/ *kkt.* menebang (*a tree*). *He was felled by a tree* Ia jatuh/rubuh tertimpa pohon. lih FALL.

fella /'felə/ *kb. Sl.*: kawan, bung. *How're ya, f.?* Apa kabar, bung?

fellow /'felow, 'felə/ *kb.* 1 orang laki-laki. *The fellows left together* Orang-orang itu berangkat bersama-sama. 2 kawan, orang, anak. *He's a good f.* Ia kawan yg baik. *Be a good f. and bring me ...* Kau orang baik, bukan? *Tolong ambilkan saya .... Why can't you leave a f. alone?* Mengapa kau mengganggu orang saja? *He's a queer f.* Ia orang anéh. *a good-for-nothing f.* orang yg tak berguna. *Poor f.!* Kasihan orang itu! 3 anggota. *f. of the Academy of Science* anggota Akadémi Ilmu Pengetahuan. 4 mahasiswa tingkat doktoral yg menerima béasiswa. *teaching f.* mahasiswa penerima béasiswa tingkat doktoral yg mengajar. **f. being/creature, f. man** sesama manusia. **f. citizen, f. countryman** saudara setanahair, orang senegeri. **f. student** teman sekolah. **f. sufferer** sesama penderita, orang senasib. **f. traveler**

a) kawan seperjalanan. b) simpatisan partai Komunis. **f. worker** teman/rekan sekerja.

fellowship /'feləsyip/ *kb.* 1 persahabatan. 2 *Acad.*: béasiswa.

felon /'felən/ *kb.* penjahat, nara pidana.

felonious /fə'lownieəs/ *ks.* jahat, kejam. *f. homicide* pembunuhan yg kejam.

felony /'felənie/ *kb.* (*j.* -**nies**) kedjahatan, tindak-pidana yg tergolong berat.

felt /felt/ *kb.* lakan, bulu kempa. lih FEEL.

fem. [*feminine*] 1 wanita, perempuan. 2 betina (*of animals*).

female /'fiemeil/ *kb.* 1 wanita, perempuan. 2 betina. *That dog is a f.* Anjing itu betina. —**ks.** wanita, perempuan. *f. companion* teman wanita. *f. child* anak perempuan. *f. athlete* olahragawati. *f. journalist* wartawati.

feminine /'femənin/ *ks.* dari atau berh. dgn gadis atau wanita. *f. company* kawan wanita. *She's very f.* Wanita itu sangat lemah-gemulai. *f. gender* jenis féminin.

femininity /'femə'ninətie/ *kb.* kewanitaan.

feminism /'femənizəm/ *kb.* féminisme, keadaan kewanitaan.

feminist /'femənist/ *kb.* pejuang hak-hak wanita.

femoral /'femərəl/ *ks.* dari atau berh. dgn tulang paha. *f. artery* pembuluh nadi paha.

femur /'fiemər/ *kb.* tulang paha.

fence /fens/ *kb.* 1 pagar. *Inf.*: *to mend o's fences* memperbaiki hubungan-hubungan dgn rakyat utk kepentingan kedudukan politik. *Inf.*: **to be on the f.** tak berpihak, blm membuat/mengambil keputusan. 2 (*receiver of stolen goods*) tukang tadah. —**kkt.** memagari. *to f. in a yard* memagari halaman. —**kki.** bermain anggar. **fence-sitter** orang, golongan atau negara yg tdk berpihak. **fence-straddling** *kb.* (ber)sikap nétral —**fencing** *kb.* olahraga anggar.

fencer /'fensər/ *kb.* pemain anggar.

fend /fend/ *kkt.* menolak, menangkis. *to f. off blows* menangkis pukulan-pukulan. —**kki.** menjaga diri. *to f. for myself* menjaga diri saya sendiri.

fender /'fendər/ *kb.* spatbor, sayap recik/roda.

fennel /'fenəl/ *kb.* adas.

ferment /'fərment *kb.*, fér'ment *kki.*/ *kb.* keadaan meragi. *The nationalist movement was in f.* Gerakan nasionalis itu dlm keadaan bergejolak. —**kki.** beragi, meragi. *The cider fermented* Air apel itu meragi.

fermentation /'fərmən'teisyən/ *kb.* peragian, ferméntasi.

fern /fərn/ *kb.* pakis, paku.

ferocious /fə'rowsyəs/ *ks.* 1 ganas, buas, garang. 2 galak (*of a dog*).

ferocity /fə'rasətie/ *kb.* (*j.* -**ties**) keganasan, kebuasan, kegarangan. *the f. of the wind* keganasan angin.

ferret /'ferit/ *kb.* sm musang yg tlh dijinakkan dan dipakai utk membunuh tikus-tikus atau berburu kelinci. —**kkt. to f. out** menguber-uber, menemukan.

ferric /'ferik/ *ks.* **f. acid** asam besi.

ferris /'ferəs/ *kb.* **f. wheel** kincir ria.

ferrous /'ferəs/ *ks.* **f. sulfide** besi belérang.

ferry /'ferie/ *kb.* (*j.* -**ries**) 1 perahu/kapal tambang, tambangan. 2 menerbangkan pesawat udara utk diserahkan kpd yg membeli. *to cross on the f.* menyeberang naik perahu tambang. —**kkt.** menambangkan. *to f. troops across the river* menambangkan tentara keseberang sungai.

ferryboat /'feriə'bowt/ *kb.* perahu/kapal tambang.

ferryman /'feriemən/ *kb.* (*j.* **-men**). tukang tambang.
fertile /'fərtəl/ *ks.* 1 subur. *f. mind* pikiran yg subur. 2 yg dibuahi. *f. egg* telur yg dibuahi.
fertility /fər'tilətie/ *kb.* kesuburan.
fertilization /'fərtələ'zeisyən/ *kb.* 1 perabukan, pemupukan. 2 penghamilan, pembuahan (*of an egg*).
fertilize /'fərtəlaiz/ *kkt.* 1 merabuk, memupuk (*soil, yard*). 2 membuahi (*an egg*).
fertilizer /'fərtə'laizər/ *kb.* pupuk, rabuk.
fervent /'fərvənt/ *ks.* kuat, keras, sungguh-sungguh. *f. hope* harapan yg keras. *a f. believer in* seorang yg berkeyakinan kuat dlm. —**fervently** *kk.* dgn kuat, dgn sangat. *We f. hope that...* Kami harapkan dgn sangat agar....
fervor /'fərvər/ *kb.* kegairahan, semangat.
fess /fes/ *kki. Sl.*: **to f. up** mengaku. *The little boy fessed up that...* Anak kecil itu mengaku bhw....
fester /'festər/ *kki.* 1 bernanah. 2 membusuk, memburuk. *Don't let your hate f.* Jangan biarkan rasa bencimu itu memburuk.
festival /'festəvəl/ *kb.* pésta (perayaan). *water f.* pésta air. *f. atmosphere* suasana perayaan/pésta.
festive /'festiv/ *ks.* dari atau berh. dgn pésta. *in a f. mood* dlm suasana pésta. *The room looks so f.* Ruangan kelihatan begitu meriah.
festivity /fe'stivətie/ *kb.* (*j.* **-ties**) pésta-pésta, pésta ria. perayaan.
festoon /fe'stuwn/ *kkt.* memperhias, menghias (dgn rangkaian bunga yg bergantung).
fetal /'fietəl/ *ks.* yg berh. dgn janin.
fetch /fec/ *kkt.* 1 mengambil(kan). *F. me the paper* Tolong ambilkan koran. 2 menjemput. *to f. s.o. from the hospital* menjemput s.s.o. dari rumah sakit. 3 mencapai, mendapat, memperoléh. *That chair fetched a good price* Kursi itu mencapai harga yg baik. —**fetching** *ks.* yg menarik. *f. dress* pakaian (wanita) yg menarik.
fete, fête /feit/ *kb.* pésta (raya), jamuan. —*kkt.* menjamu. *He was feted on the occasion of the award* Dia dijamu meriah pd peristiwa pemberian hadiah itu.
fetid /'fetid, 'fietid/ *ks.* berbau-busuk, kohong.
fetish /'fetisy, 'fietisy/ *kb.* 1 jimat. 2 pemujaan yg mutlak/mendalam.
fetter /'fetər/ *kb.* 1 (*shackle*) belenggu. 2 kekangan-kekangan. —*kkt.* mengikat, membelenggu. *His thoughts were fettered by the new ideology* Pikiran-pikirannya terikat oléh idéologi baru.
fettle /'fetəl/ *kb.* keadaan. *in fine f.* dlm keadaan baik. baik.
fetus /'fietəs/ *kb,* janin.
feud /fyuwd/ *kb.* permusuhan, perseteruan, kasemat.
feudal /'fyuwdəl/ *ks.* féodal.
feudalism /'fyuwdəlizəm/ *kb.* féodalisme.
fever /'fievər/ *kb.* demam. *to run a f.* sakit demam. *He has a high f.* Demamnya tinggi. **f. pitch** taraf/ tingkat yg penuh kesibukan. *Excitement reached f. pitch* Kegelisahan memuncak.
fevered /'fievərd/ *ks.* 1 hangat, penuh kegelisahan. *f. negotiations* perundingan yg penuh kesibukan. 2 panas. *f. brow* dahi yg panas.
feverish /'fiev(ə)risy/ *ks.* mendemam. *to feel f.* merasa demam. —**feverishly** *kk.* bergesa-gesa, tergesa-gesa, keburu-buru, lekas-lekas. *to work f. on a book* bergesa-gesa mengerjakan sebuah buku.
few /fyuw/ *kb.* 1 golongan kecil. *This law favors the f.* Undang-undang ini menguntungkan golongan kecil. 2 sedikit, beberapa orang. *F. attended the meeting* Sedikit yg menghadiri rapat. *F. of them have been*

there Beberapa orang diantara meréka hadir disana. *a f. of the survivors* beberapa diantara yg selamat. **quite a f.** banyak juga. *Quite a f. came* Banyak juga yg datang. —*ks.* beberapa. *a f. times* beberapa kali. *a f. people* beberapa orang. *very f.* sangat sedikit. *every f. days* (tiap) beberapa hari sekali. **f. and far between** jarang sekali. *Their visits are f. and far between* Meréka jarang sekali bertamu.
fez /fez/ *kb.* kopiah, tarbus.
fiance, fiancé /'fiean'sei/ *kb.* tunangan(lelaki).
fiancee, fiancée /'fiean'sei/ *kb.* tunangan (wanita).
fiasco /fie'æskow/ *kb.* kegagalan.
fib /fib/ *kb.* kebohongan, kedustaan. *to tell a f.* (ber)bohong. —*kki.* (**fibbed**) berbohong, membohong.
fiber /'faibər/ *kb.* 1 serabut, serat. *rope f.* serabut tali. 2 urat. *muscle f.* urat otot. *moral f.* sifat akhlak.
fiberboard /'faibər'bowrd/ *kb.* papan serat.
fiberglass /'faibər'glæs/ *kb.* serat gelas, kaca-serat.
fibre /'faibər/ *kb.* = FIBER.
fibrous /'faibrəs/ *ks.* bersabut, berserat, berbenang-benang, berserabut.
fibula /'fibyələ/ *kb.* tulang betis.
fickle /'fikəl/ *ks.* berubah-ubah, tdk tetap, plin-plan. *a f. girl* seorang gadis yg pikirannya berubah-ubah. *f. fortune* nasib yg tak tetap.
fiction /'fiksyən/ *kb.* 1 fiksi, cerita rékaan. 2 khayalan. *The "average" American is a f.* Yg disebut orang Amérika "pukul rata" hanya khayalan saja.
fictional /'fiksyənəl/ *ks.* (bersifat) khayal.
fictitious /fik'tisyəs/ *ks.* 1 khayalan. *f. name* nama khayalan. 2 samaran. *He writes under a f. name* Dia mengarang dgn nama samaran. 3 yg dibuat-buat.
fiddle /'fidəl/ *kb. Inf.*: 1 biola. *to play second f.* menjadi bawahan orang lain, menjadi orang kedua. 2 (*Indonesian*) rebab. —*kkt.* menggésék(kan). *to f. a tune* menggésékkan lagu. *to f. away o's time* berlengah-lengah, membuang-buang waktu. **to f. with** memainkan. *I don't want him to be fiddling with my watch* Saya tak ingin dia memain-mainkan jam saya.
fiddle-de-dee /'fidəldi'die/ *kseru.* omong kosong.
fiddle-faddle /'fidəl'fædəl/ *kki. Inf.*: menghabis-habiskan waktu dgn hal réméh.
fiddler /'fidlər/ *kb.* pemain biola.
fiddlestick /'fidəl'stik/ *kb. Inf.*: penggésék biola. —**fiddlesticks** *kseru. j.* omong kosong.
fidelity /fə'delətie/ *kb.* (*j.* **-ties**) 1 kesetiaan, keta-'atan. 2 kejituan, kebenaran. *high f. recording* perekaman yg sangat teliti dan murni.
fidget /'fijit/ *kb.* keadaan/perasaan gelisah. *to give s.o. the fidgets* memberikan s.s.o. kegelisahan, membuat s.s.o. gelisah. —*kki.* menjadi gelisah.
fidgetiness /'fijitinəs/ *kb.* keresahan, kegelisahan.
fidgety /'fijətie/ *ks.* gelisah, tdk tenang, resah.
fiduciary /fi'duwsyie'erie, -'dyuw-/ *kb., ks.* (*j.* **-ries**) gadai(an). *f. possession* milik gadaian.
field /field/ *kb.* 1 ladang, tanah lapang, padang. *wheat f.* ladang gandum. 2 lapangan, bidang. *soccer f.* lapangan sépakbola. *There is a great f. for computer specialists* Terdapat lapangan pekerjaan yg luas bagi ahli-ahli komputer. *f. of activity* lapangan kerja/ kegiatan. 3 médan, alun-alun. *f. of battle* médan peperangan. 4 dasar. *red square on a blue f.* segiempat mérah diatas dasar biru. *to have a clear f.* dpt bergerak secara leluasa. **to play the f.** bergaul dgn berbagai-bagai orang dari jenis kelamin lain. **to take the f.** memulai kampanye/pertandingan/ pertempuran. —*kkt.* 1 menjawab dgn tangkas. *to f. questions* menjawab pertanyaan-pertanyaan dgn

cekatan. 2 menangkap dan mengembalikan bola (*baseball*). *to f. a football team* menampilkan sebuah regu sépakbola. **f. artillery** artileri médan. **f. commander** panglima médan perang, panglima mandala. *Antique lovers will have a f. day there.* Penggemar barang antik akan sangat sibuk disana. **f. glass(es)** 1 teropong. 2 kékér. **f. goal** a) gol biasa (bola keranjang). b) gol tendangan (*football*). **f. hand** buruh tani, pekerja pertanian. **f. hospital** rumah sakit darurat (di médan pertempuran). **f. house** gedung olah raga. **f. jacket** jas/jakét tempur. **f. marshal** panglima tertinggi. **f. mouse** tikus tanah/sawah. **f. of vision** ruang/bidang penglihatan, lantang pandangan. **f. officer** opsir tinggi, perwira menengah. **f. ration** (makanan) rangsum di médan pertempuran. **f. trip** darmawisata, karyawisata. **f. work** kerja lapangan, pekerjaan téhnis atau ilmiah yg dilaksanakan diluar sekolah. *t. and field* lih TRACK.

fiend /fiend/ *kb.* sétan, iblis. *You f.!* Persétan kau! Jahanam kau! *a dope f.* seorang pemadat. *a math f.* seorang yg keranjingan ilmu pasti. *He's a f. for work* Ia keranjingan bekerja.

fiendish /'fiendisy/ *kb.* jahat dan kejam. *f. look* pandangan buas.

fierce /firs/ *ks.* 1 sengit, hangat, dahsyat. *f. argument* perdébatan sengit. 2 galak. *f. animal* binatang yg galak. 3 terik. *f. heat* panas yg terik. —**fiercely** *kk.* dgn ganas/dahsyat. *We were f. attacked* Kami diserang dgn hébat.

fierceness /'firsnəs/ *kb.* keganasan, kebuasan. *the f. of the attack* a) keganasan kedahsyatan serangan/terkaman) seékor binatang buas liar. b) (*by a political opponent*) kehébatan serangan (seorang lawan politik).

fiery /'fairie/ *ks.* 1 berapi-api. *f. lecture* ceramah yg berapi-api. 2 pedas. *f. sauce* kuah yg pedas. *She has a f. temper* Dia berdarah panas. Dia lekas naik darah. *f. red* mérah padam/menyala.

fiesta /fie'estə/ *kb.* pésta.

fife /faif/ *kb.* suling, seruling, serunai.

fifteen /'fif'tien/ *kb.*, *ks.* lima belas.

fifteenth /'fif'tienth/ *ks.* yg kelima belas. *the f. of March* tanggal lima belas Maret.

fifth /fifth/ *kb.* 1 = 1/5 gallon (setakaran) (minuman keras). 2 seperlima. *a f. of a mile* seperlima mil. *to return on the f.* kembali tanggal lima. —*ks.* yg kelima. *f. amendment* améndemén yg kelima. *f. column* kolone kelima, golongan manusia di s.s.t negeri yg menyokong musuh secara diam-diam. **f. wheel** barang orang yg tak diperlukan. —**fifthly** *kk.* (yg) kelima.

fiftieth /'fiftieith/ *ks.* yg kelima puluh.

fifty /'fiftie/ *kb.* (*j.* **-ties**) lima puluh. **to go fifty-fifty** masing-masing separuh. *to go f.-f. on a deal* membagi dua dlm transaksi. —**fifties** *j.* sekitar lima-puluhan. *He's in his fifties* Umurnya lima-puluhan.

fig /fig/ *kb.* (buah) ara. *f. leaf* daun ara.

fig. [*figure*] gambar.

fight /fait/ *kb.* 1 perkelahian, pertengkaran, pertarungan. *to be involved in or to get into a f.* terlibat dlm perkelahian. *There's a lot of f. left in him still* Dia masih blm mau mengalah. *He and his wife had a f.* Ia dan isterinya bertengkar. *There was a f. at the restaurant* Di réstoran itu terjadi perkelahian. *He is carrying on a strong f. against the mayor* Ia sedang berjuang keras melawan walikota itu. *f. to the death* pertarungan/perkelahian mati-matian. 2 *Box.*: pertandingan tinju. *What time does the f. begin?*

Jam berapa pertandingan tinju akan mulai? **to put up a good f.** berjuang dgn gigih. **to show f.** siap utk berkelahi, bersedia utk berjuang, memperlihatkan semangat utk berjuang. —*kkt.* 1 berjuang melawan. *to f. disease and poverty* berjuang melawan penyakit dan kemiskinan. 2 memerangi, mengalahkan. *to f. o's fear of heights* memerangi rasa takut thd ketinggian. 3 memperjuangkan. *to f. a lawsuit up to the Supreme Court* memperjuangkan perkara sampai ke Mahkamah Agung. 4 meninju, beradu tinju dgn. *Joe Louis fought Max Schmeling* Joe Louis beradu tinju melawan Max Schmeling. 5 berkelahi dgn. *He fought his assailant for an hour* Ia berkelahi dgn penyerangnya selama satu jam. **to f. a fire** berjuang memadamkan api. **to f. fire with fire** melawan/menundukkan api dgn api, melawan senjata dgn senjata. **to f. cocks** mengadu ayam. —*kki.* 1 berjuang. *to f. to uphold o's principles* berjuang mempertahankan pendiriannya. 2 *Box.*: bertinju. *He fights every Friday night* Ia bertinju tiap malam sabtu. 3 berkelahi. *Why are you fighting?* Kenapa kalian berkelahi? **to f. against** memberantas (*malaria*). **to f. back** 1 melawan, memberi perlawanan. 2 menahan. *to f. back the tears* menahan air mata. **to f. for** memperjuangkan. *to f. for o's rights* memperjuangkan hak-haknya. **to f. off** menghindari, mengusir, menyingkirkan. *to f. off a bear* mengusir beruang. *to f. off the men* mengusir/menyingkirkan orang-orang lelaki itu. **to f. it out** berkelahi habis-habisan. **to f. over** memperebutkan. *to f. over a girl* memperebutkan gadis. —**fighting** *kb.* perkelahian. *F. is not permitted* Dilarang berkelahi. *ks.* berjuang. *He has a f. chance to win the election* Ia mendapat kesempatan utk berjuang guna memenangkan pemilihan itu. *f cock* ayam sabungan/aduan. *f. men* perajurit-perajurit, pasukan, tentara. *f. ships* kapal perang, kapal yg bertempur.

fighter /'faitər/ *kb.* 1 pejuang (*for a cause, an idea*). 2 *Box.*: petinju. 3 *Av.*: pesawat tempur. *f. bomber* pesawat tempur pembom. *f. escort* pesawat tempur/pemburu pengawal. *f. pilot* pilot pesawat tempur.

figment /'figmənt/ *kb.* isapan jempol. *f. of my imagination* kilasan khayalan saya.

figurative /'figyərətiv/ *ks.* bersifat perlambang atau kiasan. —**figuratively** *kk.* beribarat, mengandung ibarat secara kiasan. *f. speaking* beribarat.

figure /'figyər/ *kb.* 1 bentuk badan. *She has a good f.* Bentuk badannya bagus. 2 bilangan, angka. *2 and 3 are figures* 2 dan 3 adalah bilangan. 3 angka, bilangan. *The total f. in this column is wrong* Angka jumlah dlm kolom ini salah. *His income runs into six figures* Pendapatannya ratusan ribu. *in round figures* dlm angka-angka penuh/lengkap. *to make a mistake in the figures* membuat kesalahan dlm hitungan. *to work out the figures* menghitung/menjumlah angka-angka. 4 tokoh. *outstanding f. in politics* tokoh terkemuka dlm lapangan politik. *central f. in a novel* tokoh utama dlm roman. 5 gambar. *What does the f. of a tree represent?* Apakah arti gambar pohon itu? *figures on a cloth* gambar-gambar pd kain. 6 harga. *a high f. for a house* harga yg mahal bagi rumah. **to cut a f.** menonjol sekali. *He cuts quite a f. on the dance floor* Ia menonjol sekali di lantai dansa. *He cuts a sorry f. as chairman* Sbg ketua ia (benar-benar) menyedihkan/memalukan. *in order to keep o's f.* spy badannya tetap langsing. —**figures** *j.* ilmu hitung. *to be good at figures* pandai berhitung. —*kkt.* 1 menghitung. menjumlahkan. *F. my bill and I'll pay it* Hitunglah rékening saya dan saya akan membayarnya. 2 membayangkan. *F.*, *if you can, my situation in the jungle* Bayangkan, kalau dpt, keadaan saya di hutan. —*kki.* 1 berhitung. *I can't f.* Saya tdk dpt berhitung. 2 *Inf.*: kira. *I f. we'll leave about 9* Kukira kita akan berangkat kira-kira jam 9. 3 terdapat, tertera. *Her name figures on the list* Namanya terdapat dlm daftar itu. *Inf.*: **to f. in** memasukkan kedlm perhitungan. *to f. in the rent* memasukkan séwa kedlm perhitungan. *Inf.*: **to f. on** 1 memperhitungkan. *We are figuring on four guests* Kita perhitungkan empat orang tamu. 2 merencanakan. *I didn't f. on leaving before lunch* Saya tak merencanakan akan berangkat sblm makan siang. **to f. out** *Inf.*: 1 memperhitungkan, menghitung. *to f. out how much the trip will be* memperhitungkan berapa ongkos perjalanan itu. 2 memahami. *to f. s.o. out* memahami s.s.o. 3 memecahkan (*a problem*). 4 memikirkan, menetapkan. *F. out what we need and we'll order it* Pikirkanlah apa yg kita butuhkan dan kita akan memesannya. **to f. up** menghitung, menjumlahkan. *F. up the cost* Hitung-hitunglah ongkosnya. **f. of eight** bentuk angka 8. **f. of speech** kata kiasan spt métafora. **to figure-skate** bermain sekat indah. — **figured** *ks.* bergambar. *f. dress* pakaian bergambar. — **figuring** *kb.* perhitungan. *to do some f. first* mengadakan perhitungan dahulu, menghitung dahulu.

figurehead /'figyər'hed/ *kb.* bukan pemimpin sungguh-sungguh, pemimpin namanya saja. bonéka.
figurine /'figyə'rien/ *kb.* arca/patung kecil.
filament /'filəmənt/ *kb.* kawat pijar.
filch /filc/ *kkt.* mencuri (secara kecil-kecilan). *to f. candy from a jar* mencuri gula-gula dari stoplés.
file /fail/ *kb.* 1 arsip, catatan, berkas. 2 tempat surat. *two-drawer f.* tempat surat berlaci dua. 3 berkas catatan-catatan, bundel surat-surat. *The judge asked for the defendant's f.* Hakim meminta berkas catatan-catatan mengenai perkara terdakwa. *I keep a f. of my receipts* Saya menyimpan kwitansi-kwitansi saya didlm sebuah map/arsip saya. 4 kikir. *nail f.* kikir kuku. 5 baris. *in single f.* berbaris atau berurutan satu-satu. **on f.** dlm simpanan. *I have his record on f.* Catatan-catatan mengenai dia kusimpan. —**files** *j.* perkintalan, arsip. —*kkt.* 1 menyimpan. *to f. alphabetically* menyimpan menurut abjad. 2 mengajukan (*application, protest, petition*). 3 mengikir (*nails, saw, teeth*). *to f. away the rough edges* mengikir bagian-bagian pinggir yg kasar. 4 menurunkan (*a report*). 5 memangur, mematar (*teeth*). —*kki.* 1 berdérétan/berbaris melalui. *to f. past the body of the late president* berdérétan melalui jenazah almarhum présidén itu. 2 masuk berdérétan. *to f. into a room* berdérétan masuk ruang. *to f. for divorce* menuntut perceraian. **f. clerk** juru arsip. **f. copy** (*of a letter or document*) tembusan utk arsip. **filing cabinet** lemari arsip. **filings** *j.* serbuk kikiran.
filer /'failər/ *kb.* 1 tukang kikir. 2 juru arsip.
filet /fi'lei/ *kb.* = FILLET. **f. mignon** daging sapi (bagian belakang) yg tebal dan empuk.
filial /'filieəl/ *ks.* yg berh. dgn anak laki-laki atau anak perempuan. *f. affection* kasih-sayang anak.
filibuster /'filə'bʌstər/ *kb.* usaha menggagalkan penetapan undang-undang dgn pidato-pidato yg amat panjang dan tdk habis-habis. —*kki.* berusaha menggagalkan penetapan undang-undang dgn pidato-pidato yg amat panjang.
filigree /'filəgrie/ *kb.* barang perhiasan dari benang mas yg sangat halus.
Filipino /'filə'pienow/ *kb.* orang Filipina.

fill /fil/ *kb.* tanah dan kerikil pengisi (utk keréta api, jalan raya). *to eat o's f.* makan sekenyang-kenyangnya. *to have o's f. of ice cream* dpt makan éskrim sepuas-puasnya. *to take o's f. of* mengambil sepuas hatinya. —*kkt.* 1 mengisi. *to f. a vacancy* mengisi lowongan. *to f. a bottle with water* mengisi botol dgn air. 2 memenuhi, mengisi. *to f. a tank with gas* memenuhi téng dgn bénsin. *The crowd filled the auditorium* Orang banyak itu memenuhi aula itu. *to f. o's pipe* mengisi pipanya. *to f. the air with screams* memenuhi suasana dgn tangisan-tangisan/jeritan-jeritan. *Many thoughts filled my mind* Benak/Kepala saya penuh berisi pikiran-pikiran. 3 memenuhi, melayani. *to f. an order* melayani pesanan. 4 membuat. *to f. a prescription* membuat/menyiapkan obat menurut resép, memenuhi resép. 5 menempati. *He has filled his present post for six years* Ia tlh menempati jabatannya yg sekarang selama enam tahun. 6 menambal (*a tooth*). *She was filled with despair* Ia diliputi perasaan putus-asa. —*kki.* diisi, terisi. *The auditorium filled slowly* Aula itu berangsur-angsur dipenuhi orang. *The pitcher filled rapidly* Gendi itu terisi dgn cepat. **to f. in** 1 menimbuni. *F. in this hole* Timbunilah lobang ini. 2 mengisi. *F. in all the answers* Isilah semua jawabannya. **to f. in on** memberitahukan kpd. *F. me in on what happened* Beritahukanlah kpd saya ttg apa yg tlh terjadi. *to f. in for s.o.* menggantikan s.s.o. *to f. in o's time by typing* mengisi waktunya dgn mengetik. **to f. out** 1 mengisi. *to f. out a form* mengisi formulir. 2 bertambah gemuk. **to f. up** memenuhi. *to f. up the tank* memenuhi téng, mengisi téng penuh-penuh. *I'm filled up* Saya sdh kenyang. **fill-in** *kb.* 1 pengganti. 2 keterangan-keterangan, data-data. — **filling** *kb.* 1 (*tooth*) tambalan. 2 isi (*of pie*). *f. of a vacancy* pengisian lowongan. *ks.* mengenyangkan. *This food is f.* Makanan ini mengenyangkan. *f. station* pompa bénsin. *f. station attendant* penjaga pompa bénsin.
fillagree /'filəgrie/ *kb.* = FILIGREE.
filler /'filər/ *kb.* 1 pengisi. *f. for a looseleaf notebook* lembaran-lembaran kertas utk mengisi buku catatan yg memakai kertas-kertas lepas. 2 *News*: berita-berita péndék pengisi (halaman) surat kabar.
fillet /fi'lei/ *kb.* potongan tipis daging yg tak bertulang. *f. of fish* daging ikan yg tak bertulang.
filip /'filəp/ *kb.* perangsang, penyegar. *Lime juice gives an added f. to this drink* Air jeruk menjadikan minuman ini bertambah segar/lebih menyegarkan.
filly /'filie/ *kb.* (*j.* -**lies**) 1 (*horse*) anak kuda betina. 2 seorang gadis yg lincah.
film /film/ *kb.* 1 pilem, film. *horror f.* film yg mengerikan. *talking f.* film bicara. *silent f.* film bisu. *color f.* pilem berwarna. 2 lapisan tipis ganggang/lumut (*on a pond*). 3 selaput. *Oil formed a f. on the water* Minyak membentuk selaput diatas air. 4 lapisan pd gigi (*on the teeth*). —*kkt.* mempilem, membuat pilem. —*kki.* cocok utk diambil filmnya. *She films well* Ia kelihatan bagus dlm film. **f. festival** pésta pilem. **f. showing** pemutaran/pertunjukan pilem. **f. script** naskah (cerita) film. **f. star** bintang pilem, kartika, bintang layar putih.
filmgoer /'film'gowər/ *kb.* penonton bioskop, pengunjung pilem.
filmstrip /'film'strip/ *kb.* réntétan foto di pilem.
filter /'filtər/ *kb.* 1 saringan. *oil f.* penyaring minyak. 2 penapis, tapisan. 3 penyaring. *color f.* (*of camera*) penyaring warna. —*kkt.* menyaring, menapis (*water, oil*). —*kki.* merémbés. *The news filtered through* Berita itu merémbés. **f. cigarette** sigarét filter,

sigarét pakai saringan. **f. tip** 1 pangkal penyaring. 2 sigarét pakai saringan.

filth /filth/ *kb.* 1 kotoran, sampah. 2 kecemaran, kemesuman, cabul, porno. *Some magazines contain a great deal of f.* Beberapa majalah memuat banyak tulisan kotor. 3 *(of animals)* najis.

filthiness /'filthienəs/ *kb.* 1 kekotoran. 2 kecabulan, kemesuman.

filthy /'filthie/ *ks.* 1 kotor. dekil. *Her hands were f.* Tangannya kotor. *The room was f.* Kamar itu kotor. 2 mesum, cabul, ceroboh. *f. magazines* majalah-majalah cabul. *f. language* ucapan-ucapan ceroboh. *Inf.*: **f. lucre** uang, fulus.

fin /fin/ *kb.* 1 sirip *(of fish).* 2 sirip-sirip karét *(of swimmers).*

finagle /fə'neigəl/ *kkt.* mendapatkan (dgn kecerdikan atau menipu). *to try to f. s.t. extra* berusaha (dgn cara licik) utk mendapatkan s.s.t. sbg tambahan.

final /'fainl/ *kb.* **finals** *j.* 1 *Acad.*: penamatan sekolah, hari wisuda. 2 *Acad.*: ujian terakhir. 3 *Sport*: pertandingan terakhir, finale. — *ks.* 1 terakhir. *f. decision* keputusan yg terakhir. 2 menentukan. *The decision of the judges is f.* Keputusan wasit-wasit menentukan. 3 penghabisan. *f. examination* ujian penghabisan. 4 keras hati. *Don't be so f.!* Jangan begitu keras hati. *You are staying here and that's final!* Kau tinggal disini, habis perkara! **the f. touch** bagian pekerjaan yg terakhir. —**finally** *kk.* akhirnya.

finale /fə'nælie/ *kb.* 1 penutup, finale. 2 babak wasana/mutakhir, bagian terakhir dari musik atau sandiwara.

finalist /'fainəlist/ *kb.* orang finalis.

finalize /'fainəlaiz/ *kkt.* mematangkan, menyelesaikan, mengakhiri, membéréskan. *to f. plans for* menyelesaikan rencana-rencana utk.

finance /'fainæns, fə'næns/ *kb.* keuangan. *high f.* soal keuangan yg besar, urusan keuangan tingkat tinggi. *His finances are in bad shape* Urusan keuangannya morat-marit. —*kkt.* 1 membiayai, membelanjai. 2 membayar. *to f. s.t. through a bank* melakukan pembayaran utk s.s.t. melalui bank. **f. company** perusahaan pemberi krédit. —**financing** *kb.* pembelanjaan, pembiayaan.

financial /fə'nænsyəl, fai'-/ *ks.* finansiil, yg berh. dgn keuangan. *f. difficulties* kesulitan keuangan. *f. wizard* ahli keuangan. *f. statement* laporan keuangan. —**financially** *kk.* mengenai soal-soal keuangan, dlm soal keuangan.

financier /'finən'sir, 'fain-/ *kb.* pembiaya, yg memberi modal, orang keuangan, modalwan.

finch /finc/ *kb.* sm kutilang (jenis burung penyanyi).

find /faind/ *kb.* penemuan. *to make a wonderful f.* menemukan s.s.t. yg bagus. —*kkt.* **(found)** 1 menemukan. *to f. a ring in the street* menemukan cincin di jalan. *She is not to be found* Ia tdk dpt dijumpai/ditemukan. 2 mendapati. *You'll f. him cooperative* Akan kaudapati bhw ia suka membantu. 3 mengenai. *The bullet found its mark* Peluru itu mengenai sasarannya. 4 mendapatkan. *Can you f. me a good restaurant?* Dapatkah kau mendapatkan réstoran yg baik utk saya? *Water is found everywhere* Air terdapat dimana-mana. 5 merasa(kan). *I f. it impossible to work here* Saya merasa tdk mungkin utk bekerja disini. *to f. s.t. easy* merasakan s.s.t. mudah. 6 mengetahui. *I find that as I get older I ...* Saya ketahui bhw makin menjadi tua saya .... 7 melihat. *This letter, I f., arrived yesterday* Surat ini, saya lihat, tiba kemarin. *I f. it's time to leave* Saya melihat/rasa bhw sdh (tiba) waktunya utk berangkat. **to f. time to** mempunyai waktu utk.

sempat utk. *I left everything as I found it* Saya membiarkan segala s.s.t. spt keadaan semula. *I can't f. it in my heart to hate her* Tak sampai hati saya membenci dia. **to f. o.s.** sadar akan kesanggupan sendiri. *He's trying to f. himself again* Dia mencoba lagi akan kesanggupannya. *I found myself abandoned in a forest* Saya ternyata terlantar/ditinggalkan didlm hutan. **to f. out** 1 mengetahui. *I found out that he's unreliable* Aku mengetahui bhw ia tak dpt dipercaya. *to f. out s.o.'s address* mengetahui alamat s.s.o. 2 menyelidiki, mengetahui. *to f. out how to play a game* menyelidiki bagaimana caranya memainkan permainan. 3 mendapatkan keterangan. *to f. out more about s.o.* mendapatkan lebih banyak keterangan mengenai s.s.o. *He was found out and reported* Ia kedapatan dan dilaporkan. —**finding** *kb.* 1 penemuan, pendapatan. 2 kesimpulan *(of a report).* 3 keputusan *(of a jury).* 4 temuan.

finder /'faindər/ *kb.* penemu. *range f.* pengukur jarak.

fine /fain/ *kb. Law*: denda. —*ks.* 1 sangat baik, bagus. *a f. day* hari yg cerah/bagus. *He made a f. showing in the meet* Baik benar hasilnya dlm pertandingan itu. *f. piece of embroidery* sulaman yg bagus. *That's all very f., but ...* Semuanya amat bagus, tetapi .... *He has a f. future* Hari/Masa depannya baik/bagus. *One of these f. days ...* Pd suatu hari yg baik ini.... 2 runcing, halus *(of a pen point).* 3 menyenangkan. *We had a f time* Pertemuan kita sangat menyenangkan. 4 halus *(of thread, sand, etc.).* *to make a f. distinction between* membédakan secara halus antara. *This appeals to her finer instincts* Hal ini menggugah perasaannya yg lebih halus. 5 tajam. *to hone a knife to a f. edge* mengasah pisau sehingga tajam sekali. *This is meat of the finest quality* Ini adalah daging yg paling tinggi mutunya. *to cut it f.* memberikan batas waktu/tempat yg sedikit sekali. —*kk.* 1 baik. *Just f., thanks* Baik-baik saja, terimaksih. 2 énak. *I'm feeling f.* Aku merasa énak. *to chop meat very f.* mencencang daging halus sekali. —*kkt.* mendenda. **f. arts** seni, kesenian murni spt seni musik. senisastera dsb. **fine-cut** *ks.* rajangan/racikan halus. *f.-cut tobacco* tembakau rajangan halus. **fine-grained** *ks.* berjaringan halus. *f.-grained wood* kayu berjaringan halus. **f. print** huruf cétak yg halus, huruf halus. **a f.-tooth(ed) comb** sikat yg bergigi halus dan rapat. *He went over the report with a f.-toothed comb* Ia memeriksa laporan itu dgn sangat teliti/dgn seksama. **f. weather** cuaca terang, cuaca baik/cerah. —**finely** *kk.* dgn halus. *f. chopped meat* daging yg dicencang halus.

fineness /'fainnəs/ *kb.* 1 kehalusan *(of wire, thread, steel).* 2 keindahan, kebagusan. *the f. of the cloth* keindahan kain cita itu. 3 ketajaman, keruncingan *(of a needle).*

finery /'fainərie/ *kb.* *(j. -ries)* 1 dandanan, pakaian bagus. 2 perhiasan.

finesse /fə'nes/ *kb.* 1 kecakapan, kecerdikan, kecekatan, kemahiran. 2 *Bridge*: muslihat. —*kki. Bridge*: mempergunakan siasat.

finger /'finggər/ *kb.* jari. *to burn o's fingers* terlibat dlm kesulitan, mendapat kesukaran. *I burned my fingers by interfering in the quarrel* Saya terlibat dlm kesulitan karena mencampuri pertengkaran itu. *Inf.*: **to have a f. in the pie** ikut campur, turut mengambil bagian. *Keep your fingers crossed for me* Doakanlah aku. *Don't you lay a f. on him* Jangan aniaya dia. *He won't lift a f. to help us* Dia tdk mau barang sedikitpun membantu kami. *to point the f. of scorn at s.o.* menunjukkan sikap memandang hina thd s.s.o. *Sl.*: **to put the f. on** 1 menemukan. *I can't put my f. on the book now* Sekarang tak bisa kutemukan buku itu. 2 *Sl.*: merencanakan akan membunuh. *The mob put the f. on the doublecrosser* Gerombolan itu merencanakan akan membunuh pengkhianat itu. **to turn a f.** bergerak, bekerja. **to twist around o's little f.** menguasai sepenuhnya. *His daughter twists him around her little f.* Anak perempuannya dpt berbuat sekehendak hatinya dgn dia. —*kkt.* menyentuh. *to f. the trigger* menyentuh pemetik (dgn jarinya). *to f. material* menyentuh-nyentuh/meraba-raba bahan. **f. bowl** kobokan, kembokan, tempat cuci jari. **f. paint** cat utk lukisan dgn jari atau tangan. —**fingering** *kb. Mus.*: main jari, cara memainkan jari.

fingernail /'fiŋgər'neil/ *kb.* kuku tangan/jari.

fingerprint /'fiŋgər'print/ *kb.* sidik jari. —*kkt.* mengambil sidik jari.

fingertip /'fiŋgər'tip/ *kb.* ujung jari. *to have the information at his fingertips* mengenal keterangan-keterangan yg segera dpt dipergunakan. *He is a gentleman to his fingertips* Dia seorang pria sejati.

finicky /'finikie/ *ks.* réwél. *He is awfully f. about what he eats* Dlm hal makanan ia sangat réwél.

finis /'finis/ *kb.* akhir, kesudahan.

finish /'finisy/ *kb.* 1 akhir, penghabisan. *The f. of the book was the best part* Akhir buku itu bagian yg terbaik. *from start to f.* dari mula hingga akhir. *in at the f.* hadir pd waktu penutup. 2 cat penutup, politur. *I want a new f. on this table* Aku ingin méja ini dipolitur. 3 kesempurnaan. *His speaking ability lacks the f. necessary for a good speaker* Kesanggupannya berbicara masih menunjukkan kekurangan kesempurnaan yg diperlukan sbg pembicara yg ulung. 4 lapisan penutup. *A chrome-plated f. resists rust* Lapisan penutup dari krom mencegah karat. —*kkt.* 1 menyelesaikan, menyudahi. *to f. the work* menyelesaikan pekerjaan. *to f. o's dinner* selesai makan. *to f. talking* selesai/habis berbicara, menyudahi pembicaraan. 2 menghabiskan. *F. your milk!* Habiskan susumu! 3 menghaluskan (*wood*). 4 tutup. *We finished our conversation before they arrived* Kami tutup pembicaraan kami sblm meréka tiba. *After the race I was almost finished* Sesudah perlombaan itu, saya hampir kehabisan tenaga. *He is finished as a serious contender* Ia tak ada harapan lagi sbg saingan yg berbahaya. —*kki.* 1 selesai. *When will the race f.?* Jam berapa perlombaan itu selesai? *Her engagement finishes next week* Ikatan kerjanya/dinasnya berakhir minggu depan. 2 menamatkan. *to f. school* tamat belajar (sekolah), menamatkan sekolah. *to f. the fifth grade* menamatkan kelas/tingkat lima. *to f. second* mengakhiri perlombaan sbg nomor dua. **to f. off** 1 menghabiskan. *Let's f. off the beer* Mari kita habiskan bir ini. 2 membunuh. *to f. off the prisoners* membunuh orang-orang tawanan itu. **to f. up** 1 menyelesaikan. *I'll f. up the job by noon* Saya akan menyelesaikan pekerjaan itu menjelang tengah hari. 2 menghabiskan. *He finished up all the peanuts* Dia menghabiskan semua kacang itu. **to f. with** 1 menyelesaikan. *I'm finished with that patient* Saya sdh selesai dgn pasién itu. 2 tdk berhubungan dgn, memutuskan hubungan dgn. *I'm finished with him* Kami tdk berteman lagi. *Wait till I f. with him* Tunggulah sampai saya selesai dgn dia. **f. line** garis akhir. —**finished** *ks.* selesai. *the f. product* hasil yg sdh selesai, barang jadi. —**finishing** *ks.* terakhir. *f. touch* pekerjaan penyelesaian terakhir, tindakan penyiapan terakhir. *to give a house a few f. touches* melakukan beberapa pekerjaan penyele-

saian terakhir thd rumah. *f. school* sekolah keputerian swasta di A.S.

finite /'fainait/ *ks.* terbatas. *f. number* bilangan terbatas.

Finland /'finlənd/ *kb.* Finlandia.

Finn /fin/ *kb.* orang Finlandia.

Finnish /'finisy/ *kb.* bahasa Finlandia. —*ks.* yg berh. dgn Finlandia. *the F. language* bahasa Finlandia. *He is F.* Dia seorang Finlandia.

fir /fər/ *kb.* sm pohon cemara.

fire /fair/ *kb.* 1 api. 2 (api) kebakaran. *The f. is getting out of hand* Api kebakaran itu tak dpt dikendalikan lagi. *to build a f.* menghidupkan/menyalakan api. **to catch (on) f.** 1 terbakar. *The house caught on f.* Rumah itu terbakar. 2 mendapat dukungan. *The spirit of the project caught f.* Semangat proyék itu tercetus dimana-mana. *to go through f. and water* menghadapi bahaya dan kesukaran, melalui segala kesengsaraan. **to hang f.** 1 terlambat meletus (*of a gun*). 2 tdk selesai, terkatung-katung. *The treaty is still hanging f.* Perjanjian itu masih terkatung-katung. *Our plans had to hang f.* Rencana kami terpaksa ditunda. **to lay a f.** menyiapkan bahan bakar sehingga siap utk dibakar. **to light a f.** 1 menyalakan api. 2 melakukan pekerjaan berbahaya. **to set f. to** membakar. *to set f. to a barn* membakar lumbung. **to set on f.** membakar. *to set a house on f.* membakar rumah. *His speech set the crowd on f.* Pidatonya membakar semangat rakyat itu. **under f.** ditémbaki, diserang. *What he says just adds fuel to the f.* Kata-katanya itu hanya lebih memanaskan suasana. *Where there is smoke there is f.* Tentu ada sebab s.s.t kejadian. **to open f. on s.o. or s.t.** menémbak atau melepaskan témbakan kpd s.s.o./s.s.t. *between two fires* diserang dari dua jurusan. —*kkt.* 1 menémbakkan (*a gun, torpedo*). 2 memecat. *He was fired from his job* Ia dipecat dari pekerjaannya. 3 menyalakan (*a furnace*). *He is fired with ambition* Ia didorong oléh ambisi yg amat besar. —*kki.* berbunyi, meletus. *The revolver did not f.* Repolper itu tak berbunyi. **to f. at/on** menémbaki. *to f. at a figure in the dark* menémbaki bayangan tubuh dlm kegelapan. *to f. a question at s.o.* melontarkan pertanyaan kpd s.s.o. **to f. away** 1 menémbak(i). 2 melontarkan, memulai, mengatakan. *If you have any questions, f. away* Kalau ada pertanyaan, lontarkanlah. **to f. off** 1 membunyikan, membakar (*a firecracker*). 2 mengirim(kan). *to f. off a telegram* mengirimkan télégram. **to f. up** 1 menyalakan (api dlm tungku). 2 menyiapkan. *The team was fired up for the contest* Regu itu sdh disiapkan utk pertandingan itu. **f. alarm** tanda (ada) kebakaran. **f. company** pemadam kebakaran. **f. department** jawatan pemadam kebakaran. **f. drill** latihan menghadapi kebakaran. **f. engine** pesawat truk pemadam kebakaran. **f. escape** lorong kebakaran, tangga darurat utk menghindari kebakaran. **f. exit** pintu keluar di waktu kebakaran. **f. extinguisher** alat pemadam api, racun api. **f. hose** selang kebakaran. **f. hydrant** keran kebakaran. **f. insurance** asuransi kebakaran. **f. plug** keran kebakaran. **fire-resistant** *ks.* tahan api/bakar. **f. screen** pagar api. **f. siren** siréne tanda kebakaran. **f. station** pos kebakaran. **f. truck** truk pemadam kebakaran. **f. wall** dinding pelindung api. —**firing** *kb.* 1 penémbakan. *f. line* garis tempat kedudukan pasukan utk menémbak. *f. range* lapangan témbak, daérah yg dipakai utk latihan menémbak atau meluncurkan peluru kendali. *The enemy was within f. range* Musuh ada didlm jarak témbak. *f.*

squad regu penémbak. 2 pemecatan (*discharge*). 3 pembakaran.

firearm /'fair'arm/ *kb.* senjata api.

fireball /'fair'bɔl/ *kb.* 1 bola api. 2 *Inf.*: seorang yg mempunyai semangat yg luar biasa besarnya, seorang yg penuh gairah. *He's a real f.* Dia sungguh hébat. Dia bersemangat.

fireboat /'fair'bowt/ *kb.* kapal pemadam kebakaran.

firebomb /'fair'bam/ *kb.* bom api/pembakar.

firebox /'fair'baks/ *kb.* tungku, perapian.

firebrand /'fair'brænd/ *kb.* 1 puntung berapi. 2 pengasut.

firebug /'fair'bʌg/ *kb. Inf.*: pembakar (rumah, gedung).

firecracker /'fair'krækər/ *kb.* mercun, petasan.

firefighter /'fair'faitər/ *kb.* seorang pemadam kebakaran.

firefly /'fair'flai/ *kb.* (*j.* **-lies**) kunang-kunang.

firehouse /'fair'haws/ *kb.* gedung jawatan pemadam kebakaran, pos kebakaran.

fireless /'fairləs/ *ks.* tanpa api. *f. cooker* panci listerik.

fireman /'fairmən/ *kb.* (*j.* **-men**) 1 *RR.*: tukang api, setoker. 2 anggota pemadam kebakaran. *f.'s knot* simpul penolong.

fireplace /'fair'pleis/ *kb.* perapian, tungku.

firepower /'fair'pawər/ *kb.* daya témbak.

fireproof /'fair'pruwf/ *ks.* tahan api. *f. paint* cat penahan api. —*kkt.* membuat tahan api.

firer /'fairər/ *kb.* 1 penémbak (*of a gun*). 2 pemecat (*of personnel*).

fireside /'fair'said/ *kb.* tempat duduk di muka perapian.

firetrap /'fair'træp/ *kb.* gedung yg mudah terbakar. *That building is a f.* Gedung itu mudah terbakar.

firewarden /'fair'wɔrdən/ *kb.* penjabat pemadam kebakaran yg bertanggung jawab di satu daérah.

firewater /'fair'wɔtər/ *kb. Sl.*: minuman keras.

firewood /'fair'wud/ *kb.* kayu bakar.

fireworks /'fair'wərks/ *kb., j.* mercun, petasan, kembang api. *Inf.*: *When she found her husband with another woman, there were f.* Ketika diketahuinya suaminya bersama dgn wanita lain, meledaklah pertengkaran hébat.

firm /fərm/ *kb.* perusahaan, firma. —*ks.* 1 tetap, tegap. *f. step* langkah yg tetap. *f. offer* tawaran yg tetap. 2 tegas. *f. measures* tindakan-tindakan yg tegas. 3 akrab. *f. friendship* persahabatan yg akrab. 4 kokoh, kuat. *These steps don't seem very f.* Anak-anak tangga ini kelihatannya tak begitu kuat. *He's a f. believer in law and order* Ia kuat berpegang kpd hukum dan ketertiban. *on f. ground* atas dasar yg kuat. 5 teguh. *He is f. in his belief that ...* Ia teguh dlm keyakinannya bhw.... *f. belief in God* iman/kepercayaan yg teguh kpd Tuhan. *to rule with a f. hand* memerintah dgn tangan besi. 6 keras (*of breast*). —*kk.* 1 kuat. *The shares remained f.* Saham-saham itu tetap kuat. 2 tetap tabah. *In times of crisis one must stand f.* Dlm keadaan krisis/genting orang hrs kuat bertahan/harus tetap tabah. —*kkt.* **to f. up** menetapkan, mempersatukan, membulatkan. *to f. up an offer* menetapkan tawaran. —**firmly** *kk.* 1 benar-benar, sungguh. *I f. believe that ...* Aku percaya benar-benar bhw.... 2 rapat-rapat. *The window is f. closed* Jendéla itu tertutup rapat. 3 dgn kuat. *to hold the reins f.* memegang tali kekang/kendali kuat-kuat.

firmament /'fərməmənt/ *kb.* cakrawala.

first /fərst/ *kb.* 1 hadiah pertama. *He got a f. at the dog show* Dlm paméran itu anjingnya mendapat hadiah pertama. *He came in an easy f.* Ia menang dgn mudah. *to come out f. on the examination* keluar/muncul sbg nomor satu dlm ujian itu. 2 *Auto.*: persnéling satu. *to shift into f.* mengoper ke persnéling satu. 3 yg terbagus, berkwalitas paling baik. *All articles on sale are firsts* Semua barang-barang yg dijual berkwalitas paling baik. *the thirty-f.* yg ketigapuluh satu. **at f.** mula-mula. **from the f.** dari permulaan. —*ks.* 1 yg pertama. *He was the f. one who ...* Dia orang pertama yg.... 2 satu. *April 1st* tanggal satu April. 3 yg pertama-tama. *She says the f. thing that comes to her mind* Dia mengatakan apa-apa yg muncul pertama-tama pd pikirannya. *Henry the F.* Henry yg pertama, Henry Kesatu. *in the f. place* pertama-tama. *F. come, f. served* Siapa dulu siapa dpt. *Women and children f.!* Wanita dan anak-anak terdahulu/lebih dahulu. —*kk.* 1 pertama-tama. *He arrived f.* Ia pertama-tama tiba. *When did you f. see her?* Kapan kau pertama kali melihat dia? 2 dulu-(an), terdahulu. *You go f.* Kau berangkat dulu. *I'd die f. before I'd ...* Saya lebih baik mati drpd.... **f. aid** pertolongan pertama pd kecelakaan. *first-aid kit* kotak pertolongan pertama. *f.-aid room* kamar P.P.P.K. **f. base** honki pertama (pd baseball). *Sl.*: *He works hard but feels that he isn't getting to f. base* Ia bekerja keras tetapi merasa tdk mencapai suksés. **first-born** *kb.* anak sulung. *f.-born child* anak sulung. **f. class** kelas satu, ruang pertama(di) pesawat terbang. *f.-class citizen* warga negara utama. *to travel f.-class* bepergian naik kelas satu. *to have f.-class accommodations on ...* menempati kelas satu di.... *He did a f.-class job* Pekerjaannya baik sekali. *f.-class matter* (di kantor pos) barang penting. **f. cousin** saudara sepupu. *first-day cover* sampul hari pertama. *first-degree burn* luka kebakaran tingkat pertama. **f. edition** cétakan pertama. **f. finger** jari telunjuk. **f. fruits** hasil pertama s.s.t. usaha. **f. gear** persnéling yg pertama. **first-hand** *ks.* dari dekat, dari tangan pertama. *f.-hand information* keterangan dari tangan pertama. **f. lieutenant** létnan satu. **f. mortgage** hipotik pertama. **f. name** nama kecil. *on a f.-name basis* saling memanggil dgn nama kecil. **f. night** malam pertama (*of a play, movie*). **f. of all** pertama-tama. *F. of all, you had no reason to go* Pertama-tama kau tak ada alasan utk pergi. **f. off** *the bat I'm going to take a nap* Terlebih dulu aku akan tidur sebentar. **f. offender** orang yg pertamakali melakukan pelanggaran. **the f. one** yg nomor satu, yg duluan, yg pertama, yg terlebih dulu. *I want to be the f. one in class* Kuingin menjadi yg nomor satu di kelas. **f. papers** surat-surat pertama (yg diperlukan utk menjadi warganegara A.S.). **f. person** orang pertama. *f. person pronoun* kataganti orang pertama (spt saya, aku, kita, kami). **f. place** kejuaraan pertama. *to win f. place in a contest* memenangkan tempat/kedudukan/kejuaraan pertama dlm kontés/perlombaan. **f. quarter** kwartal/triwulan pertama. **first-rate** *ks.* kelas satu. *f.-rate job* pekerjaan yg kelas satu. *f.-rate hotel* hotel kelas satu. *He has a f.-rate mind* Dia mempunyai otak yg tajam sekali. *How are you? F. rate* Apa kabar? Baik sekali. **f. sergeant** sersan kepala/satu. —**first-string** *ks.* dari garis pertama, ulung, baik sekali. *f.-string player on the football team* pemain garis muka pd regu football. **f. team** regu pilihan pertama. **f. thing** yg pertama, terutama sekali. *I'll be there f. thing in the morning* Saya akan berada disana secepat-cepatnya bésok pagi. *The f. thing I knew, they'd eaten all the candy* Yg pertama-tama kusadari adalah bhw meréka tlh menghabiskan gula-gula itu. *I promise to read it f. thing tomorrow* Saya berjanji utk membaca. itu bésok pagi-pagi benar. *She doesn't know the f. thing about golf* Ia tdk tahu hal-hal yg pokok mengenai permainan golf. **f. water** yg paling ulung. *a leader of the f. water* pemimpin tingkat tertinggi, pemimpin yg paling ulung. —**firstly** *kk.* pertama(-tama).

fiscal /ˈfiskəl/ *ks.* yg berh. dgn keuangan. *f. policy* politik keuangan. *f. year* tahun pembukuan.

fish /fiʃy/ *kb.* ikan. *He drinks like a f.* Ia terlalu banyak minum minuman keras. *Inf.*: *He's an odd f.* Dia orang anéh. *like a f. out of water* serba canggung. *Inf.*: *other f. to fry* (mempunyai) pekerjaan lain yg hrs dikerjakan. —*kkt.* mengambil, merogoh. *to f. a silver dollar from his pocket* mengambil uang setengah dolar dari sakunya. *to f. a lake* mencari ikan di danau. —*kki.* mengail. *to f. down in the basket and help o.s. to an apple* mengeruk/merogoh kedlm keranjang dan mengambil sebuah apel. **to f. for** memancing-mancing agar spy *(an invitation, compliment)*. **to f. out** 1 menangkap ikan sampai habis. 2 mendapat keterangan dgn bertanya hati-hati. *to f. s.o. out of the water* mengangkat s.s.o. dari dlm air. **f. ball/cake** pergedél ikan. **f. fry** darmawisata dgn ikan goréng sbg sajian makanan yg utama. **f. meal** tepung ikan. **f. oil** minyak ikan. **f. stick** potongan daging ikan tanpa tulang dijual dlm keadaan beku. *Inf.*: **f. story** ceritera bohong/berlebih-lebihan. **f. trap** lukah. —**fishing** *kb.* pemancingan, pengailan, penangkapan ikan. *f. boat* kapal penangkap ikan. *f. pole/rod* joran, batang/tangkai pancing. *f. tackle/gear* alat-alat penangkap ikan, joran.

fishbone /ˈfiʃyˈbown/ *kb.* tulang ikan.

fisherman /ˈfiʃyərmən/ *kb.* (*j.* **-men**). nelayan.

fishery /ˈfiʃyərie/ *kb.* (*j.* **-ries**) 1 industri penangkapan ikan. 2 perikanan. *Bureau of Fisheries* Jawatan Perikanan.

fishhook /ˈfiʃyˈhuk/ *kb.* mata kail, pancing.

fishpond /ˈfiʃyˈpand/ *kb.* kolam ikan.

fishworm /ˈfiʃyˈwərm/ *kb.* cacing pengail, umpan.

fishy /ˈfiʃyie/ *ks.* 1 amis. *The kitchen smells f.* Dapur itu amis baunya. 2 *Inf.*: mencurigakan. *There is s.t. f. about the affair* Ada s.s.t. yg mencurigakan dlm peristiwa itu.

fission /ˈfiʃyən/ *kb.* 1 pembelahan, pembagian (sél). 2 *Nucl.*: pemecahan.

fissure /ˈfiʃyər/ *kb.* celah, belahan, retak(an).

fist /fist/ *kb.* tinju, kepalan tangan. *f. fight* baku-hantam.

fistful /ˈfistful/ *kb.* segenggam.

fisticuffs /ˈfistəˈkʌfs/ *kb.*, *j.* adu/main tinju, baku hantam.

fistula /ˈfiskulə/ *kb.* *Med.*: hiliran.

fit /fit/ *kb.* 1 serangan tiba-tiba. *f. of hysteria* gangguan penyakit saraf. *He is subject to fits* Ia menderita (penyakit) sawan. *coughing f.* serangan batuk yg tiba-tiba. *to strike s.o. in a f. of anger* memukul s.s.o. karena ledakan kemarahan yg tiba-tiba. *to have a f. about s.t.* naik pitam mengenai s.s.t. *to fall into a f.* diserang kekejangan dgn tiba-tiba. *to throw a f.* mengamuk. 2 pas. *That dress is a tight f.* Pakaian itu ketat. *perfect f.* pantas sekali, pas benar. **by fits and starts** tdk teratur, tertegun-tegun. *He does his work by fits and starts* Dia bekerja dgn tak teratur. —*ks.* 1 pantas, patut, layak. *a f. person for a position* seorang yg pantas utk suatu kedudukan. *He is f. for nothing* Apapun tdk ada yg dpt dikerjakannya. *He is not f. to live* Tak ada gunaya ia hidup. *to have*

nothing f. to wear tdk mempunyai pakaian yg pantas utk dipakai. 2 séhat. *I feel f. again* Saya merasa séhat kembali. *f. as a fiddle* segar(-bugar), séhat walafiat. *to keep f.* memelihara keséhatan/kesegaran. *to be f. for military service* séhat buat dlm dinas militér. 3 dapat, siap. *f. for cultivation* dpt ditanami, siap utk ditanami. 4 baik. *This water isn't f. to drink* Air ini tak baik utk diminum. *Inf.*: *I was so mad I was f. to be tied* Begitu marah saya sehingga saya spt orang gila. —*kk.* **to see f.** memutuskan. *I'll do as I see f.* Aku akan lakukan keputusanku. *I'll come when I see f.* Aku akan datang bila kuanggap perlu. —*kkt.* (**fit** atau **fitted**) 1 cocok dgn. *The words do not f. the music* Kata-kata itu tak cocok dgn lagunya. *This coat does not f. me* Jas ini tak cocok/pas buat saya. 2 mencocokkan/menyusun kembali. *Can you f. this puzzle together?* Dapatkah kau mencocokkan teka-teki ini kembali? *to f. the key in the lock* mencocokkan kunci kedlm ibu kunci. 3 menjadikan. *Training will f. him to be a good tennis player* Latihan akan mempersiapkan dia menjadi pemain ténnis yg baik. 4 memasang. *to f. a board between two doors* memasang papan sehingga pas benar diantara dua pintu. **to f. o.s. for** mempersiapkan diri utk. —*kki.* pas, cocok. *The shoes f. perfectly* Sepatu itu pas sekali. **to f. in** 1 cocok. *She doesn't f. in with our crowd* Ia tak cocok dgn teman sekawan kami. 2 mengambil. *to f. in time to see s.o.* mengambil waktu utk menerima s.s.o. **to f. out** melengkapi. *to f. a car out with modern conveniences* melengkapi oto dgn peralatan-peralatan moderen. —**fitted** *ks.* cocok/pas. *f. suit* pakaian setélan yg cocok/pas, setélan yg sdh dipaskan. —**fitting** *kb.* mengepas, mencocokkan. *She has to go for a f.* Ia hrs pergi utk mengepas pakaian. *ks.* 1 pantas. *It is not f. for a girl to be seen alone* Seorang gadis tdk pantas kelihatan sendirian. 2 tepat. *The time of his arrival is f.* Dia datang pd waktu yg tepat. **fittings** *kb.*, *j.* benda-benda, perabot. *office fittings* perkakas kantor.

fitful /ˈfitfəl/ *ks.* resah, gelisah, tdk tenang. *f. sleep* tidur yg tdk tenteram/tenang. —**fitfully** *kk.* tertegun-tegun, gelisah, lasak. *I slept f. last night* Tidurku gelisah saja semalam.

fitness /ˈfitnəs/ *kb.* 1 kemampuan. *I question his f. for the job* Saya sangsikan kemampuannya utk pekerjaan itu. 2 *(appropriateness)* kecocokan. *physical f.* keséhatan jasmani.

fitter /ˈfitər/ *kb.* 1 pemasang, pengepas. *pipe f.* pemasang pipa. 2 *Cloth.*: tukang ukur baju, tukang jahit.

five /faiv/ *kb.*, *ks.* lima. *five-and-ten (cent store)* toko murah. **five-spot** *kb.* *Inf.*: 1 uang kertas lima dolar. 2 kartu lima *(cards)*. **five-star** *ks.* berbintang lima. *f.-star general* jénderal berbintang lima. **five-year** *ks.* lima tahun. *five-year plan* rencana lima tahun.

fiver /ˈfaivər/ *kb.* *Inf.*: uang kertas lima dolar.

fix /fiks/ *kb.* 1 kesulitan. *to get into a f.* terlibat dlm kesulitan. *I'm in somewhat of a f.* Saya tergencét sedikit. Saya sedang mengalami kesulitan sedikit. 2 *Nav.*: penentuan posisi. 3 *Sl.*: suapan. 4 *Narc.*: *Sl.*: dosis obat bius. —*kkt.* 1 memperbaiki, membetulkan. *to have the car fixed* menyuruh perbaiki mobil. 2 menyediakan. *to f. lunch* menyediakan makan siang. 3 *Inf.*: mengatur, merapikan. *Just a moment, I have to f. my hair* Sebentar, saya hrs mengatur rambut saya. 4 *Inf.*: main kongkalingkong, menyuap. *The gangster fixed the jury* Penjahat itu menyuap juri itu. 5 mengatur, mengurus. *She fixed it so I couldn't go* Ia mengaturnya demikian rupa sehingga saya tak dpt pergi. 6 menentukan. *to f. a* *aate for* menentukan tanggal utk. 7 memasang/memancangkan. *to f. a stake into the ground* memasang/memancangkan sebuah tonggak kedlm tanah. *She fixed her eyes on him* Ia memancangkan matanya padanya. 8 mencamkan. *to f. s.t. in o's mind* mencamkan s.s.t. dlm ingatan. *to f. the blame on* menyalahkan. *Sl.: I'll f. you!* Nanti saya balas! **to f. on** menetapkan, memutuskan. *to f. on a date for* menetapkan tanggal utk. *Inf.:* **to f. up** 1 memperbaiki. *to f. up a room* a) memperbaiki kamar. b) mengatur kamar. 2 menisik, memperbaiki. *to f. up a hole in a sock* menisik lobang pd kaus kaki. 3 berdandan (rapi). *When she gets fixed up, she's beautiful* Kalau dia sdh berdandan, dia cantik. —**fixed** *ks.* 1 tertentu. *f. charge* tarip tertentu. 2 mati, pasti. *f. price* harga mati. 3 *Inf.:* tdk jujur. *The race was f.* Ada penyéléwéngan dlm pacuan itu. *with f. bayonet* dgn bayonét terhunus. —**fixings** *kb., j. Inf.:* 1 bahan-bahan perlengkapan. 2 bahan perhiasan.

fixation /fik'seisyən/ *kb.* fiksasi, pendapat/perasaan yg mendalam. *a f. about cleanliness* fiksasi mengenai kebersihan, perasaan yg mendalam mengenai kebersihan.

fixer /'fiksər/ *kb.* 1 tukang pasang. 2 *Inf.:* tukang suap.

fixture /'fikscər/ *kb.* perlengkapan tetap, peralatan tetap. *She's become a f. in the office* Ia tlh menjadi perlengkapan tetap di kantor itu.

fiz /fiz/ = FIZZ.

fizz /fiz/ *kb.* 1 desis (air). 2 minuman yg meruap. —*kki.* meruap, mendesis.

fizzle /'fizəl/ *kb.* kegagalan. —*kki.* 1 mendesis (*of rockets, firecracker*). 2 melempem, gagal. *The project fizzled out* Proyék itu gagal/mati.

Fla. [*Florida*] negarabagian A.S.

flabbergast /'flæbərgæst/ *kkt. Inf.:* sangat menghérankan. *I was flabbergasted when...* Saya terganga kehéranan ketika....

flabbiness /'flæbienəs/ *kb.* kelembékan, kelembutan, kelemahan.

flabby /'flæbie/ *ks.* lembék lembut (dagingny bergantungan), lemah, lunak, kendur-kendur.

flaccid /'flæksid/ *ks.* lembék, lembut, lemah.

flag /flæg/ *kb.* bendéra. *f. of truce* bendéra putih. —*kkt.* (**flagged**) melambaikan tangan. *to f. (down) a motorist* melambaikan tangan utk menyetop seorang pengendara mobil. *to f. a message* menyampaikan pesan dgn isyarat bendéra. —*kki.* merosot berkurang. *His interest in music has flagged* Perhatiannya thd musik tlh berkurang. **f. captain** komandan kapal bendéra. **f. officer** perwira tinggi AL dari komodor s/d laksamana tertinggi. **f. rank** pangkat perwira AL diatas kaptén. **flag-waving** *kb.* usaha membangkitkan semangat mendukung suatu tuntutan. —**flagging** *ks.* mengendur, lesu. *to revive o's f. spirits* menghidupkan kembali semangatnya yg mengendor.

flagpole /'flæg'powl/ *kb.* tiang bendéra.

flagrant /'fleigrənt/ *ks.* yg menyolok. *f. error* kesalahan yg menyolok. *f. act of murder* perbuatan pembunuhan yg menggemparkan.

flagship /'flæg'syip/ *kb.* kapal pemimpin.

flagstone /'flæg'stown/ *kb.* batu hampar, batu ubin besar.

flail /fleil/ *kkt.* memukuli, mencambuk.

flair /flær/ *kb.* 1 pengamatan yg tajam, kepandaian memilih dan menentukan. *to have a f. for clothes* pandai memilih baju. 2 bakat. *to have a f. for clever rhymes* mempunyai bakat menciptakan sajak-sajak yg tepat.

flak /flæk/ *kb.* 1 témbakan penangkis udara. 2 meriam penangkis udara.

flake /fleik/ *kb.* serpih, lapisan atas, jonjot. *f. of snow* serpih salju. *f. of rust* serpih/lapisan karatan. —*kki.* mengelupas, menyerpih. *The paint on the house flaked* Cat rumah itu menyerpih.

flaky /'fleikie/ *ks.* 1 mengeripik. *The pie crust is f.* Kulit kuéh itu mengeripik. 2 berlapis-lapis, mudah dibelah. *Sandstone is a f. rock* Batu pasir adalah batuan yg berlapis-lapis.

flamboyance /flæm'boiəns/ *kb.* keélokan semarak.

flamboyant /flæm'boiənt/ *ks.* 1 (ber)semarak/cemerlang. *f. personality* pembawaan yg semarak, pribadi yg cemerlang. *f. colors* warna-warna yg bersemarak. 2 penuh bunga bahasa. *f. speech* pidato yg penuh bunga bahasa.

flame /fleim/ *kb.* 1 lidah/nyala api. 2 api. *the eternal f.* api abadi. *We could see the flames* Kami dpt melihat api. *to burst into flames* terbakar. *She was condemned to the flames* Ia dihukum bakar. 3 *Inf.:* kekasih. *She was an old f. of his* Ia bekas kekasihnya. —*kki.* bernyala, berkobar. *Her eyes flamed* Matanya bersinar menyala-nyala. **to f. out** berhenti dgn tiba-tiba karena apinya mati. *The jet engine flamed out* Mesin jét itu (menjadi) mati. **to f. up** menyala, berkobar. **f. color** mérah kekuning-kuningan. **flame-resistant** *ks.* tahan api/bakar. **f. thrower** pelontar/penyemprot api. **flame-tree** pohon flamboyan. —**flaming** *ks.* 1 sedang terbakar/menyala. *the f. house* rumah yg terbakar itu. 2 berapi. *f. Merapi* Gunung Merapi yg sedang mengeluarkan api. 3 bersinar-sinar. *f. eyes* mata yg bersinar-sinar, pandangan mata yg berapi-api.

flameproof /'fleim'pruwf/ *ks.* tahan api.

flammable /'flæməbəl/ *ks.* mudah terbakar, yg bisa cepat dimakan api.

flange /flænj/ *kb.* fléns, pinggiran roda.

flank /flæŋk/ *kb.* 1 panggul (*of person or animal*). 2 sayap, sisi. *The enemy was on our left f.* Musuh berada di sisi kiri kami. —*kkt.* mengapit. *to be flanked by bodyguards* diapit oléh pengawal-pengawal pribadi. *High buildings f. the street* Gedung-gedung tinggi mengapit jalan itu.

flannel /'flænəl/ *kb.* cita pelanél. *He looks nice in his flannels* Ia tampan tampaknya dgn baju pelanél itu. *f. underwear* pakaian dalam pelanél.

flap /flæp/ *kb.* 1 penutup. *f. on an envelope* penutup ampelop. 2 tutup. *pocket f.* tutup saku. 3 *Sl.:* keadaan bingung, kehébohan. *Sl.: to be in a f. over s.t.* dlm keadaan bingung mengenai s.s.t., héboh mengenai s.s.t. 4 sirip sayap pesawat terbang. *the f. of birds' wings* bunyi sayap burung yg mengibas. —*kkt.* (**flapped**) 1 mengepak (*its wings*). 2 memukul. *The wind flapped the shade* Angin memukul-mukul kéré. 3 mengelepakkan (*o's arms*). —*kki.* 1 terkepak-kepak. *The shade flapped in the wind* Kéré itu terkepak-kepak kena angin. 2 mengelepak.

flapjack /'flæp'jæk/ *kb.* panekuk, sm serabai.

flapper /'flæpər/ *kb. Inf.:* seorang gadis modérn jaman 1920-an.

flappy /'flæpie/ *ks.* yg mengepak-ngepak. *f. hat* topi yg terkulai-kulai.

flare /flær/ *kb.* 1 cerawat, nyala api, suar. 2 bagian yg melébar (*of a skirt or dress*). —*kki.* 1 menyala. *The torches flared* Obor-obor menyala. 2 mengembang. *The skirts flared* Rok-rok mengembang. **to f. up** 1 menjulang. *The flame flared up* Nyala api menjulang. 2 panas hati, menjadi marah. *I flared up when I heard that* Panas hati saya ketika saya

mendengar itu. **flare-up** *kb.* 1 kemarahan, pertengkaran sengit. 2 golak-gejolak (*of a struggle*).
flared *skirt* rok layang.
flash /flæsy/ *kb.* 1 cahaya. *f. of lightning* cahaya kilat, halilintar. *f. of joy* kegembiraan sekilas. 2 kilasan. *flashes of wit* kilasan-kilasan akal. *news f.* berita singkat. **in a f.** dlm sekejap mata, secepat kilat. **a f. in the pan** kegiatan penuh gembar-gembor yg kemudian gagal. —*kkt.* 1 menyiarkan. *to f. the news* menyiarkan berita. 2 memberikan, mengirim. *to f. signals* mengirim dgn cahaya isyarat. 3 menyorotkan. *F. your light over here* Sorotkan séntermu kesini. *to f. a pistol in s.o's face* menodongkan pistol ke muka s.s.o. —*kki.* menyala. *The beacon flashes every 10 seconds* Mercusuar menyala setiap 10 detik. *I say the first thing that flashes across my mind* Saya mengatakan apa yg pertama-tama terlintas dlm pikiranku. *The car flashed by* Mobil meluncur dgn cepatnya. **to f. on** 1 menyalakan. *When I entered the room, I flashed the light on* Ketika saya masuk kamar saya menyalakan lampu. 2 menyoroti, menerangi. *to f. a light on s.o.* menyoroti s.s.o. dgn lampu. **f. flood** air bah yg datang sekonyong-konyong. **f. point** titik nyala (api). —**flashing** *ks.* sebentar-sebentar menyala. *f. lights* cahaya kelap-kelip.
flashback /'flæsy'bæk/ *kb.* sorot balik.
flashbulb /'flæsy'bʌlb/ *kb.* balon/bolah lampu potrét.
flashcard /'flæsy'kard/ *kb.* kartu pengingat, kartu yg diperlihatkan sekilas.
flashlight /'flæsy'lait/ *kb.* lampu sénter. *f. battery* batu sénter/baterai.
flashy /'flæsyie/ *ks.* (serba)menyolok, menyilaukan. *f. tie* dasi yg menyolok.
flask /flæsk/ *kb.* botol, labu (di laboratorium kimia).
flat /flæt/ *kb.* 1 flat, rumah petak bertingkat. 2 tapak, telapak. *He hit me with the f. of his hand* Dipukulnya saya dgn tapak tangannya. 3 ban yg kempés. *I believe I have a f.* Saya kira ban saya kempés/gembos. —**flats** *j.* sepatu bertumit rata. —*ks.* 1 datar. *f. land* tanah datar. 2 rata. *He has f. feet* Telapak kakinya rata. *Her voice is f.* Suaranya rata/datar. *a f. rate of 30 cents a shirt* ongkos rata-rata 30 sén utk setiap keméja. *f. as a pancake* rata sbg panekuk. 3 cépér. *This pancake is too f.* Panekuk ini terlalu cépér. 4 kempis, kempés. *We had a f. tire* Ban kami kempis. 5 mentah-mentah. *to give a f. refusal to an offer* menolak tawaran mentah-mentah. *Symphony in C Flat* Simfoni dlm C mineur/rèndah. 1 hambar, tawar. *This food tastes f.* Makanan ini rasanya hambar. 2 tepat, persis. *in ten seconds f.* dlm sepuluh detik tepat. 3 sama sekali. *I'm f. broke* Dompétku kosong sama sekali. *to lie f. on the ground* tertelentang, menelentang, berbaring rata di tanah. *f. on o's back* terbaring. **to fall f.** gagal sama sekali. *The program fell f.* Rencana itu gagal sama sekali. *to fall f. on o's face* jatuh tersungkur/meniarap, tertelungkup. 2 gagal sama sekali. —*kki. Mus.*: berbunyi setengah nada, menjadi rata. **flat-footed** *ks.* berkaki yg tapaknya datar, yg bertapak datar. *We were caught f. by...* Kami benar-benar tak menduga adanya .... **flat-nosed** *ks.* berhidung pésék. **f. silver** séndok-garpu (dari) pérak. —**flatly** *kk.* 1 bulat-bulat, dgn mutlak. *He f. denied all the charges* Semua tuduhan disangkalnya bulat-bulat/mentah-mentah. 2 sama-sekali, secara tegas.
flatcar /'flæt'kar/ *kb.* gerobak datar.
flatfoot /'flæt'fut/ *kb. Sl.*: polisi.
flatiron /'flæt'airn/ *kb.* seterika.

flatland /'flæt'lænd/ *kb.* tanah datar, dataran.
flatten /'flætən/ *kkt.* 1 meratakan, memaparkan. *The hurricane flattened the town* Topan meratakan kota itu. 2 memésékkan (*a nose*). 3 meluruskan. *to f. (out) a bent nail* meluruskan paku béngkok. *to f. o.s. against a wall* merapatkan diri ke dinding.
flatter /'flætər/ *kkt.* 1 merayu. *You f. me when you say ...* Kau merayu saya kalau kamu berkata... 2 mengagumkan, menyanjung, memuji. *That picture flatters her* Gambar itu lebih cantik dari dia. *He tries to f. me* Ia berusaha menyanjungku. *She flatters herself into thinking...* Ia menyenangkan dirinya dgn anggapan... *Don't f. yourself!* Jangan mempunyai anggapan yg terlalu tinggi ttg dirimu sendiri! *I feel flattered by his offer* Saya merasa diriku tersanjung oléh tawarannya itu. —**flattering** *ks.* memuji-muji, menyanjung-nyanjung. *Those remarks were very f.* Ucapan-ucapan itu sangat bersifat memuji-muji.
flatterer /'flætərər/ *kb.* pemuji, penyanjung, perayu.
flattery /'flætərie/ *kb.* (*j.* **-ries**) bujukan yg berlebih-lebihan, puji-pujian yg sifatnya menjilat, rayuan, sanjungan. *F. will get you nowhere* Memuji-muji dgn maksud menjilat tak akan berhasil.
flattop /'flæt'tap/ *kb. Nau: Inf.*: kapal induk.
flatulence /'flæcələns/ *kb.* gas dlm perut/usus.
flatulent /'flæcələnt/ *ks.* mengandung/membentuk gas dlm perut.
flatus /'fleitəs/ *kb.* kentut.
flatware /'flæt'wær/ *kb.* 1 piring-piring cépér. 2 séndok garpu dan pisau terbikin dari atau berlapis pérak.
flatwork /'flæt'wərk/ *kb.* bahan-bahan kain/lénan (handuk, sarung bantal dsb) yg tak begitu perlu diseterika sesudah dicuci.
flaunt /flɔnt/ *kkt.* melagak, menjual tampang, memamérkan. *to f. o's wealth* melagakkan kekayaannya.
flautist /'flawtist/ *kb.* pemain suling logam.
flavor /'fleivər/ *kb.* 1 rasa, seléra. *f. of candy* rasa gula-gula. 2 bau. *f. of onions* bau bawang. 3 ciri rasa. —*kkt.* membumbui, memberi bumbu. —**flavoring** *kb.* perencah. *vanilla f.* perencah panili.
flavorless /'fleivərləs/ *ks.* tanpa rasa, hambar.
flaw /flɔ/ *kb.* 1 cacat, kerusakan (*in garments, china, etc.*). 2 kekurangan.
flawed /flɔd/ *ks.* bercacat. *f. diamond* intan yg bercacat.
flawless /'flɔləs/ *ks.* sempurna, mulus, tanpa cacat. *f. record* angka-angka yg sempurna.
flax /flæks/ *kb.* rami (halus), batang lénan.
flaxen /'flæksən/ *ks.* terbuat dari rami, berwarna kuning muda. **flaxen-haired** *ks.* rambut yg berwarna spt jerami.
flay /flei/ *kkt.* 1 menguliti (*skin, hide*). 2 mengecam. *to be flayed by the critics* dikecam habis-habisan oléh para kritikus/pengulas.
flea /flie/ *kb.* kutu (pd héwan). **flea-bitten** *ks.* digigit kutu (anjing, kuda dsb). *f. market* pasar loak/rombéngan.
fleabite /'flie'bait/ *kb.* bekas gigitan kutu anjing dsb.
fleck /flek/ *kb.* bintik-bintik (pd kulit).
fled /fled/ lih FLEE.
fledgling /'flejling/ *kb.* calon, seorang yg masih muda dan blm berpengalaman. *f. pilot* calon penerbang.
flee /flie/ *kkt.* (**fled**) melarikan diri. *to f. the town* melarikan diri dari kota itu. —*kki.* 1 melarikan diri. *to f. from a house* melarikan diri dari rumah. 2

mengambil langkah seribu. *The burglar fled when she screamed* Pencuri itu mengambil langkah seribu ketika wanita itu berteriak. 3 (meng)hilang, lenyap. *The shadows f. as day breaks* Bayangan lenyap ketika fajar menyingsing. 4 lari. *to f. for o's life* lari menyelamatkan diri.

fleece /flies/ *kb.* bulu domba. —*kkt.* 1 memotong/ mencukur bulu domba. 2 merampas, menipu.

fleecy /'fliesie/ *ks.* 1 dilapisi dgn atau terdiri dari lapisan wol. 2 putih dan lembut. *f. clouds* awan putih dan lembut.

fleet /fliet/ *kb.* 1 *Nau.*: armada. 2 konvoi, iring-iringan. *f. of trucks* konvoi truk-truk. —*ks.* tangkas, cekatan, cepat. **f. admiral** laksamana tertinggi.

fleet-footed *ks.* tangkas, cepat-kaki. —*kki. Time is fleeting* Waktu berlalu cepat. —**fleeting** *ks.* yg berlalu (cepat). *to pay a f. visit* mengadakan kunjungan kilat/singkat.

flesh /flesy/ *kb.* daging. *It cut right through the flesh* Itu menyayat terus kedlm daging. *f. of fruit* daging buah. *my own f. and blood* darah dagingku. *o's own f. and blood* keluarga yg ada hubungan darah. *to go the way of all f.* meninggal jugalah spt manusia-manusia lainnya. **to put on f.** bertambah gemuk. *to make o's f. creep* menakutkan/mengejutkan s.s.o. *to be neither f., fowl, nor good red herring* tak tentu corak atau jenisnya. *The f. is weak* Jasmaniah kita lemah. **in the f.** orangnya sendiri. —*kkt.* **to f. out** meluaskan, menyempurnakan. **flesh-colored** *ks.* berwarna spt daging. **flesh-eating** *ks.* yg makan daging. **f. wound** luka énténg.

flew /fluw/ lih FLY.

flex /fleks/ *kkt.* melenturkan. *to f. o's muscles* menegangkan otot-ototnya.

flexibility /'fleksə'bilətie/ *kb.* sifat melentur.

flexible /'fleksəbəl/ *ks.* 1 lunak, lemas, mudah dilentur. 2 bisa ditukar-tukar, mudah disesuaikan. *My hours are f.* Jam saya bisa ditukar-tukar.

flick /flik/ *kb.* 1 ceklikan. *f. of the switch* ceklikan tombol listerik. *He did it with a f. of the wrist* Dia kerjakan itu dgn sangat mudah. 2 *Sl.*: pilem. —*kkt.* 1 menjentik(kan). *to f. a bug from o's leg* menjentik kutu dari kakinya. *to f. a cigarette onto the ground* menjentikkan rokok ke tanah. 2 mengibaskan. *to f. wet towels at e.o.* saling mengibaskan handuk basah satu sama lain. **to f. off** memadamkan (*light*).

flicker /'flikər/ *kb.* 1 kerdipan, kelap-kelip, kedipan. *f. of a lamp* kelip lampu. 2 kejapan. *f. of an eyelash* kejapan mata. —*kki.* 1 berkelip-kelip. *The lamp flickered* Lampu itu berkelip-kelip. 2 berkerlip, berkerlap. *Shadows f. on the wall* Bayang-bayangan berkerlip di dinding. 3 berkedip. *Her eyelid flickered* Kelopak matanya berkedip. —**flickering** *kb.* kerlap-kerlip.

flier /'flaiər/ *kb.* = FLYER. *Inf.*: *to take a f. in politics* mengadu untung dlm politik. *to take a f. in stocks* berspékulasi dlm pembeliaṇ saham-saham.

flies /flaiz/ lih FLY.

flight /flait/ *kb.* 1 penerbangan. *the f. to Rome* penerbangan ke Roma. *trial f.* penerbangan percobaan. 2 terbangnya. *f. of a bird* terbangnya burung. 3 tingkat. *The apartment is the next f. up* Flat itu terletak di lantai atas berikutnya. 4 lari(nya). *f. of the escapees* larinya orang-orang yg lolos. *The enemy troops were in f.* Pasukan musuh melarikan diri. 5 pengaliran. *f. of gold abroad* mengalirnya emas keluar negeri. *to indulge in flights of fancy* mengelamun. **to put to f.** menghalau, mengusir. **to take (to) f.** melarikan diri, lari cepat-cepat. **f. crew**

awak kapal-terbang. **f. deck** 1 landasan pesawat terbang diatas kapal induk. 2 ruang pesawat terbang yg digunakan oléh pilot, co-pilot dsb. **f. engineer** ahli mesin pesawat terbang. **f. formation** iring-iringan/barisan pesawat-pesawat terbang yg teratur, formasi terbang. **f. of stairs/ steps** tangga. *to fall down two flights of stairs* jatuh sepanjang dua tangga.

flightiness /'flaitienəs/ *kb.* tingkahlaku yg tak karuan, kesembronoan.

flighty /'flaitie/ *ks.* bertingkah, bertingkahlaku tak karuan.

flimflam /'flim'flæm/ *kkt.* (**flimflammed**) menipu.

flimsy /'flimzie/ *kb.* 1 sm kertas tipis yg digunakan oléh wartawan. 2 naskah berita diatas kertas yg tipis. —*ks.* 1 tipis, sangat halus. *f. dress* rok/pakaian wanita yg tipis sekali. 2 yg bukan-bukan, lemah. *f. excuse* alasan yg bukan-bukan.

flinch /flinc/ *kki.* 1 menyéntak. *She flinched when the doctor pricked her finger* Ia menyéntak ketika dokter mcnusuk jarinya. 2 mengingkari, meninggalkan, menarik/menjauhkan diri. *to f. from o's duty* mengingkari tugasnya, menjauhkan diri dari tugasnya.

fling /fling/ *kb.* masa bébas, blm punya tanggung jawab. **to have /take a f. at** mencoba. *He wanted to have a f. at acting* Ia hendak mencoba bermain sandiwara. *to take a f. at any job* mencoba-coba setiap pekerjaan. —*kkt.* 1 melémparkan, menghempaskan. *to f. o.s. down on the bed* melémparkan diri keatas tempat tidur. 2 menjebloskan. *He was flung into jail* Ia dijebloskan kedlm penjara. *She flung her arms around his neck* Dirangkulnya léhér lelaki itu. *Don't f. yourself at the man* Jangan menyerah begitu saja kpd lelaki itu. —*kki.* lari dgn cepat. *She flung out of the room* Ia lari keluar kamar. **to f. s.t. away** membuang/melantingkan s.s.t. **to f. down** menghempaskan. **to f. out** 1 merentangkan. *to f. out o's arms* merentangkan lengan dgn cepat. 2 mencaci-maki (*at the government*).

flint /flint/ *kb.* batu api/gérétan.

flip /flip/ *kb.* terjun, sambil memutar badan. *back f.* terjun/loncatan dgn memutar badan, lompatan punggung. *f. of the tail* kibasan ékor. *f. side of a record* bagian lain dari piringan hitam. —*kkt.* (**flipped**) 1 melémparkan. *to f. peanut shells at e.o.* saling berlémparan kulit kacang. 2 menjentikkan. *to f. a coin to see who plays first* mengundi dgn uang logam utk menentukan siapa yg main dahulu. 3 memadamkan, memutar mati (*a switch*). 4 membalik. *to f. the pages of a book* membalik halaman-halaman buku. *Sl.*: *to f. o's lid/stack/top* menjadi sangat marah. —*kki. Sl.*: memberontak, memprotés. *He flipped when he was told to stay home* Ia memberontak ketika dikatakan spy tinggal di rumah. **to f. over** terbalik. *The car flipped over* Mobil itu terbalik. **flip-flop** *kb.* 1 main salto. 2 perubahan (mutlak). *kki.* (**flip-flopped**) merubah (pendapat), berbalik. **flip-top box** peti dgn tutupnya yg melonjak (kalau dibuka).

flippancy /'flipənsie/ *kb.* (*j.* **-cies**) kesembronoan dlm berbicara.

flippant /'flipənt/ *ks.* 1 sembrono. *f. reply* jawaban yg sembrono. 2 pandai ngomong, bermulut usil.

flipper /'flipər/ *kb.* 1 sirip (ikan paus, anjing laut). 2 sayap (*of penguin*).

flirt /flərt/ *kb.* orang yg genit. —*kki.* 1 main-main, bercumbu-cumbuan. 2 mereka-reka. *to f. with the idea of* bermain/mereka-reka (dgn) gagasan.

to f. with death bermain-main dgn maut. —**flirting** *kb.* bercumbu-cumbuan.

flirtation /flər'teisyən/ *kb.* asyik-ma'syuk, berpacaran, (ber)main-main, cumbu-cumbuan.

flirtatious /flər'teisyəs/ *ks.* genit.

flit /flit/ *kb.* **F.** Flit. —*kki.* (**flitted**) 1 berganti-ganti. *She flits from one thing to another* Dia selalu berganti/ melompat dari satu hal ke hal lain. *An idea flitted through her mind* Suatu gagasan terlintas dlm pikirannya. 2 terbang. *Butterflies f. from flower to flower* Kupu-kupu terbang dari bunga ke bunga. 3 melintasi, melayang dgn cepat. *The clouds flitted across the sky* Awan-gemawan melintasi angkasa. **f. gun** alat penyemprot obat (pembunuh) serangga.

flivver /'flivər/ *kb. Sl.*: mobil kecil yg harganya murah dan tdk baru lagi.

float /flowt/ *kb,* 1 pengapung, pelampung. *Tie the boat to the f.* Tambatkanlah kapal pd pengapung. 2 kendaraan berhias (dlm pawai). —*kkt.* 1 mengadakan. *to f. a loan* mengadakan pinjaman. *to f. a bond issue* mengédarkan surat berharga. 2 mengapungkan, mengangkat. *to f. a sunken vessel* mengapungkan kapal yg tenggelam. —*kki.* 1 terapung, mengapung. *The boat was floating in the lake* Perahu itu terapung di danau itu. *The wood floated down the river* Kayu itu hanyut terapung-apung di sungai. *Ice floats on water* És mengapung dlm air. *A corpse floated to the surface* Bangkai/Mayat mengapung ke permukaan air. 2 berapung-apung. *He likes to f.* Ia suka berapung-apung. 3 (*of the dollar*) mengambang, melayang. *Clouds floated 'in the sky* Awangemawan mengambang di langit. 4 hanyut. *The boat floated out to sea* Perahu itu hanyut ke laut. 5 tersebar. *A rumor was floating around town that...* Kabar angin tersiar dari mulut ke mulut di kota bhw.... **to f. off** hanyut. —**floating** *kb.* pengambangan (*of money*). —*ks.* mengambang, mengapung. *f. bridge* jembatan ponton. *f. dock* dok terapung. *f. kidney* ginjal yg salah letaknya. *f. population* penduduk yg sering pindah-pindah. *f. rib* tulang rusuk yg melayang.

floater /'flowtər/ *kb.* 1 *Inf.*: orang yg sering bergantiganti kerja. 2 polis asuransi yg meliputi segolongan barang-barang spt perabot rumah tangga.

flock /flak/ *kb.* 1 kawan. *a f. of sheep* sekawan domba. 2 jemaah. *pastor and his f.* pastur dgn anggotaanggota jemaahnya. —*kki.* berkumpul. *Birds of a feather f. together* Orang-orang yg mempunyai persamaan dlm suatu hal biasanya berkumpul bersama. **to f. around** berkerumun. **to f. in** berkumpul, berkerumun. **to come flocking** datang berduyun-duyun. *People come flocking to see him perform* Orang-orang datang berduyun-duyun utk menyaksikannya mengadakan pertunjukan.

floe /flow/ *kb.* gumpalan és yg terapung, kepingan dari bidang és yg terapung.

flog /flag, flɔg/ *kkt.* (**flogged**) mencemeti, mencambuk dgn cemeti, mendera. *Sl.*: *to f. a dead horse* mencari jejak didlm air. —**flogging** *kb.* dera, pukulan-pukulan. .

flood /flʌd/ *kb.* banjir, air bah (*of tears, letters, etc.*). —*kkt.* 1 membanjiri. *The floor was flooded when the tank burst* Lantainya kebanjiran ketika téng itu pecah. *to be flooded with requests* kebanjiran permintaan-permintaan. 2 mengaliri. *Don't f. the carburetor* Karburator jangan sampai kebanjiran. 3 mengairi/ menggenangi. *to f. the rice field* mengairi sawah. —*kki.* 1 meluap. *That river floods each rainy season* Sungai itu selalu meluap setiap musim hujan.

2 membanjir. *The engine flooded* Bénsin mesin itu membanjir. **f. control** 1 pengawasan/pengendalian banjir. 2 batas yg kalau dilampaui oléh air berarti batas banjir. **flood-stricken** *ks.* dilanda banjir. **f. tide** pasang naik. —**flooding** *kb.* kebanjiran, membanjirnya, penggenangan.

floodgate /'flʌd'geit/ *kb.* pintu air.

floodlight /'flʌd'lait/ *kb.* lampu sorot. —*kkt.* (**floodlighted** atau **floodlit**) menyinari dgn lampu sorot. —**floodlit** *ks.* yg disinari dgn/oléh lampu sorot.

floor /flowr/ *kb.* 1 lantai. 2 tingkat. *the fourth f.* tingkat/lantai keempat. *ground f.* tingkat pertama. 3 dasar. *ocean f.* dasar laut. 4 mimbar pidato. *f. of the Senate* mimbar pidato di DPR A.S. **to ask for the f.** minta kesempatan berbicara. **to have the f.** hak utk berbicara dlm suatu badan. *He has the f.* Ia sedang berbicara. *to take the f.* maju utk berbicara. —*kkt.* 1 melantai, memapani. *to f. a house* melantai sebuah rumah. 2 *Inf.*: merubuhkan/ menjatuhkan. *to f. o's opponent* merubuhkan lawannya. 3 *Inf.*: membingungkan. *I was floored by her remark* Saya menjadi bingung karena tegurannya. **f. lamp** lampu berdiri. **f. leader** ketua fraksi. **floor-length** *ks.* sampai ke lantai. **f. manager** yg berkuasa di tingkat tertentu di toko. **f. plan** rencana dénah. **f. show** acara hiburan di klab malam. **f. space** luas/lébar lantai. —**flooring** *kb.* bahan utk lantai.

floorboard /'flowr'bowrd/ *kb.* lantai sebuah mobil, terutama di tempat (ruang) sopir.

floormat /'flowr'mæt/ *kb.* tikar, babut.

floorwalker /'flowr'wɔkər/ *kb.* pegawai di toko besar yg mengawasi penjualan di suatu tingkat.

floozie, floozy /'fluwzie/ *kb.* (*j.* -**zies**) *Sl.*: 1 perempuan sundal. 2 gadis atau wanita yg tdk cerdas dan tak menarik.

flop /flap/ *kb. Inf.*: kegagalan. *The movie is a f.* Pilem itu gagal. —*kki.* (**flopped**) *Inf.*: 1 gagal. *His business flopped* Usaha dagangnya gagal. 2 menggeletak. *to f. down on the bed* menggeletak diatas tempat tidur.

floppy /'flapie/ *ks.* yg terkelapai, yg (berat) terkulai. *f. hat* topi yg terkelapai.

flora /'flowrə/ *kb.* 1 tumbuh-tumbuhan pd suatu daérah atau waktu tertentu. 2 buku tumbuhtumbuhan.

floral /'flowrəl/ *ks.* yg berh. dgn bunga. *f. arrangement* susunan bunga. *f. wreath* karangan bunga.

floriculture /'flowrə'kʌlcər/ *kb.* pemeliharaan bunga.

florid /flarid, 'flɔrid/ *ks.* 1 kemérah-mérahan. *f. complexion* wajah kemérah-mérahan. 2 penuh hiasan. *f. speech* pidato yg penuh hiasan, pidato yg penuh bunga bahasa.

florist /'flowrist/ *kb.* tukang/penanam bunga. *Which is the best f.?* Toko/Penjual bunga mana yg terbaik?

floss /flas, flɔs/ *kb.* 1 benang/serat sutera yg péndék. 2 serat yg halus spt sutera.

flossy /'flasie, 'flɔ-/ *ks.* mentéréng. *Her dress was too f. for the occasion* Bajunya terlalu mentéréng utk keramaian itu.

flotilla /flow'tilə/ *kb.* armada kecil.

flotsam /'flatsəm/ *kb.* reruntuh muatan kapal karam yg terapung-apung di laut. *f. and jetsam* reruntuh kapal serta barang-barang muatannya yg terapung-apung di laut.

flounce /flawns/ *kb.* lipatan (rok) —*kki.* menyéntakan, menggelepakkan badan karena marah. *to f. out of the room in a rage* keluar dari kamar dgn perasaan amat marah.

flouncy /'flawnsie/ *ks.* berkelepak, berkelepai (*dress*).

flounder /'flawndər/ *kb.* sm ikan laut yg gépéng. —*kki.* menggelepar. *to f. in the floodwaters* menggelepar-gelepar didlm air bah. *to f. in the dark* tertegun-tegun didlm kegelapan.

flour /'flawər/ *kb.* tepung. *f. mill* paberik/gilingan tepung. *wheat f.* tepung terigu. *f. bin* tempat/peti tepung.

flourish /'flərisy/ *kb.* tulisan hiasan. *to sign o's name with a f.* menulis(kan) tandatangannya dgn banyak hiasan. —*kkt.* melambaikan (*a ticket*). —*kki.* tumbuh dgn subur. *After the war, the paper flourished* Sesudah perang surat kabar itu tumbuh dgn subur. —**flourishing** *ks.* maju, berjalan baik. *His auto business is f.* Perusahaan mobilnya berjalan baik.

flout /flawt/ *kkt.* mencemoohkan. *to f. a father's admonitions* mencemoohkan teguran seorang ayah.

flow /flow/ *kb.* 1 aliran. *the stream's f.* aliran air. *f. of electric current* aliran tenaga/kekuatan listrik. 2 arus. *f. of money* arus uang. *f. of the tide* arus air pasang. *steady f. of visitors* arus pengunjung secara terus-menerus. 3 iring-iringan, arus. *The f. of traffic is heavy* Iring-iringan lalu lintas ramai benar. —*kki.* 1 mengalir. *A river flows through town* Sungai mengalir melalui kota. *That river flows into the sea* Sungai itu mengalir ke laut. *The blood flows through the veins* Darah mengalir melalui pembuluh darah. 2 melambai. *The scarf flowed in the breeze* Syal/Seléndang itu melambai-lambai kena angin. 3 membanjir. *The mob flowed down the street* Gerombolan orang-orang membanjir melalui jalan. *The drinks flowed at the party* Minuman-minuman itu membanjir di pésta itu. **to f. away** mengalir lalu menghilang. **to f. out** mengalir keluar. **f. chart/sheet** kartu (pencatatan) keluar masuknya barang-barang. —**flowing** *ks.* yg berjela-jela, yg menggantung longgar. *f. robe* jubah yg berjela-jela. *land f. with milk and honey* daérah yg penuh dgn makanan dan minuman.

flower /'flawər/ *kb.* bunga, kembang. *a bunch of flowers* seikat/sekelompok bunga. *wild flowers* bunga-bunga liar. **in f.** sedang berbunga. —*kki.* berbunga. *f. bed* petakan bunga. *f. box* bak/peti bunga. *f. girl* a) gadis kecil pengapit anak-dara, semandan. b) gadis penjual bunga. *f. shop* kedai bunga. —**flowered** *ks.* yg dihias dgn bunga. *f. rug* babut/permadani berhias gambar bunga. —**flowering** *ks.* berbunga. *f. plant* tumbuh-tumbuhan yg sedang berbunga.

flowerpot /'flawər'pat/ *kb.* pot bunga.

flowery /'flawərie/ *ks.* 1 penuh dgn bunga. 2 muluk-muluk. *f. speech* pidato dgn bahasa yg muluk-muluk, pidato yg penuh bunga bahasa.

flown /flown/ *kki.* lih FLY.

flu /fluw/ *kb.* inpelénsa, inplinsa, influénza.

flub /flʌb/ *kkt.* (**flubbed**) gagal. *to f. an exam* gagal dlm ujian. *to f. a ball* gagal menangkap bola.

fluctuate /'flʌkcueit/ *kki.* turun naik, berubah-ubah, lonjak-anjlog. *His grades f.* Angkanya turun naik.

fluctuation /'flʌkcu'eisyən/ *kb.* fluktuasi, turun naik. *f. in prices* ketidaktetapan dlm harga.

flue /fluw/ *kb.* jalan asap, corong/pipa asap.

fluency /'fluwənsie/ *kb.* kepasihan, kelancaran.

fluent /'fluwənt/ *ks.* pasih, lancar. *He is f. in English* Ia pasih berbahasa Inggeris. —**fluently** *kk.* dgn lancar, dgn pasih. *He speaks Indonesian f.* Bahasa Indonésianya lancar.

fluff /flʌf/ *kb.* 1 bulu-bulu yg ringan, péndék dan halus/lunak spt kapas. 2 *Sl.:* kesalahan dlm mem-

baca atau berbicara (sandiwara). —*kkt.* membuat kesalahan dlm bacaan atau berbicara.

fluffy /'flʌfie/ *ks.* spt benang rambut halus, halus. *f. kitten* anak kucing yg berbulu halus dan lunak spt busa.

fluid /fluid/ *kb.* 1 zat cair dan gas, cairan dan gas. *Water is a f.* Air adalah zat cair. 2 nafta (*for a lighter*). *The transmission needs more f.* Persnélingnya perlu oli lagi. —*ks.* berubah-ubah, tak tetap. *The political situation is f.* Suasana politik berubah-ubah/taktetap. **f. drive** sistim kopling yg menggunakan minyak. **f. mechanics** ilmu mékanika zat cair dan gas. **f. ounce** takaran zat cair (*16 f. ounces = 1 pint*).

fluidity /fluw'idətie/ *kb.* ketidakstabilan, kemudahan mengalir, keadaan cair.

fluke /fluwk/ *kb. Inf.:* 1 kebetulan, yg menguntungkan. 2 *Nau.:* ujung sauh. 3 sm ikan gépéng. 4 sej. cacing pipih/pita.

flume /fluwm/ *kb.* saluran air, jurang sempit yg dilalui air.

flung /flʌng/ lih FLING.

flunk /flʌngk/ *kkt. Inf.:* menggagalkan, menjatuhkan. *to f. half the class* menjatuhkan separoh dari kelas itu. *to f. a test* jatuh/gagal dlm ujian. —*kki.* jatuh dlm ujian. **to f. out** jatuh dlm ujian. *to f. out of college* dikeluarkan dari perguruan tinggi karena gagal dlm pelajaran.

flunk(e)y /'flʌngkie/ *kb.* (*j.* **-kies**) 1 bujang, pelayan pria. 2 penjilat.

fluorescent /'fluwə'resənt/ *ks.* berpendar, berpijar. *f. lamp/light* lampu berpendar, lampu néon/TL, lampu pijar.

fluoridation /'flurə'deisyən/ *kb.* hal pemberian/pembubuhan fluor kpd air minum.

fluoroscope /'fluraskowp/ *kb.* fluoroskop

flurry /'flərie/ *kb.* (*j.* **-ries**) 1 kesibukan/keributan yg tiba-tiba, kebingungan. 2 hujan/salju yg tiba-tiba. *snow flurries* hujan salju yg tiba-tiba. —*kkt.* (**flurried**) membingungkan. *She became flurried* Dia menjadi bingung.

flush /flʌsy/ *kb.* 1 gejolak, gelora. *in the f. of victory* dlm gejolak kemenangan. 2 semangat, kesegaran. *in the f. of youth* dlm semangat masa muda. 3 cahaya kemérah-mérahan. —*ks.* 1 pemurah, royal. *f. in tipping* pemurah dlm memberi persén. *to be f. with money* berkecukupan, beruang banyak, kebanjiran uang. 2 sama rata/tinggi. *That table is f. with the neighboring one* Méja itu sama rata dgn méja yg didekatnya. —*kk.* tepat. *The ball caught me f. on the forehead* Bola itu tepat mengenai dahi saya. —*kkt.* 1 mendirus, menyiram, membilas. *to f. the toilet* mendirus kakus. 2 menyiram. *to f. the drain* menyiram selokan. *to f. away the gasoline in the street* membersihkan bénsin yg ada di jalan. 3 *Inf.:* menghalau. *to f. a rabbit in the woods* menghalau seékor kelinci di hutan. —*kki.* menjadi mérah. *She flushed when...* Mukanya mérah ketika.... *My face feels flushed* Muka saya terasa menjadi mérah. —**flushing** *kb.* pembilasan (*of drain, toilet*).

fluster /'flʌstər/ *kkt.* membingungkan. *to become flustered* menjadi bingung.

flute /fluwt/ *kb.* 1 *Mus.:* suling, seruling (logam). 2 *Arch.:* galur.

fluted 'fluwtid/ *ks.* yg bergalur. *f. column* tiang yg bergalur.

flutist /'fluwtist/ *kb.* pemain suling logam.

flutter /'flʌtər/ *kb.* 1 kibaran (*of a flag*). 2 kegugupan, kebingungan. *the f. of excitement* kegugupan karena girang. 3 kegemparan. *to cause a f.* menimbulkan kegemparan. 4 debar, denyut (*of the heart*). —*kkt.*

1 mengedip-ngedipkan. *to f. o's eyelids* mengedip-ngedipkan kelopak matanya. 2 mengipas-ngipaskan. *to f. its wings* mengipas-ngipaskan sayapnya. —*kki.* 1 berkibar. *The flags f. in the breeze* Bendéra-bendéra berkibar kena angin. 2 berjela-jela (*of a kite*).

flux /flʌks/ *kb.* 1 perubahan yg terus-menerus. *to be in a state of f.* dlm keadaan yg terus berubah. 2 pengaliran darah atau air dari dlm tubuh.

fly /flai/ *kb.* 1 lalat. *f. in the ointment* kekurangan, rintangan. *to die like flies* mati bergelimpangan. 2 golbi, tutup luar (*of trousers*). 3 *Fish.*: mata pancing yg berumpan spt serangga terbang. **on the f.** masih di udara. —*kkt.* (**flew, flown**) 1 menerbangkan. *to f. the Atlantic* terbang melintasi Atlantik. *to f. the beam* terbang menurut gelombang radio. *Letters are flown to New York* Surat-surat diterbangkan ke New York. *She was flown to Chicago* Ia dibawa ke Chicago dgn pesawat terbang. 2 mengemudikan (*a plane*). 3 mengibarkan (*a flag*). *to f. baby chicks* mengirimkan anak-anak ayam dgn kapal terbang. —*kki.* 1 terbang. *Birds f.* Burung terbang. *A pilot must f. long hours sometimes* Kadang-kadang pilot hrs terbang berjam-jam lamanya. 2 berkibar. *The flag flies over the building* Bendéra berkibar diatas gedung itu. 3 berjalan cepat. *Time flies* Betapa cepat waktu berjalan. **to f. around** lari-lari kesana-kemari. **to f. at** menyerang, menyerbu. *The two cats flew at e.o.* Kedua kucing itu saling menyerang. **to f. away** terbang. *The hawk flew away* Burung elang itu terbang menghilang. **to f. back** melenting kembali. *The branch flew back and hit him in the face* Cabang itu melenting kembali dan mengenai mukanya. **to f. by** melalui. **to f. down** lari cepat-cepat. *to f. down the track* lari cepat-cepat di ban itu. **to f. in the face of** menentang. *to f. in the face of accepted behavior* menentang kelakuan yg sdh umum. **to f. into pieces** pecah berserakan. **to f. off** terbang kabur. *The birds flew off* Burung-burung itu terbang kabur. *The door flew open* Pintu itu terbuka membanting. **f.-by-night concern** perusahaan yg tak dpt dipercaya. —**flying** *kb.* naik kapal terbang. *ks.* terbang. *f. field* lapangan terbang. *f. colors* gilang gemilang. *He came through the exam with f. colors* Ia lulus ujian dgn gilang gemilang. *f. fish* ikan belalang. *f. fox* keluang, kalong. *f. machine* pesawat terbang. *f. saucer* piring terbang. *good f. weather* cuaca yg baik utk terbang. *f. visit* kunjungan singkat. *to get off to a f. start* memulai dgn baik sekali.

flycatcher /'flai'kæcər/ *kb.* burung penangkap serangga.

flyer /'flaiər/ *kb.* 1 pilot, penerbang. 2 *Inf.*: percobaan. *I once took a f. at insurance* Saya pernah mencoba bekerja dlm bidang asuransi. 3 *Inf.*: pamflét.

flyleaf /'flai'lief/ *kb.* halaman buku paling depan yg tak tercétak.

flypaper /'flai'peipər/ *kb.* kertas pelekat/perekat utk menangkap lalat.

flyspeck /'flai'spek/ *kb.* tahi lalat.

flyswatter /'flai'swatər/ *kb.* pemukul lalat.

flyweight /'flai'weit/ *kb. Box.*: kelas terbang.

flywheel /'flai'hwiel/ *kb.* rodagaya, rodaberat, roda gendeng.

FM, F.M. /'ef'em/ [*frequency modulation*] modulasi frékwénsi.

fn. [*footnote*] catatan dibawah halaman buku.

foal /fowl/ *kb.* anak kuda. —*kki.* beranak (kuda).

foam /fowm/ *kb.* 1 busa (*from the mouth*). 2 buih, busa (*of beer*). —*kki.* 1 berbusa. *to f. at the mouth* berbusa di mulut. *Inf.*: *He foamed at the mouth* Dia marah sekali. 2 berbuih. *The water foamed over the rocks* Air berbuih meléwati batu-batu. *to f. with rage* marah meluap-luap. **f. rubber** karét busa.

foamy /'fowmie/ *ks.* berbuih, berbusa (spt bir, sabun dsb).

f.o.b., F.O.B. /'ef'ow'bie/ [*free on board*] harga sampai diatas alat pengangkutan. *to buy a car F.O.B.* membeli oto dgn harga sampai diatas tempat pengangkutan.

focus /'fowkəs/ *kb.* 1 titik api. *in f.* sdh terang, jelas. *out of f.* kabur, tak jelas, penyetélan lénsa tak tepat. 2 pusat. *the f. of attention* pusat perhatian. 3 *Med.*: sarang (*of infection*). —*kkt.* 1 memusatkan. *All eyes were focused on her* Semua mata diarahkan kepadanya. 2 menyetél lénsa. *to f. the camera* menyetél lénsa alat potrét. —*kki.* melihat dgn jelas. *to have difficulty focusing* mendapat kesulitan dlm melihat dgn jelas.

fodder /'fadər/ *kb.* makanan héwan/ternak.

foe /fow/ *kb.* musuh, lawan.

foetal /'fietəl/ = FETAL.

foetus /'fietəs/ = FETUS.

fog /fag, fɔg/ *kb.* kabut. *f. bank* dinding kabut. —*kkt.* (**fogged**) mengaburkan. **to f. over/up** menutup dgn kabut. *The windshield was fogged over by the heavy dew* Kaca depan mobil itu tertutup oléh embun yg tebal. **f. light** lampu (kuning) utk menembus kabut.

fogbound /'fag'bawnd, 'fɔg-/ *ks.* terhalang oléh kabut.

fogey /'fowgie/ *kb.* = FOGY.

foggy /'fagie, 'fɔ-/ *ks.* berkabut. *It's f. outside* Diluar kabut tebal. *I haven't the foggiest idea what time it is* Saya sedikitpun tak tahu jam berapa sekarang ini.

foghorn /'fag'hɔrn, 'fɔg-/ *kb.* peluit kabut.

fogy /'fowgie/ *kb.* (*j.* **-gies**) orang yg sangat kolot.

foible /'foibəl/ *kb.* kelemahan, kekurangan.

foil /foil/ *kb.* 1 kertas pérak/timah. 2 *Sport*: pedang utk main anggar. —*kkt.* menggagalkan. *to f. an attempt* menggagalkan usaha.

foist /foist/ *kkt.* 1 menyelinapkan, menyisipkan tanpa diketahui. 2 menipu, mengibuli.

fold /fowld/ *kb.* lipatan. —*kkt.* 1 melipat. *Do not f.* Jangan lipat. *F. your napkin* Lipatlah serbétmu. 2 membungkus. *to f. the pills in a paper* membungkus pél itu dlm kertas. **to f. o's arms** bersilang tangan. —*kki.* tutup, gulung tikar. *The magazine recently folded* Majalah itu baru-baru ini gulung tikar. **to f. back** membalik. *to f. back the bedcovers* membalik kain-kain seperai. *to f. down the bed* memasang tempat tidur. **to f. in** mengaduk. *to f. in o's arms* memeluk. **to f. up** 1 melipat. 2 gulung tikar, tutup. **foldaway** *ks.* lipatan, yg dpt dilipat. *table with f.-away legs* méja berkaki lipatan. —**folding** *ks.* lipat(an), yg dpt dilipat. *f. chair* kursi lipat. *f. cot* pélbét. *f. doors* pintu lipat. *Inf.*: *f. money* uang kertas.

folder /'fowldər/ *kb.* 1 map, berkas. 2 brosur. *travel f.* brosur pariwisata.

foliage /'fowlieij/ *kb.* daun-daunan.

folio /'fowlieow/ *kb.* folio.

folk /fowk/ *kb.* rakyat, bangsa. *They are my kind of f.* Meréka itu orang-orang sejenis saya. *How do you do, folks?* Apa kabar, saudara-saudara? *Inf.*: **folks** *j.* 1 sanak saudara, pamili. 2 orang-orang. *These folks want to be waited on* Orang-orang ini minta spy dilayani. **f. art** seni rakyat. **f. dance** tari-tarian rakyat. **f. dancer** penari tari-tarian rakyat. **f.**

etymology étimologi populér. **f. music** musik rakyat. **f. singer** penyanyi lagu-lagu rakyat. **f. song** lagu rakyat. **f. tales** dongéng-dongéng rakyat.

folklore /'fowk'lowr/ *kb.* dongéng-dongéng, ceritera-ceritera, cerita rakyat.

folksy /'fowksie/ *ks. Inf.*: ramah-ramah, sederhana.

follicle /'faləkəl/ *kb.* kantung (rambut).

follow /'falow/ *kkt.* 1 mengikuti. *F. the road for-two miles* Ikuti jalan itu sepanjang dua mil. *to f. s.o. about* mengikuti s.s.o. kemana saja. 2 menuruti. *I don't f. you* Saya tdk mengerti pembicaraanmu. *to f. his example* mencontoh padanya. *to f. o's nose* berjalan terus saja. *to f. the sea* menjadi pelaut. —*kki.* 1 terjadi, terdapat. *What followed after the explosion?* Apa terjadi stlh ledakan itu? 2 menyusul. *to f. close behind s.o.* menyusul dekat dibelakang s.s.o. 3 mengikuti. *to f. in his father's footsteps* mengikuti jejak ayahnya. 4 menyusul. *You go first, I'll f.* Kau pergi dulu; saya akan menyusul. **to f. out** melaksanakan hingga akhir. **to f. through** 1 melaksanakan, meneruskan. *Be sure to f. through on his suggestion* Hrs diperhatikan spy saran-sarannya dilaksanakan. 2 melanjutkan. **to f. up** melaksanakan, mengikuti dari dekat. *to f. up o's original plan* melaksanakan terus rencananya yg semula. *to f. up an advantage* memperbesar manfaat dari suatu keuntungan. *to f. up on o's advantage* melanjutkan/memanfaatkan kemajuan yg sdh dicapainya. *to f. up on a problem* terus mengikuti persoalan. **as follows** sbg berikut. *The article goes as follows* Pasal itu berbunyi sbg berikut. **follow-the-leader** *kb.* permainan kanakkanak. **follow-through** *kb.* lanjutan. **follow-up** *kb.* tindakan lanjutan, penyelenggaraan berikutnya. *f.-up care* perawatan kemudian. —**following** *kb.* pengikut-pengikut. *He has a big f.* Ia banyak pengikut-pengikutnya. *ks.* yg berikutnya. *the f. day* hari berikutnya. *F. our letter of ...* Menyusuli surat kami tgl ....

follower /'falowər/ *kb.* pengikut, penyokong.

folly /'falie/ *kb.* (*j.* **-lies**) kebodohan, ketololan, kegoblokan.

foment /fow'ment/ *kkt.* menimbulkan, menggerakkan. *to f. trouble* menimbulkan kekacauan.

fond /fand/ *ks.* sangat cinta. *a f. father* ayah yg sangat mencintai. *It is my fondest hope to take a trip abroad* Pergi melawat keluar negeri adalah harapan yg sangat kuidam-idamkan. **to be f. of** gemar. *He's f. of sports* Ia gemar berolahraga. *She's f. of candy* Ia suka sekali gula-gula. *We are f. of him* Kami suka kepadanya. —**fondly** *kk.* sayang, kasih. *to feel f. towards* sayang kpd. *F. yours, Mary* Cinta mesra, Mary. *to talk f. about* dgn mesra sekali membicarakan, dgn gairah sekali berbicara ttg.

fondle /'fandəl/ *kkt.* memanjakan, menimang.

fondness /'fandnəs/ *kb.* kesukaan, kemesraan, kegandrungan, kegemaran. *a f. for* kegandrungan kpd.

font /fant/ *kb.* 1 bak. 2 *Print.*: fon, satu stél lengkap huruf cétakan yg sama jenis dan ukurannya.

food /fuwd/ *kb.* 1 makanan. *f. and drink* makanan dan minuman. *f. poisoning* keracunan makanan. 2 masakan. *the food at that hotel* masakan di hotél itu. **f. and clothing** sandang pangan. **f. for thought** bahan utk dipikirkan.

foodstuff /'fuwd'stʌf/ *kb.* bahan makanan.

fool /fuwl/ *kb.* 1 goblok, tolol. *He's living in a fool's paradise* Dia berbahagia dgn harapan yg hampa. 2 orang gila. *to play the f.* main gila. **to make a f. of s.o.** memperolok-olokkan s.s.o. —*kkt.* mengela-

bui. —*kki.* berolok-olok. *I was just fooling* Saya hanya berolok-olok saja. **to f. around** bermainmain. *He fools around too much* Ia terlampau banyak bermain-main saja. *He likes to f. around with cars* Ia gemar benar membetul-betulkan mobil. **to f. away** membuang-buang, memboroskan. **to f. with** bermain-main dgn, mempermain-mainkan. *Don't f. with that switch; it's dangerous* Jangan bermain-main dgn sakelar itu; itu berbahaya.

foolhardy /'fuwl'hardie/ *ks.* gila-gilaan, membabibuta.

foolish /'fuwlisy/ *ks.* 1 bodoh, tolol. *He's acting in a f. way* Tindakannya tolol benar. *It made him look f.* Itu membuat dia kelihatan tolol/édan. 2 nékad. *It was f. for you to have passed that car* Nékad benar kamu tadi meliwati mobil itu. —**foolishly** *kk.* dgn tolol. *I f. agreed ...* Bodoh benar saya menyetujui....

foolishness /'fuwlisynəs/ *kb.* ketololan, kedunguan, kegoblokan.

foolproof /'fuwl'pruwf/ *ks.* sangat mudah dan aman sehingga seorang tololpun dpt menjalankannya/memakainya.

foolscap /'fuwlz'kæp/ *kb.* kertas folio.

foot /fut/ *kb.* (*j.* **feet**) 1 kaki. *six-f. plank* papan yg panjangnya enam kaki. *at the f. of the class* terendah angkanya di kelas. *to go on f.* berjalan-kaki. *at the f. of the page* dibawah/dikaki halaman. 2 suku. *Some lines of poetry have five feet* Beberapa baris puisi bersuku lima. **on f.** berjalan kaki. **to put o's best f. forward** berusaha membuat kesan sebaik-baiknya. **to put o's f. down** bersikap dan bertindak keras, mengambil tindakan tegas. *Inf.*: **to put o's f. in it** kurang bijaksana. *By what I said I really put my f. in it* Ucapan-ucapan saya tadi itu benarbenar kurang bijaksana. **to set f. in** masuk. **to set f. on** menjejakkan/menginjakkan kaki. **to set on f.** memulai. **under f.** menghalang-halangi, merintangi. —**feet** *j.* kaki. *to drag o's feet* berjalan/bergerak dgn lambat dan ragu-ragu. *to get on o's feet* berdiri sendiri. *On your feet!* Berdirilah! *to keep o's feet* berdiri atau berjalan tegak tanpa jatuh. *to put s.o. on his feet* menolong s.s.o. mendapat pekerjaan. *to sit at o's feet* menjadi murid s.s.o. *to stand on o's own feet* berdiri diatas kaki sendiri. —*kkt.* berjalan kaki. *to f. it to a garage* berjalan kaki ke béngkél. *Inf.*: *to f. the bill* melunaskan pembayaran, membayar rékening. **f. pedal** pedal/pijak-pijak kaki. **foot-and-mouth disease** penyakit kuku dan mulut. **f. brake** rém injak/kaki. **foot-dragging** *fo.* kelambatan, keraguan. *Tenn.*: **f. fault** salah langkah. **f. soldier** prajurit. **f. warmer** alat pemanas kaki. —**footing** *kb.* pijakan, tempat berpijak. *to lose o's f.* terpelését, tergelincir. *on an equal f.* diatas dasar yg sama dgn orang-orang lain. *on a friendly f.* dlm hubungan persahabatan. *to miss o's f.* tergelincir, terserandung. *to obtain a f.* mendapat kedudukan.

footage /'futij/ *kb.* panjangnya, ukuran panjang.

football /'fut'bɔl/ *kb.* football.

footbridge /'fut'brij/ *kb.* titian.

footgear /'fut'gir/ *kb.* alas kaki.

foothill /'fut'hil/ *kb.* bukit di kaki gunung.

foothold /'fut'howld/ *kb.* tumpuan, tempat berpijak, kedudukan. *to get a f. in business* mendapat kedudukan dlm dunia usaha.

footlights /'fut'laits/ *kb., j.* lampu yg menyoroti para pemain.

footlocker /'fut'lakər/ *kb.* kopor besi.

footloose /'fut'luws/ *kb.* bébas utk pergi kemanamana atau mengerjakan apapun.

footman /'futmən/ *kb.* (*j.* **-men**) pelayan laki-laki, bujang.
footnote /'fut'nowt/ *kb.* catatan dibawah halaman buku/majalah.
footpath /'fut'pæth/ *kb.* jalan kecil/setapak.
footprint /'fut'print/ *kb.* bekas jejak kaki.
footrest /'fut'rest/ *kb.* ganjal/penunjang kaki.
footsie /'futsie/ *kb. Sl.*: 1 bercumbu-cumbuan secara diam-diam. *to play f. beneath the table* bercumbu-cumbuan dibawah méja. 2 *Sl.*: bekerjasama (secara rahasia diam-diam).
footsore /'fut'sowr/ *ks.* sakit kaki.
footstep /'fut'step/ *kb.* langkah (kaki).
footstool /'fut'stuwl/ *kb.* ganjal/penunjang kaki.
footwear /'fut'wær/ *kb.* alas kaki.
footwork /'fut'wərk/ *kb.* cara mengatur kaki.
fop /fap/ *kb.* pesolék.
foppish /'fapisy/ *ks.* yg berh. dgn pesolék. *He has f. manners* Dia bergaya pesolék.
for /fɔr; tanpa tekanan fər/ *kd.* 1 untuk. *I'm working for him* Saya bekerja utk dia. *What do you want f. dinner?* Mau makan apa utk makan malam? *to use candles f. light* menggunakan lilin utk penerangan. *to write f. a newspaper* menulis utk surat kabar. *You're the man f. the job* Kaulah yg cocok utk pekerjaan itu. *Put me down f. a contribution* Catatlah nama saya utk iuran/sumbangan. *I haven't seen him f. some time* Saya (sdh) tdk melihat dia utk beberapa lamanya. *to make a name f. o.s.* membuat nama baik, membuat nama utk dirinya. *I have news f. you!* Saya ada kabar untukmu! 2 bagi. *Is smoking bad for you?* Apakah merokok buruk bagimu? *fit f. a king* layak bagi seorang raja. *as f. me ...* bagi saya.... 3 selama. *f. two hours* selama dua jam. 4 atas. *Thank you f. the book* Terima kasih atas buku itu. 5 karena. *He was chosen f. his ability* Ia dipilih karena kecakapannya. *to feel all the better f. it* merasa lebih senang karenanya. *He was jailed f. breaking into a house* Ia dipenjarakan karena membongkar dan mencuri. *I can't go f. any number of reasons* Saya tak dpt pergi, karena beberapa alasan. *But f. him, I might have been killed* Kalau tdk karena dia saya mungkin terbunuh. 6 ke. *You change here f....* Kau pindah keréta disini ke... *to take the train f.* Buffalo menaiki keréta-api menuju ke Buffalo. 7 terhadap. *his feelings f. you* perasaannya terhadapmu. 8 supaya, agar. *to arrange f. the books to be shipped* mengatur spy buku-buku itu dikirim. 9 jika. *It would be a disgrace f. you to...* Kau akan mendapat nama buruk, jika kau.... 10 demi. *to translate word f. word* menterjemahkan kata demi kata. **f. the sake of** demi kepentingan. *f. the sake of my uncle* demi kepentingan pamanku. *f. my sake* demi kepentinganku. **::** *I'm all f. it* Saya setuju. *It is not f. us to blame her* Tdk selayaknya kita menyalahkan dia. *to jump f. joy* melompat kegirangan. *f. heaven's sake* masya'allah. *I'm f. honest elections* Aku menghendaki pemilihan-pemilihan yg jujur. *See f. yourself* Lihatlah sendiri. *F. one enemy he has many friends* Musuhnya satu, tetapi kawannya banyak. *to go f. a swim* pergi berenang. *She's gone f. the groceries* Ia sedang ke toko pangan. *I feel a bit worse f. wear* Saya merasa sedikit kurang énak karena lelah. *It is not f. me to decide* Bukan saya yg hrs/dpt memutuskannya. *f. two miles* sepanjang dua mil. *Oh, f. a vacation* Ah, alangkah senangnya kalau saya dpt berlibur. *f. years* bertahun-tahun. **f. a long time** lama, dlm waktu yg lama, dlm jangka waktu yg panjang. *He's been gone f. a long time* Ia sdh lama pergi. *He's a good man, f. all that* Sekalipun begitu, ia adalah orang baik. **—ksamb.** karena. *I can't go, f. I*

don't know you Saya tak dpt pergi karena saya tak kenal padamu. **f. sale** akan dijual.
for. [*foreign*] asing, luar negeri.
forage /'fɔrij, 'fa-/ *kb.* makanan héwan/ternak. *f. crops* tanaman makanan ternak. **—kki.** pergi kesana-kemari mencari makanan.
foray /'fɔrei, 'fa-/ *kb.* penggerebekan utk perampasan, perampokan, penggarongan.
forbad(e) /fər'bæd/ lih FORBID.
forbear /fɔr'bær/ *kki.* (**forbore, forborne**) menahan diri, mengélak, bersabar hati. *He forbore from joining us* Ia mengélak pergi bersama kami. **—forbearing** *ks.* sabar, suka menahan hati/nafsu.
forbearance /fɔr'bærəns/ *kb.* kesabaran, penahanan (napsu).
forbid /fər'bid, fɔr-/ *kkt.* (**forbad(e), forbid(den)**) melarang. *Smoking forbidden* Dilarang merokok. *They are forbidden to use that door* Meréka dilarang memakai pintu itu. *I f. you to enter* Saya melarang kamu masuk. *I f. it* Saya melarangnya. *Heaven f.!* Astaga! *God f. that I should ever have to do that* Semoga Tuhan melindungi saya berbuat hal yg demikian itu. **—forbidden** *ks.* yg terlarang. *f. fruit* buah yg terlarang. **—forbidding** *ks.* yg menakutkan. *He has a f. look* Wajahnya menakutkan.
forbore /fɔr'bowr/ lih FORBEAR.
forborne /fɔr'bowrn/ lih FORBEAR.
force /fowrs/ *kb.* 1 kekuatan. *f. of the wind* kekuatan angin. *Certain forces are at work in the world* Ada kekuatan-kekuatan tertentu yg sedang giat di dunia ini. *He possesses great f. of character* Dia berwatak amat kuat. 2 tenaga. *labor f.* angkatan/tenaga kerja. 3 angkatan. *Air F.* Angkatan Udara. *Allied Forces* Angkatan Perang Sekutu. *police f.* angkatan kepolisian. 4 gaya. *f. of gravity* gaya berat. *the office f.* para pekerja kantor. *He did it from f. of habit* Ia berbuat demikian karena kebiasaan. **to be in f.** berlaku. **by f. of** dgn pertolongan, karena. *by f. of arms* dgn kekerasan senjata. *to come/put into f.* mulai berlaku. **in full f.** 1 dgn seluruh kekuatan. 2 dgn senjata lengkap. *to resort to f.* terpaksa beralih memakai kekerasan. *to yield to f.* mengalah/menyerah kalah karena kekuatan lawan. *to be out in full f.* merajaléla. **—kkt.** memaksa. *I don't wish to f. you* Tak mau saya memaksamu. *to f. a smile* memaksakan tersenyum. *The country was forced to capitulate* Negeri itu dipaksa menyerah. *We are forced to conclude that...* Kami terpaksa mengambil kesimpulan bhw .... **to f. back** memaksa mundur. *to f. a window open* mendobrak jendéla spy terbuka, membuka jendéla secara paksa. **to force-feed** memaksa menelan, mencékoki, memberi makan dgn paksa. **f. majeure** sebab/diluar kahar. **—forced** *ks.* 1 terpaksa. *I feel f. to do what I can* Saya merasa terpaksa berbuat sedapat-dapatnya. 2 dibuat-buat, dibikin-bikin. *f. smile* senyum yg dibuat-buat. *f. labor* kerja paksa. *f. landing* pendaratan darurat. *f. march* baris paksa.
forceful /'fowrsfəl/ *ks.* kuat. *f. leader* pemimpin yg kuat.
forceps /'fowrsəps/ *kb.* gunting tang (dipakai di kedokteran).
forcible /'fowrsəbəl/ *ks.* dgn memakai kekerasan secara paksa.
ford /fowrd/ *kb.* arungan. **—kki.** mengarungi/menyeberangi (*a river*).
fore /fowr/ *kb.* bagian depan. **to the f.** kedepan. *He came to the f. as a leader* Dia tampil kedepan sbg pemimpin. **—ks.** depan, muka. *in the f. part of the building* di bagian depan gedung itu. *the f. body of*

the ship haluan kapal. *f. and aft* haluan dan buritan.

forearm /'fowr'arm/ *kb.* lengan bawah. *Forewarned is forearmed* Diberitahu sebelumnya berarti siap.

forebear /'fowr'bær/ *kb.* nénék moyang.

forebode /fowr'bowd/ *kkt.* meramalkan, memberi pertanda. **—foreboding** *kb.* ramalan, persangkaan, firasat. *I had a f. that ...* Saya mempunyai firasat bhw.... Saya berperasaan bhw....

forecast /'fowr'kæst/ *kb.* ramalan. *weather f.* ramalan cuaca. **—kkt.** meramalkan. *to f. a victory for* meramalkan kemenangan bagi. **—forecasting** *kb.* (pe)ramalan.

forecaster /'fowr'kæstər/ *kb.* peramal cuaca, tukang ramal.

forecastle /'fowr'kæsəl, 'fowksəl/ *kb.* bangunan atas yg dimuka (pd kapal).

foreclose /fowr'klowz/ *kki.* menyita, menutup, mencabut hak utk menebus hutang.

foreclosure /fowr'klowzyər/ *kb.* penutupan, penyitaan. *f. on the property* penutupan menebus harta, pencabutan hak menebus harta.

foredoom /fowr'duwm/ *kkt.* mentakdirkan sebelumnya. *Our plan was foredoomed to failure* Rencana kami tlh ditakdirkan akan mengalami kegagalan.

forefather /'fowr'faTHər/ *kb.* nénék moyang.

forefinger /'fowr'finggər/ *kb.* (jari) telunjuk.

forefront /'fowr'frʌnt/ *kb.* front/garis terdepan. *to stand in the f.* berdiri di garis terdepan.

forego /fowr'gow/ (**forewent, foregone**). = FORGO. **—foregone** *ks.* yg dulu-dulu, yg terdahulu. *f. conclusion* keputusan yg sdh terdahulu, hal/kejadian yg diketahui sebelumnya, akibat yg tak dpt diélakkan. **—foregoing** *ks.* yg terlebih dahulu. *the f. paragraph* ayat yg terlebih dahulu.

foregone /fowr'gɔn/ lih FOREGO.

foreground /'fowr'grawnd/ *kb.* bagian (ter)depan, latar depan. *The man in the f. is my father* Laki-laki di bagian depan itu ayahku.

forehand /'fowr'hænd/ *kb. Tenn.:* pukulan forhén.

forehead /'fɔrid, 'fowr'hed/ *kb.* dahi.

foreign /'farən, 'fɔ-/ *ks.* 1 luar negeri. *f. affairs* urusan-urusan luar negeri. *f. aid* bantuan luar negeri. *f. correspondent* wartawan luar negeri. *f. minister* menteri luar negeri. *f. ministry/office* kementerian/départemén luar negeri. *f. secretary* menteri luar negeri. *F. Service* Dinas Urusan Luar Negeri (A.S.). 2 asing, yg datang dari luar. *f. language* bahasa asing. *f. country* negeri asing. *I have some f. matter in my eye* Mata saya kemasukan benda asing. *His attitude is completely f. to me* Sikapnya sama sekali asing buat saya. **foreign-born** *ks.* keturunan asing. *He has a f.-born wife* Isterinya keturunan asing. **f. exchange** dévisen, dévisa. **foreign-made** *ks.* bikinan luar negeri.

foreigner /'farənər, 'fɔ-/ *kb.* orang asing.

foreleg /'fowr'leg/ *kb.* kaki-depan.

forelock /'fowr'lak/ *kb.* gombak. *to take time by the f.* merencanakan/bersiap-siap sebelumnya, mengerjakan dlm waktu yg cukup.

foreman /'fowrmən/ *kb.* (*j.* **-men**) mandor, kepala tukang, wérekbas.

foremost /'fowr'mowst/ *ks.* terkemuka, terutama, terpenting. *the country's f. statesman* negarawan yg paling terkemuka di negeri itu.

forenoon /'fowr'nuwn/ *kb.* pagi hari, sblm tengah hari.

forensic /fə'rensik/ *ks.* yg berh. dgn kehakiman dan peradilan. *f. medicine* jurisprudensi kedokteran.

forerunner /'fowr'rʌnər/ *kb.* 1 pelopor. 2 pratanda.

A dark cloud may be the f. of a storm Awan hitam mungkin pratanda hujan.

foresaw /fowr'sɔ/ lih FORESEE.

foresee /fowr'sie/ *kkt.* (**foresaw, foreseen**) meramalkan (*the difficulties*).

foreseeable /fowr'sieəbəl/ *ks.* yg dpt diduga, yg dpt diketahui dari sekarang. *I don't expect to go in the f. future* Saya tdk mengharapkan akan pergi dlm waktu mendatang yg dpt diduga.

foreseen /fowr'sien/ lih FORESEE.

foreshadow /fowr'syædow/ *kkt.* memberi pertanda, membayangkan.

foresight /'fowr'sait/ *kb.* tinjauan ke masa depan.

foreskin /'fowr'skin/ *kb.* kulup, kulit khatan.

forest /'farist, 'fɔ-/ *kb.* hutan, rimba. *f. fire* kebakaran hutan. *f. ranger* polisi kehutanan.

forestall /fowr'stɔl/ *kkt.* mencegah.

forester /'farəstər, 'fɔ-/ *kb.* rimbawan.

forestry /'farəstrie, 'fɔ-/ *kb.* ilmu kehutanan.

foretaste /'fowr'teist/ *kb.* rasa pendahuluan.

foretell /fowr'tel/ *kkt.* (**foretold**) meramalkan.

forethought /'fowr'thɔt/ *kb.* 1 pemikiran sebelumnya. 2 pemikiran ke masa depan.

foretold /fowr'towld/ lih FORETELL.

forever /fər'evər/ *kk.* selalu, selama-lamanya, senantiasa. *f. and ever* utk selama-lamanya.

forevermore /fər'evər'mowr/ *kk.* utk selama-lamanya.

forewarn /fowr'wɔrn/ *kkt.* memperingati terlebih dahulu.

forewent /fowr'went/ lih FOREGO.

foreword /'fowr'wərd/ *kb.* prakata, prawacana, kata pendahuluan.

forfeit /'fɔrfit/ *kb.* 1 denda, penebusan. 2 kehilangan. **—kkt.** 1 kehilangan. *to f. a friendship* kehilangan persahabatan. 2 mengorbankan. *to f. o's life in a rebellion* mengorbankan nyawanya dlm pemberontakan.

forgave /fər'geiv, fər-/ lih FORGIVE.

forge /fɔrj/ *kb.* tempat bekerja pandai besi. **—kkt.** 1 menempa. *to f. an iron bar* menempa sebatang besi. 2 memalsukan. *to f. o's name on a check* memalsukan namanya pd cék. **to f. ahead** maju sedikit demi sedikit. **—forging** *kb.* tempaan, benda tempa, hasil tempaan, penempaan.

forger /'fɔrjər/ *kb.* 1 pemalsu. 2 pandai besi.

forgery /'fɔrjərie/ *kb.* (*j.* **-ries**) pemalsuan (tandatangan, lukisan, naskah).

forget /fər'get/ *kkt.* (**forgot, forgotten**). lupa, melupakan. *I forgot to bring a pen* Saya lupa membawa péna. *His works won't let his name be forgotten* Karya-karyanya tdk akan membiarkan namanya menjadi terlupakan. **to f. o.s.** mengabaikan kepentingan pribadi. *He forgot himself in his effort to ...* Dia tdk ingat akan dirinya sendiri dlm usahanya.... *F. it!* Lupakanlah itu! **forget-me-not** *kb.* sm tanaman.

forgetful /fər'getfəl/ *ks.* pelupa.

forgetfulness /fər'getfəlnəs/ *kb.* kelalaian.

forgive /fər'giv/ *kkt.* (**forgave, forgiven**) memaafkan, mengampuni. *F. me for being late* Maafkan atas kelambatanku. **—forgiving** *ks.* mudah memberi ma'af. *She's very f.* Dia mudah sekali memberi maaf.

forgiven /fər'givən/ lih FORGIVE

forgiveness /fər'givnəs/ *kb.* keampunan, tindakan memaafkan, kemauan mengampuni.

forgo /fowr'gow/ *kkt.* (**forwent, forgone**) tdk jadi melakukan s.s.t. *She decided to f. the movies and study*

Dia memutuskan utk tdk (lagi) menonton film, melainkan belajar. = FOREGO.
forgone /fowr'gɔn/ lih FORGO.
forgot /fɔr'gat/ lih FORGET.
forgotten /fɔr'gatən/ lih FORGET.
fork /fɔrk/ *kb.* 1 garpu. 2 percabangan menjadi dua, cabang, pertigaan. 3 anak sungai. —*kki.* bercabang menjadi dua. *Sl.*: **to f. out/over/up** menyerahkan, membayar. *to f. over the money* menyerahkan uang itu. *to f. out $10 for repairs* membayar 10 dolar bagi perbaikan-perbaikan. **f. lift** mesin pengangkat barang. —**forked** *ks.* yg bercabang dua.
forkful /'fɔrkful/ *kb.* segarpu penuh, sepenuh garpu.
forlorn /fowr'lɔrn/ *ks.* sedih. *f. hope* harapan yg sangat tipis akan berhasil.
form /fɔrm/ *kb.* 1 bentuk. *What is the f. of the inquiry?* Bagaimana bentuk pemeriksaan itu? *"Are" is a plural f.* "Are" itu bentuk jamak. *to take on another f.* memperoléh bentuk lain. 2 formulir, surat isian. *to fill out a f.* mengisi formulir. 3 kondisi. *That runner is in good f. today* Pelari itu dlm kondisi baik hari ini. **bad f.** cara yg buruk. *It's bad f. to ...* Tidaklah pantas utk.... *It is not good f. to ....* Tdk patutlah utk.... *It's a matter of f.* Adalah suatu formalitas. —*kkt.* 1 membentuk. *to f. a club* membentuk kelompok. 2 merupakan. *Physical training forms part of army routine* Latihan jasmani merupakan bagian dari kegiatan sehari-hari dlm ketentaraan. *A dozen ministers f. the cabinet* Selusin menteri merupakan kabinét. 3 memperoléh. *to f. a good opinion of s.o.* memperoléh pendapat yg baik mengenai s.s.o. *F. yourselves into two groups* Berbagilah hingga menjadi dua kelompok. *to f. a line* berbaris, berjéjér, antré. *to f. a government* menjadikan/mengadakan/membentuk pemerintahan. *to f. themselves into a committee* menyusun dirinya menjadi sebuah panitia. —*kki.* terbentuk. *Ice often forms on a windshield* Sering terbentuk és pd kaca depan mobil. **f. letter** surat selebaran/édaran. **f. of address** tutursapa, bentuk/cara berbicara/menegor pd orang lain.
formal /'fɔrməl/ *kb.* rok wanita utk malam, gaun malam. —*ks.* 1 resmi, formil. *f. call* kunjungan resmi. *to pay a f. call on* mengadakan kunjungan resmi kpd. *f. application* lamaran resmi. 2 kaku. *She's a most f. person* Ia s.o. yg amat kaku tatakelakuannya. 3 mengenai bentuknya. *f. analysis* analisa mengenai bentuknya. —**formally** *kk.* dgn resmi. *to receive f.* menerima dgn/secara resmi.
formaldehyde /fɔr'mældəhaid/ *kb.* formaldehida.
formalism /'fɔrməlizəm/ *kb.* formalisme.
formality /fɔr'mælətie/ *kb.* (*j.* -**ties**) 1 formalita(s), sikap yg kaku. *His f. frightened everyone* Sikapnya yg kaku membikin takut setiap orang. 2 upacara, acara resmi. *After the formalities were completed ...* Sesudah upacara-upacara selesai....
formalize /'fɔrməlaiz/ *kkt.* menyusun, membentuk, merumuskan. *to f. o's thoughts* menyusun pikirannya.
format /'fɔrmæt/ *kb.* 1 format, ukuran. *a book's f.* format buku. 2 pola, susunan, bentuk. *What is the f. of the TV show?* Bagaimana pola pertunjukan TV itu?
formation /fɔr'meisyən/ *kb.* 1 pembentukan. *f. of a new group* pembentukan kelompok baru. 2 *Mil.*: formasi. 3 bentukan, formasi. *igneous f.* formasi batuan-beku. *f. of ice on the window* terjadinya/terbentuknya és di jendéla.
formative /'fɔrmətiv/ *ks.* yg berh. dgn pertumbuh-

an atau perkembangan. *the f. years* tahun-tahun pertumbuhan.
former /'fɔrmər/ *ks.* 1 yg terlebih dahulu, yg tadi. *I prefer the f. fabric* Saya lebih menyukai kain yg terlebih dahulu. 2 bekas, eks-, ex-. *my f. employer* bekas majikanku. *f. students* bekas mahasiswa/pelajar. *in f. times* pd zaman dahulu, dlm masa yg lampau/silam. *He is a mere shadow of his f. self* Ia tak spt dahulu (lagi) ketika masih jaya. *Of the two methods I prefer the f.* Dari/Diantara kedua cara/métoda itu saya lebih menyukai yg pertama. —**formerly** *kk.* tadinya, dahulu.
formic /'fɔrmik/ *ks.* **f. acid** asam-semut/formiat.
formidable /'fɔrmədəbəl/ *ks.* hébat, berat. *He's a f. opponent* Dia lawan yg hébat.
formula /'fɔrmyələ/ *kb.* (*j.* -**las**, -**lae**) 1 rumus. 2 ucapan salam. 3 resép.
formulate /'fɔrmyəleit/ *kkt.* merumuskan.
formulation /'fɔrmyə'leisyən/ *kb.* perumusan.
fornicate /'fɔrnəkeit/ *kki.* bersetubuh diluar ñikah, berzina.
fornication /'fɔrnə'keisyən/ *kb.* perbuatan zina, persetubuhan diluar nikah.
forsake /fɔr'seik/ *kkt.* (**forsook, forsaken**) meninggalkan, mengabaikan. *to f. home and family* meninggalkan rumah dan keluarga.
forsaken /fɔr'seikən/ lih FORSAKE.
forseeable /fɔr'sieəbəl/ = FORESEEABLE.
forsook /fɔr'suk/ lih FORSAKE.
forswear /fɔr'swær/ *kkt.* (**forswore, forsworn**) bersumpah utk menghentikan. *to f. o.s.* makan sumpah, bersumpah palsu.
forswore /fɔr'swowr/ lih FORSWEAR.
forsworn /fɔr'swowrn/ lih FORSWEAR.
forsythia /fɔr'sithieə/ *kb.* sm bunga.
fort /fowrt/ *kb.* bénténg, kubu pertahanan. *to hold the f.* 1 bertahan. 2 meneruskan.
forte /fowrt/ *kb.* keahlian. *Cooking is his f.* Memasak adalah keahliannya.
forth /fowrth/ *kk.* seterusnya. *from that day f.* dari hari itu seterusnya, mulai dari hari itu. **to come f.** maju, tampil kedepan. **to go f.** keluar, pergi. *and so f.* dan sebagainya.
forthcoming /'fowrth'kʌming/ *ks.* 1 yg datang. *No compliment was f.* Tak ada pujian yg datang. 2 yg akan datang. *f. election* pemilihan yg akan datang.
forthright /'fowrth'rait/ *ks.* jujur, terus-terang, blak-blakan.
forthwith /'fowrth'with/ *kk.* dengan segera.
fortieth /'fɔrtieith/ *ks.* yg keempat puluh. *f. anniversary* ulang tahun keempat puluh.
fortification /'fɔrtəfə'keisyən/ *kb.* kubu (pertahanan).
fortified /'fɔrtəfaid/ lih FORTIFY.
fortifies /'fɔrtəfaiz/ lih FORTIFY.
fortify /'fɔrtəfai/ *kkt.* (**fortified**) membangun bénténg. *to f. a city* membangun bénténg sekeliling kota. *to f. o.s. with coffee* minum kopi guna memperkuat dirinya. —**fortified** *ks.* diperkuat pertahanannya, dibénténgi. *f. area* daérah yg dibénténgi.
fortitude /'fɔrtətyuwd, -tuwd/ *kb.* ketabahan, keuletan.
fortnight /'fowrt'nait/ *kb.* dua minggu. —**fortnightly** *kb., ks., kk.* dua-mingguan, sekali dua minggu.
fortress /'fowrtrəs/ *kb.* bénténg.
fortuitious /fɔr'tuwətəs, -'tyuw-/ *ks.* secara kebetulan saja. *f. encounter* perjumpaan yg kebetulan saja.
fortunate /'fɔrcənit/ *ks.* untung. *f. break* kejadian

yg menguntungkan. *He was f. in securing a good assistant* Dia beruntung mendapatkan pembantu yg baik. *How f.!* Untung sekali! Benar-benar mujur!

fortune /'fɔrcən/ *kb.* 1 untung, nasib baik. *I had the good f.* Saya beruntung. *He tried his f. in Australia* Ia mengadu untung(nya)/nasibnya di Australia. *the fortunes of war* keuntungan-keuntungan peperangan, nasib peruntungan dlm peperangan. *to read/tell s.o's f.* meramalkan nasib s.s.o. 2 kekayaan. *He made his f. in oil* Dia menjadi kaya karena minyak. *to come into a f.* menjadi kaya raya. *Her wedding cost him a f.* Perkawinannya banyak menghabiskan uang.

fortuneteller /'fɔrcən'telər/ *kb.* ahli nujum, tukang tebak/tenung/tilik/ramal.

forty /'fɔrtie/ *kb.* (*j.* **-ties**) empat puluh. *She's in her forties* Ia berusia empatpuluhan. *He's in his late forties* Ia mendekati usia limapuluh tahun. *the Forties (1940–1949)* Tahun empatpuluhan. *Inf.:* *f. winks* tidur sebentar. **forty-five** *kb.* 1 empat puluh lima. 2 repolper kaliber 45. 3 *Mus.:* piringan hitam putaran 45.

fortyish /'fɔrtieisy/ *ks.* sekitar 40-an tahun.

forum /'fowrəm/ *kb.* 1 musyawarah, majelis. 2 mimbar. 3 para pendengar.

forward /'fɔrwərd/ *kb. Soc.:* pemain depan. —*ks.* 1 muka, depan. *f. section* bagian muka. *The crew's quarters are f.* Tempat awak kapal itu terletak di bagian depan kapal. 2 progrésip. *f. movement* gerakan yg progrésip. *f. motion* gerakan maju. 3 lancang. *f. child* anak yg bijak, anak yg lancang mulut. —*kk.* **to come/go/step f.** maju/tampil kedepan. *F. march!* Maju, jalan! **to look f. to** menanti-nanti. *The chair is too far f.* Kursi itu terlalu kedepan letaknya. *from that day f.* sejak/mulai hari itu. —*kkt.* menyampaikan, meneruskan, mengirimkan terus (*a letter, suggestion*). **forward-looking** *ks.* memandang kedepan. *f.-looking statesman* negarawan yg berpandangan kedepan. **forwarding** *agent* ékspéditur, kantor ékspédisi.

forwent /fowr'went/ lih FORGO.

fossil /'fasəl/ *kb.* fosil. *He's an old f.* Ia berpaham kolot.

foster /'fɔstər, 'fa-/ *kkt.* membantu perkembangan. *The church fosters a youth group* Geréja itu membantu perkembangan perkumpulan pemuda. *to f. friendship between...* memupuk persahabatan antara.... **f. brother, f. sister** saudara angkat. **f. child** anak pungut/angkat/kukut/piara. **f. daughter** anak angkat, anak piara perempuan. **f. father** bapak angkat. **f. home** rumah anak-anak angkat. **f. mother** ibu angkat. **f. parent** orang tua angkat. **f. son** anak angkat laki-laki.

fought /fɔt/ lih FIGHT.

foul /fawl/ *kb.* 1 kecurangan, pelanggaran. 2 *Sport:* pénalti, hukuman. —*ks.* 1 kotor. *f. air* udara kotor. *f. language* bahasa kotor/keji. *f. deed* perbuatan keji. 2 buruk. *f. weather* cuaca/udara buruk. 3 busuk. *f. odor* bau busuk. 4 curang. *f. play* perbuatan curang. *Box.:* *f. blow* pukulan yg salah, pukulan yg melanggar peraturan. —*kk.* *to run f. of the law* melanggar hukum. —*kkt.* 1 mengotori. *The dog fouled the rug* Anjing itu mengotori permadani itu. 2 mencemarkan. *a reputation fouled by dishonesty* nama baik dicemarkan oléh ketidakjujuran. 3 menyangkutkan. *The line is fouled* Talinya menyangkut. *The boxer fouled his opponent* Petinju itu memukul lawannya di bagian yg terlarang. **to f. out** dikeluarkan dari pertandingan karena terlalu banyak pénalti. *Inf.:* **to f. up** 1 mengacau-balaukan. *to f. up a matter* mengacau-balaukan suatu hal. *He's all fouled up* Dia sdh bingung sama sekali. *We got all fouled up in red tape* Kita tlh terjerat dlm birokrasi. *f. line* garis out/pinggir. **foul-minded** *ks.* berpikiran keji. *You are f.-minded* Pikiranmu sangat buruk. **foul-mouthed** *ks.* suka bicara kotor. *He's a f.-mouthed individual* Dia orang bermulut kotor. *Inf.:* **foul-up** *kb.* kekacauan, kekalutan, kerusuhan. —**fouling** *kb.* pencemaran (lingkaran).

found /fawnd/ *kkt.* mendirikan. *Cornell University was founded in 1865* Universitas Cornell didirikan dlm tahun 1865. *That novel is founded on fact* Roman itu berdasarkan fakta-fakta. lih FIND.

foundation /fawn'deisyən/ *kb.* 1 yayasan. *The Hart F.* Yayasan Hart. 2 pondasi, fondamén (*of a building, etc.*). *f. garment* korsét (wanita). 3 dasar. *the foundations of literature* dasar-dasar kesusasteraan.

founder /'fawndər/ *kb.* 1 pendiri. 2 (*metals*) tukang cor. —*kkt.* 1 tenggelam. *The ship foundered* Kapal itu tenggelam. 2 terperosok. *The horse foundered in the river* Kuda itu terperosok di sungai.

foundling /'fawndling/ *kb.* bayi terlantar, bayi yg diketemukan.

foundry /'fawndrie/ *kb.* (*j.* **-ries**) penuangan, pengecoran logam.

fount /fawnt/ *kb.* sumber.

fountain /'fawntən/ *kb.* 1 air mancur. 2 kran. *drinking f.* kran air-minum. 3 sumber. *He's a f. of information* Dia sumber informasi. **soda f.** tempat penjualan minuman dan éskrim (A.S.). **f. pen** pulpén.

fountainhead /'fawntən'hed/ *kb.* 1 asal, sumber asli. 2 sumber atau mata-air sebuah sungai.

four /fowr/ *empat. on all fours* merangkak. *to come down the stairs f. at a time* turun dgn melangkahi/melampaui anak tangga sekali empat. *the f. corners of the earth* keempat penjuru dunia. **four-engined** *ks.* bermotor empat. *f.-engined jet* pesawat jét bermesin empat. **four-flusher** *kb.* pembual. **four-footed** *ks.* berkaki empat. **4-H** *Club* kumpulan (utk anak-anak) yg giat dlm pembangunan désa, kerja tangan dsb. **four-in-hand** *tie* dasi bersilang. **four-leaf** *clover* semanggi berdaun empat. **four-letter** *word* kata maki-makian yg terdiri dari 4 huruf. **four-star** *ks.* berbintang-empat. *f.-star general* jénderal berbintang-empat. **four-way** *tie* seri dgn tiga kesebelasan lain. **four-wheel** *ks.* berempat roda. *f.-wheel brakes* rém pd keempat roda. *f.-wheel drive* tenaga pd keempat roda, dobel kardan.

fourfold /'fowr'fowld/ *ks.* rangkap empat. *f. path* jalan yg rangkap empat. —*kkt.* empat kali lipat/ganda. *Production has been increased f.* Produksi tlh ditingkatkan empat kali lipat.

fourscore /'fowr'skowr/ *kb.* delapan puluh. *f. and ten* sembilan puluh.

foursome /'fowrsəm/ *kb.* sekelompok yg terdiri dari empat orang (*in golf, bridge*).

foursquare /'fowr'skwær/ *ks.* empat persegi. —*kk.* tegap, kokoh. **to stand f. against** menghadapi keadaan dgn tabah.

fourteen /'fowr'tien/ *kb., ks.* empat belas.

fourteenth /'fowr'tienth/ *ks.* yg keempat belas.

fourth /fowrth/ *ks.* yg keempat. *on the f. of July* pd tanggal empat Juli. **fourth-class** *matter* barang kelas 4 (*of mail*). *the f. estate* golongan wartawan.

fowl /fawl/ *kb.* unggas.

fox /faks/ *kb.* rubah. *He's sly as a f.* Dia secerdik kancil. —*kkt. Inf.:* menipu secara licik. *He foxed me by taking a short cut* Dia menipu saya dgn mengambil jalan péndék/memotong. **f. terrier** sej. anjing. **f. trot** dansa fox trot.

foxhole /'faks'howl/ *kb.* lobang perlindungan.

foxy /'faksie/ *ks.* licik, lihay.

foyer /'foiər/ *kb.* serambi, tempat menunggu.

fr. [*franc*] 1 mata uang Perancis, Bélgia dan Swis. 2 [*from*] dari.

Fr. 1 [*France, French*] Perancis. 2 [*Friday*] Juma'at.

fracas /'freikəs/ *kb.* perkelahian, pertengkaran.

fraction /'fræksyən/ *kb.* 1 pecahan. *His fractions are wrong* Hitungan pecahannya salah. 2 sedikit. *I need a f. more dirt* Saya perlukan tanah sedikit lagi.

fractional /'fræksyənəl/ *ks.* kecil. *a f. part* sebagian kecil.

fractious /'fræksyəs/ *ks.* rongséng, céngéng, suka mengomél. *f. child* anak yg céngéng.

fracture /'frækcər/ *kb.* patah, retak. *f. of the arm* patah tulang lengan. *compound f.* patah riuk/remuk. *to set a f.* memperbaiki/membetulkan patah tulang. —*kkt.* mematahkan. *He fractured his arm* Lengannya patah. *He has a fractured leg* Kakinya patah.

fragile /'fræjəl/ *ks.* gampang/mudah pecah. *F., handle with care* Barang pecah-belah, hati-hati. Awas gelas, hati-hati.

fragility /frə'jilətie/ *kb.* kerapuhan, kelemahan.

fragment /'frægmənt/ *kb.* 1 fragmén. *f. of a poem* fragmén suatu syair. 2 pecahan, penggalan. *glass fragments* pecahan kaca. 3 sedikit-sedikit. *fragments of a telephone conversation* sedikit-sedikit/potongan-potongan/kepingan-kepingan dari pembicaraan télpon. —*kkt.* memotong-motong, membagi menjadi kepingan-kepingan.

fragmentary /'frægmən'terie/ *ks.* tdk lengkap, terpisah-pisah. *The evidence is f.* Bukti itu tdk lengkap.

fragmentation /'frægmən'teisyən/ *kb.* pemecahan menjadi kepingan.

fragrance /'freigrəns/ *kb.* bau wangi, keharuman.

fragrant /'freigrənt/ *ks.* harum, wangi, semerbak.

frail /freil/ *ks.* lemah.

frailty /'freiltie/ *lb.* (*j.* **-ties**) kelemahan (moril).

framb(o)esia /fræm'biezyə/ *kb.* paték.

frame /freim/ *kb.* 1 bingkai. *f. for glasses* bingkai kaca-mata. 2 bingkai, lis (*of a picture*). 3 kerangka (*of a house*). *She has a lovely f.* Dia bagus bentuknya/perawakannya. 4 kosén (*of a window*). 5 badan. *He has a big f.* Badannya besar. *Sobs shook her f.* Isak/Sedu-sedan tangisnya menggetarkan/menggoncangkan tubuhnya. —*kkt.* 1 memasang lis pd (*a picture*). 2 menyusun. *F. your question in simple terms* Susunlah pertanyaanmu dgn kata-kata yg sederhana. 3 *Sl.*: menjebak. *They framed him* Meréka menjebaknya. **f. house** rumah papan kayu. **f. of mind** keadaan méntal. **f. saw** gergaji berbingkai.

frame-up *kb.* tuduhan palsu. —**framing** *kb.* 1 pemasangan (lis). 2 penyusunan, susunan. *f. of a speech* penyusunan pidato.

framer /'freimər/ *kb.* 1 pembuat, penyusun. *f. of the Constitution* pembuat UUD. 2 tukang lis/bingkai.

framework /'freim'wərk/ *kb.* 1 rangka. 2 kerangka.

France /fræns/ *kb.* Negeri Perancis.

franchise 'fræncaiz/ *kb.* 1 (*voting*) hak suara. 2 hak, monopoli.

frangipani /'frænjə'pænie/ *kb.* 1 kemboja. 2 minyak wangi.

frank /fræŋk/ *ks.* jujur, terus-terang. *I'm f. to say* Dgn terus terang saya katakan. —*kkt.* mencap dgn cap pengiriman bébas. —**frankly** *kk.* 1 sebetulnya, sesungguhnya, blak-blakan. *F., I don't*

know Sesungguhnya saya tdk tahu. 2 terus terang saja.

frankfurter /'fræŋk'fərtər/ *kb.* sm sosis dibuat dari daging sapi dan daging babi.

frankness /'fræŋknəs/ *kb.* keterusterangan.

frantic /'fræntik/ *ks.* dlm keadaan takut/kalut, bingung, kegila-gilaan. *That music drives him f.* Musik itu membuat dia kegila-gilaan. *He was f. with joy* Ia mabuk kegirangan. —**frantic(al)ly** *kk.* dgn penuh ketakutan/kekalutan.

fraternal /frə'tərnəl/ *ks.* yg berh. dgn rasa/sifat persaudaraan. *f. feeling* perasaan persaudaraan. *f. order* perkumpulan persaudaraan.

fraternity /frə'tərnətie/ *kb.* (*j.* **-ties**) 1 kelompok persaudaraan. 2 persaudaraan. *f. house* asrama utk sekumpulan mahasiswa yg tergabung dlm satu kelompok.

fraternization /'frætərnə'zeisyən/ *kb.* pergaulan bersahabat.

fraternize /'frætərnaiz/ *kki.* bergaul secara bersahabat. *to f. with the enemy* bergaul dgn musuh.

fratricide /'frætrəsaid/ *kb.* pembunuhan saudara.

fraud /frɔd/ *kb.* 1 penipuan. *to win an election by f.* memenangkan pemilihan dgn jalan menipu. 2 *Inf.*: seorang penipu/gadungan. 3 kecurangan. *f. in the negotiations* kecurangan dlm perundingan. 4 penggelapan.

fraudulent /'frɔjələnt/ *ks.* yg curang. *f. dealings* perbuatan-perbuatan/transaksi-transaksi yg curang. —**fraudulently** *kk.* dgn curang.

fraught /frɔt/ *ks.* penuh dengan. *Such an attack is f. with danger* Serangan demikian itu penuh dgn bahaya.

fray /frei/ *kb.* keributan, kehébohan, percékcokan. *to join in the f.* turut serta dlm keributan itu. *in the thick of the f.* dlm kehébohan yg sehébat-hébatnya. —*kkt.* menjadikan tenang. *My nerves are frayed* Urat syaraf saya menegang. —*kki.* berjumbai. *The material will f.* Bahan ini akan berjerumbai. —**frayed** *ks.* yg berjumbai. *f. suit* pakaian yg berjumbai.

frazzle /'fræzəl/ *kb.* **worn to a f.** amat letih. —*kkt., kki.* merobék-robék. *Tempers were frazzled* Perasaan mudah goncang.

freak /friek/ *kb.* 1 orang sinting. 2 keajaiban. *f. of nature* keajaiban alam. —*ks.* anéh, ganjil. *f. accident* kecelakaan yg anéh.

freakish /'friekisy/ *ks.* anéh, ganjil. *f. clothes* pakaian yg anéh sekali.

freckle /'frekəl/ *kb.* bintik-bintik. —*kki.* mendapat bintik-bintik di muka. *I f. easily* Kulit saya mudah berbintik-bintik. **freckle-faced** *ks.* mempunyai muka yg berbintik-bintik.

free /frie/ *ks.* 1 bébas, merdéka. *f. country* negara merdéka. *f. verse* sanjak bébas. *f. port* pelabuhan bébas. *f. translation* terjemahan secara bébas. *Fortunately, one hand was f.* Untunglah, satu tangan bébas. 2 cuma-cuma, gratis. *f. offer* tawaran cuma-cuma. *Is admission f.?* Apakah masuknya gratis? *f. gift* hadiah/pemberian dgn cuma-cuma. 3 kosong, préi. *f. day* hari libur/préi. *Is this seat f.?* Apakah tempat duduk ini kosong? 4 lancang. *He's too f. with other men's girl friends* Ia terlalu lancang dgn teman wanita orang lain. *f. and clear* bébas (dari beban). *He's f. with his money* Dia royal/pemurah sekali dgn uangnya. **f. and easy** bébas. *He's f. and easy with his time and money* Dia boros dgn waktu dan uangnya. *f. from it all* bébas/terlepas dari itu semuanya. **f. of** bébas dari. *f. of infection* bébas dari inféksi. *f. of dust* bersih dari debu. *f. of responsi-*

bility bébas dari tanggung-jawab. *I'm happy to be f. of her* Saya merasa berbahagia bébas/terlepas dari dia. *f. of duty* bébas béa-cukai. *He's not f. to act* Ia tdk dpt/boléh bertindak dgn leluasa. **to make f. with** menggunakan dgn semau-maunya. *His guest made f. with our car* Tamunya menggunakan mobil kita dgn seénaknya saja. **to set s.o. f.** membébaskan s.s.o. —*kk.* dgn cuma-cuma. *Children under 12 are admitted f.* Anak-anak dibawah umur 12 thn boléh masuk dgn cuma-cuma. —*kkt.* (**freed**) membébaskan, memerdékakan (*slave, prisoner*). *to f. o.s. from s.o's clutches* melepaskan diri dari cengkeraman s.s.o. *to be freed from o's commitments* dibébaskan dari kewajibannya. **f. enterprise** usaha/niaga bébas. **f. fall** terjun bébas. **free-for-all** *kb.* perkelahian umum. *to have a* **f. hand** bébas/leluasa. **f. lance** pengarang, pelukis, wartawan dsb. yg tdk terikat kpd seorang majikan, pekerja bébas. **f.-lance** *ks.* bébas, lepas. *f.-lance journalist* wartawan bébas. *kki.* bekerja/berusaha sendiri. **f. port** pelabuhan bébas. **f. press** pérs merdéka. **f. speech** kemerdékaan berbicara. **free-spender** pemboros, orang yg royal. **free-style** *ks.* gaya-bébas. *f.-style swimming* berenang gaya bébas. **f. trade** perdagangan bébas. **f. will** kemauan bébas. —**freely** *kk.* dgn bébas. *to give f. of o's time* banyak memberikan waktunya. **freed** /fried/ lih FREE.

freedom /'friedəm/ *kb.* kemerdékaan, kebébasan. *f. from want* kebébasan dari kemiskinan. *f. of action* kebébasan utk bertindak. *f. fighter* pejuang kemerdékaan. *f. of the press* kemerdékaan pérs. *f. of the seas* kebébasan di laut lepas. *The prisoner was given his f.* Orang hukuman itu dibébaskan. *f.-loving nations* bangsa-bangsa yg cinta damai.

freehand /'frie'hænd/ *kb.* dibuat dgn tangan saja. *f. drawing* gambar yg dibuat dgn tangan saja, lukisan tangan.

freehanded /'frie'hændid/ *ks.* royal, murah hati, pemurah.

freeloader /'frie'lowdər/ *kb.* orang yg hadir utk makan dan minum dgn cuma-cuma, tukang boncéng.

Freemason /'frie'meisən/ *kb.* vrijmétselaar.

Freemasonry /'frie'meisənrie/ *kb.* vrijmétselarij.

freestone /'frie'stown/ *ks.* biji yg mengelotok/ terkelopak. *f. peach* buah persik yg mengelotok bijinya.

freethinker /'frie'thinkər/ *kb.* orang yg tdk mengakui ajaran agama.

freeway /'frie'wei/ *kb.* jalan-raya-lintas.

freewheeling /'frie'hwieling/ *kb.* keadaan bébas dan tak terhambat. *f. discussion of the current political scene* pembahasan bébas ttg suasana politik déwasa ini.

freeze /friez/ *kb.* 1 udara yg sangat dingin. 2 pembekuan. 3 penyetopan. *f. on salary raises* penyetopan kenaikan-kenaikan gaji. —*kkt.* (**froze, frozen**) membekukan. —*kki.* 1 membeku. *The pipes froze* Pipa membeku. 2 menjadi tak berdaya, ketakutan. *The bird froze at the sight of the snake* Burung itu menjadi tak berdaya ketika melihat ular itu. *I'm freezing* Saya kedinginan. **to f. to death** mati kedinginan. *I'm freezing to death* Saya sangat kedinginan. **to f. on to** memegang erat-erat. *F. on to your money* Simpan baik-baik uangmu. *Inf.:* **to f. out** mendepak (s.s.o.) keluar. **to f. over** membeku. *The pond has frozen over* Kolam itu membeku seluruhnya. —**frozen** *ks.* yg dibekukan. *My feet feel frozen* Kaki saya terasa kaku karena dinginan. *I was f. after the game* Saya merasa kaku kedinginan sesudah per-

mainan itu. *f. assets* aktiva yg dibekukan. *f. radiator* radiator yg membeku (airnya). —**freezing** *kb.* pembekuan. *ks.* sangat dingin. *f. point* titik beku.

freezer /'friezər/ *kb.* 1 pesawat pembeku. *ice cream f.* pesawat pembeku utk membuat éskrim. 2 lemari és.

freight /freit/ *kb.* 1 muatan. 2 pengangkutan. *f. costs* ongkos pengangkutan. *to ship by f.* mengirim dgn keréta-api. *f. car* gerbong barang. *f. train* keréta-api barang.

freighter /'freitər/ *kb.* kapal barang/pengangkut.

French /frenc/ *kb.* 1 orang Perancis. 2 bahasa Perancis. —*ks.* Perancis. *F. book* buku Perancis. *F. beans* kacang pendék. **F. dressing** sm bumbu selada (yg cair sekali). **F. fried potatoes, F. fries** kentang goréng yg diiris panjang-panjang. **to French-fry (French-fried)** menggoréng dgn minyak yg banyak. **F. horn** terompét dari kuningan. **to take F. leave** minggat, bolos. **F. toast** roti yg dimasukkan kedlm susu dan telor, kemudian digoréng dgn sedikit minyak atau mentéga.

Frenchman /'frencmən/ *kb.* (*j.* **-men**). orang Perancis.

frenetic /frə'netik/ *ks.* hingar-bingar.

frenzied /'frenzied/ *ks.* hiruk-pikuk, hingar-bingar. *f. activity* hiruk-pikuk.

frenzy /'frenzie/ *kb.* (*j.* **-zies**) 1 hiruk-pikuk. 2 kegila-gilaan.

frequency /'friekwənsie/ *kb.* (*j.* **-cies**) frékwénsi, kekerapan, jarang-kerapnya, keseringan. *f. modulation* modulasi frékwénsi.

frequent /'friekwənt/ *ks.*; fri'kwent *kkt./ ks.* sering, berkali-kali, acap(kali). *to pay f. visits_to our home* sering mengunjungi rumah kami. —*kkt.* sering mengunjungi, sering-sering pergi ke. *He often frequents gambling halls* Dia seringkali mengunjungi rumah judi. —**frequently** *kk.* sering-sering, sering kali.

frequenter /fri'kwentər/ *kb.* pengunjung yg sering datang.

fresco /'freskow/ *kb.* lukisan dinding.

fresh /fresy/ *ks.* 1 segar. *f. air* udara segar. *f. vegetables* sayur-sayuran yg segar atau yg baru dipungut. *It is still f. in my memory* Itu masih segar dlm ingatan saya. 2 hangat. *The news isn't very f.* Berita itu sdh tdk segar lagi. 3 *Inf.:* kasar, kurangajar. *his f. manner* kelakuannya yg kurang ajar. 4 baru. *to make a f. start* memulai dari hidup baru, mulai lagi dari semula. *f. paragraph* alinéa baru. *f. meat* daging baru. *The cow is f.* Sapi itu baru beranak dan mulai memberi susu. *f. from Broadway* langsung dari Broadway. *to feel f. as a daisy* merasa segar-bugar. —*kk. Inf.:* **f. out** baru habis. *f.-killed meat* daging segar, daging dari pemotongan baru. **fresh-air** *ks.* di lapangan terbuka. *f.-air camp* perkémahan di lapangan terbuka. **f. blood** tenaga baru. **f. breeze** angin silir semilir, angin sejuk segar. **f. cow** lembu perahan. **f. fish** ikan basah. **fresh-water** air tawar. —**freshly** *kk.* baru saja. *f. painted* baru saja dicat.

freshen /'fresyən/ *kkt.* menyegarkan. *to f. up before dinner* merapikan diri sblm makan.

freshman /'fresymən/ *kb.* (*j.* **-men**) prama, pelonco, bayat, mahasiswa tingkat/tahun pertama. *f. girl* prami, pelonci, mahasiswi tingkat/tahun pertama.

freshness /'fresynəs/ *kb.* 1 kesegaran. 2 (*impudence*) kekurangajaran, kekasaran.

fret /fret/ *kb.* resah, cerévét. —*kki.* (**fretted**) réwél. *The child fretted all morning* Anak itu réwél saja sepanjang pagi. *to f. and fume* marah-marah sekali. **f. saw** gergaji pengukir (kayu).

fretful /'fretfəl/ ks. réwél, ceréwét, bertingkah.
fretfulness /'fretfəlnəs/ kb. keréwélan, kebrengsékan, keresahan.
friar /'fraiər/ kb. rahib, biarawan.
friary /'fraiərie/ kb. (j. **-ries**) frateran.
fricassee /'frikəsie/ kb. daging yg diiris halus, disetup lalu diberi saus.
fricative /'frikətiv/ kb. bunyi desah.
friction /'friksyən/ kb. 1 pergéséran, pergésékan. f. tape isolasi ban. 2 (quarrel) perselisihan, percékcokan.
Friday /'fraidie/ kb. (hari) Jum'at.
fridge /frij/ kb. Inf.: peti és.
fried /fraid/ lih FRY.
friend /frend/ kb. 1 teman, kawan, sahabat, sobat. He's a good f. of mine Dia teman baik saya. bosom f. sobat kental, kawan karib. close friends teman akrab. A f. in need is a f. indeed Kawan dlm kesusahan adalah kawan sejati. f. at court teman yg berpengaruh. 2 **F.**=QUAKER. **to be friends** bersahabat, berteman. to be friends with berkawan dgn. **to make friends** mendapat teman, berteman. to make friends with s.o. berteman dgn s.s.o.
friendless /'frendləs/ ks. tak berteman.
friendliness /'frendlienəs/ kb. keramah-tamahan.
friendly /'frendlie/ ks. ramah (tamah). He's a f. person Dia peramah. f. greeting salam yg ramah. f. game pertandingan persahabatan. f. relations hubungan persahabatan. to be f. to e.o. ramah satu sama lainnya. in a f. manner secara persahabatan, dgn ramah.
friendship /'frendsyip/ kb. persahabatan. I did it out of f. Saya melakukannya karena persahabatan.
frier /'fraiər/ = FRYER.
fries /fraiz/ lih FRY.
frieze /friez/ kb. dékorasi atau hiasan yg melintang pd dinding didlm atau diluar rumah/gedung.
frigate /'frigət/ kb. pergat(a).
fright /frait/ kb. ketakutan. to be seized with f. ketakutan. I had a real f. when I heard that noise Saya betul-betul takut ketika mendengar bunyi itu.
frighten /'fraitən/ kkt. menakuti. You don't f. me! Kau jangan takut-takuti saya! —kki. menderita/menjadi takut. Some people f. easily Setengah orang mudah menderita takut. **to f. away** mengusir, menghalau. **to be frightened** menjadi takut, dikejutkan. I was f. to death Saya sangat ketakutan. She is easily f. Ia mudah menjadi takut. Ia mudah ditakuti. —**frightening** ks. yg menakutkan/menakuti.
frightful /'fraitfəl/ ks. 1 mengejutkan. f. racket suara (bunyi) yg mengejutkan. 2 buruk sekali, menakutkan. Conditions there are f. Keadaan disana buruk sekali.
frigid /'frijid/ ks. 1 dingin sekali. 2 berhati dingin (of a woman). F. Zone Daérah yg sangat dingin.
frigidity /frə'jidətie/ kb. hati dingin, ketiadaan nafsu birahi, ketidakacuhan séksuil.
frill /fril/ kb. 1 jumbai-jumbai. 2 émbél-émbél, hiasan tambahan.
frilly /'frilie/ ks. berjumbai-jumbai. f. dress rok yg berjumbai-jumbai.
fringe /frinj/ kb. 1 pinggir (of town, of society). 2 golongan pinggir. member of the leftist f. of that party anggota golongan pinggir kiri dari partai itu. 3 lingkaran pinggir. The hair formed a f. around his balding head Rambutnya berjumbai-jumbai melingkari kepalanya yg botak itu. —kkt. menyusur. Grassy slopes f. the stream Léréng berumput menyusur sungai itu. f. area a) daérah pinggiran kota.

b) daérah yg sukar menerima siaran radio atau TV. f. benefit tunjangan tambahan.
frisk /frisk/ kkt. menggelédah. The policeman frisked the suspect Polisi menggelédah orang yg dicurigai itu.
frisky /'friskie/ ks. lincah, cekatan.
fritter /'fritər/ kb. kué. corn f. kué jagung goréng. —kkt. membuang-buang. to f. o's time away membuang-buang waktunya.
frivolity /fri'valətie/ kb. (j. **-ties**) kelakuan sembrono, tingkahlaku tdk keruan.
frivolous /'frivələs/ ks. sembrono, tdk keruan. f. books buku-buku yg tdk keruan.
frizzle /'frizəl/ kkt. 1 menggoréng. to f. ham menggoréng daging babi sampai kering. 2 mengeritingkan (o's hair).
fro /frow/ lih TO.
frock /frak/ kb. baju rok.
frog /frɔg, frag/ kb. 1 katak, kodok. to have a f. in o's throat parau, serak. f. kick gaya katak (dlm berenang). 2 RR: sambungan pd simpangan/cabang rél keréta api.
frogman /'frɔgmən, 'frag-/ kb. (j. **-men**). manusia katak.
frolic /'fralik/ kb. pesiar, bersenang-senang. He took the children out for a f. Dia membawa anak-anak pergi bersenang-senang. —kki. (**frolicked**) bermain-main.
from /frʌm; tanpa tekanan: frəm/ kd. 1 dari. to take a book f. the rack mengambil sebuah buku dari rak. to sell magazines f. door to door menjual majalah dari rumah ke rumah, menjajakan majalah. F. what we've heard... Dari apa yg kami dengar.... to tell apples f. peaches membédakan buah apel dari buah persik. to come f. Rome datang dari Roma. f. Monday to Friday dari Senin sampai hari Jum'at. f. under dari bawah. Take that knife f. that child Ambil pisau itu dari anak itu. Shelter her f. the rain Lindungi dia dari hujan. Where are you f.? Engkau berasal dari mana? f. the start dari dahulu, dari permulaan/semula. to pick s.o. f. a crowd memilih s.s.o. dari antara orang banyak. 2 mulai. f. April 7th mulai 7 April. f. here on in (mulai) dari sini. f. now on mulai sekarang, utk selanjutnya 3 sejak. f. childhood sejak masa muda. 4 jauh dari. He's away f. home Ia pergi/berada juah dari rumah. 4 karena. to act f. the conviction that... bertindak karena keyakinan bhw.... to die f. fatigue mati (karena) kecapaian. I know him f. seeing him at the club Saya mengenal dia karena melihatnya di gedung perkumpulan itu. Things went f. bad to worse Keadaan makin lama makin memburuk. I leave here a week f. yesterday Saya akan berangkat enam hari lagi. Tell him f. me Katakanlah itu kepadanya atas nama saya. Sampaikanlah itu dari saya kepadanya.
frond /frand/ kb. daun pakis/palem.
front /frʌnt/ kb. 1 front. National F. Front Nasional. the Marne F. front Marne. 2 bidang, séktor. activity on the economic f. kegiatan dlm bidang ékonomi. 3 gelombang udara. cold f. gelombang udara dingin. 4 muka. f. of the house muka rumah, bagian depan rumah. f. of a book kulit depan buku. 5 Inf.: kedok. to serve as a f. for espionage merupakan kedok utk spionase. to present a united f. merupakan barisan depan yg bersatu, menampilkan barisan yg bersatu. My room faces on the f. Kamar saya menghadap kedepan. **to come to the f.** menjadi orang terkemuka. **to stand in f.** berdiri didepan/dihadapan. **in f. of** dimuka, didepan, dihadapan. **in the f.** pd bagian depan, didepan. in the f. of the hall di

bagian depan aula itu. *Inf.*: **to put on a good f.** berlagak baik, berlagak/berbuat pura-pura dgn baik. —*ks.* depan, muka. *f. line* garis depan. *f. vowel* vokal depan. *f. seat* kursi (di bagian) depan. *f. view* pandangan dari depan. *f. door* pintu muka. *f. page* halaman muka/depan. *He's in the f. rank of today's writers* Ia termasuk (dlm) barisan terdepan di kalangan penulis-penulis zaman sekarang ini. —*kki.* berhadapan, menghadapi. *Our yard fronts on the street* Halaman kami berhadapan dgn jalan. **front-line** *ks.* garis depan. *f.-line troops* pasukan-pasukan garis-depan. **f. man** wakil perkumpulan/organisasi. **f. matter** halaman-halaman pengantar sebuah buku. **f. office** diréksi. **front-page** *ks.* halaman muka/depan. *f.-page article* artikel pd halaman pertama. **front-row** *ks.* baris-depan. *f.-row seat* tempat duduk di baris-depan.

front. [*frontispiece*] gambar muka.

frontage /'frʌntij/ *kb.* bagian depan, tanah yg menghadap ke jalan.

frontal /'frʌntəl/ *ks.* dari, pada atau di garis depan. *f. attack* serangan dari depan.

frontier /frʌn'tir, 'frantir/ *kb.* 1 batas, perbatasan. 2 garis perbatasan. *f. area* daérah perbatasan.

frontispiece /'frʌntis'pies/ *kb.* gambar muka.

frosh /frasy/ *Sl.*: = FRESHMAN.

frost /frɔst/ *kb.* embun beku, cuaca penuh és. —*kkt.* 1 membekukan, menutupi dgn embun beku. *Ice frosted the windowpanes* És menutupi kaca jendéla. 2 melapisi. —**frosted** *ks.* yg mempunyai permukaan spt és. *f. glass* 1 kaca baur. 2 kaca és. —**frosting** *kb.* lapisan (kué) terbuat dari gula dan putih telur yg dikocok.

frostbite /'frɔst'bait/ *kb.* radang dingin.

frostbitten /'frɔst'bitən/ *ks.* membeku, luka karena dingin yg luar biasa.

frosty /'frɔstie/ *ks.* sangat dingin. *f. morning* pagi yg sangat dingin. *f. reception* sambutan yg amat dingin.

froth /frɔth/ *kb.* 1 buih, busa. 2 omong kosong. —*kki.* berbuih. *to f. at the mouth* berbuih pd mulut.

frothy /'frɔthie/ *ks.* berbusa. *f. suds* air sabun yg berbusa.

frown /frawn/ *kb.* kerut (dahi). —*kki.* mengerutkan dahi. **to f. at** memberengut. *Don't f. at me* Jangan bermuka masam kpd saya. **to f. on** tdk setuju/menyukai. *He frowns on borrowing money* Dia tdk setuju kalau meminjam uang.

froze /frowz/ lih FREEZE.

frozen /'frowzən/ lih FREEZE.

frugal /'fruwgəl/ks. 1 hémat, cermat, ugahari. *He is quite f.* Ia amat hémat. 2 sederhana. *f. supper of bread and milk* makan malam yg sangat sederhana dgn roti dan susu.

frugality /fruw'gælətie/ *kb.* (*j.* **-ties**) 1 kehématan, kecermatan, keugaharian. 2 kesederhanaan.

fruit /fruwt/ *kb.* 1 buah(buahan). *fresh f.* buah-buahan segar. *dried f.* buah-buahan yg dikeringkan. *stewed f.* buah-buahan yg direbus. 2 hasil. *f. of s.o's efforts* hasil usaha s.s.o. **to bear f.** 1 berbuah. 2 membawa hasil. *This plan has borne fruit* Rencana itu tlh membawa hasil. **f. cake** kué yg dicampur dgn buah-buahan. **f. cocktail** campuran buah-buah dihidangkan di gelas kecil atau dihidangkan dlm sebuah mangkok sbg cuci mulut. **f. fly** bari-bari. **f. stand** warung buah-buahan. **f. tree** pohon buah-buahan.

fruitful /'fruwtfəl/ *ks.* 1 berhasil. *f. meeting* pertemuan yg berhasil baik. 2 bermanfaat. 3 subur.

fruition /fruw'isyən/ *kb.* hasil yg diperoléh. *to come to f.* berhasil/terlaksana dgn baik.

fruitless /'fruwtləs/ *ks.* tdk berhasil. *His efforts were f.* Usahanya tdk berhasil. *f. search* penggelédahan yg sia-sia.

fruity /'fruwtie/ *ks.* berasa/berbau spt buah-buahan. *That wine has a f. flavor* Anggur itu ada rasa buahnya.

frustrate /'frʌstreit/ *kkt.* 1 menggagalkan. *to f. o's plans* menggagalkan rencananya. 2 menghalangi, mencegah. *to be frustrated over* amat bingung karena, merasa kecéwa karena.

frustration /frʌ'streisyən/ *kb.* kegagalan, frustrasi, halangan, kekecéwaan.

fry /frai/ *kb.* 1 pésta atau piknik dgn memakan makanan goréngan di lapangan terbuka. *fish f.* pésta ikan. 2 anak-anak ikan. —*kkt.* (**fried**) menggoréng. —**fried** *ks.* yg digoréng. *f. chicken* ayam goréng. *f. egg* telor matasapi goréng/ceplok. **frying pan** wajan, kuali, penggoréngan. *to jump out of the frying pan into the fire* lepas dari mulut harimau jatuh ke mulut buaya.

fryer /'fraiər/ *kb.* ayam muda utk digoréng.

frypan /'frai'pæn/ *kb.* wajan, kuali.

ft. 1 [*foot*] kaki. 2 [*feet*] kaki-kaki. 3 [*fort*] bénténg.

Ft. [*Fort*] Bénténg.

FTC [*Federal Trade Commission*] Komisi Dagang Fédéral (di A.S.).

fuddyduddy /'fʌdie'dʌdie/ *kb.* (*j.* **-dies**) *Inf.*: orang (berpaham) kolot, ketinggalan zaman.

fudge /fʌj/ *kb.* gula-gula bonbon yg lunak. —*kkt.* membuat curang, memalsukan. —*kki.* berbuat curang. *to f. on an agreement* berbuat curang dlm perjanjian.

fuel /'fyuwəl/ *kb.* 1 bahan bakar. *f. oil* minyak bakar. *f. pump* pompa minyak/bénsin. *to add f. to the fire* menambah panas suasana. —*kkt., kki.* mengisi s.s.t. dgn bahan bakar. *The plane will f. at ...* Kapal terbang itu akan mengisi bahan bakar di ....

fugitive /'fyuwjətiv/ *kb.* (orang) buronan, (orang) pelarian. *f. from justice* buronan polisi, pelarian dari hukuman. —*ks.* lekas hilang. *f. pamphlet* surat selebaran yg isinya bersifat sementara. *f. slave* budak pelarian.

fugue /fyuwg/ *kb.* fuga.

fulcrum /'fulkrəm/ *kb.* titik pikul/tupang/tumpu/galang/penunjang.

fulfil(1) /ful'fil/ *kkt.* (**fulfilled**) 1 memenuhi (*a condition*). 2 menyelesaikan (*a contract*). 3 mengabulkan (*a request*).

fulfil(1)ment /ful'filmənt/ *kb.* 1 pemenuhan. 2 pengabulan. 3 penyelesaian.

full /ful/ *kb.* **to pay in f.** membayar penuh, melunasi. *paid in f.* lunas. *Please give your name in f.* Harap berikan nama lengkap saudara. *I enjoyed the performance to the f.* Saya menikmati pertunjukan itu sepenuhnya. —*ks.* 1 penuh. *My heart is f.* Hati saya sdh penuh. *vacation with f. pay* liburan dgn gaji/upah penuh. *to pay f. fare* membayar karcis ongkos/biaya penuh. *to wait a f. three hours* menunggu tiga jam penuh. *to pay the f. price* membayar harga penuh. *in f. flower* penuh dgn bunga-bungaan, sedang penuh bunga. 2 lengkap. *f. report* laporan lengkap. *f. particulars* keterangan-keterangan lengkap. *to await fuller information* menantikan keterangan yg lebih lengkap. *f. meal* makanan lengkap. *f. uniform* berpakaian/berseragam lengkap. *at f. strength* berkekuatan lengkap, dgn kekuatan penuh. *It's a f. five miles from here* Jauhnya/Letaknya lima mil penuh dari sini. 3

kenyang. *I'm f.* Saya sdh kenyang. 4 lébar. *Her dress has a f. skirt* Rok bajunya berlipat-lipat lébar. **f. of** penuh dgn. *wallet f. of money* dompét penuh dgn uang. *f. of holes* banyak lubang-lubang. *The lecturer was f. of his subject* Seluruh perhatian penceramah tertumpah pd ceramahnya. *He's f. of his own importance* Ia mabuk kebesarannya sendiri. *—kk.* penuh-penuh. *Fill the pitcher f.* Isilah gendi itu penuh-penuh. *The ball hit him f. in the face* Bola itu tepat mengenai mukanya. **f. blast** kapasitas penuh. *The steel mill is running f. blast* Paberik baja itu berjalan dgn kekuatan penuh. **full-blooded** *ks.* totok, berdarah murni. **full-blown** *ks.* yg berkembang sepenuhnya, yg sedang berbunga penuh. *to come f. circle* berputar-putar selingkaran penuh. **f. day** hari sibuk. **full-dress** *ks.* 1 yg teliti/mendalam. *f.-dress investigation* penyelidikan yg teliti sekali. 2 berpakaian lengkap. *f.-dress uniform* pakaian seragam lengkap. **full-fledged** *ks.* penuh. *f.-fledged member* anggota penuh. **full-grown** *ks.* 1 yg sdh besar. *f.-grown bear* beruang yg sdh besar. 2 yg sdh déwasa. *f.-grown son* anak laki-laki yg sdh déwasa. **f. house** semua karcis habis terjual. **full-length** *ks.* 1 panjang. *f.-length skirt* baju rok panjang (sampai ke tumit kaki), maski. *f.-length mirror* cermin yg tinggi (dari kepala sampai ke kaki). *f.-length novel* roman lengkap. *f. measure* ukuran lengkap/penuh. **f. moon** bulan purnama. *f.-page ad* iklan sehalaman penuh. **f. professor** guru besar. **f. sail** 1 berlayar dgn kecepatan penuh. 2 berlayar dgn semua layar terkembang. **full-scale** *ks.* 1 total. *f.-scale war* peperangan total. 2 yg mendalam. *f.-scale investigation* penyelidikan yg mendalam. *f.-scale model* modél menurut ukuran biasa. **full-size** *ks.* déwasa. *f.-size dog* anjing déwasa. **f. speed** kecepatan penuh. *F. speed ahead!* Maju secepat-cepatnya/penuh! **f. stop** berhenti samasekali. *in f. swing* sedang berlangsung dgn ramainya. **full-time** *ks.* penuh. *f.-time position* jabatan penuh. *kk.* sehari penuh. *He's working f.-time* Dia bekerja sehari penuh. **f. weight** bobot penuh. **f. well** betul-betul. *You know f. well that ...* Kau tahu betul-betul bhw ....* —**fully** *kk.* 1 secara lengkap. *He was kept f. advised of all developments* Segala perkembangan diberitahukan kepadanya secara lengkap. *He was f. dressed* Dia berpakaian lengkap. *Write me more f. about your plans* Harap surati saya secara lebih lengkap lagi mengenai rencana-rencana sdr. 2 sepenuhnya. *I understand f.* Saya mengerti sepenuhnya. *He is f. occupied with his teaching* Waktunya sepenuhnya dipergunakannya utk mengajar. 3 samasekali. *That machine is f. automatic* Mesin itu samasekali otomatis. 4 benar-benar. *Are you f. aware of the danger?* Apakah engkau benar sadar akan bahaya itu? 5 sedalam-dalamnya. *Have you f. investigated the matter?* Seberapa dlm sdh kauselidiki persoalan itu sedalam-dalamnya?

fullback /'ful'bæk/ *kb.* gelandang belakang.

fullness /'fulnəs/ *kb.* kesempurnaan.

fulminate /'fulmǝneit/ *kki.* mengecam dgn keras.

fulsome /'fulsǝm/ *ks.* berlebih-lebihan sehingga menjéngkélkan. *f. praise* anjung-anjungan yg berlebih-lebihan.

fumble /'fʌmbǝl/ *kb.* kegagalan menangkap bola. *—kkt.* melését. *to f. a ball* melését menangkap bola. *to f. o's lines* mengucapkan kalimat-kalimatnya dgn ragu-ragu. *—kki.* meraba-raba *to f. in o's bag for the keys* meraba-raba dlm tasnya mencari kunci.

fume /fyuwm/ *kb.* uap, asap. *fumes from the bus* asap bis itu. *—kki.* menggerutu, mengomél.

fumigate /'fyuwmǝgeit/ *kkt.* mengasapi (utk désinféksi).

fumigation /'fyuwmǝ'geisyǝn/ *kb.* pengasapan.

fun /fʌn/ *kb.* kesenangan, kegembiraan. *We had f. at the beach* Kami bersenang-senang di pantai. *What f. we had!* Alangkah senangnya kami tadi! *Swimming is loads of f.* Berenang sangat menyenangkan. *She's great f.* Ia amat menyenangkan. *He's lots of f.* Senang bergaul dgn dia. *Have f.!* Banyak pelesir! *Bersenang-senanglah! It's good clean f.* Itu kesenangan yg baik dan sopan. Itu permainan riang yg baik dan sopan. **for f.** hanya utk iseng-iseng, hanya utk bersenang-senang. *They did it just for the f. of it* Meréka berbuat itu hanya utk senang-senang saja. **in f.** utk main-main saja. *to do s.t. in f.* melakukan s.s.t. hanya utk main-main saja. **to make f. of s.o.** memperolok-olokkan/mentertawakan s.s.o.

function /'fʌngksyǝn/ *kb.* 1 fungsi, kegunaan. *f. of the heart* fungsi jantung. 2 pekerjaan. *f. of a club* pekerjaan perkumpulan. 3 upacara. *to attend a f.* menghadiri upacara. *—kki.* 1 berjalan, berfungsi. *The car isn't functioning well* Mobil itu tdk berjalan dgn baik. 2 berfungsi. *to f. as* berfungsi sbg.

functional /'fʌngksyǝnǝl/ *ks.* fungsionil.

functionary /'fʌngksyǝ'nerie/ *kb.* (*j.* **-ries**) pejabat, petugas, pegawai.

fund /fʌnd/ *kb.* 1 (uang) dana. *to misappropriate funds* menyalahgunakan dana. *He doesn't have the funds* Dia tdk punya uang. *to start a f.* mulai mengumpulkan dana. *"No funds"* "Tak ada uang." 2 simpanan. *f. of knowledge* simpanan pengetahuan. *—kkt.* membiayai. **fund-raising** *kb.* pengumpulan uang. *f.-raising campaign* kampanye pengumpulan uang. —**funding** *kb.* pembiayaan.

fundamental /'fʌndǝ'mentǝl/ *kb.* pokok, asas, fundaméntil. *fundamentals of algebra* pokok-pokok aljabar. *—ks.* yg (menjadi) pokok atau asas. *f. objections* keberatan-keberatan yg pokok. —**fundamentally** *kk.* pd pokoknya/dasarnya/azasnya.

funeral /'fyuwnǝrǝl/ *kb.* pemakaman, penguburan. *f. director* pemimpin pemakaman. *f. home/parlor* perusahaan pemakaman. *f. procession* pawai pemakaman.

funereal /fyuw'nirieǝl/ *ks.* 1 mengenai/yg berh. dgn penguburan/pemakaman. 2 menimbulkan rasa sedih, belas kasihan, takut, seram.

fungi /'fʌnjai/ lih FUNGUS.

fungicide /'fʌnjǝsaid, 'fʌnggǝ-/ *kb.* obat pembunuh/pembasmi jamur, fungisida.

fungous /'fʌnggǝs/ *ks.* bersifat jamur.

fungus /'fʌnggǝs/ *kb.* (*j.* **-gi**) jamur, cendawan.

funicular /fyuw'nikyǝlǝr/ *ks.* yg digerakkan oléh tali/kabel. *f. railway* trém yg digerakkan dgn kabel.

funk /fʌngk/ *kb. Inf.:* keadaan takut. *He was in a blue f.* Ia sangat ketakutan.

funnel /'fʌnǝl/ *kb.* corong. *ship's f.* cerobong kapal, semp(e)rong. *—kkt.* 1 menyalurkan. 2 menyiarkan, menyalurkan. *to f. information* menyiarkan keterangan-keterangan. **funnel-shaped** *ks.* berbentuk corong. *f.-shaped cloud* awan berbentuk corong.

funny /'fʌnie/ *kb.* **funnies** *j.* cerita-cerita jenaka, cerita-cerita komik. *—ks.* 1 lucu, komik. *f. actor* pemain yg lucu. 2 *Inf.:* anéh, ganjil. *He acts f.* Tingkah lakunya anéh. *It's f. he didn't let us know* Anéh, dia tdk memberi tahu kita. *This butter tastes f.* Mentéga ini anéh rasanya. *He was f. that way* Dia anéh dlm keadaan begitu. *I don't want any f. business* Saya tdk suka bermain-main/main kelakar. Saya tdk suka dipermain-mainkan. *Inf.*: **f. bone** ujung siku. **f. paper**=FUNNIES.

funnyman /'fʌnie'mæn/ *kb.* (*j.* **-men**) pelawak, tukang lawak.

fur /fər/ *kb.* 1 bulu binatang. *dog's f.* bulu anjing. *f. piece* krah/syal dari bulu. *Inf.*: *to make the f. fly* membuat gaduh/kehébohan. —**furs** *j.* pakaian (yg terbuat dari) bulu binatang. **fur-bearing** *ks.* yg mempunyai kulit yg berbulu. *f.-bearing animal* binatang yg kulitnya berbulu (halus).

furbish /'fərbisy/ *kkt.* menggosok (sampai berkilat).

furious /'fyurieəs/ *ks.* 1 sangat marah, geram. *I was f. over ...* Saya sangat marah ttg .... 2 hébat. *f. storm* angin badai yg hébat. *She was f.* Ia bérang. *He works at a f. pace* Ia bekerja dgn kecepatan/tenaga yg luarbiasa. —**furiously** *kk.* mati-matian. *to work f.* bekerja mati-matian.

furl /fərl/ *kkt.* menggulung (*sails, flag*).

furlong /'fərlɔng, -lang/ *kb.* 201 méter.

furlough /'fərlow/ *kb.* cuti, perlop. *to go on f.* pergi cuti.

furnace /'fərnəs/ *kb.* tungku perapian/pembakaran.

furnish /'fərnisy/ *kkt.* 1 melengkapi dgn perkakas. *to f. a house* memperlengkapi rumah dgn perkakas. 2 menyediakan, memberi. *to f. information* menyediakan keterangan-keterangan. *to f. room and board* menyediakan indekos. —**furnished** *ks.* diperlengkapi dgn perabot rumah. *f. apartment* sebuah flat lengkap dgn perabotannya. —**furnishings** *kb., j.* perlengkapan, alat-alat, perabot.

furniture /'fərnəcər/ *kb.* mébél, perkakas/perabot rumah, méja kursi. *suite of f.* stél perabotan. *f. polish* bahan utk mengkilapkan perabotan, politur utk mébél.

furor /'fyurər/ *kb.* 1 kehébohan. 2 kemarahan.

furred /fərd/ *ks.* berbulu.

furrier /'fərieər/ *kb.* 1 pedagang pakaian bulu. 2 pembuat pakaian bulu.

furrow /'fərow/ *kb.* 1 galur, alur (*in the ground*). 2 kerut (*in the face*). —**furrowed** *ks.* berkerenyut, beralur.

furry /'fərie/ *ks.* berbulu lembut.

further /'fərThər/ *ks.* lebih lanjut. *Have you any f. statements to make?* Apakah sdr akan membuat pernyataan lebih lanjut? *to await f. orders* menantikan perintah-perintah selanjutnya. *until f. notice* sampai pengumuman lebih lanjut. *without f. loss of time* dgn tdk membuang-buang waktu lagi. —*kk.* 1 lebih jauh. *to go f.* pergi lebih jauh. *to look into a matter f.* meneliti suatu hal lebih jauh/mendalam. 2 lagi. *I won't go into it any f.* Saya tak akan melanjutkan hal itu lagi. *They live ten miles f. down the road* Meréka tinggal sepuluh mil lebih jauh di jalan itu. *to go f. back in time* kembali lebih jauh ke masa yg lampau. 3 selanjutnya, lagi. *And I'd like to say ...* Dan selanjutnya saya ingin mengatakan .... —*kkt.* memajukan.

furtherance /'fərThərəns/ *kb.* pemajuan, pendorongan.

furthermore /'fərThərmowr/ *kk.* selanjutnya, lagi pula.

furthermost /'fərThərmowst/ *ks.* terjauh. *That idea was f. from my mind* Gagasan itu paling jauh dari pikiran saya.

furthest /'fərThist/ *ks.* yg paling jauh. *That's the f. point from here* Itu titik yg terjauh dari sini.

furtive /'fərtiv/ *ks.* secara sembunyi. *He stole a f. glance at her* Dia melirik padanya secara sembunyi.

fury /'fyurie/ *kb.* (*j.* **-ries**) 1 kemarahan, kegeraman. *the f. of a woman* kemarahan seorang wanita. 2 amuk, kedahsyatan. *f. of a storm* amuk topan. *Inf.*: *to work like f.* bekerja giat sekali.

fuse /fyuwz/ *kb.* 1 *Elec.*: sékering. *f. box* kotak sékering. 2 sumbu, murang (*of a bomb*). —*kkt.* 1 memadu, melebur, mencor (*metals*). 2 menyatukan, menggabungkan, melebur (*parties*). —**fusing** *kb.* perfusian, penggabungan, penyatuan.

fuselage /'fyuwsəlazy, -zə-, zəlij/ *kb.* badan pesawat terbang.

fusillade /'fyuwzə'leid/ *kb.* berondongan (*of buckshot, questions*).

fusion /'fyuwzyən/ *kb.* 1 peleburan (*of political parties and metals*). 2 *Nucl.*: penyatuan. 3 perpaduan (*of metals*).

fuss /fʌs/ *kb.* pertengkaran, percékcokan. *to kick up or make/raise a f. over* ribut-ribut/cerewét ttg. *Why kick up such a f. over it?* Buat apa hal itu begitu dihiraukan? *They make such a f. over their child* Meréka begitu répot ttg anaknya. —*kki.* banyak cincong, membuat répot. *Our child fusses a lot* Anak kami banyak cincong. **to f. around** bersibuk diri dgn hal-hal réméh. **to f. at s.o.** mengocéh/cerewét kpd s.s.o. **to f. over s.o.** répot-répot mengenai s.s.o. *She fusses too much over her children* Dia terlalu merépotkan dirinya dgn anaknya. *Inf.*: **fuss-budget** *kb.* seorang yg cerewét.

fussy /'fʌsie/ *ks.* réwél, cerewét. *That baby is f.* Bayi itu réwél. *f. eater* orang yg réwél dlm soal makanan. *She's f. about her clothes* Dia cerewét mengenai pakaiannya.

futile /'fyuwtəl, 'fyuwtail/ *ks.* sia-sia. *to make a f. effort* gagal dlm usaha.

futility /fyuw'tilətie/ *kb.* (*j.* **-ties**) kesia-siaan, kegagalan.

future /'fyuwcər/ *kb.* 1 masa depan. *He's a young man with a f.* Ia seorang pemuda dgn masa depan yg berharapan baik. 2 keakanan. **in the f.** lain kali, seterusnya. *in the near f.* pd masa depan yg dekat ini, dlm masa dekat, sedikit hari lagi. *a bright f.* hari depan yg gemilang. —*ks.* 1 yg akan datang. *f. developments* perkembangan-perkembangan yg akan datang. 2 bakal. *f. employer* bakal majikan. *for f. delivery* utk diserahkan di kemudian hari.

futurity /fyuw'turətie/ *kb.* (*j.* **-ties**) keakanan.

fuze /fyuwz/ = FUSE.

fuzz /fʌz/ *kb.* 1 bulu halus (*on peaches, etc.*). 2 rambut halus.

fuzziness /'fʌzienəs/ *kb.* 1 *Phot.*: kekaburan, ketidakjelasan. 2 keadaan berbulu halus.

fuzzy /'fʌzie/ *ks.* 1 kabur, tdk jelas. *His thinking is f.* Jalan pikirannya kabur. *f. snapshot* potrét yg kabur. 2 berbulu halus (*of a chick*).

FY [*Fiscal Year*] tahun buku/pembukuan.

G

G, g. /jie/ *kb.* 1 huruf ketujuh dari abjad Inggeris. 2 nada musik. 3 *Sl.:* seribu dolar. *G. string* 1 cawat. 2 *Mus.:* senar bernada G.

G. [*Gulf*] teluk.

Ga. [*Georgia*] negara bagian A.S.

gab /gæb/ *kb. Inf.:* banyak cakap/bual. *to have the gift of g.* lancar bicara, bakat dlm mengomong. —*kki.* (**gabbed**) mengobrol, beromong-omong.

gabardine /'gæbərdien/ *kb.* kain gabardin.

gabby /'gæbie/ *ks. Inf.:* tembérang.

gabfest /'gæb'fest/ *kb. Sl.:* berkumpul utk ngomong-ngomong.

gable /'geibəl/ *kb.* dinding (muka) yg berbentuk segitiga terletak diantara ujung atap, ujung (nok) atap rumah (yg menonjol).

gad /gæd/ *kki.* (**gadded**) **to g. about** berkeluyuran.

gadabout /'gædə'bawt/ *kb. Inf.:* seorang yg gemar pergi kesana kemari, pengembara, petualang.

gadfly /'gæd'flai/ *kb.* (*j.* **-lies**) pengganggu, penggoda, perongrong.

gadget /'gæjit/ *kb.* alat atau perkakas. *handy g.* alat yg praktis.

Gaelic /'geilik/ *kb.* bahasa Gael. —*ks.* gael.

gaff /gæf/ *kb.* 1 tombak ikan. *to stand the g.* menahan tekanan/disiplin keras. 2 (*spur*) taji.

gaffe /gæf/ *kb.* kejanggalan, kesalahan.

gag /gæg/ *kb. Sl.:* 1 lelucon. *to play a g. on s.o.* memperolok-olokkan s.s.o. *g. line* banyolan. 2 sumbat. *He placed a g. in her mouth* Disumbatnya mulut wanita itu. —*kkt.* (**gagged**) menyumbat. *to g. s.o.'s mouth* menyumbat mulut s.s.o. —*kki.* 1 tercekik. *to g. on a piece of candy* tercekik karena makan sepotong gula-gula. 2 muntah.

gaga /'gaga/ *ks. Sl.:* lucu, pandir.

gage /geij/ = GAUGE.

gaiety /'geiətie/ *kb.* (*j.* **-ties**) keriangan, kegembiraan, kegirangan.

gaily /'geilie/ lih GAY.

gain /gein/ *kb.* 1 keuntungan. *capital gains* pertambahan/peningkatan/keuntungan modal. 2 tambahan. *g. of 20%.* 3 peroléhan. —*kkt.* 1 memperoléh. *to g. a reputation as* memperoléh nama baik sbg. *to g. a foothold* memperoléh tempat berjejak, memperoléh pegangan. *to g. strength* memperoléh dukungan kuat. *to g. the upper hand* memperoléh kekuasaan. 2 menambah. *to g. speed to get up the hill* menambah kecepatan spy bisa mendaki bukit itu. 3 dapat, mendapat. *to g. entrance into* dpt masuk kedlm. 4 mencapai. *to g. o's end* mencapai cita-citanya/maksudnya. *to g. time* a) memperoléh lebih banyak waktu. b) menghémat waktu. *My watch gains a minute a day* Arloji saya terlalu cepat satu menit sehari. —*kki.* memperoléh keuntungan. *She is steadily gaining* Ia makin bertambah keséhatannya. Ia makin bertambah berat badannya. *You're gaining* Berat badanmu bertambah. *to g. in popularity* naik kepopuléran nya, menjadi lebih populér. **to**

g. on mendekati. *They're gaining on us* Meréka sdh mendekati kita. *to g. on a competitor* memenangkan suatu perlombaan.

gainer /'geinər/ *kb.* pemenang, yg memperoléh keuntungan.

gainful /'geinfəl/ *ks.* yg menguntungkan. *g. occupation* pekerjaan yg menguntungkan. —**gainfully** *kk.* menguntungkan. *He is g. employed* Dia bekerja dgn menguntungkan.

gainsay /'gein'sei/ *kkt.* (**gainsaid**) menyangkal. *There's no gainsaying the fact that ...* Tak dpt disangkal kenyataan bhw....

gait /geit/ *kb.* gaya berjalan. *to stride along at a rapid g.* berjalan dgn langkah cepat.

gal. [*gallon*] galon, hampir empat liter.

gal /gæl/ *kb. Sl.:* céwék, pacar, kekasih. *She's my g.* Dia kekasihku.

gala /'geilə, 'gæle, 'galə/ *kb.* pésta besar. —*ks.* meriah. *g. occasion* peristiwa yg meriah. *g. costume* pakaian pésta.

galangal(e) /'gæləngeil/ *kb.* laos.

galaxy /'gæləksie/ *kb.* (*j.* **xies**) bimasakti. *g. of stars* pawai bintang-bintang pilem.

gale /geil/ *kb.* angin kencang/ribut, badai. *to break out in gales of laughter* tertawa terbahak-bahak.

galingale /'gæləngeil/ = GALANGAL(e).

gall /gɔl/ *kb.* empedu. *g. bladder* kantong/kandung/pundi-pundi empedu. *to have the g.* kurangajar benar. —*kkt.* menyakitkan hati. *It galls me to hear such statements* Sakit hatiku mendengar ucapan-ucapan semacam itu.

gallant /'gælənt/ *ks.* 1 berani, gagah (berani). 2 sopan (terutama thd wanita). *a g. ship* sebuah kapal yg megah/perkasa. —**gallantly** *kk.* dgn gagahnya/perkasanya/megahnya.

gallantry /'gæləntrie/ *kb.* (*j.* **-ries**) 1 keberanian. 2 kekesatriaan (sikap sopan dan hormat thd wanita).

gallery /'gælərie/ *kb.* (*j.* **-ries**) 1 serambi. 2 *Theat.:* balkon. 3 *Art:* balai atau gedung kesenian.

galley /'gælie/ *kb.* 1 (*ship's*) dapur. 2 sejenis perahu zaman dahulu. *g. proof* pruf lepas/kotor.

gallon /'gælən/ *kb.* galon.

gallop /'gæləp/ *kb.* congk(e)lang. *to break into a g.* memulai/beralih berlari cepat/menderap/congklang. *to go for a g.* menderapkan/mencongklangkan kuda. *He spoke at a g.* Ia berbicara cepat sekali. —*kki.* mencongklang. **to g. away** pergi dgn menderapkan kudanya. *to g. through a book* cepat-cepat membaca buku. **galloping** *consumption* penyakit tbc/paru yg ganas. *galloping inflation* inflasi terbang.

gallows /'gælowz/ *kb., j.* tiang gantungan. *to cheat the g.* menghindarkan diri dari hukuman gantung.

gallstone /'gɔl'stown/ *kb.* batu empedu.

galore /gə'lowr/ *kk.* yg berlimpah-limpah. *to receive compliments g.* menerima pujian-pujian yg berlimpah-limpah.

galosh /gə'lasy/ *kb.* sepatu luar (dari karét).

gals. [*gallons*] galon-galon.

galvanic /gæl'vænik/ *ks.* galvanis. *g. battery* bateré listrik.

galvanization /'gælvənə'zeisyən/ *kb.* galvanisasi.

galvanize /'gælvənaiz/ *kkt.* 1 *Elec.*: menggalvanisasikan. 2 menggemblén. *The group was galvanized into action* Regu itu digemblén utk mengadakan aksi. —**galvanized** *ks.* berlapis séng. *g. iron* besi berlapis séng.

gambit /'gæmbit/ *kb.* 1 cara memulai permainan catur dgn mengurbankan bidak (pion) utk mendapatkan keuntungan. 2 tiap permulaan gerakan terutama yg dimaksud utk mendapatkan keuntungan. *He used that sentence as his opening g.* Dia menggunakan kalimat itu sbg pembuka kata.

gamble /'gæmbəl/ *kb.* 1 spékulasi. 2 judi. —*kkt.* **to g. away** memboros-boroskan dgn berjudi. *to g. away o's freedom* mempertaruhkan kemerdékaannya. —*kki.* berjudi. *He gambled on which car to buy* Secara untung-untungan ia memilih mobil yg akan dibelinya. *to g. on the Stock Exchange* mengadu untung dlm Bursa. —**gambling** *kb.* berjudi, perjudian. *Sl.*: *g. joint/den* rumah judi, tempat perjudian.

gambler /'gæmblər/ *kb.* pemain judi, penjudi.

game /geim/ *kb.* 1 permainan. *g. of love* permainan cinta. *to play a g. of golf* main golf. 2 pertandingan. *to postpone the g.* menunda pertandingan. *Olympic Games* Pertandingan Olympiade. 3 binatang buruan. 4 *Inf.*: pekerjaan. *I'm in the teaching g.* Saya seorang guru. 5 maksud. *What's his g.?* Tujuannya/Maksudnya apa? **to play a good g.** bermain baik. *G., set, and match* Game, dan pertandingan selesai. *Two can play that g.* Dua orang dpt melakukan permainan/pertandingan itu. *I hate to spoil his g.* Saya tdk suka merusak rencananya. *Inf.*: *ahead of the g.* dlm keadaan menang. **to make g. of** memperolok-olokkan. *off o's g.* bermain buruk. **to play a waiting g.** menantikan saat yg baik. *The g. is up* Petualangan itu berakhir. *Inf.*: *to play the g.* a) bertindak sesuai dgn peraturan. b) bermain sportif. —*ks.* 1 lumpuh, pincang. *He has a g. leg* Kakinya pincang. 2 berani, mau dihadapkan, mau ikutserta. *I'm g. for s.t. exciting* Saya mau ikut didlm suatu yg sangat menarik. *to put up a g. fight* berjuang dgn gagah berani, mengadakan perlawanan yg seru. **g. license** izin perburuan. **g. of chance** permainan untung-untungan. **g. (p)reserve** cagar alam, suaka margasatwa/alam. **g. warden** polisi kehutanan, pengawas perburuan. —**gaming** *ks.* berjudi. *g. table* méja judi. —**gamely** *kk.* dgn gagah berani. *He fought g.* Dia berjuang dgn gagah berani.

gamecock /'geim'kak/ *kb.* ayam sabungan.

gamekeeper /'geim'kiepər/ *kb.* pengawas binatang perburuan/liar.

gamey /'geimie/ = GAMY.

gamma /'gæmə/ *kb.* gamma. *g. ray* sinar gamma.

gamut /'gæmət/ *kb.* 1 tangga nada. 2 keseluruhan (nya).

gander /'gændər/ *kb.* 1 angsa jantan. 2 *Sl.*: pandangan sebentar. *Take a g. at that new car* Coba pandang oto baru itu sebentar.

gamy /'geimie/ *ks.* berbau daging yg hampir busuk.

gang /gæŋ/ *kb.* 1 gerombolan. *ringleader of a g.* pentolan dari gerombolan. *g. war* perkelahian antara gerombolan-gerombolan (utk menguasai daérah tertentu dlm lingkungan tempat tinggal). 2 regu. *section g. on a railroad* regu pemelihara rél keréta api. *Inf.*: *The g. is coming to our house tonight* Teman-

teman karibku akan datang di rumah kita malam ini. —*kki. Inf.*: **to g. together** berkumpul dlm gerombolan. *We ganged together and formed a basketball team* Kami berkumpul bersama dan membentuk suatu regu bola-basket. **to g. up on** mengeroyok. **to g. up with** bersekongkol/berkomplot dgn.

gangling /'gæŋgliŋ/ *ks.* kurus/ceking dan canggung. *a g. youth* seorang pemuda/pemudi yg ceking dan canggung.

ganglion /'gæŋglieən/ *kb.* simpul/pusat saraf.

gangplank /'gæŋ'plæŋk/ *kb.* tangga utk naik ke kapal.

gangrene /'gæŋgrien/ *kb.* kelemayuh, ganggrén.

gangrenous /'gæŋgrənəs/ *ks.* berkelemayuh, kena penyakit ganggrén.

gangster /'gæŋstər/ *kb.* penjahat, bandit.

gangway /'gæŋ'wei/ *kb.* gang, jalan sempit. —*kseru.* **G.!** Kasi jalan!

gantlet /'gɔntlit/ *kb.* cara menghukum orang pd zaman dulu. *to run the g.* diserang dgn pukulan dari kanan-kiri. = GAUNTLET.

gantry /'gæntrie/ *kb.* (*j. -ries*) tempat kerangka peluncuran. *g. crane* kendaraan kérékan/beroda.

GAO [*General Accounting Office*] Badan Pemeriksa Keuangan.

gap /gæp/ *kb.* 1 celah (*between boards*). 2 jurang pemisah. 3 renggang (*between teeth*). 4 kekosongan. *His going leaves a g.* Kepergiannya menyebabkan kekosongan. 5 lembah, jurang (*in a mountain*). *to reduce the g. between...* menghilangkan jurang antara.... *to bridge the g.* menghilangkan perbédaan. 6 lowongan. *to fill a g.* mengisi lowongan.

gape /geip/ *kki.* membuka dgn lébar, menganga. *The wound gaped open* Luka itu terbuka lébar. *Stop gaping!* Janganlah terngangga saja! **to g. at s.o.** memandangi s.s.o. dgn mulut ternganga. —**gaping** *ks.* yg terbuka. *g. cut* luka yg terbuka.

garage /gə'razy/ *kb.* 1 garasi. 2 béngkél (*for repairs*).

garb /garb/ *kb.* pakaian.

garbage /'garbij/ *kb.* sampah. *g. can/pail* tong/bak sampah. *g. dump* pelimbahan, tempat/daérah pembuangan sampah. *g. truck* truk sampah.

garble /'garbəl/ *kkt.* memutarbalikkan perkataan, merusak isi keterangan. *The telegram was garbled* Isi télegram rusak. *a garbled account* keterangan-keterangan yg kacau.

garden /'gardən/ *kb.* kebon, kebun, taman. *botanical g.* kebun raya. *Sl.*: *to lead s.o. up the g. path* menyesatkan/menipu s.s.o. *g. of Eden* taman firdaus. *g. party* pésta taman. *g. snake* ular rumput. *g. spot* daérah yg subur. —*kki.* berkebun. —**gardening** *kb.* berkebun.

gardener /'gard(ə)nər/ *kb.* tukang kebun.

gardenia /gar'dieniəə/ *kb.* bunga kacapiring.

gargantuan /gar'gæncuən/ *ks.* raksasa, besar sekali.

gargle /'gargəl/ *kb.* obat kumur. —*kki.* berkumur. —**gargling** *kb.* berkumur.

garish /'gærisy/ *ks.* yg berkilat-kilat. *g. coat* baju yg berkilat-kilat.

garland /'garlənd/ *kb.* kalung/karangan bunga.

garlic /'garlik/ *kb.* dasun, bawang putih.

garment /'garmənt/ *kb.* pakaian, penutup badan, jas. *g. bag* gantungan baju yg berselubung (spy tdk kotor).

garner /'garnər/ *kkt.* menyimpan, mengumpulkan.

garnet /'garnit/ *kb.* batu akik yg berwarna mérah-tua.

garnish /'garnisy/ *kb.* hiasan (*for food*). —*kkt.* menghias.

garnishee /'garnəsyie/ *kkt.* menyita, merampas, memotong, mengurangi. *to g. a part of a salary* memotong sebagian dari gaji.

garret /'gærit/ *kb.* loténg (dibawah atap).

garrison /'gærəsən/ *kb.* 1 garnisun. 2 pasukan yg ditempatkan didlm suatu kota. —*kkt.* mengasramakan.

gar(r)otte /gə'rat/ *kkt.* mencekik, menghukum mati/mematikan dgn cekikan.

garrulous /'gærələs/ *ks.* gatal/banyak mulut, suka ngomél, témbérang.

garter /'gartər/ *kb.* ikat kaos kaki. *g. snake* ular kecil yg tak berbisa.

gas /gæs/ *kb.* 1 gas. *G. is escaping from the furnace* Gas bocor dari perapian. 2 *Inf.:* bénsin, minyak gas. 3 *Med.:* obat bius. *natural g.* gas alam. *The g. is on* Gasnya (masih) dibuka/menyala. *Med.:* *to take g.* mendapat pembiusan/pengebal. *to pass g.* berkentut, membuang angin. *to give a car the g.* mempercepat jalan mobil, menginjak (pedal) gas. *Sl.: to step on the g.* menekan/menginjak gas. —*kkt.* 1 membubuhi gas. 2 *Mil.:* menyerang dgn gas beracun. **to g. up** mengisi bénsin sampai penuh. **g. burner** kompor gas. **g. chamber** kamar gas. **g. engine** motor/mesin gas. **g. furnace** kompor/tungku gas. **g. heater** alat pemanas dgn gas. **g. main** pipa gas induk. **g. mask** kedok gas. **g. meter** météran gas. **g. oil** minyak gas. **g. oven** dapur/kompor gas. **g. station** pompa/téng bénsin. *g.-station attendant* penjaga téng bénsin. **g. stove** tungku gas. **g. tank** téng/tangki bénsin.

gaseous /'gæsieəs/ *ks.* spt gas, dlm bentuk gas.

gash /gæsy/ *kb.* luka tetak. —*kkt.* melukai (parah), menetakkan. *The machete gashed him badly* Dia luka parah kena parang itu.

gasket /'gæskit/ *kb.* paking. *Sl.: to blow a g.* menjadi marah sekali.

gaslight /'gæs'lait/ *kb.* (Cahaya) lampu gas. *to study by g.* belajar (dgn) memakai lampu gas.

gasman /'gæsmæn/ *kb.* (*j.* -men) pegawai/tukang/ pemeriksa gas.

gasoline /'gæsəlien/ *kb.* bénsin, minyak gas. *g. gauge* pelampung bénsin, alat pengukur bénsin. *g. station* pompa bénsin. *g.-station attendant* pelayan/penjaga pompa bénsin. *g. tank* téng/tangki bénsin.

gasp /gæsp/ *kb.* hembusan nafas. *She talked in gasps* Bicaranya terengah-engah. *to be at o's last g.* senénkemis. —*kki.* **to g. for breath** megap-megap. *to g. with fright* sesak napas karena ketakutan.

gastric /'gæstrik/ *ks.* yg berh. dgn lambung perut. *g. juice* getah perut. *g. ulcer* bisul perut.

gastritis /gæ'straitəs/ *kb.* radang (lambung) perut.

gastronomic /'gæstrə'namik/ *ks.* yg berh. dgn keahlian memasak dan makanan énak.

gasworks /'gæs'wərks/ *kb.* pabrik gas.

gate /geit/ *kb.* 1 lawang. 2 pintu gerbang/pagar. *The guard at the g. will let you in* Penjaga pintu gerbang akan mempersilahkan sdr masuk. 3 pintu masuk. *g. three* pintu masuk nomor tiga. 4 *Inf.:* penghasilan karcis. *The g. at the boxing match was $26,250* Penghasilan karcis pd pertandingan tinju itu $26,250. *Sl.:* **to get the g.** dipecat. *Sl.:* **to give s.o. the g.** memecat s.s.o., memberhentikan s.s.o. dari pekerjaan. *Sl.: g. crasher* tamu yg tdk diundang. **gate-leg table** sebuah méja yg daunnya dpt dilipat. **g. receipts** hasil pendapatan karcis masuk.

gatekeeper /'geit'kiepər/ *kb.* penjaga pintu.

gatepost /'geit'powst/ *kb.* tonggak pintu pagar. *between you and me and the g.* antara kita-kita saja.

gateway /'geit'wei/ *kb.* pintu gerbang.

gather /'gæтнər/ *kb.* lipatan, sulam. —*kkt.* 1 memungut (*coconuts*). 2 mengumpulkan. *G.* (*up*) *your things* Kumpulkan segala barang-barangmu. 3 mengkerut, membuat lipatan. *to g. the skirt at the waist* membuat lipatan pd rok bagian pinggang. 4 memeluk, merangkul. *She gathered her son into her arms* Dipeluknya anaknya itu. 5 menghimpun, menyusun. *to g. o's thoughts* menghimpun pikiranpikiran/ingatan-ingatan. *to g. strength* menghimpun tenaga. 6 merasa, mengira. *I g. you don't care to join us* Saya merasa sdr tdk mau turut/ikut serta dgn kami. 7 membawa. *He was gathered to his fathers* Dia tlh pulang ke alam baka. *to g. o's breath* mengambil nafas. *The plane gathered speed* Pesawat terbang itu bertambah cepat. *A rolling stone gathers no moss* Tak ada batu kalau tergesa-gesa. —*kki.* 1 berkerumun. *The crowd gathered* Orang ramai berkerumun. 2 bergumpal, mengumpul. *Storm clouds are gathering* Awan badai bergumpal. **to g. around** berkumpul. *G. around, children!* Berkumpul, anak-anak! 1 menggerombol, berkumpul. *to g. in the back room* menggerombol di ruang belakang. —**gathering** *kb.* 1 kumpulan orang. *There was a large g. at the picnic* Pd piknik itu banyak orang berkumpul. 2 pertemuan. *family g.* pertemuan sekeluarga.

gauche /gowsy/ *ks.* canggung, kaku.

gaudy /'gɔdie/ *ks.* terlalu menyolok.

gauge /geij/ *ks.* météran/ukuran. *gasoline g.* météran bénsin. *standard g.* ukuran pokok/baku. *12 g. shotgun* senapan ukuran 12. *to take the g. of s.o.* mengukur/ menaksir kekuatan/kecakapan s.s.o. —*kkt.* 1 mengukur (*distance*). *to g. a person's ability* mengukur kecakapan s.s.o. 2 menaksir/mengukur. *I can't g. how fast we're going* Saya tdk dpt mengukur berapa cepatnya kita maju.

gaunt /gɔnt/ *ks.* kurus-kering dan cekung.

gauntlet /'gɔntlit/ *kb.* sarung tangan (biasanya sebagian dari kulit sebagian dari besi). *to fling/throw down the g.* menantang, mengajukan tantangan. *to take up the g.* menerima tantangan itu.

gauze /gɔz/ *kb.* kabut tipis. *wire g.* ayakan dawai.

gave /geiv/ lih GIVE.

gavel /'gævəl/ *kb.* palu, martil (dipergunakan oléh hakim, ketua rapat atau tukang lélang).

gawk /gɔk/ *kki. Inf.:* menganga, melongo.

gawky /'gɔkie/ *ks.* janggal, kékok.

gay /gei/ *ks.* 1 periang, gembira. *She's such a g. person* Ia seorang yg sangat periang. 2 meriah. *g. party* pésta yg meriah. 3 berwarna ria. *a colored shirt* baju yg berwarna ria/berwarna-warni. 4 *Sl.:* homoséksuil. —**gaily** *kk.* dgn riang, dgn gembira.

gaze /geiz/ *kb.* pandangan, tatapan. —*kki.* memandang. **to g. at/upon** memandang kpd, menatap. **to g. into** menatap. *He gazed into her eyes* Dia menatap matanya.

gazelle /gə'zel/ *kb.* sm rusa.

gazette /gə'zet/ *kb.* surat kabar. *government g.* lembaran negara.

gazetteer /'gæzə'tir/ *kb.* kamus ilmu bumi.

G.B. [*Great Britain*] Britania/Inggeris Raya.

gear /gir/ *kb.* 1 roda gigi. 2 persnéling. *to shift into second g.* memasukkan/mengoper ke persnéling dua. **in g.** persnélingnya masuk. **out of g.** persnélingnya préi. *to go into second g.* memasukkan ke persnéling (ke)dua. **in high g.** memakai persnéling tiga. *The space program is in high g.* Programa ilmu angkasa maju dgn cepat. *to throw into low g.* menukar ke persnéling satu. *to shift gears* mengoper/menukar persnéling. 3 perlengkapan, alat. *fishing g.* alat penangkap ikan. —**gears** *j.* 1 perlengkapan roda gigi. 2 gigi persnéling. —*kkt.* menyanggupkan, mencocokkan. *That firm is not geared to do the job* Perusahaan itu tak sanggup/bersedia mengerjakan tugas itu. *Our income is geared to the cost of living* Pendapatan/Penghasilan kami disesuaikan/dicocokkan dgn biaya penghidupan. —**gearing** *kb.* diperlengkapi dgn gigi-gigi (persnéling dsb).

gearshift /'gir'syift/ *kb.* gir, alat utk memasukkan atau memindahkan persnéling atau gir.

gearwheel /'gir'hwiel/ *kb.* roda gigi.

gecko /'gekow/ *kb.* toké(k).

gee /jie/ *kb.* huruf *g.* —*kseru.* astaga. *G., I didn't know that* Astaga, saya tdk tahu. *Inf.:* g. *whiz* wah, (w)aduh. —*kkt., kki.* memerintahkan kuda membélok ke kanan. *Inf.:* **gee-string** cawat.

geese /gies/ lih GOOSE.

geewhilikins /jie'hwilɔkɔns/ *kseru.* astaganaga, celaka duabelas.

Geiger /'gaigɔr/ **G. counter** alat pengukur banyaknya radiasi.

gelatin /'jelɔtɔn/ *kb.* agar-agar.

geld /geld/ *kkt.* mengebiri.

gelding /'gelding/ *kb.* kuda atau binatang lainnya yg dikebiri.

gem /jem/ *kb.* 1 permata tulén. 2 mutiara. *gems of German poetry* mutiara-mutiara puisi Jérman. *My friend is a real g.* Kawanku benar-benar seorang yg baik sekali. **gem-studded** *ks.* bertatahkan permata. *g.-studded watch* arloji bertatahkan permata.

geminate /'jemɔnit *ks.*; 'jemɔneit *kkt.*/ *ks.* rangkap. —*kkt.* merangkapkan.

gemination /'jemɔ'neisyɔn/ *kb.* kembar, rangkap, dobel.

Gemini /'jemɔnai/ *kb. Zod.:* Mintuna.

gen. 1 [*general*] umum. 2 [*gender*] jenis kelamin utk kata-kata. 3 [*genus*] jenis, macam. 4 [*genitive*] génitif.

Gen. 1 [*General*] Jénderal. 2 [*Genesis*] Kejadian.

gender /'jendɔr/ *kb.* jenis kelamin.

gene /jien/ *kb.* plasma pembawa sifat (didlm keturunan).

genealogical /'jieniɔ'lajɔkɔl/ *ks.* yg berh. dgn silsilah. *g. tree* silsilah susur galur.

genealogy /'jienie'alɔjie/ *kb.* (*j.* -**gies**) silsilah (keturunan), génes.

genera /jenɔrɔ/ *kb., j.* dari GENUS.

general /'jenɔrɔl/ *kb.* 1 jénd(e)ral. *brigadier g.* brigadir jénderal. 2 hal yg umum. *to argue from the g. to the particular* membahas dari hal-hal yg umum sampai ke hal-hal yg bersifat khusus. —*ks.* umum. *g. elections* pemilihan umum. *g. principles* pedoman-pedoman umum. *g. physics* (ilmu) fisika umum. *The G. Assembly* Majelis Umum. *He runs a g. store* Ia menyelenggarakan toko serbaada. *In the g. confusion he got away* Dlm keadaan kacau itu, ia lari. *as a g. rule, in g.* biasanya, pd umumnya. *g. consensus* persetujuan/pengertian orang banyak. **g. delivery** pos restante. **g. headquarters** markas umum. **g. manager** pemimpin/diréktur umum. **g. officer** opsir jénderal. **the g. public** khalayak ramai. —**generally** biasanya.

generality /'jenɔ'rælɔtie/ *kb.* (*j.* -**ties**) keadaan yg umum. *He tends to speak in generalities* Dia suka berbicara secara umum.

generalization /'jenɔrɔlɔ'zeisyɔn/ *kb.* perumuman, penyamarataan.

generalize /'jenɔrɔlaiz/ *kkt.* menyamaratakan.

generate /'jenɔreit/ *kkt.* 1 membangkitkan, menghasilkan. *to g. electricity* membangkitkan tenaga

listrik. 2 menyebabkan. *to g. opposition* menyebabkan timbulnya perlawanan. **generating** *plant/ station* séntral listrik.

generation /'jenɔ'reisyɔn/ *kb.* 1 angkatan, générasi. 2 pembangkitan (*of electricity*). 3 keturunan. *for three generations* sdh tiga keturunan (lamanya). **from g. to g.** turun-temurun. *It's been generations since they were here* Sdh lama betul meréka tidak ada disini. **g. gap** jurang (perbédaan) antara générasi.

generator /'jenɔ'reitɔr/ *kb.* générator, alat pembangkit tenaga listrik, désel, disel.

generic /jɔ'nerik/ *ks.* umum. *g. term* istilah umum.

generosity /'jenɔ'rasɔtie/ *kb.* (*j.* -**ties**) kemurahan hati, kedermawanan.

generous /'jen(ɔ)rɔs/ *ks.* 1 bermurah hati, dermawan (*of people*). 2 banyak sekali. *g. serving of ice cream* sajian éskrim yg banyak sekali.

genesis /'jenɔsis/ *kb.* asal, kejadian. *Bible.:* **G.** Kejadian.

genetic /jɔ'netik/ *ks.* yg berh. dgn azas-azas keturunan. *g. variation* variasi/kelainan keturunan.

geneticist /jɔ'netɔsist/ *kb.* ahli (ilmu) génétika.

genetics /jɔ'netiks/ *kb.* (ilmu) génétika, ilmu keturunan.

genial /'jienieɔl/ *ks.* peramah, periang, ramah-tamah.

geniality /'jienie'ælɔtie/ *kb.* keramah-tamahan.

genie /'jienie/ *kb.* jin.

genital /'jenɔtɔl/ *kb.* **genitals** *j.* aurat, kemaluan, alat kelamin. —*ks.* yg berh. dgn kemaluan.

genitalia /'jenɔ'teilyɔ/ *kb.* aurat, kemaluan, alat kelamin.

genitive /'jenɔtiv/ *kb., ks.* (kasus) génitif.

genius /'jienyɔs/ *kb.* 1 kecerdasan pikiran. 2 kesanggupan. *He has an absolute g. for getting into trouble* Ia benar-benar berkebawaan utk terjerumus kedlm kesulitan-kesulitan. 3 seorang yg kepandaiannya luar biasa. 4 bakat. *He has a g. for languages* Ia bakat utk menguasai bahasa-bahasa. *work of g.* karya/pekerjaan seorang yg berbakat.

genocide /'jenɔsaid/ *kb.* pemusnahan secara teratur thd suatu golongan bangsa.

genotype /'jenɔtaip/ *kb.* génotip.

genre /'zyanrɔ/ *kb.* 1 gaya, aliran. *literary g.* aliran/ gaya sastera. 2 macam.

gent /jent/ *kb. Sl.:* = GENTLEMAN. —**Gents** (*W.C.*) Pria.

Gent. [*Gentlemen*] Tuan-tuan.

genteel /jen'tiel/ *ks.* sopan, halus, beradab. *g. manner* tingkahlaku yg sopan.

Gentile /'jentail/ *kb.* 1 seorang bukan Yahudi. 2 kafir (menurut orang Islam).

gentility /jen'tilɔtie/ *kb.* (*j.* -**ties**) keturunan bangsawan/ningrat, tingkah-laku yg sopan, budibahasa yg halus.

gentle /'jentɔl/ *ks.* 1 lemah-lembut. *g. touch* belaian/ sentuhan yg lemah-lembut. 2 sepoi-sepoi. *g. breeze* angin sepoi-sepoi. 3 jinak. *That horse is g.* Kuda itu jinak. *the g. art of persuasion* tatacara merayu yg halus. **the gentle(r) sex** kaum wanita/Hawa. —*ks.* berperasaan baik, ramah. —**gently** *kk.* 1 dgn hati-hati. *to carry a baby g.* menggéndong bayi dgn hati-hati. 2 dgn lemah-lembut. *to speak g.* berbicara dgn lemah-lembut.

gentleman /'jentɔlmɔn/ *kb.* (*j.* -**men**). 1 tuan, saudara. *Gentleman, please be seated* Sdr-sdr sekalian, silahkan duduk. *Ladies and Gentlemen!* Tuan-tuan dan Nyonya-nyonya yg terhormat! 2 orang pria. *The gentlemen were asked to remove their hats* Kaum pria diminta spy membuka topinya. *Gentlemen (on* *door of men's room)* Pria. *He's no g.* Ia bukan orang yg tahu basa-basi. *a g. of leisure* seorang yg hidup bébas menurut kehendaknya. **g.'s agreement** perjanjian yg tak ditandatangani, tetapi dianggap berlaku atas pengertian bersama.

gentlemanlike /'jentəlmən'laik/=GENTLEMANLY.

gentlemanly /'jentəlmənlie/ *ks.* sopan. *g. conduct* kelakuan yg sopan.

gentleness /'jentəlnəs/ *kb.* kelemah-lembutan, kehalusan.

gentlewoman /'jentəl'wumən/ *kb.* (*j.* **-women**). wanita baik-baik, wanita dari keluarga baik-baik, wanita yg berkedudukan baik.

gently /'jentlie/ lih GENTLE.

gentry /'jentrie/ *kb.* golongan yg berasal dari keluarga baik-baik.

genuflect /'jenəflekt/ *kki.* bertekuk lutut (memuja s.s.t./s.s.o.).

genuflection /'jenə'fleksyən/ *kb.* tekuk lutut, pemujaan.

genuine /'jenyuin/ *ks.* 1 sejati, asli. *g. leather* kulit sejati. 2 tulén. *g. diamond* intan yg tulén. 3 sungguh-sungguh, ikhlas. *He's a g. person* Ia orang yg ikhlas.

genus /'jienəs/ *kb.* 1 (*j.* **genera**) jenis, macam, golongan. 2 *Bot.*: ibu/induk jenis.

geodesy /jie'adəsie/ *kb.* géodési.

geodetic /'jieə'detik/ *ks.* géodétik. *g. survey* penyelidikan géodétik.

geog. 1 [*geographer*] ahli ilmu bumi. 2 [*geographic(al)*] yg berh. dgn ilmu bumi. 3 [*geography*] ilmu bumi.

geographer /jie'agrəfər/ *kb.* ahli ilmu bumi.

geographic(al) /'jieə'græfək(əl)/ *ks.* géografis. *its g. location* letak géografisnya.

geography /jie'agrəfie/ *kb.* (*j.* **-phies**) ilmu bumi, géografi. *physical g.* ilmu bumi alam.

geol. 1 [*geology*] géologi. 2 [*geological*] yg berh. dgn géologi.

geological /'jieə'lajəkəl/ *ks.* yg berh. dgn géologi. *G. Survey* Diréktorat (Penjelajahan) Géologi.

geologist /jie'alajist/ *kb.* géolog, ahli géologi.

geology /jie'alajie/ *kb.* (*j.* **-gies**) géologi.

geometric(al) /'jieə'metrəkəl/ *ks.* géométris.

geometry /jie'amətrie/ *kb.* (*j.* **-ries**) ilmu ukur. *analytic g.* ilmu ukur analitis. *descriptive g.* ilmu ukur melukis. *solid g.* ilmu ukur trimatra.

geophysical /'jieow'fizəkəl/ *ks.* yg berh. dgn géofisika. *g. year* tahun géofisika.

geophysics /'jieow'fiziks/ *kb.* géofisika.

geopolitics /'jieow'palətiks/ *kb.* géopolitik.

George /jɔrj/ *kb.* **By G.**! Ja, Allah/Sungguh mati. *Inf.*: *Let G. do it* Biarlah orang lain yg mengerjakannya.

Ger. 1 [*Germany*] Negeri Jérman. 2 [*German*] bahasa atau orang Jérman.

geranium /jə'reinieəm/ *kb.* sm bunga.

geriatrics /jerie'ætriks/ *kb.* gériatrik.

germ /jərm/ *kb.* kuman, basil. *g. cell* sél kuman. *disease* g. kuman penyakit. *g. warfare* perang kuman.

German /'jərmən/ *kb.* 1 seorang Jérman. *He's a G.* Ia seorang Jérman. 2 bahasa Jérman. *She speaks G.* Dia berbahasa Jérman —*ks.* Jérman. *the G. nation* Negeri/Bangsa Jérman. *G. Democratic Republic* Républik Démokrasi Jérman. **G. measles** biring peluh. **G. shepherd** anjing herder/gembala.

germane /jər'mein/ *ks.* berhubungan erat. *That's not g. to the argument* Itu tdk ada hubungan dgn persoalan itu.

Germanic /jər'mænik/ *ks.* yg berh. dgn bahasa/ bangsa Jérman. *G. linguistics* ilmu bahasa Jérman.

Germany /'jərmənie/ *kb.* negeri Jérman. *Federal Republic of G.* Républik Fédéral Jérman.

germfree /'jərm'frie/ *ks.* suci hama.

germicide /'jərməsaid/ *kb.* obat penghapus kuman penyakit.

germinal /'jərmənəl/ *ks.* asal, mula-mula. *g. idea* gagasan semula.

germinate /'jərməneit/ *kki.* berkecambah.

germination /'jərmə'neisyən/ *kb.* pengecambahan.

gerontology /'jerən'taləjie/ *kb.* gérontologia, ilmu mengenai usia lanjut.

gerrymander /'jerie'mændər/ *kkt.* memberi kesempatan dgn curang kpd suatu partai politik.

gerund /'jerənd/ *kb.* kata benda yg dibentuk dari kata ditambah *-ing* (dlm bahasa Inggeris).

gestation /je'steisyən/ *kb.* 1 waktu selama hamil. 2 kehamilan. **g. period** masa persiapan.

gesticulate /je'stikyəleit/ *kki.* menggerakkan tangan. *to g. when speaking* menggerak-gerakkan tangan waktu berbicara.

gesticulation /je'stikyə'leisyən/ *kb.* gerak-isyarat tangan.

gesture /'jescər/ *kb.* 1 gerak-isyarat. *He made a g. for us to leave* Ia memberikan isyarat kpd kami spy meninggalkan tempat. 2 sikap, langkah. *His offer to assist us was a kind g.* Tawarannya utk menolong kami adalah sikap yg baik. *One should at least make the g.* Sedikit-dikitnya orang seharusnya mencoba. —*kki.* memberi/membuat gerak-isyarat.

get /get/ *kkt.* (**got, gotten**) 1 memperoléh. *I got a thousand dollars for my car* Saya memperoléh $1,000 utk mobil saya. *I can't g. New York* Saya tdk dpt memperoléh sambungan dgn New York. 2 menerima. *to g. lots of mail* menerima banyak surat. *to g. two days in jail* menerima hukuman penjara selama dua hari. 3 membeli. *I have to g. a new pen* Saya hrs membeli péna baru. 4 mengambil. *I'll g. my hat* Saya mau mengambil topi saya dulu. 5 mengambilkan. *Will you g. me an apple?* Tolong ambilkan saya sebuah apel. 6 memecahkan. *to g. a problem* memecahkan persoalan. 7 mengejar. *G. that man before he leaves* Kejarlah orang itu sblm ia berangkat. 8 kena. *She's got the chicken pox* Ia terkena serangan cacar air. *The last bullet got me* Peluru yg terakhir mengenai saya. 9 mendapat. *to g. o's living* mendapat nafkah (penghidupan). *He gets his good looks from his mother* Wajah yg manis/tampan itu didapatnya dari ibunya. *to g. leave to stay home* mendapat izin utk tinggal di rumah. *He got his book* Dia sdh mendapat/memperoléh bukunya. *How much do you g. a month?* Berapa gajimu sebulan? 10 mempunyai, memperoléh. *I haven't got any* Saya tdk mempunyai satupun. 11 menangkap. *to g. Chicago on the radio* menangkap Chicago pd radio. 12 *Sl.*: mengerti. *I don't g. it* Saya blm mengerti. 13 memanggil. *G. the doctor!* Panggillah dokter! 14 membukakan. *Please g. the door* Tolong bukakan pintu. 15 mengangkat, terima. *The phone's ringing. Will you g. it, please?* Télepon berbunyi. Tolong angkat/terima. 16 menyuruh. *G. him to read the letter to us* Suruh dia membacakan surat itu kpd kita. 17 membujuk. *to g. s.o. to do s.t.* membujuk s.s.o. *spy melakukan s.s.t.* 18 menggelikan hati. *Your jokes g. me* Lelucon-leluconmu betul-betul menggelikan hati saya. 19 menghubungi. *I had trouble getting you* Sukar bagi saya utk menghubungimu. 20 dapat. *to g. to know s.o.* dpt mengenal s.s.o. **to g. action** bertindak, memperoléh tindakan. *When he gives orders, he gets action* Kalau dia memberi perintah, orang bertindak. **to g. s.o. in trouble** membuat s.s.o.

susah, mendatangkan kesulitan bagi s.s.o. **to g. s.t. done** menyelesaikan s.s.t. *He got himself appointed chairman* Ia berhasil menjadikan dirinya diangkat/ dipilih sbg ketua. *He g. his leg broken* Kakinya patah. *to g. s.t. to grow* berhasil menumbuhkan s.s.t. **to g. time to** ada kesempatan bagi. **to g. the time** ada kesempatan. *What's that got to do with it?* Apa hubungan itu dgn hal ini? —*kki.* 1 jadi. *We don't get to the movies* Kami tdk jadi pergi ke bioskop. 2 menjadi. *to g. old* menjadi tua. *to g. scarce* sukar utk mendapatkan, menjadi langka. 3 tiba, sampai. *She'll g. here today* Ia akan tiba disini hari ini. *to g. cheated* tertipu. *to g. dressed* berpakaian, mengenakan pakaian. *to g. lost* tersesat. *to g. shaved* bercukur. *to g. to work by train* naik keréta-api (pergi) ke tempat pekerjaan. *I had trouble getting to sleep* Saya susah tidur. *I got (to) talking with him and forgot the time* Saya asyik/terlanjur bercakap-cakap dgn dia dan lupa akan waktu. *It's getting late* Sdh malam. **to g. about** 1 berjalan. *He can't g. about* Dia tak dpt berjalan (karena sakit). 2 tersiar. *His fame is getting about* Kemasyhurannya tersiar. **to g. across** 1 menyeberang (*a river*). 2 *Sl.*: menjelaskan. *to g. o's views across* menjelaskan pandangannya. **to g. after s.o. for** memarahi s.s.o. karena. **to g. along** 1 maju. *G. along! Don't stop* Majulah terus. Jangan berhenti. 2 bergaul dgn baik. *I find we g. along fine* Ternyata kami dpt bergaul dgn baik. *How are you getting along?* Bagaimana keadaanmu? *I can't g. along without a car* Saya tdk bisa hidup tanpa mobil. **to g. along with** bergaul dgn baik dgn. **to g. around** 1 membujuk. *to try to g. around a customs official* berusaha utk membujuk pegawai duane. 2 datang. *to g. around this afternoon* datang nanti soré. *He really gets around* Ia betul sdh mengunjungi semua tempat. **to g. around to** 1 mengurus. *to g. around to a problem* mengurus persoalan. *to g. around to every one present* menarik perhatian semua yg hadir, mendatangi semua orang yg hadir. **to g. at** 1 mengambil. *I can't g. at my papers* Saya tak dpt mengambil dokumén saya. 2 mencari, menemukan. *to g. at the root of the trouble* mencari asal-mula/pangkal kesukaran/gangguan itu. 3 bermaksud. *I don't see what you're getting at* Saya tdk mengerti apa maksudmu. 4 menyerang/menangani. *Let me g. at him!* Biarlah saya menyerang dia! 5 mengerjakan. **to g. away** 1 lari, lolos, meloloskan/melarikan diri (*of prisoner, criminal*). *This car gets away quickly* Mobil ini dpt lari dgn cepat. 2 berlibur (*on a vacation*). **to g. away from** 1 menyingkir dari, melepaskan diri dari. *to g. away from it all* melupakannya/menghindarinya sama sekali, melepaskan diri dari segala-galanya. *There's no getting away from it* Tdk mungkin menghindari/melepaskan diri dari s.s.t. 2 bertolak (*of runners*). *Inf.:* **to g. away with** 1 berhasil meloloskan diri. *The pickpocket got away with my wristwatch* Pencopét itu berhasil meloloskan diri dgn arloji tangan saya. 2 melepaskan diri. *to g. away with s.t.* berhasil melakukan s.s.t. dan melepaskan diri dgn selamat. **to g. back** 1 kembali. *G. back in line* Kembalilah ke barisan. *to g. s.t. back* mendapat s.s.t. kembali. 2 menerima kembali. *How much change do I g. back?* Berapa uang yg saya terima kembali? 3 pulang. *I can't g. back until tomorrow* Saya baru bésok bisa pulang. 4 mundur. *Please g. back!* Mundurlah! *Sl.: to g. back at* membalas, menuntut balas kpd. *to g. back home* pulang (ke rumah), sampai di rumah. **to g. back to** kembali lagi kpd. *Let's g. back to the subject* Mari kita kembali kpd pokok persoalan. **to g. behind** 1

ketinggalan. *to g. behind in o's studies* ketinggalan dlm pelajaran. *to g. behind and be unable to catch up* ketinggalan dan tdk dpt mengejar lagi. 2 berdiri. *G. behind the tree* Pergilah berdiri kebelakang pohon itu. 3 menyokong. *to g. behind the mayor* menyokong walikota. **to g. beyond** meléwati, melampaui. *The work is getting beyond me* Saya kewalahan dgn pekerjaan itu. **to g. by** 1 lulus. *He gets by with little studying* Ia lulus dgn belajar sekedar saja. 2 léwat. *May I g. by, please?* Numpang jalan! Boléhkah saya léwat? 3 menyelamatkan diri. *Don't worry about me. I'll g. by* Janganlah kuatir ttg saya. Saya bisa menyelamatkan diri. *I haven't enough to g. by until pay day* Tak cukup lagi uangku utk bertahan sampai hari gajian. 4 meléwati. *to g. by the guard* meléwati penjaga. **to g. down** turun. **to g. s.o. down** 1 mengesalkan hati s.s.o. *This weather is getting me down* Cuaca ini mengesalkan hati saya. 2 melemahkan. *Excessive exercise gets me down* Gerak badan yg berlebih-lebihan melemahkan saya. *to g. down on o's knees* membungkuk/merendahkan diri, berlutut. *to g. down to work* mulai bekerja. *to g. down to the facts* membicarakan fakta-faktanya. *to g. s.t. down on paper* menuliskan s.s.t. **to g. in** 1 masuk. 2 memetik, memungut, mengumpulkan. *to g. in the corn* memetik jagung itu. 3 tiba, sampai. 4 sempat. *to g. in some golf* sempat bermain golf. 5 memanggil. *to g. s.o. in to repair the roof* memanggil s.s.o. (ke rumah) utk memperbaiki atap. *He got in debt* Ia berhutang. *to g. a word in* ikut berbicara. **to g. in with** bergaul rapat dgn. *to try to g. in with s.o.* berusaha utk bergaul rapat dgn s.s.o. **to g. into** 1 memasuki. *to g. into college* memasuki perguruan tinggi. 2 mendapat. *to g. into trouble* mendapat kesusahan/kesulitan. 3 memasukkan. *to g. the car into the garage* memasukkan mobil kedlm garasi. 4 jatuh. *to g. into the hands of a foreigner* jatuh di tangan seorang asing. 5 naik. *to g. into a car* naik oto. **to g. it into o's head** sadar. *He got it into his head that he was ugly* Ia sadar/tahu/insaf bhw ia jelék. *to g. into a bad habit* dihinggapi kebiasaan yg buruk, memulai kebiasaan yg kurang baik. **to g. off** 1 turun. *to g. off at the station* turun di stasion. 2 berangkat. *The bus got off finally* Akhirnya bis itu berangkat. 3 memulai. *He got off to a good start* Ia memulai dgn permulaan yg baik. *to g. off on the wrong foot* memulai s.s.t. dgn membuat kesalahan. 4 dilepaskan, dibébaskan. *He got off with a warning* Dia dilepaskan dgn peringatan. **to g. off easy** keluar/lepas dgn mudah. *If all you had to pay was a two dollar fine, you got off easy* Jika yg harus kaubayar hanya dua dolar saja. kau masih beruntung. 5 membuat. *to g. off a good joke* membuat/ menceritakan lelucon. 6 menanggalkan. *to g. the ring off o's finger* menanggalkan cincin dari jari s.s.o. *to g. s.o's coat off* membuka/menanggalkan bajunya/mantelnya. 7 mengirimkan. *Please g. these letters off right away* Tolong kirimkan surat-surat ini segera/sekarang juga. 8 menghilangkan. *to g. stains off a shirt* menghilangkan noda-noda pd keméja. *to g. off the air* menghentikan siaran. *to g. the afternoon off* dpt préi pd soré. *to tell s.o. where to g. off* mengatakan kpd s.s.o. apa yg pantas diperbuatnya. *to get o's daughter off o's hands* (dapat) mengawini/mempersuami/mempersunting anak gadis s.s.o. **to g. on** 1 naik. *He got on at the last stop* Ia naik di tempat perhentian yg terakhir. 2 berhasil, bisa (terus). *How do you g. on without any help?* Bagaimana kau bisa terus tanpa bantuan apapun? 3 dpt bergaul dgn baik, cocok. *The young couple don't seem to be getting on well* Pasangan yg masih muda itu kelihatannya tdk dpt bergaul dgn baik. 4 maju. *How's he getting on with his novel?* Bagaimana kemajuannya dgn penulisan romannya itu? *He'll g. on in life* Ia akan memperoléh kemajuan/akan berhasil dlm hidupnya. 5 menjelang. *It's getting on towards midnight* Hari sdh menjelang tengah-malam. **to g. on** (**in years**) usia bertambah lanjut. *How are you getting on?* Bagaimana keadaanmu? Apa kabarmu? **to g. on to** 1 memahami/mengerti. *I'll g. on to the work* Saya akan memahami pekerjaan itu. 2 mengetahui. *I have gotten on to your scheme* Saya mengetahui rencanamu itu. **to g. on with** meneruskan. *How did you g. on with your exam?* Bagaimana hasil ujianmu? **to g. out** 1 menerbitkan. *to g. out a monthly bulletin* menerbitkan buletin bulanan. 2 meminjam. *to g. out a book on railroads (from the library)* meminjam buku mengenai keréta api. 3 keluar. *to g. out in the fresh air* keluar menghirup udara segar. *to g. out of jail* keluar/dikeluarkan dari penjara. 4 turun. *He got out* Dia turun. 5 mengeluarkan. *G. out the bottle* Keluarkan botol itu. *to g. out a word* mengeluarkan sepatah kata. *G. out!* Pergi! **to g. out of** 1 membuang. *to g. out of the habit of* membuang kebiasaan. 2 mengeluarkan. *G. the equipment out of the box* Keluarkanlah perkakas itu dari peti itu. 3 memperoléh. *to g. the secret out of s.o.* memperoléh rahasia itu dari s.s.o. **::** *What do I g. out of it?* Berapa/Apa bagian saya? *How much did he g. out of his house?* Rumahnya dijual dgn harga berapa? *Did he g. his furniture out of the burning house?* Dapatkah ia menyelamatkan perabotan-perabotannya dari rumah yg terbakar itu? *to g. s.o. out of a fix* membantu s.s.o. keluar dari (suatu) kesulitan. *Try to g. all you can out of his lectures* Coba mendapatkan sebanyak-banyaknya dari kuliah-kuliahnya itu. *to g. out of going* bébas tdk usah pergi. *to g. out of the way* menyingkir dari jalan, meminggir, pergi ke tepi. *to g. out from under o's debt* bébas/keluar dari hutang-hutangnya. **to g. over** 1 sembuh dari. *to g. over a cold* sembuh dari selésma. 2 mengatasi. *to g. over o's sorrow* mengatasi kesedihannya. 3 meyakinkan. *to g. over my point* menjelaskan pendirian saya. 4 pindah ke. *G. over on your side of the road* Pakailah jalanmu! Jalanlah di tempatmu! *G. over, you're taking up all the room* Pindahlah (dari sini); kau kelihatannya mengisi/menempati seluruh ruang ini. *He can't g. over the wall* Ia tak dpt melalui témbok itu. 5 datang mengunjungi, singgah. *to g. over to see s.o.* datang mengunjungi s.s.o. *I can't g. over my surprise* Tak habis-habisnya kehéranan saya. **to g. s.t. over with** mengerjakan serta menyelesaikan s.s.t. **to g. round** lih TO G. AROUND. **to g. there** 1 sampai disana. 2 berhasil. *I'm sure he'll g. there sooner or later* Saya yakin dia pd suatu waktu akan berhasil. **to g. through** 1 melintasi. *to g. through a fence* melintasi/menerobos pagar. 2 lulus. *to g. through an exam* lulus dlm ujian. 3 selesai. *When you g. through, please help me* Kalau kamu sdh selesai, tolong saya. 4 mendapat sambungan. *Operator, I can't g. through* Penghubung, saya masih blm mendapat sambungan. 5 meléwatkan. *to g. through the day* meléwatkan hari. 6 mengakhiri. *When do you g. through work?* Kapan kau keluar dari kantor?/mengakhiri pekerjaanmu? 7 menyelesaikan. *I'll never g. through this work* Saya tdk akan dpt menyelesaikan pekerjaan ini. *to g. o's furniture through customs* mengeluarkan perabot-perabot rumah tangganya dari duane/pabéan. *The bill got through Congress* RUU itu diterima oléh Kongrés. **to g. through to** menghubungi, berhasil menyambung hubungan ke. *to g. a call through to Seattle* mendapat sambungan télpon ke Seattle. **to g. (s.t.) to** 1 membawa ke. *I must g. the car to a garage* Saya hrs membawa mobil itu ke béngkél. 2 memulai. *to g. to work* memulai bekerja. *How do I g. to State Street?* Manakah jalan ke State Street? **to g. to be** mulai menjadi. *Color TV is getting to be very common* Télévisi berwarna mulai menjadi umum sekali. *Inf.*: **to g. together** 1 berkumpul. *Let's g. together sometime* Mari kita (ramai-ramai) berkumpul pd suatu ketika. 2 mencapai sepakat. *to g. together on an agreement* mencapai sepakat dlm suatu perjanjian. *Try to g. the groups together* Usahakan agar kedua kelompok itu mencapai persetujuan. **to g. under** pergi/masuk kebawah. *G. under the shelter* Pergilah ke tempat perlindungan/berteduh itu. **to g. up** 1 bangun. *What time do you g. up?* Jam berapa kau bangun? *I can't g. up* Saya tdk dpt bangkit/berdiri. 2 berdiri. *He got up and left* Ia berdiri, lalu pergi. 3 mempelajari lagi. *to g. up o's German* mempelajari lagi bahasa Jérmannya. 4 mempersiapkan. *to g. up a party* mempersiapkan suatu pésta. 5 naik, mendaki. *to g. up a hill* mendaki bukit. *to g. up on the roof* naik keatas atap. 6 menambah. *to g. up speed* menambah kecepatan. **to g. o.s. up in** berdandan, memakai. **to g. up to** berlari sampai. *The car got up to 90 miles an hour* Mobil itu berlari sampai 90 mil sejam. **get-away** *kb.* pemberangkatan, keberangkatan, pelarian. *to make a quick g.-away* cepat-cepat melarikan diri. **get-out** *kb. Inf.*: cara lolos/keluar. *The handbag is big as all g.-out* Tas itu sangat besar. *mad as all g.-out* marah sekali. **get-rich-quick** *kb. Inf.*: cara spy lekas kaya. **get-up** *kb. Inf.*: pakaian. **get-up-and-go** *kb. Inf.*: kelincahan dan semangat. **get-well card** kartu dgn ucapan lekas sembuh.

geyser /'gaizər/ *kb.* air mancur panas.

ghastly /'gæstlie/ *ks.* mengerikan, menakutkan. *g. picture* foto yg mengerikan.

gherkin /'gərkin/ *kb.* ketimun.

ghetto /'getow/ *kb.* 1 kampung Yahudi di kota. 2 bagian kota yg didiami terutama oléh golongan minoritas!

ghost /gowst/ *kb.* hantu. *to believe in ghosts* percaya kpd hantu. *g. story* dongéng hantu. **to give up the g.** meninggal. *He doesn't stand the g. of a chance of getting a job* Tak ada sedikitpun harapannya akan mendapat pekerjaan. *He's a mere g. of his former self* Ia tinggal tulang dgn kulit. **g. town** kota mati. **to ghost-write** mengarang utk orang lain. **g. writer** pengarang utk orang lain.

ghostlike /'gowst'laik/ *ks.* seram, angker, spt sétan/hantu.

ghostly /'gowstlie/ *ks.* pucat, remang-remang, spt hantu.

ghoul /guwl/ *kb.* sétan/perampok kubur.

GHQ /'jie'eic'kyuw/ [*General Headquarters*] Markas Besar.

G.I. /'jie'ai/ *kb.* prajurit AS. *G.I. insurance* asuransi tentara.

giant /'jaiənt/ *kb.* 1 raksasa. *He's a g. of a man* Ia tinggi dan besar. *He's not what you'd call a mental g.* Dia tak dpt dikatakan seorang yg kepandaiannya luar biasa. 2 tokoh besar. *He's a g. in the field of physics* Dia tokoh besar dlm bidang ilmu alam. **giant-size** *ks.* besar sekali. *g.-size jar of coffee* sebotol besar kopi.

gibber /'jibər/ *kki.* omong-omong, merépét, mericau. *He's a gibbering idiot* Ia seorang tolol yg merépét.

gibberish /'jibərisy/ *kb.* secara merépét/membual/mericau.

gibbon /'gibən/ *kb.* siamang, ungka.

gibe /jaib/ *kb.* éjékan, cemooh. *His gibes sting* Éjékannya menusuk. —*kki.* mencemoohkan, mengéjék.

giblets /'jiblits/ *kb., j.* jeroan ayam-itik.

giddiness /'gidienəs/ *kb.* perasaan pusing/mabuk/gamang.

giddy /'gidie/ *ks.* pusing. *I feel g.* Pusing kepalaku. *to climb to g. heights* memanjat sampai ke tempat yg menggamangkan. *She's the g. type* Dia seorang yg sembrono. Dia seorang yg tdk bersungguh-sungguh.

gift /gift/ *kb.* 1 hadiah, kado, pemberian. *lovely g.* hadiah yg élok. *He made me a g. of his new book* Ia menghadiahkan kpd saya buku karyanya yg baru itu. 2 bakat. *He has a g. for public speaking* Ia berbakat dlm berpidato dimuka umum. *He thinks he's God's g. to mankind* Ia menganggap dirinya sbg orang yg bermanfaat bagi umat manusia. *Don't look a g. horse in the mouth* Jangan dicaci hadiah orang. **to gift-wrap (gift-wrapped)** membungkus dgn cantik sekali (utk hadiah).

gifted /'giftid/ *ks.* berbakat. *g. child* anak yg berbakat.

gig /gig/ *kb.* lembing/tombak ikan.

gigantic /jai'gæntik/ *ks.* 1 hébat, dahsyat. *g. earthquake* gempa bumi yg hébat. 2 sangat besar, raksasa. *He was g.* Dia sangat besar. *g. reception* resépsi yg bukan main besarnya, resépsi raksasa.

giggle /'gigəl/ *kb., kki.* terkikih-kikih, tertawa genit.

gild /gild/ *kkt.* **(gilded** atau **gilt)** menyepuh. *to g. a frame* menyepuh (dgn emas) bingkai.

gill /gil/ *kb.* insang. *to look green around the gills* kelihatan pucat sekali (spt orang yg tdk énak badan atau terasa mau muntah).

gill /jil/ *kb.* takaran (zat cair) = 1/4 liter.

gilt /gilt/ *kb.* lapisan yg berkilat. **gilt-edge(d)** *ks.* bermutu tinggi. *g.-edged investment* penanaman (modal) yg tdk akan rugi. lih GILD.

gimlet /'gimlit/ *kb.* 1 gérék kayu, bor kayu yg kecil. 2 minuman keras.

gimmick /'gimik/ *kb.* 1 alat. 2 tipu muslihat. *What's the g.?* Apakah maksud tersembunyi didalamnya? Adakah udang dibalik batu? *advertising g.* tipu-daya dlm iklan, alat licik dlm iklan.

gin /jin/ *kb.* 1 jenéwer, sopi. 2 *(cotton-)* mesin pemisah biji kapas.

ginger /'jinjər/ *kb.* jahé, halia. *g. ale* air jahé dgn soda. *Inf.: He has lots of g.* Dia giat sekali.

gingerbread /'jinjər'bred/ *kb.* roti yg dibubuhi jahé dan manisan.

gingerly /'jinjərlie/ *kk.* dgn hati-hati sekali.

gingersnap /'jinjər'snæp/ *kb.* kué kecil yg garing dan dibubuhi jahé dan manisan.

gingivitis /'jinjə'vaitəs/ *kb.* radang gusi.

gingham /'gingəm/ *kb.* (kain) génggang.

ginseng /'jinseng/ *kb.* jinsom.

gip /jip/ = GYP.

gipsy /'jipsie/ = GYPSY.

giraffe /jə'ræf/ *kb.* zirafah, zarafah, jerapah.

gird /gərd/ *kkt.* bersiap-siap. *He girded himself for a rough struggle* Dia bersiap-siap utk suatu perkelahian yg seru.

girder /'gərdər/ *kb.* bendul, balok penopang.

girdle /'gərdəl/ *kb.* korsét.

girl /gərl/ *kb.* 1 anak perempuan. 2 gadis *(in her late teens).* 3 pemudi, puteri. 4 pacar. *She's my g.* Dia

pacar saya. *g. friend* pacar. *his best g.* si-Dia. *Inf.:* **g. Friday** tangan kanan (majikannya). **G. Scout** pandu puteri, pramukawati, pramuka puteri. **g. volunteer** *(in Armed Forces)* sukarélawati. **girls' high school** S.M.A. Puteri.

girlhood /'gərlhud/ *kb.* masa gadis, masa remaja (perawan).

girlie /'gərlie/ *ks. Sl.:* yg memuat gambar-gambar wanita cantik. *g. magazine* majalah yg memuat gambar-gambar wanita.

girlish /'gərlisy/ *ks.* spt anak perempuan, genit. *She still had her g. figure* Potongannya masih spt gadis.

girth /gərth/ *kb.* 1 ukuran lilitan. *He has a tremendous g.* Ia gendut. 2 tali pelana.

gist /jist/ *kb.* intisari, pokok. *g. of the story* inti sari cerita.

give /giv/ *kb.* gaya-pegas. *That mattress has no g.* Kasur itu keras, tdk memegas. —*kkt.* **(gave, given)** 1 memberi. *What did he g. you for Christmas?* Kamu diberinya apa utk hari Natal? *This lamp gives a lot of light* Lampu ini memberi banyak cahaya. *to g. a test* memberi ujian. *The students were given a test* Para mahasiswa diuji. *to g. an example* memberi contoh. *to g. permission* memberi izin. *My investments g. a 10% return* Invéstasi-invéstasi saya memberi keuntungan 10%. *to g. as good as o. gets* memberi sebanyak yg diterima. 2 memberikan. *He gave the money to his brother* Ia memberikan uangnya kpd adiknya. *I gave him to understand that ...* Saya memberikan pengertian kepadanya, bhw.... *to g. s.o. a blow on the head* memberikan pukulan yg keras pd kepala. 3 menyumbang. *to g. some money to the fund* menyumbang uang sekedarnya kpd dana itu. 4 menyumbangkan. *He gives a lot of his time to the public* Ia menyumbangkan banyak waktunya utk masyarakat. 5 membayar. *He can g. as much as $5 for the wagon* Ia dpt membayar sebanyak $5 utk keréta itu. 6 mengadakan *(speech, talk, concert).* 7 mengucapkan *(speech, talk).* 8 menyajikan *(a play).* 9 mencurahkan. *to g. the teacher o's full attention* mencurahkan perhatian sepenuh-penuhnya kpd guru itu. 10 menyampaikan. *Please g. him my greetings* Tolong sampaikan salam saya kepadanya. 11 memperlihatkan, memberikan. *He gave no sign(s) of life* Ia tdk memperlihatkan tanda-tanda masih hidup. *He gave no indication that he knew me* Ia tdk memperlihatkan tanda-tanda bhw ia mengenal saya. 12 mengorbankan. *to g. o's life for o's country* mengorbankan jiwanya utk tanahairnya. 13 menyerahkan. *to g. o.s. to s.o.* menyerahkan dirinya kpd s.s.o. *Some things g. pain, some pleasure* Ada hal-hal yg menyengsarakan, ada yg menyenangkan. *G. me the good old days* Lebih énak/mendingan tempo dulu. *She gave him her hand in marriage* Ia menerima lamaran lakilaki itu utk nikah/kawin. *to g. a toast* minum, mengangkat gelas, memberi toast. *We gave it to him for his insulting manner* Kami balas dia karena sikapnya yg menghina itu. —*kki.* 1 putus. *The rope gave* Tali itu putus. 2 melar. *This fabric gives too much* Cita ini terlalu melar. 3 terbuka. *The door gave when I leaned against it* Pintu itu terbuka ketika saya bersandar padanya. **to g. away** 1 *Inf.:* membuka *(a secret).* *His manners g. him away* Tingkah lakunya membuka rahasianya. *Please don't g. me away* Jangan buka rahasia saya. 2 *Inf.:* memberikan (kpd orang lain). 3 *Inf.:* menyerahkan, menghadiahkan. *He would g. away his last shirt* Ia mau menyerahkan keméjanya yg penghabisan. 4 mendermakan. *to g. away o's money* mendermakan semua uangnya. *Inf.:* 5 memberitahukan ttg. *to g. the show away* memberitahukan kpd beberapa orang temannya ttg rencana itu, membocorkan rahasia dgn. 6 menyerah, melepas. *to g. the bride away* menyerahkan pengantin perempuan (kpd pengantin laki-laki). **to g. back** mengembalikan. **to g. forth** 1 menunjukkan. *to g. forth a strong effort* menunjukkan usaha yg mengagumkan. 2 memancarkan, mengeluarkan. *The stove gave forth a lot of heat* Tungku itu memancarkan banyak panas. **to g. in** menyerahkan, mengalah. *He had to g. in* Ia terpaksa menyerah. *Please g. in your cards* Serahkanlah kartu-kartu sdr. *to g. in to the pressures* mengalah kpd tekanan-tekanan. **to g. off** melepaskan, mengeluarkan, menyemburkan (*light*). *to g. off steam* mengeluarkan uap. **to g. out** 1 membagi-bagikan (*papers, etc.*). 2 memberikan (*information*). 3 habis. *Our money gave out* Uang kami habis. 4 kehabisan. *He gave out before the race was over* Ia sdh kehabisan napas sblm perlombaan itu selesai. **to g. over to** menyerahkan kpd. **to g. up** 1 berhenti, menghentikan. *to g. up a job* berhenti dari pekerjaannya. *to g. up smoking* berhenti merokok. *We'll have to give up the Times* Kita hrs menghentikan berlangganan Times. 2 membuang. *to g. up the thought of a vacation* membuang pikiran utk berlibur. 3 mengorbankan. *to g. up o's vacation to...* mengorbankan liburannya utk.... 4 menyerahkan. *to g. o.s. up to the police* menyerahkan diri kpd polisi. *to g. up o's seat to* menyerahkan tempat duduknya kpd. 5 melepaskan. *I don't give up my friends easily* Saya tak mudah melepaskan teman-teman saya. 6 menganggap. *to g. s.o. up for dead* menganggap s.s.o. sdh mati. 7 menyerah. *Don't g. up so easily* Janganlah begitu mudah putus asa. *I g. up* Saya menyerah. Saya mengaku kalah. 8 kapok. *I g. up trying to help him* Saya sdh kapok berikhtiar menolongnya. *He has given himself up to this work exclusively* Ia mengabdikan dirinya semata-mata utk pekerjaannya itu. *Don't g. up hope* Jangan putus asa harapan. *to g. up a goal* kemasukan gol. **give-and-take** *kb.* memberi dan menerima, kalah-mengalah. *g. or take* kurang lebih. **—given** *ks.* cenderung, biasa. *He is g. to exaggeration* Dia cenderung utk melebih-lebihkan. *He is g. to drink* Ia sdh mencandu meminum minuman keras. *g. name* nama kecil. *at a g. time* pd waktu yg tlh tertentu. *G. these facts...* Dgn adanya fakta-fakta ini.... **—giving** *kb.* memberi, pemberian.

giveaway /'givǝwei/ *kb. Inf.*: 1 pembukaan rahasia tanpa sengaja. *It was a dead g.* Itu sdh jelas membuka rahasia. 2 hadiah, pemberian. *g. show* acara dimana diberikan hadiah-hadiah.

given /'givǝn/ lih GIVE.

giver /'givǝr/ *kb.* pemberi, penderma.

gizmo /'gizmow/ *kb. Sl.*: alat. *useful g.* alat yg berguna.

gizzard /'gizǝrd/ *kb.* empedal unggas.

Gk. [*Greek*] yg berh. dgn Yunani.

glacial /'gleisyǝl/ *ks.* yg berh. dgn sungai és.

glacier /'gleisyǝr/ *kb.* sungai és, glétser.

glad /glæd/ *kb. Inf.*: = GLADIOLUS. **—ks.** senang (hati), gembira. *I'm g. to meet you!* Apa kabar? (Saya senang bertemu dgn kamu.) *He's only too g. to help you* Dia benar-benar merasa senang sekali menolongmu. *How g. we are you came* Kami senang sekali bhw sdr datang. *Sl.*: **g. eye** lirikan (mesra), permainan mata. *to give s.o. the g. eye* bermain mata dgn s.s.o. *Inf.*: **glad-hand** *kb.* salam yg ramah. *Sl.*: **g. rags** pakaian yg paling bagus. **—gladly** *kk.* dgn senang hati, dgn gembira.

gladden /'glædǝn/ *kkt.* menggembirakan.

glade /gleid/ *kb.* lapangan yg teluang ditengah-tengah tanah rimba.

gladiator /'glædie'eitǝr/ *kb.* seorang budak, tawanan atau orang upahan yg disuruh berkelahi dlm tontonan umum.

gladiolus /'glædie'owlǝs/ *kb.* (*j.* **-li, -uses**) gladiol.

gladness /'glædnǝs/ *kb.* kesenangan hati, kegembiraan.

glamor /'glæmǝr/ = GLAMOUR.

glamorize /'glæmǝraiz/ *kkt.* mengagungkan.

glamorous /'glæmǝrǝs/ *ks.* sangat menarik dan mempesonakan.

glamour /'glæmǝr/ *kb.* daya tarik.

glance /glæns/ *kb.* pandangan sekilas. **at a g.** dlm/ dgn sekejap mata. **to cast a g. at** melémparkan pandangan kpd, memandang sekilas kpd. *He cast a quick g. at the evening paper* Ia membaca suratkabar malam itu selintas-lalu. *He shot an angry g. at his opponent* Ia melémparkan secara sepintas lalu pandangan yg marah thd lawannya itu. **—kki.** melihat sekilas. **to g. at** melihat sekilas ke. *to g. down at the floor* sepintas lalu melihat ke lantai. **to g. off** kena dan terpental, memantul. *The ball glanced off the net* Bola itu terpantul pd jaring. *The bullet glanced off the wall* Peluru itu memantul pd témbok itu. **to g. out** memandang (sepintas lalu) dari. *to g. out the window* memandang (sepintas lalu) dari jendéla. **to g. over** membaca secara sepintas lalu. *to g. over a manuscript* membaca naskah secara sepintas lalu. **to g. up** melihat keatas. **glancing** *blow* pukulan sipi, pukulan yg luput.

gland /glænd/ *kb.* kelenjar.

glandular /'glænjǝlǝr/ *ks.* yg berh. dgn kelenjar. *g. tissue* jaringan kelenjar.

glare /glær/ *kb.* 1 cahaya yg menyilaukan. *to reduce g.* mengurangi cahaya yg menyilaukan. 2 pandangan sorotan. *in the full g. of publicity* dlm sorotan pérs yg penuh. **—kki.** membelalang, membelalak. *to g. at s.o.* membelalang kpd s.s.o. **—glaring** *ks.* 1 yg menyilaukan. *g. headlights* lampu sorot yg menyilaukan. 2 yg menyolok. *g. error* kesalahan yg menyolok.

glass /glæs/ *kb.* 1 kaca. *high quality g.* kaca yg bermutu tinggi. *pane of g.* kaca jendéla/pintu. *a piece of g.* sepotong/sekeping/pecahan kaca. 2 gelas. *a g. of water* segelas air. 3 cermin. *Look at yourself in the g.* Pandangilah dirimu dlm cermin. 4 (*spy-*) teropong. *People who live in g. houses shouldn't throw stones* Berani berbuat, berani menanggung akibatnya. *to have o. g. too many* agak terlalu banyak minum. *g. blower* peniup gelas/kaca. *g. bottle* botol kaca. *g. case* lemari/peti kaca. *g. door* pintu kaca. *g. eye* (bola) mata dari kaca. *g. wool* benang halus dari kaca, serat kaca. **—glasses** *j.* 1 kacamata. 2 (*spy-*) teropong. *to see s.t. through rose-colored glasses* melihat s.s.t. secara amat optimistis.

glassful /'glæsful/ *kb.* segelas penuh.

glasshouse /'glæs'haws/ *kb.* = GREENHOUSE.

glassmaker /'glæs'meikǝr/ *kb.* pembuat barang-barang élok dari gelas.

glassmaking /'glæs'meiking/ *kb.* pembuatan gelas.

glassware /'glæs'wær/ *kb.* barang pecah-belah.

glassworks /'glæs'wǝrks/ *kb.* paberik kaca.

glassy /'glæsie/ *ks.* 1 spt kaca. *g. sea* laut spt kaca. 2 tolol, dungu. *He had a g. look* Pandangannya spt orang tolol. *g. stare* tatapan hampa dan dungu.

glaucoma /glaw'kowmǝ/ *kb.* glaukoma.

glaze /gleiz/ *kb.* 1 lapisan (*of ice*). 2 upaman (*on a china cup*). **—kkt.** mengacai, memasang kaca (*a window, picture*).

glazier /'gleizyər/ *kb.* tukang kaca.
gleam /gliem/ *kb.* 1 pancaran cahaya. *a g. of light* seberkas sorotan cahaya yg lemah. 2 sekilas. *a g. of hope* sekilas harapan. —*kki.* 1 berkilat, berseri-seri. *Her eyes gleamed with happiness* Matanya berseri-seri karena bahagia. 2 bersinar. *The bright light gleamed in the darkness* Cahaya yg terang itu bersinar dlm kegelapan.
glean /glien/ *kkt.* mengumpulkan sedikit. *to g. all available data* mengumpulkan sedikit demi sedikit semua keterangan yg ada.
glee /glie/ *kb.* riang, gembira. *g. club* paduan suara (di sekolah).
gleeful /'glieful/ *ks.* dgn riang-gembira. —**gleefully** *kk.* dgn gembira-ria, dgn sangat gembira.
glen /glen/ *kb.* lembah kecil, celah-celah gunung.
glib /glib/ *ks.* lincir mulut/lidah, fasih.
glide /glaid/ *kb.* 1 gerakan yg luwes. 2 *Phon.:* huruf atau bunyi sémivokal. 3 *Av.:* peluncuran (tanpa memakai motor), penerbangan layang. —*kki.* 1 meluncur. *The skaters glided to the "Blue Danube"* Pemain skat itu meluncur mengikuti irama "Blue Danube". *The plane glided to a stop* Pesawat terbang itu meluncur, lalu berhenti. 2 berlalu. *The years glided by* Tahun demi tahun berlalu. 3 masuk dgn lemah-gemulai. *to g. into a room* memasuki kamar dgn lemah-gemulai. 4 *Av.:* terbang layang. —**gliding** *kb.* meluncur dgn pesawat terbang/peluncur terbang layang.
glider /'glaidər/ *kb.* 1 (pesawat) peluncur, pesawat terbang layang. 2 *Furn.:* kursi ayunan.
glimmer /'glimər/ *kb.* 1 cahaya yg samar-samar. *g. of hope* cahaya harapan yg samar-samar, harapan tipis. 2 cahaya redup. *g. of a dying fire* cahaya redup dari api yg akan padam. —*kki.* berkelip redup (*of a candle, fire*). *After the telegram arrived all hope went glimmering* Sesudah télegram itu datang semua harapan mulai lenyap.
glimpse /glimps/ *kb.* penglihatan/pandangan sekilas. *to catch a g. of s.o.* melihat s.s.o. sekilas. —*kkt.* memandang, melihat sepintas lalu.
glint /glint/ *kb.* 1 kilatan. *the g. of silver* kilatan pérak. 2 cahaya yg menyilaukan mata.
glisten /'glisən/ *kki.* berkilau-kilauan. *The diamond glistened in the light* Intan itu berkilau-kilauan kena cahaya.
glitter /'glitər/ *kb.* kegemilapan, kemegahan. *the g. of the occasion* kegemilapan peristiwa. —*kki.* berkerlap, berkerlip, gemerlapan. *Her jewels glittered* Intan permatanya itu berkelap. *All is not gold that glitters* Lahir tak selamanya menunjukkan batin.
gloat /glowt/ *kki.* merenungkan dgn hati senang, melihat dgn tamak. *to g. over o's wealth* melihat dgn tamak kpd kekayaannya. *to g. over s.o.'s misfortune* merasa senang melihat nasib buruk orang lain.
glob /glab/ *kb.* gumpal, selékéh.
global /'glowbəl/ *ks.* sedunia, sejagat. *g. war* perang (se)dunia.
globe /glowb/ *kb.* 1 barang bulat/bundar spt bola. 2 *Geog.:* bola (peta) bumi. 3 *Elec.:* lampu bola.
globetrotter /'glowb'tratər/ *kb.* pengeliling dunia.
globular /'glabyələr/ *ks.* bulat, bundar, berbentuk bola.
globule /'glabyuwl/ *kb.* percikan, tétésan. *globules of sweat* percikan keringat.
gloom /gluwm/ *kb.* 1 kesuraman, kemurungan. 2 kegelapan.
gloomy /'gluwmie/ *ks.* 1 suram, muram, murung. *to have a g. disposition* sikap bermuram-durja. 2 mendung. *g. day* hari mendung.

glorification /'glowrəfə'keisyən/ *kb.* pemujaan.
glorify /'glowrəfai/ *kkt.* (**glorified**) 1 memuja. *to g. God* memuja Tuhan. 2 mengagungkan. *to g. war* mengagungkan perang. 3 memuliakan. *to g. o's country* menjayakan negerinya. —**glorified** *ks.* dipuja. *The house is a g. shack* Rumah itu adalah pondok yg diperindah.
glorious /'glowrieəs/ *ks.* 1 mulia, agung. 2 meriah. *The reunion was a g. occasion* Reuni itu benar-benar meriah. 3 gilang-gemilang. *g. victory* kemenangan yg gilang-gemilang. **g. weather** cuaca cerah. —**gloriously** *kk.* senang. **g. happy** sangat senang.
glory /'glowrie/ *kb.* (*j.* **-ries**) 1 kemuliaan keagungan. *to cover o.s. with g.* mengumpulkan keagungan pd dirinya. 2 semarak, cahaya kemuliaan. *Her hair is her crowning g.* Rambutnya adalah semaraknya yg paling menonjol. *G. be!* Syukur alhamdulillah! *Inf.:* **to be in o's g.** merasa puas, bangga. *He's in his g. with a dish of ice cream* Ia sangat senang mendapat sepiring és krim. *to go to o's g.* meninggal dunia. —*kki.* **to g. in** merasa bangga dlm. *She glories in helping others* Ia merasa bangga menolong orang-orang lain.
gloss /glas/ *kb.* 1 permukaan yg halus (*of furniture*). 2 terjemahan, komentar, keterangan. —*kkt.* membubuhi catatan atau keterangan. *to g. over o's problems* menyembunyikan/mengabaikan persoalan-persoalannya.
glossary /'glasərie/ *kb.* (*j.* **-ries**) daftar kata-kata. *g. of technical terms* daftar istilah-istilah téknik.
glossy /'glasie/ *ks.* yg mengkilap. *g. photo* foto yg mengkilap. *g. magazine* majalah yg dicétak pd kertas mengkilap.
glottal /'glatəl/ *ks.* yg berh. dgn celah suara. *g. stop* hamzah, penghentian suara dlm celah suara.
glottis /'glatəs/ *kb.* celah suara.
glove /glʌv/ *kb.* sarung tangan. *to fit like a g.* cocok benar. *g. compartment* laci kecil didekat setir mobil tempat menyimpan barang-barang kecil. —**gloved** *ks.* bersarung. *with his g. hand* dgn tangannya yg bersarung.
glow /glow/ *kb.* 1 sinar (*of sunset, happiness*). 2 cahaya (*of fire*). *Her face has a healthy g.* Wajahnya bercahaya séhat. 3 suasana. *g. of excitement* suasana héboh/tergugah. —*kki.* 1 memancarkan cahaya. *The light glowed brightly* Bola lampu itu memancarkan cahaya yg terang. *The open fire glowed* Api yg terbuka itu memancarkan cahaya. 2 berpijar. *The metal glowed* Logam itu berpijar. :: *The team glowed with excitement* Regu itu penuh dgn kegairahan. *Her cheeks glowed* Pipinya mérah sekali. —**glowing** *ks.* 1 yg bersemangat. *to give a g. account* memberi laporan yg bersemangat. 2 menyala-nyala. *g. fire* api yg menyala-nyala. *g. tan* warna kulit yg coklat kemérah-mérahan. —**glowingly** *kk.* dgn bersemangat. *to speak g. of s.o.* berbicara dgn bersemangat mengenai s.s.o.
glower /'glawər/ *kki.* memandang, menatap dgn tajam. *to g. at* memandang dgn marah kpd.
glowworm /'glow'wərm/ *kb.* ulat kelip-kelip.
glucose /'gluwkows/ *kb.* glukosa, sakar, gula anggur.
glue /gluw/ *kb.* lém, perekat. —*kkt.* 1 menémpélkan, merekat. *G. the pictures onto this paper* Témpélkanlah gambar-gambar itu pd kertas ini. 2 merapatkan (*o's ear to*). **to g. together** merekatkan menjadi satu, merapatkan dgn lém. **to be glued** 1 terpaku. *He appeared glued to his seat* Ia kelihatannya duduk terpaku pd kursinya. 2 terpancang. *Her face was glued to the window* Wajahnya terpancang pd jendéla itu. 3 tertambat. *Her eyes were glued on the door* Pandangan-

nya/Matanya tertambat pd pintu itu. *Keep your eyes glued to the book* Tetaplah menatap buku itu.

glum /glʌm/ *ks.* muram, suram, murung. *g. face* muka masam, wajah murung. *He seems so g.* Ia kelihatannya muram.

glut /glʌt/ *kb.* persediaan yg melimpah-limpah. —*kkt.* (**glutted**) memakan dgn lahap. *to g. o.s. with* makan sampai sekenyang-kenyangnya. *The market is glutted with bananas* Pasar penuh dgn pisang.

gluten /'gluwtən/ *kb.* zat perekat (dlm ketan), perekat.

glutinous /'gluwtənəs/ *ks.* léngkét, lécéh, melekat.

glutton /'glʌtən/ *kb.* seorang rakus, pelahap, seorang gelojoh. *He's a g. for punishment* Ia sdh kebal thd hukuman-hukuman. Ia sdh kenyang dgn hukuman-hukuman. *He's a g. for work* Ia suka/ senang bekerja (keras).

gluttony /'glʌtənie/ *kb.* (*j.* -**nies**) kerakusan.

glycerin(e) /'glisərən/ *kb.* gliserin.

Gmc [*Germanic*] yg berh. dgn bahasa-bahasa Jérman.

GMT, G.M.T. [*Greenwich Mean Time*] waktu Greenwich.

gnarled /narld/ *ks.* monggol, berkenjal-kenjal.

gnash /næsy/ *kkt.* mengertakkan, mengeritkan. *to g. o's teeth* menggertakkan gigi. —**gnashing** *kb.* gertakan/kertakan gigi.

gnat /næt/ *kb.* agas yg suka menggigit. *to strain at a g.* menaruh keberatan thd hal kecil.

gnaw /nɔ/ *kkt.* menggerogoti. *to g. a hole in a wall* menggerogoti lubang di dinding. —*kki.* 1 menggerogoti. *to g. at the wall* menggerogoti dinding. 2 mengerkah. *to g. on a bone* mengerkah/menggerogoti tulang. 3 mengganggu. *Fear gnawed at her* Rasa takut mengganggu batinnya. —**gnawing** *kb.* *There was a g. in his stomach* Perutnya perih rasanya. *ks.* perih sekali. *g. pain* sakit yg perih sekali.

gneiss /nais/ *kb.* gneiss.

gnome /nowm/ *kb.* jembalang, orang cebol/katai.

GNP, G.N.P. /'jie'en'pie/ [*Gross National Product*] Hasil Kotor Nasional.

go /gow/ *kb.* 1 kesempatan. *Give me a go at the job* Berilah saya kesempatan utk melakukan pekerjaan itu. 2 giliran. *It's his go* Itu gilirannya. *It's no go* Sia-sia saja. *All systems are go* Semua alat bekerja/ berjalan dgn baik. **to have a go at** mulai berbuat/ membuat mencoba. **to make a go of** berhasil dlm, mendapat suksés dlm. **to be on the go** répot, sibuk. *We've been on the go since we arrived* Kami répot sejak kami sampai. *This gas will keep your car on the go* Bénsin ini akan memelihara/menjaga mobilmu dlm keadaan baik. *Her young children keep her on the go* Anak-anaknya yg masih kecil itu menjadikan dia senantiasa sibuk. —*kki.* (**went, gone**) 1 pergi. *to go to school* pergi ke sekolah. *to go to court* pergi ke pengadilan. *Who goes there?* Siapa ada disana? Siapa pergi kesana? *to go fishing* pergi memancang/menangkap ikan. *I'm to go* Saya yg akan pergi. 2 berangkat. *They're going on Wednesday* Meréka akan berangkat hari Rabu. 3 hancur. *That country must go!* Negeri itu pasti hancur! *The old tires finally went* Ban mobil yg tua itu akhirnya hancur. 4 meninggal. *Dad went first* Ayah meninggal lebih dulu. 5 hilang. *My hearing is going* Pendengaran saya mulai hilang. 6 berjalan, berlalu. *Christmas vacation goes fast* Liburan Hari Natal berjalan dgn cepat. *His car goes fast* Mobilnya berjalan dgn cepat. *The rehearsal went well* Latihan (percobaan) itu berjalan baik. 7 (ber)bunyi. *How does the poem go?* Bagaimana bunyi sajak itu? *So the story*

goes Begitulah/Demikianlah ceritanya. 8 jatuh. *The gold medal goes to you* Medali emas jatuh ke tanganmu. *The title will go to the oldest son* Gelarnya akan jatuh pd anak laki-laki yg tertua. 9 lari. *When you say "go," I'll run* Kalau kau mengatakan "lari," saya akan berlari. 10 naik. *to go by car/train* naik mobil/kerétaapi. 11 putus. *A fuse went* Sékering putus. 12 menuju. *This road goes to Elmira* Jalan ini menuju ke Elmira. 13 diberhentikan. *Ten employees will have to go* Sepuluh orang pegawai hrs diperhentikan. 14 boléh. *Anything goes* Apapun boléh. 15 diatur. *Promotion goes by seniority* Kenaikan pangkat diatur menurut urutan lamanya bekerja. 16 menjadi. *Five into ten goes twice* Lima duakali menjadi sepuluh. :: *How did the tennis go?* Bagaimana permainan ténnis itu? *Where does this box go?* Dimana tempat kotak ini? *What he says, goes* Apa yg dikatakannya, hrs dikerjakan. *as the saying goes* spt kata pepatah/peribahasa. *to have the qualities that go to make a great man* mempunyai bakat-bakat yg membuat s.s.o. *This goes to prove that you are right* Ini dpt/akan dipakai utk membuktikan bhw kau ada di pihak yg benar. *The city went socialist* Kota itu dikuasai kaum sosialis. *The report is accurate as far as it goes* Laporan itu sebegitu jauh teliti. *to go the shortest way* mengambil jalan terpéndék. *Everything is going well* Semua dlm keadaan baik. *as things go* melihat keadaan. *The proceeds will go to charity* Hasilnya akan dipakai utk amal. *to go see s.o.* mengunjungi s.s.o. *Go and see who's at the door!* Coba lihat siapa ada di pintu! **to go about** 1 mengusahakan. *How does one go about getting a job?* Bagaimanakah caranya utk mendapatkan pekerjaan? 2 pindah. *He goes about everywhere much as he pleases* Dia pindah kemana-mana dgn sesuka hatinya. 3 tersiar. *There's a rumor going about that...* Ada tersiar desas-desus bhw.... 4 melakukan, mengerjakan, bekerja. *He goes quietly about his work* Dgn tenangnya ia melakukan pekerjaannya. **to go above** meliwati (diatas), melebihi. *This elevator does not go above the tenth floor* Lift ini tdk melebihi tingkat kesepuluh. **to go across** 1 menyeberang. *to go across a river* menyeberang sungai. 2 meliwati (*the border, railroad tracks, etc.*). **to go after** 1 mencari(kan). *Will you go after the boy for me?* Sudikah sdr mencarikan anak laki-laki itu utk saya? 2 mengikuti, menyusul. *I'll go after you* Saya akan mengikuti kamu. **to go against** 1 bertentangan dgn. *It goes against my conscience to do that* Melakukan yg demikian, bertentangan dgn katahati saya. 2 menentang, buruk, sial. *Fate seems to go against him* Nasibnya kelihatannya sial. *to go against the tide* (berlayar) melawan arus pasang. **to go along** 1 ikut serta, pergi bersama-sama. 2 turut. *If you go along, we can do the job fast* Kalau kau turut membantu, pekerjaan ini dpt lekas kita selesaikan. 3 menyetujui. *I go along with you on the idea* Saya menyokong pendapat sdr itu. *I plan as I go along* Saya membuat rencana sambil lalu. **to go around** 1 mengitari, mengelilingi. *to go around the house* mengelilingi/menjalani rumah itu. *to go around the house calling to everyone to get up* Ia menjalani seluruh rumah itu sambil menyerukan spy semua orang bangun. 2 pergi berkeliling. *He goes around trying to persuade his friends to help him* Dia pergi berkeliling mencoba membujuk teman-temannya utk menolongnya. 3 dibagi-bagikan. *She barely had enough food to go around* Makanannya hampir tak cukup utk dibagi-bagikan. **to go at** mulai mengerjakan. *to go at s.t. the wrong way* memulai s.s.t.

dgn cara yg salah. **to go away** 1 pergi, berangkat. 2 hilang (*of pain*). **to go back** 1 kembali. *to go back for o's hat* kembali utk mengambil topinya. *to go back to the beginning* kembali ke pangkal pembicaraan/pekerjaan. *He went back to his reading* Ia kembali melanjutkan bacaannya. 2 pulang. *to go back to Buffalo* pulang ke Buffalo. 3 mundur. *to go back ten paces* mundur sepuluh langkah. 4 berasal dari. *His family goes b. to …* Keturunan familinya berasal dari…. **to go back of** menyelidiki. *to go back of a matter* menyelidiki persoalan. **to go back on** tdk memenuhi, tdk setia kpd. *to go back on a promise* tdk memenuhi janji. *to go back on o's wife* tdk setia kpd isterinya. *There's no going back to the past* Tak ada gunanya kita memandang/melihat ke masa yg lampau. **to go before** mendahului. *Right goes before might* Hak mendahului kekuasaan. **to go behind** pergi kebelakang. *to go behind the announcement to find the real situation* menyelidiki alasan-alasan yg tersembunyi dibalik pengumuman itu utk mengetahui keadaan yg sebenarnya. *to go behind s.o.'s back* melakukan s.s.t. secara diam-diam/rahasia. **to go by** 1 liwat di, meliwati. *If you go by the drugstore, get me some aspirin* Kalau kamu liwat di toko obat, belikan saya aspirin. 2 mengikuti. *to go by the directions* mengikuti petunjuk-petunjuk itu. 3 dikenal dgn. *to go by the name of Mr. X* dikenal dgn nama Tuan X. 4 berlalu. *The days go by fast* Hari berlalu dgn cepat. *to go by appearances* percaya/berpegang kpd rupa/wujud/keadaan lahiriah. *I have nothing to go by* Tak ada yg dpt saya pakai sbg pedoman/tuntunan. **to go down** 1 turun. *to go down to the basement* turun ke ruangan paling bawah. *to go down in price* turun harganya. 2 jatuh. *to go down to defeat* jatuh dan kalah. 3 kalah. *Bridge: to go down two* kalah dua biji. 4 berkurang. *The city's population is going down* Jumlah penduduk kota itu sdh berkurang. 5 diterima. *This proposal will never go down with the committee* Usul ini tdk mungkin akan diterima oléh panitia. 6 terbenam. *The sun goes down at 5 p.m.* Matahari terbenam jam lima soré. 7 tenggelam (*of a ship*). 8 tercatat, dimasukkan. *This will go down in history as …* Ini akan tercatat dlm sejarah sbg…. *This will go down in the record books* Ini akan dimasukkan kedlm catatan rékor. 9 ditelan. *That drink went down easily* Minuman itu ditelan dgn mudah. 10 mengalami kemunduran. *This neighborhood has gone down* Perkampungan ini mengalami kemunduran. *He has gone down in the world* Ia mengalami kegagalan/kemunduran dlm hidupnya. *to go down on o's knees* berlutut, bertekuk-lutut. *The farm goes down to the river* Tanah pertanian itu memanjang/membujur meluas sampai ke sungai itu. **to go for** 1 *Inf.:* menyerhu, mengejar. *The tiger went for the deer* Harimau itu mengejar kijang. 2 mendapatkan. *to go for two points* mendapatkan dua angka. 3 dijual. *The book went for ten dollars* Buku itu dijual seharga sepuluh dolar. 4 *Inf.:* tertarik kpd. *I don't go for that woman* Saya tdk tertarik kpd wanita itu. **to go in** 1 masuk. *Let's go in* Mari kita masuk. 2 pas, cocok. *This key doesn't go in that lock* Kunci/Anak kunci ini tdk cocok dgn induk kunci itu. *Inf.:* **to go in for** 1 gemar melakukan. *to go in for exercise* gemar melakukan gerak-badan. 2 mengikuti. *to go in for the latest fad* mengikuti kegemaran mode terakhir. 3 mencemplungkan diri. *to go in for politics* mencemplungkan diri dlm politik. **to go into** 1 masuk. *to go into a building* masuk ke gedung. *to go into the army* masuk tentara. 2 menyelidiki, mempelajari. *to go (deeply) into a matter*

menyelidiki suatu soal (dgn teliti). *Five goes into ten twice* Sepuluh adalah dua kali lima. *to go into medicine* belajar ilmu kedokteran. **to go in with s.o. on** ikut serta dgn s.s.o. dlm. **to go it alone** melakukannya/berusaha sendiri. **to go off** 1 berangkat. *to go off without o's hat* berangkat tanpa topinya. 2 meletus, meletup. *The pistol went off* Pistol itu meletus. *The cannon went off* Meriam berdentum. 3 meledak. *The bomb went off* Bom itu meledak. 4 berbunyi. *The alarm went off at 6 a.m.* Jam wékér itu berbunyi pd pukul 6 pagi. 5 menjadi gila. *He went off completely* Ia benar-benar menjadi gila. 6 berjalan. *The plans went off as arranged* Rencana-rencana itu berjalan spt yg direncanakan. 7 lenyap dari. *What time does the station go off the air?* Jam berapa pemancar itu lenyap dari udara? 8 keluar dari. *The train went off the rails* Keréta api itu keluar dari rélnya. 9 menyeléwéng dari. *The car went off the road* Mobil itu menyeléwéng dari jalan. *I've gone off my diet* Saya tdk berdiit/berpantang lagi. *to go off to sleep* tertidur. **to go off with s.o.** berangkat dgn s.s.o. **to go on** 1 meneruskan. *to go on arguing* terus memperdébatkan. *How can you go on like this?* Bagaimana kamu bisa terus-terusan spt ini? *Let's go on a little further* Mari kita terus sedikit lagi. 2 memulai (di radio/TV). *What time do I go on?* Jam berapa program saya mulai? 3 hampir. *It's going on 5 o'clock* Sdh hampir jam lima. *I'm going on forty* Saya hampir berusia empat puluh tahun. 4 berbicara. *She went on for two hours* Ia berbicara terus selama dua jam. 5 melanjutkan. *He went on to give me the details* Ia melanjutkan dgn memberikan kpd saya seluk-beluknya. *to go on to another matter* melanjutkan dgn persoalan lain. 6 berpegang pd. *I'm going on that supposition* Saya berpegang pd dugaan itu. 7 berlangsung. *How long will this conversation go on?* Berapa lama percakapan ini akan berlangsung? 8 dpt dipakai. *This shoe won't go on* Sepatu ini tdk dpt dipakai. :: *to have enough evidence to go on* mempunyai cukup bukti utk dipakai sbg dasar. *What's going on here?* Ada apa disini? *Go on! You're rich* Astaga! Kamu kaya. **to go out** 1 (pergi) keluar. *to go out to dinner* pergi ke pésta makan (malam). 2 mati (*of a light, furnace*). 3 disiarkan. *That message should not have gone out* Berita itu seharusnya tdk boléh disiarkan. 4 keluar. *Out you go!* Keluar kamu! Keluar dari sini! 5 lenyap. *The bitterness had gone out of his voice* Kegetiran tlh lenyap dari suaranya. *Miniskirts are going out* Rok mini sdh tdk mode lagi. **to go out for** main. *to go out for tennis* main ténnis dgn regu sekolah. *Inf.: to go out like a light* menjadi mabuk sekali. *to go out on strike* melakukan pemogokan. *My heart goes out to her* Saya merasa sangat kasihan padanya. **to go out with** bergaul dgn. *to go out with a girl* bergaul dgn seorang gadis. **to go over** 1 menyeberang(i), melintasi. 2 memeriksa, meneliti. *to go over the figures* memeriksa angka-angka. 3 membaca(kan) kembali. *to go over a speech* membacakan kembali pidato. *to go over a contract* membaca sebuah kontrak secara teliti. 4 membicarakan kembali. *to go over the same ground again* kembali membicarakan pokok persoalan yg sama. 5 mengulangi. *Go over the exercise again* Ulangilah latihan itu. *to go over a problem in o's mind* membayang-bayangkan/mengulangi sebuah persoalan dlm angan-angannya/pikirannya. 6 menyeberang. *to go over to the enemy* menyeberang/berbélot ke pihak musuh. 7 melampaui (*the speed limit*). 8 meninjau kembali (*recent events*). :: *to go over the house* merapikan/mémbéréskan rumah. *Inf.*: *His behavior does not go over well here* Tingkahlakunya tdk disukai disini. *Inf.*: *He's going over in a big way* Usahanya berhasil secara besar-besaran. **to go round** lih TO GO AROUND. **to go through** 1 mengalami. *You have no idea what I've gone through* Kau tdk akan dpt membayangi apa yg tlh kualami. *That book has gone through four editions* Buku itu sdh mengalami empat kali cétakan. 2 mengeluarkan, memboroskan. *He has gone through his money* Uangnya tlh tandas. 3 memeriksa. *to go through o's pockets* memeriksa kantong-kantongnya. 4 disetujui/diterima. *to go through a building* memeriksa gedung. *The new schedule did not go through* Rencana yg baru itu tdk diterima. *The bill has gone through* Rencana undang-undang itu sdh diterima. 5 disambung. *Your call has gone through* Nomor yg sdr minta sdh disambung. 6 menyusup kedlm. *The bitter cold goes right through me* Udara yg sangat dingin itu menyusup kedlm tubuh saya. 7 jadi diadakan, memperoléh permufakatan/persetujuan. *The business deal did not go through* Perjanjian dagang itu tdk jadi diadakan/ tdk memperoléh permufakatan. 8 menembus. *The bullet went through the windshield* Peluru itu menembus kaca-depan mobil itu. *A murmur went through the audience* Suara berbisik timbul di kalangan hadirin. **to go through with** menyelesaikan, melaksanakan. *to go through with a plan* menyelesaikan pelaksanaan rencana. *He's got to go through with it* Ia hrs melaksanakannya sampai selesai. **to go to it** melanjutkannya, meneruskannya. **to go together** 1 (pergi) bersama-sama. 2 berpacar-pacaran. *That boy and girl have been going together for two months* Pemuda dan pemudi itu tlh berpacar-pacaran selama dua bulan. 3 cocok, seimbang, berpadanan. *These colors don't go together* Kedua warna ini tdk cocok satu sama lainnya. **to g. to show** hendak memperlihatkan/membuktikan. **to go under** 1 jatuh bangkrut (*of a firm*). 2 karam, tenggelam (*of a ship*). 3 memakai. *to go under an assumed name* dikenal dgn nama samaran. **to go up** 1 naik. *The rent has gone up* Séwa rumah itu sdh naik. *to go up a hill* naik bukit. *The temperature is going up* Suhu sedang naik. Hawanya/Demamnya naik. 2 meningkat. *The birthrate is going up* Angka-angka kelahiran meningkat. 3 dibangun. *A new building has gone up* Sebuah gedung baru sdh dibangun. **to go up in smoke** 1 terbakar. *The house went up in smoke* Rumah itu terbakar. 2 hilang, lenyap. *All her dreams went up in smoke* Semua cita-citanya hilang lenyap. *The curtain goes up at 8 sharp* Sandiwara dimulai tepat jam 8. **to go up to** mendekati/mendatangi. **to go up a river** pergi/berlayar ke hulu sungai, memudiki sungai. **to go with** 1 pergi bersama. 2 berpacaran dgn. *He goes with a beautiful girl* Ia berpacaran dgn seorang gadis cantik. 3 cocok. *Coffee goes with pie* Kopi cocok sekali dgn kué pastai. *She needs a belt to go with her dress* Ia perlu ikat pinggang utk melengkapi bajunya. **to go without** tanpa, tdk sama sekali. *We'll have to go without dinner* Kita terpaksa tdk makan. *It goes without saying* Sdh barang tentu. Sdh lumrah. **go-ahead** *kb.* kekuasaan utk melanjutkan, izin. **go-around** *kb.* putaran. **go-between** *kb.* perantara, pengantara. *Inf.*: *to give s.o. the go-by* menganggapnya tdk ada. *Sl.*: **go-getter** *kb.* orang yg rajin dan giat. **go-round** *kb.* sidang yg gaduh. **go-sign** *kb.* izin, (tanda) persetujuan. *Inf.*: *He took a go-slow attitude* Sikapnya hati-hati. **—gone** *ks.* terpesona pd. *a g. look on his face* pandangan yg terpesona pd

wajahnya. *My pen is g.* Péna saya hilang. *The injured man was too far g.* Orang yg luka itu sdh terlalu parah. **—going** *kb.* perjalanan. *rough g. on a slick road* perjalanan yg sukar pd jalan yg licin. *Getting an education will be rough g. for him* Memperoléh pendidikan amat sulit baginya. *ks.* 1 yg berlaku. *the g. rate* harga yg berlaku. 2 yg berjalan baik. *g. concern* perusahaan yg berjalan baik. *He has one of the finest concerns going* Ia memiliki salah sebuah dari perusahaan yg terbaik. **g. away** *kk. That horse won going away* Kuda itu menang dgn meninggalkan lawan-lawannya jauh dibelakang. *g.-away dress* pakaian utk bepergian/berangkat. **going-over** *kb.* 1 pemeriksaan, interpiu. 2 *Sl.*: bentakan keras, perlakuan kasar. **goings on** *kb. j.* kejadian, kelakuan yg tak senonoh. **to be going to** 1 akan. *I'm going to leave tomorrow* Saya akan berangkat bésok. 2 bermaksud. *I'm going to go to Sweden* Saya bermaksud pergi ke Swédia. *Going! Going! Gone!* Satu kali! Dua kali! Tiga kali! *Inf.*: **to get going** mulai. *to get going on a project* mulai mengerjakan suatu proyék. *Come on, get going!* Ayo, jalan terus!

goad /gowd/ *kb.* tongkat/galah utk menghalau. **—kkt.** mendorong. *He was goaded beyond endurance by…* Dia didorong dgn tdk tertahan-tahan oléh....

goal /gowl/ *kb.* 1 gawang. *g. post* tiang gawang. *g. line* garis gawang. 2 cita-cita. *to set high goals* mempunyai cita-cita yg tinggi. 3 gol. *to make/score a g.* membuat/menjebolkan/mencétak gol. *How many goals did the team make?* Berapa gol dimasukkan oléh regu itu? 4 tujuan, sasaran.

goalie /'gowlie/ *kb.* = GOALKEEPER.

goalkeeper /'gowl'kiepər/ *kb.* kiper, penjaga gawang, penggawang.

goat /gowt/ *kb.* 1 kambing. 2 bandot (tua). 3 orang yg dipersalahkan. *Sl.*: *to get s.o's g.* membuat marah/kesal.

goatee /gow'tie/ *kb.* janggut spt janggut kambing.

gob /gab/ *kb.* 1 gumpal. 2 *Nau.*: *Sl.*: kelasi AS.

gobble /'gabəl/ *kb.* kokok (kalkun). **—kkt.** 1 melahap. *to g. down/up o's food* menelan makanannya dgn cepat. 2 membeli habis (*bargains*) **—kki.** berkokok (*of a turkey*).

gobbledygook /'gabəldiguk/ *kb. Inf.*: uraian yg berbelit-belit dan sulit utk dipahami.

gobbler /'gablər/ *kb.* kalkun jantan.

goblet /'gablit/ *kb.* gelas minum berbentuk piala.

goblin /'gablən/ *kb.* hantu, sétan, jin, jembalang, peri.

gocart /'gow'kart/ *kb.* keréta beroda utk anak-anak.

god /gad/ *kb.* déwa. **G.** Tuhan (yg Maha Esa). Allah. *G. willing* Insya'allah. *Thank G.* Syukur! *What in God's name are you doing?* Demi Allah, apakah yg kaukerjakan itu? **God-fearing** *ks.* saléh, taqwa. *g.-fearing pioneers* para perintis yg saléh. **God-given** *ks.* yg diberikan Tuhan.

godchild /'gad'caild/ *kb.* bayi yg dibaptiskan di geréja dan bersama itu juga diwalikan kpd orang lain.

goddaughter /'gad'dɔtər/ *kb.* bayi perempuan yg dibaptiskan di geréja dan bersama itu juga diwalikan kpd orang lain.

goddess /'gadis/ *kb.* déwi.

godfather /'gad'faTHər/ *kb.* wali laki-laki seorang bayi.

Godforsaken /'gadfər'seikən/ *ks.* terkutuk. *g. town* kota yg terkutuk.

godhead /'gadhed/ *kb.* kedéwaan. **the G.** Ketuhanan.

godlike /'gad'laik/ *ks.* ilahi(yah) kedéwaan.

godliness /'gadlienəs/ *kb*. 1 keilahian, ketuhanan. 2 kesaléhan.

godly /'gadlie/ *ks*. saléh. *g. life* kehidupan yg saléh.

godmother /'gad'mʌтнər/ *kb*. wali wanita seorang bayi.

godown /gow'dawn/ *kb*. gudang.

godparent /'gad'pærənt/ *kb*. seorang laki-laki atau perempuan yg menjadi wali atas seorang bayi.

godsend /'gad'send/ *kb*. s.s.t. yg tak terduga dan menggembirakan.

godson /'gad'sʌn/ *kb*. seorang bayi laki-laki yg dibaptiskan di geréja dan bersama itu juga diwalikan kpd orang lain.

Godspeed /'gad'spied/ *kb*. semoga sdr berhasil.

goes /gowz/ lih GO.

goggle /'gagəl/ *kki*. terbeliak mata, melotot, membelalak. *He goggled at the new car* Melotot matanya melihat mobil yg baru itu. —**goggles** *j*. kacamata debu. **goggle-eyed** *ks*. dgn mata terbeliak.

goiter, goitre /'goitər/ *kb*. gondok, gondong, beguk.

gold /gowld/ *kb*. (e)mas, kencana. *solid/pure g.* emas murni. *g. coin* uang emas. *He has a heart of g.* Hatinya baik sekali. **gold-bearing** *ks*. yg mengandung emas. *g.-bearing ore* bijih (yg mengandung) emas. **g. digger** wanita mata duitan. **g. dust** mas urai. **g. foil** emas kerajang. **g. leaf** helaian emas (yg sangat halus). **g. mine** a) tambang emas. b) sumber kekayaan. *That store has been a g. mine for him* Toko itu tlh menjadi sumber kekayaan baginya. **g. reserve** dekking/jaminan emas. **g. standard** standar emas.

goldbrick /'gowld'brik/ *kki. Inf.*: malas-malasan.

golden /'gowldən/ *ks*. 1 terbuat dari emas. 2 keemas-emasan. *the g. glow of the sun* sinar keemasemasan dari matahari. 3 sangat baik/bagus. *g. opportunity* kesempatan yg baik sekali. **g. anniversary** ulang tahun kelimapuluh. **g. jubilee** hari ulangtahun setengah abad. **g. rule** kaidah kencana. **g. wedding** ulang tahun kelimapuluh hari perkawinan.

goldfish /'gowld'fisy/ *kb*. ikan mas. *g. bowl* bak kaca utk ikan emas. *to live in a g. bowl* menjadi tontonan orang.

goldsmith /'gowld'smith/ *kb*. pandai/tukang emas.

golf /galf, gɔlf/ *kb*. golf. *g. club* a) tongkat/ketokan/ getokan golf. b) perkumpulan. *g. course/links* lapangan golf.

golfer /'galfər, 'gɔl-/ *kb*. pemain golf.

golly /'galie/ *kseru*. astaga!

golosh /gə'lasy/ = GALOSH.

gone /gɔn, gan/ lih GO.

goner /'gɔnər, 'ganər/ *kb. Inf.*: yg mati/amblas. *We're goners if we can't escape* Kita akan menjadi korban kalau tak dpt melarikan diri.

gong /gang, gɔng/ *kb*. gung, gong.

goniometry /'ganie'amətrie/ *kb*. goniométri, ilmu ukur sudut.

gonorrh(o)ea /'ganə'rieə/ *kb*. kencing nanah, gonoréa.

goo /guw/ *kb*. bahan yg pekat dan meléngkét spt perekat.

good /gud/ *kb*. kebaikan, kebajikan. *to do g. by* berbuat kebajikan dgn. *He did it for her g.* Ia berbuat demikian utk kepentingan wanita itu. *for the g. of your health* utk kepentingan keséhatanmu, demi keséhatanmu. *A lot of g. that will do you!* Takkan ada manfaatnya lagi bagimu! *What g. does it do to be friendly?* Apa gunanya bersikap ramah? **all to the g.** bermanfaat. *What he said was all to the g* Apa yg dikatakannya itu maksudnya baik. *to come to no g.*

menjadi orang yg tak berguna. **to do good** 1 ada faédahnya, berguna. *It won't do you much good* Tak akan berguna bagimu. 2 baik. *It would do you good to get away for awhile* Akan baik bagimu bepergian utk beberapa waktu. **for g.** utk selama-lamanya. **to the g.** demi kebaikan. *He is now two sets to the g.* Dia sdh memenangkan dua sét. *He's up to no g.* Ia bermaksud jahat. —**goods** *j*. 1 harta benda, barang-barang. 2 *Sl.*: kesanggupan, poténsi. *He doesn't have the goods to do an outstanding job* Ia tdk mempunyai kesanggupan utk melakukan pekerjaan yg penting. *The thief was caught with the goods* Pencuri itu tertangkap basah. *to deliver the goods* melakukan apa yg diharapkan. *to get/have the goods on s.o.* mempunyai bukti utk menangkap s.s.o. —*ks*. (**better, best**) 1 baik. *g. grades* angka-angka baik. *g. judgment* daya-timbang yg baik. *He did me a g. turn* Dia berbuat baik kpd saya. *How g. of you to come!* Sungguh baik kau utk datang berkunjung! *to earn g. money as ...* berpenghasilan baik sbg.... *Your reply is not g. enough* Jawabanmu itu masih kurang baik. *It has its g. side* Ada segi-seginya yg baik. *to have a g. position with a firm* mempunyai jabatan yg baik pd sebuah perusahaan. *a g. opportunity* kesempatan yg baik. *to earn a g. living* mempunyai mata-pencaharian yg baik. 2 baik, budiman. *a g. man* seorang yg baik/budiman. 3 baik, susila. *g. conduct* kelakuan yg baik. *to be a g. boy* menjadi anak yg baik kelakuannya. *His behavior was not in g. taste* Kelakuannya tdk sopan. *He's just no g.* Ia jahat. 4 énak, sedap. *g. meal* makanan yg énak. *The cold water feels g.* Air dingin itu terasanya énak. 5 utuh (*of a tooth*). 6 manis, dpt diminum (*of milk*). 7 setia (*of a party member*). 8 lumayan. *I'm paying g. rent for the apartment* Saya membayar séwa yg lumayan juga utk flat itu. 9 layak. *He has g. reasons for rejecting the offer* Dia mempunyai alasan yg layak utk menolak tawaran itu. 10 cakap, pintar. *a g. businessman* seorang pedagang/pengusaha yg cakap. 11 senang, menyenangkan. *How g. it is to see you!* Senang sekali bertemu dgn engkau! *to lead a g. life* menjalani kehidupan yg menyenangkan. 12 rukun, berbahagia. *a g. marriage* perkawinan yg rukun. **g. enough** 1 cukup. *Your word is g. enough for me* Kata janjimu sdh cukup bagi saya. 2 cukup menyenangkan. *This bed is g. enough for me* Tempat tidur ini cukup menyenangkan bagi saya. **be g. enough, be so g. as to...** sudilah kiranya agar/utk.... *Be a g. boy and hand me the paper* Anakku yg manis, berikan koran itu kepadaku. *The news was too g. to believe* Berita itu sukar dipercaya. **as g. as** sama dgn. *He's as g. as his promise* Dia selalu menepati janji. *This suit is as g. as new* Pakaian ini boléh dikatakan baru. *It's as g. as done* Pekerjaan itu praktis sdh dpt dikatakan selesai. *I gave him as g. as I got* Saya berikan padanya setimpal dgn apa yg kuterima. *g. as gold* tak ternilai harganya, benar-benar baik. **to have a g. time** senang, bersenang-senang. *Have a g. time!* Bersuka-rialah! *to have a g. view* dpt melihat segala-galanya dgn jelas. *to have g. taste in clothing* pandai memilih pakaian. *Sl.*: *We've never had it so g.* Tak pernah kami merasa senang spt sekarang ini. **to make g.** mencapai suksés, berhasil. *to make g. o's promise* menepati janjinya. *to make a check g.* mengganti cék, membayar kerugian karena cék kosong. *The bus made g. time* Bis itu berjalan dgn lancar. *Inf.*: *It's no g. talking about it* Tak ada gunanya membicarakannya. **to be g. at** 1 pandai. *g. at math* pandai berhitung, pandai dlm ilmu pasti. 2 ahli. *g. at golf* jago/ahli main golf. **to be g. for** 1 berguna, bermanfaat. *What's this g. for?* Ini apa gunanya? *He's g. for nothing* Ia tak berguna sama sekali. *to be g. for s.o.* berfaédah bagi s.s.o. 2 dpt dipakai. *This car is g. for another year* Mobil ini masih dpt dipakai setahun lagi. 3 berlaku utk. *The pass is g. for one month* Ijin itu berlaku utk satu bulan. *Sl.:* chit *g. for one meal* kupon (yg berlaku) utk satu kali makan. 4 baik utk. *drugs g. for a fever* obat-obatan yg baik utk penyakit demam. 5 bertanggung jawab. *Don't worry, he's g. for it* Jangan kuatir, dia bertanggung jawab. *He's g. for $1,000 any time you need it* Dia selalu dpt meminjamkan seribu dolar kapan saja kau membutuhkannya. *G. for you!* Baik untukmu! Untung bagimu! Kamu untung. **to be g. to** baik thd. *She's very g. to me* Ia baik sekali thd saya. *g. to eat* énak/dpt dimakan. **to be g. with** trampil/ tangkas dgn. *She's g. with her hands* Ia trampil/ tangkas dgn tangannya. —*kk. Sl.:* I feel *g. today* Badan saya rasanya séhat betul hari ini. **g. and** sekali, amat. *g. and hot* panas sekali. *g. and strong* pekat sekali (ttg kopi dsb). *I'm g. and tired of your nagging* Saya sungguh-sungguh bosan mendengarkan kamu meréngék. *g. and proper* sungguh-sungguh. *a g. many people* banyak orang. *It's a g. two miles to...* Ada dua mil jauhnya ke.... **G. Book** Kitab Injil. **good-by(e)** *kb.* 1 selamat jalan (*said to s.o. leaving*). 2 selamat tinggal (*said to s.o. remaining*). *to say g.-by* to mengucapkan selamat tinggal kpd. *to kiss e.o. g.-by* saling bercium. *Sl.: If you lend him money, you can kiss it g.-by* Jika kau meminjaminya uang, janganlah harap akan kembali. *Be of g. cheer* Jadilah orang yg berjiwa besar. **G. Conduct Medal** Bintang Kelakuan Baik. **G. day!** Selamat siang! **g. deal** transaksi yg menguntungkan. *I have a g. deal of respect for him* Saya sangat menghormatinya. *to spend a g. deal of time playing golf* sering main golf. **g. deed** kebajikan. *to do a g. deed* berbuat kebajikan. *Sl.:* **g. egg** orang baik. *I came out on the g. end of that deal* Aku beruntung didlm transaksi itu. **G. evening!** Selamat malam! **g. fellow** orang yg baik. *That man is a good-for-nothing* Orang itu sedikitpun tak ada gunanya. **G. Friday** Jum'at Besar. **good-hearted** *ks.* baik hati. *in a g. humor* dgn ramah/riang. **good-humored** *ks.* periang (hati). *Sl.:* **a g. Joe** seorang laki-laki yg baik hati. *Inf.:* **good-looker** *kb.* seorang yg rupawan. **good-looking** *ks.* cantik, tampan, ganteng, bagus, rupawan. *That's a g.-looking dress* Bagus baju itu. **g. looks** rupa yg cantik/ganteng. **G. Lord!** Astaga! **g. luck** selamat. **G. morning!** Selamat pagi! **g. nature** budi pekerti yg peramah. **good-natured** *ks.* berbaik hati. **G. Neighbor policy** Politik Tetangga Baik. **G. night!** Selamat tidur! **g. sailor** orang yg tdk mabuk di laut. **G. Samaritan** seorang yg dgn tulus ikhlas menolong orang lain. **good-sized** *ks.* yg agak besar. **a g. sport** seorang yg sportip. **good-tempered** *ks.* tenang. *It's a g. thing I arrived when I did* Untung juga saya tiba waktu itu. Ada juga baiknya saya tiba waktu itu. **a g. while** lama juga. *to stand in line a g. while* berantré agak lama juga. **g. will** kemauan/jasa baik, perbuatan baik. **good-will** *ks.* muhibbah. *g.-will mission* misi muhibbah.

goodly /'gudlie/ *ks.* 1 yg lumajan. *a g. crowd* sejumlah orang yg lumayan. 2 berlimpah-limpah. *a g. harvest* panén yg berlimpah-limpah.

goodness /'gudnəs/ *kb.* kebaikan, kebajikan. *through the g. of her heart* oléh kebaikan hatinya. —*kseru.* waduh, Masya Allah. *for goodness' sake* aduh, as-

taga. *Thank g.!* Syukur! Untunglah! *G. only knows what he'll say* Hanya Tuhanlah yg mengetahui apa yg akan dikatakannya.

goody /'gudie/ *kb.* (*j.* **-ies**) *Inf.:* makanan yg lezat, kuéh-kuéh, gula-gula. *a goody-goody* seorang yg usahanya utk berbuat baik berlebih-lebihan sehingga memualkan.

gooey /'guie/ *ks. Sl.:* liat dan meléngkét.

goof /guwf/ *kb. Sl.:* kesalahan. —*kki.* keliru. *I goofed* Saya keliru. **to g. off** membuang-buang/menyianyiakan waktu.

goofy /'guwfie/ *ks. Sl.:* bodoh, dungu, tolol.

gook /guk/ *kb. Sl.:* kotoran yg meléngkét.

goon /guwn/ *kb. Sl.:* 1 orang jahat. 2 orang yg bodoh sekali.

goose /guws/ *kb.* (*j.* **geese**) angsa. *g. feathers* bulubulu angsa. *Inf.: to cook o's g.* kehilangan nama baik, kehilangan harapan. *The g. hangs high* Keadaan baik; mengalami keadaan yg makmur. **g. egg** a) telor angsa. b) *Sl.:* angka nol. **g. flesh** tegak bulu roma, seram kulit/kuduk. **g. pimples** tegak bulu roma. **g. step** langkah berbaris/panjang.

gooseberry /'guws'berie/ *kb.* (*j.* **-ries**) sm buah frambus.

goosebump /'guws'bʌmp/ *kb. Inf.:* tegak bulu roma.

G.O.P. /'jie'ow'pie/ [*Grand Old Party*] partai Républikén di A.S.

gopher /'gowfər/ *kb.* sm tikus tanah.

Gordian /'gɔrdieən/ *ks.* **to cut the G. knot** mengambil keputusan dgn cepat utk mengakhiri keraguan.

gore /gowr/ *kb.* darah kental. —*kkt.* melukai dgn tanduk.

gorge /gɔrj/ *kb.* jurang, ngarai kecil yg curam. —*kkt.* makan dgn rakus. *to g. o.s. on beans* mengisi perut sepenuh-penuhnya dgn buncis.

gorgeous /'gɔrjəs/ *ks.* indah, permai.

gorilla /gə'rilə/ *kb.* gorila.

gory /'gowrie/ *ks.* yg penuh dgn lumuran darah, berdarah.

gosh /gasy/ *kseru.* wah!

gosling /'gazling/ *kb.* anak angsa.

gospel /'gaspəl/ *kb.* ajaran. *the g. of hard work* ajaran bekerja keras. **The G.** Kitab Injil, Pewarta Rahayu. *to preach the G.* mengabarkan ajaran-ajaran Jésus. *to preach the g. of economy* menganjurkan penghématan. **the g. truth** kebenaran mutlak.

gossamer /'gasəmər/ *kb.* siratan benang yg halus, jaringan laba-laba, jaringan yg tipis lagi halus, kain tipis serta halus, sutera yg tipis.

gossip /'gasip/ *kb.* 1 gunjing, kabar angin, buah mulut. *The g. is that...* Kabar anginnya ialah bhw.... 2 (*a person*) penggunjing, tukang fitnah. —*kki.* menggunjing, memfitnah, bergunjing. **g. column** isi pojok.

got /gat/ *lih* GET. *got up in* berpakaian dlm. *I've g. to go* Saya hrs pergi. *You've g. to do it* Kau hrs melakukannya. *It has g. to be done* Itu seharusnya dilakukan.

gotten /'gatən/ *lih* GET.

gouge /gawj/ *kkt.* 1 mencungkil (*s.o.'s eyes*). 2 *Inf.:* menipu, mengéksploitasi (*s.o.*).

goulash /'guwlasy/ *kb.* gulai daging.

gourd /gowrd, gurd/ *kb.* labu (manis), kundur.

gourmet /'gurmei/ *kb.* ahli pencicip makanan.

gout /gawt/ *kb.* éncok, sengal.

Gov. [*Governor*] Gubernur.

govern /'gʌvərn/ *kkt.* 1 memerintah (*a country*). 2 menguasai (*o's temper*). 3 menentukan (*a decision*). 4

berpengaruh atas (*a grammatical case*). —*kki*. memerintah. *That ruler governs well* Kepala negara itu memerintah dgn baik. —**governing** *ks*. yg memerintah. *Congress is a g. body* Majelis Perwakilan Rakyat/Kongrés adalah badan/alat pemerintahan.

governable /'gʌvərnəbəl/ *ks*. bisa dikuasai/diperintah. *His temper is g.* Perangainya dpt dikuasai.

governess /'gʌvərnəs/ *kb*. seorang wanita yg digaji utk mengajar anak-anak di rumah.

government /'gʌvərnmənt/ *kb*. 1 pemerintah. *The g. levied a tax on...* Pemerintah sdh mengenakan pajak atas.... 2 pemerintahan. *democratic g.* pemerintahan démokratis. 3 ilmu pemerintahan/politik. *g. bond* surat obligasi pemerintah. *government-in-exile* pemerintahan (dlm) pelarian. *g. regulation* peraturan pemerintah.

governmental /'gʌvərn'mentəl/ *ks*. yg berh. dgn pemerintah. *g. committee* panitia pemerintah.

governor /'gʌvərnər/ *kb*. 1 gubernur. *g. general* gubernur jénderal. 2 (alat) pengatur (*on an engine*).

governorship /'gʌv(ər)nərsyip/ *kb*. jabatan gubernur.

Gov. Gen. [*Governor General*] Gubernur Jénderal.

govt., Govt. [*government*] pemerintah(an).

gown /gawn/ *kb*. 1 pakaian wanita. 2 gaun. 3 (*academic, judicial, religious*) jubah. 4 baju panjang.

g.p., G.P. /'jie'pie/ [*general practitioner*] dokter umum.

GPO, G.P.O. [*Government Printing Office*] Kantor Percétakan Negara.

gr. 1 [*grammar*] tatabahasa. 2 [*grain*] butir. 3 [*gram*] gram.

Gr. [*Greek*] Yunani.

grab /græb/ *kb., j. Sl.*: **up for grabs** (sdh) tersedia, tinggal (meng)ambil. —*kkt*. (**grabbed**) 1 merebut, menjambrét, menyerobot. *to g. the jewels* merebut permata-permata. *Don't g. (for) the cookies* Jangan merebut kué-kué itu. 2 menangkap. *G. him!* Tangkaplah dia! 3 mengambil. *to g. a cab* mengambil taksi. *to g. a bite to eat* makan sedikit dgn tergesa-gesa. *to g. a sandwich* mencaplok sepotong roti sandwich. **g. bag** karung undian.

grace /greis/ *kb*. 1 gaya lemah-gemulai, keanggunan, keapikan. *She does everything with g.* Dia melakukan segala-galanya dgn bergaya. 2 (perpanjangan) waktu, waktu kelonggaran. *to request a week's g. of the tax office* minta waktu seminggu dari kantor pajak. 3 doa kecil (sblm makan). *to say g.* berdoa, mendoa. *Inf.*: **to fall from g.** kehilangan kesukaan orang, tak disukai lagi. **to have the g.** tahu adat. *to have the g. to leave* tahu adat dan meninggalkan. **in the bad graces** tdk disukai. *He's in the bad graces of his teacher* Ia tdk disenangi oléh gurunya. **in the good graces** disukai. *to be in the good graces of his mother* disayangi oléh ibunya. *He took his defeat with bad g.* Dia tdk réla menerima kekalahannya. *to accept defeat with good g.* menerima kekalahan dgn senang hati. —*kkt*. 1 menghormati. *to g. a party with o's presence* menghormati pésta dgn kehadirannya. 2 menyemarakkan. *A turkey graces the menu* Kalkun menambah semarak santapan itu.

graceful /'greisful/ *ks*. lemah-gemulai, anggun.

gracious /'greisyəs/ *ks*. sangat ramah. *She's a g. hostess* Ia nyonya rumah yg sangat ramah. —*kseru. G., what's happened?* Astaga, ada apa? *Good g., no!* Ya Allah, tidak/jangan!

graciousness /'greisyəsnəs/ *kb*. keluwesan, keanggunan.

grad /græd/ *kb. Inf.*: tammatan, lulusan. = GRADUATE.

gradation /grei'deisyən/ *kb*. gradasi. *The range of g. is wide* Jarak gradasi itu besar.

grade /greid/ *kb*. 1 (*mark*) angka. 2 kelas. *the fourth g.* kelas empat. 3 kelas, kwalitas. *the best g. of wool* kain wol kelas satu. 4 tanjakan. *to make the steep g.* mendaki atau mengambil tanjakan. **to make the g.** mencapai suksés atau tujuan, berhasil. —**the grades** *j*. sekolah dasar. *to go through the grades at Public School 89* menamatkan sekolah dasar di S.D. 89. —*kkt*. 1 memberi angka (*papers*). 2 memeriksa. *to g. apples* memeriksa buah-buah apel. 3 menggolong-golongkan. *to g. meat* menggolong-golongkan daging menurut mutunya. 4 meratakan. *to g. a road* meratakan jalan raya. **grade-A** *ks*. yg bermutu tinggi. *g.-A eggs* telor kwalitas A/Satu. **g. crossing** persimpangan jalan keréta api. **g. school** sekolah dasar. **graded** *English course* kursus bahasa Inggeris yg bertingkat.

grader /'greidər/ *kb*. 1 penilai, pemberi angka (*of papers*). 2 murid. *a fifth g.* murid kelas lima.

gradient /'greidiənt/ *kb*. tinggi/curam tanjakan, léréng.

gradual /'græjuəl/ *ks*. berangsur-angsur, sedikit demi sedikit, setahap demi setahap. —**gradually** *kk*. secara berangsur-angsur. *Her health is g. improving* Keséhatannya berangsur-angsur pulih.

graduate /'græjuit *kb., ks.*; 'græjueit *kki./ ks.* tammatan, lulusan. —*kki*. tamat sekolah. **to g. from** mendapat gelar (sarjana muda dsb) dari. *g. studies* pelajaran tingkat sarjana. —**graduated** *ks*. yg dibagi dlm kelas-kelas. *g. flask* botol yg memakai tanda ukuran.

graduation /'græju'eisyən/ *kb*. 1 tamat sekolah. 2 upacara tamat sekolah. *g. day* (*university or college*) hari sarjana/wisuda.

graft /græft/ *kb*. 1 sogok-menyogok, korupsi, permainan sogok. 2 *Med.*: pemindahan (kulit). —*kkt*. mengénten, mencabangkan. —**grafting** *kb*. okulasi, cangkokan.

grafter /'græftər/ *kb*. koruptor, pencoléng.

graham /'greiəm/ **g. cracker** biskit yg seluruhnya terbuat dari tepung terigu.

grain /grein/ *kb*. 1 butir padi, buah/biji padi-padian. *field of g.* ladang padi. 2 urat/kembang kayu (*in wood*). 3 kesatuan berat di Inggeris. **with the g.** pd arah serat. *It goes against the g. to do that* Berlawanan sekali dgn wataku utk mengerjakan hal semacam itu. **g. alcohol** étil alkohol. **g. elevator** gudang gandum dgn alat pemuat/pembongkar dan pengupas. **grained** *wood* kayu berkembang. —**graining** *kb*. urat/kembang kayu.

gram /græm/ *kb*. gram.

grammar /'græmər/ *kb*. 1 tatabahasa. 2 buku tatabahasa. *g. school* sekolah dasar/rendah/rakyat.

grammarian /grə'mæriən/ *kb*. ahli tatabahasa.

grammatical /grə'mætəkəl/ *ks*. dari atau berh. dgn tatabahasa. —**grammatically** *kk*. dipandang dari sudut tatabahasa. *It's g. correct* Tatabahasanya benar.

gramophone /'græməfown/ *kb*. gramopon, peti bicara/nyanyi, rékor-cénjér.

granary /'greinərie, 'græn-/ *kb*. (*j.* **-ries**) lumbung.

grand /grænd/ *kb. Sl.*: seribu dolar. —*ks*. 1 agung. *the g. old man of Indonesia* kakék agung Indonésia. 2 menyenangkan. *g. weather* cuaca yg menyenangkan. 3 *Inf.*: hébat. *g. party* pésta yg hébat benar. *Inf.*: *to have a g. time at a party* sangat puas/senang dgn pésta. **g. prize** hadiah pertama. **g. duke** adipati. **g. jury** déwan juri. **g. larceny** pencurian besar-besaran. **G. Old Party** Partai Républik-

(én) di AS. **g. opera** opera yg bersifat drama.
g. piano piano besar. *Bridge:* **g. slam** gran slém.
to live in the g. style hidup méwah. **g. total** total
jéndral, jumlah seluruhnya.

grandchild /'grænd'caild/ *kb.* cucu.

granddad(dy) /'græn'dæd(ie)/ *kb.* (*j.* **-dies**) kakék.

granddaughter /'græn'dɔtər/ *kb.* cucu perempuan.

grandeur /'grænjur/ *kb.* kemuliaan, kebesaran,
kehébatan, keagungan.

grandfather /'grænd'faᴛʜər/ *kb.* kakék, embah/
éyang lelaki. *g. clock* jam besar yg berdiri.

grandiloquent /græn'dilǝkwǝnt/ *ks.* penuh dgn
kata yg muluk-muluk/melangit.

grandma /'grændma/ *kb. Inf.*: nénék, embah/
éyang perempuan.

grandmother /'grænd'mᴀᴛʜər/ *kb.* nénék,
(e)mbah/éyang perempuan.

grandnephew /'grænd'nefyuw/ *kb.* cucu lelaki.

grandniece /'grænd'nies/ *kb.* cucu perempuan.

grandpa /'græn(d)pa/ *kb. Inf.*: kakék, embah/
éyang lelaki.

grandparent /'grænd'pærənt/ *kb.* éyang, embah.

grandson /'grænd'sʌn/ *kb.* cucu lelaki.

grandstand /'grænd'stænd/ *kb.* tribune.

granite /'grænit/ *kb.* granit, batu besi.

granny /'grænie/ *kb.* (*j.* **-nies**) *Inf.*: nénék.

grant /grænt/ *kb.* dana/uang bantuan. —*kkt.* 1
mengabulkan (*a request*). 2 memberi (*a charter*). *to
g. leave* memberi perlop. 3 mengakui. *I g. that ...*
Saya akui bhw .... 4 tanggung. *I g. you it isn't
possible* Saya tanggung bhw itu tak mungkin.
grant-in-aid bantuan uang. —**granted** boléh,
silakan. *Granted you are right, we still can't go* Andai
kata kamu benar, kita toh tdk dpt pergi. **to take
for granted** 1 diterima selaku benar. *They take
him too much for granted* Meréka menerimanya terlalu
sebagaimana adanya. 2 menganggap pasti. *I took
it for granted that you'd come* Sdh saya anggap pasti
bhw kau akan datang. *She takes everything for granted*
Semuanya mémang semestinya begitu. **granting
that** sungguhpun, sekali pun.

grantee /græn'tie/ *kb.* penerima béasiswa, siswa
tugas belajar.

granular /'grænyǝlǝr/ *ks.* terjadi dari atau berisi
butir-butiran yg kecil.

granulated /'grænyǝ'leitid/ *ks.* berbentuk butir-
butiran. *g. sugar* gula pasir.

granule /'grænyǝl/ *kb.* biji, butir.

grape /greip/ *kb.* buah anggur.

grapefruit /'greip'fruwt/ *kb.* sm jeruk yg besar.

grapevine /'greip'vain/ *kb.* tanaman anggur. *Inf.*:
to hear via the g. mendengar melalui selentingan.

graph /græf/ *kb.* grafik(a). *g. paper* kertas grafik.

graphic /'græfik/ *ks.* 1 jelas spt keadaan yg sebenar-
nya. *g. description* uraian/penuturan yg jelas sekali.
2 yg berh. dgn grafik. *g. arts* seni grafik. 3 yg berh.
dgn tulisan tangan.

graphite /'græfait/ *kb.* grafit.

graphology /græ'fǝlǝjie/ *kb.* ilmu tulisan tangan.

grapple /'græpǝl/ *kki.* 1 bergulat, memegang erat-
erat. *to g. with a thief* bergulat dgn pencuri. 2 ber-
juang, menghadapi. *to g. with a problem* berjuang
dgn persoalan. **grappling** *hook/iron* jepitan/peng-
genggam besi.

grasp /græsp/ *kb.* genggaman. *My g. was not tight
enough* Genggaman saya tdk cukup kuat. *Power was
in his g.* Kekuasaan sdh ada di tangannya. *to have
a good g. of a problem* mengerti betul-betul persoalan.
—*kkt.* 1 merenggut. *to g. a stick* merenggut tongkat.
2 memegang. *G. hold of the rail* Peganglah tangan

tangga itu. 3 menyambar, merebut. *to g. every op-
portunity* menyambar setiap kesempatan. 4 meng-
erti, memahami. *He didn't quite g. what I was saying*
Dia kurang memahami apa yg saya katakan.
—**grasping** *ks.* tamak, loba.

grass /græs/ *kb.* 1 rumput. *Keep off the g.!* Dilarang
berjalan diatas rumput. *to let the g. grow under o's feet*
menyia-nyiakan waktu, meléwatkan kesempatan.
to put/send/turn out to g. a) menghalaukan ternak
ke padang rumput. b) meménsiunkan, member-
hentikan. *at the grass-roots level* di tingkatan rakyat
biasa. 2 *Sl.*: mariyuana, ganja. **g. widow** janda,
seorang wanita yg sdh diceraikan. **g. widower**
seorang lelaki yg sdh bercerai, duda.

grasshopper /'græs'hapǝr/ *kb.* belalang. *Inf.*: *knee-
high to a g.* amat péndék.

grassland /'græs'lænd/ *kb.* padang rumput.

grassy /'græsie/ *ks.* yg ditutupi/penuh dgn rumput.
grassy-green ks. hijau rumput.

grate /greit/ *kb.* salaian, garangan, panggangan.
—*kkt.* memarut (*coconut, cheese*). —*kki.* berciut.
The gate grated when we opened it Pintu pagar itu
berciut ketika kami buka. *to g. on o's nerves* men-
jéngkélkan hatinya. *to g. on the ear* menyakitkan
telinga. **grated** *cheese* kéju parutan. —**grating** *kb.*
kisi, jeruji. *ks.* mengganggu, menjéngkélkan. *That
music is g. in the extreme* Musik itu sangat meng-
ganggu.

grateful/'greitfǝl/ *ks.* berterima kasih.

grater /'greitǝr/ *kb.* parutan. *cheese g.* parutan
kéju.

gratification /'grætǝfǝ'keisyǝn/ *kb.* kepuasan, ke-
gembiraan.

gratify /'grætǝfai/ *kkt.* (**gratified**) 1 memberi
kebahagiaan/kepuasan, memuaskan. *Love gratifies
many people* Cinta memberi kebahagiaan kpd
banyak orang. 2 memenuhi. *He gratified my every wish*
Dipenuhinya apa saja yg kuminta. —**gratified** *ks.*
puas, bahagia, senang. —**gratifying** *ks.* memuas-
kan. *It is g. to see him doing so well* Senang hati kita
melihat kemajuannya itu.

gratin /'gratǝn, gra'tæn/ *kb.* kéju parutan. *potatoes
au g.* kentang yg dimasak dgn diberi parutan kéju
diatasnya.

gratis /'grætis/ *kk.* dgn percuma, cuma-cuma,
perdéo, gratis. *The job was done g.* Pekerjaan itu
gratis.

gratitude /'grætǝtuwd, -tyuwd/ *kb.* terimakasih.
to express g. to bersyukur kpd.

gratuitous /grǝ'tuwǝtǝs, -'tyuw-/ *ks.* serampangan,
yg tdk beralasan. *g. assumption* dugaan yg tdk
beralasan. *g. insult* penghinaan yg tdk pd tempat-
nya.

gratuity /grǝ'tuwǝtie, -'tyuw-/ *kb.* (*j.* **-ties**) persén.

grave /greiv/ *kb.* kubur(an). *g. robber* perampok ku-
buran. *to have a watery g.* terkubur didlm air. *I have
one foot in the g.* Saya hampir mati. *to turn in o's g.* ber-
balik dlm kubur. —*ks.* 1 suram, seram. *Why the g.
look?* Mengapa pandanganmu suram? 2 genting,
gawat, berat (*of illness, situation*). 3 penting. *It is of the
gravest importance that ...* Penting sekali bhw ....
g. accent tanda ` . **g. robber** perampok kuburan.
—**gravely** (dgn) genting, payah. *g. ill* sakit payah.

gravedigger /'greiv'digǝr/ *kb.* penggali kuburan.

gravel /'grævǝl/ *kb.* (batu) kerikil. *g. pit* tambang
batu kerikil.

graven /'greivǝn/ *ks.* **g. image** patung berhala.

graveside /'greiv'said/ *kb.* sisi kuburan.

gravestone /'greiv'stown/ *kb.* (batu) nisan.

graveyard /'greiv'yard/ *kb.* makam, pekuburan, pusara. *car g.* timbunan mobil-mobil tua.
graving /'greiviŋ/ *ks.* **g. dock** dok galian.
gravitate /'grævəteit/ *kki.* 1 mengendap. *to g. to the bottom* mengendap ke dasar. 2 condong, cenderung. *He is gravitating towards chemistry* Ia condong pd ilmu kimia.
gravitation /'grævə'teisyən/ *kb.* 1 gravitasi. 2 kecenderungan, kecondongan.
gravitational /'grævə'teisyənəl/ *ks.* mengenai daya-tarik bumi. *g. pull* daya-tarik bumi.
gravity /'grævətie/ *kb.* (*j.* **-ties**) 1 *Phys.*: gayaberat. 2 kegawatan (*of a situation*).
gravy /'greivie/ *kb.* (*j.* **-ies**) 1 kuah daging, saus. *g. boat* mangkuk kuah. 2 *Sl.*: keuntungan yg mudah didapat. *Sl.*: *to ride the g. train* menikmati kekayaan dan kemewahan tanpa bersusah payah.
gray /grei/ *kb.* (warna) abu-abu, kelabu. —*ks.* 1 abu-abu, kelabu. *g. suit* stélan abu-abu. *to turn g. prematurely* lekas sekali beruban. 2 mendung. *g. day* hari mendung. *g. sky* langit yg kelabu. —*kki.* beruban, menguban. *gray-haired, gray-headed ks.* beruban. *Inf.*: **g. matter** otak kecerdasan.
grayish /'greiisy/ *ks.* keabu-abuan.
graze /greiz/ *kkt.* 1 menggembalakan/mengangon ternak (*cattle*). 2 menyerémpét. *A bullet grazed his head* Peluru menyerémpét kepalanya. 3 menyentuh. *to g. a car in front of s.o.* menyentuh mobil yg ada dimuka s.s.o. —*kki.* makan rumput. **grazing** *animal* angonan, ternak yg sedang makan rumput. **g. land** tanah penggembalaan.
Gr. Brit. [*Great Britain*] Britannia Raya.
grease /gries *kb.*; griez, gries *kkt.*/ *kb.* 1 lemak, lumas, minyak semir. *bacon g.* lemak babi. 2 vét, gemuk. —*kkt.* 1 menggemuki, melumas, meminyaki. *to g. a car* menggemuki mobil. 2 memulas. *G. the cake pan* Pulaslah cétakan kué. **g. gun** pistol gemuk, alat penyemprot gemuk. *Sl.*: **g. monkey** montir mobil. **g. job** meminyaki/menyemir/memberi serpis. **g. paint** cat minyak/gemuk (utk mencat muka pemain sandiwara).
greasy /'griezie, -sie/ *ks.* 1 berminyak. *g. food* makanan yg berminyak. *g. pan* panci yg berminyak. 2 yg bermanis mulut. *his g. way* caranya yg bermanis mulut. *Sl.*: **g. spoon** rumah makan murah dan kotor.
great /greit/ *kb.* jago, juara. *a soccer g.* jago sépakbola. —*ks.* 1 besar. *g. risk* risiko yg besar. *to make g. strides* membuat langkah-langkah kemajuan yg besar. *g. mistake* kesalahan yg besar. *one of the g. men of this century* salah seorang tokoh yg besar dlm abad ini. *It's no g. matter* Itu bukan soal/persoalan besar. *He's a g. big boy now* Sekarang dia tlh menjadi anak yg besar. *her greatest fault* kesalahannya yg terbesar. 2 terkenal, termasyhur. *g. writer* pengarang yg termasyhur. 3 hébat. *g. talker* pembicara yg hébat. *g. clamor* kegaduhan yg hébat. *You were just g.* Kamu hébat betul. *It was a g. show* Pertunjukan itu hébat sekali. *That's g.!* Sungguh hébat! 4 tinggi. *I have no g. opinion of him* Saya tdk mempunyai pandangan yg tinggi thd dia. 5 baik. *He is g. in that role* Dia sangat baik dlm peranan itu. 6 akrab. *They are g. friends* Meréka itu merupakan teman yg akrab. 7 agung. *Charles the G.* Karl Agung. 8 *Inf.*: senang. *It's g. to be here* Senang sekali kami berada disini. *Inf.*: **to be g. at** pintar dlm. **::** *Is the pain very g.?* Apakah sakit sekali? *Reading out loud is a g. habit of his* Membaca keras-keras adalah kebiasaan yg sangat digemarinya. *He's a g. eater* Ia seorang jago makan. *G. Scott!* Ampun! Ya, Allah! *She*

was g. with child Ia hamil. Ia mengandung. **great-aunt** bibi ibu/ayah. **G. Bear** Bintang Biduk. **G. Beyond** alam baka, akhirat. **G. Britain** Britannia/ Inggeris Raya. **g. circle** jarak yg terpéndék pd permukaan bumi. **G. Dane** sebangsa anjing (besar dan kuat). **g. deal** banyak. **g. deal of money** banyak uang. *Greater Jakarta* Jakarta Raya. **great-grand child** cicit. **great-granddaughter** cicit perempuan. **great-grandfather** moyang/buyut laki-laki. **great-grandmother** moyang/buyut perempuan. **great-grandparent** moyang, buyut. **great-grandson** cicit laki-laki. **great-great-grandfather** buyut, nénék ayah/moyang. **great-great-grandson** cicit/anak cucu. *Sl.*: *The project is going g. guns* Proyék itu berjalan baik sekali. **G. Lakes** Danau-danau Besar (antara América Serikat dan Kanada). *A g. many people came* Banyak orang datang. **great-nephew** cucu laki-laki saudara. *The g. thing is that…* Yg terpenting ialah bhw…. **great-uncle** paman ayah/ibu. —**greatly** *kk.* sangat, amat. *g. distressed* sangat sedih.
greatness /'greitnəs/ *kb.* kebesaran, kejayaan, kemegahan.
Grecian /'griesyən/ *ks.* yg berh. dgn Yunani.
Greece /gries/ *kb.* Negeri Yunani.
greed /gried/ *kb.* ketamakan, kelobaan, kerakusan.
greediness /'griedienəs/ =GREED.
greedy /'griedie/ *ks.* tamak, loba, rakus. *g. for money* lapar uang. —**greedily** *kk.* dgn rakus/lahap/ tamak/loba.
Greek /griek/ *kb.* 1 orang Yunani. 2 bahasa Yunani. *It's G. to me* Saya tdk mengerti sama sekali. —*ks.* yg berh. dgn Yunani. *the G. Church* Geréja Yunani Kuno.
green /grien/ *kb.* 1 (warna) hijau. *The light has turned g.* Lampu lalu-lintas tlh hijau. 2 *Golf:* lapangan green. 3 (*food*) sayuran berwarna hijau (spt bayam). *the village g.* alun-alun. —*ks.* 1 hijau. *g. dress* baju yg hijau. 2 muda, hijau. *g. banana* pisang yg masih muda. *g. lumber* kayu yg masih hijau. 3 yg blm berpengalaman. *He's still g.* Dia blm berpengalaman. **g. light** a) lampu hijau. b) izin, permisi. **g. pepper** cabé (hijau). **g. tea** téh hijau. **g. thumb** tangan dingin. **g. vegetables** sayur-sayuran, sayur-mayur yg berwarna hijau, sayur-mayur daun-daunan.
greenback /'grien'bæk/ *kb.* uang kertas.
greenery /'grienərie/ *kb.* (*j.* **-ries**) tumbuh-tumbuhan hijau.
greenhorn /'grien'hɔrn/ *kb.* orang yg blm berpengalaman, orang yg masih hijau.
greenhouse /'grien'haws/ *kb.* rumah/ruang kaca.
greenroom /'grien'rum/ *kb.* kamar tempat seniman-seniman beristirahat.
Greenwich /'grenic/ *kb.* **G. time** waktu Greenwich.
greet /griet/ *kkt.* menyambut (*the guests*). —**greeting** *kb.* 1 sambutan. *warm g.* sambutan yg hangat. 2 salam. *to send greetings to* berkirim salam kpd. *g. card* kartu ucapan selamat.
gregarious /grə'gæriəs/ *ks.* 1 seorang yg suka berteman, yg suka sekali berkumpul-kumpul. 2 yg suka hidup berkelompok (*of cattle, sheep*).
grenade /grə'neid/ *kb.* granat.
grew /gruw/ lih GROW.
grey /grei/ =GRAY.
greyhound /'grei'hawnd/ *kb.* sej. anjing yg tinggi dan langsing (biasanya dipakai utk pacuan).
grid /grid/ *kb.* 1 kisi tempat pemanggangan (ikan, daging). 2 jaringan (listrik, gas dsb).
griddle /'gridəl/ *kb.* wajan cépér.

griddlecake /'gridəl'keik/ *kb.* kué dadar.
gridiron /'grid'aiərn/ *kb.* 1 alat masak berupa kisi, alat pemanggang. 2 *Sport*: lapangan football/ hijau.
grief /grief/ *kb.* dukacita, kesedihan. *to come to g.* mendapat kesulitan, gagal, mengalami kegagalan. **grief-stricken** *ks.* berdukacita, tertimpa kesedihan.
grievance /'grievəns/ *kb.* keluhan.
grieve /griev/ *kki.* berdukacita, bersedih hati (**over** atas).
grievous /'grievəs/ *ks.* yg menyedihkan/memilukan. *g. error* kesalahan yg menyedihkan.
grill /gril/ *kb.* 1 alat pemanggang, tempat pembakar. 2 panggangan. —*kkt.* 1 memanggang (*food*). 2 memeriksa terus-menerus, menanyai dgn keras. *to g. a suspect* menanyai terdakwa dgn keras. **grilled steak** daging panggang.
grille /gril/ *kb.* kisi-kisi, jerejak, terali.
grillwork /'gril'wərk/ *kb.* jerejak besi, terali dari besi, kisi-kisi.
grim /grim/ *ks.* 1 suram, seram, cemberut. *The situation looks g.* Keadaan itu kelihatan suram. *g. look* pandangan yg suram. *g. joke* lelucon yg seram. 2 teguh, kuat. *g. determination* tekad yg bulat/kuat/ teguh. **grim-visaged** *ks.* bermuka cemberut.
grimace /'griməs/ *kb.* geringsing (muka). *to (make a) g.* meringis, menyeringai.
grime /graim/ *kb.* lumur, debu yg melekat, kotoran.
grimy /'graimie/ *ks.* sangat kotor.
grin /grin/ *kb.* seringai, ringis. —*kkt.* (**grinned**) *to g. approval* tersenyum lébar tanda setuju. —*kki.* meringis, menyeringai. *to g. and bear s.t.* sanggup menahan s.s.t. tanpa mengeluh.
grind /graind/ *kb.* 1 *Inf.*: pekerjaan yg berat dan membosankan. *the daily g.* pekerjaan sehari-hari, kesibukan sehari-hari. 2 *Inf.*: seorang yg tekun dlm belajar. —*kkt.* (**ground**). 1 menggerinda. *to g. the valves* menggerinda katup. 2 mengertakkan (*teeth*). 3 menggiling (*wheat, grain*). 4 mengisar, memutar (*a hand organ, etc.*). 5 mengasah (*a lens*). 6 menggilas-gilaskan, menggosok-gosokkan. *to g. o's heel into the earth* menggilas-gilaskan tumitnya kedlm tanah itu. 7 melindas, menggilas, menginjak-injakkan. *He ground the cigarette butt under his heel* Ia melindas puntung rokok itu dibawah tumitnya. *Inf.*: **to g. out** mengarang (*a book*). —*kki.* berjalan. *Justice grinds slowly* Keadilan berjalan dgn lambat. —**ground** *ks.* giling. *g. coffee* kopi giling. *g. glass* kaca asahan. —**grinding** *kb.* 1 kertak (*of teeth*). 2 penggilingan (*of grain*). *ks.* 1 ciutan, kertakan. *the g. sound of brakes* bunyi ciutan rém. 2 yg mengasah. *g. machine* mesin pengasah/penggiling. 3 parah. *g. poverty* kemiskinan yg parah.
grinder /'graindər/ *kb.* 1 (alat) penggiling. 2 gerinda.
grindstone /'graind'stown/ *kb.* batu asahan, gerinda. *to keep o's nose to the g.* bekerja lama dan berat, bekerja keras dan tekun.
grip /grip/ *kb.* 1 pegangan. *Get a firm g. on the ladder* Peganglah tangga itu kuat-kuat. 2 genggaman, cengkaman. *His g. is strong* Genggamannya kuat. *in the g. of extortionists* dlm genggaman lintah darat. 3 cengkeraman. *to be in the g. of a cold wave* berada dlm cengkeraman hawa dingin. 4 koper kecil. **to have a g. on** menguasai. *He has no g. on some aspects of medicine* Dia blm menguasai beberapa aspék dlm bidang kedokteran. **to come to grips** 1 berkelahi. 2 berusaha mengatasi. *to come to grips with the problem* berusaha mengatasi persoalan itu.

to get a g. on o.s. menguasai dirinya. **to have a good g. of** a) menguasai. *to have a good g. of the situation* menguasai keadaan dgn baik. b) memahami. *to have a good g. of the subject* memahami persoalan/masaalah dgn baik. **to lose o's g.** a) kehilangan pegangan. b) kehilangan penguasaan. **to regain o's g.** menguasai keadaan. —*kkt.* (**gripped**) 1 memegang erat-erat (*an arm, railing, etc.*). 2 menarik sekali, memikat. *That TV show gripped me* Saya tertarik/terpikat sekali kpd pertunjukan TV itu. 3 menyepit. *to g. s.t. in a vise* menyepit s.s.t. dlm sebuah ragum/tanggam. 4 menggenggam. *to be gripped by fright* tergenggam rasa takut. —*kki.* pakem. *The wheels are not gripping* Rodanya tdk pakem. —**gripping** (*of a story, experience*). *ks.* yg sangat menarik perhatian.
gripe /graip/ *kb.* keluhan. —*kki. Inf.*: mengeluh. mengomél. —**griping** *kb.* omélan, keluhan, keluhkesah.
griper /'graipər/ *kb.* tukang mengeluh.
grippe /grip/ *kb.* penyakit inpluénsa.
grisly /'grizlie/ *ks.* yg mengerikan. *the g. remains* sisa-sisa yg mengerikan.
grist /grist/ *kb.* biji padi-padian yg hendak atau tlh digiling. *Everything he says is g. for his opponent's mill* Semua yg dikatakannya menguntungkan bagi pihak lawannya.
gristle /'grisəl/ *kb.* tulang muda/rawan.
gristly /'grislie/ *ks.* liat.
grit /grit/ *kb.* 1 pasir atau kerikil yg halus. 2 ketabahan. —**grits** *j.* jagung giling kasar, bubur jagung. —*kkt.* (**gritted**) mengertakkan (*the teeth*). *to g. o's teeth to keep from replying* bekertak gigi utk menjaga spy tdk memberi jawaban.
gritty /'gritie/ *ks.* berpasir, spt pasir. *The spinach tastes g.* Bayam itu rasanya berpasir.
grizzled /'grizəld/ *ks.* beruban.
grizzly /'grizlie/ *ks.* **g. bear** sm beruang yg sangat besar dan buas.
groan /grown/ *kb.* rintihan, erangan, kesah. —*kki.* 1 merintih, mengerang. *to g. in pain* merintih kesakitan. 2 berkeluh keberatan. *The table groaned from the food on it* Méja itu penuh sesak dgn segala makanan. —**groaning** *kb.* suara mengerang/ merintih, erang, rintihan.
grocer /'growsər/ *kb.* penjual bahan makanan/ pangan.
grocery /'growsərie/ *kb.* (*j.* **-ries**) toko penjual bahan makanan, toko pangan.=G. STORE —**groceries** *j.* bahan makan.
grogginess /'gragienəs/ *kb.* kepeningan, kepuyengan.
groggy /'gragie/ *ks.* pening, puyeng, terhuyung-huyung. *I feel g.* Saya merasa puyeng.
groin /groin/ *kb.* kunci paha.
groom /gruwm/ *kb.* 1 pengantin/mempelai laki-laki. 2 tukang kuda. —*kkt.* mengurus, merawat (*a horse*). *He is always well-groomed* Dia senantiasa kelihatan rapi sekali. *That horse is well-groomed* Kuda itu dipelihara baik-baik.
groomsman /'gruwmsmən/ *kb.* (*j.* **-men**). laki-laki pengiring pengantén laki-laki.
groove /gruwv/ *kb.* 1 alur, galur, lekuk. *the grooves in a dirt road* galur-galur pd jalan tanah. *the g. for a phonograph needle* galur jalan jarum pd piringan hitam. 2 lurah. *Sl.* **in the g.** berjalan baik. **to get out of the g.** meninggalkan pekerjaan sehari-hari. —*kkt.* menggalur, membuat alur. —**grooved** *ks.* beralur, berlekuk-lekuk.

groovy /'gruwvie/ *ks. Sl.*: menyenangkan, manis (potongannya).
grope /growp/ *kki.* 1 meraba-raba. *to g. for a hand* meraba-raba mencari tangan. *to g. in the dark* meraba-raba dlm gelap. 2 mencari-cari. *to g. for the proper word* mencari-cari kata yg tepat.
gross /grows/ *kb.* 12 lusin, gros, 144. —*ks.* 1 kotor. *g. income* pendapatan kotor. 2 besar. *g. error* kesalahan besar. 3 kasar. *g. behavior* tingkah laku yg kasar. *He is g. in appearance* Perawakannya kasar. 4 bruto. *g. weight* bobot/berat bruto. 5 yg menyolok. **g. injustice** ketidakadilan yg menyolok. —*kkt.* mendapat keuntungan kotor. *to g. a thousand dollars* mendapat pendapatan kotor sebesar seribu dolar. **g. national product** hasil kotor nasional. **g. profit** untung kotor. **g. ton** = LONG TON. —**grossly** *kk.* terlalu, nyata sekali. *to g. underestimate s. o.* nyata sekali menganggap énténg s.s.o.
grotesque /grow'tesk/ *ks.* fantastis, anéh sekali.
grotto /'gratow/ *kb.* gua, ngalau.
grouch /grawc/ *kb.* penggerutu, perengut. —*kki.* menggerutu, mengeluh, merengut.
grouchy /'grawcie/ *ks.* bersungut-sungut, yg menggerutu.
ground /grawnd/ lih GRIND.
ground /grawnd/ *kb.* 1 tanah. *to fall to the g.* jatuh ke tanah. 2 daérah. *the favorite hunting g. of the Indians* daérah perburuan yg digemari orang-orang Indian. 3 dasar. *red on a blue g.* mérah diatas dasar biru. *g. for a complaint* dasar pengaduan. *to find a common g. for negotiations* mendapatkan dasar-dasar permufakatan utk perundingan-perundingan. *to rest on firm g.* bertumpu/berdiri pd dasar yg kokoh-(kuat). **above g.** 1 diatas tanah. 2 masih hidup. **to break g.** 1 melakukan pencangkulan pertama. 2 mencangkul. **to cover g.** 1 mencapai kemajuan. 2 menempuh jarak. **to cut the g. from under o's feet** melemahkan atau melumpuhkan pembicaraan orang lain. **from the g. up** sama sekali, seluruhnya, mulai dari bawah. *to learn the business from the g. up* mempelajari segala urusan dagang mulai dari bawah sekali. *to decorate a house from the g. up* menghiasi seluruh rumah itu. **to gain g.** berhasil, mendapat kemajuan, menjadi biasa. **to get off the g.** memulai, mengalami kemajuan. **to give g.** mengundurkan diri, mundur. **to hold/stand o's g. against** tetap bertahan, tdk mundur/menyerah menentang. **to lose g.** 1 mengalami kemunduran. 2 tdk dipakai lagi *(of words or expressions)*. **to be on the g.** di tempat itu. *He's already on the g. and has taken charge* Dia sdh ada di tempat itu dan memegang tanggung jawab. **on the g. of** berdasarkan, dgn alasan. *Inf.*: **to run s.t. into the g.** berkelebihan/keléwatan melakukan s.s.t. **to shift o's g.** merobah posisi, menukar pendapat. —**grounds** *j.* 1 alasan-alasan. *What grounds does he have for saying that?* Apa alasannya berkata demikian? *grounds for divorce* alasan-alasan utk perceraian/cerai. *There are grounds for supposing that...* Ada alasan utk beranggapan bhw.... 2 dasar-dasar. *on legal grounds* atas dasar-dasar hukum. 3 ampas *(of coffee).* 4 pekarangan. *The grounds need landscaping* Pekarangan itu perlu dirapindah. —*kkt.* 1 melarang terbang, tdk dpt terbang. *The planes were grounded by bad weather* Pesawat-pesawat terbang itu tdk dpt terbang karena cuaca buruk. 2 menghubungkan dgn tanah. *The radio was grounded for safety's sake* Utk menjaga keselamatan radio itu dihubungkan dgn tanah. —*kkt.* kandas *The boat grounded in shallow water* Kapal itu kandas dlm air yg dangkal.

g. control pengawasan dari darat (di lapangan terbang). **g. cover** penutup tanah. **g. crew** regu pekerja di darat. **g. floor** tingkat bawah. *to get in on the g. floor* mulai semenjak permulaan. **g. forces** angkatan darat. **g. hog** sm marmot tanah. **g. rule** peraturan setempat, peraturan bersama mengatur cara-cara permainan, peraturan gelanggang. **ground-to-air** *ks.* dari darat ke udara. **g. swell** gelombang-gelombang besar (disebabkan angin topan atau gempabumi). *g. swell of support* peningkatan (jumlah) bantuan. **ground-to-air missile** peluru peluncur utk sasaran di udara. **g. water** air tanah.
groundbreaking /'grawnd'breiking/ *kb.* pencangkulan pertama. *g.-ceremony* upacara pencangkulan (tanah) pertama.
groundless /'grawndləs/ *ks.* 1 tanpa dasar. *Her fears were g.* Ketakutannya tanpa dasar. 2 isapan jempol. *That story is g.* Cerita itu isapan jempol belaka.
groundskeeper /'grawndz'kiepər/ *kb.* perawat gelanggang olahraga.
groundwork /'grawnd'wərk/ *kb.* dasar. *to lay the g. for...* meletakkan dasar-dasar utk....
group /gruwp/ *kb.* 1 kelompok, golongan. *a. g. of men* sekelompok orang. *in groups of four* dlm kelompok-kelompok yg terdiri dari empat orang. *To which g. do you belong?* Kamu masuk golongan mana? 2 grup —*kkt.* menggolong-golongkan, membagi-bagi atas kelompok-kelompok. *to g. the students according to their I.Q.'s* menggolong-golongkan pelajar-pelajar itu menurut kosién kecerdasan meréka. —*kkt.* berkumpul, mengelompok (**around** disekeliling, mengelilingi). **g. dynamics** ilmu dinamika kelompok. **g. insurance** asuransi kelompok. **g. therapy** térapi kelompok. —**grouping** *kb.* pengelompokan, penggrupan.
grouse /graws/ *kb.* sej. burung belibis. —*kki.* mengomél. *He's always grousing about s.t.* Ia senantiasa mengomél/menggerutu mengenai s.s.t.
grove /growv/ *kb.* belukar, hutan kecil. *orange g.* rumpun tanaman jeruk.
grovel /'grʌvəl/ *kki.* merendahkan diri, menyembah-nyembah. *to g. before s.o.* menyembah-nyembah kpd s.s.o., merendahkan diri dihadapan s.s.o.
grow /grow/ *kkt.* (**grew, grown**) 1 menanam *(vegetables).* 2 memelihara. *to g. a beard* memelihara janggut. —*kki.* 1 tumbuh. *The flowers g. well* Bunga-bunga itu tumbuh dgn baik. 2 bertambah. *Student enrollment grew rapidly* Jumlah mahasiswa bertambah dgn cepat. *It grew cold outside* Diluar bertambah dingin. *to g. in stature* bertambah jangkung. *You have grown a lot this year* Kau sdh bertambah besar tahun ini. *Time is growing short* Waktu bertambah sempit. 3 menjadi. *to g. rich from* menjadi kaya karena. *It's growing dark* Hari menjadi gelap. *to g. fat* menjadi gemuk. **to g. away from** menjadi asing thd. *to g. away from o's family* menjadi asing thd keluarganya. **to g. into** menjadi. *She grew into a beautiful woman* Ia menjadi wanita yg cantik. **to g. on** semakin mempengaruhi. *His personality grows on me* Kepribadiannya semakin saya senangi. *The habit grew on him* Kebiasaan itu semakin mempengaruhinya. **to g. out of** 1 meninggalkan. Hari menjadi gelap. *to g. out of a bad habit* meninggalkan kebiasaan yg buruk. 2 timbul. *His illness grew out of carelessness* Penyakitnya timbul dari kelalaiannya. *to g. out of o's clothes* menjadi terlalu besar utk pakaiannya. **to g. up** (menjadi) déwasa. *We grew up together* Kami dibesarkan bersama-sama. *He has grown up since...* Dia tlh bertambah besar sejak.... *to g. up into a fine man* menjadi seorang

pria yg baik. —**grown** *ks.* yg sdh déwasa. *a g. man* seorang laki-laki yg sdh déwasa. **grown-up** *kb.* orang déwasa. *ks.* tlh déwasa. *g.-up attitude* sikap yg matang. —**growing** *kb.* pertumbuhan. *the g. age* masa pertumbuhan. *ks.* semakin meningkat. *g. fear of war* ketakutan akan perang yg semakin bertambah/meningkat. *g. child* anak yg sedang tumbuh. *rice-growing region* daérah persawahan. *to have g. pains* 1 menemui banyak kesulitan dlm tahun-tahun permulaan. 2 sakit pd sendi-sendi tulang disebabkan oléh pertumbuhan.

grower /'growǝr/ *kb.* penanam. *rice g.* penanam padi. *That plant is a rapid g.* Tanaman itu tumbuhnya cepat.

growl /grawl/ *kb.* belasut. *to utter a g. at s.o.* menggeram kpd s.s.o. *to answer with a g.* menjawab dgn suara yg geram. —*kki.* 1 menggeram. *The dog growls at every one* Anjing itu menggeram kpd setiap orang. 2 berkata dgn marah, membelasut. 3 terkelik (*of the stomach*). *His stomach is growling* Perutnya berbunyi.

grown /grown/ lih GROW.

growth /growth/ *kb.* 1 pertumbuhan. *g. of shrubs* pertumbuhan semak-semak. 2 pertumbuhan, perkembangan. *g. of a city* pertumbuhan kota. *to attain full g.* mencapai pertumbuhan yg lengkap/penuh. 3 kutil. *g. on the neck* kutil di léhér. *a week's g. on the chin* jénggot di dagu yg tlh tumbuh selama seminggu.

grub /grʌb/ *kb.* 1 tempayak. 2 *Inf.*: makanan. —*kkt.* (**grubbed**). **to g. up** mencungkil, membongkar.

grubby /'grʌbie/ *ks.* kotor.

grudge /grʌj/ *kb.* dendam. *to bear/hold/nurse a g. against* menaruh atau dendam sakit hati kpd/thd. —*kkt.* iri hati. *to g. a friend any profit* iri hati akan tiap-tiap keuntungan temannya. —**grudgingly** *kk.* dgn enggan/segan. *She g. accepted the invitation* Dgn enggan dia menerima undangan itu.

grueling /'gruwǝling/ *ks.* sangat meletihkan. *g. race* perlombaan yg sangat meletihkan.

gruesome /'gruwsǝm/ *ks.* yg mengerikan. *g. sight* pemandangan yg mengerikan.

gruff /grʌf/ *ks.* keras, kasar. *g. voice* suara yg keras/kasar. —**gruffly** *kk.* dgn keras. *to speak g.* bercakap dgn keras pedas.

grumble /'grʌmbǝl/ *kb.* keluhan, omélan. —*kki.* menggerutu, mengeluh. *to g. about s.t.* menggerutu ttg s.s.t. —**grumbling** *kb.* pengomélan, pengeluhan. *ks.* yg menggerutu. *in a g. tone of voice* dgn suara menggerutu.

grumbler /'grʌmblǝr/ *kb.* penggerutu, pengeluh.

grumpy /'grʌmpie/ *ks.* galak, marah-marahan.

grunt /grʌnt/ *kb.* 1 dengkur (*of hogs*). 2 bunyi ngorok. —*kkt.* **to g. o's assent** memberikan persetujuan dgn menggerutu. —*kki.* mendengkur, mengorok.

GSA [*General Services Administration*] Jawatan Pelayanan Umum.

Gt. Br., Gt. Brit [*Great Britain*] Britannia/Inggeris Raya.

guano /'gwanow/ *kb.* pupuk dari tahi burung atau kelelawar.

guar. [*guaranteed*] dijamin.

guarantee /'gærǝn'tie/ *kb.* jaminan, garansi. *Wealth is no g. of happiness* Kekayaan tidaklah menjamin kebahagiaan. *g. on a watch* jaminan atas jam. *What g. do you have that he'll come?* Apa jaminannya bhw ia akan datang? —*kkt.* 1 menjamin. *Is this machine guaranteed?* Apakah mesin ini dijamin? *I g. you won't be sorry* Saya jamin kau tdk akan menyesal. 2 memberi garansi. *to g. a tire for one year* memberi garansi satu tahun utk sebuah ban. —**guaranteed** *ks.* dijamin, terjamin.

guarantor /'gærǝntǝr, -tǝr/ *kb.* penjamin. *to act/stand as g. for his debt* bertindak sbg penjamin utangnya.

guaranty /'gærǝntie/ *kb.* (*j.* **-ties**) penjaminan.

guard /gard/ *kb.* 1 pengawal, penjaga. *The g. admitted us* Penjaga itu mengizinkan kami masuk. *palace g.* pengawal istana. 2 penjagaan. *to mount g.* mengadakan/menempatkan penjagaan. *to stand g.* berjaga-jaga. **off g.** tak hati-hati. *to catch s.o. off his g.* menyergap s.s.o. dgn tdk disangka-sangka. *to throw s.o. off his g.* menyerang s.s.o. ketika tak diduga-duga oléhnya. **on g.** berjaga. *to be on o's g.* waspada, berhati-hati. *to put s.o. on his g.* membuat s.s.o. waspada. **to be under g.** dikawal, mendapat pengawalan. 3 kunci. *g. on a bracelet* kunci utk gelang. —*kkt.* 1 menjaga. *to g. a building* menjaga gedung. *to g. the President* menjaga/mengawal Présidén. 2 berhati-hati, berjaga-jaga. *You should g. your tongue* Kau hrs berhati-hati dgn kata-katamu. 3 melindungi. *The child was guarded from the sight of the accident* Anak itu dilindungi dari pemandangan kecelakaan itu. —*kki.* **to g. against** berhati-hati thd. **g. duty** tugas jaga/kawal. —**guarded** *ks.* berhati-hati. *g. reply* jawaban yg berhati-hati. —**guardedly** *kk.* dgn berhati-hati.

guardhouse /'gard'haws/ *kb.* gardu, rumah jaga, rumah monyét.

guardian /'gardieǝn/ *kb.* wali. *g. angel* malaikat pelindung.

guardianship /'gardieǝnsyip/ *kb.* perwalian.

guardrail /'gard'reil/ *kb.* pagar.

guardsman /'gardzmǝn/ *kb.* (*j.* **-men**) 1 pengawal. 2 tentara AS.

guava /'gwavǝ/ *kb.* jambu biji/lutuk, biawas.

gubernatorial /'guwbǝrnǝ'towrieǝl/ *ks.* yg berh. dgn gubernur. *g. contest* perebutan kedudukan gubernur.

guer(r)illa /gǝ'rilǝ/ *kb.* gerilya. *g. fighter* gerilyawan. *g. warfare* perang gerilya. (*fem.*) gerilyawati.

guess /ges/ *kb.* 1 perkiraan, taksiran. *Your g. is as good as mine* Perkiraanmu sama baiknya dgn perkiraan saya. 2 terkaan. *I'll give you three guesses* Saya akan memberikan kepadamu tiga macam terkaan. *Make a g.!* Coba terka. 3 dugaan. *It's anybody's g.* Itu dugaan orang. —*kkt.* menerka. *G. how many cookies I have!* Terka berapa banyak kué ada pd saya. *G. what I found* Coba terka apa yg saya temukan. *to g. a riddle* menerka teka-teki. *I guessed him to be sixty* Saya menaksir ia berusia enampuluh tahun. *to keep s.o. guessing* membiarkan s.s.o. menduga-duga. *to g. right* menduga tepat. *You've guessed it!* Terkaanmu (itu) tepat! *I g. you are right* Saya kira engkau betul. —*kki.* kira. **to g. at** menerka. **guessing** *game* tebak-tebakan, teka-teki.

guesstimate /'gestǝmit/ *kb. Sl.*: (angka) kira-kira, angka perkiraan.

guesswork /'ges'wǝrk/ *kb.* cara kira-kira, terkaan, tebakan. *The new machine takes the g. out of the problem* Mesin baru itu menghilangkan cara kira-kira dari soal itu.

guest /gest/ *kb.* tamu. *g. list* daftar tamu. *g. towel* handuk tamu. *g. room* kamar tamu.

guesthouse /'gest'haws/ *kb.* pasanggrahan, pondok/wisma tamu.

guff /gʌf/ *kb. Sl.*: bantahan, sangkalan, protés, sanggahan.

guffaw /gə'fɔ/ kb. tertawa terbahak-bahak.
guidance /'gaidəns/ kb. 1 pimpinan, bimbingan. 2 pedoman, petunjuk. g. counselor penasihat (di S.M.A.). g. system sistim pengendalian.
guide /gaid/ kb. 1 buku pedoman. 2 pandu, pemandu. tourist g. pemandu pariwisata, pramuwisata. —kkt. 1 mengemudikan (a car, boat). 2 menuntun. to g. a blind person menuntun seorang buta. Be guided by your conscience Semoga kau dituntun oléh hati nuranimu. 3 menjadi penunjuk jalan. 4 mempedomani. guided by wise prudence dipedomani oléh hikmah kebijaksanaan. g. word kata penunjuk. —guided ks. kendali. g. missile peluru kendali. g. missile base pangkalan peluru kendali. —guiding ks. yg menuntun. g. principle asas/prinsip sbg pedoman/penuntun.
guidebook /'gaid'buk/ kb. buku pedoman/tuntunan/petunjuk.
guideline /'gaid'lain/ kb. garis pedoman.
guidepost /'gaid'powst/ kb. tonggak penunjuk jalan.
guild /gild/ kb. serikat sekerja.
guilder /'gildər/ kb. rupiah (Belanda).
guile /gail/ kb. akal bulus, tipu muslihat.
guileless /'gailləs/ ks. tanpa akal bulus, terus-terang.
guillotine /'gilətien/ kb. alat pemenggal kepala. —kkt. menghukum dgn pemenggalan kepala.
guilt /gilt/ kb. kesalahan. g. by association kesalahan disebabkan perhubungan.
guilty /'giltie/ ks. bersalah. to plead g. mengaku bersalah. What's he g. of? Apa kesalahannya? to have a g. conscience merasa bersalah. to have a g. look dari mukanya nampak bhw ia bersalah. g. of murder bersalah melakukan pembunuhan. Who's the g. person? Siapakah yg bersalah? The judge found the accused not g. Hakim berpendapat bhw tertuduh tdk bersalah.
guinea /'ginie/ kb. guinea. g. fowl ayam mutiara. g. pig a) marmot. b) orang atau binatang yg dipakai dlm percobaan, orang coba.
guise /gaiz/ kb. samaran. to come in the g. of a policeman datang menyamar sbg polisi. under the g. of dgn berkedok sbg.
guitar /gə'tar/ kb. gitar. g. player pemain gitar.
guitarist /gə'tarist/ kb. pemain gitar, gitaris.
gulch /gʌlc/ kb. ngarai yg sempit, jurang yg terjal.
gulf /gʌlf/ kb. 1 teluk. G. of Mexico Teluk Méksiko. G. Stream Arus Teluk. 2 jurang pemisah.
gull /gʌl/ kb. burung camar (laut).
gullet /'gʌlit/ kb. kerongkongan.
gullible /'gʌləbəl/ ks. mudah tertipu.
gully /'gʌlie/ kb. (j. -lies) selokan.
gulp /gʌlp/ kb. teguk. a g. of water seteguk air. —kkt. menelan, meneguk. to g. o's food menelan makanannya. to g. s.t. down menggelogok/menelan/melulur s.s.t. to g. back the tears menahan air-mata. —kki. He gulped Ia menahan napasnya.
gum /gʌm/ kb. 1 gusi. I bit my g. Gusi saya tergigit. 2 permén karét. 3 getah. —kkt. (gummed) Sl.: to g. up the works mengacaukan semuanya. g. arabic getah arab. g. tree pohon para/getah. gummed label étikét yg ditémpélkan.
gumdrop /'gʌm'drap/ kb. gula-gula permén karét.
gummy /'gʌmie/ ks. bergetah.
gumption /'gʌmpsyən/ kb. Inf.: énersi, inisiatif.
gun /gʌn/ kb. senapan, bedil, meriam. to beat/jump the g. mulai sblm diberi tanda. Inf.: to give it the g. mempercepat/menekan/menancap gas. to stick to o's guns tetap pd pendiriannya. Sl.: Great guns!

Busét! Ampun! Sl.: It's blowing great guns Angin topan bertiup dgn kencangnya. —kkt. (gunned) 1 mempercepat. to g. the engine mempercepat mesinnya. 2 menambah gas mesin. to g. down 1 memberondong, menémbak rubuh. 2 menémbak mati. to g. for 1 memburu. 2 mulai berkampanye. g. barrel laras/pembuluh senapan. g. carriage keréta meriam. g. fodder umpan peluru. g. metal loyang.
gunboat /'gʌn'bowt/ kb. kapal meriam.
gunfight /'gʌn'fait/ kb. témbak-menémbak.
gunfire /'gʌn'fair/ kb. témbakan.
gunk /gʌngk/ kb. segala macam sampah/kotoran.
gunman /'gʌnmən/ kb. (j. -men) 1 perampok bersenjata api. 2 ahli senjata api. 3 jago témbak.
gunner /'gʌnər/ kb. tentara/pelayan meriam, penémbak.
gunnery /'gʌnərie/ kb. keahlian membuat dan memakai meriam. g. officer perwira meriam.
gunny /'gʌnie/ kb. g. sack karung goni.
gunplay /'gʌn'plei/ kb. témbak-menémbak, perkelahian senapan.
gunpoint /'gʌn'point/ kb. ujung laras senapan. at g. dgn todongan pistol.
gunpowder /'gʌn'pawdər/ kb. serbuk mesiu.
gunrunner /'gʌn'rʌnər/ kb. penyelundup senjata api dan amunisi.
gunrunning /'gʌn'rʌning/ kb. penyelundupan senjata api dan amunisi.
gunshot /'gʌn'syat/ kb. suara témbakan. g. wounds luka-luka kena témbakan. The fox was out of g. Rubah itu tak tercapai oléh témbakan senapan. within g. didlm jarak témbakan, sipembedil.
gunshy /'gʌn'syai/ ks. takut akan bunyi témbakan.
gunsight /'gʌn'sait/ kb. pemitar, butir-butir.
gunsmith /'gʌn'smith/ kb. pandai senjata ringan, tukang senapan.
gunstock /'gʌn'stak/ kb. batang/popor senapan bedil.
gunwale /'gʌnəl/ kb. bibir perahu, pinggiran lambung perahu.
gurgle /'gərgəl/ kki. berdeguk, mendeguk. The baby gurgled happily Bayi itu mendeguk dgn gembira.
gush /gʌsy/ kb. pancaran (of blood, water) —kki. memancar, mencurat, menyembur. The blood was gushing out Darah memancar keluar. —gushing ks. 1 yg memancar/menyembur. g. oil minyak yg memancar. 2 dgn perasaan yg tak terkendalikan. She's the g. type Dia orang yg banyak bicara.
gusher /'gʌsyər/ kb. pancuran/semburan minyak.
gushy /'gʌsyie/ ks. céngéng, mudah tersinggung perasaannya.
gust /gʌst/ kb. hembusan yg keras. g. of wind hembusan angin.
gusto /'gʌstow/ kb. nafsu, semangat. to eat with g. makan dgn bernafsu. to do s.t. with g. melakukan s.s.t. dgn penuh semangat.
gusty /'gʌstie/ ks. berangin ribut.
gut /gʌt/ 1 Anat.: usus. 2 tali yg dibuat dari usus binatang. —guts j. 1 Sl.: Anat.: usus. 2 Sl.: keberanian, ketekunan. —kkt. (gutted) 1 memusnahkan. Fire gutted the house Api memusnahkan rumah itu. 2 mengeluarkan isi perut. Sl.: g. issue persoalan dasar/vital. Sl.: g. reaction réaksi yg mendalam.
gutsy /'gʌtsie/ ks. Sl.: berani, gagah.
guttapercha /'gʌtə'pərcə/ kb. getah perca.
gutter /'gʌtər/ kb. 1 got, pancuran atap. 2 selokan. to be raised in the g. dibesarkan sbg anak gelandangan. language of the g. bahasa pasaran.

guttersnipe /'gʌtər'snaip/ *kb.* anak jémbél.
guttural /'gʌtərəl/ *kb.* suara tekak/garau.
guy /gai/ *kb. Sl.*: orang. *good g.* orang yg baik. *tough g.* orang yg bengis/kasar, orang yg seram mukanya, *bad g.* 1 orang yg jahat. 2 *Thea.:* peranan penjahat/bandit. **g.-wire** tali bubut, bubutan.
guzzle /'gʌzəl/ *kkt.* minum dgn rakus.
gym /jim/ *Inf.:* = GYMNASIUM.
gymnasium /jim'neizieəm/ *kb.* ruang/gedung olahraga.
gymnast /'jimnæst/ *kb.* pesenam, ahli senam.
gymnastics /jim'næstiks/ *kb.* olahraga senam.
gynecologist /'jainə'kaləjist, 'gai-/ *kb.* dokter ahli yg mengobati wanita.

gynecology /'jainə'kaləjie, 'gai-/ *kb.* ilmu bidanan. ilmu penyakit wanita, ginekologi.
gyp /jip/ 1 *kb. Sl.*: tipuan. 2 *Sl.*: penipu. —*kkt.* (**gypped**) *Sl.*: menipu.
gypsum /'jipsəm/ *kb.* gips, batu tahu.
gypsy /'jipsie/ *kb.* (*j.* **-sies**) orang jipsi.
gyrate /'jaireit/ *kki.* berputar.
gyration /jai'reisyən/ *kb.* gerakan berputar, putaran.
gyrocompass /'jairow'kʌmpəs/ *kb.* kompas giro, pedoman gasing.
gyroscope /'jairowskowp/ *kb.* giroskop.

H

H, h /eic/ *kb.* 1 huruf yg kedelapan dari abjad Inggeris. 2 setiap bunyi yg digambarkan dgn huruf ini. *H-bomb* bom zat air.

ha /ha/ *kseru.* ha! (menyatakan kehéranan, kecurigaan, keriangan).

habeas corpus /'heibieəs'kɔrpəs/ *kb.* hak utk diperiksa dimuka hakim.

haberdasher /'hæbər'dæsyər/ *kb.* penjual pakaian laki-laki.

haberdashery /'hæbər'dæsyərie/ *kb.* (*j.* **-ries**) toko pakaian laki-laki.

habit /'hæbit/ *kb.* 1 kebiasaan. *I'm in the h. of getting up early* Kebiasaan saya bangun pagi-pagi benar. **to get into the h. of** menjadi terbiasa. *I've gotten into the h. of drinking coffee* Saya sdh kebiasaan minum kopi. 2 pakaian. *riding h.* pakaian naik kuda. *nun's h.* pakaian jubah seorang biarawati. *Rel.: to take the h.* menjadi biarawan/biarawati. **habit-forming** *ks.* yg mencandukan.

habitat /'hæbətæt/ *kb.* tempat kediaman/tinggal.

habitation /'hæbə'teisyən/ *kb.* tempat tinggal. *fit for h.* cocok/layak utk dijadikan tempat tinggal.

habitual /hə'bicuəl/ *ks.* yg dilakukan karena kebiasaan. *He's a h. criminal* Dia sdh biasa menjadi penjahat. *a h. reader* seorang yg sdh membiasakan diri membaca.

habitué /hə'bicuei/ *kb.* penggemar, pecandu.

hack /hæk/ *kb.* 1 orang yg diupah utk mengerjakan kerja-kerja kesusasteraan. *h. writer* pengarang roman picisan. 2 *Inf.*: taksi. —*kkt.* 1 menetak, memakuk, memarang. *to h. o's way through a jungle* merintis jalan melalui hutan. 2 melukai s.s.o. dgn kasar. *to h. to pieces* mencencang/memotong-motong. *Sl.*: **to h. around** ngeluyur. **hacking** *cough* batuk péndék.

hackles /'hækəlz/ *kb., j.* kecurigaan, kemarahan/kegusaran. *Inf.*: *to raise s.o's hackles* menimbulkan/membangkitkan kegusaran s.s.o.

hackneyed /'hæknied/ *ks.* sdh usang, sdh basi. *h. phrase* kalimat yg sdh usang.

hacksaw /'hæk'sɔ/ *kb.* gergaji logam/besi.

hackwork /'hæk'wərk/ *kb.* pekerjaan yg bermutu rendah, karangan picisan, pekerjaan yg bersifat buru-buru.

had /hæd/ lih HAVE.

haddock /'hædək/ *kb.* sm ikan di Atlantik Utara.

Hades /'heidiez/ *kb.* alam barzach, neraka.

hadn't /'hædənt/ [*had not*] lih HAVE.

hag /hæg/ *kb.* seorang wanita tua yg rupanya sangat jelék (dan hatinya biasanya busuk).

haggard /'hægərd/ *ks.* kurus dan cekung.

haggle /'hægəl/ *kki.* tawar-menawar. *to h. over prices* tawar-menawar mengenai harga.

hagridden /'hæg'ridən/ *ks.* kemasukan sétan, suka ngawur.

hail /heil/ *kb.* 1 hujan batu és. 2 hujan (*of bullets*). *He's always h. fellow well met* Dia selalu ramah sekali.

to be within h., to be within hailing distance dlm jarak dpt dipanggil. —*kkt.* 1 berteriak kpd. *to h. a passing ship* berteriak kpd kapal yg léwat. 2 mengelu-elukan (*the winner*). 3 memanggil(kan) (*a cab*). 4 menerima, menyambut. *She has been hailed as a promising musician* Dia diterima sbg seorang pemain musik yg banyak memberi harapan. *to h. s.o. for his achievements* menyambut s.s.o. dgn kehormatan atas apa yg tlh dicapainya. 5 menghujani. *to h. blows on a thief* menghujani pencuri dgn pukulan-pukulan. —*kki.* hujan (batu) és. *H. to the chief!* Hidup pemimpin kita! **to h. from** berasal dari. *Sl.*: **H. Columbia** teguran, celaan.

hailstone /'heil'stown/ *kb.* batu hujan és.

hailstorm /'heil'stɔrm/ *kb.* hujan és disertai angin ribut.

hair /hær/ *kb.* rambut, bulu. *to do o's hair* merias rambut. **by a h.** nyaris, hampir. *to win by a h.* memenang dgn tipis sekali. *The ball missed me by a hair's breadth* Saya nyaris kena bola. **to get in o's h.** menggangu, menjéngkélkan. **to get s.o. out of o's h.** menjaga agar s.s.o. tdk menggangu. **to let o's h. down** berterus terang. **to make s.o's h. stand on end** menegakkan bulu roma s.s.o. **to split hairs** membicarakan soal téték-bengék. **to tear o's h.** spt orang gila karena sedih atau marah. *Don't touch a h. of his head* Jangan ganggu dia sedikitpun! *not to turn a h.* Tak menunjukkan tanda terganggu atau kecéwa. **to a h.** persis, sampai sekecil-kecilnya. **h. curler** pengeriting rambut. **h. follicle** lobang rambut di kulit. **h. net** jala rambut. **h. oil** minyak rambut. **hair-raising** *ks.* mengerikan, menakutkan. **h. shirt** keméja kasar terbikin dari bulu kuda. *He wears a h. shirt* Ia menebus dosanya. **h. restorer** obat menumbuhkan rambut. **h. spray** semprot rambut. **h. stylist** ahli penata/rias rambut.

hairbreadth /'hær'bredth/ *kb.* nyaris, sangat sempit. *to have a h. escape from death* nyaris mati.

hairbrush /'hær'brʌsy/ *kb.* sikat rambut.

haircut /'hær'kʌt/ *kb.* potong/pangkas rambut. *to get a h.* memotong rambut, berpangkas.

hairdo /'hær'duw/ *kb.* cara susunan rambut, tata/rias rambut.

hairdresser /'hær'dresər/ *kb.* ahli rias rambut wanita, penata rambut.

hairiness /'hærienəs/ *kb.* keadaan berbulu.

hairline /'hær'lain/ *kb.* batas tumbuh rambut di kepala.

hairpiece /'hær'pies/ *kb.* rambut palsu.

hairpin /'hær'pin/ *kb.* 1 jepit rambut. 2 tusuk kondé, pasak sanggul. *h. curve* tikungan tajam.

hairsplitting /'hær'spliting/ *kb.* amat/terlampau teliti.

hairy /'hærie/ *ks.* berbulu. **hairy-chested** *ks.* berbulu dada.

halcyon /'hælsieən/ *ks.* tenang dan damai, bahagia. *h. days* hari-hari yg tenang dan damai.

hale /heil/ *ks.* kuat dan séhat. *h. and hearty* séhat dan segar, séhat wal'afiat. —*kkt.* memaksa pergi. *to h. s.o. into court for ...* menyérét s.s.o. ke pengadilan karena....

half /hæf/ *kb.* (*j.* **halves**). 1 paruhan, separuh. *two halves* dua paruhan. *Let's not do things by halves* Janganlah kita mengerjakannya/bekerja setengah-setengah/tanggung-tanggung. 2 tengah. *A h. of 10 is 5* Setengah dari 10 adalah 5. 3 separuh. *h. of this stick* separuh dari tongkat ini. *Not h. of the class was present* Tdk sampai separuh dari klas itu yg hadir. 4 *Sport:* babak. *the second h. of the soccer match* babak kedua dari pertandingan sépakbola itu. *the return h. of a roundtrip ticket* karcis perjalanan kembali dari perjalanan pulang-pergi. —*ks.* setengah. *h. a cup of coffee* setengah cangkir kopi. *one and a h. dozen* satu setengah lusin. *h. an hour* setengah jam. *h. past six* jam setengah tujuh. *h. price* setengah harga. *to divide s.t. into h.* membagi dua s.s.t. *I've h. a mind not to go* Pikiran saya separuh-separuh utk tdk pergi. *in h. a second* segera. —*kk.* setengah. *He's h. again as big as I am* Badannya setengah badan lebih besar dari saya. *h. alive* sdh hampir mati, setengah mati. *She was h. laughing, h. crying* Ia setengah ketawa, setengah menangis. *The weather is not h. bad* Udara masih cukup baik. *h. asleep* tidur-tidur ayam. **half-and-half** *ks.* campuran. *Inf.:* **half-baked** *ks.* setengah matang. *h.-baked idea* gagasan yg setengah matang. *He's h.-baked* Ia miring otak. **half-blooded** *ks.* peranakan. **half-breed** *kb.* ôrang peranakan. **h. brother** dansanak anjing. *Inf.: to go off* **half-cocked** berbicara tanpa persiapan yg cukup. **half-cooked** *ks.* setengah masak. **h. dollar** setengah dolar. **h. done** separuh/setengah selesai. **h. dozen** setengah lusin. **half-grown** *ks.* setengah déwasa. **half-hearted** *ks.* ragu-ragu, tanggung-tanggung. **h. holiday** peréi/ libur setengah hari. **half-hourly** *ks.* tiap setengah jam. **half-mast** setengah tiang. **h. measure** tindakan tanggung-tanggung. **h. moon** bulan separo. **h. pay** separo gaji. *oysters on the h. shell* tiram pd kulitnya. *Sl.:* **half-shot** *ks.* hampir mabuk. **h. sister** kakak atau adik tiri (perempuan). **to half-sole** memasang tapak (*a shoe*). **half-time** *ks.* setengah hari. *h.-time job* pekerjaan (yg) setengah hari. *Sport: at h.-time* pd waktu separuh main. **half-track** *kb.* kendaraan half-track. **half-truth** *kb.* kebenaran yg setengah-setengah. **half-wit** *kb.* orang bodoh. **half-witted** *ks.* dungu, tolol, bodoh. **half-yearly** *ks.* setengah tahunan.

halfback /'hæfbæk/ *ksb.* gelandang tengah (*soccer*). **halfway** /'hæf'wei/ *kk.* separuh jalan. *We are h. there* Kita sdh separuh jalan kesana. *I'll meet you h.* Saya akan menemuimu pd pertengahan jalan. *to meet s.o. h. with the expenses* membantu s.s.o. dgn membayar/menanggung setèngah dari perongkosan itu.

halibut /'hæləbət/ *kb.* sm ikan pecak.

halitosis /'hælə'towsis/ *kb.* nafas berbau, mulut busuk.

hall /hɔl/ *kb.* 1 ruang(an). *the front h.* ruang depan. 2 aula/ruang. *concert h.* ruang konsér. *residence h.* ruangan tempat tinggal, balairung rumah/gedung kediaman. *H. of Fame* Ruang Kemasyhuran. *entrance h.* ruangan tempat masuk. 3 gang. *across the h.* diseberang gang. **h. of justice** gedung pengadilan.

hallelujah /'hælə'luwyə/ *ks.* 1 pujian kpd Tuhan (Keristen). 2 nyanyian pujaan utk Tuhan.

hallmark /'hɔl'mark/ *kb.* tanda (resmi). *Politeness is the h. of a gentleman* Kesopanan adalah tanda orang yg berbudi.

hallow /'hælow/ *kkt.* menyucikan, mempersucikan. *Hallowed be Thy name* Sucilah namaMu. —**hallowed** *ks.* keramat. *h. ground* tanah keramat, tanah yg suci.

Hallowe'en /'hælow'ien/ *kb.* malam 31 Oktober.

hallucination /hə'luwsə'neisyən/ *kb.* (peng)khayalan, mimpi, maya.

hallway /'hɔl'wei/ *kb.* 1 gang. 2 (*entrance*) ruang masuk.

halo /'heilow/ *kb.* 1 lingkaran cahaya, pagar bulan. (*around moon*). 2 lingkaran kekeramatan. *She seems to wear a h.* Dia seakan-akan memakai mahkota keagungan.

halt /hɔlt/ *kb.* penghentian, perhentian. **to call a h.** memberhentikan. *to call a h. to the sale of narcotics* menghentikan penjualan obat-obat bius. *to come to a h.* berhenti. **the h.** sipincang. —*kkt.* memberhentikan. —*kki.* berhenti. *H.!* Berhenti! —**halting** *ks.* terhenti-henti, tertegun-tegun. *His speech is h.* Dia berbicara terputus-putus.

halter /'hɔltər/ *kb.* 1 tali léhér kuda. 2 oto, pakaian penutup dada, diikatkan pd belakang léhér dan punggung.

halve /hæv/ *kkt.* membagi dua. *I'll h. this candy bar with you* Saya akan membagi dua batang gula-gula ini dgn kau. *This new machine halves the work* Mesin baru ini mengurangi pekerjaan itu dgn separuhnya.

halves /hævz/ lih HALF.

ham /hæm/ *kb.* 1 daging (paha) babi (yg biasanya diasinkan). *h. and eggs* daging babi dan telur goréng. *fried h.* daging babi goréng. *h. sandwich* roti berlapiskan daging babi. 2 *Sl.:* pemain sandiwara yg jelék. *He's a real h.!* Permainannya jelék sekali! 3 *Sl.:* pelayan radio amatir. —*kkt.* (**hammed**) *Sl.:* **to h. it up** bermain berlebih-lebihan.

hamburger /'hæmˌbərgər/ *kb.* 1 perkedél daging. 2 (*sandwich*) roti pakai perkedél daging.

hamlet /'hæmlit/ *kb.* dusun kecil.

hammer /'hæmər/ *kb.* palu, martil. —*kkt.* memalu, memukul. *to h. a poster on a wall* memakukan sebuah poster pd dinding. —*kki.* **to h. at** menekankan kpd. *to h. at the enemy* menghantam musuh. *to h. away at his opponent's statements* mengupas habis-habisan pernyataan-pernyataan lawannya itu. **to h. s.t. in** memakukan s.s.t. **to h. into** menekankan/mencamkan kpd. *to h. s.t. into shape* menotok-notok sehingga s.s.t. rata kembali, memukul-mukul sampai memperoléh bentuknya. **to h. on** mengetok-ngetokkan, menggedor, *to h. on a door* mengetok-ngetok pintu. **to h. out** menyiapkan. *to h. out a proposal* menyusun/menyiapkan suatu usul. **under the h.** dilélang. *The house went under the h. for $30,000* Rumah itu dilélang seharga $30,000. **h. and tongs** dgn segala daya dan kekuatan. *The two boxers went at e.o. h. and tongs* Kedua petinju itu saling baku hantam sekuat tenaga. —**hammered** *ks.* tempaan, yg sdh ditempa. *h. metal* logam yg sdh ditempa. —**hammering** *kb.* pukulan palu.

hammock /'hæmək/ *kb.* tempat tidur gantung, buaian.

hamper /'hæmpər/ *kb.* keranjang. *clothes h.* keranjang pakaian. —*kkt.* 1 menghambat (*progress*). *to be hampered without a car* terhambat karena tdk ada mobil. 2 merintangi. *Heavy rains hampered rescue efforts* Hujan-hujan lebat merintangi usaha-usaha pertolongan.

hamster /'hæmstər/ *kb.* sm tupai.
hamstring /'hæm'string/ *kb.* urat-urat lutut. —*kkt.* (**hamstrung**) 1 melumpuhkan. 2 memotong.
hand /hænd/ *kb.* 1 tangan. *My hands are greasy* Tangan saya kena minyak. *The decision is out of my hands* Keputusan itu bukan di tangan saya. *to hold hands* berpegangan tangan. *to lead s.o. by the h.* menuntun s.s.o. dgn memegang tangannya. *Hands up!* Angkat tangan! 2 *Agri.:* buruh tani. 3 *Nau.:* anak kapal. *All hands on deck!* Seluruh awak kapal kumpul! 4 *Bridge:* susunan kartu. *to play a h. of bridge* bermain bridge. 5 sisi. *on her left h.* di sisi kirinya. 6 (*measure*) empat inci (lébar tangan). 7 jarum (*of watch, clock*). *second h.* jarum detik. 8 tulisan tangan. 9 (*applause*) tepukan tangan. 10 sisir, tandan. *a h. of bananas* sesisir pisang. **at first h.** dari tangan pertama, dari sumber langsung. **at h.** yg ada, yg tersedia dekat. *Let me have any dictionary you have at h.* Berilah saya kamus apa saja yg ada padamu. *Christmas is at h.* Hari Natal sdh di ambang pintu. *at second h.* dari orang lain, dari tangan kedua. **at the hand(s) of** oléh. *to be treated roughly at the hands of bandits* diperlakukan dgn kasar oléh penjahat-penjahat. *at the hands of his best friend* dari temannya yg paling akrab itu. *to bite the h. that feeds one* air susu dibalas dgn tuba. **by h.** dgn tangan. *to make by h.* membuat dgn tangan. *to change hands* bertukar tangan. **to come to h.** datang, muncul. *He employs whoever comes to h.* Dia mempekerjakan siapa saja yg datang kepadanya. *to eat out of s.o's hand* menurut perintah, jinak sekali. *to force s.o's h.* memaksa s.s.o. *free h.* kebébasan. **from h. to h.** dari tangan ke tangan. **to give a h.** memberi bantuan. *Give me a h.* Tolonglah saya. *to give her h. to a boy* memberi cintanya kpd seorang jejaka. *to give s.o's daughter's hand in marriage* mengawinkan anaknya yg perempuan. *to give the winner a big h.* bertepuk tangan riuh utk pemenang itu. **to wait on h. and foot** melayani dgn penuh kepatuhan. **to win hands down** dgn mudah mendapat kemenangan. **to have a h. in** ikut campur/serta dlm. **to have o's hands full** sibuk dgn. *With five children she has her hands full* Dgn lima orang anak dia selalu sibuk. **h. in glove** rapat, erat. *to work together h. in glove* bekerja sama dgn erat. **h. in h.** bergandéngan tangan. *Hands off!* Jangan ganggu! **to make money h. over fist** mendapat penghasilan yg besar. **with a heavy h.** dgn kikuk. *He does everything with a heavy h.* Segala s.s.t. dikerjakannya dgn kikuk. *to put down the revolt with a heavy h.* menindas pemberontakan itu dgn kejam. **in h.** dlm penguasaan. *The police have the case well in h.* Polisi menguasai perkara itu sepenuhnya. *The situation is well in h.* Keadaan dpt dikuasai dgn baik(nya). *The responsibility rests in his hands* Tanggung-jawabnya berada di tangannya. **to join hands** berpegangan tangan. **to leave in God's hands** menyerahkan kpd Tuhan. *I place myself in your hands* Kuserahkan nasibku kepadamu. *I am in your hands* Saya akan menurut perintahmu/kehendakmu. *to place the matter in the hands of a lawyer* menyerahkan persoalan/perkara itu ke tangan pengacara. **to take in h.** menguasai, mengawasi. *That child must be taken in h.* Anak itu hrs dikuasai. **to keep in h.** menguasai. *The crowd was kept in h.* Orang ramai itu dikuasai. **to play into the hands of** memberi keuntungan kpd. *to play into the hands of o's opponent* berbuat s.s.t. yg menguntungkan lawannya. **to keep o's h. in** tetap mahir. **to lay a h. on** 1 mengganggu. 2 memukul (*of a boxer*). **to lay hands on** 1 (*find*) memperoléh, mendapatkan. 2

memberkahi. 3 merampas, menangkap. **to bear/ lend a h.** menolong, membantu. *Lend a h., will you?* Tolonglah sebentar! **to lend a helping h.** memberi bantuan. **to lift/raise a h.** memberi bantuan, mengulurkan tangan. *to lift a h. against* memukul, melawan. **off o's hands** lepas dari tanggungan. *He offered to take the car off my hands for ...* Ia menawarkan utk membeli mobil saya dgn harga.... **on every h.** dimana-mana. **on h.** tersedia, dlm persediaan. *to be on h.* hadir. **on o's hands** 1 dlm penjagaannya. 2 menjadi tanggungjawabnya. *to have time on o's hands* mempunyai waktu terluang. *on o's hands and knees* merangkak. *on the other h.* sebaliknya. *on the one h.... on the other h.* di satu pihak.... di lain pihak. **out of h.** mentah-mentah. **to get out of h.** tak dpt dikendalikan. *The riot got out of h.* Kerusuhan itu tdk dpt dikendalikan lagi. **to raise a h.** = TO LIFT A H. **to stay s.o's h.** menahan diri berbuat s.s.t. **to take a h. in** mengambil bagian dlm. **to throw up o's hands** menyerah kalah. **to tie o's hands** membuat tdk berdaya. *In this matter my hands are tied* Dlm hal ini saya terikat. **to try o's h.** mencoba. **to turn o's hand(s) to** mengerjakan, melakukan. **to get the upper h.** merajaléla. **to have the upper h.** unggul. **to wash o's hands of** melepaskan tanggung jawab dari, tdk mau berurusan lagi dgn. **to win a girl's h.** memikat hati gadis. —*kkt.* memberikan, menyampaikan. *Please h. me that box* Tolong beri saya kotak itu. **to h. around** mengédarkan, membagi-bagikan. **to h. down** 1 meneruskan. *H. me down the box* Teruskan kpd saya kotak itu. 2 melungsurkan. *I'll h. this coat down to my younger sister* Mantel ini akan saya lungsurkan kpd adik saya. 3 menjatuhkan (*a decision, judgment*). **to h. in** 1 mengajukan. *to h. in a resignation* mengajukan permintaan berhenti. 2 menyerahkan. *to h. in a theme* menyerahkan karangan. *Inf.:* **to h. it to s.o.** menghormati/ menghargai s.s.o., mengakui keunggulan s.s.o. *I have to h. it to him* Saya hrs mengakui keunggulannya. **to h. on** meneruskan, mewariskan, menurunkan. *to h. on traditions* to menurunkan tradisi kpd. **to h. out** membagi-bagikan. **to h. over** 1 menyerahkan. *H. over your driver's license* Serahkanlah rébéwésmu. 2 mengulurkan, memberikan. **to h. up** mengulurkan. **h. brake** rém tangan. **h. grenade** granat tangan. **h. luggage** koper/bagasi tangan. **hand-me-down** *kb.* pakaian yg sdh dipakai oléh yg lebih tua, lungsuran. **h. organ** orgel putar/tangan. **hand-operated** *ks.* dijalankan dgn tangan. **to hand-pick** memilih dgn seksama. **hand-picked** *ks.* pilihan. *h.-picked crew* regu pilihan. **hands-off** *ks.* lepas tangan. *hands-off attitude* sikap berlepas-tangan. *hand-sewn dress* pakaian jahitan tangan. **hand-to-hand** *ks.* berhadap-hadapan (dari dekat). *h.-to h. combat* pertempuran satu lawan satu. **hand-to-mouth** *ks.* senén-kemis. *to lead a h.-to-mouth existence* hidup senén-kemis. *to live from h. to mouth* hidup senén-kemis. **h. towel** anduk tangan.

handbag /'hænd'bæg/ *kb.* tas (tangan).
handball /'hænd'bɔl/ *kb.* bola tangan.
handbill /'hænd'bil/ *kb.* surat sebaran/édaran.
handbook /'hænd'buk/ *kb.* buku penuntun, pedoman.
handclasp /'hænd'klæsp/ *kb.* jabatan tangan (yg hangat).
handcuff /'hænd'kʌf/ *kb.* belenggu, borgol, gari. —*kkt.* membelenggu, memborgol.

handful /'hændful/ *kb.* 1 segenggam. *by the h.* segenggam/bergenggam-genggam. 2 orang yg sukar diurus. 3 sedikit. *Only a h. attended the rally* Hanya sedikit orang menghadiri rapat itu.
handicap /'hændiekæp/ *kb.* 1 rintangan, s.s.t. yg merugikan. *to be under a heavy h.* mengalami rintangan yg berat. 2 *Golf*: handikap. —*kkt.* (**handicapped**) menghalangi, merintangi. *His absence handicapped the meeting* Ketidakhadirannya menghalangi rapat itu. *He was handicapped by lack of education* Dia mengalami kesukaran karena kurang pendidikan. —*the physically* **handicapped** orang-orang yg cacat jasmaniah. *ks.* cacat. *h. child* anak cacat.
handicraft /'hændie'kræft/ *kb.* pertukangan/kerajinan/keprigelan/ketrampilan tangan.
handily /'hændəlie/ lih HANDY.
handiness /'hændienəs/ *kb.* ketangkasan, kecekatan, ketrampilan.
handiwork /'hændie'wərk/ *kb.* 1 pekerjaan tangan. 2 hasil perbuatan.
handkerchief /'hæŋkərcif/ *kb.* saputangan.
handle /'hændəl/ *kb.* 1 tangkai (*of a broom, spoon*). 2 pegangan (*of a bag, basket*). 3 gagang (*of a knife, tennis racket*). 4 *Sl.*: nama, gelar, pangkat. *Sl.*: **to fly off the h.** menjadi marah, naik darah, hilang kesabaran. —*kkt.* 1 memegang (*objects*). 2 mengurus, menangani (*a case, child*). *to h. lots of money* mengurus banyak uang. 3 menjual, berdagang. *Do you h. paint?* Apakah saudara menjual cat? 4 melakukan. *This firm handles a lot of business* Perusahaan ini melakukan banyak usaha dagang. 5 memperlakukan. *The police handled the demonstrators roughly* Polisi itu menghadapi démonstrasi itu dgn kasar. 6 mempergunakan. *to h. a gun well* pandai mempergunakan bedil. *H. with care!* Hati-hati! —*kki.* dikemudikan. *This boat is hard to h.* Kapal ini sukar dikemudikan. *He's hard to h.* Sukar mengendalikan dia. **h. bar** gagang sepéda, setir, pegangan kemudi. —**handling** *kb.* 1 pemeliharaan, perawatan, perlakuan. *Glass requires careful h.* Barang kaca hrs diperlakukan hati-hati. 2 penanganan (*of a case*).
handmade /'hænd'meid/ *ks.* buatan/karya tangan. *That tablecloth is h.* Taplak méja itu dibuat dgn tangan.
handout /'hænd'awt/ *kb. Inf.*: 1 sedekah, pemberian. 2 (*news story*) berita, surat selebaran.
handrail /'hænd'reil/ *kb.* susuran tangan/tangga.
handsaw /'hænd'sɔ/ *kb.* gergaji tangan.
handshake /'hænd'syeik/ *kb.* jabatan tangan.
handsome /'hænsəm/ *ks.* 1 ganteng, gagah, tampan, rupawan. *a h. man* seorang laki-laki yg ganteng. 2 bagus, banyak. *a h. profit on* keuntungan yg bagus dlm. 3 cantik. *h. residence* rumah yg cantik.
handspring /'hænd'spring/ *kb.* jengkelit, jengkolét, jempalit. *to do a h.* menjengkelit.
handstand /'hænd'stænd/ *kb.* jungkir. *to do a h.* menjungkir, berdiri diatas tangan.
handwringer /'hænd'ringər/ *kb.* orang putus asa.
handwriting /'hænd'raiting/ *kb.* tulisan tangan. *h. on the wall* alamat buruk.
handy /'hændie/ *ks.* 1 cekatan, ringan tangan. *to be h. with tools* cekatan dgn perkakas. 2 berguna. *He's h. around the house* Dia berguna disekitar rumah. *He's h. with his hands* Ia tangkas mempergunakan tangannya. 3 dekat. *His house is h. to the shopping center* Rumahnya dekat ke pusat pasar/pertokoan. *Do you have a pen h.?* Adakah péna padamu? **to come in h.** berguna. *Her talents will come in h.*

Bakatnya itu akan berguna sekali. **to keep s.t. h.** mudah dicapai. *to keep a pencil h.* menyimpan potlot pd tempatnya yg mudah dicapai. **h. tool** alat yg mudah/praktis pemakaiannya. —**handily** *kk.* dgn mudah.
handyman /'hændiemæn/ *kb.* (*j.* **-men**) tukang.
hang /hæŋ/ *kb.* cara bergantung. *Inf.*: *to get the h. of s.t.* mengetahui/mengerti/memahamkan s.s.t. *Inf.*: *I don't give a h. whether you go or stay* Saya tdk perduli sama sekali apakah engkau pergi atau tdk. —*kkt.* (**hung; hanged** kalau dihukum mati). 1 menggantung. *He is to be hanged tomorrow* Dia akan digantung bésok. 2 menggantungkan (*picture, hat, clothes*). 3 menundukkan (*o's head*). 4 melekatkan, menémpélkan (*wallpaper*). —*kseru. H. it!* Astaga! Persétan! *H. the expense!* Tak usah hiraukan perongkosannya! Masa bodoh perongkosannya! —*kki.* 1 bergantung, tergantung. *The picture hangs on the wall* Lukisan itu bergantung pd dinding itu. *His life hung by a thread* Nyawanya bergantung pd sehelai rambut. *to h. by the feet* bergantung pd kaki. 2 cocok pas. *Your jacket hangs well* Jasmu ini cocok sekali bagimu. *Inf.*: **to h. about/around** ngeluyur, berkeliaran. *He hangs around with the wrong crowd* Dia bergaul dgn gerombolan yg tdk bérés. **to h. back** tdk bersedia, menarik diri, mundur. *She hung back in fear* Dia tdk mau maju karena takut. **to h. down** menggantung, tergantung. *Her hair hung down her back* Rambutnya (lepas/jatuh) terurai pd punggungnya. **to h. on** 1 memegang erat-erat/baik-baik. *H. on!* Pegang terus! Berpegang erat-erat! *to h. on to o's purse* memegang dompétnya baik-baik. *to h. on to the railing* memegang pd susuran tangga. 2 berpegang. *to h. on for dear life* berpegang kuat-kuat utk menyelamatkan nyawanya. *to h. on every word* mendengarkan dgn sungguh-sungguh tiap kata yg diucapkan s.s.o. 3 bertahan. *The Cabinet could not h. on* Kabinét itu tdk dpt bertahan. **to h. out** 1 menggantungkan (*the wash*). 2 *Sl.*: tinggal, diam. 3 ngeluyur. *to h. out at the drugstore* menghabis-habiskan waktu di toko obat itu. 4 menggantung. *A curtain hung out of the window* Kain jendéla menggantung keluar jendéla. *to h. out the flag* mengibarkan bendéra. **to h. over** meliputi. *The threat of rebellion hangs over the country* Ancaman pemberontakan meliputi negara itu. *Smog hangs over the city* Asbut meliputi kota itu. *Danger hangs over our head* Bahaya mengancam kami. **to h. together** tetap bersama-sama, tetap bersatu. *The story does not h. together* Isi cerita itu benar-benar tdk berpautan satu sama lainnya. **to h. up** 1 menggantungkan (*clothes*). 2 meletakkan (*the telephone*). *to h. up on s.o.* memutuskan pembicaraan télpon dgn s.s.o. *to be hung up* disiasiakan, terintang. *Sl.*: *I'm hung up in a meeting just now* Sekarang ini saya tertahan dlm rapat. *Sl.*: *to be hung up on doyan*, senang akan. *Sl.*: **hang-up** *kb.* rintangan, kesukaran, halangan. **hung** *jury* juri yg tdk dpt mengambil keputusan. —**hanging** *kb.* 1 mati di gantungan, hukuman gantung. 2 hiasan yg digantungkan. *ks.* gantung. *h. bridge* titi/jembatan gantung.
hangar /'hæŋgər/ *kb.* (h)anggar.
hangdog /'hæŋ'dɔg/ *ks.* malu, hina. *He has a h. look* Mukanya suram.
hanger /'hæŋgər/ *kb.* gantungan. **hanger-on** *kb.* (*j.* **hangers-on**) pengikut-pengikut.
hangman /'hæŋmən/ *kb.* (*j.* **-men**) algojo, tukang gantung.
hangnail /'hæŋ'neil/ *kb.* bintil kuku.

hangout /'hæng'awt/ *kb. Sl.*: 1 tempat diam, tempat yg sering dikunjungi. 2 tempat berkumpul, markas (sering utk penjahat).

hangover /'hæng'owvər/ *kb. Sl.*: perasaan sakit pd waktu bangun pagi stlh minum minuman keras terlalu banyak.

hank /hæŋk/ *kb.* gulung(an), gumpal(an). *a h. of hair* segumpal/segulung rambut. *a h. of yarn* segulung benang.

hanker /'hæŋkər/ *kki.* ingin sekali, rindu. *He hankers to return home* Ia ingin sekali pulang. **to h. after** ingin sekali, menginginkan sangat, rindu sekali. *to h. after/for praise* mengharapkan/menginginkan sangat akan pujian. —**hankering** *kb.* keinginan yg sangat.

hanky-panky /'hæŋkie'pæŋkie/ *kb. Inf.*: tipu daya, sikut-menyikut.

haphazard /hæp'hæzərd/ *ks.* sembarangan, serampangan, semberono. *h. arrangement* pengaturan tanpa rencana. *in a h. way* secara untung-untungan/ serampangan. —**haphazardly** *kk.* dgn sembrono.

happen /'hæpən/ *kki.* 1 terjadi. *How did the accident h.?* Bagaimana kecelakaan itu terjadi? *Why did it h. to me?* Mengapa hal itu terjadi pd diri saya? *Accidents will h.* Kecelakaan akan terjadi. *Don't let it h. again* Jangan biarkan hal yg demikian terjadi lagi. *How does it h. that...* Bagaimana terjadinya maka.... 2 kebetulan saja. *It just so happens I don't like eggs* Kebetulan saja saya tdk suka telor. *I h. to agree with him* Kebetulan saja saya setuju dgn dia. *It just happened to be my day off* Kebetulan saja hari itu saya peréi. *to h. to be passing* kebetulan léwat. *He just happened in* Ia kebetulan saja masuk. *as it happens ...* benar. *If I h. to forget ...* Jika saya lupa .... *Do you h. to know who the new manager is?* Tahukah kau barangkali siapa pemimpin/penguasa yg baru itu? **to h. (up)on** menemukan. —**happening** *kb.* kejadian, peristiwa.

happenstance /'hæpən'stæns/ *kb.* kejadian dgn secara kebetulan.

happily /'hæpəlie/ lih HAPPY.

happiness /'hæpienəs/ *kb.* kebahagiaan. *We wish you h.* Kami doakan semoga kau berbahagia.

happy /'hæpie/ *ks.* gembira, senang, bahagia. *He was h. over the gift* Dia gembira dgn hadiah itu. *I'll be h. to go with you* Saya akan merasa senang pergi dgn kau. *He promised to make her h.* Ia berjanji akan membuatnya berbahagia. *That's a h. thought* Itu pikiran yg menyenangkan. *She's such a h. child* Dia anak yg periang sekali. *H. Birthday!* Selamat Ulang Tahun! *H. New Year!* Selamat Tahun Baru! *He was h. as a king* Ia merasa sangat berbahagia. *to go to the h. hunting ground* meninggal. **happy-go-lucky** *ks.* yg tak kenal susah, suka bersenang-senang. *a h.-go-lucky person* seorang yg tak kenal susah. —**happily** *kk.* dgn gembira, dgn riang. *They h. announced the birth of ...* Dgn rasa gembira meréka mengumumkan kelahiran.... *H., it all worked out well for them* Untunglah, segala s.s.t. berakhir dgn baik bagi meréka. *She's h. married* Ia kawin berbahagia.

harangue /hə'ræŋ/ *kb.* pidato (yg panjang dan penuh gembar-gembor). *to deliver a h.* menyampaikan pidato yg panjang dan penuh gembar-gembor. —*kkt.* berpidato panjang-lébar kpd.

harass /'hærəs, hə'ræs/ *kkt.* menggoda, mengganggu, mengusik. *to be harassed* dpt godaan, tergoda.

harassment /'hærəsmənt, hə'ræs-/ *kb.* gangguan, godaan, usikan.

harbinger /'harbinjər/ *kb.* pertanda, alamat.

harbor /'harbər/ *kb.* pelabuhan. *to enter h.* masuk pelabuhan. —*kkt.* 1 mempunyai. *to h. life* mempunyai penghuni, didiami. 2 mengandung. *to h. resentment against s.o.* mengandung rasa benci/rasa dendam thd s.s.o. 3 menyembunyikan. *to h. a fugitive* menyembunyikan seorang pelarian/buronan thd peradilan. **h. dues** béa pelabuhan. **h. master** syahbandar, kepala pelabuhan.

hard /hard/ *ks.* 1 keras. *h. liquor* minuman keras. *h. candy* gula-gula keras. *a h. drinker* seorang yg doyan minum minuman keras. 2 sukar, susah. *It is h. to understand him* Sukar utk mengertinya. *to have a h. time (of it)* mengalami kesukaran. **h. at work** bekerja keras. **to be h. at it** sibuk sekali. **h. on** sukar. *That work is h. on him* Pekerjaan itu sukar baginya. *He's h. on his younger brother* Dia keras thd adik laki-lakinya. *h. on o's clothes* kasar/ceroboh thd pakaiannya. **to be h. put to** merasa sukar utk. *Inf.*: **to be h. up** kekurangan uang. *to be h. up for s.t. to do* benar-benar membutuhkan s.s.t. utk dikerjakan. *h. on the heels of* segera/langsung menyusul. *to give s.o. a h. time* menyusahkan s.s.o. —*kk.* 1 keras. *to try h.* berusaha keras. *to hit h.* memukul keras. *to work h.* bekerja keras. 2 lebat. *It's snowing h.* Salju turun lebat. 3 dalam-dalam, baik-baik. *Think h. before you answer* Berpikirlah dalam-dalam sblm kau menjawab. 4 dgn tajam. *I looked at him long and h.* Saya memandang kepadanya lama dan dgn tajam. **h. by** dekat. *H. by the house is a well* Dekat rumah itu ada sumur. **to go h.** sibuk sekali, bekerja keras. *She goes h. all day* Ia sibuk sekali sepanjang hari. *to play h.* *to get* bersikap jual mahal, bersikap sukar didekati. **to go h. with** menyebabkan kesukaran, menyukarkan, memberatkan. *His death will go h. with her* Kematiannya akan merupakan bencana yg besar bagi wanita itu. **h. and fast** mutlak, pasti, ketat. *h. and fast rule* peraturan yg mutlak. **hard-boiled** *ks.* 1 direbus sampai keras (*of eggs*). 2 *Sl.*: berkeras kepala, mengotot, bersitegang. **h. cash** uang kontan. **h. coal** antrasit. **h. core** inti pokok/teras, teras inti, intisari. **hardcover** *ks.* yg berkulit tebal. *h.-cover book* buku yg berkulit tebal. **h. currency** uang yg harganya tetap. **hard-driving** *ks.* gesit dan suka bekerja keras. **hard-earned** *ks.* diperoléh dgn susah-payah. *h.-earned money* uang yg diperoléh dgn susah-payah. **hard-fought** *ks.* diperjuangkan secara mati-matian. *h.-fought contest* perlombaan yg diperjuangkan secara mati-matian. **h. going** berjalan berat, perjalanan yg berat. **hard-headed** *ks.* keras kepala. *a h.-headed businessman* seorang pedagang yg bijak/réalistis. **hard-hearted** *ks.* keras hati. **hard-hit** *ks.* sangat dirundung malang. *h.-hit area* daérah yg banyak menderita (bencana, kemiskinan, dsb.). **hard-hitting** *ks.* (bersikap) keras dan tegas. *a h.-hitting executive* seorang diréktur yg keras dan tegas. **h. knot** simpul mati. **h. labor** kerja paksa yg dijatuhkan kpd penjahat. **h. luck** nasib malang. *to have h. luck* dirundung malang. **h. money** uang yg nilainya tetap. *Inf.*: **hard-nosed** *ks.* degil, berkeras-kepala. **h. of hearing** pekak sedikit, agak tuli, susah mendengar. **h. palate** langit-langit, langitan (pd mulut). **hard-pressed** *ks.* harus mengatasi kesulitan-kesulitan, dibawah tekanan. *Inf.*: **h. sell** téhnik menjual yg keras dan agrésif. *Inf.*: **h. sledding** *kb.* kesulitan, macet keadaannya. **hard-surface** *road* jalan yg permukaannya dikeraskan. **hard-won** *ks.* yg diperoléh dgn sukar. —**hardly** *kk.* hampir tdk. *I h. recognized her* Saya hampir tdk mengenalnya. *At her*

age she can h. get around Pd usianya itu dia hampir tdk dpt pergi kemana-mana. *I need h. say that ...* Kiranya tdk perlu saya mengatakan bhw.... *H. anyone came* Hampir tdk ada orang datang. *h. ever* hampir tdk pernah.
harden /'hardən/ *kkt.* mengeraskan, memperkeras. *The sun hardened the soil* Matahari mengeraskan tanah. *He was hardened to fatigue* Ia sdh tahan kelelahan. *to h. o's heart against s.o.* bersikap keras thd s.s.o. —*kki.* mengeras, menjadi keras. *That glue hardens quickly* Perekat itu lekas mengeras. —**hardened** *ks.* dijadikan keras. *h. criminal* penjahat yg kejam. —**hardening** *kb.* 1 pengerasan *(of metal, attitude).* 2 pembekuan. *h. of the artery* pembekuan/penyempitan pembuluh nadi.
hardiness /'hardienəs/ *kb.* ketahanan, ketabahan hati, daya tahan.
hardness /'hardnəs/ *kb.* kekerasan.
hardship /'hardʃip/ *kb.* kesukaran, penderitaan. *to work a h. upon s.o.* menimpakan kesulitan pd s.s.o.
hardtop /'hard'tap/ *kb.* mobil yg kapnya dibuat dari logam yg kelihatannya dpt dilipat.
hardware /'hard'wær/ *kb.* 1 barang-barang dari logam/besi *h. store* kedai barang besi, toko besi. 2 *Mil.:* senjata atau perlengkapan spt tank-tank, meriam-meriam dll. 3 setiap mesin atau komponénnya yg lengkap.
hardwood /'hard'wud/ *kb.* kayu keras.
hardy /'hardie/ *ks.* tahan, tabah. *h. pioneer* pelopor yg tahan. *h. plants* tanaman-tanaman yg tahan.
hare /hær/ *kb.* kelinci, terwelu. *mad as a March h.* gila betul.
harebrained /'hær'breind/ *ks.* bodoh, kurang pikiran *(of a plan).*
harelip /'hær'lip/ *kb.* (bibir) sumbing.
harem /'hærəm/ *kb.* harem, tempat kediaman selir-selir sultan.
hark /hark/ *kki.* mendengar. *H.! I hear s.o. coming* Dengarlah! Ada orang datang. **to h. back to** berhubungan dgn, memperingatkan kpd. *This unpleasantness harks back to an argument* Hal yg tdk menyenangkan ini memperingatkan kpd suatu pertengkaran.
harlot /'harlət/ *kb.* perempuan sundal, wanita WTS.
harm /harm/ *kb.* kerugian, kejahatan, kerusakan, kesalahan. *There's no h. in trying* Tak ada ruginya bila mencoba. **to come to no h.** tdk mengalami s.s.t. yg membahayakan. **to do h.** 1 merusak. *The insects have already done h. to the garden* Serangga-serangga itu sdh merusak kebun itu. 2 merugikan. *That will do more h. than good* Itu lebih banyak merugikan drpd menguntungkan. 3 salahnya. *It will do no h. to ask the price* Tdk ada salahnya menanyakan harganya. *The accident did no h. to the passengers* Kecelakaan itu tdk mengakibatkan apa-apa kpd penumpang-penumpang. *I see no h. in going* Saya rasa tdk mengapa kalau pergi. *Keep the child out of harm's way* Hindarkan/Jauhkan anak itu dari mara-bahaya. —*kkt.* 1 merugikan, mengganggu. 2 membahayakan akan. *These pills won't h. you* Pil ini tdk akan membahayakan bagi dirimu. 3 melukai, mencelakakan.
harmful /'harmfəl/ *ks.* 1 berbahaya. *h. to the teeth* berbahaya thd gigi, merusak gigi. 2 membahayakan. *This medicine is h.* Obat ini membahayakan.
harmless /'harmləs/ *ks.* tak berbahaya.
harmonica /har'manəkə/ *kb.* harmonika (mulut).
harmonious /har'mownieəs/ *ks.* rukun, seia-sekata. *h. relationship* hubungan yg rukun.

harmonize /'harmənaiz/ *kki.* berpadanan, seimbang, cocok, berpadu. *These colors h. beautifully* Warna-warna ini berpadanan secara indah. *Those singers h. well* Penyanyi-penyanyi itu berpadu dgn indah.
harmony /'harmənie/ *kb.* (*j.* -**nies**) keselarasan, keserasian, kecocokan, kesesuaian, kerukunan. *His plans are in h. with mine* Rencananya cocok dgn rencana-rencana saya. *The chorus was in h.* Paduan suara itu harmonis. *We are in h. with e.o.* Kami hidup rukun dan damai. *to be in h. with the universe* berkeselarasan dgn alam semésta.
harness /'harnəs/ *kb.* pakaian kuda. *to die in h.* mati dlm pekerjaannya. —*kkt.* 1 memasang pakaian kuda. 2 mempergunakan, memanfaatkan, mengekang *(a river). to h. the ocean's power* memanfaatkan tenaga samudera.
harp /harp/ *kb.* sm kecapi. —*kki.* **to h. on** berbicara berulang-ulang ttg.
harpoon /har'puwn/ *kb.* seruit. —*kkt.* menyeruit.
harries /'hæriez/ lih HARRY.
harrow /'hærow/ *kb.* sisir tanah, garu, penggaruk. —*kkt.* menyisir tanah, menggaru, menggaruk. —**harrowing** *ks.* yg mengerikan/menyiksa. *h. experience* pengalaman yg mengerikan.
harry /'hærie/ *kkt.* (**harried**) mengganggu, merusakkan, menggarong. *to h. shipping* mengganggu pelayaran.
harsh /harsy/ *ks.* 1 kasar *(towel, expression, statement).* 2 keras. *h. rind* kulit keras. 3 parau *(of voice).* 4 tajam. *We exchanged h. words* Kami saling mencaci-maki. **h. coast** pantai yg gundul dan berbukit. —**harshly** dgn kasar. *to treat h.* memperlakukan dgn kasar.
harshness /'harsynəs/ *kb.* kekerasan *(of a verdict, weather).*
harum-scarum /'hærəm'skærəm/ *ks. Inf.:* 1 sembrono. 2 lupa daratan.
harvest /'harvist/ *kb.* 1 hasil panén. 2 pemungutan, panén. —*kkt., kki.* memungut hasil panén. *to h. rice* memotong/memanén padi.
has /hæz/ lih HAVE.
has-been /'hæz 'bin/ *kb. Inf.:* seorang tokoh yg pernah dulu/penting.
hash /hæsy/ *kb.* 1 campuran daging dan kentang yg dicencang halus dan digoréng/dipanggang. *to make a h. of s.t.* mengacaubalaukan s.s.t. *Inf.:* to settle o's h. 1 menghajar/menghancurkan s.s.o. 2 membunuh. —*kkt. Inf.:* **to h. out** membicarakan. mendiskusikan, memperbincangkan *(problems, matters). Inf.:* **to h. over** mengobrol (ttg masa lampau).
hashish /'hæsyiesy/ *kb.* ganja.
hasn't /'hæzənt/ *[has not]* lih HAVE.
hasp /hæsp/ *kb.* sangkutan, kaitan, pengait.
hassle /'hæsəl/ *kb.* perkelahian, percékcokan. *legal h.* pertengkaran secara hukum.
hassock /'hæsək/ *kb.* bantal lutut/kaki.
haste /heist/ *kb.* kegopohan. **in h.** dgn tergesa-gesa, terburu-buru, tergopoh-gopoh. *H. makes waste* Terburu-buru mendatangkan kerugian. *to make h.* bergegas, bersegera, cepat-cepat, terburu-buru.
hasten /'heisən/ *kkt.* mempercepat. *to h. the fall of the Cabinet* mempercepat jatuhnya Kabinét. —*kki.* bersegera, cepat-cepat. *I h. to reply to your letter* Saya cepat-cepat menjawab suratmu. *to h. downstairs* turun tangga/kebawah dgn cepat.
hasty /'heistie/ *ks.* 1 terburu-buru, tergesa-gesa. *h. decision* keputusan yg terburu-buru. *too h.* terlalu tergesa-gesa. 2 sebentar, singkat. *h. visit* kunjungan

singkat. 3 gegabah. *his h. words* ucapannya yg gegabah. —**hastily** *kk.* dgn tergesa-gesa.

hat /hæt/ *kb.* topi. *h. in hand* 1 dgn rendah hati. 2 dgn hormat. *to put on a h.* mengenakan/memakai topi. *to take off a h.* membuka topi. **to pass the h.** mengumpulkan iuran. **to take off o's h. to** 1 mengangkat topi thd. 2 menghormati. **to talk through o's h.** berbicara tak keruan, mimpi di siang bolong. *Inf.*: **to throw o's h. into the ring** memasuki gelanggang perlombaan, ikut dlm kampanye. *Inf.*: *Keep it under your h.* Simpan rahasia itu. **to wear two hats** merangkap. **h. tree** sangkutan topi.

hatband /'hæt'bænd/ *kb.* pita (sekeliling) topi.

hatbox /'hæt'baks/ *kb.* kotak/tempat topi.

hatch /hæc/ *kb.* lubang palka. *Down the h.!* Selamat! —*kkt.* 1 menetaskan (*chickens*). 2 merencanakan (*a scheme*). —*kki.* menetas. *Three chicks hatched today* Tiga anak ayam menetas hari ini.

hatchery /'hæcərie/ *kb.* (*j.* **-ries**) *kb.* tempat/perusahaan penetasan.

hatchet /'hæcit/ *kb.* kapak kayu, beliung, kampak. *to bury the h.* melupakan yg sudah-sudah (berdamai), hidup damai.

hate /heit/ *kb.* rasa benci, kebencian. *the h. he feels for his friend* rasa benci thd temannya. —*kkt.* membenci. *Cats h. dogs* Kucing membenci anjing. *to h. o's friend* benci kpd temannya. —*kki.* 1 segan, tdk suka. *to h. to study* segan belajar. 2 tdk senang. *I h. to leave* Saya tdk senang pergi.

hateful /'heitfəl/ *ks.* 1 penuh/merasa benci. 2 membangkitkan benci.

hatpin /'hæt'pin/ *kb.* jepitan/tusuk topi.

hatrack /'hæt'ræk/ *kb.* rak topi.

hatred /'heitrid/ *kb.* kebencian, rasa benci.

haughtiness /'hɔtienəs/ *kb.* kesombongan, keangkuhan, kecongkakan, kekibiran.

haughty /'hɔtie/ *ks.* sombong, angkuh, kibir, congkak, tinggi hati, tekebur. —**haughtily** *kk.* dgn tinggi hati.

haul /hɔl/ *kb.* 1 hasil tangkapan (*of fish, robbery*). 2 muatan (*of trucks, etc.*). —*kkt.* 1 menarik, menyérét, menghéla (*by/with horses, elephants*). 2 mengangkut. *Trucks h. freight* Truk mengangkut barang. **to h. down** menurunkan (*flag*). **to h. up** mengangkat.

haulage /'hɔlij/ *kb.* daya tarik/sérét/angkut, ongkos/biaya penarikan/penyérétan/pengangkutan.

haunch /hɔnc/ *kb.* pangkal paha, (daérah) pinggang.

haunt /hɔnt/ *kb.* tempat yg sering dikunjungi. *to frequent old haunts* banyak mengunjungi tempat-tempat bertamasya yg lama. —*kkt.* 1 terbayang, sering membayang. *That old woman's face haunts me* Muka perempuan tua itu selalu terbayang didepan mata saya. 2 sering mendatangi. *Ghosts h. this house* Hantu-hantu sering mengunjungi rumah ini. *to be haunted by the fear that...* diliputi ketakutan bhw.... —**haunted** *ks.* berhantu, angker. *h. house* rumah angker/sétan. —**haunting** *ks.* yg sering timbul. *h. melody* lagu yg sering timbul dlm ingatan.

have /hæv/ *kb.* **haves** *j. the haves and the have-nots* si-kaya dan si-miskin. —*kkt.* (**had**) 1 mempunyai. *to h. special privileges* mempunyai hak-hak khusus. *to h. two children* mempunyai dua anak. *to h. the vote* mempunyai hak suara. 2 memiliki. *He has a house of his own* Ia memiliki rumah sendiri. 3 memegang. *to h. a key in o's hand* memegang sebuah kunci. 4 memperoléh. *to h. a good upbringing* memperoléh didikan yg baik. 5 mengizinkan. *Dad won't h. any noise while he's reading* Ayah tdk mengizinkan ada

ribut-ribut selagi ia membaca. 6 mengalami (*trouble*). 7 ada, punya. *I h. an idea* Saya ada gagasan. 8 merasa (*pain, fever, fear*). 9 mendapat. *I must h. them by this afternoon* Saya hrs mendapatnya soré ini. *to h. good fortune* mendapat angin/nasib baik. *to h. a lot of company* dpt kunjungan ramai, ramai didatangi tamu. *to h. a heart attack* dpt serangan jantung. 10 ingin. *Will you h. coffee?* Kau ingin minum kopi? *I'll h. a steak* Saya akan memesan/ingin makan bestik. 11 ber-. *to h. a dream* bermimpi. *to h. the measles* berpenyakit campak. 12 memberi. *Let me h. an early reply* Berilah saya jawaban dgn cepat. 13 menyuruh. *H. him shut the door* Suruhlah ia menutup pintu. 14 memegang, menyimpan. *Let me h. your key* Biarlah saya pegang kuncimu. 15 tdk dpt menjawab. *You h. me there!* Saya tak dpt menjawabnya! Saya menyerah (kalah). 16 menyajikan, menguraikan. *I'll h. the weather in a moment, said the announcer.* Sebentar lagi saya akan uraikan berita cuaca, kata penyiar itu. 17 menyajikan. *What are we having for dinner?* Apakah yg ada utk makan malam? Makanan apa yg ada malam ini? 18 menemukan. *We h. no words to...* Tak dpt kami menemukan kata-kata utk.... 19 paham, berbicara. *Ramli has no Arabic* Ramli tak paham bahasa Arab. 20 melahirkan (*a child, pups*). *I h. many of his books* Banyak buku-bukunya pd saya. *He's having his dinner* Ia sedang makan malam. *Siti has a dark complexion* Paras Siti agak hitam. **to h. at** 1 menyerang. 2 memukul. *He had her by the throat* Ia mencekik léhér wanita itu. **to h. in** 1 mengundang. *to h. s.o. in for a drink* mengundang s.s.o. utk minum-minum. *to h. friends in for coffee* menerima kunjungan-kunjungan kawan utk minum kopi. 2 memanggil/mendatangkan. *to h. the doctor in* memanggil dokter. **to h. it** 1 mengerti. *I h. it now* Sekarang saya mengerti. Sekarang saya ingat. 2 berbakat. *I'm sorry but you just don't h. it* Maaf, tapi kamu benar-benar tdk berbakat. 3 menang. *In a democracy the majority will h. it* Dlm satu negara démokratis golongan mayoritas menang. **::** *As luck would have it...* Sdh begitu kehendak nasib.... *I'll let you h. it for $5.* Kau boléh memilikinya/membelinya dgn harga $5. *If he catches you, he'll let you h. it* Jika ia menangkapmu, ia akan memukulmu/menghukummu. *Inf.*: *I've had it!* a) Saya sdh kapok! b) Saya capé betul. *H. it your way* Dapatkanlah/Perlakukanlah menurut caramu. *They will h. it so* Meréka menentukan/memastikan demikian. *I h. it on good authority that...* Saya mendengar dari sumber yg boléh dipercaya bhw.... *Inf.*: **to h. it in for s.o.** punya rasa dendam thd s.s.o., mencoba membalas dendam kpd s.s.o. **to h. it out** memperbincangkan soal dgn terus terang sampai selesai. **to h. it out with s.o.** menyampaikan kejéngkélan hati kpd s.s.o. **to h. on** memakai. *Do you h. s.t. on this evening?* Apa ada acaramu utk malam ini? **to h. nothing on** 1 tak mempunyai kelebihan atau keunggulan dari. 2 (*nude*) telanjang. *The police have nothing on them* Polisi tak dpt menemukan bukti-bukti pd meréka. **to h. out** 1 mengoperasi. *to h: o's appendix out* mengoperasi usus buntu. 2 mencabutkan. *to h. a tooth out* mencabutkan gigi. **to h. to do with** berhubungan/bertalian dgn. *to h. nothing to do with s.o.* tdk mempunyai hubungan apa-apa dgn s.s.o. **to h. up** menyuruh menghadap. *The teacher had the pupil up before the principal* Guru itu menyuruh murid itu menghadap kepala sekolah. **to h. to** /'hæftuw/ harus. *I h. to go now* Saya hrs pergi sekarang. *I had to cancel my appointment* Saya terpaksa

membatalkan perjanjian saya. *Do you h. to talk so
loud?* Perlukah engkau berbicara begitu keras?
to h. to say hendak dikatakan (masa lampau). *They
h. come* Meréka tlh datang. *He has said that* ... Dia
tlh mengatakan bhw .... *We've had no news from them*
Kami tdk ada menerima kabar dari meréka. *You've
forgotten your hat. So I h.* Kau lupa akan topimu.
Betul kau. When I had eaten, I left Sesudah saya
makan, saya berangkat. *I h. lived in New York
for two years* Saya sdh tinggal di New York selama
dua tahun. *You haven't drunk your milk. I h.* Kau blm
meminum susumu. Saya sdh. *I had much rather stay
than go* Saya lebih suka tinggal drpd pergi. *I'll h.
tooth filled* Saya akan memplombirkan gigi. *He had
his hat stolen* Topinya tlh dicuri orang. *I won't have
him treated like that* Dia tdk seharusnya diperlakukan
secara demikian. *A fine time was had by all* Semuanya
senang sekali, *That book can be had at any store* Buku
itu dpt diperoléh pd setiap toko. *There was no work
to be had* Tdk ada pekerjaan yg dpt diperoléh. *The
only thing I ever had happen to me was* ... Satu-satunya
yg pernah saya alami ialah ... *Sl.: You have been had*
Sdr sdh diperdayakan orang.
haven /'heivən/ *kb.* 1 tempat berlindung/berteduh.
2 tempat singgah.
haven't /'hævənt/ [*have not*] lih HAVE.
havoc /'hævək/ *kb.* kerusakan, malapetaka. *to play/
raise/wreak h. with* merusakkan.
haw-haw /'hɔ'hɔ/ *kb., kseru.* tertawaan terbahak-
bahak.
hawk /hɔk/ *kb.* burung elang. *He has eyes like a h.*
Matanya tajam. Penglihatannya tajam. **hawk-
eyed** *ks.* bermata-tajam. —*kkt.* menjajakan. *to h.
o's merchandise on the street* menjajakan barang
dagangannya di jalan. **to h. up** mengeluarkan.
to h. up phlegm from the throat mengeluarkan dahak
dari kerongkongan.
hawker /'hɔkər/ *kb.* penjaja.
hawsepipe /'hɔz'paip/ *kb.* ulup, lubang rantai
jangkar, ungkak.
hawser /'hɔzər/ *kb.* kabel/tambang kapal.
hay /hei/ *kb.* 1 rumput kering, jerami. *Sl.: to hit the h.*
pergi tidur. 2 *Inf.: Pol.:* keuntungan. 3 *Sl.:* sedikit
uang. *What he made on that deal isn't h.* Dlm transaksi
itu dia beruntung banyak. **to make h.** menarik
keuntungan, mengambil manfaat. **to make h.
while the sun shines** mempergunakan kesempat-
an sebaik-baiknya. **h. fever** *sm* demam disebabkan
kepekaan thd rumput kering.
hayfield /'hei'field/ *kb.* padang rumput.
hayloft /'hei'lɔft, -'laft/ *kb.* loténg jerami.
hayseed /'hei'sied/ *kb. Sl.:* petani, kampungan,
orang udik/désa.
haystack /'hei'stæk/ *kb.* timbunan rumput kering.
like looking for a needle in a h. sama dgn mencari
jarum dlm timbunan rumput kering, mengerjakan
pekerjaan yg sia-sia.
haywire /'hei'wair/ *ks. Sl.:* **to go h.** 1 menjadi
rusak (*of machinery*). 2 menjadi gila, rusak ingatan
(*of people*).
hazard /'hæzərd/ *kb.* bahaya, risiko. —*kkt.* meng-
ambil risiko. *to h. a guess* coba-coba menebak.
to h. an opinion berani mengemukakan pendapat.
hazardous /'hæzərdəs/ *ks.* berbahaya, penuh risiko.
risiko.
haze /heiz/ *kb.* kabur. —*kkt.* memperlakukan
mahasiswa-mahasiswa baru sewenang-wenang,
memperplonco. —**hazing** *kb.* perlakuan sewenang-
wenang thd mahasiswa baru, perpeloncoan, pema-
praman.

hazelnut /'heizəl'nʌt/ *kb. sm* buah kemiri.
haziness /'heizienəs/ *kb.* kekaburan.
hazy /'heizie/ *ks.* 1 berkabut, kabur. *The view is h.*
Pemandangan berkabut. 2 tdk jelas. *I'm h. about
last night* Tdk jelas bagi saya apa yg terjadi semalam.
hdbk. [*handbook*] buku pedoman/penuntun.
hdqrs. [*headquarters*] markas besar.
he /hie/ *kg.* dia, ia. *Inf.:* he-man jantan betul.
head /hed/ *kb.* 1 kepala. *My h. aches* Kepala saya
sakit. *h. of an office* kepala kantor. *h. of the family*
kepala keluarga. *to sit at the h. of the table* duduk
di kepala méja. *He's a h. taller than his sister* Ia seke-
pala lebih tinggi drpd saudaranya yg perempuan-
nya. *to stand on o's h.* berdiri diatas kepalanya.
to win the race by a h. memenangkan perlombaan dgn
béda satu langkah/kepala. 2 bungkul, bongkol.
h. of lettuce selada satu bungkul. 3 *Nau.:* WC, kamar
kecil. 4 ujung kepala. *h. of a bed* ujung kepala
tempat tidur. 5 ékor. *a h. of cattle* seékor ternak. 6
busa. *h. on a glass of beer* busa segelas bir. 7 bagian
depan. *to march at the h. of the parade* berbaris di bagi-
an depan dari pawai itu. *among the crowned heads of
Europe* di kalangan raja-raja di Éropa. *He's at the h. of
the class* Dia bintang klas. *His name is at the h. of the list*
Namanya terdapat paling atas di daftar itu. *to gather
h.* bertambah cepat. *to have the directions in o's h.*
mengingat petunjuk-petunjuk itu. **to be h. and
shoulders above** jauh melebihi dari. **to be out of
o's h.** gila. **to be over o's h.** terlalu sulit buat. *She
sold the house over his h.* Ia menjual rumah itu tanpa
persetujuannya. **to be h. over heels** sangat. *h. over
heels in love with* sangat cinta kpd. *He's h. over heels
in debt* Ia tenggelam dlm hutang. *to fall h. over heels*
jatuh tunggang langgang. *to talk over the heads
of o's audience* berbicara tanpa dimengerti oléh
orang-orang yg mendengarkannya. **to be (up) on
o's h.** atas tanggungan sendiri. **to beat o's h.
against a (stone) wall** melakukan s.s.t. yg sia-
sia. **to bring a matter to a h.** menyebabkan/
menjadikan masaalah menjadi gawat. **to bury
o's h. in the sand** tdk mau menghadapi kenya-
taan. **to come to a h.** 1 sangat gawat, mencapai
puncak. *The matter came to a h.* Persoalan itu men-
jadi gawat. 2 sdh mateng (*of a boil*). 3 memuncak.
to eat o's h. off makan amat rakus, makan banyak.
to enter o's h. timbul dlm pikiran. *It never entered
my h. that* ... Tdk pernah terpikir oléh saya bhw ....
from h. to foot sekujur tubuh, seluruh badan. **to
get into o's h.** masuk kedlm otaknya, dpt mema-
hami. **to go over o's h.** melangkahi. *to go over my h.
and speak to my boss* melangkahi saya dan berbicara
dgn atasan saya. **to go to o's h.** 1 membuat s.s.o.
menjadi sombong. *The victory went to his h.* Keme-
nangannya membuat dia angkuh. 2 membuat ma-
buk. *The wine went to his h.* Anggur/Minuman ang-
gur itu membuat dia pusing/mabuk. **to hang o's h.**
merasa malu, menundukkan. **to have a good h.
on o's shoulders** sangat pandai, cerdas. **to
have o's h. screwed on right** sangat cerdas
dan pintar. **to hide o's h.** 1 menyembunyikan
kepala. 2 memperlihatkan malu. **to keep o's h.**
tetap tenang, tetap berkepala, tdk gugup. **to
keep o's h. above water** berusaha bertahan/
mengatasi. **to let s.o. have his h.** membiarkan
s.s.o. berbuat sesuka hatinya. **light in the h.**
pusing/pening kepala. **to lose o's h.** hilang akal.
to make h. or tail of memahami. *I can't make
h. or tail of this article* Saya tdk dpt memahami artikel
ini. *Heads I win, tails you lose* Mau énaknya sendiri,
mau menang sendiri. *Do you take heads or tails?*

Kamu pilih atas atau bawah (hidup atau mati)? (mengundi dgn mata uang). **to make s.o's h. reel/spin** membuat s.s.o. bingung. membuat matanya berkunang-kunang. **to lay/put heads together** bermusyawarah, memikirkan bersama-sama. *Whoever put that idea into his h.?* Siapa pula yg mengusulkan hal itu kepadanya? **to take it into o's head to** merencanakan, berniat. **to talk o's h. off** mengobrol tak habis-habisnya. **to turn s.o's h.** membuat s.s.o. sombong. *Success has turned his h.* Suksés membuat dia sombong. *Two heads are better than one* Pendapat dua orang lebih baik dari seorang. **—ks.** kepala. *to sit at the h. table* duduk di méja pimpinan. **—kkt.** 1 mengepalai, memimpin (*a campaign, firm*). 2 menuju. *to h. the list of applicants* tercantum paling atas dlm daftar pelamar-pelamar itu. **to h. back** kembali menuju. **to h. for** 1 menuju/mengarah ke. *to h. for the beach* menuju ke pantai. 2 menjelang. *The state is heading for ruin* Negara itu menjelang keruntuhannya. **to h. off** memintasi, menahan, menghadang. *We'll h. off the bandits at ...* Kami akan menghadang penjahat-penjahat di.... **to h. up** mengepalai (*a firm*). **h. cold** pilek. **head-hunter** *kb.* pengayau. **head-hunting** *kb.* pengayauan. **h. lettuce** selada bongkol. **h. of hair** rambut, tatarambut. *h. of steam* tekanan/tenaga uap. **h. office** kantor pusat. **head-on** *ks.*, *kk.* muka lawan muka. *h.-on collision* tubrukan muka lawan muka. *to collide h.-on* bertubrukan muka. **h. start** mendahului pd permulaan. **h. tax** pajak kepala. **h. teller** kasir kepala. **head-to-toe** *ks.* dari kepala sampai ke kaki. **heads-up** *ks.* berhati-hati, waspada. *to play heads-up ball* bermain dgn hati-hati. **h. wind** angin sakal/haluan. *to be headed for* menuju ke. **—heading** *kb.* kepala, bagian atas. *h. of a letter* kepala surat. *This comes under the h. of ...* Hal itu termasuk dlm rubrik....

headache /'hed'eik/ *kb.* 1 sakit kepala. 2 *Inf.*: soal. *If he throws his money away, that's not my h.* Jika ia menghamburkan uangnya, itu bukan soal saya. *Inf.*: *to be a real h.* memusingkan kepala.

headband /'hed'bænd/ *kb.* destar, ikat kepala.

headboard /'hed'bowrd/ *kb.* papan di ujung kepala tempat tidur.

headdress /'hed'dres/ *kb.* hiasan kepala.

header /'hedər/ *kb. Inf.*: **to take a h.** jatuh tersungkur.

headfirst /'hed'fərst/ *kk.* dgn kepala lebih dahulu, dgn kepala kebawah.

headgear /'hed'gir/ *kb.* tutup kepala.

headland /'hed'lænd/ *kb.* tanjung.

headlight /'hed'lait/ *kb.* lampu besar.

headline /'hed'lain/ *kb.* pokok/kepala berita. *The political campaign is making headlines* Kampanye politik itu merupakan berita-berita pokok. **—kkt.** 1 menempatkan sebuah ceritera di halaman muka. 2 membintangi (*a show, revue*).

headlong /'hedlɔŋ/ *kk.* segera, tdk pikir panjang lagi, langsung. *to run h. into the room* segera lari masuk ke kamar. *to fall h.* jatuh dgn kepalanya dahulu. *to plunge h. into the dispute* langsung terjun kedlm gelanggang pertengkaran. *h. flight* pelarian secara gegabah.

headman /'hedmən/ *kb.* (*j.* **-men**), penghulu, lurah, kepala kampung.

headmaster /'hed'mæstər/ *kb.* kepala sekolah.

headphone /'hed'fown/ *kb.* télepon kepala.

headquarters /'hed'kwɔrtərz/ *kb.* markas besar. *police h.* markas besar polisi.

headstone /'hed'stown/ *kb.* 1 batu kubur, nisan. 2 batu pertama.

headstrong /'hed'strɔŋ/ *ks.* keras kepala, degil, kepala batu.

headwaiter /'hed'weitər/ *kb.* kepala pelayan, pelayan kepala.

headwaters /'hed'wɔtərz/ *kb., j.* daérah hulu. *h. of the Amazon* hulu sungai Amazon.

headway /'hed'wei/ *kb.* kemajuan. *to make h.* (bergerak)maju. *to make h. in construction of a school* memperoléh kemajuan dlm pembangunan sebuah sekolah. *to make h. against a strong wind* maju menempuh angin yg kuat.

heady /'hedie/ *ks.* 1 keras, lekas memabukkan. *a h. wine* anggur keras. 2 sengit lekas panas hati, gegabah. *h. talk* percakapan yg sengit. 3 gegabah. *h. speculation* spékulasi yg gegabah.

heal /hiel/ *kkt.* menyembuhkan. *to h. a cut* menyembuhkan luka. *to h. the breach* menyéhatkan/memulihkan hubungan yg sdh retak. **—kki.** menjadi sembuh. *The cut is healing* Luka itu sdh sembuh. Luka itu berangsur sembuh. **—healing** *kb.* penyembuhan. *the art of h.* kepandaian mengobati. *the h. power of prayer* daya pengobatan/penyembuhan doa.

healer /'hielər/ *kb.* pengobat, dukun, penyembuh.

health /helth/ *kb.* keséhatan. *to be in poor h.* sakit-sakitan, keadaan keséhatannya jelék, penyakitan. *to regain o's h.* memperoléh kembali keséhatannya. *to restore s.o. to h.* memulihkan keséhatan s.s.o. *We don't work just for our h.* Kami tdk bekerja semata-mata utk kesejahteraan kami. *to drink to s.o's h.* minum utk keséhatan/kesejahteraan s.s.o. *public h.* keséhatan rakyat/masyarakat. *Ministry of H.* Départemén/Kementerian Keséhatan. *h. center* pusat/tempat/balai pengobatan, pusat keséhatan. *h. certificate* surat keséhatan. *h. insurance* asuransi keséhatan. *h. officer* pegawai keséhatan. **h. resort** tempat tetirah/peristirahatan.

healthful /'helthfəl/ *ks.* séhat. *h. climate* iklim yg séhat.

healthwise /'helth'waiz/ *kk. Inf.*: dari sudut keséhatan.

healthy /'helthie/ *ks.* séhat. *h. appetite* nafsu makan yg baik. *That's not a h. situation* Itu bukan keadaan yg séhat.

heap /hiep/ *kb.* tumpukan, timbunan. *h. of wood* tumpukan kayu. *Inf.*: *He has made heaps of money* Uang yg diperdapatnya bertimbun-timbun. *to fall in a h.* jatuh terenyak. **—kkt.** menumpuk, menghimpun. *to h. coals of fire on o's head* membalas kejahatan dgn kebaikan.

hear /hir/ *kkt.* (**heard**) 1 mendengar. *to h. the birds singing* mendengar burung bernyanyi/berkicau. *I can hardly h. myself speak* Saya hampir-hampir tak dpt mendengar suara saya sendiri. *I've heard it said that ...* Saya mendengar orang mengatakan bhw.... *to make o.s. heard* dpt didengar orang, membuat dirinya didengar orang. 2 mendengarkan. *to h. a lecture* mendengarkan ceramah. **—kki.** mendengar. **to h. from** 1 mendapat/mendengar kabar. *Have you heard from your friend?* Apakah kau sdh mendengar kabar dari temanmu? *I h. from Bill that ...* Saya dengar dari Bill bhw.... *In the hope of hearing from you soon...* Dgn harapan segera akan mendapat kabar dari sdr.... 2 mengizinkan. *I won't h. of your going to the movies alone* Saya tdk akan mengizinkan kau pergi menonton bioskop sendirian. *You'll h. from him later* Kau akan dihukumnya/dimarahinya. **to h. of** 1 mendengar ttg. *They were never heard of again* Tdk pernah ada kabar lagi mengenai mereka.

I've never heard of such a thing! Saya tak pernah mendengar yg demikian itu! 2 mengetahui. *He heard of me through my brother* Dia mengetahui hal saya dari abang saya. **to h. s.o. out** mendengarkan s.s.o. sampai selesai berbicara. —**hearing** *kb.* 1 pendengaran. *h. aid* alat bantuan mendengar. 2 *Law*: pemeriksaan. *to obtain a h. before a judge* diizinkan menghadap seorang hakim. *It was said in my h.* Itu dikatakan ketika saya turut mendengarkannya. *He's out of h.* Dia tdk bisa mendengar.

heard /hərd/ lih HEAR.

hearer /'hirər/ *kb.* pendengar.

hearken /'harkən/ *kki.* **to h. to** mendengarkan.

hearsay /'hir'sei/ *kb.* kabar orang/angin, desas-desus, sas-sus.

hearse /hərs/ *kb.* keréta jenazah, mobil jenazah/mayat.

heart /hart/ *kb.* 1 jantung. *to have a h. attack* mendapat/terkena serangan jantung. *h. disease* penyakit jantung. *h. failure* kelumpuhan jantung. *h. murmur* denyut jantung. 2 hati. *to die of a broken h.* meninggal karena sedih hati. *You're one after my own h.* Kamulah yg menyenangkan hatiku. *with a h. full of love* dgn hati penuh kasih sayang. *Inf.: He's all h.* Dia pemurah hati. *from the bottom of my h.* dgn sepenuh hati saya, dgn segala keikhlasan saya. *to break the h. of* menghancurkan hati, menyedihkan. *This project is close to his h.* Projék ini sangat menarik hatinya. *This comes from my h.* Ini betul-betul datang dari hati kecil saya. *I can't find it in my h. to blame her* Saya tak sampai hati menyalahkan dia. *My h. was in my mouth* Hati saya berdebar-debar. *h. and soul* dgn sepenuh hati. *h. of gold* hati yg baik sekali. *to have a h. of stone* berhati batu. *I don't have the h. to tell him* Saya tak sampai hati mengatakan padanya. *His h. is in the right place* Ia (ber)baik hati. *with a heavy h.* dgn berat hati, (dgn) perasaan tdk sampai hati. *in o's h. of hearts* dlm hati kecil. *He puts his h. and soul into whatever he does* Apa saja yg dikerjakannya selalu dgn sepenuh hati. *to take to h.* bersedih hati ttg. *I wish you well with all my h.* Dgn sepenuh hati saya harap sdr selamat. 3 bagian tengah (*of lettuce, celery*). 4 *Bridge*: hart. 5 inti, pokok. *The h. of the matter is this* Inilah inti persoalannya. *to get to the h. of* sampai ke pokok. 6 kehendak. *after o's own h.* menurut kehendaknya. **at h.** dlm batinnya. **by h.** luar kepala. **to cross o's h.** bersumpah (dgn membuat tanda silang di dada). **to do o's h. good** menggembirakan hati. *It did my h. good to see him* Menggembirakan sekali berteman dgn dia. **to eat o's h. out** merasa amat sedih. *Please have a h.* Tunjukkanlah sedikit belas-kasihan. **to lay to h.** mengingat baik-baik. **to lose h.** putus asa, kehilangan semangat, berkecil hati. **to lose o's h. to** jatuh cinta kpd. **to set o's h. on** membulatkan tekad thd. *He set his h. on going* Dia ingin sekali pergi. **to take h. from** mendapat semangat dari. *She took the child to her h.* Pikirannya penuh dgn kasihan thd anak itu. **to wear o's h. on o's sleeve** jelas sekali memperlihatkan perasaannya. **heart-rending** *ks.* yg menghancurkan/menyayat hati. **heart-shaped** *ks.* berbentuk jantung. **heart-stirring** *ks.* yg membangkitkan semangat (*speech, song*). **heart-to-heart** *ks.* dari hati ke hati. *h.-to-h. talk* pembicaraan dari hati ke hati. **heart-warming** *ks.* mengharukan.

heartache /'hart'eik/ *kb.* dukacita, kepiluan.

heartbeat /'hart'biet/ *kb.* denyut/debaran/detik jantung

heartbreak /'hart'breik/ *kb.* kesedihan/remuk hati, kemasygulan.

heartbreaker /'hart'breikər/ *kb.* mata keranjang, penghancur hati (orang).

heartbreaking /'hart'breiking/ *ks.* memilukan, menyayat hati.

heartbroken /'hart'browkən/ *ks.* bersedih/berpilu hati, amat sedih, berhati pilu.

heartburn /'hart'bərn/ *kb.* rasa panas dlm perut.

hearten /'hartən/ *kkt.* membesarkan hati.

heartfelt /'hart'felt/ *ks.* yg sepenuh hati. *my h. thanks for* terima kasihku yg sepenuh hati atas.

hearth /harth/ *kb.* perapian, tungku.

heartily /'hartəlie/ *kk.* lih HEARTY.

heartsick /'hart'sik/ *ks.* sedih, gundah-gulana, pilu hati.

heartstrings /'hart'stringz/ *kb., j.* hati sanubari, perasaan hati. *to tug at o's heartstrings* sangat menggetarkan hati sanubari.

heartthrob /'hart'thrab/ *kb. Sl.:* kekasih.

hearty /'hartie/ *ks.* 1 besar. *h. appetite* nafsu makan yg besar. 2 sungguh-sungguh, dgn sepenuh hati. *h. laugh* gelak terbahak-bahak. —**heartily** *kk.* 1 dgn penuh nafsu makan. 2 sungguh-sungguh. *to disagree h.* sungguh-sungguh tdk setuju.

heat /hiet/ *kb.* 1 panas, kepanasan. *This h. is too much for me* Ini terlalu panas utk saya. *in the h. of the day* dlm panas tengah hari. *white h.* panas terik/pijar. 2 bagian dari balapan. *to win the first h.* memenangkan jarak (balapan) yg pertama. 3 tekanan. *The h. was on* Tekanan/Paksaan itu terasa. *The bitch is in h.* Anjing betina itu sedang meluap-luap nafsu séksuilnya/berahinya. —*kkt.* memanaskan. *to h. a house with gas* memanaskan sebuah rumah dgn gas. **to h. up** 1 memanaskan. *Please h. up the water* Tolong panaskan air itu. 2 menjadi panas. *This toaster heats up fast* Pemanggang roti ini cepat menjadi panas. *to get heated up over* menjadi panas (hati) karena. 3 memanas. *The battle is heating up* Pertempuran makin memanas. **h. exhaustion/prostration** perasaan lesu/lelah karena kepanasan/panas hari. **heat-resistant** *ks.* tahan panas. **h. wave** gelombang (udara) panas. —**heated** *ks.* hangat, bernafsu. *h. discussion* pembicaraan yg panas. —**heating** *kb.* pemanasan. *ks.* pemanas. *h. pad* bantal pemanas.

heater /'hietər/ *kb.* alat pemanas. *electric h.* alat pemanas (dgn tenaga) listrik. *gas h.* alat pemanas (dgn tenaga) gas.

heathen /'hieTHən/ *kb.* penyembah berhala, kafir, yg tdk ber-Tuhan.

heatstroke /'hiet'strowk/ *kb.* kena panas yg terlampau kuat.

heave /hiev/ *kb.* angkatan, dorongan. —*kkt.* (**heaved**) 1 membongkar, mengangkat (jangkar). 2 menghéla. *to h: a sigh of relief* menghéla napas kelegaan. —*kki.* 1 bergelombang (*of a sea*). 2 menyembul, timbul. *The ground heaved from the earthquake* Tanah itu menyembul karena gempabumi itu. 3 (**hove**) timbul, muncul. *to h. into sight* muncul (keatas) sehingga kelihatan. *Nau.:* **to h. to** (**hove**) berhenti. **h. ho**! *kseru.* kuntul-baris! *Inf.: to give s.o. the h.-ho* mengusir s.s.o.

heaven /'hevən/ *kb.* 1 sorga, surga. 2 (*Hindu*) kayangan. *to move h. and earth* mengusahakan segala s.s.t., berusaha sedapatnya. *For heaven's sake!* Ya Allah! *Good Heavens!* Masya Allah! —**heavens** *j.* langit, cakrawala. *The heavens are filled with stars tonight* Malam ini langit penuh dgn bintang-bintang.

heaven-sent *ks.* mujur, mendapat karunia Tuhan, kedatangan seorang yg menguntungkan.
heavenly /'hevənlie/ *ks.* 1 amat menyenangkan. *h. night* malam yg amat menyenangkan. 2 lezat, sedap. *The food is h.* Makanannya sangat sedap. *h. body* bintang di langit. *our h. Father* Bapa kami yg ada di Sorga.
heavily /'hevəlie/ lih HEAVY.
heavy /'hevie/ *kb. Film*: peranan penjahat/bandit. —*ks.* (**heavier, heaviest**). 1 berat. *h. bomber* pembom berat. *h. burden* beban yg berat. *h. cold* pilek yg berat. *h. cruiser* kapal penjelajah berat. *h. expenses* biaya yg berat. *eyes h. with sleep* mata berat sekali, mengantuk sekali. *h. fine* denda yg berat. *h. industry* industri berat. *h. load* muatan berat. 2 padat, ramai (*of traffic*). *The program this week is very h.* Acara dlm minggu ini padat sekali. 3 tebal. *h. fog* halimun/kabut tebal. 4 keras. *h. wine* minuman anggur yg keras. 5 lebat. *h. beard* jénggot yg lebat. *h. rain* hujan lebat. 6 kasar. *His features are h.* Raut mukanya kasar. **to get h.** menjadi gemuk. *She has gotten h.* Dia tlh terlalu gemuk. —*kk.* secara berat. *Time hangs h. on his hands* Waktu terasa sangat membosankan. **heavier-than-air craft** kapal terbang yg lebih berat timbangannya drpd udara yg dipindahkannya. **h. cream** susu kental. **heavy-duty** *ks.* kuat. *h.-duty truck* truk yg besar dan kuat. **h. eater** jago makan. **heavy-eyed** *ks.* dgn mata mengantuk, dgn mata yg layu. **heavy-handed** *ks.* canggung dlm pekerjaan. **heavy-hearted** *ks.* bersedih-hati. **heavy-laden** *ks.* dirundung derita. *h.-laden sky* langit berawan tebal sekali. **h. meal** makanan yg banyak dan sukar dicernakan. **h. sea** lautan yg menggelora. **heavy-set** *ks.* péndék gemuk, péndék dan tegap. **h. sleeper** jago tidur. **h. smoker** peminum rokok yg banyak sekali. **h. water** air yg mengandung atom yg lebih berat. —**heavily** *kk.* secara berat. *h. in debt* berhutang banyak sekali. *h. taxed* dikenakan pajak yg berat. *to lose h.* menderita kerugian yg besar.
heavyweight /'hevie'weit/ *kb.* 1 *Box.*: kelas berat. 2 kaliber berat. *He's intelligent but not a h.* Dia pintar tapi bukan termasuk kaliber berat.
Heb. [*Hebrew(s)*] 1 *Bible*: Orang Yahudi. 2 Yahudi.
Hebrew /'hiebruw/ *kb.* 1 orang Yahudi. 2 bahasa Yahudi. —*ks.* Yahudi. *The H. language* bahasa Yahudi.
heck /hek/ *kb.* **to give s.o. h.** mengoméli s.s.o. —*kseru.* persétan, busét. *Where the h. are you going?* Persétan, kemana kau hendak pergi?
heckle /'hekəl/ *kkt.* menggoda, mengganggu (dgn ucapan yg mengéjék). —**heckling** *kb.* mencela. memfitnah, mengéjék.
heckler /'heklər/ *kb.* tukang éjék yg berteriak.
hectare /'hektar/ *kb.* héktar.
hectic /'hektik/ *ks.* tdk tenang, ribut, ramai sekali.
hectogram /'hektəgræm/ *kb.* héktogram.
hectograph /'hektəgræf/ *kb.* héktograf. —*kkt.* memperbanyak (s.s.t.) dgn alat héktograf.
he'd /hied/ [1 *he had* 2 *he would*]. 1 ia tlh. 2 ia akan.
hedge /hej/ *kb.* 1 (*garden*) pagar tanam-tanaman. 2 pembendung. —*kkt.* **to h. in** memagari, membatasi, mengungkung. *The students were hedged in by all kinds of restrictions* Mahasiswa-mahasiswa itu dikungkung berbagai-bagai larangan. —*kki.* mengélak-élakkan, menghindarkan. **to hedge-hop** *kki.* (**hedge-hopped**) melakukan penerbangan yg rendah diatas tanah. **hedge-hopping** *kb.* penerbangan amat rendah.
hedgehog /'hej'hɔg, -'hag/ *kb.* landak.

hedgerow /'hej'row/ *kb.* pagar tanaman.
hedonism /'hiedənizm/ *kb.* paham yg dianut orang-orang yg mencari kesenangan semata-mata.
heed /hied/ *kb.* perhatian. *to pay h.* to mengindahkan. *to take h.* memperhatikan, mengacuhkan, mengindahkan. —*kkt.* memperhatikan, mengacuhkan. *to h. a warning* mengacuhkan peringatan.
heedless /'hiedləs/ *ks.* dgn tdk memperhatikan/ mengindahkan/memperdulikan. *h. of the danger* dgn tdk memperhatikan bahaya.
heehaw /'hie'hɔ, -'ha/ *kb.* tertawa kasar. —*kki.* meringkik.
heel /hiel/ *kb.* 1 tumit. *to wear o's shoes down at the heels* memakai sepatunya sampai tumitnya aus. *He stuck a nail in his h.* Tumitnya tercocok paku. *the H. of Italy* Tumit Itali. *The dog is always at his heels* Anjing itu selalu membuntutinya. *high heels* sepatu bertumit tinggi. 2 *Inf.*: bangsat, bedebah. **to cool o's heels** menunggu lama. **down at the heels** kumal, buruk, miskin. **to drag o's heels** kurang bersemangat dlm pekerjaannya. **on the heels of** dekat pd. *to be on the heels of an interesting discovery* dekat pd satu penemuan yg menarik. *to be on the heels of the murderer* mengejar pembunuh itu dari jarak dekat. **to be out at the heels** jatuh miskin. **to take to o's heels** melarikan diri, mengambil langkah seribu. **to turn on o's heels** berbalik. *to be under the heels of the invader* ditindas/diperbudak oléh penyerbu. —*kki.* memiringkan. *The ship heeled over* Kapal itu miring letaknya. —**heeled** *ks.* bertumit. *high-h. shoes* sepatu bertumit tinggi. *Inf.*: *well-h. ks.* kaya.
hefty /'heftie/ *ks.* besar dan kuat, kokoh, kekar (*of people*). *h. steel frame* rangka baja yg kuat. *to eat a h. meal* makan banyak.
height /hait/ *kb.* 1 tinggi. *What's your h.?* Berapa tingginu? *It is ten feet in h.* Tingginya sepuluh kaki. *of average h.* tingginya sedang. *to attain o's full h.* mencapai tinggi badan sepenuhnya. *the lake's h. above sea level* tinggi danau itu diatas permukaan laut. 2 puncak. *to be at the h. of o's career* berada pd puncak karirnya. *the h. of rudeness* puncak dari kekurangajaran. *The tourist season is at its h.* Musim pariwisata sdh/sedang mencapai puncaknya. *The h. of his ambition* is to be an actor Yg paling diidam-idamkannya ialah menjadi seorang pemain sandiwara. *to dress in the h. of fashion* berpakaian menurut mode terakhir. *at the h. of the storm* waktu hébat-hébatnya badai.
heighten /'haitən/ *kkt.* mempertinggi (*a doorway, interest*). —*kki.* memuncak, menambah. *The conflict heightened* Pertentangan itu memuncak.
heinous /'heinəs/ *ks.* bengis, mengerikan, keji sekali, kejam. *h. crime* kejahatan yg keji sekali.
heir /ær/ *kb.* ahli waris. *She is h. to a lot of money* Dia akan mewarisi uang yg banyak. *to fall h. to* mewarisi. **h. apparent** putera mahkota.
heiress /'æris/ *kb.* ahli waris perempuan.
heirloom /'ær'luwm/ *kb.* pusaka.
held /held/ lih HOLD.
helicopter /'helə'kaptər, 'hielə-/ *kb.* hélikopter.
heliport /'helə'powrt, 'hielə-/ *kb.* lapangan hélikopter.
helium /'hielieəm/ *kb.* hélium.
hell /hel/ *kb.* neraka. *Sl.*: *to go to h.* masuk neraka. *To h. with the others!* Masa bodoh dgn orang-orang lain itu! *All h. broke loose when the bomb exploded* Panik besar terjadi ketika bom itu meledak. *to catch h.* dimarahi. **come h. or high water** (biar) apapun terjadi. *Sl.*: *to do s.t. for the h. of it* mengerjakan s.s.t.

karena kesukaan/kesenangan. *Sl.*: *to h. and gone* pergi atau hilang jauh sekali (entah kemana). *To h. with it!* Persétan! Kurang ajar! *Sl.*: *to raise h.* ribut/marah-marah. *It's h. on earth* Rasanya spt di neraka. Rasanya mengerikan sekali. *to make one h. of a noise* ribut-ribut, membuat keributan. *He's a h. of a good player* Ia seorang pemain yg ulung/tak ada taranya. *h. of a lot of money* banyak sekali uang. *to work like h.* bekerja mati-matian/spt sétan. *What the h. is the matter?* Apa sih masalahnya? Apalah yg diributkan ini? —*kseru.* persétan.

he'll /hiel/ [1 *he will* 2 *he shall*]. 1 Ia akan. 2 Ia hendak.

hellbent /'hel'bent/ *ks. Sl.*: bersikeras. *He was h. on getting to New York* Dia bersikeras utk pergi ke New York.

hellcat /'hel'kæt/ *kb.* perempuan yg jahat.

Hellenic /he'lenik/ *ks.* Yunani.

hellfire /'hel'fair/ *kb.* api neraka, hukuman di neraka.

hellhole /'hel'howl/ *kb.* tempat yg sangat tdk menyenangkan.

hellish /'helisy/ *ks.* jahat, kejam. *h. temper* watak yg jahat.

hello /'helow/ *kb.* salam. *Please say h. to your wife* Beri salam kpd isterimu. —*kseru.* halo. *H.! How are you?* Halo! Apa kabar? *H., is Mary there?* Halo, Mary ada?

helluva /'heləvə/ *ks. Sl.*: 1 buruk/jelék sekali. *That's a h. way to run a business* Itu cara yg buruk sekali utk menjalankan suatu perusahaan. 2 baik sekali, luar biasa, bukan main (*soccer team*).

helm /helm/ *kb.* kemudi. *to be at the nation's h.* mengemudikan negara, memimpin bangsa, menjadi pimpinan negara.

helmet /'helmit/ *kb.* topi baja. *crash h.* hélm.

helmsman /'helmzmən/ *kb.* (*j.* -**men**) jurumudi.

help /help/ *kb.* pertolongan, bantuan. *to come to s.o's h.* memberi pertolongan kpd s.s.o. *to be a great h. to s.o.* merupakan bantuan yg besar bagi s.s.o. *He is past h.* Ia tdk tertolong lagi. *mutual h.* saling tolong-menolong, gotong-royong. *There's no h. for it* Kita tak dpt berbuat apa-apa lagi (utk itu). *with the h. of* dgn mempergunakan. *H. wanted* Dicari pekerja/pembantu. Ada lowongan utk pembantu. —*kseru.* sungguh mati. —*kkt.* 1 menolong, membantu. *Can I h. you?* Dapatkah saya membantu sdr? Bisa saya tolong sdr? *to h. s.o. to cross the street* menolong s.s.o. menyeberangi jalan. *The Lord helps those who h. themselves* Tuhan akan menolong meréka yg menolong dirinya sendiri. *So h. me God!* (*oath*) Ya Allah, tolonglah hambamu. 2 menuntun. *to h. s.o. into a room* menuntun s.s.o. masuk ke kamar. **to h. o.s.** mengambil. *H. yourself to a cookie* Silahkan ambil kué. *May I h. you, sir?* Ada keperluan apa tuan? *Being a foreigner didn't h. matters any* Sbg orang asing, keadaan tak menguntungkan sama sekali baginya. *I'm afraid it can't be helped* Saya takut kita tak dpt berbuat apa-apa lagi. *I can't h. it* Saya tak dpt berbuat apa-apa utk mencegah itu. —*kki.* (bersedia) menolong. *This will h. to complete the job* Ini akan menolong menyempurnakan pekerjaan itu. *Don't be gone longer than you can h.* Pergilah utk seperlunya saja. *It will h. if you can join us* Baik sekali kalau sdr dpt menyertai kami. **to h. but** mau tak mau. *I can't h. but say what I feel* Mau tak mau saya hrs mengatakan apa yg saya rasakan. *I couldn't h. laughing* Saya tak dpt menahan tertawa saja. **to h. out** menolong, meringankan. *This gift of food will h. them out* Pemberian/Hadiah makanan itu akan meringankan

meréka. —**helping** *kb.* porsi, mangkuk. *a h. of rice* seporsi nasi. **h. hand** bantuan, pertolongan. *Lend me a h. hand, will you?* Tolonglah saya sebentar.

helper /'helpər/ *kb.* pembantu, penolong.

helpful /'helpfəl/ *ks.* suka menolong, berguna, bermanfaat. *She's very h.* Dia menolong dgn baik. *h. suggestion* saran yg bermanfaat. *h. remedy* obat yg berguna/berkhasiat.

helpless /'helpləs/ *ks.* tdk berdaya, mati kutu.

helplessness /'helpləsnəs/ *kb.* keadaan tdk berdaya.

helpmate /'help'meit/ *kb.* pembantu, suami atau isteri.

helpmeet /'help'miet/ = HELPMATE.

helter-skelter /'heltər'skeltər/ *kk.* dlm keadaan kacau balau, puntang-panting dan tergesa-gesa. *She left her room h.* Keadaan dlm kamarnya porak-poranda.

hem /hem/ *kb.* keliman, depun (*of dress*). —*kkt.* (**hemmed**) mengelim (*a skirt*). *to h. and haw* berbicara dgn ragu-ragu. **to h. in** mengepung, mengurung. *This yard makes me feel hemmed in* Halaman ini membuat saya merasa terkurung.

hemisphere /'heməsfir/ *kb.* belahan bumi. *the Western H.* Belahan bumi Barat.

hemlock /'hem'lak/ *kb.* cemara (beracun).

hemorrhage /'hemərij/ *kb.* pendarahan. —*kki.* mengeluarkan darah.

hemorrhoids /'heməroidz/ *kb., j.* bawasir, puru sembelit.

hemp /hemp/ *kb.* rami.

hemstitch /'hem'stic/ *kb.* jahit kelim. —*kkt.* mengelim.

hen /hen/ *kb.* ayam betina, induk ayam, babon.

hence /hens/ *kk.* sebab itu, karena itu, karenanya. *I plan to be at the university this year, h. I plan to arrive next week* Saya bermaksud utk belajar di universitas tahun ini, sebab itu saya bermaksud utk tiba minggu depan.

henceforth /'hens'fowrth/ *kk.* mulai sekarang, utk selanjutnya.

henchman /'hencmən/ *kb.* (*j.* -**men**). pengikut, anték.

henhouse /'hen'haws/ *kb.* kandang ayam.

henna /'henə/ *kb.* inai, pacar.

henpeck /'hen'pek/ *kkt.* menguasai, menaruh pengaruh. *henpecked husband* suami yg dikuasai istrinya.

hep /hep/ *ks. Sl.*: banyak mengetahui. *to be h.* to banyak mengetahui ttg.

hepatitis /'hepə'taitəs/ *kb.* radang hati.

heptagon /'heptəgən/ *kb.* segitujuh.

heptagonal /hep'tægənəl/ *ks.* bersegitujuh.

her /hər/ *kg.* dia, ia, -nya. *I see h.* Saya lihat dia. *h. vacation* liburannya. *I wrote h. yesterday* Saya menyuratinya kemarin. *to give a book to h.* memberikan buku kepadanya. *Inf.*: *It's h!* Itu dia! Dialah itu!

herald /'herəld/ *kb.* bentara. —*kkt.* menggembar-gemborkan. *His coming has been widely heralded* Kedatangannya itu sdh digembar-gemborkan ke-mana-mana.

heraldry /'herəldrie/ *kb.* (*j.* -**ries**) ilmu lambang.

herb /ərb, hərb/ *kb. Med.*: jamu. —**herbs** *j.* (*for seasoning*) ramuan utk membumbui masakan, tumbuh-tumbuhan bumbu.

herbivore /'hərbəvowr/ *kb.* pemakan tumbuh-tumbuhan.

herbivorous /hər'bivərəs/ *ks.* (yg) hidup dari rumput atau tanam-tanaman. (yg) makan tumbuh-tumbuhan.

Herculean /'hərkyə'lieən/ *ks.* spt raksasa (kuatnya, besarnya). *H. task* pekerjaan raksasa.

herd /hərd/ *kb*. kumpulan, kawanan. *h. of cattle* kawanan ternak. *the common h*. massa rakyat. *to ride h. on* mengawasi dgn teliti. —*kkt*. mengumpulkan, menggembalakan. *H. the sheep in here* Giringlah domba itu kesini. **to h. together** mengumpulkan, menggiring menjadi satu kumpulan.

here /hir/ *kb*. *the h. and now* waktu sekarang, sekarang ini. —*kk*. 1 (di)sini. *He lives h*. Dia tinggal disini. *H. lies John Jones* Disini/Di tempat ini bersemayam/dimakamkan John Jones. *h. and there* disana-sini. 2 ini. *Here's the book* Ini bukunya. *H. come the children* Ini anak-anak (sdh) datang. *Here's to a happy life together* Inilah utk kehidupan bersama yg berbahagia (waktu mengangkat minuman). *My friend here will vouch for me* Teman saya ini akan menjamin saya. *H. I am!* Inilah saya. *this one h*. yg satu ini. 3 begini. *Here's the way it works* Beginilah cara bekerjanya. *H. goes!* Beginilah! 4 kesini, kemari. *Come h., please* Silakan kemari. *How did you get h.?* Dgn apa kau kemari? 5 sini. *from h. to London* dari sini ke London. *I'm up to h. in work* Saya lagi tenggelam dlm kesibukan pekerjaan. *We are h. today and gone tomorrow* Kita di dunia ini hanya utk sementara waktu saja. *What you are saying is neither h. nor there* Apa yg kaukatakan itu tak penting/ berarti.

hereabouts /'hirə'bawts/ *kk*. didekat/disekitar sini.

hereafter /hir'æftər/ *kb*. alam baka. —*kk*. sesudah ini, selanjutnya, sejak sekarang.

hereby /hir'bai/ *kk*. dgn ini. *I h. declare that* ... Dgn ini saya permaklumkan bhw ....

hereditary /hə'redə'terie/ *ks*. 1 turun-temurun. *h. position* pangkat yg turun-temurun. 2 pusaka. *h. estate* tanah pusaka.

heredity /hə'redətie/ *kb*. (*j*. **-ties**) keturunan, hal turun-temurun, kebakaan.

herein /hir'in/ *kk*. didlm ini. *the letter enclosed h*. surat yg terlampir didlm ini.

hereinafter /'hirin'æftər/ *kk*. selanjutnya, sesudah ini.

heresy /'herəsie/ *kb*. (*j*. **-sies**) bid(a)'ah, klenik.

heretic /'herətik/ *kb*. orang bida'ah.

heretical /hə'retəkəl/ *ks*. yg berh. dgn bida'ah.

hereto /hir'tuw/ *kk*. dgn ini.

heretofore /'hirtə'fowr/ *kk*. sblm ini, sampai sekarang. *H. we had been good friends* Sblm ini kami teman baik.

herewith /hir'with/ *kk*. bersama ini. *I h. enclose* ... Bersama ini saya lampirkan ....

heritage /'herətij/ *kb*. warisan, pusaka. *our cultural h*. kebudayaan yg kita/kami warisi.

hermaphrodite /hər'mæfrədait/ *kb*. banci, wadam.

hermetically /hər'metəkəlie/ *kk*. rapat-rapat, kedap udara. *h. sealed* dipateri/ditutup rapat-rapat.

hermit /'hərmit/ *kb*. pertapa.

hermitage /'hərmətij/ *kb*. pertapaan.

hernia /'hərnieə/ *kb*. burut, turun berok.

hero /'hierow/ *kb*. pahlawan. *hero-worship* pemujaan (thd) pahlawan.

heroic /hie'rowik/ *ks*. 1 sengit, gagah berani. *h. struggle* perjuangan yg gagah berani. 2 bersifat kepahlawanan.

heroin /'herowin/ *kb*. héroin (sej. obat bius yg dibuat dari morfin).

heroine /'herowin/ *kb*. pahlawan wanita.

heroism /'herowizəm/ *kb*. kepahlawanan.

heron /'herən/ *kb*. burung bangau/jangkung.

herring /'hering/ *kb*. ikan haring.

herringbone /'hering'bown/ *kb*. pola hiasan spt kerangka haring. *h. pattern* corak spt puncuk rebung.

hers /hərz/ *kg*. kepunyaannya (perempuan). *a friend of h*. seorang temannya. *That book isn't h*. Buku itu bukan kepunyaannya. *H. is over there* Dia punya disana. *My foot is larger than h*. Kaki saya lebih besar dari kakinya.

herself /hər'self/ *kg*. dia, sendiri. lih SELF.

he's /hiez/ [1 *he is*. 2 *he has*]. 1 ia adalah. 2 ia ada.

hesitancy /'hezətənsie/ *kb*. (*j*. **-cies**) keragu-raguan.

hesitant /'hezətənt/ *ks*. ragu-ragu. *He was h. to accept the job* Dia ragu-ragu menerima pekerjaan itu.

hesitate /'hezəteit/ *kki*. 1 ragu-ragu. *I h. to ask him to go* Saya ragu-ragu utk menyuruhnya pergi. 2 termangu-mangu. *He hesitated at the door* Dia termangu-mangu di pintu. 3 terhenti-henti, tertegun-tegun. *He hesitates in his speech* Dia terhentihenti dlm caranya berbicara. *He who hesitates is lost* Tersesatlah dia yg selalu ragu-ragu. —**hesitatingly** *kk*. dgn ragu-ragu.

hesitation /'hezə'teisyən/ *kb*. keragu-raguan.

het /het/ *ks*. marah, naik darah, bersemangat. *Don't get so h. up* Janganlah begitu naik darah.

heterodox /'hetərədaks/ *ks*. bida'ah, murtad.

heterogeneous /'hetərə'jiənieəs/ *ks*. hétérogén, beranéka-ragam, berbéda-béda.

hew /hyuw/ *kkt*. (**hewed, hewed** atau **hewn**) menebang. *to h. down a tree* menebang pohon. —*kki*. **to h. to** memegang pd.

HEW [*Department of Health, Education and Welfare*] Départemén Keséhatan, Pendidikan dan Kesejahteraan di AS.

hewn /hyuwn/ lih HEW.

hex /heks/ *kb*. *Inf.*: kutukan, guna-guna. *to place a h. on s.o.* menjatuhkan kutukan atas s.s.o.

hexagonal /heks'ægənəl/ *ks*. bersegi enam.

hexameter /heks'sæmətər/ *kb*. héksaméter, puisi yg baris-barisnya memuat enam derap/daktilus.

hey /hei/ *kseru*. hé!

heyday /'hei'dei/ *kb*. masa jasa, jaman gemilang. *In his h. he was a fine actor* Dlm masa kejayaannya dia adalah aktor yg baik.

Hf [*High Frequency*] frékwénsi tinggi.

hgt. [*height*] tingginya, ketinggian.

hi /hai/ *kseru*. halo! *Hi, how are you?* Halo, apa kabar?

H.I. [*Hawaiian Islands*] Kepulauan Hawaii.

hiatus /hai'eitəs/ *kb*. rumpang, kekosongan, ruang kosong, ompong.

hibernate /'haibərneit/ *kki*. tidur di musim dingin.

hibiscus /hə'biskəs/ *kb*. waru, bunga raya/ sepatu.

hiccough /'hikʌp, -kəp/ = HICCUP.

hiccup /'hikʌp, -kəp/ *kb*. sedakan, sedu, ketegukan, kecegukan. —*kki*. tersedak, bersedu.

hick /hik/ *kb*. *Inf.*: orang udik/dusun/kampungan.

hickory /'hikərie/ *kb*. (*j*. **-ries**) sej. pohon di A.S. yg buahnya berkulit keras.

hid /hid lih HIDE.

hidden /'hidən/ lih HIDE.

hide /haid/ *kb*. kulit, jangat. *There was neither h. nor hair of him* Sedikitpun tdk ada berita/kabar mengenai dia. —*kkt*. (**hid, hidden**) menyembunyikan. *to h. o's face* menutup muka. *Don't h. your talents under a bushel* Jangan malu-malu memperlihatkan bakatmu. —*kki*. bersembunyi. *He hid from sight* Ia bersembunyi sehingga tdk kelihatan. **to h. out** menyembunyikan diri. **hide-and-seek** *kb*. main alip-alipan/bulus-bulusan/umpet-umpetan/ cari-carian. **hidden** *treasure* harta-benda yg terpendam. *to go into* **hiding** pergi dlm bersembunyi. *Do you know a good hiding place?* Tahukah kau tempat persembunyian yg baik?

hideaway /'haidə'wei/ *kb.* tempat persembunyian.

hidebound /'haid'bawnd/ *ks.* picik. *h. opinion* pendapat/pandangan yg picik.

hideous /'hidiəs/ *ks.* seram, mengerikan.

hideout /'haid'awt/ *kb.* tempat persembunyian.

hierarchy /'haiə'rarkie/ *kb.* (*j.* **-chies**) hirarki.

hieroglyphics /'haiərə'glifiks/ *kb., j.* tulisan Mesir kuno.

hi-fi /'hai'fai/ [*high fidelity*] *kb. Inf.:* perekaman dan pemancaran suara kembali dgn teliti.

high /hai/ *kb.* 1 ketinggian, puncak. *Prices reached a new h. on the stock market* Harga-harga mencapai tingkat tinggi yg baru di pasar bursa. 2 *Meteor.:* tekanan udara yg tinggi. 3 *Auto.:* persnéling tiga. **from on h.** suatu titah dari langit, ucapan dari kalangan tinggi. —*ks.* 1 tinggi. *h. wall* témbok yg tinggi. *How h. is that wall?* Berapa tinggi témbok itu? *The sun gets higher each day* Matahari bertambah tinggi setiap hari. *h. rate of interest* tarip bunga yg tinggi. *That painting brought a h. price* Lukisan itu memperoléh/mencapai harga yg tinggi. *to place a h. value on honesty* menaruh penilaian yg tinggi thd kejujuran. *the higher animals* binatang-binatang dari golongan yg lebih tinggi. *in h. spirits* bersemangat tinggi/sekali. *higher education* pendidikan/perguruan tinggi. *higher mathematics* ilmu pasti tinggi. *I have the highest opinion of his ability* Saya menjunjung tinggi kecakapannya. 2 mahal, tinggi (*of prices*). 3 besar. *to play for h. stakes* menjalankan spékulasi yg besar. *A h. sea is running* Gelombang besar sedang berkecamuk. 4 tinggi, nyaring (*of a voice*). 5 *Inf.:* mabuk. *This matter is h. on the agenda* Masalah ini merupakan acara yg penting. *the h. spot of the evening* acara yg paling menarik malam itu. **h. and dry** sendirian. *to leave s.o. h. and dry* meninggalkan s.s.o. seorang diri. —*kk.* tinggi. *to aim h.* bercita-cita tinggi. *to rise h.* mencapai kedudukan yg tinggi. **to fly h.** terbang tinggi. *With his newly acquired wealth, he's flying h.* Dgn kekayaan yg baru diperoléhnya itu, dia bercita-cita tinggi. **to hold o's head h.** menegakkan kepala. **h. and low** dimana-mana. *I looked h. and low for my hat* Saya tlh mencari topi saya dimana-mana. **to run h.** bergejolak, meluap-luap. *Feelings run h. on the school issue* Perasaan-perasaan bergejolak thd persoalan sekolah itu. **h. and mighty** sombong, angkuh. *Why does she act so h. and mighty?* Mengapa ia berlaku begitu angkuh? **high-altitude flight** penerbangan tinggi. **h. blood pressure** tekanan darah tinggi. **high-class** *ks.* kelas satu. *h.-class hotel* hotél yg terkemuka. **h. command** komando tertinggi. **h. commissioner** komisaris tinggi. **higher-up** *kb.* (*j.* **highers-up**) orang atasan. **h. explosive** bahan peledak berkekuatan besar. **h. fidelity** perekaman dan pemancaran kembali suara dgn teliti. **high-frequency** *ks.* berfrékwénsi tinggi. **h. gear** persnéling tiga. **high-grade** *ks.* bermutu/berkwalitas tinggi. **high-handed** *ks.* angkuh, congkak, sewenang-wenang. **high-hat** *kb.* orang yg sombong. **to high-hat** (**high-hatted**) merendahkan s.s.o., memandang orang rendah. **on o's h. horse** angkuh, merasa lebih tinggi, tinggi-hati. **h. jump** loncat tinggi. **high-level** *ks.* tingkat tinggi. *h.-level instruction* tingkat pengajaran yg tinggi. **h. mass** misa besar. **high-minded** *ks.* berjiwa-besar, berhati mulia. **high-necked** *ks.* berléhér tinggi. *h.-necked sweater* sweater yg ber-

kerah tinggi. **h. noon** tengah hari. **high-octane** *ks.* mempunyai kadar oktan yg tinggi. *h.-octane gasoline* bénsin yg kadar oktannya tinggi, bénsol. **h. (old) time** waktu bersenang-senang. **high-pitched** *ks.* 1 terjal, menjulang (*of a roof*). 2 nyaring (*of a voice*). **high-powered** yg berdaya tinggi (*of a car*). *a h.-powered individual* seorang yg bersikap menekan. **high-precision tools** alat-alat yg sangat saksama. **to high-pressure** menekan, menggunakan tekanan kpd. **high-priced** *ks.* mahal. **high-priority** *ks.* yg mempunyai prioritas satu. **high-rise** *ks.* bertingkat (tinggi). *h.-rise apartment* flat di gedung bertingkat (yg tinggi). **h. school** sekolah menengah/lanjutan. **h. seas** laut bébas. **on the h. seas** ditengah lautan, di laut bébas. **h. sign** isyarat. **high-sounding name** nama yg (sangat) mentéréng. **high-speed engine** mesin yg berkecepatan tinggi. **high-spirited horse** kuda yg bersemangat. *He was in h. spirits when...* Dia sangat berbahagia ketika.... **h. spot** puncak. **high-strung** *ks.* berperasaan halus, lekas gugup. **high-style** *ks.* modél paling baru. **high-tension wire** kawat tegangan tinggi. **high-test gasoline** bénsin yg rendah sekali titik didihnya. **h. tide** pasang naik. *It's h. time he gets this work done* Sdh tiba waktunya dia menyelesaikan pekerjaan ini. **h. treason** pengkhianatan kpd negara. **high-up** *kb.* orang penting, tokoh. **h. water** air pasang. **h. wind** angin kencang. **high-yield rice** padi yg banyak hasilnya. —**highly** *kk.* sangat, terlalu. *He is h. over-rated* Dia terlalu dipuji-puji. *He comes h. recommended* Dia sangat dipuji. *h. experienced* sdh banyak makan garam. **to speak h. of s.o.** sangat memuji s.s.o. **to think h. of s.o.** memandang tinggi s.s.o. *I think h. of him* Saya sangat menghargai dia. **h. seasoned** berbumbu banyak.

highball /'hai'bɔl/ *kb.* wiski dicampur dgn air (soda) dan és. —*kki. Sl.:* berjalan dgn cepat (*of a train, auto*).

highborn /'hai'bɔrn/ *ks.* dari keturunan yg bangsawan.

highbrow /'hai'braw/ *kb. Inf.:* cendekiawan. *He has h. tastes* Dia mempunyai citarasa seorang ahli.

highchair /'hai'cær/ *kb.* kursi tinggi utk bayi.

highfalutin(g) /'haifə'luwtən/ *ks. Sl.:* yg mulukmuluk, yg penuh gembar-gembor. *h. language* kata-kata yg muluk-muluk.

highlands /'hailənz/ *kb., j.* tanah tinggi, pegunungan.

highlight /'hai'lait/ *kb.* hal/acara yg penting. —**highlights** *j.* pokok-pokok. —*kkt.* menyoroti, membunga-bungai.

highness /'hainəs/ *kb.* kebesaran. **H.** Yang Mulia.

hightail /'hai'teil/ *kki. Sl.:* berlari cepat.

highwater /'hai'wɔtər, 'wa-/ **h. mark** garis tinggi air pasang.

highway /'hai'wei/ *kb.* jalan raya/besar. *h. patrolman* polisi patroli jalan-raya. *dual h.* jalan-raya dua jalur/berjalur dua. *highways and byways* jalan-jalan besar dan jalan-jalan simpan(an).

hijack /'hai'jæk/ *kkt. Inf.:* membajak, merampok. *to h. a plane in midair* membajak kapal terbang di angkasa.

hijacker /'hai'jækər/ *kb. Inf.:* perampok, pembajak.

hijinks /'hai'jingks/ *kb., j.* pésta gila, pésta-pora.

hike /haik/ *kb.* 1 perjalanan kaki. *to go on a h.* pergi berjalan kaki. 2 *Inf.:* kenaikan. *salary h.* kenaikan gaji. —*kkt. Inf.:* **to h. up o's trousers** menarik celananya keatas. —*kki.* berjalan kaki. *to h. five miles*

melakukan gerak-jalan sejauh lima mil. —**hiking**
kb. gerak jalan.

hiker /'haikər/ *kb*. pejalan kaki.

hilarious /hə'læriəs/ *ks*. riang, gembira. *h. party*
pésta yg meriah.

hilarity /hə'lærətie/ *kb*. kegembiraan, keriangan,
keriaan, keriuhan.

hill /hil/ *kb*. bukit. *h. country* daérah yg berbukit-
bukit. *to go up the h.* menaiki/mendaki bukit. *over
h. and dale* melalui bukit dan lembah. **H.** (*road sign*)
Turun terjal. *Mil.: Sl.: to go over the h.* bolos, mangkir.
He isn't over the h. yet Dia blm juga berkurang
kekuatannya.

hillbilly /'hil'bilie/ *kb*. (*j*. **-lies**) orang (yg diam di)
pegunungan, orang udik/dusun. *h. song* lagu dusun/
pedusunan/pegunungan, nyanyian udik.

hilliness /'hilienəs/ *kb*. keadaan berbukit-bukit.

hillock /'hilək/ *kb*. bukit kecil.

hillside /'hil'said/ *kb*. léréng bukit.

hilltop /'hil'tap/ *kb*. puncak bukit.

hilly /'hilie/ *ks*. berbukit-bukit.

hilt /hilt/ *kb*. puting, pangkal pedang. *to enjoy life to
the h.* menikmati hidup sepuas-puasnya. **up to
the h.** samasekali, sepenuhnya.

him /him/ *kg*. dia (laki-laki), -nya. *Ask h.* Tanyalah
dia. *to h.* kepadanya. *This coat belongs to him* Mantel
ini kepunyaannya. *He took his baggage with h.*
Barang-barangnya dibawanya. *Inf.: That's h.* Itu
dia! *Inf.: It's h.* Dialah orangnya!

himself /him'self/ *kg*. diri(nya) sendiri. *He keeps his
thoughts to h.* Dia menyimpan (buah) pikirannya
utk diri sendiri. *He hasn't been h. lately* Akhir-akhir
ini tingkah-lakunya berlainan. lih SELF.

hind /haind/ *ks*. belakang. *h. leg* kaki belakang.

hinder /'hindər/ *kkt*. 1 menghalangi, merintangi.
to h. him in his research menghalangi dia dlm pe-
nyelidikannya itu. 2 mengganggu. *The noise hindered
him from studying* Keributan itu mengganggu dia
belajar.

Hindi /'hindie/ *kb*. 1 orang Hindi. 2 bahasa Hindi.

hindmost /'haindmowst/ *ks*. yg paling belakang.
Everyone for himself and the devil take the h. Setiap orang
berusaha menyelamatkan dirinya dan/tdk meng-
acuhkan orang lain.

hindquarter /'haind'kwortər/ *kb*. bagian kaki
belakang dan pinggang (mis. daging).

hindrance /'hindrəns/ *kb*. 1 halangan, rintangan.
2 gangguan. lih LET *kb*.

hindsight /'haind'sait/ *kb*. peninjauan hal-hal yg
sdh terjadi, melihat kebelakang.

Hindu /'hinduw/ *kb., ks*. Hindu.

Hinduism /'hinduwizəm/ *kb*. Hinduisme, agama
Hindu.

Hindustani /'hinduw'stanie/ *kb*. 1 orang Hindus-
tan. 2 bahasa Hindustan.

hinge /hinj/ *kb*. 1 éngsél. *The door was off its hinges*
Pintu itu terlepas dari éngsél-éngsélnya. 2 *Phila.:*
sepotong kertas berlém guna menémpélkan pe-
rangko dlm album. —*kki*. bergantung. *The trip
hinges on his health* Perjalanan itu bergantung kpd
keséhatannya.

hint /hint/ *kb*. 1 isyarat, petunjuk. *to give some hints
to s.o.* memberi petunjuk-petunjuk kpd s.s.o. *He
gave a h. that he agrees* Dia memberi isyarat bhw
dia setuju. *hints for beginners* pedoman/petunjuk-
petunjuk bagi orang-orang yg baru mulai. *broad h.*
petunjuk sekilas. *to drop a h.* memberi isyarat, me-
nyatakan keinginan. 2 bayangan, gambaran. *Give
me a h. as to what he's doing* Berilah saya bayangan
ttg apa yg sedang dikerjakannya. 3 tanda. *There*

wasn't the slightest h. of treachery Sedikitpun tdk ada
terlihat tanda-tanda pengkhianatan. *to have a h. of
a Russian accent* bercirikan logat Russia. *I can take a h.*
Saya mengerti. Saya dpt memahaminya. *He let fall
a h. that...* Secara tdk langsung dinyatakannya,
bhw.... —*kki*. membayangkan, mengisyaratkan.
She hints that... Dia membayangkan bhw.... **to h.
at** mengisyaratkan/membayangkan ke arah. *What
are you hinting at?* Apa yg kamu sindirkan sebenar-
nya?

hinterland /'hintər'lænd/ *kb*. daérah pedalaman.

hip /hip/ *kb*. 1 pinggul. *h. joint* persendian tulang pa-
ha. *h. measurement* ukuran pinggul. *h. pocket* kantong
pinggang pd celana. 2 pangkal paha. —*ks. Sl.:*
modérn. —*kseru. H., h., hurrah* Hip, hip, hura!
Hidup! Horas! —**hipped** *ks. Sl.:* keranjingan.
She is h. on the subject of music Dia sangat keranjingan
kpd musik.

hipbone /'hip'bown/ *kb*. tulang pinggul/pinggang.

hippie, hippy /'hipie/ *kb*. (*j*. **-pies**) hippi.

hippotamus /hipə'patəməs/ *kb*. (*j*. **-muses**
-məsəz/) kuda nil, badak sungai.

hire /hair/ *kb*. séwa. *for h.* bisa diséwa, diséwakan.
—*kkt*. 1 menyéwa. *to h. a car* menyéwa oto. 2 meng-
gaji, mengupahi. *to h. a driver* menggaji seorang
supir. **to h. out** menyéwakan. —**hired** *ks*. yg diu-
pahi. *h. hand* orang upahan/séwaan. —**hiring** *kb*.
penyéwaan, perséwaan. *h. practice* usaha penyé-
waan/ séwa-menyéwa.

hireling /'hairling/ *kb*. orang séwaan.

his /hiz/ *kg*. -nya, kepunyaannya (laki-laki). *h. book*
bukunya. *This book is h.* Buku ini dia (yg) punya.
Buku ini punya dia. *one of h. friends* salah seorang
dari teman-temannya. *I'm a friend of h.* Saya seo-
rang temannya. *I'm h. friend* Saya temannya.

hiss /his/ *kb*. 1 (bunyi) suitan. 2 desis (*of steam, gas*).
—*kkt*. mengéjék, mencemoohkan. *to h. the speaker*
mengéjék pembicara. —*kki*. bersuit. —**hissing** *kb*.
bersuit-suit, suitan, desis. *h. sound* suara mendesis.

histology /hi'stalojie/ *kb*. ilmu jaringan tubuh.

historian /hi'stowriən/ *kb*. ahli sejarah, sejarawan.

historic /hi'starik/ *ks*. bersejarah. *h. landmark*
tempat kejadian yg bersejarah.

historical /hi'starəkəl/ *ks*. yg berh. dgn sejarah.
h. research penelitian sejarah. —**historically** *kk*.
menurut sejarah.

historiography /hi'stowrie'agrəfie/ *kb*. penulisan
sejarah.

history /'histərie/ *kb*. (*j*. **-ries**) sejarah. *That's
ancient h.* Itu cerita yg sdh basi. *to make h.* membuat
sejarah. *natural h.* ilmu pengetahuan alam.

histrionics /'histrie'aniks/ *kb*. seni drama.

hit /hit/ *kb*. 1 pukulan (*boxing, baseball*). 2 suksés.
What a h. he made Bukan main suksésnya. *She made
a h. as Juliet* Ia bermain gemilang sbg Juliét. *to make
a h. with the audience* mendapat sambutan hangat
dari hadirin. 3 suatu tindakan yg mengenai sasaran.
—*kkt*. (**hit**). 1 memukul. *to h. s.o. on the head* memu-
kul s.s.o. pd kepalanya. 2 mengenai *The bullet h. the
target* Peluru itu mengenai sasarannya. *The tree h.
the roof as it fell* Pohon itu jatuh mengenai atap
rumah. *The strike h. all the railroads* Pemogokan itu
melumpuhkan/mengenai semua perusahaan keréta
api. 3 membentur, menabrak. *The car h. a tree* Mobil
itu membentur pohon. *I h. my head against/on the door*
Kepala saya terbentur pd pintu. *He h. me where it
hurts* Ia menyinggung perasaan/harga diri saya.
Inf.: He hit me for ten dollars Didapatnya dari-
padaku sebanyak sepuluh dolar. *Inf.:* **to h. it off**
dpt bergaul dgn baik. —*kki*. 1 *Tenn.:* masuk. *It*

didn't h. inside Pukulan itu tdk masuk. 2 terbentur. *His head h. against the wall* Kepalanya terbentur pd dinding itu. **to h. at** memukul. **to h. back** 1 memukul kembali. 2 membalas serangan. **to h. (up)on** menemukan, mendapatkan. *to h. on a new solution to* menemukan cara pemecahan yg baru utk. *Have you h. upon an idea yet?* Sudahkah kau menemukan/ mendapatkan suatu gagasan? **to h. out at** menyerang. *He h. out at his critics* Ia menyerang para pengeritiknya. **hit-and-run driver** supir yg melanggar/menubruk dan melarikan diri. **hit-or-miss** *ks.* untung-untungan. **h. song/tune** lagu yg sangat populér.

hitch /hic/ *kb.* 1 *(jerk)* sentak. *to give o's pants a h.* mengangkat celananya. 2 *(snag)* rintangan, halangan. *to run into a h.* mendapat/menjumpai rintangan. *without a h.* tanpa suatu halangan. 3 *Inf.:* jangka waktu. *to join the Navy for a three-year h.* masuk Angkatan Laut selama jangka waktu tiga tahun. —*kkt.* menambatkan, memasang. *Sl.: They were hitched last week* Meréka kawin minggu yg lalu. *Inf.: to h. a ride* membonceng. **to h. up** memasang héwan penarik pd kereta.

hitchhike /'hic'haik/ *kki.* menggoncéng, minta nunutan, membonceng.

hitchhiker /'hic'haikər/ *kb.* seorang yg membonceng, tukang boncéng, pemboncéng.

hither /'hɪтнər/ *kk.* kesini, kemari. *h. and thither* kesini-kesana, kemana kemari.

hitherto /'hɪтнər'tuw/ *kk.* sampai sekarang (ini).

hitter /'hitər/ *kb.* pemukul.

hive /haiv/ *kb.* sarang (utk lebah). —**hives** *j.* penyakit, rasa gatal dgn berbintik-bintik mérah dan bengkak dll.

hoard /howrd/ *kb.* timbunan. *h. of money* timbunan uang. —*kkt.* menimbun. **to h. up** menimbun. —**hoarding** *kb.* penimbunan.

hoarder /'howrdər/ *kb.* penimbun.

hoarfrost /'howr'frɔst/ *kb.* embun beku (berwarna putih).

hoarse /howrs/ *ks.* parau, garau, serak. *to shout o's. h.* berteriak-teriak sampai parau.

hoary /'howrie/ *ks.* tua, beruban.

hoax /howks/ *kb.* olok-olok(an), ceritera bohong. —*kkt.* memperdayakan.

hobble /'habəl/ *kkt.* mengikat kaki (kuda). —*kki.* berjalan pincang.

hobby /'habie/ *kb.* (*j.* **-bies**) kegemaran.

hobbyhorse /'habie'hɔrs/ *kb.* kuda-kudaan, kuda main-mainan. *to ride o's favorite h.* membicarakan persoalan yg disenanginya.

hobgoblin /'hab'gablən/ *kb.* orang kerdil, hantu.

hobnob /'hab'nab/ *kki.* (**hobnobbed**) bergaul (rapat) dgn.

hobo /'howbow/ *kb.* orang gelandangan/jémbél/ gémbél.

hock /hak/ *kb. Sl.:* keadaan berhutang/menggadaikan. *to be in h.* banyak berhutang. *to put o's ring in h.* menggadaikan cincin. —*kkt. Sl.:* menggadaikan.

hockey /'hakie/ *kb.* (permainan) hockey.

hocus-pocus /'howkəs'powkəs/ *kb.* permainan sunglap.

hodgepodge /'haj'paj/ *kb.* campur-aduk, gado-gado.

hoe /how/ *kb.* cangkul, pacul. —*kkt.* mencangkul(i).

hog /hɔg, hag/ *kb.* babi. *h. raising* peternakan/pemeliharaan babi. *Sl.: to go the whole h.* mengerjakan s.s.t. sepenuhnya. —*kkt.* (**hogged**) *Sl.:* 1 menjadi pusat perhatian. *to h. the dessert* menghabiskan kuéh/

manisan utk cuci mulut. 2 memonopoli *(the road)*. **to hog-tie s.o.** mengikat kaki dan tangan s.s.o. **hog-wild** *ks. Sl.:* lupa daratan, mengamuk.

hogwash /'hɔg'wɔsy, 'hag'wasy/ *kb. Sl.:* omong kosong.

hoist /hoist/ *kb.* 1 kérékan. 2 lift. —*kkt.* 1 menaikkan, mengérék. *to h. the colors* menaikkan bendéra. 2 mengangkat. *to h. a safe to the third floor* mengangkat lemari besi ke tingkat ketiga.

hoity-toity /'hoitie'toitie/ *ks.* angkuh, sombong. —*kseru.* Astaga! Ya, Allah!

hokum /'howkəm/ *kb. Sl.:* kebohongan, humor murahan.

hold /howld/ *kb.* 1 palka *(of ship)*. 2 pegangan. **to catch h. of** memegang. *He's hard to catch h. of* Sukar menangkap dia. **to get h. of** 1 menghubungi. *Where can I get h. of you?* Dimana saya bisa menghubungi sdr? 2 mendapatkan, memperoléh *(of money)*. *Where did you get h. of that?* Dimana kauperoléh itu? **to get h. of o.s.** tetap bertahan. **to grab h.** memegang. *Grab h. of the railing* Berpeganglah pd pagar/kisi-kisi itu. **to have a h. on** menguasai. *The guru has quite a h. on him* Guru itu sepenuhnya menguasai dia. **to lay h. of** menyita, membeslah, memperoléh. **to take h. of** 1 menguasai. 2 berpegang pd. —*kkt.* (**held**) 1 memegang. *What are you holding in your hand?* Apakah yg kau pegang itu? *to h. an office* memegang jabatan. 2 menggéndong. *to h. a baby in o's arms* menggéndong bayi. 3 menarik. *to h. o's attention* menarik perhatian. 4 mengadakan *(a conversation, lecture)*. *to h. a religious service* melakukan/menyelenggarakan kebaktian. 5 mempertahankan *(the fort)*. *to h. o's own against* mempertahankan kedudukannya thd. 6 menahan *(a musical note)*. *to h. o's temper* menahan marah. *to be able to h. o's drink* dpt menahan meminum minumannya. 7 mempunyai *(a view on s.t.)*. 8 menahan, menyimpan. *We will h. the box until...* Kami akan menyimpan kotak itu sampai.... 9 menganggap. *to h. s.o. responsible for...* menganggap s.s.o. bertanggungjawab atas.... *to h. o's ground* tetap pd pendiriannya. *to h. s.o. under house arrest* mengenakan s.s.o. tahanan dalam rumah. *My car holds the road well* Oto saya kuat/tahan melalui jalan itu. *This room holds two people* Kamar ini memuat dua orang. *to be held scoreless* tdk diberi kesempatan mendapat angka. —*kki.* 1 tetap. *My objection still holds* Keberatan saya masih tetap. 2 mengandung. *We don't know what the future holds* Kita tdk tahu apa yg dikandung hari-depan. 3 bertahan. *The dike held* Galangan itu bertahan. 4 melekat. *The glue won't h.* Lim itu tak mau melekat. 5 pakem, makan *(of brakes)*. **to h. back** menahan. *to h. back the crowd* menahan orang ramai. *to h. back the tears* menahan/ menyembunyikan air mata. *to h. s.t. back* menyembunyikan s.s.t. **to h. down** menekan. *You can't h. a good man down* Kau tdk bisa menekan orang yg cakap. *to h. down a job* mempertahankan pd satu pekerjaan. **to h. forth** berbicara. **to h. good** tetap berlaku. *Does your offer still h. good?* Apakah tawaranmu masih tetap berlaku? **to h. in** menahan. *H. in your stomach* Kempiskan perutmu. **to h. off** 1 menjauhkan *(a crowd)*. 2 bertahan. *Try to h. off a little longer* Coba bertahan agak lama. *The snow is holding off* Salju blm turun. **to h. on** 1 menunggu. *H. on!* Tunggu! *H. on a minute* Tunggu sebentar. 2 bertahan. *I can't h. on much longer* Saya tdk akan dpt bertahan lebih lama lagi. 3 meneruskan. 4 berpegang. *H. on tight* Berpeganglah erat-erat. **to h. on to** berpegang pd. **to h. out** 1 mengulurkan *(a* *hand*). 2 bertahan. *to h. out for higher wages* bertahan/ tdk mau menyerah spy mendapat kenaikan gaji. 3 *Inf.*: menahan. *to h. out part of o's salary* menahan sebagian dari gajinya. *to h. out on s.o.* merahasiakan thd s.s.o. **to h. over** meneruskan. *to h. over a movie for another week* menahan/memperpanjang pertunjukan sebuah film utk seminggu lagi. **to h. s.o. to s.t.** membuat s.s.o. bertanggung jawab atas s.s.t. **to h. together** menjaga kesatuan. *to h. o's family together* menjaga kesatuan keluarganya. *Paste should hold the two sheets together* Lém akan melekatkan kedua lembaran itu. **to h. up** 1 menegakkan (*shoulders*). 2 menghalangi. *Weather held up the flight* Udara menghalangi penerbangan itu. 3 memegang, mengangkat (*a gown*). 4 mengangkat (*o's hand*). 5 menodong, menghadang. *to h. up a store* menodong toko. 6 menunda. *The steel strike held up production* Pemogokan pd industri baja itu membuat produksi terhenti. 7 tahan. *This car won't h. up much longer* Mobil ini tdk akan tahan lebih lama lagi. *My shoes have held up well* Sepatu saya tahan lama. 8 menahan. *I don't want to h. you up any longer* Saya tdk mau menahanmu lebih lama lagi. 9 bertahan. *to h. up under the strain* bertahan dlm penderitaan. **to h. with** setuju dgn. *I don't h. with such views* Saya tdk setuju dgn pendapat/pandangan yg demikian. —**holding** *kb.* tanah milik. *h. action* tindakan menyokong/membantu. *h. company* perusahaan yg memegang/menyimpan/mengurus séro-séro perusahaan lain. —**holdings** *j.* saham, séro.

holder /'howldər/ *kb.* 1 tempat. *cigarette h.* tempat rokok. *toothbrush h.* tempat sikat gigi. 2 pemilik (*of shares*). 3 pemegang (*of records*).

holdover /'howld'owvər/ *kb.* 1 peninggalan. 2 pegawai (lama) yg masih dipertahankan.

holdup /'howld'ʌp/ *kb.* perampokan, penghadangan, penggarongan, penodongan, pembégalan. *h. man* penodong, tukang todong, perampok, pembégal.

hole /howl/ *kb.* 1 lubang, lobang. *I have a h. in my sock* Kaus kaki saya berlubang. 2 rongga. 3 liang. 4 (*water*) lubuk. 5 kekurangan, kelemahan, kesalahan. *to knock holes in an argument* menunjukkan kelemahan-kelemahan dlm suatu argumén. *to pick holes in an argument* mencari-cari kesalahan, mengecam. 6 *Golf*: lubang, hole. *to make a h. in one* memasukkan bola golf kedlm lubang dgn sekali pukul saja. **to be in the h.** hutang selilit pinggang, berhutang. *I'm ten dollars in the h.* Saya kekurangan sebanyak sepuluh dolar. **to burn a h. in o's pocket** memboroskan/mengeluarkan uang. *to need s.t. like a h. in the head* tdk perlu samasekali. —*kki.* **to h. up** pergi menjauhkan/mengasingkan diri. **hole in the wall** *kb.* gubuk kecil. *ks.* kecil, miskin.

holiday /'halədei/ *kb.* hari besar/raya. *Where are you spending the holidays?* Dimana kau menghabiskan/ meliwatkan hari-hari liburmu?

holiness /'howlienəs/ *kb.* kesucian, kekudusan. *His H. the Pope* Sri Paus.

Holland /'halənd/ *kb.* Negeri Belanda.

holler /'halər/ *kki. Inf.*: berteriak (halo).

hollow /'halow/ *kb.* lembah. *She has him in the h. of her hand* Laki-laki itu berada dibawah telapak kaki wanita itu. —*ks.* 1 berlubang. *h. tooth* gigi yg berlubang. 2 bergaung, bergema. *h. sound* suara bergaung. 3 palsu. *h. promise* janji yg kosong. 4 cekung, caung, kempung (*of eyes, cheeks*). —*kk.* lemah. *to sound h.* berbunyi lemah. *Inf.*: **all h.** sampai tdk berdaya, samasekali, habis-habisan. *He beat his competitors all h.* Dia mengalahkan semua saingan-

saingannya sampai tdk berdaya. —*kkt.* **to h. out** melubangi. **hollow-eyed** *ks.* bermata cekung. **hollow-sounding** *ks.* yg dibuat-buat saja, dempang, berbunji kosong.

holly /'halie/ *kb.* sej. tumbuh-tumbuhan yg hijau dan runcing daunnya, dan buahnya mérah bergugus-gugus.

hollyhock /'halie'hak/ *kb.* sej. tumbuh-tumbuhan hiasan.

holocaust /'haləkɔst/ *kb.* 1 bencana. 2 pembakaran.

holster /'howlstər/ *kb.* sarung pistol.

holy /'howlie/ *ks.* 1 suci, kudus. *a h. person* seorang suci. *H. Communion* Jamuan Suci. *H. Ghost* Roh Kudus. *H. Land* Tanah Suci. *h. of holies* tempat yg sangat suci. *H. See* Takhta Suci. *H. Spirit* Roh Kudus. 2 keramat. *h. place* tempat keramat. *to take a holier-than-thou attitude* mengambil sikap merasa benar sendiri. *to take h. orders* menjadi pendéta/ paderi. **H. Bible** Kitab Injil. **H. City** Baitul Mukaddas. **H. Father** Sri Paus. **H. Scripture** Kitab Injil. **h. water** tirta. **H. Writ** Kitab Injil/Allah.

homage /'(h)amij/ *kb.* penghormatan. *to pay h. to* menyembah/memberi penghormatan kpd.

home /howm/ *kb.* 1 rumah. *to be h.* tiba di rumah. *at h.* di rumah. *Make yourself at h.* Anggaplah spt di rumah sendiri. *to make a h. for s.o.* mengurus rumah. *h. for the aged* perumahan/rumah bagi orang-orang tua. *h. for the blind* rumah orang buta, perumahan bagi orang buta. *rest h.* tempat/rumah peristirahatan. 2 tempat diam. 3 kampung halaman. *There's no place like h.* Sesenang-senang di negeri orang, lebih senang di negeri sendiri. *H. sweet h.* Hujan emas di negeri orang, hujan batu di negeri awak, lebih senang di negeri sendiri. 4 panti asuhan. *children's h.* panti asuhan anak-anak. *h. for the retarded* panti asuhan anak-anak terbelakang. **an "at h."** pertemuan ramah-tamah. **at h. and abroad** didalam dan diluar negeri. **to be at h. on any topic** menguasai permasaalahan apa saja. **to feel at h.** kerasan/betah spt di rumah sendiri. *to feel at h. with anyone* senang bergaul dgn siapapun. **to make o's h.** bermukim. *to take an example nearer h.* mengambil contoh yg dekat dari kita sendiri. —*kk.* **to bring h.** menjadikan sadar, menyadarkan, menginsafkan akan. **to hit h.** mengenai sasaran. **to come h.** 1 pulang. 2 insyaf akan. *It finally came h. to me what his intentions were* Akhirnya saya insyaf akan maksud-maksudnya. 3 mendekat pd. *When the problem came nearer home, they...* Bila masalah itu mendekat pd diri meréka, meréka.... **to come h. to s.o.** menjadi insaf, menyadari. *It suddenly came h. to him that...* Tiba-tiba dia insaf bhw.... **to drive h.** 1 mengantarkan pulang dgn mobil. 2 mengusahakan spy diterima. 3 mencamkan. **to go h.** pulang (kembali). **to hammer h.** menjelaskan sejelas-jelasnya. **to leave h.** meninggalkan rumah, berangkat dari rumah. **to see s.o. h.** mengantarkan s.s.o. pulang. **to send s.o. h.** menyuruh s.s.o. pulang. **to strike h.** mengenai dgn jitu/tepat, amat mengesankan. *That argument struck h.* Argumén itu jitu/tepat/kena. **to take the train h.** pulang naik keréta-api. *Inf.*: **to write h. about** membanggakan. *My performance in the contest was certainly nothing to write h. about* Préstasi saya dlm pertandingan itu biasa saja. —*kki.* **to h. in on** (*of a guided missile*) menuju kpd. **h. address** alamat rumah. **h. base** pangkalan (induk). *We make Ithaca our h. base* Kami menjadikan Ithaca pangkalan kami. **home-brew** *kb.* bir yg dibuat sendiri. **h. cooking** masakan di rumah sendiri. **h. economics**

ilmu kerumahtanggaan, ilmu kesejahteraan keluarga, ilmu kepandaian puteri. **home-fried** *potatoes* kentang goréng. **h. front** barisan/garis belakang. **h. ground** lapangannya sendiri. **h. guard** tentara daérah, pagar désa. **h. life** hidup berumahtangga. **home-made** *ks.* buatan sendiri. **h. office** kantor pusat/induk. **h. rule** swatantra. **h. stretch** bagian yg terakhir. **home-study course** kursus tertulis. —**homing** *pigeon* merpati pos.

homebody /'howm'badie/ *kb.* (*j.* -**dies**) orang yg senang atau yg lebih suka tinggal di rumah.

homecoming /'howm'kʌming/ *kb.* 1 *Acad.*: réuni alumni. 2 pulang ke rumah/kampung.

homefolk /'howm'fowk/ *kb.* 1 orang sekampung, tetangga. 2 keluarga.

homeland /'howm'lænd/ *kb.* tanah air, tanah tumpah darah.

homeless /'howmləs/ *ks.* tunawisma.

homelike /'howm'laik/ *ks.* yg menyenangkan, spt suasana rumah (sendiri).

homeliness /'howmlienəs/ *kb.* kesederhanaan.

homely /'howmlie/ *ks.* 1 sederhana, bersahaja. 2 tdk cantik (*of a person*).

homemaker /'howm'meikər/ *kb.* ibu rumah tangga.

homeowner /'howm'ownər/ *kb.* pemilik rumah.

homesick /'howm'sik/ *ks.* rindu, hendak pulang ke kampung.

homesickness /'howm'siknəs/ *kb.* kerinduan.

homesite /'howm'sait/ *kb.* tanah perumahan.

homespun /'howm'spʌn/ *ks.* 1 ditenun di rumah. *h. cloth* kain tenunan sendiri. 2 sederhana. *h. philosophy* filsafat yg sederhana.

homestead /'howm'sted/ *kb.* rumah (dan pekarangannya).

hometown /'howm'tawn/ *kb.* kota kediaman. *We're from the same h.* Kami sekampung.

homeward(s) /'howmwərd(z)/ *ks.* pulang. *the h. trip* perjalanan pulang. —*kk. The ship is h. bound* Kapal dlm perjalanan pulang.

homework /'howm'wərk/ *kb.* pekerjaan rumah, PR. *to do o's h.* 1 mengerjakan pekerjaan rumah. 2 *Inf.*: mempersiapkan diri.

homey /'howmie/ *ks.* spt di rumah, énak.

homicidal /'howmə'saidəl, 'ham-/ *kb.* yg berh. dgn pembunuhan.

homicide /'howməsaid, 'ham-/ *kb.* pembunuhan. *member of the h. squad* seorang penyelidik pembunuhan.

hominy /'hamənie/ *kb.* bubur jagung.

homo /'howmow/ *Sl.* = HOMOSEXUAL *kb.*

homogeneity /'howməjə'nieətie/ *kb.* keserbasamaan.

homogeneous /'howmə'jienieəs/ *ks.* serbasama, homogén.

homogenize /hə'majənaiz/ *kkt.* membuat sejenis. **homogenized** *milk* susu yg dibuat/dicampur sedemikian rupa sehingga tdk ada kepala susunya.

homonym /'hamənim/ *kb.* homonim, kata sebunyi.

homophone /'haməfown/ *kb.* huruf sebunyi.

homosexual /'howmə'seksyuəl/ *kb.* homoséks. —*ks.* homoséksuil.

homosexuality /'howmə'seksyu'ælətie/ *kb.* homoséksualitas.

homy /'howmie/ = HOMEY.

hone /hown/ *kkt.* mengasah, mengikir. —**honing** *kb.* pengasahan, pengikiran.

honest /'anist/ *ks.* jujur, lurus hati. *h. face* muka yg jujur. *to do an h. day's work* melakukan pekerjaan

yg jujur. *h. truth* kebenaran yg semurni-murninya. *h. opinion* pendapat yg sejujur-jujurnya. *This pair of scales gives h. weight* Timbangan/Neraca/Dacin ini menunjukkan berat yg sebenar-benarnya. *honest-to-goodness food* makanan yg tulén. —**honestly** *kk.* secara jujur, dgn terus terang. *I h. don't know* Saya benar-benar tdk tahu. *Do you h. believe that?* Apakah kau sungguh-sungguh percaya akan hal itu?

honesty /'anəstie/ *kb.* kejujuran, kelurusan hati. *in all h.* dgn terus terang.

honey /'hʌnie/ *kb.* 1 madu. 2 sayang (*form of address of husband to wife, wife to husband*). *I love you, h.* Saya cinta padamu, sayang.

honeybee /'hʌnie'bie/ *kb.* lebah yg bermadu.

honeycomb /'hʌnie'kowm/ *kb.* sarang madu/lebah.

honeydew /'hʌnie'duw. -'dyuw/ **h. melon** sm semangka (kulitnya putih).

honeymoon /'hʌnie'muwn/ *kb.* bulan madu. —*kki.* berbulan madu.

honeymooner /'hʌnie'muwnər/ *kb.* orang yg sedang berbulan madu.

honeysuckle /'hʌnie'sʌkəl/ *kb.* sm kamperfuli.

honk /hɔngk/ *kb.* bunyi tuter. *H.! h.!* Tét! tét! —*kkt.* membunyikan. *to h. the horn* membunyikan klakson. —*kki.* menglakson. *The car honked* Mobil itu menglakson.

honor /'anər/ *kb.* 1 kehormatan. *You do us h. by ...* Kami merasa mendapat kehormatan kalau.... *Would you do us the h. of eating with us?* Sudikah sdr memberi kami kehormatan utk makan bersama kami? *on my h.* demi kehormatan saya. 2 kemurnian (*of a woman*). 3 *Yg* terhormat (*form of address to a judge*). *Your h.* Bapak hakim. *He's an h. to his country* Ia orang yg berjasa kpd negerinya. *to give o's word of h.* bersumpah. **to have the h. to ...** 1 mendapat kehormatan utk ... (*of a person*). 2 menyampaikan dgn hormat (*of a report*). *I cannot in h. accept this* Saya akan merasa berdosa jika saya menerima ini. **in h. of** utk menghormati. *to give a party in s.o's h.* mengadakan pésta utk menghormati s.s.o. *to occupy the seat of h. at dinner* duduk di tempat yg terhormat pd méja itu, menempati kursi kehormatan pd méja itu. **to pay h. to s.o.** menghormati. —**honors** *j.* 1 tanda-tanda jasa. *to receive all the honors at school* menerima segala tanda-tanda jasa kehormatan di sekolah. *to receive a degree with honors* menerima gelar dgn mendapat penghargaan. *academic honors* gelar kehormatan dari perguruan tinggi. *to be buried with full honors* dimakamkan dgn penuh penghormatan. *to do the honors* bertindak sbg tuan rumah. 2 *Bridge*: kartu-kartu yg tertinggi. —*kkt.* 1 menghormati. *to h. the war dead* menghormati korban perang. 2 menerima, menguangkan (*a check*). 3 mempertahankan, menetapi (*an agreement*). **honor-bound** *ks.* berkewajiban, wajib. **h. guard** pengawal/barisan kehormatan. **h. roll, honors list** daftar kehormatan. *to make the h. roll* termasuk dlm daftar kehormatan. **h. system** suatu cara spy orang taat kpd peraturan atas kemauannya sendiri. —**honored** *ks.* terkenal, disukai. *America's most h. watch* arloji Amérika yg paling dihargai/disukai.

honorable /'anərəbəl/ *ks.* 1 yg terhormat. *to do the h. thing by* melakukan suatu perbuatan yg terhormat dgn. *h. mention* kata-kata penghargaan. 2 Yang Mulia. —**honorably** *kk.* dgn hormat. *h. discharged* diberhentikan dgn hormat.

honorarium /'anə'rærieəm/ *kb.* (*j.* -**ria**) uang jasa, honorarium, imbalan, honor.

honorary /'anə'rerie/ *ks.* kehormatan. *h. member* anggota kehormatan. *h. degree* gelar kehormatan.

honorific /'anə'rifik/ *kb.* sebutan kehormatan.

hood /hud/ *kb.* 1 kerudung (kepala). 2 *Auto.*: kap. 3 *Sl.*: buaya darat, penjahat.

hooded /'hudid/ *ks.* berkerudung. *h. snake* ular séndok.

hoodlum /'huwdləm/ *kb.* penjahat, buaya darat.

hoodoo /'huwduw/ *kb. Inf.*: sial, naas. *to put a h. on s.o.* menjadikan s.s.o. sial.

hoodwink /'hud'wingk/ *kkt.* menipu, memperdayakan.

hoof /huf, huwf/ *kb.* (*j.* **hooves**) kuku (binatang). *horse's h.* kuku kuda. **on the h.** yg blm dipotong itu. *hoof-and-mouth disease* sakit kuku, penyakit mulut dan kuku. —*kkt.* **to h. it** *Inf.*: berjalan. *I'll h. it over to the store* Saya akan berjalan-kaki (keseberang) ke toko itu.

hook /huk/ *kb.* 1 sangkutan, cantélan (*for clothes*). *The phone was off the hook* Télepon itu lepas dari sangkutannya. 2 (*fish*) kail. 3 kait(an), pengait. 4 hak (*on door, window*). **by h. or by crook** dgn jalan apa saja. *Inf.*: **to get s.o. off the h.** melepaskan s.s.o. dari kesukaran. *Inf.*: **to do s.t. on o's own h.** melakukan s.s.t. atas usahanya sendiri. *Sl.*: **to swallow a story h., line, and sinker** menelan mentah-mentah cerita itu seluruhnya. —*kkt.* 1 menyangkutkan. *H. the line to the tree* Sangkutkanlah tali itu ke pohon. 2 mengail (*fish*). 3 memancing. *Don't be hooked by just any girl* Jangan kecantol kpd anak perempuan sembarangan saja. **to h. up** memasang, menghubungkan. *to h. up a washing machine* memasang mesin cuci. *a blouse that hooks up the back* sebuah blus yg dikancing dgn kaitan dari belakang. **h. and eye** kancing cantél, cangkuk yg bergelung. **hook-and-ladder** *truck* truk pemadam api yg diperlengkapi dgn tangga dan gaitan yg panjang. **hook-nosed** *ks.* berhidung kakaktua. —**hooked** *ks.* 1 béngkok (*nose*). 2 ketagihan, doyan. *h. on drugs* ketagihan obat bius, doyan madat. **h. rug** permadani yg dibuat dgn sulaman.

hookey /'hukie/ = HOOKY.

hookup /'huk'ʌp/ *kb.* 1 pemasangan, persambungan. 2 siaran radio atau télévisi.

hookworm /'huk'wərm/ *kb.* cacing tambang.

hooky /'hukie/ *kb. Sl.*: **to play h.** membolos.

hooligan /'huwlagən/ *kb.* = HOODLUM.

hoop /hup, huwp/ *kb.* 1 gelindingan. 2 simpai (*of barrel, drum*). **h. skirt** rok bergelung/kembang.

hooray /huw'rei/ = HURRAH.

hoot /huwt/ *kb.* teriak(an). *Inf.*: *to care/give a h.* peduli. —*kkt.* meneriaki. *to h. the speaker down* menyorak-nyoraki/mencemoohkan pembicara itu. **to h. at s.o.** mengejék/menyoraki. —*kki.* berteriak-teriak. —**hooting** *kb.* éjékan.

hooves /huvz, huwvz/ lih HOOF.

hop /hap/ *kb.* 1 loncatan, lompatan. 2 penerbangan. *The longest h. is from...* Penerbangan yg paling lama ialah dari.... *Her home is a short h. from here* Rumahnya hanya selompatan saja jauhnya dari sini. 3 buah hop. 4 pésta dansa/tari-menari. *to catch a ball on the first h.* menangkap bola sesudah sekali menyentuh tanah. **h., skip and jump** jingkat langkah-lompat, lompat tiga. *It's just a h., skip, and jump from his house to mine* Rumahnya hanya beberapa langkah (dekat sekali) dari rumah saya. —*kkt.* (**hopped**) 1 *Inf.*: meloncat (*aboard a freight train*). 2 turut naik. *to h. a ride* turut naik oto. —*kki.* melompat, meloncat. **to h. around** melompat-

lompat disekeliling. **to h. down** datang kemari, melompat. —**hopping** *kk.* sangat. *He was h. mad* Dia sangat marah.

hope /howp/ *kb.* harapan. *He's my last h.* Ia harapan saya yg terakhir. *in the h. of hearing from you...*dgn harapan mendapat kabar dari sdr... *He's the h. of our country* Ia harapan negara kita. *He's past all h.* Tlh tak ada harapan sama sekali baginya. *I still have hopes of getting to Indonesia* Saya masih berharap sampai di Indonésia. *She lives in hopes that...* Ia berharapan bhw.... **to give up h.** melepaskan harapan. *She gave up h.* Hilang harapannya. —*kki.* berharap, mengharap. *I h. you'll be able to come* Saya harap sdr akan dpt datang. **to h. against h. that...** tetap berharap agar.... **to h. for** mengharapkan. *Hoping to hear from you soon...* Dgn pengharapan segera mendapat kabar dari Tuan.... **h. chest** peti simpanan.

hopeful /'howpfəl/ *ks.* penuh harapan. *He was h. of...* Besar harapannya bhw....

hopeless /'howpləs/ *ks.* tidak ada harapan, putus asa, sia-sia. *h. task* pekerjaan yg sia-sia. *The situation appears to be h.* Keadaannya kelihatan tdk memberikan harapan lagi utk ditolong. *He's a h. drug addict* Ia pecandu obat bius yg tak dpt ditolong lagi. —**hopelessly** *kk.* dgn tdk ada harapan. *He's h. drunk* Ia mabuk sekali.

hopelessness /'howpləsnəs/ *kb.* keputusasaan, keadaan putus-asa.

hopper /'hapər/ *kb.* 1 pelompat. 2 gerobak. *coal h.* gerobak batubara.

hopscotch /'hap'skac/ *kb.* main jingkat/pincang-pincangan.

horde /howrd/ *kb.* 1 gerombolan (*of savages*). 2 sekelompok, sekumpulan (*of ants*).

horizon /hə'raizən/ *kb.* kaki langit, ufuk, horison. *on the h.* di masa datang.

horizontal /'harə'zantəl/ *kb.* garis mendatar. —*ks.* mendatar. *h. line* garis mendatar. —**horizontally** *kk.* secara horisontal.

hormone /'hərmown/ *kb.* hormon.

horn /hərn/ *kb.* 1 terompét. 2 tanduk (*of goat, etc.*). 3 *Auto.*: klakson. **to blow o's own h.** (suka) menyombongkan, bercerita ttg dirinya sendiri. **to draw/pull in o's horns** mengundurkan diri, membatalkan rencana. **the horns of a dilemma** buah si malakama. —*kki. Sl.*: **to h. in** menyelundup masuk (kedlm). **horn-rimmed** *glasses* kacamata yg berbingkai bahan tanduk. —**horned** *ks.* bertanduk.

hornbill /'hərn'bil/ *kb.* burung enggang/lilin.

hornet /'hərnit/ *kb.* langau kerbau, tabuhan, penyengat. *to stir up a hornet's nest* menimbulkan keributan, mendatangkan ganti tidur.

horoscope /'harəskowp, 'hər-/ *kb.* primbon, pestaka, tenung, ramalan.

horrendous /hə'rendəs, har'-/ *ks.* menghébohkan.

horrible /'harəbəl, 'hə-/ *ks.* mengerikan. *What a h. sight!* Alangkah ngerinya pemandangan itu! —**horribly** *kk.* mengerikan. *h. burned* mendapat luka bakar yg mengerikan.

horrid /'harid, 'hə-/ *ks.* 1 mengerikan. *a h. cut* luka yg mengerikan. 2 *Inf.*: tidak énak (*of a person*).

horrify /'harəfai, 'hə-/ *kkt.* (**horrified**) menakutkan, mengejutkan. *We were horrified to learn of his death* Kami merasa terkejut sekali mendengar kematiannya.

horror /'harər, 'hə-/ *kb.* kengerian, ketakutan. *to have a h. of* takut/ngeri sekali akan. **horror-stricken** *ks.* lumpuh ketakutan, tak berdaya

karena ketakutan.
hors d'oeuvre /ɔr'dərv/ *kb.* makanan kecil, penganan, kudapan.
horse /hɔrs/ *kb.* 1 kuda. *a team of horses* segerombolan kuda. 2 *(saw-horse, trestle)* kuda-kuda. *Sl.*: *Hold your horses* Tak usah ambil pusing. *to be on o's high h.* menyombongkan/membanggakan diri. *That's a h. of a different color* Soalnya berlainan. Persoalannya memang berbéda-béda. *Inf.*: *to back the wrong h.* keliru dlm memberikan dukungan; salah pilih/ dukung. *to eat like a h.* makan dgn lahapnya. —*kki.* *Sl.*: **to h. around** mempermainkan. *in the h.-and-buggy days* pd jaman kuno. **horse-drawn** *carriage* keréta kuda. *Sl.*: **h. opera** pilem koboi. **h. race** pacuan kuda. *Inf.*: **h. sense** pikiran yg praktis/ séhat. **h. trade** 1 perdagangan kuda. 2 *Inf.*: tawar-menawar politik, perdagangan sapi.
horseback /'hɔrs'bæk/ *kb.* punggung kuda. *h. ride* naik kuda. *to go on h.* (pergi) naik kuda.
horsefly /'hɔrs'flai/ *kb.* (*j.* **-lies**) langau/lalat kuda.
horsehair /'hɔrs'hær/ *kb.* bulu kuda.
horselaugh /'hɔrs'læf/ *kb.* gelak terpingkal-pingkal, tertawa riuh.
horseman /'hɔrsmən/ *kb.* (*j.* **-men**) penunggang kuda.
horsemanship /'hɔrsmənsyip/ *kb.* kepandaian menunggang kuda.
horsemeat /'hɔrs'miet/ *kb.* daging kuda.
horseplay /'hɔrs'plei/ *kb.* kelakar yg kasar dan ribut, permainan kasar.
horsepower /'hɔrs'pawər/ *kb.* daya kuda [dk].
horseradish /'hɔrs'rædisy/ *kb.* sm tanaman lobak.
horseshoe /'hɔrs'syuw/ *kb.* ladam, sepatu kuda.
horsewhip /'hɔrs'hwip/ *kb.* pecut, sambuk, cambuk. —*kkt.* (**horsewhipped**) memukuli, menghajar.
hors(e)y /'hɔrsie/ *ks.* 1 suka pd kuda, gemar berkuda. 2 *Sl.*: besar dan canggung (*of build*).
horticultural /'hɔrtə'kʌlcərəl/ *ks.* yg mengenai ilmu perkebunan.
horticulture /'hɔrtə'kʌlcər/ *kb.* ilmu perkebunan, hortikultura.
horticulturist /'hɔrtə'kʌlcərist/ *kb.* ahli perkebunan.
hose /howz/ *kb.* 1 *Cloth.*: kaus kaki. 2 pipa air (dari karét), selang karét. —*kkt.* **to h. down/off** menyemprot, menyirami (*a car, lawn, burning house*).
hosiery /'howzərie/ *kb.* kaus kaki.
hospitable /has'pitəbəl/ *ks.* ramah, bermurah hati, senang menjamu.
hospital /'haspitəl/ *kb.* rumah sakit. *h. attendant* perawat, jururawat rumah sakit. *h. ship* kapal rumah sakit.
hospitality /'haspə'tælətie/ *kb.* (*j.* **-ties**) keramah-tamahan, kesukaan/kesediaan menerima tamu.
hospitalization /'haspitələ'zeisyən/ *kb.* hal masuk rumah sakit, hal berobat di rumah sakit, opname.
hospitalize /has'pitəlaiz/ *kkt.* masuk rumah sakit, menghospitalkan, mengopname.
host /howst/ *kb.* 1 tuan rumah. 2 (*wafer*) hosti, roti suci. 3 rombongan besar. *a whole h. of ants* sekumpulan besar semut. *a h. of servants* sekelompok/sepasukan pelayan.
hostage /'hastij/ *kb.* sandera.
hostel /'hastəl/ *kb.* asrama, pondok(an), losemén. *youth h.* asrama pemuda.
hostess /'howstəs/ *kb.* 1 nyonya rumah. 2 *Rest.*: kepala pelayan. *airlines h.* pramugari. *nightclub h.* pramuria.
hostile /'hastəl/ *ks.* bermusuhan. *h. attitude* sikap

bermusuhan. *to have h. feelings towards* berperasaan permusuhan thd.
hostility /ha'stilətie/ *kb.* permusuhan. —**hostilities** *j.* permusuhan, peperangan kecil-kecilan.
hot /hat/ *ks.* 1 panas. *h. day* hari panas. *h. food* makanan yg panas. *h. water* air panas. *boiling h.* panas mendidih. 2 *Inf.*: hébat. *h. game of tennis* permainan ténis yg hébat. 3 pedas. *h. food* makanan yg pedas. *h. pepper* merica yg pedas. 4 sulit. *Inf.*: *He's in a h. spot* Dia berada di keadaan yg sulit. *Inf.*: *to make it h. for s.o.* mempersulit keadaan bagi s.s.o. 5 *Sl.*: énak. *I don't feel so h.* Badan saya terasa tdk énak. *Sl.*: *The plan was not so h.* Rencananya kurang mendapat sambutan. 6 *Sl.*: dicari/dikejar/diuber. *He is h.* Ia sedang dicari polisi. 7 *Sl.*: beruntung, mujur.
to be h. on the trail hampir berhasil mengejarnya, sdh berhasil mengikuti jejaknya. *The police were in h. pursuit* Polisi (itu) sdh menemukan jejak orang yg dicari-carinya/dikejar-kejarnya. *Don't get all h. and bothered* Tak usah lekas marah/naik darah dan pusing. *h. from/off the press* berita hangat yg baru terbit. *You are getting h.* Kau hampir (dpt) menerkanya. *The fighting was h. and furious* Perkelahian/Pertempuran itu seru dan dahsyat. *He has a h. temper* Ia mudah marah. *Sl.*: **h. air** omong kosong. **hot-blooded** *ks.* galak, lekas naik darah. **h. cake** kué dadar. *to sell like h. cakes* larisnya spt pisang goréng. **h. dog** roti sosis. *kseru. Sl.*: *H. dog!* Aduhai! **h. goods** barang-barang yg dicuri/yg diperoléh secara tdk halal, barang-barang curian. **hot-headed** *ks.* lekas naik darah, pemarah. **h. line** hubungan télpon yg langsung dan cepat. **h. music** musik yg bersemangat. **h. pants** celana yg péndék sekali. **h. plate** kompor (listrik). *Sl.*: **h. potato** bara panas. *to drop s.o. like a h. potato* melepaskan s.s.o. dgn cepat-cepat. *Sl.*: **h. rod** mobil balap. *Inf.*: **h. seat** 1 kursi listrik. 2 keadaan yg sulit. *Sl.*: **hot-shot** *kb.* seorang ahli, jagoan, ékspér. **h. spell** masa panas. *Sl.*: **h. spot** tempat hiburan. *Sl.*: **h. stuff** jempolan, jagoan. **hot-tempered** *ks.* pemarah, lekas marah, berangasan. **h. tip** petunjuk ttg kuda yg mungkin akan menang (utk) pertaruhan. *Inf.*: **h. water** kesulitan. *to find o.s. in h. water* mendapatkan kesulitan. *His shady activities got him into h. water* Kegiatan-kegiatan gelapnya itu membawa kesukaran baginya. **h.-water bottle** karét (tempat) air panas. —**hotly** *kk.* dgn semangat/hangat. *The topic was h. debated* Hal itu diperdébatkan dgn hangat.

hour /awr/ *kb.* 1 jam. *a quarter of an h.* seperempat jam. *half an h.* setengah jam. *an h. and a half* satu setengah jam. *He took hours trying to make a decision* Ia memakan waktu berjam-jam baginya utk mengambil suatu keputusan. *I'll be there in an h.* Saya akan datang kesana dlm waktu satu jam. *sixty miles an h.* enampuluh mil (dlm) satu jam. *at the h. of eight* jam delapan. *for hours* berjam-jam. *to work by the h.* bekerja menurut jumlah jam kerjanya. *to be paid by the h.* digaji menurut (jumlah) jam kerjanya. 2 saat. *his last h.* saatnya yg terakhir. *The h. has come* Saatnya sdh tiba. *in our h. of need* pd saat kami memerlukan bantuan. :: *The weather is getting worse by the h.* Cuaca makin lama makin buruk. —**hours** *j.* jam-jam. *hours to be arranged* jam-jam menurut perjanjian. *to work long hours* bekerja berjam-jam. *working hours* jam kerja. 2 waktu. *at all hours* setiap waktu. *What are your hours?* Kapan waktu kerjamu? *after hours* sesudah jam kerja. *He keeps late hours* Ia biasa tidur terlambat. *He keeps regular hours* Hidupnya teratur. *the wee small hours* antara jam satu dan empat pagi. **h. hand** jarum péndék.

hourglass /'awr'glæs/ *kb.* jam pasir.

hourly /'awrlie/ *ks.* sejam, tiap jam, per jam. *h. wage* upah per jam. —*kk.* sekali satu jam. *to take medicine h.* minum obat sekali sejam.

house /haws *kb.*; hawz *kkt.*/ *kb.* 1 rumah. *h. of worship* geréja, tempat beribadat. *h. arrest* tahanan rumah. *h. call* panggilan ke rumah, mendatangi ke rumah. *h. of ill fame/repute, h. of prostitution* rumah pelacuran/jalang/sundal/tunasila. 2 rumah tangga. *to keep h.* mengurus rumahtangga. 3 Déwan Perwakilan Rakyat. **The H.** DPR A.S. *H. of Representatives* DPR A.S. 4 Majelis. *H. of Commons* Majelis Perwakilan Rendah (di Inggeris). *H. of Lords* Majelis Perwakilan Tinggi (di Inggeris). 5 keturunan kerajaan. *H. of Orange* (Rumah) kerajaan Oranye. 6 *Thea.*: para penonton. *a good h.* bioskop penuh penonton. *to play to an empty h.* pertunjukan yg sedikit penontonnya. *Inf.*: **to bring down the h.** mendapat tepuk tangan yg meriah. **to clean h.** merombak hal-hal yg jelék (dlm organisasi dsb). *Sl.*: **like a h.** afire secepat kilat, terbirit-birit. **on the h.** cuma-cuma, gratis. **to put/set o's h. in order** menyusun urusan sendiri baik-baik, membéréskan urusannya sendiri. **to eat s.o. out of h. and home** menghabiskan makanan dgn rakusnya. —*kkt.* 1 menempatkan, mengasramakan, memondokkan. *to h. a group in a building* menempatkan segerombolan di gedung. 2 menyimpan. *to h. sacred relics in a museum* menyimpan barang-barang upacara/keramat di sebuah musium. **h. of cards** bangunan yg lemah. **h. of correction** penjara, bui. **h. organ** majalah (intern/organisasi). **h. party** pésta rumah. **h. physician** dokter yg tinggal di tempat dia bekerja, misalnya rumah sakit, hotél dll. **h. plant** tanaman dlm rumah. **house-to-house** *salesman* pedagang dari rumah ke rumah. **h. trailer** rumah gandéngan (pd mobil). **h. wrecker** pembongkar rumah. —**housing** *kb.* 1 perumahan, penginapan. *h. affairs* urusan perumahan. *h. accommodations* tempat pondokan. *h. development* (daérah) pembangunan perumahan. *h. project* proyék perumahan. 2 blok/ kerangka mesin.

houseboat /'haws'bowt/ *kb.* rumah perahu, rumah terapung.

housebound /'haws'bawnd/ *ks.* terkurung di rumah.

houseboy /'haws'boi/ *kb.* pelayan rumah.

housebreaker /'haws'breikər/ *kb.* pencuri/pembongkar rumah.

housebreaking /'haws'breiking/ *kb.* mencuri dgn membongkar rumah.

housebroken /'haws'browkən/ *ks.* terlatih utk tdk buang air dlm rumah.

housecleaning /'haws'kliening/ *kb.* pembersihan rumah.

housecoat /'haws'kowt/ *kb.* hoskut.

housedress /'haws'dres/ *kb.* baju rumah.

housefly /'haws'flai/ *kb.* (*j.* **-flies**) lalat, lalar.

houseful /'hawsful/ *kb.* serumah penuh. *We had a h. of guests this weekend* Akhir pekan ini rumah kami penuh dgn tamu.

household /'haws'howld/ *kb.* rumah tangga *The entire h. attended the wedding* Seisi rumah itu menghadiri perkawinan itu. *He's a h. word in our country* Dia nama yg dikenal luas di negeri kami.

housekeeper /'haws'kiepər/ *kb.* pengurus rumahtangga.

housekeeping /'haws'kieping/ *kb.* berumah tangga. *to set up h.* mulai berumah tangga.

housemaid /'haws'meid/ *kb.* pembantu rumah tangga, babu (dalam). *housemaid's knee* lutut yg suka sakit persendiaannya.

housemate /'haws'meit/ *kb.* teman serumah.

housemother /'haws'mʌтнər/ *kb.* ibu asrama.

housetop /'haws'tap/ *kb.* puncak (atap) rumah. *to shout from the h.* mengumumkan kemana-mana.

housewares /'haws'wærz/ *kb., j.* perkakas/perabotan.

housewarming /'haws'wɔrming/ *kb.* selamatan memasuki atau menaiki rumah baru.

housewife /'haws'waif/ *kb.* (*j.* **-wives**) isteri, nyonya rumah, ibu rumah tangga.

housework /'haws'wərk/ *kb.* pekerjaan rumah tangga.

hove /howv/ lih HEAVE.

hovel /'huvəl, 'ha-/ *kb.* pondok, gubuk.

hover /'huvər, 'ha-/ *kki.* 1 menunggu dekat. *The mother hovered over her sick child* Ibu itu menunggui anaknya yg sakit itu. 2 melayang-layang (*of a bird, helicopter*).

how /haw/ *kk.* 1 bagaimana. *H. does it work?* Bagaimana kerjanya? *H. do you do? H. are you?* Bagaimana kabarnya? *H. could you do such a thing!* Bagaimana kau sampai hati berbuat demikian! *to learn h. to do s. t.* belajar bagaimana mengerjakan s.s.t. 2 bagaimana caranya. *Show me h. you do that trick* Perlihatkan kpd saya bagaimana caranya kau melakukan sulap itu. *Look h. he holds the rope* Lihat bagaimana caranya ia memegang tali itu. 3 berapa. *H. much do these cost?* Berapa harganya ini? *H. tall are you?* Berapa tinggi badanmu? *H. far is it to Solo?* Berapa jauhnya/jaraknya ke Solo? *H. many do you want?* Sdr menghendaki berapa buah? *H. many times...?* Berapa kali...? *H. often do you eat?* Berapa sering kau makan? 4 betapa. *H. he has grown!* Betapa besarnya ia sekarang! *She knows h. he loves her* Ia tahu betapa laki-laki itu mencintainya. *Now you see h. little he cares* Sekarang kau sdh tahu betapa kecil perhatiannya. 5 apa. *H. are you?* Apa kabar? *Sl.*: *H. goes it?* Apa kabar? 6 apa sebabnya. *H. does it happen that you are not...?* Apa sebabnya maka kau tdk...? 7 alangkah. *H. beautiful!* Alangkah indahnya! 8 kenapa. *H. is it you can't come?* Kenapa kau tdk dpt datang? *H. I wish I could go along!* Saya benar-benar ingin turut serta (pergi)! *H. about giving me some of that candy?* Maukah kau memberikan sedikit gula-gula itu kpd saya? *H. come you're not going?* Kenapa sdr tdk pergi? *Now I see h. it is* Sekarang saya mengerti persoalannya. *Sl.*: *and h.!* dan caranya benar-benar mengagumkan! *That's a pretty how-de-do* Ruwet juga (keadaannya).

howdy /'hawdie/ *kseru. Inf.*: bagaimana! apa kabar!

however /haw'evər/ *kk.* bagaimanapun, betapapun, biarpun. *H. you look at it, it's still not right* Betapapun/Bagaimanapun kau memandangnya, ia tetap tdk benar. *H. much one may admire him* betapapun hébatnya orang mengagumi dia. *h. little* betapapun kecilnya, biarpun kecil. —*ksam.* (akan) tetapi. *I'd like to go; h., I haven't the time* Saya ingin pergi, tetapi saya blm sempat.

howl /hawl/ *kb.* 1 deru (*of the wind*). 2 gonggong (*of a dog, wolf*). 3 teriak. *h. of rage* teriak gusar/sangat marah. 4 tangis. *a baby's h.* tangis bayi. *Sl.*: *What a. h. he is!* Bukan main réwélnya dia! —*kki.* menggonggong, melolong, meraung (*of animals*). *The puppy howled* Anak anjing melolong. **to h. down** (*a speaker, performer*) meneriakkan s.s.o. spy ber-

henti. *to h. with laughter* tertawa terbahak-bahak. *Sl.: a* **howling** *success* suksés yg gilang-gemilang.
howler /'hawlər/ *kb. Inf.*: kesalahan (besar).
h.p. hp [*horsepower*] daya kuda.
H.Q., HQ [*Headquarters*] Markas Besar.
H.R., H. Res., HR [*House of Representatives*] Déwan Perwakilan Rakyat A.S.
H.R.H. [*His or Her Royal Highness*] P.J.M. [*Paduka yang Mulia*].
hrs. [*hours*] jam.
ht. [*height*] tingginya.
hub /hʌb/ *kb.* 1 naf, nap. 2 pusat. *h. of the financial district* pusat daérah keuangan. *h. of the universe* pusat alam semésta.
hubbub /'hʌbʌb/ *kb.* keributan, kebisingan, keriuhan.
hubby /'hʌbie/ *kb.* (*j.* -**bies**) *Inf.*: pap, papi (julukan buat suami).
hubcap /'hʌb'kæp/ *kb.* dop (roda).
huckleberry /'hʌkəl'berie/ *kb.* (*j.* -**ries**) sm buah frambos kecil.
huckster /'hʌkstər/ *kb.* penjaja, pedagang keliling.
huddle /'hʌdəl/ *kb.* berkumpul/berkerumun dgn membungkuk. *to be in a h.* berjubal. *to go into a h.* berkumpul/berkerumun membicarakan/mengatur siasat permainan. —*kkt.* berjubal, berdémpét. *to h. together* berimpit-impitan.
hue /hyuw/ *kb.* (corak) warna, warna-warni. *h. and cry* tampik sorak. *to raise a h. and cry* berteriak-teriak.
huff /hʌf/ *kb.* kemarahan, kegusaran. *to go off in a h.* berangkat dgn marah.
huffy /'hʌfie/ *ks.* cepat marah, mudah tersinggung. *Don't act so h.* Janganlah berlaku/bersikap cepat marah.
hug /hʌg/ *kb.* peluk(an), rangkulan, rangkuman. *to give s.o. a h.* memeluk s.s.o. —*kkt.* (**hugged**) 1 memeluk, merangkul, merangkum. 2 melanggar (*the curb*). 3 menyusur (*the shore*). *That skirt really hugs the hips* Rok itu benar-benar terasa ketat sekali pd pinggul.
huge /hyuwj/ *ks.* 1 sangat besar. *h. animal* binatang yg besar. 2 sangat banyak. *h. sum of money* jumlah uang yg sangat banyak. —**hugely** *kk.* luar biasa besarnya, tingginya dsb. *She enjoyed the joke h.* Bukan main senang hatinya mendengar lelucon itu.
huh /hʌ/ *kseru.* hé, ya.
hulk /hʌlk/ *kb.* badan kapal. *a ship's h.* bangkai kapal.
hulking /'hʌlking/ *ks.* bagur.
hull /hʌl/ *kb.* 1 *Nau.:* badan bahara, lambung kapal. 2 sekam, kulit (*of a peanut*). —*kkt.* menguliti.
hullabal(l)oo /'hʌləbə'luw/ *kb.* keributan, kebisingan, keriuhan. *to make/raise a h.* menimbulkan keributan.
hum /hʌm/ *kb.* deruman, dengungan, senandung. *h. of a car* suara derum mobil. *h. of bees* dengung tawon. *h. of a telephone* derum télepon. —*kkt., kki.* (**hummed**) menyanyi kecil, bersenandung. *Business is humming* Perusahaan sedang maju. *He makes things h. when he's around* Segala s.s.t. berjalan lancar sekali bila ia ada di tempat. —**humming** *kb.* dengungan, deruman.
human /'hyuwmən/ *kb.* manusia. —*ks.* bersifat manusia. *She's very h.* Dia sangat pengasih. *He's only h.* Dia hanya seorang manusia biasa. *h. being* manusia, insan. *h. interest* kepentingan manusia. *h. nature* tabiat/sifat manusia. —**humanly** *kk.* secara kemanusiaan. *h. possible* dari batas kemampuan manusia.
humane /hyuw'mein/ *ks.* peramah, orang yg pe-

nyayang. *She's a h. person* Dia adalah seorang yg peramah. *H. Society* Perkumpulan Penolong Manusia dan Héwan.
humanism /'hyuwmənizəm/ *kb.* humanisme, perikemanusiaan.
humanist /'hyuwmənist/ *kb.* penganut paham humanisme, budayawan.
humanitarian /hyuw'mænə'tæriəan/ *kb.* pengasih sesama manusia. —*ks.* berperikemanusiaan.
humanitarianism /hyuw'mænə'tæriəanizəm/ *kb.* (peri)kemanusiaan.
humanity /hyuw'mænətie/ *kb.* (*j.* -**ties**) 1 umat manusia, manusia seluruhnya. 2 perikemanusiaan. —**the humanities** *j.* ilmu sastera.
humanize /'hyuwmənaiz/ *kkt.* mempermanusia. memperlakukan sbg manusia.
humble /'hʌmbəl/ *ks.* 1 sederhana, rendah (*of dwelling, of upbringing*). *to come from h. stock* berasal dari kalangan/keluarga rakyat biasa. 2 rendah hati. *in my h. opinion* menurut pendapat saya yg bersahaja/rendah ini. **to eat h. pie** terpaksa mengaku kesalahannya dan minta maaf. —**humbly** *kk.* dgn merendahkan hati. *I h. beg you to help us* Dgn kerendahan hati saya mohon sudilah sdr menolong kami.
humbug /'hʌm'bʌg/ *kb.* 1 penipu, pengécoh, pembual. 2 cakap-besar, omong kosong, pengocéh.
humdrum /'hʌm'drʌm/ *ks.* yg membosankan/menjemukan. *a h. life* kehidupan yg membosankan.
humerus /'hyuwmərəs/ *kb.* tulang bagian atas dari lengan atau kaki depan.
humid /'hyuwmid/ *ks.* lembab, lengas.
humidifier /hyuw'midə'faiər/ *kb.* alat pelembab udara.
humidify /hyuw'midəfai/ *kkt.* (**humidified**) melembabkan.
humidity /hyuw'midətie/ *kb.* kelembaban, kelengasan.
humidor /'hyuwmədowr/ *kb.* kotak/tempayan/kaléng tembakau.
humiliate /hyuw'milieeit/ *kkt.* 1 menghina. *We felt humiliated by our failure* Kami merasa terhina karena kegagalan kami. 2 memalukan. *to h. o's parents* memalukan orang tuanya. —**humiliating** *ks.* 1 menghinakan. 2 memalukan.
humiliation /hyuw'milie'eisyən/ *kb.* penghinaan.
humility /hyuw'milətie/ *kb.* (*j.* -**ties**) kerendahan hati.
hummingbird /'hʌming'bərd/ *kb.* sm burung kolibri.
humor /'hyuwmər/ *kb.* kejenakaan, kelucuan. *in good h.* dlm keadaan menyenangkan. *out of h.* marah-marah. *sense of h.* kemampuan melihat segi kejenakaan dari kehidupan, sikap menghargai kejenakaan. —*kkt.* menyenangkan hati, menghibur. *We must try to h. him* Kita hrs berusaha menyenangkan hatinya.
humorist /'hyuwmərist/ *kb.* orang pelucu, jenakawan.
humorous /'hyuwmərəs/ *ks.* lucu, penuh kelucuan, yg menggelikan.
hump /hʌmp/ *kb.* 1 ponok (*of a camel*). 2 bongkol. 3 punggung bukit barisan. *over the h.* melalui saat-saat kritis. —*kkt.* membungkukkan (*the back*).
humpback /'hʌmp'bæk/ *kb.* 1 punggung bungkuk. 2 orang yg berpunggung bungkuk, sibongkok.
humpbacked /'hʌmp'bækt/ *ks.* berpunggung bungkuk.
humus /'hyuwməs/ *kb.* humus, bunga tanah, tanah (gemuk).

hunch /hʌnč/ kb. Inf.: firasat, prasangka, dugaan. to sit **hunched** up duduk membungkuk.

hunchback /'hʌnc'bæk/ kb. orang bungkuk.

hunchbacked /'hʌnc'bækt/ ks. bungkuk, berpunggung bongkok.

hundred /'hʌndrəd/ kb., j. (se)ratus. a. h. and two seratus dua. two h. dua ratus. in 1900 pd tahun 1900. one h. percent seratus persén. to sell by the h. menjual seratus-seratus. hundred-yard dash lari seratus yar. hundreds beratus(an). hundreds of trucks ratusan truk.

hundredfold /'hʌndrəd'fowld/ kb., ks. seratus kali. He repaid me a h. Ia membalas kebaikan saya seratus kali lipat.

hundredth /'hʌndrədth/ ks. keseratus.

hundredweight /'hʌndrəd'weit/ kb., j. ukuran berat 50 kg, atau 112 pon Inggeris atau 100 pon Amérika Serikat.

hung /hʌng/ lih HANG.

Hungarian /hʌng'gæriəən/ kb. 1 orang Hongaria. 2 bahasa Hongaria. —ks. yg berh. dgn Hongaria.

Hungary /'hʌnggərie/ kb. Hongaria.

hunger /'hʌnggər/ kb. kelaparan, rasa lapar. h. pains perut kosong. —kkt. sangat menginginkan/mengharapkan/merindukan/mendambakan. to h. after ice cream ingin sekali minum éskrim. to h. for a friend sangat merindukan seorang teman. **h. strike** mogok makan.

hungry /'hʌnggrie/ ks. lapar. to be h. lapar. to get h. menjadi lapar. to go h. menderita/menahan lapar. The sight of that food makes me h. Melihat makanan itu menjadikan/membuat saya lapar. You look h. Kau kelihatan lapar.

hunk /hʌngk/ kb. bingkah, bongkah, bungkal. a h. of bread sebingkah roti.

hunker /'hʌngkər/ kki. bercangkung, mencangkung.

hunky-dory /'hʌngkie'dowrie/ ks. Sl.: baik sekali.

hunt /hʌnt/ kb. 1 pemburuan, perburuan. 2 pencarian. —kkt. memburu, berburu. to h. about for mencari-cari. to h. down mengejar (a criminal). to h. for mencari. to h. through memeriksa, meneliti. to h. up mencari. —**hunting** kb. pemburuan. to go h. pergi berburu. h. dog anjing pemburu. h. ground daérah pemburuan/perburuan, tempat berburu. h. knife pisau pemburu. h. lodge pasanggrahan pemburu.

hunter /'hʌntər/ kb. 1 pemburu. souvenir h. pemburu tandamata. 2 penggemar.

hurdle /'hərdəl/ kb. 1 Sport: gawang. high/low hurdles lari gawang tinggi/rendah. 2 rintangan, halangan. —kkt. 1 melompati (a fence). 2 melintasi, mengatasi (an obstacle).

hurdler /'hərdlər/ kb. pelari gawang.

hurdy-gurdy /'hərdie'gərdie/ kb. (j. -dies) lir, orgel jalanan (yg dimainkan dgn alat putaran).

hurl /hərl/ kkt. melémparkan (a stone, javelin). to h. defiance at the crowd menantang orang banyak itu. to h. o.s. into the fray menghasut diri kedlm perkelahian.

hurly-burly /'hərlie 'bərlie/ kb. (j. -lies) huru-hara, hiruk-pikuk.

hurrah /hə'ra, -'rɔ/ kb. sorakan, teriakan karena kegembiraan. to give a h. bersorak. —kseru. huré.

hurricane /'hərəkən, -kein/ kb. angin ribut/topan.

hurried /'həried/ lih HURRY.

hurries /'həriez/ lih HURRY.

hurry /'hərie/ kb. (j. -ries) 1 kegopohan. 2 buru-buru, tergesa-gesa. There's no h. Tak perlu tergesa-gesa. What's your h.? Mengapa (kau) tergesa-gesa? We're in a h. Kami tergesa-gesa. to be in a h. to go

pergi tergesa-gesa. to leave in a h. pergi dgn cepat. He's in too much of a h. Dia terlalu terburu-buru. —kkt. (**hurried**) 1 menyegerakan. to h. a sick child to the doctor membawa anak yg sakit segera ke dokter. 2 mempercepat. to h. the dinner mempercepat makan malam. 3 melakukan dgn terburu. This experiment cannot be hurried Percobaan ini tak dpt dilakukan dgn terburu-buru. 4 menyuruh melakukan dgn cepat. Don't h. the driver Jangan menyuruh supir itu mengendarai mobil terlalu cepat. to h. troops to a danger area mengerahkan/memobilisir pasukan ke daérah yg gawat. —kki. bergegas (-gegas). If he had hurried... Kalau dia bergegas.... to h. from one thing to another bergegas-gegas dari pekerjaan satu ke pekerjaan yg lain. Don't h. Janganlah tergesa-gesa. to h. home bergegas pulang. to h. s.o. along mengajak s.s.o. cepat-cepat. to h. away pergi lari. to h. s.o. away membawa s.s.o. cepat-cepat. to h. back kembali dgn cepat. H. back! Datanglah berkunjung lagi! He hurried back to the shop Ia berlari kembali ke toko itu. to h. into mengenakan dgn cepat. I hurried into my clothes Saya cepat-cepat mengenakan pakaian saya. to h. on pergi cepat-cepat. H. on, I'll join you later Pergilah cepat-cepat, saya nanti akan menyusul. to h. on with the meeting mempercepat rapat itu. The guards hurried them on Penjaga-penjaga itu mengejar-ngejar meréka. to h. over datang mengunjungi. H. over to see us Datanglah segera menjumpai kami. to h. through menyelesaikan cepat-cepat. to h. through lunch cepat-cepat makan siang. to h. up menggesa-gesakan, mempercepat. to h. s.o. up menyuruh s.s.o. bergegas. H. up! Lekaslah! Cepatlah! **hurry-scurry** ks. kacau-balau. in a h.-scurry world dlm dunia yg kacau-balau. kk. tergopoh-gopoh. —**hurried** ks. sekilas, sekejap mata, cepat-cepat. h. look pandangan sekilap. to eat a h. meal makan cepat-cepat. —**hurriedly** kk. terburu-buru, tergopoh-gopoh.

hurt /hərt/ kb. luka. Her h. was painful Lukanya sakit. —kkt. 1 menyakiti (feeling, body). He was h. by her attitude Dia merasa sakit hati karena sikapnya. 2 melukai. The rock h. his hand Batu melukai tangannya. I h. my hand Tangan saya luka. Where was he h.? Dimana dia mendapat luka? 3 merugikan. This action may h. our interests Tindakan ini mungkin akan merugikan kepentingan kita. —kki. 1 sakit. Where does it h.? Apanya yg sakit? My leg hurts Kaki saya sakit. Ouch, that hurts! Aduh, sakit rasanya! Don't get h. Jangan mendapat/kena luka. 2 melukai hati s.s.o. His friend's coldness h. Sikap dingin temannya melukai hatinya.

hurtle /'hərtəl/ kki. 1 meluncur dgn cepat. The car hurtled across the road Mobil itu meluncur cepat sekali melintasi jalan. 2 menderu dgn cepat (of a train). The rocks came hurtling down Batu-batu karang itu jatuh/meluncur dgn suara gemuruh.

husband /'hʌzbənd/ kb. suami. h. and wife suami isteri. to live as h. and wife hidup sbg suami-isteri. —kkt. menghématkan, berhémat dgn (resources, strength).

husbandry /'hʌzbəndrie/ kb. pertanian. animal h. peternakan héwan.

hush /hʌsy/ kb. diam, hening. There was a h. over the crowd Orang banyak itu diam. the h. before the storm hening menjelang angin topan. —kkt. mendiamkan. H. the dog Diamkan anjing. —kki. diam. H.! I can't hear Diam! Saya tak dpt dengar. to h. up 1 mendiamkan. to h. up the rumor mendiamkan desas-desus itu. 2 diam. Inf.: **hush-hush** ks. rahasia. He's

engaged in h.-h. work Dia turut dlm pekerjaan rahasia. **h. money** uang sogok/suap/hangus.
husk /hʌsk/ *kb.* kulit ari, sekam. *—kkt.* mengupas (*corn*).
huskiness /'hʌskienəs/ *kb.* keparauan (*of voice*).
husky /'hʌskie/ *kb.* (*j.* **-skies**) anjing Éskimo. *—ks.* 1 parau, serak (*of voice*). 2 besar dan kuat. *He's a h. boy* Dia adalah anak yg berbadan tegap lagi kuat.
hussy /'hʌsie, -zie/ *kb.* (*j.* **-sies**) gadis tak sopan, perempuan yg nakal sekali.
hustle /'hʌsəl/ *kb. Inf.:* kegiatan, semangat bertanding/bekerja yg meluap. *—kkt.* memaksa dgn cepat. *—kki.* buru-buru. *We must h. if we want to finish this job tonight* Kita hrs buru-buru kalau kita menghendaki pekerjaan ini selesai nanti malam. *to h. to class* berdesak-desakan masuk ke kelas. *We hustled along through the crowd* Kami berjalan tergesa-gesa meliwati orang banyak itu.
hustler /'hʌslər/ *kb.* orang yg giat dan mempunyai banyak tenaga.
hut /hʌt/ *kb.* pondok, gubuk.
hyacinth /'haiəsinth/ *kb.* sej. bunga bakung.
hybrid /'haibrid/ *kb.* 1 bastar, cangkokan. 2 peranakan. *h. plant* tanaman cangkokan, tanaman yg dikawinkan.
hydrangea /hai'dreinjə/ *kb.* sebangsa semak.
hydrant /'haidrənt/ *kb.* 1 sambungan pipa air di tepi jalan utk keperluan kebakaran. 2 pipa air.
hydraulic /hai'drɔlik/ *ks.* hidrolis, hidrolik. *h. brakes* rém hidrolik. *h. force* gaya hidrolik. *h. press* pompa air. **—hydraulics** *j.* hidrolika.
hydrocephalus /'haidrow'sefələs/ *kb.* kepala busung.
hydrochloric /'haidrə'klowrik/ *ks.* zat asam garam. *h. acid* air keras.
hydrodynamics /'haidrowdai'næmiks/ *kb.* hidrodinamika.
hydroelectric /'haidrowi'lektrik/ *ks.* hidrolisterik. *h. power* tenaga hidrolisterik.
hydrogen /'haidrəjən/ *kb.* zat air, hidrogén. *h. bomb* bom hidrogén. *h. peroxide* peroksida zat air. *h. sulfide* zat air belérang/sulfida.
hydrographic /'haidrə'græfik/ *ks.* mengenai pengetahuan ttg perairan. *The H. Service* Jawatan Hidrografi.
hydrography /hai'drægrəfie/ *kb.* (ilmu) hidrografi.
hydrology /hai'drαləjie/ *kb.* (ilmu) tata air, hidrologi.
hydrophobia /'haidrə'fowbieə/ *kb.* penyakit anjing gila.
hydroxide /hai'draksaid/ *kb.* hidroxid(a).
hyena /hai'ienə/ *kb.* dubuk.
hygiene /'haijien/ *kb.* ilmu keséhatan. *personal h.*

keséhatan pribadi/perseorangan.
hygienic /hai'jienik/ *ks.* menurut ilmu keséhatan. *under h. conditions* dgn syarat-syarat yg menjamin keséhatan badan.
hygienist /hai'jienist/ *kb.* ahli keséhatan. *dental h.* perawat gigi.
hymen /'haimən/ *kb.* selaput dara, jangat keperawanan.
hymn /him/ *kb.* nyanyian pujian, hymne.
hymnal /'himnəl/ *kb.* buku nyanyian pujian.
hymnbook /'him'buk/ *kb.* buku nyanyian pujian.
hyperactive /'haipər'æktiv/ *ks.* sangat giat/aktip.
hyperbola /hai'pərbələ/ *kb.* hiperbola.
hyperbole /hai'pərbəlie/ *kb.* penghébat, ucapan yg bersifat berlebih-lebihan.
hypercritical /'haipər'kritəkəl/ *ks.* sangat suka mengeritik.
hypersensitive /'haipər'sensətiv/ *ks.* terlalu halus perasaan, sangat perasa.
hypertension /'haipər'tensyən/ *kb.* hiperténsi.
hyphen /'haifən/ *kb.* tanda sengkang/penghubung.
hyphenate /'haifəneit/ *kkt.* menghubungkan dgn garis penghubung. **hyphenated** *word* kata yg diuraikan/dituliskan dgn memakai garis penghubung.
hypnosis /hip'nowsis/ *kb.* hipnose.
hypnotic /hip'natik/ *ks.* hipnotis, hipnotik.
hypnotism /'hipnətizəm/ *kb.* hipnotisme, ilmu sihir.
hypnotist /'hipnətist/ *kb.* ahli hipnotisme.
hypnotize /'hipnətaiz/ *kkt.* menghipnotisir, menghipnotis.
hypo /'haipow/ *kb.* 1 *Inf:* suntikan, injéksi. 2 *Sl.:* penyedih, seorang yg menderita penyakit cemas.
hypochondria /'haipə'kandrieə/ *kb.* penyakit bersedih hati, kesedihan tanpa alasan.
hypochondriac /'haipə'kandrieæk/ *kb.* seorang yg terlalu cemas thd keséhatannya.
hypocrisy /hi'pakrəsie/ *kb.* (*j.* **-sies**) kemunafikan, muka dua, pura-pura.
hypocrite /'hipəkrit/ *kb.* orang munafik, lidah biawak.
hypocritical /'hipə'kritəkəl/ *ks.* bersifat munafik, bermukadua.
hypodermic /'haipə'dərmik/ *kb.* injéksi. *—ks.* **h. needle** jarum suntik.
hypotenuse /hai'patənuws/ *kb.* hipotenuse.
hypothesis /hai'pathəsəs/ *kb.* hipotésa.
hypothesize /hai'pathəsaiz/ *kkt.* mengadakan hipotésa ttg.
hypothetical /'haipə'thetəkəl/ *ks.* hipotétis.
hysteria /hi'sterieə/ *kb.* penyakit histéria, gangguan syaraf.
hysterical /hi'sterəkəl/ *ks.* histéris. **—hysterically** *kk.* secara histéris. *to cry h.* menangis secara histéris.
hysterics /hi'steriks/ *kb., j.* naik pitam, kemasukan sétan. *to go into h.* tertawa terbahak-bahak.

I

I, i /ai/ *kb.* huruf yg kesembilan dari abjad Inggeris.
I /ai/ *kg.* saya, aku, gua. *I am sick* Saya sakit. *It's I* Saya.
I, i /ai/ huruf Rumawi utk *one. p. i* h. 1.
I. [*Island(s)*] pulau, kepulauan.
Ia [*Iowa*] sebuah negarabagian di A.S.
iambic /ai'æmbik/ *ks.* (beriramakan) yambe atau dérétan pertentangan bunyi lemah dan keras.
ibid. /'ibəd/ [*ibidem*] dlm buku itu juga, dlm bab, bagian dll, yg tersebut.
ibidem /i'baidəm, 'ibədəm/ *kk.* lihat dlm buku, tempat, bab, fasal itu juga.
IBM /'ai'bie'em/ [*Intercontinental Ballistic Missile*] peluru kendali antar benua.
ICBM /'ai'sie'bie'em/ [*Intercontinental Ballistic Missile*] peluru kendali antara benua.
ICC, I.C.C. /'ai'sie'sie/ [*Interstate Commerce Commission*] Panitia Perdagangan Antar Negara.
ice /ais/ *kb.* 1 és. *i. plant* paberik és. *My feet are like i.* Kaki saya (terasa) spt membeku. 2 éskrim. *orange i.* és air jeruk. *to break the i.* mengatasi kesulitan pertama utk berkenalan. memulai percakapan. *Inf.: to cut no i.* (*with*) tdk mempengaruhi, tdk ada pengaruhnya (pd). *to put s.t. on i.* memeti-éskan s.s.t. *to skate on thin i.* berada dlm keadaan yg sulit. **—kkt.** 1 mendinginkan (*beer*). 2 menutup kué dgn lapisan gula (*a cake*). **—kki.** membeku, menjadi és. *The pond had iced over* Air kolam itu membeku. **to i. up** meliputi dgn és. **i. age** zaman és. **i. bag** kantong és. **ice-cold** *ks.* dingin sekali. **i. cream** éskrim. *ice-cream cone* és horen. **i. cube** és batu. **i. floe** bingkahan és yg terapung. **i. hockey** permainan hockey diatas és. **i. machine** mesin pembuat és. **i. milk** susu és. **i. pack** kantong és. **i. pick** alat pemecah és. **i. show** pertunjukan permainan bersepatu luncur diatas és. **i. skate** sepatu besi és, sepatu luncur és. **to ice-skate** bermain sepatu luncur diatas és. **i. tray** cétakan pembuat és batu. **i. water** air és/kosong. **—iced** *ks.* didinginkan dgn és. *i. tea* téh és. **—icing** *kb.* 1 lapisan gula (*on cake*). 2 selaput/lapisan és (*on window, windshield*).
iceberg /'ais'bərg/ *kb.* gunung atau gumpalan és yg terapung.
icebound /'ais'bawnd/ *ks.* terkepung oléh és, terdampar ditengah-tengah és.
icebox /'ais'baks/ *kb.* peti/lemari és.
icebreaker /'ais'breikər/ *kb.* kapal pemecah és.
icecap /'ais'kæp/ *kb.* 1 és. 2 kantong és.
Icelandic /ais'lændik/ *ks.* yg bert. dgn Islandia. *I. language* bahasa Islandia.
iceman /'ais'mæn/ *kb.* (*j.* **-men**) tukang és.
ichthyology /'ikthie'aləjie/ *kb.* ilmu pengetahuan ttg ikan.
icicle /'aisikəl/ *kb.* untaian tétésan air yg membeku.
iciness /'aisienəs/ *kb.* hal spt és. *The i. on the road made driving dangerous* Jalan yg diliputi és membahayakan pengendaraan mobil.

icky /'ikie/ *ks. Sl.:* séntiméntil, menjijikkan.
icon /'aikan/ *kb.* patung/gambar orang suci.
iconoclast /ai'kanəklæst/ *kb.* 1 orang yg menentang pemujaan patung berhala. 2 orang yg menentang pemujaan lembaga-lembaga yg tlh ada.
iconography /'aikə'nagrəfie/ *kb.* ikonografi, ilmu arca.
icy /'aisie/ *ks.* 1 licin karena és. *The streets are i. today* Jalan-jalan licin karena és hari ini. 2 dingin, tdk ramah (*look*).
I'd /aid/ 1 [*I had*] saya telah. 2 [*I would*] saya akan.
I.D. /'ai'die/ 1 [*Intelligence Division*] Bagian Intelijén. 2 [*identity*] identitas. *I.D. card* surat keterangan diri, kartu pengenal.
Id(a). [*Idaho*] negarabagian A.S.
idea /ai'diea/ *kb.* 1 gagasan, idé, pikiran. *It's a good i.* Pikiran yg baik. *to hit upon an i.* mendapat gagasan/ilham. 2 rencana, idé. *Let's forget the whole i.* Marilah kita lupakan saja seluruh rencana itu. 3 cita-cita. *to have big ideas* mempunyai cita-cita yg muluk. *He's my i. of the college professor* Dialah mahaguru yg saya cita-citakan. 4 maksud. *The i. is to ...* Maksudnya ialah utk .... *Now I get the i.* Sekarang aku mengerti maksudmu. *Sl.: What's the big i. of hitting me?* Apa maksud sebenarnya memukul saya? 5 saran. *I have an i.* Saya ada saran. 6 pemikiran. *The very i. of thinking that you could go there alone* Pemikiran saja, bhw engkau akan dpt pergi kesana sendirian. *The i.!* Pemikirannya saja! 7 gambaran. *general i. of the story* gambaran umum (mengenai) ceritera itu. 8 angan-angan. *Don't get any funny ideas into your head* Janganlah berangan-angankan yg tdk-tdk. **to have an i.** (*about s.t.*) kira. *I had no i. you were so old* Tak kukira kau setua itu. *I have an i. he's not coming* Saya kira bhw dia tdk akan datang. *I can't bear the i. of leaving you* Berat rasanya utk meninggalkanmu.
ideal /ai'dieal/ *kb.* idaman, teladan, cita-cita, idéal. *maternal i.* idaman keibuan. **—ks.** 1 baik, bagus sekali. *i. location* tempat yg bagus sekali. 2 idéal. *i. student* mahasiswa yg idéal, mahasiswa teladan. **—ideally** *kk.* menurut yg dicita-citakan, dlm téori. *That couple is i. suited to e.o.* Pasangan itu spt pinang dibelah dua. Pasangan itu cocok benar satu sama lain.
idealism /ai'diealizəm/ *kb.* idéalisme.
idealist /ai'diealist/ *kb.* seorang idéalis.
idealistic /ai'diea'listik/ *ks.* idéalistis.
idealize /ai'diealaiz/ *kkt.* mengidéalkan.
identical /ai'dentəkəl/ *ks.* sama, serupa. *i. dresses* pakaian yg sama. *i. twins* anak kembar satu telur.
identification /ai'dentəfə'keisyən/ *kb.* pengenalan. *i. card* tanda-sah-diri, kartu pengenal. *i. tag* 1 kartu pengenal. 2 péning anjing.
identified /ai'dentəfaid/ lih IDENTIFY.
identifies /ai'dentəfaiz/ lih IDENTIFY.
identify /ai'dentəfai/ *kkt.* (**identified**) mengenal(i). memperkenalkan. *to i. s.o. in the dark* mengenal s.s.o.

dlm gelap. *to i. a body* mengenal tubuh orang. *to i. o.s.* membuktikan siapa s.s.o., memperkenalkan diri. —*kki.* **to i. with a party** memihak kpd suatu partai.

identity /ai'dentətie/ *kb.* (*j.* -**ties**) identias, ciri-ciri, tanda-tanda (khas). *case of mistaken i.* persoalan kekeliruan mengenai siapa orangnya. *to prove o's i.* memperlihatkan kartu pengenalnya. *to reveal o's i.* membuka kedoknya. **i. card** kartu pengenal, surat keterangan diri.

ideogram /'idiəgræm/ = IDEOGRAPH.

ideograph /'idiəgræf/ *kb.* tulisan/huruf gambar.

ideological /'aidiəˈlajəkəl/ *ks.* idéologis. *i. struggle* perjuangan idéologi.

ideology /'aidieˈaləjie/ *kb.* (*j.* -**gies**) idéologi, adi-cita.

idiocy /'idieəsie/ *kb.* (*j.* -**cies**) kebodohan, ketololan, kegilaan, kepandiran.

idiolect /'idiəlekt/ *kb.* gaya bahasa s.s.o.

idiom /'idieəm/ *kb.* 1 *Ling.*: langgam suara. 2 corak khas.

idiomatic /'idieəˈmætik/ *ks.* yg berh. dgn ungkapan. *i. usage* penggunaan ungkapan.

idiosyncrasy /'idieəˈsin(g)krəsie/ *kb.* (*j.* -**sies**) keistiméwaan, keanéhan.

idiot /'idieət/ *kb.* 1 orang bodoh/tolol/dungu. *He would be an i. to go there* Dia bodoh benar, kalau pergi kesana. *You i.!* Hé, tolol! 2 *Med.*: orang cacat otak. *Sl.:* **the i. box** TV.

idiotic /'idieˈatik/ *ks.* dungu, bodoh, tolol. *He does such i. things* Dia berbuat hal-hal yg gila.

idle /'aidəl/ *ks.* 1 bermalas-malas. *He's never i.* Dia tdk pernah bermalas-malas. *i. rich* orang-orang kaya yg senang bermalas-malas. *in my i. moments* dlm saat-saat saya terléna, dlm saat-saat saya bermalas-malasan. 2 tdk jalan. *The trains were i. for a week* Keréta-api tdk jalan selama seminggu. 3 (me)-nganggur. *money lying i.* uang yg nganggur. **to stand i.** 1 berpangku-tangan, bertopang dagu (*of a person*). 2 menganggur. *The factory stands i.* Paberik itu menganggur. —*kki.* hidup, jalan. *Let the motor i.* Biarkan saja motor itu jalan. **to i. away** membuang-buang (*the time*). **i. curiosity** keinginan tahu yg tak berarti. **i. threats** gertak gerantang/sambal. **i. talk** omong kosong.

idleness /'aidəlnəs/ *kb.* 1 kemalasan. *Poor health is the cause of his i.* Dia pemalas karena dia kurang séhat. 2 hal tak berbuat apa-apa.

idler /'aidlər/ *kb.* pemalas, orang yg suka luntang-lantung.

idol /'aidəl/ *kb.* berhala. *matinee i.* bintang pilem pujaan.

idolatrous /ai'dalətrəs/ *ks.* musyrik.

idolatry /ai'dalətrie/ *kb.* (*j.* -**ries**) pemujaan thd berhala, kemusyrikan, pemberhalaan.

idolize /'aidəlaiz/ *kkt.* memberhalakan, memuja. *She idolizes her husband* Ia memuja suaminya.

idyl(l) /'aidəl/ *kb.* syair/prosa yg menggambarkan keindahan alam.

idyllic /ai'dilik/ *ks.* idilis.

i.e. [*id est*] yaitu, yakni.

IE, I.E. [*Indo-European*] Indo-Éropah.

if /if/ *kb. Let's have no "ifs"* Jangan selalu mengatakan kalau-kalau. —*ksam.* 1 jika, kalau, jikalau. *If you can come* Kalau sdr dpt datang. *If all goes well* Kalau tdk ada halangan. *If I were you, I wouldn't go* Kalau saya kamu, saya tdk akan pergi. *If we had only known!* Kalau sekiranya kami mengetahuinya! 2 apakah, kalau. *He asked me if I could come along* Ia bertanya kpd saya apakah saya dpt

turut pergi. *He'll give you no more than a dollar for it, if that* Ia tdk akan memberikan kepadamu lebih dari satu dolar utk itu, percayalah. *The weather was cold, if anything* Udara benar-benar terasa dingin. *Well, if he didn't take my hat!* Tak salah lagi, dialah yg mengambil topi saya! **if only** kalau, sekiranya, semoga. *If only they could be here* Kalau meréka dpt datang kesini. *I want to see you, if only to say goodbye* Saya ingin menemuimu walaupun hanya utk mengucapkan selamat jalan saja. **as if** seolah-olah, seakan-akan. *It was as if ...* Kelihatannya seolah-olah ....

igloo /'igluw/ *kb.* rumah salju bangsa Éskimo.

igneous /'ignieəs/ *ks.* berapi-api. **i. rock** batuan beku karena perapian.

ignite /ig'nait/ *kkt.* 1 menyalakan (*a fire*). 2 membakar (*zeal, spirit*). —*kki.* terbakar, kena api, menjadi panas dan menyala. *The paper ignited* Kertas itu menjadi panas dan menyala. *Gasoline ignites easily* Bénsin mudah terbakar.

ignition /ig'nisyən/ *kb.* 1 pengapian, penyalaan, pembakaran. 2 kontak, starter. *Turn on the i.* Putarlah kunci kontak. Hidupkan mesin. **i. key** kunci kontak. **i. switch** tombol kontak.

ignoble /ig'nowbəl/ *ks.* hina, dina, tercela, rendah.

ignominious /'ignə'minieəs/ *ks.* tercela, jahat, memalukan.

ignoramus /'ignə'reiməs/ *kb.* orang bodoh/bebal/tolol.

ignorance /'ignərəns/ *kb.* 1 ketidaktahuan. *to plead i. of the law* memberi alasan karena tdk tahu akan undang-undang. *to keep s.o. in i.* membiarkan s.s.o. tdk tahu-menahu. 2 kebodohan, kedunguan.

ignorant /'ignərənt/ *ks.* bodoh, dungu, bebal. *to be i. of the possibilities* tdk mengetahui kemungkinan-kemungkinan. *to be i. of the world* tdk mengetahui ttg dunia.

ignore /ig'nowr/ *kkt.* 1 mengabaikan, tak mengindahkan, tdk mengambil perduli. *to i. an order* mengabaikan perintah. 2 menganggap (s.s.o.) tdk ada, mengesampingkan, menganggap sepi. *She ignores me* Ia menganggap saya tak ada.

iguana /i'gwanə/ *kb.* sej. biawak.

ikon /'aikan/ = ICON.

ileum /'ilieəm/ *kb.* bagian usus yg paling bawah.

iliac /'ilieæk/ *kb.* lih SACROILIAC.

ilium /'ilieəm/ *kb.* tulang pangkal paha.

ilk /ilk/ *kb.* jenis, macam. *I don't like people of his i.* Saya tdk menyukai orang semacam dia.

ill /il/ *kb.* penyakit. —*ks.* 1 sakit, tdk énak badan, kurang séhat. *He was taken i.* Dia tertimpa sakit. *I am i. over hearing the news* Saya merasa tdk énak mendengar berita itu. *I am i. of the mumps* Saya sakit gondok/gondong/beguk. *to fall i. of the flu* jatuh sakit kena influénsa/flu. 2 buruk. *That medicine has an i. effect upon me* Obat itu berakibat buruk pd saya. *i. health* keséhatan yg buruk. *There's no i. feeling* Tak ada perasaan dendam. *i. at ease* gelisah. —*kk.* **to speak i. of s.o.** menjelékkan s.s.o. *I can i. afford to be sick* Akan menyulitkan saya kalau saya jatuh sakit. *The bridges are i. built* Jembatan-jembatan itu jelék buatannya. **ill-advised** *ks.* keliru. *You were i.-advised* Keterangannya keliru. **ill-(as)sorted** *ks.* tdk sebanding, tdk cocok. **i. breeding** kekasaran, perlakuan kasar. **ill-bred** *ks.* kurang ajar, kasar. **ill-defined** *ks.* tdk jelas, blm terpecah. **ill-disposed** (**towards** thd) *ks.* bersikap tdk ramah. **ill-fated** *ks.* yg membawa sial, malang. **ill-fitted** *ks.* tdk cocok/pantas. **ill-fitting** *ks.* tdk pas. *i.-fitting suit* pakaian yg tdk pas. **ill-founded** berdasar lemah. **ill-gotten** *ks.* yg tdk halal. *i. humor* sifat pemarah. **ill-humored** *ks.* bersifat jelék. **ill-starred** *ks.* mencelakakan, membawa celaka/kemalangan, sia-sia. **ill-suited** *ks.* tdk sesuai/cocok. **ill-tempered** *ks.* bersifat pemarah. **ill-timed** *ks.* kurang baik waktunya, kurang tepat saatnya. **to ill-treat** menganiaya. **i. treatment** perlakuan yg tdk wajar/pantas/yg buruk. **i. will** sakit hati, dendam, rasa dengki. *to bear/harbor i. will towards s.o.* menaruh dendam thd s.s.o. **i. wind** angin yg tdk menguntungkan.

I'll /ail/ [1 *I shall* 2 *I will*] saya akan.

ill. [*illustration(s)*] gambar, ilustrasi.

Ill. [*Illinois*] negarabagian A.S.

illegal /i'liegəl/ *ks.* 1 yg merupakan pelanggaran. 2 gelap, tak sah. *i. entry* masuk secara illégal (*trade, arms*). 3 liar (*occupation*).

illegality /'ilie'gælətie/ *kb.* (*j.* **-ties**) ketidaksahan.

illegible /i'lejəbəl/ *ks.* tdk terbaca.

illegitimacy /'ilə'jitəməsie/ *kb.* (*j.* **-cies**) sifat melanggar hukum/undang-undang, sifat tdk sah/sejati, kepalsuan, kelancungan.

illegitimate /'ilə'jitəmit/ *ks.* haram. *i. child* anak haram/zina.

illicit /i'lisit/ *ks.* gelap, haram. *i. trade in narcotics* perdagangan gelap dlm narkotika.

illiteracy /i'litərəsie/ *kb.* (*j.* **-cies**) kebutahurufan.

illiterate /i'litərit/ *kb.* orang yg buta huruf. —*ks.* buta huruf.

illness /'ilnəs/ *kb.* sakitnya, keadaan sakit.

illogical /i'lajəkəl/ *ks.* tdk logis, tdk masuk akal.

illuminate /i'luwməneit/ *kkt.* 1 menerangi, menyinari (*a building*). 2 menjelaskan (*a subject*). —**illuminated** *ks.* 1 yg dihiasi. *i. manuscript* naskah bergambar. 2 diterangi, dihiasi dgn lampu-lampu. *i. sign* tanda yg diterangi/diberi terang dgn cahaya. —**illuminating** *ks.* yg memperjelas, yg memberi gambaran yg jelas. *i. gas* gas utk penerangan.

illumination /i'luwmə'neisyən/ *kb.* 1 penerangan. 2 (hiasan) cahaya.

illumine /i'luwmən/ *kkt.* menerangi. *Electric lights i. homes* Lampu-lampu listrik menerangi rumah-rumah.

illus. [*illustration(s)*] ilustrasi, gambar.

illusion /i'luwzyən/ *kb.* khayal(an), maya. *optical i.* pandangan/penglihatan yg menyesatkan, pandangan khayalan. *to be under no illusions about a matter* tak mempunyai khayalan ttg soal itu.

illusive /i'luwsiv/ *ks.* pura-pura, dibuat-buat, yg menyesatkan.

illusory /i'luwsərie/ *ks.* = ILLUSIVE.

illustrate /'iləstreit/ *kkt.* 1 menghiasi (*a book*). 2 menjelaskan, memberikan penjelasan. —**illustrated** *ks.* yg disertai gambar-gambar, bergambar.

illustration /'ilə'streisyən/ *kb.* 1 ilustrasi, gambar. 2 penjelasan, uraian.

illustrative /i'lʌstrətiv, 'ilə'streitiv/ *ks.* yg membantu menjelaskan.

illustrator /'ilə'streitər/ *kb.* juru gambar, pelukis.

illustrious /i'lʌstriəs/ *ks.* termasyhur, amat terkenal.

ILO [*International Labor Organization*] Organisasi Buruh Internasional.

I'm /aim/ [*I am*] saya adalah.

image /'imij/ *kb.* 1 gambar. 2 patung. 3 kesan, bayang-bayang. *to project a favorable i. abroad* menimbulkan kesan yg baik diluar negeri. 4 tamsilan, pelukisan (*in poetry*).

imagery /'imǝjrie/ *kb.* (*j.* **-ries**) tamsil. perumpamaan, perbandingan.

imaginable /i'mæjənəbəl/ *ks.* 1 yg dpt dipikirkan. *to try every i. way* mencoba dgn segala jalan yg dpt dipikirkan. 2 yg ada. *to collect every stamp i.* mengumpulkan setiap perangko yg ada.

imaginary /i'mæjə'nerie/ *ks.* 1 khayal. 2 imajinér. *i. number* bilangan imajinér.

imagination /i'mæjə'neisyən/ *kb.* daya khayal, imajinasi. *His i. gets the best of him* Khayalannya menguasai dirinya. *It's just your i.!* Itu hanya fantasimu saja!

imaginative /i'mæjənətiv/ *ks.* imaginatif, penuh daya khayal. *i. literature* bacaan khayalan.

imagine /i'mæjin/ *kkt.* 1 membayangkan, mengkhayalkan. *to i. life without a car* membayangkan cara hidup tanpa mobil. *to i. things* mengkhayalkan hal-hal. *She imagines her illness* Dia membayangkan sakitnya. *I can't i. where he is* Saya tak dpt membayangkan dimana dia berada. *I. my surprise when...* Coba bayangkan betapa hérannya saya ketika.... *I. yourself in Paris in the spring* Bayangkanlah seakan-akan kau ada di Paris dlm musim bunga/semi. 2 kira. *I i. he will come* Kukira dia akan datang.

imbalance /im'bæləns/ *kb.* ketidakseimbangan.

imbecile /'imbəsəl/ *kb.* orang pandir/sinting.

imbecilic /'imbə'silik/ *ks.* dungu.

imbecility /'imbə'silətie/ *kb.* (*j.* **-ties**) *kb.* kedunguan, kesintingan (otak).

imbibe /im'baib/ *kkt.* meminum.

imbroglio /im'browlyow/ *kb.* keruwetan, keadaan yg ruwet, huru-hara.

imbue /im'byuw/ *kkt.* mengilhami, mengaruniai. *May he be imbued with special qualities!* Semoga dia dikaruniai sifat-sifat yg istiméwa!

IMF [*International Monetary Fund*] Dana Keuangan Internasional.

imitate /'iməteit/ *kkt.* meniru, menyama-nyama, mencontoh, menuruti.

imitation /'imə'teisyən/ *kb.* 1 peniruan. *I. is important in language learning* Peniruan penting dlm mempelajari bahasa. 2 tiruan, imitasi. *a good i.* tiruan yg baik. *i. leather* kulit tiruan. *Beware of imitations!* Hati-hatilah/Waspadalah thd barang-barang tiruan! **in i. of** (dgn) meniru. *in i. of her older sister* (dgn) meniru kakaknya.

imitative /'imə'teitiv/ *ks.* suka meniru, merupakan tiruan.

imitator /'imə'teitər/ *kb.* peniru.

immaculate /i'mækyəlit/ *ks.* amat bersih, tdk bernoda, rapi sekali. *I. Conception* Doktrin Agama Katolik yg mengatakan bhw Gadis Maria mengandung tanpa pergaulan dgn pria. —**immaculately** *kk.* rapi/apik sekali. *i. dressed* berpakaian rapi sekali.

immanent /'imənənt/ *ks.* tetap ada.

immaterial /'imə'tiriəl/ *ks.* tdk penting/peduli. *It's i. to me whether you go or stay* Saya tdk perduli apakah kau pergi atau tinggal.

immature /'imə'cur, -'tur/ *ks.* blm matang/déwasa, masih hijau. *He's still i.* Dia masih hijau. *That project is i.* Proyék itu blm lengkap.

immaturity /'imə'curətie, -'tur-/ *kb.* ketidakmatangan, ketidakdéwasaan.

immeasurable /i'mezyərəbəl/ *ks.* yg tak terbatas/terkira-kira/terhingga. —**immeasurably** *kk.* tak terkira-kira.

immediacy /i'miedieəsie/ *kb.* (*j.* **-cies**) kesiapan, kesegeraan.

immediate /i'miedieit/ *ks.* 1 dgn segera. *I'll give the problem my i. attention* Saya akan segera perhatikan persoalan itu. *for i. delivery* utk dikirimkan dgn segera, pos kilat. 2 dekat. *my i. neighbor* tetangga saya paling dekat. *shopping center in the i. area* daérah pertokoan dekat dari sini. *in the i. future* dlm waktu dekat. —**immediately** *kk.* dgn segera, sekarang juga, dgn tdk meléwatkan waktu, dgn serta merta. *i. after segera* sesudah.

immemorial /'imǝ'mowrieǝl/ *ks.* sdh lama sekali. *from time i.* dari zaman dahulu.

immense /i'mens/ *ks.* 1 besar sekali. *This city has an i. population* Bukan main banyaknya penduduk kota ini. *i. appetite* nafsu makan yg sangat besar. *She's i.* Badannya besar sekali. 2 luas sekali. *The problems here are i.* Persoalan-persoalan disini luas sekali. —**immensely** *kk.* sangat, amat. *to enjoy o.s. i.* merasa bukan main senangnya.

immensity /i'mensǝtie/ *kb.* (*j.* **-ties**) luasnya, keluasan.

immerse /i'mǝrs/ *kkt.* membenamkan, mencelupkan. *He's immersed in his work* Dia terbenam dlm pekerjaannya.

immersion /i'mǝrzyǝn/ *kb.* pencelupan.

immigrant /'imǝgrǝnt/ *kb.* imigran, pendatang.

immigrate /'imǝgreit/ *kkt.* datang, pindah dari. *He immigrated from ...* Dia pendatang dari ....

immigration /'imǝ'greisyǝn/ *kb.* imigrasi.

imminence /'imǝnǝns/ *kb.* yg akan terjadi segera, kesegeraan.

imminent /'imǝnǝnt/ *ks.* dekat, sebentar lagi. *i. departure* keberangkatan yg sdh dekat.

immobile /i'mowbǝl, -biel/ *ks.* tak bergerak/berobah-obah.

immobility /'imow'bilǝtie/ *kb.* keadaan/sifat tak bergerak.

immobilize /i'mowbǝlaiz/ *kkt.* melumpuhkan, menghentikan. *Bad weather immobilized air traffic* Keadaan udara yg buruk melumpuhkan lalu lintas udara.

immoderate /i'madǝrit/ *ks.* 1 luar biasa, tdk wajar. *i. eater* tukang makan yg luar biasa. 2 meliwati batas. *i. speed* kecepatan yg melampaui batas.

immodest /i'madist/ *ks.* tdk sopan, tak tahu adat.

immodesty /i'madǝstie/ *kb.* ketidaksopanan.

immolate /'imǝleit/ *kkt.* mengorbankan, mengadakan upacara pengorbanan.

immolation /'imǝ'leisyǝn/ *kb.* pengorbanan, persembahan korban.

immoral /i'mǝrǝl, i'mar-/ *ks.* tdk sopan, tunasila, jahat, asusila. *i. conduct* tingkah-laku (yg) asusila, tindakan/perlakuan tak bermoral.

immorality /'imǝ'rælǝtie/ *kb.* (*j.* **-ties**) tunasila. ketidaksopanan, pelanggaran susila.

immortal /i'mǝrtǝl/ *ks.* abadi. *No man is i.* Tak ada manusia yg akan hidup selama-lamanya.

immortality /'imǝr'tælǝtie/ *kb.* keabadian, kehidupan yg kekal, kekekalan.

immortalize /i'mǝrtǝlaiz/ *kkt.* mengabadikan.

immovable /i'muwvǝbǝl/ *ks.* yg tak dpt digerakkan, tak bergerak.

immune /i'myuwn/ *ks.* 1 kebal, imun *i. to smallpox* kebal thd cacar. 2 bébas. *i. to criticism* bébas dari kecaman-kecaman.

immunity /i'myuwnǝtie/ *kb.* (*j.* **-ties**) kekebalan, kebébasan. *diplomatic i.* kekebalan diplomatik. *i. to a disease* kekebalan thd suatu penyakit.

immunization /'imyunǝ'zeisyǝn/ *kb.* pengebalan.

immunize /'imyunaiz/ *kkt.* mengebalkan.

immutable /i'myuwtǝbǝl/ *ks.* tetap, yg kekal/abadi.

imp /imp/ *kb.* 1 sétan. 2 anak nakal.

imp. 1 [*imperative*] bentuk-perintah. 2 [*imperfect*] imperfék. 3 [*import(er)*] importir.

impact /'impækt/ *kb.* 1 tubrukan. 2 pengaruh yg kuat.

impacted /im'pæktid/ *ks.* yg terjepit. *i. wisdom tooth* geraham bungsu yg terjepit.

impair /im'pær/ *kkt.* 1 merusak (*o's health*). 2 menghalangi, mengganggu, mengurangi (*o's vision*).

impairment /im'pærmǝnt/ *kb.* perusakan, pemburukan, pelemahan.

impale /im'peil/ *kkt.* 1 menyulakan (*on a spit, stake*). 2 menémbak (*with spear*). 3 memandang dgn tajam.

impalpable /im'pælpǝbǝl/ *ks.* 1 tak terasa. 2 tak mudah dipahamkan.

impart /im'part/ *kkt.* memberi, menanamkan (*knowledge, a certain air*).

impartiality /'imparsyie'ælǝtie/ *kb.* sifat tdk memihak, sikap/sifat jujur, sifat/sikap adil, kejujuran, keadilan, sifat/sikap nétral.

impassable /im'pæsǝbǝl/ *ks.* tdk dpt dilalui.

impasse /'impæs, im'pæs/ *kb.* jalan buntu, kebuntuan.

impassioned /im'pæsyǝnd/ *ks.* yg bersemangat/berapi-api. *i. speech* pidato yg bersemangat.

impassive /im'pæsiv/ *ks.* tenang, tanpa perasaan. *his i. face* mukanya yg tenang itu.

impatience /im'peisyǝns/ *kb.* ketidaksabaran.

impatient /im'peisyǝnt/ *ks.* tdk sabar. *i. of* tdk sabar thd.

impeach /im'piec/ *kkt.* 1 menuduh, mendakwa. 2 mencurigai. 3 memanggil utk memberi pertanggungjawaban.

impeachment /im'piecmǝnt/ *kb.* 1 pendakwaan, tuduhan. 2 panggilan utk pertanggungjawaban.

impeccable /im'pekǝbǝl/ *ks.* tdk tercela, tertib, tanpa cela. —**impeccably** *kk.* tanpa cela (*dressed*).

impecunious /'impi'kyuwnieǝs/ *ks.* miskin, melarat.

impede /im'pied/ *kkt.* menghalangi, merintangi, mengganggu (*negotiations, travel*).

impediment /im'pedǝmǝnt/ *kb.* kesukaran, rintangan, halangan. *He has a speech i.* Dia sukar berbicara.

impel /im'pel/ *kkt.* (**impelled**) 1 memaksa. *He was impelled to stop working* Dia terpaksa berhenti bekerja. 2 mendorong. *I feel impelled to say ...* Saya merasa terdorong utk mengatakan .... 3 mendorong, mendesak. *Wind impelled the vehicle* Angin mendorong kendaraan itu.

impending /im'pending/ *ks.* yg akan datang, yg mendatang. *i. elections* pemilihan yg akan datang. *sense of i. doom* perasaan akan hukuman yg mendatang.

impenetrable /im'penǝtrǝbǝl/ *ks.* yg tdk dpt dimasuki/dilalui. *i. jungle* hutan yg tak dpt dilalui.

imperative /im'perǝtiv/ *kb. Gram.:* bentuk-perintah. —*ks.* penting sekali, tdk boléh ditth. *It's i. that ...* Penting sekali bhw ....

imperceptible /'impǝr'septǝbǝl/ *ks.* tdk kelihatan/terasa.

imperfect /im'pǝrfekt/ *ks.* 1 tdk sempurna. *The vase is i.* Jambangan bunga itu tdk sempurna. 2 *Gram.:* imperfék. *the i. form* bentuk imperfék.

imperfection /'impǝr'feksyǝn/ *kb.* ketidaksempurnaan, cacat.

imperial /im'pirieǝl/ *ks.* dari atau berh. dgn kekaisaran atau kerajaan. *i. rule* pemerintahan kekaisaran. *I. Majesty* Paduka Yang Mulia.

imperialism /im'pirieǝlizǝm/ *kb.* impérialisme.

imperialist /im'pirieǝlist/ *kb.* impérialis.

imperialistic /im'pirieǝ'listik/ *ks.* impérialistis.

imperil /im'perǝl/ *kkt.* membahayakan.

imperious /im'pirieəs/ *ks.* sombong, angkuh, bersifat mutlak.

imperishable /im'perisyəbəl/ *ks.* kekal, abadi, tak terhancurkan.

impermanent /im'pərmənənt/ *ks.* sementara, tdk tetap/permanén.

impermeable /im'pərmieəbəl/ *ks.* tdk dpt ditembus, kedap, tertutup rapat-rapat.

impersonal /im'pərsənəl/ *ks.* tdk mengenai orang tertentu.

impersonate /im'pərsəneit/ *kkt.* menirukan, berkedok sbg. *to i. a police officer* berkedok sbg seorang perwira polisi.

impersonation /im'pərsə'neisyən/ *kb.* peniruan, perbuatan meniru.

impersonator /im'pərsə'neitər/ *kb.* peniru.

impertinence /im'pərtənəns/ *kb.* kekurangajaran, ketidaksopanan.

impertinent /im'pərtənənt/ *ks.* 1 kurang ajar/ sopan, tdk sopan. 2 tak ada hubungannya, tdk mengenai pokok persoalannya, diluar pokok persoalan/pembicaraan, menyimpang (dari pokok pembicaraan).

imperturbable /'impər'tərbəbəl/ *ks.* tenang sekali, tdk dpt diganggu.

impervious /im'pərvieəs/ *ks.* 1 tahan/kedap air, tdk dpt ditembus air. 2 tdk mempan, tahan. *i. to criticism* tdk mempan kecaman.

impetigo /'impə'taigow/ *kb.* penyakit kulit yg (gatal) menimbulkan bintul-bintul berisi nanah.

impetuous /im'pecuəs/ *ks.* tdk sabar, bergerak dgn kekuatan dan kecepatan yg besar.

impetus /'impətəs/ *kb.* daya pendorong, dorongan, keuletan.

impinge /im'pinj/ *kki.* 1 mengenai, bergéséran dgn. *This impinges on his field* Ini agak mengenai lapangannya. 2 menimpa, mengenai. *The sun's rays impinged on our eyes* Sinar matahari itu menimpa mata kami.

impious /'impieəs/ *ks.* tdk beriman/bertuhan.

impish /'impisy/ *ks.* nakal, tdk baik.

implacable /im'plækəbəl/ *ks.* bersikap kepala batu, gurat batu.

implant /'implænt *kb.*; im'plænt *kkt.*/ *kb.* penanaman. —*kkt.* menanamkan.

implement /'impləmənt *kb.*; 'impləmənt *kkt.*/ *kb.* alat, peralatan. —*kkt.* melaksanakan. *to i. the new regulation* melaksanakan peraturan baru itu.

implementation /'impləmən'teisyən/ *kb.* pelaksanaan, impleméntasi.

implicate /'impləkeit/ *kkt.* melibatkan, menyangkutkan. *He was implicated in the crime* Dia terlibat dlm (perkara) kejahatan itu.

implication /'implə'keisyən/ *kb.* 1 maksud, pengertian. *by i.* sdh tersimpul didalamnya secara tersimpul. 2 implikasi, terlibatnya (*in a plot*).

implicit /im'plisit/ *ks.* selengkapnya, yg hrs dipatuhi. *i. instructions* instruksi-instruksi selengkapnya. *That was i. in what she said* Itu sdh termasuk dlm apa yg dikatakannya. *i. faith* kepercayaan penuh. *i. obedience* kepatuhan penuh. —**implicitly** *kk.* secara mutlak. *to obey i.* patuh pd, menurut perintah secara mutlak.

implies /im'plaiz/ lih IMPLY.

implore /im'plowr/ *kkt.* 1 memohon dgn sangat kpd. *to i. the court for leniency* memohon dgn sangat kpd pengadilan utk mendapatkan keringanan. 2 memohonkan dgn sangat. *I implored her forgiveness* Saya memohonkan ampunannya dgn sangat.

—**imploring** *ks.* yg bersifat memohon. *i. look* pandangan yg memohonkan.

imply /im'plai/ *kkt.* (**implied**) menyatakan secara tdk langsung. *He implied that he would be interested in the job* Dia menyatakan secara tdk langsung bhw dia tertarik akan pekerjaan itu. *That implies patience on his part* Itu menunjukkan bhw ia masih mau bersabar. *Do you mean to i. that ...?* Apakah kau bermaksud hendak mengatakan bhw...? *You seem to i. that ...* Kau rupanya ingin mengatakan bhw .... —**implied** *ks.* termasuk, penuh. *i. trust* kepercayaan penuh.

impolite /'impə'lait/ *ks.* tdk sopan, kasar.

impoliteness /impə'laitnəs/ *kb.* ketidaksopanan.

imponderable /im'pandərəbəl/ *kb.* **the imponderables** *j.* faktor-faktor yg tdk dpt diperhitungkan. —*ks.* yg tak dpt diperhitungkan.

import /'impowrt *kb.*; im'powrt *kkt.*/ *kb.* 1 impor. *i. trade* perdagangan impor. 2 maksud, makna, arti. 3 kepentingan. *matter of great i.* masalah yg besar artinya. —**imports** *j.* barang-barang impor. —*kkt.* mengimpor, mendatangkan barang-barang dari luar negeri. **imported** *goods* barang-barang impor/yg diimpor. —**importing** *kb.* pengimporan.

importance /im'pərtəns/ *kb.* pentingnya, kepentingan. *It's of no i. to me* Itu tdk penting utk saya. *the i. of good health* pentingnya keséhatan yg baik. *to add to o's own i.* mempertinggi géngsi dirinya.

important /im'pərtənt/ *ks.* penting. *i. reason* alasan penting. *He looks i.* Lagaknya/Tingkah-lakunya spt orang yg berkuasa/berkedudukan penting.

importation /'impowr'teisyən/ *kb.* 1 pemasukan. 2 barang impor.

importer /'impowrtər, im'powrtər/ *kb.* pengimpor, importir.

importune /im'pərcən/ *kkt.* 1 meminta dgn sangat. 2 mendesak.

impose /im'powz/ *kkt.* 1 menjatuhkan. *to i. a 30 day sentence on ...* menjatuhkan hukuman sebulan lamanya kpd .... 2 mengadakan (*sanctions*). 3 menentukan (*conditions*). *to i. a curfew* menetapkan jam malam. 4 membebankan. *to i. a duty on coffee* membebankan béa atas kopi. 5 memaksakan. *to i. o's will* memaksakan kehendaknya. —*kki.* mengganggu. *to i. on s.o.* memperdayakan/mengganggu s.s.o. *People i. on him* Orang memperdayakannya. —**imposing** *ks.* yg mengesankan/mengagumkan.

imposition /'impə'zisyən/ *kb.* 1 pembebanan (*of tax*). 2 kerugian, pengenaan, gangguan. *It's an i. to call on her* Akan mengganggu dia kalau pergi mengunjunginya.

impossibility /im'pasə'bilətie/ *kb.* (*j.* -**ties**) ketidakmungkinan, kemustahilan.

impossible /im'pasəbəl/ *kb.* **the i.** hal yg mustahil. *to do the i.* melakukan s.s.t. yg pelik/sulit. mendirikan/menegakkan benang basah. *to expect the i.* mengharapkan hal yg tidak-tidak. —*ks.* tdk mungkin, mustahil. *You're i.!* Kau ini bandel! Kau ini menyusahkan benar! *her i. hat* topinya yg menyolok/menggemparkan. *an i. person* seorang yg menjijikkan/tdk disukai/sukar utk dikendalikan/dilayani.

impostor /im'pastər/ *kb.* penyemu, penipu yg lihay.

impotence /'impətəns/ *kb.* 1 ketidakmampuan. 2 kelemahan syahwat, sifat impotén.

impotent /'impətənt/ *ks.* 1 tdk bertenaga, tunadaya. 2 (*sexually*) lemah syahwat, impotén.

impound /im'pawnd/ *kkt.* 1 mengurung, mengandangkan ⟨*dogs, cars*⟩. 2 menyita.

impoverish /im'pavərisy/ *kkt.* memiskinkan, memelaratkan. *impoverished miner* pekerja tambang yg jatuh miskin.

impoverishment /im'pavərisymənt/ *kb.* pemiskinan.

impracticability /im'præktəkə'bilətie *kb.* ketidakpraktisan, ketidakmungkinan pelaksanaan.

impracticable /im'præktəkəbəl/ *ks.* tak dpt dilaksanakan.

impractical /im'præktəkəl/ *ks.* tdk praktis/berguna, tdk dpt dijalankan.

imprecation /'imprə'keisyən/ *kb.* kutuk(an).

imprecise /'impri'sais/ *ks.* tdk tepat/teliti.

imprecision /'imprə'sizyən/ *kb.* ketidaksaksamaan, ketidaktepatan.

impregnable /im'pregnəbəl/ *ks.* dpt menahan serangan-serangan, tdk terkalahkan, tak dpt direbutkan. *i. fortress* bénténg (pertahanan) yg tak dpt direbut.

impregnate /im'pregneit/ *kkt.* mengisi, meresapi, menyuburkan. *to i. the mind with ideas* memenuhi pikiran dgn gagasan-gagasan.

impresario /'impri'sarieow/ *kb.* impresario.

impress /im'pres/ *kb.* kesan. —*kkt.* 1 mengesankan bagi. *That doesn't i. me* Itu tdk mengesankan bagi saya. 2 mempengaruhi. *She tries to i. people* Dia berusaha mempengaruhi orang. 3 mencamkan. *to i. s.t. on o's mind* mencamkan s.s.t. kedlm pikirannya. 4 menanamkan kesan pd. *He tried to i. me with the idea that he is ...* Ia berusaha menanamkan kesan pd saya bhw ia .... *I am not impressed* Saya tdk merasa kagum. Saya tdk merasa terpengaruh. *I am not terribly impressed by him* Ia tdk begitu mengagumkan bagi saya. —*kki.* **to i.** (**upon**) mengingatkan. *I must i. upon you to...* Saya mengingatkan kamu utk....

impression /im'presyən/ *kb.* 1 kesan. *to make a good i. on s.o.* memberi kesan yg baik pd s.s.o. 2 pengaruh. *The rain made little i. on the drought* Hujan memberi pengaruh sedikit kpd kemarau. 3 (oplah) cétakan (*of a book*). 4 jejak (*of a foot*). *I am under the i. that ...* Saya mempunyai kesan bhw.... *to give/create a false i.* memberi kesan yg salah. *to leave a strong i. on o's mind* sangat berkesan di hatinya.

impressionable /im'presyənəbəl/ *ks.* mudah dipengaruhi, mudah menerima pengaruh. *to be at the i. age* mencapai usia masa peka.

impressionism /im'presyənizəm/ *kb.* imprésionisme.

impressive /im'presiv/ *ks.* yg mengesankan, kerén.

imprint /'imprint/ *kb.* 1 terbitan. *Ithaca i.* buku terbitan Ithaca. 2 kesan. 3 jejak (kaki). —*kki.* menyetémpél, mencap, menanamkan. *It is forever imprinted on my memory* Itu tlh tertanam utk selamalamanya dlm ingatan saya.

imprison /im'prizən/ *kkt.* memenjarakan, meringkukkan, menjebloskan kedlm penjara.

imprisonment /im'prizənmənt/ *kb.* hukuman penjara. *life i.* hukuman penjara seumur hidup.

improbability /'imprabə'bilətie/ *kb.* (*j.* **-ties**) hal tdk masuk (di) akal, ketidakmungkinan.

improbable /im'prabəbəl/ *ks.* tdk mungkin, mustahil, lengkara.

impromptu /im'pramptuw/ *kk.* mendadak, tanpa persiapan. *i. speech* pidato yg mendadak.

improper /im'prapər/ *ks.* 1 tdk patut. *It's i. to act as he did* Tidaklah pátut berbuat spt yg dilakukannya. 2 tdk benar, salah. *i. usage* pemakaian (bahasa) yg tdk benar. —**improperly** *kk.* tak layak/pantas, tak

tepat. *That word is i. used* Kata itu tak tepat pemakaiannya.

impropriety /'imprə'praiətie/ *kb.* (*j.* **-ties**) ketidakpantasan, ketidaklayakan.

improve /im'pruwv/ *kkt.* memperbaiki. *The paint improves the room's appearance* Cat itu menambah semarak kpd ruangan itu. —*kki.* bertambah baik, mulai sembuh. *He has greatly improved* Keséhatannya tlh banyak bertambah. *Some things i. with use* Sementara barang bertambah baik kalau dipakai. *Business is steadily improving* Perdagangan terusmenerus maju. **to i.** (**up**)**on** menaikkan. *He says he can i. on my offer* Ia mengatakan bhw ia dpt menaikkan penawaran saya. —**improved** *ks.* meningkat hasilnya, dimanfaatkan. *i. land* tanah yg ditingkatkan/meningkat hasilnya.

improvement /im'pruwvmənt/ *kb.* perbaikan, kemajuan. *This is quite an i. over the old car* Ini benarbenar merupakan perbaikan dari mobil yg lama itu. *an i. on other antibiotics* perbaikan drpd obat-obat antibiotika lainnya.

improvident /im'pravədənt/ *ks.* 1 boros, membuang-buang. 2 tdk berhati-hati dgn hari depan.

improvisation /'improvə'zeisyən, 'imprə-/ *kb.* improvisasi.

improvise /'imprəvaiz/ *kkt.* 1 membuat dgn seadaadanya. 2 mengarang lagu menurut komposisinya sendiri.

imprudence /im'pruwdəns/ *kb.* kurang hati-hati, kelalaian, kekurangakalan.

imprudent /im'pruwdənt/ *ks.* tdk berhati-hati, lalai, kurang akal.

impudence /'impyədəns/ *kb.* kelancangan, kekurangajaran, kekasaran.

impudent /'impyədənt/ *ks.* lancang, kurang ajar.

impugn /im'pyuwn/ *kkt.* meragukan, menuduh. *to i. s.o's loyalty* meragukan kesetiaan s.s.o.

impulse /'impʌls/ *kb.* 1 gerak hati. *to act/do s.t. on i.* melakukan s.s.t. atas desakan hati. *to have a sudden i. to hit s.o.* tiba-tiba terdorong hati utk memukul s.s.o. 2 *Radio*: impuls.

impulsive /im'pʌlsiv/ *ks.* bersifat menurutkan kata hati. *i. force* tenaga yg timbul karena dorongan hati. *i. action* tindakan yg timbul atau perbuatan yg dilakukan karena desakan hati. —**impulsively** *kk.* dgn menurutkan kata hati.

impunity /im'pyuwnətie/ *kb.* kebébasan dari hukuman. *to ignore s.t. with i.* mengabaikan s.s.t. tanpa mendapat hukuman.

impure /im'pyur/ *ks.* tdk murni, kotor, najis.

impurity /im'pyurətie/ *kb.* (*j.* **-ties**) kotoran, kenajisan. *to remove the impurities from* mengeluarkan segala s.s.t. yg tdk murni dari.

impute /im'pyuwt/ *kkt.* menyalahkan, menghubungkan, mempertalikan.

in /in/ *kb.* *Inf.*: kedudukan pengaruh. *to have an in* mempunyai pengaruh. —**ins** *j.* yg menang. *ins and outs* seluk-beluk. *I know the ins and outs of the matter* Saya tahu duduknya perkara. —*kd.* 1 di. *in New York* di New York. *in school* di sekolah. *the streets in Jakarta* jalan di Jakarta. *in bed* di tempat tidur, tidur. 2 dalam. *in English* dlm bahasa Inggeris. *in business* dlm perusahaan. *I read it in the paper* Saya membacanya dlm surat kabar. *She's in her eighties* Ia dlm usia delapan puluhan. *There are four marks in a dollar* Ada empat mark dlm satu dolar. *in winter* dlm musim dingin. *in Sept.* dlm bulan Séptémber. *We drove there in two hours* Kami naik mobil kesana dlm dua jam. *in the Italian style* dlm gaya Itali. *We were in despair* Kami (dlm keadaan) putusasa.

to work in the hot sun bekerja dlm panas matahari. *in the dark* dlm gelap. 3 pada. *in the daytime* pd siang hari. *in those days* pd masa itu. *In certain places in the road there are deep ruts* Pd tempat-tempat tertentu di jalan itu terdapat lubang-lubang yg dlm. *He was wounded in the chest* Ia terluka pd dadanya. *He is blind in one eye* Ia buta pd salah satu matanya. 4 didalam. *in the river* didlm sungai. 5 atas. *in the name of* atas nama. 6 diantara. *One in ten graduates from medical school* Seorang diantara sepuluh orang tamatan dari sekolah kedokteran. *in such and such a latitude* diantara garis lintang sekian dan sekian. 7 menurut, pada. *in my opinion* menurut pendapat saya, pd hémat saya. 8 untuk. *to have tickets in the second row* mempunyai karcis-karcis utk baris kedua. *I'm to blame in part* Utk sebagian saya merasa bersalah. *in justice to my opponent* utk bersikap adil thd lawan saya. 9 secara. *in writing* secara tertulis. *to talk in a whisper* berbicara secara berbisik. 10 menurut, dalam. *to stand in line* berdiri menurut barisan/dlm satu baris. *in the form of* dlm/menurut bentuk. 11 waktu. *In crossing the river we lost several items* Waktu menyeberang sungai itu kami kehilangan beberapa barang. 12 lagi. *I'll be home in an hour* Satu jam lagi saya pulang. *He'll be here in a little while* Ia akan tiba disini sebentar lagi. ∷ *I'll come in the morning* Saya akan datang bésok pagi. Saya akan datang waktu pagi. *in your reply* (jika) membalas, dlm balasanmu. *What's the latest in shoes?* Apa modél sepatu yg terbaru? *He came out in his undershirt* Ia keluar berpakaian pakaian dlm. *She was dressed in black* Ia mengenakan pakaian hitam. *He's in excellent health* Keséhatannya baik sekali. *Inf.: What's in it for me?* Apa keuntungannya bagi saya? *I didn't know he had it in him* Saya tdk tahu bhw ia cakap utk pekerjaan itu. —*kk.* **to be in** 1 ada. *Is Mr. Jones in?* Tuan Jones ada? *The bus is in* Otobis sdh tiba. 2 berkuasa. *The Republicans are now in* Orang-orang Partai Républikén sekarang berkuasa. 3 masuk. *Are the results all in?* Apakah semua hasil-hasilnya sdh masuk? *Peaches are in* Sekarang sdh musim persik. *Inf.: You're in for it now!* Celaka kau sekarang! *to be in for some snow* mendapat salju. **to be in on** mengetahui (ttg). *to be in on a secret* mengetahui (ttg) rahasia. **to be in with** bersekutu dgn, menjadi anggota dari. *He is in with several influential people* Ia mempunyai hubungan yg baik dgn beberapa orang yg berpengaruh. **in-between** *kb.* perantara. *ks.* diantara. *the space in-between* ruang diantara. **in-depth** *ks.* yg mendalam (*investigation*). **in-flight movies** pertunjukan pilem dlm penerbangan. **in-grade** *ks.* dlm golongan. *in-grade raise* kenaikan gaji dlm golongannya. **in-group** *kb.* golongan awak/sendiri. **in-laws** sanak saudara istri atau suami. **in-service** *training program* program latihan jabatan.

inability /'inə'bilətie/ *kb.* ketidakmampuan, ketidaksanggupan.

inacceptable /'inæk'septəbəl/ *ks.* tdk dpt diterima.

inaccessibility /'inæk'sesə'bilətie/ *kb.* keadaan tdk terdekau / termasuki / tertakluk kan / tertundukkan / sukar utk memperoléhnya.

inaccessible /'inæk'sesəbəl/ *ks.* 1 tdk dpt dimasuki/ dilalui. 2 tdk dpt dicapai.

inaccuracy /in'ækyurəsie/ *kb.* (*j.* **-cies**) ketidaksaksamaan, ketidaktelitian.

inaccurate /in'ækyərit/ *ks.* tdk saksama/teliti.

inaction /in'æksyən/ *kb.* ketidakgiatan, kelambanan.

inactivate /in'æktəveit/ *kkt.* menonaktipkan. *Be-*

cause of the accident he became inactivated Karena kecelakaan itu dia menjadi non-aktip.

inactive /in'æktiv/ *ks.* lamban, non-aktip. *on i. duty* tdk bertugas, non-aktip.

inactivity /'inæk'tivətie/ *kb.* 1 ketidakaktipan. 2 kemalasan.

inadaptability /'inə'dæptə'bilətie/ *kb.* ketidaksanggupan dlm menyesuaikan diri (**to** dgn).

inadequacy /in'ædəkwəsie/ *kb.* (*j.* **-cies**) 1 ketidakcukupan, kekurangan. 2 ketidakcakapan.

inadequate /in'ædəkwit/ *ks.* 1 tdk cukup. *i. knowledge* pengetahuan yg tdk cukup. 2 tdk mencukupi. *i. funds* uang yg tdk mencukupi.

inadmissible /'inəd'misəbəl/ *ks.* tdk dpt diterima. *That evidence is i.* Bukti itu tdk dpt diterima.

inadvertent /'inəd'vərtənt/ *ks.* tdk/kurang hatihati. —**inadvertently** *kk.* dgn kurang hati-hati.

inadvisable /'inəd'vaizəbəl/ *ks.* tdk bijaksana.

inalienable /in'eilyənəbəl/ *ks.* tdk dpt dicabut. *i. right* hak yg tak dpt dicabut.

inane /i'nein/ *ks.* bodoh, tolol, kosong, tdk berarti.

inanimate /in'ænəmit/ *ks.* mati. *i. object* benda/ barang mati, benda yg tak bernyawa.

inapplicable /in'æpləkəbəl/ *ks.* tdk dpt diterapkan, tdk berguna.

inappreciative /'inə'priesyətiv/ *ks.* tdk menghargai.

inappropriate /'inə'prowprieit/ *ks.* tdk tepat/ pantas.

inapt /in'æpt/ *ks.* tdk tepat/cocok.

inaptitude /in'æptətuwd, -tyuwd/ *kb.* ketidakcakapan, ketidakmampuan, ketidakprigelan.

inarticulate /'inar'tikyəlit/ *ks.* tdk jelas, sukar berbicara.

inartistic /'inar'tistik/ *ks.* tdk tahu seni, tidak artistik.

inasmuch /'inəs'mʌc/ *kk.* *i. as* sebab, karena, lantaran.

inattention /'inə'tensyən/ *kb.* kurang perhatian (**to** thd).

inattentive /'inə'tentiv/ *ks.* kurang memperhatikan.

inaudible /in'ɔdəbəl/ *ks.* tdk terdengar/kedengaran.

inaugural /in'ɔgyərəl/ *kb.* upacara inaugurasi/ pengukuhan. *i. speech* pidato pengukuhan/pelantikan.

inaugurate /in'ɔgyəreit/ *kkt.* 1 melantik. *to i. train service between...* meresmikan dinas keréta-api antara.... 2 membuka. *Sputnik inaugurated the space age* Sputnik membuka zaman ruang-angkasa.

inauguration /in'ɔgyə'reisyən/ *kb.* 1 pelantikan, inaugurasi. 2 pembukaan (*of train service*).

inauspicious /'inə'spisyəs/ *ks.* sial, tdk menguntungkan.

inboard /'in'bowrd/ *ks., kk.* didlm (kapal). *i. motor* mesin didlm kapal.

inborn /'in'bɔrn/ *ks.* pembawaan sejak lahir. *i. ability* bakat pembawaan sejak lahir.

inbreed /'in'bried/ *kkt.* (**inbred**) memperkawinkan yg sejenis atau sebangsa. —**inbred** *ks.* 1 pembawaan. *i. courtesy* sifat sopan yg dibawa sejak lahir. 2 dikawinkan dgn yg sejenis. *i. strain of horses* kuda-kuda dari keturunan yg sejenis. —**inbreeding** *kb.* perkawinan antara keluarga-keluarga yg dekat sekali, kawin sedarah.

inc., Inc. [*incorporated*] perséroan terbatas, P.T.

incalculable /in'kælkyələbəl/ *ks.* tdk terhitung.

incandescent /'inkən'desənt/ *ks.* pijar. *i. bulb* bola lampu pijar. *i. light* cahaya lampu pijar.

incantation /'inkæn'teisyən/ *kb.* mantera, jampi.

incapable /in'keipəbəl/ *ks.* tdk cakap/mampu/

sanggup. *i. of emotion* dpt menahan émosi-émosi. *i. of proof* tdk tahan uji. *i. of managing o's own affairs* tak dpt/sanggup mengurus urusannya sendiri.
incapacitate /'inkə'pæsəteit/ *kkt.* menjadikan tdk mampu.
incarcerate /in'karsəreit/ *kkt.* memenjarakan, meringkukkan, mengurung.
incarceration /in'karsə'reisyən/ *kb.* pengurungan, penahanan.
incarnate /in'karnit *ks.*; in'karneit *ks., kkt.| ks.* penjelmaan, perwujudan. *the devil i.* penjelmaan sétan. —*kkt.* menjelmakan, mewujudkan, menitis.
incarnation /'inkar'neisyən/ *kb.* penjelmaan, perwujudan, inkarnasi, penitisan.
incautious /in'kɔsyəs/ *ks.* tdk berhati-hati.
incendiarism /in'sendieə'rizəm/ *kb.* pembakaran rumah/gedung.
incendiary /in'sendie'erie/ *kb.* (*j.* **-ries**) pembakar rumah. *i. bomb* bom pembakar.
incense /'insens *kb.*; in'sens *kkt.| kb.* kemenyan, dupa. *i. burner* pedupaan. —*kkt.* menjadikan marah. *He was incensed by the remark* Dia sangat marah oléh karena ucapan itu. Dia naik darah karena teguran itu.
incentive /in'sentiv/ *kb.* pendorong, dorongan, perangsang.
inception /in'sepsyən/ *kb.* permulaan, lahirnya.
incessant /in'sesənt/ *ks.* tak putus-putus, tak berhenti-henti. —**incessantly** *kk.* tak putus-putusnya.
incest /'insest/ *kb.* perbuatan sumbang/berzinah/ berkendak dgn saudaranya.
incestuous /in'sescuəs/ *ks.* sumbang. *i. relationship* pergaulan melanggar adat, pergaulan zinah/kendak dgn saudaranya.
inch /inc/ *kb.* inci. *one i. long* panjangnya satu inci. *The bullet missed him by inches* Peluru itu beberapa inci lagi/hampir/nyaris mengenai dia. **i. by i.** setapak demi setapak. **within an i. of** nyaris, hampir. *He was within an i. of drowning* Nyawanya nyaris melayang karena tenggelam. *He never gives an i.* Ia tak pernah mau mengalah. Setapakpun ia tak pernah mau mundur. **to know every i. of the area** betul-betul mengenal daérah itu. *He was every i. a soldier* Dia sungguh-sungguh seorang tentara. *every i. of space* tiap sudut dari ruang. *Give him an i. and he takes an ell/mile* Betis diberi hendak paha. —*kkt.* melangkah setapak demi setapak. *to i. o's way along a road* melangkah setapak demi setapak sepanjang jalan itu.
inchoate /in'kowit/ *ks.* dlm taraf permulaan, blm lengkap.
incidence /'insədəns/ *kb.* 1 timbulnya. *i. of disease* timbulnya penyakit. 2 luasnya kejadian atau pengaruh, luasnya akibat.
incident /'insədənt/ *kb.* peristiwa, kejadian. —*ks. the dangers i. to space exploration* bahaya-bahaya yg menyertai penyelidikan ruang angkasa.
incidental /'insə'dentəl/ *kb.* **incidentals** *j.* pengeluaran-pengeluaran kecil, ongkos-ongkos tambahan. —*ks.* 1 kebetulan. *an i. encounter with an old friend* secara kebetulan berjumpa dgn teman lama. 2 kurang penting, soal kecil. 3 sekali-sekali. **i. to** ada hubungannya dgn, mengingat akan. *The cost is i. to the importance* Ongkos itu tdk bertalian/berhubungan dgn pentingnya. **i. expenses** ongkos-ongkos tambahan. —**incidentally** *kk.* sambil lalu.
incinerate /in'sinəreit/ *kkt.* membakar.
incinerator /in'sinə'reitər/ *kb.* tempat pembakaran (sampah).

incipient /in'sipieənt/ *ks.* yg baru mulai, baru jadi. *i. cold* pilek yg baru jadi.
incision /in'sizyən/ *kb.* toréhan, irisan, bedélan.
incisive /in'saisiv/ *ks.* tajam. *i. style* gaya yg tajam.
incisor /in'saizər/ *kb.* gigi seri/manis/pengiris.
incite /in'sait/ *kkt.* 1 menghasut. *to i. s.o. to attack* menghasut s.s.o. utk menyerang. 2 mendorong.
incitement /in'saitmənt/ *kb.* hasutan, dorongan, perangsang.
incl. [*including, inclusive*] termasuk.
inclement /in'klemənt/ *ks.* buruk (*of weather*).
inclination /'inklə'neisyən/ *kb.* 1 kecenderungan. *an i. to become a painter* kecenderungan utk menjadi pelukis. 2 kecondongan, kehendak hati. *Let him follow his own i.* Biarkan dia mengikuti/menurutkan kehendak hatinya. 3 kesudian. 4 *Math.*: inklinasi.
incline /'inklain *kb.*; in'klain *kkt., kki.| kb.* (pen)dakian, léréngan, tempat yg mendaki. —*kkt.* mencondongkan. —*kki.* meléréng. —**inclined** *ks.* cenderung. *He's i. to be lazy* Dia cenderung utk bermalas-malas. *Please come if you feel so i.* Datanglah jika kau sangat menginginkannya.
inclose /in'klowz/ = ENCLOSE.
include /in'kluwd/ *kkt.* memasukkan. *Please i. all the items* Tolong masukkan semua barang-barang itu. *This price includes tax* Harga ini termasuk pajak. *They were five including the leader* Meréka itu berlima, termasuk pemimpin meréka. *Are the tires included in the purchase?* Apakah ban-ban itu termasuk dlm pembelian itu? *The price is $60, tax included* Harga itu $60. termasuk pajak. *up to and including* sampai dengan.
inclusion /in'kluwzyən/ *kb.* termasuknya, pemasukan, pencantuman.
inclusive /in'kluwsiv/ *ks.* 1 sampai dengan. *from March to June i.* dari bulan Maret sampai dgn bulan Juni. 2 termasuk. *i. of tax* termasuk pajak.
incognito /'inkag'nietow/ *ks., kk.* secara menyamar, dedemitan.
incoherence /'inkow'hirəns/ *kb.* pembicaraan yg ngawur, ketidaklogisan.
incoherent /'inkow'hirənt/ *ks.* 1 yg membingungkan. *i. statement* ucapan yg membingungkan. 2 kacau. —**incoherently** *kk.* tak keruan. *to talk i.* berbicara tak keruan.
incombustible /'inkəm'bʌstəbəl/ *ks.* tahan api, tdk terbakar.
income /'inkʌm/ *kb.* penghasilan, pendapatan. *i. tax* pajak penghasilan. *i. tax form* surat pajak. *to live on o's i.* hidup dgn penghasilannya.
incoming /'inkʌming/ *ks.* 1 yg baru masuk. *the i. students* mahasiswa-mahasiswa yg baru masuk itu. 2 yg sedang naik. *the i. tide* (air-)pasang yg sedang naik.
incommensurable /'inkə'mensərəbəl/ *ks.* tdk dpt dibandingkan.
incommensurate /'inkə'mensərit/ *ks.* tdk seimbang, tdk selaras (**to/with** dgn).
incommunicado /'inkə'myuwnə'kadow/ *ks.* terputus/putus hubungan dgn orang-orang lain. *to hold s.o. i.* melarang s.s.o. mengadakan hubungan dgn orang-orang lain.
incomparable /in'kampərəbəl/ *ks.* yg tak ada bandingannya, tiada banding, yg tak duanya.
incompatibility /'inkəm'pætə'bilətie/ *kb.* (*j.* **-ties**) ketidakcocokan, ketidaksesuaian.
incompatible /'inkəm'pætəbəl/ *ks.* 1 tdk rukun (*of a married couple*). 2 bertentangan, tdk dpt didamaikan, tdk cocok dgn, tak dpt bersamaan dgn.

incompetence /in'kampətəns/ *kb.* ketidakcakapan, ketidakmampuan.

incompetent /in'kampətənt/ *kb.* orang yg kurang `cakap. —ks.* tdk cakap, tdk mampu. *He is i. to make a will* Ia tdk berhak utk membuat/mengeluarkan surat wasiat.

incomplete /'inkəm'pliet/ *ks.* tdk lengkap, tdk rampung/selesai.

incompleteness /'inkəm'plietnəs/ *kb.* ketidaklengkapan.

incomprehensible /'inkamprie'hensəbəl/ *ks.* tdk dpt dimengerti, tdk terpahami. *His dialect is i.* Logatnya tdk dpt dimengerti.

inconceivable /'inkən'sievəbəl/ *ks.* tdk dpt dibayangkan/digambarkan/dipahami.

inconclusive /'inkən'kluwsiv/ *ks.* tdk meyakinkan. *The proof was i.* Buktinya tdk meyakinkan.

incongruity /'inkən'gruwətie/ *kb.* (*j.* **-ties**) keganjilan, keanéhan, ketidakpantasan.

incongruous /in'kanggruəs/ *ks.* tdk layak/pantas.

inconsequential /'inkansə'kwensyəl/ *ks.* tak bertalian, ngawur.

inconsiderable /'inkən'sidərəbəl/ *ks.* sedikit, tdk berarti. *His contribution is not i.* Sumbangannya berarti juga.

inconsiderate /'inkən'sidərit/ *ks.* tdk memperhatikan. *to be i. towards s.o.* kurang menaruh perhatian thd s.s.o.

inconsistency /'inkən'sistənsie/ *kb.* (*j.* **-cies**) ketidakkonsékwénan. *i. of thought* pendirian yg tdk tetap/mantap.

inconsistent /'inkən'sistənt/ *ks.* tdk konsékwén/ tetap.

inconspicuous /'inkən'spikyuəs/ *ks.* tdk menarik perhatian, tdk dikenal orang. *She tries to be i.* Dia berusaha jangan sampai diperhatikan orang.

incontestable /'inkən'testəbəl/ *ks.* tdk perlu dipersoalkan, tdk diragukan.

incontinence /in'kantənəns/ *kb.* tarak, pertarakan.

incontrovertible /'inkantrə'vərtəbəl/ *ks.* yg tdk dpt dibantah (*evidence, proof*).

inconvenience /'inkən'vienyəns/ *kb.* pengganguan, kesusahan, ketidakénakan. *She was spared any i.* Dia dijauhkan dari segala gangguan. *to put s.o. to a lot of i.* banyak menyusahkan/menyusahi s.s.o. *the i. of living so far from town* kesulitan-kesulitan berdiam jauh dari kota. —*kkt.* menyusahkan, mengganggu.

inconvenient /'inkən'vienyənt/ *ks.* tdk menyenangkan, susah, sukar. *i. for s.o.* menyusahkan bagi s.s.o.

incorporate /'in'kɔrpəreit/ *kkt.* 1 memasukkan. *to i. an idea in a lecture* memasukkan gagasan kedlm kuliah. *to i. the footnotes in the body of the text* memasukkan catatan-catatan di kaki halaman kedlm kerangka karangan itu. 2 menggabungkan, menjadikan badan hukum. —**incorporated** *ks.* 1 tergabung, berbentuk badan hukum. 2 perséroan terbatas. *i. firm* perusahaan perséroan terbatas.

incorporation /in'kɔrpə'reisyən/ *kb.* 1 penggabungan (*firm*). 2 pengumpulan, penyatuan. *i. of material in a book* penyatuan bahan-bahan didlm buku.

incorrect /'inkə'rekt/ *ks.* tdk benar/tepat, salah. *Events have proved him i.* Kejadian-kejadian tlh membuktikan bhw ia salah. *i. expression* ucapan yg salah/ tdk tepat. *It is i. to say that ...* Salah/Tdk tepat utk mengatakan bhw .... —**incorrectly** *kk.* salah.

incorrigible /in'karəjəbəl/ *ks.* tdk dpt diperbaiki.

incorruptible /'inkə'rʌptəbəl/ *ks.* tdk dpt disuapi.

increase /'inkries *kb.*; in'kries *kkt., kki./kb.* 1 pertam-

bahan. *i. in population* pertambahan jiwa. *i. in crime* bertambahnya/meningkatnya kejahatan. 2 kenaikan. *salary i.* kenaikan gaji. **to be on the i.** bertambah terus, makin bertambah. —*kkt.* 1 memperluas. *to i. classroom space* memperluas ruangan kelas. 2 menambah. *to i. advertising space* menambah ruangan iklan. *to i. speed* menambah kecepatan. 3 menaikkan. *to i. s.o's salary* menaikkan gaji s.s.o. 4 mempertinggi, meningkatkan. *to i. vigilance* mempertinggi kewaspadaan. —*kki.* 1 bertambah. *The population has increased* Penduduk tlh bertambah. *The snow increased* Salju bertambah banyak/tinggi. 2 meningkat. *The threat of war increases* Ancaman perang makin meningkat. 3 naik. *Rice increased in price* Beras naik harganya. —**increased** *ks.* meningkat, naik. *the i. cost of living* ongkos hidup yg meningkat. —**increasing** *ks.* yg bertambah/meningkat. *the i. number of flu victims* penderita flu/influénsa yg bertambah jumlahnya. —**increasingly** *kk.* makin bertambah. *He is i. interested in science* Makin bertambah perhatiannya thd ilmu pengetahuan.

incredible /in'kredəbəl/ *ks.* 1 luar biasa. *i. memory* ingatan yg luar biasa. 2 tdk masuk akal. —**incredibly** *kk.* luar biasa. *i. short flight* penerbangan yg luar biasa singkat(nya).

incredulity /'inkrə'duwlətie, -'dyuw-/ *kb.* ketidakpercayaan, keraguan.

incredulous /in'krejələs/ *ks.* yg meragukan, yg tdk masuk akal.

increment /'inkrəmənt/ *kb.* tambahan/kenaikan (gaji).

incriminate /in'kriməneit/ *kkt.* 1 melibatkan, memberatkan. *to i. s.o. in a theft* melibatkan s.s.o. dlm pencurian. 2 menuduh. —**incriminating** *ks.* memberatkan. *i. documents* dokumén-dokumén yg (dpt) membuktikan kejahatan/kesalahan.

incrust /in'krʌst/ *kkt.* 1 menutup. *The ground was incrusted with ice and snow* Tanah itu tertutup dgn és dan salju. 2 melapisi.

incrustation /'inkrə'steisyən/ *kb.* 1 lapisan kotoran. 2 karang pelapis.

incubate /'inkyəbeit/ *kkt.* menetaskan, mengeram. —*kki.* menetas.

incubation /'inkyə'beisyən/ *kb.* penetasan, pengeraman, incubasi. *i. period* masa incubasi.

incubator /'inkyə'beitər/ *kb.* mesin pengeram/ penetas.

inculcate /'inkəlkeit/ *kkt.* menanamkan. *to i. love for the fatherland* menanamkan cinta kpd tanahair.

incumbency /in'kʌmbənsie/ *kb.* (*j.* **-cies**) jabatan, wewenang, hak dan kewajiban.

incumbent /in'kʌmbənt/ *kb.* yg sedang memegang jabatan, pemegang jabatan. —*ks.* 1 berkewajiban. *It is i. upon you to ...* Engkau berkewajiban utk .... 2 yg memegang suatu jabatan.

incur /in'kər/ *kkt.* (**incurred**) 1 mendatangkan. *to i. embarrassment* mendatangkan malu. 2 mengadakan. *to i. expenses* mengadakan pengeluaran. *to i. a debt* membuat utang. *to i. s.o's hatred* membangkitkan rasa benci s.s.o.

incurable /in'kyurəbəl/ *ks.* tdk dpt disembuhkan, tak tersembuhkan. *i. liar* pembohong yg tak ada kapoknya. —**incurably** *kk.* tdk dpt disembuhkan. *He is i. ill* Dia menderita penyakit yg tak dpt disembuhkan.

incursion /in'kərzyən/ *kb.* serangan, serbuan.

ind. [*indicative*] 1 *Gram.*: waktu sekarang. 2 yg menunjukkan.

Ind. 1 [*Indies*] Hindia. 2 [*Indiana*] negarabagian A.S.

indebted /in'detid/ *ks.* 1 *Fin.*: berhutang (**to** pd). 2 berhutang budi (**to** pd).

indebtedness /in'detidnəs/ *kb.* hutang.

indecency /in'diesənsie/ *kb.* (*j.* **-cies**) ketidaksenonohan.

indecent /in'diesənt/ *ks.* tdk senonoh. *i. behavior* perbuatan yg tdk senonoh.

indecipherable /'indi'saifərəbəl/ *ks.* tdk terbaca.

indecision /'indi'sizyən/ *kb.* keragu-raguan, kebimbangan, ketidaktegasan.

indecisive /'indi'saisiv/ *ks.* bimbang, ragu-ragu, tdk tegas, tdk pasti. *The outcome of the battle was i.* Hasil pertempuran itu blm dpt dipastikan.

indeclinable /'indi'klainəbəl/ *ks. Gram.*: yg tak dpt berubah bentuknya.

indecorous /in'dekərəs, 'indi'kowrəs/ *ks.* tdk pantas, tdk layak menurut kesopanan.

indeed /in'died/ *kk.* 1 sungguh-sungguh. *enchanted i.* sungguh-sungguh terpesona. 2 tentu saja. *Yes, i., you may come* Ya, tentu saja sdr boléh datang. 3 mémang. *One may i. say so* Orang mémang boléh mengatakan/berkata demikian. :: *I think so; i., I am sure of it* Saya kira mémang demikian, saya yakin akan hal itu. *I am very happy i.* Saya benar-benar merasa berbahagia sekali. *Thank you very much i.* Sungguh banyak terima kasih. *I forget his name, if i: I ever knew it* Saya lupa namanya, tetapi apakah mémang saya pernah mengenalnya. —*kseru.* sungguh!

indefatigable /'indi'fætəgəbəl/ *ks.* tdk kenal lelah.

indefensible /'indi'fensəbəl/ *ks.* tak dpt dipertahankan.

indefinable /'indi'fainəbəl/ *ks.* tak dpt dilukiskan/ditentukan.

indefinite /in'defənit/ *ks.* tdk tentu. *Gram.*: *i. article* kata penyerta/sandang taktertentu. —**indefinitely** *kk.* utk jangka waktu tdk terbatas.

indelible /in'deləbəl/ *ks.* tdk terhapuskan, tdk dpt dihilangkan. *i. pencil* pinsil tinta.

indelicate /in'deləkit/ *ks.* tdk sopan, kasar, lancang.

indemnify /in'demnəfai/ *kkt.* (**indemnified**) mengganti kerugian kpd.

indemnity /in'demnətie/ *kb.* (*j.* **-ties**) ganti kerugian.

indent /in'dent/ *kb.* lekuk. —*kkt.* 1 memasukkan. *I. five spaces* Masukkan lima spasi. 2 melekukkan. —**indented** *ks.* bertakuk.

indentation /'inden'teisyən/ *kb.* lekuk(an).

independence /'indi'pendəns/ *kb.* kemerdékaan, kebébasan. *I. Day* Hari Kemerdékaan (di A.S. tanggal 4 Juli; di Indonésia tgl 17 Agustus).

independent /'indi'pendənt/ *kb.* orang yg tdk berpartai. *He's an i.* Dia berpolitik bébas. —*ks.* 1 merdéka. *i. country* negeri yg merdéka. 2 sendiri. *He has an i. income* Dia mempunyai pendapatan sendiri. 3 yg berdiri sendiri, yg berjiwa bébas. *an i. girl* seorang gadis yg berdiri sendiri. 4 bébas. *i. candidate* calon bébas, calon yg tdk berpartai. *man of i.* *means* orang yg cukup kekayaannya. **i. of** lepas dari, tdk bergantung kpd. *i. of the views of others* lepas dari pandangan-pandangan orang lain. —**independently** *kk.* secara bébas. *The husband and wife are i. wealthy* Suami-isteri itu masing-masing kaya. *to think i.* berpikir secara mandiri/bébas.

indescribable /'indi'skraibəbəl/ *ks.* tdk terlukiskan. —**indescribably** *kk. i. beautiful* tdk terlukiskan keindahannya.

indestructible /'indi'strʌktəbəl/ *ks.* tdk dpt dihancurkan/dirusakkan.

indeterminable /'indi'tərmənəbəl/ *ks.* yg tak terhitung, yg tak dpt ditetapkan.

indeterminate /'indi'tərmənit/ *ks.* yg tdk menentukan. *i. sentence* hukuman yg tdk menentukan. *i. quantity* jumlah yg tdk terbatas/ditentukan.

index /'indeks/ *kb.* (**indexes** atau **indices**) 1 indéks, daftar kata-kata. *cost of living i.* indéks biaya penghidupan. 2 penunjuk. *an i. to his thinking* penunjuk bagi caranya berpikir. —*kkt.* menyusun daftar isi. *i. card* kartu indéks. **i. finger** (jari) telunjuk.

India /'indieə/ *kb.* India. *I. ink* dawat/tinta cina. *i. rubber* karét (penghapus).

Indian /'indieən/ *kb.* 1 Indian (Amérika). 2 orang India. —*ks.* yg berh. dgn India. *I. temple* kuil India. *I. Ocean* Samudera Indonésia/India. **I. file** beriring-iringan seorang-seorang. **I. giver** orang yg meminta kembali s.s.t. yg tlh diberikan kpd orang lain. *Inf.: to put the I. sign on s.o.* memakai "tanda Indian" utk melumpuhkan s.s.o. **I. summer** musim yg agak panas dan kering pd akhir Oktober atau permulaan Nopémber.

Indic /'indik/ *ks.* dari atau yg berh. dgn India.

indic. [*indicative*] waktu sekarang.

indicate /'indəkeit/ *kkt.* 1 menunjukkan. *The arrow indicates which way to go* Panah itu menunjukkan kemana arahnya. *A temperature indicates infection* Suhu badan menunjukkan inféksi. 2 menyatakan. *He indicated that he did not wish to go* Dia menyatakan bhw dia tdk ingin pergi. 3 mengusulkan. *Surgery is indicated* Pembedahan diusulkan. *Raised numerals i. references to footnotes* Angka-angka diatas merupakan penunjukan kpd catatan-catatan dibawah.

indication /'ində'keisyən/ *kb.* 1 tanda. 2 petunjuk. *He gave no i. of his plans* Ia tak (pernah) menyebut-nyebut ttg rencananya.

indicative /in'dikətiv/ *kb. Gram.*: waktu sekarang, indikatip. —*ks.* **to be i. of** menunjukkan.

indicator /'ində'keitər/ *kb.* 1 penunjuk. 2 méteran. *oil i.* méteran oli.

indices /'indəsiez/ *kb., j.* lih INDEX.

indict /in'dait/ *kkt.* mengajukan dakwaan, mendakwa, menuduh, menuntut.

indictment /in'daitmənt/ *kb.* dakwaan, tuduhan. *to hand down an i. of arson* mengadakan tuduhan bhw kebakaran itu dilakukan dgn sengaja.

Indies /'indiez/ *kb., j.* Hindia. *The East I.* Hindia Belanda. *The West I.* Hindia Barat.

indifference /in'difərəns/ *kb.* 1 pengabaian, kelalaian (**to** thd). 2 ketidakacuhan. *It's a matter of complete i. to me whether...* Itu semata-mata bukan soal yg penting bagi saya apakah....

indifferent /in'difərənt/ *ks.* 1 tdk tertarik, acuh-tak-acuh. *He was i. to the idea* Dia tdk tertarik kpd gagasan itu. 2 biasa saja. *I'm an i. golfer* Saya adalah pemain golf yg biasa saja.

indigenous /in'dijənəs/ *ks.* asli, pribumi. *The tiger is i. to Asia* Harimau berasal dari Asia.

indigent /'indəjent/ *kb.* **the i.** fakir miskin. —*ks.* fakir, miskin.

indigestible /'ində'jestəbəl/ *ks.* tdk dpt dicernakan.

indigestion /'ində'jescən/ *kb.* salah cerna, ketidaksanggupan mencerna.

indignant /in'dignənt/ *ks.* marah, naik darah. *I was i. over what he said* Saya marah ttg apa yg dikatakannya itu. *to make s.o. i.* membuat s.s.o. jéngkél/dongkol.

indignation /'indig'neisyən/ *kb.* kemarahan, kenaikan darah, kejéngkélan, kedongkolan.

indignity /in'dignətie/ *kb.* (*j.* **-ties**) penghinaan.

indigo /'indəgow/ *kb.* nila.

indirect /'ində'rekt/ *ks.* tak langsung. *i. lighting* penerangan tak langsung. *Gram.: i. object* penderita atau obyék tak langsung. —**indirectly** *kk.* dgn tdk langsung.

indiscernible /'indi'sərnəbəl/ *ks.* tak dpt dibédakan, tak dpt dilihat/dikenal dgn jelas.

indiscreet /'indi'skriet/ *ks.* tdk bijaksana/berhati-hati.

indiscretion /'indi'skresyən/ *kb.* 1 ketidakbijak-sanaan. 2 perbuatan yg tdk bijaksana. *youthful i.* kesembronoan muda-mudi.

indiscriminate /'indi'skrimənit/ *ks.* sembarangan, tdk memilih-milih, tdk pandang bulu. —**indiscriminately** *kk.* tdk pandang bulu.

indispensable /'indi'spensəbəl/ *ks.* sangat diper-lukan. *i. to the business* sangat diperlukan oléh/dlm perusahaan itu.

indisposed /'indi'spowzd/ *ks.* 1 (*ill*) sakit. 2 tdk mau/suka.

indisposition /'indispə'zisyən/ *kb.* 1 (*illness*) sakit, kurang énak badan. 2 keengganan.

indisputable /'indi'spyuwtəbəl/ *ks.* tak dpt disang-kal/dibantah lagi.

indissoluble /'indi'salyəbəl/ *ks.* tdk dpt dipecah-kan/dibatalkan.

indistinct /'indi'stingkt/ *ks.* tak terang/jelas, kabur.

indistinguishable /'indi'stinggwisyəbəl/ *ks.* tak dpt dibédakan, tak terbédakan.

individual /'ində'vijuəl/ *kb.* individu, orang (se-orang), perseorangan, oknum. —*ks.* 1 perseorang-an. *i. rooms* kamar perseorangan. 2 tersendiri. *i. style* gaya tersendiri. 3 individuil. —**individually** *kk.* secara perseorangan/pribadi, orang-seorang.

individualist /'ində'vijuəlist/ *kb.* individualis.

individualistic /'ində'vijuə'listik/ *ks.* individualis-tis.

individuality /'ində'viju'ælətie/ *kb.* (*j.* **-ties**) kepri-badian.

indivisible /'ində'vizəbəl/ *ks.* tak dpt dibagi.

Indo-Aryan /'indow'aryən, 'indow'æryən/ *ks.* berh. dgn Aria dari India atau dgn bahasa-bahasa India-Iran.

Indochina /'indow'cainə/ *kb.* Indo-Cina.

Indochinese /'indowcai'niez/ *kb.* orang Indo-Cina. —*ks.* yg berh. dgn Indo-Cina.

indoctrinate /in'daktrəneit/ *kkt.* mengindoktrinasi-kan, mengindoktrinir.

indoctrination /in'daktrə'neisyən/ *kb.* 1 indok-trinasi. 2 pengindoktrinasian.

Indo-European /'indow'yurə'piean/ *kb.* bahasa Indo-Éropa. —*ks.* Indo-Éropa. *the I. family of languages* rumpun bahasa-bahasa Indo-Éropa.

indolence /'indələns/ *kb.* kelembaman, kelamban-an, kekelésaan, ketidakcekatan.

indolent /'indələnt/ *ks.* lamban, malas, kelésa, lem-bam.

indomitable /in'damətəbəl/ *ks.* gigih, yg sukar di-kekang.

Indonesia /'ində'niezyə/ *kb.* Indonésia.

Indonesian /'ində'niezyən/ *kb.* 1 orang Indonésia. 2 bahasa Indonésia. —*ks.* Indonésia.

indoor /'in'dowr/ *ks.* 1 didlm rumah atau gedung. *i. swimming pool* kolam renang didlm gedung. 2 dalam. *i. furniture* mébél dlm. —**indoors** *kk.* didalam (rumah atau gedung). *to play i.* bermain didlm (rumah). *Go i. this minute* Masuklah kedlm sekarang juga.

indorse /in'dɔrs/ = ENDORSE.

indubitable /in'duwbətəbəl, in'dyuw-/ *ks.* sdh tentu, pasti. —**indubitably** *kk.* sdh tentu, pasti.

induce /in'duws, -'dyuws/ *kkt.* 1 menyebabkan. *This drug induces sleep* Obat ini menyebabkan orang tidur. 2 membujuk. *to i. s.o. to do s.t.* membujuk s.s.o. utk melakukan s.s.t.

inducement /in'duwsmənt, -'dyuw-/ *kb.* 1 bujukan, dorongan. *financial i.* bujukan keuangan. 2 perang-sang. *i. to sleep* penyebab tidur. 3 pancingan.

induct /in'dʌkt/ *kkt.* melantik, memasukkan. *He was inducted into the army* Dia dilantik masuk tentara.

inductee /in'dʌktie/ *kb.* orang yg ditunjuk/dilantik.

induction /in'dʌksyən/ *kb.* 1 pelantikan. *his i. into the club* pelantikannya memasuki perkumpulan itu. *Mil.: i. center* pusat atau tempat pelantikan. 2 induksi. *i. coil* kumparan induksi. 3 prabawa.

inductive /in'dʌktiv/ *ks.* secara induktip. *i. reasoning* jalan pemikiran secara induktip.

indulge /in'dʌlj/ *kkt.* menurutkan. *to i. s.o.'s wish* menurutkan kehendak s.s.o. —*kki.* memperturut-kan hati, menurut suka hati(nya). *to i. in a box of candy* memperturutkan hatinya makan coklat se-kotak. *to i. in a cigarette* merokok sigarét.

indulgence /in'dʌljəns/ *kb.* 1 kegemaran. 2 pengi-kutsertaan.

indulgent /in'dʌljənt/ *ks.* 1 sangat sabar/ramah. 2 terlalu baik/pemurah. *i. mother* ibu yg terlalu baik.

industrial /in'dʌstrieəl/ *ks.* yg berh. dgn industri. *i. city* kota industri. *i. project* proyék perindustrian. *i. relations* hubungan (antara majikan dan pegawai) dlm industri. *i. waste* sisa-sisa bahan industri.

industrialist /in'dʌstrieəlist/ *kb.* industrialis, usa-hawan industri, industriawan.

industrialization /in'dʌstrieələ'zeisyən/ *kb.* indus-trialisasi.

industrialize /in'dʌstrieəlaiz/ *kkt.* mengindustria-lisasikan, mengadakan industrialisasi.

industrious /in'dʌstrieəs/ *ks.* rajin, getol, tekun.

industriousness /in'dʌstrieəsnəs/ *kb.* kerajinan, ketekunan.

industry /'indʌstrie/ *kb.* (*j.* **-ries**) 1 industri. *steel i.* industri baja. 2 kerajinan. *His i. is remarkable* Kera-jinannya hébat.

inebriate /in'iebrieit *kb.*, *ks.*; in'iebrieeit *kkt.*/ *kb.* pemabuk. —*kkt.* memabukkan. *Every weekend he is inebriated* Tiap akhir pekan dia mabuk.

inedible /in'edəbəl/ *ks.* tdk dpt dimakan, tdk ter-makan.

ineducable /in'ejukəbəl/ *ks.* tdk dpt dididik.

ineffable /in'efəbəl/ *ks.* tak terlukiskan/terkatakan.

ineffective /'inə'fektiv/ *ks.* 1 tdk berguna (*of work*). 2 tdk cakap. *an i. lecturer* seorang guru yg tdk cakap.

ineffectual /'inə'fekcuəl/ *ks.* 1 tdk berguna. 2 tdk memberi éfék atau kesan.

inefficient /'inə'fisyənt/ *ks.* 1 tdk éfisién/tepatguna/berdayaguna. 2 tak cakap (*of a person*).

inefficiency /'inə'fisyənsie/ *kb.* keadaan/sifat tak berguna/terpakai.

inelastic /'inə'læstik/ *ks.* kaku, tegang.

inelegance /in'eləgəns/ *kb.* sifat tdk bersemarak.

inelegant /in'eləgənt/ *ks.* kasar, kaku, canggung.

ineligibility /in'eləjə'bilətie/ *kb.* keadaan tdk boléh/dpt dipilih.

ineligible /in'eləjəbəl/ *ks.* tdk dpt dipilih. *Due to his age, he was i. to run for office* Karena usianya dia tdk dpt dicalonkan utk jabatan itu. *i. for military service* tdk memenuhi syarat utk dinas militér/keten-taraan.

inept /in'ept/ *ks.* 1 tdk layak, tdk pd tempatnya. 2 janggal.

ineptitude /in'eptətuwd, -tyuwd/ *kb*. 1 tindakan yg bodoh. 2 tindakan yg tdk pantas.

ineptness /in'eptnəs/ *kb*. kejanggalan/kecanggung-an.

inequality /'ini'kwalətie/ *kb*. (*j.* **-ties**) ketidak-(sama)rataan, ketidaksamaan.

inequitable /in'ekwətəbəl/ *ks*. tdk adil/patut.

inequity /in'ekwətie/ *kb*. (*j.* **-ties**) ketidakadilan.

ineradicable /'inə'rædəkəbəl/ *ks*. tak dpt dihilang-kan/dimusnahkan.

inert /in'ərt/ *ks*. 1 tak giat, lembam (*of gas, matter*). 2 malas, lamban, tak berdaya.

inertia /in'ərsyə/ *kb*. kelembaman.

inescapable /'inə'skeipəbəl/ *ks*. tak dpt diélakkan, mutlak. *i. conclusion* kesimpulan yg tak dpt diélakkan.

inestimable /in'estəməbəl/ *ks*. tdk terhitung/ternilai. *His contribution was of i. value* Sumbangannya tdk terhitung nilainya.

inevitability /in'evətə'bilətie/ *kb*. sifat tdk dpt diélakkan/dihindarkan.

inevitable /in'evətəbəl/ *ks*. tak dpt diélakkan/dihindarkan. —**inevitably** *kk*. yg tak terélakkan, pasti jadi.

inexact /'inig'zækt/ *ks*. tdk tepat/saksama.

inexcusable /'inik'skyuwzəbəl/ *ks*. tdk dpt dimaafkan/diampuni/dibenarkan. —**inexcusably** *kk*. dgn cara yg tdk dpt dimaafkan. *His manners are i. bad* Tingkah-lakunya buruk dan tdk dpt dimaafkan.

inexhaustible /'inig'zɔstəbəl/ *ks*. tdk habis-habisnya. *Her energy is i.* Dia tdk tahu/kenal lelah. *Its natural resources are i.* Sumber kekayaan alamnya tdk akan habis-habisnya.

inexorable /in'eksərəbəl/ *ks*. tdk dpt ditawar-tawar.

inexpedient /'inik'spiedieənt/ *ks*. 1 tdk berguna. 2 tdk patut/layak. 3 tdk bijaksana.

inexpensive /'inik'spensiv/ *ks*. murah, tdk mahal.

inexperience /'inik'spirieəns/ *kb*. kurang pengalaman.

inexperienced /'inik'spirieənst/ *ks*. kurang berpengalaman.

inexpert /'inik'spərt/ *ks*. tdk cakap/ahli.

inexplicable /'inik'splikəbəl/ *ks*. tdk dpt dijelaskan/dipahami.

inexpressible /'inik'spresəbəl/ *ks*. tak terkatakan.

inextinguishable /'inik'stinggwisyəbəl/ *ks*. tak terpadamkan.

inextricable /in'ekstrəkəbəl/ *ks*. tak memungkinkan utk keluar/melepaskan diri (dari).

inf. 1 [*information*] penerangan. 2 [*infantry*] infanteri. 3[*infinitive*] infinitif. 4 [*infra*] dibawah, dasar.

Inf. [*Infantry*] Infanteri.

infallibility /in'fælə'bilətie/ *kb*. keadaan tak dpt berbuat kesalahan atau kekeliruan.

infallible /in'fæləbəl/ *ks*. 1 sempurna. *No one is i.* Tak ada orang yg sempurna. 2 mutlak. *i. rule* peraturan yg mutlak.

infamous /'infəməs/ *ks*. bernama buruk/keji.

infamy /'infəmie/ *kb*. (*j.* **-mies**) kekejian, keburukan.

infancy /'infənsie/ *kb*. (*j.* **-cies**) 1 masa kecil. 2 masa pertumbuhan. *That industry is still in its i.* Industri itu masih dlm masa pertumbuhannya.

infant /'infənt/ *kb*. bayi, orok. *i. mortality* kematian bayi. *i. firm* firma yg baru berdiri.

infanticide /in'fæntəsaid/ *kb*. pembunuhan anak bayi.

infantile /'infəntail/ *ks*. bersifat kekanak-kanakan. *i. paralysis* polio, kelumpuhan kanak-kanak.

infantry /'infəntrie/ *kb*. (*j.* **-ries**) infanteri.

infantryman /'infəntriemən/ *kb*. (*j.* **-men**) prajurit infanteri.

infatuate /in'fæcueit/ *kkt*. memberahikan, menggilakan. *He was infatuated by her* Dia tergila-gila kepadanya.

infatuation /in'fæcu'eisyən/ *kb*. kegila-gilaan. *He had an i. for that girl* Dia tergila-gila kpd gadis itu.

infect /in'fekt/ *kkt*. 1 menulari, menjangkiti. *Be careful not to i. others* Hati-hati, jangan sampai menulari orang lain. *This cut has become infected* Luka ini kena inféksi. 2 mempengaruhi. *His enthusiasm infected others* Kegairahannya mempengaruhi orang lain.

infection /in'feksyən/ *kb*. inféksi, peradangan, penularan.

infectious /in'feksyəs/ *ks*. menular. *i. disease* penyakit yg menular. *i. laugh* tertawa yg menular. *i. hepatitis* radang hati menular.

infelicitous /'infə'lisətəs/ *ks*. tdk patut/layak/pantas. *i. remark* ucapan yg tdk pantas.

infelicity /'infə'lisətie/ *kb*. (*j.* **-ties**) ketidakpantasan, ketidakpatutan, kejanggalan.

infer /in'fər/ *kkt*. (**inferred**) menduga, berpendapat, mengambil kesimpulan.

inference /'infərəns/ *kb*. kesimpulan. *to draw an i. from* menarik kesimpulan dari.

inferior /in'firieər/ *kb*. orang bawahan. —*ks*. 1 rendah mutunya. *i. product* hasil/barang yg rendah mutunya. 2 kurang cerdas (*of mind, intellect*). **i. to** lebih rendah (mutunya) drpd.

inferiority /in'firie'ɔrətie/ *kb*. 1 keadaan/sifat yg rendah. *the i. of his mind* pikirannya yg rendah itu. *i. complex* kompléks kurang hargadiri, perasaan rendah diri. 2 rendahnya mutu (*of a product*).

infernal /in'fərnəl/ *ks*. 1 dari atau berh. dgn neraka. *the i. regions* neraka. 2 *Inf.*: celaka. *This i. light switch is out of order again* Sekakelar celaka ini rusak lagi. *an i. row* pertengkaran hébat. **i. machine** bom yg tersembunyi.

inferno /in'fərnow/ *kb*. neraka, jahanam.

infest /in'fest/ *kkt*. merundung, menduduki, menempati. *The house was infested with…* Rumah itu penuh dgn....

infestation /'infe'steisyən/ *kb*. gangguan, serbuan (*of insects*).

infidel /'infədəl/ *kb*. (orang) kafir.

infidelity /'infə'delətie/ *kb*. (*j.* **-ties**) ketidaksetiaan.

infighter /'in'faitər/ *Inf.*: pejuang di kalangan sendiri.

infighting /'in'faiting/ *kb*. 1 perkelahian jarak dekat. 2 *Inf.*: perkelahian dlm kalangan tertentu.

infiltrate /'infil'treit/ in'filtreit/ *kkt*. merémbés, masuk ke, menginfiltrir. *to i. enemy territory* merémbés daérah musuh.

infiltration /'infil'treisyən/ *kb*. infiltrasi, perémbésan, penyusupan.

infiltrator /in'fil'treitər/ *kb*. infiltran.

infinite /'infənit/ *kb*. tdk terbatas/terhingga, maha-(luas, besar, kuasa dsb). —*ks*. yg tdk terbatas. *i. possibilities* kemungkinan-kemungkinan yg tdk terbatas. *i. number* bilangan tak terhingga. *God's i. wisdom* kebijaksanaan Tuhan yg tak terbatas. *of i. duration* dlm waktu yg tak terbatas. —**infinitely** *kk.* sangat jauh lebih, secara tak terbatas/terhingga.

infinitesimal /in'finə'tesəməl/ *ks*. sangat kecil. *i. calculus* perhitungan diférénsial dan intégral.

infinitive /in'finətiv/ *kb*. infinitif.

infinity /in'finətie/ kb. (j. -ties) jumlah tak berakhir. to count to i. menghitung sampai berapa saja/ tak terbatas. from one to i. dari satu sampai seterusnya.

infirm /in'fərm/ ks. lemah.

infirmary /in'fərmərie/ kb. (j. -ries) rumah sakit/ pengobatan (di sekolah, instansi dsb).

infirmity /in'fərmətie/ kb. (j. -ties) kelemahan.

infix /'infiks/ kb. Gram.: sisipan.

inflame /in'fleim/ kkt. menggelorakan/meradangkan jiwa (a mob). The wound is inflamed Luka itu menjadi radang.

inflammable /in'flæməbəl/ ks. 1 mudah terbakar. i. liquid cairan yg mudah terbakar. 2 mudah naik darah. i. temper watak yg mudah naik darah.

inflammation /'inflə'meisyən/ kb. radang, peradangan. i. of the eye radang mata.

inflammatory /in'flæmə'towrie/ ks. 1 yg menghasut/berkobar-kobar. i. speech pidato yg menghasut. 2 yg menyebabkan radang (of throat).

inflate /in'fleit/ kkt. 1 memompa (tire, balloon). 2 membusungkan dada. 3 membubung (currency). —**inflated** ks. 1 yg membubung/melambung. i. prices harga-harga yg membubung. He has an i. opinion of himself Dia mempunyai pendapat yg melambung ttg dirinya sendiri. 2 yg menggembung. i. balloon balon yg menggembung.

inflation /in'fleisyən/ kb. 1 pemompaan (tire, balloon). 2 Econ.: inflasi.

inflationary /in'fleisyə'nerie/ ks. yg berh. dgn inflasi. i. tendency kecenderungan utk inflasi. i. spiral lingkaran inflasi yg berpilin-pilin, lonjak(an)/ lambungan inflasi.

inflect /in'flekt/ kkt. mengubah (o's voice). —kki. berinfléksi. That language inflects for number and gender Bahasa itu berinfléksi utk bilangan dan jenis. —**inflected** ks. berinfléksi. i. language bahasa yg berinfléksi.

inflection /in'fleksyən/ kb. 1 Gram.: infléksi. 2 perubahan/nada suara.

inflectional /in'fleksyənəl/ ks. yg berinfléksi. "s" is an i. form indicating plural in English "s" adalah bentuk infléksi yg menunjukkan bentuk jamak dlm bahasa Inggeris.

inflexibility /in'fleksə'bilətie/ kb. kekejutan, kekejuran, kekakuan.

inflexible /in'fleksəbəl/ ks. 1 kejur. i. rod sebuah tongkat/cambuk yg tak dpt dilekukkan. 2 keras, tdk dpt diubah. i. habits kebiasaan-kebiasaan yg tdk berubah-ubah.

inflexion /in'fleksyən/ kb. = INFLECTION.

inflict /in'flikt/ kkt. 1 membebankan. Don't i. him on me Jangan bebankan dia pd saya. to i. o.s. upon s.o. else menjadikan diri sendiri menyusahkan orang lain. 2 memberikan. to i. a beating memberikan pukulan. 3 mengakibatkan, menimbulkan. to i. unhappiness on mengakibatkan kesusahan pd, menimbulkan kesedihan pd. to i. pain upon menyakiti.

infliction /in'fliksyən/ kb. 1 penderitaan (of defeat, pain). 2 hukuman (of a penalty).

inflow /'inflow/ kb. 1 perpindahan (of people). 2 pemasukan (of capital).

influence /'influəns/ kb. pengaruh. to have i. on mempunyai pengaruh atas. He was under the i. of liquor Dia dipengaruhi oléh minuman keras. to exert an i. upon s.o. or s.t. mempergunakan/mengenakan pengaruhnya pd/thd s.s.o. atau s.s.t. He has a lot of i. in this town Banyak pengaruhnya di kota ini. —kkt. mempengaruhi.

influential /'influ'ensyəl/ ks. yg berpengaruh. an i. businessman seorang pedagang yg berpengaruh.

influenza /'influ'enzə/ kb. influénsa, inpluénsa.

influx /'inflʌks/ kb. 1 pemasukan. 2 gelombang, arus. i. of tourists gelombang para wisatawan.

inform /in'fərm/ kkt. 1 memberitahu(kan). I. him of my arrival Beritahukanlah kepadanya ttg kedatangan saya. I regret to have to· i. you that... Dgn menyesal saya hrs memberitahukan kpd sdr bhw.... 2 mengatakan kpd. He informed me that he was retiring Ia mengatakan kepadaku bhw ia akan mengundurkan diri/mengambil pénsiun. Please keep me informed of developments Harap senantiasa kabarkan/ laporkan kpd saya ttg perkembangan-perkembangan/kemajuan-kemajuan. until I am better informed about... hingga saya mendapat kabar yg lebih jelas lagi.... —kki. melaporkan. He informed on his brother Dia melaporkan saudaranya kpd polisi. —**informed** ks. yg diberitahu. I. public opinion is essential Pendapat khalayak ramai yg dipupuk dgn penerangan-penerangan perlu sekali. i. sources sumber-sumber yg mengetahui.

informal /in'fərməl/ ks. 1 informil, secara ramahtamah, tak resmi. i. speech a) percakapan biasa. b) pidato tak resmi. —**informally** kk. dgn tak resmi.

informality /'infər'mælətie/ kb. (j. -ties) keinformilan, hal/keadaan tdk resmi. i. of dress (ber)-pakaian secara tdk resmi.

informant /in'fərmənt/ kb. informan, pelapor, juru tunjuk.

information /'infər'meisyən/ kb. 1 keterangan. to get i. on ·plane flights memperoléh keterangan ttg penerbangan-penerbangan. 2 penerangan. Ministry of I. Départemén/Kementerian Penerangan. I., please! Tolong sambung dgn Penerangan! complete i. penerangan yg lengkap. for your i. only utk informasi/pemberitahuan sdr saja. **i. agency** kantor/jawatan penerangan. **i. center** pusat penerangan. **i. desk** bagian penerangan.

informative /in'fərmətiv/ ks. berisi keterangan. Our discussion was most i. Diskusi kita itu banyak sekali memberi penerangan.

informer /in'fərmər/ kb. 1 pelapor. 2 pengadu, spion, tukang tunjuk (to police).

infra /'infrə, 'infrə/ kb. infra, dibawah, dasar.

infraction /in'fræksyən/ kb. pelanggaran.

infrared /'infrə'red/ kb., ks. mérah infra, inti mérah.

infrastructure /'infrə'strʌkcər/ kb. prasarana, rangka dasar.

infrequency /in'friekwənsie/ kb. jarangnya, kejarangan. i. of occurrence jarangnya terjadi, kejarangan kejadian.

infrequent /in'friekwənt/ ks. jarang(-jarang). to make i. trips jarang-jarang mengadakan perjalanan. It is no i. occurrence Tdk jarang terjadi.

infringe /in'frinj/ kkt. melanggar, menyalahi (a patent hak patén) —kki. **to i. on** melanggar. to i. on s.o's privacy melanggar urusan pribadinya.

infringement /in'frinjmənt/ kb. pelanggaran.

infuriate /in'fyurieeit/ kkt. memarahkan. He was infuriated at missing the plane Dia marah sekali karena ketinggalan kapal terbang.

infuse /in'fyuwz/ kkt. 1 menanamkan, memasukkan. to i. o's beliefs in s.o. memasukkan pahamnya kpd s.s.o. 2 memompa.

infusion /in'fyuwzyən/ kb. pemasukan, infusi. i. of new blood pemasukan darah baru.

ingenious /in'jienyəs/ ks. banyak akal, berbakat. i. inventor penemu yg banyak akalnya.

ingenue /'ænjənyuw, 'ænzyə-/ kb. wanita awam, wanita yg sederhana, wanita tanpa preténsi.
ingenuity /'injə'nuwətie, -'nyuw-/ kb. (j. -ties) kepintaran, kecerdikan, akal budi/bulus/kancil, kelihayan.
ingenuous /in'jenuəs/ ks. 1 berterus-terang, jujur. 2 sederhana.
inglorious /in'glowrieəs/ ks. hina, memalukan. to come to an i. end berakhir secara hina.
ingot /'inggət/ kb. batang. steel i. batang baja.
ingrained /'ingreind, in'greind/ ks. 1 berurat-berakar. an i. pessimist seorang pésimis yg sdh berurat-berakar. 2 mendarah daging. i. frankness sifat berterusterang yg mendarah daging. 3 melekat. i. dirt kotoran/lumpur yg melekat. Politeness is ingrained in him Sifat hormat tertanam padanya.
ingrate /'ingreit/ kb. orang yg tak berterima kasih.
ingratiate /in'greisyieeit/ kkt. menjilat, mengambil muka/hati. to i. o.s. with menjilat kpd. —**ingratiating** ks. manis, yg menyenangkan.
ingratitude /in'grætətuwd, -tyuwd/ kb. rasa tdk berterima kasih.
ingredient /in'griedieənt/ kb. 1 (food) bahan-bahan, ramuan. 2 unsur.
ingrown /'ingrown/ ks. tumbuh kedalam. i. toenail kuku kaki yg mencocok daging, kuku (men)cengkam.
inhabit /in'hæbit/ kkt. mendiami. —**inhabited** ks. yg didiami. i. cave gua yg didiami.
inhabitant /in'hæbətənt/ kb. 1 penduduk. 2 wargakota (of a city).
inhabitable /in'hæbətəbəl/ ks. dpt didiami/ditempati.
inhalation /'inhə'leisyən/ kb. 1 pernapasan. 2 penghirupan, penghisapan. smoke i. penghirupan asap.
inhalator /'inhə'leitər/ kb. pengisap, alat pernapasan.
inhale /in'heil/ kkt. menghirup, menarik napas. —kki. menghirup (asap), menarik napas.
inharmonious /'inhar'mownieəs/ ks. tdk selaras/seimbang/cocok.
inherent /in'hirənt, in'her-/ ks. yg melekat, yg menjadi sifatnya. his i. honesty kejujurannya yg menjadi sifatnya itu. —**inherently** kk. sdh menjadi sifat. He's inherently lazy Malas sdh menjadi sifatnya/pembawaannya.
inherit /in'herit/ kkt. mewarisi. to i. s.t. from s.o. mewarisi s.s.t. dari s.s.o.
inheritance /in'herətəns/ kb. warisan, harta peninggalan/pusaka. i. tax pajak warisan.
inhibit /in'hibit/ kkt. 1 menghalangi, merintangi. 2 mencegah. —**inhibited** ks. malu-malu, segan-segan. —**inhibiting** ks. yg menghambat. i. factor faktor penghambat.
inhibition /'in(h)ə'bisyən/ kb. rintangan, halangan pencegah, hambatan. She seems to have few inhibitions Kelihatannya dia sedikit mempunyai sifat-sifat menahan diri.
inhospitable /'inhas'pitəbəl/ ks. tdk ramah.
inhuman /in'hyuwmən/ ks. 1 kejam, bengis. i. treatment perlakuan yg kejam. 2 melampaui sifat manusia/kemanusiaan. His endurance was i. Daya tahannya melampaui sifat manusia.
inhumane /'inhyuw'mein/ ks. tak berperikemanusiaan, tak berperasaan kasih sayang. to be i. in the treatment of pets kejam dlm memperlakukan binatang-binatang kesayangan.
inhumanity /'inhyuw'mænətie/ kb. (j. -ties) kekejaman, keganasan, kebengisan.

inimical /i'niməkəl/ ks. yg bermusuhan/bertentangan/berlawanan.
inimitable /i'nimətəbəl/ ks. tak dpt ditiru, tak ada bandingannya.
iniquity /i'nikwətie/ kb. (j. -ties) 1 ketidakadilan. 2 perbuatan salah. 3 ketidaksusilaan.
initial /i'nisyəl/ kb. huruf awal, parap, paraf. What are your initials? Bagaimana parafmu? —ks. awal, pertama. i. consonant konsonan awal, huruf mati pertama. i. payment pembayaran pertama. in the i. stages pd tingkat permulaan. —kkt. memaraf. —**initially** kk. pd permulaannya/awalnya.
initiate /i'nisyieit kb.; i'nisyieeit kkt./ kb. calon anggota. —kkt. 1 memulai, memprakarsai. to i. a new plan mulai menjalankan rencana baru. to i. reforms memulai pembaharuan-pembaharuan/perbaikan-perbaikan. 2 meresmikan, menginisiasikan (club, fraternity). 3 mengajukan. to i. legal proceedings against s.o. mengajukan tuntutan hukum thd s.s.o., memperkarakan s.s.o. to i. s.o. into the art of black magic menuntun s.s.o. menyelami ilmu gaib/sihir.
initiation /i'nisyie'eisyən/ kb. 1 permulaan. i. of a new project permulaan dari proyék baru. 2 Acad.: masa tapabrata/pembayatan/prabakti, upacara mapra.
initiative /i'nisyieətiv/ kb. inisiatip, ikhtiar, prakarsa. on the i. of atas inisiatip. to take the i. mengambil inisiatip, memprakarsai.
initiator /i'nisyie'eitər/ kb. pengambil inisiatip, pemrakarsa. i. of the action yg memulai aksi itu.
inject /in'jekt/ kkt. 1 Med.: menyuntikkan, memasukkan. 2 memajukan, mengemukakan (a word).
injection /in'jeksyən/ kb. 1 injéksi, obat suntikan. 2 suntikan. to give s.o. an i. memberikan suntikan kpd s.s.o., menyuntik s.s.o. to give o.s. an i. menyuntik diri sendiri.
injector /in'jektər/ kb. penyuntik.
injudicious /'injuw'disyəs/ ks. tdk bijaksana, (dgn) sembrono/gegabah. —**injudiciously** kk. (secara) tdk bijaksana, sembrono.
injunction /in'jʌngksyən/ kb. 1 perintah. to give s.o. strict injunctions to ... memberikan perintah keras kpd s.s.o. utk.... 2 Law: keputusan. The court issued an i. against ... Pengadilan mengeluarkan keputusan thd....
injure /'injər/ kkt. 1 melukai. to be injured mendapat luka. fatally injured mendapat luka yg menyebabkan kematiannya. to i. o.s. on a rock mendapat luka pd sebuah batu karang. 2 merugikan (a business, o's interests). —**injured** kb. orang yg mendapat luka. ks. yg luka. the i. party orang yg dirugikan/dihina. i. pride kebanggaan yg dilukai.
injurious /in'jurieəs/ ks. yg merugikan, berbahaya. i. to health berbahaya utk keséhatan.
injury /'injərie/ kb. (j. -ries) luka-luka. He sustained injuries of the face Ia menderita luka-luka pd muka-(nya). to do o.s. an i. merugikan diri sendiri. The insult did i. to his pride Penghinaan itu melukai kebanggaannya.
injustice /in'jʌstis/ kb. 1 ketidakadilan. 2 hal yg tdk adil. to do s.o. an i. berlaku sangat tdk adil thd s.s.o.
ink /ingk/ kb. tinta, dawat. The letter was written in i. Surat itu ditulis dgn tinta. —kkt. to i. in menulis dgn tinta. to i. out mencoréng dgn dawat.
inkblot /'ingk'blat/ kb. noda tinta.
inkling /'ingkling/ kb. 1 syak, persangkaan. He had no i. of that Dia tdk menaruh syak akan hal itu. 2 firasat. to get an i. of s.t. mendapat firasat mengenai s.s.t.
inkpad /'ingk'pæd/ kb. cap, bantal stémpél.

inkslinger /'ingk'slingər/ *kb. Sl.*: penulis, pengarang.

inkslinging /'ingk'slinging/ *kb. Sl.*: menulis, mengarang.

inkstand /'ingk'stænd/ *kb.* (stélan) tempat tinta.

inkwell /'ingk'wel/ *kb.* tempat/bak tinta.

inlaid /'in'leid/ lih INLAY.

inland /'inlənd/ *kb.* (daérah) pedalaman. —*ks.* 1 di pedalaman. *i. waterways* lalu lintas air (sungai) di pedalaman. 2 dalam. *i. waters* perairan dlm. 3 dalam negeri. *i. trade* perdagangan dlm negeri. —*kk.* **to go i.** pergi ke pedalaman. *to live i.* tinggal di pedalaman.

inlay /'in'lei/ *kb.* tatahan. —*kkt.* (**inlaid**) menatah. —**inlaid** *ks.* bertatahkan. *i. with mother of pearl* bertatahkan batu mutiara/géwang.

inlet /'inlet/ *kb.* 1 teluk kecil. 2 ceruk.

inmate /'inmeit/ *kb.* 1 penghuni (*of an asylum*). 2 penduduk. 3 orang tahanan (di penjara), penjarawan, orang hukuman (*of a prison*).

inmost /'inmowst/ *ks.* bagian paling dalam, batin. *o's i. thoughts* isi lubuk hatinya.

inn /in/ *kb.* 1 rumah penginapan, losmén. 2 réstoran.

innards /'inərdz/ *kb., j. Inf.*: 1 isi perut, dalaman, jeroan. 2 benda yg didlm, bagian-bagian dalam (*machine, mechanism*).

innate /'ineit/ *ks.* 1 yg berpembawaan halus. *a person of i. refinement* seorang yg berpembawaan halus. 2 pembawaan lahir. **i. energy** swadaya.

inner /'inər/ *ks.* 1 sebelah dalam. *i. lining for a coat* lapisan sebelah dlm utk mantel. 2 inti, pusat. *member of the i. circle* anggota (dari) perkumpulan inti. **i. ear** labirin. *Inf.*: **i. man** perut. *Inf.*: **i. sanctum** tempat suci, tempat yg bersifat pribadi. **i. tube** ban dlm.

innermost /'inərmowst/ *ks.* yg paling dalam. *i. thoughts* pikiran-pikiran yg paling dalam.

innersole /'inər'sowl/ *kb.* sol sebelah dalam.

innerspring /'inər'spring/ *ks.* pér dalam. *i. mattress* kasur yg ada pér didalamnya, kasur pér.

inning /'ining/ *kb.* 1 *Sport:* giliran, babak. 2 masa berkuasa.

innkeeper /'in'kiepər/ *kb.* 1 pengurus rumah penginapan. 2 pengurus réstoran.

innocence /'inəsəns/ *kb.* 1 keadaan tdk bersalah. *The attorney will prove his client's i.* Pengacara itu akan membuktikan bhw orang yg dibélanya itu tdk bersalah. 2 kemurnian, keadaan tdk berdosa (*of a small child*).

innocent /'inəsənt/ *ks.* 1 tdk bersalah. *He is i. of the crime* Dia tdk bersalah dlm kejahatan itu. 2 tdk berdosa (*like a child*). *i. amusements* hiburan-hiburan yg tdk merusak. —**innocently** *kk.* tanpa pikir panjang/lama.

innocuous /i'nakyuəs/ *ks.* tdk berbahaya/merusak.

innovate /'inəveit/ *kki.* mendapatkan paham-paham baru, membawakan pendapat-pendapat baru.

innovation /'inə'veisyən/ *kb.* pembaharuan, perubahan (secara) baru.

innovator /'inə'veitər/ *kb.* penemu cara baru, pembaharu.

innuendo /'inyu'endow/ *kb.* sindiran, ucapan tdk langsung.

innumerable /i'nyuwmərəbəl/ *ks.* tdk terkira banyaknya, banyak sekali. *His difficulties are i.* Tdk terkira banyaknya kesulitan-kesulitan yg dihadapinya.

inoculate /i'nakyəleit/ *kkt.* menyuntik. *to i. against measles* menyuntik utk mencegah penyakit campak.

inoculation /i'nakyə'leisyən/ *kb.* suntikan.

inoffensive /'inə'fensiv/ *ks.* 1 tdk mengganggu. 2 tdk menjijikkan.

inoperable /in'apərəbəl/ *ks. Med.*: tdk dpt dibedah.

inoperative /in'apərətiv/ *ks. Law*: tdk berlaku.

inopportune /'inapər'tuwn, -'tyuwn/ *ks.* tdk menguntungkan, sial. *to arrive at an i. moment* tiba pd saat yg tdk menguntungkan.

inordinate /in'ordənit/ *ks.* banyak sekali. *Dictionary making requires an i. amount of time* Pekerjaan menyusun kamus memerlukan waktu yg bukan main banyaknya.

inorganic /'inor'gænik/ *ks.* anorganik. *i. chemistry* kimia anorganik.

input /'in'put/ *kb.* 1 tenaga yg dimasukkan. 2 pemakaian. *i. of fertilizer* pemakaian pupuk.

inquest /'inkwest/ *kb.* pemeriksaan. *coroner's i.* pemeriksaan sebab musabab kematian oléh pemeriksa mayat.

inquire /in'kwair/ *kkt.* menanyakan, meminta keterangan. *to i. the way* menanyakan jalannya. —*kki.* 1 menyelidiki, menanyakan ttg. *I. within* Keterangan-keterangan ada didlm. *to i. after s.o's health* menanyakan keadaan keséhatan s.s.o. *to i. into/ about s.o's qualifications* menyelidiki kecakapan s.s.o. 2 bertanya. *to i. about job possibilities* bertanya ttg kemungkinan-kemungkinan pekerjaan. —**inquiring** *ks.* mengandung pertanyaan. *i. glance* pandangan yg mengandung pertanyaan. *She has an i. mind* Ia mempunyai pikiran yg ingin tahu.

inquiry /'inkwərie, in'kwairie/ *kb.* (*j.* **-ries**) penyelidikan. *public i.* penyelidikan keadaan rakyat. *to make inquiries* a) mengadakan penyelidikan. b) menanyakan keterangan. *to conduct/hold an i.* mengadakan/melakukan pemeriksaan.

inquisitive /in'kwizətiv/ *ks.* ingin tahu, melit. *He's of an i. nature* Dia mempunyai sifat yg ingin tahu.

inroad /in'rowd/ *kb.* serangan, penjebolan. *to make inroads upon his savings* membuat serangan yg hébat thd uang tabungannya.

inrush /'in'rʌsy/ *kb.* arus/aliran masuk. *i. of cold air* arus masuk udara dingin.

insane /in'sein/ *ks.* gila, sakit pikiran. *to become i.* menjadi gila. *to have an i. desire for pickles* sangat gila/keranjingan akan asinan. *i. asylum* rumah sakit jiwa.

insanitary /in'sænə'terie/ *ks.* tdk séhat. *i. conditions* keadaan-keadaan yg tdk séhat.

insanity /in'sænətie/ *kb.* (*j.* **-ties**) penyakit gila/ jiwa. *to plead i.* mengaku gila.

insatiable /in'seisyəbəl/ *ks.* tdk kenyang-kenyangnya, tak pernah puas. *i. desire for knowledge* keinginan akan ilmu yg tak puas-puasnya.

inscribe /in'skraib/ *kkt.* 1 menuliskan. *to i. o's name in a book* menuliskan namanya dlm buku. 2 memahatkan (*on a tombstone*). 3 menggoréskan, mengesankan. *His speech is inscribed in my memory* Pidatonya itu tergorés dlm ingatan saya. *to i. a book to o's mother* mempersembahkan buku sbg penghormatan thd ibunya.

inscription /in'skripsyən/ *kb.* 1 prasasti. 2 persembahan (*in a book*).

inscrutable /in'skruwtəbəl/ *ks.* tak dpt dimengerti, diduga, gaib.

insect /'insekt/ *kb.* serangga. *i. powder* obat serangga. *i. repellant* obat pengusir/pembasmi serangga.

insecticide /in'sektəsaid/ *kb.* inséktisida, obat (pembasmi) serangga.

insecure /'insi'kyur/ *ks.* 1 tdk kokoh, gelisah. *He seems terribly i.* Dia kelihatannya sangat tdk mantap jiwanya. *i. hold* pegangan yg tdk kokoh. 2 tdk aman. *i. area* daérah yg tdk aman.

insecurity /'insə'kyurətie/ *kb.* (*j.* **-ties**) 1 ketidakamanan, kegelisahan. 2 ketidaktegasan, ketidakkokohan. *feeling of i.* perasaan tdk mantap/aman/ kokoh.

inseminate /in'semaneit/ *kkt.* 1 menghamilkan, menjantani, memacék, membuahi (*of animals*). 2 menanamkan, meresapi. *to i. the mind with knowledge* menanamkan pengetahuan kedlm jiwa.

insemination /in'semə'neisyən/ *kb.* penghamilan, pembuahan. *artificial i.* permanian buatan.

insensate /in'senseit/ *ks.* tdk berperasaan. *i. cruelty* kekejaman yg luar biasa.

insensible /in'sensəbəl/ *ks.* 1 tdk sadar, pingsan. 2 tdk dpt merasakan.

insensitive /in'sensətiv/ *ks.* 1 tdk dpt merasakan. 2 tdk mengacuhkan, (ber)tebal-kulit. *i. to criticism* berkulit tebal thd kritik.

insensitivity /in'sensə'tivətie/ *kb.* tebal-kulit, kekurangpekaan.

inseparable /in'sepərəbəl/ *ks.* tdk dpt dipisahkan (*friends, prefix*).

insert /'insərt *kb.*; in'sərt *kkt.*/ *kb.* sisipan, selipan, selitan. —*kkt.* 1 memasukkan. *to i. s.t. in an envelope* memasukkan s.s.t. dlm ampelop. *to i. a key in a lock* memasukkan (anak) kunci ke induk kunci. 2 menyisipkan. *to i. a clause in a contract* menyisipkan sebuah pasal didlm kontrak/perjanjian. *to i. a sentence in a...* menyisipkan/menempatkan sebuah kalimat dlm.... 3 memasang. *to i. an ad* memasang iklan.

insertion /in'sərsyən/ *kb.* 1 sisipan, selitan, selipan. 2 penempatan. *i. of the spacecraft into lunar orbit* penempatan kendaraan ruang angkasa kedlm orbit bulan.

inset /'in'set/ *kb.* 1 sisipan. 2 lampiran. *i. map* peta kecil yg dimuat di pinggir peta yg lebih besar.

inshore /'in'syowr/ *ks.* dekat ke pantai. *i. fishing* penangkapan ikan dekat-pantai. *i. breeze* angin laut. —*kk.* dekat pantai.

inside /'in'said *kb., ks.*; in'said *kk., kd.*/ *kb.* bagian (sebelah) dlm. *the i. of the house* bagian dlm dari rumah itu. *the i. of the box* bagian dlm dari kotak. –*Inf.*: **insides** *j.* isi perut. jeroan. —*ks.* (di)dalam. *i. job* pencurian oléh orang dalam. *i. story* kejadian/ cerita dibelakang layar. —*kk.* kedalam. *Bring the table i.* Angkat méja itu kedlm. *Come i.* Masuk kedlm. **i. of** dlm waktu. *i. of five minutes* dlm waktu lima menit. **i. out** terbalik. *to have a shirt on i. out* memakai keméja terbalik. *to turn o's pockets i. out* mengeluarkan semua isi kantong, membalikkan kantong baju. *to turn a room i. out* membongkar isi kamar. *I know that book i. out* Saya tahu betul isi buku itu. *to clean the car i. and out* membersihkan mobil pd bagian dlm dan luar. —*kd.* 1 didlm, dibagian (sebelah) dalam. *i. the box* didlm kotak itu. *i. the house* didlm rumah. 2 kedlm. *Let's go i. the tent* Mari kita masuk kedlm ténda. **i. information** keterangan dari orang-orang dlm. **i. track** kedudukan yg menguntungkan.

insider /in'saidər/ *kb.* orang-dalam. *An i. has certain advantages* Orang-dalam mempunyai keuntungan-keuntungan tertentu.

insidious /in'sidiəs/ *ks.* 1 yg busuk hati, berakal busuk (*of a person*). 2 tersembunyi dan membahayakan (*of a disease*).

insight /'insait/ *kb.* wawasan, pengertian, pengetahuan (yg dlm).

insignia /in'signiəs/ *kb.* lencana.

insignificance /'insig'nifəkəns/ *kb.* keréméhan, kesepéléan, kekecilan.

insignificant /'insig'nifəkənt/ *ks.* 1 réméh téméh, sepélé. 2 tdk berarti. *i. error* kesalahan yg tdk berarti. 3 yg tampangnya kecil. *i. looking clerk* jurutulis yg tampangnya kecil, 4 bersifat kintel/témpé. *i. nation* bangsa témpé.

insincere /'insin'sir/ *ks.* bermuka dua, tdk jujur, sérong hati.

insincerity /'insin'serətie/ *kb.* (*j.* **-ties**) ketidaktulusan hati.

insinuate /in'sinyueit/ *kkt.* menyindir secara tak langsung. *to i. that ...* menyindir secara tak langsung bhw.... *to i. o.s. into the good graces of the group* dgn cara licin berhasil membuat dirinya menjadi disenangi oléh kelompok itu.

insinuation /in'sinyu'eisyən/ *kb.* sindiran, insinuasi, tuduhan tak langsung.

insipid /in'sipid/ *ks.* 1 hambar, tawar, cabar, boyak, ambar (*to the taste*). 2 tak bermutu, tanpa seléra. *i. remark* ucapan yg tak bermutu.

insist /in'sist/ *kkt.* meminta dgn tegas, menuntut. *I i. that...* Saya meminta dgn tegas bhw.... —*kki.* mendesak, bersikeras. *to i. on staying* bersikeras utk tinggal. *to i. that he is right* bertahan/tetap berpendapat bhw dialah yg benar. *I i. upon it* Saya tetap menuntutnya. *He insists upon his innocence* Ia tetap bertahan pd pendiriannya bhw ia tak bersalah.

insistence /in'sistəns/ *kb.* desakan. *at his father's i.* atas desakan ayahnya. *his i. upon his innocence* pertahanannya bhw ia tdk bersalah.

insistent /in'sistənt/ *ks.* bertubi-tubi, terus-menerus. *She was i. that I see the play* Dia meminta dgn sangat spy saya melihat sandiwara itu.

insofar /'insow'far/ lih FAR.

insolence /'insələns/ *kb.* keangkaraan, sikap sombong, penghinaan, tingkahlaku yg menghina, keangkuhan.

insolent /'insələnt/ *ks.* angkara, kurang ajar, besar mulut, biadab.

insoluble /in'salyəbəl/ *ks.* 1 tdk dpt dipecahkan (*problem*). 2 tdk dpt dicairkan/dilarutkan (*in water*).

insolvency /in'salvənsie/ *kb.* (*j.* **-cies**) 1 keadaan bangkrut. 2 keadaan tak mampu membayar.

insolvent /in'salvənt/ *ks.* 1 bangkrut, palit. *i. business* perusahaan yg bangkrut. 2 tdk sanggup membayar.

insomnia /in'samniə/ *kb.* suhad, arik, tak bisa tidur.

inspect /in'spekt/ *kkt.* memeriksa (*eyes, a car, troops*).

inspection /in'speksyən/ *kb.* pemeriksaan, inspéksi. *to subject s.t. to i.* menyuruh periksa s.s.t. *to undergo i.* menjalani pemeriksaan. *fire i.* penyelidikan kebakaran.

inspector /in'spektər/ *kb.* inspéktur, pengawas, penilik. *i. of schools* inspéktur sekolah-sekolah.

inspectorate /in'spektərit/ *kb.* inspéksi, inspéktorat.

inspiration /'inspə'reisyən/ *kb.* ilham, inspirasi. *to have an i.* mendapat ilham. *He's an i. to everyone* Ia merupakan sumber ilham bagi semua orang. *to do everything by i.* melakukan segala s.s.t. menurut bisikan hatinya. *to have a sudden i.* tiba-tiba mendapat ilham. *divine i.* ilham/wahyu dari Tuhan, wahyu Ilahi.

inspirational /'inspə'reisyənəl/ *ks.* yg mendatangkan ilham.

inspire /in'spair/ *kkt.* 1 mengilhami. 2 mengilhamkan. *to i. s.o. with confidence* membangkitkan rasa kepercayaan/hormat pd s.s.o. *He inspires everyone he meets* Ia memberi semangat kpd setiap orang yg dijumpainya. *I was inspired to continue the work* Saya mendapat semangat utk meneruskan pekerjaan. —**inspired** *ks.* bersemangat. **inspiring** *speaker* pembicara yg membangkitkan semangat.

inspirer /in'spairər/ *kb.* penjiwa, orang yg menjiwai.

inst. 1 [*institute, institution*] lembaga. 2 [*instant*] bulan ini.

Inst. [*Institute, Institution*] Lembaga.

instability /'instə'bilətie/ *kb.* (*j.* **-ties**) ketidakstabilan, ketidakmantapan.

instal(l) /in'stɔl/ *kkt.* (**installed**) 1 memasang (*TV, refrigerator*). 2 melantik (*a president*). 3 menempatkan. *The center is now installed in...* Kantor-pusat sekarang ditempatkan di ....

installation /'instə'leisyən/ *kb.* 1 pemasangan, instalasi (*of a telephone*). 2 pelantikan, instalasi (*of a governor*).

installer /in'stɔlər/ *kb.* instalatir, pemasang alat-alat.

installment /in'stɔlmənt/ *kb.* cicilan, angsuran. *to pay in installments* mencicil, mengangsur. *This magazine runs novels in installments* Majalah ini memuat cerita-cerita bersambung, sérial. *to buy on i.* membeli dgn angsuran/cicilan. *i. plan* cara pembayaran dgn mencicil.

instance /'instəns/ *kb.* 1 hal. *in this i.* dlm hal ini. *an isolated i.* suatu hal yg tersendiri. *in many instances* dlm banyak hal. 2 contoh. *an i. of irresponsibility* contoh tdk adanya rasa tanggung jawab. 3 kejadian. *several instances of theft* beberapa kejadian pencurian. **for i.** misalnya, umpamanya.

instant /'instənt/ *kb.* 1 saat, jenak. *to pause for an i.* berhenti sesaat. 2 bulan ini. *your letter of the 8th i.* suratmu ttg 8 bulan ini. 3 segera. *Come here this i.* Datanglah segera kesini. —*ks.* seketika. *ready for i. use* siap utk pemakaian seketika, siap utk dipakai segera. *to provide i. relief from headaches* cespleng utk sakit kepala. **i. coffee** kopi tubruk. **i. tea** téh kristal. —**instantly** *kk.* dgn segera/serta-merta.

instantaneous /'instən'teinieəs/ *ks.* yg seketika itu juga, yg segera. *to get an i. reaction* mendapat réaksi seketika itu juga.

instead /in'sted/ *kk.* malahan. *He got mad i.* Malahan ia marah. Malah sebaliknya ia marah. **i. of** 1 sbg pengganti. *Take me along i.* Bawalah saya sbg penggantinya. 2 daripada. *i. of complaining* drpd mengeluh. *i. of tomorrow* tdk jadi bésok, drpd bésok.

instep /'instep/ *kb.* kura-kura kaki.

instigate /'instəgeit/ *kkt.* menghasut. *to i. a movement for ...* menghasut suatu gerakan guna ....

instigation /'instə'geisyən/ *kb.* dorongan, anjuran. *at the i. of* atas dorongan.

instigator /'instə'geitər/ *kb.* penghasut.

instil(l) /in'stil/ *kkt.* (**instilled**) 1 menanamkan. *to i. an understanding of* menanamkan pengertian ttg. 2 membangkitkan berangsur-angsur. *to i. a feeling of reverence* membangkitkan berangsur-angsur perasaan hormat.

instinct /'instingkt/ *kb.* naluri.

instinctive /in'stingktiv/ *ks.* menurut naluri, naluriah. —**instinctively** *kk.* dgn sendirinya, menurut naluri/gerak hati. *to act i.* bertindak menurut naluri atau gerak hati.

institute /'instətuwt, -tyuwt/ *kb.* institut, lembaga. —*kkt.* mengadakan (*law, investigation*). *a newly instituted post* sebuah jabatan yg baru diadakan.

institution /'instə'tuwsyən, -'tyuw-/ *kb.* 1 (*establishment*) pendirian. 2 lembaga. *penal i.* penjara. *mental i.* rumah sakit jiwa. *academic i.* perguruan tinggi. 3

adat, kebiasaan. *Marriage is an i.* Perkawinan merupakan adat. *Giving presents at Christmas is an i.* Memberi hadiah di waktu Hari Natal adalah kebiasaan. 4 *Inf.*: orang yg banyak dikenal.

institutional /'instə'tuwsyənəl, -'tyuw-/ *ks.* kelembagaan, yg berh. dgn lembaga. *to have an i. affiliation* mempunyai hubungan dgn lembaga.

institutionalize /'instə'tuwsyənəlaiz, -'tyuw-/ *kkt.* menjadikan adat, melembagakan. *Monogamy is institutionalized in many societies* Monogami merupakan adat dlm banyak masyarakat.

instr. [*instrumental*] instruméntal.

instruct /in'strʌkt/ *kkt.* 1 mengajar, melatih. *She instructs his child in tennis* Dia mengajar anaknya bermain ténis. 2 memerintahkan. *We are instructed to ...* Kami diperintahkan utk .... *to i. o's lawyer to pay the bill* memerintahkan kpd pengacaranya spy membayar rékening. —*kki.* mengajar. *He instructs in swimming* Dia mengajar berenang.

instruction /in'strʌksyən/ *kb.* 1 pengajaran. *i. at that school* pengajaran di sekolah itu. 2 pelajaran. *i. in French* pelajaran bahasa Perancis. 3 perintah. *My instructions were to go immediately* Perintah-perintah saya adalah spy segera pergi. *to act according to instructions* bertindak menurut perintah/instruksi (yg diberikan). *to give instructions to* menginstruksikan kpd. *instructions for use* petunjuk pemakaian. **i. book/manual** buku pedoman/petunjuk.

instructional /in'strʌksyənəl/ *ks.* bersifat pelajaran. *i. materials* bahan-bahan pelajaran.

instructive /in'strʌktiv/ *ks.* yg mengandung pelajaran. *i. game* permainan yg mengandung pelajaran.

instructor /in'strʌktər/ *kb.* 1 guru. 2 pelatih (*in swimming, etc.*). 3 léktor (*at university*).

instructorship /in'strʌktərsyip/ *kb.* jabatan léktor.

instrument /'instrəmənt/ *kb.* 1 instrumén, alat perkakas. *i. panel* désbor, papan instrumén. *i. landing* pendaratan (menurut) instrumén. 2 *Mus.*: instrumén, alat musik/bunyi-bunyian. 3 alat-alat. *surgeon's instruments* alat-alat ahli bedah. *i. of torture* alat-alat siksaan. 4 alat. *i. of a crime syndicate* alat dari perkumpulan kejahatan.

instrumental /'instrə'mentəl/ *ks.* 1 instruméntal. *i. music* musik instruméntal. 2 sbg penolong. *He was i. in getting me my job* Dialah yg menolong mendapatkan pekerjaan saya.

instrumentalist /'instrə'mentəlist/ *kb.* pemain musik.

instrumentality /'instrəmen'tælətie/ *kb.* (*j.* **-ties**) alat pembantu, perantara.

instrumentation /'instrəmen'teisyən/ *kb.* 1 penggubahan musik utk alat-alat musik. 2 pemakaian pesawat, peralatan.

insubordinate /'insə'bɔrdənit/ *ks.* tdk patuh, suka melawan, durhaka.

insubordination /'insə'bɔrdə'neisyən/ *kb.* pembangkangan thd perintah, kedurhakaan.

insufferable /in'sʌfərəbəl/ *ks.* tdk tertahankan.

insufficiency /'insə'fisyənsie/ *kb.* ketidakcukupan.

insufficient /'insə'fisyənt/ *ks.* tdk cukup.

insular /'insələr/ *ks.* 1 yg berh. dgn pulau. *i. trade* perdagangan pulau. 2 picik (*of attitude*).

insulate /'insəleit/ *kkt.* 1 mengisolasi. 2 menyekat. *to i. a room from outside noise* menyekat kamar dari keributan diluar. **insulating** *tape* ban/pita isolasi.

insulation /'insə'leisyən/ *kb.* 1 isolasi. 2 penyekatan.

insulator /'insə'leitər/ *kb.* 1 (alat) penyekat. 2 bahan isolasi.

insulin /'insəlin/ *kb*. insulin.
insult /'insʌlt *kb*.; in'sʌlt *kkt*./ *kb*. penghinaan, cercaan, nista. *to add i. to injury* sdh menderita rugi, dihina lagi. —*kkt*. menghina. *to i. s.o's intelligence* mencemoohkan kecerdasan s.s.o. —**insulting** *ks*. yg menghina. *to use insulting language* memakai kata-kata yg menghina.
insuperable /in'suwpərəbəl/ *ks*. tdk dpt diatasi.
insurable /in'syurəbəl/ *ks*. dpt diasuransikan, dpt memperoléh asuransi.
insurance /in'syurəns/ *kb*. 1 asuransi. *life i*. asuransi jiwa. *i. firm* perusahaan/firma/kantor asuransi. *to take out i. against* membeli/mengambil asuransi thd. 2 jaminan. *It's good i. to prepare for any emergency* Adalah jaminan yg baik utk siap sedia thd tiap-tiap keadaan darurat.
insure /in'syur/ *kkt*. 1 mengasuransikan. *to i. a package for $50* mengasuransikan bungkusan (kiriman) sebesar $50. *to i. s.o's life* mengasuransikan jiwa s.s.o. 2 memastikan. *to i. the accuracy of* memastikan ketepatan. —**insured** *kb*., *ks*. yg diasuransikan. *the i*. orang yg diasuransikan. *i. package* pakét yg diasuransikan/dipertanggungkan.
insurer /in'syurər/ *kb*. pengasuransi, penjamin asuransi.
insurgency /in'sərjənsie/ *kb*. (*j*. **-cies**) pemberontakan, kekacauan.
insurgent /in'sərjənt/ *kb*. pemberontak, pengacau.
insurmountable /'insər'mawntəbəl/ *ks*. tdk dpt diatasi.
insurrection /'insə'reksyən/ *kb*. pemberontakan, huruhara.
insurrectionist /'insə'reksyənist/ *kb*. pemberontak, pengacau.
insusceptible /'insə'septəbəl/ *ks*. kebal, tdk mempan, tdk mudah terkena/terpengaruh.
int. 1 [*interior*] bagian. 2 [*interest*] a) bunga uang. b) minat, perhatian. 3 [*intransitive*] intransitip.
intact /in'tækt/ *ks*. utuh, lengkap.
intake /'in'teik/ *kb*. 1 uang yg diterima (*from a sale, admission*). 2 pipa masuk. *food i*. jumlah bahan makanan (yg dimakan). *i. valve* katup masuk.
intangible /in'tænjəbəl/ *kb*. **intangibles** *j*. hal-hal yg tdk dpt diraba. —*ks*. 1 tdk dpt diraba (*air, light, sound*). *i. assets* barang-barang berharga yg tak dpt diraba. *i. property* harta milik yg tak dpt diraba. 2 yg tdk dinyatakan secara jelas (*charm*).
integer /'intəjər/ *kb*. bilangan bulat/utuh.
integral /'intəgrəl/ *ks*. 1 intégral. *i. calculus* hitungan intégral. 2 bulat, utuh. *i. number* bilangan bulat/utuh. 3 yg perlu utk melengkapi. *Reading is an i. part of the course* Membaca merupakan bagian pelengkap bagi kursus itu.
integrate /'intəgreit/ *kkt*. 1 mengintégrasikan (*schools*). 2 menyatu-padukan. 3 menggabungkan, mempersatukan (*two towns into one*). —**integrated** *ks*. yg digabungkan. *i. school* sekolah yg terbuka utk siapa saja. *i. society* masyarakat yg utuh, masyarakat tanpa pembédaan warna kulit.
integration /'intə'greisyən/ *kb*. 1 (*racial*) intégrasi, pengintégrasian. 2 penggabungan.
integrationist /'intə'greisyənist/ *kb*. penyokong faham intégrasi, pemersatu.
integrity /in'tegrətie/ *kb*. 1 ketulusan hati, kejujuran, intégritas. 2 keutuhan.
intellect /'intəlekt/ *kb*. 1 intelék. 2 orang pandai.
intellectual /'intə'lekcuəl/ *kb*. cendekiawan. —*ks*. intéléktuil, cerdik pandai.
intelligence /in'teləjəns/ *kb*. 1 kecerdasan, inteligénsi. *i. quotient* angka inteligénsi. 2 intelijén. *i.*

agent anggota intelijén. *i. bureau* biro intelijén. 3 keterangan-keterangan (rahasia).
intelligent /in'teləjənt/ *ks*. cerdas, pandai. *i. life on Mars* adanya makhluk yg berakal di Mars.
intelligentsia /in'telə'jentsieə/ *kb*. kaum terpelajar/cerdik-pandai.
intelligible /in'teləjəbəl/ *ks*. 1 dpt dimengerti, jelas terdengar. 2 terang (*phone call*).
intemperance /in'tempərəns/ *kb*. 1 berlebih-lebihan meminum minuman keras. 2 hal kehilangan menguasai diri.
intemperate /in'tempərit/ *ks*. 1 meléwati batas (meminum minuman keras). 2 tanpa pengendalian diri. *i. behavior* kelakuan yg keterlaluan.
intend /in'tend/ *kkt*. 1 bermaksud utk. *to i. a reprimand by what was said* bermaksud utk menegor dgn berkata demikian. *to i. no harm* tdk bermaksud hendak menyakiti/melukai. *What do you i. to do today?* Kamu bermaksud akan mengerjakan apa hari ini? *What did you i. by that remark?* Apa maksudmu dgn ucapan itu? *I intended to telephone you* Saya bermaksud utk menélepon kamu. *Was the remark intended?* Apa ucapan itu disengaja? 2 memaksudkan, memperuntukkan. *The gift was intended for her* Hadiah itu dimaksudkan utk dia. **to i. to be** berkeinginan spy. *She intends to be obeyed* Ia berkeinginan spy (perintahnya) dituruti. —**intended** *kb*. bakal suami atau isteri. *ks*. 1 bakal. *i. husband* bakal suami. 2 yg diharapkan. *the i. effect* akibat yg diharapkan.
intense /in'tens/ *ks*. 1 hébat. *i. heat* panas yg hébat. 2 kuat. *an i. color* warna yg kuat. 3 yg bersemangat. *i. person* orang yg bersemangat. —**intensely** *kk*. sangat, amat. *She hates him i*. Bukan main bencinya ia kpd laki-laki itu.
intensification /in'tensəfə'keisyən/ *kb*. intensifikasi, penggiatan.
intensified /in'tensəfaid/ lih INTENSIFY.
intensifier /in'tensə'faiər/ *kb*. *Gram*.: penguat, pengeras, penambah.
intensifies /in'tensəfaiz/ lih INTENSIFY.
intensify /in'tensəfai/ *kkt*. (**intensified**) mempersangat, memperhébat, mengintensipkan, memperkuat, meningkatkan. *to i. o's efforts* memperhébat usahanya.
intensity /in'tensətie/ *kb*. (*j*. **-ties**) kehébatan, inténsitas.
intensive /in'tensiv/ *ks*. inténsip. *i. course* kursus yg inténsip.
intent /in'tent/ *kb*. maksud. *My i. was to be of assistance* Maksud saya ialah utk membantu. *with i. to kill* dgn maksud/niat utk membunuh. *to all intents and purposes* praktis, sebenarnya. —*ks*. asyik. **to be i. on** bermaksud sungguh-sungguh utk. *He was so i. on...* Dia begitu asyik dgn.... —**intently** *kk*. dgn tekun, sungguh-sungguh.
intention /in'tensyən/ *kb*. 1 maksud, pamrih. *to have the i.* berpamrih. *He has not the slightest i. of...* Ia tdk menduga seujung rambutpun.... 2 tujuan. *with the i. of becoming...* dgn tujuan ingin menjadi.... —*Inf*.: **intentions** *j*. *His intentions are good* Maksudnya baik. *with the best of intentions* dgn maksud benar-benar baik.
intentional /in'tensyənəl/ *ks*. disengaja. *The accident was i.* Kecelakaan itu disengaja.
inter /in'tər/ *kkt*. (**interred**) mengebumikan, menguburkan.
interact /'intər'ækt/ *kki*. bergaul, pengaruh-mem-pengaruhi (**with** dgn).

interaction /'intər'æksyən/ kb. interaksi, pengaruh timbal-balik, saling mempengaruhi.

interagency /'intər'eijənsie/ ks. antar-instansi, antar-jawatan.

intercede /'intər'sied/ kki. mengetengahi. to i. on s.o's behalf mengetengahi atas nama s.s.o. to i. with s.o. for memohon pengampunan atas nama s.s.o. kpd.

intercept /'intər'sept/ kkt. 1 menangkap (a message). 2 mencegat (a person). 3 menahan, menangkap (a football). 4 memintas.

interceptor /'intər'septər/ kb. (plane) pencegat.

intercession /'intər'sesyən/ kb. campur tangan, perantaraan.

interchange /'intər'ceinj kb.; 'intər'ceinj kkt./ kb. (highway) simpangan, jalan bélokan. —kkt. menukar tempat.

interchangeable /'intər'ceinjəbəl/ ks. yg dpt dipertukarkan.

intercity /'intər'sitie/ ks. antar-kota.

intercollegiate /'intərkə'liejiət/ ks. antar-perguruan-tinggi.

intercom /'intər'kam/ kb. Inf.: hubungan télepon antar-bagian.

intercontinental /'intər'kantə'nentəl/ ks. antar-benua. i. missile peluru kendali antar-benua.

intercostal /'intər'kastəl/ ks. diantara tulang-tulang iga.

intercourse /'intər'kowrs/ kb. pergaulan, hubungan. sexual i. hubungan kelamin/séksuil, persetubuhan. to have sexual i. bersetubuh, tidur bersama, menggauli, bersanggama.

intercultural /'intər'kʌlcərəl/ ks. antar-kebudayaan. i. understanding pengertian antar-kebudayaan.

interdenominational /'intərdə'namə'neisyənəl/ks. antar-mazhab, antar-sékte.

interdental /'intər'dentəl/ ks. Phon.: diantara gigi.

interdepartmental /'intərdə'part'mentəl/ ks. antar-départemén. i. committee panitia antar-départemén.

interdependence /'intərdi'pendəns/ kb. keadaan saling tergantung.

interdict /'intər'dikt/ kkt. 1 melarang, menghalangi. 2 Mil.: memegat.

interdiction /'intər'diksyən/ kb. 1 larangan. 2 Mil.: pemegatan.

interdisciplinary /'intər'disəplə'nerie/ ks. antar cabang ilmu pengetahuan.

interest /'int(ə)rist/ kb. 1 perhatian, minat. i. in his future perhatian thd masa depannya. to take an i. in menaruh/mencurahkan perhatian thd. 2 Fin.: bunga. to put out at i. dibungakan. 3 kepentingan. to have s.o's best interests at heart memperhatikan kepentingan s.s.o. to act in o's own i. berbuat utk kepentingannya sendiri. in the public i. utk kepentingan umum/rakyat. **in the i. of** demi kepentingan, utk. in the i. of economy demi kepentingan penghématan, utk menghémat. the interests of the service kepentingan dinas. shipping interests kepentingan pelayaran, kegiatan-kegiatan perkapalan. **to have an i. in** berminat kpd. to have an i. in a firm mempunyai andil dlm perusahaan. He has a financial i. in that company Ia turut membiayai perusahaan itu. —kkt. menarik perhatian. TV does not i. her Télévisi tdk menarik perhatiannya. **to i. s.o. in** membuat s.s.o. tertarik utk, membangkitkan perhatian utk. to be interested in menaruh perhatian pd, tertarik kpd. **interest-bearing** ks. berbunga. **i. span** lamanya perhatian. —**interested** ks. yg berkepentingan. the i. party pihak yg berkepentingan.

—**interesting** ks. yg menarik (hati). i. piece of art sebuah hasil karya seni yg menarik.

interfaith /'intər'feith/ ks. antar-agama.

interfere /'intər'fir/ kki. 1 mencampuri. to i. with a problem mencampuri persoalan. 2 turut campur. Don't i. with what he's doing Jangan turut campur dgn apa yg dikerjakannya. 3 mengganggu. to i. with radio reception mengganggu penerimaan radio. to i. with s.o's plans mengganggu rencana-rencana s.s.o. if nothing interferes kalau tak ada aral melintang, kalau tak ada halangan apa-apa.

interference /'intər'firəns/ kb. 1 campur tangan. political i. campur tangan politik. 2 gangguan. i. on the radio gangguan pd radio.

intergovernmental /'intər'gʌvərn'mentəl/ ks. antar-pemerintahan.

interim /'intərim/ kb. sementara. in the i. buat sementara. —ks. sementara. i. report laporan sementara. i. appointment pengangkatan sementara.

interior /in'tirieər/ kb. 1 bagian dalam. i. of a house bagian dlm rumah. Department of the I. Départemén Dalam Negeri. 2 (daérah) pedalaman. to live in the i. tinggal di (daérah) pedalaman. —ks. dalam. i. angle sudut dalam. i. decorating seni intérieur, seni rias rumah. i. decorator ahli seni intérieur.

interisland /'intər'ailənd/ ks. antarpulau.

interject /'intər'jekt/ kkt. menyisipkan, menyelipkan.

interjection /'intər'jeksyən/ kb. kata seru.

interlace /'intər'leis/ kkt. menjalin.

interlard /'intər'lard/ kkt. membumbui, menyelang, menyelakan.

interleaved /'intər'lievd/ ks. berselakan lembaran kosong.

interlibrary /'intər'lai'brerie/ ks. antar-perpustakaan. i. loan pinjaman buku antar-perpustakaan.

interlinear /'intər'linieər/ ks. diantara baris. i. translation terjemahan diantara baris-baris.

interlining /'intər'laining/ kb. lapisan.

interlock /'intər'lak/ kkt. mempersambungkan satu sama lain. interlocking membership keanggotaan yg berpautan satu sama lain.

interlocutor /'intər'lakətər/ kb. teman berbicara.

interloper /'intər'lowpər/ kb. penyeludup, penyelang yg tak berhak

interlude /'intər'luwd/ kb. 1 waktu istirahat/meng aso, jeda. 2 selingan. musical i. selingan musik.

intermarriage /'intər'mærij/ kb. 1 perkawinan antar-suku/antar-bangsa/antar-agama. 2 perkawinan dgn anggota keluarga yg dekat. 3 perkawinan campuran.

intermarry /'intər'mærie/ kkt. (**intermarried**) 1 kawin-mengawini. 2 kawin dlm keluarga.

intermediary /'intər'miedie'erie/ kb. (j. **-ries**) perantara, penengah.

intermediate /'intər'miedieit/ ks. 1 (tingkat) menengah. 2 lanjutan. i. German Bahasa Jérman lanjutan.

interment /in'tərmənt/ kb. penguburan, pemakaman, pengebumian.

intermezzo /'intər'metsow/ kb. interméso, selingan.

interminable /in'tərmənəbəl/ ks. tak berkesudahan/berakhir.

intermingle /'intər'minggəl/ kkt., kki. bercampurbaur.

intermission /'intər'misyən/ kb. 1 istirahat, pause. 2 waktu turun minum.

intermittent /'intər'mitənt/ ks. 1 yg sebentar-sebentar. i. rain hujan yg sebentar-sebentar turun. 2 antara sebentar.

intern /'intərn *kb.*; in'tərn *kkt.*/ *kb.* dokter rumah sakit. —*kkt.* mengasingkan, menginternir (*in a camp*). —*kki.* bertempat tinggal di sebuah rumah sakit.

internal /in'tərnəl/ *ks.* 1 dalam. *i. matter* urusan dlm. *i. combustion* pembakaran dlm. 2 bagian dlm. *i. injuries* luka-luka di bagian dlm. *i. medicine* ilmu kedokteran bagian dlm. *from i. evidence* dari isinya. **I. Revenue** Kantor Pajak. **i. trade** perdagangan dalam negeri. —**internally** *kk.* disebelah/di bagian dlm. *This medicine is not to be taken i.* Obat ini tdk boléh diminum/ditelan.

international /'intər'næsyənəl/ *ks.* 1 internasional, antarbangsa. *i. cooperation* kerjasama internasional. *i. law* hukum internasional. 2 sedunia. *I. Labor Organization* Organisasi Buruh Sedunia.

internationalize /'intər'næsyənəlaiz/ *kkt.* menginternasionalisasikan.

interne /'intərn/ *kb.* = INTERN.

internee /'intər'nie/ *kb.* interniran, tawanan.

internist /in'tərnist/ *kb.* ahli/dokter penyakit dalam, internis.

internment /in'tərnmənt/ *kb.* penginterniran, penawanan. *i. camp* kamp interniran, tempat tawanan/pengasingan.

internship /'intərnsyip/ *kb.* 1 tugas sbg seorang dokter yg sedang dilatih di rumah sakit. 2 masa belajar suatu keahlian.

interoffice /'intər'afis/ *ks.* antar-jawatan. *i. memo* nota antar-jawatan.

interpellation /in'tərpə'leisyən/ *kb.* interpelasi, permintaan keterangan dlm parlemén kpd pemerintah.

interpersonal /'intər'pərsənəl/ *ks.* antar diri/perseorangan. *i. relations* hubungan antar-perseorangan.

interplanetary /'intər'plænə'terie/ *ks.* antar-planét.

interplay /'intər'plei/ *kb.* pengaruh-mempengaruhi, saling mempengaruhi.

interpolate /in'tərpəleit/ *kkt.* menyisipkan, menambah.

interpolation /in'tərpə'leisyən/ *kb.* penyisipan, penambahan, interpolasi.

interpose /'intər'powz/ *kkt.* 1 mengemukakan (*objection*). 2 menempatkan, meletakkan (*barriers*).

interpret /in'tərprit/ *kkt.* 1 menterjemahkan. 2 menafsirkan, mengartikan. *How do you i. that remark?* Bagaimana kau menafsirkan ucapan itu?

interpretation /in'tərprə'teisyən/ *kb.* 1 interprétasi, penafsiran. 2 penterjemahan.

interpreter /in'tərprətər/ *kb.* 1 juru bahasa. 2 penafsir, tukang tafsir.

interracial /'intər'reisyəl/ *ks.* antar-ras, antar (suku) bangsa. *i. marriage* perkawinan antar-suku-bangsa.

interregional /'intər'riejənəl/ *ks.* antar-daérah.

interregnum /'intər'regnəm/ *kb.* masa peralihan pemerintahan.

interrelated /'intərri'leitid/ *ks.* bersangkut-paut, saling berhubungan.

interrelation(ship) /'intərri'leisyən(syip)/ *kb.* hubungan timbal-balik.

interrogate /in'tərəgeit/ *kkt.* menanyai.

interrogation /in'terə'geisyən/ *kb.* pemeriksaan. *i. mark/point* tanda tanya.

interrogator /in'terə'geitər/ *kb.* 1 penanya. 2 pemeriksa.

interrupt /'intə'rʌpt/ *kkt.* 1 menyela, mengganggu. *to i. a conversation* menyela percakapan. 2 meme-

cahkan. *to i. the silence* memecahkan kesepian. —*kki.* menyela, memotong. *Don't i. when...* Jangan menyela kalau....

interruption /'intə'rʌpsyən/ *kb.* 1 gangguan (*of conversation*). 2 terhentinya (*bus service*). *to continue without further i.* berjalan terus tanpa ada halangan lagi.

interscholastic /'intər'skə'læstik/ *ks.* antar-sekolah.

intersect /'intər'sekt/ *kkt.* memotong (*an angle, a line*). —*kki.* potong-memotong, silang-menyilang. *These two roads i. outside of town* Kedua jalan ini potong-memotong diluar kota. —**intersecting** *ks.* berpotongan.

intersection /'intər'seksyən/ *kb.* 1 persimpangan (*of road or street*). 2 titik potong/pertemuan (*of two lines*).

intersperse /'intər'spərs/ *kkt.* menyela-nyelai, menyelang-nyelingi, menyelingi. *The occasion was interspersed with music* Peristiwa itu diselang-selingi dgn musik.

interstate /'intər'steit/ *ks.* antar-negarabagian. *i. highway* jalan-raya antar-negarabagian. *I. Commerce Commission* Komisi Perdagangan Antar-Negarabagian.

interstellar /'intər'stelər/ *ks.* antar-bintang. *i. space* angkasa antar-bintang.

interstice /in'tərstis/ *kb.* celah, sela.

intertwine /'intər'twain/ *kkt., kki.* jalin-menjalin, berjalin.

interurban /'intər'ərbən/ *ks.* interlokal, antar-kota.

interval /'intərvəl/ *kb.* 1 jarak waktu, waktu jeda. *at intervals* sebentar-sebentar, sewaktu-waktu. *The pain returns at intervals* Sebentar-sebentar (rasa) sakit itu datang kembali. 2 selangan.

intervene /'intər'vien/ *kki.* 1 menghalangi. *Nothing intervenes to keep us from...* Tdk satupun yg menghalangi kami dari.... 2 campur tangan. *to i. in a quarrel* mencampuri, turun tangan dlm pertengkaran. *Five years had intervened since...* Sdh lima tahun berselang sejak.... *the intervening years* tahun-tahun yg menyelangi.

intervention /'intər'vensyən/ *kb.* intervénsi, campur tangan.

interview /'intərvyuw/ *kb.* interpiu, wawancara, tanya-jawab. *to hold an i.* mengadakan wawancara. —*kkt.* menginterpiu, mengadakan wawancara, mewawancarai. —**interviewing** *kb.* pewawancaraan.

interviewee /'intər'vyuwie/ *kb.* orang yg diinterpiu/diwawancarai.

interviewer /'intər'vyuwər/ *kb.* penginterpiu, pewawancara.

interweave /'intər'wiev/ *kkt.* (**interwove, interwoven**) berjalin, menjalin(kan). *to i. truth with fiction* menjalin-jalinkan khayalan kedlm kebenaran.

interwove(n) /'intər'wowv(ən)/ lih INTERWEAVE.

intestate /in'testeit/ *ks.* tanpa berwasiat. *to die i.* meninggal tanpa berwasiat.

intestinal /in'testənəl/ *ks.* yg berk. dgn usus. *i. flu* inpluénsa usus. *i. fortitude* ketabahan hati yg kuat, keberanian.

intestine /in'testən/ *kb.* usus. *large i.* usus besar. *small i.* usus kecil. —**intestines** *j.* isi perut, usus.

intimacy /'intəməsie/ *kb.* (*j.* **-cies**) 1 kekariban, kerukunan, keintiman. 2 hubungan séksuil, perzinahan.

intimate /'intəmit *kb., ks.*; 'intəmeit *kkt.*/ *kb.* teman karib. —*ks.* 1 intim, karib. *i. friends* teman-teman karib. *to be i.* berzinah. 2 mendalam, mengetahui/

mengenal baik sekali. *i. knowledge of sociology* pengetahuan yg mendalam dlm ilmu masyarakat. —*kkt.* mengisyaratkan. *He intimated that I was wrong* Dia mengisyaratkan bhw saya keliru. —**intimately** *kk.* dgn baik sekali. *to know London i.* mengenal London sampai ke pelosok-pelosoknya.

intimation /'intə'meisyən/ *kb.* 1 (*hint*) isyarat. 2 pemberitahuan, berita, maklumat.

intimidate /in'timədeit/ *kkt.* menakut-nakuti, mempertakuti.

intimidation /in'timə'deisyən/ *kb.* intimidasi, gertakan.

into /'intuw/ *kd.* 1 kedalam. *Come i. the house* Masuklah kedlm (rumah). *to translate i. Indonesian* menterjemahkan kedlm bahasa Indonésia. 2 menjadi. *to divide i. ten rooms* membagi menjadi sepuluh buah kamar. *to grow i. a woman* tumbuh menjadi seorang wanita déwasa. 3 ke. *to get i. a plane* naik ke kapal terbang. *to fall i. enemy hands* jatuh ke/di tangan musuh. *to go i. town* pergi ke kota. *to look i. the future* melihat ke masa-depan. 4 sampai. *to study far i. the night* belajar sampai jauh malam. *Ten i. twenty is two* Sepuluh membagi duapuluh sama dgn dua.

intolerable /in'talərəbəl/ *ks.* 1 tak tertahankan. *His suffering was i.* Penderitaannya tdk tertahankan. 2 amat berat. *i. situation* keadaan yg amat berat.

intolerance /in'talərəns/ *kb.* ketidaktoléranan. *religious i.* sikap tanpa toléransi dlm agama.

intolerant /in'talərənt/ *ks.* tdk bertoléransi.

intonation /'intə'neisyən/ *kb.* intonasi, lànggam/ nada suara.

intone /in'town/ *kkt.* melagukan, menyanyikan. *The clock intones the hour* Jam itu melagukan tiap-tiap jam.

in toto /in'towtow/ *kk.* sepenuhnya, secara keseluruhannya.

intoxicant /in'taksəkənt/ *kb.* minuman keras.

intoxicate /in'taksəkeit/ *kkt.* memabukkan. *He was intoxicated with victory* Dia sedang mabuk kemenangan. —**intoxicated** *ks.* mabuk. *an i. person* seorang pemabuk. —**intoxicating** *ks.* yg memabukkan. *i. beverage* minuman keras.

intoxication /in'taksə'keisyən/ *kb.* kemabukan, keadaan mabuk.

intractable /in'træktəbəl/ *ks.* keras kepala, degil.

intramural /'intrə'myurəl/ *ks.* 1 *Acad.*: didlm sekolah/gedung. 2 diantara dinding.

intrans. [*intransitive*] intransitip.

intransigence /in'trænsəjəns/ *kb.* kekerasan pendirian.

intransigent /in'trænsəjənt/ *ks.* keras pendirian, tdk mau menyerah.

intransitive /in'trænsətiv/ *ks.* intransitip, tak transitip/berpelengkap.

intravenous /'intrə'vienəs/ *ks.* kedlm pembuluh darah. *i. injection* suntikan kedlm pembuluh darah. —**intravenously** *kk.* melalui urat nadi/urat pembuluh darah.

intrepid /in'trepid/ *ks.* pemberani, berani.

intricacy /'intrəkəsie/ *kb.* (*j.* **-cies**) keruwetan, seluk-beluk.

intricate /'intrəkit/ *ks.* ruwet, berbelit-belit, berseluk-beluk.

intrigue /'intrig, in'trig *kb.*; in'trig *kkt.*/ *kb.* tipu daya/tepok, intrik. —*kkt.* menggugah rasa ingin tahu, membangkitkan minat. *to i. against s.o.* bersekongkol menentang s.s.o. —**intriguing** *ks.* yg membangkitkan minat.

intrinsic /in'trinsik/ *ks.* hakiki. —**intrinsically** *kk.* pd hakékatnya.

introduce /'intrə'duws, -'dyuws/ *kkt.* 1 memperkenalkan, mengintrodusir. *May I i. you to my uncle?* Boléhkah saya perkenalkan sdr kpd paman saya? **to i. o.s.** memperkenalkan. *I introduced him to Classical Malay* Saya memperkenalkannya kpd bahasa Melayu Klasik. 2 memasukkan. *to i. a tube into the throat* memasukkan pipa kedlm tenggorokan. 3 memajukan, mengajukan (*a bill into Congress*).

introduction /'intrə'dʌksyən/ *kb.* 1 perkenalan, pengenalan. *to give s.o. an i. to s.o.* memberikan kpd s.s.o. surat perkenalan utk s.s.o. 2 kata pengantar, kata pendahuluan, prawacana, prakata. 3 pengantar. *i. to economics* pengantar ékonomi.

introductory /'intrə'dʌktərie/ *ks.* 1 pengantar. *i. economics* pengantar ékonomi. 2 pembukaan. *i. words/remarks* ucapan-ucapan pembukaan, kata pengantar.

introspection /'intrə'speksyən/ *kb.* introspéksi, mawas diri.

introspective /'intrə'spektiv/ *ks.* mawas diri, suka introspéksi.

introvert /'intrəvərt/ *kb.* seorang introvert, seorang yg lebih suka memikirkan dirinya sendiri drpd orang lain.

introverted /'intrə'vərtid/ *ks.* yg memusatkan perhatian dan pikiran kpd dirinya sendiri.

intrude /in'truwd/ *kkt.* memaksakan. *to i. o's views upon* memaksakan pendapatnya pd. —*kki.* mengganggu. *to i. into other people's affairs* mencampuri urusan orang lain. **to i. upon s.o.** mengganggu s.s.o.

intruder /in'truwdər/ *kb.* 1 pengacau, orang yg menyelundup. 2 orang yg suka turut campur.

intrusion /in'truwzyən/ *kb.* 1 penggangguan, pengacauan. 2 hal mencampuri.

intuition /'intu'isyən, -tyu-/ *kb.* intuisi, gerak hati.

intuitive /in'tuətiv, 'tyu-/ *ks.* berdasarkan intuisi, intuitif.

inundate /'inəndeit/ *kkt.* membanjiri, menggenangi (*with water, brochures*).

inundation /'inən'deisyən/ *kb.* pembanjiran, penggenangan.

inure /in'yur/ *kkt.* membiasakan. *to be inured to* menjadi biasa utk.

invade /in'veid/ *kkt.* 1 menyerbu (*a country*). *We were invaded by a swarm of bees* Kami diserbu oléh segerombolan lebah. 2 melanggar (*the rights/privacy of others*).

invader /in'veidər/ *kb.* penyerbu.

invalid /'invəlid/ *kb.* penderita cacad, invalide. —*ks.* 1 yg cacat. *i. mother* ibu yg cacat. 2 sakit.

invalid /in'vælid/ *ks.* tdk berlaku/sah.

invalidate /in'vælədeit/ *kkt.* membuat tdk berlaku. —**invalidated** *ks.* yg tak berlaku lagi.

invaluable /in'vælyuəbəl/ *ks.* tdk terhingga nilainya. *This book is i. as a guide* Buku ini tdk terhingga nilainya sbg penuntun.

invariably /in'værieəblie/ *kk.* tanpa kecuali, selalu. *The phone i. rings when I am busy* Télepon tetap saja berbunyi ketika saya sibuk.

invasion /in'veizyən/ *kb.* 1 serbuan, penyerbuan, invasi. *the i. of Normandy* penyerbuan Normandi. *i. of locusts* penyerbuan belalang. 2 pelanggaran, penggangguan (*of privacy*).

invective /in'vektiv/ *kb.* makian, cercaan, caci-maki.

inveigh /in'vei/ *kki.* mengecam. *to i. against socialism* melancarkan kecaman yg pedas thd sosialisme.

inveigle /in'viegəl, in'veigəl/ *kkt.* membujuk, memperdayakan. *to i. s.o. into* membujuk s.s.o. utk.

invent /in'vent/ *kkt.* 1 menemukan, menciptakan (*s.t. new*). 2 membuat-buat. *to i. a story* membuat-buat cerita. *He invented that story* Cerita itu isapan jempolnya.

invention /in'vensyən/ *kb.* 1 (hasil) penemuan, ciptaan. 2 isapan jempol, rekaan, hasil khayalan.

inventive /in'ventiv/ *ks.* yg berdayacipta.

inventiveness /in'ventivnəs/ *kb.* dayatemu, keahlian menemukan/menciptakan s.s.t. yg baru.

inventor /in'ventər/ *kb.* penemu, pencipta.

inventory /'invən'towrie/ *kb.* (*j.* **-ries**) 1 inventaris. 2 (*stocktaking*) inventarisasi. *to take i.* menginventarisasikan. **—***kkt.* menginventarisasikan.

inverse /'invərs/ *kb.* kebalikan. *The i. of 1/2 is 2* Kebalikan dari 1/2 adalah 2. **—***ks.* terbalik. *in i. ratio* dlm perbandingan terbalik.

inversion /in'vərzyən/ *kb.* 1 pembalikan. 2 *Gram.*: invérsi.

invert /in'vərt/ *kkt.* 1 membalikkan. *to i. the order of subject and predicate* membalikkan susunan pokok kalimat dan sebutan. 2 menelungkupkan (*a bottle*). **inverted** *spelling* éjaan yg terbalik.

invertebrate /in'vərtəbrit/ *kb.* héwan tdk bertulang punggung.

invest /in'vest/ *kkt.* 1 menanam, menginvéstasikan (*money, capital*). 2 melantik dgn upacara, menobatkan. **—***kki.* **to i. in** menanam uang dlm. *to i. in a new car* membeli mobil yg baru.

investigate /in'vestəgeit/ *kkt.* menyelidiki, meneliti, mengusut, memeriksa. *to i. a crime* menyelidiki kejahatan. **investigating** *committee* panitia/komisi penyelidik.

investigation /in'vestə'geisyən/ *kb.* 1 pemeriksaan, pengusutan (*of a case*). 2 (*research*) penyelidikan, penelitian.

investigator /in'vestə'geitər/ *kb.* 1 pemeriksa, pengusut. 2 penyelidik, peneliti.

investiture /in'vestəcur/ *kb.* pentahbisan, pelantikan dlm jabatan.

investment /in'vestmənt/ *kb.* invéstasi, penanaman (uang, modal). *a good i.* invéstasi yg baik. *to make heavy investments in a firm* banyak menanamkan modal dlm sebuah firma. *poor i. of time and money* pemborosan waktu dan uang yg tdk menguntungkan. *i. banker* bankir/cukong utk penanaman modal.

investor /in'vestər/ *kb.* penanam uang. *heavy i. in that firm* orang yg banyak menanamkan uang dlm perusahaan itu.

inveterate /in'vetərit/ *ks.* tetap, berurat-berakar. *i. smoker* perokok yg sdh mendarah daging, seorang yg sdh candu merokok.

invidious /in'vidieəs/ yg menyakitkan hati. *i. comparisons* perbandingan-perbandingan yg menyakitkan hati.

invigorate /in'vigəreit/ *kkt.* memperkuat, menyegarkan. *This lotion invigorates the skin* Air pembersih ini memperkuat dan menghidupkan kulit. **—***invigorating* *ks.* yg menghidupkan/menyegarkan (*air*).

invincible /in'vinsəbəl/ *ks.* tak terkalahkan. *i. courage* keberanian yg tdk terkalahkan.

inviolable /in'vaiələbəl/ *ks.* tdk diganggu-gugat. *The king's person was i.* Diri raja tdk dpt diganggugugat.

invisibility /in'vizə'bilətie/ *kb.* limunan.

invisible /in'vizəbəl/ *ks.* tak kelihatan, limunan, siluman, gaib. *Bacteria are i. to the naked eye* Kuman-kuman tdk dpt dilihat dgn mata biasa. *i. ink* tinta limunan.

invitation /'invə'teisyən/ *kb.* undangan, uleman.

invite /in'vait/ *kkt.* 1 mengundang. *to i. s.o. to a party* mengundang s.s.o. ke pésta. 2 mempersilakan. *I i. Mr. Stone to take the floor* Saya persilakan tuan Stone tampil kedepan. 3 meminta. *I i. the opinions of all of you* Saya meminta pendapat sdr-sdr semua. **to i. s.o. in** mengundang/mengajak s.s.o. masuk. **—inviting** *ks.* yg menarik. *The water doesn't look very i.* Air itu tdk begitu menarik kelihatannya.

invocation /'invə'keisyən/ *kb.* doa. *to deliver the i.* membacakan doa.

invoice /'invois/ *kb.* faktir, faktur, paktur.

invoke /in'vowk/ *kkt.* 1 meminta, memohon. *to i. the aid of s.o.* meminta pertolongan s.s.o. 2 memohonkan dgn khusuk/asyik. *to i. a spirit* memohonkan dgn khusuk bantuan sihir/roh halus.

involuntary /in'valən'terie/ *ks.* 1 tanpa sengaja. *i. manslaughter* pembunuhan yg tak berencana/sengaja. 2 diluar (pengawasan) kemauan. *Circulation of the blood is i.* Perédaran darah berjalan diluar pengawasan kemauan.

involve /in'valv/ *kkt.* 1 meliputi. *Clouds i. the mountain top* Awan-awan meliputi puncak gunung. *What does your job i.?* Pekerjaanmu itu meliputi apa saja? 2 melibatkan, menyangkut. *He's involved in various businesses* Dia tersangkut dlm berbagai urusan. *I am deeply involved in several research projects* Saya terlibat dlm beberapa proyék risét. *to i. a friend in s.t.* melibatkan teman dlm s.s.t. *to get involved in a fight* terlibat dlm suatu perkelahian. *to be involved in an affair* terlibat dlm perkara. *He's involved in a shady business* Dia terlibat dlm suatu perdagangan gelap. 3 membutuhkan, memerlukan, menyebabkan. *The course will i. much study* Kursus itu akan membutuhkan banyak kegiatan belajar. *It would i. living in Paris* Hal itu akan menyebabkan kita terpaksa tinggal di Paris. 4 memakan. *Does this i. much expense?* Apakah ini akan banyak (me)makan biaya? *His reputation is involved* Nama baiknya turut terbawa-bawa. **—involved** *ks.* ruwet, berbelit-belit, njelimet. *i. sentence* kalimat yg berbelit-belit.

involvement /in'valvmənt/ *kb.* kekusutan, persangkutan, keterlibatan.

invulnerability /in'vʌlnərə'bilətie/ *kb.* kekebalan.

invulnerable /in'vʌlnərəbəl/ *ks.* kebal, tak dpt dikalahkan.

inward /'inwərd/ *ks.* (dlm) batin. *i. struggle* perjuangan (dlm) batin. **—***kk.* menuju masuk/kedlm. *The ship was i. bound* Kapal itu menuju masuk ke pelabuhan. *His feet turn i.* Kaki-kakinya berbélok kedlm. **—inwardly** *kk.* dlm hati-batin.

iodine /'aiədin, -dain/ *kb.* 1 yodium. 2 obat mérah.

iodized /'aiədaizd/ *ks.* yg mengandung yodium. *i. salt* garam dapur yg mengandung yodium.

ion /'aian, 'aiən/ *kb.* ion.

ionic /ai'anik/ *ks.* ionis.

Ionic /ai'anik/ *ks.* dari Yunani kuno. *I. column* tiang Yunani kuno.

ionization /'aiənə'zeisyən/ *kb.* ionisasi.

ionize /'aiənaiz/ *kkt., kki.* mengalami ionisasi, terurai menjadi ion.

ionosphere /ai'anəsfir/ *kb.* ionosfir.

iota /ai'owtə/ *kb.* sedikit juapun, sekecil-kecilnya. *There's not an i. of truth to that story* Tdk ada sedikit-pun kebenaran dlm cerita itu.

I.O.U., IOU /'ai'ow'yuw/ [*I Owe You*] *kb.* tanda terima hutang/pinjaman.

IQ., I.Q. /'ai'kyuw/ [*Intelligence Quotient*] tingkat kecerdasan, derajat cerdas, angka kecerdasan, hasilbagi inteligénsi.

Ir. 1 [*Irish*] 1 orang/bahasa Irlandia. 2 [*Ireland*] Irlandia.

I.R. [*Internal Revenue*] Kantor Pajak.

Iranian /ai'reiniǝn, i'-/ *kb.* 1 orang Iran. 2 bahasa Iran. —*ks.* yg berh. dgn Iran.

Iraqi /i'rakie/ *kb., ks.* 1 orang Irak. 2 bahasa Irak.

irascible /i'ræsǝbǝl/ *ks.* yg lekas marah, lekas naik darah, béngkéng, bérang. *i. disposition* perangai yg suka lekas marah, sifat pembérang.

irate /ai'reit/ *ks.* marah, bérang.

ire /air/ *kb.* kemarahan. *to arouse s.o's i.* membangkitkan kemarahan s.s.o.

Ire. [*Ireland*] Irlandia.

iridescent /'irǝ'desǝnt/ *ks.* warna-warni, yg berh. dgn perubahan warna.

iris /'airis/ *kb.* 1 selaput pelangi (*of the eye*). 2 (*flower*) bunga iris.

Irish /'airisy/ *kb.* 1 orang Irlandia. 2 bahasa Irlandia. —*ks.* yg berh. dgn Irlandia. *I. linen* linan Irlandia. *I. stew* semur daging dan sayur-sayuran. *I. potato* kentang biasa.

Irishman /'airisymǝn/ *kb.* (*j.* **-men**) orang Irlandia.

irk /ǝrk/ *kkt.* kesal hati, jéngkél. *It irks me to ...* Kesal hati saya....

irksome /'ǝrksǝm/ *ks.* yg menjéngkélkan/mendongkolkan/menjemukan.

iron /'aiǝrn/ *kb.* 1 besi. *made of i.* terbuat dari besi. 2 *Furn.*: seterika (listrik). —*ks.* 1 besi. *i. bar* batang besi. 2 keras. *i. will* kemauan keras. 3 kuat. *i. constitution* badan yg kuat. *to strike while the i. is hot* bertindak pd waktu yg tepat. —**irons** *j.* belenggu. *to put s.o. in irons* membelenggu s.s.o. *to have many irons in the fire* menghadapi banyak urusan sekaligus. —*kkt. Cloth.*: menyeterika. **to i. out** mengatasi, menghilangkan, meniadakan (*difficulties*). **I. Curtain** Tirai Besi. **iron-fisted** *ks.* keras. *to rule with an i. hand* memerintah dgn tangan besi. **i. lung** paru-paru besi. **iron-willed** *ks.* berkemauan keras. —**ironing** *kb.* pakaian-pakaian yg hendak diseterika itu. *to do the i.* menyeterika. *i. board* papan seterika.

ironclad /'aiǝrn'klæd/ *ks.* sukar sekali dirobah, kuat (sekali). *i. guarantee* jaminan yg kuat.

ironic(al) /ai'ranǝk(ǝl)/ *ks.* 1 ironis. 2 yg mengéjék.

ironware /'aiǝrn'wær/ *kb.* barang dari besi.

ironwood /'aiǝrn'wud/ *kb.* (kayu) ulin, kayu besi.

ironwork /'aiǝrn'wǝrk/ *kb.* barang-barang besi.

ironworker /'aiǝrn'wǝrkǝr/ *kb.* pekerja barang-barang besi.

irony /'airǝnie/ *kb.* (*j.* **-nies**) ironi, éjékan. *i. of fate* éjékan nasib. *one of the ironies of life* salah satu ironi kehidupan.

irradiate /i'reidieeit/ *kkt.* 1 menyinari. 2 menyorot(i). *The patient was irradiated by ultraviolet lamp* Orang sakit itu disorot dgn lampu ultraviolét.

irradiation /i'reidie'eisyǝn/ *kb.* penyinaran, penyorotan, penerangan.

irrational /i'ræsyǝnǝl/ *ks.* 1 yg mengigau, tdk logis. *i. behavior* tingkah-laku yg tdk logis atau yg tdk masuk akal. 2 irasional, yg blm diketahui. *i. number* bilangan persamaan irasional.

irreclaimable /'iri'kleimǝbǝl/ *ks.* 1 tdk dpt diminta kembali (*of objects*). 2 yg tak dpt ditebus/diperoléh kembali (*of land*).

irreconcilable /i'rekǝn'sailǝbǝl/ *ks.* tdk dpt didamaikan/dirujukkan kembali.

irrecoverable /'iri'kʌvǝrǝbǝl/ *ks.* tdk dpt diperoléh lagi.

irredeemable /'iri'diemǝbǝl/ *ks.* tdk dpt ditukarkan lagi.

irreducible /'iri'duwsǝbǝl, 'dyuw-/ *ks.* tdk dpt diperkecil lagi. *i. minimum* jumlah kecil yg tak dpt dikurangi lagi.

irrefutable /'iri'fyuwtǝbǝl/ *ks.* tdk dpt dibantah, tak terbantah. *i. argument* dalil yg tdk dpt dibantah.

irregardless /'irǝ'gardlǝs/ *kk.* = REGARDLESS (kurang baik).

irregular /i'regyǝlǝr/ *kb.* tentara/pasukan liar. —*ks.* 1 yg tdk ditentukan. *at i. intervals* pd saat- saat yg tdk tentu. 2 luar biasa, lain drpd biasa. *It's i. to lend certain books* Luar biasa meminjam buku-buku tertentu. *i. verb* katakerja yg luarbiasa, katakerja yg tdk teratur. 3 tdk berketentuan. 4 (*not in order*) tdk bérés. 5 tdk rata. *an i. lot* tanah yg tdk rata.

irregularity /i'regyǝ'lærǝtie/ *kb.* (*j.* **-ties**) 1 ketidakbérésan. *i. in the accounts* ketidakbérésan dlm keuangan. 2 *Hyg.*: sembelit, sukar kebelakang. 3 ketidakteraturan (*in breathing*).

irrelevance /i'relǝvǝns/ *kb.* 1 penyimpangan. 2 ketidaktepatan, ketidakrelevanan.

irrelevancy /i'relǝvǝnsie/ *kb.* (*j.* **-cies**) = IRRELEVANCE.

irrelevant /i'relǝvǝnt/ *ks.* menyimpang, tdk bertalian/berhubungan. *i. to the problem* tdk ada hubungan dgn persoalannya. *That's i.* Itu tak ada hubungannya/pertaliannya.

irreligious /'iri'lijǝs/ *ks.* 1 tdk beriman. 2 tdk beragama.

irremediable /i'ri'miedieǝbǝl/ *ks.* 1 tdk dpt diperbaiki. *i. oversight* kekeliruan yg tak dpt diperbaiki. 2 tdk dpt disembuhkan (*of a disease*).

irremovable /'iri'muwvǝbǝl/ *ks.* tdk dpt dipindahkan.

irreparable /i'repǝrǝbǝl/ *ks.* 1 tdk dpt diperbaiki. *i. damage* kerusakan yg tdk dpt diperbaiki. 2 tak dpt diganti, putus arang. *i. loss* kehilangan yg tak dpt diganti.

irreplaceable /'iri'pleisǝbǝl/ *ks.* tdk dpt diganti, tdk tergantikan.

irrepressible /'iri'presǝbǝl/ *ks.* tdk tertekan/tertahan. *i. emotions* émosi yg tdk dpt ditahan.

irreproachable /'iri'prowcǝbǝl/ *ks.* yg tdk dicela. *i. manners* sopan santun yg tdk ada celanya.

irresistible /'iri'zistǝbǝl/ *ks.* sangat menarik, tak dpt menahan. *He's i. to women* Ia menarik sekali bagi wanita-wanita.

irresolute /i'rezǝluwt/ *ks.* ragu-ragu, tdk tegas.

irresolution /i'rezǝ'luwsyǝn/ *kb.* keragu-raguan, ketidaktegasan.

irresolvable /'iri'zalvǝbǝl/ *ks.* tdk terpecahkan/teruraikan.

irrespective /'iri'spektiv/ *ks.* terlepas dari, dgn mengabaikan. *I. of how you feel ...* Terlepas dari bagaimana perasaanmu....

irresponsibility /'iri'spansǝ'bilǝtie/ *kb.* ketidakbertanggungjawaban, ketiadaan (rasa) tanggungjawab.

irresponsible /'iri'spansǝbǝl/ *ks.* yg tdk mempunyai rasa (ber)tanggungjawab.

irresponsive /'iri'spansiv/ *ks.* bersikap acuh tak acuh, tdk perduli.

irretrievable /'iri'trievǝbǝl/ *ks.* yg tak dpt diperoléh kembali, yg tak dpt ditebus. *i. loss* kehilangan yg tak dpt diperoléh kembali.

irreverence /i'revǝrǝns/ *kb.* sikap kurang sopan, ketidaksopanan.

irreverent /i'revǝrǝnt/ *ks.* kurang/tidak sopan.

irreversible /'iri'vərsəbəl/ ks. tdk dpt diubah. *i. decision* keputusan yg tak dpt diubah lagi.

irrevocable /i'revəkəbəl/ ks. tdk dpt dibatalkan, tdk dpt ditarik kembali.

irrigate /'irəgeit/ kkt. mengairi.

irrigation /'irə'geisyən/ kb. pengairan, irigasi. *i. canal* parit aliran, selokan irigasi.

irritability /'iritə'bilətie/ kb. (*j.* **-ties**) sifat lekas marah.

irritable /'irətəbəl/ ks. (suka) lekas marah.

irritant /'irətənt/ kb. yg mengganggu/memedihkan. *Don't use harsh irritants in your eyes* Jangan pakai bahan-bahan yg amat mengganggu dlm matamu.

irritate /'irəteit/ kkt. mengganggu, mendongkol-(kan), menjéngkélkan. *His gestures i. me* Gerak-geriknya mengganggu saya. *Dust particles i. the eyes* Butir-butir debu mengganggu mata. —**irritating** ks. 1 menjéngkélkan, mengganggu, membuat perih. 2 memedihkan. *i. to the eyes* memedihkan bagi mata.

irritation /'irə'teisyən/ kb. 1 kejéngkélan. *source of i.* hal yg membuat orang marah/jéngkél, sumber kejéngkélan. 2 gangguan. *i. of the membranes* gangguan pd selaput-selaput. *nervous i.* gangguan (urat)saraf.

I.R.S. [*Internal Revenue Service*] Dinas Perpajakan.

is /iz/ lih BE.

is. [*island, isle*] pulau.

isinglass /'aizən(g)'glæs/ kb. 1 perekat (berasal dari ikan). 2 mika.

isl. [*island, isle*] pulau.

Islam /is'lam, 'isləm/ kb. Islam. *followers of I.* pengikut agama Islam.

Islamic /is'læmik/ ks. yg berh. dgn Islam. *I. traditions* adat lembaga Islam.

Islamization /'islæmə'zeisyən/ kb. peng-Islaman.

Islamize /'isləmaiz/ kkt. mengislamkan.

island /'ailənd/ kb. 1 pulau. 2 kelompok. *islands of resistance here and there* kelompok-kelompok yg mengadakan perlawanan disana-sini. 3 (*traffic*) bagian atau tempat (yg aman) di tengah-tengah jalan.

islander /'ailəndər/ kb. penduduk dari suatu pulau.

isle /ail/ kb. pulau (kecil). *The British Isles* Kepulauan Britania.

ism /'izəm/ kb. aliran.

isn't /'izənt/ [*is not*] lih BE.

isobar /'aisəbar/ kb. isobar, garis khayalan di peta bumi yg menghubungkan tempat-tempat yg sama tekanan udaranya.

isogloss /'aisəglas/ kb. garis pd peta yg memisahkan daérah-daérah yg berbéda dlm beberapa sifat-sifat bahasa.

isolate /'aisəleit/ kkt. 1 mengasingkan. *to i. from others* mengasingkan dari orang lain. 2 memisah-kan. *to i. oxygen from hydrogen* memisahkan zat asam dari zat air. **to i. o.s. from** mengasingkan diri dari. —**isolated** ks. terpencil. *i. area* daérah yg terpencil. *i. figure* tokoh yg terpencil. *i. instance* masalah tersendiri, masalah yg berdiri sendiri. *i. occurrence* kejadian terpencil.

isolation /'aisə'leisyən/ kb. isolasi, pengasingan, keterpencilan, pemisahan.

isolationist /'aisə'leisyənist/ kb., ks. (orang) yg suka mengasingkan negerinya dari dunia.

isosceles /ai'sasəliez/ ks. samakaki. *i. triangle* segitiga samakaki.

isotope /'aisətowp/ kb. isotop.

Israeli /iz'reilie/ kb. orang Israél. —ks. yg berh. dgn Israél.

issuance /'isyuəns/ kb. pengeluaran. *i. of new stamps* pengeluaran perangko baru.

issue /'isyuw/ kb. 1 (pokok) persoalan. *to discuss an i.*

membicarakan pokok persoalan. *to avoid/evade the i.* menghindari pokok persoalan. *to confuse the i.* mengaburkan pokok persoalan. *to face the i.* menghadapi (pokok) persoalan. *to force the i.* memaksa mengambil keputusan. *to join i. with, to make an i. (of)* menjadikan persoalan. *Money is not the i.* Bukan uang yg menjadi soal. 2 terbitan, nomor. *i. of a magazine* terbitan sebuah majalah. 3 hasil. *The i. of the battle was in doubt* Hasil peperangan itu diragukan. 4 anak. *to die without i.* meninggal tanpa keturunan. **at i.** yg diperselisihkan. *the matter at i.* soal yg dipertengkarkan. **to take i.** tidak setuju, bertentangan. *I must take i. with you on that* Saya terpaksa tdk sependapat dgn kamu ttg persoalan itu. —kkt. 1 mengeluarkan (*magazines, money, stamps*). *to i. a warrant for s.o's arrest* mengeluarkan (surat) perintah utk penangkapan/penahanan s.s.o. 2 memberikan (*uniforms, parking tickets*). 3 membagikan (*uniforms*). —kki. keluar. *Smoke issued from the chimney* Asap keluar dari cerobong. *The sound of voices issued from the next room* Bunyi suara-suara yg keluar dari kamar sebelah.

isth. [*isthmus*] genting tanah.

isthmus /'isməs/ kb. genting tanah. *the Kra I.* genting tanah Kra.

it /it/ kb. Sl.: daya séks. *She's got it* Bentuk tubuhnya menggairahkan. —kg. 1 dia, ia. 2 -nya. *I'll bring it with me* Saya akan membawanya bersama saya. *I can't keep it up any longer* Saya tdk dpt menahannya lebih lama lagi. *in it* didalamnya. *on it* (di)atasnya. *Give me half of it* Berikan setengahnya kepadaku. 3 itu. *It's here on the table* Itu disini diatas méja. *Lay it on the shelf* Letakkan itu diatas rak. *Who is it?* Siapa (itu)? *far from it* jauh drpd itu. *with it* dgn itu. **::** *It's raining* Hari hujan. *It's I* Saya. *It's a beautiful day* Hari bagus sekali. *It's hot* Panas. *What is it you want?* Apa yg kaukehendaki? *It doesn't matter* Tak mengapalah. Biar sajalah. *It is Sunday* Sekarang hari Minggu. *It's nonsense talking like that* Omong kosong berkata demikian. *It is said that…* Dikatakan, bhw…. *The rain made it hard to see* Hujan menyukarkan penglihatan. *We thought it wise to let you know* Kami anggap bijaksana (bila) memberitahukannya kepadamu. *We feel the better for it* Kami merasa lebih baik karenanya.

It(al). 1 [*Italy*] Itali(a). 2 [*Italian*] orang Itali; bahasa Itali.

Italian /i'tælyən/ kb., ks. 1 orang Itali. 2 bahasa Itali. *I. accent* logat Itali.

italics /i'tæliks/ kb., j. huruf miring, kursif. *The i. are mine* Tulisan miring itu saya yg membuatnya.

italicize /i'tæləsaiz/ kkt. menuliskan dgn huruf miring.

Italy /'itəlie/ kb. Itali(a).

itch /ic/ kb. 1 penyakit gatal. 2 keinginan yg besar. *to have an i. to be a singer* mempunyai keinginan yg besar (sekali) utk menjadi seorang penyanyi. —kkt. membuat gatal. *Wool socks i. my feet* Kaus kaki dari wol membuat kaki saya gatal. —kki. gatal. *My back itches* Punggung saya gatal. *I am itching to go with you* Saya ingin sekali pergi dgn kamu. —**itching** kb. kegatalan. *She has i. feet* Ia ingin bepergian.

itchiness /'icienəs/ kb. 1 hasrat. 2 rasa gatal.

itchy /'icie/ ks. 1 gatal. 2 gelisah. *i. fingers* tangan yg selalu ingin menémbak.

item /'aitəm/ kb. 1 barang, artikel. 2 hal, soal. 3 (*news*) berita. 4 pokok. *items on the agenda* pokok-pokok acara (dlm agénda). 5 nomor. *The first i. on the program was a solo* Nomor pertama dlm program itu ialah nyanyian/permainan solo. *expense i.* pos pengeluaran.

itemization /'aɪtəmə'zeɪsyən/ *kb.* perincian.

itemize /'aɪtəmaɪz/ *kkt.* memerinci(kan). *itemized bill* rékening dgn perhitungan terperinci.

itinerant /aɪ'tɪnərənt, i-/ *ks.* yg (pergi) berkeliling. *i. farmer* petani yg berpindah-pindah tempat. *i. preacher* khatib yg berkeliling.

itinerary /aɪ'tɪnə'rerie, i-/ *kb.* (*j.* **-ries**) rencana perjalanan.

it'll /'ɪtəl/ [*it will*] lih WILL.

its /ɪts/ *kg.* -nya, kepunyaan. *in i. proper place* pd tempat yg sebenarnya. *The cat won't eat i. food* Kucing itu tdk mau makan makanannya.

it's /ɪts/ [*it is*] lih BE.

itself /ɪt'self/ lih SELF.

IUD [*Intrauterine device*] *kb.* spiral.

I've /aɪv/ [*I have*] lih HAVE.

ivied /'aɪvied/ *ks.* dijalari tanaman ivy.

ivory /'aɪvərie/ *kb.* (*j.* **-ries**) gading. *i. tusk* taring gading. *I. Coast* Pantai Gading. *i. tower* alam khayalan, tempat mengasingkan diri. —**ivories** *j. Sl.*: tuts-tuts, mata piano.

ivy /'aɪvie/ *kb.* sm tumbuhan menjalar. *I. League* lembaga/organisasi atlétik drpd delapan buah universitas di bagian timur-laut A.S.

J

J, j /jei/ *kb.* huruf yg kesepuluh dari abjad Inggeris.
J. 1 [*journal*] 1 majalah. 2 [*justice*] kehakiman.
Ja. [*January*] bulan Januari.
JA [*Judge Advocate*] pengacara tentara.
jab /jæb/ *kb.* 1 tusukan (*with needle, spear*). 2 *Box.*: jotosan. —*kkt.* (**jabbed**) menusuk. *to j. s.o's eye out* menusuk mata s.s.o. keluar, mencukil mata s.s.o.
jabber /'jæbər/ *kb.* océhan, obrolan. —*kki.* mengécék, mengocéh, mengobrol.
jack /jæk/ *kb.* 1 *Auto.*: dongkrak. 2 *Bridge:* yoker. 3 *Elec.*: stop kontak. *every man j.* setiap orang. *I'll be there before you can say J. Robinson* Saya akan sampai disana secepat kilat. —**jacks** *j.* permainan simbang. —*kkt.* **to j. up** 1 mendongkrak (*a car*) 2 menaikkan (*prices*). 3 memperbaiki, meningkatkan. *to j. up o's thinking* meningkatkan mutu pemikirannya. **jack-a-dandy** *kb.* orang yg congkak. **J. Frost**(personifikasi) musim dingin. **jack-in-thebox** permainan anak yg kalau kotaknya dibuka tiba-tiba bonéka didalamnya melompat keluar. **j. of all trades** orang yg serbaguna/serbatahu. **jack-o' lantern** buah labu yg dilubangi merupakan muka manusia. **j. rabbit** kelinci yg bertelinga dan berkaki belakang yg panjang.
jackal /'jækəl/ *kb.* serigala, jakal.
jackass /'jæk'æs/ *kb.* 1 (*mule*) keledai jantan. 2 orang tolol.
jacket /'jækit/ *kb.* 1 jas. *winter j.* jakét musim dingin. *double-breasted j.* jakét berlapis dua. 2 sampul (*of books*). 3 selubung. *bed j.* baju tempat tidur.
jackfruit /'jæk'fruwt/ *kb.* buah nangka, cempedak.
jackhammer /'jæk'hæmər/ *kb.* alat pelobang karang atau beton dll.
jackknife /'jæk'naif/ *kb.* pisau lipat yg besar. —*kkt.* berlipat. *The trailer truck skidded and jackknifed* Truk gandéngan itu tergelincir dan berlipat.
jackladder /'jæk'lædər/ *kb.* tangga dari tali (pd kapal).
jackpot /'jæk'pat/ *kb.* pot perjudian, hadiah main kartu. *to hit the j.* memenangkan hadiah besar/pertama.
jackstraws /'jæk'strɔz/ *kb.* permainan anak-anak dgn sejumlah biji-biji permainan yg ditaruh tak beraturan, kemudian dipungut satu persatu tanpa menyintuh yg lain.
Jacob /'jeikəb/ *kb.* Yakub. *J.'s ladder*=JACKLADDER.
jade /jeid/ *kb.* permata jade, batu nefrit/lumut.
jaded /'jeidid/ *ks.* letih, sayu, lesu, payah. *j. look* pandangan yg lesu.
J.A.G. [*Judge Advocate General*] Ketua Kejaksaan Agung Militér.
jag /jæg/ *kb.* 1 *Sl.*: perasaan, keinginan, kesibukan, kesukaan. *crying j.* suka menangis. 2 *Sl.*: pésta mabuk-mabukan.
jagged /'jægid/ *ks.* bergerigi, berigi-rigi. *j. edge of a piece of wood* pinggir sepotong kayu yg bergerigi.
jaguar /'jægwar/ *kb.* sm macan tutul di A.S.

jail /jeil/ *kb.* penjara, bui. *to break j.* meloloskan diri dari penjara. —*kkt.* memenjarakan.
jailbreak /'jeil'breik/ *kb.* pembongkaran/penjebolan penjara.
jailbird /'jeil'bərd/ *kb.* penghuni penjara, orang hukuman.
jailer /'jeilər/ *kb.* sipir (penjara).
jake /jeik/ *ks.* *Sl.*: baik. *Everything is j. at our end* Semuanya baik saja pd pihak kami.
jalopy /jə'lapie/ *kb.* (*j.* **-pies**) *Inf.*: mobil tua.
jam /jæm/ *kb.* 1 selé. 2 kemacetan (lalulintas). 3 kesukaran. **in a j.** dlm kesukaran, dlm keadaan terjepit. —*kkt.* (**jammed**) 1 menyumbat. *to j. a lock* menyumbat induk kunci. 2 mengganggu (*broadcast*). 3 menekan (*the helm*). 4 menjepit. *He jammed his finger in the door* Jarinya terjepit di pintu. 5 berdesak-desakan. *to j. o's way through the exit* berdesak-desakan melalui pintu keluar. 6 menumpukkan. *They were jammed into a small space* Meréka ditumpukkan didlm sebuah ruangan yg kecil. *The river was jammed with logs* Sungai itu penuh dgn balok. *to j. on the brakes* menekan rém. —*kki.* 1 menjadi ketat. *The window jammed* Jendéla itu menjadi ketat. 2 berdesak-desakan. *A crowd jammed into the bus* Orang banyak berdesak-desakan masuk bis. **to jam-pack** mengisi sampai penuh sesak. *The hall was jam-packed* Ruangan itu penuh sesak. *Sl.*: **j. session** pertemuan pemain-pemain musik yg memainkan musik secara improvisasi. **jam-up** *kb.* kemacetan. —**jammed** *ks.* macet. *j. door* pintu yg macet. —**jamming** *kb.* gangguan.
Jamaica /jə'meikə/ *kb.* **J. shorts** celana yg péndék sekali.
jamb /jæm/ *kb.* kosén/jenang pintu, tiang (pintu, jendéla dsb).
jamboree /'jæmbə'rie/ *kb.* *Inf.*: jamboré.
jamproof /'jæm'pruwf/ *ks.* tahan gangguan. *j. transmitter* pemancar tahan gangguan.
Jan. [*January*] bulan Januari.
jangle /'jænggəl/ *kkt.* membunyikan (*bells*). —*kki.* berkerincing. *jangled nerves* saraf yg terganggu.
janitor /'jænətər/ *kb.* (pen)jaga gedung/rumahrumah, portier, pembersih kantor.
janitorial /'jænə'towrieəl/ *ks.* mengenai jaga rumah. *j. service* penjagaan gedung.
January /'jænyu'erie/ *kb.* (*j.* **-ries**) bulan Januari. *in J.* dlm bulan Januari. *on the fifth of J.* pd tgl lima Januari. *on J. 2nd* pd tgl dua Januari.
Jap. 1 [*Japan*] Jepang. 2 [*Japanese*] orang Jepang; bahasa Jepang.
Japan /jə'pæn/ *kb.* (negeri) Jepang.
Japanese /'jæpə'niez, -'nies/ *kb.* 1 orang Jepang. 2 bahasa Jepang. —*ks.* Jepang. *J. Embassy* Kedutaan Besar Jepang.
jar /jar/ *kb.* kendi, buli-buli, botol, guci. —*kkt.* (**jarred**) 1 menggetarkan. *to j. a table* menggetarkan méja. 2 mengejutkan. *She was jarred by the news*

Dia terkejut mendengar berita. 3 menggégérkan. *The decision will j. the country* Keputusan itu akan menggégérkan negeri. —*kki.* **to j. on** *o's nerves* mengganggu saraf. —**jarring** *ks.* menggelegar, menderu-deru/gemuruh. *j. sound* suara/bunyi yg menggelegar. *j. blow to the country* pukulan keras bagi negeri itu.

jargon /'jargən/ *kb.* bahasa golongan tertentu, logat khusus. *political j.* bahasa golongan politik.

jasmin(e) /'jæzmən/ *kb.* bunga melati/melur.

jaundice /'jɔndis/ *kb.* penyakit kuning. —*kkt.* menyebabkan penuh prasangka. *to j. o's view* menyebabkan pandangannya penuh prasangka. *to have a jaundiced view about* mempunyai pandangan yg mengandung purbasangka thd. *to view s.t. with a jaundiced eye* memandang s.s.t. dgn iri hati.

jaunt /jɔnt/ *kb.* tamasya, pesiar.

jaunty /'jɔntie/ *ks.* 1 yg periang, pandai bergaul. 2 bergaya, solék. *j. hat* topi yg bergaya. — **jauntily** *kk.* 1 dgn tegap/gagah. 2 dgn periang.

Jav. [*Javanese*] 1 bahasa Jawa. 2 orang Jawa.

Java /'javə/ *kb.* 1 Jawa. 2 *Sl.:* kopi. *Archaeol.:* **J. man** manusia Jawa.

Javanese /'javə'niez/ *kb.* bahasa Jawa. *a J.* seorang Jawa. —*ks.* yg berh. dgn Jawa.

javelin /'jæv(ə)lin/ *kb.* lembing, tombak. *j. throw* lémpar lembing.

jaw /jɔ/ *kb.* 1 *Anat.:* rahang. 2 kekangan, jepitan (*of a vise*). —*kki. Sl.:* ngobrol.

jawbreaker /'jɔ'breikər/ *kb. Sl.:* 1 kembang gula yg keras. 2 kata yg sulit diucapkan.

jay /jei/ *kb.* sm burung.

Jaycee /'jei'sie/ [*Junior Chamber of Commerce*] *kb. Inf.:* 1 déwan perdagangan junior A.S. 2 anggota dari déwan tersebut.

jayvee /'jei'vie/ [*junior varsity*] *kb. Inf.:* regu yunior universitas.

jaywalk /'jei'wɔk/ *kki. Inf.:* menyeberang jalan tanpa memperhatikan tanda lalulintas.

jaywalker /'jei'wɔkər/ *kb. Inf.:* penyeberang jalan yg tdk memperhatikan tanda-tanda lalulintas.

jazz /jæz/ *kb.* 1 (musik) jazz. *j. band* orkés/band jazz. 2 omong kosong. —*kkt. Sl.:* **to j. up** membuat meriah, meramaikan.

jazzy /'jæzie/ *ks. Inf.:* menyolok, terlalu ramai (*colors*).

JCS, J.C.S. [*Joint Chiefs of Staff*] Gabungan Kepala-kepala Staf (Angkatan Bersenjata).

jct(n). [*junction*] persimpangan (jalan).

J.D. 1 [*Doctor of Jurisprudence*] Doktor Hukum. 2 [*Juvenile Delinquent*] crossboy, crossgirl.

jealous /'jeləs/ *ks.* iri hati, cemburu (**of** pd, thd). *j. guardian of the child* penjaga anak yg waspada. *Our city is j. of its rights* Kota kami menjaga hak-haknya dgn hati-hati sekali. —**jealously** *kk.* dgn hati-hati, dgn penuh kewaspadaan. *j. guarded secret* rahasia yg dijaga dgn hati-hati.

jealousy /'jeləsie/ *kb.* (*j.* **-sies**) kecemburuan, perasaan iri hati.

jean /jien/ *kb.* kain drill. — **jeans** (celana) jéngki.

jeep /jiep/ *kb.* jip, jeep, yip.

jeepers /'jiepərz/ *kseru.* somprét!

jeer /jir/ *kb.* éjékan, cemooh. —*kkt.* mencemoohkan, memperolok-olokkan, mengéjék. —*kki.* **to j. at** mencemoohkan. —**jeering** *kb.* sorakan/teriakan cemoohan. *The jeering crowd pursued him* Orang banyak yg berteriak-teriak/mencemoohkan itu mengikuti/mengejar dia.

Jehovah /jə'howvə/ *kb.* Tuhan orang Yahudi.

jejune /ji'juwn/ *ks.* kurus-kering.

jell /jel/ *kki.* 1 membeku (*salad, plans*). 2 mengental, mengeras (*of jello*).

jellied /'jelied/ *ks.* yg dibeku. *j. salad* selada yg dibeku.

jello /'jelow/ *kb.* makanan agar-agar diberi bau buah-buahan.

jelly /'jelie/ *kb.* (*j.* **-lies**) selé.

jellybean /'jelie'bien/ *kb.* sm gula-gula agar.

jellyfish /'jelie'fisy/ *kb.* 1 ubur-ubur. 2 *Inf.:* orang yg wataknya lemah.

jellyroll /'jelie'rowl/ *kb.* bolu-gulung pakai selé halus.

jeopardize /'jepərdaiz/ *kkt.* membahayakan. *The plans were jeopardized when ...* Rencana itu terancam bahaya ketika ...

jeopardy /'jepərdie/ *kb.* bahaya, risiko. *to be in j.* dlm bahaya.

jerk /jərk/ *kb.* 1 sentakan, renggutan (*of rope*). 2 *Sl.:* orang tolol. —*kkt.* merenggutkan. *to j. o.s. free* membébaskan diri dgn gerakan yg cepat. —*kki.* tersentak. *The train jerked when it started up* Kereta api itu tersentak ketika ia mulai berjalan.

jerkwater /'jərk'wɔtər, 'watər/ *ks. Sl.:* tdk terletak di jalan besar. *j. town* kota yg letaknya jauh dari jalan besar.

jerky /'jərkie/ *ks.* tersentak-sentak, tertegun-tegun. *His hand is j.* Tangannya tersentak-sentak.

jerry /'jerie/ *ks.* **j. can** jérigén, jérikén. **jerry-built** *ks.* dibangun secara serampangan. *j.-built house* rumah yg tdk kuat buatannya.

jersey /'jərzie/ *kb.* 1 baju kaos. *football j.* baju kaos pemain sépak-bola. 2 kain rajutan. **J.** lembu Jersey (*cow*). *Isle of J.* Pulau Jersey.

Jerusalem /jə'ruwsələm/ *kb.* Bait'almukaddis.

jest /jest/ *kb.* olok-olok, senda-gurau, lelucon. *He made the remark in j.* Dia mengeluarkan ucapan dgn senda-gurau. —*kki.* berolok-olok. **to j. at** menertawakan. —**jesting** *kb.* senda-gurau.

jester /'jestər/ *kb.* pelawak.

Jesus /'jiezəs/ *kb.* Nabi Isa.

jet /jet/ *kb.* 1 *Av.:* jét. 2 pancaran (*of water*). —*kki.* (**jetted**) 1 memancar. 2 naik jét. —*ks.* hitam pekat. *j. hair* rambut yg hitam pekat. **j. age** abad jét. **jet-black** *ks.* hitam legam/pekat. **j. engine** mesin jét. **j. fighter** pesawat pemburu jét. **j. plane** pesawat terbang jét. **jet-prop** *kb.* pesawat jét-prop. **jet-propelled** *ks.* yg dijalankan dgn pancar(an) gas. **j. stream** arus jét.

jetliner /'jet'lainər/ *kb.* pesawat penumpang jét.

jetsam /'jetsəm/ *kb.* barang-barang yg dibuang dari kapal (utk meringankan kapal).

jettison /'jetəsən/ *kkt.* membuang barang-barang keluar (dari kapal atau pesawat terbang utk meringankannya).

jetty /'jetie/ *kb.* (*j.* **-ties**) dermaga, témbok di laut, pelindung pelabuhan.

Jew /juw/ *kb.* orang Yahudi. **Jew-baiting** *kb.* penguberan orang-orang Yahudi. —*kkt. Sl.:* menawar sampai harga rendah. **to j. (s.o.) down** menawar sampai kpd harga yg pantas. **jew's-harp** kecapi mulut.

jewel /'juwəl/ *kb.* 1 (batu) permata. 2 batu (*in a watch*). *She's a real j.* Dia sungguh-sungguh seorang yg amat baik. *j. box/case* kotak perhiasan.

jeweler /'juwələr/ *kb.* jauhari, tukang emas.

jewelry /'juwəlrie/ *kb.* barang-barang perhiasan. *costume j.* barang perhiasan (dari permata bikinan).

Jewess /'juwis/ *kb.* Yahudi wanita.

Jewish /'juwisj/ *ks.* Yahudi. *He is J.* Dia Yahudi.

Jewry /'juwrie/ *kb.* golongan Yahudi.

jg, j.g. /'jeɪ'jie/ [*junior grade*] lih LIEUTENANT.
jib /jib/ *kb.* layar topang. *Inf.: I like the cut of his j.* Saya senang melihat tampannya.
jibe /jaib/ *kki.* bersesuaian, cocok (**with** dgn). *The two stories do not j.* Kedua cerita itu tdk cocok satu sama lain.
jiffy /'jifie/ *kb.* (*j.* **-fies**) *Inf.:* sekejap mata, dgn cepat. *to do s.t. in a j.* mengerjakan s.s.t. dlm sekejap mata. *I'll be back in a j.* Saya segera akan kembali.
jig /jig/ *kb.* tarian gerak cepat. *Sl.: The j. is up* Sdh tdk ada harapan lagi. —*kki.* (**jigged**) menari (dgn irama cepat), berjogét (cepat).
jigger /'jigər/ *kb.* 1 gelas kecil (utk mengukur minuman kecil). 2 *Inf.:* anu. *What's that j. called?* Anu itu apa namanya? —*kkt. Sl.:* menyunglap (angka), mengacau-balaukan. *to j. the accounts* menyunglap angka-angka perhitungan keuangan.
jiggle /'jigəl/ *kkt.* menggoncangkan. —*kki.* bergoncang.
jigsaw /'jig'sɔ/ *kb.* gergaji ukir. *j. pattern* pola/potongan mozaik. *j. puzzle* teka-teki menyusun potongan-potongan gambar.
jilt /jilt/ *kkt.* menolak cinta, memutuskan hubungan percintaan.
Jim /jim/ *kb.* **J. Crow** orang Négro. *J.-Crow car* keréta khusus utk orang-orang Négro. **jim-dandy** *kb. Sl.:* yg sangat bagus. *ks. Sl.:* bagus sekali. *j.-dandy car* mobil yg bagus sekali.
jimmy /'jimie/ *kb.* (*j.* **-mies**) linggis kecil. —*kkt.* (**jimmied**) mendobrak, mengungkit.
jingle /'jinggəl/ *kb.* 1 bunyi. 2 sajak. —*kkt.* menggerincingkan (*a bell, coins, keys*). —*kki.* bergemerincing (*of a bell, keys, coins*).
jingoism /'jinggowizəm/ *kb.* cinta tanahair yg berlebih-lebihan.
jinx /jingks/ *kb. Sl.:* nasib malang, orang/barang yg membawa sial. —*kkt. Sl.:* membawa nasib malang/sial. *to j. s.o.* membawa sial bagi s.s.o.
jitney /'jitnie/ *kb. Sl.:* opelét, bis rakyat.
jitterbug /'jitər'bʌg/ *kki. Inf.:* berdansa jitterbug.
jitters /'jitərz/ *kb., j. Inf.:* kegugupan (yg luar biasa). *to get the j.* menjadi gugup. *She gives me the j.* Ia membuat saya gugup sekali.
jittery /'jitərie/ *ks.* gelisah, gugup.
jiu-jitsu /juw'jitsuw/ *kb.* jiu-jitsu, béla diri cara Jepang.
jive /jaiv/ *kb.* 1 *Sl.:* logat. 2 *Sl.:* dansa jive. —*kki. Sl.:* menyesuaikan diri utk.
job /jab/ *kb.* 1 pekerjaan. *to have a good j.* mempunyai pekerjaan yg baik. *to do a good j.* melakukan pekerjaan dgn baik. *to give s.t. up as a bad j.* menghentikan pekerjaan itu dan menganggapnya gagal. *to lie down on the j.* berlambat-lambat melaksanakan pekerjaan itu. *to make the best of a bad j.* mengerjakan pekerjaan yg tdk disenangi dgn sebaik-baiknya. 2 tugas. *to have the j. of informing s.o. that ...* mempunyai tugas utk memberitahukan kpd s.s.o. bhw .... *He's on the j.* Dia menjalankan tugasnya. 3 kesusahan. *It's quite a j. to get there from here* Bukan main sukarnya mencapai tempat itu dari sini. **::** *The laxative did its j.* Obat peluntur/cuci perut itu manjur/mujarab. *He knows his j.* Ia tahu apa yg hrs diperbuatnya. *to do a good brake j.* memperbaiki rém dgn baik. **to be out of a j.** menganggur, tunakarya. **by the j.** secara borongan. **j. lot** barang kodian/borongan. **j. printer** pencétak surat sebaran, kartu dll.
jobber /'jabər/ *kb.* pemborong.
jobholder /'jab'howldər/ *kb.* 1 pegawai tetap. 2 pekerja tetap.

jobless /'jabləs/ *ks.* **the j.** kaum pengangguran/tunakarya. menganggur, tunakarya. *kb.*
jockey /'jakie/ *kb.* joki, anak pacuan. —*kki.* **to j. for** merebut utk (*position*).
jockstrap /'jak'stræp/ *kb.* cawat olahraga.
jocose /jow'kows/ *ks.* lucu, jenaka.
jocular /'jakyələr/ *ks.* yg lucu. *j. remarks* komentar-komentar yg lucu.
Joe /jow/ *kb. Sl.:* orang (laki-laki). *He's a good J.* Dia adalah orang yg baik. *Sl.: J. Blow* orang biasa.
jog /jag/ *kb.* 1 jalan-jalan. 2 sentakan. *That photo gave my memory a j.* Potrét itu menyebabkan sentakan pd ingatan saya. —*kkt.* (**jogged**) menyentakkan. *The photo jogged his memory* Potrét itu mengembalikan kenang-kenangannya. —*kki.* berjalan/lari pelan-pelan.
john /jan/ *kb. Sl.:* kakus, W.C. *J. Doe* nama sembarang orang. *Inf.: J. Hancock* tandatangan. *J. Q. Public* umum, orang ramai.
johnny /'janie/ *kb.* (*j.* **-nies**) *Inf.:* pemuda luntang-lantung. *Johnny-come-lately* orang baru, masih hijau. *Inf.: J. on the spot kb.* siap-sedia, siap-siaga.
join /join/ *kkt.* 1 ikut serta dgn. *Will you j. us?* Mau ikut serta dgn kami? 2 menyusul. *I'll j. you later* Nanti saya menyusul. 3 menjadi anggota (*club, party*). *to j. the colors/army* masuk (menjadi) tentara. 4 memeluk. *to j. a church* memeluk suatu geréja. 5 menghubungkan. *The bridge joins the two islands* Jembatan itu menghubungkan kedua pulau itu. 6 mengikat. *The minister joined the couple in holy matrimony* Pendéta itu mengikat pasangan itu dlm tali perkawinan. 7 berbatasan/berhubungan dgn. *His yard joins ours* Pekarangannya berbatasan dgn pekarangan kami. *to j. battle* terlibat dlm pertempuran. *to j. forces* bersatu-padu. —*kki.* 1 berhubungan. *The windows j. at the corner* Jendéla-jendéla itu berhubungan satu sama lain di pojok. 2 menjadi anggota. **to j. in** ikut serta. *to j. in the conversation* ikut serta dlm percakapan. *J. in the singing!* Ikutlah menyanyi! *to j. s.o. in a cup of coffee* menemani s.s.o. minum secangkir kopi. **to j. together** bekerja sama. *Let's j. together and finish the job* Mari kita bekerja sama menyelesaikan pekerjaan itu. **to j. up** masuk tentara.
joiner /'joinər/ *kb.* 1 *Inf.:* s.s.o. yg suka menjadi anggota perkumpulan-perkumpulan. 2 *Carp.:* tukang kayu yg membuat mébél.
joint /joint/ *kb.* 1 *Anat.:* tulang sendi. 2 *Sl.:* tempat kelas rendah (réstoran, bar, hotél). 3 lipatan (*of a knife*). —*ks.* bersama. *j. account* rékening bersama. *j. author* penulis bersama. *j. manager* pemimpin/pengurus bersama. *j. secretariat* sékretariat bersama. **out of j.** terkilir, keseléo. *I threw my arm out of j.* Lengan saya terkilir. *The times are out of j.* Segala s.s.t. tdk menggembirakan lagi. *J. Chiefs of Staff* Gabungan Kepala-Kepala Staf. **j. tax return** daftar pajak yg berisi pendapatan bersama suami-isteri. —**jointly** *kk.* bersama-sama.
joist /joist/ *kb.* kasau, kasok, balok silang.
joke /jowk/ *kb.* lelucon, dagelan. *to crack a j.* berkelakar, menceritakan lelucon. *It's no j. to try to...* Bukan main-main lagi utk mencoba .... Tidak gampang utk mencoba .... *to make a j. out of life* menganggap hidup suatu dagelan. *to play a j. on s.o.* mempermainkan/memperdayakan s.s.o. *Don't play a j. on him* Jangan permainkan dia. **to take a j.** tahan menghadapi senda-gurau. —*kki.* berkelakar, bergurau. *I was only joking* Saya hanya bergurau. *You're joking!* Kau hanya berkelakar saja! **to j. about/at** menganggap réméh/énténg. —**jo-**

king *kb.* senda-gurau. *All j. aside* Tanpa maïn-main lagi. —**jokingly** *kk.* secara berkelakar/ bersenda-gurau, tdk sungguh-sungguh.
joker /'jowkər/ *kb.* 1 badut, pelawak. 2 batu penarung, "udang dibalik batu". 3 *Sl.*: siapa orangnya. *What j. left the water running?* Siapa pula yg tlh membiarkan keran terbuka? 4 *(cards)* badut (kartu).
jokester /'jowkstər/ *kb.* badut, pelawak.
jolly /'jalie/ *ks.* gembira, riang, ria. —*kkt.* membuat gembira, menghibur. *Try to j. him a bit* Cobalah hibur dia sedikit.
jolt /jowlt/ *kb.* 1 sentakan. *to stop with a j.* berhenti dgn (suatu) sentakan. 2 pukulan. *The financial loss was a j.* Kerugian uang itu merupakan satu pukulan. *The electric current gave him quite a j.* Aliran listrik itu benar-benar menggetarkan tubuhnya. —*kkt.* menggoyangkan. *The train jolted everyone* Kereta-api itu menggoyangkan setiap orang. —*kki.* terguncang-guncang, tergoyang-goyang. *to j. along a trail in a jeep* terguncang-guncang melalui jalan kecil dlm sebuah jip.
jonquil /'jangkwəl/ *kb.* sm bunga.
josh /jasy/ *kkt.* mengolok-olokkan, menggoda sambil berolok-olok.
jostle /'jasəl/ *kkt., kki.* berdesak-desakan. —**jostling** *kb.* dorong-mendorong, desak-mendesak.
jot /jat/ *kkt.* (**jotted**) mencatat. *to j. down s.o's name* mencatat nama s.s.o. —**jotting** *kb.* mémo, catatan.
journal /'jərnəl/ *kb.* 1 majalah. *learned j.* majalah ilmiah. 2 suratkabar. 3 *(diary)* buku/catatan harian.
journalese /'jərnə'liez/ *kb.* bahasa surat-kabar.
journalism /'jərnəlizəm/ *kb.* jurnalistik, kewartawanan.
journalist /'jərnəlist/ *kb.* wartawan, jurnalis, kuli tinta.
journalistic /'jərnə'listik/ *ks.* mengenai kewartawanan/jurnalistik. *j. style* gaya bahasa suratkabar, gaya bahasa seorang jurnalis.
journey /'jərnie/ *kb.* kepergian, perjalanan. *to set out on a j.* pergi mengadakan perjalanan. *on a j.* sedang mengadakan perjalanan. *the j. there and back* perjalanan pulang-pergi. —*kki.* bepergian, mengadakan perjalanan. *He has journeyed to every part of the world* Dia tlh menjelajahi tiap pelosok bumi.
Jove /jowv/ *kb.* **by J.!** Masya Allah! Busét! Astaga!
jovial /'jowvieəl/ *ks.* periang, baik hati dan gembira.
jowl /jawl/ *kb.* 1 daging/gemuk dibawah dagu (pd orang gemuk). 2 rahang.
joy /joi/ *kb.* 1 kegembiraan, keriaan, keriangan. *to leap with j.* melompat-lompat kegirangan. 2 kesenangan. *A cool drink is a real j.* Minuman yg dingin benar-benar merupakan kesenangan. *Inf.*: **j. ride** bersenang-senang/pelesiran naik mobil.
joyful /'joifəl/ *ks.* bergembira. *j. evening* malam yg menggembirakan.
joyless /'joiləs/ *ks.* tdk bergembira, tanpa kegembiraan.
joyous /'joiəs/ *ks.* bergembira, riang-gembira. *j. occasion* peristiwa yg penuh kegirangan.
J. P. [*Justice of the Peace*] hakim tingkat rendah di A.S.
Jr., jr. [*junior*] anak dari, bin.
jt. [*joint*] bersama.
jubilant /'juwbələnt/ *ks.* bersorak kegirangan, bergembira sekali (**over** atas).
jubilation /'juwbə'leisyən/ *kb.* sorak-sorai kegirangan.
jubilee /'juwbəlie/ *kb.* hari peringatan. *diamond j.* hari peringatan 60 tahun.

Judaism /'juwdieizəm/ *kb.* 1 agama Yahudi. 2 adat-istiadat Yahudi.
judge /jʌj/ *kb.* 1 hakim. *presiding j.* hakim yg memimpin sidang pengadilan. 2 wasit, salah seorang juri *(of a track meet, horse show)*. **::** *He's a good j. of human nature* Dia pintar menilai sifat/watak manusia. *You be your own j.* Kamu sendirilah menentukan pendapatmu sendiri. —*kkt.* 1 menilai, mempertimbangkan *(the merits of s.t.).* *He is judged by his conduct* Dia dinilai atas tindak-tanduknya. 2 mengeritik. *Don't j. him before you know him* Jangan mengeritik dia sblm mengenalnya. 3 mewasiti *(a contest).* 4 menduga. *I j. it will take a week* Saya duga akan memakan waktu seminggu. 5 *Law*: mengadili *(a case).* —*kki.* *It's hard to j.* Sukar utk menilainya. *That is for you to j.* Kaulah yg mempertimbangkannya. *I have nothing to j. by* Saya tdk mempunyai apapun utk menilainya. *I j. by your reply that...* Dari jawabannya itu saya menarik kesimpulan bhw.... *judging by/from appearances* menaksir dari luar. **j. advocate** oditur, jaksa tentara. **j. advocate general** ketua kejaksaan agung militér.
judgement /'jʌjmənt/ *kb.* =JUDGMENT.
judgeship /'jʌjsyip/ *kb.* 1 jabatan hakim. 2 masa jabatan seorang hakim.
judgment /'jʌjmənt/ *kb.* 1 pendapat. *to make a j. about s.t.* menyatakan pendapat ttg s.s.t. *in my j.* menurut pendapat saya. 2 keputusan. *to pronounce j. against s.o.* menjatuhkan keputusan thd s.s.o. 3 pertimbangan. *He has good j.* Dia mempunyai pertimbangan yg baik. *value j.* pertimbangan nilai. **to show good j.** menunjukkan pandangan yg baik. **to sit in on j.** bersidang mengadili. *I did it against my better j.* Saya melakukannya secara tdk sadar. *Use your own j.* Pakailah otakmu/pikiranmu sendiri. **J. Day** Hari Kiamat. **j. seat** kursi pengadilan.
judicial /juw'disyəl/ *ks.* yg berh. dgn pengadilan. *j. decision* keputusan pengadilan. *j. district* distrik pengadilan. *j. branch of the government* cabang/bagian pengadilan dari pemerintah.
judiciary /juw'disyie'erie/ *kb.* (*j.* -**ries**) pengadilan, kehakiman.
judicious /juw'disyəs/ *ks.* bijaksana.
judo /'juwdow/ *kb.* judo, yudo.
jug /jʌg/ *kb.* 1 kendi. 2 *(earthenware)* buyung, bocong. 3 *Sl.*: penjara.
jugful /'jʌgful/ *kb.* sekendi, sebuyung. *a j. of water* sekendi penuh dgn air.
juggernaut /'jʌgərnɔt/ *kb.* 1 téng atau keréta raksasa yg menggilas segala s.s.t. yg ada di jalannya. 2 nafsu, kebutuhan atau hal-hal lain yg meminta korban (manusia).
juggle /'jʌgəl/ *kkt.* menyulap *(a ball, figures).* —**juggling** *kb.* main sunglap (dgn bola).
juggler /'jʌglər/ *kb.* pemain sunglap.
jughead /'jʌg'hed/ *kb.* *Sl.*: orang tolol.
jugular /'jʌgələr/ *ks.* dari atau berh. dgn léhér atau kerongkongan. *j. vein* urat merih.
juice /juws/ *kb.* 1 air/sari buah. *orange j.* air jeruk. 2 getah. *gastric j.* getah lambung/perut besar. *Inf.*: *to stew in o's own j.* merasakan akibat dari perbuatan sendiri.
juiceless /'juwsləs/ *ks.* tdk berair.
juiciness /'juwsienəs/ *kb.* keadaan/sifat banyak airnya/sarinya.
juicy /'juwsie/ *ks.* 1 yg banyak airnya, yg mengandung banyak air. *j. orange* jeruk yg banyak airnya. 2 *Inf.*: yg menarik, nakal. *j. passage in a novel* beberapa kalimat yg nakal dlm roman.

jujitsu /juw'jitsuw/ = JIU-JITSU.
jukebox /'juwk'baks/ kb. Sl.: gramopon otomat.
Jul. [July] bulan Juli.
julep /'juwləp/ kb. **mint j.** sm minuman dibuat dari wiski atau bréndi, gula dan és dan bumbu yg segar.
July /juw'lai/ kb. bulan Juli. in J. dlm bulan Juli.
jumble /'jʌmbəl/ kb. kumpulan campur-aduk. —kkt. mencampur-adukkan, mencampur-baurkan. The clothes were jumbled together Pakaian-pakaian itu dicampur-adukkan.
jumbo /'jʌmbow/ ks. Inf.: yg luar biasa besarnya. I want the j. size Saya mau ukuran yg paling besar.
jump /jʌmp/ kb. 1 loncatan. ski j. tempat loncatan ski. 2 loncat. high j. loncat tinggi. 3 lompat. broad j. lompat jauh. 4 kenaikan. j. in the price of kenaikan dlm harga. Inf.: **on the j.** sibuk sekali. to get the j. on s.o. mendapatkan kelebihan drpd orang lain. —kkt. melompati. to j. the creek with ease melompati anak sungai itu dgn mudah. to j. bail tdk datang kemuka pengadilan, tdk menghadiri sidang pengadilan. —kki. 1 meloncat. to j. high meloncat tinggi. 2 melompat. She jumps from one thing to another Dia melompat dari hal yg satu kpd hal yg lain. I jumped when I heard the noise Saya terlompat ketika mendengar keributan itu. 3 naik. The price of wheat suddenly jumped Harga gandum tiba-tiba naik. **to j. about/around** melompat-lompat (berkeliling). **to j. at** melompati/menerkam. to j. at the chance cepat mempergunakan kesempatan. **to j. down** melompat turun/kebawah. **to j. in** 1 menerjun. 2 Sl.: menyela. **to j. off** 1 melompat dari (truck, bicycle). 2 berbalik. **to j. on** 1 melompat keatas. 2 Sl.: mencaci/mengoméli/memarahi (s.o.). **to j. out of** melompat dari. He nearly jumped out of his skin Ia terkejut/kagét sekali. He jumped to the wrong conclusion Dia dgn tergesa-gesa mengambil kesimpulan yg salah. **to j. up** melompat bangun. **to j. up and down** melompat-lompat. **j. ball** bola yg dilémparkan wasit dlm pertandingan. **jumping** jack mainan anak-anak berupa orang atau binatang yg sendi-sendinya digerakkan dgn seutas tali. jumping-off place 1 tempat bertolak, titik tolak. 2 pelosok.
jumper /'jʌmpər/ kb. 1 peloncat (person, horse). 2 Cloth.: baju sweater. 3 sm baju tak berlengan yg biasanya dipakai dgn blus didalamnya.
jumpy /'jʌmpie/ ks. gugup, gelisah.
junct. [junction] persimpangan jalan.
junction /'jʌngksyən/ kb. 1 persimpangan jalan. 2 pertemuan dua atau jalan keréta api.
Jun [June] bulan Juni.
Jun. 1 [June] bulan Juni. 2 [Junior] (lebih) muda.
juncture /'jʌngksyər/ kb. 1 titik waktu. at this j. of his career pd titik waktu kariernya. At this j. I am still undecided Dlm keadaan genting ini saya masih ragu-ragu. 2 Ling.: hubungan suara.
June /juwn/ kb. bulan Juni. J. bug sm kumbang.
jungle /'jʌnggəl/ kb. hutan, rimba.
junior /'juwnyər/ kb. 1 pelajar kelas rendahan di S.M.A. 2 mahasiswa tingkat III di A.S. He's my j. by ten years Dia sepuluh tahun lebih muda dari saya. —ks. muda. j. partner rekan muda. j. officer perwira muda/rendah(an). **j. college** perguruan tinggi (utk) dua tahun setelah S.M.A. **j. high school** sekolah menengah pertama. **j. varsity** regu olahraga kelas rendah.
juniper /'juwnəpər/ kb. sm tumbuh-tumbuhan atau pohon. j. berry jintan saru.
junk /jʌngk/ kb. Inf.: 1 barang-barang rombéngan/rosokan/rongsokan/loakan. 2 Nau.: jung. —kkt.

Inf.: 1 membuang, merombéngkan. 2 mengesampingkan. Let's j. the idea and start over Mari kita kesampingkan gagasan itu dan memulai lagi. **j. dealer** tukang loak. **j. heap** timbunan barang-barang rongsokan. **j. mail** pos kelas tiga, terdiri dari surat-surat atau barang-barang cétakan.
junket /'jʌngkit/ kb. 1 (trip) perjalanan kerja tetapi seringkali bersenang-senang. 2 susu kental yg asam. —kki. bepesiar/bepergian utk bersenang-senang sambil bertugas.
junketeer /'jʌngkə'tir/ kb. pelancong dgn s.s.t. tugas.
junketeering /'jʌngkə'tiring/ ks. (ber)keliling. j. professor gurubesar berkeliling.
junkie /'jʌngkie/ kb. Sl.: pemadat, pencandu.
junkman /'jʌngkmən/ kb. (j. -men) tukang loak.
junky /'jʌngkie/ ks. bermutu rendah. j. merchandise barang dagangan yg bermutu rendah.
junkyard /'jʌngk'yard/ kb. tempat barang-barang rongsokan.
junta /'jʌntə/ kb. déwan komplotan.
Jupiter /'juwpətər/ kb. Musytari.
juridical /ju'ridəkəl/ ks. 1 kehakiman. j. rights hak-hak (menurut) hukum. 2 dari atau berh. dgn tatausaha hukum.
jurisdiction /'juris'diksyən/ kb. yurisdiksi. j. over hak hukum atas. within o's j. termasuk hak hukum atau batas kekuasaan s.s.o.
jurisdictional /'juris'diksyənəl/ ks. berh. dgn hukum. j. dispute perselisihan (mengenai) hukum.
jurisprudence /'juris'pruwdəns/ kb. ilmu hukum, yurisprudénsi. medical j. hukum kedokteran.
jurist /'jurist/ kb. yuris, ahli hukum.
juror /'jurər/ kb. anggota juri.
jury /'jurie/ kb. (j. -ries) (déwan) juri. grand j. juri agung. j. box tempat duduk juri. j. duty tugas juri.
juryman /'juriemən/ kb. (j. -men) anggota juri.
jus. [justice] keadilan.
just /jʌst/ ks. 1 adil. j. sentence hukuman yg adil. 2 pantas. j. reward ganjaran yg pantas. to show j. cause menunjukkan alasan yg tepat/pantas. —kk. 1 baru saja. She j. came Dia baru saja datang. j. a moment ago baru saja. J. before he came, I... Baru saja sblm ia tiba, saya.... I have only j. heard Saya hanya baru saja mendengar. 2 masih. He's j. a baby Dia masih bayi. 3 benar-benar. I j. can't go now Saya benar-benar tdk dpt pergi sekarang. Inf.: The exhibit was j. beautiful Paméran itu benar-benar indah/bagus. J. how many are coming? Berapa orang sebenarnya akan datang? 4 tepat. j. below tepat dibawah. J. when can you go? Tepatnya kapan kau bisa pergi? You are j. in time to see him Kau datang tepat pd waktunya utk bertemu dgn dia. 5 persis. This is j. what I wanted Ini persis apa yg saya kehendaki. 6 agak. I'll be j. a little longer Saya akan agak lama sedikit. The car is j. too expensive Mobil itu agak terlalu mahal. 7 hanya. We did it j. for fun Maksud kami hanya berkelakar saja. j. one piece hanya satu potong saja. He j. missed the plane Ia ketinggalan kapal-terbang hanya beberapa saat saja. 8 -lah. J. look! Lihatlah! J. sit down! Silakan duduk! J. listen at him! Coba dengarkan dia! I'll have j. a little rice Saya mau sedikit nasi saja. not j. yet sekarang ini blm. **j. as** seperti, sebagaimana. I'll buy the house j. as it is Saya akan membeli rumah itu dlm keadaannya sekarang. It's j. as well he didn't come Mémang sebaiknya dia tdk datang. Leave everything j. as it is Biarkan segala-galanya pd tempatnya. You can sing j. as well as he can Kau dpt bernyanyi sebaik dia. **j. by** dekat. He lives j. by the gate Ia tinggal dekat

pintu gerbang itu. *J. for that you can't go* Hanya utk itu saja kau tdk dpt pergi. **j. now** tadi, baru saja, sebentar ini. *I had my glasses j. now* Baru saja saya pakai kacamata saya. *J. now business is slow* Sekarang ini perdagangan lesu. **j. so** cocok persis. —**justly** *kk.* 1 pantas, tepat. *j. proud* pantas bangga. 2 secara adil. *to treat s.o. j.* memperlakukan s.s.o. secara adil.

justice /'jʌstis/ *kb.* 1 keadilan. *social j.* keadilan sosial. 2 peradilan. *to bring s.o. to j.* menjatuhkan hukuman yg setimpal. **to do j.** pantas. *That dress does not do her j.* Pakaian itu tdk pantas baginya. *to do o.s. j.* berlaku adil thd diri sendiri. *to do j. to the food* makan sebanyak-banyaknya makanan yg lezat itu. **j. of the peace** hakim setempat.

justifiable /'jʌstə'faiəbəl/ *ks.* yg dpt dibenarkan. *j. homicide* pembunuhan yg dipertanggung-jawabkan. —**justifiably** *kk.* berhak. *He is j. proud of...* Dia berhak utk bangga atas....

justification /'jʌstəfə'keisyən/ *kb.* pembenaran, dasar kebenaran.

justified /'jʌstəfaid/ lih JUSTIFY.

justifies /'jʌstəfaiz/ lih JUSTIFY.

justify /'jʌstəfai/ *kkt.* (**justified**) 1 membenarkan, menyungguhkan, memberikan alasan. *He is justified in leaving early* Dia dibenarkan utk berangkat lebih dulu/cepat. 2 memberikan garis tepi (*in typing or printing*).

justness /'jʌstnəs/ *kb.* kebenaran, keadilan. *the j. of his cause* keadilan halnya.

jut /jʌt/ *kki.* (**jutted**) menonjol, menganjur. *The roof juts out two feet from the house* Atap rumah itu menganjur keluar sepanjang dua kaki. *His chin juts out* Dagunya menonjol kedepan.

jute /juwt/ *kb.* rami, guni, goni.

juvenile /'juwvənəl, -nail/ *kb.* anak-anak, anak muda. —*ks.* muda. *j. literature* bacaan anak muda. *j. court* pengadilan anak-anak (muda). *j. delinquent* crossboy, crossgirl, anak nakal. *j. delinquency* kejahatan/kenakalan anak-anak/anak muda/mudamudi. *j. offender* anak (yg) nakal/jahat.

juxtapose /'jʌkstə'powz/ *kkt.* mendekatkan, menjajarkan.

juxtaposition /'jʌkstəpə'zisyən/ *kb.* penjajaran.

j.v. /'jei'vie/ [*junior varsity*] *kb.* regu olahraga kelas rendah.

K

K, k /kei/ *kb.* huruf yg kesebelas dari abjad Inggeris.
kaiser /'kaizər/ *kb.* kaisar, maharaja.
kale /keil/ *kb.* sayur hijau, sm kangkung atau bayam.
kaleidoscope /kə'laidəskowp/ *kb.* kalédoskop.
kaleidoscopic /kə'laidə'skapik/ *ks.* senantiasa berubah-ubah dgn cepat.
kalsomine /'kælsəmain/ *kb.* = CALCIMINE.
kangaroo /'kænggə'ruw/ *kb.* kangguru. *Inf.: k. court* pengadilan yg tak sah.
Kans. [*Kansas*] negarabagian di A.S.
kaolin /'keiəlin/ *kb.* tanah liat yg dipakai utk membuat porselén.
kapok /'keipak/ *kb.* kapok.
karat /'kærət/ *kb.* = CARAT.
katydid /'keitidid/ *kb.* tonggérét.
kayak /'kayæk/ *kb.* sampan kecil dipergunakan oléh orang Éskimo.
kayo /'kei'ow/ *kb. Sl.:* pukulan knockout. —*kkt. Sl.:* memukul dgn kuat dan keras sehingga orang jatuh pingsan.
keel /kiel/ *kb.* lunas. *k. laying* perletakan lunas. *on an even k.* stabil, seimbang. —*kki.* **to k. over** 1 jatuh pingsan. 2 terbalik, terjungkel (*of a ship*).
keen /kien/ *ks.* 1 tajam (*of knife, razor blade, sense of humor*). 2 tekun, giat. *She's a k. child* Dia adalah anak yg tekun. 3 keras. *k. wind* angin yg keras. 4 hébat, sengit. *k. competition* persaingan yg hébat. **to be k. about** gemar/gila akan. *to be k. about the new styles* gemar akan gaya-gaya/mode-mode yg baru. **to be k. on** tertarik utk. *He's not k. on going* Dia tdk tertarik utk pergi. :: *to have a k. ear for music* sangat tajam telinganya mendengarkan musik. *to have a k. eye for bargains* pandai benar dlm membeli barang yg murah. —**keenly** *kk.* dgn/secara teliti/tajam. *k. interested in art* sangat tertarik pd, sangat memperhatikan seni.
keenness /'kiennəs/ *kb.* 1 ketajaman (otak/pikiran, pendengaran dsb). *His k. is well-known* Ketajaman otaknya sangat terkenal. *k. of hearing* ketajaman pendengaran. 2 kegemaran. *k. for hiking* kegemaran melakukan perjalanan kaki.
keep /kiep/ *kb.* pencaharian, nafkah. *to work for o's k.* bekerja mencari nafkah. *to earn o's k.* layak/ patut memperoléh nafkah penghidupannya. *He is not worth his k.* Ia tdk layak memperoléh nafkah penghidupannya itu. **for keeps** utk seterusnya, utk selama-lamanya. *You may have it for keeps* Kau boléh memilikinya. *We're through with him for keeps* Kami sdh putus dgn dia utk selama-lamanya. —*kkt.* (**kept**) 1 menjaga. *to k. s.o's child while the parents are away* menjaga anak s.s.o. selama orang tua itu pergi. *K. the city clean* Jagalah kebersihan kota. 2 memelihara (*children*). 3 membuat catatan (*books, records*). 4 menyimpan. *I k. my money in a safe* Saya menyimpan uang saya didlm peti besi. *What do you k. in here?* Apa yg kausimpan didalamnya?

5 menerima. *to k. roomers* menerima indekos. 6 menunjukkan. *This watch doesn't k. good time* Jam ini tdk menunjukkan waktu yg tepat. 7 turut. *K. God's commandments* Turutlah perintah-perintah Tuhan. *K. the Sabbath!* Teruslah beribadat! 8 menahan. *What kept you?* Apa yg menahan kamu? Mengapa kau terlambat? **to k. o.s.** bersembunyi, berada. *Where have you been keeping yourself?* Dimana saja kau bersembunyi? 9 terus. *to keep a dog tied up* terus mengikat anjing. *K. moving!* Maju terus! *to k. s.o. waiting* membiarkan s.s.o. menunggu. *to k. doing s.t.* 1 terus-menerus. *to k. asking questions* terus-menerus bertanya. 2 berkali-kali. *The boy kept running away* Anak itu berkali-kali lari dari rumah. —*kki.* tetap. *This milk won't k.* Susu ini tdk akan tahan. *My secret won't k.* Rahasia saya ini tak dpt disimpan-simpan. **to k. at** terus. *to k. at o's work* terus bekerja. *to k. at it* terus bertahan. **to k. away from** menjauhi. **to k. back** 1 menahan. *to k. back the crowd* menahan orang banyak itu. 2 menyimpan (*some cookies for s.o.*). 3 mundur. *K. back!* Mundur! **to k. down** 1 merebah diri. 2 menekan. *to k. prices down* menekan harga-harga. 3 mengikuti. *K. down this road for a mile* Ikutilah jalan ini sepanjang satu mil. **to k. from** menahan, mencegah. *to k. from laughing* menahan tertawa. *I kept him from going there* Saya mencegahnya pergi kesana. *to k. s.t. from s.o.* merahasiakan s.s.t. thd s.s.o. **to k. going** meneruskan, melanjutkan (hidup). **to k. s.t. going** a) membiarkan maju. *to k. a fire going all night* membiarkan api menyala sepanjang malam. b) mempertahankan (*store, business*). *to k. industry going* menjaga agar industri tetap berjalan. *K. the fire going* Usahakan agar api itu tetap menyala. **to k. in** menahan (didlm kelas). **to k. in with** tetap berhubungan baik dgn. *The umbrella kept the rain off him* Payung itu menjauhkan (air) hujan daripadanya. *K. your hands off him!* Jangan sentuh/pukul dia! *K. off the grass!* Jangan injak rumput itu. **to k. on** melanjutkan, meneruskan. *to k. (right) on talking* terus-menerus mengobrol. *to k. s.o. on* tetap memakai topinya. *to k. s.o. on* tdk memberhentikan s.s.o. (dari pekerjaannya). **to k. out** tinggal diluar. *to k. out the light* mencegah cahaya masuk. *K. out!* Dilarang masuk! *K. out of that building* Jangan dekat-dekat ke gedung itu. *to k. out of s.o's way* menjauhkan diri dari jalan s.s.o. *K. out of this!* Jangan campuri persoalan ini! *K. out of sight* Bersembunyi terus. Jangan menampakkan diri. *to k. out of tdk* memboléhkan masuk. **to k. to** 1 memenuhi. *to k. s.o. to his promise* membuat s.s.o. memenuhi janjinya. 2 tinggal di. *to k. to o's bed* tinggal di tempat tidur. *to k. to the main road* Ikutilah terus jalan raya itu. *to k. to the right* berjalan disebelah kanan. *to k. everything to o.s.* merahasiakan bagi dirinya. *to k. to o.s.* suka menyendiri, tak suka berkawan. *to k. together* menetap/

berkumpul bersama-sama. **to k. under control** menguasai. *to k. o's emotions under control* menguasai/menahan émosi. *to k. a fire under control* menguasai suatu kebakaran. **to k. up** 1 melanjutkan, meneruskan. *K. up the good work* Lanjutkanlah pekerjaan yg baik itu. *I can't k. it up any longer* Saya tdk dpt meneruskan lagi. 2 memelihara. *to k. up o's English* memelihara bahasa Inggerisnya. 3 mengapungkan. *The wreckage kept him up* Puing kapal mengapungkan dia diatas air. 4 terus-menerus. *The rain kept up all day* Hujan turun terus-menerus sepanjang hari. 4 bertahan, melanjutkan. *I just can't k. up* Saya betul-betul tdk dpt melanjutkan. *to k. prices up* membiarkan harga-harga tetap membubung tinggi. *K. up your courage!* Tabahkan hatimu! *The noise kept me up all night* Suara ribut membuat saya tdk dpt tidur sepanjang malam. **to k. up with** 1 mengikuti. *to k. up with world events* mengikuti peristiwa-peristiwa dunia. 2 menyelesaikan. *to k. up with o's work* menyelesaikan pekerjaannya. *to k. up with the Joneses* mengimbangi/menyamai keluarga Jones. *I can't k. up with you* Saya tak dpt mengikutimu. **kept** *woman* gundik, bini piaraan. —**keeping** *kb*. pemeliharaan *(of chickens)*. *to be left in my k.* diserahkan kpd saya utk dijaga. **in k. with** sesuai dgn, sepadan. *in k. with the occasion* sesuai dgn peristiwa itu. *This is out of k. with the situation* Ini tdk semestinya menurut keadaan.

keeper /'kiepər/ *kb*. 1 pengawas, penjaga. 2 pemelihara *(of bees)*. 3 kurator *(of manuscripts)*. 4 pengurus, pengusaha *(of an inn)*.

keepsake /'kiep'seik/ *kb*. tandamata, kenang-kenangan.

keg /keg/ *kb*. tong.

ken /ken/ *kb*. pengetahuan, penglihatan. *beyond o's k.* diluar pengetahuannya.

kerplunk /kər'plʌngk/ *kk.*, *kseru*. gedebak, gedebuk. *It went k.* Gedebuk bunyinya.

kennel /'kenəl/ *kb*. kandang (anjing).

kept /kept/ lih KEEP.

kerchief /'kərcief/ *kb*. 1 kain kepala. 2 sapu tangan.

kernel /'kərnəl/ *kb*. 1 *(stone, pit)* biji. 2 inti. *a k. of truth* setitik kebenaran.

kerosene /'kerəsien/ *kb*. minyak tanah.

ketchup /'kecəp/ *kb*. = CATSUP.

kettle /'ketəl/ *kb*. cérét. *That's a fine/pretty k. of fish!* Keadaannya kacau-balau!

kettledrum /'ketəl'drʌm/ *kb*. genderang terbuat dari kuningan/tembaga yg cekung yg ditutup dgn kulit.

key /kie/ *kb*. 1 kunci. *door k.* kunci pintu. *k. ring* gelang kunci. *the k. to success* kuncinya utk berhasil. *to have the k. to the enigma* memiliki kunci penjawab teka-teki. 2 *(piano)* tuts, mata piano. 3 tombol jari *(typewriter)*. 4 petunjuk, pedoman, buku jawaban *(to a textbook)*. 5 *Mus.*: (kunci) nada. *major k.* nada mayor. *in a minor k.* dgn/dlm (kunci) nada minor. *to sing on k.* menyanyi menurut kunci nada. 6 batu karang, pulau yg rendah. *The Florida Keys* Pulau-pulau (rendah) disebelah selatan Florida, A.S. —*ks.* 1 pokok. *the k. industry* industri pokok. *the k. question* pertanyaan pokoknya. 2 utama, penting. *to hold a k. position in a company* menjabat kedudukan penting dlm perusahaan. *to play a k. role in* memainkan peranan penting dlm. —*kkt.* menyetém. *to k. the answers in with the questions* mencocokkan jawabannya dgn pertanyaan itu. *to k. o.s. up* memberanikan diri. *to be keyed up* sangat gembira, bersemangat. **k. chain** rantai/gelang kunci. **k. punch** mesin

serupa mesin ketik yg mencatat dgn melubangi kertas.

keyboard /'kie'bowrd/ *kb*. 1 papan tuts/mata *(of a piano)*. 2 papan tombol jari *(of a typewriter)*.

keyhole /'kie'howl/ *kb*. lubang kunci. *k. saw* gergaji pelubang tempat kunci.

keynote /'kie'nowt/ *kb*. 1 dasar pikiran, garis pokok. 2 inti, sari, téma. *k. address* pidato pokok/dasar/utama. —*kkt.* menyampaikan garis-garis pokok.

keystone /'kie'stown/ *kb*. dasar (keimanan).

khaki /'kækie/ *kb*. dril, (kain) képar.

kibitz /'kibits/ *kki*. *Inf.*: suka ikut-campur dlm s.s.t.

kibitzer /'kibitsər/ *kb*. *Inf.*: orang yg suka ikut-campur dlm urusan orang lain.

kibosh /'kaibasy, ki'basy/ *kb*. *Sl.*: 1 omong kosong, bukan-bukan. 2 rintangan, penghalang. *to put the k. on s.o./s.t.* 1 menahan, menghalangi. 2 menyelesaikan s.s.o./s.s.t.

kick /kik/ *kb*. 1 tendangan *(of horse)*. 2 sentakan *(of gun)*. 3 *Sports*: sépak. *I deserve a k. in the pants for doing that* Sdh sepantasnya saya mendapat hukuman karena berbuat begitu. 4 *Inf.*: keluhan. *to have a k. coming* berkeluh-kesah. *What's your k.?* Apa lagi keluhanmu? 5 perangsang. *This drink has quite a k. to it* Minuman itu benar-benar merangsang. 6 *Sl.*: getaran hati, sénsasi. *He gets a k. out of driving fast* Semangatnya bergejolak kalau ia mengendarai mobil dgn cepat. *Sl.*: *for kicks* utk iseng saja. —*kkt.* 1 menyépak, menendang *(s.o./s.t.)*. 2 *Sl.*: menghentikan *(a habit)*. *to k. o.s.* menyukarkan dirinya sendiri. —*kki.* 1 memukul kebelakang, menyentak kembali *(of a gun)*. 2 menyépak. *The horse kicked* Kuda itu menyépak. **to k. about** *(s.t.)* mengeluh. *Inf.*: **to k. around** 1 mengeluh. 2 berkeliaran. *to k. an idea around* memikirkan ttg suatu idé. **to k. back** 1 *Sl.*: membayar kembali. 2 berbalik *(of a statement)*. *Sl.*: **to k. in** 1 *(give)* menyumbang, menderma. 3 *(die)* mati. 3 mendobrak. *to k. in a door* mendobrak pintu. **to k. off** 1 memulai *(a campaign)*. 2 *Sl.*: mati. **to k. out** 1 menendang keluar. 2 *Inf.*: mengeluarkan *(from a country, school)*. **to k. over** menyépak. *to k. over a chair* menyépak kursi. **to k. up** 1 meributkan, menerbangkan (dgn sépak[an]) *(dust)*. 2 ribut-ribut, marah-marah *(a row, argument)*.

kickback /'kik'bæk/ *kb*. *Sl.*: 1 pembayaran kembali. 2 réaksi.

kicker /'kikər/ *kb*. 1 orang yg menyépak bola. 2 *Inf.*: orang yg suka mengeluh.

kickoff /'kik'ɔf/ *kb*. *Inf.*: pembukaan, permulaan *(of a campaign, football)*.

kid /kid/ *kb*. 1 anak. 2 anak kambing. *k. gloves* sarung tangan halus. *to handle/treat s.o. with k. gloves* memperlakukan s.s.o. dgn kebijaksanaan, memperlakukan s.s.o. secara lemah-lembut. —*ks.* muda. *k. brother* adik laki-laki. —*kkt.* *(be)* **(kidded)** memperolok-olokkan, mempermain-mainkan. *Inf.*: *to k. o.s.* membohongi dirinya sendiri. —*kki.* memperolok-olok. *I was only kidding* Saya hanya bermain-main/berkelakar saja. *No kidding!* a) Apa betul? b) Jangan main-main/bermain-main/berkelakar.

kiddie /'kidie/ = KIDDY.

kiddy /'kidie/ *kb.* *(j.* **-dies)** kanak-kanak, anak muda. *k. car* keréta roda tiga mainan anak-anak.

kidnap /'kidnæp/ *kkt.* **(kidnapped)** menculik. —**kidnapping** *kb*. penculikan.

kidnap(per) /'kidnæpər/ *kb*. penculik.

kidney /'kidnie/ *kb*. ginjal. *k. bean* kacang mérah. *k. stone* batu ginjal. **kidney-shaped** *ks*. berbentuk ginjal/lonjong *(table)*.

kill /kil/ *kb.* mangsa. *to be in at the k.* hadir dlm puncak kemenangan. —*kkt.* 1 membunuh (*person, animal*). *to get killed* dibunuh, terbunuh. *to be killed* mati. *Many people were killed in the accident* Banyak orang yg mati dlm kecelakaan itu. 2 menghilangkan. *to k. kitchen odors* menghilangkan bau dapur. *to k. the taste of the medicine* menghilangkan rasa pahit dari obat itu. 3 menolak. *The bill was killed in committee* RUU itu ditolak dlm rapat panitia. 4 mematikan (*engine*). 5 mematahkan, melumpuhkan (*o's spirit*). **::** *My feet are killing me* Kaki saya sangat sakit. *His jokes k. me* Leluconnya membuat saya tdk berdaya. *to k. s.o. with kindness* membuat s.s.o. tdk berdaya dgn kebaikan. *to k. a tennis ball* memukul bola demikian kerasnya sehingga tdk dpt dikembalikan oléh lawan. *to be killed in action* gugur di médan pertempuran. —*kki.* membunuh. *Thou shalt not k.* Janganlah kamu membunuh. *I still have two hours to k.* Saya masih mempunyai waktu terluang dua jam. *He was dressed to k.* Ia berpakaian berlebih-lebih. *He was laughing fit to k.* Ia tertawa demikian kerasnya sehingga dpt menéwaskan diri. **to k. off** memusnahkan, membinasakan. —**killing** *kb.* 1 keuntungan besar (*on the stock market*). *to make a k.* beruntung besar. 2 pembunuhan. *ks.* hébat, keras. *k. frost* cuaca beku yg hébat. *to set a k. pace* 1 terlalu rajin bekerja. 2 mempercepat larinya. *Inf.:* *His jokes are k.* Leluconnya sangat menggelikan.

killer /'kilər/ *kb.* pembunuh. *Sl.:* **k. diller** seorang atau s.s.t. yg menggemparkan. *That storm was a k. diller* Angin ribut itu menggemparkan. **k. whale** sm ikan paus.

killjoy /'kil'joi/ *kb.* orang yg suka merusak kesenangan orang lain.

kiln /kiln/ *kb.* tempat/alat pembakaran/pengeringan.

kilo /'kielow/ *kb.* 1 kilogram. 2 kilométer.

kilocycle /'kilə'saikəl/ *kb.* kilosaikel.

kilogram /'kiləgræm/ *kb.* kilogram.

kilometer /ki'lamətər, 'kilə'mietər/ *kb.* kilométer.

kilowatt /'kiləwat/ *kb.* kilowat. *k. hour* jam kilowat.

kilt /kilt/ *kb.* rok péndék yg dipakai orang Scot.

kilter /'kiltər/ *kb.* *Inf.:* **out of k.** rusak.

kimono /ki'mownə/ *kb.* kimono.

kin /kin/ *kb.* sanak, famili. *She is k. to him* Dia pamili dgn dia. Dia pamilinya. *What k. are they to you?* Apakah hubungan keluarga antara kamu dgn meréka? *They are my k.* Meréka itu pamili saya. *to inform the next of k.* memberitahukan famili-famili yg terdekat.

kind /kaind/ *kb.* macam. *two kinds of material* dua macam bahan. *What k. of person is he?* Macam orang yg bagaimanakah dia? *all kinds of flowers* bermacam-macam bunga. *He's the k. of person who ...* Semacam dialah orang yg.... *That's the k. of thing I mean* Yg semacam itulah yg saya maksudkan. *Inf.:* **k. of** agak. *It's k. of unfortunate that ...* Agak malang bhw.... *He's a k. of instructor* Dia adalah semacam (sebangsa) guru. **of a k.** sejenis. *They are two of a k.* Meréka adalah dua orang yg sejenis (sama). *Those swimmers are models of their k.* Perenang-perenang itu adalah perenang-perenang teladan. **in k.** setimpal. *to reciprocate in k.* 1 memberikan ganjaran yg setimpal. 2 mengambil tindakan yg setimpal. *payment in k.* pembayaran dgn barang atau hasil bumi. *I didn't say anything of the k.* Saya tdk mengatakan hal yg spt itu. —*ks.* baik hati, manis, sayang. *He's a k. person* Dia seorang yg baik hatinya. *through his k. offices* melalui jasa-jasa baiknya. *k. remarks* ucapan-ucapan yg manis. *It was k. of*

you to invite us Sangatlah baik hatimu utk mengundang kami. **::** *Be k. to feathered friends* Sayangilah binatang yg berbulu. *Give them my k. regards* Sampaikan kpd meréka salam manis saya. *With kindest regards* Hormat kami. Salam takzim kami. *Please be so k. as to leave* Diminta dgn hormat utk meninggalkan tempat ini. **kind-hearted** *ks.* baik hati, peramah. *k.-hearted person* orang yg baik hati.

kindergarten /'kindər'gartən/ *kb.* taman kanak-kanak, sekolah prébél.

kindle /'kindəl/ *kkt.* 1 menyalakan (*fire*). 2 menghidupkan (*the imagination*). 3 mengobarkan. *to k. a desire* mengobarkan nafsu. 4 membangkitkan (*an interest*) (**in** thd). —*kki.* 1 menyala. *Wood kindles easily* Kayu mudah menyala. 2 bercahaya (*of a fire*). —**kindling** *kb.* kayu (ranting-ranting kecil).

kindliness /'kaindliənəs/ *kb.* kebaikan (hati).

kindly /'kaindlie/ *ks.* yg penyayang, yg murah hati. *a k. lady* seorang perempuan yg penyayang. —*kk.* dgn baik hati, sayang. *to feel k. towards s.o.* merasa sayang kpd s.s.o. *Will you k. lend me a pencil?* Sudikah sdr meminjami saya pinsil? *to take k. to* menerima/ menyambut dgn senang hati.

kindness /'kaindnəs/ *kb.* 1 kebaikan (hati). 2 jasa. *to do s.o. a k.* berbuat jasa thd s.s.o.

kindred /'kindrəd/ *kb.* keluarga. —*ks.* yg sama. *k. spirit* orang yg mempunyai perhatian yg sama.

kinetic /kai'netik/ *kb.* **kinetics** *j.* ilmu gerak. —*ks.* kinétis. *k. energy* tenaga gerak.

kinfolk /'kin'fowk/ *kb.* = KINSFOLK.

king /king/ *kb.* raja (*ruler, chess*). *steel k.* raja industri baja. *Bible:* **Kings** Raja-raja. *the three Kings* Trinitas. *K. of Kings* Yg Mahakuasa. *meal fit for a k.* makanan yg énak sekali. *the King's English* bahasa Inggeris yg standar/halus. **k. crab** belangkas.

king-size(d) *ks.* 1 berukuran besar (*of a bed*). 2 ukuran panjang (*of cigarettes*).

kingdom /'kingdəm/ *kb.* 1 kerajaan. *K. of Bhutan* Kerajaan Bhutan. *Thy K. come* Datanglah kerajaanMu. 2 dunia. *animal k.* dunia héwan. **K. of Heaven** Sorga.

kingfisher /'king'fisyər/ *kb.* (burung) pekakak.

kingly /'kinglie/ *ks.* spt raja. *He has a k. appearance* Dia mempunyai tampang seorang raja.

kingpin /'king'pin/ *kb.* *Inf.:* orang yg paling penting, tokoh, gémbong.

kingship /'kingsyip/ *kb.* pangkat/martabat raja.

kink /kingk/ *kb.* 1 kekusutan (*in rope or line*). 2 kekejangan, kekakuan, perasaan kaku.

kinky /'kingkie/ *ks.* keriting, sangat kusut.

kinsfolk /'kinz'fowk/ *kb.* kaum keluarga/kerabat.

kinship /'kinsyip/ *kb.* kekeluargaan, pertalian keluarga.

kinsman /'kinzmən/ *kb.* (*j.* **-men**). sanak.

kiosk /ki'ask/ *kb.* kios.

kiss /kis/ *kb.* 1 ciuman. *to blow/throw s.o. a k.* melémparkan sebuah ciuman kpd s.s.o. 2 jenis gula-gula. —*kkt.* mencium. **to k. e.o.** saling berciuman. —*kki.* bercium(an). *Let's k. and be friends* Mari kita berdamai dan berteman. lih GOODBY. **k. of death** s.s.t. yg merugikan. —**kissing** *kb.* bercium(an). *k. kin* famili rapat.

kisser /'kisər/ *kb.* 1 pencium. 2 *Sl.:* mulut.

kit /kit/ *kb.* 1 kotak. *tool k.* kotak alat-alat. *first-aid k.* kotak pertolongan pertama pd kecelakaan. 2 peti. 3 buntil, ransél (*for traveling*). *repair k.* alat-alat reparasi. *to pack up o's k.* mempak/membungkus barang-barang/alat-alat. **the whole k. and caboodle** seluruh keluarga, gerombolan, rombongan.

kitbag /'kit'bæg/ *kb.* tas barang-barang perlengkapan.

kitchen /'kicən/ *kb.* dapur. *k. cabinet* lemari dapur. *k. police* prajurit yg bertugas di dapur. *k. utensils* alat-alat dapur. **k. sink** tempat mencuci piring. *They had everything in the car but the k. sink* Meréka bawa hampir segala-galanya didlm mobil kecuali yg tdk bisa diangkat. **k. stove** kompor.

kitchenette /'kicə'net/ *kb.* dapur kecil.

kitchenware /'kicən'wær/ *kb.* alat-alat dapur.

kite /kait/ *kb.* layang-layang. *to fly a k.* a) bermain layang-layang. b) *Sl.*: enyah. —*kki. Inf.*: pergi. *to k. off to Europe* pergi ke Éropah. **to k. along** *Inf.*: meluncur dgn cepat.

kith /kith/ *kb.* kawan-kawan, kenalan-kenalan. *k. and kin* handai-tolan dan sanak-keluarga.

kitten /'kitən/ *kb.* anak kucing. *Sl.*: *to have kittens* gelisah, sangat terganggu.

kittenish /'kitənisy/ *ks.* genit.

kitty /'kittie/ *kb.* (*j.* **-ties**) 1 kucing. *K.! K.!* Pus! Pus! 2 (*funds*) celéngan, kotak pot.

klaxon /'klæksən/ *kb.* klakson, siréne.

Kleenex /'klieneks/ *kb.* sapu tangan kertas.

kleptomania /'kleptə'meiniə/ *kb.* kléptomani.

kleptomaniac /'kleptə'meinieæk/ *kb.* orang yg suka mencuri, orang yg berpenyakit panjangtangan.

km [*kilometer*] kilométer. *km²* kilométer persegi. *km³* kilométer kubik.

knack /næk/ *kb.* kepandaian khusus, ketangkasan. *to have the happy k. of doing the right thing* memiliki ketangkasan utk mengambil/melakukan tindakan yg tepat. **to have a k. for** mempunyai kecakapan khusus utk. *He has a k. for knowing what to say* Dia tahu saja apa yg hrs dikatakan. *to get the k. of s.t.* mengerti seluk-beluk suatu hal, menguasai kunci rahasia s.s.t., mengetahui cara.

knapsack /'næp'sæk/ *kb.* ransél, buntil.

knave /neiv/ *kb.* 1 bangsat. 2 *Bridge*: yonker.

knead /nied/ *kkt.* menguli, meremas, meramas, mengadoni.

knee /nie/ *kb.* lutut. *on bended k.* dgn berlipat/ bertekuk lutut. *to bring s.o. to his knees* menaklukkan, membuat s.s.o. bertekuk lutut. *to drop/fall to o's knees* berlutut. —*kkt.* mengenai/menggebuk dgn lututnya. **knee-deep** *ks.* 1 setinggi lutut. *k.-deep snow* salju setinggi lutut. 2 terbenam. *We are k.-deep in paper work* Kami terbenam dlm pekerjaan tulismenulis. **knee-high** *ks.* setinggi lutut.

kneecap /'nie'kæp/ *kb.* tempurung lutut.

kneel /niel/ *kki.* (**knelt**) 1 berlutut. *to k. to pick up s.t.* berlutut utk memungut s.s.t. 2 bersujud. *to k. in prayer* (*with the forehead on the ground*) bersujud melakukan sembahyang.

kneepad /'nie'pæd/ *kb.* pelindung lutut.

knell /nel/ *kb.* bunyi loncéng yg dibunyikan perlahan-lahan. —*kki.* berbunyi dgn perlahan-lahan.

knelt /nelt/ lih KNEEL.

knew /nuw, nyuw/ lih KNOW.

knickers /'nikərz/ *kb., j.* celana tanggung.

knickknack /'nik'næk/ *kb.* perhiasan kecil.

knife /naif/ *kb.* (*j.* **knives**) pisau. *to put the k. in s.o. and twist it* menusukkan pisau pd (tubuh) s.s.o. lalu memutarkannya. *Inf.*: *to go under the k.* mengalami pembedahan. —*kkt.* 1 menikam (dgn pisau). 2 menghantam/mengalahkan dgn diam-diam.

knife-edged *ks.* tajam.

knifepoint /'naif'point/ *kb.* ujung pisau. *to rob s.o. at k.* membégal s.s.o. dgn ancaman pisau belati.

knight /nait/ *kb.* 1 k(e)satria. 2 *Chess*: kuda. —*kkt.* memberi gelar bangsawan kpd.

knighthood /'naithud/ *kb.* keksatriaan.

knightly /'naitlie/ *ks.* (bersifat) keksatriaan. *k. deed* perbuatan keksatriaan.

knit /nit/ *kkt.* (**knitted**) merajut (*sweater*). —*kki* 1 merajut. 2 bersambung kembali, bersatu kembali (*of bones*). —**knitted, knit** *ks.* yg dirajut. *k. garment* pakaian yg dirajut. —**knitting** *kb.* pekerjaan rajutan. *k. needle* jarum rajut.

knitwear /'nit'wær/ *kb.* pakaian hasil rajutan.

knives /naivz/ lih KNIFE.

knob /nab/ *kb.* 1 tombol, kenop (*door, TV set*). 2 pegangan (*umbrella*). 3 kepala (*cane*).

knobby /'nabie/ *ks.* yg menonjol. *His knees are k.* Bukunya menonjol pd lututnya.

knock /nak/ *kb.* 1 ketokan (*at door, in engine*). *There was a k. on the door* Pintu diketok/terketok. 2 pukulan. *to attend the school of hard knocks* belajar léwat pengalaman-pengalaman. —*kkt.* 1 menampar. *to k. a plate out of s.o's hand* menampar piring dari tangan s.s.o. 2 *Sl.*: mencela, mengecam. *to k. a book* mencela buku. *Don't k. it* Jangan meréméhkan itu. —*kki.* 1 mengetok (*of an engine, on a door*). 2 gemetar (*of knees*). **to k. about** 1 menghantam, memberi pukulan-pukulan. 2 *Inf.*: mengembara, berkelana. *That chair has been knocked about* Kursi itu sdh dibanting-banting (kesana-kemari). **to k. against** bertumbuk. *to k. o's head against* kepalanya tertumbuk pd. *Inf.*: **to k. around** 1 bergelandang(an) menjelajahi. 2 memperlakukan dgn kejam. *to be knocked around* diperlakukan dgn kasar. **to k. down** 1 membongkar, meruntuhkan (*house, building*). *The house came knocked down* Rumah itu berada dlm keadaan yg terpisah-pisah. 2 memukul sampai jatuh (*person*). 3 menurunkan (*price*). 4 menjual. *to k. down to the highest bidder* menjual kpd penawar yg tertinggi. 5 memukul sampai jatuh/roboh. *He was knocked down by a car* Ia ditabrak jatuh oléh sebuah mobil. **to k. into** memukul. *He needs some sense knocked into him* Perlu baginya ditanamkan sedikit pengertian. *Inf.*: **to k. off** 1 menurunkan. *to k. off a dollar* menurunkan harganya dgn satu dolar. 2 menyelesaikan. *to k. off a translation a month* menyelesaikan satu terjemahan dlm sebulan. 3 membunuh (*s.o.*). 4 berhenti. *to k. off for lunch* berhenti bekerja utk makan siang. *K. it off!* Sudahlah! 5 memukul. *to k. a book off (a table)* memukul buku dari (méja). *to k. s.o's head off* menampar s.s.o. **to k. out** 1 merobohkan, meninju (lawan) sampai roboh. *to be knocked out of the competition* dikalahkan dlm pertandingan itu. *He was knocked out in the accident* Dia sakit pingsan dlm kecelakaan itu. *He was knocked out after his swim* Dia payah sehabis berenang. 2 *Sl.*: menulis, menyelesaikan. *to k. out a book a year* menulis satu buku setiap tahun. *to k. o.s. out for nothing* meletihkan badan saja tanpa guna. **to k. over** melanda/ melanggar jatuh (*lamp, flower pot*). *He knocked me over with his reply* Saya terperanjat oléh jawabannya. **to k. through** mengetuk dlm. *to k. a hole through a wall* mengetuk lubang dlm sebuah témbok. **to k. together** menyusun, memasang. *to k. heads together* menumbukkan/menumbuk-numbukkan/membentur-benturkan kepala. *Vulg.*: **to k. up** membuat hamil, menghamilkan. **to k. up against** 1 bergaul dgn. 2 melanggar. *to k. up against s.o.* melanggar s.s.o. dgn tdk sengaja. *to k. up against a cruel world* mengadakan perlawanan thd dunia yg kejam. **knock-knee** *kb.* kaki pengkar keluar.

knock-kneed *ks.* berkaki pengkar keluar. —**knocking** *kb.* ketokan.
knockabout /'nakə'bawt/ *ks.* sehari-hari. *to wear casual k. clothes* memakai pakaian asal saja.
knockdown /'nak'dawn/ *kb.* pemukulan/penjotosan sampai roboh, pukulan yg menjatuhkan lawan. *Sl.:* **knockdown-drag-out** *ks.* hébat sekali. *k.-drag-out fight* perkelahian yg hébat sekali.
knocker /'nakər/ *kb.* pengetuk.
knockout /'nak'awt/ *kb.* 1 k.o., pukulan yg membuat lawan tdk berdaya. 2 *Sl.:* orang atau barang yg menyolok/mempesonakan.
knoll /nowl/ *kb.* bukit kecil, busut.
knot /nat/ *kb.* 1 simpul, buhul. *to tie a k. in* membuat simpul pd. *to untie a k.* membuka simpul. 2 *Nav.:* mil laut. 3 gerombolan. *People stood in knots* Orang-orang bergerombol. *to be doubled up in knots* berbungkuk. *to tie the k.* mengikat tali perkawinan. —*kkt.* (**knotted**) mengikat. *to k. o's clothes into a bundle* mengikat bajunya menjadi sebuah bungkusan. *to k. two ropes together* menyimpulkan dua utas tali. —*kki.* 1 membuhul. *This thread is too short to k.* Benang ini terlalu péndék utk membuhul. 2 kejang (*of muscles*). —**knotted** *ks.* kusut (*of string, rope*).
knothole /'nat'howl/ *kb.* lobang yg terdapat pd papan bekas dahan/mata kayu.
knotty /'natie/ *ks.* 1 bermata (pd kayu). *k. pine* kayu cemara yg bermata. 2 rumit, ruwet (*problem*).
know /now/ *kt.* **in the k.** tahu. *s.o. in the k.* orang dalam (yg mengetahuinya). —*kkt.* (**knew, known**) 1 kenal pd, mengenal. *How will I k. you?* Bagaimana saya bisa mengenal sdr? *You wouldn't k. him since he...* Kau tdk akan mengenalnya semenjak dia.... *He is known as...* Dia dikenal sbg.... *She is known to everyone* Setiap orang mengenal dia. *This is what is known as...* Inilah yg dikenal sbg.... *He is becoming known as...* Ia mulai terkenal sbg.... *to k. s.o. by his walk* mengenal s.s.o. dari caranya berjalan. *His energy knows no limits* Tenaganya tak mengenal batas. *I k. him to be an honest man* Saya mengenal dia sbg seorang yg jujur. *to k. an area* mengenal daérah. *He knows a good thing when he sees it* Ia mengenalnya/memahaminya dgn baik ketika ia melihatnya. 2 tahu. *He knows his facts* Dia tahu hal-hal yg sebenarnya. *to k. the way* tahu jalannya. *to k. electronics* tahu/mengerti ttg éléktronika. *Do you k. where they live?* Tahukah kau dimana meréka tinggal? *I knew I couldn't get there* Saya tahu saya tdk dpt sampai disana. *to k. how to do s.t.* tahu bagaimana mengerjakan s.s.t. *She knows better than to try to fool me* Ia lebih tahu/mengerti bhw tdk ada gunanya utk mengibuli/mengelabui saya. 3 menguasai. *He knows the lesson well* Dia menguasai (tahu betul) pelajaran itu. *He knows what he's talking about when it comes to cars* Dia menguasai persoalannya kalau mengenai soal mobil. 4 mengetahui. *I have known such things to happen* Saya sdh mengetahui (sebelumnya) bhw yg demikian itu akan terjadi. *I knew it yesterday* Saya mengetahuinya (baru) kemarin. *Nothing is known of his whereabouts* Tak ada yg diketahui mengenai dimana dia berada. *He didn't quite k. what to say* Ia sama sekali tdk mengetahui apa yg hrs dikatakannya. *to k. by heart* mengetahui dari luar kepala, menghafal. **::** *Do you k. English?* Dapatkah sdr berbahasa Inggeris? *to k. good from evil* membédakan yg baik dari yg jahat. *I got to k. him when...* Saya berkenalan dgn dia ketika.... *I'll have you k. that...* Saya hrs memberitahukan kepadamu bhw.... *She has never been known to smile* Ia blm pernah kelihatan tersenyum. *Have you ever known me to tell a lie?* Per-

nah kau mendengar saya berceritera/berkata bohong? *I don't k. what to make of the new ruler* Saya tak dpt memahami sikap kepala negara yg baru itu. *We need s.o. who knows what's what* Kami memerlukan s.s.o. yg betul-betul mengerti dlm bidang itu. *What do you k.? Not much.* Apalah tahumu? Tdk banyak. —*kki.* tahu. *I don't k.* Saya tdk tahu. *I wouldn't k.* Mana saya tahu. *They don't k. any better* Pengetahuan meréka hanya sebegitu saja. *Whaddya k.! Here it is!* Coba/Lihatlah! Ini dia. *as far as I k.* sepanjang pengetahuan saya. **to k. about** mengetahui ttg. *I don't k. about that!* Saya tdk dpt mengatakannya dgn pasti! *Ask him, he knows all about it* Tanyakan kepadanya, ia tahu segala sesuatunya. **to k. of** tahu. *I k. of an apartment for rent* Saya tahu ada flat yg diséwakan. *Not that I k. of* Tdk setahu saya. Saya tdk mengetahuinya. *to k. of s.o.* mengenal s.s.o. **to make known** memberitahukan. *to make o's presence k.* memberitahukan kehadirannya. *to make the news k.* menyampaikan berita itu. *to make o's wishes k.* menceritakan apa yg diinginkannya. *The news was made k. to us* Kami mendapat berita itu. **know-(it)-all** *kb.* orang yg serba-tahu. **know-how** *kb.* kecakapan téhnik, ketrampilan. —**known** *ks.* dikenal. *k. gambler* penjudi yg terkenal. —**knowing** *kb.* pengetahuan, kepastian. *There is no k. how long...* Tdk dpt dipastikan berapa lama.... *ks.* penuh arti. *He gave me a k. look* Dia memberi saya pandangan penuh arti. —**knowingly** *kk.* dgn sengaja/sadar.
knowledge /'nalij/ *kb.* 1 pengetahuan. *His k. astounds me* Pengetahuannya mengagumkan saya. *to my k.* setahu saya, sepanjang pengetahuan saya. *to the best of my k.* sepanjang pengetahuan saya yg pasti. *He did it without her k.* Dia melakukannya tanpa pengetahuannya. *Not to my k.* Sepanjang pengetahuan saya, tdk. Diluar pengetahuan saya. *wide k.* pengetahuan yg luas. *I have no k. of his whereabouts* Saya tdk tahu dimana dia berada. *to be secure in the k. that...* tahu dgn pasti bhw... *It's a matter of common k. that...* Sdh umum diketahui bhw.... 2 ilmu pengetahuan. *branch of k.* cabang (dari) ilmu pengetahuan. *the advance of k.* kemajuan ilmu pengetahuan. 3 kekuasaan. *to have a k. of five languages* menguasai lima bahasa. *reading k. of Spanish* menguasai bahasa Spanyol secara pasif. *K. is power* Yg berilmu, berkuasa. Ilmu adalah kekuasaan.
knowledgeable /'nalijəbəl/ *ks.* yg banyak mengetahui, yg berpengetahuan banyak.
known /nown/ *lih* KNOW.
knuckle /'nʌkəl/ *kb.* 1 *Anat.:* buku jari. *rap on the k.* teguran pedas, celaan. 2 tulang kaki babi. —*kki.* **to k. down** membanting tulang. **to k. under** mengalah, menyerah kalah.
knucklebone /'nʌkəl'bown/ *kb.* tulang buku jari.
knucklehead /'nʌkəl'hed/ *kb. Sl.:* orang bodoh.
K.O., KO /'kei'ow/ [*knockout*] *Sl.:* pukulan yg membuat tdk berdaya. —*kkt.* menggulingkan, menjatuhkan.
Kodak /'kowdæk/ *kb.* kodak, alat potrét/pemotrét, kamera.
kooky /'kuwkie/ *ks. Sl.:* anéh, ganjil, istiméwa.
Koran /kow'ræn/ *kb.* Qur'an.
Korean /kə'riеən/ *kb.* 1 orang Koréa. 2 bahasa Koréa.
kosher /'kowsyər/ *ks.* 1 halal. *k. meat* daging yg halal. 2 jujur, baik. *What you have in mind is not k.* Apa yg ada di pikiranmu itu tdk baik.
kowtow /'kaw'taw/ *kki.* 1 bersujud/berlutut sampai

ke tanah (*to a superior*). 2 menjilat, mengambil muka.

K.P. /'kei'pie/ [*Kitchen Police*] *kb.* 1 tugas dapur (tentara). 2 prajurit yg bertugas di dapur.

kris /kries/ *kb.* keris. = CREESE.

kt. [*karat*] karat.

kudos /'kuwdows/ *kb., j. Inf.*: pujian.

kw [*kilowatt*] kilowat.

Ky. [*Kentucky*] negarabagian di A.S.

L

L, 1 /el/ *kb.* 1 huruf yg keduabelas dari abjad Inggeris. 2 limapuluh dlm angka Romawi.
L /el/ *kb.* 1 keréta api *L* (yg ditinggikan). 2 sambungan yg berbentuk *L* pd pipa.
l. 1 [*left*] kiri. 2 [*liter*] liter. 3 [*low*] rendah.
L. 1 [*Lake*] Danau. 2 [*Latitude*] Garis Lintang. 3 [*League*] Perserikatan. 4 [*Low*] Rendah.
La. [*Louisiana*] negarabagian A.S.
L.A. /'el'ei/ [*Los Ángeles*] *kb.* Kota Los Angeles.
lab /læb/ *Inf.*: =LABORATORY.
lab. [*laboratory*] laboratorium.
label /'leibəl/ *kb.* 1 étikét (*on bottle*). 2 nama. *to give a group a l.* memberikan nama kpd kelompok. *gummed. l.* étikét yg ditémpélkan/dilém. —*kkt.* 1 memberi étikét. 2 menamakan, memberikan nama. *to l. o's friend a cheat* memberikan nama penipu kpd temannya.
labial /'leibiəl/ *ks.* berh. dgn bibir. *l. sound* bunyi bibir.
labor /'leibər/ *kb.* 1 tenaga kerja. *L. is expensive* Tenaga kerja mahal. 2 buruh. *L. wants higher wages* Buruh menghendaki upah yg lebih tinggi. *skilled l.* kaum buruh yg ahli/berpendidikan. 3 tugas. *division of l.* pembagian tugas. 4 kerja. *manual l.* kerja jasmani. *hard l.* a) kerja berat. b) kerja paksa. **to be in l.** sakit melahirkan anak. —*kkt.* **to l. the point** berbicara bertélé-télé. —*kki.* bekerja. *to l. hard* bekerja keras. **to l. over** bekerja dgn susahpayah. **to l. under a delusion** bersalah paham. *to l. under the delusion that he is strong* mengangan-angankan seakan-akan ia kuat. **l. act** undang-undang kerja. **L. Day** Hari Buruh. **l. force/market** angkatan/tenaga kerja. **l. movement** pergerakan buruh. **l. of love** pekerjaan yg dilakukan tanpa mengharapkan bayaran. **l. pains** 1 kesakitan melahirkan anak. 2 kesulitan pertama dlm s.s.t. pekerjaan. **l. relations** ilmu yg mempelajari hubungan antara buruh dan majikan. *labor-saving device* alat yg menghémat kerja. **l. supply** persediaan jumlah pekerja. **l. troubles** kesulitan-kesulitan dlm bidang perburuhan. **l. union** serikat/organisasi buruh. —**labored** *ks.* 1 sukar, sulit. *The stroke had made his speech l.* Serangan jantungnya membuat percakapan (dan pernapasannya) sukar. 2 dibuat-buat, tdk wajar. —**laboring** *ks.* yg bekerja. *the l. man* orang yg bekerja. *l. class* kaum buruh/pekerja, kelas buruh, golongan karya.
laboratory /'læb(ə)rə'towrie/ *kb.* (*j.* **-ries**) *l. assistant* asistén/pembantu laboran. *l. technician* mantri/perakit laboran.
laborer /'leibərər/ *kb.* buruh, pekerja.
laborious /lə'bowrieəs/ *ks.* sulit, yg memintakan banyak tenaga, susah payah.
labyrinth /'læbərinth/ *kb.* 1 suatu susunan yg membingungkan. 2 *Anat.*: labirin.
lace /leis/ *kb.* 1 rénda. *l. dress* baju rénda. *l. curtains*

gordén dari rénda. 2 (*shoe*) tali. *to tie o's laces* mengikat tali (sepatunya). —*kkt.* 1 mengikat tali (sepatunya). 2 menyusur. *The creek laced its way through the field* Anak sungai itu menyusur jalannya melalui ladang itu. *Inf.*: **to l. into s.o.** menghajar s.s.o. —**lacing** *kb. Inf.*: hantaman.
lacerate /'læsəreit/ *kkt.* mengoyakkan, mencabik. *His feet were lacerated by the lava* Kakinya koyak kena lahar. —**lacerated** *ks.* koyak. *l. wound* luka yg koyak.
laceration /'læsə'reisyən/ *kb.* luka gorésan, tempat yg rusak luka, pengoyakan, pencabikan.
lachrymal /'lækrəməl/ *ks.* yg berh. dgn air mata. *l. gland* kelenjar air mata.
lachrymose /'lækrəmows/ *ks.* yg membuat airmata meléléh/bercucuran (karena mengharukan/memilukan).
lack /læk/ *kb.* 1 kekurangan. *l. of water* kekurangan air. *for l. of money* karena kekurangan uang. 2 ketiadaan. *l. of confidence* ketidakpercayaan. *l. of freedom* ketidakbébasan, ketidakmerdékaan. *l. of judgment* ketidakbijaksanaan. *l. of understanding* ketidakmengertian. —*kkt.* 1 kekurangan. *to l. enthusiasm for the job* kekurangan gairah utk pekerjaan itu. 2 kurang. *The painting lacks detail* Lukisan itu kurang terperinci. 3 tak punya. *I l. enough money to make the trip* Saya tdk punya uang cukup utk mengadakan perjalanan itu. —**lacking** *ks* tak cukup. *Evidence was l.* Bukti-bukti tdk cukup. *He is l. in ability* Dia tdk mempunyai kecakapan. *Money was l.* Uang tak ada. *A quorum was l.* Jumlah anggota/suara (utk memungut suara) tdk tercapai. —*kd.* karena tak ada. *L. anything better to do, I took a nap* Karena tdk ada s.s.t. yg baik utk dikerjakan, saya tidur saja.
lackadaisical /'lækə'deizəkəl/ *ks.* lesu.
lackey /'lækie/ *kb.* 1 pesuruh, anték. 3 kacung, bujang.
lackluster /'læk'lʌstər/ *ks.* tdk bersemangat/bersemarak.
laconic /lə'kanik/ *ks.* singkat, péndék. *l. reply* jawaban yg singkat.
lacquer /'lækər/ *kb.* lak(a), pernis, sampang. —*kkt.* memberi sampang/pernis.
lacrosse /lə'krɔs/ *kb.* permainan yg memakai bola dan tongkat panjang yg berajut.
lactation /læk'teisyən/ *kb.* 1 hal menyusukan anak. 2 masa menyusukan anak.
lactic /'læktik/ *ks.* yg berh. dgn susu. *l. acid* asam susu/laktat.
lacuna /lə'kuwnə/ *kb.* (*j.* **-nas, -nae**) kekosongan.
lad /læd/ *kb.* anak laki-laki, kacung.
ladder /'lædər/ *kb.* tangga, jenjang. *to climb the social l.* menaiki jenjang kehidupan sosial. *ladder-back chair* kursi yg tempat bersandarnya berjejak yg melintang.
laden /'leidən/ *ks.* dimuat. *The wagons were l. with*

produce Keréta itu dimuat dgn hasil bumi. —**lading** *kb.* muatan. lih BILL.

la-di-da /'ladie'da/ *ks. Sl.*: sok, berlagak.

ladies /'leidiez/ *j.* lih LADY.

ladle /'leidəl/ *kb.* séndok besar, pencédok, pengerok. —*kkt.* menyéndok. *to l. (out) soup* menyéndok sup.

lady /'leidie/ *kb.* (*j.* **ladies**) 1 wanita. *a beautiful l.* seorang wanita yg cantik. *young l.* wanita muda. *The young l. will take care of you* Petugas wanita itu akan membantumu. *Ladies (restroom)* Wanita. *an elderly l.* seorang wanita tua. *She's no l.* Ia bukan seorang wanita yg terhormat. *lady's watch* arloji wanita. *l. doctor* dokter wanita. *ladies' room* kamar kecil utk wanita. 2 nyonya. *Ladies and Gentlemen!* Tuan-tuan dan Nyonya-nyonya (yg terhormat)! Ibu-ibu dan Bapak-bapak (yg terhormat)! *the l. of the house* nyonya rumah. **l. in waiting** dayang. *Sl.*: **lady-killer** *kb.* hidung belang, sibuaya, pemikat wanita. **l. luck** nasib/untung baik. **lady's man** orang yg pandai mcrayu perempuan.

ladybug /'leidie'bʌg/ *kb.* sm belalang, kumbang kecil.

ladyfinger /'leidie'finggər/ *kb.* sm kué berbentuk jari.

ladylike /'leidie'laik/ *ks.* spt wanita terhormat. *to act in a l. manner* bertindak dgn sikap wanita yg terhormat.

ladylove /'leidie'lʌv/ *kb.* pacar wanita, wanita kesayangan.

lag /læg/ *kb.* 1 ketinggalan. *cultural l.* kelambanan budaya. 2 kelambatan. *a l. between...* kelambatan antara .... —*kki.* (**lagged**) ketinggalan. *to l. behind in the space race* ketinggalan dlm perlumbaan ruang angkasa. *Children l. behind their parents* Anak-anak ketinggalan dibelakang orang tuanya. *Salaries tend to l. in relation to ...* Gaji biasanya ketinggalan dibandingkan dgn ....

lager /'lagər/ *kb.* **l. beer** bir yg tdk keras.

laggard /'lægərd/ *kb.* pencorot, orang yg terlambat.

lagoon /lə'guwn/ *kb.* danau di pinggir laut.

laid /leid/ lih LAY.

lain /lein/ lih LIE.

lair /lær/ *kb.* sarang, jerumun.

laity /'leiətie/ *kb.* (*j.* -**ties**) kaum awam.

lake /leik/ *kb.* danau, telaga.

lakefront /'leik'frʌnt/ *kb.* halaman yg menghadap ke danau.

lakeside /'leik'said/ *kb.* tepi danau.

lam /læm/ *kb. Sl.*: **to take it on the l.** melarikan diri.

lamb /læm/ *kb.* anak biri-biri. *baby l.* anak domba (yg masih kecil). *the L.* Nabi Isa. *April came in like a l.* Bulan April datang dgn hawa yg bagus. *That girl is meek as a l.* Anak itu menurut spt domba. *roast (of) l.* domba panggang. **l. chop** potongan daging domba biasanya dgn sepotong tulang rusuk.

lambaste /læm'beist/ *kkt.* 1 (*hit*) memukul. 2 menegur, mencerca. —**lambasting** *kb.* 1 cercaan, serangan (*from the press*). 2 hantaman.

lame /leim/ *ks.* 1 pincang, timpang (*physically*). 2 lemah, tdk memuaskan. *l. excuse* alasan yg lemah. —*kkt.* membuat pincang. **lame-brained** *ks.* bodoh, dungu, berotak-udang. **l. duck** orang yg kalah dlm pemilihan, tetapi masih berjabatan beberapa bulan lagi. —**lamely** *kk.* 1 pincang. 2 dgn tertegun-tegun.

lameness /'leimnəs/ *kb.* kepincangan, ketimpangan.

lament /lə'ment/ *kb.* ratapan, keluh-kesah. —*kkt.*

1 meratapi (*the death of s.o.*). 2 menyesali (*the fact that*). —**lamented** *ks.* almarhum.

lamentable /lə'mentəbəl/ *ks.* disayangkan, disesalkan. *It is l. that ...* Sungguh disayangkan bhw ....

lamentation /'læmən'teisyən/ *kb.* ratapan, keluhan.

laminated /'læmə'neitid/ *ks.* berlapis-lapis.

lamp /læmp/ *kb.* lampu. *table l.* lampu méja. *l. chimney* semperong. *l. shade* kap lampu.

lampblack /'læmp'blæk/ *kb.* sulang (asap), jelaga.

lamplight /'læmp'lait/ *kb.* cahaya lampu. *to read by l.* membaca dgn lampu pelita.

lampoon /læm'puwn/ *kb.* cercaan dlm bentuk tulisan atau lukisan. —*kkt.* mengecam, menyerang.

lamprey /'læmprie/ *kb.* sm malung, sm ikan belut besar.

lance /læns/ *kb.* lembing, tombak. —*kkt.* membuka, menusuk, memotong dgn pisau pembedah (*abscess, boil*).

land /lænd/ *kb.* 1 tanah. *l. for cultivation* tanah garapan. *waste l.* tanah tandus, tanah yg tdk diolah/diusahakan. 2 negeri. *distant lands* negeri-negeri yg jauh letaknya. 3 daratan. *to travel by l.* mengadakan perjalanan melalui darat. *to make l.* mendarat. *to see how the l. lies* melihat bagaimana duduk perkaranya. —*kkt.* 1 mendaratkan (*plane*). *to l. passengers* mendaratkan penumpang-penumpang. 2 *Sl.*: menjatuhkan. *to l. a good blow* menjatuhkan sebuah pukulan yg jitu. 3 *Inf.*: mendapat (*a job*). *to l. a large fish* membawa ke darat seékor ikan yg besar. —*kki.* 1 mendarat. *to l. at Utica* mendarat di Utica. *to l. on the water* mendarat diatas air. *to l. on the moon* mendarat di bulan. *to l. on o's feet* a) mendarat pd kakinya. b) berhasil mengatasinya. *to l. on o's head* jatuh dgn kepalanya ke bawah. *to l. on s.o. with both feet* mencaci-maki s.s.o. *to l. on the ground with a thud* jatuh dgn keras di tanah. 2 masuk. *to l. in jail* masuk penjara. **land-based** *ks.* berpangkalan di daratan. **l. grant** pemberian tanah. *l.-grant college* perguruan tinggi yg diberi hadiah tanah. **l. mass** benua. **l. mine** ranjau darat. *Inf.*: **land-office** *business* usaha dagang yg cepat berkembang. **l. of promise** tanah harapan. **land-poor** *ks.* 1 punya tanah luas, tapi tak punya uang tunai. 2 tak mempunyai tanah. **l. reform** land reform. —**landed** *ks.* bertanah. *l. gentry* tuan-tuan tanah. —**landing** *kb.* 1 pendaratan. *l. belly* pendaratan pd perut/lambung. *moon l.* pendaratan di bulan. 2 tempat penyeberangan perahu tambang (*of ferry*). *l. craft* kapal pendarat. *l. field* lapangan terbang. *l. gear* roda-roda pendarat pesawat, alat perkakas pendarat(an). *l. place* tempat (utk) mendarat. *l. strip* landasan (terbang).

landfall /'lænd'fɔl/ *kb.* 1 pendaratan. 2 daratan yg kelihatan.

landlady /'lænd'leidie/ *kb.* (*j.* -**dies**) wanita pemilik penginapan/pondokan.

landlocked /'lænd'lakt/ *ks.* terkurung oléh daratan. *l. harbor* pelabuhan terkurung oléh daratan.

landlord /'lænd'lɔrd/ *kb.* 1 tuan tanah. 2 lelaki pemilik penginapan, pondokan atau rumah séwaan.

landlubber /'lænd'lʌbər/ *kb.* orang darat (tak biasa hidup di laut atau tinggal di kapal).

landmark /'lænd'mark/ *kb.* 1 (*guide*) penunjuk. 2 s.s.t. yg mudah dilihat atau dikenal. 3 hal yg menonjol. 4 kejadian/peristiwa penting.

landowner /'lænd'ownər/ *kb.* 1 tuan tanah. 2 pemilik tanah.

landscape /'lændskeip/ *kb.* 1 pemandangan (alam). 2 bentang darat. —*kkt.* menanam tanam-tanaman dll secara teratur/tersusun. *l. architecture* arsiték-

tur pertamanan, seni taman. *l. gardener* tukang kebun pertamanan. *l. gardening* pertamanan. —**landscaping** *kb.* seni pertamanan/taman.
landslide /'lænd'slaid/ *kb.* longsoran, tanah longsor. *to win by a l.* menang dgn kelebihan suara yg amat banyak.
landward /'lændwərd/ *kk.* arah/menuju ke darat.
lane /lein/ *kb.* 1 jalan kecil/pedésaan. 2 jalur. *Center l. for left turn only* Jalur tengah hanya utk bélokan ke kiri. *shipping l.* lajur pelayaran. *four-lane highway* jalan raya dgn empat jalur. *One must stay in his l. unless overtaking another car* Orang hrs tetap berada dlm jalurnya kecuali kalau mendahului mobil lain.
lang. [*language*] bahasa.
language /'læŋgwij/ *kb.* bahasa. *the Japanese l.* bahasa Jepang. *bad l.* bahasa jelék (tdk menurut tatabahasa). *dead l.* bahasa mati. *living l.* bahasa yg hidup. *modern languages* bahasa-bahasa modérn. *strong l.* kata-kata yg kasar. *He doesn't speak our l.* Dia tdk sepaham dgn kami.
languid /'læŋgwid/ *ks.* lemah, lesu, tdk bersemangat.
languish /'læŋgwisy/ *kki.* 1 merana. *to l. in a hospital* merana di rumah sakit. 2 layu (*of flowers*). 3 kendor. *His vigilance never languished* Kewaspadaannya tak pernah kendor.
languor /'læŋgər/ *kb.* 1 kelesuan. 2 ketenangan.
lanky /'læŋkie/ *ks.* semampai, ramping dan lemas, kurus.
lantern /'læntərn/ *kb.* lentéra. *l. slide* gambar sorot. *paper l.* lampion.
lanyard /'lænyərd/ *kb.* tali penyandang, talitemali kapal, tali péndék pengikat.
Lao /law/ *kb.* 1 orang Lao. 2 bahasa Lao.
Laos /laws/ *kb.* Laos.
Laotian /la'owsyən, lei'owsyən/ *kb.* 1 orang Lao. 2 bahasa Lao.
lap /læp/ *kb.* 1 pangkuan. *Hold the baby on your l.* Pangkulah bayi ini. *to live in the l. of luxury* hidup dlm alam keméwahan. *Our future is in the l. of the gods* Hari-depan kita terletak di tangan déwa-déwa. 2 putaran. *four laps around the track* empat kali mengitari lapangan. 3 bagian. *We're on the last l. of our trip* Kami sedang menempuh bagian terakhir dari perjalanan kami. —*kkt.* (**lapped**) **to l. up** 1 meminum (dgn lidah), menghirup. *The kitten lapped up the milk* Anak kucing itu meminum susu itu dgn lidah. 2 menelan. *to l. up the gossip* menelan kabar angin. —*kki.* memukul-mukul. *Water lapped against the canoe's side* Air memukul-mukul dgn pelahan dinding sampan itu. **to l. over** tersusun, berjéjér. **l. dog** anjing piaraan yg kecil. **l. robe** selimut penutup badan bagian bawah.
lapboard /'læp'bowrd/ *kb.* papan alas/pangkuan.
lapel /lə'pel/ *kb.* kelepak.
lapful /'læpful/ *kb.* sepangkuan.
lapse /læps/ *kb.* 1 kehilangan. *l. of memory* kehilangan ingatan. 2 selang, jarak waktu. *after a l. of several years* sesudah selang beberapa tahun. 3 perubahan. *a l. into silence* perubahan menjadi pendiam. 4 penyeléwéngan. *l. of duty* menyeléwéng dari tugas-tugasnya. —*kki.* 1 tergelincir, menjadi. *to l. into unconsciousness* menjadi tak sadar. *to l. into silence* menjadi terdiam. 2 keliwatan waktunya. *Don't let your insurance l.* Jangan biarkan polis asuransimu keliwatan waktunya. *l. of the tongue* kata/ucapan yg terlanjur.
larceny /'larsənie/ *kb.* (*j.* **-nies**) pencurian.
lard /lard/ *kb.* lemak babi. —*kkt.* 1 meminyaki (*a pan*). 2 membungai, menyelingi (*o's speech*).

larder /'lardər/ *kb.* tempat penyimpanan makanan.
large /larj/ *ks.* 1 besar. *l. house* rumah yg besar. *l. intestine* usus besar. *to grow l.* membesar. *to grow larger* bertambah besar. 2 luas. *l. body of water* perairan yg luas. 3 besar-besar. *Florida oranges come l.* Jeruk Florida besar-besar. **at l.** bébas. *The murderer is still at l.* Pembunuh itu masih bébas. *representative at l.* wakil rakyat/berkuasa penuh, wakil umum. *ambassador at l.* duta besar berkuasa penuh. **large-scale** *ks.* besar-besaran. *l.-scale operation* operasi besar-besaran. *to do everything on a l. scale* menyelenggarakan/berbuat segala s.s.t. secara besar-besaran. —**largely** *kk.* sebagian besar. *The trouble was l. due to ...* Kesukaran itu sebagian besar disebabkan oléh karena ....
largess /lar'jes/ *kb.* hadiah, pemberian, sumbangan.
lariat /'lærieit/ *kb.* tali yg dipakai gembala sapi utk menangkap ternak, tali penjerat ternak.
lark /lark/ *kb.* 1 sm burung yg suka menyanyi. 2 *Inf.*: kesukaan, permainan riang gembira. *to regard college as a l.* menganggap perguruan tinggi sbg kesukaan. 3 senda-gurau, kelakar.
larva /'larvə/ *kb.* (*j.* **-vae**) 1 jentik-jentik, cuk (*of mosquito*). 2 tempayak. 3 anak serangga.
laryngal /lə'riŋgəl/ *ks.* yg berh. dgn pangkal tenggorokan.
laryngeal /lə'rinjəl/ *ks.* =LARYNGAL.
laryngitis /'læərən'jaitəs/ *kb.* radang tenggorokan.
larynx /'læriŋks/ *kb.* pangkal tenggorokan.
lascivious /lə'siviəs/ *ks.* yg menimbulkan nafsu berahi, yg menerbitkan gairah.
laser /'leizər/ *kb.* laser. *l. beam* sinar laser.
lash /læsy/ *kb.* 1 cambukan. *20 lashes* 20 cambukan. 2 kibasan, pukulan (*of a tail*). 3 (*eye*) bulu mata. —*kkt.* 1 mencambuk, mencemeti. 2 mengibas (*sails, tail*). 3 mengikatkan. *to l. to the mast* mengikatkan ke tiang kapal. —*kki.* **to l. out at** 1 menyerang (*in a speech*). 2 memukul dan menyépak (*physically*). —**lashing** *kb.* 1 cacian, serangan. 2 pukulan. *l. of the rain against the house* pukulan hujan thd rumah itu.
lass /læs/ *kb.* (anak) gadis.
lassitude /'læsətuwd, -tyuwd/ *kb.* kelesuan, kelemahan.
lasso /'læsow/ *kb.* =LARIAT. —*kkt.* menjerat.
last /læst/ *kb.* 1 kelebut. *to stick to o's l.* memperhatikan pekerjaan sendiri, menunaikan tugas sendiri. 2 penghabisan. *to breathe o's l.* menarik napasnya yg penghabisan. 3 saat terakhir. *faithful to the l.* setia sampai mati, setia sampai saat terakhir. 4 terakhir, paling akhir. *to hear the l. of s.t.* mendengar terakhir ttg s.s.t. *The l. I saw of him he ...* Paling akhir saya melihat dia, dia .... *the l. of the week* hari pekan terakhir. *next to the l.* satu sblm yg paling akhir. *the l. of* tak akan mengalami lagi. **at l.** akhirnya. —*ks.* 1 yg terakhir. *my l. cent* sén saya yg terakhir. *to make a l. stand* membuat pertahanan yg terakhir. *l. but not least* tak kurang pentingnya, walaupun disebut paling akhir. 2 penghabisan. *l. day of school* hari sekolah yg penghabisan. 3 yg lalu. *l. week* minggu yg lalu. *night before l.* malam kemarin dulu, dua malam yg lalu. *l. Sunday* Minggu yg lalu, Minggu kemarén. ∷ *l. thing at night* s.s.t. hal sblm pergi tidur. *He's the l. person I would have suspected* Dia orang yg tak mungkin saya curigai. *She always has to have the l. word* Dia selalu mau menang saja. *the l. word on the subject* kata yg menentukan dlm soal itu. —*kk.* terakhir. *I l. saw her two days ago* Saya terakhir bertemu dgn dia dua hari yg lalu. *When did you eat l.?* Kapan kau terakhir sekali makan? *She*

spoke l. Ia berbicara terakhir. Ia mendapat giliran berbicara terakhir. —*kki.* 1 mencukupi. *This has to l. me a long time* Ini hrs cukup buat saya utk waktu yg lama. 2 tahan. *This suit didn't l. me long* Setélan ini tdk tahan lama. *How long will your vacation l.?* Berapa lama liburanmu? 3 hidup. *He won't l. long if*... Dia tdk akan hidup lama kalau.... 4 bertahan. *The snow lasted a week* Salju bertahan seminggu lamanya. *to l. a lifetime* bertahan selama hidup. **to l. out** bertahan. *to l. out a storm* menyelamatkan diri dari badai. **last-ditch** *ks.* terakhir. *l. -ditch stand* pertahanan yg terakhir. **L. Judgment** Hari Kiamat. **last-minute** *ks.* saat/detik terakhir. *l.-minute preparations* persiapan pd detik terakhir. **l. night** tadi malam, semalam. **l. rites** upacara (doa) terakhir. *That's the l. straw!* Ini benar-benar sdh keterlaluan! **L. Supper** (Jamuan) Makan Malam Terakhir, Perjamuan Terakhir (dgn Jésus). —**lastly** *kk.* akhirnya. —**lasting** *ks.* abadi, kekal. *l. peace* perdamaian yg abadi. *to have a l. effect on o's mind* meninggalkan bekas yg tdk hilang-hilang dlm pikirannya.

lat. [*latitude*] garis lintang, pembalik.

Lat. [*Latin*] bahasa Latin.

latch /læc/ *kb.* kancing, gréndél, palang pintu. —*kkt.* mengancing, memalang, memasang palang/ gréndél.

latchstring /'læc'string/ *kb.* tali kancing. *The l. is always out* Orang selalu diterima dgn senang hati.

late /leit/ *ks.* 1 yg baru-baru ini. *the l. war* perang yg baru-baru ini. 2 terlambat. *I had a l. breakfast* Sarapan saya terlambat. *to be l. for school* terlambat ke sekolah. *I'm sorry I am l.* Maaf saya terlambat datang. *Better l. than never* Biar lambat asal jadi. *It is l. in the day to* ... Sdh terlambat utk .... 3 almarhum. *his l. brother* almarhum abangnya. 4 bekas. *The l. president is still living* Bekas présidén itu masih ada. **::** *to become a father l. in life* menjadi ayah dlm usia lanjut. *to arrive at a l. hour* tiba pd jauh/larut malam. *He was still here as l. as last night* Ia masih disini sampai kemarin malam. *l. in the night* jauh malam. *in the l. afternoon* menjelang malam, soré sekali. *l. meeting* rapat yg berlangsung lama. *of l.* belakangan ini. —*kk.* terlambat. *The bus arrived late* Bis itu datang terlambat. *l. in the afternoon* pd waktu soré sekali. *to work l. into the night* bekerja sampai jauh malam. *Ted, late of Exeter* Ted yg pernah ada di Exeter. *l. lamented* almarhum. —**later** *ks.* yg belakangan. *to take a l. plane* naik kapal terbang yg belakangan. *kk.* nanti. *We'll come over l.* Kami akan singgah nanti. *See you later!* Sampai ketemu lagi! *She arrived a few minutes later* Ia tiba beberapa menit kemudian. *l. on* kemudian. —**latest** *ks.* 1 yg terakhir. *the l. news* kabar yg terakhir. 2 terbaru. *the l. fashion* modél terbaru. *What's the l. in shoes?* Apa modél sepatu yg terbaru? 3 selambat-lambatnya *What is the l. you can come?* Pd jam berapa selambat-lambatnya kau dpt datang? **at the latest** paling lambat. —**lately** *kk.* akhir-akhir ini, belakangan ini.

latecomer /'leit'kʌmər/ *kb.* 1 orang/pendatang baru. 2 orang yg terlambat.

lateness /'leitnəs/ *kb.* keadaan sdh jauh malam, sudah léwat waktunya. *the l. of the hour* keadaan jauh malam.

latent /'leitənt/ *ks.* 1 terpendam, tersembunyi. *l. talent* bakat terpendam. 2 tersembunyi, blm kelihatan. *l. infection* inféksi yg blm kelihatan.

lateral /'lætərəl/ *kb.* bunyi lateral. —*ks.* cabang samping. *l. branch of the family* cabang samping dari

keluarga itu. —**laterally** *kk.* secara menyamping, arah ke samping, disamping, sampingan.

latex /'leiteks/ *kb.* getah.

lath /læTH/ *kb.* bilah, belebas.

lathe /leiTH/ *kb.* mesin bubut.

lather /'læTHər/ *kb.* 1 busa (*on horse*). 2 busa sabun. —*kkt.* menyabuni (*the face*). —*kki.* 1 membusa (*of a horse*). 2 berbusa (*of soap*).

Latin /'lætən/ *kb.* bahasa Latin. *L. America* Amérika Latin. *L. American* orang Amérika Latin.

latitude /'lætətuwd, -tyuwd/ *kb.* 1 *Geog.*: garis lintang, pembalik. 2 kebébasan, ruang gerak. *to have wide l.* mendapat ruang gerak yg luas.

latrine /lə'trien/ *kb.* kakus.

latter /'lætər/ *ks.* 1 yg belakangan/terakhir. *I'll take the l. book* Saya akan membeli buku yg terakhir. 2 akhir. *the l. part of the month* bagian akhir bulan ini. *the l. half of the month* bagian kedua dari bulan itu.

lattice /'lætis/ *kb.* 1 kisi-kisi. 2 pola-pola géométris dari molekul-molekul, atom-atom dll. —*kkt.* memberi berkisi-kisi.

latticework /'lætis'wərk/ *kb.* kisi-kisi.

laud /lɔd/ *kkt.* memuji, menyanjung.

laudable /'lɔdəbəl/ *ks.* patut dipuji, terpuji. *l. quality* sifat yg terpuji.

laudatory /'lɔdə'towrie/ *ks.* bersifat pujian. *l. remarks* ucapan-ucapan yg berisi pujian.

laugh /læf/ *kb.* tertawa(an), gelak. *His l. is contagious* Tertawanya menular. *to have the last l.* menang. *forced l.* ketawa yg dibuat-buat. *to have the l. on s.o.* mentertawakan s.s.o. *to do s.t. for laughs* berbuat s.s.t. sbg kelakar/lelucon saja. *with a l.* dgn tertawa. —*kki.* tertawa. *He who laughs last laughs best* Orang yg tertawa terakhir tertawa menang. *to l. uproariously* tertawa terbahak-bahak. *to l. till one cries* tertawa sampai mengeluarkan air-mata. *Sl.: Don't make me l.!* Jangan membadut/melawak! *I don't see anything to l. about* Bagi saya hal itu tdk lucu samasekali. **to l. at** menertawakan. *to l. down a proposal* membuat sebuah usul ditarik kembali. *to l. in s.o's face* mengéjék s.s.o. **to l. off** melupakan dgn tertawa. *The singer was laughed off the stage* Penyanyi itu turun dari pentas dgn ditertawakan publik. **to l. it up** tertawa pura-pura. —**laughing** *kb.* ketawa-ketawa, tertawa, gelak. *This is no l. matter* Ini bukan soal yg lucu. *l. gas* asam/gas ketawa.

laughable /'læfəbəl/ *ks.* menggelikan, menjadikan tertawa, menjadi tertawaan, menertawakan. *l. mistake* kesalahan yg menjadi tertawaan. *l. offer* tawaran yg menertawakan.

laughter /'læftər/ *kb.* gelak, ketawa, gelak-tertawa. *There was l. after his remarks* Terdengar gelak-ketawa stlh dia memberi komentar. *to roar with l.* gelak/ketawa terbahak-bahak.

laughingstock /'læfing'stak/ *kb.* sasaran olok-olok.

launch /lɔnc/ *kb.* 1 kapal berkas/barkas. 2 penurunan ke air, lancaran (*of ship*). 3 luncuran (*of a space vehicle, missile*). —*kkt.* 1 meluncurkan (*a ship, torpedo, space missile, or vehicle*). 2 menurunkan ke air (*s.o. in business*). 3 mengadakan (*attack, campaign*). 4 melontarkan, mengajukan. *to l. a complaint* melontarkan keluhan. —*kki.* melémparkan (*into a tirade*). *Once she is launched on that subject* ... Sekali ia memulai membicarakan persoalan itu .... *to l. out into a new enterprise* memulai perusahaan baru. **l. pad** landasan peluncuran. —**launching** *kb.* 1 peluncuran. 2 penurunan ke air, peluncuran. *l. pad/*

platform landasan peluncuran. *l. site* daérah/ kompléks peluncuran (rokét, peluru kendali).

launder /'lɔndər/ *kkt., kki.* mencuci. *to have a blouse laundered* menyuruh cuci blus. *Some fabrics do not l. well* Beberapa bahan tdk dpt dicuci dgn baik. *to l. every Saturday* mencuci tiap hari Sabtu.

laundress /'lɔndrəs/ *kb.* penatu (perempuan), tukang cuci.

laundromat /'lɔndrəmæt/ *kb.* tempat cuci otomat.

laundry /'lɔndrie/ *kb.* (*j.* **-ries**) 1 penatu, binatu. 2 pakaian kotor, cucian. *l. soap* sabun cuci.

laundryman /'lɔndriemən/ *kb.* (*j.* **-men**) tukang penatu/binatu.

laureate /'lɔrieit/ *kb.* lih POET.

laurel /'lɔrəl/ *kb.* pohon salam. *l. wreath* kalung daun salam. —**laurels** *j. tennis laurels* rangkaian kemenangan-kemenangannya dlm ténis. *to rest on o's laurels* puas dgn kemenangan yg diperoléh. *to look to o's laurels* menjaga kejuaraannya, memelihara kedudukannya sbg juara. *to win laurels* mendapat kehormatan.

lava /'lavə/ *kb.* lahar.

lavatory /'lævə'towrie/ *kb.* (*j.* **-ries**) 1 (*basin*) bak mandi. 2 (*W.C.*) kamar kecil. 3 kamar mandi.

lavender /'lævəndər/ *kb.* warna lembayung muda.

lavish /'lævisy/ *ks.* 1 méwah. *l. party* pésta yg méwah. 2 berlebih-lebihan. *l. gift* pemberian yg berlebih-lebihan. *to be l. in o's praise for* memuji berlebih-lebihan dgn. 3 boros. *l. expenditure* pengeluaran yg boros. —*kkt.* 1 mencurahkan (*affection*) (**on** pd). 2 menghamburkan (*money*) (**on** utk). —**lavishly** *kk.* dgn boros/royal.

law /lɔ/ *kb.* 1 hukum. *l. of nations* hukum internasional. *l. of gravity* hukum gayaberat bumi. *l. student* mahasiswa hukum. *l. and order* hukum dan tatatertib. *to read l.* belajar ilmu hukum. *to break the l.* melanggar hukum. *to be a l. unto o.s.* menetapkan hukum bagi dirinya sendiri. *He thinks he's above the l.* Dikiranya ia boléh saja melanggar hukum. *the long arm of the l.* alat-alat penegak hukum. 2 dalil. *Newton's l.* Dalil Newton. 3 alat-alat hukum, polisi. *He was turned over to the l.* Dia diserahkan kpd alat-alat hukum. 4 undang-undang. *Laws are made to be observed* Undang-undang dibuat utk dipatuhi. *by l.* menurut undang-undang/peraturan. *court of l.* kantor pengadilan. *to go to l. over ...* pergi ke pengadilan mengenai.... *I'll have the l. on you* Saya akan memperkarakanmu. **to lay down the l.** menetapkan peraturan-peraturan, mengeluarkan perintah. *My father laid down the l. to me* Ayah saya mengoméli saya. *to practice l.* membuka kantor pengacara. *to take the l. into o's own hand* menjadi hakim sendiri.

law-abiding *ks.* yg patuh pd hukum. **l. court** pengadilan (hukum), kantor pengadilan. **l. enforcement** pelaksanaan hukum. *l. enforcement agency* jawatan yg melaksanakan hukum, alat negara penegak hukum.

lawbook /'lɔ'buk/ *kb.* 1 buku hukum. 2 kitab undang-undang.

lawbreaker /'lɔ'breikər/ *kb.* pelanggar hukum.

lawful /'lɔfəl/ *ks.* sah menurut hukum. *l. owner* pemilik yg sah.

lawless /'lɔləs/ *ks.* tdk patuh pd hukum, ingkar akan hukum. *l. group* gerombolan yg tdk menurut perintah.

lawlessness /'lɔləsnəs/ *kb.* pelanggaran hukum.

lawmaker /'lɔ'meikər/ *kb.* pembuat undang-undang.

lawmaking /'lɔ'meiking/ *ks.* législatip. *l. body* badan législatip.

lawn /lɔn/ *kb.* halaman rumput. *l. mower* mesin pemotong rumput. *l. tennis* permainan ténis di lapangan rumput.

lawsuit /'lɔ'suwt/ *kb.* perkara hukum, penuntutan perkara.

lawyer /'lɔyər/ *kb.* pengacara, adpokat.

lax /læks/ *ks.* 1 lemah, longgar. *l. discipline* disiplin yg lemah. *The laws are too l.* Hukum terlalu lemah. 2 lalai. *to be l. in doing o's duty* melalaikan kewajiban.

laxative /'læksətiv/ *kb.* obat pencahar/urus-urus/ cuci perut.

laxity /'læksətie/ *kb.* 1 kelemahan (*of discipline*). 2 kelalaian (*in o's duty*).

lay /lei/ *kb.* 1 nyanyian. 2 syair. *the l. of the land* a) letak tanah. b) situasi. —*ks.* awam, biasa. *l. preacher* khatib biasa. *My l. mind fails to comprehend ...* Otak saya yg biasa ini tdk dpt memahami.... *l. brother, l. sister* penghuni (laki-laki/perempuan) biara yg blm dinobatkan menjadi pendéta. —*kkt.* (**laid**) 1 meletakkan. *to l. a book on a table* meletakkan buku diatas méja. *to l. a cornerstone* meletakkan batu pertama. *to l. o's hand on a shoulder* meletakkan tangan diatas bahu. 2 memasang (*a floor, brick*). *to l. a fire* memasang api. *to l. a rug* memasang/mengembangkan sebuah permadani. 3 menelurkan (*eggs*). 4 menempatkan (*the scene of a story*). 5 membuat (*plans*). 6 menutup (*a table*). 7 memberikan. *to l. emphasis on* memberikan tekanan pd, menitikberatkan pd. *He has no place to l. his head* Ia tdk mempunyai tempat utk berbaring. —*kki. Poul.*: bertelur. **to l. about** memukul sekeliling. **to l. aside** 1 mengesampingkan, menyisihkan. *to l. work aside* meninggalkan pekerjaan. 2 menyimpan (*money*). **to l. away, to l. by** menyimpan, menabung (*money*). **to l. down** 1 meletakkan (*o's hat*). *to l. down o's arms* meletakkan senjata. 2 mengorbankan (*o's life*). 3 menaruh. *L. the picture down on the floor* Taruh gambar itu di lantai. *Bridge: to l. o's hand down* menaruh kartunya di méja. 4 memasang (*wire or cable*). 5 menentukan, menetapkan (*conditions*). *Now I lay me down to sleep* Sekarang saya merebahkan diri utk tidur. *Inf.*: **to l. for** duduk menunggu. **to l. in** menyimpan (*supplies*). *Sl.*: **to l. into** mengoméli, mengata-ngatai, memarahi (*s.o.*). **to l. off** memberhentikan (*employees*). *Sl.*: *L. off, will you?* Berhenti, ya? *Sl.*: *L. off, she's my girl!* Jangan ganggu, dia pacar saya. *to l. off a tennis court* membuat lapangan ténis. **to l. on** mengadakan (*party*). **to l. out** 1 mengeluarkan (*money*). 2 mempersiapkan (*a body*). 3 merencanakan, menyusun. *The apartment is nicely laid out* Ruangan kamar itu manis susunan perlengkapannya/ isinya. *Inf.*: **to l. o.s. out** bekerja keras, memeras tenaga. **to l. to** 1 terhenti (*of a ship*). 2 melémparkan. *I l. my mistakes to a poor education* Saya melémparkan kesalahan saya pd kurangnya pendidikan. **to l. up** 1 menyimpan (*money, a car*). 2 menambatkan utk sementara (*for repairs*). *The car is laid up for repairs* Mobil itu dimasukkan ke béngkél utk réparasi. 3 menonaktipkan (*a ship*). *to be laid up in bed with a cold* tinggal di tempat tidur karena pilek.

lay-up *kb.* masuk dok/penggalangan (*of ships*). —**laid** *ks. newly l. eggs* telur yg baru keluar/dikeluarkan. —**laying** *hen* ayam yg (sedang) bertelur, petelur.

lay /lei/ lih LIE.

layaway /'leiə'wei/ *ks.* **l. plan** angsuran, cicilan sampai lunas.

layer /'leiər/ *kb.* 1 lapis(an). *two layers of paint* dua

lapis cat. *l. cake* kué lapis. *three-layer cake* kué yg berlapis tiga. 2 *Poul.*: (ayam) babon, petelur.
layette /lei'et/ *kb.* pakaian bayi.
layman /'leimən/ *kb.* (*j.* **-men**) orang awam.
layoff /'lei'ɔf/ *kb.* pemberhentian (sementara).
layout /'lei'awt/ *kb.* 1 susunan, tataruang (*of magazine*). 2 rancangan (*of building, apartment*).
layover /'lei'owvər/ *kb.* singgah, berhenti sebentar. *a fifteen minute l. in Buffalo* singgah selama 15 menit di Buffalo.
laze /leiz/ *kki.* bermalas-malas. *to l. in the sun* bermalas-malas(an) dibawah sinar matahari.
laziness /'leizinəs/ *kb.* kemalasan.
lazy /'leizie/ *ks.* malas. *l. Susan* baki/talam makanan yg berputar.
lazybones /'leizie'bownz/ *kb. Inf.*: pemalas.
lb(s). [*pound(s)*] pon(pon).
LC [*landing craft*] kapal pendarat.
L.C. /'el'sie/ [*Library of Congress*] Perpustakaan Kongrés di A.S.
l.c., lc [*lower case*] huruf kecil.
l.c.d. [*lowest common denominator*] pembagi persekutuan terbesar.
leach /liec/ *kkt.* 1 melepaskan. *The rains leached the soil of its salts* Hujan melepaskan tanah dari garam-garamnya. 2 meluluhkan, melumérkan.
lead /led/ *kb.* timah. *l. pencil* potlot. *l. poisoning* keracunan timah. *black l.* timah/pinsil hitam. *red l.* sedelinggam, méni. *white l.* abuk cat putih. *Sl.*: *Get the l. out of your shoes!* Percepat langkahmu!
lead-colored *ks.* lebam(-hitam), kelam(-lebam). *l. colored sky* langit kelam(-hitam). *Inf.*: **lead-pipe cinch** a) kepastian, hal yg sdh pasti. b) gampang. mudah.
lead /lied/ *kb.* 1 peranan penting (*in a play, film*). 2 petunjuk. *to have several leads to* mempunyai beberapa petunjuk/pedoman mengenai. *to give s.o. a l.* memberikan bimbingan/petunjuk kpd s.s.o. *The police have no leads so far* Polisi sampai sekarang blm mendapatkan petunjuk-petunjuknya/jejak-jejaknya. 3 giliran bermain (*cards*). *Your l.!* Sekarang giliranmu! **to follow s.o's l.** menuruti s.s.o., mengikuti pimpinan/bimbingan s.s.o. **to take the l.** memelopori, bertindak sbg pemimpin. *to take the l. in proposing a...* bertindak sbg pemimpin memelopori/mengusulkan suatu .... *to take the l. in a sports event* mengambil(-alih) pimpinan dlm suatu pertandingan olahraga. —*kkt.* (**led**) 1 memimpin (*orchestra, troops, s.o. in prayer*). *He leads his class* Ia nomor satu dlm kelasnya. *Sport.*: *to l. the field* memimpin perlombaan. *to l. the movement* memimpin gerakan. 2 menjalani, menempuh. *to l. a quiet life* menempuh hidup yg tenang. *Let me l. my own life* Biarkanlah saya mengatur hidup saya sendiri. 3 membawa. *This road will l. you to Route 81* Jalan ini akan membawa kamu ke Jalan 81. *The suspect led police to the murder weapon* Tersangka itu membawa polisi kpd senjata pembunuhan. 4 menggiring. *The children were led to safety* Anak-anak itu digiring ke tempat yg aman. 5 menuntun. *He was led to the exit* Dia dituntun ke jalan keluar. 6 menyebabkan. *What led you to hit him?* Apa yg menyebabkan kau sampai memukulnya? 7 *Bridge*: memainkan (*trumps*). *to l. a precarious existence* hidup morat-marit. *He was led to the conclusion that...* Ia menarik kesimpulan bhw .... —*kkt.* 1 menuju. *All roads l. to the center of town* Semua jalan menuju ke pusat kota. 2 memimpin. 3 menang, memimpin. *Which team is leading?* Regu manakah yg menang? **to l. away** menuntun/membawa pergi. **to l. in**

mengalirkan. *The electricity is led in by a cable* Listrik itu dialirkan kedlm melalui kawat. **to l. into** membawa kpd. *L. us not into temptation* Janganlah membawa kami kpd pencobaan. **to l. off** memulai. *to l. off the program with* memulai acara itu dgn. **to l. on** menipu/mengécoh. *L. on!* Berjalanlah dimuka! Pergilah terdahulu! **to l. out** mengantarkan keluar. **to l. to** 1 menuju. *Where does this path l. to?* Jalan ini menuju kemana? 2 menimbulkan. *This leads to trouble* Ini menimbulkan kesukaran. *His idea may l. to a discovery* Pemikirannya/Pendapatnya itu mungkin akan membawa kita kpd suatu penemuan. *to l. s.o. up* memimpin s.s.o. mendaki/menaik (*a mountain*). *to l. up to* menuju kpd, membuka jalan utk. *What are you leading up to?* Apa tujuanmu? **lead-in** *kb.* penyalur/saluran masuk. *l. time* a) waktu persiapan. b) waktu menunggu.
—**leading** *ks.* 1 yg terkenal. *l. bookstore* toko buku yg terkenal. 2 terkemuka. *l. mathematician* ahli matematik terkemuka. 3 utama. *l. man* pemain lelaki utama. *l. role* peranan utama. *l. person* tokoh. 4 (ter)penting. *to play a l. part in the negotiations* memainkan peranan yg penting dlm perundingan-perundingan itu. *l. question* pertanyaan yg terpenting.
leaden /'ledən/ *ks.* 1 kelâm. *l. skies* langit kelam. 2 terbuat dari timah.
leader /'liedər/ *kb.* 1 pemimpin (*of a group, orchestra*). *born l.* pemimpin yg berbakat. 2 tokoh (*in the social sciences*).
leadership /'liedərsyip/ *kb.* pimpinan, kepemimpinan.
leaf /lief/ *kb.* (*j.* **leaves**) 1 daun. *That tree shed its leaves* Pohon itu rontok. 2 *Furn.*: daun méja. *gold l.* emas perada. 3 lembaran (*of book*). *to turn over the leaves of* membalik-balik halaman (*a book*). *to take a l. from s.o's book* mencontoh s.s.o., mengambil teladan dari s.s.o. *to turn over a new l.* memulai hidup baru. —*kkt.* **to l. through** membalik-balik halaman (*a book*).
leaflet /'lieflit/ *kb.* surat sebaran/selebaran.
leafy /'liefie/ *ks.* 1 rindang, berdaun banyak (*of trees, shrubs*). 2 terdiri/terbuat dari daun-daunan (*of vegetables*).
league /lieg/ *kb.* 1 perkumpulan, perserikatan. *to be in l. with* bersekutu, berkongsi dgn. 2 liga, persatuan. *L. of Nations* Persatuan Bangsa-Bangsa. 3 persatuan, ikatan. *soccer l.* ikatan sépakbola. *major l.* (*in baseball*) persatuan kelas utama.
leak /liek/ *kb.* kebocoran, tirisan (*in pipe, information*). *The pipe sprang a l.* Pipa (tiba-tiba) bocor. —*kkt.* membocorkan, meloloskan (*information*). —*kki.* bocor. *The tire leaks* Ban itu bocor. *The faucet leaks* Keran itu bocor. *My boots l.* Sepatu bot saya kemasukan air. **to l. out** keluar. *Gas is leaking out of the tank* Gas keluar dari dlm tangki itu. *The news leaked out that...* Berita tersiar keluar bhw....
leakage /'liekij/ *kb.* kebocoran, tirisan.
leakproof /'liek'pruwf/ *ks.* tahan bocor.
leaky /'liekie/ *ks.* bocor (*faucet*).
lean /lien/ *ks.* 1 kurus. *a l. boy* anak laki-laki yg kurus. 2 tdk berlemak (*of meat*). 3 *to have a l. year* mengalami tahun yg buruk/paceklik. —*kkt.* menyandarkan. *to l. a chair (up) against the wall* menyandarkan kursi ke dinding. —*kki.* miring, condong. *The wall leans this way* Témbok itu condong ke arah ini. **to l. against** bersandar ke. **to l. back** bersandar. **to l. forward** bersandar kedepan. **to l. on** bersandar pd/kpd. *to l. on a chair* bersandar pd kursi. *to l. on s.o.* bersandar pd s.s.o. *to l. on o's parents*

berkaki kpd orang tuanya. **to l. over backwards** 1 berdiri terlalu condong kebelakang. 2 berbuat segala s.s.t. *He leans over backwards to be of help* Dia mengerjakan apa saja utk bisa menolong. **to l. out** keluar. *Do not l. out of the window* Jangan keluarkan bagian badanmu dari jendéla. *He leans to brunettes* Ia menyukai gadis-gadis yg berambut hitam. **to l. towards** cenderung. *to l. towards medicine* cenderung utk menjadi dokter. **lean-to** *kb.* sengkuap, sudung. —**leaning** *kb.* kecenderungan. *He has leftist leanings* Dia condong ke kiri.

leap /liep/ *kb.* 1 lompatan (*of a broad jump, across a stream*). *to make a l. for/at* melompat ke. *Her heart gave a l. when...* Hatinya terlompat kegirangan ketika.... 2 langkah. *the great l. forward* langkah-langkah besar utk maju kedepan. *l. in the dark* pekerjaan berbahaya/untung-untungan. *His business grew by leaps and bounds* Perusahaannya cepat sekali berkembang. —*kkt.* (**leaped** atau **leapt**) melompati (*a fence*). —*kki.* 1 melompat. *to l. high* melompat tinggi. *Her heart leaped when...* Hatinya terlompat ketika.... 2 berjingkrak. *to l. for joy* berjingkrak kegirangan. **to l. at** 1 melompat kearah. 2 mempergunakan (*the opportunity*). **to l. down on** melompat. **to l. over** melompati. *to l. to o's feet* melompat berdiri. **to l. up** 1 terlompat, melompat bangun. *He leapt up suddenly* Dia tiba-tiba terlompat. 2 menyambar, menyembur. *The flames leapt up* Nyala api itu menyambar. **l. year** tahun kabisat.

leapfrog /'liep'frɔg/ *kb.* permainan lompat kodok. *to play l.* bermain loncat katak. —*kki.* (**leapfrogged**) melompati, melampaui, menanggulangi.

leapt /liept, lept/ lih LEAP.

learn /lərn/ *kkt.* (**learned** atau **learnt**) 1 mempelajari. *to l. a hymn* mempelajari lagu geréja. *to l. an assignment* mempelajari pekerjaan. *to l. a lot from a teacher* banyak belajar dari guru. 2 mendengar. *I learned that he....* Saya dengar bhw dia.... **to l. a lesson** menguasai pelajaran. *to l. a lesson from a mistake* mendapat pelajaran dari kesalahan. *to l. s.t. by heart* menghafalkan s.s.t. *It is learned that...* Dikabarkan bhw.... —*kki.* belajar. *to l. to play the piano* belajar main piano. *That poem is easy to l.* Sanjak itu mudah dihafalkan. *to l. about the accident* mendengar/mengetahui ttg kecelakaan itu. *to l. of the marriage* tahu ttg perkawinan itu. —**learned** /lərnd/ *ks.* dipelajari. —**learned** /'lərnid/ *ks.* yg terpelajar. *l. man* orang yg berpengetahuan tinggi, ulama. —**learning** *kb.* pengetahuan. *center of l.* pusat pengetahuan. *the l. situation* suasana pengetahuan. *Greek l.* ilmu pengetahuan Yunani.

learnt /lərnt/ lih LEARN.

learner /'lərnər/ *kb.* 1 pelajar. *to be a slow l.* sukar menangkap pelajaran. 2 orang yg baru mulai.

lease /lies/ *kb.* 1 séwa, kontrak, pak, kontrak séwa, séwa-menyéwa. *l. of land* séwa tanah. 2 kesempatan. *a new l. on life* kesempatan utk hidup lebih baik/lama. —*kkt.* 1 menyéwa. *We want to l. an apartment* Kami mau menyéwa sebuah flat. 2 menyéwakan. *to l. the building out* menyéwakan gedung itu.

leash /liesy/ *kb.* pengikat binatang. *Dogs must be on a l.* Anjing-anjing hrs dirantai. *to hold in l.* mengendalikan. *to strain at the l.* menyentak-nyentakkan tali-kekang. —*kkt.* mengikat/memegang dgn tali.

least /liest/ *kb.* yg paling sedikit. *That's the l. of my worries* Itu tak berapa kuhiraukan/kupikirkan. *The l. you can do is...* Paling sedikit yg kau dpt berbuat ialah.... **at l.** sekurang-kurangnya, setidak-tidaknya, paling sedikit/tidak. *She could at l. have called*

Sedikitnya dia dpt menélpon. *He weighs 250 pounds at the very l.* Sedikit-dikitnya berat badannya 250 pon. **not in the l.** tdk sedikitpun, sama sekali tdk. *It doesn't matter in the l.* Itu tak berarti sama sekali. **to say the l.** sedikitnya, sebetulnya. *This is the very l. he can do* Setidak-tidaknya inilah yg dpt dilakukannya. —*ks.* paling kurang. *I haven't the l. hope of...* Saya tdk mempunyai harapan sedikitpun utk.... *the l. bit of dirt* sedikit saja kotoran. *He is l. good in math* Dia paling tdk baik dlm ilmu berhitung. *l. common denominator* sebutan pembagian bersama terkecil. —*kk.* **l. of all** paling tdk/sedikit.

leastwise /'liest'waiz/ *kk. Inf.:* sedikit-dikitnya.

leather /'leTHər/ *kb.* kulit. *l. goods* barang-barang (dari) kulit. *l. jacket* jakét kulit. *He's tough as l.* Dia ulet sekali.

leathercraft /'leTHər'kræft/ *kb.* kerajinan kulit.

leatherneck /'leTHər'nek/ *kb. Sl.:* anggota KKO di A.S.

leathery /'leTHərie/ *ks.* kasar, keras (*skin*).

leave /liev/ *kb.* cuti, perlop. *l. without pay* cuti diluar tanggungan negara/perusahaan. *to be on l. from the Navy* bébas tugas dari Angkatan Laut. *to take l.* mengambil cuti. *to take l. of s.o.* minta diri atau berpamitan dari s.s.o. *to take l. of o's senses* kehilangan akal. *l. of absence* cuti, bébas tugas. *shore l.* cuti ke darat. *sick l.* cuti sakit. —*kkt.* (**left**) 1 meninggalkan (*town*). *Don't l. anything in your car* Jangan tinggalkan barangmu didlm mobil. *He left her well off* Ia meninggalkannya dlm keadaan berada. *He left her a widow at 40* Ia meninggalkan wanita itu sbg janda pd usia 40 tahun. *He leaves a wife and five children* Ia meninggalkan seorang isteri dan lima orang anak. *May I l. the room?* Boléhkah saya meninggalkan kamar ini? *The child left his toys about the room* Anak itu meninggalkan mainan-mainannya berserakan di kamar itu. *You may l. us now* Kau boléh berangkat/meninggalkan kami sekarang. *Don't l. your things lying around* Jangan tinggalkan barang-barangmu berserakan. 2 membiarkan. *to l. a door open* membiarkan pintu terbuka. *L. him alone* Biarkan dia seorang diri. Jangan ganggu dia. *I left her to straighten up things* Saya biarkan dia membéréskannya. *I am willing to l. it at that* Saya bersedia membiarkan hal ini begini saja. Terserahlah adanya. 3 menyerahkan. *L. the matter to me* Serahkan saja hal itu kpd saya. *Left to herself...* Terserah kepadanya saja.... *to l. s.o. in charge* menyerahkan tugas itu kpd s.s.o. 4 menunda. *to l. o's piano practice until tonight* menunda latihan piano sampai nanti malam. 5 mewariskan (*a fortune, home*). **::** *to l. the tracks* keluar dari rél. *I left the book with her* Saya tlh menyampaikan buku itu kepadanya. *She has left him* Wanita itu sdh cerai dari dia. *Four from nine leaves five* Sembilan dikurangi empat tinggal lima. *How many boxes are left?* Masih ada berapa peti lagi (tersisa)? *This lamp leaves both hands free* Lampu ini membébaskan kedua belah tangan. *to l. nothing undone* menyelesaikan seluruhnya. *to feel left out in the cold* merasa tdk menghiraukan orang. *Sl.: His tale of woe left me cold* Cerita sedihnya itu tdk menggerakkan hati saya. —*kki.* berangkat, pergi. *I'm leaving* Saya akan pergi. *She has just left* Ia baru saja berangkat. *He is leaving here for a better job* Dia meninggalkan pekerjaannya utk mendapatkan pekerjaan yg lebih baik. *L. me alone* Janganlah ganggu saya. **to l. behind** meninggalkan. *to l. behind by mistake* lupa membawa. *to l. o's opponent far behind* meninggalkan lawannya jauh dibelakang(nya). *to be left way behind* tertinggal jauh dibelakang. **to l. in** membiarkan. *I'm going to l. this sentence in* Saya akan membiarkan kalimat ini begitu saja. **to l. off** berhenti. *to l. off drinking* berhenti minum minuman keras. *He started where I left off* Dia mulai dari tempat saya berhenti. *Where did we l. off?* Dimana kita berhenti? **to l. out** menghilangkan, menghapuskan (*statements, pages*). *L. me out of it* Jangan ikutkan nama saya. *Why were you left out of the picture?* Mengapa sdr tdk ada dlm gambar ini? **to l. over** memasrahkan, membiarkan. *Let's l. it over until tomorrow* Baiklah kita membiarkan persoalan itu hingga bésok. **to l. (up) to** menyerahkan. *I. l. it (up) to you* Saya serahkan saja kepadamu. **leave-taking** *kb.* berpisah. —**leavings** *kb., j.* sisa-sisa, rimah-rimah, repih-repih.

leaven /'levən/ *kb.* ragi, adonan asam.

leaves /lievz/ lih LEAF.

lecher /'lecər/ *kb.* orang gasang/jangak, pelepas nafsu birahi.

lecherous /'lecərəs/ *ks.* bejat, gasang, (bersifat) bandot.

lechery /'lecərie/ *kb.* (pelepasan) nafsu birahi.

lectern /'lektərn/ *kb.* mimbar, podium, lésnar.

lecture /'lekcər/ *kb.* 1 *Acad.*: kuliah. *to give/hold a l.* mengadakan kuliah. *to attend lectures* mengikuti kuliah-kuliah/ceramah-ceramah. 2 ceramah. 3 omélan. *His mother gave him a l.* Ibunya mengoméli-nya. 4 kata-kata nasihat. —*kkt.* 1 menaséhati. 2 mengoméli. —*kki.* mengkuliahkan, memberi kuliah. **l. hall/room** ruangan kuliah.

lecturer /'lekcərər/ *kb.* 1 *Acad.*: léktor. 2 pemberi kuliah. 3 penceramah.

lectureship /'lekcərsyip/ *kb.* jabatan dosén/léktor.

led /led/ lih LEAD *kkt.*

ledge /lej/ *kb.* 1 birai (*of window*). 2 langkan (*of a building*).

ledger /'lejər/ *kb.* bukubesar, buku kas induk.

lee /lie/ *kb.* tempat teduh, bawah angin. *in the l.* keteduhan. *l. side* lambung yg dibawah angin.

leech /liec/ *kb.* 1 pacat, lintah. 2 (*usurer*) lintah darat.

leek /liek/ *kb.* bawang perai.

leer /lir/ *kb.* lirikan, kerlingan. —*kkt.* melirik, mengerling (**at** kpd).

leery /'lırıe/ *ks.* 1 curiga. *l. of* curiga thd. 2 sangsi. *I've gotten l. about following his advice* Saya agak sangsi utk mengikuti nasihatnya.

lees /liez/ *kb., j.* sisa (*makanan, minuman dsb*), sampah, ampas.

leeway /'lie'wei/ *kb.* 1 waktu ékstra, peluang. *a half hour l.* waktu ékstra setengah jam. 2 kemajuan.

left /left/ *kb.* 1 sebelah kiri. *on the l.* disebelah kiri. 2 kaum kiri. —*ks.* kiri. *my l. shoe* sepatu saya yg sebelah kiri. *l. wing* sayap kiri. *L. face!* Hadap kiri! —*kk.* kiri. *Turn l.* Bélok kekiri. *Sl.*: **l. field** salah, keliru. **left-hand** *ks.* tangan kiri. *l.-hand drawer* laci (sebelah) kiri. **left-handed** *ks.* kidal. *l.-handed compliment* pujian yg pura-pura saja. **left-hander** *kb.* seorang kidal. **left-of-center** *ks.* sikap kiri. **left-winger** *kb.* orang yg anggota dari sayap kiri.

left /left/ lih LEAVE.

leftist /'leftist/ *kb.* anggota sayap kiri. —*ks.* beraliran kiri.

leftover /'left'owvər/ *kb.* (ke)lebihan, sisa. *luncheon leftovers* sisa makan siang.

lefty /'leftie/ *kb.* (*j.* **-ties**) *Sl.*: orang kidal.

leg /leg/ *kb.* 1 kaki. *pants l.* kaki celana. *l. iron* rantai/belenggu kaki. 2 taraf. *the last l. of a journey* taraf terakhir dari perjalanan. *Inf.: to have not a l. to stand on* tdk punya pembélaan atau alasan. *l. of mutton*

paha kambing. **on o's last legs** setengah mati. *That firm is on its last legs* Perusahaan itu sdh hampir bangkrut. *Inf.: to pull s.o's l.* mempermainkan/memperdaya s.s.o. *Sl.: to shake a l.* a) lekas, buru-buru. *Shake a l.* Lekaslah. b) Berdansa. *to stretch o's legs* melemaskan kaki (yg kaku). *to talk the l. off s.o.* mengobrol sampai menjemukan. *to take to o's legs* (ber)lari. *He hurried as fast as his legs would carry him* Dia bergegas dgn langkah seribu. —*kkt.* (**legged**) **to l. it** berjalan kaki.

leg. 1 [*legal*] sah. 2 [*legislative*] législatip.

legacy /'legəsie/ *kb.* (*j.* **-cies**) warisan, harta pusaka/peninggalan. *to come into a l.* mewarisi.

legal /'liegəl/ *ks.* 1 ttg/menurut undang-undang/hukum. *his l. knowledge* pengetahuannya ttg hukum. *l. adviser* penaséhat hukum. 2 sah. *l. guardian* wakil yg sah. *to take l. action against s.o.* membuat perkara thd s.s.o., memperkarakan s.s.o. *Is it l. to cross here?* Apa boléh menyeberang disini? **l. document** dokumén yg sah. **l. fees** upah/uang tulis, ongkos administrasi. **l. holiday** hari libur resmi. **l. separation** perceraian menurut hukum. **l. profession** jabatan pengacara, jabatan ahli hukum. **legal-size** *ks.* yg berukuran cukup utk dokumén-dokumén hukum. **l. status** kedudukan hukum. **l. tender** mata uang atau alat pembayaran yg sah. —**legally** *kk.* menurut hukum.

legalistic /'liegə'listik/ *ks.* menurut/memenuhi hukum, sesuai dgn hukum.

legality /lie'gælətie/ *kb.* (*j.* **-ties**) 1 sahnya, kesahan, légalitas. *to question the l. of a decision* mempersoalkan sah atau tidaknya keputusan. 2 soal yg berkenaan dgn hukum. *All legalities have been taken care of* Semua soal-soal yg berkenaan dgn hukum tlh diurus.

legalization /'liegələ'zeisyən/ *kb.* pengabsahan, pengesahan, légalisasi.

legalize /'liegəlaiz/ *kkt.* mengabsahkan, mensahkan, mélegalisasikan.

legation /lə'geisyən/ *kb.* kedutaan.

legend /'lejənd/ *kb.* 1 dongéng(an), legénda. 2 tulisan (*beneath photo, picture*). 3 tokoh (yg terkenal). *He's a l. in that area* Dia seorang tokoh yg terkenal di daérah itu.

legendary /'lejən'derie/ *ks.* dari cerita dongéng. *l. character* tokoh (dlm) dongéng.

legerdemain /'lejərdə'mein/ *kb.* permainan sulap.

leggings /'legingz/ *kb., j.* kap/pembalut kaki.

leggy /'legie/ *ks.* berkaki panjang.

legibility /'lejə'bilətie/ *kb.* sifat mudah dibaca.

legible /'lejəbəl/ *ks.* dpt dibaca. —**legibly** *kk.* terang.

legion /'liejən/ *kb.* 1 légiun, pasukan. *American L.* Pasukan Vétéran Amérika. *Foreign L.* Légiun Asing. 2 banyak sekali. *a l. of detractors* banyak sekali orang yg memburuk-burukkan namanya. **L. of Merit** Bintang Tanda Jasa (tentara Amérika).

legionnaire /'liejə'nær/ *kb.* anggota légiun.

legislate /'lejisleit/ *kkt.* mengatur (*morality*). —*kki.* membuat undang-undang.

legislation /'lejis'leisyən/ *kb.* 1 perundang-undangan. 2 pembuatan undang-undang.

legislative /'lejis'leitiv/ *ks.* législatip. *l. body* badan législatip. *l. assembly* déwan perwakilan rakyat.

legislator /'lejis'leitər/ *kb.* pembuat undang-undang.

legislature /'lejis'leicər/ *kb.* badan pembuat undang-undang.

legitimacy /lə'jitəməsie/ *kb.* hak kekuasaan, légitimasi.

legitimate /lə'jitəmit/ *ks.* 1 sah. *l. government* pemerintahan yg sah. *l. excuse* alasan yg sah. *l. child* anak yg dilahirkan dari perkawinan yg sah. *l. monarch* raja yg sah menurut hak keturunan. 2 logis, masuk akal. *l. conclusion* kesimpulan yg logis. **l. stage/theater** téater, panggung sandiwara.

legitimize /lə'jitəmaiz/ *kkt.* mengesahkan, mengabsahkan.

legroom /'leg'rum, -'ruwm/ *kb.* ruang utk kaki (waktu duduk).

legume /li'gyuwm/ *kb.* tumbuhan polong.

legwork /'leg'wərk/ *kb.* bepergian kesana-kemari utk pekerjaan).

lei /lei/ *kb.* kalung bunga.

leisure /'liezyər, 'lezyər/ *kb.* waktu terluang. *He is not at l. to see you* Dia terlalu sibuk utk dpt menemui sdr. *to do s.t. at l.* melakukan s.s.t. dgn bertenang-tenang. *at o's l.* di waktu senggang. *gentleman of l.* orang senang. *in my l. moments* pd waktu/saat-saat saya bersenang-senang/bermalas-malas.

leisured /'liezyərd, 'lezyərd/ *ks.* mempunyai banyak waktu terluang. *the l. class* golongan orang-orang senang, golongan orang bersenang-senang (berfoya-foya).

leisurely /'liezyərlie, 'lezyərlie/ *ks.* yg tdk tergesa-gesa. *l. trip* perjalanan yg tdk terburu-buru. *to do s.t. in a l. fashion* melakukan s.s.t. dgn seénaknya.

lemon /'lemən/ *kb.* 1 jeruk limun. *l. juice* air jeruk sitrun. *l. drop* gula-gula asam-manis (spt jeruk). 2 *Sl.*: bréngsék, tdk memuaskan. *This new pen is a l.* Péna yg baru ini bréngsék. **lemon-colored** *ks.* berwarna kuning muda.

lemonade /'lemə'neid/ *kb.* limun, limonade.

lemur /'liemər/ *kb.* sm kukang, kubung, pukang.

lend /lend/ *kkt.* (**lent**) 1 meminjamkan. *to l. s.o. a pen* meminjamkan péna kpd s.s.o. 2 meminjami. *to l. s.o. money* meminjami s.s.o. uang. 3 memberi. *He is quick to l. aid* Dia cepat memberi pertolongan. *A new hairdo lends charm to a woman* Gaya rambut baru memberi kecantikan kpd seorang wanita. *L. me your arm* Boléhkah saya berpegang kpd lenganmu? **to l. itself/oneself to** memberi kemungkinan utk. *This tool lends itself to many uses* Perkakas ini dpt dipergunakan utk banyak macam keperluan. *Don't l. yourself to such schemes* Jangan beri bantuanmu kpd rencana-rencana yg demikian.

lend-lease *kb.* perjanjian pinjam-séwa. —**lending** *kb.* meminjamkan. *l. institution* bank pinjaman. *l. library* perpustakaan peminjaman buku.

length /lengkth/ *kb.* 1 panjang. *What's the l. of the rug?* Berapa panjang permadani itu? *to attain a l. of six feet* mencapai panjang enam kaki. *an arm's l.* sepanjang lengan. *That horse won by half a l.* Kuda itu menang dgn (jarak) setengah panjang badannya. *overall l.* seluruh panjangnya. *four feet in l.* panjangnya empat kaki. *l. of service* panjangnya dinas (kerja), lamanya bekerja. *to travel the l. and breadth of the country* menjelajah seluruh bagian/ seluruh pelosok negeri. *at full l.* sepanjang badannya. *That car can turn in its own l.* Mobil itu dpt berputar memanjang/menurut panjangnya. 2 lamanya. *What is the l. of your stay here?* Berapa lama(nya) kau berada disini? *l. of time* lamanya/ jangka waktu. 3 jarak, jauhnya. *the l. of the boat race* jauhnya perlombaan perahu itu. 4 potong. *Give me another l. of string* Berilah saya tali sepotong lagi. **at l.** 1 panjang lébar. *to talk at l. about* berbicara panjang lébar ttg. 2 akhirnya. **full l.** sepanjang. *The carpet will go the full l. of the room* Permadani itu akan mencukupi sepanjang kamar itu. **to go to any l.** berbuat apa saja. *to go to great lengths to ac-*

complish o's goal berusaha keras utk mencapai tujuannya. **to keep at arm's l.** menjauhkan diri, menjaga adanya jarak.

lengthen /'lengkthən/ *kkt.* memperpanjang (*runway, coat*). —*kki.* menjadi panjang, bersambung menjadi. *The shadows lengthened* Bayangan menjadi panjang.

lengthways /'lengkth'weiz/ = LENGTHWISE.

lengthwise /'lengkth'waiz/ *kk.* menurut panjangnya. *Slice l.* Belah dua memanjang.

lengthy /'lengkthie/ *ks.* 1 panjang. *l. dress* rok yg panjang. 2 lama. *l. conversation* percakapan yg lama. 3 jauh. *l. trip* perjalanan yg jauh. 4 panjang lébar. *l. explanation* keterangan yg panjang lébar.

leniency /'lienyənsie/ *kb.* kemurahan hati, kelonggaran. *to show l. towards* memberi kelonggaran dlm, bersikap mengampunkan thd.

lenient /'lienyənt, -nieənt/ *ks.* toléran, lemah lembut, lunak.

lens /lenz/ *kb.* 1 lénsa (*camera*). 2 *Anat.*: lénsa mata.

lent /lent/ lih LEND.

Lent /lent/ *kb.* bulan puasa Maséhi, Saum.

lenten /'lentən/ *ks.* **l. period** masa 40 hari menjelang Paskah.

lentil /'lentəl/ *kb.* miju-miju.

leopard /'lepərd/ *kb.* macan tutul.

leper /'lepər/ *kb.* penderita penyakit kusta.

leprosarium /'leprə'sarieəm/ *kb.* (*j.* **-saria, sariums**) rumah sakit lépra.

leprosy /'leprəsie/ *kb.* (*j.* **-sies**) penyakit kusta, lépra.

Lesbian /'lezbieən/ *kb.* homoséks wanita.

lesion /'liezyən/ *kb.* 1 luka. 2 jejas.

less /les/ *kb.* 1 tak sebanyak. *I made l. on the exam than he did* Nilai ujian saya lebih rendah dari dia. *It will cost you l. to go by car* Akan lebih murah kalau kau pergi dgn mobil. 2 kurang. *I felt I could do no l.* Saya merasa tdk dpt berbuat kurang dari itu. *There is much l. to do here* Lebih kurang pekerjaan disini. *Can you let me have it for l.?* Tak boléh kurang sedikit (harganya)? *in l. than ten minutes* kurang dari sepuluh menit. *He charged l. than I expected* Dia meminta pembayaran lebih sedikit dari yg saya duga. —*ks.* lebih sedikit. *I buy l. fuel* Saya kurang membeli bahan bakar. *Could we please have l. noise?* Bisa agak pelan sedikit? *in l. time* dlm waktu yg lebih péndék. *to eat l. bread* berkurang/mengurangi makan roti. —*kk.* kurang. *He is l. interested than I thought* Dia kurang menarik perhatian dari yg saya duga semula. *The pain grows l.* Sakitnya berkurang. —*kd.* kurang. *five l. one* lima kurang satu. *a coat l. a sleeve* jas yg kurang satu lengan. *a year l. two weeks* setahun kurang dua minggu. *l. ten percent* dgn potongan sepuluh prosén.

lessee /le'sie/ *kb.* penyéwa.

lessen /'lesən/ *kkt.* 1 mengurangi (*danger of war, weight of s.t.*). 2 memperkecil (*s.o's accomplishments*). —*kki.* berkurang. *His fever lessened* Demamnya berkurang. —**lessening** *kb.* surutnya, berkurangnya (*of tension, fever*).

lesser /'lesər/ *ks.* yg lebih kurang. *one of the l. known writers* salah seorang dari pengarang-pengarang yg kurang terkenal. *the l. of two evils* yg kurang buruk diantara kedua keburukan.

lesson /'lesən/ *kb.* 1 pelajaran. *to give lessons in* memberi pelajaran dlm. *to take piano lessons* belajar main piano. *to draw a l. from* mengambil pelajaran dari. *Let that be a l. to you!* Baiklah itu menjadi pelajaran bagimu! 2 tegoran. *a stiff l. by the judge* tegoran yg keras oléh hakim.

lessor /'lesɔr/ *kb.* orang yg menyéwakan.
lest /lest/ *ksam.* 1 kalau/agar tdk. *I shall go now.* *I be late* Saya akan pergi sekarang agar tdk terlambat. 2 bahwa, kalau-kalau. *I was afraid l. I should be too late* Saya takut kalau-kalau saya terlambat.
let /let/ *kb.* 1 *Tenn.*: **l. (ball)** bola yg kena nét/jaring dan masih masuk. 2 halangan. *without l. or hindrance* tanpa halangan apa-apa. —*kkt.* (**let**) 1 membiarkan. *to l. s.o. go alone* membiarkan s.s.o. pergi sendiri. *to l. blood* membiarkan darah mengalir keluar. *L. every man do his duty* Biarlah setiap orang melakukan tugasnya. *to l. the matter rest* membiarkan masalah itu begitu saja. *L. him have the car* Biarlah dia pakai mobil itu. *L. the pudding stand for awhile* Biarkan poding itu dingin sebentar. *L. me at him!* Biar saya (yg) melawan dia! 2 memisalkan, memperkirakan. *L. the two lines be parallel* Misalkan kedua garis itu sejajar. *L. XYZ be any angle* Perkirakanlah XYZ itu siku apa saja. 3 menyéwakan (*rooms*). *apartment to l.* diséwakan apartemén. 4 memborongkan. *to l. work to a contractor* memborongkan pekerjaan kpd seorang pemborong. 5 melepaskan, mengempéskan, menggembos. *to l. air out of a tire* melepaskan udara dari ban. 6 (sbg perintah) mari. *Let's go* Mari kita pergi. *L. us pray* Mari kita berdoa/bersembahyang. *L. me help you* Mari saya tolong saudara. *L. me see!* Tunggu! *Don't l. him fall* Jangan sampai jatuh dia. Jangan jatuhkan dia. *Don't l. me catch you doing that again* Jangan sampai kau kedapatan (oléhku) mengerjakan itu lagi. *L. there be no mistake about it* Jangan sampai ada salah (paham/tafsir) ttg itu. *Don't l. the pudding boil over* Jaga jangan sampai poding itu meluap. **::** *When can you l. me have my suit?* Kapan saya bisa ambil pakaian saya? *to l. drop a hint* memberikan tanda. *L. the lamp stand there* Letakkanlah lampu itu disitu. *Will you please l. me have the paper?* Boléhkah saya pinjam suratkabar itu? *L. me tell you what I think* Boléh kukatakan kepadamu, apa pendapatku? **l. alone** apalagi, jangankan, ... pun. *He can't even speak English well, l. alone Dutch* Bahasa Inggerisnya saja tdk baik, apalagi bahasa Belandanya. *L. me by, please!* Numpang jalan sedikit! **to l. down** 1 (*to lower*) menurunkan. 2 (*to disappoint*) mengecéwakan. *to feel l. down* merasa kecéwa. 3 mengeluarkan. *L. down and tell me* Keluarkanlah dan ceritakan kpd saya. 4 mundur. *to l. down in o's work* mundur dlm pekerjaannya. 5 melepaskan. *She l. down her hair to her shoulders* Ia melepaskan rambutnya sampai bahunya. **to l. fly** 1 melontarkan. *to l. fly with curses* melontarkan kutukan-kutukan. 2 melepaskan. *to l. fly an arrow* melepaskan panah. **to l. go** melepaskan. *Don't l. go of the rope* Jangan lepaskan pegangan pd tali itu. *We'll l. it go at that* Kami tdk akan mengganggu-gugatnya lagi. *He does the work he enjoys and lets the rest go* Ia melakukan pekerjaan yg disukainya dan mengabaikan yg lainnya. *to l. o.s. go* 1 menurutkan hawa nafsu. 2 tak keruan. *Since his illness he has l. himself go* Semenjak dia sakit, hidupnya tak keruan. **to l. in** membiarkan masuk (*air, a person*). *to l. s.o. in for* membiarkan diri terlibat dlm. *to l. s.o. in on a secret* membukakan rahasia kpd s.s.o. *L. me in on the plan* Beritahulah saya ttg rencana itu. *to l. s.o. into the house* memboléhkan s.s.o. masuk rumah. **to l. know** memberitahukan. *L. me know* Beritahulah saya. Kasi tahu. *Let them know where you are* Beritahukanlah kpd meréka dimana kau bérada. *Please l. me know what you decide* Harap kabarkan/ beritahukan kpd saya apa keputusanmu. **to l. off** 1 meletuskan, meledakkan (*firecracker*). 2 menu-

runkan. *to l. s.o. off at the corner* menurunkan s.s.o. (dari mobil/bis) di ujung jalan. 3 melepaskan, membébaskan. *He was l. off with a warning* Dia dilepaskan dgn mendapat peringatan. *Inf.*: **to l. on** memberitahu, menceriterakan. *Don't l. on to mother that ...* Jangan beritahu ibu bhw .... *I didn't l. on that I knew him* Saya tdk memperlihatkan bhw saya kenal kepadanya. *to l. s.o. on the boat* mengizinkan s.s.o. naik ke kapal. **to l. out** menyéwakan. *to l. out a scream* mengeluarkan jeritan, menjerit. *Inf.*: *to l. out a secret* membuka rahasia. *to l. out the hem of a skirt* memperpanjang keliman rok. *to l. out a coat* memperbesar/memperlapang jas. *L. the gas drain out of the tank* Biarkan bénsin itu mengalir keluar dari tangki itu. *Inf.*: *School lets out on Friday* Sekolah bubar pd hari Jum'at. *The show will l. out at 9 p.m.* Pertunjukan itu akan selesai pd jam 9 malam. **to l. through** membiarkan léwat, meléwatkan. *L. the old man through* Biarkanlah orang tua itu léwat. *Inf.*: **to l. up** reda, berhenti (*of rain*). *We will never l. up in our efforts* Kita tak akan menghentikan usaha kita. *Once he starts he never lets up* Sekali mulai ia tak akan berhenti. *to l. up on s.o.* tdk begitu keras thd s.s.o. *to l. up on the pursuit of a criminal* menghentikan pengejaran seorang penjahat. **to l. well enough alone** menerima saja keadaan yg sekarang.
letdown /'let'dawn/ *kb.* 1 kekecéwaan. 2 (*of plane*) pendaratan.
lethal /'liethəl/ *ks.* yg mematikan. *l. dose* dosis yg membawa maut. *l. weapon* senjata pembawa maut.
lethargic /lə'tharjik/ *ks.* lesu, kelésa, malas(-malas). *to feel l. after a heavy meal* merasa mengantuk sesudah makan terlalu banyak.
lethargy /'lethərjie/ *kb.* (*j.* **-gies**) kelesuan, kekelésaan.
let's [*let us*] lih LET.
letter /'letər/ *kb.* 1 surat. *l. of attorney* surat kuasa. 2 huruf. *How many letters are there in your name?* Namamu terdiri dari berapa huruf? 3 isi. *the l. of the law* (tepat) menurut isi undang-undang yg sebenarnya. *to follow the rules to the l.* mematuhi peraturan menurut isinya. 4 *Sport:* medali (*in school*). —**letters** *j.* kesusasteraan. —*kkt.* menulis huruf. *to l. a poster* menulis huruf-huruf plakat. **l. box** 1 kotak pos. 2 kotak surat. **l. carrier** tukang/ opas pos, pengantar surat. **l. of credence** surat kepercayaan. **l. of credit** surat krédit. **l. of introduction** surat perkenalan. **l. of recommendation** 1 surat rékomendasi. 2 surat pujian. **letter-perfect** *ks.* teliti, cukup paham. *He knew his assignment l.-perfect* Dia mengetahui betul-betul akan tugasnya. **l. writer** penulis surat. —**lettering** *kb.* bentuk huruf-huruf, tulisan.
letterhead /'letər'hed/ *kb.* kepala surat, blangko surat.
letterpress /'letər'pres/ *kb.* 1 cétakan huruf. 2 mesin cétak.
lettuce /'letəs/ *kb.* 1 selada, daun sla. 2 *Sl.*: uang kertas.
letup /'let'ʌp/ *kb.* 1 reda (*of rain*). 2 hentinya (*in traffic, in an argument*).
leukemia /luw'kiemieə/ *kb.* leukémia.
levee /'levie/ *kb.* 1 bendungan, tanggul. 2 (*quay, pier*) dermaga.
level /'levəl/ *kb.* 1 tingkat, mutu (*of work*). 2 dataran, permukaan. *On the l., the train averages 100 miles an hour* Pd dataran keréta api itu kecepatannya rata-rata 100 mil. 3 tingkat (*of a house*). *at departmental l.* pd tingkat départemén. *on the upper l.* di tingkat atas. 4 waterpos, timbangan datar. *Water tends to*

find its own l. Air cenderung utk menemukan permukaan yg datar. 5 derajat. *I am not willing to come down to your l.* Saya tak mau turun serendah derajatmu itu. *Inf.*: **on the l.** jujur. *I hope you are on the l. with me* Saya harap kau jujur thd saya. *The window is at eye l.* Jendéla itu setinggi mata. —*ks.* 1 rata. *The chair is l.* Korsi itu rata. 2 datar, sama tinggi. *l. land* tanah yg datar. *The river is now l. with the road* Sungai itu sekarang sama tingginya dgn jalan itu. *Try your l. best to succeed* Bekerjalah dgn segala dayaupaya spy berhasil. *Keep a l. head* Tetaplah tenang. Harap berkepala dingin. —*kkt.* 1 meratakan (*a house to the ground, a yard*). 2 menumbangkan. *The hurricane leveled many trees* Angin ribut itu menumbangkan banyak pohon. 3 menujukan. *to l. o's attack at* menujukan serangannya kpd. 4 mendatarkan (*o's gun*). 5 melontarkan, melancarkan. *to l. accusations against* melancarkan tuduhan-tuduhan kpd/thd. *to l. a blow for democracy* melontarkan serangan thd démokrasi. **to l. off** mendatar (*of a plane, price spiral*). *to l. off the yard* meratakan halaman. **to l. out** =TO L. OFF. *Sl.*: **to l. with s.o.** berterusterang dgn s.s.o. **level-headed** *ks.* yg berkepala dingin, yg berpikiran waras. —**leveling** *kb.* penyamarataan (*of a building, yard*).

leveler /'levələr/ *kb.* orang atau alat yg menyamaratakan.

lever /'levər, 'lie-/ *kb.* pengangkat, pengungkit, pengungkil, pengumpil, tuas, tuil. *gearshift l.* pengangkat roda persnéling.

leverage /'levərij/ *kb.* 1 pengungkitan, pengungkilan. 2 pengaruh.

levied /'levied/ lih LEVY.

levies /'leviez/ lih LEVY.

Levi's /'lievaiz/ *kb., j.* celana levis.

levity /'levətie/ *kb.* (*j.* **-ties**) sikap sembrono, kesembronoan.

levy /'levie/ *kb.* (*j.* **-vies**) 1 *Fin.*: pajak, retribusi. 2 *Mil.*: orang yg dikumpulkan utk tentara. —*kkt.* (**levied**) 1 mengadakan. *to l. taxes on* mengadakan pajak atas. *to l. war on* mengadakan perang thd. 2 memungut (*a toll*). *to l. a tax on oil companies* memungut retribusi dari maskapai-maskapai minyak. 3 menarik. *to l. a fine on s.o.* menarik denda atas s.s.o.

lewd /luwd/ *ks.* cabul, kotor. *l. film* pilem cabul.

lexical /'leksəkəl/ *ks.* 1 yg berh. dgn bahasa. 2 yg berh. dgn kamus.

lexicographer /'leksə'kagrəfər/ *kb.* ahli/penyusun kamus, ahli perkamusan.

lexicography /'leksə'kagrəfie/ *kb.* perkamusan.

lexicology /'leksə'kalǝjie/ *kb.* ilmu/studi mengenai bentuk, sejarah dan arti kata-kata.

lexicon /'leksəkən/ *kb.* 1 kamus. 2 *Gram.*: kosakata.

L.H.D. [*Doctor of Humane Letters*] Doktor dlm Sastra dan Filsafat.

L.I. [*Long Island*] nama pulau termasuk kota New York.

liability /'laiə'bilətie/ *kb.* (*j.* **-ties**) *kb.* 1 pertanggung jawaban. *l. for a debt* jaminan utk hutang. 2 kecenderungan, kecondongan. *l. to disease* kecenderungan utk penyakit. 3 kekurangan. *Her appearance is a distinct l.* Wajahnya merupakan suatu kekurangan yg menonjol. *l. to a fine* kemungkinan didenda. *l. insurance* asuransi tanggung-jawab kecelakaan. *He's more a l. than a help* Ia lebih banyak menjadi tanggungan drpd menjadi pertolongan. —**liabilities** *j.* passiva.

liable /'laiəbəl/ *ks.* 1 dpt dikenakan. *You are l. to a fine* Kau dpt dikenakan denda. *l. to military service* dpt dikenakan wajib militér. 2 dpt dikena. *l. to*

disease dpt dikena penyakit. 3 besar kemungkinan. *He's l. to lose his temper* Besar kemungkinannya dia akan marah. 4 bertanggung jawab (**for** atas). *l. to imprisonment* dpt dihukum dgn hukuman penjara. *You're l. to break the vase* Kau bisa memecahkan jambang bunga itu.

liaison /'lieəzan, 'lieeizan, lie'eizən/ *kb.* 1 hubungan. *l. between the government and the aircraft industry* hubungan antara pemerintah dgn industri kapal terbang itu. 2 kepenghubungan. 3 hubungan haram antara lelaki dan perempuan. 4 *Gram.*: sambungan. **l. officer** perwira penghubung.

liar /'laiər/ *kb.* pendusta, pembohong.

libel /'laibəl/ *kb.* fitnah, pencemaran nama. *to sue for l.* menuntut karena memfitnah. —*kkt.* memfitnah(kan).

libelous /'laibələs/ *ks.* yg memfitnah(kan), yg mencemarkan nama.

liberal /'libərəl/ *kb.* penganut liberalisme. —**the liberals** *j.* kaum liberal. —*ks.* 1 bébas, liberal, tdk picik (*in o's thinking*). *l. interpretation of a statute* interprétasi bébas atas undang-undang. *l. translation of the German* terjemahan bébas dari bahasa Jérman. 2 royal (*with o's time and money*). 3 banyak. *l. supply of wood* persediaan kayu yg banyak. 4 baik. *l. offer* penawaran yg baik sekali. **l. arts** pengetahuan budaya. **l. education** pendidikan budaya (tdk praktis). —**liberally** *kk.* 1 dgn bébas. 2 secara royal.

liberalism /'libərəlizəm/ *kb.* liberalisme.

liberate /'libəreit/ *kkt.* 1 membébaskan, memerdékakan. 2 melepaskan. *to l. from isolation* melepaskan dari isolemén/isolasi.

liberation /'libə'reisyən/ *kb.* pembébasan, tindakan memerdékakan.

liberator /'libə'reitər/ *kb.* pemerdéka, pembébas.

libertine /'libərtién/ *kb.* orang jangak, orang yg tdk menghormati wanita.

liberty /'libərtie/ (*j.* **-ties**) *kb.* 1 kemerdékaan, kebébasan. *Give me l. or give me death* Bébaskanlah saya atau bunuhlah. 2 cuti, libur. *twenty-four hour l.* cuti selama 24 jam. **at l.** bébas, leluasa. *You are at l. to ...* Kamu bébas utk.... *The suspect was still at l.* Orang yg dicurigai itu masih bébas/berkeliaran. **to take liberties** bertindak meléwati kesopanan, bersikap terlalu bébas. **to take the l. of** memberanikan diri utk.

libido /lə'biedow/ *kb.* nafsu berahi/hidup.

librarian /lai'bræriean/ *kb.* ahli perpustakaan, pustakawan.

library /'laibrerie/ *kb.* (*j.* **-ries**) 1 perpustakaan. 2 gedung perpustakaan. *L. of Congress* Perpustakaan Kongrés A.S. *mobile l.* perpustakaan keliling. *public l.* perpustakaan utk umum. *reference l.* perpustakaan réferénsi. *circulating l.* perpustakaan berédar. *lending l.* perpustakaan yg meminjamkan buku. **l. science** ilmu pengetahuan perpustakaan.

librettist /lə'bretist/ *kb.* penulis kata-kata nyanyian.

libretto /lə'bretow *kb.* (*j.* **-tos -ti**) 1 kata-kata nyanyian. 2 karangan kata-kata dari komidi musik.

lice /lais/ lih LOUSE.

license /'laisəns/ *kb.* 1 surat izin, lisénsi. *driver's l.* rébéwés, ijazah supir, Sim. *import l.* izin impor. *marriage l.* izin kawin. *l. to sell alcoholic drinks* lisénsi utk menjual minuman keras. 2 (*poetic*) kebébasan. —*kkt.* mengizinkan, memberi izin/lisénsi. *He is licensed to be a pharmacist* Dia mempunyai izin utk menjadi ahli obat. **l. plate** nomor pelat/bewijs. —**licensed** *ks.* yg diizinkan. *licensed to sell beer* diizinkan menjual bir. *l. car dealer* pedagang mobil dgn izin. *l. physician* dokter yg mempunyai izin prakték. *l. pilot* pilot dgn izin terbang (yg syah).

licensee /'laisən'sie/ *kb.* pemegang lisénsi.

licentious /lai'sensyəs/ *ks.* tdk bermoral, jangak.

lichen /'laikən/ *kb.* sebangsa tumbuhan lumut.

lick /lik/ *kb.* 1 jilatan. *l. on a sucker* jilatan pd gula-gula. 2 *Inf.:* sedikit. *He doesn't do a l. of work* Dia tdk bekerja sedikitpun. *to give s.t. a l. and a promise* terburu-buru membéréskan s.s.t. —*kkt.* 1 menjilat (*a stamp*). *to l. a pan clean* menjilat panci sampai licin. *Flames were licking the roof* Nyala api menjilat-jilat atap. *The kitten licked itself* Anak kucing itu menjilat badannya sendiri. 2 *Inf.:* memecahkan (*a problem*). 3 *Inf.:* memukul. *He licked his brother* Dipukulnya adiknya. 4 *Inf.:* mengalahkan, mengatasi, mencukur. *In his heyday he could l. most men* Di masa jayanya dia bisa mengalahkan kebanyakan laki-laki lain. *to be licked* a) dikalahkan. b) lelah sekali. **to l. up** menjilat (*milk*). —**licking** *kb. Inf.:* 1 pukulan. 2 *Inf.:* kekalahan.

lickety-split /'likətie'split/ *kk. Sl.:* dgn kencang (sekali).

licorice /'likərəs, 'lik(ə)risy/ *kb.* sm gula-gula yg berwarna hitam.

lid /lid/ *kb.* 1 tutup, penutup. *Close the l. on the basket* Tutuplah keranjang itu. *Inf.: to keep the l. on a new plan* merahasiakan rencana baru. 2 *Anat.:* (*eye*) pelupuk mata. *Sl.: to flip o's l.* menjadi marah, marah-marah. *Sl.: to blow/lift/take the l. off* membuka, menyingkapkan.

lie /lai/ *kb.* dusta, bohong, kebohongan, kedustaan. *to tell a l.* berbohong. *to give the l. to* membuktikan kebohongan/kepalsuan. *white l.* dusta yg tdk membahayakan. *That's a pack of lies!* Itu bohong semua! —*kki.* berbohong, berdusta (**to** kpd). *I caught him lying* Saya ketahui dia berdusta. **l. detector** alat penemu kebohongan, pesawat pengungkap kebohongan. —**lying** *kb.* pembohongan.

lie /lai/ *kb.* letak (*of golf ball*). —*kki.* (**lay, lain**) 1 berbaring. *He lay on the bed* Dia berbaring di tempat tidur. *Her body lay in state for two days* Jenazahnya berbaring selama dua hari. *He has lain there all afternoon* Dia terbaring disana sepanjang soré hari. *She lay dead* Ia berbaring mati. 2 terletak. *The book has lain there all day* Buku itu terletak disana seharian. *The farm lies along a river* Tanah pertaniannya terletak menyusur sebuah sungai. *My books were lying on the ground* Buku-buku saya tersebar/terletak di tanah. *The difference lies in the fact that ...* Bédanya terletak pd kenyataan bhw .... *Your question lies outside our discussion* Pertanyaanmu itu terletak diluar pembicaraan kita. 3 terdapat. *The cure for boredom lies in hard work* Obat kebosanan terdapat pd kerja keras. 4 terbentang. *The road lay along a lake* Jalan terbentang sepanjang danau. 5 berada, ada. *A large military force lay to the east* Kesatuan tentara yg besar berada di timur. *The fault lies with her* Salahnya ada pd dia. *Here lies John Jones* Disini beristirahat John Jones. *to l. idle* tdk dipakai. *Two ships l. offshore* Dua kapal berlabuh didekat pantai. **to l. across** melintangi. *A bamboo bridge lay across the river* Jembatan bambu melintangi sungai itu. **to l. around** berbaring, tergelétak, bertébaran. *Books were lying around* Buku-buku bertébaran. **to l. back** berbaring. *L. back and rest* Berbaringlah dan beristirahatlah. **to l. down** merebahkan diri. *Don't l. down on the job* Jangan bermalas-malas. *to take s.t. lying down* mendiamkan s.s.t. tanpa tindakan, membiarkan s.s.t., menerima begitu saja. **to l. over**

menunggu. *Nau.:* **to l. to** berhenti (hampir). *lying-in hospital* rumah sakit bersalin.

lief /lief/ *kk.* lebih suka. *I would as l. go* Saya lebih suka pergi. Saya akan pergi dgn senang hati.

lien /lien/ *kb.* hak gadai. *because of the l. on it* karena tlh digadaikan.

lieu /luw/ *kb.* **in l. of** sbg pengganti. *in l. of an exam* sbg pengganti ujian.

Lieut. [*Lieutenant*] létnan.

lieutenant /luw'tenənt/ *kb.* létnan. *first l.* létnan satu, léttu. *second l.* létnan dua, létda. *l. colonel* létnan kolonél. *l. commander* mayor (AL). *l. general* létnan jénderal, létjén. *l. governor* wakil gubernur. *l. junior grade* létnan muda (laut).

life /laif/ *kb.* (*j.* **lives**) 1 hidup. *She had a good l.* Hidupnya senang. *l. on Mars* hidup di Mars. *I am tired of l.* Aku jemu hidup. *How's l. treating you?* Bagaimana keadaanmu dlm hidup ini? Bagaimana kabar? 2 kehidupan. *Such is l.* Begitulah kehidupan. *manner of l.* cara hidup. *eternal l.* kehidupan abadi. *animal l.* kehidupan margasatwa. *vegetable l.* kehidupan tanam-tanaman. *What a l.!* Kehidupan macam apa itu! 3 kehidupan, riwayat hidup. *lives of famous men* kehidupan orang-orang terkenal. *l. of Nehru* riwayat hidup Nehru. 4 jiwa. *Many lives are lost at sea* Banyak jiwa yg hilang di laut. *to save s.o's l.* menolong/menyelamatkan jiwa s.s.o. *He sold his l. dearly* Ia menjual jiwanya mahal sekali. *He escaped with his l., fortunately* Untung jiwanya selamat. *to put new l. into an enterprise* mendatangkan jiwa baru pd suatu perusahaan. 5 hayat. *human l.* hayat manusia. 6 semangat. *Put some l. into your acting* Berilah semangat pd aktingmu. 7 jiwa, penggerak. *l. of the party* penggerak partai. 8 umur. *The l. of a butterfly is short* Umur kupu-kupu péndék. *as big as l.* sendiri, pribadi. *Inf.:* **You bet your l.** tentu saja. *You bet your l. I'll go* Tentu saja saya akan pergi. **to bring s.o. to l.** menghidupkan s.s.o. kembali. **to come to l.** 1 hidup kembali (*person, animal*). 2 bersemangat kembali (*of a sports team*). **for dear l.** sekuat-kuatnya. *to scream for dear l.* menjerit sekuat-kuatnya. *to flee for dear l.* lari sekuat tenaga. **for l.** seumur hidup. *Inf.:* **for the l. of me** sungguh mati. *I don't for the l. of me know why he came* Sungguh mati saya tdk tahu mengapa dia datang. **from l.** menurut modél yg hidup. **to lose o's l.** meninggal. *Inf.:* **not on your l.** pasti tdk. *Inf.:* **to put o's l. on the line** mempertaruhkan jiwanya. *Run for your lives* Larilah utk keselamatanmu. **to take a l.** membunuh. *to take o's own l.* membunuh diri. **true to l.** spt dlm kehidupan yg sebenarnya. **life-and death** *ks.* yg genting. *It's not a l.-and-death matter* Itu bukan soal hidup atau mati. **l. belt** baju/rompi pelampung, rompi penolong/berenang. **l. buoy** pelampung berenang, apung-apung. **l. cycle** jalan kehidupan. **life-giving** *ks.* yg membawa hidup. *l. imprisonment* hukuman seumur hidup. **l. insurance** asuransi jiwa. **l. jacket** baju pelampung. **l. line** a) tali penolong. b) garis hidup. **l. preserver** = L. JACKET. **l. raft** rakit penolong. **life-size(d)** *ks.* sebesar badan. *l.-size portrait* potrét sebesar badan. **l. span** jangka hidup. **l. style** gaya hidup. **l. tenure** jabatan seumur hidup.

lifeblood /'laif'blʌd/ *kb.* sumber hidup.

lifeboat /'laif'bowt/ *kb.* sekoci penolong.

lifeguard /'laif'gard/ *kb.* pengawal renang (di laut/ di kolam renang).

lifeless /'laifləs/ *ks.* tak bernyawa.

lifelike /'laif'laik/ *ks.* spt kehidupan. *l. picture* lukisan spt kehidupan yg sebenarnya.

lifelong /'laif'lɔng/ *ks.* kekal, abadi (*friendship*).
lifesaver /'laif'seivər/ *kb.* 1 seorang yg menolong orang lain dari bahaya tenggelam. 2 *Inf.*: penolong yg baik.
lifesaving /'laif'seiving/ *kb.* pertolongan thd orang yg hendak tenggelam. *to take a course in l.* belajar menyelamatkan orang. *l. equipment* alat-alat penolong.
lifetime /'laif'taim/ *kb.* seumur hidup. *once in a l.* sekali seumur hidup. *l. friend* teman seumur hidup.
lifework /'laif'wərk/ *kb.* pekerjaan seumur hidup.
lift /lift/ *kb.* 1 pengangkat. 2 daya angkat. *a crane's l.* daya angkat kran. *with a l. of the hand* dgn daya angkat tangan. *Give me a l. with this trunk* Tolonglah saya mengangkat peti ini. 3 tumpangan, boncéngan, goncéngan. *How about a l. to town?* Bagaimana kalau memboncéng ke kota? *to get a l. (in a car)* memboncéng. **to give s.o. a l.** 1 membangkitkan semangat s.s.o. 2 memboncéngkan s.s.o. —*kkt.* 1 mengangkat (*box, book*). 2 mencabut (*controls, a ban*). *The curfew was finally lifted* Akhirnya jam malam dicabut. 3 *Inf.*: mencopét, mengambil, mencuri. *to l. a passage from a writer* menjiplak kalimat seorang pengarang. *to l. the mortgage on o's house* selesai membayar lunas hipoték atas rumahnya. *She had her face lifted* Kulit mukanya dihilangkan kerunyut-kerunyutnya. —*kki.* menyingsing. *The fog finally lifted* Akhirnya kabutpun menyingsing. **to l. up** mengangkat. *Please l. me up* Tolong angkat saya. *She lifted up her voice (in song)* Ia mengeraskan suaranya. **l. bridge** jembatan angkat.
lift-off *kb.* peluncuran atau penémbakan (*guided missile*). **lifting** *capacity* daya angkat.
ligament /'ligəmənt/ *kb.* ikat(an) (sendi)tulang.
ligature /'ligəcər/ *kb.* 1 pengikat (tali), benang penjahit luka.
light /lait/ *kb.* 1 cahaya. *This lamp provides a bad l.* Lampu ini memberi cahaya yg buruk. *to sit facing the l.* duduk menghadapi cahaya. *with the l. in o's eyes* dgn sinar/cahaya di matanya. *artificial l.* cahaya bikinan/tiruan. 2 lampu. *to turn out the l.* mematikan lampu. *parking lights* lampu kecil/parkir. *traffic l.* lampu lalu-lintas. *Lights out!* Padamkan lampu! 3 api. *Please give me a l.* Boléh saya minta api? 4 keterangan. *to cast/shed/throw l. on a matter* memberi keterangan dlm persoalan. 5 tokoh. *a leading l. in the theater world* seorang tokoh yg terkemuka di dunia téater. **according to o's lights** menurut hémat sendiri. **to bring to l.** menerangkan, menyoroti. **to come to l.** terbuka, ketahuan. **in the l. of** mengingat, dipandang dari sudut. *in the l. of new developments* mengingat perkembangan-perkembangan yg baru. *When you put the problem in that l...* Kalau persoalan itu kauterangkan spt itu.... **to see the l.** mengerti duduk perkaranya. *to see the l. of day* dilaksanakan, dilakukan. **to stand in o's own l.** merupakan penghalang bagi dirinya sendiri. —*ks.* 1 ringan (*weapon, industry, work, lunch, jail sentence*). *l. as a feather* ringan spt bulu ayam, ringan sekali. 2 terang. *l. as day* terang spt siang hari. *a l. room* kamar yg terang. 3 muda. *l. green* hijau muda. *l. gray* abu-abu muda. *Her hair is very l.* Rambutnya pirang sekali, *a l. coat* jas yg warnanya muda. 4 tipis. *a l. coat* mantel yg tipis. *He is l. on his feet* Dia cepat kaki. Dia gesit. **to make l. of s.t.** memandang énténg, meréméhkan. *to travel l.* bepergian dgn membawa sedikit pakaian. —*kkt.* (**lighted** atau **lit**) 1 menyalakan (*fire, cigarette*). 2 menyuluhi (*the way*). 3 menerangi, menyoroti. *The streets are well lit* Jalan-jalan cukup diberi penerangan. *He*

needs a spark lit under him Dia memerlukan desakan dari bawah. —*kki.* menyala. *That match won't l.* Korék api itu tdk mau menyala. *Sl.*: **to l. into s.o.** menyerang/memarahi s.s.o. **to l. on**=TO L. UPON. *Sl.*: **to l. out** pergi dgn tiba-tiba. **to l. up** menyala-(kan). *L. up a cigar* Nyalakanlah serutu. *Lightning lit up the heavens* Kilat menerangi langit. *A smile lit up her face* Senyum menyemarakkan mukanya. *Her eyes lit up* Matanya bersinar-sinar. **to l. upon** hinggap, menghinggapi. *to l. upon o's feet* jatuh/ turun berdiri. *Her eyes lit upon a diamond ring* Matanya menemukan sebuah cincin berlian. **l. bomber** pesawat pembom ringan. **l. breeze** angin sepoi-sepoi. **l. buoy** rambu suar. **light-colored** *ks.* berwarna lembut/muda. **lighter-than-air** *ks.* yg lebih ringan drpd udara (*balloon*). **l. failure** gangguan listrik. **l. filter** saringan lampu/cahaya. **light-fingered** *ks.* panjang tangan. **l. fixture** perkakas penerangan. **light-footed** *ks.* lincah. **light-headed** *ks.* pusing. **light-hearted** *ks.* senang bersuka ria, periang. **l. heavyweight** petinju kelas berat golongan ringan. **l. meter** alat pengukur cahaya (utk pemotrétan). **l. opera** opera hiburan. **l. rain** hujan rintik-rintik. **l. reading** bacaan pelipur/ringan. **l. sleep** tidur sebentar. **l. socket** piting, tampuk lampu. **l. wine** anggur yg tdk keras. **light-year** *kb.* tahun cahaya. —**lighted** *ks.* yg menyala. *l. candle* lilin yg menyala. —**lighting** *kb.* penerangan. *l. effects* éfék-éfék penerangan. —**lightly** *kk.* énténg. *to take a suggestion l.* menganggap énténg usul. *to be l. clad* berpakaian tipis. *I sleep l.* Saya tidur dgn ringan.
lighten /'laitən/ *kkt.* meringankan, mengurangi (*a load*). —*kki.* menjadi terang (*of a sky*). *It's lightening* Kilat memancar.
lighter /'laitər/ *kb.* 1 tongkang. 2 (*cigarette*) gerétan.
lighthouse /'lait'haws/ *kb.* menara api, mercu suar. *l. keeper* penjaga mercu suar.
lightness /'laitnəs/ *kb.* 1 keringanan. 2 penerangan (*of a room*).
lightning /'laitning/ *kb.* kilat, halilintar. *L. struck the house* Halilintar menyambar rumah. *He was struck by l.* Ia tersambar halilintar. *flash of l.* sinar/ cahaya halilintar. *quick as l.* cepat spt halilintar. *Sl.*: *to run like greased l.* lari dgn cepat sekali. **l. bug** kunang-kunang. **l. rod** penangkal/penolak kilat.
lightship /'lait'syip/ *kb.* kapal suar.
lightweight /'lait'weit/ *kb. Sport*: petinju kelas ringan. *Intellectually, he's a l.* Berbicara perkara intelék, dia termasuk kelas ringan. —*ks.* kecil, kelas ringan. *l. camera* alat pemotrét yg kecil.
lignite /'lignait/ *kb.* batu bara muda.
likable /'laikəbəl/ = LIKEABLE.
like /laik/ *kb.* kesukaan. *likes and dislikes* kesukaan dan kebencian. *We shall not see his l. again* Kita tdk akan melihat orang yg spt dia lagi. **and the l.** dan lain-lain, dan yg semacam itu. *Inf.*: *I never saw the like(s) of it* Saya tdk pernah melihat s.s.t. yg spt itu. —*ks.* 1 sama. *l. amount* jumlah yg sama. 2 seperti. *to act l.* berbuat spt. *Isn't that just l. a woman?* Tidakkah itu spt perempuan saja? *It was just l. her* Persis spt dia. *L. father, l. son* Air cucuran atap jatuhnya ke pelimbahan juga. *as l. as two peas in a pod* spt pinang belah dua. *What is he l.?* Dia spt apa? *She wants to find a ring l. it* Ia ingin mendapatkan cincin spt itu. *a player l. you* pemain spt kamu. *She's l. no one else* Ia tak spt yg lainnya. *He was l. a father to him* Ia spt ayah kepadanya. *Old people are l. that* Orang tua mémang spt itu. *That is rather l. saying that...* Itu hampir serupa dgn mengatakan.... *There's*

nothing l. good food Tak ada yg bisa memadai/ membandingi makanan yg baik. *She's nothing l. so pretty as you* Ia samasekali tak secantik kamu. —*kd.* sama dgn, seperti. *I think l. you* Pikiranku sama pikiranmu. *What does she look l.?* Spt apa rupanya? *You look l. a friend of mine* Rupa sdr spt teman saya. *What is the weather l. outside?* Bagaimana keadaan udara diluar? *to be a lot l. his father* sangat menyerupai ayahnya. *L. hell I will!* Saya betul-betul tdk mau! *He swears l. anything* Ia memaki-maki sekuat tenaganya. *Don't talk l. that* Jangan bicara spt itu. *What is it l. to skin-dive?* Bagaimana-kah rasanya menyelam-dalam itu? *There's nothing l. it* Tak ada taranya. *nothing l. as hard a drive* tak begitu sukar naik/mengemudikan mobil. *We had something l. six inches of snow* Kira-kira ada enam inci salju. —*ksamb. Inf.:* seperti. *I can't swim l. he can* Saya tak dpt berenang sepandai dia. —*kkt.* 1 suka. *Do you l. music?* Apa kamu suka musik? *He didn't l. the movie* Ia tak suka pilem itu. *If you don't l. it, you can leave it!* Kalau kamu tak suka, biarlah/sudahlah! 2 tdk suka. *I l. your impudence!* Saya tdk suka sama sikapmu yg kasar itu! *I l. that!* Saya tdk suka itu! 3 menghendaki. *He likes his steak sizzling hot* Ia menghendaki bistik yg masih amat panas. :: *How do you l. him?* Apakah pendapat-mu ttg dia? *I'd l. another serving, please* Boléhkah saya tambah? *How would you l. your tea?* Téhmu mau yg bagaimana? *I should l. time to consider your offer* Saya memerlukan waktu utk mempertimbangkan ta-waranmu. —*kki.* suka, gemar. *to l. to sing* gemar bernyanyi. *Do as you l.* Silahkan bertindak/berbuat sesuka hatimu. *You may sit wherever you l.* Kau boléh duduk dimana saja. *She thinks she can do anything she likes* Ia kira ia dpt mengerjakan segala yg dikehendakinya. *People can say what they l.* Orang boléh mengatakan apa yg disukainya. *How would you l. to go with us?* Bagaimana kalau pergi dgn kami? *Would you l. to dance?* Maukah sdri berdansa? *He would l. to become a teacher* Ia ingin menjadi guru.

like-minded *ks.* sependapat, sependirian. —**liking** *kb.* 1 kegemaran. *He has a l. for fruit* Ia gemar pd buah-buahan. 2 kesukaan. *That meat is to my l.* Daging itu sesuai dgn kesukaanku. *to take a l. to s.o.* menyukai s.s.o. *his l. for me* kesukaannya thd saya.

likeable /'laikəbəl/ *ks.* yg menyenangkan.

likelihood /'laikliehud/ *kb.* kemungkinan. *in all l.* mungkin sekali.

likely /'laiklie/ *ks.* mungkin. *He's l. to come alone* Mungkin ia datang sendirian. *It's not l. that I can go* Mungkin aku tak dpt pergi. *Who is l. to win the election?* Siapa yg sekiranya akan menang dlm pemilihan itu? *That's a l. story* Ceritera itu mungkin benar. *He is not l. to harm us* Tak mungkin ia merugi-kan/menyakiti kita. *That plan is hardly l. to succeed* Rencana itu hampir tak ada kemungkinan berhasil. *He is the likeliest candidate* Ia calon dgn kemungkinan yg besar sekali. —*kk.* kemungkinan besar, mungkin sekali. *Most l. I'll come* Kemung-kinan besar sekali saya akan datang. *As l. as not she'll be there* Mungkin ia tak akan ada disana. *not l.* mungkin tdk.

liken /'laikən/ *kkt.* mempersamakan, menyamakan (**to** dgn).

likeness /'laiknəs/ *kb.* persamaan, kesamaan. *to paint his l.* melukis persamaannya.

likewise /'laik'waiz/ *kk.* 1 demikian juga. *to do l.* berbuat demikian juga. 2 juga. *president and general manager l.* diréktur dan juga pengurus umum.

lilac /'lailæk/ *kb.* pohon kecil yg bunganya mirip bunga bungur.

lilt /lilt/ *kb.* irama.

lily /'lilie/ *kb.* (*j.* **lilies**) (bunga) bakung. *l. of the valley* sm'teratai. *l. pad* daun bakung yg terapung. *to gild the l.* menghiasi s.s.t. yg sdh bagus. **lily-white** *ks.* putih bersih, tak berdosa.

lima /'laimə/ **l. bean** sm buncis yg bijinya besar-besar.

limb /lim/ *kb.* 1 dahan, cabang (*of tree*). *Inf.: to go out on a l. for s.o.* berbuat s.s.t. yg berbahaya utk s.s.o. 2 tungkai dan lengan, anggota badan. *to tear prey l. from l.* mengoyak-ngoyak mangsa (sampai berkeping-keping).

limber /'limbər/ *ks.* lentur, lemah gemulai/lentur. —*kki.* **to l. up** melemaskan urat-uratnya.

limbo /'limbow/ *kb.* tempat bagi orang-orang yg terlantar/dibuang/terlupakan. *in l.* terlantar.

lime /laim/ *kb.* 1 kapur. *l. burning* pembakaran kapur. 2 limau. *l. juice* air jeruk/limau.

limeade /'laim'eid/ *kb.* limun.

limekiln /'laim'kiln/ *kb.* pekapuran.

limelight /'laim'lait/ *kb.* 1 pusat perhatian. 2 *Thea.:* sinar/sorotan yg kuat sekali. *to be in the l.* mendapat sorotan, menjadi pusat perhatian.

limerick /'limərik/ *kb.* pantun jenaka, sajak lucu yg biasanya terdiri dari lima baris.

limestone /'laim'stown/ *kb.* batu gamping/kapur.

limit /'limit/ *kb.* batas. *speed l.* batas kecepatan. *age l.* batas umur. *time l.* batas waktu. *the three mile l.* batas tiga mil. *There is a l. as to how far you can go* Perbuatanmu ada batasnya. *Sl.: That's the l.!* Celaka ini! *This is the l.* Ini luar biasa. *He's the l.!* Ia terlalu. *Each customer is restricted to a l. of a dozen oranges* Setiap langganan dibatasi hanya boléh membeli selusin jeruk. —**limits** *j.* perbatasan. *That place is off limits to campers* Tempat itu dilarang utk orang-orang berkémah. *city limits* perbatasan kota. —*kkt.* membatasi (*the amount*). *He is limited in how much he can do* Banyaknya yg dpt diperbuat-nya terbatas. —**limited** *kb.* kerétaapi/bis éksprés. *The Capitol L.* kerétaapi éksprés. *ks.* 1 yg terbatas. *l. edition* édisi terbatas. *man of l. means* orang yg tdk mampu. 2 pérséroan terbatas (P.T.). *Jones & Co. Ltd.* P.T. Jones. *limited-access highway* jalan raya yg pemakaiannya terbatas.

limitation /limə'teisyən/ *kb.* 1 pembatasan, keter-batasan, limitasi. *l. on the amount* pembatasan jum-lah. 2 batas-batas. *He has his limitations* Dia ada batas-batas kemampuannya.

limitless /'limitləs/ *ks.* tak terbatas/habis-habis.

limousine /'liməzien/ *kb.* mobil sédan yg tempat sopirnya terpisah drpd tempat penumpang.

limp /limp/ *kb.* pincang, timpang. *to have a bad l.* sangat pincang. *to walk with a l.* berjalan pincang. —*ks.* 1 lemas. *a collar l. from perspiration* léhér baju yg lemas kena keringat. *l. as a rag* letih lesu. 2 lemah (*of a binding*). —*kki.* berjalan pincang. *to l. along* berjalan dgn susah payah.

limpid /'limpid/ *ks.* terang, jernih.

line /lain/ *kb.* 1 garis. *Draw a straight l.* Buatlah sebuah garis lurus. *l. drawing* gambar garis. *l. of demarcation* garis démarkasi/pemisah. *l. of com-munication* garis hubungan. *lines under the eyes* garis-garis dibawah mata. 2 barisan. *Which l. are you standing in?* Kamu berdiri dlm barisan yg mana? *Walk in a straight l.* Berjalanlah dlm barisan yg lurus. 3 macam, mérék. *This store carries that l. of clothes* Toko ini menjual macam pakaian itu. 4 tali. *fishing l.* tali pancing. *One must give a fish plenty of l.*

Tali pancing hrs banyak diulur utk ikan. 5 (*electric, telephone*) saluran, kawat. *Our lines are crossed* Saluran-saluran kami bentrokan. 6 lin. *shipping l.* lin/dinas pelayaran. *main l.* lin raya. 7 jalan. *railway l.* jalan keréta api. *My l. of thought is as follows* Jalan pikiran saya spt berikut. 8 batas. *snow l.* batas salju. *city l.* batas kota. 9 baris (*of poetry*). 10 jurusan/ macam. *What's his l. of business?* Apakah jurusan perusahaannya? *Debating is more in his l.* Berdébat lebih banyak termasuk dlm jurusannya. 11 per-bénténgan. *Maginot l.* perbénténgan Maginot. 12 dérétan. *There was a long l. of traffic* Kendaraan-kendaraan/Lalulintas berdérét panjang. 13 téma. *These two plays are on the same lines* Kedua lakon sandiwara ini mempunyai téma yg sama. *I'll write you a few lines from the beach* Akan kusurati kau dari pantai itu. **all along the l.** 1 dimana-mana, di selu-ruh. *Along what lines will the discussion be?* Hal apa yg akan menjadi perbincangan itu? 2 sepan-jang lin. **to be in l.** 1 berdérét, berbaris. 2 setuju. *All the party members are in l.* Semua anggota par-tai setuju (dgn tujuan partai). *to be in l. for a pro-motion* mendapat giliran utk naik pangkat. *Who's next in l.?* Giliran siapa sekarang? **to bring into l.** membuat/menjadi setuju. **to come into l.** setuju, menyetujui. *s.t. along that l.* s.s.t. semacam itu. **down the l.** dlm seluruhnya. *I got agreement (all) down the l.* Saya mendapat persetujuan dlm seluruh bagian. **to draw a l.** memberi batas, menentukan batas, membatasi. **to fall in l.** a) menyetujui. *Our opponents agreed to fall in l.* Lawan-lawan kami bersedia menyetujui. b) berjéjér (dlm baris). *Inf.:* *to get a l. on a new house* mendapat keterangan ttg rumah yg baru. **to get into l.** a) setuju dgn. b) antré. *to give s.o. a l.* menjual kécap. *He's giving her a l.* Ia menipunya. *Inf.:* **to have a l. on** tahu akan. *Do you have a l. on their racket yet?* Apakah kau tlh tahu akan tipu daya meréka itu? **to hold the l.** 1 mempertahankan basis/perbatasan itu. 2 me-nunggu sebentar (di télpon). **in l. with** sejalan/ cocok dgn. *In l. with our policy we are declaring a dividend* Sejalan dgn kebijaksanaan kami maka kami memberikan dividén. *His ideas on politics are in l. with mine* Pikirannya ttg politik cocok dgn pikiran saya. **to keep in l.** tetap dlm barisan. *We must keep them in l.* Kita hrs mendisiplin meréka. *Sl.:* **to lay/put on the l.** berterus-terang. *I'll lay it on the l. with you* Saya akan berterus-terang utk kamu. **on a l.** sejajar, dlm satu barisan. **on the l.** 1 *Tenn.:* pd garis. 2 *Sl.:* dgn segera. 3 dlm bahaya. *to put o's title on the l.* mempertaruhkan gelarnya. **out of l.** menyimpang. *He's out of l. in saying that* Dia menyimpang dgn mengatakan itu. **to get out of l.** menyimpang. **to stand in l.** antri. **to take a hard l.** mengambil sikap yg keras. **to toe the l.** patuh kpd peraturan-peraturan. **—lines** *j.* 1 bentuk, potong-an (*of a car, dress*). 2 kata-kata (*of actor*). **to read between the lines** membaca apa yg tersirat. **—kkt.** 1 melapisi (*the stomach, a pan, coat*). 2 meng-garisi (*skirt*). 3 mengatur. *L. the books neatly along the shelves* Aturlah buku-buku itu dgn rapi sepanjang rak-rak itu. 4 memagari, membatasi. *Police lined the street* Polisi membatasi jalan. *to l. a walk with rose bushes* memagari jalanan dgn tanaman mawar. 5 berjajar jalan. *Trees l. the road* Pohon-pohon berjajar sepanjang jalan. 6 menémpélkan. *The walls were lined with beaverboard* Dinding-dinding ditémpéli dgn semacam harbor. 7 mengulasi. *The nest was lined with moss* Sarang itu diulasi dgn lumut. 8 men-dérétkan. *The study was lined with books* Kamar bela-

jar itu penuh dgn dérétan buku-buku. **to l. up** antri. *to l. up for shots* antri utk mendapat suntikan. *Fin.:* **l. item** pedoman kerja. **l. of duty** bakti, tugas. *He lost his life in the l. of duty* Ia meninggal dlm melaksanakan tugasnya. **l. of fire** réntétan tém-bakan. **l. of vision** arah penglihatan. **l. officer** perwira kesatuan tempur. **line-up** *kb.* 1 barisan orang-orang yg dicurigai. 2 *Sport:* daftar· pemain-pemain. **—lining** *kb.* lapisan (*book, coat*).

lineage /'linieij/ *kb.* garis silsilah/keturunan.

lineal /'liniəl/ *ks.* langsung. *l. descendant* keturunar. yg langsung.

linear /'liniər/ *ks.* yg berh. dgn garis-garis lurus, bergaris. *l. measure* ukuran panjang. *l. equation* persamaan satu tingkat.

lineman /'lainmən/ *kb.* (*j.* **-men**). *Tel.:* tukang kawat.

linen /'linən/ *kb.* linan. *l. closet* lemari spré. *l. sheet* spré linan. *bed l.* spré. *table l.* taplak méja dari linan. *to wash o's dirty l. in public* memamérkan/memper-tontonkan perselisihan pribadi dimuka umum.

liner /'lainər/ *kb.* *Ship.:* 1 kapal samudera. 2 peng-garis.

linesman /'lainsmən/ *kb.* (*j.* **-men**) 1 *Tel.:* tukang kawat. 2 *Sport:* penjaga garis, tukang kebut.

linger /'linggər/ *kki.* 1 tetap hidup (walaupun sdh akan mati). 2 menyambaléwa, seakan-akan tdk mau pergi, masih tertinggal. *Some doubts still lingered in his mind* Beberapa sak-wasangka masih tertinggal dlm pikirannya. *to l. behind the others* berlambat-lambat dibelakang lainnya. **to l. on** tetap hidup. *to l. on after the party to chat* tinggal sebentar stlh pésta itu utk mengobrol. **to l. over** berlambat-lambat. *It is fun to l. over a meal and chat* Senang berlambat-lambat makan dan mengobrol. **—ling-ering** *ks.* tak datang-datang/hilang-hilang, yg masih melekat. *He suffered a l. death* Ia menderita maut yg tak datang-datang. *l. doubt* sak-wasangka yg tak hilang-hilang. *l. look* pandangan yg masih melekat.

lingerie /'lanzyə'rie, -'rei/ *kb.* pakaian dalam (utk) wanita.

lingo /'linggow/ *kb.* bahasa (yg anéh/khas).

lingua franca /'linggwə 'frangkə/ *kb.* bahasa per-hubungan/pergaulan/perantara.

linguist /'linggwist/ *kb.* ahli bahasa. *He's quite a l.* Ia tlh menguasai banyak bahasa.

linguistic /ling'gwistik/ *ks.* yg berk. dgn ilmu ba-hasa. *l. atlas* atlas bahasa-bahasa. *l. geography* ilmu bumi dialék.

linguistics /ling'gwistiks/ *kb.* ilmu bahasa.

liniment /'linəmənt/ *kb.* obat gosok, pelulut.

link /lingk/ *kb.* 1 mata rantai (*on a chain*). *l. on a necklace* sambungan kalung. 2 hubungan. *to sever all links with* memutuskan semua hubungan dgn. *That statement provides one more l. in the chain of evidence* Pernyataan itu memberikan satu bahan lagi dlm rangkaian bukti-bukti. **—links** *j.* lapangan (ber-main) golf. **—kkt.** menghubungkan. *to l. Ithaca and Erie* menghubungkan Ithaca dgn Erie. *The boy and girl linked arms* Pemuda dan gadis itu bergandéngan tangan. *to be linked* berantai, bersangkut-paut. *Our future is linked together* Hari depan kita terjalin erat. **link-up** *kb.* (per)hubungan.

linkage /'lingkij/ *kb.* hubungan, pertalian, sam-bungan.

linoleum /lə'nowlieəm/ *kb.* linolium.

linotype /'lainətaip/ *kb.* mesin sét serupa mesin tik.

linseed /'lin'sied/ *kb.* biji (pohon) rami. *l. oil* mi-nyak biji rami.

lint /lint/ *kb.* kain tiras.
lion /'laiən/ *kb.* singa. *to beard the l. in his den* mendatangi s.s.o. di tempatnya. *the lion's share* bagian yg terbesar. *to put o's head in the lion's mouth* membahayakan diri, menempatkan diri ditengah-tengah bahaya. *to twist the lion's tail* merongrong/menggoda pihak yg berkuasa.
lioness /'laiənəs/ *kb.* singa betina.
lionize /'laiənaiz/ *kkt.* memperlakukan spt orang penting.
lip /lip/ *kb.* 1 bibir. *to have a blister on o's l.* bibir melepuh. *to bite o's l.* menggigit bibir. *lower l.* bibir bawah. *upper l.* bibir atas. *to keep a stiff upper l.* tetap tabah. **to hang on the lips of** memperhatikan setiap kata dari. *No complaint ever passes his lips* Ia tak pernah mengeluh. *to smack o's lips* berkecap-kecap, mengecap-ngecapkan bibirnya. 2 mulut (*of a pitcher*). 3 tepi (*of a crater*). **to lip-read** memahami kata-kata orang hanya dgn melihat gerak-gerik bibirnya. *l. reader* orang yg pandai membaca dari gerak-gerik bibir. *to pay l. service* berpura-pura saja. Lain di mulut lain di hati.
lipstick /'lip'stik/ *kb.* cat pemérah bibir, gincu.
liq. [*liquid*] cairan.
liquefy /'likwəfai/ *kkt.* (**liquefied**) mencairkan. —*kki.* menjadi cair.
liqueur /li'kər, li'kjur/ *kb.* sopi manis.
liquid /'likwid/ *kb.* 1 cairan. *l. diet* makanan yg cair-cair saja. *l. soap* sabun yg cair. 2 zat cair. 3 *Phon.*: bunyi/suara likwida. **l. assets** harta yg mudah diuangkan, alat likwida. **liquid-fueled** *ks.* yg bertenaga gas cair. **l. measure** ukuran benda cair. **l. oxygen** zat asam cair. **l. propellant** bahan pendorong yg cair.
liquidate /'likwədeit/ *kkt.* 1 menghapuskan, membubarkan. 2 menguangkan (*assets*). 3 memusnahkan (*undesirables*).
liquidation /'likwə'deisyən/ *kb.* 1 likwidasi, pembubaran (*of a firm*). *l. sale* jual obral. 2 penghapusan, pemusnahan (*of undesirables*).
liquidator /'likwə'deitər/ *kb.* 1 juru penyelesai, pelikwidasi 2 pemusnah, pembubar.
liquor /'likər/ *kb.* 1 minuman keras. 2 cairan (*of pickles*).
lisle /lail/ *ks.* benang linan/kapas. *l. hose* kaus kaki dari benang lisle.
lisp /lisp/ *kb.* télor, pélat. *He has a slight l.* Ia agak pélat. —*kki.* pélat. *He lisps* Bicaranya pélat.
list /list/ *kb.* daftar. *l. of contents* daftar isi. *to be on the danger l.* masuk daftar pasién yg sdh payah sekali. *to be on the waiting l.* dlm daftar menunggu. *l. price* harga menurut daftar, harga écéran. —*kkt.* mendaftarkan. —*kki.* miring, condong. *The ship is listing badly* Kapal itu condong sekali.
listen /'lisən/ *kki.* mendengarkan. *to l. to music* mendengarkan musik. *L. to me!* Dengarkanlah aku! *You'll never do that job right if you don't l.* Kau takkan dpt melakukan kerja itu dgn baik, kalau kau tak mematuhi petunjuk. *to l. for the phone* memperhatikan bunyi télepon. *to l. in on a call* mendengarkan pembicaraan télepon. *She would not l. to us* Ia tak mau memperhatikan kami. **listening** *post* tempat mendengar-dengarkan keadaan musuh.
listener /'lisənər/ *kb.* pendengar. *He's a good l.* Ia seorang yg mau mendengarkan baik-baik.
listless /'listləs/ *ks.* lesu, tanpa gairah.
lit /lit/ lih LIGHT *kkt., kki.*
lit. 1 [*liter*] liter. 2 [*literal(ly)*] arti harfiah. 3 [*literature*] kesusasteraan. 4 [*literacy*] yg berk. dgn melék huruf.

litany /'litənie/ *kb.* (*j.* **-nies**) serangkaian doa-doa, litani, barzanji.
litchi /'liecie/ *kb.* léngkéng.
liter /'lietər/ *kb.* liter.
literacy /'litərəsie/ *kb.* melék huruf. *l. campaign* gerakan pemberantasan buta huruf.
literal /'litərəl/ *ks.* harfiah. *l. translation* terjemahan harfiah. *a literal-minded person* seorang yg suka berpegang kpd kenyataan. —**literally** *kk.* 1 (secara) harfiah. *to translate l.* menterjemahkan harfiah. 2 benar-benar. *to see l. hundreds of birds* melihat benar-benar ratusan burung. *She is l. out of her mind* Ia sungguh-sungguh gila.
literary /'litə'rerie/ *ks.* yg berk. dgn kesusasteraan. *l. magazine* majalah sastera. *l. society* perhimpunan kaum pujangga.
literate /'litərit/ *ks.* 1 melék huruf. 2 terpelajar.
literature /'litərəcər/ *kb.* 1 kesusasteraan. *Russian l.* Kesusasteraan Rusia. 2 kepustakaan, daftar bacaan. *a considerable body of l. on...* banyak bahan bacaan perihal.... *light l.* bacaan ringan.
lithe /laiᴛʜ/ *ks.* lentur, luwes.
lithograph /'liᴛʜəgræf/ *kb.* tulisan/gambar yg dilukiskan pd sepotong logam/batu yg datar.
lithography /li'ᴛʜagrafie/ *kb.* cétakan dari batu atau logam yg ditulisi/digambari.
litigant /'litəgənt/ *kb.* penggugat, penuntut, pihak yg berperkara.
litigate /'litəgeit/ *kki.* mengajukan perkara, menuntut secara hukum.
litigation /'litə'geisyən/ *kb.* prosés pengadilan, jalannya perkara.
litmus /'litməs/ *kb.* lakmus. *l. paper* kertas lakmus.
Litt. D. [*Doctor of Letters*] Doktor Ilmu Sastera.
litter /'litər/ *kb.* 1 sampah, kotoran. 2 seperindukan (*of kittens*). 3 tandu. 4 (*stretcher*) tandu orang sakit. *He is a l. case* Ia mesti diangkat (tak dpt berjalan). —*kkt.* 1 mengotori (*a room*). *The room was littered with papers* Kertas-kertas bersérakan didlm kamar itu. 2 memberi alas. *The horses were littered with straw* Kuda-kuda itu diberi alas tidur jerami.
litterbug /'litər'bʌg/ *kb.* orang yg membuang-buang sampah di jalanan.
little /'litəl/ *kb.* sedikit. *to have l. of life's amenities* sedikit kesenangan-kesenangan hidup yg dinikmati. *She eats l. or nothing* Ia makan sedikit atau samasekali tdk. *I read a l. on the trip* Saya membaca sedikit dlm perjalanan itu. *Every l. (bit) helps* Tiap sumbangan berarti. *We have l. to do with him* Kami tak banyak urusan dgn dia. **l. by l.** sedikit demi sedikit, lambat laun. **to make l. of** mengecilkan arti dari. **to think l. of** meréméhkan, menganggap réméh. *We think l. of people who don't work* Kita tdk menghargai orang-orang yg tak bekerja. —*ks.* 1 kecil. *l. boy* anak laki-laki yg kecil. *He gave a l. laugh* Ia tertawa kecil. 2 sedikit. *to have l. time to* punya sedikit waktu utk. *He has l. or no knowledge of the area* Pengetahuannya mengenai daérah itu sedikit sekali. *to make a l. bit go a long way* berhémat-hémat dgn barang yg hanya sedikit. *I have l. money* Uang saya sedikit. *I have a l. money* Saya ada sedikit uang. *She knows a l. French* Ia bisa bahasa Perancis sedikit. *L. did he know that...* Ia tak tahu bhw.... *in a l. while* sebentar lagi. *He has not a l. talent* Besar juga bakatnya. —*kk.* sedikit, kecil. *He l. knows what...* Ia tak tahu apa yg.... *He was here l. more than ten minutes ago* Ia disini tadi sedikit lebih dari sepuluh menit yg lalu. **L. Bear** Beruang Kecil. **l. fellow** rakyat/orang kecil. **l. finger** kelingking. **little-**

known *ks.* yg sedikit diketahui. *l.-known subject* hal yg sedikit diketahui. **l. magazine** majalah kecil yg memuat tulisan-tulisan atau karangan-karangan percobaan. **l. man** orang kecil. **the l. people** peri-peri. *Bridge*: **l. slam** slém kecil. **l. theater** tempat pertunjukan sandiwara percobaan.

littoral /'litərəl/ *kb.* daérah pesisir.

liturgical /lə'tərjəkəl/ *ks.* yg berk. dgn liturgi/peribadatan.

liturgy /'litərjie/ *kb.* (*j.* -**gies**) liturgi(a), tata kebaktian, peribadatan.

livable /'livəbəl/ *ks.* yg énak didiami.

live /laiv/ *ks.* 1 yg hidup. *l. snake* ular yg hidup. *l. broadcast* siaran hidup. 2 langsung. *l. show* pertunjukan yg diambil langsung. *to broadcast l. from Buffalo* siaran langsung dari Buffalo. *Is this wire l.?* Apa kawat ini beraliran listrik? **l. bomb** bom yg blm dinyalakan. **l. coals** bara api. **l. match** korék api. **l. party** pésta yg gembira. **l. steam** uap baru. **l. wire** 1 kawat yg ada stromnya. 2 *Inf.*: orang yg benar-benar giat usahanya.

live /liv/ *kkt.* 1 hidup. *to l. a life of ease* hidup dgn senang. *to l. o's religion* hidup sesuai ajaran agamanya. *to l. o's part* menghidupi peranan, hidup menurut peranannya. —*kki.* 1 hidup. *If I l. till May* Jika saya masih hidup sampai bulan Méi. *L. and learn!* Hidup dan belajarlah! *Long l. the President!* Hidup Présidén! *She hasn't a month to l.* Ia tak dpt hidup satu bulan lagi. *to l. to seventy* hidup sampai umur tujuh puluh. *L. and let l.* Hidup dan membiarkan hidup. *as long as I l.* selama saya hidup. *Her name will l. forever* Namanya akan hidup utk selama-lamanya. *He really knows how to l.* Ia tahu betul bagaimana menikmati hidup. 2 tinggal. *He lives in Chicago* Ia tinggal di Chicago. 3 bertempat tinggal. *We have lived here ten years* Kami tlh bertempat tinggal disini selama sepuluh tahun. **to l. by** hidup dgn. *to l. by o's pen* hidup dgn menulis/mengarang. *to l. down a mistake* hidup baik-baik hingga orang dpt melupakan kesalahan. **to l. for** mengharapkan. **to l. in** tinggal didlm. *to l. in fear of o's life* hidup dlm ketakutan akan kehilangan jiwanya. *to l. in an apartment* tinggal di flat. *to l. in style* hidup (méwah) menuruti (panggilan) zaman. *Sl.*: **to l. it up** menikmati hidup sepuas-puasnya. **to l. off** hidup dari. *to l. off o's parents* hidup dari orang tuanya. *to l. off the land* mencari nafkah dari tanah. **to l. on** 1 mempertahankan hidup. 2 hidup dgn. *How do they l. on what he makes?* Bagaimana meréka dpt hidup dgn penghasilannya itu? *to l. on hope* hidup dgn harapan-harapan. *to l. on meat* hidup dgn makan daging saja. *Lions l. on other animals* Singa hidup dgn memakan binatang-binatang lain. **to l. out** hidup sampai. *to l. out the year* hidup sampai akhir tahun itu. **to l. through** terus hidup. *to l. through an illness* mengalami penyakit. **to l. with** menerima, menyesuaikan diri kpd. *to l. with the new situation* menerima keadaan baru itu. **to l. up to** berbuat sesuai dgn. *to l. up to expectations* berbuat sesuai dgn semua harapan semula. *live-and-let-live attitude* sikap toléran/ténggang-menénggang. —**living** *kb.* mata pencarian. *to work for a l.* bekerja utk hidup. *to be fond of good l.* suka hidup senang. **to make a l.** mendapat penghasilan. *He makes a l. by selling cars* Ia hidup dgn menjual mobil. **the living** *j.* orang yg hidup. *He is still in the land of the l.* Ia masih di alam fana. *ks.* 1 yg hidup. *l. language* bahasa yg masih hidup. *l. wage* gaji yg cukup utk hidup. *His l. conditions are improving* Penghidupannya makin baik. 2 yg kuat, yg teguh. *l. faith* keper-

cayaan yg teguh. *within l. memory* dlm ingatan orang-orang yg masih hidup. **l. death** hidup merana. **l. quarters** kamar-kamar/ruang tempat tinggal. **l. room** kamar duduk/tamu. **l. space** ruang hidup.

liveable /'livəbəl/ = LIVABLE.

livelihood /'laivliehud/ *kb.* mata pencaharian. *to teach for a l.* mengajar utk mendapatkan nafkah penghidupan. *What is his means of l.?* Apakah mata pencariannya?

liveliness /'laivliɛnəs/ *kb.* 1 kegiatan, keaktipan. 2 kegembiraan.

livelong /'liv'lɔng, -'lang/ *ks.* sepanjang. *the l. day* sepanjang hari.

lively /'laivlie/ *ks.* 1 lincah. *a l. girl* seorang gadis yg lincah. 2 bersemangat (*of a tune, conversation*). 3 baik, masih melenting (*of a ball*). 4 cemerlang. *l. color* warna yg cemerlang. 5 sibuk, giat. *a l. time during the hurricane* masa yg sibuk selama angin topan itu. 6 yg hidup. *She has a l. imagination* Ia berangan-angan yg hidup.

liven /'laivən/ *kkt.* menggembirakan. *to l. up a party* menggembirakan sebuah pésta. —*kki.* meningkat, hidup.

liver /'livər/ *kb.* 1 (h)ati. *l. extract* sari hati. *chicken l.* ati ayam. 2 orang yg hidup. *a long l.* seorang yg hidupnya panjang.

liverwurst /'livər'wərst/ *kb.* sosis yg mengandung cincangan hati.

lives /laivz/ lih LIFE.

livestock /'laiv'stak/ *kb.* ternak, peternakan.

livid /'livid/ *ks.* 1 pucat kelabu. *l. with rage* bermuka pucat kelabu karena marah. 2 hitam kelabu (*from blows*).

lizard /'lizərd/ *kb.* 1 kadal. 2 cicak.

LL.B [*Bachelor of Laws*] Sarjana Muda Ilmu Hukum.

LL.D. [*Doctor of Laws*] Doktor Ilmu Hukum.

LL.M [*Master of Laws*] Sarjana Hukum.

load /lowd/ *kb.* 1 beban. *heavy l.* beban yg berat. *Her l. is too great to bear* Beban itu terlalu berat baginya. Tekanan jiwa itu terlalu berat baginya. *That student is carrying a heavy l. this semester* Mahasiswa itu pelajarannya berat dlm seméster ini. 2 muatan. *two loads of gravel* dua muatan kerikil. *That's a l. off my mind* Saya tak usah memikirkan soal itu lagi. *Sl.*: *to get a l. of s.o.* melihat, kelihatan oléh s.s.o. *Inf.*: **loads of** banyak sekali, bertimbun-timbun. *loads of rocks* banyak sekali batu. —*kkt.* 1 memuat. *to l. furniture* memuat perkakas rumah. 2 memuati. *to l. a truck* memuati truk. 3 menimbuni. *to l. a general with honors* menimbuni jéndral dgn kehormatan. 4 membebani. *to l. s.o. (down) with work* membebani s.s.o. dgn banyak pekerjaan. 5 memberati. *to l. o's head with trivial matters* memberati pikirannya dgn hal-hal yg rémeh. 6 mengisi. *to l. a camera* mengisi alat potrét. *to l. a gun* mengisi senapan. —*kki.* mengisi. *The tanker loaded* Kapal tangki itu mengisi. **l. line** garis beban, garis batas muatan. —**loaded** *ks.* 1 yg diisi (*of box, gun*). 2 *Sl.*: mabuk. 3 *Sl.*: kaya sekali. *l. question* pertanyaan yg banyak artinya/yg membingungkan/berisi. —**loading** *kb.* pemuatan. *l. charges* ongkos muatan.

loader /'lowdər/ *kb.* 1 pemuat. 2 mesin pemuat.

loaf /lowf/ *kb.* (*j.* **loaves**) papan roti. *two loaves of bread* dua buah roti. *meat l.* daging lapis telor (diberi bentuk spt roti). *Half a l. is better than none* Lebih baik ada sedikit drpd tak ada samasekali. —*kki.* bermalas-malasan.

loafer /'lowfər/ *kb.* 1 orang yg bermalas-malasan. 2 *Cloth.*: sm sepatu (tanpa tali).

loam /lowm/ *kb.* 1 tanah liat/gemuk. 2 lempung.
loan /lown/ *kb.* pinjaman. *on l. from* pinjaman dari. *to raise a l.* mendapatkan pinjaman. *l. bank* bank pinjaman. *l. word* kata pinjaman. —*kkt.* meminjamkan (s.s.t. kpd s.s.o.), meminjami (s.s.o. s.s.t.). **l. shark** lintah darat.
loath /lowth/ *ks.* segan. *to be l. to accept s.t.* segan menerima s.s.t.
loathe /lowth/ *kkt.* benci akan. *I l. winter* Saya benci akan/pada musim dingin. —**loathing** *kb.* kebencian, kejijikan.
loathsome /'lowthsəm/ *ks.* menjijikkan, memualkan, memuakkan.
loaves /lowvz/ lih LOAF.
lob /lab/ *kb. Tenn.:* bola yg dipukul tinggi ke jurusan sebelah belakang lawan. —*kkt.* (**lobbed**) memukul (bola) tinggi-tinggi.
lobby /'labie/ *kb.* (*j.* **-bies**) ruang masuk (gedung). —*kki.* mencoba mempengaruhi.
lobbyist /'labieist/ *kb.* seorang yg mencoba mempengaruhi pembuat undang-undang, dll.
lobe /lowb/ *kb.* cuping.
lobster /'labstər/ *kb.* udang karang/laut. *l. Newburg* sm masakan udang laut.
loc. [*local*] setempat.
local /'lowkəl/ *kb.* 1 kereta (api) bumel. 2 cabang persatuan. —*ks.* 1 setempat. *l. time* waktu setempat. *l. inhabitant* penduduk setempat/situ. *l. anaesthetic* obat bius setempat. *of l. interest* utk tempat itu. 2 lokal. *l. call* telpon lokal. 3 daérah. *l. government* pemerintahan daérah. *l. color* suasana daérah. *l. news* warta berita daérah. —**locally** *kk.* di tempat itu. *He is well known l.* Ia terkenal di tempat itu.
locale /low'kæl/ *kb.* tempat terjadinya suatu peristiwa.
locality /low'kælətie/ *kb.* (*j.* **-ties**) tempat, suatu tempat dan sekitarnya.
localize /'lowkəlaiz/ *kkt.* 1 melokalisir, menyetempatkan (*blood clot*). 2 membatasi (*an epidemic, interference*).
locate /'lowkeit/ *kkt.* 1 menempatkan. *to l. Route 13 in the city* menempatkan Jalan Raya no. 13 di kota. 2 menemukan (*a friend, book*). —*kki.* menetap. *to l. in Groton and open a store* menetap di Groton dan membuka sebuah toko. **to be located** terletak. *Where is the building located?* Dimana letak gedung itu?
location /low'keisyən/ *kb.* 1 tempat (*for a house*). 2 letaknya. *Do you know the l. of the school?* Tahukah saudara tempat sekolah itu? *on l.* membuat pilem.
loc. cit. pd tempat yg disebutkan.
lock /lak/ *kb.* 1 kunci. *l., stock and barrel* semuanya, segala-galanya. *under l. and key* terkunci. 2 pintu air (*of canal*). 3 seikat rambut (*of hair*). —**locks** *j.* rambut (ikal). —*kkt.* 1 mengunci (*a door*). 2 menyangkutkan. *My bumper was locked to the other bumper* Bémperku tersangkut pd bémper yg lain. *to l. arms* bergandéngan (tangan) erat-erat. *to l. the barn door after the horse has been stolen* sesudah mendapat bahaya, baru berhati-hati. —*kki.* dikunci *My car door won't l.* Pintu mobilku tak dpt dikunci. *This door locks on the outside* Pintu ini bisa dikunci dari luar. *The wheels locked* Rodanya macet. **to l. in** mengunci didlm. *to l. s.o. in a room* mengunci s.s.o. di kamar. *to be locked in* terkunci didlm. *to be locked in a death struggle* memiting satu sama lain sampai mati dlm pergulatan. *to be locked in each other's arms* terpiting dlm rangkulan masing-masing. **to l. out** mengunci sehingga orang tdk bisa masuk. *to l. out employees* tak memboléhkan pegawai masuk. *I found myself locked out* Pintunya dikunci dan saya tak bisa masuk. **to l. up** mengunci, membui. *He was locked up for disorderly conduct* Ia dimasukkan kedlm penjara karena pengacauan. *You l. up; I'm going home* Kau tutup toko itu. Saya akan pulang. **lock-box** *kb.* peti uang.
locker /'lakər/ *kb.* 1 lemari (di sekolah, di stasion). 2 ruangan yg diberi berhawa dingin utk menyimpan bahan makanan yg di-éskan. *l. room* ruangan dgn lemari utk menyimpan alat-alat atau pakaian, kamar pakaian di tempat berolahraga.
locket /'lakit/ *kb.* anting-anting tempat menyimpan potrét atau seikat rambut.
lockjaw /'lak'jɔ/ *kb.* kejang mulut.
lockout /'lak'awt/ *kb.* larangan bekerja.
locksmith /'lak'smith/ *kb.* tukang kunci.
lockup /'lak'ʌp/ *kb.* kamar tahanan, penjara, kerangkéng.
loco /'lowkow/ *ks. Sl.:* gila.
locomotion /'lowkə'mowsyən/ *kb.* daya penggerak.
locomotive /'lowkə'mowtiv/ *kb.* lok(omotip). *l. engineer* masinis.
locus /'lowkəs/ *kb.* tempat (*of an infection, in geometry*).
locust /'lowkəst/ *kb.* uir-uir, belalang.
locution /low'kyuwsyən/ *kb.* cara berkata, cara mengungkapkan perasaan dan pikiran.
lode /lowd/ *kb.* lapisan.
lodestar /'lowd'star/ *kb.* 1 bintang yg dipakai sbg pedoman. 2 pedoman.
lodge /laj/ *kb.* 1 pondok, rumah kecil utk sementara. 2 tempat penginapan. —*kkt.* 1 mengajukan (*a complaint*). 2 meletakkan. *Authority is lodged with the president* Kekuasaan terletak di tangan présidén. —*kki.* 1 menginap (*at a resort*). 2 menyangkut. *The seed lodged in my throat* Biji itu tersangkut didlm tenggorokanku. *The bullet lodged in the stomach* Pélor itu tertanam di perutnya. **to l. with** indekos. —**lodging** *kb.* penginapan, pondokan. *to live in furnished lodgings* menempati kamar séwaan yg dilengkapi perabot rumah. *l. house* rumah penginapan.
lodger /'lajər/ *kb.* penumpang makan, pemondok, orang indekos.
loft /lɔft/ *kb.* 1 loténg (*in a barn*). 2 serambi tinggi (*in church*). 3 kandang. *pigeon l.* kandang burung merpati.
lofty /'lɔftie/ *ks.* 1 tinggi. *l. peak* puncak yg tinggi. 2 agung, mulia, megah. *l. thoughts* pikiran-pikiran yg mulia. 3 angkuh, sombong. *to put on l. airs* menyombong, menjadi sombong, pasang aksi. —**loftily** *kk.* dgn angkuh.
log /lɔg, lag/ *kb.* 1 batang kayu, kayu bundar/gelondongan. *l. cabin* rumah dibangun dari batang-batang kayu. 2 *Nav.:* buku harian (pd kapal atau pesawat terbang). *to sleep like a l.* tidur nyenyak sekali. —*kkt.* 1 menempuh. 2 (*to record*) mencatatkan dlm buku harian.
log, log. [*logarithm*] logaritma.
logarithm /'lɔgərithəm, 'lag-/ *kb.* logaritma.
logarithmic /'lɔgə'rithmik, 'lag-/ *ks.* yg berk. dgn logaritma. *l. table* daftar logaritma.
loge /lowzy/ *kb.* lose.
logger /'lɔgər, 'lag-/ *kb.* tukang tebang kayu.
loggerhead /'lɔgər'hed, 'lag-/ *kb.* **at loggerheads** bertengkar, berselisih, bercékcok.
logic /'lajik/ *kb.* logika, ilmu mantik. *to follow s.o's l.* mengikuti jalan pemikiran s.s.o.
logical /'lajəkəl/ *ks.* logis. *l. outcome* akibat yg logis. *He has a l. sequence of thoughts* Cara berpikirnya logis.
logician /low'jisyən/ *kb.* ahli logika/mantik.

logistics /low'jistiks/ *kb.* logistik.
logjam /'lɔg'jæm, 'lag-/ *kb.* jalan buntu, kemacetan.
logrolling /'lɔg'rowling, 'lag-/ *kb.* balas jasa (politik).
loin /loin/ *kb.* daging pinggang. *l. chop* sepotong daging pinggang. —**loins** *j.* pinggang, sulbi. *to gird up o's loins* bersiap-siap, bersiap sedia.
loincloth /'loin'klɔth/ *kb.* kain pinggang, cawat.
loiter /'loitər/ *kki.* bergelandangan, berkeliaran. *Don't l. on the way* Jangan mundar-mandir di jalan. *No loitering* Tak boléh mundar-mandir (disini).
loiterer /'loitərər/ *kb.* orang gelandangan, orang yg luntang-lanting.
loll /lal/ *kki.* 1 bermalas-malas. 2 bertiduran atau bersandar secara malas.
lollipop /'laliepap/ *kb.* gula-gula (dilekatkan pd sepotong kayu tusuk).
lone /lown/ *ks.* 1 satu-satunya. *l. survivor* satu-satunya yg selamat. 2 sendirian. *that poor l. woman* perempuan melarat yg sendirian itu. **l. wolf** seorang yg suka bekerja sendirian.
loneliness /'lownlienəs/ *kb.* kesepian, kelengangan.
lonely /'lownlie/ *ks.* sepi, sunyi, lengang. *l. spot* tempat yg sepi. *She looks l.* Ia nampaknya kesepian.
loner /'lownər/ *kb. Inf.:* seorang penyendiri.
lonesome /'lownsəm/ *ks.* 1 kesepian. *She's l.* Ia kesepian. 2 sepi. *l. road* jalan sepi. 3 rindu. *to be l. for o's family* rindu kpd keluarganya.
long /lɔng, lang/ *kb.* **two shorts and a l.** dua péndék dan satu (bunyi pluit) panjang. *before l.* tak lama lagi. *the l. and the short of it* ringkasnya, intinya. —*ks.* 1 panjang (*of speech, room*). *three feet l.* tiga kaki panjang. *to make a l. story short* memperpéndék cerita yg panjang. *to take the longest way round* mengambil jalan yg panjang. *The days are getting longer* Hari makin menjadi panjang. 2 lama. *to take a l. time* memakan waktu lama. *How l. is the vacation?* Berapa lama pakansinya/liburnya? *For a l. time he was thought to be dead* Lama sekali ia dikira tlh mati. *I'll be here two days at the longest* Paling lama saya akan dua hari (ber)ada disini. *l. memory* ingatan yg lama. *a l. time ago* dahulu, waktu yg lampau. *He was a l. time getting here* Lama sekali baginya utk datang kemari. 3 kuat. *a l. time ahead* jauh sblm itu. *This restaurant has the best food by a l. way* Menurut ukuran apapun réstoran ini makanannya paling baik. *We are a l. way from our goal* Kami masih jauh dari tujuan kami. **l. on** dgn banyak. *l. on ideas, short on money* banyak akal, kurang uang. —*kkt.* lama. *to stay l.* tinggal lama. *to talk all day l.* bercakap sepanjang hari. *l. ago* zaman dulu. *Have you been here l.?* Apakah saudara tlh lama disini? *I only had l. enough to...* Saya hanya sempat utk.... *to be l. in making a decision* mengambil waktu lama utk mengambil keputusan. *Don't be l. about it!* Jangan pikir terlalu lama utk itu! *It won't take l.* Tak akan lama sekali (selesai). *Don't be gone l.* Jangan lama pergi. *How l. will it be till he returns?* Berapa lama ia akan kembali? *She had an accident not l. ago* Ia mendapat kecelakaan tak berapa lama ini. *to work l. and hard* bekerja lama serta keras. *I haven't time to talk longer* Saya tak ada waktu utk berbicara lebih lama lagi. *I can't stand that noise any longer* Aku tak tahan mendengar suara ribut itu lebih lama lagi. **as l. as** 1 selama. *Keep the book as l. as you like* Pakailah buku itu selama kau menghendakinya. 2 asalkan, asal saja, selama, jikalau. *As l. as you know what to do...* Asalkan kau tahu saja apa yg hrs diperbuat.... *l. in advance* jauh sblm itu. *l. since past* tlh lama berselang. *So l.!* Sampai

ketemu lagi! —*kki.* 1 ingin. *to l. for a vacation* ingin mendapat libur. *to l. to* ingin sekali. 2 rindu. *to l. for home* merindukan kampung halaman. **l. distance** interlokal. *l.-distance call* télepon interlokal. *l.-distance runner* pelari jarak jauh. **l. division** suatu cara membagi dlm ilmu hitung yg setingkat demi setingkat dipakai utk membagi jumlah yg besar-besar. *long-drawn-out tale* cerita secara bertélé-télé.
long-haired *ks.* yg berambut panjang. **l. haul** perjalanan berat dan lama. *over the l. haul* selama perjalanan (yg sukar itu), keseluruhannya. **l. house** rumah panjang. **long-lived** *ks.* berumur panjang. *long-lost friend* kawan yg sdh lama hilang. *long-playing record* piringan hitam yg lama berputar. **long-range** *ks.* 1 jangka panjang (*of plans*). 2 jarak jauh. *l.-range bomber* pembom jarak jauh. *The l.-range effects are still not known* Akibat-akibatnya yg luas masih blm diketahui. *Inf.:* **l. shot** sedikit kemungkinannya. *long-sleeve(d) shirt* keméja yg berlengan panjang. **long-standing** *ks.* sdh berjalan lama. *l.-standing engagement* janji yg tlh lama. *l.-standing offer* tawaran yg lama berlaku(nya).
long-suffering *ks.* tlh lama menderita. **l. suit** keunggulan, kemahiran. **long-term** *ks.* yg lama. *l.-term loan* pinjaman jangka panjang. **long-time** *ks.* (tlh) lama. *l.-time socialist* seorang sosialis kawakan. **l. ton** 2.240 pon. **long-winded** *ks.* 1 bertélé-télé (*of a speaker*). 2 panjang napasnya, berketiak ular (*of runner*). —**longing** *kb.* rindu, keinginan. *My l. for you is great* Besar rinduku kepadamu. *She has a l. for watermelon* Ia ingin sekali makan semangka.

long. [*longitude*] garis bujur.
longevity /lan'jevətie/ *kb.* umur panjang, usia lanjut, dirgahayu.
longhair /'lɔng'hær, 'lang-/ *kb.* 1 *Sl.*: orang intelék, seniman. 2 *Sl.*: pengarang, penggemar/pemain musik klasik.
longhand /'lɔng'hænd, 'lang-/ *kb.* tulisan tangan.
longish /'lɔngisy, 'langisy/ *ks.* agak panjang.
longitude /'lanjətuwd, -tyuwd/ *kb.* garis bujur.
longitudinal /lanjə'tuwdənəl, -'tyuw-/ *ks.* membujur. *l. beam* batang membujur.
longshoreman /'lɔng'syowrmən, 'lang-/ *kb.* (*j. -men*) buruh/pekerja pelabuhan.
longways /'lɔng'weiz, 'lang-/ *kk.* membujur.
longwise /'lɔng'waiz, 'lang-/ *kk.* membujur.
look /luk/ *kb.* pandangan. *Let's have a l.* Marilah menéngok. *Take another l.* Lihatlah sekali lagi. *to take a l. (around)* melihat-lihat, meninjau. —**looks** *j.* 1 wajah, paras. *Her looks were against her* Wajahnya tdk menguntungkan baginya. *Don't judge people by their looks* Jangan menaksir orang berdasarkan rupanya. *good looks* ketampanan. *Looks can be deceiving* Rupa orang dpt memberi kesan yg keliru. 2 corak. *I don't like the looks of the affair* Aku tak suka corak perkara itu. —*kkt.* nampak. *You l. a mess* Kau nampaknya kotor sekali. *You l. six feet* Tinggimu spt enam kaki. *to l. the part* cocok sekali dgn peran itu. *He doesn't l. himself since his illness* Sejak sakitnya itu kelihatannya tdk spt biasa. *He doesn't l. his age* Ia kelihatan lebih muda drpd umurnya yg sebenarnya. *L. me in the eye* Coba pandang muka saya. *I can never l. him in the face again* Saya tak akan berani lagi memandang mukanya. *to l. the other way* pura-pura tak tahu, melihat ke arah lain. *to l. s.o. up and down* melihat s.s.o. dari kaki ke kepala dan sebaliknya. —*kki.* 1 melihat. *L. and see what time it is* Pergilah melihat jam berapa sekarang. 2 kelihatan. *She looks young for her age* Ia kelihatan lebih muda

drpd umurnya yg sebenarnya. *to l. well* kelihatan baik. *to l. happy* kelihatan gembira. *How do these shoes l.?* Bagaimana kelihatannya sepatu ini? *He looks as if he wants to leave* Kelihatannya ia akan pergi/berangkat. 3 begini. *L., the idea is this* Begini, maksudnya ialah. :: *Things don't l. good* Keadaan tdk begitu menyenangkan. *Red doesn't l. good on you* Warna mérah tak cocok buat kamu. *It doesn't l. to me as if he is right* Saya rasa ia salah. *L. before you leap* Pikirkan dahulu baik-baik sblm berbuat s.s.t. **to l. about** melihat-lihat. *to l. about for a job* mencari-cari pekerjaan. **to l. after** 1 memelihara (*a garden*). 2 menjaga (*children*). 3 mengurus. *to l. after s.o's interests* mengurus kepentingan s.s.o. **to l. ahead** memandang kemuka. **to l. around** melihat-lihat. *to l. around for an escape* mencari-cari jalan utk lolos. **to l. at** 1 melihat (kpd). *Just l. at what you've done!* Lihatlah apa yg kaukerjakan! *to l. at o's watch* melihat kpd arlojinya. *What are you looking at?* Apa yg kaulihat/kauperhatikan? *She won't l. at any other man* Ia tak akan melihat kpd lelaki lain. *To l. at him one would think that...* Kalau melihat kepadanya orang akan mengira bhw.... 2 memandang kpd. *Don't l. at me; I didn't do it* Jangan memandang kpd saya; bukan saya yg mengerjakan. *She's not much to l. at* Ia tak menarik sama sekali. *She has a strange way of looking at things* Cara mempertimbangkannya anéh sama sekali. **to l. away** memalingkan muka. **to l. back** menoléh kebelakang. *to l. back on the incident* mengingat kembali kpd peristiwa itu. **to l. down** menoléh kebawah. *to l. down on s.o.* memandang rendah kpd s.s.o. **to l. for** mencari. *I'm looking for my friend* Aku sedang mencari kawanku. **to l. in** singgah, mampir. *to l. in at the office* mampir di kantor. *to l. in on a patient* menjenguk sisakit. **to l. into** memeriksa (*a matter, problem*). *to l. into the sun* memandang matahari. **to l. like** menyerupai. *to l. like o's father* menyerupai ayahnya. *It looks like rain* Nampaknya spt akan hujan. **to l. on** 1 melihat. *to l. on a parade* memandang pawai. 2 menganggap. *to l. on s.o. as a friend* menganggap s.s.o. sbg seorang kawan. 3 menyaksikan. *to l. on while s.o. fights* menyaksikan seraya s.s.o. berkelahi. **to l. out** berhati-hati. *L. out!* Awas! *to l. out for awas/hati-hati thd. *L. out for snakes!* Awaslah thd ular-ular! *to l. out for the child* mengawasi anak itu. *to l. out on* menghadap (ke). **to l. over** memeriksa (*a person, essay*). *to l. over s.o's shoulder* memandang melalui atas bahu s.s.o. *to l. s.o. over as a candidate* memeriksa s.s.o. sbg calon. *to l. over the paper* membaca koran. **to l. round** = TO L. AROUND. **to l. through** memeriksa. **to l. to** mengharapkan. *to l. to s.o. for guidance* mengharapkan pimpinan dari s.s.o. *We must l. to the future* Kita harus melihat/ memandang ke hari depan. *That room looks to the south* Kamar itu menghadap ke selatan. *L. to your immediate problems* Perhatikan soal-soal yg segera hrs kauselesaikan. **to l. up** 1 melihat keatas. *to visit my friend* Kunjungilah kawanku. *L. up the information* Carikanlah keterangan (**in** dlm). *Things are looking up* Keadaan menjadi baik. *to l. up to* menghormati, mengagumi. **to l. upon** menganggap. **look-in** *Sl.*: *kb.* 1 kesempatan. 2 pandangan cepat. *Sl.*: **look-see** *kb.* memandang/melihat dgn cepat/sepintas lalu. **looking** *glass* kaca, cermin.

looker /'lukər/ *kb. Sl.*: seorang yg menarik/tampan.

lookout /'luk'awt/ *kb.* 1 pengintai. 2 tempat meninjau. *to be on the l. for* mencari-cari. *to keep a sharp l. for* berjaga-jaga dgn waspada sekali, mengawasi baik-baik. *Inf.*: *It's your l.* Itu urusanmu sendiri.

loom /luwm/ *kb.* perkakas tenun. —*kki.* 1 nampak. *The mountaintop loomed through the fog* Puncak gunung itu nampak dgn samar-samar didlm kabut. 2 terbayang. *A vessel loomed across our bow* Sebuah kapal terbayang di arah haluan kapal kita. *Trouble loomed for them* Bahaya membayangi meréka. *to l. large* dianggap penting/besar.

loony /'luwnie/ *ks. Sl.*: gila.

loop /luwp/ *kb.* 1 ikal(an) (*of string, rope, garden hose*). 2 pesosok. 3 putaran (*in a road*). *The plane made a l.* Pesawat terbang itu terbang memutar. *Sl.*: **to knock for a l.** 1 memukul jungkir-balik. 2 membuat lemas. 3 mempesonakan/memaklukkan. *His handsome appearance knocked the girls for a l.* Tampangnya yg menarik mempesonakan gadis-gadis itu. *Sl.*: *In the exam I was thrown for a l.* Dlm ujian itu aku menjadi bingung. —*kkt.* menyimpulkan. *Av.*: *to l. the l.* terbang jungkir-balik.

loophole /'luwp'howl/ *kb.* jalan keluar, jalan utk lari/lolos/menerobos.

loose /luws/ *kb. Inf.*: **on the l.** bébas, lepas. —*ks.* 1 lepas. *l. pages* lembaran-lembaran yg lepas. 2 longgar. *l. window* jendéla yg longgar. *l. collar* léhér baju yg longgar. *This suit is l. on me* Setélan ini longgar utk saya. 3 goyah. *l. tooth* gigi yg goyah. 4 tak tepat. *He indulges in l. thinking* Ia memikirkan hal-hal yg tak tepat. 5 tak cocok. *The lock on the safe is l.* Kunci itu tak cocok utk peti uang itu. **to break l.** membébaskan diri. **to cast l.** melepas(kan). *The boat was cast l.* Perahu itu terlepas. **to come l.** longgar. **to cut l.** melepaskan diri. *to cut l. with an attack upon* mengadakan serangan thd. **to let l.** melepaskan. *to let l. a barrage of questions* melontarkan pertanyaan bertubi-tubi. **to run l.** menjadi liar. **to set/turn l.** melepaskan. —*kkt.* melepaskan (*a knot, an arrow*). *to l. a verbal blast at* melepaskan maki-makian thd. **l. cash** uang yg bisa dipakai. **l. connection** hubungan yg tdk erat. **loose-fitting** *ks.* longgar. **loose-jointed** *ks.* lemas lentur. **l. knot** ikatan (tali)/simpul (tali) yg lepas/longgar. **loose-leaf** *ks.* (ber)halaman lepas (*of a notebook*). **l. morals** moral yg longgar. **l. woman** wanita P. —**loosely** *kk.* dgn longgar. *l. tied* yg diikat dgn longgar.

loosen /'luwsən/ *kkt.* 1 melonggarkan (*collar*). 2 mengendurkan (*string*). 3 melepaskan, melonggarkan (*a knot, o's tie, a screw*).

looseness /'luwsnəs/ *kb.* kelonggaran (*of a collar, tooth*). *the l. of o's morals* kelonggaran/kebébasan moral. *the l. of o's skin* kulitnya yg longgar. *l. of terminology* istilah yg tak teratur.

loot /luwt/ *kb.* 1 barang rampasan/gedoran. 2 *Sl.*: uang. —*kkt.* merampok, merampas. —**looting** *kb.* perampasan, perampokan, penggedoran.

looter /'luwtər/ *kb.* perampas, perampok, penggedor.

lop /lap/ *kkt.* (**lopped**) memotong. *to l. off an ear* memotong telinga.

lope /lowp/ *kki.* berlari dgn lompatan.

lopsided /'lap'saidid/ *ks.* berat sebelah, miring, imbal. *to hang l.* tergantung miring. *to win by a l. score* menang dgn skor/biji yg menyolok.

loquacious /low'kweisyəs/ *ks.* suka berbicara/berkécék.

loquacity /low'kwæsətie/ *kb.* kesukaan berbicara/berkécék/berkecékan.

lord /lɔrd/ *kb.* 1 raja. *The lion is l.* Singa adalah raja. *to be l. of all one surveys* menguasai semua yg dilihatnya. **the L.** a) Tuhan. b) Jésus Kristus. *L. of Hosts* Tuhan. *in the year of our L.* dlm tahun Maséhi.

Good L.! Ja, Allah! —*kki.* **to l. (it) over** berbuat seolah-olah berkuasa atas. *the Lord's Prayer* doa pujaan ajaran Kristus. *Lord's Supper* Makan Malam Suci.

lordly /'lɔrdlie/ *ks.* bersifat agung/mulia.

lore /lowr/ *kb.* adat dan pengetahuan. *fishing l.* adat dan pengetahuan ttg memancing.

lose /luwz/ *kkt.* (**lost**) 1 kehilangan (*a pencil, o's nerve, a sale, the scent, an arm, an opportunity, o's life, strength*). *to l. ground to a competitor* kehilangan pasaran/pegangan thd seorang saingan. *to l. s.o. in the crowd* kehilangan s.s.o. ditengah orang ramai. 2 kalah dlm̀ (*a sports event*). 3 menjadi. *to l. o's hearing* menjadi tuli. *to l. o's mind* menjadi gila. *to l. o's temper* menjadi marah. 4 hilang. *to l. interest in* hilang perhatian kpd. :: *All aboard the plane were lost* Semua yg ada didlm pesawat itu téwas. *The rabbit lost the dogs* Kelinci itu lepas dari kejaran anjing-anjing itu. *to l. face* malu. *to be lost at sea* hilang/ mati di laut. *to l. a lob in the sun* tak melihat bola yg dipukul tinggi karena silaunya matahari. *My watch loses several minutes a day* Arloji saya terlambat beberapa menit sehari. *to l. o.s. in thought* tenggelam dlm tafakur. —*kki.* kalah. *Their team lost* Regu meréka kalah. *The motion lost* Usul itu kalah. **to l. (out) to** kalah dgn. —**lost** *ks.* 1 hilang, yg tersesat (*of a child, dog*). 2 yg sia-sia. *a l. cause* usaha yg sia-sia. 3 kebingungan, putus asa. *a l. soul* seorang yg kebingungan. *She's been lost since her husband's death* Hidupnya tak berketentuan sejak suaminya meninggal. *Her suitcase got lost* Kopornya hilang. **to be l. in** tenggelam. *to be l. in thought* tenggelam dlm pikiran/tafakur. **to be l. (up)on** tak mempengaruhi. *Your generosity is l. on Joe* Kebaikanmu utk Joe sia-sia belaka. *The joke was lost on me* Saya tak mengerti lelucon itu. **to be l. to** hilang bagi. *All was lost to me* Semuanya tlh hilang bagiku. *l. and found (office)* kantor tempat barang-barang hilang. **l. sheep** orang yg sesat cara hidupnya. —**losing** *ks.* **to play a l. game** menjalankan usaha yg akan menemui kegagalan.

loser /'luwzər/ *kb.* orang yg kalah. *to be a good l.* lapang hati walaupun kalah.

loss /lɔs/ *kb.* 1 kerugian. *to sustain a l.* menderita kerugian (*in a fire, on the stock market*). *His l. is our gain* Kerugiannya menguntungkan kita. *to cut losses* mengurangi kerugian. *to stand the l.* memikul kerugian. 2 kehilangan (*of electric power*). *a dead l.* kehilangan yg besar sekali. *l. of hearing* kehilangan pendengarannya. *The l. is mine* Sayalah yg kalah. *The team has three losses* Regu itu kalah tiga kali. *The l. of men was small* Hanya sedikit korban manusia. **at a l.** tdk mengerti. *I am at a l. as to why he came* Saya tdk mengerti mengapa ia datang. *The business is run at a l.* Perusahaan itu berjalan dgn menderita rugi. *to be at a l. for words* tak tahu apa yg hrs dikatakan. *to sell at a l.* menjual dgn rugi. *Sl.: to throw for a l.* membuat bingung. —**losses** *j.* 1 *Mil.:* korban jiwa. 2 *Fin.:* kerugian-kerugian.

lost /lɔst/ lih LOSE.

lot /lat/ *kb.* 1 bidang tanah, tanah kapling. *parking l.* tempat parkir. 2 kumpulan, tumpukan. *a bad l. of apples* sekumpulan buah apel yg jelék. 3 rombongan, kesatuan. *That whole group is an odd l.* Segenap rombongan itu merupakan rombongan yg anéh. *He's a bad l.* Ia termasuk jenis orang yg tdk baik. 4 bagian. *to divide into two lots* membagi dlm dua bagian. *to sell things in lots of three* menjual barang-barang sekali tiga. 5 nasib. *Poverty is his l.* Kemiskinan adalah nasibnya. *to cast/throw in o's l. with* mem-

pertaruhkan nasibnya dgn, memihak kpd, menggabungkan diri dgn. *to fall to s.o's l. to do the job* kebagian utk mengerjakan tugas itu. 6 undian, loteré. *to settle the matter by l.* memutuskan perkara dgn lotré. *to draw lots* mengundi, mengadakan undian. *Inf.:* **a l.** banyak. *a l. of money* banyak uang. *We saw quite a l. of her in Ithaca* Kami sering melihatnya di Ithaca. *I hate the l. of you* Saya benci kamu semua. —*kk.* jauh. *He looks a l. healthier* Ia nampak jauh lebih séhat. *to be a l. like s.o.* sangat menyerupai s.s.o. —**lots** *j. Inf.:* banyak. *lots of work* banyak pekerjaan. *to have lots of fun* banyak bersenang-senang. *kk.* lebih. *I feel lots better* Saya merasa jauh lebih énak (sekarang).

lotion /'lowsyən/ *kb.* air pembersih, losion.

lottery /'latərie/ *kb.* (*j.* **-ries**) loteré, undian. *to win a prize in a l.* kena/dapat loteré.

lotus /'lowtəs/ *kb.* teratai, seroja.

loud /lawd/ *ks.* 1 keras (*of cry, laugh, voice*). 2 menyolok (*of colors*). 3 *Inf.:* bising. *He tends to be too l.* Ia suka berbuat terlalu bising. *to be l. in o's praise* sangat memuji. *to think out l.* mengatakan apa yg sedang dipikirkan. —**loudly** *kk.* dgn keras-keras.

loudmouth /'lawd'mawth/ *kb.* pembual besar.

loudmouthed /'lawd'mawTHd/ *ks.* suka berbicara dgn keras.

loudness /'lawdnəs/ *kb.* 1 kerasnya/kekerasan suara. 2 kebisingan.

loudspeaker /'lawd'spiekər/ *kb.* pengeras suara.

lounge /lawnj/ *kb.* 1 kamar duduk. *l. car* keréta tempat duduk. 2 kursi panjang. —*kki.* **to l. about/ around** bermalas-malas.

louse /laws/ *kb.* kutu, tuma, caplak. —*kkt. Sl.:* **to l. up** merusak (*an exam, song, joke*).

lousy /'lawzie/ *ks.* 1 *Sl.:* jelék (*of a movie*). *l. trick* muslihat yg amat buruk. *to look l. in furs* tampak jelék dlm baju bulu. 2 penuh kutu (*of a dog, cat*). *Sl.:* **to be l. with** mempunyai banyak.

lout /lawt/ *kb.* 1 orang dusun/udik. 2 orang yg kaku.

louver /'luwvər/ *kb.* jalur hias pd jendéla.

lovable /'lʌvəbəl/ *ks.* yg menimbulkan sayang, yg memikat, yg mendatangkan kesayangan.

love /lʌv/ *kb.* 1 cinta, asmara. *L. is blind* Cinta itu buta. *It was l. at first sight* Asmara pd pandangan pertama. *She's in l.* Ia jatuh cinta. *to fall in l.* jatuh cinta. *to make l.* bercinta-cintaan, berkasih-kasihan, merayu, mencumbu. *for l. of money* karena cinta pd uang. *to be in l. with* saling mencintai. *Give my l. to your parents* Salamku kpd orang tuamu. 2 kecintaan. *her l. of Indonesia* kecintaannya kpd Indonésia. 3 kasih. *God's l.* kasih Tuhan. 4 kasih sayang. *her l. for her child* kasih sayangnya kpd anaknya. 5 *Tenn.:* kosong, nol. *l. fifteen* nol lima-belas. *l. all* nol-nol, kosong-kosong. 6 pacar, kekasih. *an old l. of mine* pacarku témpo dulu. **for l,** cuma-cuma. *to do s.t. for l.* melakukan s.s.t. karena rasa cinta. *to work for l.* bekerja cuma-cuma. **for l. or money** bagaimanapun. *You couldn't buy that for l. or money* Saudara tak akan dpt membelinya dgn jalan bagaimanapun. *I wouldn't go for l. or money* Aku tak akan pergi biar dibujuk atau diupahi. **for the l. of** demi. *to learn Spanish for the l. of it* belajar bahasa Spanyol karena suka pd bahasa itu. *Sl.: For the l. of Mike!* Demi Allah! *No l. was lost between them* Meréka saling membenci. —*kkt.* 1 cinta pd. *John loves Mary* John cinta pd Mary. 2 gemar kpd akan. *to l. books* gemar akan buku. —*kki.* mencintai. *I shall never l. again* Saya tak akan mencintai lagi. *to l. to dance* suka berdansa. *I'd l. to* Saya mau sekali. **l. affair** perkara percintaan, hubungan asmara. **l. child** anak haram. **l. game** permainan yg dimenangkan dgn sempurna. **l. letter** surat cinta. **love-making** *kb.* permainan cinta, cara berkasih-kasihan, rayuan asmara. **l. match** perkawinan karena cinta semata-mata. **l. potion** obat pembangkit cinta, obat guna. **l. seat** tempat duduk utk berdua. **l. song** lagu asmara/percintaan. **l. story** kisah asmara/cinta. **l. triangle** cinta segitiga. **—loving** *ks.* penuh kasih. *l. cup* piala.

lovebird /'lʌv'bərd/ *kb.* orang yg sedang berkasih-kasihan.

loveliness /'lʌvliənəs/ *kb.* kemolékan, kecantikan.

lovelorn /'lʌv'lɔrn/ *ks.* mabuk cinta. *advice to the l.* naséhat kpd orang yg patah cinta itu.

lovely /'lʌvlie/ *ks.* 1 bagus. *l. hands* tangan yg bagus. 2 menyenangkan sekali (*of a party*). 3 élok-élok (*of a gift*). *Inf.:* *It was l. of you to have us* Kamu begitu baik budi utk mengundang kami.

lover /'lʌvər/ *kb.* 1 kekasih. 2 penggemar, pencinta (*of opera*).

lovesick /'lʌv'sik/ *ks.* sakit karena cinta, mabuk kepayang.

low /low/ *kb.* 1 udara dingin. *The temperature hit a l. of −10°* Suhu turun serendah minus 10°. 2 persnéling rendah/satu. *to shift/throw into l.* memakai persnéling satu. 3 dasar. *Prices hit a l.* Harga-harga mencapai dasar. **—kki.** menguak (*of cattle*). **—ks.** 1 rendah (*of furniture, voice, grades, water pressure, spirits, temperature*). *She has a l. opinion of herself* Ia memandang rendah dirinya sendiri. 2 keji, hina. *That was l. of him* Perbuatannya itu hina. 3 murah. *I bought this book at a l. price* Saya membeli buku ini dgn murah sekali. 4 sedikit. *My savings are l.* Tabunganku di bank tinggal sedikit. *His morale is l.* Ia tdk bersemangat. **—kk.** 1 sedikit. *The gas is running l.* Bénsinnya hampir habis. 2 tipis. *Our supplies are getting/running l.* Persediaan kami menjadi tipis. 3 rendah. *to turn the light down l.* memutar lampu-lampu itu menjadi sangat rendah. 4 murung, sedih. *I feel l. today* Aku merasa murung hari ini. **to lay l.** 1 memusnahkan. 2 memukul sampai jatuh. *He was laid l. by pneumonia* Ia jatuh sakit kena radang paru-paru. *Inf.:* **to lie l.** menyembunyikan diri, berdiam diri. *to stoop l.* membongkok rendah. *Inf.:* **low-down** *kb.* keterangan, kenyataan yg sebenarnya. *ks.* curang. **lowest common denominator** pembagi bersama yg terkecil. **l. gear** persnéling satu. **low-grade** *ks.* yg mutunya rendah. **low-key** *ks.* nada rendah. **low-lying** *ks.* (yg) rendah (letaknya). **low-pitched** *ks.* bernada rendah. **low-pressure** *ks.* tekanan rendah. *l.-pressure front* lapisan udara bertekanan rendah. **low-spirited** *ks.* murung, sedih. **l. spirits** hati murung. **l. tide** air surut. **low-water mark** a) titik terendah. b) tanda yg menyatakan air surut.

lowbrow /'low'braw/ *kb. Inf.:* orang yg tak tahu-menahu, orang yg tak menghargai inteligén atau budaya.

lower /'lowər/ *kkt.* 1 menurunkan (*price, window, box, flag*). *L. away!* Turunkanlah! 2 merendahkan, melembutkan (*o's voice*). *to l. o.s.* merendahkan (martabat) dirinya. 3 mengurangi (*water*). **l. berth** tempat tidur bagian bawah. **l. case** huruf kecil. **L. House** Majelis Rendah. **l. regions** neraka. **—lowering** *kb.* merendahkan, menurunkan, pengurangan.

lowland /'lowlənd/ *kb.* daérah lembah, dataran yg rendah.

lowliness /'lowliənəs/ *kb.* kerendahan hati.

lowly /'lowlie/ *ks.* rendah(an). *a l. clerk* jurutulis yg rendah.

lowminded /'low'maindid/ *ks.* berbudi rendah, busuk hati.

loyal /'loiəl/ *ks.* setia (**to** pd).

loyalty /'loiəltie/ *kb.* (*j.* **-ties**) kesetiaan (**to** kpd). *l. oath* sumpah setia.

lozenge /'lazinj/ *kb.* obat batuk yg berupa manisan atau tablét.

LP /'el'pie/ [*Long Playing (record)*] *kb.* piringan hitam yg lama mainnya.

LSD /'el'es'die/ [*lysergic acid diethylamide*] *kb.* sm obat bius yg keras. lih ᴀᴄɪᴅ.

l.s.t. [*local standard time*] waktu tolok setempat.

Lt. [*lieutenant*] létnan.

Lt.-Col. [*lieutenant-colonel*] létnan kolonél.

Lt.-Comdr. [*lieutenant-commander*] mayor (AL).

Ltd., ltd. [*Limited*] Perséroan Terbatas.

ltr. [*letter*] surat.

lubricant /'luwbrəkənt/ *kb.* minyak lincir (gemuk), minyak pelumas.

lubricate /'luwbrəkeit/ *kkt.* meminyaki. *lubricating oil* minyak pelumas.

lubrication /'luwbrə'keisyən/ *kb.* pemberian minyak (lincir).

lucid /'luwsid/ *ks.* jelas. *l. moments* saat-saat berpikiran terang, saat-saat yg cerah.

lucidity /luw'sidətie/ *kb.* keadaan yg terang/jelas/jernih.

luck /lʌk/ *kb.* 1 keuntungan, kemujuran. *to be a real piece of l.* merupakan suatu kemujuran. *to have good l.* beruntung. *Here's a quarter for l.* Ini uang setalén utk mengadu untung. *to be in l.* beruntung. *to be out of l.* sedang sial, tdk beruntung. *Inf.:* **to push o's l.** mengejar rezeki/keuntungan yg berlebih-lebihan. *to try o's l. at* mencoba keuntungan dlm, mengadu untung dlm. 2 nasib. *As l. would have it...* Sdh menjadi nasib bhw.... *Just my l.!* Sialan! *worse l.* sialan. *I had the worst l. yesterday* Kemarin aku sangat sial. *Better l. next time* Mudah-mudahan lebih berhasil lain kali. *Inf.:* **down on o's l.** sedang malang.

lucky /'lʌkie/ *ks.* mujur, untung. *a l. person* seorang yg mujur. *my l. star* bintangku yg mujur. *It was l. you came* Mujurlah kau datang. *He's a l. dog!* Ia seorang yg beruntung! *This is my l. day* Hari beruntung bagi saya. **l. hit** témbakan/pukulan yg kena/mujur. **—luckily** *kk.* mujurlah, untunglah.

lucrative /'luwkrətiv/ *ks.* menguntungkan.

lucre /'luwkər/ *kb.* uang.

ludicrous /'luwdəkrəs/ *ks.* lucu, menggelikan.

lug /lʌg/ (**lugged**) membawa, mengangkat.

luggage /'lʌgij/ *kb.* bagasi, barang-barang.

lugubrious /luw'guwbriəs/ *ks.* murung, penuh kesedihan.

lukewarm /'luwk'wɔrm/ *ks.* suam(-suam), hangat kuku.

lull /lʌl/ *kb.* ketenangan, keteduhan. **—kkt.** 1 meredakan (*o's fears*). 2 menidurkan (*a child to sleep*).

lullaby /'lʌləbai/ *kb.* (*j.* **-bies**) ninabobok.

lulu /'luwluw/ *kb. Sl.:* seorang atau s.s.t. yg hébat.

lumbago /lʌm'beigow/ *kb.* sakit pinggang, éncok sengal pinggang.

lumber /'lʌmbər/ *kb.* kayu. **—kki.** berjalan dgn susah payah. **l. jacket** jakét modél penebang pohon. **—lumbering** *ks.* lamban, berat dan lambat geraknya (*of a plane*).

lumberjack /'lʌmbər'jæk/ *kb.* penebang pohon.

lumberyard /'lʌmbər'yard/ *kb.* tempat penjualan kayu.

luminary /'luwmə'nerie/ *kb.* (*j.* **-ries**) orang termasyhur, seorang bintang.

luminous /'luwmənəs/ *ks.* bercahaya, berkilauan. *l. hands of a clock* jarum jam yg bercahaya.

lump /lʌmp/ *kb.* 1 gumpalan (*of dirt*). 2 bungkah (*of sugar*). 3 potong (*of coal*). 4 bengkak (*on the neck*). *That sauce has too many lumps in it* Kuah itu tdk halus. *I have a l. in my throat* Perasaanku tersumbat pd tenggorokan. *—kkt. Inf.: If you don't like the job you can l. it* Kalau kau tak suka pd pekerjaan itu kau sebaiknya bersabar saja. **to l. together** menyatukan, mengumpulkan. **l. sugar** gula batu. **l. sum** jumlah bulat. *to receive o's pay in a l. sum* menerima upahnya sekaligus.

lumpy /'lʌmpie/ *ks.* tdk halus, kental.

lunacy /'luwnəsie/ *kb.* (*j.* **-cies**) 1 kegilaan. 2 suatu perbuatan yg kegila-gilaan.

lunar /'luwnər/ *ks.* yg berk. dgn bulan. *l. eclipse* gerhana bulan. *l. probe* penyelidikan bulan. *l. year* tahun kamariah (kira-kira 354.5 hari).

lunatic /'luwnətik/ *kb.* orang gila. *—ks.* fanatik, gila.

lunch /lʌnc/ *kb.* makan siang. *quick l.* makan siang cepat-cepat. *l. time* waktu makan siang. *—kki.* makan siang.

luncheon /'lʌncən/ *kb.* 1 makan siang. 2 pertemuan makan siang.

luncheonette /'lʌncə'net/ *kb.* réstoran yg menyediakan makan siang atau makanan-makanan ringan.

lunchroom /'lʌnc'rum/ *kb.* 1 = LUNCHEONETTE. 2 kamar/ruangan tempat makan siang.

lung /lʌng/ *kb.* paru-paru. *l. inflammation* radang paru(-paru). *to yell at the top of o's lungs* berteriak sekuat-kuatnya.

lunge /lʌnj/ *kb.* sergapan, terjangan, serbuan mendadak. *—kki.* menyerang, menyergap. *to l. at s.o.* menyerang s.s.o.

lurch /lərc/ *kb.* gerakan yg tiba-tiba. *to make a sudden l.* tiba-tiba bergerak. *to leave s.o. in the l.* meninggalkan s.s.o. dlm kesukaran. *—kki.* bergerak/maju dgn tiba-tiba.

lure /lur/ *kb.* pikatan, daya tarik, iming-imingan, bujukan. *—kkt.* memikat. *to l. s.o. away with the promise of* memikat s.s.o. dgn janji. *to l. s.o. on* menarik perhatian s.s.o., menggoda s.s.o.

lurid /'lurid/ *ks.* seram, mengerikan. *l. account* cerita yg seram.

lurk /lərk/ *kki.* bersembunyi. *to l. in the dark* mengintai di tempat gelap. **lurking** *suspicion* kecurigaan yg tersembunyi.

luscious /'lʌsyəs/ *ks.* 1 lezat. 2 énak.

lush /lʌsy/ *kb. Sl.:* pemabuk. *—ks.* 1 subur (*of pasture*). 2 lebat (*of underbrush, jungle*).

lust /lʌst/ *kb.* 1 nafsu, berahi, gairah. *evil l.* nafsu jahat. 2 keinginan yg sangat kuat. 3 syahwat. *He has a l. for power* Ia gila akan kekuasaan. *—kki.* ingin. *to l. after a woman* mempunyai nafsu-birahi thd seorang wanita. *to l. for money* gila uang.

luster /'lʌstər/ *kb.* 1 kilauan (*of metal*). 2 kemasyhuran, keharuman.

lusterless /'lʌstərləs/ *ks.* tak bercahaya (*of hair, metal*).

lustful /'lʌstful/ *ks.* penuh gairah, bernafsu.

lusty /'lʌstie/ *ks.* kuat dan séhat. *—***lustily** *kk.* keras lagi segar.

lute /luwt/ *kb.* sm kecapi.

luxuriant /lʌg'zyurieənt/ *ks.* subur (*of grass, beard*).

luxuriate /lʌg'zyurieeit/ *kki.* menikmatkan diri.

luxurious /lʌg'zyurieəs/ *ks.* méwah.

luxury /'lʌgzyərie, 'lʌksyərie/ *kb.* (*j.* **-ries**) 1 keméwahan. 2 barang méwah. *A car is a l.* Mobil merupakan barang méwah. *He can afford some luxuries* Ia dpt hidup agak méwah. *l. liner* kapal pesiar.

lye /lai/ *kb.* cairan/larutan alkali.

lying /'laiing/ lih LIE.

lymph /limf/ *kb.* getah bening. *l. gland* kelenjar getah.

lynch /linc/ *kkt.* menghukum mati tanpa pemeriksaan pengadilan.

lyric /'lirik/ *kb.* syair, lirik, sanjak. *—***lyrics** *j.* sajak utk nyanyian. *—ks.* liris. *l. poet* penyair yg liris.

lyrical /'lirəkəl/ *ks.* penuh dgn kata-kata pujian (**about, over**) thd).

M

M, m /em/ *kb.* huruf ketigabelas dari abjad Inggeris.

m. 1 [*male, masculine*] maskulin, jantan. 2 [*meter(s)*] méter. *m²* méter persegi. *m³* méter kubik. 3 [*minute(s)*] menit. 4 [*mile(s)*] mil.

M. [*Monday*] hari Senin.

ma /mɔ, ma/ *kb.* bu.

M.A. [*Master of Arts*] Sarjana (gelar yg diberikan oléh universitas kpd s.s.o. yg tlh selesai belajar tingkatan universitas lanjutan).

ma'am /mæm/ *kb. Inf.*: bu, nyonya.

Mac /mæk/ *kb. Sl.*: bang, bung (kata panggilan).

macabre /mə'kabrə/ *ks.* mengerikan, menakutkan.

macadam /mə'kædəm/ *kb.* jalan aspal.

macaroni /'mækə'rownie/ *kb.* makaroni.

mace /meis/ *kb.* 1 (*spice*) bunga pala. 2 tongkat kebesaran.

machination /'mækə'neisyən/ *kb.* akal bulus, intrik, kasak-kusuk.

machine /mə'syien/ *kb.* 1 mesin. 2 mobil, 3 organisasi. *the political m.* organisasi partai, seluruh perlengkapan dan tenaga partai. **the m. age** abad mesin. **m. gun** senapan mesin. *to m.-gun* menyenapanmesin, menémbak dgn senapan mesin. **m. gunner** penémbak dgn senapan mesin. **machine-made** *ks.* dibuat dgn mesin, jahitan mesin. **m. shop** béngkél. **m. tool** alat-alat bermesin.

machinery /mə'syienərie/ *kb.* (*j.* **-ries**) 1 mesin, mesin-mesin. 2 perlengkapan (*for an election*).

machinist /mə'syienist/ *kb.* masinis, ahli mesin.

mackerel /'mækərəl/ *kb.* sej. ikan air tawar.

macrocosm /'mækrəkazəm/ *kb.* makrokosma, alam semésta.

macron /'meikran, 'mæ-/ *kb.* garis makron.

mad /mæd/ *ks.* 1 marah. *to be m. at* marah kpd. *to get m.* naik pitam, menjadi marah. *to go m.* menjadi gila. *m. as hops* sangat marah. 2 gemar sekali. *to be m. about sports* gemar sekali akan olah raga. *to be m. about s.o.* sangat cinta kpd s.s.o. 3 gila. *m. dog* anjing gila. 4 édan. *He's m. to pay that much* Dia édan membayar begitu banyak. *Inf.*: **like m.** dgn cepat sekali. *to drive like m.* mengendarai mobil dgn cepat sekali. —**madly** *kk.* sangat, mabuk. *m. in love* mabuk cinta.

madam /'mædəm/ *kb.* nyonya. *M. chairman* Nyonya/Ibu ketua.

madame /mə'dæm/ *kb.* nyonya, ibu.

madcap /'mæd'kæp/ *ks.* yg bukan-bukan, gila.

madden /'mædən/ *kkt.* memarahkan. —**maddening** *ks.* menjéngkélkan.

made /meid/ *lih* MAKE.

madhouse /'mæd'haws/ *kb.* rumah gila. *It's like a m.* Tempat ini jadi gaduh dan membingungkan sekali.

madman /'mæd'mæn/ *kb.* (*j.* **-men**) orang gila.

madness /'mædnəs/ *kb.* 1 kegilaan. 2 penyakit gila.

maestro /'maistrow/ *kb.* 1 pemimpin orkés simfoni. 2 ahli musik.

Mae West /'mei'west/ *kb.* baju pelampung.

magazine /'mægə'zien/ *kb.* 1 majalah. 2 (*powder*) gudang senjata. 3 tempat peluru/pélor/mesiu.

maggot /'mægət/ *kb.* tempayak, belatung, ber(e)nga.

magic /'mæjik/ *kb.* 1 sihir. 2 main su(ng)lap. 3 gaya tarik. *the m. of electronics* gaya tarik éléktronika. —*ks.* gaib. *m. power* kekuatan gaib, daya sihir. *Her voice has a m. quality about it* Suaranya mempesonakan sekali. *Say the m. word* Bacalah mantera itu. *m. eye* = ELECTRIC EYE.

magical /'mæjəkəl/ *ks.* gaib. *m. powers* tenaga-tenaga gaib.

magician /mə'jisyən/ *kb.* tukang sihir/sulap.

magistrate /'mæjistreit, -strit/ *kb.* hakim.

magnanimity /'mægnə'nimətie/ *kb.* (*j.* **-ties**) keluhuran buḍi, kemurahan hati.

magnanimous /mæg'nænəməs/ *ks.* murah hati.

magnate /'mægneit/ *kb.* tokoh terkemuka, jago. *steel m.* tokoh terkemuka dlm perusahaan baja.

magnet /'mægnit/ *kb.* 1 maknit, besi/batu berani. 2 daya penarik.

magnetic /mæg'netik/ *ks.* 1 maknit. *m. compass* kompas maknit. 2 amat menarik. *m. personality* kepribadian yg amat menarik. **m. field** médan gaya. **m. tape** pita perekam suara.

magnetism /'mægnətizəm/ *kb.* 1 kemaknitan. 2 daya tarik (*of personality*).

magnificence /mæg'nifəsəns/ *kb.* 1 kecemerlangan. 2 keindahan, kebesaran.

magnificent /mæg'nifəsənt/ *ks.* bagus sekali (*performance*).

magnified /'mægnəfaid/ *lih* MAGNIFY.

magnifier /'mægnə'faiər/ *kb.* suryakanta, kaca/lénsa pembesar.

magnifies /'mægnəfaiz/ *lih* MAGNIFY.

magnify /'mægnəfai/ *kkt.* (**magnified**) 1 membesar-besarkan, memperbesar (*of microscope, problems*). 2 menambah (*o's voice*). **magnifying glass** kaca pembesar, suryakanta.

magnitude /'mægnətuwd, -tyuwd/ *kb.* 1 besarnya (*of a task*). 2 jarak (*of stars*). *of the first m.* paling sérius/penting.

mahogany /mə'hagənie/ *kb.* mahoni.

maid /meid/ *kb.* 1 babu, pelayan wanita. 2 gadis. *old m.* perempuan tua, perawan tua. *m. in waiting* dayang-dayang. *m. of honor* wanita kehormatan, saksi perempuan.

maiden /'meidən/ *kb.* gadis, perawan. —*ks.* pertama. *m. voyage* pelayaran yg pertama. *m. name* nama kecil, nama semasa gadis.

mail /meil/ *kb.* 1 pos. *by m.* melalui/dgn pos. 2 antaran pos. — **mails** *j.* surat-surat, pos. —*kkt.* memposkan. **m. carrier** pengantar pos. **m. clerk** pegawai pos. **mail-order** *ks.* pesanan melalui/dgn pos. —**mailing** *kb.* pengiriman pos. *m. list* daftar alamat.

mailbag /'meil'bæg/ *kb.* kantong surat-pos.

mailbox /'meil'baks/ *kb.* kotak pos, bis surat.

mailchute /'meil'syuwt/ *kb.* tempat penyalur surat-surat.

mailman /'meil'mæn/ *kb.* (*j.* **-men**) pengantar/ upas pos.

maim /meim/ *kkt.* memuntungkan.

main /mein/ *kb.* pipa saluran air. *in the m.* terutama, istiméwa. —*ks.* 1 pokok. *the m. subject* masalah pokok. 2 utama. *m. course* hidangan utama. 3 besar. 4 penuh. *by m. force* dgn kekerasan penuh. 5 induk. *m. building* gedung induk. *m. clause* induk kalimat. *m. line* lin utama/raya. *m. road* jalan besar. *m. office* kantor pusat/besar. *The m. thing is to...* Yg terpenting/pokok ialah.... —**mainly** *kk.* sebagian besar.

mainland /'mein'lænd, 'meinlənd/ *kb.* tanah daratan.

mainspring /'mein'spring/ *kb.* 1 pér besar. 2 dorongan utama.

mainstay /'mein'stei/ *kb.* aliran/arus utama.

maintain /mein'tein/ *kkt.* 1 memelihara (*order, health*). *to m. diplomatic relations* memelihara/melangsungkan hubungan diplomatik. 2 menegakkan (*discipline*). 3 membiayai (*o's family*). 4 mengurus (*an office*). 5 mempertahankan (*o's skill*). *I m. that...* Saya tetap berpendapat bhw.... *to m. that one is innocent* mempertahankan bhw s.s.o. tak bersalah....

maintenance /'meintənəns/ *kb.* 1 ongkos/biaya hidup. 2 pemeliharaan (*of car*).

majestic /mə'jestik/ *ks.* 1 penuh keagungan. 2 megah sekali.

majesty /'mæjəstie/ *kb.* (*j.* **-ties**) 1 keagungan. 2 kekuasaan tertinggi (*of the law*). **His M.** Seri Baginda.

major /'meijər/ *kb.* 1 mayor. 2 *Educ.*: mata pelajaran pokok. —*ks.* 1 utama. *m. port* pelabuhan utama. *m. role* peranan utama. 2 besar. *m. poet* penyair besar. 3 *Mus.*: mayor. *m. key* kunci mayor. *C-m. scale* skala C mayor. *m. part/portion* bagian terbesar. —*kki.* mengambil sbg matapelajaran utama. *She majors in history* Ia mengambil sejarah sbg pelajaran utama. **m. general** jénderal-mayor. *Sport*: **m. league** salah satu diantara dua gabungan baseball yg utama di A.S. **m. scale** tangga nada mayor.

majority /mə'jɔrətie, -'ja-/ *kb.* (*j.* **-ties**) 1 mayoritas. *m. leader* pemimpin golongan mayoritas di Sénat. 2 déwasa. *to attain o's m.* menjadi déwasa. 3 kelebihan (*of votes*). 4 sebagian besar.

make /meik/ *kb.* mérek. *of English m.* buatan Inggeris. *Sl.*: *a young man on the m.* seorang pemuda yg berusaha mendapatkan suksés. —*kkt.* (**made**) 1 membuat (*a cake, will, mistake*). *to m. a report* membuat prosés-perbal/laporan. *to m. a scene* membuat gaduh/ribut. *to m. a name for o.s.* membuat dirinya terkenal. *That heat makes me sleepy* Panas itu membuat/membikin saya mengantuk. *to make things go* membuat segala s.s.t. berjalan dgn baik/lancar. *What's that made of?* Dibuat dari apa itu? 2 menjahit (*a dress*). 3 mendapat, mencapai (*good, o's mark, a good grade*). 4 membikin. *Practice makes perfect* Latihan membikin sempurna. 5 menjadi. *Five and four m. nine* Lima tambah empat menjadi sembilan. *That makes two dollars he owes me* Dgn itu hutangnya kepadaku menjadi dua dolar. *He'll never m. a doctor* Dia takkan menjadi dokter. *She will m. a fine wife* Ia akan menjadi istri yg baik. *He has just been made a colonel* Ia baru (naik pangkat)

menjadi kolonél. *That event made the headlines* Kejadian itu menjadi kabar pokok. 6 memperoléh, menerima. *He made five dollars* Dia memperoléh lima dolar. 7 menempuh. *I can m. 400 miles a day* Saya dpt menempuh 400 mil dlm satu hari. 8 menjalankan. *to m. 80 miles an hour* menjalankan mobil 80 mil sejam. 9 mengadakan. *to m. a distinction* mengadakan perbédaan. *to m. a change* mengadakan perubahan. *to m. a trip* mengadakan perjalanan. *to m. a stand against* mengadakan perlawanan thd. 10 mengeluarkan (*an announcement*). 11 melémparkan. *to m. accusations against* melémparkan tuduhan-tuduhan thd. 12 menjadikan. *to m. a friend of a former enemy* menjadikan kawan dari seorang bekas lawan. *Can you come at 5? M. it 5:30* Dapatkah saudara datang pd jam 5? Jadikanlah jam 5.30 (saja). 13 mendapatkan. *to m. friends* mendapatkan kawan. 14 memaksakan. *You should m. him do it* Saudara hrs paksakan/katakan spy ia mengerjakan (hal) itu. 15 mencétak. *to m. a goal* mencétak gol. :: *What made you do that?* Mengapa saudara berbuat demikian? *We made good time between...* Perjalanan kita cepat antara.... *I m. it 30 feet* Saya taksir 30 kaki. *I can't m. it tonight* Saya tak dpt datang malam ini. *to m. it in time* 1 menyelesaikannya pd waktunya. 2 sampai/tiba pd waktunya. *We made it to Ovid in 20 minutes* Kami mencapai Ovid dlm 20 menit. *to m. it home* sampai di rumah. *to m. the runway safely* mendarat dgn selamat. *to m. a meeting* menghadiri rapat. *Pickles m. good appetizers* Asinan baik sekali menggairahkan nafsu makan. *to m. o's plane* tdk ketinggalan kapal terbang. *That play made him* Sandiwara itu menjadikan dia suksés. *They m. too much noise* Meréka terlalu ribut. *What do you m.?* Berapa penghasilanmu? *M. no mistake about it* Jangan sangsi lagi. *I had difficulty making myself heard above the shouting* Sukar sekali bagi saya utk memperdengarkan suara saya diatas keributan/hiruk-pikuk itu. *to m. a lot to do over a report* sibuk sekali mengenai sebuah laporan. *She made the child put on his shoes* Dia menyuruh anak itu memakai sepatunya. *The bag did not m. the connection* Bagasi itu gagal meneruskan perjalanan. *Haste makes waste* Biar lambat, asal selamat. Terburu-buru akan merugikan. *Will he m. a university?* Apakah ia akan diterima di universitas? *to m. the team* berhasil masuk regu itu. *That book makes good reading* Buku itu bacaan yg baik. *to m. a match between her daughter and Jim* mempertemukan anak gadisnya dgn Jim. *You are made for this type of work* Pekerjaan ini cocok benar bagimu. *That new job will m. or break him* Pekerjaan baru itu akan menjadikan dia berhasil atau jatuh sama sekali. *Copra can m. or break s.o.* Kopra bisa menjatuhkan s.s.o. *Inf.*: *He is as clever as they m. them* Ia pandai sekali. *This will give him a chance to show us what he is made of* Ini akan memberikan kesempatan baginya utk memperlihatkan siapa dia. *What do you m. of it?* Bagaimana pendapatmu? *I don't know what to m. of this* Aku tak tahu apa yg dapat kuperbuat (kusimpulkan) dari bahan ini. —*kki.* 1 mencoba. *He made to hit me* Ia mencoba memukul saya. 2 berusaha. **to m. after** mengejar, memburu. **to m. as if/though** berbuat seolah-olah, berpura-pura. **to m. away with** berhasil membawa lari. *to m. away with o.s.* bunuh diri. **to m. do** puas, mencukupkan dgn. **to m. for** menuju (*door, shore*). *to m. for s.o.* menyerang s.s.o. *Quarrels do not m. for friendship* Bertengkar tak mendatangkan/mencitakan persahabatan. *Inf.*: *to m. like a tennis player* berbuat seolah-

olah seorang pemain ténis. **to m. off** lari (**for** ke).
to m. off with melarikan, mencuri. **to m. out** 1
melihat (*license plate*). 2 mengisi (*a list*). 3 mengerti
(*a signature, what is being said*). *I can't m. him out*
Saya tak dpt memahaminya. 4 *Sl*.: bercinta-cinta-
an. *to m. out a bill* menjumlahkan rékening. *As far
as I can m. out* Sepanjang pengetahuan saya. *to m.
out fine on an exam* mengerjakan ujian dgn baik.
You m. me out to be a real terror Kamu ingin menun-
jukkan bhw saya betul-betul seorang pengganas.
Inf.: *How are you making out?* Bagaimana peker-
jaanmu? **to m. over** 1 merubah. 2 menyerahkan.
to m. over o's home to o's child menyerahkan rumahnya
kpd anaknya. 3 menyanjung. *They made a lot over
the baby* Meréka menyanjung bayi itu. **to m. up** 1
membéréskan (*a bed*). 2 merupakan (*a load*
muatan). (*a load*) 3 memutuskan. *My mind is made up*
Tekadku bulat. 4 membuatkan (*a corsage. a sentence*).
5 menyusun (*a page of type, a train*). 6 berhias,
berdandan. *The girls were made up as witches* Anak-
anak perempuan itu didandani spt perempuan
sihir. *She's made up too much* Rias mukanya terlalu
menyolok. 7 mengarang-ngarang. *to m. up a story*
mengada-ada, merakit cerita. 8 mengejar. *to m. up
lost time* mengejar waktunya yg hilang. 9 *to m. up an
exam* a) menempuh susulan ujian. b) mempersiap-
kan sebuah ujian. *to be made up of* terdiri dari. **to m.
up for** mengejar. *to m. up for lost time* mengejar
waktu yg hilang itu. **to m. it up to s.o.** berusaha
menyenangkan s.s.o. **make-believe** *ks*. khayalan.
m.- believe world dunia khayalan. **make-up** *kb*. 1
susunan (*of a play's cast*). 2 dandanan. *to wear m.-up*
memakai dandanan atau muka. *m.-up test* ujian susulan.
—**made** *ks*. 1 terbuat. *a m. man* seorang yg sdh
berhasil. *Inf*.: *You have it made* Kau sdh mencapai
cita-citamu. *made-up story* cerita bikinan. —**mak-
ing** *kb*. 1 pembinaan. *the m. of Pakistan* pem-
binaan Pakistan. 2 bakat. *the m. of a good lawyer*
bakat utk menjadi pengacara yg baik. *That ex-
perience was the m. of him* Pengalaman itu membuat-
nya déwasa. *He's a doctor in the m.* Ia bakal dokter.
—**makings** *j*. kertas dan tembakau utk membuat
rokok.
maker /'meikər/ *kb*. pembuat, pembina. *My M.*
Tuhan, Sang Pencipta.
makeshift /'meik'syift/ *kb*. pengganti sementara.
m. government pemerintah sementara. *in a m. manner*
secara tambal sulam.
maladjusted /'mælə'jʌstid/ *ks*. yg tak dpt me-
nyesuaikan diri.
maladjustment /'mælə'jʌstmənt/ *kb*. ketidakmam-
puan menyesuaikan diri.
malady /'mælədie/ *kb*. (*j*. **-dies**) penyakit.
malaise /mæ'leiz/ *kb*. rasa tdk énak (badan).
malapropism /'mæləprap'izəm/ *kb*. penggunaan
kata yg tdk tepat.
malaria /mə'læriə/ *kb*. malaria.
malarkey /mə'larkie/ *kb*. *Sl*.: omong kosong, kécap.
Malay /mə'lei/ *kb*. 1 orang Melayu. 2 bahasa Me-
layu. *the M. Archipelago* Kepulauan Melayu.
Malayan /mə'leiən/ *kb*. orang Melayu. —*ks*. Me-
layu.
Malayo-Polynesian /mə'leiow'palə'niezyən/ *ks*.
Melayu-Polinésia.
Malaysian /mə'leizyən/ *kb*. orang warga Malaysia.
—*ks*. dari atau yg berh. dgn Malaysia.
malcontent /'mælkən'tent/ *kb*. orang yg tak puas/
senang.
maldistribution /'mældistrə'byuwsyən/ *kb*. dis-
tribusi yg tdk merata.

male /meil/ *kb*. 1 jantan. *m. puppy* anjing jantan. 2
pria, laki-laki. *m. nurse* perawat pria. *m. child* anak
laki-laki.
malevolent /mə'levələnt/ *ks*. berhati dengki.
malfeasance /mæl'fiezəns/ *kb*. pelanggaran karena
jabatan, kejahatan jabatan.
malformation /'mælfər'meisyən/ *kb*. cacad, bentuk
yg cacad.
malfunction /'mæl'fʌngksyən/ *kb*. kegagalan pema-
kaian.
malice /'mælis/ *kb*. kedengkian, kebencian. *to bear
m. towards* menaruh dendam thd, mendendami.
with m. aforethought dgn maksud-maksud jahat yg
dipikirkan sebelumnya.
malicious /mə'lisyəs/ *ks*. dengki, jahat, dendam. *m.
gossip* desas-desus yg jahat, omongan jahat.
malign /mə'lain/ *kkt*. memfitnah.
malignancy /mə'lignənsie/ *kb*. (*j*. **-cies**) 1 *Dis*.:
penyakit yg berbahaya. 2 kejahatan, keburukan.
malignant /mə'lignənt/ *ks*. 1 *Dis*.: yg menular, yg
membahayakan. 2 sangat jahat.
malinger /mə'linggər/ *kki*. pura-pura sakit.
malingerer /mə'linggərər/ *kb*. orang yg pura-pura
sakit.
malleable /'mæliəbəl/ *ks*. 1 lunak, dpt ditunduk-
kan. 2 yg dpt ditempa (*of metal*).
mallet /'mælit/ *kb*. tukul kayu, palu, godam, martil,
pemukul.
malnutrition /'mælnuw'trisyən, -nyuw'-/ *kb*. salah
makanan, kekurangan gizi, salah-gizi.
malpractice /mæl'præktis/ *kb*. 1 *Med*.: salah meng-
obati, cara mengobati pasién yg salah. 2 tindakan
salah.
malt /mɔlt/ *kb*. gandum/beras terendam air ditaruh
diatas nyiru, sampai berkecambah kemudian di-
keringkan. **malted** *milk* susu bubuk campur ragi.
maltreat /mæl'triet/ *kkt*. menganiaya.
maltreatment /mæl'trietmənt/ *kb*. penganiayaan.
mamma /'mamə/ *kb*. ibu, mama.
mammal /'mæməl/ *kb*. binatang menyusui.
mammary /'mæmərie/ *ks*. yg berk. dgn buah dada.
m. gland kelenjar susu.
mammon '**mæmən**/ *kb*. déwa kekayaan. *to serve m.*
beragama pd uang.
mammoth /'mæməth/ *ks*. besar-besaran, hébat
(*undertaking*).
man /mæn/ *kb*. (*j*. **men**) 1 orang laki-laki. 2 laki-
laki déwasa. 3 manusia. *All men are created equal*
Semua manusia diciptakan sama. 4 suami. *m. and
wife* suami-isteri. 5 (*chess*) biji catur. **::** *He's a m. of
his word* Kata-katanya dpt dipercaya. *He's the man
for the job* Dialah orangnya utk pekerjaan itu. *He's
a Harvard man* Ia seorang lulusan Universitas Har-
vard. *That experience made a m. of him* Pengalaman
itu tlh menjadikan dia déwasa. —**men** *j*. 1 lelaki-
lelaki. **MEN** PRIA (tanda pd pintu W.C.). *men's
room* kamar kecil pria. *men's wear* pakaian pria. 2
anakbuah. *as one m.* serentak, serempak. *m. and boy*
sejak kecil. *He doesn't know me from the m. in the moon*
Dia tak mengenal saya sama sekali. *m. in the street*
orang biasa. *the m. in white* dokter rumah sakit.
my good m. pak, mas, saudara. *to fight m. to m.* ber-
dada-dadaan, beradu dada. **to a m.** semua, tanpa
kecuali. —*kseru*. hai! hé! astaga! aduh! *Inf*.: *M.
alive!* Astaga! —*kkt*. (**manned**) 1 mengawaki (*a
ship, fort*). 2 melayani (*the guns*). **man-about-town**
orang yg suka berfoya-foya (di kota). **man-eater**
1 pemakan orang, kanibal. 2 binatang buas yg
membunuh orang utk dimakan. **man-eating** *ks*.
yg memakan orang. **man-hour** satu jam kerja utk

satu orang. **man-made** *ks.* 1 buatan tangan (*of fiber*). 2 buatan manusia (*of a disaster*). **m. of god** 1 pendéta. 2 rasul. **m. of letters** pujangga, sasterawan. **m. of science** ilmiawan. **m. of the hour** orang yg sedang mendapat sorotan (karena jasa-jasanya). **m. of the world** orang yg sangat luas pergaulannya. **man-of-war** *kb.* kapal perang. **man-size(d)** *ks.* yg berukuran orang déwasa. — **manned** *ks.* yg memuat manusia. *m. flight* penerbangan berawak.

manacle /'mænəkəl/ *kb.* belenggu. —*kkt.* membelenggu.

manage /'mænij/ *kkt.* 1 mengurus, mengatur, melaksanakan, mengelola. 2 memperlakukan (*s.o.*). *He managed to keep afloat* Dia berusaha terus (spy) mengapung. *He manages to struggle along* Dia berhasil berjuang terus. —*kki.* mengatur. *She manages well* Dia baik-baik mengaturnya. *How do you m.?* Bagaimana kau dpt hidup? *to m. on a small wage* mencukupi kebutuhan dgn gaji yg kecil. —**managing** *ks.* pelaksana. *m. director* diréktur pelaksana.

manageable /'mænəjəbəl/ *ks.* dpt diatur/dikendalikan.

management /'mænijmənt/ *kb.* 1 diréksi, pimpinan. *under new m.* dibawah diréksi/pimpinan baru. 2 ketatalaksanaan, tata pimpinan, pengelolaan.

manager /'mænəjər/ *kb.* pengelola/pemimpin usaha. *sales m.* pemimpin/diréktur bagian penjualan. *She's a good m.* Ia pengurus rumah tangga yg baik.

managerial /'mænə'jiriəl/ *ks.* yg berh. dgn kepemimpinan/pengelolaan.

mandate /'mændeit/ *kb.* 1 perintah, amanat (*of a court*). 2 mandat, hak (*over territory*). 3 tugas. —*kkt.* mengamanatkan (**to** kpd).

mandatory /'mændə'towrie/ *ks.* bersifat perintah, yg diperintahkan.

mandible /'mændəbəl/ *kb.* rahang (bawah).

mandolin /'mændəlin/ *kb.* mandolin.

mane /mein/ *kb.* bulu tengkuk (kuda, singa, dsb).

maneuver /mə'nuwvər/ *kb.* 1 *Mil.*: gerakan tentara. —**maneuvers** perang-perangan. 2 kelicikan, muslihat. —*kkt.* mengarahkan, mendesak. *to m. s.o. into a corner* mendesak s.s.o. ke pojok. —*kki.* 1 mengatur siasat. 2 mengadakan gerakan.

maneuverability /mə'nuwvərə'bilətie/ *kb.* cara menggerakkan (*of a vehicle*).

manganese /'mænggəniez/ *kb.* batu kawi, manggan.

mange /meinj/ *kb.* sm kudis pd anjing dsb.

manger /'meinjər/ *kb.* palung, malaf.

mangle /'mænggəl/ *kb.* alat pelicin pakaian. —*kkt.* 1 merobék-robék, mengoyak-ngoyak. 2 merusak (*o's language*). 3 (*iron*) menyeterika.

mango /'mænggow/ *kb.* mangga.

mangosteen /'mænggəstien/ *kb.* manggis.

mangrove /'mænggrowv/ *kb.* bakau.

mangy /'meinjie/ *ks.* 1 berkudis. 2 kotor.

manhandle /'mæn'hændəl/ *kkt.* menghajar, menganiaya.

manhole /'mæn'howl/ *kb.* lubang got.

manhood /'mænhud/ *kb.* 1 kejantanan. 2 keberanian. 3 kedéwasaan.

manhunt /'mæn'hʌnt/ *kb.* pemburuan orang (terutama penjahat).

mania /'meiniə/ *kb.* keranjingan. *m. for sailing* keranjingan berlayar.

maniac /'meinieæk/ *kb.* orang gila.

manicure /'mænəkyur/ *kb.* perawatan tangan dan kuku. —*kkt.* merawat tangan dan kuku, merapikan dan mencat kuku, merias tangan.

manifest /'mænəfest/ *kb.* 1 daftar mengenai muatan. 2 konosemén, surat muatan. —*ks.* nyata, terang, jelas. —*kkt.* menunjukkan, menaruh (**in** kpd).

manifestation /'mænəfə'steisyən/ *kb.* maniféstasi, perwujudan, penjelmaan.

manifesto /'mænə'festow/ *kb.* manifésto.

manifold /'mænəfowld/ *kb.* pipa bermulut banyak, manipol. —*ks.* berjenis-jenis, bermacam-macam.

Manila /mə'nilə/ *kb.* Manila. *m. hemp* serabut dari pohon henep di Filipina.

manipulate /mə'nipyəleit/ *kkt.* 1 (*to control*)menggerakkan. 2 memainkan (*characters in a novel*). 3 menggunakan, menyeléwéngkan (*accounts*). 4 mendalangi.

manipulation /mə'nipyə'leisyən/ *kb.* 1 manipulasi, perbuatan curang. 2 penyalahgunaan, penyeléwéngan.

manipulator /mə'nipyə'leitər/ *kb.* 1 penyeléwéng. 2 manipulator, dalang.

mankind /'mæn'kaind/ *kb.* umat manusia.

manliness /'mænlienəs/ *kb.* kejantanan.

manly /'mænlie/ *ks.* 1 jantan. 2 berani, gagah.

manna /'mænə/ *kb.* makanan dari sorga.

mannequin /'mænəkin/ *kb.* peragawati, bonéka pajangan.

manner /'mænər/ *kb.* 1 cara. *m. of speaking* cara berbicara. *in a m. of speaking* boléh dikatakan. *to act in a strange m.* bertindak dgn cara yg anéh. 2 gaya. *painting in the m. of van Gogh* sebuah lukisan dlm gaya van Gogh. *What m. of man is he?* Orangnya bagaimana? Bagaimana sifat orang itu? 3 sikap. *I don't like his m. toward his teacher* Saya tak suka sikapnya thd gurunya. *by all m. of means* bermacam, macam jalan. *in such a m. that* sebegitu rupa sehingga. —**manners** *j.* kelakuan, tatakrama. *good manners* kelakuan baik. *It's bad manners to stare* Sikap yg buruk utk memandang terus-menerus. *Where are your manners, Sue?* Dimana tatakramamu, Sue? —**mannered** *ks.* dibuat-buat.

mannerism /'mænərizəm/ *kb.* kelakuan, perangai, lagak.

mannish /'mænisy/ *ks.* spt seorang laki-laki.

manoeuvre /mə'nuwvər/ =MANEUVER.

manpower /'mæn'pawər/ *kb.* tenaga manusia/kerja.

manse /mæns/ *kb.* rumah pendéta, pastori.

mansion /'mænsyən/ *kb.* rumah yg besar.

manslaughter /'mæn'slɔtər/ *kb.* pembunuhan (tdk direncanakan).

mantel /'mæntəl/ *kb.* papan/rak diatas tungku.

mantelpiece /'mæntəl'pies/=MANTEL.

mantle /'mæntəl/ *kb.* 1 mantel. 2 lapisan (*of snow*). 3 *Cloth.*: mantol, mantel.

manual /'mænyuəl/ *kb.* 1 buku (pedoman). 2 papan tuts (orgel). —*ks.* kasar, tangan. *m. labor* pekerjaan kasar/tangan. *m. training* latihan kerajinan-tangan. —**manually** *kk.* dgn tangan.

manufacture /'mænyə'fækcər/ *kkt.* mempaberik/membuat/menghasilkan dgn tangan/mesin. **manufacturing** *town* kota pabrik.

manufacturer /'mænyə'fækcərər/ *kb.* pabrikan, pengusaha paberik.

manure /mə'nyur/ *kb.* pupuk, rabuk. —*kkt.* memupuk, merabuk.

manuscript /'mænyəskript/ *kb.* naskah.

many /'menie/ *kb.* banyak. *m. of them* banyak diantara meréka. —*ks.* banyak. *m. books* banyak buku. *a good/great m. friends* banyak sekali teman. *how m.?* berapa? *m. a time* kerapkali. *There's m. a slip between* *the cup and the lip* Ada banyak kemungkinan antara kedua saat itu. *m. a person* banyak orang. *as m. as* sebanyak. *so and so m.* sekian banyak. **one too m.** 1 terlalu banyak. *They were one too m. for him* Ia tdk dpt mempertahankan diri thd meréka. 2 mabuk. *twice as m.* duakali jumlah. *I have one card too m.* Kartu saya lebih satu. *in so m. words* dlm sebegitu banyak kata. **many-faceted** *ks.* bersegi banyak.

many-sided 1 bersegi banyak (*of a figure*). 2 serbaguna.

map /mæp/ *kb.* peta. *road m.* peta jalan. *to put a town on the m.* menjadikan kota terkenal. *m. making* pembuatan peta. —*kkt.* (**mapped**) memetakan. **to m. out** merencanakan (*a route*). —**mapping** *kb.* pembuatan/membuat peta.

maple /'meipəl/ *kb.* 1 sej. pohon. 2 kayu. *m. syrup* sirop maple.

mar /mar/ *kkt.* (**marred**) 1 merusak. 2 mengotori (*a wall with crayon*).

Mar. [*March*] bulan Maret.

marathon /'mærəthan/ *kb.* maraton.

marauder /mə'rɔdər/ *kb.* perampok, perusak.

marble /'marbəl/ *kb.* 1 marmar, pualam. 2 keléréng, kenékér, gunduk.

march /marc/ *kb.* 1 *Mus.:* mars. 2 gerakan. *M. of Dimes* Gerakan Pengumpulan Dana utk Anak-Anak Cacad. 3 baris. *forced m.* baris yg dipaksakan. *to steal a m.* menyerobot keuntungan orang lain dgn tdk diketahuinya. —*kkt.* menyuruh pergi. *to m. a prisoner off to jail* menyuruh tawanan pergi ke penjara. *to m. the troops to their quarters* membariskan pasukan ke baraknya. —*kki.* berbaris, berdéfilé. *to m. on the town* berbaris menuju kota. *Inf.: to give s.o. his marching orders* memecat s.s.o.

March /marc/ *kb.* bulan Maret.

marcher /'marcər/ *kb.* orang yg berbaris.

mare /mær/ *kb.* kuda betina.

margarine /'marjərin/ *kb.* margarina.

margin /'marjən/ *kb.* 1 garis tepi, pinggiran (halaman) (*on page*). 2 kesempatan, kebébasan (*for error*). 3 batas (*of profit*). *to operate on a narrow m.* menjalankan perusahaan dgn keuntungan kecil. *to win by a wide m.* menang dgn béda suara yg besar. *m. of safety* batas keselamatan.

marginal /'marjənəl/ *ks.* 1 tipis (*of benefits, subsistence*). 2 kecil (*of income*). **m. land** tanah tepiañ/pinggiran. **m. man** orang (yg) setengah-tengah. **m. notes** catatan-catatan di pinggir halaman.

marijuana /'mærə'wanə/ *kb.* mariuwana, ganja.

marina /mə'rienə/ *kb.* dok, pangkalan (utk perahu-perahu).

marinate /'mærəneit/ *kkt.* mengasinkan. **marinated** *herring* haring yg diasinkan.

marine /mə'rien/ *kb.* anggota KKO. *M. Corps* Korps Komando Operasi AL (KKO). *Inf.: Tell that to the marines!* Omong kosong! —*ks.* 1 laut. *m. insurance* asuransi laut. *m. biology* biologi laut. 2 kapal. *m. engine* mesin kapal.

mariner /'mærənər/ *kb.* pelaut.

marionette /'mæriə'net/ *kb.* (wayang) golék.

marital /'mærətəl/ *ks.* yg berh. dgn perkawinan. *m. status* kedudukan perkawinan. *m. difficulties* kesulitan-kesulitan antara suami-isteri.

maritime /'mærətaim/ *ks.* maritim, bahari. *m. city* kota bandar/maritim. *m. law* hukum laut. *m. power* negara samudera.

marjoram /'marjərəm/ *kb.* sm tanaman yg mengandung zat permén

mark /mark/ *kb.* 1 tanda sasaran. *to hit the m.* mengenai tanda sasaran. 2 tanda (*of a pencil, of a gentle-*

man). 3 bekas, tanda (*of a wound*). 4 (*grade*) angka, nilai. 5 ciri-ciri. *m. of identification* tanda pengenalan. *On the m.!* Bersiap! *to leave o's m.* meninggalkan jasa (**upon** dlm). **to make o's m.** mendapat nama baik. **to miss the m.** tdk mengenai sasaran, salah. **to toe the m.** bertingkah-laku menurut kententuan-kententuan. **up to the m.** séhat spt biasa. **wide of the m.** tdk tepat. —*kkt.* 1 menandai. *M. where ...* Tandailah dimana .... *The road is well marked* Jalan itu tanda-tandanya banyak. 2 menjadi tanda. *March 21 marks the beginning of spring* 21 Maret menjadi tanda permulaan musim semi. 3 menilai (*exams*). 4 memberi harga pd (*produce*). 5 memperhatikan. *M. my word* Perhatikanlah perkataan saya. **to m. down** 1 mencatat (*the amount*). 2 menurunkan (*the price*). **to m. off** memberi tanda pd, menandai (*boundary*). **to m. up** menaikkan, menambah (*price*). —**marked** *ks.* diputuskan (*for promotion, execution*). *a m. man* seorang yg terancam. *m. money* uang yg ditandai. *She shows m. improvement* Ia memperlihatkan kemajuan yg dpt dilihat. —**marking** *kb.* 1 penilaian (*of grades*). 2 tanda-tanda, ciri-ciri.

markedly /'markidlie/ *kk.* nyata/menyolok sekali.

marker /'markər/ *kb.* 1 tukang cap. 2 penilai (*of grades*).

market /'markit/ *kb.* 1 pasar. *black m.* pasar gelap. *to glut the m.* membanjiri pasar. *m. quotation* catatan/harga-harga pasar. *m. value* nilai pasar. 2 pasaran. *to expand a m.* memperluas pasaran. *to be off the m.* hilang dari pasaran, tdk diperdagangkan lagi. *on the m.* ada di pasaran. *to price out of the m.* menilai diluar harga pasaran. *to put on the m.* mengeluarkan di pasaran, memperdagangkan. 3 pasar bursa. *to play the m.* berdagang di pasar bursa. **to be in the m. for** mencari-cari. —*kkt.* menjual, memperjualbelikan, memasarkan. **m. basket** keranjang belanja. —**marketing** *kb.* 1 pemasaran, perdagangan. 2 belanja. *to go m.* berbelanja.

marksman /'marksmən/ *kb.* (*j.* **-men**). ahli menémbak.

markup /'mark'ʌp/ *kb.* kenaikan harga.

marmalade /'marməleid/ *kb.* sm selé jeruk.

maroon /mə'ruwn/ *ks.* mérah tua, warna sawo matang. —*kkt.* terdampar.

marquee /mar'kie/ *kb.* tempat berteduh spt atap dimuka pintu masuk sebuah gedung.

marriage /'mærij/ *kb.* 1 perkawinan, pernikahan. *m. certificate* akte pernikahan, surat kawin. *to give s.o. in m.* menikahkan/mengawinkan s.s.o. 2 penggabungan.

marriageable /'mærijəbəl/ *ks.* déwasa, boléh kawin. *of m. age* pantas utk kawin, déwasa.

married /'mæried/ lih MARRY.

marries /'mæriez/ lih MARRY.

marrow /'mærow/ *kb.* sumsum, sungsum.

marry /'mærie/ *kkt.* (**married**) 1 mengawini (*s.o.*). 2 mengawinkan (*s.o. off*). *to m. money* kawin/menikah dgn uang. —*kki.* kawin. *to m. young* kawin muda. *They are married* Meréka sdh kawin. *to get married* kawin. *to m. for money* kawin/menikah karena uang. *to m. into a wealthy family* menikah dgn anggota keluarga yg kaya. —**married** *ks.* yg sdh kawin. *m. daughter* anak perempuan yg sdh kawin. *m. couple* sepasang suami-isteri. *m. name* nama suami.

Mars /marz/ *kb.* Marikh.

marsh /marsy/ *kb.* rawa, paya.

marshal /'marsyəl/ *kb.* 1 marsekal (AD). 2 polisi (di A.S.). 3 pemimpin (*of a parade*). —*kkt.* menyusun. *to m.(o's) facts* menyusun fakta-fakta.

marshland /'marsy'lænd/ *kb.* tanah rawa.
marshmallow/'marsy'melow, -'mælow/ *kb.* manisan yg putih dan empuk.
marshy /'marsyie/ *ks.* rawa. *m. area* daérah rawa.
mart /mart/ *kb.* pasar. *trade m.* pasar perdagangan.
martial /'marsyəl/ *ks.* yg berh. dgn perang. *m. law* keadaan perang. *m. music* musik perang. *m. spirit* semangat perang.
martinet /'martə'net/ *kb.* orang yg keras tatatertibnya.
martini /mar'tienie/ *kb.* sm cocktail.
martyr /'martər/ *kb.* syahid, syuhada, martir.
martyrdom /'martərdəm/ *kb.* kesyahidan.
marvel /'marvəl/ *kb.* s.s.t. yg sungguh-sungguh mengagumkan, mukjizat, keajaiban. *He's a m.* Dia sungguh-sungguh mengagumkan. *This instrument is a m. of accuracy* Alat ini ketelitiannya sungguh-sungguh mengagumkan. —*kki.* kagum, héran.
marvelous /'marvələs/ *ks.* 1 bagus sekali. *m. buy* pembelian yg bagus sekali. 2 yg mengagumkan (*of a performer*). *Inf.: We had a m. time at the party* Kami sungguh-sungguh senang dlm pésta itu.
Marxism /'marksizəm/ *kb.* Marxisme.
Marxist /'marksist/ *kb.*, *ks.* Marxis, penganut ajaran Karl Marx.
masc. [*masculine*] maskulin, jantan.
mascara /mæs'kærə/ *kb.* celak.
mascot /'mæskat/ *kb.* jimat, azimat.
masculine /'mæskyəlin/ *ks.* 1 laki-laki, jantan. 2 kelaki-lakian. 3 *Gram.*: maskulin.
masculinity /'mæskyə'linətie/ *kb.* kejantanan, sifat kelaki-lakian.
maser /'meizər/ *kb.* maser (alat pengukur éléktromagnét).
mash /mæsy/ *kb.* sm bubur (*for livestock, for making beer or whiskey*). —*kkt.* melényéhkan (*potatoes*). *I mashed my finger with a hammer* Jari saya terpukul lényéh. **mashed** *potatoes* kentang puré/tumbuk.
masher /'mæsyər/ *kb.* 1 *Sl.*: hidung belang, mata keranjang. 2 orang/alat utk menumbuk atau melembutkan.
mask /mæsk/ *kb.* 1 topéng. *death m.* topéng mati/mayat. 2 kedok. 3 *Sport*: masker, penutup atau pelindung muka. —*kkt.* menyembunyikan, menutupi (*o's feelings, o's intentions*). —**masked** *ks.* bertopéng. *m. ball* pésta topéng, balmaski. **masking** *tape* pita penutup.
masochism /'mæsəkizəm/ *kb.* kegembiraan/kesenangan karena menderita/disiksa.
masochist /'mæsəkist/ *kb.* seorang yg suka menderita.
mason /'meisən/ *kb.* 1 tukang batu. 2 **M.** anggota perkumpulan kebatinan. **M. jar** sm stoplés yg bertutup rapat.
Masonic /mə'sanik/ *ks.* yg berh. dgn perkumpulan kebatinan.
masonry /'meisənrie/ *kb.* (*j.* **-ries**) 1 bangunan pertukangan batu. 2 keahlian tukang batu. 3 **M.** perkumpulan kebatinan orang-orang yg disebut Freemason, Vrijmetselarij.
masquerade /'mæskə'reid/ *kb.* 1 pésta bertopéng, balmaski. 2 penyamaran. —*kki.* 1 bermain, berlaku. *to m. as Cleopatra* bermain sbg Cléopatra. 2 menyamar, menyamarkan diri (**as** sbg).
mass /mæs/ *kb.* 1 *Phys.*: massa. 2 banyak sekali (*of information*). *He was a m. of bruises* Ia penuh luka-luka. *the sheer m. of a skyscraper* sosok tubuh sebuah pencakar langit. 3 *Rel.*: **M.** Misa. —**the masses** *j.* massa (rakyat). —*ks.* 1 massa. *m. meeting* rapat umum/raksasa. 2 rakyat. *m. protest* protés rakyat.

3 besar-besaran. *m. production* produksi besar-besaran. —*kkt.* mengumpulkan, menyusun (*troops*). —*kki.* berkumpul. *The troops massed in front of the barracks* Pasukan berkumpul dimuka tangsi. **m. media** alat penghubung(an) umum. **m. production** massa-produksi. *to mass-produce* memprodusir/membuat secara besar-besaran.
Mass. [*Massachusetts*] negara bagian A.S.
massacre /'mæsəkər/ *kb.* pembunuhan besar-besaran. —*kkt.* menyembelih, membunuh secara kejam dan secara besar-besaran.
massage /mə'saj/ *kb.* pijat, pijit. —*kkt.* memijit, mengurut, *m. parlor* tempat/panti pijat.
masseur /mæ'sər/ *kb.* ahli pijat, tukang pijit/urut.
masseuse /mæ'səz/ *kb.* ahli pijat perempuan, tukang pijit wanita, pramupijat.
massive /'mæsiv/ *ks.* secara besar-besaran, raksasa.
mast /mæst/ *kb.* tiang (kapal).
master /'mæstər/ *kb.* 1 tuan rumah. 2 nakhoda (*of a ship*). 3 pemilik. *the dog's m.* pemilik anjing. 4 jagoan (*at a skill, sport*). 5 pelukis ulung (spt Rembrandt). 6 tuan, ndoro (anak laki-laki yg blm déwasa), orang yg mempunyai kekuasaan. 7 (*recording*) lembaran induk. **the M.** Nabi Isa, Tuhan Jésus. *He is his own m.* Ia majikannya sendiri. *Tak ada orang yg memerintahnya. He is always m. of the situation* Ia selalu menguasai keadaan. —*kkt.* menguasai (*a subject, o's temper*). **m. carpenter** pemimpin tukang kayu. **m. key** kunci induk/maling. **m. list** daftar induk. **m. mechanic** montir kepala. **M. of Arts** Sarjana. **m. of ceremonies** pemimpin upacara. **M. of Science** Sarjana. **m. plan** pola induk. **m. sergeant** sersan kepala. **m. stroke** pukulan yg jitu, akal yg sempurna. **m. switch** tombol induk.
masterful /'mæstərfəl/ *ks.* bagus sekali.
masterly /'mæstərlie/ *ks.* yg mengagumkan, bagus sekali.
mastermind /'mæstər'maind/ *kb.* dalang, otak, perencana. —*kkt.* mendalangi.
masterpiece /'mæstər'pies/ *kb.* karya besar/agung.
masterwork /'mæstər'wərk/ *kb.* karya besar/agung.
mastery /'mæst(ə)rie/ *kb.* (*j.* **-ries**) 1 penguasaan. *to have a m. of a subject* menguasai sebuah vak/kejuruan. 2 keunggulan (**over** thd).
masthead /'mæst'hed/ *kb.* 1 puncak-tiang kapal. 2 *News.*: kepala suratkabar.
masticate /'mæstəkeit/ *kkt.* mengunyah.
mastoid /'mæstoid/ *kb.* tulang karang.
masturbate /'mæstərbeit/ *kki.* merancap, main onani.
masturbation /'mæstər'beisyən/ *kb.* onani, perancapan.
mat /mæt/ *kb.* 1 késétan, pengesat kaki (*at door*). 2 tatakan (*on table*). 3 lapik. *sleeping m.* lapik tidur. 4 (*small rug*) tikar. **to go to the m. with** a) bertengkar, melawan (*on an issue*). b) bergulat. —*kkt.* (**matted**) membikin kusut. *to be matted* menjadi kusut.
match /mæc/ *kb.* 1 korék api, gerétan. 2 *Sport*: pertandingan. 3 tandingan. *He's no m. for his brother* Dia bukan tandingan bagi saudaranya. **::** *They made a good m.* Pemuda dan gadis itu sesuai sekali. *These colors are not a good m.* Warna-warna ini tak cocok. *to be a m. for* merupakan lawan yg seimbang bagi. *to meet o's m.* menemui lawan yg seimbang. —*kkt.* 1 mencocokkan (*the numbers*). 2 menandingi. *to m. s.o. in his ability* menandingi s.s.o. dlm kecakapan. 3 mengadu (*two boxers*). *evenly matched* dihadapkan dgn seimbang. —*kki.* cocok. *These*

numbers do not m. Angka-angka ini tak cocok. *dress with hat to m.* pakaian dgn topinya yg seimbang/ cocok. **m. cover** penutup gerétan. **m. point** biji/ angka yg dpt mengakhiri permainan. **—matching** *ks.* sesuai. *m. colors* warna-warna yg sebanding. *m. numbers* bilangan-bilangan yg sebanding.

matchbook /'mæc'buk/ *kb.* kertas penutup korék api.

matchbox /'mæc'baks/ *kb.* kotak korék api.

matchless /'mæcləs/ *ks.* tak ada bandingannya/ taranya. *m. skill* kecakapan yg tak ada bandingannya.

matchmaker /'mæc'meikər/ *kb.* pencari jodoh, pinang muda, muncikari, mak comblang, penjaruman.

matchstick /'mæc'stik/ *kb.* batang korék api.

mate /meit/ *kb.* 1 jodoh. 2 suami. 3 isteri. 4 pasangan *(to a sock)*. *Nau.: first m.* pelayan/kelasi kelas satu. **—kkt.** mengawinkan. **—kki.** kawin. **—mating** *kb.* perkawinan *(of birds)*. *m. season* musim berkawin.

material /mə'tiriəl/ *kb.* 1 bahan, matérial. *building materials* bahan bangunan. 2 alat-alat. *writing m.* alat-alat tulis. 3 *Cloth.:* cita, kain. **—ks.** 1 materiil. 2 pokok. *m. necessity* keperluan pokok. 3 utama, penting. *m. witness* saksi utama. 4 jasmaniah. *m. difference* perbédaan penting/besar. **—materially** *kk.* materiil, jasmaniah.

materialism /mə'tiriəlizəm/ *kb.* matérialisme.

materialist /mə'tiriəlist/ *kb.* matérialis.

materialistic /mə'tiriəlistik/ *ks.* matérialistis.

materialize /mə'tiriəlaiz/ *kki.* terwujud.

materiel /mə'tirie'el/ *kb.* perlengkapan, peralatan.

maternal /mə'tərnəl/ *ks.* keibuan, yg berh. dgn ibu. *m. instinct* dorongan hati keibuan. *m. grandmother* nénék dari pihak ibu.

maternity /mə'tərnətie/ *kb.* keibuan. *m. center* rumah bersalin. *m. clothes* pakaian utk wanita hamil. *m. hospital* rumah sakit bersalin. *m. leave* cuti bersalin.

math /mæθ/ *kb. Inf.:* ilmu pasti.

math. 1 *[mathematical]* yg bersifat ilmu pasti. 2 *[mathematics]* ilmu pasti.

mathematical /'mæθə'mætəkəl/ *ks.* yg berh. dgn ilmu pasti, matematis. *with m. precision* dgn ketepatan yg persis sekali. *m. logic* logika matematis. **—mathematically** *kk.* menurut ilmu pasti, secara matematis.

mathematician /'mæθəmə'tišən/ *kb.* ahli ilmu pasti.

mathematics /'mæθə'mætiks/ *kb.* ilmu pasti, matematika.

matinee /'mætə'nei/ *kb.* pertunjukan siang/soré.

matriarch /'meitrieark/ *kb.* ibu pemimpin keluarga, wanita pemimpin suku.

matriarchal /'meitrie'arkəl/ *ks.* peribuan, matriarkal.

matriarchy /'meitrie'arkie/ *kb.* (*j.* **-chies**) 1 organisasi masyarakat yg matriarkal. 2 pucuk pimpinan di tangan wanita/ibu.

matrices /'meitrəsiez/ lih MATRIX.

matricide /'mætrəsaid/ *kb.* pembunuhan (thd) ibu.

matriculate /mə'trikyəleit/ *kki.* mendaftarkan diri (sbg mahasiswa), diterima sbg mahasiswa.

matriculation /mə'trikyə'leišən/ *kb.* penerimaan masuk sbg mahasiswa pd perguruan tinggi.

matrimonial /'mætrə'mownieəl/ *ks.* yg berh. dgn perkawinan.

matrimony /'mætrə'mownie/ *kb.* (*j.* **-nies**) ikatan perkawinan. *to join in holy m.* menyatukan dlm ikatan perkawinan yg suci.

matrix /'meitriks/ *kb.* (*j.* **matrices**) 1 *Print.:* acuan, matrés. 2 *Anat.:* kandungan, rahim. 3 *Math.:* susunan angka-angka, matriks. 3 batu(an). *limestone m.* batuan kapur yg berisi fosil atau batu permata.

matron /'meitrən/ *kb.* 1 ibu yg muda. 2 ibu (asrama). *m. of honor* wanita bersuami yg menjadi pengiring utama dlm perkawinan.

matronly /'meitrənlie/ *ks.* keibuan. *m. figure* raut badan keibuan.

matter /'mætər/ *kb.* 1 zat. 2 bahan. *reading m.* bahan bacaan. 3 barang. *printed m.* barang cétakan. 4 perkara, hal. *m. of great concern* hal yg amat penting, perkara yg prihatin. 5 persoalan. *to look into a m.* memeriksa persoalan. 6 nanah *(in a sore)*. 7 soal. *It's a m. of life or death* Ini soal hidup atau mati. *to be a m. of opinion* soal pendapat, tergantung dari pendapat s.s.o. *m. of taste* soal seléra, rasa cita. 8 urusan. *money matters* urusan uang. 9 kiriman. *fourth class m.* kiriman yg tdk berarti. *He acted as if nothing was the m.* Ia berbuat dgn seénaknya saja. *What's the m. with him?* Dia kenapa? Ada apa dgn dia? **a m. of** kira-kira. *The distance is a m. of 50 miles* Jaraknya kira-kira 50 mil. **as a m. of course** spt soal biasa. *I do it as a m. of course* Saya kerjakan itu spt hal yg mémang sdh selayaknya. *as a m. of fact* sebenarnya, sebetulnya, sesungguhnya. **for that m.** sebetulnya, sebenarnya. **in the m. of** mengenai, berkenaan dgn. **no m.** tdk jadi apa. *no m. when* kapanpun. *no m. what she says* apapun yg dikatakannya. *no m. how* bagaimanapun juga. **—matters** *j.* keadaan. *As matters now stand* Melihat/Menurut keadaan sekarang. *to make matters worse* memper- buruk keadaan. **—kki.** berarti. *Nothing matters anymore* Tak sesuatupun yg berarti lagi. *It doesn't m.* Tidak apalah. *Does it m. whether I come or not?* Saya datang atau tdk, tak menjadi apa, bukan? *It matters a great deal to me* Banyak hubungannya dgn saya. *What does it m. to you what he does?* Apa urusannya/ hubungannya dgn kamu ttg apa yg dikerjakannya?

matter-of-fact *ks.* tdk mengkhayal-khayal, tdk berbelit-belit.

matting /'mæting/ *kb.* 1 tikar. 2 anyaman jerami utk pembungkus.

mattock /'mætək/ *kb.* beliung, cangkul.

mattress /'mætrəs/ *kb.* kasur.

maturation /'mæcu'reišən/ *kb.* 1 pemasakan seorang anak. 2 *Med.:* bernanahnya bisul.

mature /mə'cur, -'tur, -'tyur/ *ks.* 1 déwasa. *m. outlook* pandangan yg déwasa. *a woman of m. years* seorang perempuan yg sdh berumur. 2 masak *(of fruit, cheese)*. *m. plans* rencana yg sdh masak-masak dipikirkan. 3 matang. *m. boy* anak yg matang pembawaannya. **—kki.** menjadi déwasa. *That note will m. next week* Surat perjanjian hrs dibayar minggu depan.

maturity /mə'turətie, -'cur-, -'tyur-/ *kb.* (*j.* **-ties**). kedéwasaan. *m. date of a loan* batas waktu pinjaman.

maudlin /'mɔdlən/ *ks.* mudah terharu, céngéng.

maul /mɔl/ *kkt.* melukai, menganiaya.

mausoleum /'mɔsə'lieəm/ *kb.* makam/kuburan yg besar dan amat indah.

mauve /mowv/ *ks.* lembayung muda.

maverick /'mævərik/ *kb.* orang/organisasi yg tdk konvénsionil.

max. *[maximum]* maksimum.

maxim /'mæksəm/ *kb.* peribahasa, pepatah.

maximal /'mæksəməl/ *ks.* maksimal.

maximum /'mæksəməm/ *kb. ks.* maksimum. *m. amount* jumlah yg tertinggi. *m. penalty* hukuman yg seberat-beratnya.

may /mei/ *kkb.* (**might**) 1 boléh. *M. I go?* Boléhkah saya pergi? *He said I might go* Dia mengatakan bhw saya boléh pergi. 2 mungkin. *I m. be late* Mungkin saya terlambat. *I might take a course in writing* Saya mungkin akan mengikuti pelajaran mengarang. 3 barangkali. *He m. be the new governor* Barangkali dialah yg menjadi gubernur yg baru. *We might as well stay home* Barangkali lebih baik kita tinggal di rumah. 4 semoga, mudah-mudahan. *M. you enjoy good health!* Semoga kamu séhat walafiat! *Be that as it m. ...* Bagaimanapun juga *.... Run as he might, he ...* Bagaimanapun cepatnya berlari, ia ....

May /mei/ *kb.* bulan Méi.

maybe /'meibie/ *kk.* barangkali, boléh jadi.

Mayday /'mei'dei/ *kb.* panggilan internasional dgn radio minta bantuan dari sebuah kapal atau pesawat terbang.

mayhem /'meihem/ *kb.* aniaya. *to commit m. on s.o.* berbuat aniaya thd s.s.o.

mayonnaise /'meiəneiz/ *kb.* kuah (bumbu) selada, saos selada.

mayor /'meiər/ *kb.* walikota.

mayoralty /'meiərəltie/ *kb.* (*j.* **-ties**) jabatan walikota.

maze /meiz/ *kb.* jaringan jalan yg ruwet, simpang siur jalan. *m. of caves* gua-gua yg bersimpang-siur.

M.C. /'em'sie/ [*Master of Ceremonies*] *kb.* pemimpin upacara.

McCoy /mə'koi/ *kb. Inf.* **the real M.** yg benar/ murni/sungguh.

Md. [*Maryland*] negarabagian A.S.

MD, M.D. /'em'die/ [*Doctor of Medicine*] *kb.* dokter.

me /mie/ *kg.* 1 saya. *He saw me* Dia melihat saya. 2 aku. Dia melihat aku. 3 -ku. *Give the box to me* Berikan kotak itu kepadaku. *I have the tickets with me* Karcis ada padaku. *Take it from me* Percayalah padaku.

Me. [*Maine*] negara bagian A.S.

meadow /'medow/ *kb.* padang rumput.

meager /'miegər/ *ks.* 1 amat kecil/kurang. *m. allowance* uang saku yg amat kecil. *m. meal* makanan yg amat kurang. 2 tdk lengkap. *m. reports* berita-berita yg tdk lengkap.

meal /miel/ *kb.* 1 tepung. *corn m.* tepung jagung. 2 makanan. *square m.* makanan lengkap. *Do you eat three meals a day?* Apa sdr makan tiga kali sehari? *m. ticket* kartu makan. *Inf.: He is just her m. ticket* Dia hanya pemberi nafkahnya saja.

mealtime /'miel'taim/ *kb.* waktu makan.

mealy /'mielie/ *ks.* spt tepung.

mean /mien/ *kb.* (titik) pertengahan (antara ujung yg ékstrim), sedang, rata. *golden m.* jalan tengah (yg baik), cukupan, pertengahan. *—ks.* 1 rata-rata (*of score, temperature*). 2 kotor, licik (*of a trick*). 3 pemberang, lekas marah (*of temper*). 4 buruk (*of quality*). *Please don't think m. of me* Harap jangan memikirkan yg buruk ttg saya. 5 hina (*of beginnings*). 6 *Inf.*: nakal, jahat (*of a person, horse*). 7 *Inf.*: hébat (*of a cold*). 8 lokék, kikir (*about money*). 9 *Inf.*: sakit. *I feel m.* Saya merasa sakit. *Inf.: I feel m. about winning* Saya merasa malu utk menang. **no m.** pandai sekali. *She's no m. student* Ia seorang murid yg amat pandai. *—kkt.* (**meant**) 1 bermaksud, berniat. *to m. no harm* tdk bermaksud buruk. *What do you m.?* Apa maksudmu? *I meant to write the letter* Saya bermaksud menulis surat itu. *I didn't m. to do it* Saya tak bermaksud berbuat demikian. *I meant for you to take the book* Maksudku, buku ini untukmu. 2 berarti. *What does this m.?* Apa ini artinya? *He means a lot to me* Dia sungguh berarti bagiku. 3

menakdirkan, memaksudkan. *Fate meant us to live together* Nasib menakdirkan kita berdua utk hidup bersama. *She was meant for him* Wanita itu sdh jodohnya. 4 memperuntukkan. *The gift was meant for her* Hadiah itu diperuntukkan baginya. 5 menujukan. *Whom was that remark meant for?* Ucapan itu ditujukan kpd siapa? 6 bersungguh-sungguh. *He means what he says* Dia bersungguh-sungguh dgn kata-katanya. *I m. business* Saya bersungguh-sungguh. Saya tdk bermain-main. *—kki.* bermaksud. *He means well by the boy* Dia bermaksud baik thd anak itu. *She means well* Niatnya baik. *—* **meaning** *kb.* arti. *What's the m. of this?* Apa-apaan ini?

meander /mie'ændər/ *kki.* berliku-liku, berkélok-kélok. *—* **meandering** *kb.* liat-liut (*of a river*).

meaningful /'mieningfəl/ *ks.* berarti, penuh dgn arti.

meaningless /'mieningləs/ *ks.* tak berarti.

meanness /'miennəs/ *kb.* keburukan, kepicikan, kejahatan.

means /mienz/ *kb.,j.* 1 harta, kekayaan. *to live within o's m.* hidup dlm batas kemampuannya. *man of m.* orang kaya. 2 alat (-alat), cara. *m. of financing* alat pemodalan. *m. of transport* alat pengangkutan. *By what m. will she get here?* Dgn memakai apa dia akan datang kesini? *to win by fair m.* menang dgn cara yg jujur. **by all m.** tentu saja. **by any m.** dgn apa saja. *to use any m. in order to ...* menggunakan apa saja utk ... . **by m. of** dgn memakai, dgn. **by no m.** sama sekali tdk. *He's by no m. the best student* Dia sama sekali bukan murid yg terbaik. *m. to an end* jalan/ cara utk mencapai (s.s.t.) tujuan.

meant /ment/ lih MEAN *kkt.*, *kki.*

meantime /'mien'taim/ *kb.* **in the m.** dalam pada itu.

meanwhile /'mien'hwail/ *kb.* sementara itu, dalam pd itu.

measles /'miezəlz/ *kb.* campak, cacar air.

measly /'miezlie/ *ks. Inf.*: sangat sedikit/kecil.

measure /'mezyur/ *kb.* 1 ukuran. 2 tindakan, langkah. *all necessary measures* setiap tindakan yg perlu. *to take measures* mengambil langkah-langkah. 3 *Law:* undang-undang. 4 takaran (*of liquid*). 5 *Mus.:* (irama) ketukan. 6 kadar. *The morphine gave him a m. of relief* Morphin itu sekedar meredakan sakitnya. **beyond m.** luar biasa. *angry beyond m.* amat marah. **for good m.** sbg tambahan. **in great m.** sebagian besar. *—kkt.* 1 mengukur. 2 mengadu. *to m. o's strength with* mengadu kekuatannya dgn. *—kki.* mengukur. *It measures six inches* Ukurannya enam inci. **to m. off** mengukur. **to m. up to** memiliki sifat-sifat yg dikehendaki. *—* **measured** *ks.* teratur. *m. steps* langkah-langkah yg teratur.

measuring *cup* cangkir takaran. *measuring tape* pita (peng)ukur.

measurement /'mezyərmənt/ *kb.* ukuran.

meat /miet/ *kb.* 1 daging. *m. grinder* penggiling daging. *m. packing firm* perusahaan pembungkus daging. 2 isi. *m. and drink* makanan dan minuman. **m. ball** a) bulatan-bulatan daging, bakso. b) *Sl.*: (*person*) orang yg membosankan.

meaty /'mietie/ *ks.* berisi.

Mecca /'mekə/ *kb.* Mekah. *New York City is a m. for tourists* Kota New York ramai dikunjungi wisatawan.

mechanic /mə'kænik/ *kb.* montir, ahli mesin.

mechanical /mə'kænəkəl/ *ks.* 1 yg berh. dgn mesin. *m. device* alat-alat mesin. *m. engineer* insinyur mesin. *m. engineering* ilmu téhnik mesin. *m. pencil* potlot isi(an). 2 spt mesin. *His reading is m.* Ia membaca spt mesin, tanpa perasaan. —**mechanically** kk. dgn mesin. *He's m. minded* Dia berbakat ke arah mesin-mesin.

mechanics /mə'kæniks/ kb. 1 ilmu mékanika, ilmu ttg mesin. 2 seluk-beluk mékanis.

mechanism /'mekənizəm/ kb. 1 alat (mékanik). 2 mesin. 3 (*defense*) mékanisme. 4 peralatan (*of the body*).

mechanization /'mekənə'zeisyən/ kb. mékanisasi.

mechanize /'mekənaiz/ kkt. memékanisasi(kan).

medal /'medəl/ kb. medali, bintang. *bronze m.* medali perunggu. *M. of Honor* Bintang Kehormatan.

meddle /'medəl/ kki. mencampuri. *to m. in other people's business* mencampuri urusan orang lain, campur tangan dlm urusan orang lain.

meddlesome /'medəlsəm/ ks. suka mencampuri urusan orang lain.

media /'miedieə/ j. 1 lih MEDIUM. 2 wasilah.

mediaeval /'miedie'ievəl/ =MEDIEVAL.

medial /'miedieəl/ ks. ditengah-tengah. *in m. position* ditengah-tengah, bertempat ditengah.

median /'miedieən/ kb. 1 angka médian/penengah, angka yg berada ditengah-tengah. 2 jalur hijau (*of a highway*). —ks. rata-rata. *m. salary* gaji ratarata. *m. score* skor penengah. *m. strip* jalur tengah (*on highway*).

mediate /'miedieeit/ kkt., kki. menengahi. *to m. a dispute* bertindak sbg penengah dlm sengkéta.

mediation /'miedie'eisyən/ kb. penyelesaian sengkéta dgn menengahi.

mediator /'miedie'eitər/ kb. (orang) penengah, pelarai.

medic /'medik/ kb. 1 *Inf.*: dokter. 2 *Inf.*: anggota korps keséhatan angkatan perang.

medical /'medəkəl/ ks. yg berh. dgn pengobatan, médis. *m. books* buku-buku kedokteran. *m. certificate* surat keterangan dokter. *m. doctor* dokter. *m. examination* pemeriksaan badan. *m. jurisprudence* ilmu hukum kedokteran. *m. school* fakultas kedokteran. *m. treatment* perawatan dokter.

medicament /'medəkəmənt/ kb. obat.

medicated /'medəkeitid/ ks. dibubuhi/mengandung obat.

medication /'medə'keisyən/ kb. 1 pengobatan. 2 obat.

medicinal /mə'disənəl/ ks. yg berh. dgn obat. *for m. purposes only* semata-mata utk maksud-maksud pengobatan saja. *m. plant* tanaman yg mengandung obat-obatan.

medicine /'medəsən/ kb. 1 ilmu kedokteran. *to study m.* belajar kedokteran. 2 obat. *to take m.* minum obat. *m. chest* lemari obat. *to take o's m.* hrs menderita/menanggung risiko. **m. ball** bola utk latihan keséhatan. **m. man** dukun.

medico /'medəkow/ kb. 1 *Inf.*: dokter. 2 *Inf.*: mahasiswa kedokteran.

medieval /'miedie'ievəl, 'med-/ ks. pertengahan. *m. history* sejarah abad pertengahan.

mediocre /'miedie'owkər/ ks. sedang-sedang, cukupan.

mediocrity /'miedie'akrətie/ kb. (j. **-ties**) keadaan/ sifat sedang.

meditate /'medəteit/ kkt. merencanakan. —kki. bersemadi.

meditation /'medə'teisyən/ kb. semadi, méditasi.

Mediterranean /'medətə'reiniən/ kb. Laut(an) Tengah. —ks. **M. Sea** Laut(an) Tengah.

medium /'miedieəm/ kb. (j. **-iums**, **media**). 1 cenayang, médium, dukun yg dpt berhubungan

dgn roh. 2 perantaraan. *through the m. of* dgn perantaraan. 3 perantara. 4 alat jalur (*of communications*). —ks. 1 sedang. *man of m. height* orang yg tingginya sedang. 2 setengah matang (*of boiled eggs, steak*). *to hit/strike a happy m.* menemukan jalan tengah yg menyenangkan. **m. of exchange** alat pembayaran **m. of instruction** bahasa pengantar. **medium-priced** ks. berharga sedang. **medium-sized box** kotak yg sedang besarnya.

medley /'medlie/ kb. urut-urutan, rampai-rampai.

meek /miek/ ks. lembut (hati), penurut. —**meekly** kk. tanpa perlawanan.

meet /miet/ kb. *Sport*: pertandingan. —ks. pantas. —kkt. (**met**). 1 berjumpa dgn, menjumpai (*a person, resistance*). 2 menjemput (*s.o. at the plane*). 3 bertemu dgn. *I've met everyone present* Saya tlh bertemu dgn semua yg hadir. 4 memenuhi (*obligations, the demand, a deadline*). 5 membayar. *I can't m. my bills* Saya tak bisa membayar rékening saya. 6 mengalami. *to m. scorn* mengalami éjékan. 7 mencukupkan, menutup. *to m. expenses* mencukupkan belanja. 8 menemui. *He met his death at ...* Ia menemui ajalnya pd .... 9 memperkenalkan. *M. Mr. Smith* Perkenalkanlah Saudara/Tuan Smith. 10 nampak. *There is more to this than meets the eye* Dlm persoalan ini, ada hal-hal yg tersembunyi. :: *The accident occurred where Oak Street meets Main Street* Kecelakaan itu terjadi pd persimpangan Oak Street dgn Main Street. *to m. classes* mengajar. *The spectacle that met his eyes when he ...* Pemandangan yg tampak padanya ketika ia .... —kki. 1 berjumpa. *We met at my brother's house* Kami berjumpa di rumah saudara saya. 2 belajar kenal. *We met at my brother's house* Kami belajar kenal di rumah sdr saya. 3 bertemu. *Our eyes met* Pandangan kita bertemu. *The club meets once a week* Perkumpulan itu bersidang sekali seminggu. **to m. up with s.o.** berjumpa dgn s.s.o. **to m. with** 1 mendapat (*an accident*). 2 bertemu, mengadakan pertemuan dgn. 3 mengalami (*good weather*). 4 menerima. *We met with a warm reception* Kami menerima sambutan yg hangat. 5 menjumpai, menemui. *to m. with difficulties* menjumpai kesukaran. 6 menderita. *Our troops met with large losses* Pasukan kita menderita kerugiankerugian besar. *Does this m. with your approval?* Apakah kiranya ini dpt sdr setujui? —**meeting** kb. rapat, pertemuan. *m. of the minds* persesuaian pendapat. *m. of roads* persimpangan jalan. *m. of the two rivers* bertemunya kedua sungai itu. *m. ground* tempat pertemuan. *common m. ground* dasar persesuaian bersama.

megacycle /'megə'saikəl/ kb. mégacycle.

megalomania /mə'gælə'meiniə/ kb. penyakit gila yg mengkhayalkan dirinya spt seorang yg agung dan mulia.

megaphone /'megəfown/ kb. alat pengeras suara, mégafon.

melancholic /'melən'kalik/ ks. murung, sedih, pilu, sayu.

melancholy /'melən'kalie/ kb. (j. **-lies**) kemurungan jiwa. —ks. sayu, sedih.

melee /'meilei/ kb. perkelahian, pergulatan, huruhara.

mellow /'melow/ ks. 1 empuk, merdu, lembut (*of tone, voice*). 2 masak, matang (*of wine*). *m. apple* buah apel yg tlh ranum. —kkt. melunakkan, meredakan (*o's attitude*). —kki. 1 menjadi lunak. 2 menjadi matang (*of wine*).

melodious /mə'lowdieəs/ ks. merdu, bagai buluh perindu.

melodrama /'melə'dramə/ kb. sandiwara penuh dgn kejadian-kejadian sedih, tetapi berakhir dgn kegembiraan, sandiwara sénsasi.
melodramatic /'melədrə'mætik/ ks. sénsasionil.
melody /'melədie/ kb. (j. **-dies**) lagu, nyanyian.
melon /'melən/ kb. (buah) semangka. Sl.: to cut/ split the m. membagi keuntungan.
melt /melt/ kkt. (**melted, melted** atau **molten**) 1 (dissolve) melarutkan, melebur. 2 mencairkan (butter, lard). 3 menghalau (fog, mist). 4 meluluhkan (o's heart). —kki. 1 meléléh (from the heat). 2 mencair (of snow, butter). The green melts into blue Warna hijau berangsur-angsur beralih ke warna biru. **to m. away** 1 kabur/menghilang dgn lambatlaun. 2 menjadi cair/hilang. **to m. down** mencairkan (s.s.t.). —**molten** ks. dicairkan. m. lead timah hitam yg dicairkan. —**melting** ks. yg mencair. m. point titik lebur/cair. m. pot 1 tempat bercampur. 2 wajah percampuran.
mem. 1 [member] anggota. 2 [memorandum] nota, mémorandum.
member /'membər/ kb. 1 anggota (of a club). m. of the family anggota keluarga. 2 anggota tubuh (kaki, tangan). 3 suku (of an equation).
membership /'membərsyip/ kb. 1 keanggotaan (in dlm). 2 para anggota. The m. voted against the proposal Para anggota menentang usul itu. 3 jumlah anggota. What is the m. of the society? Berapa jumlah anggota perkumpulan itu? m. card kartu anggota.
membrane /'membrein/ kb. selaput.
memento /mə'mentow/ kb. kenang-kenangan, tandamata.
memo /'memow/ kb. mémo, nota peringatan.
memoir /'memwar/ kb. 1 laporan ilmiah. 2 riwayat hidup singkat. —**memoirs** /j. buku kenang-kenangan, riwayat hidup.
memorabilia /'memərə'bilieə/ kb. s.s.t. yg patut dikenang.
memorable /'memərəbəl/ ks. yg mengesankan, yg patut menjadi kenang-kenangan. m. occasion peristiwa yg patut menjadi kenang-kenangan.
memoranda /'memə'rændə/ lih MEMORANDUM.
memorandum /'memə'rændəm/ kb. (j. **memoranda**) 1 nota. 2 surat peringatan. 3 catatan péndék.
memorial /mə'mowrieəl/ kb. tanda peringatan (spt patung, tugu, taman dll). m. service upacara peringatan. M. Day Hari Pahlawan (tgl 30 Méi). war m. tugu perang.
memorization /'memərə'zeisyən/kb. penghafalan.
memorize /'meməraiz/ kkt. menghafalkan.
memory /'memərie/ kb. (j. **-ries**) 1 ingatan, daya ingatan. in the m. of any inhabitant pd ingatan setiap penduduk. to recite from m. mengucapkan diluar kepala. in m. of guna memperingati. loss of m. kehilangan peringatannya. 2 kenang-kenangan. pleasant memories kenang-kenangan yg menyenangkan.
men /men/ lih MAN.
menace /'menəs/ kb. ancaman.
menagerie /mə'næzyərie, -æjərie/ kb. kumpulan binatang liar yg dikurung didlm kandang.
mend /mend/ kb. tambalan (in a coat). to be on the m. berangsur sembuh. —kkt. 1 menambal (clothes). These clothes need mending Baju-baju ini perlu ditambal. 2 memperbaiki (road, a breach). to m. o's ways memperbaiki kelakuan/tingkah laku. 3 membetulkan (an error). 4 menisik(i) (socks).
mendacity /men'dæsətie/ kb. (j. **-ties**) 1 kebiasaan berdusta. 2 dusta.

menfolk /'men'fowk/ kb. j. orang-orang/kaum lelaki, kaum pria.
menial /'mienieəl/ ks. 1 kasar (of work). 2 rendah (in origin).
meningitis /'menin'jaitəs/ kb. radang selaput (otak atau sumsum tulang belakang).
menopause /'menəpɔz/ kb. mati haid.
menstrual /'menstruəl/ ks. yg berk. dgn haid. m. period waktu haid, waktu datang bulan, sedang méns.
menstruate /'menstrueit/ kki. haid, datang bulan, méns, melihat bulan.
menstruation /'menstru'eisyən/ kb. haid, kain kotor/cemar, datang bulan.
mental /'mentəl/ ks. 1 yg berk. dgn jiwa. m. health keséhatan jiwa. m. illness penyakit jiwa. He's a m. case Ia penderita sakit jiwa. m. hospital rumah sakit jiwa. 2 batin, rohaniah. m. anguish kerisauan batin. m. reservation keberatan (dlm batin). **m. arithmetic** hitungan/ilmu hitung diluar kepala. **m. breakdown** patah semangat. —**mentally** kk. rohaniah. m. unbalanced terganggu keséhatan jiwanya. m. retarded lemah ingatan.
mentality /men'tælətie/ kb. (j. **-ties**) daya otak, kapasitas méntal, méntalitas.
mention /'mensyən/ kb. sebutan. honorable m. sebutan terhormat. to make m. of menyebutkan. —kkt. 1 menyebutkan. to m. s.o. in a will menyebut nama s.s.o. di surat wasiat. It's not worth mentioning Tak cukup penting utk disebut. 2 mengatakan. Don't m. this to anyone Jangan katakan hal ini kpd siapapun. Don't m. it (Terima kasih) kembali. **not to m.** blm lagi.
mentor /'mentər/ kb. penaséhat.
menu /'menyuw/ kb. daftar makanan, menu.
meow /mie'aw/ kb. ngéong. —kki. mengéong. —kseru. méong.
mercantile /'mərkəntiel/ ks. yg berh. dgn perdagangan. m. law undang-undang perniagaan/niaga.
mercenary /'mərsə'nerie/ kb. (j. **-ries**) prajurit upahan. m. army tentara upahan tentara séwaan. —ks. mata duitan. for m. reasons dgn alasan mencari uang/keuntungan.
merchandise /'mərcəndaiz/ kb. barang dagangan.
merchant /'mərcənt/ kb. saudagar, pedagang. m. fleet/marine armada niaga. M. Marine Academy Akadémi Ilmu Pelayaran. m. ship kapal dagang.
merciful /'mərsəful/ ks. bermurah hati.
merciless /'mərsələs/ ks. tak kenal ampun, tanpa kasihan.
mercurochrome /mər'kyurəkrowm/ kb. mercurokhrom, obat mérah.
mercury /'mərkyərie/ kb. 1 air raksa (dlm térmométer). 2 derajat, suhu. The m. dropped last night Suhu turun semalam. 3 **M.** bintang Utarid.
mercy /'mərsie/ kb. (j. **-cies**) 1 kemurahan hati. 2 belas kasihan, rahmat, kerahiman. to have m. on mengasihani, merahimi. to show no m. tak kenal belas kasihan. **at the m. of** didlm kekuasaan.
mere /mir/ ks. belaka. m. oversight kekhilafan belaka. He's a m. boy Ia masih kanak-kanak (belaka). The m. fact that ... Adanya kenyataan bhw .... to do s.t. out of m. spite mengerjakan s.s.t. semata-mata utk menyakiti perasaan saja. —**merely** kk. hanya, belaka. She m. smiled Dia tersenyum saja.
merge /mərj/ kkt. menggabungkan, memfusikan. —kki. bergabung, berfusi. **merging** traffic pergabungan lalu lintas.
merger /'mərjər/ kb. penggabungan, fusi.
meridian /mə'ridieən/ kb. garis bujur.

merit /'merit/ *kb.* 1 kebaikan, jasa. *to go into the merits of a proposal* mempertimbangkan kebaikan/ segi baik dari s.s.t. usul. *This is a book of considerable m.* Tak terhingga jasa buku ini. *certificate of m.* surat jasa. *m. system* sistém penilaian jasa. 2 guna, manfaat *(of a plan).* *to be decided on its own merits* ditentukan menurut baikburuknya masing-masing sendiri. —*kkt.* pantas, patut. *to m. s.t. for* mémang pantas mendapatkan s.s.t. karena.

meritorious /'merə'towrieəs/ *ks.* 1 berjasa. *m. service* pengabdian yg berjasa. 2 berfaédah, bermanfaat.

mermaid /'mər'meid/ *kb.* puteri laut, bintu'l-bahar.

merriment /'meriemənt/ *kb.* bersuka-ria, keriangan.

merry /'merie/ *ks.* gembira, sukaria. *the more the merrier* lebih banyak (orang) lebih suka-ria. *M. Christmas!* Selamat Hari Natal! *to make m.* bersukaria, bergembira. **merry-go-round** *kb.* korsél, komidi putar.

merrymaking /'merie'meiking/ *kb.* bersenang-senang, bersukaria, bergembira.

mesh /mesy/ *kb.* (mata) lubang *(of a screen). m. of a net* mata jala. —*kkt.* menghubungkan *(o's activities/ plans with).* —*kki.* saling menangkap, bertautan *(of gears).*

mesmerize /'mezməraiz/ *kkt.* mempesonakan, memikat.

mess /mes/ *kb.* 1 ruang makan. *m. hall* kantin, ruang makan. 2 barang-barang yg kotor dan berantakan. *to clean up a m.* membersihkan barang-barang yg berantakan. *to get o.s. into a m.* dlm kekacauan. *Sl.: a m. of fish* sejumlah ikan. *What a m.!* 1 Kotor benar! 2 Kacau benar! —*kkt.* 1 mengotori. 2 mengacaukan. *The papers were all messed up* Kertas-kertas itu semua kacaubalau.

message /'mesij/ *kb.* 1 pesan. *May I take a m.?* Ada pesan yg dpt saya sampaikan? 2 warta/perintah suci.

messenger /'mesənjər/ *kb.* pesuruh, kurir.

Messiah /Mə'saiə/ *kb.* 1 imam Mahdi. 2 al-Maséh.

messiness /'mesienəs/ *kb.* keadaan berantakan.

messrs. /'mesərz/ lih MISTER.

messy /'mesie/ *ks.* 1 morat-marit *(of a room).* 2 kotor *(of hands, clothes).*

met /met/ lih MEET.

metabolism /mə'tæbəlizəm/ *kb.* métabolisme.

metal /'metəl/ *kb.* logam, métal. *sheet m.* baja lembaran. *m. foundry* penuangan métal. *m. shears* gunting logam.

metallic /mə'tælik/ *ks.* spt logam.

metallurgical /'metə'lərjəkəl/ *ks.* yg berh. dgn métalurgi. *m. engineering* téknik métalurgi.

metallurgy /'metə'lərjie/ *kb.* métalurgi.

metamorphosis /'metə'mɔrfəsis/ *kb.* (*j.* -**oses**) perubahan bentuk.

metaphor /'metəfər, -fɔr/ *kb.* métafora, kiasan.

metaphysics /'metə'fisiks/ *kb.* métafisika.

metathesis /mə'tæthəsis/ *kb.* (*j.* -**eses**) métatésis.

mete /miet/ *kkt.* membagikan *(out punishment).*

meteor /'mietieər/ *kb.* cirit bintang, météor.

meteoric /'mietie'owrik/ *ks.* sangat cepat *(rise).*

meteorite /'mietieərait/ *kb.* batu bintang.

meteorological /'mietieərə'lajəkəl/ *ks.* yg berh. dgn météorologi. *m. service* jawatan météorologi/ cuaca.

meteorology /'mietieə'raləjie/ *kb.* météorologi, ilmu cuaca.

meter /'mietər/ *kb.* 1 méter (ukuran). 2 méteran.

water m. méteran air. *parking m.* méteran parkir. 3 *Lit.:* matra (irama).

meterman /'mietər'mæn/ *kb.* (*j.* -**men**) pemeriksa méteran.

method /'methəd/ *kb.* métode, cara. *There's m. in her madness* Dia punya cara dan pemikiran yg kelihatannya tolol, tapi sebenarnya pintar.

methodical /mə'thadəkəl/ *ks.* métodis.

Methodist /'methədist/ *kb.* Métodis.

methodological /'methədə'lajəkəl/ *ks.* secara métodologi.

methodology /'methə'daləjie/ *kb.* (*j.* -**gies**) métodologi.

meticulous /mə'tikyələs/ *ks.* sangat teliti, cermat sekali.

metre /'mietər/ = METER.

metric /'metrik/ *ks.* métrik. *m. system* sistém métrik.

metrical /'metrəkəl/ *ks.* métris, berirama, yg berh. dgn matra.

metrics /'metriks/ *kb.* ilmu irama lagu, ilmu ttg méter.

metronome /'metrənowm/ *kb.* alat yg dipakai utk menentukan kecepatan irama lagu dlm bermain musik, métronom.

metropolis /mə'trapəlis/ *kb.* (*j.* -**ises**) kota besar.

metropolitan /'metrə'palətən/ *ks.* yg berh. dgn kota besar. *m. New York* kota besar New York.

mettle /'metəl/ *kb.* keberanian, semangat. *This task put me on my m.* Tugas ini menjadikan saya bersemangat. *to be on o's m.* berbesar hati, mendapat dorongan yg baik.

mew /myuw/ *kki.* (me)ngéong.

Mex. [*Mexico*] Méksiko.

Mexican /'meksəkən/ *kb., ks.* orang Méksiko.

mezzanine /'mezənien/ *kb.* loténg tengah (di hotél atau gedung).

miaow /mie'aw/ = MEOW.

miasma /mai'æzmə/ *kb.* racun yg keluar dari tanah/rawa.

mica /'maikə/ *kb.* mika.

mice /mais/ lih MOUSE.

microbe /'maikrowb/ *kb.* kuman.

microcosm /'maikrəkazəm/ *kb.* dunia/kehidupan kecil.

microfilm /'maikrə'film/ *kb.* mikrofilm. —*kkt.* membuat mikrofilm.

microorganism /'maikrow'ɔrgənizəm/ *kb.* jasad renik.

microphone /'maikrəfown/ *kb.* mikropon, corong.

microscope /'maikrəskowp/ *kb.* mikroskop.

microscopic /'maikrə'skapik/ *ks.* sangat kecil sekali.

mid /mid/ *ks.* pertengahan. *m. vowel* vokal pertengahan. *m. September* pertengahan bulan Séptémber. **mid-air** *ks.* di udara. *in mid-flight* dlm penerbangan.

midair /'mid'ær/ *kb.* **in m.** di udara. *The discussion was left in m.* Perundingan itu disudahi tanpa memperoléh hasil.

midday /'mid'dei/ *kb.* tengah hari.

middle /'midəl/ *kb.* 1 pinggang. 2 pertengahan. *in the m. of the road* ditengah-tengah jalan. *in the m. of the night* ditengah malam. —*ks.* setengah. *m. age* usia setengah umur/tua. *The M. Ages* Abad Pertengahan. *in o's m. twenties* berumur sekitar 25 tahun. **middle-aged** *ks.* (berumur) setengah tua. **middle-class** *ks.* kelas menengah. *m. ear* telinga bagian dalam. *m. finger* jari malang/mati/tengah. **middle-of-the-road** *ks.* moderat.

middleman /'midəl'mæn/ *kb.* (*j.* **-men**) makelar, perantara, tengkulak.

middleweight /'midəl'weit/ *kb. Box*: kelas ringan utama.

middling /'midling/ *ks.* 1 sedang (dlm ukuran), cukupan. 2 biasa, sedang-sedang.

midget /'mijit/ *kb.* orang kerdil, cébol.

midnight /'mid'nait/ *kb.* tengah malam. *to burn the m. oil* belajar/bekerja sampai jauh malam.

midriff /'midrif/ *kb.* 1 sekat rongga badan. 2 bagian muka badan.

midshipman /'mid'syipmən/ *kb.* (*j.* **-men**) teruna/ mahasiswa pd Akademi Angkatan Laut A.S.

midst /midst/ *kb.* tengah-tengah. *in our m.* ditengah-tengah kita. *to be in the m. of writing* sedang tengah menulis.

midstream /'mid'striem/ *kb.* tengah-tengah sungai.

midtown /'mid'tawn/ *kb.* pusat kota.

midway /'mid'wei/ *kb.* 1 pertengahan jalan. 2 tempat hiburan atau pertunjukan-pertunjukan di paméran. *—kk.* di pertengahan. *I live m. between...* Saya tinggal di pertengahan jalan antara....

midweekly /'mid'wieklie/ *ks., kk.* tengah mingguan.

midwife /'mid'waif/ *kb.* bidan, dukun beranak.

midyear /'mid'yir/ *ks.* tengah tahunan.

mien /mien/ *kb.* sikap, air muka, rupa, wajah.

miff /mif/ *kkt.* menjéngkélkan hati.

might /mait/ *kb.* kekuatan, tenaga. *M. does not make right* Kuat tak berarti benar. *to struggle with all o's m.* bergelut/bergulat/meronta dgn sekuat tenaga. *to struggle with m. and main* berusaha dgn sekuat tenaga.

might /mait/ *lih* MAY.

mighty /'maitie/ *ks.* kuat. *m. king* raja kuat. *—kk. Inf.*: 1 sangat. *a m. fine girl* seorang gadis yg sangat manis. 2 hébat. *a m. good salesman* penjual yg hébat sekali. *This cake tastes m. good* Kué ini rasanya énak sekali. *—mightily kk.* dgn kuat.

migraine /'maigrein/ *kb.* **m. headache** sakit kepala yg berat pd sebelah kepala, kepialu, migrén.

migrant /'maigrənt/ *kb.* orang atau burung yg pindah. *m. worker* pekerja pengembara, pekerja yg berpindah, pekerja pendatang.

migrate /'maigreit/ *kki.* berpindah tempat, berboyong, memboyong.

migration /mai'greisyən/ *kb.* migrasi, perpindahan tempat.

migratory /'maigrə'towrie/ *ks.* berpindah. *m. instinct* naluri berpindah tempat (pd burung-burung). *m. worker* pekerja yg (suka) berpindah tempat.

mike /maik/ *kb. Inf.*: mikropon, corong.

mil. [*military*] militér.

mild /maild/ *ks.* 1 mendingan, sejuk (*of climate or weather*). 2 ringan (*of cigarette*). *m. beer* bir ringan. *m. words* kata ringan/lemah. *m. form of flu* influénsa ringan. 3 sedikit. *m. headache* sakit kepala sedikit. 4 énteng (*of box, bag*). **mild-mannered** *ks.* yg berwatak halus/lembut. *—mildly kk.* agak, sedikit. *to put it m.* secara tulus-ikhlas.

mildew /'milduw, -dyuw/ *kb.* jamur, lumut. *—kki.* berjamur, melapuk.

mildness /'maildnəs/ *kb.* keringanan, kelembutan, kehalusan.

mile /mail/ *kb.* mil.

mileage /'mailij/ *kb.* jarak mil.

milestone /'mail'stown/ *kb.* 1 kejadian yg penting, batu peringatan. 2 tonggak bersejarah.

milieu /mie'lyə/ *kb.* lingkungan pergaulan.

militancy /'milətansie/ *kb.* nafsu berkelahi/berperang.

militant /'milətənt/ *kb.* orang militan/agrésip. *m. leadership* pimpinan yg militan.

militarist /'milətərist/ *kb.* orang yg percaya dlm organisasi dan kekuatan ketentaraan yg sangat kuat.

military /'milə'terie/ *kb.* tentara. *—ks.* militér, ketentaraan, kemilitéran. *m. academy* akademi militér. *m. attache* atasé militér. *m. police* polisi militér. *—militarily kk.* dari segi kemilitéran.

militate /'miləteit/ *kki.* **to m. against** menghalang-halang, melawani.

militia /mə'lisyə/ *kb.* milisi, wamil.

milk /milk/ *kb.* susu. *It's no use crying over spilt m.* Nasi sdh jadi bubur. Tak ada gunanya menyesali apa yg sdh terjadi. *m. of human kindness* kebaikan hati, perikemanusiaan. *—kkt.* 1 memerah, memeras susu (*cow*). 2 memeras (*information from s.o.*). **m. bar** warung susu. **m. of magnesia** sm obat pencuci perut. **m. shake** susu kocok (sama éskrim). **m. tooth** gigi sulung. *—milking kb.* pemerahan.

milker /'milkər/ *kb.* 1 tukang susu. 2 alat pemerah.

milkman /'milk'mæn/ *kb.* (*j.* **-men**) tukang/pengantar susu.

milksop /'milk'sap/ *kb.* orang yg tdk bersemangat.

milky /'milkie/ *ks.* spt susu. *M. Way* Bimasakti.

mill /mil/ *kb.* 1 penggilingan, gilingan. *coffee m.* gilingan kopi. 2 paberik. *sugar m.* pabrik gula. *m. hand* buruh paberik. 3 pemintalan. *cotton m.* pemintalan kapas. *Inf.*: **to go through the m.** menjalani latihan erat, menjalani penggodokan yg berat. *Sl.*: *It's in the m.* Sedang dikerjakan. *Inf.*: **to put through the m.** menguji, memberi pelajaran atau latihan dgn keras dan berat. *—kkt.* menggiling. *—kki.* **to m. about/around** bergerak secara ramai, berdesak-desakan (*of a crowd*). *—milling kb.* (perusahaan) penggilingan.

millennium /mə'leniəm/ *kb.* (*j.* **-nia, -iums**) masa seribu tahun.

miller /'milər/ *kb.* penggilingan, tukang giling.

millet /'milət/ *kb.* sm padi-padian.

milligram /'miləgræm/ *kb.* miligram.

millimeter /'milə'mietər/ *kb.* miliméter.

millinery /'milə'nerie/ *kb.* (*j.* **-ries**) perusahaan topi wanita.

million /'milyən/ *kb.* juta. *I have a m. things to do* Pekerjaan saya luar biasa banyaknya. *Inf.*: *He's one in a m.* Dia seorang yg tak ada taranya.

millionaire /'milyə'nær/ *kb.* jutawan.

millionth /'milyənth/ *ks.* yg kesejuta.

millstone /'mil'stown/ *kb.* (batu) gerinda.

milquetoast /'milk'towst/ *kb.* seorang lemah, kurang tegas/berani.

mime /maim/ *kb.* 1 badut, pelawak. 2 pembadutan. *—kkt.* meniru-niru.

mimeograph /'mimieəgræf/ *kb.* mesin sténsil. *—kki.* mensténsil, meronéo. **mimeographing** *machine* mesin sténsil.

mimic /'mimik/ *kb.* pemain mimik. *—kkt.* meniruniru, memimikkan.

mimicry /'mimǝkrie/ *kb.* (*j.* **-ries**) cara menirunya.

min. [*minute*] menit.

minaret /'minə'ret/ *kb.* menara.

mince /mins/ *kb.* daging halus yg dicencang. *—kkt.* mengiris, memotong-motong (*meat*). *to m. no words* berterus-terang. *not to m. matters* berbicara secara jujur dan terus-terang. *m. pie* kué pastél berisi daging cincang.

mincemeat /'mins'miet/ *kb.* daging cincang ber-campur buah apel, kismis, rempah-rempah dll. *to make m. of s.o.* mengalahkan arguméntasi s.s.o. secara menentukan.

mind /maind/ *kb.* 1 pikiran. *a good m.* pikiran yg cerdas. *of sound m.* dgn pikiran yg séhat. 2 akal. *She nearly went out of her m. when her child was kidnapped* Ia hampir hilang akal ketika anaknya diculik. 3 ingatan. *The incident passed out of my m.* Peristiwa itu hilang dari ingatanku. **to be out of o's m.** 1 gila, édan. 2 kurang pikiran. **to bear in m.** meng-ingatkan kembali. **to bring/call to m.** mengingat lagi. **to change o's m.** berubah pikiran, meru-bah rencana. *It hadn't crossed my m.* Tak terpikir oléhku. *It never entered my m. that ...* Tak pernah terlintas dlm pikiranku bhw.... **to have a good m. to** bermaksud akan. **to have half a m. to** rasa-rasanya mau juga. **to have in m.** bermak-sud. *What do you have in m.?* Apa yg kau pertimbangkan? *in my mind's eye* dlm angan-angan khayalan saya. **to keep s.o. in m.** meng-ingat s.s.o. ttg. **to keep o's m. on o's business** memusatkan perhatian pd pekerjaannya. **to know o's m.** tahu apa yg dikehendaki, tahu kemauan. **to make up o's m.** mengambil keputusan, membulatkan hati. *My m. is made up* Pikiranku sdh tetap. **on o's m.** dlm pikiran. *It has been on my m. for some time* Sdh agak lama saya simpan dlm hati saya. *I have it very much on my m.* Saya selalu memi-kirkan hal itu. *What do you have on your m.?* Apa yg hendak kau katakan? *What's on your m.?* Apa yg mengganggu pikiranmu? *I'm of a m. to go* Saya hendak pergi. *I'm of two minds about ...* Hati saya masih bimbang ttg.... **to put o's m. to** meinbulat-kan hati ttg. **to put s.o. in m. of** mengingatkan s.s.o. **to put o's m. to rest** menyenangkan pikiran-nya. *He set his m. on becoming a doctor* Dia berketetap-an hati utk menjadi dokter. **to slip o's m.** hilang dari ingatan, terlupa. **to speak o's m.** mengeluar-kan pendapat, berbicara secara terus-terang. **to take o's m. off s.t.** menghilangkan s.s.t. dari pikiran, melupakan s.s.t. **to my m.** menurut pen-dapat saya, pd hémat saya. —*kkt.* 1 menjaga (*a store, a child*). 2 mengingat-ingat, memperhatikan (*o's words*). *He won't m. me* Dia tak akan memper-hatikan saya. 3 patuh kpd. 4 menghiraukan (*hot weather*). :: *Don't m. me* Tak usah risaukan saya. *M. the step!* Awas ada tangga! *Children, m. yourselves!* Anak-anak, sikapnya yang baik, ya! *Would you m. passing me the salt, please?* Tolong berikan saya garam! —*kki.* 1 hati-hati. 2 patuh. *M. that you come on time* Jagalah spy kamu datang pd waktunya. *Do you m. if I...?* Boléhkah saya...? *I don't m.* Saya tak keberatan. *Inf.: Never m.!* Tak (menjadi) apa. Tak apa-apa. **m. reader** orang yg dpt mem-baca isi hati orang.

mindful /'maindfəl/ *ks.* 1 sadar (**of** akan). 2 ber-hati-hati.

mine /main/ *kb.* 1 (*coal*) tambang. 2 *Mil.:* ranjau, periuk api. *m. detector* alat pencari/penemu ranjau. *mine field* daérah ranjau. *m. layer* kapal pemasang ranjau. 3 sumber (*of information*). —*kg.* milikku, kepunyaanku. *That book is m.* Buku itu kepunyaan-ku. *a good friend of m.* teman baikku. *That's no busi-ness of m.* Itu bukan urusan saya. —*kkt.* 1 menam-bang (*coal*). 2 memasang ranjau. *That area is mined* Daérah itu beranjau. Daérah itu dipasangi ranjau. —**mining** *kb.* 1 pertambangan. *m. engineer* insinyur pertambang(an). 2 peranjauan (*of a harbor*). 3 penambangan (*of tin*).

miner /'mainər/ *kb.* buruh tambang.

mineral /'minərəl/ *kb.* barang tambang, mineral, bahan galian. *m. oil* pencahar, obat pencuci perut. *m. water* air mineral.

mineralogy /'minə'raləjie/ *kb.* mineralogi.

minesweeper /'main'swiepər/ *kb.* kapal penyapu ranjau.

mineworker /'main'wərkər/ *kb.* buruh tambang.

mingle /'minggəl/ *kki.* bercampur, bergaul (**with** dgn).

miniature /'minie(ə)cər/ *kb.* miniatur. —*ks.* kecil. *m. camera* kamera kecil.

minimal /'minəməl/ *ks.* paling sedikit/rendah.

minimize /'minəmaiz/ *kkt.* 1 meréméhkan (*a problem*). 2 memperkecil (*dispute, trouble*).

minimum /'minəməm/ *kb.* minimum. *Rain has been at a m.* Hujan mencatat angka yg paling rendah. —*ks.* paling rendah, terendah. *m. wage* upah paling rendah.

minion /'minyən/ *kb.* kaki tangan, anték.

miniskirt /'minie'skərt/ *kb.* rok mini.

minister /'minəstər/ *kb.* 1 *Rel.:* pendéta. 2 (*foreign service*) duta (besar). 3 menteri (*of Defense*). —*kki.* melayani, meladéni (*to s.o's needs*).

ministerial /'minə'stiriəl/ *ks.* 1 *Rel.:* mengenai kependétaan. 2 mengenai kementerian.

ministry /'minəstrie/ *kb.* (*j.* **-ries**) 1 kementerian, départemén. 2 *Rel.:* jabatan sbg pendéta.

mink /mingk/ *kb.* 1 sm cerpelai. 2 bulu binatang cerpelai.

Minn. [*Minnesota*] negarabagian AS.

minnow /'minow/ *kb.* sm ikan yg amat kecil.

minor /'mainər/ *kb.* 1 orang yg blm déwasa. 2 *Acad.:* pelajaran tambahan. —*ks.* 1 kecil (*surgery, accident*). *to play a m. role* in memainkan peranan kecil dlm. *on a m. scale* secara kecil-kecilan. 2 minor. *m. key* nada minor. —*kki.* **to m. in** mengambil pelajaran tambahan dlm.

minority /mə'nɔrətie/ *kb.* (*j.* **-ties**) 1 minoritas. 2 golongan kecil. *m. report* laporan golongan kecil.

mint /mint/ *kb.* 1 permén. **mints** *j.* gula-gula per-mén. 2 arta yasa, percétakan uang logam. *to make a m. of money* mendapat banyak sekali uang. *in m. condition* dlm keadaan baru (*of coin, book, stamp*). —*kkt.* 1 mencétak (*money*). 2 membentuk, mencip-takan (*a phrase*).

minus /'mainəs/ *ks.* kurang. *A— A* kurang. —*kd.* 1 kurang. *4 m. 2 equals 2.4* kurang 2 sama dgn 2. 2 kekurangan. *to be m. $2* kekurangan $2. *m. sign* tanda kurang (—).

minuscule /'minəskyuwl/ *ks.* amat kecil, kerdil sekali.

minute /'minit/ *kb.* menit. *ten minutes to eight* jam delapan kurang sepuluh menit. *in a m.* sebentar lagi, sekejap lagi. *Come here this (very) m.* Kemari saat ini (juga). *Let me know the m. he arrives* Beritahu saya serenta ia tiba. *Wait a m.!* Tunggu sebentar! *I expect him any m.* Ia akan segera datang. *I shan't be a m.* Saya segera datang. *He's up to the m. on current events* Dia mengetahui sampai kejadian-kejadian yg terakhir mengenai peristiwa-peristiwa déwasa ini. —**minutes** *j.* notilen, laporan. **m. hand** jarum panjang.

minute /mai'nyuwt/ *ks.* kecil. *m. details* hal-hal kecil. —**minutely** *kk.* dgn seksama/teliti.

miracle /'mirəkəl/ *kb.* 1 keajaiban. 2 kekuatan gaib. *m. drug* obat manjur, antibiotika.

miraculous /mə'rækyələs/ *ks.* ajaib, yg menak-jubkan.

mirage /mə'razy/ *kb.* khayalan belaka, pembayangan udara.

mire /mair/ *kb.* lumpur (yg lembut dan dalam). —*kkt.* menjadikan terperosok. *The truck was mired in mud* Truk itu terperosok kedlm lumpur.

mirror /'mirər/ *kb.* cermin. *m. image* bayangan (terbalik). —*kkt.* mencerminkan (*o's view*). *The trees were mirrored in the water* Pohon-pohon itu terbayang didlm air itu.

mirth /mərth/ *kb.* keriangan, kegembiraan.

misadventure /'misəd'vencər/ *kb.* kesialan, kecelakaan, nasib celaka.

misadvise /'misəd'vaiz/ *kkt.* memberi petunjuk yg salah.

misanthrope /'misənthrowp/ *kb.* orang yg benci kpd orang.

misapply /'misə'plai/ *kkt.* (**misapplied**) menyalahgunakan.

misapprehension /'misæpri'hensyən/ *kb.* salah pengertian. *to be under some m.* ada dibawah/didlm s.s.t. salah pengertian.

misappropriate /'misə'prowprieeit/ *kkt.* menyalahgunakan, menggelapkan, menyeléwéngkan.

misappropriation /'misə'prowprie'eisyən/ *kb.* penyalahgunaan, penyeléwéngan, penggelapan.

misbehave /'misbə'heiv/ *kki.* berbuat jahat, berlaku tak pantas.

misbehavior /'misbə'heivyər/ *kb.* kelakuan yg buruk/jahat.

miscalculate /mis'kælkyəleit/ *kkt., kki.* keliru perhitungan, salah hitung.

miscalculation /'miskælkyə'leisyən/ *kb.* kesalahan hitung.

miscarriage /mis'kærij/ *kb.* 1 keguguran (kandungan). 2 kegagalan (*of justice*).

miscarry /mis'kærie/ *kki.* (**miscarried**) 1 keguguran. 2 gagal (*of plans*).

miscast /mis'kæst/ *kkt.* salah pilih.

miscegenation /'misejə'neisyən/ *kb.* perkawinan antara suku atau bangsa.

miscellaneous /'misə'leinieəs/ *ks.* bermacam-macam, beberapa macam, serbaanéka.

miscellany /'misə'leinie, mi'selənie/ *kb.* (*j.* -**nies**) varia, pusparagam, bungarampai.

mischance /mis'cæns/ *kb.* nasib buruk, kesialan.

mischief /'miscif/ *kb.* 1 kejahatan, kenakalan. 2 kerusakan. **to get into m.** bertengkar, berkelahi. *to do s.t. out of pure m.* melakukan s.s.t. hanya utk mencelakakan orang saja. *to keep s.o. out of m.* menjauhkan s.s.o. dari kecelakaan. *to be up to some m.* bermaksud jahat. **mischief-maker** pengacau, tukang récok.

mischievous /'miscəvəs/ *ks.* nakal, mérécok, jahat.

miscomprehension /'miskampri'hensyən/ *kb.* salah tampa, kesalahpahaman.

misconception /'miskən'sepsyən/ *kb.* salah paham.

misconduct /mis'kandʌkt/ *kb.* kelakuan tdk senonoh, perbuatan jahat.

misconstrue /'miskən'struw/ *kkt.* salah mengerti/menanggapi.

miscount /'mis'kawnt *kb.*; mis'kawnt *kki.*/ *kb.* salah hitung. —*kki.* salah menghitung.

miscue /mis'kyuw/ *kb.* 1 pukulan yg salah. 2 kesalahan, kekeliruan.

misdeed /'mis'died/ *kb.* kelakuan yg tak senonoh, kelakuan buruk.

misdemeanor /'misdə'mienər/ *kb.* pelanggaran hukum (yg ringan), pidana énténg, tindak-pidana yg tergolong ringan.

misdirect /'misdə'rekt/ *kkt.* mengarahkan ke jurusan yg salah.

miser /'maizər/ *kb.* orang kikir/pelit.

miserable /'mizərəbəl/ *ks.* 1 tdk senang. *to feel m.* merasa tak énak (badan). 2 yg menyedihkan. *showing in the election* jumlah suara yg menyedihkan sekali dlm pemilihan itu. *m. living conditions* cara hidup/kehidupan yg menyedihkan. *m. weather* cuaca yg menyedihkan. *She makes his life m.* Ia menyedihkan hidupnya. 3 miskin, sengsara. —**miserably** *kk.* sangat buruk, tdk keruan.

miserly /'maizərlie/ *ks.* kikir, pelit.

misery /'mizərie/ *kb.* (*j.* -**ries**) kesengsaraan. *to put an animal out of its m.* membunuh seékor binatang.

misfire /mis'fair/ *kki.* 1 macet (*of a gun*). 2 gagal.

misfit /'mis'fit/ *kb.* orang yg canggung, orang yg tak dpt mencocokkan diri.

misfortune /mis'fɔrcən/ *kb.* kemalangan.

misgiving /mis'giving/ *kb.* perasaan was-was/kuatir.

misguided /mis'gaidid/ *ks.* tersesat, salah jalan.

mishandle /mis'hændəl/ *kkt.* 1 menyalahgunakan (*funds*). 2 menganiaya (*s.o.*).

mishap /'mishæp/ *kb.* kecelakaan.

mishear /mis'hir/ *kkt., kki.* salah mendengar.

misinform /'misən'fɔrm/ *kkt.* memberi keterangan yg salah.

misinformation /'misinfər'meisyən/ *kb.* keterangan yg salah.

misinterpret /'misən'tərprit/ *kkt.* salah menafsirkan.

misinterpretation /'misən'tərprə'teisyən/ *kb.* salah-tafsir, kesalahan menafsirkan.

misjudge /mis'jʌj/ *kkt.* 1 salah menilai. 2 salah dlm mengadili.

mislaid /mis'leid/ lih MISLAY.

mislay /mis'lei/ *kkt.* (**mislaid**) salah meletakkan/menaruhkan.

mislead /mis'lied/ *kkt.* (**misled**) mcnyesatkan. —**misleading** *ks.* yg menyesatkan.

misled /mis'led/ lih MISLEAD.

mismanage /mis'mænij/ *kkt.* salah mengurus.

mismanagement /mis'mænijmənt/ *kb.* salah urus.

mismatch /mis'mæc/ *kb.* pertandingan yg tdk sebanding. —*kkt.* tak sebanding/sepadan.

misname /mis'neim/ *kkt.* salah memberi nama.

misnomer /mis'nowmər/ *kb.* 1 nama yg salah. 2 istilah yg tak cocok.

misogyny /mis'ajənie/ *kb.* kebencian thd wanita.

misplace /mis'pleis/ *kkt.* salah menaruhkan. *misplaced trust* kepercayaan yg salah letak.

mispronounce /'misprə'nawns/ *kkt.* salah mengucapkan.

mispronunciation /'misprə'nʌnsie'eisyən/ *kb.* salah ucap(an).

misquote /mis'kwowt/ *kkt.* salah mengutip.

misread /mis'ried/ *kkt.* (**misread** /mis'red/) salah membaca.

misrepresent /'misrepri'zent/ *kkt.* salah dlm menggambarkan. *to m. the the facts* berbuat salah dlm mengemukakan kenyataan-kenyataan, mengemukakan kenyataan-kenyataan yg tdk benar.

misrepresentation /'misreprizen'teisyən/ *kb.* penggambaran/penyajian yg keliru.

misrule /mis'ruwl/ *kb.* pemerintahan yg salah, salah-atur.

miss /mis/ *kb.* nona. *M. Jones* Nn. Jones. *to have a near m.* hampir mendapat celaka (*of a plane, car*). *A. m. is as good as a mile* Hampir kena. Hasilnya tetap tdk kena. —*kkt.* 1 tdk menangkap (*a ball*). 2 merindukan (*a loved one*). 3 salah menanggapi (*the point*). 4 tdk mendengar (*s.o's name*). 5 absén (*a class*). 6 tak menjumpai. 7 melalaikan (*a rehearsal*). 8 kehilangan (*an opportunity*). *to m. o's footing and fall* kehilangan landasan lalu jatuh. 9 tidak dapat. *to m. o's connection* tdk dpt sambungan (*train, plane*). :: *You can't m. it* Pasti sdr akan menemukannya. *My heart missed a beat* Denyut jantungku terhenti sebentar. *They will never be missed* Meréka tak akan dirasakan kepergiannya/ketidakhadirannya. *to m. by a mile* pukulan (témbakan) jauh sekali dr sasaran. —*kki.* luput. *Three books are missing* Ada tiga buku yg hilang. *He never misses* Ia tak pernah gagal. *He narrowly missed getting killed* Ia nyaris terbunuh. **to m. out** rugi. —**missing** *ks.* yg lepas. *m. link* mata-rantai yg hilang. *m. persons bureau* biro orang hilang.

Miss. [*Mississippi*] negara bagian A.S.
misshapen /mis'syeipən/ *ks.* berbentuk yg tdk serasi.
missile /'misəl/ *kb.* peluru, proyéktil, misil. *m. site* tempat peluncuran peluru. *guided m.* peluru kendali.
mission /'misyən/ *kb.* 1 tugas. *What's your m. in life?* Apa tugasmu dlm hidup ini? 2 perutusan, utusan (U.N.). *foreign m.* missi asing. 3 misi (*church*). *to fly thirty missions* mengadakan tugas penerbangan tigapuluh kali.
missionary /'misyə'nerie/ *kb.* (*j.* **-ries**) 1 utusan/ pekabar injil. 2 (*Islam*) da'iyah, muallim, penganjur.
missionize /'misyənaiz/ *kkt.* mendakwahkan.
Missouri /mə'zurie/ *kb. Inf.:* **I'm from M.** Saya sképtis.
misspeak /mis'spiek/ *kkt., kki.* (**misspoke, misspoken**) 1 salah bicara. 2 salah ucap.
misspell /mis'spel/ *kkt.* (**misspelled** atau **misspelt**) salah mengéja. —**misspelling** *kb.* salah éjaan.
misspelt /mis'spelt/ lih MISSPELL.
misspent /mis'spent/ *ks.* dibuang-buang, salah dipergunakan.
misspoke(n) /mis'spowk(ən)/ lih MISSPEAK.
misstate /mis'steit/ *kkt.* salah mengutarakan (*the case*).
misstatement /mis'steitmənt/ *kb.* pernyataan yg salah.
misstep /'mis'step/ *kb.* langkah/perbuatan salah, kesalahan.
mist /mist/ *kb.* halimun. —*kki.* berkabut, ada kabut.
mistake /mis'teik/ *kb.* kesalahan, kekeliruan. *It was my m.* Saya yg bersalah. *to make a m. in not taking the job* salah tak (mau) menerima pekerjaan itu. *There's no mistaking that car* Tak salah lagi itulah mobilnya. *Make no m. about it* Jangan sampai keliru ttg itu. *by m.* dgn tak sengaja. —*kkt.* (**mistook, mistaken**) salah mengira. *I mistook him for his brother* Saya kira dia abangnya. —**mistaken** *ks.* keliru, salah. *m. identity* kesalahan tanda pengenal.
mistaken /mis'teikən/ lih MISTAKE.
mister /'mistər/ *kb.* (*j.* **messrs.**) 1 tuan, saudara. *Mr. Brown* Tuan Brown. 2 Pak. —**Messrs** *j.* Tuantuan.
mistook /mis'tuk/ lih MISTAKE.
mistranslate /mis'trænzleit/ *kkt.* salah menterjemahkan.
mistranslation /'mistrænz'leisyən/ *kb.* terjemahan yg salah.
mistreat /mis'triet/ *kkt.* menganiaya.
mistreatment /mis'trietmənt/ *kb.* penganiayaan.

mistress /'mistrəs/ *kb.* 1 nyonya rumah. 2 kekasih, gundik. 3 nyonya. *the dog's m.* nyonya pemilik anjing itu.
mistrial /mis'traiəl/ *kb.* pengadilan yg salah.
mistrust /mis'trʌst/ *kb.* kecurigaan, ketidakpercayaan. —*kkt.* mencurigai, tdk mempercayai.
misty /'mistie/ *ks.* berkabut. **misty-eyed** *ks.* sedih, bermata kuyu/luyu.
misunderstand /'misʌndər'stænd/ *kkt.* (**misunderstood**) salah mengerti, keliru menangkap/ memaham. —**misunderstanding** *kb.* salah paham.
misunderstood /'misʌndər'stud/ lih MISUNDERSTAND.
misuse /mis'yuws *kb.*; mis'yuwz *kkt.*/ *kb.* penyalahgunaan. —*kkt.* menyalahgunakan.
mite /mait/ *kb.* 1 sedikit sekali. *to give o's m. to* memberikan sedikit kpd. 2 tungau, tengu. —*kk. Inf.:* agak. *It's a m. hard to say goodbye* Agak sulit utk mengatakan selamat tinggal.
mitigate /'mitəgeit/ *kkt.* meredakan, mengurangi.
mitigation /'mitə'geisyən/ *kb.* peringanan, kelonggaran.
mitten /'mitən/ *kb.* sarung tangan.
mix /miks/ *kb.* adonan, campuran (*of cake*). —*kkt.* 1 mencampurkan (*chemicals, a salad*). 2 membuat adonan (*cake*). 3 mengawinkan (*flower seeds*). —*kki.* 1 dpt sejalan/bersama-sama. *Driving and drinking do not m.* Mengemudikan mobil dan meminum minuman keras tdk sejalan. 2 dpt bergaul. *to m. in another's business* mencampuri urusan orang lain. **to m. up** mengacaukan (*o's papers*). *to m. s.o. up* membingungkan. *You get me all mixed up* Saya menjadi bingung. **mix-up** *kb.* kekacauan, kesimpangsiuran. —**mixed** *ks.* 1 bercampur. *He's of m. blood* Dia berdarah campuran. *m. marriage* kawin campuran. 2 macam-macam. *m. nuts* macam kacang. *Inf.: His friends are a m. bag* Teman-temannya adalah bermacam-macam orang. *with m. emotions* dgn bermacam-macam perasaan. *Money can be a m. blessing* Uang dpt menjadi berkat atau kutukan. *in m. company* dlm kumpulan laki dan wanita. **mixed-up** *ks.* bingung. **mixing** *bowl* mangkuk tempat mencampur makanan atau bahan.
mixer /'miksər/ *kb.* 1 alat pencampur listrik. 2 seorang yg pandai bergaul. 3 pésta perkenalan.
mixture /'mikcər/ *kb.* campuran.
mm. [*millimeter*] milliméter.
mnemonic /ni'manik/ *ks.* yg membantu ingatan/ menghafal.
mo. [*month(s)*] bulan.
Mo. [**Missouri**] negarabagian A.S.
moan /mown/ *kb.* suara mengerang, rintihan. —*kki.* mengerang, merintih, mengeluh.
moat /mowt/ *kb.* parit (dikeliling bénténg).
mob /mab/ rakyat banyak, gerombolan orang banyak. —*kkt.* (**mobbed**) mengepung, mengerumuni. *They were mobbed when...* Meréka itu ramai dikerumuni ketika.... *This place is mobbed* Tempat ini penuh-sesak. *m. rule* hukum rimba.
mobile /'mowbəl/, mow'biel/ *ks.* 1 cempala, aktip, giat, gesit, ringan tangan. 2 mobil. *Americans are very m.* Orang-orang Amérika suka berpindah-pindah tempat. *m. home* rumah mobil, rumah yg dpt berpindah-pindah.
mobility /mow'bilətie/ *kb.* (*j.* **-ties**) gerakan, mobilitas. *m. of society* mobilitas masyarakat.
mobilization /'mowbələ'zeisyən/ *kb.* mobilisasi, pengerahan.
mobilize /'mowbəlaiz/ *kkt.* mengerahkan.

moccasin /'makəsən/ *kb.* sepatu sandal (bangsa Indian).

mock /mak/ *ks.* tiruan, pura-pura, éjékan. *m. trial* pengadilan pura-pura. —*ks.* écék-écék. —*kkt.* mentertawakan, memperolok-olokkan. **mock-up** *kb.* makét, contoh bikinan. —**mocking** *ks.* menghina, mengéjék.

mockery /'makərie/ *kb.* (*j.* **-ries**) olok-olok, penghinaan, éjékan.

modal /'mowdəl/ *ks.* yg berh. dgn perasaan. *Gram.: m. auxiliary* kata-bantu pengandaian.

mode /mowd/ *kb.* cara, mode. *m. of payment* cara pembayaran. *subjunctive m.* cara andai.

model /'madəl/ *kb.* 1 *Cloth.*: peragawati. 2 modél. *m. airplane* modél kapal terbang. *scale m.* modél menurut skala. 3 contoh, teladan. *m. student* murid teladan. *to use o's mother as a m.* mencontoh ibunya. 3 mérek (*of car*). —*kkt.* memperagakan (*clothes*) **to m. o.s. after/on** meniru, mengikuti jejak. —**modeling** *kb.* pekerjaan peragawati, keperagawatian.

moderate /'madərit *kb., ks.;* 'madəreit *kkt., kki.*/ *kb.* orang moderat, orang yg lunak. —*ks.* 1 layak, yg sekedarnya (*of profit*). 2 cukupan. *He's a man of m. means* Dia orang yg cukupan saja (keadaannya). 3 sedang (*size, meal*). 4 moderat, lunak. *m. opinions* pendapat-pendapat yg moderat. —*kkt.* mengetuai (*a meeting*). —*kki.* menjadi mendingan. —**moderately** *kk.* sedang, cukupan. *m. priced house* rumah yg sedang harganya.

moderation /'madə'reisyən/ *kb.* sikap sedang, sikap tdk berlebih-lebihan. *in m.* tdk berlebih-lebihan, secara terbatas.

moderator /'madə'reitər/ *kb.* 1 ketua (*of meeting*). 2 pelari, penengah (*of dispute*).

modern /'madərn/ *kb.* orang yg modérn. —*ks.* modér(e)n. *m. house* rumah yg modérn. *m. languages* bahasa-bahasa modérn. *m. history* sejarah modérn.

modernistic /'madər'nistik/ *ks.* model baru (*of house*).

modernity /mə'dərnətie/ *kb.* kemodérnan, modérnisasi, pembaharuan, pemodérnan.

modernize /'madərnaiz/ *kkt.* memodérnisasi(kan), memodérenkan.

modest /'madist/ *ks.* 1 rendah hati, sederhana (*in o's attitude*). 2 sedang (*of income*). 3 sopan. —**modestly** *kk.* 1 sederhana. 2 dgn rendah hati.

modesty /'madəstie/ *kb.* (*j.* **-ties**) 1 kesederhanaan, kerendahan hati. 2 kesopanan.

modicum /'madəkəm/ *kb.* jumlah kecil. *with a m. of effort* dgn sedikit usaha.

modification /'madəfə'keisyən/ *kb.* modifikasi, perubahan.

modifier /'madə'faiər/ *kb. Gram.*: kata yg menentukan sifat.

modifies /'madəfaiz/ lih MODIFY.

modify /'madəfai/ *kkt.* (**modified**) 1 memodifikasi, mengubah (*plans*). 2 membatasi (*a noun*). 3 mengurangi (*o's demands*).

modulate /'majəleit/ *kkt.* mengatur, memodulasi.

modulation /'majə'leisyən/ *kb.* modulasi.

module /'majul/ *kb.* modul.

Mohammedanism /Mə'hæmədə'nizəm/ *kb.* agama Islàm.

moist /moist/ *ks.* basah.

moisten /'moisən/ *kkt.* membasahkan (*a rag, sponge*). *Her eyes moistened* Air matanya berlinang.

moisture /'moiscər/ *kb.* embun(an), uap lembab.

moistureproof /'moiscər'pruwf/ *ks.* tahan lembab.

molar /'mowlər/ *kb.* geraham.

molasses /mə'læsəz/ *kb.* céng, sirop gula, tétés.

mold /mowld/ *kb.* 1 cétakan (*for cookies*). 2 jamur (*on books*). —*kkt.* 1 membentuk (*character*). 2 mencétak, membentuk (*dough*). —**molding** *kb.* papan hias témbok.

moldy /'mowldie/ *ks.* 1 apak (*of odor*). 2 berjamur, bulukan (*of food*).

mole /mowl/ *kb.* 1 tahi lalat. 2 *Fauna*: tikus mondok.

molecular /mə'lekyələr/ *ks.* yg berh. dgn molekul. *m. weight* berat molekul.

molecule /'maləkyuwl/ *kb.* molekul.

molehill /'mowl'hil/ *kb.* onggokan tanah yg dibuat oléh tikus mondok. *to make a mountain out of a m.* sekepal menjadi gunung.

molest /mə'lest/ *kkt.* menganiaya, mengganggu.

molestation /'mowləs'teisyən/ *kb.* penganiayaan, gangguan.

mollifies /'maləfaiz/ lih MOLLIFY.

mollify /'maləfai/ *kkt.* (**mollified**) meredakan, mengamankan.

mollusk /'maləsk/ *kb.* kerang-kerangan.

Molotov /'malətɔf, 'mɔ-/ *kb. Sl.*: **M. cocktail** granat bénsin.

molt /mowlt/ *kki.* berganti bulu atau kulit.

molten /'mowltən/ lih MELT.

Moluccas /mə'lʌkəz/ *kb., j.* Maluku.

mom /mam/ *kb. Inf.*: bu, mami.

moment /'mowmənt/ *kb.* 1 saat, momén. *the right m.* saat yg tepat. *unguarded m.* saat yg dialpakan. *from this m. on* mulai saat ini. *I just heard of it this m.* Saya baru sekarang/saat ini mendengar ttg (hal) itu. *a m. ago* sesaat yg lalu, baru-baru ini, baru saja. 2 sebentar. *One m.! Wait a m.!* Tunggu sebentar! *I'll be back in a m.* Saya akan kembali sebentar lagi. *for a m.* sejurus/sejenak, sebentar. 3 waktu. *at a moment's notice* sewaktu-waktu, kapan saja. *at that m.* pd waktu itu. *at the m.* pd saat/waktu ini. *The m. I saw him...* Ketika saya melihat dia.... *any m. now* segera.

momentary /'mowmən'terie/ *ks.* sebentar. *to show m. hesitation* menunjukkan keragu-raguan sebentar. —**momentarily** *kk.* sebentar lagi.

momentous /mow'mentəs/ *kb.* penting. *m. occasion* peristiwa yg penting.

momentum /mow'mentəm/ *kb.* 1 daya gerak, kepesatan. 2 semangat.

monarch /'manərk/ *kb.* raja.

monarchy /'manərkie/ *kb.* (*j.* **-chies**) kerajaan.

monastery /'manə'sterie/ *kb.* (*j.* **-ries**) biara.

monastic /mə'næstik/ *ks.* yg berh. dgn biara. *m. order* golongan biarawan/biarawati.

Monday /'mʌndie/ *kb.* (hari) Senin/Senén.

monetary /'manə'terie/ *ks.* monetér. *m. value* harga monetér. *m. unit* kesatuan monetér.

money /'mʌnie/ *kb.* 1 uang. *Pay no m. down* Tdk perlu membayar uang panjar. *to make m.* memperoléh banyak uang. *paper m.* uang kertas. *pocket m.* uang saku. *to get o's money's worth* menerima barang sebanyak harga uang yg dibayarkan. 2 untung. *There's m. in real estate* Bisa banyak untung dlm berdagang rumah dan tanah. *Sl.*: **to be in the m.** kaya. *Inf.*: *He's coining m.* Ia menjadi kaya. *Sl.*: *She's rolling in m.* Ia kaya sekali. *Inf.*: **for my m.** menurut pendapat saya. **m. belt** sabuk uang. **m. box** tabung(an). **m. mad** mata duitan. **money-maker** orang/barang yg mendatangkan banyak uang. **money-making** *ks.* yg mendatangkan uang. **m. order** poswésél.

moneychanger /'mʌnie'ceinjər/ *kb.* penukar uang.

moneyed /'mʌnied/ *ks.* beruang, berada, kaya.

moneygrubber /'mʌnie'grʌbər/ *kb.* buaya uang, mata duitan.

moneylender /'mʌnie'lendər/ *kb.* céti, lintah darat.

mongoose /'mangguws/ *kb.* sm musang, luwak.

mongrel /'manggrəl/ *kb.* 1 anjing bastar/kampung. 2 orang bastar.

monitor /'manətər/ *kb.* 1 murid yg membantu menjaga kerapian kelas dan mengambil absénsi. 2 penerima/pencatat/pendengar siaran-siaran radio/ TV/télepon. —*kkt.* menangkap (*broadcasts*).

monk /mʌngk/ *kb.* rahib, biarawan.

monkey /'mʌngkie/ *kb.* kera, monyét. *Inf.*: to make a *m. out of s.o.* memperolok-olokkan s.s.o., menjadikan s.s.o. sasaran olok-olok. —*kki. Inf.*: mempermain-mainkan. *to m. with the dials* bermain-main dgn pelat angka-angka. *Sl.*: **m. business** kenakalan, penipuan, tipu-muslihat. —**m. wrench** kunci Inggeris. *Inf.*: *to throw a m. wrench into the affair* mengacaukan seluruh pekerjaan itu.

monkeyshine /'mʌngkie'syain/ *kb. Sl.*: tipu daya, lelucon.

monochrome /'manəkrowm/ *kb.* satu warna.

monogamous /mə'nagəməs/ *ks.* yg berh. dgn monogami.

monogamy /mə'nagəmie/ *kb.* monogami.

monogram /'manəgræm/ *kb.* monogram, lukisan huruf.

monograph /'manəgræf/ *kb.* risalah, karang (ilmiah), monografi.

monolingual /'manə'linggwəl/ *ks.* satu bahasa.

monolithic /'manə'lithik/ *ks.* monolitis.

monologue /'manələg, -lag/ *kb.* bicara sendiri.

mononucleosis /'manə'nyuwklie'owsis, -'nuw-/ *kb.* penyakit karena klintir darah putih yg abnormal.

monopolistic /mə'napə'listik/ *ks.* yg bersifat monopoli. *m. practices* prakték-prakték monopoli.

monopolize /mə'napəlaiz/ *kkt.* memonopoli (*trade, s.o.'s time*).

monopoly /mə'napəlie/ *kb.* (*j.* **-lies**) monopoli.

monorail /'manə'reil/ *kb.* keréta-api/rél tunggal.

monosyllabic /'manəsə'læbik/ *ks.* bersuku satu.

monosyllable /'manə'siləbəl/ *kb.* kata bersuku satu.

monotheism /'manəthie'izəm/ *kb.* monothéisme.

monotone /'manətown/ *kb.* nada yg datar/sama.

monotonous /mə'natənəs/ *ks.* membosankan.

monotony /mə'natənie/ *kb.* sifat yg membosankan.

monoxide /mə'naksaid/ *kb.* monoksid.

monsoon /man'suwn/ *kb.* 1 angin musim. 2 musim hujan.

monster /'manstər/ *kb.* 1 raksasa. *m. demonstration* démonstrasi raksasa/besar-besaran. 2 binatang ganjil. *He's a m. when he gets mad* Dia menakutkan sekali kalau marah.

monstrosity /man'strasətie/ *kb.* (*j.* **-ties**) barang ganjil, benda yg aneh sekali bentuknya.

monstrous /'manstrəs/ *ks.* 1 besar sekali (*of a person or thing*). 2 dahsyat.

Mont. [*Montana*] negara bagian A.S.

month /mʌnth/ *kb.* bulan. *m. of June* dlm bulan Juni. *the current m.* bulan ini. *by the m.* bulanan. *What day of the m. is it?* Tanggal berapa sekarang? *I haven't seen him in a m. of Sundays* Sdh lama sekali saya tak bertemu dgn dia.

monthly /'mʌnthlie/ *kb.* (*j.* **-lies**) (majalah) bulanan. —*ks.* tiap-tiap bulan. *m. magazine* majalah bulanan. *m. meeting* rapat bulanan. *m. period* haid, méns, datang bulan.

monument /'manyəmənt/ *kb.* 1 tugu, monumén. 2 karya besar.

monumental /'manyə'mentəl/ *ks.* sangat besar. *m. task* tugas yg amat besar. *m. work* karya yg penting.

moo /muw/ *kb.* uak, wak. —*kki.* menguak, melenguh.

mooch /muwc/ *kki. Sl.*: meminta-minta (**off** kpd).

mood /muwd/ *kb.* 1 keadaan jiwa, suasana hati. *He's in a bad m.* Dia sedang murung hatinya. *I'm in no m. for jokes* Saya lagi tdk ada kemauan utk berkelakar. 2 *Gram.*: modus.

moodiness /'muwdienəs/ *kb.* kemurungan, kemasgulan hati.

moody /'muwdie/ *ks.* suka murung.

moon /muwn/ *kb.* bulan, rembulan. *full m.* bulan purnama. *new m.* bulan muda. *waning m.* bulan susut. *to ask for the m.* sicébol hendak mencapai bintang. —*kki.* mundar-mandir tak tentu arah. **m. landing** pendaratan di bulan. **m. probe** rokét penyelidik bulan.

moonbeam /'muwn'biem/ *kb.* cahaya bulan.

moonlight /'muwnlait/ *kb.* sinar bulan. *m. night* malam terang bulan. —*kki. Inf.*: bekerja sambilan, ngobyék.

moonlit /'muwnlit/ *ks.* terang bulan.

moonshine /'muwn'syain/ *kb. Inf.*: minuman keras yg dibuat secara gelap.

moor /mur/ *kkt.* menambatkan. —*kki.* menambat. —**mooring** *kb.* tambatan. *The moorings snapped* Tambatan kapal itu putus. *m. buoy* pelambung tambatan.

moose /muws/ *kb.* rusa besar.

moot /muwt/ *ks.* yg dpt diperdébatkan. *m. point* soal yg dpt diperbincangkan.

mop /map/ *kb.* 1 (alat) pengepél. 2 ragbol. —*kkt.* (**mopped**) 1 mengepél (*the floor*). 2 menyapu/ menghapus (*o's brow*). **to m. up** 1 membersihkan (*milk, water*). 2 mengadakan pembersihan (*of troops*). **mop-up** *kb.* pembersihan (thd sisa-sisa). *mopping-up operation* gerakan pembersihan.

mope /mowp/ *kki.* bermuram (durja).

moral /'marəl, 'mɔ-/ *kb.* moral, akhlak. *The play contains a good m.* Sandiwara itu berisikan naséhat baik. *to draw a m. from* mengambil teladan dari. —**morals** *j.* akhlak. —*ks.* moril. *m. conduct* tingkah-laku yg susila. *m. duty* utang budi. *m. responsibility* tanggung-jawab moril. *m. support* bantuan moril. *m. turpitude* kejahatan moril. *m. victory* kemenangan moril. —**morally** *kk.* secara moril, dari segi kesusilaan.

morale /mə'ræl/ *kb.* moril, semangat juang.

morality /mə'rælətie/ *kb.* (*j.* **-ties**) kesusilaan, moralitas.

moralize /'marəlaiz/ *kki.* memoralisasi, memperbincangkan soal salah-benar. —**moralizing** *kb.* khotbah, pidato.

morass /mə'ræs/ *kb.* 1 paya, rawa. 2 (*bureaucratic*) kekacau-balauan.

moratorium /'mowrə'towrieəm/ *kb.* penundaan, pertangguhan.

morbid /'mɔrbid/ *ks.* 1 abnormal, tdk wajar (*curiosity*). 2 tak séhat/waras (*personality*). 3 yg mengerikan. *m. details* hal-hal kecil-kecil yg mengerikan.

more /mowr/ *kb.* buah lagi. *I need two m.* Saya perlu dua lagi. *the m. the merrier* makin banyak makin meriah. *I cannot give m.* Saya tak dpt memberi (lebih banyak) lagi. *What m. can I say?* Apa lagi yg dpt kukatakan? *Let's say no m. about it.* Tak usah bilang apa-apa lagi ttg hal itu. —*ks.* 1 lagi. *m. paint* cat lagi. 2 lebih banyak. *I have m. cake than you* Kué saya lebih banyak dari kuému. *The m. help he gets, the m....*

Makin banyak ia mendapat pertolongan, makin banyak.... *Would you like some m. rice?* Nasinya mau tambah lagi? *—kk.* lebih. *m. beautiful* lebih cantik. *m. disturbing* lebih menggelisahkan. *m. than that* bahkan. *not any m.* tdk lagi. **once m.** sekali lagi. *what's m.* apalagi, lagi pula. *to be m. of a hindrance than a help* lebih banyak merintangi drpd menolong. *Our leader is no m.* Pemimpin kita tlh wafat. **m. and m.** semakin, kian lama... kian. *He's growing m. and m. like his father* Kian lama dia kian mirip ayahnya. *M. and m. I feel unhappy about...* Saya semakin merasa sedih ttg.... **m. or less** kurang lebih. *I am m. or less interested in...* Saya sedikit banyak tertarik kpd....

moreover /mowr'owvər/ *kk.* selain itu, lagi pula, tambahan lagi.

mores /'mowreiz/ *kb., j.* adat-istiadat.

morgue /mɔrg/ *kb.* rumah mati.

moribund /'mɔribənd, 'ma-/ *ks.* hampir mati, hampir menemui ajal, senén-kemis.

morning /'mɔrning/ *kb.* pagi. *Good m.!* Selamat pagi! *I saw him this m.* Saya ketemu dia tadi pagi. *She'll see him this m.* Ia akan ketemu dia pagi ini. *in the m.* a) pd pagi hari. b) bésok pagi. *Wait until m.* Tunggulah sampai pagi. *the m. after* pagi hari berikutnya. *the following m.* pagi ésok harinya. *early in the m.* pagi-pagi. *a morning's work* pekerjaan waktu pagi. *first thing in the m.* bésok pagi-pagi. *He works at home three mornings a week* Ia bekerja pagi di rumah tiga hari seminggu. **m. prayer** sembahyang subuh. **m. sickness** muak di waktu pagi (tanda hamil). **m. star** bintang timur.

moron /'mowrən/ *kb.* orang pandir/tolol, si bendul.

moronic /mə'ranik/ *ks.* pandir.

morose /mə'rows/ *ks.* muram, murung.

Morpheus /'mɔrfieəs/ *kb.* **in the arms of M.** sedang énak-énak tidur.

morphine /'mɔrfien/ *kb.* morfin.

morphology /mɔr'faləjie/ *kb.* (j. **-gies**) morfologi, ilmu bentukkata.

Morse /mɔrs/ *kb.* **M. code** kode/sandi Morse.

morsel /'mɔrsəl/ *kb.* butir, potong.

mortal /'mɔrtəl/ *kb.* makhluk hidup. *—ks.* 1 yg mematikan. *m. blow* pukulan yg mematikan. *m. combat* pertempuran/perkelahian maut. 2 besar sekali. *m. terror* ancaman yg besar sekali. *to be in m. fear of s.o.* takut sekali kpd s.s.o. **m. enemy** musuh yg garang. **m. remains** jenazah. **m. sin** dosa yg berat sekali. *—mortally kk.* yg menuju ke kematian.

mortality /mɔr'tælətie/ *kb.* (j. **-ties**) 1 kematian, pemautan, mortalitas. *m. rate* angka kematian. 2 kemungkinan kematian.

mortar /'mɔrtər/ *kb.* 1 (*gun*) mortir. 2 adukan semén. 3 lesung, lumpang. *m. and pestle* alu dan lumpang, penumbuk dan lesung.

mortarboard /'mɔrtər'bowrd/ *kb.* topi mahasiswa.

mortgage /'mɔrgij/ *kb.* hipoték. *—kkt.* 1 menghipotékkan (*a house*). 2 menggadaikan (*o's soul*).

mortician /mɔr'tisyən/ *kb.* pemilik perusahaan pemakaman.

mortification /'mɔrtəfə'keisyən/ *kb.* 1 malu, aib. 2 kebekuan pembuluh/syaraf di tubuh.

mortified /'mɔrtəfaid/ lih MORTIFY.

mortifies /'mɔrtəfaiz/ lih MORTIFY.

mortify /'mɔrtəfai/ *kkt.* (**mortified**) 1 membuat malu, memalukan. 2 *Med.:* kena kelemayuh.

mortuary /'mɔrcu'erie/ *kb.* (j. **-ries**) rumah/ kamar mayat.

mos. [*months*] bulan-bulan.

mosaic /mow'zeiik/ *kb.* mosaik, kepingan batu.

Moslem /'mazləm/ *kb.* orang Islam, Muslim. *the M. world* dunia Islam.

mosque /mask/ *kb.* mesjid.

mosquito /məs'kietow/ *kb.* nyamuk. *m. net* kelambu. *m. netting* kain kelambu, kawat kasa.

moss /mɔs/ *kb.* lumut.

mossy /'mɔsie/ *ks.* berlumut.

most /mowst/ *kb.* sebagian terbesar. *m. of his money* sebagian terbesar uangnya. *He stays in London m. of the time* Kebanyakan dia tinggal di London. *He's larger than m.* Dia lebih besar dari kebanyakan orang. *at (the) m.* paling banyak, sebanyak-banyaknya. *to make the m. of s.t.* mempergunakan sebaik-baiknya. *—ks.* yg terbanyak. *She made the m. mistakes on her paper* Ia membuat kesalahan-kesalahan yg terbanyak di karya ilmiahnya. *m. people* kebanyakan orang. *—kk.* 1 paling. *One laughs m. when...* Orang tertawa paling sering kalau.... *m. beautiful* paling cantik. *I like that song m. of all* Nyanyian itu paling saya sukai. 2 sangat, amat. *I was m. happy to see him* Saya amat gembira ketemu dia. *—mostly kk.* kebanyakan.

motel /mow'tel/ *kb.* motél.

moth /mɔth/ *kb.* ngengat. *m. ball* kapur barus. *to put a ship in m. balls* menyimpan dan memperlindungi kapal thd kerusakan. **moth-eaten** *ks.* usang, dimakan ngengat (*of books, clothes*).

mother /'mʌthər/ *kb.* 1 ibu, *my m.* ibuku. 2 induk. *This is the m. of that kitten* Inilah induk anak kucing itu. *m. church* induk geréja. 3 biang. *m. hen* biang/ induk ayam, babon. *Necessity is the m. of invention* Kebutuhan menjadi sumber penemuan. *Inf.:* every *mother's son* semua orang. *—kkt.* mengasuh (*a child*). **m. country** ibu pertiwi, negeri asal. *His m. country is Norway* Negeri asalnya ialah Norwégia. **mother-in-law** ibu mertua. **mother-of-pearl** indung/karang mutiara, géwang. **Mother's Day** Hari Ibu. **m. ship** induk kapal. **mother-to-be** calon/bakal ibu. **m. tongue** bahasa-ibu.

motherhood /'mʌthərhud/ *kb.* keibuan.

motherland /'mʌthərlænd/ *kb.* tanah air, tanah tumpah darah, ibu pertiwi.

motherly /'mʌthərlie/ *ks.* dari/spt ibu. *m. affection for* kecintaan ibu thd.

mothproof /'mɔth'pruwf/ *ks.* tahan ngengat.

motif /mow'tief/ *kb.* motif, téma.

motion /'mowsyən/ *kb.* 1 gerakan (*of a car, ship*). *to be in m.* sedang bergerak. *to go through the motions* mengadakan gerakannya saja. *to make a m. as if to leave* bergerak/bersiap-siap seolah-olah hendak pergi. **to put/set in m.** menggerakkan. 2 *Law:* mosi, usul. *to make a m.* mengajukan mosi. *—kkt.* memberi isyarat (dgn tangan, kepala dsb). *—kki.* memberi isyarat. **m. picture** gambar-hidup, bioskop. *m.-picture projector* proyéktor pilem. **m. sickness** mabuk kalau naik mobil dll.

motionless /'mowsyənləs/ *ks.* tak bergerak.

motivate /'mowtəveit/ *kkt.* mendorong, menyebabkan. *He is simply not motivated* Dia jelas blm mendapat perangsang.

motivation /'mowtə'veisyən/ *kb.* (peng)alasan, daya batin, dorongan, motivasi.

motive /'mowtiv/ *kb.* alasan, sebab. *m. power* daya (peng)gerak. *—motives j.* prayojana.

motley /'matlie/ *ks.* 1 anéka-warna, bermacam-macam warna. 2 campuran (*of a group*).

motor /'mowtər/ *kb.* motor, mesin. *m. court* motél. *—kki.* naik mobil. **motor-driven** *ks.* digerakkan mesin, bermotor. **m. generator** génerator/pembangkit listerik. **m. pool** pangkalan mobil. **m. scooter** sekuter. **m. torpedo boat** kapal torpédo. **m. vehicle** kendaraan bermotor. —**motoring** *kb.* bertamasya mengendarai mobil.

motorbike /'mowtər'baik/ *kb.* sepéda motor/kumbang.

motorboat /'mowtər'bowt/ *kb.* sekoci/perahu motor.

motorcade /'mowtərkeid/ *kb.* iring-iringan mobil.

motorcar /'mowtər'kar/ *kb.* mobil, oto.

motorcoach /'mowtər'kowc/ *kb.* bis.

motorcycle /'mowtər'saikəl/ *kb.* sepéda motor —*kki.* bersepéda-motor.

motorcyclist /'mowtər'saiklist/ *kb.* pengendara sepéda motor.

motorist /'mowtərist/ *kb.* pengendara/pengemudi mobil.

motorization /'mowtərə'zeisyən/ *kb.* motorisasi.

motorize /'mowtəraiz/ *kkt.* memperlengkapi dgn mesin atau motor. —**motorized** *ks.* bermotor.

motorman /'mowtərmən/ *kb.* (*j.* -**men**) masinis trém listerik atau trém dibawah tanah.

motorship /'mowtər'syip/ *kb.* kapal motor.

mottled /'matəld/ *ks.* burik, bercorang-coréng.

motto /'matow/ *kb.* motto, semboyan.

mould /mowld/ =MOLD.

mound /mawnd/ *kb.* gundukan (tanah), busut, *burial m.* tumpukan tanah kuburan.

mount /mawnt/ *kb.* 1 gunung, puncak. *M. Everest* Gunung Everest. 2 kuda tunggangan. —*kkt.* 1 menaiki, menunggang (*a horse*). 2 menyusun (*a program*). 3 menémpélkan (*stamps*). 4 menjaga. *to m. guard* mengadakan penjagaan. —*kki.* naik. *The price mounted* Harganya naik. **to m. up** 1 menaiki/menunggang kuda. 2 meningkat. *Costs mounted up quickly* Ongkos-ongkos meningkat dgn cepat. *the mounted police* polisi berkuda. *jewels mounted in silver* permata yg ditanam/dibubuhkan/dipasang dlm pérak. —**mounting** *kb.* ganjal/bantalan. *the mounting costs* harga-harga yg naik terus.

mountain /'mawntən/ *kb.* gunung. *m. chain* bukit barisan. *m. peak/top* puncak gunung. *m. range* pegunungan.

mountaineer /'mawntə'nir/ *kb.* 1 pendaki gunung. 2 penduduk di gunung.

mountainous /'mawntənəs/ *ks.* 1 bergunung-gunung. 2 besar sekali (*of waves*).

mountainside /'mawntən'said/ *kb.* léréng/sisi gunung.

mourn /mowrn/ *kkt.* berdukacita atas (*the loss of s.o.*). —*kki.* berkabung. **to m. over** berdukacita/berbélasungkawa/berkabung atas. —**mourning** *kb.* perkabungan. *to be in m.* berkabung.

mourner /'mowrnər/ *kb.* orang yg berkabung.

mournful /'mowrnfəl/ *ks.* sungguh menyedihkan, sangat memilukan.

mouse /maws/ *kb.* (*j.* **mice**) tikus. *m. deer* kancil, pelanduk.

mousetrap /'maws'træp/ *kb.* perangkap tikus.

moustache /'mʌstasy, mə'stasy/ *kb.* kumis, brengos, misai.

mouth /mawth *kb.*; mawTH *kkt.*/ *kb.* 1 mulut (*of a person, bottle, cannon, cave*). *That family has many mouths to feed* Keluarga itu banyak yg hrs diberi makan. 2 muara (*of a river*). 3 kawah (*of a volcano*). *Inf.:* **down in the m.** bersedih hati, gundah gulana, pecah hati. **from the horse's m.** dari sumber yg asli, dari orang yg bersangkutan. *Inf.:* **to laugh on the other side of o's m.** kecéwa, kesal.

Sl.: **to shoot off o's m.** berbicara tdk berhati-hati. —*kkt.* mengucapkan kata-kata secara dibuat-buat. **m. organ** harmonika (mulut). **mouth-watering** *ks.* menimbulkan air liur, lezat sekali.

mouthful /'mawthful/ *kb.* sesuap. *Sl.: to say a m.* mengatakan s.s.t. hal yg penting.

mouthwash /'mawth'wɔsy, -'wasy/ *kb.* obat/air kumur.

movable /'muwvəbəl/ *ks.* 1 dpt digerakkan. 2 dpt dipindah-pindahkan.

move /muwv/ *kb.* 1 langkah. *What's the next m.?* Apa langkah selanjutnya? *Don't make a m.* Jangan bergerak. *to make a m. to leave* bersiap-siap/bergerak utk berangkat. 2 giliran (*in chess*). 3 buang air besar. *to have a m.* bérak. 4 perpindahan (*to Ohio*). *Sl.:* **to get a m. on** cepat-cepat, buru-buru. **to be on the m.** 1 mondar-mandir. 2 sibuk. —*kkt.* 1 memindahkan (*furniture, chessman*). 2 menggerakkan hati. mengubah pendirian. 3 membuang, mengeluarkan (*merchandise*). 4 mengusul (*the adoption of*). *to be moved to tears* by menjadi terharu karena. *He is easily moved to anger* Ia mudah menjadi marah. —*kki.* 1 pindah. *Where are they moving to?* Meréka akan pindah kemana? 2 bergerak (*of lips, earth*). *Not a muscle moved* Tak sepotong uratpun bergerak. 3 mengusulkan (*for a new trial*). *New cars are not moving* Mobil-mobil baru tak terjual. *Keep moving!* Jalan terus! **to m. about** menggerak-gerakkan. **to m. along** berjalan terus. **to m. away** 1 pindah. 2 memindahkan. *M. away from the open door* Pergilah dari pintu yg terbuka itu. **to m. back** 1 mundur. 2 memundurkan (*s.t.*). *to m. the clock back* memundurkan jam. **to m. forward** bergerak maju. **to m. in** pindah ke (*a house*). *They moved in closer* Meréka merapatkan diri. **to m. in on** pindah ke. *to m. in on another's territory* memasuki daérah orang lain. *to m. in on an escapee* merapat menuju seorang pelarian. **to m. into** pindah ke. **to m. off** berangkat. **to m. on** berjalan terus. **to m. out** pindah dari, meninggalkan. *to m. out on s.o.* meninggalkan s.s.o. *to m. out into* pindah tempat ke. **to m. over** mengangsur. **to m. up** 1 merapat. 2 naik pangkat. —**moving** *kb.* perpindahan. *ks.* 1. yg bergerak (*of parts*). *m. belt* ban berjalan. *m. spirit* tenaga penggerak. *m. picture* gambar hidup. *m. van* keréta boyongan, keréta utk memindahkan perkakas rumah, mobil gerbong pemindah barang. 2 mengharukan, memilukan (*of a play*).

movement /'muwvmənt/ *kb.* 1 gerak-gerik. 2 léng-gang-lénggok. 3 bérak. 4 pergerakan. 5 jalan (*of a watch*). 6 irama (*of a symphony*). 7 *Pol.:* gerakan.

mover /'muwvər/ *kb.* tukang boyongan, tukang memindahkan barang-barang.

movie /'muwvie/ *kb.* gambar hidup, bioskop. *Is there a good m. on?* Apakah ada pilem yg baik hari ini? —**movies** *j.* gambar hidup. *We enjoy the movies* Kami senang menonton gambar hidup itu. **m. camera** kamera pilem. **m. theater** gedung bioskop.

moviegoer /'muwvie'gowər/ *kb.* pecandu/penonton bioskop.

mow /maw/ *kb.* tempat menyimpan padi-padian.

mow /mow/ *kkt.* menyiangi, memotong rumput, menebangi semak-semak (*a yard*). *Sl.:* **to m. down** habis memberondong.

mower /'mowər/ *kb.* mesin potong rumput.

moxie /'maksie/ *kb.* 1 *Sl.:* keberanian. 2 *Sl.:* ketrampilan.

MP /'em'pie/ [*Military Police*] Polisi Militér.

m.p.h. [*miles per hour*] mil per jam.

Mr., Mr [*Mister*] Tuan. *Mr Chairman.* Saudara
Ketua. *Mr. President* Bapak Présidén, Sdr Présidén.
Mrs. /'mizəz/ [*Mistress*] 1 Nyonya. 2 Ibu.
MS, ms [*manuscript*] naskah.
Ms. [= *Mrs.* atau *Miss*] Nyonya atau Nona.
M.S. 1 [*Master of Science*] Sarjana. 2 [*Motor Ship*]
Kapal (Ber) motor.
M/Sgt [*Master Sergeant*] Sersan Kepala.
MSS, mss [*manuscripts*] Naskah-naskah.
MST [*Mountain Standard Time*] Waktu Tolok Gu-
nung.
Mt. [*Mount*] Gunung.
mtg. [*meeting*] rapat, pertemuan.
much /mʌc/ *kb.* banyak. *There is m. to be done* Ba-
nyak yg hrs dikerjakan. *There's not m. of a choice* Tak
banyak pilihan. *Is there that m. left?* Apa masih ada
sebanyak itu? **as m. as** sebanyak. *We don't see m. of
you any more* Kau tak banyak kelihatan lagi. *I can
take so m. and no more* Saya hanya dpt bertahan
sekian dan tak lebih. *This m. I'm certain of* Saya
yakin ttg sebanyak ini. *I can't say m. for that movie*
Saya tak dpt berkata banyak ttg pilem itu. *My coat
is this m. too big* Jas saya sebegini/segini lebih besar.
My car isn't m. to look at Mobil saya tak begitu bagus
kelihatannya. *That wasn't m. of a dinner* Sedikit
sekali makanan (malam) itu. *He's too m. for me* Saya
tak dpt menandinginya. **to make m. of** 1 menon-
jol-nonjolkan. 2 memuji-muji. —*ks.* banyak. *I
haven't m. time* Saya tak mempunyai banyak waktu.
—*kk.* jauh. *m. happier* jauh lebih senang. *How m.?*
Berapa? *M. as I tried, I failed* Walaupun sdh dicoba,
saya gagal. *I'm very m. better* Saya sdh jauh lebih
baik. *The war is m. talked about* Perang itu hangat
diperbincangkan. *He likes her very m.* Ia suka sekali
kepadanya. *M. as I like him...* Saya suka kepadanya,
tetapi.... *m. to my surprise* sangat menghérankan
saya. *He is m. the strongest* Ia jauh terkuat. *twice as m.*
dua kali lebih banyak *So m. for that!* Hanya sebegitu
utk itu! *m. the same* sama saja. **much-admired** *ks.*
yg mendapat banyak penghargaan. —**muchly**
kk. sangat banyak.
mucilage /'myuwsəlij/ *kb.* perekat cair, getah.
muck /mʌk/ *kb.* kotoran.
muckrake /'mʌk'reik/ *kki.* membuka korupsi.
mucous /'myuwkəs/ *ks. m. membrane* selaput lendir.
mucus /'myuwkəs/ *kb.* lendir, getah, ingus.
mud /mʌd/ *kb.* lumpur. *to throw m.* menjelék-jelék-
kan, memburukkan. *m. puddle* kobakan.
mudbank /'mʌd'bæŋk/ *kb.* tebing lumpur.
muddle /'mʌdəl/ *kb.* kacau(-balau), campuraduk,
berantakan. *Everything is in a m.* Semua kacau-
balau. —*kki.* **to m. through** mengatasi.
muddy /'mʌdie/ *ks.* 1 berlumpur, bécék (*of shoes,
road*). 2 keruh (*of water*). —*kkt.* (**muddied**) me-
ngeruhkan, membécékkan.
mudgard /'mʌd'gard/ *kb.* spatbor.
mudslinger /'mʌd'sliŋgər/ *kb.* tukang fitnah.
muff /mʌf/ *kb.* sm sarung tangan bulu. —*kkt.* me-
nyia-nyiakan.
muffin /'mʌfən/ *kb.* sej. kué.
muffler /'mʌflər/ *kb.* 1 saringan. 2 seléndang.
mug /mʌg/ *kb.* 1 mangkuk, piala. *beer m.* buli-buli
bir. 2 *Sl.*: muka. —*kkt. Sl.*: (**mugged**) membégal,
menjabal. —**mugging** *kb.* penjabalan.
mugger /'mʌgər/ *kb. Sl.*: pembégal, perampok,
buaya.
mugginess /'mʌgienəs/ *kb.* kelembaban.
muggy /'mʌgie/ *ks.* panas dan lembab.
mulatto /myu'lætow, mə-'/ *kb.* peranakan Négro
dgn kulit putih.

mulberry /'mʌlberie/ *kb.* (*j.* **-ries**) bebesaran.
mulch /mʌlc/ *kb.* jerami (yg setengah busuk) dan
rumputan (utk pupuk).
mule /myuwl/ *kb.* bagal.
mull /mʌl/ *kki. Inf.*: memikirkan, mempertimbang-
kan. *to m. over* mempertimbangkan s.s.t.
multicolored /'mʌlti'kʌlərd/ *ks.* beranéka-warna.
multifaceted /'mʌlti'fæsətid/ *ks.* beranéka segi.
multifarious /'mʌltə'færieəs/ *ks.* bermacam-ra-
gam.
multigraph /'mʌltəgræf/ *kb.* mesin pencétak. —*kkt.*
mencétak dlm jumlah yg banyak.
multilateral /'mʌlti'lætərəl/ *ks.* lebih-pihak, mul-
tilateral.
multilevel /'mʌlti'levəl/ *ks.* bersusun, bertingkat-
tingkat.
multilingual /'mʌlti'liŋgwəl/ *ks.* berbagai bahasa.
multimillionaire /'mʌlti'milyə'nær/ *kb.* jutawan
besar.
multinational /'mʌlti'næsyənəl/ *ks.* berbagai bang-
sa.
multiple /'mʌltəpəl/ *kb.* perkalian. *lowest common m.*
kelipatan persekutuan terkecil. *m. dwelling house*
rumah yg didiami oléh orang banyak. *m. sclerosis*
sklerose/pengerasan otak atau sumsum tulang bela-
kang.
multiplication /'mʌltəplə'keisyən/ *kb.* perkalian.
m. sign tanda kali. *m. table* daftar darab/perkalian.
multiplicity /'mʌltə'plisətie/ *kb.* (*j.* **-ties**) keserba-
ragaman.
multiplied /'mʌltəplaid/ lih MULTIPLY.
multiplier /'mʌltə'plaiər/ *kb.* pengali.
multiplies /'mʌltəplaiz/ lih MULTIPLY.
multiply /'mʌltəplai/ *kkt.* (**multiplied**) 1 menga-
likan (*two numbers*). 2 melipatgandakan. —*kki.*
membiak, berbiak.
multipurpose /'mʌlti'pərpəs/ *ks.* serbaguna.
multiracial /'mʌlti'reisyəl/ *ks.* bersuku banyak.
multitude /'mʌltətuwd, -tyuwd/ *kb.* 1 banyak. *to
receive a m. of offers* mendapat bertumpuk-tumpuk
tawaran. 2 orang banyak.
mum /mʌm/ *kb. Inf.*: bunga krisan. —*ks.* diam. *to
keep m. about s.t.* tetap bungkam mengenai s.s.t.
mumble /'mʌmbəl/ *kkt.* berkomat-kamit. —*kki.*
mengomél.
mumbo-jumbo /'mʌmbow'jʌmbow/ *kb.* birit-
biritan/ucapan-ucapan kosong, upacara yg tiada
berarti, omong-kosong.
mummy /'mʌmie/ *kb.* (*j.* **-mies**) 1 *Inf.*: bu. 2 mu-
mia.
mumps /mʌmps/ *kb., j.* beguk, penyakit gondok/
gondong.
mun. [*municipal*] kota, kotapraja.
munch /mʌnc/ *kkt., kki.* mengunyah.
mundane /'mʌndein/ *ks.* 1 keduniaan. 2 biasa.
municipal /myuw'nisəpəl/ *ks.* yg berk. dgn kota.
m. government pemerintahan kota praja.
municipality /myuw'nisə'pælətie/ *kb.* (*j.* **-ties**) ko-
tapraja, kotamadya.
munificence /myuw'nifəsəns/ *kb.* kemurahan hati.
munificent /myuw'nifəsənt/ *ks.* banyak sekali (*of
a gift*).
munition(s) /myuw'nisyən(z)/ *kb.* munisi, mesiu.
m. dump gudang mesiu. *m. plant* paberik mesiu.
mural /'myurəl/ *kb.* lukisan dinding.
murder /'mərdər/ *kb.* pembunuhan. *M. will out*
Bangkai itu, bagaimana baik membungkusnya,
akhirnya akan tercium juga. —*kkt.* 1 membunuh.
2 merusak (*the King's English*).
murderer /'mərdərər/ *kb.* pembunuh.

murderess /'mərdəris, -rəs/ *kb.* pembunuh wanita.
murderous /'mərdərəs/ *ks.* 1 kejam. 2 *Inf.*: meletihkan (*of work*).
murkiness /'mərkienəs/ *kb.* kegelapan, kemuraman, kesuraman.
murky /'mərkie/ *ks.* kelam kabut, suram.
murmur /'mərmər/ *kb.* 1 bisikan (*of voice*). 2 bunyi desiran yg abnormal (*of heart*). —*kkt.* membisikkan. —*kki.* berbisik.
mus. 1 [*music*] musik. 2 [*museum*] yg bersifat musik. 3 [*museum*] musium.
muscle /'mʌsəl/ *kb.* otot, urat. *He didn't move a m.* Dia samasekali tak bergerak. —*kki. Sl.*: **to m. in** masuk dgn kekerasan (**on** ke).
muscular /'mʌskyələr/ *ks.* berotot (tegap).· *m. strain* ketegangan otot. *m. dystrophy* penyakit otot menyusut.
muse /myuwz/ *kki.* merenungkan, memikirkan. —**musing** *kb.* renungan.
museum /myuw'zieəm/ *kb* musium.
mush /mʌsy/ *kb.* 1 bubur. 2 *Inf.*: omongan yg tolol.
mushroom /'mʌsyrum/ *kb.* jamur, cendawan. *m. cloud* awan bentuk cendawan dari ledakan bom nuklir. —*kki.* berkembang/tumbuh dgn cepat.
mushy /'mʌsyie/ *ks.* 1 *Inf.*: céngéng, séntiméntil. 2 spt bubur.
music /'myuwzik/ *kb.* 1 musik. *m. lover* penggemar musik. 2 buku musik. *Inf.*: *to face the m.* menghadapi kesulitan dgn berani. *to put to m.* melagui.
musical /'myuwzəkəl/ *kb.* komidi musik. —*ks.* berbakat musik. *m. chairs* permainan rebutan kursi dgn diiringi musik. *m. comedy* komidi musik. *m. instrument* alat/instrumén musik. —**musically** *kk.* dlm bidang musik.
musician /myuw'zisyən/ *kb.* pemain musik, pemusik, musikus. —**musicians** *j.* musisi, para pemain musik.
musicology /'myuwzə'kalojie/ *kb.* ilmu musik.
muskrat /'mʌsk'ræt/ *kb.* tikus air.
Muslim /'mʌzləm/ *kb.* Muslim, orang Islam. lih MOSLEM.
muslin /'mʌzlən/ *kb.* kain tipis utk gordén, tirai dll, kain kasa.
muss /mʌs/ *kkt.* 1 mengobrak-abrik (*a room*). 2 mengotorkan (*the hands*). 3 mengusutkan. *Her dress is mussed* Pakaiannya kusut. *My hair is all mussed up* Rambut saya kusut sama sekali.
mussel /'mʌsəl/ *kb.* remis, kepah.
mussy /'mʌsie/ *ks.* berantakan, kacau, kusut.
must /mʌst/ *kb.* 1 keharusan. 2 lapuk. —*ks.* wajib, yg dimestikan. *m. book* buku wajib. —*kkb.* harus, mesti. *You m. go* Kamu hrs pergi. *You m. feel terrible about the accident* Kau tentunya merasa ngeri ttg kecelakaan itu. *He must have missed the train* Ia mesti/ pasti ketinggalan keréta api. *I must say he looks well* Saya dpt katakan bhw ia kelihatannya séhat (-séhat).
mustache /'mʌstæsy, mə'stæsy/ lih MOUSTACHE.
mustard /'mʌstərd/ *kb.* mostar. *m. plaster* semacam obat luar utk komprés atau bedah.
muster /'mʌstər/ *kb* apél, pengumpulan. *to pass m.* dpt diterima (stlh diperiksa), cukup baik. —*kkt.* mengumpulkan, mengerahkan (*up men, money, support, courage*). *to m. in* mendaftarkan. *to m. out* mengeluarkan.
mustiness /'mʌstienəs/ *kb.* keapakan, kelapukan.
mustn't /'mʌsənt/ [*must not*]. lih MUST.
musty /'mʌstie/ *ks.* (berbau) apak, pengap.

mutation /myuw'teisyən/ *kb.* mutasi.
mute /myuwt/ *kb.* orang bisu. —*ks.* 1 bisu. *to stand m. with embarrassment* berdiri dgn tdk berkata apa-apa karena malunya. 2 mati (*of a letter*).
mutilate /'myuwtəleit/ *kkt.* 1 memuntungkan, mengudungkan (*a person*). 2 merusakkan (*a toy, story*).
mutilation /'myuwtə'leisyən/ *kb.* 1 pemotongan, pengudungan (*of a person*). 2 perusakan (*of an object*).
mutineer /'myuwtə'nir/ *kb.* pemberontak, pendurhaka.
mutinous /'myuwtənəs/ *ks.* yg memberontak.
mutiny /'myuwtənie/ *kb.* (*j.* **-nies**) pemberontakan. —*kki.* memberontak.
mutt /mʌt/ *kb. Sl.*: anjing bastar/kampung.
mutter /'mʌtər/ *kkt., kki.* berkomat-kamit, memberengut.
mutton /'mʌtən/ *kb.* daging domba. *m. chop* potongan daging domba.
mutual /'myuwcuəl/ *ks.* saling, bersama. *m. understanding* saling pengertian. *to arrive at m. agreement* saling setuju, mencapai persetujuan bersama. *He's a m. friend of ours* Dia teman kami bersama. *m. fund* dana gotong-royong/bersama. *m. savings bank* bank tabungan bersama. **m. assistance** gotong-royong, tolong-menolong. —**mutually** *kk.* satu sama lain, saling.
muzzle /'mʌzəl/ *kb.* 1 berangus. 2 mulut senjata api. 3 moncong. —*kkt.* memberangus (*a dog, the press*).
M.V. [*motor vessel*] kapal motor.
my /mai/ *kg.* 1 saya, kepunyaan saya. *my watch* arloji saya. 2 -ku. *my book* bukuku. —*kseru. M.!* Astaga!
mycology /mai'kaləjie/ *kb.* ilmu jamur/cendawan.
myopia /mai'owpieə/ *kb.* lamur. *intellectual m.* pandangan yg dangkal.
myopic /mai'apik/ *ks.* lamur, cadok, rabun.
myriad /'mirieəd/ *kb., ks.* banyak sekali. *myriads of insects* beribu-ribu serangga.
myself /mai'self/ lih SELF.
mysterious /mi'stirieəs/ *ks.* 1 anéh, pelik (*of an illness*). 2 gaib. *m: smile* senyuman yg penuh teka-teki.
mystery /'mist(ə)rie/ *kb.* (*j.* **-ries**) 1 kegaiban (*of the universe*). 2 misteri. *It's a m. to me* Adalah suatu misteri untukku. 3 *Inf.*: buku penuh sénsasi. *His actions are cloaked in m.* Tindakan-tindakannya diselubungi tabir rahasia.
mystic /'mistik/ *kb.* mistik, penganut ilmu kebatinan.
mystical /'mistəkəl/ *ks.* 1 gaib (*of a number*). 2 ajaib, penuh rahasia (*of style*). 3 kebatinan, mistik (*of a religion*).
mysticism /'mistəsizəm/ *kb.* ilmu tasawuf/kebatinan/klenik.
mystified /'mistəfaid/ lih MYSTIFY.
mystifies /'mistəfaiz/ lih MYSTIFY.
mystify /'mistəfai/ *kkt.* (**mystified**) 1 membingungkan. 2 menakjubkan, mempesonakan (*of a magician*).
mystique /mi'stiek/ *kb.* sifat yg penuh rahasia, kekuasaan berdasar takhyul.
myth /mith/ *kb.* 1 dongéng. 2 isapan jempol. 3 cerita yg dibuat-buat.
mythical /'mithəkəl/ *ks.* dongéngan. *m. character* tokoh dongéngan.
mythological /'mithə'lajəkəl/ *ks.* yg berh. dgn mitologi. *m. character* tokoh dlm mitologi.
mythology /mi'thaləjie/ *kb.* (*j.* **-gies**) mitologi.

N

N, n /en/ *kb.* huruf yg keempat belas dari abjad Inggeris.

n. 1 [*neuter*] nétral. 2 [*nominative*] nominatip. 3 [*north(ern)*] (sebelah) utara. 4 [*noun*] katabenda. 5 [*number*] nomor, kata bilangan. 6 [*new*] baru. 7 [*note*] catatan. 8 [*normal*] normal.

N 1 [*North*] Utara. 2 [*nitrogen*] nitrogén, zat lemas.

N. 1 [*November*] Nopémber. 2 [*Navy*] Angkatan Laut.

nab /næb/ *kkt. Sl.*: (**nabbed**) menangkap (basah).

nadir /'neidər/ *kb.* titik terendah, nadir.

nag /næg/ *kb.* kuda tua. —*kkt.* (**nagged**) mengoméli, membéngkéngi. —*kki.* mengomél (**at** pd).

nail /neil/ *kb.* 1 paku. **to hit the n. on the head** tepat. *He usually hits the n. on the head* Biasanya apa yg dikatakannya tepat. *n. in o's coffin* s.s.t. yg meméndékkan umur, s.s.t. yg mempercepat kematian. **to pay on the n.** membayar kontan. 2 *Anat.*: kuku. *n. clippers* gunting kuku. *n. file* kikir kuku. *n. polish* cat kuku. —*kkt.* 1 memaku. *to n. shut* memaku rapat. 2 mengajak. *Inf.*: *to n. s.o. for lunch* mengajak s.s.o. (dgn pasti) makan siang. **to n. down** memakukan. *N. him down* Mintalah kepastian. **to n. up** 1 memakukan tutup (*a box*). 2 memasang (*a picture, diploma*).

naive /na'iev/ *ks.* naif, tak dibuat-buat.

naivete /na'iev'tei/ *kb.* kenaifan.

naked /'neikid/ *ks.* 1 telanjang (*of body*). *n. to the waist* separoh telanjang. 2 yg sebenarnya (*of truth*). 3 terhunus (*of sword*). **n. eye** mata biasa.

nakedness /'neikidnəs/ *kb.* ketelanjangan, keadaan telanjang.

namby-pamby /'næmbie'pæmbie/ *ks.* (berlaku) lemah.

name /neim/ *kb.* 1 nama. *first n.* nama sebutan/kecil. *last n.* nama keluarga. *maiden n.* nama gadis. *What's your n.?* Siapa namamu? *My n. is ...* Nama saya.... *to bear the n. of* memakai nama. *in n. only* dlm nama saja. *I only know him by n.* Aku kenal namanya saja. 2 tokoh. *famous n.* tokoh terkenal. 3 réputasi. *to acquire a bad n.* mendapat réputasi buruk. 4 istilah, sebutan. *Freedom has become only a n.* Kemerdékaan tlh menjadi hanya sekedar sebutan. *to call s.o. names* memaki-maki/mengata-ngatai s.s.o. *to go by or to take the n. of* dikenal sbg. *to make a n. for o.s.* menjadi terkenal. *What n. shall I say is calling?* Siapa yg bicara? **in the n. of** atas nama. *What in the n. of common sense did you do that for?* Utk apa kaulakukan itu? *I haven't a cent to my n.* Aku tak punya sesénpun. —*kkt.* 1 memberi nama (pd), menamai. *What is she named?* Ia diberi nama apa? 2 menyebut(kan). *to n. the fifty states* menyebut kelima puluh negara-negara bagian. *N. a good reason why ...* Sebutkanlah satu alasan baik kenapa.... 3 mengatakan. *N. your price* Katakan saja berapa harganya. *He was named class president* Ia terpilih sbg pemimpin kelas. **to n. after** menamai

menurut. **name-calling** *kb.* saling mengata-ngatai. **name-dropper** *kb.* seorang yg suka benar menyebut nama-nama penting sbg kenalannya.

nameless /'neimləs/ *ks.* tak dikenal. *n. grave* kuburan tanpa nama. *a lady who shall remain n.* seorang wanita yg tak mau disebut namanya.

namely /'neimlie/ *kk.* yaitu, yakni.

nameplate /'neim'pleit/ *kb.* papan/pelat nama.

namesake /'neim'seik/ *kb.* senama (**of** dgn).

nanny /'nænie/ *kb.* (*j.* -**nies**). **n. goat** kambing betina.

nap /næp/ *kb.* 1 tidur sebentar (di siang hari). 2 bulu-bulu halus dan péndék pd permukaan kain. *to take a n.* tidur sebentar. —*kki.* (**napped**) tidur sebentar. *to catch s.o. napping* menangkap s.s.o. selagi ia lengah.

napalm /'neipa(l)m/ *kb.* 1 bahan kimia utk membuat bénsin kental. 2 *Mil.*: bénsin kental utk bom pembakar.

nape /neip/ *kb.* kuduk, tengkuk.

naphtha /'næfthə, 'næpthə/ *kb.* nafta.

napkin /'næpkin/ *kb.* serbét (dari kain/kertas).

narcissism /nar'sisizəm/ *kb.* kecintaan pd diri sendiri.

narcissus /nar'sisəs/ *kb.* sm bunga bakung.

narcosis /nar'kowsəs/ *kb.* pembiusan, narkosis.

narcotic /nar'katik/ *kb.* bahan-bahan pembius, obat bius. *n. addict* seorang yg ketagihan obat bius.

narrate /'næreit/ *kkt.* menceritakan.

narration /næ'reisyən/ *kb.* 1 penceritaan, pengisah-an. 2 cerita, kisah.

narrative /'nærətiv/ *kb.* cerita. *n. style* gaya cerita.

narrator /'næreitər/ *kb.* 1 pembawa cerita. 2 orang yg bercerita.

narrow /'nærow/ *kb.* **narrows** *j.* bagian sempit (dari sungai, selat). —*ks.* 1 sempit (*of a road, path, house, room*). 2 terbatas. *n. circle of friends* lingkungan kawan-kawan yg sangat terbatas. *to live in n. circumstances* hidup dlm kemiskinan. 3 seksama. *n. scrutiny* penelitian yg seksama. *n. escape* nyaris mati/celaka. 4 tipis. *to win by a n. margin* menang dgn perbédaan (angka) yg tipis sekali. —*kkt.* 1 membatasi (*a subject, time*). 2 memperkecil (*the number of s.t.*). —*kki.* menyempit (*of a road*). **n. gauge** sepur sempit. **narrow-minded** *ks.* berpandangan picik. **narrow-mindedness** *kb.* kepicikan, kecupetan. —**narrowly** *kk.* nyaris, hampir. *n. missed being hit* nyaris kena. *He n. missed the dog* Anjing itu hampir terkena oléhnya.

NASA /'næsə/ [*National Aeronautics and Space Administration*] *kb.* Biro Penerbangan dan Ruang Angkasa Nasional.

nasal /'neizəl/ *kb.* bunyi sengau. —*ks.* 1 sengau. *His voice has a n. twang* Ia bersuara sengau. 2 yg berh. dgn hidung. *He suffers from n. congestion* Hidungnya tersumbat. **n. cavity** rongga hidung.

nasalization /'neizələ'zeisyən/ *kb.* persengauan.

nascent /'neisənt, 'næsənt/ *ks.* mulai timbul/lahir.

nastiness /'næstienəs/ *kb.* 1 kemesuman (*of o's mind*). 2 keburukan, kejahatan.

nasty /'næstie/ *ks.* 1 buruk (*of weather*). 2 sangat tdk menyenangkan (*of a situation*). 3 mesum (*of a thought*). 4 keji (*of a remark*). 5 yg menjijikkan (*of medicine*). 6 kotor (*of a room*). 7 parah. *That's a n. cut you've got* Parah juga lukamu itu.

nat. 1 [*national*] nasional. 2 [*natural*] alamiah.

natal /'neitəl/ *ks.* yg berh. dgn kelahiran. *n. home* tempat kelahiran.

natch /næc/ *kk. Sl.*: tentu saja.

nation /'neisyən/ *kb.* bangsa. *nation-state* negara berbangsa tunggal.

national /'næsyənəl/ *kb.* warganegara. —*ks.* 1 nasional. *n. debt* hutang nasional. *n. emergency* keadaan darurat nasional. *N. Guard* Tentara Nasional. *n. identity* kepribadian nasional. *n. monument* monumén/tugu nasional. 2 kebangsaan. *n. anthem* lagu kebangsaan. —**nationally** *kk.* mengenai seluruh negara.

nationalism /'næsyənə'lizəm/ *kb.* nasionalisme.

nationalist /'næsyənəlist/ *kb.* seorang nasionalis. —*ks.* nasionalis. *the n. party* partai nasional(is). *N. China* Tiongkok/Cina Kuomintang.

nationalistic /'næsyənə'listik/ *ks.* kebangsaan.

nationality /'næsyə'nælətie/ *kb.* (*j.* -**ties**) kebangsaan.

nationalization /'næsyənələ'zeisyən/ *kb.* nasionalisasi.

nationalize /'næsyənəlaiz/ *kkt.* menasionalisasikan.

nationhood /'neisyənhud/ *kb.* kedudukan sbg negara merdéka.

nationwide /'neisyən'waid/ *ks.* nasional, utk seluruh negara.

native /'neitiv/ *kb.* penduduk asli, orang pribumi. *He's a n. of Ohio* Ia berasal dari Ohio. *The elephant is a n. of Asia* Gajah berasal dari Asia. *to speak Italian like a n.* berbahasa Itali spt orang Itali. —**the natives** *j.* orang-orang pribumi, penduduk asli. —*ks.* 1 asli. *n. son of* putera asli. *n. to this area* asli utk daérah ini. 2 asli, ibu. *n. language* bahasa ibu. 3 alam(iyah). *n. salt* garam alam. *n. beauty* keindahan alamiyah. 4 asal. *n. country* negara asal. 5 (pem) bawaan dari lahir. *n. ability* kecakapan bawaan dari lahir. **to go n.** hidup sbg penduduk asli.

native-born *ks.* kelahiran asli. *n.-born American* orang Amérika kelahiran asli. **n. copper** tembaga murni. *n. soil* tanah air.

nativity /nə'tivətie/ *kb.* (*j.* -**ties**) **the N.** Kelahiran Kristus.

natl. [*national*] nasional, kebangsaan.

NATO, N.A.T.O. /'neitow/ [*North Atlantic Treaty Organization*] Organisasi Pertahanan Atlantik Utara.

natty /'nætie/ *ks.* rapi. —**nattily** *kk.* dgn rapi, nécis. *n. dressed* berdandan rapi.

natural /'næc(ə)rəl/ *kb.* kelaziman, kebiasaan. *He's a n. for the job* Ia orang yg sepantasnya utk pekerjaan itu. —*ks.* 1 alam. *n. gas* gas bumi. *n. history, n. science* ilmu pengetahuan alam. *n. resources* sumber-sumber alam. *the n. sciences* ilmu-ilmu alam. *n. scientist* sarjana ilmu pengetahuan alam. *n. selection* seléksi alam. *n. setting* keadaan alam. 2 alamiah. *to die of n. causes, to die a n. death* mati seajal/sewajarnya. *n. childbirth* kelahiran bayi secara alamiah (tanpa obat bius). 3 dasar. *n. rights* hak-hak dasar. *n. talent* bakat dasar. 4 wajar (*death, right*). *It's only n. that...* Sdh sewajarnya kalau.... *He looks so n. in the picture* Ia nampak spt sesungguhnya dlm gambar itu. **n. manner** tingkah laku yg tdk dibuat-buat.

natural-born *ks.* dilahirkan dgn bakat. **n. son** anak gampang/zina, anak diluar perkawinan. —**naturally** *kk.* 1 tentu saja. 2 asli. *n. curly hair* keriting rambut yg asli.

naturalist /'næcərəlist/ *kb.* penyelidik alam.

naturalization /'næcərələ'zeisyən/ *kb.* naturalisasi, pewarganegaraan.

naturalize /'næcərəlaiz/ *kkt.* memperwarganegarakan, menaturalisasi. *naturalized citizen* warganegara (asing) yg tlh menerima kewarganegaraan.

naturalness /'næcərəlnəs/ *kb.* kewajaran, sifat yg bersahaja, lugunya.

nature /'neicər/ *kb.* 1 sifat (*of a problem*). 2 alam (raya). *n. lover* pencinta alam. *n. study* penyelidikan alam. 3 sifat-dasar. *It's his n. to be authoritative* Adalah sifat-dasarnya utk suka memerintah. *the demands of n.* panggilan alam (spt berkencing, makan dsb). **by n.** pd dasarnya. **in the n. of** berujud. *The promotion is in the n. of a salary increase* Kenaikan pangkat itu berujud sbg kenaikan gaji.

naught /nɔt/ *kb.* =NOUGHT.

naughtiness /'nɔtienəs/ *kb.* kenakalan.

naughty /'nɔtie/ *ks.* nakal. —**naughtily** *kk.* dgn nakalnya.

nausea /'nɔsyiea, -syə/ *kb.* muak, kemuakan.

nauseate /'nɔs(y)ieeit/ *kkt.* memuakkan. —**nauseating** *ks.* yg memuakkan.

nauseous /'nɔsyəs, -syieəs/ *ks.* memuakkan.

nautical /'nɔtəkəl/ *ks.* yg berh. dgn laut., nautika. *n. chart* peta laut. *n. mile* mil laut. *n. service* dinas nautika. *n. term* istilah pelayaran.

naval /'neivəl/ *ks.* yg berh. dgn laut. *n. academy* akadémi angkatan laut. *n. architect* ahli bangunan kapal, arsitek perkapalan. *n. base* pangkalan angkatan laut. *n. dockyard* galangan kapal AL. *n. officer* perwira AL.

nave /neiv/ *kb.* bagian tengah dari ruang geréja.

navel /'neivəl/ *kb.* pusat, puser.

navigable /'nævəgəbəl/ *ks.* 1 dpt dilayari (*of a river*). 2 dpt dikemudikan (*of a ship*).

navigate /'nævəgeit/ *kkt.* melayari. —*kki.* mengemudikan.

navigation /'nævə'geisyən/ *kb.* ilmu pelayaran/ bahari, navigasi. *inland n.* pelayaran dlm negeri.

navigational /'nævə'geisyənəl/ *ks.* yg berh. dgn pelayaran. *n. aids* alat-alat pembantu navigasi.

navigator /'nævə'geitər/ *kb.* pengemudi kapal, muallim, ahli navigasi.

navy /'neivie/ *kb.* (*j.* -**vies**) angkatan laut. *n. blue* biru laut. *n. yard* penataran AL.

nay /nei/ *kb.* suara tdk setuju.

NBC /'en'bie'sie/ [*National Broadcasting Company*] Maskapai Penyiaran Nasional.

N.C. [*North Carolina*] negarabagian A.S.

N.C.O. [*non commissioned officer*] bintara.

n.d. [*no date*] tak bertanggal.

N.D. [*North Dakota*] negarabagian A.S.

n.e. [*northeast*] timur laut.

neap /niep/ *ks.* **n. tide** air perbani.

near /nir/ *ks.* dekat. *n. relative* keluarga dekat. *the great and the n. great* pembesar-pembesar dan orang-orang yg agak berkedudukan tinggi. *nearest route* jalan yg terdekat. *in the n. future* dlm waktu dekat ini. —*kk.* **to get n.** mendekati. *to search n. and far for* mencari kian kemari. **to come n.** mendekati. *You have not come n. the correct figure* Sdr masih jauh dari angka-angka yg sebenarnya. *Her birthday is drawing n.* Hari lahirnya makin mendekat. —*kd.* dekat. *He was n. death* Ia hampir mati. *to live n. the university* tinggal dekat universitas. —*kkt.* mendekati. *His trouble was nearing the end* Kesulitannya mendekati akhirnya. —*kki.* mendekat, menjelang. *The time for the trial neared* Waktu pengadilan mendekat. **n. miss** hampir kena. *I was badly shaken by the n. miss on the road* Saya betul-betul terkejut karena nyaris bertumbukan di jalan itu. **nearsighted** *ks.* mata ayam. —**nearly** *kk.* hampir. *She n. missed the bus* Ia hampir ketinggalan bis. *As n. as I can figure it, you...* Menurut perhitunganku yg seteliti mungkin, engkau.... *I'm not n. through the book* Saya blm lagi selesai membaca buku itu.

nearby /'nir'bai/ *ks.* dekat. *n. area* daérah dekat. —*kk.* dekat. *to live n.* tinggal dekat. —*kd.* dekat. *to live n. the park* tinggal dekat taman.

nearness /'nirnəs/ *kb.* dekatnya.

neat /niet/ *ks.* 1 rapi. *n. job* pekerjaan yg rapi. *to look n.* nampak rapi. 2 murni. *n. gin* sopi murni. *n. trick* akal licin/licik. —**neatly** *kk.* dgn rapi. *to be n. dressed* berpakaian rapi.

neatness /'nietnəs/ *kb.* 1 kerapian. 2 kebersihan.

Neb. [*Nebraska*] negarabagian A.S.

nebula /'nebyələ/ *kb.* (*j.* **-lae, -las**) sekelompok bintang di langit yg nampak spt kabut bercahaya.

nebulous /'nebyələs/ *ks.* samar-samar, remang-remang.

necessary /'nesə'serie/ *kb.* (*j.* **-ries**) kebutuhan, keperluan. —*ks.* 1 perlu. *It's n. that...* Perlu spy.... *If n.,* Kalau perlu. 2 penting, perlu. *n. papers* dokumén-dokumén yg penting. 3 seperlunya. *n. action* tindakan seperlunya. *Money is a n. evil* Uang adalah benda jahat yg diperlukan. *We'll do what is n.* Kami akan kerjakan apa yg diperlukan. —**necessarily** *kk.* perlu. *He didn't n. have to go* Ia tak perlu/usah pergi.

necessitate /nə'sesəteit/ *kkt.* mengharuskan.

necessity /nə'sesətie/ *kb.* (*j.* **-ties**) 1 keperluan. *the necessities of life* keperluan hidup. 2 kebutuhan, keperluan. *Food is a n.* Makanan itu suatu kebutuhan. *There's no n. for you to go* Kau tak perlu pergi. *We're here by n.* Kami terpaksa ada disini. **in case of n.** kalau perlu. **of n.** karena terpaksa. *a case of absolute n.* karena samasekali diperlukan/dibutuhkan.

neck /nek/ *kb.* 1 léhér (*of the body, of a bottle*). *to get it in the n.* hrs bayar banyak sekali. *n. and n.* bahu-membahu, seri. *Inf.: to stick o's n. out* berbuat s.s.t. yg membahayakan. *Inf.: to be up to o's n. in work* sibuk sekali. *to win by a n.* menang sejengkal/tipis. *to save o's n.* menyelamatkan diri. 2 lajuran (*of land*). —*kki. Sl.:* berpeluk-pelukan. **neck-breaking** *ks.* kegila-gilaan. *at n.-breaking speed* dgn kecepatan yg kegila-gilaan. —**necking** *kb.* berpeluk-pelukan.

neckband /'nek'bænd/ *kb.* pita/tali léhér.

necklace /'nekləs/ *kb.* kalung.

neckline /'nek'lain/ *kb.* garis léhér.

necktie /'nek'tai/ *kb.* dasi.

neckwear /'nek'wær/ *kb.* dasi, kerah dll.

necrology /ne'krɑləjie/ *kb.* (*j.* **-gies**) 1 berita kematian. 2 daftar kematian.

necromancer /'nekrow'mænsər/ *kb.* ahli nujum (dgn bantuan arwah-arwah).

nectar /'nektər/ *kb.* 1 minuman sangat lezat. 2 minuman para déwa.

née /nei/ *ks.* nama keluarga waktu gadisnya.

need /nied/ *kb.* keperluan, kebutuhan. *Her needs are few* Kebutuhannya sedikit. *a family in n.* suatu keluarga yg perlu bantuan. *N. of practice was obvious* Perlunya berlatih nampak jelas. *There's no n. to rush* Tak perlu/usah buru-buru. *to be in n. of help* memerlukan pertolongan. *What n. is there for this?*

Apa gunanya/perlunya ini? **to have n. of** perlu, memerlukan. **if n. be** kalau diperlukan —*kkt.* memerlukan, membutuhkan. *The grass needs cutting* Rumput itu perlu dipotong. *He n. not do it if...* Tak perlu ia mengerjakannya kalau.... —*kki.* harus. *Do I n. to wait?* Apakah saya hrs menunggu? *He needn't go* Ia tak usah pergi. *I n. hardly say that...* Saya tak usah katakan lagi, bhw....

needful /'niedfəl/ *kb.* barang yg diperlukan. *to do the n.* membuat yg diperlukan saja.

needle /'niedəl/ *kb.* (*sewing, hypodermic, phonograph*) jarum. *Inf.: to give s.o. the n.* mendorong/mendesak s.s.o. *a n. in a haystack* s.s.t. yg sangat sulit. —*kkt.* mengganggu, menggoda.

needless /'niedləs/ *ks.* tiada gunanya. *N. to say, I...* Tiada gunanya kukatakan....

needlework /'niedəl'wərk/ *kb.* 1 pekerjaan jahit-menjahit. 2 jahit-jahitan.

needn't /'niedənt/ [*need not*] lih NEED.

needs /niedz/ *kk. I must n. (or n. must) stay* Aku terpaksa hrs tinggal.

needy /'niedie/ *kb.* **the n.** *j.* kaum fakir miskin. —*ks.* miskin, melarat. *n. family* keluarga yg melarat.

ne'er /nær/ = NEVER. **ne'er-do-well** *kb.* orang yg gagal dlm segala-galanya.

nefarious /ni'færiəs/ *ks.* jahat, keji.

neg. [*negative*] négatip.

negate /ni'geit/ *kkt.* meniadakan.

negation /ni'geisyən/ *kb.* 1 peniadaan (*of o's freedom*). 2 *Gram.:* kata ingkar. 3 (*denial*) sangkalan.

negative /'negətiv/ *kb.* 1 négatip. 2 *Phot.:* gambar négatip. *to answer in the n.* menjawab tidak. —*ks.* négatip.

neglect /ni'glekt/ *kb.* penyia-nyiaan, pengabaian, keḻalaian, kealpaan. —*kkt.* melalaikan, mengabaikan. *to n. o's duty* mengabaikan kewajiban. *to n. to see s.o.* lalai menjumpai/menéngok s.s.o. —**neglected** *ks.* dilalaikan, dilupakan, tak dipelihara. *He feels n.* Ia merasa dilalaikan.

neglectful /ni'glektfəl/ *ks.* lalai, alpa, sembrono.

negligee /'neglə'zyai/ *kb.* sm pakaian rumah utk wanita.

negligence /'negləjəns/ *kb.* kealpaan, kelalaian, kesembronoan.

negligent /'negləjənt/ *ks.* lalai, alpa, sembrono.

negligible /'negləjəbəl/ *ks.* tak berarti, dpt ditiadakan, sepélé, dpt diabaikan.

negotiate /ni'gowsyieeit/ *kkt.* 1 memperundingkan, merundingkan (*a treaty*). 2 mengatasi, menjalani (*a road*). 3 mengadakan (*a contract, loan*). —*kki.* berunding, berembuk.

negotiation /ni'gowsyie'eisyən/ *kb.* perundingan. *under n.* sedang dlm perundingan. *to enter into negotiations with* mengadakan perundingan dgn. *The price is a matter for n.* Harganya dpt dirundingkan/berdamai.

negotiator /ni'gowsyie'eitər/ *kb.* perunding, pemusyawarat.

negress /'nigrəs/ *kb.* wanita Négro.

negro /'nigrow/ *kb.* orang Négro. —*ks.* négro.

N.E.I. [*Netherlands East Indies*] Hindia Timur Belanda.

neigh /nei/ *kb.* ringkik(an). —*kki.* meringkik.

neighbor /'neibər/ *kb.* tetangga. *n. republic* républik tetangga. *Love thy n.* Cintailah sesamamu.

neighborhood /'neiberhud/ *kb.* lingkungan. *What kind of n. do you live in?* Lingkungan tempat tinggalmu macam apa? *n. association* rukun kampung. **in the n. of** 1 didekat, disekitar. *to live in the n. of* tinggal didekat. 2 kira-kira, kurang lebih. *in the n. of two hundred* kira-kira duaratus.

neighboring /'neibəring/ *ks.* yg berdekatan. *n. city* kota yg berdekatan.

neighborliness /'neibərlienəs/ *kb.* keramah-tamahan.

neighborly /'neibərlie/ *ks.* ramah, baik hati.

neither /'nieТHər, 'nai-/ *ks.* tak ada. *N. remark is correct* Tak ada satu perkataan yg benar. —*kg.* tiada seorangpun. *n. of them* tiada seorangpun dari meréka. —*ksamb.* baik ... maupun. *N. he nor I went* Baik dia maupun saya tak pergi. *I n. saw him nor heard him* Aku tak melihat dan tak mendengarnya. *If you don't stay, n. shall I* Kalau kau tak tinggal (disini) akupun akan pergi.

nemesis /'neməsis/ *kb.* (*j.* **-eses**) pembalasan keadilan.

neologism /ni'alǝjizəm/ *kb.* 1 pembentukan kata baru. 2 kata baru.

neon /'niean/ *kb.* néon, TL. *n. light* lampu néon/TL.

neophyte /'nieəfait/ *kb.* orang baru.

Nepalese /'nepəliez/ *kb.* orang Nepal. —*ks.* yg berh. dgn Nepal.

Nepali /ne'palie/ *kb.* bahasa Nepal.

nephew /'nefyuw/ *kb.* kemenakan laki-laki.

nephritis /ni'fraitis/ *kb.* radang buah pinggang.

nepotism /'nepətizəm/ *kb.* mendahulukan sanak saudaranya sendiri khususnya dlm pemberian jabatan.

nerve /nərv/ *kb.* 1 (urat) syaraf. *My nerves twitched* Syaraf-syarafku tegang. *to have nerves of steel* berurat syaraf baja. 2 keberanian. *to lose o's n.* menjadi takut. 3 kelancangan. *He had a lot of n. walking in unannounced* Berani betul ia masuk tanpa pemberian tahu. *I like his n.!* Some *n.!* Berani betul ia! *to strain every n.* bekerja mati-matian. —**nerves** *j.*: 1 kegelisahan. *Her singing gets on my nerves* Nyanyinya mengganggu perasaanku. 2 gangguan urat syaraf. —*kkt.* **to n. o.s.** memberanikan/meneguhkan hatinya. **n. center** pusat urat syaraf. **nerve-wracking** *ks.* yg mengganggu urat syaraf, mengerikan, menggelisahkan.

nervous /'nərvəs/ *ks.* 1 gelisah, gugup. 2 takut. *to be n. about staying alone* takut utk tinggal sendirian. *n. breakdown* gangguan urat syaraf (dgn tiba-tiba). *n. disorder* sakit syaraf. *n. system* susunan syaraf.

nervy /'nərvie/ *ks.* 1 kasar, kurang sopan. 2 berani.

nest /nest/ *kb.* 1 sarang, petarangan. 2 sekumpulan (*of tables*). —*kki.* bersarang. **to feather o's n.** mendapatkan/menggunakan kesempatan utk menjadi kaya. **n. egg** simpanan, tabungan, cadangan.

nestle /'nesəl/ *kkt.* mendekapkan, memperdekapkan (*a child/kitten in o's arms*). —*kki.* 1 mendekap (*in s.o's arms*). 2 membaringkan diri (*under the bed covers*).

net /net/ *kb.* 1 (*fish, lifesaving*) jala. 2 (*tennis, butterfly*) jaring-jaring. 3 rajut-rambut. 4 jaringan (*spread by police*). 5 keuntungan. *a n. of $100* keuntungan $100. —*ks.* bersih, nétto. *n. profit* keuntungan bersih. —*kkt.* (**netted**) 1 menerima bersih. 2 (*catch*) menangkap. 3 *Tenn.*: memukul bola ténis ke jaring-jaring. —**netting** *kb.* jaringan. *wire n.* jaringan kawat.

Neth. [*Netherlands*] Negeri Belanda.

nether /'neтHər/ *ks.* bawah.

Netherlander /'neтHərləndər/ *kb.* orang Belanda.

Netherlands /'neтHərlənz/ *kb.* negeri Belanda.

nettle /'netəl/ *kb.* jelatang. —*kkt.* membakar/melukai hati.

network /'net'wərk/ *kb.* jaringan. *n. of roads* jaring-jaring, jaringan jalan-jalan. jalanan.

neuralgia /nyu'ræljə/ *kb.* sakit syaraf.

neuritis /nyu'raitis/ *kb.* radang urat syaraf.

neurologist /nyu'raləjist/ *kb.* ahli syaraf.,

neurology /nyu'raləjie/ *kb.* ilmu sakit syaraf.

neurosis /nyu'rowsis/ *kb.* sakit syaraf.

neurosurgery /'nyurow'sərjərie/ *kb.* pembedahan urat syaraf.

neurotic /nyu'ratik/ *kb.* penderita sakit urat syaraf. —*ks.* yg menderita gangguan émosi/perasaan.

neut. [*neuter*] nétral.

neuter /'nyuwtər, 'nuw-/ *kb.* kata yg bersifat nétral. —*ks.* nétral. *n. pronoun* kata pengganti yg nétral. *n. gender* jenis nétral.

neutral /'nyuwtrəl, 'nuw-/ *kb.* 1 orang yg nétral. 2 negeri yg nétral. —*ks.* 1 nétral. *n. stand* pendirian nétral. 2 murni, nétral (*of color*).

neutralism /'nyuwtrəlizəm, 'nuw-/ *kb.* nétralisme.

neutralist /'nyuwtrəlist, 'nuw-/ *kb.* nétralis, penganut politik bébas.

neutrality /nyuw'trælətie, nuw'-/ *kb.* kenétralan.

neutralize /'nyuwtrəlaiz, 'nuw-/ *kkt.* 1 menétralkan. 2 menawarkan (*an acid*).

never /'nevər/ *kk.* tak pernah. *He n. said a word about leaving* Ia tak mengatakan suatu apapun bhw ia akan pergi. *N. mind, I'll go myself* Tak apalah, aku sendiri akan pergi. **n. again** tak pernah lagi. *I'll never go again* Saya tak akan pergi lagi. **n.... before** blm pernah/lagi. *I n. saw that before* Saya blm pernah melihat itu. *N. say die!* Jangan berputus asa! *He n. so much as said goodbye* Mengatakan selamat tinggalpun ia tak pernah. **n. yet** belum pernah. *never-ending complaints* keluhan yg tak putus-putus. *Inf.*: *to live in a never-never land* hidup di negeri antah-berantah. *never-say-die attitude* sikap tak kenal putus asa. *never-to-be-forgotten movie* pilem yg tak akan dilupakan (utk selama-lamanya).

nevermore /'nevər'mowr/ *kk.* tak lagi.

nevertheless /'nevərТHə'les/ *kk.* namun, meskipun begitu/demikian.

new /nuw, nyuw/ *kb.* yg baru. —*ks.* baru. *n. person* orang baru. *n. blood* pimpinan baru. *He sold the car as n.* Ia menjual mobil itu spt baru. *He was n. to that kind of work* Ia pertama kali mengerjakan kerja semacam itu. **n. arrival** yg baru datang. *How is the n. arrival?* Bagaimanakah bayinya? **N. Deal** politik Présidén F. D. Roosevelt utk mencapai kemajuan ékonomi-sosial. **N. Guinea** Irian. **n. look** bentuk/rupa/gaya baru. **n. moon** bulan muda/timbul. **n. potatoes** kentang yg baru dipungut. **new-rich** *kb.* orang kaya baru, OKB. **N. Testament** Perjanjian Baru. **N. World** Dunia Bagian Barat, Amérika. **N. Year** Tahun Baru. *N. Year's Day* Hari Tahun Baru. *N. Year's Eve* Malam Tahun Baru. **N. Zealand** Sélandia Baru. —**newly** *kk.* baru.

newborn /'nuw'bərn, 'nyuw-/ *ks.* baru lahir.

Newcastle /'nuw'kæsəl, 'nyuw-/ *kb.* **to carry coals to N.** membuang garam ke laut.

newcomer /'nuw'kʌmər, 'nyuw-/ *kb.* pendatang baru, orang yg baru datang.

Newf. [*Newfoundland*] nama pulau dekat pantai timur Kanada.

newfangled /'nuw'fænggəld, 'nyuw-/ *ks.* modél atau buatan baru.

newlywed /'nuwlie'wed, 'nyuw-/ *kb.* pengantin baru. —**newlyweds** *j.* jodoh yg baru kawin.

newness /'nuwnəs, 'nyuw-/ *kb.* sifat/corak baru.

news /nuwz, nyuwz/ *kb.* kabar, berita, warta. *N. gets around fast* Berita cepat tersiar. *It's n. to me* Itu kabar baru untukku. *to break the n.* menyampaikan kabar, mengabarkan. *n. agency/service* kantor berita. **n. conference** konperénsi pérs.

newsboy /'nuwz'boi, 'nyuwz-/ *kb.* tukang koran, pengantar surat kabar.

newscast /'nuwz'kæst, 'nyuwz-/ *kb.* siaran warta-berita.

newscaster /'nuwz'kæstər, 'nyuwz-/ *kb.* penyiar warta-berita.

newshawk /'nuwz'hɔk, 'nyuwz-/ *kb. Inf.:* warta-wan.

newshen /'nuwz'hen, 'nyuwz-/ *kb. Inf.:* wartawati.

newsletter /'nuwz'letər, 'nyuwz-/ *kb.* laporan berkala.

newspaper /'nuwz'peipər, 'nyuwz-/ *kb.* koran, surat kabar, harian.

newspaperman /'nuwz'peipər'mæn, 'nyuwz-/ *kb.* (*j.* **-men**) wartawan.

newspaperwoman /'nuwz'peipər'wumən, 'nyuwz-/ *kb.* (*j.* **-women**) wartawati.

newsprint /'nuwz'print, 'nyuwz-/ *kb.* kertas koran.

newsreel /'nuwz'riel, 'nyuwz-/ *kb.* pilem warta-berita.

newsroom /'nuwz'rum, 'nyuwz-/ *kb.* ruang warta-wan.

newsstand /'nuwz'stænd, 'nyuwz-/ *kb.* kios (koran, majalah).

newsworthy /'nuwz'wərTHie, 'nyuwz-/ *ks.* patut dijadikan berita.

newsy /'nuwzie, 'nyuw-/ *ks.* penuh dgn bermacam-macam berita (*letter*).

newt /nuwt, nyuwt/ *kb.* sm kadal air.

next /nekst/ *ks.* 1 yg berikutnya. *the n. plane* pesawat terbang yg berikutnya. 2 lain. *the n. time* lain kali. *the n. three days* tiga hari yg mendatang. *in the n. room* di kamar sebelah. *the n. day* keésokan harinya. *the n. morning* pagi harinya. *on the n. page* di halaman berikutnya. *The n. time I see him 1*... Kalau nanti saya menjumpainya, saya.... —*kk. Who comes n.?* Giliran siapa sekarang? *What shall we do n.?* Apa yg selanjutnya kita akan kerjakan? **n. to** hampir. *There was n. to no one there* Hampir tak ada orang disana. *for n. to nothing* hampir dgn cuma-cuma. *The n. best thing would be to* ... Tindakan selanjutnya yg terbaik ialah.... *hard to get n. to* sukar utk menyelami jiwanya. *to get n. to s.o.* tahu caranya utk disukai orang. *When n. I saw him*... Ketika aku menjumpainya sesudah itu.... —*kd.* disamping, disebelah. *to sit down n. to s.o.* duduk disamping s.s.o. *to live n. to* tinggal disebelah. *He is n. to nothing* Ia seorang yg hampir tiada artinya. **n. door** disamping, disebelah. *the office n. door* kantor disebelah. *His office is n. door to mine* Kantornya disebelah kantorku. **next-door** *ks.* sebelah. *n.-door neighbor* tetangga sebelah. **n. of kin** keluarga terdekat. **n. year** tahun depan, tahun y.a.d.

N.F. [*Newfoundland*] nama pulau dekat pantai timur Kanada.

n.g. /'en'jie/ [*no good*] *kb.* tdk becus.

N.H. [*New Hampshire*] negarabagian A.S.

nibble /'nibəl/ *kb.* 1 (*a bite*) gigit. 2 sambutan (*from an ad*). —*kki.* menggigit, mengunggis, menggerumis.

nice /nais/ *ks.* 1 baik. *They are n. to us* Meréka baik pd kami. *in a n. way* dgn cara yg baik. *to hope for a n. day* berharap bhw cuaca akan baik. *That's not n.* Itu tdk baik. *It's n. of you* Sdr baik hati. 2 baik/énak (*of a meal*). 3 senang. *It's n. to see you* Senang aku

bertemu dgn kamu. 4 menyenangkan. *It was a n. party* Pésta ini menyenangkan. *You say the nicest things* Kata-katamu sangat menyenangkan. 5 bagus. *n. car* mobil bagus. *n. view* pemandangan yg bagus. *how n*... alangkah bagusnya.... *That's a n. way to behave!* Tdk bagus sikapmu! 6 halus, renik (*distinction*). *It's n. and cool outside* Nyaman dan sejuk diluar. *It's n. and warm here* Énak hangat disini. —**nicely** *kk.* baik, bagus. *These flowers are arranged n.* Bunga-bunga ini dikarang dgn manisnya. *She's getting alone n.* Ia keadaannya/keséhatannya/pekerjaannya baik sekali. *a n. situated house* rumah yg baik letaknya.

nicety /'naisətie/ *kb.* (*j.* **-ties**) hal yg menyenangkan. *the niceties of civilization* hal-hal yg menyenangkan dari peradaban.

niche /nic/ *kb.* 1 ceruk, relung. 2 tempat (*in society*).

nick /nik/ *kb.* takik, toréh(an) (pd kayu). *in the n. of time* tepat pd waktunya. —*kkt.* menakik.

nickel /'nikəl/ *kb.* nikél, nékél. *n. plate* lembaran nékél.

nickname /'nik'neim/ *kb.* nama panggilan. —*kkt.* memberi nama panggilan.

nicotine /'nikətien/ *kb.* nikotin.

niece /nies/ *kb.* kemenakan perempuan.

nifty /'niftie/ *ks. Inf.:* bagus, pesolék.

niggardly /'nigərdlie/ *ks.* kikir, pelit.

nigh /nai/ *kd., kk.* dekat.

night /nait/ *kb.* malam. *N. is falling* Malam tlh tiba. *to hold a Beethoven n.* mengadakan malam Beethoven. *to have a bad n.* tak bisa tidur samasekali semalam. **at n.** pd malam hari, pd waktu malam. *eleven o'clock at n.* jam sebelas malam. *during the n.* malam hari. *last n.* semalam, tadi malam. *to make a n. of it* bersenang-senang sampai jauh malam, bergadang. *the n. before* malam/semalam sebelumnya. *n. before last* dua malam yg lalu. *Inf.: He works nights* Ia bekerja pd malam hari. *tomorrow n.* bésok malam. **n. blindness** buta ayam. **n. clothes** pakaian tidur. **n. club/spot,** klub malam. *n. club hostess* pramuria klub malam. **n. duty nurse** zuster yg dinas jaga malam. **n. latch** kunci tambahan pd pintu. **n. letter** télgram malam hari (dgn tarip lebih murah). **n. life** kehidupan malam hari. *Inf.:* **n. owl** orang yg tidurnya dilarut malam. **n. school** kursus/ sekolah malam. **n. shift** regu malam. **n. soil** tahi/ bérak orang. **n. table** méja kecil dekat tempat tidur. **n. watch** jaga malam. **n. watchman** (pen)jaga malam.

nightcap /'nait'kæp/ *kb.* 1 pici tidur. 2 *Inf.:* minum-an keras diminum sblm tidur.

nightfall /'nait'fɔl/ *kb.* senjakala, waktu matahari terbenam.

nightgown /'nait'gawn/ *kb.* gaun/baju tidur.

nighthawk /'nait'hɔk/ *kb. Inf.:* orang yg tidur pd siang hari dan bekerja pd waktu malam.

nightie /'naitie/ *kb. Inf.:* pakaian tidur wanita atau anak-anak.

nightingale /'naitəngeil, 'naiting-/ *kb.* (burung) bulbul.

nightlong /'nait'lɔng, -'lang/ *ks.* yg berlangsung sepanjang malam.

nightly /'naitlie/ *ks.* tiap malam.

nightmare /'nait'mær/ *kb.* 1 mimpi buruk, khayal yg mengganggu orang tidur. 2 pengalaman yg mengerikan.

nightmarish /'nait'mærisy/ *ks.* spt mimpi buruk, mengerikan.

nightshirt /'nait'syərt/ *kb.* baju tidur laki-laki.

nightstick /'nait'stik/ *kb.* tongkat polisi.

nightwear /'nait'wær/ kb. pakaian tidur.

nil /nil/ kb. nol, tiada artinya.

nimble /'nimbəl/ ks. cepat, cekatan, gesit. *He has a n. mind* Pikirannya cepat. —**nimbly** kk. dgn gesitnya.

nincompoop /'ninkəmpuwp/ kb. orang tolol.

nine /nain/ kb. sembilan. *n. times out of ten* sembilan kali dari sepuluh.

nineteen /'nain'tien/ kb. sembilan belas.

nineteenth /'nain'tienth/ ks. kesembilan belas.

ninetieth /'naintieith/ ks. kesembilan puluh.

ninety /'naintie/ kb. (j. **-ties**) sembilan puluh. *She's in her nineties* Umurnya sembilan puluhan.

ninth /nainth/ kb. persembilan. *a n.* sepersembilan. —ks. kesembilan.

nip /nip/ kb. 1 (*bite*) gigit. 2 sedikit minuman keras. *There's a n. in the air* Alangkah dinginnya udara. *Inf.: n. and tuck* seri, berganti-ganti yg menang (didepan). —kkt. (**nipped**) 1 menggigit. 2 merusak (*flowers*). **to n. off** menggentas (*flower, branch*). *to n. in the bud* menghentikan pd permulaannya.

nipple /'nipəl/ kb. 1 puting susu. 2 pentil, dot (*of bottle*).

nippy /'nipie/ ks. dingin.

nitpicking /'nit'piking/ kb. *Inf.*: banyak réwél.

nitrate /'naitreit/ kb. nitrat, garam asam sendawa.

nitric /'naitrik/ ks. **n. acid** asam sendawa.

nitrogen /'naitrəjən/ kb. zat lemas, nitrogén.

nitroglycerin /'naitrə'glisərin/ kb. nitrogliserin.

nitty-gritty /'nitie'gritie/ kb. *Sl.*: 1 kebenaran yg betul. 2 intisari.

nitwit /'nit'wit/ kb. *Inf.*: orang dungu.

nix /niks/ kb. *Sl.*: tidak apa-apa.

N.J. [*New Jersey*] negarabagian A.S.

N. M(ex). [*New Mexico*] negarabagian A.S.

no /now/ kb. jawaban tidak. *to take no for an answer* menerima jawaban tidak. *The noes have it* Mosinya ditolak/gagal. —ks. 1 tidak. *to have no relatives* Ia tak punya famili/sanaksaudara. *It's no distance to his house* Rumahnya tak jauh (letaknya). *He made no reply* Ia tak menjawab. 2 bukan. *to be no friend* bukan teman. *governor or no governor* gubernur atau bukan. —kk. tidak, nggak. *No.!* Tidak! *No talking!* Diamlah! *No smoking!* Dilarang merokok! *No admittance!* Dilarang masuk! *There's no getting around it* Hal itu tak dpt diélakkan. *Sl.*: **no way** sama sekali tdk. *There's no pleasing her* Tak ada jalan utk menyenangkannya. *no such thing* tak ada yg spt itu. *He's no better, I fear* Aku kuatir ia tak bertambah baik. —kg. *no one* sea seorangpun. *no man's land* daérah tak bertuan. *Inf.*: **no-account, no-good** ks. tak berguna. *Sl.*: **no-no** kb. tabu. **no-nonsense** ks. sungguh-sungguh, serius. *Don't be a no-show* Janganlah tdk muncul begitu saja. **no-trump** kb., ks. sans, tanpa kartu truf.

no. [*number*] nomor.

No. 1 [*north*] utara. 2 [*number*] nomor.

nobility /now'bilətie/ kb. (j. **-ties**) kaum ningrat/ bangsawan.

noble /'nowbəl/ kb. orang bangsawan. —ks. 1 mulia. *n. deed* perbuatan yg mulia. 2 ningrat. *of n. birth* keturunan ningrat. —**nobly** kk. mulia, tinggi budi.

nobleman /'nowbəlmən/ kb. (j. **-men**) orang bangsawan.

nobody /'nowbadie/ kb. (j. **-dies**) seorang yg tak berarti. *I knew him when he was n.* Saya kenal dia waktu ia blm jadi apa-apa. —kg. tak seorangpun. *N. came* Tak seorangpun yg datang. *Who's there? N.* Siapa disitu? Tak ada orang.

nocturnal /nak'tərnəl/ ks. pd malam hari.

nod /nad/ kb. angguk(an), tanda setuju. *to get the n.* a) mendapat persetujuan. b) mendapat kemenangan. —kkt. (**nodded**) menganggukkan (*o's head*). *to n. assent* mengangguk tanda setuju. —kki. 1 mengangguk. 2 mengantuk (*from drowsiness*). **to n. to** memberi isyarat kpd, mengangguk. *to have a nodding acquaintance with s.o.* mengenal s.s.o. begitu saja.

noise /noiz/ kb. 1 gaduh, riuh. *to make n.* riuh. *Don't make any n.!* Jangan berisik/ramai! 2 kegaduhan (*in the transmission*). 3 bunyi. *What's that n. I hear?* Bunyi apa itu? —kkt. menyiarkan. *The rumor was noised about town that ...* Kabar angin tlh tersiar dlm kota bhw ....

noiseless /'noizləs/ ks. tak bersuara/berbunyi.

noisy /'noizie/ ks. 1 ribut, gaduh (*of children*). 2 sangat ramai (*of a street*). *The engine in my car is unusually n.* Berisik/Ramai benar mesin mobil saya ini.

nomad /'nowmæd/ kb. pengembara (dari suku pengembara).

nomadic /now'mædik/ ks. sbg pengembara. *n. life* hidup mengembara.

nomenclature /'nowmən'kleicər/ kb. tatanama.

nominal /'namənəl/ ks. kata benda. —ks. 1 nominal. *n. price* harga yg nominal. 2 pd namanya saja. *The president is the n. head* Présidén adalah kepala pd namanya saja.

nominate /'naməneit/ kkt. 1 mencalonkan (*for the presidency*). 2 menunjuk, mengangkat.

nomination /'namə'neisyən/ kb. 1 pencalonan. 2 pengangkatan, penunjukan.

nominative /'namənətiv/ kb. kasus nominatif. —ks. nominatif.

nominee /'namə'nie/ kb. calon.

nonaggression /'nanə'gresyən/ kb. non-agrési, tdk menyerang. *n. pact* persetujuan non-agrési.

nonalcoholic /'nanælkə'hɔlik/ ks. tanpa alkohol (*of a drink*).

nonaligned /'nanə'laind/ ks. non-blok, tak berpihak.

nonalignment /'nanə'lainmənt/ kb. hal tak berpihak, non-blok. *n. policy* politik tdk berpihak.

nonarrival /'nanə'raivəl/ kb. ketidakdatangan.

nonce /nans/ kb. **for the n.** utk kali/kesempatan ini. *n. word* sebuah kata yg hanya sekali dipakai.

nonchalance /'nansyəlans/ kb. sikap tak ambil pusing, ketelédoran.

nonchalant /'nansyəlant/ ks. tak peduli, tak ambil pusing, telédor, acuh-tak-acuh.

noncom /'nan'kam/ kb. *Inf.*: bintara.

noncombatant /'nankəm'bætənt/ kb. orang yg tak ikut berperang.

noncombustible /'nankəm'bʌstəbəl/ ks. tahan api.

noncommissioned /'nankə'misyənd/ ks. **n. officer** bintara.

noncommittal /'nankə'mitəl/ ks. tdk menyatakan pendapat.

nonconformist /'nankən'fɔrmist/ kb. yg tak suka menuruti adat, yg tak patuh pd norma-norma sosial.

nondescript /'nandəskript/ ks. tak termasuk s.s.t. jenis tertentu.

none /nʌn/ kg. 1 tak seorangpun. *n. of the children* tak seorangpun dari anak-anak. *n. of the colors* tak satu warnapun. *It's n. of your business* Itu sama sekali bukan urusanmu. 3 tak samasekali. *No news today? N.* Tak ada kabar hari ini? Tak ada samasekali. *Any work is better than n. at all* Lebih baik ada pekerjaan drpd tak ada sama sekali. *He* *would have n. of it* Ia menolak samasekali. *Our boss is n. other than...* Majikan kami tak lain drpd.... —*kk.* sama sekali tdk. *The house is n. too large* Rumah itu samasekali tak terlalu besar.

nonentity /nan'entǝtie/ *kb.* (*j.* -**ties**) seorang yg tak berarti.

nonessential /'nanǝ'sensyǝl/ *ks.* yg tak perlu/ penting.

nonetheless /'nʌnTHǝ'les/ *kk.* 1 meskipun demikian/begitu. 2 namun. *He was n. a good player* Namun ia seorang pemain yg baik.

nonexistent /'nanig'zistǝnt/ *ks.* hampa, kosong, khayali.

nonfiction /nan'fiksyǝn/ *kb.* cerita nyata, cerita yg sesungguhnya.

nonflammable /nan'flæmǝbǝl/ *ks.* yg tdk dpt menyala.

nonglare /nan'glær/ *ks.* anti-silau (*of headlights*).

nonintervention /'nanintǝr'vensyǝn/ *kb.* non-intervensi, tak campur tangan.

nonliving /nan'living/ *ks.* tdk hidup.

nonmember /nan'membǝr/ *kb.* bukan anggauta.

nonnegotiable /'nannǝ'gowsyǝbǝl/ *ks.* tak dpt diperbincangkan (*of demands*).

nonpartisan /nan'partǝzǝn/ *ks.* 1 tak memihak. 2 tak berpartai.

nonpayment /nan'peimǝnt/ *kb.* tak membayar.

nonplus /nan'plʌs/ *kkt.* membuat héran tercengang. *He was nonplused for an answer* Ia tercengang tak dpt menjawab apa-apa.

nonproductive /'nanprǝ'dʌktiv/ *ks.* tak produktip.

nonprofit /nan'prafit/ *ks.* yg tak mencari keuntungan (*of an organization*).

nonprofitmaking /nan'prafit'meiking/ *ks.* yg tak mencari keuntungan (*of an organization*).

nonresident /nan'rezǝdǝnt/ *kb., ks.* yg tdk bertempat tinggal.

nonscheduled /nan'skejǝld/ *ks.* diluar acara, tak masuk acara (*stop*). *n. airline* lin penerbangan tanpa jadwal waktu.

nonsectarian /'nansek'teriǝn/ *ks.* yg tak mengikuti suatu aliran agama.

nonsense /'nansens/ *kb.* omong kosong. *to talk n.* bercakap omong kosong (belaka). *This passage is n.* Bagian (buku) ini tak ada arti/guna. *Let's have no n.* Mari kita jangan main-main. *It is n. to think that...* Bodoh utk memikirkan bhw....

nonsensical /nan'sensǝkǝl/ *ks.* yg bukan-bukan. *n. question* pertanyaan yg bukan-bukan.

nonskid /'nan'skid/ *ks.* anti-selip (*of tires*).

nonsmoker /nan'smowkǝr/ *kb.* orang yg tdk merokok.

nonstop /'nan'stap/ *ks.* tanpa berhenti, nonstop. *n. flight* penerbangan tanpa berhenti. —*kk.* terus-menerus. *to fly n.* terbang terus-menerus.

nonsupport /'nansǝ'powrt/ *kb.* tak memberi jaminan penghidupan.

nontoxic /nan'taksik/ *ks.* yg tak beracun.

nonunion /nan'yuwnyǝn/ *ks.* tdk mengakui serikat buruh.

nonviolence /nan'vaiǝlǝns/ *kb.* tanpa kekerasan.

nonwhite /nan'hwait/ *kb.* orang yg bukan kulit putih.

noodle /'nuwdǝl/ *kb.* 1 ba(k)mi, mi. 2 *Sl.*: kepala.

nook /nuk/ *kb.* 1 sudut. *nooks and crannies* sudut dan celah. 2 tempat kesukaan. *shady n.* tempat bersembunyi yg naung/rindang.

noon /nuwn/ *kb.* tengah hari. *at n.* pd tengah hari.

noontime /'nuwn'taim/ *kb.* waktu tengah hari.

noose /nuws/ *kb.* jerat, simpul.

nope /nowp/ *kk. Inf.*: nggak, ndak, kagak.

nor /nɔr/ *ks.* 1 ...maupun, ...tidak. *Neither the parents n. the children can swim* Baik orang tua maupun anak-anaknya tak dpt berenang. 2 pun. *He has never been there, n. can I get him to go* Ia blm pernah kesana, dan akupun tak mengajaknya pergi. lih NEITHER.

norm /nɔrm/ *kb.* norma.

normal /'nɔrmǝl/ *ks.* 1 normal. *n. temperature* suhu badan yg normal. *a n. child* seorang anak yg normal. 2 biasa. *n. married life* kehidupan perkawinan yg biasa. *His height is above n. for a boy his age* Utk anak lelaki pd umur sekian itu tingginya lebih dari biasa. **n. school** sekolah guru. —**normally** *kk.* biasanya.

north /nɔrth/ *kb.* utara. —*ks.* utara. *n. wind* angin dari utara. *n. end of town* ujung utara kota. *N. America* Amérika Utara. *N. Borneo* Kalimantan Utara, Sabah. *N. Pole* Kutub Utara. *N. Sea* Laut Utara. *N. Star* bintang utara. —*kk.* ke utara. *to go n.* pergi ke utara. *n. of* disebelah utara dari.

northeast /'nɔrth'iest/ *ks.* timurlaut.

northeasterly /'nɔrth'iestǝrlie/ *ks.* dari timurlaut.

northerly /'nɔrTHǝrlie/ *ks.* dari utara.

northern /'nɔrTHǝrn/ *ks.* utara, yg di utara. *n. lights* cahaya (dari arah) utara.

northerner /'nɔrTHǝrnǝr/ *kb.* orang dari utara.

northernmost /'nɔrTHǝrnmowst/ *ks.* paling utara.

northward /'nɔrthwǝrd/ *ks.* ke utara.

northwest /'nɔrth'west/ *ks.* baratlaut.

northwesterly /'nɔrth'westǝrlie/ *ks.* dari baratlaut.

Norw. 1 [*Norway*] Norwégia. 2 [*Norwegian*] yg berh. dgn Norwégia.

Norwegian /nɔr'wiejǝn/ *kb.* 1 orang Norwégia. 2 bahasa Norwégia. —*ks.* yg berh. dgn Norwégia.

nose /nowz/ *kb.* hidung (*person, plane*). *He has a n. for news* Ia pandai mencari berita. *to blow o's n.* membersihkan hidung dgn menghembus, membuang ingus. *It's as plain as the n. on my face* Itu nyata/terang benar. *Inf.*: **to count noses** menghitung jumlah orang yg hadir. **to cut off o's n. to spite o's face** berbuat dengki dgn merugikan diri sendiri. **to follow o's n.** a) maju lurus kedepan. b) mengikuti naluri. c) mengikuti indera pembau. **to hold o's n. in the air** sombong, angkuh, congkak. **to lead by the n.** memperbudak, menguasai sepenuhnya, mengutak-ngatikkan. **to look down o's n. at** memandang rendah kpd. **on the n.** tepat, persis. **to pay through the n.** membayar dgn harga yg terlalu mahal. **to poke/stick o's n. into** mencampuri, ikut campur dlm. **to put s.o's n. out of joint** menyebabkan s.s.o. menjadi tdk senang. **to thumb o's n.** menekankan ibu jari ke hidung (sikap menghina). **to turn up o's n. at** menolak (dgn sikap menghina). **under o's n.** dihadapan mata. **to win by a n.** menang tipis. —*kkt.* 1 mendorong. 2 membelai (*of a cat*). —*kki.* maju perlahan-lahan. *to n. into s.o's business* mencampuri urusan s.s.o. **to n. out** 1 mengalahkan dgn tipis. 2 mencari-cari, menemukan. **n. cone** kerucut hidung, moncong rokét (pd peluru kendali). **n. count** menghitung jumlah orang yg hadir. **n. dive** menjungkir, menukik (*of a plane*). **n. drops** obat tétés hidung.

nosebleed /'nowz'blied/ *kb.* mimisan.

nosey /'nowzie/ *ks.* = NOSY.

nostalgia /na'stæljǝ/ *kb.* rasa rindu, keibaan (hati), nostalgi.

nostalgic /na'stæljik/ *ks.* rindu, rawan, kangen.

nostril /'nastrəl/ *kb.* lubang/cuping hidung.

nostrum /'nastrəm/ *kb.* obat ajaib.

nosy /'nowzie/ *ks.* 1 ingintahu. 2 ingin mencampuri.

not /nat/ *kk.* (*kep.* **-n't**) 1 tidak, tak. *I'm n. going* Saya tak akan pergi. *Why n.?* Mengapa tdk? *N. everybody came* Tdk semua orang datang. *n. a few people* tdk sedikit orang. *There isn't anyone here* Tak ada seorangpun disini. *The doctor couldn't do anything for her* Dokter tak dpt berbuat sesuatupun untuknya. *n. in the least* sama sekali tdk. *N. even in America can we get that* Di Amérika sekalipun barang itu tak terdapat. 2 bukan. *He's not an American* Ia bukan orang Amérika. *It's n. that he doesn't want to go; he can't* Bukan(nya) karena ia tak mau pergi; ia tak dpt pergi. 3 jangan. *He asked me n. to go* Ia meminta saya spy jangan pergi. *N. I!* Jangan saya! Kalau saya tdk! *Do n. go!* Jangan pergi! **n. a** tak...pun. *N. a soul came* Tak seorangpun datang. *N. a sound was heard* Tak ada bunyi apapun terdengar. **n. at all** sama sekali tdk, sekali-kali tdk. *I'm n. at all happy with...* Aku sedikitpun tak senang dgn.... *He's n. at all well* Ia sama sekali tdk séhat. Ia jauh dari séhat. *Thank you! N. at all!* Terima kasih! Kembali! **n. yet** belum. *I haven't seen him yet* Saya blm melihatnya/menemuinya. **n. including** blm termasuk.

notable /'nowtəbəl/ *kb.* orang terkemuka, tokoh. —*ks.* terkemuka. —**notably** *kk.* khususnya.

notarize /'nowtəraiz/ *kkt.* mensyahkan (oléh notaris).

notary /'nowtərie/ *kb.* (*j.* **-ries**) notaris. *n. public* notaris.

notation /now'teisyən/ *kb.* 1 angka-angka. 2 cara menulis. 3 catatan.

notch /nac/ *kb.* 1 takik. 2 derajat. *Set the thermostat a n. higher* Pasanglah alat pengimbang panas itu sederajat lebih tinggi. —*kkt.* 1 menakik, membuat takik. 2 mencatat.

note /nowt/ *kb.* 1 catatan. *to make some notes* menuliskan beberapa catatan. *Notes on Abduh* Catatan-catatan ttg Abduh. *to take notes* mencatat/menuliskan catatan-catatan. *notes on* komentar mengenai. 2 surat. *Drop me a n.* Tulislah surat padaku. 3 *Fin.*: surat hutang (*at the bank*). 4 nada. *n. of sadness* nada kesedihan. *to conclude o's statement on a cheerful n.* menutup pernyataannya dgn nada yg girang. *to play a false n.* memainkan nada yg sumbing. *a n. of impatience* nada ketidaksabaran. *the bird's cheerful n.* nyanyian yg riang dari burung itu. *I can't sing a n.* Aku tak dpt menyanyi. 5 *Fin.*: uang kertas. 6 nota. *Britain sent a n. to Spain* Inggeris mengirim nota ke Spanyol. 7 surat péndék, katabélece. *to write s.o. a n.* menulis surat péndék pd s.s.o. *Give careful n. to his words* Perhatikanlah kata-katanya baik-baik. *Camkanlah apa yg dikatakannya. *to compare notes* bertukar pikiran. *to make a n. of* mencamkan, mencatat. **of n.** penting, terkemuka. *man of n.* orang yg terkemuka. *singer of n.* penyanyi terkenal/tenar. *Nothing of n. occurred* Tdk ada terjadi hal yg penting. *to strike the right n.* mengatakan s.s.t. yg tepat, pd tempatnya. **to take n. of** memperhatikan. —*kkt.* 1 memperhatikan. *N. the fit of the coat* Perhatikan betapa pasnya jas ini. 2 melihat. *to n. the change in* melihat adanya perubahan pd. *It's worth noting that...* Perlu dicatat/diketahui bhw.... **n. paper** kertas tulis. —**noted** *ks.* yg terkemuka. *to be n. for* terkenal karena.

notebook /'nowt'buk/ *kb.* buku agénda/catatan/notés.

noteworthy /'nowt'wərᴛнie/ *ks.* penting, patut diperhatikan.

nothing /'nʌthing/ *kb.* tidak ada apa-apa. *N. arrived by mail* Tdk ada apa-apa yg datang dgn pos. *I have n. to do this afternoon* Tiada yg akan kulakukan soré ini. *There's n. wrong with this* Tiada kesalahan dlm hal ini. *There was n. to it* Tak ada kesukaran sama sekali. *to have n. to do with s.o.* tak mau berurusan dgn s.s.o. *I have n. to live on* Saya tak ada penghasilan/uang utk membiayai hidupku. *I see n. that I like* Tak ada kulihat yg kusukai. *to do n.* berpeluk lutut, bermalas-malas. *There's n. to the rumor* Kabar angin itu sama sekali tak benar. *for n.* dgn boléh dikatakan sama. *to make n. of* a) tak mengerti. b) mengecilkan. **n. but** tak lain hanya. *He's n. but a spendthrift* Ia tak lain hanya seorang pemboros. *Inf.: N. doing!* Tdk bisa samasekali! **n. less than** tak kurang dari. **n. like** tak ada lagi (spt, serupa). *There's n. like it* Tak ada hal serupa itu. *With the new road it's n. like as hard a drive to...* Dgn jalan baru perjalanan dgn mobil ke....tak sukar lagi. **n. more than** tak lain hanya. *He's n. more than an ordinary citizen* Ia tak lain hanya seorang warganegara biasa. *n. short of* benar-benar. **to think n. of** menganggap tdk penting. *I think n. of the new proposal* Usul baru itu sama sekali tak kuperhatikan. *He thinks n. of driving 100 miles to visit a friend* Baginya tak mengapa utk mengemudikan mobil sejauh 100 mil utk mengunjungi teman.

notice /'nowtis/ *kb.* 1 pemberitahuan, maklumat, pengumuman. *n. in a newspaper* pengumuman di suratkabar. *until further n.* sampai ada pengumuman lagi. *without n.* tanpa pemberian tahu. 2 (*review*) ulasan. 3 perhatian. *to escape o's n.* luput dari perhatian. 4 peringatan. *It has come to my n. that...* Aku mengetahui bhw.... *I can leave at a moment's n.* Saya dpt berangkat segera sesudah diberitahu. *at short n.* dlm waktu singkat. **to give n.** memberitahu, memperingatkan. *to give (s.o.) two weeks' n.* memberi tahu didlm dua minggu. **to serve n.** memaklumkan, memerintahkan, memperingatkan. **to take n. of** memperhatikan. —*kkt.* memperhatikan, melihat.

noticeable /'nowtəsəbəl/ *ks.* nyata, kelihatan. —**noticeably** *kk.* nyata, tampak, kelihatan dgn jelas.

notification /'nowtəfə'keisyən/ *kb.* pemberitahuan, pengumuman.

notified /'nowtəfaid/ lih NOTIFY.

notifies /'nowtəfaiz/ lih NOTIFY.

notify /'nowtəfai/ *kkt.* (**notified**) memberitahu(kan).

notion /'nowsyən/ *kb.* 1 dugaan. *I have a n. he's not coming* Menurut dugaanku ia tak akan datang. *I have no n. of his plans* Aku tak tahu akan rencana-rencananya. 2 idé, gagasan. *That's his n. of a joke* Itulah yg diartikannya sbg lelucon. 3 pikiran. *Get rid of your silly notions!* Buanglah pikiran-pikiranmu yg anéh itu! 4 pikiran, maksud. *I have a n. to go away* Saya ada pikiran utk meninggalkan tempat. —**notions** *j.* barang kelontong.

notoriety /'nowtə'raiətie/ *kb.* (*j.* **-ties**) kemasyhuran (karena s.s.t. yg kurang baik).

notorious /now'towrieəs/ *ks.* terkenal karena nama buruk. —**notoriously** *kk.* terkenal. *n. cruel towards* terkenal kejamnya thd.

notwithstanding /'natwiᴛн'stænding/ *kd.* meskipun. *He went n. the cold* Ia berangkat juga meskipun dingin. —*kk.* sekalipun demikian. *He's ill, but he'll*

finish school n. Ia sakit, sekalipun demikian ia akan menyelesaikan sekolah.
nought /nɔt/ *kb.* nol (O). *All my work was for n.* Seluruh pekerjaanku adalah sia-sia.
noun /nawn/ *kb.* kata benda.
nourish /'nərisy/ *kkt.* 1 memberi makan(an). 2 memelihara (*the hope*). —**nourishing** *ks.* mengandung zat makanan, bergizi.
nourishment /'nərisymənt/ *kb.* makanan.
nouveau riche /nuwvow'riesy/ orang kaya baru, okabé.
Nov. [*November*] bulan Nopémber.
novel /'navəl/ *kb.* (cerita) roman. —*ks.* baru (*idea*).
novelist /'navəlist/ *kb.* pengarang cerita roman.
novelty /'navəltie/ *kb.* (*j.* **-ties**) 1 s.s.t. yg baru. 2 kesenangan baru (*of helping mother*).
November /now'vembəf] *kb.* bulan Nopémber.
novice /'navis/ *kb.* orang baru.
novitiate /now'visyieeit/ *kb.* 1 *Rel.*: calon biarawan/ biarawati. 2 masa percobaan.
now /naw/ *kb.* waktu sekarang/ini. *by n.* pd saat ini. *from n. on* mulai saat ini, mulai sekarang. *a week from n.* satu minggu lagi (dari sekarang). *up to n., till n.* hingga saat ini, sampai sekarang. —*kk.* 1 sekarang, kini. *N. is the time to...* Sekaranglah waktunya utk.... *It won't be long n.* Akan segera terjadi sekarang. *It's n. or never* Sekarang atau tdk sama sekali. 2 adapun. 3 nah. *N., where were we?* Nah, dimana kita tadi? *Come n.!* *You can't be serious* Alaah! Yg benar saja, dong. *I hope to get to that problem very soon n.* Kuharap akan sempat memeriksa persoalan itu sebentar lagi. **n. and again** sekali-sekali, kadang-kadang. **n. and then** kadang-kadang. **every n. and then** sekali-sekali. **even n.** sekarangpun. **right n.** sekarang ini. *Right n. I am busy* Sekarang ini saya sedang sibuk. *Come here right n.* Kemarilah, sekarang juga! *N. you see it, n. you don't* Sebentar kamu melihat barang itu, sebentar tdk. —*ksam.* **n. that** sejak. *N. that I am older, I understand better* Sejak menjadi makin tua, saya makin mengerti. Sesudah menjadi lebih tua saya lebih mengerti.
nowadays /'nawə'deiz/ *kk.* pd waktu sekarang.
nowhere /'nowhwær/ *kb.* tdk dimanapun juga. —*kk.* tidak...dimanapun juga. *The papers are n. to be found* Dokumén-dokumén itu tdk dpt diketemukan juga. *You're n. near correct* Kau sama sekali blm benar.
nowise /'nowwaiz/ *kk.* bagaimanapun tdk, sekali-kali tdk.
noxious /'naksyəs/ *ks.* berbahaya, berbisa (*gas, fumes*).
nozzle /'nazəl/ *kb.* 1 mulut pipa. 2 pipa semprot, alat pemercik.
N.R.O.T.C. [*Naval Reserve Officer Training Corps*] Korp/Kesatuan Latihan Perwira Cadangan Angkatan Laut.
N.S. [*Nova Scotia*] nama propinsi di Kanada Selatan.
N.T. [*New Testament*] Perjanjian Baru.
-n't [*not*] tidak, tak. *I didn't see a thing* Aku tak melihat apapun.
nth /enth/ *ks.* sehabis-habis. *to the n. degree* tdk terbatas angkanya. *I was fascinated to the n. degree* Aku terpesona habis-habisan.
nt. wt. [*net weight*] berat bersih/nétto.
nuance /'nuwans, 'nyuw-/ *kb.* perbédaan yg sangat sedikit, nuansa.
nub /nʌb/ *kb.* inti(sari) (persoalan).
nubile /'nuwbəl, 'nyuw-/ *ks.* yg sdh boléh kawin (anak perempuan).
nuclear /'nuwkliesr, 'nyuw-/ *ks.* nuklir. *n. reactor*

réaktor nuklir. *n. energy* tenaga nuklir. *n. physicist* ahli fisika nuklir. *n. physics* fisika inti. *n. power* daya nuklir. *n. warfare* perang atom. *n. weapon* senjata inti/nuklir.
nucleus /'nuwkliees, 'nyuw-/ *kb.* 1 permulaan. 2 dasar, inti, pangkal.
nude /nuwd, nyuwd/ *kb.* orang telanjang. *in the n.* dgn telanjang bulat. —*ks.* telanjang.
nudge /nʌj/ *kb.* sentuhan, dorongan. —*kkt.* 1 menyentuh, menyinggung. 2 membangkitkan (*memory ingatan*).
nudist /'nuwdist, 'nyuw-/ *kb.* anggauta perkumpulan hidup telanjang.
nudity /'nuwdətie, 'nyuw-/ *kb.* (*j.* **-ties**) ketelanjangan.
nugget /'nʌgit/ *kb.* 1 gumpal (emas). 2 bungkah, bungkal (*wisdom ilmu*).
nuisance /'nuwsəns, 'nyuw-/ *kb.* gangguan, susah. *Ties are a n.* Dasi menyusahkan. *Don't be a n.!* Jangan mengganggu/menyusahkan/réwél! *It has a certain n. value* Nilainya/Artinya hanya merupakan gangguan belaka.
null /nʌl/ *ks.* 1 batal. *The marriage was legally n.* Perkawinan itu secara hukum batal. *n. and void* dibatalkan dan tdk berlaku. 2 tidak ada. *The effect was n.* Hasilnya tak ada.
nullify /'nʌləfai/ *kkt.* (**nullified**) menghapuskan, meniadakan.
num. 1 [*number*] nomor. 2 [*numeral*] angka.
numb /nʌm/ *ks.* 1 mati rasa, kebas (*of hands*). 2 kaku. *n. with fear* kaku karena takut.
number /'nʌmbər/ *kb.* 1 nomor, bilangan. *n. from one to ten* bilangan/nomor dari satu sampai sepuluh. 2 écéran, terbitan (*of a periodical*). 3 hidangan, lagu. *The next n. on the program is a violin solo* Hidangan acara berikutnya adalah permainan biola solo. 4 jumlah. *a n. of people* sejumlah orang. *Any n. of people saw the incident* Banyak orang menyaksikan kejadian itu. *We were seven in n.* Kami bertujuh. *for a n. of reasons* karena beberapa alasan. *One of their n. was injured* Salah seorang dari kelompoknya kena cidera/ luka. **beyond n.** terlalu banyak. *Sl.:* **to have s.o's n.** mengetahui segala s.s.t. mengenai s.s.o. *Inf.:* *Our n. is up* Nasib kami tlh pasti. Kami akan meninggal. *without n.* tak terkira jumlahnya. —**numbers** *j.* 1 ilmu berhitung. *I'm stupid at numbers* Aku tak pandai berhitung. 2 banyak. *Numbers were turned away* Banyak orang tak dpt masuk. —*kkt.* 1 menomori. *The houses are numbered* Rumah-rumah itu dinomori. 2 berjumlah. *Attendance numbered 300* Yg hadir berjumlah 300. 3 menganggap. *to n. among o's friends* menganggap sbg salah seorang sahabat. *Her days are numbered* Hari wafatnya akan segera datang.
numbness /'nʌmnəs/ *kb.* kematian rasa.
numeral /'nuwmərəl, 'nyuw-/ *kb.* 1 angka. *Arabic n.* angka Arab. 2 *Sport*: tanda nomor.
numerator /'nuwmə'reitər, 'nyuw-/ *kb.* 1 penghitung. 2 *Math.*: pembilang.
numerical /nuw'merəkəl, nyuw'-/ *ks.* menurut angka. *in n. order* menurut urutan angka.
numerous /'nuwmərəs, 'nyuw-/ *ks.* banyak.
numismatics /'nuwmis'mætiks, 'nyuw-/ *kb.* pengetahuan atau cara-cara pengumpulan mata uang.
numskull /'nʌm'skʌl/ *kb.* *Inf.*: orang tolol.
nun /nʌn/ *kb.* biarawati, rahim perempuan.
nuptial /'nʌpsyəl/ *ks.* yg berh. dgn perkawinan. *n. party* iringan perkawinan. —**nuptials** *kb., j.* upacara perkawinan.

nurse /nərs/ *kb.* jururawat. *hospital n.* jururawat rumah sakit. *male n.* jururawat lelaki/pria. *registered n.* jururawat berijazah. —*kkt.* 1 merawat, memelihara (*back to health*). 2 menyusui (*a baby*). 3 mengobati (*a cold*). 4 menaruh (*a grudge* dendam). 5 *Inf.*: minum sedikit demi sedikit (*a drink*). —*kki.* menjadi jururawat. —**nursing** *kb.* ilmu perawatan. *n. home* panti asuhan.

nursemaid /'nərs'meid/ *kb.* babu anak.

nursery /'nərsərie/ *kb.* (*j.* **-ries**) 1 kamar anak-anak. *n. rhyme* sajak kanak-kanak. *n. school* taman kanak-kanak/inderia. 2 *Agri.*: kebun bibit.

nurture /'nərcər/ *kb.* pengasuhan, pemeliharaan. —*kkt.* 1 menaruh (*resentment*). 2 memelihara, mengasuh.

nut nʌt/ *kb.* 1 kacang-kacangan, biji-bijian. *That's a hard/tough n. to crack* Itu soal yg sangat sulit. 2 mur (*for a bolt*). 3 orang anéh/gila. *Sl.: He's a real n.!* Ia betul-betul sinting. *Sl.: He's nuts for doing that* Ia gila utk berbuat demikian. *Sl.: to go nuts* gila. *Sl.: Nuts to you!* Gila kau! *Sl.:* **to be nuts about** a) kegila-gilaan ttg. b) suka benar kpd.

nutcracker /'nʌt'krækər/ *kb.* alat pemecah biji-bijian yg keras.

nutmeg /'nʌtmeg/ *kb.* pala.

nutrient /'nuwtrient, 'nyuw-/ *kb.* bahan gizi.

nutrition /nuw'trisyən, nyuw'-/ *kb.* ilmu gizi.

nutritionist /nuw'trisyənist, nyuw'-/ *kb.* ahli (ilmu) gizi.

nutritious /nuw'trisyəs, nyuw'-/ *ks.* bergizi.

nutritive /'nuwtrətiv, 'nyuw-/ *ks.* bergizi.

nutshell /'nʌt'syel/ *kb.* kulit kacang. *in a n.* singkatnya.

nutty /'nʌtie/ *ks.* 1 yg mengandung kacang-kacang. 2 *Sl.*: yg merasa spt kacang-kacangan. *He does the nuttiest things* Ia berlaku sangat kegila-gilaan.

nuzzle /'nʌzəl/ *kkt., kki.* menyondol, menyerodok (**up against, up to** pd).

NW [*northwest*] Barat Laut.

N.Y. [*New York*] 1 Negarabagian A.S. 2 Kota New York.

N.Y.C. [*New York City*] Kota New York.

nylon /'nailan/ *kb.* nilon. —**nylons** *j.* kauskaki nilon.

nymph /nimf/ *kb.* bidadari, peri.

N. Z. [*New Zealand*] Sélandia Baru.

O

O, o /ow/ *kb.* 1 huruf kelimabelas dari abjad Ing-
geris. 2 nol.
O /ow/ *kseru.* hé, hai, wahai.
O. 1 [*Ohio*] negarabagian A.S. 2 [*Ocean*] Lautan,
Samudera. 3 [*Ontario*] propinsi di Kanada Selatan.
oak /owk/ *kb.* (pohon) ék.
oaken /'owkən/ *ks.* dibuat dari kayu ék.
oar /owr/ *kb.* dayung, kayuh. *to put o's o. in* mencam-
puri urusan orang lain. *to rest on o's oars* beristirahat,
berhenti bekerja.
oarsman /'owrzmən/ *kb.* (*j.* **-men**) pendayung,
pengayuh, tukang satang.
OAS [*Organization of American States*] Organisasi
Negara-Negara Amérika.
oasis /ow'eisis/ *kb.* (*j.* **-ses**) 1 *Geog.*: wahah. 2
sumber ketenangan.
oat /owt/ *kb.* sej. gandum. *Inf.: to feel o's oats* mulai
bersemangat. *to sow o's (wild) oats* berfoya-foya,
main ugal-ugalan.
oath /owth/ *kb.* 1 sumpah. *to take an o.* bersumpah,
mengangkat sumpah. *to break o's o.* melanggar
sumpah. 2 kata umpatan (*curse*).
oatmeal /'owt'miel/ *kb.* 1 makanan gandum. 2 bu-
bur gandum.
obdurate /'abdərit/ *ks.* keras kepala, bandel.
obedience /ow'biediəns/ *kb.* kepatuhan, ketaatan.
obedient /ow'biediənt/ *ks.* patuh, taat, penurut.
to be o. to s.o. patuh kpd s.s.o.
obeisance /ow'beisəns, ow'bie-/ *kb.* hormat (dgn
membungkukkan badan), sembah. *to make/pay o.
to s.o.* menyembah kpd s.s.o.
obelisk /'abəlisk/ *kb.* tugu.
obese /ow'bies/ *ks.* gemuk sekali, gendut.
obesity /ow'biesətie/ *kb.* kegemukan, kegendutan.
obey /ow'bei/ *kkt.* mematuhi, mentaati, menurut-
kan. *to o. the instructions* taat kpd perintah itu. *—kki.*
patuh, taat.
obituary /ow'bicu'erie/ *kb.* (*j.* **-ries**) berita kema-
tian.
obj. [*object*] 1 obyék. 2 barang.
object /'abjikt, -jekt *kb.*; əb'jekt *kki.*/ *kb.* 1 benda,
obyék, barang. 2 sasaran, tujuan. *the o. of her affection*
sasaran kesayangannya. *He's an o. of pity* Dia men-
jadi orang yg dikasihani. 3 maksud (*of a conversa-
tion*). 4 *Gram.*: pelengkap. *direct o.* pelengkap lang-
sung/penderita. *Money is no o.* Bukan uang yg di-
pentingkan. *—kki.* menolak, berkeberatan. *to o. to
s.o.* berkeberatan thd s.s.o. *Do you o. to my smoking?*
Apakah sdr keberatan karena saya merokok? *I o.
to the question* Saya menyatakan keberatan atas per-
tanyaan itu.
objection /əb'jeksyən/ *kb.* keberatan. *Do you have
any o.?* Apa sdr berkeberatan? *to raise an o.* mema-
jukan keberatan. *I see no o. to ...* Saya tdk berke-
beratan atas ....
objectionable /əb'jeksyənəbəl/ *ks.* tdk dpt disetu-

jui. *an o. person* seorang yg tdk menyenangkan. *He
uses o. language* Tata-bahasanya kasar.
objective /əb'jektiv/ *kb.* tujuan, sasaran. *—ks.* ob-
yéktif, tdk berat-sebelah. *—objectively kk.* secara
obyéktif.
objectivity /'abjek'tivətie/ *kb.* keobyéktifan.
objector /əb'jektər/ *kb.* seorang yg menolak. lih
CONSCIENTIOUS.
obligate /'abləgeit/ *kkt.* wajib, harus. *He is obligated
to help* Dia berkewajiban membantu.
obligation /'ablə'geisyən/ *kb.* kewajiban. *You are
under no o.* Sdr tak ada kewajiban apa-apa. *to meet
o's o.* memenuhi kewajibannya. *to fill/discharge o's
obligations* menunaikan utangnya/kewajibannya.
obligatory /ə'bligə'towrie/ *ks.* wajib. *o. attendance*
kehadiran wajib.
oblige /ə'blaij/ *kkt.* 1 mengharuskan. *The law obliges
us to...* Undang-undang mengharuskan kita utk....
2 membantu. *to o. a friend* membantu seorang ka-
wan. *I am much obliged to you for your help* Saya berhu-
tang budi kepadamu atas pertolonganmu itu.
—kki. membantu, melayani. *—obliging ks.* ber-
sedia membantu, menurut. *She was o. and sang an
encore* Dia menurut dan mengulangi nyanyian. *an
o. neighbor* seorang tetangga yg baik hati.
oblique /ə'bliek, ə'blaik, ow'bliek, ow'blaik/ *ks.* 1
miring, méncong. *o. angle* sudut miring. 2 tak lang-
sung.
obliterate /ə'blitəreit/ *kkt.* menghapuskan, mele-
nyapkan.
obliteration /ə'blitə'reisyən/ *kb.* kehilangan, ke-
musnahan.
oblivion /ə'bliviən/ *kb.* pelupaan. *to sink into o.*
dilupakan.
oblivious /ə'bliviəs/ *ks.* terlupa. *o. to o's surround-
ings* terlupa akan sekitarnya.
oblong /'ablɔŋ, -laŋ/ *ks.* bujur.
obnoxious /əb'naksyəs/ *ks.* menjéngkélkan, buruk,
menjijikkan.
oboe /'owbow/ *kb.* obo (sm suling).
obscene /əb'sien/ *ks.* cabul, carut. *o. literature* pem-
bacaan cabul.
obscenity /əb'senətie/ *kb.* (*j.* **-ties**) kecabulan, ke-
carutan.
obscure /əb'skyur/ *ks.* 1 tak jelas (*of plans, style*).
2 tak dikenal (*of birth, family*). *—kkt.* 1 menggelap-
kan (*o's view*). 2 mengaburkan (*the meaning*).
obscurity /əb'skyurətie/ *kb.* (*j.* **-ties**) 1 ketidak-
jelasan (*of a passage*). 2 keadaan tdk dikenal. *to go
into o.* menjadi tak dikenal.
obsequies /'absəkwiez/ *kb., j.* (upacara) pemakam-
an, penguburan.
observable /əb'zərvəbəl/ *ks.* kelihatan, tampak.
observance /əb'zərvəns/ *kb.* 1 ketaatan (*of the law*).
2 ibadat (*of Lent*).
observant /əb'zərvənt/ *ks.* 1 suka memperhatikan.
2 taat, setia.

observation /'absər'veisyən/ kb. 1 pengamatan, observasi. *from my o.* dari pengamatan saya. 2 pandangan. *My o. is this* ... (Menurut) pandangan saya .... 3 pengawasan. *to be under a doctor's o.* dibawah pengawasan dokter. **o. station** tempat peninjauan/pemandangan.

observatory /əb'zərvə'towrie/ kb. (j. **-ries**) observatorium.

observe /əb'zərv/ kkt. 1 mengamati (*a patient*). 2 melihat. *I observed him leaving the room* Saya melihat dia meninggalkan kamar. *Try to avoid being observed when* ... Usahakan jangan sampai ketahuan bila.... 3 meninjau (*a class*). 4 menjalankan (*Lent*). 5 mematuhi. *to o. the law* patuh kpd undang-undang. 6 memperhatikan. *to o. silence* memperhatikan ketenangan. 7 menghormat, menjalankan. *to o. the Sabbath* menghormat hari Minggu.

observer /əb'zərvər/ kb. 1 peninjau. 2 pemerhati, orang yg memperhatikan. 3 pengamat.

obsess /əb'ses/ kkt. 1 menghantui, menggoda (pikiran). *to be obsessed with making money* (pikiran) tergoda utk mencari uang. 2 memasuki (*of a spirit*).

obsession /əb'sesyən/ kb. 1 godaan, gangguan pikiran, obsési. 2 kesurupan/kemasukan sétan.

obsolescence /'absə'lesəns/ kb. keusangan, kekunoan.

obsolescent /'absə'lesənt/ ks. usang, sdh tdk terpakai lagi.

obsolete /'absəliet/ ks. usang, tdk terpakai, kuno.

obstacle /'abstəkəl/ kb. rintangan, halangan, penghambat. *to put obstacles in s.o.'s way* memasang/ menempatkan rintangan di jalan s.s.o. *o. race* lari rintang, lari meliwati rintang-rintangan.

obstetrician /'abstə'trisyən/ kb. dokter perbidanan/ melahirkan, dokter dlm ilmu kebidanan.

obstetrics /əb'stetriks/ kb. ilmu kebidanan.

obstinacy /'abstənəsie/ kb. (j. **-cies**) ketegaran, sifat membandel, sifat keras kepala.

obstinate /'abstənit/ ks. 1 keras kepala, tegar, kepala batu, bandel, menékat. 2 terus-menerus (*of a cold*).

obstreperous /əb'strepərəs/ ks. ribut, bising.

obstruct /əb'strʌkt/ kkt. menghalangi, merintangi (*a view, a street, traffic*).

obstruction /əb'strʌksyən/ kb. 1 halangan. 2 gangguan. *o. of the bowels* sembelit, kesukaran membuang air besar, kesukaran berbérak.

obtain /əb'tein/ kkt. 1 mendapat(kan), memperoléh. *to o. permission* mendapat ijin. 2 menghasilkan. *to o. sugar from beets* menghasilkan gula dari ubiubian. —kki. berlaku. *That regulation does not o. here* Peraturan itu tak berlaku disini.

obtainable /əb'teinəbəl/ ks. dpt diperoléh/dibeli. *Are tomatoes o. at this time?* Apakah ada tomat pd waktu ini?

obtrude /əb'truwd/ kkt. mendesakkan (pendapatnya) (**on** kpd). *to o. o.s.* menonjolkan diri.

obtrusion /əb'truwzyən/ kb. penonjolan diri.

obtrusive /əb'truwsiv/ ks. yg menonjolkan.

obtuse /əb'tuws, -'tyuws/ ks. 1 bodoh. 2 tumpul (*of an angle*).

obverse /'abvərs/ ks. bagian depan, sebelah muka.

obviate /'abviecit/ kkt. menyingkirkan, meniadakan (*necessity* keharusan).

obvious /'abvieəs/ ks. jelas, nyata, ternyata. *o. remark* perkataan yg wajar sekali. —**obviously** kk. dgn nyata, dgn jelas, tak pélak lagi.

occasion /ə'keizyən/ kb. 1 saat (*for rejoicing*). 2 kesempatan. *to have an o. to meet* berkesempatan utk bertemu. *on one o.* dlm suatu kesempatan. *on the o. of*

dlm kesempatan. *to take the o.* utk mempergunakan kesempatan utk. 3 upacara. *state o.* upacara kenegaraan. 4 peristiwa. *lovely o.* peristiwa yg menyenangkan. 5 kejadian. *It was an o. to remember* Kejadian utk (selalu) diingat. *Should the o. arise* ... Andaikata hal itu terjadi.... 6 alasan. *He has no o. for complaint* Ia tak ada alasan utk mengeluh. *as o. requires* apabila perlu. *to have o. for* memerlukan (*o's services*). *on o.* kadang-kadang. —kkt. menyebabkan, mendatangkan.

occasional /ə'keizyənəl/ ks. 1 sekali-sekali, kadang-kadang. *o. headaches* sakit kepala sekali-sekali. 2 berkala. *o. paper* terbitan takberkala. —**occasionally** kk. adakalanya, kadang-kadang.

occident /'aksədənt/ kb. negeri barat.

occidental /'aksə'dentəl/ ks. yg berh. dgn barat.

occlusion /ə'kluwzyən/ kb. keadaan kemacetan/ macet. *coronary o.* kemacetan dlm urat nadi.

occult /'akʌlt/ ks. gaib. *the o. sciences* ilmu gaib/ klenik.

occupancy /'akyəpənsie/ kb. (j. **-cies**) 1 pemilikan. 2 tindakan menginap. *ready for immediate o.* utk segera ditempati.

occupant /'akyəpənt/ kb. 1 penghuni. 2 penumpang. *None of the car's occupants was hurt* Tiada seorangpun dari penumpang-penumpang mobil itu (mendapat) cidera.

occupation /'akyə'peisyən/ kb. 1 pekerjaan, jabatan. *to give s.o. some o.* memberi pekerjaan kpd s.s.o. 2 pendudukan (*of a country*). *army of o.* tentara pendudukan. *unfit for o.* tak pantas/tak baik utk ditempati. 3 okupasi, kesibukan.

occupational /'akyə'peisyənəl/ ks. yg berh. dgn jabatan atau pekerjaan. *o. hazard* bahaya/risiko dlm pekerjaan. *o. therapy* pengobatan dgn memberi pekerjaan tertentu.

occupied /'akyəpaid/ lih OCCUPY.

occupies /'akyəpaiz/ lih OCCUPY.

occupy /'akyəpai/ kkt. (**occupied**) 1 menempati, mendiami (*a house, apartment*). 2 menduduki (*a country, seat of honor*). 3 tinggal dlm (*a single room*). 4 memakan waktu. *This TV program occupies half an hour* Acara TV ini memakan waktu setengah jam. 5 mengisi (*o's leisure time*). 6 mempergunakan (*time, energy*). 7 mengambil tempat. *The table occupies most of the floor space* Méja itu mengambil tempat bagian besar dari ruang lantai itu. *to o. o.s. with* sibuk dgn. —**occupied** ks. 1 sibuk (*with o's work*). 2 terisi (*of space*). 3 sedang dipakai/terisi. *Is this seat occupied?* Apakah tempat ini sdh ada orangnya? *in o. territory* di daérah pendudukan. *The child is kept occupied* Anak itu selalu diberi pekerjaan.

occur /ə'kər/ kki. (**occurred**) 1 terjadi (*of an accident*). 2 terpikir oléh. *It never occurred to me to ask* Tak pernah terpikir oléhku utk bertanya. 3 teringat. *It occurred to me that* ... Teringat oléh saya bhw .... 4 terdapat. *That name occurs in the story* Nama itu terdapat dlm cerita itu. 5 menjadi, datang. *If the skin disease should o. again, let me know* Kalau penyakit kulit menjadi/datang lagi beritahulah saya.

occurrence /ə'kərəns/ kb. kejadian, peristiwa. *Storms are a frequent o. here* Angin ribut sering terjadi disini. *everyday o.* kejadian sehari-hari.

ocean /'owsyən/ kb. lautan, samudera. *o. bed/floor* dasar laut. *ocean-going vessel* kapal laut. *o. liner* kapal samudera.

oceanfront /'owsyən'frʌnt/ kb. pantai, tanah sepanjang lautan.

oceanic /'owsyie'ænik/ ks. 1 yg berh. dgn lautan. 2 yg berh. dgn Oceania.

oceanography /'owsyǝ'nagrǝfie/ *kb.* ilmu samudera.

ochre /'owkǝr/ *kb.* hartal, warna kuning tua, oker, warna boréh.

o'clock /ǝ'klak/ jam, pukul. *at 7 o.* pukul tujuh.

Oct. [*October*] bulan Oktober.

octagon /'aktǝgǝn/ *kb.* segidelapan.

octagonal /ak'tægǝnǝl/ *ks* bersegi delapan.

octane /'aktein/ *kb.* oktan.

octave /'akteiv/ *kb.* oktaf.

October /ak'towbǝr/ *kb.* bulan Oktober.

octogenarian /'aktǝjǝ'nærieǝn/ *kb.* seorang yg berusia 80 tahun.

octopus /'aktǝpǝs/ *kb.* ikan gurita/mangsi.

oculist /'akyǝlist/ *kb.* dokter/ahli mata.

odd /ad/ *ks.* 1 anéh. *an o. person* seorang yg anéh. *They made an o. pair* Meréka merupakan pasangan yg anéh. *It's o. that...* Sungguh anéh.... 2 gasal, ganjil (*number*). 3 ékstra, sambilan, taktetap... *o. jobs* pekerjaan tak tetap. *o. issues* (*of a periodical*) nomor yg kebetulan ada. 4 lebih dari. *some 30 o. miles* lebih dari 30 mil. 5 terasing. *from some o. corner of the brain* dari sudut otak yg terasing. *an o. stocking* kaus setengah pasang. *in o. moments* terkadang-kadang. *o. change* uang susuk. **odd-numbered** *ks.* bernomor gasal. —**oddly** *kk.* anéh(nya). *o. enough* sungguh lucu, amat menghérankan.

oddball /'ad'bɔl/ *kb. Sl.:* yg anéh, yg lain dari lainnya.

oddity /'adǝtie/ *kb.* (*j.* -**ties**) keanéhan, sifat yg anéh.

odds /adz/ *kb., j.* rintangan. *tremendous o.* rintangan yg tak seimbang. *The o. are...* Kemungkinan.... *The o. are against you* Kesempatanmu kurang baik. *The o. are in our favor* Nasib kita sedang baik. **at o.** bertengkar, berselisih. **by all o.** a, pasti, tanpa ragu-ragu. b) bagaimanapun. *He is by all o. the poorest* Ditinjau dari sudut manapun ia adalah termiskin. *to lay o. of 2 to 1* bertaruhan 2 lawan 1. **o. and ends** barang rombéngan, barang-barang sisa. **odds-on** *ks.* yg mempunyai kemungkinan besar.

ode /owd/ *kb.* syair lyris/pujian.

odious /'owdieǝs/ *ks.* membencikan, menjijikkan.

odium /'owdieǝm/ *kb.* kebencian, kejijikan.

odor /'owdǝr/ *kb.* bau (busuk), hawa daba. *to be in bad o.* mendapat nama buruk.

odyssey /'adǝsie/ *kb.* pengembaraan, perjalanan penuh dgn petualangan.

o'er /'owǝr/ =OVER.

oesophagus /ie'safǝgǝs/ = ESOPHAGUS.

of /ʌv, av, kurang ditekankan ǝv/ *kd.* 1 *a glass of milk* segelas susu. *a student of mine* murid saya. *member of a family* anggota keluarga. *cause of the quarrel* sebab perselisihan. *the city of Jakarta* Kota Jakarta. *north of Boston* disebelah utara Boston. *two pounds of rice* dua pon nasi. *to think well of s.o.* menganggap s.s.o. baik. *to be hard of heart* keras hati. *to be 15 years of age* berusia 15 tahun. *hard of hearing* agak pekak. *the works of Milton* karya Milton. 2 dari. *part of her estate* sebagian dari hartanya. *president of a university* réktor (dari) sebuah universitas. *to expect much of s.t.* mengharapkan banyak dari s.s.t. *to come of a noble family* berasal dari keluarga bangsawan. *wide of the mark* jauh dari sasaran. 3 kurang. *a quarter of seven* jam tujuh kurang seperempat. 4 akan. *the love of truth* cinta akan kebenaran. *to be fond of* suka akan. 5 untuk. *the hour of prayer* jam utk berdoa. 6 karena. *to die of a disease* mati karena penyakit. 7 diantara. *two of us* dua diantara kami. *many of these problems* banyak diantara soal-soal ini. *look of pity* pandangan

yg mengandung belas kasihan. *a woman of good judgment* seorang wanita yg bijaksana. *a young fellow by the name of Smith* seorang muda bernama Smith. *her husband of ten years* suaminya selama sepuluh tahun. *the first of the month* tanggal satu. *the second of May* tanggal dua bulan Méi.

off /ɔf, af/ *kb.* mati (*of a switch*). —*ks.* 1 salah. *His figures are o.* Jumlahannya salah. 2 mati, putus (*of electricity, water*). 3 *Inf.*: gila, miring. *He's really o.!* Dia sungguh-sungguh gila! *to have an o. day* a) tdk spt biasa. b) mendapat hari libur/istirahat. *during the o. season* selama musim sepi. —*kk.* lagi. *five weeks o.* tinggal lima minggu lagi. *He stopped twenty yards o.* Ia berhenti duapuluh yar jauhnya. *an afternoon o.* libur soré. *to have two days o.* berlibur dua hari. *O. we go!* Berangkatlah kita! *to cut s.o.'s head o.* memenggal kepala orang. *to take o. o's hat* membuka topinya. **to be o.** 1 (*of a game, match, concert*). 2 pergi. *He's o.* Dia tlh pergi. 3 berangkat, mulai (*of a horse race*). *to be o. on a trip* sedang bepergian. *to be badly o.* a) sakit sekali. *He's worse o. than I realized* Keadaannya lebih buruk drpd yg saya kira. *She's better o. where she is* Ia lebih baik dlm keadaannya sekarang ini. b) miskin. 4 turun. *Shirts are 30% o.* Harga keméja turun 30%. 5 *Mus.:* pincang (*of a beat*). **o. and on** sebentar-sebentar. *We see e.o. o. and on* Kami bertemu sekali-sekali. *to turn a light o. and on* menghidup-matikan lampu. *My hat is o. to you* Saya mengagumi sdr. —*kseru. O. with the coats!* Tanggalkanlah jas! *O. with you!* Enyahlah! —*kd.* 1 lepas (*dari*). *A button is o. his coat* Sebuah kancing lepas dari jasnya. 2 jauh. *a mile o. the main road* semil jauhnya dari jalan raya. 3 dekat ke. *to live just o. the Parkway* tinggal dekat ke Parkway. 4 kurang. *25% o. the price* 25% kurang dari harga itu. 5 keluar. *an alley o. 12th Street* sebuah gang yg (mengarah) keluar ke Jalan ke-12. 6 disebelah. *o. the bedroom* disebelah kamar tidur. **::** *to be o. form* tak berada dlm kondisi yg baik. *to like o's food just o. the stove* menyukai makanan yg baru dimasak. *Inf.: to buy s.t. o. s.o.* membeli s.s.t. dari s.s.o. *to dine o. a chicken* makanan berupa ayam. *to be o. o's food* tdk berseléra. **off-and-on** *ks.* tak begitu tetap. *an o.-and-on career* pekerjaan yg tak begitu tetap. **off-balance** *ks., kk.* jadi bingung, dlm keadaan terhuyung-huyung. **off-color** *ks.* yg tak sopan, tak pantas (*joke*). **off-duty** *ks.* tak berdinas. *o.-duty policeman* seorang polisi yg bébas tugas. **off-glide** *kb. Phon.:* suara menurun. **off-key** *ks.* dgn suara sumbang. **off-limits** *ks.* dilarang, terlarang (**to** bagi). **off-season** *kb.* musim sepi. **off-the-cuff** *ks., kk.* tanpa persiapan, spontan begitu saja (*of speech*). **off-the record** *ks., kk.* tdk resmi, tdk boléh diumumkan. *What I am saying is o.-the-record* Apa yg saya katakan ini tdk bersifat resmi. **off-year** *kb.* tahun sial. *This is an o.-year for general elections* Tahun ini tdk diadakan pemilihan-pemilihan umum.

off. 1 [*officer*] opsir, perwira. 2 [*official*] resmi. 3 [*office*] pejabat.

offal /'afǝl, 'ɔ-/ *kb.* sampah, kotoran.

offbeat /'ɔf'biet, 'af-/ *kb.* irama iringan. —*ks.* luarbiasa, anéh, tak biasa.

offend /ǝ'fend/ *kkt.* 1 menyakitkan hati, melukai hati/perasaan (*a friend*). *She is easily offended* Ia mudah tersinggung (perasaannya). 2 mengganggu (*by smoking*). *Those words o. the ear* Kata-kata itu mengganggu telinga. *That offends my sense of justice* Itu mengganggu perasaan akan keadilan saya. —*kki.* melakukan kesalahan. *In what way have I offended?* Dgn cara apakah saya tlh melakukan kesalahan?

—**offending** *ks.* yg bersalah. *to cut off the offending hand* memotong tangan yg bersalah.

offender /ə'fendər/ *kb.* 1 pelanggar. 2 orang yg bersalah, orang yg berdosa. *The chief o. is smog* Pelanggar utama adalah asbut (asap campur kabut dari pabrik-pabrik). 2 orang yg bersalah, orang yg berdosa.

offense /ə'fens/ *kb.* 1 luka perasaan, keadaan sakit hati *I meant no o.* Saya tak bermaksud melukai perasaan. 2 serangan (*army, sports*). 3 pelanggaran. *minor o.* pelanggaran ringan. *serious o.* pelanggaran berat. 4 kejahatan. *political o.* kejahatan politik. **to give o.** menyakiti hati. **to take o.** merasa dihina (**at** karena).

offensive /ə'fensiv/ *kb.* serangan. *to take the o.* menyerang, melakukan serangan. —*ks.* 1 menyakitkan hati, menghina (*vulgar, insulting*). 2 menusuk hidung. 3 tak sopan. 4 menjijikkan (*of odor*).

offer /'ɔfər,'a-/ *kb.* 1 tawaran, penawaran. *to make a good o.* menawarkan dgn harga yg menguntungkan. 2 saran, usul. *o. of marriage* saran utk kawin. *to make an o. of marriage* melamar. —*kkt.* 1 memberikan (a *chair, money*) (**to** kpd). *to o. resistance* memberi perlawanan. 2 menawari, menawarkan. *He was offered a job* Dia ditawari pekerjaan. *What were you offered for your car?* Berapa ditawarkan kepadamu utk mobilmu itu? *I offered to go in his place* Saya menawarkan diri saya utk pergi menggantikan dia. *to o. o's help* menawarkan bantuannya. 3 memajukan (*an opinion*). 4 memanjatkan (a *prayer*). —*kki.* ada. *If the opportunity offers* Kalau ada kesempatan. —**offering** *kb.* 1 sumbangan. 2 (*musical*) persembahan.

offhand /'ɔf'hænd, 'af-/ *ks., kk.* begitu saja. *O., I'd say...* Tanpa pikir panjang, saya dpt mengatakan.... *o. remarks* kata-kata yg tak dipikirkan lebih dahulu.

office /'ɔfis, 'af-/ *kb.* 1 kantor. *The whole o. agreed with him* Segenap pegawai menyetujuinya. *in o.* menjabat. *to run for o.* mencalonkan diri utk dipilih. *head o.* kantor pusat. *o. boy* pesuruh kantor. *o. building* gedung kantor. *o. equipment* alat-alat keperluan kantor. *o. space* ruang kantor. 2 jabatan. *public o.* jabatan pemerintahan. *What o. does he hold?* Jabatan apa yg dipimpinnya? 3 jasa. *the good/kind offices* jasa-jasa baik. **o. hours** jam kerja.

officeholder /'ɔfis'howldər, 'af-/ *kb.* penjabat negeri.

officer /'ɔfəsər, 'af-/ *kb.* 1 *Mil.*: opsir, perwira. 2 *police o.* (agén) polisi. 3 pak (cara menegor anggota polisi). 4 pegawai negeri. 5 petugas.

official /ə'fisyəl/ *kb.* 1 pegawai negeri. 2 (*bank*) pejabat. *high officials* pejabat-pejabat tinggi. —*ks.* resmi, opisi(i)l. *in o's o. capacity as* dlm wewenangnya yg resmi sbg. —**officially** *kk.* secara resmi.

officialdom /ə'fisyəldəm/ *kb.* 1 staf pegawai. 2 administrasi.

officiate /ə'fisyieeit/ *kki.* memimpin (*at a meeting, ceremony*).

officious /ə'fisyəs/ *ks.* suka mencampuri urusan orang.

offing /'ɔfing, 'a-/ *kb.* **in the o.** dekat, sebentar lagi.

offprint /'ɔf'print, 'af-/ *kb.* cétakan lepas/ulang.

offset /'ɔf'set, 'af-/ *kb.* penggantí kerugian. *o. process* cétakan offsét. —*kkt.* 1 menutup kerugian. 2 mengimbangi, memperseimbangi.

offshoot /'ɔf'syuwt, 'af-/ *kb.* 1 cabang. 2 bagian.

offshore /'ɔf'syowr, 'af-/ *ks.* jauh dari pantai, (di) lepas pantai. *o. drilling* pengeboran jauh dari pantai. *o. breeze* angin pantai.

offspring /'ɔf'spring, 'af-/ *kb.* keturunan, anak-cucu.

often /'ɔftən, 'af-/ *kk.* sering (kali), kerapkali, acap-kali. *It cannot be repeated too o. that...* Tak bisa terlalu sering diulangi, bhw.... *very o.* sering sekali. *every so o.* sering-sering. *more o. than not* lebih sering.

oftentimes /'ɔf(t)ən'taimz, 'af-/ = OFTEN.

ogle /'owgəl/ *kkt.* mengerling kpd, menjeling.

ogre /'owgər/ *kb.* gergasi, raksasa.

oh /ow/ *kseru.* o, aduh! ah, masa! *oh my!* astaga! *to oh and ah over* mengeluarkan kata-kata senang.

oil /oil/ *kb.* minyak, oli. *engine o.* oli mesin. *o. burner* kompor minyak. *o. painting* cat minyak. *o. refinery* kilang minyak. *o. tanker* kapal tanki minyak. *to strike o.* menemukan minyak (dgn menggali lobang di tanah). *to pour o. on troubled waters* menenangkan suasana yg keruh, menentramkan suasana. —*kkt.* 1 meminyaki. *That machine needs oiling* Mesin itu perlu diminyaki. 2 mengisi (*a tanker*). **o. cake** bungkil, hempas bijan, (bubuk) ampas. **o. can** oliken. **o. field** daérah pertambangan minyak. **o. gauge** méteran/pengukur tekanan minyak. **o. heating** alat pemanas (yg bahan bakarnya dari minyak). **o. industry** perminyakan, industri minyak. **o. lamp** lampu minyak tanah, lampu téplok/témplok. **o. of cinnamon** minyak kayu manis. **o. of cloves** minyak céngkéh. **o. of turpentine** minyak térpentin. **o. of wintergreen** minyak pohon wintergreen. **o. palm** kelapa sawit. **o. shale** serpih yg mengandung minyak. —**oiled** *ks. Sl.*: mabuk.

oilcloth /'oil'klɔth/ *kb.* taplak yg dilapisi minyak atau cat.

oiler /'oilər/ *kb.* 1 kapal tangki. 2 tukang minyak mesin.

oilman /'oilmən/ *kb.* (*j.* **-men**) karyawan dlm perusahaan tambang, pabrik atau penjualan minyak.

oily /'oilie/ *ks.* 1 berminyak. *o. rag* lap yg berminyak. 2 licik, manis mulut.

oilskin /'oil'skin/ *kb.* **o. coat** jas kain minyak.

ointment /'ointmənt/ *kb.* obat salap, urap.

O.K. /'ow'kei/ *kb. Inf.*: persetujuan, kebenaran. *to put o's O.K. on s.t.* memberi acécé kpd s.s.t. —*ks. It's O.K. with me* Saya setuju. Saya tak apa-apa. —*kkt.* menyetujui, meng-oké-kan. —*kseru.* baiklah, oké, jadi.

okay /'ow'kei/ *kb., ks.,; kseru. Inf.*: baik, oké, jadi. —*kkt.* menyetujui.

Okla. /*Oklahoma*/ negarabagian A.S.

okra /'owkrə/ *kb.* sm kacang-kacangan.

old /owld/ *kb.* dahulu kala. *in days of o.* di zaman dahulu kala. —**the old** *j.* kaum tua. —*ks.* 1 tua. *too o. to play tennis* terlalu tua utk main ténis. *o. clothes* pakaian tua/usang. *o. age* hari tua. *to grow o.* menjadi tua. *as o. as the hills* sdh tua sekali. *That child is o. for her years* Anak itu tampaknya tua utk umurnya. *Any o. thing will do* Apa saja akan mencukupi. 2 lama. *o. friend* kawan lama. 3 kuno. *o. custom* adat kuno. *O. Javanese* Bahasa Jawa Kuno. *How o. is he?* Berapa umurnya? *He's ten years o.* Umurnya sepuluh tahun. **o. country** Éropah. **O. Dominion** negarabagian Virginia di A.S. **old-fangled, old-fashioned** *ks.* yg modélnya lama, kuno, ketinggalan mode. **o. fashioned** *kb.* minuman keras (campuran). **o. fog(e)y** orang kolot. **the o. folks** orang-orang jompo. **O. Glory** bendéra AS. **the O. Guard** Golongan Konsérpatip Partai Républik. **o. hand** orang yg berpengalaman banyak, seorang ahli. **o. hat** sdh ketinggalan jaman. **old-line** *ks.* 1 konsérvatip. 2 tua (*of a firm*). **o. maid** 1 perawan/ gadis tua. 2 orang yg terlalu cermat. **o. man** 1 kakék. 2 ayah. 3 majikan, nakhoda, kepala sekolah, dsb. **o. school** kuno, kolot. *He's of the o.*

school Ia anggota pelajaran lama. **o. stuff** sdh dikenal lama. sdh tak asing lagi. *old-style furniture* mébél modél lama. **O. Testament** Perjanjian Lama, Taurat. **old-timer** *kb.* orang lama, pegawai kawakan. *o. wives' tale* takhyul, omong kosong. **o. woman** 1 perempuan tua. 2 isteri. 3 ibu. **O. World** a) Éropa. b) Asia dan Afrika. **old-world** *ks.* masalampau. *o.-world atmosphere* suasana masasilam.

olden /'owldən/ *ks.* kuno, dahulu. *in o. days* di zaman kuno.

oldie /'owldie/ *kb. Inf.:* yg sdh lama dan terkenal.

oldster /'owlstər/ *kb.* orang tua.

oleo /'owlieow/ = OLEOMARGARINE.

oleomargarine /'owlieow'marjərən/ *kb.* margarine, mentéga tiruan.

olfactory /al'fæktərie/ *ks.* pencium. *o. organ* alat pencium.

oligarchy /'alə'garkie/ *kb.* (*j.* **-chies**) oligarki, pemerintahan oléh kelompok kecil.

olive /'aliv/ *kb.* buah zaitun. *o. oil* minyak zaitun. *o. branch* tanda damai. *o. green* warna hijau pudar.

olympiad /ow'limpiæd/ *kd.* olympiade.

Olympic /ow'limpik/ **Olympics** *kb., j.* Pertandingan Olympiade. —*ks.* Olympiade. *the O. Games* Pertandingan Olympiade.

omelet(te) /'am(ə)lit/ *kb.* telur dadar. *cheese o.* telur dadar pakai kéju.

omen /'owmən/ *kb.* pertanda, alamat. *good o.* pertanda yg baik.

ominous /'amənəs/ *ks.* tak menyenangkan. *The outlook is o.* Apa yg akan terjadi tampaknya tak menyenangkan.

omission /ow'misyən/ *kb.* penghilangan, kelalaian, tak dicantumkan. *O. of the title was a mistake* Tdk dicantumkannya judul itu merupakan kesalahan.

omit /ow'mit/ *kkt.* (**omitted**) 1 menghilangkan (*a chapter, word*). 2 mengabaikan. *to o. to state o's reasons* mengabaikan utk menyatakan alasan-alasannya.

omnibus /'amnəbəs/ *kb.* 1 (*vehicle*) bis penumpang. 2 kumpulan karangan. —*ks.* yg meliputi berbagai hal. *o. bill* rencana undang-undang yg meliputi berbagai hal.

omnipotence /am'nipətəns/ *kb.* kemahakuasaan.

omnipotent /am'nipətənt/ *ks.* mahakuasa.

omnipresent /'amnə'prezənt/ *ks.* ada/hadir dimana-mana.

omniscient /am'nisyənt/ *ks.* mahatahu, mahamengetahui.

omnivorous /am'nivərəs/ *ks.* yg makan segala macam makanan. *o. reader* seorang yg membaca segala macam bahan bacaan.

on /ɔn, an/ *ks.* sedang berlangsung. *The race is on* Perlombaan sedang berlangsung. *The show is on* Pertunjukan sedang berjalan. *The brakes are on* Rémnya masuk. *Inf.:* *to be on to s.o.* mengetahui, mengenal. *The engine's on* Mesinnya hidup —*kk.* *Is your coat on?* Apa jasmu kaupakai? *from that day on* semenjak hari itu. *What's on at the movies?* Main apa bioskop itu? *The TV is on* TVnya hidup. *The soup is on* Sop sedang dimasak. *to have nothing on* telanjang bulat. *He is well on in years* Ia sdh tua sekali. **on and off** kadang-kadang, sekali-sekali. *to turn the lights on and off* memasang dan mematikan lampu. **on and on** terus-menerus. *to talk on and on* berbicara terus-menerus. —*kd.* 1 diatas. *on the table* diatas méja. 2 di. *on Main Street* di Jalan Raya. *to live on the Missouri River* hidup di Sungai Missouri. *on the part of* di pihak. *on the high seas* di lautan bébas, ditengah laut. 3 pada. *He's on the staff of that college* Ia menjadi anggota staf pd sekolah tinggi itu. *He*

has shoes on his feet Ia memakai sepatu (pd kakinya). *Pictures hang on her wall* Gambar bergantung pd dindingnya. *to play airs on o's violin* memainkan lagu-lagu pd biolanya. *on page six* pd halaman enam. *a fly on the ceiling* lalat pd langit-langit. *on Tuesday* pd hari Selasa. *on the following day* pd ésok harinya. *on July 4th* pd tanggal 4 Juli. 4 mengenai. *my views on the subject* pendapatku mengenai hal itu. 5 atas. *on the basis of* atas dasar. *on application* atas permintaan. 6 tentang. *a poem on spring* syair ttg musim semi. 7 dengan. *on good authority* dgn pertolongan fihak yg berwenang. *on the understanding that...* dgn ketentuan bhw.... *to congratulate s.o. on his marriage* mengucapkan selamat kpd s.s.o. dgn perkawinannya/pernikahannya. 8 dalam. *on this occasion* dlm kesempatan ini. *I'm on my way* Saya dlm perjalanan. 9 untuk. *on an errand* utk s.s.t. keperluan. 10 demi. *defeat on defeat* kekalahan demi kekalahan. 11 disebelah. *on the left* disebelah kiri. 12 akan. *She's keen on tennis* Ia sangat gemar main/ akan ténis. **::** *to serve on a committee* menjadi anggota panitia. *Is she still on the phone?* Apakah ia masih bicara (di télpon)? *Do you have any money on you?* Apa saudara membawa/ada uang? *Fate smiled on her* Bintangnya sedang naik. Ia sedang beruntung. *on her arrival* ketika datang/sampai/tiba. *This round of drinks is on me* Giliran minum-minum ini saya yg bayar. *to serve a warrant on s.o.* menjalankan surat perintah (penangkapan/pengsitaan) thd s.s.o. *to be arrested on a charge of murder* ditangkap berdasar tuduhan pembunuhan. *on an average of once a month* rata-rata sekali sebulan. *Wood drifts on to the shore* Kayu terhampar ke pantai. **on-glide** *kb. Phon.:* bunyi peralihan. *on-the-job training* latihan sambil bekerja, latihan mengerjakan di tempat pertukangan. *on-the-spot reporting* laporan dari tempat terjadinya peristiwa.

once /wʌns/ *kb.* suatu kejadian/waktu. *for o.* sedikitnya sekali. *Don't all speak at o.* Jangan berbicara semua serentak. *I want to go just this o.* Saya ingin pergi sekali ini saja. —*kk.* 1 sekali. *o. a month* sekali sebulan. *o. only* sekali saja. *o. again* sekali lagi. *o. more* sekali lagi. *o. over* dlm satu kali saja. *o. upon a time* sekali peristiwa, pd suatu ketika. *o. or twice* sekali atau dua kali. 2 pernah. *He o. visited us* Dia pernah mengunjungi kami. *o. before* pernah sekali, sdh pernah. *o. (and) for all* utk penghabisan kali, secara définitif. —*ksam.* segera sesudah. *O. I've done that, I can go home* Bila itu sdh saya kerjakan, saya dpt pulang. **once-over** *kb.* pandangan sekilas-lintas, periksa sepintas-lalu.

oncoming /'ɔn'kʌming, 'an-/ *ks.* yg mendekat (*train, traffic, storm*).

one /wʌn/ *kb.* 1 satu. *twenty-one* duapuluh satu. *a hundred and o.* seratus satu. *It is o.* Jam satu. *to write eleven with two ones* menulis sebelas dgn dua angka satu. *O. is better than none* Sebuah/Satu lebih baik drpd tak ada sama sekali. *God is o.* Tuhan yg (Maha-) Esa. *I prefer this o.* Saya lebih suka yg satu ini. *This is the o.* I prefer Inilah yg saya lebih sukai. *o. after another* satu per satu, seorang demi seorang. *o. at a time* seorang-seorang, satu per satu. *o. by o.* satu per satu, seorang demi seorang. *That idea is o. which never occurred to me* Gagasan itu adalah suatu gagasan yg tak pernah kupikirkan. *He is the o. who helped me* Dialah yg (tlh) menolong saya. *We love our dear ones* Kita mencintai (kerabat/sanak) kita yg kita sukai. *We eat the ripe ones* Kita makan (buah-buahan) yg tlh matang/masak. *I for o. will be there* Sayalah diantaranya yg akan hadir/ada disana.

2 orangnya. *I'm not the o. to pass judgment* Saya bukan-lah orangnya utk mengambil keputusan. *I'm not o. for large parties* Saya bukan orang(nya) yg suka pd pésta besar. **as o.** serentak. *They moved forward as o.* Meréka bergerak maju serentak. **at o.** sependapat, sepakat. **o. and all** sdr-sdr sekalian. *Inf.: You're o. up on me* Sdr lebih unggul satu biji drpd saya. **—ks.** l se-. *o. thousand* seribu. *o. day* sehari. *o. more sheet of paper* kertas selembar lagi. *to come o. day out of five* datang sekali dlm tiap lima hari. 2 sama. *They held o. opinion* Meréka mempunyai pendapat yg sama. 3 satu. *No o. person can do it* Tak ada satu orangpun yg dpt mengerjakan itu. 4 suatu. *That's o. way of doing things* Isu suatu cara utk mengerjakan s.s.t. *It's all o. to me* Saya menyetujui. Pd saya sama saja. *o. John Smith* orang biasa. Si anu. **o. day** satu ketika. *O. day you'll find me back here* Pd suatu ketika kau akan melihat aku kembali disini. *o. rainy night* pd suatu malam waktu hujan. *They are o. and the same person* Meréka itu orang itu-itu juga. **—kg.** seorang. *if o. is asked for o's opinion* kalau seorang ditanya utk pendapatnya. *O. must ...* S.s.o. hrs .... *I haven't any pencil. Have you o.?* Saya tak ada potlod satupun. Apakah kamu punya satu? **o. of, o. or the other** salah satu, salah seorang. *He's o. of the family* Ia salah seorang anggota keluarga. *O. of them hit him* Salah seorang dari meréka memukulnya. *o. of these days* suatu hari mendatang ini. *Not o. of them laughed* Tak ada seorangpun dari meréka yg ketawa. *Sl.: one-arm bandit* mesin judi, main jackpot. **one-armed** ks. seorang yg hanya bertangan satu. **one-eyed** ks. bermata sebelah, bermata satu. **one-horse** ks. berkuda seékor. *o.-horse sleigh* keréta salju yg ditarik seékor kuda. *Inf.: o.-horse town* kota yg kecil. **one-legged** ks. yg berkaki-satu. **one-man** ks. seorang. *o.-man rule* pemerintahan dlm satu tangan. *o.-man show* pertunjukan seorang diri. *one-night stand* pertunjukan satu malam. *one-piece garment* baju yg satu potong. *one-shot attempt* percobaan yg hanya sekali dilaksanakan. **one-sided** ks. berat sebelah, menyebelah, *one's self* lih SELF. **one-track** ks. satu jurusan. *o.-track mind* pikiran yg picik. **one-up-manship** kepandaian mengambil keuntungan dari lawan. **one-way** ks. satu jurusan, sekalian. *o.-way street* jalan satu jurusan. *o.-way sign* tanda satu-arah. *o.-way ticket* karcis utk satu jalan. *o.-way traffic* lalu-lintas satu jurusan. **o. world** satu dunia, Éka Dunia.

oneness /'wʌnnəs/ *kb.* keesaan, keutuhan. *o. of God* Tauhid.

onerous /'anərəs, 'ow-/ *ks.* berat, sukar.

oneself /wʌn'self/ lih SELF.

onetime /'wʌn'taim/ *ks.* dulu, dahulu. *He is a o. actor* Dulu dia seorang pemain.

ongoing /'ɔn'gowing, 'an-/ *ks.* terus-menerus, tanpa berhenti. *an o. operation* aktivitas yg dilakukan terus-menerus.

onion /'ʌnyən/ *kb.* bawang, bakung.

onionskin /'ʌnyən'skin/ *kb.* kertas dorslah/kaca/minyak.

onlooker /'ɔn'lukər, 'an-/ *kb.* penonton.

only /'ownlie/ *ks.* 1 satu-satunya. *the o. girl for him* satu-satunya gadis baginya. *This is the o. one I have* Ini satu-satunya yg ada pd saya. 2 tunggal. *an o. child* anak tunggal. **—kk.** hanya. *He saw o. four* Dia hanya melihat empat. *I o. wish you ...* Yg saya harapkan hanyalah seandainya sdr .... *O. the boys are permitted to play* Hanya anak laki-laki yg boléh bermain. *Adults o.* Hanya orang déwasa. **if o.** seandainya. *If o. I had offered to help* Seandainya saya mem-

berikan pertolongan. *She was o. too glad to help* Dia sangat senang menolong. *not o...but also* bukan saja...tetapi juga. *O. yesterday I said ...* Baru kemarin saya bilang.... **—ksam.** *I'd have come, o. I didn't know* Saya (mémang) mau datang, sayang saya tdk tahu. *The book is interesting, o. too long* Buku itu sangat menarik cuma terlalu panjang.

onomatopoeia /ˌɑnəˈmætəˈpiːə/ *kb.* bentuk kata menirukan s.s.t. bunyi, pembentukan kata yg meniru suara.

onrush /'ɔn'rʌsy, 'an-/ *kb.* deru laju, gerak deras suatu arus.

onrushing /'ɔn'rʌsying, 'an-/ *ks.* bergerak maju dgn cepat.

onset /'ɔn'set, 'an-/ *kb.* 1 serangan, serbuan. 2 permulaan. *at the o.* pd mulanya.

onslaught /'ɔn'slɔt, 'an-/ *kb.* serangan gencar.

onstage /'ɔn'steij, 'an-/ *ks., kk.* diatas pentas/panggung.

Ont. [*Ontario*] suatu propinsi di negeri Kanada.

onto /'ɔntuw, 'an-/ *kd.* (di)atas. *to get o. a camel* naik (ke) unta.

onus /'ownəs/ *kb.* beban, tanggungjawab.

onward /'ɔnwərd, 'an-/ *ks.* maju, kedepan. *o. march* baris yg menuju kedepan. **—kk.** = ONWARDS.

onwards /'ɔnwərdz, 'an-/ maju, kedepan. *from that time o.* sejak itu (dan seterusnya).

onyx /'aniks/ *kb.* sm batu akik.

oo /uw/ *kseru.* = OOH.

oodles /'uwdəlz/ *kb., j. Inf.:* banyak sekali. *o. of money* uang bertimbun-timbun.

ooh /uw/ *kseru.* O! wah! aduh! *O., that's hot!* Aduh, benar-benar panas!

oomph /umf/ *kb. Sl.:* semangat, keuletan, kegembiraan.

ooze /uwz/ *kb.* lumpur, selut. **—kkt.** mengeluarkan (*blood* darah). *She oozes confidence* Ia memancarkan/mendatangkan/menimbulkan kepercayaan. **—kki.** keluar, menetas. *His life is oozing away* Jiwanya lambat-laun mulai berkurang.

opal /'owpəl/ *kb.* (baru) baiduri, mata kucing.

opaque /ow'peik/ *ks.* tak tembus cahaya, buram.

open /'owpən/ *kb.* luar. *to eat in the o.* makan diluar rumah. **—ks.** 1 terbuka. *The door is o.* Pintu itu terbuka. *o. car* mobil terbuka. *o. road* jalan terbuka/bébas. *We took the course still o. to us* Kami mengambil pelajaran yg masih terbuka buat kami. *o. boat* perahu terbuka. *The house is o. to the public* Rumah itu terbuka utk umum. *o. newspaper* koran yg terbuka. *o. city* kota terbuka. *o. for business* terbuka utk urusan dagang. *to lay o.s. o. to criticism* membiarkan dirinya terbuka kpd pembahasan. *The job is still o.* Pekerjaan ini masih terbuka. *to wear a dress o. at the neck* memakai baju yg terbuka di léhérnya. 2 bébas. *on the o. market* di pasar bébas. *o. season for fishing* waktu yg bébas/terbuka buat umum utk memancing ikan. 3 buka. *The store is o.* Tokonya buka. *o. and above board* buka kartu, terang-terangan, blak-blakan, tulus dan jujur. *to come out in the o.* membuka kartu. 4 terang-terangan (*in attitude*). 5 berlubang-lubang (*texture*). 6 lepas. *o. sea/water* laut lepas. 7 terluang. *an o. day* hari yg terluang. **::** *to do s.t. in o. disregard of ...* melakukan s.s.t. dgn mengabaikan .... *to seek a way to do the job* mencari kesempatan utk melakukan pekerjaan itu. *My invitation is still o. to you* Undangan saya masih berlaku untukmu. *o. mind* pikiran tanpa prasangka. *I'm o. to suggestions* Saya bersedia menerima saran-saran. *to keep the morning o. for s.o.* menyediakan pagi itu bagi s.s.o. *The matter of salary was left o. for later discussion*

Soal gaji dibiarkan/disediakan utk pembicaraan nanti. —*kkt.* 1 membuka (*a window, an account, o's mouth, a bottle, a path, new vistas*). *to o. o's heart to s.o.* membuka hatinya kpd s.s.o. 2 mengadakan. *to o. a flying service* mengadakan dinas penerbangan. —*kki.* 1 mulai (*of school, show*). 2 (di)buka. *The safe opened easily* Peti itu mudah dibuka. *The bank opens at ten* Bank itu buka pd jam sepuluh. *The new shop will o. next week* Toko baru itu akan dibuka minggu depan. *The opera opens with a waltz* Opera itu mulai main/ pembukaannya dgn sebuah waltz. **to o. into** keluar ke. *The room opens into a hallway* Kamar itu keluar di gang. **to o. onto** 1 membuka (*packages, possibilities*). *The shop will o. up this morning* Toko itu akan buka pagi ini. 2 berterus-terang. **o. air** diluar, di udara terbuka. **open-air** *ks.* diluar. *o.-air camp* perkémahan diluar. *open-and-shut case* persoalan yg jelas. **open-door** *ks.* pintu terbuka. *o.-door policy* politik pintu terbuka. **open-end** *ks.* terbuka, tdk terbatas (*of mortgage, contract*). **open-eyed** *ks.* dgn mata melotot. *to stare in o.-eyed amazement* dgn mata melotot kehéran-héranan memandang. **open-face** *ks.* terbuka sebelah atas (*sandwich*). **open-faced** *ks.* bermuka jujur. **open-handed** *ks.* murah hati, pemurah. *open-heart surgery* pembedahan jantung. **open-hearted** *ks.* 1 pemurah, murah hati. 2 jujur, berhati terbuka. **o. house** rumah yg dpt dikunjungi oléh siapa saja. *to keep o. house* membuka rumah utk tamu-tamu. **o. letter** surat terbuka. **open-minded** *ks.* berpandangan terbuka, tanpa prasangka. **open-mouthed** *ks.* dgn mulut ternganga, melongo. **open-necked** berléhér terbuka. **o. question** *s.s.t.* yg tdk tentu, pertanyaan yg blm terjawab. **o. secret** rahasia umum. **o. sesame** kata rahasia yg membuat pintu dan halangan lain mudah terbuka. *Your note was an o. sesame to the leader* Suratmu membuka pintu pd pemimpin itu. **o. shop** paberik, toko atau badan usaha lainnya yg blm terikat kpd suatu serikat buruh. **o. stock** persediaan yg dpt dibeli sewaktu-waktu. **o. wound** luka terbuka, luka yg mengganggu. —**opening** *kb.* 1 pembukaan (*of a building, an opera, in chess*). *His o. line was...* Kata pembukaannya ialah.... *o. night* malam pembukaan/permulaan. 2 lubang (*in a wall*). 3 (*vacancy*) lowongan. —**openly** *kk.* secara terbuka/terus-terang. *to act o.* bertindak secara terbuka.

opener /'owpənər/ *kb.* 1 (*can*) pembuka. 2 *Sport:* pembukaan.

openness /'owpənnəs/ *kb.* keterbukaan, sikap hati terbuka, sikap berterus-terang.

opera /'apərə/ *kb.* opera. *o. house* gedung opera/ kesenian.

operable /'apərəbəl/ *ks.* 1 dpt dibedah. 2 dpt dijalankan/dioperasi.

operagoer /'apərə'gowər/ *kb.* penggemar opera.

operate /'apəreit/ *kkt.* 1 menjalankan (*a machine, car*). 2 menyelenggarakan, mengadakan, mengusahakan (*an airline*). —*kki.* **to o. for/on** membedah, mengoperasi. *to o. on the patient* mengoperasi pasién itu. *to o. for appendicitis* membedah usus buntu. *She was operated on* Ia dibedah. —**operating** *ks.* yg berh. dgn éksploitasi. *o. costs* ongkos éksplotasi/kerja. *o. room* kamar bedah. *o. table* méja operasi.

operatic /'apə'rætik/ *ks.* yg berh. dgn opera.

operation /'apə'reisyən/ *kb.* 1 operasi. *all-weather o.* operasi tahan-cuaca. *in o.* berjalan, bekerja. *to go into o.* mulai bekerja/berlaku. *in full o.* dgn kapasitas/tenaga penuh. *the mode of o.* cara beroperasi. *combined o.* operasi gabungan. 2 *Med.*: pembedahan.

to undergo an o. menjalani pembedahan. 3 éksploitasi.

operational /'apə'reisyənəl/ *ks.* cara bekerja. *o. problem* kesulitan cara kerjanya. *The plan is o.* Rencana itu dilaksanakan.

operative /'apərətiv/ *kb.* 1 mata-mata. 2 sérsi, détéktip. —*ks.* berlaku. *That ordinance is o.* Peraturan itu berlaku.

operator /'apə'reitər/ *kb.* 1 penyelenggara, pengurus (*of a restaurant*). 2 petugas (*of a crane*). 3 *Tel.*: penghubung. *O., please connect me with the police* Penghubung, tolong hubungkan/sambungkan saya dgn polisi. 4 *Inf.*: operator, orang yg licik yg mempergunakan orang-orang dan kejadian-kejadian utk kepentingannya sendiri.

operetta /'apə'retə/ *kb.* operét.

ophthalmologist /'afthəl'maləjist/ *kb.* dokter (ahli) mata.

ophthalmology /'afthəl'maləjie/ *kb.* ilmu kedokteran mata.

opiate /'owpieit/ *kb.* 1 apiun,(obat yg mengandung) candu. 2 madat, racun. *Propaganda is an o. for the masses* Propaganda adalah racun bagi orang banyak.

opinion /ə'pinyən/ *kb.* 1 pendapat. *public o.* pendapat umum. *to express/give o's o.* mengeluarkan pendapatnya. *May I have your o.?* Boléhkah saya mengetahui pendapatmu? *in my o.* menurut pendapat saya, pd hémat saya. *I'm of another o.* Saya berpendapat lain. *of the same o.* sependapat, sependirian. *I am of the o. that...* Saya berpendapat bhw.... *to form an o. about s.t.* mempunyai pendapat ttg s.s.t. *What is your o. of her?* Bagaimana dia menurut pendapatmu? 2 pikiran, pendapat. *He's a person of strong opinions* Dia orang yg berpikiran tajam. *to have a high o. of s.o.* mempunyai penghargaan tinggi thd s.s.o. *to have no o. as to who...* tak tahu siapakah yg.... *to have no o. of s.o.* tdk suka kpd s.s.o.

opinionated /ə'pinyə'neitid/ *ks.* dogmatis, berpendirian keras.

opium /'owpieəm/ *kb.* apiun, candu, madat. *o. smoker* pemadat, pencandu.

opossum /ə'pasəm/ *kb.* sm tupai.

opp. [*opposite*] lawan, bertentangan, berhadapan.

opponent /ə'pownənt/ *kb.* (pe)lawan.

opportune /'apərtuwn, -tyuwn/ *ks.* tepat, pantas, menguntungkan, layak (*of time*). *This money is most o.* Uang itu kebetulan mémang sangat dibutuhkan.

opportunism /'apər'tuwnizəm, -'tyuw-/ *kb.* faham oportunis.

opportunist /'apər'tuwnist, -'tyuw-/ *kb.* oportunis.

opportunity /'apər'tuwnətie, -'tyuw-/ *kb.* (*j.* **-ties**) kesempatan. *to have the o.* berkesempatan. *to get the o.* mendapat kesempatan. *I want to take this o. to...* Saya ingin mempergunakan kesempatan ini utk.... *golden o.* kesempatan yg baik sekali. *When the o. offers...* Kalau ada kesempatan (yg menawarkan diri)....

oppose /ə'powz/ *kkt.* menentang. *to o. any move* menentang setiap gerak. *Who is opposed to the meeting?* Siapa tak setuju mengadakan rapat itu? —**opposing** *ks.* yg melawan/menentang. *o. armies* tentara perlawanan.

opposite /'apəzət/ *kb.* 1 lawan. *What is the o. of good?* Apa lawan kata "baik"? *He's just my o.* Ia (betul) kebalikan/lawan/sebaliknya saya. 2 sebaliknya. *to say just the o. of what s.o. said* mengatakan tepat sebaliknya dari apa yg dikatakan s.s.o. —*ks.* berlawanan, bertentangan. *the o. page* halaman yg berlawanan. *o. number* teman sejawat (dlm Angkatan Bersenjata). *in o. directions* menuju jurusan yg berlawanan. *to take the o. view* mengambil pandangan yg bertentangan. *the o. sex* séks atau jenis kelamin yg sebaliknya. *—kd.* berhadapan dgn, dihadapan. *to live o. s.o.* tinggal dihadapan s.s.o.

opposition /'apǝ'zisyǝn/ *kb.* 1 perlawanan, tentangan, oposisi. *How much o. do you expect?* Berapa banyak tentangan sdr perkirakan? *to meet with o.* ditentang, dibantah, menemui tentangan. 2 golongan oposisi, partai penentang. *o. leader* pemimpin golongan oposisi.

oppress /ǝ'pres/ *kkt.* menindas, menekan. *—oppressed* *ks.* terimpit.

oppression /ǝ'presyǝn/ *kb.* 1 tindasan, tindihan *(of people)*. 2 tekanan. 3 aniaya.

oppressive /ǝ'presiv/ *ks.* 1 menyesakkan napas *(of heat)*. 2 menindas *(of a law, measure)*.

oppressor /ǝ'presǝr/ *kb.* penindas, penindih, penginjak.

opprobrium /ǝ'prowbrieǝm/ *kb.* kehinaan, kekejian. *term of o.* istilah penghinaan.

opt. 1 *[optician]* ahli kacamata. 2 *[optical]* yg berk. dgn mata. 3 *[optional]* fakultatip, boléh memilih.

optic /'aptik/ *ks.* yg berh. dgn mata. *o. nerve* saraf mata.

optical /'aptǝkǝl/ *ks.* yg berh. dgn mata. *o. instrument* perkakas optik. *o. illusion* ilusi/kekeliruan penglihatan.

optician /ap'tisyǝn/ *kb.* ahli kacamata.

optics /'aptiks/ *kb.* ilmu optik(a).

optimal /'aptǝmǝl/ *ks.* paling bagus/tinggi. *o. results* hasil terbagus.

optimism /'aptǝmizǝm/ *kb.* optimisme, harapan baik.

optimist /'aptǝmist/ *kb.* optimis.

optimistic /'aptǝ'mistik/ *ks.* optimistis, berharapan baik.

optimum /'aptǝmǝm/ *kb.* jumlah maksimum. *—ks.* 1 yg tertinggi. 2 terbaik. *the o. number of students per class* jumlah pelajar yg terbaik utk tiap kelas.

option /'apsyǝn/ *kb.* 1 kebébasan *(on a house)*. 2 pilihan. *to have the o.* of boléh memilih. 3 kehendak. *renewable at the o. of the owner* dpt diperbaharui menurut kehendak pemiliknya.

optional /'apsyǝnǝl/ *ks.* fakultatif, boléh memilih. *o. subject* matapelajaran pilihan. *—optionally* *kk.* secara bébas-pilih/fakultatip.

optometrist /ap'tamǝtrist/ *kb.* ahli pemeriksa mata, ahli kacamata.

optometry /ap'tamǝtrie/ *kb.* ukuran mata.

opulence /'apyǝlǝns/ *kb.* kekayaan, keméwahan.

opulent /'apyǝlǝnt/ *ks.* kaya, méwah.

opus /'owpǝs/ *kb.* karya, karangan, buku.

or /ɔr/ *ksam.* atau. *Is this for you or for me?* Ini utk sdr atau utk saya? *I'll take either one or the other* Saya akan mengambil salah satu. *He can't speak or hear* Ia tak dpt bercakap atau mendengar. *He'll stay for a day or two* Dia akan tinggal utk satu-dua hari. *for a week or so* selama kira-kira satu minggu. *Don't tie it too tight or he'll choke* Janganlah ikat terlalu erat nanti ia tercekik. *You study or else you can't go* Kau hrs belajar kalau tdk kau tak boléh pergi.

oracle /'arǝkǝl, 'ɔr-/ *kb.* 1 sabda déwa. 2 ramalan, jawaban yg sangat bijaksana. 3 orang bijaksana, peramal.

oral /'owrǝl/ *kb.* ujian lisan. *—ks.* 1 lisan *(exam, report)*. 2 mulut. lubang mulut. *o. hygiene* keséhatan mulut. *o. penicillin* penisilin utk diminum. *—orals* *j.* ujian lisan. *—orally* *kk.* 1 dgn lisan. 2 dgn minuman, melalui mulut.

orange /'arinj, 'ɔr-/ *kb.* jeruk. *o. juice* air jeruk. *o. marmalade* marmalade jeruk. *—ks.* jingga tua. *o. blossom* bunga limau. *o. marmalade* marmalade jeruk. *o. pekoe tea* téh (yg berkwalitas tinggi dari India, Sri Langka, Jawa).

orangeade /'arinj'eid, 'ɔr-/ *kb.* air jeruk (campur air dan gula).

orangutan /ow'ræŋgu'tæn/ *kb.* orang hutan.

oration /ɔ'reisyǝn, ow'-/ *kb.* pidato.

orator /'arǝtǝr, 'ɔr-/ *kb.* ahli pidato.

oratorical /'arǝ'tarǝkǝl, 'ɔr-/ *ks.* bersifat kecakapan pidato.

oratory /'arǝ'towrie, 'ɔr-/ *kb.* 1 kefasihan berpidato, seni pidato. 2 pidato.

orb /ɔrb/ *kb.* bola, bulatan.

orbit /'ɔrbit/ *kb.* 1 orbit. *to put a man/satellite into o.* melontarkan seorang/satelit kedlm orbit. 2 lingkaran. *o. of the earth about the sun* lingkaran bumi sekeliling matahari. *—kkt.* 1 mengorbitkan *(the earth, the moon)*. 2 melontarkan (s.s.o., sebuah satelit).

orbital /'ɔrbǝtǝl/ *ks.* yg berh. dgn orbit. *o. velocity* kecepatan orbit/mengitari.

orchard /'ɔrcǝrd/ *kb.* kebun buah-buahan.

orchestra /'ɔrkǝstrǝ/ *kb.* 1 orkés. *string o.* orkés gésék. 2 tempat duduk dibawah didepan panggung.

orchestral /ɔr'kestrǝl/ *ks.* yg berh. dgn orkés. *o. composition* komposisi/gubahan utk orkés.

orchestrate /'ɔrkǝstreit/ *kkt.* mengarang/menyusun musik.

orchestration /'ɔrkǝ'streisyǝn/ *kb.* téhnik mengarang/mengatur musik.

orchid /'ɔrkid/ *kb.* anggerék. *—ks.* ungu muda.

ord. 1 *[ordinal]* urutan. 2 *[order]* perintah, tatatertib. 3 *[ordinance]* peraturan. 4 *[ordinary]* biasa.

ordain /ɔr'dein/ *kkt.* 1 mentahbiskan, menobat *(a minister)*. *ordained minister* pendéta yg dinobatkan. 2 mentakdirkan. *It was ordained that he die* Sdh ditakdirkan bhw ia hrs/akan mati.

ordeal /ɔr'diel/ *kb.* 1 cobaan berat. 2 siksaan.

order /'ɔrdǝr/ *kb.* 1 perintah. *to issue strict orders that ...* memberi perintah keras spy .... *by o. of* atas perintah. *to take orders from ...* mematuhi perintah yg diberikan oléh .... *sailing orders* perintah utk berlayar. 2 pesanan. *to make to o.* membuat menurut pesanan. *to place an o. with* menaruh pesanan kpd, memesan kpd. *standing o.* pesanan yg selalu berlaku. 3 urutan. *alphabetical o.* menurut huruf abjad. 4 tatatertib, ketenteraman. *to keep/maintain o.* menjaga/memelihara ketenteraman. *O. in the court!* Tenang di ruang pengadilan! 5 orde. *the New O.* Orde Baru. 6 golongan, orde. *the o. of Masons* golongan kebatinan Mason. 7 acara. *o. of the day* acara/perintah harian. 8 *(decoration)* medali, tanda jasa. *to call to o.* 1 membuka (rapat, sidang). 2 meminta spy rapat menjadi tertib dan tenang. **in o.** 1 bérés. *Everything is in o.* Semua bérés. *The car is in running o. again* Mobil berjalan baik kembali. *to keep things in good o.* mengatur barang-barang dgn baik. *to put in o.* mengatur rapi. 2 layak. *Vacation is in o. now* Sekarang layak liburan. 3 *Law:* patut. *Is it in o. to move that ...?* Apakah patut mengusulkan spy ...? **in o. that** agar, supaya. *In o. that it may be known to all* Agar spy setiap orang dpt mengetahuinya .... **in o. to** agar, supaya. *In o. to get there on time, I ...* Agar (spy) tiba disana pd waktunya, saya .... **in short o.** dgn segera, cepat-cepat. **on o.** sedang dipesan, dlm pesanan. **on the o. of** kira-kira, kurang lebih. *I pay on the o. of $1.00 a month* Saya membayar kurang lebih $1.00 sebulan. **out of o.** 1 rusak. *The phone is out of o.* Télepon rusak. 2 tdk pd tempatnya. *His motion was ruled out of o.* Usulnya dianggap tdk memenuhi syarat. *He possesses talent of the first o.* Bakatnya termasuk tingkatan bakat yg terbaik. **to pay to the o. of** membayar kpd. **to be under a doctor's orders** dibawah pengawasan dokter. —*kkt.* 1 memerintahkan (*an arrest*). *The doctor ordered morphine for the patient* Dokter memerintahkan morfin utk pasién. *That's just what the doctor ordered* Itulah yg saya perlukan. 2 memesan. *What do you want to o. for lunch?* Sdr mau pesan apa utk makan siang? 3 memesankan. *Please o. for me* Pesankanlah utk saya. 4 menyuruh. *She was ordered to pay for the damage* Ia disuruh membayar kerusakan itu. **to o.** *s.o. to leave* menyuruh s.s.o. pergi. **to o. around** mempekerjakan, mempermainkan. — **ordering** *kb.* mengadakan pesanan-pesanan, pemesanan.

orderliness /'ɔrdərlienəs/ *kb.* ketertiban, kerapian, keteraturan.

orderly /'ɔrdərlie/ *kb.* 1 (*hospital*) perawat, mantri, jururawat, ordonan. 2 *Mil.*: ordonan, pengawal. —*ks.* 1 rapi. *o. room* kamar yg rapi. 2 tertib. *o. crowd* kelompok atau orang banyak yg tertib.

ordinal /'ɔrdənəl/ *kb.* nomor urutan. —*ks.* urut(an). *o. number* bilangan urutan.

ordinance /'ɔrdənəns/ *kb.* ordonansi, peraturan. *local o.* peraturan setempat.

ordinary /'ɔrdə'nerie/ *kb.* **out of the o.** luar biasa, anéh. —*ks.* biasa. *o. house* rumah biasa. *He's very o.* Dia biasa sekali. *Dia tdk banyak tingkah. in the o. run of things* menurut kebiasaannya. — **ordinarily** *kk.* biasanya.

ordinate /'ɔrdənit/ *kb.* ordinat.

ordination /'ɔrdə'neisyən/ *kb.* pentahbisan.

ordnance /'ɔrdnəns/ *kb.* 1 meriam, artileri. 2 senjata/perlengkapan perang.

ore /owr/ *kb.* biji(h), cebakan. *iron o.* bijih besi. *o. deposit* lapisan bijih. *o. carrier* pengangkut biji-biji tambang.

Ore(g). [*Oregon*] negarabagian A.S.

oregano /ə'reigənow, 'owrə'ganow/ *kb.* sm rempah-rempah.

organ /'ɔrgən/ *kb.* 1 *Mus.*: orgel, organa. 2 *Anat.*: bagian badan, organ, alat tubuh. *o. of hearing* alat pendengar. *the vocal organs* alat-alat suara. *sexual/ reproductive organs* alat-alat pembiakan/kelamin. 3 alat pemerintahan (*police force, etc.*) 4 organ (majalah perusahaan).

organist /'ɔrgənist/ *kb.* pemain orgel.

organization /'ɔrgənə'zeisyən/ *kb.* 1 organisasi. *party o.* organisasi partai. 2 hal mengatur. *o. of an outing* mengatur darmawisata.

organizational /'ɔrgənə'zeisyənəl/ *ks.* yg berh. dgn organisasi. *o. meeting* rapat organisasi.

organize /'ɔrgənaiz/ *kkt.* 1 mengatur. *to be good at organizing* pandai mengatur. 2 mengorganisasi(kan), mengorganisir, mengadakan (*picnic, meeting*). *The teachers are organized* Guru-guru itu diorganisasi. *organized labor* buruh yg diorganisir.

organizer /'ɔrgə'naizər/ *kb.* organisator.

orgasm /'ɔrgæzəm/ *kb.* syahwat, puncak nafsu.

orgy /'ɔrjie/ *kb.* (*j.* **-gies**) pésta pora (yg gila-gilaan), sukaria.

orient /'owrieənt/ *kb.* **The O.** Asia Timur. —*kkt.* mengoriéntasi, menghadap. *to o. o.s.* mengadakan penyesuaian diri, menyesuaikan diri. *In which direction is the house oriented?* Ke arah mana rumah itu menghadap?

Oriental /'owrie'entəl/ *kb.* orang timur/Asia —*ks.* timur. *o. art* seni timur. *O. rug* permadani dari Timur.

orientation /'owrieən'teisyən/ *kb.* oriéntasi. *o. course* kursus oriéntasi.

orifice /'arəfis, 'ɔr-/ *kb.* lubang, mulut.

orig. 1 [*origin*] asal. 2 [*original*] asli.·

origin /'arəjin, 'ɔr-/ *kb.* 1 asal (*of a word*). *country of o.* negeri asal. *He's of humble o.* Asalnya dari kalangan rendahan. 2 asal-usul. *His o. is German* Asal-usulnja dari Jérman. 3 asal mula, pangkal (*of a quarrel, rumor*). 4 sumber. *reports of like o.* laporan dari sumber yg sama.

original /ə'rijənəl/ *kb.* yg asli. *This is the o. of that painting* Inilah lukisan asli dari gambar itu. *to read in the o.* membaca dlm bahasa asli. —*ks.* 1 asli. *o. text* téks asli itu. 2 orisinil. *o. idea* pikiran yg orisinil. 3 semula. *o. price* harga semula. —**originally** *kk.* bermula, semula. *Where did you come from o.?* Sdr berasal dari mana?

originality /ə'rijə'nælətie/ *kb.* keaslian.

originate /ə'rijəneit/ *kkt.* yg mula-mula mempunyai, yg memulai. *Who originated that idea?* Siapa yg mula-mula mendapatkan gagasan itu? —*kki.* berasal. *That idea originated here* Gagasan itu berasal disini.

originator /ə'rijə'neitər/ *kb.* pemula.

oriole /'owrieowl/ *kb.* sm (burung) kepodang.

ornament /'ɔrnəmənt/ *kb.* 1 perhiasan. *o. around her neck* perhiasan di léhérnya. 2 hiasan. *She's an o. to any room* Dia merupakan hiasan di kamar manapun. *Christmas tree o.* hiasan pohon Natal.

ornamental /'ɔrnə'mentəl/ *ks.* yg berh. dgn (per)hiasan. *o. tree* pohon hias.

ornamentation /'ɔrnəmən'teisyən/ *kb.* barang-barang perhiasan.

ornate /ɔr'neit/ *ks.* 1 banyak hiasan, terhias banyak. *o. architecture* arsitéktur yg terlalu penuh hiasan. 2 berbunga (*of language*).

ornery /'ɔrnərie/ *ks.* 1 *Inf.*: bengal (*of a mule*). 2 *Inf.*: kasar (*of a remark*).

ornithologist /'ɔrnə'thaləjist/ *kb.* ahli ilmu burung.

ornithology /'ɔrnə'thaləjie/ *kb.* ilmu burung.

orphan /'ɔrfən/ *kb.* anak yatim (-piatu). *o. asylum* rumah yatim(-piatu), panti asuhan anak yatim. —*kkt.* menjadikan yatim. *to be orphaned at the age of five* menjadi yatim pd umur lima tahun.

orphanage /'ɔrfənij/ *kb.* rumah yatim/piatu, rumah panti asuhan.

orthodontics /'ɔrthə'dantiks/ *kb.* orthodonsi.

orthodontist /'ɔrthə'dantist/ *kb.* dokter gigi yg keahliannya merapikan gigi.

orthodox /'ɔrthədaks/ *kb.* **the o.** kaum ortodoks. —*ks.* ortodoks. *o. Christian* orang Kristen ortodoks. *to follow o. practices* mengikuti cara-cara yg tlh menjadi kebiasaan.

orthodoxy /'ɔrthə'daksie/ *kb.* (*j.* **-xies**) sifat ortodoks, kekolotan.

orthography /ɔr'thagrəfie/ *kb.* (*j.* **-phies**) ortografi.

orthopedic /'ɔrthə'piedik/ *ks.* mengenai pembedahan tulang. *o. surgeon* dokter bedah bagian tulang-tulang.

orthopedics /'ɔrthə'piediks/ *kb.* orthopédi.

orthopedist /'ɔrthə'piedist/ *kb.* ahli bedah bagian tulang.

oscillate /'asəleit/ *kki.* 1 berpaling (*of fan*). 2 berkisar, terombang-ambing. *to o. between good and bad* terombang-ambing antara buruk dan baik. —**oscillating** *ks.* bergerak kesana-kemari, bergoyang (kesana kemari). *o. current* aliran/arus listrik yg mengalir kesana-kemari/bolak-balik. *o. fan* kipas yg memutar/berputar kesana-kemari.

oscillation /ˈasəˈleisyən/ *kb.* osilasi, goyangan.

osculate /ˈaskyəleit/ *kkt.* mencium.

osmosis /asˈmowsis/ *kb.* 1 osmosa. 2 pelajaran/ pengertian secara berangsur-angsur.

ossifies /ˈasəfaiz/ lih OSSIFY.

ossify /ˈasəfai/ *kki.* (**ossified**) 1 menjadi tulang, mengeras. *ossified tissue* jaringan yg menulang. 2 menjadi kaku (*of o's mind*).

ostensible /aˈstensəbəl/ *ks.* 1 pura-pura, seolah-olah. *Her o. purpose was...* Maksudnya seolah-olah.... 2 nyata. *There was no o. reason* Tak ada alasan yg nyata. —**ostensibly** *kk.* pura-pura.

ostentation /ˈastənˈteisyən/ *kb.* lagak-lagu yg memperagakan.

ostentatious /ˈastənˈteisyəs/ *ks.* suka pamér, sok, berlagak.

osteology /ˈastieˈaləjie/ *kb.* ilmu tulang.

osteopath /ˈastieəpæθ/ *kb.* ahli ostéopati.

osteopathy /ˈastieˈapəθie/ *kb.* ostéopati.

ostracism /ˈastrəsizəm/ *kb.* pengasingan/pemboikotan dari masyarakat/pergaulan.

ostracize /ˈastrəsaiz/ *kkt.* mengasingkan, memboikot, mengasampingkan (dari masyarakat).

ostrich /ˈastrij/ *kb.* (burung)unta.

O.T. [*Old Testament*] Perjanjian Lama, Taurat.

other /ˈʌθər/ *kb.* **others** *j.* orang lain. *the happiness of others* kebahagiaan orang lain. *Others may come* Orang-orang lain mungkin datang. —*ks.* 1 yg lain. *the o. book* buku yg lain. *The o. four stayed home* Empat orang lainnya tinggal di rumah. *Don't bother o. people's things* Jangan ganggu barang orang-orang lain. *No one o. than he knows about this* Tak ada orang lain melainkan dia tahu ttg ini. *among o. things* antara lain. 2 satu lagi. *your o. name* namamu yg satu lagi. *Turn it over on the o. side!* Baliklah! *on the o. hand* lih HAND. *the o. day* blm lama berselang, baru-baru ini. *one after the o.* seorang demi seorang, satu demi satu.

otherwise /ˈʌθərˈwaiz/ *ks.* sebaliknya. *The outcome could have been o.* Akibatnya mungkin sebaliknya. —*kk.* lain. *to do o.* berbuat lain. —*ksam.* kalau tdk. *If he is not o. engaged* Kalau ia tdk mempunyai janji-janji lain. *Except where o. stated* Kecuali kalau tlh dikatakan di lain tempat.

otolaryngology /ˈowtəˈlæringˈgaləjie/ *kb.* ilmu penyakit telinga, hidung dan tenggorokan.

otter /ˈatər/ *kb.* berang-berang, anjing air.

ouch /awc/ *kseru.* aduh, aih. *O, that hurts!* Aih, sakit!

ought /ɔt/ *kb.* nol. —*kkb.* 1 sebaiknya. *I o. to go* Saya sebaiknya pergi. 2 seharusnya. *It o. to be allowed* Itu seharusnya diizinkan. *That o. to do it* Seharusnya itu sdh cukup (utk membéréskannya). *You o. not to have waited* Kamu tdk seharusnya menunggu. 3 harus, mesti. *She o. to know better* Dia harus tahu lebih baik. *We o. to win* Kita mesti menang. *O. you to go too?* Apakah sdr hrs pergi juga?

ounce /awns/ *kb.* ons. *to sell by the o.* menjual per ons. *fluid o.* ons cairan. *I haven't an o. of strength left* Tenaga saya tinggal sedikit sekali. *An o. of prevention is worth a pound of cure* Sedikit usaha pencegahan sama nilainya dgn pengobatan yg berat.

our /awr/ *kg.* 1 kami. *o. house* rumah kami. 2 kita. *o. country* negeri kita. 3 kami/kita punya.

ours /awrz/ *kg.* 1 milik kami/kita. *friends of o.* teman-teman kami. *These books are o.* Buku-buku ini adalah milik kami. *O. is a small car* Mobil kami kecil. 2 kepunyaan kita/kami. *This is o.* Ini kita punya.

That book is one of o. Buku itu salah satu dari kita punya.

ourselves /awrˈselvz/ lih SELF.

oust /awst/ *kkt.* 1 mengusir. 2 memecat, mengeluarkan (*from a firm, post*). 3 mendaulat.

ouster /ˈawstər/ *kb.* 1 tindakan pemecatan. 2 pengusiran, pendaulatan. 3 orang yg mendaulat/mengusir.

out /awt/ *kb.* 1 orang/partai yg tdk memegang tampuk pimpinan. 2 jalan keluar. *to be at outs, to be on the outs* berselisih, cékcok, bertengkar. —*ks.* 1 tdk lagi berkuasa. *The Democrats are o.* Partai Démokrat tdk lagi berkuasa. 2 tdk mode lagi (*of clothes*). *The light is o.* Lampu tlh padam. —*kk.* 1 tdk di rumah. 2 rugi. *to be o. ten dollars* rugi sepuluh dolar. 3 sdh terbit. *His new book is o.* Bukunya yg baru sdh terbit. 4 tak bisa diterima. *That's positively o.* Itu pasti tdk bisa diterima. *These projects are o.* Proyék-proyék ini sdh tdk bisa dijalankan. 5 pingsan, mabuk betul. —*ks.* 1 pingsan. *The longshoremen are o. on strike* Pekerja-pekerja pelabuhan sedang mogok. 7 diluar. *Don't be o. after dark* Jangan diluar rumah sesudah malam. 8 hanyut, rusak berat. *The bridge is o.* Jembatan itu hanyut. *The road is o.* Jalan itu hancur/rusak/hanyut (karena banjir). 9 keluar. *I'll be right o.* Saya akan segera keluar. *to put the cat o.* membawa kucing keluar rumah. *The sun is o.* Matahari keluar/menyinar. ∷ *The tide is o.* Air pasang tlh tiba. *The workmen are o.* Para pekerja mogok. *The secret is o.* Rahasianya diketahui. *to have a night o.* pergi/bepergian waktu malam. *o. loud* dgn keras, nyaring. *We were two days o. from Le Havre* Kami dua hari meninggalkan Le Havre. *before the day is o.* sblm hari lalu/liwat. **o. and away** jauh lebih. *He's o. and away the finest singer* Dia adalah penyanyi yg jauh lebih bagus. **to be o. for** 1 berusaha utk. *He's o. for all he can get* Dia berusaha utk mendapatkan segala-galanya yg bisa didapatkannya. 2 mencari. *to be o. for fun* mencari kesenangan. *to be o. in front* memimpin, berada didepan. 3 berakhir. *The show will be o. at 11:00* Pertunjukan itu akan berakhir pd j. 11.00. *O. with it!* Lekas katakan! **o. of** 1 tak ada. *I'm o. of sugar/gas* Saya kehabisan gula/bénsin. *The store is o. of the material I need* Toko itu tak punya barang yg saya perlukan. 2 tdk baik/énak. *to be o. of condition* badan tdk énak spt biasa. 3 dari. *house made o. of brick* rumah dibuat dari bata. *to pick a puppy o. of a litter* memilih seékor anak anjing dari antara seperindukan. *a colt o. of a good dam* seékor anak kuda jantan yg lahir dari induk yg baik. *to drink o. of a glass* minum dari gelas. *one o. of every three persons* seorang dari tiap tiga orang. *He works o. of the branch office* Ia mengerjakan dari kantor cabang. 4 karena. *o. of kindness* karena kebaikan. *o. of curiosity* karena ingin tahu. *o. of respect for her* karena rasa hormat terhadapnya. *Inf.:* **o. of it** tdk mengambil bagian, tdk ikutserta. *I'm o. on my feet* Saya capé sekali. **to be o. to** berusaha utk. *I'm not o. to reform the world* Saya tdk bermaksud utk merobah dunia. *to be o. and around* keluar dan berjalan-jalan. —*kd.* keluar. *to go o. the door* pergi keluar pintu. —*kki.* ketahuan. *The truth will o.* Kebenaran akan ketahuan. **out-and-out** *ks.* sempurna, sungguh. *That's an o.-and-o. lie* Itu bohong sama. sekali. *He's an o.-and-o. nationalist* Ia seorang nasionalis betul-betul/asli/murni. **out-group** *kb.* golongan luar. **out-of-bounds** *ks., kk.* 1 *Sport:* jatuh diluar garis, tdk masuk (*of ball*). 2 melanggar batas yg ditentukan. *out-of-court settlement* penyelesaian diluar pengadilan. **out-of-date**

ks. tdk terpakai lagi, ketinggalan zaman. **out-of-doors** diluar rumah. *out-of-pocket expenses* pengeluaran-pengeluaran tunai. *out-of-the-way house* rumah yg letaknya terpencil. *out-of-town guest* tamu dari luar kota. —**outing** *kb.* tamasya, pesiar.

outargue /awt'argyuw/ *kkt.* mengalahkan (s.s.o.) dlm perbantahan.

outbid /awt'bid/ *kkt.* (**outbid**) mengalahkan (s.s.o.) dlm menawar.

outboard /'awt'bowrd/ *ks.* diluar, sebelah luar. *o. motor* motor témpél.

outbreak /'awt'breik/ *kb.* 1 perjangkitan (*of disease*). 2 pecahnya (*of war*).

outbuilding /'awt'bilding/ *kb.* bangunan tambahan.

outburst /'awt'bərst/ *kb.* 1 ledakan, riuh-rendah (*of applause*). 2 semburan (*of smoke, lava*).

outcast /'awt'kæst/ *kb.* orang yg diusir dari masyarakat,/orang buangan, seorang paria/buangan masyarakat.

outclass /awt'klæs/ *kkt.* termasuk tingkatan yg lebih tinggi, jauh lebih unggul.

outcome /'awt'kʌm/ *kb.* 1 hasil. *o. of the elections* hasil pemilihan. 2 akibat.

outcrop /'awt'krap/ *kb.* singkapan, muncul ke permukaan bumi.

outcry /'awt'krai/ *kb.* teriakan, ingar-bingar, gaduh, haru-hara. *to raise an o. against s.o.* berteriak thd s.s.o.

outdated /awt'deitid/ *ks.* ketinggalan jaman, (modél) kuno.

outdid /awt'did/ lih OUTDO.

outdistance /awt'distəns/ *kkt.* mendahului, meninggalkan.

outdo /awt'duw/ *kkt.* (**outdid, outdone**) mengalahkan, menang atas. *He will not be outdone by everyone* Dia tak akan terkalahkan oléh siapapun.

outdone /awt'dʌn/ lih OUTDO.

outdoor /'awt'dowr/ *ks.* diluar. *o. swimming pool* kolam renang diluar (rumah).

outdoors /awt'dowrz/ *kk.* diluar rumah, di tempat terbuka. *to eat o.* makan diluar rumah (di udara), makan di tempat terbuka.

outdraw /awt'drɔ/ *kkt.* (**outdrew, outdrawn**) menarik lebih banyak orang (*of sports*).

outdrawn /awt'drɔn/ lih OUTDRAW.

outdrew /awt'druw/ lih OUTDRAW.

outer /'awtər/ *ks.* sebelah luar. *o. lining* bahan pelapis sebelah luar. *o. space* ruang angkasa, angkasa luar.

outermost /'awtərmowst/ *ks.* yg paling jauh. *in the o. regions* di daérah-daérah yg paling jauh.

outfight /awt'fait/ *kkt.* (**outfought**) mengalahkan dlm perkelahian.

outfit /'awtfit/ *kb.* 1 perlengkapan. 2 pakaian (*of a woman*). 3 perusahaan. *to work for a good o.* bekerja pd perusahaan yg baik. 4 kesatuan. *Sergeant, what o. are you attached to?* Sérsan, kau tergabung dlm kesatuan apa? —*kkt.* (**outfitted**) memperlengkapi.

outfitter /'awt'fitər/ *kb.* penjual pakaian (pria) écéran.

outflank /awt'flangk/ *kkt.* mengepung.

outflow /'awt'flow/ *kb.* mengalirnya, pengaliran, keluar.

outfought /awt'fɔt/ lih OUTFIGHT.

outfox /awt'faks/ *kkt.* mengakali, menipu.

outgo /'awt'gow/ *kb.* pengeluaran.

outgoing /'awt'gowing/ *ks.* 1 (*retiring*) meninggalkan dinas, démisionér, mengundurkan diri. 2 ramah tamah. *to have an o. personality* berwatak

ramah. 3 surut. *o. tide* pasang surut. *o. mail* surat-surat yg keluar.

outgrew /awt'gruw/ lih OUTGROW.

outgrow /awt'grow/ *kkt.* (**outgrew, outgrown**) 1 menjadi lebih besar (*of size*). 2 menjadi lebih tinggi. 3 mengatasi, menguasai (*o's temper*).

outgrown /awt'grown/ lih OUTGROW.

outgrowth /'awt'growth/ *kb.* 1 hasil pertumbuhan, perkembangan (*of an idea*). 2 tumbuhan (*of hair*).

outguess /awt'ges/ *kkt.* lebih pintar dari. *We couldn't o. him* Ia terlalu pintar buat kami.

outhouse /'awt'haus/ *kb.* kakus (diluar rumah).

outlandish /awt'lændisy/ *ks.* 1 asing (*of custom*). 2 anéh (*of clothing*). 3 jauh terpencil (*of a place*).

outlast /awt'læst/ *kkt.* hidup lebih lama dari.

outlaw /'awt'lɔ/ *kb.* orang diluar perlindungan hukum. —*kkt.* 1 menyatakan tdk syah. 2 mencabut perlindungan hukum.

outlay /'awt'lei/ *kb.* pengeluaran, pembayaran, pembiayaan.

outlet /'awt'let/ *kb.* 1 saluran keluar (*for o's energy*). 2 jalan keluar/lepas. 3 *Elec.*: stopkontak. 4 toko/tempat penjualan.

outline /'awt'lain/ *kb.* 1 garis besar, bagan, skétsa, skéma (*of a plan*). 2 garis bentuk (*of a building*). *in o.* dlm garis besarnya, secara ringkas. *the outlines of philosophy* pokok filsafat. —*kkt.* 1 menguraikan (*o's duty*). *Today's lecture will o. for you…* Pelajaran hari ini akan menguraikan dlm garis besar kepadamu…. 2 memperlihatkan garis bentuk. 3 menggambar dénah peta. **o. map** peta bagan.

outlive /awt'liv/ *kkt.* 1 hidup lebih lama drpd. 2 dipakai lebih lama drpd (*of street car*).

outlook /'awt'luk/ *kb.* 1 pandangan. 2 harapan. *What is your o. for the future?* Bagaimana harapanmu utk hari depan? 3 pemandangan (*over a valley, from a window*). 4 ramalan. *weather o.* ramalan cuaca.

outlying /'awt'laiing/ *kb.* terpencil, jauh. *o. district* wilayah yg terpencil.

outmaneuver /'awtmə'nuwvər/ *kkt.* mengakali (dlm permainan bola dsb).

outman /awt'mæn/ *kkt.* (**outmanned**) melebihi jumlah anggota, mengalahkan dlm jumlah anggota. *Our defense forces were outmanned* Tenaga pembéla kita lebih kecil jumlahnya (drpd tenaga musuh).

outmatch /awt'mæc/ *kkt.* melebihi, menang dlm jumlah, mengalahkan. *We were outmatched by…* Kami dikalahkan oléh….

outmoded /awt'mowdid/ *ks.* ketinggalan zaman. *o. car* mobil kuno.

outnumber /awt'nʌmbər/ *kkt.* melebihi/menang dlm bilangan.

outpace /awt'peis/ *kkt.* 1 melebihi. 2 berlari lebih cepat.

outpatient /'awt'peisyənt/ *kb.* pasién yg diobati dirumah sakit tetapi tdk tinggal di rumah sakit.

outplay /awt'plei/ *kkt.* bermain lebih bagus drpd, lebih unggul.

outpoint /awt'point/ *kkt.* *Sport*: lebih banyak mendapat angka drpd.

outpost /'awt'powst/ *kb.* 1 pos terdepan, pengawal luar, tempat kawalan luar. 2 pelopor, pionir (*of civilization* peradaban).

outpouring /'awt'powring/ *kb.* 1 pencurahan, penumpahan. 2 s.s.t. yg membanjiri/melimpah. *o. of sympathy* simpati yg melimpah-limpah.

output /'awt'put/ *kb.* 1 hasil, produksi. *literary o.* hasil kesusasteraan, karya sastera. *factory o.* hasil paberik.

2 informasi (dari computer). 3 tenaga mesin (*of electricity*).

outrage /'awt'reij/ *kb.* 1 kebiadaban (*against society*). 2 kekejaman. *to commit an o. against s.o.* melakukan kekejaman thd s.s.o. *It's an o. the way he...* Kejam sekali caranya.... 3 (*insult*) penghinaan. —*kkt.* 1 menyakitkan hati. *She was outraged when...* Sangat sakit hatinya ketika.... 2 (*rape*) memperkosa (perempuan).

outrageous /awt'reijəs/ *ks.* 1 menyakitkan hati, memalukan (*of conduct*). 2 kasar, kotor, tak patut (*of language*). *to make o. demands* mengadakan tuntutan-tuntutan yg melampaui batas. 3 menghina. *o. statement* pernyataan yg menggemparkan. —**outrageously** *kk.* sangat, terlalu. *o. expensive* sangat/ terlampau mahal.

outran /awt'ræn/ lih OUTRUN.

outrank /awt'ræŋk/ *kkt.* lebih tinggi pangkatnya drpd. *A colonel outranks a major* Kolonél berpangkat lebih tinggi drpd mayor.

outrigger /'awt'rigər/ *kb.* (peng)gandung.

outright /'awt'rait/ *ks.* 1 yg sama sekali palsu. *o. lie* kebohongan yg sama sekali palsu. 2 secara ikhlas. *o. gift* hadiah secara ikhlas. —*kk.* sekaligus, seketika itu. *to pay o.* membayar seketika itu. *to buy s.t. o.* membeli s.s.t. dgn membayar kontan.

outrival /awt'raivəl/ *kkt.* melebihi dlm persaingan.

outrun /awt'rʌn/ *kkt.* (**outran, outrun**) berlari lebih cepat dari.

outsell /awt'sel/ *kkt.* (**outsold**) menjual lebih banyak dari.

outset /'awt'set/ *kb.* permulaan. *at the o.* pd permulaan, mula-mula.

outshine /awt'syain/ *kkt.* (**outshone**) 1 lebih cemerlang drpd. 2 paling pintar dari yg lain.

outshone /awt'syown/ lih OUTSHINE.

outside /awt'said/ *kb.* sebelah luar. *from the o.* dari (sebelah) luar. *on the o. of the box* disebelah luar peti, di peti sebelah luar. *at the o.* 1 paling lama. 2 paling tinggi. —*ks.* 1 sebelah luar. *o. room* kamar sebelah luar. *o. opinion* pendapat orang luar. *o. world* dunia luar. 2 tipis. *o. chance of recovery* kemungkinan tipis utk sembuh. —*kk.* diluar, keluar. **o. of** diluar. *o. of the building* diluar gedung. *o. of his close friends* selain kawan-kawan karibnya. —*kd.* diluar. *o. the door* diluar pintu.

outsider /awt'saidər/ *kb.* orang luar.

outskirts /'awt'skərts/ *kb., j.* daérah pinggiran, pinggir (*of a city*).

outsmart /awt'smart/ *kkt.* mengakali.

outsold /awt'sowld/ lih OUTSELL.

outspoken /awt'spowkən/ *ks* terang-terangan, blak-blakan.

outspread /'awt'spred/ *ks.* terentang, terhampar. *with arms o.* dgn tangan terentang.

outstanding /awt'stænding/ *ks.* 1 terkemuka, terkenal. *o. student* mahasiswa yg menonjol. 2 blm diselesaikan. *debts o.* hutang yg blm dilunaskan.

outstretched /'awt'strect/ *ks.* terulur, diulurkan. *with o. arms* dgn tangan yg diulurkan.

outstrip /awt'strip/ *kkt.* (**outstripped**) melebihi, melampaui.

outtalk /awt'tɔk/ *kkt.* berbicara lebih baik, menang dlm percakapan.

outvote /awt'vowt/ *kkt.* mengalahkan dlm pemilihan.

outward /'awtwərd/ *ks.* disebelah luar, keluar. *o. voyage* pelayaran keluar. *to all o. appearances* kelihatannya, melihat pembawaannya yg tampak. —*kk.* keluar. **outward-bound** *ks.* dgn jurusan/ tujuan luar. —**outwardly** *kk.* pd lahirnya, dari luar, kelihatannya.

outwards /'awtwərdz/ = OUTWARD *kk.*

outwear /awt'wær/ *kkt.* (**outwore, outworn**) lebih tahan drpd (*of clothes*). —**outworn** /'awt'wɔrn/ *ks.* lungsuran, usang, bekas pakai. *o. clothes* pakaian-pakaian usang.

outweigh /awt'wei/ *kkt.* 1 lebih berat drpd. 2 lebih banyak drpd. *The advantages o. the disadvantages* Keuntungannya lebih banyak drpd kerugiannya.

outwit /awt'wit/ *kkt.* (**outwitted**) memperdaya-kan, mengécoh.

outwore /awt'wowr/ lih OUTWEAR.

outwork /awt'wərk/ *kkt.* lebih kuat bekerja drpd.

outworn /awt'wɔrn, 'awt'wɔrn/ *ks.* lih OUTWEAR.

oval /'owvəl/ *ks.* bujur telur. **oval-shaped** *ks.* jorong.

ovary /'owvərie/ *kb.* (*j.* **-ries**) indung/induk telur.

ovation /ow'veisyən/ *kb.* sambutan dgn tepuk tangan, sambutan sorak-sorai. *standing o.* sambutan sorak-sorai sambil berdiri.

oven /'ʌvən/ *kb.* kompor, tanur, tungku. *coke o.* tungku pembuat arang. *That room is a regular o.* Kamar itu sangat panas.

ovenware /'ʌvən'wær/ *kb.* piring-piring tahan panas (perkakas dapur).

over /'owvər/ *ks.* berakhir. *When will your vacation be o.?* Kapan liburanmu berakhir? *The day is o.* Hari tlh lalu/liwat. —*kk.* 1 diatas. *to do s.t. five times o.* mengulangi limakali. *She's o. from Holland* Ia datang dari negeri Belanda. 2 keatas. *men 45 and o.* orang laki-laki yg berumur 45 tahun keatas. 3 sisa, lebih. *5 goes into 11 twice and 1 o.* Sebelas adalah dua kali lima lebih/sisa satu. *Keep what is left o.* Ambillah apa yg masih ada/sisa. *I have two cards o.* Saya ada dua kartu lagi/sisa dua kartu. 4 lebih dari. *numbers o. ten* jumlah-jumlah/angka-angka lebih dari sepuluh. *o. ten pounds* lebih dari sepuluh pon. 5 lagi. *o. again* sekali lagi. *If I could live my life o. again...* Kalau saya dpt menjalani kembali kehidupan saya sekali lagi.... 6 selesai. *I'll be glad when they are o.* Saya akan gembira bilamana meréka tlh selesai. 7 daripada. *I prefer this cloth o. that* Saya lebih suka bahan kain ini drpd itu. —*kd.* 1 diatas. *His name is o. the door* Namanya ada diatas pintu. 2 tentang. *He's worried o. his studies* Dia gelisah memikirkan ttg pelajarannya. *What was the row o.?* Ttg apa pertengkaran itu? 3 sekeliling, mengelilingi. *to take a ride o. an estate* berkendaraan sekeliling perkebunan. 4 dibalik. *I hear voices o. the wall* Saya mendengar suara-suara dibalik dinding itu. 5 atas. *to look o. s.o's head* melihat atas kepala s.s.o. 6 liwat. *She's o. forty* Ia tlh liwat empatpuluh tahun. 7 disamping. *Ten dollars remained o. and above his expenses* Masih tinggal sepuluh dolar disamping uang-uang pengeluarannya. 8 diseberang. *o. the border* diseberang batas. *They live o. the way* Meréka tinggal diseberang jalan. 9 pd. *o. the last five years* pd lima tahun belakangan ini. :: *His hat was o. his eyes* Topinya menutupi matanya. *The water was o. his head* Air itu membasahi/ menutupi kepalanya. *to stay o. the weekend* tinggal selama akhir pekan ini. *That man is o. me* Orang itu mengepalai saya. *to sit in a chair o. against the wall* duduk diatas kursi dgn bersandar kpd témbok. *o. and o. again* berkali-kali, berulang-ulang. *o. there* disana, disebelah sana.

overabundance /'owvərə'bʌndəns/ *ks.* meluap-luap, melimpah-limpah.

overact /'owvər'ækt/ *kki.* bermain berlebih-lebihan.

overactive /'owvər'æktiv/ ks. terlalu aktif, terlalu banyak bekerja.
overage /'owvər'eij/ ks. terlalu tua.
overall /'owvər'ɔl/ **overalls** kb., j. baju/pakaian kerja. —ks. secara keseluruhan/menyeluruh. the o. cost ongkos keseluruhan.
overanxious /'owvər'æng(k)syəs/ ks. terlalu cemas.
overate /'owvər'eit/ lih OVEREAT.
overawe /'owvər'ɔ/ kkt. sangat mengagumkan/ mempesonakan. to be overawed by o's ability sangat kagum melihat kecakapannya.
overbearing /'owvər'bæring/ ks. suka menguasai/ memaksa. o. personality watak suka menguasai.
overboard /'owvər'bowrd/ kk. keluar kapal. Man o.! Orang jatuh ke laut! to fall o. jatuh ke laut. to go o. for s.o. tergila-gila kpd s.s.o. to throw o's career o. melepaskan/membuang karirnya.
overburden /'owvər'bərdən/ kkt. terlalu membebani. She's not overburdened with brains Ia tak terlalu pandai.
overcame /'owvər'keim/ lih OVERCOME.
overcast /'owvər'kæst/ kb. cuaca mendung, awan. —ks. mendung, berawan (of sky).
overcharge /'owvər'carj/ kkt. menjual terlalu mahal.
overcoat /'owvər'kowt/ kb. mantel.
overcome /'owvər'kʌm/ kkt., kki. (**overcame, overcome**) 1 mengatasi, menanggulangi (a problem, o's shyness). We shall o. Kita akan dpt mengatasinya. 2 menguasai. Fear overcame him Rasa takut menguasai dirinya. to be o. by gas tdk berdaya karena gas. to be o. with surprise tertegun karena héran.
overconfidence /'owvər'kanfədəns/ kb. kepercayaan yg berlebih-lebihan, hal terlalu percaya.
overconfident /'owvər'kanfədənt/ ks. terlalu percaya (**of** akan).
overcrowd /'owvər'krawd/ kkt. membuat sesak/ padat. —**overcrowded** ks. terlalu penuh. o. bus bis yg terlalu penuh. —**overcrowding** kb. kepadatan yg berlebihan.
overdid /owvər'did/ lih OVERDO.
overdo /'owvər'duw/ kkt. (**overdid, overdone**) melakukan s.s.t. berlebih-lebihan. to o. it melebih-lebihkan hal itu. Her acting was overdone Aktingnya terlalu dibuat-buat. —**overdone** ks. terlalu lama dimasak (of food).
overdone /owvər'dʌn/ lih OVERDO.
overdose /'owvər'dows/ kb. lebih dari takaran semestinya, terlalu banyak.
overdraft /'owvər'dræft/ kb. penarikan cék yg melebihi jumlah uang di bank.
overdraw /'owvər'drɔ/ kkt. (**overdrew, overdrawn**) 1 menarik cék lebih drpd uang simpanan. His account is overdrawn Pembayarannya (dgn cék) tlh melebihi uangnya di bank. 2 terlalu berlebih-lebihan melukiskan peranan (of characters in a novel).
overdrawn /'owvər'drɔn/ lih OVERDRAW.
overdress /'owvər'dres/ kki. berpakaian secara berlebih-lebihan.
overdrew /'owvər'druw/ lih OVERDRAW.
overdrive /'owvər'draiv/ kb. gir tambahan, alat penambah kecepatan.
overdue /'owvər'duw, -'dyuw/ ks. 1 terlambat (of plane, train). 2 melampaui batas waktunya (of an account). A visit is long o. Kunjungan sdh lama dinanti-nantikan.
overeat /'owvər'iet/ kkt., kki. (**overate, overeaten**) makan terlalu banyak.
overeaten /'owvər'ietən/ lih OVEREAT.

overestimate /'owvər'estəmeit/ kkt. menaksir terlalu tinggi.
overexertion /'owvərig'zərsyən/ kb. pekerjaan yg terlalu keras.
overexpose /'owvərik'spowz/ kkt. cahaya terlalu banyak masuk. The negative was overexposed Négatipnya kena terlalu banyak cahaya.
overextend /'owvərik'stend/ kkt. 1 mengulur-ulur (o's visit). 2 bekerja terlalu berat.
overflight /'owvər'flait/ kb. penerbangan diatas wilayah negeri lain.
overflow /'owvər'flow kb.; 'owvər'flow kkt., kki./ kb. 1 kebanjiran (of a crowd). 2 banjir (of river, tank). —kkt. meluapi. The river overflowed its banks Kali itu meluap dari/meluapi pinggirnya. —kki. melimpah, meluap. The room was overflowing with people Kamar/ Ruang itu penuh sesak/pepak dgn orang/manusia. full to overflowing penuh hampir meluap. **o. meeting** rapat yg penuh sesak/pepak. **o. valve** katup limpah.
overgrown /'owvər'grown/ ks. tumbuh melampaui. yard o. with weeds halaman yg penuh ditumbuhi rumput-rumput liar. o. boy anak laki-laki yg terlalu cepat tumbuhnya.
overhand /'owvər'hænd/ kb. Tenn.: **o. shot** pukulan overhand, pukulan dgn ayunan tangan yg tinggi.
overhang /'owvər'hæng kb.; owvər'hæng kkt./ kb. émpér, serambi. —kkt. (**overhung**) bergantung diatas, menganjur. **overhanging** vines tanaman menjalar yg bergantungan.
overhaul /'owvər'hɔl kb.; 'owvər'hɔl kkt./ kb. pemeriksaan. thorough o. pemeriksaan yg sangat teliti. —kkt. 1 memeriksa secara seksama. 2 berhasil mengejar (a speeder).
overhead /'owvər'hed kb.; 'owvər'hed ks., kk./ kb. ongkos éksploitasi, pengeluaran tambahan (spt séwa, listerik, pajak dsb). o. expenses ongkos éksploitasi. —ks. diatas (of vines). —kk. diatas. the planes o. kapal-kapal terbang diatas (kepala).
overhear /'owvər'hir/ kkt. (**overheard**) ada mendengar-dengar, ada menangkap.
overheard /'owvər'hərd/ lih OVERHEAR.
overheat /'owvər'hiet/ kkt. membuat/menjadikan terlalu panas —kki. menjadi terlalu panas.
overhung /owvər'hʌng/ lih OVERHANG.
overjoyed /'owvər'joid/ ks. sangat gembira.
overkill /'owvər'kil/ kb. pembunuhan besar-besaran.
overladen /'owvər'leidən/ ks. penuh dibebani. o. with responsibility penuh dibebani pertanggungan jawab.
overlaid /'owvər'leid/ lih OVERLAY.
overland /'owvər'lænd, -lənd/ ks., kk. melalui darat.
overlap /'owvər'læp kb.; 'owvər'læp kki./ kb. saling meliputi/melengkapi. —kki. (**overlapped**) dpt dicocokkan, bersamaan waktu.
overlay /'owvər'lei kb.; 'owvər'lei kkt./ kb. lembaran penutup, lapisan atas, hamparan. —kkt. (**overlaid**) 1 melapisi. The table is overlaid in veneer Méja itu dilapisi dgn suatu lapisan. 2 membebani (with responsibility).
overleaf /'owvər'lief/ kb. halaman sebaliknya/ sebelah.
overload /'owvər'lowd kb.; 'owvər'lowd kkt./ kb. beban yg terlalu berat. —kkt. 1 memberi muatan melebihi kekuatan (truck). 2 memberi muatan meléwati batas (current, circuit).
overlook /'owvər'luk kb.; 'owvər'luk kkt./ kb. pemandangan kebawah. —kkt. 1 melupakan, pangling (details, facts). 2 memaafkan (a mistake). 3 me-

mandang kebawah (*a valley*). 4 mengabaikan (*o's talent*).

overlord /'owvər'lɔrd/ *kb.* tuan besar, maharaja.

overly /'owvərlie/ *kk.* sangat, terlalu. *o. eager* sangat ingin.

overnight /'owvər'nait *ks.*; 'owvər'nait *kk./ ks.* bermalam. *o. bag* tas utk bermalam. *o. stay* berhenti bermalam, berhenti menginap satu malam. —*kk.* semalam, waktu (dlm) satu malam. *to stay o.* menginap, tinggal satu malam. *to win acclaim o.* mendapat sambutan baik dlm waktu singkat.

overpaid /'owvər'peid/ lih OVERPAY.

overpass /'owvər'pæs/ *kb.* jembatan diatas jalan, jembatan penyeberangan.

overpay /'owvər'pei/ *kkt.* (**overpaid**) membayar lebih banyak dari yg semestinya.

overplay /'owvər'plei/ *kkt.* bermain berlebih-lebihan. *to o. o's hand* mencoba utk mencari terlalu banyak.

overpower /'owvər'pawər/ *kkt.* 1 menggagahi. 2 menyergap.

overproduction /'owvərprə'dʌksyən/ *kb.* produksi yg berkelebihan.

overran /'owvər'ræn/ lih OVERRUN.

overrate /'owvər'reit/ *kkt.* menilai terlalu tinggi.

overreach /'owvər'riec/ *kkt.* melampaui batas yg ditentukan (*o's authority*). **to o. o.s.** bertindak terlalu berani.

overreact /'owvərri'ækt/ *kki.* bertindak melampaui batas.

overridden /'owvər'ridən/ lih OVERRIDE.

override /'owvər'raid/ *kkt.* (**overrode, overridden**) mengesampingkan, menolak (*a decision, objection*). **overriding** *objection* keberatan yg menolaknya.

overripe /'owvər'raip/ *ks.* 1 terlalu masak, ranum. 2 terlalu mendesak (*of conditions*).

overrode /'owvər'rowd/ lih OVERRIDE.

overrule /'owvər'ruwl/ *kkt.* menolak, mengesampingkan. *Objection overruled* Keberatan ditolak.

overrun /'owvər'rʌn/ *kkt.* (**overran, overrun**) 1 membanjiri, mengerumuni (*a house with cats*). *house o. with mice* rumah yg penuh tikusnya. 2 mengeroyok, menyerbu (*a country*). 3 menutupi. *Weeds have o. the garden* Rumput liar menutupi kebun itu.

oversaw /'owvər'sɔ/ lih OVERSEE.

overseas /'owvər'siez/ *ks.* luar negeri, seberang laut. *o. services* dinas tentara diseberang lautan. *o. territory* wilayah luar negeri. *O. Chinese* Hoakiau, Cina Perantauan. —*kk.* diluar negeri, di perantauan.

oversee /'owvər'sie/ *kkt.* (**oversaw, overseen**) mengawasi, mengatur, menjaga (*a firm, playground*).

overseen /'owvər'sien/ lih OVERSEE.

overseer /'owvər'sieər/ *kb.* mandor, pengawas.

oversell /'owvər'sel/ *kkt.* (**oversold**) terlalu banyak menjual (*of plane tickets*).

oversexed /'owvər'sekst/ *ks.* mempunyai nafsu syahwat terlalu besar.

overshadow /'owvər'syædow/ *kkt.* mengalihkan, membelakangi. *She is overshadowed by her older sister* Dia dikalahkan oléh kakaknya.

overshoe /'owvər'syuw/ *kb.* sepatu luar.

overshoot /'owvər'syuwt/ *kkt.* (**overshot**) melampaui. *to o. the runway* terlalu jauh melampaui landasan. *to o. o.s.* terlalu berani bertindak. *to o. the mark* melampaui batas.

overshot /'owvər'syat/ lih OVERSHOOT.

oversight /'owvər'sait/ *kb.* kekeliruan, kekhilafan, kesilapan, kesalahan, kealpaan, kelalaian.

oversimplification /'owvər'simpləfə'keisyən/ *kb.* penyederhanaan yg berlebih-lebihan.

oversimplified /'owvər'simpləfaid/ lih OVERSIMPLIFY.

oversimplifies /'owvər'simpləfaiz/ lih OVERSIMPLIFY.

oversimplify /'owvər'simpləfai/ *kkt.* (**oversimplified**) menyederhanakan secara berlebih-lebihan.

oversize /'owvər'saiz/ *ks.* terlalu besar. *o. shirt* keméja yg terlalu besar.

oversized /'owvər'saizd/ *ks.* besar sekali. *o. boot* sepatu bot yg terlalu besar.

oversleep /'owvər'sliep/ *kki.* (**overslept**) 1 tidur terlalu lama. 2 bangun kesiangan.

overslept /'owvər'slept/ lih OVERSLEEP.

oversold /'owvər'sowld/ lih OVERSELL.

overstate /'owvər'steit/ *kkt.* terlalu keras menekankan (*o's case* persoalannya).

overstatement /'owvər'steitmənt/ *kb.* pernyataan yg berlebih-lebihan.

overstay /'owvər'stei/ *kkt.* memperpanjang. *to o. o's welcome* tinggal lebih lama drpd sepantasnya.

overstep /'owvər'step/ *kkt.* (**overstepped**) melampaui, meléwati (*o's authority*).

overstock /'owvər'stak/ *kkt.* terlalu banyak menimbun.

overstuff /'owvər'stʌf/ *kkt.* mengisi terlalu tebal. *overstuffed chair* kursi yg bantalannya tebal sekali.

oversubscribe /'owvərsəb'skraib/ *kkt.* menyumbang uang yg berlebih-lebihan.

overt /'owvərt/ *ks.* jelas, terang, lahir. *o. act* tindakan yg bermaksud jahat. —**overtly** *kk.* pd lahirnya.

overtake /'owvər'teik/ *kkt.* (**overtook, overtaken**) menyusul. *His car overtook hers* Mobilnya mendekati mobil wanita itu (dari belakang). *Rain overtook us* Kami kehujanan.

overtaken /'owvər'teikən/ lih OVERTAKE.

overtax /'owvər'tæks/ *kkt.* 1 mengenakan terlalu banyak pajak. 2 melemahkan (*o's strength* tenaganya).

overthrew /'owvər'thruw/ lih OVERTHROW.

overthrow /'owvər'throw *kb.*; 'owvər'throw *kkt./ kb.* perobohan, penggulingan (*of a government*). —*kkt.* (**overthrew, overthrown**) menjatuhkan, menggulingkan, merobohkan.

overthrown /'owvər'thrown/ lih OVERTHROW.

overtime /'owvər'taim/ *kb.* lembur. *to work o.* bekerja lembur. *o. pay* bayaran lembur.

overtone /'owvər'town/ *kb.* nada tambahan.

overtook /'owvər'tuk/ lih OVERTAKE.

overture /'owvərcur/ *kb.* 1 lagu pembukaan, musik pengantar. 2 tawaran, usul. *to make overtures to* mengajukan tawaran kpd.

overturn /'owvər'tərn/ *kkt.* 1 menjatuhkan, menggulingkan (*a government*). 2 menjungkir-balikkan (*a canoe*). —*kki.* berjungkir-balik (*of a car*).

overview /'owvər'vyuw/ *kb.* peninjauan luas, gambaran ikhtisar.

overwater /'owvər'wɔtər, 'wa-/ *ks.* melalui laut. *the o. route* jalan melalui laut.

overweening /'owvər'wiening/ *ks.* terlalu kuat, besar sekali.

overweight /'owvər'weit/ *ks.* kelebihan berat. *She's ten pounds o.* Dia kelebihan berat sepuluh pon.

overwhelm /'owvər'hwelm/ *kkt.* meliputi, membanjiri. *to be overwhelmed* a) (*with joy*) gembira meluap-luap. b) (*with disaster*) kewalahan. —**overwhelming** *ks.* besar sekali, berlimpahan. *to win by* *an o. majority* menang dgn jumlah suara yg sangat besar.

overwork /'owvər'wərk *kb*.; 'owvər'wərk *kkt.*, *kki.*/ *kb*. terlalu banyak pekerjaan. —*kki*. terlalu banyak bekerja, bekerja melampaui batas.

overwrought /'owvər'rɔt/ *ks*. terlalu capék/meregang.

ovum /'owvəm/ *kb*. (*j*. **ova**) telur.

owe /ow/ *kkt*. 1 berhutang. *I o. him five dollars* Saya berhutang lima dolar padanya. *to o. s.t. on a house* masih ada hutang utk sebuah rumah. *I still o. you for the gasoline* Saya masih berhutang kepadamu utk bénsin itu. 2 memperlihatkan, memberikan. *to o. o's mother some respect* (hrs) memperlihatkan rasa hormat kpd ibunya. *to o. allegiance to o's country* (hrs) memberi kesetiaan kpd negeri kita. 3 menerima. *To what do I o. this honor?* Karena apa saya menerima kehormatan ini? *He owes his life to you* Ia hrs berterima kasih kepadamu ttg (keselamatan) jiwanya. **::** *He owes his charm to his mother* Kepandaiannya merawan/menawan adalah karena sifat keturunan ibunya. —**owing** *ks*. berhutang. *Ten dollars is still o. on the debt* Masih ada sepuluh dolar blm terbayar dari hutang itu. *o. to illness* karena sakit.

owl /awl/ *kb*. burung hantu.

own /own/ *kb*. **to come into o's o.** mendapatkan yg selayaknya, memperoléh yg sewajarnya, mendapat penghargaan semestinya. *to hold o's o.* a) bertahan, mempertahankan kedudukan. b) menandingi, menyaingi. **of o's o.** kepunyaan sendiri. *He has a copy of his o.* Ia memiliki sebuah buku (itu) sendiri. *a car of her o.* mobil sendiri. **on o's o.** berdiri sendiri. *From now on your're on your o.* Mulai sekarang sdr hrs berdiri sendiri. *all on o's o.* sendirian. *to manage on o's o.* mengurusnya sendiri. *He has a style all his o.* Ia mempunyai gaya sendiri yg khas. —*ks*. kepunyaan sendiri. *This is my o. coat* Ini jas kepunyaan saya sendiri. *This is my o. hair* Ini rambut saya sendiri. *The house is my o.* Rumah ini milik saya sendiri. *I do my o. cooking* Saya memasak sendiri. *My time is my o.* Waktuku adalah milikku sendiri. —*kkt*. 1 memiliki. *to o. a car* memiliki mobil. 2 mengakui. *His father refused to o. him* Ayahnya tak mau mengakui dia sbg anak. —*kki*. **to o. to** mengakui. **to o. up** mengaku sepenuhnya.

owner /'ownər/ *kb*. pemilik, yg empunya.

ownership /'ownərsyip/ *kb*. kemilikan, hak milik, kepemilikan. *This store is under new o.* Toko ini dibawah pemilikan/pemilik baru.

ox /aks/ *kb*. (*j*. **oxen**) lembu jantan.

oxcart /'aks'kart/ *kb*. gerobak sapi.

oxen /'aksən/ lih ox.

oxford /'aksfərd/ *kb*. sm sepatu bertumit rendah. *He's an O. man* Ia lulusan (universitas) Oxford.

oxidation /'aksə'deisyən/ *kb*. oksidasi.

oxide /'aksaid/ *kb*. oksid(a).

oxidize /'aksədaiz/ *kkt*. mengoksid(asi).

oxtail /'aks'teil/ *kb*. ékor lembu. *o. soup* sop buntut.

oxtongue /'aks'tʌng/ *kb*. lidah lembu.

oxyacetylene /'aksieə'setələn/ *ks*. **o. torch** lampu oksiasétilin.

oxygen /'aksəjən/ *kb*. zat asam/pembakar, oksigén. *o. tent* tudung oksigén.

oyster /'oistər/ *kb*. tiram. *o. bed* petiraman.

oz. [*ounce*] ons.

ozone /'owzown/ *kb*. 1 ozon. 2 udara murni.

P

P., p /pie/ *kb.* huruf keenambelas dari abjad Inggeris. *to mind o's P's and Q's* berhati-hati ttg tingkahlaku dan perkataan.

p. 1 [*page*]halaman. 2 [*part*] bagian.

pa /pa, pɔ/ *kb.* bapak, pak.

Pa. [*Pennsylvania*] negara bagian di A.S.

P.A. /'pie'ei/ [*Public Address*] *P.A. system* pengeras suara, (alat)pemanggilan umum.

Pac. [*Pacific*] Pasifik, Lautan Teduh.

pace /peis/ *kb.* 1 langkah. *at a swift p.* dgn langkah-langkah cepat. *to stand 20 paces apart* berdiri terpisah duapuluh langkah. *to keep up the p.* tdk ketinggalan, mengikuti. **to keep p. with** 1 (bekerja) sama cepat dgn, menyetarafkan diri dgn. 2 mengikuti zaman. **to put through its paces** mencoba utk mengetahui batas-batas kemampuan. **to set the p.** 1 menentukan kecepatan langkah. 2 memberikan teladan utk diikuti. —*kkt.* melangkah bolak-balik (*the floor*). *to p. off a tennis court* mengukur lapangan ténis dgn langkah. —*kki.* **to p. up and down** melangkah bolak-balik.

pacemaker /'peis'meikər/ *kb.* perintis, pembuka jalan.

pacesetter /'peis'setər/ *kb.* 1 yg menentukan modél. 2 pemimpin kecepatan.

pachyderm /'pækədərm/ *kb.* binatang yg berkulit tebal.

pacific /pə'sifik/ *ks.* tenang. *The P. (Ocean)* Lautan Teduh/Pasifik. *P. Standard Time* Waktu Tolok Pasifik.

pacification /'pæsəfə'keisyən/ *kb.* 1 pengamanan, pasifikasi, perdamaian. 2 penyabaran, penenangan.

pacifier /'pæsə'faiər/ *kb.* 1 pembawa perdamaian. 2 dot (*for babies*).

pacifies /'pæsəfaiz/ lih PACIFY.

pacifism /'pæsəfizəm/ *kb.* paham suka damai.

pacifist /'pæsəfist/ *kb.* orang yg suka damai.

pacify /'pæsəfai/ *kkt.* (**pacified**) menenangkan, menenteramkan (*a baby, an area*).

pack /pæk/ *kb.* 1 pak (*cigarettes*). 2 beban kumpulan, bungkusan, ran(g)sél (*on o's back*). 3 kumpulan. *a p. of dogs* sekumpulan anjing. 4 onggokan. *ice p.* onggokan és. 5 banyak. *p. of lies* banyak bohong, bohong semua. *cold p.* komprés dingin. —*kkt.* 1 mengepak, mempak (*o's suitcase*). 2 memasukkan. *P. those things in this box* Masukkan barang-barang itu kedlm kotak ini. *The sardines are packed in...* Ikan-ikan sardéncis itu dimasukkan kedlm.... 3 membalut (*pipes*). 4 memadatkan. *The car packed the snow on the driveway* Mobil itu memadatkan salju pd jalan-masuk ke rumah itu. 5 membawa (*rifle, pistol*). 6 memadati (*the stadium*). *to be packed* penuh sesak. *book packed with facts* buku penuh dgn fakta-fakta. *The jury was packed against us* Juri itu bersatu melawan kami. *We were packed in an elevator* Kami berdesakan didlm lift. —*kki.* disusun.

These boxes p. well Peti-peti ini mudah disusun. **to p. into** memasukkan kedlm. **to p. off** memberangkatkan, mengirimkan, menyuruh pergi. **to p. up** berkemas-kemas. **p. animal** héwan beban. **p. horse** kuda beban. —**packed** *ks.* yg penuh sesak. *p. auditorium* aula yg penuh sesak. —**packing** *kb.* 1 pengepakan. 2 (*wrapping*) bungkusan. 3 balutan (*around pipes*). *p. box* kotak pembungkus. *p. case* peti pengepak. *p. material* alat pembungkus, bahan pengepak.

package /'pækij/ *kb.* 1 bungkus. *a p. of seeds* sebungkus benih. 2 pak (*of cornflakes, frozen asparagus, cigarettes*). 3 pakét. —*kkt.* membungkus, mengepak. **p. deal** perjanjian borongan —**packaging** *kb.* pengemasan.

packager /'pækəjər/ *kb.* pengepak, tukang pak.

packer /'pækər/ *kb.* 1 tukang bungkus. 2 pengusaha pengepak.

packet /'pækit/ *kb.* 1 pakét (*of notes, letters*). 2 pak (*of cigarettes*). 3 bongkos. *a p. of pins* sebongkos peniti.

pact /pækt/ *kb.* perjanjian, pakta. *p. of friendship* persetujuan persahabatan.

pad /pæd/ *kb.* 1 blok (kertas). 2 bloknot (*for notes*). 3 alas (*beneath a dish*). 4 bantal(an). *p. under o's back* bantal dibawah punggungnya. 5 *Sl.:* flat, kamar. *lily p.* daun bunga teratai. *note p.* bloknot. —*kkt.* (**padded**) 1 mengisi (bantalan, kursi). *She is padded* Badannya diisi bantalan. 2 melapisi (*box, coat*). 3 menambahi (*a bill*). 4 mengisi hal-hal yg tak perlu (*a speech*). **to p. along** berjalan masuk kaki. **padded cell** sél yg diberi lapisan-lapisan empuk. —**padding** *kb.* 1 bahan pengisi. 2 lapisan.

paddle /'pædəl/ *kb.* 1 dayung, kayuh. 2 tongkat. 3 bat, alat pemukul (*pingpong*). —*kkt.* 1 mengayuh, mendayung. 2 memukul, mencemeti. **p. wheel** kincir (air).

paddler /'pædlər/ *kb.* anak dayung, pendayung.

paddy /'pædie/ *kb.* (*j.* **-dies**) padi. *p. field* sawah, padang padi. *p. wagon* mobil patroli.

paddybird /'pædie'bərd/ *kb.* burung sawah/gelatik.

padlock /'pæd'lak/ *kb.* kunci kura-kura, gembok gantung. —*kkt.* menggembok, mengunci dgn kunci gantung.

paean /'piean/ *kb.* nyanyi pujian, lagu pujaan.

pagan /'peigən/ *kb.* penyembah berhala. *p. religion* agama penyembah berhala.

paganism /'peigənizəm/ *kb.* penyembahan berhala.

page /peij/ *kb.* 1 halaman, muka, pagina (*of a book*). *p. proof* cétakan halaman percobaan. 2 pelayan, pesuruh. *p. boy* pesuruh. —*kkt.* 1 memanggil. *Paging Dr. Jones* memanggil Dr. Jones. 2 menomori halaman. —**paging** *kb.* pemberian nomor pd halaman buku.

pageant /'pæjənt/ *kb.* pawai sejarah, pertunjukan yg indah (biasanya ttg sejarah).

pageantry /'pæjəntrie/ *kb.* (*j.* **-ries**) pertunjukan arak-arakan kebesaran.

pagination /ˌpæjə'neisyən/ *kb.* pemberian nomor pd halaman buku.
pagoda /pə'gowdə/ *kb.* 1 kuil Budha berbentuk menara. 2 kelénténg.
paid /peid/ lih PAY.
pail /peil/ *kb.* émbér. *a p. of water* air seémbér.
pailful /'peilful/ *kb.* seémbér penuh.
pain /pein/ *kb.* perasaan sakit, kesakitan. *to be in p.* sangat menderita. *I have a p. in my side* Pinggangku sakit. *to feel no p.* mabuk. *on p. of death* karena ancaman hukuman mati. *Sl.: p. in the neck* yg menyusahkan, yg menjéngkélkan. —**pains** *kb.* usaha. *to be at pains to* sangat berhati-hati. *He got a cut in pay for his pains* Karena usaha-usahanya (yg tdk disukai oléh majikannya) maka gajinya dipotong. *to go to great pains* bersusah-susah. *He spared no pains* Ia berusaha keras. *to take pains* bersusah-susah, berusaha sekeraskerasnya. —**kkt.** 1 menyakitkan. *My back pains me* Punggung saya sakit. 2 menyedihkan *(of news). It pains me to say so* Sedih perasaanku utk mengatakan demikian itu. **pained** *expression* rasa hati terluka yg tampak pd muka.
painful /'peinfəl/ *ks.* 1 menyakitkan *(of an injury, disease).* 2 tersiksa hati *(of a performance).*
painkiller /'pein'kilər/ *kb.* penawar (rasa) sakit.
painkilling /'pein'kiling/ *ks.* penawar kesakitan.
painless /'peinləs/ *ks.* tanpa rasa sakit.
painstaking /'pein'steiking/ *ks.* sungguh-sungguh, saksama. *with p. care* dgn ketelitian yg sungguhsungguh.
paint /peint/ *kb.* cat, cét. *can of p.* sekaléng cat. *p. can* kaléng cat. *p. roller* roler cat. *Wet p.!* Cat basah! *box of paints* sepeti cat. *oil p.* cat oli/minyak. —**kkt.** 1 mencat, mengecat, mengecét, mencét *(a house). to p. a table black* mencat lemari hitam. *to p. o's face* mengecat mukanya. 2 melukis *(a picture). to p. the situation black* melukiskan keadaan sbg keadaan buruk. *to p. the U.S. in a bad light* memburukburukkan/menjelék-jelékkan A.S. 3 mengobati, mengulasi. *to p. a cut with iodine* mengobati luka dgn yodium. —**painted** *ks.* bercat. —**painting** *kb.* 1 lukisan. *to study p. in Paris* belajar melukis di Paris. 2 pekerjaan mengecét.
paintbox /'peint'baks/ *kb.* kotak cét.
paintbrush /'peint'brʌsy/ *kb.* kuas cat.
painter /'peintər/ *kb.* 1 pelukis. 2 tukang cat *(of a house).*
pair /pær/ *kb.* 1 sepasang. *a p. of shoes* sepasang sepatu. 2 pasangan. *What a p. they make!* Cocok betul pasangan itu! *a p. of trousers* sebuah celana. *a p. of scissors* sebuah gunting. *a p. of aces* sepasang kartu as. *a p. of compasses* sebuah jangka. —**kkt.** *The wrestler was paired with s.o. of similar weight* Pemgang gulat itu diadu dgn seorang yg sama beratnya. —**kki. to p. off** bubar berpasang-pasangan. *In doubles he paired with Joe* Dlm dobel ia berpasangan dgn Joe.
pajamas /pə'jaməz/ *kb.,j.* piyama.
Pakistani /'pækə'stænie, 'pakə'stanie/ *kb.* orang Pakistan.
pal /pæl/ *kb. Inf.:* sahabat, kawan. —*kki. Inf.:* **to p. around** kemana-mana berteman.
palace /'pæləs/ *kb.* istana.
palanquin /'pælən'kien/ *kb.* tandu, joli.
palatable /'pælətəbəl/ *ks.* 1 énak, lezat. 2 cocok **(to** dgn).
palatal /'pælətəl/ *ks.* palatal, mengenai langitlangit. *p.* "l" huruf *l* yg dibunyikan dgn lidah didekatkan kpd langit-langit.
palatalization /'pælətələ'zeisyən/ *kb.* membun-

yian/pengucapan dgn mendekatkan lidah kpd langit-langit.
palate /'pælit/ *kb.* 1 langit-langit mulut. *hard p.* (bagian muka) langit-langit yg keras. *soft p.* (bagian belakang) langit-langit yg lunak. 2 cita-rasa, seléra.
palatial /pə'leisyəl/ *ks.* méwah, bagus sekali (spt istana).
palaver /pə'lævər/ *kb.* perembukan, perundingan.
pale /peil/ *kb.* batas. *beyond the p.* diluar batas. —*kki.* 1 pucat. *to turn p.* menjadi pucat. *p. light of the moon* sinar bulan yg pucat. 2 muda. *p. blue* biru muda. —*kki.* memucat, menjadi pucat. *My trip pales beside yours* Perjalananku tak berarti dibanding dgn perjalananmu. **pale-faced** *ks.* bermuka pucat.
paleness /'peilnəs/ *kb.* kepucatan.
paleography /'peilie'agrəfie/ *kb.* paléografi, ilmu tulisan kuno.
paleontology /'peilieən'taləjie/ *kb.* paléontologi.
palette /'pælit/ *kb.* palét/(pelukis).
palisades /'pælə'seidz/ *kb., j.* pagar (dibuat dari) kayu runcing.
pall /pɔl/ *kb.* 1 kain penutup peti mati. 2 selubung kabut *(of smoke). to cast a p. over* menyelubungi dgn selubung yg suram. —*kki.* 1 membosankan *(of food).* 2 menjadi luntur *(of a friendship).*
pallbearer /'pɔl'bærər/ *kb.* pengusung jenazah.
palliative /'pælieətiv/ *kb.* yg meringankan/meredakan (tdk menyembuhkan).
pallid /'pælid/ *ks.* pucat (pasi) *(of complexion).*
pallor /'pælər/ *kb.* kepucatan, muka pucat.
palm /pa(1)m/ *kb.* 1 telapak/muka tangan, *to read a p.* membaca garis-garis (rajah-rajah) telapak tangan. *to grease the p. of* menyuap, menyogok, menyemir. *to have an itching p.* tangan gatal-gatal *to have s.o. in the p. of o's hands* menguasai s.s.o. dgn mutlak. 2 pohon palem. —*kkt.* menyembunyikan (s.s.t.) dlm telapak tangan. *to p. off s.t. on s.o.* menjual s.s.t. kpd s.s.o. dgn jalan menipu. **p. oil** minyak (kelapa) sawit. **p. sugar** gula arén. **P. Sunday** Hari Minggu sblm Paskah. **p. wine** tuak.
palmist /'palmist/ *kb.* tukang ramal dgn melihat rajah tangan.
palmistry /'palmistrie/ *kb.* kepandaian meramal berdasarkan rajah tangan.
palmy /'palmie/ *ks.* makmur, subur-makmur. *p. days* zaman kemakmuran.
palpable /'pælpəbəl/ *ks.* jelas, gamblang. *p. mistake* kesalahan yg jelas.
palpitate /'pælpəteit/ *kki.* berdebar *(of the heart).*
palsied /'pɔlzied/ *ks.* lumpuh.
palsy /'pɔlzie/ *kb. (j. -sies)* kelumpuhan (saraf), penyakit lumpuh.
paltry /'pɔltrie/ *ks.* tak berharga, réméh.
pamper /'pæmpər/ *kkt.* memanjakan. —**pampered** *ks.* manja.
pamphlet /'pæmflit/ *kb.* pamflét, brosur, surat sebaran.
pan /pæn/ *kb.* panci. —*kkt.* **(panned)** 1 *Inf.:* mencela dgn keras *(a play).* 2 mendulang, melimbang *(gold). Inf.:* **to p. out** berhasil, berjalan (baik).
panacea /'pænə'sieə/ *kb.* obat mujarab.
Pan-American /'pænə'merikən/ *ks.* Amérika Raya, Seluruh Amérika.
Panama /'pænəma, -mə/ *kb.* Panama. *P. Canal* Terusan Panama. *p. (hat)* topi pandan/panama.
pancake /'pæn'keik/ *kb.* kué dadar/serabi. *p. landing* pendaratan pesawat yg cepat dan datar. —*kkt.* mendaratkan dgn terhempas.
pancreas /'pænkrieəs/ *kb.* pankréas, kelenjar ludah perut.

pandemonium /ˌpændəˈmowniəm/ *kb*. kekacauan yg sangat, gara-gara, hiruk piruk.

pander /ˈpændər/ *kb*. calo, kakitangan. *—kki*. menjadi kakitangan/calo utk berbagai perbuatan keji dan mesum.

Pandora /pænˈdowrə/ *kb*. **to open a Pandora's box** menimbulkan segala macam kesulitan/keburukan.

pane /pein/ *kb*. kaca (jendéla).

panegyric /ˌpænəˈjirik/ *kb*. pidato/tulisan berisi pujian-pujian thd s.s.o.

panel /ˈpænəl/ *kb*. 1 sehelai papan (*of door*). 2 juri, panél (*of experts*). *p. discussion* diskusi beregu. 3 (*instrument*) papan. *—kkt*. memberi papan atau bilah (*a room*). **p. show** (pd TV) pertunjukan diskusi beregu. kecil yg tertutup. *p. truck* truk. *—***paneling** *kb*. hiasan kambi/jalur, papan bingkai.

panelboard /ˈpænəlˈbowrd/ *kb*. papan alat.

panelist /ˈpænəlist/ *kb*. peserta dlm diskusi beregu, panelis.

panful /ˈpænful/ *kb*. sepanci penuh.

pang /pæŋ/ *kb*. rasa (sakit) yg tiba-tiba datangnya, kepedihan. *p. of hunger* perihnya perut karena lapar.

panhandle /ˈpænˈhændəl/ *kb*. 1 gagang panci. 2 *Geog*.: juluran wilayah. *—kki*. mengemis.

panhandler /ˈpænˈhændlər/ *kb*. pengemis.

panic /ˈpænik/ *kb*. kepanikan, kegegéran. *to flee in p.* lari sangat ketakutan/dgn panik. *Sl*.: *to hit the p. button* menjadi gégér secara berlebih-lebihan. *Sl*.: *He's a p.* Ia lucu sekali. *—kkt*. (**panicked**) 1 membikin panik. 2 menggelikan hati. *—kki*. menjadi panik/gugup. **panic-stricken** *ks*. terkena panik.

panicky /ˈpænəkie/ *ks*. panik, gugup karena takut. *p. crowd* orang banyak yg panik/amat ketakutan. *p. market* pasaran yg gila-gilaan.

Pan-Islam /pænˈisləm/ *kb*. Islam Raya, Umat Islam seluruh dunia.

panoply /ˈpænəplie/ *kb*. (*j*. **-lies**) 1 pakaian besi. 2 persenjataan lengkap.

panorama /ˌpænəˈræmə/ *kb*. pemandangan yg luas.

pansy /ˈpænzie/ *kb*. (*j*. **-sies**) 1 sej. bunga. 2 *Sl*.: pria pesolék, banci. 3 *Sl*.: pria yg homoséksuil.

pant /pænt/ *kb*. napas péndék dan cepat. *—kki*. terengah-engah, ngap-ngap. *to p. for* bernafsu sekali, mengharap-harapkan. *—***panting** *kb*. suara terengah-engah.

pantheism /ˈpænthieˈizəm/ *kb*. pantéisme.

panther /ˈpænthər/ *kb*. harimau kumbang.

pantie /ˈpæntie/ = PANTY.

pantomime /ˈpæntəmaim/ *kb*. pantomim, pertunjukan sandiwara bisu. *—kki*. bermain pantomim.

pantry /ˈpæntrie/ *kb*. (*j*. **-ries**) kamar sepén.

pants /pænts/ *kb*., *j*. 1 pantalon (pria), celana panjang (pria). 2 celana panjang (wanita). *Sl*.: *to be caught with o's p. down* terjebak dlm keadaan yg amat memalukan. *She wears the p. in the family* Ia merajai/mengepalai keluarga itu.

panty /ˈpæntie/ *kb*. (*j*. **-ties**) celana dalam (anak-anak atau wanita).

pantywaist /ˈpæntieˈweist/ *kb*. *Sl*.: laki-laki yg bersifat perempuan.

pap /pæp/ *kb*. 1 bubur (utk bayi). 2 yg dangkal.

papa /ˈpapə/ *kb*. bapak, pak, ayah.

papacy /ˈpeipəsie/ *kb*. (*j*. **-cies**) kepausan.

papal /ˈpeipəl/ *ks*. yg berk. dgn Paus.

papaw /ˈpɔpɔ/ *kb*. sm papaya.

papaya /pəˈpayə/ *kb*. papaya.

paper /ˈpeipər/ *kb*. 1 kertas. *to commit to p.* mencatat, menuliskan. *May I use this p. to write on?* Boléhkah

kertas ini kutulisi? *p. of pins* kertas dgn peniti-peniti. *p. bag* kantong kertas. *p. cutter* alat pemotong kertas. *p. hanger* tukang témpél kertas dinding. *p. industry* industri kertas. *p. mill* paberik kertas. *p. money* uang kertas. *p. towel* handuk kertas. 2 surat kabar, koran. 3 *Acad*.: karangan, naskah. *to read a p.* membaca karya ilmiah. *on p.* dlm téori. *weekly p.* mingguan. *—***papers** *j*. surat-surat (dokumén). *ship's papers* surat-surat (keterangan)/dokumén-dokumén kapal. *to lose o's papers* kehilangan surat-surat keterangan. *—kkt*. menémpéli (*a room*). **p. profits** keuntungan dlm buku saja. **p. pulp** bubur kayu. **p. tiger** macan kertas, gertak sambal. *—***papering** *kb*. penémpélan kertas dinding.

paperback /ˈpeipərˈbæk/ *kb*. buku bersampul tipis.

paperboy /ˈpeipərˈboi/ *kb*. tukang/kacung koran.

paperclip /ˈpeipərˈklip/ *kb*. jepitan/penjepit kertas.

papermaking /ˈpeipərˈmeikiŋ/ *kb*. pembuatan kertas.

paperweight /ˈpeipərˈweit/ *kb*. penindih kertas.

paperwork /ˈpeipərˈwərk/ *kb*. pekerjaan tulis-menulis.

papier-maché /ˈpeipərməˈsyei/ *kb*. bahan yg terbuat dari bubur kertas yg dicampuri perekat utk dicétak atau dibentuk (pantung, topéng, dsb).

pappy /ˈpæpie/ *kb*. (*j*. **-pies**) bapak, pak, ayah.

paprika /ˈpæpriekə, pæˈpriekə/ *kb*. paprika (sm lombok).

Papuan /ˈpæpyuən/ *kb*., *ks*. orang Papua.

papyrus /pəˈpairəs/ *kb*. (*j*. **-ri**) lontar.

par /par/ *kb*. 1 persamaan, tingkat yg sama. 2 par (*golf*). *above p.* 1 lebih dari harga yg tertulis diatasnya. 2 lebih séhat. *at p.* sama harga. **below p.** 1 lebih rendah harganya. 2 kurang séhat. *on a p. with* setaraf/setara dgn, sama keadaannya. **up to p.** normal. *I don't feel up to p.* Saya merasa badan kurang normal. **p. value** nilai sama pokok.

Par. [*Parliament*] Parlemén, Déwan Perwakilan Rakyat.

par. 1 [*paragraph*] ayat, paragrap. 2 [*parallel*] sejajar.

para. [*paragraph*] ayat, paragrap.

parable /ˈpærəbəl/ *kb*. cerita perumpamaan, ibarat.

parabola /pəˈræbələ/ *kb*. parabol.

parachute /ˈpærəsyuwt/ *kb*. parasut. *—kki*. terjun dgn parasut/payung.

parachutist /ˈpærəsyuwtist/ *kb*. prajurit tentara payung.

parade /pəˈreid/ *kb*. pawai, parada. *p. ground* lapangan parada. *fashion p.* pawai mode. *—kkt*. 1 mempertunjukkan (*o's wealth*). 2 memperagakan, memamérkan. *—kki*. berpawai, berbaris. *The band paraded down the street* Barisan musik itu berpawai sepanjang jalan.

paradigm /ˈpærədaim, -dim/ *kb*. 1 modél pola, contoh. 2 *Gram*.: contoh tasrif.

paradise /ˈpærədais/ *kb*. firdaus, sorga, janat.

paradox /ˈpærədaks/ *kb*. paradoks, lawan asas.

paradoxical /ˈpærəˈdaksəkəl/ *kb*. berlawanan asas.

paraffin /ˈpærəfin/ *kb*. lilin, parafin, malam.

paragon /ˈpærəgən/ *kb*. teladan yg sempurna, suri-teladan.

paragraph /ˈpærəgræf/ *kb*. paragraf, ayat, alinéa.

parakeet /ˈpærəkiet/ *kb*. bayan, bétét.

parallel /ˈpærəlel/ *kb*. 1 garis lintang sejajar. 2 persamaan. *There is no p.* Tak ada persamaan. *to draw a p. between* menyamakan dgn, memperbandingkan utk persamaan. *—ks*. sejajar. *The streets run p.* Jalan-jalan itu sejajar. *p. bars* kisi-kisi sejajar. *in a p. direction* jurusan yg sejajar. *to be p. to/with* sejajar dgn. *—kkt*. 1 sejajar dgn. *This street parallels* *that one* Jalan ini sejajar dgn jalan itu. 2 serupa dgn (*of a life story*). 3 bersamaan/sama dgn.

parallelogram /'pærə'leləgræm/ *kb.* jajaran genjang.

paralysis /pə'rælэsis/ *kb.* (*j.* **-ses** /-siez/) kelumpuhan.

paralyze /'pærəlaiz/ *kkt.* melumpuhkan. *to be paralyzed* lumpuh.

paralytic /'pærə'litik/ *kb.* orang yg dilumpuhkan. —*ks.* yg berh. dgn kelumpuhan. *to have a p. stroke* mendapat serangan yg melumpuhkan.

parameter /pə'ræmətər/ *kb.* paraméter.

paramilitary /'pærə'milə'terie/ *ks.* bersifat kemilitéran.

paramount /'pærəmawnt/ *ks.* yg tertinggi, yg terpenting. *of p. importance* yg terpenting, yg pokok sekali.

paramour /'pærəmur/ *kb.* kekasih (diluar ikatan suami isteri).

paranoia /'pærə'noiə/ *kb.* penyakit gila karena ketakutan atau karena kecewaan.

paranoiac /'pærə'noiæk/ *kb.* orang yg gila ketakutan.

paranoid /'pærənoid/ *ks.* gila ketakutan.

parapet /'pærəpet/ *kb.* sandaran, dinding (jembatan).

paraphernalia /'pærəfər'neiliea/ *kb.* 1 perlengkapan. 2 perhiasan-perhiasan.

paraphase /'pærəfreiz/ *kb.* uraian dgn kata-kata sendiri. —*kkt.* menguraikan dgn kata-kata sendiri.

paraplegic /'pærə'pliejik/ *kb.* orang yg bagian bawah dari tubuhnya lumpuh.

parasite /'pærəsait/ *kb.* parasit, pasilan, benalu.

parasitic /'pærə'sitik/ *ks.* bersifat parasit/benalu/pasilan.

parasitology /'pærəsi'talэjie/ *kb.* ilmu parasit.

parasol /'pærəsal, -sɔl/ *kb.* payung (thd matahari).

paratrooper /'pærə'truwpər/ *kb.* prajurit payung, parasutis. —**paratroopers** *j.* pasukan para, pasukan payung.

paratroops /'pærə'truwps/ *kb.*, *j.* pasukan-pasukan payung.

paratyphoid /'pærə'taifoid/ *kb.* penyakit tipus ringan, paratipus.

parboil /'par'boil/ *kkt.* memasak setengah matang, menanak-nanak matang.

parcel /'parsəl/ *kb.* 1 bingkisan, bungkusan, pakét. 2 bidang. *a p. of land* sebidang tanah. —*kkt.* membagi-bagikan. *to p. out* membagi-bagikan dlm bungkusan (**to** kpd). *p. post* a) pakét pos. *to send by p. post* mengirim(kan) sbg pakét pos. *p. post window* lokét bagian pakét pos. b) pos pakét. —**parceling** *kb.* pembagian, pematokan.

parch /parc/ *kkt.* memanggang (*corn, banana*). *to be parched by the sun* menjadi kering dan panas kena matahari. *He was parched with thirst* Ia terbakar kehausan. *My throat is parched* Kerongkonganku kering.

parchment /'parcmənt/ *kb.* kertas (dari) kulit, perkamén.

pardon /'pardən/ *kb.* 1 ampun, pengampunan, grasi (dari gubernur). 2 maaf. *I beg your p.?* Maaf, apa yg sdr katakan? —*kkt.* 1 memaafkan. *P. me!* Maafkan saya! *P. me, may I...?* Maafkan saya, bolehkah saya...? 2 mengampuni, memberi ampun/grasi. *The convict was pardoned* Orang hukuman itu mendapat grasi.

pardonable /'pardənəbəl/ *ks.* 1 dapat diampuni. 2 dpt dimaafkan. *with p. pride* dgn rasa bangga yg dpt dimaafkan.

pare /pær/ *kkt.* 1 mengupas (*an apple*). 2 memotong (*o's nails*). *to p. down expenses* mengurangi belanja/perbelanjaan. **parings** *j.* kulit, kupasan. —**paring** *kb.* pengupasan. *paring knife* pisau pengupas peraut.

paregoric /'pærə'garik/ *kb.* (obat) penghilang rasa sakit.

paren. [*parenthesis*] tanda kurung.

parent /'pærənt/ *kb.* 1 orang tua. 2 ayah. 3 ibu. **p. company** perusahaan induk.

parentage /'pærəntij/ *kb.* asal-usul.

parental /pə'rentəl/ *ks.* yg berk. dgn orang tua. *p. authority* kekuasaan orang tua.

parenthesis /pə'renthəsis/ *kb.* (*j.* **-ses**) tanda kurung. *in parentheses* dlm tanda kurung.

parenthetic(al) /'pærən'thetik(əl)/ *ks.* 1 yg disisipkan. 2 dlm tanda kurung. —**parenthetically** *kk.* dgn sisipan, sambil lalu.

parenthood /'pærənthud/ *kb.* kedudukan sbg orang tua.

parer /'pærər/ *kb.* 1 orang pengupas. 2 mesin pengupas.

parfait /par'fei/ *kb.* éskrim sama krim dan buah-buahan yg dibekukan dan disajikan dlm gelas tinggi.

pariah /pə'raiə/ *kb.* 1 paria. 2 kasta yg terendah di India. 3 sampah masyarakat.

parish /'pærisy/ *kb.* jemaah geréja. *p. priest* pendéta wilayah (yg ada geréjanya).

parishioner /pə'risyənər/ *kb.* anggauta jemaah geréja.

Parisian /pə'rizyən, -'rie-/ *kb.* orang kota Paris. *P. atmosphere* suasana kota Paris.

parity /'pærətie/ *kb.* (*j.* **-ties**) 1 kesamaan. 2 keseimbangan.

park /park/ *kb.* 1 taman. 2 kebun raya. —*kkt.* 1 menempatkan, memarkir (*a car*). 2 *Inf.*: menaruh. *P. your bag here* Taruhlah tasmu disini. —**parking** *kb.* parkir. *p. area* lapangan parkir. *p. attendant* juru parkir. *p. lot/place* tempat/pelataran parkir/tukang.

Parkinson /'parkinsən/ *kb.* **Parkinson's disease** sm penyakit lumpuh.

parkway /'park'wei/ *kb.* jalan raya yg berumput ditengahnya.

parlance /'parlэns/ *kb.* bahasa, cara bercakap. *in common p.* dlm bahasa biasa.

parley /'parlie/ *kb.* permusyawaratan, perembukan.

parliament /'parləmənt/ *kb.* parlemén, Déwan Perwakilan Rakyat.

parliamentarian /'parləmən'tæriean/ *kb.* 1 anggauta parlemén. 2 anggota parlemén yg berpengalaman dlm sidang-sidang parlemén.

parliamentary /'parlə'mentərie/ *ks.* parleméntér. *p. body* badan parleméntér.

parlor /'parlər/ *kb.* kamar/salon tamu.

parochial /pə'rowkieəl/ *ks.* 1 yg berk. dgn geréja/ agama. *p. school* sekolah geréja/agama. 2 picik, sempit.

parody /'pærədie/ *kb.* (*j.* **-dies**) parodi, tiruan yg mengéjék. —*kkt.* meniru-niru secara mengéjék.

parole /pə'rowl/ *kb.* pembébasan bersyarat. *to be out on p.* dilepaskan dgn bersyarat. —*kkt.* membébaskan atas jaminan s.s.o. *p. board* déwan yg memberikan pembébasan dgn jaminan.

parolee /pə'rowlie/ *kb.* orang (hukuman) yg dilepaskan dgn jaminan.

paroxysm /'pærəksizəm/ *kb.* serangan hébat. *a p. of coughing* serangan batuk yg hébat.

parquet /par'kei/ *kb.* 1 lantai dari papan yg bergambar. 2 tempat penonton diantara panggung dan balkon.

parries /'pæriez/ lih PARRY.

parrot /'pærət/ kb. burung béo, nuri. —kkt. membébék. **parrot-fashion** tdk tahu arti yg dikatakan.

parry /'pærie/ kkt. (**parried**) 1 mengélakkan, menangkis (a question). 2 menangkis (a blow).

parse /pars/ kkt. menguraikan (kalimat).

parsimonious /'parsə'mownieəs/ ks. terlalu hémat, kikir, pelit, lokék.

parsimony /'parsə'mownie/ kb. sifat hémat, kekikiran.

parsley /'parslie/ kb. péterséli, daun sup.

parsnip /'parsnip/ kb. sm wortel.

parson /'parsən/ kb. pendéta.

parsonage /'parsənij/ kb. rumah pendéta.

part /part/ kb. 1 bagian. in the western p. of the country di bagian barat dari negeri itu. p. of speech bagian bahasa. P. of the book is damaged Sebagian dari buku itu rusak. the greater p. of the country bagian/sebagian yg lebih besar dari negeri itu. two parts of water to one p. sugar dua bagian air dgn satu bagian gula. principal parts of a verb bagian-bagian pokok (dari) s.s.t. kata kerja. to do o's p. mengerjakan bagiannya. **in p.** sebagian. I approve in p. what you say Aku menyetujui sebagian apa yg kaukatakan. for the most p. utk sebagian besar. for my p. bagi saya. to take p. mengambil bagian, turut, ikut (**in** dlm). to have a p. in s.t. ikut serta didlm s.s.t. spare p. onderdil. 2 peranan. to play a p. in mempunyai peranan dlm. to take the p. of Othello memainkan peranan Otello. 3 belah, kuak (in the hair). 4 pihak. He took my p. Ia memihak kepadaku. **on o's p.** pd atau dari pihak. We on our p. must... Dari pihak kami, kami hrs.... 5 daérah, tempat. in his p. of the country di daérahnya di negeri itu. I haven't been in those parts yet Aku blm pernah ke tempat-tempat itu. :: The strange p. about it is that... Yg anéh ttg hal itu ialah bhw.... He is p. owner of the shop Ia ikut memiliki toko itu. (to take) in good p. secara sportip. —kkt. menyibak (hair). to p. company a) bercerai. b) berpisah jalan. —kki. 1 berpisah. The cable parted Kawat besar itu pecah. 2 bercerai (of friends). **to p. with** 1 melepaskan. 2 menjual. **p. and parcel** bagian yg hakiki, bagian yg tak dpt dipisahkan. —ks. sebagian. p. British sebagian berdarah Inggeris. **part-time** ks. setengah/sebagian waktu. p.-time job pekerjaan utk sebagian waktu. —**parting** kb. 1 perpisahan. to be at the p. of the ways berada di perpisahan/persimpangan jalan. 2 perceraian (of married couple). ks. terakhir. p. shot kata terakhir. p. kiss ciuman perpisahan. —**partly** kk. sebagian. p. cloudy sebagian berawan.

part. [participle] partisip.

partake /par'teik/ kki. (**partook, partaken**) 1 ikut serta, mengambil bagian. 2 makan, minum.

partaken /par'teikən/ lih PARTAKE.

partial /'parsyəl/ ks. 1 sebagian. to make a p. study of a problem mempelajari sebagian dari persoalan. p. load sebagian muatan. 2 memihak, berat sebelah. Don't be p. Jangan memihak. 3 suka kpd. to be p. to s.t. a) suka kpd s.s.t. b) tertarik kpd s.s.t. 4 pilih kasih. —**partially** kk. sebagian.

partiality /'parsyie'ælətie/ kb. (j. -ties) sikap memihak. to show p. to s.o. menunjukkan sikap memihak thd s.s.o. a father's p. for his daughter pilih-kasih seorang ayah thd anak perempuannya. to have a p. for the bottle mempunyai kelemahan thd minuman keras.

participant /par'tisəpənt/ kb. peserta. p. in a conference peserta dlm konperénsi.

participate /par'tisəpeit/ kki. mengikutsertakan, mengambil bagian (**in** dlm).

participation /par'tisə'peisyən/ kb. pengambilan bagian, pengikutsertaan.

participial /'partə'sipieəl/ ks. yg berk. dgn partisip.

participle /'partə'sipəl/ kb. partisip.

particle /'partəkəl/ kb. 1 butir. a p. of food sebutir makanan. There's not a p. of truth in his story Sedikitpun tiada kebenaran pd ceritanya. 2 unsur. elementary p. unsur dasar (ilmu alam). 3 Gram.: partikel.

particular /pər'tikyələr/ kb. **particulars** j. fakta-fakta, keterangan-keterangan. in p. istiméwa, khususnya. —ks. 1 teliti. She's very p. Dia berpilih-pilih. Don't be so p. Jangan banyak cingcong. 2 khusus. The p. problem is... Soal yg khusus adalah.... Is he a p. friend of yours? Apakah ia sobat kentalmu? to leave for no p. reason pergi tanpa alasan yg khas. —**particularly** kk. terutama sekali, (ter)istiméwa.

partisan /'partəzən/ kb. 1 pendukung kuat thd s.s.t. atau s.s.o. 2 gerilya, partisan. —ks. pengikut. to act in a p. spirit bertindak dgn semangat pengikut setia.

partisanship /'partəzənsyip/ kb. sifat/sikap berat-sebelah.

partition /par'tisyən/ kb. 1 sekat, dinding antara pemisah. glass p. dinding kaca. 2 pembagian. p. of Korea pembagian Koréa. —kkt. menyekat, membagi (s.s.t.) menjadi dua. to p. off a room menyekat dinding.

partner /'partnər/ kb. 1 pasangan, jodoh (in marriage, a game). 2 sekutu, kompanyon (in business). senior p. kompanyon yg lebih tua.

partnership /'partnərsyip/ kb. persekutuan, perkongsian.

partook /par'tuk/ lih PARTAKE.

partridge /'partrij/ kb. sm ayam hutan.

parturition /'partu'risyən, -tyu-/ kb. prosés kelahiran.

party /'partie/ kb. (j. **-ties**) 1 partai. to follow the p. line mengikuti (garis) partai. good p. man anggota partai yg setia. 2 pésta. to give a p. mengadakan pésta. to go to a p. pergi ke pésta. 3 kelompok, kumpulan orang. We are a p. of four Kami berempat. a p. by the name of Roe orang bernama Roe. to be a p. to a crime terlibat dlm kejahatan. 4 orang atau nomor télpon yg mau bicara. Operator, would you try to reach my p. for me? Penghubung, dapatkan sdr coba hubungi nomor/orang yg saya minta? I can't reach my p. Saya tak mendapat sambungan. Tel.: p. line sambungan bersama. —kki. 1 berpésta. to p. all night berpésta semalam suntuk. 2 pergi pésta, ikut berpésta.

pass /pæs/ kb. 1 pas jalan. 2 kartu tanda (free bébas). 3 jalan kecil yg dalam. 4 nilai, angka. high p. nilai tinggi. Inf.: to make a p. at a girl merayu, mencoba mencium gadis, main mata. to reach or come to a pretty p. menjadi sangat genting. —kkt. 1 lulus (an exam). 2 menyampaikan, memberikan. Please p. the sugar bowl Tolong berikan tempat gula itu. 3 meléwati, melalui (a house, street). 4 menikmati (a vacation). 5 disahkan. The bill passed the Senate RUU itu sdh disahkan oléh Sénat. 6 mewariskan (s.t. on to o's children). 7 menyuguhkan (refreshments). 8 membagi-bagikan (literature). 9 mengulurkan. He passed his hands between the bars Ia mengulurkan tangannya diantara jari-jari (besi). :: to p. a bad check membayar dgn cék kosong. to p. a kidney stone menghilangkan batu ginjal. to p. a milestone memasuki taraf baru, meléwati masa tertentu. to p. a law menetapkan sebuah undang-undang. to p. gas kentut, mengeluarkan angin. to p. judgment menghukum, memberikan pendapat. *to p. sentence on* menjatuhkan hukuman thd. **—*kki.*** 1 meléwati, melintasi. *No passing!* Dilarang melintasi! *P. to the left* Melintas kekiri. Melintaslah kesebelah kiri. 2 léwat, lalu. *The winter passed quickly* Musim dingin berlalu dgn cepat. *Let me p., please* Maaf, boléhkah saya léwat? *to p. in review* léwat utk diperiksa, mengadakan défilé. 3 disahkan, diterima. *The bill finally passed* RUU itu akhirnya disahkan. 4 lulus. *She said I passed* Dia berkata bhw saya lulus. 5 *Bridge :* pas. *Angry words passed between them* Kata-kata kemarahan saling dilontarkan oléh meréka. *to let the insult p.* membiarkan penghinaan itu. *to p. on an applicant* membenarkan (atau tdk) seorang pelamar. **to bring to p.** berhasil dgn s.s.t., menyebabkan s.s.t. terjadi. **to come to p.** terjadi. **to p. along** 1 meneruskan. 2 berjalan terus. **to p. s.t. around** mengédarkan. **to p. away** 1 meninggal (dunia), wafat. 2 hilang *(of a fever).* 3 meléwatkan/menghabiskan waktu *(time).* **to p. by** 1 meléwati, melalui. 2 léwat. 3 mengabaikan, tdk memperdulikan. **to p. for** dipandang sbg. **to p. off** 1 menukarkan, mempergunakan *(a counterfeit bill).* 2 mengabaikan. *Just p. off what he said* Abaikan saja apa yg dikatakannya. *to p. o.s. off as* berlagak/bertindak spt. 3 hilang *(of a headache).* *Everything passed off smoothly* Semuanya berlalu dgn tenang. **to p. on** 1 meninggal, wafat. 2 mengédarkan *(a list).* 3 menceritakan *(information).* 4 berjalan langsung. *Let's p. on to a new topic* Mari kita beralih kpd pokok baru. *Read this and p. it on* Bacalah ini dan teruskan. *My wife always passes (up)on my clothes* Isteriku selalu memberi/mengeluarkan pendapatnya mengenai pakaianku. **to p. out** 1 *Inf.:* (jatuh) pingsan. 2 mengédarkan. *to p. out leaflets* mengédarkan suratsurat siaran. **to p. over** 1 mengabaikan, meléwatkan *(a question).* 2 melampaui, melangkaui *(s.o. for promotion).* 3 memaafkan *(a mistake).* *The storm has passed over* Angin badai tlh léwat. **to p. round** mengédarkan. *P. round the cookies* Édarkanlah kué-kué. **to p. through** meléwati, melalui. *to p. through a crisis* meliwati/melampaui sebuah krisis. *P. it through this window* Masukkanlah léwat jendéla ini. **to p. up** tdk dpt memenuhi. *to p. up an opportunity* meliwatkan kesempatan. —**passing** *kb.* 1 meninggalnya, wafatnya. 2 berlalunya *(of time).* *P. is dangerous on this curve* Mendahului (mobil lain) sangat berbahaya di tikungan ini. **in p.** sambil lalu, dlm pd itu. *ks.* 1 lalu, léwat, liwat. *p. shower* hujan lalu. *a p. car* mobil yg sedang lalu. 2 hanya cukup *(of grades).* 3 sepintas lalu. *of more than p. interest* tdk hanya bersifat sepintas lalu saja.

pass. *[passenger]* penumpang.

passable /'pæsəbəl/ *ks.* 1 dpt diseberangi *(of a river).* 2 agak baik. *The show was p.* Pertunjukan itu boléh juga. —**passably** *kk.* boléh juga, cukup baik.

passage /'pæsij/ *kb.* 1 jalan lintasan, gang. 2 tempat di kapal *(terbang).* 3 bagian *(in a book).* 4 penerimaan. *P. of the bill is assured* Diterimanya RUU itu sdh terjamin. 5 perjalanan. 6 karcis naik kapal.

passageway /'pæsij'wei/ *kb.* gang, jalan terusan.

passé /pæ'sei/ *ks.* ketinggalan jaman.

passenger /'pæsənjər/ *kb.* penumpang. *p. car* mobil penumpang. *p. ship* kapal penumpang.

passer /'pæsər/ *kb.* pelémpar *(of a ball).* *p. of a bad check* penarik cék kosong.

passer-by /'pæsər'bai/ *kb.* (*j.* **passers-by**) orang yg léwat/lalu.

passion /'pæsyən/ *kb.* 1 nafsu, keinginan besar. *to have a p. for work* bernafsu bekerja. 2 kegemaran

(**for** pd). *He has a p. for books* Ia gemar sekali pd buku-buku. *to play a role with p.* memainkan peranan dgn penuh semangat. *in a fit of p.* dlm serangan amarah. **P. Week** 1 Minggu Suci. 2 Minggu kedua sblm Paskah.

passionate /'pæsyənət/ *ks.* bernafsu, penuh gairah. *p. embrace* pelukan dgn birahi/mesra. *p. lovers* kekasih yg asyik-berahi. —**passionately** *kk.* dgn nafsu. *to be p. fond of s.o.* keranjingan kpd s.s.o. *to be p. fond of s.t.* amat suka kpd s.s.t.

passive /'pæsiv/ *ks.* 1 pasif, tdk giat *(of a person).* *p. resistance* perlawanan secara pasif. *p. knowledge of a language* pengetahuan bahasa dgn pasif (tdk dpt bercakap). 2 *Gram.:* pasif *(of a verb).* *p. voice* bentuk pasif. —**passively** *kk.* dgn pasip.

passiveness /'pæsivnəs/ *kb.* ketidakpedulian, kepasifan.

passivity /pæ'sivətie/ *kb.* = PASSIVENESS.

passkey /'pæs'kie/ *kb.* kunci maling.

Passover /'pæs'owvər/ *kb.* perayaan Paskah kaum Yahudi.

passport /'pæs'powrt/ *kb.* 1 paspor. *p. photo* pasfoto. 2 kunci *(to happiness).*

password /'pæs'wərd/ *kb.* kata tegoran.

past /pæst/ *kb.* masa lalu. *in the p.* dulu, dahulukala. *a thing of the p.* hal yg sdh léwat. *to live in the p.* hidup dlm waktu lampau. —*ks.* 1 bekas. *p. manager* bekas pengurus. 2 léwat. *What is p. should be forgotten* Apa yg tlh léwat seharusnya dilupakan. 3 lalu. *the p. week* minggu yg lalu. *the p. two years* dua tahun yg baru lalu (ini). —*kk.* léwat, lalu. *to march p.* berdéfilé. —*kd.* 1 léwat. *a quarter p. one* jam satu léwat seperempat. *It's p. midnight* Hari tlh léwat tengah malam. *She's p. sixty* Ia tlh léwat enampuluh tahun. 2 léwat, meléwati. *He walked right p. me* Ia berjalan léwat dekatku. *to walk p. the house* berjalan meléwati rumah itu. *I'm p. caring now* Saya tak (mem)perduli(kan) lagi sekarang. *I wouldn't put it p. him ...* Saya bukan tdk mengerti kalau ia.... *He's a p. master at telling jokes* Ia seorang ahli bercerita lucu. **p. participle** bentuk katakerja yg menunjukkan bhw s.s.t. pekerjaan sdh dilakukan. **p. tense** bentuk katakerja yg menyatakan bhw pekerjaan tlh terjadi pd waktu yg lalu.

paste /peist/ *kb.* 1 perekat, lém. *shrimp p.* petis udang. —*kkt.* 1 melekatkan, merekatkan, menémpélkan (**in** didlm). 2 *Sl.:* meninju. —*Sl.:* **pasting** *kb.* pukulan.

pasteboard /'peist'bowrd/ *kb.* papan pengumuman, papan penémpélan berita-berita.

pastel /pæ'stel/ *ks.* pastél, kapur berwarna. *p. color* warna pastél.

pasteurize /'pæstəraiz/ *kkt.* memberantas kumankuman penyakit dgn memanaskan hingga 70°C.

pastime /'pæs'taim/ *kb.* hiburan, pelengah waktu, rékréasi, perlengah hati/waktu.

pastor /'pæstər/ *kb.* pendéta.

pastoral /'pæstərəl/ *ks.* 1 yg berk. dgn pendéta. *p. duties* tugas-tugas pastor/kepastoran. 2 yg berk. dgn penghidupan pengembala atau dgn pedusunan. *p. scene* pemandangan pedusunan.

pastrami /pə'stramie/ *kb.* daging sapi bagian bahu yg diasap.

pastry /'peistrie/ *kb.* (*j.* **-ries**) kué kering. *p. shop* toko kué-kué.

pasture /'pæscər/ *kb.* padang rumput. —*kki.* membiarkan makan rumput, menggembalakan.

pastureland /'pæscər'lænd/ *kb.* padang rumput.

pasty /'peistie/ *ks.* 1 pucat *(of complexion).* 2 spt bubur.

pat /pæt/ *kb.* 1 tepukan. *p. on the cheek* tepukan di pipi. 2 ulasan. *p. of butter* ulasan mentéga. —*ks.* tepat, cocok, sepadan. *p. answer* jawaban yg tepat. —*kk. Inf.*: **to have s.t. down p.** hafal akan s.s.t. *Inf.*: to stand p. on tetap (berpegang)pd. —*kkt.* (**patted**) menepuk (*on the back, cheek*).

patch /pæc/ *kb.* 1 *Auto.*: tambalan. 2 potongan kecil (*over an eye*). 3 bidang kecil tanah. 4 potong. *a p. of blue in the sky* sepotong warna biru di langit. *p. of ice* lapisan és. *He isn't a p. on his father* Ia tdk patut dibandingkan dgn ayahnya. —*kkt.* menambal, menémpéli. *to p. up a disagreement* menyelesaikan perselisihan. **patch-up** *ks.* seada-adanya. *p.-up job* pekerjaan /tambalsulam seada-adanya.

patchwork /'pæc'wərk/ *kb.* 1 penjahitan kain perca. 2 kain tambal seribu. 3 potongan kecil-kecil. 4 campur aduk.

patchy /'pæcie/ *ks.* setengah-setengah, tdk selesai/ lengkap/sempurna.

pate /peit/ *kb.* kepala. *his bald p.* kepalanya yg botak.

patella /pə'telə/ *kb.* tempurung lutut.

patent /'pætənt *kb., ks., kkt.*; 'peitənt *ks.*/ *kb.* patén. —*ks.* terang, jelas, nyata. —*kkt.* mendapat patén utk. **p. leather** kulit perlak. **p. medicine** obat jadi. **P. Office** Biro Urusan Patén.

paternal /pə'tərnəl/ *ks.* pihak ayah. *p. grandfather* kakék dari pihak ayah.

paternalism /pə'tərnəlizəm/ *kb.* bapakisme.

paternalistic /pə'tərnə'listik/ *ks.* kebapak-bapakan.

paternity /pə'tərnətie/ *kb.* ayah, hal berbapak.

path /pæth/ *kb.* 1 (*garden*) jalan kecil. 2 garis édar (*of a satellite*). *p. of glory* tingkahlaku/sikap kemenangan. *to dart into the p. of a car* berlari masuk ke arah jalan sebuah mobil. **to beat a p. to** merambah jalan, menerobos. *The public beat a p. to the young writer's home* Orang banyak merambah jalan ke rumah pengarang muda itu. *Our paths finally crossed* Akhirnya kami bertemu.

pathetic /pə'thetik/ *ks.* menyedihkan, sedih, pedih.

pathfinder /'pæth'faindər/ *kb.* pandu, pramuka.

pathological /'pæthə'lajəkəl/ *ks.* mengenai hama/ penyakit.

pathologist /pə'thaləjist/ *kb.* ahli patologi.

pathology /pə'thaləjie/ *kb.* (*j.* -**gies**) ilmu penyakit.

pathos /'peithɔs/ *kb.* rasa kesedihan/penderitaan.

pathway /'pæth'wei/ *kb.* jalan kecil.

patience /'peisyəns/ *kb.* kesabaran. *to exhaust o's p.* habis kesabarannya. *to have p. with s.o.* bersabar dgn s.s.o. *This taxes my p.* Ini adalah ujian berat utk kesabaranku. *to lose p. with s.o.* kehilangan kesabarannya dgn s.s.o. *to be out of p.* habis kesabarannya. *Be p.* Sabarlah. —**patiently** *kk.* dgn sabar.

patient /'peisyənt/ *kb.* pasién. —*ks.* sabar, panjang usus. *Be p.* Sabarlah. —**patiently** *kk.* dgn sabar.

patio /'pætieow/ *kb.* émpér terbuka dibelakang rumah (di pekarangan).

patois /'pætwa/ *kb.* logat daérah.

patriarch /'peitrieark/ *kb.* kepala keluarga.

patriarchal /'peitrie'arkəl/ *ks.* patriarkhal, perayahan.

patriarchy /'peitrie'arkie/ *kb.* (*j.* -**chies**) sistim kemasyarakatan yg menentukan ayah sbg kepala keluarga.

patrician /pə'trisyən/ *kb.* bangsawan, ningrat.

patricide /'pætrəsaid/ *kb.* pembunuhan ayah sendiri.

patrilineal /'pætrə'linieəl/ *ks.* patrilinial, menurut garis keturunan ayah.

patrimony /'pætrə'mownie/ *kb.* (*j.* -**nies**) warisan dari ayah atau leluhur.

patriot /'peitrieət/ *kb.* patriot, pencinta tanah air.

patriotic /'peitrie'atik/ *ks.* patriotik.

patriotism /'peitriə'tizəm/ *kb.* patriotisme, kecintaan kpd tanah air.

patrol /pə'trowl/ *kb.* patroli. *police p.* patroli polisi. *Shore P.* Polisi Militér Angkatan Laut. *p. car/wagon* mobil peronda/patroli. *p. leader* pemimpin (regu) patroli. —*kkt.* merondai (*an area*). —*kki.* meronda, (ber)patroli.

patrolman /pə'trowlmən/ *kb.*, (*j.* -**men**) 1 polisi (ronda). 2 patroli, peronda.

patron /'peitrən/ *kb.* 1 pelindung, penyokong (*of the arts*). *p. saint* orang suci yg dijadikan pelindung. 2 langganan (*of a restaurant*).

patronage /'peitrənij, 'pæ-/ *kb.* 1 (per)lindungan. 2 langganan.

patroness /'peitrənəs/ *kb.* pelindung, penyokong (wanita).

patronize /'peitrənaiz, 'pæ-/ *kkt.* berlangganan (*a certain shop*). *to be patronizing towards s.o.* memperlakukan s.s.o. dgn merendahkan diri.

patronymic /'pætrə'nimik/ *kb.* nama yg hampir sama dgn nama ayah.

patter /'pætər/ *kb.* 1 cakap cepat. 2 derai, rintik (*of rain*). 3 suara derai (*of feet*). —*kki.* 1 berketepukketepuk (*of feet*). 2 berderai-derai (*of rain*).

pattern /'pætərn/ *kb.* 1 pola, mal (*of a dress*). 2 susunan gambar dan warna (*on material*). 3 pola, contoh, teladan (*of behavior*). *to set the p.* menentukan pola. —*kkt.* mencontoh, meneladan. *to p. o.s. after o's teacher* meneladan gurunya.

patty /'pætie/ *kb.* (*j.* -**ties**) **p. shell** sm kué pastél.

paucity /'pɔsətie/ *kb.* kekurangan. *a p. of TV viewers* sedikitnya pirsawan TV. *a p. of news* kabar-kabar sangat (ber)kurang. *p. of money* kekurangan uang.

paunch /pɔnc/ *kb.* 1 perut gendut. 2 perut.

pauper /'pɔpər/ *kb.* orang miskin/fakir.

pause /pɔz/ *kb.* 1 selaan, istirahat. *a short p. for station identification* selaan sebentar utk menyebutkan nama pemancar. 2 waktu istirahat/jedah. *p. in the conversation* terhenti sebentar dlm pembicaraan itu. *His statement gives us p.* Pernyataannya menyebabkan kami menjadi ragu-ragu. —*kki.* berhenti sebentar.

pave /peiv/ *kkt.* 1 meratakan, mengaspal (*road, street*). *The road to hell is paved with good intentions* Jalan ke neraka bertabur dgn maksud-maksud baik. 2 membuka. *to p. the way* membuka jalan (**for** utk). —**paving** *kb.* 1 trottoar, kakilima. 2 ubin, bahan hamparan.

pavement /'peivmənt/ *kb.* 1 jalan aspal, aspalan. 2 trottoar, kakilima.

pavilion /pə'vilyən/ *kb.* pavilyun.

paw /pɔ/ *kb.* 1 cakar, kaki. 2 *Inf.*: tangan. —*kkt.* 1 mencakar. 2 mengais-ngais (*the ground*).

pawn /pɔn/ *kb.* pion, bidak (*in chess, in a power struggle*). —*kkt.* menggadaikan. **p. ticket** surat gadai.

pawnbroker /'pɔn'browkər/ *kb.* pemilik rumah gadai.

pawnshop /'pɔn'syap/ *kb.* rumah gadai, penggadaian.

pay /pei/ *kb.* 1 upah, gaji. *What is the hourly rate of p.?* Berapa jumlah (nilai) upah tiap jamnya? 2 bayaran. *vacations with p.* libur dgn (menerima) bayaran. **to be in the p. of** dibayar oléh. *He's in the p. of a foreign government* Ia bayaran suatu pemerintah asing. —*kkt.* (**paid**) membayar. *to p. one dollar* membayar satu dolar. *to p. a bill* membayar rékening. **Paid** Lunas, Dibayar. *to p. s.o. fifty dollars* membayar s.s.o. $50. *to p. cash* membayar dgn tunai. *He paid me to do that* Ia membayar saya utk mengerjakan itu. *to p. the penalty* menjalani hukuman (**for** karena). *It doesn't p. me to...* Tak ada gunanya bagiku utk.... *It will p. you to ...* Akan terasa berguna bagimu utk.... *to p. a visit* a) berkunjung kpd, mengunjungi. b) singgah, mampir. *to p. a courtesy call* mengadakan kunjungan kehormatan. *to p. its own way* membiayai sendiri. —*kki.* membayar. *P. later!* Bayar belakang! *P. at the door* Bayar di pintu. *to p. as o. goes* membayar kontan/segera. *It pays to advertise* Berguna juga utk memasang iklan. *Crime doesn't p.* Perbuatan jahat tdk bermanfaat. **to p. back** 1 mengganti. 2 membalas (*for an insult*) **to p. down** membayar uang muka. **to p. for** 1 mengganti (*damages*). 2 membayar, mengeluarkan (*a house*). *He's going to p. for that* Dia akan dihukum utk perbuatannya itu. *to p. dearly for s.t.* membayar/menebus mahal sekali utk s.s.t. *This business will p. for itself* Perusahaan ini akan bisa berusaha sendiri. *He paid for his rashness with his life* Karena ugal-ugalan itu melayanglah jiwanya. **to p. off** 1 melunasi (*a debt, mortgage*). *to p. off an employee* memecat/menghentikan kerja seorang pegawai. 2 memberi hasil. *The effort finally paid off* Usaha itu akhirnya menguntungkan juga. **to p. out** mengeluarkan. *to p. out rope* mengulur/memanjangkan/melepaskan tambang. **to p. up** membayar penuh. *Inf.:* **p. dirt** harta karun. *to hit p. dirt* mendapat harta karun. **p. envelope** amplop (berisi uang) gaji. **p. hike** kenaikan gaji. **p. roll** daftar gaji/upah. **p. scale** taraf gaji. **p. phone/station** telepon bayaran. **p. TV** pesawat télévisi séwaan. —**paying** *kb.* pembayaran. *ks.* bayaran, gaji. *p. guest* tamu pembayar.

payable /'peiəbəl/ *ks.* 1 dpt dibayar. *p. in two installments* dpt dibayar dlm dua angsuran. 2 utk dibayarkan kpd. *Make your check p. to...* Buatlah cékmu utk dibayarkan kpd.... *P. at sight* Dibayar bila diperlihatkan. Dibayar atas tunjuk.

paycheck /'pei'cek/ *kb.* cék upah/gaji.

payday /'pei'dei/ *kb.* hari bayaran, habis bulan.

payee /'peiie, pei'ie/ *kb.* yg dibayar.

payer /'peiər/ *kb.* pembayar.

payload /'pei'lowd/ *kb.* 1 bagian muatan yg menghasilkan untung. 2 alat-alat, kendaraan atau satelit dlm sebuah rokét.

paymaster /'pei'mæstər/ *kb.* pembayar gaji, juru bayar, kasir.

payment /'peimənt/ *kb.* 1 bayaran. *monthly p.* bayaran sebulan. 2 pembayaran. *to make one more p. on o's mortgage* membayar satu kali utk melunasi hipotiknya. *to stop p. on a check* menghentikan pembayaran cék. *p. in full* pembayaran penuh. *p. received* upah/gaji yg diterima. *as p. for your services* sbg upah bagi jasa-jasamu.

payoff /'pei'ɔf/ *kb.* 1 pembayaran gaji. 2 hasil. 3 *Sl.*: hadiah, hukuman. *Sl.: I've heard some wild stories, but that's the p.* Aku tlh dengar cerita-cerita gila tapi itulah yg betul-betul menegakkan bulu roma. *p. test* ujian yg menentukan.

payroll /'pei'rowl/ *kb.* daftar gaji/upah.

p.c. [*per cent*] persén.

pct. 1 [*per cent*] persén. 2 [*precinct*] séksi.

pd. [*paid*] tlh dibayar, lunas.

pea /pie/ *kb.* kacang polong/Arab. *green peas* kacang ijo/buncis, ércis. *Inf.: He didn't say p. turkey* Ia bungkam saja. **p. green** hijau muda. **p. soup** sop ércis, sop kacang ijo.

peace /pies/ *kb.* 1 perdamaian. *world p.* perdamaian dunia. *to keep p. between* memelihara per-

damaian/kerukunan antara. **at p.** dlm perdamaian. *He's at p. with the world* Ia puas dgn dunia sekitarnya. *p. treaty* perjanjian perdamaian. *to keep the p.* menjaga/mempertahankan perdamaian. *to make p. with* berdamai dgn, berbaik kembali dgn, mendamaikan, rukun dgn. *to sue for p.* memohonkan perdamaian. 2 ketenteraman. *p. and quiet* ketenteraman hati/pikiran. *to disturb the p.* mengganggu ketenteraman. *He has given me no p.* Hati saya dibuatnya tdk tenteram. *to make o's p. with o's conscience* memperoléh ketenteraman dlm jiwanya/batinnya. *to hold o's p.* berdiam diri, diam. **peace-loving** *ks.* yg cinta akan perdamaian. **p. officer** polisi.

peaceable /'piesəbəl/ *ks.* suka damai. —**peaceably** *kk.* dgn tenang/damai.

peaceful /'piesfəl/ *ks.* 1 tenang. *It's so p. here* Sangat tenang disini. 2 tenteram, damai. *by p. means* dgn cara-cara damai.

peacemaker /'pies'meikər/ *kb.* pendamai.

peacetime /'pies'taim/ *kb.* masa damai. **p. army** tentara dlm masa damai.

peach /piec/ *kb.* 1 (buah) persik. 2 *Sl.*: yg ulung, hébat, sangat baik. *a p. of a swimmer* seorang perenang yg hébat.

peachy /'piecie/ *ks. Sl.*: hébat, bagus benar.

peacock /'pie'kak/ *kb.* merak.

peak /piek/ *kb.* 1 puncak (*of a mountain, career*). 2 ujung (*of flagpole*). 3 bubungan, nok (*of roof*). —*ks.* tertinggi, maksimum. *p. price* harga tertinggi. *p. load* beban maksimum. —*kki.* mencapai puncaknya. **p. hours** puncak kesibukan. **peak-hour** *ks.* jam tersibuk. *p.-hour traffic* lalulintas pd jam tersibuk. **p. season** musim ramai.

peal /piel/ *kb.* 1 gemuruh (*of thunder*). 2 gelak tertawa. 3 bunyi. —*kkt.* mengumandangkan. —*kki.* berdentang-dentang (*of bells*).

peanut /'pie'nʌt/ *kb.* kacang tanah. *Inf.: His income is peanuts when compared with...* Penghasilannya sedikit sekali kalau dibandingkan dgn.... **p. brittle** rempéyék, kacang gula. **p. butter** pindakas, selé kacang. *Sl.:* **p. gallery** balkon. **roasted** *peanuts* kacang goréng.

pear /pær/ *kb.* buah pér. **pear-shaped** *ks.* berbentuk buah pér, bulat.

pearl /pərl/ *kb.* mutiara. *to cast pearls before swine* bagai air titik ke batu. **p. barley** beras Belanda. **p. diver** penyelam mutiara. **p. diving** penyelaman mutiara. **p. oyster** kerang mutiara.

pearly /'pərlie/ *ks.* spt mutiara (*of teeth*).

peasant /'pezənt/ *kb.* tani, petani.

peasantry /'pezəntrie/ *kb.* kaum tani.

peat /piet/ *kb.* tanah gemuk yg dipakai sbg bahan pembakar. **p. moss** lumut bahan pembakar.

pebble /'pebəl/ *kb.* batu kerikil/koral.

pecan /pi'kan, pi'kæn, pie'kæn/ *kb.* sm kemiri.

peccadillo /'pekə'dilow/ *kb.* dosa kecil.

peck /pek/ 1 takar (= $7\frac{1}{2}$ LITERS). *a p. of peaches* setakar persik. 2 *Inf.*: cium cepat. 3 banyak. *a p. of trouble* banyak susah. —*kkt.* mematuk (*a hole*). **to p. at** 1 makan sedikit-sedikit. 2 mematuk-matuk (*of a bird*). **to p. out** mengetik pelan-pelan. *pecking order* susunan atau urutan kekuasaan (dlm suatu kelompok masyarakat).

pectoral /'pektərəl/ *ks.* yg berk. dgn dada. *p. fin* sirip dada. *p. muscle* otot-otot dada.

peculiar /pi'kyuwlyər/ *ks.* 1 ganjil. *p. walk* jalan yg ganjil. 2 anéh. *She's p.* Ia anéh. 3 khas. *That fish is p. to the Amazon* Ikan itu hanya/khusus terdapat di sungai Amazon. —**peculiarly** *kk.* secara khusus/istiméwa. *p. successful* berhasil secara istiméwa.

peculiarity /pi'kyuwlie'ærətie/ *kb.* (*j.* **-ties**) 1 sifat yg anéh. 2 keganjilan, keanéhan. 3 kepelikan.

pecuniary /pi'kyuwnie'erie/ *ks.* yg berk. dgn uang. *p. needs* kebutuhan-kebutuhan keuangan.

pedagogical /'pedə'gajəkəl, -'gowjəkəl/ *ks.* yg berk. dgn pédagogi/pendidikan. *a p. device* sebuah alat mendidik.

pedagogue /'pedəgag, -gowg/ *kb.* ahli mendidik.

pedagogy /'pedəgajie, -gowjie/ *kb.* pédagogi, ilmu mendidik.

pedal /'pedəl/ *kb.* 1 pedal. *gas p.* pedal/tancapan bénsin. 2 injak-injakan, dayung (*of bicycle*). —*kkt., kki.* mengayuh.

pedant /'pedənt/ *kb.* 1 orang yg bersifat keilmu-ilmuan. 2 orang yg suka menonjolkan ketinggian ilmunya.

pedantic /pə'dæntik/ *ks.* suka menonjolkan keil-muannya.

pedantry /'pedəntrie/ *ks.* (*j.* **-ries**) sifat suka me-nonjolkan keilmuan.

peddle /'pedəl/ *kkt.* menjajakan. —*kki.* berjaja, berjual-keliling. —**peddling** *kb.* penggalasan ke-liling.

peddler /'pedlər/ *kb.* penjaja, penjual/penggalas keliling.

pederasty /'pedə'ræstie/ *kb.* semburit, perjantanan.

pedestal /'pedəstəl/ *kb.* tumpuan, lapik, alas. *to place women on a p.* memuja kaum wanita.

pedestrian /pə'destriеən/ *kb.* pejalan kaki. *p. cross-walk* tempat menyeberang (jalan). —*ks.* biasa saja. *His writing is p.* Karangannya biasa saja.

pediatrician /'piedieə'trisyən/ *kb.* dokter anak-anak.

pediatrics /'piedie'ætriks/ *kb.* ilmu keséhatan anak-anak.

pedicab /'pedə'kæb/ *kb.* bécak.

pedicure /'pedəkyur/ *kb.* pengobatan dan pemeli-haraan kaki.

pedigree /'pedəgrie/ *kb.* silsilah, asal-usul. *pedigreed horse* kuda keturunan baik.

pee /pie/ *kki. Vulg.:* kencing.

peek /piek/ *kb.* pengintipan (sejenak). *Take a p. at the baby* Tolong téngok bayi itu. —*kki.* mengintip, menéngok (sejenak).

peek-a-boo /'piekəbuw/ *kb.* main cilukba/sembu-nyi-sembunyian.

peel /piel/ *kb.* kulit (*of banana, orange*). —*kkt.* me-ngupas, menguliti (*apple, orange*). —*kki.* mengelu-pas. *I was so sunburned I peeled for a week* Aku begitu terbakar oléh matahari sehingga terkelupas kulitku utk seminggu. —*kki.* 1 (*undress*) menanggalkan diri. 2 menggelekak (*of paint*). 3 berkeloyak (*of skin*). **to p. off** 1 mengelupas (*of paint*). 2 melepaskan (*o's jacket*). 3 keluar (*of a plane from formation*). —**peeling** *kb.* kupasan.

peeler /'pielər/ *kb.* alat pengupas.

peep /piep/ *kb.* 1 téngok. *to take a p. at* melihat. 2 ciapan, ciak (*of a bird, chick*). *Don't let me hear a p. out of you* Jangan sampai kudengar suaramu lagi. —*kki.* 1 mengintip(**at** kpd). 2 mencicit, menciak (*of a bird*). **to p. out** muncul. *Peeping Tom* orang yg suka mengintip.

peeper /'piepər/ *kb.* 1 pengintip. 2 *Inf.:* kaca. 3 *Inf.:* teropong. 4 *Inf.:* kacamata.

peephole /'piep'howl/ *kb.* lubang mengintip/intip-an.

peer /pir/ *kb.* kawan sebaya. *without p.* tak berban-ding. —*kki.* memandang dgn tajam. **to p. at** me-mandang dgn tajam, menatap(i). **to p. over** meng-intai dari.

peerless /'pirləs/ *ks.* tak ada bandingannya/tara-nya. *p. performance* pertunjukan yg tdk ada taranya.

peeve /piev/ *kb. s.s.t.* yg menjéngkélkan. —*kkt.* mengesalkan. *to be peeved by* merasa kesal thd.

peevish /'pievisy/ *ks.* kesal, jéngkél, marah, suka mengeluh.

peewee /'piewie/ *kb.* orang kecil. —*ks.* kecil, kerdil, katék.

peg /peg/ *kb.* 1 pasak. 2 taraf. *His ability is several pegs below his brother's* Kecakapannya berada berapa taraf dibawah kecakapan saudaranya. *He has no p. on which to hang his failure* Ia tak mempunyai dalih thd kegagalannya. **to take down a p.** mengurangi kesombongan —*kkt.* (**pegged**) 1 memancangkan (*a net, pole*). 2 menetapkan (*the price of s.t.*) 3 melém-parkan. *Inf.:* **to p. away** bekerja giat. *We keep pegging away at the dictionary* Kami terus bekerja keras utk kamus itu. **p. leg** kaki kayu/palsu.

pejorative /pi'jarətiv, -'jɔ-/ *ks.* merendahkan, mem-burukkan.

pelican /'peləkən/ *kb.* burung undan.

pellagra /pə'lægrə, -'leigrə/ *kb.* penyakit disebab-kan makanan yg kurang baik, menyebabkan kulit gatal, gugup, dan kadang-kadang agak gila.

pellet /'pelit/ *kb.* 1 pil, butir (*of food*). 2 peluru, mimis (*of shot*).

pellmell /'pel'mel/ *kb.* kacau-balau, pontang-panting. —*kk.* **to rush p. for** *the exit* berlari dgn kacau balau menuju jalan keluar.

pelt /pelt/ *kb.* kulit bulu. —*kkt.* 1 melémpari (*s.o.*). *to be pelted dpt* lémparan. *to p. e.o. with snowballs* berlémpar-lémparan dgn bola-bola salju. 2 meng-hujani (*s.o. with questions*). 3 memukuli (*of hail, sleet, rain*).

pelvic /'pelvik/ *ks.* yg mengenai panggul. *p. region* bagian tubuh pd panggul.

pelvis /'pelvis/ *kb.* panggul, rongga (tulang) ping-gul.

pen /pen/ *kb.* 1 péna. *p. pal* sahabat péna. 2 kandang (*of children, hogs*). 3 *Sl.:* penjara. —*kkt.* (**penned**) 1 menulis. 2 mengurung (*a dog*). **to p. in/up** 1 men-desak ke sudut. 2 mengurung. **p. name** nama samaran.

pen., Pen. [*peninsula*] semenanjung.

penal /'pienəl/ *ks.* mengenai hukum. *p. code* undang-undang/hukum pidana. *p. servitude* hukuman kerja keras/paksa.

penalize /'pienəlaiz, 'pen-/ *kkt.* menghukum, me-midanakan.

penalty /'penəltie/ *kb.* (*j.* **-ties**) 1 hukuman. *supreme p.* hukuman mati. *under p. of law* dgn ancaman hukuman. 2 *Sport:* pénalti.

penance /'penəns/ *kb.* penebusan dosa. *to do p.* men-jalankan penebusan dosa.

penchant /'pencənt/ *kb.* kecondongan, kegemaran.

pencil /'pensəl/ *kb.* potlot, pénsil. *eyebrow p.* peng-hitam alis. *colored p.* pinsil berwarna. *p. sharpener* pengasah pénsil. —*kkt.* menulis (*a note*). *to p. in corrections* menuliskan perbaikan-perbaikan dgn pénsil. *Sl.:* **p. pusher** pekerja tulis-menulis. *penciled memo* mémorandum bertulisan pénsil.

pendant /'pendənt/ *kb.* anting-anting.

pending /'pending/ *ks.* menunggukan, menantikan. —*kd.* seraya menantikan (keputusan/kedatangan s.s.o.). *p. his return* seraya menantikan kedatangan-nya kembali.

pendulous /'penjələs, -dyələs/ *ks.* terjumbai, ter-gantung.

pendulum /'penjələm/ *kb.* bandul, buaian.

penetrable /'penətrəbəl/ ks. 1 dpt ditembus/dise-
lami. 2 dpt diduga/dipahami.
penetrate /'penətreit/ kkt. 1 menembus (of sound).
to p. defenses menembus pertahanan. His eyes p. the
darkness Matanya menembus kegelapan. 2 merém-
bés (of water). —kki. merasuk. The medicine's effect
began to p. Daya obat itu mulai merasuk. —**pene-
trating** ks. tajam, menusuk (of wind, sound, criti-
cism).
penetration /'penə'treisyən/ kb. 1 penembusan (of
a bullet). 2 perémbésan (of water, of people) (**into** ke).
3 (economic, cultural) pénétrasi.
penguin /'pengwin, 'penggwin/ kb. sm angsa di
kutub selatan, péngwin.
penicillin /'penə'silən/ kb. pénisilin.
peninsula /pə'ninsələ, -syələ/ kb. semenanjung,
jazirah. The Malay P. Semenanjung Malaya.
peninsular /pə'ninsələr, -syələr/ ks. merupakan
sebuah semenanjung/jazirah.
penis /'pienis/ kb. 1 zakar, batang kemaluan lelaki,
batang pelir. 2 burung (of boys).
penitence /'penətəns/ kb. rasa sesal, sesalan.
penitent /'penətənt/ ks. (sangat) menyesal.
penitentiary /'penə'tensyərie/ kb. (j. -ries) pen-
jara.
penknife /'pen'naif/ kb. (j. -knives) pisau lipat.
penmanship /'penmənsyip/ kb. keahlian menulis
indah, tulisan indah.
Penn(a). [Pennsylvania] negarabagian A.S.
pennant /'penənt/ kb. panji.
penniless /'peniələs/ ks. tanpa/tak beruang sepésér-
pun.
penny /'penie/ kb. (j. -nies) sén dolar. 100 pennies
equal one dollar Seratus sén sama dgn satu dolar.
without a p. to her name tanpa uang sesénpun. to turn
an honest p. berpenghasilan yg halal. A p. for your
thoughts Katakanlah kpd saya apa yg terkandung
dlm pikiranmu. **p. pincher** orang kikir. **penny-
wise** ks. hémat, hidup berhémat. p.-wise and pound-
foolish hémat dlm hal-hal kecil dan boros dlm per-
kara-perkara besar.
penology /pie'naləjie/ kb. ilmu pidana, pénologi.
penpoint /'pen'point/ kb. ujung/mata péna.
pension /'pensyən/ kb. pénsiun. p. fund dana pén-
siun. —kkt. meménsiunkan.
pension /pensi'own, pansi'own/ kb. pénsion, rumah
penginapan.
pensioner /'pensyənər/ kb. 1 (civilian) orang pén-
siunan, purnakaryawan. 2 Mil.: purnawirawan.
pensive /'pensiv/ ks. termenung-menung, tafakur.
pentagon /'pentəgən/ kb. segilima, sisilima.
pentameter /pen'tæmətər/ kb. sanjak bersuku lima
(dlm tiap baris).
Pentateuch /'pentətuwk, -tyuwk/ kb. lima buku
pertama dari kitab Perjanjian Lama (Injil).
pentathlon /pen'tæthlən/ kb. pancalomba.
Pentecost /'pentəkɔst, -kast/ kb. Pantekosta.
penthouse /'pent'haws/ kb. kamar atau ruang
tempat tinggal di atap.
pent-up /'pent'ʌp/ ks. 1 terkurung. 2 tertahan.
p.-up emotions émosi-émosi/perasaan-perasaan yg
terpendam.
penultimate /pə'nʌltəmit/ kb., ks. yg kedua dari
belakang.
penurious /pə'nyurieəs/ ks. kikir, pelit.
peony /'pieənie/ kb. (j. -nies) sm tumbuh-tumbuh-
an semak yg berbunga bagus dan sering ditanam.
people /'piepəl/ kb. 1 orang-orang. How many p.?
Berapa orang? most p. kebanyakan orang. city p.
orang-orang/pendukuk-penduduk kota. man of the

p. orang biasa. P. say Kata orang. All p. who are
honest Semua orang yg jujur. 2 rakyat. support of the
p. sokongan rakyat. people's democracy démokrasi
rakyat. 3 bangsa, rakyat. the German p. Bangsa Jér-
man. government by the p. pemerintahan kerakyatan,
pemerintahan oléh rakyat. 4 anak negeri. the Queen
and her p. Ratu dan anak negeri beliau. 5 sanak ke-
luarga, suku. He likes his own p. best Ia paling senang
sanak keluarganya sendiri. What do you p. think?
Bagaimana pendapatmu, saudara sekalian? —kkt.
mendiami, menempatkan penduduk. —**peopling**
kb. penempatan penduduk/penghuni.
pep /pep/ kb. semangat, énérsi. full of p. penuh se-
mangat. Sl.: p. **pill** pil penambah semangat, pil
perangsang. p. rally pertemuan utk menggelorakan
semangat. p. talk percakapan péndék guna mem-
bangkitkan semangat. —kkt. (**pepped**) memberi
semangat. to p. s.o. up menambah/menghidupkan
semangat s.s.o.
pepper /'pepər/ kb. 1 lada. black p. lada hitam.
cayenne p. lada mérah, cabé rawit. 2 merica. p. on
potatoes merica pd kentang. stuffed peppers masakan
lombok besar yg diberi isi. red p. cabai. —kkt. 1
membumbui dgn merica. 2 menghujani (a speaker
with questions). to be peppered dpt lémparan. forehead
peppered with blackheads dahi berbintik-bintik hitam.
pepper-and-salt ks. warna abu-abu (of a suit,
dress). **p. mill** gilingan merica. **p. shaker** penabur
merica.
peppercorn /'pepər'kɔrn/ kb. biji merica.
peppermint /'pepərmint/ kb. permén.
peppery /'pepərie/ ks. 1 pedas (of food). 2 penaik
darah, lekas marah (of a person).
peppy /'pepie/ ks. Inf.: segar, penuh semangat.
pepsin /'pepsin/ kb. pépsin.
peptic /'peptik/ ks. **p. ulcer** bisul perut, radang
dinding lambung.
per /pər/ kd. setiap, tiap(-tiap), saban. 50 cents p.
dozen 50 sén setiap lusin. p. person setiap orang. p.
annum setiap tahunnya. p. capita rata-rata tiap
orang. ten miles p. hour sepuluh mil per/tiap jam.
p. cent persén. four p. cent interest bunga empat persén.
p. diem uang/belanja harian (umumnya waktu
mengadakan perjalanan dinas). as p. invoice menu-
rut faktur. p. se pd hakékatnya, sendiri.
perambulator /pər'æmbyə'leitər/ kb. keréta bayi.
perceivable /pər'sievəbəl/ ks. dpt dipahami/dira-
sakan/dilihat dgn jelas.
perceive /pər'siev/ kkt. merasa. She perceived that she
was being observed Ia merasa bhw orang memperha-
tikan dirinya.
percentage /pər'sentij/ kb. 1 perséntase, per seratus.
2 Sl.: keuntungan. 3 bagian. only a small p. hanya
sebagian kecil. the p. of carbon dioxide sejumlah kadar
zat arang.
percentile /pər'sentail/ kb. bagian per seratus.
perceptible /pər'septəbəl/ ks. 1 nampak, jelas. p.
improvement perbaikan yg nampak. p. to the naked eye
nampak jelas kpd mata biasa. 2 dpt dimengerti.
p. difference perbédaan yg dpt dimengerti.
perception /pər'sepsyən/ kb. 1 penglihatan. 2 tang-
gapan daya memahami/menanggapi s.s.t.
perceptive /pər'septiv/ ks. 1 cerdik, lekas mengerti.
2 berh. dgn pengertian. a very p. individual orang yg
cerdas sekali.
perch /pərc/ kb. 1 ténggéran (of a bird). 2 tempat
ketinggian, tempat yg agak tinggi. 3 sm ikan mérah.
—kki. berténggér (**on** diatas).
perchance /pər'cæns/ kk. secara kebetulan. if, p. ...
jika sekiranya. ....

percolate /'pərkəleit/ *kki.* menapis (dlm cérék) (*of coffee*).

percolator /'pərkə'leitər/ *kb.* cérék penapis/perecik/penyaring kopi.

percussion /pər'kʌsyən/ *kb.* pukul, ketuk. *p. cap* sumbu mesiu. *p. instrument* tabuh-tabuhan.

peregrination /'perəgrə'neisyən/ *kb.* perjalanan.

peremptory /pə'remptərie/ *ks.* pasti, menentukan, tak dpt diubah.

perennial /pə'renieəl/ *kb.* tumbuh-tumbuhan yg tetap hijau. —*ks.* 1 abadi, kekal. 2 bertahun-tahun.

perf. [*perfect*] sempurna.

perfect /'pərfikt *kb.*, *ks.*; pər'fekt *kkt.*/ *kb. Gram.*: waktu yg tlh sempurna/selesai. —*ks.* 1 sempurna. *No one is p.* Tak ada orang yg sempurna. 2 sepenuhnya. *He has a p. knowledge of Spanish* Ia menguasai bahasa Spanyol dgn sempurna. *p. pitch* laras yg sempurna. 3 benar-benar. *They are a p. match* Meréka benar-benar cocok. *He's a p. idiot* Ia benarbenar tolol. *a p. stranger* seorang yg benar-benar asing. 4 lengkap, utuh (*of set of dishes*). 5 *Gram.*: yg sdh dilakukan. *p. tense* bentuk suatu katakerja yg menunjukkan pekerjaan itu sdh dilakukan. *p. participle* katakerja yg dipakai utk menyatakan bhw suatu pekerjaan sdh dilakukan/selesai. —*kkt.* menyempurnakan. —**perfectly** *kk.* 1 dgn sempurna. *to do s.t. p.* melakukan s.s.t. dgn sempurna. 2 benarbenar. *p. understandable* benar-benar dpt dimengerti. 3 sama sekali. *You are p. right* Kau sama sekali benar.

perfection /pər'fcksyən/ *kb.* 1 kesempurnaan (*of a civilization*). *to strive for p.* berusaha kearah kesempurnaan. *to p.* secara sempurna. 2 penyempurnaan (*of plans*).

perfectionist /pər'feksyənist/ *kb.* orang yg ingin segalanya sempurna.

perfidy /'pərfədie/ *kb.* (*j.* -**dies**) khianat, kedurhakaan.

perforate /'pərfəreit/ *kkt.* melubangi (*a sheet*) —**perforated** *ks.* penuh dgn lubang-lubang. *p. stamps* perangko-perangko yg berlubang-lubang.

perforation /'pərfə'reisyən/ *kb.* 1 perforasi, pembubuhan lubang-lubang (*of s.t.*). 2 lubang kecil (*in s.t.*).

perforce /pər'fowrs/ *kk.* terpaksa.

perform /pər'fərm/ *kkt.* 1 melakukan, menyelenggarakan (*operation, a feat, marriage ceremony*). 2 memainkan (*a role*). —*kki.* main (*on the stage*). *to p. on the violin* memainkan biola. **performing** *arts* senidrama, musik dan senitari.

performance /pər'fɔrməns/ *kb.* 1 pertunjukan. *His p. was excellent* Pertunjukannya hébat. 2 perbuatan. *His p. was disgraceful* Perbuatannya memalukan. 3 dayaguna, préstasi, hasil. *his p. on the exam* hasil ujiannya. *a car's p.* jalannya mobil. 4 pelaksanaan, penyelenggaraan. *in the p. of o's duty* dlm melaksanakan kewajibannya/tugasnya. 5 pegelaran (*of wayang, play*).

performer /pər'fɔrmər/ *kb.* 1 *Thea.*: pemain sandiwara, pelaku. 2 *Sport*: pemain.

perfume /'pərfyuwm, pər'fyuwm *kb.*; pər'fyuwm *kkt.*/ *kb.* minyak harum/wangi, wangi-wangian. —*kkt.* memberi wangi-wangian pd.

perfunctory /pər'fʌngktərie/ *ks.* 1 acuh tak acuh, tak bersungguh-sungguh. *p. treatment* perlakuan yg acuh tak acuh. 2 asal saja. *to give o's face a p. washing* mencuci mukanya asal saja. *to take a p. glance* asal memandangnya saja. *to make a p. inquiry about s.t.* asal bertanya saja mengenai s.s.t.

perhaps /pər'hæps/ *kk.* barangkali, boléh jadi, mungkin.

pericardium /'perə'kardieəm/ *kb.* kantong/selaput jantung.

peril /'perəl/ *kb.* risiko, bahaya. *to do s.t. at o's own p.* melakukan s.s.t. atas risiko sendiri.

perilous /'perələs/ *ks.* membahayakan, penuh bahaya.

perimeter /pə'rimətər/ *kb.* 1 garis keliling, lingkaran. 2 batas pinggir (*of a yard*). 3 *Mil.*: garis pertahanan.

perineum /'perə'nieəm/ *kb. Med.*: kerampang.

period /'piriəd/ *kb.* 1 titik. 2 habis perkara. *I hope the dictionary will be useful, p.!* Kuharap kamus itu akan berguna, habis perkara! 3 masa, waktu. *rest p.* masa istirahat. *first p. class* jam pelajaran pertama. *p. of grace* masa pelunasan hutang. 4 zaman. *the Victorian p.* Zaman Ratu Victoria. *at no p. in history* tdk pernah dlm sejarah. 5 *Med.*: masa haid, datang bulan. **p. play** sandiwara yg menggambarkan suatu jaman tertentu.

periodic /'pirie'adik/ *ks.* berkala, pd waktu-waktu tertentu. *p. attacks of asthma* serangan-serangan berkala penyakit asma.

periodical /'pirie'adikəl/ *kb.* majalah. —**periodically** *kk.* pd waktu-waktu tertentu, kadangkala.

peripatetic /'perəpə'tetik/ *ks.* yg berjalan berkeliling.

peripheral /pə'rifərəl/ *ks.* 1 sekeliling (*of vision, area*). 2 tak mengenai pokoknya (*of a discussion*).

periphery /pə'rifərie/ *kb.* (*j.* -**ries**) keliling, batas luar.

periscope /'perəskowp/ *kb.* périskop.

perish /'perisy/ *kki.* binasa, mati, téwas. *Many perished in the fire* Banyak orang binasa dlm kebakaran itu. *P. the thought!* Hilangkan pikiran itu!

perishable /'perisyəbəl/ *kb.* **perishables** *j.* barangbarang yg tak tahan lama. —*ks.* dpt/mudah menjadi busuk (*of food*).

peristalsis /'perə'stalsəs/ *kb.* gerak peristaltik.

peritoneum /'perətə'nieəm/ *kb.* selaput perut.

peritonitis /'perətə'naitis/ *kb.* radang selaput perut.

perjure /'pərjər/ *kkt.* **to p. o.s.** melakukan sumpah palsu.

perjurer /'pərjərər/ *kb.* orang yg bersumpah palsu.

perjury /'pərjərie/ *kb.* (*j.* -**ries**) sumpah palsu.

perk /pərk/ *kki. Inf.*: menétés, merémbés, merecik (*of coffee*). *to p. up* menjadi gembira.

perky /'pərkie/ *ks.* kerén, gagah, megah.

permanence /'pərmənəns/ *kb.* ketetapan, keabadian.

permanent /'pərmənənt/ *kb.* keriting permanén. —*ks.* tetap, kekal, permanén. *p. address* alamat yg tetap. *p. wave* keriting permanén. —**permanently** *kk.* secara tetap, utk selama-lamanya.

permeable /'pərmieəbəl/ *ks.* dpt ditembus (air).

permeate /'pərmieeit/ *kkt.* menyerap, meresap, merémbes, menembus.

permissible /pər'misəbəl/ *ks.* diizinkan, diperboléhkan. *Is it p. to ...?* Apakah diizinkan utk ...?

permission /pər'misyən/ *kb.* izin, permisi. *with your p.* mohon permisi, dgn seizin sdr.

permissive /pər'misiv/ *ks.* serba memboléhkan, suka mengizinkan. *p. parents* orang tua yg serba memboléhkan.

permit /'pərmit, pər'mit *kb.*; pər'mit *kkt.*/ *kb.* surat izin. *exit p.* surat izin keluar. *import p.* surat izin impor. —*kkt.* (**permitted**) mengizinkan, memboléhkan. *P. me to introduce Dr....* Izinkanlah saya memperkenalkan Dr.... *No one is permitted beyond the gate* Tak seorangpun diizinkan meléwati gapura itu. *weather permitting* kalau cuaca memungkinkan-

nya. *The school permits of no exceptions* Sekolah itu tak mengizinkan pengecualian-pengecualian.
permutation /'pərmyə'teisyən/ *kb.* 1 *Biol.*: permutasi (*of genes*). 2 perubahan urutan (angka-angka).
pernicious /pər'nisyəs/ *ks.* jahat, merusak (*of a habit*).
peroxide /pə'raksaid/ *kb.* peroksid(a).
perpendicular /'pərpən'dikyələr/ *kb.* garis tegaklurus. **—ks.** tegaklurus.
perpetrate /'pərpətreit/ *kkt.* melakukan (*a crime, fraud*).
perpetrator /'pərpə'treitər/ *kb.* pelaku, pelaksana (kejahatan).
perpetual /pər'pecuəl/ *ks.* 1 terus-menerus, tak henti-henti. *p. motion* gerak terus-menerus. *p. whining* réngék yg tak henti-hentinya. 2 kekal, abadi.
perpetuate /pər'pecueit/ *kkt.* mengabadikan, mengekalkan, menghidupkan terus-menerus (*a name, memory*). *Let's not p. the argument* Tak usahlah kita mengabadikan pertengkaran itu.
perpetuity /'pərpə'tuwətie, -'tyuw-/ *kb.* (*j.* **-ties**) keabadian, kekekalan. *in p.* utk selama-lamanya.
perplex /pər'pleks/ *kkt.* membingungkan. *The problem perplexes him* Soal itu membingungkannya. **—perplexing** *ks.* membingungkan, mengejutkan.
perplexity /pər'pleksətie/ *kb.* (*j.* **-ties**) kebingungan.
perquisite /'pərkwəzit/ *kb.* 1 penghasilan tambahan. 2 keuntungan.
pers. 1 [*person*] orang, oknum. 2 [*personal*] pribadi.
persecute /'pərsəkyuwt/ *kkt.* 1 menyiksa, menganiaya. 2 menggoda.
persecution /'pərsə'kyuwsyən/ *kb.* penyiksaan, penganiayaan, penghambatan.
persecutor /'pərsə'kyuwtər/ *kb.* penyiksa, penganiaya.
perseverance /'pərsə'virəns/ *kb.* ketekunan, kekerasan hati.
persevere /'pərsə'vir/ *kki.* bertekun (**in** dlm), gigih. **—persevering** *ks.* tekun, keras hati, berkanjang.
Persian /'pərzyən/ *kb.* 1 orang Iran. 2 bahasa Iran. *P. cat* kucing Persia. *P. rug* babut buatan Iran.
persimmon /pər'simən/ *kb.* kesemak.
persist /pər'sist, -'zist/ *kki.* 1 tetap melakukan. *to p. in asking questions* terus-menerus mengajukan pertanyaan-pertanyaan. 2 berlangsung (lama), berkanjang. 3 tahan.
persistence /pər'sistəns/ *kb.* ketekunan. *the p. of the illness* sakit yg terus-menerus.
persistent /pər'sistənt, -'zistənt/ *ks.* 1 keras hati, gigih, berkanjang. 2 menetap (*of a cough, cold, headache*). **—persistently** *kk.* secara terus-menerus.
persnickety /pər'snikətie/ *ks. Inf.*: cermat sekali, réwél.
person /'pərsən/ *kb.* 1 orang. *Which p. is in charge?* Orang yg mana bertugas? *He's a fine p.* Ia orang yg baik. *per p.* tiap orang. *unknown p.* orang yg tdk dikenal. 2 oknum. 3 *Gram.*: persona. **in p.** sendiri. *He'll come in p.* Dia sendiri akan datang. *in the p. of* memainkan peranan sbg ... (dlm drama). **person-to-person** *ks.* dari orang ke orang (*of a phone call*).
personable /'pərsənəbəl/ *ks.* menarik, tampan, rupawan.
personage /'pərsənij/ *kb.* orang (yg) terkemuka, tokoh.
personal /'pərsənəl/ *ks.* 1 pribadi. *p. belongings* barang-barang milik pribadi/perseorangan. *p. letter* surat pribadi. *articles for p. use* barang-barang/alat-alat keperluan pribadi. *to have p. knowledge of* mempunyai pengetahuan pribadi mengenai. 2 per-

orangan. *p. liberty* kebébasan perorangan. *p. rights* hak-hak perorangan. *Don't get p.* Jangan bawa-bawa persoalan pribadi. Jangan séntimén. **p. pronoun** kataganti orang. **p. property** milik perseorangan. **—personally** *kk.* sendiri. *I p. feel he is* ... Saya sendiri merasa bhw ia .... *P., I wouldn't go* Saya sendiri tdk akan pergi. *Don't take his remark p.* Janganlah menganggap ucapannya itu dimaksudkan utk dirimu. *to deliver the money p.* mengantarkan uang itu sendiri.
personality /'pərsə'nælətie/ *kb.* (*j.* **-ties**) 1 kepribadian. *attractive p.* kepribadian yg menarik. 2 tokoh. *well-known p. in films* tokoh layar putih yg terkenal. *strong p.* kepribadian/watak yg kuat. *She's quite a p.* Ia benar-benar seorang wanita yg berkepribadian.
personalize /'pərsənəlaiz/ *kkt.* membuat menurut seléra atau ukuran tertentu. **personalized** *stationery* alat-alat tulis-menulis yg dibuat menurut seléra /ukuran tertentu.
persona non grata /pər'sownənan'gratə/ orang yg tdk disukai.
personification /pər'sanəfə'keisyən/ *kb.* penjelmaan, pengejawantahan.
personify /pər'sanəfai/ *kkt.* (**personified**) mewujudkan, menjelmakan, mempribadikan, melambangkan. *He is generosity personified* Pribadinya mewujudkan kemurahan hati. Ia melambangkan kebaikan.
personnel /'pərsə'nel/ *kb.* personalia, personil. *p. management* tata personalia. *p. manager* kepala urusan pegawai. *p. matters* soal-soal kepegawaian. *p. office* kantor urusan pegawai.
perspective /pər'spektiv/ *kb.* 1 perspéktiv (*in drawing*). *to lose p.* kehilangan perspéktiv. *in p.* dlm perspéktiv (yg sebenarnya). *in its true p.* dlm segi yg sebenarnya. *to keep o's p.* tetap memandang kedepan. 2 pemandangan.
perspicacious /'pərspə'keisyəs/ *ks.* tajam pikiran.
perspicacity /'pərspə'kæsətie/ *kb.* kecerdasan, ketajaman pemandangan.
perspiration /'pərspə'reisyən/ *kb.* keringat, peluh.
perspire /pər'spair/ *kki.* berpeluh, berkeringat.
persuade /pər'sweid/ *kkt.* 1 membujuk. *P. him to go!* Bujuklah dia utk pergi! *He persuaded me not to leave* Ia membujuk saya spy tdk berangkat. 2 mengajak. 3 mendesak. 4 meyakinkan. *to p. s.o. of the importance of going to school* meyakinkan s.s.o. akan pentingnya (pergi) bersekolah. *I'm not persuaded that* ... Saya tak yakin bhw ....
persuader /pər'sweidər/ *kb.* pembujuk.
persuasion /pər'sweizyən/ *kb.* 1 bujukan, bujukrayu. *the art of p.* kepandaian membujuk/merayu. 2 kepercayaan. *He's of the Baptist p.* Ia berkepercayaan Baptis.
persuasive /pər'sweisiv, -ziv/ *ks.* yg meyakinkan.
pert /pərt/ *ks.* kurang sopan, bébas (thd orang tua dll).
pertain /pər'tein/ *kki.* menyinggung. *to p. to the party* menyinggung hal partai. *a book pertaining to local history* sebuah buku mengenai sejarah setempat.
pertinacious /'pərtə'neisyəs/ *ks.* keras hati/kepala, teguh hati, tegar.
pertinacity /'pərtə'næsətie/ *kb.* ketabahan (hati), kekerasan hati.
pertinence /'pərtənəns/ *kb.* ketepatan, kejituan, kegunaan.
pertinent /'pərtənənt/ *ks.* berhubungan/bersangkutan dgn. *The question is not p. to the problem* Per-

tanyaan itu tak berhubungan dgn persoalan itu.
perturbed /pər'tɔrbd/ *ks.* bingung, gelisah.
perturbation /ˌpərtər'beisyən/ *kb.* gangguan, ke-gelisahan, kekacauan.
perusal /pə'ruwzəl/ *kb.* pembacaan (*of a book, news-paper*).
peruse /pə'ruwz/ *kkt.* membaca dgn teliti.
pervade /pər'veid/ *kkt.* 1 meliputi. *Gloom pervaded the group* Kemurungan meliputi rombongan itu. *A religious feeling pervades the book* Perasaan keagamaan meliputi isi buku itu. 2 menyerap, merémbés.
pervasive /pər'veisiv/ *ks.* dpt menembus/merém-bés/meresap.
perverse /pər'vɔrs/ *ks.* 1 suka melawan/menentang. 2 jahat.
perversion /pər'vɔrzyən/ *kb.* perbuatan yg tak wa-jar. *sexual p.* perbuatan kelamin yg tak wajar. *p. of the truth* pemutarbalikan drpd kebenaran.
pervert /'pərvərt/ *kb.*; pər'vərt *kkt.*/ *kb.* seorang yg sesat, seorang yg bersifat tak wajar. —*kkt.* 1 meru-sak, menodai. 2 menyesatkan. —**perverted** *ks.* 1 jahat, salah. 2 murtad. 3 sesat, menyeléwéng. *a p. interest in* perhatian yg sesat thd.
perverter /pər'vərtər/ *kb.* penggoda.
pervious /'pərvieəs/ *ks.* dpt tembus. *p. soil* tanah yg bisa tembus (air).
pesky /'peskie/ *ks. Inf.*: sial, celaka, yg mengganggu. *p. insect* serangga yg sial.
pessary /'pesərie/ *kb.* (*j.* **-ries**) *Med.*: alat pencegah kehamilan (yg dimasukkan kedlm farji), sm spiral.
pessimism /'pesəmizəm/ *kb.* pésimisme.
pessimist /'pesəmist *kb.* (orang) pésimis.
pessimistic /'pesə'mistik/ *kb.* pésimistis.
pest /pest/ *kb.* 1 (h)ama. *fruit p.* hama buah-buah-an. 2 (orang) pengganggu.
pester /'pestər/ *kkt.* mengganggu, merundung, membéngkéngi. *to p. s.o. to do s.t.* terus-menerus mengganggu s.s.o. agar berbuat s.s.t. *He pesters me to death with his questions* Ia mengganggu saya dgn pertanyaan-pertanyaannya hingga benar-benar menjéngélkan hati.
pesticide /'pestəsaid/ *kb.* obat pembunuh hama, péstisida.
pestilence /'pestələns/ *kb.* wabah, sampar.
pestle /'pesəl, 'pestəl/ *kb.* alu, alat penumbuk, peng-entak.
pet /pet/ *kb.* 1 binatang kesayangan (*cat, dog*). 2 kesayangan (*of a teacher*). —*kkt.* (**petted**) meni-mang (*a dog, child*). —*kki.* bercumbu-cumbuan. **p. aversion** hal yg paling tak disukai. **p. name** nama timangan, **p. peeve** s.s.t. yg mengesalkan hati. **p. shop** toko penjual binatang dan segala keperluannya. —**petting** *kb.* bercumbu-cumbuan, bercinta-cintaan.
petal /'petəl/ *kb.* daun bunga.
petard /pi'tard/ *kb.* **to be hoisted with/on o's own p.** binasa karena perbuatannya sendiri.
peter /'pietər/ *kki. Inf.*: **to p. out** 1 perlahan-lahan habis kekuatan (*of a runner*). 2 mereda (*of a storm*).
petite /pə'tiet/ *ks.* kecil mungil.
petition /pə'tisyən/ *kb.* 1 petisi, (surat) permohonan. *p. for a divorce* permintaan cerai. *p. in bankruptcy* permohonan dinyatakan bangkrut/palit. 2 doa. *Hear our p., oh Lord* Dengarlah doa kami, ya Tuhan. —*kkt.* mengajukan (surat) permohonan.
petitioner /pə'tisyənər/ *kb.* pemohon.
petrel /'petrəl/ *kb.* sej. burung laut. *stormy p.* s.s.o. yg suka menimbulkan kegégéran.
petrify /'petrəfai/ *kkt.* (**petrified**) membatu. —**petrified** *ks.* 1 yg membatu. *p. forest* hutan yg

membatu. 2 amat ketakutan/kengerian. *I was p. when...* Aku hampir mati ketakutan ketika....
petroleum /pə'trowlieəm/ *kb.* minyak tanah. *p. industry* perminyakan. *p. jelly* minyak tér, rasidi.
petticoat /'petie'kowt/ *kb.* rok-dalam wanita. *p. government* pemerintahan wanita.
pettifoggery /'petie'fagərie/ *kb.* (*j.* **-ries**) pokrol-pokrolan.
pettiness /'petienəs/ *kb.* kepicikan, keréméhan.
petty /'petie/ *ks.* 1 picik. *p. mind* pikiran yg picik. 2 réméh (*of remarks, principles*). 3 rendah, bawahan. *p. official* pegawai rendah. *p. officer* bintara laut, opsir rendahan. 4 kecil-kecilan. *p. cash* uang belan-ja kecil-kecilan. *p. larceny* pencurian kecil-kecil-an. *p. crime* pidana tingkat sumir. **petty-minded** *ks.* berpikiran sempit.
petulant /'pecələnt/ *ks.* lekas marah, pemarah.
petunia /pə'tuwnieə/ *kb.* sm bunga.
pew /pyuw/ *kb.* bangku geréja.
pewter /'pyuwtər/ *kb.* 1 campuran timah putih dan timah hitam. 2 barang-barang yg dibuat dari-padanya.
phalange /'fælənj/ = PHALANX.
phalanx /'fæləngks, 'fei-/ (*j.* **-anxes** atau **-anges**) *kb.* tulang jari (tangan, kaki), ruas jari.
phallus /'fæləs/ *kb.* 1 lingga, lambang kemaluan lelaki. 2 *Anat.*: zakar.
phantasy /'fæntəsie/ *kb.* (*j.* **-sies**) lih FANTASY.
phantom /'fæntəm/ *kb.* momok, hantu, sétan. *p. ship* kapal hantu.
pharmaceutical /'farmə'suwtəkəl/ *ks.* yg berk. dgn farmasi. *p. preparation* obat farmasi.
pharmacist /'farməsist/ *kb.* ahli obat, apotéker.
pharmacology /'farmə'kalɔjie/ *kb.* ilmu farmasi.
pharmacopoeia /'farməkə'pieə/ *kb.* farmakopé.
pharmacy /'farməsie/ *kb.* (*j.* **-cies**) rumah obat, apoték, apotik.
pharyngitis /'færən'jaitis/ *kb.* sakit/radang tekak.
pharynx /'færingks/ *kb.* tekak, hulu kerongkongan.
phase /feiz/ *kb.* 1 tahap. *new p.* tahap baru. 2 bentuk (*of the moon*). 3 *Elec.*: keadaan perubahan aliran. *in p.* sejalan, setingkat. *out of p.* dlm fase yg berbéda-béda. —*kkt.* membuat bertahap-tahap. **to p. out** menghapuskan setahap demi setahap.
Ph.B. [*Bachelor of Philosophy*] Bakaloréat Ilmu Filsa-fat.
Ph.D. [*Doctor of Philosophy*] Doktor Ilmu Filsafat.
pheasant /'fezənt/ *kb.* burung/ayam pegar.
phenobarbital /'fienow'barbətəl/ *kb.* obat tidur/bius/penenang.
phenomena /fə'namənə/ lih PHENOMENON.
phenomenal /fə'namənəl/ *ks.* 1 luar bisa. *p. memory* ingatan yg luar biasa, daya ingat yg menakjubkan. 2 dilihat. 3 hébat.
phenomenon /fə'namənən/ *kb.* (*j.* **-mena**) perwu-judan, kejadian, gejala. *natural p.* kejadian alam.
phew /fyuw/ *kseru.* aduh, bah, busét, cih.
phil. [*philosophy*] filsafat.
Phil. 1 [*Philippines*] Philipina. 2 [*Philippians*] salah sebuah buku drpd Wasiat Baru.
Phila. [*Philadelphia*] kotabesar A.S.
philanderer /fə'lændərər/ *kb.* orang yg pandai memikat hati wanita, tukang merayu.
philanthropic(al) /'filən'thrapik(əl)/ *ks.* 1 suka menderma. 2 cinta sesama manusia. *p. work* keder-mawanan.
philanthropist /fə'lænthrəpist/ *kb.* dermawan.
philanthropy /fə'lænthrəpie/ *kb.* (*j.* **-pies**) 1 hal cinta sesama manusia. 2 kedermawanan.
philatelist/fə'lætəlist/ *kb.* pengumpul perangko.

philately /fə'lætəlie/ kb. pengumpulan perangko.
philharmonic /'filhar'manik/ kb. orkés simfoni.
—ks. yg berk. dgn orkés simfoni.
Philippine /'filəpien/ kb. orang Pilipina. —ks.
Pilipina. P. Islands Kepulauan Pilipina.
Philippines /'filəpienz/ kb. j. negeri Pilipina.
Phil. Is. [Philippine Islands] Kepulauan Pilipina.
philologist /fə'laləjist/ kb. ahli bahasa-bahasa.
philology /fə'laləjie/ kb. ilmu bahasa-bahasa.
philosopher /fə'lasəfər/ kb. filsuf, ahli filsafat.
philosophic(al) /'filə'safək(əl)/ ks. 1 berfilsafat,
kefilsafatan. 2 filosofis, spt filsuf. p. attitude sikap
seorang filsuf.
philosophize /fə'lasəfaiz/ kki. berfilsafat (about
ttg).
philosophy /fə'lasəfie/ kb. (j. -phies) filsafat.
philter /'filtər/ kb. obat pekasih, guna-guna utk
mendatangkan cinta.
phlebitis /fli'baitis/ kb. radang urat darah.
phlegm /flem/ kb. 1 dahak, lendir. 2 sikap dingin/
acuh-tak-acuh.
phlegmatic /fleg'mætik/ ks. bersikap/berdarah di-
ngin.
phobia /'fowbiə/ kb. penyakit ketakutan, fobi,
gamang.
phone /fown/ kb. Inf.: telepon. He's on the p. Ia sedang
menélpon/bertélpon. —kkt., kki. Inf.: menélpon. to
p. for a taxi menélpon minta taksi. to p. for room service
memesan makanan/minuman utk diantarkan ke
kamarnya melalui télepon (di hotél).
phoneme /'fowniem/ kb. foném.
phonemic /fow'niemik, fə-/ ks. fonémis.
phonemics /fow'niemiks, fə'-/ kb. ilmu fonémik.
phonetic /fə'netik, fow'-/ ks. fonétis.
phonetics /fə'netiks, fow'-/ kb. (ilmu) fonétik.
phoney /'fownie/ ks. lih PHONY.
phonograph /'fownəgræf/ kb. gramopon, pikap.
p. needle jarum gramopon. p. record piring(an)
hitam.
phonology /fow'nalədjie, fə'-/ kb. fonologi.
phony /'fownie/ kb. (j. -nies) Sl.: seorang palsu/
lancung. —ks. Sl.: palsu, lancung. He's as p. as a
three dollar bill Ia gadungan/palsu.
phoey /'fuwie/ kseru. Sl.: alaaah. P. to you! Alaaah
kamu ini!
phosphate /'fasfeit/ kb. fosfat.
phosphor /'fasfər/ kb. fosfor.
phosphorescent /'fasfə'resənt/ ks. pendar.
phosphoric /fas'fowrik/ ks. p. acid asam fosfat.
phosphorus /'fasfərəs/ kb. fosfor.
phot. [photograph] foto, potrét, gambar.
photo /'fowtow/ kb. foto, potrét. p. finish suatu per-
lombaan yg kemenangannya ditentukan oléh béda
yg sangat tipis. photo-offset kb. foto-ofsét. —kkt.
memotrét.
photocopy /'fowtow'kapie/ kb. (j. -pies) fotokopi.
—kkt. (photocopied) membuat fotokopi.
photogenic /'fowtə'jenik/ ks. baik dlm potrét, baik
utk dipotrét.
photograph /'fowtəgræf/ kb. potrét, foto, gambar.
—kkt. memotrét, mengambil potrét. —kki. She
photographs well Potrétnya selalu baik.
photographer /fə'tagrəfər/ kb. juru/tukang potrét.
photographic /'fowtə'græfik/ ks. fotografis. p. mem-
ory ingatan yg sangat tajam.
photography /fə'tagrəfie/ kb. fotografi, pemotrét-
an. color p. fotografi berwarna.
photogravure /'fowtəgrə'vyur/ kb. 1 klisé foto. 2
pembuatan klisé foto.
photomap /'fowtow'mæp/ kb. peta yg dibuat dgn

potrét. —kkt. (photomapped) memetakan dgn
potrét.
photometer /fow'tamətər/ kb. alat pengukur ca-
haya utk pemotrétan.
photostat /'fotəstæt/ kb. fotostat, fotokopi. —kkt.
membuat fotostat.
photosynthesis /'fotə'sinthəsis/ kb. fotosintésis.
phrase /freiz/ kb. 1 ungkapan, ucapan. 2 Gram.:
kombinasi/susunan kata-kata. 3 Mus.: bagian.
—kkt. menyusun, mengutarakan (a sentence, utter-
ance). a well-phrased letter surat yg baik dlm susunan
kata-katanya. —phrasing kb, penyusunan kata-
kata.
phrasebook /'freiz'buk/ kb. buku ungkapan-ung-
kapan.
phraseology /'freizie'aləjie/ kb. (j. -gies) penyu-
sunan kata-kata, cara menyatakan pikiran.
phrenetic /frə'netik/ = FRENETIC.
phthisis /'thisis/ kb. tébésé, penyakit paru-paru.
phyla /'failə/ lih PHYLUM.
phylum /'failəm/ kb. (j. phyla) pembagian/pen-
tarafan yg pertama drpd jenis binatang dan tum-
buh-tumbuhan.
physic /'fizik/ kb. obat urus-urus.
physical /'fizəkəl/ kb. pemeriksaan badan. —ks. 1
jasmani(ah). p. education pendidikan jasmani. p.
exercise latihan jasmani, bersenam. a p. impossibility
suatu hal yg secara jasmaniah tak mungkin. 2 fisik/
ragawi. p. anthropology anthropologi fisik/ragawi.
p. chemistry kimia fisik. p. geography ilmu bumi fisik/
alam. p. plant gedung-gedung, bangunan-ba-
ngunan. p. sciences ilmu-ilmu éksakta. p. thera-
pist ahli pengobatan badan. p. therapy fisiotéra-
pi, pengobatan badan. —physically kk. dgn tena-
ga jasmani/badaniah. p. handicapped kb. orang-
orang yg cacat badannya. He's p. handicapped Ba-
dannya cacat.
physician /fə'zisyən/ kb. dokter, tabib.
physicist /'fizəsist/ kb. ahli ilmu fisika.
physics /'fiziks/ kb. ilmu alam/fisika.
physiognomy /'fizie'agnəmie/ kb. (j. -mies) ilmu
firasat.
physiological /'fiziə'lajəkəl/ ks. fisiologis. p. chemis-
try kimia hayat.
physiology /'fizie'aləjie/ kb. (j. -gies) fisiologi, ilmu
fa'al alat tubuh. plant p. ilmu fa'al tumbuh-tumbuh-
an.
physiotherapist /'fizieow'therəpist/ kb. ahli pengo-
batan badan (dgn pijat, gerak badan dsb).
physiotherapy /'fizieow'therəpie/ kb. fisiotérapi,
pengobatan badan.
physique /fi'ziek/ kb. badan, bentuk badan, pera-
wakan.
pianist /'pieənist, pi'ænist/ kb. pemain piano, pianis.
piano /pi'ænow/ kb. piano. p. bench/stool bangku
piano. p. key mata/tuts piano. p. tuner tukang
setém piano.
pica /'paikə/ kb. (huruf) pika.
picayune /'pikə'yuwn/ ks. réméh, kecil. p. remarks
ucapan-ucapan yg réméh.
piccolo /'pikəlow/ kb. pikolo, sm suling.
pick /pik/ kb. 1 beliung. 2 yg terbaik. to get the p. of
the lot mendapat bagian yg terbaik. —kkt. 1 meme-
tik (cherries). 2 memilih (the best student). to p. o's way
mencari-cari/memilih jalan, berjalan dgn hati-
hati. 3 mencungkil, menusuk (o's teeth). 4 membului
(a chicken). 5 membuka (a lock). 6 memihak (sides).
7 mencopét (a pocket). 8 mengupil/mengorék (o's
nose). —kki. to p. and choose memilih dgn teliti. to
p. at Inf.: mengumpat. to p. at o's food makan sedikit-

sedikit, hanya menjumput-jumput makanannya. **to p. off** 1 menggentas (*fruit from a tree*). 2 menémbak mati (*a deer*). *Inf.*: **to p. on** mengusik, mengganggu, mencari-cari kesalahan. *to p. on s.o. o's own size* memilih korban yg sama besarnya dgn dia. **to p. out** 1 memilih (*a tie, suit*). 2 menemukan (*s.o. in a photo*). 3 memainkan diluar kepala (*on a piano*). **to p. over** memilih. **to p. up** 1 mengambil, memungut (*pencil, book, laundry*). 2 mengambil, mengangkat (*mail*). 3 menjemput (*s.o.*). 4 belajar, mendapat (*some knowledge of English*). 5 menangkap (*an escapee, s.o. for speeding, s.t. on the radio*). 6 mengambilkan (*a ticket for s.o.*). 7 mengenal. *The dog picked up the scent* Anjing itu mengenal bau itu. 8 *Inf.*: membawa (*a girl at a bar*). 9 maju, menambah. *I hope business picks up soon* Kuharap perniagaan akan segera maju. *He has picked up in his work* Ia sdh (bertambah) maju dlm pekerjaannya. *The train picked up speed* Keréta api itu menambah kecepatannya. 10 memperoléh. *to p. up a trick* memperoléh satu trik. 11 membeli. *You can p. that up cheap* Kau dpt membelinya dgn harga yg murah. 12 memberikan tenaga. *A highball will p. you up* Segelas minuman keras akan memberikan tenaga baru bagimu. 13 ketularan. *to p. up a cold from s.o.* ketularan sakit pilek. 14 meneruskan. *Although he was ill for two years, upon recovering he was able to p. up where he left off* Walaupun ia tadinya sakit selama dua tahun, ia sanggup meneruskan pekerjaan yg ditinggalkannya itu. *Inf.*: **pick-me-up** kb. minuman penyegar. —**picked** ks. 1 terpilih. *p. troops* pasukan terpilih. 2 yg dibului. *p. chicken* ayam yg tlh dibului. —**picking** kb. pemetikan (*of apples*). —**pickings** j. hasil-hasil. *slim pickings* hasil keuntungan yg sedikit.

pickaback /'pikə'bæk/ kk. dukung, géndong. *to carry p.* mendukung, menggéndong.

pickax(e) /'pik'æks/ kb. beliung, pangkur.

picker /'pikər/ kb. pemetik, pemungut.

picket /'pikit/ kb. 1 tiang pancang (*fence*). 2 petugas serikat sekerja yg mengawasi pemogokan. 3 barisan penjagaan. *p. line* barisan penjaga para pemogok. —kkt. mengadakan penjagaan thd s.s.t. gedung, firma, dsb spy para pemogok tdk (masuk) kerja. —**picketing** kb. mencegah orang yg ingin menjalankan tugas sewaktu diadakan pemogokan.

pickle /'pikəl/ kb. acar, asinan, asam-asaman. *Inf.*: *I'm in a p.* Saya dlm kesulitan. —kkt. mengawétkan. —**pickled** ks. 1 yg diasamkan. *p. beets* sejenis umbi-umbi yg diasamkan. 2 *Sl.*: mabuk.

pickpocket /'pik'pakit/ kb. tukang copét.

pickup /'pik'ʌp/ kb. 1 yg benar-benar menyegarkan (*of a cocktail*). 2 pikap (*of a phonograph*). 3 *Auto.*: gerobak/truk pikap. 4 pengambilan, pengangkatan (*of mail*). *What a p. this car has!* Kuat benar tenaga (tarik) mobil ini! *Inf.*: *That girl is an easy p.* Gadis itu mudah dibawa. —ks. seadanya. **p. supper** makan malam seadanya. **p. truck** (gerobak/truk) pikap.

picky /'pikie/ ks. *Inf.*: berpilih-pilih.

picnic /'piknik/ kb. piknik, tamasya, darmawisata, kepergian utk bersenang-senang. *p. supper* makan malam di piknik. *to go on a p.* berpiknik. *That battle was no p.* Pertempuran itu bukanlah suatu peristiwa utk bersenang-senang. —kki. (**picnicked**) berpiknik, bertamasya.

picnicked /'piknikt/ lih PICNIC.

picnicker /'piknikər/ kb. peserta piknik, darmawisatawan.

pictorial /pik'towriəl/ kb. majalah bergambar. —ks. bergambar.

picture /'pikcər/ kb. 1 gambar (*of a person*). *to take a p.* membuat foto, mengambil potrét/foto, memotrét. 2 gambaran (*of the facts*). 3 keadaan. *What's the steel p.?* Bagaimana keadaan baja? 4 pilem. *Inf.*: *He's been in pictures for years* Ia tlh bertahun-tahun dlm perfilman. 5 contoh. *She's the p. of health* Ia mencerminkan/merupakan contoh orang séhat. **to be out of the p.** tdk termasuk hitungan. **to get the p.** dpt memahami. —kkt. 1 menggambarkan. *I pictured him much shorter* Kugambarkan ia jauh lebih péndék. 2 membayangkan. *The scene was exactly as I pictured it* Pemandangan itu tepat spt yg kubayangkan. **p. frame** bingkai gambar. **p. gallery** musim foto, mengambil potrét/foto. *Inf.*: **p. show** bioskop. **p. tube** (*TV*) tabung gambar. **p. window** jendéla kaca yg besar.

picturesque /'pikcə'resk/ ks. indah (spt dlm lukisan).

piddling /'pidling/ ks. réméh, kecil, tak berarti.

pidgin /'pijən/ kb. **p. English** Bahasa Inggeris Pasaran.

pie /pai/ kb. (kué) pastéi. *apple p.* pastéi apel. *Sl.*: *as easy as p.* mudah sekali. *p. chart* skéma perbelanjaan. *p. crust* kerak pastéi/pastél. *Sl.*: *p. in the sky* cita-cita yg tak praktis, cita-cita yg susah dicapai.

piebald /'pai'bɔld/ ks. belang (*of a horse*).

piece /pies/ kb. 1 potong(an). *p. of cloth* potongan kain. *a p. of furniture* sepotong perabot. *a p. of luggage* sepotong kopor pakaian. 2 buah. *a p. of candy* sebuah kembang gula. *a p. of music* sebuah lagu. 3 lagu. *She sang that p.* Dia menyanyikan lagu itu. 4 artikel. 5 lémpéng(an). *p. of turf* lémpéngan rumput. 6 bagian. *a p. of the puzzle* sebagian dari teka-teki. 7 satuan. *a ten-cent p.* satuan seharga sepuluh séh. 8 kutipan, tukilan, nukilan. *a p. from Hamlet* tukilan dari Hamlét. 9 sedikit. *a p. of advice* sedikit naséhat. *a p. of luck* sedikit nasib baik. *of a p.* amat serasi, sama jenis/mutunya. *Inf.*: *to give s.o. a p. of o's mind* berbicara berterus-terang, memarahi s.s.o. *to speak o's p.* mengemukakan pendapatnya. —**pieces** j. potongan-potongan. *to come to pieces* ambruk. *to fall to pieces* roboh, ambruk, berantakan. *to go to pieces* 1 hancur, ambruk. 2 remuk redam. *Tenn.*: *to go to pieces in the second set* hancur dlm sét kedua. *to pick to pieces* 1 mengoyak-ngoyak. 2 (*criticize*) mengecam. *to pull to pieces* merobék menjadi beberapa potong. *to take to pieces* membongkar-bongkar (*a watch*). *to tear to pieces* mengoyak-ngoyak. *to tear an argument to pieces* menghancurkan argumén. —kkt. menambah. *to p. a blouse together* menjahit kembali blus. *to p. a story together* mengumpulkan keterangan. **p. goods** barang-barang potongan. **p. rate** upah borongan.

piecemeal /'pies'miel/ kk. sedikit demi sedikit, satu demi satu.

piecework /'pies'wərk/ kb. pekerjaan yg dibayar menurut hasil yg dikerjakan.

pier /pir/ kb. dermaga.

pierce /pirs/ kkt. 1 menembus (*of a needle, screams*). *to p. the veil of secrecy* menembus kabut rahasia. *The searchlight pierced the darkness* Lampu sorot itu mengembus keadaan gelap itu. *a wall pierced with bullet holes* sebuah dinding yg ditembus oléh peluru-peluru. 2 menyerbu. *That army pierced the country at four points* Tentara itu menyerbu negeri itu pd empat tempat. 3 menusuk. *A thorn pierced his finger* Jari tangannya tertusuk oléh duri. **to p. through and**

through menerobos terus-menerus. —**piercing** *ks.* tajam-menusuk (*of eyes, screams*).

piety /'paiətie/ *kb.* (*j.* **-ties**) kesaléhan, kealiman.

pig /pig/ *kb.* 1 babi. *Don't eat like a p.!* Jangan makan spt babi! *p. in a poke* membeli kucing dlm karung, membeli kerbau di ladang. *to make a p. of o.s.* makan dgn lahapnya/rakusnya. 2 *Vulg.*: polisi. **pig-headed** *ks.* keras kepala, degil. **p. iron** besi gubal. **p. Latin** berbicara dgn mengubah-ubah sukukata.

pigeon /'pijən/ *kb.* burung dara/merpati, punai. *clay p.* merpati dari tanah liat. **pigeon-toed** *ks.* dgn empu kaki menghadap kedlm.

pigeonhole /'pijən'howl/ *kb.* kotak dlm méja tulis. —*kkt.* menyimpan, mendép.

piggish /'pigisy/ *ks.* rakus spt babi.

piggyback /'pigie'bæk/ *kk.* dukung-dukungan, (naik) kuda-kudaan.

piggy /'pigie/ *kb.* (*j.* **-gies**) anak babi yg kecil. *p. bank* tabungan (yg kadang-kadang berbentuk anak babi).

pigment /'pigmənt/ *kb.* zat warna, pigmén.

pigmentation /'pigmən'teisyən/ *kb.* pewarnaan pigmén.

pigpen /'pig'pen/ *kb.* kandang babi.

pigskin /'pig'skin/ *kb.* 1 kulit babi. 2 bola (*football*).

pigsty /'pig'stai/ *kb.* kandang babi.

pigtail /'pig'teil/ *kb.* kucir, rambut tancang.

pike /paik/ *kb.* 1 tombak, lembing, seligi. 2 sm ikan. 3 lih TURNPIKE.

piker /'paikər/ *kb.* *Sl.*: orang yg kikir.

pile /pail/ *kb.* 1 gundukan, tumpukan (*of stones, snow, sand, books*). *to have piles of work* bertumpuk-tumpuk pekerjaan. *to earn piles of money* mendapat banyak sekali uang. *Inf.*: *to make o.s. a p.* menjadi kaya. 2 tiang, pilar, pancang. 3 onggokan (*of wood*). 4 *Phys.*: kesatuan zat-zat uranium (dlm réaktor nuklir). 5 lapisan (*of a rug*). —**piles** *j.* bawasir. —*kkt.* 1 mengonggokkan (*wood*). 2 mengonggoki, mengisi (*plate with s.t.*). **to p. up** 1 menumpuk-numpukkan (*wood*). 2 menimbun (*wealth*). 3 bertumpuk (*of work, evidence, profits*). *Sl.*: **to p. it on** terlalu membesar-besarkannya. **p. driver** mesin pemancang tiang kedlm tanah, mesin lantak. **pile-up** *kb.* tabrakan (*in an accident*). —**piling** *kb.* jojol, embarau, tiang pancang.

pilfer /'pilfər/ *kkt.* menimpa, menyerobot, mencuri. *pilfered goods* barang-barang timpaan. —**pilfering** *kb.* pencurian kecil-kecilan, pencopétan.

pilferage /'pilfərij/ *kb.* 1 pencurian, penyerobotan. 2 barang-barang curian.

pilferer /'pilfərər/ *kb.* pencuri secara kecil-kecilan, pencopét.

pilgrim /'pilgrəm/ *kb.* 1 haji (Mekkah). 2 peziarah (ke kuburan).

pilgrimage /'pilgrəmij/ *kb.* 1 naik haji. 2 ziarah.

pill /pil/ *kb.* 1 pil, pél. 2 (*birth control*) pil pencegah kehamilan. 3 *Sl.*: orang yg tak menyenangkan.

pillage /'pilij/ *kb.* penjarahan. —*kkt.* menjarah, merampas. —**pillaging** *kb.* perampasan, perampokan, pembajakan.

pillager /'piləjər/ *kb.* penjarah.

pillar /'pilər/ *kb.* 1 tiang. *house with pillars* rumah yg bertiang-tiang. *He's a p. of society* Ia tiang masyarakat. 2 bubungan, kepulan (*of smoke*). *to live from p. to post* hidup tak berketentuan. 3 sokoguru, sendi. 4 rukun. *the five pillars of Islam* lima rukun Islam.

pillbox /'pil'baks/ *kb.* 1 kotak pil. 2 *Mil.*: gardu pertahanan.

pillory /'pilərie/ *kb.* (*j.* **-ries**) tiang tempat meng-

hukum orang didepan umum. —*kkt.* membikin malu orang, menghina orang dimuka umum.

pillow /'pilow/ *kb.* bantal. —*kkt.* membantali, meletakkan, mengalasi (*s.o.'s head in o's lap*).

pillowcase /'pilow'keis/ *kb.* sarung bantal.

pillowslip /'pilow'slip/ *kb.* sarung bantal.

pilot /'pailət/ *kb.* 1 pilot, penerbang. 2 pandu, mua(l)-lim. *p. boat* kapal pandu/mualim. *ship's p.* pandu laut. *automatic p.* pengemudi pesawat otomatis. —*kkt.* 1 mengemudikan (*plane, ship*). 2 menuntun (*s.o. through a museum, fair*). **p. burner/light** lampu pilot (di kompor gas). **p. project** proyék percobaan. —**piloting** *kb.* 1 pekerjaan mengemudi. 2 ilmu pelayaran laut atau navigasi udara.

pimento /pə'mentow/ *kb.* bumbu cengkéh. *p. cheese* kéju berbumbu cengkéh.

pimp /pimp/ *kb.* 1 alku, muncikari, jaruman, germo. 2 calo. —**pimping** *kb.* penggermoan.

pimiento /pi'myentow/ *kb.* = PIMENTO.

pimple /'pimpəl/ *kb.* jerawat. *to break out with pimples* timbul bintil-bintil.

pimply /'pimplie/ *ks.* berjerawat (*on a face*).

pin /pin/ *kb.* 1 peniti. 2 lencana (*fraternity*). *to be on pins and needles* gelisah, cemas-cemas rasa hati, gugup. *You could have heard a p. drop* Keadaan benar sunyi-senyap. —*kkt.* (**pinned**) 1 menyematkan (*a dress*). 2 meletakkan, menggantungkan (*o's hopes*) (**on** pd). 3 menjepit. *He was pinned beneath the car* Ia terjepit dibawah mobil. *The policeman pinned his arms to his side* Polisi itu menekankan kedua tangannya pd pinggangnya. *Mary and John are pinned* Mary dan John tlh bertunangan. *to p. o's hopes on* menaruh harapannya kpd. **to p. down** 1 mengajak atau menyuruh berpikir. 2 menekan dgn mengemukakan bukti-bukti. *to be pinned down by shooting* terpaku karena témbakan-témbakan. **to p. on** 1 mengenakan dgn peniti (*of a dress*). 2 mendakwakan thd. **to p. to** menyematkan. *P. this to the other material* Sematkan ini pd bahan lainnya itu. **to p. up** memeniti(kan) (*a hem*). **p. curl** keriting rambut buatan. **p. money** uang jajan.

pinafore /'pinəfowr/ *kb.* 1 alas dada anak-anak. 2 pakaian luar utk bekerja/bermain.

pinball /'pin'bɔl/ *kb.* **p. machine** main jackpot.

pincers /'pinsərz/ *kb.*, *j.* sepit, penyepit (*of lobster, crab*). *a pair of p.* sepasang sepit. *Mil.*: *p. movement* gerakan menjepit/pengguntingan.

pinch /pinc/ *kb.* 1 cubitan. 2 jemput. *a p. of salt* sejemput garam. *to feel the p.* merasakan tekanan. *to feel the p. of poverty* merasakan kesengsaraan kemiskinan. *in a p.* dlm keadaan mendesak/darurat. —*kkt.* 1 mencubit. 2 menjepit (*o's feet*). *He pinched his finger in a door* Jarinya terjepit pd pintu. 3 *Sl.*: menangkap (*s.o. for speeding*). 4 *Sl.*: mencopét (*the goods of others*). *We are pinched for time* Kami sangat kekurangan waktu. **to p. off** 1 memetik dgn tangan. 2 mencomot. **to pinch-hit** menggantikan. *p. hitter* pengganti. —**pinched** *ks.* 1 kurus (*of face*). 2 kurang. *p. for money* kurang uang. —**pinching** *kb.* jepitan.

pinchpenny /'pinc'penie/ *kb.* (*j.* **-nies**) *Inf.*: orang kikir. —*ks.* kikir, sangat hémat.

pincushion /'pin'kusyən/ *kb.* bantal peniti.

pine /pain/ *kb.* cemara, eru. *p. cone* kerucut pohon cemara. **p. tar** térpentin. **p. tree** kayu tusam. —*kki.* merana. *to p. for s.o.* merindukan s.s.o., merana, mengharapkan kehadiran s.s.o. **to p. away** merana. —**pining** *kb.* keadaan merana.

pineapple /'pain'æpəl/ *kb.* nanas, nenas.

pinfeather /'pin'feтнər/ *kb.* bulu halus-halus.

ping /ping/ *kb.* ting (*sound of a bullet*). **Ping-pong** *kb.* ténis méja, pingpong.

pinhead /'pin'hed/ *kb.* 1 kepala peniti. 2 *Sl.*: orang bodoh.

pinion /'pinyən/ *kb.* ujung sayap. —*kkt.* mengikat tangan sehingga tak terpakai. *to p. s.o's arms to his sides* mengikatkan tangan/lengan s.s.o. pd pinggangnya/sisinya.

pink /pingk/ *kb.* 1 mérah muda. 2 *Inf.*: simpatisan komunis. *He's in the p. (of condition)* Ia dlm keadaan sangat séhat. —*ks.* mérah muda. *to turn p.* menjadi mérah muda. **p. slip** surat pemberhentian/pemecatan. **pinking** *shears* gunting bergerigi utk memotong kain.

pinkeye /'pingk'ai/ *kb.* penyakit mata yg menular.

pinkie /'pingkie/ *kb.* jari, kelingking.

pinkish /'pingkisy/ *ks.* agak mérah muda, kemérah-mérahan.

pinko /'pingkow/ *kb. Sl.*: simpatisan komunis, orang kiri.

pinnacle /'pinəkəl/ *kb.* puncak.

pinpoint /'pin'point/ *kkt.* menunjukkan s.s.t. dgn tepat.

pinprick /'pin'prik/ *kb.* cocokan peniti.

pinstripe /'pin'straip/ *kb.* 1 garis-garis halus. 2 pakaian bergaris-garis.

pint /paint/ *kb.* takaran Inggeris (0.568 liter). **pint-size(d)** *ks.* kecil, kerdil.

pinup /'pin'ʌp/ *kb. Inf.*: gambar gadis cantik (utk digantung di dinding).

pinworm /'pin'wərm/ *kb.* cacing kerawit.

pioneer /paiə'nir/ *kb.* pelopor, perintis (jalan), pionir. —*kkt.* memelopori. *to p. in-flight movies* memelopori pertunjukan bioskop dlm penerbangan. —*kki.* merintis jalan (**in** dlm).

pious /'paiəs/ *ks.* saléh, alim.

pip /pip/ *kb.* 1 biji. 2 *Sl.*: yg istiméwa. *My girl is really a p.* Gadisku betul-betul seorang yg istiméwa.

pipe /paip/ *kb.* 1 pipa. *stove p.* pipa(gas)dapur. *to lay pipes* meletakkan/menanamkan pipa-pipa. 2 pipa cangkelong, uncui. *to smoke a p.* mengisap pipa. *He's a p. smoker* Ia mengisap pipa. *p. cleaner* alat pembersih pipa tembakau. *Sl.: Put that in your p. and smoke it* Pikirkanlah hal itu masak-masak. Pertimbangkanlah dgn seksama. 3 buluh-buluh, pembuluh. 4 *Mus.:* sm suling. —*kkt.* 1 menyalurkan dgn pipa (*water into a building*). 2 menyalurkan (*music into a room*). 3 menyerukan. *P. all hands on deck* Serukan agar semua awak berkumpul diatas dék/geladak. —*kki.* berteriak. *"Quiet", he piped in a shrill voice* "Diam", teriaknya dgn suara yg nyaring. *Sl.*: **to p. down** diam. *Sl.*: **to p. up** mulai berbicara. *Inf.*: **p. dream** angan-angan yg khayal. **p. organ** orgel tiupan. **p. wrench** kunci tabung. *piped-in music* musik yg disalurkan. —**piping** *kb.* 1 pipa-pipa, pipa selokan (*to a building*). 2 bis, jalur (*on a dress*). 3 bunyi nyaring (*of frog*). *p. hot* sangat panas, baru dimasak.

pipeful /'paipful/ *kb.* sepipa penuh.

pipeline /'paip'lain/ *kb.* 1 pipa saluran. 2 *Inf.*: saluran (*used by reporters*).

piper /'paipər/ *kb.* pemain musik tiup. *to play the p.* menanggung akibat.

pipestem /'paip'stem/ *kb.* tangkai pipa.

pipette /pi'pet/ *kb.* pipét.

pipsqueak /'pip'skwiek/ *kb. Sl.*: orang sepélé.

piquant /'piekənt/ *ks.* 1 menarik. 2 (*of food*) pedas.

pique /piek/ *kb.* kekesalan, kejéngkélan. *to say s.t. in a fit of p.* mengatakan s.s.t. dlm keadaan kesal. —*kkt.*

mengesalkan, menjéngkélkan. *She was piqued by...* Dia kesal karena....

piqué /pi'kei/ *kb.* kain piké.

piracy /'pairəsie/ *kb.* (*j.* **-cies**) pembajakan, perompakan.

pirate /'pairit/ *kb.* bajak laut, perompak, lanun. *p. radio station* stasion radio gelap. —*kkt.* 1 membajak (*a ship*). 2 menerbitkan buku-buku tanpa izin penerbitnya/penulisnya. —**pirating** pembajakan (*of a book*).

pirouette /'piru'et/ *kb.* putaran, kisaran. —*kki.* berputar-putar diatas kaki.

pistachio /pi'stæsyieow/ *kb.* sm buah kenari hijau.

pistil /'pistəl/ *kb.* putik.

pistol /'pistəl/ *kb.* péstol, pistol. *to pistol-whip* memukul dgn pistol.

piston /'pistən/ *kb.* kodok-kodok, pengisap, séher. *p. ring* ring séher. *p. rod* pelocok, pelantak, batang/gagang séher.

pit /pit/ *kb.* 1 lubang. 2 terowongan, lubang (*of a mine*). 2 ruang bawah di gedung konsér. 3 biji. *p. of the stomach* hulu hati. —*kkt.* (**pitted**) 1 mengadu (*o's strength, two cocks*). 2 *Fruit:* menghilangkan biji (pd buah-buahan). —**pitted** *ks.* berbintik-bintik (*of the face*). *p. cherry* buah kérs yg sdh dihilangkan bijinya.

pitapat /'pitəpæt/ *kb.* derai (*of rain on the window*) —*kk.* **to go p.** berdebar-debar (*of the heart*).

pitch /pic/ *kb.* 1 bubungan, puncak (*of roof*). 2 tér. 3 *Mus.*: pola titinada. 4 lémparan (bola). 5 gerak maju baling-baling. *Inf.*: **to make a p. for** berusaha utk mendapatkan. *The excitement of the race reached a high p.* Kegemparan memuncak tinggi dlm perlombaan itu. —*kkt.* 1 melémparkan (*a ball*). 2 memasang, memancangkan (*a tent*). 3 menggantungkan (*o's hopes high*). *to be pitched from o's horse* terlémpar/terjungkir dari kudanya. —*kki.* 1 terhempas-hempas (*of a ship*). 2 jatuh (*down a cliff*). *Sl.: When help is needed, he's always in there pitching* Kalau bantuan dibutuhkan, ia selalu giat membantu. *Inf.*: **to p. in** menyingsingkan lengan bajunya. *Inf.*: **to p. into s.o.** menyerang s.s.o. dgn sigap. *to p. into o's work with enthusiasm* memulai pekerjaannya dgn penuh semangat/minat. **pitch-black** *ks.* hitam pekat/kelam. **pitch-dark** *ks.* gelap-gulita, gelap pekat. **p. pipe** suling kunci nada. **pitched** *battle* pertempuran teratur. —**pitching** *kb.* 1 anggukan (*of a boat, ship*). 2 pelémparan (*of stone, ball*).

pitchblende /'pic'blend/ *kb.* bijih-bijih uranium.

pitcher /'picər/ *kb.* 1 kendi, buyung, bocong. *cream p.* tempat/kendi susu. 2 *Sport:* pelémpar (bola).

pitcherful /'picərful/ *kb.* sekendi.

pitchfork /'pic'fərk/ *kb.* garpu rumput.

piteous /'pitieəs/ *ks.* memilukan, menyedihkan.

pitfall /'pit'fɔl/ *kb.* 1 (lubang) perangkap. 2 kesukaran tersembunyi.

pith /pith/ *kb.* 1 inti, sari, intipati, intisari. 2 sumsum. *p. helmet* topi pandan/gabus/prop.

pithead /'pit'hed/ *kb.* pintu terowongan tambang.

pithy /'pithie/ *ks.* 1 ringkas dan tajam (*of a remark*). 2 banyak inti/biji (*of a tangerine, orange*).

pitiable /'pitieəbəl/ *ks.* yg menimbulkan belas kasihan, menyedihkan.

pitied /'pitied/ lih PITY.

pities /'pitiez/ lih PITY.

pitiful /'pitifəl/ *ks.* tdk memuaskan, menyedihkan.

pitiless /'pitələs/ *ks.* kejam, bengis.

pittance /'pitəns/ *kb.* sedikit sekali.

pitterpatter /'pitər'pætər/ *kb.* ketipak-ketipuk.

pittypat /'pitie'pæt/ =PITAPAT.
pituitary /pi'tuwə'terie, 'tyuw-/ *ks.* **p. gland** kelenjar dibawah otak.
pity /'pitie/ *kb.* (*j.* **-ties**) kasihan, sayang. *What a p.!* Alangkah sayangnya! *to take p. on s.o.* kasihan kpd s.s.o. *It's a p. you ...* Sayang kau .... *to do s.t. out of p.* melakukan s.s.t. karena belas kasihan. *For pity's sake!* Demi Allah! —*kkt.* mengasihani. *She is to be pitied* Ia patut dikasihani. —**pityingly** *kk.* dgn berbelas kasihan.
pivot /'pivət/ *kb.* poros, pasak, paksi, sumbu. —*kki.* berputar.
pivotal /'pivətəl/ *ks.* sangat penting.
pixie, pixy /'piksie/ *kb.* (*j.* **-xies**) peri, déwi.
p.js. /'pie'jeiz/ *kb., j. Sl.:* piyama.
pk. 1 [*peck*] ukuran barang kering (hampir 8 liter). 2 [*package*] pakét, bungkusan, bingkisan. 3 [*park*] taman.
pkg. [*package*] pakét, bungkusan, bingkisan.
Pkw. [*Parkway*] jalan raya.
pl. 1 [*plural*] jamak. 2 [*place*] jalan kecil.
Pl. [*Place*] jalan kecil. *1 Grove Pl.* Jl. Grove 1.
placard /'plækərd/ *kb.* plakat.
placate /'pleikeit/ *kkt.* mendamaikan, menenteramkan.
place /pleis/ *kb.* 1 tempat. *p. of birth* tempat lahir. *nice vacation p.* tempat berlibur yg menyenangkan. *Save my p. for me* Tolong jaga tempatku. *to find a p. for the night* mendapat tempat menginap. *to lose o's p. in line* kehilangan tempat antréan. *It's not his p. to tell me* Tak pd tempatnya ia menyatakan pd saya. *to be in second p.* mendapat tempat kedua. *to change places with s.o.* bertukar tempat dgn s.s.o. *Come and dine at our p.* Datanglah makan di rumah kami. *to fall into p.* duduk/tepat pd tempatnya. *to give p. to* beralih/berganti tempat dgn. *to know o's p.* tahu tempat, tahu menempatkan diri. 2 tempat tinggal. *What is the name of your p.?* Apakah nama tempat tinggalmu? *Where is your p. of business?* Dimana letak perusahaanmu? 3 jabatan. *to seek a p. with* mencari pekerjaan dgn. 4 bagian. *to laugh at the right p.* tertawa pd bagian yg tepat. *weak p. in a beam* bagian yg lemah dlm balok. 5 tingkat. *scandal in high places* skandal/penyéléwéngan dlm golongan (tingkat) atas(an). 6 urusan, wewenang. *It's not my p. to do anything* Bukanlah urusan saya utk berbuat s.s.t. 7 kedudukan. *to find o's p. in the sun* mendapatkan kedudukan yg baik. **::** *He will come in your p.* Ia akan datang menggantikan kamu. *to lose my p. in a book* lupa sampai halaman berapa tlh kubaca buku itu. *Take your p. in line* Antrilah. *Her heart's in the right p.* Hatinya baik. *Books were scattered all over the p.* Buku-buku bertebaran di sana-sini/mana-mana. **to give p.** mengundurkan diri. *Sl.:* **to go places** mengalami kemajuan, sedang maju. **in p.** di tempatnya, pd tempatnya. **in p. of** sbg pengganti, daripada. *a small car in p. of a big one* mobil yg kecil sbg pengganti yg besar. *in the first p.* pertama-tama. *in the second p.* lagi pula, kedua. *If I were in your p...* Kalau saya kamu .... *to put s.o. in his p.* merendahkan s.s.o., membuat s.s.o. tahu diri. **out of p.** 1 janggal, tak pd tempatnya. *That picture is out of p. in this room* Lukisan itu nampak janggal di kamar ini. 2 janggal, asing (*of a person*). **to take p.** terjadi, berlangsung. **to take the p. of** menggantikan. —**places** *j.* angka-angka. *How many places after the decimal point?* Berapa angka dibelakang titik désimal? —*kkt.* 1 menempatkan (*a guard at, students in*). *He was placed in line for a directorship* Ia ditempatkan sbg calon pengganti diréktur. 2 mele-

takkan. *The house is well placed* Rumah itu baik letaknya. 3 memasukkan (*an order, a child in school*). 4 mengenakan (*a duty, tax*). *to p. s.o. under house arrest* mengenakan s.s.o. tahanan rumah. 5 menetapkan. *to p. the origin of man* menetapkan asal manusia. 6 kenal. *I can't p. him* Aku tak kenal dia. *I can't p. where I've seen you* Aku tak ingat dimana aku bertemu dgn kamu. 7 menduduki. *to p. third in* menduduki tempat ketiga. 8 menyerahkan. *to p. a matter in a lawyer's hands* menyerahkan perkara/persoalan ke tangan pengacara. **::** *to p. a bet* bertaruh. *to p. a charge against s.o.* menggugat s.s.o. *to p. s.o. in charge* menyerahkan s.s.o. utk mengurus. *to p. s.o. in protective custody* mengamankan s.s.o. **p. card** kartu tempat duduk. **p. mat** alas piring, tatakan. **p. name** nama tempat. **p. of ill repute** tempat yg mempunyai réputasi yg buruk. **p. of worship** tempat beribadat.
placement /'pleismənt/ *kb.* 1 penempatan. *p. office* kantor penempatan tenaga. 2 tingkat(an). *p. test* ujian tingkat.
placenta /plə'sentə/ *kb.* (*j.* **-tae** /-tai/, **-tas**) ari-ari, tembuni, uri.
placid /'plæsid/ *ks.* tenang.
plagiarism /'pleijərizəm/ *kb.* penjiplakan, plagiat.
plagiarist /'pleijərist/ *kb.* penjiplak, plagiator.
plagiarize /'pleijəraiz/ *kkt.* menjiplak.
plague /pleig/ *kb.* 1 wabah. 2 (penyakit) pés. 3 gangguan. —*kkt.* menggoda, mengganggu. *to p. o's father with questions* mengganggu ayahnya dgn pertanyaan-pertanyaan. **plague-stricken** *ks.* terserang wabah (*of a village*).
plaid plæd/ *kb.* kain (wol) yg berpétak-pétak.
plain /plein/ *kb.* 1 daratan. 2 dataran, tanah datar. *to grow up on the plains* menjadi déwasa di tanah datar. —*ks.* 1 sederhana. *p. cooking* makanan yg sederhana. *p. clothes* pakaian sederhana. *p. room* kamar yg sederhana (tanpa hiasan sama sekali). 2 biasa. *p. rice* nasi biasa. 3 terang, jelas. *It was p. that ...* Adalah jelas bhw .... *to speak to s.o. in p. terms* berbicara dgn s.s.o. dgn terus terang. 4 kurang menarik (*girl*). **in p. view of** dihadapan mata. **p. dealing** berurusan secara jujur. **p. sailing** berjalan lancar. **plain-spoken** *ks.* suka berterusterang. —**plainly** *kk.* 1 dgn sederhana. *He was p. dressed* Ia berpakaian secara sederhana. 2 dgn terus terang. *to state p.* menyatakan dgn terus terang.
plainclothesman /'plein'klow(TH)zmən/ *kb.* (*j.* **-men**) détéktip atau polisi (yg berpakaian orang biasa).
plainness /'pleinnəs/ *kb.* kesederhanaan.
plaint /pleint/ *kb.* keluhan.
plaintiff /'pleintif/ *kb.* penggugat, penuntut.
plaintive /'pleintiv/ *ks.* sayu, sedih.
plait /plæt/ *kkt.* menjalin.
plan /plæn/ *kb.* 1 rencana. *five-year p.* rencana lima tahun. *What are your plans?* Apakah rencanamu? *to draw a p.* menyusun rencana/bagan/skétsa. *to draw up plans for* membuat rencana buat. *to have no fixed plans* tdk mempunyai maksud-maksud/rencana-rencana tertentu. *to upset o's plans* mengacaukan/menggagalkan rencana-rencana. *to go according to p.* berjalan menurut rencana. 2 perencanaan. *to complete plans for* menyelesaikan perencanaan utk. *The best p. would be to ...* Cara yg terbaik ialah utk .... —*kkt.* (**planned**) 1 merencanakan (*a party*). 2 bermaksud. *We p. to visit them* Kami bermaksud mengunjungi mereka. —*kki.* membuat rencana.
to p. on 1 bermaksud. 2 mengharapkan. *Don't p. on my going with you* Janganlah terlalu mengharap-

kan saya akan turut serta. —**planned** *ks.* berencana. *p. parenthood* keluarga berencana. *p. economy* ékonomi berencana/terpimpin. *p. obsolescence* kekunoan/keusangan yg direncanakan. —**planning** *kb.* perencanaan. *city p.* perencanaan kota. *family p.* keluarga berencana. *p. commission* panitia/komisi perencana/perancang.

plane /plein/ *kb.* 1 pesawat terbang. *p. crew* awak pesawat. 2 *Carp.*: penarah, pengetam. *small p.* scrut. 3 taraf. *on a high p.* pd taraf tinggi, bermutu tinggi. 4 latar, bidang. *p. geometry* ilmu ukur bidang. —*kkt.* menarah (*wood*). **to p. down** menarah, mengetam, menyerut. —*kki. Av.*: naik pesawat terbang.

planeload /'plein'lowd/ *kb.* sepesawat terbang penuh.

planet /'plænit/ *kb.* planit, bintang siarah.

planetarium /'plænə'tæriəm/ *kb.* tempat pertunjukan jalan bintang-bintang.

planetary /'plænə'terie/ *ks.* dari atau berh. dgn planit.

plank /plængk/ *kb.* 1 papan. *to walk the p.* (hukuman) terjun ke laut. 2 *Pol.*: bagian penting. —*kkt.* **to p. down** 1 menaruh atau meletakkan dgn kekuatan (*a book*). 2 *Inf.*: membayar sekaligus.

planner /'plænər/ *kb.* ahli rencana, perencana.

plant /plænt/ *kb.* 1 tanam-tanaman, tumbuh-tumbuhan. *p. life* alam tumbuh-tumbuhan. *p. pathology* ilmu penyakit tumbuh-tumbuhan. 2 paberik. *chemical p.* paberik kimia. 3 gedung-gedung, bangunan-bangunan (*of an institution*). 4 para pekerja. *The whole p. was on strike* Semua pekerja pabrik mogok. 5 *Sl.*: mata-mata/orangnya/ anték polisi. —*kkt.* 1 menanamkan (*a thought*). 2 menanami (*a garden*). 3 menanam (*flowers, peas*). 4 memasang (*a bomb, story*). 5 menempatkan (*a spy*). *Guards were planted at the entrance* Pengawal-pengawal ditempatkan pd jalan masuk itu. *to p. o.s. in front of s.o.* menempatkan diri didepan s.s.o. *to p. o's feet on* menginjakkan kakinya diatas. 6 *Sl.*: memukul (*a right to the chin*). —**planting** *kb.* penanaman.

plantain /'plæntən/ *kb.* pisang raja (utk dimasak).

plantation /plæn'teisyən/ *kb.* perkebunan.

planter /'plæntər/ *kb.* 1 penanam. 2 pemilik/pengusaha perkebunan.

plaque /plæk/ *kb.* tanda peringatan, (logam) piagam.

plasma /'plæzmə/ *kb.* plasma.

plaster /'plæstər/ *kb.* pléster, gips. *p. cast* acuan gips. *walls made of p.* dinding-dinding yg dibuat dari pléster. *p. of Paris* gips kapur, batu tahu. —*kkt.* 1 memléstér, menurap, melépa (*a wall*). *The wall was plastered with advertisements* Témbok itu dipléstér dgn kertas-kertas iklan. 2 meliputi. *My boots are plastered with mud* Sepatu-sepatu saya diliputi lumpur. *He was plastered with decorations* Dadanya dibubuhi dgn bintang-bintang jasa. *His hair was plastered down on his head* Rambutnya dilekatkan rapat pd kepalanya. —**plastered** *ks. Sl.*: mabuk. —**plastering** *kb.* 1 penurapan. 2 lapisan pléstér, pléstéran. *The p. fell* Lapisan pléstér itu jatuh.

plasterboard /'plæstər'bowrd/ *kb.* éternit.

plasterer /'plæstərər/ *kb.* tukang pléstér.

plastic /'plæstik/ *kb.* plastik. *p. cup* mangkuk plastik. *the p. arts* seni patung. *p. clay* tanah liat yg mudah dilekuk-lekukkan dan dibentuk-bentuk. *p. surgery* ilmu bedah bina.

plasticity /plæs'tisətie/ *kb.* keliatan, kekenyalan.

plate /pleit/ *kb.* 1 piring. *a p. of rice* nasi sepiring. *dinner p.* piring makan. *pie p.* piring pastéi. *to pass the p.* mengédarkan piring (di geréja). *steel p.* piring/

lémpéng baja. 2 gambar (*in a book*). 3 pelat (*of a camera*). 4 *Tooth*: tambalan gigi. *This table service is only p.* Cangkir-piring di méja ini berlapis pérak saja. —*kkt.* melapisi, menycpuh (*with silver* dgn pérak). **p. glass** kaca tebal lagi bening. *p. glass window* jendéla kaca. **p. warmer** alat pemanas makanan. —**plated** *ks.* berlapis. *p. bowl* mangkuk sepuhan.

plateau /plæ'tow/ *kb.* 1 dataran tinggi. 2 masa stabil, taraf tanpa kemajuan (dlm pelajaran).

plateful /'pleitful/ *kb.* sepiring penuh. *a p. of rice* sepiring penuh nasi.

platen /'plætən/ *kb.* silinder atau rol mesin tulis.

platform /'plætfɔrm/ *kb.* 1 panggung, podium. 2 péron (*station*). *p. ticket* karcis péron. 3 *Pol.*: program partai.

platinum /'plætənəm/ *kb.* platina, mas kodok/ putih. *p. blond* orang yg berambut pirang spt platina.

platitude /'plætətuwd, -tyuwd/ *kb.* kata-kata hampa/basi.

platonic /plə'tanik/ *ks.* **p. love** cinta yg bersifat persaudaraan.

platoon /plə'tuwn/ *kb.* peloton.

platter /'plætər/ *kb.* 1 piring yg besar. 2 *Mus.: Sl.*: piringan hitam.

plaudits /'plɔdits/ *kb..j.* sorak pujian, tepuk tangan.

plausibility /'plɔzə'bilətie/ *kb.* hal yg masuk akal.

plausible /'plɔzəbəl/ *ks.* masuk akal.

play /plei/ *kb.* 1 sandiwara, lakon. *to go to a p.* menonton sandiwara. 2 *Auto.*: longgar pasangan (*in a wheel*). 3 giliran. *It's your p.* Sekarang giliranmu bermain. 4 permainan (*of lights*). *new soccer p.* permainan sépakbola yg baru. *P. began at two* Pertandingan dimulai jam dua. *at p.* sedang bermain. *in p.* sedang dimainkan. *p. on words* permainan (dgn) kata-kata, persilatan kata. *The ball is out of p.* Bolanya keluar permainan. *to bring/call into p.* menggunakan. *to give o's imagination full p.* berangan-angan sebébas-bébasnya. *to make a p. for* berusaha mengambil hati. —*kkt.* 1 memainkan (*a leading role, a symphony*). 2 bermain (*piano, bridge, baseball*). 3 menyemproti (*water on a building*). 4 menempatkan s.s.o. sbg pemain. 5 bertanding dgn. *Cornell plays Brown tomorrow* Cornell bertanding dgn Brown bésok. *to p. the horses* bertaruh (di gelanggang pacuan) kuda. —*kki.* 1 bermain-main. 2 main. *What's playing at the Strand?* Film apa main di bioskop Strand? 3 bertanding. *Who's playing today?* Siapa bertanding hari ini? *The organ is playing* Musik orgel sedang diperdengarkan. **to p. along** mengadakan kerjasama. **to p. around** (berfoya-foya) berkeluyuran. *to p. around with* mengadakan percobaan/ éksperimén. **to p. back** memainkan/memutarkan lagi/kembali. **to p. down** mengecilkan, mengurangi. **to p. off** memperebutkan (*for the championship*). *to p. off one person against another* mengadu-domba yg seorang dgn yg lainnya. **to p. (up)on** 1 bermain (biola). 2 menyoroti (*of lights on a building*). 3 mengambil untung dari, menggunakan (*o's sympathy*). *The sun plays on the water* Sinar matahari menari-nari diatas air. **to p. out** melakukan. *to p. out a role* melakukan peranan, memerankan. *to be played out* sangat letih. *to p. to the gallery* menonjolkan diri. **to p. up** mengembangkan. *P. up!* Ayo, mainlah! *Sl.*: **to p. up to** merayu, menjilat, membujuk. **to p. with** bermain-main dgn. **to play-act** berdandan dan bermain sandiwara. **play-by-play** *ks. Sport*: teliti, mendetail. **play-off** *kb.* pertandingan penentuan. **p. suit** pakaian bermain. **playing**

card kartu permainan. *playing field* gelanggang/ lapangan olahraga.

playable /'pleiəbəl/ *ks.* dpt dimainkan.

playback /'plei'bæk/ *kb.* memainkan/permainan kembali.

playboy /'plei'boi/ *kb. Inf.*: orang laki-laki kaya yg suka pelesir.

player /'pleiər/ *kb.* 1 pemain. 2 penjudi. *p. piano* piano otomatis.

playful /'pleifəl/ *ks.* suka bermain/melucu.

playgoer /'plei'gowər/ *kb.* penonton sandiwara.

playground /'plei'grawnd/ *kb.* tempat bermain, lapangan permainan.

playhouse /'plei'haws/ *kb.* 1 *Thea.*: gedung komidi. 2 taman bermain anak-anak.

playmate /'plei'meit/ *kb.* kawan bermain/sepermainan.

playpen /'plei'pen/ *kb.* bok(s), tempat anak-anak kecil bermain-main.

playroom /plei'rum/ *kb.* kamar (utk) bermain.

plaything /'plei'thing/ *kb.* alat permainan.

playwright /'plei'rait/ *kb.* dramawan, pengubah sandiwara.

plaza /'plazə, 'plæzə/ *kb.* alun-alun.

plea /plie/ *kb.* 1 permohonan, permintaan. 2 *Law:* pembélaan, dalih.

plead /plied/ *kkt.* (**pleaded** atau **pled**) 1 membéla, mengadakan pembélaan. 2 membuat dalih/alasan (*poverty, bankruptcy*). 3 mengaku, menjawab (bersalah). *to p. ignorance* berpura-pura tdk tahu, berdalih karena tdk tahu. *to p. not guilty* menyatakan (dirinya)/menjawab tak bersalah. 4 meminta/ memohon dgn sangat. *to p. with s.o.* meminta dgn sangat kpd s.s.o. —**pleading** *kb.* pembélaan, permohonan. —**pleadingly** *kk.* dgn permohonan.

pleader /'pliedər/ *kb.* 1 pemohon. 2 pembéla.

pleasant /'plezənt/ *ks.* menyenangkan, sedap. *p. breeze* angin sepoi-sepoi yg lembut. —**pleasantly** *kk.* senang. *p. surprised* héran beserta senang.

pleasantry /'plezəntrie/ *kb.* (*j.* **-ries**) olok-olok, sendagurau.

please /pliez/ *kkt.* menyenangkan (hati). *You can't p. everyone* Kita tak dpt menyenangkan semua orang. *There's no pleasing him* Tak ada yg menyenangkan baginya. *This plan pleases me* Rencana ini sesuai dgn keinginan saya. *music that pleases the ear* musik yg énak utk didengar. —*kki.* 1 silakan. *P. sit down* Silakan duduk. *P. come in* Silakan masuk. 2 tolong. *P. lend me your pen* Tolong pinjami saya pénamu. *P. let me know* Tolong beritahukan kpd saya. *P. call Parto* Tolong panggil Parto. 3 -lah. *P. help me* Tolonglah saya. *P. contact our office* Harap berhubungan dgn kantor kami. *P. God* Insya' Allah. *He's hard to p.* Sukar utk menyenangkan hatinya. *She does as she pleases* Ia berbuat sesuka hatinya. *P. turn over* Lihat sebaliknya. *Hand me the bread, if you p.* Sudilah sdr memberikan roti itu kpd saya? —**pleased** *ks.* senang, puas. *p. look* tatapan yg senang. *We shall be p. to come* Kami akan merasa senang menghadiri. *He is quite p. with himself* Ia puas sekali dgn keadaan dirinya. *She was p. with the painting* Ia gembira dgn lukisan itu. *I am p. to inform you that ...* Saya merasa senang membéritahukan kpd sdr bhw .... —**pleasing** *ks.* menyenangkan. *p. personality* kepribadian yg menyenangkan.

pleasurable /'plezyərəbəl/ *ks.* yg menyenangkan (*experience, occasion*).

pleasure /'plezyər/ *kb.* kesenangan. *The p. is all mine* Kesenangan itu sepenuhnya untukku. *It was a p. having you with us* Senang sekali kami dgn ke-

hadiranmu. *Work comes before p.* Bekerja dulu, baru bersenang-senang. *at your p.* sesukamu. *to take p. in introducing Mrs. Smith* dgn senang hati memperkenalkan Ny Smith. *I find/take p. in reading* Aku mendapat kegembiraan dari membaca. *Mrs. A. requests the p. of Mr. B's company at dinner* Nyonya A. memohonkan kesediaan Tn B utk hadir pd jamuan makan. *to lead a life of p.* hidup bersenang-senang. *with p.* dgn segala senang hati. **p. boat** kapal pesiar. **pleasure-loving** *ks.* suka/senang pelesir, suka bersenang-senang/berfoya-foya.

pleat /pliet/ *kb.* lipatan. —*kkt.* melipat. **pleated** *skirt* rok yg berlipat/berlipit.

plebe /plieb/ *kb.* cama, plonco.

plebeian /pli'bieən/ *ks.* kampungan, kurang halus, udik.

plebiscite /'plebəsait, -sit/ *kb.* plébisit.

pled /pled/ lih PLEAD.

pledge /plej/ *kb.* 1 janji, cagar, ikrar. *I gave him my solemn p.* Aku memberikan janjiku yg tulus kepadanya. *p. of allegiance* ikrar/janji setia. *p. of loyalty* prasetya. *to take the p.* memantangkan minuman keras. *to be under a p. of secrecy* berjanji akan memegang teguh rahasia. —*kkt.* 1 menjanjikan (*a donation*). 2 berjanji. *to p. allegiance to the flag* berjanji setia kpd bendéra. *I p. you on my honor I knew nothing about it* Demi kehormatanku aku tak tahu apa-apa ttg hal itu.

plen. [*plenipotentiary*] berkuasa penuh.

plenary /'plienərie, 'plen-/ *ks.* paripurna, pléno. *p. session* sidang paripurna. *p. power* kekuasaan/mandat penuh.

plenipotentiary /'plenəpə'tensyie'erie/ *ks.* yg berkuasa penuh. *ambassador p.* dutabesar yg berkuasa penuh.

plentiful /'plentəfəl/ *ks.* berlimpah-limpah.

plenty /'plentie/ *kb.* banyak. *p. of money* banyak uang. *p. of sleep* banyak tidur. *p. of time* banyak waktu. *land of p.* negeri yg makmur. —*ks.* cukup. *8 hours of sleep is p.* Tidur 8 jam itu cukup. —*kk. Inf.*: cukup. *p. warm enough* cukup hangat.

pleonastic /'plieə'næstik/ *ks.* yg berlebih-lebihan, bertélé-télé, pléonastis, mubazir.

plethora /'plethərə/ *kb.* kebanyakan, berlebih-lebihan. *a p. of books* buku-buku yg kebanyakan.

pleurisy /'plurəsie/ *kb.* radang selaput dada, birsam.

pliable /'plaiəbəl/ *ks.* 1 lembut, lunak (*of character*). 2 suka melentur (*of leather*).

pliant /'plaiənt/ *ks.* liat.

plied /plaid/ lih PLY.

pliers /'plaiərz/ *kb., j.* tang, gégép, cunam, catut, penyepit.

plight /plait/ *kb.* keadaan (buruk, jelék, sedih). *in a sad p.* dlm keadaan yg menyedihkan. —*kkt.* berjanji.

plod /plad/ *kki.* (**plodded**) 1 berjalan dgn susah payah. 2 terus bekerja keras. —**plodding** *ks.* lamban, lambat dan berat.

plodder /'pladər/ *kb.* orang yg lambat tapi tekun bekerja.

plop /plap/ *kb.* gedebur, cebur, celempung, celepuk (*of a rock hitting water*). —*kk. The stone went p.* Batu itu bergedebur. —*kki.* (**plopped**) **to p. down** menjatuhkan diri (*on a bed*).

plot /plat/ *kb.* 1 potong/bidang tanah (kapling). *garden p.* bidang kebun. 2 isi cerita, alur (*of a story*). 3 komplotan. *The p. thickens* Urusan bertambah kusut. —*kkt.* (**plotted**) 1 merencanakan dgn diam-diam. 2 menggambari (*s.t. on a graph*). 3 merencanakan (*o's course*). —*kki.* bersekongkol, berkomplot.

plotter /'platər/ *kb.* anggota komplotan, pengomplot.

plough /plaw/ = PLOW.

plow /plaw/ *kb.* bajak, luku, tenggala. *hand p.* bajak dorongan. —*kkt.* 1 meluku, menenggala, membajak (*tanah*). 2 mengeruk (*snow*). —*kki.* membajak, meluku, menenggala. *This p. plows well* Bajak ini baik kerjanya. *This soil plows well* Tanah ini mudah dibajak. **to p. back** menanamkan kembali (*of profits*). *Inf.*: **to p. into** menyeruduk, menubruk. *The train plowed into the truck* Keréta api itu menyeruduk truk itu. **to p. through** 1 mengarungi, menyeberangi. *to p. through the mud* mengarungi lumpur. 2 meneliti, menjajagi. *to p. through a lot of books* meneliti isi banyak buku. **to p. under** menimbuni/ menutup tanah dgn menggunakan bajak. **to p. up** menggali dgn mesin bajak.

plowshare /'plaw'syær/ *kb.* mata bajak.

ploy /ploi/ *kb.* 1 cara. 2 kesenangan bersama.

pluck /plʌk/ *kb.* keberanian. —*kkt.* 1 memetik (*flowers, guitar*). 2 membului (*chicken*). 3 mencabuti (*eyebrow*). 4 menarik, merenggut. *to p. s.o. by the sleeve* menarik/s.s.o. pd lengan baju. *to be plucked out of line* ditarik dari barisan itu. *P. up!* Besarkan hatimu! *to p. up o's courage* mengumpulkan keberanian.

plucky /'plʌkie/ *ks.* berani. *He's a p. son-of-a-gun* Ia seorang "sétan"/pemberani.

plug /plʌg/ *kb.* 1 stéker. *wall p.* stéker témbok. 2 kayu penyumbat, sumbat (*for a hole*). 3 busi. 4 kuda tua. 5 *Inf.*: kata-kata baik. *to put in a p. for* menyampaikan kata-kata pujian ttg. *I wouldn't give a p. nickel for his future* Sekelip-bolongpun aku tak mau bertaruh mengenai haridepannya. —*kkt.* (**plugged**) 1 mengisi (*missile gap*). 2 *Inf.*: mempropagandakan. 3 *Sl.*: menémbak. 4 menyumbat (*a hole*). **to p. along** terus-menerus membanting tulang, bertekun. **to p. away** bekerja keras. *to p. away at o's thesis* mengerjakan tésisnya dgn sungguh-sungguh. **to p. in** menyambungkan (*radio, taperecorder*). **plug-in** *kb.* (pemasangan) stéker, stopkontak. *p.-in hairdryer* pengering rambut listrik.

plugger /'plʌgər/ *kb.* 1 orang yg mempropagandakan sebuah produk. 2 orang yg bekerja keras.

plum /plʌm/ *kb.* 1 prém. *p. pudding* puding prém. 2 keuntungan. *Getting him is a real p.* Mendapatkan dia betul-betul suatu keuntungan.

plumage /'pluwmij/ *kb.* bulu burung.

plumb /plʌm/ *kb.* timbangan pengukur garis tegaklurus. *in p.* vertikal. *out of p.* tdk tegaklurus. —*ks., kk. Inf.*: betul-betul. *p. foolishness* betul-betul perbuatan orang gila. *p. silly* betul-betul tolol. —*kkt.* menduga. *to p. the depths of misery* menduga dalamnya jurang kesengsaraan. **p. bob** bandulan timbangan tegak lurus. **p. line** tali pengukur tegak lurus. **p. rule** penggaris/pengukur tegak lurus. —**plumbing** *kb.* 1 pipa léding. 2 pekerjaan mematri dan memasang pipa-pipa air léding.

plumber /'plʌmər/ *kb.* tukang patri/pipa/lédéng. *plumber's friend/helper* alat penyedot saluran air.

plume /pluwm/ *kb.* bulu-bulu. —*kkt.* **to p. o.s.** membanggakan diri.

plummet /'plʌmit/ *kb.* bandulan pengukur tegak lurus. —*kki.* jatuh terjerambab, terjungkir-jungkir.

plump /plʌmp/ *kb. Inf.*: debur. —*ks.* montok, sintal, gemuk padat. —*kk.* tepat. *I ran p. into him* Aku berlari tepat menubruk dia. —*kkt.* menjatuhkan (*suitcase*). *to p. down five dollars* membayar lima dolar

to p. down on a chair menjatuhkan dirinya diatas kursi. **to p. for** menyokong, mendukung. *to p. up a cushion* menambah isi bantal.

plunder /'plʌndər/ *kb.* barang-barang rampasan. —*kkt.* merampas, menjarah.

plunderer /'plʌndərər/ *kb.* penjarah, perampas.

plunge /plʌnj/ *kb.* loncatan. *to take the p. and buy a home* mengambil risiko dan membeli sebuah rumah. —*kkt.* mencelupkan (*o's hand into water*). *to p. the world into war* menjerumuskan dunia kedlm (kancah) peperangan. —*kki.* 1 terjun (*into a pool*). 2 nékat-nékatan berspékulasi (*on the stock market*). **to p. forward** bergerak maju terangguk-angguk. *to p. into o's work* mengerjakan pekerjaannya. *The room was plunged into darkness* Kamar itu tiba-tiba diliputi gelap. **plunging** *neckline* kerah jatuh/ lémbék.

plunger /'plʌnjər/ *kb.* 1 (*drain*) alat penyedot utk saluran pembuangan air. 2 spékulan (*on stock market*). 3 pengisap (*motor*).

plunk /plʌngk/ *kb. Inf.*: bunyi petikan. —*kkt.* memetik (*a banjo*). **to p. down** 1 menghempaskan (*books*). 2 membayar. *Inf.*: **to p. for** menyokong.

pluperfect /'pluw'pərfikt/ *kb., ks. Gram.*: waktu lampau yg sempurna.

plur. [*plural*] bentuk jamak.

plural /'plurəl/ *kb.* bentuk jamak. —*ks.* jamak.

plurality /plu'rælətie/ *kb.* (*j.* **-ties**) 1 orang banyak. 2 perbédaan antara jumlah suara yg terbesar dgn jumlah berikutnya. 3 jumlah terbanyak.

plus /plʌs/ *kb.* 1 tambahan. 2 tanda tambah ($+$). —*ks.* plus, lebih. *A+* nilai A plus. *on the p. side of the account* pd saldo laba dari rékening/pembukuan/ perhitungan. *p. sign* tanda tambah. —*kd.* tambah. *Two p. two equals four* Dua tambah dua sama dgn empat. *the car p. $200* mobil itu tambah $200.

plush /plʌsy/ *ks.* méwah, mahal. *p. living* hidup méwah.

plutocrat /'pluwtəkræt/ *kb.* 1 orang kaya. 2 plutokrat.

ply /plai/ *kb.* lapisan. *two-ply rope* tali berpilin dua. *three-ply wood* kayu tripléks. —*kkt.* (**plied**) 1 menjalankan, melakukan (*o's trade*). 2 menghujani (*s.o. with questions*). 3 memberi (*s.o. with food, drink*). 4 melayari, menjelajahi, mengarungi. *Ships p. the ocean* Kapal-kapal menjelajahi samudera. —*kki.* hilir-mudik. *The train plies between the two towns* Kerèta api itu hilir-mudik antara kedua kota itu.

plywood /'plai'wud/ *kb.* kayu tripléks/lapis.

p.m. /'pie'em/ 1 [*post meridiem*] soré, petang hari. *six p.m.* jam enam soré. 2 [*post mortem*] pemeriksaan mayat.

P.M. /'pie'em/ 1 [*Post Meridiem*] soré, petang hari. 2 [*post mortem*] pemeriksaan mayat. 3 [*postmaster*] kepala kantor pos. 4 [*paymaster*] pegawai yg membayar upah. 5 [*Prime Minister*] Perdana Menteri. 6 [*Provost Marshal*] opsir tentara yg bertugas menjaga keamanan.

pneumatic /nuw'mætik, nyuw'-/ *ks.* berisi udara/ angin. *p. drill* (mesin) bor angin. *p. tire* ban angin.

pneumonia /nuw'mownyə, nyuw'-/ *kb.* radang paru-paru.

P.O. [*post office*] kantor pos.

poach /powc/ *kkt.* merebus. *to p. an egg* merebus isi telor di air yg mendidih. —*kki.* melanggar masuk. *to p. on land* berburu tanpa izin di tanah.

poacher /'powcər/ *kb.* pemburu gelap.

P.O.B. [*post office box*] kotakpos.

pock /pak/ *kb.* becak, kurik, bintik, noda, burik, bopéng. —*kkt.* memenuhi (*o's face, the moon's surface* mukanya, permukaan bulan). **pock-marked** *ks.* burik, bopéng. *p.-marked face* muka yg bopéng.

pocket /'pakit/ *kb.* 1 saku, kantong. *coat p.* saku jas. *The plane hit an air p.* Pesawat terbang itu meliwati kantong udara. *pockets of resistance* kantong-kantong perlawanan. *p. of gas in a mine* liang berisi gas dlm sebuah tambang. *She has him in her p.* Ia tlh jatuh dlm cengkaman/cengkeraman wanita itu. *to line o's pockets* mengisi penuh kantong-kantongnya. *to be out of p.* (menderita) rugi. —*kkt.* 1 mengantongi (*the profits, tickets*). 2 menahan. *to p. o's pride* menahan rasa harga dirinya, merendahkan diri. 3 menelan (*an insult*). **p. billiards** bilyar kantong/pul. **p. comb** sisir kantong. **p. edition** format/ukuran kecil. **p. flap** tutup saku. **p. money** uang jajan/saku.

pocketbook /'pakit'buk/ *kb.* 1 dompét. 2 uang. *My p. won't stand such extravagance* Uangku tak cukup utk pemborosan sedemikian itu. *The dealer was hard on my p.* Penjual itu meminta harga yg tinggi. 3 buku saku.

pocketful /'pakitful/ *kb.* (se)kantong penuh.

pocketknife /'pakit'naif/ *kb.* (*j.* **-knives**) pisau saku/lipat.

pod /pad/ *kb.* (buah) polong, kelopak. *pea p.* kulit kacang polong.

podiatrist /pə'daiətrist/ *kb.* ahli penyakit kaki.

podiatry /pə'daiətrie/ *kb.* ilmu pengobatan dan pemeliharaan kaki.

podium /'powdieəm/ *kb.* (*j.* **-dia**) mimbar.

poem /'powəm/ *kb.* syair, sajak.

poet /'powit/ *kb.* penyair, penyajak. *p. laureate* pujangga resmi.

poetess /'powətis/ *kb.* penyair wanita.

poetic(al) /pow'etək(al)/ *ks.* puitis. *p. license* kebébasan penyair.

poetics /pow'etiks/ *kb.* puitik.

poetry /'powətrie/ *kb.* puisi, persajakan. *to write p.* menggubah sajak.

poignancy /'poinyənsie/ *kb.* 1 kepedihan. 2 ketajaman, kepekatan (*of flavor*).

poignant /'poinyənt/ *ks.* 1 pedih, perih. 2 tajam. 3 pedas (*of food*).

poinsettia /poin'set(ie)ə/ *kb.* poinsétia, sm tumbuh-tumbuhan yg daunnya berwarna mérah.

point /point/ *kb.* 1 ujung (*of pencil, sword*). 2 titik. *freezing p.* titik beku. *to get to the p. where* ... sampai pd titik di mana.... *p. of no return* titik tak dpt balik (*of an airplane*). 3 biji, angka. *to win by one p.* menang satu angka. *to score six points in one game* membuat enam gol dlm satu pertandingan. *The stock market went up three points today* Pasar bursa menunjukkan kenaikan tiga "point" hari ini. 4 batas. *Don't go beyond this p.* Janganlah meléwati batas ini. *to strain/stretch a p.* mengadakan pengecualian, meléwati batas yg wajar. *up to a p.* sampai batas tertentu. 5 maksud, pokok. *to miss the p.* tak menangkap maksud. *What's the p. of that remark?* Apakah maksud ucapan itu? *These are the points to be remembered* Inilah pokok-pokok/hal-hal yg perlu diingat. *Come/Get to the p.!* Berbicaralah mengenai pokoknya. *to stick to the p.* tetap pd pokoknya. 6 mata angin (*of the compass*). 7 bakat. *Business is not his strong p.* Tak ada bakatnya utk berdagang. *Arithmetic is not my strong p.* Saya tdk kuat dlm pelajaran berhitung. 8 tempat. *Stop at this p.* Berhentilah di tempat ini. 9 hal. *a sore p.* hal yg menyedihkan. *On this p. I've several things to say* Mengenai hal ini saya ingin mengemukakan beberapa pemikiran. *to disagree on some p.* tdk menyetujui s.s.t. hal. 10 pendapat, pendirian.

You have a p. there Pendapatmu itu benar. *Your p. is well taken* Pendapatmu benar sekali. *He carried his p.* Ia berhasil meyakinkan pihak lawannya. *to pursue o's p. in a debate* tetap berpegang pd pendiriannya itu dlm perdébatan. 11 perlunya, gunanya. *What's the p. of my going?* Apa perlunya aku pergi? *There's no p. in going home* Tak ada perlunya pulang. *I see no p. in leaving now* Tak ada gunanya berangkat sekarang. 12 sifat. *He has his good points* Ada sifat-sifatnya yg baik. 13 *Auto.*: platina. 14 koma. *four p. five* (4.5) empat koma lima. **at the p. of** hampir. *at the p. of death* hampir mati. **beside the p.** tak mengenai pokoknya, tak penting. **in p.** yg tepat, yg berhubungan dgn. *a case in p.* perumpamaan, suatu keadaan yg dimaksudkan. **to get the p.** mengerti. *I don't get the p.* Tak jelas bagiku. Aku kurang mengerti. **in p. of fact** dlm kenyataannya, nyatanya. **to make a p. of** menganggap penting, mengusahakan agar. *to make a p. of greeting everyone* menganggap penting utk memberi salam kpd tiap orang. **on the p. of** nyaris, hampir(-hampir) (*a nervous breakdown, leaving*). **to the p.** tepat, kena benar, persis. *Your remark is very much to the p.* Ucapanmu tepat sekali. *He was harsh to the p. of cruelty* Sikapnya keras malahan kejam. —*kkt.* 1 menunjuk(kan) (*a finger, the way*). *A sign pointed the way* Sebuah tanda menunjukkan jalan itu. 2 mengarahkan, membidikkan (*a gun*) (**at** kearah). *to p. a moral* mengandung pelajaran susila, mengandung tatasusila. —*kki.* 1 menunjuk. *The road sign points in that direction* Tanda lalu lintas menunjuk ke arah itu. *to p. at a house* menunjuk ke suatu rumah. 2 menuding-nuding/mengacu-acukan jari kpd. *It's not polite to p.* Menuding-nuding itu tdk sopan. **to p. out** 1 menunjukkan (*a view, mistake*). 2 menunjukkan, menjelaskan. *I simply want to p. out to you that* ... Saya sekedar ingin menunjukkan/menjelaskan kepadamu bhw.... *Let me p. out the advantage of paying cash* Baiklah saya jelaskan kebaikan drpd pembayaran tunai. *Might I p. out that* ... Boléhkah/Izinkanlah saya mengatakan bhw.... **to p. to** menunjuk(kan). *The clock pointed to 9* Jam itu menunjukkan pukul 9. *He pointed to him and said:* ... Ia menunjuk kpd orang itu dan berkata:.... *Everything points to his success* Segala sesuatunya menunjuk ke arah suksésnya. *Everything points to his guilt* Segala sesuatunya menunjukkan kesalahannya. *The star points to(wards) the north* Bintang itu menunjuk ke arah utara. **to p. up** menunjukkan, menekankan (*the importance*). **point-blank** *ks.* 1 terus-terang. *p.-blank question* pertanyaan secara. 2 langsung. *p.-blank salvo* témbakan yg langsung (mengenai sasarannya). *kk.* 1 terus-terang, mentah-mentah. *He refused p.-blank* Ia menolak mentah-mentah. 2 dari jarak dekat. **p. of departure** 1 tempat pemberangkatan. 2 titik tolak. *p. of honor* soal kehormatan. **p. of order** prosedur menurut aturan. **p. of view** sudut, segi pandangan, pendirian. —**pointed** *ks.* 1 tirus (*of roof*). 2 menusuk hati, tajam (*of a remark*).

pointer /'pointər/ *kb.* 1 tongkat penunjuk. 2 (*advice*) petunjuk. 3 anjing pemburu.

pointless /'pointləs/ *ks.* 1 tanpa ujung (*of pencil*). 2 tiada artinya, tdk berarti (*of remark*).

poise /poiz/ *kb.* 1 sikap tenang. 2 sikap/keadaan seimbang. —*kkt.* memperseimbangkan. —*kki.* berhenti (dlm sikap seimbang).

poison /'poizən/ *kb.* racun, bisa. *to take p.* minum racun. *to die of p.* mati kena bisa/racun, mati keracunan. *p. gas* gas (be)racun. *p. ivy/oak* tumbuh-tumbuhan merambat yg beracun. *Inf.: to hate s.o.*

like p. benci sekali kpd s.s.o. —*kkt.* meracuni. *He was poisoned* Ia keracunan. —**poisoning** *kb.* peracunan.

poisonous /'poizənəs/ *ks.* beracun, berbisa. *p. rumor* desas-desus yg jahat/berbisa.

poke /powk/ *kb.* 1 kantung. 2 sodokan. *to give him a p. in the ribs* menyodoknya pd rusuknya. —*kkt.* 1 menyodok, menusuk (*in the back, ribs*). *to p. a hole in s.t.* menusuk sebuah lubang pd s.s.t. 2 meninju (*in the nose*). 3 mempermainkan (*fun*). 4 menonjolkan. *to p. o's head around a corner* menonjolkan kepala dari balik sebuah pojok. 5 mengulurkan. *to p. o's head out of a window* mengulurkan kepalanya keluar jendéla. 6 mencongkél. *P. the fire!* Hidupkan api itu! *to p. a fire out* mencongkél-congkél api sampai padam, memadamkan api dgn mencongkél-congkélnya. *to p. s.o's eye out* mencungkil/mencongkél mata orang. —*kki.* mengaduk-aduk. **to p. around** mengaduk-aduk/membongkar-bongkar. **to p. at** mengaduk-aduk/mencongkél-congkél.

poker /'powkər/ *kb.* 1 alat pengorék api. 2 poker (sm main kartu). *Inf.:* *p. face* muka yg tak menunjukkan perasaan.

pok(e)y /'powkie/ *ks.* 1 bertindak/bergerak lamban. 2 bodoh, tolol, dungu. 3 kecil, sempit (*of a room*).

Pol. 1 [*Polish*] dari Polandia; bahasa Polandia. 2 [*Poland*] Polandia.

polar /'powlər/ *ks.* 1 yg berh. dgn kutub. *p. bear* beruang kutub. *p. cap* tudung kutub jakni lapisan és atau salju yg menutupi kutub. *p. circle* lingkaran kutub. *p. region* daérah kutub. 2 berlawanan. *p. attitude* sikap yg berlawanan.

polarity /pow'lærətie/ *kb.* (*j.* **-ties**) 1 sifat berlawanan. 2 muatan kutub.

polarization /'powlərə'zeisyən/ *kb.* polarisasi.

polarize /'powlərai z/ *kkt.* mempolarisasikan, mempertentangkan.

pole /powl/ *kb.* 1 galah. *long p.* galah panjang. *p. vault* loncatan galah. 2 tiang. *telephone p.* tiang télepon. 3 kutub. *North P.* Kutub Syamali/Utara. *South P.* Kutub Janubi/Selatan. 4 éléktroda. *at opposite poles in a matter* saling bertentangan dlm s.s.t. hal. *Their views are poles apart* Pandangan-pandangan meréka berbéda spt langit dgn bumi. —*kkt.* menggalah (perahu).

Pole /powl/ *kb.* orang Polandia.

polecat /'powl'kæt/ *kb.* sigung, kuskus.

polemic(al) /pə'lemik(əl)/ *kb.* polémik. —*ks.* yg bersifat polémik.

polemicize /pə'leməsaiz/ *kkt.* mempolémikkan.

polemics /pə'lemiks/ *kb., j.* polémik. *to engage in p.* berpolémik.

polestar /'powl'star/ *kb.* 1 bintang kutub/utara. 2 pedoman.

polevault /'powl'vɔlt/ *kki.* meloncat dgn galah.

police /pə'lies/ *kb.* 1 polisi. *Call the p.!* Panggil polisi! *The p. are after him* Polisi mengejarnya. 2 Angkatan Kepolisian. —*kkt.* 1 menjaga ketertiban. 2 menjaga kebersihan (dlm perkampungan militér). **p. commissioner** komisaris polisi. **p. court** pengadilan polisi. **p. dog** anjing polisi. **p. justice/magistrate** hakim polisi. **p. officer** polisi. **p. state** negara polisi. **p. station** kantor/pos polisi. **p. van** mobil polisi.

policeman /pə'liesmən/ *kb.* (*j.* **-men**) polisi. *traffic p.* polisi lalu-lintas.

policewoman /pə'ħes'wumən/ *kb.* (*j.* **-women**) polisi wanita, polwan.

policy /'poləsie/ *kb.* (*j.* **-cies**) 1 polis. *insurance p.* polis asuransi. *to take out an insurance p. against burg-lary* menutup/membeli polis asuransi thd pencurian/pembongkaran. 2 kebijaksanaan (*of a government*). *public p.* kebijaksanaan umum. 3 politik. *p. of rapprochement* politik dekat-mendekati. *foreign p.* politik luarnegeri, hubungan politik pemerintah dng luar negeri.

policyholder /'poləsie'howldər/ *kb.* pemegang polis asuransi.

policymaker /'poləsie'meikər/ *kb.* pemimpin, orang yg menentukan kebijaksanaan.

polio /'powliеow/ *kb.* penyakit lumpuh (anak-anak). *p. vaccine* vaksin pencegah penyakit lumpuh anak-anak.

poliomyelitis /'powliеow'maiə'laitis/ *kb.* penyakit lumpuh (anak-anak).

polish /'poləsy/ *kb.* 1 (*silver*) obat penggosok upaman, pelitur. 2 semir. *shoe p.* semir sepatu. 3 budi bahasa yg halus. 4 kilap, kilat (*sparkle*). *floor p.* bahan pengkilap lantai. *That table has lost its p.* Méja itu sdh tdk bercahaya lagi. *to take a p.* dpt mengkilap. —*kkt.* 1 menggosok (mengkilap), memoles. 2 menyemir. *to p. o's shoes* menyemir sepatunya. 3 memperbaiki (*manuscript* naskah). *Inf.:* **to p. off** 1 menghabiskan (*a steak*). 2 menghajar, mengalahkan (*an opponent*). **to p. up** 1 memperbaiki, menyempurnakan (*o's Spanish*). 2 menggosok (menggilap). —**polished** *ks.* 1 yg halus budi-bahasanya/tingkah-lakunya. 2 yg dipelitur. **polishing** *cloth* (bahan) kain pél/penggosok/pengkilap, lap penggosok.

Polish /'powlisy/ *kb.* bahasa Polandia. —*ks.* dari Polandia. *He's P.* Dia orang Polandia.

polisher /'poləsyər/ *kb.* 1 penggosok. 2 ahli penggosok (lantai).

polite /pə'lait/ *ks.* sopan santun (**to(wards)** thd). *p. society* kalangan yg halus budi bahasanya. —**politely** *kk.* dgn sopan.

politeness /pə'laitnəs/ *kb.* kesopan-santunan, kesopanan, keadaban.

politic /'polətik/ *ks.* bijaksana. *body p.* lembaga politik.

political /pə'litəkəl/ *ks.* politik. *p. asylum* suaka politik. *p. commentator* komentator politik. *p. economy* ilmu ékonomi politik. *p. party* partai politik. *p. science* ilmu politik/kenegaraan. *p. scientist* sarjana ilmu politik, sarjana kenegaraan.

politician /'polə'tisyən/ *kb.* politikus.

politick /'polətik/ *kki.* bermain politik, berdagang sapi.

politico /pə'litəkow/ *kb.* politikus, gembong politik.

politics /'polətiks/ *kb.* politik. *to play p.* bermain-main politik.

polity /'polətie/ *kb.* (*j.* **-ties**) 1 pemerintahan. 2 masyarakat yg berpemerintah negara. 3 negara.

polka /'powlkə/ *kb.* tari-tarian. *p. dot* bintik. *polka-dot blouse* blus yg berbintik-bintik.

poll /powl/ *kb.* 1 pemberian suara. *light p.* jumlah suara yg sedikit. 2 penyelidikan pendapat umum. *to decide a question by a p.* mendudukkan persoalan dgn jalan memungut suara. *Gallup p.* pengumpulan pendapat umum mengenai suatu masalah politik, sosial dsb di Amérika Serikat. *to take a p.* melahirkan suatu penyelidikan pendapat umum. —**polls** *j.* tempat pemungutan suara. *to go to the polls* pergi ke tempat pemilihan umum, atau pemungutan suara. —*kkt.* 1 menanyai (*s.o. for his opinion*). 2 memberikan. *A large vote was polled* Sejumlah besar suara tlh diberikan. **p. tax** pajak utk mendapat hak memilih. —**polling** *kb.* penyelidikan pendapat umum. *p. place* tempat pemungutan suara.

pollen /'palən/ *kb.* serbuk/tepung sari. *p. count* penghitungan jumlah butir serbuk sari dlm jumlah satu yar kubik udara pd suatu saat di suatu tempat.
pollinate /'paləneit/ *kkt.* menyerbukkan, menyerbuki.
pollination /'palə'neisyən/ *kb.* penyerbukan.
pollster /'powlstər/ *kb.* pengumpul suara, orang yg mengumpulkan pendapat umum.
pollutant /pə'luwtənt/ *kb.* alat/bahan pengotor.
pollute /pə'luwt/ *kkt.* mengotori, mengotorkan.
polluter /pə'luwtər/ *kb.* pengotor.
pollution /pə'luwsyən/ *kb.* pengotoran, polusi. *air p.* pengotoran udara.
Pollyanna /'palie'ænə/ *kb.* optimis, periang.
polo /'powlow/ *kb.* polo. *water p.* polo air.
polyandry /'palie'ændrie/ *kb.* poliandri.
polyclinic /'palie'klinik/ *kb.* poliklinik.
polygamist /pə'ligəmist/ *ks.* seorang laki-laki yg beristeri lebih dari seorang.
polygamy /pə'ligəmie/ *kb.* poligami, beristeri/bersuami lebih dari seorang.
polyglot /'paliglat/ *kb.* poliglot.
polygon /'paliegan/ *kb.* poligon, segibanyak.
polygyny /pə'lijənie/ *kb.* peristerian lebih dari seorang, permaduan.
Polynesian /'palə'niezyən/ *kb.* orang Polinésia. —*ks.* dari Polinésia.
polysyllabic /'paliesə'læbik/ *ks.* bersuku-kata banyak.
polytechnic /'palie'teknik/ *kb.* sekolah téhnik. —*ks.* politéknik.
pomade /pa'meid/ *kb.* pomade, minyak rambut.
pomegranate /'pamə'grænit/ *kb.* buah delima.
pomology /pow'maləjie/ *kb.* ilmu ttg buah-buahan.
pomp /pamp/ *kb.* kemegahan, kebesaran.
pompous /'pampəs/ *ks.* muluk, bermegah diri, sombong, angkuh.
pond /pand/ *kb.* kolam.
ponder /'pandər/ *kkt.* mempertimbangkan (dgn hati-hati), memenungkan.
ponderous /'pandərəs/ *ks.* 1 berat dan lambat. 2 membosankan, boyak.
pontiff /'pantif/ *kb.* 1 Paus. *the sovereign p.* Paus. 2 uskup. 3 pendéta tingkat tinggi.
pontifical /pan'tifəkəl/ *ks.* berk. dgn Paus. *p. mass* misa suci yg dipimpin oléh Paus.
pontificate /pan'tifəkeit/ *kki.* memberi wejangan, mengajar.
pontoon /pan'tuwn/ *kb.* ponton. *p. bridge* jembatan ponton.
pony /'pownie/ *kb.* (*j.* **-nies**) 1 kuda yg masih muda. 2 kuda kerdil. 3 (*translation*) terjemahan.
ponytail /'pownie'teil/ *kb.* 1 ékor kuda. 2 buntut kuda (rambut gadis).
pooch /puwc/ *kb. Sl.:* anjing.
pooh /puw/ *kseru.* cih, bah. —*kkt.* **pooh-pooh** tak mengindahkan.
pool /puwl/ *kb.* 1 kolam. *swimming p.* kolam renang. 2 genangan (*of water*). 3 bilyar kantong/pul. *p. table* méja bola. 4 kelompok. *a p. of skilled workers* sekelompok pekerja ahli/yg terlatih. *labor p.* gabungan pekerja-pekerja, pool para pekerja. 5 arisan tebak-tebakan. —*kkt.* menyatukan (*resources*). **p. hall** kamar bola.
poolroom /'puwl'rum/ *kb.* kamar bola.
poop /puwp/ *kb.* 1 *Nau.:* buritan (kapal). 2 *Sl.:* berita, desas-desus, kabar angin.
pooped /puwpt/ *ks. Sl.:* letih(-lesu).
poor /pur/ *kb.* **the p.** *j.* kaum miskin, orang yg melarat. —*ks.* 1 miskin. 2 malang. *The p. child.*

Where are his parents? Anak yg malang. Dimanakah orang tuanya? *P. thing!* Kasihan! 3 tdk baik (*of eyesight*). 4 remang-remang (*of light*). 5 jelék. *p showing* jelék hasilnya. 6 tandus (*of soil*). 7 rendah. *p. quality* mutu rendah. *I have a p. opinoin of him* Saya mempunyai pandangan yg rendah thd dia. 8 (serba) canggung. *He's a p. driver* Ia canggung mengemudikan mobil. Ia seorang pengemudi mobil yg serba canggung. 9 lemah. *My memory is very p.* Ingatan saya lemah sekali. 10 buruk. *My German is p.* Bahasa Jérman saya buruk. **p. at** kurang/tidak pandai. *I'm p. at French* Saya kurang pandai berbahasa Perancis. **p. box** dana bagi orang-orang miskin. **p. farm** ladang pertanian yg disediakan utk orang-orang miskin. **p. white** *kb.* orang kulit putih yg miskin. —**poorly** *ks.* kurang baik. *kk.* dgn jelék.
poorhouse /'pur'haws/ *kb.* rumah miskin.
pop /pap/ *kb.* 1 air soda. 2 *Inf.:* ayah, pak. 3 letupan. —*kkt.* (**popped**) 1 meletuskan (*a balloon*). 2 menyerudukkan (*o's head into*). *to p. corn* menggoréng jagung (sampai meletup-letup). —*kki.* meletus. **to p. in(to)** singgah. *Sl.:* **to p. off** 1 membantahi. 2 (*to die*) meninggal. 3 (*to go*) minggat. **to p. out** bermunculan (*of flowers*). *Sl.:* *Her eyes were popping out of her head* Matanya melotot. **to p. up** muncul. **p. art** kesenian rakyat. **p. music** musik hiburan; populér. **p. song/tune** lagu yg populér/digemari.
popcorn /'pap'kɔrn/ *kb.* jagung brondong/kembang/meletus.
Pope /powp/ *kb.* Paus.
popeye /'pap'ai/ *kb.* mata membelalak/terbelalak.
popeyed /'pap'aid/ *ks.* terbeliak/berbelalak mata, tercengang.
popgun /'pap'gʌn/ *kb.* senapang mainan.
poplar /'paplər/ *kb.* sm pohon.
poplin /'paplin/ *kb.* popelin.
poppy /'papie/ *kb.* (*j.* **-pies**) apiun, bunga madat. *p. seed* benih pohon apiun.
poppycock /'papie'kak/ *kb., kseru. Inf.:* omong kosong.
popsicle /'papsikəl/ *kb.* éskrim bertangkai, és loli.
populace /'papyələs/ *kb.* rakyat, khalayak ramai, massa.
popular /'papyələr/ *ks.* 1 populér, terkenal baik. 2 umum (*songs*). 3 murah (*of prices*). 4 bersifat umum/tidak ilmiah/populér. *p. vote* suara rakyat. —**popularly** *kk.* terkenal (luas).
popularity /'papyə'lærətie/ *kb.* kepopuléran, ketenaran.
popularization /'papyələrə'zeisyən/ *kb.* penyebaran dgn berpropaganda (agar digemari orang), popularisasi.
popularize /'papyələraiz/ *kkt.* mempopulérkan.
populate /'papyəleit/ *kkt.* mendiami. *That country is densely populated* Negeri itu penduduknya padat. *densely/thickly populated area* daérah yg penduduknya padat.
population /'papyə'leisyən/ *kb.* jumlah penduduk. *What's the p. of Jakarta?* Berapa penduduk Jakarta? *p. explosion* ledakan penduduk.
populous /'papyələs/ *ks.* yg banyak/padat penduduknya. *p. region* daérah yg banyak penduduknya.
porcelain /'powrs(ə)lən/ *kb.* porselin.
porch /powrc/ *kb.* scrambi, beranda.
porcupine /'pɔrkyəpain/ *kb.* landak.
pore /powr/ *kb.* pori, lubang kulit. —*kki.* **to p. over** membaca dgn rajin.
pork /powrk/ *kb.* daging babi. *p. chop* potongan daging babi. *roast loin of p.* panggang daging ping-

gang babi. *Sl.*: **p. barrel** janji yg diberikan atau uang pemerintah pusat yg. disediakan utk mendapatkan popularitas dlm pemilihan umum.

pornography /pɔr'nagrəfie/ *kb.* 1 kecabulan. 2 porno, gambar/bacaan cabul.

porosity /pow'rasətie/ *kb.* (*j.* **-ties**) sifat menyerap/merembes.

porous /'powrəs/ *ks.* menyerap, berliang renik, keropos.

porpoise /'pɔrpəs/ *kb.* ikan lumba-lumba.

porridge /'parij/ *kb.* bubur.

port /powrt/ *kb.* 1 pelabuhan. *river p.* bandar/pelabuhan sungai. *trading p.* pelabuhan dagang, bandar perdagangan. *to put into p.* memasukkan ke pelabuhan. *p. authority* penguasa pelabuhan. *p. of entry* pelabuhan masuk. *home p.* pangkalan. *any p. in a storm* tempat darurat utk menginap. 2 *Nau.*: sisi kiri. 3 anggur port. —*ks.* kiri. *on the p. side* di sisi kiri. **p. clearance** pas kapal utk berlayar. **p. of call** persinggahan.

Port. 1 [*Portugal*] Portugal. 2 [*Portuguese*] Portugis.

portable /'powrtəbəl/ *kb.* mesin yg mudah dibawa. —*ks.* dpt diangkut, mudah dibawa (*typewriter, tape recorder, TV*).

portage /'powrtij/ *kb.* 1 (ongkos) pengangkutan. 2 pengangkutan perahu.

portal /'powrtəl/ *kb.* pintu gerbang. **portal-to-portal** *ks.* dari pintu ke pintu.

portend /powr'tend/ *kkt.* menandakan, meramalkan.

portent /'powrtent/ *kb.* tanda, isyarat.

porter /'powrtər/ *kb.* 1 buruh (pengantar barang), kuli pengangkut barang. 2 penjaga pintu, portir.

porterhouse /'powrtər'haws/ *kb.* **p. steak** daging lembu pilihan diantara rusuk dan pinggang.

portfolio /powrt'fowlieow/ *kb.* 1 tas surat, portepél. 2 jabatan (menteri). *minister without p.* menteri negara.

porthole /'powrt'howl/ *kb.* tingkapan (di sisi kapal).

portico /'powrtəkow/ *kb.* serambi yg bertiangtiang.

portiere /powr'cær/ *kb.* tirai pintu.

portion /'powrsyən/ *kb.* 1 porsi (*of food*). 2 bagian (*of the profit, of the work*). —*kkt.* **to p. out** membagibagikan.

portland /'powrtlənd/ *kb.* **p. cement** semén biru (portland).

portly /'powrtlie/ *ks.* gemuk, degap.

portrait /'powrtrit/ *kb.* potrét, gambar atau lukisan (orang).

portray /powr'trei/ *kkt.* 1 melukiskan, menggambarkan. 2 memerankan, membawakan (*the role, part*).

portrayal /powr'treiəl/ *kb.* 1 cara memerankan/membawakan (*of Hamlet*). 2 pelukisan. 3 lukisan, gambar (*of his mother*).

portside /'powrt'said/ *kb.* sisi kiri, kiri kapal.

Portuguese /'powrcə'giez/ *kb.* 1 bahasa Portugis. 2 orang Portugis. —*ks.* Portugis.

pos. [*positive*] positip.

pose /powz/ *kb.* 1 sikap (badan). *Hold that p. until ...* Bersikaplah demikian itu sampai.... 2 sikap, perlaga(k)-laga(k)an. —*kkt.* 1 mengajukan (*a question*). 2 merupakan. *That posed no problem* Itu tdk merupakan soal. —*kki.* bersikap (badan), berpose. *to p. for a picture* mengambil sikap utk dipotrét. *to p. as* mengaku sbg.

posh /pasy/ *ks. Inf.*: indah, méwah.

position /pə'zisyən/ *kb.* 1 kedudukan, posisi. *to have a good p.* mempunyai kedudukan yg baik. *to be in a*

good *p. to* dlm kedudukan yg baik utk. *to maneuver for p.* mengambil posisi. *to fix o's p.* menetapkan posisi. *to place s.t. in p.* menempatkan/memasang s.s.t. dlm posisi. *Put yourself in my p.* Tempatkanlah dirimu dlm posisi saya. 2 keadaan. *That puts me in a bad p.* Itu menempatkan diriku dlm keadaan yg buruk. 3 sikap (badan). *to be in a comfortable p.* berbaring dgn sikap yg énak. *to take a p. on* mengambil sikap mengenai. *to lose o's p.* pekerjaan. *to be out of p.* menganggur. *p. of trust* jabatan yg meminta kejujuran. *I'm in no p. to buy a house* Aku tdk sanggup membeli rumah. *He's in a better p. to judge* Ia lebih layak utk memberikan pertimbangan. —*kkt.* menempatkan, mengatur posisi/tempat.

positive /'pazətiv/ *kb.* 1 (gambar) positip. 2 bentuk kata positip. —*ks.* 1 positip, tegas (*of opinion, attitude*). 2 pasti. *I'm p. I can't go* Aku pasti tak dpt pergi. *He wants a p. answer* Ia meminta jawaban yg pasti. *It's a p. fact* Fakta itu dpt dipercayai sepenuhnya. 3 yg meyakinkan. *p. proof* bukti yg meyakinkan. —**positively** *kk.* 1 nyata-nyata. *He is p. wrong* Ia nyata-nyata salah. 2 sungguh-sungguh. *p. disgusting* sungguh-sungguh menjijikkan.

poss. [*possessive*] yg menunjukkan kepunyaan.

posse /'pasie/ *kb.* sekelompok pembantu polisi, pagar betis.

possess /pə'zɛs/ *kkt.* 1 memiliki (*ability, a car*). 2 mempunyai. *Do you p. a pencil?* Adakah kau mempunyai pénsil? *What possessed him to do such a thing?* Apakah yg mempengaruhinya sampai ia berbuat demikian? —**possessed** *ks.* majenun, kesurupan, kemasukan sétan. *He acted like a man possessed* Ia berlaku spt orang yg kesurupan. *He is p. with the idea of...* Ia keranjingan ingin....

possession /pə'zesyən/ *kb.* 1 barang milik. 2 milik. *That island is the p. of...* Pulau itu milik.... *to be in my p.* menjadi milikku. *to have p. of* menguasai, mempunyai. *to take p. of* mengambil (rumah). *Are you in p. of a visa?* Apakah sdr memiliki visa? *How did he get p. of that secret document?* Bagaimana caranya ia (dpt) mendokumén rahasia itu?

possessive /pə'zesiv/ *kb. Gram.*: kasus kepunyaan. —*ks.* orang yg suka menguasai miliknya. *p. pronoun* kataganti empunya/kepunyaan/milik.

possessor /pə'zesər/ *kb.* (yg punya).

possibility /'pasə'bilətie/ *kb.* (*j.* **-ties**) kemungkinan. *There is no p. of my going* Tdk ada kemungkinan bagi saya utk pergi. *That's not within the range of p.* Itu berada diluar batas-batas kemungkinan. *The plan has possibilities* Rencana itu mengandung banyak kemungkinan.

possible /'pasəbəl/ *ks.* 1 mungkin. *Is it p. that...?* Apakah mungkin bhw...? *It's quite p. that...* Besar kemungkinannya bhw.... Mungkin sekali bhw.... *How is it p. to say no?* Mana mungkin menolaknya? *to give all p. details* memberikan perincian sebanyak mungkin. 2 tepat. *He's the best p. choice* Ia pilihan yg paling tepat. *What p. interest does she have in him?* Apakah kiranya yg menjadikan dia tertarik kpd laki-laki itu? *Give us as many details as p.* Uraikanlah kpd kami dgn panjanglébar. *It is p. for you to...* Kau dapat.... *as far as p.* sejauh mungkin. *as soon as p.* secepat-cepatnya. *as heavy as p.* seberat-beratnya. —**possibly** *kk.* mungkin, barangkali, gerangan. *I can't p. meet you today* Aku tak mungkin dpt menemuimu hari ini. *P. you have heard of him* Mungkin kau sdh mendapat kabar ttg dia. *I'll do all I p. can* Saya akan mengerjakannya sedapat-dapatnya. *I'll come as often as I p. can* Saya akan singgah pd tiap kesempatan.

possum /'pasǝm/ = OPOSSUM. *to play p.* 1 berpura-pura tdk tahu. 2 berpura-pura sakit.
post /powst/ *kb.* 1 tonggak. 2 tempat tugas. *to return to o's p.* kembali ke tempat tugasnya. 3 jabatan *(of consul).* 4 tempat, pusat. *trading p.* pusat/tempat pemasaran barang. 5 *Sport:* tempat semula. *to be left at the p.* tertinggal di tempat semula. 6 surat kabar, majalah. *deaf as a p.* sama sekali tuli. —*kkt.* 1 menempatkan *(sentry, guards).* 2 memasang. *P. the announcement on the bulletin board* Pasanglah pengumuman itu pd papan pengumuman. *P. no bills!* Dilarang menémpél disini! 3 memasang tandatanda melarang masuk para pemburu *(an area).* **p. exchange** toko/kantin tentara, toko PX. **p. meridiem** antara jam 12 tengah hari dan 12 tengah malam. **post-mortem** *kb.* pemeriksaan mayat. **p. office** kantor pos. —**posted** *ks.* 1 terlarang *(of a hunting or fishing area).* 2 yg mengetahui. *He is well p. on current events* Ia mengikuti kejadian-kejadian sekarang dgn baik. *to keep s.o. p.* terus-menerus mengabari/memberitahukan. *He keeps himself p. on...* Ia rajin mengikuti .... —**posting** *kb.* 1 penempatan *(of guards, in the civil service).* 2 pembukuan *(of the output/outlay).* 3 pemasangan *(of a notice).*
postage /'powstij/ *kb.* meterai, perangko. *p. due* perangko yg hrs dibayar. *p. meter* alat pengecap biaya perangko. *p. paid* ongkos pengiriman sdh dibayar. **p. stamp** perangko.
postal /'powstǝl/ *kb.* kartupos. —*ks.* yg berh. dgn *(kantor)* pos. *p. card* kartupos. *p. clerk* klérék pos. *p. rates* tarip béa pos. *p. savings bank* bank tabungan pos.
postcard /'powst'kard/ *kb.* kartupos. *picture p.* kartupos bergambar.
postdate /'powst'deit/ *kkt.* mengundurkan tanggal *(a check).*
postdoctoral /powst'daktǝrǝl/ *ks.* tingkat stlh bergelar doktor *(fellowship, studies).*
poster /'powstǝr/ *kb.* plakat, surat témpélan.
posterior /pa'stiriǝr/ *kb.* bokong, pantat. —*ks.* yg berikut, yg kemudian.
posterity /pa'sterǝtie/ *kb.* anak-cucu, (ke)turunan.
postfree /'powst'frie/ *ks.* bébas béa.
postgraduate /powst'græjuit/ *kb.* setelah tamat sarjana muda. *p. work* pelajaran pd tingkat sarjana atau doktoral.
posthaste /'powst'heist/ *kb.* secepat-cepatnya, secepat kilat.
posthole /'powst'howl/ *kb.* lubang utk tiang.
posthumous /'pascumǝs/ *ks.* anumerta *(of an award).* —**posthumously** *kk.* dgn anumerta.
postman /'powstmǝn/ *kb.* *(j. -men)* tukang/upas pos, pengantar (surat) pos.
postmark /'powst'mark/ *kb.* cap/setémpél pos. —*kkt.* memberi cap pos. *The letter was postmarked in New York* Surat itu bercap pos di New York.
postmaster /'powst'mæstǝr/ *kb.* kepala kantor pos. *p. general* diréktur jéndral pos.
postmistress /'powst'mistris/ *kb.* kepala kantor pos wanita.
postnatal /powst'neitǝl/ *ks.* setelah kelahiran. *p. care* pemeliharaan stlh kelahiran.
postoperative /powst'apǝrǝtiv/ *ks.* sesudah pembedahan.
postpaid /'powst'peid/ *ks.* berperangko, béa pos sdh dibayar.
postpone /powst'pown/ *kkt.* menunda, menangguhkan, membelakangkan, memundurkan.
postponement /powst'pownmǝnt/ *kb.* penundaan, penangguhan, pertangguhan, pemunduran.

postscript /'powstskript/ *kb.* kata-kata/catatan tambahan. *to add a p. (to a letter)* menambahkan kata-kata tambahan.
postulant /'pascǝlǝnt/ *kb. Rel.:* pelamar, calon, kandidat.
postulate /'pascǝlit *kb.*; 'pascǝleit *kkt.*/ *kb.* dalil. —*kkt.* mendalilkan, menerima sbg dalil.
posture /'pascǝr/ *kb.* 1 sikap badan pengawakan, perawakan. 2 sikap *(towards a country). in a sitting p.* dlm sikap duduk. —*kki.* mengambil sikap, bergaya-gaya.
postwar /'powst'wɔr/ *ks.* sehabis perang. *p. developments* perkembangan-perkembangan sehabis perang.
posy /'powzie/ *kb.* *(j. -sies)* karangan bunga.
pot /pat/ *kb.* 1 pot (bunga), jambangan. 2 belanga. 3 *(cooking)* periuk, panci. *pots and pans* panci-panci dan wajan-wajan, alat dapur. 4 *(coffee)* cérék. 5 hasil taruhan *(gambling).* 6 *Sl.:* mériwuana, ganja. 7 perut gendut. **to go to p.** mulai rusak. *He's gone to p.* Dia mulai rusak lahir dan batin. *The property has been allowed to go to p.* Harta-milik itu dibiarkan terlantar. *Inf.: to keep the p. boiling* 1 berpenghasilan. 2 selalu ada saja yg dikerjakan. *The p. calls the kettle black* Maling (ber)teriak maling. —*kkt.* **(potted)** menaruh (bunga-bunga) dlm pot. **p. roast** daging panggang dlm panci dgn air sedikit dan api kecil. **p. scourer** bahan penggosok periuk. —**potted** *ks.* 1 ditaruh dlm jambangan. 2 *Sl.:* mabuk.
potable /'powtǝbǝl/ *ks.* dpt diminum.
potash /'pat'æsy/ *kb.* garam abu (kalium karbonat).
potassium /pǝ'tæsieǝm/ *kb.* kalium. *p. sulfate* kalium sulfat.
potato /pǝ'teitow, -'teitǝ/ *kb.* kentang. *baked p.* kentang panggang. *boiled p.* kentang rebus. *p. chip* keripik irisan kentang, serepih kentang yg digoréng.
potbellied /'pat'belid/ *ks.* gendut perutnya.
potbelly /'pat'belie/ *kb.* *(j. -lies)* perut gendut.
potboiler /'pat'boilǝr/ *kb.* karangan picisan (sbg mata pencaharian).
potency /'powtǝnsie/ *kb.* *(j. -cies)* 1 daya, poténsi. *the p. of alcohol* daya alkohol. 2 kemampuan. 3 kekuatan.
potent /'powtǝnt/ *ks.* keras, kuat, manjur. *p. drink* minuman yg keras. *p. medicine* obat kuat.
potentate /'powtǝnteit/ *kb.* raja.
potential /pǝ'tensyǝl/ *kb.* 1 kesanggupan, tenaga. *His p. is tremendous* Kesanggupannya besar sekali. 2 kekuatan. *military p.* kekuatan militér. —*ks.* mungkin. *p. market* pasaran yg mungkin sekali. *p. resources* sumber-sumber kekayaan yg masih terpendam/tersembunyi. *to constitute a p. danger* ada bahaya yg mungkin sekali terjadi. —**potentially** *kk.* kemungkinan besar. *He's p. outstanding* Kemampuannya mungkin luar biasa.
potentiality /pǝ'tensyie'ælǝtie/ *kb.* *(j. -ties)* kemampuan.
potful /'patful/ *kb.* (se)cérék penuh.
potholder /'pat'howldǝr/ *kb.* lampin, lap/kain utk memegang panci.
pothole /'pat'howl/ *kb.* lobang di jalan.
pothook /'pat'huk/ *kb.* sangkutan/gantungan/cantélan periuk.
potion /'powsyǝn/ *kb.* minuman, obat. *love p.* minuman pembangkit cinta-berahi, obat pekasih.
potluck /'pat'lʌk/ *kb.* (makanan) seadanya. *to take p.* makan seadanya.
potpie /'pat'pai/ *kb.* gulai daging.
potpourri /'powpu'rie, pat'purie/ *kb.* bunga rampai.

potsherd /'pat'syərd/ *kb.* pecahan barang tanah.
potshot /'pat'syat/ *kb.* 1 témbakan kpd benda yg tdk bergerak. 2 témbakan dari jarak dekat. *to take a p. at s.o.* menémbak s.s.o. dari jarak dekat. 3 jawaban yg ngawur.
potter /'patər/ *kb.* pembuat barang-barang tembikar. *potter's field* tanah perkuburan orang-orang miskin. *potter's wheel* jentera pembuat tembikar.
pottery /'patərie/ *kb.* (*j.* **-ries**) barang tembikar, pecah-belah dari tanah. *two pieces of p.* dua buah/ potong barang tembikar.
pouch /pawc/ *kb.* 1 kantong. *diplomatic p.* tas/kantong diplomatik. *mail p.* kantong pos. *tobacco p.* kantong tembakau. 2 kantung perut (*of kangaroo*).
poultice /'powltis/ *kb.* tuam, tapal.
poultry /'powltrie/ *kb.* unggas, ayam-itik. *p. farm* peternakan ayam. *p. husbandry* perunggasan, peternakan unggas. *p. market* pasar ayam.
poultryman /'powltriemən/ *kb.* (*j.* **-men**) peternak unggas.
pounce /pawns/ *kki.* 1 menerkam (*on its prey*). 2 menyambar. 3 mendamprat (*on a mistake*).
pound /pawnd/ *kb.* 1 pon. *two pounds* dua pon. 2 pound, pon (uang). *sugar at 60 cents a p.* gula seharga 60 sén satu pon. *to sell s.t. by the p.* menjual s.s.t. per pon. 3 (*dog*) tempat pengurungan binatang. *An ounce of prevention is worth a p. of cure* Pencegahan lebih baik drpd pengobatan. *p. of flesh* bayaran penuh. —*kkt.* 1 memukulkan (*o's fist on s.t.*). 2 memukul-mukul. *The waves pounded the shore* Ombak memukul-mukul pantai itu. 3 menumbuk (*meat*). 4 menggempur (*the enemy position*). 4 mengetok. *to p. s.t. to atoms/bits* mengetok s.s.t. hingga kecil-kecil/hancur. *to p. a nail into the wall* mengetok sebuah paku pd dinding. *to p. out a tune on a piano* membunyikan suatu nada pd piano. —*kki.* 1 berdebar keras (*of o's heart*). 2 bercelam-celum (*on the floor*). **to p. away at** bekerja keras. **p. cake** sm kué manis. —**pounding** *kb.* ketokan.
poundage /'pawndij/ *kb.* perkiraan berat dlm pon.
pounder /'pawndər/ *kb.* 1 penumbuk. 2 pengentak.
pour /powr/ *kkt.* menuangkan (*water*). *to p. metal* menuang(kan) logam. *to p. out a glass of* menuangkan segelas. —*kki.* 1 turun. *The rain is pouring down* Hujan turun lebat sekali. 2 mengalir, melimpah. *People poured into town* Orang mengalir ke kota. *Protests poured in* Protés-protés mengalir masuk. *Water was pouring from the roof* Air melimpah-limpah dari atap. *a river that pours into the ocean* sebuah sungai yg mengalir kedlm samudera. *It never rains but it pours* Selalu mendapatkan s.s.t. secara besar-besaran (baik kesulitan maupun keuntungan). *Inf.:* **to p. it on** terus menyerang/menerjang. **to p. off** mengeluarkan (*liquid*). **to p. out** 1 menuangkan. *He poured me out another glass* Ia menuangkan segelas lagi utk saya. 2 mencurahkan. *to p. out o's heart to s.o.* mencurahkan isi hatinya kpd s.s.o. *The crowd poured over the field* Orang banyak memenuhi lapangan.
pout /pawt/ *kki.* mencebik, mencebil.
poverty /'pavərtie/ *kb.* kemelaratan, kemiskinan. *to live in p.* hidup dlm kemiskinan. **poverty-stricken** *ks.* yg ditimpa kemiskinan, miskin.
POW, P.O.W. /'pie'ow'dubəlyuw/ [*prisoner of war*] *kb.* tawanan perang.
powder /'pawdər/ *kb.* 1 pupur, bedak (*for the face*). *p. puff* alat berbedak. 2 bubuk. *This medicine comes in p. form* Obat ini berupa bubuk. 3 (*gun*) mesiu. *p. keg* a) tong mesiu. b) s.s.t. daérah yg dpt meledak sewaktu-waktu. *Sl.: to take a p.* menghilang/mabur.

He's not worth the p. and shot to shoot him Ia orang yg tak berguna/berarti. —*kkt.* membedaki (*o's face*). *Don't p. your nose in public* Janganlah berpupur didepan umum. *We're going to p. our noses* Kami pergi ke kamar kecil (wanita). **p. room** kamar rias/kecil wanita. **powdered** *milk* susu bubuk. *powdered sugar* gula bubuk.
power /'pawər/ *kb.* 1 kekuasaan. *He's a man of great p.* Ia seorang yg sangat berkuasa. *I have you in my p.* Kamu berada dlm kekuasaanku. *to assume p.* mulai memegang kekuasaan. *to come into p.* mencapai/ memperoléh kekuasaan. *the p. of life and death over s.o.* kekuasaan atas hidup dan matinya s.s.o. *to be in p.* sedang berkuasa. *the powers that be* yg berwajib/ berkuasa, kekuasaan yg ada. 2 tenaga. *atomic p.* tenaga atom. *electric p.* tenaga listrik. *I'll try with all my p.* Akan kuusahakan dgn sekuat tenaga. *His powers are failing* Tenaganya sdh mulai berkurang. *The engine has lost much of its p.* Mesin itu banyak berkurang tenaganya. *p. consumption* pemakaian tenaga (*of electricity, gas*). *The plane landed under its own p.* Kapalterbang itu mendarat dgn tenaga sendiri. *p. amplifier* penguat tenaga. 3 daya. *I'll do all in my p. to help* Saya akan membantu dgn segala daya yg ada pd saya. *fire p.* daya témbak. 4 kekuatan. *the magnifying p. of a microscope* kekuatan membesarkan dari suatu mikroskop. *Which party has great p.?* Partai manakah yg kuat sekali? *p. politics* politik (adu) kekuatan. *p. struggle* adu kekuatan. 5 negara besar. *the three powers* ketiga negara besar. *a four-p. conference* suatu konperénsi empat negara. 6 kemampuan. *It's beyond my p. to save him* Adalah diluar kemampuan saya utk menolong jiwanya. 7 wewenang. *He has the p. to hire and fire* Ia berwenang utk mengangkat dan memecat. 8 *Math.:* pangkat. *three to the tenth p.* tiga pangkat sepuluh. *More p. to you!* Teguhkan/Tabahkan hatimu. —*kkt.* menggerakkan. *That plane is powered by...* Pesawat terbang itu digerakkan oléh.... **p. brake(s)** rém daya. **p. cable** kabel listrik. *Av.:* **p. dive** tukikan tiba-tiba (waktu kencang). **p. drill** bor motor. **power-driven** *ks.* yg digerakkan oléh tenaga mesin. **p. line** saluran/kabel/kawat listrik. **p. of attorney** surat kuasa. **p. plant/station** pembangkit tenaga listerik. **p. steering** setir daya. *TV.:* **p. tube** tabung penyalur tenaga listrik. —**powered** *ks.* bertenaga mesin. *p. snow remover* penyapu salju yg bertenaga mesin.
powerboat /'pawər'bowt/ *kb.* perahu (ber)motor.
powerful /'pawərfəl/ *ks.* sangat kuat. *a p. man* seorang yg besar kekuatannya, seorang yg sangat kuat. *a p. machine* sebuah mesin yg bertenaga kuat. *p. voice* suara yg kuat. *p. remedy* obat yg manjur/ mujarab. —**powerfully** *kk.* dgn/secara kuat. *He's a p. built man* Ia berbadan kuat.
powerhouse /'pawər'haws/ *kb.* 1 pembangkit tenaga listrik. 2 *Inf.:* tokoh atau kelompok pusat/besar.
powerless /'pawərləs/ *ks.* 1 tak berdaya, mati kutu. *He was p. to do anything* Ia tdk berdaya berbuat s.s.t. 2 mati listrik (*of a home*).
powwow /'paw'waw/ *kb.* *Inf.:* rapat, pertemuan.
pox /paks/ *kb.* lih CHICKEN, SMALLPOX.
pp. [*pages*] halaman-halaman.
ppd. 1 [*postpaid*] tlh berperangko. 2 [*prepaid*] tlh dibayar terlebih dulu.
P.P.S. [*a second postscript*] catatan tambahan kedua (dlm surat).
pr. 1 [*pair*] pasang(an). 2 [*present*] hadir, sekarang. 3 [*price*] harga. 4 [*printing*] cétakan. 5 [*pronoun*] kataganti.

PR [*Public Relations*] Purél, Humas.
P.R. [*Puerto Rico*] Porto Rico.
practicability /ˈpræktəkəˈbilətie/ *kb.* (*j.* **-ties**) kepraktisan.
practicable /ˈpræktəkəbəl/ *ks.* dpt dipraktékkan. *His proposal is not p.* Usulnya itu tak dpt dipraktékkan.
practical /ˈpræktəkəl/ *ks.* 1 praktis (*objection, fountain pen*). *He's a p. man* Ia seorang yg praktis. 2 mudah dilaksanakan. *My plan is very p.* Rencana saya mudah dilaksanakan. *p. mechanics* alat-alat mesin yg praktis. 3 berguna. *He's a p. farmer* Ia bekerja tani. **p. nurse** suster. **p. joke** muslihat yg ditujukan kpd orang lain sehingga orang itu dpt ditertawakan. **p. joker** orang (lucu) yg dpt mentertawakan orang lain. —**practically** *kk.* hampir(-hampir). *Tokyo is in p. the same latitude as ...* Tokio hampir selintang dgn.... *It's p. impossible to ...* Benar-benar tak mungkin utk.... *She's p. cured* Ia hampir memperoléh penyembuhan.
practicality /ˈpræktəˈkælətie/ *kb.* (*j.* **-ties**) kepraktisan, kegunaan.
practice /ˈpræktis/ *kb.* 1 latihan. *P. makes perfect* Sempurna karena bᴇrlatih. *piano p.* latihan piano. *to be out of p.* tlh lama tak berlatih. *target p.* latihan menémbak sasaran. 2 prakték. *law p.* prakték pengacara. *the p. of medicine* pekerjaan sbg dokter. *He's no longer in p.* Ia sdh tdk membuka/menjalankan prakték lagi. 3 kebiasaan. *I make it a p. to ...* Saya menjadikan kebiasaan utk.... *He makes a p. of ...* Ia membiasakan diri utk.... *It's the p. of the courts to release s.o. on bail* Pengadilan dpt mᴇlaksanakan pembébasan s.s.o. atas suatu jaminan. *to put into p.* mempraktékkan. *in actual p.* dlm kenyataan. 4 perbuatan, *to engage in questionable practices* melakukan perbuatan-perbuatan yg diragukan kejujurannya. —*kkt.* 1 berlatih (*the violin*). 2 berprakték sbg (*medicine, law*). *to p. law* berprakték sbg pengacara. 3 menjalankan, mengamalkan, mempraktékkan (*o's religion*). 4 berlatih, mempergunakan. *to p. o's Spanish on s.o.* mempergunakan bahasa Spanyolnya thd s.s.o. 5 mengerjakan. *P. what you preach!* Kerjakan/Amalkan apa yg kauajarkan! —*kki.* berlatih. *to p. regularly* berlatih dgn teratur. —**practiced** *ks.* berpengalaman. —**practicing** *kb.* latihan, prakték *p. lawyer* bekerja sbg pengacara. *p. physician* dokter yg menjalankan.
practise /ˈpræktis/ = PRACTICE.
practitioner /prækˈtisyənər/ *kb.* pelaksana. *general p.* dokter prakték umum.
pragmatic /prægˈmætik/ *ks.* pragmatis. *to take a p. approach to s.t.* memandang s.s.t. menurut kegunaannya.
pragmatism /ˈprægmətizəm/ *kb.* aliran/faham pragmatis.
pragmatist /ˈprægmətist/ *kb.* seorang yg pragmatis.
prairie /ˈprærie/ *kb.* padang rumput yg luas sekali (tanpa pohon-pohon).
praise /preiz/ *kb.* pujian. *to speak in p. of s.o.* berbicara memuji-muji s.s.o. *to damn with faint p.* mencela dgn halus. *to sing the praises of* memuji-muji dgn semangat. *He is not given to p.* Ia tdk suka memuji orang. *He is warm/loud in his p. of ...* Ia sangat memuji.... —*kkt.* memuji-muji. *P. be to God* Alhamdulillah. *P. God* Segala puji Bagi Tuhan.
praiseworthy /ˈpreizˈwərᴛHie/ *ks.* patut dipuji.
prance /præns/ *kki.* berjingkrak-jingkrak.
prank /præŋk/ *kb.* kelakar, olok-olok, seloroh, sendagurau. *to play a p. on s.o.* menipu/mengibuli s.s.o.

prankster /ˈpræŋkstər/ *kb.* orang yg suka berolokolok.
pratfall /ˈprætˈfɔl/ *kb.* *Sl.*: jatuh pd pantat.
prattle /ˈprætəl/ *kb.* kécék, océhan. —*kki.* berkécék, mengocéh, merépét.
prawn /prɔn/ *kb.* sm udang.
pray /prei/ *kkt.* 1 memohonkan. *to p. God that ...* berdoa/memohonkan kpd Tuhan agar.... 2 mengharap. *P. don't do that* Harap jangan melakukan hal itu. —*kki.* berdoa, bersembahyang. *Please p. for me* Harap berdoa utk saya. *to p. to God* berdoa kpd Tuhan. *praying mantis* belalang kacung/sentadu.
prayer /ˈpreiər/ *kb.* orang yg bersembahyang.
prayer /ˈpræər/ *kb.* doa, sembahyang. *evening prayer* sembahyang isa. *to say o's prayers* membaca doa. *to offer a p. for* memanjatkan doa utk. **p. beads** tasbih. **p. book** buku (berisi) doa, buku geréja. **p. mat/rug** tikar sembahyang. **p. meeting** pertemuan utk berdoa.
preach /priec/ *kkt.* 1 mengajarkan (*the Gospel*). *to p. a sermon* memberikan khotbah, berkhotbah. 2 menaséhati. **to p. down** berkhotbah menentang. —**preaching** *kb.* 1 khotbah, pengajaran. 2 penyebaran kata-kata naséhat.
preacher /ˈpriecər/ *kb.* khatib, pendéta.
preamble /ˈprieˈæmbəl/ *kb.* mukadimah.
prearrange /ˈprieəˈreinj/ *kkt.* mengatur sebelumnya. *prearranged agreement* persetujuan yg tlh diatur sebelumnya.
prec. [*preceding*] yg mendahului, terdahulu.
precarious /priˈkæriəs/ *ks.* sulit, genting, berbahaya.
precaution /priˈkɔsyən/ *kb.* tindakan pencegahan.
precautionary /priˈkɔsyəˈnerie/ *ks.* yg berh. dgn pencegahan. *p. measure* tindakan pencegahan.
precede /prieˈsied/ *kkt.* mendahului (*s.o.*). —**preceding** *ks.* yg terdahulu. *The p. commercial was recorded* Iklan yg terdahulu adalah rekaman. *the p. year* tahun sebelumnya.
precedence /ˈpresədəns/ *kb.* hak lebih tinggi. *to take p. over* 1 hrs didahulukan drpd. 2 lebih diutamakan drpd.
precedent /ˈpresədənt/ *kb.* s.s.t. yg bisa dijadikan teladan. *to create/set a p. for others* menetapkan s.s.t. utk ditiru lain orang. *to serve as a p.* dipakai sbg contoh drpd s.s.t. yg sdh pernah dipersoalkan/diputuskan.
precept /ˈpriesept/ *kb.* 1 aturan, ajaran. 2 perintah.
preceptor /priˈseptər/ *kb.* guru, pendidik, pembimbing.
pre-Christian /prieˈkriscən/ *ks.* sebelum Maséhi, pramaséhi. *the p. era* jaman sblm Maséhi.
precinct /ˈpriesiŋkt/ *kb.* 1 (*election*) daérah. 2 (*police*) séksi. 3 halaman. *to leave the school precincts* meninggalkan halaman sekolah.
precious /ˈpresyəs/ *ks.* 1 berharga (*of time*). *Many things are p. to her* Banyak hal yg berharga baginya. 2 mulia, murni, adi (*of metals, stones*). 3 indah, agung (*of style*). —*kk.* *Inf.*: sangat. *He has p. little patience with stupidity* Ia sangat sedikit kesabarannya thd kebodohan.
precipice /ˈpresəpəs/ *kb.* ngarai, tebing yg curam.
precipitate /priˈsipətit *kb.*, *ks.*; priˈsipəteit *kkt.*/ lapisan endapan. —*ks.* 1 dgn cepat. *p. drop in temperature* turunnya suhu dgn cepat. 2 tergesa-gesa. *p. act* tindakan yg tergesa-gesa. —*kkt.* 1 menimbulkan (*war*). 2 mempercepat. *to p. matters* mempercepat penyelesaian persoalan-persoalan. —*kki.* mengendap (*of moisture*).
precipitation /ˈprisipəˈteisyən/ *kb.* 1 hujan, salju.

Yesterday the p. was heavy Kemarin hujan turun deras. 2 timbulnya. *p. of war* timbulnya perang. 3 (peng)endapan.

precipitous /pri'sipətəs/ *ks.* 1 terjal *(of a cliff)*. 2 tergesa-gesa. *to make a p. exit* keluar/berangkat cepat-cepat.

précis /prei'sie/ *kb.* ringkasan, ikhtisar.

precise /pri'sais/ *ks.* 1 tepat *(statement)*. *He came at the p. hour* Ia datang tepat pd jam yg dijanjikannya. 2 saksama. *She is very p. in her speech* Ia sangat saksamə dlm kata-katanya. —**precisely** *kk.* 1 tepat. *at p. four o'clock* tepat pd jam empat. 2 justru. *He did p. what I told him not to do* Ia justru berbuat apa yg kularang baginya. 3 tepat sekali. *"P.," he replied* "Tepat sekali", jawabnya.

precision /pri'sizyən/ *kb.* kesaksamaan, ketelitian. *p. instrument* alat présisi. *lack of p.* kurang teliti. **precision-engineered** *ks.* dibuat dgn cermat, dgn présisi.

preclude /pri'kluwd/ *kkt.* menghalangi, menghindarkan.

precocious /pri'kowsyəs/ *ks.* terlalu cepat menjadi déwasa, déwasa sblm waktunya.

precociousness /pri'kowsyəsnəs/ *kb.* hal déwasa sblm waktunya, keadaan cepat matang/déwasa.

preconceive /'priekən'siev/ *kkt.* mempertimbangkan sebelumnya. *preconceived notion* pendapat yg terbentuk sebelumnya.

preconception /'priekən'sepsyən/ *kb.* pendapat yg diambil sebelumnya, prasangka.

precondition /'priekən'disyən/ *kb.* prasyarat. —*kkt.* memelihara, mempersiapkan.

precursor /pri'kərsər/ *kb.* 1 pendahuluan, tanda. *A cough may be a p. of TB* Batuk mungkin merupakan pendahuluan dari T.B.C. 2 pelopor, perintis jalan.

predate /prie'deit/ *kkt.* mendahului, lebih tua. *This house predates the founding of the town* Rumah ini mendahului pembangunan kota itu.

predator /'predətər/ *kb.* yg mencari s.s.t. sbg mangsanya, binatang/organisme yg makan binatang lain.

predatory /'predə'towrie/ *ks.* ganas, buas.

predawn /prie'dɔn/ *kb.*, *ks.* dinihari.

predecessor /'predə'sesər/ *kb.* 1 pendahulu. *He was my p.* Dialah yg mendahului saya. 2 leluhur.

predestination /'priedestə'neisyən/ *kb.* takdir.

predestine /prie'destən/ *kkt.* mentakdirkan. *He was predestined to be a leader* Ia tlh ditakdirkan utk menjadi pemimpin.

predetermine /'priedə'tərmin/ *kkt.* menetapkan sebelumnya, mengodratkan.

predicament /pri'dikəmənt/ *kb.* 1 keadaan sulit. *I'm in a p.* Saya dlm keadaan sulit. 2 keadaan berbahaya.

predicate /'predəkit *kb.*, *ks.*; 'predəkeit *kkt.*/ *kb.* sebutan, prédikat. —*ks.* prédikat. *p. adjective* katasifat yg merupakan prédikat. —*kkt.* 1 mengatakan sbg suatu kebenaran. 2 mendasarkan (**on** atas).

predict /pri'dikt/ *kkt.* meramalkan.

predictability /pri'diktə'bilətie/ *kb.* kemungkinan meramalkan, hal dpt meramalkan.

predictable /pri'diktəbəl/ *ks.* dpt diramalkan.

prediction /pri'diksyən/ *kb.* ramalan. *weather p. for tomorrow* ramalan tentang cuaca utk bésok.

predigested /'priedai'jestid, -di'jestid/ *ks.* yg tlh dicernakan sebelumnya *(of baby foods)*.

predilection /'priedə'leksyən, 'pre-/ *kb.* kesukaan, kegemaran.

predispose /'priedis'powz/ *kkt.* mempengaruhi,

memberi kecenderungan. *I was predisposed to like him* Aku menjadi cenderung utk menyukainya.

predisposition /'priedispə'zisyən/ *kb.* kecenderungan. *He has a p. to minor ailments* Ia mudah kena penyakit ringan.

predominance /pri'damənəns/ *kb.* 1 keunggulan, keulungan *(of a political party, sports team)*. 2 kelaziman.

predominant /pri'damənənt/ *ks.* 1 utama. *p. colors in batik* warna-warna utama dari kain batik. 2 berkuasa. *That party is p. here* Partai itu berkuasa disini.

predominate /pri'daməneit/ *kki.* 1 menonjol *(of a feature)*. 2 berkuasa. *That ethnic group predominates in this area* Suku bangsa itu berkuasa atau yg terbesar di daérah ini.

pre-election /'priei'leksyən/ *ks.* pemilihan pendahuluan. *p. predictions* ramalan-ramalan ttg hasil pemilihan pendahuluan.

pre-eminence /'prie'emənəns/ *kb.* keunggulan, sifat ulung.

pre-eminent /'prie'emənənt/ *ks.* (sangat) unggul. *He's p. in his specialty* Ia sangat ulung dlm keahliannya.

pre-empt /'prie'empt/ *kkt.* 1 menduduki lebih dulu. 2 memiliki lebih dulu.

preen /prien/ *kkt.* 1 bersolék *(of a girl)*. 2 menjilat-jilat *(of a cat)*.

pref. [*preface*] kata pengantar, prawacana.

prefab /'prie'fæb/ *kb. Inf.*: rumah pabrikan/cétakan/prafabrik.

prefabricate /prie'fæbrəkeit/ *kkt.* membuat sehingga bagian-bagian tinggal dipasang saja. **prefabricated** *house* = PREFAB.

preface /'prefis/ *kb.* kata pengantar, prawacana. —*kkt.* mendahului. *to p. o's remarks with ...* mendahului kata-kata dgn....

prefatory /'prefə'towrie/ *ks.* yg berh. dgn pembukaan. *p. remarks* ucapan-ucapan pembukaan.

prefer /pri'fər/ *kkt.* (**preferred**) 1 lebih suka, melebihkan. *I p. to go* Saya lebih suka pergi. *I p. apples to peaches* Aku lebih suka buah apel drpd buah pérsik. 2 melebihkan. *No one group is preferred over another* Tak ada golongan yg lebih disukai drpd golongan lainnya. **preferred** *stock* saham/andil istiméwa.

preferable /'prefərəbəl/ *ks.* lebih baik (**to** drpd). —**preferably** *kk.* lebih disukai. *p. one with a master's degree* lebih disukai yg bergelar sarjana.

preference /'prefərəns/ *kb.* pilihan, preferénsi. *He was given p. over ...* Ia lebih disukai drpd.... *I have no p. as to which movie we see* Aku tak punya pilihan gambar hidup mana yg kita lihat. *to give s.t. p. over* lebih menyukai s.s.t. drpd. *in p. to* lebih suka drpd, lebih baik dari.

preferential /'prefə'rensyəl/ *ks.* istiméwa *(treatment* perlakuan). *p. right* hak mendahulu.

preferment /pri'fərmənt/ *kb.* kenaikan pangkat, kedudukan yg lebih tinggi.

prefix /'priefiks/ *kb.* awalan. —*kkt.* menaruh (s.s.t.) didepan *(of a title)*.

pregnancy /'pregnənsie/ *kb.* *(j.* **-cies**) kehamilan.

pregnant /'pregnənt/ *ks.* 1 hamil, mengandung. 2 penuh *(of a statement)*.

preheat /prie'hiet/ *kkt.* memanaskan (lebih) dulu.

prehensile /pri'hensəl/ *ks.* yg dpt memegang *(of tail, tongue)*.

prehistoric(al) /'priehi'starik(əl)/ *ks.* yg berh. dgn prasejarah.

prehistory /prie'histərie/ *kb.* prasejarah.

prejudge /prie'jʌj/ *kkt.* menghukum sblm memeriksa.
prejudice /'prejədis/ *kb.* prasangka, praanggapan, purbasangka. *to have a p. against* berprasangka thd. *She's a bundle of prejudices* Ia seorang yg banyak prasangka. —*kkt.* merugikan (*s.o's case*). *I'm prejudiced against ...* Saya berprasangka thd....
prejudicial /'prejə'disyəl/ *ks.* merugikan. *p. to his interests* merugikan kepentingan-kepentingannya.
prelate /'prelit/ *kb.* wali geréja, pendéta tinggi.
prelim /'prielim/ *kb. Inf.*: ujian persiapan/pendahuluan.
prelim. [*preliminary*] pendahuluan.
preliminary /pri'limə'nerie/ *kb.* (*j.* -**ries**) persiapan. *The preliminaries were over* Persiapan-persiapan selesai. —*ks.* 1 pendahuluan. *p. examination* pemeriksaan pendahuluan. 2 permulaan. *p. training* pendidikan permulaan.
prelude /'preluwd, 'prie-/ *kb.* yg membuka/mendahului.
premature /'priemə'cur, -'tur, 'tyur/ *ks.* 1 gegabah (*of an action*). 2 sblm waktunya, pradini (*of a baby*). *p. baby* anak gugur. 3 blm waktunya. *He was p. in his suggestion* Sarannya itu blm waktunya diberikan. —**prematurely** *kk.* sblm waktunya.
premed /'priemed, prie'med/ *kb. Inf.*: pramahasiswa kedokteran. —*ks.* = PREMEDICAL.
premedical /prie'medəkəl/ *ks.* sblm masuk sekolah kedokteran.
premeditation /'priemedə'teisyən/ *kb.* pemikiran/ perencanaan yg dilakukan/dipersiapkan terlebih dahulu.
premier /'priemieər, pri'mir/ *kb.* perdana menteri.
première /pri'mir, prə'myær/ *kb.* pertunjukan pertama/perdana. —*kkt.* mempertunjukkan perdana.
premiership /pri'mirsyip, 'priemieərsyip/ *kb.* jabatan perdana menteri.
premise /'premis/ *kb.* dasar pikiran, alasan. *on these premises* di tempat ini.
premium /'priemieəm/ *kb.* 1 prémi (hadiah). 2 prémi, bayaran (kpd asuransi). **to be at a p.** diatas harga sebenarnya. *to sell at a p.* menjual dgn harga tinggi. —*premium-grade gasoline* bénsin yg bermutu tinggi.
premonition/'priemə'nisyən/ *kb.* alamat, pertanda.
prenatal /prie'neitəl/ *ks.* sebelum melahirkan (*care*).
preoccupation /prie'akyə'peisyən/ *kb.* keasyikan.
preoccupies /prie'akyəpaiz/ lih PREOCCUPY.
preoccupy /prie'akyə'pai/ *kkt.* (**preoccupied**) memenuhi, mengasyikkan, mengikat perhatian. —**preoccupied** *ks.* asyik, khusuk.
prep /prep/ *ks. Inf.*: yg berh. dgn persiapan. *p. school* sekolah lanjutan swasta.
prep. 1 [*preparatory*] yg berh. dgn persiapan. 2 [*preposition*] kata depan. 3 [*preparation*] persiapan.
prepaid /prie'peid/ lih PREPAY.
preparation /prie'reisyən/ *kb.* 1 persiapan. *to take a lot of p.* memerlukan banyak persiapan. 2 pengolahan. 3 preparat, buatan, bikinan. *pharmaceutical p.* preparat farmasi. *in course of p.* sedang disediakan.
preparatory /pri'pærə'towrie/ *ks.* yg berh. dgn persiapan. *p. work* pekerjaan persiapan. *p. school* sekolah lanjutan swasta.
prepare /pri'pær/ *kkt.* 1 mempersiapkan, menyiapkan, menyediakan (*dinner*). *to p. s.o. for a shock* menyiapkan s.s.o. utk hal yg mengagétkan. 2 mengolah. 3 membuat (*medicine*). —*kki.* **to p. for s.t.** bersiap-siap menghadapi s.s.t. —**prepared** *ks.*

siap. *p. for cold weather* siap utk hawa dingin. *He was p. to go alone* Ia bersedia pergi sendirian.
preparedness /pri'pær(i)dnəs/ *kb.* keadaan siapsedia/siap-siaga.
prepay /prie'pei/ *kkt.* (**prepaid**) membayar lebih dulu. *The package was sent prepaid* Pakét itu dikirim dgn membayar (ongkos) lebih dulu.
prepayment /prie'peimənt/ *kb.* pembayaran sebelumnya.
preponderance /pri'pandərəns/ *kb.* jumlah lebih besar. *a p. of snow in February* salju yg turun berlebih-lebihan dlm bulan Pébruari.
preponderant /pri'pandərənt/ *ks.* lebih besar. *p. influence* pengaruh yg lebih besar. *in p. numbers* dlm jumlah yg berlebih-lebihan.
preposition /'prepə'zisyən/ *kb.* kata depan/perangkai, préposisi.
prepositional /'prepə'zisyənəl/ *ks.* berpréposisi. *p. phrase* rangkaian kata yg berpréposisi.
prepossessing /'priepə'zesing/ *ks.* menawan hati.
preposterous /pri'pastərəs/ *ks.* gila-gilaan, tdk masuk akal.
prepuce /'priepyuws/ *kb.* kulup, kulit khatan.
prerecord /'prierə'kord/ *kkt.* merekam sebelumnya.
prerequisite /prie'rekwəzit/ *kb.* prasyarat.
prerogative /pri'ragətiv/ *kb.* hak istiméwa.
pres. 1 [*president*] présidén. 2 [*present*] sekarang, hadir.
Pres. 1 [*President*] Présidén. 2 [*Presbyterian*] Présbitérian (salah satu golongan agama Protéstan).
presage /prie'seij/ *kkt.* menandai, memberi pertanda.
Presb. [*Presbyterian*] Présbitérian.
Presbyterian /'prezbə'tiriean/ *kb.* orang Présbitérrian. —*ks.* Présbitérian. *P. Church* Geréja Présbitérian.
presbytery /'prezbə'terie/ *kb.* (*j.* -**ries**) majelis pengetua agama, pastoran.
preschool /prie'skuwl/ *ks.* yg blm masuk sekolah (*children, age*).
prescience /'presyieəns/ *kb.* terus mata.
prescient /'presyieənt/ *ks.* mengetahui sebelumnya, mengetahui apa yg akan terjadi.
prescribe /pri'skraib/ *kkt.* 1 menulis resép obat. 2 menentukan. *to do s.t. in the prescribed time* melakukan s.s.t. dlm waktu yg sdh ditentukan. *to take the prescribed amount* mengambil jumlah yg sdh ditetapkan.
prescription /pri'skripsyən/ *kb. Med.*: resép (dokter).
prescriptive /pri'skriptiv/ *ks.* memberikan petunjuk/ketentuan-ketentuan, bersifat menentukan.
presence /'prezəns/ *kb.* kehadiran. *She never speaks in his p.* Ia blm pernah berbicara bila ia hadir. *Your p. is requested at ...* Diminta kehadiran Saudara pd .... *in the p. of* dihadapan. **p. of mind** kesadaran, berkepala dingin, tdk kehilangan akal.
present /'prezənt *ks.*; pri'zent *kkt.*/ *kb.* 1 hadiah, pemberian. 2 sekarang. *The p. is a good time to ...* Sekarang ini merupakan waktu yg baik utk .... *at p.* pd waktu ini, sekarang ini. *for the p.* buat sekarang ini, utk sementara. 3 kata-kata. *Know all men by these presents that ...* Harap semua orang mengetahui dgn kata-kata ini bhw.... —*ks.* 1 hadir (**at** pd). *Those p. are entitled to vote* Meréka yg hadir berhak memilih. 2 sekarang. *the p. situation* keadaan sekarang. *in the p. case* dlm hal ini. 3 waktu kini. *Gram.*: *p. tense* bentuk waktu ini. —*kkt.* 1 menyajikan (*facts*). 2 memperkenalkan. *May I p. my brother to you?* Boléhkah saya memperkenalkan

saudara laki-lakiku kepadamu? *to p. to society*
memperkenalkan kpd masyarakat (kaum atasan).
3 menimbulkan (*difficulties*). 4 memberikan (*a fine
appearance*). 5 mengajukan (*a bill*). 6 memberikan/
menyampaikan (*a gift to s.o.*). *to p. a bill in Congress*
menyampaikan sebuah rencana undang-undang
dlm parlemén. *to p. s.o. with s.t.* memberi s.s.t. kpd
s.s.o. 7 menyajikan, mempertunjukkan (*a play*).
If the opportunity presents itself Kalau ada kesempatan.
to p. o.s. for an exam hadir melapor utk ujian itu.
to p. arms mengangkat senjata. **present-day** *ks.*
masa ini. *p.-day problems* persoalan-persoalan masa
ini. **p. participle** katakerja "bentuk sedang".
the p. writer penulis karangan ini. —**presently**
kk. 1 segera. *He will come p.* Ia akan segera datang.
2 sekarang. *P. he's working at ...* Sekarang ini ia
bekerja pd ....
presentable /pri'zentəbəl/ *ks.* tampan, rapi.
presentation /ˌprezən'teisyən, ˌprie-/ *kb.* 1 pem-
berian (*of an award*). 2 penyajian (*of a speech*). 3
perkenalan (*of s.o. to s.o.*). 4 penyajian/pertunjukan
(*of a play*).
presentiment /pri'zentəmənt/ *kb.* firasat.
preservation /ˌprezər'veisyən/ *kb.* 1 pemeliharaan.
in a state of good p. dlm keadaan terpelihara baik.
2 penjagaan. 3 pengawétan (*of food*).
preservative /pri'zərvətiv/ *kb.* bahan pengawét,
bahan pembuat tahan lama.
preserve /pri'zərv/ *kb.* 1 cagar. *game p.* cagar alam.
2 selé. —**preserves** *j.* selé. —**kkt.** 1 memelihara
(*traditions*). 2 mengawétkan, membuat yg tahan
lama (*fruits*). 3 melindungi, menjaga (*tree*). *P. us
from our enemies* Lindungilah kami dari musuh-
musuh kami. 4 mempertahankan, memelihara. *to
p. the peace/order* mempertahankan perdamaian/
ketertiban. *to p. appearances* memperlihatkan keru-
kunan. —*kki.* mengawétkan makanan. —**pre-
served** *ks.* yg diawétkan. *p. fish* pekasam. *She is well
p.* Ia pandai memelihara/merawat/mengawétkan
badannya.
preshrank /prie'syræŋk/ lih PRESHRINK.
preshrink /prie'syriŋk/ *kkt.* (**preshrank, pre-
shrunk**) membuat (keméja, dll) tdk dpt menyusut.
preshrunk /prie'syrʌŋk/ lih PRESHRINK.
preside /pri'zaid/ *kki.* **to p. at/over** mengetuai,
memimpin.
presidency /'prezədənsie/ *kb.* (*j.* **-cies**) jabatan
présidén, keprésidénan.
president /'prezədənt/ *kb.* 1 présidén (*of a country*).
president-elect présidén terpilih. 2 ketua (*of a club,
association*). 3 diréktur (*of a firm*). 4 réktor (*of a
university*).
presidential /ˌprezə'densyəl/ *ks.* mengenai pré-
sidén. *p. decree* keputusan présidén. *p. election* pemi-
lihan présidén.
presidium /pri'sidieəm/ *kb.* présidium.
press /pres/ *kb.* 1 pérs. *to get a good p.* mendapat
sambutan baik dari pérs. *member of the p.* wartawan.
p. box ruangan pérs. *p. conference* konperénsi pers. *p.
release* pemberitahuan pérs. 2 tekanan. *the p. of work*
kesibukan pekerjaan. 3 alat pemeras. 4 mesin pen-
cétak. *to go to p.* naik mesin (cétak), mulai dicétak.
in p. sedang dicétak. 5 prés (*for a tennis racket*). —*kkt.*
1 menyeterika (*a suit*). 2 menekan (*a button*). 3
memeras (*fruit*). 4 mencétak (*records*). 5 mendesak.
He was pressed into the job Ia didesak utk mengambil
pekerjaan itu. *to p. s.o. for a reply* mendesak s.s.o.
spy memberi jawaban. 6 mendesakkan (*o's point*).
7 menekankan. *to p. the child to o's bosom* menekankan
anak itu pd dadanya. *to p. o's face against a window*

menekankan mukanya pd jendéla itu. 8 menuntut.
to p. a legal suit menuntut penyelesaian secara
hukum. 9 menancap (*the accelerator*). *to p. o's ad-
vantage* tetap mempertahankan keunggulannya. *to
p. into service* memaksa utk bekerja. —*kki.* men-
desak. *Time is pressing* Waktu mendesak. **to p.
forward/on** maju. **to p. on** menekan. *to p. on the
lever* menekan pengungkil. *to p. upon s.o. the necessity
of ...* menekankan kpd s.s.o. perlunya.... **p. agency**
kantor berita. **p. agent** agén dgn tugas penyiaran
berita mengenai s.s.o. **p. bureau** kantor berita. **p.
clipping** guntingan suratkabar/berita. **p. corps**
korps wartawan. **p. correspondent** pembantu
suratkabar. **p. gallery** ruangan wartawan. **p.
report** warta berita. **p. secretary** jurubicara,
jubir. —**pressed** *ks.* yg ditekan/ditindih/diperas.
p. flower bunga (kering) yg ditindih. *to be hard p.
for cash* sangat membutuhkan uang. *We are hard p.
to pay our debts* Terasa berat bagi kami utk mem-
bayar hutang-hutang kami. *We are p. for time* Kami
dikejar-kejar waktu. Kami merasa kekurangan
waktu. —**pressing** *kb.* s.s.t. utk diseterika. *ks.* yg
mendesak. *p. business* urusan yg mendesak.
pressure /'presyər/ *kb.* 1 tekanan. *to bring p. to bear
on s.o.* memberi tekanan pd s.s.o. *to put p. on* meng-
adakan tekanan thd. 2 tekanan udara (*in a space
capsule*). *How much p. do you keep in your tires?* Berapa
tekanan angin yg kaupakai dlm ban-banmu? *p. of
business* kegesitan/tindakan tegas dlm usaha da-
gang. —*kkt.* memaksa. **p. cabin** ruang tekanan
udara. **p. cooker** panci pemasak-cepat. **p. gauge**
alat pengukur tekanan. **p. group** golongan ber-
pengaruh. **p. suit** pakaian dgn tekanan udara.
pressurization /ˌpresyərə'zeisyən/ *kb.* tekanan
udara.
pressurize /'presyəraiz/ *kkt.* memberi tekanan
udara. —**pressurized** *ks.* yg diberi tekanan udara
(*of a suit, cabin*).
prestige /pres'tiezy/ *kb.* géngsi, perbawa, wibawa,
martabat.
prestigious /pres'tijəs/ *ks.* bergéngsi, bermartabat
tinggi, berwibawa.
presto /'prestow/ *kseru.* tiba-tiba, dgn cepat.
prestressed /prie'strest/ *ks.* pra-tekan. *p. concrete*
beton pra-tekan.
presumably /pri'zuwməblie/ *kk.* agaknya, kiranya,
barang kali, rupanya.
presume /pri'zuwm/ *kkt.* 1 mengira. *I p. you are
speaking to me* Kukira kau berbicara kepadaku. 2
menganggap. *He is presumed dead* Ia dianggap tlh
mati. *You p. too much* Tuntutanmu/Kehendakmu
terlalu banyak. —*kki.* menduga, mengira. *You are
Mr. Brown, I p.* Saya pikir/Kalau saya tdk salah,
Tuan adalah Mr. Brown. *May I p. to advise you?*
Izinkanlah saya memberi nasihat kpd saudara. *to
p. upon s.o's good nature* menyalahgunakan sifat-sifat
baik s.s.o.
presumption /pri'zʌmpsyən/ *kb.* 1 anggapan. 2
kepongahan, kelancangan, kesombongan. *Forgive
my p.* Maafkan kelancanganku. *Such p.!* Alangkah
angkuhnya/sombongnya!
presumptuous /pri'zʌmpcuəs/ *ks.* sombong, po-
ngah, congkak, lancang.
presuppose /ˌpriesə'powz/ *kkt.* 1 mensyaratkan.
Flying presupposes trained pilots Penerbangan men-
syaratkan adanya penerbang-penerbang yg ter-
latih. 2 memisalkan. *Let us p. that ...* Marilah kita
misalkan ....
presupposition /ˌpriesʌpə'zisyən/ *kb.* perkiraan,
persangkaan.

pretend /pri'tend/ *kkt.* 1 menganggap diri. *I don't p. to be an expert* Aku tak menganggap diriku seorang ahli. 2 berpura-pura. *She pretended she didn't know me* Ia berpura-pura tak mengenal aku. *Stop pretending!* Jangan pura-pura/sok! 3 berlaku. *Let's p. we are ...* Mari kita berlaku seakan-akan kita ....

pretender /pri'tendər/ *kb.* 1 penuntut (*to a throne*). 2 orang yg suka berpura-pura.

pretense /'prietens, pri'tens/ *kb.* 1 berpura-pura. *on the p. of* dgn berdalih. *I make no p. to any expertise* Saya tdk menganggap diriku sbg orang ahli. *to obtain s.t. under false pretenses* memperoléh s.s.t. yg bukan haknya.

pretension /pri'tensyən/ *kb.* keinginan, préténsi. *He has pretensions to becoming the next president* Ia berkeinginan utk menjadi présidén yg akan datang. *I have no p. to any special knowledge* Aku sama sekali tak menganggap diriku menguasai s.s.t. pengetahuan tertentu.

pretentious /pri'tensyəs/ *ks.* megah, méwah. *a most p. home* rumah yg sangat megah.

preterit /'pretərit/ *kb. Gram.:* bentuk katakerja masa lalu.

pretext /'prietekst/ *kb.* dalih, hélat. *on the p. of illness* dgn dalih sakit.

pretty /'pritie/ *ks.* cantik, molék, manis. *She's a p. girl* Ia seorang gadis yg cantik. *Inf.: You've gotten me into a p. mess* Kau tlh menyebabkan aku terlibat dlm kesulitan besar. *Inf.:* **p. penny** banyak uang. *That house must have cost a p. penny* Rumah itu tentu mahal sekali harganya. —*kk.* agak. *a p. good worker* seorang pekerja yg cukup baik. *I feel p. much the way you do about the matter* Kurasa hampir spt perasaanmu mengenai hal itu. *I'm p. well* Saya séhat-séhat/ baik-baik saja. *This car is new or p. nearly so* Mobil ini boléh dikatakan baru atau agak baru. *Sl.: You're sitting p.* Kau berada/beruang.

pretzel /'pretsəl/ *kb.* kué kering yg asin.

prevail /pri'veil/ *kki.* berlaku, menang. *The will of the people will p.* Kehendak rakyat akan berlaku. *Calm now prevails in...* Suasana tenang sekarang meliputi .... **to p. (up)on** membujuk. *to p. upon s.o. to go* berhasil mempengaruhi s.s.o. utk pergi. *He was prevailed upon by his friends to ...* Ia diminta oléh teman-temannya spy .... —**prevailing** *ks.* 1 umum. *p. wind* angin yg umum. 2 besar, kuat (*influence*). 3 berlaku. *p. prices* harga-harga yg berlaku sekarang.

prevalence /'prevələns/ *kb.* 1 meratanya (*of colds, complaints*). 2 kelaziman.

prevalent /'prevələnt/ *ks.* 1 umum, merata. 2 lazim.

prevaricate /pri'værəkeit/ *kki.* 1 berbohong. 2 berbicara putar-balik.

prevaricator /pri'værə'keitər/ *kb.* orang yg plin-plan, pembohong.

prevent /pri'vent/ *kkt.* 1 mencegah (*an accident*). 2 menghalangi. *I was prevented from going because of illness* Aku terhalang pergi karena sakit. 3 menjaga. *to p. a recurrence* menjaga jangan sampai terulang lagi kejadian itu. *There is nothing to p. him from ...* Tak ada yg dpt menghalang-halangi dia utk ....

preventable /pri'ventəbəl/ *ks.* dpt dicegah.

preventative /pri'ventətiv/ = PREVENTIVE *kb.*

prevention /pri'vensyən/ *kb.* pencegahan. *rust p.* pencegahan spy tdk berkarat.

preventive /pri'ventiv/ *kb., ks.* pencegah. *a p. against typhoid fever* pencegah penyakit tipus. *p. measure* tindakan pencegahan. *p. medicine* ilmu pengobatan pencegah penyakit. *rust p.* (bahan) pencegah karat.

preview /'prie'vyuw/ *kb.* 1 pra-pertunjukan. 2 peninjauan. —*kkt.* mengadakan pertunjukan (pendahuluan) dari sebuah film.

previous /'prievieəs/ *ks.* sebelum(nya). *to have a p. engagement* sdh ada janji. *the p. day* sehari sebelumnya. *p. to this* sblm ini. —**previously** *kk.* sblm itu, sebelumnya.

prewar /'prie'wɔr/ *ks.* sblm perang, pra-perang.

prey /prei/ *kb.* 1 mangsa. *The tiger pounced on its p.* Harimau itu menerkam mangsanya. 2 sasaran. *to be p. to a disease* menjadi sasaran penyakit. —*kki.* **to p. (up)on** 1 merampasi (*of pirates*). 2 mencari sbg mangsanya (*of birds*). 3 menyambar (*of vultures, eagles*). 4 menggerogoti, menyiksa. *to p. on o's mind* menyiksa otaknya.

prexy /'preksie/ *kb.* (*j.* **-xies**) *Sl.:* réktor (pd universitas).

price /prais/ *kb.* 1 harga. *What is the p. of this book?* Berapa harga buku ini? *cost p.* harga pokok. *fixed p.* harga mati. *to raise the p.* menaikkan harga. *at a reduced p.* dgn harga yg sdh diturunkan. 2 hadiah. *a p. of $5,000 on his head* hadiah $5,000 utk menangkapnya. **at any p.** berapapun biayanya. —*kkt.* 1 memberi harga, menetapkan harga. *The chair is priced at $65.00* Kursi itu diberi harga $65. 2 *Inf.:* menanyakan harga. *I priced the car* Saya menanyakan harga mobil itu. *to p. s.t. off the market* meminta harga yg terlalu tinggi utk s.s.t. *to p. o.s. off the market* menuntut gaji yg terlalu tinggi. *to p. (s.t.) low* menetapkan harga yg rendah. **p. ceiling** plafon harga. **p. control** pengendalian harga. **p. cutting** pemotongan harga. **p. fixing** penetapan/penentuan harga. **p. index** indéks harga. **p. list** priskoran. **p. range** batas-batas harga. **p. survey** penelitian harga. **p. tag** a) harga. b) daftar harga kartu harga. **p. war** perang harga. —**priced** *ks.* yg diberi harga. *high-priced car* mobil yg dijual dgn harga yg tinggi.

priceless /'praisləs/ *ks.* tak ternilai.

pricewise /'prais'waiz/ *kk.* mengingat harganya.

prick /prik/ *kb.* tusukan (*of pin, needle*). *p. of conscience* gangguan kata hati. —*kkt.* 1 menusuk (*o's finger*). 2 mencakar (*of a cat*). —*kki.* **to p. up o's ears** memasang telinga.

prickly /'priklie/ *ks.* berduri, banyak durinya. *p. heat* biang keringat, biring peluh, keringat buntat.

pride /praid/ *kb.* 1 kebanggaan. *He's the p. of the town* Ia menjadi kebanggaan kota itu. 2 rasa harga diri. *a woman of great p.* seorang wanita dgn rasa harga diri yg besar. 3 kegagahan. *to take p. in o's work* bangga akan pekerjaannya. —*kkt.* **to p. o.s. on** membanggakan diri karena.

pried /praid/ lih PRY.

priest /priest/ *kb.* 1 (*Islam*) kiyai, imam. 2 *Chr.:* pendéta.

priestess /'priestis/ *kb.* pendéta wanita.

priesthood /'priesthud/ *kb.* kependétaan. *to enter the p.* menjadi pendéta.

priestly /'priestlie/ *ks.* spt pendéta.

prig /prig/ *kb.* orang yg lupa daratan.

priggish /'prigisy/ *ks.* angkuh, lantam.

prim /prim/ *ks.* rapih, formil, teliti.

prim. 1 [*primitive*] primitip. 2 [*primary*] yg pertama, primér.

primacy /'praiməsie/ *kb.* (*j.* **-cies**) keunggulan.

prima donna /'priemə'danə/ *kb.* sripanggung. *She's a p. in her behavior* Tingkahlakunya sbg seorang sripanggung.

prima facie /'praimə'feisyie/ *ks., kk.* yg utama/ kuat (*of evidence*).

primary /'prai'merie/ *kb.* (*j.* **-ries**) pemilihan

pendahuluan utk memilih calon dari masing-masing partai. —*ks.* 1 utama *(cause of stress).* 2 sangat. *meeting of p. importance* rapat yg sangat penting hari ini. 3 primér, utama *(of colors).* 4 pokok. *p. necessities of life* keperluan-keperluan hidup pokok. 5 dasar. *p. school* sekolah dasar. *p. education* pendidikan dasar. —**primarily** *kk.* terutama.
primate /'praimeit/ *kb.* 1 *Rel.*: uskup tertinggi. 2 binatang menyusui tingkat utama.
prime /praim/ *kb.* usia yg sebaik-baiknya. *in the p. of life* dlm usia yg sebaik-baiknya. *to be past o's p.* sdh lampau/hilang masa jayanya. —*ks.* 1 utama. *p. cause of accidents* sebab utama dari kecelakaan-kecelakaan. 2 yg terbaik. *p. beef* daging sapi yg terbaik. *p. time on TV* waktu terbaik pd télévisi. —*kkt.* 1 memancing (mesin). 2 memberi cat dasar. 3 memberi keterangan. 4 memperlengkapi. *primed with liquor* banyak minum (minuman keras). *primed with data* banyak memperoléh/mendapat keterangan-keterangan. **p. meridian** meridian utama. **p. minister** perdana menteri. **p. ministry** kantor perdana menteri. **p. mover** penggerak/pendorong utama. **p. number** bilangan pokok. —**priming** *kb.* 1 pemberian cat dasar. 2 cat dasar.
primer /'praimər/ *kb.* 1 *(paint)* cat dasar. 2 kép.
primer /'primər/ *kb.* 1 buku yg pertama, punca. 2 buku bacaan permulaan.
primeval /prai'mievəl/ *ks.* yg mula-mula, dari jaman purba. *p. forest* hutan dari jaman purba.
primitive /'primətiv/ *ks.* 1 primitip. *p. conditions* keadaan-keadaan yg primitif. 2 sederhana, bersahaja. *p. surroundings* keadaan sekeliling yg sangat bersahaja. *p. methods* cara-cara yg sederhana sekali.
primitiveness /'primətivnəs/ *kb.* keadaan primitif/ bersahaja, keprimitifan.
primness /'primnəs/ *kb.* ketidakwajaran, tingkahlaku, sikap yg dibuat-buat.
primogeniture /'praimə'jenəcər/ *kb.* hak anak yg sulung.
primordial /prai'mordieəl/ *ks.* purba, yg mula-mula. *p. man* manusia purba.
primp /primp/ *kki.* bersolék, berdandan.
primrose /'prim'rowz/ *kb.* sej. bunga mawar. *the p. path* hidup bersenang-senangkan diri.
primus /'praiməs/ *kb.* **p. stove** (kompor) primus, kompor minyak tanah.
prin. 1 [*principle*] prinsip. 2 [*principal*] *kb.* kepala sekolah. *ks.* yg utama.
prince /prins/ *kb.* 1 pangéran. *P. Charles* Pangéran Charles. 2 tokoh. *merchant p.* tokoh pedagang besar. *He's a p. of a fellow* Ia seorang yg terkemuka. **p. consort** suami ratu. **p. of darkness** syaitan. **P. of Peace** Isa al-Masih.
princeling /'prinsling/ *kb.* putera/pangéran yg muda.
princely /'prinslie/ *ks.* spt/mirip bangsawan. *p. manners* tingkahlaku spt bangsawan.
princess /'prinsəs/ *kb.* puteri.
principal /'prinsəpəl/ *kb.* 1 *Acad.*: kepala sekolah. 2 uang pokok. 3 pelaku, peserta *(in a duel).* —*ks.* utama, pokok, yg terpenting. *the p. reason* sebab utama. *p. parts (of a verb)* bagian-bagian pokok. —**principally** *kk.* terutama.
principality /'prinsə'pælətie/ *kb.* (*j.* **-ties**) kerajaan, kepangéranan.
principle /'prinsəpəl/ *kb.* 1 asas, dasar. *the principles of economics* dasar ékonomi, asas-asas ilmu ékonomi. 2 prinsip. *It's a p. of mine to ...* Adalah menjadi prinsipku utk .... *as a matter of p.* sbg dasar pegangan. *in p.* pd asasnya/dasarnya, dlm prinsip. *on p.* karena

keyakinan. 3 pendirian. *a man of high principles* seorang pria yg berpendirian tinggi. **high-principled** *ks.* mempunyai dasar-dasar/prinsip-prinsip yg kuat.
print /print/ *kb.* 1 cétakan. *The p. on this paper is bad* Cétakan pd kertas ini jelék. *in p.* masih dicétak. *large p.* huruf cétak besar. *out of p.* sdh habis, habis terjual. *small p.* huruf cétak kecil. 2 *Phot.*: potrét, afdruk. 3 *Cloth.*: pakaian dari cita cap. —*kkt.* 1 mencétak *(a book).* 2 menulis dgn huruf cétak *(o's name).* 3 mengafdruk, membuat *(a copy). The article was printed in last month's issue* Karangan itu dimuat dlm penerbitan bulan yg lalu. **print-out** *kb.* mencétak. *kkt.* mencétak. **printed** matter barang cétakan. —**printing** *kb.* 1 pencétakan *(of s.t.).* 2 percétakan *(as a trade). p. ink* tinta cétak. *p. office/shop* percétakan. *p. press* mesin cétak. 3 cétakan. *2nd p.* cétakan ke-2.
printable /'printəbəl/ *ks.* sopan, beradab.
printer /'printər/ *kb.* pencétak.
prior /'praiər/ *kb.* kepala biara. —*ks.* lebih dahulu, sebelumnya. *p. approval* persetujuan lebih dahulu. *p. engagement* janji sebelumnya. —*kk.* sebelum. *p. to coming to ...* sblm datang ke ....
priority /prai'orətie, -'arətie/ *kb.* (*j.* **-ties**) priorita(s). *This has p. over that* Ini hrs didahulukan drpd itu. *according to p.* menurut prioritas.
prism /'prizəm/ *kb.* prisma.
prison /'prizən/ *kb.* penjara, terungku. *to commit/ send s.o. to p.* memasukkan s.s.o. ke penjara. *to be in p.* meringkuk/mendekam didlm penjara. *p. break* pembongkaran penjara. *p. camp* rumah penjara, tempat tawanan.
prisoner /'prizənər/ *kb.* 1 orang hukuman. *He was taken p.* Ia ditawan/dipenjarakan. 2 tawanan. *p. of war* tawanan perang. *p. of war camp* tawanan perang.
prissy /'prisie/ *ks. Inf.*: terlalu sopan, manis sekali.
pristine /pris'tien/ *ks.* murni, asli. *in p. condition* dlm keadaan asli.
privacy /'praivəsie/ *kb.* (*j.* **-cies**) 1 kebébasan/ keleluasaan pribadi. *in the p. of o's home* dlm kebébasan di rumahnya. 2 rahasia, pribadi. *I'm telling you this in strictest p.* Kuceritakan hal ini kepadamu sbg rahasia pribadi yg hrs disimpan. *to have a desire for p.* keinginan utk kebébasan pribadi. *lack of p.* kekurangan kebébasan pribadi. *There's no p. here* Tak ada kesempatan utk menyendiri disini.
private /'praivit/ *kb. Mil.*: tamtama, prajurit biasa. *p. first class* prajurit satu, pratu. *P. Jones* Prajurit Jones. *in p.* sendirian, dibawah empat mata. *to speak with s.o. in p.* berbicara dgn s.s.o. sendirian. *to dine in p.* makan seorang diri. —**privates** *j.* kemaluan. —*ks.* 1 pribadi. *That's my p. business* Itu urusan pribadiku. *My p. opinion is that ...* Pendapat pribadiku adalah bhw .... *p. arrangement* perjanjian pribadi. *p. car* mobil pribadi. *p. income* penghasilan sendiri/ pribadi. *P. property. Stay off* Milik pribadi. Dilarang masuk. *p. room* kamar pribadi/sendiri *(in a hotel). p. secretary* sékretaris pribadi. 2 tersendiri, dibawah empat mata. *p. discussion* pembicaraan tersendiri. *p. dining room* kamar makan tersendiri. *p. entrance* jalan masuk tersendiri/pribadi. 3 partikelir, swasta. *p. firm* firma swasta. *p. education* pendidikan swasta. *p. enterprise* perusahaan swasta. *p. detective* détéktip partikelir. *Sl.: p. eye* détéktip partikelir. *p. school* sekolah partikelir/swasta. *In p. life she's Mrs. Tom Jones* Dlm kehidupan sehari-hari/biasa ia adalah Ny. Tom Jones. *The funeral will be p.* Pemakaman itu akan berlangsung secara diam-diam saja. **p. law** hukum perdata. —**privately** *kk.* sendirian.

May I see you p. for a moment? Dapatkah saya mene-mui sdr sendirian sebentar? *p. owned yacht* kapal layar milik pribadi. *p. sold* dijual sendiri tanpa perantara.
privation /prai'veisyən/ *kb.* kekurangan, tiadanya. *to live in p.* hidup melarat.
privilege /'privəlij/ *kb.* hak (istiméwa). *the privileges and responsibilities of adulthood* hak-hak dan tang-gung·jawab orang déwasa. —**privileged** *ks.* yg mempunyai hak-hak istiméwa. *a p. person* seorang yg mempunyai hak-hak istiméwa. *member of the p. class* anggota golongan tingkatan atas. *We are p. to have* ... as our speaker Kami diberi kehormatan mendapat ... sbg pembicara.
privy /'privie/ *kb.* (*j.* **-vies**) kakus umum. —*ks.* mengetahui rahasia. *I was not p. to* ... Aku tak diikut-sertakan dlm ....
prize /praiz/ *kb.* hadiah. *p. ribbon* pita hadiah ke-juaraan. *the Nobel p.* hadiah Nobel. *to carry off the p. for the best theme* merebut hadiah utk karangan yg terbaik. *She takes the p. when it comes to talking* Ia juara dlm soal bicara. *p. bull* lembu jantan pilihan. —*kkt.* 1 menghargai, menjunjung. *to p. his friendship highly* menghargai tinggi persahabatannya. 2 mengung-kit. *to p. up the top of s.t.* mengungkit bagian atas dari s.s.t. *to p. the lid off* mengungkit tutup. *to p. open* membongkar. **p. fight** adu tinju bayaran. **p. fighter** petinju bayaran. **p. fighting** pertinjuan bayaran. —**prized** *ks.* yg paling berharga. *p. possession* harta milik yg berharga.
prizewinner /'praiz'winər/ *kb.* pemenang hadiah.
prizewinning /'praiz'wining/ *ks.* yg memenangkan hadiah (*play, dog*).
pro /prow/ *kb. Sl.:* 1 ahli. *He's a golf p.* Ia seorang ahli main golf. *He's a real p.* Ia benar-benar seorang ahli (professional). 2 pro, professional. 3 yg setuju. *five pro's and three con's* lima yg setuju dan tiga yg tak setuju. *pros and cons* baik-buruknya (*of s.t.*). —*ks.* setuju. *I'm p. the proposal* Aku setuju dgn usul itu. *p. forma* sbg tatacara saja, secara pro forma. *p. tem(pore)* (utk) sementara.
pro /prow/ *aw.* pro-. *I'm pro-Democratic* Saya men-dukung Partai Démokrat.
PRO [*Public Relations Officer*] Petugas Hubungan Masyarakat.
probability /'prabə'bilətie/ *kb.* (*j.* **-ties**) kemung-kinan. *The p. of snow is great* Kemungkinan jatuh-nya salju adalah besar. *The p. is that* ... Ada kemung-kinan .... **in all p.** kemungkinannya.
probable /'prabəbəl/ *ks.* mungkin. *It's p. that we'll* ... Mungkin kita akan.... *A mechanical fault was the p. cause* Kerusakan mékanik mungkin merupakan sebab. —**probably** *kk.* mungkin. *He'll p. be late* Dia mungkin akan terlambat.
probate /'prowbeit/ *kb.* surat pengesahan hakim. *p. of a will* surat pengesahan hakim dari wasiat. *p. court* balai harta peninggalan. —*kkt.* mengesahkan secara resmi (*a will*).
probation /prow'beisyən/ *kb.* 1 masa percobaan *to place an offender on p.* menghukum seorang yg bersalah dlm masa percobaan. 2 percobaan (*of a student*). **p. officer** pengawas orang jahat.
probationary /prow'beisyə'nerie/ *ks.* yg berh. dgn percobaan. *p. period* masa percobaan.
probe /prowb/ *kb.* 1 pemeriksaan, penyelidikan (*surgical, Congressional*). 2 satelit. *moon p.* satelit bulan. —*kkt.* memeriksa (*a wound*). —*kki.* menggali (*for oil*). **to p. into** menyelidiki. *to p. into s.o's private affairs* menyelidiki urusan-urusan pribadi s.s.o. —**probing** *kb.* penyelidikan, pemeriksaan.

prober /'prowbər/ *kb.* alat/orang penyelidik/ penguji.
probity /'prowbətie/ *kb.* kejujuran, ketulusan/ kebersihan hati.
problem /'prabləm/ *kb.* 1 soal, masalah. 2 per-soalan. *the housing p.* persoalan perumahan. *It's a p. to know what to do* Sulit utk mengetahui apa yg hendak dilakukan. **p. child** anak yg menyusahkan.
problematic(al) /'prablə'mætək(əl)/ *ks.* merupa-kan persoalan. *It is highly p. whether* ... Masih sangat diragukan apakah ....
proboscis /prow'basis/ *kb.* belalai.
proc. 1 [*process*] prosés. 2 [*proceedings*] acara kerja.
procedural /prə'siejurəl/ *ks.* acara, cara. *It's a p. matter* Soalnya mengenai pelaksanaannya.
procedure /prə'siejər/ *kb.* 1 cara, jalan. *What p. did you follow?* Cara bagaimana yg kauambil? 2 prosedure. *parliamentary p.* prosedure/jalan par-leméntér. 3 tatacara. *the correct p.* tatacara yg tepat.
proceed /'prowsiedz *kb.*; prə'sied *kki.*/ *kb.* **pro-ceeds** *j.* hasil, pendapatan. *The proceeds will go to charity* Hasil pendapatannya akan didermakan. —*kki.* 1 meneruskan. *You may p. with your speech* Sdr boléh meneruskan pidato sdr. 2 maju. *P. with caution!* Majulah dgn hati-hati! *to p. on o's way* melanjutkan jalannya sendiri. *The ship proceeded at 10 knots* Kapal itu maju dgn kecepatan 10 knot. *Before we p. any farther* ... Sblm kita melang-kah lebih jauh.... 3 mulai. *How shall we p.?* Bagaimana kita memulainya? 4 beralih. *I will now p. to another matter* Saya sekarang beralih kpd masalah yg lain. 5 berjalan. *Things are proceeding as usual* Segala s.s.t. berjalan spt biasa. *He proceeded to sit down* Ia terus duduk. —**proceedings** *kb., j.* 1 cara bekerja. *I didn't like such proceedings* Aku tak suka akan cara bekerja demikian itu. 2 laporan rapat (*of a congress, association*). *to institute legal pro-ceedings against s.o.* mengadukan s.s.o. kpd pengadil-an. 3 acara kerja. *The proceedings were orderly* Acara kerja berjalan teratur.
process /'prases/ *kb.* 1 cara. *By what p. is this food made?* Bagaimana caranya membuat makanan ini? 2 prosés. *long, drawn-out p.* prosés yg berlarut-larut. *to be served with a p.* diberi surat tuntutan. *during the p. of building* ... selama pembangunan (itu) dilaksanakan. *... in p.* sedang dikerjakan. *He hurt his hand in the p.* Tangannya terluka dlm melakukan pekerjaan. —*kkt.* 1 menyiapkan, menyelesaikan (*an application*). 2 mengolah (*food*). **p. server** juru sita. *process(ed) cheese* kéju yg diasamkan/diawét-kan. —**processing** *kb.* pengolahan. *data p.* peng-olahan data-data/keterangan-keterangan. *food p.* pengolahan bahan pangan.
procession /prə'sesyən/ *kb.* 1 arak-arakan, pawai, prosési. *to march in p.* berarak. 2 défilé. *p. of cars* iring-iringan mobil-mobil.
processional /prə'sesyənəl/ *kb.* yg berh. dgn arak-arakan.
proclaim /prə'kleim, prow'-/ *kkt.* 1 menyatakan (*a holiday*). *to p. o.s. king* menyatakan dirinya raja. 2 memproklamirkan (*independence*).
proclamation /'praklə'meisyən/ *kb.* 1 proklamasi. *p. of independence* proklamasi kemerdékaan. 2 per-nyataan (*of martial law*). 3 pengumuman. *to issue a p.* mengeluarkan pengumuman.
proclivity /prow'klivətie/ *kb.* (*j.* **-ties**) kecende-rungan, kecondongan (**to** utk). *He has a p. to laziness* Ia mudah kebangkitan penyakit malas.
procrastinate /prow'kræstəneit/ *kki.* menangguh-nangguhkan.

procrastination /prow'kræstə'neisyən/ *kb.* penang-guhan, penundaan.
procrastinator /prow'kræstə'neitər/ *kb.* orang yg suka menangguh-nangguhkan.
procreate /'prowkrieeit/ *kkt.* 1 menjadi ayah. 2 menghasilkan.
procreation /'prowkrie'eisyən/ *kb.* 1 hal menjadi ayah. 2 penghasilan.
proctor /'praktər/ *kb. Acad.*: (pegawai) pengawas mahasiswa.
procurable /prə'kyurəbəl/ *ks.* dpt diperoléh, bisa didapat.
procure /prə'kyur/ *kkt.* memperoléh, mendapat-(kan).
procurement /prə'kyurmənt/ *kb.* usaha mendapat-kan/memperoléh. *p. of supplies* usaha mendapatkan perbekalan.
procurer /prə'kyurər/ *kb.* 1 jaruman, alku, mun-cikari. 2 orang yg mendapatkan (*of supplies*).
procuress /prə'kyurəs/ *kb.* germo, mak jomblang.
prod /prad/ *kb.* 1 lecutan, pecutan (*into side of a horse*). 2 jolokan. 3 dorongan. *to give s.o. a p. to study harder* memberi dorongan spy belajar lebih keras. 3 tusukan. *to give s.o. a p. with a bayonet* memberikan tusukan pd s.s.o. dgn bayonét. —*kkt.* (**prodded**) 1 memecut (*a horse*). 2 (*urge*) mendorong. 3 menu-suk (*with a stick/finger*). *to p. s.o. on* mendesak/mendorong s.s.o.
prodigal /'pradəgəl/ *ks.* boros, royal. *P. Son* Anak yg Boros.
prodigious /prə'dijəs/ *ks.* 1 sangat banyak. *p. quantities* luar biasa banyaknya. 2 luar biasa. *p. accomplishment* préstasi yg luar biasa.
prodigy /'pradəjie/ *kb.* (*j.* **-gies**) keajaiban. *child p.* orang/anak yg luar biasa kepandaiannya.
produce /'prowduws, -dyuws *kb.*; prə'duws, -'dyuws *kkt.*/ *kb.* hasil, hasil bumi. *farm p.* hasil tanah. —*kkt.* 1 menghasilkan. *to p. wheat* meng-hasilkan gandum. *to p. bicycles* menghasilkan/mem-produksi sepéda. 2 membuat. *to p. a picture* mem-buat gambar. 3 menciptakan (*a play*). 4 memper-lihatkan (*o's passport*). 5 menimbulkan (*a sensation*). 6 menerbitkan. *That publisher produces two titles a week* Penerbit itu menerbitkan dua judul setiap minggu. 7 mengeluarkan. *He produced a pistol from his hip pocket* Ia mengeluarkan sebuah pistol dari kantong sisinya. *That wire produces a spark* Kawat itu memancarkan/mengeluarkan cahaya api. 8 memberikan, menyediakan (*documents*).
producer /prə'duwsər, -'dyuw-/ *kb.* 1 produsén, penghasil (*of wheat*). 2 pengusaha sandiwara/film.
product /'pradək, -dʌkt/ *kb.* 1 hasil. *farm products* hasil-hasil pertanian. 2 tanaman. *What products are grown in this climate?* Tanaman-tanaman apa yg ditanam dlm iklim ini? 3 *Math.*: hasil kali. *The story is the p. of her imagination* Cerita itu isapan jempol.
production /prə'dʌksyən/ *kb.* 1 produksi, peng-hasilan. *p. figures* angka-angka produksi. *the cost of p.* ongkos/biaya produksi. *p. of cars* (hasil) produksi/pembuatan mobil-mobil. *p. line* jalan produksi. 2 pembuatan. *p. of steam* pembuatan uap. *That film is an expensive p.* Itu adalah film yg mahal buatan-nya. 3 hasil. *This book is his sole p.* Buku ini hasil karyanya satu-satunya. *Sl.: to make a p. of s.t.* mengerjakan s.s.t. secara berlebih-lebihan.
productive /prə'dʌktiv/ *ks.* produktip.
productivity /'prowdʌk'tivətie/ *kb.* keproduktipan, daya produksi.
prof /praf/ *kb. Inf.*: gurubesar.

Prof. [*Professor*] gurubesar, propésor.
profane /prow'fein/ *ks.* 1 kotor, tdk senonoh, tdk sopan (*language*). 2 duniawi, biasa (*of literature*; lawan *sacred*). —*kkt.* mencemarkan (*church, the Sabbath*).
profanity /prow'fænətie/ *kb.* (*j.* **-ties**) *kb.* kata-kata tdk senonoh, carut-marut. *to utter profanities* meng-ucapkan kata-kata kotor.
profess /prə'fes/ *kkt.* 1 menyatakan. *to p. admiration for* menyatakan kekaguman thd. *to p. ignorance of* menyatakan tak tahu-menahu mengenai. *to p. o.s. satisfied with* menyatakan diri puas dgn. *He professes to be 80* Ia menyatakan bhw ia sdh berusia 80 tahun. 2 mengakui. *to p. that* mengaku bhw. *to p. Christ as o's savior* mengakui Kristus sbg juru sela-matnya. *He doesn't p. to be an expert* Ia tdk mengakui/menyatakan bhw ia seorang ahli. —**professed** *ks.* terkenal, dikenal. *p. murderer* pembunuh yg dikenal. —**professedly** *kk.* kelihatannya, diakui.
profession /prə'fesyən/ *kb.* 1 pekerjaan. *What is your p.?* Apakah pekerjaanmu? *the medical p.* peker-jaan seorang dokter. *the teaching p.* pekerjaan seorang guru, pekerjaan mengajar. *the engineering p.* pekerjaan seorang insinyur, pekerjaan téhnik me-sin. 2 pernyataan (*of faith*).
professional /prə'fesyənəl/ *kb.* 1 ahli. 2 *Sport.*: pe-main bayaran. *to turn p.* beralih menjadi pemain proféssional/bayaran. —*ks.* ahli. *a p. man* seorang tenaga ahli. *He's a p. writer* Pekerjaannya mémang sbg penulis. *to seek p. advice* berusaha mendapatkan nasihat dari seorang ahli. **p. army** tentara ba-yaran. **p. career** jabatan ahli. —**professionally** *kk.* berdasar jabatan.
professionalism /prə'fesyənə'lizəm/ *kb.* sifat pro-fésional.
professor /prə'fesər/ *kb.* gurubesar, profésor. *P. Brown* Profésor Brown.
professorial /'prowfə'sowrieəl/ *ks.* sbg gurubesar. *p. rank* pangkat sbg gurubesar.
professorship /prə'fesərsyip/ *kb.* jabatan guru-besar.
proffer /'prafər/ *kkt.* 1 mengajukan (*an apology*). 2 mengulurkan (*o's hand*).
proficiency /prə'fisyənsie/ *kb.* (*j.* **-cies**) kecakapan, keahlian.
proficient /prə'fisyənt/ *ks.* pandai, cakap.
profile /'prowfail/ *kb.* 1 tampang/raut muka. 2 riwayat.
profit /'prafit/ *kb.* 1 untung. *to make a p. on* berun-tung dlm. 2 keuntungan. *The profits were great* Keuntungan besar sekali. *to show a p.* menghasilkan keuntungan. *to yield a p.* memberikan keuntungan. 3 laba. *to sell at a p.* menjual dgn mendapat laba. 4 guna. *I don't see any p. in arguing* Aku tak melihat gunanya berdébat. —*kki.* 1 mendapat keuntung-an. 2 mengambil pelajaran (*by o's mistakes*). **p. and loss** laba rugi. **profit-making** *ks.* menghasil-kan keuntungan. *p.-making organization* organisasi/perusahaan yg menghasilkan keuntungan. **p. sharing** pembagian keuntungan.
profitable /'prafətəbəl/ *ks.* menguntungkan.
profiteer /'prafə'tir/ *kb.* tukang catut, pencatut. —*kki.* mencatut, melintah darah. —**profiteering** *kb.* pencatutan, pengambilan untung berlebih-lebihan.
profligacy /'prafləgəsie/ *kb.* kejangakan.
profligate /'prafləgit/ *kb.* orang cendala. —*ks.* jangak.

profound /prə'fawnd/ ks. dalam, amat sangat, besar.

profuse /prə'fyuws/ ks. sebesar-besarnya, sedalam-dalamnya. *My p. apologies* Permintaan maaf saya yg sebesar-besarnya. —**profusely** kk. sedalam-dalamnya, sebanyak-banyaknya. *to apologize p.* meminta maaf banyak-banyak.

profusion /prə'fyuwzyən/ kb. kelimpahan. *flowers in p.* bunga-bunga dlm jumlah sangat banyak.

progenitor /prow'jenətər/ kb. leluhur, datuk, nénék moyang.

progeny /'prajənie/ kb. (j. -**nies**) 1 anak-anak. 2 keturunan. 3 anak cucu.

prognosis /prag'nowsis/ kb. ramalan (*of disease, weather*).

program /'prowgrəm, -græm/ kb. 1 acara, program. *Are you on the p.?* Apakah kau termasuk dlm acara itu? *What's the p. for today?* Apakah acara utk hari ini? 2 buku acara. *to buy a p.* membeli buku acara. *concert p.* a) acara konsér. b) buku acara konsér. 3 rencana. *development p.* rencana pembangunan. 4 kode (*for a computer*). —kkt. (**programmed**) membubuhi kode pd mesin hitung. —**programming** kb. 1 pembubuhan kode (*of computer*). 2 penyusunan acara (*radio, TV*).

programmatic /'prowgrə·mætik/ ks. yg bersifat sbg rencana (*statement*).

progress /'pragris kb.; prə'gres kki./ kb. 1 kemajuan. *to make p. in o's studies* memperoléh kemajuan dlm studi. *The negotiations are making good p.* Pembicaraan-pembicaraan/Perundingan-perundingan itu memperoléh kemajuan. *the p. of events* rangkaian peristiwa-peristiwa, perkembangan peristiwa. **in p.** 1 sedang berjalan dlm persiapan. *work in p.* pekerjaan yg sedang berjalan. 2 sedang bermain (*of a concert*). —kki. 1 maju (*of development, of a snail*). 2 berkembang (*of development*). *As the day progresses* Makin soré hari. *The patient is progressing favorably* Pasién itu bertambah baik keséhatannya. **p. report** laporan perkembangan (suatu usaha).

progression /prə'gresyən/ kb. 1 gerak maju. 2 dérét. *geometrical p.* dérét ukur.

progressive /prə'gresiv/ kb. orang yg progrésip. —ks. progrésip (*of political party, education*). Gram.: *p. form* bentuk progrésip (katakerja). *to be p. in o's thinking* berpikir sangat maju/progrésip. *to do s.t. by p. stages* melakukan/mengerjakan s.s.t. setahap demi setahap/bertahap-tahap. —**progressively** kk. makin... makin. *p. worse* makin lama makin memburuk.

progressiveness /prə'gresivnəs/ kb. keprogrésifan.

prohibit /prow'hibit/ kkt. 1 melarang. *Smoking prohibited!* Dilarang merokok! 2 menghalangi. *Bad weather prohibited flying* Cuaca buruk menghalang-halangi penerbangan. 3 mencegah. *to p. s.o. from going* mencegah s.s.o. pergi.

prohibition /'prowə'bisyən/ kb. 1 larangan. *p. against smoking* larangan thd merokok. 2 masa larangan minuman keras. 3 undang-undang larangan perdagangan minuman keras.

prohibitive /prow'hibətiv/ ks. menjadi penghalang (*of cost, price*).

project /'prajekt kb.; prə'jekt kkt./ kb. 1 proyék. *research p.* proyék penelitian/risét. *Apollo P.* Proyék Apollo. 2 pembangunan. *housing p.* pembangunan perumahan. 3 rancangan. —kkt. 1 memproyéksikan (*a film*). 2 mengeraskan (*o's voice*). 3 memperhitungkan (*an increase*). **to p. out** menonjol. *to p.*

out over the lake menonjol diatas danau. —**projected** ks. yg sdh diperhitungkan (*of enrollment*).

projectile /prə'jektəl/ kb. proyéktil.

projection /prə'jeksyən/ kb. 1 proyéksi, penyorotan. *p. room* kamar proyéksi. *p. screen* layar proyéksi. 2 penonjolan (*of a balcony*). 3 pengerasan (suara).

projectionist /prə'jeksyənist/ kb. pelayan proyéktor gambar hidup.

projector /prə'jektər/ kb. proyéktor.

prolegomena /'prowlə'gamənə/ kb., j. pendahuluan dlm buku. *p. to a study of history* pengantar pelajaran sejarah.

proletarian /'prowlə'tærieən/ ks. proletar.

proletariat /'prowlə'tærieit/ kb. proletariat, kaum murba/marhaén.

proliferate /prow'lifəreit/ kki. berkembangbiak.

proliferation /prow'lifə'reisyən/ kb. perkembangbiakan.

prolific /prə'lifik/ 1 banyak hasil. *p. writer* pengarang yg banyak karyanya. 2 subur, mudah berkembangbiak (*of animals*).

prolix /'prowliks, prow'liks/ ks. bertélé-télé, panjang lébar (*of speech*).

prolog(ue) /'prowlɔg/ kb. 1 kata pendahuluan. 2 kata perkenalan.

prolong /prow'lɔng/ kkt. memperpanjang, memanjangkan.

prolongation /'prowlɔng'geisyən/ kb. perpanjangan.

prom /pram/ kb. *Inf.*: pésta dansa.

promenade /'pramə'neid/ kb. 1 tempat berjalan. *to take a p.* berjalan-jalan. *p. deck* geladak (kapal) tempat berjalan-jalan. 2 perjalanan. —kki. berjalan-jalan.

prominence /'pramənəns/ kb. 1 keulungan, keadaan terkemuka (*of s.o.*). *to come into p.* menjadi seorang yg menonjol/terkemuka. 2 ketinggian.

prominent /'pramənənt/ ks. 1 terkemuka. *p. citizen* penduduk yg terkemuka. 2 menyolok, menonjol. *p. scar* bekas luka yg menonjol. *to play a p. part in the negotiations* memainkan peranan yg penting dlm perundingan-perundingan. *p. nose* hidung yg tertonjol. —**prominently** kk. secara jelas/menyolok/menonjol. *p. displayed* dipamérkan secara jelas.

promiscuity /'pramis'kyuwətie/ kb. (j. -**ties**) 1 persetubuhan dgn siapa saja. 2 percampuran.

promiscuous /prə'miskyuəs/ ks. tdk memilih-milih. *p. intercourse* a) persetubuhan dgn siapa saja. b) pergaulan dgn siapa saja. —**promiscuously** kk. bercampur-aduk, kacau-balau, tak membéda-bédakan.

promiscuousness /prə'miskyuəsnəs/ = PROMISCUITY.

promise /'pramis/ kb. 1 janji. *to break o's p.* melanggar janjinya. *to keep o's p.* menetapi janjinya. *to make a p.* berjanji, menjanjikan. 2 bakat. *to show a lot of p.* menunjukkan bakat besar. 3 harap. *to hold out the p. of a better life* membayangkan harapan akan penghidupan yg lebih baik. —kkt. berjanji. *P. you won't mention it* Berjanjilah bhw kau tak akan menceritakannya. *I promised him I would come* Saya berjanji kepadanya bhw saya akan datang. *I promised myself a new suit* Saya berjanji pd diri saya akan membeli setélan pakaian baru. 2 menjanjikan. *He promised me a watch* Ia menjanjikan saya arloji. *That action promises trouble* Tindakan itu akan membawa kesusahan. *The Promised Land* Tanah Harapan. —**promising** ks. memberi harapan. *p. dramatist* dramawan yg memberi harapan. *The* *weather isn't very p.* Cuacanya tak memberi banyak harapan.

promissory /'prɔmə'sowrie/ *ks.* **p. note** surat kesanggupan/pinjaman, promés.

promontory /'pramən'towrie/ *kb.* (*j.* **-ries**) tanjung.

promote /prə'mowt/ *kkt.* 1 menaikkan (*to another grade or class*). 2 memajukan (*tourism, good relations*). *to p. a certain toothpaste* memajukan penjualan sejenis obat gigi. 3 memperkembangkan (*the arts*). *He is promoting his own interests* Ia sedang giat berusaha utk kepentingannya sendiri.

promoter /prə'mowtər/ *kb.* 1 penyelenggara (*of boxing*). 2 penganjur, promotor.

promotion /prə'mowsyən/ *kb.* 1 kenaikan (pangkat, kelas). *to get a p. to captain* memperoléh kenaikan pangkat menjadi kaptén. 2 kemajuan. *advertising p.* kemajuan melalui periklanan.

promotional /prə'mowsyənəl/ *ks.* yg berh. dgn hal memajukan. *p. advertising* iklan utk memperkenalkan s.s.t. barang.

prompt /prampt/ *ks.* 1 cepat. *p. reply* jawaban yg cepat. *to get p. delivery* menerima barang-barang kiriman dgn segera. 2 tepat. *Be p.* Datanglah tepat pd waktunya. —*kkt.* 1 mendorong. *What prompted you to say that?* Apa yg mendorongmu mengatakan itu? 2 menganjurkan, mendesak. *I was prompted to say no* Aku dianjurkan utk berkata tdk. 3 membisiki (*an actor*). 4 menyarankan. *to p. a witness* menyarankan s.s.t. kpd seorang saksi. *What prompted his question?* Apa yg menyebabkan ia mengajukan pertanyaan itu? — **promptly** *kk.* 1 tepat. *to leave p. at 6:10* berangkat tepat pd j. 6.10. 2 pd waktunya. *to return s.t. p.* mengembalikan s.s.t. pd waktunya. 3 cepat. *I p. forgot* Saya cepat lupa.

prompter /'pramptər/ *kb.* pembisik, juru bisik.

promptness /'pramp(t)nəs/ *kb.* ketetapan waktu.

promulgate /'prowmʌlgeit/ *kkt.* 1 mengumumkan dgn resmi (*a regulation*). 2 mengajarkan. 3 menyebarluaskan.

promulgation /'prowmʌl'geisyən/ *kb.* 1 pengumuman. 2 penyebaran.

pron. 1 [*pronoun*] kataganti. 2 [*pronunciation*] lafal (kata), (peng)ucapan.

prone /prown/ *ks.* 1 mudah mendapat (kecelakaan). 2 mudah, cenderung. *p. to be hasty* mudah tergesa-gesa. *to lie p.* bertiarap, meniarap.

prong /prɔng/ *kb.* 1 gigi garpu. 2 cabang (*of antler*).

pronoun /'prownawn/ *kb.* kataganti.

pronounce /prə'nawns/ *kkt.* 1 mengucapkan, melafalkan (*a name, word*). 2 *Law.:* menjatuhkan (hukuman). 3 menyatakan. *He was pronounced dead at the scene of the accident* Ia dinyatakan mati pd tempat terjadinya kecelakaan. —**pronounced** *ks.* 1 berat. *He has a p. cough* Batuknya berat. 2 nyata, tegas. *p. accent* aksén yg jelas kedengarannya. **pronouncing** *dictionary* kamus yg memuat ucapan kata-kata.

pronounceable /prə'nawnsəbəl/ *ks.* dpt diucapkan.

pronouncement /prə'nawsmənt/ *kb.* 1 pengumuman, pernyataan. 2 keputusan.

pronto /'prantow/ *kk. Inf.:* segera, seketika itu juga.

pronunciation /prə'nʌnsie'eisyən/ *kb.* 1 lafal, pelafalan, pengucapan. 2 cara mengucapkan, ucapan.

proof /pruwf/ *kb.* 1 bukti. *to furnish/give/produce p.* memberikan bukti (ttg). *in p. of o's good faith* sbg bukti akan kesetiaannya. *The burden of p. lies with her* Wanita itu kini harus memajukan bukti-bukti. *capable of p.* dpt dibuktikan. *P. of the pudding*

is in the eating Bukti yg nyata hanya terdapat didlm pengalaman yg sebenarnya. 2 tulén. *This alcohol is 100+ p.* Alkohol ini tulén 100+. 3 cétakan percobaan. *to read p.* membaca cétakan percobaan. 4 *Phot.:* contoh. —*ks.* sanggup, tahan. *p. against* tahan. **p. of loss** bukti kehilangan. **p. sheet** cétakan percobaan.

proofread /'pruwf'ried/ *kkt.* mengoréksi cétakan percobaan. —**proofreading** *kb.* koréksi cétakan percobaan.

proofreader /'pruwf'riedər/ *kb.* koréktor (pd percétakan), pembaca pruf.

prop /prap/ *kb.* 1 sangga, tiang. 2 alat-alat atau barang-barang yg diperlukan diatas pentas. 3 *Av.: Sl.:* baling-baling pesawat udara. *A son should be a p. of his father's old age* Seorang anak laki-laki seharusnya menjadi tempat bersandar bagi seorang ayah pd hari tuanya. —*kkt.* (**propped**) memberi sandaran, menopang, menyangga. *to p. s.o. up in bed* memberi sandaran/bantal-bantal kpd s.s.o. di tempat tidur. *to p. a ladder against a wall* menyandarkan sebuah tangga pd témbok.

propaganda /'prapə'gændə/ *kb.* 1 propaganda. 2 (*Islam*) da'iyah, da'wah.

propagandist /'prapə'gændist/ *kb.* 1 propagandis. 2 (*Islam*) da'i(yah)

propagandistic /'prapəgæn'distik/ *ks.* yg berkenaan dgn propaganda atau dgn orang yg melakukan propaganda, secara propaganda.

propagandize /'prapə'gændaiz/ *kkt.* mempropagandakan.

propagate /'prapəgeit/ *kkt.* 1 menyebarkan (*faith, news, ideas*). 2 memperbanyak (*plants*).

propagation /'prapə'geisyən/ *kb.* 1 perkembangbaikan. 2 perambatan (*of the faith*).

propagator /'prapə'geitər/ *kb.* muallim.

propane /'prowpein/ *kb.* sejenis métan ($C3H8$). *p. gas* gas yg mengandung sejenis métan.

propel /prə'pel/ *kkt.* (**propelled**) 1 mendorong. *to p. a raft down stream* mendorong rakit ke hilir. *to p. a rocket with a special fuel* mendorong rokét oléh suatu bahan pembakar istiméwa. 2 menggerakkan. *to p. by steam* menggerakkan dgn uap.

propellant /prə'pelənt/ *kb.* bahan pembakar.

propeller /prə'pelər/ *kb.* 1 baling-baling. 2 kitiran, titiran. *p. shaft* poros/as baling-baling, sumbu baling-baling.

propensity /prə'pensətie/ *kb.* (*j.* **-ties**) kecondongan, kecenderungan (**for** akan).

proper /'prapər/ *ks.* 1 pantas. *Is it p. to ...?* Apakah pantas utk...? *to deem it p.* menganggap layak/sepantasnya. 2 tepat. *Come at the p. time* Datang tepat pd waktunya. *to use the p. word* memakai perkataan yg tepat. 3 patut. *That wasn't the p. thing to do* Itu bukan s.s.t. yg patut dikerjakan. 4 sopan. *She's always very p.* Dia seorang yg selalu sangat sopan. *p. behavior* tingkah-laku yg sopan. 5 yg sebenarnya. *England p.* Tanah Inggeris yg sebenarnya. 6 baik, sebaiknya. *Keep your car in p. condition* Peliharalah mobilmu dlm keadaan yg baik. *Do as you think p.* Berbuatlah sebagaimana sebaiknya (menurut pikiranmu). *What is the p. time to arrive?* Jam berapa sebaiknya kita tiba? *the p. way to use a knife* cara yg sebaiknya mempergunakan sebuah pisau. *We must do the p. thing by them* Kita hrs berlaku spt yg meréka kehendaki. **p. name** nama diri. **p. noun** katabenda nama diri. —**properly** *kk.* 1 dgn pantas. *to be p. introduced* diperkenalkan dgn pantas. 2 sebagaimana (se)mestinya. *The fan is not working p.* Kipas itu tak berjalan/bekerja sebagaimana mestinya. 3 secara tepat. *to use a word p.* mempergunakan/memakai kata secara tepat. 4 sebaik-baiknya. *Do it p. or not at all* Kerjakanlah dgn sebaik-baiknya atau jangan kerjakan samasekali. *He very p. refused* Ia menolaknya secara betul sekali. *The children behaved p.* Anak-anak itu baik tingkah lakunya. *p. speaking* sebenarnya.

property /'prapərtie/ *kb.* (*j.* -**ties**). 1 tanah milik. *Our p. borders the lake* Tanah milik kami berbatasan dgn danau itu. *real p.* tanah milik, harta kekayaan tak bergerak. 2 milik. *This car is his p.* Mobil ini adalah miliknya. *public p.* milik umum/rakyat. 3 sifat. *the properties of paint* sifat-sifat dari cat. 4 khasiat (*of a drug, herb*). **p. tax** pajak kekayaan.

prophecy /'prafəsie/ *kb.* (*j.* -**cies**) ramalan, nujuman.

prophesied /'prafəsaid/ lih PROPHESY.

prophesies /'prafəsaiz/ lih PROPHESY.

prophesy /'prafəsai/ *kkt.* (**prophesied**) meramalkan, menujumkan.

prophet /'prafit/ *kb.* 1 nabi. *The P.* Nabi Mohammad s.a.w. *No man is a p. in his own country* Tdk ada s.s.o. mendapat penghargaan yg selayaknya di negerinya sendiri. 2 rasul. *the Prophets* Rasul-Rasul. 3 (*weather*) peramal.

prophetic /prə'fetik/ *ks.* bersifat ramalan.

prophylactic /'prowfə'læktik/ *kb.* 1 alat pencegah penyakit. 2 alat pencegah kehamilan. —*ks.* yg berk. dgn pencegah penyakit.

propinquity /prow'pingkwətie/ *kb.* keadaan dekat, keakraban.

propitiate /prə'pisyieeit/ *kkt.* 1 mengambil hati (*gods* déwa-déwa). 2 mendamaikan.

propitiation /prə'pisyie'eisyən/ *kb.* 1 pengambilan hati. 2 perdamaian.

propitious /prə'pisyəs/ *ks.* menguntungkan, mujur, baik, tepat.

propjet /'prap'jet/ *kb.* pesawat jét berbaling-baling.

proponent /prə'pownənt/ *kb.* penganjur, pendukung, penyokong.

proportion /prə'powrsyən/ *kb.* 1 bagian. *a great p. of the student body* sebagian besar dari para mahasiswa itu. *to divide s.t. into equal proportions* membagi penghasilan dlm bagian-bagian yg sama. 2 proporsi, ukuran. *What are the proportions in this recipe?* Berapakah takaran bagian-bagian dlm resép ini? *a man of tremendous proportions* seorang laki-laki yg berukuran sangat besar. *The picture is out of p. to the room* Lukisan itu tak sepadan ukurannya dgn kamar itu. 3 perbandingan. *What is the p. of teachers to students?* Berapakah perimbangan antara jumlah guru-guru dan murid-murid? *to lose all sense of p.* kehilangan rasa keseimbangan. —**proportioned** *ks.* berpotongan. *She is well-p.* Potongan badannya baik.

proportional /prə'powrsyənəl/ *ks.* sebanding, sepadan. *not p. to* tak sebanding dgn. *p. amount of the fee* jumlah yg sepadan dari biaya. *p. representation* perwakilan yg berbanding/seimbang. —**proportionally** *kk.* secara/menurut perbandingan.

proportionate /prə'powrsyənit/ *ks.* yg sebanding. *the p. amount of time spent* waktu sebanding yg digunakan.

proposal /prə'powzəl/ *kb.* 1 usul. *tax p.* usul pajak. *to make a p.* mengemukakan sebuah usul/tawaran. 2 lamaran, pinangan (*of marriage*). 3 anjuran, saran(an).

propose /prə'powz/ *kkt.* 1 mengusulkan. *I p. this change* Saya usulkan perubahan ini. *What do you*

p.? Bagaimana usulmu/saranmu? *I p. that...* Saya mengusulkan spy.... 2 bermaksud, berniat. *What do you p. to do now?* Kau bermaksud berbuat apa sekarang? 3 mengemukakan (*s.o's name as*). 4 menganjurkan (*a toast*). 5 menawarkan. *to p. a motion to adjourn* menawarkan sebuah mosi utk menangguhkan perundingan. —*kki.* melamar.

proposer /prə'powzər/ *kb.* pengusul.

proposition /'prapə'zisyən/ *kb.* 1 dalil (*in logic, math*). 2 usul, saranan. *to make a p.* mengajukan usul. 3 rencana, masalah. *That p. has excellent possibilities* Rencana itu mempunyai kemungkinan-kemungkinan yg sangat bagus. 4 hal, soal. *Buying a car is an expensive p.* Membeli mobil adalah sebuah hal yg mahal. *paying p.* usaha yg menguntungkan. —*kki.* mengajak (gadis) berbuat cabul.

propound /prə'pawnd/ *kkt.* mengemukakan, mengajukan (*an idea, a thesis*).

proprietary /prə'praiə'terie/ *ks.* (*sbg*) pemilik. *p. rights* hak-hak pemilik. *to have a p. interest in...* mempunyai kepentingan sbg pemilik dlm....

proprietor /prə'praiətər/ *kb.* pemilik.

propriety /prə'praiətie/ *kb.* (*j.* -**ties**) kesopanan. *breach of p.* pelanggaran susila. *to observe the proprieties* mengindahkan kesopanan. *I question the p. of going there* Aku ragukan apakah patut pergi kesana.

propulsion /prə'pʌlsyən/ *kb.* 1 dorongan. 2 tenaga pendorong/penggerak.

prorate /prow'reit, 'prow-/ *kkt.* membagi rata.

prosaic /prow'zeiik/ *ks.* 1 membosankan, menjemukan. 2 lazim, biasa.

proscribe /prow'skraib/ *kkt.* melarang, mengharamkan.

proscription /prow'skripsyən/ *kb.* pengasingan, pembuangan, pengutukan, (pe)larangan.

prose /prowz/ *kb.* prosa.

prosecute /'prasəkyuwt/ *kkt.* 1 menuntut, mengusut (hukum). 2 meneruskan, melaksanakan (*a war, enterprise*). **prosecuting** *attorney* penuntut umum, jaksa, oditur.

prosecution /'prasə'kyuwsyən/ *kb.* 1 penuntutan. 2 pihak penuntut. *The p. rests its case* Pihak penuntut tak meneruskan pendakwaannya. 3 usaha (*of o's studies*).

prosecutor /'prasə'kyuwtər/ *kb.* jaksa, penuntut, oditur. *public p.* penuntut umum.

proselyte /'prasəlait/ *kb.* pengikut baru, pemeluk agama baru.

proselytize /'prasələtaiz/ *kkt.* menarik masuk.

prosody /'prasədie/ *kb.* ilmu persajakan.

prospect /'praspekt/ *kb.* 1 kemungkinan. *The p. of success is slight* Kemungkinan berhasil sedikit. 2 bakal calon. 3 harapan (*of a harvest, as a lawyer*). 4 (*view*) pemandangan. *Do you have any job in p.?* Adakah s.s.t. pekerjaan yg dpt kauharapkan? —**prospects** *j.* harapan, kemungkinan. —*kki.* menyelidiki tanah. *to p. for gold* menyelidiki tanah utk mencari emas. —**prospecting** *kb.* pencarian (bijih).

prospective /prə'spektiv/ *ks.* calon, bakal. *p. buyer* bakal pembeli. *p. mother* calon ibu.

prospector /'praspektər/ *kb.* pencari, penyelidik utk mencari emas, pérak, minyak dsb.

prospectus /prə'spektəs/ *kb.* prospéktus, bahan iklan, buku sebaran.

prosper /'praspər/ *kki.* 1 berhasil baik. 2 menjadi makmur. *The country is prospering* Negeri itu menjadi makmur. *May you p. always!* Semoga kau selalu sejahtera!

prosperity /pras'perətie/ *kb.* (*j.* **-ties**) kemakmuran.

prosperous /'praspərəs/ *ks.* makmur. *a p. business-man* seorang pengusaha yg terang bintangnya.

prostate /'prasteit/ *kb. Anat.*: prostata.

prostitute /'prastətuwt, -tyuwt/ *kb.* pelacur, wanita P, lonté, sundal, cabo, tuna-(su)sila, WTS, kembang latar. **—*kkt.*** melacurkan, menyalahgunakan (*o's profession*). *to p. o.s.* melacurkan diri.

prostitution /'prastə'tuwsyən, -'tyuw-/ *kb.* pelacuran, persundalan, ketuna-susilaan.

prostrate /'prastreit/ *ks.* letih-lesu, tak berdaya (**with** karena). **—*kkt.*** melemahkan. *to p. o.s.* meniarapkan dirinya. *She was prostrated by the heat* Ia menjadi tak berdaya karena panas itu.

prostration /pra'streisyən/ *kb.* 1 sujud. 2 kelemahan. *heat p.* kelesuan oléh hawa panas. *nervous p.* kelemahan karena gangguan saraf.

protagonist /prow'tægənist/ *kb.* 1 pelaku utama. 2 pendukung, penyokong.

protect /prə'tekt/ *kkt.* 1 membela (kepentingan-kepentingannya). 2 melindungi (*s.o.*) (**from** dari). 3 menjaga.

protection /prə'teksyən/ *kb.* 1 perlindungan. *p. against/from the weather* perlindungan dari cuaca. 2 pembelaan. 3 penjagaan. *police p.* penjagaan polisi. 4 protéksi.

protective /prə'tektiv/ *ks.* 1 bersifat melindungi. *That mother is too p. of her child* Ibu itu terlalu melindungi anaknya. 2 pencegah. *p. lock on a machine* kunci pencegah bahaya pd sebuah mesin. **p. cover** tabir perlindungan (AURI). **p. tariff** tarip pelindung/protéksi.

protector /prə'tektər/ *kb.* 1 pelindung, pembéla (*of the faith*). 2 penjaga.

protectorate /prə'tektərit/ *kb.* protéktorat, daérah perlindungan.

protegé /'prowtəzyei/ *kb.* anak didik, yg dilindungi.

protein /'prowtien, -tiein/ *kb.* protéin.

protest /'prowtest *kb.*; prə'test *kkt.*/ *kb.* 1 protés, sanggahan. *p. movement* gerakan protés. *student p.* protés pelajar. *to raise a p.* against *s.t.* melahirkan/melancarkan protés thd s.s.t. *under p.* dgn protés (-protés). 2 (pem)bangkangan. **—*kkt.*** 1 memprotés, menyanggah. *to p. the signing of an agreement* memprotés penandatanganan persetujuan. *He protested our having a dog* Ia memprotés karena kami memelihara seékor anjing. 2 membangkang. 3 menyatakan (*o's loyalty*) (**to** kpd).

Protestant /'pratəstənt/ *kb.* seorang Protéstan. **—*ks.*** Protéstan. *P. church* geréja Protéstan.

Protestantism /'pratəstən'tizəm/ *kb.* aliran Protéstan.

protestation /'prowtes'teisyən/ *kb.* pernyataan (*of loyalty*).

protester /prə'testər/ *kb.* pembangkang, penyanggah, pemrotés.

protocol /'prowtəkəl/ *kb.* protokol.

protoplasm /'prowtə'plæzəm/ *kb.* protoplasma.

prototype /'prowtətaip/ *kb.* bentuk asli, bentuk dasar, purwa-rupa.

protract /prow'trækt/ *kkt.* memperpanjang. **—*protracted*** *ks.* berlarut-larut. *p. conflict* sengkéta yg berlarut-larut.

protractor /prow'træktər/ *kb.* busur derajat.

protrude /prow'truwd/ *kki.* menonjol keluar (*of a roof, teeth*). **—*protruding*** *ks.* yg menonjol. *p. chin* dagu yg menonjol. *p. eyes* mata yg membersil/tersembul.

protrusion /prow'truwzyən/ *kb.* tonjolan keluar (*of a broken bone*).

protuberance /prɒw'tuwbərəns, -'tyuw-/ *kb.* jendul, bengkak tonjol, jenggul.

protuberant /prow'tuwbərənt, -'tyuw-/ *ks.* menjulang, menonjol, membersil, bengkak, menggelembung.

proud /prawd/ *ks.* 1 bangga. *a p. father* seorang ayah yg bangga. *I am p. to be his father* Saya bangga menjadi ayahnya. *to be p. of* bangga akan. 2 angkuh. *He's too p. to accept money* Ia terlalu angkuh utk menerima uang. 3 membanggakan hati. *The new jet is a p. sight* Pesawat jét baru itu merupakan pemandangan yg membanggakan hati. *My children have done me p.* Anak-anakku sangat menghormati/membanggakan aku. **—*proudly*** *kk.* dgn bangga.

prov. [*province*] propinsi.

Prov. 1 [*Province*] Propinsi. 2 [*Proverbs*] Surat Amsal Sulaiman.

provable /'pruwvəbəl/ *ks.* dpt dibuktikan.

prove /pruwv/ *kkt.* (**proved, proved** atau **proven**). membuktikan. *to p. o.s.* membuktikan kemampuannya. *It all goes to p. that…* Segala s.s.t. menunjukkan bhw…. *It remains to be proved* Masih hrs dibuktikan. **—*kki.*** ternyata. *The rumor proved false* Desas-desus itu ternyata tdk benar. *Their rashness proved fatal to them* Kecerobohan itu ternyata membawa celaka bagi meréka. *He proved to be a…* Ia terbukti seorang…. *to p. useful* ada manfaatnya. **—*proven*** *ks.* yg terjamin. *This is a proven remedy* Ini obat yg terjamin pemakaiannya. **proving** *ground* lapangan percobaan.

proven /'pruwvən/ lih PROVE.

provenance /'pravənəns/ = PROVENIENCE.

provender /'pravəndər/ *kb.* 1 makanan héwan yg kering. 2 makanan.

provenience /prow'vienieəns/ *kb.* asal, sumber.

proverb /'pravərb/ *kb.* pepatah, peribahasa. **—Proverbs** *Bible:* Surat Amsal Sulaiman.

proverbial /prə'vərbieəl/ *ks.* 1 yg jadi pepatah. *p. expression* ucapan yg jadi pepatah. 2 terkenal. *the p. smog of Los Angeles* asbut Los Angeles yg terkenal.

provide /prə'vaid/ *kkt.* 1 menyediakan (*funds, an education*). 2 memberikan (*vows*). *This window provides an emergency exit* Jendéla ini memberi kesempatan keluar dlm keadaan bahaya/darurat. 3 mengadakan (*transportation, shelter*). 4 menetapkan. *This bill provides that…* Rencana undang-undang ini menetapkan bhw…. *to p. o.s. with knowledge* membekali diri dgn pengetahuan. **—*kki.*** memperlengkapi. *The Lord will p.* Tuhan beserta kita. **to p. against** bersiap-siap menghadapi. **to p. for** 1 memperlengkapi utk (menghadapi keadaan darurat). 2 memelihara, mengurus (*s.o.*). *You'll have to p. for yourself* Kamu hrs menyediakan sendiri segala s.s.t. yg kauperlukan. *Mother is provided for in her old age* Ibu sdh terjamin hidupnya pd hari tuanya. **to p. with** memperlengkapi dgn. **—*provided, providing*** *ksamb.* asal saja, asal(kan). *I'll come p. you won't call on me to sing* Aku akan datang asal saja kau tak akan memintaku bernyanyi.

providence /'pravədəns/ *kb.* pemeliharaan baik. **P.** Tuhan, Allah. *to fly in the face of p.* mengingkari perintah Tuhan.

provident /'pravədənt/ *ks.* hémat-cermat, ingat akan hari ésok.

providential /'pravə'densyəl/ *ks.* sdh ditakdirkan Tuhan, bernasib baik/mujur.

provider /prə'vaidər/ *kb.* pemberi nafkah.

province /'pravəns/ *kb.* 1 propinsi, daérah. *to live in*

the provinces tinggal/berdiam di pedalaman/udik. 2 bidang wewenang. *Financial matters are not within my p.* Soal-soal keuangan adalah diluar bidang wewenangku.
provincial /prə'vinsyəl/ *ks.* 1 yg berh. dgn propinsi, kedaérahan. *p. government* pemerintahan propinsi. 2 kedésa-désaan, kedaérahan, udik. *p. ways* tingkah laku yg kedésa-désaan. 3 picik. *p. outlook* pandangan picik.
provision /prə'vizyən/ *kb.* ketetapan, ketentuan, syarat. *A p. was added to the agreement* Sebuah ketetapan ditambahkan pd persetujuan itu. *to fall within the provisions of the law* terdapat/termasuk dlm ketentuan-ketentuan hukum. 2 persediaan. *to make p. for you* mengadakan persediaan untukmu. *to make p. for o's wife* menyediakan perbelanjaan/biaya utk kesejahteraan isterinya. —**provisions** *j.* perbekalan, perlengkapan.
provisional /prə'vizyənəl/ *ks.* sementara. *p. constitution* undang-undang dasar sementara. *p. mayor* walikota sementara. —**provisionally** *kk.* utk sementara waktu.
proviso /prə'vaizow/ *kb.* syarat, ketentuan.
provocation /'pravə'keisyən/ *kb.* peng(h)asutan, provokasi, pancingan. *to act under p.* melakukan s.s.t. karena dihasut, digertak-gertak.
provocative /prə'vakətiv/ *ks.* propokatip, yg merangsang utk bertindak. *p. act* teguran yg propokatip.
provoke /prə'vowk/ *kkt.* 1 menggusarkan. *I was provoked by his remarks* Aku digusarkan oléh ucapan-ucapannya itu. 2 memancing (*criticism*). 3 menimbulkan, membangkitkan (*a reply*). 4 menghasut. *She provoked him into doing it* Wanita itu menghasut laki-laki itu utk berbuat demikian. —**provoking** *ks.* bersifat merangsang. *How p.!* Benar-benar menjéngkélkan!
provost /'pravəst/ *kb.* pembantu réktor.
provost /'prowvow/ *kb.* **p. marshal** kepala polisi militér.
prow /praw/ *kb.* haluan (kapal).
prowess /'prawis/ *kb.* 1 keberanian, kegagahan. 2 kecakapan, kejagoan.
prowl /prawl/ *kb.* **to be on the p.** sedang mencari (-cari). *p. car* mobil patroli. —*kki.* berkeliling mencari mangsa (*of animals*).
prowler /'prawlər/ *kb.* 1 pencari mangsa (dgn diam-diam dan pelan-pelan). 2 (*thief*) perampas.
proximate /'praksəmit/ *ks.* 1 yg terdekat. 2 kira-kira, kurang lebih.
proximity /prak'simətie/ *kb.* dekatnya (**to** dgn).
proxy /'praksie/ *kb.* (*j.* **-xies**) 1 wakil. *by p.* secara berwakil, dgn mandat. 2 wali.
prs [*pairs*] berpasang-pasang, beberapa pasang.
prude /pruwd/ *kb.* pemalu.
prudence /'pruwdəns/ *kb.* kebijaksanaan.
prudent /'pruwdənt/ *ks.* bijaksana, hati-hati. —**prudently** *kk.* hati-hati, dgn bijaksana.
prudery /'pruwdərie/ *kb.* (*j.* **-ries**) kekenésan, tingkah-laku yg dibuat-buat.
prudish /'pruwdisy/ *ks.* sangat sopan santun.
prudishness /'pruwdisynəs/ *kb.* kesopanan, kesopan-santunan.
prune /pruwn/ *kb.* buah prém yg dikeringkan. *p. juice* air prém. —*kkt.* 1 memangkas, menutuh, menunasi (pohon, dll). 2 meméndékkan (*an article*). —**pruning** *kb.* pembabatan, pemangkasan. *p. shears* gunting pemangkas (tanam-tanaman, pohon).
prurience /'prurieəns/ *kb.* kecabulan, kegasangan.

prurient /'prurieənt/ *ks.* cabul, penuh hawa nafsu, gasang, amat berahi.
pry /prai/ *kkt.* (**pried**) membongkar, membuka dgn keras, mengumpil (*top off a box*). —*kki.* **to p. into** 1 mencampur-campuri (*other's affairs*). 2 menyelidiki (*a matter*). 3 mengintip, mengintai.
p.s. [*postscript*] tambahan pd akhir surat.
Ps. [*Psalm(s)*] Mazmur.
P.S. 1 [*postscript*] tambahan pd akhir surat. 2 [*Public School*] SD, SMP, SMA.
psalm /sa(1)m/ *kb.* mazmur. *j. Psalms* Mazmur, Kitab Zabur.
psalmbook /'sa(1)m'buk/ *kb.* kitab mazmur.
pseud. [*pseudonym*] nama samaran.
pseudo- /'suwdow/ *kb.* palsu, lancung, gadungan. *pseudo-scholar* sarjana gadungan.
pseudonym /'suwdənim/ *kb.* nama samaran.
pshaw /syɔ/ *kseru.* cih, bah.
psoriasis /sə'raiəsəs/ *kb.* sm penyakit kulit yg kronis.
p.ss., P.SS. [*postscripts*] kata-kata tambahan.
P.S.T. [*Pacific Standard Time*] Waktu Tolok Pasifik.
psyche /'saikie/ *kb.* jiwa, hati.
psychedelic /'saikə'delik/ *ks.* ketenangan jiwa yg terpengaruh rasa birahi dan seni cinta perasaan serupa itu akibat obat bius.
psychiatric /'saikie'ætrik/ *ks.* yg berh. dgn penyakit jiwa. *p. treatment* perawatan oléh seorang dokter penyakit jiwa.
psychiatrist /sai'kaiətrist, si-/ *kb.* dokter penyakit jiwa, psikiater.
psychiatry /sai'kaiətrie, si-/ *kb.* ilmu penyakit jiwa, psikiatri.
psychic /'saikik/ *kb.* cenayang. —*ks.* mempunyai kekuatan batin, batiniah.
psychoanalysis /'saikowə'næləsis/ *kb.* uraian/analisa jiwa, psikoanalisa.
psychoanalyst /'saikow'ænəlist/ *kb.* ahli analisa/jiwa, pengurai jiwa.
psychoanalyze /'saikow'ænəlaiz/ *kkt.* mengurai/menganalisa jiwa.
psychological /'saikə'lajəkəl/ *ks.* psikologis, kejiwaan. *p. study* penyelidikan kejiwaan. *I believe it's just p.* Aku yakin bhw itu soal jiwa saja. *p. warfare* perang uratsyaraf. —**psychologically** *kk.* menurut/secara ilmu jiwa.
psychologist /sai'kal[ə]jist/ *kb.* ahli ilmu jiwa.
psychology /sai'kalɔjie/ *kb.* (*j.* **-gies**) ilmu jiwa, psikologi. *One needs to know the p. of the person* Perlu mengetahui keadaan jiwa orang. *child p.* ilmu jiwa anak-anak.
psychoneurosis /'saikownu'rowsis, -nyu'-/ *kb.* ketidakseimbangan méntal disertai gangguan badaniah.
psychoneurotic /'saikownu'ratik, -nyu'-/ *kb.* penderita sakit jiwa. —*ks.* sakit jiwa.
psychopath /'saikəpæth/ *kb.* orang yg sakit jiwa, penderita sakit jiwa.
psychopathic /'saikə'pæthik/ *ks.* yg berk. dgn sakit jiwa.
psychosis /sai'kowsis/ *kb.* 1 kesakitan jiwa, penyakit kejiwaan. 2 kegilaan.
psychosomatic /'saikowsə'mætik/ *ks.* yg berk. dgn penggunaan dasar-dasar ilmu jiwa. *p. medicine* ilmu pengobatan yg menggunakan dasar-dasar ilmu jiwa utk pengobatan penyakit-penyakit badan.
psychotherapy /'saikow'therəpie/ *kb.* pengobatan penyakit jiwa dgn cara kebatinan.
psychotic /sai'katik/ *kb.* orang gila. —*ks.* gila.
psywar /'sai'wɔr/ *kb. Inf.*: perang urat syaraf.
pt. 1 [*part*] bagian. 2 [*point*] titik. 3 [*pint*] 0.568 liter.

4 [*preterit*] bentuk katakerja utk waktu yg tlh lampau.

Pt. [*Port*] Pelabuhan, Bandar.

P.T.A., PTA /'pie'tie'ei/ [*Parent-Teacher Association*] Persatuan Orang tua Murid dan Guru (POMG).

PT boat /'pie'tie'bowt/ kapal motor torpédo.

P.T.O. [*Please Turn Over*] Lihat sebaliknya. Lihat sebelah (Lsb).

ptomaine /'towmein, tow'mein/ *kb.* **p. poisoning** keracunan zat lemas.

pts. 1 [*parts*] bagian-bagian. 2 [*points*] titik-titik. 3 [*pints*] 0,568 liter.

pub. 1 [*public*] umum. 2 [*publication*] terbitan. 3 [*publishing*] penerbitan.

puberty /'pyuwbərtie/ *kb.* masa remaja/pubertas.

pubic /'pyuwbik/ *ks.* yg berk. dgn pinggang. *p. hair* jembut. *p. region* bagian pinggang.

publ. 1 [*publisher*] penerbit. 2 [*publication*] terbitan. 3 [*published*] diterbitkan.

public /'pʌblik/ *kb.* 1 (masyarakat) umum. *the general p.* rakyat umum, orang banyak, masyarakat ramai. *open to the p.* terbuka utk umum. *in p.* dimuka umum. *The p. has a right to know* Masyarakat umum berhak mengetahui. 2 rakyat. *an informed p.* rakyat yg memperoléh penerangan-penerangan. —*ks.* 1 umum. *p. knowledge* sdh diketahui umum. *p. gathering* pertemuan/rapat umum. *p. library* perpustakaan (utk) umum. *in p. life* dimuka unium. *to make p.* mengumumkan. *p. interest* kepentingan umum. *p. telephone* télpon (utk) umum. *p. utility* keperluan umum. *Water and electricity are p. utilities* Air dan listrik adalah keperluan umum. *p. works* pekerjaan umum. **public-address system** alat penghubung yg dipakai utk menyampaikan pengumuman-pengumuman. **p. administration** ilmu ketataprajaan, ilmu usaha negara, administrasi pemerintah/ negara. **p. building** gedung negara/pemerintah. **p. charge** tanggungan negara. **p. funds** dana-dana negara. **p. health** keséhatan rakyat/masyarakat. **p. law** hukum publik. **p. relations** hubungan masyarakat. **p. school** sekolah negeri. **p. servant** pegawai pemerintahan negara. **p. service** jabatan dlm pemerintahan. *His p. service was recognized* Jasanya sbg pegawai negeri dihargai. **p. spirit** perasaan sosial, pemikiran utk kepentingan umum. **public-spirited** *ks.* bersifat sosial. —**publicly** *kk.* didepan umum.

publication /'pʌblə'keisyən/ *kb.* 1 penerbitan (*of s.t.*). 2 terbitan (*issued by an organization*). 3 pengumuman (*of news*).

publicist /'pʌbləsist/ *kb.* wartawan.

publicity /pʌ'blisətie/ *kb.* publisitas. *to get good p.* mendapat pemberitaan yg baik. *She likes p.* Ia suka dikenal orang. **p. department** bagian Humas. **p. man** tukang réklame, penghubung masyarakat. **p. seeker** pencari nama.

publicize /'pʌbləsaiz/ *kkt.* mengumumkan, memperkenalkan kpd umum.

publish /'pʌblisy/ *kkt.* 1 menerbitkan (*a book*). 2 mengumumkan (*o's personal affairs*). —*kki.* terbit. *Just published* Baru terbit. —**publishing** *kb.* penerbitan. *p. house* (perusahaan) penerbitan.

publishable /'pʌblisyəbəl/ *ks.* patut diterbitkan.

publisher /'pʌblisyər/ *kb.* penerbit.

pucker /'pʌkər/ *kb.* kerutan, lipatan. —*kkt.* mengerutkan (*o's lips*). —*kki.* mengerut.

pudding /'puding/ *kb.* puding, podéng. *rice p.* (kué) poding dari tepung beras.

puddle /'pʌdəl/ *kb.* genangan (*of water* air). *mud p.* balong, kubangan.

pudendum /pyuw'dendəm/ *kb.* (*j.* **-da**) kemaluan wanita.

pudginess /'pʌjienəs/ *kb.* keadaan gemuk/tembam.

pudgy /'pʌjie/ *ks.* gemuk-péndék, tembam. *p. cheeks* pipi-pipi yg tembam.

puerperal /pyuw'ərpərəl/ *ks.* **p. fever** demam panas karena baru melahirkan.

Puerto Rican /'pwertə'rikən/ *kb.* seorang Porto Rico.

puff /pʌf/ *kb.* 1 tiupan (*of air, wind*). 2 isapan. *to take a p. of a cigarette* mengisap rokok satu sodotan. 3 embusan (*of smoke*). 4 gumpal. *a p. of hair* segumpal rambut. *cream p.* kué gelembung berisi susu kocok. —*kkt.* 1 menggembungkan (*out o's cheeks*). 2 mengisap (rokok). —*kki.* 1 mengepul (*of smoke*). *to p. (away) on a cigar* mengepul-ngepulkan asap cerutunya. 2 terengah-engah. *I was puffing when I...* Aku terengah-engah waktu.... **to p. up** membengkak (*of a bee sting*). **puffed-up** *ks.* 1 bengkak, gembung. 2 sombong, congkak, angkuh.

puffiness /'pʌfienəs/ *kb.* keadaan bengkak.

puffy /'pʌfie/ *ks.* bengkak, gembung.

pug /pʌg/ *kb.* sm anjing kecil. *p. nose* hidung pésék. **pug-nosed** *ks.* berhidung pésék.

pugilist /'pyuwjəlist/ *kb.* petinju.

pugnacious /pʌg'neisyəs/ *ks.* suka berkelahi.

pugnacity /pʌg'næsətie/ *kb.* kesukaan berkelahi.

puke /pyuwk/ *kki. Vulg.*: muntah.

pulchritude /'pʌlkrətuwd, -tyuwd/ *kb.* kecantikan, kemolékan.

pule /pyuwl/ *kki.* meréngék.

pull /pul/ *kb.* 1 renggutan, tarikan, penghélaan (*on a rope, wire*). *to give s.t. a p.* menarik/menyéntakkan s.s.t. *to give s.t. a p. on a rope* menarik tali. 2 tali. *curtain p.* tali penarik tirai. 3 perjalanan. *difficult p.* perjalanan yg sukar. 4 isapan, hirupan (*on a cigar*). 5 *Sl.*: pengaruh, untung. *political p.* pengaruh politis. 6 tarikan/daya tarik (*of a magnet*). —*kkt.* 1 menarik (*rope, a cart, trigger, hair, a crowd*). *P. your chair near the door* Tarik kursimu kedekat pintu. 2 mencabut (*a tooth*). 3 memetik (*flowers*). 4 menahan-nahan (*a horse in a race*). 5 menyobék (*o's hose*). *I pulled a muscle* Uratku keseléo. *to p. a gun on s.o.* menodongkan péstol ke arah s.s.o. *to p. an oar* merangkuh dayung. *Sl.*: *Don't p. that on me* Jangan lakukan tipu daya itu thd saya. *Sl.*: *That was a dirty trick he pulled on me* Itu suatu penipuan yg burak sekali thd saya. —*kki.* 1 menarik. *P. hard!* Tarik keras-keras! 2 mendaki. *The car pulled slowly up the hill* Mobil itu mendaki bukit itu dgn perlahan-perlahan. **to p. apart** 1 merusak-binasakan (*an object*). 2 mengeritik habis-habisan (*an article, speech*). 3 memisahkan (*of boxers, trains*). 4 ambruk, berantakan. *The chair pulled apart* Kursi itu ambruk. **to p. at** menarik. *to p. at o's handkerchief* menarik-narik saputangannya. **to p. away** bergerak meninggalkan. **to p. back** 1 menyingkapkan (*curtains*). 2 menarik (*troops*). 3 mundur. **to p. down** 1 meruntuhkan (*a building*). 2 menurunkan (*a window*). 3 menarik kebawah (*shades*). **to p. for** 1 berdayung arah (*shore*). 2 *Sl.*: (*support*) menyokong. **to p. in** 1 menangkapi (*all gamblers*). 2 *RK.*: masuk (ke stasiun). 3 tiba. *He pulled in yesterday* Ia tiba kemarin. *to p. in o's stomach* mengempiskan perutnya. **to p. off** 1 melepaskan, membuka (*coat, sweater*). 2 menarik (*tree branches*). 3 melakukan (*a robbery*). **to p. on** memakai, memasang (*a sweater*). **to p. out** 1 mencabut (*a tooth*). 2 mengeluarkan (*some money, a card*). 3 membuka (dgn menarik), menarik (*the throttle*). 4 keluar, mengundurkan diri (*from an or-*

ganization). *The car pulled out of line* Mobil itu keluar dari dérétan. 5 menarik/mengundurkan diri. *Hê decided to p. out* Ia memutuskan utk menarik diri. 6 berangkat. *to p. out of the terminal* berangkat dari setasiun. **to p. over** 1 menyeberang, melintasi, pindah (tempat). *to p. over and park* pindah (tempat) dan memparkir. *to p. o's hat over the eyes* memakai topinya dalam-dalam sehingga menutupi matanya. **to p. through** 1 sembuh, melalui (*operation*). 2 melakukan. *P. the string through the hole* Lalukan tali itu kedlm lobang. **to p. together** bekerja sama. *to p. o.s. together* menguasai diri. **to p. up** 1 mencabuti, menyiangi (*weeds*). 2 mengambil, menarik (*a chair*). 3 berhenti. *A car has just pulled up* Ada mobil yg baru saja berhenti. *The car pulled up to the curb* Mobil itu menepi ke trotoar. 4 menarik (*o's socks*). 5 menaikkan (*the shades*). *The baby pulled itself up on the chair* Bayi itu naik keatas kursi. *to p. up short* berhenti dgn tiba-tiba.

pullet /'pulit/ *kb.* anak ayam betina, ayam dara.
pulley /'pulie/ *kb.* kérék(an). *p. block* kapi, takal, katrol.
Pullman /'pulmən/ *kb.* **P. (car)** keréta tidur.
pullout /'pul'awt/ *kb.* 1 *Mil.*: penarikan (tentara). 2 kepergian (*of a firm*).
pullover /'pul'owvər/ *kb.* pulover, sweater yg dipakai léwat kepala. *p. dress* baju yg dipakai léwat kepala.
pulmonary /'pulmə'nerie/ *ks.* yg berk. dgn paru-paru. *p. disease* sakit/penyakit paru-paru. *p. tuberculosis* tébésé paru-paru.
pulp /pʌlp/ *kb.* 1 sm bubur. *wood p.* bubur kayu. *p. mill* paberik bubur kayu. *to reduce to p.* melumatkan, menumbuk halus-halus. 2 daging buah (*orange*). 3 ampas (*sugar cane*). —*kkt.* 1 menjadikan bubur. 2 membuang ampas. **p. magazine** majalah murah/picisan.
pulpit /'pulpit/ *kb.* mimbar. *to ascend the p.* menaiki atau naik keatas mimbar khotbah.
pulpwood /'pʌlp'wud/ *kb.* kayu bubur/bubuk.
pulpy /'pʌlpie/ *ks.* spt bubur empuk sekali.
pulsate /'pʌlseit/ *kki.* 1 berdenyut, berdebar-debar. 2 bergetar, menggetar.
pulsation /pʌl'seisyən/ *kb.* 1 debaran, denyutan. 2 getaran.
pulse /pʌls/ *kb.* 1 (urat) nadi. *His p. is beating rapidly* Nadinya berdenyut cepat. *to take s.o's p.* mengukur denyut nadi s.s.o. 2 séntimén perasaan (*of a nation*). 3 bunyi yg teratur (*of an engine*). 4 *Agri.*: kacang-kacangan. —*kki.* 1 berdenyut, berdebar. 2 bergetar. *to p. with excitement* penuh dgn ketegangan.
pulverize /'pʌlvəraiz/ *kkt.* 1 memipis, menghancurlumatkan, membubuk. 2 menghancur-leburkan (*an opponent*).
pumice /'pʌmis/ *kb.* batu apung/kambang/timbul.
pummel /'pʌməl/ *kkt.* memukul, meninju. *to give s.o. a good pummeling* menghajar s.s.o. dgn pukulan tinju yg bertubi-tubi.
pump /pʌmp/ *kb.* 1 pompa. *water p.* pompa air. *gasoline p.* pompa bénsin. *hand p.* pompa tangan. 2 *Cloth.*: sepatu rendah. —*kkt.* 1 memompa(kan) (*air, water, gas*). *to p. air into* memompakan udara kedlm. 2 memperoléh keterangan, memancing. 3 melémparkan (*shells into the enemy*). 4 berjabatan tangan. **to p. up** memompa, menambah angin (*tires*). **p. priming** memberikan dana-dana dgn tujuan mendorong kegiatan. **pumping** *station* gardu pompa.
pumpkin /'pʌmpkin/ *kb.* sm labu.

pun /pʌn/ *kb.* permainan kata-kata. —*kki.* (**punned**) mempermainkan kata-kata.
punch /pʌnc/ *kb.* 1 pukulan. *He has a hard p.* Pukulannya keras. *Sl.: He packs quite a p.* Pukulannya keras sekali. *to beat to the p.* mendahului. *to pull no punches* tak menahan diri. 2 (*drink*) minuman campuran. 3 kekuatan. *That song has a lot of p.* Nyanyian itu mengandung penuh semangat. 4 pons, mesin membuat lobang. *She was pleased as p.* Ia gembira sekali. —*kkt.* 1 meninju, menghantam (*s.o.*). 2 melubangi, memotong (*karcis*). *to p. the clock* mencatatkan/mendaftarkan diri (dgn alat pencatat waktu). **p. bowl** bokor besar (tempat minuman campuran). **p. card** kartu berlobang-lobang/pons.
punch-drunk *ks.* mabuk bertinju, pusing kena tinju. **p. line** bagian pokok. *punching bag* karung pasir buat latihan tinju.
punctilious /pʌngk'tilieəs/ *ks.* 1 terlalu teliti, terlalu berpegang teguh pd s.s.t. (mis. adat, peraturan). 2 cermat.
punctual /'pʌngkcuəl/ *ks.* tepat pd waktunya.
punctuality /pʌngkcu'ælətie/ *kb.* ketetapan waktu.
punctuate /'pʌngkcueit/ *kkt.* 1 memberi/membubuhkan tanda-tanda baca. 2 menjelaskan. 3 menyela.
punctuation /'pʌngkcu'eisyən/ *kb.* pemberian tanda-tanda baca. *p. mark* tanda baca.
puncture /'pʌngkcər/ *kb.* 1 *Auto.*: kebocoran (ban). 2 tusukan (*of eardrum*). —*kkt.* 1 menusuk (*eardrum*). 2 membocorkan. *The tire was punctured by a nail* Ban itu ditembus oléh paku.
pundit /'pʌndit/ *kb.* orang yg amat terpelajar.
pungency /'pʌnjənsie/ *kb.* 1 kepedasan (*of food*). 2 ketajaman (*of a remark*).
pungent /'pʌnjənt/ *ks.* tajam, pedas (*of odor, remarks*).
punish /'pʌnisy/ *kkt.* 1 menghukum (*s.o.*). 2 menyiksa. *He was severely punished* Ia mendapat siksaan yg berat. *to p. a car by driving at high speeds* menyiksa mobil dgn menjalankannya dgn cepat sekali. **punishing** *game* permainan keras/berkeras-kerasan.
punishable /'pʌnisyəbəl/ *ks.* dpt dihukum. *Kidnaping is p. by death* Penculikan anak dihukum mati.
punishment /'pʌnisymənt/ *kb.* 1 *Law*: hukuman. 2 siksaan. *to take o's p. like a man* menerima penyiksaannya itu sbg seorang jantan. 3 perlakuan yg amat kasar.
punitive /'pyuwnətiv/ *ks.* menghukum. *to take p. action against* mengambil tindakan menghukum thd.
punk /pʌngk/ *kb.* 1 sumbu. 2 *Sl.*: seorang (muda) yg tak berpengalaman/berarti. —*ks. Sl.*: tdk énak badan. *I feel p.* Aku merasa tdk énak badan.
punster /'pʌnstər/ *kb.* orang yg memainkan kata-kata (sehingga kedengaran lucu).
punt /pʌnt/ *kb.* 1 perahu yg lébar dan papar. 2 *Sport*: sépakan bola. —*kkt.* 1 *Sport*: menyépak bola. 2 menggalahi (*a boat*).
puny /'pyuwnie/ *ks.* 1 lemah. *He looks p.* Ia nampak begitu lemah. 2 kecil (*of arms, apples*). 3 réméh (*of effort*).
pup /pʌp/ *kb.* 1 anak anjing. 2 pemuda yg sok aksi. *p. tent* kémah kecil.
pupil /'pyuwpəl/ *kb.* 1 murid. 2 *Anat.*: biji/manik mata.
puppet /'pʌpit/ *kb.* 1 golék, wayang. *p. show* pertunjukan golék/wayang. 2 bonéka. *p. government* pemerintahan bonéka.
puppeteer /'pʌpə'tir/ *kb.* dalang.

puppetry /'pʌpətrie/ *kb.* pedalangan, kewayangan.
puppy /'pʌpie/ *kb.* (*j.* **-pies**) anak anjing. *p. love*
cinta remaja.
purchase /'pɔrcəs/ *kb.* 1 pembelian, belanjaan (*of
s.t.*). *p. price* harga beli/pembelian. 2 belian. *to
deliver the purchases* mengantarkan belian-belian itu.
—*kkt.* 1 membeli. 2 memperoléh. *to p. security at the
cost of happiness* memperoléh keamanan dgn me-
ngorbankan kebahagiaan. —**purchasing** *kb.* pem-
belian. *p. power* daya beli.
purchaser /'pɔrcəsər/ *kb.* pembeli.
pure /pyur/ *ks.* 1 bersih (*of water, air*). 2 murni (*of
gold*). *p. alcohol* alkohol murni. *He speaks p. Italian*
Ia berbicara dlm bahasa Itali yg murni/sempurna.
3 yg bersifat téori (*of science*). *p. mathematics* ilmu
pasti dlm téori. *p. research* penyelidikan téorétis/
ilmiah. 4 semata-mata. *to do s.t. out of p. spite* me-
lakukan s.s.t. semata-mata utk memuaskan rasa
dendam. *p. luck* kemujuran semata-mata, nasib
baik. *p. and simple* betul-betul, jelas-jelas. **pure-
blooded** *ks.* asli, sejati. *p. silk* sutera asli/tulén. **p.
vowel** huruf hidup murni/tunggal. —**purely** *kk.*
semata-mata, belaka. *p. coincidental* hanyalah suatu
hal yg kebetulan.
purebred /'pyur'bred/ *ks.* berdarah asli/murni,
berketurunan asli, biang. *p. chicken* biang ayam.
purée /pyu'rei/ *kb.* sup yg kental.
purgative /'pɔrgətiv/ *kb.* pencahar, obat cuci
perut.
purgatory /'pɔrgə'towrie/ *kb.* (*j.* **-ries**) tempat/api
penyucian (dosa).
purge /pɔrj/ *kb.* 1 pembersihan (*in government*). 2
obat pencahar. —*kkt.* 1 membersihkan. *to p. o.s. of
sin* membersihkan diri dari dosa. 2 mengusir, me-
nyingkirkan (*undesirables*).
purification /'pyurəfə'keisyən/ *kb.* 1 pembersihan,
penyaringan (*of water*). 2 pemurnian (*of a language*).
purifier /'pyurə'faiər/ *kb.* 1 alat pembersih. 2 bahan
pembersihan.
purifies /'pyurəfaiz/ lih PURIFY.
purify /'pyurəfai/ *kkt.* (**purified**) 1 membersihkan
(*water*). 2 memurnikan (*a language*). 3 menyucikan,
membersihkan (*o's heart, soul*).
purist /'pyurist/ *kb.* orang yg mempertahankan ke-
murnian bahasa.
puritan /'pyurətən/ *kb.* orang yg amat teguh ber-
pegang pd peraturan-peraturan thd tata-susila.
puritanical /'pyurə'tænəkəl/ *ks.* berpegang teguh
pd norma-norma moral serta agama.
purity /'pyurətie/ *kb.* 1 kemurnian (*of water, gold*).
2 kesucian (*of heart*).
purl /pɔrl/ *kki.* 1 merajut dgn kaitan-kaitan yg ter-
balik. 2 memberi pinggiran pd kain berupa leng-
kungan-lengkungan kecil.
purloin /pər'loin/ *kkt.* mencuri, mencolong.
purple /'pɔrpəl/ *kb.* warna ungu, warna mérah
lembayung/bungur. *The baby was born to the p.* Bayi
itu keturunan raja-raja/bangsawan. —*ks.* ungu,
mérah lembayung/bungur. *p. with rage* mérah-
padam karena sangat marah.
purplish /'pɔrplisy/ *ks.* keungu-unguan.
purport /'pɔrpowrt/ *kb.*; /pər'powrt *kki.*/ *kb.* pokok
isi, arti. —*kkt.* 1 mengaku. *He purports to be descended
from Lincoln* Ia mengaku keturunan Lincoln. 2
mempunyai pokok isi. *His story purports to be an
autobiography* Ceriteranya/Karangannya itu dimak-
sudkan sbg riwayat hidupnya.
purpose /'pɔrpəs/ *kb.* 1 maksud. *What's the p. of this
letter?* Apakah maksud surat ini? *for the p. of earning
a living* dgn maksud mendapatkan nafkah pen-

carian/penghidupan. *I hope this will serve the p.*
Kuharap ini akan memenuhi apa yg dimaksud.
for the p. of this meeting sbg yg dimaksudkan oléh
pertemuan ini. 2 tujuan. *What's his p. in life?*
Apakah cita-cita hidupnya? *to accomplish/answer/
serve the p.* memenuhi tujuannya. 3 kegunaan. *for
all practical purposes* utk segala macam kegunaan.
That serves no p. Tak ada kegunaannya/gunanya. *to
work to no p.* bekerja sia-sia/tanpa menghasilkan
apa-apa. *on p.* dgn sengaja. *to good p.* dgn hasil baik.
to little or no p. sedikit atau tiada artinya.
purposeful /'pɔrpəsfəl/ *ks.* dgn maksud tertentu.
purposely /'pɔrpəslie/ *kk.* dgn sengaja.
purr /pɔr/ *kb.* 1 dengung (*of a motor*). 2 dengkur (*of
a kitten*). —*kki.* 1 mendengung (*of a motor*). 2 men-
dengkur (*of a kitten*).
purse /pɔrs/ *kb.* 1 dompét. *to hold the p. strings* me-
nguasai uang belanja. 2 sokongan, dana, derma. *to
make up a p. for the victims* mengumpulkan sokongan
utk korban-korban. —*kkt.* mengerutkan (*the lips*).
purser /'pɔrsər/ *kb.* kepala keuangan (di kapal).
pursuance /pər'suwəns/ *kb.* hal melakukan me-
nurut. *in p. of the law* menurut undang-undang. **in
p. of** menurut.
pursuant /pər'suwənt/ *ks.* menurut. *p. to your order*
mengikuti perintahmu.
pursue /pər'suw/ *kkt.* 1 mengejar (*s.o., a profession*).
to p. pleasure/happiness mengejar kesenangan/keba-
hagiaan. 2 mengikuti (*o's studies, an idea*). 3 me-
neruskan perjalanan. *to p. diplomacy* berdiplomasi.
pursuer /pər'suwər/ *kb.* 1 pengejar, pemburu. 2
pengikut.
pursuit /pər'suwt/ *kb.* 1 pengejaran (*of a bandit*). 2
pencarian, pengejaran (*of knowledge*).
purvey /pər'vei/ *kkt.* memperlengkapi, menyedia-
kan.
purveyor /pər'veiər/ *kb.* penyetor, léveransir.
purview /'pɔrvyuw/ *kb.* lapangan, bidang. *The
matter lies outside my p.* Hal itu diluar lapangan saya.
pus /pʌs/ *kb.* nanah.
push /pusy/ *kb.* 1 dorongan. *He needs a p.* Ia mem-
butuhkan dorongan. *hard p.* dorongan yg keras. *to
give s.t. a p.* mendorong s.s.t. *to close a door with a p.*
menutup pintu dgn dorongan. 2 desakan. *The p.
felled him* Desakan itu menjatuhkannya. 3 serangan
(*from the enemy*). 4 sénggolan. —*kkt.* 1 mendorong.
2 menekan (*a button*). 3 mendesak. *to p. o's way
through a crowd* mendesak mencari jalan diantara
orang banyak. *to be pushed for time* terdesak oléh
waktu. 4 mendesak, memaksa. *to p. s.o. for payment
of a debt* mendesak-desak s.s.o. membayar hutang.
to p. an attack mendesak spy mengadakan serangan
itu. 5 menawar-nawarkan. *to p. color TV* menawar-
nawarkan pesawat-pesawat TV berwarna. 6 *Sl.*:
menjual. mengédarkan (*drugs*). —*kki.* mendorong.
P.! Dorong! *P. hard* Doronglah keras-keras. *Don't
p.!* Jangan dorong! *Inf.*: **to p. around** memper-
mainkan, menggoda. *I'm tired of being pushed around
by the boss* Aku kesal dipermainkan oléh majikan.
to p. aside/away menepikan, mengesampingkan.
to p. back menekan/menahan. **to p. down** me-
nekan. **to p. forward** 1 (bergerak) maju (*of
troops*). 2 mempercepat (*a plan*). **to p. in** mendo-
brak. *The mob pushed in the door* Perusuh itu men-
dobrak pintu. **to p. off** pergi, bertolak. **to p.
on** 1 maju. *It's time to p. on* Sdh tiba waktunya utk
maju terus. 2 melanjutkan. **to p. over** mendorong
hingga terbalik. **to p. through** meneruskan. *to p.
through a bill* mensahkan RUU. **p. button** tombol.
the age of p. buttons abad mékanisasi. *Sl.*: **push-over**

kb. 1 penurut. 2 s.s.t. yg mudah. *That job was a p.* Pekerjaan itu mudah sekali. —**pushing** *ks.* giat, suka mendesak.

pushcart /'pusy'kart/ *kb.* keréta dorong/sorong.

pusher /'pusyər/ *kb.* 1 orang yg ambisius, orang yg bergiat utk maju. 2 *Inf.: Narc.:* penjual obat bius.

pushup /'pusy'ʌp/ *kb.* tolak-angkat.

pushy /'pusyɪe/ *ks.* ambisius, berangan-angan maju, lancang.

pusillanimous /'pyuwsə'lænəməs/ *ks.* cabar/kecut hati.

puss /pus/ *kb.* 1 kucing. 2 *Sl.:* mulut.

pussy /'pusie/ *kb.* (*j.* **-sies**) kucing, pus.

pussyfoot /'pusie'fut/ *kki.* malu-malu. *Stop pussyfooting and get down to business* Janganlah malu-malu dan katakanlah apa perlunya.

put /put/ *kkt.* (**put**) 1 menaruh. *P. the books on the table* Taruhlah buku-buku itu diatas méja. *to p. faith in* menaruh kepercayaan dlm. *to p. cream in coffee* menaruh susu kedlm kopi. 2 menanamkan (*o's money into s.t.*). 3 mengajukan (*questions*). 4 menempatkan. *to p. honor before wealth* menempatkan harga diri diatas harta kekayaan. *to p. o's lips to a glass* menempatkan bibirnya pd gelas. 5 menyerahkan. *I p. it to you whether ...* Saya menyerahkan kepadamu apakah.... 6 melémpar(kan) (*the shot* peluru). 7 mengatakan, menguraikan. *I don't know how to p. it* Saya tdk tahu bagaimana mengatakannya. *As Goethe puts it* Sebagaimana Goethe menyairkannya/mengatakannya. *to p. it bluntly* mengatakannya secara terus-terang. 8 menaksir. *to p. the population at 30,000* menaksir jumlah penduduk sbg 30.000. 9 membubuhkan, menaruh. *to p. o's signature to* membubuhkan tandatangannya pd. 10 memasukkan. *P. it on my account* Masukkanlah kedlm rékening saya. *to p. money on a horse* bertaruh atas seékor kuda. *to p. s.t. into operation* menggerakkan/menghidupkan s.s.t. sehingga bekerja. *to p. a room in order* membéréskan kamar. *to p. a matter right* mendudukkan persoalan sebagaimana mestinya. *to p. a paragraph into English* menterjemahkan satu ayat kedlm bahasa Inggeris. **to p. about** 1 membélokkan, mengubah haluan. 2 membalik (*of a ship*). **to p. across** menguraikan, mengertikan (*ideas*). **to p. aside** 1 menyimpan (*money*). 2 menyisihkan (*a book*). **to p. away** 1 menyimpan, menyisihkan (*money*). 2 *Inf.:* membunuh (karena terpaksa). 3 *Inf.:* memenjarakan (*a criminal*). **to p. back** kembali. *to p. back to port* kembali ke pelabuhan. **to p. by** 1 menyimpan (*money*). 2 mengesampingkan, menyisihkan (*a project for a while*). **to p. down** 1 memadamkan (*a revolt*). 2 membayar dulu. *to p. down $100 on the house* membayar dulu $100 utk pembelian rumah itu. 3 meletakkan (*o's gun*). 4 menurunkan (*a window*). 5 memberantas, menumpas (*an epidemic*). 6 menuliskan, mencatat. *P. me down for ten dollars* Catat nama saya utk sumbangan sebanyak $10. *to p. down everything s.o. says* mencatat segala yg dikatakan orang. *I p. him down as a Swede* Saya mengira dia orang Swédia. *I p. her down as 45* Saya menaksir dia berusia 45 tahun. *I p. down much of his shyness to ...* Saya mencari sebab-sebab utama dari rasa malunya pd.... **to p. forth** 1 mengusahakan (*effort*). 2 mengeluarkan (*blossoms on trees*). 3 mengeluarkan, meniupkan keluar (*smoke*). 4 melahirkan, mencetuskan (*rumors*). **to p. forward** mengemukakan (*ideas, suggestions*). **to p. in** 1 *Inf.:* menghabiskan. *to p. in hours of work* menghabiskan berjam-jam kerja. 2 berlabuh (*of ships*). 3 memasukkan (*o's name*). *P. your shirttail in* Masukkan ujung

keméjamu. 4 mengatakan. *to p. in a good word for me* mengatakan kata-kata sokongan/rékomendasi utk saya. 5 menyelipkan, menyisipkan. *to p. a word in* dpt menyelipkan kata. 6 mengajukan. *to p. in for leave* mengajukan permohonan cuti. **to p. off** 1 (*delay*) menangguhkan, menunda. 2 menyuruh s.s.o. menunggu, menolak. *He wouldn't be p. off* Sukar utk menolak dia. **to p. on** 1 memakai (*hat, dimmers*). 2 mengenakan (*coat*). 3 menyiapkan, menyajikan (*a meal*). 4 bertambah (*weight*). 5 memberikan (*party*). 6 *Sl.:* mempermainkan. *You're putting me on* Kau mempermainkan aku. 7 mengadakan (*performance, show*). 8 memasang, menginjak (*brakes*). 9 mengantarkan. *to p. s.o. on a train* mengantarkan s.s.o. ke keréta-api. 10 memamérkan. *to p. on a show of strength* memamérkan kekuatan (*of troops*). *She really puts on!* Ia benar-benar suka pamér! 11 menyajikan (*a meal*). 12 mementaskan (*a play*). 13 memanaskan (*the coffee*). 14 menambah. *to p. on an extra train* menambah keréta-api lagi. *to p. on speed* mempercepat, menambah kecepatan. 15 memasang, menghidupkan (*a light*). *He p. me on to the job* Ia menolong saya mendapatkan pekerjaan itu. *His modesty is all p. on* Sikapnya merendahkan diri itu hanya berpura-pura/dibuat-buat saja. **to p. out** 1 mengeluarkan (*the cat*). *to p. out money* mengeluarkan tambahan uang lagi. 2 memadamkan, membunuh (*fire, light*). 3 menerbitkan (*a book*). 4 menghasilkan, mengarang (*of an author*). 5 mengibarkan (*flag*). 6 merusak. *to p. s.o's eye out* merusak mata s.s.o. *to p. o.s. out for s.o.* bersusah-payah berusaha menolong s.s.o. 7 *Naut.:* berlayar keluar, bertolak bandar. 8 menyusahkan. *I hope our visit doesn't p. you out* Kuharap kedatangan kami ini tak menyusahkan kamu. *I'm p. out over ...* Aku jéngkél/gemas karena.... *Please don't p. yourself out on my account* Harap jangan bersusah-susah utk kepentingan saya. 9 mengusir. *to p. s.o. out of his room* mengusir orang dari kamarnya. 10 menggantungkan. *to p. clothes out to dry* menggantungkan pakaian diluar utk dijemur. 11 menurunkan (*a boat*). 12 menonjolkan, menjulurkan (*o's head*). 13 merentangkan. *to p. out o's arm to signal* merentangkan tangannya utk memberikan isyarat. 14 membuang. *to p. such ideas out of o's head* membuang dari benaknya gagasan-gagasan yg demikian. *to p. out of action* melumpuhkan. **to p. over** *Inf.:* 1 berhasil (*a campaign*). 2 berhasil menipu (*a fraud on s.o.*). 3 menyebarkan (*o's ideas to s.o.*). **to p. through** 1 *Tel.:* menghubungkan. 2 berhasil mendapatkan (*a voucher*). 3 menyelesaikan (*a deal, project*). 4 membuat, menerima (*a bill in Congress*). **to p. together** 1 memasang/menyetél (bagian-bagian dari) (*a table, chair*). 2 mengumpulkan (*money*). 3 menyiapkan/selesai menjahit (*a dress*). *We p. our heads together* Kami berunding/bermusyawarah. **to p. up** 1 membangun (*a building*). 2 mengatur (*o's hair*). *to p. up o's hair in curlers* mengeriting rambutnya. 3 menginap (*at a hotel*). *We can p. you up for the night* Kami dpt menampung sdr. utk malam ini. 4 mendirikan (*a tent, a fence*). 5 menawarkan (*a house for sale*). 6 mengajukan (*an argument, security*). *to p. up a candidate for mayor* mengajukan calon utk walikota. 7 menaikkan (*a shade*). 8 memasang (*shelves*). 9 mengadakan (*defense, fight*). 10 membuat (*pickles, strawberry preserves*). 11 memberi (*bail* jaminan). *to p. up resistance* memberi(kan) perlawanan. 12 memberi, menyediakan, menyumbangkan. *Our church will p. up half the money* Geréja kami akan menyumbangkan setengah dari jumlah uang itu/pembiayaannya. 13 mengangkat. *P. up your hands!* Angkat tanganmu! 14 menyuruh. *Who p. you up to it?* Siapa yg menyuruhmu berbuat demikian? *to be p. up in plastic tubes* dibungkus dlm tabung-tabung plastik. **to p. up with** tahan, membetah-betahkan. *to p. up with noise* tahan mendengarkan suara yg bising. *She has p. up with a lot* Ia tlh banyak bersabar. **to p. upon** membebankan. *to feel p. upon* merasa dibebani dgn tak adil. *p. simply* utk gampangnya. *put-up job* perbuatan yg curang. *Her remarks were well p.* Ucapan-ucapannya itu tersusun baik. Kritiknya itu kena sekali.

putative /'pyuwtǝtiv/ *ks.* disangka, diduga.

put-put /'pʌt'pʌt/ *kb.* deru (*of an outboard motor*).

putrefaction /'pyuwtrǝ'fæksyǝn/ *kb.* perbusukan, keadaan kebusukan.

putrefied /'pyuwtrǝfaid/ lih PUTREFY.

putrefies /'pyuwtrǝfaiz/ lih PUTREFY.

putrefy /'pyuwtrǝfai/ *kki.* (**putrefied**) menjadi busuk.

putrid /'pyuwtrid/ *ks.* busuk, tengik.

putt /pʌt/ *kb. Golf:* pat, pukulan yg lunak. —*kkt.* mengpat/memukul bola golf dgn lunak. *His putting is good* Patnya baik.

putter /'pʌtǝr/ *kb.* 1 pater. 2 *Golf:* getokan pat. —*kki.* meromét (*at odd jobs*).

putty /'pʌtie/ *kb.* (*j.* **-ties**) 1 dempul, gala-gala (*for glass*). *p. knife* pisau dempul, kapé. *He's p. in her hands* Wanita itu dpt memperlakukan laki-laki itu menurut kehendak hatinya. 2 gala-gala pakal (*for ships*). —*kkt.* 1 mendempul. 2 memakal.

puzzle /'pʌzǝl/ *kb.* teka teki. *to do/work puzzles* memecahkan teka-teki. *He's a real p. to us* Ia benar-benar merupakan teka-teki bagi kami. —*kkt.* membingungkan bagi. *His behavior puzzled me* Kelakuannya membingungkan saya. *I was somewhat*

puzzled how to answer Saya agak bingung bagaimana menjawabnya. **to p. out** memecahkan/menguraikan. **to p. over** memikir-mikirkan. —**puzzling** *ks.* menimbulkan teka-teki.

Pvt. [*Private*] 1 tamtama, prajurit biasa. 2 pribadi. 3 swasta.

Pw, P.W. /'pie'dʌbǝlyuw/ [*Prisoner of War*] tawanan perang.

PWD, P.W.D. [*Public Works Department*] Jawatan Umum (D.P.U.).

pwt. [*pennyweight*] kira-kira satu gram.

PX /'pie'eks/ [*Post Exchange*] *kb.* kantin AB/tentara, toko tentara.

pygmy /'pigmie/ *kb.* (*j.* **-mies**) orang kerdil.

pyjamas /pǝ'jamǝz/ = PAJAMAS.

pylon /'pailan/ *kb.* tiang (yg tinggi), tonggak menara.

pylorus /pi'lowrǝs, pai-/ *kb.* lubang antara perut dan usus.

pyorrhea /'paiǝ'rieǝ/ *kb.* penyakit pd gusi.

pyramid /'pirǝmid/ *kb.* limas, piramide. —*kki.* menjadi banyak, berhimpun-himpun (*of costs, expenses*).

pyramidal /pǝ'ræmǝdǝl/ *ks.* yg berbentuk piramide.

pyre /pair/ *kb.* tumpukan bahan bakar, onggokan kayu api.

pyrometer /pai'ramǝtǝr/ *kb.* alat pengukur suhu yg tinggi.

pyrotechnics /'pairǝ'tekniks/ *kb.* 1 pembuatan petasan. 2 tontonan petasan/mercun.

Pyrrhic /'pirik/ *ks.* **P. victory** kemenangan yg terlalu banyak makan korban.

python /'paithǝn/ *kb.* ular sawa (yg besar), ular sanca.

Q

Q, q /kyuw/ huruf ke-17 dari abjad Inggeris.
q 1 [*quart*] 0.9463 liter. 2 [*quarterly*] tigabulanan.
3 [*quarto*] kwarto (ukuran buku).
Q. and A. [*Question and Answer*] soal jawab.
Q.M. [*Quartermaster*] 1 inténdan (AD). 2 jurumudi
(AL).
Q.M.C. [*Quartermaster Corps*] Korp Inténdan.
Q.M.G. [*Quartermaster General*] Jénderal Inténdan.
qt. [*quart*] 0.9463 liter.
q.t. /'kyuw'tie/ *Sl.*: diam-diam. *to do s.t. on the q.t.*
melakukan s.s.t. dgn diam-diam.
qto [*quarto*] kwarto.
qtrs. [*quarters*] 1 markas. 2 tempat tinggal, barak.
qts. [*quarts*] *j.* dari QUART.
quack /kwæk/ *kb.* 1 dukun, tukang obat, penjual
koyok. *q. remedy* obat dari tukang obat. 2 bunyi
itik. —*kki.* berbunyi kwék-kwék.
quackery /'kwækərie/ *kb.* (*j.* -**ries**) perdukunan.
quad /kwad/ [*quadrangle*] *kb. Inf.*: alun-alun segiem-
pat.
quad. 1 [*quadrangle*] segiempat. 2 [*quadrant*] se-
perempat lingkaran.
quadrangle /'kwad'ræŋgəl/ *kb.* 1 segiempat. 2
alun-alun segiempat.
quadrangular /kwad'ræŋgyələr/ *ks.* bersegiempat.
quadrant /'kwadrənt/ *kb.* kwadran, seperempat
dari lingkaran, busur 90°.
quadratic /kwad'rætik/ *ks.* kwadrat. *q. equation*
persamaan kwadrat.
quadrennial /kwad'renieəl/ *ks.* yg terjadi tiap
empat tahun.
quadrilateral /'kwadrə'lætərəl/ *ks.* bersisi empat.
quadruped /'kwadruped/ *kb.* binatang berkaki
empat.
quadruple /kwad'ruwpəl/ *kb.* lipat empat. *q.
amount* jumlah lipat empat. —*kkt., kki.* berlipat
empat.
quadruplet /kwad'ruplit, -'ruwplit/ *kb.* kembar
empat.
quadruplicate /kwad'ruwpləkit/ *kb.* rangkap em-
pat. *in q.* rangkap empat.
quaff /kwaf/ *kkt.* minum (minuman keras) banyak
sekali.
quagmire /'kwæg'mair/ *kb.* paya, rawa.
quail /kweil/ *kb.* burung puyuh. —*kki.* gemetar,
cabar hati.
quaint /kweint/ *ks.* 1 pelik, anéh. *q. style* gaya yg
anéh. 2 tua tetapi menarik.
quaintness /'kweintnəs/ *kb.* kelucuan, keanéhan.
quake /kweik/ *kb.* gempa (bumi). —*kki.* 1 bergun-
cang (*of the earth*). 2 gemetar (*of a person*). *to q. in o's
shoes* gemetar (di kakinya). —**quaking** *ks.* geme-
tar. *in a q. voice* dgn suara yg gemetar.
Quaker /'kweikər/ *kb.* Quaker (anggota suatu
perkumpulan Keristen yg anti-perang dan anti-
sumpah).

qualification /'kwaləfə'keisyən/ *kb.* 1 kwalifikasi,
kecakapan. 2 batas, pembatasan.
qualified /'kwaləfaid/ lih QUALIFY.
qualifier /'kwalə'faiər/ *kb.* pemberi sifat.
qualifies /'kwaləfaiz/ lih QUALIFY.
qualify /'kwaləfai/ *kkt.* 1 memenuhi syarat. *His
health does not q. him for insurance* Keséhatannya tak
memenuhi syarat utk mendapat asuransi. 2 meru-
bah (*a statement*). 3 memberi sifat. *Adjectives q. nouns*
Nama-nama sifat memberi sifat pd nama-nama
benda. —*kki.* memenuhi syarat. *You don't q.* Sdr
tak memenuhi syarat. *to q. for a job* memenuhi
syarat pekerjaan. —**qualified** *ks.* berijazah. *q.
pilot* juruterbang yg berijazah. *to be q. to vote* me-
menuhi syarat utk memilih. *q. approval* persetu-
juannya yg terbatas. —**qualifying** *ks.* yg me-
menuhi syarat. *q. examination* ujian utk memenuhi
syarat. *Sport.*: *q. round* babak penyisihan.
quality /'kwalətie/ *kb.* (*j.* -**ties**) 1 mutu, kwalitas.
the q. of the work mutu pekerjaan. *high q. merchandise*
barang-barang bermutu tinggi. 2 sifat. *her personal
qualities* sifat-sifat pribadinya. *the qualities of alumi-
num* sifat-sifat dari aluminium.
qualm /kwalm/ *kb.* 1 rasa cemas. *I had qualms as to
whether ...* Aku merasa cemas mengenai .... 2 rasa
sesal. *to murder without any qualms* membunuh tanpa
rasa sesal. *to have no qualms about doing s.t.* tak ragu-
ragu utk melakukan s.s.t.
quandary /'kwandərie/ *kb.* (*j.* -**ries**) kebingungan,
kesulitan. *to be in a q.* kebingungan.
quantification /'kwantəfə'keisyən/ *kb.* hitungan.
quantified /'kwantəfaid/ lih QUANTIFY.
quantifies /'kwantəfaiz/ lih QUANTIFY.
quantify /'kwantəfai/ *kkt.* (**quantified**) mengukur.
quantitative /'kwantə'teitiv/ *ks.* kwantitatip. *q.
analysis* analisa kwantitatip. —**quantitatively** *kk.*
menurut banyaknya, banyak.
quantity /'kwantətie/ *kb.* (*j.* -**ties**) kwantitas,
banyaknya. *in great q.* dlm jumlah banyak. *small
q. of potatoes* kentang dlm jumlah kecil. *to buy in large
quantities* membeli dlm jumlah besar. *He's a negligible
q.* Ia hanya orang sepélé.
quar. 1 [*quarter*] perempat. 2 [*quarterly*] majalah
tigabulanan.
quarantine /'kwarəntien, 'kwɔ-/ *kb.* karantina.
—*kkt.* 1 membarak, menempatkan dlm barak.
2 *Med.*: meng(k)arantinakan.
quarrel /'kwarəl, 'kwɔ-/ *kb.* perselisihan, perteng-
karan, percékcokan. *I have no q. with him* Aku tak
ada perselisihan dengannya. *to pick a q. with s.o.
about s.t.* bertengkar dgn s.s.o. mengenai s.s.t. *to
fight s.o.'s quarrels for s.o.* memperkelahikan per-
tengkaran utk s.s.o. —*kki.* bertengkar, berselisih,
bercékcok. *Don't q. with him* Janganlah bertengkar
dgn dia. **to q. about/over** bertengkar mengenai.
—**quarreling** *kb.* bertengkar.

quarrelsome /'kwarəlsəm, 'kwɔ-/ ks. suka ber-tengkar/bercékcok.

quarries /'kwariez, 'kwɔ-/ lih QUARRY.

quarry /'kwarie, 'kwɔ-/ (j. **-ries**) 1 Min.: tambang, penggalian. 2 buruan. to pursue o's q. mengejar buruannya. —kkt. (**quarried**) menggali.

quart /kwɔrt/ kb. ukuran sebanyak 0.9463 liter.

quart. 1 [quarter] perempat. 2 [quarterly] (majalah) tigabulan.

quarter /'kwɔrtər/ kb. 1 (money) setalén. 2 tiga bulan. to receive a check every q. menerima cék tiga bulan sekali. 3 perempat. at q. past two pd jam dua seperempat. a q. of/to eight jam delapan kurang seperempat. to divide a pie into quarters membagi kué pai menjadi empat (bagian). 4 bagian (of a city, of a game). Latin Q. bagian tempat tinggal orang-orang Latin (Amérika). to expect trouble from that q. mungkin ada kesukaran dari sudut/segi/bagian itu. 5 ampun, maaf. to ask/cry for q. minta/berteriak ampun. —**quarters** j. tempat tinggal. officers' quarters tempat tinggal perwira. at close quarters 1 dlm ruang sempit, dlm jarak dekat. 2 sangat berdekatan (of parking). —ks. perempat. q. inch seperempat inci. q. note seperempat not. —kkt. 1 memotong, jadi empat (a sheep, an apple). 2 memberi tempat tinggal (in dlm). —**quarterly** kb. (j. **-lies**) (majalah) triwulan. ks. triwulan, kwartal(an). q. statement rékening kwartalan. kk. tiap kwartal.

quarterback /'kwɔrtər'bæk/ kb. Sport: gelandang.

quarterdeck /'kwɔrtər'dek/ kb. 1 geladak belakang (on merchant ships). 2 Nau: geladak bagi nakhoda saja.

quarterfinal /'kwɔrtər'fainəl/ kb. kwarter final.

quartermaster /'kwɔrtər'mæstər/ 1 jurumudi (AL). 2 inténdan (AD). Q. Corps Korp Inténdan. quartermaster-general jéndral intendan.

quartet(te) /kwɔr'tet/ kb. kwartét.

quarto /'kwɔrtow/ kb. kwarto.

quartz /kwɔrts/ kb. kwarsa.

quash /kwasy/ kkt. membatalkan. to q. an indictment membatalkan tuntutan.

quasi /'kweisie, -zie; 'kwasie, -zie/ ks. pura-pura, tak benar/sok. a q. attempt at the rescue of s.o. suatu percobaan pura-pura utk menyelamatkan s.s.o. **quasi-judicial** ks. pura-pura/sok menurut hukum.

quatrain /'kwatrein/ kb. syair empat baris.

quaver /'kweivər/ kb. 1 getaran, gemetar (in o's voice). 2 Mus.: suara geletar/gemetar. —kki. geme-tar.

quay /kie/ kb. dermaga. alongside the q. sepanjang dermaga.

Que. [Quebec] kota di Kanada.

queasy /'kwiezie/ ks. mual, muak, mau muntah, loya.

queen /kwien/ kb. 1 ratu. q. bee ratu lebah. Apple Q. Ratu dari perayaan buah apel. q. mother ibu Ratu. 2 Bridge: kartu ratu. **q. consort** permaisuri raja yg sedang memerintah. **queen's English** bahasa Inggeris halus.

queenly /'kwienlie/ ks. spt ratu.

queer /kwir/ kb. homo, homoséks. —ks. anéh, ganjil. a q. person seorang yg anéh. to act q. berlaku anéh. I feel q. Aku anéh rasanya. —kkt. merusakkan, menghilangkan. to q. s.o.'s chances merusakkan kemungkinan s.s.o. queer-looking fellow seorang yg ganjil rupanya.

quell /kwel/ kkt. memadamkan, mengakhiri, meng-atasi, menumpas (a riot. uprising).

quench /kwenc/ kkt. 1 memuaskan (a thirst). 2 memadamkan (a fire).

queried. /'kweried/ lih QUERY.

queries /'kweriez/ lih QUERY.

querulous /'kwerələs/ ks. (suka) bersungut-sungut.

query /'kwerie/ kb. (j, **-ries**) pertanyaan. —kkt. (**queried**) meragukan, menyangsikan (the accuracy of a statement).

ques. [question] pertanyaan, soal.

quest /kwest/ kb. 1 penyelidikan. 2 pencarian. the q. for knowledge mencari ilmu pengetahuan. to go in q. of s.o. pergi mencari s.s.o.

question /'kwescən/ kb. 1 pertanyaan. to ask a q. mengajukan pertanyaan. to put the q. memajukan pertanyaan. to raise several questions mengadakan beberapa pertanyaan. 2 soal. a q. of life or death soal hidup atau mati. The q. is whether he is right or ... Soalnya adalah apakah ia yg benar atau.... 3 keraguan, kesangsian. a q. about his loyalty kera-guan mengenai kesetiaannya. 4 usul. Are you ready for the q.? Sdh siapkah Sdr utk usul itu? **to beg the q.** menerima tanpa bukti. **beside the q.** tak mengenai persoalannya. His integrity is beyond (all) q. Kejujurannya tak diragukan. **to call into q.** menyangsikan. **in q.** yg dibicarakan. **out of the q.** mustahil, tak mungkin. Inf.: **to pop the q.** meng-ajukan lamaran, melamar. **without q.** niscaya, tentu saja. to obey without q. tunduk tanpa mem-bantah. —kkt. 1 menanya(i) (s.o.). 2 meragukan, menyangsikan (s.o's honesty). I q. whether ... Saya sangsi apakah .... **q. and answer period** waktu tanya-jawab. **q. mark** tanda tanya. —**ques-tioning** kb. soal-jawab. ks. yg berisi/mengandung pertanyaan. q. look pandangan yg berisi perta-nyaan.

questionable /'kwescənəbəl/ ks. diragukan. It is q. whether ... Adalah diragukan .... to engage in q. prac-tices melakukan perbuatan yg diragukan keju-jurannya.

questioner /'kwescənər/ kb. penanya.

questionnaire /'kwescə'nær/ kb. daftar perta-nyaan.

queue /kyuw/ kb. 1 antri, antré. 2 ékor babi. —kki. **to q. up** (ber)antri.

quibble /'kwibəl/ kki. berdalih, cékcok (over the price).

quick /kwik/ kb. daging dibawah kuku. to bite o's nails to the q. menggigit sampai pd pangkalnya. the q. and the dead yg hidup dan yg mati. to be cut/ stung to the q. by a statement sangat tersinggung oléh ucapan. —ks. 1 cepat. to make a q. getaway lolos dgn cepat. to have a q. temper lekas marah. to have a q. ear for languages cepat belajar bahasa. to make a q. decision cepat mengambil keputusan. Let's have a q. one Mari kita cepat minum (minuman keras). 2 lekas. a q. wit seorang yg lekas mengerti. —kk. lekas, cepat. Come q.! Lekas, lekas! **to quick-freeze** kkt. membekukan cepat-cepat. **quick-tempered** ks. lekas marah. **quick-witted** cepat dipikirkan. —**quickly** kk. dgn cepat.

quicken /'kwikən/ kkt. mempercepat (o's pace). —kki. menjadi lebih cepat (of o's pulse).

quickie /'kwikie/ kb. Sl.: hasil kilat. —ks. kilat. q. course kursus kilat.

quickness /'kwiknəs/ kb. kecepatan, ketangkasan, kekencangan, kecekatan.

quicksand /'kwik'sænd/ kb. pasir hanyut/apung.

quicksilver /'kwik'silvər/ kb. air raksa.

quid /kwid/ *kb.* sugi (*of tobacco*).
quiescent /kwai'esǝnt/ *ks.* tanpa gerak, tdk bergerak, diam.
quiet /kwaiǝt/ *kb.* ketenangan. *to be married on the q.* menikah dgn diam-diam. —*ks.* 1 sepi. *It's too q. there for me* Disini terlalu sepi bagiku. *q. street* jalan yg sepi. *Business is q.* Perdagangan sepi. 2 diam. *Please be q.* Diharap diam. *Q., please!* Harap diam! *Keep q.!* Diam! *q. disposition* sifat pendiam. 3 aman. *to live in a q. way* hidup secara aman. 4 tenang. *to have a q. sleep* tidur dgn tenang. 5 tdk ramai. *q. wedding* perkawinan yg tdk ramai. —*kkt.* meredakan, menenangkan (*a child*). *Q. down!* Berhentilah bicara! —**quietly** *kk.* dgn diam-diam. —**quieting (down)** peredaan.
quill /kwil/ *kb.* 1 bulu ayam. 2 (*pen*) péna.
quilt /kwilt/ *kb.* selimut kapas. —*kkt.* melapisi (selimut) dgn kapas. —*kki.* menyambung-nyambung potongan kain.
quince /kwins/ *kb.* sm buah.
quinine /'kwainain/ *kb.* kina, kenini. *q. water* air kina.
quinquennial /kwin'kwenieǝl/ *ks.* sekali lima tahun.
quint /kwint/ *kb. Inf.*: kembar lima.
quintessence /kwin'tesǝns/ *kb.* 1 saripati, inti. 2 contoh murni.
quintet /kwin'tet/ *kb.* kwintét.
quintuple /kwin'tuwpǝl/ *kkt.* berlipat lima.
quintuplet /kwin'tʌplit, -'tuwplit, -'tuplit/ *kb.* kembar lima.
quintuplicate /kwin'tuwplǝkit/ *ks.* rangkap lima.
quip /kwip/ *kb.* kata yg tepat, éjékan, sindiran. —*kki.* (**quipped**) bersendagurau, mengéjék, menyindir.
quire /kwair/ *kb.* dua lusin (kertas).
quirk /kwǝrk/ *kb.* kebiasaan khusus dlm tingkah-laku s.s.o.
quit /kwit/ *ks.* **to be q. of** terlepas dari. —*kkt.* (**quit**) 1 berhenti. *Q. it!* Berhenti! 2 meninggalkan (*o's room*). **quitting** *time* waktu utk berhenti kerja.
quite /kwait/ *kk.* sungguh. *q. ill* sungguh sakit. *q. hot* sungguh panas. *He's q. right* Ia sungguh benar.

I'm q. alone now Saya betul-betul hanya seorang diri sekarang. *q. a distance* jauh juga. *q. a few people* banyak juga orang. *q. as much* sebanyak seperti. *I q. understand* Saya mengerti benar. *Q. so!* Begitulah (kiranya)! *Smoking is q. the thing to do* Merokok adalah sopan sekali.
quits /kwits/ *ks.* seri. *to call it q.* menghentikan usaha.
quitter /'kwitǝr/ *kb. Inf.*: orang yg berhenti berusaha.
quiver /'kwivǝr/ *kb.* 1 *Sport*: tempat anak panah. 2 getaran (*in voice or on face*). —*kki.* gemetar, menggigil.
quixotic /kwik'satik/ *ks.* melamun. *q. behavior* kelakuan yg melamun.
quiz /kwiz/ *kb.* ulangan. —*kkt.* (**quizzed**) 1 menguji (*students*). 2 memeriksa (*by police*). **q. show/program** pertunjukan cerdas-tangkas.
quizzical /'kwizǝkǝl/ *ks.* anéh, lucu (*of a look*). —**quizzically** *kk.* dgn pandangan anéh.
quorum /'kwowrǝm/ *kb.* k(w)orum. *to have a q.* mencapai kworum.
quot. [*quotation*] kutipan.
quota /'kwowtǝ/ *kb.* 1 jatah, kwotum. *the q. system for immigration* sistim/cara kwotum utk imigrasi. 2 bagian. *to contribute o's q.* menyumbangkan bagiannya.
quotable /'kwowtǝbǝl/ *ks.* boléh disebut, dipetik. *q. comment* uraian yg boléh disebut.
quotation /kwow'teisyǝn/ *kb.* 1 kutipan, tukilan, nukilan (*from a book*). *q. mark* ţanda kutip/petik. 2 penentuan, penetapan. *stock market q.* penentuan harga bursa.
quote /kwowt/ *kb.* 1 kutipan. 2 tanda kutip. *in quotes* dlm tanda kutip. —*kkt.* 1 mengutip, memetik (*from a book*). *I was quoted incorrectly* Saya dikutip dgn tdk tepat. 2 memberikan. *to q. s.o. the wrong price* memberikan pd s.s.o. harga yg keliru. 3 mengulangi. *He said and I q. ...* Ia berkata, dan saya ulangi.... 4 mengutip. *to q. shares on the market* mengutip séro di pasar bursa.
quotient /'kwowsyǝnt/ *kb.* hasil bagi.

R

R, r /ar/ *kb.* huruf kedelapanbelas dari abjad Inggeris. *the three R's* pelajaran-pelajaran membaca, menulis dan berhitung.
r. 1 [*right*] kanan. 2 [*river*] sungai.
R. [*River*] Sungai, Kali.
R.A. [*Rear Admiral*] Laksamana Muda.
rabbi /'ræbai/ *kb.* pendéta Yahudi.
rabbit /'ræbit/ *kb.* kelinci. *r. food* selada, sayur-sayuran mentah. *rabbit's foot* kaki kelinci (jimat).
rabble /'ræbəl/ *kb.* rakyat jelata, orang-orang jémbél. **rabble-rouser** *kb.* pengacau, perusuh, peribut.
rabid /'ræbid/ *ks.* 1 fanatik. *r. integrationist* pejuang pemersatu yg fanatik. *She's r. on the subject of religion* Ia tergila-gila akan persoalan-persoalan agama. 2 gila (*of a dog*). *He was r. with anger* Ia betul-betul marah.
rabies /'reibiez/ *kb.* penyakit anjing gila, gila anjing.
raccoon /ræ'kuwn/ *kb.* binatang serupa kucing.
race /reis/ *kb.* 1 ras, bangsa. *He is of the Caucasian r.* Ia termasuk ras Kaukasia. *the human r.* umat manusia. 2 perlombaan. *to run (in) the two mile r.* lari dlm perlombaan dua mil. *to run a r.* mengikuti perlombaan/balapan. *arms r.* perlombaan dlm persenjataan. 3 (*horse*) pacuan (kuda). 4 aréna, pertarungan, perlombaan (politik). —*kkt.* 1 menjalankan cepat-cepat (*engine*). 2 berlomba dgn, membalap, mengebut 3 memperlombakan (*a horse*). *to r. cars* main balap mobil. **to r. about** bergegas-gegas/sibuk kian-kemari. *to r. down the street* berlari sepanjang jalan. **r. course/track** lapangan/gelanggang pacuan kuda. **r. horse** kuda pacu(an). **r. relations** hubungan antar sukubangsa. **r. riot** kerusuhan antar sukubangsa. —**racing** *kb.* balapan. *r. car* oto balap(an).
racer /'reisər/ *kb.* pembalap, pengebut (oto, sepéda, kuda).
racialism /'reisyəlizəm/ *kb.* rasialisme.
racial /'reisyəl/ *ks.* rasial. *r. discrimination* diskriminasi rasial. *r. minorities* suku-suku bangsa golongan kecil.
racism /'reisizəm/ *kb.* rasisme.
racist /'reisist/ *kb.* orang yg membenci suku bangsa lain.
rack /ræk/ *kb.* rak, para-para. *luggage r.* rak tempat barang. *to go to r. and ruin* rusak binasa. —*kkt.* menyiksa, menyakiti. *She was racked with pain* Ia tersiksa oléh rasa sakit. *to r. o's brains* memeras otaknya. **to r. up** *Inf.*: memenangkan.
racket /'rækit/ *kb.* 1 *Tenn.*: rakét. 2 keributan, kegaduhan. *Why make such a r. over which is right?* Mengapa begitu héboh ttg yg mana yg benar? 3 lapangan. *You're in the right r.* Kau bekerja dlm lapangan yg cocok bagimu. 4 *Inf.*: usaha penipuan/pemerasan. *What a r.!* Sungguh suatu pekerjaan yg gampang dan/tetapi menguntungkan.

racketeer /'rækə'tir/ *kb. Inf.*: pemeras.
racy /'reisie/ *ks.* 1 agak cabul. *r. story* cerita yg agak cabul. 2 bersih dan rapi (*style*).
radar /'reidar/ *kb.* radar. *r. beacon* menara radar. *r. operator* juru radar. *r. screen* layar radar.
radial /'reidiəl/ *ks.* yg berk. dgn jari-jari lingkaran. *r. arrangement* susunan spt jari-jari lingkaran. *r. artery* urat-urat darah spt lingkaran dibawah siku.
radiance /'reidieəns/ *kb.* sinar, cahaya.
radiant /'reidieənt/ *ks.* 1 berseri-seri (*of a woman*). 2 bersinar-sinar. *r. heat* panas pancaran.
radiate /'reidieeit/ *kkt.* memancarkan (*happiness*). —*kki.* 1 bersinar (*of the sun*). 2 menyebar. *Roads r. from the town* Jalan-jalan menyebar dari kota itu. 3 memancar, terpancar. *Goodwill radiates from every side* Kemauan baik terpancar dari segala pihak.
radiation /'reidie'eisyən/ *kb.* radiasi, pemancaran, penyinaran. *nuclear r.* radiasi nuklir. *r. sickness* sakit kena radiasi.
radiator /'reidie'eitər/ *kb.* radiator. *r. cap* tutup radiator. *r. hose* pipa radiator.
radical /'rædəkəl/ *kb.* 1 seorang radikal. 2 *Math., Chin.*: akar. *r. sign* tanda akar. —*ks.* 1 radikal. *the R. party* partai Radikal. 2 sampai ke akar-akarnya. *r. changes* perubahan-perubahan sampai ke akar-akarnya. —**radically** *kk.* sama sekali. *Something is r. wrong with...* Ada s.s.t. yg sama sekali rusak pd....
radio /'reidieow/ *kb.* radio. *on the r.* di radio. *r. beacon* menara radio. *r. beam* pancaran radio. *r. broadcast* siaran radio. *r. commentator* pengulas radio. *r. phonograph* gramopon dgn alat penerima radio. *r. set* pesawat radio. *r. station* stasiun pemancar radio. *r. taxi* taksi yg dilengkapi dgn radio pemancar dan penerima. *r. telescope* téléskop radio. *r. tube* lampu/tabung radio. *r. wave* gelombang radio. —*kkt.* meradiokan.
radioactive /'reidieow'æktiv/ *ks.* radioaktip. *r. fallout* debu radioaktip.
radioactivity /'reidieowæk'tivətie/ *kb.* keradioaktipan, radioaktivitas.
radiocarbon /'reidieow'karbən/ *kb.* isotop karbon yg radioaktif dgn berat atom 14 (=carbon 14).
radiogram /'reidieowgræm/ *kb.* radiogram.
radioisotope /'reidieow'aisətowp/ *kb.* isotop radio.
radiologist /'reidie'aləjist/ *kb.* radiolog, ahli pengobatan sinar.
radiology /'reidie'aləjie/ *kb.* ilmu sinar, radiologi.
radioman /'reidieow'mæn/ *kb.* (*j.* **-men**) pegawai pemancar radio.
radiophoto /'reidieow'fowtow/ *kb.* radiofoto.
radiotelephone /'reidieow'teləfown/ *kb.* télepon radio.
radiotherapy /'reidieow'therəpie/ *kb.* radiotérapi, pengobatan dgn sinar.
radish /'rædisy/ *kb.* radés, lobak.

radium /'reidieəm/ *kb.* radium.
radius /'reidieəs/ *kb.* 1 jari-jari (lingkaran), radius.
2 *Anat.*: tulang lengan.
raffle /'ræfəl/ *kb.* penjualan dgn undian. —*kkt.*
mengundi, lomba menghabiskan. *to r. off a turkey*
mengadakan pengundian seékor kalkun.
raft /ræft/ *kb.* rakit.
rafter /'ræftər/ *kb.* kasau, kasok.
rag /ræg/ *kb.* 1 (kain) lap (*for cleaning*). 2 kain buruk.
Her clothes were simply rags Pakaiannya hanya kain-
kain buruk belaka. *to be dressed in rags* berpakaian
compang-camping. *She hasn't a r. to her name* Pada-
nya tdk ada pakaian yg pantas. *Sl.*: *to chew the r.*
mempercakapkan, mengobrol. —*kkt.* (**ragged**) *Sl.*:
menggoda. **r. doll** bonéka dari potongan-potongan
kain. **r. rug** babut terbuat dari potongan-potongan
kain.
ragamuffin /'rægə'mʌfən/ *kb.* 1 anak yg tak ter-
pelihara. 2 orang jahat.
rage /reij/ *kb.* 1 kemarahan, kegusaran. *to fly into a r.*
menjadi sangat marah. 2 kegemaran. *to be all the r.*
digemari umum, menjadi keranjingan orang ba-
nyak. —*kki.* 1 mengamuk. *A storm raged* Badai
mengamuk. 2 marah-marah. *He raged over not re-
ceiving a promotion* Ia marah-marah karena tak
diberi kenaikan pangkat. **to r. at** membentak-
bentak, menghardik. —**raging** *ks.* 1 yg meng-
amuk. *r. storm* badai yg sedang mengamuk. 2 hébat,
tinggi. *r. fever* demam panas yg sangat tinggi.
ragged /'rægid/ *ks.* 1 kasar, tdk rata, gerigis. *r. edge
of a can top* pinggiran yg kasar dari tutup kaléng.
2 yg berpakaian compang-camping (*of a child*).
3 (*imperfect*) acak-acakan, tdk teratur. *Our child runs
us r.* Anak kami meletihkan kami.
ragman /'ræg'mæn/ *kb.* (*j.* -**men**) pengumpul kain
tua.
ragout /ræ'guw/ *kb.* daging cincang yg banyak
bumbunya.
ragweed /'ræg'wied/ *kb.* sm rumput-rumputan.
rah /ra/ *kseru.* hura, ayuh, huré.
raid /reid/ *kb.* 1 geropyokan, razzia, penggerebekan,
pembersihan (*on a club*). 2 serangan. *air r.* serangan
udara. —*kkt.* 1 menggeropyok. *to r. a night club*
menggeropyok klub malam. 2 membersihkan isi
(*an icebox*). —**raiding** *kb.* 1 penggeropyokan (*of a
club*). 2 perampasan (*of faculty by another university*).
raider /'reidər/ *kb.* penjarah, perompak.
rail /reil/ *kb.* 1 rél (keréta api). *to go by r.* naik keréta
api. *to go off the rails* tergelincir. 2 jeruji (*of a fence*).
He's thin as a r. Ia kurus bagaikan tonggak. —*kkt.*
memagari (*a yard*). —*kki.* **to r. at** mencerca, me-
nista, mencemooh. **r. fence** pagar kayu. —**railing**
kb. susur(an) tangga.
railroad /'reil'rowd/ *kb.* 1 jalan keréta api. *r.
crossing* persimpangan jalan keréta api. *r. engineer*
masinis. *r. station* setasiun keréta api. 2 perusahaan
keréta api. *r. system* perkeréta-apian. —*kkt.* me-
nyelesaikan dgn cepat. *Inf.*: *to r. a bill through Con-
gress* mengusahakan diterimanya dgn cepat un-
dang-undang oléh Parlemén.
railroadman /'reil'rowdmən/ *kb.* (*j.* -**men**) 1 pega-
wai keréta api. 2 pemilik keréta api.
railway /'reil'wei/ *kb.* jalan keréta api. *r. express*
nama perusahaan angkutan cepat di A.S. *r. system*
perkeréta-apian. *r. yard* halaman tempat gerbong
keréta api.
raiment /'reimənt/ *kb.* pakaian.
rain /rein/ *kb.* hujan. *r. cloud* awan hujan. *The r.
came early this year* Tahun ini hujan cepat turun. *r.
of sparks* hujan bunga api. *driving/pelting r.* hujan

berderau. *It looks like r.* Kelihatannya spt akan
hujan. *Come in out of the r.* Masuklah agar tdk kena
hujan. *He plays golf r. or shine* Ia bermain golf baik
hujan maupan terang. *to stand in the r.* berhujan.
to expose to the r. menghujankan. —**the rains** *j.*
musim hujan. —*kkt.* menghujani (*ticker tape*). *to r.
blows on s.o.* menghujani s.s.o. dgn pukulan-pukul-
an. —*kki.* 1 hujan turun. *It rained for hours* Hujan
turun berjam-jam lamanya. 2 menghujan. *Sparks
rained from the ceiling* Bunga api menghujan dari
langit-langit. **to r. in** masuk tempias. **to r. out**
menghalangi karena hujan. **r. check** 1 karcis utk
lain kali karena pertunjukan terhalang hujan. 2
undangan utk lain waktu.
rainbarrel /'rein'bærəl/ *kb.* tong penampung air
hujan.
rainbow /'rein'bow/ *kb.* pelangi, bianglala.
raincoat /'rein'kowt/ *kb.* jas hujan.
raindrop /'rein'drap/ *kb.* tétésan/rintik hujan.
rainfall /'rein'fɔl/ *kb.* curah(an) hujan.
rainproof /'rein'pruwf/ *ks.* tahan hujan, tak tembus
hujan.
rainstorm /'rein'stɔrm/ *kb.* badai hujan.
rainwear /'rein'wær/ *kb.* pakaian hujan.
rainy /'reinie/ *ks.* banyak hujan. *r. season* musim
hujan. *to save for a r. day* menabung utk masa
darurat/kesusahan.
raise /reiz/ *kb.* kenaikan (gaji, upah). —*kkt.* 1 meng-
angkat (*a window, o's hand*). *to r. s.o. to the prime
ministership* mengangkat s.s.o. menjadi perdana
menteri. *to r. a glass* a) mengangkat gelas. b) mem-
beri toast. 2 menaikkan (*the price, flag, s.o's rank*). 3
memelihara (*animals, fowl*). 4 membesarkan (*a
child*). *He was raised on milk* Ia dibesarkan dgn
susu. *He was raised in Ohio* Ia dibesarkan di Ohio.
5 mendapatkan, mengumpulkan (*money, funds*). 6
mendirikan (*a monument*) (**to** utk). 7 menghidup-
kan (*the dead*). 8 menyebabkan, menimbulkan (*a
blister*). *to r. a smile from s.o.* menyebabkan senyum
dari/pd s.s.o. 9 mengemukakan (*objections*). 10 me-
nimbulkan (*doubts*). 11 mengajukan (*a question*).
The question was raised as to... Pertanyaan itu dia-
jukan mengenai.... 12 meningkatkan (*standards,
production*). 13 bertanam (*corn, flowers*). 14 mematah-
kan. *to r. a siege* mematahkan kepungan/pengepung-
an. *Don't r. your voice* Jangan berteriak. —**raised**
ks. ditinggikan, tinggi letaknya. *r. porch* serambi/
beranda yg tinggi letaknya.
raiser /'reizər/ *kb.* penanam, pemelihara. *cattle r.*
peternak sapi.
raisin /'reizən/ *kb.* kismis.
rake /reik/ *kb.* 1 (*tool*) penggaruk. 2 bandot. —*kkt.*
1 menggaruk (*leaves*). 2 memberondong/memba-
bat/menyapu (*the enemy*). **to r. in** menggait, mem-
peroléh (*money*). *to r. in the money.* memperoléh
banyak untung. **to r. up** 1 menyapu. *to r. up the
leaves* menyapu daun-daun itu. 2 mengungkapkan
(*the past*). **rake-off** *kb.* prémi, bagian. —**raking**
kb. menggaruk, penggarukan.
rakish /'reikisy/ *ks.* gagah. *to wear o's hat at a r.
angle* memakai topinya miring dgn gagahnya.
rallied /'rælied/ lih RALLY.
rallies /'ræliez/ lih RALLY.
rally /'rælie/ *kb.* (*j.* -**lies**) 1 rapat umum. 2 *Tenn.*:
permainan dgn pukulan yg bertubi-tubi/pukulan
kembali-mengembalikan. —*kkt.* (**rallied**) me-
ngumpulkan, mengerahkan. *to r. everyone around the
leader* mengumpulkan semua orang mengerumuni/
mendukung pemimpin. —*kki.* 1 bersatu, berkum-
pul. *to r. in defense of* bersatu mempertahankan.

2 cepat menjadi sembuh (*from an operation*). **rally-ing** *point* tempat berkumpul.

ram /ræm/ *kb*. 1 (*sheep*) biri-biri jantan. 2 (*battering*) alat pelantak. —*kkt*. (**rammed**) membenturkan (*a barge, car*). *to r. o's head against* membenturkan kepalanya pd. *to r. down o's throat* mencekokkan. **to r. into** menghantam.

Ramadan /'ramədan/ *kb*. Ramadan, Puasa.

ramble /'ræmbəl/ *kb*. pelancongan, pengembaraan. —*kki*. 1 berkeliling-keliling. 2 berbicara tak teratur. —**rambling** *ks*. melantur-lantur, bertélé-télé.

rambler /'ræmblər/ *kb*. 1 pengembara. 2 (*house*) rumah yg tak bertingkat dan beratap rendah. 3 (*flower*) sm bunga mawar yg pohonnya menjalar.

rambunctious /ræm'bʌŋksyəs/ *ks*. *Inf*.: suka ribut, kasar, liar dan tak dpt dikendalikan.

ramification /'ræməfə'keisyən/ *kb*. percabangan.

ramifies /'ræməfaiz/ lih RAMIFY.

ramify /'ræməfai/ *kki*. (**ramified**) bercabang-cabang.

ramp /ræmp/ *kb*. 1 jalur yg melandai (*of superhigh-way*). 2 jalan melandai, léréngan (*at airport*).

rampage /'ræmpeij/ *kb*. amukan. *The river is on the r.* Sungai itu menjadi buas. —*kki*. mengamuk, meluap.

rampant /'ræmpənt/ *ks*. 1 merajaléla (*of a disease*). 2 menjadi(-jadi). *Gambling is r.* Penjudian menjadi-jadi. *The vines run r.* Tanaman-tanaman itu menjalar bébas.

rampart /'ræmpart/ *kb*. kubu, bénténg.

ramrod /'ræm'rad/ *kb*. pelantak. *straight as a r.* tegak spt patung.

ramshackle /'ræm'syækəl/ *ks*. bobrok, buruk.

ran /ræn/ lih RUN.

ranch / rænc/ *kb*. 1 tempat pertanian yg luas berikut gedung-gedungnya. 2 peternakan. *turkey r.* peternakan kalkun. *r. house* rumah yg tak bertingkat dan beratap rendah.

rancher /'ræncər/ *kb*. pengusaha peternakan.

rancid /'rænsid/ *ks*. tengik, anyir, perat.

rancor /'ræŋkər/ *kb*. benci, dendam.

random /'rændəm/ *kb*. **at r.** secara serampangan, dgn sembarangan. *to bomb at r.* membom secara membabi buta. *to select at r.* memilih dgn sembarangan. —*ks*. 1 sembarangan, serampangan. *r. plan* rencana yg sembarangan. *r. sample* contoh sembarangan, sembarang contoh. 2 tdk disengaja. *r. error* kesalahan yg tdk disengaja.

rang /ræŋ/ lih RING.

range /reinj/ *kb*. 1 jarak. *firing r.* jarak témbak. *finder* pengukur jarak. *at long r.* dlm jarak jauh, akhirnya. *to be out of r.* a) diluar jarak témbak. b) tak dpt dihubungi. 2 tempat latihan (*firing, golf*). *missile r.* tempat (latihan) peluncuran peluru kendali. 3 (*stove*) kompor. 4 tingkat nada (*of a voice*). 5 jajaran, barisan. *r. of mountains, mountain r.* jajaran gunung-gunung. *to have a wide r. of interests* mempunyai perhatian pd banyak hal. *to be within r.* cukup dekat utk. *r. of vision* jauhnya/luasnya pandangan. *This store carries a wide r. of merchandise* Toko ini menjual banyak sekali macam-macam barang. *His r. of knowledge is great* Pengetahuannya luas jangkauannya. *the whole r. of politics* seluruh lapangan/bidang politik. *The faculty salary r. is great* Gaji pd fakultas/perguruan tinggi banyak macamnya/jauh berbéda-béda. —*kkt*. menyusun. *R. the magazines alphabetically* Susunlah majalah-majalah itu menurut abjad. —*kki*. bergerak, bergéser (*of prices*). *Her research ranged over a wide field* Penyelidikannya mencakup bidang yg luas.

ranger /'reinjər/ *kb*. 1 *For*.: penjaga hutan. 2 (*police*) anggota pasukan keamanan.

rank /ræŋk/ *kb*. 1 pangkat (*in armed forces*). *to pull r.* a) menunjukkan kelebihan pangkat. b) mempergunakan kedudukan utk mendapatkan keuntungan. 2 barisan. *to break r.* pecah barisan. *to close the ranks* menutup barisan. 3 *Mil*.: tingkat bawahan. *to rise from the ranks* mulai dari tingkat bawahan. *dissension in the ranks* perselisihan dlm kalangan. —*ks*. 1 busuk (*of odor*). *r. weeds* rumputan yg berbau busuk. 2 méwah (*of grass*). 3 keterlaluan, yg melampaui batas. *r. injustice* ketidakadilan yg keterlaluan. *That was r. ingratitude* Benar-benar tak tahu berterima-kasih. —*kkt*. 1 mengatur, menyusun (*cards, slips according to size*). 2 menggolongkan. *He is ranked among ...* Ia digolongkan dlm .... 3 berkedudukan lebih tinggi, melebihi pangkat s.s.o. 4 hrs mengatur usaha mana/apa yg hrs didahulukan (*applications*). —*kki*. menduduki. *to r. first in the country* menduduki tingkat pertama. *to r. second to ...* menduduki tempat kedua stlh.... *How does the school r.?* Bagaimana tingkat kedudukan sekolah itu? **r. and file** rakyat jelata, orang kebanyakan. —**ranking** *kb*. kedudukan. *ks*. terkemuka. *as r. Congressman* sbg anggota Parlemén yg terkemuka. *high-r. naval officer* seorang perwira angkatan laut yg berpangkat tinggi.

rankle /'ræŋkəl/ *kki*. menyayat hati, melukai perasaan. *The insult rankled* Penghinaan itu mengganggu pikiran.

ransack /'rænsæk/ *kkt*. merampok, menggedor.

ransom /'rænsəm/ *kb*. (uang) tebusan. *to hold s.o. for r.* menahan s.s.o. utk mendapatkan uang tebusan. —*kkt*. menebus. *to r. o's soul from the devil* membébaskan jiwanya dari sétan.

rant /rænt/ *kb*. cakap besar/tinggi, kata-kata kasar/melambung, omong-omong kasar. —*kki*. bergembar-gembor, berteriak-teriak.

rap /ræp/ *kb*. 1 ketokan (*on a door*). *There was a r. on the door* Ada orang mengetok pintu. 2 dampratan (*on the hand*). *r. on the knuckles* peringatan pedas. 3 *Sl*.: hukuman. *Sl*.: *to beat the r.* terhindar dari hukuman. *Sl*.: *to take the r.* menerima hukuman. 4 *Sl*.: kesalahan. *to pin the r. on s.o.* melémparkan kesalahan kpd s.s.o. 5 *Inf*.: sedikit. *He doesn't care a r. about his health* Ia sedikitpun tdk memperdulikan keséhatannya. —*kkt*. (**rapped**) 1 memukul (*the knuckles*). 2 (*criticize*) mengecam, mengeritik. —*kki*. 1 mengetok (*on a door, desk*). 2 *Sl*.: memperbincangkan. *Sl*.: **r. session** masa perbincangan.

rapacious /rə'peisyəs/ *ks*. suka merampok/menggarong, tamak, serakah.

rapacity /rə'pæsətie/ *kb*. kesenangan/nafsu merampok/menggarong.

rape /reip/ *kb*. perkosaan. —*kkt*. memperkosa, mencabuli. **r. (seed) oil** minyak lobak.

rapid /'ræpid/ *kb*. **rapids** riam, aliran deras, penderasan (*in a river*). —*ks*. cepat, laju. *at a r. rate* dgn kecepatan yg tinggi. **rapid-fire, rapid-firing** *ks*. secara cepat. *r.-fire examination* pemeriksaan yg diajukan secara cepat dan bertubi-tubi. **r. transit** sistém pengangkutan cepat. —**rapidly** *kk*. dgn cepat.

rapidity /rə'pidətie/ *kb*. kecepatan.

rapier /'reipiər/ *kb*. pedang tipis dan tajam.

rapierlike /'reipiər'laik/ *ks*. tajam. *r. wit* otak yg tajam.

rapist /'reipist/ *kb*. pemerkosa.

rapport /ræ'powr(t)/ *kb*. hubungan. *to establish r. between ...* mengadakan hubungan antara....

rapporteur /ræpɔr'tər/ *kb.* pelapor.
rapprochement /raprɔsy'man/ *kb.* dekat-mendekati, persesuaian
rapt /ræpt/ *ks.* 1 penuh. *to sit in r. attention* duduk dgn penuh perhatian. 2 asyik. *r. in his task* asyik dlm pekerjaannya.
rapture /'ræpcɔr/ *kb.* 1 rasa terpesona (*of s.o.'s beauty*). 2 kegairahan. 3 rasa gembira. *to go into raptures over s.t.* bergembira-ria akan s.s.t.
rapturous /'ræpcɔrɔs/ *ks.* 1 yg membayangkan rasa terpesona. 2 yg membayangkan kegembiraan hati.
rare /rær/ *ks.* 1 jarang. *r. gem* permata yg jarang didapat. *r. book* buku yg jarang didapat. 2 anéh, ganjil (*of a disease*). 3 setengah masak (*of meat*). 4 luar biasa (*of talents*). 5 tipis (*of air*). —**rarely** *kk.* jarang. *I r. see them anymore* Aku jarang melihat meréka lagi.
rarebit /'rærbit/ *kb.* lih WELSH.
rarefaction /'rærə'fæksyɔn/ *kb.* hal menipiskan, penjernihan, penghalusan.
rarefies /'rærəfaiz/ lih RAREFY
rarefy /'rærəfai/ *kkt.* (**rarefied**) menipis(kan), menjernihkan, memurnikan. **rarefied** *atmosphere* udara jernih, udara yg dijernihkan.
raring /'ræring/ *ks. Inf.*: penuh kegembiraan. *The children were r. to go* Anak-anak itu penuh kegembiraan akan pergi.
rarity /'rærɔtie/ *kb.* (*j.* **-ties**) 1 hal yg jarang sekali. 2 s.s.t. yg anéh/yg jarang terdapat.
rascal /'ræskɔl/ *kb.* bangsat, bajingan. *You r.!* Bajingan kau!
rash /ræsy/ *kb.* 1 ruam (*on face*). 2 sejumlah, banyak. *a r. of fires* sejumlah kebakaran. —*ks.* terburu-buru, kurang pikir, gegabah. *r. decision* keputusan yg terburu-buru. —**rashly** *kk.* dgn terburu-buru, dgn kurang pikir, dgn gegabah. *Don't act r.* Janganlah bertindak dgn terburu-buru.
rasher /'ræsyɔr/ *kb.* sepotong (*of ham/bacon*).
rashness /'ræsynɔs/ *kb.* keadaan tergesa-gesa.
rasp /ræsp/ *kb.* 1 (*tool*) kukuran, parutan. 2 keserakan (*in the voice*). —*ks.* serak (*of o's voice*). —*kkt.* memarut (*a coconut*). *to r. out a command* mengeluarkan perintah dgn suara parau. —*kki.* menusuknusuk. *The noise rasped on my ears* Suara yg ribut itu menusuk-nusuk telingaku. —**rasping** *ks.* serakkasar, garau, parau (*of a voice*).
raspberry /'ræz'berie, 'ræzbrie/ *kb.* (*j.* **-ries**) 1 buah frambus. 2 *Sl.*: tanda ketidaksukaan.
rat /ræt/ *kb.* 1 tikus (besar). *r. exterminator* pembasmi tikus. *r. poison* bisa/racun tikus. 2 *Sl.*: pengkhianat. 3 *Inf.*: ganjel/bantalan rambut. *to smell a r.* curiga, menaruh syak-wasangka. —*kki.* (**ratted**) *Sl.*: **to r. on** mengkhianati. **rat-a-tat** *kb.* deram (*of a drum*). *Inf.*: **r. race** kesibukan yg tiada henti-hentinya. *Sl.*: kseru.—**Rats!** Omong kosong!
ratcatcher /'ræt'kæcɔr/ *kb.* perangkap tikus.
ratchet /'ræcit/ *kb.* roda bergigi searah. *r. wheel* roda pasak.
rate /reit/ *kb.* 1 tarip, dasar, suku. *r. of interest* suku bunga. *What r. do you pay per hour?* Berapa upah yg kaubayarkan tiap jamnya? *advertising rates* tarif iklan. 2 béa. *postal rates* béa pos. *room rates* séwa kamar. 3 kurs. *r. of exchange* kurs (penukaran). 4 angka. *mortality r.* angka kematian. 5 kecepatan. *at the r. of 550 miles per hour* dgn kecepatan 550 mil per jam. *r. of climb* kecepatan naik. *r. of growth* kecepatan tumbuh. *to cruise at the r. of ten knots* berlayar dgn kecepatan sepuluh knot. *The car was going at a great r. when ...* Mobilnya dlm kecepatan yg tinggi ketika.... *That tree grows at a r. of three feet*

a year Pohon itu tumbuh setinggi tiga kaki setahun. **at any r.** bagaimanapun juga. **at that/this r.** dgn cara yg demikian. *At this r. we'll never get there* Dgn kecepatan spt ini kita tak akan sampai kesana. *At the r. we're going we'll never get there* Dgn kecepatan yg kita tempuh ini kita tak akan sampai kesana. —*kkt.* 1 menilai. *He rates her high as a dancer* Ia menilai tinggi wanita itu sbg penari. 2 menghitung. *He is rated one of the richest men in the world* Ia terhitung salah seorang yg terkaya di dunia. 3 menaksir, memberi harga. *to r. a speedboat at $6,500* memberi harga $6,500 kpd perahu balap. 4 pantas menerima tanda-tanda penghargaan yg diterimanya (*a medal*). —*kki.* 1 dinilai. *to r. high as* dinilai tinggi sbg. *The school rates well* Sekolah itu dinilai baik. *He rated well on his exam* Ia mendapat nilai yg baik dlm ujiannya. 2 dianggap. *She rates well with him* Ia dianggap baik oléhnya. —**rating** *kb.* 1 penilaian. *credit r.* nama/angka-angka yg baik utk dpt dipercayai. 2 *Nau.*: kelasi.
rather /'ræTHɔr/ *kk.* 1 agak. *I feel r. badly over not going* Aku merasa agak menyesal karena tak pergi itu. 2 cukup. *He did r. well on his exam* Hasilnya cukup baik dlm ujiannya. 3 lebih (baik). *I'd r. not go* Aku lebih baik tak pergi. *I r. prefer not to be involved* Aku lebih suka tak terlibat. **r. than** daripada. *I'd r. go than wish I had* Aku lebih baik pergi drpd menyesal nanti.
rathole /'ræt'howl/ *kb.* lubang yg digerogoti tikus. *to go down the r.* habis terkuras, ludes.
rathskeller /'ræts'kelɔr, 'rats-/ *kb.* réstoran yg letaknya biasanya lebih rendah dari jalan.
ratification /'rætɔfə'keisyɔn/ *kb.* ratifikasi, pengesahan.
ratify /'rætɔfai/ *kkt.* (**ratified**) mensahkan, mengesahkan, meratifikasi.
ratio /'reisyow/ *kb.* perbandingan. *in the r. of* berbanding sbg.
ration /'ræsyɔn, 'rei-/ *kb.* rangsum, catuan, pelabur. *r. card* kartu distribusi/rangsum. *r. of rice* jatah beras. —**rations** *j.* rangsum-rangsum. —*kkt.* merangsum, menjatahkan. —**rationing** *kb.* pencatuan, pemberian rangsum, pendistribusian.
rational /'ræsy(ə)nɔl/ *ks.* rasionil, masuk akal, berakal. *r. explanation* penjelasan yg rasionil. *r. number* bilangan yg rasional. *The patient is more r. today* Pasién itu (sikapnya) lebih masuk akal hari ini. *to act in a r. way* bertindak dgn cara yg rasionil.
rationale /'ræsyə'næl/ *kb.* dasar rasionil/pemikiran, alasan.
rationalist /'ræsyɔnɔlist/ *kb.* orang yg selalu berpangkal pd hal yg rasionil.
rationality /'ræsyɔ'nælɔtie/ *kb.* (*j.* **-ties**) rasionalitas.
rationalization /'ræsyɔnɔlɔ'zeisyɔn/ *kb.* rasionalisasi.
rationalize /'ræsyɔnɔlaiz/ *kkt.* 1 menguraikan/memperlakukan dgn cara yg dpt diterima. 2 mencari-cari alasan/dalih. 3 merasionalisasikan.
rattan /ræ'tæn/ *kb.* rotan.
rattle /'rætɔl/ *kb.* 1 kertak-kertuk (*of a window in the wind*). 2 mainan bayi yg kalau digoyang-goyangkan berbunyi kertak-kertak, giring-giring. 3 bunyi mendesak seékor ular (*of a snake*). —*kkt.* 1 menderak-derakkan. *The wind rattled the window* Angin menderak-derakkan jendéla. 2 membuat bingung, membingungkan (*s.o.*). —*kki.* 1 gemeretuk, berderik-derik (*of s.t. in a box*). 2 gemeretak, berderakderak (*from the wind*). *to r. off the names of the Presidents* dgn cepat menyebut nama-nama para présidén.

to r. on and on mengobrol terus-menerus, meng-océh. *to get rattled* menjadi bingung. —**rattling** *kb.* 1 berderik-derik, berderak-derak. 2 bunyi mendesak *(of a snake)*.

rattlebrained /'rætǝl'breind/ *ks.* kepala angin, tolol.

rattler /'rætlǝr/ *kb. Inf.:* ular berbisa.

rattlesnake /'rætǝl'sneik/ *kb.* ular berbisa.

rattletrap /'rætǝl'træp/ *kb.* kendaraan réyot.

rattrap /'ræt'træp/ *kb.* 1 perangkap tikus. 2 jebakan. *He's caught in a r.* Ia terjebak. Ia terjerat dlm keadaan yg tak ada harapan lagi utk keluar.

ratty /'rætie/ *ks.* 1 *Sl.:* jémbél *(of appearance)*. 2 spt tikus. *a r. odor* bau tikus.

raucous /'rɔkǝs/ *ks.* parau, garau, serak.

raunchy /'rɔncie/ *ks.* tdk senonoh, cabul.

ravage /'rævij/ *kb.* kerusakan. —*kkt.* membinasakan, memorak-perandakan *(a country)*.

rave /reiv/ *kb.* sambutan hangat. —*ks.* hangat. *r. review of a book* ulasan yg hangat mengenai suatu buku. —*kki.* meracau, meraban *(of a delirious person)*. *to r. about a play* membicarakan sandiwara dgn semangat gembira (dgn sangat antusias), memuji. —**raving** *kb.* océhan, répétan. *ks.* 1 gila, *r. mad* marah sekali. 2 luar biasa, mempesonakan. *a r. beauty* seorang wanita yg cantik/mempesonakan.

ravel /'rævǝl/ *kb.* 1 tiras. 2 kekusutan, komplikasi. —*kki.* berlepasan, bertiras-tiras. —**raveling** *kb.* kekusutan.

raven /'reivǝn/ *kb.* (burung) gagak. —*ks.* hitam. *r. locks* rambut yg hitam mengkilat.

ravenous /'rævǝnǝs/ *ks.* 1 sangat lapar, kemaruk. 2 rakus sekali.

ravine /rǝ'vien/ *kb.* jurang.

ravish /'rævisy/ *kkt.* memperkosa, mencabuli *(a female)*. —**ravishing** *ks.* menggairahkan, sangat menarik.

raw /rɔ/ *kb.* kulit yg telanjang. *to swim in the r.* berenang dgn telanjang bulat. *nature in the r.* alam dlm keadaannya yg wajar. —*ks.* 1 mentah *(food)*. *r. material* bahan mentah. 2 kasar. *r. silk* sutera kasar. 3 lécét *(of skin, throat, sore)*. 4 mérah *(of a throat)*. 5 buruk *(of weather)*. 6 liar, biadab *(of the frontier)*. *to give s.o. a r. deal* memperlakukan s.s.o. dgn curang. *r. recruit* calon prajurit yg masih hijau.

rawhide /'rɔ'haid/ *kb.* belulang, kulit mentah.

ray /rei/ *kb.* 1 sinar. *r. of hope* sinar harapan. *the sun's rays* sinar matahari. 2 (ikan) pari.

rayon /'reian/ *kb.* rayon.

raze /reiz/ *kkt.* meruntuhkan, meratakan dgn tanah. *to r. a building* meratakan gedung dgn tanah.

razor /'reizǝr/ *kb.* pisau cukur. *r. blade* silét. *r. edge* a) pinggiran pisau cukur. b) keadaan yg sangat membahayakan. *electric r.* pisau cukur listerik.

razz /ræz/ *kkt. Sl.:* mengéjék-éjék, menggoda, mentertawakan.

razzle-dazzle /'ræzǝl'dæzǝl/ *kb. Sl.:* kekalapan, kebingungan. —*ks.* geduh.

R.C., RC 1 *[Roman Catholic]* Rum Katolik, Katolik Roma. 2 *[Red Cross]* Palang Mérah.

Rd. *[Road]* Jalan.

R.D. *[Rural Delivery]* Pos Pedésaan/Dusun.

re /rie, rei/ *kb.* perihal.

're *[are]* (ber)ada. *They're not here* Meréka tak ada disini.

reach /riec/ *kb.* 1 jangkauan *(of a boxer)*. *He has the longer r.* Jangkauannya lebih jauh, 2 daérah. *the far reaches of the earth* daérah-daérah jauh di bumi. *out of r.* tdk tercapai. *Keep the medicine out of her r.*

Simpan obat itu, jangan sampai terjangkau oléhnya. *That house is out of our r.* Kita tak mampu membeli rumah itu. *within r.* dekat. *within easy r. of* mudah dicapai. *She has a high r.* Ia dpt mencapai nada yg tinggi. —*kkt.* 1 mencapai. *to r:* Jakarta mencapai Jakarta. *His temperature reached 104°* Suhu badannya mencapai 104 derajat. *to r. the top* mencapai puncak. 2 sampai pd. *The message reached him* Pesan itu sampai padanya. 3 sampai di. *The ship reached harbor* Kapal itu sampai di pelabuhan. 4 menghubungi. *to r. s.o. by phone* menghubungi s.s.o. dgn télpon. 5 menyentuh. *I can r. the ceiling* Aku dpt menyentuh langit. *How high can you r.?* Berapa tinggi yg dpt kaucapai/kaujangkau? 6 mendekati. *Men are reached by flattery* Orang-orang laki-laki dpt didekati dgn sanjungan-sanjungan. 7 memberi. *R. me that book* Berikan saya buku itu. *to r. catastrophic proportions* meningkat/merupakan bencana besar. *The disease had reached the town* Penyakit itu sdh menjalar ke kota itu. —*kki.* membentang. *The jungle reaches as far as ...* Hutan itu membentang sejauh .... *She scarcely reaches to his shoulder* Tinggi wanita itu hampir tak mencapai bahu laki-laki itu. *to r. for a book* mengulurkan tangan utk mengambil buku. *to r. out o's hand* mengulurkan tangannya. *to r. over and touch s.t.* menjangkau dan menyentuh s.s.t.

reachable /'riecǝbǝl/ *ks.* yg dpt dicapai.

react /rie'ækt/ *kki.* memberi réaksi (**against, to** thd).

reaction /rie'æksyǝn/ *kb.* réaksi. *nuclear r.* réaksi nuklir. *the forces of r.* partai/golongan yg réaksionér.

reactionary /rie'æksyǝ'nerie/ *kb.* *(j. -ries)* seorang yg réaksionér. —**reactionaries** *j.* kaum pembangkang. —*ks.* réaksionér.

reactivate /rie'æktǝveit/ *kkt.* menggiatkan kembali *(an organization, naval vessel, military unit)*.

reactivation /rie'æktǝ'veisyǝn/ *kb.* pengaktipan kembali.

reactor /rie'æktǝr/ *kb.* réaktor.

read /ried/ *kkt.* (**read** /red/) 1 membaca *(a book)*. *to r. o.s. to sleep* membaca spy tertidur. *to r. (proofs)* mengoréksi. 2 membacakan. *Please r. me this story* Tolong bacakan cerita ini untukku. *to r. aloud, to r. out loud* membaca(kan) keras-keras. 3 melihat catatan *(a meter)*. *to r. tea leaves* bertenung kpd daun-daun téh (utk mengetahui haridepan). *What does the speedometer r.?* Berapa kecepatan (mobil) menurut spédométer? —*kki.* 1 membaca. *He reads well* Ia pandai membaca. *That novel reads well* Cerita itu bagus gayabahasanya. *Read /red/ and approved* Tlh dibaca dan disetujui. 2 berbunyi. *The telegram reads as follows* Tilgram itu berbunyi sbg berikut. *My copy reads differently* Pd kertas saya tertulis lain. **to r. into** menafsirkan, menginterprétasi. *The book reads like a translation* Buku itu bahasanya spt terjemahan. **to r. off** membacakan. *to r. off the names of those promoted* membacakan nama-nama dari meréka yg naik kelas. *to r. s.o. out of an organization* memecat s.s.o. dari keanggotaan dlm suatu perkumpulan. **to r. to** membacakan kpd. *to r. to o.s.* membaca dlm hatinya. **to r. through** membaca sampai habis. **to read up on** mempelajari. —**reading** *kb.* 1 membaca. *R. is his favorite occupation* Membaca adalah pekerjaan yg digemarinya. 2 bacaan. *book of readings* buku bacaan. *Give me the r. on the scales* Bacakanlah apa yg ditunjukkan jarum timbangan itu. *r. of a will* pembacaan suatu téstamén/wasiat. *The temperature r. is 72°* Catatan ukuran panas ialah 72°. *r. glass* kaca pembesar utk membaca. *r. lamp* lampu baca. *r. public* rakyat pembaca. *r. room* ruang bacaan.

readable /'riedəbəl/ *ks.* 1 dpt dibaca. 2 menarik.

readdress /'rieə'dres/ *kkt.* memberi(kan) alamat yg baru (pd surat).

reader /'riedər/ *kb.* 1 pembaca. *r. of manuscripts* koréktor/penilai naskah. 2 buku bacaan. *French r.* buku bacaan Perancis.

readership /'riedərsyip/ *kb.* jumlah pembaca.

readiness /'riedienəs/ *kb.* 1 keadaan siap, kecepatan. 2 *Mil.*: keadaan siap-siaga. 3 (*willingness*) kerélaan.

readjust /'rieə'jʌst/ *kkt.* 1 mengatur kembali, menyetél kembali (*carburetor*). 2 menyesuaikan diri (*to a situation*).

readjustment /'rieə'jʌstmənt/ *kb.* 1 penyesuaian diri kembali. 2 pengaturan kembali (*of an instrument*).

readmission /'riead'misyən/ *kb.* diterima kembali, pendaftaran kembali (*to school*).

readmit /'riead'mit/ *kkt.* (**readmitted**) mengizinkan masuk kembali.

ready /'riedie/ *kb.* 1 *at the r.* dlm keadaan siap (*of a firearm*). —*ks.* 1 siap. *r. to go* sdh siap utk pergi. *Dinner is r.* Makan malam sdh siap. 2 siap-sedia. *Do you have your passport r.?* Apa kau sdh siap-sedia dgn paspormu? 3 bérés. 4 dgn cepat. *to have a r. reply* dgn menjawab cepat. *to have a r. smile* suka tersenyum. *I am r. to face my punishment* Saya sdh bersiap-siap menghadapi hukuman sangat. *to get r. to go* mempersiapkan diri utk berangkat. *to get dinner r.* menyediakan makanan. *to make r. to leave* bersiap-siap/menyiapkan diri utk berangkat. —*kkt.* (**readied**) menyiapkan. *to r. o.s. for a trip* mempersiapkan diri utk perjalanan. **r. cash** uang tunai/ kontan. **ready-made** *ks.* sdh jadi. *r.-made clothes* konpéksi. **ready-mix** *ks.* yg siap-dicampur (*of cookies, cement*). **ready-to-wear** *ks.* siap-dipakai. *r.-to-wear clothes* konpéksi. —**readily** *kk.* 1 dgn mudah. *I r. understand* Aku dgn mudah mengerti. 2 dgn réla/cepat. *I r. accepted* Aku menerimanya dgn cepat.

reaffirm /'rieə'fərm/ *kkt.* 1 menetapkan/menegaskan lagi. 2 menguatkan lagi.

reagent /rie'eijənt/ *kb.* réagén, bahan réaksi.

real /'rieəl, riel/ *kb.* yg nyata. *Inf.*: *It's for r.* Itu asli/ murni/ tulén. Betul-betulan ini. —*ks.* 1 sejati (*of a friend, gem*). 2 nyata (*of a dream, of wages*). 3 riil (*of value*). —*kk.* sangat, benar-benar. *I'll see you r. soon* Sampai ketemu segera nanti. *It was r. kind of you* Sangat baik hatimu. *We had a r. nice time* Kami benar-benar bersenang-senang. **r. estate/property** barang/milik tetap, barang tak bergerak. **real-life portrait** potrét dari kehidupan yg nyata. **r. silk** sutera tulén/betul. —**really** *kk.* benar-benar, sungguh-sungguh. *Is it r. true?* Apa itu sungguh-sungguh benar? *She didn't r. want to go* Sebenarnya ia tak mau pergi. *R.?* Betul? Benar? Sungguh? Betulkah demikian?

realign /'rieə'lain/ *kkt.* menyetél kembali (*of wheels*).

realignment /'rieə'lainmənt/ *kb.* 1 penyetélan kembali (*of wheels*). 2 penyusunan kembali (*of party membership*).

realism /'rieəlizəm/ *kb.* réalisme.

realist /'rieəlist/ *kb.* réalis.

realistic /'rieə'listik/ *ks.* réalistis.

reality /rie'ælətie/ *kb.* (*j.* **-ties**) réalitas, kenyataan. *in r.* dlm kenyataannya.

realizable /'rieə'laizəbəl/ *ks.* dpt dicapai.

realization /'rieələ'zeisyən/ *kb.* réalisasi.

realize /'rieəlaiz/ *kkt.* 1 menyadari, insyaf akan (*o's mistake, responsibility*). *He didn't r. he was in trouble* Ia tak insyaf bhw ia dlm kesukaran. *I r. that...* Kusadari bhw.... 2 mencapai (*o's ambition*). 3 mendapat. *to r. $100 from the sale of...* mendapat 100 dolar dari penjualan....

realm /relm/ *kb.* 1 bidang, dunia. *the r. of mathematics* bidang ilmu pasti. 2 kerajaan. 3 alam. *the r. of fables* alam dongéng. *within the r. of possibility* didlm batas-batas kemungkinan.

realtor /'rieəltər/ *kb.* makelar barang-barang tak bergerak (spt tanah, rumah).

ream /riem/ *kb.* 1 (*paper*) rim. 2 banyak sekali. —*kkt.* melébarkan, membesarkan (*a hole*).

reanimate /rie'ænəmeit/ *kkt.* menghidupkan kembali, menggiatkan, menggembirakan.

reap /riep/ *kkt.* 1 mendapat, memungut (*a profit, good harvest*). 2 memperoléh (**from** dgn).

reaper /'riepər/ *kb.* mesin pemungut/penuai. *The (Grim) R.* Malaikat maut.

reappear /'rieə'pir/ *kki.* muncul lagi.

reappearance /'rieə'pirəns/ *kb.* ulangan kemunculan.

reapply /'rieə'plai/ *kki.* (**reapplied**) melamar lagi.

reappoint /'rieə'point/ *kkt.* mengangkat lagi.

reapportion /'rieə'pɔrsyən/ *kkt.* membagi-bagikan.

reapportionment /'rieə'pɔrsyənmənt/ *kb.* pembagian baru.

reappraisal /'rieə'preizəl/ *kb.* penilaian kembali.

reappraise /'rieə'preiz/ *kkt.* menaksir lagi.

rear /rir/ *kb.* 1 pantat. *to kick s.o. in the r.* menendang pantat orang. 2 *Mil.*: garis belakang. *to bring up the r.* mengékor di burit, merupakan barisan belakang, berjalan dibelakang. 3 bagian belakang (*of a room, hall*). *to sit in the r. of a hall* duduk di bagian belakang dari aula. —*ks.* belakang (*door, window*). *r. entrance* pintu masuk dari belakang. —*kkt.* 1 membesarkan. *I was reared in Virginia* Aku dibesarkan di Virginia. *to r. children/a family* membesarkan anak-anak/ keluarga. 2 timbul. *Disease reared its ugly head* Penyakit timbul. —*kki.* mendompak (*of a horse*). **r. axle** poros belakang. **rear-end** *ks.* di (bagian) belakang. *r.-end collision* tabrakan di ujung belakang. **r. guard** pasukan belakang. **rear-view mirror** kaca spion.

rearm /rie'arm/ *kkt.* mempersenjatai (diri) lagi.

rearmament /rie'arməmənt/ *kb.* persenjataan kembali.

rearmost /'rirmowst/ *ks.* yg paling belakang.

rearrange /'rieə'reinj/ *kkt.* menyusun kembali, mengatur lagi (*furniture*).

rearrangement /'rieə'reinjmənt/ *kb.* penyusunan kembali, pengaturan kembali.

rearward /'rirwərd/ *ks., kk.* bagian belakang, dibelakang, kebelakang.

reason /'riezən/ *kb.* 1 sebab, alasan. *What was his r. for not coming?* Apakah sebabnya ia tak datang? *There's no r. for making so much noise* Tdk ada alasan utk berbuat begitu ribut. *for reasons best known to himself* karena alasan-alasan yg hanya dialah yg paling mengetahuinya. *I have r. to believe that...* Saya ada alasan utk menyangka bhw.... 2 pertimbangan yg séhat. *R. no longer plays a role in his decisions* Keputusan-keputusannya tak lagi berdasarkan pertimbangan yg séhat. *to listen to r.* mendengarkan/memperhatikan pertimbangan pikiran yg séhat. 3 akal (-budi). *to lose o's r.* menjadi gila. **by r. of** berhubung dgn, karena. *everything in r.* segala sesuatunya pantas. **to stand to r.** sdh semestinya. *It stands to r. that...* Dpt dimengerti bhw.... **within r.** yg pantas, yg layak. *to be absent without r.* tak hadir tanpa alasan. —*kki.* 1 mempunyai akal, dpt berpikir. 2 berunding (**with** dgn). 3 bermusyawarah. *Let us r. together* Marilah kita bermusyawarah bersama-sama. **to r. out** merundingkan dlm-dlm, memperbincangkan (*a problem*). *He reasoned that...* Ia menerangkan bhw.... —**reasoning** *kb.* pemikiran, pertimbangan. *to follow a line of r.* mengikuti jalan pikiran. *There's no r. with him* Orang tdk dpt bertukar pikiran dgn dia. Dia keras kepala.

reasonable /'riezənəbəl/ *ks.* 1 layak. *r. price for a house* harga yg layak bagi sebuah rumah. *He's very r. to deal with* Ia sangat layak utk berurusan. 2 pantas. *of r. character* berkelakuan pantas. *We will accept any r.* offer Kami akan menerima tiap penawaran yg pantas. 3 masuk akal. *Be r., will you!* Berbuatlah yg masuk akal! Bersikaplah yg pantas! 4 lumayan. —**reasonably** *kk.* 1 layak. *r. priced car* mobil yg layak harganya. 2 agak. *r. happy* agak berbahagia.

reassemble /'riəˈsembəl/ *kkt.* mengumpulkan lagi. —*kki.* berkumpul lagi.

reassert /'riəˈsərt/ *kkt.* 1 menekankan lagi (*o's innocence*). 2 mempertegaskan kembali (*o's authority*).

reassess /'riəˈses/ *kkt.* menaksir, menetapkan harga lagi.

reassign /'riəˈsain/ *kkt.* menugaskan kembali.

reassignment /'riəˈsainmənt/ *kb.* penugasan kembali.

reassume /'riəˈsuwm/ *kkt.* menerima kembali, mengerjakan/menjabat/memangku kembali.

reassurance /'riəˈsyurəns/ *kb.* penenteraman hati lagi.

reassure /'riəˈsyur/ *kkt.* menenteramkan hati. —**reassuring** *ks.* (bersifat) menenangkan, menenteramkan.

reawaken /'riəˈweikən/ *kkt.* menimbulkan/menyalakan kembali. —*kki.* terbangun lagi. *I reawakened at 2* Aku terbangun lagi pd jam 2.

rebate /'riebeit/ *kb.* potongan (harga).

rebel /'rebəl *kb.*: rəˈbel *kki.*/ *kb.* pemberontak, pendurhaka. —*kki.* (**rebelled**) (mem)berontak (**against** melawan).

rebellion /rəˈbelyən/ *kb.* pemberontakan, pendurhakaan.

rebellious /rəˈbelyəs/ *ks.* suka melawan/memberontak/menentang.

rebind /rieˈbaind/ *kkt.* (**rebound**) menjilid kembali.

rebirth /'riebərth/ *kb.* lahir/bangkit kembali.

reborn /rieˈbɔrn/ *ks.* dilahirkan kembali.

rebound /'riebawnd *kb.*; riˈbawnd *kki.*/ *kb.* pantulan (*of a rubber ball*). *to be on the r.* giat kembali. *to fall in love on the r.* jatuh cinta utk mengatasi kekecéwaan. —*kki.* memantul, mengambul, melambung, menganjal (*of a ball, a person*).

rebound /rieˈbawnd/ lih REBIND.

rebroadcast /rieˈbrɔdkæst/ *kb.* penyiaran/siaran kembali. —*kkt.* menyiarkan kembali.

rebuff /riˈbʌf/ *kb.* penolakan/penampikan kasar, keingkaran. —*kkt.* menolak/menampik dgn kasar.

rebuild /rieˈbild/ *kkt.* (**rebuilt**) membangun kembali.

rebuke /riˈbyuwk/ *kb.* comélan, kemarahan. —*kkt.* mencoméli, memarahi.

rebut /riˈbʌt/ *kkt.* (**rebutted**) membantah, menangkis.

rebuttal /riˈbʌtəl/ *kb.* bantahan, tangkisan. *In r. I wish to say that...* Sbg tangkisan aku ingin mengatakan bhw....

rec. 1 [*record*] catatan. 2 [*receipt*] kwitansi. 3 [*recipe*] resép (makanan). 4 [*received*] tlh menerima.

recalcitrance /riˈkælsətrəns/ *kb.* keadaan yg bersifat melawan.

recalcitrant /riˈkælsətrənt/ *ks.* 1 keras kepala, kepala batu, bandel. 2 suka melawan.

recall /riˈkɔl, 'rieˈkɔl *kb.*; riˈkɔl *kkt.*/ *kb.* 1 penarikan kembali (*of an envoy*). 2 ingatan. *to have total r.* dpt mengingat apa saja. *past r.* sdh terlanjur. —*kkt.* 1 menarik kembali (*an envoy*). 2 mengingat. *I r. no such conversation* Aku tak ingat pernah mengadakan pembicaraan yg demikian. 3 menimbulkan. *to r. pleasant memories* menimbulkan kenangan yg menyenangkan.

recant /riˈkænt/ *kkt.* menarik kembali. —*kki.* mengakui kesalahan.

recap /'riekæp *kb.*; riˈkæp *kkt.*/ *kb.* ikhtisar (**recapped**) 1 mempulkansih (*a tire*). 2 menyumbat lagi (*an open bottle*). —*kki.* mengikhtisarkan.

recapitulate /'riekəˈpicəleit/ *kkt.*, *kki.* memberikan ikhtisar, mengikhtisarkan.

recapitulation /'riekəˈpicəˈleisyən/ *kb.* ikhtisar, rékapitulasi.

recapture /rieˈkæpcər/ *kkt.* 1 menangkap kembali. 2 memiliki kembali (*the past*).

recast /rieˈkæst/ *kkt.* 1 menuang kembali (*a bell*). 2 menyusun lagi (*a paragraph*).

recede /riˈsied/ *kki.* 1 surut (*of floodwaters*). 2 menyusut (*of o's hairline*). —**receding** *ks.* surut, mundur. *r. floodwaters* air pasang yg surut. *r. chin* dagu yg tertarik kebelakang. *r. hairline* rambut yg sdh mulai jarang.

receipt /riˈsiet/ *kb.* 1 kwitansi. *Be sure to get a r.* Usahakanlah mendapatkan kwitansi. 2 tanda penerimaan, tanda terima (*of money deposited or received*). 3 penerimaan (*of a letter*). (*Up*)*on r. of* Stlh kami terima. *to acknowledge r. of your letter* menyatakan bhw surat sdr tlh diterima. *to pay on r.* membayar stlh menerima. —**receipts** 2 uang-uang yg masuk, pemasukan uang. *What are the day's receipts?* Berapakah penerimaan (hasil) hari ini? —*kkt.* memberikan kwitansi.

receivable /riˈsievəbəl/ *ks.* dpt diterima. *accounts r.* jumlah uang-uang yg dpt diterima.

receive /riˈsiev/ *kkt.* 1 menerima (*a package, a person*). *to r. s.o. into the church* menerima s.s.o. masuk geréja. *Received with thanks* Diterima dgn perasaan terimakasih. *to be on the receiving end* ada di pihak penerima. 2 mendapat (*a grade, blow, injury, degree, a name*). 3 menyambut. *The king was warmly received* Raja itu disambut dgn hangat. :: *r. stolen goods* menadah.

receiving *line* dérétan penerima. *receiving set* pesawat penerima.

receiver /riˈsievər/ *kb.* 1 penerima (*of an award*). 2 pesawat penerima, alat bicara, tangkai télpon. *Please lift the r.* Angkatlah alat/pesawat penerima télpon itu. 3 kurator (*in bankruptcy*). 4 tukang tadah, penadah (*of stolen goods*). 5 pesawat radio.

receivership /riˈsievərsyip/ *kb.* keadaan dlm pengawasan kurator. *The bankrupt firm passed into r.* Perusahaan yg bangkrut itu berada dlm pengawasan kurator.

recent /'riesənt/ *ks.* baru saja (diterima). *I had a r. letter from him* Padaku ada suratnya yg baru saja kuterima. *I saw the article in a r. magazine* Kulihat karangan itu dlm majalah yg terbit baru-baru ini. *What is his most r. address?* Dimanakah alamatnya yg terakhir? *in r. years* dlm tahun-tahun belakangan ini. —**recently** *kk.* baru-baru ini. *r. married* kawin tak berapa lama. *She was here until quite r.* Ia baru-baru ini saja ada di sini.

receptacle /ri'septəkəl/ *kb.* 1 (*container*) wadah. 2 *Elec.*: stopkontak.

reception /ri'sepsyən/ *kb.* 1 resépsi. *to go to a r.* pergi ke resépsi. *r. room* ruang resépsi, ruang penerimaan tamu atau pasién. *r. desk* méja (lokét) resépsi, tempat penerimaan/pendaftaran tamu. 2 penyambutan yg hangat. 3 penangkapan (*of radio, TV*). **r. center** pusat penampungan.

receptionist /ri'sepsyənist/ *kb.* resépsionis, penerima tamu/pasién.

receptive /ri'septiv/ *ks.* mau menerima. *r. to new ideas* mau menerima idé-idé baru.

receptivity /'riesep'tivətie/ *kb.* 1 daya penerimaan (*of TV or radio*). 2 kesediaan/kemauan menerima (*to new ideas*).

recess /'rieses, ri'ses/ *kb.* 1 istirahat, turun main (*between school periods*). 2 resés (*of Congress*). *to be in r.* beresés, berlibur. 3 ceruk (*in a wall*). *in the deep recesses of the mind* dlm lubuk-lubuk hati. —*kki.* (berhenti utk) istirahat.

recession /ri'sesyən/ *kb.* 1 *Econ.*: resési. 2 pengunduran.

recessive /ri'sesiv/ *ks.* terdesak, terpendam (*of characteristics*).

recharge /rie'carj/ *kkt.* menyeterum lagi, mengisi (*a battery*).

recheck /rie'cek/ *kkt.* meneliti lagi (*o's figures*).

rechristen /rie'krisən/ *kkt.* menobatkan orang menjadi Kristen kembali.

recipe /'resəpie/ *kb.* resép (makanan).

recipient /ri'sipieənt/ *kb.* penerima.

reciprocal /ri'siprəkəl/ *ks.* timbal-balik (*of an agreement, relationship*). *1/2 is the r. of 2 1/2* berbanding terbalik dgn 2.

reciprocate /ri'siprəkeit/ *kkt.* membalas. *I want to r. your good wishes* Aku ingin membalas ucapan selamatmu. —*kki.* membalas.

reciprocity /resə'prasətie/ *kb.* (*j.* -**ties**) 1 hal timbal-balik, pembalasan. 2 pertukaran (hak).

recital /ri'saitəl/ *kb.* 1 (*piano*) pertunjukan. 2 cerita (*of woes*). 3 pengucapan (*of poetry*). *poetry r.* déklamasi puisi.

recitation /resə'teisyən/ *kb.* 1 pembacaan, hafalan, pengajian. 2 hafalan oléh murid-murid (*in class*).

recite /ri'sait/ *kkt.* 1 membawakan, mendéklamasikan (*poetry*). 2 menceriterakan (*a tale of woe*).

reckless /'rekləs/ *ks.* 1 sembrono, koboi-koboian. *r. driver* pengemudi yg sembrono. 2 nékat, berani, candang, ugal-ugalan. —**recklessly** *kk.* secara serampangan.

recklessness /'rekləsnəs/ *kb.* 1 kesembronoan, keserampangan. 2 kenékatan.

reckon /'rekən/ *kkt.* 1 memperhitungkan (*the cost*). 2 menggabungkan. *I r. him among my friends* Saya menggabungkannya diantara kawan-kawan saya. 3 *Inf.*: berpendapat. *I r. you may go* Aku berpendapat kau boléh pergi. —*kki.* menghitung. **to r. from** menghitung dari. **to r. on** bergantung kpd. **to r. up** menghitung. **to r. with** berurusan/berhadapan dgn. —**reckoning** *kb.* perhitungan. *day of r.* hari pembalasan.

reclaim /ri'kleim/ *kkt.* 1 memperoleh kembali (*lost articles*). 2 menjadikan tanah (*from the sea*). **reclaimed** *land* tanah yg dimanfaatkan/digarap (dgn cara mengeringkan tanah-tanah rawa, pasang surut, dsb).

reclamation /'reklə'meisyən/ *kb.* pekerjaan memperoléh tanah.

recline /ri'klain/ *kki.* berbaring, bersandar. —*kkt.* menyandarkan/membaringkan (*o's head on a pillow*).

recluse /ri'kluws/ *kb.* pertapa.

recognition /'rekəg'nisyən/ *kb.* 1 pengakuan (*of a country, by the chairman*). 2 pengenalan (*by s.o.*). *She gave him a smile of r.* Ia senyum kepadanya sbg tanda kenal. *beyond r.* sehingga tak dpt dikenal lagi. 3 penghargaan (*for outstanding service*). *to win r.* memperoléh penghargaan/pengakuan. *in r. of her services* sbg penghargaan atas jasa-jasanya.

recognizable /'rekəg'naizəbəl/ *ks.* dpt dikenal. —**recognizably** *kk.* jelas, nampak nyata-nyata. *r. fatter* nyata-nyata nampak lebih gemuk.

recognize /'rekəgnaiz/ *kkt.* 1 mengakui (*o's authority, a country*). *The chair recognizes Mr. Smith* Ketua mengakui/menerima Tn Smith. *The reporter was recognized by the President* Wartawan itu diberi kesempatan berbicara oléh Présidén. 2 mengenal. *I did not r. him* Saya tak mengenalnya. *to r. s.o. by his walk* kenal(i) s.s.o. dari caranya berjalan. 3 menghargai (*the honesty of s.o.*). —**recognized** *ks.* yg diakui. *r. expert* ahli yg diakui.

recoil /ri'koil, 'riekoil *kb.*; ri'koil *kki.*/ *kb.* rekoil. —*kki.* 1 melompat (*of a rifle*). 2 mundur, berkecut hati (*of a person*). **to r. from** takut, tdk sampai hati.

recollect /'rekə'lekt/ *kkt.* mengingat kembali.

recollection /'rekə'leksyən/ *kb.* ingatan. *to the best of my r.* menurut ingatan saya. *within my r.* sepanjang ingatanku.

recommence /'riekə'mens/ *kkt.* mulai lagi.

recommend /'rekə'mend/ *kkt.* 1 memuji kebaikan (s.s.o./s.s.t.). *This book is strongly recommended* Buku ini sangat dipuji kebaikannya. 2 menaséhatkan. *The doctor recommends a rest* Dokter itu menaséhatkan spy beristirahat. 3 menganjurkan. *It is recommended that ...* Dianjurkan bhw.... *He has little to r. him* Tak banyak yg dpt dianjurkan kepadanya. *not recommended* tak dianjurkan/dipuji.

recommendation /'rekəmən'deisyən/ *kb.* 1 pujian, rékomendasi. *His r. is sufficient* Pujiannya sdh mencukupi. 2 surat pujian. *He has excellent recommendations* Ia mempunyai surat-surat pujian yg sangat baik.

recommit /'riekə'mit/ *kkt.* (**recommitted**) memasukkan kembali.

recompense /'rekəmpens/ *kb.* balas/imbalan jasa. —*kkt.* membalas jasa, mengganti kerugian.

reconcilable /'rekən'sailəbəl/ *ks.* dpt didamaikan.

reconcile /'rekənsail/ *kkt.* mendamaikan. *to r. o.s.* menerima nasibnya pd. *The couple have become reconciled* Pasangan itu tlh rukun kembali.

reconciliation /'rekən'silie'eisyən/ *kb.* perdamaian, perukunan kembali.

recondite /'rekəndait/ *ks.* 1 sukar dimengerti. 2 terpendam. 3 kurang dikenal.

recondition /'riekən'disyən/ *kkt.* memperbaiki, memperbaharui. **reconditioned** *car* mobil yg diperbaharui, mobil yg direvisi besar.

reconnaissance /ri'kanəsəns/ *kb.* pengintaian. *r. plane* pesawat pengintaian/peninjau/mata-mata.

reconnoiter /'rekə'noitər, 'rie-/ *kki.* mengintip.

reconsider /'riekən'sidər/ *kkt.* mempertimbangkan kembali.

reconsideration /'riekən'sidə'reisyən/ *kb.* pertimbangan kembali.

reconstitute /rie'kanstətuwt, -tyuwt/ *kkt.* menyusun kembali.

reconstruct /'riekən'strʌkt/ *kkt.* merékonstruksi, memulihkan sbg semula. *to r. a crime* menyusun kembali kejahatan.

reconstruction /'riekən'strʌksyən/ *kb.* 1 rékonstruksi. 2 pembangunan kembali (*of a bridge*).

reconvene /'riekən'vien/ *kkt.* memanggil/mengumpulkan kembali. —*kki.* berkumpul kembali.

reconvert /'riekən'vərt/ *kkt.* 1 mengubah kembali. 2 menukar (*money*).

record /'rekərd *kb., ks.*; ri'kərd *kkt.*/ *kb.* 1 *Mus.*: piringan hitam. 2 catatan. *to keep a r. of* mencatat. *to put on the r.* mencatat, membuat catatan. *to have a police r.* berurusan dgn polisi. 3 rékor. *to break a world's r.* memecahkan rékor dunia. *to set a r.* mencapai/membuat rékor. *What is his r. in school?* Bagaimanakah hasil pelajarannya di sekolah? 4 dokumén (resmi). 5 riwayat pekerjaan (*of s.o.*). *to go on r. as opposed to war* menyatakan secara terusterang sbg orang yg menentang perang. **off the r.** tdk dimasukkan utk disiarkan, tdk boléh disiarkan. *to be on r. as favoring ...* tercatat sbg orang yg menyetujui.... **::** *to have a clean r.* memiliki catatan resmi mengenai dirinya yg bersih (tdk pernah ada urusan perkara dgn polisi). *That Senator stands on his r. in Congress* Sénator itu mempertahankan (diri) atas jasa-jasanya di Congress. —*ks.* rékor. *to have r. sales* hasil penjualan yg mencapai rékor. *r. crop of wheat* panén(an) gandum yg paling besar. —*kkt.* 1 mencatat (*by s.o.*). 2 merekam (*on tape* pd pita suara). **record-breaking** *ks.* memecahkan rékor. *r.-breaking sales* penjualan yg luarbiasa besarnya. **r. changer** alat pengganti piringan hitam, rékorcénjér. **r. hop** dansa dgn iringan piringan hitam. **r. player** gramofon. —**recording** *kb.* rekaman. *r. secretary* sékretaris pencatat.

recorder /ri'kərdər/ *kb.* 1 penangkap/perekam suara. 2 pencatat (*at court* di pengadilan). *He was a faithful r. of what he saw* Ia tukang catat yg teliti mengenai apa yg dilihatnya. 3 *Mus.*: sm suling.

recordholder /'rekərd'howldər/ *kb.* pemegang rékor.

recount /ri'kawnt/ *kkt.* menceriterakan (*o's adventures, the day's activities*).

re-count /'rie'kawnt *kb.*; rie'kawnt *kkt.*/ *kb.* penghitungan (suara) kembali. —*kkt.* menghitung kembali.

recoup /ri'kuwp/ *kkt.* mengganti, menutup (*o's losses* kerugian-kerugiannya).

recourse /'riekowrs, ri'kowrs/ *kb.* 1 jalan lain. 2 penolong.

recover /ri'kʌvər/ *kkt.* 1 mengejar kembali (*o's losses*). 2 memperoléh (*useful material from wastes*). *to r. o's balance* memperoléh keseimbangan badan. 3 menemukan kembali (*a lost dog*). 4 menang dgn mendapat ganti (*damages*). **::** *He has recovered his health* Keséhatannya tlh pulih kembali. *to r. o's breath* tenang kembali. —*kki.* 1 sembuh (*from an illness*). *to r. from shock* sembuh dari kekagétan. 2 pulih. *Prices recovered slightly* Harga-harga di pasar bursa pulih sedikit.

re-cover /'rie'kʌvər/ *kkt.* mengulasi baru. *to r. a chair* mengganti kain kursi.

recoverable /ri'kʌvərəbəl/ *ks.* 1 dpt dipulihkan. 2 dpt diperoléh kembali.

recovery /ri'kʌv(ə)rie/ *kb.* (*j.* **-ries**) 1 kesembuhan, sembuhnya (*from an illness*). *He made a quick r.* Ia cepat sembuh. *to make a good r.* cepat menjadi sembuh. 2 penemuan kembali (*of lost or stolen goods*). 3 didapatnya kembali (*of a returned spacecraft*). *to make a r. of a body* menemukan kembali jenazah.

re-create /'riekrie'eit/ *kkt.* melukiskan kembali.

recreation /'rekrie'eisyən/ *kb.* rékréasi, hiburan.

recreational /'rekrie'eisyənəl/ *ks.* yg berk. dgn rékréasi.

recrimination /ri'krimə'neisyən/ *kb.* tuduh-menuduh.

recruit /ri'kruwt/ *kb.* 1 *Mil.*: caper, rékrut. 2 calon (*for volunteer assistance*). —*kkt.* mendapatkan (*new members for armed forces, the help of s.o.*). —**recruiting** *kb.* menerima tenaga-tenaga baru. *r. office* kantor penerimaan tenaga-tenaga baru.

recruiter /ri'kruwtər/ *kb.* orang yg mendapatkan anggota baru.

recruitment /ri'kruwtmənt/ *kb.* pengerahan.

rectal /'rektəl/ *ks.* yg berk. dgn dubur.

rectangle /'rek'tænggəl/ *kb.* empat persegi panjang, bujur sangkar.

rectangular /rek'tænggyələr/ *ks.* spt empat persegi panjang.

rectification /'rektəfə'keisyən/ *kb.* pembetulan.

rectify /'rektəfai/ *kkt.* (**rectified**) meralat (*a mistake*).

rectilinear /'rektə'linieər/ *ks.* spt garis lurus.

rector /'rektər/ *kb.* 1 kepala perguruan tinggi. 2 kepala geréja.

rectory /'rektərie/ *kb.* (*j.* **-ries**) rumah pendéta Protéstan.

rectum /'rektəm/ *kb.* dubur.

recumbent /ri'kʌmbənt/ *ks.* berbaring, telentang. *in a r. position* dlm sikap berbaring.

recuperate /ri'kuwpəreit, ri'kyuw-/ *kki.* menguatkan diri kembali, sembuh.

recuperation /ri'kuwpə'reisyən, -'kyuw-/ *kb.* penyembuhan (*from illness, loss*).

recuperative /ri'kuwperətiv, ri'kyuw-/ *ks.* yg berh. dgn penyembuhan. *r. powers* daya penyembuh.

recur /ri'kər/ *kki.* (**recurred**) berulang, lagi-lagi timbul. *The high temperature kept recurring* Suhu yg tinggi itu berulang saja.

recurrence /ri'kərəns/ *kb.* 1 keadaan kumat, keadaan sakit yg terulang (*of an illness, mistake*). 2 keadaan bentan/kambuh.

recurrent /ri'kərənt/ *ks.* berulang, kumat, kambuh. *to suffer from r. headaches* menderita sakit kepala yg berulang.

recycle /'rie'saikəl/ *kkt.* mengembalikan botol-botol/kaléng-kaléng (utk dipakai lagi).

red /red/ *kb.* 1 mérah. *R. is her favorite color* Mérah adalah warna kesukaannya. *She looks well in r.* Ia nampak cantik dgn pakaian mérah. *fiery r.* warna mérah yg menyala. 2 **R.** orang Komunis. —**the Reds** Kaum Mérah. *Inf.*: **in the r.** berhutang. *to end the year in the r.* mengakhiri tahun dgn berhutang. *Inf.*: *out of the r.* bébas dari hutang. **to see r.** meradang, naik darah. —*ks.* mérah. **r. hat** topi mérah. **r. bird** burung mérah. *Is my face r.?* Apakah saya malu? **red-blooded** *ks.* jantan, bersifat laki-laki. **r. cabbage** kobis mérah. *to roll out the r. carpet* menerima dgn kehormatan besar. *to receive red-carpet treatment* mendapat sambutan dgn kehormatan besar. *Inf.*: *That stock is not worth a r. cent* Saham itu tak berharga sepésérpun. **R. China** Républik Rakyat Cina, Cina Mérah. **r. corpuscle** butir darah. **R. Cross** Palang Mérah. **red-faced** *ks.* 1. malu. 2 bingung karena marah. *Mention of his name to me was like a bull seeing a r. flag* Penyebutan namanya bagiku adalah spt banténg yg melihat kain mérah. **red-haired** *ks.* berambut mérah. *to be caught* **red-handed** tertangkap basah. **r. herring** pengalih-perhatian. **red-hot** *ks.* 1 pijar, panas sekali. 2 yg bersemangat sekali. **r. ink** jatuh berhutang. *Inf*.: **r. lane** tenggorokan. *Down the r. lane!* Telanlah! **r. lead** logam mérah. *red-letter day* hari yg menyenangkan. **r. light** lampu mérah (tanda lalu lintas). *r.-light district* daérah pelacuran. **r. man** orang Indian (di AS). **r. meat** daging yg mérah. **r. pepper** cabé mérah. **r. tape** birokrasi.

redcap /'red'kæp/ *kb*. pengangkat barang.

redden /'redən/ *kkt*. menjadikan mérah, memérahkan. —*kki*. menjadi mérah, memérah.

reddish /'redisy/ *kb*. kemérah-mérahan.

redecorate /'rie'dekəreit/ *kkt*., *kki*. menghiasi lagi (*a house*).

redeem /ri'diem/ *kkt*. 1 menebus (*an item from a pawnshop, a promissory note*). 2 menyelamatkan (*from sin*). 3 melepaskan (*a slave*). 4 mendapatkan kembali. *Her one redeeming feature is*... Satu hal yg menguntungkan baginya adalah...

redeemable /ri'dieməbəl/ *ks*. dpt ditebus.

redeemer /ri'diemər/ *kb*. penebus. **the R.** Sang Penebus.

redemption /ri'dempsyən/ *kb*. 1 penebusan (*of a pledge*). 2 penyelamatan (*from sin*).

redhead /'red'hed/ *kb*. orang yg mérah rambutnya.

redheaded /'red'hedid/ *ks*. berambut mérah/pirang.

redid /rie'did/ lih REDO.

redirect /'riedə'rekt/ *kkt*. mengalihkan jurusan (*traffic*).

redistribute /'riedi'stribyuwt/ *kkt*. membagi-bagikan lagi.

redistribution /'riedistrə'byuwsyən/ *kb*. pembagian kembali.

redo /rie'duw/ *kkt*. (**redid, redone**) 1 mengulangi (*an exam*). 2 memperbaiki (*o's house*). 3 menulis.

redone /rie'dʌn/ lih REDO.

redolent /'redələnt/ *ks*. berbau harum.

redouble /rie'dʌbəl/ *kkt*. melipatduakan (*o's efforts*).

redoubt /ri'dawt/ *kb*. kubu, perkubuan, bénténg.

redoubtable /ri'dawtəbəl/ *ks*. mengagumkan, menimbulkan réspék.

redound /ri'dawnd/ *kki*. berakhir(kan). *to r. to o's credit* berakibat baik bagi s.s.o.

redress /'riedres, ri'dres *kb*.; ri'dres *kkt*./ *kb*. ganti-rugi. —*kkt*. menebus, memperbaiki (*a wrong, an economic imbalance*).

redress /rie'dres/ *kki*. mengganti pakaian.

redskin /'red'skin/ *kb*. orang Indian (di Amérika).

reduce /ri'duws, -'dyuws/ *kkt*. 1 mengurangi, menurunkan (*price, fine*). 2 mengurangkan (*a fraction*). 3 meréduksikan. :: *to r. to ashes* memusnahkan/habis dimakan api. *to be reduced to ashes* musnah dimakan api. *to r. everything to a single principle* menempatkan segala s.s.t. pd satu prinsip semata-mata. *to r. bribery to a system* menjadikan penyogokan suatu tatakerja. *to r. s.o. to silence* menghentikan pidato s.s.o. *They were reduced to a hand-to-mouth existence* Meréka dibiarkan hidup melarat. *She was reduced to tears* Ia menjadi menangis. *to r. s.o. to the level of beasts* menjadikan s.s.o. setaraf dgn binatang-binatang. *She was reduced to seeking work* Ia jatuh miskin sampai hrs mencari pekerjaan. *to r. s.t. to writing* menuliskan s.s.t. —*kki*. berkurang. *She is reducing* Ia mengurangi berat badannya. *I have reduced 33 pounds* Berat badanku tlh berkurang 33 pon. —**reduced** *ks*. yg diturunkan/dikurangi. *at r. rates* dgn harga-harga yg sdh diturunkan. *in r. circumstances* dlm keadaan melarat. —**reducing** *kb*.

penurunan. *r. exercises* latihan-latihan utk mengurangi/menurunkan berat badan.

reduction /ri'dʌksyən/ *kb*. 1 penurunan, potongan (*in price*). 2 pengurangan (*in weight, in numbers*). *r. factor* faktor réduksi.

redundancy /ri'dʌndənsie/ *kb*. (*j*. -**cies**) 1 pléonasme. 2 kelebihan, rédundansi.

redundant /ri'dʌndənt/ *ks*. 1 berlebih-lebihan. 2 pléonastis.

reduplicate /rie'duwpləkeit, -'dyuw-/ *kkt*. 1 menggandakan. 2 mengulangi.

reduplication /ri'duwplə'keisyən, -'dyuw-/ *kb*. 1 réduplikasi. 2 penggandaan, pengulangan (*of a syllable*).

reed /ried/ *kb*. 1 sej. buluh. *to lean on a broken r.* bersandar kpd sokongan yg tdk memberi harapan lagi. 2 alang-alang. *r. instrument* alat sm buluh.

reef /rief/ *kb*. batu/gosong karang. —*kkt*. **to r. a sail** memperpéndék/mengandakkan layar.

reefer /'riefər/ *kb*. *Sl.*: rokok mariwuana/ganja.

reek /riek/ *kb*. 1 berbau busuk. *That spoiled meat reeks* Daging yg busuk itu sdh bau. 2 berbau. *His clothes r. of tobacco smoke* Pakaian-pakaiannya berbau tembakau.

reel /riel/ *kb*. 1 gulung, rol (*of film*). 2 alat penggulung, kili-kili (*of fishing rod*). 3 kumparan. *Inf*.: (*right*) *off the r.* dgn lancar. —*kkt*. menyebut. *to r. off the Presidents* menyebut nama-nama Présidén dgn cepat dlm urutannya. *to r. in a shark* menangkap ikan hiu dgn pancingnya. —*kki*. terhuyung-huyung (*from a blow*).

re-election /'riea'leksyən/ *kb*. pemilihan ulangan/kembali. *to be up for r.* sdh bersiap-siap utk dipilih kembali.

reemergence /'riea'mərjəns/ *kb*. pemunculan kembali.

reenact /'riea'nækt/ *kkt*. 1 melakukan kembali/lagi. *to r. a crime* melakukan kembali kejahatan. 2 menghidupkan/membuat berlaku kembali/lagi (*a law*).

reenter /rie'entər/ *kki*. masuk kembali.

reentry /rie'entrie/ *kb*. (*j*. -**ries**) masuk(nya) kembali (*of a space rocket, in a country*) *r. permit* izin masuk kembali.

reestablish /'riea'stæblisy/ *kkt*. menghidupkan (kembali), mendirikan lagi.

reexamination /'rieegzæmə'neisyən/ *kb*. 1 pemeriksaan kembali. 2 *Acad*.: ujian hér/ulangan.

reexamine /'rieeg'zæmən/ *kkt*. 1 memeriksa kembali. 2 *Acad*.: menguji lagi.

ref. 1 [*reference*] pedoman, petunjuk, réferénsi. 2 [*referee*] wasit.

refashion /rie'fæsyən/ *kkt*. menggubah lagi.

refer /ri'fər/ *kkt*. (**referred**) 1 menyerahkan (*a matter*) (**to** *kpd*). 2 menghubungi. *Referring to our talk of yesterday*... Berhubung dgn pembicaraan kita kemari.... *He referred me to his employer* Ia meminta saya berhubungan dgn majikannya. —*kki*. 1 menunjuk (**to** *kpd*). *I r. to your latest letter* Saya menunjuk kpd surat tuan yg terakhir. 2 berkenaan, mengenai. *My question refers to your remark* Pertanyaanku berkenaan dgn ucapanmu itu. 3 mengarahkan. *The minister often refers to the Bible* Pendéta itu sering mengambil ayat-ayat dari Kitab Injil. *He wasn't referring to them* Ia tdk mempercakapkan meréka.

referee /'refərie/ *kb*. wasit, pemisah. —*kkt*. mewasiti.

reference /'refərəns/ *kb*. 1 surat keterangan, rékomendasi. 2 réferénsi. *to make a r. to* menunjuk kpd, menyebut. *R. was made to the problem* Persoalan itu tlh disinggung. **with r. to** berkenaan dgn. *With r. to your ad...* Berkenaan dgn iklan tuan.... **r. book/work** buku penunjuk/pedoman.

referendum /'refə'rendəm/ *kb.* (*j.* **-dums, -da**) reféréndum, pemungutan suara umum.

referral /ri'fərəl/ *kb.* penyerahan (*of a matter to s.o.*).

refill /'rie'fil *kb.*; rie'fil *kkt.*/ *kb.* 1 pengisian kembali. *This pen needs a r.* Pulpén itu perlu diisi lagi. 2 lembaran-lembaran baru pengisi (*for a looseleaf notebook*). *Can I give you a r.?* Boléhkah gelas tuan saya isi lagi? *—kkt.* mengisi lagi.

refine /ri'fain/ *kkt.* 1 menyuling, menyaring, membersihkan (*oil, sugar*). 2 memperhalus, menghaluskan (*o's language, metals*). **—refined** *ks.* berbudi halus, beradab, sopan. **—refining** *kb.* pengilangan/penyulingan minyak.

refinement /ri'fainmənt/ *kb.* 1 kehalusan budibahasa. 2 perbaikan (*in a new model*). 3 kemurnian. *She's a person of r.* Ia seorang yg halus budi-bahasanya. *of innate r.* yg berpembawaan halus yg berbudi-pekerti halus. 4 pengilangan (*of petroleum*).

refinery /ri'fainərie/ *kb.* (*j.* **-ries**) kilang minyak.

refinish /rie'finisy/ *kkt.* mempolitur lagi.

refit /rie'fit/ *kkt.* (**refitted**) memperlengkapi lagi (*a ship*).

refl. [*reflexive*] réfléksip.

reflect /ri'flekt/ *kkt.* 1 menggambarkan, membayangkan, mencerminkan (*an opinion*). 2 mewakili (*o's feeling*). 3 memantulkan (*heat*). *to r. credit (up) on* melahirkan pujian bagi. *—kki.* membayang. *The moon reflects on the water* Bulan membayang/terbayang pd air. **to r. on** 1 mengenang-ngenangkan (*o's childhood*). 2 memikirkan (*a matter*). 3 merendahkan, mengurangi arti. *I hope my error does not r. on your instructions* Kuharapkan kesalahanku itu tdk mengurangi arti petunjuk-petunjukmu.

reflection /ri'fleksyən/ *kb.* 1 bayangan, réfléksi (*in water, mirror*). 2 pemantulan (*of a sound*). 3 pemikiran (*on a matter*). *after due r.* stlh memikirkan secukupnya. *reflections on the future* pikiran-pikiran haridepan. 4 celaan. *The remark was no r. on his character* Ucapan itu tdk bermaksud mencela wataknya. *to cast reflections on* mempergunjingkan, mencela. *His actions are just a r. of the times* Perbuatan-perbuatannya itu hanya mencerminkan keadaan zaman.

reflective /ri'flektiv/ *ks.* 1 yg memantulkan cahaya. 2 termenung, tepekur.

reflector /ri'flektər/ *kb.* réfléktor, pemantul cahaya.

reflex /'riefleks/ *kb.* réfléks. *r. movement* gerak réfléks (yg tdk disengaja).

reflexive /ri'fleksiv/ *ks.* réfléksip. *r. pronoun* kataganti réfléksip.

reforestation /'riefərə'steisyən/ *kb.* réboisasi, peremajaan hutan, penghutanan kembali.

reform /ri'fɔrm/ *kb.* perbaikan. *r. movement* gerakan pembaharuan (suatu sistém). *r. school* sekolah anak-anak nakal. *—kkt.* memperbaiki (*o's ways, s.o.*). *—kki.* memperbaiki diri, menjadi lebih baik. **reformed** *church* geréja aliran baru.

reform /rie'fɔrm/ *kkt.* membentuk/menyusun/ mempersatukan kembali. *—kki.* bersatu kembali.

reformation /'refər'meisyən/ *kb.* réformasi.

reformation /'riefər'meisyən/ *kb.* penyatuan/penyusunan kembali.

reformatory /ri'fɔrmə'towrie/ *kb.* (*j.* **-ries**) 1 panti asuhan. 2 (*prison*) penjara, asrama pendidikan.

reformer /ri'fɔrmər/ *kb.* pembaharu, pembuat perubahan.

refract /ri'frækt/ *kkt.* membiaskan, membélokkan.

refraction /ri'fræksyən/ *kb.* pembiasan, perubahan arah, pembélokan (*of light*).

refractory /ri'fræktərie/ *ks.* 1 keras kepala (*of a person or animal*). 2 yg sukar disembuhkan (*of a cough*).

refrain /ri'frein/ *kb.* *Mus.*: bagian ulangan. *—kki.* menahan diri (**from** spy jangan). *Kindly r. from smoking* Diharap menghentikan/Jangan merokok.

refresh /ri'fresy/ *kkt.* menyegarkan (*o.s.* diri). *to r. o's memory* membangkitkan ingatan. *to awake refreshed* bangun dan menjadi segar kembali. **—refreshing** *ks.* menyegarkan (*of a drink, an attitude*).

refresher /ri'fresyər/ *kb.* penyegar (mis. *tea, Coca-Cola*). *r. course* kursus penyegar.

refreshment /ri'fresymənt/ *kb.* minuman, makanan. *It's about time to take some r.* Sdh tiba waktunya utk minum dan makan. **—refreshments** *j.* minuman dan makanan.

refrigerate /ri'frijəreit/ *kkt.* mendinginkan, melemari-éskan. *refrigerating plant* instalasi pendingin.

refrigeration /ri'frijə'reisyən/ *kb.* pendinginan.

refrigerator /ri'frijə'reitər/ *kb.* kulkas, lemari és/ pendingin. *r. car* gerbong pendingin.

refuel /rie'fyuwəl/ *kki.* mengisi/menambah bénsin.

refuge /'refyuwj/ *kb.* tempat perlindungan. *to seek/ take r.* mencari perlindungan.

refugee /'refyuwjie/ *kb.* pengungsi.

refund /'riefʌnd *kb.*; ri'fʌnd *kkt.*/ *kb.* pembayaran kembali. *A r. will be given if...* Pembayaran kembali akan diberikan kalau.... *—kkt.* mengembalikan uang, membayar kembali. *Satisfaction guaranteed or your money refunded* Kepuasan dijamin atau uang kembali.

refurbish /rie'fərbisy/ *kkt.* membaharui lagi.

refusal /ri'fyuwzəl/ *kb.* penolakan. *to give a flat r.* menolak mentah-mentah. *to have first r. on s.t.* mempunyai hak pertama utk membeli atau menolak s.s.t.

refuse /'refyuws *kb.*; ri'fyuwz *kkt.*/ *kb.* sampah. *—kkt.* 1 menolak. *to r. admittance* menolak utk memberi izin masuk. *He refused to go* Ia menolak utk pergi. 2 tdk menuruti (*a child*).

refutation /'refyə'teisyən/ *kb.* pembuktian kesalahan, sangkalan.

refute /ri'fyuwt/ *kkt.* menyangkal, membuktikan bhw salah.

Reg. 1 [*Regulation*] Peraturan. 2 [*Regent*] Bupati, Wali, Pengawas.

regain /ri'gein/ *kkt.* memperoléh/mendapat kembali. *to r. consciousness* (menjadi) sadar kembali. *to r. o's footing* tegak kembali. *to r. o's strength* kuat/ bertenaga kembali.

regal /'riegəl/ *ks.* agung, spt raja. *r. appearance* wujud yg agung.

regale /rie'geil/ *kkt.* 1 menghibur, menyuguhi (*s.o. with interesting stories*). 2 menikmati (*o.s. with s.t.*).

regalia /ri'geiliə/ *kb.* tanda-tanda kebesaran, alat/ tanda kerajaan.

regard /ri'gard/ *kb.* 1 hormat. *I have great r. for his ability* Aku sangat menghormati kecakapannya. *I have no r. for him* Aku tak menghargainya. *to have no r. for human life* tdk dpt menghargai jiwa manusia. 2 salam. *Give them our regards* Sampaikanlah salam kami kpd meréka. *My best regards to you* Salam hangatku kepadamu. *With kind regards* Salam/ Hormat saya. 3 hal. *in that r.* dlm hal itu. *with r. to your letter* berkenaan dgn surat tuan. *with r. to that* mengenai hal itu. *to make a decision without r. to his colleagues' views* membuat keputusan tanpa memperhatikan pandangan-pandangan dari rekan-rekannya. —*kkt*. 1 menganggap. *I r.* him as a... Saya menganggapnya sbg seorang .... *to r. s.t. as a crime* menggap s.s.t. sbg kejahatan. 2 memandang. *He is regarded with respect* Ia dipandang dgn rasa hormat. 3 melihat pd. *to r. s.o. sternly* melihat pd s.s.o. dgn pandangan yg tajam. 4 memperhatikan. *R. what I have to say* Perhatikanlah apa yg akan kukatakan. *I r. everything he does with suspicion* Saya perhatikan apa saja yg dilakukannya dgn kecurigaan. *as regards our problem* mengenai persoalan kita. —**regarding** *kd*. mengenai, berkenaan dgn. *R. your letter of* ... Sehubungan dgn surat sdr ... Perihal surat sdr ....

regardless /ri'gardləs/ *ks*. tanpa memperhatikan/ menghiraukan. *r. of the weather* bagaimanapun keadaan cuaca. —*kk*. bagaimanapun juga. *I'm going, r.* Bagaimanapun juga, saya hendak pergi.

regatta /ri'gætə/ *kb*. perlombaan perahu-layar.

regency /'riejənsie/ *kb*. (*j*. -**cies**) 1 kabupatén. 2 perwalian.

regenerate /ri'jenəreit/ *kkt*. 1 memperbaharui, menumbuhkan lagi (*the lost tail of a reptile*). 2 menghidupkan lagi (*a despondent person*). 3 memperbaiki (*a criminal*).

regeneration /ri'jenə'reisyən/ *ks*. 1 pembaharuan jiwa, perbaikan spirituil. 2 kelahiran kembali.

regent /'riejənt/ *kb*. 1 bupati. 2 wali, pengawas.

regime /ri'zyiem, rei'zyiem/ *kb*. resim, rezim.

regimen /'rejəmən/ *kb*. cara/aturan hidup.

regiment /'rejəmənt *kn*.; 'rejəment *kkt*./ *kb*. 1 *Mil.*: résimén. 2 jumlah besar (*of servants*). —*kkt*. mengatur.

regimental /'rejə'mentəl/ *ks*. yg berh. dgn résimén.

regimentation /'rejəmən'teisyən/ *kb*. cara hidup teratur, cara hidup yg diawasi.

region /'riejən/ *kb*. 1 daérah, wilayah. 2 bagian. *r. of the brain* bagian dari otak.

regional /'riejənəl/ *ks*. kedaérahan. *r. meeting* rapat sedaérah. *r. government* pemerintahan daérah. *r. autonomy* otonomi daérah.

regionalism /'riejənəlizəm/ *kb*. daérahisme, sifat kedaérahan.

register /'rejistər/ *kb*. 1 (buku) daftar. *Please sign the r.* Tandatanganilah daftar itu. *attendance r.* daftar hadir/absénsi. *Social R.* Daftar Sosial (daftar orang-orang yg terkemuka dlm masyarakat). *ship's r.* daftar muatan kapal. 2 lobang pengatur panas (*heating*). 3 tingkat nada (*of a voice*). —*kkt*. 1 mendaftarkan (*a car*). 2 menyatakan (*a complaint*). 3 menunjukkan (*surprise*). 4 menunjuk. *What does the thermometer r.?* Angka berapa ditunjuk oléh térmométer? *to r. a letter* mengirimkan surat tercatat. —*kki*. mendaftar, mendaftarkan diri (*at school*). *to r. at a hotel* mendaftarkan nama di hotél. *to r. with the police* mendaftarkan nama pd polisi. *The car registers* Mobil itu nampak panas (pd méternanya). *I heard his name, but it didn't r.* Kudengar namanya, tapi tak mengesan dlm ingatanku. —**registered** *ks*. tercatat. *r. letter* surat tercatat. *to send by r. mail* mengirim dgn tercatat. *r. nurse* mantri, jururawat. *r. trademark* mérek dagang yg terdaftar.

registrant /'rejəstrənt/ *kb*. pendaftar.

registrar /'rejəstrar/ *kb*. 1 *Acad.*: panitera (fakultas). 2 pencatat, pendaftar.

registration /'rejə'streisyən/ *kb*. pendaftaran, registrasi. *voter r.* pendaftaran pemilih. *r. fee* uang pendaftaran. *r. number (of a car)* nomor pendaf-

taran. *r. of a package* pendaftaran sebuah pakét (sbg barang kiriman).

registry /'rejəstrie/ *kb*. (*j*. -**ries**) 1 pendaftaran, registrasi. *certificate of r.* surat tanda kebangsaan. 2 kantor pendaftaran.

regress /'riegres *kb*.; ri'gres *kki*./ *kb*. kemunduran. —*kki*. mundur, surut.

regression /ri'gresyən/ *kb*. kemunduran, régrési.

regret /ri'gret/ *kb*. sesalan, penyesalan. *to decline an invitation with r.* menolak undangan dgn menyesal. *It's a matter of some r. to me that* ... Aku agak menyesal bhw .... *to have regrets over* ... menyesal karena .... *I have no regrets* Saya tdk merasa menyesal. *much to my r.* dgn menyesal sekali. —*kkt*. (**regretted**) 1 menyesali (*the time spent*). 2 menyesal. *She regrets not passing her exam* Ia menyesal tak lulus ujian. *I r. to have to inform you that...* Dgn menyesal saya hrs memberitahukan kpd sdr bhw.... *It is to be regretted that* ... (Sangat) disesalkan/disayangkan bhw....

regretful /ri'gretfəl/ *ks*. yg menyesal, sesal. —**regretfully** *kk*. dgn menyesal.

regrettable /ri'gretəbəl/ *ks*. disesalkan. *The situation is r.* Keadaan itu disesalkan. —**regrettably** *kk*. disayangkan, disesalkan.

regt., Regt. [*regiment*] résimén.

regroup /rie'gruwp/ *kkt*. menyusun kembali.

regular /'regyələr/ *kb*. 1 *Sport*: seorang pemain tetap. 2 *Mil.*: prajurit tetap. 3 langganan tetap (*at a store*). —*ks*. 1 biasa (*route, routine*). *the r. ending of a verb* akhiran biasa utk suatu katakerja. *Sunday is a r. holiday* Hari Minggu adalah hari libur biasa. *I do this as a r. thing* Saya melakukan ini sbg hal yg biasa. 2 tetap (*of a soldier, customer*). *the R. Army, r. troops* Tentara Tetap. *Man of r. habits* penganut kebiasaan-kebiasaan yg tetap. *our r. waiter* pelayan tetap bagi kami. *My r. time for going to bed is* ... Waktu pergi tidur yg tetap bagi saya ialah.... 3 teratur, biasa. *to lead a r. life* hidup teratur. *Inf.*: *He's a r. fellow* Ia seorang yg menyenangkan. *to have a r. battle over who will* ... mempertengkarkan siapa yg akan.... *r. as clockwork* tdk berobah-obah, teratur. —**regularly** *kk*. dgn/secara tetap.

regularity /'regyə'lærətie/ *kb*. (*j*. -**ties**) sifat beraturan. *r. of mail service* hantaran pos secara beraturan. *R. is important for health's sake* Hidup secara teratur adalah penting guna kepentingan keséhatan.

regularize /'regyələraiz/ *kkt*. membuat beraturan/ teratur, mengatur secara tetap/mantap.

regulate /'regyəleit/ *kkt*. 1 mengatur. *to r. the amount of s.t.* mengatur banyaknya s.s.t. 2 menyetél (*the carburetor*). —**regulating** *kb*. pencocokan, penyetélan. *r. of a compass* pencocokan sebuah kompas.

regulation /'regyə'leisyən/ *kb*. peraturan. *army regulations* peraturan-peraturan tentara/ketentaraan. *government r.* peraturan pemerintah. *hospital regulations* peraturan-peraturan rumah sakit. *traffic regulations* peraturan-peraturan lalulintas.

regulator /'regyə'leitər/ *kb*. (alat) pengatur.

regulatory /'regyələ'towrie/ *ks*. yg berk. dgn pengaturan. *r. measures* tindakan-tindakan pengaturan.

regurgitate /rie'gərjəteit/ *kkt*. memuntahkan. —*kki*. muntah.

rehabilitate /'riehə'biləteit/ *kkt*. meréhabilitasikan.

rehabilitation /'riehə'bilə'teisyən/ *kb*. réhabilitasi. *r. center* tempat penampungan. *r. of prisoners* penempatan kembali ke masyarakat.

rehash /'riehæsy *kb*.; rie'hæsy *kkt*./ *kb*. pengulangan, pengolahan dlm bentuk baru. —*kkt*. membicarakan kembali, membangkit-bangkit.

rehearsal /ri'hərsəl/ *kb.* latihan, ulangan, repetisi.
rehearse /ri'hərs/ *kkt.* melatih lagi (*o's role*). —*kki.* berlatih.
reign /rein/ *kb.* 1 pemerintahan. *to have a long r.* lama memerintah. *in the r. of* semasa pemerintahan. 2 kekuasaan (*of law and order*). —*kki.* 1 memerintah. *to r. for two years* memerintah selama dua tahun. *to r. over a country* memerintah/merajai sebuah negeri. 2 merajaléla. *Lawlessness reigns in that town* Ketiadaan hukum merajaléla di kota itu.
reimburse /'riəm'bərs/ *kkt.* membayar kembali, mengganti uang. *to r. s.o. for his outlay* membayar kembali pengeluaran-pengeluaran uang s.s.o.
reimbursement /'riəm'bərsmənt/ *kb.* pembayaran kembali, penggantian utk pengeluaran uang.
rein /rein/ *kb.* tali kekang, kendali. *to draw r. on* menyuruh berhenti. *to give r. to o's thoughts* memberi kebébasan pd pemikirannya. *to pull the r.* menarik tali kendali. *the reins of government* pusara negara. *to take the reins of government* mengambil tampuk pimpinan pemerintahan. *to hold the reins of government* memegang kendali pemerintahan. *to have free r.* mempunyai kekuasaan penuh. *to keep a tight r. on* mengendalikan secara ketat. —*kkt.* **to r. in** mengekang (*a horse*).
reincarnation /'rieinkar'neisyən/ *kb.* réinkarnasi, penjelmaan kembali.
reindeer /'rein'dir/ *kb.* rusa kutub.
reinforce /'riein'fɔrs/ *kkt.* 1 menguatkan, menebalkan (*a statement*). 2 memperkuat (*a bridge, troops*). **reinforced** *concrete* beton bertulang.
reinforcement /'riein'fɔrsmənt/ *kb.* 1 penguatan (*of a wall, bridge*). 2 *Mil.*: bala bantuan.
reinstate /'riein'steit/ *kkt.* mengembalikan lagi, mendudukkan/menerima kembali.
reintroduce /'rieintrə'duws, -'dyuws/ *kkt.* mengajukan lagi (*a bill*).
reissue /rie'isyuw/ *kb.* penerbitan kembali. —*kkt.* menerbitkan lagi.
reiterate /rie'itəreit/ *kkt.* mengulangi pernyataan.
reject /'riejekt *kb.*; ri'jekt *kkt./ kb.* 1 apkiran (*from the army*). 2 barang apkiran (*from a factory*). 3 buah-buah apkiran (*from an orchard*). —*kkt.* 1 menolak (*an offer*). 2 mengapkir. *The Navy rejected him* Angkatan Laut mengapkirnya.
rejection /ri'jeksyən/ *kb.* 1 penolakan (*of o's parents*). *r. slip* kartu penolakan (*from an editor*). 2 pengapkiran (*by the armed forces*).
rejoice /ri'jois/ *kki.* girang, gembira. *to r. at hearing...* girang mendengar.... —**rejoicing** *kb.* kegirangan, kegembiraan.
rejoin /ri'join/ *kkt.* menggabungkan lagi (*o's family, a firm*). —*kki.* membalas, menjawab.
rejoinder /ri'joindər/ *kb.* jawaban, balasan.
rejuvenate /rie'juwvəneit/ *kkt.* menjadikan muda kembali, memudakan, mempermuda.
rejuvenation /rie'juwvə'neisyən/ *kb.* peremajaan lagi.
rel. 1 [*religious*] religius, beragama. 2 [*relative*] sanak, pamili; nisbi, rélatip; berhubungan dgn. 3 [*relating*] mengenai, berhubung dgn.
relapse /ri'læps, 'rie- *kb.*; ri'læps *kki./* sakit lagi. *to suffer a r.* kambuh, bentan. —*kki.* jatuh sakit lagi. *to r. into silence* kembali keadaan menjadi sunyi-senyap.
relate /ri'leit/ *kkt.* 1 menceritakan (*an account*). 2 mempertalikan, menghubungkan (*two matters*). —*kki.* berkenaan, berhubungan (**to** dgn). —**related** *ks.* 1 berhubungan. *She's r. to me* Ia sanak dgn saya. *r. languages* bahasa-bahasa yg serumpun.

r. by marriage ipar-beripar satu sama lain. 2 bertalian. *to speak on a r. subject* berbicara ttg pokok yg bertalian. **relating to** yg berhubungan dgn.
relation /ri'leisyən/ *kb.* 1 hubungan (*between two countries*). *father and son relations* hubungan antara ayah dan anak lelaki. *What's his r. to you?* Apakah hubungan keluarga sdr dgn dia? *That bears no r. to...* Tak ada hubungannya dgn.... *in r. to* dlm hubungan dgn. 2 pamili, sanak. *Is she any r. to you?* Apakah ia masih pamilimu? *poor relations* pamili/sanak yg miskin. *parents and relations* orang-tua dan sanak-saudara. *to lag in r. to* ketinggalan dibandingkan dgn. —**relations** *j.* persetubuhan. *to have relations with* bersetubuh dgn.
relationship /ri'leisyənsyip/ *kb.* 1 hubungan, perhubungan. *There's a good r. between...* Ada hubungan yg baik antara .... *affinal r.* periparan. 2 pertalian. *language r.* pertalian bahasa.
relative /'relətiv/ *kb.* sanak, pamili. *He's a r. of mine* Ia sanakku. —*ks.* 1 nisbi (*of humidity*). *Everything is r.* Segala s.s.t. bersifat nisbi. 2 rélatip. *the r. merits of* kebaikan-kebaikan rélatip dari. *r. to* berhubungan dgn. *r. frequency* frékwénsi rélatip. *r. pronoun* kataganti penghubung. —**relatively** *kk.* secara rélatip.
relativity /'relə'tivətie/ *kb.* kerélatipan, kenisbian.
relax /ri'læks/ *kkt.* 1 mengendurkan (*muscles, a hold*). 2 mengurangi (*o's vigilance, pressure*). —*kki.* bersenang-senang, beristirahat, bersantai-santai. *R.! Nothing is wrong* Tenanglah! Tdk ada apa-apa. —**relaxed** *ks.* (ber)santai, tenang sekali (badannya). *r. spot at the seashore* tempat bersenang-senang/bersantai di pantai laut.
relaxation /'rielæk'seisyən/ *kb.* 1 istirahat, persantaian. *period of r.* masa istirahat/bersantai. *for r.* utk penghibur hati. *to seek r. in* mencari hiburan dgn. 2 pengendoran (*of muscles, military discipline*).
relay /'rielei, ri'lei/ *kb.* lari beranting. *to do s.t. in relays* mengerjakan secara beranting. *r. race* perlombaan éstafét, lari beranting. —*kkt.* 1 menyampaikan (*a message*). 2 menyiarkan. **r. station** pemancar penyambung, setasion pengulang.
release /ri'lies/ *kb.* 1 pembébasan, kelepasan, pelepasan (*from jail*). *Death brought her r. from suffering* Kematian membébaskannya dari penderitaan. 2 pengeluaran (*of a new book*). *press r.* pengumuman berita. 3 pemberhentian, pengunduran (*of employees*). 4 surat bébas. —*kkt.* 1 melepaskan (*on bail*). 2 membébaskan, mengeluarkan (*from prison*). 3 menyiarkan (*news*). 4 mengendurkan (*rope*). 5 melepaskan (*o's hold, the trigger, the brake*). 6 mengadakan pertunjukan pertama (*a book, film*). *to r. gas* (ber)kentut. **r. valve** katup pembuka aliran.
relegate /'reləgeit/ *kkt.* 1 membuang, memindahkan, mengasingkan (*s.t. to the junkpile*). 2 menurunkan (*s.o. to a lower rank*).
relent /ri'lent/ *kki.* menjadi lunak dlm perasaan, mengalah, menjadi belas kasihan.
relentless /ri'lentləs/ *ks.* tak menaruh kasihan, keras hati. *to go in r. pursuit of s.o.* menguber-uber/memburu-buru s.s.o. tanpa belaskasihan.
relevance /'reləvəns/ *kb.* perlunya, hubungan, pertalian, sangkut-pautnya.
relevant /'reləvənt/ *ks.* bersangkut-paut, relevan. *r. factors* faktor-faktor yg bersangkut-paut. *not r. to the subject* tdk ada sangkut-paut dgn pokok persoalan.
reliability /ri'laiə'bilətie/ *kb.* 1 hal dpt dipercaya (*of a person*). 2 hal tahan uji (*of a product*).
reliable /ri'laiəbəl/ *ks.* dpt dipercaya/diandalkan (*of a person, a firm, product*). *according to usually r.*

sources menurut sumber-sumber yg biasanya dpt dipercaya. —**reliably** *kk.* yg dpt dipercaya. *It was r. reported that ...* Tlh ada laporan yg dpt dipercayá bhw....

reliance /ri'laiəns/ *kb.* 1 kepercayaan. *I put little r. in him* Saya sedikit sekali menaruh kepercayaan kepadanya. 2 hal menggantungkan nasibnya (*on o's father*).

reliant /ri'laiənt/ *ks.* percaya.

relic /'relik/ *kb.* 1 barang peninggalan. 2 peninggalan. *He's a r. of the past* Ia merupakan seorang (tokoh) peninggalan zaman yg lampau. 3 barang milik orang keramat.

relied /ri'laid/ lih RELY.

relief /ri'lief/ *kb.* 1 keringanan, pembébasan (*from tax, work, pressure*). 2 pertolongan. *The treatment was a r. to her* Pengobatan itu mengurangi penderitaannya. 3 kelegaan. *What a r.!* Alangkah leganya! *It was a r. to know that...* Lega rasanya sesudah mengetahui bhw.... 4 (bas-)gambar-timbul. *to stand out in r.* merupakan gambar-timbul. *to be on r.* hidup dari dana sosial. *to bring r.* memberi keringanan. *to give instant r.* cespleng, menyembuhkan dgn cepat sekali. **r. fund** dana bantuan. **r. map** peta (gambar) timbul. **r. train** keréta api pertolongan. **r. troops** pasukan penolong.

relies /ri'laiz/ lih RELY.

relieve /ri'liev/ *kkt.* 1 membébas(tugas)kan (*s.o. of his job*). 2 mengurangi (*pain*). 3 mengganti (*the guard*). 4 *Sl.*: mencopét, mencopot, merampas (*s.o. of his wallet*). 5 menghilangkan. *to r. boredom* menghilangkan rasa bosan. *to r. congestion in the chest* menghilangkan rasa sesak didlm dada. 6 meringankan (*a burden*). *r. o.s.* (ber)bérak, membuang air (besar). *She was relieved when...* Ia merasa lega waktu....

religion /ri'lijən/ *kb.* agama. *Work is almost a r. with him* Baginya kerja hampir sama dgn agama. *to get r.* masuk/memeluk/menganut agama.

religious /ri'lijəs/ *ks.* 1 yg berh. dgn agama, beragama, beriman. *r. instruction* pelajaran agama. 2 saléh. *a r. person* seorang yg sangat saléh. *r. minorities* golongan-golongan beragama yg merupakan minoritas. **r. service** kebaktian geréja. —**religiously** *kk.* dgn tekun, dgn setia. *She exercises r.* Ia berlatih dgn tekun.

relinquish /ri'lingkwisy/ *kkt.* melepaskan.

relish /'relisy/ *kb.* 1 (*pickles*) makanan perangsang. 2 suka hati. *to eat with r.* makan dgn senang. *to do o's work with r.* melakukan pekerjaannya dgn suka hati. *to have no r. for* tdk menyukai. —*kkt.* menikmati, menyukai (*food, warm weather*). *I don't r. the idea of...* Saya tak suka....

relive /rie'liv/ *kkt.* mengenangkan/mengalami lagi (*the good old days*).

reload /rie'lowd/ *kkt., kki.* 1 mengisi kembali/lagi (*a gun*). 2 memuati lagi (*a truck*).

relocate /rie'lowkeit/ *kkt.* menampung (*refugees*). —*kki.* menetap lagi (*of a factory or firm*).

relocation /'rielow'keisyən/ *kb.* penampungan. *r. center* tempat penampungan.

reluctance /ri'lʌktəns/ *kb.* keseganan, keengganan. *to show r.* menunjukkan keseganan.

reluctant /ri'lʌktənt/ *ks.* segan (hati), enggan. *to be r. to call the police* enggan memanggil polisi. *I feel r. to leave* Saya tak suka berangkat. —**reluctantly** *kk.* dgn rasa malas. *to pay o's bill r.* membayar rékeningnya dgn hati/perasaan berat.

rely /ri'lai/ *kki.* (**relied**) **to r. on** 1 mempercayakan (*s.o.'s honesty*). 2 menyandarkan diri pd, mengan-

dalkan (*s.o.*). *He relies on me* Ia menyandarkan nasibnya 'padaku. *He can be relied on* Ia dpt dipercaya. *One cannot r. on the weather* Orang tak dpt mempercayai cuaca.

remain /ri'mein/ *kb.* **remains** *j.* 1 sisa, bekas (*of food*). 2 (*mortal*) jenazah. *to discover human remains* menemukan sisa-sisa peninggalan manusia. —*kki.* 1 tinggal (*after school*). *Only three books r.* Hanya tiga buku yg tinggal. 2 tetap. *The fact remains that...* Tetap menjadi kenyataan, bhw.... *The weather remains good* Cuaca tetap baik. *I remain, Sir, Yours very truly* Tetap seperti sediakala, kami, teman Tuan yg setia. *Please r. seated* Diharap tetap duduk. *Much still remains to be done* Masih banyak lagi yg hrs dikerjakan. *Whether it is complete remains to be seen* Apakah itu lengkap (atau tdk) masih hrs dilihat (dulu). —**remaining** *ks.* sisa(nya). *the r. portion* sisa porsi itu.

remainder /ri'meindər/ *kb.* sisa, réstan (*of a roast*). *to stay home the r. of the day* tinggal di rumah selama sisa hari itu. *publisher's remainders* buku-buku penerbit yg masih ada. *the r. of his life* sisa hidupnya.

remake /rie'meik/ *kkt.* membuat (sekali) lagi.

remand /ri'mænd/ *kkt.* mengirim kembali, menyerahkan (*to jail, to s.o.'s custody*).

remark /ri'mark/ *kb.* 1 ucapan, kata-kata. *I shall make my remarks brief* Aku akan memperpéndék ucapan-ucapanku. 2 (*unpleasant*) teguran. *I venture the r. that...* Saya memberanikan diri menyatakan bhw.... —*kkt.* berkata. *He remarked that...* Ia berkata bhw.... —*kki.* **to r. on** memuji.

remarkable /ri'markəbəl/ *ks.* 1 luar biasa. *r. progress* kemajuan luar biasa. 2 hébat, baik sekali. *r. piece of work* hasil karya yg hébat. *to be r. for o's generosity* dikenal orang sbg orang yg bermurah-hati/suka menolong. —**remarkably** *kk.* sungguh. *He is r. agile* Kegesitannya sungguh ajaib/mengagumkan.

remarries /rie'mæriez/ lih REMARRY.

remarry /rie'mærie/ *kkt., kki.* (**remarried**) kawin lagi.

remedial /ri'miediəl/ *ks.* yg berh. dgn perbaikan. *r. measures* usaha-usaha/tindakan-tindakan perbaikan. *r. reading* perbaikan membaca.

remedies /'remədiez/ lih REMEDY.

remedy /'remədie/ *kb.* (*j.* **-dies**) obat (*for colds*). *household r.* obat yg lazim dipakai di rumah, cara pengobatan di rumah. **::** *We have no r. before the law* Hukum berlaku mutlak buat kita. —*kkt.* (**remedied**) 1 memperbaiki (*o's mistakes*). 2 menolong. *The difficulty was finally remedied* Kesulitan itu akhirnya dpt ditolong.

remember /ri'membər/ *kkt.* 1 mengingat. *Do you r. me?* Masih ingatkah sdr akan saya? *I can't r. when...* Aku tak ingat kapan.... *to r. a birthday* mengingat hari kelahiran. *R. to lock the door* Jangan lupa mengunci pintu. *As far as I r.* Sepanjang ingatan saya. *If I r. rightly...* Kalau tak salah ingatan saya.... *I r. saying...* Saya ingat pernah mengatakan.... 2 menyampaikan salam. *R. me to your family* Sampaikan salamku kpd keluargamu. *s. t. to r. you by* kenang-kenangan bagi saya kepadamu. *to r. s.o. in o's will* menghadiahkan s.s.o. dlm wasiat.

remembrance /ri'membrəns/ *kb.* ingatan, kenangan. *Do this in r. of me* Lakukanlah ini sbg kenangan kepadaku.

remind /ri'maind/ *kkt.* mengingatkan. *R. me to stop at the store* Ingatkan aku spy mampir di toko. *He reminds me of my brother* Ia mengingatkan aku kpd abangku. *That reminds me I've got to ...* Hal itu membuat aku teringat, bhw aku hrs ....

reminder /ri'maindər/ *kb.* 1 surat peringatan. *to mail out reminders* mengirimkan surat-surat peringatan. 2 tandamata.

reminisce /'remə'nis/ *kki.* mengenangkan. *to r. about o's younger days* mengenangkan masa-masa mudanya.

reminiscence /'remə'nisəns/ *kb.* kenang-kenangan. *book of reminiscences* buku kenang-kenangan.

reminiscent /'remə'nisənt/ *ks.* **r. of** mengingatkan kpd.

remiss /ri'mis/ *ks.* lalai, lengah. *to be r. in accepting an offer* lalai menerima tawaran.

remission /ri'misyən/ *kb.* 1 pengampunan (*of sins*). 2 permaafan. 3 doléansi (*of taxes*).

remit /ri'mit/ *kkt.* (**remitted**) 1 mengirimkan (*a check*). 2 mengampuni (*sins*). 3 membatalkan (*a debt*).

remittance /ri'mitəns/ *kb.* 1 (uang) pembayaran. 2 pengiriman uang.

remnant /'remnənt/ *kb.* sisa, bekas.

remodel /rie'madəl/ *kkt.* mengubah bentuk, membentuk lagi (*a building*).

remonstrance /ri'manstrəns/ *kb.* bantahan, keluhan.

remonstrate /ri'manstreit/ *kki.* **to r. with s.o.** memrotés dgn s.s.o., membantah s.s.o.

remorse /ri'mɔrs/ *kb.* penyesalan yg dlm.

remorseful /ri'mɔrsfəl/ *ks.* penuh rasa penyesalan, menyesal sekali.

remorseless /ri'mɔrsləs/ *ks.* kejam, tanpa belaskasihan, tanpa merasa menyesal, tanpa penyesalan.

remote /ri'mowt/ *ks.* 1 terpencil. *to live in a r. part of town* tinggal di bagian kota yg terpencil. 2 tipis. *There's a r. possibility that ...* Kemungkinannya tipis bhw .... 3 jauh. *The prospect of getting the job is r.* Harapan utk memperoléh pekerjaan itu jauh sekali. *Our relationship is very r.* Pertalian keluarga kita sdh jauh sekali. *in the r. future* jauh di haridepan. *to operate by r. control* menjalankan dgn pengemudian dari jarak jauh. *I haven't the remotest idea where he lives* Sedikitpun aku tak tahu di mana ia tinggal. —**remotely** *kk.* sedikit. *to be r. related* ada hubungan famili sedikit.

remoteness /ri'mowtnəs/ *kb.* 1 keadaan terpencil (*from an area*). 2 jauhnya (*of a relationship*).

removable /ri'muwvəbəl/ *ks.* dpt dipindahkan/ dikeluarkan/dipecat.

removal /ri'muwvəl/ *kb.* 1 pembersihan, penghilangan (*of grease spots, of snow*). 2 pemindahan (*to another location*). 3 pemusnahan, penghapusan (*of evidence*). 4 pemecatan (*from office*). 5 (hal) melepaskan (*of a tire*). 6 pembuangan, pemotongan (*of appendix*).

remove /ri'muwv/ *kb.* jauhnya, derajat. —*kkt.* 1 mengangkat (*dishes from a table*). 2 melepas(kan) (*shoes, jacket*). 3 menghilangkan (*spots, stains from clothes, an objection, suspicion*). 4 memberhentikan, memecat (*from office*). 5 memindahkan (*a tree, house*). 6 mengeluarkan. *to r. s.o's name from the roster* mengeluarkan nama s.s.o. dari daftar. 7 membersihkan. *to r. make-up* membersihkan bahan rias. 8 membuka. *to r. a bandage* membuka perban/ pembalut. 9 menggésér. *to r. s.o. from power* menggésér s.s.o. dari kekuasaan. *We are cousins twice removed* Kami bersaudara tiga pupu. *a house far removed from ...* sebuah rumah yg terpencil dari ....

remover /ri'muwvər/ *kb.* penghilang, pembersih.

spot r. penghilang noda. *nail polish r.* penghapus cat kuku.

remunerate /ri'myuwnəreit/ *kkt.* membayar, memberi gaji, mengupahi.

remuneration /ri'myuwnə'reisyən/ *kb.* 1 pemberian upah. 2 upah, gaji.

remunerative /ri'myuwnərətiv/ *ks.* yg memberi hasil banyak, menguntungkan.

renaissance /'renəsans, -'zans/ *kb.* kebangunan kembali.

renal /'rienəl/ *ks.* yg berk. dgn ginjal. *r. gland* kelenjar ginjal.

renascence /ri'næsəns/ *kb.* kebangunan kembali, kelahiran baru.

renascent /ri'næsənt/ *ks.* yg bangun/hidup/bangkit kembali.

rend /rend/ *kkt.* (**rent**) 1 mengoyak-ngoyak (*an animal*). 2 membelah (*a tree by lightning*). *A cry rent the air* Jeritan (yg) memecah udara.

render /'rendər/ *kkt.* 1 menyumbangkan (*a service*). 2 membuat. *to r. s.o. helpless* membuat s.s.o. tdk berdaya. 3 membawakan (*a song*). 4 memberikan (*an accounting*). 5 menterjemahkan (*s.t. into English*). 6 mengubah (*fat into lard*). *to r. s.t. useless* merusak s.s.t., membuat s.s.t. tak berguna. *to r. thanks (un)to* menyampaikan puji syukur kpd.

rendezvous /'randəvuw/ *kb.* 1 pertemuan (*in outer space*). 2 tempat berkumpul (*of a family*). 3 randevu, saling bertemu. *to plan a r. at the beach* merencanakan utk saling bertemu dan berkumpul di pantai. *That nation has a r. with destiny* Bangsa itu akan menemui nasibnya. —*kki.* mengadakan pertemuan (di tempat tertentu), mengadakan randevu.

rendition /ren'disyən/ *kb.* 1 cara membawakan (*of a song or poem*). 2 cara menterjemahkan, terjemahan (*into English*).

renegade /'renəgeid/ *kb.* orang murtad/pengkhianat, (pem)bélot.

renege /'ri'nig, -'nieg/ *kki.* mengingkari, tak menetapi.

renew /ri'nuw, -'nyuw/ *kkt.* 1 memperbarui (*a subscription, o's efforts, a contract*). 2 mengulangi, memulai lagi (*o's acquaintance with s.o.*).

renewable /ri'nuwabəl, -'nyuw-/ *ks.* 1 dpt diperpanjang waktunya (*of a subscription, visa*). 2 dpt diperbarui.

renewal /ri'nuwəl, -'nyuwəl/ *kb.* 1 pembaharuan, perpanjangan (*of a visa, subscription*). 2 ulangan, permulaan lagi (*of an acquaintanceship*).

renounce /ri'nawns/ *kkt.* 1 meninggalkan (*worldly gain*). 2 turun takhta (*a throne*). *to r. a new ordinance* menolak peraturan baru. *to r. o's son* tdk mengakui anaknya. *to r. o's religion* melepaskan/meninggalkan agama.

renovate /'renəveit/ *kkt.* memperbaharui, membaharui.

renovation /'renə'veisyən/ *kb.* pembaharuan.

renovator /'renə'veitər/ *kb.* orang yg ahli memperbaharui s.s.t., pembaharu.

renown /ri'nawn/ *kb.* kemasyhuran. *to win r. as ...* mendapat kemasyhuran sbg ....

renowned /ri'nawnd/ *ks.* terkenal, termasyhur.

rent /rent/ lih REND.

rent /rent/ *kb.* 1 séwa (*of a room*). *a room for/to r.* kamar utk diséwakan. *r. control* pengendalian (harga) séwa. 2 koyakan (*in o's shirt*). 3 celah (*in the earth*). 4 uang séwa (*for a house, room*). —*kkt.* 1 menyéwa (*from s.o.*). 2 menyéwakan (*to s.o.*). **to r. out** menyéwakan. —**rented** *ks.* séwaan. *r. car* mobil séwaan.

rental /'rentəl/ *kb.* 1 perséwaan. *car r.* perséwaan mobil. 2 (uang) séwa. *What's the monthly r.?* Berapa séwa bulanan itu.? *r. library* perpustakaan séwaan.
renter /'rentər/ *kb.* penyéwa.
rentfree /'rent'frie/ *ks., kk.* tanpa séwaan.
renunciation /ri'nʌnsie'eisyən/ *kb.* 1 penolakan (*of material things, of the world*). 2 pembuangan (*of o's rights to the throne*).
reopen /rie'owpən/ *kkt.* membuka lagi/kembali (*of a store, legal case*). *to r.* an *old sore* membangkitkan kembali rasa sedih. *to r. a wound* membuka kembali luka. *the reopening of a school* pembukaan kembali sebuah sekolah.
reorder /rie'ɔrdər/ *kkt.* memesan lagi, mengulang pesanan.
reorganization /'rieɔrgənə'zeisyən/ *kb.* réorganisasi.
reorganize /rie'ɔrgənaiz/ *kkt.* meréorganisasi.
reorientation /'rieowrieen'teisyən/ *kb.* réoriéntasi.
rep. 1 [*report*] laporan. 2 [*representative*] wakil. 3 [*republic*] républik.
Rep. [*Representative*] anggauta D.P.R./Parlemén.
repaid /ri'peid/ lih REPAY.
repair /ri'pær/ *kb.* réparasi, perbaikan (*of a machine*). *in good r.* dlm keadaan baik. *beyond r.* tak mungkin diperbaiki lagi. *My car is under r.* Mobil saya sedang diperbaiki/diréparasi. *r. job* pekerjaan réparasi. *r. shop* tempat réparasi. *shoe r. shop* toko tukang sepatu. —*kkt.* 1 memperbaiki, meréparasi, membetulkan. 2 kembali, mengundurkan diri, pergi. *to r. to the terrace* mengundurkan diri ke serambi luar.
repairer /ri'pærər/ *kb.* tukang réparasi.
repairman /ri'pærmən/ *kb.* (*j.* -men) tukang réparasi.
reparable /'repərəbəl/ *ks.* dpt diperbaiki.
reparation /'repə'reisyən/ *kb.* penggantian rugi. *to make r.* mengadakan perbaikan, memperbaiki. —**reparations** *j.* pampasan.
repartee /'repər'tie/ *kb.* jawaban yg kena/tepat.
repast /ri'pæst/ *kb.* jamuan makan.
repatriate /rie'peitrieeit/ *kkt.* mengembalikan, memulangkan, mengirim pulang.
repatriation /rie'peitrie'eisyən/ *kb.* pemulangan, pengiriman kembali (*of prisoners*).
repay /ri'pei/ *kkt.* (**repaid**) 1 membayar kembali (*a loan*). *to r. s.o. in full* membayar kembali semua hutang kpd s.s.o. 2 membalas (*an insult*). *How can I ever r. you?* Bagaimana saya dpt membalas jasa-jasamu? 3 mengganti, mengganjar (*s.o. for his trouble*).
repayment /ri'peimənt/ *kb.* pembayaran kembali.
repeal /ri'piel/ *kb.* pencabutan (*of a law*). —*kkt.* mencabut (*a law*).
repeat /ri'piet/ *kb.* ulangan. *r. performance* pertunjukan ulangan. —*kkt.* 1 mengulangi (*a grade*). 2 menceritakan (*what one has heard*). 3 ikut mengucapkan. *R. the poem after me* Ikutilah aku mengucapkan sajak itu. *to r. o.s.* mengatakan berulang-ulang, berbicara bolak-balik. *History tends to r. itself* Sejarah cenderung utk berulang. —**repeated** *ks.* berulang-ulang, berulang-kali. *to make r. attempts to* mencoba berulang-ulang utk. —**repeatedly** *kk.* berkali-kali, berulang-ulang.
repeater /ri'pietər/ *kb.* 1 pengulang. 2 (*rifle*) mauser.
repel /ri'pel/ *kkt.* (**repelled**) 1 memukul mundur (*the enemy*). 2 menolak. *He repels me* Ia menimbulkan perasaan tdk senang pd saya. *I was repelled by the scene* Aku merasa jijik melihat pemandangan itu.

repellent /ri'pelənt/ *kb.* penolak, penangkis. *insect r.* penolak serangga. —*ks.* menjijikkan.
repent /ri'pent/ *kkt.* menyesali (*o's sins*). —*kki.* bertobat, menyatakan penyesalan.
repentance /ri'pentəns/ *kb.* penyesalan, tobat.
repentant /ri'pentənt/ *ks.* penuh penyesalan.
repercussion /'riepər'kʌsyən/ *kb.* 1 réaksi, akibat. 2 tolakan kebelakang (*of a shell*).
repertoire /'repərtwar/ *kb.* daftar lagu-lagu, judul-judul sandiwara, opera dsb yg akan disajikan oléh pemain musik, perkumpulan sandiwara, penyanyi dsb.
repertory /'repər'towrie/ *kb.* (*j.* -ries) 1 perbendaharaan lagu-lagu. 2 macam pertunjukan. *r. theater* perkumpulan sandiwara. 3 repertoire.
repetition /'repə'tisyən/ *kb.* (peng)ulangan.
repetitious /'repə'tisyəs/ *ks.* berisi ulangan, berulang-ulang. *His speech was r.* Pidatonya diulang isinya.
repetitive /ri'petətiv/ *ks.* berulang. *History is r.* Sejarah itu berulang.
rephrase /rie'freiz/ *kkt.* mengatakan dgn cara lain.
replace /ri'pleis/ *kkt.* 1 mengganti(kan) (*books*). *She will be difficult to r.* Akan sukar mencari gantinya. 2 menaruh kembali, menempatkan lagi.
replaceable /ri'pleisəbəl/ *ks.* dpt diganti.
replacement /ri'pleismənt/ *kb.* 1 penggantian (*of s.t.*). 2 pengganti. —**replacements** *j.* tenaga-tenaga pengganti.
replant /rie'plænt/ *kkt.* menanamkan lagi. —**replanting** *kb.* menanam kembali. *rubber r.* menanam kembali tanaman karét.
replay /'rie'plei *kb.*; rie'plei *kkt.*/ *kb. Sports:* ulangan permainan/pertandingan. —*kkt.* memainkan lagi, mengulangi permainan.
replenish /ri'plenisy/ *kkt.* mengisi/melengkapi lagi.
replenishment /ri'plenisymənt/ *kb.* perlengkapan, penambahan.
replete /ri'pliet/ *ks.* penuh (**with** dgn).
replica /'repləkə/ *kb.* tiruan.
replied /ri'plaid/ lih REPLY.
replies /ri'plaiz/ lih REPLY.
reply /ri'plai/ *kb.* (*j.* **replies**) 1 jawaban, sahutan. *In your r., please…* Jika membalas, harap…. *What do you have to say in r.?* Apakah yg saudara dpt katakan sbg jawaban? 2 balasan. —*kki.* (**replied**) menjawab, menyahut. *to r. to a letter* menjawab surat. *to r. immediately* segera menjawab. *She replied that…* Ia menjawab bhw….
report /ri'powrt/ *kb.* 1 laporan. *annual r.* laporan tahunan. *to make a r.* memberikan laporan. *progress r.* laporan kemajuan/perkembangan (pekerjaan). *stock market r.* laporan bursa/séro/saham. *weather r.* laporan cuaca. *There was a r. that…* Ada laporan bhw…. *r. card* kartu laporan, rapor. *official police r.* prosés-perbal. 2 letusan (*of a gun, grenade*). 3 desas-desus. *R. has it that…* Menurut desas-desus.… —*kkt.* 1 melaporkan (*s.o. or s.t.*). *to r. a fire* melaporkan kebakaran. *to r. the news* melaporkan/menyampaikan kabar. *to r. that…* melaporkan bhw…. *He is reported missing* Ia tlh dikabarkan hilang. —*kki.* melapor. *R. promptly at 6* Melaporlah tepat pd pukul 6. *to r. for duty* melaporkan diri utk bertugas. *To whom do I r.?* Kpd siapa aku melapor? *There is nothing to r.* Tak ada yg dpt dilaporkan. —**reporting** *kb.* pemberitaan, pelaporan.
reportedly /ri'powrtidlie/ *kk.* menurut laporan.
reporter /ri'powrtər/ *kb.* 1 wartawan, jurnalis. 2 pelapor (*for a conference*).
repose /ri'powz/ *kb.* 1 istirahat. 2 tidur. 3 ketenang-

an. —*kki.* 1 beristirahat, berbaring (*of a person*). 2 terletak (*on a shelf*).

repository /ri'pazə'towrie/ *kb.* (*j.* **-ries**) tempat penyimpan(an), gudang.

reprehensible /'repri'hensəbəl/ *ks.* patut dicela. *r. in the extreme* sangat patut dicela.

represent /'repri'zent/ *kkt.* 1 mewakili (*an organization*). 2 menggambarkan. *What does that r.?* Lukisan itu menggambarkan apa? *The car is exactly as represented* Mobil itu persis spt yg digambarkan. 3 memainkan peran (*an animal*). 4 melambangkan, mewakili. *The flag represents the nation* Bendéra melambangkan bangsa. 5 menunjukkan. *The * represents ten million people* Tanda * menunjukkan sepuluh juta orang.

representation /'reprizən'teisyən/ *kb.* 1 gambaran. 2 perwakilan (*on a board, in Congress*). *proportional r.* perwakilan berimbang. *to make representations to* mengajukan protés kpd.

representative /'repri'zentətiv/ *kb.* 1 wakil (*of a group, of o's country*). 2 anggauta Majelis Rendah (di AS). —*ks.* bersifat mewakili. *His views are not r. of those of the group* Pendapat-pendapatnya tak mewakili pendapat-pendapat meréka dlm kelompok itu. **r. government** pemerintah yg mencerminkan pilihan rakyat. **r. sample** contoh yg cocok (tepat).

repress /ri'pres/ *kkt.* 1 menindas (*a revolt*). 2 menahan (*a smile, sneeze*). 3 menekan (*a desire*).

repression /ri'presyən/ *kb.* 1 penindasan (*of a group*). 2 penahanan (*of a smile*). 3 penekanan (*of a desire*).

repressive /ri'presiv/ *ks.* bersifat menekan/menindas, réprésif. *to take r. measures* melakukan tindakan-tindakan penindasan.

reprieve /ri'priev/ *kb.* penangguhan hukuman (mati). —*kkt.* menangguhkan hukuman (mati).

reprimand /'reprəmænd/ *kb.* teguran, cerca(an). —*kkt.* menegur, mengoméli, mencercai.

reprint /'rieprint *kb.*; rie'print *kkt.*/ *kb.* cétakan ulang(an). —*kkt.* mencétak kembali.

reprisal /ri'praizəl/ *kb.* pembalasan (dendam), tindakan balasan (**against** thd).

reproach /ri'prowc/ *kb.* comélan, celaan. *His behavior was above r.* Kelakuannya tak dpt dicela. —*kkt.* 1 mencela. 2 menyalahkan. *to r. o.s.* menyalahkan diri.

reproachful /ri'prowcfəl/ *ks.* penuh celaan.

reprobate /'reprəbeit/ *kb.* bangsat, bajingan.

reproduce /'rieprə'duws, -'dyuws/ *kkt.* 1 meniru (*a painting*). 2 memperanakkan (*living things*). 3 memancarkan kembali (*sound, music*).

reproduction /'rieprə'dʌksyən/ *kb.* 1 barang tiruan (*of a painting, of antiques*). 2 perkembang-biakan (*of o's kind*). 3 réproduksi. *sound r.* réproduksi suara. *the correct r. of color* réproduksi warna yg tepat.

reproductive /'rieprə'dʌktiv/ *ks.* berdaya membiak. *r. organs* alat-alat tubuh yg bersifat membiakkan/menghasilkan keturunan. *r. power* daya rambat/kemampuan.

reproof /ri'pruwf/ *kb.* teguran, celaan.

reprove /ri'pruwv/ *kkt.* memarahi.

reptile /'reptəl, -tail/ *kb.* binatang melata.

republic /ri'pʌblik/ *kb.* républik.

Republican /ri'pʌbləkən/ *kb.* anggota partai Républikén. —*ks.* républikén. *r. form of government* pemerintahan berbentuk républik.

republish /rie'pʌblisy/ *kkt.* menerbitkan lagi.

repudiate /ri'pyuwdieeit/ *kkt.* 1 tak (mau) meng-

akui (*o's child, a debt*). 2 menanggalkan (*o's citizenship*).

repudiation /ri'pyuwdie'eisyən/ *kb.* 1 penanggalan. 2 penyangkalan, penolakan (*of a debt*). 2 tdk mengakui seorang anak sendiri (*of a child*). *r. of o's citizenship* tdk mengakui kewarganegaraannya.

repugnance /ri'pʌgnəns/ *kb.* kejijikan. *to feel a r. for s.t.* tdk suka pd s.s.t.

repugnant /ri'pʌgnənt/ *ks.* menjijikkan (**to** bagi).

repulse /ri'pʌls/ *kkt.* 1 memukul mundur (*an attack*). 2 menolak (*advances*).

repulsive /ri'pʌlsiv/ *ks.* menjijikkan. *She is physically r.* Secara badaniah ia menjijikkan.

reputable /'repyətəbəl/ *ks.* mempunyai nama baik. *r. firm* perusahaan yg mempunyai nama baik.

reputation /'repyə'teisyən/ *kb.* réputasi, nama. *to have a good r.* mempunyai nama baik. *to ruin s.o.'s r.* menjatuhkan nama s.s.o. *He has a r. for hard work* Ia terkenal sbg orang yg bekerja keras.

repute /ri'pyuwt/ *kb.* réputasi, nama baik. *She's a woman of ill r.* Ia seorang wanita yg namanya buruk. *He is held in high r.* Ia mempunyai nama yg baik sekali.

reputed /ri'pyuwtid/ *ks.* dianggap. *She is r. to be wealthy* Menurut anggapan orang ia kaya. —**reputedly** *kk.* kata orang.

request /ri'kwest/ *kb.* permintaan, permohonan. *to make a r.* mengajukan permintaan (**of** kpd). *r. for help* permintaan utk bantuan. *Samples sent on r.* Contoh-contoh akan dikirimkan atas permintaan. *at his urgent r.* atas desakannya, atas permintaannya yg mendesak. *by r.* atas permintaan. *She's in great r. as a singer* Sbg penyanyi ia sangat digemari orang. —*kkt.* 1 meminta(kan) (*a vacation, an increase in pay*). *Help was requested of him* Dia dimintai tolong. *to r. permission to* minta izin utk. *You are requested to leave the premises* Anda diminta spy meninggalkan halaman ini. 2 memohon(kan). *You are requested not to smoke* Harap spy sdr jangan merokok. **r. program** acara pilihan pendengar/hadirin.

requiem /'rekwieəm/ *kb.* doa (seringkali berbentuk musik) utk orang mati dan diadakan dgn upacara di geréja.

require /ri'kwair/ *kkt.* 1 memerlukan, membutuhkan (*a lot of work, much money*). *Do we r. a coat?* Apakah kita memerlukan mantel? *This ore requires special treatment* Bijih ini memerlukan perlakuan yg khusus. *Those flowers r. rich soil* Bunga itu memerlukan tanah yg subur. *We shall do whatever is required* Kami akan lakukan apa saja yg diperlukan. 2 mengharuskan. *He was required to pay a fine* Ia diharuskan membayar denda. *to r. a down payment* mengharuskan/meminta pembayaran persekot. 3 mewajibkan. *They are required to be in...* Meréka diwajibkan sdh berada dlm.... 4 menghendaki. *This problem requires careful investigation* Soal ini menghendaki penyelidikan yg teliti. *What do you r. of us?* Apakah yg anda kehendaki dari kami? *The court requires him to be present* Pengadilan menghendaki agar dia hadir. 5 memaksa. *Circumstances may r. us to submit* Keadaan mungkin memaksa kita mengalah. —*kki.* dibutuhkan, diperlukan. *as the occasion requires* menurut kebutuhan. —**required** *ks.* wajib. *r. course* matakuliah wajib. *r. length* ukuran panjang yg dikehendaki. *r. reading* bacaan yg diharuskan. *within the r. time* dlm waktu yg ditetapkan.

requirement /ri'kwairmənt/ *kb.* 1 syarat. *entrance requirements* syarat-syarat utk diterima masuk. *to fulfill all requirements for...* memenuhi segala syarat utk.... *vitamin requirements for an athlete* syarat-syarat

vitamin bagi seorang olahragawan. *He could not meet the requirements of the Navy* Ia tdk dpt memenuhi syarat-syarat AL. 2 keperluan.
requisite /'rekwəzit/ *kb.* 1 keperluan. *shaving requisites* keperluan-keperluan utk mencukur. 2 syarat. —*ks.* 1 diharuskan, diwajibkan. *to take the r. courses* mengikuti kursus-kursus yg diharuskan. 2 dibutuhkan.
requisition /'rekwə'zisyən/ *kb.* daftar permintaan *(for supplies).* —*kkt. Mil.*: mengambil-alih.
reran /rie'ræn/ lih RERUN.
reroute /rie'ruwt/ *kkt.* mengubah rute/perjalanan, menyalurkan (léwat jalan lain).
rerun /'rie'rʌn *kb.*; rie'rʌn *kkt./ kb.* pertunjukan ulangan *(of a TV program).* —*kkt.* (**reran, rerun**) memutarkan lagi.
rescuer /'reskyuwər/ *kb.* penolong, penyelamat.
research /ri'sərə, 'rie-/ *kb.* risét, penelitian, penyelidikan. *scientific r.* penelitian ilmiah. *r. assistant* asistén/pembantu risét. *r. institute* lembaga/balai penyelidikan. *r. work* pekerjaan risét/menyelidiki. *r. worker* pekerja risét. —*kkt.* meneliti, menyelidiki.
researcher /ri'sərcər, 'ries-/ *kb.* peneliti, penyelidik, petugas risét, perisét.
resemblance /ri'zembləns/ *kb.* kemiripan, keserupaan, persamaan. *to bear a strong r. to* banyak sekali menyerupai.
resemble /ri'zembəl/ *kkt.* menyerupai, mirip. *They r. o. another* Rupa meréka serupa.
resent /ri'zent/ *kkt.* 1 marah. *to r. being called "Fatty"* marah karena dipanggil "Si Gendut". 2 benci akan, merasa tersinggung karena *(an insinuation).*
resentful /ri'zentfəl/ *ks.* benci, marah (**of** kpd).
resentment /ri'zentmənt/ *kb.* kemarahan, dendam, kebencian, kesebalan. *to cherish a secret r. against s.o.* diam-diam mempunyai perasaan tdk suka pd s.s.o.
reservation /'rezər'veisyən/ *kb.* 1 pesanan tempat. *to make a plane r.* memesan tempat di pesawat terbang. *to cancel a r.* membatalkan pesanan tempat. 2 daérah penampungan *(for Indians).* 3 syarat, keberatan. *to have reservations about* mempunyai syarat-syarat/keberatan-keberatan tertentu utk. *I agree, with this r.* Saya setuju, dgn syarat sbg berikut.
reserve /ri'zərv/ *kb.* 1 cadangan. *r. bank* bank cadangan. *r. fund* dana cadangan. *r. officer* perwira cadangan. *r. player* pemain cadangan. *forest r.* tanah cadangan utk hutan. *to have s.t. in r.* mempunyai s.s.t. dlm simpanan. *to place s.t. in r.* mencadangkan s.s.t. *to place on r.* menyimpan sbg cadangan. 2 kelakuan/sikap hati-hati. *to break through s.o.'s r.* mengakhiri sifat pendiam s.s.o. —**the reserves** *j.* tentara/pasukan cadangan. *monetary reserves* cadangan uang. *physical reserves* cadangan kekuatan. —*kkt.* 1 memesan *(a seat).* 2 menyediakan. *to r. o's mornings for writing* menyediakan waktu-waktu paginya utk menulis. *to r. judgment* tdk mengeluarkan pendapat. *to r. the right to* berhak utk. 3 mencadangkan *(a place, seat).* —**reserved** *ks.* 1 pendiam, tak ramah, suka menyendiri *(of a person).* 2 dipesan. *r. seat* tempat duduk yg dipesan.
reservist /ri'zərvist/ *kb.* (pasukan) cadangan.
reservoir /'rezərvwar/ *kb.* 1 waduk/kolam air, waduk tandon air, lubuk penyimpanan. 2 gudang *(of knowledge* pengetahuan). *to build up a r. of good will* banyak mempunyai kemauan baik.
reset /rie'set/ *kkt.* (**reset**) memasang lagi *(a bone, diamond).*
resettle /ri'setəl/ *kkt.* 1 memberikan tempat menetap yg baru. 2 menampung, mentransmigrasikan

ke daérah baru *(refugees).* —*kki.* pindah tempat-tinggal.
resettlement /rie'setəlmənt/ *kb.* transmigrasi, perpindahan tempat-tinggal.
reshuffle /rie'syʌfəl/ *kb.* 1 mengocok kembali (kartu), pengocokan kembali, perubahan susunan *(of cards).* 2 perubahan susunan *(of a cabinet).* —*kkt.* 1 mengocok kembali *(cards).* 2 *Pol.*: mengubah *(a cabinet).*
reside /ri'zaid/ *kki.* 1 bertempat-tinggal, berumah. 2 terletak. *His success resides in his wife's help* Suksésnya itu terletak pd bantuan isterinya.
residence /'rezədəns/ *kb.* 1 tempat tinggal. *My r. is in New York State* Tempat tinggal saya di negarabagian N.Y. 2 tempat kediaman. *r. of the President* tempat kediaman Présidén itu. *Because of a twenty-year r. in Florida...* Karena tlh duapuluh tahun tinggal di Florida.... *r. permit* izin bertempat tinggal. *r. requirement* syarat bertempat tinggal. *in r.* tinggal di tempat kerja. *to take up r. in* menetap di. *during our r. abroad* selama kami berada diluar negeri.
residency /'rezədənsie/ *kb.* (*j.* **-cies**) 1 *Adm.*: kerésidénan. 2 tempat kediaman.
resident /'rezədənt/ *kb.* 1 penduduk. *He was a r. of Solo* Ia dulu tinggal di Solo. 2 *Adm.*: résidén. —*ks. to be r. in* tinggal di. *r. physician* dokter yg berumah di rumah sakit. *r. population* penduduk tetap.
residential /'rezə'densyəl/ *ks.* kediaman. *r. area* daérah kediaman.
residual /ri'zijuəl/ *kb.* sisa, peninggalan. —*ks.* yg ketinggalan. *the r. effects of polio* akibat-akibat lumpuh kanak-kanak.
residue /'rezəduw, -dyuw/ *kb.* 1 residu *(of oil).* 2 sisa *(of an estate).*
resign /ri'zain/ *kkt.* 1 berhenti *(from a position).* 2 meletakkan. *to r. o's commission* meletakkan pangkat. *to r. o.s.* menyerah, menyerahkan diri. *She is resigned to leaving* Ia tlh menerima nasibnya utk pergi. *to r. o.s. to an early retirement* berhenti bekerja dgn mempercepat masa pénsiun.
resignation /'rezig'neisyən/ *kb.* 1 pengunduran diri, permintaan berhenti. *to hand in o's r.* mengajukan permintaan berhenti. 2 tawakkal, pasrah, penyerahan diri (kpd Tuhan).
resilience /ri'ziliəns -'zilyəns/ *kb.* 1 gaya pegas, daya kenyal *(of a rubber ball).* 2 kegembiraan.
resiliency /ri'ziliənsie, 'zilyən-/ *kb.* = RESILIENCE.
resilient /ri'zilyənt, -lieənt/ *ks.* 1 berpegas *(of rubber).* 2 ulet, tabah *(of a person).*
resin /'rezən/ *kb.* damar.
resist /ri'zist/ *kkt.* 1 menentang, melawan *(change, progress, s.o.'s advances).* *to r. disease* melawan penyakit. 2 melawan godaan, menahan nafsu. 2 menahan *(rust).* 3 menolak *(help).* *He can't r. candy* Ia tdk dpt menolak gula-gula. —*kki.* melawan. *It's best not to r.* Sebaiknya jangan melawan.
resistance /ri'zistəns/ *kb.* 1 perlawanan (**to** thd). *r. movement* gerakan perlawanan. *to offer or put up strong r. to...* memberikan perlawanan yg kuat thd.... *to take the line of least r.* memilih jalan yg mudah. 2 kekuatan melawan *(to a disease).* 3 daya tahan *(of steel).*
resistant /ri'zistənt/ *ks.* bersifat melawan/menantang. *to be r. to new ideas* melawan idé-idé baru.
resistor /ri'zistər/ *kb.* (peng)hambat.
resole /rie'sowl/ *kb.* mensol lagi.
resolute /'resəluwt/ *ks.* 1 pasti. *r. determination* ketetapan hati yg pasti. *to have a r. chin* berdagu yg

membayangkan ketetapan hati. 2 tegas. *to speak in a r. tone* bicara dgn nada tegas. —**resolutely** *kk.* dgn tegas.

resoluteness /'rezə'luwtnəs/ *kb.* ketetapan/ keteguhan hati.

resolution /'rezə'luwsyən/ *kb.* 1 résolusi. *to pass a r.* menerima résolusi. 2 pemecahan (*of a problem*). 3 ketetapan hati (*on New Year*). *He suffers from a lack of r.* Ia menderita karena tdk tegas.

resolve /ri'zalv/ *kb.* ketetapan hati. —*kkt.* 1 memecahkan (*a problem*). 2 memutuskan (*to do s.t.*). *We would r. nothing by* ... Kami tak akan dpt memutuskan apa-apa dgn .... *It was resolved that* ... T̲l̲h diputuskan bhw .... *Resolved that* ... Memutuskan bhw .... 3 memisahkan, memecahkan (*a compound into its parts*). 4 berubah. *Water resolves itself into vapor* Air berubah menjadi uap. *The group resolved itself into a committee* Kelompok itu berubah menjadi panitia.

resonance /'rezənəns/ *kb.* gema, gaung.

resonant /'rezənənt/ *ks.* 1 resonan, bergema, turut bergetar (*of voice*). 2 bergaung.

resonator /'rezə'neitər/ *kb.* resonator.

resort /ri'zɔrt/ *kb.* 1 tempat beristirahat, tempat utk tetirah. *summer r.* tempat pesiar utk musim panas. 2 usaha. *as a last r.* sbg usaha terakhir. —*kki.* 1 terpaksa. *to r. to force* terpaksa menggunakan kekerasan. 2 mengambil jalan. *to r. to blows* mengambil jalan dgn memberi pukulan-pukulan. *to r. to violence* mengambil jalan kekerasan.

resound /ri'zawnd/ *kki.* bergema, menggema, menggaung. *The room resounded with song* Kamar itu bergema dgn nyanyian. —**resounding** *ks.* 1 yg bergema. *to respond with a r.* "*No*" menjawab dgn "Tidak" yg bergema. 2 gemilang. *r. victory* kemenangan yg gemilang. 3 total. *r. defeat* kekalahan total. —**resoundingly** *kk.* secara menyolok sekali, secara meyakinkan.

resource /ri'sowrs, 'rie-/ *kb.* 1 sumber penghasilan. *What resources has he?* Apakah sumber-sumber penghasilannya? *I have no resources* Aku tak mempunyai uang. *to be at the end of o's resources* kehabisan uang/akal. 2 sumber. *natural resources* sumber-sumber alam. *research resources* sumber-sumber penelitian. 3 akal. *He's a man of great r.* Ia seorang lelaki yg banyak akal.

resourceful /ri'sowrsfəl/ *ks.* banyak akal.

resourcefulness /ri'sowrsfəlnəs/ *kb.* kepanjangan akal daya.

resp. 1 [*respective*] masing-masing. 2 [*respectively*] berturut-turut.

respect /ri'spekt/ *kb.* 1 rasa hormat. *to have great r. for* sangat menghormati. *out of r. for* utk memberi penghormatan atas. 2 kehormatan. *with all due r. to you* dgn segala réspék/kehormatan kepadamu. *She is worthy of r.* Ia patut dihormati. 3 réspék. *r. for the law* réspék thd undang-undang/hukum. *He has r. for the truth* Ia menghargai kebenaran. *to command r. for s.o.* menimbulkan réspék pd s.s.o. 4 hal. *in all respects, in every r.* dlm segala hal. *in many respects* dlm banyak hal. **with r. to** berkenaan dgn, mengenai. *With r. to that I agree* Berkenaan dgn hal itu, aku setuju. —**respects** *j.* kunjungan kehormatan. *to pay o's respects to* mengadakan kunjungan kehormatan kpd. —*kkt.* 1 menghormati (*s.o.*). *to be respected for* dihormati karena. 2 mematuhi. *to r. the law* mematuhi hukum/undang-undang. —**respected** *ks.* 1 yg dihormati. *r. businessman* pengusaha yg dihormati. 2 mulia (*group*). —**respecting** *kd.* mengenai. *R. that matter, I'll* ... Mengenai hal itu, aku ....

respectability /ri'spektə'bilətie/ *kb.* (*j.* -**ties**) kehormatan, kemuliaan. *a man of character and r.* seorang lelaki yg berwatak baik dan terhormat.

respectable /ri'spektəbəl/ *ks.* 1 terhormat. *r., law-abiding citizen* warganegara yg terhormat dan patuh kpd undang-undang. *r. family* keluarga yg terpandang. *You don't look r. in those dirty clothes* Kamu tdk sopan kelihatannya dlm pakaian kotor itu. 2 cukup baik. *My grades are r., nothing more* Angka-angkaku boléhlah, tak lebih dari itu. —**respectably** *kk.* sopan. *r. dressed* berpakaian sopan. *He plays tennis quite r.* Ia pandai juga bermain ténis.

respecter /ri'spektər/ *kb.* yg mengindahkan orang lain. *Death is no r. of persons* Kematian tdk kenal pilih kasih.

respectful /ri'spektfəl/ *ks.* hormat. *to be r. towards* hormat kpd, menghormati. —**respectfully** *kk.* dgn hormat. *I r. ask that* ... Dgn hormat kuminta agar .... *R. yours* Wassalam (disertai hormatku).

respective /ri'spektiv/ *ks.* masing-masing. *Each man left for his r. job* Tiap orang laki-laki berangkat ke tempat kerjanya masing-masing. —**respectively** *kk.* berturut-turut. *My children are 21, 17, and 15 r.* Anakku berturut-turut adalah. 21, 17 dan 15 tahun.

respiration /'respə'reisyən/ *kb.* pernapasan.

respirator /'respə'reitər/ *kb.* alat pernapasan.

respiratory /'respərə'towrie/ *ks.* yg berh. dgn pernapasan. *r. disease* penyakit pernapasan. *r. organs* alat-alat pernapasan. *r. system* jalan pernapasan.

respite /'respit/ *kb.* 1 beristirahat. 2 berhenti. *to get a r.* mendapat kelonggaran.

resplendent /ri'splendənt/ *ks.* gilang-gemilang, gemerlapan. *to appear r. in an evening gown* nampak gilang-gemilang memakai gaun malam.

respond /ri'spand/ *kki.* 1 menjawab, membalas (*to a letter*). *to r. to a challenge* menjawab tantangan. 2 menanggapi, menyahuti. *We must r. to the call of creativity* Kita hrs sahuti panggilan kréativitas. 3 memberi réaksi, menanggapi (*to treatment*). 4 mudah dikendalikan dgn alat-alat yg ada didalamnya (*to the controls*). 5 berbunyi. *These piano keys r. to the slightest touch* Tuts-tuts piano ini berbunyi bila sedikit sajapun kena sentuh. "*No,*" *he responded* "Tidak," jawabnya.

respondent /ri'spandənt/ *kb.* yg dituntut (dlm perkara perceraian).

response /ri'spans/ *kb.* 1 jawaban, balasan. *in r. to* sbg jawaban atas. *his r. to the question* jawabannya thd pertanyaan itu. 2 (*reaction*) tanggapan, réaksi (**to** thd).

responsibility /ri'spansə'bilətie/ *kb.* (*j.* -**ties**) pertanggungan jawab, tanggung jawab. *The r. fell on him* Tanggung-jawabnya terletak padanya. *He is my r.* Ia menjadi tanggung-jawabku. *a sense of r.* rasa tanggung jawab. *to assume r. for* memikul tanggung jawab atas. *to do s.t. on o's own r.* melakukan s.s.t. atas tanggung jawab sendiri. *to accept r. for* menerima tanggung jawab atas.

responsible /ri'spansəbəl/ *ks.* bertanggung jawab. *r. boy* anak lelaki yg bertanggung-jawab. *to have a r. position with* mempunyai jabatan yg bertanggung-jawab pd. *to be r. to s.s.o.* bertanggung-jawab thd s.s.o. *He is not r. for his actions* Ia tak bertanggung jawab atas perbuatan-perbuatannya. *to hold s.o. r.* menganggap s.s.o. bertanggung jawab, mempertanggungjawabkan s.s.o. *in r. quarters* dlm kalangan yg bertanggung jawab.

responsive /ri'spansiv/ *ks.* 1 mau mendengarkan. *r. to suggestions* mau mendengarkan saran. 2 *Rel.*:

bergantian, bergiliran. *r. reading* bacaan bergantian (dlm kebaktian geréja).

rest /rest/ *kb.* 1 istirahat. *day of r.* hari istirahat. *r. period* masa istirahat. *to be at r.* merasa lega. *to lay to r.* mengubur. *to lay o's fears to r.* meredakan rasa ketakutannya. *last resting place* kuburan. *to put/set o's mind at r.* menenteramkan hatinya. *to take a r.* beristirahat. 2 tidur. *I had a good night's r.* Saya énak sekali tidur semalam. 3 sisa (*of the food*). 4 *Mus:* saat berhenti. 5 sandaran (*for the back*). 6 (*respite*) ketenangan. 7 lain-lainnya. *He went ahead of the r.* Ia mendahului lain-lainnya. —*kkt.* 1 meletakkan (*o's head*). 2 menenteramkan. *God r. his soul* Semoga Tuhan menenteramkan jiwanya. 3 menyandarkan (*a ladder against*). 4 mengistirahatkan (*o's men, o's eyes*). *to r. o's eyes on* memandangi. 5 menghentikan pemakaian bukti-bukti baru dgn sukaréla (*a legal case*). 6 meletakkan. *to r. o's hopes on* meletakkan harapan-harapannya pd. —*kki.* 1 beristirahat, mengaso. *to r. awhile* beristirahat sebentar. 2 tenang. *I can't r. until I know that ...* Aku tak dpt tenang sblm aku tahu bhw.... 3 berhenti (*in a sandtrap*). *Let the argument r.* Hentikanlah perdébatan itu. 4 terletak. *His hand rested on the table* Tangannya terletak diatas méja. *The responsibility rests with you* Tanggung-jawabnya terletak padamu. *So the matter rests* Begitulah keadaannya sekarang. 5 bersandar. *The ladder was resting against the wall* Tangga itu bersandar pd dinding. :: *All eyes rested on the beautiful girl* Semua mata memandangi gadis cantik itu. *A heavy responsibility rests upon him* Ia memikul tanggung jawab yg berat. *R. assured that...* Tetaplah yakin bhw.... **r. cure** tetirah. **r. room** kamar kecil (pria/wanita).

restate /rie'steit/ *kkt.* mengulangi, mengemukakan kembali. *to r. a theory* menyatakan kembali suatu téori. *to r. a question* mengulangi suatu pertanyaan. *to r. o's case* mengemukakan kembali perkara.

restatement /rie'steitmənt/ *kb.* uraian dgn cara lain, uraian baru.

restaurant /'restərənt/ *kb.* réstoran, rumah makan. *r. business* perusahaan réstoran, peréstoranan.

restful /'restfəl/ *ks.* 1 penuh istirahat/ketenangan. *to have a r. night* a) meléwati malam yg penuh ketenangan (*of an ill person*). b) tidur dgn tenangnya semalam-malaman. 2 tenang/tenteram (*spot*). 3 menenangkan (*to the eyes*). 4 menyegarkan/menenangkan (*nap*).

resthouse /'rest'haws/ *kb.* pasanggrahan, rumah (ber)istirahat.

restitution /restə'tuwsyən, 'tyuw-/ *kb.* 1 penggantian rugi, restitusi. *to make r. for...* memberikan pengganti kerugian bagi.... 2 pemulihan.

restive /'restiv/ *ks.* 1 gelisah. *The crowd became r.* Orang banyak itu menjadi gelisah. 2 tak sabar. *He's a r. individual* Ia bukan orang yg sabar.

restless /'restləs/ *ks.* gelisah, resah. *to have a r. night* tidur gelisah saja. *The audience was getting r.* Hadirin mulai gelisah.

restlessness /'restləsnəs/ *kb.* keresahan, kegelisahan.

restoration /restə'reisyən/ *kb.* 1 perbaikan, réstorasi (*of a building*). 2 pemulihan, pemugaran (*of security, of a ruler*). *r. of order* pemulihan ketenteraman.

restorative /ri'stowrətiv/ *kb.* obat yg menyembuhkan/menguatkan/menyegarkan. —*ks.* yg menguatkan, menyembuhkan, menyegarkan.

restore /ri'stowr/ *kkt.* 1 memperbaiki (*a house or building*). 2 memulihkan (*order*). *to r. to health* memulihkan keséhatan, menyéhatkan kembali. *to r. circulation* menormalkan/memulihkan perédaran da-

rah. *Calm was restored* Keadaan tenang kembali. 3 mengembalikan (*to the throne*). *to r. a lost watch* mengembalikan jam yg sdh hilang.

restorer /ri'stowrər/ *kb.* (tukang) yg memperbaiki, pembikin betul (*of furniture*).

restrain /ri'strein/ *kkt.* mengendalikan, menahan (*o's curiosity, a crowd*). *R. yourself!* Kendalikanlah dirimu! **to r. from** menahan diri utk. —**restrained** *ks.* dgn tenang. *r. anger* kemarahan yg tertahan (ditahan). *r. style* gaya yg menyenangkan. *in r. measures* dgn tenang. **restraining** *order* perintah (utk) menahan.

restraint /ri'streint/ *kb.* pengekangan, pengendalian. *r. of trade* pengekangan perdagangan. *to show considerable r.* kelihatan pandai menguasai dirinya. *to fling aside all r.* melepaskan/membuang segala pengekangan perasaan, menjadi leluasa. *to keep a lunatic under r.* mengurung/menahan seorang berpenyakit jiwa/gila. *to fret under r.* marah/memberontak karena pengekangan. *to show lack of r.* menahan diri/perasaannya/émosi, tak sabar, memperlihatkan ketidaksabaran.

restrict /ri'strikt/ *kkt.* 1 membatasi. *to r. s.o's authority* membatasi wewenang s.s.o. *to r. the consumption of liquor* membatasi konsumsi minuman keras. *Permission to speak was restricted to 5 minutes* Izin berbicara dibatasi sampai 5 menit. 2 melarang (*s.o. from leaving*). —**restricted** *ks.* 1 terbatas. *r. material* bahan yg terbatas. 2 terlarang (*of an area*).

restriction /ri'striksyən/ *kb.* 1 réstriksi, pembatasan (*as to topic*). *without r.* tanpa dibatasi/kecuali. 2 pelarangan (*on a person or group*).

restrictive /ri'striktiv/ *ks.* bersifat membatasi. *r. measure* tindakan yg membatasi.

result /ri'zʌlt/ *kb.* 1 hasil. *r. of the exam* hasil ujian. *What were the results of the competition?* Bagaimanakah hasil pertandingan? *to see some results* melihat beberapa hasil. *The r. is that...* Hasilnya adalah.... *with the r. that* walhasil. *without r.* tdk berhasil, sia-sia, percuma. 2 akibat. *He died as a r. of the accident* Ia meninggal sbg akibat kecelakaan itu. —*kki.* berakibat, berakhir, berkesudahan. *War resulted* Perang adalah akibatnya. **to r. from** diakibatkan oléh. **to r. in** 1 mengakibatkan, menghasilkan (*a heart attack*). *to r. in a new discovery* menghasilkan suatu penemuan yg baru. 2 berakhirkan, berakibat dgn.

resultant /ri'zʌltənt/ *ks.* yg diakibatkan/dihasilkan.

resume /ri'zuwm/ *kkt.* 1 mulai lagi (*play*). *R. speed* Kembalikan kecepatan (kedlm keadaan normal/ biasa). 2 melanjutkan (*a speech*). 3 duduk kembali (*o's seat*) 4 mendapat kembali (*possession*). —*kki.* mulai lagi. *The play will r. after...* Sandiwara akan mulai lagi stlh....

resume, resumé /'rezəmei/ *kb.* ikhtisar, ringkasan.

resumption /ri'zʌmpsyən/ *kb.* 1 pembukaan lagi, penerusan (*of negotiations, relations*). 2 permulaan lagi. *R. of the meeting took place* Rapat itu dimulai lagi.

resurface /rie'sərfis/ *kkt.* melapisi lagi (*a road*).

resurgence /ri'sərjəns/ *kb.* kebangkitan, munculnya/timbulnya lagi.

resurgent /ri'sərjənt/ *ks.* yg bangkit kembali.

resurrect /'rezə'rekt/ *kkt.* 1 menghidupkan kembali (*a person*). 2 mengeluarkan lagi (*an object from the attic*).

resurrection /'rezə'reksyən/ *kb.* kebangkitan.

resuscitate /ri'sʌsəteit/ *kkt.* menyadarkan.

resuscitation /ri'sʌsə'teisyən/ *kb.* hal menyadarkan.

ret. [*retired*] pénsiun(an), purnawirawan, wredatama.
retail /'rieteil *kb.*, *kkt.*; rie'teil *kkt.*/ *kb.* écéran. *to sell at r.* menjual écéran. —*kkt.*, *kki.* memberi harga écéran. *What does that car r. for?* Berapa harga écéran mobil itu? **r. dealer** pedagang écéran. **r. price** harga écéran, harga kéténgan. **r. store** toko pengécér/écéran. **r. trade** perdagangan kecil.
retailer /'rieteilər/ *kb.* pengécér, pengéténg, pedagang/penjual écéran. —**retailers** *j.* kaum pengécér/pengéténg.
retain /ri'tein/ *kkt.* 1 menahan (*heat*). 2 menahan, menguasai (*o's wealth*). 3 menyéwa, menggaji (*a lawyer*). 4 memelihara (*o's health*). 5 menyimpan (*the stub of a ticket, o's food*). 6 tetap memakai (*s.o's services*). *He still retains all his faculties* Semua pancainderanya masih baik. 7 tetap menguasai (*control*).
retaining *wall* dinding penopang/penguat.
retainer /ri'teinər/ *kb.* 1 (*servant*) bujang, pembantu, pelayan. 2 biaya, gaji, upah. *to pay s.o. a r.* membayarkan persekot uang jasa kpd s.s.o. 3 alat penahan (*for straightening teeth*).
retake /'rie'teik *kb.*; rie'teik *kkt.*/ *kb.* (hasil) pemotrétan kembali. —*kkt.* merebut kembali (*a town, hill*).
retaliate /ri'tælieeit/ *kki.* membalas (dendam).
retaliation /ri'tælie'eisyən/ *kb.* pembalasan (dendam).
retaliatory /ri'tælieə'towrie/ *ks.* yg bersifat pembalasan. *r. measures* tindakan-tindakan pembalasan.
retard /ri'tard/ *kkt.* memperlambat. —**retarded** *ks.* 1 dungu, terkebelakang. *a mentally r. child* seorang anak yg terkebelakang pertumbuhan jiwanya. 2 lambat.
retardation /'rietar'deisyən/ *kb.* perlambatan, penghambatan.
retch /rec/ *kki.* muntah-muntah.
retd. [*returned*] dikembalikan.
retention /ri'tensyən/ *kb.* 1 (*memory*) ingatan. 2 penyimpanan (*of stub*). 3 hak tetap memiliki (*of property*).
retentive /ri'tentiv/ *ks.* bersifat menyimpan. *r. memory* ingatan yg kuat.
rethink /rie'thingk/ *kkt.* memikirkan kembali.
reticence /'retəsəns/ *kb.* sikap berdiam diri, sikap tutup mulut, sikap bungkam.
reticent /'retəsənt/ *ks.* 1 segan (**about** utk). 2 pendiam. *That child is r.* Anak itu pendiam. 3 diamdiam (**with** utk), ragu-ragu, malu-malu (**with** utk). *She is r. with me* Ia diam-diam dgn saya.
retina /'retənə/ *kb.* selaput jala.
retinue /'retənyuw, -nuw/ *kb.* rombongan.
retire /ri'tair/ *kkt.* 1 memberhentikan (*s.o.*). 2 membayarkan (*a bond, loan*). —*kki.* 1 pergi tidur. *What time do you r.?* Jam berapa kau pergi tidur? 2 mengundurkan diri (*from o's job*). 3 mundur (*of troops*). 4 bertempat tinggal stlh pénsiun (**to** di). *to r. into o.s.* menjauhkan diri, bertobat. —**retired** *ks.* 1 pénsiunan, purnakaryawan. *r. pay* uang pénsiun. 2 *Mil.*: purnawirawan. —**retiring** *ks.* penyegan, malu-malu. *He's very r.* Ia sangat malu-malu. *r. president* présidén pénsiunan.
retirement /ri'tairmənt/ *kb.* 1 pengunduran diri. *to come out of r.* keluar dari pengunduran diri. *compulsory r.* pengunduran yg dipaksakan. 2 pemencilan diri, pertapaan. *to live in almost complete r.* hidup dgn hampir samasekali memencilkan diri.
retool /rie'tuwl/ *kkt.* memperlengkapi kembali (faberik).

retort /ri'tɔrt/ *kb.* 1 jawaban. 2 *Chem.*: tabung kimia(wi), labu distilasi. —*kki.* menjawab dgn pedas.
retouch /rie'tʌc/ *kkt. Phot.*: meretus, mengubah sedikit (utk memperbaiki).
retrace /ri'treis/ *kkt.* menyelidiki kembali (*a route*). *to r. o's steps* mengikuti jejak, mencari jejak kembali.
retrace /rie'treis/ *kkt.* menggarisi kembali, memperbaharui garis-garis (*a map*).
retract /ri'trækt/ *kkt.* 1 menarik kembali (*a statement, the tongue, an animal's claws*). 2 menarik masuk (*the landing gear*). 3 mencabut (kembali) (*a confession*).
retractable /ri'træktəbəl/ *ks.* dpt ditarik masuk. *r. landing gear* roda-roda pendarat yg dpt ditarik masuk.
retraction /ri'træksyən/ *kb.* penarikan kembali (*of a statement*).
retread /'rie'tred/ *kb.* ban pulkanisiran. —*kkt.* 1 mempulkanisir (*a tire*). 2 melatih (*a workman*).
retreat /ri'triet/ *kb.* 1 mundurnya (*of troops*). 2 tempat pengasingan diri. 3 tanda mundur. *The bugle sounded r.* Selomprét membunyikan tanda mundur dgn cepat. —*kki.* mundur.
retrench /ri'trenc/ *kki.* mengadakan penghématan, menghémat.
retrenchment /ri'trencmənt/ *kb.* pengurangan (*of orders, expenses*).
retrial /'rie'trail/ *kb. Law*: pengadilan ulangan yg kedua.
retribution /'retrə'byuwsyən/ *kb.* balas jasa, ganti rugi.
retrieval /ri'trievəl/ *kb.* hal mendapatkan kembali. *information r.* pencarian keterangan.
retrieve /ri'triev/ *kkt.* mendapat kembali. *to r. s.o. from ruin* menolong/menyelamatkan s.s.o. dari kebangkrutan.
retriever /ri'trievər/ *kb.* orang/binatang yg dpt mendapatkan kembali barang-barang yg hilang.
retroactive /'retrow'æktiv/ *ks.* berlaku surut (**to** sampai).
retroflex /'retrəfleks/ *ks.* terkedik. *Phon.*: *r. stop* konsonan éksplosif terkedik.
retrograde /'retrəgreid/ *ks.* yg mundur/memburuk. —*kki.* mundur, memburuk.
retrogress /'retrə'gres/ *kki.* mundur.
retrogression /'retrə'gresyən/ *kb.* kemunduran.
retrogressive /'retrə'gresiv/ *ks.* mundur, merosot.
retrospect /'retrəspekt/ *kb.* tinjauan kembali.
retrospection /'retrə'speksyən/ *kb.* kenangan kembali, rétrospéksi.
retrospective /'retrə'spektiv/ *ks.* yg berh. dgn waktu dahulu, rétrospéktip.
return /ri'tərn/ *kb.* 1 kembalinya. 2 hasil. *election returns* hasil-hasil pemungutan suara. 3 keuntungan, laba (*for o's money on o's investment*). 4 kedatangan kembali, pemulangan. *My family awaited my r.* Keluarga saya menantikan kedatangan saya kembali (ke rumah). *on my r.* waktu aku tiba kembali. *Many happy returns of the day!* Selamat hari lahir! 5 (*tax*) formulir pajak penghasilan. *to file a tax r.* mengirimkan formulir pajak. **in r. for** sbg pengganti/penukar. *What will you give me in r.?* Apakah yg akan kauberikan kpd saya sbg balasan/pengganti? —*ks.* kembali. *r. engagement* ulangan kembali (*of a show*). *by r. mail* dgn pos yg berikut. —*kkt.* 1 mengembalikan (*a book, compliment*). 2 membalas (*s.o's love*). *to r. good for evil* air susu dibalas dgn air tuba. —*kki.* 1 kembali. *When will they r.?* Kapan meréka akan kembali? *The color in her face returned* Mukanya berseri kembali. 2 pulang (*home*). **to r.**

from kembali dari. **to r. to** kembali ke (a job, matter, place). to r. to the subject kembali kpd pokok persoalan. to r. to port kembali ke pelabuhan. **r. address** alamat pengirim. **r. match** pertandingan balasan. **r. ticket** karcis pulang. **r. trip** perjalanan pulang/kembali.
returnable /ri'tərnəbəl/ ks. yg dpt dikembalikan.
returnee /ri'tərnie/ kb. orang yg kembali.
reunification /'rieyuwnəfə'keisyən/ kb. penyatuan kembali.
reunion /rie'yuwnyən/ kb. réuni.
reunite /'rieyuw'nait/ kkt. menyatukan kembali (a family, country).
rev /rev/ kb. Inf.: putaran. —kkt. (**revved**) memutar (an engine).
rev. 1 [review] pertimbangan buku; pemeriksaan parade militér. 2 [revised] tlh diperbaiki, tlh ditinjau kembali. 3 [revision] révisi, peninjauan kembali.
Rev. 1 [Reverend] Yg terhormat (pendéta). 2 [Revelations] Wahyu.
revamp /rie'væmp/ kkt. merubah.
reveal /ri'viel/ kkt. 1 menyatakan (o's age). 2 menampakkan. It revealed an attractive stage set Nampaklah suatu dékor yg menarik. 3 membuka (a secret, o's purpose). 4 mengungkapkan (the facts). —**revealing** ks. 1 yg membuka pikiran (news, lecture). 2 yg menampakkan bagian badan yg terlarang (dress).
reveille /'revəlie/ kb. (terompét) bangun pagi.
revel /'revəl/ kb. kesuka-riaan. —kki. **to r. in** bersuka-ria dgn, gemar akan.
revelation /'revə'leisyən/ kb. 1 pembukaan rahasia. 2 wahyu. Bible: **Revelations** Wahyu.
reveler /'revələr/ kb. orang yg bersuka-ria.
revelry /'revəlrie/ kb. (j. **-ries**) kesuka-riaan yg gaduh.
revenge /ri'venj/ kb. pembalasan dendam. to take r. against s.o. melakukan pembalasan dendam thd s.s.o. —kkt. membalas dendam (o.s., o's humiliation) (**on** thd).
revenue /'revənuw, -nyuw/ kb. 1 hasil, penghasilan, pendapatan. 2 pajak. Internal R. Service Jawatan Pajak. r. stamp banderol, béa meterai.
reverberate /ri'vərbəreit/ kki. bergema, bergaung, berkumandang, mengumandang.
reverberation /ri'vərbə'reisyən/ kb. gaung, gema.
revere /ri'vir/ kkt. memuja-muja, menta'zimkan.
reverence /'revərəns/ kb. ta'zim, penghormatan. His R. Yg Terhormat (utk pendéta).
reverend /'revərənd/ kb. pendéta. The R. James Doe Yg Terhormat (Pendéta) James Doe.
reverent /'revərənt/ ks. hormat, ta'zim.
reverie /'revərie/ kb. lamunan, angan-angan.
reversal /ri'vərsəl/ kb. 1 pembalikan, pemutaran (of form, attitude). 2 kekalahan. to suffer a military r. menderita kekalahan kemilitéran. 3 nasib sial, rugi, tak beruntung (in business).
reverse /ri'vərs/ kb. 1 kebalikan. to do the r. melakukan kebalikan. 2 (business or military) kemunduran, kemalangan. 3 sebalik. on the r. of the plaque pd sebalik logam piagam. 4 Auto.: persnéling mundur. r. gear persnéling mundur. to put into r. memasukkan persnéling mundur (pd mobil). —ks. sebalik(nya). r. side of a record sebalik(nya) piringan hitam. r. side of a form halaman sebaliknya formulir itu. in (the) r. order dlm urutan yg terbalik. —kkt. 1 membalik (the order of s.t.). 2 membalikkan (o's testimony). 3 memutar-balikkan (o's decision). 4 memutar (o's car).

reversible /ri'vərsəbəl/ ks. yg dpt dibalik. r. raincoat jashujan yg dpt dipakai terbalik/luar-dalam.
reversion /ri'vərzyən/ kb. pengembalian, kembalinya. r. to type pengembalian ke sifat-jenis (yg semula).
revert /ri'vərt/ kki. kembali pd. His property reverted to the State Hak miliknya kembali pd negara. to r. to o's childish ways kembali pd cara-cara anak.
review /ri'vyuw/ kb. 1 tinjauan. r. lesson pelajaran tinjauan. 2 timbangan buku, résénsi. to write a r. of menulis timbangan buku bagi. 3 Mil.: défilé. to pass in r. léwat berparada/berdéfilé. 4 pemeriksaan (of an honor guard). 5 majalah. —kkt. 1 memberikan tinjauan (the situation, a book). 2 menimbang (a book). 3 memeriksa (troops). 4 meninjau lagi (o's lesson). **reviewing** stand panggung peninjau.
reviewer /ri'vyuwər/ kb. pemberi résénsi buku, peninjau buku, penulis résénsi buku.
revile /ri'vail/ kkt. mencerca, mencaci-maki.
revise /ri'vaiz/ kkt. 1 meninjau kembali, merobah (o's opinion, the curriculum). 2 memperbaiki, merevisi (a manuscript). Revised Version of the Bible Vérsi Kitab Injil yg tlh diperbaiki.
revision /ri'vizyən/ kb. revisi, perbaikan.
revisionist /rə'vizyənist/ kb. seorang revisionis.
revival /ri'vaivəl/ kb. 1 kebangkitan kembali (of a piece of music). 2 Rel.: kebangkitan. r. of learning kebangkitan kembali dari (ilmu) pengetahuan. 3 kebangunan baru, kebangkitan kembali (of the classic style).
revive /ri'vaiv/ kkt. 1 menyedarkan (s.o.). 2 membuat segar, menyegarkan lagi. A good meal would r. me Makan malam yg énak akan membuatku segar lagi. Drink this; it will r. you Minumlah ini: kau akan segar kembali. 3 menghidupkan lagi (a magazine). 4 membangkit-bangkitkan. to r. old accusations membangkit-bangkitkan tuduhan-tuduhan yg lama. —kki. 1 tumbuh lagi (of dead grass). 2 hidup kembali. Her spirits revived Semangatnya hidup kembali. 3 bangun kembali, giat lagi. Industry is reviving Industri mulai bangun kembali. to feel revived merasa giat lagi. ·
revocation /'revə'keisyən/ kb. penarikan kembali, pencabutan, pembatalan (of a law).
revoke /ri'vowk/ kkt. 1 menarik kembali (an offer). 2 mencabut (a license, law).
revolt /ri'vowlt/ kb. pemberontakan. to rise in r. against bangkit memberontak melawan/thd. —kki. 1 memberontak (**against** thd). 2 berrévolusi. 3 bangkit (**against** menentang). —**revolting** ks. memuakkan, menjijikkan.
revolution /'revə'luwsyən/ kb. 1 putaran, balingan (of a motor). 2 révolusi. to bring about a r. ber-révolusi. 3 perkisaran (of a planet). 4 perubahan (in scientific fields). 5 pusingan (of the earth).
revolutionary /'revə'luwsyə'nerie/ kb. (j. **-ries**) orang yg révolusionér. —ks. révolusionér.
revolutionist /'revə'luwsyənist/ kb. seorang révolusionér.
revolutionize /'revə'luwsyənaiz/ kkt. merévolusionérkan, merombak (keadaan), mengubah dgn cepat.
revolve /ri'valv/ kkt. memutar(kan) (a door, a wheel). —kki. 1 berputar, berkisar, berpusar (**around** mengelilingi) (of a decision). The door revolves Pintu itu berputar. 2 berédar (of the moon) (**around** sekeliling). —**revolving** ks. 1 berputar. r. door pintu putar. 2 berédar. r. fund dana yg berédar dan yg dipakai terus-menerus utk beberapa usaha.
revolver /ri'valvər/ kb. péstol, repolper.

revue /ri'vyuw/ *kb.* sandiwara modérn; pertunjukan tari-tarian, nyanyian-nyanyian, lelucon dsb.

revulsion /ri'vʌlsyən/ *kb.* 1 perubahan (*of feeling*). 2 réaksi mendadak.

reward /ri'wɔrd/ *kb.* 1 ganjaran, hadiah. *to offer a r.* menawarkan hadiah. *as a r. for his efforts* sbg hadiah atas usahanya. *the rewards of being a teacher* ganjaran sbg seorang guru. 2 upah, pahala. *to get o's r. in heaven* mendapat upah/pahala/ganjaran di sorga. 3 hukuman. *to go to o's r.* berpulang ke rakhmatullah, meninggal dunia. —*kkt.* 1 mengganjar. *He was rewarded for his effort* Ia diberi hadiah utk usaha-usahanya. 2 memberikan penghargaan (*for gallantry*). 3 menghadiahi, menghadiahkan. *to r. a child for his grades* memberi hadiah kpd seorang anak utk angka-angkanya. 4 membalas. *This is how she rewards me* Demikianlah caranya ia membalas segala kebaikanku. —**rewarding** *ks.* menguntungkan, bermanfaat, berguna.

rework /rie'wərk/ *kkt.* mengerjakan/mengolah lagi.

rewrite /'rie'rait *kb.*; rie'rait *kkt.*/ *kb.* karangan yg ditulis kembali. —*kkt.* (**rewrote, rewritten**) menulis kembali.

rewritten /rie'ritən/ lih REWRITE.

rewrote /rie'rowt/ lih REWRITE.

R.F.D. /'ar'ef'die/ *kb.* [*Rural Free Delivery*] antaran pos cuma-cuma luar kota.

rhapsody /'ræpsədie/ *kb.* (*j.* **-dies**) 1 *Mus.*: rapsodi. 2 kegembiraan. *to go into rhapsodies over* menjadi sangat gembira karena.

rhetoric /'retərik/ *kb.* 1 rétorik. 2 kepandaian berbicara/berpidato.

rhetorical /ri'tɔrəkəl, -'tar-/ *ks.* rétoris. *r. style* gaya rétoris. *r. question* pertanyaan yg tak perlu dijawab.

rheumatic /ruw'mætik/ *kb.* penderita éncok. —*ks.* rumatik, sengal. *r. fever* demam rématik.

rheumatism /'ru(w)mətizəm/ *kb.* éncok, sengal.

rhinitis /rai'naitəs/ *kb.* radang selaput lendir hidung.

rhino /'rainow/ *kb. Inf.*: badak.

rhinoceros /rai'nasərəs/ *kb.* badak.

rhinolaryngology /'rainow'læring'galəjie/ *kb.* ilmu penyakit hidung dan tenggorokan.

rhododendron /'rowdə'dendrən/ *kb.* sej. tumbuh-tumbuhan.

rhomboid /'ramboid/ *kb.* paralélogram, jajaran génjang.

rhombus /'rambəs/ *kb.* belah ketupat.

rhubarb /'ruwbarb/ *kb.* 1 (*plant*) sm kelembak. 2 *Sl.*: pertengkaran.

rhyme /raim/ *kb.* sajak. *nursery r.* sajak kanak-kanak. *without r. or reason* tanpa sebab. —*kki.* bersajak.

rhythm /'riᴛHəm/ *kb.* irama.

rhythmic /'riᴛHmik/ *ks.* berirama. *r. movement* gerak berirama.

R.I. [*Rhode Island*] negarabagian di A.S.

rib /rib/ *kb.* 1 tulang rusuk, iga. *r. roast* daging rusuk panggang. *floating r.* iga péndék. *a r. of beef* sepotong daging rusuk sapi. *to tickle s.o. in the ribs* menggelitik s.s.o. pd (tulang) rusuknya. 2 bingkai (*of umbrella*). 3 tulang (*of a leaf*). 4 gading-gading (*of ship's frame*). —*kkt.* (**ribbed**) *Inf.*: menggoda, memperolok-olokkan. —**ribbing.** *kb.* olok-olokan, godaan. *to take a r.* mendapat olok-olokan, digoda.

ribald /'ribəld/ *ks.* carut, cabul, kasar.

ribbon /'ribən/ *kb.* pita. *typewriter r.* pita mesin tulis. *hair r.* pita rambut. *His shirt was cut to ribbons by….* Keméjanya terkoyak-koyak oléh ….

rice /rais/ *kb.* 1 padi (*in the field*). 2 gabah (*unhulled, unhusked*). 3 beras (*hulled, husked*). 4 nasi (*cooked*).

sticky r. ketan, pulut. **r. field** (*wet*) sawah, (*dry*) ladang. *r. flour* tepung beras. **r. grower** penanam padi. **r. mill** penggilingan beras. **r. pestle** alu, antan. **r. straw** batang padi, jerami. **r. wine** saké, minuman keras buatan Jepang dari beras.

rich /ric/ *kb.* **the r.** *j.* kaum kaya, yg kaya. —**riches** *j.* kekayaan. —*ks.* 1 kaya *to grow r.* menjadi kaya. *Inf.*: *to strike it r.* a) menjadi kaya tiba-tiba. b) mencapai suksés besar dgn tiba-tiba. 2 subur (*of soil*). 3 menggemukkan (*of food*). 4 berharga. *r. suggestion* saran yg berharga. 5 penuh (*of tone*). 6 beranéka ragam (*of color*). 7 banyak campuran (*of a mixture*). 8 *Inf.*: lucu sekali. —**richly** *kk.* 1 secara méwah. *His house is r. furnished* Rumahnya diperlengkapi secara méwah. 2 pantas sekali. *His promotion is r. deserved* Kenaikan pangkatnya itu benar-benar pantas diterimanya.

richness /'ricnəs/ *kb.* 1 kesempurnaan (*of tone*). 2 kesuburan (*of soil*). 3 rasa lemak pd makanan, banyaknya lemak dlm makanan (*of food*).

rickets /'rikits/ *kb.* rakhitis, penyakit Inggeris.

rickety /'rikətie/ *ks.* goyang, réyot (*of a piece of furniture*).

ricksha /'riksyə/ *kb.* angkong, langc(i)a.

ricochet /'rikə'syei/ *kb.* pengambulan. —*kki.* mengambul (**off** dari), memantul (**off** pd).

rid /rid/ *kkt.* (**rid** atau **ridded**) membersihkan. *to r. a house of bugs* membersihkan rumah dari kepinding. *to be r. of s.t.* bébas dari s.s.t. *to be r. of s.o.* dpt melepaskan diri dari s.s.o. **to get r. of** 1 membuang. *Get r. of your gum* Buanglah permén karétmu itu. 2 melémparkan. *The player quickly got rid of the ball* Pemain itu dgn cepat melémparkan bola itu. 3 mengisarkan. *to get r. of o's chickens* mengisarkan semua ayam-ayamnya (kpd orang lain). *I finally got r. of my headache* Akhirnya sakit kepalaku hilang. *How did you get r. of your headache?* Bagaimana caranya menghilangkan rasa sakit kepalamu? *to get r. of o's cook* memecat/memberhentikan tukang masak.

riddance /'ridəns/ *kb.* 1 pembersihan, pembuangan. 2 pembébasan (**from** dari).

ridden /'ridən/ lih RIDE.

riddle /'ridəl/ *kb.* teka-teki, cangkriman, tebakan. *to talk in riddles* bicara berbelit-belit. *to ask a r.* berteka-teki. —*kkt.* melubang-lubangi (*a wall with bullets*).

ride /raid/ *kb.* perjalanan (dgn mobil). *to go for a r., to take a r.* naik mobil. *We can have two rides for a quarter* Kita bisa naik dua kali membayar setalén. *It's a short r. by bus.* Perjalanannya sebentar saja dgn naik bis. *to take s.o. for a r.* a) pesiar dlm mobil, bermobil dgn s.s.o. b) *Sl.*: membunuh. *to let the matter r.* membiarkan perkara itu (spy reda). —*kkt.* (**rode, ridden**) 1 naik. *to r. a bus* naik bis. 2 menunggang (*an animal*). *to r. a horse to death* menunggangi kuda sampai ia kepayahan. 3 bersepéda, naik sepéda (*a bicycle*). *to r. a good race* berpacu dgn baik. 4 *Inf.*: menggoda. *to r. s.o. unmercifully* menggoda s.s.o. dgn tak kenal ampun. **::** *The boat rode the waves* Perahu itu menempuh gelombang-gelombang. *She is ridden with anxiety* Ia penuh dgn rasa-rasa cemas. Ia diliputi penuh rasa ketakutan. *to r. a joke to death* menceriterakan suatu lelucon berulangkali sampai bosan. —*kki.* 1 naik (kuda, sepéda, dsb). *Can she r.?* Pandai dia naik kuda? 2 naik mobil (*to work*). 3 menjalani dgn mobil. *We rode 500 miles yesterday* Kami naik mobil 500 mil kemarin. *to r. at anchor* berlabuh, tertambat pd sauh. *to r. high* mendapat suksés. **to r. away** 1 pergi naik (*on o's bicycle*). 2 berangkat. *to r. back to camp* kembali dgn/naik mobilnya ke tempat perkémahan. *to r. behind* memboncéng dibelakang. **to r. by** mampir/datang dgn berkendaraan. **to r. down** 1 liwat jalan berkendaraan *(the street)*. 2 menggilas, memukul jatuh. **to r. into** memasuki. **to r. off** berangkat dgn naik kuda/ mobil. **to r. out** bertahan dlm *(a storm, a bad situation)*. **to r. up** 1 memasuki pekarangan rumah *(to a house)*. 2 menggésér/meluncur naik *(of a shirt)*. **—riding** *kb.* berkuda. *r. horse* kuda tunggang. *r. school* sekolah menunggang kuda.

rider /'raidər/ *kb.* 1 penunggang *(of horse, bicycle)*. 2 pengendara *(in a car)*. 3 pasal tambahan *(in a contract)*.

ridge /rij/ *kb.* 1 punggung bukit. 2 bubungan, rabung, perabungan *(of a roof)*. 3 *(mountain)* pegunungan. 4 daérah. *Meteor.: low pressure r.* daérah tekanan rendah (pd peta cuaca).

ridicule /'ridəkyuwl/ *kb.* tertawaan, éjékan. *He was subjected to considerable r.* Ia banyak diéjék orang. *to hold s.o. up to r.* membuat s.s.o. dicemoohkan/ ditertawakan. *to invite r.* memancing cemoohan/ tertawaan. *to lay o.s. open to r.* menjadikan/membiarkan diri sendiri jadi cemoohan/tertawaan orang. **—kkt.** 1 mentertawakan, mengéjék.

ridiculous /ri'dikyələs/ *ks.* mentertawakan, édan, menggelikan. *She was wearing a r. hat* Ia memakai topi yg menertawakan/gila-gilaan. *It is perfectly r. to act like that* Benar-benar menertawakan dgn bertindak demikian itu. *to make o.s. appear r.* membuat dirinya spt orang gila/kegila-gilaan. *to be able to see the r. side of a matter* dpt melihat segi-segi yg tak masuk akal dari persoalan.

ridiculousness /ri'dikyələsnəs/ *kb.* sifat tak masuk akal, keanéhan, keganjilan, ketidakwajaran.

rif /rif/ *kkt.* (**riffed**) memberhentikan (dari pekerjaan).

rife /raif/ *ks.* 1 penuh. *r. with rumors* penuh dgn desas-desus. 2 tersebar luas, banyak. *Small pox is r. in that area* Cacar air tersebar luas di daérah itu.

riffraff /'rif'ræf/ *kb.* orang-orang hinadina/jémbél, kaum urakan.

rifle /'raifəl/ *kb.* senapan(g), bedil. **—kkt.** merampok *(a drawer, house)*. *r. range* lapangan latihan menémbak.

rifleman /'raifəlmən/ *kb.* (*j.* **-men**) penémbak dgn senapang.

rift rift/ *kb.* 1 celah, renggang *(in the clouds)*. 2 keretakan *(between two people)*.

rig /rig/ *kb.* 1 *Inf.:* truk. 2 alat-alat pembor. *oil r.* alat-alat pembor minyak. 3 tali-temali *(of a sailing vessel)*. 4 *(equipment)* perlengkapan. **—kkt.** (**rigged**) 1 memasang *(a sailing vessel)*. 2 memperlengkapi *(s.t. with)*. 3 melakukan dgn curang *(a race, game)*. **to r. o.s. up in, to r. out** memakai, mengenakan. *She was rigged out in the latest fashion* Ia berpakaian lengkap menurut mode yg terbaru. **—rigging** *kb.* tali-temali, laberang.

rigamarole /'rigəmərowl/ *kb.* = RIGMAROLE.

right /rait/ *kb.* 1 kanan. *Turn to the r.* Berbélok kekanan. *Keep to the r.* Jalanlah disebelah kanan. **The R.** golongan/kaum kanan. *Eyes r.!* Kanan! *R. face!* Bélok ke kanan! *on the r.* disebelah kanan. 2 hak. *What r. have you to say that?* Apa hakmu utk berkata begitu? *He has no r. to keep it* Ia tak berhak menyimpannya. *r. of association and assembly* hak berkumpul dan berapat. *r. of asylum* hak suaka. *r. of way* hak melintas lebih dulu *(in traffc)*. *to give r. of way for a new highway* melepaskan hak (atas tanah) utk pembangunan jalan-raya yg baru. 3 keadilan.

4 kebenaran. *Two wrongs do not make a r.* Dua kesalahan tdk membuat satu kebenaran. *He's in the r.* Ia yg benar. *to set s.t. to right* memecahkan persoalan dgn baik, mengatur s.s.t. dgn baik. *They are interesting in their own r.* Meréka sendiri sangat menarik. **—rights** *j.* hak-hak. *Inf.: I know my rights* Aku tahu hak-hakku. **by rights** menurut hukum, sebenarnya. *By rights it should have been his* Menurut hukum itu seharusnya menjadi miliknya. *to stand on o's rights* mempertahankan hak-haknya. **—ks.** 1 kanan. *My r. eye hurts* Mata kananku terasa sakit. 2 yg sebenarnya. *What's his r. name?* Siapakah namanya yg sebenarnya? *r. side up* sisi yg sebenarnya keatas. 3 tepat. *Do you have the r. time?* Tepatnya jam berapa sekarang? 4 benar, betul. *to be r.* benar. *He can't be r.* Ia tak mungkin benar. *Is what I said r.?* Apakah yg kukatakan itu betul? 5 benar, tepat, betul. *the r. answer* jawaban yg benar. *He tries to do the r. thing* Ia mencoba melakukan yg benar/baik. *the r. train* keréta-api yg benar. *to put/set s.o. r.* membawa s.s.o. ke jalan yg benar. *the r. man in the r. place* orang yg tepat utk s.s.t. jabatan. *to come at the r. moment* tiba tepat pd waktunya. *to have the knack of saying the r. thing* pandai/cekatan berkata secara tepat. *R. you are!* Benar katamu itu! Tepat katamu itu! *You're quite r.* Kau mémang benar! *That's r.!* Benar! *He always chooses the r. word* Ia senantiasa mempergunakan/memilih kata-kata yg tepat. 6 cocok, benar. *My watch is r.* Jam saya cocok/benar (jalannya). *to have the r. change* mempunyai uang kembalinya yg cocok. *R.!* Cocok! Setuju! 7 ba.k. *When the wind is r...*, Bila angin baik..., *He lives on the r. side of the tracks* Ia tinggal di bagian yg didiami golongan baik-baik dari kota itu. 8 séhat. *No one in his r. mind would ...* Tdk ada orang yg berpikiran séhat yg mau .... **::** *It's only r. to tell you that ...* Secara terusterang saya mengatakan kepadamu bhw .... *He's not r. in his head* Ia (agak) gila. Otaknya miring. **—kk.** 1 tepat, persis. *to leave o's coat r. here* meninggalkan jasnya tepat di sini. *to live r. next door* tinggal tepat sebelah-menyebelah. 2 segera. *to nap r. after lunch* tidur segera sesudah makan siang. **to do r.** berbuat yg benar. (**by**) thd). *R. Reverend Jones* Pendéta Jones yg amat terhormat. *to guess r.* menerka dgn tepat. *It serves s.o. r. that ...* Sdh sepantasnya bhw .... **r. along** 1 terus saja. *Please move r. along* Harap jalan terus. 2 selamanya. *I knew r. along who you were* Saya selamanya mengenal kamu. **r. away** segera. *r. in front* di muka sendiri. **r. now** 1 segera. *I'll come r. now* Aku akan datang segera. 2 sekarang juga. *I'm busy r. now* Saya sibuk sekarang ini. **r. off** segera. *r. off the bat* dgn segera. *The police were r. behind us* Polisi berada tepat dibelakang kami. *to owe money r. and left* berhutang kanan-kiri/disana-sini/dimana-mana **—kkt.** 1 memperbaiki *(a wrong)*. 2 menegakkan *(s.t. overturned)*. 3 melempangkan, meluruskan. *The boat righted itself* Perahu itu berhasil melempangkan diri. 4 membetulkan *(an error)*. *to r. the oppressed* melaksanakan keadilan thd orang-orang yg tertindas. *r. about face* berbalik sama sekali. **r. angle** sudut siku-siku. *My wife is my r. hand* Isteriku adalah tangan-kananku. **right-hand** *ks.* disebelah kanan. *He's my r.-hand man* Ia pembantu utamaku. *r.-hand drive* stir kanan. *r.-hand turn* bélokan arah ke kanan. **right-handed** *ks.* yg memakai tangan kanan. **r. triangle** segitiga siku-siku. **r. wing** sayap/ fraksi kanan. **—rightly** *kk.* sdh pd tempatnya, sdh sepantasnya. *r. or wrongly* benar atau salah.

righteous /'raicəs/ *ks.* 1 berbudi, budiman. *r. man* orang yg berbudi. 2 yg pd tempatnya. *r. indignation* kemarahan yg pd tempatnya. —**righteously** *kk.* secara adil, sepantasnya, selayaknya.

righteousness /'raicəsnəs/ *kb.* kebajikan, kebenaran, keadilan.

rightful /'raitfəl/ *ks.* 1 syah. *r. owner* pemilik yg syah. 2 berhak. *o's r. duty* hak kewajibannya. —**rightfully** *kk.* menjadi hak, menurut hak/keadilan. *Give me what is r. mine* Berikanlah kpd saya apa menjadi hak saya.

rightist /'raitist/ *ks.* berhaluan kanan, konsérpatip. *r. group* golongan kanan.

rightness /'raitnəs/ *kb.* kebenaran, keadilan (*of o's cause*).

rigid /'rijid/ *ks.* 1 kaku (*of a body*). *He's r. in his thinking* Cara berpikirnya kaku. 2 keras (*discipline, rules*). 3 berat, sukar (*examination*). *He was given a r. physical* Badannya tlh diperiksa dgn sangat teliti. 4 kejur, keras kaku (*of bristle, hair, fiber*). —**rigidly** *kk.* teguh, keras. *The rules are r. adhered to* Peraturan-peraturan itu dipegang teguh.

rigidity /rə'jidətie/ *kb.* (*j.* **-ties**) 1 kekakuan (*of thinking, of a body*). 2 ketegaran, kekerasan (*of discipline, rules*).

rigmarole /'rigmərowl/ *kb.* kata-kata hampa, omong kosong, cakap angin.

rigor /'rigər/ *kb.* 1 kekerasan (*of physical exercise, of a law*). 2 kekakuan. *r. mortis* kekakuan mayat. 3 kekerasan (*of a winter*).

rigorous /'rigərəs/ *ks.* 1 keras. *r. exercise* latihan badan yg keras. *r. winter* musim dingin yg keras. 2 dgn teliti, setepat-tepatnya. *r. application of the scientific method* penggunaan métode ilmiah yg setepat-tepatnya.

rile /rail/ *kkt. Inf.:* 1 (*anger*) menggusarkan. 2 (*annoy*) mengganggu.

rill /rill/ *kb.* 1 sungai kecil, anak sungai. 2 lembah yg panjang lagi sempit (*pd bulan*).

rim /rim/ *kb.* 1 pélek, lingkaran (*of a wheel*). 2 bibir (*of a cup*). 2 pinggir(an) (*of a canyon*). —*kkt.* (**rim-med**) melingkari, mengelilingi. *Snow rimmed the pond* Salju melingkari kolam itu.

rime /raim/ *kb.* 1 embun beku. 2 = RHYME.

rind /raind/ *kb.* kulit (buah). *watermelon r.* kulit buah semangka.

ring /ring/ *kb.* 1 cincin. 2 komplotan. *crime r.* komplotan penjahat. 3 jaringan. *spy r.* jaringan spionase. 4 *Box.:* gelanggang. 5 lingkaran. *to form a r.* membentuk lingkaran. *to have rings around o's eyes* pd mata terlihat lingkaran-lingkaran, matanya redup (karena kurang tidur). 6 dering. *That bell has a nice r.* Dering loncéng itu merdu. *There's a r. at the door* Bél berbunyi di pintu. *Give me a r. in the morning* Télponlah aku pagi-pagi. 7 gelang-gelang/lingkaran tahunan (*in a tree*). 8 denting (*of a glass*). 9 nada. *r. of sadness in o's voice* nada sedih didlm suaranya. 10 *Box.:* gelanggang tinju. *to play rings around a team* membuat suatu regu tak berdaya samasekali. **to run rings around** mudah mengalahkan lawan, mudah memenangkan pertandingan. —*kkt.* (**rang, rung**) 1 membunyikan (*a bell*). 2 memukul (*an alarm*). 3 menélpon. *R. me today* Télponlah aku hari ini. —*kki.* 1 berdering-dering (*of a clock, bell*). *The telephone is ringing* Télpon itu berdering-dering. *S. o. is ringing at the door* Ada (orang) yg membunyikan bél di pintu. 2 mendenging. *My ears are still ringing from ...* Kupingku masih mendenging karena .... *The facts don't r. true* Fakta-fakta itu tak benar kedengarannya. **to r. back** menélpon kembali. *I'll r. him back* Saya akan menéleponnya kembali. **to r. for** 1 memanggil

dgn bél, membunyikan bél utk memanggil (*waiter, stewardess*). 2 membunyikan bél utk (*an elevator*). **to r. in** 1 membunyikan loncéng-loncéng menyambut (*the New Year*). 2 (*implicate*) *Inf.:* menjebak, mengikut-sertakan dgn curang. **to r. out** berbunyi keras/meledak (*of shots*). **to r. up** 1 menélpon. 2 memasukkan kedlm catatan, mencatatkan (*on the cash register*). *r. finger* jari manis. *r. road* jalan-raya yg mengitari sebuah kota. —**ringing** *kb.* bunyi dering (*of bells*). *ks.* yg berbunyi (spt bél), nyaring. *in r. tones* dgn suara lantang.

ringer /'ringər/ *kb.* 1 (*bell-*) tukang loncéng. 2 *Sl.:* orang yg amat mirip dgn. *He's a dead r. for my friend* Ia sangat menyerupai sahabatku. 3 *Sl.:* pemain gadungan/palsu.

ringleader /'ring'liedər/ *kb.* pemimpin gerombolan, biangkeladi.

ringlet /'ringlit/ *kb.* ikal kecil.

ringside /'ring'said/ *kb.* pinggir gelanggang. *to have a r. seat* mendapat tempat duduk di tepi gelanggang.

ringworm /'ring'wərm/ *kb.* 1 kurap, kadas. 2 (*disease*) penyakit kurap.

rink /ringk/ *kb.* lapangan luncur és, gelanggang és.

rinse /rins/ *kb.* bilasan. —*kkt.* 1 membilas (*clothes*). 2 mencuci (*dishes*). 3 berkumur (*the mouth*). —**rinsing** *kb.* (pem)bilasan.

riot /'raiət/ *kb.* kerusuhan, huru hara, keributan, kerisauan. *Inf.:* *He's a r.* Ia amat lucu. *to read the r. áct to s.o.* memerintahkan s.s.o. utk menghentikan pengacauan/kerusuhan. *to run r.* 1 merajaléla, mengamuk. 2 tumbuh dgn liar. *The crab grass runs r. on our lawn* Rumput liar itu merambat dan merusak di halaman rumah kami. —*kki.* berbuat rusuh, melakukan huru-hara (**against** thd). **r. squad** pasukan penindas, barisan (polisi) pemadam huru-hara. —**rioting** *kb.* pengacauan, mengacau, berbuat rusuh. *r. students* mahasiswa-mahasiswa yg membuat rusuh.

rioter /'raiətər/ *kb.* perusuh, pengacau, pemberontak.

riotous /'raiətəs/ *ks.* 1 liar. *to lead a r. life* hidup liar, hidup tak keruan. *r. living* hidup tdk keruan. 2 bersifat pengacau. *r. behavior* sikap atau tindakan/ perbuatan mengacau.

rip /rip/ *kb.* 1 robékan, sobékan (*in s.t.*). *Inf.:* *That car is not worth a r.* Mobil itu tak berharga sepésér-pun. 2 renggutan. *Sl.:* *Let her r.* Biarkannya berbuat sekehendaknya. —*kkt.* (**ripped**) menyobék. *He ripped his coat* Jasnya tersobék. *He ripped her dress* Ia menyobék pakaian wanita itu. **to r. along** meluncur cepat (*of a car*). *Inf.:* **to r. into** menyerang, menyerbu. **to r. off** 1 meretas (*a box top*). 2 menyobék pakaian s.s.o. sehingga terbuka/terlepas (*s.o.'s clothes*). **to r. open** membuka, membongkar (*a box*). **to r. out** a seam mendédéli/meretasi tepi pakaian. **r. cord** tali pembuka parasut.

ripe /raip/ *ks.* 1 matang (*grain*). 2 masak (*fruit*). 3 siap (*for a revolution*). *to live to a r. old age* hidup sampai tua benar. *r. cheese* kéju yg sdh lama (disimpan).

ripen /'raipən/ *kkt.* mematangkan, memasakkan. —*kki.* menjadi masak/matang.

ripple /'ripəl/ *kb.* 1 riak. *ripples in the water* riak-riak (dlm) air. 2 réaksi, suara. *r. of surprise* réaksi/suara kehéranan. *His divorce did not make a r. in his circle* Perceraiannya tdk menimbulkan kegégéran di kalangan kenalannya. —*kki.* berdesir. *Waves r. on the beach* Gelombang berdesir di pantai.

riproaring /'rip'rowring/ *ks.* bergembira-ria.

ripsnorter /'rip'snɔrtər/ *kb. Sl.*: s.s.t. yg luar-biasa hébatnya (*of a storm*).

ripsnorting /'rip'snɔrting/ *ks. Sl.*: ribut, rusuh.

riptide /'rip'taid/ *kb.* air pasang-surut yg saling bertubrukan.

rise /raiz/ *kb.* 1 kenaikan (*in advancement, price, salary*). 2 naiknya (*of a river, ballon*). 3 tanjakan, ketinggian (*of a hill*). 4 berkembangnya. *the r. of the space industry* berkembangnya industri angkasa-luar. 5 réaksi. *to get a r. out of s.o.* membangkitkan réaksi pd s.s.o. *to give r. to* menimbulkan, membangkitkan. —*kki.* (**rose, risen**) 1 bangun. *to r. early* bangun pagi-pagi. 2 naik. *The river is rising* Sungai itu naik. *to r. from the ranks* naik dari pangkat bawahan. *Her temperature rose* Suhu badannya naik. *The plane rose off the ground* Kapal-terbang itu naik meninggalkan landasan. *to r. to the bait* naik memakan/menyergap umpan itu (*of fish*). *The barometer is rising* Barométer menunjukkan kenaikan/naik ukurannya. 3 terbit. *The sun rises* Matahari terbit. 4 bangkit, berdiri. *She rose and walked away* Ia bangkit dan berjalan keluar. *He rose* Ia berdiri. *The bear rose on its hind legs* Beruang itu bangkit/berdiri diatas kaki belakang-nya. 5 bertambah keras (*of a voice*). 6 timbul (*of o's spirits*). *A blister rose on my hand* Sebuah lepuh timbul pd tanganku. 7 bermunculan. *Buildings are rising all over the city* Gedung-gedung bermunculan di seluruh kota itu. 8 mulai. *Quarrels often r. from trifles* Pertengkaran sering mulai dari hal-hal kecil. 9 muncul (*to the surface*). *The submarine rose near the shore* Kapal selam itu muncul dekat pantai. 10 menjulang. *The mountain rises to a height of* ... Gunung itu menjulang setinggi .... 11 mengembang (*of dough*). **::** *The wind is rising* Angin mulai bertiup. *to r. above vanity* mengatasi sifat suka dipuji. **to r. against** memberontak melawan. *to r. to the occasion* baik/cocok utk kesempatan itu. **to r. up** 1 bangkit. 2 memberontak melawan. —**rising** *kb.* naik. *the r. and falling of the tide* naik-turunnya air pasang; pasang-surutnya air pasang. *ks.* 1 yg terbit. *r. sun* matahari yg (se-dang) terbit. 2 yg bertambah tinggi (*of temperature*). *the r. generation* angkatan muda, golongan harapan bangsa dan nusa. *r. prices* harga-harga yg naik/ memuncak/melonjak.

risen /'rizən/ lih RISE.

riser /'raizər/ *kb.* 1 orang yg bangun tidur. *I'm not an early r.* Aku tak suka bangun pagi. 2 anak tangga.

risibility /'risə'bilətie/ *kb.* (*j.* -**ties**) rasa ingin ter-tawa. *to tickle o's risibilities* membangkitkan kei-nginannya tertawa.

risk /risk/ *kb.* 1 risiko. *to take a r.* mengambil risiko. *insurance r.* orang yg besar risikonya bagi perasu-ransian. *to run the r.* menjalani/menghadapi risiko (**of** akan). *It's not worth the r.* Melihat risikonya, tak ada guna melakukannya. 2 kemungkinan rugi. *No risks are involved in this agreement* Tdk ada kemung-kinan rugi terkandung dlm persetujuan ini. *to save s.o. at the r. of o's life* menyelamatkan s.s.o. dgn mem-pertaruhkan nyawanya sendiri. —*kkt.* mengambil risiko. *to r. the chance of an accident* mengambil risiko thd kemungkinan mendapat kecelakaan. *to r. o's life/skin* menyabung nyawanya, membahayakan jiwanya. *I'll r. it* Saya akan mencobanya/melaku-kannya walaupun berbahaya. *to r. defeat* mem-beranikan diri walaupun mungkin akan kalah.

risky /'riskie/ *ks.* 1 berbahaya. *It's r. to go there* Ber-bahaya utk pergi kesana. 2 yg mengandung risiko, berisiko. *r. job* pekerjaan yg mengandung bahaya.

risqué /ris'kei/ *ks.* agak bersifat cabul, nyerémpét kecabulan, condong kpd kecabulan.

rite /rait/ *kb.* upacara, tatacara. *last rites for* upacara agama terakhir utk. *burial/funeral rites* upacara pemakaman. *rites of a secret society* tatacara dlm organisasi rahasia/gelap. *initiation rites* upacara per-ploncoan/pelantikan.

ritual /'ricuəl/ *kb.* upacara agama. *church r.* susunan upacara geréja/kegeréjaan. *r. dance* tari keagamaan.

ritualistic /'ricuə'listik/ *ks.* taat kpd tatacara ke-agamaan.

ritzy /'ritsie/ *ks. Sl.*: mentéréng (*apartment*).

riv. [*river*] sungai.

rival /'raivəl/ *kb.* saingan. *They are rivals for* Meréka saling bersaingan utk. *r. groups* kelompok-kelompok yg bersaingan. —*kkt.* 1 menyaingi, menandingi. *The beauty of these mountains rivals anything I've seen* Keindahan gunung-gunung ini menyaingi segala s.s.t. yg pernah kulihat. 2 menyamai (*others in s.t.*). *to r. one another in* saling bertandingan dlm.

rivalry /'raivəlrie/ *kb.* (*j.* -**ries**) persaingan, per-tandingan.

river /'rivər/ *kb.* sungai, kali, batang air. *r. basin* daérah pengairan sungai, daérah aliran sebuah sungai dan cabang-cabangnya. *r. boat/craft* kapal sungai. *r. port* bandar sungai. *Inf.*: *to sell s.o. down the r.* mengkhianati s.s.o. *Sl.*: *to send s.o. up the r.* memenjarakan, menjebloskan s.s.o. ke penjara.

riverbank /'rivər'bæŋk/ *kb.* tepi/pinggir sungai.

riverbed /'rivər'bed/ *kb.* palung (sungai).

riverside /'rivər'said/ *kb.* pinggir/tepi sungai.

rivet /'rivit/ *kb.* paku sumbat/keling. —*kkt.* 1 me-ngeling (*beams together*). 2 memaku, menumpu, me-mancangkan. *I was riveted to the spot* Aku terpaku di tempat itu. *His attention was riveted on that girl* Per-hatiannya tertumpu pd gadis itu. *to r. o's eyes on* memancangkan matanya pd. **riveting** *hammer* martil pemancang/pengeling. *riveting machine* mesin pemancang/pengeling.

riveter /'rivətər/ *kb.* (ahli) pengeling.

rivulet /'rivyəlit/ *kb.* anak air/sungai.

rm. [*room*] kamar.

R.N. [*registered nurse*] jururawat berijazah.

roach /rowc/ *kb.* coro, lipas, kecuak.

road /rowd/ *kb.* 1 jalan. *This car holds the r. nicely* Mobil ini jalannya énak. *There's no easy r. to success* Tdk ada jalan yg mudah utk mencapai suksés. *main r.* jalan raya. *side r.* jalan cabang. *r. construction* pembuatan jalan. *r. improvement/repair* perbaikan jalan. *r. map* peta jalan. *r. sign* tanda penunjuk jalan. **to hit the r., to take to the r.** a) pergi, berangkat, mulai perjalanan. b) pergi berkelana. *He's on the r. most of the time* Ia hampir senantiasa dlm perjalanan keliling (*of a salesman*). *The show will go on the r.* Pertunjukan itu akan memulai per-jalanan keliling. 2 keadaan. *She's on the r. to recovery* Ia dlm keadaan menjadi sembuh kembali. **r. gang** sekelompok orang hukuman yg ditugaskan bekerja di jalanan. *Inf.*: **r. hog** sétan jalanan, pengendara yg berjalan ditengah-tengah seénaknya. **r. show** pertunjukan keliling. **road-tested** *ks.* tlh dicoba (di jalan).

roadbed /'rowd'bed/ *kb. RR.*: alas jalan.

roadblock /'rowd'blak/ *kb.* pengadang jalan.

roadhouse /'rowd'haws/ *kb.* réstoran di pinggir jalan diluar kota.

roadside /'rowd'said/ *kb.* tepi/pinggir jalan.

roadstead /'rowd'sted/ *kb.* pangkalan laut.

roadster /'rowdstər/ *kb.* mobil terbuka utk dua orang.

roadway /'rowd'wei/ *kb.* jalan (utk) kendaraan.

roadwork /'rowd'wərk/ *kb.* 1 perbaikan jalan. 2 *Sport*: latihan berlari sepanjang jalan.

roam /rowm/ *kkt.* menjelajahi. *to r. the earth* menjelajahi bumi. —*kki.* mengembara, berkelana. *to r. around the world* mengembara mengelilingi dunia. *to r. through the woods* berkelana di hutan-hutan itu. *to r. about the house* berjalan mundar-mandir didalam rumah.

roan /rown/ *ks.* dauk.

roar /rowr/ *kb.* 1 deru (*of wind*). 2 suara meraung (*of a giant*). *r. of laughter* gelak terbahak-bahak. 3 aum, raung (*of a lion, tiger*). 4 uak (*of a bull*). 5 bunyi yg gemuruh (*of a waterfall*). *Niagara Falls makes a tremendous r.* Air terjun Niagara bergemuruh hébat. —*kki.* 1 mengaum, meraung (*of a lion*). 2 menguak (*of a bull*). 3 menderam (*of thunder*). 4 membentak (*an order*). 5 menderu-deru (*of the sea*). *He roared with laughter* Ia terbahak-bahak tertawanya. —**roaring** *kb.* 1 auman (*of a lion*). 2 raungan (*of sirens*). 3 uakan (*of a bull*). 4 guruh-gemuruh (*of cannons, thunder*). *ks.* gemuruh. *r. sound* bunyi gemuruh. *to do a r. business* mendapat untung yg besar sekali. *r. fire* api yg berdesar-desar.

roast /rowst/ *kb.* 1 daging panggang (*sapi, daging babi*). 2 makan diluar rumah sambil memanggang daging. *a r. of beef* sepotong daging panggang. —*kkt.* 1 memanggang (*meat*). 2 membakar, merendang (*coffee*). 3 *Inf.*: memarahi (*s.o. for his error*). —*kki.* terpanggang. *We nearly roasted in the hot auditorium* Kami hampir terpanggang dlm aula yg panas itu. **roasting** *chicken* ayam utk dipanggang.

roaster /'rowstər/ *kb.* 1 (*pan*) alat pemanggang. 2 ayam panggangan.

rob /rab/ *kkt.* (**robbed**) 1 merampok, merampas, menyamun. *She was robbed of her jewels* Ia dirampok permata-permatanya. *to r. Peter to pay Paul* gali lobang tutup lobang. *Sl.: to r. s.o. blind* merampok habis-habisan.

robber /'rabər/ *kb.* perampok, penyamun, pembégal.

robbery /'rabərie/ *kb.* (*j.* **-ries**) perampokan, penyamunan, pembégalan. *That's nothing but highway r.* Itu tdk lain hanya penipuan belaka.

robe /rowb/ *kb.* jubah. (*bath-*) jubah mandi. *judge's r.* jubah hakim.

robin /'rabən/ *kb.* sm burung murai.

robot /'rowbət/ *kb.* robot, manusia mesin.

robust /'rowbʌst/ *ks.* tegap, séhat dan kuat, berdegap.

rock /rak/ *kb.* 1 batu. *He's hard as a r.* Ia kuat sekali. *The ship is on the rocks* Kapal itu kandas pd batu karang. *Their marriage is on the rocks* Perkawinannya pecah. *Scotch on the rocks* wiski Scotch sama és. 2 *Sl.: Mus.*: musik ngak-ngik-nguk. —*kkt.* 1 mengayun-ayun (*a baby*). 2 *Box.*: menjotos hingga sempoyongan (*o's opponent*). 3 membanting-banting. *Waves rocked the boat* Ombak-ombak membanting-banting perahu itu. *An earthquake rocked the building* Gempa bumi membuat gedung itu bergoyang. —*kki.* 1 bergoyang, bergencang-gencang (*from the wind*). 2 terombang-ambing (*in a storm*). 3 berguncang. *The room rocked with laughter* Kamar itu berguncang karena gelak-tertawa. *rock-and-roll (music)* musik ngak-ngik-nguk. **r. bottom** serendah-rendahnya. *to hit/reach r. bottom* mencapai titik yg serendah-rendahnya, sampai kpd titik yg serendah-rendahnya. **rock-bottom** *ks.* paling rendah. *r.-bottom prices* harga-harga yg paling rendah. **rock-bound** *ks.* berbatu karang. *r.-bound coast* pantai berbatu karang. *r. candy* gula-gula/(gula) batu. *r.*

crystal hablur batu yg bening dan tak berwarna. *r. garden* kebun berbatu karang, kebun dgn batu bersusun-susun. **r. salt** garam batu. **rocking chair** kursi goyang. *rocking horse* kuda goyang/main-mainan.

rocker /'rakər/ *kb.* kursi goyang. *Sl.: to be off o's r.* gila, sinting, agak abnormal.

rocket /'rakit/ *kb.* rokét, panah api, cerawat. *r. booster* pendorong rokét. —*kkt.* meluncurkan. *to r. a satellite into space* meluncurkan sebuah satelit ke ruang angkasa. —*kki.* 1 meluncur. *to r. across the finish line* meluncur melalui garis finis sbg pemenang pertama. 2 maju dgn cepat. *to r. to fame* menanjak dgn pesat mencapai kemasyhuran.

rocketry /'rakətrie/ *kb.* perokétan.

rockslide /'rak'slaid/ *kb.* longsoran batu.

rocky /'rakie/ *ks. Inf.*: 1 berbatu-batu (*of a road*). 2 goyang, pusing. *I feel r. this morning* Aku merasa pusing pagi ini.

rod /rad/ *kb.* 1 tangkai, batang. *fishing r.* tangkai pancing. 2 cambuk. *Spare the r. and spoil the child* Tak mau menghukum berarti memanjakan anak. 3 balok. *The column should be supported by a r.* Tiang batu itu seharusnya ditumpu dgn sebuah balok. 4 rod (ukuran = 5.02 méter). *to rule with an iron r.* memerintah dgn tangan besi.

rode /rowd/ *lih* RIDE.

rodent /'rowdənt/ *kb.* binatang mengerat/kerikit, héwan pengerat.

rodeo /'rowdieow, row'deiow/ *kb.* rodéo, pertunjukan ketrampilan sambil menunggang kuda, menjerat sapi dsb.

roe /row/ *kb.* 1 (*animal*) rusa kecil. 2 (*fish*) telur-telur ikan.

roentgenologist /'rentgə'naləjist/ *kb.* ahli sinar rontgen/X.

roentgenology /'rentgə'naləjie/ *kb.* ilmu sinar rontgen/X.

roger /'rajər/ *kseru. Sl.*: baiklah, jadilah.

rogue /rowg/ *kb.* 1 bangsat, bajingan. *rogue's gallery* kumpulan potrét-potrét penjahat. 2 anak nakal. **r. elephant** gajah tunggal.

roguish /'rowgisy/ *ks.* 1 nakal, lucu. 2 jahat, spt bajingan.

ROK [*Republic of Korea*] Koréa Selatan.

role, rôle /rowl/ *kb.* 1 peran(an). *to play o's role* memainkan perannya. 2 tugas. *His r. is to ...* Tugasnya adalah utk ....

roll /rowl/ *kb.* 1 gulung, rol. *a r. of paper* segulung kertas. *a r. of film* segulung pilem. *a r. of bills* segulung uang kertas. 2 gulungan. *a r. of linoleum* segulungan linolium. *rolls of fat* gulungan-gulungan lemak, lemak berbungkah-bungkah. 3 goncangan, bantingan (*of a ship*). 4 (*bread*) roti kadét. 5 suara gemuruh (*of drums*). 6 daftar (nama). *to call the r.* mengabsén. *employment rolls* daftar pegawai/pekerja. *to strike s.o. off the rolls* mencorét s.s.o. dari daftar anggota, mengeluarkan s.s.o. dari keanggotaan. *jelly r.* roti selai. —*kkt.* 1 menggulung (*bandages, string*). 2 menggelindingkan (*a hoop*). 3 menggulingkan (*a barrel*). 4 menggelindingkan (*a ball*). 5 menggiling (*dough*). 6 membunyikan (*o's r's*). 7 meng-oléng-oléng. *Waves rolled the ship from side to side* Ombak membuat kapal itu beroléng-oléng. —*kki.* 1 berguling-guling. *to r. in the grass* berguling-guling di rumput. *The boy rolled in laughter* Anak lelaki itu tertawa terguling-guling. *to r. downhill* berguling-guling menuruni bukit. *to r. about in the grass* berguling-guling diatas/didalam rumput. 2 berputar-putar. *His eyes rolled with fear* Matanya berputar-putar karena takut. *Some heads will r.* Beberapa pegawai akan dikeluarkan. *to r. in money* bermandikan uang. **to r. along** meluncur *(of a car).* **to r. back** 1 bergerak berputar-putar masuk kedalam. *The car rolled back* Mobil itu menggelinding/berjalan mundur. 2 menurunkan. *to r. back prices* menurunkan harga-harga. **to r. by** berlalu *(of time).* **to r. down** meléléh. *Tears rolled down her face* Air-mata meléléh di pipinya/mukanya. **to r. in** bergulunggulung. *The waves rolled in* Ombak datang bergulung-gulung. **to r. on** berlalu. *The years rolled on* Tahun-tahun terus berlalu. *Sl.:* **to r. out** bangun. *to r. out a rug* membentangkan/memaparkan permadani. **to r. over** berguling, menggelimpang. **to r. up** 1 menggulung *(a rug, map). to r. o.s. up in a blanket* menggulung diri dlm selimut. 2 bertumpuk. *The evidence is rapidly rolling up* Bukti-buktinya dgn cepat bertumpuk. 3 menyingsingkan *(o's sleeves).* **r. call** apél. **roll-top** *desk* méja tulis yg tutupnya dpt dibuka atau ditutup secara menggulung. —**rolling** *kb.* (meng)gelinding(nya) *(of a ball).* *ks.* 1 berbukit-bukit *(country).* 2 berombak-ombak, melandai *(fields).* 3 yg berombak (besar) *(sea). r. mill* pabrik tempat penggiling baja. *r. pin* gilingan adonan. *RR.: r. stock* lok-lok dan keréta-keréta api. *A r. stone gathers no moss* Pengembara tdk akan kaya.

rollaway /'rowlǝ'wei/ *kb.* tempat tidur lipatan yg dpt disimpan bila tdk dipakai, ranjang lipat.

roller /'rowlǝr/ *kb.* 1 bingkai penggulung *(for shades).* 2 alat-alat penggulung, kawat-kawat gulung *(for putting up o's hair).* 3 gelinding *(on furniture).* 4 rol mesin tulis. 5 gulungan ombak *(on a beach).* 6 mesin giling-gilas. **r. bearing** bantalan gulung. **r. coaster** coaster. **r. skate** sepatu roda. **r. towel** anduk yg digulung, anduk gulungan.

rollicking /'raliking/ *ks.* bergembira-ria, bersukaria.

roly-poly /'rowlie'powlie/ *ks.* bulat-gendut, péndék-gemuk.

Rom. 1 [*Roman*] orang Rumawi, yg berh. dgn Roma. 2 [*Romance*] bahasa-bahasa Rumawi. 3 [*Romanic*] bahasa-bahasa Rumawi. 4 [*Romanian*] a) orang Rumania. b) yg berh. dgn negeri Rumania. c) bahasa Rumania. 5 [*Romans*] (orang) Rum.

Rom. Cath. [*Roman Catholic*] Rum Katolik.

Roman /'rowmǝn/ *kb.* orang (dari) Roma. —*ks.* Rum, Rumawi. *R. numerals* angka-angka Rumawi. *R. alphabet* abjad Latin. *R. candle* sm kembang api. *R. Catholic kb.* seorang Rum Katolik. *Bible:* **Romans** Surat Kiriman Paulus kpd Orang Rum.

romance /'rowmæns *kb.*; row'mæns *kki.*/ *kb.* 1 (ceritera) roman. 2 percintaan. *The r. resulted in marriage* Percintaan itu berakibat perkawinan. 3 menariknya *(of travel).* —*kki.* melamun. **R. language** bahasa Rumawi (spt bahasa Perancis, bahasa Itali dll).

Romanian /rǝ'meiniǝn/ *kb.* = ROUMANIAN.

Romanic /row'mænik/ *ks.* yg berh. dgn Rumawi. *R. languages* bahasa-bahasa Rumawi (spt bahasa Perancis, bahasa Itali dll)

romantic /row'mæntik/ *kb.* seorang romantis. —*ks.* romantis. *to play r. roles* membawakan peran-peran yg romantis. *r. music* musik romantis.

romanticize /row'mæntǝsaiz/ *kkt.* meromantiskan.

Rome /rowm/ *kb.* Roma. *When in R. do as the Romans do* Masuk kandang ayam ikut berkokok. Hidup dikandung adat, mati dikandung tanah. Mengikuti adat setempat.

romp /ramp/ *kb.* 1 permainan. 2 bermain-main dgn riang-gembira *(through the woods).* *to win in a r.* menang dgn mudah. —*kki.* bermain-main (lari kian kemari), berkejar-kejaran. *to r. to an easy win* menang dgn mudah.

rompers /'rampǝrz/ *kb., j.* baju/pakaian main anak-anak kecil.

roof /ruwf, ruf/ *kb.* 1 atap. *The r. is leaking* Atap itu tiris. *r. garden* taman diatas atap. *to live under one r.* tinggal serumah. 2 langit-langit *(of the mouth, of a coal mine).* *His head hit the r. of the car* Kepalanya terbentur pd langit-langit mobil itu. *Inf.:* **to raise the r.** marah dan ribut, ribut-ribut. *Dad will raise the r.* Ayah akan marah sekali. —*kkt.* mengatapi. —**roofed** *ks.* beratap. *red-r. house* rumah yg beratap mérah. —**roofing** *kb.* 1 (bahan) atap. *r. paper* kertas atap. *r. slate* batu-tulis utk atap. 2 pengatapan.

roofless /'ruwflǝs, 'ruf-/ *ks.* tak berumah, tak bertempat tinggal, tunawisma.

rooftop /'ruwf'tap, 'ruf-/ *kb.* bubungan atap, nok.

rook /ruk/ *kb.* 1 *Chess:* bénténg, gajah, tir. 2 (burung) gagak.

rookie /'rukie/ *kb.* 1 prajurit baru. 2 calon.

room /ruwm, rum/ *kb.* 1 kamar, bilik. *to rent a r.* menyéwa kamar. *to share a r.* tinggal bersama didlm satu kamar. *double r.* kamar utk dua orang. *single r.* kamar utk satu orang. *r. with twin beds* kamar dgn dua buah tempat tidur. *"Furnished rooms for rent"* Diséwakan kamar-kamar lengkap dgn perabotan. 2 tempat, ruang. *to make r.* menyediakan/melampangkan tempat. *r. to spare* masih lapang tempat. *I haven't r. for any more* a) *(space)* Aku sdh kehabisan tempat. b) *(food)* Aku sdh kenyang. *We are cramped for r.* Kami sukar bergerak di tempat itu. Kami berdesak-desakan kekurangan tempat. 3 kesempatan. *There's r. for improvement* Masih ada kesempatan utk perbaikan. *That leaves no r. for doubt* Itu tak perlu diragukan lagi. *The whole r. laughed* Semua tertawa. —*kki.* tinggal. **to r. together** tinggal (bersama) sekamar. *rooming house* rumah penginapan. **r. and board** indekos. **r. clerk** kerani hotél. **r. service** pelayanan kamar.

roomette /ruw'met, ru'-/ *kb.* kabin tidur (pd gerbong tidur keréta api).

roomer /'ruwmǝr, 'ru-/ *kb.* penyéwa kamar, penumpang rumah. *to take in roomers* menerima penyéwa-penyéwa kamar.

roomful /'ruwmful, 'rum-/ *kb.* sekamar penuh.

roominess /'ruwmienǝs, 'ru-/ *kb.* lapangnya, kélapangan, besarnya ruang, luas ruangan.

roommate /'ruwm'meit, 'rum-/ *kb.* kawan sekamar.

roomy /'ruwmie, 'rumie/ *ks.* lapang, luas. *r. house* rumah yg lapang.

roost /ruwst/ *kb.* ténggéran. *Inf.: to rule the r.* berkuasa. —*kki.* berténggér.

rooster /'ruwstǝr/ *kb.* ayam jantan/jago.

root /ruwt, rut/ *kb.* 1 akar *(of a plant, tooth).* *to strike/ take r.* mulai berakar dan tumbuh. *His idea took r.* Buah pikirannya mulai tertancap dgn kuat. *to pull up by the roots* mencabut dgn akar-akarnya. 2 sumber. *Money is the r. of all evil* Uang adalah sumber segala kejahatan. *to get at/to the r. of the problem* beralih kpd pokok persoalannya. *to lie at the r. of* merupakan sebab dari. 3 asalkata, kata dasar *(of a word).* 4 akar pangkat. *square r.* akar (pangkat dua). —*kkt.* 1 memakukan. *She was rooted to the spot* Ia terpaku di tempatnya. 2 menyungkur. *to r. up the garden* merusak tanam-tanaman di kebun. —*kki.* 1

mencari. *to r. in a drawer* mencari dgn membongkar laci. 2 mendukung, menjagoi. *to r. for a team* mendukung regu. **to r. among** mengubrak-abrik *(o's papers)*. **to r. out** 1 membasmi *(social evils)*. 2 menyapu bersih *(intruders)*. **r. beer** limun sarsaparila. **r. cause** sebab utama. **r. word** akar kata. —**rooted** *ks.* berakar. *deeply r.* berurat-berakar.

rooter /'ruwtər, 'ru-/ *kb.* 1 simpatisan *(at sports events)*. 2 binatang penggangsir.

rootless /'ruwtləs, 'rut-/ *ks.* tak menentu, tanpa ketentuan. *to lead a r. existence* menjalani hidup yg tak menentu.

rope /rowp/ *kb.* 1 tali. *to tie s.t. with a r.* mengikat s.s.t. dgn tali. 2 jerat. *Put this r. over the bull's head* Pasanglah jerat ini melingkari kepala banténg itu. 3 untai. *a rope of pearls* seuntai mutiara. *to be at the end of o's r.* kehabisan akal/uang/tenaga/daya-upaya, kehilangan kesabaran. *Give him enough r. and he'll hang himself* Biarlah ia berbicara sebébas-bébasnya, nanti ia akan membuat pengakuan sendiri. *to know the ropes* tahu cara-caranya, tahu seluk-beluk s.s.t. *to learn the ropes* mempelajari segala s.s.t. *on the ropes* payah sekali. *to put s.o. through the ropes* mengadakan interogasi/pemeriksaan yg mendalam thd s.s.o. —*kkt.* 1 menjerat *(cattle)*. 2 mengikat. *Inf.: to r. s.o. in on a scheme* menjebak spy ikut dlm komplotan. **to r. off** melingkari/membatasi dgn tali.

rosary /'rowzərie/ *kb.* (*j.* **-ries**) tasbih.

rose /rowz/ *kb.* 1 bunga mawar, ros. *r. color* warna (mérah) bunga mawar. *r. water* air mawar. **rose-colored** *ks.* agak mérah, mérah jambu. *to see s.o. or s.t. through r.-colored glasses* melihat yg indah-indah saja pd s.s.o. atau s.s.t.

rose /rowz/ lih RISE.

rosebud /'rowz'bʌd/ *kb.* kuntum/kuncup bunga mawar.

rosebush /'rowz'busy/ *kb.* rumpun pohon bunga mawar.

rosin /'razən/ *kb.* gala.

roster /'rastər/ *kb.* daftar nama.

rostrum /'rastrəm/ *kb.* mimbar. *to take the r.* naik keatas mimbar.

rosy /'rowzie/ *ks.* 1 berwarna mérah. 2 yg menyenangkan. *to have a r. future* mempunyai haridepan yg menyenangkan. *to paint everything in r. colors* bersikap optimistis.

rot /rat/ *kb.* 1 *Dis.*: penyakit yg busuk. 2 kebusukan. 3 *(tommy-)*omong kosong, bual kosong. *to talk r.* membual, bercakap omong-kosong. —*kkt.* (**rotted**) membusukkan. *Heat rotted the vegetables* Udara panas itu membusukkan sayuran-sayuran itu. —*kki.* membusuk. *The potatoes were rotting* Kentang-kentang itu membusuk. *to r. away* bertambah merana/busuk.

rotary /'rowtərie/ *kb.* (*j.* **-ries**) *(traffic)* putaran, bundaran. —*ks.* berputar. *r. engine* mesin putar. *r. motion* gerak putar, gerakan berputar.

rotate /'rowteit/ *kkt.* 1 menggilirkan *(a post, job)*. 2 memutarkan *(a wheel)*. 3 menukar-nukar *(crops)*. —*kki.* 1 berputar *(of a wheel)*. 2 berpindah tangan *(the deanship)*. —**rotating** *ks.* yg berputar. *r. body* badan/tubuh yg berputar.

rotation /row'teisyən/ *kb.* 1 pergiliran *(of group, of deanship)*. *in r.* secara bergiliran. 2 perputaran *(of the earth)*. 3 putaran.

rotational /row'teisyənal/ *ks.* mengenai pemutaran.

ROTC, R.O.T.C. /'ar'ow'tie'sie, 'ratəsie/ *kb.* [*Reserve Officers' Training Corps*] Korps Latihan/Pendidikan Perwira Cadangan.

rote /rowt/ *kb.* dihafalkan tanpa berpikir. *to learn everything by r.* mempelajari setiap hal diluar kepala.

rotisserie /row'tisərie/ *kb.* alat panggang listrik.

rotogravure /'rowtəgrə'vyur/ *kb.* cétak benam, rotogravure.

rotor /'rowtər/ *kb.* baling-baling, rotor.

rotten /'ratən/ *ks.* 1 busuk *(of food, air)*. 2 curang. *r. deal* transaksi yg curang. 3 bangar, busuk sekali. *He is r. to the core* Ia jahat sampai ke tulang-sumsumnya. 4 buruk. *r. weather* cuaca/udara buruk. *That was r. luck* Nasib buruk/sial. 5 tdk énak. *I feel r.* Badan saya terasa tdk énak.

rottenness /'ratənnəs/ *kb.* 1 kebusukan. 2 kebobrokan.

rotund /row'tʌnd/ *ks.* bulat-gemuk, bundar-gemuk.

rotunda /row'tʌndə/ *kb.* gedung bundar.

rouge /ruwzy/ *kb.* pemérah muka, gincu pipi. —*kkt.* memérahi pipi.

rough /rʌf/ *kb.* 1 *Golf:* rough, rumput yg tinggi. *in the r.* masuk rough. 2 keadaan kasar. *in the r.* masih kasar *(of furniture)*. *He's a diamond in the r.* Ia spt intan yg blm diasah. Ia seorang yg agak kasar. *to take the r. with the smooth* menerima baik sakit atau senang. —*ks.* 1 berat *(of a sea crossing, flight, math course)*. *That's a r. job* Itu pekerjaan yg berat. 2 sukar. *The road to success is r.* Jalan menuju sukśes itu sukar. 3 kasar, kesat *(of skin, wood)*. 4 buruk *(of weather)*. 5 kasar. *r. sketch* gambaran kasar. *He has a r. exterior but ...* Nampaknya ia kasar tapi .... *r. draft* gambaran/rencana secara kasar. *r. estimate* perkiraan/taksiran secara kasar. *Sport: r. play* permainan kasar/kayu. *Sl.: Cut out the r. stuff* Janganlah berlaku kasar. 6 dalam garis-garis besar. *r. idea* dlm garis-garis besar. *r. translation* terjemahan dlm garis-garis besarnya. *at a r. guess* secara diduga-duga saja, dugaan kasar. *Inf.: He's giving me a r. time* Ia menyusahkan diriku. *r. copy* catatan sepintas-lalu/yg tdk seksama. **to be r. on** 1 keras/kasar thd. *Don't be so r. on him* Janganlah berlaku keras thd dia. 2 kasar/kurang merata buat *(tires)*. —*kk.* dasar. *Don't play so r.* Janganlah bermain begitu kasar. —*kkt.* **to r. it** hidup bébas dan bersahaja (di hutan). *to r. in the outlines* melukiskan secara kasar bentuk. *to r. out a plan of escape* menyiapkan sebuah rencana utk lolos. **to r. up** menghajar *(s. o.)* **rough-and-ready** *ks.* yg kasar pembawaannya, bersifat kasar tapi berguna. **rough-and-tumble** *kb.* kekacauan dan kekasaran *(of politics)*. *r.-and-tumble games* permainan-permainan yg kacau dan kasar. **to rough-dry** mengeringkan (pakaian) tanpa menyeterikanya. **rough-hewn** *ks.* kasar. —**roughly** *kk.* 1 secara kasar(nya). *to treat s.o. r.* memperlakukan s.s.o. dgn kasar. *The essay is r. written* Karangan itu tersusun secara kasar. *r. speaking* dlm garis besarnya, kasarnya. 2 kira-kira. *It's r. 50 miles to ...* Jaraknya kira-kira 50 mil ke ....

roughage /'rʌfij/ *kb.* 1 bagian yg kasar dari makanan. 2 bahan yg kasar.

roughhouse /'rʌf'haws/ *kb.* *Inf.*: bergelut-gelutan, bergelut dgn kasar, permainan kasar. —*kki.* *Inf.*: bermain gelut, bergelut dgn kasar.

roughneck /'rʌf'nek/ *kb.* orang yg kasar (sifatnya).

roughness /'rʌfnəs/ *kb.* kekasaran, kekesatan.

roughshod /'rʌf'syad/ *ks.* kasar, tanpa mengindahkan. *to ride r. over s. o.* memperlakukan s.s.o. dgn kasar, tdk memperindahkan s.s.o.

roulette /ruw'let/ *kb.* rulét, (permainan) rolét.

Roumanian /ruw'meinyən/ *kb.* 1 orang Rumania. 2 bahasa Rumania. —*ks.* yg berh. dgn Rumania.

round /rawnd/ *kb.* 1 *Sport:* ronde, babak. *r. of bridge* main bridge satu ronde. 2 ronda, patroli. *to make regular rounds* mengadakan patroli secara teratur. 3 réntétan. *a r. of parties* seréntétan pésta-pésta. 4 anak tangga (*of a ladder*). 5 berondongan, témbakan bersama (*of ammunition*). *to fire two rounds* menémbak dua kali, menémbakkan dua berondongan. 6 potong (*of beef, veal*). 7 ronde (*of golf*). 8 réntétan, giliran (*of drinks*). *continual r. of pleasure* satu réntétan kesenangan yg terus-menerus. 9 bersama (oléh kelompok). *r. of applause* tepuk tangan bersama. **to go the r.** berpindah dari mulut ke mulut. **to go/make the rounds** merondai. *to make the rounds of the night clubs* berkeliling mengunjungi klub malam. —*ks.* 1 bundar. *r. cup* cangkir yg bundar. *r. face* muka yg bundar. 2 bulat. *r. circle* lingkaran yg bulat. *r. figure* angka bulat. *That's a good r. sum* Itu adalah jumlah yg cukup banyak/ besar. *in r. figures* digenapkan/dibulatkan. 3 kasar (*estimate*). 4 tegap/berisi (*of shoulders*). —*kk.* **to go r.** cukup. *to have enough candy to go r.* ada cukup persediaan gula-gula. *to fly r. and r.* terbang berkeliling. *to take the long way r.* menempuh jalan berputar yg jauh. *Spring will come r. soon* Musim semi akan segera tiba lagi. *There was water for miles r.* Tersedia air dimana-mana saja sejauh bermil-mil. *Stop by if you're r. this way* Singgahlah, jika seandainya kau berkunjung dekat sini. *all the year r.* sepanjang tahun. —*kd.* mengelilingi. *to come r. the bend* membélok di tikungan itu. *r. about five o'clock* kira-kira jam 5. *She is 26 inches r. the waist* Ukuran pinggangnya 26 inci. *to walk r. the table* berjalan mengelilingi méja. *Six were seated r. the table* Enam orang duduk mengelilingi méja. *He lives r. the corner* Ia tinggal disebelah pojok/tikungan. —*kkt.* 1 membulatkan (*o's lips*). 2 mengelilingi, mengitari. *The boat rounded the island* Kapal itu mengelilingi pulau itu. *to r. a curve too fast* terlalu cepat membélok di tikungan. 3 membundarkan (*the arms of a chair*). 4 mengakhiri, menyelesaikan (*out o's career*). —*kki.* dpt dibulatkan. *My lips won't r.* Bibirku tak dpt dibulatkan. **to r. off** 1 membulatkan (*a corner, a number*). *to r. off downwards/upwards* membulat kebawah/keatas. 2 menyudahi, mengakhiri. *to r. off a meal with a cigar* mengakhiri santapan dgn merokok cerutu. **to r. up** 1 menangkapi, menggulung (*a robber band*). 2 mengumpulkan (*cattle*). *R. up your friends* Kumpulkan teman-temanmu. **r. number** angka bulat. *in r. numbers* dlm angka-angka yg dibulatkan. **r. robin** 1 usul, résolusi, protés dgn menyebutkan nama-nama penanda-tangannya. 2 nama berlingkar. **round-shouldered** *ks.* berbahu tegap. **r. steak** daging sapi dari bagian atas kaki belakang. **r. table** méja bundar. *r.-table discussion* diskusi informil, perundingan méja-bundar. **round-the-clock** *ks.* siang-malam. *r.-the-clock discussions* perundingan siang-malam. **r. trip** perjalanan pulang-pergi. *r.-trip ticket* karcis pulang-pergi/retur. —**rounded** *ks.* 1 yg dibulatkan. *r. vowel* bunyi hidup yg diucapkan dgn bibir dibulatkan. 2 montok. *r. cheeks* pipi-pipi yg montok. —**roundly** *kk.* sama sekali (*defeated*).
roundabout /'rawndǝ'bawt/ *ks.* 1 jalan yg berputar. *to take a r. way* menempuh jalan simpangan. 2 tdk langsung. *In a r. way he told me* Dgn cara tak langsung ia memberitahukan padaku.
roundhouse /'rawnd'haws/ *kb.* los/bangsal lokomotip.
roundup /'rawnd'ʌp/ *kb.* 1 pengumpulan (*of cattle*). 2 pertemuan (*of friends*).
roundworm /'rawnd'wǝrm/ *kb.* cacing gelang.

rouse /rawz/ *kkt.* 1 membangunkan (*s.o. from sleep*). 2 membangkitkan, merangsang (*s.o. to reply, the masses*). *He is terrible when roused* Ia menakutkan bila bangkit kemarahannya. —**rousing** *ks.* meriah (*welcome*). *to do a r. business* ramai usaha dagangnya.
roustabout /'rawstǝ'bawt/ *kb.* buruh pelabuhan.
rout /rawt/ *kb.* gerakan mundur dlm keadaan kacau-balau. *to put to r.* membuat lari kucar-kacir, mengalahkan habis-habisan. —*kkt.* 1 mengalahkan secara total, mengusir, menghancurkan (*the enemy*). 2 memaksa membangunkan (*s.o. out of bed*). **to r. out** 1 mengeluarkan. *to r. out the traitor* menciduk/mengeluarkan pengkhianat. 2 menggali (*the information*).
route /ruwt, rawt/ *kb.* 1 rute, lin (*of streetcar, bus*). *r. indicator* papan penunjuk arah/jalan. 2 trayék. *to go the (whole) r.* menempuh seluruh rute. 3 jalan. *the paperboy's r.* jalan yg dilalui oléh anak-pengantar koran itu. —*kkt.* 1 mengarahkan perjalanan (**via** melalui). 2 mengirimkan melalui (*a memo*).
routine /ruw'tien/ *kb.* rutine, kebiasaan sehari-hari. *r. procedure* prosedur biasa. *a matter of r.* sbg kebiasaan. *This is r. for him* Pekerjaan ini sdh biasa baginya. *to make r. inquiries* mengadakan pemeriksaan rutine. *r. patrol* patroli biasa.
rove /rowv/ *kkt.* menjelajahi (*the sea*). —*kki.* mengembara, berkelana. *His eyes roved over the audience* Ia melayangkan pandangannya ke seluruh hadirin. **roving** *ks.* keling. *r. ambassador* duta besar keliling. *r. correspondent* wartawan keliling. *He has a roving eye* Ia bermata keranjang.
rover /'rowvǝr/ *kb.* 1 pengembara, kelana. 2 *(pirate)* penyamun laut(an), bajak laut.
row /row/ *kb.* 1 jajaran, baris. *in the sixth r.* di jajaran keenam. *r. of houses* jajaran rumah. 2 dérét(an), lérétan. *a r. of plants* sedérétan tanaman. *back r. seat* tempat duduk di dérétan kursi belakang. 3 perdayungan, mengayuh, mendayung. *to go for a r.* pergi berdayung. **a hard r. to hoe** s.s.t. yg sulit utk dikerjakan. **in a r.** berturut-turut. *to play two games in a r.* memainkan dua pertandingan berturut-turut. —*kkt.* mendayung, mengayuh (*a boat*). *to r. s.o. across the lake* mengayuhkan s.s.o. melintasi danau. —*kki.* mendayung. **to r. against** bertanding mendayung. *to r. against the stream* mendayung menentang arus. —**rowing** *kb.* mendayung.
row /raw/ *kb.* percékcokan, keributan. *to make or kick up a r.* mempertengkarkan. *What was the r. about?* Percékcokan itu mengenai apa? *to get into a r. over s.t.* bertengkar mengenai s.s.t.
rowboat /'row'bowt/ *kb.* perahu dayung.
rowdy /'rawdie/ *kb.* (*j.* -**dies**) orang yg suka bergaduh. —*ks.* kasar dan suka bergaduh.
rower /'rowǝr/ *kb.* pendayung, pengayuh.
royal /'roiǝl/ *ks.* 1 raja. *the r. family* keluarga raja. 2 kerajaan. *The R. Academy* Akadémi Kerajaan. 3 megah. *r. welcome* sambutan megah. *There's no r. road to learning* Tak ada jalan yg mudah utk belajar. **r. blue** biru indah. **Her R. Highness** Seri Ratu. **His R. Highness** Seri Paduka/Maharaja. —**royally** *kk.* secara meriah. *We were entertained r.* Kami dihibur secara meriah.
royalty /'roiǝltie/ *kb.* (*j.* -**ties**) 1 raja, keluarga raja. *to be treated like r.* diperlakukan sbg seorang raja. 2 (*fee*) honorarium.
r.p.m. [*revolution per minute*] putaran dlm semenit.
rpt. [*report*] laporan.
R.R. [*Railroad*] Perusahaan Keréta Api.

R.S.V.P. [*Répondez s'il vous plaît*] *Fr.*: Harap dijawab.

rt. [*right*] kanan.

rte. [*route*] rute, arah, jalan.

Rt. Hon. [*Right Honorable*] yg amat terhormat.

Rt. Rev. [*Right Reverend*] gelar kehormatan bagi pendéta.

rub /rʌb/ *kb.* 1 gosokan (*of a cloth on s.t.*). 2 kesukaran. *The r. comes when...* Kesukaran timbul waktu.... —*kkt.* (**rubbed**) 1 menggosok (*o's hands with s.t.*). *to r. a cloth over a surface* menggosokkan sehelai kain diatas suatu permukaan. *to r. s.t. dry* menggosok/menghapus s.s.t. sampai kering. 2 menggosok-gosokkan (*o's hands together, two stones together*). *to r. the right way* berkenan di hati, menyenangkan bagi. *to r. s.o. the wrong way* membuat s.s.o. marah, menjéngkélkan hati s.s.o. —*kki.* 1 menggosok. *R. harder!* Gosoklah lebih keras! 2 bergésék (**against** pd). **to r. down** menggosoki. *to rub s.t. into* menggosokkan s.s.t. *Stop rubbing it in* Janganlah diulang-ulang lagi. **to r. off** menggosok sampai hilang, menyéka sampai bersih. **to r. off on** pindah, melekat. **to r. out** 1 (*erase*) menghapus. 2 *Sl.*: (*kill*) membunuh. **to r. up against** berpapasan/berhubungan dgn. —**rubbing** *kb.* jiplakan. *r. alcohol* alkohol gosok.

rubber /'rʌbər/ *kb.* 1 karét. *natural r.* karét alam. *synthetic r.* karét tiruan. *r. ball* bola karét. *r. band* gelang karét. *r. mat* kasét karét. 2 *Cloth.*: sepatu karét. 3 *Bridge*: rober. **r. stamp** 1 setémpél karét, cap. 2 orang atau sekelompok orang yg menyetujui s.s.t. **to rubber-stamp** 1 menandatangani dgn setémpél, mencap. 2 menandatangani sbg formalita belaka.

rubberized /'rʌbəraizd/ *ks.* berlapis karét (*of a diving suit*).

rubberneck /'rʌbər'nek/ *kb. Sl.*: penonton yg kurang adab. —*kki.* memandang dgn memanjangkan/mengulurkan léhér.

rubbery /'rʌbərie/ *ks.* élastis, sbg karét.

rubbish /'rʌbisy/ *kb.* 1 sampah, kotoran, rosokan. 2 omong-kosong. *to talk r.* membual, berbicara omong-kosong. *R. !* Omong-kosong! *What r.!* Yg bukan-bukan saja!

rubble /'rʌbəl/ *kb.* (re)runtuhan, puing.

rubdown /'rʌb'dawn/ *kb.* pijitan, urutan.

rube /ruwb/ *kb.* (*orang*) udik.

Rubicon /'ruwbəkan/ *kb.* **to cross the R.** mengambil keputusan.

rubric /'ruwbrik/ *kb.* rubrik.

ruby /'ruwbie/ *kb.* (*j.* **-bies**) batu delima. —*ks.* mérah delima.

rucksack /'ruk'sæk, 'rʌk–/ *kb.* ransél.

ruckus /'rʌkəs/ *kb.* kehébohan, keributan. *to cause a r.* menimbulkan kehébohan.

rudder /'rʌdər/ *kb.* kemudi.

ruddy /'rʌdie/ *ks.* mérah (séhat). *r. complexion* wajah yg séhat kemérah-mérahan.

rude /ruwd/ *ks.* 1 tdk sopan, kasar (**to, towards** thd). *to get a r. shock* sangat terkejut. *Would it be r. to ask whether...* Apakah dipandang kasar jika saya bertanya apakah.... 2 kasar, primitif, bersahaja (*tools, implements*). *r. drawing* gambaran kasar. *r. verses* syair-syair yg a-susila. —**rudely** *kk.* kasar. *to speak r. to s.o.* berkata kasar kpd s.s.o.

rudeness /'ruwdnəs/ *kb.* 1 ketidaksopanan, kekasaran (*of a person*). 2 kekasaran (*of an object*).

rudiment /'ruwdəmənt/ *kb.* 1 dasar. *the rudiments of German* dasar-dasar bahasa Jérman. 2 permulaan.

rudimentary /'ruwdə'ment(ə)rie/ *ks.* 1 bersifat éleméntér. 2 blm sempurna.

rue /ruw/ *kkt.* menyesali, menyesalkan.

rueful /'ruwfəl/ *ks.* sedih, menyedihkan, bersesalhati.

ruffian /'rʌfieən/ *kb.* bajingan, bangsat.

ruffle /'rʌfəl/ *kb.* 1 kerut (*in a skirt*). 2 bunyi derang (*of a drum*). —*kkt.* 1 mengganggu, membuat bingung (*a person*). 2 memberi kerut-kerut (*a skirt*). 3 menggelepai-gelepaikan. *The hen ruffled her feathers* Ayam betina itu menggelepai-gelepaikan bulu-bulunya. —*kki.* berkibar (*of a flag*). **ruffled** *feelings* perasaan-perasaan yg diganggu.

rug /rʌg/ *kb.* permadani, babut. *Oriental r.* permadani Asia. *Sl.*: *to cut a r.* berdansa (dgn cepat). *to pull the r. from under s.o.* menggagalkan harapan atau rencana s.s.o. *Inf.*: *to sweep s.t. under the r.* menyembunyikan s.s.t. masalah atau kesulitan.

rugged /'rʌgid/ *ks.* 1 tdk datar. *r. terrain* daérah yg tdk datar. 2 kasar dan berat (*of work*). 3 keras tabiatnya. *a r. individualist* seorang individualis yg keras tabiatnya. 4 berat, sukar (*of an exam*). 5 kasar (*of complexion*). 6 kasar/keras (*features*). 7 tdk rata tanahnya (*landscape*).

ruggedness /'rʌgidnəs/ *kb.* 1 ketidakdataran, ketidakdrataan (*of terrain*). 2 kekerasan, kekasaran.

ruin /'ruwin/ *kb.* 1 kejatuhan. *Gambling brought about his r.* Perjudianlah menyebabkan kejatuhannya. 2 reruntuhan (*of a building*). 3 puing. *the ruins of Athens* puing-puing kota Athéna. *to go to r.* a) ambruk/rubuh (*of a house*). b) hidup yg berantakan (*of a person*). *The building was a r.* Gedung itu rusak sama sekali. *The house was in ruins* Rumah itu jadi puing. 4 kehancuran. *R. stared him in the face* Kehancuran terbayang didepan matanya. *You'll be the r. of me* Kau akan menghancurkan hidupku. —*kkt.* 1 mengrusak (*clothes*). 2 merusak, memburuk-burukkan (*o's reputation*). *Drinking ruined his health* Minuman keras merusak keséhatannya. 3 menggagalkan (*a party, picnic*). 4 memusnahkan (*a building*). 5 menghancurkan, menjatuhkan. *The Depression ruined him* Jaman meléset itu menghancurkan hidupnya. 6 mengganggu. *The bad news ruined my day* Kabar buruk itu mengganggu pikirannya sepanjang hari. 7 membangkrutkan. *I'm ruined* Aku bangkrut. —**ruined** *ks.* rusak. *the r. house* rumah yg rusak itu.

ruination /'ruwə'neisyən/ *kb.* kehancuran, kejatuhan. *That will be the r. of him* Itu akan menyebabkan kejatuhannya.

ruinous /'ruwənəs/ *ks.* 1 membinasakan, menghancurkan (*war*). 2 menghabiskan segala harta-benda (*expenses*).

rule /ruwl/ *kb.* 1 peraturan. *rules of the game* peraturan-peraturan permainan. *to obey the rules* mematuhi peraturan. *Nau.*: *the rules of the road* peraturan lalu lintas (di laut). *It's the r. to ...* Sdh menjadi peraturan utk .... *rules and regulations* peraturan dan ketetapan. *That is against the rules* Itu melanggar peraturan-peraturan. 2 kebiasaan. *to make it a r. to ...* menjadi kebiasaan bagi .... **as a r.** biasanya, lazimnya. 3 kekuasaan. *to be under the r. of* berada dibawah kekuasaan. 4 kaidah. *the rules of syntax* kaidah pembentukan kalimat. *rules of conduct* garis kebijaksanaan. *r. of law* pemerintahan berdasarkan hukum. *rules of law* norma hukum. 5 belebas, mistar. *folding r.* mistar lipat. *r. of thumb* petunjuk praktis. —*kkt.* 1 menguasai (*s.o.*). 2 memerintah (*a country*). 3 mengepalai (*an office*). 4 menguasai, mengendalikan (*o's passions*). 5 memutuskan. (*s.t. out of order*). 6

menggarisi (*a sheet of paper*). **to r. out** mengenyampingkan, menyingkirkan. *to r. out the possibility of ...* mengesampingkan kemungkinan akan .... **r. book** buku aturan. *to go by the r. book* berpegang teguh pd peraturan. **—ruling** *kb.* putusan. *to hand down a r.* menyampaikan/menjatuhkan keputusan. *ks.* yg berkuasa. *r. prince* pangéran yg berkuasa itu. *r. passion* nafsu yg mengendalikan. *r. class* golongan yg berkuasa. *What is the r. price?* Berapa harga (pasar) yg berlaku?

ruler /'ruwlər/ *kb.* 1 (*chief*) raja, penguasa. 2 mistar, belebas, penggaris, garisan.

rum /rʌm/ *kb.* sej. minuman keras yg dibuat dari tebu.

Rumanian /ruw'meinyən/ = ROUMANIAN.

rumba /'rʌmbə/ *kb.* sej. tarian/dansa.

rumble /'rʌmbəl/ *kb.* 1 gemuruh (*of thunder*). 2 bunyi gerabak-gerubuk (*of a cart*). 3 *Sl.*: kegaduhan, pertengkaran, kehébohan. **—kki.** 1 bergemuruh (*of thunder, a volcano*). 2 berderu, menderum (*of a vehicle*). **—rumbling** *kb.* 1 suara gaduh (*among the people*). 2 keroncongan (*in the stomach*).

ruminant /'ruwmənənt/ *kb.* (binatang) pemamah biak.

ruminate /'ruwmǝneit/ *kki.* 1 memamah biak (*of cattle*). 2 merenung(kan) (*on the past*).

rummage /'rʌmij/ *kb.* 1 barang rombéngan. 2 penggelédahan (*through the attic*). **—kki.** 1 menggelédah (*through a drawer*). 2 menggerayangi, mengubrak-abrik (*in/through pockets*). *to r. about among old documents* membolak-balik/mengaduk-aduk dokumén-dokumén lama. **to r. for** membongkar-bongkar utk mencapai. **r. sale** obral barang lama/rombéngan.

rummy /'rʌmie/ *kb.* sm permainan kartu.

rumor /'ruwmər/ *kb.* desas-desus, kabar angin, selentingan. *R. has it that...* Tersiar kabar-angin bhw .... **—kkt.** *It is rumored that...* Didesas-desuskan bhw ....

rumormonger /'ruwmər'manggər/ *kb.* pembuat desas-desus.

rump /rʌmp/ *kb.* pantat (*of an animal*). *r. roast* daging pantat panggang. *r. session* sidang muktamar.

rumple /'rʌmpəl/ *kkt.* 1 mengusutkan, mengumalkan (*hair, skirt, trousers*). 2 meremas (*a sheet of paper*). **—kki.** mengusut. *That type of dress rumples easily* Pakaian semacam itu mudah kusut. **—rumpled** *ks.* kumal, kusut. *r. clothes* pakaian yg kusut.

rumpus /'rʌmpəs/ *kb.* huru hara, ribut, kehébohan. *to raise a r.* membikin ribut, ramai sekali. *r. room* kamar tempat beramai-ramai.

run /rʌn/ *kb.* 1 lari. *The r. was too much for his heart* Lari itu terlalu meletihkan bagi jantungnya. *to be on the r.* sibuk terus. *to break into a r.* keluar (melarikan diri)/minggat. *to have/keep the enemy on the r.* berhasil menghalau musuh. *to give s.o. a r. for his money* memberi saingan yg keras, memberi perlawanan yg hébat. *to have a r. of the ship* boléh memakai kapal dgn cuma-cuma. *to set out at a r.* berangkat dgn berlari. *in the long r.* dlm jangka panjang, pd hakékatnya, secara keseluruhannya. **on the r.** sedang melarikan diri. *to catch a ball on the r.* menangkap bola sambil lari. *to have a r. of luck* sedang untung. 2 lubang (karena tisikan lepas) (*in hose*). 3 perjalanan. *the r. from New York to Chicago* perjalanan dari New York ke Chicago. *That train made its last r. today* Keréta api itu berjalan utk paling akhir kalinya hari ini. *Let's take a r. up to our cabin* Marilah kita naik mobil ke pondok kita. 4 giliran bermain. *That play had a long r.* Sandi-

wara itu lama dipertunjukkan di téater. *to have a successful r. on Broadway* berhasil sekali di Broadway. 5 pengambilan uang secara beramai-ramai (*on a bank*). 6 tempat bergerak (*attached to a kennel*). 7 kawanan (*of fish*). 8 menari-narikan jarinya (*over the piano keys*). 9 banyaknya. *the average r. of workers* jenis pekerja yg lumrah. 10 oplah, jumlah penerbitan (*of a book*). 11 kandang. *chicken r.* kandang ayam. *the common r. of men* orang kebanyakan. **—kkt.** (**ran**) 1 menjalankan (*a business, a machine*). *to r. an extra bus* menjalankan/mengadakan bis tambahan. *It's expensive to r. a car* Mahal utk menjalankan mobil. 2 memimpin (*an election, a campaign*). 3 mengajukan (*candidate for governor*). 4 mengantarkan. *to r. an errand for s.o.* disuruh mengantarkan. *to r. s.o. into town* mengantarkan orang (dgn mobil) ke kota. 5 mempunyai. *the common r.* (*a restaurant*). 6 berlari. *to r. a mile* berlari sejauh satu mil. 7 menusuk. *I ran a splinter into my finger* Tertusuk jariku oléh suban. *to r. a sword through s.o.* menusukkan pedang pd s.s.o. *to r. s.o. through with a spear* menusuk orang dgn tombak. 8 mengatur. *to r. the whole show* mengatur segala-galanya. *to r. the house* mengatur rumahtangga itu. 9 menembus (*a blockade*). 10 memasukkan. *to r. a car into a garage* memasukkan mobil kedlm garasi. 11 menempuh. *Life must r. its course* Hidup hrs menempuh jalannya sendiri. 12 menghidupkan (*the engine*). 13 mengalirkan. *The river ran blood* Sungai mengalirkan darah. Sungai berdarah. **::** *to r. o's fingers through the hair* membelai-belai rambut dgn jarinya. *to r. liquor* menyelundupkan minuman keras. *to r. o's fingers over a surface* meraba-raba suatu permukaan/bagian atas s.s.t. *He ran his eye over the crowd* Ia melayangkan pandangannya kpd segenap orang banyak. *to r. a race* mengikuti perlombaan/pacuan. *to r. o's opponent a good race* memberikan perlawanan baik thd lawannya dlm perlombaan itu. *to r. wires through a wall* memasang kawat menembus témbok. *He's running a temperature* Badannya demam. **—kki.** 1 (ber)lari. *to r. for help* lari mencari bantuan. 2 berjalan (*of an engine, watch*). *This car runs nicely* Mobil ini énak/manis jalannya. *Don't leave the motor running* Jangan membiarkan motor mobil itu hidup. 3 mengalir (*of wax*). 4 mudah terlepas/hancur benangnya (sehingga berlubang) (*of stockings kaus kaki*). 5 masuk ke sungai (*of salmon*). 6 luntur (*of colors, dye*). 7 berjalan secara terus-menerus (*of a play, show*). 8 berlaku. *Our contract has only six more months to r.* Kontrak kami hanya berlaku utk enam bulan lagi. 9 terdapat. *Insanity runs in the family* Penyakit gila terdapat dlm keluarga itu. 10 liwat, léwat. *How often does the bus r.?* Berapa sering bis liwat? 11 bocor. *a pen that runs* péna bocor. 12 mengalir. *Cayuga Lake runs north for 40 miles* Danau Cayuga mengalir ke utara sejauh 40 mil. 13 menuju. *This road runs east and west* Jalan ini menuju ke timur dan ke barat. *trains running to London* keréta api yg menuju ke London. 14 menyusur. *The by-pass runs close to the shore* Jalan raya itu menyusur dekat pantai. 15 menjadi. *His horse ran first* Kudanya menjadi juara. *The price runs to about...* Harga menjadi kira-kira.... *I tend to r. to fat* Saya mudah sekali menjadi gemuk. **::** *How do the prices r.?* Bagaimana harga pasar sekarang? *How does the story r.?* Bagaimana ceritanya? *So the story runs* Begitulah ceriteranya. *The story runs s.t. like this* Ceritanya begini. *A small car is cheap to r.* Mobil kecil murah ongkos pemakaiannya. *My nose is running* Hidungku ingusan. *A heavy sea was running* Laut sedang mengganas. *This tide runs strong*

Air pasang ini kuat alirannya. *The talk ran on this topic* Orang ramai membicarakan masalah ini. *The paper ran to 80 pages* Karangan sdh mencapai 80 halaman. *The plant has r. to seed* Tanaman itu sdh menghasilkan bibit. **to r. about** suka berjalan-jalan kemana-mana. *to let the dogs r. about* membiar-kan anjing-anjingnya pergi kemana-mana. **to r. across** ketemu (*an old friend*). **to r. after** 1 berlari mengejar (*o's friend*). 2 mengejar-ngejar (*girls*). **to r. against** 1 bersaing dgn, mencalonkan diri mela-wan. 2 menubruk (*a wall*). **to r. along** 1 menyusur. *This road runs along the river* Jalan ini menyusur tepi sungai. 2 pergi. *R. along and play!* Pergilah bermain! **to r. around** berlari mengitari (*the block*). *Book-shelves r. around the walls* Rak buku memenuhi din-ding. *to r. around in circles* bingung. *to r. around together* suka pergi bersama-sama. *to r. around with* bergaul dgn. **to r. away** 1 melarikan diri (*of a person, horse*). *to r. away from o's responsibilities* lari dari tanggung ja-wabnya. *to r. away with another woman* minggat dgn seorang wanita yg lain. *to r. away with the race* me-nang dlm balapan. *to let o's imagination r. away with o.* membiarkan angan-angannya melantur-lantur. 2 los/lepas rémnya (*of a truck*). **to r. down** 1 menu-bruk. *The car ran down the child* Mobil itu menubruk anak itu. 2 mengejar (*s.o. who is sought*). 3 mati. *The clock finally ran down* Jam itu akhirnya mati (habis putarannya). 4 membaca. *R. down the list* Bacalah daftar itu. 5 mempergunjingkan. *Don't r. your friend down* Jangan mempergunjingkan kawanmu. 6 mengucur. *The rain ran down the window* Air hujan mengucur pd jendéla. *The sweat ran down his neck* Keringat mengucur dari léhérnya. 7 mencari (*some facts*). 8 menubruk (*a car*). **to r. for** 1 *Pol.*: men-calonkan diri utk. 2 lari ke (*the exit*). *When it began to rain, we ran for it* Waktu mulai turun hujan, kami lari berteduh. **to r. in** 1 singgah, mampir. *I'll r. in for a moment* Aku akan mampir sebentar. 2 memper-karakan, menangkap. *Sl.: The policeman ran the traffic violator in* Polisi memperkarakan pelanggar lalu lintas itu. **to r. into** 1 menumbuk. *The car ran into a tree* Mobil itu menubruk pohon. 2 bertemu, ketemu (*s.o.*). *We ran into one another at the bank* Kami berpapasan di bank. 3 menemui (*difficulty*). *to r. into a stone wall* menemui jalan buntu. 4 membuat. *to r. into debt* membuat utang. 5 menerjang (*a land mine*). 6 mencapai. *His income runs into the thousands of dollars* Penghasilannya mencapai jumlah ribuan dolar. 7 mengalami, mencapai. *That book has r. into four printings* Buku itu tlh mengalami empat kali cétak-an. **to r. off** 1 melarikan diri. *to r. off with the girl next door* lari/minggat dgn gadis sebelah rumah. 2 lari. *The dog ran off* Anjing itu lari. 3 mencétak. *to r. off fifty copies* mencétak limapuluh helai. 4 mengalir-kan (*water from a tank*). **to r. on** 1 (adalah) calon. *He's running on the Republican ticket* Dia adalah calon dari Partai Républikén. 2 berbicara. *to keep running on and on* terus-menerus berbicara. *How she does r. on!* Ia tak habis-habisnya/henti-hentinya berbicara! 3 pergi. *R. on and play* Pergilah bermain. *You r. on; I'll join you later* Kau berjalan terus; saya akan menyusul nanti. **to r. out** 1 pergi keluar. *R. out and play!* Pergilah keluar bermain-main. 2 habis. *My funds ran out yesterday* Uangku habis kemarin. 3 berakhir (*of a subscription*). 4 habis, lampau. *Time is running out* Waktu sdh hampir habis. *The clock is running (out)* Jam sdh hampir berakhir. 5 mulai surut. *The tide is running out* Air pasang mulai surut. 6 berakhir. *My lease has r. out* Masa penyéwaan bagi saya sdh berakhir. 7 menganjur. *A strip of land runs*

out to sea Sebidang jalur tanah menganjur ke laut. **to r. out of** 1 mengusir dari. *to r. beggars out of that area* mengusir pengemis-pengemis dari daérah itu. 2 kehabisan. *to r. out of money* kehabisan uang. 3 lari keluar (*the house*). *Inf.*: **to r. out on** (*s.o.*) mening-galkan (*s.s.o.*). **to r. over** 1 melindas, menggilas (*with a car*). 2 cepat-cepat mendatang. 3 (ber)lari (*to the house next door*). 4 mengulangi (*o's part, role*). 5 membaca (*o's notes*). 6 luber, melimpah (*of water*). 7 melebihi (*the estimate*). **to r. through** 1 meng-habiskan (*all o's money*). *His inheritance ran through his fingers* Warisan yg diterimanya itu ludes di tangannya. 2 mengulangi (*o's part, role*). 3 melin-tasi. *That thought keeps running through his mind* Pikiran itu terus-menerus melintasi pikirannya. *A murmur ran through the crowd* Suara bersungut terdengar bergema ditengah-tengah orang banyak itu. **to r. up** 1 berlari mendaki (*a hill*). 2 berhutang (*a bill*). *to r. up a comfortable lead* cukup jauh didepan (dlm pertandingan). 3 menaikkan (*a flag*). *to r. up the price on …* menaikkan harga buat …. *One runs up against strange people* Kita berpapasan dgn orang-orang yg anéh. **to r. up to** mendapatkan (*s.o.*). **run-down** *ks.* 1 tak terpelihara (*of a house*). 2 aus, susut (*of shoes*). 3 lesu, letih (*of a person*). **run-in** *kb.* perteng-karan, bentrokan. **run-of-the mill** *ks.* biasa saja. **run-through** *kb.* ulangan (*of a role*). —**running** *kb.* *to be in the r. for president* mencalonkan diri utk jabatan présidén; masih ada harapan utk dipilih sbg présidén. *to be out of the r.* tiada harapan lagi. *ks.* berturut-turut. *two nights r.* dua malam berturut-turut. *r. account/commentary* laporan secara terus-menerus. *r. board* injak-injak. *r. fight* perkelahian yg berlangsung terus. *r. leap/long-leaot. r. mate* teman sepencalonan. *r. time by bus between Ithaca and Buffalo* lamanya perjalanan dgn bis dari Ithaca ke Buffalo. *r. water* air lédéng/mengalir.
runaround /'rʌnə'rawnd/ *kb. Inf.*: dalih/alasan yg bukan-bukan/yg tdk diberi jawaban, keputusan yg memuaskan. *to get the r.* gagal memperoléh kepuas-an. *to give s.o. the r.* memberikan alasan yg bukan-bukan kpd s.s.o.
runaway /'rʌnə'wei/ *kb.* 1 seorang pelarian. 2 yg énteng. *The game was a r.* Pertandingan itu énteng. *r. horse* kuda yg lepas. *r. truck* truk yg tak dpt diken-dalikan lagi. *r. victory* kemenangan yg dicapai dgn mudah.
rundown /'rʌn'dawn/ *kb. Inf.*: 1 laporan. 2 ikhtisar.
rung /rʌng/ 1 anak tangga/janjang (*of a ladder*). 2 anak kursi (*of a chair*). lih RING.
runner /'rʌnər/ *kb.* 1 pelari. 2 (*messenger*) pesuruh. 3 tapak, rél (*on a sled*). 4 alas (*for table*). *blockade r.* pendobrak blokade/rintangan. 5 sulur (*of plants*).
runner-up *kb.* nomor dua.
runny /'rʌnie/ *ks.* basah. *r. nose* ingusan.
runt /rʌnt/ *kb.* yg kerdil, katik.
runway /'rʌn'wei/ *kb.* landasan kapal terbang.
rupture /'rʌpcər/ *kb.* 1 *Med.*: burut. 2 putusnya, perpustusan, perpecahan (*in relations*). —*kkt.* me-mecahkan (*o's appendix*). —*kki.* pecah. *His appendix ruptured* Usus buntunya pecah. **ruptured** *appendix* usus buntu yg pecah.
rural /'rurəl/ *ks.* pedusunan, pedésaan, pedalaman. *to live in a r. area* tinggal di daérah pedalaman/ pedésaan. *r. free delivery* antaran pos cuma-cuma keluar kota. *r. sociology* ilmu masyarakat pedésaan.
Rus. [*Russian*] yg berk. dgn Rusia.
ruse /ruwz/ *kb.* tipu muslihat, kelicikan.
rush /rʌsy/ *kb.* 1 kesibukan, kerépotan. *r. hour* waktu kesibukan. *Christmas r.* kesibukan menjelang Hari

Natal. 2 desakan, keramaian (*of the crowds*). *There was a mad r. for tickets* Berduyun-duyun orang membeli karcis. *There was a mad r. for the exits* Orang dorong-mendorong mencari jalan keluar. *to be in a great r.* sangat tergesa-gesa. *What's the r.?* Mengapa tergesa-gesa? *to come at s.o. with a r.* mendatangi s.s.o. dgn tiba-tiba. *to make a r. at s.o.* menyerang s.s.o. 3 aliran. *r. of air* aliran udara. 4 kercut (*for chairs*). —*kkt.* 1 membawa cepat-cepat (*s.o. to the hospital*). 2 mengirimkan cepat-cepat (*a letter*). 3 menyerang, menyerbu (*a position*). *The police rushed the rioters* Polisi menyerang pengacau-pengacau itu. 4 membuat buru-buru. *Don't r. me* Jangan membuatku buru-buru. 5 mendorong. *He rushed me out of the room* Ia mendorong saya keluar dari kamar itu. *to r. o.s.* buru-buru. —*kki.* 1 buru-buru. *to r. to catch a plane* buru-buru mengejar pesawat terbang. *She's always rushing* Ia selalu buru-buru. 2 cepat-cepat. *They rushed to finish the house* Meréka cepat-cepat bekerja utk menyelesaikan rumah itu. *She rushed into the room* Ia masuk dgn cepat kedlm kamar. 3 tergesa-gesa. *I'm terribly rushed for time* Saya benar-benar dikejar-kejar waktu. 4 (ber)lari. *to r. from house to house* lari dari rumah ke rumah. *She rushed to me with open arms* Ia lari padaku dgn tangan terbuka. *to r. down the stairs* berlari turun tangga. *I rushed upstairs* Saya berlari naik keatas. **to r. about** bergegas-gegas/sibuk. **to r. around** berkeliling cepat-cepat. **to r. at** menyerang. **to r. away** pergi cepat-cepat. **to r. by** 1 mengalir dgn cepat-cepat (*of water*). 2 berlalu dgn cepat. *He rushed by without saying anything* Ia berlalu dgn cepat tanpa berkata sesuatupun. 3 lintas-melintasi (*of traffic*). **to r. in** masuk menyerbu. *He rushes in where angels fear to tread* Ia menyerbu ke tempat-tempat yg paling berbahaya. **to r. into** (*s.t.*) buru-buru menemui/menghadapi (s.s.t.). *to r. through o's lunch* cepat-cepat makan siang. *to r. through a speech* terlalu cepat berpidato. *to r. through London* melintasi London dgn cepat. *The blood rushed to his face* Mukanya menjadi mérah-padam. *The blood rushed to his brain* Darah mengalir masuk ke otaknya. **to r. up** masuk/muncul. *to r. up reinforcements* mengerahkan bala-bantuan. **to r. up to** mendapatkan. *rush-hour traffic* lalu-lintas pd jam-jam masuk kantor atau pulang dari kantor. **r. job** pekerjaan kilat. **r. order** pesanan kilat. —**rushing** *kb.* kesibukan. *All this r. about is tiring* Segala kesibukan ini melelahkan.

rusk /rʌsk/ *kb.* sm roti.

Russ. 1 [*Russia*] Rusia. 2 [*Russian*] orang Rusia; bahasa Rusia.

russet /'rʌsit/ *kb.* 1 warna cokelat muda. 2 warna kekuningan. —*ks.* 1 cokelat muda. 2 kekuningan.

Russia /'rʌsyə/ *kb.* Rusia.

Russian /'rʌsyən/ *kb.* 1 orang Rusia/Rus. 2 bahasa Rusia. —*ks.* yg berk. dgn Rusia. *R. doll* bonéka Rusia.

rust /rʌst/ *kb.* karat, tahi besi. *wheat r.* penyakit padi (bintik-bintik hitam atau mérah). —*kkt.* membuat berkarat. *Salt rusts the car* Garam membuat mobil-mobil berkarat. —*kki.* 1 berkarat. 2 tdk terpelihara, kurang baik, kelupaan. *I've allowed my knowledge of Spanish to r.* Saya membiarkan pengetahuan bahasa Spanyol saya berkurang. **rust-colored** *ks.* berwarna kuning-tua/cokelat/mérah-coklat.

rustic /'rʌstik/ *ks.* pedusunan. *r. atmosphere* suasana di pedusunan/pedésaan. 2 kasar. *r. furniture* perabotan yg dibuat dari bahan-bahan yg masih berbentuk asli. 3 kedusun-dusunan (*of manner of speaking*).

rustiness /'rʌstienəs/ *kb.* 1 kekaratan, keadaan berkarat (*of machinery*). 2 (*out of practice*) kekakuan.

rustle /'rʌsəl/ *kb.* desir, desau (*of leaves*). —*kkt.* 1 menggersik (*paper*). 2 *Inf.:* mencuri (*cattle*). *to r. through some papers* membalik-balik surat. *Inf.: to r. up a meal* menyiapkan makanan. —*kki.* berdesir, berdesau, menggerisik (*of leaves*). —**rustling** *kb.* 1 gersik/gersak (*of paper*). 2 mencuri (*of cattle*).

rustler /'rʌslər/ *kb.* pencuri.

rustproof /'rʌst'pruwf/ *ks.* tahan karat.

rusty /'rʌstie/ *ks.* 1 berkarat (*of a nail*). 2 lupa, kaku (*of piano playing*). *My German is r.* Bahasa Jérman saya sdh banyak yg kelupaan.

rut /rʌt/ *kb.* 1 bekas roda (*in a road*). 2 masa berkelamin (*of certain animals*). 3 kebiasaan. *Sl.: I seem to be in a r.* Saya rupanya berada dlm rutin yg biasa. *Sl.: to go in the same old r.* bekerja menurut/berada dlm cara-cara/kebiasaan-kebiasaan yg lama.

ruthless /'ruwthləs/ *ks.* zalim, kejam, bengis. *He is absolutely r.* Ia betul-betul zalim.

ruthlessness /'ruwthləsnəs/ *kb.* kezaliman, kekejaman.

Rx /'ar'eks/ *kb.* resép dokter.

Ry [*Railway*] Perusahaan Keréta Api.

rye /rai/ *kb.* gandum (hitam). *r. bread* roti/gandum (hitam). *r. whiskey* minuman wiski dibuat dari beras gandum.

S

S, s /es/ *kb.* huruf kesembilanbelas dari abjad Inggeris.

-'s 1 [*has*] telah, sudah. *He's gone* Dia tlh pergi. 2 [*is*] a) sedang. *He's eating* Dia sedang makan. b) ada. *He's here* Dia (ada) disini. 3 [*us*] kita. *Let's see* Mari kita lihat. *the boy's father* ayah anak laki-laki itu.

s. 1 [*series*] séri. 2 [*shilling(s)*] shilling. 3 [*singular*] tunggal. 4 [*substantive*] katabenda. 5 [*second*] detik.

S 1 [*South*] Selatan. 2 [*Southern*] sebelah Selatan.

S. 1 [*Saturday*] hari Sabtu. 2 [*September*] Séptémber. 3 [*Southern*] Selatan. 4 [*Southern*] sebelah Selatan. 5 [*Sunday*] hari Minggu/Ahad. 6 [*Singular*] tunggal.

S.A. 1 [*South Africa*] Afrika Selatan. 2 [*South America*] Amérika Selatan. 3 [*sex appeal*] daya tarik séks/kelamin.

sabbath /'sæbəth/ *kb.* (hari) Sabat. *to keep the S.* mentaati hari istirahat.

sabbatical /sə'bætəkəl/ *kb.* cuti panjang atau besar utk istirahat, studi atau bepergian. *s. leave/year* cuti panjang.

saber /'seibər/ *kb.* pedang, mandau. *s. rattling* paméran kekuatan senjata, ancaman menyerang.

sable /'seibəl/ *kb.* 1 sm musang kecil. 2 kulit berbulu dari musang kecil.

sabotage /'sæbətazy/ *kb.* sabotase, sabot. —*kkt.* menyabot, menyabotir, merusakkan.

saboteur /'sæbə'tər/ *kb.* penyabot.

sac /sæk/ *kb.* kantung, pundi-pundi.

SAC [*Strategic Air Command*] Komando Stratégi Udara.

saccharine(e) /'sækərin/ *kb.* sakharin, sakarin. —*ks.* manis sekali.

sachet /sæ'syei/ *kb.* 1 bedak wangi. 2 pundi-pundi bedak.

sack /sæk/ *kb.* karung, guni. *s. of flour* karung tepung. *Sl.: to get the s.* dipecat, diberhentikan. *Sl.: to hit the s.* pergi tidur. —*kkt.* 1 merampok (*a city*). 2 memecat, memberhentikan (*an employee*). **s. dress** baju wanita yg berbentuk karung. —**sacking** *kb.* 1 kain karung. 2 perampokan, penggarongan (*of a town*).

sackcloth /'sæk'klɔth/ *kb.* kain karung. *in s. and ashes* tobat.

sackful /'sækful/ *kb.* sekarung penuh.

sacrament /'sækrəmənt/ *kb.* sakramén. *to receive the s.* menerima sakramén (pengampunan misalnya). *The Holy S.* Sakramén Suci. *s. of baptism* sakramén pemandian.

sacramental /'sækrə'mentəl/ *ks.* menurut sakramén.

sacred /'seikrid/ *ks.* keramat, suci, kudus, muhar(r)am. *s. ground* tanah suci. *to the s. memory of our mother* utk mengenangkan almarhum ibu kami. *s. mission* misi suci. *s. music* lagu-lagu keagamaan. *s. service* pembaktian suci. *s. cow* a) sapi keramat. b) orang/

barang yg dianggap keramat. *Nothing is s. to him* Tdk ada s.s.t. yg ia segani.

sacrifice /'sækrəfais/ *kb.* 1 pengorbanan (*of o's freedom*). 2 korban (*on the altar*). *to make a s. on s.o's behalf* berkorban utk s.o.o. *to close a deal at a s.* menutup transaksi dgn kerugian besar. *to make the supreme s.* mati/wafat/gugur di médan perang. —*kkt.* 1 mengorbankan (*o's health*). *to s.o's life for s.o.* mengorbankan jiwanya utk s.s. o.o. *to s. o.s.* mengorbankan diri. 2 menjadi korban (*an animal*). —*kki.* berkorban. *They s. for their children* Meréka berkorban utk anak-anak meréka.

sacrificial /'sækrə'fisyəl/ *ks.* berkorban. *s. rites* upacara-upacara (ber)korban.

sacrilege /'sækrəlij/ *kb.* pelanggaran thd hal-hal yg dianggap keramat.

sacrilegious /'sækrə'lijəs/ *ks.* yg melanggar kesucian, a-susila.

sacroiliac /'sækrow'ilieæk/ *kb.* penyambungan tulang kelangkang dan tulang usus.

sacrosanct /'sækrowsængkt/ *ks.* amat suci/keramat.

sad /sæd/ *ks.* (**sadder, saddest**) 1 sedih. *s. countenance* wajah yg sedih. 2 menyedihkan. *s. situation* situasi yg menyedihkan. *in a s. state* dlm keadaan menyedihkan. *The news of his death was s.* Berita kematiannya menyedihkan. *His fate makes me s.* Nasibnya membuat saya sedih. *to be s. at heart* sedih di hati, amat sedih. *He came to a s. end* Ia meninggal secara menyedihkan. *to make a s. mistake* membuat kesalahan yg besar. *He's a sadder and wiser man* Ia menderita, tapi menjadi lebih bijaksana sekarang. *Inf.:* **s. sack** a) serdadu yg konyol. b) seorang yg tdk becus. —**sadly** *kk.* amat sayang. *He is s. mistaken* Ia keliru sekali.

sadden /'sædən/ *kkt.* menyedihkan, membuat sedih.

saddle /'sædəl/ *kb.* 1 pelana (*on a horse*). *s. horse* kuda tunggangan. *s. soap* sabun kuda/pelana. 2 tempat duduk, sadel (*on bicycle*). *to be in the s.* memegang kekuasaan. —*kkt.* 1 memasang pelana, memelanai (*a horse*). 2 membebani, memberati. *to be saddled with* dibebani dgn (*debts*).

sadism /'seidizəm/ *kb.* sadisme, keinginan yg abnormal utk berbuat kejam.

sadist /'seidist/ *kb.* sadis.

sadistic /sə'distik/ *ks.* sadistis, amat kejam/mengerikan.

sadness /'sædnəs/ *kb.* kesedihan, kepiluan, kesayuan.

safari /sə'farie/ *kb* ékspedisi berburu.

safe /seif/ *kb.* peti besi. *safe-deposit box* peti besi tempat menyimpan barang-barang berharga. —*ks.* 1 aman. *Is this area s.?* Apakah daérah ini aman? *Is it s. to leave her alone?* Apakah aman meninggalkan dia sendirian? *to be on the s. side* menjaga segala kemungkinan spy aman. *s. load for a truck* muatan truk yg aman/yg tdk membahayakan. 2 tdk ber-

bahaya. *Is this water s. to drink?* Apakah air ini aman utk diminum? *s. beach* pantai yg tdk berbahaya. 3 selamat. *That's the s. way to travel* Itulah cara bepergian yg menjamin keselamatan. *s. and sound* séhat dan selamat, séhat walafiat. *to come s. home again* kembali ke rumah dgn selamat. 4 hati-hati (*of a driver*). 5 kuat, dpt dipercaya (*of a bridge*). 6 tepat. *It's a s. guess they'll get married* Dugaan yg tepat bhw meréka akan kawin. *That's a s. bet!* Sdr pasti menang dlm taruhan itu! *The safest course would be to...* Sebaiknya ialah.... *to play it s.* tdk mau mengambil risiko. *It's s. to say that...* Tdk ada risikonya kalau dikatakan, bhw.... **s. anchorage** pangkalan (kapal) yg baik. **safe-conduct** *kb.* jaminan keamanan dlm perjalanan, surat pas jalan. **s. retreat** pengunduran (diri) yg aman/ selamat. —**safely** *kk.* dgn selamat/aman. *I can s. say that...* Tak salah kalau saya berkata bhw....
safecracker /'seif'krækər/ *kb.* pembongkar peti besi.
safecracking /'seif'kræking/ *kb.* pembongkaran peti besi.
safeguard /'seif'gard/ *kb.* 1 usaha perlindungan (**against** thd). 2 usaha penjagaan. —*kkt.* melindungi, menjaga (*o's health, valuables*).
safekeeping /'seif'kieping/ *kb.* penyimpanan yg aman. *for s.* utk diamankan.
safety /'seiftie/ *kb.* (*j.* -**ties**) 1 keselamatan (*of o's health*). *s. belt* sabuk keselamatan. *He was brought to s.* Dia diselamatkan. *for safety's sake* demi keselamatan (keamanan). *S. first!* Utamakan keselamatan! Keselamatan lebih dahulu! 2 keamanan (*of an area*). *There is s. in numbers* Kita merasa aman bila beramai-ramai. *to take s. measures* mengambil tindakan-tindakan keamanan. *in a place of s.* di tempat yg aman. **s. catch** alat pengancing, pasak aman. **s. fuse** sékering. **s. glass** kaca taméng. **s. goggles** kacamata keselamatan kerja. **s. helmet** topi keselamatan kerja. **s. island** daérah aman. **s. lamp** lampu tambang. **s. match** korék api. **s. net** jalan (jaring) keamanan/keselamatan (utk melompat dari gedung yg terbakar). **s. pin** peniti cantél. **s. razor** pisau cukur silét. **s. valve** katup aman. **s. zone** daérah aman.
saffron /'sæfrən/ *kb. sm* kunyit. —*ks.* kuning-jingga.
sag /sæg/ *kb.* kelonggaran (*in a dress, coat*). —*kki.* (**sagged**) 1 melentur, melengkung, melendut (*of a floor*). 2 terkulai (*of clothing*). 3 berkedut (*of cheeks, breasts*). 4 berkurang, turun, menurun (*of sales*). 5 mengendor (*of a rope*). *His spirits are sagging* Semangatnya menjadi kendor. —**sagging** *kb.* pelenturan, pelengkungan (*of a floor, roof*). *ks.* 1 merosot, menurun. *s. economy* keadaan ékonomi yg merosot. 2 yg menggantung (*of roof, breasts*).
saga /'sagə/ *kb.* 1 hikayat. *Icelandic s.* hikayat Islandia. 2 kisah. *His biography is a s. of courage* Biografinya merupakan kisah keberanian.
sagacious /sə'geisyəs/ *ks.* bijaksana, cerdas, cerdik.
sagacity /sə'gæsətie/ *kb.* kecerdasan, kecerdikan, kebijaksanaan.
sage /seij/ *kb.* 1 (*plant*) sej. tumbuhan yg daunnya harum dan dipergunakan sbg bumbu-bumbu. 2 orang bijaksana, guru. —*ks.* bijaksana. *s. advice* nasihat yg bijaksana.
saggy /'sægie/ *ks.* longgar, kendor, kedodoran (*of trousers*).
sago /'seigow/ *kb.* sagu.
said /sed/ lih SAY.
sail /seil/ *kb.* 1 layar. *main s.* layar utama. *to hoist a s.* menaikkan layar. *to lower a s.* menurunkan layar.

to set s. berangkat dgn kapal (layar). *Inf.: to trim o's sails* berhémat, mengurangi aktivitasnya. 2 pelayaran. *It's a day's s. from...* Jauhnya adalah sehari berlayar.... *Let's go for a s.* Mari kita berlayar. —*kkt.* 1 melayarkan (*a boat*). 2 mengarungi (*the sea*). —*kki.* 1 berlayar. *Do you like to s.?* Apakah sdr suka berlayar? *to s. out to sea* berlayar ke laut. 2 melayang. *The glider sailed overhead* Pesawat luncur itu melayang diatas. 3 berangkat. *When does your ship s.?* Kapan kapalmu berangkat? *The cars sailed by* Mobil-mobil itu terus meluncur. *to watch the clouds sailing by* memperhatikan awan-awan bergerak léwat. *Inf.:* **to s. into** memarahi/membentak (*s.o.*) **to s. through** *a course* menempuh kursus. —**sailing** *kb.* berlayar, naik perahu layar. *It's easy s. from here on* Mulai sekarang takkan ada kesulitan-kesulitan lagi. *s. date* tanggal berangkat. *s. directions* kepanduan bahari, penunjuk-penunjuk pelayaran. *s. vessel* kapal/perahu layar.
sailboat /'seil'bowt/ *kb.* perahu layar.
sailfish /'seil'fisy/ *kb.* sej. ikan gergaji.
sailor /'seilər/ *kb.* pelaut, kelasi, anak kapal. *She's a good s.* Dia tdk mabuk laut. *Sailors' Home* Rumah Pelaut.
saint /seint/ *kb.* orang yg suci. *Be a s. and bring me...* Tolong bawakan saya.... *That would try the patience of a s.* Seorang suci pun akan hilang sabarnya. *S. James* Santo James. *S. Mary* Santa Maria. **S. Valentine's Day** Hari St. Valentine. **S. Vitus's dance** sej. sakit saraf.
saintliness /'seintlienəs/ *kb.* kesucian, kedéwaan.
saintly /'seintlie/ *ks.* saléh, suci.
sake /seik/ *kb.* **for the s. of** 1 demi. *for the s. of her health* demi keséhatannya. *For God's s., do s.t.!* Demi Allah, berbuatlah s.s.t.! *for the s.* demi masa lalu. *For goodness s., For Pete's s.!* Masyaalah! Demi Allah/Persétan! 2 utk kepentingan. *to do s.t. for s.o's s.* melakukan s.s.t. utk kepentingan s.s.o. *Do it for my s.* Kerjakanlah ini utk menyenangkan hati saya. *art for art's s.* seni utk seni.
salable /'seiləbəl/ *ks.* dpt/mudah dijual, laku.
salacious /sə'leisyəs/ *ks.* 1 cabul. 2 gasang.
salad /'sæləd/ *kb.* selada, sayur-mayur dimakan sbg lalap. *s. bowl* mangkok/kom/wadah/tempat sayuran. *s. dressing* bumbu kuah selada. *s. oil* minyak selada.
salamander /'sælə'mændər/ *kb.* sej. kadal.
salami /sə'lamie/ *kb. sm* sosis.
salaried /'sæləried/ *ks.* bergaji, menerima gaji.
salary /'sælərie/ *kb.* (*j.* -**ries**) gaji.
sale /seil/ *kb.* 1 penjualan. 2 obral. *to go to a s.* pergi ke obral. *on s.* a) sedang dijual. b) lih obral. *for s.* utk /akan dijual. "*No S.*" "Tak ada penjualan." *s. price* harga penjualan. *s. goods* obralan. —**sales** *j.* jumlah penjualan. *sales manager* penatalaksana penjualan. *sales resistance* keengganan membeli. *sales department* bagian penjualan. *sales talk* omongan membujuk pembeli. *sales tax* pajak penjualan.
saleable /'seiləbəl/ =SALABLE.
salesclerk /'seilz'klərk/ *kb.* pelayan toko, pramuniaga(wan).
salesgirl /'seilz'gərl/ *kb.* gadis pelayan toko, pramuniaga(wati).
saleslady /'seilz'leidie/ *kb.* (*j.* -**dies**) wanita pelayan toko, pramuniaga(wati).
salesman /'seilzmən/ *kb.* (*j.* -**men**) penjual barang-barang, pedagang.
salesmanship /'seilzmənsyip/ *kb.* kepandaian berjualan, keahlian berdagang.

salespeople /'seilz'piepəl/ *kb.*, *j.* 1 orang-orang pelayan toko. 2 orang-orang pedagang.

salesperson /'seilz'pərsən/ *kb.* 1 pelayan toko. 2 orang pedagang.

salesroom /'seilz'rum, -'ruwm/ *kb.* ruangan penjualan.

saleswoman /'seilz'wumən/ *kb.* (*j.* **-women**) wanita pelayan toko.

salient /'seilieənt/ *ks.* yg menonjol/penting, yg menyolok mata.

saline /'seilain/ *ks.* yg berk. dgn garam. *s. solution* larutan garam. *That water has a s. taste* Air itu asin.

salinity /sə'linətie/ *kb.* kadar garam, salinitas.

Salisbury /'salz'berie/ *kb.* **S. steak** daging sapi dicencang sblm masak, dibentuk menjadi sm pergedél, biasanya diberi kuah.

saliva /sə'laivə/ *kb.* air liur, (air) ludah.

salivary /'sælə'verie/ *ks.* yg berk. dgn air liur. *s. gland* kelenjar ludah.

salivate /'sæləveit/ *kki.* mengeluarkan air liur/ ludah.

Salk /sɔlk/ *kb.* **S. vaccine** vaksin pencegah polio.

sallow /'sælow/ *ks.* 1 pucat, pudar. 2 kekuning-kuningan.

sally /'sælie/ *kb.* (*j.* **-lies**) 1 *Mil.*: serangan tiba-tiba. 2 kelakar, gurau. **—**kki. (**sallied**) pergi keluar.
to s. forth bergerak maju tiba-tiba. **to s. out** pergi berjalan-jalan.

salmon /'sæmən/ *kb.* ikan salem. **—**ks. mérah-muda kekuning-kuningan.

salon /sə'lan/ *kb.* salon, ruangan. *beauty s.* salon kecantikan.

saloon /sə'luwn/ *kb.* warung minum (minuman keras). *passenger s.* ruang umum uᵗk para penumpang (di kapal).

salt /sɔlt/ *kb.* 1 garam. *s. water* air garam. *common s.* garam biasa. *table s.* garam hancur/halus. *s. mine* tambang garam. *to be on a salt-frᵉe diet* makananₙnya pantang garam. *to take s.t. with a grain of s.* tdk menerima sepenuhnya apa yg dikatakan. *He's not worth his s.* Gajinya terlampau tinggi utk kecakapannya itu. *He's the s. of the earth* Ia dianggap orang yg terbaik. 2 *Inf.*: pelaut, kelasi (yg berpengalaman). **—**kkt. 1 menggarami (*food*). 2 memberi garam (*streets*). *Sl.*: **to s. away** menyimpan, menimbun. **salt-water** *ks.* asin, laut. *s.-water fish* ikan laut. **— salted** *ks.* diasin, asin. *s. peanuts* kacang asin.

saltcellar /'sɔlt'selər/ *kb.* tempat garam.

saltpeter /'sɔlt'pietər/ *kb.* sendawa.

saltshaker /'sɔlt'syeikər/ *kb.* tempat garam.

saltworks /'sɔlt'wərks/ *kb.* paberik garam, pegaraman.

salty /'sɔltie/ *ks.* 1 asin (*to the taste*). 2 lucu dan tdk sopan (*remark*).

salubrious /sə'luwbrieəs/ *ks.* menyéhatkan, menyegarkan. *s. effect on* pengaruh yg menyegarkan bagi.

salutary /'sælyə'terie/ *ks.* 1 menyéhatkan (*of exercise*) 2 bermanfaat. *to have a s. effect on* berakibat baik bagi.

salutation /'sælyə'teisyən/ *kb.* 1 salam. 2 salam pembukaan/pendahuluan (*in correspondence*).

salutatorian /sə'luwtə'towrieən/ *kb.* mahasiswa, biasanya juara kedua, yg mengucapkan pidato selamat datang pd upacara hari wisudha (pembagian ijazah).

salute /sə'luwt/ *kb.* 1 pemberian hormat. *to take the s.* menyambut pemberian hormat. 2 saluir. *to give a s.* memberi tabik/salam/penghormatan. **—**kkt. 1

menghormat, bersaluir, memberi salut (*the flag, an officer*). 2 memberi salam (*friends*).

salvage /'sælvij/ *kb.* 1 barang-barang yg diselamatkan. *s. tug/vessel* kapal yg menyelamatkan. 2 (*payment for*) penyelamatan/utk simpanan. 3 tindakan penyelamatan dari kebakaran dsb. **—**kkt. menyelamatkan (*a ship, o's dignity, s.t. from defeat*). *to s. o's wrecked car* menyelamatkan mobilnya yg hancur.

salvation /sæl'veisyən/ *kb.* 1 keselamatan. *to work out o's own s.* mengusahakan keselamatannya sendiri. *to seek s. in s.t.* mencari keselamatan dlm s.s.t. *S. Army* Bala Keselamatan. 2 hal menyelamatkan. *The ability to concentrate is the s. of many students* Kesanggupan berkonséntrasi banyak memberikan pertolongan kpd banyak pelajar.

salve /sæv/ *kb.* 1 *Med.*: obat (salep). 2 obat penawar (*for o's discouragement*). **—**kkt. 1 mengobati, menaruh salep pd, memalit (*a cut*). 2 menenangkan, meredakan (*o's conscience*).

salve /sælv/ *kkt.* menyelamatkan.

salvo /'sælvow/ *kb.* 1 salvo, témbakan serentak. 2 sorakan, semburan (*of jeers*). *to fire a s.* a) melepaskan témbakan salvo. b) melancarkan serangan bertubitubi.

S. Am. [*South America*] Amérika Selatan.

samaritan /sə'mærətən/ *kb.* orang Samara.

same /seim/ *ks.* 1 sama. *the s. film* pilem yg sama. *the s. time each day* waktu yg sama tiap hari. *We're the s. age* Umur kami sama. *At the s. time this was happening, I...* Pd waktu yg sama ketika itu terjadi, saya.... *It all amounts to the s. thing* Segala itu akhirnya sama saja. 2 serupa. *I want the s. thing, but in red* Saya ingin barang yg serupa, tapi yg mérah warnanya. *Our views are the s.* Pandangan kami serupa/sama. 3 itu juga. *I plan to wear that s. suit* Saya bermaksud memakai pakaian yg itu juga. 4 yg dulu. *You're the s. sweet girl* Kau masih tetap gadis manis yg dulu. :: *They are sold the s. day they come in* Barang-barang itu terjual pd hari kedatangannya. *At the s. time there are some points in his favor* Namun (demikian) ada beberapa hal yg menguntungkan baginya. **—**kg. 1 sama. *These two dresses look the s.* Kedua baju ini nampaknya sama. *He's just the s.* Dia sama saja. Dia spt dulu juga. *The s. to you!* Sama-sama. *I'll take the s.* Saya mau/minta yg sama. *to feel the s. towards s.o.* berperasaan yg sama thd s.s.o. 2 itu juga. *the very s.* itu juga. *She still looks the s.* Rupanya masih spt itu juga. *I did the s.* Sayapun berbuat begitu. *S. here!* Saya juga! **all the s.** 1 namun. *All the s., I don't agree* Walaupun begitu, saya tak setuju. 2 tak jadi apa-apa. *It's all the s. to me* Setali tiga uang bagiku. *If it's all the s. to you...* Jika tak menjadi apa-apa bagimu.... **just the s.** 1 namun. *Thank you just the s.* Namun demikian, terimakasih. Terimakasih kembali. 2 spt biasa. *Everything goes along just the s.* Segala sesuatunya berjalan spt biasa.

sameness /'seimnəs/ *kb.* 1 kesamaan. 2 (*similarity*) persamaan.

sample /'sæmpəl/ *kb.* contoh. *s. copy* nomor contoh/ perkenalan. *s. survey* penyelidikan percobaan. *to give a s. of o's German* memperlihatkan bagaimana bahasa Jérmannya. **—**kkt. 1 mencicipi, mengecap (*food*). 2 mengalami (*the experiences of life*). 3 mencoba (*a new restaurant*). **— sampling** *kb.* penarikan contoh.

sampler /'sæmplər/ *kb.* 1 (*cloth*) sulaman. 2 pencoba (*of wines*).

sanatorium /'sænə'towrieəm/ *kb.* 1 sanatorium. 2 petirahan.

sanctification /'sæŋktəfə'keisyən/ kb. persucian, penyucian, pengsucian.

sanctifies /'sæŋktəfaiz/ lih SANCTIFY.

sanctify /'sæŋktəfai/ kkt. (**sanctified**) menyucikan, menguduskan. —**sanctified** ks. suci (holiday).

sanctimonious /'sæŋktə'mownieəs/ ks. berlagak suci, berpura-pura suci, suci lamisan.

sanction /'sæŋksyən/ kb. 1 persetujuan (of s.o.). 2 sanksi. to impose economic sanctions against a country melaksanakan sanksi ékonomis thd s.s.t. negeri. —kkt. menyetujui, mendukung (a proposal). sanctioned by usage diboléhkan karena kebiasaan.

sanctity /'sæŋktətie/ kb. (j. -ties) kesucian (of the church/home).

sanctuary /'sæŋkcu'erie/kb. (j.-ries) 1 bagian dari geréja didekat altar. 2 Rel.: tempat perlindungan. 3 (wildlife) cagar alam. 4 perlindungan. During the storm we found s. in a barn Selama badai itu kami mendapat perlindungan didlm sebuah lumbung.

sanctum /'sæŋktəm/ kb. 1 tempat suci. 2 tempat menyendiri.

sand /sænd/ kb. pasir. s. bar tumpukan-tumpukan pasir (di muara sungai/di pesisir). s. dune bukit pasir. —**sands** j. pantai pasir. the sands of time saat-saat/detik-detik dlm waktu. The sands are running out Tdk banyak waktu yg tinggal lagi. —kkt. 1 menutupi (jalan) dgn pasir (a road). 2 mengamril, mengampelas (wood). s. fly agas.

sandal /'sændəl/ kb. sandal, cerpu, terompah, lapik kaki. s. tree pohon cendana.

sandalwood /'sændəl'wud/ kb. kayu cendana.

sandbag /'sænd'bæg/ kb. karung berisi pasir.

sandbank /'sænd'bæŋk/ kb. beting, gosong.

sandblast /'sænd'blæst/ kb. semprotan/semburan pasir (utk membersihkan témbok dsb).

sandbox /'sænd'baks/ kb. bak pasir (utk anak-anak).

sander /'sændər/ kb. alat/orang yg menaburkan pasir (of a road). floor s. alat/orang yg menaburi/ menggosok lantai dgn pasir.

sandhog /'sænd'həg, -'hag/ kb. pekerja kasar diba-wah tanah/air.

sandman /'sænd'mæn/ kb. tokoh dlm dongéngan yg menidurkan anak dgn menaburkan pasir kedlm mata meréka.

sandpaper /'sænd'peipər/ kb. ampelas, amril. —kkt. mengampelas.

sandpiper /'sænd'paipər/ kb. (burung) kedidi.

sandspit /'sænd'spit/ kb. daérah tanjung berpasir.

sandstone /'sænd'stown/ kb. batu pasir/paras.

sandstorm /'sænd'stɔrm/ kb. badai pasir.

sandwich /'sændwic/ kb. roti berlapis/isi/apit. ham s. dua keping roti dgn isi ham, roti apit dgn ham. —kkt. menyisipkan, menyelipkan (**between** diantara).

sandy /'sændie/ ks. 1 berpasir. s. beach pantai pasir. 2 pirang-pasir (of color).

sane /sein/ ks. 1 waras otak, séhat ingatan. 2 bijaksana (of speech, views).

sang /sæŋ/ lih SING.

sanguine /'sæŋgwin/ ks. riang dan penuh harapan, periang dan optimis. He is s. of success Ia berkepercayaan penuh akan berhasil. to be s. about penuh harapan mengenai.

sanitarium /'sænə'tærieəm/ kb. sanatorium, balai tetirah, petirahan.

sanitary /'sænə'terie/ ks. bersih, séhat. s. engineering téknologi keséhatan. s. napkin serbét keséhatan. s. regulations peraturan-peraturan keséhatan. s. surroundings lindungan yg bersih.

sanitation /'sænə'teisyən/ kb. 1 kebersihan, penjagaan keséhatan/kebersihan. s. department jawatan kebersihan.

sanitize /'sænətaiz/ kkt. membersihkan, mendésin-féksi(kan).

sanity /'sænətie/ kb. keséhatan jiwa/rohaniah.

sank /sæŋk/ lih SINK.

Sanskrit /'sænskrit/ kb. bahasa Sansekerta.

Santa Claus /'sæntə'klʌz/ kb. Sinterklas, Sinyo/ Santa Kolas.

sap /sæp/ kb. 1 air/getah tumbuh-tumbuhan. 2 Sl.: orang goblok/tolol. —kkt. (**sapped**) melemahkan (o's energy).

sapling /'sæpling/ kb. pohon muda, anak pohon.

sapphire /'sæfair/ kb. batu nilam, nilakandi.

sappy /'sæpie/ ks. Sl.: gila-gilaan, tolol.

sarcasm /'sarkæzəm/ kb. sarkasme, sindiran tajam.

sarcastic /sar'kæstik/ ks. sarkastis, tajam.

sarcophagus /sar'kafəgəs/ kb. peti mayat dari batu.

sardine /sar'dien/ kb. ikan sardéncis/sardén. We were packed in like sardines Kita berdémpét-démpét-an spt ikan sardéncis.

sardonic /sar'danik/ ks. sengit, tajam.

sarong /sə'rɔŋ/ kb. sarong, (kain) sarung.

sarsaparilla /'sæspə'rilə, 'sarsəpə-/ kb. sarsaparila, saparila.

sartorial /sar'towrieəl/ ks. yg berk. dgn tukang jahit. He was decked out in s. splendor Dia mengenakan pakaian yg mentéréng.

sash /sæsy/ kb. 1 ikat/pita pinggang, selémpang. 2 (window) bingkai/daun jendéla. s. cord tali jendéla.

sass /sæs/ kb. Inf.: kekurangajaran, kelancangan. —kkt. bertindak lancang. to s. s.o. lancang thd s.s.o.

sassafras /'sæsəfræs/ kb. sej. pohon bunga-bunga-an (jenis laurel).

sassy /'sæsie/ ks. Inf.: lancang.

sat /sæt/ lih SIT.

Sat. [Saturday] hari Sabtu.

satan /'seitən/ kb. sétan.

satchel /'sæcəl/ kb. tas.

sate /seit/ kkt. mengenyangkan.

sateen /sæ'tien/ kb. kain satén/antelas.

satellite /'sætəlait/ kb. 1 satelit. artificial s. satelit buatan. communication s. satelit perhubungan/ko-munikasi. 2 negara satelit/bébék. s. town kota sate-lit.

satiate /'seisyieeit/ kkt. mengenyangkan. to feel satiated merasa kenyang.

satiation /'seisyie'eisyən/ kb. kekenyangan, ke-jenuhan, kejemuan.

satin /'sætən/ kb. kain satin.

satire /'sætair/ kb. 1 (writing) karangan sindiran. 2 sindiran.

satirical /sə'tirəkəl/ ks. 1 suka menyindir. 2 ber-sifat/secara menyindir.

satirist /'sætərist/ kb. 1 penyindir, orang satiris. 2 pengarang satire.

satirize /'sætəraiz/ kkt. menyindir, mengecam dgn penuh sindiran.

satisfaction /'sætis'fæksyən/ kb. 1 kepuasan (hati). to derive s. from mendapat kepuasan hati dgn. Did you find things to your s.? Apakah sdr puas dgn kea-daan disini? Everything was resolved to his s. Semuanya diselesaikan dgn memuaskan hatinya. He gives s. in his work Dia memuaskan dlm pekerjaannya. It's a great s. to know that ... Adalah sangat menyenangkan mengetahui, bhw .... 2 pelunasan (of a debt). I demand s. for the insult Saya menuntut penyelesaian yg memuaskan utk hinaan itu.

satisfactory /'sætis'fæktərie/ ks. memuaskan. His

work is s. Pekerjaannya memuaskan. *I hope everything was s.* Saya harap segala s.s.t. memuaskan. *to give a s. account of* memberikan berita yg memuaskan ttg. *to bring negotiations to a s. conclusion* mengusahakan perundingan-perundingan berhasil baik. **—satisfactorily** *kk.* dgn memuaskan.

satisfied /'sætisfaid/ lih SATISFY.

satisfies /'sætisfaiz/ lih SATISFY

satisfy /'sætisfai/ *kkt.* (**satisfied**) 1 memuaskan bagi. *Soup satisfied him* Sup memuaskan baginya. *He was satisfied with the room* Dia (merasa) puas dgn kamar itu. *to s. o's customers* memuaskan (hati) langganannya. *I am satisfied that ...* Saya merasa senang/puas bhw .... 2 memenuhi (*requirements, a claim*). *Does this s. the equation?* Apakah ini memenuhi persamaan itu? 3 menghilangkan (*o's thirst*). 4 meyakinkan. *to s.o. of ...* meyakinkannya bhw .... *I have satisfied myself that ...* Saya yakin bhw .... **—satisfied** *ks.* puas. *s. customer* orang langganan yg puas. **—satisfying** *ks.* 1 memuaskan. *This food is not very s.* Makanan ini tdk begitu memuaskan. 2 menyenangkan. *It is s. to know that...*Adalah menyenangkan mengetahui bhw....

saturate /'sæcəreit/ *kkt.* memenuhi. *The coat was saturated with blood* Jas itu penuh darah. *The air was saturated with smog* Udara penuh dgn asbut. **—saturated** *ks.* (yg) penuh dgn, jenuh. *s. fat* lemak jenuh. *s. solution of sugar* larutan yg penuh dgn gula.

saturation /'sæcə'reisyən/ *kb.* penjenuhan, kejenuhan. *s. point* titik jenuh. *He reached the s. point* Dia sampai pd batas ketahanannya.

Saturday /'sætərdei/ *kb.* (hari) Sabtu.

Saturn /'sætərn/ *kb.* Zohal.

sauce /sɔs/ *kb.* kuah, saus. *to add a s. to s.t.* menambah kuah kpd s.s.t. *What is s. for the goose is s. for the gander* Apa yg baik bagi orang yg satu juga baik bagi orang lain.

sauceboat /'sɔs'bowt/ *kb.* tempat/mangkuk saus.

saucepan /'sɔs'pæn/ *kb.* panci bergagang.

saucer /'sɔsər/ *kb.* piring cawan, lépék(an). *cup and s.* mangkuk dan piring (tadah.)

sauciness /'sɔsienəs/ *kb.* kekurangajaran, kelancangan.

saucy /'sɔsie/ *ks.* 1 tampan, cakep (*of looks*). 2 lancang (*hat*).

sauerkraut /'sawər'krawt/ *kb.* acar/asinan kobis.

saunter /'sɔntər/ *kb.* berjalan-jalan. *to s. into the room* berjalan luntang-lantung masuk kamar. *to s. past a house* berjalan meliwati rumah.

sausage /'sasij, 'sɔ-/ *kb.* sosis.

sauté /sow'tei/ *kkt.* menggoréng sebentar, menumis dgn sedikit minyak atau mentéga.

savage /'sævij/ *kb.* orang biadab/liar/ganas. **—ks.** ganas, buas. *to make a s. attack on s.o.* melakukan serangan yg kejam thd s.s.o. *s. blow* pukulan yg kejam. *s. dog* anjing galak. **—savagely** *kk.* secara kejam/biadab.

savageness /'sævijnəs/ =SAVAGERY.

savagery /'sævijrie/ *kb.* (*j.* **-ries**) kekejaman, kebuasan.

savannah /sə'vænə/ *kb.* padang rumput yg sangat luas (yg tak berpohon).

savant /'sævənt, sə'vænt/ *kb.* sarjana, orang yg terpelajar.

save /seiv/ *kb. Sport:* penyelamatan, tangkapan. **—kd.** kecuali. *I work every day s. Monday* Saya bekerja setiap hari kecuali hari Senén. **—kkt.** 1 (*banking*) menabung (*money*). 2 menghémat (*time, money*). *S. your energy* Hématlah tenaga sdr. *to s. s.o, a lot of expense* banyak menghémat pengeluaran. 3 menye-

lamatkan (*the situation*). *to s. o's soul* menyelamatkan jiwanya. 4 memelihara, menyelamatkan (*the eyes*). 5 menyimpan. *Please s. me a seat* Tolong sisihkan sebuah tempat duduk utk saya. *to s. a dance for s.o.* menyediakan satu giliran dansa utk s.s.o. 6 mencegah. *He saved her from falling* Ia tlh mencegahnya spy tdk jatuh. *to s. s.o. a lot of trouble* mencegah s.s.o. dari banyak kesusahan. *Let me s. you the trouble* Biarlah saya yg melakukannya (bagimu). **—kki.** menghémat. *to s. on breakfast* menghémat atas sarapan pagi. **to s. up** menyimpan (*money*). **—saving** *kb.* 1 penghématan. *You'll get a s. of ten dollars* Sdr akan dpt menghémat sepuluh dolar. 2 penyelamatan. *This was the s. of him* Ini adalah utk menyelamatkannya. *ks.* menghémat. *s. clause* suatu klausul (fasal) utk menyelamatkan. *s. grace* rahmat, berkat.

savings *j.* 1 uang tabungan. 2 penghématan. *s. account* uang tabungan di bank, déposito simpanan. *s. bank* bank tabungan. *s. bond* obligasi (tabungan). *to live on o's s.* hidup dari uang simpanannya.

saver /'seivər/ *kb.* penghémat. *time s.* penghémat waktu.

savior /'seivyər/ *kb.* Sang Penyelamat, Juru Selamat, Jésus Kristus.

savoir-faire /'sævwar'fær/ *kb.* kecakapan berbicara dan bertindak.

savor /'seivər/ *kb.* rasa, bau. **—kkt.** 1 mengecap (*food*). 2 menikmati (*life*).

savory /'seivərie/ *ks.* sedap, lezat, énak.

savvy /'sævie/ *kb. Sl.:* akal, kecerdasan. *He has a lot of s.* Dia mudah sekali mengerti. **—kkt., kki.** mengerti, faham, tahu.

saw /sɔ/ *kb.* 1 gergaji. *crosscut s.* gergaji tarik. *keyhole s.* gergaji (pembuat) lubang kunci. 2 pepatah, peribahasa. **—kkt.** (**sawed, sawed** atau **sawn**) menggergaji (*a board*). **—kki.** menggergaji (*with an electric s.*). *This wood saws easily* Kayu ini mudah digergaji. **to s. off** menggergaji, memotong (*a branch*). **to s. out** menggergaji (*a hole*). **to s. up** menggergaji (*a tree*). *sawed-off shotgun* bedil yg patah (karena digergaji) **sawn timber** kayu papan.

saw /sɔ/ lih SEE.

sawdust /'sɔ'dʌst/ *kb.* abuk/tahi/serbuk gergaji, abu kayu.

sawfish /'sɔ'fisy/ *kb.* ikan hiu todak.

sawhorse /'sɔ'hɔrs/ *kb.* kuda-kuda.

sawmill /'sɔ'mil/ *kb.* penggergajian, kilang gergaji.

sawn /sɔn/ lih SAW.

sax /sæks/ *kb. Inf.:* saksofon.

saxophone /'sæksəfown/ *kb.* saksofon.

saxophonist /'sæksə'fownist/ *kb.* pemain saksofon.

say /sei/ *kb.* suara. *to have a s. in the planning* ikut memutuskan dlm perencanaan. *to have a s. in whatever we decide* ikut mengeluarkan pendapat dlm apapun yg akan kita tentukan. *to have o's s. in a matter* memperdengarkan suara berbicara, mengenai suatu hal. *Who has the final s. in this matter?* Siapakah yg berkuasa dlm hal ini? **—kkt.** (**said**) 1 mengatakan. *Did you s. s.t.?* Apakah sdr mengatakan s.s.t.? *He said his piece and sat down* Dia mengatakan apa yg hendak dikatakannya, lalu duduk. *She said not to come* Ia mengatakan spy jangan datang. *Just s. the word and ...* Katakan saja dan .... *What did you s.?* Apakah yg kau katakan? Apa katamu? 2 berkata. *He said no* Ia berkata tidak. *She has said nothing about it* Dia tak berkata apa-apa ttg hal itu. 3 katanya. *He says he can't go* Katanya ia tak dpt pergi. *It said so in the paper today* Katanya begitu dlm koran hari ini. *What did he s. about it?* Apa katanya ttg hal itu? 4

mengucapkan (*good-bye, good morning*). *to ask s.o. to say a few words* minta spy s.s.o. mengucapkan sepatah dua patah kata. :: *What do you s. to a glass of beer?* Apa mau segelas bir? *What do you s. to a game of tennis?* Anda ada minat main ténis? *What does your watch s.?* Pukul berapakah sekarang (pd arlojimu)? *What do you s.? Shall we go?* Bagaimana dgn anda? Akan pergikah kita? *That doesn't s. much for his courage* Itu memperlihatkan bhw ia tdk berani (takut). *Let's s. we meet at...* Beginilah, kita nanti bertemu di... *Sl.: You said it!* Tepat sekali. **it is said** konon. *It is said they have to leave soon* Konon/Kabarnya meréka hrs segera berangkat. —*kki.* 1 kata, berkata. *"I agree," he said.* "Saya setuju," katanya. *The Koran says...* Didlm Qur'an dikatakan.... *The treaty says...* Didlm persetujuan dinyatakan bhw.... *As I said in my letter...* Spt saya katakan dlm surat saya.... 2 kira-kira. *If you go, s., four blocks...* Kalau sdr berjalan kira-kira/misalnya, empat blok.... :: *That news surprises me, I must s.* Berita itu sungguh menghérankan saya. *You don't s. so!* Benarkah itu? Ah, masa' iya? *S., fellow, how do I get to Route 92?* Hai bung, bagaimana jalannya ke rute 92? *Who shall I s. called?* Siapa yg bicara ini? *that is to s.* artinya, maksudnya. *I should s. not!* Saya kira tidak! *to s. nothing of* blm lagi menyebut, blm termasuk. **they s.** kata orang, kabarnya, konon. *They s. we're to have a cold winter* Kata orang akan datang musim dingin yg dingin sekali. *Inf.: I have it on his* **say-so** Saya tahu ini dari apa yg dikatakannya. —**said** *ks. Law:* tersebut. *in s. contract* didlm kontrak tersebut. *The less s. the better* Lebih sedikit bicara lebih baik. *no sooner s. than done* blm dikatakan sdh dibuat. —**saying** *kb.* pepatah, peribahasa. *As the s. goes* Spt bunyi peribahasa. *It goes without s.* Tak usah dikatakan lagi. Sdh jelas. *His s. it doesn't mean it's true* Walaupun dia berkata begitu, tak berarti bhw itu benar. *There's no s. how long this food has been in the refrigerator* Tdk dpt dikatakan berapa lama makanan ini tlh berada di lemari és itu.

sb. [*substantive*] katabenda.

Sc. [*science*] ilmu pengetahuan.

S.C. 1 [*South Carolina*] negarabagian A.S. 2 [*Signal Corps*] Korps Komunikasi. 3 [*Supreme Court*] Mahkamah Agung.

scab /skæb/ *kb.* 1 keropéng. *A s. has formed over the sore* Luka itu sdh berkeropéng. *to remove a s.* mengeropéng. 2 *Sl.:* buruh pengkhianat. —*kki.* (**scabbed**) *Sl.:* **to s. over** berkeropéng.

scabbard /'skæbərd/ *kb.* sarung pedang.

scabby /'skæbie/ *ks.* berkeropéng.

scabies /'skeibiez/ *kb.* kudis, gudik.

scads /skædz/ *kb., j. Sl.:* jumlah besar, banyak sekali. *She has s. of money* Ia mempunyai banyak sekali uang.

scaffold /'skæfəld/ *kb.* 1 tangga-tangga, perancah. *to put up the s.* memasang perancah. 2 tempat penggantungan. *He went to the s.* Ia digantung.

scaffolding /'skæfəling/ *kb.* perancah. *to erect s.* mendirikan perancah.

scalawag /'skæləwæg/ *kb. Inf.:* bajingan, bandit.

scald /skɔld/ *kb.* luka kebakaran. —*kkt.* 1 mencuci dgn air mendidih (*dishes*). *to s. o.s.* luka kena air mendidih. 2 memanaskan (*milk*). *to spill scalding water on o's foot* menumpahkan air mendidih pd kaki orang.

scale /skeil/ *kb.* 1 skala. *What is the s. of this map?* Berapa skala peta ini? *salary s.* skala/tingkat gaji. *s. drawing* gambar menurut skala. *s. model* modél

skala. *to draw a plan to s.* menggambarkan suatu rencana menurut skala. 2 derajat, skala. *the s. on a thermometer* pembagian derajat pd termométer, skala termométer. 3 sisik (*of a fish*). 4 kerak air (*inside a boiler*). **on a large s.** secara besar-besaran. *She is high on the social s.* Kedudukannya tinggi di masyarakat. —**scales** *j.* 1 neraca, timbangan. *Do these scales weigh correctly?* Apakah timbangan ini cocok? *bathroom scales* timbangan (didlm) kamar mandi. **to tip the scales** a) mempunyai berat badan. *I now tip the scales at 170* Berat saya sekarang 170 pon. b) mengubah kedudukan kearah. *That goal tips the scales in our favor* Gol itu mengubah kedudukan utk kemenangan kami. **to turn the scales** memutuskan. *That bid turned the scales* Tawaran itulah yg memutuskan. 2 *Mus.:* not musik. *to practice o's scales* melatih not musik. —*kkt.* 1 mendaki (*a mountain*). 2 menyisiki (*a fish*). 3 menimbang. *Formerly I scaled 200 pounds* Sebelumnya berat badan saya 200. —*kki.* mengelupas (*of dead skin*). *to s. down o's demands* mengurangi/menurunkan tuntutannya. **scaling ladder** tangga dinding/pemanjat.

scalene /'skeilien/ *ks.* sisi tak sama (panjang). *s. triangle* segitiga yg tdk sama kakinya.

scallion /'skæliən/ *kb.* sej. brambang.

scallop /'skæləp/ *kb.* 1 sej. remis. 2 baju wanita yg pinggir bawahnya berlekuk-lekuk (spt kulit kerang berjéjér) (*on a dress*). —*kkt.* memasak dgn kuah dan deraian roti.

scalp /skælp/ *kb.* kulit kepala beserta rambutnya, jangat kepala. *to be out to get s.o.'s s.* berusaha utk merobohkan s.s.o. —*kkt.* 1 menguliti kepala, membesét kulit kepala. 2 *Inf.:* mencatutkan (*tickets*). 3 *Inf.: Sport:* mencukur gundul.

scalpel /'skælpəl/ *kb.* pisau bedah.

scalper /'skælpər/ *kb. Inf.:* tukang catut.

scaly /'skeilie/ *ks.* bersisik(-sisik).

scamp /skæmp/ *kb.* bangsat, berandal, anak nakal.

scamper /'skæmpər/ *kki.* berlari-lari, pergi tergesa-gesa, ambil langkah seribu.

scan /skæn/ *kb.* pengamatan, peninjauan. *radio s.* ulasan radio. —*kkt.* (**scanned**) 1 meneliti (*the horizon*). 2 membaca dgn cepat (*a book or magazine*). 3 membagi sebaris sajak dlm bagian-bagian menurut iramanya (*poetry*). 4 menatap(i) (*a crowd*). —*kki. This poem doesn't s.* Sanjak ini tak kena iramanya. —**scanning** *kb.* 1 membaca sepintas kilas (*of a paper*). 2 mengadakan bagian-bagian (*of verse*).

scandal /'skændəl/ *kb.* perbuatan yg memalukan, perkara (yg) keji, skandal, keonaran. *to create a s.* menimbulkan suatu skandal. *s. sheet* koran penyebar kabar-kabar keji.

scandalize /'skændəlaiz/ *kkt.* memalukan, melanggar sopan-santun, menyinggung rasa susila.

scandalous /'skændələs/ *ks.* keji, memalukan.

scandalmonger /'skændəl'manggər/ *kb.* pemfitnah, penyebar desas-desus.

Scandinavian /'skændə'neiviən/ *ks.* yg berh. dgn Skandinavia. *S. literature* kesusastraan Skandinavia.

scanner /'skænər/ *kb.* 1 penyaring gambar (TV) 2 anténa (radar).

scant /skænt/ *ks.* 1 (sedikit) kurang, tak cukup. *a s. cup of sugar* gula secangkir kurang. 2 kurang dari. *I have a s. five dollars left* Uangku kurang dari lima dolar.

scantiness /'skæntienəs/ *kb.* kesedikitan, kejarangan. *s. of income* kesedikitan pendapatan. *s. of vegetation in the area* jarangnya tumbuh-tumbuhan di daérah itu.

scantling /'skæntling/ kb. balok kecil, kayu/tiang penunjang.

scanty /'skæntie/ ks. hanya sedikit. *Having had a s. dinner...* Karena makan malam hanya sedikit.... *s. clothing* pakaian yg sedikit sekali. *s. income* pendapatan yg sedikit sekali. *s. attire* pakaian yg sangat sedikit. —**scantily** kk. sedikit, hampir tak.

scapegoat /'skeip'gowt/ kb. sebab kesalahan, korban.

scapula /'skæpyələ/ kb. 1 tulang belikat (*of mammals*). 2 tulang lembusir (*cattle, sheep*).

scar /skar/ kb. 1 bekas luka, birat (*on the body*). *s. tissue* jaringan bekas luka. 2 gorés(an), parut (*on furniture*). 3 kesan yg buruk (*on the mind*). —kkt. (**scarred**) menggorési, meninggalkan parut. *The furniture was badly scarred* Perkakas rumah itu bergorés-gorés. *She was scarred for life* Ia bercacat parut utk seumur hidup. *face scarred by disease* muka yg bopéng/berparut karena penyakit. *tree scarred by disease* pohon yg berbintik-bintik/berbincul-bincul (hitam dsb) karena penyakit.

scarce /skærs/ ks. 1 jarang, langka. *Oranges are s. this winter* Jeruk (manis) jarang dlm musim dingin ini. *Inf.: Good dictionaries are s. as hen's teeth* Kamus yg baik amat jarang. *Inf.: to make o.s. s.* pergi menghilang. —**scarcely** kk. 1 hampir tdk. *S. anyone was there* Hampir tak ada orang disana. *I can s. see* Saya hampir tak dpt melihat. *He had s. left when...* Ia baru saja pergi waktu.... *He could s. speak* Ia hampir tak dpt berbicara. 2 tdk mungkin. *He can s. have said that* Tdk mungkin ia berkata demikian.

scarcity /'skærsətie/ kb. (*j.* **-ties**) 1 kekurangan, kejarangan (*of food*). 2 kelangkaan.

scare /skær/ kb. ketakutan. *war s.* ketakutan/kengerian akan perang. *You gave me a real s.* Kau benar-benar membuat saya takut. *I had a s. when the brakes gave way* Saya takut sekali ketika rém tdk makan. —kkt. menakuti, membuat ketakutan. —kki. menjadi takut. *He doesn't s. easily* Ia tak mudah takut/gentar. **to s. away/off** menakuti hingga lari, menghalau, mengusir. *I was scared out of my wits by the crocodile* Hilang/Terbang akal saya dibuat oléh buaya itu. *Inf.: to s. up* mengumpulkan (*some people, money*). **s. buying** pembelian barang-barang karena takut ada kekurangan barang. **s. headline** judul/kepala berita yg menggemparkan. —**scared** ks. takut, ciut hati. *Our opponents are running s.* Lawan-lawan kita menjadi takut. *He had a s. look* Ia kelihatan takut. *Don't be s.* Jangan takut. *She was s. to death* Ia takut setengah mati. *He became s. when...* Dia menjadi takut ketika.... *She was s. she wouldn't make the plane* Dia takut ketinggalan kapal terbang.

scarecrow /'skær'krow/ kb. orang-orangan utk menakut-nakuti burung.

scaremonger /'skær'manggər/ kb. penyebar panik, pembangkit kegelisahan.

scarf /skarf/ kb. syal, seléndang.

scarlet /'skarlit/ kb. mérah-tua, mérah-padam. *s. fever* penyakit jengkering.

scary /'skærie/ ks. menakutkan.

scat /skæt/ kseru. ayo pergi! husy!

scathing /'skeiฟ̃iŋ/ ks. menyakiti hati, pedas dan tajam (*of remarks*).

scatter /'skætər/ kkt. 1 menyebar, menghamburkan (*papers*). 2 menabur (*seed*). —kki. bubar, berpencar. *The crowd scattered* Orang ramai itu bubar. *s. rug* permadani kecil. —**scattered** ks. terpencar-pencar, tersebar disana-sini. *His money lay scattered on the floor* Uangnya berhamburan di lantai. *s. popula-*tion penduduk yg terpencar-pencar. —**scattering** kb. sejumlah kecil (*of followers*).

scatterbrain /'skætər'brein/ kb. orang kepala angin, orang yg suka lengah.

scatterbrained /'skætər'breind/ ks. berkepala angin.

scavenge /'skævənj/ kkt., kki. mencari-cari s.s.t. dlm sampah, mengeruk-ngeruk sampah utk mencari (s.s.t. yg dpt dimakan atau dijual).

scavenger /'skævənjər/ kb. binatang atau burung yg makan bangkai.

scenario /sə'næriow, -'nariow/ kb. senario cerita film. *s. writer* penulis senario.

scene /sien/ kb. 1 pemandangan. *It was a tragic s.* Pemandangan yg menyedihkan sekali. *The s. changes* Pemandangan/Situasi berubah. *a rural s.* suatu pemandangan/suasana di pedalaman/pedésaan. 2 adegan (*of a play*). *The s. is laid in a forest* Cerita itu dimainkan dlm sebuah hutan. 3 kancah (*of disturbances*). 4 tempat. *The police were on the s. in two minutes* Polisi tiba di tempat kejadian dlm waktu dua menit. *to return to the s. of the crime* kembali ke tempat terjadinya kejahatan. 5 suasana, iklim. *A change of s. would do him good* Perubahan suasana baik/perlu utk keséhatannya. 6 gadoh, rewél. *to create/make a s.* membuat héboh, berbuat gaduh, menimbulkan hingar-bingar. *behind the scenes* dibelakang layar.

scenery /'sienərie/ kb. (*j.* **-ries**) 1 pemandangan (*in the valley*). 2 dékor (*for a play*). *I need a change of s.* Saya memerlukan pemandangan yg lain.

scenic /'sienik/ ks. permai, indah (*of an area, view*). *s. highway* jalan-raya dgn/yg penuh pemandangan.

scent /sent/ kb. 1 bau. *a nice s.* harum baunya. *to be on the s. of s.t.* mengenal/mengikuti s.s.t. *The dog picked up the s.* Anjing tlh mencium bau. 2 penciuman (*of an animal*). 3 wangi-wangian. *She uses too much s.* Ia memakai wangi-wangian terlalu banyak. —kkt. 1 memberi wangi-wangian (*a room*). 2 mencium (*o's master, an escapee*). 3 mencurigai (*trickery*). 4 mengharumkan (*a handkerchief*).

sceptic /'skeptik/ = SKEPTIC.

sceptical /'skeptəkəl/ = SKEPTICAL.

scepter /'septər/ kb. tongkat lambang kekuasaan.

sch. [*school*] sekolah.

schedule /'skejul/ kb. 1 daftar perjalanan (*bus, plane, train*). 2 daftar/rencana pelajaran (*of classes*). *work s.* rencana pekerjaan. *to follow a strict s.* berpegang teguh pd rencana waktu yg sdh ditetapkan. *according to s.* menurut rencana. *to arrive on s.* tiba tepat pd waktunya. *to be behind s.* terlambat (menyelesaikan pekerjaan, tiba pd tempat yg dituju). *to be ahead of s.* lebih cepat drpd waktu yg ditentukan. —kkt. merencanakan, mengatur. *to s. o's classes in the morning* merencanakan pelajarannya di waktu pagi. *He is scheduled to speak today* Menurut rencana, dia akan berpidato hari ini. —**scheduled** ks. tetap. *s. flight* penerbangan tetap. *s. prices* harga tetap/mati.

schema /'skiemə/ kb. skéma, bagan.

schematic /skie'mætik/ ks. skématis, menurut bagan.

scheme /skiem/ kb. 1 rencana. *That's a good s.* Itu rencana yg baik. 2 maksud yg tdk baik, rencana kotor. 3 pola. *color s.* pola/susunan warna. —kkt. membuat rencana. *to s.o's way out of s.t.* berdaya-upaya membebaskan diri dari s.s.t. —kki. berkomplot, bersekongkol. —**scheming** kb. rencana (jahat/busuk), perencanaan yg licik. *a s. rascal* seorang penjahat yg penuh tipu-daya.

schemer /'skiemər/ *kb.* pengatur siasat, penyusun komplot.

schism /'sizəm/ *kb.* pemisahan, perpecahan, keretakan.

schismatic /siz'mætik/ *ks.* berbuat/bersifat memecah-belah.

schizoid /'skizoid/ *ks.* menderita schizofrénia.

schizophrenia /'skizə'frénieə, 'skitsə-/ *kb.* penyakit jiwa berupa suka mengasingkan diri, schizofrénia.

schizophrenic /'skizə'frenik, 'skitsə-/ *ks.* menderita schizofrénia.

schmal(t)z /syməlts/ *kb. Sl.*: sifat séntiméntil yg berlebih-lebihan.

schmo /symow/ *kb. Sl.*: orang tolol.

scholar /'skalər/ *kb.* 1 sarjana. *Greek s.* sarjana bahasa Yunani. 2 pelajar. *He's a good s.* Dia seorang pelajar yg baik.

scholarly /'skalərlie/ *ks.* 1 ilmiah. *s. paper* karangan ilmiah. *to write in a s. style* menulis dgn gaya ilmiah. 2 spt sarjana atau cendekiawan. *He's of a s. nature* Dia berpembawaan seorang sarjana. 3 kesarjanaan.

scholarship /'skalərsyip/ *kb.* 1 ilmu pengetahuan, kesarjanaan. 2 béasiswa, danasiswa.

scholastic /skə'læstik/ *ks.* yg mengenai pelajaran. *s. achievement* kemajuan pelajaran yg dicapai. *s. average* hasil pukul rata pelajaran, mutu pelajaran.

school /skuwl/ *kb.* 1 sekolah. *to attend a s.* belajar di sebuah sekolah. *to go to s.* bersekolah, pergi ke sekolah. *state s.* sekolah negeri. *The whole s. knew what had happened* Seluruh sekolah mengetahui apa yg tlh terjadi. 2 fakultas. *s. of law* fakultas hukum. 3 akadémi. *s. of foreign service* akadémi dinas luarnegeri. 4 kawanan, kelompok (*of porpoises*). *The Dutch s. of painting* Melukis menurut ajaran Belanda. *gentleman of the old s.* orang dari kaum tua. —*kkt.* **to s. o.s.** melatih diri. **s. age** usia masuk sekolah. *He's of s. age* Dia sdh pantas masuk sekolah. **s. board** déwan sekolah. **s. bus** bis sekolah. **s. building** rumah sekolah. **s. day** lamanya bersekolah dlm sehari. **s. supplies** alat-alat pelajaran. **s. system** persekolahan. **s. year** tahun pelajaran. —**schooling** *kb.* pendidikan yg diterima di sekolah.

schoolbag /'skuwl'bæg/ *kb.* tas sekolah.

schoolbook /'skuwl'buk/ *kb.* buku sekolah/pelajaran.

schoolboy /'skuwl'boi/ *kb.* murid (sekolah) laki-laki, siswa.

schoolchild /'skuwl'caild/ *kb.* murid/anak sekolah.

schoolgirl /'skuwl'gərl/ *kb.* murid (sekolah) wanita, siswi.

schoolhouse /'skuwl'haws/ *kb.* rumah/gedung sekolah.

schoolmate /'skuwl'meit/ *kb.* teman (se)sekolah.

schoolroom /'skuwl'rum/ *kb.* kamar/ruangan sekolah.

schoolteacher /'skuwl'tiecər/ *kb.* guru (sekolah).

schoolwork /'skuwl'wərk/ *kb.* pekerjaan rumah (utk) sekolah, PR.

schoolyard /'skuwl'yard/ *kb.* halaman/pekarangan sekolah.

schooner /'skuwnər/ *kb.* 1 *Nau.*: sekunar, sekonyar. 2 *Inf.*: gelas besar (*of beer*).

sci. 1 [*science*] ilmu pengetahuan. 2 [*scientific*] (bersifat) ilmiah.

sciatica /sai'ætəkə/ *kb.* 1 penyakit pegal pd pinggang. 2 linu panggul.

science /sains/ *kb.* ilmu pengetahuan. *s. of language*

ilmu pengetahuan bahasa. *s. fiction* cerita khayal yg bersifat ilmiah.

scientific /'saiən'tifik/ *ks.* (secara) ilmiah. *s. approach* pendekatan secara ilmiah. *s. research* risét. —**scientifically** *kk.* secara ilmiah, berdasar ilmu pengetahuan.

scientist /'saiəntist/ *kb.* ahli ilmu pengetahuan, sarjana.

scintillate /'sintəleit/ *kki.* berkilau-kilau. —**scintillating** *ks.* gemilang, gemerlapan.

scion /'saiən/ *kb.* keturunan.

scissor /'sizərz/ *kb.* (*pair of*) **scissors** *j.* gunting. —*kkt.* menggunting.

sclerosis /skli'rowsis/ *kb.* sklerosa.

scoff ʾ/skɔf, skaf/ *kki.* **to s. at** mengéjék(kan). *to s. at the idea of* mencemoohkan gagasan utk. —**scoffing** *kb.* cacian, cercaan, éjékan. *His s. annoys me* Éjékan menjéngkélkan hati saya. —**scoffingly** *kk.* secara mengéjék.

scoffer /'skɔfər, 'ska-/ *kb.* pengéjék, penyindir, pencela.

scofflaw /'skɔf'lɔ 'skaf'la-/ *kb. Inf.*: pelanggar peraturan.

scold /skowld/ *kb.* orang yg ceréwét, orang yg suka mengomél/mengata-ngatai. *Don't be a s.!* Jangan suka mencaci-caci/mengata-ngatai. —*kkt.* mencaci-maki, memarahi, mengomél, menghardik. —**scolding** *kb.* omélan, cacian, hardikan, kopi pahit. *to get a s. for...* kena marah karena...., mendapat kopi pahit karena....

scoop /skuwp/ *kb.* 1 sekop (*of a steam shovel*). 2 séndok (*of ice cream*). 3 gayung (*for water*). 4 pencédok, sauk. 5 *Sl.*: berita pertama (*news*). 6 keduk. *several scoops of rice* beberapa keduk beras. —*kkt. Sl.*: memuat berita dulu (*a rival newspaper*). **to s. out** menggali (*a hole*). **to s. up** 1 menyekop (*sand*). 2 menyéndok, mengeduk, menyauk (*money*).

scoot /skuwt/ *kki. Inf.*: (ber)lari. *S.!* Cepat (lari)!

scooter /'skuwtər/ *kb.* 1 sekuter. *m. scooter* sepéda motor sekuter. 2 sepéda dorong.

scope /skowp/ *kb.* 1 bidang, lapangan. *That's not within my s.* Itu tdk termasuk bidang saya. 2 jangkauan. *to have wider s.* mempunyai jangkauan yg lebih jauh. 3 kesempatan. *to give s. to o's imagination* memberi kesempatan kpd khayalannya. 4 keleluasaan. *to have full s. to act* mempunyai keleluasaan utk bertindak.

scorch /skɔrc/ *kkt.* menghanguskan. —**scorched** *ks.* gosong, hangus. *s. shirt* keméja yg hangus (kena gosokan/seterika). *scorched-earth policy* politik bumi hangus. —**scorching** *ks.* 1 amat panas (*heat*). 2 yg membakar (*criticism*).

scorcher /'skɔrcər/ *kb. Inf.*: 1 hari yg amat panas. 2 (*criticism*) kecaman yg pedas sekali.

score /skowr/ *kb.* 1 skor, angka, biji. *to win by a high s.* menang dgn angka banyak. *to keep s.* mencatat/mengingatkan angkanya. *Inf.*: *to know what the s. is* tahu keadaan yg sebenarnya. 2 *Mus.*: lembaran musik. 3 kodi. *two s.* dua kodi. *Scores of people were there* Banyak orang ada disana. 4 alasan, sebab. *On that s. you need have no worry* Mengenai hal itu kau tak perlu merasa cemas. *on the s. of his youth* mengingat usianya masih muda. *to pay off or settle an old s.* membalas dendam. —*kkt.* 1 memasukkan, mencétak (*a goal*). 2 mendapat. *to s. a success* mendapat suksés. 3 mengarang, menyusun (*music*). 4 menghitung angka/biji (*a sport*). 5 *Bridge*: memperoléh "trick/slag". —*kki.* 1 membuat angka/biji. *Our team finally scored* Akhirnya regu kita membuat biji. 2 mendapat angka. *to s. high on an exam* mendapat angka yg tinggi dlm ujian. 3 mencatat biji. —**scoring** *kb*. 1 membuat angka. 2 mencatat angka. 3 penyusunan (*of music*).

scoreboard /'skowr'bowrd/ *kb*. papan angka.

scorecard /'skowr'kard/ *kb*. kartu catatan angka (pemain-pemain).

scorekeeper /'skowr'kiepər/ *kb*. pencatat angka/ hasil pertandingan.

scoreless /'skowrləs/ *ks*. tanpa angka, nol-nol, sama kosong, kosong-kosong. *s. tie* pertandingan/seri kosong-kosong.

scorer /'skowrər/ *kb*. 1 tukang cétak biji. 2 pencatat hasil pertandingan. 3 penilai. 4 pemberi nilai. 5 *Sport:* pembuat gol.

scorn /skɔrn/ *kb*. caci-maki, cemoohan. *to hold s.o. in s.* memandang s.s.o. hina. *to feel nothing but s. for s.o.* memandang s.s.o. rendah sekali. —*kkt*. 1 menolak (*help*). 2 memandang rendah, mencemoohkan (*s.o.*).

scornful /'skɔrnfəl/ *ks*. menghinakan, mempunyai rasa penghinaan. *He is s. of those who fail* Ia penuh rasa penghinaan thd meréka yg gagal.

Scorpio /'skɔrpieow/ *kb*. *Zod.:* Kricika.

scorpion /'skɔrpieən/ *kb*. kalajengking.

Scot /skat/ *kb*. orang Skotlandia.

Scot. 1 [*Scotland*] Skotlandia. 2 [*Scotch*] yg berk. dgn Skotlandia.

scot-free /'skat'frie/ *ks*. tanpa hukuman. *to get off s.-free* dibébaskan tanpa hukuman.

scotch /skac/ *kb*. wiski Skotch. *Give me a S. and soda* Berilah aku wiski Skotch campur air. **the S.** orang-orang Skotlandia. —*ks*. 1 *Inf.:* kikir. 2 yg berh. dgn Skotlandia. *He is of S. background* Keluarganya berasal dari Skotlandia. —*kkt*. 1 menggalang, mengganjal (*wheels*). 2 memberantas, membasmi (*a rumor*). **Scotch-Irish** *kb*., *ks*. Skot-Irlandia. *He's of S.-Irish extraction* Ia keturunan Skot Irlandia. **S. tape** pléster-plastik, pita perekat mérék Scotch. *to s.-tape* merekat, menémpél dgn pléster-plastik. **S. whiskey** wiski Scotch.

Scotchman /'skacmən/ *kb*. (*j*. **-men**) orang Skotlandia.

Scotsman /'skatsmən/ *kb*. (*j*. **-men**) orang Skotlandia.

Scottish /'skatisy/ *ks*. yg berh. dgn Skotlandia.

scoundrel /'skawndrəl/ *kb*. bajingan, bangsat.

scour /skawr/ *kkt*. 1 menggosok (*a floor, a pan*). 2 menjelajah, memeriksa (*the countryside*). —**scouring** *kb*. penggosokan. *s. pad* lap/alat penggosok dari serat baja. *s. powder* abu bubuk/bedak penggosok.

scourer /'skawrər/ *kb*. 1 seorang penggosok. 2 bahan penggosok (*for pots*).

scourge /skərj/ *kb*. 1 momok. *He's the s. of the region* Ia merupakan momok di daérah itu. 2 bencana (*of T.B.*).

scout /skawt/ *kb*. 1 *Mil.:* pengintai. 2 pandu. *Boy S.* pramuka, pandu. *Girl S.* pandu puteri, pramukawati. 3 *Sl.:* seorang. *He's a good s.* Ia seorang yg baik. —*kkt*. 1 mengintai (*the enemy*). 2 menolak dgn mengéjékkan. —*kki*. mencari. **to s. about/around** mencari. *to s. around until* mencari-cari berkeliling sampai.... —**scouting** *kb*. kepanduan, pramuka.

scoutmaster /'skawt'mæstər/ *kb*. pemimpin (regu) pramuka.

scow /skaw/ *kb*. tongkang.

scowl /skawl/ *kb*. bersut, pandangan marah. —*kkt*. *She scowled her dislike of us* Mukanya cemberut menunjukkan bhw ia tdk senang kpd kami. —*kki*. mengerutkan dahi, membersut, memberungut.

scrabble /'skræbəl/ *kki*. membanting tulang, berjuang sungguh-sungguh (*to make a living*).

scrag /skræg/ *kb*. léhér orang.

scraggly /'skræglie/ *ks*. tdk rata, kasar, jarang (*of hair, grass*).

scraggy /'skrægie/ *ks*. kurus(-kering).

scram /skræm/ *kki*. (**scrammed**) *Sl.:* pergi dgn segera. *S.!* Enyah dari sini! Ayo, lekas pergi!

scramble /'skræmbəl/ *kb*. 1 perebutan (*for the ball*). 2 pertarungan (*to reach o's present high position*). 3 perjuangan. *s. for a living* perjuangan utk mendapatkan nasi atau mata pencaharian. *s. up the hill* pendakian bukit. *mad s. for the exit* pontang-panting cari jalan keluar. —*kkt*. mengaduk (*eggs*). —*kki*. berebut, berjuang. *to s. from a building* berebut keluar dari gedung. *to s. out of bed* bangun buru-buru. **scrambled** *eggs* telur aduk (goréng).

scrap /skræp/ *kb*. 1 sisa (*of food*). 2 carik. *a s. of paper* secarik kertas. 3 guntingan, potongan. *scraps of news* potongan-potongan berita. *to catch scraps of a conversation* menangkap beberapa potongan-potongan dari percakapan. *We don't have a s. of evidence* Sekelumit buktipun tdk ada pd kami. 4 *Sl.:* pertengkaran. *to get into a s. with s.o.* bertengkar dgn s.s.o. —*kkt*. (**scrapped**) 1 membatalkan, mengesampingkan (*o's plans*). 2 membongkar (*a ship*). —*kki. Sl.:* berkelahi. **s. iron/metal** besi tua. **s. paper** guntingan kertas, kertas guntingan/potongan. *s.-paper drive* kampanye utk mengumpulkan kertas guntingan.

scrapbasket /'skræp'bæskit/ *kb*. keranjang sampah.

scrapbook /'skræp'buk/ *kb*. buku témpél, buku tempat mengumpulkan guntingan-guntingan koran, kutipan-kutipan dll.

scrape /skreip/ *kb*. 1 (bunyi) garutan (*of a finger on a blackboard*). 2 perkelahian. *to be in a s.* terlibat dlm perkelahian. 3 gorésan (*of a pen*). 4 pergésékan (*of a violin bow*). 5 gorésan. *I gave my hand a bad s.* Tangan saya tergorés sampai luka. —*kkt*. 1 mengikis (*wood with a knife*). 2 mengerik (*carrots*). 3 menggarukkan (*o's feet on a chair*). 4 menggorés. *I scraped my elbow on the door* Sisiku tergorés pd pintu. 5 mengorék (*a hole*). 6 menggésékkan (*a bow across the strings*). 7 membersihkan (*snow from a sidewalk, food from a plate*). 8 menggosok-gosokkan, menggésér-gésérkan. *Don't s. your feet on the floor* Jangan gésér-gésérkan kakimu pd lantai. Jangan menyérét kakimu di lantai. *S. the dirt off your shoes* Gosokkan kotoran/lumpur dari sepatumu. **::** *He was so hungry he scraped his plate clean* Ia lapar sekali sehingga piringnya menjadi bersih. *to s. the bottom of the barrel* terpaksa menggaji s.s.o. yg samasekali tdk cakap (karena tdk ada pilihan lain). —*kki*. bergéséran. *The TV cable scrapes against the side of the house* Kawat TV itu bergéséran dgn sisi rumah. *We are barely scraping along* Kami hidup susah. Kami hidup dgn susah-payah. *to s. away the snow* mengeruk salju ke pinggir. *to s. through an exam* berhasil menempuh ujian dgn susah-payah. **to s. together** 1 mengumpulkan (*money*). 2 menggosok-gosokkan (*two sticks*). **to s. up** mengumpulkan (*money*). *to s. up an acquaintance* berusaha utk berkenalan. —**scrapings** *kb*., *j*. kikisan, parutan, hasil kikisan. *to make a scraping sound* membuat suara/bunyi bergésék/menggésék.

scraper /'skreipər/ *kb*. 1 pengikis (*for paint*). 2 alat pengerik.

scrapheap /'skræp'hiep/ *kb*. tumpukan sampah.

scrapper /'skræpər/ *kb*. 1 *Sl.:* tukang berkelahi. 2 *Box.: Sl.:* petinju.

scrappy /'skræpie/ *ks*. 1 suka berkelahi, agrésip (*of a person*). 2 terdiri dari sisa-sisa (makanan).

scratch /skræc/ *kb.* 1 luka garutan. *My s. became infected* Luka garutanku kena inféksi. 2 luka kecil. *to get only a s.* mendapat luka kecil. *to go through the battle without a s.* keluar dari pertempuran itu tanpa mendapat luka sedikitpun. 2 penggarukan, penggorésan (*at the door* pd pintu.). 3 gorésan (*on a chair, table*). 4 gurat, gorésan (*on paper*). **from s.** sejak awal mula, dari permulaan. *to build up a business from s.* membangun perusahaan semenjak dari awal mulanya. **up to s.** dlm kondisi/keadaan baik. *to come up to s.* berada dlm kondisi baik. *to feel up to s.* merasa dlm keadaan baik. —*kkt.* 1 menggaruk (*a chair, pimple*). 2 menggurat-gurat, menggorés-gorés (*of a needle*). 3 mencakar (*of a cat, tiger, chicken*). 4 mencorét. *His name was scratched from ...* Namanya dicorét dari .... *to s. s.o. off the list* mengeluarkan/mencorét s.s.o. dari daftar. 5 menggoréskan (*a match*). 6 menggaruk (*o's head*). 7 mengeluarkan (*a boxer, horse*). —*kki.* 1 menggaruk. 2 menggorés (*of needle, pen*). *That pin scratches* Peniti itu tajam/dpt menggorés. 3 menarik diri. *The tennis team scratched at the last minute* Regu ténis itu menarik diri pd saat terakhir. 4 mencari dgn susah payah (*to get money*). 5 mencakar. *to s. at the door* mencakar di pintu. **to s. out** 1 mencakar (*s.o's eyes*). 2 mencorét (*a word*). **s. pad** alas/papan penggaris. **s. paper** kertas corat-corét. —**scratching** *kb.* 1 penggarukan, penggarutan. 2 gorésan, garutan.

scratchy /'skræcie/ *ks.* 1 kasar menggatalkan (*of cloth, material*). 2 yg menggarut (*of a pen*).

scrawl /skrɔl/ *kb.* tulisan buruk, tulisan cakar ayam. —*kkt.* menulis secara cakar ayam.

scrawny /'skrɔnie/ *ks.* kurus(-kering).

screak /skriek/ *kb.* pekikan, jeritan. —*kki.* menciut-ciut (*of brakes*).

scream /skriem/ *kb.* 1 pekikan, jeritan, teriakan. *to utter a s.* menjerit, mengeluarkan jeritan. *screams of joy* pekik kegembiraan/gembira. *screams of laughter* suara tertawa terbahak-bahak. 2 *Sl.:* badut, pelawak. *He's a s.* Ia lucu sekali. Ia suka membuat orang tertawa. *It's a s. to hear him talk* Lucu sekali mendengarkan ia berbicara. —*kkt. to s. o's heart out, to s. o.s. hoarse* menjerit sekuat-kuatnya. —*kki.* menjerit, memekik, berteriak. *to s. for help* berteriak minta tolong. *to s. out in pain* menjerit kesakitan. *to s. with laughter* tertawa terbahak-bahak. —**screaming** *kb.* teriakan, jeritan. *ks.* menyolok (*of a headline*). —**screamingly** *kk.* amat, sangat. *s. funny* lucu sekali.

screech /skriec/ *kb.* bunyi berciut (*of brakes*). *s. owl* sej. burung hantu yg kuat pekikannya. —*kki.* menciut-ciut, berciut-ciut.

screechy /'skriecie/ *ks.* yg melengking (*of voice, brakes, record*).

screen /skrien/ *kb.* 1 kasa. *window s.* kasa jendéla. 2 layar (putih) (*for slides, movies*). *television s.* layar télévisi. *folding s.* layar gulung/lipat, tirai gulung. *He's been on the s. for years* Ia tlh bertahun-tahun menjadi bintang pilem. 3 tabir. *smoke s.* tabir asap. *s. in o's living room* tabir di kamar duduk. *to form a s. against* membentuk tabir utk. 4 sekat. *fire s.* sekat api. —*kkt.* 1 melindungi (*o's face from the wind*). *to s. o's brother* melindungi saudara lelakinya. 2 menyaring (*applicants, sand*). 3 memutar (*a movie*). 4 menutupi (*the view from s.o.*). *to s. in a porch* memasang tirai/kawat nyamuk. **s. door** pintu kasa/angin. **s. porch** serambi yg ditutup dgn kawat nyamuk. —**screening** *kb.* 1 penyaringan (*of applications*). 2 pemutaran pilem. 3 kosa.

screenplay /'skrien'plei/ *kb.* cerita utk pilem, senario.

screw /skruw/ *kb.* 1 sekrup. *Sl.: to have a s. loose* édan, gila, sinting. *to put the screws on s.o.* mendesak/memaksa s.s.o. 2 baling-baling (*of a ship*). —*kkt.* 1 menyekerup(kan). *to s. s.t. into the window frame* menyekerupkan s.s.t. pd bingkai jendéla. *to s. a plaque into a wall* menyekerup sebuah pelat kenang-kenangan pd dinding. 2 memutar, .memasang (*screws*). *to s. s.t.(in) tight* memasang ketat/keras-keras. *This cap is screwed on too tight* Tutup ini dipasang terlalu ketat. *to s. up courage* memberanikan diri. *to s. up o's face* merubah bentuk muka. *Sl.: He screwed up everything* Ia mengacaukan setiap rencana.

screwball /'skruw'bɔl/ *kb.* *Sl.:* orang sinting/anéh/édan. *That's a s. idea* Itu buah pikiran yg sinting.

screwdriver /'skruw'draivər/ *kb.* obéng. *Phillip's s.* obéng bintang.

screwy /'skruwie/ *ks.* *Sl.:* 1 anéh, ganjil (*situation*). 2 anéh, sinting, édan (*person*). 3 luar biasa, anéh (*weather*).

scribal /'skraibəl/ *ks.* yg berk. dgn tulisan. *s. error* kesalahan menulis.

scribble /'skribəl/ *kb.* tulisan cakar ayam. —*kkt.* menulis (dgn tergesa-gesa). *I'll s. him off a note* Akan kutuliskan surat yg péndék kepadanya.

scribe /skraib/ *kb.* ahli menulis.

scrimmage /'skrimij/ *kb.* latihan football. —*kki.* melakukan latihan football.

scrimp /skrimp/ *kki.* berhémat, hidup hémat.

scrimpy /'skrimpie/ *ks.* sangat sedikit. *s. meal* makanan yg amat sedikit.

scrip /skrip/ *kb.* uang kertas darurat.

Scrip(t). [*Scripture*] Kitab Injil.

script /skript/ *kb.* 1 naskah (*of a play*). 2 tulisan.

Scriptural /'skripcərəl/ *ks.* yg berk. dgn Kitab Injil.

Scripture /'skripcər/ *kb.* Kitab Injil. *the Holy Scriptures* Kitab Injil.

scriptwriter /'skript'raitər/ *kb.* penulis lakon/ceritera (sandiwara atau pilem).

scrofula /'skrafyələ/ *kb.* penyakit kelenjar, sm penyakit tbc.

scroll /skrowl/ *kb.* gulungan surat perkamén, surat gulungan. *s. saw* gergaji ukir.

scrotum /'skrowtəm/ *kb.* kantung buah pelir, kantung kemaluan.

scrounge /skrawnj/ *kkt.* *Sl.:* 1 mencuri. 2 mengemis. 3 mencari-cari (*for food*).

scrounger /'skrawnjər/ *kb.* *Sl.:* 1 pengemis, orang minta-minta. 2 tukang colong, pencopét.

scrub /skrʌb/ *kb.* 1 semak, belukar. 2 *Sport:* pemain pengganti. 3 penggorokan. —*kkt.* (**scrubbed**) 1 menggosok (*a floor, pan*). 2 membuang (*a plan, idea*). 3 *Sl.:* menghapuskan, mengurungkan (*a game, match*). **s. brush** sikat, berus, penggosok. **s. team** regu kelas rendahan. —**scrubbing** *kb.* hal menggosok (dgn sabun), menyikat.

scrubby /'skrʌbie/ *ks.* kerdil. *s. beard* janggut yg (lebat dan) kasar. *s. land* tanah penuh dgn semak-semak.

scrubwoman /'skrʌb'wumən/ *kb.* (*j.* **-women**) wanita/babu pengepél lantai.

scruff /skrʌf/ *kb.* kuduk, tengkuk.

scrumptious /'skrʌmpsyəs/ *ks.* 1 méwah (*dwelling*). 2 lezat, énak (*food*).

scruple /'skruwpəl/ *kb.* keberatan. *to have no scruples about* tak berkeberatan thd. —*kki.* berkeberatan. *He doesn't s. to ...* Ia tdk segan-segan utk ....

scrupulous /'skruwpyələs/ *ks.* 1 cermat (*housekeeper*). 2 teliti, saksama (*in o's dealings*). —**scrupu-**

lously *kk.* dgn teliti, sampai kpd yg sekecil-kecil-nya, dgn amat teliti, sangat hati-hati.

scrutinize /'skruwtənaiz/ *kkt.* meneliti dgn cermat, memeriksa dgn teliti.

scrutiny /'skruwtənie/ *kb.* (*j.* **-nies**) penelitian dgn cermat. *to bear close s.* tahan thd penelitian yg keras. *to subject s.t. to close s.* meneliti s.s.t. dgn saksama.

scuba /'skuwbə/ *kb.* alat utk bernapas dibawah air (bagi penyelamat).

scuff /skʌf/ *kkt.* melécétkan (*shoes, the floor*).

scuffle /'skʌfəl/ *kb.* perkelahian, bakuhantam. —*kki.* berkelahi, berhantaman.

scull /skʌl/ *kb.* dayung buritan. —*kki.* berkayuh, mengayuh, mendayung dgn dayung buritan.

sculler /'skʌlər/ *kb.* 1 pendayung, pengayuh. 2 perahu dayung.

sculpt /skʌlpt/ *kkt.* memahat.

sculptor /'skʌlptər/ *kb.* pemahat/ahli patung.

sculptress /'skʌlptrəs/ *kb.* ahli patung wanita.

sculpture /'skʌlpcər/ *kb.* 1 seni pahat/ukir. 2 patung, arca, pahatan. —**sculpturing** *kb.* seni memahat/pahat/ukir.

scum /skʌm/ *kb.* 1 kekam, buih (*on the water*). 2 sampah. *He's the s. of the earth* Ia sampah masyarakat.

scummy /'skʌmie/ *ks.* 1 berbuih (*of a liquid*). 2 tak berguna, jahat (*person, trick, deal*).

scurried /'skəried/ lih SCURRY.

scurries /'skəriez/ lih SCURRY.

scurrility /skə'rilətie/ *kb.* (*j.* **-ties**) kelakar/lelucon yg tdk senonoh, kemesuman.

scurrilous /'skərələs/ *ks.* 1 kasar, kotor, keji. 2 tak senonoh, carut. *to make a s. attack on s.o.* menyerang s.s.o. secara tdk sopan/pantas/patut.

scurry /'skərie/ *kb.* jalan cepat/terburu-buru. —*kki.* (**scurried**) 1 bergegas-gegas. *to s. off to work* pergi terburu-buru/berjalan cepat-cepat ke tempat pekerjaan. 2 berlari-lari. *The chicks were scurrying around* Anak-anak ayam berlari-lari kian-kemari.

scurvy /'skərvie/ *kb.* penyakit kudisan. —*ks.* hina, keji, curang (*trick*).

scuttle /'skʌtəl/ *kb.* émbér, bak (*for coal*). —*kkt.* 1 menenggelamkan (*a ship*). 2 membuang, membatalkan (*a plan*). **to s. away/off** berlari tergesa-gesa.

scuttlebutt /'skʌtəl'bʌt/ *kb. Sl.:* desas-desus, kabar angin. *S. has it that ...* Menurut anu katanya ....

scythe /saiTH/ *kb.* sabit besar.

S.D. 1 [*South Dakota*] negara bagian AS. 2 [*Doctor of Science*] doktor ilmu pengetahuan.

S. Dak [*South Dakota*] negarabagian AS.

S. Doc. [*Senate Document*] Dokumén Sénat (AS).

SE. S.E. [*Southeast(ern)*] tenggara.

SEA [*Southeast Asia*] Asia Tenggara.

sea /sie/ *kb.* 1 laut. *the Red S.* Laut Mérah. *to go by s.* naik kapal laut. *to be in a heavy s.* mengalami laut yg bergolak. *high s.* laut yg bergelombang besar. *to follow the s., to go to s.* menjadi pelaut. *to put to s.* melaut, berlayar. *to ply/sail the seas* mengarungi laut(an). *to live by the s.* tinggal di pinggir laut. *to live from the s.* hidup dari hasil laut. *to serve at s.* bekerja di kapal, menjadi pelaut. *to head for the open s.* menuju laut-lepas (*of fish*). 2 lautan (*on the moon*). *s. of smiling faces* lautan manusia dgn muka-muka tersenyum. **at s.** a) *Nav.:* sedang berlayar. b) bingung. *I'm at s. about the matter* Aku jadi bingung mengenai hal itu. *to be in a s. of despair* tenggelam dlm keputus-asaan. **s. anchor** kala-kala, sauh-apung. **s. bag** kantong terpal yg digunakan pelaut. **sea-bottom** *kb.* dasar laut. **s. breeze** angin laut. **s. captain** nakhoda kapal laut. **s. cow** ikan du-

yung. **s. floor** dasar laut. **s. front** tepi/pinggir laut. *cottage on the s. front* pondok di tepi laut. **s. gull** burung camar. **s. horse** unduk-unduk. **s. lane** jalan laut. *to get o's s. legs* membiasakan diri diatas kapal. **s. level** permukaan laut. **s. lion** singa laut. **s. mile** mil laut. **s. power** kekuatan armada, negara penguasa laut. **s. route** arah perjalanan laut, rute pelayaran. **s. rover** bajak. **s. scout** pandu laut. **s. shell** kerang laut, lokan. **s. urchin** bulu babi. **s. voyage** pelayaran, perjalanan dgn kapal. **s. wall** témbok laut.

seabed /'sie'bed/ *kb.* dasar laut.

seaboard /'sie'bowrd/ *kb.* daérah pesisir.

seaborne /'sie'bowrn/ *ks.* diangkut dgn kapal. *s. troops* pasukan yg diangkut dgn kapal.

seacoast /'sie'kowst/ *kb.* pantai laut.

seafarer /'sie'færər/ *kb.* 1 pelaut, kelasi. 2 penumpang kapal.

seafaring /'sie'færing/ *ks.* yg berlayar di laut. *s. vessel* kapal laut. *s. man* pelaut.

seafood /'sie'fuwd/ *kb.* makanan hasil laut.

seagoing /'sie'gowing/ *ks.* yg berlayar di laut. *s. tug* kapal tarik laut. *s. vessel* kapal laut.

seal /siel/ *kb.* 1 anjing laut. 2 ségél. *Don't break the s.* Jangan pecahkan ségélnya. *state s.* ségél kenegaraan. 3 tanda, cap. *s. of approval* tanda persetujuan. *to affix o's s.* menémpélkan tandanya. *to set o's s. of approval to* memberikan persetujuannya kpd. *It was done under the s. of secrecy* Hal itu dilakukan dibawah sumpah. 4 (*ring*) khatam. 5 meterai. —*kkt.* 1 menutup (*a letter*). 2 menyégél (*a house, building*). 3 membubuhi ségél, mencap (*a contract*). 4 memperkuat, mengunci, men(ge)sahkan (*a bargain* persetujuan). *My fate is sealed* Nasibku tlh diputuskan. *Her lips are sealed* Bibirnya terkatup rapat. **to s. off** menutup rapat-rapat (*a room, area*). **to s. up** menutup mati (*a door, entrance*). —**sealed** *ks.* tertutup. *s. letter* 1 surat tertutup. 2 surat tertutup dgn lak. *s. contract* kontrak yg dibubuhi ségél. *to sail under s. orders* berlayar dgn perintah yg dirahasiakan. *s. bid* penawaran rahasia, penawaran dlm sampul tertutup.

sealing *wax* lak/lakeri penyégél.

seam /siem/ *kb.* 1 kelim, pelipit (*of clothing*). 2 lapisan (*of coal*).

seaman /'siemən/ *kb.* (*j.* **-men**) pelaut, kelasi, bahariwan. *s. second class* kelasi tingkat dua.

seamanship /'siemənsyip/ *kb.* ilmu bahari/pelayaran, kepelautan.

seamless /'siemləs/ *ks.* tanpa kelim. *s. hose* kaus kaki wanita yg tak ada kelimnya.

seamstress /'siemstrəs/ *kb.* penjahit wanita, tukang jahit wanita.

seamy /'siemie/ *ks.* (paling) buruk. *s. side of life* segi yg buruk dari penghidupan.

séance, seance /'seians/ *kb.* pertemuan utk mencoba berhubungan dgn roh orang mati.

seaplane /'sie'plein/ *kb.* pesawat terbang air.

seaport /'sie'powrt/ *kb.* bandar, pelabuhan laut, kota pelabuhan.

sear /sir/ *kkt.* membakar, melayur, menyelarkan, menghanguskan. *Lightning seared several trees* Petir menghanguskan beberapa pohon. *The heat of the sun seared the fields* Panas matahari melayurkan lapangan-lapangan. —**searing** *ks.* yg membakar (*heat*).

search /sərc/ *kb.* 1 pencarian, pengejaran (*for a lost child, dog*). 2 penggelédahan (*of a house*). 3 penyelusuran, penyelidikan (*for information*). 4 penyelidikan, penelitian (*for a cure*). **in s. of** sedang mencari-cari. —*kkt.* 1 memeriksa (*a person*). 2 menggelédah (*a house*). *Sl.: S. me!* Mana saya tahu! —*kki.* mencari. **to s. for** 1 mencari-cari (*for a lost dog*). 2 menyelidiki utk mendapatkan (*information*). **to s. out** 1 mencari sampai ketemu (*s.o.*). 2 menyelusur, mencari (*information*). **s. party** rombongan pencari. **s. warrant** surat kuasa utk menggelédah. —**searching** *kb.* penggelédahan (*of a house*). *ks.* menyorot dgn tajam (*of eyes*). *to ask a s.* question mengajukan pertanyaan yg tajam. *to give s.o. a s. look* memandang s.s.o. dgn tajam.

searcher /'sərcər/ *kb.* penyelidik, pemeriksa, penggelédah.

searchlight /'sərc'lait/ *kb.* lampu sorot.

seashore /'sie'syowr/ *kb.* pantai laut.

seasick /'sie'sik/ *ks.* mabuk laut.

seaside /'sie'said/ *kb.* tepi laut. *s. resort* tempat bertamasya di tepi laut.

season /'siezən/ *kb.* 1 musim. *in s.* sedang musim-(nya). *dry s.* musim kemarau. *rainy s.* musim hujan. *Fishing is in s. now* Sekarang sedang musim memancing. *Peaches are out of s.* Bukan musim buah persik lagi. 2 waktu, masa. *The Christmas S.* Waktu Natal. *to rent a cottage for the s.* menyéwakan pondok selama musim libur. *You'll find out about it in good s.* Kau akan mengetahui mengenai hal itu pd waktunya. *the hunting s.* masa berburu. *the busy s.* masa penuh kegiatan/kesibukan. —*kkt.* 1 membumbui (*food*). *justice seasoned with compassion* keadilan yg dibumbui dgn belas kasihan. 2 menjemur, mengeringkan (*wood*). **s. ticket** karcis sepanjang musim, karcis musiman, kartu abonemén. —**seasoned** *ks.* 1 pedas. *highly s. food* makanan yg banyak sekali bumbunya. 2 berpengalaman, sdh makan garam, kawakan. —**seasoning** *kb.* bumbu (*makanan*).

seasonable /'siezənəbəl/ *ks.* sesuai dgn musimnya (*weather*).

seasonal /'siezənəl/ *ks.* 1 bermusim(-musim), menurut musim (*of fruits*). 2 musiman. *s. worker* buruh musiman.

seat /siet/ *kb.* 1 tempat duduk. *That's my favorite s.* Itulah tempat duduk yg paling kusenangi. *Please have/take a s.!* Silakan duduk! *Please keep your s.!* Duduk sajalah! 2 tempat. *to reserve a s. on Flight 407* menyediakan tempat dlm penerbangan 407. 3 kursi. *to run for the incumbent's s. in Congress* mencalonkan diri utk kursi pemegang jabatan dlm Déwan Perwakilan Rakyat. 4 pusat, kedudukan. *s. of government* kedudukan pemerintahan. *s. of learning* pusat pengajaran, perguruan tinggi. 5 tempat kedudukan. *Ithaca is the county s. of Tompkins County* Ithaca adalah tempat kedudukan pemerintahan Tompkins County. 6 bagian belakang, pantat (*of o's pants*). *Where is the s. of the trouble?* Di mana yg terasa paling sakit? —*kkt.* 1 menyediakan tempat duduk (*s.o.*). *to s. o.s. in a chair* duduk di kursi. *Will you please be seated?* Sudilah mengambil tempat duduk. Silakan duduk. *He was seated when....* Ia sdh mendapat tempat duduk waktu.... *Kindly remain seated* Harap/Diminta tetap duduk. 2 memperbarui tempat duduk (*a chair*). *The hall seats two hundred* Aula itu mempunyai tempat duduk utk dua ratus orang. 3 mendudukkan. *to s. the guest of honor on...* mendudukkan tamu kehormatan itu disebelah.... 4 memuat. *This car seats six* Mobil ini memuat enam orang. 5 memberi hak, mengizinkan mengikuti (*a delegation at a conference*). **s. belt** sabuk/tali kursi, ikat duduk. **s. cover** lapis/alas tempat duduk. —**seated** *ks.* tlh duduk. *s. dinner* makan malam dgn duduk menghadapi méja makan. —**seating** *kb.* (tempat)/susunan duduk. *s. of the guests* mengatur tempat duduk tamu-tamu. *s.*

capacity jumlah tempat duduk. *s. arrangement at a table* pengaturan tempat duduk sekitar méja.

seatmate /'siet'meit/ *kb.* teman duduk.

SEATO, S.E.A.T.O. /'sie'tow/ [*Southeast Asia Treaty Organization*] Organisasi Pertahanan Asia Tenggara.

seaward /'siewərd/ *ks., kk.* menuju/mengarah ke laut.

seaway /'sie'wei/ *kb.* terusan yg berh. dgn laut dan cukup dalam utk dilalui kapal-kapal laut yg besar.

seaweed /'sie'wied/ *kb.* ganggang laut, kemumu.

seaworthiness /'sie'wərтнienəs/ *kb.* kelaikan laut.

seaworthy /'sie'wərтнie/ *ks.* laik laut.

sec /sek/ *kb. Inf.*: detik. *Wait a s.!* Tunggu sebentar!

sec. 1 [*second*] detik; kedua. 2 [*secant*] garis potong. 3 [*secretary*] sékretaris, panitera. 4 [*section*] séksi, bagian.

SEC [*Securities and Exchange Commission*] Panitia Urusan Berharga dan Bursa.

secant /'siekənt/ *kb.* garis potong.

secede /si'sied/ *kki.* melepaskan diri (**from** dari).

secession /si'sesyən/ *kb.* penarikan diri, pemisahan.

seclude /si'kluwd/ *kkt.* memencilkan (**o.s.** diri). —**secluded** *ks.* menyendiri, terpisah. *to live a s. life* hidup menyendiri.

seclusion /si'kluwzyən/ *kb.* pengasingan, khalwat, pingitan. *to go into s.* mengasingkan diri.

second /'sekənd/ *kb.* 1 detik, sekon. *Wait a s.!* Tunggu sebentar! *I'll be there in a s.* Aku akan datang segera. 2 pendukung, penyokong. 3 (*china*) piring kedua. 4 nomor dua. *to come in s.* tiba sbg yg kedua/nomor dua. 5 persnéling dua. *Put it in s.* Pakai persnéling dua. 6 *Box*: pembantu. —**seconds** *j.* barang-barang bekas/murahan. *to buy seconds* membeli barang-barang bekas. —*ks.* 1 kedua. *in the s. grade* di kelas dua. *I'd like to speak s.* Aku ingin bicara pd giliran kedua. *to take s. place* digolongkan yg kedua/nomor dua. 2 rendah. *second-quality paper* kertas yg bermutu rendah. 3 yg lain. *He hopes to be a s. Toscanini* Ia berharap menjadi spt Toscanini. :: *s. largest building* gedung nomor dua terbesar (di dunia). *In wisdom he's s. to none* Dlm kecerdasan/kepintaran ia tdk ada taranya. *every s. day* sekali dua hari/berselang sehari. *to live on the s. floor* tinggal pd tingkat pertama. *I have this at s. hand* Aku mengetahui ini secara tdk langsung. —*kkt.* menyokong. *Will someone s. the motion to adjourn?* Adakah yg mau menyokong usul utk menutup rapat? **second-best** *ks.* nomor dua. *to come off s. best* dikalahkan. **s. childhood** kekanak-kanakan. *He's in his s. childhood* Ia tlh pikun. **second-class** *ks.* kelas dua, kelas rendahan. *s.-class ticket* karcis kelas dua. *This is s.-class work* Ini pekerjaan yg bermutu rendah. *s.-class matter* golongan kelas dua. **s. cousin** anak dari saudara sepupu, anak misan. *second-degree burn* kebakaran yg menyebabkan kulit mengelupas. *to play s. fiddle* memainkan peran bawahan. **s. gear** persnéling kedua. *to second-guess (s.o.)* mengecam belakangan. **second-hand** *ks.* bekas, bekas-pakai. *s.-hand book* buku bekas pakai. *s.-hand bookshop* toko buku twédehan/bekas. *to get the news s.-hand* mendapat berita dari tangan kedua. **s. mortgage** hipotik kedua. *to be s. nature* sdh biasa, mendarah daging. **second-rate** *ks.* rendah mutunya. *s.-rate job* pekerjaan yg tak begitu bermutu. *to stay at a s.-rate hotel* tinggal di hotél kelas dua. **second-rater** *kb.* orang yg tak begitu bermutu. **second-string** *ks.* tak termasuk terbaik (*of a player*). **s. sight** daya nujum. **s. thought** pemikiran kembali. *to have s. thoughts (about s.t.)* memikirkan lagi. *on s. thought* stlh mempertimbangkan lagi. **s. wind** pembaharuan tenaga baru, angin/napas baru. —**secondly** *kk.* yg kedua.

secondary /'sekən'derie/ *ks.* 1 tdk sama penting dgn. *Going camping is s. to protecting o's health* Pergi berkémah tidaklah sepenting penjagaan keséhatannya. 2 kedua. *to use s. sources in* menggunakan sumber-sumber dari tangan kedua dlm. 3 sekundér (*of a stress*). 4 tambahan. *s. meaning* arti tambahan. **s. education** pendidikan lanjutan. **s. school** sekolah menengah/lanjutan.

seconder /'sekəndər/ *kb.* pendukung (suatu mosi/ usul).

secrecy /'siekrəsie/ *kb.* (*j.* **-cies**) sifat rahasia, kerahasiaan. *S. of the news is important* Menjaga rahasia berita itu adalah penting. *to do s.t. in strict s.* mengerjakan s.s.t. dgn amat rahasia.

secret /'siekrit/ *kb.* rahasia. *to keep a s.* menyimpan rahasia. *They keep no secrets from e.o.* Meréka tak ada rahasia antara satu sama lainnya. *Let us in on the s.* Beritahulah rahasia itu kpd kami. *to do s.t. in s.* melakukan s.s.t. dgn diam-diam. *top s.* sangat rahasia. *He makes no s. of his love for her* Ia tdk menyembunyikan rasa cintanya thd wanita itu. *trade s.* rahasia dagang/perusahaan. —*ks.* yg berh. dgn rahasia. *Keep this information s.* Rahasiakanlah keterangan ini. *s. agent* agén rahasia, mata-mata *s. ballot* pemungutan suara secara rahasia. *s. police* polisi rahasia. *s. room* kamar rahasia. *S. Service* Jawatan Rahasia. *s. society* perkumpulan rahasia. —**secretly** *kk.* secara rahasia, dgn diam-diam. *s. married* kawin dgn diam-diam. *They met s.* Meréka bertemu secara rahasia.

secretarial /'sekrə'tærièəl/ *ks.* yg berk. dgn pekerjaan seorang sékretaris. *s. services* tugas-tugas seorang sékretaris.

secretariat /'sekrə'tærieit/ *kb.* sékertariat, kepaniteraan.

secretary /'sekrə'terie/ *kb.* (*j.* **-taries**) 1 sékretaris, panitera. *secretary-general* sékretaris-jéndral. *first s. of the embassy* sékretaris pertama kedubes. *private s.* sékretaris pribadi. 2 *Furn.*: méja tulis. 3 menteri. *S. of the Army* Menteri Angkatan Darat. *S. of Commerce* Menteri Perdagangan. *S. of Defense* Menteri Pertahanan. *S. of Health, Education and Welfare* Menteri Keséhatan, Pendidikan dan Kesejahteraan. *S. of the Interior* Menteri Dalam Negeri. *S. of State* Menteri Luar Negeri. *S. of the Treasury* Menteri Keuangan.

secretaryship /'sekrə'teriesyip/ *kb.* jabatan sékretaris.

secrete /si'kriet/ *kkt.* 1 mengeluarkan (*a fluid*). 2 (*hide*) menyembunyikan (*on o's person*).

secretion /si'kreisyən/ *kb.* pengeluaran, keluarnya.

secretive /'siekrətiv, si'krietiv/ *ks.* suka berahasia.

secretive /si'krietiv/ *ks.* secara cair.

secretory /si'kretərie/ *ks.* yg keluar/mengeluarkan.

sect /sekt/ *kb.* mazhab, sékte.

sect. [*section*] bagian, séksi.

sectarian /sek'tærieən/ *ks.* picik, terkungkung pd satu aliran saja.

section /'seksyən/ *kb.* 1 bagian, séksi. *the first s. of the book* bagian pertama dari buku itu. *in which s. of town* di bagian mana di kota itu. *to divide into sections* membagi atas séksi-séksi. *The ship is made in sections* Kapal itu dibangun/dibuat sebagian-sebagian. 2 golongan. *All sections of the population can vote* Semua golongan penduduk dpt memilih. 3 pangsa (*of a fruit*). 4 urusan. 5 belahan. *microscopic s.* belahan mikroskopis. 6 bab. *the third s. of the ordinance* bab

ketiga dari peraturan/ordinansi itu. *to take the second s. of the shuttle* naik pesawat kedua dari penerbangan pulang-pergi. —*kkt.* membelah/memotong (*a fruit*).

sectional /'seksyənəl/ *ks.* 1 bersekat-sekat. *s. bookcase* rak buku yg bersekat-sekat. 2 setempat (*sports, interests*).

sector /'sektər/ *kb.* 1 *Mil.*: séktor, kawasan. 2 bidang, séktor. *agricultural s.* séktor pertanian. 3 *Math.*: tembéréng.

secty. [*secretary*] sékertaris, panitera.

secular /'sekyələr/ *ks.* sekulér, duniawi. *s. education* pendidikan sekulér.

secularize /'sekyələraiz/ *kkt.* 1 menerapkan pendidikan kpd hal-hal duniawi (bukan keagamaan) (*education*). 2 memindahkan kpd urusan kegiatan-kegiatan keduniawian (*a monk*).

secure /si'kyur/ *ks.* 1 terjamin. *to be s. in o's old age* terjamin pd usia tuanya. *s. investments* penanaman modal yg terjamin. *This stock is s.* Saham ini terjamin. 2 terkunci. *The house is s.* Rumah itu terkunci. 3 aman. *Is this area s.?* Apakah daérah ini aman? *to be s. from attack* aman/terlindung dari penyerangan. 4 kokoh. *She's a very s. person* Ia seorang yg sangat kokoh kedudukannya. —*kkt.* 1 mendapatkan, memperoléh (*permission, a loan*). 2 menjamin. *to s. a loan by insurance* menjamin hutang dgn asuransi. 3 mengunci (*a house*). 4 melindungi (*an area*) (**against** thd). 5 menutup rapat-rapat (*a bottle top*).

security /si'kyurətie/ *kb.* (*j.* **-ties**) 1 jaminan. *to put up s.* mengajukan jaminan. 2 keamanan (*in an area*). *S. Council* Déwan Keamanan. 3 pelindung, perlindungan (*with a dog*). 4 tanggungan, jaminan. *My brother was s. for the loan* Abangku penanggung jawab pinjaman itu. *without s.* tanpa jaminan. —**securities** *j.* surat-surat berharga. *government securities* surat-surat berharga/obligasi pemerintah. **s. clearance** penyelidikan bhw s.s.o. dpt dipercaya kesetiaannya pd negara. **s. guard** petugas keamanan. **s. police** polisi rahasia. **s. risk** seorang yg kesetiaannya dpt dipercaya.

sec'y [*secretary*] sékertaris, panitera.

sedan /si'dæn/ *kb.* sédan. *s. chair* tandu, pelangkin.

sedate /si'deit/ *ks.* tenang, sabar, tdk ribut.

sedateness /si'deitnəs/ *kb.* ketenangan (jiwa, hati, pikiran).

sedation /si'deisyən/ *kb.* sedasi, pemberian obat penenang.

sedative /'sedətiv/ *kb.* obat penenang/penawar, obat pereda nyeri.

sedentary /'sedən'terie/ *ks.* 1 yg menetap, duduk terus-terusan (*of a job*). 2 tak berpindah-pindah (*of pigeons*).

sediment /'sedəmənt/ *kb.* endapan, keladak.

sedimentation /'sedəmən'teisyən/ *kb.* pengendapan.

sedition /si'disyən/ *kb.* hasutan, pendurhakaan.

seditious /si'disyəs/ *ks.* durhaka, yg bersifat menghasut.

seduce /si'duws, -'dyuws/ *kkt.* 1 menggoda, memperkosa (*a woman*). 2 membujuk, merayu. *to be seduced into buying a car* terbujuk utk membeli sebuah mobil.

seducer /si'duwsər, -'dyuw-/ *kb.* 1 penggoda. 2 pembujuk, perayu.

seduction /si'dʌksyən/ *kb.* 1 penggodaan. 2 (pem)-bujukan.

seductive /si'dʌktiv/ *ks.* yg menggairahkan/menggiurkan.

sedulous /'sejuləs/ *ks.* rajin sekali.

see /sie/ *kb.* 1 jabatan uskup atau Paus. 2 keuskupan. 3 kepausan. —*kkt.* (**saw, seen**) 1 melihat (*s.o. or s.t.*). *Do you s. what I s.?* Tampakkah oléhmu apa yg kulihat? *S. p. 2* Lihat hal. 2. *I saw it with my own eyes* Saya melihatnya dgn mata-kepala sendiri. *to s. the sights* memandang keindahan-keindahan, melihat-lihat pemandangan-pemandangan (yg indah). *I must be seeing things* Tak boléh tdk saya tlh melihat bayangan yg tidak-tidak. *to s. s.o. coming* melihat s.s.o. datang. *to s. s.o. hit s.o.* melihat s.s.o. memukul s.s.o. *I saw her fall* Saya melihat dia jatuh. *He was nowhere to be seen* Tdk kelihatan mata hidungnya. *Go s. who's at the door* Pergi lihat siapa yg datang didepan rumah. 2 menjumpai. *Has he seen you about the job?* Apakah ia menjumpai kamu utk membicarakan pekerjaan itu? *I haven't seen him lately* Akhir-akhir ini saya tak menjumpainya. *We s. a great deal of the Jones* Kami seringkali menjumpai keluarga Jones. 3 berkunjung ke. *to s. the campus* berkunjung ke kampus itu. 4 membaca. *to s. s.t. in a paper* membaca s.s.t. dlm koran. 5 membicarakan, pergi ke. *You should s. your doctor about that* Sebaiknya kaubicarakan hal itu dgn doktermu. 6 menemui, berbicara dgn. *May I s. you for a moment?* Boléhkah saya berbicara (dgn kamu) sebentar? *I wanted to s. you on business* Saya ingin berbicara dgn kamu mengenai usaha dagang. 7 memeriksa. *S. what can be done* Periksalah apa yg dpt dilakukan. 8 mengerti. *Do you s. what I mean?* Mengertikah kau apa yg kumaksud? *I don't s. the point* Saya blm mengerti pokok persoalannya. *I s. what you're driving at* Saya mengerti apa yg kauinginkan. *This is how I s. it* Beginilah pendapat saya mengenal hal itu. 9 mengunjungi. *Drop in to s. us sometime* Datanglah sewaktu-waktu mengunjungi kami. 10 bertemu, berjumpa. *We saw e.o. yesterday* Kami berjumpa kemarin. *I'll s. you!* I'll be seeing you! Sampai bertemu lagi! Sampai berjumpa nanti! *S. you!* Sampai lain kali! *S. you (on) Wednesday* Sampai bertemu lagi hari Rabu. 11 menjaga. *S. that it doesn't happen again* Jagalah jangan sampai terjadi lagi. *S. that everything is in order* Jagalah agar segala sesuatunya teratur/berjalan baik/bérés. 12 mengusahakan. *S. that he has everything he needs* Usahakanlah agar ia memperoléh apa saja yg diperlukannya. 13 memikir. *I s. it's time to go* Saya pikir sdh (tiba) waktunya utk pergi. 14 mencoba. *S. if this coat fits you* Coba (lihat) apakah baju ini cocok bagimu. —*kki.* 1 melihat. *I can't s.* Saya tdk dpt melihat. *I can't s. to read* Saya tak dpt melihat utk membaca. *As far as the eye can s.* Sejauh mata memandang. *S. for yourself* Boléh lihat sendiri. *As far as I can s.* ... Sejauh penglihatan saya .... 2 mengerti. *I s.* Saya mengerti. :: *Let me s.* Coba saya periksa. *I'll s.* Akan kupikirkan/kupertimbangkan. *I don't know what you s. in her* Saya tdk tahu apa yg membuat kamu tertarik kepadanya. **to s. about** 1 berusaha. *to s. about a dress* berusaha membeli pakaian. 2 mempertimbangkan. *I'll s. about it later* Saya akan mempertimbangkannya nanti. *Will you s. about getting a new tire?* Bisakah sdr usahakan mendapatkan ban baru? **to s. after** mengurus, memelihara. **to s. in** menunggu. *to s. in the New Year* menunggu saat tibanya Tahun Baru. **to s. into** mengerti atau maksud yg tersembunyi. **to s. off** mengantarkan (*at the station*). **to s. out** 1 mengantarkan (*to the gate*). 2 menyelesaikan. **to s. through** 1 menolong. 2 mengatasi (*an ordeal*). 3 mengerti, menyelami (jiwa s.s.o.). 4 menyelesai-

kan. **to s. to** 1 mengurus. *I'll see to it today* Aku akan mengurusnya hari ini. *Please s. to the house while...* Tolong jaga rumah selama.... 2 menjaga spy. *S. to it that...* Jagalah spy .... *That leaky faucet must be seen to* Kran yg bocor itu perlu diperbaiki. **see-through** *ks.* tembus-pandang (*blouse*). —**seeing** *kb.* tindakan melihat. *S. is believing* Kalau sdh melihat baru percaya. *The fair is worth s.* Pekan-raya itu bermanfaat utk dikunjungi. *s. eye dog* anjing penuntun orang buta. *s. eye door* pintu yg diperlengkapi dgn alat éléktris (buka sendiri kalau ada orang mendekat). **s. that** *ksam.* karena, mengingat bhw.

seed /sied/ *kb.* 1 bibit. *flower s.* bibit bunga. *vegetable s.* bibit-bibit sayur-sayuran. 2 benih. *to sow the seeds of rebellion* menyebar benih-benih pemberontakan. 3 biji. *peach s.* biji buah persik. *He planted the s. in my mind by his remarks* Dgn ucapan-ucapannya itu ia mencetuskan s.s.t. dlm pikiranku. *to go/run to s.* bertambah buruk karena diabaikan. *I feel that I'm going to s.* Kurasa bhw kekuatanku mulai mundur. —*kkt.* 1 menyemai bibit utk (*a lawn*). 2 membuang biji (*a watermelon, peach*). 3 *Sport*: menempatkan pd. *He has been seeded third* Ia tlh ditempatkan pd nomor tiga. —**seeded** *ks.* yg tlh ditempatkan pd tempat tertentu dlm urutan (*player*). —**seeding** *kb.* 1 penyemaian (*of a lawn*). 2 penempatan (*of players*).

seedbed /'sied'bed/ *kb.* pe(r)semaian, pengipukan.

seedless /'siedləs/ *ks.* tak berbiji (*of grapes, grapefruit*).

seedling /'siedling/ *kb.* semaian, ipukan.

seedy /'siedie/ *ks.* 1 berbiji banyak (*of fruit*). 2 lusuh (*of person, clothing*).

seek /siek/ *kkt.* (**sought**) 1 mencari (*a job, book*). *to s. relief for a headache* mencari-cari obat (utk menghilangkan) sakit kepala. 2 meminta. *to s. s.o's help* meminta pertolongannya. *to s. advice* meminta naséhat. 3 mencoba. *to s. to persuade s.o. to go* berusaha membujuk s.s.o. spy berangkat. —*kki.* dicari, diketemukan. *The causes are not difficult to s.* Sebab-sebabnya tak sulit utk diketemukan. **to s. after** mencari. *That book is much sought after* Buku itu banyak dicari orang. **to s. out** mencari-cari.

seem /siem/ *kki.* 1 rupa-rupanya, rasanya. *I s. to have forgotten his name* Rupa-rupanya aku tlh lupa namanya. *It seems queer that...* Rasanya anéh bhw.... *There seems to be some problem* Rupanya terdapat sedikit kesukaran. *It seems that...* Rupanya.... 2 nampak. *He seems young for his age* Ia nampak lebih muda drpd umur yg sebenarnya. *It seems like a dream* Nampaknya sbg suatu mimpi. 3 kelihatannya. *She seems to like him* Kelihatannya ia cinta kpd lelaki itu. *It seemed as though...* Kelihatannya seakan-akan.... *So it seems* Demikianlah rupanya/kelihatannya. *He had a seeming advantage* Ia kelihatannya seolah-olah mendapat keuntungan. —**seemingly** *kk.* nampaknya, rupa-rupanya.

seemly /'siemlie/ *ks.* patut, pantas. *It's not s. for...* Tak pantas bagi....

seen /sien/ *lih* SEE.

seep /siep/ *kki.* merémbés, meresap. *The water seeped in through the floor* Air itu merémbés menembus lantai itu.

seepage /'siepij/ *kb.* (air) rémbésan, tirisan.

seer /sir/ *kb.* ahli peramal.

seersucker /'sir'sʌkər/ *kb.* kain katun yg bergaris-garis datar dan berkerut.

seesaw /'sie'sɔ/ *kb.* 1 papan jungkat-jungkit, domplangan. 2 unggang-unggit. —*kki.* 1 mengungkangungkit, jungkang-jungkit. 2 mundur maju (of a game).

seethe /sieтн/ kki. 1 mendidih, menggelegak (of water). 2 mendidih (with anger). He seethed at the mention of that man's name Darahnya mendidih waktu nama lelaki itu disebut. The country is seething with discontent Negeri itu bergejolak dgn perasaan tdk puas. 3 hiruk-piruk, ramai. The street is seething with people Jalan itu hiruk-pikuk dgn manusia.

segment /'segmənt/ kb. 1 bagian (of a lot). 2 golong-an, daérah. All segments of the country will be re-presented Semua golongan di negeri itu akan diwa-kili. 3 ruas (of a worm). 4 tembéréng (of a circle). 5 ulas, pangsa (of an orange). —kkt. 1 mengiris (a fruit). 2 memotong (a circle).

segmental /seg'mentəl/ ks. yg terdiri atas beberapa bagian.

segmentation /'segmən'teisyən/ kb. pembagian menjadi ruas-ruas.

segregate /'segrəgeit/ kkt. memisahkan, memencil-kan.

segregation /'segrə'geisyən/ kb. pemisahan.

segregationist /'segrə'geisyənist/ kb. penganjur pemisahan (menurut warna kulit).

seine /sein/ kb. pukat, pemayang.

seismic /'saizmik/ ks. yg berk. dgn gempa bumi.

seismograph /'saizməgræf/ kb. seismograf.

seismologist /saiz'maləjist/ kb. ahli gempa bumi, ahli ilmu gempa.

seismology /saiz'maləjie/ kb. ilmu gempa bumi.

seize /siez/ kkt. 1 menangkap, meraih (s.o. before he falls). The police seized him Polisi menangkapnya. 2 merampas (a purse). 3 menyita, merampas (s.o's property). 4 menggunakan. to s. a chance to meng-gunakan kesempatan utk. 5 mence(ng)kam (s.o. by the throat). She was seized with fear Ia tercekam rasa takut. **to s. on** menggunakan (an excuse, a mistake).

seizure /'siezyər/ kb. 1 perampasan, penyitaan, pembeslahan (of goods). 2 serangan (of heart). to have a s. mendapat serangan (tiba-tiba). 3 perebut-an (of power).

seldom /'seldəm/ kk. jarang. He s. if ever goes out Ia jarang sekali bepergian.

select /si'lekt/ ks. yg terpilih, pilihan. a s. group sekumpulan yg terpilih. —kkt. memilih.

selection /si'leksyən/ kb. pilihan. to make a s. meng-adakan pilihan. s. from "West Side Story" bagian dari "West Side Story". selections from E. A. Poe karangan-karangan pilihan dari E. A. Poe.

selective /si'lektiv/ ks. bersifat pemilih, dpt me-milih. That radio is not s. enough Radio ini pemilih-annya kurang. She can afford to be s. Ia mampu utk memilih-milih. S. Service Pemilihan Tenaga Lelaki di AS utk dinas tentara.

selectivity /si'lek'tivətie/ kb. 1 hal/kepandaian me-milih. 2 kemampuan menjaring/menyaring (of TV, radio).

self /self/ kb. (j. **selves**). diri. He's not like his former s. Ia tak spt dulu lagi. Just be your own sweet s. Ber-lakulah spt biasa. He's his old s. again Ia kembali spt sediakala. —kg. sendiri, dirinya (sendiri). **herself.** She can look after herself Ia dpt menjaga dirinya. She drives the car herself Ia mengemudikan sendiri mobil itu. She has only herself to blame Tak ada orang lain yg disesalinya kecuali dirinya sendiri. **himself.** He drives the tractor himself Ia mengemudi traktor itu sendiri. He's not quite himself today Ia lain drpd biasa hari ini. He speaks disparagingly of himself Ia merendahkan dirinya sendiri. It's everyone for him-

self Masing-masing mengurus diri sendiri. He did it all by himself Ia mengerjakannya seorang diri saja. He keeps everything to himself Ia menahan/menyim-pan segala-galanya bagi dirinya sendiri. **itself.** The house itself is nice Rumah itu sendiri bagus. She's kindness itself Ia berkepribadian peramah. to stand by itself berdiri sendiri. The toy runs by itself Mainan itu berlari/berjalan dgn sendirinya. By itself it isn't worth much Begitu saja itu tdk banyak nilainya. That's a good point in itself Persoalan itu sendiri mémang baik. This in itself is not enough (Kalau) ini saja tdk cukup. **myself.** I, myself, do not trust him Saya, pribadi, tdk mempercayai dia. I don't feel myself lately Akhir-akhir ini saya merasa kurang séhat. I'm keeping that book for myself Saya mengambil buku itu utk saya sendiri. **oneself.** to talk to o.s. berbicara kpd diri sendiri/beromong-omong sendiri. to hurt o.s. menyakiti dirinya sendiri. to sing o.s. to sleep bernyanyi sampai tertidur. **our-selves.** We did the painting ourselves Kami sendiri yg mencat. We blame ourselves for that accident Kita me-nyalahkan diri kita sendiri dlm kecelakaan itu. We are enjoying ourselves Kami menghibur diri kami. **themselves.** Only they, themselves, know the truth Hanya meréka sendirilah yg mengetahui kebenar-annya. Let them go by themselves Biarlah meréka pergi sendiri. They live by themselves Meréka hidup berdiri sendiri. They whispered among themselves Meréka itu berbisik-bisik diantara meréka sendiri. **yourself** (j. **-selves**) Speak for yourself Berkatalah bagi diri-mu sendiri. Be yourself Berlakulah sewajarnya. What did you do to yourself? Apakah yg tlh kauperbuat pd dirimu sendiri? Watch yourself! Berhati-hatilah!

self-addressed ks. yg beralamat sendiri (envelope). **self-adjusting** ks. dpt mengatur sendiri. **self-aggrandizement** hal membesar sendiri. **self-appointed** ks. diangkat sendiri. **self-assertive** ks. suka mementingkan/menonjolkan diri (sendiri). **self-assurance** kepercayaan pd diri sendiri. He's very self-assured Ia percaya sekali pd dirinya sendiri. **self-centered** ks. égoséntris. **self-con-fidence** kepercayaan pd diri sendiri. **self-con-fident** ks. merasa yakin, percaya pd diri sendiri. **self-conscious** ks. sadar akan dirinya, menyadari dirinya. He makes me very s.-conscious Ia membuat saya benar-benar merasa malu thd diri saya. **self-contained** ks. dpt berdiri sendiri, serba lengkap. **self-control** penjagaan/pengawasan diri sendiri. **self-deception** penipuan diri sendiri. **self-defeat-ing** ks. merusak diri. **self-defense** pembélaan diri. to fire in s.-defense menémbak utk membéla diri. **self-denial** pengorbanan kepentingan sendiri. **self-determination** penentuan nasib sendiri. **self-discipline** disiplin diri, hal menguasai diri. **self-educated** ks. belajar dgn tenaga sendiri, otodidak. **self-effacing** ks. dgn melupakan/me-niadakan diri sendiri. **self-employed** ks. pekerja/ pengusaha bébas. **self-esteem** penghargaan diri, rasa harga diri. **self-evident** ks. terbukti sendiri. **self-explanatory** ks. sdh jelas, dgn sendirinya, cukup jelas. **self-expression** ucapan isi hati/ pikiran, pernyataan diri. **self-governing** ks. ber-pemerintahan sendiri. **self-government** peme-rintahan sendiri. **self-help** pertolongan thd diri sendiri. **self-imposed** ks. dibebankan pd diri sen-diri. **self-improvement** perbaikan diri sendiri. **self-incriminating** ks. memberatkan diri sendiri. **self-induced** ks. ditimbulkan sendiri. **self-indul-gence** perasaan puas/senang sendiri. **self-in-flicted** ks. yg akibat perbuatan sendiri. **self-**

interest kepentingan diri sendiri. **self-loading** *ks.* mengisi sendiri. **self-made** *ks.* yg maju atas usaha sendiri. *a s.-made man* seorang lelaki yg maju atas usaha sendiri. **self-neglect** pengabaian diri. **self-opinionated** *ks.* menganggap dirinya sendiri yg benar. **self-perpetuating** *ks.* memperkekalkan diri. **self-pity** kasihan pd diri sendiri. **self-portrait** potrét diri (sendiri). **self-possessed** *ks.* tenang sekali, dpt menguasai diri. **self-possession** pengekangan/penguasaan diri sendiri. *to regain o's s.-possession* (dpt) menguasai dirinya kembali. **self-preservation** penjagaan/penyelamatan diri sendiri. **self-propelled** *ks.* maju bergerak/terdorong sendiri. **self-protection** perlindungan diri sendiri. **self-regard** harga diri. **self-reliance** kepercayaan atas diri sendiri, berdikari. **self-reliant** *ks.* percaya kpd diri sendiri. **self-respect** rasa harga-diri. **self-respecting** *ks.* mempunyai rasa harga-diri. **self-restraint** *kb.* pengekangan/menguasai diri. *to exercise s.-restraint* menguasai diri. *Don't be so self-righteous about it* Janganlah membenarkan diri sendiri mengenai hal itu. **self-rule** pemerintahan sendiri. **self-sacrifice** pengorbanan diri. **self-same** *ks.* yg itu-itu saja. **self-satisfaction** perasaan puas dgn diri sendiri. **self-satisfied** *ks.* merasa puas atas diri sendiri. *He has a s.-satisfied look* Pandangannya memancarkan rasa puas diri. **self-seeking** *ks.* memikirkan diri sendiri. **self-service** pelayanan sendiri, peladénan diri. *s.-service department* bagian swa-sraya. **self-starter** starter otomatis. **self-styled** *ks.* sok, gadungan, mencap diri sendiri. *a s.-styled leftist* seorang yg mencap dirinya sendiri orang dari golongan kiri. **self-sufficient** *ks.* sanggup mencukupi keperluannya sendiri, dpt berdiri sendiri. **self-supporting** *ks.* berdiri sendiri, memenuhi/mencukupi kebutuhan sendiri, berdikari. **self-taught** *ks.* otodidak, belajar sendiri. **self-winding** *ks.* otomatis (*of clock, watch*).

selfish /'selfisy/ *ks.* égois, (suka) mementingkan diri sendiri. *to act from a s. motive* berbuat demikian demi kepentingannya sendiri. —**selfishly** *kk.* dgn mengingat kepentingan sendiri.

selfless /'selfləs/ *ks.* tak mementingkan diri sendiri, sepi ing pamrih.

sell /sel/ *kkt.* (**sold**) 1 menjual (*s.t.*). *Did you have any luck in selling your car?* Berhasilkah kau menjual mobilmu? 2 membuat diterima. *to s. o's ideas to ...* membuat pikirannya diterima oléh.... 3 menyebabkan terjual (*by TV advertising*). 4 berdagang. *He sells real estate* Ia berdagang barang-barang tdk bergerak. *Inf.: to s. a line* menjual-kécap. —*kki.* menjual. *This is difficult to s.* Sukar utk menjualnya. *His book is selling well* Bukunya terjual laris. *What are apples selling for?* Berapa harga penjualan buah apel? **to s. off** menjual(kan), mengobralkan. *I'm not sold on the car* Aku tak tertarik kpd mobil itu. *He sold me on the idea* Ia membuatku tertarik pd gagasan itu. **to s. out** 1 menjual habis (*o's business*). *That book is sold out* Buku itu habis terjual. 2 *Sl.:* berkhianat (*to the enemy*). —**selling** *kb.* berjualan, pekerjaan sbg penjual. *s. price* harga penjualan.

seller /'selər/ *kb.* penjual. *seller's market* keadaan pasaran yg menguntungkan sipenjual. *That book is a good s.* Buku itu terjual dgn baik.

sellout /'sel'awt/ *kb.* 1 terjual habis (*of a concert*). 2 *Inf.:* pengkhianatan (*to the enemy*).

selves /selvz/ lih SELF.

Sem. 1 [*Semitic*] berk. dgn orang Semit. 2 [*Seminary*] séminari.

semantic /sə'mæntik/ *ks.* yg berk. dgn arti kata.
semantics /sə'mæntiks/ *kb.* ilmu sémantik.
semaphore /'seməfowr/ *kb.* 1 tiang sinyal yg dipergunakan sbg tanda oléh keréta api. 2 pengiriman tanda-tanda dgn mempergunakan bendéra.
semblance /'sembləns/ *kb.* persamaan, kemiripan (bentuk). *He didn't have a s. of a chance* Sedikitpun ia tak mempunyai harapan.
semen /'siemən/ *kb.* (air) mani.
semester /sə'mestər/ *kb.* seméster.
semiannual /'semie'ænyəl/ *ks.* setengah-tahunan.
semiattached /'semiə'tæct/ *kb.* tersambung sebagian (*of a house*).
semiautomatic /'semie'ɔtə'mætik/ *ks.* setengah otomatis.
semicentennial /'semiesen'tenyəl/ *kb.* peringatan setengah abad. *s. celebration* perayaan setengah abad.
semicircle /'semie'sɔrkəl/ *kb.* setengah lingkaran.
semicircular /'semie'sɔrkyəlar/ *ks.* berbentuk setengah bulatan/lingkaran.
semicolon /'semie'kowlən/ *kb.* titik-koma.
semiconscious /'semie'kansyəs/ *ks.* setengah sadar.
semidetached /'semiedə'tæct/ *ks.* sebagian bersambung (*house*).
semifinal /'semie'fainəl/ *kb.* sémi-final, ronde pertandingan satu tingkat sblm finale. —*ks.* sémifinal, setengah finale, demi-finale.
semi-invalid /'semie'invəlid/ *kb.* setengah cacat.
semiliterate /'semie'litərit/ *ks.* setengah buta-huruf.
semimonthly /'semie'mʌnthlie/ *kb.* (*j.* **-lies**) majalah setengah-bulanan. —*ks.* setengah-bulanan.
seminal /'semənəl/ *ks.* 1 yg berk. dgn mani. *s. fluid* air mani. 2 mempunyai kemungkinan berkembang di masa depan.
seminar /'semənər/ *kb.* séminar. *s. on biochemistry* séminar mengenai ilmu biokimia.
seminary /'semie'nerie/ *kb.* (*j.* **-ries**) 1 séminari. *theological s.* séminari téologi. 2 sekolah menengah.
semiofficial /'semiə'fisyəl/ *ks.* setengah resmi.
semiprivate /'semie'praivit/ *ks.* 1 bersifat terbatas utk umum. 2 setengah partikelir/swasta (misalnya sekolah) (*room*).
semiretired /'semiərə'taird/ *ks.* setengah pénsiun.
Semitic /sə'mitik/ *ks.* yg berk. dgn bangsa atau bahasa Semit.
semitransparent /'semietræns'pærənt/ *ks.* setengah tembus-terang.
semivowel /'semie'vawəl/ *kb.* huruf atau bunyi sémi-vokal.
semiweekly /'semie'wieklie/ *kb.* (*j.* **-lies**) majalah dua kali seminggu. —*ks.* dua kali seminggu.
Sen. 1 [*Senate*] Sénat, Majelis Tinggi (dlm DPR) AS. 2 [*Senator*] Sénator. 3 [*Senior*] Sénior.
senate /'senit/ *kb.* sénat, déwan. *S.* (AS) Sénat, Majelis Tinggi AS.
senator /'senətər/ *kb.* 1 sénator, anggota sénat. 2 anggota Majelis Tinggi.
senatorial /'senə'towrieəl/ *ks.* yg berk. dgn sénator. *s. committee* panitia yg beranggotakan sénator-sénator, panitia Sénat.
send /send/ *kkt.* 1 mengirim(kan) (*a letter*). *to s. word to...* mengirimkan kabar kpd.... *to s. clothes to the laundry* mengirimkan pakaian-pakaian ke tukang dobi. 2 menyampaikan (*greetings to* salam kpd). 3 menurunkan. *The crisis sent stocks down* Krisis itu menurunkan harga-harga saham. 4 mengeluarkan (*clouds of smoke*). 5 mengutus. *He was sent to the legislature by his district* Ia diutus ke DPR oléh distriknya.

6 menyuruh. *to s. s.o. to the library* menyuruh s.s.o. pergi ke perpustakaan. 7 melémpar *(a ball in a certain direction)*. 8 menémbakkan *(an arrow)*. 9 membuat. *His blow sent me reeling* Pukulannya membuat aku terhuyung-huyung. *His statement sent a shiver down my spine* Ucapannya itu membuat saya menggigil sampai ke tulang sumsum. *Sl.: That music really sends him* Musik itu benar-benar membuat hatinya bergejolak. *to s. s.o. to school* menyekolahkan s.s.o. —*kki.* **to s. for** meminta. *to s. for a doctor* menyuruh memanggil dokter. *to s. for help* mengirim orang utk meminta bantuan, meminta spy didatangkan bantuan. *to s. for merchandise* memesan barang. **to s. along** meminta dikirimkan. **to s. away** menyuruh pergi. **to s. away for** memesan *(a catalog)*. **to s. back** mengembalikan. *That tree sends forth leaves* Pohon itu memperoléh daun. **to s. in** memasukkan, menyerahkan *(an application)*. *to s. in o's resignation* menyampaikan surat permohonan berhenti. **to s. off** 1 mengirimkan *(an order)*. *to s. off for ...* mengirimkan pesanan utk .... 2 memberangkatkan. *to s. off to camp* memberangkatkan pergi berkémah. **to s. on** meneruskan. *to s. on a letter* meneruskan surat. **to s. out** 1 mengédarkan *(leaflets)*. 2 memancarkan *(sparks)*. *to s. s.o. out of the room* menyuruh s.s.o. keluar dari kamar. **to s. out for** memesan. **to s. round** 1 mengirimkan wakil. 2 mengédarkan *(a petition)*. **to s. up** meluncurkan *(a ballon, spaceship)*. *Inf.: to s. s.o. up for six months* memenjarakan atau menjebloskan kedlm penjara selama enam bulan. **send-off** *kb.* pemberangkatan, (upacara) pengantaran.

sender /'sendər/ *kb.* 1 pengirim. 2 *(radio)* pemancar.

senile /'sienail/ *ks.* uzur, pikun. *s. decay* lemah ketuaan.

senility /sə'nilətie/ *kb.* 1 keadaan uzur, keadaan lemah badan karena usia tua. 2 usia tua.

senior /'sienyər/ *kb.* 1 murid kelas tiga (SMA), mahasiswa tingkat IV, sénior *(in school)*. 2 orang yg lebih tua. *He is four years her s.* Ia empat tahun lebih tua dari gadis itu. —*ks.* 1 lebih tua. *to be four years s.* te empat tahun lebih tua dari. 2 lebih tinggi. *s. partner* peserta yg lebih tinggi. 3 atas(an). *s. clerk* pegawai atasan. *s. high school* sekolah menengah atas. *s. officer* perwira atasan/tinggi.

seniority /sien'yarətie/ *kb.* (*j.* **-ties**) 1 kedudukan yg lebih tinggi. 2 masa kerja yg lebih lama.

sensation /sen'seisyən/ *kb.* 1 sénsasi. *That actor is a s.* Aktor itu benar-benar merupakan sénsasi. *to cause/produce a s.* mengadakan sénsasi. 2 kegemparan, kegégéran. *That book created quite a s.* Buku itu benar-benar menimbulkan banyak kegemparan. 3 perasaan. *to feel a queer s.* memperoléh perasaan yg anéh. *He had a s. of falling* Ia merasa seakan-akan hendak jatuh.

sensational /sen'seisyənəl/ *ks.* menggemparkan, sénsasionil *(news, a play)*.

sensationalism /sen'seisyənə'lizəm/ *kb.* sifat suka menimbulkan sénsasi.

sense /sens/ *kb.* 1 pengertian. *He should have more s. than to do that* Seharusnya ia mempunyai pengertian yg lebih mendalam drpd berbuat demikian. 2 guna. *What's the s. of doing that?* Apa gunanya berbuat begitu? 3 perasaan. *s. of responsibility* perasaan tanggung jawab. *to have a s. of belonging* mempunyai perasaan bersatu dgn lain-lainnya, mempunyai perasaan bersatu dgn kelompok. 4 rasa. *He has a s. of honor* Ia mempunyai rasa kehormatan. *s. of beauty* rasa keindahan. *s. of humor* rasa humor, penghargaan thd humor. *to have a good s. of direction* rasa yg baik utk

mengetahui jurusan. *She has a good s. of time* Ia patuh kpd peraturan waktu. 5 pendirian. *If I understand the s. of the group correctly ...* Kalau benar tanggapanku mengenai pendirian kumpulan itu .... 6 indera. *She has that sixth s.* Ia memiliki indera keenam itu. *the five senses* pancaindera. *s. of smell* perasa cium, pencium. 7 arti. *in the literal s.* dlm arti yg sebenarnya. **in a s.** 1 dlm beberapa hal. *In a s. I agree* Dlm beberapa hal aku setuju. 2 sedikit-banyak. *In a s. I knew it was wrong* Sedikit-banyak saya memahami bhw itu salah. **to make s.** 1 dpt dimengerti. *Does this article make s. to you?* Mengertikah kau maksud/isi karangan ini? 2 masuk akal. *It doesn't make s.* Tdk masuk akal. *He always makes s.* Bicaranya selalu masuk akal. *to show good s. in ...* bersikap bijaksana dgn .... *He always talks s.* Pembicaraannya selalu masuk akal. —**senses** *j.* pikiran séhat. *to come to o's senses* menjadi sadar kembali. *to be out of o's senses* tak menguasai diri, tak waras, gila. *No man in his right senses would do that* Orang yg berpikiran séhat tdk akan berbuat yg demikian. *to take leave of o's senses* sdh tak waras lagi. —*kkt.* merasa. *I sensed s.t. was wrong* Kurasa ada s.s.t. yg salah. *I sensed as much* Saya sdh mendugnya sejak semula. **s. organ** alat (panca)indera. **s. perception** tanggapan pancaindera.

senseless /'senslǝs/ *ks.* 1 pingsan *(from a blow)*. 2 tolol, bodoh *(idea)*. 3 tdk berperikemanusiaan, tak ada guna *(killing)*.

senselessness /'senslǝsnǝs/ *kb.* 1 kesia-siaan *(of war)*. 2 keadaan pingsan.

sensibility /'sensǝ'bilǝtie/ *kb.* (*j.* **-ties**) perasaan, kesanggupan merasakan.

sensible /'sensǝbǝl/ *ks.* 1 berpikiran séhat, bijaksana. *She's a very s. person* Ia seorang yg berpikiran séhat. *It wouldn't be s. to ...* Tidaklah bijaksana utk .... *s. people* orang-orang perasa/bijaksana/berakal. 2 pantas. *to wear s. clothing* memakai pakaian pantas. —**sensibly** *kk.* dgn pantas. *He was s. dressed* Ia berpakaian pantas.

sensitive /'sensǝtiv/ *ks.* 1 peka. *She's very s.* Ia sangat mudah tersinggung. *s. scales* timbangan yg peka. *s. to the touch* perasa sekali bila tersintuh, peka thd sentuhan. *s. plant* tanaman yg peka thd sentuhan. 2 rapuh hati. *s. to the cold* mudah kena dingin. **s. paper** kertas yg mudah terpengaruh cahaya.

sensitivity /'sensǝ'tivǝtie/ *kb.* (*j.* **-ties**) 1 kepekaan *(of a photo)*. 2 kehalusan perasaan. *s. to colds* kelemahan badan thd penyakit pilek.

sensitize /'sensǝtaiz/ *kkt.* membuat peka. *sensitized film* pilem yg dibuat peka cahaya.

sensory /'sensǝrie/ *ks.* yg berh. dgn pancaindera. *s. organ* alat pancaindera. *s. perception* tanggapan pancaindera.

sensual /'sensyuǝl/ *ks.* berhawa-nafsu. *s. enjoyment* kenikmatan hawa-nafsu.

sensuous /'sensyuǝs/ *ks.* yg berk. dgn pancaindera. *s. delight* kenikmatan.

sent /sent/ lih SEND.

sent. [*sentence*] kalimat.

sentence /'sentǝns/ *kb.* 1 Gram.: kalimat. 2 hukuman *(in court)*. *death s.* hukuman mati. *life s.* hukuman seumur hidup. *to serve a s.* menjalani hukuman. *to pass s. on* menjatuhkan hukuman thd. —*kkt.* menjatuhkan hukuman, memvonnis. *He was sentenced to five years in prison* Ia dijatuhi hukuman penjara lima tahun.

sententious /sen'tensyǝs/ *ks.* singkat tapi berisi padat, singkat dan tegas.

sentiment /'sentǝmǝnt/ *kb.* perasaan, séntimén.

That statement expresses my sentiments exactly Pernyataan itu mengungkapkan perasaan-perasaanku dgn tepat. Keterangan itu menyatakan pendapatku yg sebenarnya. *She keeps the old box for sentiment's sake* Ia menyimpan kotak tua itu sbg kenang-kenangan.

sentimental /'sentə'mentəl/ *ks.* séntiméntil. *for s. reasons* karena alasan-alasan séntiméntil. *to be 's. about* séntiméntil thd.

sentimentalist /'sentə'mentəlist/ *kb.* orang yg séntiméntil, orang yg lekas terharu.

sentimentality /'sentəmen'tælətie/ *kb.* (*j.* **-ties**) perasaan halus.

sentinel /'sentənəl/ *kb.* pengawal, prajurit penjaga.

sentry /'sentrie/ *kb.* (*j.* **-ries**) pengawal, prajurit jaga. *to stand s.* berjaga. *s. box* gardu jaga, rumah jaga monyét.

separable /'sepərəbəl/ *ks.* yg dpt dipisahkan.

separate /'sepərit *kb.*, *ks.*; 'sepəreit *kkt.*/ *kb.* salinan (*from a periodical*). *—ks.* 1 terpisah. *The garage is s. from the house* Garasi itu terpisah dari rumah. *to send under s. cover* mengirim dgn terpisah. 2 tersendiri. *to go s. paths* berpisah jalan. *to lead s. existences* mengikuti jalan (hidupnya) masing-masing. *to keep two languages s.* membéda-bédakan kedua bahasa itu. *—kkt.* 1 memisahkan (*milk*). *to s. the good from the bad* memisahkan yg baik dari yg jelék. *She is separated from her husband* Ia hidup terpisah/bercerai dari suaminya. 2 menjarakkan (*two boxers*). *—kki.* 1 berpisah (*of a couple*). 2 putus (*of a wire, rope*). *—sep- arately kk.* terpisah. *May I buy the skirt and blouse s.?* Boléhkah saya membeli rok dan blus terpisah?

separation /'sepə'reisyən/ *kb.* 1 pemisahan (*of church and state*). 2 perceraian (*of a couple*). 3 perpisahan. *The long s. was an unhappy period* Perpisahan yg lama itu merupakan suatu masa yg tak menyenangkan. 4 kelepasan. *to suffer a shoulder s.* menderita patah/lepas tulang pd bahu. **s. center** pangkalan militér di A.S. dimana prajurit-prajurit dibébastugaskan dari dinas militér.

separatist /'sepərətist/ *kb.* separatis, orang yg memisahkan diri. *—ks.* separatis (*tendency*).

separator /'sepə'reitər/ *kb.* alat/mesin pemisah. *milk s.* alat pemisah susu.

sepia /'siepieə/ *kb.*, *ks.* coklat (tua).

Sept, Sept. [*September*] (bulan) Séptémber.

September /sep'tembər/ *kb.* (bulan) Séptémber.

septic /'septik/ *ks.* menyebabkan/mengakibatkan busuk/rusak/inféksi. *to become s.* membusuk, menjadi inféksi. *s. poisoning* peracunan yg mengakibatkan pembusukan. *s. tank* tangki kotoran/kakus.

septicemia /'septə'siemieəʃ *kb.* keracunan darah.

septuagenarian /'sepcuəjə'nærieən/ *kb.* orang yg berumur 70 tahun.

septum /'septəm/ *kb.* sekat (*of the nose*).

sepulcher /'sepəlkər/ *kb.* kubur, makam, jirat, nisan, makam.

sepulchral /'sepəlkrəl/ *ks.* yg berk. dgn kubur.

sequel /'siekwəl/ *kb.* 1 sambungan (*to a story*). 2 akibat. *Her action had an unfortunate s.* Tindakannya itu berakibat buruk.

sequence /'siekwəns/ *kb.* 1 rangkaian. *s. of storms* rangkaian badai-badai. 2 urutan (*of events*). *Gram.*: *s. of tenses* urutan bentuk katakerja menurut waktu. 3 réntétan. *to do s.t. in s.* melakukan s.s.t. secara teratur/bertahap.

sequester /si'kwestər/ *kkt.* 1 menyita (*property*). 2 mengasingkan. *to s. o.s. from society* mengasingkan diri dari (pergaulan) masyarakat. **—sequestered**

ks. terasing. *to lead a s. life* hidup terasing (dari masyarakat ramai). *s. spot* tempat yg terpencil.

sequin /'siekwin/ *kb.* perhiasan yg berkelip-kelip.

ser. [*series*] séri, dérétan.

Serbo-Croation /'sərbowkrow'eisyən/ *kb.* 1 orang Serbi-Kroasia. 2 bahasa Serbi-Kroasia. *—ks.* yg berk. dgn Serbi-Kroasia.

serenade /'serə'neid/ *kb.* rayuan musik. *—kkt., kki.* merayu dgn musik.

serendipity /'serən'dipətie/ *kb.* kesanggupan utk menemukan s.s.t. keterangan dgn tak disengaja waktu mencari s.s.t. yg lain.

serene /sə'rien/ *ks.* 1 tenang (*of a person*). 2 tenteram (*of the atmosphere, situation*). **—serenely** *kk.* cerah, jernih, tenang, tenteram, terang dan indah.

serenity /sə'renətie/ *kb.* (*j.* **-ties**) 1 ketenangan. 2 ketenteraman (*of a situation*).

serf /sərf/ *kb.* hamba budak (pengolah tanah).

serge /sərj/ *kb.* kain képar (dari) sutera atau wol.

sergeant /'sarjənt/ *kb.* sersan. *s. first class* sersan satu. *s. major* sersan mayor. *s. at arms* polisi pengadilan, petugas ketertiban.

sergt. [*sergeant*] sersan.

serial /'sirieəl/ *kb.* 1 cerita bersambung, sérial. *to sell the s. rights to* menjual hak cipta cerita bersambung kpd. 2 penerbitan bersambung (*library*). *Many government documents are serials* Banyak dokumén-dokumén pemerintah diterbitkan secara berturut-turut. **s. number** 1 *Mil.*: nomor pokok. 2 nomor séri (*on paper money*). **—serially** *kk.* berturut-turut.

serialize /'sirieəlaiz/ *kkt.* menjadikan cerita bersambung.

series /'siriez/ *kb.* 1 réntétan (*of lectures, fires*). 2 séri. *concert s.* séri konsér. *World S.* Séri Dunia. 3 rangkaian. *part of a s.* sebagian dari satu séri/rangkaian penerbitan. *s. of reactions* rangkaian/réntétan réaksi.

serious /'sirieəs/ *ks.* 1 serius, berat (*matter, problem*). *s. wound* luka berat. 2 *literature* bacaan yg berat. *s. mistake* kesalahan (yg) besar. 2 sungguh-sungguh. *Are you s. about leaving us?* Apakah kau sungguh-sungguh akan meninggalkan kami? *You can't be s.* Apa betul begitu? *I am quite s. about it* Saya tdk main-main mengenai hal itu. 3 menguatirkan. *She's in s. condition* Ia dlm keadaan menguatirkan. 4 hébat (*of an accident*). 5 yg menyusahkan. *s. traffic bottleneck* kemacetan lalulintas yg menyusahkan. **s. musik** musik seriosa. **serious-minded** *ks.* bersifat sungguh-sungguh/tekun **—seriously** *kk.* 1 sungguh-sungguh. *to take life s.* menghadapi kehidupan secara sungguh-sungguh. 2 berat. *He was s. injured* Ia (ter)luka berat. Ia mendapat luka berat. *s. ill* sakit keras.

seriousness /'sirieəsnəs/ *kb.* 1 kegentingan (*of a situation*). 2 kesungguhan (hati) (*of a person*).

sermon /'sərmən/ *kb.* 1 khotbah. *to preach a s.* berkhotbah. 2 naséhat, wejangan (*by o's parents*).

serpent /'sərpənt/ *kb.* ular, naga.

serpentine /'sərpəntien, -tain/ *ks.* yg menyerupai ular. *s. wall* dinding yg berkeluk-keluk.

serrate /'sereit/ *kkt.* **serrated edge** pinggir yg bergerigi tajam (spt gergaji).

serum /'sirəm/ *kb.* sérum (darah), air darah.

serv. [*service*] layanan, dinas.

servant /'sərvənt/ *kb.* 1 (*domestic*) bujang, pelayan. *s. girl* babu, pelayan. 2 abdi. *public s.* abdi rakyat, pegawai pemerintah.

serve /sərv/ *kb.* *Tenn.*: giliran. *to go for s.* cari bola. *to change serve(s)* pindah bola. *—kkt.* 1 menghidangkan, menyajikan. *Dinner is served* Makanan sdh dihidangkan/sedia. *Dinner is now being served* Makan malam sekarang sedang dihidangkan/disediakan. 2 menjalankan (*a tour in the armed forces*). 3 melayani. *May I s. you?* Boléhkah saya melayani tuan? *That city is served by one airline* Kota itu dilayani oléh satu perusahaan penerbangan. *to s. s.o. faithfully* melayani s.s.o. dgn setia. 4 menjalani (*a prison sentence*). 5 melayani, meladéni (*a customer*). 6 mengabdi kpd (*o's country* tanahair). *to s. the cause of freedom* mengabdi kpd kepentingan kemerdékaan. *One cannot s. two masters* Kita tdk dpt mengabdi kpd dua majikan. 7 *Tenn.*: (memulai) memukul. 8 menyediakan. *Do you s. drinks here?* Apakah disini disediakan minuman keras? 9 membantu. *Can I s. you in any way?* Dapatkah aku membantu sdr dgn s.s.t. hal/ cara? *Are you being served?* Apakah tuan sdh ditolong? 10 menyampaikan, menyerahkan (*a warrant*). 11 menolong, berguna bagi. *This car has served us well* Mobil ini sdh banyak jasanya kpd kami. 12 bermanfaat utk. *This will s. his purpose* Ini akan bermanfaat utk keperluannya itu. :: *Our cook has served us for 20 years* Tukang masak kami sdh bekerja pd kami selama 20 tahun. *If my memory serves me right ...* Jika ingatan saya tak salah .... *It serves him right* Ia mendapat hukuman yg sepantasnya. *It would s. you right if ...* Engkau akan mendapat ganjaran yg setimpal, kalau .... —*kki.* 1 menjadi, bertindak. *to s. on the jury* jadi anggota juri. *to s. as chairman* bertindak sbg ketua. *to s. as an example* menjadi teladan/contoh. *to s. five years as chairman* menjabat/ memegang jabatan lima tahun sbg ketua. 2 dipergunakan. *Boxes served as seats* Peti-peti dipergunakan sbg tempat duduk. 3 *Tenn.:* mulai memukul. 4 ada manfaatnya. 5 dipakai. *In the absence of a pen, this pencil will have to s.* Kalau tdk ada péna, potlot ini boléh juga dipakai. *It will s.* Dpt dipakai. **to s. up** menghidangkan. —**serving** *kb.* 1 porsi. *one s. of rice* satu porsi nasi. 2 penghidangan (*of drinks*).

server /'sərvər/ *kb.* 1 *Tenn.*: pemukul pertama. 2 juru sita (*of a warrant*). 3 (*dish*) wadah penghidang.

service /'sərvis/ *kb.* 1 jasa. *This machine has given me good s.* Mesin ini sdh banyak jasanya bagiku. *to perform/render useful services for o's country* banyak berjasa bagi negerinya. *We no longer need your services* Kami tdk membutuhkan jasa-jasamu lagi. *This car has given me good s.* Mobil ini betul berjasa kpd saya. 2 dinas. *the archaeological s.* dinas purbakala. *He had one year of army s.* Ia tlh satu tahun berdinas di AD. *to be in the s.* berdinas militér. 3 tugas. *to do s. in the Pacific* bertugas sbg militér di Pasifik. *to see s.* melakukan pekerjaan, bertugas. *to be on active s.* melakukan tugas militér. *to see long s.* sdh lama menjabat. 4 (pe)layanan, sérpis. *This restaurant gives good s.* Réstoran ini memberikan pelayanan yg baik. *I'm at your s.* Saya siap utk melayani tuan. *train s.* pelayanan keréta-api. *to deal in a s.* berusaha dlm bidang pelayanan. 5 *Rel.*: kebaktian. *He has given years of s. to his church* Ia sdh bertahun-tahun berbakti kpd geréjanya tlh. 6 peralatan. *silver tea s.* peralatan minum téh dari pérak. 7 jawatan. *Postal S.* Jawatan Pos. 8 angkatan. *the Armed Services* Angkatan Bersenjata. **to be of s.** dpt memberi bantuan. *Let me know if I can be of s. to you* Beritahukanlah kalau aku dpt membantumu. —**services** *j.* pekerjaan yg berguna. *social services* pekerjaan sosial. —*kkt.* memperbaiki, melayani (*cars, appliances*). *Two bus lines s. that town* Dua perusahaan bis melayani kota itu. **s. charge** ongkos serpis/pelayanan. **s. elevator** lift utk petugas-petugas. **s. entrance** pintu masuk utk pelayan/pedagang/pegawai.

Tenn.: **s. line** garis pukulan serpis. *Mil.*: **s. medal** bintang jasa. **s. station** 1 pompa bénsin. 2 béngkél mobil. **s. uniform** pakaian seragam dinas. —**servicing** *kb.* pelayanan (*of car, appliance*).

serviceable /'sərvisəbəl/ *ks.* yg berguna, yg dpt dipergunakan. *to make s.* membuat spy terpakai.

serviceman /'sərvismən/ (*j.* **-men**) 1 tukang réparasi. 2 *Mil.*: anggota AB.

servile /'sərvəl, -vail/ *ks.* bersikap merendahkan diri.

servility /sər'vilətie/ *kb.* (*j.* **-ties**) sikap sbg budak, watak budak.

servitude /'sərvətuwd, -tyuwd/ *kb.* 1 perbudakan, perhambaan. 2 (*penal*) kerja-paksa.

sesame /'sesəmie/ *kb.* bijan, wijén.

sesquicentennial /'seskwisen'teniəl/ *kb.* (peringatan) satu setengah abad.

sess. [*session*] sidang, rapat.

session /'sesyən/ *kb.* 1 sidang. *to be in s.* bersidang. *the afternoon s.* sidang waktu soré. *to go into secret s.* mengadakan pembicaraan/pertemuan/sidang rahasia. 2 kursus. *summer s.* kursus musim panas. 3 pembahasan. *to have a s. on s.t.* mengadakan pembahasan mengenai s.s.t.

set /set/ *kb.* 1 kumpulan. *a. s. of Shakespeare* sekumpulan karya Shakespeare. 2 sisiran, letak rambut (*of women's hair*). 3 perlengkapan. *badminton s.* perlengkapan bulutangkis. 4 setélan. *s. of dishes* setélan piring-cangkir. *s. of furniture* setélan perkakas rumah-tangga. 5 (*TV*) pesawat. 6 tempat. *movie s.* tempat pengambilan film. 7 *Tenn.*: sét. 8 perangkat(an). *s. of golf clubs* seperangkat alat-alat pemukul golf. 9 sét, buku. *s. of dividend coupons* buku kupon-kupon pembagian laba/keuntungan. 10 bidang, orang yg kepentingannya sama. *We don't move in the same s.* Kami tdk bergerak dlm bidang yg sama. *to run with the fashionable s.* bergaul dgn orang-orang yg perlénté. *smart s.* orang-orang yg perlénté. —*ks.* 1 yg ditentukan. *s. phrases* ucapan-ucapan yg tlh ditentukan. *s. rules* petunjuk-petunjuk/peraturan-peraturan tertentu. *to be home by a s. time* tiba di rumah pd waktu yg ditentukan. 2 siap. *I'm all s. to go* Saya sdh siap utk pergi. *to get s.* bersiap-siap. *to get s. for a serious problem* bersiap-siap utk menghadapi persoalan yg gawat. *"On your mark! Get s.! Go.!"* "Di tempat! Bersiap-siap! Lari!" 3 tetap. *My mind is s.* Pendirian saya sdh tetap. *to be s. on* berketetapan hati utk, berkeras hati. 4 keras kepala. *Inf.*: *to be s. in o's ways* berkeras thd pendiriannya, berpendirian teguh dlm tindak-tanduknya. *She is s. in her ways* Ia keras kepala. **s. speech** pidato yg tlh dipersiapkan semula. *Math.*: **s. theory** téori pasti. **s. price** harga yg sdh ditetapkan, harga pasti. —*kkt.* (**set**) 1 menaruh. *S. it on the table* Taruhlah (itu) diatas méja. *to s. a glass in front of s.o.* meletakkan sebuah gelas didepan s.s.o. 2 memasang (*an alarm clock, mousetrap*). *to s. a stone* memasang batu permata. *to s. a broken arm* memasang lengan yg patah. *to s. type* memasang huruf cétak. 3 mengatur (*the table*). *to s. the stage for* mengatur pentas utk. 4 menetapkan (*a price, a record, the value of s.t.*). *to s. 5 p.m. as the deadline* menetapkan bhw s.s.t. berakhir pd jam 5 soré. *to s. an exam for 9 a.m.* menetapkan permulaan ujian itu pd jam 9 pagi. 5 menentukan (*a condition*). *The party is s. for tomorrow night* Pésta itu ditentukan utk bésok malam. 6 menyebabkan (*a fire*). 7 membuat, mengambil. *The scene was s. in the mountains* Adegan itu dibuat di pegunungan. 8 memberi. *to s. a good example for s.o.* memberi contoh yg baik kpd s.s.o. 9 mengesét, menyusun, merias.

to have o's hair s. menyuruh mengesét rambutnya. 10 menyetél. *The alarm is s. for 7 a.m.* Wéker itu distél pd jam 7 pagi. 11 menghasut. *to s. a dog on s.o.* menghasut anjing thd s.s.o. 12 menatah. *to have a ring s. with diamonds* memakai cincin yg bertatahkan intan/berlian. :: *to s. a poem to music* menggubah lagu utk sajak. *to s. a dog barking* membuat anjing menggonggong. *to s. s.o. to work* mengerahkan s.s.o. bekerja. *to s. s.t. going* menggerakkan s.s.t., membuat s.s.t. bekerja. *to s. foot on* menginjakkan kaki pd. *to s. o's hopes too high* mempunyai harapan terlalu tinggi/muluk. —*kki.* 1 terbenam. *The sun has s.* Matahari sdh terbenam. 2 mengental, mengeras *(of jello)*. *Her statement didn't s. well with him* Ucapannya itu tdk menyenangkan bagi laki-laki itu. **to s. about** memulai. **to s. against** mengadu-domba(kan). **to s. apart** 1 menyisihkan, menyimpan *(savings)*. 2 mengasingkan, menjauhkan. *Her dress sets her apart* Pakaiannya itu mengasingkannya dari wanita-wanita lainnya. **to s. aside** 1 menyimpan *(money)*. 2 mengesampingkan *(o's work)*. 3 membatalkan *(a verdict, decision)*. 4 menyisihkan *(land)*. **to s. at** 1 menetapkan *(a high price)*. 2 menyetél, memasang *(a thermometer at 70°)*. **to s. back** 1 mengundurkan *(o's watch)*. 2 menurunkan *(s.o. in class)*. 3 *Inf.:* mengeluarkan, membayar. *How much did that dress s. you back?* Berapa uang kaukeluarkan utk pakaian itu? *The house was s. back from the road* Rumah itu dipindahkan (kebelakang) dari pinggir jalan itu. **to s. by** menyimpan/menabung. **to s. down** 1 menuliskan *(the facts)*. 2 meletakkan *(a box, trunk)*. 3 menurunkan *(at the hotel)*. **to s. forth** 1 mengajukan, menyatakan *(o's opinion)*. 2 berangkat, memulai *(on a trip)*. **to s. in** 1 timbul *(of complications, a disease)*. 2 tiba. *Winter has s. in* Musim dingin sdh tiba. *A reaction is setting in* Réaksi timbul. **to s. off** 1 memasang, membunyikan *(firecrackers)*. 2 memulai *(an investigation)*. 3 berlawanan dng. *That dress sets off her figure* Pakaiannya itu membuat bentuk badannya kelihatan cantik. 4 berangkat. *to s. off for* berangkat ke. *His joke s. them off in gales of laughter* Leluconnya membuat meréka tertawa terbahak-bahak. **to s. on** menyerang. **to s. out** 1 menanam *(plants)*. 2 mengemukakan *(o's conditions)*. 3 memamérkan *(the goods)*. 4 berangkat. *to s. out for* berangkat ke. *to s. out to reform the city* bermaksud memperbaiki kota itu. **to s. to** mulai. **to s. up** 1 mengadakan *(a committee, display)*. 2 mendirikan *(a tent, foundation, fund)*. 3 menyebabkan. *Wool sets up an irritation* Bahan wol membuat orang gatal. 3 mensét. *to s. up a manuscript* mensét sebuah naskah. 4 mulai. *to s. up housekeeping* mulai mengatur rumahtangga, memulai berumahtangga. *to s. o.s. up in business* membuka toko, memulai perusahaan. 5 *Sl.:* *(treat)* mentraktir. *to s. up a yell* memekik keras-keras. *to s. o.s. up as an example* menjadikan diri sendiri sbg teladan. *to s. o.s. up as a critic* menganggap dirinya sbg seorang kritikus. **to s. upon** menyerang. **set-to** *kb.* pertengkaran. —**setting** *kb.* 1 keadaan, letak *(for a home)*. *medical s.* lingkungan kedokteran. 2 *(place)* alat makan. 3 pasangan, ikatan *(for a jewel)*. 4 *Poul.:* pengeraman, telurtelur yg dieramkan utk menetaskannya. 5 latar, tatacara *(of a play)*. *setting-up exercises* latihan badan tanpa alat-alat, gimnastik, senam.

setback /'set'bæk/ *kb.* kemunduran. *to suffer a s.* mengalami kemerosotan.

settee /se'tie/ *kb.* bangku duduk.

settle /'setəl/ *kkt.* 1 menenangkan *(o's nerves, stomach)*. 2 membéréskan *(o's accounts)*. *It's all settled* Sdh

béres semuanya. *It's as good as settled* Boléh dikatakan sdh bérés. 3 menyelesaikan *(an argument, an estate, accounts)*. 4 menyudahi *(an argument)*. *to s. an old account, a score* menuntut balas. 5 menempati/mendiami *(an area)*. 6 menempatkan *(s.o. in an area)*. 7 menjawab. *We haven't settled all the questions yet* Kita masih blm menjawab semua pertanyaan. 8 menentukan. *That settles it!* Itulah yg menentukannya! 9 turun. *I want to let my meal s.* Saya ingin membiarkan makanan saya turun dahulu. :: *He settled himself in a comfortable armchair* Ia mengambil tempat dlm sebuah kursi tangan yg senang —*kki.* 1 menurun, membenam. *The house settled two inches* Rumah itu menurun dua inci. 2 menetap, bertempat tinggal *(in di)*. 3 *(ter)* duduk, mengendap *(of dregs)*. **to s. down** 1 duduk. *to s. down with a book* duduk dgn membaca buku. *The hen settled down on the nest* Ayam betina itu duduk di sarang. 2 menjadi tenang. *S. down!* Tenanglah! *Since his marriage he has settled down* Sejak pernikahannya hidupnya menjadi teratur. *Marriage has made him s. down* Pernikahan tlh menenangkan hidupnya. *to s. down to the problem at hand* tenang-tenang memikirkan persoalan yg sedang dihadapi ini. **to s. for** bersedia menerima, setuju dgn. *He asked $100, but settled for $85* Ia meminta $100, tapi setuju dgn $85. **to s. in** 1 mengatur *(in a house or apartment)*. 2 tiba *(of winter)*. **to s. (up)on** menetapkan *(a topic)*. **to s. up** membayar *(o's account)*. —**settled** *ks.* yg tetap pendiriannya. *He's the s. type* Ia orang yg tetap pendiriannya. *a s. married man* seorang yg sdh kawin dan hidup tenteram. *to live in a densely s. area* tinggal di daérah yg padat penduduknya. —**settling** *kb.* 1 penyelesaian *(of a dispute)*. 2 hal menurun *(of a house, foundation)*. 3 pengendapan *(of liquid, sediment)*. 4 ketetapan *(of marriage)*.

settlement /'setəlmənt/ *kb.* 1 penyelesaian *(of a matter, a strike)*. *to reach a s.* mencapai penyelesaian. 2 *Geog.:* perkampungan.

settler /'setlər/ *kb.* penetap, penghuni tetap. *The early settlers were courageous* Orang-orang yg mula-mula datang menetap sifatnya pemberani.

setup /'set'ʌp/ *kb.* 1 susunan, aturan. 2 *Sl.:* s.s.t. yg mudah.

seven /'sevən/ *kb.* tujuh. *to sail the s. seas* mengarungi lautan yg luas.

sevenfold /'sevən'fowld/ *ks., kk.* tujuhkali. *to increase s.* bertambah tujuhkali lipat.

seventeen /'sevən'tien/ *kb.* tujuhbelas.

seventeenth /'sevən'tienth/ *ks.* yg ketujuhbelas. *August 17th* Tujuhbelas Agustus.

seventh /'sevənth/ *ks.* yg ketujuh. *s. heaven* gembira sekali, puncak kegembiraan.

seventieth /'sevəntieəth/ *ks.* yg ketujuhpuluh.

seventy /'sevəntie/ *kb.* (*j.* -**ties**) tujuhpuluh. *seventy-two* tujuhpuluh dua. *seventy-first* *ks.* yg ketujuhpuluh satu. *She's in her seventies* Ia berusia tujuh puluhan. *the seventies of the last century* tahun tujuhpuluhan abad yg lalu.

sever /'sevər/ *kkt.* 1 memutuskan *(connections, relations)*. *His thumb was severed* Jempolnya terputus. 2 memotong *(a rope)*.

several /'sevərəl/ *kb.* beberapa orang. *S. went* Beberapa orang pergi. *I have s. (of them)* Ada beberapa pd saya. —*ks.* beberapa. *s. days* beberapa hari.

severance /'sevərəns/ *kb.* 1 pemutusan *(of connections, relations)*. *s. pay* uang pesangon. 2 pemotongan *(of an arm)*.

severe /sə'vir/ *ks.* 1 keras, hébat *(storm)*. *s. rules* peraturan-peraturan yg keras. *to receive a s. blow to* *the head* menerima pukulan yg keras pd kepala. *s. blow to conservatism* pukulan yg keras bagi kaum konsérvatif. *s. reprimand* peringatan keras. 2 berat. *to receive a s. sentence* mendapat hukuman yg berat. 3 keras, bengis. *Don't be too s. on...* Jangan terlalu bengis thd.... 4 sangat, sekali. *I have a s. headache* Kepalaku sakit sekali. *s. cold* dingin sangat. *s. pain* sakit sangat. 5 sederhana, bersahaja *(style of dress)*. —**severely** kk. 1 berat. *s. injured* luka berat. 2 sama sekali. *We were left s. alone* Kami ditinggalkan/ dibiarkan sama sekali seorang diri.

severity /sə'verətie/ kb. (*j.* -**ties**) 1 kerasnya, kekerasan, kehébatan. *s. of an illness* beratnya sakit/ penyakit. 2 kepelikan *(of a problem)*. 3 kesederhanaan *(of style, design)*. 4 kerasnya *(of punishment)*.

sew /sow/ kkt. (**sewed, sewn**) menjahit *(clothes)*. —kki. menjahit. *Do you s.?* Pandaikah/Bisakah kau menjahit? **to s. on** memasangkan *(a button)*. **to s. up** 1 menjahit *(a tear, rip)*. 2 *Inf.*: memastikan. *He has the job sewed up* Pekerjaan itu pasti didapatnya. *to be sewed up with engagements* sibuk dgn janji-janji. —**sewn** ks. yg dijahit. —**sewing** kb. 1 jahit-menjahit. 2 jahitan. *s. circle* arisan/perkumpulan menjahit. *s. machine* mesin jahit. *s. needle* jarum jahit.

sewage /'suwij/ kb. kotoran, pembuangan kotoran (melalui air).

sewer /'sowər/ kb. penjahit, tukang jahit.

sewer /'suwər/ kb. saluran/selokan air kotor. pipa pembuang air, urung-urung.

sewerage /'suwərij/ kb. 1 penyaluran kotoran. 2 kotoran. *s. disposal* pembuangan kotoran.

sewn /sown/ lih SEW.

sex /seks/ kb. 1 perkelaminan, séks. 2 jenis kelamin. *Which s. is the applicant?* Pelamar itu apakah lelaki atau perempuan? *the fair/weaker s.* wanita, kaum Hawa. **s. appeal** daya-tarik kelamin, daya "sex". **s. education** pendidikan séks. **s. hygiene** (ilmu) keséhatan perkelaminan.

sexagenarian /'seksəjə'nærieən/ kb. orang yg berumur 60 tahun.

sexiness /'seksienəs/ kb. 1 daya penarik kelamin. 2 sifat daya penarik kelamin.

sexology /seks'aləjie/ kb. ilmu perkelaminan.

sextant /'sekstənt/ kb. sékstan.

sextet /seks'tet/ kb. 1 paduan suara yg terdiri dari enam orang. 2 musik utk enam suara atau enam alat musik.

sexton /'sekstən/ kb. pengurus/penjaga geréja.

sexual /'seksyuəl/ ks. séksuil. *s. characteristics* ciri-ciri séksuil/kelamin. *s. desire* nafsu bersetubuh/ kelamin. *s. drive* gairah syahwat. *s. equality* persamaan hak bagi pria dan wanita. *s. intercourse* jimak, persetubuhan, sanggama. *s. organs* alat-alat kelamin, kemaluan. *s. perversion* kelainan séksuil. *s. reproduction* pembiakan melalui persetubuhan. —**sexually** kk. secara séksuil.

sexy /'seksie/ ks. *Inf.*: menggairahkan, menggiurkan.

sgt. [*sergeant*] sersan.

sh(h) /syə/ kseru. husy.

shabbiness /'syæbienəs/ kb. keburukan, kejorokan, kejémbélan.

shabby /'syæbie/ ks. 1 jorok, jémbél *(appearance)*. 2 busuk. *That was a s. trick to play on him* Itu suatu akal busuk yg dilakukan terhadapnya. —**shabbily** kk. buruk, lusuh. *s. dressed* berpakaian lusuh. *s. furnished* perlengkapannya menyedihkan.

shack /syæk/ kb. pondok, gubug. —kki. *Sl.*: **to s. up with** tinggal dgn.

shackle /'syækəl/ kb. 1 belenggu, kongkong. *He was placed in shackles* Ia dibelenggu. 2 alat penyangga *(of car springs)*. —kkt. membelenggu, mengongkong.

shad /syæd/ kb. sm ikan laut.

shade /syeid/ kb. 1 naung(an), tempat teduh. *to sit in the s. of an umbrella* duduk dibawah naungan sebuah payung. *What's the temperature in the s.?* Berapa suhu panas di tempat yg teduh itu? 2 *(window)* tirai (jendéla). 3 keré *(on porch)*. 4 corak. *What is your favorite s.?* Warna yg mana yg paling kausenangi? 5 perbédaan *(of opinion)*. 6 lih LAMP. *to put s.o. or s.t. in the s.* mengalahkan s.s.o. atau s.s.t., jauh melebihi s.s.o. —kkt. 1 melindungi *(o's eyes)*. 2 membayangi, menaungi. *Trees s. the road* Pohon-pohon membayangi jalan. **to s. off** berubah sedikit demi sedikit menjadi. **s. tree** pohon rimbun. —kk. sedikit. *He's a s. better today* Keadaannya sedikit baik hari ini. —**shading** kb. pembuatan bayangan.

shadiness /'syeidienəs/ kb. keadaan rindang.

shadow /'syædow/ kb. 1 bayangan, bayang-bayang. *the s. of the trees against the moonlight* bayangan pohon-pohon dlm terang bulan. *He follows me like a s.* Ia mengikuti aku kemana saja. *the s. of death* bayangan maut. *to cast a s.* membentuk suatu bayangan. *to have shadows under o's eyes* hitam/biru dibawah mata. *He's a mere s. of his former self* Ia sekarang merupakan bayangan saja dari kejayaannya dahulu. *to live in the s. of* hidup dibawah bayangan. *He lives under the s. of a terrible fate* Ia hidup dgn dibayang-bayangi nasib yg menakutkan. 2 *(jumlah)* sedikit. *I haven't a s. of a chance of winning* Sedikitpun tdk ada kemungkinan bagiku akan menang. *There's not a s. of doubt about his ability* Tak ada sedikitpun keragu-raguan mengenai kesanggupannya/kemampuannya. *He's the winner without a s. of a doubt* Ialah pemenangnya tanpa kesangsian sedikitpun. —kkt. 1 menaungi, membayangi. 2 membuntuti *(s.o.)*. **s. play** wayang kulit.

shadowbox /'syædow'baks/ kki. bertinju melawan bayangan.

shadowy /'syædowie/ ks. merupakan spt bayangan.

shady /'syeidie/ ks. 1 teduh, rindang. *s. spot* tempat yg teduh. 2 *Inf.*: curang. *s. deal* transaksi yg curang.

shaft /syæft/ kb. 1 tangkai, batang, patil *(of a spear, axe)*. *arrow s.* gagang panah. 2 lubang, terowongan *(of a mine, elevator)*. *air/ventilating s.* terowongan penukaran udara. 3 sorotan, berkas *(of light)*. 4 *(monument)* tugu. 5 kata-kata *(of satire or ridicule)*. 6 corong *(of a mine)*.

shaggy /'syægie/ ks. 1 berbulu kusut *(dog)*. 2 berbulu kasar *(coat)*. 3 beréwok *(of hair, mustache)*.

shake /syeik/ kb. 1 géléng(an) *(of the head)*. 2 *(hand-)* jabatan tangan. 3 goncangan *(from a quake)*. 4 kocokan. *Give it a good s.* Kocok lama-lama. *Inf.*: —**shakes** *j.* gemetar. *Sl.*: *I'll be ready in two shakes* Saya akan segera siap. *Inf.*: *That offer is no great shakes* Penawaran itu bukanlah s.s.t. *Inf.*: *She's no great shakes as a teacher* Ia tdk berarti sbg guru. —kkt. (**shook, shaken**) 1 menggoncangkan *(a building)*. 2 mengocok *(a liquid)*. *S. well before using* Kocok sblm dipakai. 3 menggéléng-géléngkan *(o's head)*. 4 menggoncang-goncang. *She shook her son* Ia menggoncang-goncang anak lelakinya. 5 mengejutkan. *I was shaken by the bad news* Aku terkejut mendengar berita yg buruk itu. 6 mengirai-ngiraikan, mengirapkan *(a rug)*. 7 menggoyahkan. *My faith in him is shaken* Kepercayaanku padanya sdh goyah. 8 mengacungkan *(o's fist)* (**at** thd). *to s. hands* berjabat tangan. *They shook hands on it* Meréka itu bersalaman sbg tanda persetujuan. 10 *Inf.*: melepaskan diri dari. *Can't you s. him?* Tak dapatkah kau melepaskan diri dari dia? *to s. o.s. free from s.o's grasp* meronta-ronta melepaskan diri dari genggaman s.s.o. —*kki.* 1 menggigil, gemetar (*with fear*). *His voice shook with emotion* Suaranya gemetar diliputi émosi. *He shook all over* Seluruh badannya menggigil. *to s. in o's shoes* gemetar ketakutan. 2 bergoncang. *The building shook* Gedung itu bergoncang. **to s. down** 1 menggoyangkan (pohon) spy buahnya jatuh (*fruit from a tree*). 2 *Sl.:* memeras (*a wealthy person*). 3 meluncurkan (*a ship*). **to s. off** 1 melepaskan (*dust*). 2 menghilangkan (*a cold*). 3 melepaskan diri dari (*s.o.*). **to s. out** mengiraikan, memukul-mukul (*a blanket*). **to s. up** 1 mengocok (*a liquid*). 2 menggoncangkan (*s.o. in an accident*). 3 membangkitkan (semangat) (*a team*). *Sl.:* **shakedown** *kb.* pemerasan (*by a gang*). *s.-down voyage* pelayaran percobaan. —**shaking** *kb.* goncangan, getaran (*of the ground*). *He spoke in a s. voice* Ia berbicara dgn suara gemetar.

shaken /'syeikən/ lih SHAKE.

shaker /'syeikər/ *kb.* 1 (*salt, pepper*) botol, tempat. 2 alat kocok, pengocok (*for milk, cocktail*).

shakeup /'syeik'ʌp/ *kb. Inf.:* perubahan yg drastis (dlm kebijaksanaan, kepegawaian).

shakiness /'syeikienəs/ *kb.* keadaan goncang, kegoyahan.

shaky /'syeikie/ *ks.* 1 gemetar, goyang. *I feel s. from the bumpy flight* Aku gemetar karena goncangan dlm penerbangan. *in a s. voice* dgn suara gemetar. 2 goyah (*ground*). *to be on s. ground* tdk cukup kuat, kedudukan lemah (*of an argument*). *His French is s.* Bahasa Perancisnya kurang baik. —**shakily** *kk.* secara gemetar.

shale /syeil/ *kb.* serpih.

shall /syæl/ *kkp.* 1 akan. *When s. we go?* Kapan kita akan pergi? *We s. see what can be done* Akan kita lihat apa yg dpt dikerjakan. *Will you come? No, I s. not* Datangkah kamu? Tidak, saya tdk akan datang. *I shan't go* Saya takkan pergi. *You s. pay for this insult* Kau akan terbalas utk penghinaan ini. *I s. speak to him* Saya akan membicarakan dgn dia. *S. I open the window?* Saya bukakan jendéla itu? 2 boléh. *They s. not pass* Meréka tak boléh léwat. 3 dapat. *S. I meet you at 5:00?* Dapatkah kita bertemu pd jam 5? —**shalt** boléh. *Thou s. not kill* Kau tak boléh membunuh. —**should** 1 akan. *I s. enjoy meeting your friend* Aku akan senang bertemu dgn temanmu. *We s. like to go* Kami akan suka pergi. 2 sebaiknya. *You s. go wash your hands* Sebaiknya kau pergi mencuci tangan. :: *All is as it is. be* Segala s.s.t. berjalan spt yg direncanakan. *Which is as it s. be* Sebagaimana diharapkan. *You shouldn't do that* Tdk baik kau berbuat demikian. *You s. have seen his face when...* Mestinya kau melihat mukanya ketika.... *He ordered that they s. be released* Diperintahkannya spy meréka itu dibébaskan. *We s. have foreseen the problems* Seharusnya kita sdh meramalkan kesukaran-kesukaran itu. *S. the occasion arise* Seandainya kesempatan itu datang. *Why s. you suspect us?* Mengapa kau mencurigai kami? *In case he s. not be there* Seandainya ia tdk ada disana. *I shouldn't be surprised if...* Saya tdk akan merasa héran jika ....

shallow /'syælow/ *kb.* **shallows** *j.* tempat yg dangkal. —*ks.* dangkal (*water*). *He's a s. person* Ia seorang yg dangkal pikirannya. *s. draft* bagian kapal yg tenggelam (utk berlayar) yg dangkal.

shallowness /'syælownəs/ *kb.* kedangkalan.

snalt /syælt/ lih SHALL.

sham /syæm/ *kb.* pura-pura. *s. battle* pertempuran pura-pura, perang-perangan. —*kkt.* (**shammed**)

berpura-pura. *to s. illness* berpura-pura sakit. —*kki.* berpura-pura. *He's only shamming* Ia berpura-pura saja.

shaman /'syeimən, 'sya-/ *kb.* dukun (sihir), cenayang.

shambles /'syæmbəlz/ *kb., j.* keadaan kacau/berantakan. *The tornado left the house a s.* Angin puyuh itu menyebabkan rumah hancur porak-poranda.

shame /syeim/ *kb.* rasa malu, arang dimuka. *to bring s. on* membuat malu. *S. on you!* Tak tahu malu! *to put to s.* membuat malu, memalukan. *It's a s. he couldn't come* Sayang sekali ia tak dpt datang. *What a s.!* Sungguh memalukan! —*kkt.* memalukan (*s.o.*). *He was shamed into ...* Ia dimalukan sehingga ....

shamefaced /'syeim'feist/ *ks.* kemalu-maluan. —**shamefacedly** *kk.* dgn kemalu-maluan.

shameful /'syeimfəl/ *ks.* memalukan. —**shamefully** *kk.* secara memalukan.

shameless /'syeimləs/ *ks.* tak tahu malu. —**shamelessly** *kk.* tanpa malu.

shammy /'syæmie/ (*j.* -**mies**) lih CHAMOIS.

shampoo /syæm'puw/ *kb.* langir, pencuci rambut. —*kkt.* melangiri, mencuci rambut. —*kki.* berlangir.

shanghai /syæŋ'hai, 'syæŋhai/ *kkt. Inf.:* menculik (dgn membuat tak sadar dgn obat-obat atau minuman keras).

shank /syæŋk/ *kb.* tulang kering. *to go on shank's mare* berjalan kaki. *s. of the day* hari soré.

shan't /syænt/ [*shall not*] lih SHALL.

shanty /'syæntie/ *kb.* (*j.* -**ties**) pondok (buruk), gubug.

shantytown /'syæntie'tawn/ *kb.* kota gubug.

shape /syeip/ *kb.* 1 bentuk. *Is this the right s.?* Inikah bentuk yg betul? *In the yard were trees of all shapes* Di pekarangan terdapat pohon-pohon dlm segala bentuk. *to knock s.t. out of s.* memukul s.s.t. (hingga) berkeping-keping. *Inf.: to lick into s.* memperbaiki, memberi bentuk/susunan yg baik. *Our plans are taking s.* Rencana-rencana kami mulai terwujud. *I don't trust him in any s. or form* Sedikitpun saya tdk mempercayai dia. 2 potongan (*of clothes, jewelry*). *This is the s. of things to come* Inilah modél-modél yg akan datang. 3 keadaan, kondisi. *Inf.: to be in s.* kondisi badan yg baik. *He's in bad s.* Keadaannya tdk baik. *to be in fine s.* dlm keadaan selamat. *to keep in s.* memelihara kondisi badan. *to feel out of s.* merasa tak segar. *I'm in no s. to go* Aku tak sanggup pergi. —*kkt.* 1 membentuk (*s.t.*) 2 menentukan (*o's future*). —*kki.* memperoléh bentuk tertentu. *Things are shaping up well* Segala sesuatunya mulai berkembang dgn baik.

shapeless /'syeipləs/ *ks.* tak berbentuk.

shapeliness /'syeiplienəs/ *kb.* keadaan berpotongan (baik).

shapely /'syeiplie/ *ks.* berbentuk indah, baik bentuknya, rupawan.

share /syær/ *kb.* 1 (*plow-*) mata bajak. 2 bagian. *to get an equal s.* mendapat bagian yg sama. *to bear o's s. of the burden* memikul bagian dari beban tanggungan. *to do o's s. of the work* mengerjakan bagiannya dlm pekerjaan. 3 saham, andil. *How many shares did you buy?* Berapa helai saham (yg) kaubeli? *to go shares on a car* bersekutu/berkongsi membeli mobil. *to buy land on shares* membeli tanah secara berkongsi. *to hold shares in* memegang saham dlm. **s. certificate** surat andil. —*kkt.* 1 bersama-sama mendiami (*a room, apartment*). 2 bersama-sama memakai (*a car*). 3 sama-sama menanggung (*expenses, responsibility*). 4 memberikan. *to s. o's food with s.o.* memberikan sebagian dari makanannya kpd s.s.o.

to s. your opinion with memberikan pendapat tuan kpd. *to s. the good and the bad* ringan sama dijinjing berat sama dipikul. —*kki.* membagi. *to s. alike* membagi secara sama rata. *to s. in the costs* bersama-sama menanggung ongkos.

sharecrop /'syær'krap/ *kkt., kki.* (**sharecropped**) bertani bagi-hasil.

sharecropper /'syær'krapər/ *kb.* petani bagi-hasil.

shareholder /'syær'howldər/ *kb.* pemegang saham. *He's a large s. in* Ia seorang yg banyak mempunyai saham pd.

sharer /'syærər/ *kb.* seorang yg membagi.

shark /syark/ *kb.* 1 ikan hiu/yu. 2 *Sl.*: *Bridge*: pemain licik. 3 lintah darat, penipu.

sharp /syarp/ *kb. Mus.*: kenaikan/kelebihan tinggi nada setengah tajam. *octet in C s.* oktét dlm nada C tajam. —*ks.* 1 tajam (*of knife, turn, words*). 2 runcing (*point*). 3 jelas (*detail in a photo*). 4 curang. *to engage in s. practices* terlibat dlm prakték-prakték penipuan. 5 cerdik, pintar (*person*). 6 *Sl.*: ganteng, tampan (*of a person's appearance*). 7 dingin (*of weather*). 8 keras, pedas (*reprimand*). 9 yg menusuk (*pain*). 10 dahsyat (*struggle*). 11 tajam (*of facial features, of a glance, of s.o.'s tongue*). :: *This is in s. contrast to…* Ini sangat bertentangan dgn…. —*kk.* 1 tepat. *at 9 o'clock s.* pd j. 9 tepat. 2 dgn mendadak, tiba-tiba. 3 yg melengking. *to sing s.* menyanyi dgn suara yg melengking. *Sl.*: *to look s.* kelihatan rapi. *Turn s. left* Béloklah segera ke kiri. **sharp-eyed** *ks.* 1 tajam penglihatan(nya). 2 cerdik. **sharp-pointed** *ks.* 1 runcing, berujung tajam (*pencils*). 2 mancung (*shoes*). *Sl.*: **sharp-looking** *ks.* ganteng, tampan. **sharp-sighted** *ks.* (berpandangan tajam) berpenglihatan tajam. **sharp-tongued** *ks.* berlidah tajam. **sharp-witted** *ks.* tajam pikiran, cerdas. —**sharply** *kk.* 1 dgn menyolok. *The voters are s. divided* Pemilih-pemilih itu berpecah-belah dgn menyolok. 2 tajam. *The road dips s.* Jalan itu menurun tajam. 3 secara/dgn pedas. *to speak s. to s.o.* berkata pedas kpd s.s.o. *to reply s.* menjawab secara pedas.

sharpen /'syarpən/ *kkt.* 1 meruncingkan, merancung (*a pencil*). 2 mengasah (*a blade*). 3 mempertajam (*o's wits*). —*kki.* melengking (*of o's voice*).

sharpener /'syarpənər/ *kb.* (alat) pengasah.

sharpie /'syarpie/ *kb. Sl.*: penipu.

sharpness /'syarpnəs/ *kb.* 1 jelasnya/terangnya (*of a photo*). 2 nyaringnya (*of a voice, tone*). 3 tajamnya (*of a turn in the road, of sight*). 4 kecerahan (*of weather*). 5 rasa pedas (*of a sauce*).

sharpshooter /'syarp'syuwtər/ *kb.* penémbak jitu.

shatter /'syætər/ *kkt.* 1 menghancurkan (*a window, o's hopes*). *The glass was shattered* Gelas itu pecah/hancur. 2 memecahkan (*the silence*). —*kki.* hancur, pecah. *The glass shattered* Gelas itu hancur.

shatterproof /'syætər'pruwf/ *ks.* tahan remuk, tahan pecah berpelantingan.

shave /syeiv/ *kb.* **to get a s.** bercukur. *to get a close s.* dpt bercukur hingga licin sekali. *Inf.*: *That was a close s.* Hampir saja terjadi bahaya. —*kkt.* (**shaved, shaved** atau **shaven**). 1 mencukur (*s.o.*). 2 mengetam (*a door*). 3 mengiris (*vegetables, chocolate*). —*kki.* bercukur. —**shaven** *ks.* gundul (*head*). —**shaving** *kb.* bercukur. *s. brush* sikat cukur. *s. cream* sabun cukur. *s. kit* kotak alat-alat cukur. *s. lotion* wangi-wangian utk cukur. *s. mug* buli-buli pangkas. *s. soap* sabun cukur. *s. stick* sabun cukur. —**shavings** *j.* serutan, tatal.

shaven /'syeivən/ lih SHAVE.

shaver /'syeivər/ *kb.* 1 alat cukur. *electric s.* alat cukur listerik. 2 *Inf.*: anak kecil (lelaki).

shavetail /'syeiv'teil/ *kb. Sl.*: létnan dua (yg baru).

shawl /syɔl/ *kb.* syal, seléndang.

she /syie/ *kb.* perempuan. *Is this dog a he or a s.?* Anjing ini laki atau perempuan? *It is a s.* Anaknya perempuan. —*kg.* ia, dia (perempuan). *She's in my class* Dia sekelas dgn aku. *Here s. comes* Nah, itu dia datang. *S. and I* Dia dan saya. *It's s. who did it* Dialah yg melakukannya. **she-goat** kambing betina.

sheaf /syief/ *kb.* (*j.* **sheaves**) berkas, ikat.

shear /syir/ *kb.* **shears** *j.* gunting besar. *pair of s.* sebuah gunting besar. —*kkt.* (**sheared, sheared** atau **shorn**). mencukur (*sheep*). *The ruler has been shorn of his power* Penguasa itu tlh dilucuti kekuasaannya. **to s. off** memotong. —**shearing** *kb.* pencukuran (*of sheep*).

sheath /syieth/ *kb.* 1 sarung (*for sword*). 2 *Bot.*: pelapah (daun). 3 baju ketat (*dress*).

sheathe /syieтн/ *kkt.* menyarungkan. —**sheathing** *kb.* bahan pelapis, lapisan (*for walls*).

sheaves /syievz/ lih SHEAF.

shebang /syə'bæng/ *kb.* 1 *Sl.*: perusahaan. *He controls the whole s.* Ia menguasai seluruh perusahaan itu. 2 *Sl.*: peristiwa, pésta.

shed /syed/ *kb.* bangsal, lumbung, gudang. —*kkt.* 1 mencucurkan, menitikkan (*tears*). 2 menumpahkan (*blood*). 3 membuka, melepaskan (*o's coat*). 4 berganti bulu (*feathers*). 5 tahan. *This hat sheds water* Topi ini tahan air. 6 memberi. *That information sheds light on the case* Keterangan itu memberi terangan kpd perkara itu. 7 memancarkan (*a soft light*). 8 menggugurkan, melepaskan (*leaves*). —*kki.* meluruh, gugur, berganti bulu (*of cats*). —**shedding** *kb.* 1 pergantian penanggalan (*of animals*). 2 penumpahan (*of blood*).

she'd /syied/ 1 [*she had*] sdh, tlh. *She'd come when I left* Dia sdh datang waktu aku berangkat. 2 [*she would*] akan. *She'd come and go as she pleased* Dia akan datang dan pergi sesukanya.

sheen /syien/ *kb.* kemilau, kilau (*of materials*).

sheep /syiep/ *kb.* biri-biri, domba. *to cast/make sheep's eyes at* bermain mata dgn, memandang dgn berahi dan kasih kpd. *to feel like a lost s.* merasa kesasar/tersesat/salah jalan. *s. dog* anjing gembala/hérder.

sheepish /'syiepisy/ *ks.* malu(-malu).

sheepishness /'syiepisynəs/ *kb.* perasaan malu/tersipu-sipu.

sheepskin /'syiep'skin/ *kb.* 1 kulit domba. 2 *Acad.*: ijazah (sekolah).

sheer /syir/ *ks.* 1 tipis (*of clothing*). 2 curam, terjal. *a s. drop of 100 feet* penurunan curam 100 kaki. 3 belaka. *That's s. nonsense* Itu omong-kosong belaka. *That's a s. waste of time* Itu hanya membuang-buang waktu belaka. *a s. impossibility* hal yg samasekali tdk mungkin. *It was s. joy hearing her voice* Benar-benar gembira mendengar suaranya. *For s. stupidity that beat all* Kebodohan tindakan itu melebihi segala-galanya.

sheet /syiet/ *kb.* 1 seperai, alas tilam (*for a bed*). 2 lembar, helai. *a s. of paper* sehelai kertas. *s. of stamps* lembaran perangko. *s. of flame* lautan api. *The road was a s. of ice* Jalan itu dilapisi és. *to turn white as a s.* menjadi pucat-lesi. *The rain came down in sheets* Hujan turun dgn lebatnya. *Inf.*: *three sheets in the wind* amat mabuk. **s. anchor** a) jangkar darurat. b) bantuan utama. **s. iron** besi pelat, pelat besi. **s. lightning** kilat (dgn lompatan api yg lébar). **s. metal** pelat logam. **s. music** lembaran/kertas

musik. **s. steel** baja lembaran. —**sheeting** *kb.* kain seperai.
sheikh /syiek, syeik/ *kb.* syékh.
shelf /syelf/ *kb.* (*j.* **shelves**) 1 (papan) rak. 2 beting. *the Sunda S.* Dasar Selat Sunda. *We need more s. space* Kami memerlukan lebih banyak tempat rak-rak meletakkan barang-barang. *s. list* daftar nomor buku (pd perpustakaan menurut urutan letaknya). *to put s.o. on the s.* meménsiun(kan) s.s.o. *to be on the s.* sdh pénsiun/purnawirawan/wredatama.
shell /syel/ *kb.* 1 kulit (*of a nut*). 2 (*sea-*) kerang. 3 rumah (*of snail, turtle*). 4 selongsong (*of cartridge*). 5 geranat. *live s.* bom atau granat yg blm meledak. 6 tempurung, batok (*of coconut*). 7 kerangka (*of burned-out building*). **to come out of o's s.** hilang rasa malu. **to go/retire into o's s.** merasa malu, merasa canggung dan kaku. —*kkt.* 1 menguliti, mengupas kulit (*nuts, peas*). 2 menémbaki, menggeranat, memeriami (*a city*). **to s. out** *Inf.*: membayar, keluar uang. **s. shock** gangguan syaraf karena pertempuran.
she'll /syiel/ 1 [*she shall*] ia akan. 2 [*she will*] ia mau.
shellac /syə'læk/ *kb.* lak, laka, lakeri. —*kkt.* 1 melapisi dgn lak. 2 *Sl.*: mengalahkan. —**shellacking** *kb. Sl.*: kekalahan. *to take a s.* a) *Sports*: menderita kekalahan hébat. b) menderita pukulan hébat (*of a person*).
shellfire /'syel'fair/ *kb.* témbakan meriam (yg gencar). *to be under s.* mendapat témbakan meriam gencar.
shellfish /'syel'fisy/ *kb.* (ikan) kerang-kerangan.
shelter /'syeltər/ *kb.* 1 (tempat) perlindungan. *This s. is open to anyone* Tempat perlindungan ini terbuka utk umum. 2 lindungan, naungan. *Trees provide s. from the sun* Pohon-pohon memberi naungan thd matahari. *to find s. for the night* mendapat tempat bermalam. *to take s. in* berlindung/bernaung dlm, mencari lindungan dlm. —*kkt.* 1 memberi tempat, menginap kpd. 2 berlindung/bersembunyi kpd, menyembunyikan (*a fugitive*). —**sheltered** *ks.* tersembunyi, bersembunyi. *to lead a s. life* dlm keadaan yg dilindungi.
shelve /syelv/ *kkt.* 1 menyusun diatas rak-rak. 2 menangguhkan, mengesampingkan (*a bill, law*). 3 mengesampingkan, menyisihkan. *He has been shelved for a younger person* Ia tlh disisihkan utk diganti oléh seorang yg lebih muda. —**shelving** *kb.* papan utk rak.
shelves /syelvz/ lih SHELF.
shenanigans /syə'nænəgənz/ *kb.*, *j. Inf.*: olok-olok, main gila. *Cut out the s.!* Jangan main gila!
shepherd /'syepərd/ *kb.* 1 gembala. *s. dog* anjing gembala. 2 pelindung. *the (Good) S.* Isa al-Masih. —*kkt.* menuntun.
sherbet /'syərbət/ *kb.* serbat.
sheriff /'syerif/ *kb.* kepala polisi daérah.
sherry /'syerie/ *kb.* (*j.* **-ries**) minuman anggur (manis).
she's /syiez/ 1 [*she is*] akan. 2 [*she has*] sudah, telah.
shibboleth /'syibələth/ *kb.* semboyan (partai).
shield /syield/ *kb.* 1 perisai (*armor*). 2 pelindung. *to use o's coat as a s.* mempergunakan jasnya sbg pelindung. 3 perlindungan. *Vaccination is a s. against smallpox* Pencacaran merupakan perlindungan thd penyakit cacar. —*kkt.* melindungi (*o's eyes*). *to s. s.o. from being hit by* melindungi s.s.o. *spy tak kena.
shied /syaid/ lih SHY.
shier /'syaiər/ lih SHY.
shies /syaiz/ lih SHY.
shiest /'syaiist/ lih SHY.

shift /syift/ *kb.* 1 perubahan (*in plans*). 2 penggéséran (*in emphasis*). 3 (*dress*) pakaian yg agak longgar. 4 perubahan (*in the wind*). 5 regu. *The second s. comes on at 4* Regu kedua datang menggantikan pd jam 4. *to work in shifts* bekerja berganti-ganti. 6 perpindahan (*in ship's cargo*). 7 *Auto.*: persnéling. *automatic s.* persnéling otomatis. **to make s.** bersusah payah (sementara). —*kkt.* 1 mengubah (*position*). 2 berubah (*direction*). 3 menukar, mengganti (*gears*). 4 memindah-mindahkan (*furniture around*). 5 menggésérkan, memindahkan, mengalihkan (*responsibility to*). —*kki.* 1 pindah. *Please s. to the next seat* Silakan pindah ke tempat duduk sebelah. 2 berubah arah, beralih (*of a wind*). 3 bergésér. *to s. to the left* bergésér ke kiri. *to s. for o.s.* mencari nafkah sendiri, berikhtiar hidup sendiri. 4 berpindah berdiri (*from one foot to the other*). *shifting sand* tanah pasir yg berpindah.
shiftiness /'syiftienəs/ *kb.* kelicikan, kelihaian.
shiftless /'syiftləs/ *ks.* pemalas, segan bekerja.
shiftlessness /'syiftləsnəs/ *kb.* kemalasan.
shifty /'syiftie/ *ks.* licik, penuh tipu daya. **shifty-eyed** *ks.* mempunyai mata yg menunjukkan kelicikan.
shill /syil/ *kb. Sl.*: penjudi, sm calo.
shilling /'syiling/ *kb.* shilling (mata uang Inggeris).
shilly-shally /'syilie'syælie/ *kki.* (**shilly-shallied**) ragu-ragu, bimbang.
shimmer /'syimər/ *kb.* kilau, cahaya gemerlapan. —*kki.* berkilau-kilauan, berkelip-kelip.
shimmies /'syimiez/ lih SHIMMY.
shimmy /'syimie/ *kb.* (*j.* **-mies**) goncang. —*kki.* (**shimmied**) bergetar, bergoncang (*of a motor*).
shin /syin/ *kb.* garas. —*kki.* (**shinned**) **to s. up** memanjat (*a tree*).
shinbone /'syin'bown/ *kb.* tulang kering.
shindig /'syindig/ *kb. Sl.*: pésta gembira dan riuh.
shine /syain/ *kb.* kilauan (*on shoes*). *Sl.*: *I don't like his shines* Aku tak suka pd akal-bulusnya. *We'll be there, rain or s.* Kami akan datang kesana, apapun yg terjadi. *Inf.*: *to take the s. off* a) menghilangkan kesenangan. b) mengurangi kegembiraan. c) memudarkan kilauan (*o's shoes*). *Sl.*: *to take a s. to* suka pd. —*kkt.* 1 (**shone**) menyorotkan (*a flashlight*). 2 (**shined**) menggosok(kan), menyemir (*shoes*). —*kki.* (**shone**) 1 bersinar, memancar. *Love shone in her eyes* Cinta bersinar dari matanya. 2 bercahaya. *Her eyes s.* Matanya bercahaya. *The moon is shining brightly* Bulan bercahaya terang. 3 berkilat-kilat (*of silver*). 4 gemilang. *He shines in his studies* Ia gemilang dlm pelajarannya. **::** *The light shines in my eyes* Cahaya itu menyinari mataku. *Rise and s.!* Bangunlah! **to s. up** mengkilapkan (*silver, brass*). *Sl.*: **to s. up to** mencoba mengambil hati, mencoba menarik perhatian. —**shining** *ks.* terkemuka, istiméwa. *s. light* orang yg istiméwa dlm s.s.t. hal. *She's a s. example of today's youth* Ia merupakan contoh yg cemerlang dari muda-mudi zaman sekarang.
shiner /'syainər/ *kb. Sl.*: mata biru/bengkak.
shingle /'syinggəl/ *kb.* 1 sirap (*on a roof*). 2 papan nama. *to hang out o's s.* membuka prakték. —**shingles** *j. Med.*: penyakit ruam syaraf, sinanaga. —*kkt.* mengatapi dgn sirap.
shiny /'syainie/ *ks.* 1 berkilauan, berkilat-kilat (*of a dress, silverware*). 2 licin, berkilat (*of trousers through long wear*).
ship /syip/ *kb.* kapal. *to jump s.* melarikan diri dari kapal. *When o's s. comes in* Kalau sdh kaya. Kalau sdh punya uang. *on board s.* diatas kapal. *to board s. at* naik kapal di. —*kkt.* (**shipped**) mengirimkan,

mengapalkan (*goods*). *to s. a sea/wave* kemasukan air laut/ombak. —*kki.* bekerja di kapal. *to s. as an ordinary seaman* bekerja di kapal sbg pelaut biasa. **to s. out** berlayar, naik kapal sbg pelaut. **ship's boat** sekoci. **ship's crew list** sijil anak kapal. **ship's engineer** ahli mesin kapal. **ship's railing** pagar kapal. **ship's papers** dokumén-dokumén kapal. —**shipping** *kb.* perkapalan, pelayaran. *S. is heavy at that port* Pelabuhan itu ramai didatangi kapal-kapal. *s. agent* ékspéditur. *s. charges* ongkos kirim. *s. clerk* jurutulis ékspédisi. *s. company/firm* a) perusahaan ékspédisi. b) maskapai pelayaran, perusahaan perkapalan. *s. instructions* a) instruksi pengiriman. b) *Ship.*: instruksi pengapalan. *s. lane* jalan/jalur pelayaran. *s. line* maskapai pelayaran. *s. office* kantor ékspédisi.

shipboard /'syip'bowrd/ *kb.* kapal. *on s.* di kapal.
shipbuilder /'syip'bildər/ *kb.* pembuat kapal.
shipbuilding /'syip'bilding/ *kb.* pembuatan kapal. *s. yard* galangan bangunan kapal.
shipload /'syip'lowd/ *kb.* (se)muatan kapal, sekapal. *s. of coal* batubara sekapal.
shipmate /'syip'meit/ *kb.* teman sekapal.
shipment /'syipmənt/ *kb.* 1 kiriman (*goods*). 2 pengiriman. *ready for s.* siap utk diangkut/dikirim (dgn kapal dll).
shipper /'syipər/ *kb.* 1 pengirim. 2 pengangkut. 3 perusahaan ékspédisi.
shipshape /'syip'syeip/ *ks., kk.* dlm keadaan rapi/teratur.
shipwreck /'syip'rek/ *kb.* kecelakaan kapal, peristiwa kapal karam. —*kkt.* merusakkan kapal/orang. *to be shipwrecked* menjadi terdampar.
shipyard /'syip'yard/ *kb.* galangan kapal.
shirk /syərk/ *kkt.* melalaikan, mengélakkan (*o's duty, responsibility*).
shirker /'syərkər/ *kb.* tukang bolos/mengeluyur, orang yg suka melalaikan kewajiban/pekerjaan.
shirr /syər/ *kkt.* menggoréng (*eggs*) dlm panci dangkal, dgn mentéga, dan terkadang dgn susu dan deraian roti.
shirt /syərt/ *kb.* keméja, hém. *sport s.* baju olahraga, keméja sport. *to put on a clean s.* mengenakan keméja yg bersih. *Sl.*: *Keep your s. on!* Sabarlah! Tenanglah! *He'd give you the s. off his back* Ia amat pemurah. *Sl.*: *to lose o's s.* jatuh melarat.
shirtsleeve /'syərt'sliev/ *kb.* lengan keméja. *to be in o's shirtsleeves* tak memakai jas. —*ks.* informil.
shirttail /'syərt'teil/ *kb.* bagian bawah keméja. *to wear o's s. out* memakai keméjanya diluar. *to hang on to s.o's shirttails* bergantung kpd s.s.o., mengékor pd s.s.o.
shirtwaist /'syərt'weist/ *kb.* blus wanita berlengan dan berkelepai.
shish kebab /'syiskə'bab/ *kb.* sm saté.
shiver /'syivər/ *kb.* getaran, gigil. *to send shivers down o's spine* membuat s.s.o. menggigil. —*kki.* menggigil, gemetar (**from** karena).
shoal /syowl/ *kb.* 1 beting (*off shore*). 2 kawanan (*of fish*).
shock /syak/ *kb.* 1 goncangan (*earth*). 2 kekejutan. *to suffer from s.* menderita kekejutan. 3 kejut, getaran (*of electricity*). *Her death was a great s.* Kematiannya mengejutkan sekali. 4 gumpalan, kelompok (*of hair*). 5 seikat (*of cornstalks*). —*kkt.* mengejutkan, mengejuti. *The electric cord shocked me* Kawat listrik itu mengejutkan aku. *I was shocked* Aku terkejut. **s. absorber** alat penahan goncangan pd kendaraan bermotor, sok bréker. **shock-resistant** *ks.* tahan bantingan/goncangan. **s. therapy/treat-**

ment pengobatan dgn memberi kejutan listerik. **s. troops** pasukan penggempur, pasukan gerak cepat. **s. wave** gelombang udara yg bergerak sangat cepat, gangguan udara atmosfir disebabkan oléh pesawat terbang, rokét dll yg bergerak dgn kecepatan lebih besar dari kecepatan suara. —**shocking** *ks.* mengejutkan. —**shockingly** *kk.* teramat, sangat, dgn sangat mengejutkan.
shocker /'syakər/ *kb. Inf.*: s.s.t. yg penuh sénsasi, yg menegakkan bulu roma.
shockproof /'syak'pruwf/ *ks.* 1 tahan kejut(an) (*of watch*). 2 aman/bébas dari kejutan (*of electricity*).
shod /syad/ lih SHOE *kkt.*
shoddiness /'syadinəs/ *kb.* 1 mutu yg rendah (*of workmanship*). 2 kemesuman, kebobrokan (*of the area*).
shoddy /'syadie/ *ks.* 1 buruk, bobrok (*of a neighborhood, house*). 2 jélék, berengsék (*of goods*). 3 kasar/hina/menyedihkan (*treatment*).
shoe /syuw/ *kb.* 1 sepatu. *What size s. do you wear?* Sepatumu ukuran berapa? *s. polish* semir sepatu. *s. store* toko sepatu. *s. tree* cengkal sepatu, alat pemelihara bentuk sepatu. 2 tapal (*kuda*). *The horse has lost a s.* Kuda itu hilang satu tapalnya. 3 sepatu, bantal. *brake s.* bantal rém. **::** *I'd hate to be in your shoes* Aku tak suka berada dlm keadaanmu. *If the s. fits, wear it* Yg bersangkutan hrs merasakan (demikian). *The s. is on the other foot* Keadaannya berbalik. *Where the s. pinches* Dimana terdapat kesulitan yg sebenarnya. *It won't be easy to step into his shoes* Tak akan mudah menggantikannya dlm jabatan(nya) itu. —*kkt.* (**shod**) memberi tapal besi, memasangi ladam (*a horse*). *He was shod in fancy shoes* Ia memakai sepatu yg terhias indah.
shoebrush /'syuw'brʌsy/ *kb.* sikat sepatu.
shoehorn /'syuw'hɔrn/ *kb.* séndok sepatu, pengiah kasut.
shoelace /'syuw'leis/ *kb.* tali sepatu.
shoemaker /'syuw'meikər/ *kb.* tukang sepatu.
shoeshine /'syuw'syain/ *kb.* penggosokan sepatu. *s. boy* penggosok sepatu. *s. parlor* tempat menggosok sepatu.
shoestring /'syuw'string/ *kb.* tali sepatu. *Inf.*: *to get by on a s.* hidup dgn sedikit uang. *s. operation* usaha dgn modal sedikit.
shone /syown/ lih SHINE.
shoo /syuw/ *kseru.* husy! —*kkt.* **to s. away** mengusir. **shoo-in** *kb.* kemenangan yg mudah.
shook /syuk/ lih SHAKE.
shoot /syuwt/ *kb.* 1 *Bot.*: tunas, taruk, pucuk, kecambah, togé. 2 saluran (*for coal*). 3 perburuan. *turkey s.* perburuan kalkun. —*kseru.* persétan! busét! —*kkt.* (**shot**) 1 menémbak (*s.o.*). 2 menémbak (*a gun*). 3 mengajukan (*questions at s.o.*). 4 melepaskan, menémbakkan (*an arrow*). 5 mengarungi (*the rapids* air deras). 6 membuat, mencétak (*a goal*). 7 melémparkan. *She shot a glance at him* Ia melémparkan pandangan kpd orang laki-laki itu. 8 membuat. *to s. a film* membuat pilem, mempilemkan. *to s. the scene over again* mengulangi pembuatan film dari lakon itu. 9 bermain (*marbles, pool*). **::** *to s. an oil well* membuka sumur minyak dgn ledakan bahan peledak. *to s. the sun* mengukur tinggi matahari (dgn sékstan). —*kki.* menémbak. *Sl.*: *S.!* Bicaralah! Mulailah (bicara)! **to s.** pesat. **to s. at** menémbak *s.s.t. Inf.*: *One needs a goal to s. at* Orang perlu sasaran utk dicapai. **to s. away** menémbakkan (*o's ammunition*). *He had a leg shot away* Kakinya tertémbak sampai putus/hilang. **to s. by/past** meléwati dgn kencang. *The motor-*

cycle shot past the house Sepéda motor itu meléwati rumah itu dgn kencang. **to s. down** menémbak jatuh (*a pigeon, a plane, a person*). *Inf.*: **to s. for** ingin mencapai, bercita-cita. **to s. off** menémbakkan (*guns*). *He had a foot shot off* Kakinya tertémbak sampai putus. **to s. out** 1 memancar, menyembur (*of flames*). 2 menjulurkan. *The snake shot out its tongue* Ular itu menjulurkan lidahnya. *The police and the bandits shot it out* Polisi dan bandit-bandit itu témbak-menémbak. *Inf.*: **to s. up** 1 menémbaki. *Inf.*: *to s. up a town* menémbaki sebuah kota. *He has shot up* a) Ia tumbuh dgn cepat (*in size*). b) Ia naik dgn cepat (*in position*). *A sharp pain shot up his leg* Rasa sakit yg pedih menusuk kakinya dari bawah keatas. 2 melonjak. *Prices have shot up* Harga-harga melonjak. 3 menjulang (*of flames*). —**shooting** *kb.* témbak-menémbak, baku témbak. *s. of a film* pembuatan film. *s. gallery* tempat latihan menémbak. *Inf.*: *s. iron* péstol. *s. pains* rasa sakit/nyeri yg menyentak-nyentak. *s. star* bintang beralih, météor. *s. war* perang panas/sungguh-sungguh. *to go s.* pergi berburu.
shooter /'syuwtər/ *kb.* penémbak.
shop /syap/ *kb.* 1 toko, kedai, warung. *I like to deal at this s.* Aku suka berbelanja di toko ini. *smoke/tobacco s.* toko tembakau. 2 (*work-*) béngkél. 3 perusahaan. *to set up s.* memulai perusahaan, mulai membuka perusahaan. *to shut up s.* menutup/menghentikan perusahaan. *to talk s.* membicarakan pekerjaan, membicarakan soal-soal kerja. —*kki.* (**shopped**). berbelanja. **to s. at** berbelanja di. **to s. around** melihat-lihat. *to s. for dinner* berbelanja utk makan malam. —**shopping** *kb.* berbelanja. *to go s.* pergi berbelanja. *s. center* pusat/daérah pertokoan, pusat (ber)belanja.
shopgirl /'syap'gərl/ *kb.* wanita pelayan toko, pramuniaga.
shopkeeper /'syap'kiepər/ *kb.* pemilik/pengusaha toko.
shoplifter /'syap'liftər/ *kb.* pencuri toko.
shopper /'syapər/ *kb.* pembelanja, orang yg berbelanja.
shoptalk /'syap'tɔk/ *kb.* 1 pembicaraan mengenai pekerjaan. 2 pembicaraan mengenai soal-soal kerja.
shopwindow /'syap'window/ *kb.* jendéla pajangan/pamér, kaca pemaméran.
shopwoman /'syap'wumən/ *kb.* (*j.* -**women**) wanita pelayan toko.
shopworn /'syap'wɔrn/ *ks.* lama dijadikan pajangan, usang.
shore /syowr/ *kb.* 1 pantai, tepi laut. *We spend our vacation at the s.* Kami berliburan di tepi laut. 2 darat. *to do s. duty* bertugas di darat. *off s.* dekat pantai. *to return to o's native shores* pulang ke kampung-halaman. —*kkt.* menopang, menggalang. *to s. up a wall* menopang sebuah dinding. **shore-based** *ks.* berpangkalan di darat. **s. leave** cuti di darat. **S. Patrol** Polisi Tentara Laut.
shoreline /'syowr'lain/ *kb.* garis pantai.
shorn /syowrn/ *lih* SHEAR.
short /syɔrt/ *kb.* 1 *Elec.*: korsléting. 2 *Film*: pilem péndék. *He is called Dick for s.* Ia dipanggil Dick saja. *in s.* péndéknya, péndék kata. —**shorts** *j.* 1 celana péndék/kolor. 2 celana dalam. —*ks.* 1 péndék. *s., hair* rambut péndék. *s. skirt* rok péndék. *The days are getting shorter* Hari bertambah péndék. *Your jacket is s. in the sleeves* Bajumu péndék lengannya. 2 singkat. *He'll be here for a s. time only* Ia akan ada disini selama waktu yg singkat saja. *The Shorter*

English Dictionary Kamus Singkat Bahasa Inggeris. *Pres. is s. for President* Prés. adalah singkatan dari Présidén. 3 tekor. *I'm s. some money* Aku tekor uang sedikit. *to be s. a pound of sugar* memerlukan sepon gula. 4 (*curt*) péndék, kasar. **::** *Sl.*: *I'll take a s. one* Saya minta (minuman) sedikit saja. *He lives a s. way off* Ia tinggal (dlm jarak) dekat dari sini. *He arrived a s. time ago* Ia tiba blm berapa lama ini. *She has a s. memory* Ia lekas lupa. **to be s. of** 1 kekurangan (*money, food, time*). 2 selain (drpd) *Nothing s. of victory will be satisfactory* Tak ada yg akan memuaskan selain kemenangan. *It is little s. of folly* Benar-benar gila/tolol. *I don't know what to do with it s. of burning it* Saya tdk tahu apa yg akan saya perbuat selain drpd membakarnya. *I'm far s. of perfect* Saya jauh drpd sempurna. **to run. s. of** kekurangan (*money, food, time*). —*kkt.* secara péndék. *to make a long story s.* singkatnya, utk meringkaskannya. *to make a speech s.* mempersingkat pidato. **to be caught s.** a) tak mempunyai cukup (*of food*). b) tak bersiap-siap. **to cut s.** a) memperpéndék (*a trip*). b) memotong (*a conversation*). c) merusak, mematahkan. *Illness cut s. his plans* Sakitnya itu merusak rencana-rencananya. *Sl.*: **to sell s.** menganggap/memandang réméh. *Don't sell him s.* Jangan meréméhkan dia. *He stopped s. of committing an illegal act* Tindakannya itu tak sampai melanggar hukum. *Don't stop s. of your goal* Jangan terhenti dlm mencapai cita-citamu. **to short-change** memberikan uang kembali kurang. *He was s.-changed on ability* Ia dianggap kurang dlm kecakapan. **s. circuit** korsléting. *to s.-circuit* memutuskan hubungan/aliran listrik. **s. cut** 1 jalan memintas, jalan péndék. *to take a s. cut* memotong jalan. 2 cara yg singkat. **short-handed** *ks.* kekurangan tenaga. **short-haul** *ks.* jarak péndék. *s.-haul transport* angkutan jarak péndék. **short-lived** /livd/ *ks.* 1 berumur péndék (*of a plant, person*). 2 tak lama bertahan (*victory, joy*). **short-order** *ks.* pesanan kilat. *s.-order cook* juru masak. **short-range** *ks.* jangka-péndék. *s.-rang plans* rencana-rencana utk jangka péndék. *to give s.o. s. shrift* memberi sedikit belas kasihan kpd s.s.o. **short-sighted** *ks.* 1 buta ayam, mata dekat. 2 yg berpandangan dangkal, yg tdk bijaksana, cupet (*policy*). *short-sleeve(d) shirt* keméja lengan péndék. **s. story** cerita péndék, cérpén. *s.-story writer* cérpénis. **short-tempered** *ks.* lekas marah, lekas naik darah. **short-term** *ks.* jangka-péndék. *s.-term loan* pinjaman jangka-péndék. **s. ton** 2000 pon. **s. vowel** huruf hidup péndék. **s. wave** gelombang péndék. *s.-wave radio* radio bergelombang péndék. *to s.-wave* menyiarkan dgn (radio) gelombang péndék. **short-winded** *ks.* bernapas sesak/lelah. —**shortly** *kk.* 1 segera, tak lama lagi. *They will arrive s.* Meréka akan datang segera. 2 sesaat. *I left s. before he returned* Aku berangkat sesaat sblm ia kembali.
shortage /'syɔrtij/ *kb.* 1 kekurangan (*of food*). *food s.* kekurangan bahan pangan. *paper s.* kekurangan bahan kertas. 2 ketekoran (*in o's accounts*).
shortcake /'syɔrt'keik/ *kb.* sej. kué. *strawberry s.* kué arbai.
shortcoming /'syɔrt'kʌming/ *kb.* kekurangan, kelemahan.
shorten /'syɔrtən/ *kkt.* meméndékkan, memperpéndék. *to s. the time* menyingkat waktu. *to s. the distance* memperdekat jarak. —**shortening** *kb.* 1 penyusutan. 2 (*fat*) sej. lemak.
shorthand /'syɔrt'hænd/ *kb.* sténo(grafi), tulisan cepat.

shortness /'syɔrtnəs/ *kb.* péndéknya, kepéndékan (*of distance*). *s. of breath* sesak napas.

shot /syat/ lih SHOOT.

shot /syat/ *kb.* 1 témbakan. *That was a good s.* Témbakan itu jitu. *to fire a s.* melepaskan satu témbakan. *moon s.* usaha pendaratan/penémbakan keatas bulan. 2 potrét, foto. 3 suntikan, jéksi (*for polio*). 4 gotri, mimis (*for a gun*). 5 *Inf.*: teguk, seloki (*of whiskey*). 6 penémbak. *He's a good s.* Ia seorang penémbak ulung. 7 *Sport*: lémparan. *to have a s. at a basket* mendapat kesempatan melémparkan bola ke suatu keranjang. *to put the s.* melémparkan peluru. *Inf.*: **to call the s.** memutuskan. *He is calling the shots* Ia yg berkuasa. **to have a s. at** mencoba. **like a s.** dgn cepat sekali. *He came running out of the room like a s.* Ia berlari keluar kamar spt dilontarkan. **by a long s.** jauh lebih. *This house is better by a long s.* Rumah ini jauh lebih baik. *Inf.*: *not by a long s.* sama sekali tdk. *Inf.*: **s. in the arm** pembesar hati, pendorong, pembangkit semangat. *Inf.*: **s. in the dark** dugaan sembarangan, dugaan yg membabi-buta. **to take a s. at** a) melepaskan témbakan kpd. b) mencoba. —*ks. Sl.*: 1 habis (*of a battery*). 2 putus (*of a fuse*). 3 terganggu (*of nerves*). 4 (*tired*) capék, lelah sekali. 5 tak keruan (*of a car*). **shot-put** *kb.* 1 lémpar peluru. 2 peluru.

shotgun /'syat'gʌn/ *kb.* senapan(g) berburu. *Inf.*: *s. wedding* kawin paksa.

should /syud/ lih SHALL.

shoulder /'syowldər/ *kb.* 1 bahu. *to hold o's shoulders up* bersikap tegak. *s. strap* tali bahu. *to square o's shoulders* meluruskan bahunya. *s. to s.* bahu-mem-bahu, rapat-rapat. 2 pundak. *to carry a burden on o's shoulders* memikul beban diatas pundaknya. 3 tepi, pinggir (*on a highway*). *soft shoulders* tepi lunak. 4 tengkuk. *s. of lamb* tengkuk domba. *to put o's s. to the wheel* berusaha keras, bekerja sungguh-sungguh, membanting tulang. *to rub shoulders with* bergaul dgn. *straight from the s.* dgn terus-terang. —*kki.* 1 memikul (*a load, responsibility*). 2 menanggung (*a problem*). 3 memanggul (*arms*). :: *to s. o's way through a crowd* membuka jalan dgn bahunya melalui orang banyak. **s. blade** tulang belikat. **shoulder-high** *ks.*, *kk.* setinggi bahu.

shouldn't /'syudənt/ [*should not*] seharusnya tdk. lih SHALL.

shout /syawt/ *kb.* 1 sorak(an) (*of joy*). 2 teriak(an) (*for help*). —*kkt.* 1 bersorak-sorak (*approval*). 2 meneriakkan. *s. obscenities at the speaker* meneriakkan kata-kata kotor thd pembicara itu. —*kki.* berteriak. *Don't s.* Jangan berteriak. **to s. at** meneriaki. **to s. down** berteriak-teriak sehingga pembicara terpaksa berhenti berbicara. —**shouting** *kb.* 1 sorakan-sorakan, sorak-sorai. 2 teriakan-teriakan. *By ten o'clock the election was all over but the s.* Menjelang jam 10 pemilihan tlh berakhir.

shove /syʌv/ *kb.* dorongan, tolakan, sorongan. —*kkt.* 1 mendorong, mendesak (*s.o.*). 2 mendorong, mengingsut, menggésér, mengésot (*furniture*). 3 menerobos. *to s.o's way through a crowd* menerobos diantara orang banyak. 4 menyorongkan. *to s. s.t. into a drawer* menyorongkan s.s.t. kedlm laci. —*kki.* mendorong. **to s. around** mempermain-mainkan, menguasai. **to s. aside** mendorong kesamping. **to s. away** mendorong-dorong. **to s. off** bertolak (*a ship, boat*). *Inf.*: *I guess I'd better s. off* Kurasa sebaiknya aku pergi.

shovel /'syʌvəl/ *kb.* sekop, sodok. —*kkt.* menyodok. *to s. snow* menyekop salju. *to s. in food* menyorong makanan.

shovelful /'syʌvəlful/ *kb.* sesekop penuh.

show /syow/ *kb.* 1 paméran, tontonan. *art s.* paméran kesenian. *flower s.* paméran bunga. *to steal the s.* membintangi paméran itu, mencuri hati orang-orang pd pertunjukan/paméran itu. *s. cat* kucing paméran. *This china is only for s.* Barang-barang porselén ini hanya utk memamérkan diri. 2 pertunjukan. 3 pilem, bioskop. *to go to a s.* pergi (me)nonton. :: *only a s. of courage* hanyalah keberanian yg dibuat-buat. *to make a s. of o.s.* berlagak. *to vote by a s. of hands* menyatakan/memberi suara dgn mengacungkan/mengangkat/menaikkan tangan. *to put on a s.* berpura-pura. *Inf.*: **to run the s.** berkuasa, memerintah. *Inf.*: *He doesn't stand a s. of being elected* Ia tak ada kemungkinan utk dipilih. —*kkt.* (**showed, showed or shown**). 1 memperlihatkan (*to kpd*). *to s. how one feels about s.t.* memperlihatkan bagaimana pendapatnya mengenai s.s.t. *to s. ability* memperlihatkan kecakapan. *to s. signs of wearying* memperlihatkan tanda-tanda lelah. *Please s. me your ID card* Harap perlihatkan kartu pengenal sdr. *as shown in the illustration* spt terlihat dlm ilustrasi itu. 2 menunjukkan. *The x-ray failed to s. anything* Sinar-X itu tak menunjukan apa-apa. *S. me what I did wrong* Tunjukkan apa yg salah yg kulakukan. *I'll s. you how if...* Akan kutunjukkan bagaimana caranya kalau.... *to s. gratitude* menunjukkan rasa terimakasih. *My watch shows midnight* Jamku menunjukkan waktu tengah malam. *Her clothes s. good taste* Pakaiannya menunjukkan ia pandai berpakaian. *to s. s.o. the way to...* menunjukkan kpd s.s.o. jalan ke .... *to s. o.s.* menunjukkan sifatnya. 3 mempertunjukkan (*slides*). *That theater showed "Mary Poppins" for a week* Bioskop itu mempertunjukkan "Mary Poppins" selama seminggu. 4 menuntun. *to s. s.o. into the room* menuntun s.s.o. masuk kedlm kamar. *The usher showed us to our seats* Penerima tamu menuntun kami ke tempat duduk kami. 4 mengantar(kan). *to s. s.o. to the door* mengantar(kan) s.s.o. ke pintu. 5 menaruh s.o. *an interest in* menaruh perhatian thd. :: *What can I s. you, sir?* "Adakah s.s.t. yg ingin tuan lihat?" *I'll s. you who's boss!* Kamu boléh lihat siapa disini berkuasa! —*kki.* 1 membayang, terbayang. *Fear showed in her eyes* Ketakutan terbayang di matanya. 2 muncul. *The buds are beginning to s.* Kuncup-kuncup mulai kelihatan/muncul. 3 kelihatan, nampak. *Does my slip s.?* Apakah rok dalamku nampak? *Her hair shows to advantage* Rambutnya membuat ia kelihatan (lebih) cantik. :: *What's showing at the theater?* Apa yg dipertunjukkan di bioskop itu? *I have nothing to s. for my efforts* Tak ada hasil apapun yg dpt saya berikan thd usaha-usaha yg akan saya jalankan. **to s. around** membawa berkeliling melihat-lihat. *Please s. them in* Persilakanlah meréka masuk. **to s. off** 1 beraksi, sok aksi. *He's always showing off* Ia selalu sok (aksi). 2 memamérkan (*o's ring, garden*). *That dress shows off her figure nicely* Pakaian itu membuat bentuk badannya kelihatan manis. **to s. through** terbayang dari luar. *His true character showed through* Wataknya yg sebenarnya kelihatan. **to s. up** 1 datang. *to s. up late* datang terlambat. 2 kentara. *His brilliance showed up on the exam* Kecerdasannya kentara dlm ujian. *to s. s.o. up* membuka kedok s.s.o. **s. biz/business** dunia pertunjukan. **show-off** *kb.* orang yg berlagak. *Don't be such a s.-off!* Jangan berlagak begitu! **s. window** étalase, kaca pamér. —**showing** *kb.* paméran, pertunjukan (*of art, a movie*). *to make a good s.* tampil dgn baik. *first/premier s.* pertunjukan perdana.

showcase /'syow'keis/ *kb.* 1 lemari kodok/kaca (utk paméran). 2 tempat dimana terlihat dgn jelas (*of democracy*).
showdown /'syow'dawn/ *kb.* pertikaian, bentrokan. *to call for a s.* menuntun penyelesaian/keputusan terakhir.
shower /'syawər/ *kb.* 1 hujan (sebentar). *heavy s.* hujan lebat. 2 dus, pancuran. *to take a s.* mandi (pancuran). 3 pésta. *baby s.* pésta bayi (utk memberi hadiah-hadiah bayi kpd ibu). 4 pancaran (*of sparks*). *The police received a s. of stones* Polisi itu dihujani dgn batu-batu. —*kkt.* 1 menghujani, menaburi, menébari (*gifts*). 2 menaburkan, menjatuhkan (*leaflets*) (**on** diatas). 3 menghujani (*blows*). —*kki.* 1 mandi. 2 hujan. *It began to s.* Hujan mulai (turun). **s. bath** mandi air dus, mandi siram. **s. cap** topi mandi dus. **s. curtain** tirai kamar mandi.
showery /'syawərie/ *ks.* banyak/penuh hujan. *s. weather* hujan angin.
showgirl /'syow'gərl/ *kb.* gadis/pramu panggung.
showman /'syowmən/ *kb.* (*j.* -**men**) 1 pemain sandiwara. 2 pemain pertunjukan.
showmanship /'syowmənsyip/ *kb.* kecakapan memainkan pertunjukan.
shown /syown/ lih SHOW.
showpiece /'syow'pies/ *kb.* barang yg patut dipamérkan/dilihat.
showplace /'syow'pleis/ *kb.* tempat yg menarik utk dilihat.
showroom /'syow'rum/ *kb.* ruang paméran, kamar pajangan.
showy /'syowie/ *ks.* 1 mengesankan, indah (*display*). 2 yg menyolok (*of wealth*).
shrank /sræŋk/ lih SHRINK.
shrapnel /'sræpnəl/ *kb.* pecahan peluru meriam.
shred /syred/ *kb.* carik, irisan, sobékan, cabikan. *Her dress was torn to shreds* Pakaiannya koyak-koyak. *There's not a s. of truth in the story* Tiada kebenaran sedikitpun dlm cerita itu. —*kkt.* (**shredded**) 1 mencarik. 2 memarut, mengiris (*coconut*). **shredded** *coconut* kelapa yg diparut/diiris-iris.
shrew /syruw/ *kb.* 1 (*woman*) perempuan pembérang. 2 sm tikus.
shrewd /syruwd/ *ks.* 1 pintar, cerdas. 2 lihay, licin. *s. reasoning* alasan yg licik. *She made a s. guess* Ia menerka dgn tajam.
shrewdness /'syruwdnəs/ *kb.* ketajaman pikiran/ otak, kelihaian, kelicikan.
shriek /syriek/ *kb.* 1 pekikan, jeritan (*of anguish*). 2 ketawa terbahak-bahak (*of laughter*). *to give a s.* memekik, menjerit. —*kki.* menjerit (*from pain, fear*). *to s. with laughter* tertawa terpekik-pekik. —**shrieking** *kb.* jeritan.
shrift /syrift/ lih SHORT SHRIFT.
shrill /syril/ *ks.* (me)lengking, nyaring (*of voice, whistle*).
shrimp /syrimp/ *kb.* udang. *He's a little s.* a) Ia seorang cébol. b) Ia seorang yg tak berarti.
shrimpy /'syrimpie/ *ks.* 1 berbau udang. 2 kecil sekali, kerdil, cébol.
shrine /syrain/ *kb.* 1 tempat (yg) suci, tempat keramat. 2 kuil (Bali).
shrink /syriŋk/ *kkt.* (**shrank, shrunk**) menyusutkan (*a shirt*). —*kki.* 1 menyusut. *The dress shrank* Pakaian itu menyusut. 2 segan-segan, bersembunyi. *She shrinks from meeting the public* Ia segan-segan bertemu dgn orang ramai. *to s. into o.s.* menjauhkan diri dari orang-orang disekitarnya.
shrinkage /'syriŋkij/ *kb.* 1 penyusutan (*of material*). 2 berkurangnya (*of profits*).

shrivel /'syrivəl/ *kkt.* melayukan, mengerutkan, mengisutkan. *The heat shriveled the flowers* Udara panas itu melayukan bunga-bunga itu. *His skin was shriveled by age* Kulitnya lisut karena umur tua. —*kki.* **to s. up** menjadi layu.
shroud /syrawd/ *kb.* (kain) kapan. —*kkt.* 1 mengapani, membungkus (*a body*). 2 menyelubungi. *The deed is shrouded in secrecy* Perbuatan itu diselubungi kerahasiaan. 3 menyelimuti. *The house was shrouded in darkness* Rumah itu diselimuti kegelapan.
shrub /syrʌb/ *kb.* semak-semak, belukar.
shrubbery /'syrʌbərie/ *kb.* (*j.* -**ries**) semak samun/ belukar.
shrug /syrʌg/ *kb.* angkatan (bahu). —*kkt.* (**shrugged**) mengangkat (bahu). *to s. off* menganggap énténg, tdk menghiraukan.
shrunk /syrʌŋk/ lih SHRINK.
shrunken /'syrʌŋkən/ *ks.* 1 yg berkurang. *s. income* pendapatan yg berkurang. 2 lisut, berkerut (*of the face*).
shuck /syʌk/ *kb.* kulit sekam. *corn s.* kulit buah jagung. —*kkt.* mengupas (*corn*). —**shucks** *kseru.* busét! kamprét!
shudder /'syʌdər/ *kb.* rasa ngeri/jijik, rasa tak suka. *A s. passed through his body* Rasa gemetar merayapi tubuhnya. —*kki.* merasa ngeri. *I s. to think what would have happened if ...* Aku merasa ngeri kalau memikirkan apa yg akan terjadi seandainya .... *I s. at the very thought of flying* Baru memikirkan naik pesawat terbang saja, aku sdh merasa ngeri. *to s. with horror* merinding ketakutan.
shuffle /'syʌfəl/ *kb.* 1 (*cards*) kocokan. 2 sérétan kaki. —*kkt.* 1 mengocok (*cards*). 2 menyérét (*o's feet*). **to s. through** 1 membalik-balik. 2 membongkarbongkar. *to s. through a manuscript* membalik-balik naskah. *to s. through a drawer* membongkar-bongkar laci. *to s. off this mortal coil* meninggal. —**shuffling** *ks.* berjalan dgn kaki tersérét. *to walk with a s. gait* berjalan dgn menyérét kaki.
shun /syʌn/ *kkt.* (**shunned**) 1 menghindari, mengélakkan, menjauhkan diri dari (*s.o.*). 2 mengélakkan (*an idea*).
shunt /syʌnt/ *kkt.* melangsir (*rolling stock*).
shush /syʌsy/ *kseru.* husy! sst! —*kkt.* mendiamkan.
shut /syʌt/ *kkt.* (**shut**) 1 menutup (*a door*). *S. your mouth!* Tutup mulut! *Keep the door s.* Tutuplah pintu itu selalu. *to s. the door in s.o's face* menutup pintu itu didepan mukanya. *I s. the door on my finger* Jari saya terjepit ketika menutup pintu. *I came home to find the door s.* Saya tiba di rumah dan mendapatkan pintu terkunci. —*kki.* tertutup. *The door slowly s.* Pintu itu tertutup pelan-pelan. **to s. down** 1 menutup (*a factory*). *The factory s. down for a week* Paberik itu ditutup selama satu minggu. 2 mematikan (*a furnace*). **to s. in** mengurung. *The snow s. them in* Salju mengurung meréka. **to s. off** 1 menutup (*the water, gas*). 2 mengasingkan. *He is s. off from ...* Ia diasingkan dari .... 3 mematikan. *Please s. off the engine* Matikanlah mesinnya. **to s. out** 1 mencegah/menghalangi masuk (*sounds, view*). 2 mengalahkan regu lawan tanpa gol balasan (*the opposing team*). **to s. up** 1 menutup (*shop*). *Inf.: S. up!* Tutup mulutmu! 2 mengurung (*a dog*). 3 mengunci (*a house*). —**shut-down** *kb.* penutupan (*of a factory*). *Sl.:* **shut-eye** *kb.* tidur. **shut-in** *kb.* penghuni yg terkurung oléh karena usia lanjut, lemah atau sakit. **shut-off** *kb.* alat penyetop/penghentian. *Sport:* **shut-out** *kb.* tdk memperoléh angka.
shutter /'syʌtər/ *kb.* 1 daun penutup jendéla (*on a window*). 2 (*camera*) alat pengatur cahaya, pemetik

potrét. —*kkt.* memasang daun penutup (*a window for protection*).

shuttle /'sʌtəl/ *kb.* 1 *Text.*: puntalan, kumparan. 2 *Transp.*: bis, keréta api atau pesawat terbang yg berdinas pulang-pergi. —*kki.* pulang pergi dgn keréta api, pesawat terbang dsb.

shuttlecock /'sʌtəl'kak/ *kb.* bola bulu(tangkis), kock.

shy /syai/ *ks.* (**shier, shiest**) malu, pemalu. *s. girl* gadis yg pemalu. *s. look* pandangan malu. *She's not at all s.* Ia samasekali tdk pemalu. *He's s. of strangers* Ia pemalu thd orang-orang yg tak dikenal. *She's a year s. of driving age* Ia setahun lagi boléh mengemudikan mobil. **s. of** kekurangan. *I'm s. of money right now* Aku saat ini lagi kekurangan uang. *to fight s. of* menjauhi, menjauhkan diri, mengélakkan, menghindari. —*kki.* (**shied**) mundur ketakutan, mudah kagét (*of a horse*). **to s. at** takut, enggan. **to s. away from** menghindarkan/menjauhkan diri dari. —**shyly** *kk.* kemalu-maluan.

shyness /'syainəs/ *kb.* perasaan malu/segan, keseganan.

shyster /'syaistər/ *kb.* pokrol bambu.

Siamese /'saiə'miez/ *kb.* orang Siam. —*ks.* yg berk. dgn Siam. *S. cat* kucing Siam. *S. twins* kembar Siam.

sib /sib/ *kb.* 1 saudara. 2 kaum keluarga.

sibilant /'sibələnt/ *kb.* bunyi berdesis.

sibling /'sibling/ *kb.* saudara kandung.

sic /sik/ *kk.* begitu, demikian. —*kkt.* (**sicked**) menyuruh menyerang. *He sicked his dog on me* Ia menyuruh anjingnya menyerang saya.

sick /sik/ *kb.* **the s.** *j.* orang-orang yg sakit. —*ks.* 1 sakit. *to become/fall/take s.* jatuh sakit. *S. as he was, he went to school* Sakit-sakit ia pergi juga sekolah. *He feels s.* Ia merasa sakit. *You look s.* Kau kelihatan tdk séhat. 2 memualkan, memuakkan. *He's a s. comedian* Ia seorang pelawak yg lelucon-leluconnya memualkan. *The whole situation makes me s.* Seluruh keadaan membuat saya merasa muak. :: *That industry is s.* Industri itu sedang tdk bérés keadaannya. **to be s. at heart** merana, merasa amat sedih. **to be s. of** jemu, bosan, muak. *Inf.*: **I am s. and tired of ....** Aku sdh jemu ttg .... **to be s. over** kesal, jéngkél. —*kkt.* menyuruh menyerang. *S. him, Tucky!* Serang dia, Tucky! **s. bay** kamar sakit di kapal. **s. benefit** tunjangan sakit. **s. headache** sakit pening dan mual. **s. leave** perlop/cuti sakit. **s. list** daftar orang sakit. —**sickly** *ks.* 1 sakit-sakitan, berpenyakitan. 2 redup, suram. *s. glow* sinar yg redup. 3 hambar, tawar, lemah (*smile*).

sickbed /'sik'bed/ *kb.* tempat tidur orang yg sakit. *He was confined to his s.* Ia terbaring sakit di tempat tidur.

sicken /'sikən/ *kkt.* memualkan, memuakkan. *His method of operation sickens me* Cara bekerjanya memualkan bagi saya. —*kki.* jatuh sakit. —**sickening** *ks.* yg menjijikkan/memualkan. —**sickeningly** *kk.* memualkan/memuakkan.

sickle /'sikəl/ *kb.* arit, sabit.

sickness /'siknəs/ *kb.* penyakit. *air s.* mabuk udara.

sickroom /'sik'rum/ *kb.* kamar sakit.

side /said/ *kb.* 1 pinggang. *I laughed until my s. hurt* Aku tertawa sampai pinggangku sakit. 2 pihak. *on his mother's s.* dari pihak ibunya. *Which s. are you rooting for?* Pihak mana yg kaujagoi? *I'm on his s.* Saya ada di pihaknya. *to be on the wrong s. of the fence* memilih pihak/berdiri di pihak yg salah. *on both sides* pd kedua belah pihak, pd kedua sisi. 3 sisi. *to see one s. of the moon* melihat satu sisi dari bulan. *to move to one s.* bergerak pd satu sisi. 4 sebelah. *Which s. of the street do you live on?* Kau tinggal disebelah mana dari jalan itu? *This s. up!* Ini sebelah atas! *to live on the East S.* Tinggal di kota sebelah timur. *Sit on this s.* Duduklah disebelah sini. 5 lambung (*of a ship*). 6 pinggir. *to stand by the s. of the road* berdiri di pinggir jalan. 7 segi. *to hear both sides of a question* mendengar kedua segi dari persoalan itu. *Try to see the bright side of things* Cobalah melihat segi-segi yg menyenangkan. 8 sesayat, seiris (*of bacon*). :: *The weather's on the warm s.* Cuaca hangat. *wrong s. out* terbalik. *on the wrong s.* berpikir salah. *He stood by my s.* Ia mendampingi saya. *on every s.* di segenap penjuru. **on the s.** sbg pekerjaan sambilan. *How much do you make on the s.?* Berapa tambahan keuntungan/hasil/penghasilan yg kauperoléh? **s. by s.** berdampingan. **to split o's sides** patah pinggangnya karena ketawa. **to take sides** memihak, berpihak. *to change sides* bertukar pendirian/haluan politik dsb. *Time is on our s.* Waktu membantu kami. *with rice on the s.* dgn tambahan nasi. —*kki.* **to s. with** memihak/berpihak kpd. **s. arms** senjata yg dibawa di sisi badan. **s. dish** hidangan, makanan tambahan. **s. door** pintu samping/sisi. *to enter a profession through the s. door* memasuki pekerjaan (keahlian) dari pintu samping. **s. effect** akibat samping/tambahan. **s. entrance** pintu/jalan masuk dari samping. **s. issue** persoalan tambahan, persoalan yg kurang penting. **s. job** pekerjaan sampingan/sambilan. *Inf.*: **side-kick** *kb.* sahabat karib, konco. **s. road** jalan kecil. **s. show** pertunjukan tambahan. **to side-step** *kkt.* mengélakkan (*a question*). *kki.* melangkah kesamping, meminggir. **s. street** jalan kecil/samping. **s. stroke** gaya samping. **s. table** méja samping/kecil. **s. view** pemandangan dari samping. **s. wall** sisi luar ban (*tire*). —**siding** *kb.* 1 *RR.*: sepur simpang, rél langsir. 2 (*wood*) papan.

sideboard /'said'bowrd/ *kb.* bupét.

sideburns /'said'bərnz/ *kb., j.* godék, cambang.

sidecar /'said'kar/ *kb.* gandéngan samping (dari sepéda motor), séspan.

sidelight /'said'lait/ *kb.* keterangan tambahan.

sideline /'said'lain/ *kb.* 1 garis samping lapangan. 2 sambilan. —*kkt.* menyuruh berhenti bermain.

sidelong /'said'lɔŋ/ *ks.* melirik. *s. glance* lirikan mata.

sidesaddle /'said'sædəl/ *kb.* duduk miring diatas pelana.

sidesplitting /'said'spliting/ *ks.* sangat menggelikan. amat lucu.

sideswipe /'said'swaip/ *kkt.* menubruk/melanggar samping (*a car*).

sidetrack /'said'træk/ *kb.* jalan simpangan/menyimpang. —*kkt.* 1 membélokkan/mengalihkan kesamping (*a train*). 2 menggelincirkan. *He is easily sidetracked from the subject* Ia mudah sekali beralih dari pokok persoalan.

sidewalk /'said'wɔk/ *kb.* trotoar, kakilima, jalan pinggir.

sideward(s) /'saidwərd(z)/ *kk.* menuju/masuk kesamping.

sideways /'said'weiz/ *kk.* menyamping, miring, membujur, kesamping. *to walk s.* berjalan menyamping. *to place a table s.* menaruh méja memanjang kesamping.

sidewise /'said'waiz/ =SIDEWAYS.

sidle /'saidəl/ *kki.* **to s. up to** berjalan pelan-pelan menyamping.

siege /siej/ *kb.* 1 pengepungan. *to lay s. to a city* mengepung sebuah kota (utk merebutnya). *state of s.* keadaan perang. 2 serangan yg berlarut-larut. *He* *underwent quite a s. with TB* Ia lama menderita penyakit TBC.

sieve /siv/ *kb.* 1 ayakan, pengayak *(flour).* 2 saringan, penyaring *(for tea).*

sift /sift/ *kkt.* 1 mengayak *(flour).* 2 menyelidiki, menyaring *(the evidence).*

sifter /'siftər/ *kb.* ayak, pengayak.

sig. 1 [*signal*] sinyal, tanda, isyarat. 2 [*signature*] tandatangan.

sigh /sai/ *kb.* keluh, napas panjang, keluh-kesah. *to breathe/heave/utter a s. of relief* bernapas lega, menarik napas lega. —*kki.* 1 mengeluh, berkeluh-kesah. 2 mendesah, mendesau *(of the wind).*

sight /sait/ *kb.* 1 penglihatan. *to lose o's s.* kehilangan penglihatan (pd matanya), menjadi buta. 2 pemandangan. *beautiful s.* pemandangan yg indah. 3 alat pembidik *(of a rifle).* 4 rupa. *What a s. you are!* Kenapa rupamu begitu! Lucu benar rupamu! :: *Her hair is a s.* Rambutnya kelihatannya jelék. *I can't bear the s. of her* Saya jijik melihat dia. *He's a s. for sore eyes* Orang akan gembira bila melihat dia. **at/on s.** atas tunjuk. *payable at s.* dibayar atas tunjuk. *at first s.* pd pandangan pertama. *to read music at s.* membaca musik dgn melihatnya. **to catch s. of** melihat. **to come into s.** tampak/kelihatan. *to keep s. of the main objective* tetap memperhatikan tujuan pokok. **in s.** sdh kelihatan/dekat. *There was no policeman in s.* Agén polisi tak kelihatan. *We're in s. of land* Kami melihat daratan. *to keep in s.* mengawasi, mengikuti dgn pandangan. **to know by s.** mengenal dgn melihat. **to lose s. of** 1 tak dpt melihat *(a car).* 2 alpa akan, tak ingat akan *(time).* 3 tak mengindahkan *(the main goal).* **on s.** segera stlh melihat. *to shoot on s.* menémbak segera stlh melihat *(sasaran).* **to be out of s.** 1 tak kelihatan lagi, hilang dari pandangan. 2 *Inf.:* terlalu tinggi. *The price of meat is out of s.* Harga daging terlalu tinggi. *She doesn't let him out of her s.* Wanita itu tak mau melepaskan dia dari pengamatannya. *Out of s., out of mind* Jauh di mata, jauh di hati. *to buy a house s. unseen* membeli sebuah rumah tanpa melihatnya lebih dahulu. *a darn s. better* jauh lebih baik. —*kkt.* melihat *(land, the enemy).* **s. draft** wésél (atas) tunjuk. *Inf.:* **s. gag** lelucon yg baru dimengerti stlh dilihat. **s. reading** pembacaan waktu melihat pertama kali —**sighting** *kb.* mengadakan peninjauan/pengamatan. *to take a s.* mengadakan peninjaun/pengamatan.

sightless /'saitləs/ *kb.* buta.

sightsaw /'sait'sɔ/ lih SIGHTSEE.

sightsee /'sait'sie/ *kki.* (**sightsaw, sightseen**) bertamasya sambil melihat-lihat, melihat-lihat pemandangan. —**sightseeing** *kb.* tamasya, berkeliling sambil melihat-lihat.

sightseen /'sait'sien/ lih SIGHTSEE.

sightseer /'sait'sieər/ *kb.* pelancong tamasya.

sign /sain/ *kb.* 1 tanda. *The s. indicates that that's a one-way street* Tanda itu menyatakan bhw jalan itu sejurusan. *plus s.* tanda tambah. *Are there any signs of life?* Apakah ada tanda-tanda hidup? *s. of the zodiac* tanda mintaku'lburuj. *s. of recognition* tanda pengakuan. *s. of the cross* tanda silang. *That's a sure s. it will snow* Itu tanda yg pasti bhw salju akan turun. 2 papan tanda. *What does the s. say?* Apa bunyi papan tanda itu? *road s.* (tanda) penunjuk jalan. 3 pertanda, gelagat. *s. of the time* pertanda zaman. 4 jejak. *There's no s. of him* Tak ada terlihat jejaknya. *positive s.* jejak/petunjuk yg tak salah lagi. 5 isyarat. *to make a s. to s.o.* memberikan isyarat kpd s.s.o. 6 lampu. *neon s.* lampu réklame. *That's a clear s. that*

all is going well Itu menunjukkan dgn jelas bhw segala s.s.t. berjalan dgn baik. —*kkt., kki.* 1 menandatangani *(letter, document).* *S. here* Bubuhilah tanda-tanganmu disini. 2 membubuhkan, menaruhkan *(o's initials).* *to s. o.s.* menyatakan dirinya. **to s. away** menyerahkan, mendermakan *(o's fortune).* **to s. in** melapor masuk. **to s. off** mengakhiri siaran, mendarat *(of radio station, TV).* **to s. on** melamar. *to s. on as* melamar menjadi *(seaman).* *They signed him on as...* Meréka mempekerjakan dia sbg.... **to s. out** melapor akan keluar. **to s. over** menyerahkan, memindahkan *(o's property).* **to s. up** 1 menandatangani kontrak. 2 mengangkat *(volunteers).* 3 mencatatkan diri. *to s. up as a volunteer* mencatatkan diri sbg sukarélawan. *to s. up for* mencatatkan diri utk. **s. language** bahasa isyarat. **s. painter** pelukis réklame, pelukis papan nama. —**signed** *ks.* tertanda.

signal /'signəl/ *kb.* 1 tanda, sinyal. *to give the s. to stop s.* tanda berhenti. 2 isyarat *(from outer space).* *to give the s. to depart* memberikan isyarat utk berangkat. —*ks.* gemilang. *s. success* hasil yg gemilang. —*kkt.* 1 memberi isyarat. *to s. a car to stop* memberi isyarat kpd mobil spy berhenti. 2 mengirimkan *(congratulations).* *to s. a right turn* mengisyaratkan membélok ke kanan. —*kki.* memanggil. *to s. for a taxi* memanggil taksi. **s. box** a) gardu isyarat/sinyal. b) kotak alarm (sebagian sistim polisi/kebakaran). **S. Corps** Korps Penghubung. **s. flag** bendéra isyarat. **s. light** lampu isyarat. **s. tower** menara isyarat/sinyal. —**signaling** *kb.* pemberian isyarat.

signalize /'signəlaiz/ *kkt.* 1 menonjolkan, menjadikan terkenal. 2 memberi perhatian (kpd). 3 memberi isyarat kpd.

signatory /'signə'towrie/ *kb.* (*j.* **-ries**) peserta penanda-tangan.

signature /'signəcər/ *kb.* tanda-tangan.

signboard /'sain'bowrd/ *kb.* papan mérék/tanda.

signer /'sainər/ *kb.* penanda-tangan.

signet /'signit/ *kb.* cap, ségél, stémpél. *s. ring* cincin cap.

significance /sig'nifəkəns/ *kb.* arti. *The meeting was one of great s.* Pertemuan penting sekali artinya.

significant /sig'nifəkənt/ *ks.* penting, berarti. *a s. day in our history* hari yg penting dlm sejarah kita. *That's not a s. amount* Itu bukan jumlah yg berarti.

signification /'signəfə'keisyən/ *kb.* arti, pengertian, penunjukan.

signified /'signəfaid/ lih SIGNIFY.

signifies /'signəfaiz/ lih SIGNIFY.

signify /'signəfai/ *kkt.* (**signified**) 1 menandakan. *Her expression signified approval* Pancaran mukanya menandakan persetujuan. 2 memberitahukan *(o's intention).* 3 berarti. *What does that word s.?* Apa arti kata itu?

signpost /'sain'powst/ *kb.* papan arah, papan penunjuk jalan.

silage /'sailij/ *kb.* makanan ternak yg disimpan dlm gudang yg tertutup rapat-rapat.

silence /'sailəns/ *kb.* kesunyian, keheningan. *This s. is getting on my nerves* Kesunyian ini membuat aku gelisah. *the s. of the night* keheningan pd malam hari. *S.!* Diminta diam! Diam! *to exhibit s. on a matter, to pass over s.t. in s.* diam mengenai suatu hal, bisu seribu bahasa mengenai suatu hal. *There were constant pleas for s.* Berkali-kali diminta spy diam. *to request s.* minta spy tenang. *S. is golden* Lebih baik tutup mulut. *in s.* dgn diam, dgn tdk berkata apa-apa. —*kkt.* 1 mendiamkan *(s.o.).* 2 menghilangkan, melenyapkan (*o's doubts*). 3 membungkamkan (*criticism*).

silent /'sailənt/ *ks*. 1 diam. *Why is every one so s.?* Mengapa tiap orang diam? *to keep s. about s.t.* mendiamkan s.s.t. *Please keep s.!* Harap diam! *s. partner* peséro/sekutu diam. 2 bisu. *s. movie* filem bisu. 3 sunyi. *in the s., still night* dlm malam yg sunyi dan hening itu. 4 dlm hati. *s. prayer* doa dlm hati. 5 tdk dibunyikan (*of a letter*). —**silently** *kk*. dgn diam.

silhouette /'silu'et/ *kb*. bayangan hitam, garis keliling bayang-bayang lukisan s.s.t. —*kkt*. membayangkan dlm garis-garis besar. *to be silhouetted against a white wall* tampak membayang hitam pd dinding yg diam/putih.

silk /silk/ *kb*. sutera. *s. blouse* blus sutera. *raw s.* bahan mentah sutera, sutera kasar. *artificial s.* sutera buatan/tiruan. *to make a s. purse out of a sow's ear* merubah tabiat s.s.o. menjadi baik. **s. hat** topi tinggi hitam. **s. hose/stocking** kaus kaki sutera. *silk-stocking district* daérah yg didiami oléh kaum ningrat.

silken /'silkən/ *ks*. dari sutera.

silkworm /'silk'wərm/ *kb*. ulat sutera.

silky /'silkie/ *ks*. spt sutera. *s. appearance* rupanya spt sutera.

sill /sil/ *kb*. bendul, ambang.

silliness /'siliənəs/ *kb*. kedunguan, ketololan, kepandiran.

silly /'silie/ *ks*. 1 pandir, tolol. *You're so s.!* Kau sangat pandir! 2 lucu. *She looked s. in that outfit* Ia nampak lucu dlm pakaian itu.

silo /'sailow/ *kb*. 1 *Agri*.: gudang tertutup tempat menyimpan makanan ternak. 2 *Mil*.: tempat peluncuran peluru (kendali) dibawah tanah (*for launching missiles*).

silt /silt/ *kb*. slib, mendap, (endapan) lumpur. —*kki*. **to s. up** tertimbun lumpur (*of harbor, river*).

silver /'silvər/ *kb*. 1 pérak. *s. bracelet* gelang pérak. *s. coin* uang pérak. *s. dollar* dolar pérak. 2 alat-alat (makan) dari pérak, séndok-garpu. *Is the s. on the table?* Apakah séndok-garpu itu tlh di méja? :: *Her hair has turned to s.* Rambutnya tlh menjadi putih. *Every cloud has a s. lining* Hujan panas permainan hari, senang susah permainan hidup. —*kkt*. melapisi dgn air raksa. **s. anniversary** ulang tahun perkawinan yg ke-25. **silver-haired** *ks*. berambut putih. **s. jubilee** hari peringatan yg ke-25. **silver-plated** *ks*. berlapis pérak. **s. screen** layar putih, pilem. **s. service** piring-mangkok dari pérak. **silver-tongued** *ks*. pasih bicara, pandai berpidato. **s. wedding anniversary** ulang tahun perkawinan 25 tahun.

silverfish /'silvər'fisy/ *kb*. gegat.

silversmith /'silvər'smith/ *kb*. pandai pérak.

silverware /'silvər'wær/ *kb*. 1 barang-barang pérak. 2 alat-alat makan, séndok-garpu.

silvery /'silvərie/ *ks*. 1 spt pérak. *s. sheen* kilau putih spt pérak. 2 merdu (*voice*).

simian /'simieən/ *kb*. sej. monyét.

similar /'simələr/ *ks*. serupa, mirip. *They are s. in appearance* Meréka mirip rupanya satu sama lain. *That is s. to ...* Itu mirip dgn.... *s. problems* persoalan-persoalan/kesukaran-kesukaran yg sama. —**similarly** *kk*. dgn cara yg sama, demikian pula, sama halnya (dgn).

similarity /'simə'lærətie/ *kb*. (*j*. **-ties**) kesamaan.

simile /'siməlie/ *kb*. tamsil(an), kiasan.

simmer /'simər/ *kki*. 1 (*cooking*) mendidih dgn perlahan-lahan. 2 membara. **to s. down** menjadi tenang/reda. *S. down!* Redalah!

simper /'simpər/ *kki*. tersenyum-simpul, tersenyum bodoh.

simple /'simpəl/ *ks*. 1 sederhana, bersahaja. *He leads a s. life* Ia hidup sederhana. *s. food* makanan yg bersahaja. *She's a s. soul* Ia orang yg bersifat sederhana. 2 mudah, gampang. *s. problem to solve* soal yg mudah dipecahkan. *That's as s. as ABC* Itu mudah sekali. 3 dungu. *He's s.* Ia dungu. 4 biasa. *s. private* prajurit. *a s. country boy* seorang anak désa biasa. 5 tunggal (*substance*). *s. fraction* pecahan tunggal. **s. interest** bunga/rénte yg tdk berganda/berbunga. **s. fracture** patah tulang yg biasa. **simple-minded** *ks*. dungu, tolol, bodoh. **s. sentence** kalimat tunggal. —**simply** *kk*. 1 dgn sederhana. *Can this be s. organized?* Apakah ini dpt diatur secara sederhana? 2 sama sekali, benar-benar. *I s. don't understand this* Sama sekali aku tak mengerti hal ini. 3 benar-benar, sungguh-sungguh. *The weather is s. wonderful* Cuaca benar-benar bagus. 4 hanya. *He did it s. to make you mad* Ia menjalankan itu hanya/melulu utk membuat kamu marah. *He didn't s. sprain his ankle; he broke it* Kakinya bukan hanya terkilir, tetapi patah.

simpleton /'simpəltən/ *kb*. orang yg tolol.

simplicity /sim'plisətie/ *kb*. (*j*. **-ties**) kesederhanaan. *The plan is s. itself* Rencana itu benar-benar sederhana.

simplification /'simpləfə'keisyən/ *kb*. penyederhanaan.

simplified /'simpləfaid/ lih SIMPLIFY.

simplifies /'simpləfaiz/ lih SIMPLIFY.

simplify /'simpləfai/ *kkt*. (**simplified**) menyederhanakan, mempermudah. **simplified** *spelling* éjaan yg disederhanakan.

simply /'simplie/ lih SIMPLE.

simulate /'simyəleit/ *kkt*. 1 menirukan. *to s. flight* menirukan keadaan penerbangan. 2 pura-pura (*friendship for s.o.*). 3 mendalihkan.

simulation /'simyə'leisyən/ *kb*. pekerjaan tiruan/meniru. *s. of the moon landing* gambaran tiruan/buatan mengenai pendaratan di bulan.

simulator /'simyə'leitər/ *kb*. benda pengganti yg sebenarnya.

simultaneity /'saiməltə'nieətie/ *kb*. kejadian pd waktu yg bersamaan, keserempakan, keserentakan.

simultaneous /'saiməl'teinieəs/ *ks*. bersama. *s. reaction* réaksi bersama. *s. equation* persamaan berganda. —**simultaneously** *kk*. secara serempak/serentak.

sin /sin/ *kb*. dosa. *to commit a s.* berbuat dosa. *She's ugly as s.* Ia jelék/menjijikkan. —*kki*. (**sinned**) berdosa (**against** thd). —**sinning** *kb*. perbuatan dosa.

since /sins/ *kk*. 1 sejak itu. *I haven't been there s.* Sejak itu tak pernah aku kesana lagi. *I have s. learned the truth* Sejak itu aku mengetahui yg sebenarnya. *Our house has long s. disappeared* Rumah kami sejak itu sdh lama hilang. *We've been friends ever s.* Kami senantiasa bersahabat sejak waktu itu. —*kd*. semenjak. *s. childhood* semenjak (masih) kanak-kanak. *S. when do you stay up till midnight?* Sejak kapan kau bergadang/berjaga-jaga sampai tengah malam? *s. Sunday* sejak hari Minggu. **s. then** sejak itu. *We haven't been there s. then* Sejak itu kami blm pernah (berkunjung) ke sana. —*ksamb*. 1 karena. *S. I couldn't go...* Karena aku tak dpt pergi.... 2 sejak. *It's just a month s. she left* Baru satu bulan berlalu sejak ia berangkat.

sincere /sin'sir/ *ks*. 1 tulus hati. *a s. person* seorang yg tulus hati. 2 bersungguh-sungguh. *I appreciate his s.*

approach Kuhargai sikapnya yg bersungguh-sungguh. —**sincerely** *kk.* sungguh-sungguh. *I am s. sorry* Aku benar-benar menyesal. *S. yours* Wassalam, Salam Ta'zim.

sincerity /sin'serətie/ *kb.* (*j.* -**ties**) ketulusan (hati), kesungguhan hati, keikhlasan. *in all s.* dgn kesungguhan hati.

sine /sain/ *kb.* sinus.

sinecure /'sinəkyur, 'sain-/ *kb.* pekerjaan yg amat énténg.

sinew /'sinyuw/ *kb.* urat daging, otot.

sinful /'sinfəl/ *ks.* penuh dosa. *s. deed* perbuatan penuh dosa. *s. waste of paper* pemborosan kertas.

sinfulness /'sinfəlnəs/ *kb.* (*moral*) kebobrokan/kebejatan.

sing /sing/ *kb.* pertemuan menyanyi bersama. —*kkt.* (**sang, sung**) menyanyikan (*a song*). *to s. s.o. to sleep* menidurkan s.s.o. dgn menyanyi. *to s. the praises of s.o.* menyampaikan puji-pujian thd s.s.o. —*kki.* 1 menyanyi. *to s. on the radio* menyanyi di radio. 2 mendesing. *The coffee pot is singing* Cérék kopi itu mendesing. *Inf.*: **to s. out** memanggil. *S. out if you need me* Panggillah saya bila kau memerlukan saya. —**singing** *kb.* nyanyian. *s. role* peran utk menyanyi.

singe /sinj/ *kb.* luka terbakar. —*kkt.* menghanguskan, menggosongkan. —**singed** *ks.* gosong, hangus.

singer /'singər/ *kb.* penyanyi, biduan, biduanita, pelagu.

Singhalese /'singgəliez/ *kb.* 1 orang Sailan. 2 bahasa Sailan. —*ks.* dari Sailan.

single /'singgəl/ *kb.* **singles** *j. Tenn.*: pertandingan (ténis) tunggal. —*ks.* 1 bujang, tak beristeri/bersuami. *Is he still s.?* Apakah ia masih bujangan? *to enjoy the s. life* senang hidup membujang. 2 satu-satu. *Form a s. line* Silakan berbaris satu-satu. 3 satu. *in a s. copy* dlm rangkap satu. *May I have a s. answer?* Boléhkah saya mendapat satu jawaban saja? *I can't find a s. thing* Aku tak dpt menemukan satupun barang. *Not a s. person came* Tak seorangpun datang. —*kkt.* **to s. out** memilih, mengkhususkan (**for** utk). **s. bed** tempat tidur utk seorang. **single-breasted** *ks.* berkancing sebaris. *s.-entry bookkeeping* pembukuan pemasukan tunggal. *to walk in s. file* berjalan (berbaris) satu-satu. **single-handed** *ks.* seorang diri, sendirian. **s. lane** jalan satu lajur. **single-minded** *ks.* tulus-ikhlas. **s. quote(s)** tanda petik tunggal. **s. room** kamar utk seorang. **to single-space** merapatkan (ketikan) tanpa spasi. **single-track** *ks.* jalan tunggal. *s.-track railroad* keréta api berél satu. *He has a s.-track mind* Pikirannya berpusat pd satu hal saja. —**singly** *kk.* satu demi satu. *to discuss each problem s.* membicarakan persoalan-persoalan (itu) satu demi satu. *Disasters never come s.* Bencana-bencana senantiasa timbul berbarengan/bersamaan.

singleness /'singgəlnəs/ *kb.* keesaan. *s. of purpose* keesaan/satu-satunya tujuan.

singlet /'singglit/ *kb.* kaus dlm/baju.

singleton /'singgəltən/ *kb.* s.s.t. yg tunggal.

singsong /'sing'song/ *kb.* nyanyian yg sama lagu dan iramanya, suara mendatar. —*ks.* menjemukan.

singular /'singgyələr/ *kb.* bentuk tunggal. —*ks.* 1 tunggal. *s. number* nomor tunggal. 2 luar biasa. *to have s. ability* memiliki kecakapan yg luar biasa. 3 anéh, ganjil. *a person of s. habits* seorang dgn kebiasaan-kebiasaan yg anéh. —**singularly** *kk.* yg luar biasa, yg istiméwa. *writer of s. strong convictions*

penulis dgn keyakinan-keyakinan yg luar biasa kuatnya.

singularity /'singgyə'lærətie/ *kb.* (*j.* -**ties**) 1 keistiméwaan (*of o's memory*). 2 keanéhan, keganjilan.

sinister /'sinəstər/ *ks.* 1 yg mengancam (*remarks*). 2 jahat (*gang*). 3 seram, menakutkan. *man of s. appearance* orang laki-laki yg berwajah seram.

sink /singk/ *kb.* 1 bak cuci. 2 bak cuci piring. 3 *Geol.*: déprési. —*kkt.* (**sank, sunk**) 1 menenggelamkan (*a ship*). 2 memasukkan (*a goal*). 3 memancangkan, membenamkan (*piles*). 4 menggali (*a well*). 5 menanamkan. *to s. money into an enterprise* menanamkan uang dlm suatu usaha. —*kki.* 1 tenggelam. *The ship sank* Kapal itu tenggelam. 2 terbenam (*of the sun*). *to s. into the mud* terbenam kedlm lumpur. 3 merosot, turun. *The price of rice sank sharply* Harga beras merosot banyak. *I never thought he would s. so low* Saya tak pernah mengira bhw ia demikian merosot akhlaknya. 4 hilang. *My heart sank when I heard the news* Hilang semangatku waktu aku mendengar kabar itu. **::** *He is sinking* Sakitnya makin payah. *His legs sank under him* Kakinya tak kuat berdiri lagi. **to s. down** menjatuhkan/merebahkan diri. *to s. down in a chair* merebahkan diri kedlm kursi. **to s. in** meresap, masuk kedlm hatinya. *What he said didn't s. in* Apa yg dikatakannya tdk meresap (kedlm hati/pikiran). *to s. deeper into despair* makin bertambah putus-asa. *to s. into insignificance* menjadi kabur artinya. *to s. out of sight* menghilang. *He was left to s. or swim* Ia ditinggal berusaha/berjuang seorang diri. —**sinking** *kb.* tenggelamnya (*of the Titanic*). *to have a s. feeling* mempunyai perasaan tertekan/kecéwa badan. *s. fund* dana pembayar yg dikumpulkan pemerintah, perusahaan dllnya. *s. spell* penyakit menjadi lebih paya.

sinker /'singkər/ *kb.* 1 batu ladung. 2 *Sl.*: donat.

sinner /'sinər/ *kb.* orang yg berdosa.

Sino- /'sainow/ *aw.* Tiongkok. **Sino-Soviet** *ks.* Tiongkok-Sovyét.

Sinology /sai'naləjie/ *kb.* ilmu kebudayaan Cina.

sinuous /'sinyuəs/ *ks.* berliku-liku, berkélok-kélok (*movement, road*).

sinus /'sainəs/ *kb.* lubang yg menghubungkan rongga hidung dgn batok kepala.

sinusitis /'sainə'saitəs/ *kb.* radang dlm selaput lendir (di lubang rongga hidung).

sip /sip/ *kb.* sesapan, isapan. *a s. of juice* sesapan/sedikit air buah. —*kkt.* (**sipped**) menyesap, minum sedikit-sedikit. *to s. o's tea* meminum téh sedikit demi sedikit, menyesap téh.

siphon /'saifən/ *kb.* pipa pindah. —*kkt.* menyedot (*liquid*). *to s. off* a) menyedot (*excess profits*). b) mengalihkan, mengalirkan (*traffic over another route*).

sir /sər/ *kb.* (*j.* **sirs, gentlemen**) tuan. *Yes, s., I did it!* Mémang, akulah yg mengerjakannya! *S. Winston* Yg Mulia Winston. —*kkt.* bertuan. *Don't s. me!* Jangan sebut/panggil saya "Tuan"/"Bapak".

sire /sair/ *kb.* bapak. —*kkt.* menjadi bapak/ayah.

siren /'sairən/ *kb.* 1 siréne. 2 wanita perayu, penggoda laki-laki.

sirloin /'sərloin/ *kb.* daging pinggang. *s. steak* bistik daging pinggang.

sirup /'sirəp/ *kb.* = SYRUP.

sis /sis/ *kb. Inf.*: dik.

sisal /'saisəl/ *kb.* (serat) sisal.

sissified /'sisəfaid/ *ks. Inf.*: kewanita-wanitaan, bertingkah-laku spt wanita.

sissy /'sisie/ *kb.* (*j.* -**sies**) *Inf.*: orang yg kewanita-wanitaan, banci. *You're a s.!* Banci lu!

sister /'sistər/ *kb.* 1 saudara perempuan. 2 (*older*) kakak. 3 (*younger*) adik. 4 anggota dari suatu perhimpunan mahasiswi. 5 suster (*of religious order*). **s. ship** kapal sejenis. **sister-in-law** (*j.* **sisters-in-law**) ipar perempuan.

sisterhood /'sistərhud/ *kb.* persaudaraan/perserikatan wanita. *the bonds of* s. ikatan persaudaraan wanita.

sisterly /'sistərlie/ *ks.* spt bersaudara (perempuan).

sit /sit/ *kkt.* (**sat**) mendudukkan (seorang anak diatas méja *a child on a table*). —*kkt.* 1 duduk (*for a photo*). *Please* s.! Silakan duduk! *to* s. *on a bench* duduk di bangku. *to* s. *for an hour* duduk-duduk sejam. *to* s. *in the legislature* duduk dlm DPR. 2 berténggér (*of birds, fowl*). :: *to* s. *in session* bersidang. *That food sits heavy on the stomach* Makanan itu terasa berat didlm perut. **to s. around** (duduk) bermalas-malas. *to* s. *back and relax* duduk bersenang-senang, duduk tenang-tenang. *to* s. *back in o's chair* duduk bersandar di kursi. *to* s. *back and let others do the work* duduk-duduk (saja) dan menyuruh/membiarkan orang-orang lain bekerja. **to s. down** duduk. *Please* s. *down* Silakan duduk! S. *down on this stool* Duduklah diatas bangku tinggi itu. *Let's* s. *down to dinner* Marilah kita duduk dan makan malam. *to* s. *for an exam* menempuh ujian. **to s. in** ikut hadir, ikut (duduk) menghadiri. *to* s. *in and observe a class* ikut duduk dan mengamat-amati kelas. *The group sat in for two hours and then quietly left* Rombongan itu ikut hadir dan kemudian pergi dgn tenang. **to s. on** 1 duduk dlm (*a committee*). 2 menimbang-nimbang (*a proposal*). 3 *Inf.:* menegur (*s.o.*). 4 mengerami (*eggs*). *to* s. *on o's behind* duduk bermalas-malas saja. *to* s. *on a case* menghadapi perkara (*of a judge*). **to s. out** 1 tinggal duduk (*a dance*). 2 terus menghadiri (*a meeting*). **to s. through** terus mengikuti sampai selesai (*a meeting*). **to s. under** berguru pd (*a professor*). **to s. up** duduk (tegak). S. *up straight!* Duduk tegak. *to* s. *up all night* berjaga sepanjang malam. *to* s. *up and take notice* tersentak duduk dan memperhatikan. *to* s. *up for* menunggu. *to* s. *up with s.o.* duduk menjaga s.s.o.

sit-down *ks.* duduk. s.-*down dinner* makan duduk. s.-*down strike* pemogokan duduk (di tempat kerja).

sit-in *kb.* aksi duduk di réstoran dll. —**sitting** *kb.* 1 kunjungan (*at the dentist's*). 2 jumlah telur yg sedang dierami. *The portrait required four sittings* Potrét itu memerlukan empat kali berpose/duduk bergaya. *to serve fifty people at one* s. melayani limapuluh orang sekaligus/serentak. *Inf.:* s. *duck* sasaran yg bagus. s: *hen* induk ayam yg sedang mengeram. s. *room* kamar tamu/duduk.

site /sait/ *kb.* tempat (*for a home*). s. *of a battle* tempat terjadinya suatu pertempuran. *archaeological* s. tempat peninggalan-peninggalan zaman purbakala. *building* s. tempat pembangunan gedung-gedung. *prehistoric* s. tempat peninggalan-peninggalan zaman prasejarah. *This is the* s. *of the new stadium* Inilah tempat pembangunan stadion baru itu.

sitter /'sitər/ *kb.* (*baby-*) pengasuh (kanak-kanak).

situate /'sicueit/ *kkt.* meletakkan. *The house is situated at...* Rumah itu terletak di.... *She is well situated financially* Ia baik keadaan keuangannya.

situation /'sicu'eisyən/ *kb.* 1 keadaan, situasi. *to cope with the* s. mengatasi keadaan. 2 pekerjaan. 3 letak (*of a house*).

six /siks/ *kb.* enam. *My Chevvie is a* s. Chevrolétuku bersilinder enam. *I have* s. Nomor saya enam. *Jumlah angka kartu saya enam. It's* s. *of one and a*

half *dozen of the other* Setali tiga uang. *He's* s. Ia berumur enam tahun. *at* s. *o'clock* pd jam 6. **six-foot** *ks.* enam kaki. s.-*foot mattress* kasur berukuran enam kaki. *He's a six-footer* Tingginya enam kaki. *six-pack of beer* petikardus bir berisi enam botol/blék. *six-shooter* pistol berpeluru enam.

sixfold /'siks'fowld/ *ks., kk.* enam kali lipat. s. *increase* kenaikan enam kali lipat.

sixteen /'siks'tien/ *kb.* enam belas.

sixteenth /'siks'tienth/ *kb., ks.* yg keenambelas.

sixth /siksth/ *kb., ks.* yg keenam. *to arrive on the* s. tiba pd tanggal enam. s. *sense* intuisi.

sixtieth /'sikstieith/ *kb., ks.* yg keenampuluh.

sixty /'sikstie/ *kb., ks.* (*j.* **-ties**) enampuluh. *He'll be* s. *next week* Ia akan berumur enampuluh tahun minggu depan. **the sixties** tahun enampuluhan. *He's in his sixties* Umurnya enampuluhan. *Inf.:* like s. cepat sekali. *the $64.00 (sixty-four dollar) question* pertanyaan yg paling penting.

sizable /'saizəbəl/ *ks.* besar juga, cukup besar, lumayan. s. *profit* keuntungan yg cukup besar.

size /saiz/ *kb.* 1 ukuran. *What* s. *shirt do you take?* Berapa ukuran keméjamu? *according to* s. menurut ukuran. *the correct* s. ukuran yg tepat. *What* s. *do they come in?* Barang-barang itu berukuran berapa (saja)? *to wear a* s. *16 collar* memakai léhérbaju berukuran 16. *I'd like the large* s., *please* Saya ingin membeli yg berukuran besar. 2 (lém) kanji, dempul. *That's about the* s. *of it, I guess* Begitulah kira-kira keadaannya. **to cut down to** s. mengurangi. *The rosebush was c. down to size* Pohon bunga mawar itu dipotong sampai tinggi yg dikehendaki. *After spring training the coach cut the team down to* s. Sesudah latihan-latihan selama musim bunga pelatih itu mengurangi pemain regu sampai jumlah yg ditentukan. *The debater cut his opponent down to* s. Orang yg berdébat itu mencukur lawannya habis-habisan. *She cut him down to* s. Ia menyadarkannya dari keangkuhannya. —*kkt.* menganji, mendempul. **to s. up** membentuk pendapat, mengira-ngira, beranggapan. *He can* s. *up a situation at a glance* Ia dpt menilai s.s.t. keadaan dgn sekejap mata. —**sizing** *kb.* pengeléman, lém, perekat.

sizeable /'saizəbəl/ *ks.* = SIZABLE.

sizzle /'sizəl/ *kki.* mendesis. *Sl.: It's sizzling today* Hari ini panas sekali/terik. *He likes his coffee sizzling hot* Ia menghendaki kopinya amat panas.

sizzler /'sizlər/ *kb. Inf.:* hari yg amat panas.

S.J.D. [*Doctor of Juridical Science*] Doktor Ilmu Hukum.

skate /skeit/ *kb.* 1 skat(s), sepatu luncur/és. 2 *Sl.:* orang. *He's a good* s. Dia orang yg baik. —*kkt.* bermain sepatu luncur (di és). —**skating** *kb.* bermain skats, bermain sepatu és. s. *rink* lapangan permainan skats, lapangan és.

skater /'skeitər/ *kb.* pelari skats, pemain skat.

skedaddle /skə'dædəl/ *kki. Inf.:* pergi cepat-cepat.

skein /skein/ *kb.* tukal, unting, tika-tika, geléndong.

skeletal /'skelətəl/ *ks.* mengenai kerangka. s. *structure* bangunan kerangka.

skeleton /'skelətən/ *kb.* kerangka. *After his illness he was nothing but a* s. Stlh sakitnya ia tinggal kerangka saja. s. *in the closet* rahasia keluarga yg kurang menyenangkan. s. *crew* sejumlah kecil pekerja yg perlu-perlu saja. s. *key* kunci maling. s. *outline* skéma garis-garis besar.

skeptic /'skeptik/ *kb.* orang yg suka meragui.

skeptical /'skeptəkəl/ *ks.* sképtis, (bersifat) ragu-ragu.

skepticism /'skeptəsizəm/ *kb.* 1 keragu-raguan, kesangsian. 2 ketidakpercayaan.

skerry /'skerie/ *kb.* (*j.* **-ries**) pulau karang/batu kecil.

sketch /skec/ *kb.* 1 skéts(a). 2 bagan, gorésan. 3 uraian ringkas. *biographical s.* uraian singkat ttg riwayat hidup. —*kkt.* membuat skétsa. *to s. in the details* menguraikan secara terperinci. *to s. out a rough draft of a speech* membuat rancangan kasar dari pidato.

sketchbook /'skec'buk/ *kb.* buku skéts(a) coratcorét.

sketcher /'skecər/ *kb.* pembuat skéts, pelukis coratcorét.

sketchiness /'skecienəs/ *kb.* kesederhanaan, sifat sederhana.

sketchy /'skecie/ *ks.* 1 dlm garis besar, kurang lengkap (*description of an accident*). 2 sederhana (*meal*). —**sketchily** *kk.* secara sederhana, dlm garis-garis besarnya.

skew /skyuw/ *ks.* miring, condong, tdk simétris. —*kkt.* menyatakan tdk dgn sebenarnya, berbuat curang (*figures*).

skewer /'skyuwər/ *kb.* tusuk daging.

skewness /'skyuwnəs/ *kb.* kecondongan, kecurangan, sifat tdk simétris, kepéncongan.

ski /skie/ *kb.* sepatu ski. *pair of skis* sepasang ski. *s. area* daérah permainan ski. *s. boot* sepatu ski. *s. jump* tempat loncatan ski. *s. lift* kursi gandulan pengangkut pemain ski. —*kki.* main ski.

skid /skid/ *kb.* selip, gelincir. *to go into a s.* selip, tergelincir. *Inf.: to be on the skids* 1 sedang menuju keruntuhan. 2 semakin menurun/mundur. *Inf.: to put the skids under s.o.* mengadakan kegagalan s.s.o. —*kkt.* (**skidded**) menyorong (*a crate*). —*kki.* tergelincir (*on wet pavement*). **s. row** perkampungan jémbél.

skier /'skieər/ *kb.* pemain ski.

skies /skaiz/ lih SKY.

skiff /skif/ *kb.* perahu/sampan kecil.

skill /skil/ *kb.* kecakapan, kepandaian, ketrampilan. *to show s. in* memiliki keahlian didlm. *technical s.* keahlian téhnik.

skilled /skild/ *ks.* 1 cakap, trampil, cekatan (*craftsman*). 2 terlatih. *s. worker* buruh terlatih.

skillet /'skilit/ *kb.* wajan (yg bergagang), kuali.

skillful /'skilfəl/ *ks.* mahir, cakap, cakap. *He's s. at bricklaying* Ia ahli dlm menukang batu. *s. dentist* dokter gigi yg ahli. —**skillfully** *kk.* dgn mahirnya/cekatan.

skillfulness /'skilfəlnəs/ *kb.* kemahiran, ketrampilan.

skim /skim/ *kkt.* (**skimmed**) 1 menyéndoki, menyaring (*cream off milk*). 2 meluncurkan (*a rock along surface of water*). —*kki.* melancar, meluncur. *The stone skimmed over the water* Batu itu meluncur diatas air. *to s. through a book* membaca sebuah buku sepintas-lalu. **s. milk** susu yg tlh diambil kepala susunya.

skimp /skimp/ *kkt.* berhémat (dgn), menghémat. *Don't s. the sugar* Janganlah berhémat memakai gula. —*kki.* berhémat. *to s. on* memberi kurang.

skimpiness /'skimpienəs/ *kb.* 1 kehématan pemakaian bahan (*of a skirt*). 2 kecilnya, sedikitnya (*of a serving*).

skimpy /'skimpie/ *ks.* 1 kecil sekali (*of food, money*). 2 tdk cukup menutupi badan (*of a dress*).

skin /skin/ *kb.* kulit (*of person or animal*). *These oranges have thick skins* Jeruk-jeruk ini berkulit tebal. *thick s.* tebal kulit/telinga. *outer s.* kulit luar/ari. *banana s.* kulit pisang. *I don't like wool next to my s.* Saya tdk suka memakai bahan wol yg menyentuh kulit saya. *He likes potatoes boiled in their skins* Ia suka akan kentang yg direbus bersama kulitnya. *He gets under my skin* Ia membuat saya marah/jéngkél. *to save o's s.* menyelamatkan diri, luput/nyaris dgn selamat. *He's just s. and bones* Ia kurus-kering. Ia sangat kurus. *to have a thin s.* mudah merasa tersinggung. *He was lucky to escape with a whole s.* Ia beruntung dpt lolos dgn selamat. *to escape by the s. of o's teeth* meloloskan diri di ujung rambut. —*kkt.* (**skinned**) 1 menguliti, mengupas kulit (*animals*). 2 mengelupas. *He skinned his leg* Terkelupas kulit kakinya. 3 *Sl.:* menipu. *Inf.: to s. alive* menyiksa. *If I do that, Dad will s. me alive* Kalau itu kuperbuat, ayahku akan menghukumku seberat-beratnya. **skin-deep** *ks.* a) pd lahirnya, dangkal. b) ringan, pd kulitnya. **s. disease** penyakit kulit. **s. diver** penyelam (ke tempat yg dalam) tanpa memakai pakaian penyelam khusus. **s. diving** olahraga menyelam (yg dalam tanpa memakai pakaian khusus). **s. grafting** penumbuhan atau penémpélan kulit manusia (séhat) pd bagian badan yg tdk ada kulitnya karena luka terbakar dsb. **skin-tight** *ks.* ketat. —**skinned** *ks.* sdh dikuliti (*of an animal*).

skinflint /'skin'flint/ *kb.* orang yg bakhil.

skinner /'skinər/ *kb.* pengupas kulit.

skinny /'skinie/ *ks.* kurus.

skip /skip/ *kb.* lompatan, loncatan. —*kkt.* (**skipped**) 1 meléwati, melampaui (*a page*). 2 *Inf.:* mangkir, bolos (*class* di kelas). 3 meloncati (*a grade* kelas). 4 *Inf.:* melarikan diri (*town* dari kota). 5 meluncurkan (*stones*). *Sl.: S. it!* Lupakanlah itu! *to s. rope* lompat tali. —*kki.* melompat(-lompat). *Our typewriter skips* Mesin tik kami suka melompat-lompat. *to s. for joy* melompat-lompat kegirangan, melompat-lompat karena gembira. *to s. down the street* berlari-lari sambil melompat-lompat. *He skips from one subject to another* Omongnya melompat-lompat. *Inf.: to s. out* meninggalkan. *to s. over the hard parts* melangkahi/melampaui bagian-bagian yg sukar. *He just skipped through the book* Ia membaca isi buku itu sepintas lalu saja.

skipper /'skipər/ *kb.* 1 nakhoda. 2 pemimpin (*regu* dsb). —*kkt.* mengemudikan (*a boat, yacht*).

skirmish /'skərmisy/ *kb.* 1 pertempuran kecil. témbak-menémbak (*between soldiers*). 2 perkelahian. —*kki.* bertempur kecil-kecilan.

skirt /skərt/ *kb.* rok, roki. —*kkt.* menyusur, meléwati (*the shore*). *to s. danger* nyérémpét-nyérémpét bahaya.

skit /skit/ *kb.* lakon pendék dan lucu.

skittery /'skitərie/ *ks.* gugup (ketakutan).

skittish /'skitisy/ *ks.* gugup, pengejut.

skivvies /'skiviez/ *kb., j.* pakaian dalam (pelaut).

Skt. [*Sanskrit*] Sansekerta.

skulduggery /skʌl'dʌgərie/ *kb. Inf.:* kejahatan, perbuatan curang, kecurangan.

skulk /skʌlk/ *kki.* bersembunyi, menyelinap, mengendap-endap.

skull /skʌl/ *kb.* tengkorak. *s. and crossbones* tengkorak dan tulang bersilang (gambar pd bendéra bajak laut).

skullcap /'skʌl'kæp/ *kb.* 1 kopiah. 2 *Anat.:* bagian atas tengkorak.

skunk /skʌngk/ *kb.* 1 sigung. 2 *Inf.:* seorang yg kurangajar, seorang yg berkelakuan jahat. —*kkt. Sl.:* mencukur gundul.

sky /skai/ *kb.* (*j.* **skies**) langit. *to walk in out of a clear s.* masuk tanpa diduga-duga. *to praise to the skies* memuji-muji setinggi langit. *Help yourself, the s. is* *the limit* Ambillah sendiri, sesuka hatimu. *under the open s.* di angkasa bébas. **s. blue** biru angkasa/langit. **sky-high** *ks.* setinggi langit, melangit. *The price is s.-high* Harganya setinggi langit.

skyborne /'skai'bɔrn/ *ks.* diluncurkan ke angkasa, di angkasa.

skyjacker /'skai'jækər/ *kb.* (pem)bajak udara.

skyjacking /'skai'jæking/ *kb.* penculikan kapal terbang di angkasa.

skylight /'skai'lait/ *kb.* kaca atap, jendéla loténg.

skyline /'skai'lain/ *kb.* kaki langit.

skyrocket /'skai'rakit/ *kb.* rokét, kembang api. —*kki.* membubung tinggi (*of prices*).

skyscraper /'skai'skreipər/ *kb.* pencakar langit.

skyward(s) /'skaiwərd(z)/ *kk.* menuju ke angkasa.

skyway /'skai'wei/ *kb.* jalan raya atas.

skywriting /'skai'raiting/ *kb.* tulisan asap.

slab /slæb/ *kb.* 1 (*wooden*) papan. 2 (*stone*) lemping. 3 iris (*of bread*).

slack /slæk/ *kb.* kekenduran, kelendutan. *to take up the s. in a rope* mengencangkan tali. —**slacks** *j.* 1 celana panjang utk wanita. 2 pantalon (*men*). —*ks.* 1 sepi. *the s. season* musim sepi, pasar lesu. 2 lambat, lamban (*in o's studies*). —*kk.* kendur. *to hang s.* kendur. —*kki.* **to s. off** 1 mundur, merosot (*of business*). 2 mengendur, berkurang (*of interest*). **to s. up** menjadi reda (*of rain*).

slacken /'slækən/ *kkt.* 1 mengurangi (*o's efforts*). 2 melambatkan, memperlambat (*o's pace*). —*kki.* mengendur. **to s. up** menjadi lamban. —**slackening** *kb.* berkurangnya.

slacker /'slækər/ *kb.* seorang yg mengélakkan pekerjaan. *Don't be a s.* Jangan menghindari tugas.

slackness /'slæknəs/ *kb.* kelambanan, kelesuan.

slag /slæg/ *kb.* terak, ampas bijih.

slain /slein/ lih SLAY.

slake /sleik/ *kkt.* 1 memuaskan (*thirst*). 2 memadamkan (*fire*). **slaked** *lime* kapur mati.

slam /slæm/ *kb.* 1 *Bridge*: slém. 2 gerdam (*of a door*). 3 *Inf.*: celaan, kecaman (**against** thd). —*kkt.* (**slammed**) 1 menggerdam, membantingkan, mengempaskan (*a door*). *to s. a book on the desk* membantingkan buku keatas méja. 2 *Inf.*: menghantam (*an opponent*).

slambang /'slæm'bæng/ *ks., kk. Inf.*: dgn keras. *to go s. into a tree* menabrak pohon dgn kerasnya.

slander /'slændər/ *kb.* fitnah, umpat, jujat. *to sue for s.* menuntut karena memfitnah. —*kkt.* memfitnah, mengumpat. *He felt that he had been slandered* Ia merasa tlh kena fitnah.

slanderer /'slændərər/ *kb.* pemfitnah, pengumpat.

slanderous /'slændərəs/ *ks.* jujat, yg memfitnah.

slang /slæng/ *kb.* logat/ucapan populér.

slangy /'slængie/ *ks.* berlogat populér.

slant /slænt/ *kb.* 1 kemiringan (*of a roof*). *to write on a s.* menulis miring. 2 pandangan (*of a person, newspaper*). —*kkt.* 1 menggéndéngkan, memiringkan (*a roof*). 2 mengarahkan/mencondongkan (*the news*). *The commentary is slanted* Komentar itu berat sebelah. —*kki.* miring. *Her handwriting slants to the left* Tulisan tangannya miring ke kiri. **slant-eyed** *ks.* bermata sipit. *slanting roof* atap yg miring.

slantwise /'slænt'waiz/ *kk.* miring, condong.

slap /slæp/ *kb.* tamparan, tempéléng. *Inf.*: *s. in the face* penghinaan. —*kk.* *to run s. into a friend* dgn tak diduga-duga bertemu dgn seorang kawan. —*kkt.* (**slapped**) 1 menampar (*s.o.*). 2 menjatuhkan (*a fine on s.o.*). 3 membantingkan (*food on a table*). *to s. s.o. on the back* menepuk s.s.o. pd punggungnya.

to s. around memukuli. *to s. down* menampik.

slap-happy *ks.* puyeng, suka pening, miring otak.

slapbang /'slæp'bæng/ *ks., kk.* secara semberono.

slapdash /'slæp'dæsy/ *ks.* semberono. *s. garage* garasi yg dibangun buru-buru.

slapjack /'slæp'jæk/ *kb.* sm kué serabi.

slapstick /'slæp'stik/ *kb.* dagelan, lelucon yg kasar.

slash /slæsy/ *kb.* 1 luka teriris (*on the arm*). 2 bantingan, potongan (*in prices*). —*kkt.* 1 menyayat, melukai. *to s. o.s. with a knife* (*intentionally*) menyayat oléh pisau. 2 menggorok (*a throat*). 3 memotong, membanting (*prices*). 4 mengiris. *The cold wind slashed our faces* Angin dingin itu mengiris muka kami. 5 mengecam, mengeritik. *to s. an essay to pieces* mengecam karangan habis-habisan. —*kki.* **to s. at** menyerang (dgn pisau, parang). *slash-and-burn clearing* pembukaan hutan dgn cara tebas-bakar. —**slashing** *ks.* pedas, menyayat (hati). *s. criticism* kecaman yg pedas.

slat /slæt/ *kb.* beroti. *Sl.: to kick s.o. in the slats* menendang s.s.o. pd rusuknya.

slate /sleit/ *kb.* 1 batu tulis. *s. roof* atap batu (tulis). 2 papan tulis, loh. *to begin with a clean s.* mulai bekerja dgn lembaran yg putih bersih. 3 daftar (*of candidates*). —*kkt.* 1 mencatat. *He is slated to speak* Ia akan berpidato. 2 menutupi dgn batu tulis. **s. pencil** gerip.

slaughter /'slɔtər/ *kb.* 1 penyembelihan, pemotongan, pembantaian (*animals*). 2 pembunuhan besar-besaran (*of people*). —*kkt.* menyembelih, memotong, menjagal.

slaughterhouse /'slɔtər'haws/ *kb.* rumah pemotongan héwan, penjagalan, pembantaian.

Slav. [*Slavic, Slavonic*] yg berh. dgn orang atau bahasa Slav.

Slav /slav/ *kb.* orang Slav.

slave /sleiv/ *kb.* budak. *He's a s. to his work* Ia suka bekerja keras. —*kki.* bekerja keras, membanting tulang (**over** utk). *to s. away at s.t.* membanting tulang mengerjakan s.s.t. **s. driver** tukang perintah yg keras, pemburu-buru kerja.

slaver /'slævər/ *kki.* meléléhkan air liur.

slavery /'sleivarie/ *kb.* perbudakan.

Slavic /'slavik, 'slæ-/ *ks.* dari bahasa atau orang Slav. *S. language* bahasa Slav.

slavish /'sleivisy/ *ks.* spt budak. *s. imitation* peniruan yg membudak, peniruan yg tdk mengandung keaslian.

Slavonic /slə'vanik/ *ks.* Slavia.

slaw /slɔ/ *kb.* kubis mentah yg diiris tipis-tipis, berkuah mentéga asam.

slay /slei/ *kkt.* (**slew, slain**) membunuh. *Sl.: He slays me with his jokes* Lelucon-leluconnya amat menggelikan.

slayer /'sleiər/ *kb.* pembunuh.

sleazy /'sliezie/ *ks.* tipis dan tdk kuat (*cloth*).

sled /sled/ *kb.* keréta luncur/sérét, érétan. —*kki.* (**sledded**) naik keréta luncur. *rough sledding* banyak halangan dan rintangan, keadaan yg menyusahkan.

sledge /slej/ *kb.* pengérétan, érétan. *s. hammer* palu besar/godam. *sledge-hammer tactics* cara-cara kasar.

sleek /sliek/ *ks.* 1 manis, sedap. *to have s. lines* berbentuk manis. 2 halus, bersolék rapi (*of a person*). 3 licin, mengkilap (*hair*).

sleep /sliep/ *kb.* tidur. *Have a good s.* Selamat tidur. *I need some s.* Aku perlu tidur sebentar. *to put a child to s.* menidurkan anak. *to put an animal to s.* menghabisi nyawa seékor héwan. *to lose s. over s.t.* bersusah-susah memikirkan s.s.t. *to walk in o's s.* berjalan dlm bermimpi. *My foot has gone to s.* Kaki saya semutan. —*kkt.* (**slept**) memberi tempat tidur. *We can s. ten in our house* Di rumah kami ada tempat tidur utk sepuluh orang. —*kki.* tidur. *He didn't s. a wink last night* Sesaatpun ia tak tidur semalam. *to s. like a top/log, to s. soundly* tidur nyenyak/lelap. *to s. lightly* tidur ayam. **to s. away** ketiduran, tidur saja. **to s. in** 1 tidur lebih lama. 2 tinggal intern (*of a maid*). *to s. off* a headache tidur menghilangkan sakit kepala. *to s. on s.t.* memikirkan s.s.t. benar-benar. **to s. out** tidur diluar, tidur di tempat lain. *I've slept out* Saya sdh tidur sepuasnya. —**sleeping** *ks.* yg sedang tidur. *s. person* orang yg sedang tidur. *s. bag* karung utk tidur. *s. car* keréta/gerbong tidur. *s. pill* pil (obat) tidur. *s. porch* beranda tempat tidur. *s. powder* puyer penidur, puyer obat tidur. *s. sickness* penyakit tidur.

sleeper /'sliepər/ *kb.* 1 orang yg tidur. *light s.* orang yg suka tidur ayam. 2 *RR*: keréta/gerbong tidur. *Inf.: The play turned out to be a s.* Sandiwara itu berhasil tanpa diduga semula.

sleepless /'sliepləs/ *ks.* tak dpt tidur.

sleeplessness /'slieplsnəs/ *kb.* suhad, arik.

sleepwalker /'sliep'wɔkər/ *kb.* orang yg berjalan tidur.

sleepy /'sliepie/ *ks.* 1 mengantuk. *I'm s.* Saya mengantuk. 2 sepi (*town*).

sleet /sliet/ *kb.*, *kki.* hujan bercampur és dan salju.

sleeve /sliev/ *kb.* lengan baju. *to have s.t. up o's s.* merahasiakan s.s.t. *to laugh up o's s.* at mentertawakan dlm hati. *in short sleeves* (memakai keméja) bertangan/berlengan péndék. *to roll up o's sleeves and get to work* menggulung tangan keméja dan mulai bekerja. **s. value** klép motor.

sleeveless /'slievləs/ *ks.* tak berlengan.

sleigh /slei/ *kb.* pengérétan, érétan keréta luncur.

sleight /slait/ *kb.* **s. of hand** sulap, sunglap.

slender /'slendər/ *ks.* 1 langsing, ramping, lampai (*person*). 2 kecil, tipis (*hope*). 3 lembut (*voice*). 4 menipis (*means*).

slenderize /'slendəraiz/ *kkt.* membuat/menjadikan langsing.

slept /slept/ lih SLEEP.

sleuth /sluwth/ *kb.* détéktip, mata-mata.

slew /sluw/ lih SLAY.

slew /sluw/ *kb. Inf.:* banyak. *to make a s. of money* mendapat banyak uang.

slice /slais/ *kb.* 1 iris. *a s. of bread* seiris/sepotong roti. 2 bagian (*of the profits*). 3 *Sport:* s(e)lais. —*kkt.* mengiris (*bread, meat*). *to s. up an estate* menjadikan sebidang tanah berpetak-petak. —*kki.* mengiris. *These peaches s. nicely* Buah-buah persik ini mudah diiris-iris. *S. off some cheese* Mengiris kéju sedikit. *sliced peaches* buah persik yg tlh diiris.

slicer /'slaisər/ *kb.* alat pengiris (*meat, bread*).

slick /slik/ *kb.* lapisan (*of oil or mud*). —*ks.* 1 licin. *S. when wet* Di waktu hujan (jalan) licin. *Inf.: He's a s. character* Ia seorang yg licin. 3 curang. *s. deal* transaksi yg curang. 3 cerdik (*advertising*). 4 cekatan (*barber*). 5 licin (*hair*). —*kkt.* mengatur apik/rapi. *Sl.:* **s. chick** gadis yg menarik. **slicked-up** *ks.* dipercantik (*car*).

slicker /'slikər/ *kb.* 1 *Cloth.*: jas minyak/hujan. 2 *Inf.:* penipu.

slid /slid/ lih SLIDE.

slidden /'slidən/ lih SLIDE.

slide /slaid/ *kb.* 1 (pilem) slide. 2 kaca mikroskop. 3 tempat meluncur. —*kkt.* (**slid, slid** atau **slidden**), menyelipkan. *to s. s.t. into o's pocket* menyelipkan s.s.t. kedalam sakunya. 2 menyorongkan, men-

dorong (*a box*). 3 memasang (*a bolt*). —*kki.* 1 meluncur. *The door slides in and out* Pintu meluncur keluar masuk. *to s. in the snow* meluncur di salju (*for fun*). 2 tergelincir (*on the floor*). *to let the matter s.* membiarkan hal itu berlalu, mengabaikan hal itu. **to s. down** meluncur kebawah. **to s. into** meluncur menubruk. *The drawer slid into place* Laci itu meluncur masuk (ke tempatnya). *to s. into the habit of* terperosok dlm kebiasaan. *to s. over a matter* mengenyampingkan persoalan. *The stock market slid to a new low* Pasar bursa merosot ke titik rendah yg baru. **s. fastener** ritsléting. **s. projector** proyéktor "slide", kaca bergambar. **s. rule** mistar hitung (dorongan). **s. trombone** trombon gésér. —**sliding** *ks.* sorong, luncur, gésér. *s. doors* pintu sorong. *s. scale* skala perhitungan yg angka-angkanya dpt digésér menurut (kepentingan) keadaan.

slight /slait/ *kb.* 1 (*neglect*) pelalaian. 2 (*snub*) sikap yg meréméhkan. —*ks.* 1 langsing, ramping, lampai (*person*). 2 sedikit. *I have a s. headache* Kepalaku sakit sedikit. *to show a s. improvement* mendapat kesembuhan sedikit. 3 énténg, kecil (*wound*). *s. breeze* angin sepoi-sepoi. *I haven't the slightest knowledge of what happened* Saya sedikitpun tak tahu apa yg tlh terjadi. *not in the slightest* sedikitpun tdk. *to take offense at the slightest thing* mudah sekali merasa tersinggung. 4 tipis (*of chances*). *s. hope* sebutir harapan. —*kkt.* 1 melalaikan (*o's children*). 2 mengabaikan. 3 mengganggap sepi. *I felt slighted* Saya merasa dianggap sepi. Saya merasa diréméhkan. —**slightly** *kk.* 1 ramping. *She's s. built* Badannya ramping. 2 agak, sedikit. *s. mad* gila-gila bahasa, agak gila. *I know him s.* Saya mengenalnya sepintas saja. —**slighting** *ks.* yg menghina (*remarks*). —**slightingly** *kk.* énténg/rendah.

slightness /'slaitnəs/ *kb.* kerapuhan.

slim /slim/ *ks.* 1 ramping, langsing, lampai (*person, pole*). 2 sedikit sekali, sederhana (*meal*). 3 kecil. *s. audience* pengunjung yg kecil jumlahnya. 4 lemah, tipis (*evidence*). 5 tipis (*hope, chance*). —*kki.* (**slimmed**) menjadi kurus. **to s. down** menjadi lebih kurus, menjadi susut. —**slimming** *ks.* 1 melangsingkan. *Exercise is s.* Gerak-badan melangsingkan. 2 merampingkan (*of a dress*).

slime /slaim/ *kb.* lumpur, kotoran, lanyau.

slimness /'slimnəs/ *kb.* kelangsingan.

slimy /'slaimie/ *ks.* berlanyau, berlumpur.

sling /sling/ *kb.* ambin, kain géndongan. *to carry o's arm in a s.* menggéndong tangannya dgn kain ambin. —*kkt.* (**slung**) menyandang (**over** pd).

slingshot /'sling'syat/ *kb.* katapél, jeprétan, pengumban, tali umban.

slink /slingk/ *kki.* (**slunk** atau **slinked**). **to s. away/off** menyelinap (keluar). *to s. in* menyelinap (masuk).

slinky /'slingkie/ *ks.* ketat (*dress*).

slip /slip/ *kb.* 1 *Cloth.*: rok dalam. 2 tergelincir (*on the ice*). 3 (*pillow*) sarung bantal. 4 *Nau.*: galangan kapal. 5 cangkokan, seték (*of plant*). 6 yg kecil. *She's a mere s. of a girl* Dia seorang gadis yg berbadan kecil saja. *s. of the tongue* kekhilafan ucapan, kesalahan kata. *Inf.: to give s.o. the s.* mengécoh, melepaskan diri, lari dari. *There's many a s. between the cup and the lip* Manusia tak luput dari kesilapan. —*kkt.* (**slipped**) 1 memasukkan (*s.t.*) (**into** kedlm). 2 mengenakan, memasang (*ring*) (**on** ke). 3 memberikan. 4 melepaskan. *The dog slipped its chain* Anjing itu terlepas dari rantainya. 5 luput (dari). *to s.o.'s notice* luput dari perhatian orang. —*kki.* 1 tergelincir, terpelését. *to s. (up)on the ice* tergelincir

diatas és. 2 melését (of a razor). 3 merosot, mundur (of sales). 4 keliru, salah. You slipped this time Kau keliru/salah kali ini. :: Don't let the baby s. Jangan sampai bayi itu terjatuh. to let a secret/statement s. membocorkan rahasia/pernyataan. **to s. away** 1 bepergian. 2 lambat laun habis (of funds). **to s. by** léwat, berlalu. How time slips by! Betapa cepatnya waktu léwat! to let an opportunity s. by membiarkan kesempatan berlalu begitu saja. **to s. down** merosot (of hose, pants). **to s. in** singgah, mampir. **to s. into** 1 menyelinap (masuk) (the house). 2 mengenakan (a jacket). to s. into place berjalan dgn baik. **to s. off** 1 melepaskan (shoes). 2 membuka (jacket). to s. off the porch jatuh tergelincir dari serambi. to s. off and get married minggat/melarikan diri lalu menikah. **to s. on** mengenakan (clothes). **to s. out** keluar. to s. out for a moment keluar sebentar. to s. out of a dress melepaskan pakaian. to s. a sweater over o's head memasukkan sweater melalui kepalanya. Inf.: to s. one over on s.o. menipu. **to s. through** léwat. to let the opportunity s. through his fingers meléwatkan kesempatan (yg baik). **to s. up** keliru. Inf.: to s. up on the spelling salah mengéja. **s. cover** kain penutup.
slip-on ks. yg dikenakan léwat kepala. s.-on sweater baju sweater kurung. Inf.: **slip-up** kb. kesalahan, kekeliruan.
slipknot /'slip'nat/ kb. simpul hidup/pulih.
slippage /'slipij/ kb. 1 kelicinan, keselipan. 2 kemungkinan/perséntase licin atau selip.
slipover /'slip'owvər/ kb. baju kurung sweater.
slipper /'slipər/ kb. sandal, selop.
slippery /'sliparie/ ks. 1 licin (road, sidewalk). 2 licik, licin (person).
slipshod /'slip'syad/ ks. 1 tak terurus, jorok. 2 ceroboh, tdk teliti. to do s. work bekerja ceroboh. 3 secara serampangan.
slipway /'slip'wei/ kb. tempat peluncuran kapal.
slit /slit/ kb. celah, belah. s. in a mailbox lubang kotak pos. —kkt. (**slit**) 1 membelah, membuat celah (cloth). 2 menggorok (a throat). The blow s. his cheek Pukulan itu menyobék/merobék pipinya. to s. open a letter/sack membuka/merobék sampul surat atau karung/kantong.
slither /'sliTHər/ kki. melata, merayap (of a snake).
sliver /'slivər/ kb. kerat, iris, potong. a s. of cake sepotong kué. a s. of wood sekerat kayu. s. of glass pecahan kaca.
slob /slab/ kb. orang yg sembrono/serampangan.
slobber /'slabər/ kb. air liur. —kki. meléér (**on** pd), membasahi dgn air liur.
sloe /slow/ kb. sej. buah.
slog /slag/ kki. (**slogged**) Inf.: merencah. to s. through the mud merencah lumpur.
slogan /'slowgən/ kb. semboyan.
sloop /sluwp/ kb. sekoci.
slop /slap/ kb. air kotor, air bekas dipakai. —kkt. (**slopped**) 1 menumpahkan (water on the floor). 2 makan (hogs). —kki. tumpah, melimpah-limpah (of excess water).
slope /slowp/ kb. 1 léréng(an), landaian. steep s. léréng yg curam. 2 lekuk (of forehead). —kki. melandai, meléréng. —**sloping** ks. miring, condong, (me)landai. He has a s. forehead Dia dahinya miring.
sloppiness /'slapienəs/ kb. 1 kejorokan (of a room, dress). 2 kejelékan (of style). 3 keburukan (of manners). 4 kecerobohan.
sloppy /'slapie/ kb. 1 tdk rapi (of o's work, clothes, room), ngelomprot. 2 buruk, basah (weather). 3 lemah, céngéng. s. sentimentality sifat céngéng.
slosh /slasy/ kkt. mengaduk-aduk (a drink). —kki.

tumpah. A little water sloshed out of the bucket Sedikit air tumpah dari émbér.
slot /slat/ kb. 1 lobang, celah, petak. Drop a dime in the s. Masukkan satu ketip kedlm lobang. s. machine mesin judi, (mesin) jackpot. 2 Inf.: tempat. That position is the right s. for him Jabatan itu adalah tempat yg cocok utk dia. —kkt. (**slotted**) Inf.: menetapkan, menempatkan (a program).
sloth /sloth, slowth/ kb. 1 Fauna: kungkang. 2 kemalasan, kelambanan.
slothful /'slothfəl, 'slowth-/ ks. lamban, malas.
slouch /slawc/ kb. kebungkukan. Inf.: He's no s. as a tennis player Dia tdk lemah sbg pemain ténis. —kki. membungkuk. to s. in o's chair duduk terbungkuk di kursi.
slough /slaw/ kb. paya, rawa. s. of despair kancah penderitaan.
slough /slʌf/ kkt. mengelupaskan, menanggalkan (its skin).
slovenliness /'slʌvənlienəs/ kb. 1 kejorokan, kecerobohan (of appearance). 2 keteledoran (of speech).
slovenly /'slʌvənlie/ ks. 1 jorok, ceroboh (in appearance). 2 teledor (in speech).
slow /slow/ ks. 1 lambat. Drive at a s. speed Jalankan mobil perlahan-lahan. He's s. of speech Dia lambat bicaranya. She is s. in reading Dia lambat membaca. He is s. but sure Kerjanya lambat tetapi berhasil. He is s. to act Ia terlambat bertindak/mengambil tindakan. 2 lamban, ketinggalan. He's in the s. section of his class Dia duduk di bagian kelas yg ketinggalan. 3 melempem, sérét (of business, a party). 4 terlambat (of a watch). 5 lemah, redup (of a flame). 6 lamban (of intellect). He was s. to get up Dia tak dpt berdiri cepat. —kkt. lambat, pelan-pelan. S.! lambat! Pelan! Drive s.! Jalan pelan-pelan! —kkt. **to s. s.t. down/up** memperlambat s.s.t. —kki. 1 berjalan lebih pelan, mengurangi kecepatan. 2 mengurangi kegiatan (of a person). **to s. up** mengurangi kecepatan. **slow-burning** ks. yg lambat terbakar (wood). slow-down strike mogok kerja lambat. **s. motion** gerak pelan. s.-motion film pilem gerak pelan. **slow-witted** ks. bodoh, tumpul otak, dungu. —**slowly** kk. 1 pelan-pelan. to drive s. berjalan pelan-pelan. s. but surely pelan-pelan tetapi pasti, alon-alon kelakon. 2 lambat, lamban. She works too s. Dia bekerja terlalu lambat. 3 lambat-laun, berangsur-angsur. His health is s. improving Keséhatannya lambat-laun pulih kembali.
slowdown /'slow'dawn/ kb. kemunduran.
slowgoing /'slow'gowing/ ks. lamban, melempem.
slowness /'slownəs/ kb. hal lambat, kelambatan.
slowpoke /'slow'powk/ kb. orang yg lembam/ lambat.
sludge /slʌj/ kb. kotoran, endapan, lumpur.
slue-footed /'sluw'futid/ ks. berkaki béngkok.
slug /slʌg/ kb. 1 peluru gotri (in a rifle). 2 potong timah (printing). 3 logam bundar (illegally used in dispensers, parking meters). 4 Sl.: seteguk (of whiskey). 5 sm siput. —kkt. (**slugged**) Inf.: menghantam. The two boys slugged it out Kedua anak laki-laki itu bakuhantam.
slugfest /'slʌg'fest/ kb. pertengkaran, perkelahian, bakuhantam.
sluggard /'slʌgərd/ kb. orang pemalas.
sluggish /'slʌgisy/ ks. 1 lembam, melempem (of a person, water). 2 sérét (of a vehicle).
sluice /sluws/ kb. pintu air.
slum /slʌm/ kb. perkampungan yg miskin dan kotor, perkampungan yg melarat. s. clearance perombakan perkampungan yg miskin dan kotor. —**slums** j.

daérah. jémbél, rumah-rumah gubug. —*kki.*
(**slummed**) mengunjungi perkampungan yg miskin.
slumber /'slʌmbər/ *kb.* tidur. *Don't disturb his s.*
Jangan ganggu tidurnya. —*kki.* tidur. **slumbering** *volcano* gunung api yg tak aktip.
slummy /'slʌmie/ *ks.* miskin, melarat. *s. neighborhood* daérah melarat.
slump /slʌmp/ *kb.* kemerosotan. *to go into a s.* merosot. *s. in the dollar* kemerosotan nilai dolar. —*kki.*
merosot (*of the market*). *He was found slumped over his desk* Dia diketemukan tertelungkup diatas méjanya.
slung /slʌng/ lih SLING.
slunk /slʌngk/ lih SLINK.
slur /slər/ *kb.* (peng)hinaan, cercaan. *to cast a s. on s.o.* menodai nama baik s.s.o. —*kki.* (**slurred**) menelan (*a word or syllable in speaking*). *to s. in singing* menyanyikan nada-nada bersambungan. **to s. over** meréméhkan.
slurp /slərp/ *kb.* bunyi menghirup/menyedot. —*kkt.* menghirup (*soup*).
slush /slʌsy/ *kb.* lumpur salju. *s. fund* dana yg dpt dipakai utk mencapai tujuan tertentu, umumnya dlm pemilihan.
slushy /'slʌsyie/ *ks.* 1 menjadi cair (*of snow*). 2 lemah (*sentimentality*).
slut /slʌt/ *kb.* 1 pelacur, wanita P, perempuan tuna susila. 2 betina.
sly /slai/ *kb.* **on the s.** diam-diam, secara rahasia. —*ks.* lihay, licik, pintar busuk. —**slily, slyly** *kk.* dgn lihay/licik.
sm. [*small*] kecil.
smack /smæk/ *kb.* 1 pukulan (*on the shoulder*). 2 *Inf.*: kecup, ciuman (*on the cheek*). 3 nada (*of irony in the voice*). 4 sedikit (*of cheese*). —*kk. Inf.*: tepat. *He was hit s. on the face* Dia terkena tepat pd mukanya. —*kkt.* menampar, memukul. *to s. o's lips* mengecap-ngecapkan bibirnya. —*kki.* **to s. of** bernada.
smackdab /'smæk'dæb/ *kk. Inf.*: tepat. *to run s. into* berlari menubruk.
smacker /'smækər/ *kb.* 1 *Sl.*: dolar. 2 *Inf.*: ciuman.
small /smɔl/ *kb.* bagian belakang yg paling sempit (*of the back*). *The great and s. were there* Orang-orang yg berpangkat tinggi dan rendah hadir disana. —*ks.* 1 kecil. *s. child* anak kecil. *That dress makes her look s.* Pakaian itu membuat dia kelihatan kecil. *He's a s. eater* Makannya sedikit. *s. beer* bir kaléng/botol kecil. *They came in s. groups* Meréka datang dlm kelompok-kelompok kecil. *He has a s. income* Penghasilannya kecil/sedikit. 2 ringan. *s. farmer* petani ringan. *s. arms* senjata ringan. 3 rémeh. *Don't bother him with that s. matter* Jangan ganggu dia dgn persoalan yg rémeh itu. 4 picik. *What a s. thing for her to do!* Alangkah piciknya perbuatannya! *He has a s. mind* Ia berpikiran sempit. 5 sederhana. *in her s. way* dgn cara-caranya yg sederhana itu. :: *to make s.o. feel s.* membuat s.s.o. merasa malu. *It's no s. matter to...* Bukan barang yg sepélé.... *It's s. wonder that...* Tidaklah menghérankan bhw.... **s. change** uang kecil/récéh(an). **s. fry** anak-anak (kecil). *to arrive home in the wee s. hours of the night* pulang ke rumah léwat tengah malam. **s. intestine** usus halus/kecil. **small-minded** *ks.* berjiwa picik. *Inf.*: **s. potatoes** bukan apa-apa, tdk berarti.
small-scale *ks.* 1 kecil-kecilan. *s.-scale enterprise* perusahaan yg kecil-kecilan. 2 kecil. *s.-scale model* modél skala kecil. *to do s.t. on a s. scale* membuat s.s.t. secara kecil-kecilan. **s. talk** kécék-kécék, bisikan. **small-time** *ks.* (kaliber) kecil. *a s.-time*

crook seorang penjahat kaliber kecil. *s.-town atmosphere* suasana spt kota kecil.
smallholder /'smɔl'howldər/ *kb.* petani (yg mengerjakan/memiliki ladang kecil). *smallholder's rubber* karét rakyat.
smallness /'smɔlnəs/ *kb.* kesempitan, kepicikan.
smallpox /'smɔl'paks/ *kb.* cacar.
smart /smart/ *ks.* 1 cerdas, pintar, bijak. *s. boy* anak yg cerdas. 2 tampan (*of clothes*). 3 cepat. *to walk at a s. pace* berjalan dgn langkah yg cepat. *She thinks it s. to...* Disangkanya baik utk.... —*kk.* gegabah. *Don't act s.!* Janganlah bertindak gegabah. —*kki.* 1 sakit. *My eye smarts* Mataku sakit. 2 merasa jéngkél (*from an insult*). *Inf.*: **s. aleck** orang sombong/angkuh. *Inf.*: **smart-alecky** *ks.* congkak, sombong, angkuh. **s. set** golongan élite, golongan yg menentukan mode. —**smartly** *kk.* dgn tangkas.
smartness /'smartnəs/ *kb.* 1 ketampanan. 2 keélokan.
smarty-pants /'smartie'pænts/ *kb. Sl.*: orang yg berlagak serbatahu.
smash /smæsy/ *kb.* 1 tabrakan, tubrukan (*of auto*). 2 hancurnya, remuknya (*of dishes*). 3 keruntuhan (*on the stock market*). 4 *Inf.*: suksés (*of a show*). *s. performance* pertunjukan yg berhasil. 5 (*drink*) és jeruk. —*kkt.* 1 membanting hingga hancur (*glass, furniture*). *to s. s.t. to bits* membanting pecah/remuk. 2 menabrakkan (*a car into s.t.*). 3 merusak, menghancurkan (*a lock*). 4 memecahkan (*a track record*). *to s. atoms* memecah atom. 5 mendobrak. *to s. a door open* mendobrak pintu sehingga terbuka. —*kki.* 1 menabrak, menubruk. *The truck smashed into a tree* Truk itu menabrak sebuah pohon. 2 jatuh terbanting/hancur. *The vase smashed to the floor* Jambangan itu jatuh hancur ke lantai. *to s. in a door* mendobrak pintu. *He smashed up his car* Mobilnya remuk (-redam)/hancur (ditubrukkan). *Inf.*: **s. hit** suksés besar. **smash-up** *kb.* tabrakan, tubrukan.
smattering /'smætəring/ *kb.* pengetahuan yg dangkal. *He has a s. of several languages* Dia tahu sedikit-sedikit beberapa bahasa.
smear /smir/ *kb.* 1 coréngan (*of lipstick*). 2 fitnah-(an). *s. campaign* kampanye fitnahan, kampanye yg kotor. 3 *Biol.*: pulasan cairan. —*kkt.* 1 mengolés(i), melumasi (*bread with butter, wheel with grease*). 2 melumuri, mengotori (*s.t. with mud*). 3 menodai (*s.o's name*). —*kki.* meléngkét.
smell /smel/ *kb.* 1 bau. *What is that s.?* Bau apa itu? *to have a keen sense of s.* mempunyai daya cium yg kuat. 2 (*bad*) bau busuk. 3 (*sense of*) indera pencium. —*kkt.* (**smelled** atau **smelt**) mencium *to s. s.t. burning* mencium s.s.t. yg terbakar. *What is that I s.?* Bau apa yg saya cium itu? —*kki.* berbau. *The cookies s. good* Kué-kué itu énak baunya. *The garbage smells* Sampah berbau busuk. *The cellar smells damp* Gudang (dibawah tanah) itu berbau apak. *It smells fishy to me!* Aku curiga thd hal itu! *The dog smells at my shoes* Anjing itu menciumi sepatu saya (utk mengetahui/mengenal s.s.o.). **to s. of** berbau. *It smells of onions* Berbau bawang. *Sauerkraut smells up the house* Bau masakan acar kobis meliputi rumah itu. **smelling** *salts* obat ammonia utk dicium.
smelly /'smelie/ *ks.* berbau (busuk).
smelt /smelt/ *kb.* sej. ikan kecil yg dipakai sbg umpan. —*kkt.* melebur (*ore*). —**smelting** *kb.* peleburan (*of ore*). lih SMELL.
smidgen /'smijən/ *kb. Inf.*: sedikit. *I don't have a s. of cake left* Tak ada sedikitpun kué yg masih tinggal.
smile /smail/ *kb.* senyum(an). *to be all smiles* tersenyum-senyum. *She gave me a s.* Ia tersenyum

padaku. *Her face was wreathed in smiles* Mukanya berhiaskan penuh senyum. —*kkt.* **to s. assent** menunjukkan kesediaan dgn senyuman. —*kki.* tersenyum. *She smiled back at me* Dia membalas senyumanku. *her smiling countenance* wajahnya yg tersenyum-senyum.

smirk /smərk/ *kb.* senyuman menyeringai. —*kki.* tersenyum dibuat-buat. *His smirking annoyed me* Senyumnya yg menunjukkan keangkuhan itu menjéngkélkan hati saya.

smite /smait/ *kkt.* (**smote, smit(ten)**) 1 memukul, menghantam. 2 cinta-mencintai. *They are smitten with e.o.* Meréka saling mencintai. Meréka cinta-mencintai dgn mesranya. *to be smitten with remorse* terpukul dgn perasaan menyesal. *to be smitten by disease* kejangkitan penyakit.

smithereens /'smiтнэ'rienz/ *kb., j.* pecahan. *to smash a cup to s.* membanting cangkir hingga hancur berantakan.

smithy /'smithie, -тнie/ *kb.* (*j.* **-thies тнies**) *kb.* béngkél pandai besi.

smitten /'smitən/ lih SMITE.

smock /smak/ *kb.* 1 baju luar (*of artists, teachers*). 2 baju pelapis.

smog /smag/ *kb.* asbut, kabut campur asap.

smoke /smowk/ *kb.* 1 asap. *to be overcome by s.* kewalahan karena asap. *Where there's s. there's fire* Dimana ada asap disitu ada api. 2 rokok. *This cigarette is a good s.* Rokok ini rokok yg énak. *Will you have a s.?* Maukah sdr merokok? *to go up in s.* a) habis menjadi asap (*of a building*). b) gagal (*of a plan*). —*kkt.* 1 merokok (*a pipe*). *to s. a cigarette* merokok/meng(h)isap sigarét. 2 menghisap. *to s. opium* menghisap candu. *to s. pot* menghisap ganja. 3 mengasapi (*an eel, a ham*). —*kki.* 1 merokok. *Do you s.?* Apakah sdr merokok? *Do you mind if I s.?* Boléhkah saya merokok? 2 berasap. *Our fireplace smokes badly* Tungku kami banyak sekali asapnya. **to s. out** 1 mengusir dgn asap, mengasapi (*bees*). 2 menghalau (*insurgents*). 3 menemukan dan membuka (*a secret*). **s. bomb** bom asap. **smoke-blackened** *ks.* yg menghitam kena asap. **smoke-free** *ks.* yg tak dimasuki asap. **s. ring** gelang asap. **s. screen** tirai/tabir asap. —**smoked** *ks.* yg disalai. *s. ham* daging babi asap. *s. salmon* ikan salem asap. —**smoking** *ks.* merokok. *to give up s.* berhenti merokok. *No s.!* Dilarang merokok! *a s. stove* perapian yg berasap. *s. ruins* reruntuh mengepul.

smokehouse /'smowk'haws/ *kb.* rumah asap/salaian.

smoker /'smowkər/ *kb.* 1 perokok. *chain s.* perokok bersambung, pecandu rokok. 2 kumpulan bercengkerama sambil minum rokok. 3 *RR.*: gerbong tempat merokok (kérétaapi).

smokestack /'smowk'stæk/ *kb.* cerobong asap.

smoky /'smowkie/ *ks.* 1 penuh asap (*room*). 2 berasa asap (*of a ham*).

smolder /'smowldər/ *kki.* 1 membara (*of fire*). 2 bernyala-nyala, tetap meluap (*of o's anger*). —**smoldering** *ks.* yg menyala kecil (*fire*).

smooch /smuwc/ *kki. Sl.*: berciuman.

smooth /smuwтн/ *ks.* 1 halus (*face, silk*). 2 licin (*plank, tire*). *s. as glass* licin bagaikan kaca. 3 lancar, tenang (*trip*). *This car gives you a s. ride* Mobil ini énak/tenang jalannya. *Inf.: It will be s. sailing from here on* Dari sekarang pelayaran kita akan menyenangkan/berjalan lancar. 4 sopan, ramah. *He's very s.* Dia amat sopan. *He has a s. line* Pemuda itu pandai membujuk. 5 tdk tajam rasanya (*of a drink*). —*kkt.* 1 meratakan (*a cloth*). 2 melicinkan (*a board*).

3 melancarkan (*the way*). **to s. away** melenyapkan, menghilangkan (*difficulties*). **to s. down** meratakan (*a bed*). *The sea smoothed down* Laut itu mereda. **to s. out** melicinkan, meratakan (*a cushion*). **to s. over** meratakan, mengurangi, mendamaikan (*differences*). **smooth-running** *ks.* halus jalannya (*engine*). **smooth-shaven** *ks.* dicukur licin. **smooth-spoken** *ks.* yg fasih lidahnya (*speaker*). **smooth-talking** *ks.* pandai bicara, yg bicaranya lancar. —**smoothly** *kk.* dgn lancar. *The meeting went s.* Rapat itu berjalan lancar.

smoothie, smoothy /'smuwтнie/ *kb. Sl.*: seorang yg benar-benar pandai menarik hati orang.

smoothness /'smuwтнnəs/ *kb.* 1 kehalusan (*of skin, manner*). 2 kelicinan (*of wood*).

smote /smowt/ lih SMITE.

smother /'smaтнər/ *kkt.* 1 mencekik (*s.o.*). 2 melimpahi (*s.o. with love*). 3 menahan, menekan (*a yawn, o's anger*). 4 menutupi, menyembunyikan (*evidence*). *strawberries smothered in whipped cream* buah-buah arbei ditutupi dgn kepala susu yg dikocok. —*kki.* mati karena dicekék.

smudge /smʌj/ *kb.* 1 (*mark*) coréngan. 2 api berasap (*against insects*). —*kkt.* menggosok (hingga terjadi coréngan yg kotor).

smug /smʌg/ *ks.* puas dgn diri sendiri.

smuggle /'smʌgəl/ *kkt.* menyelundupkan. —**smuggling** *kb.* penyelundupan.

smuggler /'smʌglər/ *kb.* penyelundup.

smugness /'smʌgnəs/ *kb.* (rasa) puas diri.

smut /smʌt/ *kb.* 1 (*smudge*) coréngan. 2 kecabulan, bahasa cabul. 3 (*plant disease*) jamur hangus.

smutty /'smʌtie/ *ks.* cabul, tak senonoh.

snack /snæk/ *kb.* makanan kecil. *s. bar* warung makanan, tempat menjual makanan kecil. —**snacks** *j.* penganan. —*kki.* makan penganan.

snafu /snæ'fuw/ *kb. Sl.*: kacau-balau, semrawut. —*kkt.* mengacau-balau.

snag /snæg/ *kb.* 1 halangan yg tiba-tiba. *The project ran into a s.* Proyék itu mendapat halangan yg tak diduga-duga. 2 lobang, sobékan (*in hose, trousers*). —*kkt.* (**snagged**) merobék, menyobék (*o's hose, shirt*).

snaggle-toothed /'snægəl'tuwtht/ *ks.* bergigi tak rata.

snail /sneil/ *kb.* kéong, siput. *to work at a s.'s pace* bekerja lambat sekali.

snake /sneik/ *kb.* 1 ular. *common s.* ular biasa. 2 kawat yg panjang (spt ular) utk membersihkan saluran yg tersumbat. *He's a s. in the grass* Ia seorang musuh dlm selimut. —*kkt.* **to s. o's way** berjalan membélok-bélok (*through s.t.*). **s. charmer** penjinak ular, tukang sihir ular. **s. dance** arak-arakan sambil menari berliku-liku. **s. pit** a) lobang utk ular-ular. b) tempat yg sangat menyeramkan.

snakebite /'sneik'bait/ *kb.* gigitan ular.

snap /snæp/ *kb.* 1 kancing (*on clothing*). 2 bunyi yg keras. *The lock closed with a s.* Kunci itu menutup dgn bunyi ceklék. 3 *Sl.*: s.s.t. yg mudah. *My job is a s.* Pekerjaan saya mudah sekali. 4 derik/kertakan jari (*of the fingers*). 5 (*ginger*) kué jahé (yg tipis dan kering). 6 gigitan yg mendadak (*of a dog*). 7 (*cold*) udara dingin. *Sing s.t. that has s.* Nyanyikanlah s.s.t. yg lebih bergairah. —**snaps** *j.* buncis. —*kkt.* (**snapped**) 1 menjeprét dgn kamera, memotrét (*a picture*). 2 membunyikan, mematah-matahkan (*o's fingers*). 3 mengatupkan dgn bunyi keras (*o's jaws*). —*kki.* 1 putus (*of a rope*). 2 membentak. *"Shut up!" he snapped* "Diam!" dia membentak. 3 *Med.*: sakit otak. 4 berderak-derak (*of dry wood*).

The safe snapped shut Peti uang itu tertutup dgn tiba-tiba. **to s. at** 1 membentak, menghardik. *to s. at s.o.* membentak s.s.o. 2 menggigit (*of a dog*). *to s. at the opportunity* serta-merta mempergunakan kesempatan. **to s. back** 1 *Inf.*: membentak kembali. 2 *Inf.*: séhat kembali (*from an illness*). *S. into it!* Pergilah cepat. *Don't s. my head off!* Jangan marahi saya! *Inf.*: **to s. out of it** merobah sikap dgn cepat. *to s. to attention* bersikap tegak. **to s. up** mengambil/ membeli cepat-cepat. *S. it up!* Lekaslah! **s. bean** sej. buncis. **s. judgment** penilaian yg tergesa-gesa. —**snapping** *ks.* menggertak. *s. sound* bunyi gemeretak. *s. turtle* penyu penggigit.

snappish /'snæpisy/ *ks.* 1 tak sabar. *s. person* orang pembérang. 2 yg suka menggigit (*dog*).

snappy /'snæpie/ *ks.* 1 tajam (*of a reply*). 2 rapi (*of clothing*). *Inf.*: *Make it s.!* Lekaslah! Bergegas-gegaslah!

snapshot /'snæp'syat/ *kb.* foto, potrét.

snare /snær/ *kb.* jerat, perangkap. *a s. and an illusion* perangkap dan khayalan belaka. *to be caught in a s.* terjebak, tertangkap dlm jebakan/perangkap/jerat. —*kkt.* menjerat. *s. drum* genderang pakai senar di-tengah-tengahnya.

snarl /snarl/ *kb.* 1 gertak (*of an animal*). *to reply with a s.* menjawab dgn geram. 2 mata kayu (*of a tree*). *Her hair was full of snarls* Rambutnya kusut sekali. —*kkt.* memacetkan, mengacaukan. *The accident snarled traffic* Kecelakaan itu memacetkan lalulintas. —*kki.* 1 membentak (*of a person*). 2 menggeram (*of a tiger*).

snatch /snæc/ *kb.* 1 tangkapan secara cepat (*of a ball*). 2 sebagian-sebagian (*of a conversation*). *to sleep in snatches* tidur sebentar-bentar. —*kkt.* 1 merenggut, mengambil (*from s.o's hand*). *to s. (up) the money* menjambrét uang. 2 *Sl.*: menculik, merampas (*as hostage* sbg jaminan). *to s. a bite* bergegas-gegas makan. *to s. at an opportunity* cepat-cepat mempergunakan kesempatan.

snatcher /'snæcər/ *kb.* penjambrét, tukang jambrét.

snazzy /'snæzie/ *ks. Sl.*: hébat, manis, indah.

sneak /sniek/ *kb.* pengecut. —*kkt.* mencuri. —*kki.* **to s. away** pergi dgn diam-diam. **to s. in** menyelinap masuk. **to s. off** minggat, pergi dgn diam-diam. **to s. out** menyelinap, pergi keluar. **s. attack** serangan secara diam-diam. **s. preview** pertunjukan pendahuluan pilem slbm tanggal perédarannya. **s. thief** penyerobot, tukang serobot. —**sneaking** *ks.* curiga, was-was. *to have a s. suspicion that...* mempunyai rasa curiga bhw.... *to have a s. feeling* menaruh dugaan (terpendam).

sneaker /'sniekər/ *kb.* sepatu karét.

sneakiness /'sniekienəs/ *kb.* sifat suka tersembunyi-sembunyi.

sneaky /'sniekie/ *ks.* yg tak suka berterus-terang.

sneer /snir/ *kb.* senyuman menyeringai. *He had a s. on his face* Pandangannya mencemoohkan. —*kki.* menyeringai, mengéjék. —**sneering** *ks.* yg mencemoohkan. —**sneeringly** *kk.* secara mengéjék/ mencemoohkan.

sneeze /sniez/ *kb.* bersin. —*kki.* bersin. *Inf.*: *That job is nothing to s. at* Pekerjaan itu jangan dipandang rendah.

snicker /'snikər/ *kb.* suara gelak (tertawa). —*kki.* tertawa terkékéh-kékéh.

snide /snaid/ *ks.* bersifat menghina. *s. remark* ucapan sindiran.

sniff /snif/ *kb.* 1 bau (*of perfume*). 2 hirupan (*of fresh air*). —*kkt.* 1 mencium bau (*food*). 2 menghirup (*vapor*).

sniffle /'snifəl/ *kb.* **sniffles** *j.* pilek. —*kki.* tersedu-sedu, tersedan-sedan.

snigger /'snigər/ *kb.* ketawa terkikik-kikik. —*kki.* terkikik-kikik.

snip /snip/ *kb.* guntingan (*of hair*). *Inf.*: *He's a mere s. of a boy* Dia masih anak kecil. *metal snips* gunting besi. —*kkt.* (**snipped**) menggunting.

snipe /snaip/ *kb.* 1 (burung) berkik. 2 *Sl.*: puntung rokok. —*kki.* **to s. at** menémbak dgn sembunyi-sembunyi. *to s. at government policies* mengecam politik pemerintah.

sniper /'snaipər/ *kb.* penémbak (jitu) tersembunyi.

snippet /'snipit/ *kb.* guntingan, potongan.

snitch /snic/ *kkt. Sl.*: mencuri. *Sl.*: **to s. on** meng-adukan (*s.o.*).

snitcher /'snicər/ *kb. Sl.*: 1 pengadu. 2 tukang jambrét.

snivel /'snivəl/ *kb.* 1 ingus. 2 selesma. 3 sedu-sedan (tangis). —*kki.* menangis tersedu-sedu.

snob /snab/ *kb.* orang yg suka membanggakan diri. *That car has s. appeal* Mobil itu menarik bagi orang yg suka menonjolkan keméwahan.

snobbery /'snabərie/ *kb.* (*j.* **-ries**) sifat tinggi hati, sifat keangkuhan.

snobbish /'snabisy/ *ks.* tinggi hati, suka meninggikan diri.

snood /snuwd/ *kb.* jaring rambut.

snoop /snuwp/ *kb.* pengintai, pengintip (urusan orang lain). —*kki.* memata-matai. *to s. into other people's affairs* memata-matai urusan orang lain.

snoopy /'snuwpie/ *ks.* suka mengintip-intip urusan orang lain.

snooty /'snuwtie/ *ks. Inf.*: congkak, sombong.

snooze /snuwz/ *kb.* tidur sebentar. *to take a s.* tidur sebentar. —*kki.* tidur sebentar.

snore /snowr/ *kb.* dengkur, orok. —*kki.* berdengkur, mengorok. —**snoring** *kb.* dengkur.

snorer /'snowrər/ *kb.* pendengkur, pengorok.

snorkel /'snorkəl/ *kb.* alat pemasukan dan pengeluaran udara utk sebuah kapal selam yg sedang berlayar dibawah permukaan air, juga utk orang yg sedang menyelam.

snort /snort/ *kb.* 1 dengus (*of a person, horse*). *He said with a s.* Dia berkata dgn mendengus. 2 *Sl.*: satu gelas minuman keras. —*kkt.* mendengus-dengus. *to s. defiance at s.o.* mendengus-dengus menantang s.s.o. —*kki.* mendengus.

snot /snat/ *kb. Vulg.*: ingus, air hidung. *the little s.* orang hina.

snotty /'snatie/ *ks.* 1 *Vulg.*: kotor, beringus. 2 *Sl.*: kurangajar, keji, bersifat menghina (*remark*).

snout /snawt/ *kb.* 1 moncong. 2 hidung.

snow /snow/ *kb.* 1 salju. 2 bintik-bintik spt salju (pd layar TV). 3 *Sl.*: héroin. *Sl.*: *to do a s. job on s.o.* mengibuli/menipu s.s.o. —*kkt. Sl.*: menipu dgn kata-kata, mengibuli. *We were snowed by his offer* Kami ditipu oléh tawarannya itu. —*kki.* turun salju. *It snowed all day* Sepanjang hari turun salju. *to be snowed in* terkurung oléh salju. **to s. under** menutupi di bawah salju. *Inf.*: *We are snowed under with offers* Kami kebanjiran tawaran. *Inf.*: *The opposition was completely snowed under* Pihak oposisi dikalahkan habis-habisan. **s. blindness** kebutaan karena silau cahaya salju. **s. blower** penyapu salju. **snow-capped** *ks.* diselimuti/bertopi salju. **snow-covered** *ks.* yg ditutupi salju. **s. flurries** hujan salju. **s. line** batas di pegunungan dimana salju tetap ada. **s. tire** ban salju. **snow-white** *ks.* putih spt salju.

snowball /'snow'bɔl/ *kb.* gumpalan salju. —*kkt.* berlémparan bola salju, melémparkan gumpalan salju. —*kki.* semakin bertambah (dgn cepat).

snowbank /'snow'bængk/ *kb.* tumpukan salju yg besar.

snowdrift /'snow'drift/ *kb.* tumpukan salju yg terjadi karena tiupan angin.

snowfall /'snow'fɔl/ *kb.* salju yg turun.

snowflake /'snow'fleik/ *kb.* kepingan salju.

snowman /'snow'mæn/ *kb.* (*j.* **-men**) orang-orangan (dari) salju.

snowmobile /'snowmə'biel/ *kb.* mobil traktor yg dipakai di daérah salju.

snowplow /'snow'plaw/ *kb.* bajak salju.

snowshoe /'snow'syuw/ *kb.* sepatu salju.

snowstorm /'snow'stɔrm/ *kb.* topan/badai salju.

snowsuit /'snow'suwt/ *kb.* pakaian salju.

snowy /'snowie/ *ks.* 1 ditutupi/penuh salju. 2 spt salju.

snub /snʌb/ *kb.* penghinaan, perlakuan menghina. —*ks.* péndék lagi mancung (*nose*). —*kkt.* (**snubbed**) menghina, mencerca.

snuff /snʌf/ *kb.* tembakau sedotan. *Inf.:* I'm not up to s. today Saya merasa kurang énak badan hari ini. —*kki.* mencium-cium, memeriksa dgn mencium. **to s. out** 1 memadamkan (*a candle*). 2 menghabisi (*a life*). **s. box** kotak tembakau, sedotan.

snuffer /'snʌfər/ *kb.* alat pemadam lilin.

snug /snʌg/ *ks.* 1 rapi (*of a room, cabin*). 2 senang, nyaman (*of a home*). 3 sempit (*of clothing*). —**snugly** *kk.* dgn sempit. *to fit s.* pas dgn sempit.

snuggle /'snʌgəl/ *kki.* masuk meringkuk (*into bed* ke tempat tidur). *to s. up to s.o.* merapat (manja) pd s.s.o.

so /sow/ *kk.* 1 sekali, amat. *I was so tired* Saya lelah sekali. *He loved her so much* Ia sangat mencintai gadis itu. *There are so many things to do* Banyak sekali pekerjaan yg hrs dikerjakan. 2 begitu. *I think so* Saya kira begitu. Agaknya begitulah. *That mountain is so high* Gunung itu begitu tinggi. *Write your name so* Tulislah namamu begitu. *I'm not so sure you're right* Saya blm begitu yakin kau benar. *He's not so young any more* Ia tdk begitu muda lagi. *As the father is, so is the son* Begitu ayah, begitu anak. 3 jadi. *So you're leaving?* Jadi engkau mau berangkat? *So I know* Jadi, saya tahu. *So you think so?* Jadi kamu kira begitu? 4 juga. *So am I* Saya juga. 5 demikian. *I hope so* Sayapun mengharapkan demikian. *S. it seems* Kelihatannya demikian. *I told you so!* Saya sdh mengatakannya (demikian) kepadamu! *It's simply not so* Samasekali bukan demikian halnya. *You're late. So I am* Kau terlambat. Betul itu. *so to speak* berkata secara demikian, pokoknya, péndék kata. 6 demikian, begitu. *Is that so?* Benar demikian/begitu? *perhaps so* mungkin begitu. *So it seems* Kelihatannya demikian. *How so?* Bagaimana maksudmu/begitu? *Why so?* Mengapa begitu? :: *She's not so crazy as we thought* Ia tdk segila spt yg kita sangka. *Why do you cry so?* Mengapa kau menangis/menjerit/berteriak sekuat itu? *It so happened that ...* Kebetulan sekali bhw .... *Inf.: So what?* Mau apa? Apa salahnya? —*ksam.* 1 oléh sebab itu. *The dog was hungry, so we fed it* Anjing itu lapar; oléh sebab itu kami beri makan. 2 supaya. *Come closer so I can see you* Datanglah lebih dekat spy aku dpt melihat kamu. **so as to** untuk, agar, supaya. *to explain s.t. so as to cause no confusion* menerangkan s.s.t. spy tdk menimbulkan kekacauan. *So long!* Ayo déh! Sampai ketemu lagi! Sampai berjumpa lagi!

so that (agar) supaya. *He tied me up so that I couldn't move* Ia mengikat saya demikian kuatnya sehingga saya tak dpt bergerak. **so-and-so** *kb.* si anu. *You old so-and-so! How've you been!* Hei, anu! Bagaimana kabarnya? *that old so-and-so* si tua itu. **so-called** *ks.* apa yg dinamakan. *his so-called discoveries* apa yg dinamakan penemuan-penemuannya. **so-so** *ks.* biasa saja. *It was a so-so speech* Pidato itu sedang-sedang saja nilainya. *kk.* boléhlah. *How're you feeling?* So-so, thank you Apa kabar? Ya, boléhlah, terima kasih.

So. [*South(ern)*] (sebelah) Selatan.

soak /sowk/ *kkt.* 1 merendam (*in water*). 2 membasahi hingga basah kuyup. *We were soaked by the downpour* Kami basah-kuyup kena hujan. 3 *Inf.:* meminta. *How much are you going to s. me for the car?* Berapa harga yg ingin kau minta utk mobil itu? *to s. the rich to help the poor* menarik pajak dari orang-orang kaya utk menolong orang-orang miskin. *Sl.: to s. o's money in stock* menanamkan uang dlm surat-surat berharga. **to s. through** meresap menembus. **to s. up** 1 mengumpulkan, mengingat (*information*). 2 menghisap (*water*). *to get soaked* menjadi basah-kuyup. —**soaking** *kb.* basah-kuyup. *to get a s.* direndam. *s. wet* basah-kuyup.

soap /sowp/ *kb.* sabun. *Sl.: No s.!* Nggak mau, ogah. —*kkt.* menyabuni. **s. bubble** gelembung sabun. **s. flakes** serpih sabun. **s. opera** komedi stambul (biasanya berupa cerita bersambung di TV). **s. powder** bubuk sabun.

soapbox /'sowp'baks/ *kb.* 1 kotak sabun. 2 peti sabun yg dipergunakan sbg mimbar berpidato.

soapsuds /'sowp'sʌdz/ *kb., j.* busa/buih sabun.

soapy /'sowpie/ *ks.* bersabun.

soar /sowr/ *kki.* 1 membubung tinggi. *The glider soared in the breeze* Pesawat peluncur itu melayang tinggi menembus angin lembut itu. 2 memuncak. *His enthusiasm soared* Antusiasmenya memuncak. 3 melonjak, membubung. *Rents have soared* Harga-harga séwa melonjak. *Prices soared* Harga-harga melonjak tinggi. —**soaring** *kb. Av.:* peluncuran. *s. mountain* gunung yg menjulang tinggi. *s. prices* harga-harga yg membubung tinggi.

sob /sab/ *kb.* sedu-sedan, sedu, isak, ésak, sedan. —*kkt.* (**sobbed**) tersedu-sedu, terisak-isak. *to s. o's heart out* menangis tersedu-sedu. —*kki.* tersedu-sedu. **s. sister** wanita yg suka merengék-réngék. **s. story** cerita pembangkit iba, cerita beriba-iba. *in a sobbing voice* dgn suara tersedu-sedu/terisak-isak.

s.o.b. /'es'ow'bie/ *kb. Vulg.:* bajingan.

sober /'sowbər/ *ks.* 1 seadanya. *s. facts* fakta-fakta seadanya. 2 waras, bijaksana (*decision*). 3 tak mabuk. 4 sederhana (*color*). *to lead a s. life* hidup sederhana. 5 tenang (*expression*). —*kkt.* membuat tenang. *That news sobered him* Berita itu membuat ia tenang. *to s. a child down* menenangkan anak. **to s. up** menghabiskan mabuk. **sober-minded** *ks.* berpikiran séhat, tenang pembawaannya. —**sobering** *ks.* yg menenangkan, yg membawa kewajaran/ketenangan.

soberness /'sowbərnəs/ *kb.* kesederhanaan, ketenangan.

sobriety /sə'braiətie/ *kb.* (*j.* **-ties**) 1 keadaan tak mabuk. 2 ketenangan hati.

sobriquet /'sowbrəkei/ *kb.* nama julukan/éjékan.

Soc. 1 [*Society*] a) masyarakat. b) perkumpulan, perhimpunan. 2 [*Socialist*] a) Sosialis. b) orang Sosialis.

soccer /'sakər/ *kb.* sépakbola. *s. player* pemain bola.

sociability /'sowsyə'bilətie/ kb. (j. -ties) keramahan, kesukaan bergaul.

sociable /'sowsyəbəl/ ks. peramah, suka bergaul. *Why don't you become more s.?* Mengapa kau tak bersikap lebih ramah lagi?

social /'sowsyəl/ kb. pertemuan silaturrakhmi/ ramah-tamah (di geréja). —ks. 1 peramah, senang sekali bergaul. *They are a very s. group* Meréka merupakan orang-orang yg peramah. 2 sosial, kemasyarakatan (conditions, pressure). *s. unrest* kegelisahan sosial. *s. instinct of an ant* naluri sosial pd semut. 3 ramahtamah. *s. gathering* pertemuan ramah-tamah. **s. climber** orang yg gila kedudukan. **s. ladder** tangga masyarakat. **s. psychology** ilmu jiwa sosial. **s. register** daftar orang-orang terkemuka. **s. sciences** ilmu sosial, ilmu pengetahuan kemasyarakatan. **s. scientist** sarjana pengetahuan kemasyarakatan. **s. secretary** sékretaris purel. **s. security** jaminan sosial. **s. services** jasa kemasyarakatan. **s. studies** ilmu kemasyarakatan. **s. welfare** kesejahteraan sosial. **s. work** karya/ darma sosial. **s. worker** karyawan kemasyarakatan. —**socially** kk. oléh masyarakat. *s. acceptable couple* suami-isteri yg dpt diterima masyarakat. *He's rather inept s.* Dia kurang pandai bergaul.

socialism /'sowsyəlizəm/ kb. sosialisme.

socialist /'sowsyəlist/ kb. orang sosialis. —ks. sosialis.

socialistic /'sowsyə'listik/ ks. sosialistis.

socialite /'sowsyəlait/ kb. tokoh terkemuka di masyarakat.

socialization /'sowsyələ'zeisyən/ kb. sosialisasi, hidup bermasyarakat. *s. of the child* hal mendidik/ mensosialisasikan anak.

socialize /'sowsyəlaiz/ kkt. mensosialisasikan (transportation). —kki. bergaul. *He's not one for socializing* Ia tdk begitu suka bergaul. **socialized** medicine pengobatan dan perawatan masyarakat atas biaya atau dgn sokongan pemerintah.

society /sə'saiətie/ kb. (j. -ties) 1 masyarakat. *to adjust to our s.* menyesuaikan diri didlm masyarakat kita. 2 perkumpulan, perhimpunan, lembaga. *to belong to a professional s.* menjadi anggota perkumpulan para ahli. *high s.* kalangan orang-orang terkemuka. **s. news** berita mengenai tokoh-tokoh masyarakat/golongan atas. **s. woman** tokoh masyarakat wanita.

sociological /'sowsieə'lajəkəl/ ks. sosiologis, kemasyarakatan.

sociologist /'sowsie'aləjist/ kb. sarjana sosiologi, ahli kemasyarakatan.

sociology /'sowsie'aləjie/ kb. sosiologi, ilmu masyarakat.

sock /sak/ kb. 1 kaos kaki. 2 *Inf.:* tinju. —kkt. *Inf.:* meninju. *Sl.:* **to s. away** menyimpan (money).

socket /'sakit/ kb. 1 *Elec.:* stopkontak. *wall s.* stop kontak di dinding. 2 rongga, lekuk mata (of eye). 3 fitting. *light s.* fitting. 4 sendi, persendian (of arm).

sod /sad/ kb. lémpéng rumput. *to be under the s.* dlm kubur. —kkt. (**sodded**) merumput.

soda /'sowdə/ kb. 1 (air) soda. 2 air belanda. *strawberry s.* éskrim soda arbei. *baking s.* soda kué. **s. ash** abu soda. **s. cracker** kué kering asin. **s. fountain** kedai (minum) éskrim. *Sl.:* **s. jerk** penjaga/pelayan kedai éskrim. **s. pop** limun. **s. water** air belanda/soda.

sodden /'sadən/ ks. basah-kuyup.

sodium /'sowdieəm/ kb. sodium.

sodomy /'sadəmie/ kb. 1 semburit. 2 liwat (persetubuhan antara manusia dan héwan).

sofa /'sowfə/ kb. dipan. *s. bed* dipan yg dpt dijadikan tempat tidur.

soft /sɔft/ ks. 1 lembék (of food, ground). *A coach can't be s. on his team* Seorang pelatih tdk boléh lembék thd regunya. 2 lunak (of wood, ground, chair, metal). 3 lemah (from lack of exercise). *She is s. on her pupils* Dia lemah thd murid-muridnya. 4 lembut (of voice, pencil, ground). *A s. rain was falling* Hujan lembut sedang turun. 5 halus (of skin). 6 empuk (of a chair, sofa, bed). *s. landing* pendaratan empuk (on the moon). 7 mudah, énténg. *He has a s. job* Pekerjaannya mudah. *to be s. in the head* sinting, tdk berpikiran waras. **soft-boiled** ks. direbus setengah matang (egg). **s. coal** batu bara muda/lunak, batu bara berbitumén. **s. drink** minuman tanpa alkohol, minuman ringan, air kwas. **soft-hearted** ks. lembut hati. *He's too s.-hearted to ...* Ia tak sampai hati utk .... **s. palate** langit-langit lunak. *to soft-pedal o's criticism* memperlunak kecaman. *Inf.:* **s. sell** cara penjualan yg halus. *soft-shell crab* kepiting berkulit lunak. *Inf.:* **to soft-soap** membujuk-bujuk. **soft-spoken** ks. bersuara lembut. *Inf.:* **s. spot** kelemahan. *I have a s. spot in my heart for him* Saya berhati lemah thd dia. *Inf.:* **s. touch** pemurah, dermawan. **s. water** air lunak. —**softly** kk. pelan-pelan.

softball /'sɔft'bɔl/ kb. softbal.

soften /'sɔfən/ kkt. 1 mengurangi, meringankan (the pain, a blow). 2 melunakkan, melemahkan (the light). 3 melunakkan (o's heart). **softening** of the brain kelemahan otak.

softener /'sɔfənər/ kb. pelunak.

softness /'sɔfnəs/ kb. 1 kehalusan (of skin). 2 kelembékan (of attitude).

software /'sɔft'wær/ kb. bahan berisi catatan utk keperluan menjalankan komputer.

softwood /'sɔft'wud/ kb. kayu halus/lunak.

softy /'sɔftie/ kb. (j. -ties) *Sl.:* 1 orang yg lembut hati. 2 orang yg lembék.

soggy /'sagie/ ks. 1 basah (of rag, ground). 2 lembab (day). 3 lembék, lembab (of bread).

soil /sɔil/ kb. tanah. *fertile s.* tanah yg subur. *to set foot on foreign s.* pergi ke negeri asing. *s. erosion* aus tanah. *s. science* ilmu tanah. —kkt. mengotori. —kki. menjadi kotor. **soiled** clothes pakaian-pakaian yg kotor.

sojourn /'sowjərn, sow'jərn kb.; sow'jərn kki./ kb. persinggahan. *to enjoy a s. in Europe* tinggal beberapa waktu di Éropa. —kki. berdiam, tinggal.

solace /'salis/ kb. pelipur lara, penghiburan. —kkt. melipur hati, menghibur.

solar /'sowlər/ ks. mengenai surya atau matahari. *s. furnace* dapur api matahari. *s. plexus* jaringan syaraf-syaraf simpatis yg terletak di belakang lambung dan di depan aorta. *s. system* tata surya. *s. year* tahun matahari.

sold /sowld/ lih SELL.

solder /'sadər/ kb. pateri. —kkt. memateri(kan). —**soldering** kb. pematerian. *s. iron* baut pateri.

soldier /'sowljər/ kb. prajurit, serdadu. *toy s.* prajurit mainan. *s. of fortune* petualang militér, serdadu bayaran.

sole /sowl/ kb. 1 (fish) ikan lidah. 2 tapak kaki (of foot). 3 tapak sepatu (of shoe). —ks. 1 tunggal. *s. heir* ahli waris tunggal. 2 satu-satunya. *the s. survivor* satu-satunya orang yg selamat. *to have s. responsibility* menjadi satu-satunya penanggung-jawab. *to go for the s. purpose of ...* pergi semata-mata utk .... *We three were the s. survivors* Hanya kami bertigalah yg selamat. —kkt. memasang sol, mensol. —**solely** kk. semata-mata, melulu.

solecism /'saləsizəm/ *kb.* kesalahan atau pelanggaran tatabahasa.
solemn /'saləm/ *ks.* 1 khidmat (*ceremony, occasion*). 2 sungguh-sungguh (*promise*). 3 serius. *Don't look so s.* Janganlah bermuka serius. *It's my s. duty to ...* Saya ditugaskan dgn resmi utk .... —**solemnly** *kk.* dgn sungguh-sungguh. *I do s. swear that ...* Saya bersumpah dgn sepenuh hati bhw ....
solemnity /sə'lemnətie/ *kb.* (*j.* **-ties**) kekhidmatan, kesungguhan.
solemnize /'saləmnaiz/ *kkt.* 1 memperingati dgn upacara. 2 melangsungkan upacara (*a wedding*).
solicit /sə'lisit/ *kkt.* 1 mengumpulkan, mencoba mendapatkan (*votes*). 2 memohon, meminta (*assistance, a favor*). 3 mencari (*subscriptions*). 4 berusaha. *to s. trade* berusaha berdagang. —*kki.* 1 memohon (*for contributions*). 2 mengajak (*for immoral purposes*). —**soliciting** *kb.* 1 permohonan, permintaan. 2 pengumpulan.
solicitation /sə'lisə'teisyən/ *kb.* 1 permohonan, permintaan. 2 pengumpulan.
solicitor /sə'lisətər/ *kb.* 1 pengumpul derma (*for contributions to a fund*). 2 pencari langganan (*for magazine subscriptions*). **s. general** jaksa agung muda, pengacara agung.
solicitous /sə'lisətəs/ *ks.* 1 ingin. *s. to please* ingin menyenangkan hati. 2 khawatir, cemas. *He was s. for my health* Ia cemas akan keséhatan saya. 3 tertib. *s. in meeting an obligation* tertib dlm memenuhi suatu kewajiban.
solicitude /sə'lisətuwd, -tyuwd/ *kb.* 1 perhatian. 2 kecemasan, kekhawatiran.
solid /'salid/ *kb.* benda/zat padat. —*ks.* 1 padat (*ground*). *That boy is really s.* Anak laki-laki itu benar-benar padat/berisi. *s. food* makanan yg keras/padat. *s. fuel* bahan (pem)bakar padat. 2 kokoh. *s. ground* tanah kokoh. *He's on s. ground in his argument* Ia mempunyai alasan-alasan yg kuat bagi bantahannya itu. *The house looks s.* Rumah itu kelihatan kokoh. 3 mendalam. *s. piece of research* penyelidikan yg sangat mendalam. *He's a s. scholar* Ia seorang sarjana yg berkaliber berat. 4 keras. *The pond was frozen s.* Kolam itu membeku keras. *The first blow was a s. one* Pukulan yg pertama itu benar-benar keras. *s. rock* batu yg keras. *s. mahogany table* méja mahagoni yg kokoh-kuat. 5 penuh. *I listened to him for a s. hour* Saya mendengarkannya sejam penuh. *s. comfort* kesenangan yg sepenuhnya. 6 kuat. *to build on a s. foundation* membangun diatas fondamén yg kuat. *The building was a s. mass of flames* Gedung itu benar-benar merupakan lautan api. *Inf.: to be in s. with* bergaul akrab dgn, rapat dgn. **s. geometry** ilmu ukur ruang/trimatra.
solid-state physics ilmu alam berk. dgn struktur, dgn benda padat. —**solidly** *kk.* secara kuat/padat. *to be s. behind s.o.* memberikan dukungan yg kuat kpd s.s.o.
solidarity /'salə'dærətie/ *kb.* (*j.* **-ties**) solidaritas, kesetiakawanan, kekompakan.
solidified /sə'lidəfaid/ lih SOLIDIFY.
solidifies /sə'lidəfaiz/ lih SOLIDIFY.
solidify /sə'lidəfai/ *kkt.* (**solidified**) menjadikan keras. —*kki.* mengeras, menjadi keras. *The opposition solidified* Oposisi bersatu-padu.
solidity /sə'lidətie/ *kb.* (*j.* **-ties**) kepadatan, kerasnya.
soliloquist /sə'liləkwist/ *kb.* orang yg bercakap seorang diri.
soliloquy /sə'liləkwie/ *kb.* (*j.* **-quies**) percakapan seorang diri.

solitaire /'salətær/ *kb.* permainan kartu seorang diri.
solitary /'salə'terie/ *kb.* **to be placed in s.** dikurung/disél tersendiri. —*ks.* sunyi, terpencil. *s. spot* tempat yg terpencil. *to be placed in s. confinement* dikurung tersendiri. *to lead a s. life* hidup membujang/menyendiri. *Not a s. soul showed up* Tdk seorangpun datang.
solitude /'salətuwd, -tyuwd/ *kb.* kesunyian, kesepian.
solo /'sowlow/ *kb.* 1 nyanyian tunggal. 2 penerbangan tunggal. —*ks.* solo, tunggal. *s. flight* penerbangan solo. —*kki.* terbang sendiri/solo.
soloist /'solowist/ *kb.* pemain solo/tunggal.
solstice /'salstis/ *kb.* titikbalik matahari.
solubility /'salyə'bilətie/ *kb.* (*j.* **-ties**) daya larut.
soluble /'salyəbəl/ *ks.* 1 dpt larut (*of solids*). 2 dpt dipecahkan (*a problem*).
solution /sə'luwsyən/ *kb.* 1 cara pemecahan/penyelesaian (*to a problem*). 2 (*liquid*) larutan.
solvable /'salvəbəl/ *ks.* dpt dipecahkan (*of a problem*).
solve /salv/ *kkt.* memecahkan (*a problem*). *to s. a riddle* mencari jawab teka-teki. *to s. a murder* membongkar rahasia pembunuhan.
solvency /'salvənsie/ *kb.* (*j.* **-cies**) kesanggupan melunaskan hutangnya.
solvent /'salvənt/ *ks.* 1 sanggup membayar hutangnya. 2 pelarut. *liquid s.* cairan pelarut. 3 bahan pelarut (*gasoline*).
somber /'sambər/ *ks.* suram, muram.
some /sʌm/ *ks.* 1 sementara. *s. merchants* sementara pedagang-pedagang. 2 beberapa. *s. flowers* beberapa tangkai bunga. *They will be gone s. time* Meréka akan pergi beberapa waktu. 3 suatu, satu. *s. other solution* suatu cara pemecahan yg lain. *in s. way or other* dgn satu dan lain cara. *He will come in s. day next week* Ia akan datang suatu hari dlm minggu depan. *Give us s. sort of answer* Berikanlah kpd kami suatu jawaban. *I know I've met you s. place* Saya tahu saya tlh pernah bertemu dgn saudara di sesuatu tempat, entah di mana. *Let's stop s. place and eat* Marilah kita berhenti sebentar di suatu tempat utk makan. 4 sedikit. *I need s. time* Saya memerlukan sedikit waktu. *Will you have s. candy?* Apakah kamu mau gula-gula (sedikit)? *I had s. trouble with my car* Ada sedikit kerusakan pd mobil saya. *Take s.!* Ambillah sedikit! 5 salah seorang, seseorang. *Ask s. girl to come here* Mintalah salah seorang gadis utk datang kemari. 6 lama. *We talked at s. length* Kami bercakap-cakap agak lama. 7 *Inf.:* hébat. *That was s. party!* Hébat benar pésta itu! *Sl.: He is wealthy and then s.* Dia kaya, bahkan amat kaya. —*kk.* 1 kira-kira. *a place s. 70 miles distant* suatu tempat yg jauhnya kira-kira 70 mil. 2 agak. *He was s. better last week* Ia agak lebih baik minggu yg lalu. —*kg.* 1 beberapa. *to take s. along* membawa beberapa buah. *S. think so* Beberapa orang berpendapat demikian. *S. of these apples are bad* Beberapa diantara buah apel ini busuk. 2 ada yg. *S. are good, others bad* Ada yg baik, ada yg jelék. *I agree with s. of what you say* Saya menyetujui sebagian dari apa yg kaukatakan.
somebody /'sʌm'badie/ *kb., kg.* (*j.* **-dies**) 1 seseorang. *I need s. to help me* Saya memerlukan s.s.o. utk membantu saya. 2 ada (orang) yg. *S. told me about it* Ada yg mengatakannya kpd saya. *S. is knocking at the door* Ada orang (yg) mengetok pintu. Pintu diketok. *Mr. S. or other* Tuan Anu, Si Polan atau lain orang. 3 orang yg penting. *She thinks she's s.* Dikiranya dirinya seorang yg penting.

someday /'sʌm'dei/ *kk.* kapan-kapan, pd suatu waktu.

somehow /'sʌmhaw/ *kk.* 1 bagaimanapun juga. *S. we'll work it out* Bagaimanapun juga hal itu akan kita pecahkan. 2 entah bagaimana. *S. they manage* Entah bagaimana caranya, meréka bisa hidup. *S. or other we'll find a way* Dgn cara bagaimanapun kita akan menemukan jalan.

someone /'sʌmwʌn/ *kg.* =SOMEBODY.

somersault /'sʌmər'sɔlt/ *kb.* jungkir-balik. *to turn a s.* berjungkir-balik. —*kki.* berjungkir-balik.

something /'sʌmthing/ *kb.* sesuatu. *S. must be done* S.s.t. hrs dilakukan. *S. has gone wrong* Ada s.s.t. yg salah. *I want s.t. to eat* Aku ingin makan s.s.t. *There's s. about him I don't like* Ada s.s.t. pd dirinya yg tak saya sukai. *There's s. about a Marine* Ada s.s.t. yg istiméwa pd seorang prajurit KKO. *She thinks she's really s.* Dikiranya dia hébat sekali. *There's s. the matter with him* Ia kelihatan agak lain drpd yg biasa. *to get s. for nothing* mendapatkan s.s.t. dgn cuma-cuma. *He's s. of a scholar* Dia boléh dikatakan seorang sarjana. *There's s. of the devil in him* Ada sifat-sifat sétan padanya. *I know s. of the problem* Saya mengetahui sedikit ttg persoalan itu. *s. or other* ada s.s.t. *to leave on the five-s. plane* berangkat dgn kapal-terbang jam lima léwat. *Perhaps we'll see s. of you now* Mungkin kami akan menjumpai sdr sebentar sekarang. *He has s. else to do* Ia hrs mengerjakan yg lain. *There's s. in what you say* Ada s.s.t. yg berarti/ berharga dlm ucapanmu itu. —*kk.* **s. like** kira-kira (spt). *S. like ten died* Kira-kira sepuluh orang meninggal. *The song goes s. like this*... Lagu itu kira-kira begini bunyinya. *They treated us s. terrible* Meréka itu memperlakukan kami dgn agak menakutkan.

sometime /'sʌmtaim/ *ks.* bekas. *my s. teacher* bekas guru saya. —*kk.* 1 kapan-kapan. *Let's get together s.* Mari kita bertemu kapan-kapan. 2 suatu waktu. *They'll be here s.* Meréka suatu waktu akan ada disini. 3 entah kapan. *s. last month* dlm bulan yg lalu, entah kapan. *s. or other* kapan-kapan, kelak, pd suatu ketika. *s. soon* dlm waktu dekat.

sometimes /'sʌmtaimz/ *kk.* sekali-sekali, terkadang, kadang-kadang, kadang kala.

somewhat /'sʌmhwat, sʌm'hwat, 'sʌmhwət/ *kb.* *He's s. of a coward* Ia agak pengecut. —*kk.* agak, sedikit. *s. overweight* agak terlalu gemuk.

somewhere /'sʌmhwær/ *kb.* s.s.t. tempat. —*kk.* 1 pd suatu tempat. *I put my purse down s.* Saya meletakkan dompét saya pd suatu tempat. *There's a pen around here s.* Ada sebuah péna disini. 2 entah dimana. *A voice is calling* Ada suara yg memanggil entah dimana. *They expect to arrive s. around 4* Meréka berharap akan tiba kira-kira pukul 4. *Inf.*: *to get s.* mencapai kedudukan yg baik.

somnambulist /sam'næmbyəlist/ *kb.* orang yg suka berjalan dlm keadaan tidur.

somnolent /'sʌmnələnt/ *ks.* mengantuk.

son /sʌn/ *kb.* 1 anak lekaki/laki-laki. 2 putera. *He's a s. of Michigan* Dia putera Michigan. **son-in-law** menantu lelaki. **S. of God, S. of Man** Putera Tuhan/Manusia. —*kseru. Sl.*: **s. of a gun** somprét! astaga!

sonant /'sownənt/ *kb. Phon.*: bunyi bersuara.

sonar /'sownar/ *kb.* sonar.

sonata /sə'natə/ *kb.* sonata.

song /sɔng/ *kb.* lagu, nyanyian. *to burst into s.* terus bernyanyi. *to sell for a s.* menjual dgn harga yg sangat murah. *Inf.*: *to make a s. and dance over s.t.* membual ttg s.s.t. *S. of Songs* a) Syuru'l-Asyar. b) *(Catholic)* madah Agung, Kitab Nabi Sulaiman.

songbird /'sɔng'bərd/ *kb.* burung penyanyi.

songbook /'sɔng'buk/ *kb.* buku nyanyian/lagu.

songfest /'sɔng'fest/ *kb.* pésta nyanyi, nyanyi bersukaria.

songwriter /'sɔng'raitər/ *kb.* penggubah lagu.

songster /'sɔngstər/ *kb.* 1 penyanyi, biduan, biduanita. 2 burung penyanyi.

sonic /'sanik/ *ks.* sonik. *s. boom* dentuman sonik.

sonnet /'sanit/ *kb.* sonéta.

sonny /'sʌnie/ *kb.* (*j.* **-nies**) buyung, ujang, nak.

sonority /sə'nowrətie/ *kb.* (*j.* **-ties**) kemerduan.

sonorous /sə'nowrəs/ *ks.* nyaring lagi merdu, penuh lagi nyaring.

soon /suwn/ *kk.* segera. *He will return s.* Ia segera akan kembali. *How s. before you can let me know?* Bila selekas-lekasnya dpt kauberitahukan kepadaku? *See you s.* Kita akan segera bertemu lagi. *It will s. be five years since...* Tak lama lagi kita sdh lima tahun.... *She left none too s.* Ia tdk tergesa-gesa berangkat. **as s. as** segera setelah, selekas-lekasnya sesudah. *As s. as I know I'll...* Selekas-lekasnya sesudah saya mengetahuinya, saya akan.... *He would as s. die as...* Ia lebih réla mati drpd.... *as s. as possible* secepat mungkin. *Just as s. as they arrive I'll call you* Segera setelah meréka tiba, akan kutélepon kau. *I would just as s. not go* Sebaiknya saya tak usah pergi. *I had sooner stay than go* Saya lebih suka tinggal drpd pergi. *No sooner said than done* Begitu diperintahkan, begitu/segera dikerjakan. *No sooner had I put up the telephone than...* Baru saja kuletakkan télepon, maka.... *the sooner the better* lebih cepat lebih baik. *I'd sooner...* Saya lebih suka.... *sooner or later* kelak, nanti-nantinya, akhirnya, lambat laun.

soot /sut/ *kb.* jelaga, sulang.

soothe /suwтн/ *kkt.* 1 mengénténgkan (*pain*). 2 menenangkan (*nerves*). —**soothing** *ks.* menyejukkan.

soothsayer /'suwth'seiər/ *kb.* tukang ramal/tenung.

sooty /'sutie/ *ks.* penuh jelaga, hitam.

SOP [*standard operating procedure*] tatacara lazim.

sop /sap/ *kb.* suapan, bujukan. —*kkt.* (**sopped**) mencelupkan. **to s. up** mengepél (*a liquid*). **sopping** *wet* basah kuyup.

sophist /'safist/ *kb.* orang yg tersesat pandangan-pandangannya.

sophisticate /sə'fistikit/ *kb.* orang yg pintar dan berpengalaman dlm hal-hal duniawi.

sophisticated /sə'fistə'keitid/ *ks.* 1 yg berpengalaman dlm hal-hal duniawi (*of a person*). 2 pintar dan njlimet. 3 mengelabui.

sophistication /sə'fistə'keisyən/ *kb.* pengalaman dlm soal-soal duniawi.

sophistry /'safəstrie/ *kb.* (*j.* **-ries**) cara berpikir yg menyesatkan, cara berpikir yg tdk masuk akal.

sophomore /'safəmowr/ *kb.* mahasiswa tingkat kedua. *s. year* tahun kedua.

soporific /'sapə'rifik, 'sow-/ *kb.* obat tidur/penidur. —*ks.* membuat mengantuk, mengantukkan.

soppy /'sapie/ *ks.* 1 basah (*clothes*). 2 lembab, basah (*weather*).

soprano /sə'prænow/ *kb.* 1 penyanyi sopran. 2 suara sopran.

sorcerer /'sowrsərər/ *kb.* tukang/ahli sihir.

sorceress /'sowrsəris/ *kb.* ahli sihir wanita.

sorcery /'sowrsərie/ *kb.* (*j.* **-ries**) ilmu sihir.

sordid /'sɔrdid/ *ks.* 1 kotor, jorok (*environment*). 2 kotor, mesum (*stories*).

sore /sowr/ *kb.* luka. —*ks.* 1 sakit. *I have a s. arm* Tanganku sakit. *I'm s. all over* Seluruh badan saya terasa sakit. *s. throat* sakit tenggorokan. 2 marah. *Don't get s. at me* Jangan marah kpd saya. 3 menjéngkélkan. *It's a s. subject with her* Hal itu menjéngkélkan baginya. —**sorely** *kk.* terasa, dgn berat. *He'll be s. missed* Kepergiannya akan terasa berat.

sorehead /'sowr'hed/ *kb. Inf.:* pemarah, orang yg mudah mendongkol.

soreness /'sowrnəs/ *kb.* rasa sakit, kesakitan.

sorghum /'sɔrgəm/ *kb.* 1 sej. tanaman yg menyerupai jagung atau gandum. 2 sm céng, tétés, air gula.

sorority /sə'rarətie/ *kb.* (*j.* -**ties**) perkumpulan mahasiswi/wanita.

sorrel /'sarəl, 'sɔ-/ *kb.* 1 mérah bata, cokelat mérah/ kemérah-mérahan (*color*). 2 kuda cokelat kemérah-mérahan (*horse*).

sorrow /'sarow, 'sɔ-/ *kb.* 1 dukacita. *There was s. on her face* Wajahnya membayangkan rasa dukacita. 2 penderitaan. *to my s.* saya menyesalkannya. —*kki.* **to s. over** berdukacita atas.

sorrowful /'sarəfəl, 'sɔ-/ *ks.* sedih.

sorry /'sarie, 'sɔ-/ *ks.* 1 menyesal. *I'm s. it happened* Saya menyesal bhw hal itu terjadi. *You will be s. for it* Kau akan menyesalinya/menyesalkannya. 2 menyedihkan. *It was a s. sight* Itu merupakan pemandangan yg menyedihkan. 3 ma'af. *S.!* Maaf! *S. to have kept you waiting* Maaf, (saya) membiarkan tuan menunggu lama. **to feel s.** jatuh hati. *I feel s. for him* Saya merasa kasihan kepadanya.

sort /sɔrt/ *kb.* 1 orang. *He's a good s.* Ia seorang yg baik. 2 macam, rupa. *What s. of man is he?* Orang macam apa dia? *That's the s. of man he is* Orang yg semacam itulah dia. *It's the same s. of thing that happened last year* Kejadian yg semacam itu terjadi tahun yg lalu. *What s. of work does he do?* Pekerjaan (macam) apa yg dilakukannya? *He talks in a s. of jargon* Ia berbicara memakai semacam logat. *He's a mechanic of sorts* Dia semacam ahli mesin. 3 jenis. *What s. of car do you have?* Apa jenis mobilmu? 4 yg demikian. *You may do nothing of the s.* Kamu tdk boléh berbuat spt demikian. *I can't stand that s. of thing* Saya tak tahan hal yg demikian itu. :: *I know nothing of the s.* Saya sedikitpun tdk mengetahuinya. *He knows all sorts of things* Apa saja diketahuinya. *He's out of sorts today* a) Dia lain dari biasanya hari ini. Dia agak kesal hari ini. b) Ia merasa tdk énak badan hari ini. *Inf.: It s. of keeps us on our toes* Itu banyak sedikitnya membuat kita waspada. —*kkt.* menyortir, memisah-misahkan (*mail, clothes*). *to s. out the good apples from the bad ones* memisahkan/ menyisihkan buah apel yg baik drpd yg buruk. —**sorting** *kb.* penyortiran.

sorter /'sɔrtər/ *kb.* tukang sortir/pilih. *s. of mail* tukang sortir surat-surat (pos).

sortie /'sɔrtie/ *kb.* serangan tiba-tiba/mendadak.

SOS /'es'ow'es/ *kb.* isyarat darurat, panggilan minta tolong.

sot /sat/ *kb.* pemabuk.

soufflé /suw'flei, 'suw-/ *kb.* kué dadar pakai telur. *cheese s.* kué dadar kéju.

sought /sɔt/ lih SEEK.

soul /sowl/ *kb.* 1 jiwa. *He's the s. of the enterprise* Ia merupakan jiwa/otak/tokoh utama drpd usaha itu. 2 arwah. *God rest his s.* Semoga Tuhan melapangkan arwahnya. 3 orang, makhluk. *He's a good s.* Dia orang yg baik. *There wasn't a s. around* Tdk ada kelihatan seorang manusiapun. *We didn't meet a living s.* Tak ada seorang makhlukpun yg kami

jumpai. *Sl.:* **s. brother** sesama orang Négro lelaki. *Sl.:* **s. food** makanan yg berasal dari kebudayaan Négro. *Sl.:* **s. music** musik yg menggetarkan jiwa.

soul-searching *kb.* mempertimbangkan masak-masak. *ks.* mendalam. *s.-searching examination* ujian yg mendalam. *Sl.:* **s. sister** sesama orang Négro yg perempuan.

soulful /'sowlfəl/ *ks.* menggetarkan jiwa/hati, penuh perasaan. *s. music* musik yg menggetarkan jiwa.

sound /sawnd/ *kb.* 1 bunyi. *I didn't hear a s.* Aku tdk mendengar apa-apa. *I don't like the s. of it* Saya tdk senang mendengar bunyinya. 2 suara. *Light travels faster than s.* Cahaya kecepatannya lebih tinggi drpd suara. *to be within the s. of s.o's voice* berada dlm jarak pendengaran suaranya. **s. barrier** témbok suara. **s. effects** bunyi-bunyian/suara yg dibuat sbg latar belakang adegan (sandiwara). **s. engineer** ahli téhnik suara. **s. stage** panggung pengambilan suara. **s. track** pita suara, rekaman suara di pinggir pilem bicara. **s. wave** gelombang suara. 3 selat. *Long Island S.* Selat Long Island. —*ks.* 1 logis, séhat, masuk akal. *His reasoning is s.* Cara berpikirnya séhat. *It's a s. investment* Itu merupakan penanaman modal yg séhat. *Being of s. mind* Karena ingatan segar/kuat. *s. of mind* segar/ kuat ingatan, kuat berpikir. *on a s. basis* atas dasar yg séhat. 2 boléh dipercaya. *He's a s. risk* Ia boléh dipertanggungkan. 3 keras-keras. *He got a s. spanking* Ia ditampar keras-keras. 4 kuat. *s. financial position* keadaan keuangan yg kuat. —*kk.* dalam. *to sleep s., s. asleep* tidur nyenyak. —*kkt.* 1 membunyikan (*the alarm, a bugle*). *to s. the horn* menglakson, membunyikan klakson. 2 mengucapkan (*every syllable*). 3 menduga, mengunting (*the depths*). —*kki.* berbunyi. *The alarm sounded* Tanda bahaya berbunyi. *What does the song s. like?* Bagaimana bunyi lagu itu? *"Son" and "sun" s. alike* "Son" dan "sun" bunyinya serupa. *The explosion sounded far off* Ledakan itu berbunyi jauh. *Her name sounds Swedish* Namanya berbunyi spt bahasa Swédia. :: *That story sounds fishy* Ceritera itu agak mencurigakan isinya. *It sounds good to me* Aku dpt menyetujuinya. *That music sounds like Bach* Musik itu terdengar spt (ciptaan) Bach. *She doesn't s. like a woman who...* Ia kelihatannya tdk spt seorang wanita yg.... *Inf.:* **to s. off** memperdengarkan. **to s. out** memeriksa pendapat. **s. film** film bicara. **s. sleep** tidur nyenyak. **s. truck** mobil penyiar. —**sounding** *kb.* pengukuran dlm air dgn gema suara atau dgn pengukur, dugaan. **s. board** a) klankbor, papan gema. b) cara utk mengetahui fikiran rakyat. —**soundly** *kk.* keras-keras. *to spank s.* menampar dgn keras. *to sleep s.* tidur nyenyak.

sounder /'sawndər/ *kb.* orang atau alat yg membunyikan s.s.t. (*of an alarm*).

soundness /'sawndnəs/ *kb.* 1 keséhatan (*of body*). 2 kekuatan, keséhatan, kesegaran (*of mind*). 3 kebaikan (*of an enterprise*). 4 hal-hal yg menguatkan (*of an argument*).

soundproof /'sawnd'pruwf/ *ks.* tahan suara, tak tembus suara. —*kkt.* menjadikan sebuah kamar tahan bunyi/suara (*a room*).

soup /suwp/ *kb.* 1 sup, sop. *vegetable s.* sup sayur. *s. ladle* séndok besar utk sup, séndok/pencédok sup. *s. plate* piring sup. *s. spoon* séndok (makan) sup. 2 *Sl.:* kabut. *Inf.: We're in the s.* Kami dlm kesulitan/ kesukaran. —*kkt. Inf.:* **to s. up an engine** menguatkan mesin, menambah daya kuda mesin. **s. kitchen** dapur umum.

soupbone /'suwp'bown/ *kb.* tulang sup.

soupy /'suwpie/ *ks.* tebal, pekat (*fog, weather*).
sour /sawr/ *ks.* 1 asam, masam. *s. cream* susu asam. *s. face* muka asam. 2 tdk énak (*of remarks*). —*kk.* ạsam. *to turn s.* menjadi asam/basi. *This milk smells s.* Susu ini baunya asam. —*kkt.* membuat kapok/ jera. —*kki.* menjadi asam, memasam (*of milk*). **s. grapes** s.s.t. yg dicela karena tak didapat.
source /sowrs/ *kb.* 1 sumber (*of information, news*). 2 sumber, mata air (*of a well, river*). *s. of infection* asal permulaan inféksi.
sourpuss /'sawr'pus/ *kb. Inf.:* pengomél, pencomél, perengut.
souse /saws/ *kb. Sl.:* pemabuk. —*kkt.* menceburkan. —**soused** *ks. Sl.:* mabuk.
south /sawth/ *kb.* selatan. *to live in the S.* berdiam di AS bagian selatan. *to live to the s. of us* tinggal di sebelah selatan rumah kami. —*ks.* selatan. *S. Africa* Afrika Selatan. *S. America* Amérika Selatan. *S. Pole* Kutub Selatan/Janubi. *s. wind* angin selatan. *to live on the s. side* tinggal di bagian selatan. —*kk. to go s. for the winter* pindah/pergi ke selatan selama musim dingin. **S. Seas** Samudra Pasifik bagian selatan. **south-southeast** *ks.* selatan menenggara. **south-southwest** *ks.* selatan membaratdaya.
southeast /'sawth'iest/ *kb.* bagian tenggara. *He lives in the S.* Dia tinggal di AS bagian tenggara. —*ks.* tenggara. *S. Asia* Asia Tenggara. *s. wind* angin tenggara. *The wind is s.* Angin menenggara.
southeasterly /'sawth'iestərlie/ *ks.* dari arah tenggara, di sebelah tenggara.
southeastern /'sawth'iestərn/ *ks.* bagian tenggara.
southerly /'sATHərlie/ *ks.* dari/ke arah selatan. *s. wind* angin selatan.
southern /'sATHərn/ *ks.* selatan. *She is s.* Dia orang selatan. *s. dialect* logat bagian selatan. *s. exposure* menghadap ke selatan (*of a room, house*). *S. Hemisphere* belahan bumi bagian selatan. *s. lights* cahaya dari (arah) selatan. **S. Cross** bintang pari.
southerner /'sATHərnər/ *kb.* orang selatan.
southernmost /'sATHərnmowst/ *ks.* bagian paling selatan.
southland /'sawth'lænd/ *kb.* daérah selatan.
southpaw /'sawth'pɔ/ *kb. Sl.:* orang kidal.
southward(s) /'sawthwərd(z)/ *kk.* menuju ke selatan, menyelatan.
southwest /'sawth'west/ *kb.* bagian barat-dava. *He lives in the S.* Dia tinggal di AS bagian baratdaya. —*ks.*, *kk.* barat-daya.
southwesterly /'sawth'westərlie/ *ks.* dari arah barat-daya, di sebelah barat-daya.
southwestern /'sawth'westərn/ *ks.* barat-daya.
souvenir /'suwvə'nir/ *kb.* tandamata, oléh-oléh.
sovereign /'savrən/ *kb.* raja, yg berkuasa. *s. rule* pemerintahan tertinggi. *s. right* hak-hak yg berkuasa. *s. of the seas* penguasa lautan. *s. power* kekuasaan yg memerintah.
sovereignty /'savrəntie/ *kb.* (*j.* **-ties**) kedaulatan. *transfer of s.* penyerahan kedaulatan.
Soviet /'sowvieet/ *kb.* Sovyét. *S. publications* publikasi-publikasi Sovyét. *S. Union* Uni Sovyét.
sow /sow/ *kkt.* (**sowed, sowed** atau **sown**) 1 menaburkan (*seeds*). 2 menyebarkan (*dissension*). *to s. land with wheat* menaburi tanah dgn gandum.
sow /saw/ *kb.* babi betina, induk babi.
sower /'sowər/ *kb.* penabur.
sown /sown/ lih sow *kkt.*
sox /saks/ = socks.
soy /soi/ *kb.* kedelé. *s. sauce* kecap.
soya /'soiə/ lih soy.

soybean /'soi'bien/ *kb.* (kacang) kedelai.
sp. 1 [*spelling*] éjaan. 2 [*special*] istiméwa, khusus, tertentu. 3 [*species*] jenis. 4 [*spirit*] semangat; minuman keras.
Sp. 1 [*Spanish*] bahasa Spanyol; orang Spanyol; bangsa Spanyol. 2 [*Spain*] Negeri Spanyol.
S.P. [*Shore Patrol*] Polisi Militér AL.
spa /spa/ *kb.* 1 sumber air mineral. 2 tempat pemandian air panas.
space /speis/ *kb.* 1 tempat. *Is there enough s. for a chair?* Apakah ada cukup tempat utk korsi? *parking s.* tempat parkir. *to take up s.* makan/mengambil tempat. *Write your name in the blank s.* Tuliskan namamu pd tempat yg kosong itu. *to clear a s. for a car* mengosongkan/meluangkan tempat bagi mobil. *space-saving device/appliance* alat-alat yg dpt menghémat tempat. 2 angkasa. *outer s.* angkasa luar. *s. capsule* kapsul angkasa. *s. medicine* ilmu kedokteran angkasa. *s. platform* landasan penerbangan angkasa. *s. satellite* satelit angkasa. *s. station*=*s. platform. s. suit* pakaian angkasa (luar). *s. travel* perjalanan angkasa-luar. 3 ruang. *Leave s. for one word* Kosongkan ruang utk satu kata. 4 spasi, jarak. *Skip a s. between words* Buatlah spasi di antara perkataanperkataan. 5 (jangka) waktu. *to complete o's job in the s. of a week* menyelesaikan pekerjaannya dlm waktu satu minggu. **::** *The airport occupies a lot of s.* Pelabuhan udara itu menempati daérah yg luas. *to sit and stare into s.* duduk tcrmenung/melamun. —*kkt.* memberi jarak (*flowers*). *S. your words evenly* Tuliskan kata-katamu dlm jarak yg sama. **s. fiction** ceritera khayalan yg berhubungan dgn angkasa raya. **s. flight** penerbangan (ruang) angkasa. **s. law** hukum ruang angkasa. **s. probe** rokét penyelidik. —**spacing** *kb.* jarak, mengadakan jarak.
spacecraft /'speis'kræft/ *kb.* kendaraan angkasa.
spaceman /'speis'mæn/ *kb.* (*j.* **-men**) angkasawan, antariksawan.
spacer /'speisər/ *kb.* pengatur jarak (pada mesin tik).
spaceship /'speis'syip/ *kb.* témbakan ke ruang angkasa.
spaceshot /'speis'syat/ *kb.* kendaraan/kapal angkasa.
spaceworthy /'speis'wərTHie/ *ks.* sanggup terbang di angkasa luar.
spacious /'speisyəs/ *ks.* luas, lapang.
spaciousness /'speisyəsnəs/ *kb.* keluasan, kelapangan.
spade /speid/ *kb.* 1 sekop. *to call a s. a s.* berbicara terus-terang. 2 kartu sekop. *I bid two spades* Saya menawarkan dua sekop. *ace of spades* kartu as sekop. *Sl.:* *in spades* dgn limpah. —*kkt.* menyekop, menggali dgn sekop.
spadework /'speid'wərk/ *kb.* persiapan-persiapan, pekerjaan pendahuluan/persiapan.
spaghetti spə'getie/ *kb.* spagéti.
spake /speik/ lih speak.
span /spæn/ *kb.* 1 jengkal (*of a hand*). 2 masa (*of time*). 3 jangka, waktu. *the life s. of a butterfly* jangka hidup seékor kupu-kupu. *in the s. of five minutes* dlm jangka lima menit. 4 rentang (*of a bridge*). 5 sepasang (*of horses*). —*kkt.* (**spanned**) 1 merentang. *The bridge spanned the river* Jembatan itu terentang diatas sungai itu. *to s. a river with a bridge* merentang sungai dgn sebuah jembatan. 2 menjengkal (*with the hand*). 3 menjangkau. *Her life spans a century* Hidupnya menjangkau satu abad.
Span. [*Spanish*] 1 bahasa Spanyol. 2 bangsa Spanyol. 3 orang Spanyol.

spangle /'spæŋgəl/ kb. kida-kida, kelip-kelip.
spangled /'spæŋgəld/ ks. berkelip-kelip.
Spaniard /'spænyərd/ kb. orang Spanyol.
spaniel /'spænyəl/ kb. anjing spanil. *cocker s.* anjing kecil yg berbulu panjang.
Spanish /'spænisy/ kb. bahasa Spanyol. **the S.** *j.* orang-orang Spanyol. —*ks.* Spanyol. *S. onion* bawang mérah.
spank /spæŋk/ kb. tampar(an). —*kkt.* menampar, memukul (bagian pantat). —**spanking** kb. tamparan, pukulan di pantat. *ks. Inf.:* amat, sekali. *to have a s. good time* bergembira sekali.
spar /spar/ kb. tiang kapal. —*kki.* (**sparred**). saling bertahan dan menyerang (*of boxers*). *verbal* **sparring** bersilat dgn kata-kata. *sparring partner* lawan bertinju dlm latihan-latihan persiapan.
spare /spær/ kb. 1 ban serap (*tire*). 2 serap. —*ks.* 1 terluang, senggang (*time*). 2 kurus (*man*). *s. diet* makan sedikit. —*kkt.* 1 (*lend*) meminjamkan. 2 menyelamatkan (*a life*). 3 mengecualikan. *He spares no one from his criticism* Ia tak mengecualikan seorangpun dari kecamannya. 4 meluangkan (*the time*). 5 menghindarkan. *to s. s.o. the details* menghindarkan s.s.o. mendengar detail-detail. *I was spared the humiliation of defeat* Saya terhindar dari penghinaan kekalahan. **::** *No expense was spared to...* Biaya dikeluarkan tanpa batas utk.... *Let me s. you the trouble* Tak usahlah kamu bersusah payah. *I was spared from viewing the tragedy* Saya beruntung tak melihat kejadian yg menyedihkan itu. *We can s. him* Kami tak memerlukan dia. *to s. no pains* tak mengindahkan kesukaran-kesukaran. *S. the rod and spoil the child* Sisihkan rotan dan manjakan anak. Memperlakukan anak tanpa kekerasan. *Can you s. me a few minutes?* Dapatkah sdr menyediakan waktu beberapa menit utk saya? —*kki. He has time to s.* Dia mempunyai kelebihan waktu. *I caught the train with ten minutes to s.* Saya dapat mengejar keréta api dan masih ada waktu terluang selama sepuluh menit. **s. bedroom** kamar tidur utk tamu. **s. part** onderdil. —**sparing** ks. 1 berhémat. *Be s. with the milk* Berhématlah dgn susu itu. 2 secara hémat. *s. use of butter* pemakaian mentéga secara hémat. —**sparingly** kk. dgn hémat. *Use water s.* Pakai air dgn hémat.
sparerib /'spær'rib/ kb. tulang iga babi.
spark /spark/ kb. 1 percikan, cetusan, bunga api. 2 tanda. *There's no s. of life in him* Dia sdh mati. *She doesn't have a s. of enthusiasm in her* Ia tak memiliki sedikitpun kegairahan dlm dirinya. —*kkt.* 1 mencetuskan (*a riot*). 2 menghangatkan (*sales*). **s. plug** busi. *Inf.: s. plug of the team* pembakar semangat bagi regu itu.
sparkle /'sparkəl/ kb. kilau, cahaya berkelip. *I saw the s. in her eyes* Saya melihat matanya berseri-seri. —*kki.* berkilau-kilauan (*of ornaments, lights*). *Her eyes sparkled* Matanya bercahaya. *The water sparkled in the sunlight* Air itu gemerlapan dlm cahaya matahari. *His conversation sparkled with wit* Percakapannya hidup berisi kata-kata cerdas sekali. —**sparkling** kb. yg berkilauan. *s. lights* lampu-lampu yg berkilauan. *s. conversation* percakapan yg lancar. *a book sparkling with wit* buku yg penuh dgn kecerdasan. *s. water* air belanda.
sparkler /'sparklər/ kb. kembang api yg mengeluarkan percikan api.
sparrow /'spærow/ kb. burung pipit/geréja.
sparse /spars/ ks. jarang, tipis. *s. growth of hair* pertumbuhan rambut yg tipis. *s. population* penduduk

yg jarang. —**sparsely** kk. jarang. *This area is s. populated* Daérah ini jarang penduduknya.
sparseness /'sparsnəs/ kb. kekurangan.
spasm /'spæzəm/ kb. kekejangan, kejang urat. *to work in spasms* bekerja angin-anginan.
spasmodic /spæz'madik/ ks. 1 tak teratur. *s. interest* perhatian yg tak tetap. 2 hébat (*rage*). 3 menyesak (*cough*). —**spasmodically** kk. tak teratur/tetap. *He works s.* Dia bekerja tak teratur.
spastic /'spæstik/ ks. kejang. *s. disease* penyakit yg disertai kekejangan.
spat /spæt/ kb. pertengkaran, percékcokan.
spat /spæt/ lih SPIT.
spate /speit/ kb. banjir, hujan. *s. of Lincoln biographies* banjir biografi-biografi Lincoln.
spatial /'speisyəl/ ks. mengenai ruang/tempat. *s. relationship* hubungan yg renggang.
spatter /'spætər/ kb. percik, renjisan. —*kkt.* memerciki (*s.o. with mud*). —*kki.* 1 memercik (*of rain on a roof*). 2 berhamburan (*of bullets*). 3 menyembur, menjeprét (*of grease*). *The hot grease spattered on me* Gemuk yg panas itu menjeprés kpd saya. Saya kejeprétan gemuk yg panas itu.
spatula /'spæcələ/ kb. sudip, kapé.
spawn /spɔn/ kb. telur ikan, telur katak, dll. —*kkt.* 1 membiakkan (*crime*). 2 menimbulkan (*political problems*). 3 menelurkan. —*kki.* bertelur, menelur. **spawning** *ground* tempat (ikan) bertelur.
spay /spei/ *kkt.* memandulkan (binatang betina).
S.P.C.A. /'es'pie'sie'ei/ [*Society for the Prevention of Cruelty to Animals*] Himpunan Penyayang Binatang.
speak /spiek/ kkt. (**spoke, spoken**) mengatakan. *to s. o's piece* mengatakan pendapatnya. *to s. volumes* banyak maknanya/pengertiannya. *He didn't s. a word* Ia tdk berkata sepatah katapun. *to s. the truth* menceriterakan yg sebenarnya. *to s. German* berbicara dlm bahasa Jérman. —*kki.* 1 berbicara. *to s. for two hours* berbicara selama dua jam. *to s. distinctly* berbicara dgn terang. *Who's speaking?* Dgn siapa saya berbicara? *to s. to s.o.* berbicara dgn s.s.o. (**about** ttg). 2 berpidato. *to s. at a convention* berpidato pd konpénsi. *to s. rudely to s.o.* berkata tdk sopan thd s.s.o. *Actions speak louder than words* Berbuat lebih penting drpd berkata. **::** *"Mr. Jones?" "Yes, speaking"* "Tuan Jones?" "Ja, saya sendiri". *So spake the king* Demikianlah sabda raja. **to s. about** membicarakan. **to s. against** berbicara menentang. **to s. for** 1 berbicara atas nama. 2 memesan (*a room*). *She is already spoken for* Ia tlh dilamar. *His conduct speaks well for his upbringing* Kelakuannya merupakan bukti yg baik bagi pendidikannya. *The facts s. for themselves* Fakta-fakta itu sdh cukup jelas. **to s. of** menyatakan. *to s. of o's love for s.o.* menyatakan rasa cinta kpd s.s.o. *Speaking of jokes ...* Berbicara ttg lelucon... *I have no objections to s. of* Saya tdk mempunyai keberatan apa-apa. *He has no money to s. of* Uang yang ada padanya tak berarti (jumlahnya). *not to s. of* disamping itu. *His boss speaks highly of him* Majikannya mempunyai pendapat yg baik sekali ttg dia. *His appearance spoke of untold suffering* Wajahnya membayangkan penderitaan yg tak terhingga. **to s. out** berbicara dgn bébas. *to s. out against* berkata dgn tegas menentang. **to s. to** menegur. *I know him to s.* Saya cukup mengenalnya utk menegur. **so to s.** boléh dikatakan. **to s. up** berbicara dgn terusterang. *Please s. up; he's hard of hearing* Berbicaralah dgn keras; dia agak tuli. *to s. up for s.o.* membéla s.s.o. —**spoken** ks. yg diucapkan. *the s. word* kata yg diucapkan. *s. French* Bahasa Perancis sehari-hari.

—**speaking** *kb.* berpidato. *plain s.* dgn tulus-ikhlas, berkata tanpa tédéng aling-aling (secara blak-blakan). *public s.* berpidato di depan umum. *ks.* bicara, pidato. *fine s.* voice suara pidato yg bagus. *to go on a s. tour* mengadakan pidato keliling. *to be on s. terms with s.o.* dpt bercakap-cakap dgn s.s.o. *to have a s. acquaintance with* baru berkenalan saja dgn. *Dutch-speaking ks.* yg berbahasa Belanda. *generally s.* pd umumnya. *strictly s.* sesungguhnya.

speakeasy /'spiek'iezie/ *kb.* (*j.* -**sies**) *Sl.*: kedai minuman (keras) gelap.

speaker /'spiekər/ *kb.* 1 pembicara, ahli pidato. *He's a fluent s. of Balinese* Ia seorang yg berbicara lancar dlm bahasa Bali. *S. of the House* Ketua Parlemén/DPRGR. *s.'s platform* mimbar pembicara/pidato. 2 (*loud-*) pengeras suara. 3 penutur (*of a language*).

spear /spir/ *kb.* tombak, lembing. —*kkt.* menombak.

spearhead /'spir'hed/ *kb.* 1 pelopor. 2 permulaan, bagian pertama, taraf permulaan. —*kkt.* mempelopori, membuka jalan bagi.

spearmint /'spir'mint/ *kb.* tanaman permén.

spec. 1 [*special*] istiméwa, khusus. 2 [*specimen*] contoh. 3 [*specification*] spésifikasi, perincian.

special /'spesyəl/ *kb.* 1 *Rest.*: makanan istiméwa. 2 *RR.*: keréta api istiméwa. 3 suratkabar istiméwa. 4 pertunjukan TV yg tunggal. —*ks.* 1 istiméwa, khusus. *s. permission* izin khusus. *s. sale* obral istiméwa. *s. significance* arti yg khusus. *He must be s.o. very s.* Dia tentunya orang yg sangat istiméwa. *I have nothing s. to report* Tak ada s.s.t. yg istiméwa yg perlu saya laporkan. 2 luar biasa. *What's so s. about that?* Apakah yg luar biasa mengenai hal itu? **s. delivery** éksprés, kilat (khusus). **s. train** keréta api ékstra. —**specially** *kk.* khusus(nya). *He's s. fond of* ...Dia khususnya senang pd.... *I went there s. to see him* Saya pergi kesana khusus utk bertemu dgn dia.

specialist /'spesyəlist/ *kb.* spésialis, ahli. *He's a s. on*... Dia seorang spésialis ttg.... *eye s.* dokter ahli penyakit mata, dokter spésialis mata.

specialization /'spesyələ'zeisyən/ *kb.* spésialisasi, pengkhususan, pengahlian. *high degree of s.* spésialisasi yg mendalam.

specialize /'spesyəlaiz/ *kki.* 1 berspésialisasi (*in some field*). 2 mengkhususkan, mengkhusus pd. *This store specializes in men's clothing* Toko ini khusus menjual pakaian pria.

specialty /'spesyəltie/ *kb.* (*j.* -**ties**) bidang/keahlian khusus. *Linguistics is his s.* Ilmu bahasa merupakan bidang khususnya.

specie /'spiesyie/ *kb.* mata uang.

species /'spiesiez/ *kb.* 1 jenis. *s. of dog* jenis anjing. 2 macam. *the s.* rumpun manusia.

specific /spə'sifik/ *kb.* obat. **specifics** *j.* pokok-pokok, seluk beluk. —*ks.* spésifik, khusus, tertentu. *What's his s. goal?* Apakah tujuannya yg tertentu? *in each s. case* secara sendiri-sendiri, masing-masing, secara tertentu. *to give s.o. s. instructions* memberikan instruksi-instruksi khusus kpd s.s.o. *s. gravity* berat jenis. —**specifically** *kk.* tegasnya, khususnya.

specification /'spesəfə'keisyən/ *kb.* 1 spésifikasi, perincian. *built to specifications* dibangun menurut perencanaan yg terperinci. 2 syarat, perincian (*of a contract*).

specificity /'spesə'fisətie/ *kb.* ketegasan, kekhususan.

specifies /'spesəfaiz/ lih SPECIFY.

specify /'spesəfai/ *kkt.* (**specified**) 1 menetapkan. *to s. the choice of color* menetapkan pemilihan warnawarna. 2 menentukan. *at a specified time* pd waktu yg ditentukan. *Unless otherwise specified* Kecuali kalau diatur secara tersendiri/khusus.

specimen /'spesəmən/ *kb.* contoh, bahan percobaan. *urine s.* contoh air kencing. *plant s.* contoh tanaman. *s. page* contoh halaman. *to take a s. of s.o's blood* mengambil contoh darah. *s. copy* a) lembaran contoh. b) contoh buku.

specious /'spiesyəs/ *ks.* tampaknya bagus. *s. argument* alasan yg kedengarannya saja bagus.

speck /spek/ *kb.* 1 noda (*of dirt*). 2 bintik (*of color*). *He was just a s. on the horizon* Ia kelihatan sbg sebuah bintik di kaki langit. 3 (jumlah) sedikit. *We haven't a s. of fruit* Kami tak mempunyai buah-buahan barang sedikitpun.

speckle /'spekəl/ *kb.* bintik, becak, kurik.

specks /speks/ *kb., j.* 1 *Inf.*: kaca mata, tasmak. 2 *Inf.*: perincian, spésifikasi.

spectacle /'spektəkəl/ *kb.* tontonan, pertunjukan besar. *to make a s. of o.s.* berlagak, bertindak memalukan. —**spectacles** *j.* kacamata, tasmak.

spectacular /spek'tækyələr/ *kb.* pertunjukan besar-besaran. —*ks.* hébat, spéktakulér, mengagumkan, menakjubkan (*view, career*).

spectator /'spekteitər/ *kb.* penonton. *s. sport* olahraga tontonan.

specter /'spektər/ *kb.* hantu, momok.

spectrum /'spektrəm/ *kb.* (*j.* -**tra, -trums**) spéktrum. *the entire s. of political views* seluruh anéka warna pandangan-pandangan politik.

speculate /'spekyəleit/ *kki.* 1 memikirkan, mempertimbangkan. 2 berspékulasi, mengadu untung/nasib (*on the market*).

speculation /'spekyə'leisyən/ *kb.* 1 spékulasi (*on the market*). 2 pemikiran, renungan (*about s.t.*).

speculative /'spekyələtiv/ *ks.* spékulatif, bersifat untung-untungan.

speculator /'spekyə'leitər/ *kb.* 1 spékulan. 2 tukang catut.

sped /sped/ lih SPEED.

speech /spiec/ *kb.* 1 pidato. *to make a s.* berpidato, mengucapkan pidato. 2 kemampuan berbicara. 3 cara berbicara, logat. *From your s. you are a Bostonian* Dari caramu berbicara kamu orang Boston. *He is slow of s.* Bicaranya lambat. **s. clinic** klinik tempat memperbaiki cacat berbicara. **s. defect/ impediment** télor dlm ucapan, cacad dlm bicara. **s. organs** alat-alat bicara.

speechless /'spiecləs/ *ks.* terdiam, terkelu.

speechmaking /'spiec'meikiŋ/ *kb.* pengucapan pidato.

speed /spied/ *kb.* 1 kecepatan. *s. limit* batas kecepatan, kecepatan maksimum. 2 persnéling. *four-speed car* mobil yg mempunyai empat persnéling. 3 *Sl.*: amphétamine, penggiat jalannya darah (*drug*). —*kkt.* (**sped**) 1 mempercepat (*the work*). 2 mengirim dgn cepat (*reinforcements*). —*kki. We sped along at 70 miles an hour* Kami mengendarai mobil dgn kecepatan 70 mil sejam. **to s. off** kabur, melarikan diri. **to s. up** 1 mempercepat (*production*). 2 mencepatkan. *We'd better s. up* Sebaiknya kita cepatkan sedikit. *The car speeded up* Mobil itu mempercepat jalannya. *Inf.*: **s. demon** sétan jalan(an), jago ngebut. **s. reading** membaca cepat. **s. trap** perangkap bagi pelanggar batas kecepatan. **speed-up** *kb.* percepatan. —**speeding** *kb.* melampaui batas kecepatan. *He* *was fined for s.* Dia didenda karena melampaui batas kecepatan. *s. violation* pelanggaran batas kecepatan.

speedboat /'spied'bowt/ *kb.* perahu motor cepat.

speeder /'spiedər/ *kb.* pelanggar batas kecepatan.

speedometer /spie'damətər/ *kb.* pengukur cepat, méteran kecepatan.

speedster /'spiedstər/ *kb.* 1 pelanggar batas kecepatan. 2 pelari cepat. 3 kendaraan cepat, kapal cepat dsb.

speedway /'spied'wei/ *kb.* 1 gelanggang balapan mobil. 2 jalan raya utk lalulintas cepat.

speedy /'spiedie/ *ks.* cepat. *s. delivery* pengantaran yg cepat. *to make a s. recovery* sembuh dgn cepat. —**speedily** *kk.* dgn cepat.

spell /spel/ *kb.* 1 musim, masa sakit. *dry s.* musim/ masa kering. *coughing s.* masa batuk, sedang batuk. *The sailor's s. is four hours* Masa tugas pelaut itu adalah empat jam. 2 serangan. *s. of asthma* serangan astma secara berturut-turut. 3 pesona, jampi, mantera (sihir). *to cast a s. on, to have under a s.* mempesonakan. —*kkt.* (**spelled** atau **spelt**) 1 mengéja. *How do you s. your name?* Bagaimana éjaan namamu? 2 menggantikan (*s.o. for a short time*). 3 berarti. *That can s. the difference between life and death* Itu dpt berarti hidup atau mati. *to s. out in some detail* menguraikan secara agak terperinci. *to s. out o's name* mengéja namanya. —**spelling** *kb.* éjaan. *s. book* buku éjaan. *s. pronunciation* ucapan menurut éjaan.

spellbinder /'spel'baindər/ *kb.* pembicara yg dpt memikat hati pendengar-pendengarnya.

spellbound /'spel'bawnd/ *ks.* terpesona. *to be held s. by* terpesona oléh.

speller /'spelər/ *kb.* 1 pengéja. 2 buku éjaan.

spelt /spelt/ lih SPELL.

spend /spend/ *kkt.* (**spent**) 1 mengeluarkan, membelanjakan (*money*). *to s. money on* mengeluarkan biaya utk membiayai. 2 menghabiskan. *The hurricane has spent its force* Badai itu tlh kehabisan tenaganya. 3 meléwatkan (*the week end*). *Where did you s. your vacation?* Dimana kau berlibur? 4 membuang-buang. *to s. time on a problem* membuang-buang waktu utk sebuah persoalan. 5 tinggal. *Can you s. a while with us?* Dapatkah kau tinggal bersama kami sebentar? *to s. the night* bermalam. 6 mempergunakan. *I feel the time was well s.* Saya rasa bhw waktu tlh dipergunakan sebaik-baiknya. —*kki.* mengeluarkan uang. —**spent** *ks.* 1 habis tenaga. 2 yg dipakai. *s. bullet* pélor yg dipakai. —**spending** *kb.* pengeluaran. *s. money* uang belanja.

spender /'spendər/ *kb.* pemboros.

spendthrift /'spend'thrift/ *kb.* pemboros.

spent /spent/ lih SPEND.

sperm /spərm/ *kb.* air mani, sperma. *s. bank* lumbung benih.

spew /spyuw/ *kkt., kki.* **to s. forth** memuntahkan.

sphere /sfir/ *kb.* 1 bola, bulatan. 2 bidang, lingkungan. *s. of influence* lingkungan pengaruh. *That's outside my s.* Itu terletak di luar bidang saya. *s. of action* lapangan usaha. *to extend o's s. of activity* memperbesar ruang-lingkup kegiatan-kegiatan. *in the political s.* dlm dunia politik.

spherical /'sferəkəl/ *ks.* 1 berbentuk bola. 2 yg berh. dgn bola.

sphinx /sfingks/ *kb.* patung raksasa dari zaman Mesir kuno.

spice /spais/ *kb.* rempah-rempah, bumbu. *the s. of adventure* daya-tarik petualangan. *to give s. to* membumbui (*food, a story*). *Variety is the s. of life* Variasi merupakan bumbu penyedap kehidupan. —*kkt.* membumbui, membubuhi rempah-rempah.

—**spiced** *ks.* dibumbui. *s. meat* daging yg dibumbui. *s. tea* téh harum.

spiciness /'spaisienəs/ *kb.* 1 kepedasan, pedasnya. 2 kesedapan. 3 kehangatan (*of a story*).

spick-and-span /'spikən'spæn/ *ks.* rapi dan bersih.

spicy /'spaisie/ *ks.* 1 pedas (*food*). 2 kurang senonoh, agak cabul (*story*).

spider /'spaidər/ *kb.* laba-laba. *s. web* jaring laba-laba.

spied /spaid/ lih SPY.

spiel /spiel/ *kb.* Sl.: kata olok-olok. —*kkt.* **to s. off** menyebut dgn lancar (*names*).

spies /spaiz/ lih SPY.

spigot /'spigət/ *kb.* keran, klép.

spike /spaik/ *kb.* paku besar. *s. heal* tumit tajam. —**spikes** *j.* 1 (*shoes*) sepatu berduri. 2 paku (*on golf shoes*). —*kkt.* 1 memaku (*boards together*). 2 menghentikan (*a rumor, escape*). 3 *Inf.*: membubuhi alkohol (*a drink*).

spill /spil/ *kb.* jatuh (jungkir-balik). *to take a s. from o's waterskis* jatuh terbalik ketika berski air. —*kkt.* (**spilled** atau **spilt**) menumpahkan (*a drink, blood*). *She spilled coffee on me* Kopi tertumpah oléhnya membasahi saya. —*kki.* meluap, tertumpah. *Coffee spilled from the cup* Kopi tertumpah dari cangkir itu. *The boiling water spilled on her* Air panas itu tercurah ke badannya. *In the bus accident bodies spilled everywhere* Dlm kecelakaan bus itu tubuh orang terlontar/terpental kemana-mana.

spilt /spilt/ lih SPILL.

spin /spin/ *kb.* 1 putaran, kisaran. *to go into a s.* terbalik dan berputar-putar (*of a plane, racing car*). *to put s. on o's ball* memukul bola ténis dgn pukulan spin/memutar. 2 *Auto.*: perjalanan keliling dgn mobil. —*kkt.* (**spun**) 1 memutar, memusingkan (*a top*). 2 memintal (*cloth*). 3 membuat (*a web*). —*kki.* 1 berputar (*of a top*). 2 pusing. *My head spun* Kepalaku pusing. **to s. around** berpaling, berputar. *The top spun round and round* Gasing itu berputar-putar. *The blow spun me around* Pukulan itu membuat saya berputar. **to s. out** memperpanjang (*a story*). **spin-off** *kb.* barang/perusahaan yg berasal dari sebuah barang/perusahaan yg tak bersangkutan. **spun glass** benang gelas, serat kaca. —**spinning** *kb.* pemintalan. *s. mill* pemintalan. *s. wheel* mesin pemintal.

spinach /'spinic/ *kb.* bayam.

spinal /'spainəl/ *kb.* Med.: suntikan pelali dlm sumsum belakang. —*ks.* mengenai tulang belakang. *s. anesthesia* suntikan pelali dlm sumsum belakang. *s. column* tulang belakang. *s. cord* urat saraf tulang belakang.

spindle /'spindəl/ *kb.* geléndong, kumparan. **spindle-legged** *ks.* berkaki panjang dan kurus.

spine /spain/ *kb.* 1 tulang belakang. 2 punggung (*of a mountain, book*). 3 duri (*of cactus, porcupine*). **spine-chilling** *ks.* menegakkan bulu roman. **spine-tingling** *ks.* seram (*story*).

spineless /'spainləs/ *ks.* 1 tak bertulang. 2 lemah.

spinet /'spinit/ *kb.* piano kecil.

spinner /'spinər/ *kb.* 1 pemintal, pengantih (*of cloth*). 2 pembual (*of tales*).

spinster /'spinstər/ *kb.* perawan/gadis tua.

spinsterhood /'spinstərhud/ *kb.* semasa hidup sbg gadis tua.

spiny /'spainie/ *ks.* berduri.

spiraea /spai'rieə/ *kb.* sm tumbuhan.

spiral /'spairəl/ *kb.*/pilin. *inflationary s.* inflasi (yg bersifat) spiral. *wage-price s.* naiknya upah/harga. —*ks.* spiral. *s. staircase* tangga spiral. —*kki.* naik

(terus). *Wages have spiraled in recent months* Upah-upah naik dlm bulan-bulan belakangan ini. *The smoke spiraled upward* Asap itu mengepul melingkar-lingkar ke atas.
spirant /'spairənt/ *kb. Phon.*: bunyi géséran/bergésér.
spire /spair/ *kb.* puncak menara (*of a church*).
spirit /'spirit/ *kb.* 1 roh, jiwa. *the s. of the law* jiwa undang-undang. *He was the leading s. in the revolution* Ia merupakan jiwa pendorong/penggerak utama dlm révolusi itu. 2 semangat. *s. of independence* semangat/jiwa kemerdékaan. *We will be with you in s.* Semangat kami akan menyertaimu. *He shows a lot of s.* Ia kelihatan bersemangat sekali. 3 arwah (*of a dead person*). 4 jin, hantu, mambang, makhluk halus. *to believe in spirits* percaya kpd makhluk halus. 5 suasana. *to do s.t. in the s. of Christmas* berbuat s.s.t. menurut suasana Natal. :: *school s.* rasa persatuan di sekolah. *to take s.t. in the wrong s.* menerima salah s.s.t.. *to do s.t. in a mischievous s.* berbuat s.s.t. utk maksud jahat. *That's the s.!* Nah, begitulah caranya! *to enter into the s. of the occasion* ikut berramai-ramai. *The s. is willing but the flesh is weak* Rohani berkemauan baik, tetapi jasmani lemah. —**spirits** *j.* 1 (*drink*) minuman keras. 2 semangat. *My spirits are low* Semangatku lesu. *to be in good spirits* bersemangat gembira. *to be in high spirits* beriang hati, riang gembira. *His spirits rose* Semangatnya bangkit. *spirits of ammonia* air amoniak. —*kkt.* **to s. away** menculik/membawa dgn diam-diam. **the s. world** alam mistik. —**spirited** *ks.* 1 hangat, bersemangat (*discussion*). 2 bersemangat, gesit (*horse*).
spiritual /'spirəcəl/ *kb.* nyanyian Négro di AS. —*ks.* 1 bathin, rohani. *s. help* bantuan bathin. 2 keagamaan. *s. writings* karangan-karangan keagamaan.
spiritualism /'spirəcə'lizəm/ *kb.* ilmu wasitah.
spiritualist /'spirəcəlist/ *kb.* penganut ilmu wasitah.
spirituous /'spirəcuəs/ *kb.* yg mengandung alkohol. *s. liquors* minuman keras.
spit /spit/ *kb.* 1 air ludah/liur. 2 tempat memanggang. —*kki.* (**spat** atau **spit**) meludah. *Don't s. on the floor* Jangan meludah di lantai. *The cats spat at e.o.* Kucing-kucing itu saling menyembur. **to s. out/up** meludahkan. *to s. up blood* meludahkan darah. *He's the s. and image of his father* Dia serupa benar dgn ayahnya. *s. and polish* kerapian. *s. curl* ikal rambut yg mendatar di pipi atau di dahi. *spitting image* serupa benar.
spitball /'spit'bɔl/ *kb.* bola gumpalan kertas.
spite /spait/ *kb.* dengki, dendam, irihati. *to do s.t. for or out of s.* melakukan s.s.t. karena merasa dengki. *in s. of* meskipun, walaupun, kendatipun. *He went in s. of his wife's objections* Dia pergi meskipun isterinya berkeberatan. *to have a s. against s.o.* menaruh dendam thd s.s.o. —*kkt.* menjéngkélkan, mendongkolkan.
spiteful /'spaitfəl/ *ks.* pendengki, pendendam, berdengki, irihati.
spitfire /'spit'fair/ *kb.* wanita yg pemarah/galak.
spittle /'spitəl/ *kb.* air ludah/liur.
spittoon /spi'tuwn/ *kb.* tempolong, peludahan.
splash /splæsy/ *kb.* 1 cemplungan (*of a stone, body entering the water*). 2 ceburan (*of an oar*). *Inf.*: **to make a s.** menimbulkan kegemparan, menarik perhatian orang, dibicarakan orang. *Inf.*: **to put on a big s.** mengadakan pésta secara besar-besaran. —*kkt.* 1 memercikkan (*water*). 2 bepercikan. *Don't s. paint on the floor* Jagalah jangan sampai cat bepercikan di lantai. —*kki.* mendebur, cebar-cebur. **to**

s. down mencebur. —**splashing** *kb.* deburan, pukulan (*of waves*).
splashdown /'splæsy'dawn/ *kb.* penceburan.
splashy /'splæsyie/ *ks.* héboh, dgn cara menarik perhatian.
splatter /'splætər/ =SPATTER.
splay /splei/ *ks.* miring, renggang keluar.
splayfoot /'splei'fut/ *kb.* (*j.* **-feet**) kaki bébék.
spleen /splien/ *kb.* limpa (kecil). *to vent o's s. upon s.o.* mencurahkan rasa bencinya pd s.s.o.
splendid /'splendid/ *ks.* 1 baik sekali (*show, opportunity*). *That's s.!* Sungguh bagus! Bagus sekali! 2 énak (*meal*). 3 tampan (*in appearance*). *A s. time was had by all* Semuanya bersenang hati. —**splendidly** *kk.* dgn baik sekali.
splendor /'splendər/ *kb.* semarak, kemegahan.
splice /splais/ *kb.* sambungan, sambatan. —*kkt.* menyambung. *Inf.*: *to be spliced* kawin.
splint /splint/ *kb.* belat. *to put a broken arm in splints* membelat lengan yg patah. —*kkt.* membelat.
splinter /'splintər/ *kb.* suban, serpih. *s. group* kelompok yg memisahkan diri dari induk organisasinya karena berselisih pendirian. —*kkt.* memecahkan (*a door*). —*kki.* 1 memecah, terpecah (*of glass, wood, a group*). 2 menyerpih.
split /split/ *kb.* 1 robék, sobék (*in clothing*). 2 keretakan (*in furniture, a group*). 3 *Sl.*: pembagian (*of the profits*). 4 gerak mengangkang. *to do splits* kangkang-kan kaki. *banana s.* éskrim dgn pisang dibelah. —*ks.* retak, belah (*wall*). *s. lip* bibir sumbing. *s. log* kayu/balok yg (di)belah. —*kkt.* (**split**) 1 membelah (*wood*). 2 membagi (*o's friendship between two people, profits*). 3 *Fin.*: menambah (*stock*). 4 memisahkan (*the atom*). :: *He s. his trousers* Celananya koyak. *to s. the ticket/vote* memberi suara kpd dua calon yg berlainan partai. *to s. open a carcass* membedah mayat. —*kki.* 1 terbelah, retak. *That wood splits easily* Macam kayu itu mudah retak. 2 sobék (*of clothing*). 3 (ter)pecah. *The ship s. in two* Kapal itu pecah menjadi dua. *The committee s.* Panitia itu terpecah menjadi dua. *My head is splitting* Kepalaku sakit sekali. Kepalaku rasanya akan pecah. *He nearly s. himself laughing* Hampir pecah perutnya karena tertawa. *The parties were s. over the issue* Partai-partai itu berbéda pendapat mengenai persoalan itu. 4 *Sl.*: melarikan diri. **to s. up** 1 berpisah. 2 bercerai. 3 membagi-bagi (*profits, loot*). **s. decision** keputusan yg diambil dgn kelebihan suara yg sangat kecil. **s. infinitive** infinitif terpisah. **split-level** *house* rumah kopel, rumah berloténg dua tetapi loténg teratas hanya setengah tinggi, rumah yg berlantai satu tetapi terbagi dua tingkatan. **s. peas** biji kapri yg dibelah-belah. **s. personality** (=SCHIZOPHRENIA). **s. second** sekejap, sesaat, cepat sekali. *s.-second timing* pengambilan waktu secara cepat sekali. **split-up** *kb.* 1 perpecahan (*in an organization*). 2 perceraian (*of a family*). 3 penambahan, jumlah (*of stock*). —**splitting** *kb.* pemisahan/pemecahan (*of the atom*). *ks.* berat sekali. *s. headache* sakit kepala serasa mau pecah.
splotch /splac/ *kb.* percikan (*of ink*).
splotchy /'splacie/ *ks.* berbecak-becak, bernoda.
splurge /splərj/ *kb.* pembelian secara royal. *to go on a s.* berbelanja secara royal. —*kki.* berbelanja royal-royalan, berroyal-royal dgn.
splutter /'splətər/ *kb.* bunyi getaran/répétan (*of a motor*). —*kki.* 1 berbicara dgn gugup. 2 bergetar, merépét (*of an engine*).
spoil /spoil/ *kb.* **spoils** *j.* barang rampasan (*of war*). —*kkt.* (**spoiled** atau **spoilt**) 1 memanjakan (*a*

child). 2 mengganggu (*o's day*). 3 (*ruin*) membuang-buang. 4 merusak, membuat busuk (*food*). *to s. a view* merusak/mengotorkan pemandangan. —*kki.* busuk, basi (*of food*). *to be spoiling for a fight* mengingini percékcokan. —**spoiled, spoilt** *ks.* 1 manja, alem (*of a child*). 2 busuk, basi (*of food*).

spoilsport /'spoil'spowrt/ *kb.* perusak permainan.

spoilt /spoilt/ lih SPOIL.

spoke /spowk/ *kb.* jari-jari, ruji.

spoke(n) /'spowk(ən)/ lih SPEAK.

spokesman /'spowksmən/ *kb.* (*j.* **-men**) jurubicara, jubir.

sponge /spʌnj/ *kb.* 1 bunga karang, sepon. *s. rubber* karét sepon. 2 bolu. *s. cake* kué bolu, bolukukus. *s. bath* permandian dgn sepon. :: *He has a mind like a s.* Otaknya cerdas sekali. *to throw in the s.* mengaku kalah, berhenti, menyerah. —*kkt.* 1 menggosok (*a car, a body*). 2 *Inf.*: mengemis, mengorék (*money*) (*off* dari). **to s. on** *Inf.*: meminta-minta kpd, hidup dari belas-kasihan orang lain. **to s. off** menyéka diri. **to s. up** menyéka dgn sepon.

sponger /'spʌnjər/ *kb. Inf.*: orang yg hidup atas biaya orang lain, tukang boncéng.

spongy /'spʌnjie/ *ks.* spt bunga karang, spt sepon.

sponsor /'spansər/ *kb.* sponsor, penyokong, yg membiayai. —*kkt.* 1 mensponsori. 2 membiayai, mengongkosi.

sponsorship /'spansərsyip/ *kb.* usaha, sokongan. *under the s. of* atas usaha.

spontaneity /'spantə'nieətie/ *kb.* (*j.* **-ties**) spontanitas.

spontaneous /span'teinieəs/ *ks.* secara spontan, tanpa diminta-minta. *s. combustion* pembakaran dgn sendirinya. —**spontaneously** *kk.* secara spontan.

spoof /spuwf/ *kb. Inf.*: lelucon. —*kkt.* membuat lelucon mengenai.

spook /spuwk/ *kb.* hantu.

spookish /'spuwkisy/ *ks.* 1 yg berhantu (*building*). 2 ngeri (*feeling*).

spooky /'spuwkie/ *ks.* menyeramkan, menakutkan.

spool /spuwl/ *kb.* geléndong, kili-kili, kumparan. *a s. of thread* segeléndong benang.

spoon /spuwn/ *kb.* séndok. *serving s.* séndok gulai/nasi. *He was born with a silver s. in his mouth* Dia sdh kaya semenjak dilahirkan. Ia dilahirkan sbg seorang yg beruntung. —*kki.* bercumbu-cumbuan.

to spoon-feed (**spoon-fed**) 1 menyuap (*a baby*). 2 memanjakan (*o's pupils*). **spoon-fed** *ks.* manja, didulang.

spoonful /'spuwnfəl/ *kb.* seséndok penuh.

sporadic /spə'rædik/ *ks.* sekali-sekali, jarang-jarang, sporadis. —**sporadically** *kk.* dgn sporadis.

spore /spowr/ *kb.* sepura.

sport /spowrt/ *kb.* 1 olahraga, sport. *Inf.*: *He's a good s.* a) Dia sangat sportif. b) Dia orang yg baik sekali. *He's a poor s.* Dia orang yg tak tahan kalah. *Be a s. and come along!* Jadilah anak baik/manis dan mari ikut. *to say s.t. in s.* mengatakan s.s.t. secara berkelakar. **to make s. of** membuat olok-olok thd, memperolok-olokkan. 2 keanéhan (*alam*), mutasi. —**sports** *j.* olahraga, keolahragaan. *to go out for sports* melakukan olahraga sbg anggota sebuah regu. *sports car* mobil sport. *sport(s) coat* jas/jakét sport. *sports page* halaman olahraga. —*kkt.* memakai (*a new suit, a beard*). **sporting** *chance* kesempatan sedikit. *sporting goods* alat-alat olahraga.

sportscast /'spowrts'kæst/ *kb.* berita olahraga.

sportscaster /'spowrts'kæstər/ *kb.* penyiar berita olahraga.

sportsman /'spowrtsmən/ *kb.* (*j.* **-men**) olahragawan.

sportsmanlike /'spowrtsmən'laik/ *ks.* sportif.

sportsmanship /'spowrtsmənsyip/ *kb.* sikap sportif.

sportswear /'spowrts'wær/ *kb.* pakaian olahraga.

sportswoman /'spowrts'wumən/ *kb.* (*j.* **-women**) olahragawati.

sportswriter /'spowrts'raitər/ *kb.* wartawan olahraga.

sporty /'spowrtie/ *ks.* yg menyolok (*car, clothes*). —**sportily** *kk.* secara menyolok.

spot /spat/ *kb.* 1 noda, selékéh (*on o's clothing*). 2 bintik. *panther's spots* bintik macan tutul. 3 tempat. *We'll meet at this s.* Kita akan bertemu di tempat ini. *rooted to the s.* terpaku (di tempat itu). 4 sedikit. *I'll have a s. of tea* Saya hendak minum téh sedikit. 5 beruntusan (*on skin*). :: *That's a sore s. with me* Itu suatu hal yg masih menimbulkan sakit hati bagi saya. *Inf.*: *That meal really hit the s.* Makanan itu sungguh memuaskan. **in spots** disana-sini. **on the s.** dgn segera, dgn serta-merta. *Inf.*: *He's on the s.* Dia (adalah) dlm kedudukan yg sulit. *Sl.*: *to put s.o. on the s.* menempatkan s.s.o. dlm kedudukan yg sulit. —*kkt.* (**spotted**) 1 melihat (*the winner*). *He spotted me as I entered* Saya terlihat oléhnya ketika saya masuk. 2 menodai (*clothing*). 3 (*place*) menempatkan. 4 *Sport*: *Inf.*: membiarkan (*a goal*). **s. cash** pembayaran kontan. **s. check** pemeriksaan dgn tiba-tiba. *to make a s. check* mencék dgn tiba-tiba. **to spot-check** mengadakan pemeriksaan tanpa pemberitahuan lebih dahulu. **s. control** pemeriksaan di tempat. **s. remover** penghapus noda/bintik kotor. —**spotted** *ks.* berbintik, (ber)tutul. *s. cat* kucing tutul. *s. fever* penyakit demam yg menimbulkan bintik-bintik pd kulit.

spotless /'spatləs/ *ks.* bersih, tak bernoda.

spotlessness /'spatləsnəs/ *kb.* kerapian, keadaan tak bercacat/bernoda.

spotlight /'spat'lait/ *kb.* 1 lampu sorot. *to be in the s.* menjadi pusat perhatian umum. 2 lampu pinggir (*on cars*). —*kkt.* menyoroti.

spotter /'spatər/ *kb.* 1 tukang penghapus noda. 2 peninjau, pengintai.

spotty /'spatie/ *ks.* 1 bernoda (*of clothing*). 2 kadang-kadang baik, kadang-kadang buruk; turun-naik (*of grades, performance*).

spouse /spaws/ *kb.* 1 suami. 2 isteri.

spout /spawt/ *kb.* corot, cerat (*of pitcher, kettle*). *drain s.* pipa penyalur/penyemprot. *rainwater s.* pipa air hujan. —*kkt.* 1 menyemburkan (*abuse, obscenities*). 2 menyemprotkan (*water*). —*kki.* memancar.

sprag /spræg/ *kkt.* (**spragged**) mengganjal, menggalang.

sprain /sprein/ *kb.* keseléo. —*kkt.* keseléo, terpelécok. *He sprained his ankle* Mata kakinya keseléo.

sprang /spræng/ lih SPRING.

sprawl /sprɔl/ *kb.* kedudukan lintang pukang. —*kki.* terlentang, menggeletak (*on the grass*). *The blow sent him sprawling* Pukulan itu membuat dia tergeletak. *to sit with o's legs sprawled out* duduk dgn kaki membujur ke depan.

spray /sprei/ *kb.* 1 percikan, semprotan (*of water*). *s. gun* alat semprot, semprotan (*air*). *s. nozzle* moncong pipa penyemprot (*air*). 2 setangkai (*of flowers*). 3 (*wind-blown*) buih. 4 obat penyemprotan. —*kkt.* 1 menyemprot (*trees, o's throat*). 2 memberondongi (*with bullets*). —**spraying** *kb.* penyemprotan.

sprayer /'spreiər/ *kb.* semprotan, (alat penyemprot.

spread /spred/ *kb.* 1 lébarnya (*of wings*). 2 penyebaran (*of information*). 3 penjalaran (*of a disease*). 4 perbédaan (*between income and expenditures*). 5 (*meal*) makan besar. 6 olésan, lumuran, pulasan (*of cheese*). :: *two-page s. in a magazine* dua halaman penuh dlm suatu majalah. *to develop a middle-age s.* mendapat tambahan gemuk (di daérah perut) karena sdh setengah tua. —*kkt.* (**spread**) 1 menyiarkan, menyebarkan (*the news*). *to s. fertilizer* menyebarkan pupuk. 2 membentangkan (*a sheet, blanket*). *S. the map open* Bentangkanlah peta itu. 3 mengoléskan (*butter on bread*). 4 mengolési (*bread with butter*). 5 mengembangkan, membentangkan (*wings*). 6 merentangkan (*a net*). :: *to s. o's payments over three months* mencicil pembayaran orang selama jangka tiga bulan. *to s. a road with tar* mengecét jalan dgn tér. —*kki.* 1 menjalar (*of disease, fire, swelling*). 2 menular (*of disease, epidemic*). 3 merambat (*of weeds*). **to s. out** membentangkan (s.t.). *S. out!* Bersebarlah! *He s. out his arms* Ia merentangkan tangannya. **to spread-eagle** berbaring dgn kaki terkangkang dan tangan terlentang di atas tanah. —**spreading** *kb.* 1 menjalarnya, penjalaran (*of disease*). 2 perkembangan (*of knowledge*).

spreader /'spredər/ *kb.* 1 penyebar (*of knowledge, disease*). 2 alat penyebar (*of fertilizer*). 3 pengolés, pemulas (*of butter*).

spree /sprie/ *kb.* pelesir. *to go on a shopping s.* pergi berbelanja sambil bersuka-ria. *on a drinking s.* minum-minum hingga mabok.

sprier /'spraiər/ lih SPRY.

spriest /'spraiist/ lih SPRY.

sprig /sprig/ *kb.* ranting, tangkai.

sprightly /'spraitlie/ *ks.* 1 sigap. 2 riang gembira.

spring /spring/ *kb.* 1 musim semi. *in the s.* dlm musim semi. *s. weather* cuaca musim semi. 2 sumber, mata air. *hot springs* sumber air panas. 3 pér, pegas (*watch, auto*). *That wire has lost its s.* Kawat itu tdk melenting lagi. —*kkt.* (**sprang, sprung**) 1 membocorkan, meretakkan (*a wall*). 2 membuka, melepaskan (*a lock*). *to s. a trap* membuat perangkap terkatup. *Sl.: to s. o.s. from jail or country* meloloskan diri dari penjara atau negeri. *to s. a surprise* mengadakan pésta. —*kki.* 1 menutup. *The trap sprang* Perangkap itu terkatup. *The lid sprang open* Tutupnya terbuka dgn mendadak. *The door sprang shut* Pintu itu terkunci (dgn sendirinya). 2 menerkam, meloncat. *Some animals can s. a considerable distance* Beberapa binatang dpt meloncat jauh sekali. *Hope springs eternal in the human breast* Harapan selamalamanya tumbuh di dada manusia. **to s. at** menerkam, melompati. *The wire can s. back and hurt you* Kawat itu dpt meloncat kembali dan melukai kamu. **to s. forth** meloncat maju. *She springs from a long line of actors and actresses* Ia berasal/keturunan dari réntétan/dérétan panjang aktor-aktor pria dan wanita. *to s. into a rage* mengamuk. *to s. to attention* berdiri tegak utk memberi hormat. *to s. to o's feet* meloncat (lalu) berdiri. **to s. up** 1 bertumbuh (*of a town*). 2 meniup (*of a breeze*). 3 muncul, timbul (*of words*). *Buildings are springing up all over the city* Gedung-gedung bermunculan di seluruh kota itu. **s. chicken** ayam muda. *Sl.: She's no s. chicken* Ia tdk muda lagi. **spring-cleaning** *kb.* pembersihan rumah dlm musim semi. **s. fever** penyakit malas, demam musim semi. —**sprung** *ks.* rusak. *The screen door was s.* Pintu angin itu rusak.

springboard /'spring'bowrd/ *kb.* batu loncatan.

springiness /'springienəs/ *kb.* kekuatan pelenting, daya melenting/memegas.

springtime /'spring'taim/ *kb.* musim semi.

springy /'springie/ *ks.* élastis.

sprinkle /'springkəl/ *kb.* 1 penétésan (*of rain*). *light s.* hamburan hujan yg ringan. 2 penghamburan (*of pepper*). *a s. of salt on the eggs* sedikit bubutan/hamburan garam pd telur. —*kkt.* 1 menaburkan, menghamburkan (*dirt*). 2 memerciki, menyirami (*the lawn*). 3 membubuhi (*pepper on s.t.*). 4 membubuhi/menghamburi, menaburi (*s.t. with pepper*). 5 tersebar. *Farmsteads s. the area* Rumah-rumah petani tersebar di daérah itu. —*kki.* gerimis, hujan rintik-rintik. —**sprinkling** *kb.* 1 sedikit olésan (*of mayonnaise*). 2 penyiraman. *The lawn needs sprinkling* Lapangan rumput itu perlu disirami. 3 beberapa. *I have a s. of gray hairs in my head* Ada beberapa rambut uban di kepalaku. *s. of rain* hujan rintik-rintik. *s. can* émbér penyiram(an). *s. of knowledge* sedikit pengetahuan.

sprinkler /'springklər/ *kb.* 1 alat penyiram (*in yard*). 2 alat penyembur api (*against fire*).

sprint /sprint/ *kb.* lomba lari jarak péndék, lari cepat. *to make a s. for the door* melompat lari ke arah pintu. —*kki.* berlari secepat-cepatnya.

sprinter /'sprintər/ *kb.* pelari (dlm lomba lari).

sprite /sprait/ *kb.* bidadari, peri.

sprocket /'sprakit/ *kb.* gigi jentera.

sprout /sprawt/ *kb.* 1 taogé. *bean sprouts* kecambah, taogé, togé. 2 rebung. *Brussels sprouts* kobis Brussel. —*kkt.* memakai (*whiskers, wings*). —*kki.* 1 bertunas (*of plants*). 2 tumbuh meninggi (*of a child*).

spruce /spruws/ *kb.* sej. pohon cemara. —*kkt.* **to s. o.s. up** berdandan dgn rapi, merapikan diri.

sprue /spruw/ *kb.* seriawan, guam.

sprung /sprʌng/ lih SPRING.

spry /sprai/ *ks.* (**sprier, spriest**) 1 giat, sigap, gesit. 2 bersemangat.

spud /spʌd/ *kb. Inf.:* kentang.

spun /spʌn/ lih SPIN.

spunk /spʌngk/ *kb.* 1 keberanian. *She has a lot of s.* Dia seorang wanita pemberani. 2 semangat.

spunkiness /'spʌngkienəs/ *kb.* keberanian.

spunky /'spʌngkie/ *ks.* 1 berani. 2 bersemangat.

spur /spər/ *kb.* 1 taji (*of a cock*). 2 pacu (*of horseman*). *to give a horse the s.* memacu kuda. 3 *RR.:* cabang rél keréta api. **on the s. of the moment** secara mendadak, tanpa dipikirkan terlebih dahulu. *to win o's spurs as a reporter* menjadi terkenal sbg wartawan. —*kkt.* (**spurred**) 1 menerjang dgn taji. 2 memacu (*a horse*). *He was spurred on by his teacher* Dia didorong oléh gurunya. **s. line/track** simpang jalan keréta api.

spurious /'spyurieəs/ *ks.* palsu, lancung.

spurn /spərn/ *kkt.* menolak (dgn angkuhnya).

spurt /spərt/ *kb.* 1 semburan (*of liquid*). 2 dorongan. *to do o's work in spurts* bekerja sebentar-sebentar dgn segala kegiatan. *to put on a s.* dgn semangat/kegiatan yg tiba-tiba. —*kkt.* menyemburkan, menyemprotkan (*blood*). —*kki.* 1 menyembur (*of a liquid*). 2 berlari dgn cepat.

sputnik /'spʌtnik, 'sput-/ *kb.* sputnik.

sputter /'spʌtər/ *kki.* 1 memercik (*of grease in a pan*). 2 menggerutu, bercakap dgn menggagap. 3 terbatuk-batuk (*of an engine*). —**sputtering** *kb.* 1 bunyi yg merépét/berdesis (*of an engine*). 2 bunyi yg berdesis (*of grease*).

sputum /'spyuwtəm/ *kb.* 1 dahak. 2 air ludah/liur.

spy /spai/ *kb.* (*j.* **spies**) mata-mata. —*kkt.* (**spied**) melihat. *I spied him in the mirror* Saya melihatnya didlm cermin. **to s. on** memata-matai, mendingkik. —**spying** *kb.* spionase. *He was hanged for s.* Dia digantung karena menjadi mata-mata.

spyglass /'spai'glæs/ *kb.* kékér.

sq. [*square*] persegi.

Sq. 1 [*square*] (empat) persegi. 2 [*squadron*] skwadron.

sq. ft. [*square foot/feet*] kaki persegi.

squab /skwab/ *kb.* anak burung dara, burung dara muda.

squabble /'skwabəl/ *kb.* pertengkaran, percékcokan. —*kki.* bertengkar, bercékcok. *to s. over s. t.* mempertengkarkan s.s.t. —**squabbling** *kb.* pertengkaran, percékcokan.

squabbler /'skwablər/ *kb.* orang yg bertengkar.

squad /skwad/ *kb.* 1 *Mil.*: regu. *rescue s.* regu penolong. 2 pasukan (*of police*). *s. car* mobil patroli/ polisi.

squadron /'skwadrən/ *kb.* skwadron.

squalid /'skwalid/ *ks.* jorok, jémbél. *s. quarters* perumahan yg jorok.

squall /skwɔl/ *kb.* 1 hujan badai yg turun mendadak. 2 angin keras yg mendadak. *snow s.* hujan badai salju. —*kki.* berteriak, menangis sambil berteriak-teriak.

squalor /'skwalər/ *kb.* kejorokan, kejémbélan, kemelaratan.

squander /'skwandər/ *kkt.* menghabiskan dgn siasia. *to s. money* menghamburkan uang.

squanderer /'skwandərər/ *kb.* orang yg membuang-buang/menghambur-hamburkan.

square /skwær/ *kb.* 1 kwadrat, (empat) persegi. 2 *Sl.*: seorang yg konvénsionil, orang yg ketinggalan zaman mengenai mode. 3 (*village*) alun-alun. 4 hasil perkalian. *36 is the s. of 6* 36 adalah hasil perkalian 6 dgn 6. 5 lapangan persegi. *to be on the s.* jujur, lurus (hati). —*ks.* 1 persegi. *Our yard is 90 feet s.* Halaman kami 90 kaki persegi luasnya. *s. foot* kaki persegi. *s. inch* inci persegi. *s. measure* ukuran persegi. 2 jujur. *s. deal* perlakuan yg jujur. *Inf.*: *s. shooter* orang yg adil dan jujur. 3 lunas, bérés. *We are s. now* Kita sdh lunas sekarang. *Now, are we all s.?* Apakah semua sdh bérés? *to call it s.* menganggap lunas, menyatakan bérés. 4 *Sl.*: konvénsionil sekali. —*kkt.* 1 menyelesaikan (*a financial account*). 2 mengkwadratkan (*a number*). **::** *to s. s.t. with s.t. else* menyesuaikan/mencocokkan s.s.t. dgn yg lain. *to s. o's shoulders* membidangkan bahu. **to s. away** membéréskan. *Let's get squared away* Mari kita béréskan semuanya. **to s. off** mengambil ancang-ancang. *to s. off for a fight* berhadapan utk berkelahi. *to s. o.s. with o's friend* rujuk kembali dgn temannya. berbaikan lagi dgn temannya. **to s. up** melunaskan. **to s. with** cocok dgn. *His practice doesn't s. with his policy* Tindakannya tdk cocok dgn maksudnya. **s. bracket** (tanda) kurung besar. **s. dance** tarian rakyat Amérika. **s. knot** simpul mati. **s. meal** makanan yg cukup. *He's a s. peg in a round hole* Ia samasekali tdk pd tempatnya utk jabatannya itu. **s. root** akar (pangkat) dua. —**squarely** *kk.* 1 secara jujur. *to win fairly and s.* betul-betul menang secara jujur. 2 tepat. *to shoot s. between the eyes* menémbak tepat diantara matanya.

squash /skwasy/ *kb.* 1 sm labu, sm ketéla, gambas. 2 *Sport*: permainan bola dan rakét. 3 krus. *orang s.* oranye krus. —*kkt.* 1 meremas, melumatkan (*cookies*). 2 (*stop*) menghentikan. 3 menundukkan (*in debate*). *I was squashed in the crowd* Saya terpencét ditengah orang banyak itu. *to s. through the mud* melangkah mendesau-desau melalui lumpur itu.

squashy /'skwasyie/ *ks.* bécék, berlumpur (*of ground*).

squat /skwat/ *kb.* berjongkok. —*ks.* lontok, péndék dan gemuk. —*kki.* (**squatted**) 1 berjongkok, bertanggék. 2 menduduki tanah (*on a piece of land*).

squatter /'skwatər/ *kb.* penghuni liar. *squatter's rights* hak penduduk atas tanah bagi penghuni liar.

squatty /'skwatie/ *ks.* lontok, péndék dan gemuk.

squaw /skwɔ/ *kb.* wanita Indian.

squawk /skwɔk/ *kb.* 1 *Inf.*: keluhan, omélan (*about low pay*). 2 kuak (*of fowl*). —*kki.* 1 *Inf.*: (*complain*) mengeluh, mengomél. 2 berkuak (*of a chicken*). 3 *Sl.*: mengakui (*to the police*).

squeak /skwiek/ *kb.* 1 cicit, decit (*of a mouse*). 2 ciutan (*of brakes, a door*). *Inf.*: *to have a narrow s.* nyaris bahaya, hampir kena celaka. —*kki.* 1 bercicit, mencicit (*of a mouse*). 2 mengerik (*of a door, a pen*). 3 berkecut-kecut (*of a wheel which needs oil*). **to s. by/through** hampir kalah, lulus dgn susah-payah (*an exam*). —**squeaking** *kb.* 1 bunyi yg berdecit-decitan (*of a mouse*). 2 ciutan (*of brakes, a door*).

squeaker /'skwiekər/ *kb. Inf.*: pertandingan yg tak segera ketahuan siapa pemenang hingga detik-detik terakhir.

squeaky /'skwiekie/ *ks.* 1 berciut-ciut (*brakes, door, wheel*). 2 nyaring, tajam. *He has a s. voice* Suaranya nyaring melengking.

squeal /skwiel/ *kb.* 1 pekik (*of delight*). 2 jeritan (*of complaint*). 3 dengking (*of a pig*). —*kki.* 1 menjerit, memekik (*of a person*). 2 berdengking, mendengking (*of a pig*). *Inf.*: **to s. on** mengadukan (*s.o.*).

squealer /'skwielər/ *kb.* 1 orang atau héwan/barang yg berteriak/berjerit. 2 (*pig*) anak babi.

squeamish /'skwiemisy/ *ks.* berpilih-pilih.

squeegee /'skwiejie/ *kb.* alat penyapu/pembersih air terbuat dari karét.

squeeze /skwiez/ *kb.* 1 tekanan. *to be in a tight s.* sangat terjepit. *It's a tight s. to get everyone in the car* Sesak sekali untuk memasukkan semuanya di mobil. *Inf.*: *to be caught in a s.* terjepit. *Since the strike there has been a s. on cars* Semenjak pemogokan itu, susah sekali mendapatkan mobil. 2 tiruan (*of an inscription*). 3 pemerasan. *to put the s. on* memeras. *with a s. of the hand* dgn jabatan tangan yg erat. —*kkt.* 1 memeras (*money from s.o., fruit*). 2 memencét, meremas (*a kitten*). 3 menyelipkan. *to s. s.t. into a box* menyelipkan s.s.t. kedlm kotak. 4 memeluk, mendekap (*a child in o's arms*). **::** *to s. o's way through a crowd* menyelusup (dgn susah-payah) melalui orang banyak. *to s. o.s. into a box* menyesakkan badannya kedlm kotak. *to s. o.s. through a window* menghenyakkan badannya melalui jendéla. —*kki.* diperas. *Some objects s. easily* Ada barang yg mudah diperas. **s. bottle** botol pencét. *Sport*: **s. play** jepitan, desakan.

squeezer /'skwiezər/ *kb.* pemeras. *lemon s.* pemeras jeruk.

squelch /skwelc/ *kb.* pukulan yg membungkamkan. —*kkt.* 1 memadamkan, menindas (*an uprising*). 2 mendiamkan (*s.o.*).

squib /skwib/ *kb.* 1 berita singkat (*in a newspaper*). 2 petasan, kembangapi.

squid /skwid/ *kb.* ikan cumi-cumi.

squiggle /'skwigəl/ *kb.* garis berlekuk-lekuk.

squint /skwint/ *kb.* kerdipan, penglihatan juling. *to give s.o. a s. out of one eye* mengerlingkan sebelah matanya kpd s.s.o. *Let's have a s. at it!* Mari kita lihat/perhatikan itu! —*kki.* mengedipkan mata. *to s. at s.o.* memandang kpd s.s.o.

squire /skwair/ *kkt.* mengantarkan, menemani, mengawal.

squirm /skwərm/ *kki.* menggeliat(-geliut).
—**squirming** *kb.* menggeliat-geliat.
squirrel /'skwərəl/ *kb.* bajing, tupai.
squirt /skwərt/ *kb.* semprotan (*of liquid*). *s. gun* 1 pistol air. 2 alat penyemprot. —*kki.* muncrat, menyembur (*of liquid*).
S. Res. [*Senate Resolution*] Résolusi Sénat.
S.R.O. [*standing room only*] tempat utk berdiri (saja).
SS [*Steamship*] Kapal Api.
s/s [*steamship*] kapal api.
S.S. 1 [*Steamship*] Kapal Api. 2 [*Straits Settlements*] Semenanjung Malaka.
S/Sgt [*Staff Sergeant*] Sersan Kepala/Staf.
st. [*street*] jalan.
St. 1 [*Street*] Jalan. 2 [*Saint*] Santo. 3 [*Strait*] Selat.
stab /stæb/ *kb.* tikaman, bacokan. *to make/take a s. at* mencoba, berusaha melakukan. *s. in the back* 1 tikaman/tusukan dari belakang. 2 pengkhianatan. —*kkt.* (**stabbed**) menikam. *to s. to death* menikam sampai mati. *to s. s.o. in the back* 1 menikam/menusuk dari belakang. 2 (*betray*) mengkhianati.
stability /stə'bilətie/ *kb.* (*j.* **-ties**) 1 stabilitas, kemantapan, kestabilan. 2 keseimbangan.
stabilization /'steibələ'zeisyən/ *kb.* stabilisasi.
stabilize /'steibəlaiz/ *kkt.* menstabilkan, menstabilisasikan, memantapkan. **stabilizing** *influence* pengaruh yg memantapkan hati.
stabilizer /'steibə'laizər/ *kb.* alat penstabil, pengatur keseimbangan, stabilisator.
stable /'steibəl/ *kb.* 1 kandang. 2 rombongan (*of exports*). —*ks.* 1 stabil (*economy, government*). 2 seimbang, stabil (*ship, plane*). 3 tabah hati, teguh, stabil (*person*). *s. effect upon* pengaruh yg memantapkan thd. 4 tetap, tak berubah (*of a liquid*). —*kkt.* mengandangkan, menempatkan di kandang (*a horse*).
stablemate /'steibəl'meit/ *kb.* 1 kuda sekandang. 2 kawan sekandang.
stack /stæk/ *kb.* 1 tumpukan (*of mail, papers*). *a s. of wood* setumpuk kayu. 2 cerobong asap. 3 banyak. *s. of compliments* ucapan selamat yg bertimbun. *Sl.:* **to blow o's s.** menjadi marah, hilang kesabaran. —**stacks** *j.* tempat rak-rak berisi buku di perpustakaan. —*kkt.* 1 menumpukkan, melonggokkan (*wood*). 2 menyusun, mengatur (*books*). *to s. a committee in favor of the conservatives* menyusun panitia secara menguntungkan bagi golongan konsérvatip. *Inf.:* **to s. up** membandingkan. *How does he s. up with the other players?* Bagaimanakah dia bila dibandingkan dgn pemain-pemain lainnya? *Bad weather stacked up the planes* Cuaca yg buruk menyebabkan kapal-kapal terbang menunggu di udara. —*Sl.:* **stacked** *ks.* berbadan/berpotongan tampan (*of a woman*).
stadium /'steidieəm/ *kb.* (*j.* **-iums, -ia**) stadion, gelanggang, aréna.
staff /stæf/ *kb.* 1 staf. *s. college* sekolah staf. *s. officer* opsir staf. 2 déwan, majelis. *teaching s.* déwan guru/pengajar. 3 para pegawai. *turnover in s.* mutasimutasi para pegawai. *How many are on the s.?* Berapa jumlah pegawai disini? *s. meeting* rapat pimpinan. 4 tongkat. 5 bahan pokok. *Bread is the s. of life* Roti merupakan bahan pokok dlm kehidupan. —*kkt.* mengangkat pegawai-pegawai. **s. car** mobil pimpinan. —**staffing** *kb.* susunan kepegawaian.
staffwork /'stæf'wərk/ *kb.* pekerjaan administratif.
stag /stæg/ *kb.* rusa jantan. *to go s.* pergi sendirian (tanpa wanita), pria saja. *s. dinner* pésta makan utk pria saja.
stage /steij/ *kb.* 1 panggung, pentas. *s. performance* pertunjukan di panggung. *s. directions* petunjuk-

petunjuk panggung. *s. director* diréktur panggung, pemimpin pementasan. *s. door* pintu panggung. *s. effect* éfék panggung, pemakaian bunyi-bunyian spt suara guruh di panggung. *s. fever* mabuk main panggung, gila pentas. *s. name* nama panggung. 2 tingkat. *three-stage rocket* rokét tiga tingkat, rokét bersusun tiga. 3 taraf. *At what s. are you now?* Sampai di taraf mana kamu sekarang? 4 tingkatan. *flood s.* tingkatan banjir. *by easy stages* sedikit demi sedikit, pelan-pelan. **on s.** diatas pentas. *to be/go on the s.* bermain di panggung sandiwara, menjadi aktor/aktris. *to write for the s.* menulis sandiwara. —*kkt.* 1 mengadakan (*a riot*). 2 menyelenggarakan, mengadakan (*a show*). 3 melancarkan (*a raid*). 4 mempergelarkan (*a performance*). *to s. a scene* bertingkah/berkelakuan yg memalukan. **s. fright** 1 ketakutan bermain sandiwara. 2 kegentaran berpidato dimuka umum. **s. manager** sutradara. **s. play** ceritera sandiwara. **stage-struck** *ks.* amat tertarik akan permainan sandiwara panggung. —**staging** *kb.* pementasan, pemanggungan. *Mil.:* *s. area* daérah persiapan militér.
stagecraft /'steij'kræft/ *kb.* kepandaian menyajikan sandiwara.
stagehand /'steij'hænd/ *kb.* petugas utk pentas.
stagger /'stægər/ *kb.* jalan sempoyongan, jalan terhuyung-huyung. —*kkt.* 1 mengejutkan. *The rates staggered me* Tarif-tarif itu mengagétkan saya. 2 membingungkan. *The budget figures s. the imagination* Angka-angka rencana perbelanjaan itu membingungkan khayalan. 3 menggemparkan, menggoncangkan (*the imagination*). *I was staggered by the news of his death* Saya terperanjat mendengar kabar kematiannya itu. 4 mengatur bergiliran. *The guests were staggered* Tamu-tamu itu diatur bergiliran. —*kki.* terhuyung-huyung, sempoyongan. *He staggered to his feet* Ia bérdiri dgn terhuyung. —**staggering** *ks.* mengejutkan, mengagétkan (*costs*). *s. blow* pukulan yg hébat.
stagnancy /'stægnənsie/ *kb.* kemacetan, kemandekan.
stagnant /'stægnənt/ *ks.* 1 menggenang, mandek (*water*). 2 membosankan (*society*).
stagnate /'stægneit/ *kki.* 1 menggenang (*of water*). 2 mati, tdk mendapat kemajuan (*of skills*).
stagnation /stæg'neisyən/ *kb.* stagnasi.
staid /steid/ *ks.* tenang dan serius. *s. community* masyarakat yg tenang-tenang saja.
stain /stein/ *kb.* 1 noda (*on cloth, on o's character*). 2 zat warna (*for slides*). —*kkt.* 1 mengotorkan, menodai (*cloth, o's hands*). 2 menodai, mencemarkan (*o's reputation*). *s. remover* obat penghilang cacat (pd kain). —*kki.* menjadi kotor. *That cloth stains easily* Baju itu mudah kotor. **stained** *glass* kaca berwarna. *stained-glass window* jendéla kaca berwarna.
stainless /'steinləs/ *ks.* tak bernoda. *s. steel* baja tak berkarat.
stair /stær/ *kb.* tangga. **stairs** *j.* tangga.
staircase /'stær'keis/ *kb.* tangga rumah.
stairway /'stær'wei/ *kb.* tangga.
stairwell /'stær'wel/ *kb.* ruangan tempat tangga.
stake /steik/ *kb.* 1 pancang. *to hammer in a s.* memukul pancang. *to burn at the s.* membakar mati di tiang pembakaran. **at s.** yg dipertaruhkan. *There's too much at s.* Risikonya terlalu banyak. Banyak sekali taruhannya. 2 kayusula (*for execution*). —**stakes** *j.* taruhan. *to play for high stakes* bermain utk taruhan yg tinggi. *Inf.:* **to pull up stakes** pindah (tempat) —*kkt.* 1 mempertaruhkan (*o's future*) (**on** pd). 2 memancangkan (*planes*). 3 membantu dlm keuang-

an s.s.o. 4 mentraktir (*to a lunch*). *to s. a claim to an area* menyatakan bhw suatu daérah miliknya.

stakeout /'steik'awt/ *kb.* pengawas, pengintai, penjaga.

stale /steil/ *ks.* 1 basi, apak (*of food, news*). 2 membosankan (*of lectures*). 3 pengap, apak (*of air*). 4 lelah. *to feel s.* merasa lelah/bosan. *to go s.* rusak keadaannya karena terlampau banyak latihan (*of an athlete*).

stalemate /'steil'meit/ *kb.* 1 *Chess*: mutu. 2 jalan buntu. —*kkt.* mengunci (sehingga tak dpt bergerak), memacatkan.

staleness /'steilnəs/ *kb.* 1 kebasian (*of food, news*). 2 kepengapan (*of air*).

stalk /stɔk/ *kb.* batang, tangkai. *a s. of celery* sebatang seladri. —*kkt.* mengejar, mengikuti (*animals*). —*kki. to s. out of the room* berjalan keluar dari kamar dgn angkuhnya. *to s. with camera instead of gun* berburu dgn kamera, bukannya dgn senapan.

stall /stɔl/ *kb.* 1 kedai, stan, kiosk. 2 (*horse*) kandang. 3 *Inf.*: alasan, dalih. *His illness is just a s.* Sakitnya itu hanyalah alasan saja. —*kkt.* 1 mematikan (*an engine*). 2 memperlambatkan (s.o.). —*kki.* 1 mogok (*of car*). 2 gagal (*of plane*). 3 mengélak, ragu-ragu (*of s.o.*). *to s. for time* mengulur-ulur waktu. *to s. s.o. off* menghalangi. *Stop stalling!* Berhentilah menghalang-halangi! **s. shower** kamar mandi dus.

stallion /'stælyən/ *kb.* kuda jantan.

stalwart /'stɔlwərt/ *kb.* pendukung (partai). —*ks.* tegap.

stamen /'steimən/ *kb.* (*j.* **-mina**) benang sari/serbuk.

stamina /'stæmənə/ *kb.* 1 daya tahan, keuletan. 2 *j.* lih STAMEN.

stammer /'stæmər/ *kb.* kegagapan, cara bicara yg gagap. —*kki.* menggagap. —**stammering** *kb.* gagap.

stamp /stæmp/ *kb.* 1 perangko. *used s.* perangko bekas pakai. *s. album* album perangko. *s. collector* pengumpul perangko. 2 ketukan kaki. 3 meterai. *cigarette s.* meterai cukai rokok. *s. tax* pajak meterai. 4 kupon. *trading s.* kupon barang dagangan. 5 tanda. *s. of approval* tanda persetujuan. *His countenance bears the s. of ...* Wajahnya membayangkan .... *Men of his s. are rare* Orang semacam dia itu jarang terdapat. 6 *cap. official s.* cap resmi. —*kkt.* 1 memperangkoi (*an envelope, letter*). *S. it special delivery* Bubuhilah cap éksprés. 2 mengecap. *He is stamped as a "square"* Dia dicap "kolot". 3 menunjukkan. *His speech stamps him as ...* Logatnya menunjukkan bhw ia.... 4 merentak, menggertakkan (*o's foot*). 5 membersihkan (*snow off o's shoes*). *His look is stamped on my memory* Wajahnya berkesan dlm ingatan saya. *to s. on o's foot* menginjak kakinya. **to s. about** melangkah dgn berat. **to s. out** 1 memadamkan, menginjak-injak hingga padam (*a fire*). 2 menindas (*revolt*). 3 membasmi (*malaria*). **s. book** 1 buku perangko. 2 buku kupon barang dagangan. **s. machine** mesin perangko. **s. pad** bantal cap. —**stamped** *ks.* dibubuhi perangko. *s. envelope* amplop yg sdh dibubuhi perangko. *to return to o's old stamping ground* kembali ke kampung halamannya.

stampede /stæm'pied/ *kb.* 1 penyerbuan (*of elephants*). 2 perebutan (*for tickets*). —*kkt.* 1 menyerbu (*o's way*). 2 mendorong, mendesak. *to s. s.o. into making a quick decision* mendorong s.s.o. utk mengambil keputusan dgn cepat. —*kki.* lari (berebutan) (*of elephants*).

stance /stæns/ *kb.* 1 cara berdiri. 2 pendirian, sudut, sikap méntal.

stanch /stɔnc, stænc/ *kkt.* menyumbat, menghentikan (*flow of blood*).

stanchion /'stæncən/ *kb.* tiang penyangga.

stand /stænd/ *kb.* 1 pendirian. *to take a s.* berpendirian tetap. *to take a s. against* bersikap menentang. 2 warung, kedai, stan (*flower, fruit*). 3 tribune (*sports*). 4 pangkalan, perhentian. *taxi s.* perhentian taksi. 5 cantélan, sangkutan (*for hats*). 6 kios (*newspaper, cigarette, flower*). 7 bidang. *a s. of wheat* sebidang gandum. 8 perhentian utk memberi pertunjukan. *one-night s.* berhenti semalam utk memberi pertunjukan. **to make a s.** 'bertahan, membuat pertahanan. **to take the s.** (berdiri) menjadi saksi. *The prisoner took the s.* Pesakitan itu (berdiri) menjadi saksi. *The guards took their s. around the President* Para pengawal mengambil tempat(nya) disekeliling Présidén. *He took his s. near the door* Ia mengambil posisinya didekat pintu. *It's good to be back at the old s.* Menyenangkan sekali kembali ke tempat pekerjaan yg lama. —*kkt.* (**stood**) 1 menempatkan. *S. the table against the wall* Tempatkan méja itu dekat dinding. 2 menempatkan, berdirikan (*an umbrella in the corner*). 3 mentraktir (*s.o. a meal*). 4 suka. *I can't s. her* Saya samasekali tak suka padanya. 5 betah. *He can't s. his new job* Ia tak betah pd pekerjaannya yg baru. 6 menahan (*a shock*). 7 tahan (*the cold, heat, rough handling*). 8 bertahan. *to s. things long enough* bertahan cukup lama. —*kki.* 1 berdiri. *to s. for hours* berdiri berjam-jam. 2 berada. *Our tent stood in a clump of trees* Kémah kami berada diantara serumpun pohon-pohon. 3 bertahan, berpegang. *to s. for what one feels is right* berpegang pd apa yg dianggapnya benar. *I'd like to know where he stands* Saya ingin tahu bagaimana pendiriannya. 4 ada. *The umbrella stands in the corner* Payung itu ada di pojok. 5 berlaku. *The regulation still stands* Peraturan itu masih tetap berlaku. *My decision still stands* Keputusan saya masih berlaku. 6 menunjukkan (*of temperature, thermometer*). *He stands fifth in his class* Dia nomor lima di kelasnya. :: *The score stands at 2-all* Angkanya dua sama. *Leave things as they s.* Biarkanlah begitu. *We s. to lose nothing from the recent sale* Kita tdk ada kerugian dari penjualan baru-baru ini. *Water stands in the basement* Air menggenangi ruang-kolong. *to leave s.t. standing on the table* meninggalkan s.s.t. begitu saja di méja. **to s. aside** berdiri ke pinggir, meminggir, menyingkir. *to s. aside in favor of s.o.* menyisih/menghindar utk s.s.o. **to s. back** mundur. *The house stands back from the road* Rumah itu agak ke belakang dari jalan. **to s. by** 1 (berdiri) berpangku-tangan. 2 menunggu. *Let's s. by and see what happens* Mari kita menunggu dan melihat apa yg terjadi. 3 bersiap, siap-siaga. *S. by for further instructions* Siap-siaga utk perintah-perintah selanjutnya. *S. by for a news flash* Bersiap-siaplah utk sebuah berita kilat. 4 mempertahankan (*o's opinion*). *The police are standing by* Polisi selalu siap. **to s. down** 1 turun dari (*from the witness box*). 2 mengundurkan diri, mengundurkan (*from a position, post*). **to s. for** 1 berpihak kpd, mempertahankan (*justice*). 2 menjadi calon (*mayor*). 3 berarti. *What do the initials s. for?* Apakah arti huruf nama-nama itu? 4 membiarkan, memboléhkan. *He won't s. for it.* Dia takkan membiarkannya. Dia sama sekali tak suka dgn itu. *He won't s. for any nonsense* Dia tdk memboléhkan omong kosong. **to s. in for** mengganti(kan). **to s. in with** mempunyai hubungan baik dgn. **to s. off** mengélakkan diri (*o's creditors*). *to s. off the pressure from others* menolak tekanan dari orang-orang lain. **to s. on** 1 berdiri. 2 menuntut (*o's right*). 3 berpegang (*on o's information, data*). **to s. out** 1 menonjol (*in a crowd*). 2 berdiri (*of ears*). 3 bertahan (*a war*). *to s. out against* menentang. *to s. out from* lebih menonjol drpd. **to s. over** mendesak-desak (*s.o.*). **to s. up** 1 berdiri. 2 tahan (*of machinery*). *to s. s.o. up* tak menetapi/memenuhi janji. *to s. up for o's friends* mempertahankan/membéla kawan-kawannya. *to s. up to* menghadapi dgn berani. *to s. up with o's friend as best man* menjadi pengawal pengantén kawannya. **stand-by** *kb*. 1 yg selalu siap sedia utk menolong. 2 penolong, cadangan. *to be on s.-by* dlm keadaan siap. **stand-in** *kb*. figuran, pemain pengganti. **stand-offish** *ks*. dingin sekali (dlm sikapnya), tdk ramah-tamah. **stand-out** *kb*. orang yg menonjol. *stand-up counter* méja kedai tanpa korsi. —**standing** *kb*. kedudukan. *He has good s. in the community* Dia berkedudukan baik dlm masyarakat. *He's a member in good s.* Dia seorang anggota yg setia membayar iurannya. *Their friendship is of long s.* Persahabatan meréka sdh berlangsung lama. *ks*. tetap. *s. army* tentara tetap. *s. invitation* undangan tetap. *s. order* pesanan tetap. *s. committee* panitia kerja. *s. joke* ucapan jenaka yg lumrah/umum. *s. jump* loncat tanpa ancang-ancang. *s. ovation* sambutan sorak-sorai dgn berdiri. *s. room* tempat berdiri.

standard /'stændərd/ *kb*. 1 standar. *gold s.* standar emas. 2 ukuran, norma, patokan. *Don't judge him by your standards* Jangan nilai dia menurut ukuranmu. *to set a high s.* menetapkan ukuran yg tinggi. *to be up to s.* memenuhi syarat-syarat. 3 (*flag*) panji. 4 martabat, watak, moral. *He's a man of high standards* Dia seorang yg martabatnya tinggi. 5 tiang, kiap (*for a lamp*). 6 tingkat, taraf. *s. of living* tingkat kehidupan. 7 ukuran dasar (*of length*). —*ks*. 1 standar. *s. brand* mér ék standar. *s. classic* buku klasik standar. *S. German* Bahasa Jérman standar. 2 standar, resmi (*examination*). 3 baku. *s. measurement* ukuran baku. *s. work* karya baku. **s. gauge** lébar rél keréta-api yg lazim. **s. time** waktu tolok. **s. transmission** persnéling standar.

standardization /'stændərdə'zeisyən/ *kb*. standar(d)isasi, penstardaran, pembakuan.

standardize /'stændərdaiz/ *kkt*. menstandarisasi, membakukan.

standardbearer /'stændərd'bærər/ *kb*. 1 pembawa panji-panji. 2 pemimpin (*of a party*).

standee /stæn'die/ *kb*. orang yg berdiri (di bis, di opera, dll).

standpoint /'stænd'point/ *kb*. sudut, pendirian.

standstill /'stænd'stil/ *kb*. perhentian. *to be at a s.* terhenti samasekali. *to come to a s.* menjadi macet, berhenti. *to fight to a s.* bertempur sampai sama-sama berhenti.

stank /stæŋk/ lih STINK.

stanza /'stænzə/ *kb*. bait.

staple /'steipəl/ *kb*. 1 bahan pokok/baku. *such staples as flour, salt, etc.* bahan-bahan pokok spt tepung, garam, dsb. 2 kokot, kawat jeprét, jeglégan. 3 bahan tetap (*of conversation*). 4 serabut. —*ks*. pokok. *s. commodity/item* bahan pokok. —*kkt*. mengokot, merapikan dgn kokot. **s. fiber** serabut kapas/wol dll. **s. remover** kuku macan.

stapler /'steiplər/ *kb*. (alat) pengokot, stépler, penjeprét kawat.

star /star/ *kb*. 1 bintang. *North S.* bintang utara. *She's the s. of the show* Dia adalah bintang pertunjukan.

shooting s. bintang beralih, cirit bintang. *to be born under a lucky s.* dilahirkan dibawah perbintangan yg menguntungkan. *four-star hotel* hotél kelas satu. *to see stars* mata berkunang-kunang. *to thank o's lucky stars* merasa beruntung, berterima kasih kpd nasibnya. *I don't know why under the stars I did what I did* Sungguh mati saya tak tahu kenapa saya berbuat demikian. 2 asterisk, tanda bintang. —*ks*. bagus sekali, ulung. *s. golfer* pemain golf yg bagus sekali. *s. pupil* murid yg terbaik. —*kkt*. (**starred**) 1 menandai dgn bintang. 2 mempertunjukkan sbg bintang pilem. —*kki*. memainkan peran (**as** sbg). **to s.** (**in**) membintangi. **star-crossed** *ks*. bernasib sial. **Stars and Stripes** bendéra negeri AS. **Star-Spangled Banner** *kb*. 1 bendéra AS. 2 lagu kebangsaan AS. **star-studded** *ks*. bertaburan dgn bintang-bintang (*sky*). **s. tracking** pengamatan bintang, mengikuti bintang. —**starred** *ks*. bertanda bintang.

starboard /'starbərd, 'star'bowrd/ *kb*. bagian kanan. *s. side* sebelah kanan.

starch /starc/ *kb*. 1 kanji, tajin (*in shirts*). *to take the s. out of s.o.* melemahkan semangat orang. 2 zat tepung (*in food*). —*kkt*. menganji, menajin(kan). —**starched** *ks*. berkanji, dikanji (*shirt*).

starchy /'starcie/ *ks*. yg mengandung zat tepung (*food*).

stardom /'stardəm/ *kb*. pekerjaan sbg bintang (*film*).

stare /stær/ *kb*. pandangan, tatapan. *The stares were annoying* Tatapan mengganggu. —*kkt*. 1 menatap. 2 nampak, kelihatan. *War stares us in the face* Perang kelihatan dihadapan kita. *The evidence stares one in the face* Bukti itu kelihatan jelas sekali. 3 memandang (*s.o. up and down*). 4 menatap muka. *to s. o's pupils into silence* menatap muka murid-muridnya spy diam. —*kki*. 1 membelalak. 2 memandang, menatap (**at s.o.**, s.s.o.). *to s. at the stars* memandang sambil melamun. **to s. s.o. down** menundukkan pandangan s.s.o. (utk membingungkan).

starfish /'star'fisy/ *kb*. tapak-tapak, bintang laut.

stargazing /'star'geizing/ *kb*. 1 memperhatikan dan mempelajari bintang-bintang. 2 melamun. *He is much given to s.* Dia suka melamun saja.

stark /stark/ *ks*. 1 yg sebenarnya. *s. reality* kenyataan yg sebenarnya. 2 dingin, kejam sekali (*climate, weather*). *s. nonsense* bohong belaka. —*kk*. sama sekali. *s. raving mad* gila. *s. naked* telanjang bulat.

starlet /'starlit/ *kb*. pemain muda, bintang harapan.

starlight /'star'lait/ *kb*. cahaya bintang.

starling /'starling/ *kb*. burung jalak.

starlit /'star'lit/ *ks*. bercahaya/diterangi bintang (*evening*).

starry /'starie/ *ks*. berbintang-bintang, penuh bintang (*sky*). **starry-eyed** *ks*. mempunyai mata yg bercahaya.

start /start/ *kb*. 1 awal. *from s. to finish* dari awal sampai akhir. 2 permulaan (*of a show*). *for a s.* sbg permulaan. *at the s.* pd mulanya. *to make a good s.* mulai dgn baik. *to make an early s.* a) lekas mulai. b) mulai ketika masih muda. *to have a running s.* mempunyai permulaan yg lebih baik. 3 kesempatan, bantuan. *to give s.o. a s.* memberikan kesempatan kpd s.s.o., memberi s.s.o. bantuan. 4 gerak terkejut. *to give s.o. a s.* mengejutkan s.s.o. *to wake with a s.* terbangun dgn terkejut. —*kkt*. 1 memulai (*a rumor, fight, a business*). *to s. writing a book* mulai menulis sebuah buku. 2 menyebabkan (*a fire, arson*). 3 menyalakan (*a fire*). 4 memutar (*a clock*). 5 memberikan kesempatan. *to s. (s.o.) in business* memberikan kesempatan berdagang. *The car started to skid* Mobil menjadi selip. —*kki.* 1 mulai. *Classes s. on time* Kelas-kelas mulai tepat pd waktunya. *Starting tomorrow we'll...* Mulai bésok kita akan.... *When does school s.?* Kapan sekolah (di)mulai? *What time does the movie s.?* Jam berapa bioskop mulai? *to s. in business* mulai berusaha. 2 berangkat. *The bus starts on time* Bis itu berangkat pd waktunya. 3 mau hidup. *The car won't s.* Mobil tak mau hidup mesinnya. *to s. to o's feet* terlompat berdiri. **to s. back** berangkat pulang. **to s. in** memulai. **to s. off/out** mulai. *to s. out on a trip* memulai perjalanan. **to s. up** 1 memulai (*a business*). 2 menghidupkan (*the engine*). *New businesses are starting up everywhere* Perusahaan-perusahaan baru mulai hidup dimana-mana. **to s. with** memulai. *We only had ten to s. with* Pd permulaan kita hanya ada sepuluh. *To s. with I don't like him* Sbg permulaan kata, saya tak suka sama dia. —**starting** *ks.* memulai. *s. price* harga permulaan. *s. switch* kenop/tombol starter. *s. point* a) titik pangkal. b) tempat bertolak (*of a race*). 3 acara permulaan (*for discussion*).

starter /'startər/ *kb.* 1 *Auto*: setater. 2 pelepas pacuan (*of a race*). 3 pengikut balapan/pacuan (*in a race*). 4 pengantar, permulaan. *This program is only a s.* Acara ini hanya merupakan pengantar saja. *Inf.: as/for a s.* sbg permulaan.

startle /'startəl/ *kkt.* mengejutkan, mengagétkan. *to s. s.o. out of his wits* menakutkan s.s.o. sampai kehilangan akal. —**startling** *ks.* yg mengejutkan. *s. improvement* perbaikan yg menghérankan. *s. resemblance* keserupaan/kemiripan yg menakjubkan.

starvation /star'veisyən/ *kb.* mati/penderitaan kelaparan. *to die of s.* mati kelaparan. *s. wages* upah yg tak cukup utk kebutuhan-kebutuhan dasar kehidupan.

starve /starv/ *kkt.* memaksa menderita kelaparan, melaparkan. —*kki.* mati kelaparan. *I am starved, I am starving* Saya lapar sekali. *I am starved for news* Saya haus sekali akan berita. **to s. out** memaksa menyerah karena kelaparan. **to s. to death** kelaparan hingga mati. *I'm starved to death* Saya lapar sekali.

stash /stæsy/ *kkt. Inf.*: menyimpan, menyembunyikan (*food/money away*).

state /steit/ *kb.* 1 negarabagian. *There are 50 states in the U. S.* Ada 50 negarabagian di AS. *s. government* pemerintah negarabagian. *s. trooper* polisi negarabagian. 2 negara. *s. aid* bantuan negara. *s. budget* anggaran negara. *s. church* geréja negara. 3 keadaan. *s. of affairs* keadaan. *s. of complacency* keadaan merasa sdh puas. *in my present s.* dlm keadaan saya spt ini. *s. of emergency* keadaan darurat. *s. of war and siege* keadaan perang (dan terkepung). *Inf.: to be in a s.* sedang dlm keadaan gelisah. *to work o.s. up into a s.* membawa dirinya ke keadaan yg gelisah. 4 kebesaran. *to lie in s.* disemayamkan dlm kebesaran. *to travel in s.* bepergian secara kebesaran. —**the States** Amérika Serikat. —*kkt.* 1 menulis, menerangkan. *Please s. your name and address* Tulislah nama dan alamatmu. 2 menyebutkan. *to s. in an announcement* menyebutkan dlm pengumuman. *to s. a price* menyebutkan harga. 3 memberitahukan (**that** bhw). 4 menguraikan (*o's case*). 5 merumuskan (*o's question*). 6 menyatakan, mengucapkan, mengeluarkan (*o's opinion*). 7 mengatakan (*the case*). **S. Department** Départemén Luar Negeri di AS. **s. house** gedung DPRD. **s. line** tapal batas (antara negarabagian-negarabagian). **s. police**

pélpolisi. **S.'s attorney** jaksa pemerintah. **s.'s evidence** kesaksian yg memberatkan kawan sendiri. **States-General** Majelis Perwakilan Tinggi (di Belanda). **state-wide** *ks.* di seluruh negarabagian. *s.-wide elections* pemilihan di seluruh negarabagian. —**stated** *ks.* yg ditetapkan/dijanjikan. *at the s. time* pd waktu yg sdh ditetapkan. *at s. intervals* pd waktu berselang yg tertentu.

statecraft /'steit'kræft/ *kb.* keahlian/ketrampilan/kepandaian (sbg) negarawan.

statehood /'steithud/ *kb.* status sbg negarabagian.

stateless /'steitləs/ *ks.* tak-bernegara.

stateliness /'steitlinəs/ *kb.* keagungan, kemegahan.

stately /'steitlie/ *ks.* agung, mulia, megah.

statement /'steitmənt/ *kb.* 1 pernyataan (*to the press*). *to make a s.* memberikan pengumuman, membuat pernyataan. 2 rékening. *bank s.* rékening bank. *official s.* amanat/pengumuman resmi.

stateroom /'steit'rum/ *kb.* kamar, kabin (di kapal).

stateside /'steit'said/ *ks.* di/dari Amérika Serikat. *s. news* berita dari AS.

statesman /'steitsmən/ *kb.* (*j.* **-men**) negarawan, ahli kenegaraan.

statesmanlike /'steitsmən'laik/ *ks.* sbg negarawan. *s. qualities* sifat-sifat seorang negarawan.

statesmanship /'steitsmənsyip/ *kb.* kenegarawanan, kecakapan sbg negarawan.

static /'stætik/ *kb.* gangguan udara (pd radio). —*ks.* statis. *s. electricity* listrik statis. *s. society* masyarakat yg statis.

statics /'stætiks/ *kb.* ilmu statika.

station /'steisyən/ *kb.* 1 setasiun. *bus s.* setasiun bis. *railway s.* setasiun keréta api. *s. agent* sép/kepala setasiun. 2 pemancar, setasiun (*radio*). 3 pangkalan (*air force, naval*). 4 pos. *Our assigned s. was the roof* Pos yg ditugaskan pd kami adalah atap. 5 lingkungan. *to come from the same s. in life* berasal dari lingkungan hidup yg sama. —*kkt.* menempatkan. *He is stationed abroad* Dia ditempatkan di luar negeri. **s. break** pose, istirahat utk penyiaran, pengenalan pemancar. **s. house** pos polisi. **station-to-station** *ks. Tel.*: dari setasiun ke setasiun (bersedia berbicara dgn siapa saja pd nomor yg dipanggil). **s. wagon** station wagon.

stationary /'steisyə'nerie/ *ks.* 1 tak (dpt) bergerak (*of furniture*). 2 tak berubah (*in number*). 3 yg seimbang. *Meteor.: s. front* keadaan-keadaan cuaca yg seimbang.

stationery /'steisyə'nerie/ *kb.* 1 kertas surat. 2 alat tulis-menulis. *office s.* alat tulis-menulis kantor. *personal s.* alat tulis-menulis pribadi (memakai nama pribadi).

stationmaster /'steisyən'mæstər/ *kb.* kepala/sép setasiun.

statistic /stə'tistik/ *kb.* statistik.

statistical /stə'tistikəl/ *ks.* yg berh. dgn statistik. *s. date.* fakta-fakta statistik. *s. table* tabél statistik. —**statistically** *kk.* secara statistik.

statistician /'stætə'stisyən/ *kb.* ahli statistik.

statistics /stə'tistiks/ *kb.* ilmu statistik. *j.* angka-angka statistik. *s. on the election* angka-angka statistik dari pemilihan.

statuary /'stæcu'erie/ *kb.* (*j.* **-ries**) patung-patung.

statue /'stæcuw/ *kb.* patung.

statuesque /'stæcu'esk/ *ks.* dgn pandangan yg seram.

statuette /'stæcu'et/ *kb.* arca, patung kecil.

stature /'stæcər/ *kb.* tinggi s.s.o. *He's above average s.* Ia melebihi tinggi orang pukul-rata/rata-rata. *He's* *a man of s. in his field* Dia seorang yg terkenal di bidangnya.

status /'steitəs/ *kb.* 1 status. *s. in the draft* status didlm daftar (panggilan) wajib-militér. 2 keadaan, suasana *(of the world). social s.* kedudukan dlm masyarakat. **s. conscious** sadar akan pangkat. **s. quo** keadaan tetap pd suatu saat tertentu. **s. seeker** pengejar génsi, gila pangkat. **s. symbol** tanda kebesaran.

statute /'stæcuwt/ *kb.* undang-undang. *That s. is still on the books* Undang-undang itu masih berlaku. *state s.* undang-undang dasar negarabagian. *s. book* buku undang-undang (kumpulan undang-undang). *s. law* undang-undang tertulis •(hukum). —**statutes** *j.* anggaran dasar. **s. mile** mil darat (5280 kaki). **s. of limitations** kadaluwarsa.

statutory /'stæcə'towrie/ *ks.* menurut undang-undang. *s. law* undang-undang. *s. rape* pemerkosaan gadis dibawah umur dgn atau tanpa paksa.

staunch /stɔnc/ *ks.* kukuh, setia. *a s. Democrat* seorang Démokrat yg kukuh. —*kkt.* = STANCH.

stave /steiv/ *kb.* helaian papan yg diikat dgn ban besi. *barrel s.* papan tong. —*kkt.* (**staved** atau **stove**) **to s. in** menabrak sampai pecah, meremukkan kedlm *(of a boat).* **to s. off** bertahan thd., mengélakkan *(a burglar). to s. off hunger* mencegah kelaparan.

stay /stei/ *kb.* 1 tinggal. *Our s. at the beach was delightful* Selama kami tinggal di pantai itu, sangat menyenangkan. 2 penundaan. *s. of execution* penundaan pelaksanaan hukuman mati. 3 jahitan penguat pd pakaian. 4 ruji *(in an umbrella).* 5 penupang. *the family's s.* penupang keluarga itu. —**stays** *j.* korsét. —*kkt.* 1 menunda *(an execution).* 2 menahan memenuhi *(o's appetite).* 3 menghentikan, menyerah *(o's hand).* —*kki.* tinggal *(at a hotel, at home). to s. after school* tinggal di sekolah sesudah pelajaran selesai. *Her room stays so neat* Kamarnya tetap rapi sekali. *to s. in bed* berbaring di tempat tidur. *Please s. for lunch* Makanlah siang disini. **to s. away** 1 tdk menghadiri *(from a party).* 2 tdk mencampuri *(from s.o's affairs).* **to s. back** tinggal (berdiri) dibelakang. **to s. behind** tinggal. *S. behind me* Berdirilah dibelakang saya. **to s. in** 1 tinggal didlm (rumah). 2 tinggal (di sekolah) *(after school). S. off* Milik pribadi. Dilarang berada di tempat ini. **to s. out** keluar rumah. *to s. out of harm's way* menjauhkan diri dari bahaya. *You s. out of our affairs* Jangan campur urusan kami. **to s. over** tinggal. **to s. put** tetap berada di tempat. **to s. up** tetap bangun. *to s. up all night* tdk tidur semalam suntuk. *to s. up late* tidur lambat. **to s. with** *(s.o.)* menginap di rumah (s.s.o.). *to s. with a job until it is completed* terus bertahan sampai pekerjaan selesai. **stay-at-home** *kb.* seorang yg lebih suka tinggal di rumah. **staying** *power* daya tahan.

std [*standard*] standar, baku, norma.

Ste [*Sainte*] Santa.

stead /sted/ *kb.* faédah, manfaat. *to serve/stand one in good s.* berjasa/bermanfaat sekali bagi s.s.o. *in o's s.* sbg penggantinya. *to act in o's s.* bertindak utk (mewakili) orang lain.

steadfast /'stedfæst/ *ks.* tabah, setia. —**steadfastly** *kk.* tetap, tabah.

steadfastness /'stedfæstnəs/ *kb.* ketabahan, kesetiaan.

steadiness /'stedienəs/ *kb.* 1 keteguhan hati. 2 ketetapan *(of hand, gaze).* 3 kestabilan *(of prices).*

steady /'stedie/ *kb. Inf.:* (*j.* -**dies**) pacar. —*ks.* 1 kokoh *(table).* 2 tetap *(employment, customer).* 3 man-

tap *(of surgeon's hand).* 4 (secara) terus-menerus *(breeze, progress).* 5 kuat *(nerves).* 6 tetap *(barometer, demand). Inf.: to go s.* bergaul (dgn) tetap, merupakan pasangan tetap. —*kkt.* (**steadied**) 1 menenangkan *(the hand, nerves).* 2 memegang. *S. the ladder for me* Pegânglah tangga ini erat-erat utk saya. —**steadily** *kk.* terus-(menerus). *to work s. at s.t.* mengerjakan s.s.t. secara teratur. *Her health has grown s. worse* Keséhatannya terus bertambah buruk.

steak /steik/ *kb.* sepotong daging sapi, bistik. *round s.* daging punggung sapi. *Salisbury s.* sej. pergedél daging sapi. *salmon s.* goréngan ikan salem. *s. knife* pisau bistik/daging.

steakhouse /'steik'haws/ *kb.* réstoran bistik.

steal /stiel/ *kb. Inf.:* barang yg harganya murah sekali. —*kkt.* (**stole, stolen**) 1 mencuri, mencoléng. *He was arrested for stealing* Dia ditangkap karena mencuri. *to s. s.t. from s.o.* mencuri s.s.t. dari s.s.o. *to s. s.o.'s heart* mencuri/mengambil hati. 2 menyerobot, membolos *(several days from o's work). to s. a glance at s.o.* melihat pd s.s.o. dgn diam-diam. *A smile stole across her lips* Bibirnya tersenyum tanpa disadarinya. **to s. away** pergi secara sembunyi-sembunyi/diam-diam. *It's amazing how fast the days s. by* Menghérankan sekali betapa cepatnya hari-hari berlalu (tanpa disadari). **to s. into** *a room* memasuki sebuah ruangan dgn diam-diam. **to s. out of** *a room* menyelinap keluar kamar. **to s. up on** mendatangi dgn tiba-tiba. —**stealing** *kb.* pencurian, tindakan mencuri.

stealth /stelth/ *kb.* **by s.** secara sembunyi-sembunyi, dgn diam-diam.

stealthiness /'stelthienəs/ *kb.* cara diam-diam/tersembunyi.

stealthy /'stelthie/ *ks.* secara diam-diam, dgn cara sembunyi-sembunyi. —**stealthily** *kk.* dgn diam-diam.

steam /stiem/ *kb.* 1 uap air (panas). *S. poured out of the kettle* Uap mengepul keluar dari kétél. *That house is heated by s.* Rumah itu dipanaskan dgn uap. 2 uap, setom. *The locomotive ran out of s.* Lok keréta api itu kehabisan uap (tenaga). *The locomotive got up s.* Lokomotif itu mendapat setom spy dpt jalan. *Inf.: to get up the s. to ...* cukup mempunyai énérsi utk .... 3 kukus. 4 tenaga, énérsi. *The program is going full s. ahead* Program itu berjalan lancar sekali. *to proceed under its own s.* dpt jalan dgn kekuatan sendiri. *Inf.: to blow/let off s.* mengeluarkan isi hati. *to run out of s.* kehabisan tenaga. —*kkt.* 1 mengukus *(food).* 2 membersihkan dgn uap (panas). 3 menyemprot dgn uap *(wallpaper). to s. open an envelope* membuka sampul dgn uap. —*kki.* **to s. ahead** berlayar. *to s. at 16 knots* berlayar dgn kecepatan 16 knot. **to s. off** berangkat/berlayar menuju. **s. boiler** kétél uap. **s. engine** mesin uap. **s. fitter** tukang pipa uap. **s. gauge** pengukur tekan uap. **s. heat** kepanasan dari uap. **s. heat** panas uap. **s. iron** seterika uap. **s. laundry** (tempat) penatu memakai uap. **s. locomotive** lok uap. **s. pipe** pipa uap. **s. power** tenaga uap. **s. roller** mesin gilas uap, penggiling jalan. **to steam-roller** memaksakan *(s.t. through). to s.-roller opposition* melindas oposisi. **s. room** mandi uap. **s. shovel** mesin keruk, alat penyodok. **s. turbine** turbine uap. *Inf.:* **steamed-up** *ks.* penuh bersemangat. *to get all s.-up over s.t.* berapi-api semangatnya. **steaming** *hot* yg masih panas mengepul.

steamboat /'stiem'bowt/ *kb.* kapal uap/api.

steamer /'stiemər/ *kb.* kapal api/uap. *to take a s.*

to... naik kapal api ke.... *s. rug* selimut tebal yg dipakai kalau duduk di dék kapal. *s. trunk* kopor besi atau kayu dipakai kalau bepergian dgn kapal.

steamship /'stiem'syip/ *kb*. kapal api/uap.

steamy /'stiemie/ *ks*. beruap, penuh dgn uap.

steed /stied/ *kb*. kuda.

steel /stiel/ *kb*. baja. *s. blue* biru (spt) baja. *s. castings* tuangan baja. *s. engraving* a) seni pahat baja. b) ukiran baja. *s. mill* paberik baja. *s. plate* pelat baja. *s. wool* sabut baja (alat penggosok). *He has a heart of s.* Ia mempunyai hati spt baja. *He's a man of s.* *nerves* Dia orang yg berani sekali. —*kkt.* **to s. o.s.** menabahkan/menguatkan hatinya. *to s. o.s. against* menguatkan diri thd. **s. gray** kelabu kebiru-biruan.

steelmaker /'stiel'meikər/ *kb*. pembuat baja.

steelworker /'stiel'wərkər/ *kb*. buruh pabrik baja.

steelworks /'stiel'wərks/ *kb*. pabrik baja.

steely /'stielie/ *ks*. spt/laksana baja.

steep /stiep/ *ks*. 1 curam (*hill*). 2 tinggi (*price*). —*kkt. to s. o.s. in philosophy* mendalami/mengasyikkan (diri) dlm ilmu falsafah. —*kki.* merendam dlm air panas (*of tea*).

steeple /'stiepəl/ *kb*. menara.

steeplechase /'stiepəl'ceis/ *kb*. lomba kuda melalui rintangan-rintangan.

steeplejack /'stiepəl'jæk/ *kb*. tukang panjat menara (utk membersihkan, memperbaiki).

steepness /'stiepnəs/ *kb*. kecuraman, keterjalan.

steer /stir/ *kb*. lembu jantan. —*kkt.* menyetir, mengemudikan (*a vehicle*). *to s. the conversation away from* mengélakkan pembicaraan dari. *to s. s.o. through the crowd* memimpin s.s.o. melalui orang banyak itu. *to s. a course for* mengejar. —*kki.* mengemudikan. *This car steers poorly* Mengemudikan mobil ini sulit. *to s. south* mengemudikan ke arah selatan. *to s. clear of* menjauhi, menghindari, menghindarkan, menjauhkan diri dari. —**steering** *kb*. sistim kemudinya/setirannya. *s. committee* panitia acara. *s. gear* alat pengemudi, (roda) setir. *s. wheel* roda setir/kemudi.

steerage /'stirij/ *kb*. kelas dék/geladak (di kapal).

stein /stain/ *kb*. gelas/mangkok bir.

stellar /'stelər/ *ks*. sbg. bintang. *s. role* peranan sbg bintang (dlm pilem dsb). *s. spectrum* spéktrum bintang.

stem /stem/ *kb*. 1 tangkai (*flower*). 2 batang, gagang (*of pipe*). 3 batang (*of watch*). 4 tandan (*of bananas*). 5 akar kata (*of a word*). *from s. to stern* a) dari haluan sampai ke buritan. b) sepanjang s.s.t. —*kkt.* (**stemmed**) 1 membendung (*the flow of water*). 2 membersihkan dgn memotong tangkai-tangkainya (*fruits*). *to s. the tide* membendung arus, mengatasi kesukaran. —*kki.* **to s. from** berasal dari.

stemware /'stem'wær/ *kb*. gelas-gelas yg bertangkai.

sten /sten/ *kb*. **s. gun** senapan stén, mataliur.

stench /stenc/ *kb*. bau busuk/amis, hancing.

stencil /'stensəl/ *kb*. 1 seténsil. 2 senténsilan (*material*). —*kkt.* menyeténsil. *s. paper* kertas seténsil.

stenographer /stə'nagrəfər/ *kb*. juru sténo, sténograf.

stenographic /stenə'græfik/ *ks*. sténografis. *s. report* laporan sténografis.

stenography /stə'nagrəfie/ *kb*. sténografi, tulisan cepat.

stentorian /sten'towriən/ *ks*. nyaring, keras sekali (suara).

step /step/ *kb*. 1 langkah. *s. by s.* selangkah demi selangkah, setapak demi setapak. *dance s.* langkah dansa. *That's a s. in the right direction* Itu merupakan langkah ke jurusan yg benar. *I recognize his s.* Saya mengenal langkahnya. *to walk with a brisk s.* berjalan cepat. *That's a great s. forward* Itu adalah suatu langkah kemajuan yg besar. *The baby took its first s.* Bayi itu melangkah utk pertama kalinya. *to change s.* mengubah langkah. 2 tindakan. *to take immediate steps to...* dgn segera mengambil tindakan utk.... *to take a rash s.* mengambil tindakan yg tergesa. 3 anak tangga (*on a ladder*). 4 tingkat. *A colonel is two step above a captain.* Kolonél dua tingkat diatas kaptén. 5 irama. *to keep s. to the music* menurutkan irama musik. **::** *to keep s. with developments in* mengikuti perkembangan dlm. *to be one s. ahead of the sheriff* berada dlm keadaan keuangan yg sulit. *The school is only a s. away* Jarak ke sekolah dekat saja. *"Watch your s.!"* "Turunlah dgn hati-hati!" "Berhati-hati!" **in s.** 1 sejalan. *to be in s. with o's friends* sejalan dgn kawan-kawannya. 2 tetap seirama (*in music*). **out of s.** langkahnya tak sama, langkahnya salah. *You're out of s. if you think that...* Jalan pikiranmu salah kalau kau berpendapat demikian.... —**steps** *j*. tangga. —*kkt.* (**stepped**) menginjakkan (*foot*). —*kki.* **to s. faster** berjalan lebih cepat. **to s. across** melangkah(i). **to s. aside** meminggir, menyisi, menepi. **to s. back** mundur. *S. back a bit* Coba mundur sedikit. **to s. down** 1 turun (*from a platform*). 2 meletakkan jabatan, mengundurkan diri (*as director*). 3 mengurangi (*production*). **to s. forward** maju kemuka/kedepan. **to s. in** 1 masuk. *May I s. in for a moment?* Boléhkah saya masuk sebentar? 2 turun tangan, bertindak. **to s. into** 1 datang (masuk) ke. 2 masuk kedlm, menaiki (*a car*). 3 memperoléh (*a fortune*). **to s. off** turun. *to s. off twenty paces* mengukur duapuluh langkah. *to s. off with the left foot* melangkah mulai dgn kaki kiri. **to s. on** menginjak (*the floor*). *to s. on s.o's foot* menginjak kaki orang. *to s. on the brake* menginjak rém. *Sl.: S. on it!* Cepat-cepat! Buru-burulah! *to s. on the gas* memberi/menginjak gas. *Sl.:* **to s. out** pergi berfoya-foya/pelesir. *to s. out into the sunshine* keluar ke tempat yg disinari matahari. *to s. out of o's job* melepaskan/meletakkan kedudukan/jabatan. **to s. outside** keluar. **to s. over** melangkahi. *Please s. over here* Datanglah kesini. Melangkahlah kemari. **to s. up** 1 memperbesar, meningkat-tinggikan (*production*). 2 menaikkan (*a salary*). *S. right up* Datanglah kemari. Majulah. Silakan maju. 3 naik. *S. up on the ladder* Naiklah keatas tangga itu. *to s. up to the front* maju/tampil kedepan. **step-in** *slippers* selop yg disorongkan ke kaki. **step-up** *kb*. peningkatan (*in production*). **stepped-up** *ks*. bertambah-tambah (*production, demand*). **stepping** *stone* batu loncatan.

stepbrother /'step'brʌthər/ *kb*. abang/kakak tiri, adik tiri laki-laki, saudara tiri.

stepchild /'step'caild/ *kb*. anak tiri.

stepdaughter /'step'dɔtər/ *kb*. anak tiri perempuan.

stepfather /'step'faтhər/ *kb*. ayah tiri.

stepladder /'step'lædər/ *kb*. jenjang, tangga.

stepmother /'step'mʌthər/ *kb*. ibu tiri.

stepparent /'step'pærənt/ *kb*. orang-tua tiri.

steppe /step/ *kb*. padang rumput yg luas (tanpa pohon).

stepsister /'step'sistər/ *kb*. saudara perempuan tiri.

stepson /'step'sʌn/ *kb*. anak tiri laki-laki.

ster. [*sterling*] sterling.

stereo /'sterieow, 'sti-/ *kb*. stéréo, alat gramofon dgn stéréo.

stereophonic /'steriəˈfanik, 'sti-/ *ks.* stéréoponis. *s. recording* rekaman stéréoponis. *s. sound* suara stéréoponis.

stereopticon /'sterieˈaptəkən, 'sti-/ *kb.* stéréoptikon.

stereoscopic /'steriəˈskapik, 'sti-/ *ks.* stéréoskopis. *s. lens* lénsa stéréoskopis.

stereotype /'steriəataip, 'sti-/ *kb.* stéréotip, klisé. —*kkt.* **to be stereotyped** meniru-niru.

sterile /'sterəl/ *ks.* 1 stéril, mandul (*person or animal*). 2 stéril, suci hama (*bandage*). 3 tandus (*soil*). 4 hampa (*in ideas*).

sterility /stəˈrilətie/ *kb.* (*j.* **-ties**) kemandulan, kestérilan.

sterilization /'sterələˈzeisyən/ *kb.* stérilisasi, pemandulan.

sterilize /'sterəlaiz/ *kkt.* menstérilkan, memandulkan. **sterilized** *gauze* kain khasah yg tlh distérilkan.

sterilizer /'sterəˈlaizər/ *kb.* alat stérilisasi.

sterling /'stərling/ *kb.* uang stérling. —*ks.* 1 sejati, tulén. *s. bloc* blok stérling. *s. silver* pérak murni/ sejati. 2 luhur (*character*). *s. qualities* sifat-sifat yg baik sekali. 3 bermutu. *s. performance* pertunjukan yg bermutu.

stern /stərn/ *kb.* buritan, bagian belakang kapal. —*ks.* 1 keras. *s. warning* peringatan keras. *s. father* seorang ayah yg keras sikapnya. 2 jahat, buruk (*climate*). 3 tegang (*look*).

sternness /'stərnnəs/ *kb.* 1 ketajaman, kekerasan, kekasaran. 2 keseksamaan, kepatuhan, kejituan.

sternum /'stərnəm/ *kb.* tulang dada.

stethoscope /'stethəskowp/ *kb.* stétoskop.

stevedore /'stievədowr/ *kb.* buruh pelabuhan (utk memuat dan membongkar kapal).

stew /stuw, styuw/ *kb.* 1 rebusan, masakan hospot. *beef s.* rebusan daging sapi. 2 *Inf.:* susah-hati. *to be in a s.* bersusah-hati. —*kkt.* merebus pelan-pelan (*food*). —*kki. She stews about everything* Segala s.s.t. menjadi pikiran baginya. —**stewed** *ks.* 1 yg direbus. *s. fruit* buah yg direbus, rebusan buah. 2 *Sl.:* mabok.

steward /'stuwərd, 'styuw-/ *kb.* 1 pelayan (*deck, dining room*). 2 *Av.:* pramugara. *chief s.* kepala pelayan kapal, kepala pramugara. 3 pengurus (*of a church*).

stewardess /'stuwərdəs, 'styuw-/ *kb.* pramugari.

stewardship /'stuwərdsyip, 'styuw-/ *kb.* pekerjaan mengurus.

stewpan /'stuw'pæn, 'styuw-/ *kb.* panci rebus.

stewpot /'stuw'pat, 'styuw-/ *kb.* periuk-belanga.

stick /stik/ *kb.* 1 (*walking*) tongkat. *to take a s. to* mencemeti, memukul dgn tongkat. 2 batang. *a s. of wood* sebatang kayu. *a s. of gum* sebatang permén karét. 3 potongan. *several sticks of wood* beberapa potongan kayu. *They don't have a s. of furniture* Meréka tdk mempunyai perkakas rumah barang sepotongpun. 4 (*golf, hockey*) getokan. 5 *Av.:* kemudi. *Inf.: to shake a s. at* memperhatikan. —*Inf.:* **the sticks** *j.* daérah udik. —*kkt.* (**stuck**) 1 menikam (*a knife into s.o.*). 2 menusuk (*a pin/bayonet into s.t.*). 3 memasukkan. *S. the paper in the drawer* Masukkan kertas itu kedlm laci. *S. some wood on the fire* Masukkan beberapa potong kayu kedlm api itu. Taruhlah sedikit kayu diatas api itu. 4 melekatkan (*a stamp on a letter*). 5 menémpélkan (*an ad on the bulletin board*). *S. a Band-Aid on the cut* Témpélkanlah perban pléstér pd luka itu. 6 menyuntingkan (*a flower/comb in o's hair*). 7 menjulurkan (*o's head out a*

window). 8 *Inf.:* menipu. 9 memancangkan, menancapkan (*a stake in the ground*). 10 mencocokkan. *You might s. that in your eye* Nanti tercocok matamu oléh benda itu. **::** *Inf.: He was stuck with writing the book* Dia hrs menulis buku itu. *Inf.: This problem sticks me* Saya tak dpt memecahkan soal ini. *Inf.: to s. s.o. with the bill* memaksa s.s.o. membayar tagihan. —*kki.* 1 melekat (*of a stamp*). 2 menancap (*of arrows in a target*). 3 tertancap (*in the mud*). *The window is stuck* Jendéla itu macet. **to s. around** menunggu dekat-dekat, tak kemana-mana. **to s. at** tetap tinggal (*o's studies*). *to s. behind a car* membuntuti mobil. **to s. by** setia kpd. *to s. by o's friends* setia kpd kawan-kawannya. *to s. by o's opinion* tetap berpegang pd pendapatnya. **to s. close to** tinggal dekat pd. *to s. s.t. down in a notebook* mencatat s.s.t. dlm buku catatan. **to s. out** mengeluarkan, menonjolkan, memperlihatkan. *S. out your tongue!* Keluarkan lidahmu. *She stuck out her tongue at him* Ia mengelélotkan lidahnya kepadanya. *A nail is sticking out of that board* Ada sebuah paku yg keluar dari papan itu. *His immaturity sticks out* Ketidakdéwasaannya nampak jelas. *Inf.:* **to s. it out** bertahan, menahan. *to s. out o's chest* membusungkan dada. *That table sticks out too far* Méja itu terlalu jauh menjulur keluar. **to s. through** menonjol keluar menembus (*of a broken bone*). **to s. to it** bersitahan. *to s. to o's job* tetap pd pekerjaannya. *S. to your opinion* Tetaplah berpegang pd pendapatmu. **to s. together** tetap bersatu. **to s. up** 1 menonjol, bertonjolan (*of a nail in a board, root from the ground*). 2 *Inf.:* merampok (*a bank*). *S. 'em up!* Angkat tangan! 3 menémpélkan (*a poster*). 4 berdiri (*of hair*). **to s. up for** mendukung/membéla. *Her name doesn't s. with me* Saya tdk dpt mengingat-ingat namanya. **stick-in-the-mud** *kb.* orang kolot. *Inf.:* **stick-to-itiveness** *kb.* ketekunan/ketabahan hati, keuletan. *Inf.:* **stick-up** *kb.* perampokan. —**stuck** *ks.* tertusuk. *to scream like a s. pig* menjerit spt babi yg ditusuk. *to get s.* tertipu, kena tipu. *I'm s.; I can't solve the problem* Saya tdk dpt terus; saya tak dpt mengatasi masalah itu. *He's s. now; she has him cornered* Dia laki-laki itu yg terjepit sekarang; dia tlh terdesak. *to be s. for time* kekurangan waktu. *She is s. on him* Ia kecantol/ terpikat kepadanya. *Inf.:* **stuck-up** pongah. **sticking** *plaster* pita perekat.

sticker /'stikər/ *kb.* étikét, pelekat, témpélan.

stickiness /'stikienəs/ *kb.* keadaan bergetah/lengkét.

stickler /'stiklər/ *kb.* orang ngotot. *to be a s. for honesty* sangat menghargai kejujuran, berpegang teguh kpd kejujuran.

stickpin /'stik'pin/ *kb.* peniti (dasi).

sticky /'stikie/ *ks.* 1 (me)lengkét, léceh. *Sl.: s. fingers* panjang-tangan. 2 lembab dan panas (*day*). 3 *Inf.:* sulit (*situation*).

stiff /stif/ *kb. Sl.:* mayat. —*ks.* 1 kaku (*collar, fabric*). *I was s. and sore after the tennis game* Badan saya merasa pegal dan sakit stlh permainan ténnis itu. 2 keras, bersikeras, kuat, gigih (*opposition, drink*). *He is s. and unbending* Ia berkeras-kepala dan mengotot. 3 berat. *a s. sentence* hukuman berat. 4 *Inf.:* tinggi (*price*). 5 kencap (*breeze*). 6 sulit. *He's s. to work with* Dia sulit utk bekerjasama. *s. course* matapelajaran yg sulit. 7 kental. *Beat the mixture until it is s.* Aduklah adonan itu sampai kental. 8 ketat (*of a lock*). 9 amat, sekali. *to be scared s.* takut sekali. *Sl.: s. as a poker* kaku sekali. **stiff-backed** *ks.* bersandaran keras (*chair*). **stiff-necked** *ks.* bersikeras, berkeras-degil.

stiffen /'stifən/ *kkt.* mengeraskan (*clothes*). *to s. the drink* membuat minuman itu keras. *Age has stiffened his joints* Umur tlh membuat persendian-persendiannya menjadi kaku. —*kki.* mengeras, menjadi kaku (*with rage, of jelly*). *The body had stiffened* Badannya tlh menjadi kaku. —**stiffening** *kb.* pengerasan. *s. resistance* oposisi yg menjadi kuat (**to** thd).
stiffness /'stifnəs/ *kb.* 1 kekakuan (*of manner, of joints*). 2 sulitnya (*of an exam*). 3 tingginya (*of price*). 4 kekentalan (*of jelly*).
stifle /'staifəl/ *kkt.* 1 mencekik. *Smoke·stifled several people* Beberapa orang tercekik karena asap. 2 menahan (*a yawn*). 3 membuat tak berdaya, melumpuhkan (*opposition, competition*). —**stifling** *ks.* yg mencekik, gerah, sangat melemaskan. *The heat was s.* Udara panas itu sangat melemaskan.
stigma /'stigmə/ *kb.* noda, cacad.
stigmatize /'stigmətaiz/ *kkt.* merupakan noda, menodai.
stiletto /stə'letou/ *kb.* belati.
still /stil/ *kb.* 1 (*whiskey*) penyuling. 2 keheningan, kesunyian (*of the night*). 3 *Film:* gambar fragmén. —*ks.* tenang. *s. evening* malam yg tenang. *S. waters run deep* Orang yg pendiam banyak pengetahuannya. *Keep/Hold s.!* Diam saja terus! *Stand s.!* Berhenti (sambil berdiri)! *There's no standing s.* Kita tdk dpt berhenti. *My heart stood s.* Jantung saya berhenti. —*kk.* masih. *Are they s. there?* Apakah meréka masih disana? *I can eat meat better s. with a fork* Masih lebih mudah saya memakan daging dgn memakai garpu. *I love her s.* Saya masih mencintainya. 2 bahkan. *and s. worse today* dan sekarang bahkan lebih jelék lagi. 3 tetapi ... masih. *S. I love her* Tetapi saya masih tetap mencintainya. *They are s. not here* Meréka masih blm disini. *S. the fact remains that ...* Sungguhpun begitu, faktanya tetap bhw.... *Inf.: s. and all* sekalipun demikian. —*kkt.* 1 menenangkan (*o's fears, unrest, a child's crying*). 2 menghilangkan (*hunger*). **s. camera** kamera biasa. **s. life** lukisan dari benda yg mati. *s.-life painting* lukisan benda-mati.
stillbirth /'stil'bərth/ *kb.* kelahiran mati.
stillborn /'stil'bərn/ *ks.* 1 lahir mati (*baby*). 2 gagal (*hope*).
stillness /'stilnəs/ *kb.* keheningan, kesunyian.
stilt /stilt/ *kb.* jangkungan. *to walk on stilts* naik jangkungan.
stilted /'stiltid/ *ks.* 1 muluk-muluk. 2 kaku, resmi.
stimulant /'stimyələnt/ *kb.* stimulans, (obat) perangsang.
stimulate /'stimyəleit/ *kkt.* 1 merangsang, menggairahkan, menstimulir. *to s. production* merangsang produksi. 2 mendorong (*s.o.*). —**stimulating** *ks.* yg membangkitkan semangat, yg menimbulkan kegairàhan.
stimulation /'stimyə'leisyən/ *kb.* 1 perangsangan. 2 perangsang, pendorong.
stimulative /'stimyə'leitiv/ *kb.* perangsang. *ks.* yg suka merangsang.
stimulus /'stimyələs/ *kb.* 1 perangsang (*of a nerve*). 2 pendorong, perangsang, dorongan. *to give a s. to education* memberi dorongan kpd pendidikan.
sting /sting/ *kb.* 1 sengatan (*of a bee*). 2 kepedihan (*of defeat*). 3 pukulan (*of attack*). —*kkt.* (**stung**) 1 menyengat. *Smoke stings the eyes* Asap menyengat matanya. 2 menyakitkan hati, melukai (*from a remark*). —*kki.* merasa perih. *My eyes s. from the soap* Mata saya merasa pedas karena kena sabun. *The reply stung her to the quick* Ia tersinggung oléh jawaban itu. **s. ray** ikan pari yg berduri. **stinging** *nettle*

jelatang. *to utter a stinging rebuke* menyatakan kemarahannya secara pedas sekali.
stinger /'stingər/ *kb.* alat penyengat.
stinginess /'stinjienəs/ *kb.* kekikiran, kebakhilan, kelokékan, kepelitan.
stingy /'stinjie/ *ks.* 1 kikir, lokék, pelit, bakhil (*person*). 2 berdikit-dikit. *s. serving of ice cream* sajian éskrim secara berdikit-dikit.
stink /stingk/ *kb.* bau busuk. *There was a s. about graft* Timbul kehébohan mengenai korupsi. *Inf.: to raise a s.* mengajukan keluhan, menimbulkan kehébohan. —*kkt.* (**stank, stunk**) 1 berbau busuk/keras. 2 tak disukai. —**stinking** *ks.* yg berbau keras.
stinker /'stingkər/ *kb. Inf.:* orang yg buruk tabiatnya. *That course is a real s.* Pelajaran itu sungguh yg sulit sekali.
stint /stint/ *kb.* tugas. *to do o's. s.* menjalankan tugasnya. *to give without s.* memberi secara royal. —*kkt.* **to s. o.s.** menghémat sendiri. —*kki.* 1 berhémat (*to save money*). 2 berdikit-dikit. *to s. on the sugar* berdikit-dikit dgn gula.
stipend /'staipend/ *kb.* 1 béasiswa (*for education*). 2 gaji, upah tetap.
stipulate /'stipyəleit/ *kkt.* menetapkan. *The contract stipulated that ...* Kontrak itu menetapkan bhw.... —**stipulated** *ks.* yg ditentukan. *the s. sum* jumlah yg ditentukan.
stipulation /'stipyə'leisyən/ *kb.* syarat, ketentuan.
stir /stər/ *kb.* 1 keributan, kegemparan. *to create/make a s.* menimbulkan kegemparan. 2 *Sl.:* (*jail*) penjara. 3 kacauan, adukan. *Give the fire a s.* Besarkan api dgn mengaduknya. *to give the batter several good stirs* mengaduk dgn baik adonan itu beberapa kali. —*kkt.* (**stirred**) 1 mengaduk (*food*). 2 mengobarkan (*the fire*). 3 menggerakkan. *The soft breeze did not s. the leaves* Angin sepoi-sepoi itu tdk menggerakkan daun-daun. *to s. o.s.* bergerak/bangkit sendiri. —*kki.* 1 berputar-putar (*in o's sleep*). 2 bergerak. *Nothing is stirring* Tak ada yg bergerak. 3 keluar. *to s. from o's room* keluar dari kamarnya. *to s. out of the house* keluar dari rumahnya. :: *Not a breath of air is stirring* Keadaan hening sekali. Tak ada angin sedikitpun. **to s. up** 1 mengaduk (*a liquid*). 2 menghasut, menimbulkan (*trouble*). *to s. up the populace* menghébohkan kerusuhan di kalangan masyarakat. *Sl.:* **stir-crazy** *ks.* berpikiran kacau (karena meringkuk di penjara). —**stirring** *ks.* yg menggemparkan. *s. march* lagu mars yg menggerakkan semangat. *s. times* jaman yg penuh dgn kejadian yg menggemparkan. *s. performance* pertunjukan yg menggemparkan.
stirrup /'stərəp/ 'sti-/ *kb.* pemijak kaki, sanggurdi, béhel.
stitch /stic/ *kb.* 1 setik. *cross s.* setik silang. *A s. in time saves nine* Pencegahan lebih baik drpd pengobatan. Jaga sblm kena. 2 setik jahitan (*by a surgeon*). :: *He didn't have a s. on* Dia tdk berpakaian apa-apa. *He hasn't done a s. of work* Sedikitpun blm ada yg dikerjakannya. *in stitches* tertawa terbahak-bahak. —*kkt.* menjahit. *to s. on the cuffs* menjahitkan/ mengaitkan mansét-mansét. —**stitching** *kb.* jahitan.
stock /stak/ *kb.* 1 *Fin.:* saham, séro. 2 persediaan. *s. of shoes* persediaan sepatu. *in s.* dlm persediaan. *out of s.* terjual habis, habis persediaannya. *s. room* gudang persediaan. 3 keturunan. *to be of Spanish s.* berasal dari turunan Spanyol. *They are of the same s. as we* Meréka sekulit sedaging dgn kita. 4 (*food*) air kaldu. 5 ternak. 6 batang (*of a rifle*). *Thea.: to play in summer s.* bermain dlm pertunjukan komidi di musim panas. *to take/put s. in* mempercayai. *to take s.*

of mengadakan penelitian thd. *on the stocks* sedang dibuat. **to take s.** 1 mengadakan stockopname, mencatat barang-barang yg masih ada/tersedia. 2 mengadakan pemeriksaan. **—ks.** sehari-hari, biasa. *s. answer* jawaban yg biasa. *He has a s. answer for everything* Padanya senantiasa tersedia jawaban utk apa saja. **—kkt.** 1 menyediakan, mempunyai (dlm persediaan), menyimpan barang. 2 mengisi. *The pond is stocked with fish* Kolam itu penuh dgn ikan. **to s. up on** menyimpan, mengadakan persediaan. **s. car** mobil balap. **s. clerk** pegawai gudang. **s. company** 1 usaha dagang yg modalnya terbagi dlm séro. 2 perkumpulan sandiwara. **s. exchange** pasar bursa, bursa éfék-éfék. **s. farm** ladang peternakan. **s. breeder/farmer** peternak (héwan). **stock-in-trade** *kb.* 1 barang persediaan/jualan. 2 alat-alat bertukang. 3 sumber (penghidupan). **s. market** pasar bursa. **stock-still** *ks.* tdk bergerak. **—stocked** *ks. well-s. shop* toko yg penuh persediaannya.

stockade /sta'keid/ *kb.* bénténg, témbok pertahanan.

stockbroker /'stak'browkər/ *kb.* pedagang/makelar saham.

stockholder /'stak'howldər/ *kb.* pemegang saham.

stocking /'staking/ *kb.* kaus kaki. *s. cap* tutup kepala yg bentuknya spt kaus. *s. feet* memakai kauskaki saja.

stockinged /'stakingd/ *ks.* berkaus-kaki.

stockpile /'stak'pail/ *kb.* persediaan, cadangan. **—kkt.** menimbun, mengadakan persediaan. **—stockpiling** *kb.* penimbunan barang.

stocktaking /'stak'teiking/ *kb.* 1 invéntarisasi. 2 penilaian.

stocky /'stakie/ *ks.* péndék gemuk **—stockily** *kk.* péndék gemuk. *s. built* bertubuh péndék gemuk.

stockyard /'stak'yard/ *kb.* tempat penyimpanan ternak.

stodginess /'stajienəs/ *kb.* 1 sifat membosankan. 2 keadaan gemuk péndék.

stodgy /'stajie/ *ks.* 1 tdk menarik, bosan. 2 gemuk, berat.

stogie /'stowgie/ *kb.* cerutu (murah).

stoic /'stowik/ *kb.* orang yg pandai menahan nafsunya.

stoical /'stowəkəl/ *ks.* tenang dan pandai mengendalikan nafsunya.

stoicism /'stowəsizəm/ *kb.* sikap tenang, sabar dan tabah.

stoke /stowk/ *kkt.* menyalakan api (*a furnace*). *to s. up* mengisi.

stoker /'stowkər/ *kb.* tukang/juru api, setoker.

stole /stowl/ *kb. sej.* seléndang, syal.

stole(n) /'stowl(en)/ lih STEAL.

stolid /'stalid/ *ks.* pendiam.

stomach /'stʌmək/ *kb.* 1 perut. *stomach-ache* sakit perut. *s. pump* pompa perut. *Inf.: It makes me sick at my s. to see such things* Perut saya terasa sakit bila melihat hal-hal semacam itu. *to crawl on o's s.* merangkak dgn menggésérkan perutnya. *The sight turned my s.* Pemandangan itu membuat saya merasa muak. 2 seléra, keinginan. *I have no s. for such foolishness* Saya tak suka akan ketololan semacam itu. **—kkt.** menelan, menerima. *I can't s. him* Ia sangat memuakkan bagi saya.

stomp /stamp/ *kki.* mengentakkan kaki, menerjang kebawah. **to s. on** menginjak.

stone /stown/ *kb.* 1 batu. *s. fence* pagar batu. *s. monument* tugu dari batu. *to cast the first s.* memulai mengecam, menjadi orang yg pertama yg mengeritik.

to leave no s. unturned mencoba segala-galanya, berusaha sekuat tenaga, melakukan apa saja. *within a a stone's throw* jarak dekat sekali. 2 (*grave*) batu nisan. 3 biji (*of peach*). 4 (*precious*) batu permata. **—kkt.** 1 melémparkan batu, melémpari dgn batu. 2 mengeluarkan (*a peach*). **S. Age** Jaman Batu. **stone-blind** *ks.* buta sama sekali. *Sl.:* **stone-broke** *ks.* tak mempunyai uang sama sekali, bokék. **s. bruise** luka memar. **stone-cold** *ks.* dingin sekali (*of food*). **stone-deaf** *ks.* tuli sama sekali. **—stoned** *ks.* 1 tanpa biji (*fruit*). 2 *Sl.:* mabuk.

stonecutter /'stown'kʌtər/ *kb.* pemahat batu.

stonemason /'stown'meisən/ *kb.* tukang batu.

stonewall /'stown'wɔl/ *kb.* dinding témbok. *to run into a s.* menghadapi oposisi yg keras.

stoneware /'stown'wær/ *kb.* periuk-belanga.

stonework /'stown'wɔrk/ *kb.* 1 bangunan batu. 2 pahatan/hiasan batu.

stony /'stownie/ *ks.* berbatu-batu (*path*). **stony-faced** *ks.* berpandangan dingin, tdk memperlihatkan perasaan, berwajah muka yg tdk berubah-ubah.

stood /stud/ lih STAND.

stooge /stuwj/ *kb. Inf.:* anték, kakitangan.

stool /stuwl/ *kb.* 1 tempat duduk yg tdk memakai sandaran, bangku tak bersandaran. *to fall between two stools* jatuh ditengah jalan, gagal mencapai tujuan karena ragu-ragu. *Med.:* bérak. **s. pigeon** mata-mata utk polisi, informan.

stoop /stuwp/ *kb.* 1 bungkuk. *His s. is becoming more noticeable* Bungkuknya menjadi makin tampak. 2 (*porch*) serambi muka. **—kki.** membungkuk. *I never thought she'd s. so low* Saya tdk pernah mengira bhw dia melakukan s.s.t. demikian hina. **stoop-shouldered** *ks.* berbahu bungkuk.

stop /stap/ *kb.* 1 perhentian, setopan. *The next s. is Chicago* Perhentian berikutnya ialah Chicago. *to make two stops* berhenti dua kali. *Let's have a short s. for lunch* Mari kita berhenti sebentar utk makan siang. *to come to a s.* berhenti. *to come to a full s.* berhenti sama sekali. *full s.* tanda titik. 2 kenop (*of organ*). *to pull out all the stops* mengerahkan segala dana dan tenaga, bertindak habis-habisan. 3 *Phon.:* konsonan letusan. 4 penghentian. *to put a s. to* menghentikan. **—kkt.** (**stopped**) 1 menghentikan (*a car, riot, noise, payment, s.o's allowance*). 2 menundukkan (*o's boxing opponent*). *to s. o's ears* menutup telinga. **—kki.** 1 berhenti. *S.!* Berhenti! *My watch stopped ticking* Jam saya mati. *It has stopped raining* Hujan sdh berhenti. 2 menginap (*at a hotel*). 3 macet, mogok. *The engine stopped on me* Mesin saya macet. *She'll s. at nothing* Apapun tak dpt menahannya. **to s. by** berhenti di rumah. **to s. for** 1 berhenti utk. 2 berhenti. *to s. s.o. from* mencegah s.s.o. jangan sampai. **to s. in** mampir, singgah. **to s. off** singgah sebentar. **to s. up** menyumbat, menutupi (*a sink, a hole*). **s. sign** tanda stop, lampu mérah. **s. watch** penghitung detik, jam yg jarumnya dpt dijalankan dan dihentikan utk mengukur waktu. **—stopped** *ks.* tersumbat, tertutup (*pipe*). **stopping** *place* tempat berhenti.

stopgap /'stap'gæp/ *kb.* pengganti sementara. *This will serve as a s.* Pakailah ini sbg pengisi lowongan. *s. measure* tindakan sementara/darurat.

stoplight /'stap'lait/ *kb.* 1 lampu belakang (*on cars*). 2 (*traffic*) tanda lalu lintas.

stopoff /'stap'ɔf/ *kb.* persinggahan.

stopover /'stap'owvər/ *kb.* persinggahan.

stoppage /'stapij/ *kb.* kemacetan, penghentian. *work s.* kemacetan pekerjaan.

stopper /'stɑpər/ *kb.* sumbat, perop, tutup, sumpal. *conversation s.* pernyataan yg mengakhiri segala pembicaraan. —*kkt.* menutupi (*a bottle*).

storage /'stowrij/ *kb.* 1 penyimpanan. *to place furniture in s.* menempatkan perkakas-perkakas rumah di gudang. 2 tempat penyimpanan. 3 biaya penyimpanan (*costs*). **s. battery** aki. **s. space** ruang simpanan. **s. tank** tangki penyimpanan (air, minyak, dsb.).

store /stowr/ *kb.* toko, warung, kedai. *shoe s.* toko sepatu. *If she only knew what was in s. for her* Seandainya dia tahu apa yg akan terjadi atas dirinya. *to place/put a lot of s. in* percaya sekali kpd. *to set s. by* menghargai, menghormati. —*stores j.* perbekalan. *naval stores* perbekalan AL. —*kkt.* menyimpan (*corn, clothes*). **to s. away** menyimpan sbg persediaan. **to s. up** menimbun. *Sl.*: **s. teeth** gigi palsu/buatan.

storehouse /'stowr'haws/ *kb.* gudang. *He's a s. of knowledge* Ia merupakan gudang pengetahuan. *rice s.* lumbung.

storekeeper /'stowr'kiepər/ *kb.* pengusaha/petugas toko.

storeroom /'stowr'rum/ *kb.* gudang (penyimpanan), kamar gudang.

storied /'stowried/ *ks.* 1 bertingkat. *two-storied house* rumah yg bertingkat dua. 2 terkenal. *the s. Grand Canyon* Grand Canyon yg terkenal.

stork /stɔrk/ *kb.* (burung) bangau. *to have a visit from the s.* lahirnya seorang bayi.

storm /stɔrm/ *kb.* 1 angin topan, badai. *wind s.* angin ribut. 2 semburan (*of insults*). 3 tepuk tangan orang dgn riuhnya (*of applause*). 4 keributan. *to stir up a s. over ...* menimbulkan keributan ttg .... *to take by s.* 1 merebut dgn serangan yg hébat. 2 merebut hati secara menggemparkan. *to bow to the s.* tunduk kpd desakan umum yg dahsyat. *to weather the s.* mengatasi waktu yg gawat. —*kkt.* menggempur, menyerang (*a fortification*). —*kki.* datang/ada angin ribut. *to s. around the room* mengamuk di kamar. **s. belt** daérah angin topan. **s. cellar** kamar kolong perlindungan thd topan. **s. center** 1 pusat angin topan. 2 sumber keributan. **s. cloud** awan (hujan) badai. **s. door** pintu luar, pintu penahan badai. **s. signal** 1 tanda badai. 2 tanda bahaya. **s. warning** peringatan mengenai badai. **s. window** jendéla penahan badai.

stormproof /'stɔrm'pruwf/ *ks.* tahan badai.

stormy /'stɔrmie/ *ks.* 1 yg berangin keras (*sea, weather*). 2 héboh, ribut (*meeting, session*).

story /'stowrie/ *kb.* 1 (*j.* **-ries**) cerita, ceritera, kisah. *to tell the whole s.* melukiskan keseluruhan cerita. *He tells marvelous stories* Ia menceritakan kisah-kisah yg menakjubkan. *to make a long s. short* menyingkatkan suatu ceritera yg panjang. *Let's come s.* 2 riwayat. *the s. of her life* riwayat hidupnya. 3 *Inf.*: bohong. *to tell a s.* berdusta, membohong. 4 tingkat, loténg, lénggék. *How many stories to this building?* Berapa tingkat (di) gedung ini?

storybook /'stowrie'buk/ *kb.* buku cerita-cerita hikayat. *Their love affair had a s. ending* Percintaan meréka berakhir spt dlm buku-buku roman.

storyteller /'stowrie'telər/ *kb.* 1 tukang cerita, pendongéng. 2 *Inf.*: (*liar*) pembohong.

storytelling /'stowrie'teling/ *kb.* 1 bercerita, mendongéng. 2 membohong.

stout /stawt/ *kb.* bir hitam. —*ks.* 1 gemuk, bayak (*person*). *to grow s.* tumbuh menjadi besar dan kuat. 2 kuat (*wagon*). 3 kokoh, kuat (*fence*). 4 gigih, kuat (*opponent*). 4 gagah berani. **stout-hearted** *ks.* gagah berani, berhati berani. —**stoutly** *kk.* dgn

keras. *to deny s. that ...* menyangkal dgn keras bhw .... *He is s. built* Badannya besar dan kuat.

stove /stowv/ *kb.* 1 kompor. *electric s.* kompor listerik. *gas s.* kompor gas. *kerosene s.* kompor minyak tanah. *oil s.* kompor minyak. 2 tungku, perapian.

stove /stowv/ lih STAVE.

stovepipe /'stowv'paip/ *kb.* pipa asap kompor.

stow /stow/ *kkt.* memuat (*cargo*). **to s. away** 1 menyimpan (*goods, money*). 2 menyelinap/menyelundup masuk, bersembunyi sbg penumpang gelap (*of a passenger*).

stowage /'stowij/ *kb.* penyimpanan barang, pergudangan.

stowaway /'stowə'wei/ *kb.* penumpang gelap.

straddle /'strædəl/ *kb.* kangkang. —*kkt.* 1 mengangkang, menunggang dgn kaki terkangkang (*horse, fence*). 2 tak mau memihak dlm (*an issue*).

strafe /streif/ *kkt.* memberondong, menémbaki, menghujani dgn peluru. —**strafing** *kb.* pemberondongan.

straggle /'strægəl/ *kki.* 1 mengeluyur (*of a person*). 2 berjurai (*of hair*). —**straggling** *ks.* 1 yg terurai/terjurai (*hair*). 2 yg mengeluyur/berkeluyuran (*soldiers*).

straggler /'stræglər/ *kb.* 1 tukang keluyur, orang yg tersesat. 2 héwan atau binatang yg suka memisahkan diri dari kelompoknya.

straight /streit/ *ks.* 1 lurus. *s. line* garis lurus. *Is my tie s.?* Luruskah dasiku? *Walk in a s. line* Berjalan lurus kedepan. *s. hair* rambut lurus. *s. angle* sudut lurus (180°). 2 *Inf.*: sebenar-benarnya. *s. information* keterangan yg sebenarnya. 3 jujur, sungguh-sungguh (*answer*). 4 bersungguh-sungguh. *to play s. roles* memainkan peranan yg bersungguh-sungguh. *to vote the s. ticket* memberikan suaranya semata-mata utk satu partai. —*kk.* 1 langsung. *You must come s. home* Kamu hrs langsung pulang. 2 lurus-lurus. *Sit up s.* Duduklah lurus-lurus. 3 terus. *Go s. on for two miles* Pergilah terus sejauh dua mil. 4 terus-terang. *Give it to me s., doc* Berterus-terang dgn saya, pak dokter. 5 jujur. *to live/go s.* hidup jujur, hidup di jalan yg benar. **::** *to look s. in the eye* menatapi s.s.o. *to stand s. as a ramrod* berdiri setegak tiang. *to work s. through the night* bekerja semalam suntuk. *to set the record s.* mengatakan/mencatat keadaan yg sebenarnya. *to set s.o. s. on a matter* membetulkan s.s.o. mengenai suatu hal. *to read a book s. through* terus-menerus membaca habis sebuah buku. *Did I get your story s.?* Sdh benarkah tanggapanku atas ceritamu itu? *Inf.*: *to sell at ten cents s.* dijual dgn harga tetap sepuluh sén. *to keep o's accounts s.* membéréskan perhitungan keuangan. *to set o's account s.* membéréskan perhitungannya. *I'll come s. back* Saya akan segera kembali. *Let's come/get s. to the point* Mari kita langsung membicarakan hal itu. *to drink s. from the bottle* minum langsung dari botol. **s. ahead** terus. *to keep a s. face* bermuka kayu. **s. off** dgn segera/serta-merta. **s. out** terus-terang. **s. razor** pisau cukur. *Inf.*: **s. shooter** seorang yg jujur. **s. whiskey** wiski murni (tanpa campuran).

straightaway /'streitə'wei/ *kb.* bagian jalan pacuan yg lurus. —*kk.* dgn segera, saat itu juga.

straighten /'streitən/ *kkt.* meluruskan (*road, nail, picture, tie*). *to s. out a matter* 1 membéréskan/menyelesaikan suatu hal. 2 menjadi baik lagi. **to s. up** 1 mengatur, membérés-béréskan (*a room*). 2 tegak, berdiri.

straightforward /'streit'fɔrwərd/ *ks.* 1 berterus-terang (*person*). 2 yg terus-terang (*approach to a problem*).

strain /strein/ *kb.* 1 ketegangan. *mental s.* ketegangan jiwa. *to show the s.* memperlihatkan (akibat) tekanan-tekanan itu. *to stand the s.* menahan ketegangan. *It was a s. having them here* Kita merasa tertekan dgn adanya meréka disini. *This house places a great s. on my wallet* Rumah ini merupakan beban yg berat kpd keuangan saya. *That's too much s. on the bridge* Beban itu terlalu berat utk jembatan itu. *to put a s. on* membebani, memberati. 2 rayuan, alunan *(of music).* *the strains of a waltz* lagu-lagu wals. 3 nada, bunyi. *a sad s. in the lyrics* nada sedih dlm kata-kata itu. 4 keturunan *(of cattle).* *a s. of genius in the family* keturunan orang berbakat di kalangan keluarga itu. *a horse with a mean s.* seékor kuda yg ada sedikit sifat jahatnya. *in the same s.* dlm lagu/cara yg sama. *seed s.* benih/biji keturunan, kuman bibit. —*kkt.* 1 memaksakan, menyiksa *(o's eyes).* *to s. o.s.* tergeliat, menyiksa/memaksa diri. *to s. the truth* agak menyimpang dari kebenaran. 2 melukai *(a back).* 3 menyaring. menapis *(food).* menegangkan/mempertegang *(o's friendship).* —*kki.* bersusah payah. *She strained to reach him* Ia menjengkau utk mencapainya. —**strained** *ks.* 1 tegang, genting *(relations).* 2 tergeliat *(back).* 3 yg disaring *(food).* 4 keseléo *(heart, muscle).* 5 yg dipaksakan *(of a laugh).*

strainer /'streinər/ *kb.* saringan, penapis, tapisan, ayakan.

strait /streit/ *kb.* selat. *The Sunda S.* Selat Sunda. —**straits** *j.* kesukaran. *in pitiful straits* dlm kesulitan yg menyedihkan. *to be in financial straits* berada dlm kesukaran keuangan. **s. jacket** baju mengikat/ pengekang. **strait-laced** *ks.* kaku, keras, teguh *(opinion, attitude).*

straitened /'streitənd/ *ks.* susah, serbakurang. *to live in s. circumstances* hidup dlm keadaan miskin.

strand /strænd/ *kb.* 1 pantai. 2 untai, unting. *a s. of pearls* seuntai mutiara. 3 helai. *a s. of hair* sehelai rambut. 4 helaian *(of thread).* —*kkt.* mengandaskan, mendamparkan *(a ship).* *The disabled car stranded them* Mobil yg rusak itu mendamparkan meréka. *He was stranded a thousand miles from home* Ia terlantar seribu mil dari rumahnya. **stranded** *boat* perahu yg terdampar.

strange /streinj/ *ks.* 1 anéh, ganjil. *s. situation* keadaan yg anéh. *She has a s. manner* Dia berkelakuan anéh. *How s. she didn't come* Sungguh anéh mengapa ia tak datang. *The s. thing is...* Anéhnya.... 2 asing, canggung. *to feel s. in a new town* merasa canggung di kota yg baru. 3 asing. *to let a s. man into the house* memasukkan orang yg tak dikenal ke rumah. 4 yg tak dikenal *(of faces).* *This handwriting is s. to me* Saya tdk kenal tulisan tangan ini. *in a s. country* di negara yg asing, di negara yg tak dikenal. —**strangely** *kk.* dgn cara yg anéh. *S. enough* Anéhnya.

strangeness /'streinjnəs/ *kb.* keadaan tdk dikenal.

stranger /'streinjər/ *kb.* 1 orang yg tak dikenal. *A s. came to the door* Ada orang yg tak dikenal datang ke pintu. *Who's the s.?* Siapa orang itu? 2 orang baru. *He's no s. to us* Dia bukan orang baru bagi kami. *He's a complete s. to me* Ia sama sekali saya tak kenal. *He's a s. to fear* Ia tak kenal takut. *He's no s. to poverty* Ia tlh biasa miskin.

strangle /'stræŋgəl/ *kkt.* 1 mencekék *(s.o.).* 2 menahan *(a desire).* —*kki.* *He strangled to death* Ia mati tercekék.

stranglehold /'stræŋgəl'howld/ *kb.* 1 pegangan mencekik *(wrestling).* 2 penghambat, perintang.

strangler /'stræŋglər/ *kb.* pencekék.

strangulated /'stræŋgyə'leitid/ *ks.* terjepit. *s. hernia* burut yg terjepit.

strangulation /'stræŋgyə'leisyən/ *kb.* (pen)cekék-an, keadaan terbebang/kebebangan, strangulasi. *economic s.* kemacetan ékonomi.

strap /stræp/ *kb.* 1 ambin, tali pengikat. *shoulder s.* ban/tali bahu, selémpang. 2 tali pegangan, ikat pemegang *(in a bus).* *watch s.* ikat arloji. —*kkt.* (**strapped**) 1 mengikat, melilit dgn ban pengikat. 2 mencambuk dgn ikat. —**strapped** *ks. Inf.:* kurang/kekurangan uang. —**strapping** *ks. Inf.:* kuat, tegap.

straphanger /'stræp'hæŋgər/ *kb. Inf.:* penumpang yg berdiri sambil berpegang pd tali pegangan.

strapless /'stræpləs/ *ks.* tak bertali bahu *(gown).*

strata /'streitə, 'strætə/ lih STRATUM.

stratagem /'strætəjəm/ *kb.* 1 tipu-daya. 2 muslihat.

strategic /strə'tiejik/ *ks.* stratégis. —**strategically** *ks.* secara stratégis, menurut siasat/rencana.

strategist /'strætəjist/ *kb.* ahli siasat (perang), penyiasat.

strategy /'strætəjie/ *kb.* (j. -**gies**) 1 *Mil.:* stratégi, ilmu siasat (perang). 2 siasat, akal.

stratification /'strætəfə'keisyən/ *kb.* stratifikasi.

stratifies /'strætəfaiz/ lih STRATIFY.

stratify /'strætəfai/ *kkt.* (**stratified**) membagi atas tingkatan-tingkatan. *highly stratified society* masyarakat yg sangat bertingkat-tingkat.

stratosphere /'strætəsfir/ *kb.* stratosfir.

stratum /'streitəm, 'strætəm/ *kb.* (j. **strata**) lapisan. *social strata* lapisan-lapisan sosial.

straw /strɔ/ *kb.* 1 jerami. *s. hat* topi jerami. *bale of s.* gulungan jerami. *to catch/clutch/grasp at a s.* mencoba dlm keadaan putus-asa, melakukan s.s.t. secara nékat. *s. in the wind* pertanda akan adanya perkembangan-perkembangan yg akan datang. 2 sedotan *(for drinks).* *to drink orangeade through a s.* minum air jeruk dgn sedotan jerami. **straw-colored** *ks.* kekuning-kuningan, pérang. **s. man** 1 orang-orangan pemikat kepercayaan. 2 kaki tangan. **s. vote** pemungutan suara secara tak resmi.

strawberry /'strɔ'berie/ *kb.* (j. -**ries**) (buah) arbéi. *s. jam* seléi arbéi.

strawboard /'strɔ'bowrd/ *kb.* kardus/karton jerami.

stray /strei/ *kb.* héwan yg tersesat. —*ks.* 1 sesat *(animal).* 2 kesasar, nyasar. *s. bullet* peluru kesasar. *A s. customer or two came* Seorang dua orang langganan yg kebetulan datang. —*kki.* 1 berkeliaran *(of an animal).* 2 menyimpang *(from the right path, from the text).* *to let o's thoughts s.* melamun memikirkan.

streak /striek/ *kb.* 1 lapisan *(of fat).* 2 lintasan *(of lightning).* 3 corét, coréng *(of dirt, paint).* 4 coréng *(of gray in o's hair, of irony).* 5 réntétan *(of good luck).* 6 unsur, nada. *streaks of humor* nada-nada lucu, unsur-unsur lelucon. *like a s.* cepat sekali, spt kilat. —*kkt.* mencoréng, mencorét *(o's face with s.t.).* *His hair is streaked with gray* Rambutnya bergaris-garis. —*kki.* mencoréng *(of grease paint).* *Inf.:* *to s. past* berlari cepat meliwati.

streaky /'striekie/ *ks.* bergaris-garis, bercoréng.

stream /striem/ *kb.* 1 sungai (kecil). 2 cucuran *(of blood, tears).* 3 aliran. *s. of opinion* aliran pendapat. *to go against the s.* melawan/menentang aliran. *to go with the s.* mengikuti aliran/kehendak orang banyak. 4 aliran, urut-urutan. *streams of busses* bis-bis yg berdérét-dérét. *streams of people* barisan orang banyak, arus-arus manusia. 5 berkas *(of light).* *in a thin s.* sedikit sekali. —*kkt.* mengalirkan, mengeluarkan *(blood).* —*kki.* 1 melambai-lambai *(in the wind).* 2 bercucuran, mengalir *(of liquid).* *to s. by* *the house* berduyun-duyun meliwati rumah itu. *A meteor streamed across the sky* Sebuah bintang jatuh melintas cepat di angkasa. *His admirers streamed after him* Para pemujanya berduyun-duyun mengikutinya. *to s. into an auditorium* berramai-ramai memasuki aula. *streaming wet* basah-kuyub. *to be streaming with perspiration* keringatnya mengalir.

streamer /'striemər/ *kb*. 1 ular-ular. 2 pita (*on gowns*).

streamline /'striem'lain/ *kkt*. 1 melangsingkan (*o's figure*). 2 mempersingkat (*an office*). —**streamlined** *ks*. yg lancar, éfisién (*program, vehicle*). —**streamlining** *kb*. pelurusan.

streamliner /'striem'lainər/ *kb*. keréta api cepat.

street /striet/ *kb*. jalan. *one-way s*. jalan satu jurusan. *Cross the s. with care* Menyeberang jalan dgn hati-hati. *Gangs roam the streets* Gerombolan berkeliaran di jalan-jalan. *Those parents let their children run the streets* Orang-orang tua itu membiarkan anak-anaknya merajaléla di jalanan itu. *Don't turn him out in the s.* Jangan biarkan dia terlantar. *The whole s. protested the city's action* Seluruh penduduk jalan itu memprotés tindakan kota itu. **s. accident** kecelakaan di jalan. **s. door** pintu depan. **s. lamp/light** lampu jalan. **street-length** *ks*. yg panjangnya biasa. **s. level** setinggi jalan. **s. sign** papan nama jalan. **s. sweeper** penyapu jalan, tukang bikin bersih jalan.

streetcar /'striet'kar/ *kb*. trém.

streetwalker /'striet'wɔkər/ *kb*. pelacur, wanita "P", kupu-kupu malam.

strength /strength/ *kb*. 1 kekuatan. *s. of materials* kekuatan materi. *s. of a drug* kekuatan daya obat. *His s. lies in his phenomenal memory* Kekuatannya terletak pd daya ingatnya yg menakjubkan itu. *s. of character* kekuatan watak. *s. of an argument* kekuatan arguméntasi. *to be at full s.* berkekuatan penuh. *to be present in great s.* hadir dlm kekuatan yg besar. *He did it through sheer s.* Ia mengerjakannya dgn kekuatan mentah. 2 tenaga. *s. of mind* tenaga/kekuatan pikiran. *by main s.* dgn tenaga belaka. 3 daya. *tensile s.* daya regang. 4 jumlah, perséntase (*of alcohol*). :: *to recover o's s.* sembuh kembali. *to be under s.* kurang dari ukuran biasa. *on the s. of* berdasarkan, atas dasar.

strengthen /'strengthən/ *kkt*. memperkuat. *to s. a wall* memperkuat dinding. *to s. a solution* memperkuat s.s.t. campuran/larutan.

strenuous /'strenyuəs/ *ks*. 1 berat (*exercise*). 2 sibuk. 3 kuat (*opposition*). *to object strenuously* berkeberatan kuat.

strep /strep/ *kb. Inf.*: bakteri stréptokokus. *s. throat* inféksi/sakit kerongkongan, sakit tenggorokan disebabkan bakteri stréptokokus.

streptomycin /'streptə'maisin/ *kb*. stréptomisin.

stress /stres/ *kb*. 1 ketegangan. *mental s.* ketegangan jiwa. 2 tekanan. *to lay s. on* menekankan, memberikan tekanan kpd. *The s. is on the last syllable* Tekanan terletak pd suku kata yg terakhir. *in moments of s.* ketika mengalami tekanan-tekanan. *period of storm and s.* masa pergolakan dan tekanan. —*kkt*. menitikberatkan, memberi tekanan pd (*important issues, a syllable*).

stretch /strec/ *kb*. 1 bidang, potong, trayék (*of road*). *level s. of highway* jalan raya yg terbentang rata, bentangan jalan raya yg rata. 2 jengkauan/uluran (*of the arm*). 3 bagian. *in the final s.* di bagian yg terakhir. 4 *Sl.*: masa. *to serve a s. in prison* menjalani masa hukuman di penjara. *to sleep a four-hour s.* tidur empat jam terus-menerus. *By no s. of the imagination can he be called stupid* Dipandang dari segi apapun, ia tak dpt dikatakan bodoh. *to work four hours at a s.* bekerja empat jam terus-menerus. —*kkt*. 1 merentangkan (*a rope*). *to s. a carpet on the floor* membentangkan babut di lantai. 2 melonggarkan/melébarkan (*shoes, hat, gloves*). 3 memperlunak (*the law*). *to s. a point* membuat pengecualian. 4 *Inf.*: melebih-lebihkan (*the truth*). —*kki*. merentang, dpt regang. *These pants s.* Celana ini dpt regang. *The fields s. for miles* Padang-padang itu terbentang bermil-mil jauhnya. **to s. out** berbaring. *to s. out for a nap* berbaring (terlentang) utk tidur sebentar. *to s. out o's hands* mengulurkan tangannya. *to s. out a loan over a period of* memperpanjang pinjaman selama. *to s. s.o. out on the floor* membentangkan orang di lantai. **s. socks** kaus kaki yg dpt diregang-regangkan/diulur.

stretcher /'strecər/ *kb*. 1 usungan (*for patients*). *stretcher-bearer* pembawa usungan. 2 alat perenggang (*for clothes*).

stretchy /'strecie/ *ks. Inf.*: élastis.

strew /struw/ *kkt*. (**strewed, strewed** atau **strewn**). 1 menaburkan (*s.t.*). 2 menaburi (*with s. t.*). *Paper was strewn all over the park* Kertas-kertas bertaburan dimana-mana di taman itu. 3 bertébaran. *He strewed his books over the table* Bukunya berserakan sepenuh méja. Bukunya bertébaran diatas méja. *The ground was strewn with leaves* Tanah penuh dgn daun-daun.

strewn /struwn/ lih STREW.

stricken /'strikən/ lih STRIKE.

strict /strikt/ *ks*. 1 keras (*discipline, orders*). *to be s. with* keras thd. 2 sempurna (*neutrality*). 3 tepat (*meaning/sense of the word*). 4 teliti, seksama (*reasoning*). *in strict confidence* secara rahasia. —**strictly** *kk*. dgn keras. *Smoking is s. prohibited* Dilarang keras merokok.

strictness /'striktnəs/ *kb*. kekerasan.

stricture /'strikcər/ *kb*. 1 *Med.*: penyempitan. 2 kritik, kecaman. *to pass strictures (up)on* melontarkan/mengeluarkan kecaman-kecaman.

stride /straid/ *kb*. langkah. *to hit o's s.* mencapai kegiatan kerja yg normal. *to make great strides* maju (dgn) pesat. *to take in o's s.* menerima s.s.t. dgn tenang/dgn mudah. —*kkt*. melangkahi (*a fence*). —*kki*. melangkah. *Science is striding ahead* Ilmu pengetahuan melangkah maju. *to s. along/down the road* berjalan di jalan dgn langkah cepat. *to s. over a brook* melangkahi selokan. *He strode up and down the room* Ia melangkah kian kemari di kamar.

strident /'straidənt/ *kb*. lengking (*voice*).

strife /straif/ *kb*. perselisihan, percékcokan. *domestic s.* percékcokan rumah-tangga.

strike /straid/ *kb*. 1 pemogokan. *The s. has been called off* Pemogokan sdh dihentikan. *to be/go (out) on s.* mogok. *sympathy s.* pemogokan setiakawan. 2 penemuan (*of gold*). 3 *Mil.*: serangan. *bombing s.* serangan pesawat pembom. *I haven't had a single s.* Blm ada ikan yg mau makan umpan. —*kkt*. (**struck, struck** atau **stricken**). 1 melanggar, menabrak. *The car struck a child* Mobil itu menabrak anak kecil. 2 menemukan (*a mine, submerged rock, oil*). 3 memukul, menampar (*s.o.*). 4 menyambar (*lightning*). *A hurricane struck the town* Angin topan melanda kota. *The town was struck by a flu epidemic* Kota itu dilanda wabah flu. 5 membentur. *I struck my leg on the table* Kakiku terbentur ke méja. 6 mencorét, menghapuskan (*a name from the rolls*). 7 membongkar (*camp*). 8 mengambil (*an attitude*). 9 mencapai, mencari (*a compromise*). 10 menggorés, menggerét (*a match*). 11 mencétak (*a new coin*). 12 menyebabkan/mendatangkan (*terror*) (**in** pd). 13 membunyikan. *That strikes a familiar note* Itu kedengarannya tdk asing bagiku. :: *It strikes me I'm wrong* Amat mengesankan bagiku, bhw aku salah. *to s. an average* menghitung pukul rata. *Inf.: to s. a friend for a loan* dgn tiba-tiba mendesak teman spy meminjamkan uang. *A thought struck me while you were talking* Timbul/Keluar sebuah pikiran pd saya ketika kamu berbicara. *A weird sound struck my ears* Bunyi yg anéh sampai ke telingaku. *The plant strikes root* Tanaman itu mengeluarkan akar. *to s. o's colors* menyerah. *I was struck by her beauty* Saya kagum/terpesona karena kecantikannya. *He was stricken with a heart attack* Ia terkena serangan jantung. *I was struck by his ability* Aku kagum melihat kepandaiannya. —*kki.* 1 mogok. *The union struck* Serikat buruh mogok. *to s. for higher wages* mogok menuntut gaji yg lebih tinggi. 2 menyerang. *to s. at sunrise* menyerang pd waktu fajar. 3 membunyikan, berbunyi. *The clock struck nine* Jam itu membunyikan pukul sembilan. 4 menembus. *The roots s. deep* Akar-akar itu menembus dalam. :: *The fish were striking* Ikan-ikan ada yg mau makan umpan. *We must s. while the iron is hot* Kita hrs menggunakan waktu yg tepat. *to s. across/off/through the woods* memutus melalui hutan. **to s. at** 1 memukul/menghajar (*s.o.*). 2 mengenai tepat pd (*the heart of a problem*). **to s. down** menjatuhkan (*o's opponent*). *He was struck down by a stroke* Ia terjatuh/rubuh karena serangan otak. **to s. off** 1 mencorét (*a name*). 2 meréproduksi, mencétak. *to s. off ten copies* memperlipatgandakan sepuluh buah. 3 menempa/mencétak (*a coin, medal*). **to s. out** mencorét (*a word*). *to s. out across the field* memotong/melalui lapangan. *to s. out at s. o.* menghantam/memukul s.s.o. *to s. out for shore* berenang/meluncur ke pantai. *to s. out for o.s.* berusaha sendiri. **to s. up** memulai (*a friendship*). *to s. up the national anthem* mulai memainkan lagu kebangsaan. *to s. up the band* mulai memainkan band/orkés. —**stricken** *ks.* yg dilanda/ditimpa. *the s. area* daérah yg dilanda. *s. ship* kapal yg menderita kerusakan. —**striking** *ks.* 1 yg menyolok. *a s. outfit* pakaian/baju yg menyolok. 2 yg sedang mogok (*workers*). *to be within s. distance of* berada dlm jarak serangan dari. *a s. clock* loncéng yg berbunyi. *s. power* kekuatan menyerang. *s force* kesatuan/angkatan yg menyerang. —**strikingly** *kk.* dgn cara yg menyolok. *She looks s. like her sister* Rupanya mirip sekali dgn saudara perempuannya. *s. beautiful* cantik betul.

strikebreaker /'straik'breikər/ *kb.* orang yg mencoba memecahkan pemogokan.

striker /'straikər/ *kb.* pemogok.

string /string/ *kb.* 1 tali, benang. *ball of s.* bola dari benang. 2 tali, senar (*of a tennis racket*). *guitar s.* tali gitar. *air on the E s.* lagu dgn nada E. 3 untai. *a s. of pearls* seuntai mutiara. 4 réntétan (*of victories, newspapers*). 5 rangkaian, dérétan (*of radio stations*). *long s. of students* dérétan mahasiswa. 6 syarat. *Inf.: A lot of strings are attached to getting a visa* Banyak syarat-syarat yg diperlukan utk memperoléh visa. *Inf.: with no strings attached* tanpa ikatan/syarat-syarat. :: *How many girls does he have on the s.?* Berapa anak gadis yg terikat/terjirat oléhnya? *to have two strings to o's bow* punya beberapa kemungkinan utk bertindak. *to pull strings* sérong/menyalahgunakan kekuasaan, mempergunakan pengaruh. *to pull the strings* berkuasa. —**strings** *j.* alat-alat musik gésék. —*kkt.* 1 menguntai (*beads*). 2 mengupas (*beans*). 3

memberi/memasang tali (*a racket*). 4 merentangkan (*a wire between two poles*). 5 menyambung-nyambung (*sentences together*). *Inf.: to s. s.o. along* memperdayakan/mencumbu(i) s.s.o. *Inf.: to s. along with* ikut, setuju dgn. **to s. out** memperpanjang (*a job, story*). **to s. up** 1 merangkai, menggantung-gantungkan (*Christmas lights*). 2 *Inf.:* menggantung (*s.o.*). **s. bass** bass viol. **s. bean** kacang panjang/buncis. **s. quartet** kwartét gésék. **stringed** *instrument* alat musik gésék. **strung** lih HIGH.

stringency /'strinjənsie/ *kb.* (*j.* -**cies**) kekerasan.

stringent /'strinjənt/ *ks.* keras.

stringer /'stringər/ *kb.* 1 pengupas (*of beans*). 2 balok. 3 *News.:* wartawan setempat.

stringy /'stringie/ *ks.* menyerabut, berserabut.

strip /strip/ *kb.* 1 carik. *a s. of cloth* secarik kain. 2 potong (*of meat*). 3 bidang (*of land*). 4 *Av.:* landasan. 5 bilah, kepingan. *s. of wood* kepingan kayu. *metal s.* kepingan baja, potongan kecil pelat baja. —*kkt.* (**stripped**) 1 mengupas, menguliti (*bark from a tree*). 2 menelanjangi, mengunduli (*s.o.*). 3 merampok/mencuri (*s.o. of his wallet*). 4 mengosongkan (*a house of its furnishings*). 5 mematahkan. *He stripped a gear* Patahlah gigi-gigi persnéling mobilnya. 6 mengunduli (*a tree of its fruit*). 7 mencopoti/melucuti (*a car*). *to s. s.o. of his power* melucuti kekuasaannya. —*kki.* membuka baju. *to s. to the skin* telanjang bulat. *to s. to the waist* melucuti pakaian sampai ke pinggang. **s. mine** tambang terbuka. **stripped-down** *ks.* diprétéli, dilucuti (*car*).

stripe /straip/ *kb.* 1 belang (*of a tiger*). 2 garis (*on cloth*). *Those stripes don't look good on her* Garis-garis itu tdk cocok baginya. 3 jalur (*on a playing field, street, or highway*). 4 *Mil.:* strip, seterip. *He's of a different s.* Pribadinya lain. 5 garis-garis lébar, jalur-jalur (*on a flag*). —**striped** *ks.* berbelang (*cat*).

stripling /'stripling/ *kb.* pemuda (tanggung), teruna, remaja.

striptease /'strip'tiez/ *kb.* tari-tarian tanpa memakai baju, tari-tarian telanjang.

strive /straiv/ *kki.* (**strove, striven**) 1 berusaha/bekerja keras. *to s. to do o's best* berusaha sekuat tenaga. *to s. for all A's* bekerja keras utk mendapat angka sepuluh bagi semua matapelajaran. 2 berjuang. *to s. against the tide* berjuang melawan air pasang. *to s. valiantly* membanting tulang. *What are you striving after?* Apakah yg kau hendak capai (dgn bekerja keras itu)? *to s. after effect* bekerja keras utk menghasilkan s.s.t. *Is that worth striving for?* Adakah gunanya/keuntungannya utk diusahakan dgn keras?

striven /'strivən/ lih STRIVE.

stroke /strowk/ *kb.* 1 pukulan (*golf, tennis*). *with one s.* dgn satu pukulan. 2 témbakan (*of piston*). 3 gerak, gaya (*swimming*). 4 sambaran (*of lightning*). 5 *Med.:* serangan otak, biasanya disertai kelumpuhan. 6 percobaan. *bold s. for freedom* suatu percobaan yg berani demi kebébasan. 7 kayuhan (*of oar*). 8 corétan. *with one s. of the pen* dgn satu corétan péna. 9 tak. *two-stroke engine* motor 2-tak. *That was a s. of luck* Itu mujur/keuntungan belaka. *That was a s. of genius* Itu spt diilhamkan. *His writing strokes are fancy* Tulisannya indah. *They arrived on the s. of five* Meréka tiba tepat pukul lima. *He's never done a s. of work* Ia blm pernah sekali juga bekerja. —*kkt.* mengusap, membelai (*a cat, child's hair*).

stroll /strowl/ *kb.* jalan-jalan. *to go for or take a s.* berjalan-jalan, pergi makan angin. —*kki.* berjalan-jalan.

stroller /'strowlǝr/ kb. 1 orang yg berjalan-jalan. 2 keréta anak (utk dibawa berjalan-jalan).

strong /strɔng/ kb. 1 kuat (of a current, evidence, electrical current). a s. man seorang laki-laki yg kuat. How s. is this box? Berapa kuatnya kotak ini? s. impression kesan yg kuat. s. in French kuat dlm bahasa Perancis. 2 keras (drink, cigar, medicine). 3 keras, kuat (voice). 4 kuat, kokoh (market). s. speech pidato yg bernada keras. 5 bersemangat, jakin. She's a s. party member Dia seorang anggota partai yg bersemangat. 6 silau, yg menyilaukan (of light). 7 tengik (of butter). 8 keras, pekat, hitam (of coffee). 9 tua (of cheese). 10 keras, tajam (of odor). 11 kencang (of a breeze). the group fifty s. rombongan sebanyak lima puluh. —kk. dgn kuat. The celebration is going s. Perayaan itu berjalan terus (dgn meriahnya). **strong-arm** ks. tangan besi. s.-arm tactics cara-cara tangan besi. Bridge: **s. suit** kartu yg kuat. Mathematics isn't her s. suit Ia tdk kuat dlm ilmu ukur. **strong-minded, strong-willed** ks. berkemauan keras, tahan hati, keras kepala. —**strongly** kk. betul-betul. to feel s. about s.t. percaya betul ttg s.s.t. s. worded letter surat dgn katakata yg keras. s. held opinion pendapat yg dipertahankan dgn kokoh.

strongbox /'strɔng'baks/ kb. lemari/peti besi.

stronghold /'strɔng'howld/ kb. 1 kubu, bénténg. 2 bénténg (of conservatism).

strongman /'strɔng'mæn/ kb. (j. **-men**) 1 orang kuat (in a circus). 2 orang yg kuat, pemimpin.

strop /strap/ kb. kulit pengasah/asahan. —kkt. (**stropped**) mengasah dgn kulit.

strophe /'strowfie/ kb. sm bait.

strove /strowv/ lih STRIVE.

struck /strʌk/ lih STRIKE.

structural /'strʌkcǝrǝl/ ks. yg berk. dgn struktur. s. change perubahan struktur. s. linguistics ilmu bahasa struktur. s. steel baja (kerangka) bangunan. —**structurally** ks. dari sudut bangunannya.

structure /'strʌkcǝr/ kb. 1 struktur. social s. struktur/susunan masyarakat. 2 bangunan, gedung. 3 susunan. s. of the atom susunan atom. 4 struktur/kerangka (of the economy). —kkt. menyusun. —**structured** ks. yg tersusun. s. interview wawancara yg tersusun.

struggle /'strʌgǝl/ kb. perjuangan, (pe)rebutan. power s. perebutan kuasa. She's had a hard s. Dia tlh mengalami pekerjaan yg hébat. to give up without a s. menyerah tanpa perlawanan. —kki. meronta-ronta. to s. to get o's breath meronta-ronta utk bernafas. to s. to o's feet dgn susah payah berdiri. to s. against a strong wind berjuang melawan angin yg keras. s. against overwhelming odds melawan s.s.t. yg jauh lebih kuat. **to s. along** dgn susah payah maju terus. —**struggling** kb. perebutan. ks. yg hidup dgn susah payah. s. artist seorang seniman yg bekerja keras.

struggler /'strʌglǝr/ kb. orang yg berusaha/bekerja keras, pejuang.

strum /strʌm/ kkt., kki. (**strummed**) 1 memetik (guitar). 2 main-main (piano). 3 mengetuk-ngetuk (on a table).

strung /strʌng/ lih·STRING.

strut /strʌt/ kb. 1 jalannya sbg seorang yg sombong. 2 (support) topangan. —kki. (**strutted**) mengigal. to s. o's stuff memamérkan kepandaian. —**strutting** ks. yg mengigal.

strychnine /'striknin/ kb. strychnin.

stub /stʌb/ kb. 1 puntung (of cigar, cigarette). 2 tumpulan (of a pencil). 3 potongan (of a check). 4 potong-

an kartu, sobékan (of a ticket). —kkt. (**stubbed**) menyandung. to s. o's toe on/against tersandung jari kakinya pd. **to s. out** mematikan (a cigar, cigarette).

stubble /'stʌbǝl/ kb. 1 tunggul (jerami). 2 pangkal janggut (on o's chin).

stubborn /'stʌbǝrn/ ks. 1 keras kepala, bandel. s. as a mule keras kepala spt kémar. 2 susah dihilangkan (of a stain). 3 susah sembuh (of a cough).

stubbornness /'stʌbǝrnnǝs/ kb. sikap keras kepala. s. of a stain cedera yg sukar hilang. s. of a cold pilek yg sukar sembuh.

stubby /'stʌbie/ ks. péndék dan gemuk/tegap.

stucco /'stʌkow/ kb. pléstér semén, pléstéran. —kkt. mempléstéri, melapisi (dgn semén).

stuck /stʌk/ lih STICK.

stud /stʌd/ kb. 1 kuda pembiak/pacek, bapak kuda. 2 Cloth.: kancing. 3 Carp.: papan, tiang. at s. tersedia sbg bapak kuda. —kkt. (**studded**) 1 menabur. The park was studded with cottages Taman itu bertaburkan pondok-pondok. 2 menatah. The necklace was studded with diamonds Kalungnya itu bertatahkan intan. —**studding** kb. tunggak, tiang.

student /'stuwdǝnt, 'styuw-/ kb. 1 (male) mahasiswa (at a college or university). medical s. mahasiswa kedokteran. law s. mahasiswa hukum. s. body jumlah mahasiswa. s. council sénat/déwan mahasiswa. s. union gedung (kegiatan) mahasiswa. 2 (female) mahasiswi. 3 pelajar (secondary school). s. of history pelajar sejarah. 4 penyelidik (of human nature). **s. teacher** pembantu pengajar.

studied /'stʌdied/ lih STUDY.

studies /'stʌdiez/ lih STUDY.

studio /'stuwdieow/ kb. 1 studio. broadcasting s. studio penyiaran, pemancar radio. 2 studio, sanggar. artist's s. sanggar seorang seniman. s. couch sm dipan (tanpa sandaran). photographer's s. studio tukang potrét.

studious /'stuwdieǝs, 'styuw-/ ks. rajin belajar. to make a s. effort to help others bersungguh-sungguh utk menolong orang lain. —**studiously** kk. sangat berhati-hati. He s. avoided mention of... Ia sangat berhati-hati menghindari sebutan....

studiousness /'stuwdieǝsnǝs, 'styuw-/ kb. kerajinan, kesungguhan hati.

study /'stʌdie/ kb. (j. **-dies**) 1 pelajaran. to finish o's studies menyelesaikan pelajarannya. 2 mata pelajaran (in school). 3 penyelidikan. to make a s. of the situation mengadakan penyelidikan mengenai keadaan itu. 4 bahan pelajaran. 5 lokakarya, kamar kerja. The proper s. of mankind is man Bahan pelajaran yg sewajarnya ttg kemanusiaan ialah manusia. to make a lifelong s. of birds mempelajari burung-burung sepanjang umurnya. —kkt. 1 mempelajari (a map, customs). 2 belajar. to s. medicine belajar ilmu kedokteran. to s. voice with belajar seni suara pd. 3 memikirkan (ways to do s.t.). 4 menghapalkan (a part in a play). —kki. belajar. to s. for a degree belajar utk mencapai gelar. to s. to be a lawyer belajar utk menjadi pengacara. to s. under/with Prof. A. belajar dibawah pimpinan/asuhan Prof. A. s. assignment tugas belajar. s. hall ruang belajar. —**studied** ks. yg disengaja. s. insult penghinaan yg disengaja.

stuff /stʌf/ kb. 1 bahan. This s. is no good for my purpose Bahan ini tdk berguna utk maksud saya. 2 barang. to take all o's s. with one membawa semua barang-barangnya. 3 kesanggupan. to lose o's s. kehilangan kesanggupannya. Inf.: **to do o's s.** mengerjakan tugasnya/pekerjaannya/peranannya (dgn baik). Inf.: **He really knows his s.** Ia paham benar ttg apa yg dipelajari. —*kkt.* 1 mengisi (*a turkey*). *to s. envelopes* mengisi ampelop. *to s. the ballot box* mengisi kotak suara dgn suara-suara fiktif/buatan. 2 memasukkan (*hands in the pocket, tobacco into a pipe*). 3 menyumbat (*a hole with rags*). *My nose is stuffed up* Hidung saya tersumbat (karena pilek). 4 memasukkan, menyumpalkan (*clothes into a suitcase*). *We were stuffed into a bus* Kita berjejal dlm bis. *to s. o.s.* makan sekenyang-kenyangnya. —**stuffed** *ks.* yg diisi. *s. animal* binatang isian/sumpalan. *s. shirt* orang yg congkak, orang tinggi hati. —**stuffing** *ks.* isian, pengisi. *Sl.: to knock the s. out of s.o.* memukul s.s.o. sampai setengah mati.

stuffiness /'stʌfienəs/ *kb.* 1 kekakuan (*of a person*). 2 kesesakan (*of a room*).

stuffy /'stʌfie/ *ks.* 1 kaku (*of a person*). 2 sesak (*of a room*). *My head feels s.* Kepala saya rasanya tersumbat.

stultified /'stʌltəfaid/ lih STULTIFY.

stultify /'stʌltəfai/ *kkt.* melemahkan, mematikan semangat. **stultifying** *atmosphere* suasana yg melemahkan semangat.

stumble /'stʌmbəl/ *kki.* tersandung. *Be careful, don't s.* Hati-hati, jangan tersandung. *to s. across/upon some books* menemukan beberapa buku-buku secara kebetulan. *to s. down the stairs* turun tangga dgn kaki terserét. *to s. along* berjalan dgn terhuyung-huyung.

stumbling *block* batu penarung, penghalang.

stumblebum /'stʌmbəl'bʌm/ *kb. Sl.:* orang yg janggal.

stump /stʌmp/ *kb.* 1 tunggul (*of a tree*). 2 puntung (*of arm, leg, tail*). 3 ujung/puntung (*of candle*). 4 puntung/ujung (*of pencil*). *Sl.: Stir your stumps* Larilah kemari cepat-cepat. *to take the s.* melakukan perjalanan keliling (utk kampanye politik). *Inf.: to be up a s.* pikiran lagi buntu, bingung. —*kkt.* 1 membingungkan (*s.o.*). 2 membungkamkan (*the experts*). 3 kesandung (*o's toes*). —*kki.* berpidato politik sbg calon gubernur, anggauta DPR dsb.

stumper /'stʌmpər/ *kb. Inf.:* pertanyaan yg sukar utk dijawab.

stun /stʌn/ *kkt.* (**stunned**) 1 membisingkan. *The news stunned them* Kabar itu mempesonakan meréka. 2 menyebabkan kelengar/pingsan (*from a blow*). —**stunning** *ks.* 1 yg menarik perhatian, mempesonakan (*outfit*). 2 yg menulikan, membuat tuli (*blow*).

stung /stʌng/ lih STING.

stunk /stʌngk/ lih STINK.

stunner /'stʌnər/ *kb.* 1 *Inf.:* seorang wanita yg menarik perhatian. 2 hal yg sungguh-sungguh mengejutkan.

stunt /stʌnt/ *kb.* pertunjukan ketangkasan, akrobatik (*at a circus, on motorcycles*). *s. flyer* penerbang akrobatik. *Don't do that s. again* Jangan melakukan itu lagi. —*kkt.* menghalangi, memperlambat (*o's growth*). —**stunted** *ks.* 1 terbantut (*tree*). 2 kerdil (*person*). 3 terhalang/terbantut/terintang (*growth*).

stuntman /'stʌnt'mæn/ *kb.* (*j.* **-men**) akrobat.

stupefaction /'stuwpə'fæksyən, 'styuw-/ *kb.* 1 kelumpuhan, ketakutan. 2 keadaan kelengar.

stupefied /'stuwpəfaid, 'styuw-/ lih STUPEFY.

stupefy /'stuwpəfai, 'styuw-/ *kkt.* (**stupefied**) 1 membuat spt kena bius. 2 menghérankan. *I am completely stupefied by what has happened* Saya sama sekali terpesona oléh apa yg terjadi.

stupendous /stuw'pendəs, styuw-/ *ks.* 1 raksasa, mengagumkan. 2 menakjubkan.

stupid /'stuwpid, 'styuw-/ *ks.* bodoh, dungu, tolol. *Don't be s.!* Jangan bodoh (begitu)! *How s. of me!*

Alangkah tololnya saya ini! —**stupidly** *kk.* (secara) tolol, berbuat bodoh. *I s. left the key in the door* Saya berlaku bodoh meninggalkan kunci di pintu.

stupidity /stuw'pidətie, styuw-/ *kb.* (*j.* **-ties**) ketololan, kebodohan, kedunguan.

stupor /'stuwpər, 'styuw-/ *kb.* keadaan kelengar/pingsan.

sturdiness /'stərdienəs/ *kb.* ketegapan, kekokohan.

sturdy /'stərdie/ *ks.* 1 kokoh, kuat (*of a chair*). 2 tegap, begap, kekar (*of a person*). —**sturdily** *kk.* 1 kokoh, kuat. 2 tegap (*of a person*).

sturgeon /'stərjən/ *kb.* sm ikan yg menghasilkan telur ikan.

stutter /'stʌtər/ *kb.* bicara menggagap. —*kki.* menggagap, berbicara dgn gagap.

stutterer /'stʌtərər/ *kb.* penggagap.

sty /stai/ *kb.* 1 témbél (*in eye*). 2 (*pig*) kandang babi.

style /stail/ *kb.* 1 corak mode. *The styles haven't changed much* Corak-corak mode tdk banyak berubah. 2 gaya bahasa. 3 gaya. *writing s.* gaya menulisnya. *She has a lot of s.* Dia sangat bergaya. *to live in high s.* hidup dgn cara yg méwah. *to be in s.* sedang menjadi mode. *Inf.: to cramp o's s.* menjadi penghalang/penghambat. *in the latest s.* dlm gaya terakhir. *Joseph Conrad has a good s.* Joseph Conrad gayanya baik. —*kkt.* **to s. o.s.** menyebut diri. —**styling** *kb.* potongan corak (*of a car, suit*).

stylebook /'stail'buk/ *kb.* buku pedoman mengenai tanda baca dsb.

stylewise /'stail'waiz/ *ks.* mahir dlm soal gaya. —*kk.* menurut mode.

stylish /'stailisy/ *ks.* bergaya, luwes. —**stylishly** *kk.* penuh gaya. *to dress s.* berpakaian/berdandan dgn gaya.

stylishness /'stailisynəs/ *kb.* keadaan bergaya.

stylist /'stailist/ *kb.* pengarang yg bagus gaya bahasanya.

stylistic /stai'listik/ **stylistics** *kb.* ilmu gaya bahasa. —*ks.* yg mengenai gaya bahasa.

stylize /'stailaiz/ *kkt., kki.* menyesuaikan dgn mode.

stylus /'stailəs/ *kb.* 1 jarum/péna utk menulis diatas sténsil. 2 (*phonograph*) jarum piringan hitam.

stymie /'staimie/ *kkt:* menghalang. *We are stymied until …* Kita terhalang sampai ….

styptic /'stiptik/ *kb.* obat penahan darah. *s. pencil* sebatang kecil tawas.

Su. [*Sunday*] hari Minggu.

suave /swav/ *ks.* halus, lembut, sopan, ramah.

suavity /'swavətie/ *kb.* (*j.* **-ties**) kehalusan, kelembutan, kesopanan, keramahan.

sub /sʌb/ *kb.* 1 kapal selam. 2 *Sport:* pemain cadangan. *s. rosa* secara rahasia. —*kki.* (**subbed**) **to s. for** mengganti(kan).

sub. 1 [*subject*] subyék, pokok. 2 [*substitute*] pengganti. 3 [*suburb*] kota satelit, pinggiran kota. 4 [*subscription*] langganan.

subcommittee /'sʌbkə'mitie/ *kb.* subpanitia, panitia séksi/kecil.

subconscious /sʌb'kansyəs/ *kb.* bawah-sadar, lubuk hati, hati kecil. —*ks.* mengenai bawah-sadar. *His s. mind told him that …* Isi lubuk hatinya menyatakan kepadanya bhw ….

subconsciousness /sʌb'kansyəsnəs/ *kb.* 1 lubuk hati. 2 pikiran bawah-sadar.

subcontinent /sʌb'kantənənt/ *kb.* anak/bagian benua.

subcontract /sʌb'kantrækt/ *kb.* kontrak tambahan.

—*kkt., kki.* menyuruhkan pekerjaan yg ditugaskan/ dikontrakkan kpd orang lain.

subcontractor /sʌb'kantræktər/ *kb.* pemborong bawahan/écéran.

subculture /sʌb'kʌlcər/ *kb.* cabang kebudayaan, kebudayaan cabang.

subdistrict /sʌb'distrikt/ *kb.* kecamatan, wilayah.

subdivide /'sʌbdə'vaid/ *kkt.* membagi lagi.

subdivision /'sʌbdə'vizyən/ *kb.* bagian, cabang.

subdue /səb'duw, -'dyuw/ *kkt.* 1 menundukkan, menaklukkan (*rioters*). 2 mengurangi. *The curtains s. the light* Tirai mengurangi cahaya. 3 mengatasi, menahan (*o's fears*). —**subdued** *ks.* 1 lunak, lemah (*lights*). 2 lembut (*voice*).

subfreezing /sʌb'friezing/ *ks.* dibawah titik beku (*weather*).

subgroup /'sʌb'gruwp/ *kb.* bagian/cabang jenis.

subhead(ing) /'sʌb'hed(ing)/ *kb.* anak judul.

subject /'sʌbjikt, -jekt *kb.*; səb'jekt *kkt.*/ *kb.* 1 pokok, persoalan (*for discussion*). *s. matter* pokok persoalan. 2 *Gram.*: pokok kalimat. 3 mata pelajaran (*of instruction*). 4 mata kuliah (*of study*). 5 warganegara. *He's a U.S. s.* Dia seorang warganegara A.S. *He's the s. of investigation by the police* Dia lagi diperiksa oléh polisi. *That's a sore s. with him* Itu suatu hal yg ia tak ingin sebutkan. *to speak on the s. of* mempercakapkan soal. —*ks.* 1 tunduk. *We are s. to our regulations* Kita tunduk kpd peraturan-peraturan kita. 2 menjadi sasaran. *to be s. to criticism* menjadi sasaran kecaman. :: *s. to the approval of* hrs disetujui oléh, kalau disetujui oléh. *Prices s. to change without notice* Harga-harga dpt diubah tanpa pemberitahuan. *He is s. to epileptic fits* Dia sewaktu-waktu mendapat serangan penyakit ayan. *s. to ratification* berlaku hanya kalau sdh disahkan. —*kkt.* menundukkan. *She was subjected to much humiliation* Dia menderita banyak penghinaan. *to be subjected to a thorough examination* menjalani pemeriksaan yg mendalam.

subjective /səb'jektiv/ *ks.* subyéktip, berdasar pokok. —**subjectively** *kk.* secara subyéktip.

subjectivity /'sʌbjek'tivətie/ *kb.* kesubyéktipan, subyéktivitas.

subjugate /'sʌbjəgeit/ *kkt.* menaklukkan, menundukkan.

subjugation /'sʌbjə'geisyən/ *kb.* penaklukan, penundukan.

subjugator /'sʌbjə'geitər/ *kb.* penakluk, penunduk, penindas.

subjunctive /səb'jʌngktiv/ *kb. Gram.*: bentuk pengandaian.

sublease /sʌb'lies/ *kkt.* menyéwakan lagi.

sublet /sʌb'let/ *kkt.* menyéwakan lagi. *to s. a contract to another firm* memberikan lagi sebuah kontrak pd perusahaan lain.

sublimate /'sʌbləmeit/ *kkt.* menghaluskan.

sublime /sə'blaim/ *kb.* yg mahamulia, luhur. *from the s. to the ridiculous* dari yg mahamulia sampai ke yg rendah. —*ks.* agung, indah. —**sublimely** *kk.* samasekali. *He seemed to be sublimely unaware of the problems* Ia kelihatannya tdk menyadari samasekali ttg persoalan-persoalan itu.

sublimity /sə'blimətie/ *kb.* (*j.* -**ties**) keagungan, keindahan.

submachine /'sʌbmə'syien/ **s. gun** mitralyur ringan.

submarine /'sʌbmərien/ *kb.* kapal selam. *s. chaser* pemburu kapal selam. —*ks.* yg berh. dgn dasar laut. *s. geology* géologi dasar laut.

submerge /səb'mərj/ *kkt.* menyelam kedlm air, merendamkan. —*kki.* menyelam (*of a submarine*).

—**submerged** *ks.* dibawah permukaan air. *s. rock* batu karang dibawah permukaan air.

submersion /səb'mərzyən/ *kb.* 1 penyelaman (*of sub, diver*). 2 perendaman (*of s.t.*).

submission /səb'misyən/ *kb.* 1 ketundukan. *to starve s.o. into s.* membiarkan orang lapar spy tunduk. 2 kepatuhan.

submissive /səb'misiv/ *ks.* bersikap tunduk, berkhidmat, bersikap patuh (**to** thd).

submit /səb'mit/ *kkt.* (**submitted**) 1 mengajukan (*a request, petition*) (**to** kpd). 2 menyampaikan, menyerahkan (*s.t.*). —*kki.* tunduk, menyerah. *to s. to punishment* menerima/tunduk kpd hukuman. *I s. that if ...* Saya berpendapat kalau ....

subnormal /sʌb'nɔrməl/ *ks.* dibawah normal.

subordinate /sə'bɔrdənit *kb., ks.*; -dəneit *kkt.*/ *kb.* seorang bawahan. —*ks. Gram.*: berpangkat lebih rendah. *s. clause* anak kalimat. *s. conjunction* kata penghubung (yang menghubungkan kalimat pokok dgn anak kalimat, spt karena, sejak, kalau dsb). —*kkt.* mengebawahkan, menempatkan lebih rendah, mengemudiankan, menangguhkan. *to s. o's interest to* mengebawahkan kepentingannya thd.

   subordinating *conjunction* kata penghubung (antara kalimat pokok dan anak kalimat).

subpoena /sə'pienə/ *kb.* panggilan tertulis utk menghadap sidang pengadilan. —*kkt.* memberi panggilan utk menghadap sidang pengadilan.

subscribe /səb'skraib/ *kkt.* berjanji akan membayar. —*kki.* **to s. to** 1 berlangganan, berabonemén (*a magazine*). 2 menyumbang kpd (*a fund*). 3 menganut (*an idea*).

subscriber /səb'skraibər/ *kb.* langganan.

subscript /'sʌbskript/ *kb.* tulisan dibawah garis.

subscription /səb'skripsyən/ *kb.* 1 abonemén, langganan. *s. ticket* karcis langganan. 2 tandatangan. 3 sumbangan.

subsequent /'sʌbsəkwənt/ *ks.* yg berikut. *s. programs* acara-acara berikutnya. *s. to* karena, akibat. —**subsequently** *kk.* kemudian, sesudah itu.

subservience /səb'sərvieəns/ *kb.* 1 sikap tunduk/ takluk. 2 sikap mengabdi.

subservient /səb'sərvieənt/ *ks.* bersikap tunduk/ patuh (**to** kpd).

subside /səb'said/ *kki.* 1 surut (*of flood waters*). 2 turun (*of fever*). 3 reda, hilang. *Her anger subsided* Amarahnya reda. 4 terduduk, terhenyak. *to s. on to a sofa* terduduk diatas sofa.

subsidiary /səb'sidie'erie/ *kb.* (*j.* -**ries**) cabang, tambahan. —*ks.* tambahan. *s. activity* kegiatan tambahan.

subsidize /'sʌbsədaiz/ *kkt.* memberi subsidi/tunjangan.

subsidy /'sʌbsədie/ *kb.* (*j.* -**dies**) subsidi, tunjangan.

subsist /səb'sist/ *kki.* hidup, mendapatkan nafkah (**on** dari).

subsistence /səb'sistəns/ *kb.* nafkah hidup/penghidupan. *bare s. wage* upah sekedar utk penyambung hidup. *s. farming* pertanian utk penyambung hidup.

subsoil /'sʌb'soil/ *kb.* lapisan tanah sebelah bawah.

subsonic /sʌb'sanik/ *ks.* dibawah kecepatan suara.

subspecies /'sʌb'spiesiez/ *kb.* bagian jenis.

substance /'sʌbstəns/ *kb.* 1 zat. *chemical s.* zat kimia. *The s. of water is ...* Zat-zat pembentuk air ialah .... 2 isi pokok (*of a paper*). 3 hakékat. *in s.* pd hakékatnya. 4 bahan. *Soup usually has more s. than water* Biasanya sup lebih pekat dari air. *He's a man of s.* Dia orang yg berada.

substandard /sʌb'stændərd/ ks. tdk memenuhi syarat, bermutu dibawah standar/baku.

substantial /səb'stænsyəl/ ks. 1 kokoh, kuat (building). 2 besar (contribution, gain). 3 banyak (meal). 4 besar (difference). 5 penting (reasons). He is a man of s. means Dia seorang yg berada. to be in s. agreement pd pokoknya sependapat. —**substantially** kk. 1 pd pokoknya. 2 banyak sekali.

substantiate /səb'stænsyieeit/ kkt. 1 memperkuat, menyokong. 2 membenarkan.

substantive /'sʌbstəntiv/ kb. Gram.: katabenda. —ks. substantip, riil, yg sesungguhnya (issue). —**substantively** sebenarnya, sebetulnya, dlm kenyataannya.

substation /'sʌb'steisyən/ kb. cabang. post office s. kantor pos tambahan.

substitute /'sʌbstətuwt, -tyuwt/ kb. 1 pengganti. s. teacher guru pengganti/jaga. 2 Sport: pemain cadangan. 3 tiruan. Beware of substitutes! Awas tiruan! coffee s. kopi tiruan. —kkt. mengganti. to s. veal for beef mengganti daging sapi dgn daging anak sapi. —kki. menggantikan guru, menjadi guru pengganti. to s. for s.o. menggantikan s.s.o.

substitution /'sʌbstə'tuwsyən, -'tyuw-/ kb. penggantian (for dgn).

substratum /sʌb'streitəm, -'stræ-/ kb. (j. -**rata**) 1 lapisan bawah (of rock). 2 dasar (of truth).

subsume /səb'suwm/ kkt. menggolongkan, memasukkan. What is subsumed under the term "politics"? Apakah yg termasuk dlm pengertian "politik"?

subsurface /sʌb'sərfəs/ ks. dibawah permukaan tanah (water).

subteen /'sʌbtien/ kb. anak dibawah umur, anak yg hampir berumur tigabelas tahun.

subterfuge /'sʌbtərfyuwj/ kb. dalih, alasan, akal. to resort to s. memakai dalih.

subterranean /'sʌbtə'reinieən/ ks. dibawah tanah.

subtitle /'sʌb'taitəl/ kb. 1 judul tambahan, anak judul. 2 Film: téks bawah pd pilem.

subtle /'sʌtəl/ ks. 1 halus (tone). s. perfume minyak wangi yg lemah baunya. 2 tak kentara (poison). 3 hampir tdk kentara (smile). 4 licin, licik (endeavor). 5 tajam (observer). 6 cerdik. He is s. in getting around his father Ia cerdik mengakali ayahnya. 7 halus (distinction).

subtlety /'sʌtəltie/ kb. (j. -**ties**) 1 seluk-beluk, kepelikan (of a language). 2 kehalusan (of expression).

subtotal /'sʌb'towtəl/ kb. jumlah yg kurang sedikit dari jumlah seluruhnya.

subtract /səb'trækt/ kkt. mengurangi.

subtraction /səb'træksyən/ kb. hal mengurangi, pengurangan.

subtropical /sʌb'trapəkəl/ ks. subtropis.

suburb /'sʌbərb/ kb. bagian pinggir kota, kota satelit, daérah pinggiran kota. to live in the suburbs hidup di bagian pinggir kota.

suburban /sə'bərbən/ ks. di pinggir(an) kota.

suburbanite /sə'bərbənait/ kb. orang yg hidup di pinggiran kota.

suburbia /sə'bərbieə/ kb. (daérah) pinggiran kota.

subvention /səb'vensyən/ kb. subsidi, tunjangan.

subversion /səb'vərzyən/ kb. subversi.

subversive /səb'vərsiv/ kb. orang subversip. —ks. subversip, bawah-tanah. s. activities kegiatan-kegiatan subversip, gerakan bawah-tanah.

subvert /səb'vərt/ kkt. menumbangkan (pemerintah).

subway /'sʌb'wei/ kb. keréta-api dibawah tanah.

succeed /səb'sied/ kkt. 1 menggantikan (s.o. as). 2 mengganti. Day succeeds night Hari mengganti

malam. —kki. berhasil. to s. in business berhasil dlm perusahaan. to s. in finding berhasil menemukan. to s. to an estate mewarisi harta. —**succeeding** ks. berturut-turut.

success /sək'ses/ kb. 1 suksés, keberhasilan. s. in life suksés dlm hidup. 2 hasil baik (in school). to have no s. tdk berhasil. to be a s. in o's field berhasil sekali dlm lapangan pekerjaannya. to meet with s. mendapat suksés. The party was a great s. Pésta itu sangat berhasil. to make a s. of o's life mensukséskan kehidupannya. **s. story** 1 ceritera yg berakhir baik. 2 ceritera mengenai suksés.

successful /sək'sesfəl/ ks. 1 berhasil. s. career karir yg berhasil. 2 berhasil baik (of a harvest). 3 berbahagia (of a marriage). —**successfully** kk. dgn berhasil/suksés.

succession /sək'sesyən/ kb. 1 rangkaian. to experience a s. of disappointments mengalami kekecéwaan secara berturut-turut. 2 penggantian. s. to the throne penggantian raja, hal mewarisi takhta. 3 turutan. **in s.** 1 berturut-turut. four shots in s. empat témbakan berturut-turut. in rapid s. berturut-turut dgn cepatnya. 2 beriring-iringan (of cars lined up).

successive /sək'sesiv/ ks. berturut-turut. for three s. days selama tiga hari bertutut-turut. —**successively** kk. bertutut-turut.

successor /sək'sesər/ kb. pengganti. to appoint a s. mengangkat pengganti.

succinct /sək'singkt/ ks. ringkas. s. and to the point ringkas dan tepat. —**succinctly** kk. dgn ringkas.

succinctness /sək'singktnəs/ kb. kesingkatan, kepéndékan, kelompakan, kecekatan.

succor /'sʌkər/ kb. bantuan, pertolongan. —kkt. menolong, memberi pertolongan.

succotash /'sʌkətæsy/ kb. campuran jagung dan kacang.

succulence /'sʌkyələns/ kb. sifat berair, penuh air.

succulent /'sʌkyələnt/ ks. lezat, berair banyak.

succumb /sə'kʌm/ kki. 1 mengalah. to s. to temptation mengalah pd godaan. 2 mati. to s. to a heart attack mati karena serangan jantung.

such /sʌc/ ks. 1 seperti itu, serupa itu. s. statements pernyataan-pernyataan spt itu. s. an accident kecelakaan spt itu. and s. drinks dan minuman-minuman serupa itu. 2 sungguh, begitu, betul-betul, amat, sekali. It's s. a shame that ... Sungguh sayang bhw .... s. a long time begitu lama. in s. a way that ... sedemikian rupa, sehingga .... She's s. a nice person Dia orang yg baik sekali. in s. poor taste benar-benar kurang sopan sekali. 3 sedemikian, yg demikian. s. success suksés yg demikian, suksés sedemikian. S. things happen Hal-hal semacam itu terjadi. in s. cases dlm hal-hal yg demikian. —kg. 1 demikian. S. is the way of life Demikianlah cara kehidupan. s. being the case kalau demikian keadaannya. S. were the people in that city Demikian(lah) orang-orang di kota itu. His pain was s. that ... Sakitnya sedemikian rupa, hingga .... 2 begitu. S. was the result of the voting Begitulah hasil pemungutan suara itu. S. is not the case Keadaannya tdk begitu. I said no s. thing Saya tdk mengatakan begitu. s. and s. anu s. a town kota anu. at s. and s. a time pd tahun anu. until s. time as ... hingga pd waktu spt .... **s. as** sebagaimana, seperti. We're going to the beach s. as we did last year Kami akan pergi ke pantai spt tahun yg lalu. s. as milk, bread, etc. spt susu, roti dsb. The victory, s. as it was, was pleasing Kemenangan itu bagaimanapun juga menyenangkan. **as s.** (begitu) saja, sebagai. Money as s. won't buy happiness Uang saja tdk akan membawa kebahagiaan. *some s. thing* yg semacam itu, semacam-nya.

suck /sʌk/ *kb.* isap, teguk (*of a soft drink, at a bottle*). —*kkt.* 1 mengisap, menghirup (*thumb, lollipop, water*). *to s. a raw egg* menghisap telor mentah. 2 menéték (*the breast*). 3 menelan. *The quicksand sucked the victim under* Pasir hanyut itu menelan korban itu. —*kki.* **to s. at** mengisap (*a pipe*). *to s. up water like a sponge* menyedot/mengisap air seperti bunga ka-rang.

sucker /'sʌkər/ *kb.* 1 (alat) pengisap. 2 (*candy*) *Inf.*: kembang gula yg keras. 3 sej. ikan. 4 *Sl.*: orang yg tolol, orang yg mudah kena tipu. *Don't be a s.!* Jangan tolol!

suckle /'sʌkəl/ *kkt.* menyusui, menétéki.

suckling /'sʌkliŋ/ *kb.* yg masih menyusu, muda sekali. *s. pig* babi yg masih menyusu.

suction /'sʌksyən/ *kb.* 1 (peng)isapan. *s. pump* peng-isap. 2 sedotan. *to adhere to s.t. by s.* melekat kpd s.s.t. dgn sedotan. *s. cup* mangkok sedotan/penye-dot.

sudden /'sʌdən/ *ks.* mendadak, tiba-tiba. *his s. death* kematiannya yg mendadak. *to make a s. stop* berhenti dgn tiba-tiba. *Sport:* **s. death** kekalahan pertama mengakhiri pertandingan (stlh permainan seri). **(all) of a s.** tiba-tiba saja, tahu-tahu —**suddenly** *kk.* (dgn) tiba-tiba.

suddenness /'sʌdən̈əs/ *kb.* ketiba-tibaan, kese-konyong-konyongan.

suds /sʌdz/ *kb., j.* 1 buih, busa. 2 buih, sabun.

sudsy /'sʌdzie/ *ks.* berbuih, berbusa (*of water, beer*).

sue /suw/ *kkt.* menggugat, menuntut. *to s. for divorce* menuntut/minta cerai. *to s. for damages* menggugat utk mendapat ganti kerugian, menuntut ganti kerugian. *to s. s.o. for libel* menuntut s.s.o. karena fitnah. —*kki.* 1 menuntut, menggugat. 2 memo-honkan. *to s. for peace* memohonkan perdamaian.

suede /sweid/ *kb.* kulit lemah/lunak. *s. jacket* jakét kulit.

suet /'suwit/ *kb.* gemuk, lemak (yg terdapat di-sekitar panggul dan buah punggung sapi dan dom-ba).

suffer /'sʌfər/ *kkt.* 1 menderita (*damage, harm, defeat*). *He does not s. fools gladly* Ia tdk sabar menderita perlakuan yg tolol. 2 mendapat (*injury, harm*). —*kki.* menderita. *to s. from* menderita karena. —**suffering** *kb.* (pen)deritaan.

sufferance /'sʌfərəns/ *kb.* kesabaran menderita.

sufferer /'sʌfərər/ *kb.* penderita.

suffice /sə'fais/ *kkt.* mencukupi. *A modest income suffices him* Gaji yg kecil sdh mencukupi baginya. —*kki.* mencukupi, cukup. *S. it to say that …* Cukup dikatakan bhw ….

sufficiency /sə'fisyənsie/ *kb.* (*j.* -**cies**) kecukupan. *a s. of supplies* tersedia perbekalan yg cukup.

sufficient /sə'fisyənt/ *ks.* cukup. *This is s. to …* Ini cukup utk …. *Ten dollars will be s.* Sepuluh dolar cukup. —**sufficiently** *kk.* dgn cukup, secukupnya.

suffix /'sʌfiks/ *kb.* akhiran.

suffocate /'sʌfəkeit/ *kkt.* mencekék, menyebabkan mati lemas. —*kki.* mati lemas. *It's suffocating in this room* Amat menekan/panas di kamar ini.

suffocation /sʌfə'keisyən/ *kb.* mati lemas, ke-kurangan napas.

suffrage /'sʌfrij/ *kb.* hak pilih.

suffuse /sə'fyuwz/ *kkt.* meliputi, menutupi.

sugar /'syugər/ *kb.* 1 gula. *refined s.* gula pasir/halus. 2 *Inf.*: sayang, manis, manisku. *How are you, s.?* Apa kabar, sayang? 3 *Sl.*: uang. —*kki.* memberi gula kpd/menggulai (téh s.s.o. *o's coffee/tea*). **s. beet**

lobak/bit gula. **s. bowl** tempat gula. **s. cane** tebu. **to sugar-coat** melapisi dgn gula, membubuhi gula. *s.-coated pill* pél yg dibubuhi gula. *Sl.*: **s. daddy** orang yg mengongkosi. **s. diabetes** sakit gula. **s. estate** perkebunan gula. **s. mill** pabrik gula, penggilingan tebu. **s. palm** arén. **s. tongs** tang/jepit gula.

sugary /'syugərie/ *ks.* 1 berisi/mengandung gula. 2 manis-manis mulut (tak dpt dipercaya).

suggest /sə(g)'jest/ *kkt.* 1 memberi kesan. *His reply suggests lack of initiative* Jawabannya itu memberi kesan kekurangan inisiatip. 2 menaséhatkan. *Prud-ence suggests a retreat* Kebijaksanaan mempertim-bangkan spy mundur. 3 menganjurkan. *I s. a swim* Saya menganjurkan berenang. *A solution finally suggested itself to him* Penyelesaian akhirnya me-nyediakan diri utk dipergunakannya. 4 mengusul-kan. *I s. we go out to lunch* Aku usulkan kita pergi makan siang diluar.

suggestion /sə(g)'jescən/ *kb.* 1 saran, usul. *Who made the s.?* Siapa yg mengusulkannya? *How did you take her s.?* Bagaimana sikapmu thd sarannya itu? *s. box* kotak saran-saran. 2 kesan yg tipis. *to have a s. of a Swedish accent* terdengar sedikit tekanan aksén Swédia. 3 anjuran. *hypnotic s.* anjuran hip-notis. *to throw or toss out a s.* mengemukakan an-juran. *to make a s.* membuat/mengemukakan an-juran. 4 bisikan.

suggestive /sə(g)'jestiv/ *ks.* 1 yg bersifat usul yg tak senonoh (*remarks*). 2 bernada. *a tone s. of anger* suara yg bernada marah.

suicidal /'suwə'saidəl/ *ks.* mengenai bunuh diri. *Such a trip would be s.* Perjalanan spt itu akan sama dgn bunuh diri. *s. tendencies* kecenderungan utk bunuh diri.

suicide /'suwəsaid/ *kb.* 1 bunuh diri. *to commit s.* (melakukan) bunuh diri. 2 orang yg bunuh diri.

suit /suwt/ *kb.* 1 setélan. *s. of clothes* setélan pakaian. 2 *Law*: gugatan. *to bring a s. against* mengajukan suatu gugatan thd. 3 (*courting*) rayuan, lamaran, peminangan. 4 *Bridge*: warna/rupa kartu main. *to follow s.* a) *Bridge*: memainkan kartu yg serupa. b) ikut, menyusul, mengikuti, berbuat demikian pula. —*kkt.* cocok/sesuai utk. *Which color suits you?* Warna mana yg cocok bagimu? *Does that s. you?* Sdh menyenangkan bagimu? *It's hard to s. everybody* Sukar utk menyenangkan tiap orang. *to s. o.s.* ter-serah padanya sendiri. *I'll go when it suits me* Saya akan pergi sesuka saya. *to s. me fine* Itu baik bagi saya. *Sport:* **to s. up** berpakaian seragam. **to be suited for** cocok utk. *He's suited for that type of work* Dia cocok utk pekerjaan semacam itu. *They are suited to e.o.* Meréka cocok satu sama lain. —**suit-ing** *kb.* bahan setélan.

suitability /'suwtə'bilətie/ *kb.* pantas-tidaknya, ke-cocokan, keserasian.

suitable /'suwtəbəl/ *ks.* 1 pantas. *s. marriage* perka-winan yg pantas. *It's not s. for me to be here* Tdk pantas bagiku utk hadir disini. *to give s.t. s. to the occasion* memberi s.s.t. yg pantas kpd kejadian itu. 2 cocok. *s. house* rumah yg cocok. 3 sesuai. *a s. date* tanggal yg sesuai. —**suitably** *kk.* yg sesuai, yg cocok. *to be s. attired* mengenakan pakaian yg pantas.

suitcase /'suwt'keis/ *kb.* kopor.

suite /swiet/ *kb.* 1 sedérétan (*of rooms*). *s. of furniture* setélan perabot rumah. 2 *Mus.*: rangkaian, suita. 3 pengiring. *with a s. of twelve* dgn pengiring sejum-lah duabelas orang.

suitor /'suwtər/ *kb.* pelamar, peminang.

sulfa /'sʌlfə/ *kb.* sulfa, (campuran) belérang. *s. drug* obat sulfa.

sulfide /'sʌlfaid/ *kb.* sulfida.

sulfur /'sʌlfər/ *kb.* belérang.

sulfuric /sʌl'fyurik/ **s. acid** asam belérang.

sulk /sʌlk/ *kki.* merajuk, mendongkol, merongséng.

sulky /'sʌlkie/ *kb.* (*j.* **-kies**) keréta berkuda dan beroda (balap). —*ks.* rongséng, sebal hati. *to be/ become s.* merajuk, mendongkol, merongséng.

sullen /'sʌlən/ *ks.* merengut, rengus, rongséng, cemberut.

sully /'sʌlie/ *kkt.* (**sullied**) menodai (*s.o's reputation*).

sulphur /'sʌlfər/ *lih* SULFUR.

sultan /'sʌltən/ *kb.* sultan.

sultanate /'sʌltəneit/ *kb.* kesultanan.

sultriness /'sʌltrienəs/ *kb.* kepanas-lembaban (*of the weather*).

sultry /'sʌltrie/ *ks.* 1 panas dan pengap, panas dan lembah, gerah (*of weather*). 2 gatal réla, penuh berahi (*of a woman*).

sum /sʌm/ *kb.* 1 jumlah. *a s. of one hundred dollars* sejumlah seratus dolar. *What is the s. of 4 plus 4?* Berapa jumlah 4 tambah 4? *s. total of o's debts* jumlah seluruh hutangnya. 2 hitungan. *He does difficult sums rapidly* Dia membuat hitungan-hitungan yg sukar dgn cepat. **in s.** singkatnya, ringkasnya. *the s. and substance of the matter* inti-sari hal itu. *to do sums* mengerjakan hitungan. —*kkt.* (**summed**) **to s. up** 1 menjumlahkan (*the total*). 2 menyimpulkan, meringkaskan (*the main points*).

Sumatran /su'matrən/ *kb.* orang Sumatra, yg berasal dari Sumatra.

summarize /'sʌmraiz/ *kkt.* meringkaskan.

summary /'sʌmərie/ *kb.* (*j.* **-ries**) ringkasan, ikhtisar, rékapitulasi. —*ks.* 1 ringkas. *s. account* ulasan ringkasan. 2 sumir. *s. proceeaings* perlakuan ringkas/ sumir. *s. execution* hukuman mati yg cepat. —**summarily** *kk.* dgn cepat. *to be s. dismissed from* dgn segera dipecat dari.

summation /sʌ'meisyən/ *kb.* penyajian terakhir (*of a legal case*).

summer /'sʌmər/ *kb.* musim panas. *in s.* dlm musim panas. *warm s. day* hari musim panas yg panas. *s. camp* perkémahan (utk anak-anak) selama musim panas. *s. resort* tempat berlibur dlm musim panas. *s. school* sekolah musim panas. *s. stock* perkumpulan sandiwara mengadakan pertunjukan dlm musim panas. *s. vacation* liburan musim panas. —*kki.* bermusim panas.

summertime /'sʌmər'taim/ *kb.* musim panas.

summit /'sʌmit/ *kb.* puncak. *s. conference* konperénsi tingkat tinggi.

summon /'sʌmən/ *kkt.* 1 memanggil (*s.o.*). 2 memerintahkan, memanggil. *The government summoned him home* Pemerintah memerintahkan spy dia pulang. 3 mengumpulkan. *to s. up courage to* memberanikan diri utk.

summons /'sʌmənz/ *kb.* 1 panggilan. *s. to return home* panggilan spy pulang. 2 surat perintah/panggilan, saman. *The police issued a s. for the speeder's arrest* Polisi mengeluarkan surat perintah spy pengebut cepat itu ditangkap.

sump /sʌmp/ *kb.* tempat air/oli/minyak berkumpul, bah. *s. pump* pompa bah.

sumptuous /'sʌmpcuəs/ *ks.* méwah.

sumptuousness /'sʌmpcuəsnəs/ *kb.* keméwahan.

sun /sʌn/ *kb.* matahari. *to fly with the s.* terbang searah dgn jalannya matahari. *to occupy a place in the s.* mendapat perhatian penuh. *under the s.* di dunia ini, di seluruh dunia. —*kkt.* (**sunned**) **to s.**

o.s. berjemur diri. **sun-baked** *ks.* terjemur, kering karena sinar matahari. *s.-baked region* daérah yg tandus dan kering. **s. bath** berpanas-panas, berjemur diri. **sun-drenched** *ks.* disinari penuh oléh matahari. **sun-dried** *ks.* dijemur di matahari, jemuran (*of fruit*). **s. lamp** lampu penyinaran yg berkekuatan spt sinar matahari. **s. porch** serambi berdinding kaca. **sun-tanned** *ks.* berwarna sawo matang karena berjemur. **s. visor** (klop) pelindung matahari, penangkal matahari.

Sun. [*Sunday*] hari Minggu/Ahad.

sunbathe /'sʌn'beiтн/ *kki.* berjemur diri, berpanaspanas.

sunbather /'sʌn'beiтнər/ *kb.* orang yg mandi sinar matahari.

sunbeam /'sʌn'biem/ *kb.* sinar matahari.

sunburn /'sʌn'bərn/ *kb., kki.* terbakar sinar matahari. *I s. easily* Kulit saya mudah terbakar matahari. —**sunburned, sunburnt** *ks.* yg kena bakar sinar matahari. *Don't get too s.* Jangan terlalu terbakar matahari.

Sund. [*Sunday*] hari Minggu/Ahad.

sundae /'sʌndie/ *kb.* éskrim berisi setrup. *chocolate s.* éskrim ditutup coklat.

Sundanese /'sundə'niez/ *kb.* 1 orang Sunda. 2 bahasa Sunda. —*ks.* Sunda.

Sunday /'sʌndie/ *kb.* hari Minggu/Ahad. *on S.* pd hari Minggu. *Sundays we go to church* Pd (tiap) hari Minggu kita ke geréja. *Inf.:* **S. best** pakaian yg paling bagus. *Sl.:* **s. punch** 1 pukulan petinju yg terkuat. 2 pukulan yg kuat betul. **S. school** sekolah di geréja (pd hari Minggu).

sundeck /'sʌn'dek/ *kb.* 1 *Nau.:* geladak paling atas. 2 (geladak) tempat berjemur.

sunder /'sʌndər/ *kkt.* memisahkan.

sundial /'sʌn'dail/ *kb.* alat penunjuk waktu dgn bantuan bayangan sinar matahari.

sundown /'sʌn'dawn/ *kb.* terbenamnya matahari.

sundry /'sʌndrie/ *kb.* (*j.* **-ries**) serba-serbi. —*ks.* berbagai, bermacam. *all and s.* semuanya, semua orang.

sunflower /'sʌn'flawər/ *kb.* bunga matahari.

sung /sʌng/ *lih* SING.

sunglasses /'sʌn'glæsiz/ *kb., j.* kacamata hitam.

sunk /sʌngk/ *lih* SINK.

sunken /'sʌngkən/ *ks.* 1 karam, tenggelam (*of a ship*). 2 tenggelam (*of a rock, log*). 3 cekung (*of eyes*). 4 terendam (*of a garden*).

sunlit /'sʌn'lit/ *ks.* yg disinari matahari (*of a room*).

sunniness /'sʌnienəs/ *kb.* keadaan terang, penuh sinar matahari.

sunny /'sʌnie/ *ks.* 1 cerah (*of a day*). 2 gembira, riang (*disposition*). 3 yg mendapat banyak cahaya matahari (*of a room*). *to live on the s. side of the street* tinggal disebelah jalan yg penuh sinar matahari. **sunny-side up** *ks.* telor mata-sapi.

sunrise /'sʌn'raiz/ *kb.* matahari terbit.

sunset /'sʌn'set/ *kb.* matahari terbenam.

sunshade /'sʌn'syeid/ *kb.* keré penghalang sinar matahari.

sunshine /'sʌn'syain/ *kb.* 1 sinar/cahaya matahari. *in the bright s.* dlm sinar matahari yg terang-benderang. 2 tempat yg kena panas matahari. 3 kegembiraan.

sunshiny /'sʌn'syainie/ *ks.* cerah (*day*).

sunspot /'sʌn'spat/ *kb.* bintik pd matahari.

sunstroke /'sʌn'strowk/ *kb.* kelengar (kena) matahari.

sunsuit /'sʌn'suwt/ *kb.* pakaian bermain.

suntan /'sʌn'tæn/ *kb.* warna coklat karena berjemur. *s. lotion* minyak gosok utk berjemur diri.

sunup /'sʌn'ʌp/ *kb.* matahari terbit.

sup /sʌp/ *kb.* teguk. *a s. of milk* seteguk susu. —*kki.* (**supped**) makan malam.

sup. 1 [*supreme*] tertinggi. 2 [*superior*] unggul, atasan.

super /'suwpər/ *ks. Inf.*: hébat, luar biasa baiknya.

super-duper *ks. Sl.*: 1 énak sekali. 2 hébat.

superabundance /'suwpərə'bʌndəns/ *kb.* keadaan berlimpah-limpah.

superabundant /'suwpərə'bʌndənt/ *ks.* berlimpah-limpah, sangat berlebih-lebihan.

superannuated /'suwpər'ænyu'eitid/ *ks.* purnawirawan, pénsiun, wredatama.

superannuation /'suwpər'ænyu'eisyən/ *kb.* pénsiun. *s. fund* dana pénsiun.

superb /su'pərb/ *ks.* hébat. —**superbly** *kk.* bagus, gagah, agung.

supercharged /'suwpər'carjd/ *ks.* diperlengkapi dgn alat penambah tenaga.

supercharger /'suwpər'carjər/ *kb.* pompa konprésor.

supercilious /'suwpər'silieəs/ *ks.* congkak, sombong.

superciliousness /'suwpər'silieəsnəs/ *kb.* keangkuhan.

superficial /'suwpər'fisyəl/ *ks.* 1 dangkal, céték, tohor (*burn, knowledge*). 2 luaran, tdk benar-benar. *s. measurement* ukuran pd permukaan, ukuran luaran.

superficiality /'suwpər'fisyie'ælətie/ *kb.* (*j.* -**ties**) kedangkalan.

superfluity /'suwpər'fluwətie/ *kb.* (*j.* -**ties**) jumlah yg berlebih-lebihan. *s. of knowledge* pengetahuan yg berlebih-lebihan.

superfluous /su'pərfluəs/ *ks.* 1 berlebih-lebihan (*space*). 2 yg tak berguna (*of arguments*).

superhighway /'suwpər'hai'wei/ *kb.* jalan raya utk lalu-lintas cepat, jalan megah.

superhuman /'suwpər'hyuwmən/ *ks.* melebihi yg dimiliki manusia, luar biasa.

superimpose /'suwpərim'powz/ *kkt.* melapiskan keatas. *to s. thin paper over a map* melapiskan kertas tipis keatas peta.

superintend /'suwpərin'tend/ *kkt.* mengatasi, menjadi pengawas pd.

superintendent /'suwpərin'tendənt/ *kb.* 1 pengawas, pemimpin. 2 inspéktur. *s. of police* inspéktur polisi. *s. of schools* inspéktur/pengawas sekolah.

superior /sə'pirieər, su'-/ *kb. Rel.*: (orang) atasan, pemimpin, kepala biara. —*ks.* 1 ulung, unggul, tinggi (*person, quality, instrument*). *That product is s. to the one we use* Bahan itu lebih unggul drpd yg kita pakai. 2 sombong, tinggi hati (*of attitude*). 3 lebih besar. *to be s. in numbers to* lebih besar jumlahnya drpd (*of wealth*). 4 mulia. *He thinks he is s. to us* Dikiranya dia lebih mulia drpd kita ini.

superiority /sə'pirie'ɔrətie, su'-/ *kb.* (*j.* -**ties**) keunggulan, keulungan. *s. in men and material* kelebihan orang dan alat. *s. complex* rasa unggul diri.

superlative /sə'pərlətiv, su'-/ *kb. Gram.*: bentuk superlatif. *to talk in superlatives* bicara berlebih-lebihan. —*ks.* terbaik, unggul sekali. *s. voice* suara yg sangat baik. *s. praise* puji-pujian yg berlebih-lebihan.

superman /'suwpər'mæn/ *kb.* (*j.* -**men**) manusia unggul.

supermarket /'suwpər'markit/ *kb.* toko pangan serba-ada, maha-pasar.

supernatural /'suwpər'næc(ə)rəl/ *kb.* **the s.** halhal yg gaib. —*ks.* gaib.

supernumerary /'suwpər'nuwmə'rerie, -'nyuwm-/ *kb.* (*j.* -**ries**) 1 seorang yg dijadikan cadangan. 2 seorang pemain figuran/ékstra.

superscript /'suwpər'skript/ *kb.* huruf atau angka yg ditulis di atas.

supersecret /'suwpər'siekrit/ *ks.* sangat/amat rahasia.

supersede /'suwpər'sied/ *kkt.* menggantikan.

supersonic /'suwpər'sanik/ *ks.* supersonik.

superstition /'suwpər'stisyən/ *kb.* takhyul, ketakhyulan.

superstitious /'suwpər'stisyəs/ *ks.* bertakhyul.

superstructure /'suwpər'strʌkcər/ *kb.* bangunan bagian atas.

supervise /'suwpərvaiz/ *kkt.* mengawasi.

supervision /'suwpər'vizyən/ *kb.* pengawasan. *to keep s.o. under strict s.* mengawasi s.s.o. dgn keras.

supervisor /'suwpər'vaizər/ *kb.* 1 pengawas. 2 pengamat. *school s.* guru pengamat.

supervisory /'suwpər'vaizərie/ *ks.* dlm kedudukan sbg pengawas. *to be employed in a s. capacity* bekerja dlm kedudukan sbg pengawas.

supine /suw'pain/ *ks.* telentang. *in a s. position* dlm keadaan telentang.

supper /'sʌpər/ *kb.* makan malam.

suppertime /'sʌpər'taim/ *kb.* waktu makan malam.

suppl. [*supplement*] lampiran, tambahan, suplemén.

supplant /sə'plænt/ *kkt.* menggantikan.

supple /'sʌpəl/ *ks.* 1 gemulai, lemas (*of a body*). 2 supel, fléksibél, luwes (*of mind*).

supplement /'sʌpləmənt *kb.*; 'sʌpləment *kkt.*/ *kb.* lampiran, tambahan, suplemén. —*kkt.* menambah (*o's income*).

supplemental /'sʌplə'mentəl/ *ks.* tambahan. *s. budget* anggaran tambahan.

supplementary /'sʌplə'mentərie/ *ks.* tambahan. *s. income* penghasilan tambahan. *s. angle* sudut pelurus.

suppleness /'sʌpəlnəs/ *kb.* kelemah-lembutan.

suppletion /sə'pliesyən/ *kb. Gram.*: pelengkap.

suppliant /'sʌplieənt/ *kb.* pemohon.

supplicant /'sʌpləkənt/ *kb.* pemohon.

supplicate /'sʌpləkeit/ *kkt.* memohonkan.

supplication /'sʌplə'keisyən/ *kb.* permohonan.

supplied /sə'plaid/ lih SUPPLY.

supplier /sə'plaiər/ *kb.* leveransir.

supplies /sə'plaiz/ lih SUPPLY.

supply /sə'plai/ *kb.* (*j.* -**lies**) 1 persediaan. *s. of beef* persediaan daging. *s. and demand* persediaan dan permintaan, permintaan dan penawaran. *to be short of supplies* kekurangan persediaan/perbekalan. *items in short s.* barang-barang yg persediaannya kurang. *blood s.* persediaan darah. 2 perbekalan. *to buy some supplies for our picnic* membeli beberapa perbekalan utk piknik kami. *s. ship* kapal perbekalan. —*kkt.* (**supplied**) 1 menyediakan. *to s. s.o. with s. t.* menyediakan s.s.t. utk s.s.o. 2 memenuhi. *to s. the demand* memenuhi permintaan. 3 memberikan, menyampaikan (*information*) (*to* kpd).

support /sə'powrt/ *kb.* 1 sokongan. *You can count on my s.* Saya akan menyokongmu. *in s. of* utk memperkuat, sbg sokongan. 2 bantuan. *He needs your s.* Bantuanmu diperlukannya. 3 cagak, tiang. 4 sandaran. 5 bantalan/sandaran (*for the back*). 5 penyokong. *sole s.* satu-satunya penyokong. *means of s.* pengampu. *He has no visible means of s.* Ia tak mempunyai pencarian hidup yg tampak. —*kkt.* 1 menyokong (*a family, a motion*). *Facts s. his claim* Fakta menyokong tuntutannya. *to s. a cause* menyokong tujuan. 2 menyangga. *Beams s. the building* Balok-balok menyangga gedung itu. 3 menyandari, memapah (*s.o. when he tries to walk*). 4 membantu penghidupan, memberi sokongan kpd. *He supports his sister* Dia membantu penghidupan adiknya yg perempuan. *to s. o.s.* hidup dari usaha sendiri. 5 membantu. *to s. landings* membantu pendaratan. *to s. o.s. with a cane* memakai tongkat utk membantunya. 6 membenarkan. *His hypothesis is supported by experimentation* Hipotésenya dibenarkan oléh ék-spérimén-ékspérimén. —**supporting** *ks.* yg menyangga. *s. wall* dinding penyangga yg membantu. *s. cast* pemain-pemain pembantu.

supporter /sə'powrtər/ *kb.* penyokong, pendukung.
suppose /sə'powz/ *kkt.* 1 mengira. *Do you s. I can go?* Apakah kamu mengira bhw saya dpt pergi? *He supposes too much* Dia terlalu banyak mengira-ngira. *I s. she will come* Saya kira dia akan datang. *I don't s. I've ridden on a train in ten years* Saya kira saya tdk naik keréta api selama sepuluh tahun. 2 andaikata, andaikan. *S. XYZ an equilateral triangle* Andaikan XYZ adalah segi-tiga yg bersudut sama. 3 mengharuskan. *An invention supposes an inventor* Suatu penemuan mengharuskan adanya seorang penemu. :: *S. you stay here* Bagaimana kalau sdr tinggal disini. *I s. so* Saya rasa demikian. *She is supposed to be practicing on the piano* Dia seharusnya berlatih piano. *He's supposed to be ...* Dia dianggap sbg .... —**supposed** *ks.* disangka benar. *s. insults* cemoohan yg disangka benar. —**supposedly** *kk.* menurut dugaan. *He was s. coming home* Dia diduga akan pulang. —**supposing** *ksam.* seandainya, sekiranya. *S. I can't go* Seandainya saya tak dpt pergi.
supposition /ˌsʌpə'zisyən/ *kb.* 1 perkiraan, anggapan. *basic s.* anggapan pokok. 2 pengandaian.
suppository /sə'pazə'towrie/ *kb.* (*j.* -**ries**) suppositoria, obat rangsang (spy buangir) yg dimasukkan kedlm dubur.
suppress /sə'pres/ *kkt.* 1 menindas, menekan (*an outbreak*). 2 mendiamkan, menahan (*the bad news*). 3 membrédel, memberangus (*the news, press*). 4 menyembunyikan (*a smile, amusement*). 5 memberangus (*a newspaper*). 6 mengganyang (*racism*). —**suppressed** *ks.* yg ditekan-tekan (*emotion, amusement, anger*).
suppression /sə'presyən/ *kb.* penindasan, penindihan. *s. of free speech* penindasan kemerdékaan berbicara.
suppressive /sə'presiv/ *ks.* yg bersifat menindas. *s. measures* tindakan penindasan.
suppressor /sə'presər/ *kb.* penindas.
suppurate /'sʌpəreit/ *kki.* bernanah.
supranational /'suwprə'næsyənəl/ *ks.* melampaui batas-batas negara.
supremacy /sə'preməsie, su'-/ *kb.* suprémasi, keunggulan.
supreme /sə'priem, su'-/ *ks.* tertinggi. *s. commander* panglima tertinggi. *to make a s. effort to* berusaha mati-matian utk, berusaha sekuat tenaga utk. *to make the s. sacrifice* gugur, mengorbankan nyawa. *S. Advisory Council* Déwan Pertimbangan Agung. *S. Being* Tuhan (Yg Mahatinggi). *S. Court* Mahkamah Agung. *s.' happiness* kebahagiaan tertinggi. *S. Soviet* Sovyét Tertinggi. *to hold s.o. in s. contempt* menganggap s.s.o. paling hina/tercela. *Corruption reigns s.* Korupsi merajaléla. —**supremely** *kk.* amat, sangat. *s. happy* bahagia sekali.
supt. [*superintendent*] 1 pengawas. 2 inspéktur, komisaris.

surcharge /'sər'carj/ *kb.* 1 biaya tambahan (*for services*). 2 tambahan ékstra (*on a stamp*). —*kkt.* menambah harga (*a stamp*).
sure /syur/ *kb.* **for s.** (dgn) pasti. *I'll be there for s.* Saya pasti akan ada disana. —*ks.* 1 pasti. *That's a s. date* Itu tanggal yg sdh pasti. *She is s. to have left* Dia pasti sdh berangkat. *I'm not so s. of that* Saya tak begitu pasti ttg itu. *to bet on a s. thing* bertaruh pd s.s.t. yg sdh pasti. *to be s.* sdh pasti, tentu saja, sdh barang tentu. 2 yakin. *He's very s. of himself* Ia percaya benar akan dirinya sendiri. *I'm s. I don't know* Saya yakin saya tdk tahu. **to be s. of** yakin akan, berkeyakinan akan. **to make s.** meyakinkan. *I want to make s. that ...* Saya ingin meyakinkan bhw .... 3 yg selalu mengenai (*of aim*). **to be/make s. to** menjaga spy. *Be s. to be in time* Jagalah spy datang tepat pd waktunya. *Make s. you have the correct address* Jagalah spy alamatnya benar/tepat. *Make s. everyone knows* Jagalah spy setiap orang mengetahui. *S. you don't want to go?* Apa betul Sdr tdk mau pergi? —*kk.* 1 benar-benar, sungguh. *I s. feel fine today* Saya sungguh merasa segar hari ini. 2 tentu (saja). *Will you help me? S.* Bisa Sdr tolong saya? Tentu. **s. cure** obat mujarab/manjur. **s. enough** benar-benar. *I turned and s. enough he was standing behind me* Saya berpaling dan benar-benar dia ada berdiri dibelakang saya. *Inf.*: **sure-fire** *ks.* pasti, tak ayal lagi. **sure-footed** *ks.* berkaki cekatan. *Are you coming? S. thing* Sdr datang? Tentu saja. —**surely** *kk.* tentu saja. *I s. hope to see him* Saya sungguh-sungguh berharap dpt berjumpa dgn dia. *I'll s. be there* Saya pasti akan ada disana. *I s. thought that I ...* Saya betul-betul mengira bhw saya .... *You s. should know that* Sdr terang hrs mengetahuinya.
sureness /'syurnəs/ *kb.* ketentuan, kepastian.
surety /'syur(ə)tie/ *kb.* (*j.* -**ties**) jaminan, penanggung.
surf /sərf/ *kb.* ombak (besar) yg memecah. —*kki.* menaiki ombak dgn papan luncur. —**surfing** *kb.* olahraga menaiki ombak dgn papan luncur.
surface /'sərfis/ *kb.* 1 permukaan (*of the water*). *The miner returned to the s.* Pekerja tambang itu kembali ke permukaan (bumi). *s. of the wood* permukaan kayu itu. 2 luaran. *He seems nice enough on the s.* Dia nampaknya cukup baik di luarannya. *Beneath the s. he's very kind* Pd dasarnya hatinya baik sekali. —*ks.* dangkal (dari luar). *s. impression* kesan yg dangkal dari luar. —*kkt.* meratakan/melicinkan permukaan. —*kki.* muncul ke permukaan. *s. mail* pos biasa (diangkat dgn keréta api, bis atau kapal). *s. mining* pertambangan dekat permukaan tanah. *s. transportation* pengangkutan darat. *s. water* air yg tergenang diatas tanah.
surfboard /'sərf'bowrd/ *kb.* papan luncur (di laut).
surfeit /'sərfit/ *kb.* kekenyangan, kejenuhan, kejemuan. —*kkt.* **to s. s.o. with** menyediakan pd s.s.o. (sehingga membosankan). *to s. o.s. with* terlampau banyak.
surge /sərj/ *kb.* 1 gelombang, gelora (*of a crowd, of indignation*). 2 sentakan. *sudden s. of electricity* sentakan (yg) tiba-tiba arus listrik. —*kki.* 1 melanda (*of a wave*). *The people surged out of the building* Orang-orang itu melanda keluar dari gedung itu. 2 menggelora. *A desire surged through him* Timbul keinginan yg menggelora dlm dirinya. —**surging** *ks.* yg (bergerak) bergelombang. *s. sea* laut yg naik turun. *s. crowd* rakyat yg bergelombang.
surgeon /'sərjən/ *kb.* ahli bedah. *S. General* Kepala Jawatan Keséhatan.
surgery /'sərjərie/ *kb.* (*j.* -**ries**) 1 pembedahan.

to undergo s. menjalani pembedahan. 2 *Med.*: ilmu bedah. 3 operasi. *oral s.* operasi mulut. *tree s.* perawatan pohon.

surgical /'sərjəkəl/ *ks.* yg berk. dgn pembedahan. *s. dressing* pembalut/perban operasi. *s. instrument* alat bedah/operasi.

surliness /'sərlienəs/ *kb.* kebengisan, kemasaman.

surly /'sərlie/ *ks.* merengut, memberungut, bermuka masam.

surmise /'sərmaiz, sər'maiz/ *kb.* dugaan, sangkaan. —*kkt., kki.* menduga, mengira.

surmount /sər'mawnt/ *kkt.* 1 mengatasi (*an obstacle*). 2 berada diatas, mengatapi (*the roof of a building*). 3 melebihi. *Mt. Everest surmounts all the peaks near it* Gunung Everest tingginya melebihi semua puncak yg ada didekatnya.

surname /'sər'neim/ *kb.* nama keluarga.

surpass /sər'pæs/ *kkt.* melebihi, melampaui, mengungguli. *to s. our expectations* melebihi apa yg kita harapkan. —**surpassing** *ks.* jauh melebihi yg lain-lain. *a girl of s. beauty* seorang gadis yg kecantikannya tak ada bandingnya.

surplice /'sərplis/ *kb.* baju jubah.

surplus /'sərpləs, -plʌs/ *kb.* kelebihan. *s. goods* bahan-bahan kelebihan. *s. crop of wheat* panén gandum yg berlebihan. *s. area* daérah surplus.

surprise /sər'praiz/ *kb.* 1 kehéranan. *to my (great) s., much to my s.* sangat menghérankan saya, saya terhéran-héran. *It was a great s. seeing him* Sama sekali tak terduga akan bertemu dgn dia. *She caught me by s.* Saya tepergok oléh dia. *Seeing them took me by s.* Saya kagét menjumpai meréka. *to be taken by s.* terperanjat. 2 s.s.t. yg tak diberitahu kpd orang lain. *Don't tell her our s.* Jangan katakan kepadanya apa yg hendak kita rencanakan utk dia. —*kkt.* 1 mengagétkan, menghérankan. *Did my call s. you?* Apakah télpon saya itu mengagétkan kamu? *I was surprised to see him* Saya héran melihat dia. *We were surprised at the results* Kami héran melihat hasil-hasilnya. *I'm surprised at you!* Saya héran kpd kamu! *I would not be surprised if...* Tdk akan menghérankan saya kalau.... 2 menterkejutkan. *to s. s.o. in the act* menterkejutkan s.s.o. ketika mengerjakan s.s.t. **s. attack** serangan mendadak/tiba-tiba, serangan yg tak disangka-sangka. **s. party** pésta yg tak didugaduga. —**surprising** *ks.* yg menghérankan. *s. recovery* sembuh kembali secara menakjubkan. *It's not s. that ...* Tidaklah menghérankan kalau .... —**surprisingly** *kk.* (dgn) sangat menghérankan, héran benar. *He looks s. young for his age* Ia kelihatan muda sekali bagi umurnya.

surrealism /sə'rieəlizəm/ *kb.* surréalisme.

surrender /sə'rendər/ *kb.* penyerahan. —*kkt.* 1 menyerahkan (*a town*) (**to** hand). 2 melepaskan. *to s. o's claim to the house* melepaskan tuntutannya atas rumah itu. —*kki.* menyerah. *The enemy surrendered* Musuh menyerah. *to s. to s.o's will* takluk kpd kemauan s.s.o.

surreptitious /'sərəp'tisyəs/ *ks.* dgn sembunyi-sembunyi, curi-curi. *s. meetings* pertemuan-pertemuan rahasia. *to steal a s. look at s.o.* dgn sembunyi-sembunyi melirik kpd s.s.o. —**surreptitiously** *kk.* dgn diam-diam/rahasia.

surrogate /'sərəgit/ *kb.* wakil, pengganti, wali.

surround /sə'rawnd/ *kkt.* 1 mengepung (*the enemy*). *Police surrounded the house* Polisi mengepung rumah itu. 2 mengelilingi. *Trees s. the yard* Pohon-pohon mengelilingi pekarangan itu. *to be surrounded by o's children and grandchildren* dikelilingi oléh anak-anak dan cucu-cucunya. 3 melingkungi. *They were sur-*

rounded by beauty Meréka dilingkungi keindahan. —**surrounding** *ks.* (yg ada) disekeliling. *s. area* daérah sekitarnya. —**surroundings** *kb., j.* keadaan sekitar/sekeliling.

surtax /'sər'tæks/ *kb.* pajak tambahan.

surveillance /sər'veiləns/ *kb.* pengawasan, penjagaan, pengamat-amatan. *to be under s.* berada dibawah pengawasan. *to keep under s.* mengadakan penjagaan thd.

survey /'sərvei *kb.*; sər'vei *kkt.*/ *kb.* 1 penelitian, peninjauan. *to make/take a s.* mengadakan penelitian. 2 penyelidikan. *educational s.* penyelidikan dlm bidang pendidikan. 3 pemeriksaan. —*kkt.* 1 mengukur (*land*). 2 memeriksa, meninjau (*the situation*). 3 melihat, memandang. *The lion is king of all he surveys* Singa itu adalah raja dari semua yg ada dlm penglihatannya. 4 melihat-lihat (*a library collection*). —**surveying** *kb.* pengukuran tanah.

surveyor /sər'veiər/ *kb.* pengukur (tanah), menteri ukur.

survival /sər'vaivəl/ *kb.* 1 kelangsungan hidup. *struggle for s.* perjuangan utk bertahan hidup. *s. of the fittest* kelangsungan hidup yg tercakap, yg terkuat dan séhat dpt bertahan hidup. 2 peninggalan (*from an older period*). 3 sisa (*of a tradition*). **s. kit** perlengkapan mempertahankan hidup.

survive /sər'vaiv/ *kkt.* 1 menyelamatkan nyawa. *to s. an accident* selamat dlm kecelakaan. 2 hidup lebih lama. *to s. o's brother by ten years* hidup sepuluh tahun lebih lama dari abangnya. —*kki.* hidup terus, bertahan (*of a tree, custom*). —**surviving** *ks.* masih hidup. *s. member of a family* anggota keluarga yg masih hidup.

survivor /sər'vaivər/ *kb.* orang yg selamat. *There were no survivors* Tak ada yg selamat.

susceptibility /sə'septə'bilətie/ *kb.* (*j.* **-ties**) kelemahan, kerentanan (**to** thd).

susceptible /sə'septəbəl/ *ks.* 1 mudah kena. *s. to flattery* mudah kena bujukan. 2 rentan. *He is s. to colds* Dia mudah sekali masuk angin. *to be s. of analysis* dpt dilakukan analisa.

suspect /'sʌspekt *ks.*, ks.; sə'spekt *kkt.*/ *kb.* orang yg dicurigai, sitersangka. *a likely s.* seorang yg dpt dicurigai. —*ks.* yg tersangka. *He is s., I fear* Saya kuatir ia yg dicurigai. —*kkt.* 1 mencurigai (*s.o., a trick*). *He was suspected of robbery* Dia dicurigai merampok. *She suspects nothing* Ia tak mencurigai suatu apapun. *I suspected as much* Sayapun mencurigai demikian. 2 kira, duga. *I s. he's wrong* Saya kira dia bersalah.

suspend /sə'spend/ *kkt.* 1 menggantungkan (*a lamp from the ceiling*). 2 menutup, memadakan (*classes*). 3 menunda, menangguhkan (*judgment, a court case*). 4 menghentikan (*work*). 5 menskores (*from school*). 6 menangguhkan (*payment*). 7 menyingkirkan (*a constitution*). 8 mencabut (*a license*). **suspended animation** mati suri. *s. sentence* hukuman yg ditunda.

suspender /sə'spendər/ *kb.* brétel, tali selémpang.

suspense /sə'spens/ *kb.* 1 ketegangan, perasaan tegang. *to be in s.* merasa tegang sekali. *to keep s.o. in s.* membimbangkan s.s.o.

suspension /sə'spensyən/ *kb.* 1 penyekoresan, pengskorsan (*of a student, from office*). 2 *Auto.*: sistim penggantungan roda mobil. *s. bridge* jembatan gantung.

suspicion /sə'spisyən/ *kb.* 1 kecurigaan. *His suspicions are well founded* Kecurigaannya beralasan benar. *to be held under s.* ditahan karena dicurigai. *I have a s. they're not coming* Saya menyangsikan kedatangan meréka. *He is above s.* Dia sama sekali tak dicurigai. *to arouse s.* menghidupkan kecurigaan.

to lay o.s. open to s. membiarkan dirinya terbuka kpd kecurigaan. *He was arrested on s. of possessing a weapon* Ia ditahan karena dicurigai membawa senjata. 2 syak (wasangka). *There wasn't the slightest s. of enmity* Tak ada syak sedikitpun akan adanya permusuhan.

suspicious /sə'spisyəs/ *ks.* 1 curiga, syak hati. *He's s. of newcomers* Ia curiga thd orang baru. 2 mencurigakan. *s. action* tindakan yg menimbulkan syak hati.

suspiciousness /sə'spisyəsnəs/ *kb.* kecurigaan.

sustain /sə'stein/ *kkt.* 1 menopang (*a roof, wall*). 2 menderita (*a loss*). 3 menyokong. *The facts s. his theory* Fakta-fakta menyokong téorinya. 4 membenarkan. *The judge sustained the conviction* Hakim membenarkan penghukuman itu. *Objection sustained* Keberatan diterima. 5 menahan. *The wall sustained the crash* Témbok itu menahan tubrukan. 6 memungkinkan (*life*). *Faith sustained them through their sorrow* Iman menabahkan hati meréka selama kesedihan meréka. 7 memperpanjang (*a musical note*). 8 meneruskan (tanpa henti-hentinya) (*an attack*). 9 menderita (*an injury*). —**sustained** *ks.* 1 terus-menerus. *s. attack* serangan secara terus-menerus. *s. note* nada musik yg dibunyikan terus-menerus. 2 berlarut-larut (*tragedy*). **sustaining** *program* acara radio/TV tanpa menghasilkan uang hanya utk nama studio saja.

sustenance /'sʌstənəns/ *kb.* makanan.

suture /'suwcər/ *kb.* 1 jahitan pd luka, jahitan bedah. 2 benang bedah, benang penjahit operasi.

suzerainty /'suwzə'reintie/ *kb.* (*j.* -**ties**) kekuasaan raja.

svelte /svelt/ *ks.* langsing, ramping (*figure*).

Sw. 1 [*Swedish*] dari Swédia; bahasa Swédia. 2 [*Sweden*] Swédia.

SW [*southwest*] barat-daya.

swab /swab/ *kb.* 1 kain penyéka/pél. 2 alat pengepél. —*kkt.* (**swabbed**) 1 mengepél (*a deck*). 2 menyéka (*a wound, a throat*).

swaddle /'swadəl/ *kkt.* membedung (*a baby*). **swaddling** *clothes* kain-kain bedung.

swag /swæg/ *kb. Inf.*: barang rampasan/curian.

swagger /'swægər/ *kb.* cara berjalan dgn berlaga. *to walk with a s.* berjalan dgn langkah yg angkuh. —*kki.* berjalan dgn sikap yg angkuh. **s. stick** tongkat militér.

swallow /'swalow/ *kb.* 1 teguk (*of liquid*). 2 burung layang-layang. —*kkt.* 1 menelan (*food, drink*). *S. the pill* Telanlah pil itu. 2 mengenyampingkan (*o's pride*). 3 menerima. *to s. everything one is told* menelan segala apa yg dikatakan. **to s. up** 1 menelan (*by quicksand*). *He was quickly swallowed up in the crowd* Dia dgn cepat tertelan ditengah-tengah orang ramai itu. 2 menelan, menghabiskan. *Expenditures s. up his small salary* Pengeluaran-pengeluaran menelan gajinya yg kecil itu.

swam /swæm/ lih SWIM.

swamp /swɔmp, swamp/ *kb.* rawa, paya. *s. fever* malaria. —*kkt.* 1 mengisi/menimpa hingga tenggelam (*of a boat*). 2 membanjiri. *He's swamped with offers* Dia kebanjiran penawaran-penawaran. *His job has swamped him* Dia tertimbun oléh pekerjaannya.

swampland /'swɔmp'lænd, 'swamp-/ *kb.* tanah paya/rawa, daérah rawa.

swampy /'swɔmpie, 'swa-/ *ks.* berpaya-paya. *s. area* daérah yg berpaya-paya.

swan /swan/ *kb.* sej. angsa. *s. dive* selam(an) angsa. *swan's-down* bulu halus angsa (utk pakaian, dsb).

s. song karya seni atau pernyataan terakhir dari s.s.o.

swank /swæŋk/ *ks.* indah, megah (*apartment*).

swanky /'swæŋkie/ *ks. Inf.*: 1 megah (*car, house*). 2 bergaya.

swap /swap/ *kb. Inf.*: tukar-menukar, barter. *to make a s.* menukar. —*kkt.* (**swapped**) menukar. *I'll s. places with you* Saya akan menukar tempat dgn kamu. *to s. hats* bertukar topi. *to s. s.t. for s.t.* menukar s.s.t. dgn s.s.t.

swarm /swɔrm/ *kb.* kawan. *a. s. of bees* sekawan lebah. —*kki.* berkerumun, mengerumuni. *to s. around s.o.* mengerumuni s.s.o. *The street is swarming with people* Jalan itu penuh dgn orang-orang. **to s. over** berkeriapan, mengeriap (*of ants*).

swarthy /'swarтнie, -thie/ *ks.* hitam, kehitam-hitaman (*complexion*).

swashbuckler /'swasy'bʌklər, 'swɔsy-/ *kb.* jagoan, pembual.

swat /swat/ *kb. Inf.*: pukulan, tamparan. *to give s.o. a s. on the head* memukul kepala s.s.o. dgn cepat. —*kkt.* (**swatted**) memukul dgn keras (*lalat, nyamuk*).

swatch /swac/ *kb.* contoh, carikan (*of cloth*).

swath /swath/ *kb.* petak (*of grass*). *to cut a wide s.* membuat lubang cangkulan yg dalam.

swathe /swaтн/ *kkt.* menggosok, menyapu (*with oil*).

swatter /'swatər/ *kb. Inf.*: pemukul. *fly s.* pemukul lalat.

sway /swei/ *kb.* 1 goyangan (*of a bridge*). 2 kekuasaan. *to be under s.o's s.* sama sekali dibawah kekuasaan orang. *to bring a country under o's s.* membawa sebuah negeri dibawah kekuasaannya. 3 lenggang (*of walk*). 4 goyangan (*of a fast train*). —*kkt.* 1 mengubah/menggoncangkan (*pendirian*). 2 mempengaruhi. *She is easily swayed* Dia mudah dipengaruhi. 3 menggoyangkan. *The breeze swayed the leaves* Angin sepoi-sepoi menggoyangkan daun-daun. —*kki.* 1 bergerak-gerak, terayun-ayun (*in the breeze*). 2 melénggok (*of s. o's walk*). *She swayed as she walked* Ia bergoyang sambil berjalan. *to s. from side to side* bergoyang dari sebelah ke sebelah. **sway-back(ed)** *ks.* berpunggung lengkung. —**swaying** *kb.* 1 ayunan (*of trees*). 2 goyangan (*of leaves*).

swear /swær/ *kkt.* (**swore, sworn**) mengucapkan sumpah, bersumpah. *to s. an oath on the Bible* mengucapkan sumpah dgn Kitab Injil. *to s. allegiance to the flag* bersumpah setia kpd bendéra. *I could have sworn I heard a scream* Saya hampir berani sumpah bhw saya mendengar jeritan. *to s. s.o. to secrecy* menyumpahi s.s.o. spy dirahasiakan. —*kki.* bersumpah. *Don't s.* Jangan mengutuk orang. *She swore not to tell anyone* Dia bersumpah tak akan mengatakan kpd siapapun. *He swears it's true* Dia bersumpah bhw itu betul. *He swears like a trooper* Ia bersumpah seénaknya saja. *to s. to the truth of o's statement* bersumpah atas kebenaran pernyataannya. *I s. to it* Saya berani sumpah (bhw itu benar). **to s. at** mengutuk. **to s. by** percaya sekali. *I s. by that firm's products* Saya menaruh penuh kepercayaan kpd barang-barang hasil produksi firma itu. *I s. by the Almighty that...* Demi Tuhan Yg Maha Kuasa saya bersumpah bhw.... **to s. in** mengambil sumpah. *to s. in a jury* mengambil sumpah sebuah juri. *to s. off smoking* berjanji berhenti merokok. **to s. out** *a warrant for an arrest* mengangkat sumpah sbg jaminan thd penahanannya. —**sworn** *ks.* bersumpah. *s. statement* keterangan atas sumpah. *s. enemy* musuh jahanam/sejati.

swearword /'swær'wərd/ *kb.* kata kutukan.

sweat /swet/ *kb.* 1 peluh, keringat. *During the cross-*

examination he was in a cold s. Selama pemeriksaan yg teliti itu ia keluar keringat dinginnya. *to be in a s. about s.t.* diliputi rasa cemas. *to work up a s.* berkeringat, keringatan. 2 air yg meléngkét (*on a glass of ice water*). *Sl.: no s.* tdk sulit, perkara mudah. —*kkt.* **to s. out** *a space flight* menunggu selama penerbangan angkasa dgn rasa cemas. —*kki.* 1 berkeringat. *to s. profusely* bercucuran keringat. 2 berair sebelah luar (*of a pitcher of ice water*). *to s. over an exam* bekerja keras utk ujian. **s. gland** kelenjar peluh. **s. shirt** baju kaos tebal berlengan panjang (dipakai oléh olahragawan sblm dan sesudah bertanding).

sweatband /'swet'bænd/ *kb.* pita penahan keringat.

sweatbox /'swet'baks/ *kb. Sl.:* sél siksaan, tempat mengurung seorang hukuman.

sweater /'swetər/ *kb.* keméja dari wol.

sweatshop /'swet'syap/ *kb.* tempat dimana pekerja-pekerja membanting tulang dgn gaji yg rendah.

sweaty /'swetie/ *ks.* berkeringat.

Swed. 1 [*Swedish*] dari Swédia; bahasa Swédia. 2 [*Sweden*] Swédia.

Swede /swied/ *kb.* orang Swédia.

Swedish /'swiedisy/ *kb.* bahasa Swédia. —*ks.* dari Swédia. *He's S.* Dia orang Swédia.

sweep /swiep/ *kb.* 1 usapan, sikatan (*of a brush*). 2 ayunan (*of o's hand, of an oar*). 3 jalan. *s. of history* jalan sejarah. *the s. of his thinking* jalan/luas pikirannya. 4 keluasan (*of the road and fields*). **to make a clean s.** menyapu bersih (*of o's staff*). *to make a clean s. of the match* menang semua pertandingan. *to make a clean s. of o's debts* melunaskan semua hutangnya. —*kkt.* (**swept**) 1 menyapu (*the floor*). *Her gown swept the floor* Gaunnya menyapu-nyapu lantai. *A wave swept him overboard* Ombak menyapunya ke laut. 2 menjuarai (*the races*). 3 meluas di, menjalar di. *That new dance craze swept the country* Kegemaran akan tarian baru itu meluas di seluruh negeri. *to s. s.o. off her feet* mempesonakan s.s.o., membuat s.s.o, tergila-gila kpd. 4 meniup. *A storm swept the city* Angin ribut meniup di kota. *to s. the seas of enemy ships* membersihkan laut-laut dari kapal-kapal musuh. *The strong tide swept him off his feet* Pasang yg kuat mengangkatnya dari kakinya. —*kki.* 1 membujur. *The road sweeps along the lake* Jalan itu menyusur sepanjang danau. 2 menyapu (*for mines*). **to s. along** membawa serta. *The waves swept us along* Ombak itu membawa serta kita. **to s. aside** mengepinggirkan (*an argument*). **to s. away** menghanyutkan (*by a flood*). **to s. by** liwat dgn cepatnya. *The car swept by in a cloud of dust* Mobil itu liwat dgn cepatnya berselubung kepulan debu. **to s. down** memasuki. *Guerrillas swept down on the village* Pejuang gerilya dgn cepat bergerak memasuki désa. **to s. in** meniup kedlm. *A cold wind swept in* Angin dingin meniup kedalam. **to s. off the porch** menyapu/membersihkan dgn sapu serambi itu. **to s. out** membersihkan (*the garage*). *She swept out of the room* Ia meninggalkan kamar dgn bergaya. **to s. up** menyapu (*the floor*) *to s. up the spilled flour* mengumpulkan tepung yg tumpah itu dgn sapu. *The car swept up to the door* Mobil datang sampai dekat ke pintu.

swept-back *ks.* 1 yg berlekuk kebelakang (*of plane wing*). 2 yg disisir kebelakang (*of hair*). —**sweeping** *ks.* 1 besar, meyakinkan. *s. victory* kemenangan besar. 2 luas. *s. statement* pengumuman yg luas. *s. generalization* kesimpulan umum yg luas. *s. changes* perubahan-perubahan sampai ke akar-akarnya.

sweeper /'swiepər/ *kb.* 1 penyapu. 2 alat penyapu.

sweepstakes /'swiep'steiks/ *kb.* undian, taruhan.

sweet /swiet/ *kb.* 1 manis. *my s.* maniskan, kekasihku. 2 gula-gula. *I don't like sweets* Saya tak suka makanan yg manis-manis. —*ks.* 1 manis (*of food, child*). 2 merdu (*of a song*). 3 énak. *That's a s. sailboat* Perahu layar itu énak kelihatannya. 4 baik hati. *It was s. of you to say so* Sungguh baik hati sdr berkata demikian. *Inf.: to be s. on s.o.* cinta kpd s.s.o. **s. basil** selasih, ruku-ruku, kemangi. **s. corn** jagung manis. *Inf.: s. nothings* mengucapkan kata-kata manis. **s. pea** sej. tanaman buncis yg bunganya berbentuk kupu-kupu. **s. potato** ubi manis/jalar/rambat. *Inf.: s. talk* mulut-manis, rayuan. **sweet-tempered** *ks.* baik hati, manis, bersifat peramah, berwatak lemah-lemah. **s. tooth** kegemaran akan makanan yg manis-manis. —**sweetly** *kk.* (dgn) manis. *to smile s.* Ia tersenyum manis. *to sing s.* menyanyi dgn manis.

sweetbread /'swiet'bred/ *kb.* daging kelenjar perut atau kerongkongan anak sapi.

sweeten /'swietən/ *kkt.* 1 membubuhi gula, mempermanis, memaniskan (*tea, coffee*). 2 membuat lebih menarik (*an offer*). —*kki.* menjadi manis (sambil masak). —**sweetening** *kb.* bahan pemanis.

sweetener /'swietənər/ *kb.* bahan pemanis.

sweetheart /'swiet'hart/ *kb.* kekasih, kesayangan, pacar, jantung/tangkai hati. *They are sweethearts* Meréka berdua berkasih-kasihan/berpacar-pacaran.

sweetie /'swietie/ *kb. Inf.:* kekasih, jantung-hati.

sweetness /'swietnəs/ *kb.* rasa/sifat manis. *He has been all s. and light* Dia senantiasa manis dan ramah.

swell /swel/ *kb.* gelombang besar. —*ks. Inf.:* 1 baik (hati) (*fellow*). 2 hébat. *That's s.!* Wah, hébatnya! *What a s. car you have!* Bagus benar mobilmu! —*kkt.* (**swelled, swelled** atau **swollen**) 1 membengkakkan. *The sting swelled his arm* Sengatan membengkakkan lengannya. *His abdomen was swollen from the disease* Perutnya gembung karena penyakit itu. 2 menambah besar. *Volunteers swelled the ranks* Sukarélawan-sukarélawan menambah besar barisan itu. *The river is swollen by rain* Hujan menyebabkan air sungai itu naik. —*kki.* 1 mengembang. *The dough has swelled* Adonan itu tlh naik. 2 bertambah. *The crowd has swelled considerably* Orang ramai itu tlh bertambah banyak sekali. *to s. with pride* merasa bangga, membusungkan dada. **swell-headed** *ks.* besar kepala, sombong. —**swelled, swollen** *ks.* 1 bengkak, gembung (*knee*). 2 bengul, balut (*of eyes from weeping*). **swollen** *river* sungai yg airnya naik. **swelled** *head* sikap sombong. —**swelling** *kb.* bengkak.

swelter /'sweltər/ *kki.* merasa terik, berkeringat banyak, menderita kepanasan. —**sweltering** *ks.* panas sekali, terik.

sweltry /'sweltrie/ *ks.* panas sekali, panas-terik.

swept /swept/ lih SWEEP.

swerve /swərv/ *kkt.* membélokkan, membanting (*a car*). —*kki.* mengélak, meléncong.

swift /swift/ *kb.* sej. (burung) layang-layang. —*ks.* 1 cepat, laju. *to make a s. change of clothes* dgn cepat berganti pakaian. *to put a s. pace* melakukan s.s.t. serba cepat. 2 tangkas. *He is s. to react* Ia tangkas bertindak. *to give a dog a s. kick* menendang anjingnya dgn cepat. **swift-footed** *ks.* cepat-kaki, dpt berlari cepat.

swiftness /'swiftnəs/ *kb.* kecepatan.

swig /swig/ *kb.* teguk. *a s. of brandy* seteguk berandi.

swill /swil/ *kb.* sisa-sisa dapur bercampur air, air cucian. —*kkt.* meminum dgn lahap.

swim /swim/ *kb.* renang. *to go for or take a s.* (pergi) berenang. *Inf.: to be in the s.* mengikuti mode yg lagi populér. —*kkt.* (**swam, swum**) 1 merenangi (*a river*). 2 berenang. *I can't s. a stroke* Saya sama sekali tak dpt berenang. —*kki.* 1 berenang. *He swam in a meet* Dia berenang dlm perlombaan. *The roast was swimming in gravy* Daging panggang itu berenang dlm saus. 2 berlinang-linang. *Her eyes were swimming with tears* Air mata berlinang-linang di matanya. *My head began to s.* Kepala saya mulai menjadi pusing. —**swimming** *kb.* berenang. *S. prohibited* Dilarang berenang. *s. instructor* pelatih renang. *s. hole* lubuk tempat berenang, lubuk renang. *s. pool* kolam renang. —**swimmingly** *kk.* dgn berhasil sekali. *to get along s.* berjalan lancar.

swimmer /'swimər/ *kb.* perenang.

swimsuit /'swim'suwt/ *kb.* pakaian renang.

swimwear /'swim'wær/ *kb.* pakaian renang.

swindle /'swindəl/ *kb.* penipuan, pengécohan. *Sl.: s. sheet* daftar atau catatan pengeluaran (yg biasanya dikacaukan utk penyeléwéngan pembayaran pajak). —*kkt.* menipu, mengécoh, menggait. *She was swindled out of her money* Dia diperdayakan sehingga habis semua uangnya.

swindler /'swindlər/ *kb.* penipu, pengécoh.

swine /swain/ *kb.* babi.

swing /swiŋ/ *kb.* 1 ayunan, buaian (*from a tree*). *with a s. of his foot* dgn satu ayunan kakinya. 2 irama (*of poetry, music*). *to get into the s. of* menyesuaikan diri dgn suasana, mengikuti irama kegiatan-kegiatan. 3 musik swing, irama swing. 4 perjalanan. *to make a s. to* mengadakan perjalanan ke. 5 ayunan (*of a golf club, of a pendulum*). *to give s.t. a s.* mengayunkan s.s.t. *to be in full s.* a) sedang ramai-ramainya, sedang ramai sekali (*of a party*). b) bekerja penuh (*of a factory*). —*kkt.* (**swung**) 1 mengayunkan (*a stick, shovel, o's arms*). *to s. o.s. into the saddle* mengayunkan dirinya naik pelana. 2 menggoyangkan (*o's hips*). 3 memutar, membélokkan (*a car/bus around*). 4 melancarkan, menjalankan (*a business deal*). *Inf.: I need a new car, but I can't s. it* Saya memerlukan sebuah mobil yg baru tapi saya tak kuat membayarnya. —*kki.* 1 berayun-ayun, main ayunan (*in a swing, in a tree*). *Squirrels s. from one tree to another* Bajing berayun dari satu pohon ke pohon lainnya. *Public opinion swings back and forth* Pendapat umum terus berayun. *to s. from side to side* berayun dari kanan ke kiri. *to s. open* terayun terbuka. 2 menggoyang, bergoyang. *to s. on its hinges* bergoyang pd éngsél-éngsélnya. *The ship swung at anchor* Kapal itu tergoyang-goyang pd jangkarnya. 3 *Inf.:* digantung. *The murderer will s.* Pembunuh itu akan digantung. 4 *Sl.:* mengikuti zaman baru. **to s. around** mengayunkan (*s.o. or s.t.*) *to s. around and hit s.o.* berpaling lalu menampar s.s.o. *to s. into action* berjalan dgn giatnya. *The door swung shut* Pintu itu tertutup (dgn kencang). *The door swung to* Pintu itu tertutup. **s. bridge** jembatan jungkatan. **s. shift** giliran soré sampai tengah malam. —**swinging** *ks. Sl.:* mengikuti arus mode terakhir. *s. door* pintu kupu-kupu/ayun.

swinger /'swiŋər/ *kb. Inf.:* pengikut mode remaja yg giat.

swipe /swaip/ *kb. Inf.:* pukulan. *to take a s. at* mengayunkan/melayangkan pukulan arah (*s.o. or s.t.*). —*kkt.* 1 *Inf.:* memukul. 2 *Sl.:* mencuri, menyikat.

swirl /swərl/ *kb.* 1 putaran angin (*of dust*). 2 lingkar. *Her hat had a s. of lace around it* Topinya dilingkari rénda. 3 keramaian (*of a farewell reception*). —*kkt.*

mengaduk. —*kki.* beterbangan berputar-putar (*of dust in the air*).

swish /swisy/ *kb.* 1 desir (*of oars in the water*). 2 desis (*of a dress*). 3 bunyi mendesing (*of a rope, whip*). 4 kibasan (*of a tail*). —*kkt.* berdesir, mendesir. *She swished her skirt as...* Roknya mendesir ketika.... *The wheels swished through the mud* Roda-roda berputar mengiris lumpur. *The tiger swished its tail* Harimau mendesingkan ékornya. —*kki.* mendesir. *The whip swished through the air* Cambuk itu mendesir di udara.

Swiss /swis/ *kb., ks.* Swis. *He's S.* Dia orang Swis. *S. cheese* kéju (yg dibuat berlobáng-lobang). *S. steak* bistik (dimasak dgn tepung, tomat dan kuah).

Swit. [*Switzerland*] negeri Swis.

switch /swic/ *kb.* 1 tombol/kenop (pemutar), saklar, pemetik. 2 perubahan (*in plans*). 3 penggantian (*in officers of a club*). 4 *RR.:* wésél. 5 ranting, rotan, sm cemeti. 6 kibasan (*of a tail*). —*kkt.* 1 beralih, mengalihkan (*the subject*). 2 bertukar (*chairs*). *Let's s. places* Mari kita bertukar tempat. 3 mencemeti, mencambuk (*s.o.*). 4 menukar (*brand of cigarettes*). 5 mengibaskan (*the tail*). 6 berganti, bertukar (*partners*). 7 melangsir (*a train from one track to another*). 8 mengganti/menukar (*TV channels*). —*kki.* 1 pindah. *The train switched from one track to another* Keréta-api itu pindah dari rél yg satu ke rél lainnya. 2 mengganti, beralih. *to s. from chemistry to physics* mengganti dari jurusan fisika ke jurusan kimia. **to s. off** 1 mematikan (*the light*). 2 pindah (rél). *The train switches off here for New York* Keréta-api itu pindah rél disini utk New York. **to s. on** menyalakan, menghidupkan (*the light*). *to s. on the ignition* menghidupkan starter. **to s. over** 1 berubah, merubah. *to s. over from building cars to tanks* berubah dari membuat mobil menjadi membuat téng. *to s. over to right-hand driving* merubah ke setirkanan. 2 pindah. *to s. over to channel 10* pindah ke saluran 10.

switchblade /'swic'bleid/ *kb.* pisau lipat otomatis.

switchboard /'swic'bowrd/ *kb.* papan wésél/hubung, wésélbor. *s. operator* pelayan télpon penghubung (télpon).

switcher /'swicər/ *kb. RR.:* lokomotip pelangsir.

switchover /'swic'owvər/ *kb.* peralihan, pergantian, pertukaran.

switchyard /'swic'yard/ *kb.* pelataran langsir.

swivel /'swivəl/ *kb.* kili-kili. *s. chair* kursi putar.

swollen /'swowlən/ *lih* SWELL.

swob /swab/ = SWAB.

swoon /swuwn/ *kb.* pingsan. *to fall into a s.* jatuh pingsan. —*kki.* jatuh pingsan.

swoop /swuwp/ *kb.* tukikan, sambar(an) (*of a bird, plane*). *in/at one fell s.* dlm satu kali kejadian. —*kki.* **to s. down** menyambar/menukik kebawah (**on** ke).

swoosh /swuwsy/ *kb.* desah, raung, deru (*of birds, planes*).

swop /swap/ = SWAP.

sword /sowrd/ *kb.* pedang. *to wear a s.* membawa pedang. *to be at swords' point* amat bermusuhan. *to put to the s.* membunuh. *with drawn s.* pedang terhunus. *s. of Damocles* ancaman thd keamanan diri. *to cross swords* a) berkelahi dgn memakai pedang. b) bertengkar, berselisih, bersoal-jawab.

swordfish /'sowrd'fisy/ *kb.* ikan todak.

swordsman /'sowrdsmən/ *kb.* (*j.* **-men**) ahli pemain anggar.

swore /swowr/ *lih* SWEAR.

sworn /swowrn/ *lih* SWEAR.

swum /swʌm/ lih swim.

swung /swʌng/ lih swing.

sycamore /'sikəmowr/ kb. sej. pohon.

sycophant /'sikəfənt/ kb. penjilat, peléceh.

syllabary /'silə'berie/ kb. (j. **-ries**) daftar suku-kata.

syllabic /sə'læbik/ ks. yg merupakan suku-kata tersendiri.

syllabification /sə'læbəfə'keisyən/ kb. pembagian atas suku-suku kata.

syllable /'siləbəl/ kb. suku-kata.

syllabus /'siləbəs/ kb. ikhtisar rencana pelajaran, sillabus.

syllogism /'siləjizəm/ kb. silogisme.

sylph /silf/ kb. peri, bidadari.

sylphlike /'silf'laik/ ks. langsing, ramping, dan indah (of a figure).

sylvan /'silvən/ ks. berhutan-hutan, berpohon-pohon. s. setting tempat yg banyak hutannya.

symbiosis /'simbie'owsəs/ kb. simbiosis.

symbiotic /'simbie'atik/ ks. simbiotik.

symbol /'simbəl/ kb. 1 lambang. The lion is the s. of courage Singa merupakan lambang keberanian. 2 simbul, tanda. "&" is a s. for "and" "&" adalah tanda pengganti utk "dan".

symbolic /sim'balik/ ks. simbolis. s. logic ilmu logika yg dinyatakan dgn simbul-simbul.

symbolism /'simbəlizəm/ kb. simbolisme.

symbolize /'simbəlaiz/ kkt. menandakan, melambangkan, menyimbulkan.

symmetrical /si'metrəkəl/ ks. simétris, setangkup.

symmetry /'simətrie/ kb. (j. **-ries**) simétri.

sympathetic /'simpə'thetik/ ks. simpatik. to be s. to bersimpati kpd. s. audience pendengar/publik yg menaruh perhatian.

sympathize /'simpəthaiz/ kki. 1 ikut berbélasung-kawa. I can s. with you Saya dpt menyatakan simpati kpd sdr. 2 setuju dgn (with o's plans).

sympathizer /'simpə'thaizər/ kb. simpatisan.

sympathy /'simpəthie/ kb. (j. **-thies**) simpati. You have my s. Sdr mendapat simpati saya. Saya se-perasaan dgn sdr. We are not in s. with his project Kami tak setuju dgn proyéknya. s. strike pemogok-an setia-kawan. Popular sympathies are on his side Simpati rakyat/umum ada di pihaknya.

symphonic /sim'fanik/ ks. yg berh. dgn simfoni. s. music musik simfoni.

symphony /'simfənie/ kb. (j. **-nies**) simfoni. s. orchestra orkés simfoni.

symposium /sim'powzieəm/ kb. (j. **-ums, -ia**) 1 simposion. national s. simposion nasional. 2 (book) kumpulan karangan.

symptom /'simptəm/ kb. gejala. to show symptoms of memperlihatkan tanda.

symptomatic /'simptə'mætik/ ks. yg merupakan gejala.

synagogue /'sinəgag/ kb. geréja kaum Yahudi.

synchronic /sing'kranik, sin'-/ ks. sinkronis.

synchronization /'singkrənə'zeisyən, 'sink-/ kb. keserempakan, sinkronisasi, penyelarasan.

synchronize /'singkrənaiz/ kkt. 1 men(g)sinkroni-sasikan, menyerempakkan. 2 menyamakan (watches).

synchrotron /'singkrətran/ kb. sinkrotron.

syncopation /'singkə'peisyən/ kb. sinkopasi.

syncope /'singkəpie/ kb. Ling.: penyingkatan ucap-an kata.

syncretism /'singkrətizəm/ kb. penyatuan aliran, sinkrétisma.

syndicate /'sindəkit kb.; 'sindəkeit kkt./ kb. kongsi, gabungan perusahaan. —kkt. mempersatukan menjadi sindikat. **syndicated** column ruangan (surat kabar) yg disindikatkan.

syndrome /'sindrowm/ kb. sindrom.

synod /'sinəd/ kb. muktamar geréja.

synonym /'sinənim/ kb. sinonim, kata searti, mura-dif.

synonymous /si'nanəməs/ kb. yg searti (**with** dgn).

synopsis /si'napsis/ kb. ikhtisar, ringkasan.

syntactic(al) /sin'tæktək(əl)/ ks. yg berh. dgn sin-taktis.

syntax /'sintæks/ kb. sintaksis, ilmu nahu/kalimat.

synthesis /'sinthəsis/ kb. sintése, perpaduan.

synthesize /'sinthəsaiz/ kkt. mengumpulkan dan menjadikan satu, mempersatukan.

synthetic /sin'thetik/ kb. buatan, tiruan. —ks. sin-tétis, buatan, tiruan. s. rubber karét buatan.

syphilis /'sifəlis/ kb. sipilis, penyakit raja singa.

Syrian /'siriən/ kb. orang Suria. —ks. Suria.

syringe /sə'rinj/ kb. semprot(an), alat semp(e)rit. —kkt. menyemprot, menyemperit.

syrup /'sirəp, 'sərəp/ kb. sirop, seterup, air gula.

system /'sistəm/ kb. 1 sistim, susunan. school s. sistém sekolah. nervous s. susunan saraf. to develop a s. memperkembangkan sebuah sistim. 2 jaringan. road s. jaringan jalan-jalan. 3 cara.

systematic /'sistə'mætik/ ks. 1 sistématis. s. observa-tion penelitian secara sistématis. 2 secara teratur, rapi (of a person). —**systematically** kk. 1 menurut sistim/susunan teratur. 2 secara sistématis.

systematize /'sistəmətaiz/ kkt. mengatur, me-nyusun.

systemic /si'stiemik/ ks. yg berhubung dgn suatu sistim atau susunan yg teratur.

T

T, t /tie/ *kb.* huruf ke-20 dari abjad Inggeris. *to cross o's t's* teliti sekali. *That fits/suits him to a T* Itu pas benar kepadanya. *to be correct to a T* pas betul, cocok sekali. **T-bone** (*steak*) bistik dari daging pinggang lembu, dgn tulang yg berbentuk huruf *T*. **T-shirt** kaos oblong. **T-square** garisan siku-siku.
t. 1 [*time*] waktu. 2 [*transitive*] transitip. 3 [*ton(s)*] ton.
T. 1 [*Tuesday*] hari Selasa. 2 [*Testament*] Perjanjian. 3 [*Territory*] Wilayah, Daérah.
tab /tæb/ *kb.* 1 punca, label. 2 carikan kain. 3 biaya, rékening. *to pick up the t.* membayar rékening. 4 étikét. *Inf.: to keep tab(s) on s.o.* mengawasi atau waspada thd s.s.o. —*kkt.* (**tabbed**) menyebut.
tabby /'tæbie/ *kb.* (*j.* -**bies**) kucing betina.
tabernacle /'tæbər'nækəl/ *kb.* tempat beribadat.
table /'teibəl/ *kb.* 1 méja. *to set the t.* mengatur/menyiapkan méja. 2 daftar. *multiplication tables* daftar kali-kalian. 3 tabél, daftar angka. *t. of contents* daftar isi, isi karangan. 4 skéma. *t. of organization* skéma yg melukiskan susunan organisasi dan personil. *to lay a measure on the t.* membentangkan/membicarakan tindakan (yg akan diambil) secara terang-terangan. *to turn the tables on s.o.* a) membalas menyerang s.s.o. b) beralih menguasai s.s.o. *under the t.* a) di kolong méja. b) diam-diam, dgn rahasia. —*kkt.* menangguhkan. *to t. a bill* meméjakan/mengemukakan rencana undang-undang. **t. d'hôte** makanan yg disajikan pd waktu tertentu dan harga yg sdh ditentukan. **t. lamp** lampu méja/duduk. **t. linen** kain-kain yg dipakai dlm mengatur méja. **t. napkin** serbét makan. **t. salt** garam halus utk makan. **t. talk** percakapan/pembicaraan informil atau ramah-tamah (di méja makan). **t. tennis** ténis méja, pingpong.
tableau /tæ'blow/ *kb.* tablo.
tablecloth /'teibəl'klɔth/ *kb.* tapelak, kain alas, ulas méja.
tablespoon /'teibəl'spuwn/ *kb.* séndok makan (besar). *a t. of coffee* kopi seséndok makan.
tablespoonful /'teibəlspuwn'ful/ *kb.* seséndok makan penuh.
tablet /'tæblit/ *kb.* 1 tablét, pél, géntél. *aspirin t.* tablét aspirin. 2 buku/kertas catatan. 3 lembaran. *clay t.* lembaran dari tanah liat.
tabletop /'teibəl'tap/ *kb.* bagian atas (spt bagian atas pd méja).
tableware /'teibəl'wær/ *kb.* alat-alat makan-minum, barang-barang pecah-belah.
tabloid /'tæbloid/ *kb.* surat kabar kecil (biasanya menggemparkan).
taboo /tə'buw/ *kb.* 1 tabu. 2 larangan, pantang(an). —*kkt.* menabukan.
tabular /'tæbyələr/ *ks.* tersusun dlm tabél atau daftar. *t. data* data dlm tabél.
tabulate /'tæbyəleit/ *kkt.* menyusun menjadi tabél, mentabulasi.

tabulation /'tæbyə'leisyən/ *kb.* tabulasi, pengolahan.
tabulator /'tæbyə'leiter/ *kb.* tabulator, pembuat tabél.
tacit /'tæsit/ *ks.* diam-diam, tak diucapkan. *t. understanding/agreement* tahu sama tahu.
taciturn /'tæsətərn/ *ks.* bersifat (pen)diam.
tack /tæk/ *kb.* 1 paku rebana. *carpet t.* paku babut. 2 *Nau.*: arah jalannya kapal. *starboard t.* arah gerak ke sebelah kanan kapal. —*kkt.* 1 memakukan (*a carpet*). *to t. up a picture on the wall* memakukan gambar pd dinding itu. 2 *Nau.*: berpal-pal. 3 melekatkan, melampirkan. *to t. a clipping to a note* melekatkan selembar guntingan pd catatan. *to t. on a clause* menambahkan suatu keterangan.
tackle /'tækəl/ *kb.* 1 katrol, takal. 2 alat. *fishing t.* alat memancing. —*kkt.* 1 memegang, menangkap (*s.o.*). 2 mengerjakan, melakukan. *to t. a job* melakukan pekerjaan. *to t. a problem* memecahkan suatu persoalan. 3 *Sport*: menggasak, mentackle.
tacky /'tækie/ *ks. Inf.*: jémbél.
tact /tækt/ *kb.* kebijaksanaan. *He is totally devoid of t.* Ia sama sekali tak bijaksana.
tactful /'tæktfəl/ *ks.* bijaksana. *to be t.* bijaksana, pandai, berakal-budi. —**tactfully** *kk.* dgn bijaksana, dgn memakai akal-budi.
tactical /'tæktəkəl/ *ks.* taktis, bersiasat.
tactician /tæk'tisyən/ *kb.* ahli siasat.
tactics /'tæktiks/ *kb.* taktik, siasat. *I don't like his t.* Aku tak suka pd cara-caranya.
tactless /'tæktləs/ *ks.* tak bijaksana, canggung.
tactlessness /'tæktləsnəs/ *kb.* ketidakbijaksanaan, kecanggungan.
tadpole /'tæd'powl/ *kb.* berudu, cébong.
taffeta /'tæfətə/ *kb.* kain taf.
taffy /'tæfie/ *kb.* (*j.* -**fies**) sej. gula-gula.
tag /tæg/ *kb.* 1 étikét, label (*on a box*). 2 kartu. *price t.* kartu harga. 3 péning, kepingan utk nama, tanda pengenal. *to play t.* main kejar-kejaran. —*kkt.* (**tagged**) membubuhi/memasang étikét (*luggage, a bird*). **to t. along** membuntuti. **t. end** ujung, bagian terakhir. **t. line** klimaks, (bagian) puncak.
tail /teil/ *kb.* 1 ékor (*of an animal*). *with o's t. between o's legs* dgn rasa takut. *to turn t.* melarikan diri. 2 ékor, koték (*of a comet, kite*). 3 buntut (*of a wagon*). 4 bagian bawah dari mata uang logam. *Heads or tails?* Atas atau bawah? 5 bagian belakang. *I prefer to sit in the t. of a plane* Saya lebih suka duduk di bagian belakang pesawat terbang. —**tails** *j. Inf.*: jas berékor. —*kkt.* mengikuti dgn diam-diam, mengékor, membuntuti (*s.o.*). **to t. after** mengékor. **t. end** bagian akhir, bagian paling belakang. **t. feather** bulu ékor, lawi. **t. light** lampu belakang (pd kendaraan). **t. pipe** pipa pembuangan gas-gas kotor, pipa knalpot. **t. spin** jatuh berputar-putar. **t. wind** angin buritan/turutan.

576

tailgate /'teil'geit/ *kki.* mengikuti mobil lain terlalu dekat.

tailor /'teilər/ *kb.* tukang jahit, penjahit. —*kkt.* 1 membuat/menjahit pakaian. 2 menyesuaikan. *We t. our instruction to the students' needs* Kami menyesuaikan kuliah kami dgn kebutuhan mahasiswa. **tailor-made** *ks.* buatan tukang jahit. *t.-made suit* setélan buatan tukang jahit. —**tailoring** *kb.* 1 pekerjaan menjahit. 2 jahitan.

taint /teint/ *kb.* noda. *to be free from the t. of sin* bersih dari noda dosa. —*kkt.* menodai, mencemari. *That food is tainted* Makanan itu sdh busuk.

take /teik/ *kb.* 1 akibat *(of a vaccination* pencacaran). 2 *Sl.*: pendapatan, penerimaan *(at a sale).* 3 *Sl.*: pengambilan *(of a movie).* —*kkt.* (**took, taken**) 1 mengambil. *Who took the box?* Siapa yg mengambil kotak itu? *to t. the wrong road* mengambil jalan yg salah. *to t. o's meals* mengambil makanan, makan. 2 menerima *(a bribe). I'll t. ten dollars and no less* Aku mau menerima sepuluh dolar tak kurang lagi. *to t. orders* menerima perintah-perintah. *to t. pupils* menerima murid-murid. *How did she t. the news?* Bagaimana ia menerima kabar itu? *T. it or leave it!* Tinggal/Boléh menerima atau menolaknya! *to t. s.t. as it comes* menerima s.s.t. sebagaimana adanya. 3 memerlukan. *It took me longer than I thought* Aku memerlukan waktu yg lebih lama drpd yg kuduga. *It took five years to ...* Ia memerlukan lima tahun utk.... *It takes patience to learn a language* Diperlukan kesabaran utk mempelajari suatu bahasa. *She takes a seven* Dia memerlukan sepatu nomor tujuh. 4 membawa. *to t. s.o. to the hospital* membawa s.s.o. ke rumah sakit. *to t. s.o. out of his way* membawa s.s.o. menyimpang dari tujuannya. 5 menggunakan. *to t. the opportunity to ...* menggunakan kesempatan itu utk.... *A singular noun takes a singular verb* Kata benda tunggal menggunakan katakerja tunggal. 6 melakukan *(inventory). to t. all precautions* melakukan semua persiapan utk pencegahan. 7 memegang *(o's hand).* 8 naik *(a vehicle).* 9 menuruti *(advice).* 10 mendapat, memperoléh, mencapai *(a university degree).* 11 menyéwa *(a cottage for the summer).* 12 mengurangkan, mengurangi. *T. 5 from 8 and 3 is left over* Kurangkan 5 dari 8 dan sisanya ialah 3. 13 mencatat(kan) *(notes). The police took his name* Polisi mencatat namanya. *to t. a letter* menuliskan surat yg sedang didiktékan/diimlahkan itu. 14 menempati *(an apartment).* 15 menduduki *(a town or village by fighting).* 16 memenangkan *(first prize).* 17 menderita *(severe punishment).* 18 berlangganan dgn *(a magazine).* 19 mengadakan *(a census, poll). to t. a vote on...* mengadakan pemungutan suara mengenai.... 20 mencuri. 21 merebut *(a fort).* 22 makan, minum *(medicine). to t. a drink* minum minuman keras. *"Not to be taken internally"* "Bukan/Tidak utk diminum. Bukan obat dalam" *Chess: to t. (a man)* makan. 23 mengalihkan. *We now t. you to Rome* Kami sekarang alihkan sdr ke Roma. 24 menempuh. *to t. an examination* menempuh ujian. *to t. a road* menempuh jalan. 25 memakan waktu. *It takes 2 hours to ...* Memakan waktu dua jam utk.... *How long does it t. to get from A. to G.?* Berapa lama naik mobil dari A ke G? 26 menganggap. *to t. lightly* menganggap énténg. 27 memuat. *That bus takes 30 passengers* Bis itu memuat 30 penumpang. *That bridge can t. heavy loads* Jembatan itu dpt memuat/ melalukan muatan-muatan yg berat. 28 mengantar. *Can I t. you anywhere?* Boléh saya antar sdr kemana-mana? *to t. s.o. through a house* mengantar s.s.o. me-

lihat seluruh rumah itu. :: *This wood takes a nice polish* Kayu ini bagus sekali kalau dipolitur. *He didn't t. the remark very well* Ia sama sekali tak senang mendengar ucapan itu. *A good sale took me into town* Suatu penjualan obral menyebabkan aku pergi/ datang ke kota. *T. your hands out of your pockets* Keluarkanlah tanganmu dari kantongmu. *He was much taken with my idea* Ia menerima pendapat saya dgn baik sekali. *I was not taken with him* Saya tak suka kepadanya. *T. a right at the next intersection* Bélok kanan pd perapatan yg akan datang. *Let's t. a coffee break* Marilah kita beristirahat sebentar minum kopi. *to t. a photo* memotrét. *I t. a bad picture* Aku tak baik dipotrét. *Disgust takes various forms* Rasa jijik macam-macam bentuknya. *Pneumonia took him* Radang pembuluh paru-parulah yg menyebabkan dia meninggal. *He took her in his arms* Ia merangkulnya. *to t. s.t. seriously* membiarkan suatu hal menyusahkan pikiran. *How old do you t. her to be?* Berapa kaukira umur wanita itu? *It took some doing to persuade him* Susah utk mendesaknya. *What will you t. for it?* Utk berapa sdr mau menjual itu? *to t. too much* menjadi mabuk. —*kki.* 1 jadi. *The vaccination took* Pencacaran itu jadi. 2 mulai menyala, hidup. *The fire has taken* Api itu tlh mulai menyala. **to t. aback** tercengang, kagét. *to be taken aback* tercengang, terperanjat, terkejut. **to t. s.o. about** membawa s.s.o. keliling-keliling melihat. **to t. after** 1 *(resemble)* menyerupai. 2 *(pursue)* mengejar, memburu. **to t. along** membawa *(food).* 2 membawa serta *(s.o.).* **to t. away** 1 membawa, menarik, mengangkut *(a wrecked car).* 2 mengangkat *(an object). Don't t. away my last cent* Jangan membuat aku bangkrut. *Our father was taken away by pneumonia* Ayah kami meninggal karena sakit radang paru-paru. *to t. away a toy from a child* mengambil mainan dari seorang anak. **to t. back** 1 menarik kembali. *T. back what you said* Tarik kembali apa yg kaukatakan. *I t. it all back* Saya menarik semuanya kembali. 2 mengingatkan kembali. *His story took me back to my childhood* Ceritanya itu mengingatkan saya kembali kpd masa kanak-kanak saya. **to t. down** 1 melepas, membuka *(the curtains).* 2 mengambil *(a book from a shelf).* 3 mencatat *(the minutes of a meeting). to t. down in shorthand* mencatat dgn sténo. 4 membongkar *(a wall, house).* **to t. for** mengira. *I took him for his brother* Aku mengira ia abangnya. *What do you t. me for?* Kaukira saya ini orang apa? **to t. from** mengambil dari. *Her paleness takes from her beauty* Kepucatannya mengurangi kecantikannya. *T. it from me* Percayalah kpd saya. **to t. in** 1 mengerti, menangkap *(a lecture).* 2 memperkecil, mempersempit *(a dress).* 3 menipu. *to be taken in by a joke* tertipu oléh lelucon. 4 mengizinkan menginap *(a stranger).* 5 meliputi, mencakup. *His command takes in the entire city* Kekuasaannya meliputi seluruh kota itu. 6 mulai bocor/mulai kemasukan *(water).* 7 pergi ke *(a movie).* 8 mendapat, memperoléh. *How much did the play t. in?* Berapa pendapatan atau hasil penerimaan sandiwara itu? 9 menerima *(boarders).* 10 memasukkan. *to t. in a car for a tune-up* memasukkan mobil ke béngkél spy dicék/diperiksa. *Sl.*: **to t. it** tahan, kuat menahan. *His heart couldn't t. it* Jantungnya tak cukup kuat. *I can't t. it any longer* Aku tak kuat lagi menahannya. Aku tak betah lagi. *I t. it you aren't going?* Benarkah dugaan saya bhw kau tak akan pergi? **to t. off** 1 membuka *(clothes).* 2 mengambil *(time).* 3 berangkat *(of a plane). to t. off in a car* berangkat dgn mobil. *to t. off for the nearest phone* segera pergi ke télpon yg terdekat.

to t. off in pursuit berangkat mengejar. *to t. off on s.o.* meniru-niru s.s.o. *to t. the day off* bercuti. *Don't t. your eye off him* Jangan lepaskan matamu daripadanya. *to t. off o's hat* mengangkat topinya. *How much will you t. off for cash?* Berapa potongan sdr kalau (saya) membayar tunai? *to t. off across the field* berjalan atau lari melalui ladang. *to t. s.o. off to jail* mengantar s.s.o. ke penjara. *to t. off a passenger train* tdk menjalankan keréta penumpang lagi. **to t. on** 1 menerima, melakukan (*too much work*). *to t. on men* menerima/menggaji pekerja-pekerja. 2 mengambil, memuat (*passengers*). *to t. on a new look* mengambil wajah baru. *to t. on responsibility* mengambil/menanggung tanggung-jawab. 3 mengisi (*fuel*). 4 berkelahi dgn, menghadapi (*an opponent*). **to t. out** 1 mengeluarkan (*s.t. from the pocket, a cake from the oven*). 2 mengambil, meminjam (*a book at the library*). 3 mengambil, mendapat (*a patent*). 4 membawa berpesiar. *to t. s.o. out for the evening* membawa s.s.o. berpesiar malam itu. 5 membeli (*insurance*). 6 menyatakan (*bankruptcy*). 7 menghilangkan (*a stain*). *The rain will t. out the crease* Hujan akan menghilangkan kusut seterika. 8 mencabut (*a tooth*). :: *Inf.: to t. it out of s.o.* membuat s.s.o. sangat letih, menghabiskan tenaga seorang. *Inf.: to t. it out on s.o.* melampiaskan/melepaskan kemarahannya pd s.s.o. **to t. over** 1 mengambil oper (*the chairmanship*). 2 mengambil-alih (*a firm*). *to t. s.o. round the town* membawa s.s.o. keliling/mutar-mutar. *to t. the hors d'oeuvres round again* mengédarkan lagi makanan kecil. **to t. to** 1 lari ke (*the hills*). 2 suka kpd. *I didn't t. to her* Aku tak begitu suka kepadanya. **to t. up** 1 meméndékkan (*the hem*). 2 memakan, mengambil (*space*). 3 mengumpulkan, memungut (*collection*). 4 menyedot, mengisap (*spilled liquid*). 5 membicarakan, membahas (*a matter*). 6 mengencangkan (*the slack in a rope*). 7 mempelajari (*medicine, law*). 8 (memulai) main (*a sport*). 9 menerima (*a challenge*). 10 mengambil/memuat (*passengers*) penumpang. 11 mengangkut (*a rug*). 12 membongkar (*the street pavement*). 13 menerima (*o's duties again*). 14 mengisi (*o's evenings*). *The mornings are taken up with classes* Waktu pagi-pagi diisi dgn pelajaran-pelajaran di kelas. *to t. s.o. up short* memberi teguran pd s.s.o. *to t. s.o. up on an invitation* menerima undangan s.s.o. **to t. up with** *Inf.*: 1 membicarakan. *I'll t. it up with my boss* Akan kubicarakan hal itu dgn séfku. 2 bergaul dgn (*a group*). *to t. upon o.s.* mengambil (*a task*). **take-home** *pay* gaji bersih. **take-off** *kb.* 1 keberangkatan (*of plane*). 2 karikatur, imitasi. **take-over** *kb.* pengambilan-alih. **taken** altogether pd keseluruhannya. —**taking** *kb.* pengambilan. *The sample is yours for the t.* Contoh itu boléh kau ambil dgn cuma-cuma. *ks.* yg menarik/yg memikat hati. *He has a t. way about him* Tabiatnya menarik hati.

taken /'teikən/ lih TAKE.

taker /'teikər/ *kb.* 1 pengambil. 2 orang yg menerima taruhan, penerima taruhan (*of bets*).

talc /tælk/ *kb.* talek.

talcum /'tælkəm/ *kb.* talek. *t. powder* bedak talek.

tale /teil/ *kb.* 1 hikayat, kisah, cerita, dongéng. *t. of woe* kisah kesusahan. *to tell tales about people* mempergunjingkan orang-orang. *to tell tales out of school* membocorkan rahasia. *Thereby hangs the t.* Ada ceriteranya di belakang kejadian itu. *The final exam will tell the t.* Ujian penghabisanlah yg akan memperlihatkan kesanggupan sebenarnya. 2 kebohongan.

talent /'tælənt/ *kb.* bakat, pembawaan. *He is loaded*

with t. Ia berbakat sekali. *t. scout* pencari orang yg berbakat.

talented /'tæləntid/ *ks.* berbakat.

talisman /'tæləsmən/ *kb.* jimat, azimat.

talk /tɔk/ *kb.* 1 percakapan. 2 pembicaraan, perbincangan. *the talks between the two leaders* pembicaraan-pembicaraan antara kedua pemimpin itu. *to have a t. with s.o.* mengadakan pembicaraan dgn s.s.o. *Have a t. with him* Bicaralah dgn dia. 3 ceramah. *He gave a good t.* Ia mengadakan ceramah yg baik. 4 omongan. *baby t.* omongan bayi. *to indulge in small t.* melibatkan diri dlm omongan-omongan kosong. 5 kabar angin, desas-desus. *There is t. of ...* Ada disebut-sebut ttg. ... Ada desas-desus ttg. ... *She's the t. of the town* Ia menjadi buah bibir orang-orang di kota itu. *She's the t. of the town* Ia menjadi buah bibir orang-orang di kota itu. *It's the t. of the town* Itu kabar hangat di kota ini. —*kkt.* berbicara. *to t. Japanese* berbicara dlm bahasa Jepang. *to t. politics* ngomong/ngobrol/berbicara ttg politik. *T. sense!* Berbicaralah yg masuk akal! *to t. o.s. hoarse* berbicara sampai parau/serak. *to t. o.s. blue in the face trying to explain a problem* berusaha keras mencoba menguraikan persoalan itu. *to t. o.s. into believing* meyakinkan diri. *to t. s.o. into* memujuk s.s.o. spy. —*kki.* berbicara (**with** dgn). *Look who's talking!* Lihatlah siapa yg berbicara! **to t. about** berbicara/memperbincangkan ttg. *The entire community was talking about it* Seluruh lingkungan masyarakat berbicara ttg itu. *He knows what he's talking about* Ia tahu benar ttg soal yg dibicarakan itu. *T. about bad luck!* Berbicara ttg kemalangan! **to t. around** = TO T. ROUND. **to t. away** berbicara terus-menerus. **to t. back** membantah, menjawab yg kasar. **to t. down** 1 bicara dgn tinggi hati (*to s.o.* thd s.s.o.). 2 menghentikan. *to t. s.o. down* menghentikan pidato s.s.o. 3 mendaratkan pesawat terbang melalui radio, memberi petunjuk-petunjuk mendarat melalui radio (*a plane*). *to t. o.s. down* berbicara merendahkan diri. *to t. s.o. into going* membujuk sampai mau pergi. *to t. s.o. into a state of exhaustion* berbicara dgn s.s.o. sampai letih sekali. **to t. of** menyatakan (maksud) akan. **to t. on** (*and on*) berbicara terus-menerus. *to t. on the subject of pollution* berbicara ttg hal pengotoran. *to t. s.t. out* membicarakan s.s.t. masak-masak. *After two hours we were talked out* Sesudah dua jam pembicaraan kita habis. *to t. s.o. out of* berbicara kpd s.s.o. spy jangan berbuat begitu. *to t. s.o. out of his money* membujuk s.s.o. spy melepaskan uangnya. **to t. over** membicarakan (bersama). **to t. round** *the problem* mengédari/mengelilingi soal itu. **to t. to** bertemu/berbicara dgn. *Who do you think you are talking to?* Kamu kira kamu ini berbicara dgn siapa? *to t. to s.o. about s.t.* berbicara ttg s.s.t. kpd s.s.o., menegur s.s.o. **to t. up** mengadakan kampanye utk, menonjol-nonjolkan. **the t. of the town** buah bibir orang, pokok pembicaraan (di kota itu). *He is a much* **talked-about** *writer* Ia seorang pengarang yg banyak dibicarakan. —**talking** *kb. She always does all the t.* Ialah yg selalu berbicara. *No t. please!* Maaf, tak boléh berbicara! *t. of heroes ...* berbicara ttg pahlawan .... **talking-point** *kb.* hal yg dibicarakan. **talking-to** *kb. Inf.*: teguran.

talkative /'tɔkətiv/ *ks.* suka (ber)bicara, banyak bicara.

talker /'tɔkər/ *kb.* pembicara. *He's quite a t.* Ia jago ngomong/berpidato/ngécap. Ia tukang bicara.

talkie /'tɔkie/ *kb. Inf.*: pilem bicara.

tall /tɔl/ *ks.* 1 jangkung, tinggi (*person*). *t. and slender* tinggi langsing/semampai. *How t. is he?* Berapa tingginya? *He stands six feet t.* Tingginya enam kaki. 2 tinggi (*of a building, mountain*). *a t. order* permintaan yg dilebih-lebihkan.

tallow /'tælow/ *kb.* gemuk, lemak.

tally /'tælie/ *kb.* (*j.* **-lies**) 1 perhitungan, jumlah, hitungan. 2 *Bridge*: catatan angka. —*kkt.* (**tallied**) mendapat. *to t. six points* mendapat enam angka. —*kki.* cocok (**with** dgn).

talon /'tælən/ *kb.* kuku, cakar.

tamarind /'taemərind/ *kb.* asam jawa.

tambourine /'tæmbə'rien/ *kb.* rebana.

tame /teim/ *ks.* 1 jinak. 2 lemah (*of style*). —*kkt.* menjinakkan. —**taming** *kb.* penjinakan.

tameness /'teimnəs/ *kb.* kejinakan.

tamer /'teimər/ *kb.* penjinak.

Tamil /'tæmil/ *kb.* 1 orang Tamil/Keling. 2 bahasa Tamil. —*ks.* Tamil, Keling.

tamp /tæmp/ *kkt.* 1 memadatkan (*earth*). 2 memasukkan (*dynamite into a hole*).

tamper /'tæmpər/ *kb.* 1 pencangkul. 2 alat semacam cangkul. —*kki.* **to t. with** 1 merusakkan (*a door, lock*). 2 menyogok, memberi suap (*a jury*).

tan /tæn/ *kb.* warna coklat. *to get a good t.* mendapat warna coklat kemérah-mérahan yg bagus (pd kulit). —*ks.* berwarna coklat. —*kkt.* (**tanned**) 1 menyamak (*a hide*). 2 *Inf.*: mencambuk, mendera (*a child for misbehaving*). *to t. o.s. on the beach* bermandi sinar matahari di pantai. —**tanning** *kb.* penyamakan. *Inf.*: *to get a t.* didera.

tandem /'tændəm/ *ks.* dua-dua. *to be in t. formation* berurutan dua-dua. —*kk.* berdua-dua, berduaan. *to ride t.* berkendaraan berduaan. *to work in t.* bekerja sama secara erat.

tang /tæng/ *kb.* 1 rasa keras, rasa tajam (*of spices*). 2 bau (*of onions in milk*). 3 bau tajam (*of the morning air*).

tangent /'tænjənt/ *kb.* garis singgung. *to fly/go off on a t.* menyeléwéng/menyentuh persoalan.

tangerine /'tænjə'rien/ *kb.* jeruk kepruk.

tangible /'tænjəbəl/ *ks.* nyata. *t. evidence* bukti yg nyata. *t. improvement in o's health* perbaikan yg nyata/kelihatan dlm keséhatannya. *t. assets* milik-milik yg nyata, aktiva yg nilainya dpt ditentukan dgn teliti.

tangle /'tænggəl/ *kb.* 1 kekusutan (*of hair*). 2 kekusutan, kekacauan (*of conflicting opinions*). *a t. of weeds and grass* belukar dan rumput yg campur-aduk. *hopeless t.* kekusutan yg menyedihkan. —*kkt.* mengusutkan (*string, twine*). —*kki.* menjerat. *to t. in battle* bergulat dlm pertarungan. *to get tangled in a rope* terjerat dlm tali. *to be tangled up in the yarn* terlilit dlm benang. *to t. with a bear* berkelahi dgn beruang.

tango /'tænggow/ *kb.* tango. —*kki.* berdansa tango.

tangy /'tængie/ *ks.* yg tajam rasanya. *t. orange juice* air jeruk yg tajam rasanya.

tank /tængk/ *kb.* 1 téng, tangki (*for liquids*). 2 *Mil.*: tank. —*kki.* **to t. up** 1 mengisi penuh dgn bénsin. 2 *sl.*: meminum banyak (minuman keras). *t. car* gerbong tangki, truk pengangkut bahan cair.

tanker /'tængkər/ *kb.* 1 kapal tangki, kapal pengangkut minyak. 2 truk tangki.

tankful /'tængkful/ *kb.* tangki penuh.

tanner /'tænər/ *kb.* penyamak (kulit), tukang samak (kulit).

tantalize /'tæntəlaiz/ *kkt.* menggoda, menggiurkan. —**tantalizing** *ks.* menggiurkan.

tantamount /'tæntəmawnt/ *ks.* serupa, sama. *The letter was t. to an official offer of a job* Surat itu serupa dgn suatu tawaran pekerjaan yg resmi.

tantrum /'tæntrəm/ *kb. Inf.*: kemarahan, kemurkaan. *to throw a t.* mengeluarkan amarah yg hébat (utk mencapai maksudnya).

tap /tæp/ *kb.* 1 ketukan (*on door*). *There was a t. at the door* Ada ketukan pd pintu. Ada orang mengetuk di pintu. 2 ketukan (*with a hammer*). 3 keran (*for water*). *t. on a barrel* keran pd tong. *to turn on the t.* membuka keran. *to turn off the t.* menutup keran. **on t.** 1 dari tong (*of beer*). 2 tersedia. *to have s.o. on t.* siap-sedia dgn s.s.o. —*kkt.* (**tapped**) 1 menepuk. *to t. s.o. on the back* menepuk punggung s.s.o. 2 menyadap (*a tree*). 3 membuka sumbat (*a barrel*). 4 memasang alat pendengar rahasia pd télpon. 5 memberi/membuka jalan kpd (*talent*). 6 menyediakan, membuka (*capital*). 7 menarik (*customers*). 8 melubangi (*a lung*). 9 mengetukkan (*o's foot*). 10 memilih. *I was tapped to go* Saya terpilih utk pergi. Saya disuruh pergi. **to t. on a table** mengetuk-ngetuk méja. **to t. out** mengetuk(kan). *to t. out o's pipe on the edge of the table* mengetukkan pipanya kpd pinggir méja. *to t. out the rhythm* mengetuk irama. *to t. out a message* mengetuk pesan. **t. dance** dansa tép. **t. water** air léding.

tape /teip/ *kb.* 1 pita. *Sport*: *to break the t.* first yg pertama-tama memutuskan pita itu. *steel t.* pita baja, pita pengukur dari baja. *t. measure* pita pengukur. 2 pita, pléstér, pengikat (*on a bandage*). 3 tép, pita (*on recorder, computer*). *t. recording* perekaman (dgn tép) —*kkt.* 1 memperban, membalut (*a wrist*). 2 mengetép, merekam (*music*). **t. machine/recorder** alat perekam, téprekorder. —**taping** *kb.* perekaman.

taper /'teipər/ *kki.* meruncing. *to t. to a point* meruncing ke ujung. **to t. off** berangsur-angsur berkurang. —**tapering** *kb.* lonjong. *t. off of the snow* salju yg mulai berkurang. *ks.* tirus, lancip.

tapestry /'tæpəstrie/ *kb.* (*j.* **-ries**) permadani hiasan dinding. —*kkt.* mengalas dgn kain permadani. **tapestried** *sofa* bangku berkasur yg dialasi dgn kain permadani.

tapeworm /'teip'wərm/ *kb.* cacing pita, gelang-gelang raya.

tapioca /'tæpi'owkə/ *kb.* tapioka, tepung ubi kayu.

tapir /'teipər/ *kb.* tenuk, babi alu.

tapper /'tæpər/ *kb.* penyadap, tukang sadap (*of rubber*).

tar /tar/ *kb.* 1 tér, belangkin. *coal t.* tér arang. *t. paper* kertas tér. 2 aspal (*on road*). 3 getah tembakau (*in cigarettes*). *Inf.*: *to beat/knock/whip the t. out of s.o.* menghajar s.s.o. tanpa ampun. —*kkt.* (**tarred**) mengaspal. *to t. and feather* melumuri dgn tér dan menémpéli dgn bulu ayam. *to t. with the same brush* menganggap mempunyai kesalahan yg sama.

tarantula /tə'ræncələ/ *kb.* laba-laba besar.

tardiness /'tardienəs/ *kb.* kelambatan, kelambanan.

tardy /'tardie/ *ks.* (ter)lambat.

target /'targit/ *kb.* 1 sasaran, bulan-bulanan. *to hit the t.* mengenai sasaran. *t. practice* latihan menémbak sasaran. 2 sasaran usaha (*of a firm*). *to be the t. of ridicule* menjadi sasaran tertawa orang. **t. date** tanggal ancer-ancer.

tariff /'tærif/ *kb.* 1 béa, cukai. *t. wall* béa yg menghalang kelancaran perdagangan. 2 pajak, cukai (*on spirits*). 3 tarip, ongkos (*at a hotel*).

tarnation /tar'neisyən/ *kb. Sl.*: persétan. *What in t. are you talking about?* Persétan, apa yg kaukatakan itu?

tarnish /'tarnisy/ *kb.* noda, becak. —*kkt.* 1 menodai

(silver). 2 memudarkan, menyuramkan, kilauan *(silver, brass)*.

taro /'tarow/ *kb*. talas, keladi.

tarpaulin /tar'powlɔn/ *kb*. kain terpal.

tarried /'tæried/ lih TARRY.

tarry /'tarie/ *ks*. **t. substance** bahan semacam tér/rasidi.

tarry /'tærie/ *kki*. (**tarried**) 1 berlambat-lambat. *Don't t. too long* Jangan terlalu berlambat-lambat. 2 tinggal *(at the inn, bar)*.

tarsus /'tarsɔs/ *kb*. pangkal/pergelangan kaki.

tart /tart/ *kb*. 1 kué tarcis. 2 *Sl.*: pelacur. —*ks*. asam.

tartan /'tartɔn/ *kb*. pola petak-petak (pakaian di Skotlandia).

tartar /'tartɔr/ *kb*. kotoran kuning yg keras, karang gigi. *to catch a t.* menderita kekalahan. *t. sauce* sm kuah utk masakan ikan.

tartness /'tartnɔs/ *kb*. kegetiran, kepahitan, rasa pahit atau tajam.

task /tæsk/ *kb*. tugas. *difficult t.* tugas yg sulit. *He has the t. of keeping order* Ia bertugas/berkewajiban memelihara ketertiban. *t. force* 1 *Mil.*: satuan tugas (satgas). 2 gugus tugas. *to take s.o. to t. for* menegur s.s.o. karena.

taskmaster /'tæsk'mæstɔr/ *kb*. pemberi tugas.

tassel /'tæsɔl/ *kb*. 1 jumbai, rumbai, gunjai, malai, jembul, kuncir. 2 bunga jantan *(on cornstalk)*.

tasseled /'tæsɔld/ *ks*. berkuncir, berjambul *(cap)*.

taste /teist/ *kb*. 1 rasa. *I like the t. of this dessert* Aku suka pd rasa manis-manisan ini. *May I have a t.?* Boléhkah saya mencicipi? *This cake has a burnt t.* Kué ini gosong rasanya. *This food has no t.* Makanan ini tawar rasanya. *Let him suit his own t.* Biarlah ia memilih apa yg dirasanya baik. *Add sugar to t.* Tambahlah gula secukupnya (kpd rasa). 2 seléra, pengecap(an). *I have a keen t.* Seléraku tajam sekali. *Tastes differ* Seléra berbéda. *Everyone to his own t.* Tiap orang menurut seléranya. *to have a t. of freedom* mengecap kebébasan. *to give s.o. a t. of his own medicine* membalas, membuat s.s.o. mengecap obatnya sendiri. 3 citarasa. *to dress in good t.* berpakaian dgn citarasa yg baik. 4 perasaan. *to show bad t.* menunjukkan perasaan kasar. *to acquire a taste for* belajar suka kpd. *to have no t. for* tak berperasa thd. *The furnishings are in excellent t.* Peralatan rumah itu sesuai dgn rasa keindahan yg baik. *to be to o's t.* sesuai dgn perasaan s.s.o. *It's in bad t. to ...* Adalah tdk sopan utk .... *to leave a bad t. in o's mouth* meninggalkan kenangan yg pahit padanya. —*kkt*. 1 merasakan *(happiness)*. *I can't t. anything* Aku tak dpt merasakan apapun. 2 mencicipi *(food)*. *He had not tasted food for several days* Ia tak makan beberapa hari lamanya. —*kki*. berasa. *This tastes good* Ini énak rasanya. *This tastes like banana* Rasanya spt pisang. **to t. of** 1 rasanya spt. *It tastes of cloves* Rasanya spt cengkéh. 2 mencicipi *(several dishes)*. **t. bud** pengecap/perasa pd lidah.

tasteful /'teistfɔl/ *ks*. penuh perasaan/citarasa/ seléra. —**tastefully** *kk*. (dgn) penuh seléra.

tasteless /'teistlɔs/ *ks*. hambar, tawar.

taster /'teistɔr/ *kb*. juru pengecap, ahli pencicip *(of coffee, wine)*.

tasty /'teistie/ *ks*. énak, lezat, gurih.

tatter /'tætɔr/ *kb*. sobékan kain. *in tatters* kecai-kecai, sobék-sobék, compang-camping.

tattle /'tætɔl/ *kki*. membuka rahasia, mengadukan. *to t. on s.o.* membuka rahasia s.s.o.

tattletale /'tætɔl'teil/ *Inf.*: pengadu, pembuka rahasia.

tattoo /tæ'tuw/ *kb*. tanda rajah, cacahan. *The rain beat a t. on the roof* Hujan berderai-derai di atap. —*kkt*. merajah, mencacah. —**tattooing** *kb*. merajah, mencacah.

taught /tɔt/ lih TEACH.

taunt /tɔnt/ *kb*. celaan, éjékan. —*kkt*. mencela, mengéjék.

Taurus /'towrɔs/ *kb*. *Zod.*: Vrisaba.

taut /tɔt/ *ks*. 1 tegang *(cable)*. 2 rapi *(ship)*.

tautology /tɔ'talɔjie/ *kb*. *(j.* **-gies**) pengulangan kata tanpa menambah kejelasan.

tavern /'tævɔrn/ *kb*. kedai minuman.

tawdry /'tɔdrie/ *ks*. mentéréng tetapi tdk berharga.

tax /tæks/ *kb*. 1 pajak. *t. assessment* pengenaan pajak. *t. roll* daftar pajak. *What do your taxes amount to?* Berapa jumlah pajak-pajakmu? *sales t.* pajak penjualan. 2 harga, ongkos. *Inf.: What's the t.?* Berapa harganya? 3 beban *(on o's heart)*. —*kkt*. 1 mengenakan cukai, mencukai *(tobacco)*. *to be taxed for* kena cukai karena, ʰrs membayar béa karena. 2 meminta, membebani *(o's endurance, heart)*. 3 mengganggu *(o's patience)*. 4 menuduh. *to t. s.o. with neglect* menuduh s.s.o. berlaku lalai. **t. collector** pegawai pemungut pajak, tukang pajak. **tax-deductible** *ks*. yg dpt dikurangkan dlm menghitung pajak pendapatan. **tax-dodger** *kb*. orang yg tak membayar pajak. **t. evasion** penghindaran pajak. **tax-exempt** *ks*. bébas pajak *(income)*. **tax-free** *ks*. bébas cukai *(articles)*. **t. haven** tempat bébas pajak. **t. holiday** (masa) bébas pajak. **t. rate** perséntase pajak (dari penghasilan).

taxable /'tæksɔbɔl/ *ks*. yg dpt dikenakan pajak, yg kena wajib pajak *(income)*.

taxation /tæk'seisɔn/ *kb*. 1 pajak. *heavy t.* pajak yg tinggi. 2 perpajakan.

taxi /'tæksie/ *kb*. taksi. *to go by t.* pergi dgn taksi. *t. driver* sopir taksi. *t. stand* pangkalan taksi. —*kkt*. menjalankan pesawat terbang pelan-pelan *(a plane)*. —*kki*. berjalan keluar menuju landasan terbang.

taxicab /'tæksie'kæb/ *kb*. taksi.

taxidermy /'tæksɔ'dɔrmie/ *kb*. kepandaian mengisi kulit binatang dgn kapas, dll sehingga nampak spt binatang hidup.

taxonomy /tæk'saṅɔmie/ *kb*. sistim klasifikasi khususnya dlm dunia tumbuh-tumbuhan dan binatang.

taxpayer /'tæks'peiɔr/ *kb*. pembayar pajak.

TB /'tie'bie/ *kb*. tbc, tébésé.

tbs(p) *[tablespoon(s)]* séndok makan.

tea /tie/ *kb*. 1 téh. *China t.* téh Cina. *Indian t.* téh India. *strong t.* téh tua. *weak t.* téh muda. *t. bag* kantong téh. *t. ball* bola-saringan téh (dari logam). *t. leaf* daun téh. *t. party* jamuan téh. *t. plantation* perkebunan téh. *t. service/set* setélan mangkuk téh. *t. strainer* saringan téh. 2 minuman téh. *We have t.* *every afternoon* Kami minum téh tiap soré. **t. cosy** tékosi, tutup téko. *to read* **t. leaves** menebak/membaca nasib.

teacart /'tie'kart/ *kb*. méja kecil beroda utk menghidangkan makanan atau minuman spt téh.

teach /tiec/ *kkt*. (**taught**) 1 mengajar. *Her mother taught her piano* Ibunya mengajar bermain piano. *to t. children to obey* mengajar/melatih anak-anak spy patuh. *to t. o.s. to read* belajar sendiri membaca. *to t. school* mengajar sekolah. 2 mengajarkan. *to t. English* mengajarkan bahasa Inggeris. *to t. s.o. s.t.* mengajarkan s.s.t. kpd s.s.o. 3 menghajar. *I'll t. you to lie to me* Akan saya hajar kamu karena tlh membohongi saya. —*kki*. mengajar. *She teaches* Ia mengajar. *She plans to t.* Ia bermaksud menjadi guru. **teach-in** *kb*.

diskusi meneliti soal umum di kampus. —**teaching** *kb.* 1 mengajar. *t. assignment* tugas mengajar. *t. device* alat pengajaran. *t. machine* mesin pengajar. *t. profession* pekerjaan mengajar. *t. staff* staf/tenaga pengajar. 2 ajaran. *Gandhi's teachings* ajaran-ajaran Gandhi.

teachable /'tiecəbəl/ *ks.* dpt diajarkan/diajari.

teacher /'tiecər/ *kb.* guru, pengajar. *student t.* guru bantu. *the t. and his disciples* guru dan pengikut-pengikutnya/santri-santrinya. *teachers college* IKIP, Fakultas Keguruan, FKIP.

teacup /'tie'kʌp/ *kb.* cangkir téh.

teak /tiek/ *kb.* (kayu) jati.

teakettle /'tie'ketəl/ *kb.* téko/cérét téh.

team /tiem/ *kb.* 1 regu (*of athletes, workers*). *soccer t.* regu sépakbola. 2 regu, rombongan. *dance t.* rombongan penari. 3 sepasang(an) (*of horses*). —*kki.* **to t. up** bekerja-sama. *to t. up against* bersekutu melawan. **to t. up with** bersekutu dgn. **t. spirit** semangat kesatuan/kelompok.

teammate /'tiem'meit/ *kb.* kawan seregu.

teamster /'tiemstər/ *kb.* 1 pengemudi (truk). 2 buruh pengangkutan.

teamwork /'tiem'wərk/ *kb.* kerjasama sekelompok.

teaplanter /'tie'plæntər/ *kb.* 1 penanam téh. 2 pengusaha perkebunan téh.

teapot /'tie'pat/ *kb.* téko/cérét téh.

tear /tir/ *kb.* air mata. *Her face was bathed in tears* Mukanya bermandikan/mandi air mata. *to be in tears over s.t.* menangis ttg suatu hal. *to dissolve in tears* menangis mencucurkan air mata. *t.-gas bomb* bom gas airmata. *t. gas* gas airmata. —*kki.* berlinang. *Her eyes are tearing* Airmatanya berlinang. *Sl.*: **tearjerker** *kb.* cerita pilem atau lagu yg terlalu séntiméntil. **tear-stained** *ks.* dibasahi. *t.-stained pillow* bantal yg dibasahi airmata.

tear /tær/ *kb.* cabikan, sobékan (*in clothing*). *Inf.*: *He's always in a t.* Ia selalu terburu-buru. *Sl.*: *to go off on a t.* membébaskan diri dan pergi minum minuman keras. —*kkt.* (**tore, torn**) menyobék, merobék, mengoyakkan (*paper*). *She tore her skirt* Roknya tersobék. *I tore the sheet* Sepréi itu tersobék oléhku. *to t. a hole in s.t.* menyobék membuat lubang pd s.s.t. benda. *to t. open* membuka (*an envelope*). *The organization was torn by dissension* Organisasi itu retak karena pertentangan. *I was t. between....* Aku bimbang antara .... —*kki.* sobék. *This paper tears easily* Kertas ini lekas/mudah sobék *Inf.*: **to t. along** meluncur dgn cepat sekali (*of a vehicle*). **to t. s.t. away from s.o.** merenggutkan s.s.t. dari tangan s.s.o. *to t. o.s. away from* memaksa diri utk meninggalkan. **to t. down** 1 meruntuhkan, merobohkan, membongkar (*a building*). 2 mematahkan (*morale*). **to t. into** 1 menyerang (*a steak, a person*). 2 membahas (*a play, book*). **to t. off** 1 mencabut/melepaskan (*an arm*). 2 menyobékkan (*a sheet of paper*). 3 mencobék (*a coupon*). 4 merenggutkan (*a poster from a wall*). 5 meluncur. *Sl.*: *to t. off down the road* meluncur di jalan. **to t. out** 1 merobék, menyobék (*s.t. from the paper*). 2 mencungkil (*s.o's eyes*). *Her piteous cry tore my heart out* Tangisnya yg memilukan itu menyayat-nyayat hatiku. **to t. up** 1 merobék-robék (*paper, a contract*). 2 membuka/membongkar (*a street*). —**torn** *ks.* koyak. *t. shirt* keméja yg koyak. *The curtain was t.* Gordén itu koyak.

teardrop /'tir'drap/ *kb.* tétés(an) airmata.

tearduct /'tir'dʌkt/ *kb.* pembuluh air mata.

tearful /'tirfəl/ *ks.* menyedihkan, berkesan, menangis. *in a t. voice* dgn suara menangis/sedih. —**tearfully** *kk.* dgn suara sedih.

tearoom /'tie'rum/ *kb.* kedai téh, réstoran kecil.

tease /tiez/ *kb.* penggoda, pengusik. —*kkt.* 1 menggoda, mengusik (*s.o.*). 2 menyisir (rambut hingga terpisah helaian-helaiannya). **teased** *hair* rambut sasak. —**teasing** *kb.* sindiran, éjékan, olok-olokan, gangguan.

teaser /'tiezər/ *kb. Inf.*: penggoda, pengusik, pengéjék. *That mathematical problem is a real t.* Soal ilmu ukur itu betul-betul sukar.

teaspoon /'tie'spuwn/ *kb.* séndok téh. *a t. of cough syrup* obat batuk seséndok téh.

teaspoonful /'tiespuwn'ful/ *kb.* seséndok téh penuh.

teat /tiet, tit/ *kb.* mata/puting susu, pentil (susu).

tech. 1 [*technology*] téknologi. 2 [*technical*] téknis, téknik.

technical /'teknəkəl/ *ks.* téknis. *His job is highly t.* Pekerjaannya sangat bersifat téknis. *t. ability* kecakapan téknis. *t. knockout* pukulan knockout/mampus secara téhnik. *t. school* sekolah téknik. *t. term* istilah (téknis). —**technically** *kk.* secara téhnik.

technicality /'teknə'kælətie/ *kb.* (*j.* **-ties**) alasan-alasan/dasar-dasar téhnis.

technician /tek'nisyən/ *kb.* ahli/juru téknik.

technique /tek'niek/ *kb.* téknik. *the t. of painting* téknik melukis.

technological /'teknə'lajəkəl/ *ks.* secara téknologi, serbamesin. *t. advances* kemajuan-kemajuan téknologi.

technology /tek'naləjie/ *kb.* téknologi. *Institute of T.* Institut Téknologi.

tedious /'tiedieəs/ *ks.* boyak, membosankan.

tediousness /'tiedieəsnəs/ *kb.* keboyakan.

tedium /'tiedieəm/ *kb.* rasa bosan/jemu.

tee /tie/ *kb.* 1 tempat permulaan permainan golf. 2 tee. —*kkt.* **to t. off** 1 (*golf*) mulai memukul bola dari tempat permulaan. 2 *Sl.*: membuat marah. *to be teed off by a remark* menjadi marah karena sebuah ucapan.

teem /tiem/ *kki.* penuh, berkerumun. *to t. with new ideas* penuh dgn idé-idé baru. —**teeming** *ks.* padat, sesak (*crowd*).

teen-age /'tien'eij/ *ks.* umur belasan (tahun). *t.-age group* kelompok umur belasan tahun.

teen-aged /'tien'eijd/ *ks.* belasan tahun, tanggung.

teen-ager /'tien'eijər/ *kb.* anak tanggung, anak berumur belasan tahun.

teens /tienz/ *kb., j.* umur belasan tahun.

teeny(-weeny) /'tienie'wienie/ *ks. Inf.*: amat kecil.

teeter /'tietər/ *kki.* berdiri atau berjalan sambil mengimbangi badan (spy tdk jatuh). *to t. on the brink* berdiri sambil mengimbangi badan di pinggir (yg curam itu). **teeter-board** *kb.* papan jungkitan/jungkat-jungkit.

teeth /tieth/ *kb. j.* lih TOOTH.

teethe /tietH/ *kki.* mendapat/keluar/tumbuh gigi. —**teething** *kb.* tumbuh gigi. *t. ring* gelang utk digigit.

teetotaler /'tie'towtələr/ *kb.* orang yg tak meminum minuman keras.

tehee /'tie'hie/ *kseru.* (tertawa) terkékéh-kékéh.

tel. 1 [*telephone*] télpon. 2 [*telegram*] télgram. 3 [*telegraph*] télgram.

telecast /'telə'kæst/ *kb.* siaran télévisi. —*kkt.* menyiarkan melalui télévisi.

telecommunication /'telekə'myuwnə'keisyən/ *kb.* télékomunikasi.

telegram /'teləgræm/ *kb.* télgram, surat kawat.

telegraph /'teləgræf/ *kb.* télgrap. —*kkt.* mengawatkan, mengirim télgram. *t. office* kantor télgrap. *t.*

operator pengirim/pengetok kawat. *t. pole* tiang télgrap.

telegrapher /tə'legrəfər/ *kb.* pengirim/pengetok kawat.

telegraphy /tə'legrəfie/ *kb.* télegrafi.

telemetry /tə'lemətrie/ *kb.* télemétri.

teleology /'tielie'alɔjie/ *kb.* téléologi.

telepathy /tə'lepəthie/ *kb.* télepati.

telephone /'teləfown/ *kb.* télpon. *by t.* léwat télpon. *You are wanted on the t.* Sdr dipanggil ke télpon. Ada télpon buat/utk sdr. *house t.* télpon rumah. *to be on the t.* sedang menélpon, bertélpon. *t. book/directory* buku (petunjuk) télpon. *t. booth* sél/kios télpon. *t. call* panggilan télpon. *t. exchange* séntral télpon. *t. number* nomor télpon. *What is your t. number?* Berapa nomor télponmu? *t. operator* pelayan/penjaga télpon. *t. pole* tiang télpon. *t. receiver* pesawat penerima télpon. —*kkt., kki.* menélpon.

telephonic /'telə'fanik/ *ks.* léwat télpon. *t. message* pesan léwat télpon.

telephoto /'telə'fowtow/ *kb.* potrét jarak jauh. *t. lens* lénsa potrét jarak jauh.

telescope /'teləskowp/ *kb.* téléskop, teropong. —*kkt.* saling menerobos. —*kki.* memaksa bagian yg satu masuk ke bagian yg lain.

telescopic /'telə'skapik/ *ks.* téléskopis. *t. lens* lénsa téléskopis.

teletype /'telətaip/ *kb.* téletip. —*kkt.* mengirim dgn téletip.

teletypewriter /'telə'taip'raitər/ *kb.* mesin tulis téletip.

televise /'teləvaiz/ *kkt.* menyiarkan melalui télévisi.

television /'telə'vizyən/ *kb.* télévisi, télépisi, TV. *to see s.t. on t.* melihat s.s.t. di télévisi. *t. set* pesawat télévisi. *t. screen* layar télévisi. *t. tube* tabung/lampu télévisi. **t. viewer** pirsawan.

tell /tel/ *kkt.* (**told**) 1 menceritakan. *to t. s.o. the news* menceritakan berita itu kpd s.s.o. *to t. s.o. about s.t.* menceritakan suatu hal kpd s.s.o. 2 memberitahukan, menceritakan. *T. me how it happened* Beritahukanlah kpd saya bagaimana hal itu terjadi. 3 mengatakan. *I can't t. you how happy I am* Tak dpt kukatakan padamu betapa gembiranya hatiku. *Do as you are told* Kerjakanlah sbg yg dikatakan kepadamu. *T. me, how did you happen to come here?* Katakanlah, bagaimana kau sampai datang kemari? *I have been told that...* Saya telah mendengar bahwa.... 4 menyuruh. *He told me to call you* Dia menyuruh menélponmu. 5 mengetahui. *I can't t. yet what his chances of recovery are* Saya blm bisa mengetahui apakah kemungkinan-kemungkinannya utk sembuh. *I can t. by his looks that...* Dpt kuketahui dari rupanya bhw.... *How can I t. that he will do it?* Bagaimana saya bisa tahu bhw ia akan mengerjakannya? 6 mengenalkan, mengenali. *I can t. her by her voice* Saya dpt mengenalkannya dari suaranya saja. *It's impossible to t. who is on the porch* Tak mungkin mengenali siapa yg ada di beranda itu. **::** *Don't let me have to t. you again* Jangan saya mesti mengulangi itu lagi. *I told you so!* Saya sdh bilang, bukan! *Let me t. you* Sungguh benar. Ketahuilah. *I t. you* Benar-benar, Sungguh mati. *Inf.: I t. you, it was a close shave* Benar-benar, kami nyaris mendapat bahaya. *to t. the difference between* membédakan antara. *to t. right from wrong* memisahkan mana yg benar mana yg salah. *I can't t. him from his brother* Ia mirip betul dgn saudaranya. *Sl.: You're telling me!* Saya setuju! (dgn apa yg kau katakan). *Listen, I'll t. you what!* Dengarkan, saya ada usul! —*kki.* mengadukan. *Who told?* Siapa yg mengadukannya? *You can never*

t. Susah utk menerka. *Who can t.?* Siapa yg bisa mengetahui. *Time will t.* Waktu akan mengatakannya/mengetahuinya. *Blood will t.* Keturunan akan memperlihatkan perbédaan. *Every shot told* Tiap témbakan dihitung. **to t. of** menandakan, menunjukkan. *Inf.:* **to t. off** mendamprat. **to t. on** 1 *Inf.:* mengadukan (*s.o.*). 2 berakibat buruk pd. *all told* seluruhnya, semuanya. —**telling** *kb.* penceritaan, pemberitaan. *in the t.* dlm menceritakan riwayat itu. *ks.* yg jitu, yg berpengaruh. *t. blow* tindakan yg jitu. *There's no t. what may happen* Tak ada yg dpt diketahui sama sekali apa yg akan terjadi.

teller /'telər/ *kb.* 1 *Bank:* kasir. 2 tukang cerita, orang yg bercerita.

telltale /'tel'teil/ *kb.* pengadu, pembuka rahasia. —*ks.* yg memberikan petunjuk. *t. signs of* tanda-tanda yg memberikan petunjuk ttg.

temerity /tə'merətie/ *kb.* 1 keberanian. 2 kesemberonoan.

temp. 1 [*temporary*] sementara. 2 [*temperature*] suhu.

temper /'tempər/ *kb.* 1 sifat, watak. *to determine the t. of a crowd* menentukan perasaan/pikiran orang banyak. 2 kemarahan. *In his t. he smashed a chair* Dlm kemarahannya ia menghancurkan sebuah korsi. 3 tabiat/keadaan marah. *He has a bad t.* Ia mudah naik darah. *Ia mudah marah.* Ia bersifat pemarah. *to lose o's t.* hilang sabarnya, menjadi marah. *It was difficult to keep o's t.* Sukar utk menahan amarah. 4 kekerasan (*of steel, clay*). —*kkt.* 1 memperlembut, melembutkan. *to t. justice with mercy* melembutkan keadilan dgn rasa belas-kasihan. 2 mengeraskan (*metal*). **t. tantrum** tingkah marah, ledakan amarah. *to have t. tantrums* bertingkah marah.

temperament /'tempərəmənt/ *kb.* perangai, tabiat, watak. *He's an artist by t.* Ia berwatak seniman.

temperamental /'tempərə'mentəl/ *ks.* berperasaan yg mudah tergugah. *She's very t.* Banyak sekali tingkahnya. Ia amat émosionil.

temperance /'tempərəns/ *kb.* 1 kesederhanaan. 2 pemantangan minuman keras.

temperate /'temp(ə)rit/ *ks.* 1 dgn kepala dingin. *t. approach to problems* pendekatan dgn kepala dingin thd masalah-masalah. 2 sedang. *t. climate* iklim sedang. *t. zone* daérah beriklim sedang. 3 tenang, sabar, tdk memihak (*habits*).

temperature /'temp(ə)rəcər/ *kb.* 1 panas, demam. *to carry/have/run a t.* demam. *She has a t.* Badannya panas. *to take the t.* mengukur panas badan. 2 suhu. *What's the t. outside?* Berapa suhu di luar? *t. chart* grafik suhu. *to serve at room t.* dihidangkan dgn iklim udara di kamar.

tempest /'tempist/ *kb.* prahara, (angin) badai, angin ribut. *t. in a teapot* kehébohan yg tak berarti.

tempestuous /tem'pescuəs/ *ks.* 1 bergelombang hébat (*of the seas*). 2 galak, menggelora, bergejolak (*of disposition*).

temple /'tempəl/ *kb.* 1 (*Balinese*) kuil. 2 (*Chinese*) kelenténg. 3 (*Hindu*) candi. 4 *Anat.:* pelipis.

tempo /'tempow/ *kb.* 1 témpo (*of music*). 2 kecepatan (*of the work*).

temporal /'temp(ə)rəl/ *ks.* 1 sementara. 2 duniawi, keduniawian. *t. affairs* hal-hal keduniawian.

temporary /'tempə'rerie/ *ks.* 1 sementara. *t. appointment* pengangkatan sementara. *t. housing* perumahan sementara. *t. relief* keringanan sementara. —**temporarily** *kk.* utk sementara (waktu).

temporize /'tempəraiz/ *kki.* menunggu kesempatan yg baik, bertindak mempergunakan kesempatan, menunda bertahan.

tempt /tempt/ *kkt.* menggoda (*s.o.*). *I was tempted to go with them* Aku tertarik utk pergi dgn meréka. *to t. providence* menentang bahaya. —**tempting** *ks.* menarik, menggiurkan (*offer*). *t. dish* masakan yg menggiurkan.

temptation /temp'teisyən/ *kb.* godaan. *to yield to t.* menyerah kpd godaan. *to throw t. in s.o's way* melémparkan godaan pd jalan s.s.o.

tempter /'temptər/ *kb.* penggoda.

temptress /'temptrəs/ *kb.* penggoda wanita.

ten /ten/ *kb.* sepuluh. *by tens* berpuluh-puluh. *for tens of years* utk puluhan tahun. *T. to one he won't get here* Berani bertaruh ia tak akan sampai kemari. *Inf.*: **t. spot** uang kertas sepuluh dolar.

tenable /'tenəbəl/ *ks.* yg dpt dipertahankan (*view, position*).

tenacious /tə'neisyəs/ *ks.* yg mengotot, kuat bertahan, ulat, tahan.

tenacity /tə'næsətie/ *kb.* ketahanan, kegigihan, keuletan.

tenancy /'tenənsie/ *kb.* (*j.* **-cies**) 1 séwa-menyéwa, perséwaan. 2 jangka perséwaan.

tenant /'tenənt/ *kb.* penyéwa. *t. farmer* petani penyéwa.

tend /tend/ *kkt.* merawat, memelihara (*a farm*). —*kki.* cenderung. *She tends to talk too loud* Ia cenderung utk berbicara terlalu keras. *to t. to o's own business* mengurus urusannya sendiri. *Interest tends towards outer space* Perhatian tertuju kpd ruang angkasa luar. *Woolens t. to shrink* Kain wol condong mengerut.

tendency /'tendənsie/ *kb.* (*j.* **-cies**) kecenderungan, kecondongan. *He has a t. to stutter* Ia cenderung utk menggagap.

tendentious /ten'densyəs/ *ks.* 1 réwél, suka melawan. 2 berpihak. *t. report* laporan yg berpihak.

tender /'tendər/ *kb.* 1 penawaran. 2 tawaran. 3 *RR.*: gerobak arang lok. —*ks.* 1 empuk (*of food*). *t. meat* daging lunak/empuk. 2 lembut, lunak (*of skin*). *He has a t. heart* Ia berhati lembut. 3 perih, sakit (*of a wound, cut*). 4 sabar/tdk lekas marah (*parents*). 5 halus. :: *to have a t. skin* mudah tersinggung. *at a t. age* pd usia yg masih muda. *in a t. situation* dlm keadaan yg meminta perlakuan yg hati-hati. —*kkt.* mengajukan (*o's resignation*). **tender-hearted** *ks.* mesra, ramah, simpatik. —**tenderly** *kk.* dgn lemah-lembut, dgn halus.

tenderfoot /'tendər'fut/ *kb.* orang yg masih hijau.

tenderize /'tendəraiz/ *kkt.* membuat/bikin empuk (*steak*).

tenderizer /'tendə'raizər/ *kb.* zat/bahan pelunak.

tenderloin /'tendər'loin/ *kb.* daging pinggang yg lunak.

tenderness /'tendərnəs/ *kb.* 1 kelembutan (hati), kehalusan budi. 2 keempukan (*of food*).

tendon /'tendən/ *kb.* urat daging. *t. of Achilles* urat daging tumit.

tendril /'tendrəl/ *kb.* sulur, carang.

tenement /'tenəmənt/ *kb.* rumah petak (yg jémbél).

tenet /'tenit/ *kb.* 1 ajaran, prinsip. 2 pendirian, pendapat.

tenfold /'ten'fowld/ *ks., kk.* lipat sepuluh, sepuluh kali lipat.

tennis /'tenis/ *kb.* ténis. *t. ball* bola ténis. *t. court* lapangan ténis. *t. match* pertandingan ténis. *t. racket* rakét ténis.

tenor /'tenər/ *kb.* 1 tujuan, maksud, arah (*of a remark*). 2 suasana umum (*of affairs, of life*). 3 penyanyi ténor. *t. voice* suara ténor.

tenpins /'ten'pinz/ *kb., j.* sej. permainan pancang, menggunakan sepuluh botol-botol kayu.

tense /tens/ *kb. Gram.*: masa. *present t. of a verb* katakerja masa kini. —*ks.* 1 tegang, regang (*person, moment*). 2 keras (*of voice*).

tenseness /'tensnəs/ *kb.* ketegangan, keregangan (*of the situation*). *His t. was apparent* Ketegangannya tampak benar. *t. in the voice* kekerasan dlm suara. *t. of the muscles* kekakuan urat.

tensile /'tensəl/ *ks.* yg dpt diregangkan, yg berk. dgn ketegangan. *t. strength* daya rentang.

tension /'tensyən/ *kb.* 1 ketegangan. *The t. rose* Ketegangan meningkat. *under great t.* dlm keadaan sangat tegang. *nervous t.* ketegangan syaraf. 2 tegangan (*on a cable or rope*).

tent /tent/ *kb.* ténda, kémah.

tentacle /'tentəkəl/ *kb.* 1 alat penangkap. 2 alat peraba/perasa.

tentative /'tentətiv/ *ks.* (bersifat) sementara. *t. arrangement* suatu aturan percobaan. —**tentatively** *kk.* sementara.

tenterhook /'tentər'huk/ *kb.* kait pd bingkai peregang. *to be on tenterhooks* merasa tegang dan gelisah.

tenth /tenth/ *kb., ks.* 1 (ke)sepuluh. *your letter of the t.* suratmu tertanggal sepuluh. 2 persepuluh. *a t. of a dollar* sepersepuluh dari sedolar.

tenuous /'tenyuəs/ *ks.* lemah, ranggang (*relationship, influence*).

tenure /'tenyər/ *kb.* 1 masa jabatan (*of office*). 2 kedudukan tetap (*as professor*).

tepid /'tepid/ *ks.* suam-suam/hangat-hangat kuku (*of liquid*).

tercentenary /tər'sentə'nerie/ *kb.* (*j.* **-ries**) peringatan tigaratus tahun.

term /tərm/ *kb.* 1 masa. *to serve a t. in prison* menjalani (masa) hukuman dlm penjara. *Acad.*: *the spring t.* masa pelajaran musim semi. *t. of office* masa jabatan. *t. paper* karangan akhir masa pelajaran. 2 istilah. *medical t.* istilah kedokteran. 3 ucapan (*of reproach*). —**terms** *j.* 1 syarat-syarat (*of a contract*). *Name your terms* Sebutkan syarat-syaratmu. *I'll take it on your terms* Saya akan ambil itu dgn syarat-syaratmu. *by the terms of the agreement* atas syarat-syarat perjanjian itu. *to fix/dictate/impose terms* menentukan/ menitahkan/memastikan syarat-syarat. *terms of payment* syarat-syarat pembayaran. 2 hubungan. *He's on bad terms with his parents* Hubungan dgn orang-tuanya tak baik. *to be on good terms with* mempunyai hubungan yg baik dgn. *to be on good speaking terms* bergaul dgn baik. *Those men are not on good terms* Orang-orang itu tak baik hubungannya satu sama lain. :: *to be told in no uncertain terms that...* diberitahu dgn tegas bhw.... *How dare you speak to her in such terms?* Bagaimana sdr berani bicara dgn dia dgn perkataan-perkataan yg demikian itu? *to bring to terms* menundukkan, memaksa menyerah. *to come to terms* mencapai persetujuan/kata sepakat (**on** mengenai). *terms of reference* 1 ketentuan-ketentuan yg hrs diambil oléh panitia. 2 faktor-faktor yg menentukan tujuan penyelidikan. *in terms of* perihal, yg berkenaan, dipandang dari segi. —*kkt.* mengatakan.

term. 1 [*terminal*] setasiun, términal (bis, keréta api, kapal terbang). 2 [*terminology*] términologi, peristilahan. 3 [*termination*] pengakhiran, kesudahan.

terminal /'tərmənəl/ *kb.* 1 setasiun (bis, keréta api). 2 setasiun, términal, pangkalan (*airlines*). 3 sambungan (*of a battery*). *t. examination* ujian penghabisan. *t. gate* pintu masuk pangkalan udara. **t.**

grant sokongan keuangan yg penghabisan. **t. leave** cuti pd akhir masa dinas.

terminate /'tərmineit/ *kkt.* mengakhiri (*a contract*). —*kki.* berakhir (*of contract*).

termination /'tərmə'neisyən/ *kb.* 1 kesudahan, penghentian (*of a contract*). 2 *Gram.:* akhiran.

terminology /'tərmə'naləjie/ *kb.* (*j.* **-gies**) istilah, peristilahan, términologi.

terminus /'tərmənəs/ *kb.* ujung penghabisan.

termite /'tərmait/ *kb.* anai-anai, rayap.

tern /tərn/ *kb.* sm burung laut.

terr. [*territory*] wilayah, daérah.

terrace /'teris/ *kb.* 1 pétak. *rice t.* pétak sawah. 2 téras. —*kkt.* membuat, bertéras-téras, berjenjang. —**terraced** *ks.* bertingkat-tingkat.

terrain /tə'rein/ *kb.* tanah lapangan, daérah.

terrapin /'terəpin/ *kb.* sm kura-kura, penyu.

terrestrial /tə'restrieəl/ *ks.* yg berk. dgn bumi. *t. globe* bola bumi.

terrible /'terəbəl/ *ks.* 1 buruk sekali. *t. situation* keadaan yg buruk sekali. 2 mengerikan, dahsyat (*of an accident*). 3 malas, tdk baik (*of a worker*). 4 yg samasekali tdk menyenangkan (*of a talker*). —**terribly** *kk.* sangat, amat. *I'm t. sorry* Aku sangat menyesal. *t. expensive* mahal sekali.

terrier /'terieər/ *kb.* sej. anjing.

terrific /tə'rifik/ *ks.* 1 hébat, dahsyat. *He got a t. reception* Ia mendapat sambutan yg hébat. 2 amat menakutkan, dahsyat (*of a storm*). 3 menyala.

terrified /'terəfaid/ lih TERRIFY.

terrifies /'terəfaiz/ lih TERRIFY.

terrify /'terəfai/ *kkt.* (**terrified**) mengerikan bagi, menakutkan. *Such a thought terrifies me* Pikiran yg demikian mengerikan bagiku. *She was terrified by the noise* Ia menjadi ngeri karena bunyi itu. —**terrifying** *ks.* mengerikan.

territorial /'terə'towrieəl/ *ks.* yg berk. dgn wilayah, daérah, téritorial. *He has no t. ambitions* Ia tak mempunyai keinginan mengambil (tanah) wilayah orang/pihak lain. *t. waters* perairan wilayah/téritorial.

territory /'terə'towrie/ *kb.* (*j.* **-ries**) daérah, wilayah. *Indian t.* daérah tempat tinggal orang-orang Indian. *sales t.* daérah perdagangan.

terror /'terər/ *kb.* rasa ngeri, kengerian, téror. *reign of t.* pemerintahan yg bengis. *Inf.: He's a holy t.* Ia benar-benar menakutkan/menyeramkan. **terror-stricken** *ks.* merasa amat ngeri.

terrorism /'terərizəm/ *kb.* térorisme, penggentaran.

terrorist /'terərist/ *kb.* penggentar, perusuh, téroris.

terrorize /'terəraiz/ *kkt.* menggentari.

terry /'terie/ *kb.* (*j.* **-ries**) **t.** *cloth* kain anduk.

terse /tərs/ *ks.* péndék dan tepat (*of a statement*).

terseness /'tərsnəs/ *kb.* kecekatan, ketegasan.

tertiary /'tərsyie'erie, 'tərsyərie/ *ks.* 1 ketiga. *t. characteristic* ciri ketiga. *t. stress* tekanan ketiga. 2 *Geol.:* tersiér. *T. Period* Jaman Tersiér.

test /test/ *kb.* ujian. *driver's t.* ujian mengambil ré-béwés. *t. of character* ujian bagi watak s.s.o. *to pass a t.* lulus dlm ujian. *to put s.t. to the t.* menguji s.s.t. *to stand the t. of time* bertahan thd ujian waktu. *to take an eye t.* menguji mata. —*kkt.* 1 menguji. 2 mencoba (*a car*). **t. ban** pelarangan percobaan (nuklir). **t. case** batu ujian. **to test-drive** menjalankan sbg percobaan. **t. flight** penerbangan percobaan. **t. pilot** penerbang pencoba. **t. run** percobaan jalan (oto). **t. site** tempat percobaan. **t. tube** tabung réaksi. —**testing** *kb.* pengujian, percobaan.

Test. [*Testament*] Perjanjian.

testament /'testəmənt/ *kb.* 1 surat wasiat. *last will and t.* surat wasiat yg terakhir. 2 *Bible:* **T.** Perjanjian.

tester /'testər/ *kb.* pencoba, tukang coba, penguji.

testicle /'testəkəl/ *kb.* buah pelir, biji kemaluan.

testified /'testəfaid/ lih TESTIFY.

testifies /'testəfaiz/ lih TESTIFY.

testify /'testəfai/ *kki.* (**testified**) memberikan kesaksian. *to t. against s.o.* memberikan kesaksian yg memberatkan bagi s.s.o. *to t. before a court* memberi kesaksian didepan pengadilan. *She testified in my favor* Ia memberi kesaksian yg menguntungkan saya. *to t. to s.o's ability* memberi bukti ttg kecakapan s.s.o. *to t. to s.o's integrity* menjamin kejujuran s.s.o.

testimonial /'testə'mownieəl/ *kb.* 1 tanda penghargaan (*to s. o's achievement*). 2 surat keterangan, surat pujian. *t. dinner* makan malam penghormatan.

testimony /'testə'mownie/ *kb.* (*j.* **-nies**) kesaksian, penyaksian. *to bear t. to* memberi kesaksian thd. *in t. whereof* dlm kesaksian/pembuktian mana.

testy /'testie/ *ks.* béngkéng, tdk sabar, mudah tersinggung.

tetanus /'tetənəs/ *kb.* tétanus, kekejangan otot.

tête-à-tête /'tetə'tet/ *kk.* berdua saja, pembicaraan/ pertemuan antara dua orang saja.

tether /'teThər/ *kb.* (tali) tambatan. *to be at the end of o's t.* kehilangan kesabaran, tak sabar lagi. —*kkt.* menambatkan.

tetralogy /te'traləjie/ *kb.* (*j.* **-gies**) serangkaian dari empat buah cerita sandiwara yg saling berhubungan.

Teutonic /tuw'tanik, tyuw-/ *ks.* Jérman.

Tex. [*Texas*] negarabagian AS.

text /tekst/ *kb.* 1 tés, ayat wejangan (*of a sermon, from a holy scripture*). 2 isi, bunyi (*of a telegram, cable*). 3 buku pelajaran. 4 téks. *t. and illustrations of a book* téks dan gambar-gambar dlm sebuah buku. 5 naskah. *t. of a lecture* naskah ceramah.

textbook /'tekst'buk/ *kb.* buku pelajaran. *an economics t.* sebuah buku pelajaran ilmu ékonomi.

textile /'testəl, -tail/ *kb.* tékstil. *t. industry* industri tékstil, pertékstilan. *t. mill* paberik tékstil. —**textiles** *j.* bahan tékstil.

textual /'tekscuəl/ *ks.* yg berk. dgn isi karangan. *t. emendation* perbaikan dlm téks. *t. error* kesalahan mengenai isi.

texture /'tekscər/ *kb.* 1 susunan, tékstur. *t. of cloth* susunan kain. 2 jaringan.

Th. 1 [*Thursday*] hari Kamis. 2 [*Thomas*] Thomas.

T.H. [*Territory of Hawaii*] sekarang negara bagian di AS.

Thai /tai/ *kb.* 1 orang Thai. 2 bahasa Thai. —*ks.* (Muang)Thai.

Thailand /'tailænd/ *kb.* Thailand, Muang thai.

than /THæn; tanpa tekan THən/ *ksam.* dari, daripada. *She is older t. I* Ia lebih tua dari aku. *I have more t. you* Saya mempunyai lebih banyak drpd kamu. *More t. thirty came* Yg datang lebih drpd tigapuluh. *It's warmer here t. at home* Disini lebih panas drpd di rumah. *I'd rather go t. stay* Aku lebih suka pergi drpd tinggal. *I can't come other t. by car* Aku tak dpt datang selain drpd naik mobil. *No sooner had I arrived t. he left* Begitu saya tiba maka ia meninggalkan tempat.

thank /THæŋk/ *kb.* **thanks** *j.* terima kasih. *to give thanks to s.o. for s.t.* menyatakan terimakasih kpd s.s.o. utk s.s.t. *vote of thanks* suara pernyataan terimakasih. *Thanks for your help* Terima kasih atas bantuanmu. *to express o's thanks* mengucapkan terima kasih. *Thanks a lot* Terima kasih banyak. *thanks* *to* berkat. *Thanks to you I am going* Berkat pertolonganmu aku akan pergi. —*kkt.* menyatakan terima kasih. *to t. s.o. for s.t.* menyatakan terima kasih kpd s.s.o. utk s.s.t. *T. you for ...* Terima kasih atas.... *T. you!* Terima kasih! *T. God!* Alhamdulillah! *T. goodness! T. heavens!* Syukurlah! *You have only yourself to t. for your difficulties* Kau hanya dpt mempersalahkan dirimu sendiri utk kesulitan-kesulitan itu. *Would you like some coffee? No, thanks* Sdr mau minum kopi? Tdk, terimakasih. **thank-you** *ks.* pernyataan terima kasih. *t.-you letter* surat pernyataan terima kasih.

thankful /'θæŋkfəl/ *ks.* berterima kasih (**for** atas).

thankfulness /'θæŋkfəlnəs/ *kb.* rasa syukur.

thankless /'θæŋkləs/ *ks.* 1 tak tahu rasa terima kasih (*of a person*). 2 yg menyusahkan (*of a task*). 3 yg tak dihargai (*of an act*).

thanksgiving /θæŋks'giving/ *kb.* rasa syukur. *T. (Day)* Hari Pernyataan Terima Kasih.

that /θæt, tanpa tekanan θət/ (*j.* **those**) *ks.* itu. *t. book* buku itu. *t. one* yg itu. *those books* buku-buku itu. *t. once* Saya menjumpainya pd kali itu saja. *He's not one of those people who ...* Ia bukan seorang dari orang-orang itu yg.... *this way or t.* begini atau begitu. **t. way** begitu. *I didn't mean for him to take it t. way* Tak kumaksudkan spy dia menerimanya begitu. *Here it is not done t. way* Disini hal itu tak dilakukan demikian. *T. way I can stay home* Kalau begitu, saya bisa tinggal di rumah. **t. very day** hari itu juga. —*kk.* (se)begitu. *I didn't realize he was t. big* Saya tdk sadar bhw ia begitu besar. *I don't believe he cares t. much* Aku tak percaya bhw ia menaruh perhatian sedemikian. —*kg.* 1 itu. *Did you hear t.?* Kau dengar itu? *That's more than I can take* Itu melampaui batas kesabaranku. *How about t.!* Bagaimana itu! *T. is common knowledge* Itu sdh diketahui umum. *T. is the one I want* Itulah yg kukehendaki. 2 yg satu itu. *T. (one) is my favorite* Yg satu itu sangat kugemari. *Give me t.* Tolong berikan itu kpd saya. *What is t.?* Apa itu? *Who is t.?* Siapa itu? *What do you mean by t.?* Apakah maksudmu dgn ucapan itu? *Are those your parents?* Apakah meréka itu orang tuamu? *That's right!* Itu betul. *T. I can* Tentu saja saya bisa. *That's all* Sekianlah, Sebegitulah. *All those we saw were ...* Semua orang yg kami lihat.... *at t.* begitu saja. *Let's leave it at t.* Tak usah kita bicarakan lagi. *Even at t. it's not perfect* Dipandang dari segi itupun, itu tdk sempurna. *I know by t. t. they won't get here* Dgn demikian kuketahui bhw meréka tak akan sampai kesini. *There's s.t. in t.* Ada benarnya dlm hal itu. *There's nothing in t.* Itu bohong belaka. *I agree with you in t. what he proposes ...* Aku setuju dgn pendapatmu bhw apa yg diusulkannya itu.... *I prefer his plan in t. I think ...* Aku lebih menyukai rencananya, karena kukira.... —*ksam.* 1 bahwa. *I know t....* Saya tahu bhw.... *I'm sorry t. I can't come* Sayang aku tak dpt datang. 2 mana. *1960 was the year t. we ...* Tahun 1960 adalah tahun di(waktu) mana kita.... 3 supaya, agar. *He ran fast t. he might not be late* Ia berlari cepat-cepat spy tdk terlambat. *He ran so fast t. he ...* Ia berlari demikian cepatnya, sehingga ia.... *The persons t. we are speaking of* Orang-orang yg kami sedang bicarakan. *No one has gone t. I know* Sepanjang pengetahuan saya tak ada orang yg pergi. *T. was the night t. we went to the movies* Pd malam itu kami pergi menonton bioskop. *Idiot t. I am!* Tolol benar aku ini! *I wonder what happened, not t. I care* Aku (hanya) ingin tahu apa yg tlh terjadi, sekalipun hal itu bukan urusanku. *O, t. she were here!* O, alangkah baiknya kalau ia berada disini!

t. is, t. is to say yaitu. *That's t.* Habis perkara. *With t. he left* Dgn (ucapan) itu ia pergi.

thataway /'θætə'wei/ *kk. Inf.*: ke arah itu. *He went t.* Ia pergi ke arah itu.

thatch /θæč/ *kb.* lalang, jerami, daun-daunan. *t. roof* atap lalang. —*kkt.* membuat/memberi atap dari jerami, daun kelapa dsb.

thaw /θɔ/ *kb.* 1 cair, pencairan (*of snow, ice*). 2 perbaikan (*in relations*). —*kkt.* melunakkan yg beku (*of meat*). —*kki.* 1 menjadi cair (*of snow, ice*). 2 menjadi lebih lincah/luwes (*of a person*).

Th.D [*Doctor of Theology*] Doktor Ilmu Agama.

the /ðie; tanpa tekanan didepan huruf hidup ðǐ; tanpa tekanan didepan huruf mati ðə/ *kst.* itu. *T. elephant is an animal* Gajah adalah seékor binatang. *t. show* pertunjukan itu. *T. Browns* keluarga Browns. *t. roof of t. building* atap gedung itu. *How's t. cold today?* Bagaimana pilekmu/selesmamu hari ini? *She's not t. person to do that* Ia tak akan mengerjakan hal itu. *translated from t. Greek* diterjemahkan dari bahasa Yunani. *t. poor* orang-orang miskin. *What is t. time?* Jam berapa sekarang? *She's got t. flu* Ia mendapat/diserang influénsa. *during t. spring* selama musim semi. *He was absent at t. time* Ia pd waktu itu tak ada di tempat. *This car gets 20 miles to t. gallon* Mobil ini berjalan 20 mil utk tiap galon. *He is t. dentist in this town* Ialah dokter gigi (yg terkenal, yg satu-satunya) di kota ini. *May I have t. first one?* Boléhkah saya mendapat yg pertama? —*kk. If both of you come so much t. better* Kalau kamu berdua datang, itu lebih baik lagi. *t. more t. merrier* makin banyak makin gembira.

theater /'thieətər/ *kb.* 1 gedung bioskop. *movie t.* (gedung) bioskop. 2 dunia sandiwara. *to be interested in the t.* tertarik pd dunia pertunjukan. 3 *Mil.:* médan perang, mandala. *t. commander* panglima mandala. 4 panggung sandiwara. **theater-in-the-round** téater ditengah-tengah gedung. *Med.: operating t.* kamar bedah.

theatergoer /'thieətər'gowər/ *kb.* pengunjung sandiwara/bioskop.

theatre /'thieətər/ =THEATER.

theatrical /thie'ætrəkəl/ *kb.* **theatricals** *j.* pertunjukan drama khususnya oléh amatir. —*ks.* 1 yg berk. dgn sandiwara. *t. group* rombongan sandiwara. *t. performance* pertunjukan sandiwara. 2 yg dibuat-buat. *to assume a t. manner* bertingkah-laku yg dibuat-buat.

thee /ðie/ *kg.* kamu, anda (dipakai oléh Quaker).

theft /theft/ *kb.* pencurian, kemalingan.

their /ðər/ *kg.* meréka (punya). *t. attitude* sikap meréka.

theirs /ðərz/ *kg.* punya meréka. *Is this boat t.?* Apakah perahu ini kepunyaan meréka? *T. is the only white house* Rumah meréka adalah satu-satunya rumah putih. *She's a friend of t.* Ia salah seorang teman meréka.

theism /'thieizəm/ *kb.* aliran ketuhanan.

them /ðem/ *kg.* 1 meréka. *I haven't seen t.* Aku tdk melihat meréka. *Many of t. plan to attend* Banyak diantara meréka bermaksud akan datang. 2 -nya. *One of t. is broken* Salah satu diantaranya rusak.

theme /thiem/ *kb.* 1 téma, pokok, motif (*of a story, music, play*). 2 karangan (péndék). *t. song* nyanyian utama. 3 suara-dasar.

then /ðen/ *kb.* waktu itu. *They knew by t. that ...* Waktu itu meréka sdh tahu bhw.... *ever since t.* sejak itu. *between now and t.* sementara itu. —*ks.* waktu itu. *the t. manager* pengurus pd waktu itu. —*kk.* 1 lalu, kemudian. *What did you do t.?* Lalu, apakah yg kauperbuat? *We saw the show and t.* went home Kami menonton pertunjukan itu lalu pulang. *But t., why can't you go?* Lalu, kenapa kamu tdk bisa pergi? *I'd go, but t....* Mula-mula kupikir aku akan pergi tapi kemudian.... 2 maka. *If you do wrong, t. you must admit it* Kalau kau berbuat salah, maka kau hrs mengakuinya. *t. and there* seketika itu juga. *what t.?* lalu bagaimana?

thence /THεns/ *kk.* kemudian. *a few years t.* beberapa tahun kemudian.

thenceforth /'THεns'fɔrth/ *kb.* sejak itu.

theocracy /thie'akrəsie/ *kb.* (*j.* **-cies**) téokrasi.

theologian /'thiə'lowjən/ *kb.* ahli ilmu agama.

theological /'thiə'lajəkəl/ *ks.* yg mengenai agama. *t. school* sekolah agama/téologi. *t. seminary* séminari téologi.

theology /thie'aləjie/ *kb.* (*j.* **-gies**) téologi, ilmu agama.

theorem /'thiearəm/ *kb.* dalil.

theoretical /'thiə'retəkəl/ *ks.* téorétis. *t. physics* ilmu fisika téorétis. —**theoretically** *kk.* secara téorétis.

theoretician /'thieərə'tisyən/ *kb.* téorétikus. —**theoreticians** *j.* téoritisi.

theorist /'thiearist/ *kb.* téorétikus.

theorize /'thiearaiz/ *kki.* bertéori.

theory /'thie(ə)rie/ *kb.* (*j.* **-ries**) téori. *t. of relativity* téori rélativitas. *in t.* dlm téori.

theosophy /thie'asəfie/ *kb.* téosofi.

therapeutic /'therə'pyuwtik/ *ks.* yg mengandung unsur-unsur atau nilai pengobatan. *Rest is t.* Istirahat mengandung nilai pengobatan.

therapeutics /'therə'pyuwtiks/ *kb.* ilmu pemeriksaan dan pengobatan.

therapy /'therəpie/ *kb.* (*j.* **-pies**) térapi, pengobatan. *physical t.* pengobatan jasmani.

there /THεr/ tanpa tekanan: THər/ *kb.* sana. *From t. we flew to Athens* Dari sana kami terbang ke Athéna. —*kk.* 1 disana, disitu. *The book is t.* Buku itu ada disitu. *here and t.* disana-sini. *over t.* disana, diseberang sana. *See that man t.?* Sdh melihatkah orang yg disana itu? *She's still t.* Ia masih disana. *We're t.* Kita tlh tiba. Kita berada disana. 2 kesana, kesitu. *Go t.* Pergilah kesana. *How far is it t. and back?* Berapa jauh kesana dan kembali. 3 (memanggil perhatian). *T. goes the bell* Loncéng lagi berbunyi. *Hurry up t.!* Cepatlah! Lekaslah! *T. they are!* Itu(lah) meréka! Meréka sdh tiba! 4 sekian. *Say no more; stop t.* Jangan berbicara lebih banyak lagi; cukup sekian. **::** *You are wrong t.* Dlm hal itu kau keliru. *T. you are doing the same thing* Lihatlah, kau melakukan hal itu lagi. 5 (tanpa tekanan). ada. *T. is no truth to the story* Tak ada kebenaran dlm cerita itu. *Are t. any cookies left?* Masih adakah kué-kué? *T. are many things to be done* Banyak hal yg hrs dilakukan. *T. isn't much food left* Tak banyak makanan yg tinggal. *T. came a time when he...* Tibalah waktunya ketika ia.... *T. you have me!* Disitulah kami kena! —*kseru.* Nah! *T.! t.!* *Don't cry!* Nah! Nah! Jangan menangis! *Who's in t.?* Siapakah yg didlm itu?

thereabouts /'THεrə'bawts/ *kk.* kira-kira, kurang lebih. *five miles or t.* kira-kira lima mil.

thereafter /THεr'æftər/ *kk.* sesudah itu, kemudian.

thereby /THεr'bai/ *kk.* dgn (cara) demikian.

therefor /THεr'fɔr/ *kk.* untuk itu.

therefore /THεr'fɔr/ *kk.* oléh karena itu.

therein /THεr'in/ *kk.* disitulah, disanalah.

thereof /THεr'av/ *kk.* daripadanya, dari itu. *I bought a cake and ate a slice t.* Aku membeli kué, lalu

memakannya sepotong. *in lieu t.* sbg ganti barang itu.

thereto /THεr'tuw/ *kk.* kesitu, kesana. *to affix o's signature t.* membubuhi tanda tangan kepadanya.

theretofore /'THεrtə'fɔr/ *kk.* sampai saat itu.

thereunder /THεr'ʌndər/ *kk.* yg dibawah.

thereupon /'THεrə'pʌn,- 'pan/ *kk.* 1 lalu, setelah itu. *She t. canceled her flight* Lalu ia membatalkan penerbangannya. 2 oléh sebab itu.

therewith /THεr'with/ *kk.* beserta, bersamaan dgn itu.

thermal /'thərməl/ *ks.* yg berk. dgn panas. *t. current* arus panas.

thermodynamics /'thərmowdai'næmiks/ *kb.* ilmu (pergerakan) panas.

thermometer /thər'mamətər/ *kb.* térmométer, alat pengukur panas. *What does the t. read?* Berapa panasnya pd ukuran panas itu? *The t. stands at 82° F.* Pd ukuran panas itu tercatat 82°F.

thermonuclear /'thərmow'nuwlieər, -'nyuw-/ *ks.* térmonuklir.

thermos /'thərməs/ *kb.* térmos. *t. bottle* botol térmos.

thermostat /'thərməstæt/ *kb.* alat pengatur/pengimbang panas.

thesaurus /thi'sɔrəs/ *kb.* kamus, énsiklopédi atau buku lain yg berisi keterangan.

these /THiez/ lih THIS.

theses /'thiesiez/ lih THESIS.

thesis /'thiesis/ *kb.* (*j.* **theses**) 1 *Acad.*: tésis, sasterakanta, disértasi. 2 tésis. *His t. is that...* Tésisnya ialah bhw.... *to defend a t.* membéla tésis.

they /THei/ *kg., j.* meréka. *They are going* Meréka pergi. *Here t. come* Itu meréka tlh datang. *If I were t., I'd...* Kalau saya meréka, maka saya akan.... *t. say* kata orang.

they'd /THeid/ 1 [*they had*] meréka telah. 2 [*they would*] meréka akan.

they'll /THeil/ [1 *they shall* 2 *they will*] meréka akan.

they're /THeir/ [*they are*] meréka ada(lah).

they've /THeiv/ [*they have*] meréka telah.

thick /thik/ *kb.* **in the t. of** ditengah-tengah. *In any argument she's always in the t. of it* Dlm setiap pertengkaran ia selalu terlibat. *to stick by s.o. through t. and thin* setia kpd s.s.o. dlm kesenangan dan kesedihan. —*ks.* 1 tebal (*of wood, ice, skin, mud, beard*). *The ice is two feet t.* És itu tebalnya dua kaki. 2 kental (*of liquids, jam*). 3 berkabut (*of weather*). 4 serak, parau (*of voice*). 5 dungu, tolol. *Inf.: That remark is a bit t.* Ucapan itu keterlaluan. *bullets t. as hail* peluru serapat hujan és. *They are as t. as thieves* Meréka bersahabat karib. *The porch was t. with mosquitoes* Beranda itu penuh dgn nyamuk. *Inf.: He's very t. with the crime syndicate* Ia sangat erat hubungannya dgn gerombolan penjahat itu. —*kk.* amat, berlebih-lebihan. *Sl.: to lay it on t.* berlebih-lebihan, melebih-lebihkan. **thick-headed** *ks.* tolol, dungu, berat kepala. **thick-skinned** *ks.* berkulit tebal (*of a person, citrus fruit*). —**thickly** *kk.* padat, rapat. *t. populated area* daérah yg padat penduduknya.

thicken /'thikən/ *kkt.* 1 mengentalkan (*gravy*). 2 mempertebal (*a wall*). —*kki.* menjadi rumit (*of a plot*). —**thickening** *kb.* bahan pengental.

thicket /'thikit/ *kb.* belukar, semak-semak.

thickness /'thiknəs/ *kb.* 1 tebalnya, ketebalan (*of a book, wall*). 2 ketebalan (*of lips*). 3 lapis tebal. *to be wrapped in several thicknesses of bandage* dibalut dgn beberapa lapis tebal kain perban. 4 kekentalan (*of a liquid*).

thief /thief/ *kb.* (*j.* **thieves**) pencuri, maling, pen-

coléng, tikus. —**thieves** *j*. kaum tangan-panjang.
thieve /thiev/ *kkt*. mencuri. —**thieving** *kb*. pencurian.
thievery /'thievərie/ *kb*. (*j*. -**ries**) pencurian.
thieves /thievz/ lih THIEF.
thievish /'thievisy/ *ks*. tangan-panjang.
thigh /thai/ *kb*. paha.
thighbone /'thai'bown/ *kb*. tulang paha.
thimble /'thimbəl/ *kb*. tudung/sarung jari, bidal.
thimbleful /'thimbəlful/ *kb*. sedikit sekali, sejumlah kecil sekali.
thin /thin/ *kb*. lih THICK. —*ks*. 1 tipis (*of book, wall, paper*). 2 éncér (*of liquids*). 3 lemah (*of voice, excuse*) 4 kurus (*of a person*). 5 jarang (*of hair, foliage*). 6 renggang, tipis (*of air*). 7 yg sedikit jumlahnya (*of an audience*). **to become t.** 1 menipis (*of hair*). 2 mengurus (*of a person*). Slice the beef t. Irislah daging panggang itu tipis-tipis. —*kkt*. (**thinned**) 1 mengéncérkan (*a liquid*). 2 memperjarang (*plants*). **to t. down** menipiskan/menambah cairan. **to t. out** 1 menjarangkan (*plants*). 2 berkurang. **thin-skinned** *ks*. 1 mudah tersinggung (*of a person*). 2 berkulit tipis (*of fruit*). —**thinning** *kb*. penjarangan (*of plants*). *ks*. menipis, menjadi jarang (*hair*). —**thinly** *kk*. tipis. *She was t. clad* Pakaiannya tipis. *t. populated area* daérah yg penduduknya jarang(-jarang).
thine /THain/ *kg*. kepunyaan atau milik kamu/anda. *t. eyes* matamu.
thing /thing/ *kb*. 1 benda. *What is this t.?* Benda apa itu? *Guns are dangerous things* Bedil-bedil merupakan benda-benda yg membahayakan. 2 barang. *Put the things in the car* Taruhlah barang-barang itu didlm mobil. *Put your things on and let's go* Berpakaianlah dan marilah kita pergi. 3 alat-alat, peralatan. *sewing things* alat-alat jahit-menjahit. *Let's clear away the things* Marilah kita béréskan méja. 4 orang, makhluk. *Poor t.!* Kasihan anak/orang itu. 5 mantel, pakaian luar. *Take off your things and sit down* Lepaskan mantelmu dan duduklah. :: *to do the right t.* melakukan hal yg benar, berbuat baik. *Sl.: to do o's t.* mengerjakan s.s.t. yg disukai. *That's another t.* Itu soal lain. *How are things coming along?* Bagaimana keadaan usahamu? *What's this t. I hear about your leaving?* Benarkah khabar-khabar yg kudengar bhw kau akan pergi dari sini? *Things are not always what they seem* Apa yg kita lihat tdk selamanya sesuai dgn kenyataannya. *It's not the t. to do* Bukan hal yg pantas dikerjakan. *I wouldn't say a t. like that* Aku tak akan mengatakan yg demikian. *Inf.: I told him a t. or two* Aku sdh sedikit-banyak menginsafkan dia. Aku sdh menegurnya. *Inf.: He knows a t. or two about engines* Ia mengetahui sedikit-banyak ttg mesin. *among other things* antara lain, diantaranya. *I'll go over (the) first t. tomorrow* Aku akan datang secepat-cepatnya bésok. *Inf.: He has a t. about flying* Ia tak suka naik pesawat terbang. *Inf.: to make a good t. of s.t.* mendapat hasil baik dari s.s.t. *I don't know a t. about it* Aku tak mengetahui apapun ttg hal itu. *There's not a t. I can do* Tak ada sesuatupun yg dpt kuperbuat. *This is the latest t. in shoes* Ini sepatu modél terakhir. *It's simply not the t. to...* Mémang bukan pd tempatnya.... *It's quite the t. to do* Suatu hal yg penting utk dikerjakan. *What with one t. and another* dgn kesibukan ini dan itu. *It's one t. to advise, another to follow the advice* Adalah berbéda memberi naséhat dan mengikutinya. **of all things** 1 bah. *I have to go today of all things* Bah, aku hrs pergi hari ini. 2 hé, ai. *Of all things, where'd you come from?* Hé, kau datang dari mana? *the real t.* yg sejati, asli. *to see things* mengkhayalkan. *to take things*

seriously menerima hal-hal itu dgn sungguh. *That's just the t. I've been looking for* Inilah yg mémang (tlh lama) saya cari. *This is the t. I asked for* Ini tepat spt yg kuminta. *The t. is, I don't know* Soalnya ialah, aku tak tahu. *The t. about movies is...* Mengenai pilem-pilem, soalnya begini.... *The t. I like about her is...* Yg kusukai padanya adalah.... *The t. is this* Soalnya begini. *That's quite another t.* Itu lain hal lagi. *It's just one of those things* Mémang itu adalah hal yg bisa terjadi. *It might be a good t. to stop by* Mungkin baik utk mampir dlm perjalananmu.
thingumajig /'thingəməjig/ *kb*. *Inf*.: anu, apa itu.
think /thingk/ *kb*. *Inf*.: *He has another t. coming* Sekarang ia tlh lain pikirannya. —*kkt*. (**thought**) memikirkan (*evil thoughts*). *He thinks only sports* Tak lain yg dipikirkannya selain olahraga belaka. —*kki*. 1 pikir. *Do you t. you've learned it?* Apakah kaupikir kau sdh menguasainya? *T. hard* Pikirlah baik-baik. *T. before you speak* Pikirlah dulu sblm berbicara. *t. for o.s.* memikirkan sendiri. *We thought as much* Kamipun begitu banyak memikirkan(nya). *What do you t.?* Bagaimana pikiranmu? 2 kira, pikir. *I don't t. so* Saya kira tdk. *I thought I could go* Kukira tadinya aku dpt pergi. *I t. so too* Saya kira mémang begitu sebaiknya. *He was thought to be poor* Ia dikira orang miskin. *One would have thought that...* Orang akan mengira bhw.... *Who'd have thought he was only ten?* Siapa yg akan mengira bhw ia baru berumur sepuluh tahun? 3 berpikir, merenung. *to sit and t.* duduk berdiam dan berpikir. *He thinks a lot* Ia banyak sekali berpikir. *Give him time to t.* Berilah dia waktu utk berpikir. *Everyone thinks she's crazy* Tiap orang berpikir bhw ia gila/sinting. 4 menganggap (*well of o.s.*). 5 menduga, menyangka. *I didn't t. to find you here* Aku tak menduga akan menemui kamu di sini. :: *We'd better go now, don't you t.?* Kita lebih baik pergi sekarang, bukan? *Did you t. to take your key?* Adakah ingatanmu utk membawa kuncimu? *We hardly t. it likely that...* Kami hampir tak percaya bhw.... **to t. about** memikirkan. *What are you thinking about?* Apa yg sedang kaupikirkan? *I'll t. about it* Akan kupikirkan hal itu. *What do you t. about the election?* Bagaimana pendapatmu ttg pemilihan itu? **to t. of** 1 mengingat. *I can't t. of the answer* Tak dpt kuingat jawabannya. 2 bermaksud. *I'm thinking of going swimming* Aku bermaksud akan pergi berenang. 3 berpikir. *I can't t. of giving up now* Tak terpikir oléhku utk menghentikannya sekarang. 4 memikirkan. *Come to t. of it, he was right* Saya baru memikirkan bhw ia benar. *You must t. of her feelings* Kau hrs memikirkan ttg perasaannya. *T. of the expense* Memikirkan ttg ongkos. *I wouldn't t. of disturbing you* Saya sedikitpun tak ada pikiran utk mengganggu kamu. *T. no more of it* Jangan pikirkan lagi ttg itu. *T. nothing of it* Tak usah kaupikirkan hal itu. *I wouldn't t. of it!* Sama sekali tak kupikirkan hal itu! *I wouldn't t. of it if I were you* Kalau saya, saya tak akan berbuat demikian. *What do you t. of that idea?* Bagaimana pendapatmu ttg gagasan itu? *He thinks nothing of...* Ia menganggap réméh utk.... *to t. a lot of s.o.* suka sekali pd. *I told him what I thought of him* Saya katakan kepadanya ttg pikiran saya ttg dia. *She is thought well of* Ia dikagumi. *T. of him having to beg* Saya tak mengira bhw ia akan mengemis. **to t. out** *a solution* berhasil memperoléh cara pemecahan. *to t. out the entire matter* mempertimbangkan seluruh hal itu. *She thinks things out for herself* Ia merencanakan hal-hal utk dirinya sendiri. **to t. over** mempertimbangkan/memikirkan

baik-baik. *T. it over first!* Kira-kira dulu dong! **to t. through** memikirkan dalam-dalam. **to t. up** menemukan pikiran, sampai pd pikiran (*a scheme*). **t. piece** buah pikiran sendiri, hasil analisa sendiri. **thought-out** *ks.* yg tlh dipikirkan masak-masak. *well t.-out plan* rencana yg sdh dipikirkan baik-baik. —**thinking** *kb.* berpikir. *according to my way of t.* menurut pendapat saya. *That's wishful t.* Itu angan-angan kosong belaka. *ks.* yg suka berpikir. *a t. man* seorang yg suka berpikir. *to put on o's t. cap* memutar/memakai otak.

thinkable /'thingkəbəl/ *ks.* masuk akal (utk mengira).

thinker /'thingkər/ *kb.* ahli pikir, pemikir.

thinner /'thinər/ *kb.* bahan pengéncér/pencair, téner.

thinness /'thinnəs/ *kb.* 1 kejarangan (*of hair*). 2 ketipisan (*of paper*). 3 keéncéran (*of liquid*). 4 permintaan maaf yg tdk sungguh-sungguh (*of an excuse*).

third /thərd/ *kb.* 1 pertiga. *a t.* sepertiga. 2 persnéling ketiga. *to shift into t.* memasukkan ke persnéling ketiga. 3 tiga. *on the t. of May* tgl tiga Méi. —*ks.* ketiga. *the t. row* barisan yg ketiga. *t. class* kelas tiga/kambing. *t.-class matter* barang cétakan (golongan) kelas tiga. *Inf.*: **t. degree** siksaan. *to subject a prisoner to the t. degree* menggunakan siksaan thd seorang tahanan. *t.-degree burn* luka terbakar yg berat. **t. force** kekuatan ketiga. **third-hand** *information* keterangan dari tangan ketiga. *Gram.*: **t. person** orang ketiga. *RR.*: **t. rail** rél ketiga. **third-rate** *ks.* bermutu rendah, kelas kambing. *t.-rate restaurant* rumah makan yg bermutu rendah. **t. world** blok ketiga. —**thirdly** *kk.* (yg) ketiga.

thirst /thərst/ *kb.* dahaga, kehausan. *to quench o's t.* menghilangkan/melepaskan dahaganya. *to have a t. for* haus akan. *t. for knowledge* kehausan akan pengetahuan. —*kki.* **to t. for** 1 haus akan (*knowledge*). 2 ingin sekali (*a Coke*).

thirsty /'thərstie/ *ks.* haus. *I'm t.* Aku haus. *That makes me t.* Itu membuat saya haus.

thirteen /thər'tien/ *kb.* tigabelas.

thirteenth /thər'tienth/ *kb.* 1 ketigabelas. *the t.* tanggal tigabelas. 2 pertigabelas. —*ks.* yg ketigabelas.

thirtieth /'thərtieəth/ *kb.* 1 tigapuluh. *the t.* tanggal tigapuluh. 2 pertigapuluh. —*ks.* yg ketigapuluh.

thirty /'thərtie/ *kb.* (*j.* **-ties**) tigapuluh. *This is t. from the newsroom* Inilah penghabisan/akhir berita. *He's in his thirties* Ia umur tiga puluhan. *during the thirties* selama tahun tigapuluhan. **thirty-first** *kb.* tigapuluh satu. *ks.* yg ketigapuluh satu. **thirty-second** *ks.* yg ketigapuluh dua. **thirty-two** *kb.* tigapuluh dua.

this /THis/ (*j.* **these**) *ks.* ini. *these books* buku-buku ini. *t. days* déwasa ini. *to go t. way and that* berjalan kesana kemari. *t. afternoon* nanti soré. *He left t. morning* Ia berangkat tadi pagi. *Messr. Jones & Co., of t. city* Firma Jones & Co., di kota ini. *t. evening* malam ini. *Come into the house t. minute* Masuklah ke rumah saat ini juga. *t. time* kali ini. —*kk.* **t. far** sejauh ini. *t. much* sebanyak ini. —*kg.* 1 ini. *T. is wrong* Ini salah. *To whom does t. belong?* Ini kepunyaan siapa? *T. is Mr. Jones* Ini Tuan Jones. *T. is a free country* Ini negara merdéka. *T. is where she lives* Inilah tempat tinggalnya. 2 yg ini. *I prefer t.* Aku lebih suka yg ini. *I need some of t. and some of that* Aku memerlukan ini sedikit dan itu sedikit.

thistle /'thisəl/ *kb.* sm widuri, sm tumbuhan berduri.

thither /'thiTHər/ *kk.* kesana, kesitu.

tho, tho' /THOW/ *kk., ksam.* = THOUGH.

thong /thɔng/ *kb.* tali kulit.

thoracic /thə'ræsik/ *ks.* yg berk. dgn dada. *t. cavity* rongga dada.

thorn /thɔrn/ *kb.* duri, onak. *I have a t. in my finger* Ada duri didlm jariku. *to be a t. in o's flesh or side* duri (di) dalam daging, suka menyusahkan orang.

thorny /'thɔrnie/ *ks.* 1 berduri (*of a plant*). 2 sulit, menjéngkélkan (*of a problem*).

thorough /'therə/ *ks.* 1 saksama, teliti (*examination*). 2 cermat, teliti (*person*). *to give a room a t. cleaning* membersihkan kamarnya betul-betul/sungguh-sungguh. 3 yg tdk tanggung-tanggung. *a t. scoundrel* seorang bajingan yg tdk tanggung-tanggung. —**thoroughly** *kk.* 1 sepenuhnya. *I t. understand why...* Aku sepenuhnya mengerti mengapa.... 2 bukan kepalang. *t. disgusted* jijik bukan kepalang (**at** thd). *He knows his subject t.* Ia mengetahui soalnya benar-benar.

thoroughbred /'therə'bred/ *kb.* 1 yg berdarah/berketurunan murni (*of dog, horse*). 2 seorang yg halus budi bahasanya. —*ks.* berdarah/berketurunan murni.

thoroughfare /'therə'fær/ *kb.* jalan. *main t.* jalan utama. *No t.* Bukan jalan utk umum. *public t.* jalan umum. *busy t.* tempat lalu-lintas yg sibuk/ramai.

thoroughgoing /'therə'gowing/ *ks.* seksama, sempurna. *The car received a t. overhaul* Mobil itu diperiksa secara seksama.

those /THOWz/ *kg.* lih THAT.

thou /THaw/ *kg.* engkau, di kau, kau.

thou. [*thousand*] (se)ribu.

though /THOW/ *kk.* lebih dulu. *I hit him but he hit me first t.* Aku memukulnya, tapi ia memukul aku lebih dulu. *I didn't want to go t.* Bagaimanapun aku tak mau pergi. *strange t. it may seem* sekalipun kelihatannya anéh. —*ksam.* meskipun, walaupun. *T. he knew better, he ...* Meskipun ia tahu itu salah, ia.... *I ordered it t. I knew....* Aku memesannya, meskipun aku tahu.... *as t.* seakan-akan, seolah-olah. *He talked as t. he....* Ia berbicara seolah-olah ia.... *even t.* meskipun, walaupun.

thought /thɔt/ *kb.* 1 pikiran, gagasan, idé. *I have a good t.* Aku mempunyai pikiran yg baik. *My t. was this* Pikiranku begini. *I had no t. of going* Aku tak mempunyai pikiran utk pergi. *Give me time to collect my thoughts* Berilah saya waktu utk mengumpulkan pikiran saya. *to be deep/lost in t.* tenggelam dlm pikiran. *His one t. is to ...* Pikiran satu-satunya ialah.... *with the t. in mind that...* dgn pikiran utk.... *the mere t. of it* memikirkan hal itu. *Don't give it a t.!* Tak usah dipikirkan! *I haven't given the problem a t.* Aku blm memikirkan persoalan itu. *after much t.* sesudah dipikirkan banyak-banyak. *on second t.* dipikirkan lagi. 2 pemikiran. *philosophical t.* pemikiran filsafat. 3 perhatian. *Show some t. for others* Tunjukkanlah sedikit perhatian pd orang lain. *to give it t.* memberi perhatian thd. *Give some t. to the question* Curahkanlah sedikit perhatian pd pertanyaan itu. *to have another t. coming* salah sangka. **thought-provoking** *ks.* yg menimbulkan pikiran (*data*). —*kk.* sedikit. *Be a t. more polite* Agak lebih sopanlah sedikit.

thought /thɔt/ lih THINK.

thoughtful /'thɔtfəl/ *ks.* 1 tenggang hati, bijaksana (*of others*). 2 berpikir. *He was t. for a while* Ia berpikir sejenak. 3 dalam (*of a book*).

thoughtfulness /'thɔtfəlnəs/ *kb.* perhatian, keprihatinan.

thoughtless /'thɔtləs/ *ks.* tak dipikirkan. *to make a t. remark* mengucapkan s.s.t. tanpa memikirkannya.

thoughtlessness /'thɔtləsnəs/ *kb.* ketidakbijaksanaan, kesembronoan.

thousand /'thawzənd/ *kb.* ribu. *the year 1000 A.D.* tahun 1000 Maséhi. *He's one in a t.* Jarang terdapat orang spt dia. *the year one t. nine hundred and sixtynine* tahun seribu sembilan ratus enampuluh sembilan. *I paid two t. for it* Saya membayar duaribu utk itu. *one hundred t.* seketi, seratus ribu. *Thousands attended the match* Ada beribu-ribu penonton/pengunjung menyaksikan pertandingan. *thousands of dollars* ribuan dolar. *Thousands upon thousands raised objections* Beribu-ribu orang berkeberatan. —*ks.* seribu. *a t. men* seribu orang.

thousandth /'thawzənth/ *kb.* perseribu. *one t. of an inch* seperseribu inci. —*ks.* keseribu.

thrash /thræsy/ *kkt.* lih THRESH. 1 menebah, mengirik (*grain*). 2 memukul, membanat, membedal, merangkét (*s.o.*). **to t. about** *in the water* menggelepar-gelepar didlm air. **to t. out** memperbincangkan/membahas secara dlm (*a problem*). **to t. over** *the events of the past week* membicarakan berulang kali kejadian-kejadian minggu yg lampau. —**thrashing** *kb.* 1 pemukulan, laberakan, dera-(an). *to give s.o. a t.* mendera s.s.o. 2 menebah, mengirik (*of grain*).

thread /thred/ *kb.* 1 benang. *a spool of t.* sekumparan benang. *She says she hasn't a t. to wear* Ia berkata bhw ia tak mempunyai apapun utk dipakai. *gold t.* benang emas. *sewing t.* benang jahit. *He's only living by a t.* Nyawanya terancam. 2 urutan. *to lose the t. of a story* kehilangan urutan cerita. **to pick up the threads again** a) meneruskan kehidupan. b) meneruskan ceritera lagi. *His life hangs by a t.* Hidupnya terancam maut. 3 galur, ulir drat (*of a screw*). 4 berkas. *a t. of light* seberkas halus cahaya. —*kkt.* 1 memasang benang. *to t. a needle* memasang benang pd jarum. 2 membuat galur. *to t. bolts* membuat galur pd baut-baut. 3 menyusup. *to t. o's way through a crowd* menyusup-nyusup ditengah orang banyak.

threadbare /'thred'bær/ *ks.* 1 usang sekali, tipis menerawang (*of clothes*). 2 tua (*of a joke*).

threat /thret/ *kb.* ancaman. *There's the t. of snow* Ada ancaman (turunnya/jatuhnya) salju. *t. on o's life* ancaman akan dibunuh.

threaten /'thretən/ *kkt.* mengancam. *to t. s.o's life* mengancam jiwa s.s.o. *He is threatened with pneumonia* Ia terancam radang paru-paru. *to t. s.o. with s.t.* mengancam s.s.o. dgn s.s.t. *Rain is threatening* Hujan akan jatuh. *to t. to tell the police* mengancam akan melaporkan kpd polisi. —**threatening** *ks.* yg mengancam. *t. letter* surat ancaman. *The weather looks t.* Cuaca kelihatannya menakutkan. *in a t. tone* dgn nada mengancam.

three /thrie/ *kb.* 1 tiga. *the Big T.* (Negara) Tiga Besar. 2 tiga orang. *Only t. came* Hanya tiga orang yg datang. —*ks.* tiga. *t. books* tiga buku. *page t.* halaman tiga. *It's t. o'clock* Jam tiga. *It's half past t.* Jam setengah empat. *three-act play* sandiwara tigababak. *three-dimensional movie* pilem 3-D, pilem tiga diménsi. *Mus.: three-four time* témpo tiga perempat. *three-handed bridge* permainan bridge segi-tiga. *three-legged stool* kursi tinggi berkaki tiga. *three-piece suit* pakaian/setélan dari tiga-potong. *t. quarters of the way* sejauh tiga perapat, tiga perapat perjalanan. *t.-quarter length coat* jas tiga perampat panjang. *three-ring circus* sirkus berlingkaran tiga. *the t. R's* bacatulis-hitung. *three-way fight for mayor* pertarungan

tiga segi utk walikota. *three-wheeled vehicle* keréta beroda tiga.

threefold /'thrie'fowld/ *ks., kk.* lipat tiga. *t. increase* kenaikan lipat tiga.

threescore /'thrie'skowr/ *ks.* enam puluh. *t. and ten* tujuhpuluh.

threesome /'thriesəm/ *kb.* kelompok/regu tiga orang.

thresh /thresy/ = THRASH. *threshing machine* mesin pengirik.

thresher /'thresyər/ *kb.* 1 penebah. 2 (*machine*) mesin penebah/pengirik/rontogan.

threshold /'thresyhowld/ *kb.* 1 ambang pintu. *to be on the t. of success* berada di ambang pintu suksés. 2 permulaan, ambang (*of pain*). *to cross the t.* melintasi/meliwati ambang pintu.

threw /thruw/ lih THROW.

thrice /thrais/ *kk.* tiga kali.

thrift /thrift/ *kb.* hémat, penghématan, sifat berhémat.

thriftiness /'thriftienəs/ *kb.* sifat berhémat.

thrifty /'thriftie/ *ks.* (ber)hémat, cermat. *a t. shopper* seorang pembelanja yg hémat. —**thriftily** *kk.* dgn hémat. *to live t.* hidup dgn hémat.

thrill /thril/ *kb.* getaran hati/jiwa, sénsasi. *I get a t. from...* Hatiku tergetar bila.... —*kkt.* menggetarkan hati, menggairahkan (*s.o.*). *to be thrilled at the sight of* berdebar hati melihat. —*kki.* menggetar. *We t. to his stories* Hati kami bergetar mendengar ceritaceritanya. —**thrilling** *ks.* yg merawankan hati.

thriller /'thrilər/ *kb.* 1 (*sports event*) s.s.t. yg menggetarkan hati. 2 s.s.t. yg mengerikan. *movie t.* pilem yg mengerikan. 3 (*story*) roman atau cerita détéktip.

thrive /thraiv/ *kki.* (**throve** atau **thrived, thrived** atau **thriven**) 1 tumbuh dgn subur (*of plants and animals*). 2 maju dgn pesat, berkembang dgn cepat (*of business*). **to t. on** hidup. *to t. on milk* hidup/ tumbuh menjadi besar dgn minum susu. *to t. on danger* suka mempertaruhkan jiwa, suka menyabung nyawa. *He thrives on hard work* Bekerja keras adalah baik baginya. —**thriving** *ks.* yg sedang berkembang. *t. business* usaha yg sedang berkembang dgn baik.

thriven /'thrivən/ lih THRIVE.

throat /throwt/ *kb.* 1 kerongkongan, tenggorokan. *I have a sore t.* Tenggorokanku sakit. *stuck in o's t.* tersekat di kerongkongan, tersekang di léhérnya. *to grab s.o. by the t.* menangkap/memegang s.s.o. pd kerongkongannya. *t. spray* semprot kerongkongan. *to clear o's t.* berdeham, mendeham. 2 (*batang*) léhér. *I cut my t. with my razor* Léhérku teriris pisau cukurku. *to cut s.o's t.* merugikan orang lain. *to cut o's own t.* merugikan/melukai dirinya sendiri. *to be at one another's t.* serang-menyerang. *Inf.: to jump down s.o's t.* mengoméli/memarahi s.s.o., meradang kpd s.s.o. (**for** karena).

throatiness /'throwtienəs/ *kb.* suara serak/parau.

throaty /'throwtie/ *ks.* serak, parau.

throb /thrab/ *kb.* 1 denyut (*of pulse*). 2 debar (*of a heart*). 3 denyutan. *a sudden t. of pain in the chest* denyutan (ngeri) yg timbul dgn tiba-tiba didlm dada. —*kki.* (**throbbed**) 1 berdebar (*of a heart*). 2 berdenyut-denyut (*of pulse*). *Her back throbbed with pain* Punggungnya berdenyut-denyut kesakitan. —**throbbing** *kb.* 1 denyut (*of heart or pulse*). 2 dentaman (*of an engine*).

throes /throwz/ *kb., j.* kelabakan (*of a slaughtered animal or fowl*). *death t.* sakaratulmaut. *the t. of childbirth* sakit beranak. *to be in the t. of writing ...* sedang sibuk (mati-matian) menulis ....

thrombosis /thram'bowsis/ *kb.* trombosa, pembekuan darah (dlm buluh darah). lih CORONARY.

throne /thrown/ *kb.* takhta, singgasana. *to mount/ take/ascend the t.* naik takhta, menjadi raja.

throng /thrɔŋ/ *kb.* bondong, gerombolan orang. *Throngs of people milled about* Orang berbondong-bondong hilir-mudik. —*kkt.* memenuhi, menjejali. *Students t. the street* Siswa-siswa memenuhi jalan. *The square was thronging with* Lapangan itu penuh dgn. —*kki.* **to t. around** berdesak-desakan, berkerumun mengelilingi *(the President).* **to t. in** berduyun-duyun memasuki *(a building). Bitter memories thronged into my mind when I...* Kenang-kenangan yg pahit memenuhi pikiranku waktu aku....

throttle /'thratəl/ *kb.* katup penghambat/penutup, klép penutup *(on boiler. locomotive).* —*kkt.* 1 mencekék *(s.o.).* 2 membrédel, memberangus *(the press).* 3 memperlambat (jalan) *(a locomotive).*

through /thruw/ *ks.* 1 selesai, siap. *I'll be t. soon* Aku akan segera selesai. *Are you t. with your work?* Apakah kau sdh selesai dgn pekerjaanmu? 2 terus(an). *t. train* keréta api terus. *t. street* jalan terusan. *t. traffic* lalu-lintas terusan. *t. bus* bis kilat/langsung/éksprés. **::** *You are t.* Kamu dipecat. *After that remark I'm t. with him* Sesudah ia mengeluarkan ucapan itu, aku putus dgn dia. *He's t. with girls* Ia tdk mau bergaul lagi dgn gadis-gadis. —*kk.* 1 dari permulaan sampai habis. *I read the book t.* Aku selesai/habis membaca buku itu. 2 terus. *The bullet passed t.* Pélor menembus. 3 menyambung. *to get t. to s.o.* dapat sambungan dgn s.s.o. *to put s.o. t. to* menyambung s.s.o. dgn. **::** *She was wet t.* Dia basah kuyub. **t. and t.** benar-benar. *We were wet t. and t.* Kami basah kuyub. *He's a pilot t. and t.* Dia mémang seorang penerbang didlm darah dagingnya. —*kd.* 1 melalui. *peace t. understanding* perdamaian melalui pengertian. *to speak t. o's nose* berbicara melalui hidung. 2 meléwati, léwat. *to look t.* melihat léwat *(a window, telescope). A narrow path leads t. the forest* Jalan kecil meléwati hutan. *to send s.t. t. the mail* mengirimkan s.s.t. léwat pos. 3 karena. *to become rich t. diligence* menjadi kaya karena rajin. *He acted t. fear* Ia bertindak karena ketakutan. 4 terus. *all t. his life* seumur hidup. *He slept t. the alarm* Ia tidur terus selama tanda bahaya itu. *to work t. the day* bekerja sepanjang hari terus. 5 diluar. *t. no fault of his own* diluar kesalahannya sendiri. **::** *a hole t. a wall* sebuah lobang yg menembus dinding. *Friday t. Sunday* pd hari Jum'at hingga Minggu. *I'm halfway t. the book* Aku sdh selesai membaca buku itu. *to see s.o. t. his difficulty* membantu s.s.o. mengatasi kesulitannya. *to tour t. a building* berkeliling-keliling menjelajahi gedung. **to be t.** mengalami *(s.t.). They've been t. a lot* Meréka mengalami banyak kesusahan. *We've been t. this before* Kita tlh pernah mengalami demikian.

throughout /thruw'awt/ *kk.* seluruhnya. *The house was redecorated t.* Rumah itu dihias kembali secara menyeluruh. *The house has central heating t.* Rumah seluruhnya mendapat pemanasan dari pusat. —*kd.* 1 di seluruh. *t. the state* di seluruh pelosok negarabagian itu. *t. the world* di seluruh dunia. 2 sepanjang. *t. the year* sepanjang tahun.

throughway /'thruw'wei/ =THRUWAY.

throve /throwv/ lih THRIVE.

throw /throw/ *kb.* 1 lémparan. *to live a stone's t. from* tinggal dekat sekali dari. 2 kain penutup *(for sofa).* —*kkt.* 1 melémparkan *(a ball, rock). She was thrown from the horse* Ia terlémpar dari kuda itu. *to t. a seven* melémpar dadu mata tujuh. *He can t. sixty yards* Ia dpt melémparkan *(s.s.t.)* 60 yar jauhnya. *to t. s.o. a kiss* melémparkan ciuman kpd s.s.o. 2 melémparkan, menjebloskan. *to t. s.o. into jail* menjebloskan s.s.o. kedlm penjara. 3 memberi. *to t. an angry look at* memberi pandangan marah kpd. 4 menyorotkan. *T. the light over here* Sorotkan lampu itu kemari. 5 *Inf.:* mengadakan *(a party).* 6 melilitkan. *to t. a shawl over o's shoulders* melilitkan seléndang pd bahunya. 7 *(of a horse)* melepaskan *(a shoe).* 8 memusingkan kepala. *That problem really threw me* Persoalan itu benar-benar memusingkan kepalaku. 9 membuat. *The tree throws a shadow on the ground* Pohon itu membuat bayang-bayang pd tanah. 10 *(of a snake)* menanggalkan *(its skin).* 11 mengerahkan *(troops into battle).* 12 merobohkan, menjatuhkan. *The wrestler threw his opponent* Penggulat itu merobohkan kawannya **::** *to t. caution to the wind* tdk mau mengindahkan peringatan, menjauhkan sikap hati-hati. *to t. a game/race* dgn sengaja memenangkan lawan. *The shots threw the crowd into confusion* Témbakan-témbakan itu menjadikan orang banyak itu bingung. *to t. temptation in o's way* menggoda s.s.o. dalam usahanya. *to t. a blanket over s.o.* meletakkan selimut diatas/kpd s.s.o. **to t. about/ around** melémparkan kemana-mana. *to t. o's arms about s.o.* merangkulkan tangannya kpd s.s.o. *to be thrown about by a storm* dilémparkan kesana-kemari didlm hujan angin. *to t. o's money around* membuang-buang uang. *to t. a bridge across a river* membangun sebuah jembatan menyeberangi sungai. **to t. away** membuang *(money, opportunity, old items). She threw herself away on him* Wanita itu membuang-buang waktunya utk lelaki itu. **to t. back** melémparkan kembali. *We were thrown back on our own resources* Kami terlémpar kembali kpd sumber-sumber kami sendiri. **to t. down** menjatuhkan *(o's coat).* **to t. in** 1 menambahkan. *If you buy the house I'll t. in the mower* Kalau sdr membeli rumah itu akan saya tambahkan mesin pemotong rumput itu sbg hadiah. 2 mengeluarkan. *to t. in a remark* mengeluarkan perkataan. **to t. off** 1 mengeluarkan *(an odor).* 2 melepaskan diri dari. *to t. s.o. off the trail* melepaskan diri dari s.s.o. 3 menanggalkan, melepaskan *(o's clothes, the cigarette habit). to t. a dog off the scent* melepaskan anjing dari bau. 4 memancarkan/melepaskan *(heat).* 5 menghilangkan *(an illness, a cold).* **to t. off on** menjelék-jelékkan. **to t. o.s.** melémparkan diri **(at** kpd). *to t. o.s. at o's opponent* melémparkan dirinya kpd lawannya. *She threw herself at him* Ia berusaha sekuat tenaga utk merebut hatinya. *to t. o.s. backwards* melémparkan badannya kebelakang. *to t. o.s. into o's work* giat melakukan pekerjaannya. *to t. o.s. on a hand grenade* melémparkan badannya kpd sebuah granat tangan. *to t. o.s. on the bed* membahkan diri di tempat tidur. *to t. o.s. on the mercy of the court* berusaha keras utk mendapat pengampunan dari pengadilan. **to t. on** memakai, mengenakan *(o's coat).* **to t. open** membuka *(the borders, a window, door).* *to t. open a house for inspection* membuka sebuah rumah lébar-lébar utk diperiksa. **to t. out** 1 membuang *(the trash).* 2 mengajukan, mengemukakan *(a suggestion).* 3 mengusir *(undesirable people).* 4 memancarkan *(heat).* 5 *Auto.:* mengeprékan, melepaskan *(the clutch). to t. a case out of court* menolak perkara dari pengadilan. *to t. out o's chest* membusungkan dada. **to t. over** meninggalkan, mengenyampingkan *(s.o.).* **to t. together** menyusun *(an anthology). Fate threw them together* Nasib mempersatukan meréka. **to t. up** 1 membangun dgn terburu-buru (*a shed*). 2 *Inf.*: muntah. 3 melepaskan, meninggalkan (*o's job*). 4 mengadakan (*a blockade*). 5 menyerah(kan). *to t. up o's hands in defeat* mengangkat tangannya menyatakan kalah. *to t. the ball up in the air* melontarkan/melantingkan/ melémparkan bolanya keatas.

throwaway /'throwə'wei/ *kb.* lembaran iklan (yg tak berarti). *t. container* wadah utk dibuang.

throwback /'throw'bæk/ *kb.* s.s.o. yg memiliki ciri-ciri dari leluhurnya.

thrower /'throwər/ *kb.* pelémpar. *discus t.* pelémpar cakram.

thrown /thrown/ lih THROW.

thru /thruw/ =THROUGH.

thrum /thrʌm/ *kb.* petikan. —*kki.* (**thrummed**) 1 memetik (*on guitar or banjo*). 2 mengetuk-ngetukkan (*on a table*). —**thrumming** *kb.* petikan.

thrush /thrʌsy/ *kb.* 1 sej. murai. 2 *Med.*: guam, seriawan.

thrust /thrʌst/ *kb.* 1 daya tolak/dorong (*of an engine*). 2 tusukan, tikaman (*of a sword*). 3 arah, tujuan. 4 serangan. —*kkt.* (**thrust**) 1 memasukkan, mendorongkan (*the hands in o's pockets*). 2 mendorong (*roots*). 3 menusukkan. *to t. a sword into s.o.* menusukkan pedang kpd s.s.o. 4 menimpakan. *His responsibility was t. upon him* Pertanggungan-jawabnya ditimpakan kepadanya. *to t. ò.s. on s.o.* memaksa s.s.o. spy mau bergaul. —*kki.* berdesakan. *The crowd t. through the door* Orang banyak itu berdesakan melalui pintu itu. **to t. aside** *demands* membuang/ melémparkan permintaan ke samping. *to t. at s.o. with a knife* menyerang s.s.o. dgn pisau. **to t. o.s. forward** melémparkan badan kemuka.

thruway /'thruw'wei/ *kb.* jalan raya utk lalu-lintas cepat.

Thu. [*Thursday*] Kamis, Kemis.

thud /thʌd/ *kb.* gedebuk (*of a fallen body*). *to make a t.* berdebuk, bergedebuk.

thug /thʌg/ *kb.* penjahat yg kejam.

thumb /thʌm/ *kb.* ibu jari. *to be all thumbs* canggung, kikuk. *to stick out like a sore t.* menyolok sekali, sangat menonjol. *Thumbs down* Tanda tak setuju. *Thumbs up* Tanda setuju. *to be under his mother's t.* dibawah kekuasaan ibunya. —*kkt.* membaca sepintas lalu *a book*). *to t. a ride* memboncéng dlm mobil, mencari goncéngan.

thumbnail /'thʌm'neil/ *kb.* kuku ibu jari. *t. sketch* skétsa yg péndék sekali.

thumbprint /'thʌm'print/ *kb.* cap jempol.

thumbtack /'thʌm'tæk/ *kb.* paku jamur/payung.

thump /thʌmp/ *kb.* gebukan, bunyi gedebuk. —*kkt.* 1 memukul (*a pillow*). 2 mengetuk (*a patient*). —*kki.* berdebar. *Your heart is thumping* Jantungmu berdebar keras. *to t. against a door* memukul pintu dgn keras.

thunder /'thʌndər/ *kb.* guntur, guruh, gemuruh. *t. of applause* tepuk-tangan yg gemuruh. *to steal o's t.* memakai idé s.s.o., meniru-niru s.s.o. —*kki.* mengguruh, mengguntur. *It's thundering* Guntur sedang bergemuruh. **to t. at** menghardik/membentak. **to t. out** *a command* menteriakkan/menggertakkan perintah. *The trucks thundered past* Truk itu lalu bergemuruh. —**thundering** *ks.* 1 berderap. *a t. herd* sekawanan héwan yg berderap. 2 *Inf.*: besar sekali. *t. lie* dusta besar.

thunderbolt /'thʌndər'bowlt/ *kb.* halilintar, petir, geledék.

thunderclap /'thʌndər'klæp/ *kb.* pètir, halilintar, kilat, mata petir.

thundercloud /'thʌndər'klawd/ *kb.* awan petir.

thunderous /'thʌndərəs/ *ks.* bergemuruh.

thunderstorm /'thʌndər'stɔrm/ *kb.* hujan angin ribut disertai petir dan guruh.

thunderstruck /'thʌndər'strʌk/ *ks.* spt disambar petir, teringa-inga, termangu-mangu.

Thurs. [*Thursday*] Kamis, Kemis.

Thursday /'thərzdie, -dei/ *kb.* Kamis, Kemis.

thus /THʌs/ *kk.* 1 demikian. *Do it t.* Kerjakanlah demikian. 2 jadi. *She is ill; t. she can't come* Ia sakit, jadi ia tak dpt datang. 3 hingga. *t. far* hingga kini.

thwack /thwæk/ *kb.* pukulan.

thwart /thwɔrt/ *kkt.* merintangi, menghalangi, menggagalkan. *to t. s.o's plans* merintangi rencana s.s.o.

thy /THai/ *kg.* (milik, kepunyaan) kamu, engkau, -mu. *t. book* bukumu.

thyme /taim/ *kb.* sm tumbuhan (utk pengharum makanan).

thyroid /'thairoid/ *ks.* yg berk. dgn lekum. *t. gland* kelenjar gondok.

thyself /THai'self/ lih SELF.

tiara /tie'ærə, tai-/ *kb.* perhiasan kepala (menyerupai mahkota kecil), tiara.

Tibetan /ti'betən/ *kb.* 1 orang Tibét. 2 bahasa Tibét. —*ks.* yg berh. dgn Tibét.

tibia /'tibieə/ *kb.* tulang kering.

tic /tik/ *kb.* gerényét. *nervous t.* gerényét urat syaraf.

tick /tik/ *kb.* 1 detik(an) (*of a clock*). 2 kutu (*on dog*). 3 (*bed covering*) sarong kasur. 4 tanda (✓). —*kkt.* mendetikkan. *The clock ticked away/off the seconds* Jam itu mendetikkan saat demi saat. —*kki. I don't know what makes him t.* Saya tak tahu apa yg menggerakkannya. **to t. off** *the items* mencék barang-barang itu. —**ticking** *kb.* kain kasur.

ticker /'tikər/ *kb.* 1 télegrap, pesawat pengetik berita kawat. *t. tape* pita télegrap, pita pesawat pengetik télegram. 2 *Sl.*: jantung. 3 *Sl.*: jam.

ticket /'tikit/ *kb.* 1 karcis (*of train, plane*). *t. office* tempat penjualan karcis. *t. collector* pemungut karcis. 2 tuntutan (polisi). *to get a t. for speeding* kena tuntutan polisi karena berkendaraan terlalu cepat. 3 daftar calon satu partai. *to vote the straight Democratic t.* memilih semua calon partai Démokrat. —*kkt.* memberi kartu harga. *to be ticketed for reckless driving* diperbal polisi karena mengendarai mobil secara serampangan. **t. window** lokét.

ticketholder /'tikit'howldər/ *kb.* pemegang/pemilik karcis.

tickle /'tikəl/ *kb.* perasaan gatal. *I have a t. on my nose* Hidungku gatal. —*kkt.* 1 menggelitik (*s.o.*). 2 menggelikan bagi. *This food tickles the palate* Makanan ini énak sekali rasanya. *The idea tickles my fancy* Idé/ Angan-angan itu menyenangkan sekali bagi khayalan saya. **tickled** *pink, tickled to death* sangat gembira, senang sekali. —*kki.* terasa gatal. *My nose tickles* Hidungku terasa gatal. —**tickling** *kb.* menggelikan.

tickler /'tiklər/ *kb.* 1 catatan utk mengingat. 2 *Inf.*: soal yg sulit, probléma yg berat.

ticklish /'tiklisy/ *ks.* 1 mudah geli. *She's t.* Ia mudah geli. 2 yg hrs diperlakukan dgn hati-hati. *t. subject* hal yg mudah menyinggung perasaan.

tick-tack-toe /'tiktæk'tow/= TIC-TAC-TOE.

tick-tock /'tik'tak/ *kb.* bunyi berdetak-detik.

tic-tac-toe /'tiktæk'tow/ *kb.* tebak-tebakan dgn angka.

tidal /'taidəl/ *ks.* yg disebabkan pasang naik dan pasang surut. *t. basin* kuala air pasang. *t. current* arus pasang. *t. wave* gelombang air pasang.

tidbit /'tid'bit/ *kb.* 1 (*food*) penganan kecil. 2 berita atau keterangan yg menarik.

tiddlywinks /'tidlie'wingks/ *kb.* permainan melémpar benda-benda pipih bulat kedlm cangkir.

tide /taid/ *kb.* 1 pasang. *The t. is coming in* Pasang sedang naik. *When is the t. high?* Jam berapa pasang sedang tinggi? *t. table* daftar pasang-surut. 2 turun naiknya. *the t. of public opinion* turun naiknya pendapat umum. *to be elected on the t. of the Republican landslide* terpilih waktu naiknya kemenangan partai Républik. *to turn the t.* merobah jalannya, membalikkan s.s.t. keadaan. *to go with the t.* mengikuti zaman. *The t. of battle turned* Pasang pertempuran itu berubah. *—kki.* **to t. over** membantu melalui.

tidewater /'taid'wɔtər/ *kb.* air pasang. *t. area* daérah air pasang.

tidier, tidiest /'taidieɔr, 'taidiest/ lih TIDY.

tidiness /'taidienəs/ *kb.* kerapian.

tidings /'taidingz/ *kb., j.* kabar, berita.

tidy /'taidie/ *ks.* (**tidier, tidiest**) 1 rapi, teratur (*room*). 2 lumayan. *a t. sum of money* sejumlah uang yg lumayan. *—kki.* merapikan, mengatur (*the house*). *—kki.* membéréskan.

tie /tai/ *kb.* 1 dasi. *black t.* dasi hitam. *t. clasp/clip* penjepit/jepitan dasi. *t. pin* peniti dasi. 2 pertalian, tali. *family ties* pertalian keluarga. *ties of friendship* tali persahabatan. 3 *RR.:* balok landasan/rél, ganjal rél. 4 seri. *to end in a t.* berakhir seri. *t. game* pertandingan yg berakhir seri. *—kkt.* (**tying**) 1 mengikat (*o's shoelaces*). *to be tied to a steady job* terikat pd suatu pekerjaan tetap. 2 mengikatkan (*s.t. to or around s.t.*). 3 bermain seri melawan. *This team tied that one* Regu ini bermain seri melawan regu itu. 4 menghubungkan, mempertalikan. *The island is tied to the mainland by a bridge* Pulau itu dihubungkan pd daratan dgn sebuah jembatan. *My hands are tied* Aku tak dpt mengerjakan apapun. 5 mengikat (*an artery*). *—kki.* 1 dpt diikatkan. *This ribbon won't t. nicely* Pita ini tak dpt diikatkan dgn baik. 2 bermain seri. **to t. down** 1 memaksa s.s.o. spy. *I can't t. him down to a straight answer* Aku tak dpt memaksanya spy memberikan jawaban yg tegas. 2 mengikat erat-erat (*a tent*). *She is tied down at home* Ia terikat pd rumah tangganya. **to t. in** 1 bersambung (**with** dgn). 2 ada hubungan. *The speech ties in with the occasion* Pidato itu ada hubungannya dgn perayaan itu. *Sl.:* **to t. into** menyerang. **to t. on** menyambung dgn (*of a string*). *Sl.: to t. one on* menjadi mabuk. **to t. up** 1 mengikat (*a package*). 2 menambatkan (*a vessel*). 3 membekukan (*funds*). 4 bertambat. *The boat tied up* Kapal itu diikat. 5 memacetkan (*traffic*). *He is tied up* Ia sangat sibuk. *His funds are tied up in litigation* Uangnya tertahan dlm suatu perkara. **tie-in** *kb.* hubungan, pertalian. **tie-up** *kb.* 1 hubungan, konéksi. 2 kemacetan (*of traffic*).

tier /tir/ *kb.* dérétan bertingkat.

tiff /tif/ *kb.* pertengkaran kecil, cékcok sedikit. *They had a t.* Antara meréka terjadi sedikit percékcokan.

tiger /'taigər/ *kb.* harimau, macan.

tight /tait/ *kb.* **tights** *j.* celana (panjang) ketat. *—ks.* 1 sempit (*of clothing, chair*). 2 kikir. 3 mabuk. *Sl.: to get t.* menjadi mabuk. 4 sukar, sulit (*of money*). *Inf.: to be in a t. spot* ada dlm kesukaran. 5 ketat (*of string, knot, shoe, dress*). *—kk.* 1 rapat. *Is the nut t.?* Apakah mur itu terputar rapat? *The house was closed t.* Rumah itu tertutup rapat. *Shut the door t.* Tutuplah pintu itu rapat-rapat. 2 kuat-kuat. *Hold t.* Berpeganglah kuat-kuat. *Sit t.!* Duduklah diam-diam/di tempat! *Pull the string t.* Tariklah tali itu ketat-ketat. **tight-fisted** *ks.* kikir, bakhil. **tight-**

knit *ks.* bersatu-padu. **tight-lipped** *ks.* membisu. **t. squeeze** keadaan terjepit. *—tightly* *kk.* rapat sekali. *These doors fit t.* Pintu-pintu ini (menutup) rapat sekali.

tighten /'taitən/ *kkt.* 1 mempererat (*a string*). 2 mengetatkan (*a bolt*). *to t. o's belt* a) mengeratkan tali pinggang. b) *Inf.:* berusaha hidup sederhana. *to t. up restrictions on...* memperketat/memperkeras larangan-larangan thd.... *—tightening* *kb.* pengetatan.

tightness /'taitnəs/ *kb.* kesesakan, keketatan.

tightrope /'tait'rowp/ *kb.* tali (yg direntang) tegang. *to walk a t.* berusaha menyelamatkan diri dlm keadaan yg sulit.

tightwad /'tait'wad/ *kb. Sl.:* orang kikir.

tigress /'taigris/ *kb.* harimau betina.

tile /tail/ *kb.* jubin, ubin. *roof t.* genténg atap. *—kkt.* memasang ubin. *to t. a bathroom* memasang ubin di kamar mandi. *to t. a roof* memasang genténg atap. *—tiling* *kb.* ubin, jubin.

till /til/ *kb.* 1 laci uang. 2 mesin kas. *—kd.* sampai. *from morning t. night* dari pagi hingga malam. *t. now* sampai sekarang. *t. then* sampai pd waktu itu. *—kkt.* mengerjakan tanah. *to t. the soil* bercocok tanam. *—ksam.* sampai, hingga. *Wait t. I finish this work* Tunggulah hingga aku menyelesaikan pekerjaan ini. *I laughed t. I cried* Saya ketawa hingga menangis. *We're not going t. the weather clears* Kami tak akan pergi sampai cuaca menjadi cerah.

tiller /'tilər/ *kb.* 1 *Nau.:* pasak kemudi, celaga. 2 petani, peladang.

tilt /tilt/ *kb.* 1 kemiringan, miringnya (*of a table*). 2 pertengkaran. 3 pertandingan dgn tombak. *to go full t.* berjalan dgn kecepatan penuh. *—kkt.* memiringkan (*a table, container*). *—kki.* bertombak-tombakan, bertanding lembing. *to t. at windmills* menyerang musuh khayalan. **to t. back** memiringkan kebelakang (*o's head, a chair*). **to t. forward** memiringkan kedepan.

timber /'timbər/ *kb.* 1 kayu. *to make a fortune in t.* menjadi kaya dlm berdagang kayu. *trainload of t.* kayu sekeréta api penuh. 2 kayu-kayuan, pohon-pohonan. *Much of his land is in t.* Sebagian besar tanahnya ditumbuhi kayu-kayuan. *t. business* perkayuan. *t. line* batas pertumbuhan pohon.

timberland /'timbər'lænd/ *kb.* tanah hutan.

timbre /'tæmbər, 'tim-/ *kb.* warnanada.

time /taim/ *kb.* 1 waktu, témpo. *to learn to tell t.* belajar mengenal waktu (pd jam). *Eastern Standard T.* Waktu Tolok Timur. *It's t. to go* Sdh tiba waktu utk pergi. *to die before o's t.* mati sblm waktunya. *this t. next year* tahun depan pd waktu ini. *when the t. comes* pd waktunya. *This is no t. to doubt* Ini bukan waktunya utk sangsi/ragu-ragu. *to lose t.* kehilangan waktu. *They lost no t. in seizing power* Meréka tak menyia-nyiakan waktu utk merebut kekuasaan. *to be pressed for t.* terdesak oléh waktu. *She was approaching her t.* Waktunya tlh tiba utk melahirkan. *Do you have t. for...?* Apakah kau ada waktu utk....? *In that business o's t. is not his own* Didlm perusahaan itu orang tak berwewenang akan waktunya masing-masing. *T. will tell* Waktu akan mengatakannya. *in the course of t.* dlm lintasan waktu, stlh beberapa waktu. *She has a lot of t. on her hands* Banyak waktu baginya yg disia-siakan. *to give s.o. of his t.* menyediakan waktunya kpd s.s.o. *to give of s.o.'s t.* menyediakan waktunya. *in good t.* segera, pd waktu yg tepat. 2 jaman, zaman. *Our t. is one of uncertainty* Jaman kita penuh dgn ketidaktentuan. *to live in the t. of...* hidup di jaman.... *in the t. of Charles II* di zaman (pemerintahan) Charles II. *in ancient times* di zaman purbakala. *T. was when*... Ada zaman ketika.... 3 kali. *5 times 3 is 15* 5 kali 3 adalah 15. *three times as much as* tiga kali sebanyak. *I see him many times a day* Aku berjumpa dgn dia berkali-kali dlm sehari. 4 jam, pukul. *What t. is it?* Jam berapa (sekarang)? *Do you have the t.? Can you give/tell me the t.?* Tahukah sdr. pukul berapa sekarang? 5 musim. *Now is the t. for picnics* Sekarang musimnya utk berpiknik. 6 masa, waktu. *Fall is a nice t. of year* Musim gugur adalah masa yg menyenangkan. 7 irama. *waltz t.* irama (dansa) wals. :: *to march in quick t.* berbaris dgn langkah cepat. *The examiner gave him a bad/hard t.* Penguji itu mengujinya dgn keras. *By the t. I got there, he*... Pd ketika saya pergi kesana, ia .... *He stayed only a short t.* Ia tinggal hanya sebentar saja. *I had quite a t. finding your house* Susah bagiku utk menemukan rumahmu. —*times j.* waktu, zaman. *a sign of the times* tanda waktu/zaman-zaman. *These are hard times* Zaman ini sukar sekali. *Good times will return* Zaman yg baik akan kembali. *at all times* selalu. *at times* kadang-kadang, sekali-sekali. *behind the times* ketinggalan zaman. *between times* sekali-sekali, kadang-kadang. *in times to come* di waktu yg akan datang. *It's about t. to go* Sdh hampir waktunya utk pergi. *It's about t. you called* Memang sdh patut kau menélpon. *This has happened any number of times* Hal ini tlh terjadi berulang kali. *I knew it* **all the t.** Aku sdh mengetahuinya sejak semula. **all this t.** selama ini. *She does that all the t.* Ia selalu mengerjakan itu. *to go up four steps* **at a t.** naik empat anak tangga sekaligus. *several days at a t.* beberapa hari berturut-turut. **at that t.** pd waktu itu. *You may go at any t.* Kau boléh pergi kapan saja. **at no t.** tak pernah. **at one t.** pd suatu waktu. **at the same t.** 1 pd waktu yg sama. 2 dalam pada itu. *At the same t., I don't fully agree* Dlm pd itu, aku tak sepenuhnya setuju. **before his t.** sblm ia dilahirkan. **to do/serve t.** menjalani hukuman. *I haven't seen him for/in a long t.* Aku sdh lama tak berjumpa dgn dia. **for the t. being** utk sementara (waktu). **from t. to t.** kadang-kadang, sekali-sekali. **(all) in good t.** semua dlm waktu yg tepat. **in no t.** cepat sekali. **in t.** 1 pd waktunya. *to arrive in t. to*... tiba pd waktunya utk.... 2 lambat laun. *All these improvements will come about in t.* Semua perbaikan ini lambat laun akan terlaksana. *to arrive in t. for dinner* datang tepat utk makan malam. *to be in t. with the music* melangkah seirama dgn musik. *to keep t. with the music* mengikuti irama musik. **to make t.** berkendaraan cepat, cepat-cepat. *to make t. for s.o.* meluangkan waktu utk s.s.o. **to mark t.** 1 menunggu waktu. 2 *Mus.*: berjalan di tempat saja. 3 membuang waktu. **on t.** (tepat) pd waktunya. *to buy a car on t.* membeli mobil dgn mencicil. **to pass the t.** *of day* mengisi waktu iseng, menghabiskan waktu. *to race against t.* berlomba dgn waktu. **to take o's t.** dgn tdk terburu-buru, berbuat s.s.t. dgn tenang-tenang. **to have/take t. off** membébaskan diri, berlibur, beristirahat. **to take t. out** *for a cup of coffee* beristirahat sebentar utk minum kopi. **t. after t., t. and (t.) again** berkali-kali, berulang kali. *I wouldn't give him the* **t. of day** Aku tak mau memberi perhatian thd dia. Aku tak senang kepadanya. *to have the t. of o's life* mendapat kesenangan, merasa sangat berbahagia. *at this* **t. of my life** pd umurku yg sekarang ini. **t. out of mind** sepanjang ingatan kami. —*kkt.* 1 mengukur waktu. *He timed me* Ia mengukur waktuku. 2 mengatur, memilih waktu. *to t. o's arrival perfectly* meng-

atur waktu kedatangannya dgn tepat sekali. 3 menyetél, menyesuaikan (*all the clocks*). *The meeting was well timed* Utk rapat itu dipilih saat yg tepat. *to t. o's blow* menentukan waktu yg tepat utk mengenakan pukulan. **t. belt** wilayah waktu. **t. bomb** bom waktu. **t. capsule** kapsul berisi benda-benda kenang-kenangan. **t. clock** jam pencatat datang dan pulangnya para pegawai. **time-consuming** *ks.* yg memakan waktu. **t. depth** lamawaktu. **t. exposure** pengambilan foto dgn lénsa terbuka lebih lama dari setengah detik. **time-honored** *custom* adat yg tradisionil, adat yg dihormati sepanjang zaman. **t. lag** ketinggalan waktu. **t. limit** batas waktu. **time-tested** *ks.* yg tlh diuji, tahan uji (*of recipes*). **time-wasting** *ks.* yg membuang-buang waktu. **t. zone** wilayah waktu. —**timing** *kb.* 1 pemilihan waktu. *He has a good sense of t.* Ia pandai memilih waktu yg baik. 2 pengaturan témpo. *His t. is way off* Ia jauh dibelakang/terlambat.

timecard /'taim'kard/ *kb.* kartu waktu/hadir.
timekeeper /'taim'kiepər/ *kb.* pencatat/penjaga waktu.
timeless /'taimləs/ *ks.* tanpa perhitungan waktu, tanpa batas waktu, tak habis-habis, abadi.
timeliness /'taimlienəs/ *kb.* berketepatan waktu, waktu yg tepat.
timely /'taimlie/ *ks.* tepat pd waktunya. *The meeting was t.* Rapat itu diadakan pd waktunya. *t. departure* kepergian yg tepat pd waktunya.
timepiece /'taim'pies/ *kb.* jam, loncéng.
timer /'taimər/ *kb.* alat pengatur waktu.
timesaver /'taim'seivər/ *kb.* penghémat waktu.
timesaving /'taim'seiving/ *ks.* yg menghémat waktu. *t. appliance* alat yg menghémat waktu.
timetable /'taim'teibəl/ *kb.* daftar jam/perjalanan.
timeworn /'taim'wɔrn/ *ks.* aus, usang (*theory, floor*).
timid /'timid/ *ks.* 1 takut-takutan, malu-malu (*of a person*). 2 takut. *to make a t. approach to o's boss* mendekati majikannya dgn takut. —**timidly** *kk.* takut, malu-malu.
timidity /tə'midətie/ *kb.* sifat takut-takut/malu-malu.
timorous /'timərəs/ *ks.* takut-takut(an).
timpani /tim'pænie/ *kb., j.* sm drum, tambur, genderang.
tin /tin/ *kb.* 1 timah. *made of t.* terbuat dari timah. 2 kaléng. *pie t.* panci pastél dari kaléng. 3 blék. *t. can* kaléng, blék. *t. plate* lembaran timah. *to t.-plate* melapisi dgn timah. *t. god* déwa/pahlawan palsu. *tin-pan alley* daérah kota yg sering didatangi oléh penggubah-penggubah lagu, pemain musik dan penerbit musik. —*kkt.* (**tinned**) melapisi dgn timah, mengaléngkan, menempatkan di kaléng.
tincture /'tingkcər/ *kb.* larutan obat dlm alkohol.
tinder /'tindər/ *kb.* rabuk, kawul.
tinderbox /'tindər'baks/ *kb.* 1 s.s.t. yg mudah terbakar (*said of a house*). 2 seorang yg sangat mudah marah.
tine /tain/ *kb.* gigi (sebuah garpu).
tinfoil /'tin'foil/ *kb.* kertas/daun timah.
ting-a-ling /'tingə'ling/ *kb.* bunyi nyaring dari genta kecil.
tinge /tinj/ *kb.* 1 (sedikit) warna. *She has a t. of gray in her hair* Rambutnya tlh beruban sedikit. 2 nada (*of sadness, reproach in o's voice*). —*kkt.* 1 mencat, mewarnai (*hair, water*). 2 membubuhi, memberi nada pd.
tingle /'tinggəl/ *kb.* gelenyar. —*kki.* 1 menggelenyar (*with excitement, stage fright*). 2 terasa gatal. *My ears*

t. from the cold Kuping-kupingku terasa gatal karena hawa dingin itu. —**tingling** *kb.* perasaan geli. *t. sensation* sénsasi/kehébohan yg menggelikan.
tinhorn /'tin'hɔrn/ *kb. Sl.:* pelagak, sok belagak. *s. soldier* serdadu picisan.
tinker /'tiŋkər/ *kb.* tukang pateri. *not to care a tinker's dam what...* sedikitpun tak peduli akan.... —*kkt.* **to t. at** menggerupis/menggerumit. **to t. with** bekerja sembarangan dgn, menggerumit. —**tinkering** *kb.* mengerjakan s.s.t. tanpa keahlian, main-main dgn s.s.t.
tinkle /'tiŋkəl/ *kb.* bunyi dering, kerincing (*of bells*). —*kki.* berdering, berkerincing. —**tinkling** *kb.* bunyi gemerincing.
tinny /'tinie/ *ks.* spt timah.
tinsel /'tinzəl/ *kb.* perada kertas-kertas pérak mas dan timah.
tint /tint/ *kb.* warna. —*kkt.* memberi warna, mewarnai.
tinware /'tin'wær/ *kb.* barang-barang dari timah.
tiny /'tainie/ *ks.* kecil sekali. *She had a t. income* Penghasilannya kecil.
tip /tip/ *kb.* 1 ujung (*of a finger, island, iceberg*). *His name is on the t. of my tongue* Hampir-hampir kuingat namanya. 2 uang persén/rokok. 3 petunjuk. *health tips* petunjuk-petunjuk keséhatan. 4 naséhat, petuah. 5 info, kabar rahasia. —*kkt.* (**tipped**) 1 memberikan uang persén (kpd). 2 (*to touch*) menyinggung, mengenai. 3 merebahkan, merobohkan (*a bicycle*). *The peak was tipped with snow* Puncak itu ditutupi salju. *to t. the scales at 200 lbs* berat badannya 200 pon. *Inf.:* **to t. off** 1 memberi petunjuk. *to t. s.o. off about a good hotel* memberikan petunjuk kpd s.s.o. ttg sebuah hotél yg baik. 2 mengatakan secara rahasia, memberi keterangan atau peringat-an. **to t. over** 1 menumpahkan (*a glass*). 2 terbalik. *She tipped over in a canoe* Perahunya terbalik. *The boat tipped over* Perahu itu terbalik.
tipoff /'tip'ɔf/ *kb. Inf.:* 1 peringatan. 2 petunjuk (rahasia).
tipper /'tipər/ *kb.* pemberi (uang) persén, orang yg memberi persén.
tipple /'tipəl/ *kb.* alat utk memiringkan gerobak batu bara.
tipsy /'tipsie/ *ks.* agak mabuk.
tiptoe /'tip'tow/ *kb.* ujung jari kaki. *to stand on t.* bertanjak, berdiri berjinjit. *to walk on t.* berjingkat. —*kki.* berjingkat-jingkat. *to t. into the room* berjingkat-jingkat memasuki kamar.
tiptop /'tip'tap/ *ks. Inf.:* sangat baik. *in t. shape* dlm keadaan jasmani yg sangat baik.
tirade /'taireid, tai'reid/ *kb.* semburan kata-kata marah yg berlangsung lama.
tire /tair/ *kb.* ban. —*kkt.* meletihkan, melelahkan. *The car was tired with tubeless tires* Mobil itu memakai ban tanpa ban dalam. **to t. out** meletihkan, melelahkan. —*kki.* menjadi lelah. *She tires easily* Ia lekas lelah. —**tired** *ks.* lelah, letih, payah. *I feel t.* Aku merasa lelah. *You make me t.!* Kau menjemukan bagiku! *to be t. of* bosan, jemu. *He's t. out* Ia lelah sekali. —**tiring** *ks.* 1 melelahkan, meletihkan (*work*). 2 membosankan, menjemukan. *He's very t.* Ia sangat membosankan.
tiredness /'tairdnəs/ *kb.* kelelahan, keletihan.
tireless /'tairləs/ *ks.* 1 tak kunjung letih, tak mengenal lelah (*of a person*). 2 tak henti-hentinya (*of efforts*). —**tirelessly** *kk.* tanpa keletihan/kelelahan, terus-menerus.
tiresome /'tairsəm/ *ks.* membosankan, menjemukan.

'tis /tiz/ [*it is*] itu adalah.
tissue /'tisyuw/ *kb.* 1 jaringan. *muscular t.* jaringan otot. *malignant t.* jaringan urat yg dpt menyebabkan kematian. 2 lap/serbét kertas. *t. paper* kertas yg tipis dan lunak. 3 urat daging. *He strained the t. in his leg* Urat daging kakinya terkilir.
tit /tit/ *kb.* péntil. *t. for tat* pukulan dibalas dgn pukulan. *to give s.o. t. for tat* membalas s.s.o. dgn setimpal.
tithe /taiTH/ *kb.* sm zakat, sepersepuluh dari penghasilan (yg diberi kpd geréja). —*kki.* berzakat.
titillate /'titəleit/ *kkt.* menggairahkan, merangsang.
title /'taitəl/ *kb.* 1 gelar. *What's his t.?* Apa gelarnya? 2 judul (*of a book*). *t. page* halaman judul. 3 hak. *t. to land* hak (milik) atas tanah. 4 *Sport*: kejuaraan. *to win a t.* memenangkan kejuaraan. *t. match* pertandingan perebutan (gelar) kejuaraan. —*kkt.* memberi judul. *The book is titled...* Buku itu berjudul.... **t. deed** surat bukti hak (milik), sértipikat tanah. **t. role** peranan di sebuah sandiwara yg dijadikan nama sandiwara itu. —**titled** *ks.* bergelar, bangsawan.
titleholder /'taitəl'howldər/ *kb.* pemegang (gelar) kejuaraan.
titter /'titər/ *kki.* tertawa tertahan-tahan/terkékék-kékék.
tittle-tattle /'titəl'tætəl/ *kb.* kabar angin, buah mulut.
titular /'ticələr/ *ks.* tituler, sbg gelar (saja).
tizzy /'tizie/ *kb. Sl.:* keadaan amat gelisah. *to be in a t. over* merasa gelisah menghadapi.
TKO /'tie'kei'ow/ [*technical knockout*] lih TECHNICAL.
TNT /'tieen'tie/ *kb.* sm bahan peledak.
to /tuw/ *kd.* 1 ke. *to go to the bank* pergi ke bank. *to show s.o. to the door* mengantarkan s.s.o. (sampai) ke pintu. *to the left* kesebelah kiri. *the road to London* jalan ke/menuju London. *from day to day* dari hari ke hari. 2 kepada. *Bring the book to me* Bawakan buku itu (ke)padaku. *I said to myself* Saya katakan kpd diriku sendiri. 3 dengan. *Did you talk to him?* Apakah kau tlh berbicara dgn dia? 4 untuk. *to drink to the king* minum utk kehormatan raja. *a means to an end* suatu cara utk suatu tujuan. *to this end* utk keperluan ini. *ambassador to France* duta besar utk Perancis. *He came to help us* Ia datang utk membantu/menolong kita. *This is too hot to drink* Ini terlalu panas utk diminum. *good to eat* baik utk dimakan. *only one to a customer* hanya satu utk tiap langganan. *eleven people to the square mile* sebelas jiwa utk tiap mil persegi. 5 kurang. *We leave at ten to two* Kami berangkat pd jam dua kurang sepuluh. 6 sampai, hingga. *from dawn to dusk* dari fajar sampai senja. *to date* sampai sekarang, sampai hari ini. *to this day* sampai hari ini. 7 lawan. *The score is 9 to 5* Angkanya adalah 9 lawan 5. *to fight man to man* berkelahi seorang melawan seorang. *I'll bet you ten to one that...* Saya berani taruhan sepuluh melawan satu bhw.... 8 terhadap. *What did he say to that?* Apa katanya thd itu? 9 dalam. *four apples to the pound* empat buah apel dlm sepon. 10 oléh. *a fact known to few* fakta yg diketahui oléh sedikit orang. 11 pada. *Add flour to the sauce* Bubuhkan tepung pd kuah itu. 12 atas. *heir to an estate* ahli waris atas s.s.t. harta-milik. **::** *the road to ruin* jalan menuju kehancuran. *That's all there is to it* Itulah semuanya ttg hal itu. *One must eat to live* Kita hrs makan spy hidup. *What is that to you?* Apakah artinya bagimu? *a decision not to his liking* suatu keputusan yg tak menyenangkan baginya. *There's nothing to it* Itu mudah sekali. *a year to the day* satu tahun persis.

She likes to read Ia suka membaca. *to my surprise* menghérankan bagi saya. *secretary to the president* sékretaris présidén. *To her, he can do no wrong* Pd hématnya, ia tak mungkin berbuat salah. *to dance to the music* berdansa mengikuti musik. *She woke to find him gone* Ia tlh pergi ketika wanita itu bangun. *I have a letter to write* Saya hrs menulis surat. *He is not one to forget his enemies* Ia tak akan dpt melupakan musuhnya. *She is the first to say no* Ia adalah yg pertama utk menolak. *He didn't want to go, but he had to* Ia tak ingin pergi tetapi ia mesti pergi. *Go on, it would be foolish not to* Teruskanlah; bodoh kalau tdk diteruskan. *Are you going? I want to* Apakah kau akan pergi? Saya ingin pergi. **to and fro** mondar-mandir, kian-kemari. **to-do** *kb.* 1 peristiwa ramé-ramé. 2 kehébohan. *Don't make such a to-do over it* Janganlah begitu menghébohkan hal itu.

T/O [*Table of Organization*] skéma organisasi.

toad /towd/ *kb.* katak, kodok.

toadies /'towdiez/ lih TOADY.

toadstool /'towd'stuwl/ *kb.* jamur payung.

toady /'towdie/ *kki.* (**toadied**) menjilat, berminyak air (**to** kpd).

toast /towst/ *kb.* roti panggang. *to drink a t. to s.o.* minum utk memberi selamat kpd s.s.o. *She was the t. of the town* Ia wanita pujaan di kota itu. —*kkt.* memanggang (*bread*). *to t. the guests* minum utk menghormat tamu-tamu itu.

toaster /'towstər/ *kb.* pemanggang roti.

toastmaster /'towst'mæstər/ *kb.* pemimpin (up)-acara.

tobacco /tə'bækə/ *kb.* tembakau. *t. can* kaléng tembakau. *t. pouch* kantong tembakau.

toboggan /tə'bagən/ *kb.* sej. keréta peluncur.

today /tə'dei/ *kb.* hari ini, harini. *T. is Friday* Hari ini hari Jum'at. —*kk.* hari ini. *They will return t.* Meréka akan kembali hari ini. *in today's mail* diantara surat-surat yg diterima hari ini. *today's paper* harian hari ini. *Here t. and gone tomorrow* Hari ini disini, bésok tlh pergi. *the young people of t.* anak-anak muda sekarang. *today's weather report* laporan cuaca hari ini.

toddle /'tadəl/ *kki.* bertatih, bertatah (*of a baby*).

toddler /'tadlər/ *kb.* anak kecil yg baru belajar berjalan.

toddy /'tadie/ *kb.* (*j.* -**dies**) minuman keras berbumbu, sm minuman tuak.

toe /tow/ *kb.* 1 jari kaki. *He broke his t.* Tulang jari kakinya patah. *big/great t.* empu kaki. *little t.* keling-king kaki. 2 ujung (*of shoe, stocking*). *to step/tread on s.o.'s toes* menghina s.s.o. dgn suatu ucapan. *to be on o's toes* siap utk bertindak, selalu waspada. *to stand on o's toes* berdiri di ujung jarinya. *to stub o's toes* 1 tersandung jari-jarinya. 2 membuat kesalahan, berbuat s.s.t. yg bodoh. *t. to t.* berhadap-hadapan rapat (dlm jarak dekat). —*kki.* **to t. in** *when walking* berjalan dgn jari kakinya menghadap ke-dlm. **t. hold** tumpuan kaki. *to get a t. hold in business* mendapatkan tumpuan kaki dlm usaha.

toenail /'tow'neil/ *kb.* kuku jari kaki.

toga /'towgə/ *kb.* jubah.

together /tə'geTHər/ *kk.* bersama-sama. *to study t.* belajar bersama-sama. *They're always t.* Meréka selalu bersama-sama. *t. with* bersama(-sama) dgn. *to go t. with s.o.* pergi bersama-sama dgn s.s.o. *to stitch s.t. t.* menjahitkan s.s.t. menjadi satu.

togetherness /tə'geTHərnəs/ *kb.* kebersamaan, kekompakan.

togs /tags/ *kb.*, *j.* pakaian.

toil /toil/ *kb.* kerja keras. —*kki.* bekerja keras, be-

kerja membanting tulang. *to t. up a slope* berusaha keras naik tanjakan. *to be caught in the toils of the law* tertangkap dlm jaring-jaring hukum.

toiler /'toilər/ *kb.* pekerja.

toilet /'toilit/ *kb.* 1 kamar kecil, WC, klosét, kakus, toilét. 2 lubang kakus. *The t. is clogged up* Lubang klosét itu tersumbat. 3 dandanan, rias. *She completed her t. and came downstairs* Ia selesai berdandan dan turun ke ruang bawah. **t. articles** alat-alat kecantikan/rias. **t. paper** kertas klosét/kakus. **t. soap** sabun mandi. **t. water** minyak kelonyo.

toilsome /'toilsəm/ *ks.* berat, melelahkan.

token /'towkən/ *kb.* 1 tanda. *Black is a t. of mourning* Warna hitam adalah tanda berkabung. 2 mata uang, ketipan, dsb. (dipakai utk télpon otomat, mesin meterai dsb). 3 bukti. *t. of o's sincerity* bukti dari kesungguhannya. 4 (tanda) penghargaan. *as a t. of o's loyalty* sbg tanda penghargaan atas kesetiaannya. **in t. of** sbg tanda penghargaan atas. 5 kenang-kenangan. *The pin was a t. from his uncle* Peniti itu adalah kenang-kenangan dari pamannya. **by the same t.** begitu/lagi pula. **t. payment** pembayaran sebagian.

told /towld/ lih TELL.

tolerable /'talərəbəl/ *ks.* 1 dpt ditahankan. 2 lumayan. —**tolerably** *kk.* dgn lumayan. *t. well* lumayan/boléh juga.

tolerance /'talərəns/ *kb.* 1 toléransi, kesabaran, kelapangan dada. *to show great t.* memperlihatkan sifat sabar. 2 daya tahan. *heat t.* dayatahan panas. 3 tahan thd, dpt menerima (*to medicine, drugs*).

tolerant /'talərənt/ *ks.* bersikap toléran, sabar. *to be t. of* bersikap toléran thd.

tolerate /'taləreit/ *kkt.* 1 sabar menghadapi (*abuse*). *I won't t. any stubbornness* Aku tak sabar melihat kedegilan. *He is tolerated simply because he is needed* Ia dibiarkan semata-mata karena ia dibutuhkan. 2 tahan thd (*an antibiotic*).

toll /towl/ *kb.* 1 béa (cukai). *t. charge on a bridge* béa utk melalui jembatan. *t. bridge* jembatan dgn béa lintas. *t. call* télpon interlokal. 2 korban. *The disaster took a heavy t.* Bencana itu meminta banyak korban. 3 bunyi (*of bell*). —*kkt.* membunyikan (*bell*). —*kki.* berbunyi (*of a bell*).

tollbooth /'towl'buwth/ *kb.* pabéan.

tollgate /'towl'geit/ *kb.* pos cukai/béa.

Tom /tam/ *kb.* nama julukan Thomas. *T., Dick and Harry* orang banyak.

tomahawk /'taməhɔk/ *kb.* kampak orang Indian (senjata).

tomato /tə'meitə/ *kb.* buah tomat. *t. catsup* saus tomat. *t. juice* air/sari tomat.

tomb /tuwm/ *kb.* kuburan, makam, pusara.

tomboy /'tam'boi/ *kb.* gadis kelaki-lakian.

tombstone /'tuwm'stown/ *kb.* batu nisan.

tomcat /'tam'kæt/ *kb.* kucing jantan.

tome /towm/ *kb.* buku yg besar dan berat.

tomfoolery /tam'fuwlərie/ *kb.* (*j.* -**ries**) tindakan gila-gilaan.

tommyrot /'tamie'rat/ *kb. Sl.*: omong/bual kosong.

tomorrow /tə'marow/ *kb.* bésok. *tomorrow's paper* suratkabar bésok. *t. evening* bésok malam. *t. morning* bésok pagi. *t. night* bésok malam. —*kk.* bésok. *I'll see you t.* Sampai bésok.

tom-tom /'tam'tam/ *kb.* sm gendang.

ton /tʌn/ *kb.* ton. *a t. of coal* seton batu bara. *Inf.*: *He has tons of money* Uangnya banyak sekali.

tonal /'townəl/ *ks.* yg mempergunakan gaya suara.

tone /town/ *kb.* 1 nada. *I like the t. of her voice* Aku senang pd nada suaranya. *to set the t.* menentukan nada atau suasana. *Cantonese has eight tones* Bahasa Canton bernada delapan. 2 sifat. *colors with soft tones* warna-warna yg bersifat lembut. 3 bunyi. *That clock has a nice tone* Jam itu merdu bunyinya. 4 keséhatan. *to keep (up) o's t.* menjaga keséhatannya. —*kkt.* **to t. down** berbicara lebih pelan. **to t. up** memeriahkan (*a room*). **tone-deaf** *ks.* pekak nada. **t. poem** syair dlm bentuk musik.

tongs /tɔngz, tangz/ *kb., j.* jepitan, tang.

tongue /tʌng/ *kb.* 1 lidah. *to bite o's t.* menggigit lidahnya. *He bit his t.* Ia tergigit lidahnya. *She has a sharp t.* Lidahnya tajam. *The words were on his t.* Kata-kata itu ada di ujung lidahnya. 2 bahasa. 3 batang/kayu penarik (*on a wagon*). 4 jazirah. (*of land*). 5 lidah, tutup (*in shoes*). *t. and groove flooring* lantai dari papan-papan yg beralur dan berlidah. **to hold o's t.** menutup mulut. *He should hold his t.* Sebaiknya ia diam saja. *Her name is on the tip of my t.* Namanya hampir-hampir teringat oléhku. *to say s.t. with t. in check* mengatakan s.s.t. secara menyindir. **t. depressor** alat penekan lidah. **tonguelashing** *kb.* cacian yg pedas, dampratan, makian. **tongue-tied** *ks.* kaku lidah, lidah seakan-akan lumpuh. **t. twister** serangkaian kata-kata atau kalimat yg sukar diucapkan.

tonic /'tanik/ *kb.* 1 *Med.*: obat penguat. *t. water* air penguat/tonikum. 2 obat kuat. *The seashore is a t. to many* Pantai laut itu merupakan obat kuat bagi banyak orang.

tonight /tə'nait/ *kb.* malam ini. *the t. show* pertunjukan malam ini. *tonight's performance* pertunjukan nanti malam. —*kk.* nanti malam, malam ini. *What are you doing t.?* Apa kerjamu nanti malam?

tonnage /'tʌnij/ *kb.* tonasi.

tonsil /'tansəl/ *kb.* amandel.

tonsillectomy /'tansə'lektəmie/ *kb.* (*j.* **-mies**) pembedahan/operasi amandel.

tonsillitis /'tansə'laitəs/ *kb.* radang amandel.

too /tuw/ *kk.* 1 terlalu. *t. many* terlalu banyak. *t. long* terlalu lama. 2 sekali. *I'm only t. glad to be of help* Saya senang sekali dpt membantu. *It's t. bad you can't...* Sayang sekali kau tdk dpt.... 3 juga. *She's hungry t.* Dia juga lapar. 4 -pun. *We t. are going* Kamipun akan pergi. **::** *She speaks out all t. often* Ia terlalu sering berbicara terus-terang. *The interesting lecture ended all t. soon* Ceramah yg menarik itu berakhir terlalu cepat. *He paid me fifty cents t. much* Ia membayar saya lebih limapuluh sén. *Our supply is none t. great* Persediaan kita tdk terlalu banyak. *It was t. much for me* Itu membuat aku kewalahan.

took /tuk/ lih TAKE.

tool /tuwl/ *kb.* 1 alat. *useful t.* alat yg berguna. *garden tools* alat-alat kebun. 2 perkakas, alat. *t. box* peti perkakas. *t. kit* tas perkakas. 3 kakitangan, alat (*of gangsters*). —*kki.* **to t. up** menyesuaikan peralatan. *hand-tooled wallet* dompét hasil pekerjaan tangan. —**tooling** *kb.* hiasan yg dibuat dgn alat. *leather t.* penghiasan kulit dgn alat.

toolmaker /'tuwl'meikər/ *kb.* pembuat perkakas.

toot /tuwt/ *kb.* lengkingan (*of a whistle*). —*kkt.* membunyikan. *to t. the horn* membunyikan klakson. —*kki.* berbunyi "tutut".

tooth /tuwth/ *kb.* (*j.***teeth**) gigi. *Which t. hurts?* Gigi mana yg sakit? *the teeth of a comb* gigi sisir. *the teeth of a cog or gear wheel* gigi roda (ber)gigi. *back t.* gigi (bagian) belakang. *front t.* gigi (bagian) muka. *second teeth* gigi kedua. *baby teeth* gigi bayi/sulung. *to cut a t.* keluar gigi. *to fight* **t. and nail** berkelahi mati-matian, berjuang sekuat tenaga. —**teeth** *j.* gigi. **to cut o's teeth on** mendapat pengalaman

pertama dari. **to get/sink o's teeth into** (*s.t.*) membiasakan diri. **to fly in the teeth** *of the wind* terbang melawan angin. **to grit o's teeth** bertabah hati, memberanikan diri. **to have teeth in it** mengandung/berisi ancaman hukuman. **in the teeth of** ditengah-tengah. *in the teeth of a gale* ditengah-tengah angin kencang. *Inf.*: **to kick** *s.o.* **in the teeth** menolak/menghina s.s.o. *to mutter s.t. between o's teeth* menggerutu/mengatakan s.s.t. yg tdk jelas. **to put teeth into** memaksakan. **to show o's teeth** 1 menunjukkan gigi. 2 bersikap mengancam. **to throw** (*s.t.*) **into o's teeth** mengéjék. **t. paste** tapal gigi, obat gosok gigi, odol.

toothache /'tuwth'eik/ *kb.* sakit gigi.

toothbrush /'tuwth'brʌsy/ *kb.* sikat gigi.

toothless /'tuwthləs/ *ks.* ompong.

toothpick /'tuwth'pik/ *kb.* tusuk/ (pen)cungkil gigi.

toothpowder /'tuwth'pawdər/ *kb.* tepung gosok gigi.

toothsome /'tuwthsəm/ *ks.* 1 lezat, énak (*of food*). 2 menggiurkan, menyenangkan (*of a girl*).

toothy /'tuwthie/ *ks.* memperlihatkan (banyak) gigi.

tootsy /'tuwtsie, 'tutsie/ *kb.* (*j.* **-sies**) *Inf.*: 1 kaki bayi/kecil. 2 jari kaki.

top /tap/ *kb.* 1 puncak (*of a mountain, tree*). 2 juara yg terpandai (*in a group, class*). 3 kap (*of car*). 4 bubungan (*of a roof*). 5 tutup. *pan t.* tutup panci. 6 daundaun. *carrot tops* bagian wortel yg diatas tanah. 7 gasing. *to spin a t.* bermain gasing. **::** *to dress in the t. of fashion* berpakaian menurut mode yg terbaik. *Lay the blouse on the t.* Letakkan blus itu paling atas. *Oil always comes to the t.* Minyak selalu naik ke permukaan. *to shout at the t. of o's voice* berteriak dgn suara yg sekeras-kerasnya. *at t. speed* sekencang-kencangnya. *Sl.*: **to blow o's t.** menjadi marah sekali. **from t. to bottom** dari atas sampai kebawah. *to search for s.t. from t. to bottom* mencari s.s.t. dimana-mana. *to clean house from t. to bottom* membersihkan seluruh rumah itu. **on t.** diatas sekali. *to lay the papers on t.* meletakkan kertas-kertas itu paling atas. *on t. of the desk* diatas méja. *one book on t. of another* buku yg satu diatas yg lain. **on t. of the world** sangat gembira. *He's sitting on t. of the world* Ia sedang merasa sangat gembira. *to come out* **on t.** menang, berhasil. *to be on t. of o's job* berhasil dgn pekerjaannya. *On t. of it all, it's snowing* Ditambah lagi salju sedang turun. *to go* **over the t.** 1 melampaui sasaran (*of a fund drive*). 2 *Mil.*: keluar dari lobang pertahanan. *to sleep like a t.* tidur nyenyak. *Inf.*: *Just talking off the t. of my head, I...* Berbicara begitu saja, saya.... Berbicara tanpa berpikir panjang, saya.... —*ks.* 1 paling atas, teratas. *the t. floor* tingkat paling atas. *t. drower* laci yg paling atas. 2 tertinggi, paling tinggi (*of prices, honors*). 3 maksimum, paling tinggi (*of speed*). 4 utama. *She's a t. star* Ia seorang bintang utama. —*Sl.*: **tops** *ks.*: paling pandai. *Sl.*: *He's tops in his field* Ia terpandai dlm lapangannya. —*kkt.* (**topped**) 1 mengalahkan, melebihi. *Can you t. that remark?* Dapatkah kau mengalahkan ucapan itu? 2 mengatasi. *There is none that can t. it there* Tak ada yg dpt mengatasinya disitu. *Your story tops any I've heard* Ceritamu itu melebihi semua yg kudengar. 3 memangkas puncak (*a tree*). **::** *A church tops the hill* Sebuah geréja berdiri di puncak bukit itu. *A steeple tops the church* Sebuah menara merupakan puncak dari geréja itu. *His offer topped mine by ten dollars* Tawarannya lebih sepuluh dolar dari tawaranku. *She tops a list of thirty* Namanya tercatat paling atas di daftar nama tiga puluh orang calon. **to t. off** mengakhiri, menyempurnakan, menyempurnai. *To t. it off, we...* Utk menyempurnakan hal itu, kami.... *Sl.*: **t. banana** orang yg terkemuka, pemimpin terkemuka. *Sl.*: **t. brass** 1 perwira tinggi. 2 pegawai-pegawai tinggi. *Inf.*: **t. dog** nomor satu, yg paling baik. *Inf.*: **top-drawer** *ks.* yg paling penting. *Inf.*: **top-flight** *ks.* baik sekali, terkemuka, ulung. **top-grade** *ks.* bermutu paling baik. **t. hat** topi tinggi (dari sutera hitam). **top-heavy** *ks.* 1 terlalu berat di bagian atas (*of a truck*). 2 berat diatas (*with executives*). *Sl.*: **t. kick** 1 pemimpin, yg berkuasa. 2 *Mil.*: sersan satu. **top-level** *ks.* tertinggi. *t.-level management* pimpinan tertinggi. **top-ranking** *ks.* yg paling atas. **top-ranked, top-rated** *ks.* dinilai tinggi, memegang tempat yg paling tinggi. **t. secret** amat/ sangat rahasia. *t.-secret documents* dokumén-dokumén yg sangat rahasia. **top-seeded** *ks.* digolongkan di kelas tertinggi. **t. sergeant** sersan kelas satu. —**topping** *kb.* lapisan diatas (*of a cake*). **toppings** *j.* pucuk-pucuk pohon (yg dipotong).

topaz /'towpæz/ *kb.* ratna cempaka.

topcoat /'tap'kowt/ *kb.* mantel, jas luar.

topic /'tapik/ *kb.* 1 pokok (pembicaraan). *topics of the day* pokok pembicaraan/soal yg hangat hari ini. 2 yg ramai dibicarakan, buah mulut/bibir.

topknot /'tap'nat/ *kb.* jambul (rambut atau bulu).

topless /'taplǝs/ *ks.* tanpa penutup dada, dgn dada terbuka.

topmost /'topmowst/ *ks.* (yg) paling atas.

topnotch /'tap'nac/ *ks. Inf.*: ulung, nomor wahid, jempolan.

topographic(al) /'tapǝ'græfǝk(ǝl)/ *ks.* yg berk. dgn topografi. *t. map* peta topografi.

topography /tǝ'pagrǝfie/ *kb.* (*j.* **-phies**) topografi.

topology /tǝ'palǝjie/ *kb.* topologi.

toponymy /tǝ'panǝmie/ *kb.* ilmu nama-nama tempat-tempat.

topple /'tapǝl/ *kkt.* merobohkan, menjatuhkan (*a ruler or government, tree*). —*kki.* tumbang, rebah. *The tree toppled to the ground* Pohon itu rebah di tanah.

topside /'tap'said/ *kb.* geladak/dék atas. *to be t.* ada di dék atas.

topsoil /'tap'soil/ *kb.* bunga tanah (humus).

topsy-turvy /'tapsie'tǝrvie/ *ks.* 1 tunggang balik. 2 kacau-balau, kucar-kacir. *to turn everything t.* membuat semuanya menjadi kacau-balau.

torch /tɔrc/ *kb.* obor, suluh. *Sl.*: *to carry a t. for s.o.* mencintai s.s.o. (tapi tdk dibalas).

torchbearer /'tɔrc'bεrǝr/ *kb.* pembawa obor.

torchlight /'tɔrc'lait/ *kb.* cahaya obor. *t. procession* pawai obor.

tore /towr/ lih TEAR/tær/*kkt.*

torment /'tɔrment *kb.*; tɔr'ment *kkt.*/ *kb.* 1 siksaan. 2 kesakitan. 3 kesengsaraan. —*kkt.* menyiksa.

tormentor /tɔr'mentǝr/ *kb.* penyiksa.

torn /towrn/ lih TEAR/tær/*kkt.*

tornado /tɔr'neidow/ *kb.* angin taufan.

torpedo /tɔr'piedow/ *kb.* 1 torpédo. *t. boat* kapal torpédo. 2 sm petasan, periuk api. —*kkt.* 1 mentorpédir (*a ship*). 2 menggagalkan (*a meeting, conference*).

torpid /'tɔrpid/ *ks.* lamban, tumpul.

torpor /'tɔrpǝr/ *kb.* kelambanan, ketumpulan.

torque /tɔrk/ *kb.* tenaga putaran.

torrent /'tarǝnt/ *kb.* 1 aliran air yg deras. *The rain came down in torrents* Hujan turun dgn derasnya. 2 semburan. *t. of words* semburan kata-kata.

torrential /tǝ'rensyǝl/ *ks.* amat deras, sangat lebat. *t. rains* hujan-hujan yg amat lebat.

torrid /'tarid/ *ks.* 1 panas sekali, terik (*of weather*). *T.* *Zone* Daérah Panas/Tropis. 2 penuh berahi, bernafsu (*of a love scene*).

torsion /'tɔrsyǝn/ *kb.* pilinan, puntiran.

torso /'tɔrsow/ *kb.* batang tubuh.

tort /tɔrt/ *kb. Law*: kesalahan, kerugian.

tortoise /'tɔrtǝs/ *kb.* kura-kura darat.

tortuous /'tɔrcuǝs/ *ks.* 1 berliku-liku (*of a road*)..2 berbelit-belit (*of a line of reasoning*).

torture /'tɔrcǝr/ *kb.* 1 siksaan. *Listening to him speak is sheer t.* Mendengarkan dia berbicara adalah siksaan semata-mata. 2 penyiksaan. *the t. of prisoners of war* penyiksaan tawanan-tawanan perang. 3 penderitaan, siksaan. —*kkt.* menyiksa, menganiaya.

torturer /'tɔrcurǝr/ *kb.* penyiksa, penganiaya.

toss /tɔs/ *kb.* 1 lémparan. *to win the t.* memenangkan undian. *The decision was made with a t. of a coin* Putusan itu dibuat dgn melambungkan sebuah mata uang. 2 lénggokan. *t. of the head* lénggokan/lémparan kepala kebelakang. —*kkt.* 1 melémparkan, melontarkan (*a ball*). 2 melambungkan. *Waves tossed the ship about* Ombak melambung-lambungkan kapal itu. *He was tossed by the bull* Ia dilémpar keatas oléh sapi jantan itu. 3 menegakkan. *to t. o's head* mengangkat kepalanya. 4 melantunkan, memantulkan. *to t. a coin* melantunkan uang logam (keatas). 5 menggoyangkan selada spy kuahnya merata (*a salad*). —*kki.* 1 mengadakan undian dgn mata uang. 2 mengguling ke kiri dan ke kanan. *He tossed in his sleep* Ia gelisah tidurnya. 3 terombang-ambing. *The ship tossed on the waves* Kapal itu terombang-ambing di gelombang. **to t. aside** mengesampingkan. **to t. away** membuang. *T. me down the blankets* Lémparkan selimut-selimut itu kpd saya. **to t. off** 1 melémparkan (*bedclothes*). 2 mengarang, menggubah dgn cepat (*a poem*). 3 minum dgn cepat. **to t. up** berundi (*of a coin*). **tossed salad** selada yg dicampuraduk.

tossup /'tɔs'ʌp/ *kb.* 1 *Inf.*: kemungkinan yg sama. 2 (peng)undian.

tot /tat/ *kb.* anak kecil.

tot. [*total*] jumlah, total.

total /'towtǝl/ *kb.* jumlah, total. *Can you give me the t.?* Dapatkah kau memberikan jumlah seluruhnya kepadaku? —*ks.* 1 total, seméta. *t. war* perang total. 2 mutlak. *t. failure* kegagalan mutlak. *to feel like a t. failure* merasa spt orang yg gagal samasekali. *in t. darkness* dlm gelap-gulita. *to suffer a t. loss* kehilangan segala-segalanya. 3 jumlah. *t. enrollment* jumlah pendaftaran. *The t. amount is...* Jumlah uang adalah.... —*kkt.* 1 berjumlah. *Sales totaled ten dollars* Hasil penjualan berjumlah sepuluh dolar. 2 menjumlahkan. *T. that column of figures* Jumlahkanlah susunan angka-angka itu. *to t. up a bill* menjumlahkan suatu rékening. 3 *Sl.*: menghancurkan samasekali (*a car*). **t. eclipse** gerhana sempurna. —**totally** *kk.* sama sekali. *He is t. blind* Ia buta samasekali.

totalitarian /tow'tælǝ'tæriǝn/ *ks.* totalitér. *t. state* negara totalitér.

totalitarianism /tow'tælǝ'tæriǝ'nizǝm/ *kb.* totalitérisme.

totality /tow'tælǝtie/ *kb.* (*j.* **-ties**) 1 keseluruhan. 2 kemutlakan (*of an eclipse*).

tote /towt/ *kkt. Inf.*: menggéndong, memikul.

totem /'towtǝm/ *kb.* gambar atau patung ukiran yg merupakan lambang suku. *t. pole* tiang totem.

totter /'tatǝr/ *kki.* berjalan terhuyung-huyung. —**tottering** *ks.* yg berjalan terhuyung-huyung (*of old person*).

touch /tʌc/ *kb.* 1 sentuhan. *the t. of her lips* sentuhan bibirnya. *sense of t.* indera/alat peraba. 2 sedikit. *Just give me a t.* of cake Berilah aku kué sepotong kecil saja. *A t.* of warm water will suffice Air panas sedikit akan memadailah. 3 suasana. *to give a new t.* *to the room* memberi suasana baru kpd kamar itu. 4 ketrampilan, kemahiran, kecekatan *(of a surgeon)*. 5 agak. *to have a t.* of flu agak sakit inpluénsa. 6 tekanan. *to play the piano with a light t.* bermain piano dgn tekanan (jari) yg énténg. *She has a nice t.* on the violin Gésékan biolanya merdu. 7 sentuhan, gorésan *(of a brush)*. *She needs a t.* of coloring in her face Ia memerlukan warna (sedikit) pd mukanya. *The personal t.* is important Perhatian pribadi penting. **to get in t.** with berhubungan dgn, menghubungi. *Get in t.* with him Hubungilah dia. **to keep in t.** tetap berhubungan. *Let's keep in t.* Marilah kita tetap berhubungan. **to keep in t. with** berhubungan dgn. *TV keeps one in t.* with events TV membuat orang dpt mengikuti peristiwa-peristiwa. **to lose t. with** kehilangan hubungan dgn. *to feel out of t. with* merasa kehilangan hubungan dgn. —*kkt.* 1 menyentuh, mengutik-utik, menjamah *(an object)*. *Don't t. me!* Jangan sentuh/pegang saya. 2 menyinggung, menyentuh. *to t.* a table leg with o's shoe menyinggung kaki méja dgn sepatunya. *In the discussions we touched many topics* Dlm perbincangan itu kami menyinggung banyak pokok pembicaraan. 3 mengenai. *The law can't t. us* Polisi tak dpt mengenai kita. 4 menandingi. *No one can t.* him in his ability Tdk ada seorangpun yg dpt menandingi kecakapannya. 5 mengharukan. *I was touched by her remarks* Aku terharu oléh kata-katanya itu. 6 memetik *(strings of harp)*. 7 mengutik-utik. *I didn't dare t.* the subject of a raise Aku tak berani mengutik-utik perihal kenaikan gaji. *I wouldn't t.* that business Aku tak mau bersangkutan (dgn) perusahaan itu. 8 *Sl.:* meminjam *(s.o. for a loan)*. :: *The flowers were touched by the frost* Bunga-bunga itu sedikit rusak oléh hawa dingin itu. *to t. port* menyinggahi/memasuki pelabuhan. *to t. tobacco* merokok. *No one was touched* Tdk seorang yg terluka. *I never t.* whiskey Saya tak pernah minum wiski. —*kki.* 1 memegang, menyentuh, menjamah. *Do not t.!* Jangan pegang/sentuh! 2 bersentuhan. *Their hands touched* Tangan meréka bersentuhan. **to t. at** singgah di. **to t. down** mendarat. **to t. off** 1 menimbulkan, mencetuskan *(an argument, a war)*. 2 mengadakan, mencetuskan *(an explosion)*. **to t. (up)on** 1 menyinggung *(a topic)*. 2 mendekati, hampir-hampir bersifat. *His speech touches on treason* Pidatonya itu hampir-hampir bersifat pengkhianatan. **to t. up** memperbaiki, memperindah *(a painting)*. *to t. up a bit before...* berias sedikit sblm.... *to t. up the scratches with paint* mendandani gorésan-gorésan itu dgn cat. **t. and go** *kb.* keadaan yg menyangsikan. *It was t. and go whether...* Disangsikan apakah.... **touch-and-go** *ks.* tak menentu. *a t.-and-go situation* keadaan yg menyangsikan. **to touch-type** mengetik tanpa melihat. —**touched** *ks. Inf.:* sinting, édan. *He's a little t.* in the head Ia agak sinting. —**touching** *ks.* mengharukan.

touchdown /'tʌc'dawn/ *kb.* 1 *Sport:* pembuatan, pencétakan, gol. 2 *Av.:* pendaratan.

touchiness /'tʌcienəs/ *kb.* keadaan sangat perasa, keadaan lekas tersinggung.

touchstone /'tʌc'stown/ *kb.* batu ujian.

touchy /'tʌcie/ *ks.* tipis telinga, béngkéng.

tough /tʌf/ *kb.* penjahat. —*ks.* 1 keras, liat *(of meat)*. 2 kuat *(of animals)*. 3 buruk *(of an area)*. *t. neighborhood* daérah kota yg sifat penduduknya kasar. 4 kasar. *a t. customer* seorang yg kasar. 5 berat, sulit, sukar *(of a job)*. *t. sledding* masa sulit, pengalaman pahit. *t. spot* kedudukan/keadaan yg sulit. 6 kuat *(of an athlete)*. *t. luck* nasib sial. *That's t.!* Sayang sekali! —*kk.* keras. *Inf.: to talk t.* bersitegang, bersikeras, sok (pem)berani. **tough-minded** *ks.* keras hati.

toughen /'tʌfən/ *kkt.* menguatkan. —*kki.* menjadi kuat.

toughness /'tʌfnəs/ *kb.* kekerasan.

toupee /tuw'pei/ *kb.* rambut palsu.

tour /tur/ *kb.* 1 perjalanan (keliling). *to make a t.* raun, mengadakan turné, berpariwisata. *to take a t.* of the White House berkeliling melihat-lihat Gedung Putih. *The orchestra is on t.* Orkés itu sedang berkeliling mengadakan konsér-konsér. *to be on a world t.* sedang melakukan perjalanan keliling dunia. *t. of inspection* perjalanan keliling utk (mengadakan) pemeriksaan. 2 tamasya. *conducted t.* tamasya terpimpin. —*kkt.* mengelilingi/berkeliling di *(Europe)*. **t. guide** 1 buku petunjuk pariwisata. 2 pengantar tamasya, pengantar perjalanan keliling. **t. of duty** 1 perpindahan dlm rangka dinas. 2 *Mil.:* pergiliran tugas.

tourism /'turizəm/ *kb.* turisme, kepariwisataan.

tourist /'turist/ *kb.* 1 pariwisatawan, turis, orang pelancongan. *t. agency/bureau* kantor pariwisata, biro wisata. *t. camp/court* 1 perkémahan. 2 lih MOTEL. *t. class* ruang pariwisata. *to travel t. class* bepergian naik ruang pariwisata, bepergian kelas murah. *t. information* penerangan pariwisata. *t. guide* penunjuk jalan utk pariwisatawan.

tournament /'turnəmənt/ *kb.* turnamén, pertandingan. *golf t.* turnamén golf.

tourniquet /'turnəket/ *kb.* turnikét, alat guna menghentikan perdarahan.

tousle /'tawsəl/ *kkt.* mengusutkan. *tousled hair* rambut kusut.

tout /tawt/ *kkt.* memuji, menggembar-gemborkan. *He was highly touted for...* Ia sangat dipuji-puji utk....

tow /tow/ *kb.* 1 éretan, gandéngan, tarikan. *a t.* of barges seérétan perahu-perahu muatan. 2 tali pengérét *(for skiers)*. *to keep s.o.* in t. mengekang s.s.o. *to have s.o.* in t. membimbing/menggandéng s.s.o. **to take in t.** bertanggung-jawab. *to take a boat in t.* menarik kapal. —*kkt.* menyérét, menunda *(boat, stalled car)*. —**towing** *kb.* gandéngan, éretan, tarikan. *t. car/truck* mobil penyérét/penarik.

toward(s) /towrd(z), tə'wɔrd(z)/ *kd.* 1 terhadap. *o's attitude t. s.o.* sikapnya thd s.s.o. 2 ke arah. *to run t. o's mother* berlari ke arah ibunya. 3 untuk. *to give money t. a professorship* memberikan uang utk suatu jabatan gurubesar. 4 menjelang, hampir. *t. noon* menjelang siang. 5 kepada. *Turn t. your partner* Menghadaplah ke pasanganmu.

towel /'tawəl/ *kb.* 1 (h)anduk, tuala. *bath t.* anduk mandi. 2 lap. *dish t.* lap piring(-cangkir). *kitchen t.* lap/serbét dapur. 3 serbét. *paper t.* serbét dapur. *Inf.: to throw in the t.* memberi tanda menyerah, mengaku kalah, menyerah. —*kki.* mengeringkan badan dgn handuk. **t. rack** rak/gantungan handuk.

tower /'tawər/ *kb.* menara. *observation t.* menara pengintai. *She was a t.* of strength Ia adalah tempat bersandar/berlindung. —*kki.* menjulang tinggi. *He towers above/over his father* Ia menjulang lebih tinggi drpd ayahnya. —**towering** *ks.* tinggi, meluap-luap. *of t. stature* yg terkemuka, dgn martabat yg tinggi. *to be in a t. rage* marah meluap-luap. *to have a t. ambition* berambisi besar.

towhead /'tow'hed/ *kb.* seorang yg warna rambut-nya kuning pucat.

towline /'tow'lain/ *kb.* tali/kabel penyérét.

town /tawn/ *kb.* kota. *country t.* kota kecil di peda-laman. *to go into t.* pergi ke kota. *t. idiot* orang kota yg sinting. *The whole t. had a holiday* Seluruh pendu-duk kota berlibur. *Inf.: to go to t.* mencapai suksés/kemajuan (*in a new business, on a musical instrument*). *Inf.: to go to t. on a watermelon* memakan semangka dgn sangat lahapnya. *to hit t.* tiba. *Sl.: to be out on the t.* berpelesir di kota. *out of t.* keluar kota. *Sl.: to paint the t. red* berpésta-pora. *t. and gown* penduduk kota dan masyarakat perguruan tinggi. *t. clerk* pegawai kotapraja. *t. council* déwan kota kecil. *t. father* ang-gota terkemuka di kota kecil itu. *t. house* rumah di kota. *t. meeting* rapat umum warga kota. *t. planning* perencanaan kota.

townsfolk /'tawnz'fowk/ *kb.* orang-orang kota.

township /'tawnsyip/ *kb.* kotapraja.

townsman /'tawnzmən/ *kb.* (*j.* **-men**) orang kota.

townspeople /'tawns'piepəl/ *kb.*, *j.* warga-warga kota.

towny /'tawnie/ *kb.* (*j.* **-nies**) *Inf.:* warga kota.

towrope /'tow'rowp/ *kb.* tali penyérét.

toxic /'taksik/ *ks.* mengandung racun.

toxicologist /'taksə'kalədjist/ *kb.* ahli (ttg) racun.

toxicology /'taksə'kalədjie/ *kb.* toksikologi, ilmu ttg racun.

toxin /'taksin/ *kb.* toksin.

toy /toi/ *kb.* mainan, main-main. *t. car* mobil-mobil-an. *t. dog* anjing-anjingan. —*kki.* mempermainkan (*beads*). *to t. with the idea of...* menimbang-nimbang utk ....

toyshop /'toi'syap/ *kb.* toko mainan.

t.p. [*title page*] halaman judul.

tpk(e) [*turnpike*] jalan raya lintas.

tr. 1 [*transitive*] transitip. 2 [*translation*] terjemahan.

trace /treis/ *kb.* 1 bekas. *to find no t. of s.o.* tak mene-mukan s.s.t. bekas dari s.s.o. *t. of mud on a shoe* bekas lumpur pd sepatu. *traces of ancient inhabitants* bekas-bekas penduduk jaman kuno. 2 jejak (*of animals*). 3 sedikit. *There wasn't a t. of color in her face* Sedikit-pun tdk ada warna pd mukanya. *There was just a t. of rainfall* Hanya sedikit hujan turun. 4 tali-temali. *to kick over the traces* berbuat sekehendak hati, men-durhaka. —*kkt.* 1 mencari (*a lost package*). 2 menji-plak, meniru (*s.t. on paper*). 3 mengikuti jejak (*ani-mals*). 4 menyusut. *to t. o's ancestors back to* menyusut leluhurnya hingga. 5 mengikuti asal (*a phone call*) (**to** dari). 6 menemukan. *to t. the source of a disease to* menemukan bhw yg membawa penyakit ialah. 7 mencatat (*of electrocardiograph*). —*tracing* *kb.* ji-plakan, gambar tiruan diatas kertas tipis. *t. paper* kertas minyak utk menjiplak.

tracer /'treisər/ *kb.* pengusutan (*for a missing person, letter*). *t. bullet* peluru bercahaya/(ber)api.

trachea /'treikieə/ *kb.* batang tenggorok.

trachoma /trə'kowmə/ *kb.* trakhom(a).

track /træk/ *kb.* 1 rél. *to jump the t.* keluar rél. *The train is off the t.* Keréta api itu keluar dari rél. *the other/wrong side of the tracks* dari golongan/kelas ren-dah. 2 jejak, bekas (*animal, human*). *to cover up o's tracks* menyembunyikan/merahasiakan/menutupi jejak-jejak. *to throw s.o. off the t.* membingungkan s.s.o. 3 jalan (*of a hurricane*). *He's on the right t.* Ia mengikuti jalan yg benar. 4 olahraga lari. *t. team* regu olahraga lari, lompat dan lémpar. *t. and field* olah raga lari, lompat, lémpar dsb. *t. meet* perlom-baan atlétik. 5 jurusan. *Inf.: in o's tracks* di tempat itu juga. **to keep t. of** mengawasi. *to keep t. of expenses*

mencatat pengeluaran-pengeluaran. *to lose t. of* ke-hilangan hubungan dgn. *Inf.: to make tracks* berlari amat cepat, bergegas-gegas. *off the beaten t.* 1 ter-pencil (*of location*). 2 jarang, yg tdk biasa (*of a field of study*). *to be off the t.* menyeléwéng. —*kkt.* 1 mengi-kuti jalan (*a satellite*). *to t. a tiger* mengikuti jejak harimau. 2 membawa. *to t. mud into the house* mem-bawa jejak-jejak berlumpur kedlm rumah. **to t. down** 1 mengejar dan menangkap (*s.o.*). 2 me-nemukan (*the source*). *to t. up a floor* mengotori lantai yg bersih. —*tracking* *kb.* pekerjaan mengikuti jalan (*hurricanes, satellites*). *t. station* stasiun utk mengikuti jejak (*of satellites*).

tracker /'trækər/ *kb.* 1 pemburu binatang (*of ani-mals*). 2 alat utk mengikuti jejak (*of satellite*).

tract /trækt/ *kb.* 1 bidang. *t. of land* bidang tanah. 2 brosur, buku kecil, risalat. 3 sistim. *respiratory t.* sistim pernapasan. *digestive t.* alat pencerna ma-kanan.

tractable /'træktəbəl/ *ks.* 1 penurut, ta'at (*of a child or dog*). 2 mudah dikerjakan (*of metals*).

traction /'træksyən/ *kb.* 1 daya tarik. 2 tenaga tarik. *electric t.* tenaga tarik listerik. *His fractured arm was put in t.* Lengannya yg patah itu ditarik dgn alat penarik.

tractor /'træktər/ *kb.* traktor. *tractor-trailer* mobil gandéng(an) yg ditarik traktor.

trade /treid/ *kb.* 1 perdagangan. *foreign t.* perda-gangan luar negeri. *retail t.* perdagangan éceran. *t. balance* neraca perdagangan. *t. barrier* penghalang perdagangan. *t. deficit* défisit perdagangan. *t. mis-sion* misi perdagangan. *t. secret* rahasia perdagang-an. *t. in cotton* perdagangan kapas/kain katun. 2 kejuruan, ketrampilan. *to learn a t.* mempelajari kejuruan. *What is your t.?* Apa pekerjaanmu? 3 pembeli, langganan. *His store has a lot of t.* Tokonya mempunyai banyak langganan. 4 tukar-menukar. *You made a good t.* Kau beruntung dlm tukar-menu-kar itu. *to make an even t.* tukar-menukar dgn sepa-dan. —*kkt.* 1 bertukar. *to t. places* bertukar tempat (duduk). 2 tukar-menukar. *to t. horses* tukar-menukar kuda. —*kki.* 1 berdagang. *That country trades everywhere* Negeri itu berdagang dimana-mana. *That firm trades in furs* Perusahaan itu ber-dagang baju-baju bulu. 2 berbelanja. *She likes to t. at that store* Ia suka berbelanja di toko itu. **to t. in** 1 menukar-tambah. *to t. in an old car on a new one* menukar-tambah mobil yg lama dgn mobil yg baru. 2 berdagang. **to t. off** menjualkan. *I'd like to t. off next Sunday and work the following Sunday* Saya ingin menukar hari Minggu y.a.d. dan sebaliknya bekerja pd hari Minggu berikutnya. **to t. on** mengandalkan. *to t. on o's father's reputation* mengan-dalkan nama baik bapaknya. **to t. with** 1 berda-gang/berniaga dgn. 2 tukar-menukar/bertukar dgn. *t. agreement* perjanjian dagang. **t. association** serikat dagang. **t. book** buku yg diperdagangkan. *This book is not in the t.* Buku ini tdk diperdagangkan. **t. fair** pekan raya dagang. **t. journal** majalah dagang. **trade-in** *kb.* penukar-tambah. **t. name** nama dagang, mérék barang dagangan. **t. route** jalan dagang. **t. school** sekolah vak. **t. union** serikat buruh. **t. wind** angin pasat. —*trading* *kb.* perdagangan. *t. stamp* kupon, perangko, prémi.

trademark /'treid'mark/ *kb.* cap/mérék dagang.

trader /'treidər/ *kb.* pedagang.

tradesman /'treidzmən/ *kb.* (*j.* **-men**) pedagang, saudagar.

tradition /trə'disyən/ *kb.* tradisi.

traditional /trə'disyənəl/ *ks.* tradisionil.

traffic /'træfik/ *kb*. 1 lalu-lintas. *T. is heavy* Lalu-lintas sangat ramai. *t. circles* bundaran lalu-lintas. *t. cop/policeman* polisi lalu-lintas, polantas. *t. jam* kemacetan lalu-lintas. *t. light/signal* lampu lalu-lintas. *t. pattern* pola lalu-lintas. *t. regulations* peraturan lalu-lintas. *t. sign* papan/tanda lalu-lintas. *t. ticket* surat tilang, surat bukti pelanggaran. 2 perdagangan. *t. in opium* perdagangan (gelap) candu. —*kki.* **to t. in** berdagang/menjual-beli. **t. island** penyeberangan ditengah jalan.

tragedian /trə'jiedieən/ *kb*. 1 pelaku lakon sedih. 2 penulis cerita sedih.

tragedienne /trə'jiedie'en/ *kb*. pelaku wanita lakon sedih.

tragedy /'træjədie/ *kb*. (*j*. **-dies**) 1 tragédi, lakon sedih, cerita sedih. 2 tragédi, kejadian yg menyedihkan, peristiwa yg sedih.

tragic /'træjik/ *ks*. tragis.

trail /treil/ *kb*. 1 jalan kecil, jejak, bekas. *to follow a t.* mengikuti jejak. *The police are on his t.* Polisi sedang memburunya. 2 jejak asap (*of a jet*). **to hit the t.** berangkat. —*kkt.* 1 mengikuti, mengékori. *The dog trails his master* Anjing itu mengikuti tuannya. 2 membuntuti, mengékori (*s.o.*). 3 menarik. *to t. a monkey behind o.s.* menarik seékor kera dibelakangnya. 4 menyérét. —*kki.* 1 ketinggalan. 2 terséret. *Her wedding train trailed behind her* Ujung pakaian pengantinnya terséret dibelakangnya. 3 *Sport*: mengékori dgn. *Our team trails 1–3* Regu kami mengékori dgn (kekalahan) 1–3. 4 menjadi lemah. *His voice trailed off in the distance* Suaranya bertambah lemah di jauhnya. **to t. after** mengikuti dibelakang.

trailblazer /'treil'bleizər/ *kb*. pelopor, perintis, pembuka jalan.

trailer /'treilər/ *kb*. 1 rumah gandéngan. 2 (keréta) gandéngan. 3 pilem yg memperkenalkan pilem yg akan datang. *t. camp/court/park* taman (tempat) keréta rumah.

train /trein/ *kb*. 1 keréta api. *to go by t.*, *to take a t.* naik keréta api. *t. station* stasiun keréta api. *t. ticket* karcis keréta-api. 2 pancung (*of a dress*). 3 dérétan. *wagon t.* iring-iringan keréta. 4 gerombolan. *a film star and his t. of admirers* seorang bintang pilem dgn rombongan pemuja-pemujanya. 5 ékor (*of a comet*). 6 jalan. *to break o's t. of thought* mengganggu jalan pikiran. 7 réntétan. *to suffer a t. of setbacks* mengalami seréntétan kemunduran. *Floods bring disease in their t.* Banjir disusul oléh penyakit. —*kkt.* 1 melatih (*animals, athletes*). 2 mendidik (*children*). *He was trained as a soldier* Ia dididik sbg perajurit. 3 mengatur (*a plant*). 4 membidikkan, mengarahkan (*a gun*). (**on** kpd.). —*kki.* berlatih. *to t. for weeks* berlatih berminggu-minggu. —**trained** *ks*. terlatih. *t. dog* anjing yg terlatih. *t. nurse* perawat yg terlatih. *t. teacher* guru yg terlatih. —**training** *kb*. 1 latihan. *to be in t.* sedang dlm latihan. *t. session* masa latihan. *t. camp* perkémahan tempat latihan. 2 pendidikan. *t. in electronics* pendidikan dlm ilmu éléktronika. *teacher t. college* sekolah (pendidikan) guru. *t. vessel* kapal pelatih. *to go into t.* melatih, menempuh latihan. *to be out of t.* kurang latihan.

trainee /'treinie/ *kb*. siswa/pengikut latihan.

traineeship /'treiniesyip/ *kb*. kedudukan sbg siswa latihan.

trainer /'treinər/ *kb*. 1 *Sport*: pelatih (*of animal*). 2 penggembléng. *The army is a t. of men* Angkatan Darat merupakan penggembléng bagi orang-orang lelaki.

trainload /'trein'lowd/ *kb*. sekeréta-api penuh.

trainman /'treinmən/ *kb*. (*j*. **-men**) 1 pegawai keréta api. 2 pekerja/karyawan keréta-api.

traintime /'trein'taim/ *kb*. waktu berangkat keréta-api.

traipse /treips/ *kki. Inf.*: berjalan kesana-sini tak tentu arah. *to t. through a yard* berjalan-jalan tanpa tujuan/tanpa maksud tertentu meliwati halaman.

trait /treit/ *kb*. ciri, sifat. *character t.* ciri pembawaan.

traitor /'treitər/ *kb*. pengkhianat. *to turn t.* menjadi pengkhianat.

traitorous /'treitərəs/ *ks*. bersifat khianat. *t. deed* perbuatan pengkhianatan.

trajectory /trə'jektərie/ *kb*. (*j*. **-ries**) jalan/lintasan peluru.

tram /træm/ *kb*. trém (listrik).

trammel /'træməl/ *kkt*. mengungkung, mengekang.

tramp /træmp/ *kb*. 1 orang gelandangan, petualang. 2 derap langkah, celam-celum (*of marchers*). 3 *Inf.*: wanita "P", pelacur. 4 perjalanan kaki (*through the woods*). —*kkt.* berjalan kaki. *to t. the streets* berjalan kaki di jalan-jalan, menjalani jalan-jalan. —*kki.* berjalan kaki. *to t. on s.t.* menginjak-injak s.s.t. **t. steamer** kapal liar, kapal pencari muatan.

trample /'træmpəl/ *kkt*. menginjak-injak. *to t. s.o. to death* menginjak-injak s.s.o. sampai mati. —*kki.* menginjak-injak. *to t. on the flowers* menginjak-injak tanaman bunga hingga rubuh. *Don't t. on the grass* Jangan injak-injak rumput itu. *to t. on s.o.'s rights* menginjak-injak hak-hak s.s.o. *to t. under foot* menginjak-injak.

trampoline /'træmpəlien/ *kb*. kain layar yg direntang diatas tanah utk menampung jatuhnya akrobat-akrobat.

trance /træns/ *kb*. keadaan tak sadarkan diri. *She went into a t.* Ia kerasukan. Ia tak sadarkan diri. *He was like a man in a t.* Ia spt seorang yg lupa daratan.

tranquil /'træn(g)kwəl/ *ks*. tenang, hening, sentosa.

tranquility /træn(g)'kwilətie/ *kb*. kesentosaan, ketenangan.

tranquilize /'træn(g)kwəlaiz/ *kkt*. menenangkan, meredakan.

tranquilizer /'træn(g)kwə'laizər/ *kb*. obat penenang.

trans. 1 [*transitive*] transitip. 2 [*translation*] terjemahan. 3 [*translated*] diterjemahkan.

transact /træn'zækt/ *kkt*. mengadakan/melakukan transaksi (*business*).

transaction /træn'zæksyən/ *kb*. 1 transaksi (*of business*). 2 notulen, catatan. *The Transactions of...* Notulen dari.... *cash t.* jual-beli dgn tunai.

transatlantic /'trænzət'læntik/ *ks*. melintasi samudera Atlantik, transatlantik.

transcend /træn'send/ *kkt*. melebihi, lebih penting dari. *National interests t. personal feelings* Kepentingan-kepentingan nasional lebih penting drpd perasaan-perasaan pribadi.

transcendent /træn'sendənt/ *ks*. sangat, teramat. *of t. importance* sangat penting.

transcendental /'trænsən'dentəl/ *ks*. 1 sangat, teramat. 2 sukar dipahamkan, diluar pengertian dan pengalaman manusia biasa.

transcontinental /'trænzkantə'nentəl/ *ks*. antarbenua, melintasi benua.

transcribe /træn'skraib/ *kkt*. 1 menulis catatan dgn tulisan biasa. 2 merekam. 3 menuliskan. *to t. a word phonemically* menuliskan sebuah kata secara fonémis.

transcript /'trænskript/ *kb*. catatan (kata demi kata). *academic t.* turunan angka-angka akadémis.

transcription /træn'skripsyən/ kb. rekaman, turunan, tulisan. *to make a t.* membuat rekaman. *phonetic t.* tulisan fonétik.

transfer /'trænsfər kb.; træns'fər kkt./ kb. 1 pergantian (*replacement*). 2 karcis utk ganti trém atau bis. 3 serah-terima (*of command*). 4 pemindahan. 5 pemindahan/pengiriman (*of funds*). *bank t.* pengiriman melalui bank. *t. of title to land* memindahkan hak milik tanah. —kkt. (**transferred**) 1 memindahkan (*s.o.*). *to t. a bag at an airport* memindahkan barang di lapangan terbang. 2 memindahtangankan. 3 menyerah-terimakan (*command, power*). 4 memindahkan (*funds*). —kki. 1 beralih. *to t. from engineering to medicine* beralih dari lapangan téhnik ke lapangan kedokteran. 2 *RR*.: ganti (keréta-api).

transferable /trænz'fərəbəl/ ks. dpt dioperkan. "*Not t.*" Tdk dpt dioperkan.

transference /træns'fərəns/ kb. pemindahan (*of power*).

transfiguration /træns'figyə'reisyən/ kb. perubahan rupa atau bentuk.

transfigure /træns'figyər/ kkt. merubah rupa atau roman.

transfix /træns'fiks/ kkt. 1 menombak, menusuk (dgn tombak). 2 memancangkan, menancapkan. *to t. s.o. with a spear* memancangkan tombak kpd s.s.o. 3 membuat terpaku (*from terror*).

transform /træns'fɔrm/ kb. perubahan/pergantian bentuk. —kkt. 1 mengubah (bentuk), menjelmakan. *The new clothes transformed him into a handsome man* Pakaian-pakaian yg baru itu mengubahnya menjadi seorang pria yg tampan. 2 merobah. *to t. heat into energy* merobah panas menjadi tenaga.

transformation /'trænsfər'meisyən/ kb. perubahan (bentuk), transformasi (**into** menjadi).

transformer /trens'fɔrmər/ kb. transformator, trafo.

transfusion /træns'fyuwzyən/ kb. transfusi, pemindahan. *blood t.* transfusi/pemindahan darah.

transgress /træns'gres/ kkt. meliwati, melampaui. *to t. the accepted bounds* melanggar batas-batas yg diterima.

transgression /træns'gresyən/ kb. pelanggaran (hukum).

transgressor /træns'gresər/ kb. pelanggar, orang yg berdosa.

transient /'trænsyənt/ kb. orang pemondok sementara. *t. hotel* hotél yg dpt didiami utk sementara waktu saja.

transistor /træn'zistər/ kb. transistor. *t. radio* radio transistor.

transistorize /træn'zistəraiz/ kkt. memperlengkapi dgn transistor. **transistorized** *radio* radio yg memakai transistor.

transit /'trænsit, -zit/ kb. 1 téodolit. 2 transito, dlm perjalanan. *to be in t.* dlm perjalanan terus. *t. passengers* penumpang-penumpang dlm perjalanan. *The horse was injured while in t.* Kuda itu terluka waktu diangkut. 3 pengangkutan. *the t. system* sistém pengangkutan. —kkt. melintasi. *to t. a mountain divide* melintasi bubung gunung.

transition /træn'zisyən/ kb. peralihan, transisi. *period of t.* masa peralihan, pancaroba.

transitive /'trænsətiv/ kb. katakerja transitip. —ks. transitip, berlengkap.

transitory /'trænsə'towriy/ ks. fana, tdk kekal.

transl. 1 [*translated*] diterjemahkan. 2 [*translation*] terjemahan.

translatable /træns'leitəbəl, trænz'-/ ks. dpt diterjemahkan.

translate /'trænsleit, 'trænz-; træns'leit, trænz'-/ kkt. 1 menterjemahkan, mengalihbasakan (*a book*). 2 mewujudkan. *to t. plans into a house* mewujudkan rencana-rencana menjadi sebuah rumah.

translation /træns'leisyən, trænz'-/ kb. 1 terjemahan (*of a book*). 2 (*translating*) penterjemahan.

translator /'trænsleitər, 'trænz-; træns'leitər, trænz'-/ kb. penterjemah, alihbahasa.

transliterate /træns'litəreit, trænz'-/ kkt. menyalin huruf dari satu abjad ke huruf abjad lain.

transliteration /træns'litə'reisyən, trænz-/ kb. penyalinan huruf dari satu abjad ke huruf abjad lain.

translucent /træns'luwsənt, trænz'-/ ks. tembus cahaya.

transmigrant /træns'maigrənt, trænz'-/ kb. transmigran.

transmigrate /træns'maigreit, trænz'-/ kki. berpindah (**to** ke). *to t. into* berpindah kedlm (*of a soul*).

transmigration /'trænsmə'greisyən, 'trænz-/ kb. transmigrasi, perpindahan, pemboyongan.

transmission /træns'misyən, trænz'-/ kb. 1 pengiriman (*of a message*). 2 penularan, penyebaran, penjangkitan (*of a disease*). 3 *Auto*.: persnéling. *t. belt* pita/tali mesin.

transmit /træns'mit, trænz'-/ kkt. (**transmitted**) 1 mengirimkan (*a message, money*). 2 menjangkitkan, menularkan, menyebarkan (*disease*). 3 meneruskan, membawa. *Glass transmits light* Kaca meneruskan sinar. **transmitting** *set* alat-alat/pesawat pemancar, sénder.

transmittal /træns'mitəl, trænz'-/ kb. pengiriman.

transmitter /træns'mitər, trænz'-/ kb. pemancar.

transmutation /'trænsmyuw'teisyən, 'trænz-/ kb. perubahan.

transmute /træns'myuwt, trænz'-/ kkt. mengubah.

transoceanic /'trænsowsyie'ænik, 'trænz-/ ks. melintasi samudera. *t. crossing* penyeberangan samudera.

transom /'trænsəm/ kb. jendéla (kecil) diatas pintu.

transparency /træns'pærənsie/ kb. (*j.* **-cies**) 1 sifat tembus (*of material*). 2 kelemahan (*of an argument*).

transparent /træns'pærənt/ ks. 1 jernih, tembus cahaya (*of glass*). 2 nyata, jelas (*of a lie*).

transpire /træns'spair/ kki. terjadi, berlangsung.

transplant /'trænsplænt, kb.; træns'plænt kkt./ kb. pencangkokan, cangkok. *heart t.* pencangkokan/ cangkok jantung. *skin t.* pencangkokan/pengantian kulit. —kkt. 1 memindahkan (*flowers, a family*). 2 mencangkok (*an organ, skin*).

transplantation /'trænsplæn'teisyən/ kb. pencangkokan, transplantasi.

transport /'trænspowrt kb.; træns'powrt kkt./ kb. 1 pengangkutan. *t. company* perusahaan pengangkutan. 2 angkutan. 3 kapal pengangkut. —kkt. 1 mengangkut (*s.t.*). 2 membuat sangat gembira. **t. plane** pesawat pengangkut.

transportation /'trænspər'teisyən/ kb. 1 pengangkutan. 2 kendaraan.

transpose /træns'powz/ kkt. 1 mengubah urutan. 2 *Mus*.: mengubah nada.

transposition /'trænspə'zisyən/ kb. perubahan.

transship /træns'syip/ kkt. memindahkan dari satu alat pengangkut ke alat pengangkut lain.

transshipment /træns'syipmənt/ kb. pemindahan dari satu alat pengangkut ke alat pengangkut lain.

transverse /træns'vərs, trænz'-/ kb. garis melintang/ potong.

transvestite /træns'vestait, trænz'-/ *kb.* orang banci, wadam, orang papak.
trap /træp/ *kb.* 1 perangkap. *to lay/set a t.* memasang perangkap. *speed t.* perangkap kecepatan (mobil). 2 lekukan (*in a pipe*). 3 *Sl.*: mulut. *Shut your t.!* Tutup mulut! Diam! —*kkt.* (**trapped**) 1 menjerat, menangkap dgn perangkap (*animals*). 2 menjebak. *The fugitive was trapped on a dead-end street* Orang pelarian itu terjebak pd sebuah jalan buntu. *to be trapped by flames* terkurung oléh api sehingga tak dpt keluar. **t. door** pintu kolong/jebak.
trapeze /træ'piez/ *kb.* rékstok gantung.
trapezoid /'træpəzoid/ *kb.* segi-empat yg dua sisinya sejalan.
trapper /'træpər/ *kb.* penjebak, pemasang perangkap/jerat.
trappings /'træpingz/ *kb., j.* hiasan-hiasan.
trash /træsy/ *kb.* 1 sampah. *The t. is collected today* Sampah diangkuti hari ini. *t. can* tong sampah. 2 barang rosokan, barang yg tdk berharga. 3 rosokan (*of a book, magazine*).
trashy /'træsyie/ *ks.* tak bermutu, rosokan.
trauma /'trawmə/ *kb.* luka berat.
traumatic /traw'mætik/ *ks.* yg berh. dgn luka. *t. experience* pengalaman menggoncangkan jiwa, pengalaman yg dahsyat.
travel /'trævəl/ *kb.* perjalanan. *t. book* buku (kisah) perjalanan. *t. agent* agén perjalanan. *t. expenses* ongkos perjalanan. *to be fond of t.* suka sekali bepergian. —**travels** *j.* perjalanan-perjalanan. —*kkt.* melalui. *to t. a road* melalui jalan. *well-traveled ks.* yg ramai dilalui orang (*of a road*). —*kki.* 1 mengadakan perjalanan. 2 bepergian. *We've been traveling for a month* Kami sdh sebulan dlm perjalanan. 3 berjaja, berkeliling (*for a film*). 4 berjalan. 5 pergi. *That plane travels at the speed of sound* Pesawat terbang itu terbang dgn kecepatan suara. 6 melintas. *Light travels faster than sound* Sinar melintas lebih cepat drpd bunyi. 7 menempuh. *to t. four hundred miles a day* menempuh empat ratus mil satu hari. *t. agency/ bureau* biro (pari)wisata. **traveling** *salesman* pedagang keliling. *traveling crane* kérék (ber)jalan.
traveler /'trævələr/ *kb.* 1 orang bepergian, pelancong. 2 wisatawan. 3 (*Moslem*) musafir. *traveler's check* cék perjalanan/turis.
travelogue /'trævələg/ *kb.* ceramah ttg perjalanan.
traverse /'trævərs *kb., ks.*; trə'vərs *kkt., kk.*/ *kb.* garis melintang. —*kkt.* melintasi, melewati.
travesty /'trævəstie/ *kb.* (*j.* -**ties**) 1 parodi, karikatur. 2 éjékan. *t. of justice* éjékan thd keadilan.
trawl /trɔl/ *kb.* pukat, jaring ikan. —*kki.* memukat, menjaring.
trawler /'trɔlər/ *kb.* kapal pemukat, kapal penarik pukat, kapal pukat ikan.
tray /trei/ *kb.* baki, talam, dulang, penampan.
treacherous /'trecərəs/ *ks.* 1 khianat, curang (*of a person*). 2 berbahaya. *t. shoals* beting-beting yg berbahaya.
treachery /'trecərie/ *kb.* (*j.* -**ries**) pengkhianatan.
tread /tred/ *kb.* 1 tapak, telepak(an) (*on a tire*). 2 langkah-langkah (*of feet*). 3 anak-anak tangga (*on stairs*). 4 telapak (*on rubber shoes*). —*kkt.* (**trod, trodden** atau **trod**) 1 menempuh (*a path*). 2 menginjak-injak (*grapes, water*). 3 *Thea.*: *to t. the boards* bermain sandiwara. —*kki.* **to t. on** menginjak.
treadle /'tredəl/ *kb.* pedal, tempat injakan kaki.
treadmill /'tred'mil/ *kb.* 1 sm alat jentera yg dijalankan dgn menginjak-injaknya. 2 pekerjaan yg membosankan.

treas. 1 [*treasurer*] bendahara. 2 [*treasury*] perbendaharaan.
treason /'triezən/ *kb.* pengkhianatan.
treasonable /'triezənəbəl/ *ks.* berkhianat, bersifat khianat.
treasonous /'triezənəs/ *ks.* berkhianat.
treasure /'trezyər/ *kb.* 1 harta benda. *buried t.* harta terpendam/karun. *t. trove* harta karun/terpendam. 2 s.s.t. yg berharga. —*kkt.* menghargai (*s.o.'s friendship*). **t. house** tempat simpanan barang-barang yg berharga.
treasurer /'tezyurər/ *kb.* bendaharawan.
treasury /'trezyurie/ *kb.* (*j.* -**ries**) 1 perbendaharaan. (*Department of*) *the T.* Kementerian/Départemén Keuangan. 2 bungarampai (*of verse*).
treat /triet/ *kb.* 1 s.s.t. yg menyenangkan. *It was a real t. to see him again* Benar-benar menyenangkan sekali bertemu kembali dgn dia. 2 suguhan. *It's my t. today* Aku yg menjamu hari ini. *to have a t. in store for s.o.* ada s.s.t. yg menggembirakan utk s.s.o. —*kkt.* 1 memperlakukan. *Don't t. her like that!* Jangan perlakukan dia secara itu! *to t. everything as a joke* memperlakukan semuanya sbg lelucon. 2 merawat (*a cut*). 3 menghilangkan. *to t. dandruff* menghilangkan ketombé. 4 mengobati. *Which doctor is treating you?* Dokter yg mana yg mengobatimu? 5 mentraktir. *I'll t. you to a movie* Aku akan mentraktirmu menonton pilem. 6 membicarakan. *This book treats pollution* Buku ini membicarakan ttg pengotoran. *to t. a remark lightly* memandang énténg sebuah ucapan. *to t. a metal with an acid* mengerjakan logam dgn asam. —*kki.* membayar, mentraktir. *I'll t.* Aku yg akan membayar. **to t. of** membicarakan.
treatise /'trietəs/ *kb.* risalat.
treatment /'trietmənt/ *kb.* 1 perlakuan. *rough t.* perlakuan kasar. *to receive special t.* menerima perlakuan khusus. 2 cara utk mengobat, pengobatan (*for a cold*). 3 laporan, reportase. 4 cara memperlakukan (*of the main character*). 5 perawatan. *fresh air t.* perawatan dgn udara segar.
treaty /'trietie/ *kb.* (*j.* -**ties**) perjanjian, pakta.
treble /'trebəl/ *kb.* suara soprano. —*ks.* tiga kali (lipat). *to receive t. his income* menerima tiga kali sebanyak penghasilannya. —*kkt.* melipat-tigakan.
tree /trie/ *kb.* pohon. *a t.* sebatang pohon. *t. surgery* pengobatan pohon yg sakit. *He can't see the forest for the trees* Karena hanya memperhatikan hal-hal yg kecil ia tak melihat keseluruhannya. *to bark up the wrong t.* salah wésél/sangka. **up a t.** 1 di puncak pohon. 2 *Inf.*: dlm keadaan sulit, dlm kesulitan. —*kkt.* memburu, mengejar, naik keatas pohon (*of an animal*).
treelined /'trie'laind/ *ks.* berpinggiran pohon-pohon (*street*).
treetop /'trie'tap/ *kb.* puncak pohon.
trek /trek/ *kb.* perjalanan. —*kki.* (**trekked**) 1 melakukan perjalanan. 2 lekas berangkat. *to t. down to the office* (lekas) berangkat ke kantor.
trellis /'trelis/ *kb.* terali, jari-jari.
tremble /'trembəl/ *kb.* getaran (*in o's voice*). —*kki.* 1 menggigil, gemetar (*of a person*). 2 bergetar. *The house trembled from the wind* Rumah itu bergetar karena angin.
tremendous /tri'mendəs/ *ks.* 1 hébat sekali, mahahébat, dahsyat. *His death was a t. blow* Kewafatannya merupakan pukulan hébat. *t. wave* gelombang yg mahahébat. *t. achievement* préstasi yg hébat sekali. *t. storm* angin ribut yg dahsyat. 2 besar. *t. crowd* orang banyak yg jumlahnya besar sekali. *We had a t. time at the party* Kami sangat bergembira dlm

pésta itu. —**tremendously** *kk.* amat, sangat, dgn hébat/dahsyat. *t. successful* sangat suksés/berhasil sekali.

tremor /'tremər/ *kb.* 1 gemetaran, getaran (*in the voice*). 2 (*earth*) gempa bumi.

tremulous /'tremyələs/ *ks.* yg gemetar. *t. voice* suara yg gemetar.

trench /trenc/ *kb.* 1 parit. 2 *Mil.*: parit perlindungan. **t. coat** jas hujan (tentara). **t. mouth** sm penyakit mulut.

trenchant /'trencənt/ *ks.* tajam (*reply*).

trend /trend/ *kb.* 1 kecenderungan. *The t. is away from short skirts* Kecenderungannya ialah menjauhkan diri dari rok-rok péndék. *to reflect the latest t.* mencerminkan gaya/modél terakhir. *to observe a t. towards...* menyaksikan kecenderungan thd.... 2 jurusan, arah gejala, jalan. *the t. of my thoughts* jalan pikiran saya. —*kki.* cenderung (**towards** kpd).

trepidation /'trepə'deisyən/ *kb.* ragu-ragu bercampur takut. *I accepted the post with some t.* Agak gentar aku menerima jabatan itu.

trespass /'trespəs, -pæs/ *kb.* 1 kesalahan, dosa. 2 pelanggaran, penyalahgunaan (*on s.o.'s kindness*). —*kki.* 1 masuk tanpa izin. *Don't t. on that property* Jangan langgar tanah milik itu. *No trespassing!* Dilarang masuk! 2 menyalah-gunakan. *to t. on s.o.'s kindness* menyalah-gunakan kebaikan orang.

trespasser /'trespæsər/ *kb.* pelanggar, penyalahguna.

tress /tres/ *kb.* ikal (rambut) **tresses** *j.* rambut (wanita).

trestle /'tresəl/ *kb.* 1 *RR.*: jembatan (dari batang-batang besi atau kayu). 2 *Carp.*: kuda-kuda.

triad /'traiæd/ *kb.* tritunggal, tiga serangkai.

trial /'traiəl/ *kb.* 1 pemeriksaan pengadilan. *to bring a case to t.* membawa perkara ke sidang pengadilan, menghadapkan ke méja hijau/pengadilan. *to stand t.* diadili di pengadilan. *t. court* pengadilan tingkat pertama. *t. by jury* persidangan/pemeriksaan oléh juri. *t. jury* juri pengadilan. 2 percobaan. *to give s.t. a t.* mencoba s.s.t. *to be employed on a t. basis* dipekerjakan atas dasar percobaan. *to take a car on t.* mencoba mobil. *t. and error* mencoba-coba. *t. balloon* percobaan permulaan. *t. run* percobaan. 3 godaan. *to suffer trials and tribulations* menderita/mengalami banyak godaan dan kesengsaraan. **on t.** 1 sedang diadili. *to be on t. for robbery* sedang diadili karena merampok. 2 sbg percobaan. **t. lawyer** pengacara.

triangle /'trai'æŋgəl/ *kb.* 1 segitiga. 2 *Mus.*: kerincing.

triangular /trai'æŋgyələr/ *ks.* bersegitiga. *t. shape* bentuk segitiga.

triangulation /trai'æŋgyə'leisyən/ *kb.* triangulasi.

tribal /'traibəl/ *ks.* mengenai suku. *t. customs* adat-adat suku/kesukuan.

tribe /traib/ *kb.* suku(-bangsa), rumpun.

tribesman /'traibzmən/ *kb.* (*j.* **-men**) anggota suku.

tribulation /'tribyə'leisyən/ *kb.* kesengsaraan, godaan.

tribunal /trai'byuwnəl, tri'-/ *kb.* pengadilan.

tribune /'tribyuwn/ *kb.* mimbar.

tributary /'tribyə'terie/ *kb.* (*j.* **-ries**) 1 *Geog.*: anak sungai. 2 jajahan, pembayar upeti.

tribute /'tribyuwt/ *kb.* 1 upeti. *to pay t. to a ruler* membayar upeti kpd raja. 2 penghormatan, penghargaan. *to pay t. to a hero* memberikan penghormatan kpd seorang pahlawan. *That's a t. to his diligence* Itu merupakan penghargaan atas kerajinannya.

trice /trais/ *kb.* **in a t.** sekejap mata.

trichinosis /'trikə'nowsis/ *kb.* penyakit yg disebabkan cacing pita babi.

trick /trik/ *kb.* 1 akal, muslihat. *That's a good t.* Itu akal yg baik. *She knows all the tricks* Ia pandai mengerjakannya. *Ia tahu segala akal muslihat.* *to play a t. on s.o.* memperdayakan s.s.o. *That's a dirty t.* Itu perbuatan yg curang. *I see you are still up to your old tricks* Saya lihat bhw kamu masih mempergunakan tipu-dayamu semula. 2 permainan, tipu muslihat (*of cards*). 3 seluk-beluk, cara. *There are many tricks to the trade* Ada banyak cara yg baik dlm pekerjaan itu. *You can't teach an old dog new tricks* Kau tak dpt mengajar kepandaian yg baru kpd orang yg sdh tua. 4 *Bridge*: tarikan kartu. *to take a t.* mengambil kartu truf. 5 giliran. 6 *Inf.*: gadis. *She's a cute t.* Ia seorang gadis yg kecil mungil. 7 maksud, hasil. *to turn the t.* mencapai maksud, memperoléh hasil (spt) yg dikehendaki. *This will do the t.* Ini akan berhasil. —*ks.* lemah. *to have a t. knee* mempunyai lutut yg tak dpt dipercayai. —*kki.* memperdayakan, menipu. *I've been tricked* Saya tlh dibohongi/tertipu. *to t. him into going* mengakalinya sehingga mau pergi. *The lady was tricked out of a lot of money* Wanita itu diperdayakan sehingga kehilangan banyak uang. *She was tricked out in her nicest clothes* Ia berdandan dgn pakaiannya yg paling bagus. **t. photography** pemotrétan bikinan.

trickery /'trikərie/ *kb.* (*j.* **-ries**) penipuan, tipu-daya.

trickle /'trikəl/ *kb.* 1 sedikit, aliran kecil (*of goods*). 2 cucur. —*kki.* menétés (*of tears, water*). **to t. in** masuk seorang-seorang (*to an auditorium*).

trickster /'trikstər/ *kb.* penipu.

tricky /'trikie/ *ks.* 1 licin, penuh akal (*of a person or animal*). 2 rumit (*of a problem*). *That's a t. question* Itu sebuah pertanyaan yg mengandung muslihat.

tricolor /'trai'kʌlər/ *kb.* triwarna (bendéra Perancis, Belanda).

tried /traid/ lih TRY.

triennial /trai'eniəl/ *kb.* tiap tiga tahun. —*ks.* tiga-tahunan. *t. report* laporan tigatahunan.

tries /traiz/ lih TRY.

trifle /'traifəl/ *kb.* barang sepélé, s.s.t. yg tak berharga. *It's only a t.* Harganya tak seberapa. —*kk.* *The skirt is a t. short* Rok itu sedikit péndék. *I'll be a t. late* Aku akan datang sedikit terlambat. —*kkt.* membuang-buang. *to t. o's time away* membuang-buang waktunya. —*kki.* menyia-nyiakan. *to t. with s.o's time* menyia-nyiakan waktunya. *to t. with s.o's affections* mempermainkan kasih s.s.o. *Don't t. with your health* Jangan membuang-buang/mempermainkan keséhatanmu. —**trifling** *ks.* 1 (*no-good*) suka membuang-buang waktu. 2 (*unimportant*) réméh-téméh.

trig /trig/ *kb. Sl.*: trigonométri, ilmu ukur segitiga.

trigger /'trigər/ *kb.* pelatuk, picu. *to be quick on the t.* 1 cepat menémbak. 2 cepat bertindak. —*kkt.* mencetuskan, menggerakkan (*a revolt, a successful campaign*). **trigger-happy** *ks.* keburu/gatel menémbak.

trigonometry /'trigə'namətrie/ *kb.* (*j.* **-ries**) trigonométri, ilmu ukur segitiga.

trilateral /trai'lætərəl/ *ks.* segitiga, trilateral (*of an agreement, geometric figure*).

trilingual /trai'liŋgwəl/ *ks.* (menguasai) tiga bahasa.

trill /tril/ *kb.* bunyi (ber)getar (*of a bird, of a sound*). —*kkt.* menggetar (*an "r"*). —*kki.* 1 meragam/menyanyi/berlagu (*of a bird*). 2 bernyanyi dgn suara getar.

trillion /'trilyən/ *kb.* trilyun.

trilogy /'trilǝjie/ *kb.* (*j.* **-gies**) karangan tiga-serangkai, trilogi.

trim /trim/ *kb.* 1 garis hiasan. *with a black t.* dgn bingkai hiasan hitam. *chrome t.* hiasan khrom. 2 keseimbangan (*of a ship*). 3 keadaan, kondisi. *to keep in t.* memelihara kesegaran badan atau kondisi badan. 4 potong sedikit. *Just give me a t.* Potong rambutku sedikit saja. —*ks.* langsing, ramping (*of s.o's figure*). —*kkt.* (**trimmed**) 1 memangkas (*hair, shrubbery*). 2 menghias(i) (*a Christmas tree*). *The coat was trimmed with braid* Baju jas itu dihiasi dgn jalinan pita. 3 memotong (*o's nails*). 4 mengalahkan (*in a sport*). 5 menjaga keseimbangan (*a ship*). 6 merapikan/melancipkan (*a mustache*). —**trimming** *kb.* 1 hiasan (*for a Christmas tree*). 2 *Inf.*: kelengkapan. *dinner with all the trimmings* makan malam dgn segala kelengkapannya. 3 *Inf.*: kekalahan. 4 *Inf.*: teguran.

trimmer /'trimǝr/ *kb.* penghias. *window t.* penghias jendéla (pajangan).

trimness /'trimnǝs/ *kb.* kelangsingan, kerampingan (*of figure*).

Trinity /'trinǝtie/ *kb.* (*j.* **-ties**) Trinitas, Tritunggal. (*Holy*) *T.* Trimurti.

trinket /'tringkit/ *kb.* perhiasan kecil.

trio /'trieow/ *kb.* trio, kelompok tiga orang. *string t.* trio pemáin gésék. *vocal t.* trio penyanyi.

trip /trip/ *kb.* 1 perjalanan. *t. to Jakarta* perjalanan ke Jakarta. *to go on a t.* bepergian, mengadakan perjalanan. *to take a t.* bepergian, mengadakan perjalanan, melawat. *the t. back* perjalanan pulang. 2 *Sl.*: melawat ke alam mimpi/khayal (*LSD*). —*kkt.* (**tripped**) 1 menyebabkan tersandung. *The rug tripped her* Ia tersandung pd permadani itu. 2 menjegal/mengait kaki (*s.o.*). 3 menjebloskan. *Her answer tripped her* Jawabannya itu membuat ia tergelincir. —*kki.* 1 tersandung. *to t. on a rug* tersandung pd babut. *to t. over s.t.* (*jatuh*) tersandung pd s.s.t. 2 membuat kekeliruan. *to t. on the final question* membuat kekeliruan pd pertanyaan yg terakhir. 3 berjalan. *to t. lightly across the floor* berjalan dgn langkah yg ringan dan cepat melintasi lantai. **to t. up** tersandung, membuat kekeliruan (**on** pd). *The police tripped him up* Ia tertangkap basah oléh polisi.

tripartite /trai'partait/ *ks.* tiga pihak. *t. agreement* persetujuan antara tiga pihak.

tripe /traip/ *kb.* 1 *Food*: babat. 2 *Inf.*: omong kosong. *to publish t.* menerbitkan barang rosokan/terbitan yg tak ada mutunya.

triphammer /'trip'hæmǝr/ *kb.* palu penempa. *to deal s.t. or s.o. a t. blow* memberikan pukulan yg hébat pd s.s.t. atau s.s.o.

triple /'tripǝl/ *kb.* rangkap tiga. —*ks.* lipat tiga. *to receive a t. amount* menerima jumlah lipat tiga. *to win the t. crown* memenangkan tiga piala kejuaraan. —*kkt.* melipat-tigakan (*o's income*). —*kki.* berkembang tiga kali lipat. *Business has tripled* Urusan dagang tlh berkembang menjadi lipat tiga.

triplet /'triplit/ *kb.* anak-kembar-tiga.

triplicate /'triplǝkit/ *kb., ks.* rangkap tiga. *in t.* dlm rangkap tiga.

tripod /'traipad/ *kb.* (standar) kaki tiga, tumpuan kaki-tiga.

trisect /trai'sekt/ *kkt.* membagi tiga.

trisyllabic /'traisǝ'læbik/ *ks.* tiga suku-kata.

trite /trait/ *ks.* basi, (h)ambar, boyak, biasa, usang.

triumph /'traiǝmf/ *kb.* 1 kemenangan. *to return in t.* kembali dgn kemenangan. 2 hasil, keberhasilan. —*kki.* menang (**over** atas).

triumphal /trai'ʌmfǝl/ *ks.* yg berk. dgn kemenangan. *t. procession* arak-arakan kemenangan. *t. return* pulang dgn kemenangan.

triumphant /trai'ʌmfǝnt/ *ks.* dgn jaya. *to return t.* kembali dgn jaya. —**triumphantly** *kk.* dgn jaya.

triumvirate /trai'ʌmvǝrit/ *kb.* tritunggal, tiga serangkai.

trivet /'trivit/ *kb.* tatakan kaki-tiga.

trivia /'triviǝ/ *kb.* hal-hal yg sepélé.

trivial /'triviǝl/ *ks.* sepélé, réméh-téméh.

triviality /'trivi'ælǝtie/ *kb.* (*j.* **-ties**) keréméhan, kesepéléan.

triweekly /trai'wieklie/ *kb.* (*j.* **-lies**) majalah yg terbit sekali tiga minggu. —*ks.* sekali tiga minggu.

trod(den) /'trad(ǝn)/ lih TREAD.

troll /trowl/ *kb.* kumparan tali pancing. —*kki.* memancing dgn tali.

trolley /'tralie/ *kb.* trém listrik. *t. bus* bis listrik. *t. car* trém listrik. *Sl.*: *to be off o's t.* gila, otak tdk waras.

trollop /'tralǝp/ *kb.* wanita jalang, pelacur, W.T.S.

trombone /'trambown, tram'bown/ *kb.* trombon.

tromp /tramp/ *kki. Inf.*: berjalan dgn langkah-langkah berat. *to be tromped to death* diinjak-injak sampai mati.

troop /truwp/ *kb.* pasukan. *Boy Scout t.* pasukan Pandu/Pramuka. *t. carrier* pengangkut pasukan. —**troops** *j.* (pasukan-pasukan) tentara. *to raise troops* mengumpulkan kesatuan-kesatuan tentara. —*kki.* **to t. after** beramai-ramai mengikuti (*s.o.*). *to t. through a village* berjalan melintasi désa.

trooper /'truwpǝr/ *kb.* polisi negara. *state t.* polisi peronda naik mobil, polisi patroli.

troopship /'truwp'syip/ *kb.* kapal pengangkut tentara.

trop. 1 [*tropic*] daérah tropis. 2 [*tropical*] yg berk. dgn daérah khattulistiwa.

trophy /'trowfie/ *kb.* (*j.* **-phies**) 1 (*award*) piala. 2 tanda kenang-kenangan.

tropic /'trapik/ *kb.* garis balik. *T. of Cancer* garis balik utara/sartan. *T. of Capricorn* garis balik selatan/jadi. —**tropics** *j.* daérah tropis, (daérah) tropika. *to live in the tropics* hidup di daérah iklim panas.

tropical /'trapǝkǝl/ *ks.* tropis. *t. diseases* penyakit-penyakit dari daérah tropis. *t. flowers* bunga-bunga tropis. *t. worsted* sm kain wol utk dipakai di musim panas.

trot /trat/ *kb.* 1 lari derap. *to break into a t.* merobah formasi dgn berlari langkah kecil. 2 *Sl.*: terjemahan. —*kki.* (**trotted**) 1 menderap, berderap. 2 pergi. *T. along, son!* Pergilah, nak! **to t. out** *Inf.*: mengeluarkan (*a table*). *Inf.*: *to t. out photos* mengeluarkan dan memperlihatkan potrét-potrét.

troth /trowth, trɔth/ *kb.* kesetiaan. *to plight o's t.* mengucapkan janji (setia), berjanji utk kawin.

trouble /'trʌbǝl/ *kb.* 1 kesusahan. *I don't want to cause you any t.* Aku tak ingin menyusahkan kamu. *Who caused the t.?* Siapa yg menyebabkan kesusahan itu? *to give s.o. t.* menyusahkan s.s.o. *to go to the t. of* menyusahkan segala s.s.t. agar, bersusah payah *spy. Please don't go to any t.* Janganlah bersusah payah. *to make t. for s.o.* menyusahkan s.s.o. *to put s.o. to so much t.* amat menyusahkan s.s.o. 2 kesukaran. *What caused the t.?* Apakah yg menyebabkan kesukaran. *What's the t.?* Apakah kesukarannya? *You're going to have t. with her* Sdr akan mendapat kesukaran dgn dia. *to get into or to be in t. with the law* berada dlm kesukaran dgn polisi. *to have some t. making connections* mengalami kesukaran mengadakan/mendapat hubungan. *My car is giving me t.* Mobilku mendapat

kesukaran/kerusakan. *to borrow t.* mengambil alih kesukaran dulu. *There's going to be t.* Akan ada kesukaran nanti. 4 kesukaran, kekacauan. *economic troubles* kesukaran-kesukaran ékonomis. 5 persoalan. *labor troubles* persoalan perburuhan. 6 penyakit. *He has heart t.* Ia menderita penyakit jantung. *to suffer from stomach t.* menderita sakit perut. **::** *The t. is...* Susahnya ialah bhw.... *to go to the t. of...* berusaha utk.... *It's not worth the t.* Tak ada gunanya lagi. *It's no t. at all* Tdk apa-apa. *Take the t. to write* Usahakanlah menulis surat. *to get a girl into t.* menghamilkan/mengandungi seorang gadis. *He had engine t.* Mobilnya mogok. *What t. did you have with your car?* Apakah yg rusak pd mobilmu? *to make t.* mengacau, menimbulkan kekacauan. **to ask for t.** mencari gara-gara. —*kkt.* 1 mengganggu. *I am sorry to t. you, but...* Maaf saya mengganggu (sdr), tetapi.... *She is troubled about s.t.* Pikirannya diganggu oléh s.s.t. 2 menyusahkan. *Is s.t. troubling you?* Apakah ada s.s.t. yg menyusahkan hatimu? *It troubles me to hear such things* Susah hatiku mendengar hal-hal demikian. 3 meminta. *May I t. you for the salt?* Boléhkah saya meminta garam? *My arthritis troubles me a great deal* Radang selaput sendiku sering terasa sakit. —*kki.* bersusah-susah. *Don't t. to...* Tak usah bersusah-susah payah....
trouble-shooter *kb.* orang yg pandai menemukan dan mengatasi sebab-sebab kerusakan/kesulitan.
trouble-shooting *kb.* mencari dan memecahkan kesulitan. **t. spot** daérah pusat kekacauan. —**troubled** *ks.* penuh kesukaran. *t. period* zaman penuh/berisi kesukaran-kesukaran. *He looked t.* Kelihatannya ia ada kesukaran.
troublemaker /'trʌbəl'meikər/ *kb.* pengacau, perusuh.
troublesome /'trʌbəlsəm/ *ks.* 1 menyusahkan. *His broken arm is t.* Lengannya yg patah menyusahkan. 2 yg suka mengganggu (*of a person or group*).
troublous /'trʌbləs/ *ks.* yg menyusahkan (*times*).
trough /trɔf/ *kb.* 1 palung, bak (*for feeding or watering animals*). 2 lembang diantara gelombang-gelombang.
trounce /trawns/ *kkt.* 1 memukul, keras, menghantam (*s.o.*). 2 mengalahkan (*an opponent*). —**trouncing** *kb.* dera, pukulan sbg hukuman. *to administer a t.* menjalankan dera, mendera (**to** thd).
troupe /truwp/ *kb.* rombongan. *t. of acrobats* rombongan akrobat.
trouper /'truwpər/ *kb.* pemain kawakan.
trousers /'trawzərs/ *kb.*, *j.* pantalon, celana panjang. *a pair of t.* satu celana.
trousseau /'truwsow/ *kb.* pakaian pengantin wanita.
trout /trawt/ *kb.* sm ikan air tawar.
trove /trowv/ *kb.* lih TREASURE.
trowel /'trawəl/ *kb.* 1 kulir (*for masons*). *to lay it on with a t.* berlebih-lebihan dlm memuji, minta maaf, dsb. 2 tajak, sekop (*for gardeners*).
troy /troi/ *kb.* **t. weight** ukuran berat bagi emas, pérak dan perhiasan-perhiasan.
truancy /'truwənsie/ *kb.* (*j.* **-cies**) pembolosan/ kemangkiran dari sekolah.
truant /'truwənt/ *kb.* pembolos (dari sekolah). *to play t.* membolos. *t. officer* pegawai pengawas pelajar-pelajar yg membolos.
truce /truws/ *kb.* gencatan senjata.
truck /trʌk/ *kb.* 1 (mobil) truk, prahoto, oto gerobak. *t. driver* sopir truk. 2 keréta pengangkut barang-barang penumpang (*for baggage*). —*kkt.* mengangkut dgn truk (*goods*). **t. farm** kebun sayur-

sayuran utk dijual di pasar. **t. farmer** petani sayur-sayuran utk dijual di pasar. **t. farming** bercocok-tanam sayur-sayuran. —**trucking** *kb.* perusahaan truk.
truckload /'trʌk'lowd/ *kb.* muatan truk.
truculence /'trʌkyələns/ *kb.* kegalakan, kegarangan, keganasan.
truculent /'trʌkyələnt/ *ks.* 1 keras dan kejam, kasar dan kejam (*of temperament*). 2 tajam (*of satire*).
trudge /trʌj/ *kb.* perjalanan dgn susah-payah. —*kki.* berjalan dgn susah-payah.
true /truw/ *ks.* 1 benar, betul. *t. story* cerita yg benar. *T.!* Betul! 2 sejati. *t. friends* sahabat-sahabat sejati. *t. love* cinta sejati. 3 sebenarnya. *A sweet potato is not a t. potato* Ubi jalar bukanlah kentang yg sebenarnya. 4 setia. *They are t. to each other* Meréka saling setia. 5 sah (*heir*). *This is certified to be a t. copy* Ini disahkan sbg salinan yg sesuai dgn aslinya. 6 pas/ cocok (*of an angle*). *to come t.* menjadi kenyataan. *Her dreams came t.* Impiannya terkabul. *to hold t.* mematuhi (*to o's word*). *What he said doesn't hold t. for everyone* Apa yg ia katakan tdk pasti benar bagi orang lain. —*kk.* **to aim t.** (*of a gun*) membidik lurus. *to run t. to form* spt diramalkan. *to sing t.* menyanyi menurut nada/cocok dgn nada. *to ring t.* berisi kebenaran. —*kkt.* **to t. up** menempatkan/ membuat menurut yg dikehendaki. **true-blue** *ks.* setia, tulus. **true-to-life** *ks.* yg sesuai dgn kenyataan, réalistis.
truism /'truwizəm/ *kb.* kebenaran yg tak dpt disangkal lagi.
truly /'truwlie/ *kk.* sungguh-sungguh, sesungguhnya, benar-benar, betul-betul. *Yours (very) t.*, *Very t. yours* (Salam dan) hormat kami. *It t. happened* Itu benar-benar terjadi. *t. grateful* betul-betul terima-kasih.
trump /trʌmp/ *kb.* (kartu) terup/truf. *to play trumps* bermain kartu truf. *to hold a t. card over* mempunyai senjata ampuh thd. *to play o's t. card* a) memainkan kartu trufnya. b) memakai senjata ampuhnya. —*kkt.* menterup. *Don't t. my ace* Jangan terup asku. **to t. up** membuat-buat. **trumped-up** *charges* tuduhan-tuduhan palsu.
trumpet /'trʌmpit/ *kb.* terompét. *t. player* pemain terompét.
trumpeter /'trʌmpətər/ *kb.* pemain terompét.
truncate /'trʌngkeit/ *kkt.* memotong. **truncated** *cone* kerucut yg dipotong bagian atasnya.
trundle /'trʌndəl/ *kkt.* menggelindingkan, mendorong (*a cart or wheelbarrow*).
trunk /trʌngk/ *kb.* 1 peti, kopor. *to pack o's t.* mengepak peti, mengisi kopor. 2 batang pohon. 3 (batang) tubuh. 4 tempat barang (*pd mobil*). 5 belalai (*of elephant*). *RR.: t. line* jalan utama. —**trunks** *j.* celana péndék/renang.
trunkful /'trʌngkful/ *kb.* sekopor penuh.
trunkload /'trʌngk'lowd/ *kb.* sekopor penuh.
truss /trʌs/ *kb.* tiang penopang/penunjang. —*kkt.* **to t. up** mengikat, mengebat (*a person or fowl*).
trust /trʌst/ *kb.* 1 kepercayaan. *to put o's t. in* menaruh kepercayaannya pd. *position of t.* kedudukan yg bertanggung-jawab. *to leave his personal papers in my t.* mempercayakan surat-surat pribadinya kepadaku. *to take s.t. on t.* mempercayai s.s.t. begitu saja. *to hold s.t. in t. for s.o.* menyimpan s.s.t. barang utk s.s.o. *to put o's money in t. for o's children* menitipkan uangnya utk anak-anaknya (kelak). **on t.** tanpa jaminan. 2 *Bus.:* perserikatan. —*kkt.* 1 mempercayai, percaya kpd. *I t. you* Aku mempercayai kamu. *Don't you t. me?* Apakah kau tak percaya kepadaku?

I don't t. my memory any more Aku tak percaya lagi kpd daya ingatanku. *I t. you will soon feel better* Aku percaya/berharap kau segera akan merasa lebih séhat. 2 mempercayakan kpd. *Can I t. you with a secret?* Dapatkah aku mempercayakan rahasia padamu? *T. it to her* Percayakanlah hal itu kepadanya. :: *Can you t. me till payday?* Boléhkah aku berhutang sampai hari gajian? —*kki.* percaya. *In God We T.* Kita Percaya kpd Tuhan. *to t. to luck* percaya kpd nasib. **t. company** perséroan pengawasan harta-benda. **t. fund** dana perwalian. **t. territory** wilayah perwalian. —**trusted** *ks.* dipercayai. *t. friend* teman yg dpt dipercayai. —**trusting** *ks.* penuh kepercayaan.
trustee /trʌ'stie/ *kb.* 1 wali, wakil. 2 komisaris (*of a bank*). 3 pengawas (*of a university*). *board of trustees* déwan pengawas.
trusteeship /trʌ'stiesyip/ *kb.* perwalian.
trustworthiness /'trʌst'wərтнienəs/ *kb.* sifat dpt/ layak dipercaya.
trustworthy /'trʌst'wərтнie/ *ks.* tepercaya, dpt dipercaya.
trusty /'trʌstie/ *kb.* (*j.* -**ties**) tukang kunci. —*ks.* setia.
truth /truwth/ *kb.* kebenaran. *The t. will out* Kebenarannya akan terbukti. *scientific t.* kebenaran ilmiah. *to tell the t.* mengatakan yg sebenarnya. *To tell the t., I can't* Terus terang saja aku tak dpt. *Is she telling the t.?* Apakah ia berkata benar? *Is there any t. to the fact that ...* Apakah benar bhw .... *to arrive at the t.* mengetahui kejadian yg sebenarnya. *The t. of the matter is, I forgot* Keadaan yg sebenarnya ialah bhw saya lupa. *There is some t. in what you say* Ada kebenarannya dlm apa yg kaukatakan itu.
truthful /'truwthfəl/ *ks.* 1 yg selalu mengatakan yg sebenarnya (*child*). 2 jujur, menurut kenyataan (*report, account*). —**truthfully** *kk.* yg sesungguhnya.
truthfulness /'truwthfəlnəs/ *kb.* keadaan/sifat yg sebenarnya.
try /trai/ *kb.* usaha, percobaan. *to make a t.* mencoba, berusaha. *on the first t.* pd percobaan (yg) pertama. *Let's have a t. at it* Mari kita coba itu. —*kkt.* (**tried**) 1 mencoba (*o's strength, a rope*). *to t. a car* mencoba sebuah mobil. *to t. to fix s.t.* mencoba membetulkan s.s.t. *to t. to get up* mencoba (utk) bangun. 2 berusaha. *to t. to do better* berusaha berbuat lebih baik. *to t. o's best to* berusaha sekuat-kuatnya utk. 3 *Law*: mengadili (*s.o., a case*). 4 mencicipi (*food*). 5 menguji (*s.o.'s patience*). *to t. all possible means* mengadakan segala daya upaya. —*kki.* berusaha, mencoba. *T. as I may, I can't* Betapapun kucoba, aku tak dpt. *to t. hard* berusaha dgn keras. *to t. for first prize* mencoba merebut hadiah pertama. **to t. on** mencoba memakai (*clothing*). **to t. out** mencoba (*a new car*). *to t. out for a role* ikut dlm pemilihan utk memegang peranan. **to t. over** 1 memainkan dulu. 2 mencoba sekali lagi. **t. square** siku-siku. **tried-and-true** *ks.* yg tlh terbukti kebenarannya (*remedy*). —**trying** *ks.* berat *t. experience* pengalaman yg berat.
tryout /'trai'awt/ *kb.* percobaan.
tryst /trist/ *kb.* janji utk bertemu.
tsar /zar/ *kb.* kaisar, raja.
Tu. [*Tuesday*] hari Selasa.
tub /tʌb/ *kb.* bak mandi. *I prefer a t. to a shower* Saya lebih suka mandi (berendam) drpd mandi bersiram. *laundry t.* émbér cucian. *t. of water* émbér besar berisi air, air seémbér besar.
tuba /'tuwbə, 'tyuw-/ *kb.* sm alat musik tiup.
tubby /'tʌbie/ *ks.* gendut, péndék dan gemuk.
tube /tuwb, tyuwb/ *kb.* 1 pipa, pembuluh. *to feed s.o.*

through a t. memberi makan kpd s.s.o. melalui pipa. 2 (*radio, TV*) lampu. 3 cepuk (*of toothpaste*). 4 terowongan (*under a river*).
tubeless /'tuwbləs, 'tyuwb-/ *ks.* tanpa memakai ban dalam. *t. tire* ban mobil tanpa memakai ban dalam.
tubing /'tuwbing, 'tyuw-/ *kb.* tabung, pipa, pembuluh. *rubber t.* pipa karét.
tuber /'tuwbər, 'tyuw-/ *kb.* akar umbi.
tubercular /tuw'bərkyələr, tyuw'-/ *kb.* penderita penyakit tébésé. —*ks.* yg berk. dgn penyakit tbc. *t. symptoms* gejala-gejala tbc.
tuberculin /tuw'bərkyəlin, tyuw'-/ *kb.* zat vaksin t.b.c. *t. test* percobaan dgn zat vaksin t.b.c.
tuberculosis /tuw'bərkyə'lowsis, tyuw'-/ *kb.* t.b.c., tébésé, tébécé.
tubular /'tuwbyələr, 'tyuw-/ *ks.* berbentuk pipa. *t. steel* pipa baja.
tuck /tʌk/ *kb.* lipatan, kedut, kerutan. *to take a t.* membuat lipatan (*in a dress*). —*kkt.* 1 memasukkan. *to t. s.o. into bed* memasukkan s.s.o. ke tempat tidur dan menyelimutinya. 2 menyelitkan, menyelempitkan (*bed clothes*). 3 menyimpan. *to t. away money* menyimpan uang. *to t. away food* makan (banyak). 4 memasukkan, menyelipkan (*money into o's pocket*). *to t. a blanket around s.o.* meliputi s.s.o. dgn selimut. *That village is tucked away in a valley* Désa itu tersembunyi tempatnya di lembah. **to t. up** *o's trousers* melipatkan celananya.
tucker /'tʌkər/ *kkt. Inf.*: melelahkan. *to be all tuckered out* kecapékan, keletihan, kepayahan.
Tues. [*Tuesday*] hari Selasa.
Tuesday /'tuwzdie, 'tyuw-/ *kb.* hari Selasa.
tuft /tʌft/ *kb.* 1 berkas (*of hair, feathers*). 2 tumpuk, lémpéng (*of grass*).
tufted /'tʌftid/ *ks.* berumbai(-rumbai).
tug /tʌg/ *kb.* 1 sentakan. *I felt a t. on my coat* Saya merasa ada orang yg menarik jas saya. 2 *Ship.*: kapal penyérét. 3 tarikan. *to give the rope a good t.* merenggut tambang keras-keras. **t. of war** tarik tambang. *to engage in a t. of war* bersaing sengit. —*kkt.* (**tugged**) menarik (*a vehicle out of the mud*). —*kki.* **to t. at** menarik, menyentakkan (*at a window, at s.o's coat*).
tugboat /'tʌg'bowt/ *kb.* kapal penyérét/penarik.
tuition /tuw'isyən, tyuw'-/ *kb.* uang kuliah, biaya perkuliahan.
tulip /'tuwlip, 'tyuw-/ *kb.* bunga tulp. *sej.* bunga (ber)umbi.
tulle /tuwl/ *kb.* kain tule.
tumble /'tʌmbəl/ *kb.* jatuh terguling-guling. *to take a t.* a) jatuh terguling-guling. (*of a person*). b) jatuh (*of the Stock Market*). *Inf.*: *He was fond of her but she wouldn't give him a t.* Dia sangat suka kepadanya tetapi gadis itu tdk memberi kesempatan kepadanya utk mendekatinya. —*kki.* 1 terguling, jatuh jungkir-balik (*down the stairs*). 2 berguling-guling, berjungkir-balik (*on a trampoline*). 3 jatuh (*of the Stock Market*). **to t. down** 1 jatuh terurai (*of hair*). 2 ambruk (*of a building*). *to t. into bed* pergi tidur.
tumble-down *ks.* mau roboh (*of building*).
tumbler /'tʌmblər/ *kb.* 1 gelas minum. *a t. of water* air segelas. 2 akrobat. 3 pasak (*in a lock*).
tumblerful /'tʌmblərful/ *kb.* segelas (penuh).
tummy /'tʌmie/ *kb.* (*j.* -**mies**) *Inf.*: perut.
tumor /'tuwmər, 'tyuw-/ *kb.* bengkak, tumor. *malignant t.* tumor jahat, bengkak kanker.
tumult /'tuwmʌlt, 'tyuw-/ *kb.* kegemparan, keributan, huruhara.
tumultuous /tuw'mʌlcuəs, tyuw'-/ *ks.* yg menggemparkan, riuh-rendah, hiruk-piruk, rusuh.

tuna /'tuwnə/ *kb.* ikan tongkol, cakalan.

tune /tuwn, tyuwn/ *kb.* lagu. *Play us a t.!* Mainkan-lah kami sebuah lagu. *to keep a piano in t.* menjaga spy bunyi piano tdk menjadi sumbang. **out of t.** tdk selaras. *to be out of t. with the times* tdk mengikuti irama jaman, ketinggalan jaman. *to be out of t. with o's surroundings* tdk cocok dgn alam/keadaan se-benarnya. **to call the t.** menentukan apa yg hrs terjadi. **to change o's t.** merubah/mengubah sikap, mengubah pendirian. **to sing another/ different t.** mengubah sikap, bersikap lain. *Inf.:* **to the t. of** sebanyak, sejumlah. *He was fined to the t. of $5,000* Dia didenda sebanyak $5,000. —*kkt.* me-nyetém, menala (*a musical instrument*). **to t. in** men-dengarkan (*a station*). **to t. out** menghilangkan (*static*). **to t. up** memperbaiki/menyetél (*car*). *The orchestra tuned up* Orkés itu menyesuaikan laras. *Inf.:* *The child began to t. up* Anak itu mulai menangis.

tune-up *kb. Auto.:* penyetélan, perbaikan. **tuning** *fork* garpu setém/tala, penala.

tuneful /'tuwnfəl, 'tyuwn-/ *ks.* merdu.

tuner /'tuwnər, 'tyuw-/ *kb.* penyetém, tukang setém.

tunic /'tuwnik, 'tyuw-/ *kb.* (baju) jubah.

tunnel /'tʌnəl/ *kb.* terowongan, tembusan. —*kkt., kki.* menggali terowongan.

turban /'tərbən/ *kb.* serban, ubel-ubel, ikat kepala.

turbid /'tərbid/ *ks.* keruh (*of water*).

turbidity /tər'bidətie/ *kb.* kekeruhan.

turbine /'tərbain, -bin/ *kb.* turbin.

turbojet /'tərbow'jet/ *kb. Av.:* (mesin, motor) tur-bojét.

turboprop /'tərbow'prap/ *kb.* (motor, mesin) tur-boprop.

turbulence /'tərbyələns/ *kb.* 1 pergolakan, keru-suhan, kekacauan. 2 *Av.:* gerakan putaran.

turbulent /'tərbyələnt/ *ks.* bergolak. *t. times* masa pergolakan. *t. weather* cuaca membadai.

tureen /tu'rien/ *kb.* basi yg dalam, mangkuk besar (utk sup).

turf /tərf/ *kb.* 1 tanah berumput, lémpéng (tanah berumput). 2 lelémpéng kering (*for fuel*).

turgid /'tərjid/ *ks.* 1 bengkak. 2 bombastis (*in speech*).

Turk /tərk/ *kb.* orang Turki.

Turk. 1 [*Turkey*] negeri Turki. 2 [*Turkish*] bahasa Turki.

turkey /'tərkie/ *kb.* 1 *Poul.:* kalkun, ayam belanda. 2 *Sl.:* kegagalan. *The play was a t.* Sandiwara itu gagal sama sekali. *Inf.:* **to talk t.** berbicara blak-blakan, berbicara secara tegas dan jujur.

Turkish /'tərkisy/ *kb.* 1 orang Turki. 2 bahasa Turki. —*ks.* yg berk. dgn Turki. *t. bath* mandi uap, penangas. *t. towel* handuk tebal.

turmeric /'tərmərik/ *kb.* kunir, kunyit.

turmoil /'tərmoil/ *kb.* kerusuhan, kekacauan, huru-hara.

turn /tərn/ *kb.* 1 giliran. *Whose t. is it?* Giliran siapa? *to keep watch by turns* berjaga bergiliran/berganti-ganti. *in t.* menurut giliran, sebaliknya. *Bridge: to play out of t.* bermain tdk menurut giliran. *to step out of t.* tdk menurut giliran. *to speak out of t.* berbicara di luar gilirannya. *to take turns* bergiliran, berganti-ganti. 2 bélok(an). *to take a t. at 80 miles an hour* mem-bélokkan mobilnya (di bélokan) dgn kecepatan 80 mil sejam. *Take the sharp t. at the next corner* Ikutilah bélokan yg tajam di péngkolan yg berikut. 3 putar-an (*of wheel*). 4 bakat. *He has a t. for mathematics* Ia berbakat dlm ilmu pasti. 5 perubahan. *He took a t. for the worse* penyakit bertambah parah. *The weather has taken a t. for the better* Cuaca berubah menjadi lebih baik. 6 jasa, kebaikan. *to do s.o. a good t.* berbuat baik

kpd s.s.o. 7 berjalan. *to take a t. through the park* ber-jalan-jalan di taman. 8 lingkaran. *Give the rope a few more turns around the tree* Lingkarkanlah tali itu bebe-rapa kali lagi dikeliling pohon itu. 9 pertukaran (*of the tide*). 10 peralihan. *at the t. of the year* pd peralihan tahun. **at every t.** pd tiap kesempatan, di mana saja. **::** *You gave me quite a t. when you came in* Waktu kamu masuk saya terkejut. *The discussion took an unexpected t.* Pembicaraan itu menjurus kpd yg tak diduga-duga. *The meat was done to a t.* Daging itu dimasak matang tepat sebagaimana mestinya. —*kkt.* 1 membalik (*a page*). *to t. o's trousers inside out* membalik celananya yg dlm keluar. 2 memutar (*a key in a lock*). 3 memalingkan (*o's face*). 4 meng-arahkan. *T. the flashlight over here* Arahkanlah lampu séntér itu kemari. 5 mengolah, membalik (*the soil*). 6 memasamkan. *Warm weather turns milk* Hawa panas memasamkan susu. 7 berbélok di. *to t. a corner* berbélok di tikungan. 8 mengubah. *to t. s.o. against s.o.* mengubah s.s.o. menjadi lawan. 9 mem-balikkan, menunjukan kembali. *He turned his op-ponent's argument against him* Argumén lawannya itu ditujukan kembali kepadanya. 10 menukarkan, menguangkan. *to t. a check into cash* menukarkan cék dgn uang, menunaikan cék. 11 merubah. *Fall turned the leaves* Musim gugur merubah warna daun-daun. *to t. the conversation to another subject* merubah pembicaraan kpd lain hal. *Her love was turned to hate* Cintanya berubah menunjukkan benci. *to t. a bed-room into a study* merubah kamar tidur menjadi kamar kerja. 12 menginjak. *to t. 75* menginjak umur 75. 13 mengalihkan. *to t. o's mind to thoughts of home* mengalihkan pikirannya kpd keadaan di rumah. 14 mengusir. *to t. beggars from o's door* mengusir pengemis-pengemis dari rumahnya. 15 memutar-kan, mengenakan. *to t. the spotlight on s.o.* mengena-kan lampu sorot kpd s.s.o. 16 menujukan, meng-arahkan. *to t. all o's efforts towards* menujukan segala tenaganya kpd. **::** *The clock has just turned six* Jam baru saja menunjukkan jam enam. *to t. everything to a profit* menjadikan segala s.s.t. membawa un-tung. *to t. o's money to good use* memutarkan/meman-faatkan uangnya utk memperoléh keuntungan. *to t. a nice phrase* pandai memilih kata-kata, pandai bermulut manis. *to t. all colors of the rainbow* bercorak semua warna pelangi. —*kki.* 1 berputar (*of a wheel, door, top*). 2 berbélok, mébélok, berliku (*of a road*). *We turned down Stewart Avenue* Kita berbélok di Stewart Avenue. *to t. in to the driveway* membélok (masuk) ke jalan-masuk. 3 meménggok. *to t. left* meménggok ke kiri. 4 menjadi asam (*of milk*). *to t. red* menjadi mérah, memérah. *to t. informer* menjadi mata-mata polisi. *The project turned sour* Proyék itu menjadi jelék. 5 mengenai. *The conversation turned on a variety of topics* Percakapan itu mempercakap-kan/mengenai bermacam-macam pokok. 6 berbalik. *He turned and ran* Ia berbalik lalu berlari. 7 berubah (*of tide*). *Her luck has turned* Keuntungan-nya mulai berganti/berubah. *The wind is turning* A-ngin berubah arah. 8 bertukar warna (*of leaves*). **::** *I don't know which way or where to t.* Saya tdk tahu jurusan/jalan mana yg akan saya ambil. *The height made her head t.* Ketinggian itu menyebabkan dia menjadi pusing. **to t. about/around** berpaling. *to t. s.t. around* membalikkan s.s.t. **to t. against** ber-balik melawan. **to t. aside** mengesampingkan. **to t. away** menolak (*s.o.*). *to t. o's head away* memaling-kan/memutar kepalanya. *He turned away* Ia pergi. **to t. back** mengembalikan (*a book*). *to t. back the clock* a) memutar jam kembali. b) kembali ke jaman yg lampau. *One can't t. back now* Sekarang orang tak mungkin kembali lagi. **to t. down** 1 *Inf.:* menampik, menolak (*s.o., an offer*). 2 mengecilkan (*the radio, the gas*). 3 melipat (*corner of a page*). 4 melipatkan (*a bed*). **to t. in** 1 memasukkan, menyerahkan (*an application*). 2 menukarkan (*an old car for a new one*). 3 *Inf.:* pergi tidur. *Let's t. in* Mari kita pergi tidur. 4 membunyikan (*a fire alarm*). *His feet t. in* Kakinya béngkok kedalam. *Don't t. in your toes* Jangan membéngkokkan jar. kakimu. **to t. into** berubah menjadi. *The rain turned into snow* Hujan berubah menjadi salju. *The caterpillar turns into a butterfly* Ulat itu berubah menjadi kupu-kupu. **to t. off** 1 menutup (*the gas*). 2 mematikan (*the ignition*). 3 membélok dari (*the highway*). 4 memadamkan (*the light*). *Sl.: His lectures t. me off* Saya tdk suka kpd ceramahnya. **to t. on** 1 memasang (*a light, the gas, heat*). 2 menyerang (*s.o.*). 3 menyala. *The light won't t. on* Lampu listrik tdk mau menyala. 4 berkisar pd. *The conversation turned on literature* Percakapan itu berkisar pd kesusasteraan. 5 memutar (*the starter*). 6 bergantung, tergantung pd. 7 *Sl.:* memakai mariwuana, ganja. **to t. out** 1 mematikan, memadamkan (*a light, the gas*). 2 mengeluarkan (*copies*). 3 menghalau(kan), mengusir (*s.o. from o's house*). 4 menempatkan menjaga (*the guard*). 5 menghasilkan (*experts*). *to t. out a novel a year* menghasilkan sebuah roman sekali setahun. 6 melepaskan (*the cat*). 7 berakhir. *to t. out well* berakhir dgn baik. 8 *Inf.:* bangun. *It's time to t. out* Sdh tiba waktunya utk bangun. 9 menjadi. *The weather has turned out fine* Cuaca tlh menjadi baik sekali. *How did your cake t. out?* Bagaimana jadinya kuému itu? 10 mengunjungi, hadir pd (*for an event*). **::** *as it turned out* sbg akibatnya. *His son turned out badly* Anaknya gagal sama sekali. *The dog turned out to be his* Ternyata anjing itu adalah kepunyaannya. *Did it t. out to be correct?* Apakah itu ternyata benar? *She was turned out in the latest fashion* Dia berpakaian menurut mode terakhir. *They turned him out into the snow* Meréka melémparkannya keluar di salju. *Her feet t. out* Kakinya béngkok keluar. **to t. over** 1 membalikkan (*a table*). 2 terbalik. *The boat turned over* Kapal itu terbalik. 3 mempertimbangkan, memikirkan (*an idea in o's mind*). 4 menyerahkan. *to t. over s.t. to s.o.* menyerahkan s.s.t. kpd s.s.o. 5 menjual. *That dealer turns over fifty cars a year* Agén penjual itu menjual limapuluh mobil setahun. 6 membalik (*a page of a newspaper*). 7 membalik/membongkar (*the soil*). 8 menghidupkan (*an engine*). *The engine wouldn't t. over* Mesin itu tdk mau berputar. 9 mengoperkan (*the ball to the goalie*). *to t. over on o's back* membalikkan badan, menelentangkan. **to t. round** =TO T. AROUND. **to t. to** 1 mulai bekerja. 2 berubah menjadi. *Anything he touches turns to gold* Apa saja yg disentuhnya berubah menjadi emas. *The rain turns to sleet* Hujan itu beralih/berubah menjadi hujan és. 3 meminta tolong/naséhat kpd. *to t. to o's book* kembali kpd bukunya. *Her thoughts often t. to that subject* Pikirannya sering berjurusan/berbélok kpd soal itu. **to t. up** 1 mengeraskan (*the radio*). 2 menaikkan (*the heat*). 3 meméndékkan (*a hem*). 4 membesarkan (*the lamp*). 5 membélok (*a road*). 6 muncul. *He always turns up* Dia selalu muncul. 7 tiba, hadir. 8 menemukan (*some objects*). **t. indicator/signal** tanda/signal utk membélok, sén. **t. of the century** akhir/pergantian abad. **—turning** *kb.* pembentukan, penyusunan (*of a phrase*). *ks.* yg menentukan, penting. *t. point in o's career* saat yg menentukan dlm kariernya.

turnabout /'tərnə'bawt/ *kb.* pembalikan haluan. *to do a t.* berbalik haluan. *T. is fair play* Saling berbalasan adalah layak.

turnaround /'tərnə'rawnd/ *kb.* perubahan haluan.

turncoat /'tərn'kowt/ *kb.* (pem)bélot, pengkhianat.

turndown /'tərn'dawn/ *kb.* penolakan. *—ks.* terlipat (kebawah). *t. collar* kerah yg terlipat kebawah.

turnip /'tərnip/ *kb.* sm lobak cina.

turnoff /'tərn'ɔf, -'af/ *kb.* bélokan, simpangan.

turnout /'tərn'awt/ *kb.* kedatangan, kehadiran. *A large t. is expected* Diharapkan orang akan banyak datang.

turnover /'tərn'owvər/ *kb.* pergantian.

turnpike /'tərn'paik/ *kb.* jalan-raya yg menarik bayaran, jalan raya kilat/éksprés.

turnstile /'tərn'stail/ *kb.* pagar putar, pintu pagar.

turntable /'tərn'teibəl/ *kb.* 1 piring putar (pd gramopon). 2 *RR.:* putaran langsir.

turpentine /'tərpəntain/ *kb.* térpentin, minyak tusam.

turpitude /'tərpətuwd, -tyuwd/ *kb.* kejahatan, kekejian.

turquoise /'tərk(w)oiz/ *kb.* (batu) pirus. *—ks.* warna biru-hijau.

turret /'tərit/ *kb.* menara kecil. *Nau.: rotating t.* menara meriam yg berputar.

turtle /'tərtəl/ *kb.* kura-kura, penyu. *to turn t.* terjungkir-balik. **turtle-neck** *ks.* léhér tinggi. *t.-neck sweater* baju kaos berléhér tinggi.

turtledove /'tərtəl'dʌv/ *kb.* perkutut.

tusk /tʌsk/ *kb.* 1 gading (*of elephant*). 2 taring (*of walrus*).

tussle /'tʌsəl/ *kb.* pergumulan, perkelahian. *—kki.* bergumul.

tut /tʌt/ *kseru.* ah, kok, ah masa.

tutelage /'tuwtəlij, 'tyuw-/ *kb.* 1 perwalian. 2 pengawasan. *to be under the t. of* dibawah pengawasan. 3 pelajaran.

tutor /'tuwtər, 'tyuw-/ *kb.* guru pribadi. *—kkt.* mengajar di rumah, mengajar ékstra, memberi lés/pelajaran.

tutorial /tuw'towrieəl, tyuw'-/ *kb.* pengajaran tambahan, pelajaran pribadi.

tutti-frutti /'tuwtie' fruwtie/ *kb.* buah campur. *t. ice cream* éskrim dgn campuran buah-buahan.

tux /tʌks/ *Inf.:* =TUXEDO.

tuxedo /tək'siedow/ *kb.* pakaian malam pria (jas putih dan celana hitam).

TV /'tie'vie/ *kb.* télévisi, tivi. *Please turn on the TV* Tolong pasangkan télévisi. *t. antenna* anténa télévisi. *t. dinner* makanan malam yg sdh disiapkan, tinggal memanaskan saja.

TVA, T.V.A. /'tievie'ei/ [*Tennessee Valley Authority*] Instansi Pengurus Lembah Sungai Tennessee.

twaddle /'twadəl/ *kb.* océhan, omong kosong.

twang /twæŋ/ *kb.* 1 bunyi sengau. 2 desing (*of a bow*). 3 dentingan, bunyi petikan (*of guitar*). *—kkt.* memetik berdenting-denting (*a guitar*).

'twas /twaz, twʌz/ [*it was*] waktu itu adalah.

tweak /twiek/ *kkt.* menjéwér (*an ear*).

tweed /twied/ *kb.* tweed, wol. *t. jacket* jas wol.

tweedledum and tweedledee /'twiedəl'dʌmən 'twiedəl'die/ *kb.* setali tiga uang, spt pinang dibelah dua.

tweet /twiet/ *kb.* cicit. *—kkt.* bercicit, mencicit.

tweezers /'twiezərz/ *kb., j.* penyepit, jepitan.

twelfth /twelfth/ *kb.* duabelas. *the t. of March* tanggal duabelas Maret. *—ks.* yg keduabelas.

twelve /twelv/ *kb.* duabelas. *The clock struck t.* Jam memukul/membunyikan duabelas. *It's t. o'clock* Jam dua belas.

twentieth /'twentieith/ *kb.* tanggal duapuluh. —*ks.* yg keduapuluh.

twenty /'twentie/ *kb.* (*j.* **-ties**) duapuluh. *twenty-one* duapuluh satu. *twenty-first* yg keduapuluh satu. *the twenties* tahun duapuluhan. *He's in his twenties* Ia berumur duapuluhan. *He has t.-t. vision* Penglihatannya normal.

twerp /twərp/ *kb. Sl.*: (hina-dina) orang kecil yg picik.

twice /twais/ *kk.* dua kali. *T. five is ten* Dua kali lima sama dgn sepuluh. *He is t. as fast as I am* Dia dua kali secepat saya. *She's t. my age* Umurnya duakali umur saya. *to think t. before doing s.t.* berpikir baik-baik sblm mengerjakan s.s.t.

twiddle /'twidəl/ *kkt.* memutar-mutarkan (*o's thumbs*).

twig /twig/ *kb.* ranting.

twilight /'twai'lait/ *kb.* aram-temaram, senjakala. *to be in the t. of life* berada dlm masa tua.

twill /twil/ *kb.* kain képar.

'twill /twil/ [*it will*] akan.

twin /twin/ *kb.* kembar. *They are identical twins* Meréka kembar sempurna. —*ks.* kembar. *t. beds* tempat tidur kembar. *t. brother* saudara kembar. *t. cities* kota kembar. **twin-engine(d)** *ks.* ber-motor dua. **twin-screw** *ks.* berkitiran dua (*propellor*). —*kki.* (**twinned**) melahirkan kembar. —**twinning** *kb.* kelahiran kembar.

twine /twain/ *kb.* benang ikat. *ball of t.* gumpalan benang ikat. —*kkt.* merangkul. *to t. o's arms about s.o.* merangkul/memeluk 's.s.o. dgn kedua tangannya. **to t. around** (menjalar) melingkari.

twinge /twinj/ *kb.* 1 tusukan. *t. of arthritis* tusukan radang selaput sendi. 2 denyutan (*of sadness, regret*). —*kki.* merasa sakit, sakit menusuk.

twinkle /'twingkəl/ *kb.* kelip. *She has a kindly t. in her eye* Matanya bersinar ramah. —*kki.* 1 berkelip-kelip, berkelap-kelip (*of stars*). 2 bersinar-sinar (*of eyes*). *in the* **twinkling** *of an eye* dlm sekejap mata.

twirl /twərl/ *kb.* putaran (*of a baton*). —*kki.* memutar-mutar.

twist /twist/ *kb.* 1 tikungan (*in a road*). 2 keseléo/ salah urat (*in o's wrist*). 3 pelintir, gulungan (*of tobacco*). 4 simpul (*in a rope, rubber hose*). 5 (*dance*) twist, musik (dgn) lutut mégal-mégol. 6 corak pada. *to give an old joke a new t.* memberikan corak baru pd lelucon lama. 7 putaran. *to do s.t. with a t. of the wrist* melakukan s.s.t. dgn putaran pergelangan. *to give s.t. a good t.* memutar s.s.t. kuat-kuat. —*kkt.* 1 memilin (*a rope, dough*). 2 memutar-balikkan (*the truth, a story*). 3 memutar, memilin. *to t. s.t. out of shape* memutar s.s.t. sehingga berubah bentuknya. 4 menjalin (*flowers into a bouquet*). 5 memintal. *to t. two ropes together* memintal dua tambang bersama-sama. 6 memutarkan, mengikatkan. *to t. a string around a pole* memutarankan tali di tiang. 7 keseléo/ salah urat (*o's ankle*). **::** *The hurricane twisted the tree* Badai itu membuat pohon itu miring. *to t. s.o's arm* memaksa s.s.o. melakukan s.s.t. *His face was twisted with pain* Mukanya berkerut kesakitan. —*kki.* 1 berliku-liku, berbélok-bélok (*of a road*). 2 berputar-putar dan berpilin-pilin (*of a worm, snake*). 3 mengalir berliku-liku (*of a brook*). 4 membelit (*of a rope*). —**twisted** *ks.* 1 yg membelit. *t. rope* tali yg berbelit. 2 sinting (*mind*). —**twisting** *ks.* berliku-liku, ber-bélok-bélok (*road*).

twister /'twistər/ *kb. Inf.*: angin puyuh.

twit /twit/ *kkt.* (**twitted**) mengéjék, menggoda.

twitch /twic/ *kb.* kejangan. *nervous t.* kedutan. *facial t.* gerényét. —*kki.* berkedut, berkejang, mengggerényét. *Her face twitches* Mukanya/Romannya ber-gerak-gerak.

twitchy /'twicie/ *ks.* gugup.

twitter /'twitər/ *kb.* cicit-cicit, kicau (*of birds*). *to be in a t.* gelisah. —*kki.* bercicit-cicit, berkicau.

two /tuw/ *kb.* dua. *the t. of you* kamu berdua. *T. came* Dua orang datang. *to put t. and t. together* menarik kesimpulan dari fakta-fakta. *to cut s.t. in t.* memotong s.s.t. menjadi dua. *to march by/in twos* berbaris (ber)dua-dua. *We. t. will go* Kami berdua akan pergi. *to have t. of everything* ada dua (buah) dari tiap barang. *to be of t. minds* mendua hati. —*ks.* dua. *t. boxes* dua kotak. *the t. yg* (ke)dua itu. **two-bit** *ks.* murahan, tdk bermutu. *Sl.*: *t.-bit movie* pilem murahan. *Sl.*: *t. bits* setalén. **two-by four** *kb.* batang kayu yg berukuran 2 kali 4 inci. *t.-by-four apartment* flat yg sempit. *Sl.*: *to get in o's t. cents' worth* mengemukakan pendapat selama pembicaraan itu. **two-edged** *ks.* bermata dua (*blade, sword*). **two-faced** *ks.* bermuka-dua, munafik. **two-fisted** *ks.* kuat, yg keras tinjunya. **two-handed** *ks.* ber-pegangan dua (*sword, saw*). **two-legged** *ks.* ber-kaki dua. **two-piece** *ks.* yg terdiri dari dua potong (*suit*). **two-ply** *ks.* berlapis/berlipat dua. **two-seater** *kb.* kendaraan yg dpt memuat dua penumpang. **two-time** *ks.* duakali (*champion*). **to t.-time** menipu. **two-timer** *kb.* penipu. **two-tone** *ks.* berwarna dua. **two-way** *ks.* dua jurusan. *t.-way traffic* lalu lintas dua jurusan. *Pol.*: *t.-way race* perlombaan antara dua orang. *t.-way radio* pesawat radio penyiar dan penerima. **two-wheeler** *kb.* sepéda (beroda dua)

twofold /'tuw'fowld/ *ks., kk.* dua kali lipat, dua ganda. *t. increase* kenaikan/tambahan dua-kali lipat. *to increase t.* naik/bertambah duakali lipat.

twoscore /'tuw'skowr/ *kb., ks.* empatpuluh.

twosome /'tuwsəm/ *kb.* dua orang pemain.

'twould /twud/ [*it would*] akan.

twp [*township*] kotapraja.

Ty. [*Territory*] wilayah.

tycoon /tai'kuwn/ *kb.* 1 hartawan. 2 raja. *oil t.* raja minyak. 3 gembong. *political t.* gembong politik.

tying /'taiing/ lih TIE.

tyke /taik/ *kb. Inf.*: anak kecil.

tympani /tim'pænie/ *kb., j.* genderang.

tympanic /tim'pænik/ *ks.* **t. membrane** selaput anak-telinga.

type /taip/ *kb.* 1 macam, jenis. *What is your favorite t. of music?* Musik macam apa yg kausukai? *She's my t.* Dia termasuk macam yg kusenangi. *a serious t. of pneumonia* jenis radang paru-paru yg parah. *a t. of musical instrument* sejenis alat musik. *people of this t.* orang semacam ini. 2 golongan. *What is your blood t.?* Golongan apakah darahmu? 3 contoh, tipe. *He's a fine t. of Italian manhood* Dia contoh yg baik drpd kaum laki-laki Italia. 4 huruf cétak. *pica t.* huruf pika. *to print s.t. in bold t.* mencétak s.s.t. dgn huruf tebal. —*kkt.* 1 mengetik (*a letter*). 2 mencap sbg perlambang tipe tertentu (*of an actor*). —*kki.* mengetik. *Can she t.?* Pandaikah dia mengetik? —**typing** *kb.* mengetik.

typecast /'taip'kæst/ *kkt.* menetapkan sbg pemain peranan dari tipe tertentu.

typescript /'taip'skript/ *kb.* naskah yg diketik.

typesetter /'taip'setər/ *kb.* tukang sét, séter, penyusun huruf.

typesetting /'taip'seting/ *kb.* penyusunan/pemasangan huruf.

typewrite /'taip'rait/ *kkt., kki.* (**typewrote, type-written**) mengetik. —**typewritten** *ks.* yg diketik. *a t. copy* sebuah naskah yg diketik. —**typewriting** *kb.* mengetik, ketikan.

typewriter /'taip'raitər/ *kb.* mesin (ke)tik/tulis. *electric t.* mesin tik listrik.

typewritten /'taip'ritən/ lih TYPEWRITE.

typewrote /'taip'rowt/ lih TYPEWRITE.

typhoid /'taifoid/ *kb.* penyakit tipus. *t. fever* demam tipus.

typhoon /tai'fuwn/ *kb.* topan, taifun, angin puyuh.

typhus /'taifəs/ *kb.* penyakit tipus.

typical /'tipəkəl/ *ks.* khas. *He's a t. boy* Dia seorang anak laki-laki yg khas. *It's t. of this age* Hal itu merupakan pertanda yg khas bagi abad sekarang. *Each region possesses s.t. t.* Setiap daérah mempunyai corak-ragam yg tersendiri. —**typically** *kk.* khas, khusus, tipis. *t. American* khas Amérika.

typify /'tipəfai/ *kkt.* (**typified**) melambangkan, merupakan perlambang bagi.

typist /'taipist/ *kb.* juru (ke)tik, pengetik.

typo /'taipow/ *kb. Sl.* : kesalahan cétak.

typographical /'taipə'græfəkəl/ *ks.* yg berk. dgn percétakan. *t. error* kesalahan cétak.

typography /tai'pagrəfie/ *kb.* (*j.* **-phies**) tipografi, seni cétak, tatahuruf.

tyrannical /tə'rænəkəl/ *ks.* lalim, zalim, kejam.

tyrannize /'tirənaiz/ *kkt.* bersimaharajaléla. —*kki.* **to t. over** bersimaharajaléla thd/atas.

tyrannous /'tirənəs/ *ks.* lalim, zalim, kejam.

tyranny /'tirənie/ *kb.* (*j.* **-nies**) kelaliman, kezaliman, kekejaman.

tyrant /'tairənt/ *kb.* 1 raja lalim. 2 orang yg kejam.

tyro /'tairow/ *kb.* orang baru, orang yg masih hijau.

U

U, u /yuw/ *kb.* huruf yg keduapuluh satu dari abjad Inggeris. *U-boat* kapal selam (Jérman). *U-turn* pemutaran balik (berbentuk U). *No U-turns* Tak boléh putar-balik.

U. [*University*] Universitas.

UAR /'yuw'ei'ar/ [*United Arab Republic*] *kb.* R.P.A., Républik PersatuanArab.

ubiquitous /yuw'bikwətəs/ *ks.* ada dimana-mana. *the u. mosquito* nyamuk yg ada dimana-mana.

udder /'ʌdər/ *kb.* ambing.

ugh /ʌg/ *kseru.* wah! waduh!

ugliness /'ʌglienəs/ *kb.* 1 kejelékan/keburukan rupa (*in appearance*). 2 (*offensiveness*) kekurangajaran, kenakalan.

ugly /'ʌglie/ *ks.* 1 jelék, buruk. *u. face* muka yg jelék. *Don't act u.!* Jangan berkelakuan buruk/jelék. 2 berbahaya, parah (*wound*). 3 *Inf.*: tak pantas, kurangajar, kasar (*of a statement or action*). *Inf.: He's an u. customer* Ia seorang atau seékor binatang yg réwél. *an u. temper* sifat naik marah. **u. duckling** seorang gadis yg buruk rupanya sewaktu kecil tapi stlh déwasa menjadi molék.

UHF [*Ultra High Frequency*] frékwénsi sangat tinggi.

ukulele /'yuwkə'leilie/ *kb.* gitar kecil, ukelélé.

ulcer /'ʌlsər/ *kb.* borok, bisul, puru.

ulcerate /'ʌlsəreit/ *kkt., kki.* memborok, membisul.

ulceration /'ʌlsə'reisyən/ *kb.* pemborokan, keadaan bernanah, koréng.

ulcerous /'ʌlsərəs/ *ks.* berborok, berbisul, bengkak bernanah.

ulna /'ʌlnə/ *kb.* tulang hasta.

ult. 1 [*ultimate(ly)*] yg penghabisan, terakhir; akhirnya, kesudahannya. 2 [*ultimo*] dlm bulan yg lalu.

ulterior /ʌl'tirieər/ *ks.* tersembunyi, yg disembunyikan. *u. motive* maksud tersembunyi. *with no u. motive* sepi ing pamrih, tanpa maksud utk menguntungkan diri.

ultimate /'ʌltəmit/ *kb.* yg paling méwah *That is the u. in cars* Itulah yg paling méwah diantara semua mobil. —*ks.* 1 penghabisan, terakhir. *the u. purpose* tujuan (ter)akhir. 2 pokok, asal. *the u. source of ideas* sumber pokok drpd pemikiran-pemikiran. *to pay the u. price* mengorbankan jiwanya. —**ultimately** *kk.* (pd) akhirnya.

ultimatum /'ʌltə'meitəm/ *kb.* (*j.* **-tum, -ta**) ultimatum.

ultimo /'ʌltəmow/ *kk.* dlm bulan yg lalu.

ultra /'ʌltrə/ *ks.* yg teramat sangat. *u. high frequency* frékwénsi sangat tinggi.

ultraconservative /'ʌltrəkən'sərvətiv/ *kb.* seorang yg sangat konsérpatip. —*ks.* paling konsérpatip.

ultraliberal /'ʌltrə'librəl/ *ks.* sangat liberal.

ultramarine /'ʌltrəmə'rien/ *ks.* biru laut/tua/langit.

ultramodern /'ʌltrə'madərn/ *ks.* sangat modérn.

ultrasmooth /'ʌltrə'smuwTH/ *ks.* sangat licin/lihai.

ultraviolet /'ʌltrə'vaiəlit/ *ks.* ultra-ungu, lembayung ultra. *u. rays* sinar-sinar ultra-ungu.

umbilical /ʌm'biləkəl/ *ks.* yg berk. dgn pusat. *u. cord* tali pusat/pusar.

umbrage /'ʌmbrij/ *kb.* rasa tersinggung. *to take u. at* merasa tersinggung/terhina karena.

umbrella /ʌm'brelə/ *kb.* payung. *an u. of fighter planes* lindungan (yg terdiri dari) pesawat pemburu.

umlaut /'umlawt/ *kb.* 1 *Ling.*: umlaut. 2 detik-dua diatas huruf hidup (dlm bahasa Jérman).

umpire /'ʌmpair/ *kb.* wasit. —*kkt.* mewasiti. —*kki.* bertindak sbg wasit.

umpteen /'ʌmp'tien/ *ks. Inf.*: beberapa, sekian

umpteenth /'ʌmp'tienth/ *ks. Inf.*: yg kesekian. *For the u. time, "No!"* Utk kesekian kalinya, "Tidak!"

UN, U.N. /'yuw'en/ [*United Nations*] *kb.* Perserikatan Bangsa-Bangsa.

unabashed /'ʌnə'bæsyt/ *ks.* tak merasa malu. —**unabashedly** *kk.* tak tahu malu.

unable /ʌn'eibəl/ *ks.* tak dpt/sanggup. *u. to talk* tak dpt berbicara.

unabridged /'ʌnə'brijd/ *ks.* lengkap, tak dipersingkat. *u. dictionary* kamus lengkap.

unaccented /ʌn'æksentid/ *ks.* tanpa tekanan. *u. vowel* huruf hidup yg tak diberi tekanan.

unacceptable /'ʌnæk'septəbəl/ *ks.* tak dpt diterima. *u. proposal* usul yg tak dpt diterima.

unaccompanied /'ʌnə'kʌmpənied/ *ks.* 1 tak disertai. *to come u. by s.o.* datang tanpa disertai s.s.o. 2 yg tdk dibawa sendiri (*baggage*). 3 sendiri. *to sing u.* menyanyi tanpa iringan musik.

unaccountable /'ʌnə'kawntəbəl/ *ks.* 1 tak (dpt) diketahui sebabnya. *an u. loss in revenue* uang pendapatan yg hilang yg tak diketahui sebabnya. 2 tak dpt diminta pertanggungan-jawab (*for o's actions*).

unaccounted-for /'ʌnə'kawntid'fɔr/ *ks.* yg tak ada penjelasannya.

unaccredited /'ʌnə'kredətid/ *ks.* blm diterima dgn resmi.

unaccustomed /'ʌnə'kʌstəmd/ *ks.* tdk biasa/dikenal.

unacquainted /'ʌnə'kweintid/ *ks.* tdk kenal. *I'm u. with him* Saya tdk kenal dia.

unadaptable /'ʌnə'dæptəbəl/ *ks.* tak dpt diterima/disesuaikan.

unadorned /'ʌnə'dɔrnd/ *ks.* tanpa perhiasan.

unadulterated /'ʌnə'dʌltə'reitid/ *ks.* tdk dipalsukan/dicampur (*of food*). *u. lie* bohong besar.

unaffected /'ʌnə'fektid/ *ks.* 1 tak dibuat-buat (*manner*). 2 tak dipengaruhi (*by publicity*).

unaffiliated /'ʌnə'filie'eitid/ *ks.* tak menjadi anggota, tdk berafiliasi.

unafraid /'ʌnə'freid/ *ks.* tak takut/gentar.

unaided /ʌn'eidid/ *ks.* tanpa bantuan. *legible to the u. eye* dpt dibaca dgn mata biasa.

unalienable /ʌn'eilyənəbəl/ *ks.* tak dpt diambil (orang lain).

unalterable /ʌn'ɔltərəbəl/ *ks.* tak dpt diubah.

unambiguous /'ʌnæm'bigyuəs/ *ks.* sdh jelas, terang, tdk samar-samar.

un-American /'ʌnə'merəkən/ *ks.* tdk bersifat Amérika, bertentangan dgn watak Amérika.

unanimity /'yuwnə'nimətie/ *kb.* kebulatan suara.

unanimous /yuw'nænəməs/ *ks.* dgn suara bulat/ bersepakat. *u. decision* keputusan yg diambil dgn suara bulat. —**unanimously** *kk.* dgn suara bulat.

unannounced /'ʌnə'nawnst/ *ks.* tanpa pemberian tahu.

unanswerable /ʌn'ænsərəbəl/ *ks.* tak dpt disangkal.

unanswered /ʌn'ænsərd/ *ks.* tak dijawab (*of a letter*).

unappeased /'ʌnə'piezd/ *ks.* tak habis-habisnya/ puas-puasnya.

unappetizing /ʌn'æpə'taizing/ *ks.* tak menimbulkan seléra (*food, meal*).

unappreciated /'ʌnə'priesyie'eitid/ *ks.* tak dihargai.

unappreciative /'ʌnə'priesyieətiv/ *ks.* tak menghargai.

unapproachable /'ʌnə'prowcəbəl/ *ks.* tak dpt didekati, tdk terdekati.

unappropriated /'ʌnə'prowprie'eitid/ *ks.* tak dialokasikan (*funds*).

unarmed /ʌn'armd/ *ks.* tak bersenjata.

unascertainable /'ʌnæsər'teinəbəl/ *ks.* tak dpt diketahui benar.

unashamedly /'ʌnə'syeimidlie/ *kk.* dgn tdk merasa malu.

unaspirated /ʌn'æspə'reitid/ *ks.* *Phon.*: tak disertai hembusan napas (*sound*).

unassailable /'ʌnə'seiləbəl/ *ks.* tdk dpt disangkal/ dibantah.

unassimilated /'ʌnə'simə'leitid/ *ks.* 1 yg blm diasimilasikan (*food*). 2 yg blm meresap (*ideas*). 3 yg blm diolah (*of plants*).

unassisted /'ʌnə'sistid/ *ks.* tanpa bantuan.

unassuming /'ʌnə'suwming/ *ks.* tak berlagak, sederhana (*manner*).

unattached /'ʌnə'tæct/ *ks.* 1 tdk terikat. 2 blm kawin. 3 lepas.

unattainable /'ʌnə'teinəbəl/ *ks.* tak dpt dicapai.

unattended /'ʌnə'tendid/ *ks.* tanpa perawatan, tak diawasi.

unattractive /'ʌnə'træktiv/ *ks.* kurang menarik.

unauthorized /ʌn'ɔthəraizd/ *ks.* yg tak diberi kuasa, tdk sah.

unavailable /'ʌnə'veiləbəl/ *ks.* tak bersedia, tak ada persediaan.

unavailing /'ʌnə'veiling/ *ks.* sia-sia, tak berhasil.

unavoidable /'ʌnə'voidəbəl/ *ks.* tak dpt dihindarkan/diélakkan, tak terélakkan. —**unavoidably** *kk.* tak dpt diélakkan. *to be u. detained* terhalang dgn tak dpt menghindarkannya.

unaware /'ʌnə'wær/ *ks.* tak sadar, menyadari (**of** akan).

unawares /'ʌnə'wærz/ *kk.* tak disangka-sangka/diduga-duga. *to take s.o. u.* tdk diduga-duga oléh s.s.o.

unbalanced /ʌn'bælənst/ *ks.* 1 tak séhat pikiran, terganggu jiwa. 2 tak cocok (*of an account*).

unbearable /ʌn'bærəbəl/ *ks.* tak dpt ditahan, tiada terderita, tak tertahankan. —**unbearably** *kk.* tak tertahan. *u. hot* panas yg tak tertahan.

unbeatable /ʌn'bietəbəl/ *ks.* tak dpt dikalahkan, tak terkalahkan.

unbeaten /ʌn'bietən/ *ks.* 1 yg tak pernah kalah (*team*). 2 yg tak pernah diléwati (*paths*).

unbecoming /'ʌnbi'kʌming/ *ks.* 1 tak pantas (*of manner*). 2 tak menarik (*of dress*).

unbeknown /'ʌnbi'nown/ *ks.* tanpa diketahui. *U. to anyone, she*... Tanpa diketahui seorangpun, ia....

unbelievable /'ʌnbi'lievəbəl/ *ks.* bukan main, luar biasa. —**unbelievably** *kk.* bukan main, luar biasa. *He is u. stingy* Ia bukan main kikirnya.

unbeliever /'ʌnbi'lievər/ *kb.* seorang yg tak beriman, kafir.

unbelieving /'ʌnbi'lieving/ *ks.* seakan-akan tak percaya.

unbend /ʌn'bend/ *kkt.* (**unbent**) meluruskan (*a wire*). —*kki.* menjadi ramah. —**unbending** *ks.* keras hati/kepala.

unbias(s)ed /ʌn'baiəst/ *ks.* sama tengah, tdk memihak, tanpa prasangka.

unbleached /ʌn'bliect/ *ks.* tak dikelantang/diputihkan.

unbolt /ʌn'bowlt/ *kkt.* membuka, melepaskan.

unborn /ʌn'bɔrn/ *ks.* blm lahir (*child, generations*).

unbosom /ʌn'buzəm/ *kkt.* membuka rahasia, menceritakan. *to u. o.s.* membuka rahasianya sendiri.

unbound /ʌn'bawnd/ *ks.* tdk dijilid (*book*).

unbounded /ʌn'bawndid/ *ks.* tak terbatas/terhingga (*strength, confidence*).

unbreakable /ʌn'breikəbəl/ *ks.* tak dpt dipecahkan, tahan pecah.

unbridled /ʌn'braidəld/ *ks.* tak terkendalikan/terkekang (*horse, wrath*).

unbroken /ʌn'browkən/ *ks.* 1 tak putus-putus (*string of victories*). 2 tak terputus-putus (*dish*). 3 terus-menerus (*of sleep*).

unbuckle /ʌn'bʌkəl/ *kkt.* melepaskan, membuka.

unburden /ʌn'bərdən/ *kkt.* mencurahkan. *to u. o's troubles to s.o.* mencurahkan kesusahan-kesusahannya kpd s.s.o.

unbusinesslike /ʌn'biznəs'laik/ *ks.* tdk praktis.

unbutton /ʌn'bʌtən/ *kkt.* membuka kancing.

uncalled-for /ʌn'kɔld'fɔr/ *ks.* tdk beralasan/senonoh (*remark*).

uncanceled /ʌn'kænsəld/ *ks.* blm dicap/dipakai (*of a stamp*).

uncanny /ʌn'kænie/ *ks.* 1 anéh, gaib (*atmosphere, appearance*). 2 luar biasa (*ability*).

uncatalogued /ʌn'kætələgd/ *ks.* blm dimasukkan kedlm katalogus.

unceasing /ʌn'siesing/ *ks.* 1 tak henti-hentinya (*of efforts*). 2 terus-menerus (*of rain*).

uncertain /ʌn'sərtən/ *ks.* 1 ragu-ragu, bimbang. *He is u. whether he*... Ia masih ragu-ragu apakah ia.... 3 tak menentu, berubah-ubah (*of weather*). 4 tak jelas, samar-samar (*shape*). *to tell s.o. in no u. terms that*... mengatakan dgn tegas kpd s.s.o. bhw....

uncertainty /ʌn'sərtəntie/ *kb.* (*j.* **-ties**) ketidaktentuan.

unchain /ʌn'cein/ *kkt.* melepaskan (*a dog, o's passions*).

unchallenged /ʌn'cælinjd/ *ks.* tak terlawan, tak dpt dibandingi. *to let s.o. pass u.* membiarkan s.s.o. lalu tanpa diperiksa.

unchanged /ʌn'ceinjd/ *ks.* tak berubah, tanpa perubahan.

unchanging /ʌn'ceinjing/ *ks.* tak berubah-ubah.

unchaperoned /ʌn'syæpərownd/ *ks.* tanpa pengantar.

uncharitable /ʌn'cærətəbəl/ *ks.* tak mengenal belas kasihan.

uncharted /ʌn'cartid/ ks. blm dipetakan (sea, island).

unchecked /ʌn'cekt/ ks. tdk dicegah/dikendalikan.

unchristian /ʌn'kriscən/ ks. tdk menurut ajaran Kristen.

uncivilized /ʌn'sivəlaizd/ ks. tak beradab, biadab.

unclad /ʌn'klæd/ ks. 1 tak berpakaian. 2 dlm keadaan telanjang.

unclaimed /ʌn'kleimd/ ks. tak diminta/dituntut (mail, baggage).

unclasp /ʌn'klæsp/ kkt. melepaskan.

unclassified /ʌn'klæsəfaid/ ks. tak bersifat rahasia (of a document).

uncle /'ʌngkəl/ kb. paman. Inf.: to cry u. mengaku/ menyerah kalah. **U. Sam** pemerintahan AS. **U. Tom** seorang négro yg tunduk kpd bangsa kulit putih.

unclean /ʌn'klien/ ks. kotor, tak bersih, najis.

unclear /ʌn'klir/ ks. tdk terang, blm jelas.

unclog /ʌn'klag/ kkt. (**unclogged**) menghilangkan/ membuang penyumbat (a drain).

unclothed /ʌn'klowᴛʜd/ ks. tak berpakaian, telanjang (body).

uncluttered /ʌn'klʌtərd/ ks. rapi, teratur, bersih.

uncock /ʌn'kak/ kkt. menurunkan pelatuk.

uncoil /ʌn'koil/ kkt. menguraikan (a rope). —kki. mengorak, mengurai (of a snake).

uncollected /'ʌnkə'lektid/ ks. 1 blm ditarik/ditagih (of taxes). 2 blm diambil/dikumpulkan (of mail).

uncombed /ʌn'kowmd/ ks. tdk disisir, kusut (of hair).

uncomfortable /ʌn'kʌmfərtəbəl/ ks. merasa tak énak. to have an u. feeling berperasaan gelisah/tdk tenang. This chair is u. Kursi ini tak énak diduduki. —**uncomfortably** kk. terasa tdk énak. to be u. dressed memakai pakaian yg tdk menyenangkan.

uncommitted /'ʌnkə'mitid/ ks. tak terikat, nétral.

uncommon /ʌn'kamən/ ks. luar biasa. —**uncommonly** kk. luar biasa. u. skilful yg luar biasa kecakapannya.

uncommunicative /'ʌnkə'myuwnəkətiv/ ks. pendiam, tdk suka berbicara.

uncomplaining /'ʌnkəm'pleining/ ks. tak (suka) mengeluh.

uncomplimentary /'ʌnkamplə'mentərie/ ks. yg bersifat mencela/mengecam.

uncompromising /ʌn'kamprə'maizing/ ks. keras kepala, tak suka berkompromi.

unconcealed /'ʌnkən'sield/ ks. tak disembunyikan (dislike).

unconcerned /'ʌnkən'sərnd/ ks. tak peduli, tak ambil pusing, lega dada.

unconditional /'ʌnkən'disyənəl/ ks. tak bersyarat, mutlak. u. surrender penyerahan tanpa syarat. —**unconditionally** kk. tanpa syarat.

unconfirmed /'ʌnkən'fərmd/ ks. blm pasti kebenarannya (of a rumor).

unconnected /'ʌnkə'nektid/ ks. tak bertalian, terlepas satu sama lain (of a problem).

unconquerable /ʌn'kangkərəbəl/ ks. tak tertundukkan, tak kunjung padam (spirit).

unconscionable /ʌn'kansyənəbəl/ ks. 1 rendah budi (of a liar). 2 banyak sekali. an u. amount of snow salju yg banyak sekali.

unconscious /ʌn'kansyəs/ kb. bawah sadar. —ks. 1 tak sadar. Is she still u.? Apa ia masih tak sadar? He's u. of the danger Ia tak sadar akan bahaya itu. 2 tak sadarkan, pingsan (after an accident). to become u. jatuh pingsan. —**unconsciously** kk. dgn tak sadar, tanpa disadari.

unconsciousness /ʌn'kansyəsnəs/ kb. ketidaksadaran, keadaan pingsan.

unconstitutional /'ʌnkanstə'tuwsyənəl, 'ᴛyuw-/ ks. tak konstitusionil, inkonstitusionil.

uncontaminated /'ʌnkən'tæmə'neitid/ ks. bersih, tdk kotor, murni, tdk terjangkit.

uncontested /'ʌnkən'testid/ ks. tak ditentang/dilawan (election). an u. fact suatu kenyataan yg tak dpt dibantah.

uncontrollable /'ʌnkən'trowləbəl/ ks. tak dpt dikendalikan (temper).

uncontrolled /'ʌnkən'trowld/ ks. tak terkendalikan (joy).

unconventional /'ʌnkən'vensyənəl/ ks. tdk konvénsionil, diluar peraturan atau kebiasaan.

unconvinced /'ʌnkən'vinst/ ks. tdk percaya/yakin.

unconvincing /'ʌnkən'vinsing/ ks. tak meyakinkan.

uncooked /ʌn'kukt/ ks. tak dimasak, mentah (food).

uncooperative /'ʌnkow'apərətiv/ ks. tak mau bekerja sama, enggan membantu.

uncoordinated /'ʌnkow'ɔrdə'neitid/ ks. 1 tak teratur (in o's movements). 2 tak dikoordinir, tanpa koordinasi (of plans).

uncork /ʌn'kɔrk/ kkt. membuka sumbat (a bottle).

uncorrected /'ʌnkə'rektid/ ks. blm dikoréksi (of galley proof). u. error kesalahan yg tdk diperbaiki.

uncorroborated /'ʌnkə'rabə'reitid/ ks. blm pasti kebenarannya (report).

uncounted /ʌn'kawntid/ ks. tak terhitung jumlahnya. u. dead korban-korban yg téwas yg tak terhitung jumlahnya.

uncouple /ʌn'kʌpəl/ kkt. melepaskan (dari sambungan).

uncouth /ʌn'kuwth/ ks. kasar, tak tahu adat.

uncouthness /ʌn'kuwthnəs/ kb. kekasaran, sikap yg kasar/tanpa adat.

uncover /ʌn'kʌvər/ kkt. 1 menemukan (irregularities). 2 membuka kedok, membongkar (a plot). 3 membuka (a pan).

uncritical /ʌn'kritəkəl/ ks. tanpa keritik, tdk biasa mengeluarkan kritik/kupasan.

uncrowned /ʌn'krawnd/ ks. tanpa tiara/mahkota, berkuasa tanpa dinobat menjadi raja (king).

unction /'ʌngksyən/ kb. pemberian minyak suci. to administer extreme u. mengadakan upacara sembahyang dgn memakai minyak-minyakan oléh pendéta katolik utk orang yg sedang sekarat. to speak with u. berbicara dgn penuh prihatin atau dgn sangat serius.

unctuous /'ʌngkcuəs/ ks. bermanis-manis, pura-pura manis, pandai mengambil hati orang.

uncultivated /ʌn'kʌltə'veitid/ ks. 1 tak dikerjakan (farm). 2 tak terdidik (mind).

uncultured /ʌn'kʌlcərd/ ks. tak beradab/berkebudayaan.

uncurbed /ʌn'kərbd/ ks. tak terkendalikan.

uncurl /ʌn'kərl/ kkt. meluruskan, membuka (a ribbon).

uncut /ʌn'kʌt/ ks. 1 blm dipangkas/dipotong (lawn, book). 2 yg blm diasah (of a diamond).

undamaged /ʌn'dæmijd/ ks. tdk rusak, utuh.

undated /ʌn'deitid/ ks. tak bertanggal.

undaunted /ʌn'dɔntid/ ks. tak takut/gentar, berani.

undecided /'ʌndi'saidid/ ks. ragu-ragu, bimbang. I am u. whether to go or stay Aku masih bimbang apakah akan pergi atau tdk.

undefeated /'ʌndi'fietid/ ks. tak terkalahkan, tak pernah kalah (team).

undefiled /'ʌndi'faild/ ks. bersih, murni, tdk kotor, tanpa cela.

undefined /'ʌndi'faind/ ks. 1 tak diterangkan artinya (of a word). 2 tak ditentukan batas-batasnya (of premises).

undeliverable /'ʌndi'livərəbəl/ ks. tdk dpt disampaikan (of mail).

undelivered /'ʌndi'livərd/ ks. tdk disampaikan/ dipasrahkan/diléper (of a letter).

undemanding /'ʌndi'mænding/ ks. tak berat, énténg, ringan (work).

undemocratic /'ʌndemə'krætik/ ks. tdk démokratis.

undemonstrative /'ʌndi'manstrətiv/ ks. tak (suka) memperlihatkan perasaan, memendam rasa.

undeniable /'ʌndi'naiəbəl/ ks. tak dpt disangkal. an u. champion seorang juara yg tak dpt disangkal keunggulannya. —**undeniably** kk. tak dpt disangkal. He's u. good in his field Tak dpt disangkal bhw ia baik/unggul dlm lapangannya.

under /'ʌndər/ ks. bawah. the u. level tingkat(an) bawah. —kd. 1 dibawah. u. the desk dibawah méja tulis. u. age dibawah umur. u. the care of a physician dibawah pengawasan dokter. u. oath dibawah sumpah. u. the direction of dibawah pimpinan. to study u. belajar dibawah pimpinan. 2 kebawah, kedalam. The boat went u. water Kapal itu masuk kedlm air. 3 menurut. u. the law menurut undang-undang (ini). u. the terms of the treaty menurut peraturan perjanjian. u. his father's will menurut surat wasiat ayahnya. 4 kurang dari. That car will cost u. $2000 Harga mobil itu akan kurang dari $2000. 5 dengan. u. a new name dgn nama baru. visible u. a microscope jelas dilihat dgn mikroskop. 6 pada. Look u. the letter "F" Lihat/Carilah pd huruf F. 7 dalam. U. no circumstances can I get there Dlm keadaan bagaimanapun aku tak dpt datang kesana. to be u. the necessity of ... dlm keadaan yg harus.... :: a field u. wheat lapangan tertutup dgn gandum. The boat is u. repair Perahu itu sedang diperbaiki. The crowd is now u. control Orang banyak itu sekarang tlh terkendalikan. to be u. suspicion dicurigai. to be u. the impression mendapat kesan. to feel u. an obligation to merasa berkewajiban. to keep u. lock and key disimpan di tempat yg terkunci.

underage /'ʌndər'eij/ ks. masih dibawah umur.

underarm /'ʌndər'arm/ kb. ketiak, kélék. u. deodorant minyak wangi utk ketiak. u. perspiration keringat ketiak.

underbelly /'ʌndər'belie/ kb. (j. -lies) 1 perut (bagian bawah). 2 bagian lemah.

underbid /'ʌndər'bid/ kkt. (**underbid**) menawarkan harga yg lebih rendah drpd. —kki. membuat tawaran yg terlalu rendah.

underbrush /'ʌndər'brʌsy/ kb. belukar, semak-semak.

undercarriage /'ʌndər'kærij/ kb. bagian bawah (of plane).

undercharge /'ʌndər'carj/ kkt. meminta membayar kurang drpd harga.

underclassman /'ʌndər'klæsmən/ kb. (j. -men) mahasiswa tingkat prasarjana.

underclothes /'ʌndər'klowz/ kb., j. pakaian dalam.

underclothing /'ʌnder'klowᴛʜing/ kb. pakaian dalam.

undercoat /'ʌndər'kowt/ kb. lapisan bawah/dasar (of paint).

undercover /'ʌndər'kʌvər/ ks. rahasia, menyamar. u. agent polisi/agén rahasia.

undercurrent /'ʌndər'kərənt/ kb. 1 aliran dalam (of a stream). 2 arus yg terpendam. u. of despair arus rasa putus asa yg terpendam.

undercut /'ʌndər'kʌt/ kkt. (**undercut**) menjual dgn harga yg lebih rendah.

underdeveloped /'ʌndərdi'veləpt/ ks. kurang maju, blm berkembang. u. country negara yg masih terbelakang.

underdog /'ʌndər'dɔg, -'dag/ kb. seorang atau meréka yg tertindas, orang sial. to root for the u. membantu pihak yg lemah.

underdone /'ʌndər'dʌn/ ks. kurang masak/matang.

underemployed /'ʌndərem'ploid/ kb. tenaga kerja yg setengah menganggur.

underemployment /'ʌndərem'ploimənt/ kb. kekurangan pekerjaan.

underestimate /'ʌndər'estəmeit/ kkt. menaksir terlalu rendah, meréméhkan.

underfed /'ʌndər'fed/ lih UNDERFEED.

underfeed /'ʌndər'fied/ kkt. (**underfed**) kurang memberi makanan. to look underfed nampaknya kurang diberi makanan.

underfoot /'ʌndər'fut/ kk. menjadi penghalang.

undergarment /'ʌndər'garmənt/ kb. pakaian dalam.

undergo /'ʌndər'gow/ kkt. (**underwent, undergone**) 1 menjalani (an operation, repairs). 2 menjalani, melalui, mengalami (hardship).

undergone /'ʌndər'gɔn/ lih UNDERGO.

undergraduate /'ʌndər'græjuit/ kb. mahasiswa yg blm mendapat gelar. u. education pendidikan tingkat prasarjana.

underground /'ʌndər'grawnd/ kb. bawah tanah. u. movement gerakan dibawah tanah. —kk. dibawah tanah. to work u. bekerja dibawah tanah. to go u. menyembunyikan diri.

undergrowth /'ʌndər'growth/ kb. belukar, semak-semak.

underhand /'ʌndər'hænd/ kk. 1 dgn ayunan rendah. to throw u. melémpar dgn ayunan rendah. 2 dgn curang/licik.

underhanded /'ʌndər'hændid/ ks. licik, curang.

underlain /'ʌndər'lein/ lih UNDERLIE.

underlay /'ʌndər'lei/ lih UNDERLIE.

underlie /'ʌndər'lai/ kkt. (**underlay, underlain**) mendasari. —**underlying** ks. pokok, yg mendasari. u. reason alasan yg pokok, pokok yg mendasari.

underline /'ʌndər'lain/ kkt. 1 menggaris-bawahi (a word). 2 menekankan (an objection). —**underlining** kb. lapisan dalam.

underling /'ʌndərling/ kb. (orang) bawahan.

underlying /'ʌndər'laiing/ lih UNDERLIE.

undermine /'ʌndər'main/ kkt. 1 menggangsir, menggali (a foundation). 2 merusak, meruntuhkan (the good work of s.o.). 3 mengurangi (o's health).

underneath /'ʌndər'nieth/ kd. dibawah. u. a book dibawah sebuah buku. from u. a bush dari bawah semak. —kk. disebelah bawah/dalam.

undernourished /'ʌndər'nərisyt/ ks. kurang (diberi) makan.

underpaid /'ʌndər'peid/ ks. dibayar kurang. He is woefully u. Gajinya sedikit sekali.

underpants /'ʌndər'pænts/ kb., j. celana dalam/kolor.

underpass /'ʌndər'pæs/ kb. jalan melintang di bawah jalan lain.

underpinning /'ʌndər'pining/ kb. tiang pondasi/penyokong.

underpopulated /'ʌndər'papyə'leitid/ ks. berpenduduk jarang. u. area daérah yg kurang penduduknya.

underprivileged /'ʌndər'privəlijd/ *ks.* serba keku-rangan, kurang mampu.

underrate /'ʌndər'reit/ *kkt.* memandang rendah, meréméhkan.

underscore /'ʌndər'skowr/ *kkt.* 1 menggaris-ba-wahi. 2 (*to stress*) menekankan, menegaskan.

undersea /'ʌndər'sie/ *ks.* dibawah (permukaan) laut. *u. exploration* penyelidikan dibawah laut. —**underseas** *kk.* menyelam kedlm laut.

undersecretary /'ʌndər'sekrə'terie/ *kb.* (*j.* -ries) wakil menteri, menteri muda. *U. of Commerce* Menteri Muda Perdagangan.

undersell /'ʌndər'sel/ *kkt.* (**undersold**) menjual lebih murah dari.

undershirt /'ʌndər'syərt/ *kb.* baju kaos/dalam.

undershoot /'ʌndər'syuwt/ *kkt.* (**undershot**) me-némbak terlalu rendah dari (*a target*). *Av.: to u. the runway* terbang terlalu rendah mengenai landasan.

undershot /'ʌndər'syat/ lih UNDERSHOOT.

underside /'ʌndər'said/ *kb.* bagian/permukaan bawah.

undersigned /'ʌndər'saind/ *kb.* yg bertanda tangan (dibawah).

undersize(d) /'ʌndər'saiz(d)/ *ks.* berukuran terlalu kecil.

underslung /'ʌndər'slʌng/ *ks.* menggantung (di-bawah sṹmbu) (*of a car*).

undersold /'ʌndər'sowld/ lih UNDERSELL.

understaffed /'ʌndər'stæft/ *ks.* kekurangan tenaga.

understand /'ʌndər'stænd/ *kkt.* (**understood**) 1 mengerti, paham. *I can't u. it* Saya tak dpt mengerti itu. *to u. English* mengerti bahasa Inggeris. *to u. each other* saling mengerti. 2 memaksud(kan). *By net income is understood ....* Yg dimaksud dgn penghasil-an bersih adalah .... 3 mengenal (*children*). *to u. o's business* mengetahui pekerjaannya. —*kki.* 1 me-ngerti. *I u.* Saya mengerti. 2 mengetahui. *It is under-stood that he ...* Spt diketahui, ia .... 3 mengetahui, menangkap. *I u. from what he said that ...* Aku me-nangkap dari bicaranya bhw .... 4 mendengar. *I u. you will ...* Kudengar kau akan .... *I gave him to u. that ...* Saya menjelaskan kepadanya bhw .... —**understanding** *kb.* pengertian. *mutual u.* saling pengertian. *international u.* pengertian internasional. *to arrive at or to reach an u.* mencapai persetujuan/pengertian. *He has no u. of the problem* Ia tdk me-ngetahui persoalan itu. *It's my u. that they ...* Setahu saya meréka.... *to reach the age of u.* mencapai umur yg tlh mengerti. *to have an u. with s.o.* mencapai persetujuan dgn s.s.o. *to come to an u.* menjadi sefa-ham. *on the u. that ...* atas pengertian bhw.... *with the u. that ...* dgn pengertian bhw.... *ks.* lekas mengerti (keadaan orang lain).

understandable /'ʌndər'stændəbəl/ *ks.* dpt dimeng-erti. —**understandably** *kk.* dpt dimengerti. *He was u. angry at her* Dpt dimengerti bhw ia marah kepadanya.

understate /'ʌndər'steit/ *kkt.* 1 mengecilkan, meng-anggap (*a matter, the case*). 2 mengatakan kurang dari sebenarnya. *to u. o's age* mengatakan kurang dari umur yg sebenarnya.

understatement /'ʌndər'steitmənt/ *kb.* keterangan yg mengecilkan s.s.t. persoalan.

understood /'ʌndər'stud/ lih UNDERSTAND.

understudy /'ʌndər'stʌdie/ *kb.* (*j.* -dies) peng-ganti pelaku, pemain pengganti.

undertake /'ʌndər'teik/ *kkt.* (**undertook, under-taken**) 1 menjalankan, melakukan (*a job*). 2 me-ngerjakan. *to u. construction* mengerjakan pemba-ngunan. 3 berusaha. *to u. to help s.o.* berusaha utk

menolong s.s.o. —**undertaking** *kb.* 1 perbuatan, usaha. *dangerous u.* perbuatan yg dpt membawa bahaya. 2 pengusahaan. *That's quite an u.* Itu pekerjaan yg berat/besar. 3 perusahaan pemakam-an.

undertaken /'ʌndər'teikən/ lih UNDERTAKE.

undertaker /'ʌndər'teikər/ *kb.* seorang yg meng-urus pemakaman.

underthings /'ʌndər'thingz/ *kb., j.* pakaian dalam.

undertone /'ʌndər'town/ *kb.* suara rendah/lunak. *to talk in an u.* bicara dgn suara lunak.

undertook /'ʌndər'tuk/ lih UNDERTAKE.

undertow /'ʌndər'tow/ *kb.* arus bawah (yg berten-tangan arahnya dgn arus permukaan). *to be caught in the u.* terbawa oléh arus bawah.

underwater /'ʌndər'wɔtər/ *ks.* di dalam air. *u. demolition team* regu perusak di dlm air. *u. excavating* penggalian di bawah permukaan air.

underway /'ʌndər'wei/ *kk.* 1 sedang berlangsung (*of construction*). 2 berlayar (*of a ship*). *to get a cam-paign u.* mulai kampanye.

underwear /'ʌndər'wær/ *kb.* pakaian dalam.

underweight /'ʌndər'weit/ *ks.* 1 berat terlalu ren-dah, terlalu ringan. 2 hangat (*of merchandise*).

underwent /'ʌndər'went/ lih UNDERGO.

underworld /'ʌndər'wɔrld/ *kb.* 1 neraka. 2 dunia penjahat.

underwrite /'ʌndər'rait/ *kkt.* (**underwrote, un-derwritten**) 1 mempertanggungkan, mengasu-ransikan. 2 menanggung (*s.o's education*).

underwriter /'ʌndər'raitər/ *kb.* penanggung (asu-ransi).

underwritten /'ʌndər'ritən/ lih UNDERWRITE.

underwrote /'ʌndər'rowt/ lih UNDERWRITE.

undeserved /'ʌndi'zərvd/ *ks.* tdk semestinya diberi-kan (*of punishment*).

undeserving /'ʌndi'zərving/ *ks.* tak pantas men-dapat.

undesirable /'ʌndi'zairəbəl/ *ks.* 1 tak menyenang-kan, jahat (*of persons*). 2 tak diingini (*of effect*).

undetected /'ʌndi'tektid/ *ks.* tanpa diketahui. *to pass by u.* léwat tanpa diketahui.

undetermined /'ʌndi'tərmənd/ *ks.* tak dpt diten-tukan. *fire of u. origin* kebakaran yg tak dpt dipasti-kan darimana asalnya.

undeveloped /'ʌndi'veləpt/ *ks.* blm maju/berkem-bang. *u. industry* industri yg blm maju. *u. land* tanah yg blm dikerjakan.

undid /'ʌn'did/ lih UNDO.

undies /'ʌndiez/ *kb., j. Inf.:* pakaian dalam wanita.

undigested /'ʌndai'jestid, -'ʌndə-/ *ks.* blm dicer-nakan.

undignified /ʌn'dignəfaid/ *ks.* kurang sopan, tdk pantas. *in an u. manner* dgn cara yg kurang terhor-mat.

undiplomatic /'ʌndiplə'mætik/ *ks.* tdk diplomatik, kurang bijaksana.

undisciplined /ʌn'disəplind/ *ks.* tak berdisiplin/ tertib (*child, behavior*).

undisguised /'ʌndis'gaizd/ *ks.* tanpa tédéng aling-aling, tanpa disembunyikan, terang-terangan. *to exhibit u. pleasure* memperlihatkan kegembiraan tanpa disembunyikan.

undismayed /'ʌndis'meid/ *ks.* tdk takut.

undisputed /'ʌndis'pyuwtid/ *ks.* tak perlu diper-soalkan lagi (*champion*).

undisturbed /'ʌndis'tərbd/ *ks.* tak terganggu.

undivided /'ʌndə'vaidid/ *ks.* penuh, sepenuhnya. *Give me your u. attention* Berikanlah perhatianmu yg sepenuhnya kepadaku.

undo /ʌn'duw/ *kkt.* (**undid, undone**) 1 melepaskan, membuka (*a knot*). 2 membuka (*o's jacket, a package*). 3 merusak. *to u. the good* merusak kebaikan. *to u. the mischief* menghapuskan kejahatan/kerusakan. —**undone** *ks.* terlepas. *My shoelaces came u.* Tali sepatuku terlepas (simpulnya). *to leave work u.* meninggalkan pekerjaan yg tdk selesai. —**undoing** *kb.* keruntuhan, kehancuran. *to be o's u.* mendatangkan keruntuhan padanya.

undock /'ʌn'dak/ *kkt.* melepaskan dari galangan.

undone /ʌn'dʌn/ lih undo.

undoubtedly /ʌn'dawtidlie/ *kk.* niscaya. *He's u. right* Pastilah ia benar.

undraped /ʌn'dreipt/ *ks.* tak berpakaian, telanjang.

undreamed-of /ʌn'driemd'av, -'ʌv/ *ks.* tak dimimpi-mimpikan (*riches*).

undress /'ʌn'dres, ʌn'- *kb.*; ʌn'dres *kkt., kki.| kb.* keadaan telanjang. —*kkt.* menanggalkan (*s.o.*). —*kki.* membuka/menanggalkan pakaian. —**undressed** *ks.* dilepaskan bajunya.

undue /ʌn'duw, -'dyuw/ *ks.* tak pantas, tak semestinya (*pressure, optimism*).

undulate /'ʌnjəleit/ *kki.* berombak-ombak. —**undulating** *ks.* berombak-ombak.

undulation /'ʌnjə'leisyən/ *kb.* gerak mengombak/menggelombang.

unduly /ʌn'duwlie, -'dyuwlie/ *kk.* terlalu. *We were not u. alarmed at* Kami tidaklah terlalu terkejut oléh.

undying /ʌn'daiing/ *ks.* abadi, kekal (*love*).

unearned /ʌn'ərnd/ *ks.* yg diterima tanpa kerja. *u. income* penghasilan yg diterima tanpa bekerja.

unearth /ʌn'ərth/ *kkt.* menggali, menemukan dgn penggalian.

unearthly /ʌn'ərthlie/ *ks.* 1 anéh, yg menakutkan (*of appearance*). 2 tak wajar. *5 a.m. is an u. hour to get up* Jam 5 pagi adalah waktu yg tak wajar utk bangun.

uneasiness /ʌn'iezienəs/ *kb.* rasa gelisah/khawatir, kegelisahan.

uneasy /ʌn'iezie/ *ks.* 1 gelisah, kuatir. *I'm u. about their safety* Aku merasa gelisah akan keselamatan meréka. 2 tak tenang (*of sleep, peace*).

uneaten /ʌn'ietən/ *ks.* blm dimakan (*food*).

uneconomical /'ʌniekə'naməkəl/ *ks.* tdk ékonomis, membuang-buang.

unedited /ʌn'edətid/ *ks.* blm diperiksa (*manuscript, speech*).

uneducated /ʌn'eju'keitid/ *ks.* tak berpendidikan.

unemotional /'ʌni'mowsyənəl/ *ks.* tak berperasaan.

unemployable /'ʌnem'ploiəbəl/ *ks.* tdk dpt dipekerjakan.

unemployed /'ʌnem'ploiid/ *kb.* **the u.** para penganggur. —*ks.* yg menganggur, tunakarya. *He is u.* Ia menganggur.

unemployment /'ʌnem'ploimənt/ *kb.* pengangguran, ketunakaryaan. *u. insurance* pertanggungan thd pengangguran. *u. benefits* sokongan uang utk pengangguran. *u. compensation* ganti-rugi pengangguran.

unencumbered /'ʌnen'kʌmbərd/ *ks.* tak dibebani. *u. by debts* tak dibebani hutang-hutang.

unending /ʌn'ending/ *ks.* tdk ada hentinya. *u. stream of customers* arus pembeli yg tdk ada hentinya.

unenforceable /'ʌnen'fɔrsəbəl/ *ks.* tak dpt dilaksanakan/dijalankan (*of law, ordinance*).

unenterprising /ʌn'entər'praizing/ *ks.* tak suka berusaha (*of a person*).

unenthusiastic /'ʌnen'thuwzie'æstik/ *ks.* tak tertarik (**about** *kpd*).

unenviable /ʌn'envieəbəl/ *ks.* yg tak menimbulkan iri hati. *to have an u. record of failures* mengalami seréntétan kegagalan yg tak menimbulkan iri hati.

unequal /ʌn'iekwəl/ *ks.* 1 tak sama. *in u. amounts* dlm jumlah-jumlah yg tak sama. 2 tak seimbang. *an u. match* pertandingan yg tak seimbang. 3 tdk memadai/mencukupi. *to be u. to the task* tdk memadai pekerjaan itu.

unequaled /ʌn'iekwəld/ *ks.* tiada bandingnya/taranya. *man of u. skill* orang yg trampil tiada bandingnya.

unequivocal /'ʌni'kwivəkəl/ *ks.* tegas, tak ragu-ragu. —**unequivocally** *kk.* dgn terang/tegas, tanpa ragu-ragu.

unerring /ʌn'ering/ *ks.* 1 tepat (*of aim*). 2 tak pernah salah, selalu tepat (*of instinct*). 3 tak pernah menyimpang (*of precision*).

UNESCO, Unesco, U.N.E.S.C.O. /yuw'neskow/ [*United Nations Educational, Scientific and Cultural Organization*] *kb.* UNESCO.

unessential /'ʌnə'sensyəl/ *ks.* tdk perlu begitu.

unethical /ʌn'ethəkəl/ *ks.* tak pantas, tercela.

uneven /ʌn'ievən/ *ks.* 1 tak rata (*of a surface*). 2 tak seimbang (*of a contest*). 3 tak genap, ganjil (*of a number*). —**unevenly** *kk.* tdk samarata.

unevenness /ʌn'ievənnəs/ *kb.* 1 keadaan tdk rata (*of a surface*). 2 keadaan tdk samarata (*of a contest*).

uneventful /'ʌni'ventfəl/ *ks.* tak banyak peristiwanya.

unexcelled /'ʌnek'seld/ *ks.* tak terkalahkan, tak pernah dikalahkan.

unexciting /'ʌnek'saiting/ *ks.* tanpa kegirangan, semangat, tanpa kegairahan hidup. *to lead an u. life* hidup tanpa kegembiraan.

unexpected /'ʌnek'spektid/ *ks.* tak diduga-duga/disangka-sangka (*visit*). —**unexpectedly** *kk.* dgn tak diduga-duga.

unexpired /'ʌnek'spaird/ *ks.* blm habis waktunya (*term, lease*).

unexplained /'ʌnek'spleind/ *ks.* tak diterangkan. *for some u. reason* karena s.s.t. alasan yg tak dijelaskan.

unexploded /'ʌnek'splowdid/ *ks.* blm meledak (*shell*).

unexplored /'ʌnek'splowrd/ *ks.* blm diselidiki (*cave*).

unexpurgated /ʌn'ekspər'geitid/ *ks.* yg blm dibersihkan, yg blm sempurna (*edition*).

unfailing /ʌn'feiling/ *ks.* 1 tak habis-habisnya/putus-putus (*help*). 2 tak kunjung padam (*hope*). 3 yg terus-terusan, tak pernah terhenti (*of water supply*). 4 pasti (*of proof*).

unfair /ʌn'fær/ *ks.* 1 secara tak wajar. *to take u. advantage of* menarik keuntungan secara tak wajar dari. 2 curang. *u. trick* muslihat curang. *It's u.!* Itu tdk adil! *to be u. to* tdk adil thd. —**unfairly** *kk.* tanpa keadilan.

unfaithful /ʌn'feithfəl/ *ks.* tak setia, sérong (*of a spouse*). *to be u. to o's wife* tdk setia thd isterinya.

unfaithfulness /ʌn'feithfəlnəs/ *kb.* ketidaksetiaan, kesérongan.

unfamiliar /'ʌnfə'milyər/ *ks.* 1 tak biasa/lazim (*of a sight*). 2 tdk kenal (*of a face*). *to be u. with Latin* tak pandai/mengetahui bahasa Latin.

unfashionable /ʌn'fæsyənəbəl/ *ks.* tdk menurut mode.

unfasten /ʌn'fæsən/ *kkt.* membuka.

unfathomable /ʌn'fætнəməbəl/ *ks.* tak dpt diduga.

unfavorable /ʌn'feiv(ə)rəbəl/ ks. tak baik/meng-untungkan.

unfettered /ʌn'fetərd/ ks. tak terkekang.

unfinished /ʌn'finisyt/ ks. 1 blm dipolitur (*of furniture*). 2 blm selesai. *u. business* pekerjaan yg blm selesai.

unfit /ʌn'fit/ ks. 1 tak cakap (*for a task*). 2 tak pantas/layak. *u. for human use* tdk layak utk dipakai manusia. *u. to rule* tdk layak utk memerintah.

unfitted /ʌn'fitid/ ks. tdk pantas/cocok (**for** utk).

unflagging /ʌn'flæging/ ks. tak kunjung padam, tak putus-putus. *u. encouragement* dorongan semangat yg tak kunjung padam.

unflappable /'ʌn'flæpəbəl/ ks. *Inf.*: tak dpt diganggu/terganggu.

unflattering /ʌn'flætəring/ ks. 1 tak énak (didengar) (*of a statement*). 2 tak menyenangkan.

unflinching /ʌn'flincing/ ks. tetap tabah, pantang mundur.

unfold /ʌn'fowld/ kkt. 1 membuka (*a napkin*). 2 membuka, membentangkan (*a blanket*). —kki. 1 terhampar, terbentang (*of a view*). 2 berkembang (*of a bud*).

unforeseen /'ʌnfowr'sien/ ks. tak terduga, yg tak dpt diduga (*of circumstances, expenditures*).

unforgettable /'ʌnfər'getəbəl/ ks. tak dpt dilupakan.

unforgivable /'ʌnfər'givəbəl/ ks. tak dpt diampuni, tak berampun.

unforgiving /'ʌnfər'giving/ ks. tak mau/bersedia mengampuni.

unfortunate /ʌn'fɔrcənit/ kb. orang yg nasibnya sial. —ks. 1 sungguh sial (*of an accident*). 2 yg patut disayangkan (*statement*). *It's u. that…* Sayang bhw…. —**unfortunately** kk. sayang, sial sekali/benar.

unfounded /ʌn'fawndid/ ks. tak berdasar (*of a rumor*).

unfriendliness /ʌn'frendliənəs/ kb. kemasaman, sifat tdk ramah, sifat permusuhan/seteru.

unfriendly /ʌn'frendlie/ ks. tak (pe)ramah.

unfrock /ʌn'frak/ kkt. memecat dari jabatan pendéta.

unfulfilled /'ʌnful'fild/ ks. tak dipenuhi/ditepati (*of a promise*).

unfurl /ʌn'fərl/ kkt. membabarkan, membentangkan (*a flag*).

unfurnished /ʌn'fərnisyt/ ks. tak berperabot, tak ada perkakas rumah tangga (*of an apartment*).

ungainly /ʌn'geinlie/ ks. kaku, canggung.

ungodly /ʌn'gadlie/ ks. 1 tak beriman. 2 *Inf.*: yg amat mengganggu, yg amat menjéngkélkan (*noise*). 3 *Inf.*: tak keruan. *at this u. hour* pd waktu yg tak keruan. 4 *Inf.*: keterlaluan, luar biasa, gila-gilaan (*of price*).

ungovernable /ʌn'gʌvərnəbəl/ ks. tak terkendalikan, tak dpt dicegah (*rage*).

ungraceful /ʌn'greisfəl/ ks. tak lincah/gemulai, luwes, kaku.

ungracious /ʌn'greisyəs/ ks. tak sopan/halus, kasar (*of a remark*).

ungrammatical /ʌngrə'mætəkəl/ ks. tak menurut ilmu tatabahasa.

ungrateful /ʌn'greitfəl/ ks. tak berterima kasih (**for** atas).

ungrudging /ʌn'grʌjing/ ks. ramah, sukaréla, spontan (*of praise*). —**ungrudgingly** kk. dgn ramah/sukaréla/spontan.

unguarded /ʌn'gardid/ ks. 1 tak dijaga (*of a railway crossing*). 2 lengah. *in an u. moment* pd saat lengah.

unguent /'ʌnggwənt/ kb. salep, obat luaran utk luka-luka dsb.

unhampered /ʌn'hæmpərd/ ks. tak dirintangi.

unhappiness /ʌn'hæpienəs/ kb. ketidakbahagiaan.

unhappy /ʌn'hæpie/ ks. 1 tak bahagia. 2 tak tepat. *u. choice* pilihan yg disayangkan. *to make s.o. u.* membuat s.s.o. tak senang. —**unhappily** kk. 1 tak bahagia. *He was u. married* Perkawinannya tak berbahagia. 2 sayangnya, sialnya. *U., he was married* Sayangnya, dia sdh kawin.

unharmed /ʌn'harmd/ ks. tanpa (menderita) luka-luka.

unharness /ʌn'harnəs/ kkt. melepaskan (*a horse, energy*).

unhealthy /ʌn'helthie/ ks. 1 tak séhat (*person, climate, area*). 2 yg tdk séhat (*complexion*).

unheard-of /ʌn'hərd'ʌv/ ks. 1 blm dikenal. 2 tak pernah kejadian. *Such a thing is u.* Hal demikian blm pernah terjadi. 3 keterlaluan (*of price*).

unheated /ʌn'hietid/ ks. tak dipanasi, tanpa pemanasan.

unhesitatingly /ʌn'hesə'teitinglie/ kk. dgn tak ragu-ragu, tanpa ragu-ragu.

unhindered /ʌn'hindərd/ ks. dgn tak dirintangi.

unhinge /ʌn'hinj/ kkt. 1 melepaskan dari éngsél (*a door*). 2 menggusarkan (*o's mind*).

unhitch /ʌn'hic/ kkt. melepaskan dari pasangan.

unholy /ʌn'howlie/ ks. *Inf.*: keterlaluan (*of price*).

unhook /ʌn'huk/ kkt. melepas kaitan.

unhoped-for /ʌn'howpt'fɔr/ ks. tak diharap-harap.

unhurried /ʌn'hərid/ ks. tdk keburu/tergesa-gesa, pelan-pelan.

unhurt /ʌn'hərt/ ks. tanpa cedera/luka, selamat. *to escape u.* terhindar/lolos tanpa cedera.

unicameral /'yuwnə'kæmərəl/ ks. (berbentuk) tunggal. *u. legislative body* badan tunggal pembentuk undang-undang.

unidentified /'ʌnai'dentəfaid/ ks. tak dikenal.

unification /'yuwnəfə'keisyən/ kb. penyatuan, penggabungan.

unifier /'yuwnə'faiər/ kb. pemersatu.

uniform /'yuwnəfɔrm/ kb. pakaian seragam. *to be in u.* berpakaian seragam. —ks. 1 seragam (*of regulations, measurements*). 2 sama. *u. size* ukuran yg sama. *u. temperature* suhu yg samarata. —kkt. menyeragamkan. —**uniformed** ks. 1 berseragam. 2 yg berpakaian seragam (*of a guard*). —**uniformly** kk. *u. polite* secara keseluruhan ramah-tamah.

uniformity /'yuwnə'fɔrmətie/ (*j.* **-ties**) kb. keseragaman. *to strive for u.* berusaha spy tercapai keseragaman.

unify /'yuwnə'fai/ kkt. (**unified**) mempersatukan, menyatukan.

unilateral /'yuwnə'lætərəl/ ks. secara sepihak.

unimaginative /'ʌni'mæjənətiv/ ks. tanpa fantasi.

unimpaired /'ʌnim'pærd/ ks. tak terhalang/tercacat (*of senses*). *u. health* keséhatan yg baik. *u. strength* kekuatan yg tak berkurang.

unimpeachable /'ʌnim'piecəbəl/ ks. 1 yg tak tercela, yg tak ada cacatnya (*of reputation*). 2 tak dpt disangsikan (*of source*).

unimpeded /'ʌnim'piedid/ ks. tdk dirintangi, tanpa rintangan.

unimportant /'ʌnim'pɔrtənt/ ks. tak penting, réméh.

uninformed /'ʌnin'fɔrmd/ ks. 1 tak diberi tahu. 2 tak mengetahui.

uninhabitable /'ʌnin'hæbətəbəl/ ks. tak dpt didiami.

uninhabited /'ʌnin'hæbətid/ *ks.* tak didiami/berpenghuni.

uninitiated /'ʌni'nisyie'eitid/ *ks.* orang yg blm tahu/kenal.

uninjured /ʌn'injərd/ *ks.* tanpa (menderita) luka.

uninspired /'ʌnin'spaird/ *ks.* tak bersemangat/ bergairah.

uninspiring /'ʌnin'spairing/ *ks.* tak membangkitkan semangat.

unintelligible /'ʌnin'teləjəbəl/ *ks.* tak dpt dipahami.

unintentional /'ʌnin'tensyənəl/ *ks.* tak disengaja. —**unintentionally** *kk.* tanpa (di)sengaja.

uninterested /ʌn'int(ə)ristid/ *ks.* tak tertarik (**in** pd).

uninteresting /ʌn't(ə)risting/ *ks.* tak menarik (perhatian).

uninterruptedly /'ʌn'intə'rʌptidlie/ *kk.* tak henti-hentinya/putus-putus.

uninviting /'ʌnin'vaiting/ *ks.* tak menarik.

union /'yuwnyən/ *kb.* 1 penyatuan, perpaduan. *u. of hydrogen and oxygen* perpaduan hidrogén dan oksigén. 2 serikat sekerja. 3 koperasi. *credit u.* koperasi simpan-pinjam. 4 (*wedlock*) perkawinan. **u. catalog(ue)** katalogus induk. **U. of South Africa** Uni Afrika Selatan. **U. of Soviet Socialist Republics** Uni Républik-Républik Sovyét Sosialis.

unionize /'yuwnyənaiz/ *kkt.* membentuk serikat sekerja.

unique /yuw'niek/ *ks.* unik, khas, khusus. *u. specimen* unikum.

uniqueness /yuw'nieknəs/ *kb.* keunikan.

unison /'yuwnəsən/ *kb.* persesuaian. *in u.* berbareng, serentak. *to act in u. with s.o.* bertindak serempak dgn s.s.o.

unit /'yuwnit/ *kb.* 1 kesatuan. *military u.* kesatuan militér. *to work as a u.* bekerja sbg kesatuan. 2 satuan (*of measure*).

unite /yuw'nait/ *kkt.* mempersatukan. —*kki.* bersatu. *to u. in prayer* bersatu dlm doa. —**united** *ks.* bersatu. *u. effort* usaha bersama. *to present a u. front* membentuk front bersama. *U. Kingdom* Persatuan Kerajaan. *The U. States of America* Amérika Serikat. *U. Nations* Perserikatan Bangsa-Bangsa.

unity /'yuwnətie/ *kb.* (*j.* **-ties**) persatuan. kesatuan.

Univ. [*University*] universitas.

universal /'yuwnə'vərsəl/ *kb.* unsur universil. —*ks.* 1 universil. *u. joint* kopeling universil. 2 sedunia. *U. Postal Union* Persatuan Pos Sedunia. 3 semésta, dunia. *u. language* bahasa semésta. 4 bersama. *u. protest* protés bersama. *Agreement on a settlement is u.* Semuanya setuju diadakannya penyelesaian. —**universally** *kk. He is u. liked* Ia disukai di seluruh dunia.

universe /'yuwnəvərs/ *kb.* 1 alam semésta. 2 seluruh bidang. *the u. of discourse* seluruh bidang diskusi.

university /'yuwnə'vərsətie/ *kb.* (*j.* **-ties**) universitas. *u. extension* penyuluhan universitas.

unjust /ʌn'jʌst/ *ks.* tak adil. —**unjustly** *kk.* dgn tdk adil.

unjustifiable /ʌn'jʌstə'faiəbəl/ *ks.* tak dpt dibenarkan. —**unjustifiably** *kk.* dgn tak dpt dibenarkan.

unjustified /ʌn'jʌstəfaid/ *ks.* tdk tepat, tdk pd tempatnya.

unkempt /ʌn'kempt/ *ks.* 1 tak disisir (*of hair*). 2 tak dipelihara/rapi (*of clothes, appearance*).

unkind /ʌn'kaind/ *ks.* tdk énak, kasar, kejam. *That's very u. of him* Sikapnya itu sangat bengis. *His uncle was u. to him* Pamannya tdk mempunyai perasaan belas kasihan terhadapnya.

unknowingly /ʌn'nowinglie/ *kk.* tanpa mengetahui.

unknown /ʌn'nown/ *kb.* 1 *Math.:* hal yg tak diketahui, anu. 2 hal yg tak dikenal. —*ks.* yg tak dikenal. *the u. soldier* perajurit yg tak dikenal. *He's an u. quantity* Kesanggupannya blm dikenal.

unlace /ʌn'leis/ *kkt.* melepas/membuka tali.

unladylike /ʌn'leidie'laik/ *ks.* tdk wajar bagi seorang wanita terhormat.

unlatch /ʌn'læc/ *kkt.* membuka pasak/kancing.

unlawful /ʌn'lɔfəl/ *ks.* tak syah. *u. assembly* berkumpul yg tdk syah.

unlearn /ʌn'lərn/ *kkt.* belajar meninggalkan (*old habits*).

unleash /ʌn'liesy/ *kkt.* melepaskan tali.

unless /ʌn'les/ *ksam.* 1 kecuali kalau. *I can't go u. I ... Aku tak dpt pergi kecuali kalau aku .... I'll come u. I hear to the contrary* Saya akan datang kecuali kalau saya mendapat kabar yg sebaliknya. 2 kalau. *We'll go u. it rains* Kita akan pergi kalau tdk hujan.

unlicensed /ʌn'laisənst/ *ks.* tanpa rébéwés. *u. driver* pengendara mobil tanpa rébéwés/sim.

unlighted /ʌn'laitid/ *ks.* tak berlampu (*street*).

unlike /ʌn'laik/ *ks.* tak sama, tak serupa. *The figures are u.* Angka-angka itu tak sama. *He is not u. his father* Ia agak mirip (dgn) ayahnya. *It was u. her to do it* Tidaklah sesuai dgn sifatnya utk melakukan hal itu. *She, u. her mother, likes sports* Ia, lain drpd ibunya, gemar akan olahraga.

unlikelihood /ʌn'laikliehud/ *kb.* ketidakmungkinan.

unlikely /ʌn'laiklie/ *ks.* 1 tak mungkin. *in the u. event that ...* dlm keadaan yg tak mungkin akan terjadi .... 2 tak dpt dipercaya. *an u. story* cerita yg tak dpt dipercaya. *It's u. that ...* Rasanya tak boléh jadi ....

unlimber /ʌn'limbər/ *kkt., kki.* mempersiapkan diri, bersiap-siap.

unlimited /ʌn'limətid/ *ks.* tak terbatas, tak ada batasnya.

unlisted /ʌn'listid/ *ks.* tak terdaftar (*of telephone number*).

unload /ʌn'lowd/ *kkt.* 1 membongkar (muatan) (*cargo*). 2 mencurahkan, melimpahkan. *to u. o's troubles on s.o.* mencurahkan kesusahan-kesusahannya pd s.s.o. —*kki.* membongkar muatan. —**unloaded** *ks.* yg tdk diisi (*gun*).

unlock /ʌn'lak/ *kkt.* membuka kunci. *to u. a door* membuka kunci pintu. —**unlocked** *ks.* tdk dikunci (*door*).

unloosen /ʌn'luwsən/ *kkt.* melepaskan (*tie, belt*).

unlucky /ʌn'lʌkie/ *ks.* malang, sial, celaka. *to be u.* tdk mujur.

unmade /ʌn'meid/ *ks.* blm dirapikan (*bed*).

unman /ʌn'mæn/ *kkt.* (**unmanned**) menghilangkan keberanian, mematahkan semangat. —**unmanned** *ks.* tak berawak. *u. space vehicle* pesawat ruang angkasa yg tak berawak.

unmanageable /ʌn'mænijəbəl/ *ks.* 1 tak dpt dikendalikan/diatur (*of a child*). 2 terkendalikan/tak dpt dikuasai (*of a ship*).

unmanly /ʌn'mænlie/ *ks.* tdk jantan, pengecut.

unmarked /ʌn'markt/ *ks.* tak ditandai, tak dibubuhi tanda (*car, money*).

unmarried /ʌn'mæried/ *ks.* blm kawin. *She's u.* Ia tak bersuami. *He's u.* Ia tak beristeri.

unmask /ʌn'mæsk/ *kkt.* membuka kedok.

unmatched /ʌn'mæct/ *ks.* tak ada taranya, tiada bandingan, tak dpt dibandingi.

unmentionable /ʌn'mensyənəbəl/ *kb.* **unmen-**

tionables *j.* pakaian dalam wanita. —*ks.* tak dpt disebut, tak pantas disebut-sebut.

unmercifully /ʌn'mərsifəlie/ *kk.* dgn tak kenal ampun.

unmindful /ʌn'maindfəl/ *ks.* **u. of** tak menghiraukan/memusingkan.

unmistakable /'ʌnmis'teikəbəl/ *ks.* terang, jelas, tak dpt diragukan. *The resemblance is u.* Kemiripan itu jelas sekali.

unmitigated /ʌn'mitə'geitid/ *ks.* 1 sejati, sempurna, penuh. *u. pleasure* kegembiraan yg sejati. 2 tak tanggung-tanggung, tak kepalang tanggung (*harshness*).

unmolested /'ʌnmə'lestid/ *ks.* tanpa gangguan.

unmounted /ʌn'mawntid/ *ks.* tak berbingkai, lepas (*of photo*).

unmoved /ʌn'muwvd/ *ks.* 1 teguh, tak berubah. 2 tdk terharu.

unnamed /ʌn'neimd/ *ks.* tak dikenal, tak disebut namanya.

unnatural /ʌn'næc(ə)rəl/ *ks.* tak wajar (*act*). *It's u. to ...* Adalah tak wajar utk ....

unnecessary /ʌn'nesə'serie/ *ks.* tak perlu, tak ada gunanya. —**unnecessarily** *kk.* tanpa guna, dgn tak ada guna, tdk seharusnya/semestinya, tak perlu/usah.

unnerve /ʌn'nərv/ *ks.* mengerikan, membuat bingung. —**unnerved** *ks.* terkesima. —**unnerving** *ks.* melemahkan, melemaskan.

unnoticed /ʌn'nowtist/ *ks.* tak ketahuan, tak menarik perhatian. *to go u.* tdk diperhatikan.

unnumbered /ʌn'nʌmbərd/ *ks.* 1 tak terhitung jumlahnya. *U. thousands died* Entah berapa ribuan orang jumlahnya yg mati. 2 tdk bernomor, tdk diberi/memakai nomor (*of pages*).

unobstructed /'ʌnəb'strʌktid/ *ks.* tak terhalang, tanpa halangan (*of a view*).

unobtainable /ʌnəb'teinəbəl/ *ks.* tak dpt diperoléh.

unobtrusive /'ʌnəb'truwsiv/ *ks.* rendah hati.

unoccupied /ʌn'akyəpaid/ *ks.* 1 tak didiami (*of a room, house*). 2 terima kosong (*in advertisements*).

unopened /ʌn'owpənd/ *ks.* tak dibuka (*of a letter*).

unopposed /'ʌnə'powzd/ *ks.* tak ada lawan/penentang/rintangan.

unorganized /ʌn'ɔrgənaizd/ *ks.* tak tersusun/teratur/diatur.

unorthodox /ʌn'ɔrthədaks/ *ks.* tak lazim, menyimpang dari kebiasaan.

unostentatious /'ʌnastən'teisyəs/ *ks.* sederhana, bersahaja.

unpack /ʌn'pæk/ *kkt.* membongkar, membuka, mengosongkan (*a trunk*).

unpaid /ʌn'peid/ *ks.* blm/tak dibayar (*bill*).

unpalatable /ʌn'pælətəbəl/ *ks.* tdk énak/menyenangkan.

unparalleled /ʌn'pærəleld/ *ks.* tak terpadai, tak ada bandingannya (*opportunity*).

unpardonable /ʌn'pardənəbəl/ *ks.* tak dpt diampuni.

unpatriotic /'ʌnpeitrie'atik/ *ks.* tdk patriotik.

unpaved /ʌn'peivd/ *ks.* tak beraspal (*road*).

unperturbed /'ʌnpər'tərbd/ *ks.* tdk gentar/gelisah.

unpin /ʌn'pin/ *kkt.* (**unpinned**) membuka peniti.

unpleasant /ʌn'plezənt/ *ks.* tak énak/menyenangkan. —**unpleasantly** *kk.* tdk menyenangkan.

unpleasantness /ʌn'plezəntnəs/ *kb.* 1 keadaan yg tak menyenangkan. 2 persengkétaan.

unplug /ʌn'plʌg/ *kkt.* (**unplugged**) mencabut setéker, melepaskan kawat.

unpolished /ʌn'palisyt/ *ks.* kasar, tdk dihaluskan (*stone*).

unpolluted /'ʌnpə'luwtid/ *ks.* tdk kotor, (masih) bersih (*water*).

unpopular /ʌn'papyələr/ *ks.* tak disukai/disenangi/populér.

unpopularity /'ʌnpapyə'lærətie/ *kb.* ketidakpopuléran.

unpopulated /ʌn'papyə'leitid/ *ks.* tdk berpenduduk (*area*).

unprecedented /ʌn'presə'dentid/ *ks.* blm pernah terjadi sebelumnya. *an u. amount of rain* hujan yg blm pernah diperoléh sebanyak itu.

unpredictable /'ʌnpri'diktəbəl/ *ks.* tdk berpendirian tetap, tak dpt diramalkan.

unprejudiced /ʌn'prejudist/ *ks.* tdk berpihak/berprasangka.

unprepared /'ʌnpri'pærd/ *ks.* 1 tak dipersiapkan (*speech*). 2 tak bersedia. *u. for the reaction to* tak bersiap-siap thd réaksi itu utk.

unpretentious /'ʌnpri'tensyəs/ *ks.* 1 sederhana, bersahaja (*house*). 2 rendah hati (*manner*).

unprincipled /ʌn'prinsəpəld/ *ks.* 1 tak normal (*behavior*). 2 nakal, buruk (*person*).

unprintable /ʌn'printəbəl/ *ks.* tak patut ditulis.

unproductive /'ʌnprə'dʌktiv/ *ks.* tak menghasilkan.

unprofessional /ʌnprə'fesyənəl/ *ks.* tdk pantas menurut kedudukan.

unprofitable /ʌn'prafətəbəl/ *ks.* tak menguntungkan.

unpronounceable /'ʌnprə'nawnsəbəl/ *ks.* tak dpt diucapkan.

unprotected /'ʌnprə'tektid/ *ks.* tak terlindung/dilindungi.

unproved /ʌn'pruwvd/ *ks.* tdk terbukti (*theory, accusation*).

unprovoked /'ʌnprə'vowkt/ *ks.* tak beralasan/dipancing-pancing (*attack*).

unpublicized /ʌn'pʌbləsaizd/ *ks.* tak diumumkan/disiarkan (*statement*).

unpublished /ʌn'pʌblisyt/ *ks.* tak diterbitkan.

unpunished /ʌn'pʌnisyt/ *ks.* tanpa hukuman, dgn tdk dihukum. *to go u.* bébas tanpa hukuman.

unqualified /ʌn'kwaləfaid/ *ks.* 1 tak memenuhi syarat. 2 lengkap, total. *u. success* suksés yg sesungguhnya/total.

unquenchable /ʌn'kwencəbəl/ *ks.* 1 tak terpuaskan, tak dpt dihilangkan (*thirst, spirit*). 2 tak terpadamkan (*fire*).

unquestionable /ʌn'kwescənəbəl/ *ks.* tak diragukan lagi, tdk dpt disangkal. —**unquestionably** *kk.* tak dpt disangsikan.

unquote /ʌn'kwowt/ lih QUOTE.

unravel /ʌn'rævəl/ *kkt.* 1 menyelesaikan kekusutan (*string*). 2 membongkar/membuka seluk-beluk (*mystery*). —*kki.* terurai, lepas-lepas.

unreadable /ʌn'riedəbəl/ *ks.* tak dpt dibaca, tak terbaca.

unreal /ʌn'rieəl/ *ks.* tdk menurut kenyataan. *to lead an u. existence* hidup dlm khayal.

unrealistic /'ʌnrieə'listik/ *ks.* tak réalistis.

unreasonable /ʌn'riezənəbəl/ *ks.* 1 réwél. *Don't be u.* Janganlah menuntut yg tidak-tidak. 2 keterlaluan. *u. fee* béaya yg keterlaluan. 3 tak masuk akal. *u. fears* rasa takut yg tak masuk akal. —**unreasonably** *kk.* tdk layak, tdk masuk akal.

unrecognizable /ʌn'rekəg'naizəbəl/ *ks.* tak dpt dikenal lagi.

unredeemed /'ʌnri'diemd/ *ks.* 1 yg tak dipenuhi

(*promise*). 2 tdk seimbang/dikembalikan/dipenuhi. *house of u. ugliness* rumah yg kejelékannya tak dpt diimbangi.

unregenerate /'ʌnri'jenərit/ *ks.* tetap ingkar. *an u. criminal* seorang penjahat yg tak mungkin berubah lagi.

unregulated /ʌn'regyə'leitid/ *ks.* tak diatur.

unrehearsed /'ʌnri'hərst/ *ks.* tanpa (diadakan) latihan persiapan (*program*).

unrelated /'ʌnri'leitid/ *ks.* tdk bertalian/bersangkutan.

unrelenting /'ʌnri'lenting/ *ks.* tak kenal henti, tak henti-hentinya.

unreliable /'ʌnri'laiəbəl/ *ks.* tak dpt dipercaya.

unrelieved /'ʌnri'lievd/ *ks.* tak berkurang-kurang/ henti-hentinya. *u. boredom* kebosanan yg tak berkurang-kurang.

unremitting /'ʌnri'miting/ *ks.* tak berkurang, tak kunjung padam. *u. effort* usaha yg tak henti-hentinya.

unremunerative /'ʌnri'myuwnərətiv/ *ks.* tdk memberi untung, kurang menguntungkan.

unrepentant /'ʌnri'pentənt/ *ks.* tdk menyesal.

unrepresentative /'ʌnrepri'zentətiv/ *ks.* tdk répréséntatip, tdk mewakili kepentingan golongan.

unrequited /'ʌnri'kwaitid/ *ks.* tak berbalas (*love*).

unreservedly /'ʌnri'zərvidlie/ *kk.* dgn terang-terangan/terus-terang.

unresolved /'ʌnri'zalvd/ *ks.* 1 blm mendapatkan penyelesaian, blm dipecahkan (*problem*). 2 yg blm dpt dihilangkan (*doubt*).

unresponsive /'ʌnri'spansiv/ *ks.* tdk menjawab, tdk memperlihatkan ada réaksi, tdk ada réaksi.

unrest /ʌn'rest/ *kb.* 1 kegelisahan. 2 ketidaktenteraman. 3 kerusuhan. *student u.* kerusuhan mahasiswa. *labor u.* pergolakan/kegoncangan buruh. *social u.* ketidakamanan sosial.

unrestrained /'ʌnri'streind/ *ks.* tak dikendalikan/ terbatas, bébas.

unrestricted /'ʌnri'striktid/ *ks.* tak terlarang/tertutup (*of an area*).

unrewarding /'ʌnri'wɔrding/ *ks.* tak ada penghargaannya. *u. task* tugas yg tak ada ganjarannya.

unrighteous /ʌn'raicəs/ *ks.* yg jahat/berdosa.

unripe /ʌn'raip/ *ks.* mentah.

unrivaled /ʌn'raivəld/ *ks.* tak ada taranya/tandingannya.

unroll /ʌn'rowl/ *kkt.* membuka gulungan.

unrounded /ʌn'rawndid/ *ks. Phon.:* tak dibulatkan. *u. vowel* huruf hidup yg diucapkan tanpa membulatkan bibir.

unruffled /ʌn'rʌfəld/ *ks.* tenang.

unruliness /ʌn'ruwlienəs/ *kb.* kerusuhan, kekacauan. kekusutan.

unruly /ʌn'ruwlie/ *ks.* 1 tak mau patuh, tegar (*of person*). 2 sukar dikendalikan, tdk mau menurut (*of a horse*). 3 yg kacau/yg kusut (*of hair*).

unsafe /ʌn'seif/ *ks.* membahayakan, tdk aman (*of car, food, area*). *u. bridge* jembatan yg tdk aman atau yg tdk cukup kuat.

unsaid /ʌn'sed/ *ks.* tdk/tanpa disebutkan. *to leave s.t. u.* membiarkan s.s.t. tanpa disebutkan.

unsalaried /ʌn'sælərid/ *ks.* tanpa digaji, sukaréla (*official*).

unsanitary /ʌn'sænə'terie/ *ks.* tak séhat, tak memenuhi syarat keséhatan.

unsatisfactory /'ʌnsætis'fæktərie/ *ks.* tak memuaskan.

unsatisfied /ʌn'sætisfaid/ *ks.* tak puas.

unsatisfying /ʌn'sætis'faiing/ *ks.* tak memuaskan/ mencukupi.

unsavory /ʌn'seivərie/ *ks.* 1 tak énak, menjijikkan (*of food*). 2 buruk, tak baik (*of reputation*).

unscathed /ʌn'skeiᴛʜd/ *ks.* tanpa cedera. *to escape u.* selamat/terhindar tanpa cedera.

unscholarly /ʌn'skalərlie/ *ks.* tdk layak bagi sarjana, tdk spt seorang sarjana.

unscientific /'ʌnsaiən'tifik/ *ks.* tak ilmiah.

unscramble /ʌn'skræmbəl/ *kkt.* menguraikan (*a telegram*).

unscratched /ʌn'skræct/ *ks.* tanpa gorés/luka/ cedera. *to emerge u.* keluar tanpa gorés.

unscreened /ʌn'skriend/ *ks.* tak berdinding kawat kasa (*porch*).

unscrew /ʌn'skruw/ *kkt.* melepaskan.

unscrupulous /ʌn'skruwpyələs/ *ks.* tak mengindahkan moral, jahat.

unseal /ʌn'siel/ *kkt.* membuka ségél.

unseasonable /ʌn'siezənəbəl/ *ks.* tak sesuai dgn musim (*weather*). —**unseasonably** *kk.* tdk menurut musimnya, tdk pd tempatnya. *u. warm* panasnya tdk menurut musim yg sebenarnya.

unseasoned /ʌn'siezənd/ *ks.* 1 tak berbumbu (*of food*). 2 kayu yg tdk kering (*of wood*). 3 blm berpengalaman (*of a person*).

unseat /ʌn'siet/ *kkt.* 1 menggésér dari kedudukan (*in an election*). 2 melémpar dari pelana (*from a horse*).

unseaworthy /ʌn'sie'wərᴛʜie/ *ks.* tdk layak laut.

unseeded /ʌn'siedid/ *ks.* 1 tak disebari benih (*land*). 2 tak termasuk (pemain) pilihan (*in a contest*).

unseemliness /ʌn'siemlienəs/ *kb.* ketidaklayakan.

unseemly /ʌn'siemlie/ *ks.* tak pantas/layak (*of behavior*).

unseen /ʌn'sien/ *ks.* 1 tak kelihatan (*error*). 2 tak dpt dilihat (*enemy*).

unselfish /ʌn'selfisy/ *ks.* tak mementingkan diri sendiri.

unselfishness /ʌn'selfisynəs/ *kb.* sifat tak mementingkan diri sendiri.

unsettle /ʌn'setəl/ *kkt.* mengganggu ketenangan, menggoncang. —**unsettled** *ks.* 1 tdk tentu/pasti, berubah-ubah. *u. conditions* keadaan yg tdk pasti. *u. weather* cuaca yg tdk tentu. 2 tak padat penduduknya.

unshak(e)able /ʌn'syeikəbəl/ *ks.* tak tergoncangkan, teguh (*faith*).

unshaken /ʌn'syeikən/ *ks.* tak goncang, teguh, tetap (*of faith*).

unshaven /ʌn'syeivən/ *ks.* tak dicukur.

unsheathe /ʌn'syieᴛʜ/ *kkt.* menghunus (*a dagger, sword*).

unshrinkable /ʌn'syringkəbəl/ *ks.* tdk menciut, tdk menjadi ciut.

unsightly /ʌn'saitlie/ *ks.* tak sedap dipandang, menyakitkan mata.

unsigned /ʌn'saind/ *ks.* tdk ditandatangani (*letter*).

unsinkable /ʌn'singkəbəl/ *ks.* tak dpt ditenggelamkan/tenggelam.

unskilled /ʌn'skild/ *ks.* tdk mahir/ahli. *u. in carpentry* tdk mahir dlm pertukangan. *u. labor* tenaga buruh bukan ahli.

unsnap /ʌn'snæp/ *kkt.* (**unsnapped**) melepaskan, membuka (*a hook*).

unsociable /ʌn'sowsyəbəl/ *ks.* tak (pe)ramah.

unsoiled /ʌn'soild/ *ks.* blm/tdk kotor.

unsold /ʌn'sowld/ *ks.* tak terjual.

unsolicited /'ʌnsə'lisətid/ *ks.* tak diminta.

unsolved /ʌn'salvd/ *ks.* blm terbongkar (*mystery, murder*).

unsophisticated /'ʌnsə'fistə'keitid/ *ks.* bersahaja, sederhana, wajar.

unsound /ʌn'sawnd/ *ks.* 1 tak waras. *of u. mind* tak waras otak. 2 tak kokoh (*policy, firm*). 3 tak nyenyak (*of sleep*). 4 yg tdk séhat (*theory*).

unsparing /ʌn'spæring/ *ks.* 1 royal, tak tanggung-tanggung (*of praise, efforts*). 2 tak kenal ampun (*of justice*). —**unsparingly** *kk.* royal, berlebih-lebihan, tanpa ampun/kasih. *to use s.t. u.* mempergunakan s.s.t. dgn berlebih-lebihan.

unspeakable /ʌn'spiekəbəl/ *ks.* 1 tak terkatakan. *an u. loss* suatu kehilangan yg tak tertuliskan. 2 amat buruk (*manner*). —**unspeakably** *kk.* sungguh tdk terkatakan, dgn amat buruk.

unspecified /ʌn'spesəfaid/ *ks.* tak ditentukan. *an u. number* sejumlah yg tak ditentukan banyaknya.

unspoiled /ʌn'spoild/ *ks.* 1 murni, tak berobah (*area*). 2 tak manja (*child*).

unspoken /ʌn'spowkən/ *ks.* tdk dikatakan/diucapkan.

unsporting /ʌn'spowrting/ *ks.* tdk sportip.

unsportsmanlike /ʌn'spowrtsmən'laik/ *ks.* tdk sportip.

unstable /ʌn'steibəl/ *ks.* 1 tak stabil (*government*). 2 yg goyah (*footing*). 3 tak tenang, mudah tersinggung. *He's emotionally u.* Jiwanya mudah tersinggung. 4 yg tdk pasti (*of weather*). 5 yg mudah meledak (*of a liquid*).

unstamped /ʌn'stæmpt/ *ks.* tdk dicap.

unstatesmanlike /ʌn'steitsmən'laik/ *ks.* tdk diplomatis, tdk spt yg dilakukan seorang negarawan.

unsteadiness /ʌn'stedinəs/ *kb.* keadaan tdk tenang/aman/pasti.

unsteady /ʌn'stedie/ *ks.* 1 goyah (*of a regime*). 2 yg mudah terombang-ambing (*of a mind*). 3 tak tegak/kokoh. *to be u. on o's feet* tak tegak berdirinya.

unstinted /ʌn'stintid/ *ks.* boros, murah hati, yg melimpah-limpah (*of generosity*).

unstinting /ʌn'stinting/ *ks.* tak/tanpa habis-habisnya, terus menerus. *u. in praise of* memuji tanpa habis-habisnya.

unstrap /ʌn'stræp/ *kkt.* (**unstrapped**) melepaskan tali, membuka ban (*of a trunk*).

unstressed /ʌn'strest/ *ks.* *Phon.:* tak diberi tekanan, tanpa tekanan.

unstrung /ʌn'strʌng/ *ks.* lemah urat syaraf, gelisah.

unsubstantiated /'ʌnsəb'stænsyie'eitid/ *ks.* yg blm dibuktikan kebenarannya (*report, charge*).

unsuccessful /'ʌnsək'sesfəl/ *ks.* tak berhasil, gagal, tak membawa suksés. *u. attempt* percobaan/usaha yg gagal. *u. candidate* calon yg tak terpilih. *to be u. in* gagal dlm. —**unsuccessfully** *kk.* dgn tdk berhasil.

unsuitable /ʌn'suwtəbəl/ *ks.* tak cocok/sesuai/serasi (**for** utk).

unsuited /ʌn'suwtid/ *ks.* tak cocok/sesuai. *She was u. for him* Ia tak cocok baginya.

unsullied /ʌn'sʌlied/ *ks.* tak tercela/bercacat (*reputation*).

unsupported /'ʌnsə'powrtid/ *ks.* tak didukung/disokong. *an u. statement* pernyataan yg tak ada dukungannya.

unsure /ʌn'syur/ *ks.* 1 tak percaya. *to be u. of o.s.* tak begitu percaya kpd diri sendiri. 2 tak pasti. *an u. future* hari depan yg blm pasti.

unsurpassed /'ʌnsər'pæst/ *ks.* tak dpt dibandingi/dikalahkan.

unsuspected /'ʌnsə'spektid/ *ks.* tdk spt yg diduga, tak disangka-sangka.

unsuspecting /'ʌnsə'spekting/ *ks.* yg tdk menaruh curiga (*victim*).

unsweetened /ʌn'swietənd/ *ks.* tak diberi gula, tak dimaniskan.

unswerving /ʌn'swərving/ *ks.* 1 (tetap) teguh (*in o's determination*). 2 tak menyimpang (*from o's course*).

unsystematic /'ʌnsistə'mætik/ *ks.* tak sistématis. —**unsystematically** *kk.* tanpa sistim, tanpa susunan yg teratur.

untainted /ʌn'teintid/ *ks.* 1 bersih, murni. 2 tdk busuk (*of food*).

untamed /ʌn'teimd/ *ks.* 1 blm dijinakkan (*of animals*). 2 yg blm dibabat/ditundukkan (*of a region*).

untangle /ʌn'tænggəl/ *kkt.* menguraikan.

untapped /ʌn'tæpt/ *ks.* tdk/blm dipergunakan/dimanfaatkan. *u. resources* sumber-sumber yg blm dimanfaatkan.

untarnished /ʌn'tarnisyt/ *ks.* tak bernoda/bercacat.

untenable /ʌn'tenəbəl/ *ks.* tak dpt dipertahankan.

untested /ʌn'testid/ *ks.* blm diuji/dicoba.

unthinkable /ʌn'thingkəbəl/ *ks.* tak dpt dipertimbangkan, tdk mungkin.

unthinking /ʌn'thingking/ *ks.* yg membabi-buta. *his u. actions* perbuatan-perbuatannya yg membabi-buta itu.

unthought-of /ʌn'thɔt'ʌv/ *ks.* tak ada dipikir, tdk dipikirkan orang, tak terpikir.

untidy /ʌn'taidie/ *ks.* 1 tak teratur/rapi. 2 ropak rapik, berantakan.

untie /ʌn'tai/ *kkt.* membuka (tali), menguraikan. *to come untied* lepas.

until /ʌn'til/ *kd.* hingga, sampai. *u. now* hingga saat ini. *from January u. April* dari Januari sampai April. *u. the 2nd* sampai tanggal dua. *u. further notice* sampai ada pemberitahuan lebih lanjut. *Not u. today did I know that...* Baru hari inilah aku mengetahui bhw.... —*ksam.* sampai. *Wait u. I finish* Tunggu sampai saya selesai. *I can't go u. I finish* Aku tak dpt pergi sblm aku selesai.

untimely /ʌn'taimlie/ *ks.* terlalu cepat, sebelum waktunya. *his u. death* wafatnya pd usia yg terlalu muda.

untiring /ʌn'tairing/ *ks.* tak kenal lelah, tak mengenal payah.

unto /ʌn'tuw/ *kd.* sampai. *faithful u. death* setia sampai mati.

untold /ʌn'towld/ *ks.* 1 tak terhitung. *There are u. stars* Tak terhitung banyaknya bintang. 2 tak terhingga. *u. suffering* penderitaan yg tak terhingga. 3 tak terkira (*of wealth*). 4 yg tak diceritakan (*story, account*).

untouchable /ʌn'tʌcəbəl/ *kb.* paria, orang yg diluar kasta, orang hina-dina. —*ks.* yg tak dpt disentuh, hina-dina.

untouched /ʌn'tʌct/ *ks.* tdk disentuh. *He left his food u.* Ia tak menyentuh makanannya.

untoward /ʌn'towrd/ *ks.* tak baik, tak menguntungkan (*of developments, weather*). *an u. accident* kecelakaan yg sial.

untrained /ʌn'treind/ *ks.* tak terlatih/terdidik.

untrammeled /ʌn'træməld/ 1 lepas (luas) (*of fields*). 2 tak terhalang (*of a mind*).

untranslatable /'ʌntrænz'leitəbəl/ *ks.* tak dpt diterjemahkan.

untranslated /'ʌntrænz'leitid/ *ks.* tdk diterjemahkan.

untraveled /ʌn'trævəld/ *ks.* tak dilalui (orang) (*path or road*).

untried /ʌn'traid/ ks. blm dicoba (recipe). u. troops tentara yg blm dicoba.

untroubled /ʌn'trʌbəld/ ks. tak merasa terganggu/ gelisah.

untrue /ʌn'truw/ ks. 1 tak benar, bohong. 2 khianat, tak setia (to a cause).

untrustworthy /ʌn'trʌst'wərтнie/ ks. tak dpt dipercaya.

untruth /ʌn'truwth/ kb. kebohongan, kedustaan. to tell an u. berdusta, berbohong.

untruthful /ʌn'truwthfəl/ ks. tak benar, tak jujur.

untuned /ʌn'tuwnd, -'tyuwnd/ ks. tak disetél, berbunyi sumbang (of a piano).

untutored /ʌn'tuwtərd, -'tyuw-/ ks. tak terdidik. to my u. mind menurut cara berpikirku yg sederhana.

untwist /ʌn'twist/ kkt. menguraikan.

unusable /ʌn'yuwzəbəl/ ks. tak dpt dipakai.

unused ks. 1 /ʌn'yuwzd/ tak terpakai. an u. cup sebuah mangkok yg blm dipakai. 2 /ʌn'yuwst/ u. to tak biasa. He is u. to hard work Ia tak biasa bekerja keras.

unusual /ʌn'yuwzyuəl/ ks. luar biasa. Nothing u. occurred Tak ada yg luar biasa terjadi. —**unusually** kk. luar biasa.

unvaried /ʌn'væried/ ks. tdk berubah-ubah, tdk ada pilihan lain, itu-itu saja.

unvarnished /ʌn'varnisyt/ ks. 1 tak dipolitur (furniture). 2 yg sebenarnya (truth).

unvarying /ʌn'værieing/ ks. tdk berubah (of o's stand on a matter).

unveil /ʌn'veil/ kkt. 1 membuka selubung. 2 memperkenalkan (a plan). —**unveiling** kb. pembukaan (selubung).

unventilated /ʌn'ventə'leitid/ ks. tak mendapat hawa.

unverified /ʌn'verəfaid/ ks. blm diteliti kebenarannya (laporan).

unversed /ʌn'vərst/ ks. blm berpengalaman, tak faham. to be u. in tak faham ttg.

unvoice /ʌn'vois/ kkt. Phon.: mengucapkan tanpa suara. —**unvoiced** ks. tak disuarakan. u. sound bunyi yg tak disuarakan.

unwanted /ʌn'wɔntid, -'wa-/ ks. tak dikehendaki (child).

unwarranted /ʌn'warəntid/ ks. 1 tdk beralasan. u. assumption dugaan yg tak beralasan. 2 tak berdasar, tak dpt dibenarkan (interference).

unwary /ʌn'wærie/ ks. tak awas/hati-hati/waspada.

unwashed /ʌn'wɔsyt, -'wasyt/ ks. tak dicuci.

unwavering /ʌn'weivəriŋ/ ks. teguh, kokoh, tetap.

unwed /ʌn'wed/ ks. tak dikawin, diluar perkawinan.

unwelcome /ʌn'welkəm/ ks. tak disukai/dikehendaki (surprise, guest).

unwell /ʌn'wel/ ks. sakit, tak énak badan, tak séhat.

unwholesome /ʌn'howlsəm/ ks. tak séhat (attitude, climate).

unwieldy /ʌn'wieldie/ ks. susah dipakai, berat.

unwilling /ʌn'wiliŋ/ ks. segan, enggan diajak, tak mau diajak, tdk berkemauan penuh. u. accomplice teman sekutu yg tak mau diajak. He was u. for his sister to go Ia tak réla membiarkan adik perempuannya pergi. —**unwillingly** kk. dgn segan.

unwillingness /ʌn'wiliŋnəs/ ks. keengganan, keseganan, ketidakmauan, ketidaksediaan.

unwind /ʌn'waind/ kkt. (**unwound**) melepaskan, membuka (a rope). —kki. mengaso, beristirahat.

unwise /ʌn'waiz/ ks. tak bijaksana, bodoh.

unwitting /ʌn'witiŋ/ ks. 1 tanpa diketahui/disa-

dari. He was an u. assistant to the bandit Tanpa diketahuinya ia menjadi pembantu penjahat itu. 2 tak disengaja (insult). —**unwittingly** kk. tanpa disadari, dgn tak disengaja.

unworkable /ʌn'wərkəbəl/ ks. tak dpt dilaksanakan (plan).

unworked /ʌn'wərkt/ ks. blm diolah/dikerjakan (land).

unworldly /ʌn'wərldlie/ ks. tak mementingkan soal-soal duniawi.

unworthy /ʌn'wərтнie/ ks. 1 tak layak/penting/ berguna. u. of consideration tak layak utk diperhatikan dgn sungguh-sungguh. 2 tak pantas, memalukan (conduct).

unwound /ʌn'wawnd/ lih UNWIND.

unwrap /ʌn'ræp/ kkt. (**unwrapped**) membuka.

unwritten /ʌn'ritən/ ks. tdk dituliskan.

unyielding /ʌn'yielding/ ks. keras hati/kepala, tak mau mundur.

unzip /ʌn'zip/ kkt. (**unzipped**) membuka ritsléting.

up /ʌp/ kb. **on the up and up** 1 Inf.: jujur, ikhlas. 2 maju terus. Business is on the up and up Perdagangan sedang maju terus. He has his ups and downs Ada saat-saat gembira dan ada saat-saat sedih baginya. His life has been a series of ups and downs Kehidupannya merupakan serangkaian nasib baik dan buruk. —ks. 1 memadai, mengimbangi. He's up to me in ability Ia memadai saya dlm kecakapan. 2 habis, lampau. Her contract is up for renewal Kontraknya habis dan mungkin akan diperbarui lagi. 3 naik. the up elevator lift yg naik. The river is up Kali sungai naik. The stock market is up Pasar bursa naik. Av.: The wheels are up Roda (pesawat) dinaikkan/ diangkat/dilipat. 4 bangun. What time must we be up? Jam berapa kami hrs bangun? She's now up and around Sekarang ia dpt (bangun dan) berjalan-jalan. :: Inf.: What's up? Ada apa? Apakah yg terjadi? to be up and doing giat bekerja. Sales are up over last month Hasil penjualan lebih banyak drpd bulan yg lalu. —kk. 1 keatas. from a thousand and up dari seribu keatas. for eighteen-year olds and up utk umur 18 tahun keatas. to throw a ball up in the air melémparkan bola keatas. 2 ke. all the way up to the top sepanjang jalan hingga ke puncak. 3 terbit, keluar, naik. The sun is up Matahari tlh terbit. The moon is up Bulan tlh keluar/naik. 4 kencang. The wind is up Angin meniup makin kencang. 5 sdh sampai/tiba. My time is up Hidupku hanya sampai sini saja. 6 naik. I'll be right up Aku akan segera naik. Rice is up again Harga beras naik lagi. Her blood pressure is up Tekanan darahnya naik. 7 siap, selesai. The new house is up Rumah baru tlh siap. 9 bangun. She was still up Ia masih bangun. Ia blm tidur. to be up all night with a sick child banguan semalam suntuk dgn anak yg sakit. :: Time is up Sdh sampai waktunya. Waktunya sdh habis. to live up north berumah/berdiam disebelah utara sana. —kd. 1 naik. up the stairs keatas/naik tangga. up the tree diatas pohon. 2 sebelah sana. He lives up the river Rumahnya di sungai (sebelah sana). 3 mondar-mandir. up and down the street mondar-mandir di jalan itu. I like it up at the lake Aku senang tinggal diatas danau itu. :: It's all up with him Habis perkara dgn dia. Up and at it! Ayoh, mari kita bekerja! to look s.o. up and down memandangi s.s.o. dari atas sampai kebawah. Since her illness she is up and down Sejak sakitnya itu ia sebentar séhat sebentar sakit. —kkt. menaikkan (o's salary). Inf.: **up against** menghadapi. to be up against a tough opponent menghadapi lawan yg berat. to be up against it menghadapi kesulitan keuangan. **to be up for** sdh waktunya. *He is up for promotion* Ia sdh waktunya memperoléh kenaikan pangkat. *up for sale* mau dijual. **up front** dimuka sekali. **up to** hingga, sampai. *up to now* sampai sekarang, hingga kini. *It's up to you* Terserah kepadamu. *What's the child up to, I wonder?* Apakah gerangan yg hendak dilakukan anak itu sekarang? *I'm up to page 6* Saya sampai pd halaman 6. *What are you up to?* Apa rencanamu? *I'm not up with the latest developments* Saya tdk mengikuti perkembangan-perkembangan yg terakhir. *I'm not up to it* Aku tak dpt mengerjakannya. **up-and-coming** *ks.* sedang naik bintangnya, sedang menuju suksésnya *(of a young person).* **up-and-down** *ks.* naikturun *(existence, motion).* **up-to-date** *ks.* yg terbaru. *up-to-date house* rumah modél terbaru. *She's always up-to-date on fashions* Ia selalu mengikuti mode (baru). **up-to-the-minute** *ks.* 1 terakhir *(of news).* 2 paling baru *(of style).*

upbeat /'ʌp'biet/ *kb.* pukulan yg tdk keras.

upbraid /ʌp'breid/ *kkt.* mencela, memarahi.

upbringing /'ʌp'bringing/ *kb.* asuhan, didikan. *What sort of u. has he had?* Apakah (latar belakang tingkatan) pendidikannya?

upchuck /'ʌp'cʌk/ *kkt., kki. Inf.:* muntah.

upcoming /'ʌp'kʌming/ *ks.* yg akan datang, mendatang.

upcountry /'ʌp'kʌntrie/ *kb. (j. -ries) daérah udik/* pedalaman. *to live u.* tinggal di daérah udik.

update /ʌp'deit/ *kkt.* memperbaharui, membaharui.

updraft /'ʌp'dræft/ *kb.* udara yg bergerak keatas, angin yg berhembus keatas.

upend /ʌp'end/ *kkt.* 1 mendirikan pd ujungnya. 2 membalikkan, meletakkan terbalik.

upgrade /'ʌp'greid/ *kb.* tanjakan, pendakian. *to be on the u.* menjadi baik, sembuh. —*kk.* naik. *to go u.* mendaki. —*kkt.* mengupgrade, menatar. —**upgrading** *kb.* penataran.

upheaval /'ʌp'hievəl/ *kb.* 1 kehébohan, pergolakan. 2 *Geol.:* pelengkungan.

upheld /ʌp'held/ lih UPHOLD.

uphill /ʌp'hil/ *ks.* sulit, berat. *u. existence* perjuangan yg berat. —*kk.* menanjak, mendaki. *The road is u. all the way* Jalan itu terus menanjak. *Biking u. is tiring* Bersepéda menaiki tanjakan itu melelahkan.

uphold /ʌp'howld/ *kkt.* (**upheld**) 1 menegakkan, mempertegak *(the law).* 2 membenarkan, menguatkan *(decision of a lower court).* 3 menjunjung tinggi *(tradition).*

upholder /ʌp'howldər/ *kb.* penegak *(of the law).*

upholster /ʌp'howlstər/ *kkt.* melapisi dgn kain pelapis *(furniture).*

upholsterer /ʌp'howlstərər/ *kb.* tukang melapis perabot rumah.

upholstery /ʌp'howlstərie/ *kb. (j. -ries)* kain pelapis/pembalut/salut.

UPI, U.P.I. /'yuw'pie'ai/ [*United Press International*] salah satu kantor berita.

upkeep /'ʌp'kiep/ *kb.* 1 pemeliharaan, perawatan. 2 béaya pemeliharaan.

upland /'ʌplənd/ *kb.* tanah tinggi. —**uplands** *j.* (daérah) pegunungan.

uplift /'ʌp'lift/ *kb.* 1 hal meninggikan *(to morale).* 2 peningkatan. *religious u.* peningkatan semangat keagamaan. —*kkt.* 1 mengangkat. *Prayers u. him* Doa-doa mengangkat morilnya. 2 memajukan pikiran *(the mind).* —**uplifting** *ks.* meringankan/ menggembirakan pikiran.

upon /ə'pɔn, ə'pan/ *kd.* = ON.

upper /'ʌpər/ *kb.* 1 *RR.:* tempat tidur diatas. 2 sol sepatu lapis atas. *Inf.:* **to be on o's uppers** melarat, sangat miskin. —*ks.* 1 atas. *the u. floor* tingkat atas. *in the u. righthand corner* pd sudut kanan atas. *u. New Jersey* bagian atas New Jersey. 2 tinggi. *U. House* Majelis Tinggi. *u. register of a voice* nada-nada tinggi suara. **upper-bracket** *ks.* yg berpenghasilan tinggi. **u. case** huruf besar. **u.-class** *ks.* 1 dari golongan atas dlm masyarakat. 2 kelas tertinggi dlm sekolah. *the upper classes* golongan atas. **u. crust** golongan atas dlm masyarakat. *to get the u. hand* menguasai.

upperclassman /'ʌpər'klæsmən/ *kb. (j. -men)* mahasiswa tingkat tiga dan empat (di AS).

uppercut /'ʌpər'kʌt/ *kb.* pukulan (arah) keatas.

uppermost /'ʌpər'mowst/ *ks.* paling atas/penting *(in o's mind).*

uppish /'ʌpisy/ *ks. Inf.:* tinggi hati, sombong, angkuh.

uppity /'ʌpətie/ *ks. Inf.:* sombong, angkuh, tinggi hati.

upraised /ʌp'reizd/ *ks.* terangkat *(arm, box lid).*

upright /'ʌp'rait/ *kb.* piano biasa. —*ks.* 1 jujur, tulus *(of a person).* 2 tegak lurus *(of a ladder).* *u. piano* piano biasa. —*kk.* tegak lurus. *to stand u.* berdiri tegak lurus. *to stand s.t. u.* mendirikan s.s.t. tegak lurus.

uprising /'ʌp'raizing/ *kb.* pemberontakan.

upriver /'ʌp'rivər/ *kk.* dihulu.

uproar /'ʌp'rowr/ *kb.* 1 k egemparan, kegaduhan *(over the elections).* 2 haru-biru, hingar-bingar, hirukpikuk *(in the next room).* *to be in an u. over* menjadi ribut karena.

uproarious /ʌp'rowrieəs/ *ks.* 1 hiruk-pikuk, hingarbingar *(crowd).* 2 yg terbahak-bahak *(laughter).* —**uproariously** *kk.* dgn terbahak-bahak. *to laugh u.* ketawa/mengetawai dgn terbahak-bahak.

uproot /ʌp'ruwt/ *kkt.* menumbangkan *(trees).* *to be uprooted from o's home* diambil dari rumahnya.

upset /'ʌpset *kb.*; ʌp'set *kkt.*/ *kb.* 1 terbaliknya *(of a boat).* 2 gangguan. *stomach u.* gangguan perut. 3 *Sport:* kekalahan yg tak disangka-sangka. —*ks.* 1 kagét, bingung. *She seems u.* Ia nampaknya bingung. 2 terganggu *(of a stomach).* —*kkt.* (**upset**) 1 mengganggu, merusak *(nerves, plans).* 2 menumbangkan *(a dish or pan).* 3 *Sport:* mengalahkan. 4 mengacaukan. *Don't u. yourself* Jangan membingungkan Sdr sendiri. —*kki.* 1 terbalik. *The boat u.* Kapal itu terbalik. 2 tumbang. *The glass u.* Gelas itu tumbang. —**upsetting** 1 *ks.* merépotkan *(of a pill).* 2 membingungkan *(of behavior).*

upshot /'ʌp'syat/ *kb.* kesudahan, hasil. *The u. of the matter was that...* Hasil dari urusan itu ialah bhw....

upside /'ʌp'said/ *kk.* **u. down** terbalik. *to turn a room u. down* membolak-balik seluruh isi kamar. *to turn a pillow u. down* membalikkan bantal. *The boat turned u. down* Kapal itu terbalik.

upstage /'ʌp'steij/ *kkt.* 1 *Inf.:* memperlakukan (secara) kasar. 2 bersikap sombong dan tinggi hati.

upstairs /ʌp'stærz/ *kb.* tingkat atas. —*ks.* di tingkat atas. *u. living room* kamar duduk di tingkat atas. —*kk.* diatas, di tingkat atas. *She's u.* Ia ada diatas. *Go u.!* Pergilah/Naiklah keatas! *Inf.:* *to be kicked u.* diretul/dinaikkan keatas.

upstanding /ʌp'stænding/ *ks.* 1 tulus, baik dan terhormat *(of a person).* 2 berdiri tegak *(of hair).*

upstart /'ʌp'start/ *kb.* 1 seorang yg baru naik. 2 orang kaya baru, okabé.

upstate /'ʌp'steit/ *ks.* bagian/daérah utara negarabagian. *to live in u. New York* tinggal di udik negara-bagian New York.

upstream /'ʌp'striem/ *kk.* ke hulu, ke udik.

upsurge /'ʌp'sərj/ *kb.* kenaikan.

upswept /'ʌp'swept/ *ks.* disisir (melengkung) keatas (*of hair*).

upswing /'ʌp'swing/ *kb.* 1 *Golf:* ayunan pukulan keatas. 2 *Bus.:* pertambahan, kemajuan.

uptake /'ʌp'teik/ *kb. Inf.:* **to be quick on the u.** pintar, cepat mengerti, tajam otaknya, ringan kepala.

uptight /'ʌp'tait/ *ks. Sl.:* gelisah, tegang, ciut hati.

uptown /'ʌp'tawn *ks.*; 'ʌp'tawn *kk.*/ *ks., kk.* di kota bagian atas (kota). *the u. shopping center* pusat tempat berbelanja di kota bagian atas. *to go u.* pergi ke kota bagian atas.

upturn /'ʌp'tərn/ *kb. Econ.:* perbaikan, kemajuan.

upturned /'ʌp'tərnd/ *ks.* menengadah. *with u. face* dgn muka menengadah.

upward(s) /'ʌpwərd(z)/ *ks.* (me)naik. *u. trend* kecenderungan yg menaik. —*kk.* keatas. *children 16 and u.* anak-anak berumur 16 keatas. *to fly u.* terbang (naik) ke angkasa. *to rent for u. of $100* diséwakan dgn séwa diatas $100.

upwind /'ʌp'wind/ *kk.* melawan (arah) angin.

uranium /yu'reiniəm/ *kb.* uranium.

urban /'ərbən/ *ks.* yg berk. dgn kota. *u. area* daérah kota. *u. population* penduduk kota. *u. renewal* pembaharuan kota.

urbane /ər'bein/ *ks.* sopan (santun), berbudi bahasa.

urbanity /ər'bænətie/ *kb.* (*j.* **-ties**) kesopanan, kehalusan budi.

urbanization /'ərbənə'zeisyən/ *kb.* urbanisasi.

urbanize /'ərbənaiz/ *kkt.* menjadikan kota, mengkota-kan.

urchin /'ərcən/ *kb.* anak melarat/miskin.

ureter /yu'rietər/ *kb.* saluran kencing.

urethra /yu'riethrə/ *kb.* saluran kencing (dan spérma) dlm kemaluan, pekencingan.

urge /ərj/ *kb.* keinginan, dorongan. *to feel/have the u. to* ingin sekali. —*kkt.* 1 mendorong. *U. him to...* Doronglah ia utk.... 2 meminta, mendesak. *to u. s.o. on* terus mendesak/menganjurkan s.s.o.

urgency /'ərjənsie/ *kb.* (*j.* **-cies**) urgénsi, keadaan yg mendesak. *It's a matter of great u.* Keadaannya sangat mendesak.

urgent /'ərjənt/ *ks.* urgén, mendesak. *u. need* kebutuhan yg penting. *The matter is u.* Hal ini genting. —**urgently** *kk.* amat, sangat. *A doctor is u. needed* Seorang dokter amat dibutuhkan.

urinal /'yurənəl/ *kb.* tempat kencing, perkemihan.

urinalysis /'yurə'næləsis/ *kb.* analisa air kencing.

urinary /'yurə'nerie/ *ks.* yg mengenai air kencing. *u. tract* jalan perkencingan.

urinate /'yurəneit/ *kki.* kencing, buang air kecil.

urine /'yurən/ *kb.* air kencing/seni.

urn /ərn/ *kb.* pasu, sm kendi, cérét, jambangan besar.

urologist /yu'ralǝjist/ *kb.* ahli penyakit-penyakit saluran kemih/kencing.

urology /yu'ralǝjie/ *kb.* ilmu penyakit-penyakit saluran kencing.

Ursa /'ərsə/ *kb.* **U. Major** bintang biduk/jung.

us /ʌs/ tanpa tekanan əs/ *kg.* kami, kita. *Go with us* Pergi dgn kami. *He saw us* Ia melihat kami. *There are three of us* Ada tiga dari kita. Kita bertiga. *You can't fool us doctors* Kau tak dpt mengelabui/mempermainkan kita para dokter. *Let us have a look* Marilah kita lihat.

US, U.S. /'yuw'es/ [*United States*] *kb.* Amérika Serikat (AS).

usable /'yuwzəbəl/ *ks.* dpt dipakai/dipergunakan.

USAF [*United States Air Force*] Angkatan Udara AS.

usage /'yuwsij/ *kb.* 1 pemakaian. 2 (cara) pemakaian kata-kata.

USCC [*United States Coast Guard*] Pengawal Pantai AS.

USDA [*United States Department of Agriculture*] Départemén Pertanian AS.

use /yuws *kb.*; yuwz *kkt.*/ *kb.* 1 penggunaan. *the u. of electricity* penggunaan listerik. *to find a u. for s.t.* mempergunakan s.s.t. 2 kegunaan. *to lose the u. of a leg* kehilangan kegunaan sebuah kaki. 3 gunanya. *There's no u. going* Tdk ada gunanya pergi. *It's no u.* Tak ada gunanya. *What's the u.?* Apa gunanya? Buat apa? *What's the u. of making plans?* Apa gunanya membuat rencana? *This building is for the u. of everyone* Gedung ini dpt dipergunakan oléh siapa saja. *"Directions for u."* (Per)aturan memakai/pakai. *For u. in case of fire* Akan dipakai bilamana ada kebakaran. *Do you have any u. for this?* Apakah ini dpt kaugunakan? **to have the u. of** mempergunakan. *Inf.:* *I have no u. for him* Aku tak suka lagi kepadanya. **in u.** masih dipergunakan. *in everyday u.* dipakai sehari-hari. *This is not in u. now* Ini sekarang tak dipakai (lagi). **to make u. of** memakai, menggunakan. *to make u. of this TV set* memakai pesawat télévisi ini. *to make good u. of o's time* mempergunakan waktunya dgn baik. *to make u. of a metal* menggunakan logam. **of u.** berguna. **out of u.** tdk berguna lagi. **to put to u.** ment(e)rapkan. *to put to good u.* menggunakan dgn baik. —*kkt.* 1 menggunakan, mempergunakan, memakai *(s.t.).* *to u. o's ingenuity* menggunakan akal budinya. *to u. s.o's name as a reference* memakai nama s.s.o. sbg référénsi. *to u. s.o.* mempergunakan/memakai s.s.o. *That word is rarely used* Perkataan itu jarang dipakai. *How will you u. the money?* Bagaimana sdr akan mempergunakan uang itu? *Please u. discretion* Pakailah keleluasaan. *to u. every means* mempergunakan tiap cara/jalan. *to u. o's influence* mempergunakan kewibawaan orang. 2 meminjam, memakai *(s.o's telephone).* 3 meminum. *I don't u. liquor* Aku tdk meminum minuman keras. 4 membubuhi *(salt and pepper on).* 5 menghabiskan. *to u. all o's money* menghabiskan semua uangnya. **to u. up** memakai, menghabiskan. *to u. up the scraps* menghabiskan sisa-sisanya. —**used** *ks.* bekas. *u. clothing* pakaian bekas. *u. furniture* perkakas rumah bekas pakai. *a seldom u. room* kamar yg jarang dipakai. —**used to** /'yuwstuw/ 1 dulu, dahulu. *We u. to be friends* Kami dahulu/pernah berkawan. 2 biasa. *She's u. to staying up late* Ia biasa bergadang sampai jauh malam. *to get u. to* membiasakan diri, menjadi biasa.

useful /'yuwsfəl/ *ks.* berguna, bermanfaat, berfaédah. *Make yourself u.* Usahakanlah spy kamu berguna. *to be u. with o's fists* lincah memakai tinjunya. —**usefully** *kk.* dgn berguna. *u. employed* dipekerjakan/dipakai dgn berguna.

usefulness /'yuwsfəlnəs/ *kb.* kegunaan. *to outlive o's u.* meliwati kegunaannya.

useless /'yuwsləs/ *ks.* 1 tak berguna/bermanfaat. *u. invention* penemuan yg tak berguna. 2 percuma. *It's u. to...* Percuma saja.... 3 sia-sia.

uselessness /'yuwsləsnəs/ *kb.* ketidakgunaan.

user /'yuwzər/ *kb.* pemakai. *That country is a heavy u. of rice* Negeri itu banyak menggunakan beras. *He's a heavy u. of tobacco* Ia peminum rokok yg berat.

usher /'ʌsyər/ *kb.* 1 pelayan, penjaga pintu *(at*

theater). 2 penerima tamu (*at wedding*). —*kkt.* meng-antar(kan). *to u. s.o. to his seat* mengantarkan s.s.o. ke tempat duduknya. **to u. in** mengantar (*a person, spring*).

usherette /'ʌsyə'ret/ *kb.* penunjuk jalan, penerima tamu, pelayan wanita.

USIA [*United States Information Agency*] Kantor Per-wakilan Penerangan Amérika Serikat.

USIS /'yuwsəs/ [*United States Information Service*] *kb.* Jawatan Penerangan AS.

USMA, U.S.M.A. [*United States Military Academy*] Akadémi Militér AS.

USMC [*United States Marine Corps*] KKO Angkatan Laut AS.

USN [*United States Navy*] Angkatan Laut AS.

USNA [*United States Naval Academy*] Akadémi Ang-katan Laut AS.

USNR [*United States Naval Reserve*] Pasukan Cadang-an Angkatan Laut AS.

USO [*United Service Organization*] Badan Penghibur Angkatan Bersenjata.

USS [*United States Steamship*] Kapal Api Amérika Serikat.

USSR, U.S.S.R. /'yuw'es'es'ar/ [*Union of Soviet Socialist Republics*] *kb.* Uni Républik-Républik Sovyét Sosialis, Uni Sovyét (US).

usual /'yuwzyuəl/ *kb.* yg biasa. *I'll have the u.* Yg biasa saja. —*ks.* biasa, lazim. *to go home the u. way* pulang melalui jalan yg biasa. *It's u. for him to be late* Sdh menjadi kebiasaan baginya datang ter-lambat. *It's u. to pay in advance* Sdh biasa membayar di muka. *to arrive earlier than u.* tiba lebih dahulu drpd biasa. **as u.** spt/sebagaimana biasa. *business as u.* perusahaan berjalan spt biasa. —**usually** *kk.* biasanya.

usurer /'yuwzyərər/ *kb.* lintah darat, tukang riba.

usurious /yuw'zyurieəs/ *ks.* luar biasa tinggi. *a u. rate of interest* nilai bunga yg keterlaluan.

usurp /yuw'sərp, -'zərp/ *kkt.* merebut(kan), meram-pas kuasa.

usurpation /'yuwsər'peisyən/ *kb.* perebutan/pe-rampasan kuasa.

usurper /yuw'sərpər/ *kb.* perampas kuasa, peng-ambil-alih kuasa, perebut (kekuasaan).

usury /'yuwzyərie/ *kb.* (*j.* **-ries**) riba. *to practice u.* makan/menjalankan riba.

utensil /yuw'tensəl/ *kb.* alat, perkakas. *household utensils* alat/perabot rumah-tangga. *writing utensils* alat tulis-menulis.

uterine /'yuwtərin/ *ks.* yg berk. dgn kandung (peranakan). *u. kin* saudara tiri seibu.

uterus /'yuwtərəs/ *kb.* rahim, kandungan (peranak-an).

utilitarian /yuw'tilə'tærieən/ *ks.* berfaédah, ber-manfaat.

utility /yuw'tilətie/ *kb.* (*j.* **-ties**) 1 keperluan. *The tenant pays all utilities* Penyéwa membayar segala keperluan (pemanas air, penerangan dan air (léding). *That instrument is of great u.* Alat itu ber-guna sekali. 2 kegunaan. *u. pole* tiang télpon atau listerik. *u. room* ruangan tempat sékering listerik, tungku pemanas dan mesin cuci.

utilization /'yuwtələ'zeisyən/ *kb.* penggunaan, pe-manfaatan.

utilize /'yuwtəlaiz/ *kkt.* menggunakan, meman-faatkan, mempergunakan. *to u. the opportunity* me-manfaatkan kesempatan.

utmost /'ʌtmowst/ *kb.* **to the u.** sepenuhnya. *to enjoy o.s. to the u.* bersenang-senang sepenuhnya. *to do o's u.* membanting tulang. *to do o's u. to help* ber-usaha sekuat-kuatnya menolong. —*ks.* yg sepenuh-nya. *a state of u. confusion* keadaan yg sekacau-kacau-nya. *It is of the u. importance that...* Adalah sangat penting bhw.... *He does everything with the u. ease* Ia mengerjakan segala s.s.t. dgn cara yg amat mudah.

utopia /yuw'towpieə/ *kb.* negara khayalan/idaman/ impian, utopia.

utopian /yuw'towpieən/ *ks.* berupa khayalan, tdk praktis.

utter /'ʌtər/ *ks.* sama sekali. *It is u. chaos* Keadaan sama sekali kacau-balau. *in u. amazement* dgn sangat héran. *an u. stranger* yg sama sekali asing. *He's an u. fool* Ia mutlak seorang yg bodoh. *to be in u. misery* berada dlm keadaan yg amat sengsara. —*kkt.* 1 mengucapkan. *She didn't u. a word about it* Ia tdk mengucapkan sepatah katapun mengenai hal itu. *to u. a cry of pain* berteriak kesakitan. 2 memanjatkan (*a prayer*). 3 melahirkan, mengeluarkan (*o's thoughts*). —**utterly** *kk.* samasekali. *u. exhausted* amat lelah/payah, lelah samasekali. *u. crushed by the defeat* sama sekali remuk karena kekalahan itu.

utterance /'ʌtərəns/ *kb.* ucapan, ungkapan. *to give u. to o's happiness* mengungkapkan/melahirkan ke-bahagiaannya.

uttermost /'ʌtərmowst/ = UTMOST.

uvula /'yuwvələ/ *kb.* anak lidah/tekak.

uvular /'yuwvələr/ *ks. Phon.:* diucapkan dgn getar-an anak lidah.

V

V, v /vie/ kb. huruf ke-22 dlm abjad Inggeris. *V-neck* kb. léhér berbentuk huruf V (*of sweater, shirt*).
V. 1 [*verb*] katakerja. 2 [*verse*] sajak, bait. 3 [*versus*] lawan. 4 [*vocative*] vokatip. 5 [*vice*] wakil. 6 [*volume*] jilid.
Va. [*Virginia*] negarabagian AS.
VA [*Veterans Administration*] Administrasi Vétéran.
V.A. 1 [*Veterans Administration*] Administrasi Vétéran. 2 [*Vice Admiral*] Laksamana Madya.
vacancy /'veikənsie/ kb. (*j.* **-cies**) lowongan. "*No v.*" "Penuh," "Tiada kamar kosong," "Tiada lowongan pekerjaan."
vacant /'veikənt/ ks. 1 kosong (*of a house*). 2 lowong (*of a job, post*). 3 ngelamun, teringa-inga, kosong, hampa (*of a look*).
vacate /'veikeit/ kkt. 1 mengosongkan (*the premises, o's office, a room*). 2 melowongi.
vacation /vei'keisyən/ kb. liburan. *to take a v., to be on v.* berlibur. —*kki.* berlibur.
vacationist /vei'keisyənist/ kb. pelibur, orang yg berlibur.
vacationland /vei'keisyən'lænd/ kb. daérah utk berlibur.
vaccinate /'væksəneit/ kkt. mencacar (*for smallpox*).
vaccination /'væksə'neisyən/ kb. pencacaran. *v. certificate* surat cacar.
vaccinator /'væksə'neitər/ kb. pencacar.
vaccine /'væksien/ kb. vaksin.
vacillate /'væsəleit/ kki. terombang-ambing (**between** antara). —**vacillating** ks. bimbang.
vacillation /'væsə'leisyən/ kb. kebimbangan.
vacuous /'vækyuəs/ ks. kosong.
vacuum /'vækyu(ə)m/ kb. pakum, kekosongan, ruangan hampa. *v. bottle/flask* botol pakum, tabung hampa udara. *v. tube* pembuluh tak berudara. *to create a v.* menciptakan kekosongan. —*kkt.* membersihkan babut dgn alat penghisap debu (*a room, rug*). **v. cleaner** alat penghisap debu. **vacuum-packed** ks. dimasukkan kaléng tak berhawa (*coffee*).
vagabond /'vægəband/ kb. pengembara, (orang) gelandangan.
vagary /'veigərie/ kb. (*j.* **-ries**) tingkah, tingkahlaku yg anéh, canda.
vagina /və'jainə/ kb. liang peranakan, farji, puki, pukas.
vaginal /və'jainəl, 'væjənəl/ kb. yg berk. dgn liang peranakan.
vagrancy /'veigrənsie/ kb. (*j.* **-cies**) pergelandangan.
vagrant /'veigrənt/ kb. 1 orang gelandangan, pengembara. 2 tunawisma.
vague /veig/ ks. samar-samar, tdk jelas. *I haven't the vaguest idea* Saya tak ada pengertian sedikitpun. —**vaguely** kk. samar-samar, tdk jelas.
vagueness /'veignəs/ kb. kesamaran, ketidakjelasan.

vain /vein/ kb. **in v.** dgn sia-sia. *to take a name in v.* menggunakan nama tanpa menghormatinya. —*ks.* 1 sombong (*person*). 2 sia-sia (*hope, effort*). —**vainly** kk. dgn sia-sia, gagal.
vainglorious /'vein'glowrieəs/ ks. sombong, angkuh, besar kepala.
valance /'væləns/ kb. rénda kelambu/sepréi.
vale /veil/ kb. lembah. *this v. of tears* mayapada, dunia ini.
valedictory /'vælə'diktərie/ kb. (*j.* **-ries**) pidato perpisahan.
valence /'veiləns/ kb. valénsi.
Valentine /'væləntain/ kb. tanda kasih. *Valentine's Day* tgl 14 Pébruari.
valet /væ'lei, 'vælit/ kb. pelayan pria.
valiant /'vælyənt/ ks. (gagah-) berani. —**valiantly** kk. dgn keberanian/kepahlawanan.
valid /'vælid/ ks. 1 sah, syah, absah, sahih (*contract, excuse*). 2 benar (*statement*). *no longer v.* tdk berlaku lagi.
validate /'vælədeit/ kkt. mensyahkan, mengsahkan.
validation /'vælə'deisyən/ kb. pengesahan.
validity /və'lidətie/ kb. (*j.* **-ties**) 1 kebenaran (*of a statement*). 2 keabsahan, berlakunya (*of a passport*).
valise /və'lies/ kb. kopor kecil.
valley /'vælie/ kb. lembah.
valor /'vælər/ kb. keberanian.
valuable /'væly(u)əbəl/ kb. **valuables** j. barang-barang berharga. —*ks.* berharga.
valuation /'vælyu'eisyən/ kb. 1 penilaian. 2 penaksiran.
value /'vælyuw/ kb. 1 nilai. *What's the v. of this car?* Berapa nilai mobil ini? *It's a thing of v.* Ini barang berharga. *to attach v. to* menghargai. *to place/set a v. on* memberi nilai pd. *to get good v. for o's money* mendapat nilai yg baik atas uangnya. *That radio is a good v.* Radio itu barang berharga. —**values** j. nilai-nilai. —*kkt.* 1 menilai (*o's jewelry*) (**at** pd). 2 menghargai (*s.o's opinion*). *Don't stay here if you v. your life* Jangan tinggal disini kalau sdr menghargai jiwa sdr. —**valued** ks. yg dihargai (*of a friend*).
valueless /'vælyuwləs/ ks. tanpa nilai/harga.
valve /vælv/ kb. klép, katup, péntil. *heart v.* katup jantung. *v. of an oyster* katup tiram.
vamoose /və'muws/ kki. *Sl.*: pergi, mengundurkan diri dgn cepat.
vamp /væmp/ kb. perempuan nakal, penggoda.
vampire /'væmpair/ kb. 1 mayat pengisap darah. 2 pemeras. 3 wanita yg menggoda lelaki karena uang atau pujian.
van /væn/ kb. 1 mobil gerbong. *furniture v.* mobil gerbong pengangkut perkakas rumah. 2 barisan depan. *to be in the v.* menjadi pelopor.
vandal /'vændəl/ kb. perusak.
vandalism /'vændəlizəm/ kb. perusakan, sifat suka merusak.

vane /vein/ *kb.* baling-baling.

vanguard /'væn'gard/ *kb.* barisan depan. *to be in the v. of* di barisan depan.

vanilla /və'nilə/ *kb.* panili. *v. extract* sari panili.

vanish /'vænisy/ *kki.* lenyap, menghilang. *to dwindle to the* **vanishing** *point* berkurang hingga titik yg habis/hilang sama sekali. *vanishing cream* cream yg menghilangkan (kotoran).

vanity /'vænətie/ *kb.* (*j.* **-ties**) 1 kesombongan (*of a person*). 2 kesia-siaan (*of the world*). **v. case** kotak/ peti barang-barang rias.

vanquish /'vængkwisy/ *kkt.* menaklukkan, mengalahkan, menundukkan. — **vanquished** *kb.* *j.* orang-orang yg kalah. —*ks.* yg téwas (*people*).

vantage /'væntij/ *kb.* **v. point** tempat yg menguntungkan.

vapid /'væpid/ *ks.* hambar, tawar (*smile, drink*).

vapor /'veipər/ *kb.* asap, uap air, kukus.

vaporize /'veipəraiz/ *kkt.* menguapkan. —*kki.* menguap.

vaporizer /'veipə'raizər/ *kb.* alat penguap.

var. 1 [*variation*] variasi, selingan. 2 [*variety*] keanékawarnaan. 3 [*various*] beranéka, bermacam.

variable /'værieəbəl/ *kb.* faktor tak tetap. —*ks.* berubah-ubah (*cloudiness*).

variance /'værieəns/ *kb.* perbédaan (**in** antara). **at v.** 1 berbéda (**with** dgn). 2 bertengkar, berselisih.

variant /'værieənt/ *kb.* s.s.t. yg berlainan (**of** dari). —*ks.* berbéda. *v. spelling* éjaan yg berbéda.

variation /'værie'eisyən/ *kb.* 1 perbédaan (*in temperature*). 2 variasi, selingan (*in music, speech*).

varicose /'værikows/ *ks.* **v. vein** urat darah terentang, pembuluh mekar.

varied /'væried/ lih VARY.

variegated /'værie(ə)'geitid/ *ks.* beranéka-warna, anéka-ragam.

varies /'væriez/ lih VARY.

variety /və'raiətie/ *kb.* (*j.* **-ties**) 1 macam. *Which v. do you prefer?* Macam mana yg lebih kau sukai? *many varieties of fruit* banyak macam buah-buahan. 2 keserbaragaman, keanékawarnaan, keanékaragaman. *a v. of patterns* anéka ragam pd pola. 3 selingan. *for the sake of v.* demi sbg selingan. *That lends v. to the menu* Ia memberikan selingan pd daftar makanan. 4 variasi. *V. is the spice of life* Variasi adalah bumbu kehidupan. *for a v. of reasons* karena berbagai-bagai alasan. **v. show** komidi. **v. store** toko serbaanéka.

various /'værieəs/ *ks.* bermacam, pelbagai, berbagai. *of v. kinds* berbagai corak. *to talk about v. things* berbicara ttg berbagai hal. *for v. reasons* karena berbagai alasan. *at v. times* pd berbagai waktu. — **variously** *kk.* dgn berbagai cara.

varnish /'varnisy/ *kb.* pernis, minyak rengas. —*kkt.* mem(p)ernis, merengas.

varsity /'varsətie/ *kb.* (*j.* **-ties**) regu universitas.

vary /'værie/ *kkt.* (**varied**) 1 merobah (*the food*). 2 merubah-rubah, mengubah-ubah (*the speed/tempo*). 3 menyelang-nyelingkan (*the music*). —*kki.* 1 berubah-ubah. *The price varies* Harganya berubah-ubah. 2 berbéda-béda (*in brightness*). — **varied** *ks.* banyak macam. *a v. assortment of books* banyak macam buku-buku. *to have v. weather* mengalami berubah-ubahnya cuaca. — **varying** *ks.* yg bermacam-macam. *in v. degree* dlm tingkat yg bermacam-macam.

vascular /'væskyələr/ *ks.* yg berk. dgn pembuluh darah. *v. system* sistim pembuluhan darah.

vase /veis, veiz/ *kb.* jambangan, pot bunga.

vasectomy /væ'sektəmie/ *kb.* (*j.* **-mies**) vaséktomi.

vaseline /'væsəlien/ *kb.* sm salep/pelumas dibuat dari minyak tanah kental yg lunak.

vassal /'væsəl/ *kb.* 1 budak. 2 pengikut.

vast /væst/ *ks.* 1 luas (*plains*). 2 sangat banyak (*amounts, sums of money*). — **vastly** *kk.* sangat. *v. overrated* sangat dilebih-lebihkan mutunya.

vastness /'væstnəs/ *kb.* keluasan.

vat /væt/ *kb.* tong.

Vat. [*Vatican*] Vatikan.

Vatican /'vætəkən/ *kb.* Vatikan.

vaudeville /'vɔdvil, 'vowdvil/ *kb.* komidi bangsawan.

vault /vɔlt/ *kb.* 1 kubah (*in a church*). 2 ruangan besi (*in a bank*). 3 kolong (*for wine*). —*kkt.* 1 meloncat galah. 2 lih POLE v. —*kki.* melompati (*a fence or stream*).

vb. [*verb*] katakerja.

V.C. /'vie'sie/ *kb.* 1 [*Vietcong*] Viétcong. 2 [*Vice Consul*] wakil konsul.

VD /'vie'die/ [*venereal disease*] penyakit kelamin/ kotor.

've /have/ tlh, sdh.

veal /viel/ *kb.* daging anak lembu.

vector /'vektər/ *kb.* panah/garis véktor.

Veep /viep/ [*Vice President*] *kb. Sl.:* Wakil Présidén.

veer /vir/ *kb.* bélokan, tikungan. *to make a sudden v.* membélok tiba-tiba. —*kki.* membélok. *to v. sharply* membélok dgn tajam.

vegetable /'vej(ə)təbəl/ *kb.* sayur(an), sayur-mayur. *v. soup* sop sayuran. *v. dish* piring sayur. *v. garden* kebun sayur. — **vegetables** *j.* sayur – mayur, sayur-sayuran. *green vegetables* sayur mayur yg hijau, sayur-mayur daun-daunan. —*ks.* nabati. *v. fat* lemak nabati. *v. fiber* serat nabati. *the v. kingdom* alam nabatah, dunia nabati. **v. oil** minyak tumbuh-tumbuhan.

vegetarian /'vejə'tæriən/ *kb.* orang yg hanya makan sayuran.

vegetate /'vejəteit/ *kki.* hidup spt tumbuh-tumbuhan, hidup tanpa guna.

vegetation /'vejə'teisyən/ *kb.* tumbuh-tumbuhan.

vehemence /'vieəməns/ *kb.* sifat berapi-api, kehébatan. *to speak with v. of* berbicara dgn berapi-api ttg.

vehement /'vieəmənt/ *ks.* penuh semangat, berapi-api. *to be v. in* berapi-api dlm. — **vehemently** *kk.* dgn birahi, dgn suara keras, dgn penuh nafsu/ gairah.

vehicle /'vieəkəl/ *kb.* 1 kendaraan, wahana. *motorized v.* kendaraan bermotor. *to park o's v.* memparkir kendaraannya. *commercial v.* kendaraan umum/ séwaan. 2 pembawa, sarana. *Language serves as the v. of ideas* Bahasa berfungsi sbg pembawa buah pikiran. 3 kapal. *space v.* kapal ruang angkasa.

vehicular /vi'hikyələr/ *ks.* yg mengenai kendaraan. *v. traffic* lalu lintas kendaraan.

veil /veil/ *kb.* 1 kudung, kerudung. *to wear a v.* memakai sebuah kudung. 2 tudung. *bridal v.* tudung kemantén wanita. 3 selubung. *v. of clouds* selubung awan. 4 kabut. *v. of secrecy* kabut rahasia. *Rel.: to take the v.* masuk biara, menjadi biarawati. —*kkt.* mengerudungi, menyelubungi. — **veiled** *ks.* diselubungi, yg berselubung. *v. threat* ancaman yg tersirat.

vein /vein/ *kb.* 1 *Anat.:* urat darah halus. 2 barik-barik (*in wood, marble*). 3 nada. *to speak in a humorous v. about ...* berbicara dgn nada lucu ttg .... 4 lapisan (*of coal*).

velar /'vielər/ ks. Phon.: yg berk. dgn bagian belakang langit-langit.

vellum /'veləm/ kb. naskah yg ditulis pd kulit binatang.

velocity /və'lasətie/ kb. (j. **-ties**) kecepatan.

velum /'vieləm/ kb. Phon.: bagian belakang langit-langit, bagian langit-langit yg lunak.

velvet /'velvit/ kb. beledu, beludru.

venal /'vienəl/ ks. dpt disuap/disogok (conduct).

vend /vend/ kkt. menjual keliling,.menjaja.

vendetta /ven'detə/ kb. dendam (yg turun-temurun) thd anggota keluarga yg membunuh anggota keluarganya sendiri.

vendor /'vendər/ kb. penjaja, penjual keliling.

veneer /və'nir/ kb. lapisan (kayu halus) (on furniture). a thin v. of civilization lapisan peradaban yg tipis. —kkt. 1 mem(p)ernis. 2 melapisi dgn lapisan kayu halus.

venerability /'venərə'bilətie/ kb. sifat terhormat, keagungan.

venerable /'venərəbəl/ ks. yg patut dimuliakan.

venerate /'venəreit/ kkt. memuliakan. —**venerated** ks. mu'tabar, mu'tabir, terhormat.

veneration /'venə'reisyən/ kb. pemujaan (for s.t.). to look upon s.o. with v. memandang s.s.o. dgn rasa hormat.

venereal /və'nirieəl/ ks. **v. disease** penyakit kelamin/kotor.

vengeance /'venjəns/ kb. balas dendam. to take v. on membalas dendam thd. with a v. dgn sekuat tenaga, bersungguh-sungguh, dgn sepenuh hati.

vengeful /'venjfəl/ ks. menaruh (rasa) dendam.

venial /'vienieəl/ ks. ringan, yg dpt diampuni (of a sin).

venison /'venəsən/ kb. daging rusa/menjangan.

venom /'venəm/ kb. 1 bisa (of a reptile). 2 kesengitan.

venomous /'venəməs/ ks. 1 berbisa (of reptiles). 2 sengit (attack on s.o.).

venous /'vienəs/ ks. yg berk. dgn urat darah halus.

vent /vent/ kb. lubang(angin). Keep the v. open Biarlah lubang angin terbuka. to give v. to o's anger melepaskan/menyemburkan kemarahannya. —kkt. melepaskan. to v. o's anger melepaskan kemarahannya.

ventilate /'ventəleit/ kkt. menukar udara (a room). to v. o's anger melontarkan kemarahannya.

ventilation /'ventə'leisyən/ kb. véntilasi, peranginan, perédaran hawa. the v. of (s.) o's affairs membéberkan persoalan-persoalan pribadi.

ventilator /'ventə'leitər/ kb. kipas angin.

ventral /'ventrəl/ ks. yg mengenai perut. v. fin sirip perut.

ventricle /'ventrəkəl/ kb. kamar (jantung).

ventriloquist /ven'triləkwist/ kb. pembicara perut, ahli bicara perut.

venture /'vencər/ kb. 1 perbuatan yg mengandung risiko atau bahaya. 2 spékulasi. to make a v. into the market mengadu untung dlm pasaran saham. 3 usaha. joint v. usaha bersama, kongsi. —kkt. mengajukan (an opinion, a guess). —kki. pergi. It wouldn't be safe to v. there Tidaklah aman utk pergi kesana. Nothing ventured, nothing gained Siapa berani, akan menang. to v. out of o's house memberanikan diri keluar dari rumahnya.

venturesome /'vencərsəm/ ks. berani, suka berpetualang.

venue /'venyuw/ kb. tempat terjadinya kejahatan atau kejadian (penting). a change of v. perubahan tempat pengadilan.

Venus /'vienəs/ kb. bintang Johar, Zohral.

veracious /və'reisyəs/ kb. 1 benar (of testimony). 2 jujur (person).

veracity /və'ræsətie/ kb. (j. **-ties**) 1 kejujuran (of a witness). 2 ketelitian (of an instrument).

veranda(h) /və'rændə/ kb. beranda, serambi.

verb /vərb/ kb. katakerja.

verbal /'vərbəl/ ks. 1 lisan. v. agreement persetujuan lisan. 2 yg berk. dgn katakerja. v. ending akhiran katakerja. —**verbally** kk. secara lisan.

verbalize /'vərbəlaiz/ kkt. mengungkapkan dgn kata-kata.

verbatim /vər'beitəm/ ks., kk. secara kata demi kata, secara harfiah.

verbiage /'vərbieij/ kb. terlalu banyak kata-kata yg tak berguna.

verbose /vər'bows/ ks. berbicara bertélé-télé.

verdant /'vərdənt/ ks. hijau, yg menghijau.

verdict /'vərdikt/ kb. putusan. to bring in, to return, a v. of guilty memberi putusan bersalah.

verge /vərj/ kb. 1 pinggir (of a cliff). 2 ambang. to be on the v. of a nervous breakdown di ambang keruntuhan/keambrukan syaraf. He's on the v. of giving up Ia sdh hampir putus asa. to be on the v. of war berada dlm keadaan hampir berperang. to be on the v. of tears hampir menangis. —kki. berbatasan dgn. to v. on the ridiculous hampir-hampir tak masuk akal.

verification /'verəfə'keisyən/ kb. vérifikasi, pembuktian, tahkik.

verifies /'verəfaiz/ lih VERIFY.

verify /'verəfai/ kkt. (**verified**) 1 memeriksa, menguji (the accuracy of s.t.). 2 membuktikan, mentahkikkan (a theory, a report).

verily /'verəlie/ lih VERY.

veritable /'verətəbəl/ ks. benar-benar. He's a v. reservoir of information Ia benar-benar merupakan sumber keterangan.

verity /'verətie/ kb. (j. **-ties**) kebenaran. the eternal verities kebenaran-kebenaran yg abadi.

vermicelli /'vərmə'selie/ kb. sm bihun atau mi.

vermilion /vər'milyən/ kb., ks. mérah terang.

vermin /'vərmin/ kb. (j. **-min**) 1 binatang kecil yg mengganggu spt kutu-kutu dsb. 2 orang hina.

vermouth /vər'muwth/ kb. sm air anggur yg putih atau agak kuning warnanya.

vernacular /vər'nækyulər/ kb. bahasa daérah, logat asli. as we say in the v. spt dikatakan dlm bahasa sehari-hari. —ks. yg berk. dgn bahasa rakyat. v. style gaya bahasa sehari-hari.

vernal /'vərnəl/ ks. yg berk. dgn musim semi.

versatile /'vərsətəl/ ks. 1 cakap dlm berbagai hal (of a person). She's a v. writer Ia seorang penulis yg kesanggupannya meliputi berbagai bidang. 2 serbaguna, anéka guna (of instruments).

versatility /'vərsə'tilətie/ kb. (j. **-ties**) kepandaian yg beranéka ragam, kepandaian dlm banyak hal.

verse /vərs/ kb. 1 sajak, syair. 2 Bible: ayat (Kitab Suci).

versed /vərst/ ks. benar-benar mengetahui, berpengalaman, benar-benar mengenal. to be well v. in benar-benar mengetahui ttg.

versification /'vərsəfə'keisyən/ kb. penggubahan/pengarangan syair.

versifies /'vərsəfaiz/ lih VERSIFY.

versify /'vərsəfai/ kki. (**versified**) mengarang/menggubah syair.

version /'vərzyən/ kb. 1 versi (of a story). 2 terjemahan.

versus /'vərsəs/ kd. (me)lawan. Ohio University v. Miami University Universitas Ohio melawan Universitas Miami.

vertebra /'vɔrtɔbrɔ/ *kb.* (*j.* **-rae**) tulang belakang/ punggung.

vertebrate /'vɔrtɔbrit, -breit/ *kb.* binatang/héwan bertulang belakang.

vertex /'vɔrteks/ *kb.* (*j.* **-texes, -tices**) puncak.

vertical /'vɔrtɔkɔl/ *ks.* 1 tegak lurus, vertikal. *v. mobility* gerak vertikal. 2 menurun (*in crossword puzzles*). 3 dari atas. *v. view* pandangan dari atas. **v. angle** sudut bertolak-belakang. —**vertically** *kk.* dgn tegak lurus.

vertices /'vɔrtɔsiez/ lih VERTEX.

vertigo /'vɔrtɔgow/ *kb.* kepeningan, rasa pusing. kepusingan.

verve /vɔrv/ *kb.* semangat, kegairahan hati.

very /'verie/ *ks.* itu juga. *the v. day* pd hari itu juga. *The v. day I wrote him he called* Pd hari aku menyuratinya hari itu juga ia menélpon. *The v. thought of blood nauseated him* Mengingat darah saja sdh memuakkannya. *He's the v. man I want to see* Dialah yg saya ingin jumpai. *Those were his v. words* Itulah kata-katanya yg sebenarnya. *That's the v. thing for a sore throat* Itulah obatnya utk kerongkongan yg sakit. —*kk.* sekali, amat, sangat. *v. good* baik sekali. *v. soon* dgn sangat segera. *I v. much appreciate your help* Aku amat menghargai bantuanmu. *It's v. good of you to come* Sungguh baik kamu sempat datang. *to do o's v. best* berusaha sebaik-baiknya. *V. well, then, I won't go!* Baiklah, kalau begitu, saya tdk akan pergi. *She was the v. first to arrive* Ialah yg pertama-tama tiba. *I feel v. much better* Saya merasa jauh lebih baik. *It will take at the v. most two hours* Paling banyak ia akan makan waktu dua jam. *so v. little* sedikit sekali. *I was v. surprised to ...* Saya sangat héran .... *a car for your v. own* mobil utk dirimu sendiri. *at the v. latest* paling terlambat. —**verily** *kk.* bahwasanya, dgn sesungguhnya.

vesicle /'vesɔkɔl/ *kb.* gelembung.

vespers /vespɔrz/ *kb.*, *j.* kebaktian malam/senja.

vessel /'vesɔl/ *kb.* 1 *Nau.*: kapal. 2 tempat, bejana (*for liquids*). 3 *Anat.*: pembuluh.

vest /vest/ *kb.* rompi. *v. pocket* saku rompi. —*kkt.* memberi. *by the power vested in me by ...* dgn kekuasaan yg diberikan kpd saya oléh .... **vest-pocket** *ks.* saku. *v.-pocket dictionary* kamus kecil. —**vested** *ks.* tetap, bagi pribadi. *v. interest* kepentingan tetap. *to have a v. interest in the outcome* mempunyai kepentingan bagi dirinya dlm hasil.

vestibule /'vestɔbyuwl/ *kb.* ruang depan.

vestige /'vestij/ *kb.* bekas, sisa.

vestment /'vestmɔnt/ *kb.* pakaian kegeréjaan, jubah.

vestry /'vestrie/ *kb.* (*j.* **-ries**) 1 kamar tempat menyimpan barang-barang dan pakaian-pakaian keagamaan dlm geréja. 2 tempat bersekolah atau berdoa.

vet /vet/ *kb. Inf.*: 1 dokter héwan. 2 vétéran.

vet. 1 [*veteran*] vétéran. 2 [*veterinarian*] dokter héwan.

veteran /'vetɔrɔn/ *kb.* 1 *Mil.*: vétéran. 2 kawakan, orang yg berpengalaman. *v. reporter* wartawan kawakan.

veterinarian /'vetɔrɔ'næriɔn/ *kb.* dokter héwan.

veterinary /'vetɔrɔ'nerie/ *kb.* (*j.* **-ries**) dokter héwan. *v. medicine* kedokteran héwan. *v. service* jawatan kehéwanan. *v. surgeon* dokter héwan.

veto /'vietow/ *kb.* véto. *right of v.* hak véto. —*kkt.* memvéto.

vex /veks/ *kkt.* menyakiti/menyakitkan hati, menjéngkélkan, mendongkolkan. —**vexing** *ks.* menjéngkélkan, mengesalkan.

vexation /vek'seisyɔn/ *kb.* kekesalan, kejéngkélan hati.

vexatious /vek'seisyɔs/ *ks.* menjéngkélkan.

V.I. [*Virgin Islands*] kepulauan Virgin.

via /'vaiɔ, 'vieɔ/ *kd.* léwat, melalui, via, meléwati.

viability /'vaiɔ'bilɔtie/ *kb.* kelangsungan hidup (*of people, the economy*).

viable /'vaiɔbɔl/ *ks.* 1 dpt hidup (terus), dpt berjalan (*of the economy, of a government*). 2 bersemangat, bergairah, aktip, giat.

viaduct /'vaiɔdʌkt/ *kb.* jembatan diatas jalan.

vial /'vaiɔl/ *kb.* botol kecil.

viands /'vaiɔndz/ *kb.*, *j.* bahan makanan (yg terpilih).

vibrant /'vaibrɔnt/ *ks.* 1 bergetar (*tones*). 2 bersemangat (*spirits*).

vibrate /'vaibreit/ *kki.* menggetar, bergetar.

vibration /vai'breisyɔn/ *kb.* getaran.

vibrator /'vaibreitɔr/ *kb.* alat penggetar.

vicar /'vikɔr/ *kb.* vikaris, paderi, pendéta yg mewakili Paus.

vicarious /vai'kæriɔs/ *ks.* seolah mengalami sendiri, dialami orang lain, dilakukan utk orang lain. *to get a v. pleasure from travel books* menikmati kesenangan yg dialami orang lain dgn membaca buku-buku perjalanan itu.

vice /vais/ *kb.* 1 sifat buruk. *What's your worst v.?* Apakah sifatmu yg paling buruk? 2 perbuatan jahat. **v. squad** polisi susila.

vice- /vais-/ *aw.* wakil, muda. *vice-admiral* laksamana madya. *vice-chairman* wakil ketua. *vice-chancellor* wakil réktor (universitas). *vice-consul* wakil konsul, konsul muda. *vice-presidency* kedudukan wakil présidén, ke-wakil-présidénan. *vice-president* wakil présidén.

viceroy /'vaisroi/ *kb.* raja muda.

vice versa /'vais(ɔ)'versɔ/ *kk.* sebàliknya.

vicinity /vɔ'sinɔtie/ *kb.* (*j.* **-ties**) sekitar, hampiran. *to live in the v. of* tinggal disekitar. *Bogor and its v.* Bogor dan (daérah) sekitarnya.

vicious /'visyɔs/ *ks.* 1 ganas, jahat (*person, animal*). 2 keji, buruk (*remark*). 3 hébat sekali (*toothache*). 4 kejam (*criticism*). **v. circle** lingkaran sétan, lingkaran yg tak berujung-pangkal. —**viciously** *kk.* jahat, kejam, tdk benar.

viciousness /'visyɔsnɔs/ *kb.* sifat jahat, kejahatan, kekejaman.

vicissitude /vɔ'sisɔtuwd, -tyuwd/ *kb.* pergantian, perubahan.

victim /'viktɔm/ *kb.* korban. *v. of circumstances* korban keadaan. *to fall v.* to menjadi korban.

victimization /'viktɔmɔ'zeisyɔn/ *kb.* penipuan, pembohongan, pengorbanan.

victimize /'viktɔmaiz/ *kkt.* menjadikan korban.

victor /'viktɔr/ *kb.* pemenang, juara.

victorious /vik'towriɔs/ *ks.* yg menang. *v. team* regu yg menang. *to be v. over* menang/jaya dlm, mencapai kemenangan dlm.

victory /'viktɔrie/ *kb.* (*j.* **-ries**) kemenangan.

victuals /'vitɔlz/ *kb. Inf.*: makanan-makanan.

video /'vidieow/ *ks.* **v. (transmission)** penyiaran atau penerimaan gambar(pd TV).

videotape /'vidieow'teip/ *kb.* siaran ulangan TV dari pita gambar.

vie /vai/ *kki.* (**vying**) bersaingan, berlomba-lomba. *to v. for* bersaingan mencapai. *to v. with s.o.* bertanding dgn s.s.o.

Vietnam /vie'et'nam/ *kb.* Viétnam.

Vietnamese /vie'etnɔ'miez, 'mies/ *kb.* 1 orang Viétnam. 2 bahasa Viétnam. —*ks.* Viétnam.

view /vyuw/ *kb.* 1 pemandangan. *beautiful v.* pemandangan yg indah. *v. of the sea* pemandangan laut. *to take a new v. of the situation* meninjau keadaan itu dgn cara baru. 2 pandangan, pendapat. *his political views* pandangan politiknya. *We have different views on the subject* Kami mempunyai pendapat-pendapat yg berlainan ttg hal itu. *in my v.* menurut pendapat saya. *to share s.o's views* menyetujui pendapat s.s.o. 3 maksud. *It is his v. to...* Maksudnya akan.... 4 gambaran. *general v. of the struggle* gambaran umum ttg perjuangan itu. 5 pandangan, tinjauan. *A V. of Psychology* Tinjauan Ilmu Jiwa. *to keep s.o. in v.* tdk melepaskan s.s.o. dari pandangan, tetap mengawasi s.s.o. :: *It was her first v. of the town* Pertama kali ia melihat kota itu. *to come into v.* tampak. *to get a closer v. of s.t.* melihat s.s.t. lebih dekat. *You'll get a better v. from here* Kau akan dpt melihat dgn lebih baik dari sini. *to take a front v. of the house* memotrét bagian muka rumah itu. **in v.** kelihatan, nampak. *to have s.t. in v.* menujukan pandangan pd s.s.t. *to be in v. of land* melihat daratan. *to rob s.o. in full v. of everyone* merampok s.s.o. dimuka mata orang banyak. **in v. of** mengingat. *in v. of his objections* mengingat keberatan-keberatannya. **on v.** dipertontonkan, dipamérkan. *to be placed on v. for all to see* dipertontonkan agar kelihatan oléh semua orang. **with a v. to** dgn maksud utk. —*kkt.* 1 melihat. *to v. a scene with dismay* melihat pemandangan dgn kecemasan. 2 melihat, menonton (*a film*). 3 memandang, menganggap. *to v. a dispute as a serious matter* memandang perselisihan sbg hal yg serius.

viewer /'vyuwər/ *kb.* 1 penonton (*of films*). 2 pirsawan (*of TV*). 3 alat utk melihat film slide, peneropong (*for viewing slides*).

viewpoint /'vyuw'point/ *kb.* sudut, pandangan, segi pendapat.

vigil /'vijəl/ *kb.* berjaga(-jaga). *to keep v.* tetap berjaga(-jaga)/siap-siaga.

vigilance /'vijələns/ *kb.* kewaspadaan.

vigilant /'vijələnt/ *ks.* waspada.

vigilante /'vijə'læntie/ *kb.* anggota panitia siap-siaga.

vignette /vin'yet/ *kb.* skétsa (*decorative or literary*).

vigor /'vigər/ *kb.* 1 kekuatan, tenaga. 2 kegiatan. *to do s.t. with v.* melakukan s.s.t. dgn giat. *to argue with v.* mengemukakan pendapat dgn bersemangat. *the v. of youth* keséhatan badan pemuda, ketegapan pemuda.

vigorous /'vigərəs/ *ks.* 1 giat. *to take v. exercise* berlatih dgn giat. 2 penuh semangat. *to make a v. attempt* berusaha dgn bersemangat. 3 hébat-hébatan. *v. campaign* kampanye hébat-hébatan. —**vigorously** *kk.* dgn penuh semangat, dgn dahsyat.

vile /vail/ *ks.* 1 busuk (*odor*). 2 kotor, keji (*words, person*). 3 buruk (*weather*). 4 hina (*work, task*). 5 buruk sekali (*temper*).

vileness /'vailnəs/ *kb.* keburukan (*of the weather, smell, language*).

vilification /'viləfə'keisyən/ *kb.* fitnahan, pencemaran.

vilifies /'viləfaiz/ lih VILIFY.

vilify /'viləfai/ *kkt.* (**vilified**) memfitnah, memburuk-burukkan, menjelék-jelékkan, mencemarkan.

villa /'vilə/ *kb.* villa, rumah indah (diluar kota).

village /'vilij/ *kb.* 1 désa, dusun. *The whole v. turned out* Seluruh penduduk désa keluar. *v. head/chief* lurah, kepala désa. 2 kampung. *Indian v.* perkampungan orang Indian.

villager /'viləjər/ *kb.* orang désa/udik/dusun.

villain /'vilən/ *kb.* 1 penjahat, bajingan. 2 (*movie*) peranan penjahat.

villainous /'vilənəs/ *ks.* keji, kejam.

villainy /'vilənie/ *kb.* (*j.* -**nies**) kejahatan, kekejian.

vim /vim/ *kb.* 1 kekuatan. *v. and vigor* kekuatan dan kegiatan. 2 kegiatan, semangat.

vindicate /'vindəkeit/ *kkt.* 1 membersihkan, mempertahankan (*o's honor*). 2 mempertahankan (*a claim, o's rights*).

vindication /'vində'keisyən/ *kb.* 1 usaha mempertahankan nama baik, pembersihan nama, pemulihan nama baik. 2 pertahanan.

vindictive /vin'diktiv/ *ks.* ingin membalas dendam.

vine /vain/ *kb.* 1 tumbuh-tumbuhan yg merambat. 2 tanaman anggur. *to wither on the v.* gagal, gugur, berakhir sblm waktunya.

vinegar /'vinəgər/ *kb.* cuka.

vineyard /'vinyərd/ *kb.* kebun anggur.

vintage /'vintij/ *kb.* modél tahun, hasil buatan/panén pd s.s.t. tahun. *v. of 1936* modél tahun 1936. *v. wine* anggur yg bermutu tinggi (hasil pungutan s.s.t. tahun).

viola /vie'owlə/ *kb.* biola alto.

violate /'vaiəleit/ *kkt.* 1 melanggar (*a law*). 2 mengganggu (*s.o's privacy*). 3 memperkosa, memperogol (*a woman*). 4 menghina (*a church*).

violation /'vaiə'leisyən/ *kb.* 1 pelanggaran (*of a law, of o's privacy*). 2 perkosaan (*of a woman*).

violator /'vaiə'leitər/ *kb.* 1 pelanggar. 2 pemerkosa (*of a woman*).

violence /'vaiələns/ *kb.* 1 kekerasan, kehébatan (*on the picket line*). *to die by v.* mati dgn kekerasan. *to resort to v.* mengambil tindakan kekerasan. 2 kekejaman (*of war*). *to do v. to s.o's feelings* menyakiti/mengganggu perasaan orang.

violent /'vaiələnt/ *ks.* 1 gerang, bengis (*temper*). 2 sengit (*argument*). 3 hébat (*storm*). 4 keras (*of exercise, a blow*). *v. death* kematian disebabkan kekerasan. 5 berat sekali (*headache*). 6 kasar (*of a mental patient, language*). *v. dislike* kebencian yg hébat. —**violently** *kk.* 1 dgn keras. *to react v. to s.t.* beréaksi keras thd s.s.t., membalas dgn keras thd s.s.t. 2 dgn hébat. *to fall in love with s.o.* jatuh cinta dgn s.s.o. dgn hébat.

violet /'vaiəlit/ *kb.* bunga violét. —*ks.* warna lembayung. *v. rays* sinar lembayung.

violin /'vaiə'lin/ *kb.* biola.

violinist /'vaiə'linist/ *kb.* pemain biola.

violoncello /'vaiələn'celow/ *kb.* sélo.

VIP /'vie'ai'pie, viep/ [*Very Important Person*] *kb. Inf.*: pembesar, tokoh penting.

viper /'vaipər/ *kb.* 1 (*snake*) ular berbisa. 2 orang jahat/busuk.

viral /'vairəl/ *ks.* disebabkan kuman virus. *v. pneumonia* radang paru disebabkan kuman virus.

virgin /'vərjən/ *kb.* perawan, anak dara. *V. Mary* Perawan Suci. *v. territory* daérah yg blm dibuka. *v. wool* wool murni.

virginity /vər'jinətie/ *kb.* keperawanan, kegadisan.

Virgo /'vərgow/ *kb.* 1 *Zod.*: sunbulat. 2 *Astr.*: bintang mayang.

virgule /'vərgyuwl/ *kb.* garis miring (/).

virile /'virəl/ *ks.* 1 jantan, bersifat laki-laki. 2 kuat.

virility /və'rilətie/ *kb.* (*j.* -**ties**) 1 kejantanan. 2 kekuatan.

virtual /'vərcuəl/ *ks.* sebetulnya. *He's a v. prisoner in his own home* Ia sebetulnya spt orang tawanan didlm rumahnya sendiri. *That was a v. admission of guilt* Itu pengakuan bersalah yg sesungguhnya. —**virtually** *kk.* sebenarnya. *His shyness has v. gone* Sifat malu-malunya sebenarnya/benar-benar sdh hilang. *v. certain that*...pasti benar bhw....

virtue /'vɔrcuw/ *kb.* 1 kebaikan, kebajikan. *He's a person of v.* Ia seorang yg baik/bajik. *the cardinal virtues* kebajikan-kebajikan pokok. *This car has the one v. of* ... Satu-satunya kebajikan mobil ini ialah.... 2 sifat (baik). *That plant has healing virtues* Tanaman ini mengandung sifat (baik) yg menyembuhkan. **by v. of** berdasarkan atas, berdasar. **to make a v. of necessity** mengerjakan dgn suka hati apa yg hrs dikerjakan.

virtuosity /'vɔrcu'asɔtie/ *kb.* (*j.* **-ties**) keahlian/kepandaian dlm téhnik.

virtuoso /'vɔrcu'owsow/ *kb.* ahli pemain (alat musik).

virtuous /'vɔrcuɔs/ *ks.* 1 berbudi tinggi/luhur. *to lead a v. life* menjalani hidup suci. 2 saléh.

virulence /'virɔlɔns/ *kb.* 1 sifat amat berbisa (*of a disease*). 2 kejahatan (*of s.o's temper*). 3 kedahsyatan (*of an attack upon s.o.*).

virulent /'virɔlɔnt/ *ks.* 1 yg dpt mematikan, membinasakan (*of a poison*). 2 jahat (*of a disease, temper*).

virus /'vairɔs/ *kb.* virus, badi. *v. pneumonia* radang paru-paru karena kuman virus.

visa /'viezɔ/ *kb.* visum, visa.

visage /'vizij/ *kb.* wajah, roman muka.

vis-à-vis /'viezɔ'vie/ *kd.* sbg lawan, ber(hadap)-hadapan.

viscera /'visɔrɔ/ *kb., j.* jeroan, isi rongga perut.

visceral /'visɔrɔl/ *ks.* mendalam (*reaction*).

viscosity /vis'kasɔtie/ *kb.* (*j.* **-ties**) sifat merekat/kental.

viscount /'vaikawnt/ *kb.* gelar kebangsawanan di Inggeris (di antara pangéran dan baron).

viscous /'viskɔs/ *ks.* melekat, merekat, kental, liat.

vise /vais/ *kb.* ragum, catok.

visibility /'vizɔ'bilɔtie/ *kb.* (*j.* **-ties**) jarak penglihatan.

visible /'visɔbɔl/ *ks.* kelihatan, tampak. *v. to the naked eye* dpt dilihat dgn mata belaka. *to become v.* menjadi kelihatan, menampakkan diri. —**visibly** *kk.* nampak. *He was v. touched by* ... Ia nampak terharu oléh ....

vision /'vizyɔn/ *kb.* 1 penglihatan, daya lihat. *He has good v.* Penglihatannya baik. 2 pandangan. *He's a man of v.* Ia seorang yg dpt melihat khayalan (dgn fikiran yg jernih). 3 impian, bayangan (*of a great future*). *to see visions* melihat bayangan-bayangan.

visionary /'vizyɔ'nerie/ *kb.* (*j.* **-ries**) pengelamun, pengkhayal kosong.

visit /'vizit/ *kb.* kunjungan. *to pay a v.* mengunjungi, datang bertamu, berkunjung. —*kkt.* mengunjungi, berkunjung. 2 *Inf.*: omong-omong. —*kki.* 1 singgah, bertamu, berkunjung. **visiting** *card* kartu nama. *Sl.*: *visiting fireman* pengunjung resmi, tamu agung. *visiting hours* jam bertamu/kunjungan/besuk. *to go visiting* berkunjung, bertamu, besuk.

visitation /'vizɔ'teisyɔn/ *kb.* 1 kunjungan resmi, perkunjungan. 2 rahmat atau hukuman Tuhan. 3 wabah, pengamukan (*of a pestilence*).

visitor /'vizɔtɔr/ *kb.* pengunjung, tamu. *Visitors not permitted* Tamu-tamu dilarang masuk.

visor /'vaizɔr/ *kb.* kelép pici. *windshield v.* kelép kaca depan.

vista /'vistɔ/ *kb.* 1 pemandangan (*through trees*). 2 pandangan. *to open up new vistas* membuka pandang-an-pandangan baru.

visual /'vizyuɔl/ *ks.* visuil. *v. acuity* ketajaman mata. *v. aids* alat-alat peraga. *v. arts* seni rupa. —**visually**

kk. yg dpt dilihat, dgn cara yg tampak/yg dpt disaksikan.

visualize /'vizyuɔlaiz/ *kkt.* membayangkan, menggambarkan dlm khayalan.

vita /'vietɔ/ *kb.* riwayat hidup.

vital /'vaitɔl/ *ks.* 1 hayati, hidup. *v. energy* gaya hayati. *The heart is a v. organ* Jantung itu anggota yg perlu/penting/vital utk hidup. 2 membahayakan, mematikan, membinasakan. *v. blow* pukulan yg mematikan. 3 sangat penting, amat diperlukan (*problem*). *Water is v. to survival* Air sangat diperlukan utk kelangsungan hidup. *v. error* kesalahan penting. **v. spark** jiwa. **v. statistics** angka-angka statistik mengenai kelahiran, kematian, dll. *Her v. statistics are* ... Ukuran dada, pinggang dan panggulnya adalah .... —**vitally** *kk.* amat. *v. interested in* amat menaruh perhatian thd.

vitality /vai'tælɔtie/ *kb.* (*j.* **-ties**) 1 daya/tenaga hidup. 2 kekuatan, tenaga.

vitamin(e) /'vaitɔmin/ *kb.* vitamin, pitamin.

vitiate /'visyieeit/ *kkt.* merusak, melemahkan, meniadakan.

vitreous /'vitrieɔs/ *ks.* spt kaca.

vitriolic /'vitrie'alik/ *ks.* sangat tajam.

vituperation /vi'tuwpɔ'reisyɔn, -'tyuw/ *kb.* makian dgn kata-kata kasar. *to heap v. on s.o.* memaki-maki s.s.o. dgn kata-kata yg kasar, mengata-ngatai s.s.o.

vivacious /vai'veisyɔs, vi'-/ *ks.* 1 (peng)gembira, (pe)riang. 2 bersemangat.

vivaciousness /vai'veisyɔsnɔs, vi'-/ = VIVACITY.

vivacity /vai'væsɔtie, vi'-/ *kb.* (*j.* **-ties**) 1 kegembiraan hidup. 2 semangat.

viva voce /'vaivɔ'vowcie, 'vievɔ-/ *kk.* dgn lisan.

vivid /'vivid/ *ks.* 1 hidup. *v. description* gambaran yg hidup. *v. memory* ingatan yg hidup. 2 gamblang. *v. in o's mind* gamblang dlm ingatannya. 3 bersemangat, giat. *v. personality* pribadi yg bersemangat. *v. red* mérah terang/menyala.

viviparous /vai'vipɔrɔs/ *ks.* melahirkan anak hidup.

vivisection /'vivɔ'seksyɔn/ *kb.* pembedahan hidup-hidup.

vixen /'viksɔn/ *kb.* rubah betina.

viz. /viz/ *kk.* yaitu, yakni.

VOA [*Voice of America*] Suara Amérika.

vocabulary /vɔ'kæbyɔ'lerie/ *kb.* (*j.* **-ries**) perbendaharaan kata, daftar kata-kata, kosa kata. *v. entry* kata yg dimasukkan dlm daftar kata.

vocal /'vowkɔl/ *ks.* 1 yg berk. dgn suara. *v. cord* pita suara. *v. organs* alat-alat pembentuk suara. 2 suka mengeluarkan pendapat (*of voters, strikers*). **v. music** lagu, nyanyian, perpaduan suara. —**vocally** *kk.* dgn lisan, diucapkan, dinyanyikan.

vocalic /vow'kælik/ *ks.* yg berk. dgn suara. *v. sound* huruf hidup.

vocalist /'vowkɔlist/ *kb.* 1 biduan, penyanyi. 2 (*female*) biduanita, penyanyi.

vocalize /'vowkɔlaiz/ *kkt.* 1 membunyikan (*a sound*). 2 menyuarakan (*o's feelings*). —*kki.* menyanyi.

vocation /vow'keisyɔn/ *kb.* lapangan kerja, pekerjaan. *to miss o's v.* kehilangan lapangan kerjanya.

vocational /vow'keisyɔnɔl/ *ks.* kejuruan. *v. education* pendidikan kejuruan. *v. guidance* bimbingan kejuruan. *v. school* sekolah kejuruan.

vocative /'vakɔtiv/ *kb.* *Gram.*: vokatip, bentuk penyeru. *v. case* kasus vokatip.

vociferous /vow'sif(ɔ)rɔs/ *ks.* riuh, hiruk-pikuk.

vogue /vowg/ *kb.* mode. *in v.* sedang digemari. *That song once had a great v.* Lagu itu pernah amat digemari.

voice /vois/ *kb.* 1 suara. *to lose o's v.* kehabisan suara. *to give v.* to mengeluarkan suara. *to lift up or raise o's v.* mengeraskan suara. *He likes to hear his own v.* Ia sukà mendengar suaranya sendiri. *at the top of o's v.* sekeras suaranya. *to shout at the top of o's v.* berteriak sekuat tenaga. *to have a v. in a matter* mempunyai hak bersuara. 2 bentuk. 3 *Gram.*: ragam gramatikal. 4 penyanyi. *the sound of 300 voices* suara 300 orang penyanyi. *to be in excellent v.* sangat bagus nyanyiannya. 5 pengaruh. *He has a strong v. in policymaking* Pengaruhnya besar dlm menentukan garis-garis politik. *to lift up o's v. against a proposal* menyatakan keberatannya thd usul. *to shout approval with one v.* meneriakkan persetujuan (secara) serentak. —*kkt.* 1 menyatakan (*an opinion*). 2 menyuarakan (*sound*). **v. box** pangkal tenggorokan. **v. vote** pemungutan suara secara lisan. —**voiced** *ks. Phon.*: disuarakan, bersuara. —**voicing** *kb.* penyuaraan.
voiceless /'voisləs/ *ks. Phon.*: tak bersuara.
void /void/ *kb.* kekosongan, kehampaan. *to fill the v.* mengisi kelowongan. *Bridge:* to have a v. in hearts tak mempunyai kartu-kartu jantung. *to be v. of* tak ada... -nya, tak berisi. —*kkt.* 1 membatalkan (*a contract*). 2 bérak, buang air.
voile /voil/ *kb.* kain pual.
vol. [*volume*] jilid.
volatile /'valətəl/ *ks.* 1 mudah menguap (*of gasoline*). 2 berubah pendirian (*of disposition*).
volcanic /val'kænik/ *ks.* yg berk. dgn gunung api. *v. ash* abu gunung berapi. *v. eruption* letusan gunung berapi.
volcano /val'keinow/ *kb.* 1 gunung (ber)api. 2 ketidakstabilan (*in society*).
volition /vow'lisyən/ *kb.* kemauan. *of o's own v.* atas kemauannya sendiri.
volley /'valie/ *kb.* 1 berondongan (*of shots*). 2 *Tenn.*: pukulan bola sblm bola itu jatuh ke tanah. *a v. of applause* tepuktangan yg gemuruh. —*kkt., kki. Tenn*: memukul bola sblm jatuh ke tanah.
volleyball /'valie'bɔl/ *kb.* bola voli.
vols. [*volumes*] jilid-jilid.
volt /vowlt/ *kb.* volt, pol.
voltage /'vowltij/ *kb.* tegangan volt, voltasi.
volubility /'valyə'bilətie/ *kb.* kesukaan mengomong, kepanjangan lidah, keramahan mulut.
voluble /'valyəbəl/ *ks.* fasih, dpt berbicara lancar. —**volubly** *kk.* dgn ketangkasan berbicara, dgn mulut(nya) yg bocor, karena suka mengomong.
volume /'valyəm/ *kb.* 1 (*book*) jilid. 2 banyak. *He has a great v. of work to do* Ia hrs mengerjakan banyak pekerjaan. *What he didn't say spoke volumes* Apa yg tdk dikatakannya banyak mengandung arti. *the v. of business* banyaknya perdagangan. 3 suara, bunyi. *Turn the v. down* Kecilkanlah suara (*of phonograph, radio, TV*). 4 volume, voluma, isi. *a v. of 64 cubic feet* volume sebesar 64 kaki kubik. *Her voice has tremendous v.* Suaranya mempunyai volume·yg besar sekali. *v. control* pengatur volume suara. 5 gumpalan. *v. of smoke* gumpalan asap.
voluminous /və'luwmənəs/ *ks.* sangat besar (*works, overcoat*). *He was a v. correspondent* Ia banyak melakukan surat-menyurat.
voluntary /'valən'terie/ *ks.* 1 sukaréla. *v. contribution* sumbangan sukaréla. *v. organization* organisasi sukaréla. *v. worker* pekerja sukaréla. 2 fakultatif. *Calculus is v.* Kalkulus adalah fakultatif. 3 sengaja. *v. act* perbuatan sengaja. *v. manslaughter* pembunuhan dgn sengaja. *v. work* kerja bakti/sukaréla. —**voluntarily** *kk.* dgn sukaréla.

volunteer /'valən'tir/ *kb.* 1 *Mil.*: sukarélawan, sukwan (*male*), sukarélawati, sukwati (*female*). 2 pekerja sukaréla (*at hospital*). *to call for volunteers* memanggil sukarélawan. *v. army* barisan sukaréla. *v. fire-fighting force* pasukan sukaréla pemadam kebakaran. —*kkt.* 1 menyampaikan secara sukaréla (*information, a statement*). 2 bersukaréla. *to v. o's services* bersukaréla menyediakan tenaganya. —*kki.* bersukaréla. *to v. for the Army* menjadi perajurit.
voluptuous /və'lʌpcuəs/ *ks.* menggairahkan, menggiurkan.
vomit /'vamit/ *kb.* muntahan. —*kkt.* memuntahkan. —*kki.* muntah.
voodoo /'vuwduw/ *kb.* guna-guna, ilmu sihir.
voracious /və'reisyəs/ *ks.* 1 rakus, lahap. *She's a v. reader* Ia rakus (betul) membaca. 2 besar sekali (*of appetite*).
vortex /'vɔrteks/ *kb.* 1 (*whirlpool*) pusaran air. 2 pusat kisaran, pusaran (*of a storm*).
votary /'vowtərie/ *kb.* (*j.* -**ries**) pecandu, penggemar.
vote /vowt/ *kb.* 1 suara. *to cast a v.* memberikan suara. *to get the farmer v.* mendapatkan suara-suara kaum petani. *to put to a v.* mengadakan pemungutan suara. *v. of censure* suara mencela/mengutuk. 2 hak memilih. *to have the v.* mempunyai hak memilih. 3 mosi. *v. of (no) confidence* mosi (tdk) percaya. 4 pemilihan. *popular v.* pemilihan oléh semua orang yg berhak memilih. *secret v.* pemilihan rahasia/tertutup. —*kkt.* 1 memberikan suara utk. *to v. the straight party ticket* memberikan suara utk semua calon partai. 2 (*declare*) menyatakan. 3 mengusulkan. *Inf.*: I v. that we go to... Aku mengusulkan pergi ke.... *to v. the amount of* menerima baik/menyetujui jumlah. —*kki.* 1 memberikan suara. 2 memutuskan. *The board voted to...* Déwan itu memutuskan utk.... **to v. down** menolak, mengalahkan dlm pemungutan suara. **to v. for** memilih. *Who are you voting for?* Siapa yg kaupilih? Utk siapa kau memberikan suaramu? **to v. in** memilih. **vote-getter** orang yg pandai memikat hati pemilih. —**voting** *kb.* pemungutan suara. *v. booth* kamar pemungutan suara. *v. machine* mesin pemungut(an) suara.
voter /'vowtər/ *kb.* pemilih, pemberi suara.
votive /'vowtiv/ *ks.* yg memenuhi nazar. *v. offering* persembahan utk memenuhi nazar.
vouch /vawc/ *kkt., kki.* menjamin. *to v. for s.o.* menjamin s.s.o. *to v. for o's ability* membuktikan kesanggupannya.
voucher /'vawcər/ *kb.* bon, tanda hutang/penerimaan, surat bukti. *cash v.* tanda bukti/kwitansi pembayaran tunai. *gift v.* coupon barang hadiah.
vouchsafe /vawc'seif/ *kkt.* bersedia memberikan (*information*).
vow /vaw/ *kb.* 1 janji. *marriage vows* janji kawin. 2 kaul. *to swear a v.* bersumpah. *He swore a v. never to marry* Ia bersumpah tak akan kawin selama-lamanya. *to take vows* menjadi anggauta sékte keagamaan. —*kkt.* bersumpah, mengangkat sumpah. *to v. eternal loyalty to* mengangkat sumpah utk setia selama-lamanya kpd. *He vowed not to...* Ia bersumpah tak akan....
vowel /'vawəl/ *kb.* huruf hidup, vokal.
voyage /'voiij/ *kb.* perjalanan, pelayaran. —*kki.* mengadakan perjalanan.
voyager /'voijər/ *kb.* orang yg mengadakan pelayaran.
V.P., VP [*Vice-President*] Wakil Présidén.
vs. [*versus*] (me)lawan.
Vt. [*Vermont*] negarabagian di AS.

vulcanize /'vʌlkənaiz/ *kkt.* mempulkanisir.
vulcanologist /'vʌlkə'naləjist/ *kb.* ahli gunung (ber)api.
vulcanology /'vʌlkə'naləjie/ *kb.* ilmu gunung ber-api.
vulgar /'vʌlgər/ *ks.* 1 kasar. *v. manners* tingkahlaku yg kasar. *to dress in a v. manner* berpakaian dgn cara kasar. 2 tdk sopan. *Don't be v.* Janganlah berlaku tdk sopan. 3 kasar, cabul, carut (*language*). *v. display of wealth* cara memamérkan kekayaan secara kasar.
vulgarity /vʌl'gærətie/ *kb.* (*j.* **-ties**) kekasaran, ketidaksopanan.

Vulgate /'vʌlgeit/ *kb.* terjemahan Injil dlm bahasa Latin.
vulnerability /'vʌlnərə'bilətie/ *kb.* sifat mudah kena serang atau luka.
vulnerable /'vʌlnərəbəl/ *ks.* 1 mudah diserang, mudah kena serang. *v. to ridicule* mudah diéjék. 2 mudah mendapat kritikan, mudah kena kecaman. 3 *Bridge:* dpt kalah lipat.
vulture /'vʌlcər/ *kb.* burung hering.
vulva /'vʌlvə/ *kb.* pukas, puki, kemaluan wanita.
vying /'vaiing/ lih VIE.

W

W, w/'dʌbəlyuw/ *kb.* huruf ke-23 dari abjad Inggeris.

w. 1 [*west(ern)*] sebelah barat, barat. 2 [*with*] dengan.

W. w. 1 [*Wednesday*] hari R̆abu. 2 [*West*] Barat. 3 [*Western*] (di bagian sebelah) Barat. 4 [*Washington*] Washington.

WA(A)C /wæk/ [*Women's Army (Auxiliary) Corps*] *kb.* Korps Wanita Angkatan Darat.

wackiness /'wækienəs/ *kb. Sl.:* kesintingan, keédanan.

wacky /'wækie/ *ks. Sl.:* sinting, édan, séndéng, singit.

wad /wad/ *kb.* 1 gumpal. *a w. of cotton* segumpal kapas. 2 berkas. *a w. of bills* seberkas uang kertas. *Sl.: to shoot o's w.* mempertaruhkan segala-galanya. —*kkt.* (**wadded**) **to w. up** menggulung, menggumpal(kan). —**wadding** *kb.* gumpalan, bahan kapas (utk pengisi).

waddle /'wadəl/ *kb.* goyangan, guncangan. *to walk with a w.* berjalan terkédék-kédék/tergoyang-goyang (spt bébék) —*kki.* berjalan terkédék-kédék, bergoyang-goyang.

wade /weid/ *kb.* seberangan, penyeberangan, —*kkt.* menyeberang, mengarungi (*a stream*). —*kki.* **to w. in** 1 datang menyeberang air. 2 *Inf.:* datang menyerbu (*of the police*). *Inf.:* **to w. into** menyerang (*s.o.*). *to w. into o's job* menceburkan diri kedlm pekerjaannya, bekerja keras dlm pekerjaannya. **to w. through** 1 menyebrang(i), mengarungi (*a stream*). 2 selesai membaca (*a book*).

WAF /wæf/ [*Women's Air Force*] *kb.* Korps Wanita Angkatan Udara.

wafer /'weifər/ *kb.* 1 sm biskit tipis. 2 sm tablét berisi bubuk obat.

waffle /'wɔfəl/ *kb.* kué sepit/wafel. *w. iron* cétakan kué sepit/wafel.

waft /wæft, waft/ *kkt.* membawa, menghembus.

wag /wæg/ *kb.* 1 pelawak, orang jenaka. 2 kebaran, kibasan (*of the tail*). —*kkt.* (**wagged**) mengibas-ngibaskan (*the tail*). *to w. o's finger at s.o.* mengayunkan jarinya kpd s.s.o. —*kki.* 1 mengibas (*of a tail*). 2 mengobrol, bergunjing, menggunjing (*of tongues*).

wage /weij/ *kb.* gaji, upah. *to pay good wages* memberi gaji yg tinggi. *w. freeze* penetapan upah/gaji. *w. hike* kenaikan upah. *w. rate/scale* tarip upah, tingkat/ skala gaji. —*kkt.* **to w. war** berperang. *to w. war against cancer* memerangi perang thd kanker. **w. earner** pencari nafkah.

wager /'weijər/ *kb.* taruhan, petaruh(an). *to make a w.* bertaruh. —*kkt., kki.* berani bertaruh. *to w. on a horse* memasang taruhan pd seékor kuda, bertaruh pd/atas seékor kuda.

waggish /'wægisy/ *ks.* jenaka, suka bersenda-gurau/ bercanda.

waggle /'wægəl/ *kkt.* mengibas-ngibaskan (*the tail*). —*kki.* mengibas.

wagon /'wægən/ *kb.* 1 gerbong, keréta. *w. train*

iring-iringan keréta berkuda. 2 (*battle-*) kapal perang. 3 mobil stasion-wagon. **to hitch o's w. to a star** bercita-cita setinggi langit. *Inf.:* **on the w.** tdk meminum minuman keras.

wagonload /'wægən'lowd/ *kb.* muatan sekeréta penuh.

wahoo /'wahuw/ *kseru.* horéé.

waif /weif/ *kb.* anak terlantar.

wail /weil/ *kb.* 1 ratapan, raungan (*of a person*). 2 lengkingan (*of a siren*). —*kki.* 1 meraung, mengaung, bergaduh. 2 meratap. *The woman wailed* Wanita itu meratap. *to w. over s.o.* meratap ttg s.s.o. —**wailing** *kb.* ratapan.

wainscot /'wainskət, -skat/ *kb.* kayu lis, lapis kayu pd dinding. —*kkt.* memberi bingkai kayu pd dinding. —**wainscoting** *kb.* 1 bingkai/lis dinding. 2 pembingkaian dinding.

waist /weist/ *kb.* pinggang. **waist-deep, waist-high** *ks.* setinggi pinggang.

waistband /'weist'bænd/ *kb.* ikat pinggang.

waistline /'weist'lain/ *kb.* ukuran pinggang.

wait /weit/ *kb.* masa menunggu. *two hour w. between trains* menunggu dua jam antara keberangkatan kerétaapi. *to lie in w. for* bersembunyi/duduk menunggu. —*kkt.* menangguhkan (*dinner*). *to w. tables* bekerja sbg pelayan. —*kki.* menunggu. *W. a moment* Tunggu sebentar. *to keep s.o. waiting* membiarkan s.s.o. menunggu. *to w. and see* menunggu dan melihat dulu. *Repairs while you w.* Réparasi sambil menunggu. **to w. around** menunggu. **to w. for** menantikan/menunggu. *to w. in line* berdiri urut, antré menunggu. **to wait-list** memasukkan kedlm daftar tunggu. **to w. on** melayani, meladéni. *to w. out the storm* menunggu redanya badai itu. *Inf.:* **to w. up** berjaga (sambil) menunggu, bergadang. **wait-and-see** *attitude* sikap menunggu dan melihat. —**waiting** *kb.* menunggu. *w. list* daftar nama orang-orang yg menunggu. *w. room* kamar tunggu.

waiter /'weitər/ *kb.* pelayan, pramubhakti. *W.!* Jang! Pelayan! Bung!

waitress /'weitris/ *kb.* pelayan wanita. *W.!* Pelayan! Dik! Zus! Sis!

waive /weiv/ *kkt.* melepaskan (*a right*).

waiver /'weivər/ *kb.* surat pernyataan melepaskan tuntutan. *w. of immunity* pelepasan hak kekebalan, surat pernyataan pembébasan (dari tuntutan).

wake /weik/ *kb.* 1 air baling-baling, jaluran ombak (*of a ship*). 2 *Rel.:* berjaga semalam suntuk disamping jenazah. **in the w. of** 1 segera sesudah (*of storm*). 2 di belakang (*of o's master*). —*kkt.* (**waked** atau **woke, waked** atau **woken**) membangunkan (*s.o.*). *to w. the dead* menghidupkan kembali orang mati. *to w. s.o. up* membangunkan s.s.o. *He needs some interest to w. him up* Ia hrs merasa tertarik utk membangkitkan kegiatannya. —*kki.* bangun. *to w. up early* bangun pagi.

waken /'weikən/ =WAKE.

walk /wɔk/ *kb.* 1 jalan-jalan. *to go for or to take a w.* berjalan-jalan. 2 jarak utk dijalani. *It's quite a w. to her house* Jauh juga kalau berjalan kaki ke rumahnya. 3 cara berjalan. *She has an odd w.* Cara berjalannya anéh. 4 (*side-*) trotoar, kaki lima. 5 (*w. of life*) jabatan, pekerjaan. —*kkt.* 1 mengantar. *to w. a guest to the door* mengantar tamu hingga ke pintu. 2 membawa. *to w. a dog* membawa anjing berjalan-jalan. 3 menjalani, mondar-mandir (*the deck, floor*). 4 berjalan (kaki) (*the street*). *to w. o's rounds* meronda, pergi ronda. —*kki.* berjalan. *to be out walking* sedang berjalan-jalan. *to w. in procession* mengadakan arak-arakan. *to w. back and forth* berjalan hilir-mudik. *to w. a mile* berjalan sejauh satu mil. *to w. to school* berjalan ke sekolah. **to w. about** berjalan-jalan (tdk jauh, dekat-dekat). **to w. along** berjalan-jalan. **to w. around** 1 berjalan mengelilingi (*s.t.*). 2 berjalan-jalan berkeliling (*for a period of time*). **to w. away** pergi. *to w. away from* berjalan meninggalkan. *to w. away with first prize* menggondol hadiah pertama. **to w. in** masuk. *Please w. in without knocking* Masuklah tanpa mengetok. **to w. into** memasuki. *to w. into a room* memasuki kamar, masuk ke kamar. *to w. into a chair* berjalan tersentuh/tersinggung kursi. **to w. off** pergi/meninggalkan. *to w. off o's hangover* menghilangkan sisa kemabukannya dgn berjalan-jalan. **to w. off with** 1 menggondol, memenangkan (*prizes*). 2 mencuri. *to w. on ahead of s.o.* berjalan mendahului s.s.o. **to w. out** 1 meninggalkan. 2 mogok. *Inf.: to w. out on s.o.* (pergi) meninggalkan. **to w. over** 1 menyeberangi, meléwati (*a bridge*). 2 *Sport: Inf.:* mencukur habis-habisan, dgn mudah mengalahkan. **to w. past** berjalan léwat. *to w. up* berjalan mendaki. *to w. up to s.o.* mendatangi s.s.o. **walk-in** *kb. Inf.:* kemenangan yg mudah diperoléh. **walk-on** *kb.* figuran (yg hanya sekedar berjalan masuk keluar dari adegan). **walk-up** *kb.* gedung tanpa lift. —**walking** *kb.* berjalan kaki, berjalan-jalan. *to live within w. distance* tdk jauh, orang bisa berjalan kaki kesana. *Inf.: to get o's w. papers* dipecat, diperhentikan. *w. shoes* sepatu utk berjalan-jalan. *w. stick* tongkat.
walkaway /'wɔkə'wei/ *kb. Inf.:* kemenangan yg mudah.
walker /'wɔkər/ *kb.* 1 orang yg berjalan kaki. 2 alat pembantu berjalan.
walkie-talkie /'wɔkie'tɔkie/ *kb.* walkie-talkie, alat woki-toki.
walkout /'wɔk'awt/ *kb.* pemogokan.
walkover /'wɔk'owvər/ *kb. Inf.:*, kemenangan yg mudah, w.o.
walkway /'wɔk'wei/ *kb.* gang, tempat berjalan.
wall /wɔl/ *kb.* 1 (*inside*) dinding. *a w. of ignorance* suatu dinding kebodohan. *tariff w.* dinding tarip. 2 (*outside*) témbok. *prison w.* témbok penjara. *w. of water* témbok air. *to leave only the bare walls standing* meninggalkan hanya dindingnya yg masih berdiri. *Sl.: to go over the w.* lolos dari penjara. *to drive/push to the w.* membuat terjepit, membuat tak berdaya. *to drive (s.o.) up the w.* mengganggu sekali. *to go to the w.* jatuh bangkrut, gagal dlm perusahaan. *up against a blank/stone w.* pikiran kesumbat. —*kkt.* **w. off** memasang batas témbok pd (*a yard*). **to w. up** menutup dgn témbok (*a doorway*). **w. oven** tungku dinding. **w. plug** stéker, stopkontak pd dinding. **W. Street** pasaran uang AS. **wall-to-wall** *carpeting* babut yg menutupi lantai dari dinding ke dinding.
wallboard /'wɔl'bowrd/ *kb.* papan dinding.
wallet /'walit, 'wɔ-/ *kb.* dompét.

wallflower /'wɔl'flawər/ *kb.* gadis atau wanita yg duduk tanpa ikut berdansa.
wallop /'walɔp/ *kb.* pukulan keras. *to pack a w.* membawa/memberi pukulan keras. —*kkt.* mendera, menghajar. —**walloping** *Inf.: kb.* pukulan keras, hajaran, dera(an). *ks.* kuat, besar.
wallow /'walow/ *kb.* kubangan. —*kki.* 1 berkubang (*of hog, buffaloes*). 2 bergelimangan (*in sand*). 3 bermandikan, bergelimang (*in luxurious living*). *She's wallowing in money* Ia sangat kaya.
wallpaper /'wɔl'peipər/ *kb.* kertas dinding. —*kkt.* menghiasi kamar dgn kertas, menémpéli dinding dgn kertas dinding.
walnut /'wɔlnʌt, -nət/ *kb.* sm kenari.
walrus /'wɔlrəs/ *kb.* sm ikan duyung, beruang laut.
waltz /wɔlts/ *kb.* wals. —*kki.* berdansa irama wals.
wan /wan/ *ks.* 1 pucat, lesu (*in appearance*). 2 lemah (*smile*). 3 pudar (*light*). —**wanly** *kk.* lemah-lemah.
wand /wand/ *kb.* tongkat sihir/wasiat, tongkat simsala-bim.
wander /'wandər/ *kkt.* mengeluyur (*the street*). —*kki.* 1 mengembara. 2 berkeliling-keliling (*through a museum*). 3 menyimpang. *His attention wanders* Perhatiannya menyimpang. *His mind wanders* Pikirannya menjadi tak keruan. *to w. all over the road* berliku-liku tak keruan di jalan itu (*of a car*). **to w. about** berkeluyuran. *to w. away from the subject* meninggalkan pokoknya. **to w. off** pergi kemanamana. —**wandering** *kb.* pengeluyuran. *in her wanderings* dlm pengembaraannya.
wanderer /'wandərər/ *kb.* pengembara, kelana.
wanderlust /'wandər'lʌst/ *kb.* nafsu berkelana, kesukaan mengeluyur/mengembara.
wane /wein/ *kb.* **to be on the w.** semakin berkurang. *TB appears to be on the w.* Penyakit tbc agaknya semakin berkurang. —*kki.* 1 menyusut (*of the moon*). 2 berkurang kekuasaannya (*of empires*). 3 mundur, menurun (*of enthusiasm*). *As the afternoon waned...* Stlh hari semakin soré.... Ketika hari menjelang malam.... —**waning** *kb.* penyusutan, mundurnya (*of strength*). *w. of the moon* penyusutan bulan. *w. moon* bulan yg menciut.
wangle /'wæŋgəl/ *kkt.* berhasil mendapat dgn akal licik.
want /wɔnt, want/ *kb.* 1 kebutuhan. *My wants are few* Kebutuhan-kebutuhanku hanya sedikit. *long-felt w.* kebutuhan yg tlh lama dirasakan. 2 ketiadaan. *to die for w. of air* mati karena ketiadaan udara. *to accept an offer for w. of s.t. better* menerima tawaran karena tdk ada yg lebih baik. *to be in w.* hidup berkekurangan, hidup dlm kemiskinan. 3 kekurangan. —*kkt.* 1 ingin, mau. *I w. nothing more to eat* Aku tak ingin makan apa-apa lagi. *to w. to go* ingin pergi. *He doesn't w. to be late* Ia tak mau datang terlambat. *I w. to see the doctor* Saya ingin menjumpai dokter. *I don't w. it known that...* Saya tdk ingin diketahui bhw.... 2 membutuhkan, memerlukan. *Human beings w. food and water* Manusia memerlukan makanan dan air. *to be wanted by o's children* dibutuhkan oléh anak-anaknya. *Wanted, a night watchman* Dibutuhkan seorang penjaga malam. *I don't feel wanted in their home* Saya merasa tdk dibutuhkan di rumah meréka. 3 mengehendaki. *What does he w. with me?* Apa yg ia kehendaki dgn saya? *He wants me to leave* Ia menghendaki spy saya pergi. 4 meminta. *What does he w. for the house?* Berapa harga yg dimintanya utk rumah itu? 5 menginginkan. *Eat as much as you w.* Makanlah sebanyak yg kau inginkan :: *to be wanted by the police* mau ditangkap polisi, menjadi buronan. *You are wanted on the phone* Ada télpon

buat Sdr. **to w. for** membutuhkan. *He wants for nothing* Ia tdk membutuhkan apa-apa lagi. *Sl.:* **to w. in** mau mengambil bagian. *Sl.:* **to w. out** 1 mau meninggalkan. 2 tdk mau mengambil bagian. *Inf.:* **to w. to** seharusnya. *You w. to be sure to go* Hendaklah kau pergi. *Inf.:* **w. ad** iklan kecil. —**wanting** *ks.* kurang. *Two issues are w.* Dua nomor (dari majalah) (masih) kurang. *to be w. in s.t.* kekurangan/berkurang dlm s.s.t.

wanton /'wantən/ *ks.* 1 ceroboh, tanpa alasan (*neglect, destruction*). 2 a-susila. *w. woman* perempuan jalang. 3 sembarangan. *w. cruelty* kekejaman yg tak kenal belas-kasihan. 4 tanpa alasan.

wantonness /'wantənnəs/ *kb.* 1 kecerobohan. 2 kebrandalan.

war /wɔr/ *kb.* perang, peperangan. *w. of nerves* perang urat syaraf. *at w.* dlm keadaan perang. *to go to w.* (pergi) berperang. *to make w. on* memerangi, berperang dgn. *to engage in a w. of words* melancarkan perang kata-kata. *to place/put a country on a w. footing* mempersiapkan negeri utk keadaan perang. —*kki.* (**warred**) berperang. **to w. against/on** memerangi, berperang dgn. **to w. against/with** perang-memerangi. *to w. with s.o.* berlawan/berkelahi dgn s.s.o. **w. baby** bayi yg lahir semasa perang. **w. bond** surat obligasi perang. **w. bride** pengantin wanita masa perang. **w. chest** dana perjuangan. **w. cloud** 1 awan dari debu dan asap médan perang. 2 bahaya perang. **w. college** sekolah staf komando. **w. correspondent** wartawan perang. **w. criminal** penjahat perang. **w. cry** seruan perang. **w. dance** tari-tarian/tari perang. **w. games** latihan perang. **w. horse** pejuang kawakan. **w. lord** panglima perang. **w. material** alat-alat perang. **w. memorial** tugu peringatan perang. **w. profiteer** pengeruk keuntungan dlm masa perang. **w. surplus** barang-barang kelebihan masa perang. **war-torn** *ks.* rusak karena peperangan. **war-weary** *ks.* lesu (ber)perang. —**warring** *ks.* sedang berperang. *the w. countries* negeri-negeri yg berperang itu.

warble /'wɔrbəl/ *kb.* kicauan. —*kkt.* menyanyi. —*kki.* berkicau (*of birds*).

warbler /'wɔrblər/ *kb.* burung pengicau.

ward /wɔrd/ *kb.* 1 (*hospital*) ruangan rumah sakit, ruangan tempat orang sakit, bangsal. 2 *Pol.:* daérah pemilihan, distrik kota. 3 orang yg dibawah perwalian (*of a court*). —*kkt.* **to w. off** 1 menangkis, menghindari (*a blow*). 2 mencegah (*a cold*). 3 menangkal (*an evil spirit*).

warden /'wɔrdən/ *kb.* 1 sipir, kepala rumah penjara. 2 (*game-*) pengawas.

wardrobe /'wɔrd'rowb/ *kb.* 1 lemari pakaian. 2 kumpulan pakaian. *w. trunk* kopor pakaian.

ware /wær/ *kb.* barang. *literary wares* karya-karya kesusasteraan.

warehouse /'wær'haws/ *kb.* gudang. *bonded w.* gudang barang-barang bébas béa.

warehousing /'wær'hawzıŋ/ *kb.* pergudangan.

warfare /'wɔr'fær/ *kb.* perang, peperangan.

warhead /'wɔr'hed/ *kb.* bagian depan yg berisi bahan peledak (*on a missile*). *nuclear w.* hidung/ujung peledak senjata nuklir.

warily /'wærəlie/ *lih* WARY.

warlike /'wɔr'laik/ *ks.* suka perang. *w. tribe* suku yg suka perang.

warm /wɔrm/ *ks.* 1 panas. *w. climate* iklim panas. *w. weather* cuaca panas. 2 hangat. *Keep the baby w.* Jagalah spy bayi itu tetap hangat. *w. color* warna yg hangat. *w. welcome* sambutan yg hangat. *with w.*

regards dgn salam hangat. *I feel w.* Saya merasa hangat. *"To be kept in a w. place"* "Hrs disimpan di tempat yg hangat." *It's w. today* Hangat/Panas hari ini. *the warmest spot in the nation* tempat yg paling hangat di seluruh negeri. 3 peramah. *She has a w. heart* Ia peramah sekali. Ia berhati penuh kasih. 4 *Inf.:* dekat, hampir (*in games*). 5 memanaskan, menghangatkan (*of work*). *to get w.* memanaskan diri. *to keep o.s. w.* memanaskan diri. *Inf.: to make things w. for s.o.* membuat keadaan tdk énak bagi s.s.o. —*kkt.* memanaskan, menghangatkan (*water, food, a room*). *W. yourself by the fire* Hangatkanlah dirimu dekat api itu. *to w. o's hands* menghangatkan tangannya. *Your kind note warmed my heart* Suratmu yg ramah itu menggembirakan hatiku. —*kki.* **to w. to** berbicara dgn bersemangat ttg (*o's topic*). **to w. over** memanaskan lagi. **warmed-over** *ks.* dipanaskan lagi (*food*). **to w. up** 1 memanaskan, memanasi (*an engine, food*). 2 memanaskan badan, berlatih (*before playing*). 3 mulai panas (*of weather*). *to w. up to* merasa tertarik kpd. **warm-blooded** *ks.* berdarah panas. **w. front** arus udara panas. **warm-hearted** *ks.* berhati ramah, peramah. **warm-up** *kb.* latihan utk melemaskan badan. —**warmly** *kk.* dgn hangat. —**warming** *ks.* hangat, yg memanaskan. *w. trend* kecondongan (menjadi) hangat. *warming-up exercises* latihan-latihan utk memanaskan badan.

warmonger /'wɔr'manggər/ *kb.* penghasut perang.

warmongering /'wɔr'manggərıŋ/ *kb.* (peng)-hasutan perang.

warmth /wɔrmth/ *kb.* 1 kehangatan (*of a room*). 2 kehangatan hati, keramahan (*of a person*).

warn /wɔrn/ *kkt.* memperingatkan. *to w. s.o. of the danger* memperingatkan s.s.o. akan bahaya. *to w. s.o. to stay away* memperingatkan s.s.o. utk menjauhkan diri. *She warned him not to go* Ia memperingatkannya spy jangan pergi. —**warning** *kb.* peringatan. *to give s.o. fair w.* memberi peringatan yg cukup baik kpd s.s.o. *Let this be a w. to you* Mudah-mudahan hal ini menjadi peringatan bagimu. *w. device* cara/sistim memperingatkan. *w. sign* tanda-tanda pemberian tahu (ttg bahaya).

warp /wɔrp/ *kkt.* 1 melengkungkan, membéngkokkan. *Heat warped the steel beams* Panas membéngkokkan balok-balok baja. 2 menyesatkan. *Bias warps o's judgment* Prasangka/Berat sebelah menyesatkan keputusan orang. —*kki.* 1 membéngkok. *Wood warps* Kayu membéngkok. 2 melengkung. *The floor has warped* Lantainya melengkung. —**warped** *ks.* melengkung (*of a wheel, table*). *to have a w. mind* kacau pikirannya.

warpath /'wɔr'pæth/ *kb.* jalan yg ditempuh oléh pasukan yg pergi berperang (pd suku Indian). **on the w.** 1 marah-marah. 2 siap utk berperang.

warrant /'warənt/ *kb.* surat perintah/tuntutan, saman. *to issue a w. for* mengeluarkan surat perintah utk. —*kkt.* 1 memerlukan, membenarkan. *to w. considerable thought* memerlukan pemikiran yg mendalam. *Nothing can w. such rudeness* Apapun tak dpt membenarkan tindakan yg kasar demikian. 2 menjamin. *It won't happen again, I w. you!* Itu tak akan terjadi lagi, saya berjanji! *Is such behavior ever warranted?* Apakah sikap semacam itu pernah dibenarkan? **w. officer** bintara yg berpangkat tertinggi, sersan mayor.

warranty /'warəntie/ *kb.* (*j.* **-ties**) 1 garansi, jaminan. 2 pembenaran.

warren /'warən/ *kb.* tanah berlubang-lubang tempat memelihara kelinci.

warrior /'wɔriɛər/ kb. pejuang, prajurit, serdadu.

warship /'wɔr'syip/ kb. kapal perang.

wart /wɔrt/ kb. kutil.

wartime /'wɔr'taim/ ks. masa perang. w. experiences pengalaman-pengalaman masa perang.

wary /'wæriɛ/ ks. waspada, hati-hati, awas. to be w. of awas thd. —**warily** kk. dgn berhati-hati.

was /was, wʌz; tanpa tekanan wəz/ lih BE.

wash /wɔsy, wasy/ kb. 1 cucian. 2 tempat pencucian. car w. pencucian mobil. 3 sibak/riak air (from propellors). 4 mandi (for a dog). It will all come out in the w. Semuanya akan ternyata nanti. —kkt. 1 mencuci (o's hands, the walls, the dishes). 2 mencuci, berkeramas (o's hair). 3 mencuci/memandikan (the dog). 4 mendulang (gold). —kki. 1 mencuci. 2 dpt dicuci (of material). 3 Inf.: meyakinkan. It won't w. Hal itu tdk akan tahan uji. **to w. against** memukul-mukul ke. **to w. ashore** hanyut ke darat. **to w. away** menghanyutkan, membawa-hanyut. **to w. down** 1 menghanyutkan (food with a drink). to w. down medicine with lemonade menelan obat dgn minum limun. 2 mencuci (a house, horse). 3 memandikan (a horse). **to w. out** 1 mencuci bersih-bersih. to w. out a blouse mencuci baju. You can w. out that stain Cedera itu dpt dibersihkan. 2 menghanyutkan (a bridge). 3 Inf.: mengeluarkan (from a school). **washed-out** ks. rusak dihanyutkan (of a road, bridge). **to w. up** 1 mencuci, membersihkan. 2 dibuang (of flotsam). 3 mencuci tangan dan buang air kecil. to w. up the dishes mencuci piring. Inf.: **washed-up** ks. tlh gagal, habis. **wash-and-wear, w. 'n wear** ks. cuci-pakai (clothes). —**washing** kb. 1 cucian. Those trousers need a good w. Pantalon itu perlu dicuci bersih-bersih. w. machine mesin cuci.

washable /'wɔsyəbəl, 'wasy-/ ks. dpt dicuci (tanpa menjadi rusak).

washbasin /'wɔsy'beisən, 'wasy-/ kb. wastafel, tempat cuci tangan, waskom.

washboard /'wɔsy'bowrd, 'wasy-/ kb. papan cuci/ penggilas.

washbowl /'wɔsy'bowl, 'wasy-/ kb. wastafel, tempat cuci tangan.

washcloth /'wɔsy'klɔth, 'wasy-/ kb. lap (pencuci) badan.

washday /'wɔsy'dei, 'wasy-/ kb. hari mencuci.

washer /'wɔsyər, 'wasy-/ kb. 1 cincin penutup, ring. 2 (machine) mesin cuci.

washerwoman /'wɔsyər'wumən, 'wasy-/ kb. (j. **-women**) tukang cuci perempuan.

washout /'wɔsy'awt, 'wasy-/ kb. 1 penghanyutan (of road, bridge). 2 (failure) Sl.: kegagalan.

washrag /'wɔsy'ræg, 'wasy-/ kb. lap pencuci (badan), lap mandi.

washroom /'wɔsy'rum, 'wasy-/ kb. kamar kecil, W.C.

washstand /'wɔsy'stænd, 'wasy-/ kb. méja cuci muka.

washtub /'wɔsy'tʌb, 'wasy-/ kb. bak/tong cuci.

washwoman /'wɔsy'wumən, 'wasy-/ = WASHER-WOMAN.

wasn't /'wazənt, 'wʌz-/ [was not] tdk (dlm waktu yg tlh liwat).

wasp /wasp, wɔsp/ kb. tabuhan, penyengat, tawon.

Wasserman /'wasərmən/ **W. test** tést darah utk menyelidiki ada tidaknya penyakit sipilis.

wastage /'weistij/ kb. apa yg dihabiskan (dibuang-buang).

waste /weist/ kb. 1 pemborosan. It's a w. of money Kau akan membuang-buang uang saja. 2 pembuangan. w. of time pembuangan waktu (saja). That's a w. of food Itu membuang-buang makanan. desert wastes gurun pasir, padang pasir yg luas. Terburu-buru tak membawa hasil. **to go to w.** 1 menjadi busuk (of food). 2 terbuang-buang. **to lay w.** merusakkan, merusakbinasakan, memorak-perandakan. —kkt. 1 memboroskan (money, paper). 2 membuang-buang (time). Don't w. your breath Jangan membuang-buang tenagamu. 3 menghamburkan, membuang-buang (water). All my advice was wasted on him Semua nasihatku untuknya terbuang-buang saja. to be wasted by disease lambat laun menjadi lemah karena penyakit. **to w. away** merana. **w. material** bahan sampah, barang sisa. **w. product** sisa buangan. —**wasted** ks. yg dibuang-buang, yg disia-siakan. w. energy tenaga yg dibuang-buang.

wastebasket /'weist'bæskit/ kb. keranjang sampah.

wasteful /'weistfəl/ ks. pemboros, royal.

wasteland /'weist'lænd/ kb. tanah kosong, gurun.

wastepaper /'weist'peipər/ kb. kertas sobékan/ sampah. w. basket keranjang sampah.

waster /'weistər/ kb. pembuang. He's a real time w. Ia betul-betul pembuang waktu.

watch /wac/ kb. 1 arloji, jam (tangan). What does your w. say? Jam berapa di/menurut arlojimu? It's two by my w. Jam dua menurut arlojiku. to set o's w. mencocokkan/menyamakan arlojinya. w. case kas mesin arloji. w. crystal kaca arloji. w. fob anting-anting arloji. w. hand jarum arloji. 2 jaga. to keep w. over menjaga, mengawasi. Nau.: to have the w. berjaga-jaga. to be on the w. for mengintai, mengawasi. to keep a close w. on s.o. menjaga/mengamat-amati s.s.o. dgn teliti. to keep w. against an attempt to tetap waspada thd usaha utk. —kkt. 1 memperhatikan (s.o.). W. your step! Perhatikan langkahmu! He has to w. his expenses Ia hrs berhati-hati mengeluarkan uang. 2 menjaga (s.t.). to w. the children menjaga anak-anak. 3 mengamati. to w. o's opportunity mengamati kesempatannya. We are being watched Kita sedang diamat-amati. 4 menonton (soccer, a movie). —kki. menonton. We watched while he ... Kami menonton selagi ia .... Inf.: **to w. out** 1 berhati-hati. W. out for the steps Berhati-hatilah pd tangga itu. to w. out for s.o. berhati-hati thd s.s.o. 2 awas, hati-hati. W. out! Awas! Hati-hati! W. out or you... Awaslah, kalau tdk kamu .... **to w. over** menjaga, melindungi.

watchband /'wac'bænd/ kb. ban arloji, gelang jam.

watchcase /'wac'keis/ kb. kas/kotak arloji.

watchdog /'wac'dɔg/ kb. 1 anjing penjaga. 2 penjaga. w. of the treasury penjaga perbendaharaan.

watcher /'wacər/ kb. pengintai. bird w. peneliti burung.

watchful /'wacfəl/ ks. waspada. to keep a w. eye over menjaga dgn waspada.

watchfulness /'wacfəlnəs/ kb. perhatian, penelitian, sifat menjaga/mengamat-amati.

watchmaker /'wac'meikər/ kb. tukang arloji.

watchmaking /'wac'meiking/ kb. pembuatan arloji.

watchman /'wacmən/ kb. (j. **-men**) jaga, penjaga.

watchtower /'wac'tawər/ kb. menara pengawasan/ kawal.

watchword /'wac'wərd/ kb. semboyan.

water /'wɔtər, 'wa-/ kb. 1 air. a glass of w. air segelas. The w. was twelve feet deep Tinggi air duabelas kaki. to turn on the w. membuka air. to be under w. terendam/ terlanda air. to swim under the w. berenang dibawah permukaan air. to take (to) the w. masuk ke air. w. on the brain air di selaput otak. w. on the knee air didlm lutut. 2 perairan. to cross the w. on a ferry menyeberangi perairan dgn kapal tambangan. 3 air lédéng. *to have w. laid on* memasang air lédéng. *It brings the w. to o's eyes* Menyebabkan air mata keluar. *That's w. over the dam now. That's w. under the bridge* Nasi tlh menjadi bubur. Tak dpt diapa-apakan lagi. *It's like pouring w. down a rathole* Bagai air jatuh ke pasir. *to spend money like w.* banyak memboroskan uang. **to back w.** mundur. *The ship backed w.* Kapal itu mundur. *He backed w.* Ia mundur. **by w.** dgn kapal. **to hold w.** benar, masuk akal. **to dash/throw cold w. on** menggagalkan, memadamkan semangat. **to keep o's head above w.** 1 menahan (*of a firm*). 2 pengeluaran yg tdk perlu, kelebihan (*in a budget*). **to make w.** 1 mengompol, kencing. 2 bocor (*of a ship*). —**waters** *j*. 1 perairan. *in international waters* di perairan internasional. *the waters of the Hudson* air sungai Hudson. *to fish in troubled waters* mencari keuntungan selama keadaan tdk tenang. *Still waters run deep* Orang yg berilmu (biasanya) pendiam. Spt ilmu padi, kian berisi kian runduk. 2 *Anat.*: cairan amnion. —*kkt.* 1 menyirami, menjirus (*flowers*). 2 memberi minum (*cattle*). 3 mencampuri dgn air (*gasoline, wine*). —*kki.* 1 berair (*of eyes*). 2 mengambil air minum (*of ships*). 3 keluar air liur (*of o's mouth*). *That menu makes my mouth w.* Menu itu mencucurkan air liurku. **to w. down** 1 mencampuri dgn air, memperéncér, mengéncérkan (*a liquid*). 2 mempermudah (*a school course*). 3 melunakkan, memperlunak, memperlemah (*a regulation*). 4 menggenangi air kpd (*a fire*). **w. ballet** balét air. **w. bed** kasur air. **w. blister** lepuh/lecur air. **water-borne** *ks.* yg diangkut dgn kapal (*troops*). **w. bottle** botol air. **w. boy** anak pengambil/pengangkat air. **w. buffalo** kerbau. **w. bug** kacoak, kutu air. **w. closet** kakus, W. C., jamban. **w. color** cat air. **to water-cool** mendinginkan dgn air (*engine*). **w. cooler** alat pendingin air (minum). **w. cress** seladri air. **w. cure** 1 térapi air dng memakai air. 2 siksaan air. **w. fountain** air mancur. **w. gap** jurang/lembah sungai. **w. gauge** alat pengukur air. **w. glass** 1 gelas air. 2 silikat soda. **w. heater** alat pemanas air. **w. level** permukaan air. **w. lily** bunga teratai. **w. line** garis (tinggi) air (pd lambung kapal). **water-logged** *ks.* (penuh) berisi air (*of a boat*). **w. main** pipa induk saluran air. **w. meter** méteran air. **w. moccasin** sm ular air yg berbisa (di AS). **w. pipe** pipa air. **w. pistol** péstol air. **w. polo** polo air. **w. power** tenaga air. **w. pump** pompa air. **water-repellent** *ks.* menolak air, tak basah kena air. **water-resistant** *ks.* tahan air. **w. ski** ski air. **to water-ski** berski-air. **w. snake** ular air. **water-soaked** *ks.* basah-kuyup (*clothes*). **w. softener** pelunak air. **w. supply** persediaan/penyediaan air. **w. system** sistim penyediaan air. **w. table** permukaan air dibawah tanah. **w. tower** menara air. **w. wagon** mobil/keréta tangki air. *to be on the w. wagon* tdk minum minuman keras lagi. **w. wheel** kincir(an) air. **w. wings** kantong pengapung. **watered-down** *ks.* 1 yg diécérkan (dgn air) (*of milk*). 2 yg diperlemah/diperlunak (*version*). —**watering** *kb.* 1 keluarnya air mata. *w. can* tempat air penyiram bunga. *w. trough* palung/bak minum utk ternak. 2 pengairan (*of a field*).

watercourse /'wɔtər'kowrs, 'wa-/ *kb.* anak sungai/ air.

watercraft /'wɔtər'kræft, 'wa-/ *kb.* 1 kapal, perahu. 2 keahlian dlm berolahraga air.

waterfall /'wɔtər'fɔl, 'wa-/ *kb.* air terjun.

waterfowl /'wɔtər'fawl, 'wa-/ *kb.* burung/unggas air (yg bisa berenang).

waterfront /'wɔtər'frʌnt, 'wa-/ *kb.* 1 tepi laut. 2 bagian kota yg berbatasan dgn air, daérah pelabuhan. *w. activities* kegiatan-kegiatan di pelabuhan.

waterglass /'wɔtər'glæs, 'wa-/ *kb.* silikat soda.

Waterloo /'wɔtərluw, 'wa-/ *kb.* Waterloo. *to meet o's W.* menderita kekalahan.

watermark /'wɔtər'mark, 'wa-/ *kb.* cap air. —*kkt.* memberi cap air.

watermelon /'wɔtər'melən, 'wa-/ *kb.* semangka.

waterproof /'wɔtər'pruwf, 'wa-/ *ks.* tahan air.

waterproofing /'wɔtər'pruwfiŋ, 'wa-/ *kb.* 1 pembuatan tahan air. 2 s.s.t. zat atau bahan utk membuat tahan air.

watershed /'wɔtər'syed, 'wa-/ *kb.* batas air. *His work marks a w. in the field of genetics* Penyelidikannya merupakan titik yg menentukan dlm lapangan génétika.

waterspout /'wɔtər'spawt, 'wa-/ *kb.* 1 pipa penyemprot air. 2 *Meteor.*: angin punca beliung, puting beliung.

watertight /'wɔtər'tait, 'wa-/ *ks.* 1 kedap, rapat (*of door*). 2 tak dpt dibantah (*of argument*).

waterway /'wɔtər'wei, 'wa-/ *kb.* 1 jalan air. 2 terusan.

waterworks /'wɔtər'wərks, 'wa-/ bangunan air.

watery /'wɔtərie, 'wa-/ *ks.* 1 éncér (*of soup*). *w. discharge from a sore* cairan éncér yg keluar dari bisul. 2 berair (*of o's eyes*). 3 pucat. *w. blue* biru pucat. 4 banyak hujan. *w. summer* musim panas yg banyak hujan. *to go to a w. grave* musnah tenggelam.

watt /wat/ *kb.* wat(t). *watt-hour* jam watt.

wattage /'watij/ *kb.* jumlah watt.

wattle /'watəl/ *kb.* 1 *Poul.*: pial. 2 anyaman dahan-dahan dan ranting-ranting kayu.

wave /weiv/ *kb.* 1 gelombang. *radio w.* gelombang radio. *short w.* gelombang péndék. *w. of terror* gelombang ketakutan. *w. length* panjang/jarak/riak gelombang. *w. of enthusiasm* gelombang kegairahan. *the new w. of students* gelombang baru mahasiswa. *in waves* secara bergelombang. 2 keriting, ikal, alunan (*in hair*). *w. set* obat keriting rambut. 3 ombak. *The waves were 12 feet high* Ombak-ombak itu duabelas kaki tingginya. 4 lambaian. *with the w. of the hand* dgn ayunan tangan. —*kkt.* 1 melambaikan (*the hand, a flag*). *to w. s.o. to one side* melambaikan tangannya spy orang meminggir. *to w. s.o. on* melambaikan tangannya kpd s.s.o. 2 mengacukan (*weapon, fist*). 3 mengombak (*hair*). *Her hair is nicely waved* Rambutnya berombak bagus. *to w. aside all objections* mengesampingkan semua keberatan. —*kki.* 1 melambai. *to w. to s.o.* melambai kpd s.s.o. 2 berkibar (*of flags*). 3 berombak. *Her hair waves naturally* Rambutnya berombak secara wajar.

WAVE, Wave /weiv/ *kb.* anggota Korp Cadangan Wanita AL (di AS).

waveband /'weiv'bænd/ *kb.* riak gelombang.

waver /'weivər/ *kki.* 1 ragu-ragu (*in o's decision*). *to w. between* ragu-ragu antara. 2 goncang. 3 berkelap-kelip (*of a light*).

wavy /'weivie/ *ks.* berombak, keriting (*of hair*). *w. line* garis yg berombak.

wax /wæks/ *kb.* lilin. *floor w.* lilin lantai. *w. paper* kertas lilin/parafin. *He is w. in her hands* Dia sangat mudah dipengaruhi oléh wanita itu. —*kkt.* menggosok dgn lilin. —*kki.* 1 menjadi. *to w. enthusiastic* menjadi gembira. 2 bertambah besar (*of the moon*). —**waxing** *kb.* bertambah besar (*of the moon*).

waxy /'wæksie/ *ks.* dari lilin. *w. substance* bahan dari lilin.

way /wei/ *kb.* 1 jalan. *to lose o's w.* kehilangan jalan. *Which w. to the post office?* Kemana jalan ke kantor pos? *to live across the w.* tinggal diseberang jalan. *Where there's a will, there's a w.* Kalau ada kemauan tentu ada jalan. *to show s.o. the w. to the station* menunjukkan jalan ke setasiun kpd s.s.o. *to ask the w. to the station* menanya(kan) jalan ke setasiun. *to take the shortest w.* mengambil jalan terpéndék. *to prepare the w. for...* mempersiapkan jalan utk.... *This w. out* Keluar dari jalan ini. *Which w. did you come?* Melalui/Dari jalan mana sdr datang? *I don't know which w. to turn* Saya tdk tahu apa yg saya hrs kerjakan. *Which w. out?* Mana jalan keluar? *to seek a w. out of o's difficulties* mencari jalan keluar dari kesukaran-kesukarannya. *Many obstacles lie in our w.* Banyak rintangan terdapat di jalan kita. 2 arah, jurusan. *Which w. does this road go?* Kemana arah jalan ini? *Inf.: My papers blew every which w.* Kertas-kertas saya beterbangan kemana-mana. *I'm going your w.* Jurusan/Tujuan kita sama. 3 cara. *a new w. to cook meat* cara baru utk memasak daging. *in what w.?* dgn cara bagaimana? *w. of life* cara hidup. *That's the w.!* Itu dia! Itulah caranya! *That's his w.* Itulah cara dia hidup. *That's the w. with such people* Itu caranya dgn orang-orang spt itu. *one w. or another* dgn cara bagaimanapun juga. *He has a w. with children* Ia mempunyai cara tersendiri/cara yg khas dgn anak-anak. *Did it turn out the w. you wanted it to?* Apakah jadinya sesuai dgn keinginanmu? *Come this w.* Kemarilah. *She helps him in her small w.* Ia membantunya dlm keadaannya yg terbatas itu. *The w. things are going* Melihat keadaan sekarang. *If I had my w., I'd...* Kalau saya boléh bébas mengerjakannya, saya.... *Why do you act this w.?* Mengapa kamu bertindak spt ini? 4 hal. *in many ways* dlm banyak hal. 5 daérah. *He lives out our w.* Dia tinggal di jurusan/daérah kami. 6 jarak. *We live a long w. from New York* Kami tinggal jauh dari New York. *He lives a long w. from here* Rumahnya jauh sekali dari sini. *We still have a long w. to go* Perjalanan kita masih jauh. *to make o's income go a long w.* sangat hémat dgn penghasilannya yg kecil itu. *He will go a long w.* Hari depannya cerah sekali. **::** *It's just the other w. around* Itu (malahan) malah sebaliknya. *There are no two ways about it* Tak ada jalan lain. *He is well on his w. to becoming mayor* Ia sdh jauh sekali utk menjadi walikota. *to work o's w. up to director* bekerja keras sampai menjadi diréktur. *to fly part of the w.* terbang sebagian dari perjalanan itu. **all the w.** sepenuhnya. *I'm with you all the w.* Aku menyokong kamu sepenuhnya. **by the w.** ngomong-ngomong; O, ya, sambil lalu. *By the w., do you know when...?* Ngomong-ngomong, apakah kamu tahu kapan...? **by w. of** 1 melalui, meliwati. *to go by w. of* meliwati, melalui. 2 sebagai kesimpulan. *Let me say by w. of summary, that...* Sbg kesimpulan, baiklah saya katakan bhw.... *He is by w. of being a clown* Dia mencoba menjadi seorang badut. **to come o's w.** terjadi. *I accept whatever comes my w.* Aku terima apa saja yg terjadi dgn diriku. *I hope good fortune comes your w.* Aku berharap agar kau mendapat rejeki yg baik. *the best idea that ever came my w.* gagasan paling baik yg pernah kuketahui. *This solution to the problem can cut both ways* Penyelesaian masalah ini dpt membawa keuntungan kpd dua belah pihak. **to find o's w.** 1 menemukan. *to find o's w. home* menemukan jalan utk pulang. 2 mendapat-

kan, sampai di suatu tempat. *The book finally found its w. to the shelves* Buku itu akhirnya mendapatkan tempatnya dlm rak itu. *to find o's w. around* mengetahui cara-caranya. **to gather w.** bertambah cepat, maju. **to get/have o's w.** mendapat apa yg diinginkannya. *He always gets his w.* Kemauannya selalu dituruti. **to get in the w.** menghalangi/merintangi jalan. **to give w.** 1 mengalah, tunduk (*to o's opponent*). *to give w. to despair* mengalah/menyerah pd rasa putus asa. 2 ambruk. *The floor gave w.* Lantainya ambruk. *The ground gave w. under his feet* Tanah longsor dibawah kakinya. *to feel o's legs give w. beneath one* merasa kakinya lemah/ambruk. 3 dol, jebol, lepas. *The brakes gave w.* Rémnya dol. **to go (on) o's own w.** menurut kemauannya sendiri. *He likes to go his own w.* Ia suka pergi menurut kehendaknya sendiri. **to go out of o's w.** meninggalkan urusannya sendiri. *Don't go out of your w.* Jangan menyimpang dari jalanmu semula. *She always wants to have her own w.* Dia selalu mau kehendaknya dikabuli. **to have a w. with** pandai bergaul dgn (s.s.o.) agaknya, sedikit banyak. *He's in a bad w.* Keadaannya buruk. *He is in no w. responsible* Dia sama sekali tdk bertanggung-jawab. *to be in the w.* menyusahkan, mengganggu, menjadi penghalang. **in the w. of** mengenai, tentang. *What do you have in the w. of shirts?* Apa yg ada dlm jenis keméja? **to know o's w. around** tahu jalan/adat. **to lead the w.** 1 memimpin. *to lead the w. through a forest* memimpin perjalanan melalui hutan. 2 lebih maju. *That country is leading the w. in space research* Negeri itu sdh lebih maju dlm penyelidikan angkasa. **to look the other w.** 1 melihat ke arah lain. 2 pura-pura tdk melihat. **to lose o's w.** 1 kehilangan garis (*in a speech*). 2 tersesat (*in a forest*). **to make o's w.** 1 berhasil maju (*in the business world*). 2 berdikari, berusaha sendiri. **to make w.** membuka/melapangkan jalan. *The ship made little w. in the typhoon* Kapal itu maju lambat dlm topan itu. **out of the w.** 1 terletak jauh terpencil (*of a building*). 2 luar biasa. *Her abilities are not out of the w.* Kesanggupannya tidaklah luar biasa. *to get s.t. out of the w.* minggir, menyingkir. *to put o's cat out of the w.* membunuh kucingnya. **to see o's w.** dapat, sanggup, sempat. **to stand in the w.** menghalangi, menentang. **that w.** 1 dgn begitu. *That w., I can do as I please* Dgn begitu/demikian saya dpt mengerjakan sesuka hatiku. 2 begitu. *I didn't mean it that w.* Maksud saya tdk/bukan begitu. 3 kesana, arah kesana. *The car went that w.* Mobil itu jalannya kesana. **under w.** 1 dlm perjalanan (*of a ship*). 2 sedang dikerjakan/berjalan (*of a project*). **—ways** *j.* galangan peluncuran kapal kedlm air. *to be on the ways* sedang dibangun di galangan. **the ways** adat, kebiasaan. *He knows the ways of the world* Ia tahu cara-caranya hidup di dunia ini. *to find ways and means* menemukan jalan dan cara, menemukan uang. **—kk.** jauh. *w. ahead* jauh dimuka. *w. ahead of the times* jauh lebih maju drpd zamannya. *w. is jauh. *w. off in the distance* jauh disana. *The wedding is a long w. off* Masih lama waktunya utk perkawinan itu. *to be w. off on o's calculations* jauh drpd perhitungannya/perkiraannya. *Your figures are w. off* Angkaangkamu/Jumlahanmu salah sama sekali. *They live w. out in the country* Meréka tinggal jauh diluar kota. **way-out** *ks. Sl.:* luar biasa (*of a book, s.o's views, clothes*).

wayang /'wayang/ *kb.* wayang.

waybill /'wei'bil/ *kb. sm.* konosemén.

wayfarer /'wei'færər/ *kb.* musafir, pelancong.

waylaid /'wei'leid/ lih WAYLAY.

waylay /'wei'lei/ *kkt.* (**waylaid**) 1 mencegat. 2 menghentikan.

wayside /'wei'said/ *kb.* tepi/pinggir jalan. *to fall by the w.* jatuh, kalah, berhenti. *w. table* méja di tepi jalan.

wayward /'weiwərd/ *ks.* tdk patuh, suka melawan.

W.C. |*water closet*| /'dʌbəlyuw'sie/ *kb.* wésé, kakus, jamban, W.C.

we /wie/ *kg.* 1 kami (*speakers only*). 2 kita (*all, including those spoken of*). *We leave tomorrow* Kami berangkat bésok. *We two* Kami/Kita berdua. *Here we are* Tibalah/Sampailah kami/kita. *We Indonesians* Kami/Kita orang Indonésia.

weak /wiek/ *ks.* 1 lemah (*of stomach*). *He's too w. to sit up* Dia terlalu lemah utk duduk. *w. character* watak yg lemah. *w. defense* pertahanan yg lemah. *w. eyes* penglihatan/mata yg lemah. *to grow w.* menjadi lemah. *to show o's w. side* memperlihatkan (segi) kelemahannya. 2 lemah, da'if (*argument*). 3 rendah, lemah (*gas, electricity*). 4 lemah, sedang menurun (*of stock market*). 5 éncér (*of tea, coffee*). *the weaker sex* kaum wanita/perempuan. **weak-kneed** *ks.* lembék, lemah. **weak-minded** *ks.* bimbang, berjiwa lemah. **—weakly** *kk.* 1 dgn lemah. 2 sering sakit-sakit, sakit-sakitan.

weaken /'wiekən/ *kkt.* memperlemah, melemahkan (*a foundation*). *to w. a drink* melemahkan minuman keras. **—kki.** menjadi lemah (*under pressure, from disease*). **weakened** *condition* keadaan yg menjadi lemah.

weakling /'wiekling/ *kb.* orang yg lembék/lemah.

weakness /'wieknəs/ *kb.* kelemahan, kekurangan (*of an argument*). *to have a w. for women* mempunyai kelemahan thd wanita. *to have a w. for food* mempunyai kesukaan thd makanan.

wealth /welth/ *kb.* kekayaan. *to possess a w. of information on* mempunyai banyak keterangan mengenai. *The baby has a w. of hair* Bayi itu lebat rambutnya.

wealthy /'welthie/ *kb.* **the w.** *j.* orang-orang kaya, kaum hartawan. **—ks.** kaya.

wean /wien/ *kkt.* 1 menyapih, menyarak (*a baby*). 2 menghentikan, membuat berhenti (*s.o. from a bad habit*).

weapon /'wepən/ *kb.* senjata. *weapons carrier* sm kendaraan militér utk mengangkut senjata.

weaponry /'wepənrie/ *kb.* senjata-senjata, persenjataan.

wear /wær/ *kb.* 1 pakaian. *children's w.* pakaian anak-anak. 2 pemakaian. *to get good w. out of a car* memakai sebuah mobil yg lama sekali. *That coat is for winter w.* Jas itu pakaian utk musim dingin. *There's still much w. in those tires* Ban-ban itu masih dpt tahan lama. *That chair has taken so much w. and tear* Korsi itu dipakai sampai usang. *He is none the worse for w. after the accident* Ia sama sekali tak menjadi rusak. **—kkt.** (**wore, worn**) 1 memakai (*clothes*). *to w. a hat* bertopi. *to w. o's clothes well* pandai mengenakan. *She always wears black* Ia selalu berpakaian hitam. 2 kelihatan. *His face wore a sad expression* Mukanya kelihatan sedih. Mukanya memperlihatkan roman yg sedih. *to w. o's honors modestly* rendah hati dgn jasa-jasanya. 3 melicinkan, meratakan. *The water wore the stone smooth* Air itu melicinkan batu. *to w. a path* memakai jalan banyak sekali. **—kki.** tahan. *Those shoes have worn well* Sepatu itu lama tahan dipakai. *He wears well* Dia pandai bergaul. *That friendship did not w.* Persahabatan itu tdk tahan uji. *She has nothing fit to w.* Ia tak mem-

punyai apapun yg baik/pantas utk dipakai. **to w. away** 1 hilang/usang, tdk tahan. *Water wears away stone* Air merusak/menipiskan batu-batuan. 2 berlalu (*of the night*). **to w. down** 1 mencapékkan, meletihkan (*s.o.*). *to w. down s.o's resistance* membuat s.s.o. mengalah, mengatasi keengganan s.s.o. 2 mengauskan (*the heel of a shoe*). **to w. off** 1 hilang (*of a headache, paint*). 2 berkurang, luntur, hilang. *The glamour of the job soon wore off* Daya penarik pekerjaan itu segara berkurang. 3 habis. *The effect of the sedative wore off* Akibat obat bius/penenang itu habis. *As the evening wore on...* Makin malam makin.... **to w. out** 1 memakai sampai lusuh sekali (*of clothes*). *to w. out shoes* mengauskan sepatunya. 2 mencapékkan. *The long speech wore me out* Pidato yg panjang itu mencapékkan saya. 3 menjemukan. *to w. out o's welcome* menjemukan (sbg tamu) bagi tuan rumah. *to w. o.s. out from overwork* membuat dirinya terlalu lelah karena terlampau berat bekerja. *This material can't w. out* Bahan ini tdk akan rusak. **wear-resistant** *ks.* tahan lama (*of tires*). **—worn** *ks.* 1 usang (*of material*). 2 letih. *The tires were w. to a thread* Ban-ban mobil itu sdh gundul. **worn-out** *ks.* capé, letih, lesu. **—wearing** *ks.* melelahkan, meletihkan (*trip*). *w. apparel* pakaian.

wearability /'wærə'bilətie/ *kb.* daya tahan pakai.

wearable /'wærəbəl/ *ks.* 1 dpt dipakai. 2 dpt tahan.

wearer /'wærər/ *kb.* pemakai.

weariness /'wirienəs/ *kb.* kelelahan, keletihan, kelesuan.

wearisome /'wirisəm/ *ks.* mencapékkan, menjemukan.

weary /'wirie/ *ks.* 1 capék, letih. *my w. feet* kakiku letih. *He makes me w.* Dia mencapékkan saya. 2 bosan, jemu. Dia membosankan saya. *to grow w. of s.o.* menjadi bosan ttg s.s.o. *w. of life* jemu hidup. **—kkt.** (**wearied**) membosankan. *to w. s.o. with o's problems* membosankan s.s.o. dgn persoalannya. **—kki.** bosan. *to w. of s.o.* mulai bosan ttg s.s.o. **—wearied** *ks.* lelah. **—wearying** *ks.* melelahkan, meletihkan. **—wearily** *kk.* dgn lelahnya/letihnya.

weasel /'wiezəl/ *kb.* sm musang. **—kki.** *Inf.*: keluar dgn susah-payah. *to w. out of a situation* bersusah-payah keluar dari s.s.t. keadaan.

weather /'weTHər/ *kb.* 1 cuaca. *w. report* berita cuaca. 2 daérah cuaca. *to fly above the w.* terbang diatas daérah cuaca. *w. conditions* keadaan cuaca. *hot w.* cuaca panas. *terrible w.* cuaca yg buruk sekali. *What is the w. like outside?* Semacam apa cuaca diluar? *w. permitting* kalau cuaca memboléhkan/memungkinkan/mengizinkan. **to keep o's w. eye open** waspada thd bahaya. *Inf.*: **to be under the w.** kurang séhat, sakit. **—kkt.** 1 melalui, menyelesaikan (*a problem*). 2 dpt bertahan, melalui. *The ship weathered the storm* Kapal itu dpt bertahan dlm badai itu. **—kki.** membiarkan lama-lama dimakan cuaca. *to be weathered in* ditutup karena cuaca buruk. **w. balloon** balon cuaca. **weather-beaten** *ks.* bobrok kena hujan dan angin. **W. Bureau** Kan tor Angin/Cuaca. **w. forecast** ramalan cuaca. **w. map** peta cuaca. **w. station** kantor/stasiun cuaca. **w. vane** gada-gada, penunjuk (arah) angin. **—weathering** *kb.* kerusakan kena hujan dan angin, hancuran iklim.

weathercock /'weTHər'kak/ *kb.* gada-gada, penunjuk (arah) angin.

weatherman /'weTHər'mæn/ *kb.* (*j.* **-men**) *Inf.*: peramal cuaca, ahli penyelidik cuaca.

weatherproof /'weTHər'pruwf/ *ks.* tahan cuaca.

weatherstrip /'weðər'strip/ *kkt.* (**weatherstripped**) memberi pita pelindung thd cuaca.
weatherworn /'weðər'wɔrn/ *ks.* dimakan cuaca.
weave /wiev/ *kb.* tenunan. *coarse w.* tenunan yg kasar. —*kkt.* (**wove, woven**) 1 menenun (*rugs*). 2 menganyam (*straw*). 3 menyusun, merangkai-rangkaikan (*a story, plot*). 4 menyelip-nyelip. —*kki.* menyelip. *to w. o's way through a crowd* berjalan nyelip-nyelip antara orang banyak. *to w. in and out of traffic* menyelip keluar masuk lalu-lintas. —**woven** *ks.* tlh ditenun (*of cloth*). —**weaving** *kb.* 1 bertenun. 2 menganyam. *w. loom* abah-abah tenun.
weaver /'wievər/ *kb.* 1 penenun, tukang tenun. 2 penganyam.
web /web/ *kb.* 1 jaringan. *w. of lies* jaringan kedustaan. 2 selaput diantara jari-jari kaki (*of ducks*).
webbing /'webiŋ/ *kb.* anyaman, pita (tenunan) yg kuat dan lébar.
webfooted /'web'futid/ *ks.* berkaki berselaput diantara jari-jari.
wed /wed/ *kkt.* (**wedded**) 1 mengawini. *She wedded him* Ia menikahinya. 2 mengawinkan, menikahkan. *The minister wedded the couple* Pendéta itu mengawinkan kedua mempelai itu. *He is wedded to his work* Dia sdh memadu hati dgn pekerjaannya. —*kki.* kawin, nikah. —**wedded** *ks.* kawin. *w. couple* pasangan yg tlh kawin, pasangan suami-isteri. *to live in w. bliss* hidup dlm kebahagiaan perkawinan. —**wedding** *kb.* 1 perkawinan, pernikahan. *The w. will be tomorrow* Perkawinan itu akan dilangsungkan bésok. 2 penyatuan, perpaduan (*of disparate elements*). **w. cake** kué pengantin. **w. gown** gaun/baju pengantin. **w. party/reception** pésta kawin. **w. gift/present** hadiah perkawinan. **w. ring** cincin perkawinan kawin.
we'd /wied/ 1 [*we had*] kami tlh. 2 [*we would*] kami akan.
Wed. [*Wednesday*] hari Rabu.
wedge /wej/ *kb.* 1 baji (*for splitting wood*). 2 iris. *a w. of cheese* seiris kéju. *to drive a w. between* menimbulkan keretakan antara, memecah-belah kerukunan. —*kkt.* mendesak. *We were wedged into the elevator* Kami berdesak-desak masuk ke lift itu. *to w. o's way through a crowd* berjalan mendesak-desak melalui orang ramai. —*kki.* terjepit (*in a doorway*).
wedlock /'wed'lak/ *kb.* ikatan perkawinan. *united in holy w.* kawin. *born out of w.* lahir diluar perkawinan.
Wednesday /'wensdie, -dei/ *kb.* hari Rabu.
wee /wie/ *ks.* (amat) kecil. *a w. bit of cake* kué sedikit saja. *the w. small hours of the morning* jauh larut malam.
weed /wied/ *kb.* 1 rumput liar, rumput-rumputan. 2 *Inf.*: tembakau. 3 *Inf.*: rokok mariyuana. —**weeds** *j.* pakaian berkabung. —*kkt.* menyiangi, merumputi (*a yard, garden*). **to w. out** membuang yg tak berguna. **weeded** *garden* kebun yg disiangi. —**weeding** *kb.* penjiangan.
weeder /'wiedər/ *kb.* alat/mesin pencabut rumput liar.
weedkiller /'wied'kilər/ *kb.* obat pembunuh rumput-rumputan.
weedy /'wiedie/ *ks.* berumput banyak, penuh rumput-rumputan (*of a yard*).
week /wiek/ *kb.* miŋggu, pekan. *to be away for a w.* pergi selama seminggu. *What day of the w. is it?* Hari apa sekarang dlm minggu ini? *Wednesday w.* Rabu minggu yg akan datang. *a w. from tomorrow* seminggu sesudah ésok hari. *once a w.* sekali seminggu. *I'll be there within the w.* Saya akan berada di-

sana dlm seminggu ini. *a w. from now* seminggu dari sekarang. *in a w. or so* dlm kira-kira satu minggu. *to work a thirty hour w.* bekerja tigapuluh jam dlm satu minggu. *to rent by the w.* menyéwa secara mingguan. *I haven't seen him in a w. of Sundays* Saya sdh lama sekali tak berjumpa dgn dia. *w. in, w. out* pekan demi pekan.
weekday /'wiek'dei/ *kb.* hari kerja.
weekend /'wiek'end/ *kb.* akhir pekan/minggu. *w. resort* tempat bertamasya (pd) akhir pekan. —*kki.* bertamasya akhir pekan.
weeklong /'wiek'lɔŋ/ *ks.* selama sepekan.
weekly /'wieklie/ *kb.* (*j.* **-lies**) (majalah) mingguan, warta sepekan. —*ks.* mingguan. *w. meeting* rapat mingguan, rapat sekali seminggu. —*kk.* tiap minggu. *to meet twice w.* bertemu/berjumpa tiap minggu. *to meet w.* berjumpa dua kali tiap mingu.
weenie /'wienie/ = WIENER.
weeny /'wienie/ *ks.* sangat kecil. lih TEENY.
weep /wiep/ *kkt.* (**wept**) mencucurkan. *to w. buckets of tears* menangis mencucurkan air mata yg banyak. —*kki.* menangis. *Don't w. for me* Jangan menangis karena saya. *to w. for joy* menangis karena gembira. *She wept her heart out* Ia menangis tersedu-sedu. *to w. over s.t.* menangisi s.s.t. —**weeping** *kb.* tangisan.
weepy /'wiepie/ *ks. Inf.*: mudah menangis.
weevil /'wievəl/ *kb.* kumbang penggérék. lih BOLL.
wee-wee /'wie'wie/ *kki. Sl.*: buang air, kencing.
weigh /wei/ *kkt.* 1 menimbang (*a package*). *to w. o.s.* menimbang badan. *How much do you w.?* Berapa beratmu? 2 mempertimbangkan (*a matter*). *to w. o's words carefully* mempertimbangkan kata-katanya dgn hati-hati. *to w. the pros and cons* mempertimbangkan yg setuju dan yg tdk. 3 membongkar. *to w. anchor* membongkar jangkar/sauh. —*kki.* menimbang berat badan. *to w. 150 pounds* berat badan 150 pon. **to w. down** rendah karena berat. *That branch was weighed down with apples* Ranting itu menjadi amat rendah karena penuh buah apel. *to be weighed down with sorrow* tertekan/membungkuk karena penuh kesedih·n. **to w. in** menimbang badan sblm pertandingan. *to w. in at 150 pounds* mempunyai berat badan 150 pon. **to w. on** menindih. *The responsibility weighed on him* Tanggungjawab itu membebaninya. **to w. out** menimbang (*rice*). *Sport:* **weigh-in** *kb.* penimbangan badan sblm pertandingan.
weight /weit/ *kb.* 1 berat, bobot. *to lose w.* kekurangan berat badan, menjadi lebih kurus. *to gain w.* bertambah berat. *to support s.o.'s* menahan/menopang berat s.s.o. *the total w.* jumlah berat. *Is the w. of these scales correct?* Apakah berat timbangan neraca ini betul? *to sell by w.* menjual menurut beratnya. *It's worth its w. in gold* Nilainya sama dgn berat timbangannya dgn emas. 2 batu ladang (*on fishing line*). 3 tahanan. *sash w.* tahanan jendéla. :: *That's certainly a w. off my mind* Itu pasti merupakan hal yg meringankan pikiran saya. *a man of w. in his community* seorang yg berpengaruh dlm masyarakatnya. *Don't place too much w. on his remarks* Jangan terlalu memberatkan ucapan-ucapannya itu. **to carry w.** 1 mengangkut muatan. 2 berarti, berpengaruh. **to pull o's w.** mengerjakan apa yg menjadi bagiannya. *to put o's w. behind s.t.* mempergunakan seluruh kekuasaan. **to throw o's w. around** terlalu menonjolkan diri. —**weights** *j.* (anak) timbangan. —*kkt.* menghimpit. *The exam is weighted in the student's favor* Ujian itu disusun spy menguntungkan bagi pelajar itu. **w. lifter** ahli

angkat besi. **w. lifting** angkat besi. **w. throw**
melémpar peluru. **w. thrower** pelémpar peluru.
weightiness /'weitienəs/ *kb.* kepentingan, penting-
nya. *the w. of the problem* pentingnya soal itu.
weightless /'weitləs/ *ks.* tanpa bobot.
weightlessness /'weitləsnəs/ *kb.* keadaan tak ber-
bobot.
weighty /'weitie/ *ks.* berat, penting (*problem*).
weird /wird/ *ks.* 1 anéh (*person*). 2 mengerikan
(*story*).
weirdie /'wirdie/ *kb. Sl.:* orang yg anéh, orang yg
luar biasa.
weirdo /'wierdow/ *kb.Sl.:* = WEIRDIE.
welcome /'welkəm/ *kb.* 1 sambutan. *to receive a cordial
w.* mendapat sambutan yg meriah. 2 selamat da-
tang. *a few words of w.* beberapa kata selamat
datang. *to wear out o's w.* menyusahkan orang, ber-
tamu terlalu lama. —*ks.* 1 menggembirakan. *The
check is most w.* Cék itu sangat menggembirakan. *w.
change* pertukaran yg menggembirakan. 2 boléh
saja. *You are w. to try* Sdr boléh saja mencoba. *You are
w. to it* Sdr diperboléhkan memakainya. *You are w.
to use my car* Kamu boléh saja memakai mobilku. **::** *a
w. contribution* sumbangan yg diterima dgn sukahati.
Thank you. You're w. Terima kasih. (Terima kasih)
kembali. —*kkt.* 1 menyambut (*s.o.*). 2 menerima
dgn senang hati (*an opportunity*). *Inf.: W.!* Selamat
datang! *W. back!* Selamat datang kembali! **w.
mat** sambutan dgn senang hati.
weld /weld/ *kkt.* 1 memateri, melas (*metal*). 2 me-
nyatukan, menggalang (*the country*). —*kki.* dilas.
—**welding** *kb.* pekerjaan mengelas. *w. torch* obor/
api pengelas.
welder /'weldər/ *kb.* pengelas, tukang las.
welfare /'wel'fær/ *kb.* kesejahteraan, keselamatan.
for his own w. utk keselamatannya sendiri. *w. state*
negara yg mengusahakan kesejahteraan bagi rak-
yatnya. *w. work* kerja kesejahteraan. *w. worker*
pekerja kesejahteraan sosial.
well /wel/ *kb.* 1 sumur, mata air, perigi. *artesian w.*
sumber mancur. —*ks.* 1 séhat. *He's w.* Ia séhat.
2 baik. *I wish him w.* Saya harap spy ia baik-baik
saja. *It's usually w. to ...* Biasanya baik utk .... *It's all
very w. for him to say that* Buat dia tdk apa-apa utk
mengatakan demikian. *That's all w. and good, but ...*
Semuanya mémang benar atau baik, tetapi....
—*kk.* 1 baik. *to know s.o.* mengenal s.s.o. dgn baik.
to feel w. merasa séhat/baik. *W. done!* Baik sekali!
Leave/Let w. enough alone Lebih baik dibiarkan saja.
to get w. sembuh. *He looks w. fed* Ia nampaknya
cukup makan. 2 jauh. *w. below freezing* jauh diba-
wah titik beku. *to work w. into the night* bekerja sam-
pai jauh/larut malam. *to make w. over $100 a month*
berpenghasilan jauh melebihi $100 sebulan. *to
continue w. into the sixties* terus(-menerus) hingga
jauh dlm tahun enampuluhan. 3 benar. *I can w.
believe your account* Aku percaya benar kpd uraian-
mu. **::** *He's w. along in years* Ia sdh lanjut sekali
usianya. *It's w. worth trying* Ada gunanya/faédahnya
juga utk dicoba. *Pretty w. everybody deserted him* Ham-
pir semua orang tlh meninggalkannya. *She is w. up
in her history* Ia dlm sekali dlm kependidian sejarah-
nya. **as w.** juga. *He's not only a tennis player, but a
swimmer as w.* Ia tdk saja seorang pemain ténnis,
tetapi juga seorang perenang. **as w. as** 1 dan juga,
baik ... maupun. *She's pretty as w. as nice* Ia cantik
dan juga ramah. 2 sama baiknya dgn. 3 seperti. *She
knows as w. as I do that ...* Spt aku, iapun tahu, bhw....
He reads Indonesian as w. as speaks it Ia membaca
bahasa Indonésia dan juga berbicara bahasa itu.

You may just as w. go Sdr boléh pergi saja. **to do well**
1 maju, bekerja dgn baik. *to do well in the new business*
maju baik dlm perusahaan yg baru. 2 ada dlm
keadaan baik. *My father's doing w., thank you* Ayah-
ku baik-baik saja, terima kasih. *He appears to be
doing w. with his studies* Nampaknya ia berhasil baik
dalam pelajaran-pelajarannya. **very w.** baik se-
kali. *I knew very w. it wouldn't happen* Aku tahu
benar bhw itu tak akan terjadi. *She couldn't very
w. say no* Agak sukar baginya utk mengatakan
tdk. *Very w. then, I won't go* Baiklah, saya tdk akan
pergi. —*kki.* berlinang. *Tears welled up in her eyes* Air
matanya berlinang-linang. —*kseru.* nah. *W., w.,
you don't say!* Ah, masakah begitu? *W. then, why
worry?* Kalau begitu, buat apa kita memikirkan-
nya? **well-advertised** *ks.* kerap/banyak diiklan-
kan. **well-advised** *ks.* mendapat naséhat yg baik.
well-appointed *ks.* yg perkakas rumahnya baik
(*of an apartment*). **well-balanced** *ks.* seimbang
(*diet*). **well-behaved** *ks.* berkelakuan baik. **well-
being** *kb.* kesejahteraan, keséhatan. **well-bred** *ks.*
sopan. **well-built** *ks.* 1 bertubuh tegap (*of a person*).
2 dibangun dgn kokoh (*of a house*). **well-chosen** *ks.*
yg dipilih (dgn) baik. **well-connected** *ks.* terkenal,
ternama (*of a family*). **well-cut** *ks.* berpotongan
baik (*of clothes*). **well-defined** *ks.* dirumuskan dgn
baik (*of a problem*). **well-designed** *ks.* dirancang
dgn baik (*building*). **well-developed** *ks.* 1 yg ber-
badan tegap (*of a person*). 2 dibangun dgn baik (*of a
building*). **well-disposed** *ks.* bersikap baik (**to-
wards** thd). **well-done** *ks.* dimasak matang-
matang (*of steak*). *not w.-done* bantat (*of bread, etc.*).
w.-done translation terjemahan yg dikerjakan dgn
baik. **well-dressed** *ks.* berpakaian baik. **well-
established** *ks.* berkedudukan kuat. *well-earned
rest* waktu istirahat yg betul dibutuhkan. **well-fed**
gemuk, makmur. *Inf.: He is well-fixed* Ia berada.
well-formed *ks.* berbentuk baik. **well-founded**
ks. cukup beralasan (*rumor*). **well-groomed** *ks.*
rapi. **well-grounded** *ks.* berpengalaman. *He's w.-
grounded in Arabic* Ia mahir benar berbahasa Arab.
well-heeled *ks.* kaya, berada, mampu. **well-in-
formed** *ks.* berpengetahuan luas, serba mengeta-
hui. *From w.-informed sources, we learn that ...* Dari
sumber yg mengetahui dgn baik, kami mendengar
bhw .... *to be w.-informed on ...* mengetahui betul
ttg .... *in w.-informed quarters* dari kalangan yg me-
ngetahui betul. **well-intentioned** *ks.* bermaksud
baik. **well-kept** *ks.* 1 yg tersimpan baik (*of secrets*).
5 terpelihara baik (*of a lawn*). **well-knit** *ks.* tegap,
kekar (*of figure*). **well-known** *ks.* terkenal, terna-
ma. **well-made** *ks.* kuat. **well-mannered** *ks.* so-
pan. **well-marked** *ks.* diberi tanda-tanda yg baik
(*of roads*). **well-matched** *ks.* cocok, berpadanan,
seimbang. *The two teams are w.-matched* Dua kesatuan
itu betul-betul seimbang. **well-meaning** *ks.* ber-
maksud baik. **well-meant** *ks.* baik maksudnya.
well-nigh *kk.* hampir. **well-off** *ks.* 1 agak kaya,
berada, mampu. 2 beruntung. **well-oiled** *ks.* ber-
jalan lancar. **well-ordered** *ks.* teratur (baik) (*of a
society*). **well-paid** *ks.* bergaji baik. **well-paying**
ks. yg baik bayarannya. **well-placed** *ks.* berkedu-
dukan baik. **well-preserved** *ks.* awét muda, ter-
pelihara keséhatannya. **well-proportioned** *ks.*
berbentuk badan yg manis. **well-read** *ks.* banyak
membaca, berpengetahuan banyak. **well-regu-
lated** *ks.* teratur, tertib. **well-rounded** *ks.* lengkap
(*education*). **well-spoken** *ks.* baik tutur-kata. **well-
suited** *ks.* sesuai, serasi, berpadanan (*couple*).
well-thought-of *ks.* disegani, dihormati, dijun-

jung tinggi. **well-thumbed** *ks.* usang, sering dibu-ka/dibolak-balik (*of a dictionary*). **well-timed** *ks.* tepat pd waktunya (*arrival, speech*). **well-to-do** *ks.* mampu, berada, kaya. **well-traveled** *ks.* 1 sering melakukan perjalanan. 2 yg sering diliwati/dijalani (*of roads*). **well-turned** *ks.* bagus, indah (*of ankle*). **w.-turned-out** *ks.* bergaya, tampan. **well-wisher** *kb.* pemberi selamat, teman. **well-worn** *ks.* usang. **we'll** (wiel) [*we will, we shall*] kami/kita akan. **wellborn** /'wel'bɔrn/ *ks.* dari keluarga orang baik-baik.

wellspring /'wel'spriŋ/ *kb.* sumber/mata air.

welsh /welsy/ *kki.* tdk memenuhi. *to w. on a contract* mengingkari kontrak.

Welsh /welsy/ *kb.* 1 bahasa Wales. 2 orang Wales. —*ks.* yg berk. dgn Wales. *W. rabbit/rarebit* sm masakan dari kéju, bir, telur, dll. utk dituangkan keatas roti panggang.

welt /welt/ *kb.* bilur.

welter /'weltər/ *kb.* campuran/tumpukan yg kacau.

welterweight /'weltər'weit/ *kb. Box.:* kelas menengah.

wench /wenc/ *kb.* dara, gadis.

wend /wend/ *kkt.* pergi. *to w. o's way up to* pergi naik ke. *to w. o's way home* pergi pulang. —*kki.* pergi.

went /went/ lih GO.

wept /wept/ lih WEEP.

were /wər/ lih BE.

we're /wir/ [*we are*] kami/kita akan.

weren't /'wərənt/ [*were not*] tlh tdk (ada).

wert /wərt/ lih BE.

west /west/ *kb.* barat, sebelah/bagian barat. *The sun sets in the w.* Matahari terbenam disebelah barat. **The W.** 1 Barat. 2 *US.:* negara-negarabagian yg terletak di bagian barat. —*ks.* barat. *the w. side of town* sebelah barat kota. —*kk.* barat. *to move w.* pindah ke daérah barat. *Sl.: to go w.* mati. **west-bound** *ks.* yg menuju ke barat (*traffic*). **W. Indies** Hindia Barat. **W. Point** Akadémi Militér AS.

westerly /'westərlie/ *kb.*.angin barat. —*ks.* ke barat, dari barat.

western /'westərn/ *kb.* 1 pilem koboi. 2 buku koboi. —*ks.* barat. *the W. bloc* blok Barat. *W. civilization* peradaban barat. *W. Hemisphere* belahan bumi barat. **W. Union** kantor kawat di AS.

westerner /'westərnər/ *kb.* 1 orang barat. 2 penduduk yg tinggal di bagian barat (di AS).

westernization /'westərnə'zeisyən/ *kb.* pembaratan.

westernize /'westərnaiz/ *kkt.* membaratkan.

westward(s) /'westwərd(z)/ *kk.* menuju/ke jurusan barat.

wet /wet/ *kb.* kebasahan. *Don't go out in the w.* Jangan keluar/pergi berhujan. —*ks.* basah. *w. paint* cat basah. *It's w. outside* Basah diluar. *Don't get w.* Jangan menjadi basah. *He got his feet w.* Kakinya menjadi basah. *The ground is w.* Tanahnya basah/lembab. *w. rag* lap basah. *w. through and through* basah-kuyup. *We're having a lot of w. weather* Banyak musim hujan (kali ini). *Don't be a w. blanket* Jangan merusak kegembiraan orang lain. *Sl.: You're all w.* Kamu salah samasekali. —*kkt.* (**wet** atau **wetted**) membasahi. *to w. the bed* mengompol. **w. dock** dok atau galangan kapal yg terapung. **w. monsoon** musim hujan. **w. nurse** dayah, inang, babu téték. **to wet-nurse** menyusui bayi orang lain. —**wet-ting** *kb.* pembasahan. *to get a w.* menjadi basah-kuyup.

wetness /'wetnəs/ *kb.* kebasahan.

we've /wiev/ [*we have*] kami/kita tlh.

whacha /'hwacə/ [*what are you*] *Sl.: W. doing?* Ngapain? Sedang berbuat apa?

whack /hwæk/ *kb.* pukulan keras. *Sl.: to have/take a w. at* mencoba. *Sl.: out of w.* rusak. —*kkt.* memukul. *Sl.:* **to w. off** memotong, mengurangi. —**whack-ing** *Inf.: ks.* amat besar.

whaddya /'hwadyə/ [*what do you*] *Sl.:* apa yg kamu. *W. know?* Apa yg kamu tahu?

whacky /'hwækie/ =WACKY.

whale /hweil/ *kb.* ikan paus. *w. oil* minyak ikan paus. **a w. of** yg amat hébat. *That was a w. of a game* Itu pertandingan yg hébat sekali. —*kkt. Inf.:* memukul, menghantam, menghajar. *Sl.: to w. the daylights out of s.o.* memukul(i) s.s.o. sampai setengah mati. —**whaling** *kb.* penangkapan ikan paus. *w. ship* kapal penangkap ikan paus.

whalebone /'hweil'bown/ *kb.* tulang insang ikan paus.

whaler /'hweilər/ *kb.* 1 (*ship*) kapal penangkap ikan paus. 2 penangkap ikan paus.

wham /hwæm/ *kseru.* bluk, bam. —*kkt.* (**whammed**) memukulkan, menumbukkan.

wharf /hwarf/ *kb.* (*j.* **wharves**) dermaga.

wharves /hwarvz/ *j.* lih WHARF.

what /hwat, hwʌt; tanpa tekanan (h)wət/ *ks.* 1 apa. *W. right has he to do that?* Apa/Darimana haknya utk mengerjakan itu? *W. good is this?* Apa gunanya ini? 2 alangkah. *W. attractive children!* Alangkah cantiknya anak-anak itu! *W. a blow it was!* Alangkah susahnya! *W. a pretty view!* Alangkah bagusnya pemandangan itu! *W. an idea!* Baik benar pikiran itu! **w. about** bagaimana. *W. about going to the movie?* Bagaimana kalau kita nonton? *W. about a game of tennis?* Maukah bermain ténis? *W. about you?* Sdr bagaimana? **w. for** mengapa. *W. did he say that for?* Utk apa dikatakannya itu? *You must go. W. on earth for?* Kau hrs pergi. Buat apa? *W. is that for?* Buat apa itu? —*kg.* 1 apa. *W.?* Apa? *What's the name of ...?* Apa nama....? *W. do you want for dinner?* Apa yg kauinginkan utk makan malam ini? *I know w. the trouble is* Saya tahu apa persoalannya. *What's he like?* Orangnya semacam apa? *What's it all about?* Apa soalnya ini? *Tentang apa ini? What's the Dutch for 'book'?* Apakah bahasa Belandanya utk 'buku'? *W. on earth happened?* Apakah gerangan yg terjadi? *What's the use?* Buat apa? Apa gunanya? 2 siapa. *What's his name?* Siapa namanya? 3 berapa. *What's the fare to New York?* Berapa ongkosnya ke New York? *What's the price of ...?* Berapa harga ...? *W. do five and four make?* Lima dan empat menjadi berapa? *W. are potatoes today?* Berapa harga kentang hari ini? 4 apa yg. *I don't care w.* Saya Saya tdk perduli apa yg kaukatakan. *I'll give you w. you need* Akan saya berikan kepadamu apa yg kaubutuhkan. *Say w. you will* Katakanlah apa yg kau kehendaki. 5 yang. *What's even worse, you ...* Yg lebih buruk lagi, engkau .... *W. I like is ice cream* Yg saya sukai ialah éskrim. *That's just w. we've been looking for* Justru itulah yg tlh kami cari. 6 yang mana. *W. one do you like best?* Yg mana yg paling kausenangi? 7 bagaimana. *W. then?* Lalu bagaimana? *W. if it rains?* Bagaimana kalau datang hujan? *W. of it if he doesn't want to go?* Bagaimana kalau dia tdk mau pergi? *W. he has suffered these last few days* Ia betul-betul menderita beberapa hari terakhir ini. **and w. not** dan macam-macam lagi. *Inf.:* (**I'll**) **tell you w.** Saya ada usul. **what's more** lagi pula, tambahan lagi. **what's his name** si-anu, siapa namanya. *Inf.*: *to know* **what's** w. tahu/mengetahui bagaimana keadaan yg sebenarnya.

wha(t)chamacallit /'hwacəmə'kɔlit, 'hwʌt-/ *kb. Inf.*: apa namanya.

whatever /hwat'evər, hwət'-/ *ks.* apa saja, apapun. *w. problems* persoalan apapun. *We have no need w. for a boat* Kami samasekali tdk memerlukan sebuah perahu. —*kg.* 1 apa saja. *Do w. you can for him* Kerjakanlah sebaik-baiknya buat dia. *W. you need we can order* Kami dpt memesan apa saja yg kau perlukan. 2 *Inf.*: apakah gerangan. *W. made him say that?* Apakah gerangan yg menyebabkan dia berkata demikian? *W.'s the matter with him?* Ada apa sih dgn dia? Kenapa dia (begitu) gerangan?

whatnot /'hwʌt'nat, 'hwat-/ *kb.* 1 barang kecil. 2 rak dinding kecil.

whatsoever /'hwatsow'evər, 'hwʌt-/ = WHATEVER.

wheat /hwiet/ *kb.* terigu, gandum. *w. belt* daérah terigu/gandum. *w. germ* benih gandum.

wheatcake /'hwiet'keik/ *kb.* kué gandum/dadar/serabi.

wheatland /'hwiet'lænd/ *kb.* tanah perladangan atau daérah gandum.

wheedle /'hwiedəl/ *kkt.* 1 membujuk (*s.o.*). 2 memancing, menggait, menipu (*information out of s.o.*).

wheel /hwiel/ *kb.* 1 roda. *w. of a car* roda mobil. *w. of fortune* roda peruntungan. *wheels of government* roda pemerintahan. 2 setir. *to be at the w.* memegang setir, menyetir, mengemudikan. *She was killed at the w.* Ia terbunuh ketika menyetir mobil. *to take the w.* mengemudikan, mengendarai. 3 roda, jentera (*in a watch*). 4 *Sl.*: tokoh, gembong. **wheels within wheels** keadaan rumit. —*kkt.* memutar (*a car*). *to w. o.s. around in a wheel chair* menjalankan kursi-rodanya sendiri kemana-mana. —*kki.* berbalik. *birds wheeling about* burung-burung yg sedang terbang berputar-putar. *Sl.: to w. and deal* berdagang secara lihay, main lihay. **w. chair** kursi-roda. *Inf.*: **w. horse** seorang yg bekerja keras dan éféktif.

wheelbarrow /'hwiel'bærow/ *kb.* gerobak tangan, keréta sorong (yg beroda satu).

wheelbase /'hwiel'beis/ *kb.* jarak roda.

wheeler /'hwielər/ *kb.* kendaraan beroda. *two-wheeler bike* sepéda roda dua. **wheeler-dealer** *kb.* pedagang lihay.

wheelwright /'hwiel'rait/ *kb.* tukang roda.

wheeze /hwiez/ *kb.* bunyi menciut-ciut, mendesah. —*kki.* berbunyi menciut-ciut.

whelp /hwelp/ *kb.* anak (binatang). —*kki.* melahirkan.

when /hwen/ *kb.* lih WHERE. —*kk.* bila(mana), kapan. *W. are we due there?* Bilamana kami hrs ada sana? *I wonder w. she will leave?* Kapan gerangan ia akan pergi? *Inf.*: *Say w.!* Katakan bilamana tlh cukup. —*kg.* sejak kapan. *Since w. have you been manager?* Sejak kapan engkau menjadi pengurusnya? —*ksam.* 1 kalau, bilamana. *W. the phone rings, I'll answer it* Kalau télpon berbunyi saya akan menjawabnya. *I'll call you again w. you are at home* Saya akan menélpon sdr, kalau sdr tlh di rumah. 2 ketika (*past time*). *I knew him w. we were growing up* Saya mengenal dia ketika kami menjadi besar bersama-sama. *W. I saw him, I ...* Ketika saya melihat dia, saya.... *One day w. we were ...* Suatu hari ketika kita .... 3 sedangkan. *to have only two tires w. one needs four* mempunyai hanya dua buah ban sedangkan yg diperlukan empat buah.

whence /hwens/ *kk.* darimana.

whenever /hwen'evər/ *kk.* sewaktu-waktu, kapan saja. *Come w.* Datanglah sewaktu-waktu. —*ksam.*

bilamana saja. *W. they get together ...* Bilamana saja meréka bertemu.... *Come w. you wish* Datanglah kapan saja sdr inginkan.

where /hwær/ *kb.* **the w. and when** *of his birth* dimana dan kapan ia dilahirkan. —*kk.* 1 dimana. *W. do you live?* Engkau tinggal dimana? *W. did you put the book?* Dimana kauletakkan buku itu? *W. am I?* Dimana saya berada? *Dimana ini? W. do we stop?* Dimana kita berhenti? 2 mana. *W. do you come from?* Dari mana kau ini? 3 dari mana. *W. did you get that story?* Dari mana kau mendapat cerita itu? 4 kemana. *I know w. he went* Saya tahu kemana ia tadi pergi. *I will go w. you go* Saya akan pergi kemanapun kau pergi. 5 apa. *Where's the harm in trying?* Apa salahnya mencoba? 6 padahal. *You complain w. it does no good* Kau mengeluh padahal gunanya tdk ada. —*kg.* tempat. *She lives in Staunton, w.* Wilson *was born* Ia berdiam di Staunton tempat Wilson dilahirkan. *Stay w. you are* Berhenti di tempatmu. *He moved over to w. I was standing* Ia datang ke tempat saya berdiri. *That's w. you're wrong* Disitulah yg sdr keliru.

whereabout(s) /'hwærə'bawt(s)/ *kb.* tempat berada. *His w. is known* Tempat dimana dia berada diketahui. —*kk.* dimana. *W. is there a telephone?* Dimana ada télpon?

whereas /hwær'æz/ *kb.* mengingat. *W., we ...* Oléh karena kami.... —*ksam.* sedangkan, sebaliknya, padahal.

whereby /hwær'bai/ *kk., ksam.* untuk, dgn jalan mana. *I know no other way w. it can be achieved* Saya tdk tahu jalan lain utk mencapainya.

wherefore /'hwærfɔr/ *kb.* lih WHY. —*kk.* mengapa.

wherein /hwær'in/ *kk., ksam.* dimana, dlm mana.

whereof /hwær'av, -'ʌv/ *kk., ksam.* tentang apa. *He knows w. he speaks* Ia mengetahui ttg apa ia berbicara.

wheresoever /'hwærsow'evər/ *kk., ksam.* kemanapun.

whereupon /'hwærə'pan, -'pɔn/ *kk., ksam.* lalu, kemudian, sesudah mana.

wherever /hwær'evər/ *kk.* kemanapun, kemana saja. *W. you go, you'll be welcome* Kemanapun engkau pergi, engkau akan diterima dgn ramah-tamah. *Go w. you please* Pergilah kemana saja kausukai.

wherewithal /'hwærwiTHɔl/ *kb.* alat atau uang yg diperlukan, persediaan yg diperlukan.

whet /hwet/ *kkt.* (**whetted**) 1 mengasah (*a knife*). 2 merangsang, menambah (*an appetite*).

whether /'hweTHər/ *ksam.* apa(kah). *Do you know w. she's coming?* Tahukah engkau apakah ia akan datang atau tdk? *I don't know w ...* Saya tdk tahu apakah.... *w. today or tomorrow* ataukah hari ini atau bésok. *The problem is w. or not to stay* Soalnya ialah ataukah kita tinggal atau tdk. *I'm determined to go w. or no* Saya bertekad akan pergi apapun yg terjadi.

whetstone /'hwet'stown/ *kb.* batu asah(an).

whew /hwyuw/ *kseru.* wah.

whey /hwei/ *kb.* air dadih.

which /hwic/ *ks.* yg mana. *W. play did you prefer?* Sandiwara yg mana yg lebih kausukai? *W. way is the station?* Jurusan/Jalan yg mana menuju ke setasiun? *W. one?* Yg mana? *W. ones do you want?* Yg mana yg sdr sukai? *Look w. way you wish* Lihatlah cara yg mana yg kausukai. —*kg.* 1 yg mana. *W. is your car?* Yg mana mobilmu? *W. of you wants to go along?* Siapa diantara kamu yg ingin ikut? *I know w. I want* Saya tahu yg mana yg saya mau. *I can't tell w. is w.* Saya tdk dpt membédakan yg seorang dari yg lainnya. *He doesn't care w. he gets* Ia tak perduli yg mana ia dapat. 2 yang. *the boat w. I owned* perahu yg saya punyai/miliki. *He looks like a professor, w. he is* Rupanya spt seorang profésor dan ia mémang seorang profésor. *She pats my shoulder, w. I dislike* Wanita itu menepuk-nepuk bahuku yg saya bencikan. *He told stories, all of w. were true* Ia menceritakan ceritera-ceritera yg mémang semuanya benar. *the book of w. he speaks* buku yg ia bicarakan itu. *the house to w. I went* rumah yg saya datangi. *the hotel at w. we stayed* hotél dimana kita tinggal. *to have no pen with w. to write* tak ada péna utk dipakai menulis. *And, w. is worse, you're late* Dan (yg) lebih buruk lagi, engkau terlambat.

whichever /hwic'evər/ *ks., kg.* (yg) mana saja. *Take w. hat you like* Ambillah topi yg mana saja yg sdr sukai. *You may have w. you want* Kamu boléh mengambil mana saja yg kausukai. *W. you choose...* Yg manapun yg kaupilih ....

whiff /hwif/ *kb.* 1 bau (*of tobacco*). 2 kepulan (*of smoke*).

while /hwail/ *kb.* saat, waktu. *a little w.* sebentar. *after a w.* beberapa waktu kemudian. *I knew all the w. that I couldn't go* Saya sdh tahu selama ini bhw saya tdk dpt pergi. *a long w.* utk beberapa lama, utk jangka waktu yg panjang. *a w. ago* blm lama berselang. *for a w.* sejenak, sebentar. **the w.** sementara itu. **once in a w.** sekali-sekali, terkadang-kadang. *The job is not worth his w.* Pekerjaan itu tdk memadai baginya. —*ksam.* 1 sementara. *W. I was asleep...* Sementara saya tidur .... 2 walaupun. *W. I like the color, I don't like the shape* Walaupun saya menyukai warna itu, saya tak menyukai bentuknya. 3 sedangkan. *Mahogany is a hard wood, w. pine is soft* Kayu mahoni keras, sedangkan kayu cemara lunak. 4 selagi. *He collapsed w. watching soccer* Ia jatuh pingsan/roboh ketika menonton sépak bola. —*kkt.* meléwatkan. *to w. away the time* menghabiskan waktu, mengisi/meléwatkan waktunya.

whim /hwim/ *kb.* tingkah.

whimper /'hwimpər/ *kb.* réngék. *kki.* meréngék.

whimsical /'hwimsəkəl/ *ks.* tdk keruan, anéh, bertingkah.

whimsy /'hwimsie/ *kb.* (*j.* **-sies**) sifat/lelucon yg anéh.

whine /hwain/ *kb.* 1 réngékan (*of a child*). 2 deru (*of an engine*). —*kki.* 1 mendengking (*of a dog*). 2 meréngék (*of a person*). 3 menderu (*of an engine*). **to w. for** meréngék meminta (*s.t.*).

whip /hwip/ *kb.* 1 cemeti, cambuk, pecut. 2 *Pol.*: tokoh politik penggerak. —*kkt.* (**whipped**) 1 mencemeti, mencambuk, mendera (*s.o.*). 2 *Inf.*: (*defeat*) mengalahkan. 3 mengocok (*cream*). 4 melambai-lambaikan. *The strong breeze whipped the flag* Angin yg kencang itu melambai-lambaikan bendéra itu dgn keras. :: *to w. the seam of a dress* menjahit sambungan gaun dgn jahitan membelit pinggiran. *to w. s.t. into shape* menyiapkan s.s.t. **to w. down** *the branches of a tree* membanting-banting dahan-dahan pohon. **to w. off** *o's shirt* mengeluarkan/melepaskan keméjanya. **to w. out** mencabut (*a knife*). **to w. up** 1 menyiapkan (*a meal*). 2 membangkitkan, mengobarkan (*enthusiasm*). **w. hand** kekuasaan. *to hold the w. hand* berkuasa. —**whipped** *ks.* lelah sekali. *w. cream* susu kental yg dikocok. —**whipping** *kb.* dera. *to get a w.* kena dera. *w. boy* kambing hitam. *w. cream* susu kental utk dikocok. *w. post* tiang tempat orang diberi hukuman cemeti.

whiplash /'hwip'læsy/ *kb.* 1 pukulan cemeti. 2

salah urat pd léhér karena kepala tersentak (*from an accident*). —*kkt.* memukul dgn cemeti.

whipper-snapper /'hwipər'snæpər/ *kb.* pemuda yg congkak.

whippoorwill /'hwipər'wil/ *kb.* sm burung di AS.

whipsaw /'hwip'sɔ/ *kb.* gergaji tangan.

whir /hwər/ *kb.* deru, desing. —*kki.* (**whirred**) mendesing, menderu.

whirl /hwərl/ *kb.* 1 pusingan. 2 perasaan bingung. *to be in a w.* merasa bingung. —*kkt.* memutar, memusingkan (*a baton*). —*kki.* berputar. *My head is whirling* Kepala saya pusing. **to w. around** cepat berbalik. *to w. around and around* berputar-putar berkali-kali.

whirligig /'hwərləgig/ *kb.* sm gasing, mainan yg dpt diputar.

whirlpool /'hwərl'puwl/ *kb.* pusaran air.

whirlwind /'hwərl'wind/ *kb.* angin puyuh/langkisau/selembubu.

whirlybird /'hwərlie'bərd/ *kb. Inf.*: hélikopter.

whirr /hwər/ = WHIR.

whish /hwisy/ *kb.* bunyi mendesir.

whisk /hwisk/ *kb.* gerakan cepat. —*kkt.* 1 menyapu. *to w. crumbs from a table* membersihkan/menyapu repih-repih/remah-remah (*makanan*) dari méja. 2 mengangkat, mengambil (*glasses from a table*). *to w. s.o. away* membawa s.s.o. (dgn cepat). *to w. past s.o.* meluncur/terbang liwat s.s.o. **w. broom** sapu kecil.

whisker /'hwiskər/ *kb.* 1 rambut janggut (*of persons*). 2 sungut kucing (*of cat*). —**whiskers** *j.* jambang (di pipi).

whisk(e)y /'hwiskie/ *kb.* wiski. *w. and soda* wiski soda.

whisper /'hwispər/ *kb.* bisikan, *to speak in a w.* berbisik-bisik. —*kkt.* membisikkan. —*kki.* berbisik. —**whispering** *kb.* berbisik-bisik. *w. campaign* kampanye bisik-bisik/desas-desus.

whist /hwist/ *kb.* sm permainan kartu.

whistle /'hwisəl/ *kb.* 1 peluit. 2 bunyi peluit. *to blow a w.* membunyikan peluit. 3 siul(an). *Inf.*: *to blow the w. on* menyatakan tdk sah. —*kkt.* bersiul melagukan (*a melody*). —*kki.* 1 bersiul (*by a person*). 2 membunyikan peluit (*by referee, conductor*). *to w. past s.o.* mendesing meliwati s.s.o. *to w. in the dark* mencoba memberanikan diri, berharap. *Inf.*: **w. stop** berhenti utk mengucapkan pidato dlm kampanye pemilihan. —**whistling** *kb.* bersiul. *w. sound* bunyi siulan.

whistler /'hwislər/ *kb.* penyiul, orang yg bersiul.

whit /hwit/ *kb.* hal yg kecil. *I don't care a w. about his health* Aku tak perduli sedikitpun ttg keséhatannya.

white /hwait/ *kb.* putih. *w. of an egg* putih telur. —**whites** *j.* 1 kaum/bangsa kulit putih. 2 telur putih. *whites of the eyes* putih mata. —*ks.* 1 putih. *w. hat* topi yg putih. *a w. man* seorang kulit putih. *w. wine* anggur putih. **to turn w.** 1 memutih. 2 menjadi pucat (*from fear*). *w. as a sheet* pucat pasi. **w. bread** roti tawar. **w. (blood) cell/corpuscle** sél darah putih. **w. book** buku putih. **W. Christmas** hari Natal yg banyak saljunya. **w. coal** (tenaga) air. **white-collar** *ks.* yg berk. dgn pekerja kantor. *w.-collar job* pekerjaan halus, pekerjaan sbg pegawai kantor. *w.-collar worker* karyawan kantor/administrasi. **w. elephant** *s.s.t.* yg mahal dan sukar pemeliharaannya. **white-faced** *ks.* pucat pasi, bermuka pucat. *to show the* **w. feather** berlaku sbg pengecut. **w. flag** bendéra putih (tanda menyerah). **w. goods** barang-barang kain putih spt alas kasur, serbét, handuk, dll. **w. hair** uban, rambut putih. **white-haired/-headed** *ks.* beruban, berambut putih. **w. heat** panas bara. **white-hot** *ks.* panas-pijar, panas bara. **W. House** Gedung Putih. **w. lie** 1 dusta mengenai hal kecil. 2 bohong utk maksud baik. **w. line** garis putih (di jalan raya). **w. matter** sumsum otak, zat putih dlm otak dan tulang punggung. **w. meat** daging putih (dari ayam-itik). **w. paper** laporan resmi, sm buku putih. **w. pepper** merica putih. **w. race** bangsa kulit putih, bangsa kaukasia. **W. Russian** seorang Rusia-Putih. **w. sale** obral kain-kain putih. **w. side-wall** ban berpinggiran putih. **w. slave** wanita "P" yg paksaan. **w. supremacy** kekuasaan orang kulit putih (utk memerintah bangsa berwarna). **white-thatched** *ks.* beruban. **w. tie** 1 dasi putih. 2 pakaian malam resmi. **w. trash** orang kulit putih yg miskin, jémbél putih.

whitecap /'hwait'kæp/ *kb.* ombak yg memutih, ombak yg berpuncak putih, kepala ombak.

whiten /'hwaitən/ *kkt.* memutihkan, membuat putih. —*kki.* memutih.

whitener /'hwaitənər/ *kb.* obat/bahan pemutih.

whiteness /'hwaitnəs/ *kb.* putihnya, sifat putih.

whitewall /'hwait'wɔl/ *kb.* ban berpinggiran putih.

whitewash /'hwait'wɔsy, 'wasy/ *kb.* cat/air kapur. —*kkt.* 1 mengapuri, melabur. 2 *Inf.:* mencukur (*the opposing team*). 3 menutupi kesalahan-kesalahan (*an investigation*).

whither /'hwiтнər/ *kk.* kemana.

whitish /'hwaitisy/ *ks.* keputih-putihan.

Whitsuntide /'hwitsən'taid/ *kb.* hari-hari Pantekosta.

whittle /'hwitəl/ *kkt.* meraut, mengerat (*wood, a statue*). —*kki.* **to w. down** *o's expenses* mengurangi pengeluaran (sedikit demi sedikit).

whiz(z) /hwiz/ *kb.* jagoan, ahli. *He's a w. at tennis* Dia seorang yg ulung dlm bidang ténis. —*kkt.* (**whizzed**) mendesingkan. —*kki.* 1 mendengung, mendesing (*of bees*). 2 mendesing (*of a ball*). *Inf.:* **whiz-bang** *ks.* ulung, unggul.

who /huw/ *kg.* 1 siapa. *W. called me?* Siapa (yg) memanggil saya? *Do you know w. the speaker is?* Tahukah kamu siapa pembicara itu? *I don't know w. can do the job* Aku tak tahu siapa yg dpt melakukan pekerjaan itu. 2 yang. *The girl w. spoke is ...* Gadis yg berbicara adalah.... 3 siapa-siapa, barangsiapa, siapa saja. *W. is not for us, is against us* Siapa-siapa yg tdk berpihak pd kita, adalah lawan. *W. of us still remembers?* Siapa diantara kita yg masih ingat?

WHO, W.H.O. /'dubəlyuw'eic'ow/ [*World Health Organization*] *kb.* Organisasi Keséhatan Sedunia.

whoa /wow/ *kseru.* 1 stop (seruan utk kuda). 2 nanti/tunggu dulu (*said to a person*).

whodunit /huw'dʌnit/ *kb. Sl.:* ceritera détéktip.

whoever /huw'evər/ *kg.* 1 siapapun, barang siapa. *W. had an idea like that should be congratulated* Barang siapa yg mempunyai idé spt itu, patut diberi ucapan selamat. 2 siapakah gerangan. *W. could have killed her?* Siapakah gerangan yg membunuhnya?

whole /howl/ *kb.* 1 keseluruhan. *as a w.* sbg keseluruhan. *on the w.* (pd) keseluruhannya, pd umumnya, secara keseluruhan. 2 jumlah. *What does the w. amount to?* Semuanya menjadi berapa? —*ks.* 1 seluruh. *the w. world* seluruh dunia. *to tell the w. story* menceriterakan seluruh ceritera itu. *to eat the w. cake* makan kué itu seluruhnya. *the w. length of the field* sepanjang seluruh lapangan itu. 2 lengkap. *a w. set of dishes* satu setél lengkap piring-piring. 3

bulat, utuh. *a w. number* angka bulat. *the w. man* manusia yg utuh. *to swallow s.t. w.* menelan s.s.t. bulat-bulat. 4 murni (*of blood and milk*). *to tell the w. truth* menyatakan semua keadaan yg sebenarnya. *to work the w. day* bekerja sepenuh hari. *Inf.:* *made out of w. cloth* tdk berdasar kenyataan, bohong semata-mata. **whole-hearted** *ks.* tulus, ikhlas, sungguh-sungguh, sepenuh hati. *w.-hearted cooperation* kerjasama secara tulus-ikhlas. **whole-wheat** *ks.* tepung terigu yg terdiri dari biji-biji terigu yg utuh. —**wholly** *kk.* sama sekali. *The story is w. wrong* Cerita itu sama sekali salah.

wholesale /'howl'seil/ *kb.* borongan, usaha grosir, kulakan. *to sell at w.* menjual secara borongan. *w. dealer* pedagang tengkulak/grosir/borongan. *w. grocery* perusahaan grosir bahan makanan. *w. price* harga borongan/grosir. *w. trade* perdagangan borongan/besar-besaran. —*ks.* besar-besaran. *w. slaughter* pembunuhan besar-besaran. —*kkt.* menjual secara borongan.

wholesaler /'howl'seilər/ *kb.* tengkulak, grosir, peraih, pedagang perantara yg membeli secara besar-besaran.

wholesome /'howlsəm/ *ks.* 1 séhat (*person, food, atmosphere*). 2 berfaédah, bermanfaat (*of books*).

who'll /huwl/ [*who will, who shall*] siapa yg akan.

wholly /'howlie/ *kk.* lih WHOLE.

whom /huwm/ *kg.* 1 siapa. *W. are you calling?* Siapa yg kau panggil? *To w. are you speaking?* Kpd siapa kamu berbicara? *with w.* dgn siapa, tempat. 2 yang. *The man w. she accompanied was ...* Laki-laki yg ditemaninya itu adalah.... *The girl of w. I speak ...* Gadis yg saya bicarakan. *The man to w. I spoke was ...* Orang yg berbicara dgn saya adalah.... *W. are you for?* Kamu mendukung/menyokong siapa? Kamu memihak kpd siapa?

whomever /huwm'evər/ *kg.* siapapun, barang siapa *W. she marries ...* Siapapun yg menjadi suaminya....

whomsoever /'huwmsow'evər/ *kg.* siapa saja. *Ask w. you wish* Tanyakan kpd siapa saja yg kauinginkan.

whomp /hwamp/ *kkt. Inf.:* mengalahkan.

whoop /h(w)uwp/ *kb.* teriakan, sorak(-sorai). *Inf.:* *not worth a w.* tdk berharga sepésérpun. *Inf.:* *to live a w. and a holler from here* tinggal dekat sekali dari sini. —*kki.* berbatuk-batuk dgn suara keras. *Sl.:* **to w. it up** berisik, hiruk-piruk, hingar-bingar. *Sl.:* **whoop-de-doo** *kb.* keramaian, kegembiraan.

whooping *cough* batuk rejan, kinghus.

whoopee /(h)wuw'pie/ *kseru.* huréé. *to make w.* berpesta pora.

whoops /wu(w)ps/ *kseru.* aduh.

whoosh /hwuwsy/ *kb.* bunyi mendengung, suara mendesing.

whop /hwap/ *kb. Inf.:* pukulan keras, gebuk. —*kkt.* (**whopped**) memukul, menggebuk. —**whopping** *ks.* besar (*lie, amount*).

whopper /'hwapər/ *kb. Inf.:* 1 s.s.t. yg sangat besar. 2 bohong besar.

whore /howr/ *kb.* wanita pelacur/P., sundal.

whorehouse /'howr'haws/ *kb.* rumah sundal/jalang/pelacuran, pegermoan.

whorl /hwɔrl/ *kb.* 1 lingkaran, gelungan. 2 ulir, alur-alur berputar.

who's /huwz/ [*who is, who has*] siapa yg. **w. who** 1 (buku yg memuat) orang terkemuka. 2 siapa orang-orangnya.

whose /huwz/ *kg.* 1 siapa (punya). *W. glove is that?* Siapa punya sarung tangan ini? *w. property* milik siapa. 2 yang...-nya. *a couple w. daughter you met* suami-isteri yg anak perempuannya berjumpa dgn kamu. *The man to w. wife I gave the book* Orang itu yg isterinya saya berikan buku.

whosoever /'huwsow'evər/ = WHOEVER.

why /hwai/ *kb.* **the whys and wherefores** *of a subject* sebab-musabab, duduk perkara, persoalan. —*kk.* mengapa, kenapa, apa sebab. *W. did you leave?* Mengapa kamu pergi? *I don't know w. he couldn't come* Aku tak tahu mengapa dia tdk dpt datang. *That's w. I didn't go* Itulah sebabnya saya tdk pergi. *W. he should always be late, I don't understand* Mengapa ia hrs selalu terlambat saya tdk mengerti. —*kseru.* 1 aduh, wah. *W., that's terrible* Aduh, itu terlalu. 2 hai. *W., I remember you* Hai, saya ingat kamu. 3 oh, ah. *W., no.* Ah, tidak. *W., yes* Oh, ya.

W.I. [*West Indies*] Hindia Barat.

wick /wik/ *kb.* sumbu.

wicked /'wikid/ *ks.* 1 jahat (*of a person*). 2 hébat (*of a storm*). 3 keras (*blow*). 4 nakal (*smile*).

wickedness /'wikidnəs/ *kb.* 1 kejahatan. 2 kenakalan.

wicker /'wikər/ *kb.* dahan atau ranting utk dijadikan anyaman. *w. basket* keranjang anyaman. *w. chair* korsi anyaman (rotan).

wickerwork /'wikər'wərk/ *kb.* barang anyaman.

wicket /'wikit/ *kb.* 1 pintu/gerbang kecil. 2 *Sport*: gawang.

wide /waid/ *ks.* 1 lébar. *w. shoes* sepatu yg lébar. *The street is w. enough* Jalan ini cukup lébar. *The door was w. open* Pintu terbuka lébar. *The box is two feet w.* Kotak itu lébarnya dua kaki. *The dress has a w. belt* Rok itu lébar pinggangnya. *Open your mouth w.!* Buka mulutmu lébar-lébar. 2 luas. *w. road* jalan luas. *the w. world* dunia luas. *He has a w. knowledge of the matter* Dia berpengetahuan luas mengenai hal itu. *w. reading* bacaan luas. 3 bermacam-macam. *w. range of subjects* bermacam-macam persoalan. *A w. range of ages was represented* Orang-orang dari berbagai tingkat umur ikut hadir. —*kk.* jauh. *opinions that are w. apart* pendapat-pendapat yg jauh berbéda. *His teeth are w. apart* Giginya amat jarang. *to keep o's eyes w. open* membuka matanya lébar-lébar. **wide-awake** *ks.* 1 mata terbuka lébar. 2 cerdas, sigap. 3 waspada. **wide-brimmed** *ks.* berpinggir(an) lébar (*of a hat, glasses*). **wide-eyed** *ks.* 1 dgn mata terbelalak. 2 dgn penuh kehéranan. **wide-ranging** *ks.* meliputi banyak hal. **wide-scale** besar-besaran, luas (*riots*). —**widely** *kk.* 1 luas. *w. acclaimed* diakui secara luas. *w. distributed* tersebar luas. 2 kemana-mana. *w. known* terkenal kemana-mana.

widen /'waidən/ *kkt.* melébarkan, memperlébar. —*kki.* melébar. —**widening** *kb.* pelébaran (*of a road*).

widespread /'waid'spred/ *ks.* 1 tersebar luas (*of disease*). 2 yg meluas, besar (*of interest*). 3 terkembang lébar (*of wings*).

widow /'widow/ *kb.* randa, janda. —*kkt.* menjadikan janda. *to be widowed* menjadi janda.

widower /'widowər/ *kb.* duda, janda, randa.

widowhood /'widowhud/ *kb.* kejandaan, keadaan hidup sbg janda.

width /width/ *kb.* 1 lébar. *What is the w. of the material?* Berapa lébar bahan (kain) itu? *two feet in w.* dua kaki lébarnya. 2 keluasan. *w. of vision* keluasan pandangan.

wield /wield/ *kkt.* 1 memegang dan menggunakan (*a sword, axe, stick*). 2 mempunyai (*influence*).

wiener /'wiener/ *kb.* sm sosis. *w. roast* piknik dgn makan sosis dipanggang.

wienie /'wienie/ = WIENER.

wife /waif/ *kb.* (*j.* **wives**) isteri. *to take as a w.* memperisteri. *She is his second w.* Ia isterinya yg kedua.

wifely /'waiflie/ *ks.* sbg seorang isteri. *w. duties* tugas-tugas sbg seorang isteri.

wig /wig/ *kb.* rambut palsu.

wiggle /'wigəl/ *kb.* 1 berlénggang, bergoyang (*of walking*). 2 bergeliat-geliut, berliat-liut (*of a fish*). —*kki.* bergoyang-goyang. *Don't w. so much; stand still* Jangan begitu bergoyang-goyang; berdiri diam-diam.

wiggler /'wiglər/ *kb.* 1 orang yg terus saja bergerak. 2 (*insect*) anak nyamuk, jentik-jentik.

wigwag /'wig'wæg/ *kki.* mengayunkan (s.s.t.) sbg isyarat.

wild /waild/ *kb.* **wilds** *j.* daérah liar, hutan belantara/rimba. —*ks.* 1 liar. *w. animal* binatang buas. *w. bear* beruang liar. *w. country* tanah liar, padang belantara, daérah tak berpenduduk. 2 gila. *w. idea* idé yg gila. *w. with pain* gila karena kesakitan. 3 sembrono, sembarangan. *to live a w. life* hidup sembrono. 4 ribut. *Calm down those w. children!* Tenangkan anak-anak yg ribut itu! :: *Deuces are w.* Kartu-kartu berangka dua diberi nilai menurut pemainnya. *w. talk* pembicaraan/percakapan yg ramai/bising/gempar. *w. exaggeration* ucapan yg amat berlebih-lebihan. *They were w. with applause* Meréka bertepuk-tangan menggemparkan. *W. horses couldn't get us to return* Biar dipaksa kami tdk akan kembali. —*kk.* (dgn) liar. *to grow w.* tumbuh liar. *to go w. with joy* amat ramai karena gembira. *to run w.* 1 berkeliaran, berlari-lari, ribut tak menentu (*of children*). 2 bersimaharajaléla (*of weeds*). **wild-eyed** *ks.* dgn mata terbeliak. **w. flower** bunga liar/hutan. **w. fowl** unggas liar/buruan. **wild-goose** *chase* pencarian dgn sia-sia, usaha yg sia-sia. **w. rice** padi liar. **W. West** AS bagian barat di waktu baru dijelajahi para perintis. —**wildly** *kk.* dgn ramai.

wildcat /'waild'kæt/ *kb.* kucing hutan/jalang/buas. —*ks.* liar. *w. strike* pemogokan yg tak disahkan, pemogokan liar.

wilderness /'wildərnis/ *kb.* hutan belantara.

wildfire /'waild'fair/ *kb.* **to spread like w.** menyebar cepat sekali.

wildflower /'waild'flawər/ *kb.* lih WILD.

wildlife /'waild'laif/ *kb.* margasatwa. *w. preserve* suaka margasatwa. *w. sanctuary* cagar alam.

wildness /'waildnəs/ *kb.* 1 kebuasan (*of an animal*). 2 keadaan liar.

wildwood /'waild'wud/ *kb.* hutan belantara, rimba.

wile /wail/ *kb.* tipu muslihat, akal. —*kkt.* **to w. away** *the hours* menghabiskan waktu.

wilful /'wilfəl/ *ks.* disengaja. *w. neglect* pengabaian yg disengaja. —**wilfully** *kk.* dgn sengaja.

will /wil/ *kb.* 1 kemauan. *the w. to succeed* kemauan utk berhasil. *to have a w. of o's own* mempunyai kemauan sendiri. *Where there's a w., there's a way* Kalau ada kemauan, ada jalan. 2 kehendak. *to do s.t. of o's own free w.* melakukan s.s.t. atas kehendaknya sendiri. *He did it against his w.* Ia mengerjakan itu bertentangan dgn kehendaknya. *with the best w. in the world* dgn segala kehendak yg baik di dunia ini. *Thy w. be done* Kehendak Tuhan akan berlaku. *to do s.o's w.* melakukan kehendak s.s.o., menuruti kemauan s.s.o. *to exercise o's w.* menjalankan kehendaknya. 3 hasrat. *to lose the w. to live* kehilangan hasrat utk hidup. *to undertake s.t. with a w.* mengerjakan s.s.t. dgn sungguh-sungguh. 4

surat wasiat. *to make (out) a w.* membuat surat wasiat. *the last w. and testament of my father* surat wasiat dan pembagian ahli waris ayahku. **at w.** 1 semau-maunya. 2 sewaktu-waktu. —*kkt.* 1 mewariskan, mewasiatkan *(property, money).* 2 berkehendak. *Fate willed it otherwise* Nasib berkehendak lain. —*kkb.* (**would**) 1 akan. *I w. see you tomorrow* Saya akan berjumpa dgn kamu bésok. *How many w. be there tonight?* Berapa orang akan hadir nanti malam? *He knew he wouldn't be late* Ia tahu bhw ia tak akan terlambat. *She wouldn't stop* Dia tdk akan berhenti. 2 mau. *He's willing* Dia mau. *I w. admit that I'm wrong* Saya mau mengakui bhw saya keliru. *The engine won't start* Mesinnya tdk mau hidup. 3 dapat. *This pail w. hold four liters* Émbér ini dpt memuat empat liter. *Accidents w. happen* Kecelakaan bisa terjadi. 4 harus. *You w. do it at once!* Kamu hrs lakukan itu segera! 5 biasa. *She'll sing for hours on end* Dia biasa menyanyi berjam-jam lamanya. **::** *Do as you w.* Kerjakanlah menurut kehendakmu. *Wait a moment, w. you?* Tunggu sebentar, ya! *Send me a memo. W. do* Kirim kepadaku nota. Baiklah. *You w. please be seated* Silakan duduk. *Would you kindly pass the salt?* Tolong berikan saya garam itu. *What would you have me do?* Apa yg kaumaksudkan spy kukerjakan? *Would that I were rich!* Andaikan aku seorang kaya! **would-be** *kb.* seorang bakal/ calon. *ks.* 1 akan menjadi. *a w.-be violinist* seorang calon pemain biola. 2 berlagak spt/seakan-akan. 3 gadungan. —**willing** *ks.* mau, sudi. *She's a w. servant* Dia seorang pelayan yg menurut.

willful /'wilfəl/ = WILFUL.

willies /'wiliez/ *kb.,j. Inf.:* kegelisahan, kebingungan.

will-o'-the-wisp /'wiləꝋə'wisp/ *kb.* 1 lelatu, cetusan api. 2 impian.

willow /'wilow/ *kb.* sm pohon.

willowy /'wiləwie/ *ks.* ramping, langsing.

willpower /'wil'pawər/ *kb.* ketekunan, kemauan yg keras, tekad, dayakarsa.

willy-nilly /'wilie'nilie/ *kk.* 1 mau tak mau, bagaimanapun juga. 2 kacau-balau.

wilt /wilt/ *kki.* 1 menjadi layu *(of flowers).* 2 menjadi lesu, kehilangan tenaga *(of a person).*

wily /'wailie/ *ks.* cerdik, pintar, cerdas, lihay.

win /win/ *kb. Inf.:* kemenangan. —*kkt.* (**won**) 1 memenangkan, menang dlm *(a race).* 2 mencari. *to w. friends* mencari kawan. *to w. a person (over)* mengambil hati orang. 3 memikat hati *(an audience). to w. o's way* berhasil melakukan kehendak. *to w. glory* mendapatkan/memenangkan kemuliaan. *to w. her love* mendapatkan cintanya. —*kki.* menang. *Who won?* Siapa yg menang? *to w. at cards* menang bermain kartu. *The horse won by a length* Kuda itu menang dgn jarak sepanjang badannya. *to w. back o's losses* memenangkan kerugiannya kembali. **to win from/over** memenangi *(s.o.).* **to w. out** berhasil, menang. *to w. over o's audience* berhasil mengajak/membujuk hadirin. *to w. over o's opponent* menang dari lawannya. —**winning** *kb.* kemenangan. **winnings** *j.* hasil kemenangan. *ks.* 1 yg menang. *to be on the w. side* di pihak yg menang. 2 yg menarik, yg menawan hati. *w. personality* kepribadian yg menawan hati.

wince /wins/ *kb.* kedip, kelip, kejap. —*kki.* bergerenyit, menggerenyit.

winch /winc/ *kb.* mesin dérék, kérékan.

wind /wind/ *kb.* 1 angin. *strong w.* angin keras. *to sail before the w., to sail down w.* berlayar menurut arah angin. *to kick into the w.* menyépak (bola)

menentang arah angin. *The car went like the w.* Mobil itu lari secepat angin. 2 napas. *to get short of w.* kekurangan napas. *Sl.: He's just a bag of w.* Dia seorang tukang bual saja. **to break w.** berkentut. **to catch/get w. of** mendengar/mengetahui ttg., mendapat keterangan ttg. **to see which way the w. blows** melihat bagaimana perkembangannya. **Something's in the w.** Ada s.s.t. yg akan terjadi. **to take the w. out of o's sails** membuat tdk berdaya, membuat kalah pengaruh. **to throw o's papers to the four winds** melémparkan kertas-kertasnya ke segala penjuru. **windblown** *ks.* keanginan. **w. burn** keadaan kulit yg kasar atau mérah karena lama kena angin. **w. direction** arah angin. **w. instrument** alat musik tiup. **w. section** *Mus.:* séksi tiup. **w. tunnel** terowongan angin. —**winded** *ks.* kehabisan/kekurangan napas.

wind /waind/ *kb.* bélok, lingkaran, belitan. —*kkt.* (**wound**) 1 memutar *(a clock).* 2 membalutkan *(a bandage)* (**around** pd). 3 menggulung *(yard, rope).* 4 menyelempangkan, menyampirkan *(a shawl)* (**around** pd). 5 membelitkan *(string around s.t.).* —*kki.* 1 melilit. *The snake wound around the branch* Ular itu melilit pd dahan. 2 berkélok-kélok, berliku-liku *(of a street, stream). The road winds down the mountain* Jalan membelit menurun gunung. **to w. up** 1 memutar *(a clock).* 2 mengakhiri, menyudahi *(a meeting, speech). to w. up in jail* akhirnya masuk penjara. **wind-up** *kb.* penyelesaian. *w.-up top* permainan yg dpt diputar. —**wound up** *ks.* tegang. —**winding** *kb.* lilitan, belitan. *w. road* jalan yg berliku-liku. *w. staircase* tangga yg melingkar.

windbag /'wind'bæg/ *kb. Sl.:* tukang bual.

windbreak /'wind'breik/ *kb.* penahan angin.

windbreaker /'wind'breikər/ *kb.* jakét.

windfall /'wind'fɔl/ *kb.* rejeki nomplok, durian runtuh, rejeki yg tdk disangka-sangka.

windlass /'windləs/ *kb.* mesin kérék.

windmill /'wind'mil/ *kb.* kincir/kitiran angin. *to tilt at windmills* dgn sia-sia menyerang s.s.t. yg tak dpt dikalahkan.

window /'window/ *kb.* 1 jendéla. *Please close the w.* Coba tutup jendéla itu. *w. box* pot-kembang di jendéla. *w. envelope* amplop/sampul berjendéla. *w. frame* kosén jendéla. *w. ledge* rak jendéla. *w. screen* tirai jendéla (dari kawat). *w. seat* tempat duduk dibawah jendéla. *w. shade* keré jendéla. *w. sill* ambang jendéla. 2 lokét *(at bank, movie theater).* **w. display** paméran étalase. *w. dresser* penghias étalase. **w. dressing** 1 pekerjaan menghias étalase. 2 kedok (palsu), serigunung. **to window-shop** melihat-lihat (pajangan étalase) toko-toko. **w. shopping** melihat-lihat (étalase) toko.

windowpane /'window'pein/ *kb.* kaca jendéla.

windpipe /'wind'paip/ *kb.* batang tenggorokan.

windshield /'wind'syield/ *kb.* kaca depan (pd mobil). *w. wiper* kipas kaca mobil.

windstorm /'wind'stɔrm/ *kb.* angin topan.

windswept /'wind'swept/ *ks.* keanginan.

windward /'windwərd/ *kb.* arah darimana angin bertiup. —*kk.* atas angin. *to cast an anchor to w.* mengambil langkah-langkah utk pengamanan.

windy /'windie/ *ks.* 1 berangin, banyak angin *(day).* 2 yg banyak sekali omongnya *(of a person or speech).*

wine /wain/ *kb.* anggur. —*kkt.* menjamu dgn minum anggur. *to w. and dine s.o.* menjamu s.s.o. **w. cellar** gudang (penyimpanan) anggur. **wine-colored** *ks.* berwarna mérah tua. **w. list** daftar minuman anggur.

winery /'wainərie/ kb. (j. **-ries**) kilang anggur.
wing /wing/ kb. 1 sayap (of bird, plane, building). to belong to a left-wing party termasuk partai sayap kiri. to shoot on the w. menémbak sewaktu terbang. to take w. mulai terbang. to take under o's w. memberi perlindungan. 2 Thea.: sisi panggung. 3 Av. satuan. tactical w. satuan taktis. —**wings** j. tanda/lencana penerbang. to clip s.o's wings membatasi kekuasaan s.s.o. in the wings di samping-samping panggung. —kkt. mengenai sayap. The bird was winged Burung itu terkena sayapnya. to w. its way terbang. **w. chair** korsi yg berlengan agak tinggi. **w. span** panjang sayap pesawat terbang. **w. tip** ujung sayap. **winged** ks. bersayap.
wingding /'wing'ding/ kb. Sl.: pésta ramai.
wingspread /'wing'spred/ kb. 1 lébar sayap (of a plane). 2 panjang sayap (of a bird).
wink /wingk/ kb. 1 kedip(an). to give a knowing w. mengedipkan mata tanda tahu. 2 sebentar. He'll be here in a w. Ia akan datang kesini sebentar lagi. I can't sleep a w. Saya tak dpt tidur sama sekali. to catch/steal a few winks tidur sebentar. —kkt. memberi isyarat dgn kedipan mata (**to** kpd). —kki. 1 mengedipkan mata (of a person). 2 berkedip-kedip (of stars). **to w. at** 1 mengedipkan mata kpd (s.o.). 2 pura-pura tak melihat (abuses, violations).
winner /'winər/ kb. pemenang. This is a winner-take-all fight Ini merupakan pertandingan dimana pemenang akan mendapat semua hadiah.
winnow /'winow/ kkt. penampi. —kkt. 1 menampi (grain). 2 memisahkan (truth from rumor).
wino /'wainow/ kb. Sl.: pecandu anggur.
winsome /'winsəm/ ks. menarik, menawan hati.
winter /'wintər/ kb. musim dingin. in w. dlm musim dingin. forty winters empatpuluh tahun. w. clothing pakaian musim dingin. w. sports olahraga musim dingin. —kki. menghabiskan musim dingin.
wintergreen /'wintər'grien/ kb. sm tanaman di AS.
winterize /'wintəraiz/ kkt. mempersiapkan spy tahan musim dingin (a car).
wintertime /'wintər'taim/ kb. waktu musim dingin.
wintry /'wintrie/ ks. yg berk. dgn musim dingin. w. night malam musim dingin.
wipe /waip/ kb. sapuan. —kkt. 1 menyéka (the dishes, o's hands). 2 menghapus (o's face, the blackboard). 3 membersihkan/menghapus (o's eyes). 4 menggosok (o's eyes). **to w. away** menyéka (a stain, tear). **to w. off** menyéka (a table). **to w. out** 1 menyapu bersih, memusnahkan (a town, a fortune). 2 membersihkan (a bowl, glass). 3 menghapuskan (a disgrace, a town by a tornado). 4 mengganyang (the enemy, the opponent). **to w. up** 1 menyéka (spilled milk). 2 membersihkan (the floor).
wiper /'waipər/ kb. penyéka, penghapus, penyapu, kain lap. w. blade daun penyapu. lih WINDSHIELD.
wire /wair/ kb. 1 kawat, dawai, kabel. copper w. kawat tembaga. telephone w. kawat télpon. 2 Inf.: télgram, kawat. to send a w. mengirim(kan) télgram. Send the reply by w. Kawatkan jawabannya. The contest went right down to the w. Pertandingan itu segera dimenangkan pd akhir itu. Please hold the w. Jangan tutup télponnya. Tunggu sebentar. Inf.: to pull wires mempergunakan pengaruh dgn diam-diam. His application just got under the w. Permohonannya/Lamarannya sampai pd saat terakhir. —kkt. 1 menélgram, mengawatkan (s.o.). 2 memasang kawat (a house). 3 mengikat dgn kawat (s.t. together). —kki. mengirim télgram. **w. brush** sikat/berus kawat. **w. cutter/snippers** tang kawat, alat pemotong kawat. **w. entanglement** pemagaran dgn

kawat berduri. **wire-haired** terrier sej. anjing dgn bulu yg kasar dan kaku. **w. netting** kawat kasa. —**wiring** kb. pemasangan kawat (listrik).
wireless /'wairləs/ ks. tanpa kawat. w. operator markonis. w. telegraphy télgrap. w. telephone télpon radio.
wirephoto /'wair'fowtow/ kb. foto télgrap. —kkt. mengirim foto dgn kawat.
wirepuller /'wair'pulər/ kb. orang yg dgn diam-diam mempergunakan pengaruhnya, pengatur siasat dibelakang layar.
wiretap /'wair'tæp/ kb. rekaman/penyadapan suara dari sambungan télpon. —kkt. (**wiretapped**) mengadakan sambungan/penyadapan télpon secara rahasia utk mendengarkan percakapan-percakapan —**wiretapping** kb. penyadapan pembicaraan (télpon) tanpa diketahui.
wiriness /'wairienəs/ kb. keliatan, sifat kasar spt kawat.
wiry /'wairie/ ks. 1 liat, liat-liut (of hair). 2 kurus tapi kuat (of a person).
Wis(c). [Wisconsin] negarabagian di AS.
wisdom /'wizdəm/ kb. kebijaksanaan, kearifan. w. tooth geraham bungsu. w. of age kebijaksanaan karena umurnya.
wise /waiz/ kb. cara. in no w. sekali-kali tdk. —ks. bijaksana, arif. a w. man seorang yg bijaksana. I don't think it's w. to ... Saya kira kurang baik utk .... If we keep quiet he won't be any the wiser Kalau kita diam saja dia tdk akan tahu apa-apa. Sl.: to get w. memakai akal. to get w. to the plans mengetahui rahasia rencana itu. to put one w. memberitahukan, mendarkan, menginsyafkan (**to** mengenai). —kkt., kki. Sl.: **to w. up** menyadar, menjadi sadar, memberitahukan. Sl.: **w. guy** orang yg sok tahu. —**wisely** kk. dgn bijaksana. to act w. bertindak dgn bijaksana. He w. decided to ... Ia mengambil kebijaksanaan utk ....
wiseacre /'waiz'eikər/ kb. orang yg sok tahu.
wisecrack /'waiz'kræk/ kb. Sl.: lelucon, jawaban yg tepat dan lucu.
wish /wisy/ kb. keinginan, kehendak, hasrat, kemauan. I have no w. to become rich Aku tak berkeinginan menjadi kaya. Your w. is my command Keinginanmu akan kuturuti. Best wishes to you! Semoga kau selamat! Kuharapkan kau selamat! You shall have your w. Keinginanmu akan terkabul. I send you all good wishes Aku mengirimkan segala pujian baik bagimu. —kkt. 1 mengharapkan. I w. you well Kuharapkan kau senang. He wishes he had gone to college Ia mengharapkan bhw ia bersekolah tinggi. 2 menginginkan. I w. he were older Kuinginkan ia berusia lebih tua. I w. you the best of luck Semoga kau selamat dan sejahtera. 3 menghendaki. Do you w. me to ...? Apakah kau menghendaki spy ...? 4 ingin. I w. I had come along too Saya ingin ikut juga. I w. we could join you Alangkah baiknya kalau kami dpt ikut serta dgn kamu. I w. you good night Selamat tidur bagimu. W. me well! Pujikanlah saya selamat! I w. to goodness I could go Aku berharap sangat bhw aku dpt pergi. **to w. for** menginginkan (money, a car). He has everything he could w. for Ia memiliki semua yg ia ingini. Inf.: **to w. off** menggésérkan (**on** kpd). Inf.: I wouldn't w. that on my worst enemy Aku tak ingin hal itu terjadi, sekalipun thd musuhku yg paling besar. Inf.: The chairmanship was wished on him Ia diharapkan menjadi ketua.
wishbone /'wisy'bown/ kb. tulang garpu (ayam).
wishful /'wisyfəl/ ks. ingin, berkeinginan. w. thinking impian khayal/keinginan.

wishy-washy /'wisyie'wɔsyie, -'wa-/ *ks.* 1 lembék, lembah. 2 éncér. 3 plin-plan.

wisp /wisp/ *kb.* 1 unting (*of hair*). 2 utas (*of straw*). 3 gumpalan (*of smoke*).

wistful /'wistfəl/ *ks.* sayu, sedih, bermuram durja. —**wistfully** *kk.* dgn prihatin.

wit /wit/ *kb.* 1 orang jenaka. *He is quite a w.* Dia sangat cerdas. Dia bijak sekali. *He's a man of great w.* Dia orang yg sangat jenaka. 2 akal. *I'm at my wit's end* Saya kehilangan/kehabisan akal. *to w.* yaitu, yakni. —**wits** *j.* kecerdasan. *to keep o's wits about one* tdk kehilangan akal. *to live by o's wits* hidup dari kecerdikannya. *to match wits* mengadu kepandaian. *to collect o's wits* sadar/terang kembali. —**witting** *ks.* dgn sengaja. —**wittingly** *kk.* dgn kesadaran itikad, sadar, mengetahui.

witch /wic/ *kb.* tukang sihir wanita. *She's an old w.* Ia perempuan tua yg jahat. *w. doctor* dukun. *w. hazel* sm pupur cair. *w. hunt* pekerjaan memfitnah/mencemarkan nama orang lain.

witchcraft /'wic'kræft/ *kb.* ilmu gaib/sihir, gunaguna.

with /with, wiTH/ *kd.* 1 dengan. *Her eyes were filled with tears* Matanya penuh dgn air mata. *to write w. a pencil* menulis dgn potlot. *to sail w. the tide* berlayar dgn arus pasang. *What will they do w. him?* Apa yg akan meréka perbuat dgn dia? *I'm w. you there* Saya setuju dgn kamu. 2 serta. *Take the book w. you* Bawalah serta buku itu. 3 pakai. *cream w. my coffee* kopiku pakai susu. 4 pada. *to leave the baby w. my mother* meninggalkan bayi itu pd ibuku. *Do you have a pen w. you?* Apakah ada péna padamu? 5 karena. *eyes dim w. tears* mata yg redup karena air mata. *a bucket filled w. sand* sebuah émbér berisi pasir. 6 bersama. *Is there s.o. w. you?* Apakah ada orang bersama kamu? :: *W. all his weight he is not a strong man* Walaupun ia begitu berat ia bukanlah orang kuat. *The weather was w. you* Cuaca membantu kamu. *to be down w. the flu* dihinggapi/terkena inpluénsa. *I'll be w. you in a moment* Saya akan datang ke tempatmu sebentar lagi. *That problem will always be w. us* Soal itu akan selalu mendampingi kita. *w. a hat on* memakai topi. *What will happen to her w. her husband dead?* Apa yg akan terjadi dgn wanita itu stlh kematian suaminya? *She can't do a thing w. her hair* Rambutnya tdk dpt diapa-apakan. Kpd rambutnya tak dpt diperbuat apapun. *to walk w. a cane* berjalan bertongkat. *boy w. brown eyes* anak lelaki/anak laki-laki yg cokelat matanya. *It's a habit w. him* Itu kebiasaannya. *Here I am w. no one to talk to* Inilah saya sekarang tanpa seorangpun utk diajak berbicara. *It's summer w. us now* Disini sedang musim panas. *to stay w. friends* tinggal di rumah teman. *to be ill w. the flu* sakit kena influénsa. *Sl.*: **to be/get w. it** mengikuti jaman/mode. **w. that** lalu, maka.

withdraw /with'drɔ, wiTH-/ *kkt.* (**withdrew, withdrawn**) menarik, mengambil (*o's hand, o's savings*). *to w. troops* menarik kembali pasukan-pasukan. *to w. a charge against s.o.* menarik kembali tuntutan thd s.s.o. —*kki.* 1 menarik diri (**from** dari) (*a contest*). 2 meninggalkan. *to w. in favor of s.o.* memundurkan diri utk s.s.o. *to w. into o.s.* menyendiri (seorang diri). —**withdrawn** *ks.* pendiam, suka menyendiri (*of personality*).

withdrawal /with'drɔəl, wiTH-/ *kb.* 1 pengambilan kembali (*of funds, troops*). 2 penarikan dari (*from a campaign*). 3 penarikan dirinya dari masyarakat (*from society*).

withdrawn /with'drɔn, wiTH-/ lih WITHDRAW.

withdrew /with'druw, wiTH-/ lih WITHDRAW.

wither /'wiTHər/ *kkt.* melayukan (*flowers*). *to w. s.o. with o's look* menghancurkan s.s.o. dgn pandangannya. —*kki.* **to w. away** bertambah buruk. *She is withering away* Keséhatannya bertambah buruk. —**withered** *ks.* 1 layu (*of flowers*). 2 lemah, kurus (kering) (*of an arm*). —**withering** *ks.* yg meremukkan, yg amat menghina. *to give s.o. a withering look* memberi pandangan yg meremukkan kpd s.s.o.

withheld /with'held, wiTH-/ lih WITHHOLD.

withhold /with'howld, wiTH-/ *kkt.* (**withheld**) 1 tidak memberi, menyembunyikan (*information, clues*). 2 tidak memasukkan (*names from a list*). 3 menahan sejumlah uang (dari gaji dsb) utk membayar (*taxes*). —**withholding** *kb.* pemotongan pajak. *w. tax* pajak pendapatan yg dipotong, pajak dimuka.

within /wiTH'in, with-/ *kk.* dalam. *viewed from w.* dilihat (dipandang) dari dlm. —*kd.* 1 dalam. *w. two days* dlm dua hari. *w. the city limits* dlm batas-batas kota. *w. a short time* dlm waktu singkat. *to be w. call* dlm jarak yg cukup dekat utk dipanggil. *w. o's power* dlm kesanggupannya. *w. reach* dlm jangkauan. 2 sampai, dalam. *You can travel there w. limits* Kamu bisa bepergian disana dlm batas-batas tertentu. *w. the law* bekerja dlm batas-batas hukum. 3 dibawah, tak lebih dari. *He guessed my weight w. five pounds* Ia menerka berat badanku dibawah lima pon. :: *He came w. an inch of winning* Ia hampir saja menang. *Ia nyaris menang. Is he w. sight?* Apakah dia sdh kelihatan? *to live w. o's income* hidup sesuai dgn pendapatannya.

without /with'awt, wiTH-/ *kd.* tanpa, dengan tidak. *w. financial help* tanpa bantuan keuangan. *I can't do w. my glasses* Aku tak dpt berbuat apa-apa tanpa kacamataku. *Don't leave w. me* Jangan berangkat tanpa saya. *w. saying anything* dgn tdk berkata apa-apa. *to be w. water* tanpa air. *It goes w. saying that I ...* Dgn sendirinya saya .... *not w. difficulty* dgn mengalami kesulitan.

withstand /with'stænd, wiTH-/ *kkt.* (**withstood**) menahan, bertahan (thd) (*an assault, advances, pain*). *to w. pressure* menahan tekanan.

withstood /with'stud, wiTH-/ lih WITHSTAND.

witless /'witləs/ *ks.* dungu, tdk berakal.

witness /'witnəs/ *kb.* 1 saksi. *w. stand* tempat saksi. *to be a w. to an accident* menyaksikan kecelakaan, menjadi saksi pd kecelakaan. *w. for the defense* saksi pembélaan. *w. for the prosecution* saksi utk pengusutan (yg memberatkan terdakwa). 2 kesaksian, penyaksian. *in w. whereof* dengan kesaksian/penyaksian ini. **to bear w.** 1 memberikan kesaksian (**against** thd). 2 mencerminkan (*hardship, pain*). —*kkt.* 1 menyaksikan (*an accident*). 2 (*to experience*) mengalami (*disorder, corruption, revolution*).

witticism /'witəsizəm/ *kb.* kejenakaan, ucapan yg lucu.

wittingly /'witinglie/ lih WIT.

witty /'witie/ *ks.* jenaka, pintar lucu (*person, remark*). —**wittily** *kk.* dgn jenaka/lucu.

wives /waivz/ lih WIFE.

wizard /'wizərd/ *kb.* 1 ahli sihir. 2 jagoan, ahli (*in mathematics*). *financial w.* pandai sekali atau ulet dlm soal keuangan.

wizardry /'wizərdrie/ *kb.* ilmu sihir.

wizened /'wizənd/ *ks.* (ber)keriput, layu, berkerut, berkerinyut (*face*).

wk(s) 1 [*week(s)*] minggu, pekan. 2 [*work(s)*] pekerjaan, karya.

Wm. [*William*] William.

WO [*Warrant Officer*] bintara.

wobble /'wabəl/ kb. goyang(an). —kki. terhuyung-huyung, bertatih-tatih.
wobbly /'wablie/ ks. 1 gual-gail, goyang, goyah (of a person). 2 réyot (of furniture).
woe /wow/ kb. sengsara, kesengsaraan. W. to him who sins! Terkutuklah barangsiapa yg berdosa!
woebegone /'wowbi'gɔn/ ks. sedih.
woeful /'wowfəl/ ks. sedih. —**woefully** kk. dgn sedih. He is w. underpaid Gajinya kecil sekali. Bayarannya amat kurang.
woke /wowk/ lih WAKE.
wolf /wulf/ kb. 1 serigala. 2 buaya (lelaki), mata keranjang. to cry w. menyerukan tanda bahaya palsu, memberitakan kabar bohong. to keep the w. from the door mencegah/menghindari kelaparan. to throw s.o. to the wolves membiarkan s.s.o. menjadi mangsa para penjahat. w. in sheep's clothing orang munafik, musang berbulu ayam. —kkt. **to w. down** memakan dgn rakus.
wolverine /'wulvərien/ kb. sm anjing hutan yg berbulu tebal.
woman /'wumən/ kb. (j. **women**) wanita, perempuan. young w. wanita muda. w. friend teman perempuan. w. doctor dokter wanita. woman-hater pembenci wanita. w. of the world wanita yg lapang hati. woman's rights hak-hak wanita. w. suffrage hak pilih wanita. w. astronaut angkasawati. **w. journalist/reporter** wartawati.
womanhood /'wumənhud/ kb. 1 kewanitaan. 2 kaum wanita/Hawa. to develop into w. menjadi déwasa.
womanish /'wumənisy/ ks. kewanita-wanitaan.
womankind /'wumən'kaind/ kb. kaum wanita/Hawa.
womanly /'wumənlie/ ks. spt wanita. w. advice nasihat kewanitaan.
womb /wuwm/ kb. kandungan, rahim, peranakan.
women /'wimən/ lih WOMAN.
womenfolk /'wimən'fowk/ kb. kaum wanita/Hawa.
won /wʌn/ lih WIN.
wonder /'wʌndər/ kb. 1 keajaiban. the seven wonders of the world Tujuh keajaiban dunia. It's a w. he survived Adalah suatu keajaiban bhw ia tlh keluar dgn selamat. 2 s.s.t. yg menakjubkan. to work wonders for s.o. menyembuhkan s.s.o. secara menakjubkan. to do wonders for 1 menyebabkan perubahan yg besar, membantu memperbaiki (o's appearance). 2 mempunyai pengaruh yg luar biasa (o's morale). **for a w.** héran betul. **no w.** tiada héran, tdk menghérankan. No w. the car won't run; it's out of gas Tdk menghérankan mobil itu tdk mau jalan; bénsinnya habis. —kkt. ingin tahu. I w. who's calling Aku ingin tahu siapa yg menélpon. I was wondering if you'd like to go along Aku sdh berpikir apakah kamu mau ikut. I w. whether he will come Saya bertanya-tanya dlm hati apakah ia akan datang. —kki. berpikir. I wondered about his situation Saya bertanya-tanya dlm hati ttg keadaannya. That isn't to be wondered at Itu tdk menghérankan. What she said set me to wondering Apa yg ia katakan itu membuat saya berpikir-pikir. His son will help him. I wonder? Puteranya akan membantunya. Betulkah itu? I was just wondering Saya hanya ingin tahu saja. **w. drug** obat manjur/ajaib. **wonder-stricken, wonder-struck** ks. takjub, terpesona.
wonderful /'wʌndərfəl/ ks. sangat bagus. a w. success suksés yg sangat hébat. a w. collection koléksi yg sangat bagus. I had a w. time at the party Saya senang sekali di pésta itu. That's w. Bagus sekali. —**wonderfully** kk. amat, sangat. w. kind ramah sekali.

wonderland /'wʌndər'lænd/ kb. negeri ajaib.
wonderment /'wʌndərmənt/ kb. kehéranan.
wondrous /'wʌndrəs/ ks. menakjubkan.
wont /wɔnt/ kb. kebiasaan. It was his w. to ... Tlh menjadi kebiasaannya utk.... —ks. biasa. to be w. to listen to the newscast biasa mendengarkan siaran wartaberita.
won't /wownt/ [will not] tdk akan/mau.
woo /wuw/ kkt. 1 merayu, membujuk (a woman): 2 mencoba merebut (a fortune, the affection of a neighboring country). —**wooing** kb. bercumbu-cumbuan.
wood /wud/ kb. 1 kayu. a piece of w. sepotong kayu. w. shavings tatal/serutan kayu. w. engraving ukiran kayu, lukisan dari ukiran kayu. w. pulp bubur kayu. 2 Golf: getokan kayu. 3 hutan. not to see the w. for the trees lih FOREST. 4 kayubakar. **to knock (on) or to touch w.** insya'allah terkabul (takhyul). Inf.: **to saw w.** tidur nyenyak. —**woods** j. hutan. to take a walk in the woods berjalan-jalan dlm hutan. **out of the woods** 1 lepas dari bahaya. 2 tlh mengatasi kesukaran itu. **w. alcohol** méntil-alkohol. **w. wind(s)** alat tiup dari kayu. wood-wind instrument alat tiup dari kayu.
woodbin /'wud'bin/ kb. peti tempat kayu bakar.
woodcarver /'wud'karvər/ kb. pemahat kayu.
woodcarving /'wud'karving/ kb. 1 ukiran kayu. 2 (pekerjaan) mengukir kayu.
woodchopper /'wud'capər/ kb. penebang kayu.
woodcraft /'wud'kræft/ kb. kerajinan kayu.
woodcut /'wud'kʌt/ kb. ukiran/klisé kayu, lukisan dari ukiran kayu.
woodcutter /'wud'kʌtər/ kb. penebang kayu.
wooded /'wudid/ ks. berpohon-pohon.
wooden /'wudən/ ks. 1 dari kayu. w. box peti kayu. 2 kaku (of manner). **wooden-headed** ks. tolol, dungu. Sl.: **w. nickel** s.s.t. yg palsu, tipu-daya.
woodland /'wudlənd/ kb. daérah/tanah berhutan. w. area daérah/tanah hutan.
woodman /'wudmən/ kb. (j. **-men**) penebang kayu.
woodpecker /'wud'pekər/ kb. burung pelatuk.
woodpile /'wud'pail/ kb. tumpukan kayu (bakar).
woodshed /'wud'syed/ kb. gudang (tempat menyimpan) kayu.
woodwork /'wud'wərk/ kb. bagian-bagian yg terbuat dari kayu (dalam rumah).
woodworker /'wud'wərkər/ kb. tukang/pekerja kayu.
woodworking /'wud'wərking/ kb. pekerjaan tukang kayu.
woody /'wudie/ ks. bersifat rimba/hutan/kayu, banyak batang kayunya.
wooer /'wuwər/ kb. perayu, peminang.
woof /wuwf/ kb. pakan.
woof /wuf/ kseru. **to go w. w.** menyalak, menggong-gong.
wool /wul/ kb. bulu domba, (kain) wol. w. blanket selimut wol. steel w. benang/serat besi. W. is warm Wol adalah panas. Inf.: **to pull the w. over o's eyes** menipu, memperdayakan, mengelabui mata.
woolen /'wulən/ kb. pakaian wol. to pack o's woolens away for the summer menyimpan pakaian wolnya utk musim panas. w. dress baju wol. w. suit setélan dari wol.
woolgatherer /'wul'gæThərər/ kb. pelamun.
woolgathering /'wul'gæThəring/ kb. mengelamun.
woolly /'wulie/ kb. Inf.: **woolies** j. pakaian dlm dari wol. —ks. 1 berbulu, spt wol. w. clouds awan spt bulu domba. 2 tdk terang (of memo, thoughts).
woozy /'wuwzie/ ks. Inf.: pusing.

word /wərd/ *kb*. 1 kata. *What is the Indonesian w. for 'ship'?* Apa kata Indonésianya utk 'ship'? *a one hundred w. theme* karangan sebanyak seratus kata. *in so many words* dgn mempergunakan kata-kata yg banyak sekali. *w. for w.* kata demi kata. *Bad is not the w. for it* Buruk bukanlah kata yg tepat utk itu. *in the words of Gandhi* dgn kata-kata Gandhi, menurut Gandhi. *honest in w. and deed* jujur dlm ucapan/kata dan perbuatan. 2 perkataan. *in other words* dgn lain perkataan. 3 sepatah kata. *I can't get a w. out of him* Saya tdk berhasil menarik sepatah katapun dari dia. *I couldn't understand a w. he said* Saya tak mengerti sepatah katapun yg dikatakannya. *Don't say a w. about it* Jangan mengatakan sepatah katapun ttg hal itu. *a few words of advice* beberapa patah kata sbg nasihat. 4 kabar. *W. of his death finally came* Akhirnya sampai kabar ttg kematiannya. **to bring w.** membawa kabar. *I always seem to be the last to get the w.* Saya rupanya selalu yg paling akhir mendapat kabar. *The w. has gone around that he is ill* Tlh tersiar kabar bhw ia sakit. 5 sabda. *the W. of God* Sabda Tuhan. 6 janji. *to give o's w.* berjanji, menjamin. *He's as good as his w.* Dia selalu menepati janjinya. *to keep o's w.* a) menepati janjinya. b) berani sumpah. *to give o's w. of honor* berani bersumpah. 7 pesan. *to leave w.* meninggalkan pesan. 8 perintah. *Her w. is law* Perintahnya hrs dituruti. *The captain gave the w. to fire* Kaptén memberikan perintah menémbak. 9 (*pass-*) kata sandi. **::** *May I have a w. with you?* Boléhkah saya berbicara sebentar denganmu? *I have a w. to say about that* Aku hendak berkata sedikit ttg hal itu. *I haven't heard a w. about it* Aku tdk mendengar apa-apa ttg hal itu. *I couldn't get a w. in* Aku tak diberi kesempatan berkata. *Say a good w. for me* Sokong saya, ya! *A w. to the wise is sufficient* Bagi orang yg cerdas, sedikit keterangan saja sdh cukup. *the last w. in automobiles* modél mobil yg terbaru/terbaik. *to have a w. from s.o. about s.t.* mendengar pendapat s.s.o. ttg suatu hal. *Without a w., he walked away* Tanpa mengatakan apa-apa ia pergi. *She is too silly for words* Dia tolol betul. *He never has a good w. for anyone* Ia tak pernah mengatakan s.s.t. yg baik ttg siapa saja. *Words passed between them* Meréka bercékcok/berselisih/bertengkar. **to breathe a w.** membisikkan kata. *His generosity is beyond words* Kemurahan hatinya luar biasa sekali. **by w. of mouth** dgn lisan, dari mulut ke mulut. **to eat o's words** menarik kembali ucapannya, menelan kembali ludahnya. *Sl.: He was successful from the w. go* Ia berhasil sejak dari permulaan. **to exchange/have words** bertengkar. *The newlyweds had a few words* Pengantin baru itu bertengkar. **in a w.** secara singkat. **My w.!** La Illah! Astaga! **to put in a good w. for** bicara baik-baik ttg, menyokong. **to take s.o. at his w.** mempercayai apa yg dikatakannya. *I'll take your w. for it* Saya akan terima (percaya) itu atas jaminan kamu. **to take the words out of s.o's mouth** mengatakan spt apa yg akan dikatakan s.s.o. **—kkt.** menyusun kata-kata (*a telegram*). **word-for-word** *ks.* kata demi kata (*quotation*). **word-of-mouth** *ks.* secara lisan. *w.-of-mouth advertising* adperténsi secara lisan. *Gram.: w.* **order** urutan kata. *well-worded document* dokumén yg baik sekali susunan kata-katanya. **—wording** *kb.* susunan kata.

wordiness /'wərdienəs/ *kb.* kepanjang-lébaran.

wordy /'wərdie/ *ks.* terlalu panjang-lébar, dgn banyak kata-kata, dgn panjang lébar.

wore /wowr/ lih WEAR.

work /wərk/ *kb.* 1 pekerjaan. *She likes her w.* Dia suka akan pekerjaannya. *to throw people out of w.* menghentikan orang-orang dari pekerjaannya. *He has so much w. to do* Banyak sekali pekerjaan yg hrs ia lakukan. 2 karya. *the works of Sartre* karya Sartre. *w. of art* hasil/karya seni. *That's a nice piece of w.* Itu adalah hasil kerja yg baik. 3 kerja. *She plans her next day's w.* Dia merencanakan kerja utk keésokan hari. *He set to w. and...* Ia mulai bekerja dan.... *to take w. with s.o.* belajar dgn s.s.o. *It's all in a day's w.* Segalanya itu adalah spt biasa. *Road w. ahead* Ada perbaikan jalan dimuka. *All w. and no play makes s.o. a dull person* Kerja semata-mata tanpa bersenang-senang membuat orang menjadi dungu. *The medicine did its w.* Obat itu mujarab. **to be at w.** bekerja. *to be at w. on a book* sedang mengerjakan buku. *to be hard at w.* sedang bekerja keras. *to go to w. at the age of 14* mulai bekerja pd umur 14 tahun. *to put s.o. to w.* mempekerjakan s.s.o. *at w. or play* baik waktu bekerja maupun dlm waktu senggang. **out of w.** menganggur, tunakarya. **to make short w. of** cepat-cepat menghabiskan. **—works** *j.* 1 paberik, béngkél. 2 mesin, pesawat, jentera (*of a timepiece*). 3 gedung-gedung, jembatan-jembatan, dsb. *Sl.: to give s.o. the w.* memarahi s.s.o., menghukum s.s.o. dgn keras. *Sl.: I'll have the w.* Saya akan mendapatkan segala-segalanya/semuanya. *Inf.: in the w.* sedang dlm perencanaan. *Sl.: to shoot the w.* 1 mengeluarkan semua uang. 2 bermain habis-habisan. **—kkt.** 1 mengerjakan. *to w. a manuscript into a book* mengerjakan sebuah naskah menjadi buku. 2 mengolah, mengusahakan (*a farm, the soil*). 3 meramas-ramas (*butter*). 4 menjalankan (*a machine*). 5 menyelesaikan (*a math problem*). 6 menyebabkan (*a change*). 7 melakukan. *to w. mischief* melakukan kejahatan/kenakalan. *to w. the east side of town* melakukan pekerjaan di bagian timur kota. **::** *He works his men hard* Dia menyuruh orang bawahannya bekerja keras. *to w. o's way to the top* mencapai puncak dgn bekerja. *to w. o's way up through the ranks* mencapai kedudukan yg tinggi dgn bekerja keras mulai dari bawah. *to w. o's way through college* berusaha dgn keras utk menyelesaikan studinya di perguruan tinggi. *to w. o.s. out of a job* kehabisan kerja. *to w. the combination of a lock* memasang kombinasi kunci. *to w. o's hands free* membébaskan/melepaskan tangan. *to w. o's way over on a ship* bekerja di kapal utk mengongkosi perjalanannya. *to w. o.s. into a rage* membuat diri marah sekali. *Electricity works this machine* Mesin ini digerakkan dgn listrik. *to w. a crossword puzzle* mengisi teka-teki silang. **—kki.** 1 bekerja. *She works too hard* Dia bekerja terlalu keras. *to w. at a trade* bekerja pd suatu pertukangan. *to w. long hours* kerja lama sekali. 2 berjalan. *The scheme worked perfectly* Rencana itu berjalan baik sekali. 3 jalan. *My clock doesn't w.* Jamku tak jalan. 4 menjadi. *to w. loose* menjadi lepas, terlepas. **::** *This clay works easily* Tanah liat itu mudah dikerjakan. *This pump isn't working* Pompa ini rusak. *to w. upstream* bergerak melawan arus. **to w. away** bekerja dgn giat. **to w. for** bekerja utk. **to w. in** memasukkan, menyisipkan, menyelipkan (*s.t., s.o.*). *The dentist promised to w. me in next week* Dokter gigi berjanji utk memasukkan saya dlm daftar pasiénnya minggu depan. *to w. o's way into the good graces of his employer* berhasil mengambil hati majikannya. **to w. off** 1 melunasi (*an obligation*). 2 mengurangi (*fat*). *to w. off steam* mengurangi/menghilangkan ketegangan jiwanya. **to w. on** 1 mengerjakan (*a car, a dissertation*). 2

mempengaruhi, menimbulkan éfék pd. *The medicine worked on him* Obat itu menimbulkan éfék padanya. **to w. out** 1 menyusun (*a plan*). *How did your plans w. out?* Bagaimana hasil rencanamu? *to w. out well* berhasil baik. *Everything worked out well for him* Segala sesuatunya berakhir dgn baik baginya. 2 memecahkan (*a puzzle*). 3 menghabiskan. *The mine is worked out* Tambang itu sdh habis. 4 berlatih (*of a sports team*). 5 keluar. *The kidney stone worked its way out* Batu ginjal itu keluar dgn sendirinya. 6 menentukan. *to w. out o's position* menentukan posisinya. *to w. out o's salvation* mengusahakan keselamatannya. *The total cost worked out at $10.00* Seluruh ongkosnya jadi $10.00. **to w. over** 1 mengolah lagi, mengerjakan kembali (*a manuscript*). 2 memikirkan, bekerja memecahkan (*a problem*). 3 *Sl.*: memukuli, menganiaya (*of a robber*). **to w. up** 1 menyiapkan, menyusun (*a plan*). 2 menimbulkan, membangkitkan, menghidupkan (*an appetite* nafsu makan). 3 meningkatkan. *The speaker worked up to a climax* Pembicara itu meningkatkan pembicaraannya utk mencapai klimaks. 4 menggelorakan. *to w. the crowd up to fever pitch* menggelorakan semangat khalayak ramai. *to w. o.s. up into a frenzy* menyebabkan dirinya menjadi marah sekali. *to get worked up over s.t.* menjadi terlalu gusar karena. *Public opinion is worked up over the war* Pendapat umum ditingkatkan tentang perang. *What are you working up to?* Apakah yg ingin sdr capai dgn usaha sdr itu? **w. force** tenaga kerja. **w. gang** regu kerja. **w. order** pesanan pekerjaan. **w. schedule** rencana kerja. **work-shy** *ks.* malas bekerja. **—working** *kb.* 1 pekerjaan (*of a quarry, mine*). 2 bekerja. *W. on Sunday is frowned upon* Bekerja pd hari Minggu dipandang kurang baik. *The w. of children is prohibited* Dilarang mempekerjakan anak-anak. *in w. order* dlm keadaan baik. *w. arrangement* pengaturan cara pelaksanaan pekerjaan, pengaturan sistém pekerjaan. *w. assets* modal kerja yg sewaktu-waktu dpt dipakai. *w. cabinet* kabinét karya/kerja. *w. capital* modal perusahaan/kerja. *w. class* kelas/kaum buruh. *w.-class neighborhood* daérah tempat tinggal kaum buruh. *w. day* hari kerja. *w. hours* jam-jam kerja. *w. method* cara bekerja. *w. model* contoh mesin yg dijalankan. *the w. parts of a machine* bagian-bagian yg bekerja dari suatu mesin. *w. period* masa kerja. *the w. population* bagian penduduk yg bekerja. **—workings** *j.* 1 cara berpikir (*of o's mind*). 2 bagian dari tambang yg sedang dikerjakan.

workability /'wɜrkə'bilətie/ *kb.* kemungkinan utk dilaksanakan.

workable /'wɜrkəbəl/ *ks.* dpt dikerjakan/dilaksanakan (*of a plan*).

workaday /'wɜrkə'dei/ *ks.* biasa, sehari-hari (*routine*).

workbasket /'wɜrk'bæskit/ *kb.* keranjang jahitan.

workbench /'wɜrk'benc/ *kb.* méja kerja.

workbook /'wɜrk'buk/ *kb.* buku catatan.

workday /'wɜrk'dei/ *kb.* hari kerja.

worker /'wɜrkər/ *kb.* pekerja, karyawan, buruh. *He's a good w.* Ia seorang pekerja yg baik. *a w. of miracles* orang yg dpt melakukan hal-hal yg luarbiasa. **—the workers** *j.* para karyawan.

workhorse /'wɜrk'hɔrs/ *kb.* 1 kuda beban/penarik. *The DC-3 was the w. of the air* Pesawat-terbang DC-3 dahulu dipakai sbg kuda beban dlm penerbangan. 2 pekerja keras, seorang yg betul-betul kuat bekerja.

workinggirl /'wɜrking'gɜrl/ *kb.* buruh/pekerja wanita, karyawati.

workingman /'wɜrking'mæn/ *kb.* (*j.* **-men**) karyawan, buruh/pekerja pria.

workingwoman /'wɜrking'wumən/ *kb.* (*j.* **-women**) karyawati, buruh/pekerja wanita.

workload /'wɜrk'lowd/ *kb.* beban kerja.

workman /'wɜrkmən/ *kb.* (*j.* **-men**) laki-laki yg bekerja, karyawan, pekerja pria, buruh lelaki. *workmen's compensation* upah seorang pekerja karena sakit.

workmanlike /'wɜrkmən'laik/ *ks.* mahir, cekatan, cakap.

workmanship /'wɜrkmənsyip/ *kb.* 1 kecakapan kerja. 2 pembuatan. *Guaranteed against defects in w.* Dijamin thd cacat-cacat dlm pembuatan.

workout /'wɜrk'awt/ *kb. Inf.*: 1 *Sport*: latihan. 2 percobaan (*of a car*).

workroom /'wɜrk'rum/ *kb.* ruang kerja.

workshop /'wɜrk'syap/ *kb.* béngkél, ruang kerja, lokakarya.

worktable /'wɜrk'teibəl/ *kb.* méja kerja.

workweek /'wɜrk'wiek/ *kb.* pekan kerja.

world /wɜrld/ *kb.* 1 dunia. *the w. of sports* dunia olahraga. *the w. to come* dunia ésok, dunia yg akan datang. *the other w.* dunia/alam baka. *She's all alone in the w.* Ia hanya sebatang kara di dunia ini. *It's a small w.* Dunia ini kecil. 2 alam, dunia. *animal w.* dunia héwan. *the w. of ideas* dunia/alam pikiran. 3 banyak sekali. *There's a w. of information in this book* Banyak sekali keterangan-keterangan dlm buku ini. *I think the w. of her* Saya sangat mengaguminya. *The rest did me a w. of good* Istirahat itu sangat baik bagi saya. :: *He is not long for this w.* Umurnya tdk akan panjang. *Nothing in the w. satisfies him* Tdk ada s.s.t. yg dpt memuaskannya. *I'd give the w. to know what he's thinking* Saya ingin memberikan segala-galanya utk mengetahui apa yg sedang dipikirkannya. **to bring into the w.** melahirkan. **to come into the w.** lahir, dilahirkan. *He looks for all the w. like his father* Dia serupa benar dgn ayahnya. *She wouldn't hurt an animal for the w.* Dia tdk akan pernah menyakiti binatang. *Where in the w. have you been?* Masya Allah, dimanakah kamu selama ini? *Inf.*: **out of this w.** tak ada taranya. *Her pancakes are simply out of this w.* Kué dadarnya hébat sekali. **W. Court** Mahkamah Internasional. **world-famed, world-famous** *ks.* termasyhur, tersohor. **w. power** negara besar. **w. record** rékor dunia. **world-renowned** *ks.* tersohor, termasyhur. **world's fair** pekan-raya dunia. **W. War** Perang Dunia. **world-wide** *ks.* yg meliputi seluruh dunia (*organization*). **w. without end** utk selama-lamanya, abadi, kekal.

worldliness /'wɜrldlienəs/ *kb.* keduniawian.

worldly /'wɜrldlie/ *ks.* duniawi. *w. ambitions* cita-cita duniawi.

worm /wɜrm/ *kb.* cacing, ulat. *The w. will turn* Keadaan akan berubah. **—worms** *j.* penyakit cacing. *to suffer from worms* cacingan, berpenyakit cacing. *to fish with worms* memancing dgn cacing sbg umpan. **—kkt. to w. o's way** *into a group* menyelinap masuk kedlm perkumpulan. *to w. a secret out of s.o.* memeras suatu rahasia dari s.s.o. **worm-eaten** *ks.* dimakan ulat, berulat (*fruit*).

wormhole /'wɜrm'howl/ *kb.* lobang ulat.

wormy /'wɜrmie/ *ks.* 1 berulat (*of food*). 2 bercacing, cacingan (*of persons*).

worn /wowrn/ lih WEAR.

worried /'wɜried/ lih WORRY.

worries /'wɜriez/ lih WORRY.

worry /'wɔrie/ *kb.* (*j.* **-ries**) 1 kesusahan. *Everyone has his share of worries* Setiap orang ada kesusahannya. *Their son gave them a lot of w.* Anak laki-laki meréka sangat menyusahkan meréka. *What's your w.?* Apakah yg kamu susahkan? 2 urusan. *If he marries her, it's not my w.* Kalau ia mengawininya, itu bukan urusan saya. —*kkt.* (**worried**) 1 mencemaskan, menyusahkan. *That problem worries me* Persoalan itu mencemaskan saya. *Don't let that w. you* Jangan cemas memikirkan hal itu. 2 mengganggu. *to w. the neighbors* mengganggu tetangga. *She worried him about it until he finally agreed* Ia mengganggunya begitu rupa sehingga akhirnya ia setuju. —*kki.* 1 merasa cemas. *We worried when they didn't arrive* Kami merasa cemas ketika meréka tdk datang. *to w. along somehow* bagaimanapun ikut cemas. *I worried about their safety* Aku cemas ttg keselamatan meréka. 2 khawatir. *Why w.?* Kenapa khawatir? *Don't w.!* Jangan khawatir/susah! *Don't w., I won't take it* Jangan khawatir, saya tak akan mengambilnya. *Don't w. about me* Jangan khawatir ttg saya. 3 memikirkan. *She worries too much* Terlalu banyak yg dipikirkannya. *to w. over a problem* memikirkan persoalan secara mendalam. —**worried** *ks.* cemas, khawatir. *I'm w. about him* Saya khawatir ttg dirinya. *She had a w. look* Ia nampaknya khawatir. —**worriedly** *kk.* dgn khawatir/cemas. —**worrying** *ks.* khawatir, mencemaskan. *He's not the w. kind* Dia bukanlah orang yg pésimis.

worrywart /'wɔrie'wɔrt/ *kb.* seorang pésimis.

worse /wɔrs/ *ks.* lih BAD. 1 lebih buruk/jelék. *The snow is w. than before* Keadaan salju lebih buruk dari sebelumnya. *He's a w. player than I am* Ia seorang pemain yg lebih buruk dari saya. *His statement only made matters w.* Pernyataannya itu mengakibatkan keadaan malah menjadi lebih buruk. *It could have been w.* Keadaannya bisa lebih buruk lagi. *He's in a w. way than I am* Keadaannya lebih buruk dari saya. *I think none the w. of him because he disagrees with me* Saya tdk berpikir lebih buruk ttg dirinya karena ketidaksepahamannya dgn saya. *to take a turn for the w.* berubah menjadi lebih buruk lagi. 2 bertambah buruk. *The patient is w. today* Pasién itu bertambah buruk hari ini. *The weather is w.* Cuaca bertambah buruk. 3 lebih jahat. *Bill is a bad boy, but his brother is w.* Bill anak yg jahat, tetapi saudara laki-lakinya lebih jahat lagi. —*kk.* lebih buruk. *The pain became w. and w.* Sakitnya menjadi-jadi. *You could do w.* Bisa lebih buruk lagi drpd yg kau kerjakan ini. *to grow w.* bertambah buruk (*of a person or a situation*). *He's w. off than I realized* Keadaannya lebih buruk dari yg kusangka.

worsen /'wɔrsən/ *kkt.* menjadikan/membuat lebih buruk. *That medicine only worsened his condition* Obat itu hanya membuat keadaannya lebih buruk lagi. —*kki.* memburuk, menjadi lebih buruk (*of s.o's condition, of business*).

worship /'wɔrsyip/ *kb.* 1 ibadat, ibadah, sembahyang. *w. service* upacara sembahyang. *place of w.* tempat beribadat. 2 pemujaan. *hero w.* pemujaan pahlawan. *public w.* pujaan masyarakat/umum. —*kkt.* 1 menyembah, memuja (*God*). 2 memperdéwa (*jewels*). 3 memuja. *He worships his wife* Ia memuja isterinya. *They w. each other* Meréka sangat mencintai satu sama lain. *He worships the ground she walks on* Ia menghormati tanah yg dipijaknya. —*kki.* bersembahyang, melakukan ibadat (*at a church*).

worshiper /'wɔrsyipər/ *kb.* pemuja.

worst /wɔrst/ *kb.* 1 yg paling buruk, yg terburuk. *The w. is yet to come* Yg paling buruk masih akan terjadi. *to see s.o. at his w.* melihat s.s.o. dlm keadaan yg paling buruk. *He performs best when things are at their w.* Ia berbuat paling baik kalau dlm keadaan yg paling buruk. *If w. comes to w., we'll...* Kalau keadaan sampai menjadi buruk sekali, kita akan.... Kalau betul-betul perlu, kita akan.... 2 yg paling hébat. *The w. of the storm* Bagian yg paling hébat dari taufan itu tlh léwat. 3 yg paling rugi. *to get the w. of a deal* Dia paling rugi dlm hal itu. —*ks.* lih BAD.1 terburuk, paling buruk. *the w. storm of the year* taufan yg terburuk dlm tahun ini. *He's the w. student in class* Ia adalah siswa yg paling buruk di kelas. 2 paling jahat. *He's the w. boy in school* Dia anak lelaki yg paling jahat di sekolah. —*kk.* paling buruk. *He performs w. under pressure* Préstasinya paling buruk (bilamana) dlm keadaan paksa. **at w.** paling banter, betapapun buruknya. *He is the w. prepared* Ia yg paling tdk siap. —*kkt.* mengalahkan (*o's enemies*).

worsted /'wurstid/ *kb.* wol.

worth /wɔrth/ *kb.* harga. *What's its w.?* Berapa harganya? *I want a dollar's w. of candy* Saya ingin membeli gula-gula seharga sedolar. *You won't get your money's w.* Yg kamu terima tdk sepadan dgn uangmu. —*ks.* 1 bernilai, cukup baik, bermanfaat. *Is that book w. reading?* Apakah buku itu bernilai/berguna utk dibaca? *It's not w. what he's asking for it* Tdk sepadan nilainya dgn harga yg dimintanya. *What is it w. to you?* Sampai seberapa nilainya bagimu? 2 berharga. *That house is w. $10,000* Rumah itu berharga $10,000. 3 seimbang. *Is it w. it?* Apakah ada gunaya? Apakah ada gunanya? **::** *It isn't w. the effort* Itu membuang-buang tenaga saja. *That's w. knowing* Itu perlu diketahui. *He's w. millions* Ia seorang jutawan. *I tried for all I was w. to do a good job* Saya berusaha sebaik-baiknya utk melakukan pekerjaan yg baik. *It's not w. my time* Membuang waktu saja bagi saya. *Inf.: I can't sing w. a darn* Aku sama sekali tdk pandai menyanyi.

worthless /'wɔrthləs/ *ks.* tdk berharga/bernilai.

worthwhile /'wɔrth'hwail/ *ks.* berfaédah, berguna, bermanfaat.

worthy /'wɔrTHie/ *kb.* (*j.* **-THies**) orang yg berjasa. —*ks.* 1 berguna, berfaédah. *w. cause* tujuan yg berguna. 2 patut, layak, pantas. *Is he w. of the honor?* Apakah dia patut dihormati? Apakah dia pantas mendapat penghormatan itu? *He is w. of your confidence* Dia patut mendapat kepercayaanmu. *I'm not w. of you* Saya tdk patut menjadi suamimu.

would /wud/ lih WILL.

wouldn't /'wudənt/ [*would not*] tdk akan.

wound /wuwnd/ *kb.* luka. *bullet w.* luka kena témbakan. *knife w.* luka kena pisau. *stab w.* luka tikaman. —*kkt.* melukai. *His unkind words wounded her* Kata-katanya yg tdk ramah melukai hatinya. *to w. s.o's pride* melukai/menyinggung kehormatan s.s.o. **the wounded** *kb., j.* yg luka.

wound /wawnd/ lih WIND/waind/.

wove /wowv/ lih WEAVE.

woven /'wowvən/ lih WEAVE.

wow /waw/ *kb. Sl.*: s.s.t. yg hébat sekali. *That show is a w.* Pertunjukan itu hébat sekali. —*kkt. Sl.*: membuat kagum. —*kseru. Sl.*: aduh, wah.

wrack /ræk/ *kb.* bobrok. *The house has gone to w. and ruin* Rumah itu sdh bobrok dan hampir runtuh.

wraith /reith/ *kb.* 1 roh. 2 hantu.

wrangle /'ræŋgəl/ *kb.* pertengkaran, percékcokan. —*kki.* bercékcok, bertengkar (**over** ttg).

wrap /ræp/ *kb.* seléndang. *under wraps* tersembunyi. —*kkt.* (**wrapped**) 1 membungkus (*a package*). 2 membelitkan, melilitkan. *to w. a shawl around the shoulders* membelitkan seléndang di pundak. *The room was wrapped in gloom* Ruangan itu diliputi kesedihan. **to w. up** 1 membungkus. *W. it up, please* Tolong (spy) dibungkus. 2 mengenakan pakaian tebal. 3 *Inf.*: menyelesaikan (*a deal* transaksi). *He is wrapped up in his work* Ia bertekun dlm pekerjaannya. *Inf.*: **wrap-up** *kb.* ringkasan, berita terakhir, sari berita. **wrapping paper** kertas pembungkus. *wrapping twine* benang penгikat. —**wrappings** *kb., j.* bahan pembungkus.

wraparound /'ræpə'rawnd/ *kb.* pakaian yg dililitkan. *w. skirt* rok yg dililitkan.

wrapper /'ræpər/ *kb.* 1 tukang bungkus, pembungkus. 2 pembungkus (*of cigar*). 3 sampul, selubung (*of books*). 4 *Cloth.*: pakaian rumah.

wrapt /ræpt/ =WRAPPED.

wrath /ræth/ *kb.* kegusaran, kemarahan, kemurkaan.

wreak /riek/ *kkt.* 1 mendatangkan, menimbulkan (*havoc*). 2 melampiaskan (*o's anger*) (**on** kpd). 3 membalas dendam (*revenge*).

wreath /rieth/ *kb.* (*j.* **wreaths** /rieTHz/) rangkaian bunga berbentuk lingkaran. *funeral w.* rangkaian bunga utk pemakaman.

wreathe /rieTH/ *kkt.* 1 meliputi. *Her face was wreathed in smiles* Mukanya diliputi senyum. 2 melingkari. *Mist wreathed the hills* Kabut melingkari bukit-bukit.

wreck /rek/ *kb.* 1 kecelakaan. *train w.* kecelakaan keréta-api. 2 rongsokan (*of a boat*). :: *The car was a total w.* Mobil itu ringsek samasekali. *She's a complete w.* Keséhatannya sdh buruk sekali. *He's a human w.* Ia adalah manusia yg tlh bobrok/payah keséhatannya. *She's a nervous w.* Keséhatannya sudah remuk/ambruk dan ia selalu senéwen/bingung/gugup. —*kkt.* merusak, menghancurkan (*a building, plans*). *The car was wrecked in the accident* Mobil itu hancur dlm kecelakaan itu. *His health was wrecked by drink* Keséhatannya sdh rusak sekali karena banyak minum (minuman keras). *Drug use wrecked his life* Pemakaian/Penggunaan obat tlh menghancurkan hidupnya. *a* **wrecked** *car* mobil yg tlh hancur. —**wrecking** *kb.* mengangkat barang (besar) yg rusak. *w. crew* awak perusahaan yg mengangkat barang-barang besar yg rusak. *w. truck* gerobak/truk dérék.

wreckage /'rekij/ *kb.* rosokan, rongsokan.

wrecker /'rekər/ *kb.* 1 tukang bongkar (*of a building*). 2 mobil penyérét/penarik.

wren /ren/ *kb.* sm burung penyanyi.

wrench /renc/ *kb.* 1 (*tool*) kunci Inggеris. 2 pilinan, putaran (*of a wrist or ankle*). *He gave his ankle a bad w.* Pergelangan (mata) kakinya terkilir (keseléo). *To leave Indonesia was quite a w. for him* Meninggalkan Indonésia amat memilukan baginya. —*kkt.* 1 merenggut (*s.t. from s.o.*). 2 membuka (*a lid open*). 3 keseléo, terkilir (*o's ankle*). *I wrenched my back* Punggung saya keseléo.

wrest /rest/ *kkt.* 1 merebut (*authority/a knife from s.o.*). 2 merebut, memperoléh secara paksa (*a recipe, secret*).

wrestle /'resəl/ *kkt.* **to w. s.o. to the ground** menjatuhkan s.s.o. ke tanah dgn pergulatan. —*kki.* bergumul, bergulat. **to w. with** berusaha dgn susah-payah (*a problem*). —**wrestling** *kb.* pergulatan, gulat, adu gulat.

wrestler /'reslər/ *kb.* jago/tukang gulat, pe(ng)-gulat.

wretch /rec/ *kb.* orang celaka/malang/sial. *the poor w.* orang yg malang itu.

wretched /'recid/ *ks.* 1 tdk énak badan. *I feel w.* Saya merasa tdk énak badan. 2 pahit, sial sekali, yg menyedihkan (*of an experience*). 3 sedih, susah sekali, buruk sekali. *She looks w.* Ia kelihatan sedih/susah sekali. *I have a w. headache* Kepalaku sakit spt hendak pecah. 4 buruk. *w. weather* udara yg buruk sekali.

wretchedness /'recidnəs/ *kb.* keadaan yg buruk/menyedihkan sekali.

wrier /'raiər/ lih WRY.

wriest /'raiist/ lih WRY.

wriggle /'rigəl/ *kb.* geliang-geliut. —*kki.* bergeliang-geliut (*of children, fish, worm*). *to w. out of a difficult situation* berhasil keluar dari keadaan yg sulit.

wring /ring/ *kkt.* (**wrung**) 1 memeras (*water from a cloth*). **to w. out** memeras (*a sheet*). 2 meremas-remas (*o's hands*). 3 memijit (*a chicken's head*). 4 menyayat-nyayat. *Her screams wrung our hearts* Teriakannya itu menyayat-nyayat hati kami. *Let me w. your hand* Mari bersalaman dgn keras. **wringing-wet** *ks.* basah-kuyup.

wringer /'ringər/ *kb.* alat pemeras. *Inf.*: *to put s.o. through the w.* menguji s.s.o. dgn percobaan yg berat.

wrinkle /'ringkəl/ *kb.* 1 kerut, kerenyut, keriput (*in o's face, in clothes*). 2 *Inf.*: gagasan, akal. —*kkt.* mengisutkan, mengerutkan (*o's face, o's clothes*). —*kki.* menjadi kusut. *That dress wrinkles easily* Baju itu mudah sekali kusut. —**wrinkled** *ks.* 1 berkerut, berkerenyut, kisut (*of face*). 2 kusut (*of clothes*).

wrinkleproof /'ringkəl'pruwf/ *ks.* tahan kusut.

wrist /rist/ *kb.* pergelangan tangan. *w. watch* jam/arloji tangan.

wristband /'rist'bænd/ *kb.* bagian mansét lengan keméja.

writ /rit/ *kb.* 1 surat perintah. 2 penulisan, perintah tertulis. *Holy W.* Penulisan yg Suci.

write /rait/ *kkt.* (**wrote, written**) 1 menulis (*a letter*). *to w. a check on a bank* menulis cék pd bank. *to w. home* menulis (surat) ke rumah. *W. your name here* Tulislah namamu disini. *to w. the Arabic script* menulis dgn huruf Arab. *to w. three pages a day on a novel* menulis romannya tiga halaman sehari. *That was not written by me* Itu bukan tulisan saya. 2 mengarang, menulis (*a novel*). 3 menggubah, menulis (*poetry*). *to w. music* menggubah musik. 4 mengambil. *to w. insurance on the husband* mengambil asuransi bagi sang suami. *Honesty is written on his face* Kejujuran tertera pd wajahnya. —*kki.* 1 menulis. *to w. for a magazine* a) menulis utk majalah. b) memesan majalah. *to w. for a free copy* menulis surat utk meminta sebuah lembaran dgn cuma-cuma. *to learn to w.* belajar menulis. *to w. often* sering menulis, sering mengirim surat. *My pen won't w.* Péna saya tak dpt dipakai utk menulis. *My brother wrote that ...* Abangku menulis dlm suratnya bhw .... 2 menulis, mengarang. *He writes well* Dia pandai mengarang. **to w. down** menuliskan, mencatat. **to w. in** 1 memberikan suara dgn cara menulis nama. 2 menuliskan. *W. in your comments on the margin* Tuliskanlah komentarmu di pinggir halaman. **to w. into** menulis kpd. **to w. off** 1 menghapuskan (*a debt*). 2 mencorét (*a transaction, an incident*). 3 mengurangi susut (*depreciation on property*). *to w. off for a sample copy* menulis meminta contoh éksemplar. **to w. out** 1 menulis (*a check, a prescription*). 2 menuliskan (*a speech*). *I've written out* Bahanku tlh habis samasekali. **to w. up** 1 mengarang (a story, o's account). 2 menulis (o's notes). **write-in** ks. memberi suara utk calon yg tdk terdaftar. w.-in ballot surat suara utk calon yg tdk terdaftar. **write-off** kb. menghapus, menganggap tdk ada lagi, mencorét dari daftar. **write-up** kb. laporan tertulis, karangan. —**written** ks. tertulis. w. examination ujian tertulis. —**writing** kb. tulisan, karangan. the writings of Camus karangan-karangan Camus. I'd know his w. Saya akan mengenal tulisannya. Can you read this w.? Dapatkah kamu membaca tulisan ini? **in w.** secara tertulis, secara hitam atas putih. to put o's ideas in w. menuliskan buah-buah pikirannya. w. desk méja tulis. w. equipment alat-alat tulis. w. pad buku catatan, bloknot. w. paper kertas tulis.

writer /'raitər/ kb. 1 penulis. Was he the w. of that letter? Dialah yg menulis surat itu? He's a w. for a newspaper Dia seorang penulis utk sebuah surat kabar. woman w. penulis wanita. 2 pengarang (of a novel). writer's cramp kejang tangan.

writhe /raiTH/ kki. menggeliat. to w. in pain menggeliat kesakitan.

written /'ritən/ lih WRITE.

wrong /rɔng/ kb. 1 kesalahan. to do s.o. a great w. bersalah besar kpd s.s.o. to right a w. memperbaiki kesalahan. He's in the w. Dia salah. He is old enough to know right from w. Ia tlh cukup déwasa utk membédakan yg baik dari yg salah. 2 Law: ketidakadilan. —ks. 1 salah. He's w. Dia salah. Is it w. to say that ...? Salahkah berkata bhw ...? to get on the w. train naik keréta-api yg salah. Tel.: w. number salah sambung. It is w. to steal Salah kalau mencuri. Mencuri tdk dibenarkan. to go to the w. room masuk ruangan yg salah. to say the w. thing mengatakan s.s.t. yg keliru/salah. to be on the w. track berada di jalan yg salah. to take the w. road mengambil/menempuh jalan yg salah. 2 keliru, khilaf. That is the w. way to look at things Itu cara yg keliru dlm menilai kejadian-

kejadian. to set about s.t. in the w. way memulai s.s.t. dgn cara yg keliru. It went down the w. way Ditelan melalui jalan yg keliru. **::** Is s.t. w.? Ada apa yg terjadi? What's w. with the car? Ada apa dgn mobil itu? My watch is w. Arloji (jam) saya tdk betul. w. side out. lih SIDE. I'm on the w. side of 50 Usia saya sdh lebih dari 50. I hope there's nothing w.? Apakah ada s.s.t. yg tdk baik? —kk. salah. to do w. berbuat salah. What did he do w.? Apa kesalahannya? You've done it w.; try again Kamu melakukannya salah; coba sekali lagi. **to go w.** berjalan salah. Some days everything seems to go w. Pd hari-hari tertentu seakan-akan semuanya berjalan salah. Where did we go w.? a) Dimana kita berbuat salah? (in raising children). b) Di mana kita sesat dlm perjalanan kita? (at the turn-off). S.t. went w. with the engine Ada s.s.t. yg rusak dgn mesin itu. Don't take me w. Jangan salah faham. —kkt. 1 melukai hati, memperlakukan secara tdk adil (s.o.). 2 memburukkan tanpa alasan. **wrong-headed** ks. 1 berpendapat salah. 2 berkeras kepala. —**wrongly** kk. keliru, salah. He was w. accused of ... Orang itu tlh keliru dituduh mengenai ....

wrongdoer /'rɔng'duwər/ kb. 1 orang yg bersalah. 2 penjahat, orang jahat.

wrongdoing /'rɔng'duwing/ kb. 1 perbuatan salah. 2 pelanggaran.

wrongful /'rɔngfəl/ ks. 1 salah. 2 tdk sah, yg melanggar undang-undang.

wrote /rowt/ lih WRITE.

wroth /rɔth/ ks. marah, gusar.

wrought /rɔt/ ks. dibuat, ditempa. w. iron besi tempa. **wrought-up** ks. gelisah, tegang.

wrung /rʌng/ lih WRING.

wry /rai/ ks. (**wrier, wriest**) 1 miring, méncong. 2 masam. to make a w. face memandang dgn muka yg menolak s.s.t. w. smile senyum masam.

wt. [weight] beratnya.

W. Va. [West Virginia] negarabagian di AS.

Wy(o). [Wyoming] negarabagian di AS.

X

X, x /eks/ *kb.* 1 huruf ke-24 dari abjad Inggeris. 2 kali. *2×3=6.* 2 kali 3=6. 3 jumlah yg tak diketahui. *Mr.* **X** Tuan Anu, Si Polan. *x-axis* poros/garis X. *X ray* sinar X. **X-ray** *ks.* yg berk. dgn sinar X. *X-ray examination* pemeriksaan dgn sinar X. *X-ray photograph* potrét dgn sinar X. *X-ray treatment* pengobatan dgn sinar X. —*kkt.* menyinari dgn sinar X., memotrét dgn sinar X.

xenophobe /'zenəfowb/ *kb.* s.s.o. benci pd barang atau orang asing.

xenophobia /'zenə'fowbieə/ *kb.* kebencian thd barang atau orang asing, ketaksukaan pd yg serba-asing.

xerography /zi'ragrəfie/ *kb.* zérografi.

Xerox /'zieraks/ *kkt.* membuat kopi dgn alat Xérox.

Xmas [*Christmas*] hari Natal.

xylography /zai'lagrəfie/ *kb.* seni cétak dari ukiran kayu.

xylophone /'zailəfown/ *kb.* sej. gambang.

657

Y

Y, y /wai/ *kb.* 1 huruf ke-25 dari abjad Inggeris. *the y-axis* poros/garis y. 2=YMCA.

y. 1 [*yard(s)*] yar, yar-yar. 2 [*year(s)*] tahun, tahun-tahun.

yacht /yat/ *kb.* 1 perahu/kapal pesiar. 2 kapal (layar) utk perlombaan.

yachting /'yating/ *kb.* berperahu pesiar.

yachtsman /'yatsmən/ *kb.* (*j.* **-men**) peserta balap perahu, pengemudi perahu balap.

yack /yæk/ *kki. Sl.:* mengobrol.

yackety-yack /'yækətie'yæk/ *kb. Sl.:* obrolan ramai-ramai.

yam /yæm/ *kb.* ubi rambat.

yank /yæŋk/ *kb. Inf.:* renggutan, sentakan. *Sl.:* Y. orang Amérika. —*kkt.* merenggut (*a rope, a book from s.o's hands*). *to y. up o's trousers* menaikkan celananya. *to y. out a tooth* mencabut gigi.

Yankee /'yæŋkie/ *kb.* orang Amérika. *US:* orang New England, orang yg tinggal di bagian utara AS. *Y. ingenuity* kepintaran Yankee.

yap /yæp/ *kb. Sl.:* gonggongan (péndék dan tajam). —*kki.* (**yapped**) 1 menyalak(i), menggonggongi (*of a pup*). 2 berkecék-kecék. —**yapping** *kb.* obrolan yg kosong.

yard /yard/ *kb.* 1 halaman, pekarangan. *back y.* halaman belakang. 2 langsiran. *freight y.* langsiran keréta api barang. *y. engine* lok langsir. 3 yar. *ten yards* sepuluh yar. *to supply statistics by the y.* memberikan statistik terus-menerus/sebanyak-banyaknya. *Her face was a y. long when...* Ia melongo ketika ... **y. goods** kain méteran, barang tékstil (méteran).

yardage /'yardij/ *kb.* 1 jumlah yar. 2 ukuran panjang dgn yar.

yardman /'yardmən/ *kb.* (*j.* **-men**) 1 *RR.:* tukang langsir. 2 tukang kebun.

yardmaster /'yard'mæstər/ *kb.* kepala bagian langsiran.

yardstick /'yard'stik/ *kb.* 1 (kayu) méteran yar. 2 ukuran.

yarn /yarn/ *kb.* 1 benang, benang rajutan/tenun. 2 cerita, ceritera. *to spin a y.* mendongéng, berceritera.

yaw /yɔ/ *kb.* penyimpangan dari jurusan lurus. —*kki.* meréwang, mengoléng.

yawl /yɔl/ *kb.* joli-joli.

yawn /yɔn/ *kb.* kuap —*kki.* 1 menguap. *to stifle a y.* menahan/menekan kuap. 2 terbuka lébar. *A deep ravine yawned before them* Jurang yg dalam terbuka dihadapan meréka. —**yawning** *ks.* yg menganga. *y. abyss* jurang yg terbabang.

yaws /yɔz/ *kb., j.* framboesia, paték.

yd(s) [*yard(s)*] yar, yar-yar.

ye /yie/ *kst.* itu. —*kg.* kamu, engkau.

yea /yei/ *kk.* ya, benar, mémang, betul.

yeah /'yeə/ *kk. Inf.:* yah.

year /yir/ *kb.* tahun. *ten years* sepuluh tahun. *for years* bertahun-tahun (lamanya). *to have years of experience* mempunyai bertahun-tahun pengalaman. *The years have treated him kindly* Tahun-tahun terasa menyenangkan baginya. *junior y.* tahun ketiga (di universitas). *in the y. 1880* dlm tahun 1880. *We arrived here a y. last June* Kami tiba disini sejak bulan Juni setahun yg lalu. *last y.* tahun yg lalu/léwat. *He gets $5,000 a y.* Ia mendapat $5,000 setahun. *She's sixteen years old* Ia berumur 16 tahun. *to see the old y. out and the new y. in* menyaksikan habisnya tahun lama dan tibanya tahun baru. *years ago* beberapa tahun yg lalu. *She looks old for her years* Ia kelihatan lebih tua drpd umur yg sesungguhnya. *He's up in years* Usianya sdh lanjut. *to rent by the y.* menyéwa utk tiap tahun. *a y. and a day* satu tahun satu hari. *y. by y.* dari tahun ke tahun, tahun demi tahun. *y. in, y. out* dari tahun ke tahun, terus-menerus. *the y. (a)round* sepanjang tahun. *I haven't seen him in years* Saya sdh bertahun-tahun tak bertemu dgn dia. *young in years* muda umurnya. **year-(a)round** *ks.* sepanjang tahun. *y.-round residence* tempat-tinggal sepanjang tahun. **year-by-year** *ks.* dari tahun ke tahun (*appointment*). **year-end** *ks.* akhir tahun. **year-to-year** *ks.* setahun-tahun (*lease*).

yearbook /'yir'buk/ *kb.* buku tahunan.

yearling /'yərling/ *kb.* anak kuda berumur antara satu dua tahun.

yearlong /'yir'lɔng/ *ks.* selama setahun (*contract*).

yearly /'yirlie/ *ks., kk.* tahunan, sekali setahun.

yearn /yərn/ *kki.* rindu. *to y. to study French* ingin sekali belajar bahasa Perancis. **to y. after/for** 1 rindu akan, merindukan. 2 merasa kasihan pd. —**yearning** *kb.* hasrat, kerinduan.

yeast /yiest/ *kb.* ragi.

yell /yel/ *kb.* sorakan, teriakan, pekik. —*kki.* berteriak, memekik, bersorak. —**yelling** *kb.* pekikan, teriakan.

yellow /'yelow, 'yelə/ *kb., ks.* kuning. *to turn y.* menguning, menjadi kuning. *y. wall* dinding kuning. *Inf.: You're y.!* Kau pengecut! *to have a y. streak* bersifat penakut. —*kki.* menguning, menjadi kuning. *Sl.:* **yellow-bellied** *ks.* yg bersifat pengecut. **y. fever** demam kuning. **y. jacket** sm penyengat yg berwarna kekuning-kuningan. **y. journal** majalah/koran yg memuat berita-berita sénsasi. *Sl.:* **yellow-livered** *ks.* pengecut, penakut. **y. pages** halaman adperténsi (di buku télpon). **y. race** suku/bangsa Mongolia.

yellowish /'yelowisy/ *ks.* kekuning-kuningan.

yelp /yelp/ *kb.* suara dengking, salak. —*kki.* mendengking, berdengking.

yen /yen/ *kb.* minat/keinginan/hasrat yg besar. —*kki.* (**yenned**) amat ingin, berhasrat sekali.

yeoman /'yowmən/ *kb.* (*j.* **-men**) perwira rendahan dlm administrasi. *to perform y. service* memberikan bantuan yg berguna.

yes /yes/ *kk.* ya *Y., sir* Ya, Tuan; Ya Pak. *Y., madam* Ya, nyonya; Ya, Bu. *to answer y. or no* menjawab ya atau tidak. *to say y.* mengatakan ya, mengiakan. *Y.,* *certainly* Ya, tentu/pasti saja. *Have you eaten?* Y. Apakah sdr sdh makan? (Ya) sdh. —*kkt.* mengiakan, menyetujui (*o's boss*). *Inf.*: **yes-man** pak angguk, orang pengékor, pembébék, penjilat.

yesterday /'yestərdei/ *kb., kk.* kemarin. *yesterday's luncheon* makan siang kemarin.

yet /yet/ *kk.* 1 masih. *I don't y. know when* Saya masih blm tahu kapan. *not y.* blm. *He can't have it y.* Dia blm boléh menerimanya sekarang. *Haven't you gone y.?* Kamu blm pergi? *I've y. to see her smile* Saya blm pernah melihat dia tersenyum. *The thief will be caught y.* Pencuri itu akan tertangkap. *He spoke y. more harshly* Dia malahan berbicara lebih kasar. *Need you go y.?* Apakah sdr blm pergi juga? **as y.** 1 hingga kini, sampai sekarang. *As y. I'm not certain I can go* Hingga sekarang saya blm pasti dpt pergi. 2 masih blm. *He doesn't know as yet* Ia masih blm tahu. —*ksam.* namun, tetapi, sekalipun begitu. *Y., he's a nice person* Namun dia orang baik.

yew /yuw/ *kb.* sej. pohon cemara.

Yiddish /'yidisy/ *kb.* bahasa Yiddi.

yield /yield/ *kb.* hasil. *wheat y.* hasil/panénan gandum. —*kkt.* 1 menghasilkan. *to y. a good return* menghasilkan keuntungan yg bagus sekali. 2 memberi. *to y. the right-of-way* memberi jalan kpd yg berhak. *He yielded his point* Dia mengalah. Dia menyerah. —*kki.* 1 menyerah, mengalah. *Y.!* Mengalah/Menyerah! **to y. to** menyerah kpd (*o's opponent*). *He yields to no one in courage* Ia tak pernah menyerah kpd siapapun dlm keberanian. *to y. to temptation* menyerah kpd godaan.

YMCA, Y.M.C.A. /'wai'em'sie'ei/ [*Young Men's Christian Association*] *kb.* Ikatan Pemuda Kristen.

yodel /'yowdəl/ *kb.* bernyanyi yodél.

yoga /'yowgə/ *kb.* latihan disiplin méntal cara Hindu.

yogurt /'yowgərt/ *kb.* susu masam kental.

yo-heave-ho /'yow'hiev'how/ *kseru.* holopis kuntul baris; tu-wa-ga!

yoke /yowk/ *kb.* 1 kuk. 2 pasang. *a y. of oxen* sepasang lembu. 3 beban, penindasan. 4 gandar. —*kkt.* memasang kuk. *to y. oxen to a plow* memasang kuk tenggala/bajak kpd lembu.

yokel /'yowkəl/ *kb.* orang dusun/udik.

yolk /yow(l)k/ *kb.* kuning telur.

yonder /'yandər/ *kk.* (nun) disana, disebelah sana.

yoo-hoo /'yuw'huw/ *kki.* berteriak yuhu, berseru hihu. —*kseru.* yuhu, hihu.

yore /yowr/ *kk.* dahulu kala.

you /yuw/ *kg.* kamu, engkau, anda, saudara, kau. *What are y. doing?* Apa kerjamu? *Did y. read that book?* Apakah sdr tlh membaca buku itu? *May I speak with y.?* Boléhkah saya berbicara dgn kamu? *between y. and me* antara kamu dan saya, antara kita saja. *We'll see y. tomorrow* Sampai bésok. *He'll give y. some too* Ia akan memberi beberapa kepadamu juga. *Y. and I will stay* Sdr dan saya akan tinggal. *If I were y.,* I'd leave Andaikan (sdr itu) saya sdh pergi. Coba saya, sdh pergi. *Y. doctors disturb me* Para

dokter spt kalian mengganggu saya. *y. all* kamu sekalian, kalian. *Y. never know* Siapa tahu.

you'd /yuwd/ 1 [*you had*] lebih baik kau. 2 [*you would*] kau akan.

you'll /yuwl/ [*you will, you shall*] kau akan.

young /yang/ *kb.* anak. *the y.* orang/kaum muda. *with y.* bunting, mengandung. —*ks.* 1 muda. *He looks y.* Dia nampaknya muda. *y. girl* gadis muda/ kecil. *y. at heart* muda di hatinya. *y. peas* ércis muda. *y. Brown* Pemuda Brown. *in o's younger days* waktu masih muda. *y. people* anak-anak muda, pemuda-pemudi, kaum remaja. *y. blood* tenaga/semangat muda. *to grow y.* menjadi muda. *youngest child* si bungsu/bontot. 2 masih baru, baru dimulai (*of a firm*). *The night is still y.* Malam masih blm larut. **y. man** pemuda. **y. woman** pemudi. **Y. Men's Christian Association** Ikatan Pemuda Kristén. **Y. Women's Christian Association.** Ikatan Pemudi Kristen.

youngish /'yangisy/ *ks.* agak muda.

youngster /'yangstər/ *kb.* anak, pemuda.

your /yur/ *ks.* (kepunyaan) mu, (milik) kamu, kepunyaan tuan/saudara. *y. desk* méjamu. *y. opinion* pendapat sdr. *Did you hurt y. leg?* Apakah kakimu sakit/luka? *It's y. turn* Sekarang giliranmu. *Y. Royal Highness* Yang Dipertuan Agung. *y. true love of literature* kegemaranmu yg sejati thd sastra.

you're /yur/ [*you are*] kamu adalah.

yours /yurz/ *kb.* keluarga. *you and y.* sdr dan keluarga sdr. —*kg.* kepunyaanmu, milikmu. *I have a book of y.* Pd saya ada bukumu. *I like y. better than ...* Saya lebih suka kpd kepunyaanmu drpd .... *Y. truly* Wassalam, Hormat kami. *that pride of y.* itu perasaan banggamu.

yourself /yur'self/ *kg.* lih SELF.

youth /yuwth/ *kb.* 1 masa muda. *in my y.* semasa muda saya, sewaktu masih muda. *He has the advantages of y.* Dia beruntung karena masih muda. 2 kaum muda. *the y. of the village* pemuda-pemuda désa itu. **y. center** balai pemuda, gelanggang remaja. **y. hostel** panti/losmén/pasanggrahan pemuda.

youthful /'yuwthfəl/ *ks.* 1 kelihatan muda. *y. appearance* kelihatan muda. *y. figure* kelihatan muda tampangnya. 2 kanak-kanak. *y. pastime* permainan kanak-kanak.

you've /yuwv/ [*you have*] 1 kamu sudah. *Y. changed* Kamu sdh berubah. 2 kau mempunyai. *Y. no idea how ...* Kamu tdk dpt membayangkan betapa ....

yowl /yawl/ *kb.* lolong, raung, gonggong/méong panjang. —*kki.* melolong, meraung, memekik, meméong panjang.

yr(s). 1 [*year(s)*] tahun-tahun. 2 [*your(s)*] milikmu, kepunyaan kamu.

yuletide /'yuwl'taid/ *kb.* masa Natal.

yummy /'yamie/ *ks. Sl.*: énak, lezat, sedap.

yum-yum /'yam'yam/ *kseru.* mm! sedap!

YWCA, Y.W.C.A. /'wai'dabəlyuw'sie'ei/ [*Young Women's Christian Association*] Ikatan Pemudi Maséhi/Kristen.

Z

Z, z /zie/ *kb.* huruf ke-26 dari abjad Inggeris.
zany /'zeinie/ *kb.* orang yg amat lucu. —*ks.* sangat lucu, amat jenaka.
zeal /ziel/ *kb.* kegiatan, semangat.
zealot /'zelət/ *kb.* 1 orang yg fanatik. 2 pengikut yg setia sekali.
zealous /'zeləs/ *ks.* giat/bersemangat/tekun sekali. —**zealously** *kk.* dgn rajin/tekun.
zebra /'ziebrə/ *kb.* kuda zébra/belang/loréng.
zenith /'zienəth/ *kb.* zenith, puncak.
zephyr /'zefər/ *kb.* angin sepoi-sepoi.
zeppelin /'zepələn/ *kb.* (pesawat) zéppelin.
zero /'zierow/ *kb.* 1 nol. *A million is one plus six zeros* Sejuta adalah satu dan enam nol. *z. point* titik nol. *z. weather* cuaca dgn suhu sekitar nol derajat. —*kkt.* **to z. in on** membidik tepat ke arah (*a target*). *Mil.:* **z. hour** saat yg menentukan. **z. result** hasil kosong samasekali.
zest /zest/ *kb.* 1 semangat (*for life*). 2 nafsu, rasa lezat (*of food*). 3 animo.
zestful /'zestfəl/ *ks.* penuh semangat, dgn gairah.
zigzag /'zig'zæg/ *ks.* 1 berliku-liku (*of a road*). 2 berbiku-biku (*of a line, edge*). —*kki.* (**zigzagged**) berliku-liku, berkélok-kélok.
zinc /zingk/ *kb.* séng, timah sari. *z. ointment* salep timahsari.
zing /zing/ *kb.* semangat. *He does everything with z.* Ia mengerjakan apa saja dgn penuh semangat.
zip /zip/ *kb.* semangat. *Inf.: She has lots of z.* Semangatnya berlimpah-limpah. *Inf.: Put some z. into your act* Berilah semangat kpd lakonmu. —*kkt.* (**zipped**) **to z. up** menutup ritsléting (*a dress*). —*kki. Inf.:* **to z. through a test** cepat-cepat menempuh ujian. *to z. through a book* membaca

buku dgn cepat. *The car zipped past us* Mobil itu menderu meliwati kami. **z. code** kode daérah pos.
zipper /'zipər/ *kb.* ritsléting, rits, kancing tarik. *z. bag* kantong yg memakai rit(sléting). —*kkt.* menutup ritsléting, menutup tarikan (baju). —**zippered** *ks.* berritsléting.
zither /'ziTHər/ *kb.* sm kecapi, sitar, celempung.
zodiac /'zowdieæk/ *kb.* mintaku'lburuj.
zombi(e) /'zambie/ *kb. Sl.:* seorang yg bodoh-bebal.
zonal /'zownəl/ *ks.* mengenai wilayah/lingkungan/daérah.
zone /zown/ *kb.* 1 daérah, mintakat. *mailing z.* daérah (hantaran) pos. *Frigid Z.* Daérah Iklim Dingin. *Temperate Z.* Daérah Iklim Sedang. *Torrid Z.* Daérah Panas Terik. *danger z.* daérah bahaya. *No Parking Z.* Daérah larangan parkir. *No Passing Z.* Daérah tak boléh mendahului. *trouble z.* daérah genting. 2 lingkungan, daérah. *war z.* lingkungan peperangan. —*kkt.* menetapkan sbg daérah. *to z. a section of town as a residential area* menetapkan sebagian kota sbg daérah tempat tinggal. —**zoning** *kb.* penetapan daérah/wilayah.
zoo /zuw/ *kb.* kebun binatang.
zookeeper /'zuw'kiepər/ *kb.* penjaga/mandor kebun binatang.
zoological /'zowə'lajəkəl/ *ks.* kehéwanan, mengenai ilmu héwan. *z. garden* kebun binatang.
zoologist /zow'aləjist/ *kb.* ahli ilmu héwan.
zoology /zow'aləjie/ *kb.* ilmu héwan.
zoom /zuwm/ *kki.* meningkat, menanjak (*of business, living costs*). *to z. into the air* meluncur/membubung ke langit (*of plane, rocket*). *The cars zoomed past* Mobil-mobil itu léwat menderu-deru. —**zooming** *ks.* meningkat, menanjak (*expenses, costs, prices*).